금성필수한자사전

金星必須漢字辭典

금성출판사

제2판 머리말

한자는 수천 년 전 우리나라에 전래된 이래 오랜 역사를 통하여 우리 문화와 언어생활에 지대한 영향을 미쳐 왔다. 20세기 후반에 들어와 한글 전용이 전면적으로 이루어지기는 했지만, 한자의 힘과 무게는 여전히 현재적이다. 우리말 어휘의 60퍼센트 이상이 한자어로 되어 있으며, 우리 문화유산의 대부분이 한자로 기록되어 있다는 사실은 그것을 웅변한다.

이러한 현실을 감안할 때, 한자에 대한 이해와 학습은 언어 능력의 향상뿐만 아니라 우리 문화의 이해와 창달을 위해서도 필수적으로 요청된다고 하겠다. 그런 점에서 한때 위축되었던 한자 학습이 최근 들어 활발히 되살아나고 있는 것은 여간 다행한 일이 아닐 수 없다. 이러한 현상은 무서운 기세로 발돋움하고 있는 중국의 부상(浮上)과도 무관하지 않아 보인다. 아닌 게 아니라, 중국의 문화와 언어를 배우고자 하는 열기도 덩달아 뜨거워지고 있다.

이와 같은 사회적 흐름에 역동적으로 부응하기 위해 〈금성필수한자사전〉을 새롭게 깁고 다듬었다. 다음은 이번 개정판에서 특히 역점을 둔 것이다.

첫째, 갑골문·금문 등에 대한 현대적 해석을 도입하여 보다 새롭고 깊이 있는 자원(字源)을 제시하였다.

둘째, 오늘날 국제 통용어로서 중국어가 각광받고 있는 실정을 감안하여 유용한 중국어 정보, 즉 중국어 발음을 나타내는 한어 병음과 중국 간체자 등을 추가적으로 보였다.

셋째, 표제자에 한자 능력 검정 시험 급수를 표시하였으며, 한문 교육용 기초 한자(2000년 교육부 공표)와 인명용 한자(2007년 대법원 선정)도 함께 표시하였다.

넷째, 편리한 한자어 검색과 한자 학습 효과의 배가를 위해 각 표제자에 대한 역순 어휘(표제자가 끝에 오는 어휘)를 대폭 수록하였다.

2009년 1월

금성출판사 사전팀

일러두기

표제항(標題項)

1. 표제자의 선정

이 사전에는 약 6,500개의 표제자가 수록되어 있다. 교육부 선정 한문 교육용 기초 한자를 비롯하여 대법원 선정 인명용 한자, 한자 능력 검정 시험용 한자, 그 밖에 학습과 일상생활에 꼭 필요하다고 생각되는 한자를 선정하여 수록하였다. 표제자의 해설은 원칙적으로 정자 쪽에서 하였으나, 속자가 많이 사용되는 경우에는 속자 쪽에서 하였다.

2. 표제자의 자형(字形)

표제자의 부수(部首), 자형, 획수(劃數)는 '강희자전(康熙字典)'과 '신수강희자전(新修康熙字典)'을 참고하였다. 정자 외에 속자(俗字), 약자(略字), 고자(古字) 등도 표제어로 올렸다.

3. 표제자의 배열

배열은 부수순으로, 같은 부수에서는 다시 획수순으로, 또 같은 획수 안에서는 자음(字音)의 가나다순으로 하였다.

4. 표제항의 구성

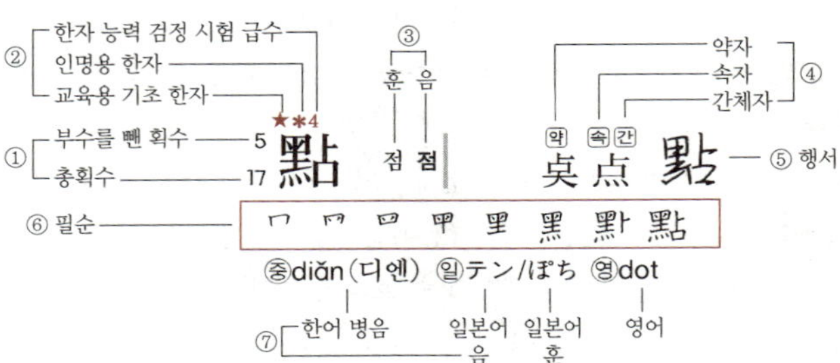

① **획수 표시** – 표제자 왼쪽에 부수를 뺀 획수와 총획수를 위아래로 표시하였다.

② **분류 표시** – 표제자 위에 교육용 기초 한자(중학교는 ☆, 고등학교는 ★)와 인명용 한자(*) 및 한자 능력 검정 시험 급수를 기호 및 숫자로 표시하였다.

③ **음(音)과 훈(訓)** – 표제자 오른쪽에는 음과 훈을 보이되, 음이 둘 이상이거나 음이 같더라도 훈이 둘 이상일 경우에는 ❶, ❷, …로 구분하여 밝혔다. 음은

현실음 외에도 본음(약호 본)을 보였다. 한편, 음과 훈이 ❶, ❷, …로 갈리면서 각각 분류 표시가 달라질 경우, 표제자와 별도로 다시 나타내 주었다.

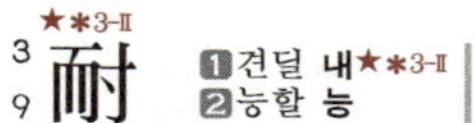

④ **이체자(異體字) 정보** – 표제자와 뜻은 같으나 자형(字形)을 달리하여 쓰이는 동자(同字), 속자, 약자, 본자, 고자, 갖은자, 중국 간체자 등의 정보를 음과 훈 옆에 나란히 보였다.

⑤ **행서 정보** – 표제자의 맨 끝에 그 글자의 펜글씨 행서를 보였다.

⑥ **필순(筆順) 정보** – 주요 상용 한자에는 필순을 보였다.

⑦ **한어 병음, 일본어, 영어 정보** – 표제자의 한어 병음 및 일본어 음과 훈, 영어를 함께 제시하였다. 한어 병음의 경우, 사용자의 편의를 위해 ( ) 안에 비슷한 음가의 한글 자모로 발음을 보였다(정확한 발음 정보는 아님). 그런데 권설음 r, ch, sh, zh와 순음 f는 그에 해당하는 한글 자음이 없으므로 ㄹ, ㅊ, ㅅ, ㅈ, ㅍ의 왼쪽 머리에 ° 표시(예 : °사, °차)를 하여 주었다.

⑧ **한국 한자** – 우리나라에서 만들어진 한자나 우리나라에서만 쓰이는 뜻에는 ㊅을 표시하였다.

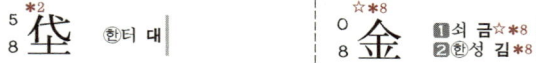

해 설

1. 자원(字源)

주요 한자에는 갑골문, 금문 등에 대한 최신 연구 성과를 반영한 자원을 상세하게 밝혔다. 참고로 갑골문, 금문, 소전 등을 보이기도 하였다.

2. 참고 정보

혼동하기 쉬운 딴 글자, 갖은자, 혼용자(混用字), 기타 참고 사항을 참고란(약호 🖉)에 간략히 제시하였다.

3. 자의(字義)

자의는 풀이 난에서 다루었다.

3.1 뜻이 둘 이상인 경우에는 음과 훈에 따라 ❶, ❷, ❸, …으로 분류하고, ❶, ❷, ❸, …의 안에서는 ①, ②, ③, …으로, ①, ②, ③, …의 안에서는 다시 ㉮, ㉯, ㉰, …로 분류하였다.

3.2 주요 자의를 밝히고 각 뜻에 해당하는 용례를 ‖ 표시 다음에 보였다.

3.3 같은 뜻으로 쓰이는 다른 한자가 있을 때는 약호 ㉠(같) 다음에, 통용되는 한자는 (통) 다음에 넣었다.

어 휘

1. 학습이나 일상생활에서 많이 사용되는 어휘를 선정하여 실었다.

2. 고사성어는 《 》 안에 고사의 유래를 먼저 설명한 다음 그 뜻을 풀이하였다.

3. 어휘는 우리 음의 가나다순으로 배열하고, 음이 같을 때는 획수순으로 배열하였다.

4. 한자음이 속음으로 날 경우에 그 한글 표기 뒤에 역삼각형 표시(▼)를 보였다.

〔許諾 허락▼〕 청을 들어줌.

5. 표제자가 어말에 사용된 역순 어휘를 모아 ◪ 표시 뒤에 제시하였다.

8 ☆*7 算 ❶셈할 **산** ❷산가지 **산**
14

◪檢算(검산)/決算(결산)/計算(계산)/公算(공산)/乘算(승산)/暗算(암산)/演算(연산)/豫算(예산)/精算(정산)/採算(채산)/淸算(청산)/推算(추산)/打算(타산)/合算(합산)/換算(환산)

약호(略號)

〔 〕	표제 어휘에 사용하는 괄호
《 》	고사성어의 유래, 자구적인 풀이
(참고 표시)	참고·주의 사항
※	참고어
➡	풀이가 있는 동의어로 보낼 때
↔	상대어
▼	어휘항에서 속음으로 나는 한자음의 한글 표기 다음에
‖	용례
◪	표제자가 어말에 오는 역순 어휘 모음 앞에
[고]	표제자의 고자(古字)
[본]	표제자의 본자(本字)
[갖]	표제자의 갖은자
[동]	표제자의 동자(同字)
[속]	표제자의 속자(俗字)
[약]	표제자의 약자(略字)
[간]	표제자의 간체자(簡體字)
[자원]	자원(字源)
[갑]	갑골문
[금]	금문
[전]	소전
[고]	고문
[풀이]	자해(字解)
(본)	표제자의 본음(本音)
(같)	같은 뜻의 다른 한자(漢字)
(통)	통용자(通用字)
(한)	우리나라에서만 쓰이는 한자(漢字)
(중)	한어 병음
(일)	일본어 음과 훈
(영)	영어
☆	중학교용 교육용 기초 한자
★	고등학교용 교육용 기초 한자
*	대법원 선정 인명용 한자

一部 한일

☆＊8

0 一 한 일 | 갖 壹 一
1

一

㊥yī(이) ㊐イチ, イツ/ひとつ
㊕one

갑 一 금 一 자원 **지사자**. 가로획 하나로 1을 나타냄.

'壹'은 '一'의 갖은자로, 서류 따위에서 수를 고치지 못하도록 '一' 대신에 씀.

풀이 ①하나. 한. 하나하나. ‖一擧手一投足(일거수일투족). ②첫째. ‖一位(일위). ③모조리. 온통. ‖一生(일생). ④같다. ‖一貫(일관). ⑤어떤. ‖一名(일명). ⑥만일. ‖一旦(일단). ⑦작다. 소량. ‖一刻(일각).

〔一家 일가〕 ①성(姓)과 본(本)이 같은 겨레붙이. ②학문이나 기예 등에 뛰어나 독자적인 경지나 체계를 이룬 상태.
〔一家見 일가견〕 어떤 분야나 문제에 대한 독자적인 견해.
〔一刻 일각〕 ①한 시간의 4분의 1. 곧, 15분. ②아주 짧은 시간.
〔一刻千金 일각천금〕 아무리 짧은 시간도 귀중하기가 천금과 같음.
〔一擧 일거〕 한 번의 동작. 단번.
〔一擧手一投足 일거수일투족〕《손 한 번 들고 발 한 번 옮긴다는 뜻으로》 조그만 일에 이르기까지의 하나하나의 동작.
〔一擧兩得 일거양득〕 한 번의 거동이나 일로 두 가지 이득을 봄. 一擧二得(일거이득). 一石二鳥(일석이조).
〔一貫 일관〕 방법·태도 등을 한결같이 함. 一以貫之(일이관지). ‖一貫性(일관성).
〔一口二言 일구이언〕《한 입으로 두 말한다는 뜻으로》 이미 한 말을 번복함. 一口兩舌(일구양설).
〔一國 일국〕 ①한 나라. ②온 나라.
〔一軍 일군〕 온 군대.
〔一騎當千 일기당천〕《한 사람의 기병이 천 사람을 당한다는 뜻으로》 무예나 능력이 아주 뛰어남.
〔一念 일념〕 한결같은 마음. 또는, 오직 하나의 생각.
〔一刀兩斷 일도양단〕《한 칼에 두 동강이를 낸다는 뜻으로》 거침없이 결정하거나 결단을 내림. 一刀割斷(일도할단).
〔一等 일등〕 으뜸가는 등급.
〔一流 일류〕 첫째가는 지위나 부류.
〔一律 일률〕 ①한결같이 다룸. 일정한 규율. ②같은 가락.
〔一理 일리〕 어떤 면에서 그런대로 타당하다고 생각되는 이치.
〔一望 일망〕 한눈에 바라봄. ‖一望無際(일망무제).
〔一網打盡 일망타진〕《한 번 그물을 쳐서 고기를 다 잡는다는 뜻으로》 어떤 무리를 한꺼번에 모조리 잡음.
〔一脈相通 일맥상통〕 사고방식이나 성질 등이 어떤 점에서 서로 통함.
〔一目瞭然 일목요연〕 한눈에 알아볼 수 있을 만큼 분명함.
〔一無消息 일무소식〕 전혀 소식이 없음.
〔一味 일미〕 비할 바 없이 뛰어난 맛.
〔一般人 일반인〕 특별한 신분이나 지위에 있지 않은 보통의 사람.
〔一罰百戒 일벌백계〕《한 사람을 벌주어 백 사람을 경계한다는 뜻으로》 다른 사람들에게 경각심을 불러일으키기 위해 본보기로 한 사람에게 엄한 처벌을 함.
〔一變 일변〕 아주 달라짐.
〔一瞥 일별〕 한 번 흘낏 봄.
〔一事 일사〕 한 사건. 또는, 한 가지의 일.
〔一事不再理 일사부재리〕 한번 확정 판결된 사건은 다시 심리하지 않는다는 형사 소송법상의 원칙.
〔一絲不亂 일사불란〕 질서나 명령 체계 또는 단결 등이 잘되어 조금도 어지러운 데가 없음.
〔一瀉千里 일사천리〕《강물이 단번에 천 리를 간다는 뜻으로》 어떤 일이 거침없이 빠르게 진행됨.
〔一色 일색〕 ①한 가지의 빛깔. ②뛰어난 미인. 絕色(절색). ‖天下一色(천하일색). ③모두가 똑같음. 한가지.
〔一石二鳥 일석이조〕《한 번의 돌팔매로 두 마리 새를 잡는다는 뜻으로》 동시에 두 가지 이득을 얻음.
〔一掃 일소〕 죄다 쓸어버림.
〔一時 일시〕 어느 한 시기의 짧은 동안에. ‖一時中斷(일시 중단).
〔一身 일신〕 ①자신. 자기. ‖一身上(일신상). ②온몸.
〔一新 일신〕 아주 새로워짐. 또는, 새롭게 함.
〔一心 일심〕 ①하나로 합쳐진 마음. ②한쪽에만 마음을 씀. ③여러 사람의 마음이 하나가 됨.
〔一心同體 일심동체〕《'한마음 한 몸'이라는 뜻으로》 서로 굳게 결합함.
〔一心專力 일심전력〕 오직 한군데에 마음을 두어 온 힘을 기울임.
〔一躍 일약〕 ①단번에 높이 뛰어오름. ②지위나 형세가 갑자기 뛰어오르는 모양.
〔一魚濁水 일어탁수〕《한 마리의 물고기가 온 물을 흐린다는 뜻으로》 한 사람의 잘못으로 여러 사람이 피해를 입음.
〔一言 일언〕 ①한 마디의 말. ②간단한 말.
〔一葉片舟 일엽편주〕 조그마한 조각배.

〔一衣帶水 일의대수〕 한 줄기의 띠와 같은 작은 냇물이나 바닷물.
〔一以貫之 일이관지〕 한 이치로써 모든 것을 일관함.
〔一字無識 일자무식〕 글자 한 자도 모를 정도로 무식함.
〔一場 일장〕 ①한바탕. ‖一場演說(일장 연설). ②한 자리.
〔一長一短 일장일단〕 (‘하나의 장점과 하나의 단점’이라는 뜻으로) 장점과 단점.
〔一場春夢 일장춘몽〕 (‘한바탕의 또는 잠시 지나가 버리는 봄날 밤의 꿈’이라는 뜻으로) 인생의 모든 일이 덧없음. 南柯一夢(남가일몽). 一炊之夢(일취지몽).
〔一戰 일전〕 한바탕의 싸움.
〔一切 일절〕 아주. 전혀. 절대로. 금지나 부인, 부정할 때 쓰임. ➡일체(一切).
〔一朝 일조〕 ①(‘하루 아침’이라는 뜻으로) 갑작스럽게 짧은 시간. ②만일의 경우. ‖一朝有事時(일조 유사시).
〔一進一退 일진일퇴〕 한 번 나아갔다 한 번 물러섰다 함.
〔一着 일착〕 ①첫째로 도착함. ②바둑이나 장기에서, 돌이나 말을 한 번 놓음.
〔一切 일체〕 ①모든 것. ②전부. 완전히. ➡일절(一切).
〔一觸卽發 일촉즉발〕 조금 건드리기만 해도 곧 폭발할 것 같은 몹시 위험한 상태.
〔一致 일치〕 하나로 딱 들어맞음. ‖一致團結(일치단결).
〔一波萬波 일파만파〕 (하나의 물결이 연쇄적으로 많은 물결을 일으킨다는 뜻으로) 조그마한 일이나 사건이 점점 좋지 않은 쪽으로 확대되어 나가는 상태.
〔一敗塗地 일패도지〕 (한 번 패해 넘어지면 간과 뇌가 땅에 뒹군다는 뜻으로) 여지없이 패하여 다시 일어날 수 없게 됨.
〔一片丹心 일편단심〕 (‘한 조각의 붉은 마음’이라는 뜻으로) 정성된 마음 또는 충심(衷心).
〔一筆揮之 일필휘지〕 글씨를 단숨에 줄기차게 써 내림.
〔一行 일행〕 길을 함께 가는 사람.
〔一毫 일호〕 (‘한 개의 털’이라는 뜻으로) 극히 적은 것의 비유.
〔一攫千金 일확천금〕 힘들이지 않고 단번에 많은 재물을 얻음.
〔一環 일환〕 ①하나의 고리. ②이어져 있는 사물의 한 과정.
〔一喜一悲 일희일비〕 ①한편 기뻐하고 한편 슬퍼함. ②기쁨과 슬픔이 번갈아 일어남.
◢歸一(귀일)/均一(균일)/單一(단일)/同一(동일)/萬一(만일)/純一(순일)/如一(여일)/唯一(유일)/第一(제일)/擇一(택일)/統一(통일)/合一(합일)

☆*4
丁 ❶넷째 천간 **정** ❷소리 **정**

一丁

㊥dīng(띵), zhēng(˚쩡) ㊐テイ
갑 금 전

자원 **상형자.** ‘못대가리’의 상형, ‘물고기 눈알’의 상형, ‘사람 머리’의 상형 등 여러 설이 있음.
흔히 ‘고무래 정’이라고 칭하는 것은 글자 모양에 따른 속칭임.
풀이 ❶①넷째 천간. ㉮십간(十干)의 넷째. ‖丁未(정미). ㉯제4위. ‖丁夜(정야). ②장정. ㉮젊은 남자. ‖丁男(정남). ㉯남자 일꾼. ‖園丁(원정). ③당하다. 만나다. ‖丁憂(정우). ❷소리. 소리의 형용. ‖丁丁(정정).
〔丁年 정년〕 ①태세의 천간(天干)이 정(丁)인 해. ②장정이 된 나이.
〔丁寧 정녕〕 정말로 틀림없이.
〔丁卯 정묘〕 60갑자의 넷째.
〔丁時 정시〕 이십사시의 열넷째 시. 곧, 오후 12시 반부터 1시 30분까지의 동안.
〔丁夜 정야〕 축시(丑時). 새벽 2시 전후. 四更(사경).
〔丁憂 정우〕 부모의 상(喪)을 당함.
〔丁銀 정은〕 품질이 가장 낮은 은.
〔丁字閣 정자각〕 ‘丁(정)’ 자 모양으로 된 건물. 능(陵) 앞에 있음.
〔丁錢 정전〕 조선 시대에, 군역(軍役) 대신에 바치던 돈.
◢目不識丁(목불식정)/白丁(백정)/兵丁(병정)/成丁(성정)/役丁(역정)/壯丁(장정)/正丁(정정)

☆*8
七 일곱 **칠** ㉠ 漆柒

一七

㊥qī(치) ㊐シチ/ななつ ㊎seven
갑 금 전 자원 **지사자.** 갑골문에서 가로획은 잘리는 물건을, 세로획은 자르는 칼을 나타내는 것으로, 한가운데를 자르는 것을 뜻함. 十(열 십) 자와의 구별을 위해 세로획의 아랫부분을 변형시킨 것이 소전의 자형임. 이 글자가 7의 뜻으로 쓰이자 본뜻을 보존하기 위해 만든 자가 ‘切(절)’임.
‘漆’, ‘柒’은 ‘七’의 갖은자로, 마음대로 고치지 못하도록 문서 따위에 ‘七’ 대신에 씀.
풀이 ①일곱. 일곱 번. ‖七百(칠백). ②문체 이름.
〔七去之惡 칠거지악〕 옛날, 아내를 내쫓을 구실이 되었던 일곱 가지 나쁜

행실. 시부모에게 불효하는 것, 아들이 없는 것, 음란한 것, 질투하는 것, 나쁜 병이 있는 것, 말이 많은 것, 도둑질하는 것. 七去(칠거). 七出(칠출).

〔**七零八落** 칠령팔락〕 ①사물이 가지런하게 고르지 못함. ②제각기 뿔뿔이 흩어지거나 이리저리 없어짐.

〔**七寶丹粧** 칠보단장〕 칠보, 곧 여러 패물로 몸을 단장함. 또는, 그 단장.

〔**七步才** 칠보재〕《위(魏)나라의 시인 조식(曹植)이 일곱 걸음을 걸을 동안에 시(詩)를 지었다는 고사에서》 뛰어난 글재주. 七步之才(칠보지재).

〔**七夕** 칠석〕 음력 7월 7일 밤. 견우와 직녀가 오작교에서 만난다 함.

〔**七星** 칠성〕 ①북두칠성. ②관(棺) 속 바닥에 까는 얇은 널조각.

〔**七旬** 칠순〕 일흔 살.

〔**七言** 칠언〕 ①한시(漢詩)에서, 한 구가 일곱 글자로 이루어진 형식. ② ➡ 七言詩(칠언시).

〔**七言詩** 칠언시〕 일곱 자로 한 구를 이루는 한시(漢詩)의 총칭. 칠언 고시·칠언 율시·칠언 절구 등이 있음. 七言(칠언).

〔**七顚八起** 칠전팔기〕《일곱 번 넘어지고 여덟 번 일어난다는 뜻으로》 수많은 실패를 무릅쓰고 해냄.

〔**七顚八倒** 칠전팔도〕《일곱 번 구르고 여덟 번 거꾸러진다는 뜻으로》 수없이 실패를 거듭하거나 고생함. 十顚九倒(십전구도).

〔**七縱七擒** 칠종칠금〕《중국 촉나라의 제갈량(諸葛亮)이 맹획(孟獲)을 일곱 번 사로잡았다가 일곱 번 놓아주었다는 고사에서》 상대방을 마음대로 다룸.

〔**七七齋** 칠칠재〕 사람이 죽은 지 49일 되는 날 지내는 재. 四十九日齋(사십구일재).

2 *
3 **万** 일만 **만** | 万

[중]wàn(완) [일]マン, バン [영]ten thousand

✎ ①萬(만:649쪽)의 약자로 쓰임. ② 서역(西域)에서는 '萬'의 수를 '卍'으로 나타냄. '卍'의 변한 꼴이 '万'임.

2 ☆*8
3 **三** ❶석 **삼** ❷자주 **삼** | [고] 弎 [갖] 參 三

一 二 三

[중]sān(싼) [일]サン/みっつ, み [영]three

[갑] ☰ [금] 三 [자원] **지사자.** 세 개의 가로획으로 3을 나타냄.

✎ '參'은 '三'의 갖은자로, 마음대로 고치지 못하도록 문서 따위에 '三' 대신 씀.

[풀이] ❶석. 세. 셋. 세 번. ‖三餘(삼여)/三秋(삼추). ❷자주. 거듭.

〔**三角關係** 삼각관계〕 ①세 사람 또는 세 단체 사이의 관계. ②세 남녀 사이의 연애 관계. 三角戀愛(삼각연애).

〔**三角形** 삼각형〕 세 개의 선분으로 둘러싸인 평면 도형.

〔**三間斗屋** 삼간두옥〕 몇 칸 안 되는 작은 오두막집.

〔**三綱** 삼강〕 세 가지 근본. 유교에서 군신(君臣)·부자(父子)·부부(夫婦)의 도(道)를 말함. 인도(人道)의 세 기본인 군위신강(君爲臣綱)·부위자강(父爲子綱)·부위부강(夫爲婦綱).

〔**三更** 삼경〕 밤 11시부터 새벽 1시까지의 동안.

〔**三顧草廬** 삼고초려〕《중국 촉한의 임금 유비가 제갈량의 초옥을 세 번이나 방문하여 마침내 군사(軍師)로 삼은 고사에서》 어떤 인재를 맞아들이기 위해 그의 사양에도 불구하고 여러 번 찾아가 간절하게 청함.

〔**三光** 삼광〕 ①해와 달과 별. ②화투에서, 솔·공산·벚꽃의 세 광.

〔**三國** 삼국〕 ①세 나라. ②신라·백제·고구려. ③중국 후한(後漢) 말의 위(魏)·오(吳)·촉(蜀)의 세 나라.

〔**三權** 삼권〕 국가 통치의 세 가지 권력. 곧, 입법권·사법권·행정권. ‖三權分立(삼권 분립).

〔**三段論法** 삼단 논법〕 두 개의 전제에서 하나의 결론을 이끌어 내는 추리 논법.

〔**三昧** 삼매〕 잡념을 떠나서 오직 하나의 대상에만 정신을 집중하는 경지. 三昧境(삼매경).

〔**三伏** 삼복〕 초복·중복·말복의 총칭.

〔**三分五裂** 삼분오열〕《셋으로 나뉘고 다섯으로 찢어진다는 뜻으로》 여러 갈래로 갈려 흩어짐.

〔**三不去** 삼불거〕 칠거지악(七去之惡)을 범한 아내라도 버리지 못하는 세 경우. 곧, 갈 데가 없거나, 부모상을 같이 치렀거나, 가난할 때 같이 고생하다가 뒤에 부귀하게 된 경우.

〔**三三五五** 삼삼오오〕 서너 사람 혹은 대여섯 사람씩 여기저기 흩어져 떼 지어 있는 모양.

〔**三省** 삼성〕 매일 세 번 자신을 반성함.

〔**三旬九食** 삼순구식〕《서른 날에 아홉 끼니밖에 못 먹는다는 뜻으로》 끼니를 잇기 어려울 만큼 몹시 가난한 상태.

〔**三十六計** 삼십육계〕 ①옛 병법에서, 서른여섯 가지의 계략. ②《삼십육계주위상책(三十六計走爲上策:36가지 계략 가운데 도망치는 것이 상책이라는 뜻)에서 온 말. 출전은 자치통감》 아주 불리하거나 위급한 상황에 처하여 도망을 치는 일.

〔**三五夜** 삼오야〕 음력 보름날 밤. 十五夜(십오야).

〔三人成虎 삼인성호〕《세 사람이 짜면 호랑이가 거리로 나왔다는 거짓말도 사실처럼 될 수 있다는 뜻으로》 근거 없는 말도 여럿이 하면 곧이듣게 됨.
〔三日遊街 삼일유가〕 과거에 급제한 사람이 사흘 동안 좌주(座主)와 선진자(先進者)와 친척을 방문하는 일.
〔三日葬 삼일장〕 죽은 지 사흘 만에 지내는 장사.
〔三日天下 삼일천하〕《3일 동안 천하를 다스린다는 뜻으로》 잠시 정권을 잡았다가 잃음의 비유.
〔三絶 삼절〕 ①뛰어난 세 존재. ②세 가지의 뛰어난 재주. 또는, 그런 재주를 가진 사람.
〔三族 삼족〕 ①부모·형제·처자. ②부족(父族)·모족(母族)·처족(妻族).
〔三從之道 삼종지도〕 봉건 시대의 여자가 지켜야 할 세 가지 도리. 곧, 어려서는 아버지를, 시집가서는 남편을, 남편이 죽은 후에는 자식을 좇으라는 것.
〔三重奏 삼중주〕 서로 다른 세 개의 악기에 의한 합주. 피아노 삼중주 따위.
〔三尺 삼척〕 ①길이 석 자 정도의 긴 칼. ②법률. 옛날에는 석 자의 대쪽에 법률을 기록하였음.
〔三尺童子 삼척동자〕《'키가 석 자밖에 되지 않는 아이'라는 뜻으로》 어린 아이를 이름.
〔三千里 삼천리〕《함경북도의 북쪽 끝에서 제주도의 남쪽 끝까지 약 3,000리가 된다고 하여》 우리나라의 땅을 이르는 말.
〔三寒四溫 삼한 사온〕 겨울에 사흘가량 추운 날씨가 계속되다가, 나흘가량 따뜻한 날씨가 계속되는 일.
◪再三(재삼)

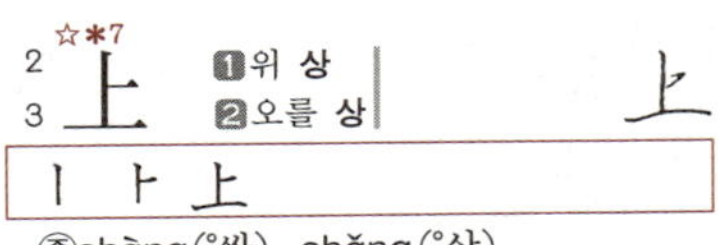

㊥shàng(°쌍), shǎng(°상)
㊐ジョウ/うえ ㊋upper part
갑 금 **자원** **지사자.** 긴 가로획 위에 짧은 가로획을 그어 '위'를 나타냄.
풀이 ❶①위. 높은 쪽. ‖上官(상관)/上流(상류)/頂上(정상). ②표면. ‖地上(지상). ③임금 ‖主上(주상)/上覽(상람). ④처음. 옛. ‖上古(상고). ⑤손위. ⑥가. 곁. ⑦음력 10월. 상달. ⑧…에서. ‖歷史上(역사상). ❷①오르다. ②올리다. 드림. ‖上訴(상소). ③상성(上聲).
〔上京 상경〕 지방에서 서울로 올라감.
〔上古 상고〕 ①아주 옛날. 太古(태고). ②역사의 시대 구분의 하나.
〔上空 상공〕 어떤 지역의 위에 있는 공중.
〔上官 상관〕 직책상 자기보다 더 높은 자리에 있는 사람. 上司(상사). ↔下官(하관)·部下(부하).
〔上卷 상권〕 두 권 또는 세 권으로 된 책의 첫째 권.
〔上級 상급〕 높은 등급이나 계급. ↔下級(하급).
〔上納 상납〕 ①나라에 조세를 바침. ②윗사람에게 금품을 바침.
〔上端 상단〕 위쪽의 끝.
〔上代 상대〕 ①조상의 대. 윗대. ②상고(上古)의 시대.
〔上流 상류〕 ①강물의 근원에 가까운 곳. ②사회적 지위나 생활 정도가 높음.
〔上陸 상륙〕 배에서 내려 육지로 오름.
〔上部 상부〕 ①위쪽 부분. ②더 높은 직위나 관청 ↔下部(하부).
〔上書 상서〕 ①윗사람에게 글을 올림. 또는, 그 글. ②신하가 동궁(東宮)에게 글을 올림. 또는, 그 글.
〔上聲 상성〕 사성(四聲)의 하나. 처음이 낮고 나중이 높은 소리.
〔上疏 상소〕 신하가 임금에게 건의·진정·비판 등의 내용을 담은 글을 올림. 또는, 그 글.
〔上旬 상순〕 초하루부터 초열흘까지의 사이. 上澣(상한). 上浣(상완). 初旬(초순).
〔上述 상술〕 윗부분 또는 앞부분에서 서술함. 前述(전술).
〔上昇 상승〕 낮은 데서 위로 올라감. 上升(상승). ↔下降(하강)·下落(하락).
〔上食 상식〕 상가(喪家)에서 아침저녁으로 궤연(几筵) 앞에 올리는 음식.
〔上申 상신〕 의견이나 사정을 관청이나 윗사람에게 말이나 글로 여쭘.
〔上演 상연〕 연극 따위를 무대에서 행하여 관객에게 보임.
〔上映 상영〕 영사기로 막에 영상을 비추어 영화를 관객에게 보임.
〔上午 상오〕 밤 12시부터 낮 12시까지의 동안. 午前(오전). ↔下午(하오).
〔上元 상원〕 음력 정월 보름날.
〔上位 상위〕 높은 순위나 등급이나 지위.
〔上座 상좌〕 높은 자리. 上席(상석).
〔上奏 상주〕 임금에게 말씀을 아룀. 奏上(주상).
〔上策 상책〕 훌륭한 계책. 上計(상계).
〔上天 상천〕 ①하늘. ②하느님. ③하늘에 오름. ④겨울 하늘.
〔上體 상체〕 몸의 윗부분. 대개 배꼽 위를 가리킴. ↔下體(하체).
〔上濁下不淨 상탁하부정〕《윗물이 흐리면 아랫물이 깨끗할 수 없다는 뜻으로》 윗사람의 자숙을 경고하는 말.
〔上篇 상편〕 두 편 또는 세 편으로 된 책의 첫째 편. ※中篇(중편)·하편(下篇).
〔上品 상품〕 ①질이 좋은 물품. 上等品

(상등품). ※中品(중품)·下品(하품). ②상등의 품위.

〔上下 상하〕 ①위와 아래. ②윗사람과 아랫사람.

〔上下撑石 상하탱석〕《아랫돌 빼서 윗돌 괴고, 윗돌 빼서 아랫돌 괸다는 뜻으로》 일이 급할 때 임시변통으로 이리저리 둘러맞춤.

〔上學 상학〕 학교에서 그날의 공부를 시작함.

〔上限 상한〕 위아래로 일정한 범위를 이루고 있을 때, 위쪽의 한계. ↔下限(하한).

〔上向 상향〕 ①위쪽을 향함. ②수치나 한도, 기준 등을 더 높게 잡음. ↔下向(하향).

〔上廻 상회〕 어떤 기준을 웃돎.

◢極上(극상)/今上(금상)/路上(노상)/壇上(단상)/途上(도상)/無上(무상)/浮上(부상)/飛上(비상)/氷上(빙상)/史上(사상)/船上(선상)/世上(세상)/水上(수상)/身上(신상)/年上(연상)/零上(영상)/屋上(옥상)/陸上(육상)/以上(이상)/引上(인상)/頂上(정상)/主上(주상)/至上(지상)/紙上(지상)/地上(지상)/誌上(지상)/進上(진상)/天上(천상)/最上(최상)/海上(해상)/向上(향상)

3 **与** 與(여)의 약자 →631쪽

★✱3-Ⅱ

2 3 **丈** 어른 **장** 丈

一 ナ 丈

㊥zhàng(°짱) ㊐ジョウ/たけ
㊎elder, length

금 [자원] **회의자.** 손〔又(우)〕으로 지팡이를 들고 있는 모양을 나타냄. 뒷날 '丈'이 길이의 단위로 쓰이게 되면서 본뜻을 보존하기 위해 만든 자가 '杖(지팡이 장)'임.

[풀이] ①어른. ‖丈夫(장부). ②장. 길이 단위. ③존칭. 남자의 칭호·직함·호 등의 끝에 붙임. ‖椿府丈(춘부장). ④길. 어른 키의 길이.

〔丈六 장륙〕 높이가 일장 육척(一丈六尺)인 불상.

〔丈母 장모〕 아내의 친어머니. 聘母(빙모).

〔丈夫 장부〕 ①성인 남자. ②대장부.

〔丈人 장인〕 아내의 친아버지. 聘丈(빙장). 岳父(악부).

〔丈尺 장척〕 열 자 길이의 장대로 만든 자.

◢氣高萬丈(기고만장)/老丈(노장)/方丈(방장)/聘丈(빙장)/查丈(사장)/主人丈(주인장)/春府丈(춘부장)/波瀾萬丈(파란만장)

☆✱7

2 3 **下** ❶아래 **하** ❷내릴 **하** 下

一 丅 下

㊥xià(씨아) ㊐カ, ゲ/した ㊎lower part

갑 금 [자원] **지사자.** 긴 가로획 아래에 짧은 가로획을 그어 '아래'를 나타냄.

[풀이] ❶①아래. 밑. ‖天下(천하)/下體(하체). ②아랫사람. ‖上下階級(상하계급). ③뒷부분. ‖下午(하오). ④임금의 거처. ‖閣下(각하). ❷①내리다. 내려가다. 떨어지다. ‖下落(하락)/下山(하산). ②지방으로 내려가다. ‖下鄕(하향). ③낮추다. ④손대다. ⑤관직 등에서 떠나다. ‖下野(하야). ⑥내려주다. ‖下書(하서). ⑦접미사. 조건·환경 등을 나타냄. ‖目下(목하).

〔下嫁 하가〕 공주나 옹주가 귀족이나 신하에게로 시집감.

〔下降 하강〕 높은 곳에서 아래로 향하여 내려옴. ↔上昇(상승).

〔下界 하계〕 ①사람이 사는 이 세상. ②높은 곳에서 낮은 곳을 이르는 말.

〔下官 하관〕 지위가 낮은 관리. ↔上官(상관).

〔下棺 하관〕 장사 지낼 때 관을 광중(壙中)에 내림.

〔下顴 하관〕 얼굴의 광대뼈 아랫부분.

〔下校 하교〕 수업을 끝내고 학교에서 집으로 돌아감. ↔登校(등교).

〔下敎 하교〕 ①윗사람이 아랫사람에게 가르쳐 줌. ②왕의 명령. 傳敎(전교).

〔下剋上 하극상〕 계급이나 신분이 낮은 사람이 윗사람을 꺾어 누름.

〔下級 하급〕 낮은 등급이나 계급. ↔上級(상급).

〔下落 하락〕 값이나 등급 등이 떨어짐. ↔上昇(상승).

〔下略 하략〕 문장 따위에서 뒷부분을 줄임.

〔下流 하류〕 ①하천의 아래쪽. ②사회에서, 신분이나 자산(資産) 정도가 낮은 계층. 下層(하층).

〔下馬評 하마평〕《관리들을 말에 태우고 온 마부들이 상전들이 관청에 들어가 일을 보는 동안에 상전들에 대해 이러쿵저러쿵 평을 했다는 고사에서》 관리들의 인사이동이나 관직 임명 등에 관련하여 세상에 떠도는 풍문.

〔下命 하명〕 명령을 내림. 또는, 그 명령. 下令(하령).

〔下部 하부〕 ①아래쪽 부분. ②하급 기관. 또는, 그 사람. ↔上部(상부).

〔下士 하사〕 국군 계급의 하나. 병장의 위, 중사의 아래임.

〔下賜 하사〕 임금이 신하에게, 또는 윗사람이 아랫사람에게 물품을 내려 줌. ‖下賜品(하사품).

〔下山 하산〕 산에서 내려가거나 내려옴.
〔下石上臺 하석상대〕《아랫돌 빼서 윗돌 괴고 윗돌 빼서 아랫돌 괸다는 뜻으로》 임시변통으로 이리저리 둘러맞춤.
〔下誠 하성〕 웃어른에 대하여 자기의 정성을 낮추어 이르는 말.
〔下水 하수〕 가정이나 공장에서 쓰고 버리는 더러운 물. ‖下水道(하수도).
〔下手人 하수인〕 ①범죄 집단의 우두머리의 명령에 따라 살인·폭력 등을 행하는 사람. ②남의 밑에서 졸개 노릇을 하는 사람.
〔下宿 하숙〕 일정한 방세와 식비를 내고 남의 집에 머물면서 숙식함. 또는, 그런 집.
〔下旬 하순〕 매월 21일부터 그믐날까지의 기간. 下浣(하완). 下澣(하한).
〔下野 하야〕 관직, 특히 대통령 직에서 물러남.
〔下午 하오〕 낮 12시부터 밤 12시까지의 동안. 午後(오후). ↔上午(상오).
〔下獄 하옥〕 죄인을 옥에 가둠.
〔下人 하인〕 지난날, 남의 집에 매여 일하던 사람. ‖下人輩(하인배).
〔下劑 하제〕 설사가 나게 하는 약.
〔下直 하직〕 ①먼 길을 떠날 때 웃어른에게 작별을 고함. ②세상을 다 살아 죽음을 맞이함.
〔下車 하차〕 ①차에서 내림. ②차에 실려 있는 짐을 내림.
〔下請 하청〕 어떤 회사가 맡은 일을 다시 제삼자가 하수급인으로서 맡음.
〔下體 하체〕 ①몸의 아랫부분. 아랫도리. ↔上體(상체). ②사람의 음부(陰部).
〔下側 하측〕 아래쪽.
〔下層 하층〕 건물 따위의 아래층.
〔下篇 하편〕 두 편 또는 세 편으로 된 책의 끝 편. ※中篇(중편)·上篇(상편).
〔下品 하품〕 질이 낮은 물품. ※中品(중품)·上品(상품).
〔下筆成章 하필성장〕《붓을 대기만 하면 글을 이룬다는 뜻으로》 글재주가 뛰어남.
〔下學上達 하학상달〕《아래를 배워 위에 도달한다는 뜻으로》 쉬운 지식을 배워 어려운 이치를 깨달음.
〔下限 하한〕 위아래로 일정한 범위를 이루고 있을 때, 아래쪽의 한계. ↔上限(상한).
〔下向 하향〕 ①아래쪽을 향함. ②수치나 한도, 기준 등을 더 낮게 잡음. ↔上向(상향).
〔下弦 하현〕 음력 매월 23일경에 뜨는 반달.
〔下血 하혈〕 항문이나 하문(下門)으로 피를 쏟음.
〔下懷 하회〕 편지 글에서, 웃어른에게 자기의 심정을 낮추어 이르는 말.
〔下厚上薄 하후상박〕 임금(賃金) 인상 등에서 인상률을 아랫사람에게 후하고 윗사람에게는 박하게 하는 일.
〔下恤 하휼〕 아랫사람 또는 백성의 어려움을 구제함.
◢却下(각하)/閣下(각하)/降下(강하)/格下(격하)/高下(고하)/貴下(귀하)/落下(낙하)/廊下(낭하)/壇下(단하)/目下(목하)/門下(문하)/白日下(백일하)/部下(부하)/卑下(비하)/上下(상하)/手下(수하)/膝下(슬하)/侍下(시하)/臣下(신하)/年下(연하)/零下(영하)/隷下(예하)/月下(월하)/以下(이하)/引下(인하)/低下(저하)/殿下(전하)/地下(지하)/天下(천하)/最下(최하)/取下(취하)/治下(치하)/投下(투하)/貶下(폄하)/陛下(폐하)/皮下(피하)/麾下(휘하)

3 4 丐 빌 개

㊥gài(까이) ㊐カイ/こう ㊎beg, beggar
풀이 ①빌다. 빎. ②거지. 비렁질.
〔丐乞 개걸〕 ①빌어먹음. ②거지.
◢乞丐(걸개)

3 4 不 ☆*7 아닐 불☆*7 부*

一 ㄱ 不 不

㊥bù(뿌), fǒu(°퍼우) ㊐フ, ブ/ず, ざる ㊎not
갑 금 자원 **상형자.** 풀이나 나무의 뿌리를 본뜬 자. 꽃받침의 상형이라는 설도 있음. 부정사(否定詞)로 가차되어 쓰여 옴.
국어에서, 'ㄷ', 'ㅈ'으로 시작하는 음절 앞에 올 때에는 '부'로 읽음.
풀이 ①㉮아니다. ㊐非·匪. ‖不利益(불이익). ㉯아니하다. ‖不變(불변). ②금지. ③없다. ㊐無. ④못하다. 모자람.
〔不斷 부단〕 ①끊임이 없음. ②과단성이 없음. ‖優柔不斷(우유부단).
〔不當 부당〕 옳지 않음. ‖不當利得(부당 이득). ↔正當(정당).
〔不德 부덕〕 덕이 없음.
〔不渡 부도〕 예금 잔고가 없어 어음·수표에 적힌 금액을 지불일에 받지 못하는 일. ‖不渡手票(부도 수표).
〔不倒翁 부도옹〕 오뚝이.
〔不動 부동〕 ①움직이지 않음. ‖不動姿勢(부동자세). ②마음이 흔들리지 않음. ‖搖之浮動(요지부동).
〔不動産 부동산〕 움직여 옮길 수 없는 재산. 토지 및 그 정착물인 건물이나 수목(樹木) 따위.
〔不凍港 부동항〕 얼지 않아 겨울에도 배가 드나들 수 있는 항구.
〔不得不 부득불〕 하지 않을 수 없어. 不可不(불가불).
〔不實 부실〕 ①몸이나 마음이 옹골차지

못함. ②어떤 것의 내용이 제대로 갖추어지지 않음. ③미덥지 못함.
〔不才 부재〕 재주가 없음.
〔不正 부정〕 바르지 않음. ‖不正行爲(부정행위).
〔不淨 부정〕 ①깨끗하지 않음. ②사람이 죽는 따위의 불길한 일.
〔不正競爭 부정 경쟁〕 바르지 않은 수단으로 동업자의 이익을 해치는 일. 不正競業(부정 경업).
〔不定期 부정기〕 시기 또는 기한이 정해져 있지 않음.
〔不正品 부정품〕 옳지 않은 방법으로 만들었거나 취득한 물품.
〔不定形 부정형〕 일정하지 않은 모양이나 양식.
〔不調 부조〕 고르지 못함.
〔不調和 부조화〕 서로 잘 어울리지 않음. 失調(실조).
〔不足 부족〕 필요한 양이나 기준에 미치지 못함.
〔不知其數 부지기수〕 너무 많아서 그 수효를 알 수가 없음.
〔不知不識 부지불식〕 알아차리지 못함. 不知不覺(부지불각).
〔不振 부진〕 어떤 일이 이루어지는 기세나 힘 등이 활발하지 못함.
〔不盡 부진〕 다하지 않음. 끊어져 없어지지 않음.
〔不可 불가〕 옳지 않거나 할 수 없음.
〔不可缺 불가결〕 없어서는 안 됨.
〔不可分 불가분〕 나눌 수가 없음.
〔不可不 불가불〕 ➡不得不(부득불).
〔不可思議 불가사의〕 사람의 생각으로는 헤아려 알 수가 없음.
〔不可勝數 불가승수〕 많아 이루 다 셀 수가 없음.
〔不可知 불가지〕 알 수 없음.
〔不可侵 불가침〕 침범해서는 안 됨.
〔不可避 불가피〕 피할 수 없음.
〔不可抗力 불가항력〕 사람의 힘으로는 어떻게 할 수 없는 힘.
〔不可解 불가해〕 이해할 수 없음.
〔不干涉 불간섭〕 간섭하지 않음.
〔不感 불감〕 느끼지 못함. ‖不感症(불감증).
〔不潔 불결〕 더러움. ↔淸潔(청결).
〔不敬 불경〕 경의를 나타냄이 없이 무례함.
〔不景氣 불경기〕 경기가 좋지 못함. ↔好景氣(호경기).
〔不共戴天 불공대천〕 《하늘을 같이 이지 못한다는 뜻으로》 이 세상에서 같이 살 수 없을 만큼 큰 원한을 가진 것의 비유. 不俱戴天(불구대천).
〔不過 불과〕 어떤 수량이 기대치나 보통의 경우보다 훨씬 적거나 낮은 것임을 뜻하는 말.
〔不俱戴天 불구대천〕 ➡不共戴天(불공대천).
〔不歸 불귀〕 ①돌아오지 않음. ②죽음. ‖不歸客(불귀객).
〔不及 불급〕 미치지 않음.
〔不吉 불길〕 운수 따위가 좋지 않음.
〔不能 불능〕 ①할 수 없음. ‖再起不能(재기 불능). ②성적(性的) 능력이 없음.
〔不良 불량〕 ①행실이나 성품이 나쁨. ②질이나 수준이 낮음.
〔不倫 불륜〕 인륜(人倫)에서 벗어남.
〔不利 불리〕 이롭지 않음.
〔不滿 불만〕 마음에 흐뭇하게 차지 않음.
〔不眠 불면〕 잠을 이루지 못함.
〔不滅 불멸〕 멸망하거나 없어지지 않음.
〔不毛 불모〕 ①땅에 곡식이나 다른 식물이 자라지 않음. ②성장이나 결실이 없음의 비유.
〔不問可知 불문가지〕 묻지 않아도 알 수 있음.
〔不問曲折 불문곡절〕 《바르고 굽음을 묻지 않는다는 뜻으로》 이런저런 사정을 묻지 않음.
〔不問曲直 불문곡직〕 옳고 그름을 따지지 않음.
〔不法 불법〕 법에 어긋남.
〔不變 불변〕 변하지 않음. ↔可變(가변).
〔不服 불복〕 ①복종하지 않음. ②판결이나 행정 처분 등에 승복하지 않음.
〔不世出 불세출〕 좀처럼 세상에 나타나지 않을 만큼 뛰어남.
〔不純 불순〕 순수하지 못함.
〔不順 불순〕 ①온순하지 못함. ②순조롭지 못함.
〔不信 불신〕 믿지 않음. 不信任(불신임).
〔不安 불안〕 ①마음이 편하지 않고 조마조마함. ②분위기 따위가 술렁거려 뒤숭숭함.
〔不夜城 불야성〕 《중국 한나라 때 있었던 불야성이 밤에 해가 떠 환히 밝았다는 전설에서》 등불이 많이 켜 있어 밤에도 대낮처럼 밝은 곳.
〔不言可知 불언가지〕 말을 안 해도 알 수 있음.
〔不撓不屈 불요불굴〕 의지가 굳어 어떤 어려움에도 흔들리거나 굽히지 않음.
〔不要不急 불요불급〕 필요하지도 급하지도 않음.
〔不用 불용〕 ①사용하지 않음. ②소용이 없음.
〔不溶性 불용성〕 용해(溶解)되지 않는 성질.
〔不遇 불우〕 ①재능이나 포부를 갖고 있으면서 때를 만나지 못해 불운함. ②살림이나 처지가 딱하고 어려움.
〔不運 불운〕 운이 없음. 운수가 나쁨. ↔幸運(행운).
〔不願 불원〕 원하지 않음.
〔不遠間 불원간〕 앞으로 멀지 않은 동안.
〔不遠萬里 불원만리〕 《만 리를 멀다고

1획

여기지 않는다는 뜻으로) 먼 길을 마다하지 않고 오감.

〔不遠千里 불원천리〕 (천 리를 멀다 하지 않는다는 뜻으로) 먼 길을 마다하지 않고 오감.

〔不愉快 불유쾌〕 유쾌하지 않음.

〔不應 불응〕 응하지 않음.

〔不意 불의〕 생각하지 않던 판.

〔不義 불의〕 ①옳지 않음. ②윤리에 벗어남.

〔不察 불찰〕 잘 살피지 않아 생긴 잘못.

〔不撤晝夜 불철주야〕 밤낮을 가리지 않고 쉴 새 없이 어떤 일에 몰두함.

〔不聽 불청〕 ①듣지 않음. ②청을 들어주지 않음.

〔不請客 불청객〕 청하지 않았는데도 찾아온 손님.

〔不肖 불초〕 ①어버이의 덕망이나 유업(遺業)을 이어받지 못함. 또는, 그런 사람. ②('못난 사람'이란 뜻으로) 자기의 겸칭.

〔不肖子 불초자〕 부모에게 자기를 낮추어 이르는 말. 不肖男(불초남).

〔不出 불출〕 ①못난 사람을 조롱하는 말. ‖八不出(팔불출). ②외출하지 않음. ※杜門不出(두문불출).

〔不忠 불충〕 충성하지 않음.

〔不測 불측〕 ①헤아려 짐작하기 어려움. ②괘씸하고 엉큼함.

〔不治 불치〕 병을 다스릴 수 없음. ‖不治病(불치병).

〔不齒 불치〕 사람 축에 들지 못함.

〔不恥下問 불치하문〕 아랫사람이나 자기보다 못한 사람에게 묻는 것을 부끄러워하지 않음.

〔不通 불통〕 ①의사가 통하지 않음. ‖固執不通(고집불통). ②통신 등이 끊어짐.

〔不便 불편〕 ①편리하지 않음. ②몸이나 마음이 편하지 못함.

〔不偏不黨 불편부당〕 어느 편으로도 치우치지 않아 공정하고 중립적인 상태에 있음. 無偏無黨(무편무당).

〔不學無識 불학무식〕 배운 것이 없어 무식함.

〔不幸 불행〕 ①행복하지 못한 것. 幸運(행운). ②좋지 않은 일을 당함.

〔不和 불화〕 서로 화합하지 못함. 不合(불합).

〔不況 불황〕 경기가 좋지 않아 경제 활동이 침체된 상태.

〔不朽 불후〕 (썩지 않는다는 뜻으로) 영원토록 변하거나 없어지지 않음.

◢未嘗不(미상불)/不得不(부득불)/不可不(불가불)

3/4 **丑** ☆*3 ❶소 **축**☆*3 ㉥**추** ❷이름 **추** | ㉠丑 丑

ㄱ 𠃌 丑 丑

㊥chǒu(°처우) ㊐チュウ/うし ㊎cattle

갑 금 **자원** **상형자.** 뭔가 잡으려고 손가락을 굽히고 있는 손의 모양을 본뜬 자. 가차되어 간지로 쓰이면서 '爪(손톱 조)'가 그 의미를 대신하게 됨.

풀이 ❶소. 둘째 지지. 띠로는 소, 시간으로는 오전 1시부터 3시 사이, 방위로는 북동, 오행(五行)으로는 토(土). ❷이름. 사람 및 땅 이름. ‖公孫丑(공손추).

〔丑年 축년〕 태세의 지지(地支)가 축(丑)으로 된 해.

〔丑時 축시〕 십이시의 둘째 시. 곧, 오전 1시부터 3시까지의 동안.

〔丑日 축일〕 일진(日辰)의 지지(地支)가 축(丑)으로 된 날.

◢癸丑(계축)/己丑(기축)/乙丑(을축)/丁丑(정축)

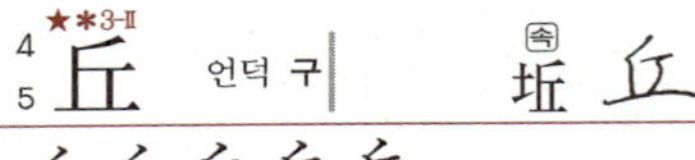

4/5 **丘** ★*3-Ⅱ 언덕 **구** | ㊋坵 丘

丿 亻 𠂆 斤 丘

㊥qiū(치우) ㊐キュウ/おか ㊎hill

갑 금 **자원** **상형자.** 언덕을 본뜬 자. 흙 한 더미의 상형이 土(토), 두 더미가 丘(구), 세 더미가 山(산), 山(산)에 丘(구)를 더한 것이 岳(악)임.

공자(孔子)의 이름자이므로, 피하여 邱로 쓰기도 함.

풀이 ①언덕. ‖丘陵(구릉). ②동산. ③무덤. ‖丘木(구목). ④마을.

〔丘陵 구릉〕 산보다 낮고 그리 가파르지 않은 땅. 언덕.

〔丘木 구목〕 무덤 주위에 둘러서 있는 나무. 도래솔 따위. 墓木(묘목).

〔丘墓 구묘〕 무덤.

◢段丘(단구)/比丘(비구)/砂丘(사구)/殘丘(잔구)/海丘(해구)

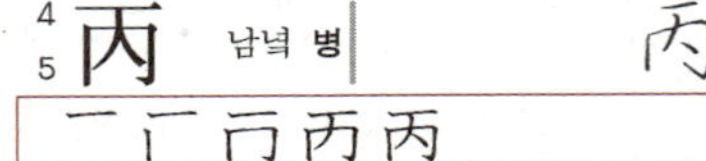

4/5 **丙** ☆*3-Ⅱ 남녘 **병** | 丙

一 𠂆 冂 丙 丙

㊥bǐng(빙) ㊐ヘイ/ひのえ ㊎south

갑 금 **자원** **상형자.** '물고기 꼬리'의 상형, '물건 받침대'의 상형이라는 설이 있으나 정설이 없음.

풀이 ①남녘. 십간(十干)의 셋째. 방위로는 남쪽, 오행(五行)으로는 화(火). ‖丙午(병오). ②셋째. 제3위. ③불. 환함.

〔丙科 병과〕 과거(科擧)에서, 성적으로

나눈 등급의 셋째. ※甲科(갑과)·乙科(을과).
〔丙時 병시〕 이십사시의 열두째 시. 오전 10시 30분부터 11시 30분까지의 동안.
〔丙夜 병야〕 하룻밤을 오경(五更)으로 나눈 것 중의 셋째. 밤 11시에서 새벽 1시 사이. 三更(삼경).
〔丙午 병오〕 60갑자의 마흔셋째.
〔丙寅 병인〕 60갑자의 셋째.
〔丙日 병일〕 일진(日辰)의 천간(天干)이 병(丙)으로 된 날.
〔丙子 병자〕 60갑자의 열셋째.
〔丙種 병종〕 등급을 갑종·을종·병종으로 나눈 셋째. ※甲種(갑종)·乙種(을종).
〔丙坐 병좌〕 묏자리나 집터 등이 병방(丙方)을 등진 좌향(坐向).

4 5 丕 *2 클 비 | 丕

[중]pī(피) [일]ヒ/おおきい [영]great
[풀이] ①크다. ‖丕基(비기). ②으뜸. 처음. [통]元. ‖丕子(비자).
〔丕基 비기〕 임금 대대로 전해 내려오는 기업(基業).
〔丕業 비업〕 나라를 세우는 큰 사업. 大業(대업). 洪業(홍업).
〔丕子 비자〕 임금의 적장자(嫡長子).

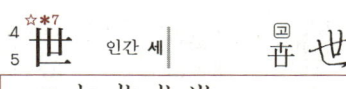

4 5 世 ☆*7 인간 세 | [고]卋 世

一 十 廾 丗 世

[중]shì(°쓰) [일]セイ, セ/よ [영]world
[금]  [전]  [자원] **회의자.** 十(십)을 세 개 쓰고 아랫부분을 연결한 모양을 나타낸 것으로 30년(1세대)을 뜻함.
[풀이] ①인간. 인간 세상. ‖後世(후세). ②대(代). 대대로. ‖治世(치세). ③대를 잇다. ‖世子(세자). ④세대. ⑤해. ⑥시대. ‖中世(중세). ⑦평생. ‖終世(종세).
〔世間 세간〕 ①인간 세상. ②중생이 어우러져 사는 세상. 이승. 俗世(속세).
〔世界 세계〕 ①인류가 살고 있는 지구. 또는, 인류 사회 전체. ②어떤 분야나 영역. ‖文學世界(문학 세계). ③사람이 살아가는 세상. 世間(세간).
〔世紀 세기〕 서력(西曆)에서, 100년을 단위로 하는 기간.
〔世代 세대〕 한 시대. 30년을 한 세대로 잡음. ‖世代差(세대차).
〔世帶 세대〕 독립적으로 생계를 꾸려 가는 각 가호의 최소 단위.
〔世代交替 세대교체〕 기성세대의 자리에 신진 세대가 들어서는 일. 또는, 두 세대가 서로를 번갈아 대신하는 일.
〔世道人心 세도인심〕 세상의 도의와 사람들의 마음씨.
〔世論 세론〕 세상 사람들의 주장·의견. 輿論(여론). ※國論(국론).
〔世事 세사〕 세상의 일.
〔世上 세상〕 ①사람이 살고 있는 사회. 世間(세간). 世俗(세속). ②교도소·절 등에 있는 사람들이 바깥 사회를 이르는 말. ③마음대로 활동할 수 있는 장소나 환경.
〔世相 세상〕 세상의 되어 있는 형편이나 모양. 世態(세태).
〔世世 세세〕 대대(代代). ‖世世孫孫(세세손손).
〔世俗 세속〕 ①평범한 사람들이 사는 이 세상. 속세. ②세상의 풍속.
〔世孫 세손〕 왕위를 이을 손자. '왕세손(王世孫)'의 준말.
〔世襲 세습〕 대(代)를 이어 물려받음.
〔世人 세인〕 세상 사람.
〔世子 세자〕 왕·제후의 대를 이을 아들. '왕세자(王世子)'의 준말.
〔世子宮 세자궁〕 ①'왕세자'의 존칭. ②왕세자의 궁전.
〔世子嬪 세자빈〕 왕세자의 아내.
〔世葬之地 세장지지〕 대대로 묘를 쓰고 있는 땅.
〔世傳 세전〕 대대로 전함.
〔世情 세정〕 세상의 물정.
〔世尊 세존〕 '석가'의 높임말.
〔世智 세지〕 세상을 살아가는 지혜.
〔世塵 세진〕 (《'세상의 먼지'라는 뜻으로》) 세상의 잡다한 일. 俗塵(속진).
〔世稱 세칭〕 세상 사람들이 흔히 일컬음.
〔世態 세태〕 세상의 돌아가는 형편.
〔世波 세파〕 세상살이에서 겪는 풍파.
〔世評 세평〕 세상 사람들의 평판.
◪隔世(격세)/曲學阿世(곡학아세)/救世(구세)/近世(근세)/亂世(난세)/來世(내세)/末世(말세)/別世(별세)/三世(삼세)/盛世(성세)/俗世(속세)/身世(신세)/厭世(염세)/中世(중세)/處世(처세)/出世(출세)/治世(치세)/行世(행세)/現世(현세)/後世(후세)

4 5 且 ☆*3 또 차 | 且

丨 冂 冃 月 且

[중]qiě(치에) [일]シャ, ショ/かつ
[영]moreover
[갑]  [금]  [자원] 제사에 올리는 고기를 담는 그릇의 상형, 신주(神主)의 상형, 남성 생식기의 상형 등 여러 설이 있으나 확실치 않음.
[풀이] ①또. 또한. ‖重且大(중차대). ②우선. ③만일. ④장차. [통]將. ⑤이. [통]此. ⑥구차하다.
〔且置 차치〕 제쳐 놓고 문제 삼지 않음. 차치물론(且置勿論).

1획

◢苟且(구차)/卽且(즉차)

6 **丙** 兩(량·냥)의 속자 →65쪽

5 *1
6 **丞** [1]도울 **승** *1 [2]나아갈 **증**

[중]chéng(°청), zhěng(°정)
[일]ジョウ/たすける [영]aid, progress
[풀이] [1]①돕다. 보좌함. ②벼슬 이름. ③받들다. [통]承. [2]①나아가다. ②구원하다. [통]拯.
〔丞相 승상〕 천자를 보좌하던, 중국의 대신. 宰相(재상). 政丞(정승).
◢驛丞(역승)/政丞(정승)

7 **所** 所(소)의 속자 →303쪽

*
8 **並** 竝(병)과 동자 →563쪽

丨部 뚫을곤

0
1 **丨** 뚫을 **곤**

[중]gǔn(군) [일]コン
✎ 한자 부수의 하나.
[풀이] 뚫다.

2
3 **个** [1]낱 **개** [2]곁방 **가**

[중]gè(꺼) [일]カ/かす [영]a piece
✎ '介'(개:24쪽)의 속자라고도 하나 별개의 글자로 씀.
[풀이] [1]낱. 우리나라에서는 주로 個를 씀. [같]個·箇. [2]곁방.

2
3 **丫** 가닥 **아**

[중]yā(야) [일]ア/ふたまた [영]strand
[풀이] ①가닥. 가장귀. ②가장귀지게 묶은 머리. ‖丫鬟(아환).

3
4 **丰** [1]어여쁠 **봉** [2]풍채 **풍**

[중]fēng(°펑) [일]ホウ/しげる
[영]pretty, appearance
[풀이] [1]①어여쁘다. 아름다운 모양. ②우거지다. 무성함. [2]풍채(風采).

☆*8
3
4 **中** [1]가운데 **중** [2]맞을 **중**

丨 冂 口 中

[중]zhōng, zhòng(°쭝) [일]チュウ/なか
[영]midst
[갑] [금] [전] [자원] **상형자.** 마을 한가운데 세운, 깃발을 단 장대의 상형(口 모양은 부족의 거주 범위를 나타냄)으로, '가운데'를 뜻함.
[풀이] [1]①가운데. ㉮안. 속. ‖心中(심중). ㉯한가운데. ‖中央(중앙). ㉰사이. ‖中間(중간). ㉱일의 계속되는 과정. ㉲동아리. ②마음. ③치우침이 없는 것. ‖中庸(중용). ④기간. ‖寒中(한중). [2]①맞다. ‖百發百中(백발백중)/的中(적중). ②병들다. ‖中毒(중독). ③적당하다. ④맞히다.
〔中間 중간〕 ①두 사물의 사이. ②한가운데. ③일이 아직 끝나지 않은 때. 中途(중도).
〔中堅 중견〕 어떤 단체나 사회에서 중심이 되는 사람.
〔中繼 중계〕 중간에서 받아 이어 줌.
〔中年 중년〕 청년과 노년의 중간. 곧, 40~50대 정도의 나이.
〔中農 중농〕 중간 정도의 농토를 가진 농민. 또는, 그 규모의 농사. ※小農(소농)·富農(부농).
〔中段 중단〕 ①건물의 한가운데 층. ②한 편의 글의 중간 부분.
〔中單 중단〕 상복(喪服) 속에 입는, 소매가 넓은 두루마기.
〔中斷 중단〕 중도에서 끊거나 그만둠. 中絕(중절).
〔中途 중도〕 ①일이 되어 가는 동안. 中間(중간). 中道(중도). ②길 가는 동안.
〔中道 중도〕 ①치우침이 없는 중용의 바른 길. ② ➡中途(중도)①. ③길의 한가운데. 中路(중로).
〔中毒 중독〕 ①독성이 있는 물질이 몸에 들어가 기능 장애를 일으키는 일. ‖食中毒(식중독). ②어떤 것에 빠져 들어 헤어나지 못함.
〔中略 중략〕 긴 글을 인용할 때, 중간 부분을 생략함.
〔中立 중립〕 어느 쪽에도 치우치지 않고 중간 입장에 섬. ‖中立國(중립국).
〔中門 중문〕 한옥에서, 집채와 집채 사이를 드나들 수 있게 만든 문.
〔中盤 중반〕 일정한 기간이나 일이 진행되는 과정의 중간쯤 되는 단계.
〔中伏 중복〕 삼복(三伏)의 하나. 초복(初伏)과 말복(末伏) 사이.
〔中部 중부〕 어떤 지역의 중앙이 되는 곳.
〔中傷 중상〕 근거 없는 말로 누명을 씌움. ‖中傷謀略(중상모략).
〔中庶 중서〕 중인(中人)과 서얼(庶孼).

〔中性 중성〕 서로 반대되거나 양극을 이루는 두 성질의 중간적 성질.
〔中世 중세〕 역사상 시대 구분의 하나. 고대(古代)와 근대(近代)의 사이.
〔中旬 중순〕 그달의 11일에서 20일까지의 10일 동안.
〔中心 중심〕 ①사물의 한가운데. ②중요하고 기본이 되는 부분.
〔中央 중앙〕 ①한가운데. ②사물의 중심이 되는 곳. ③수도를 이름. ↔地方(지방).
〔中夜 중야〕 한밤중.
〔中葉 중엽〕 한 시대나 세기 등을 세 시기로 구분할 때, 그 중간 무렵.
〔中外 중외〕 ①나라의 안과 밖. ②조정(朝廷)과 민간. 朝野(조야). ③내외(內外). ④중앙과 지방.
〔中庸 중용〕 ①치우침이 없는 바른 도(道). ②보통의 재능. ③유교(儒敎)의 경전으로, 사서(四書)의 하나.
〔中原 중원〕 중국·인도와 같은 드넓은 땅의 중앙이나 중심을 이루는 지역.
〔中正 중정〕 치우치지 않고 올바름.
〔中庭 중정〕 ①마당의 한가운데. ②건물의 바깥채와 안채 사이에 있는 뜰.
〔中止 중지〕 중도에서 그침.
〔中指 중지〕 가운뎃손가락.
〔中質 중질〕 중간 정도의 품질.
〔中樞 중추〕 사물의 중심이 되는 긴요한 곳. 中心(중심).
〔中退 중퇴〕 학교를 졸업하지 못하고 중도에서 그만둠.
〔中篇 중편〕 ①세 편으로 된 글의 가운데 편. ②소설 양식의 하나. 장편 소설보다는 짧고 단편 소설보다는 긺.
〔中品 중품〕 질이 중간 정도인 물품. 中質(중질). ※上品(상품)·下品(하품).
〔中風 중풍〕 뇌의 혈관이 막히거나 터져서 반신불수·언어 장애 등을 일으키는 병.
〔中和 중화〕 ①다른 성질의 물질이 섞여 각각의 성질을 잃거나 그 중간의 성질을 띠는 일. ②성정(性情)이 치우침이 없이 조화를 이룸.
〔中華 중화〕 《'세계의 중앙에 있는 문명국'이라는 뜻으로》 한족(漢族)이 자기 나라를 이르는 말. ‖中華民國(중화민국).
〔中和節 중화절〕 조선 시대에, 농사철의 시작을 기념하는 음력 2월 1일을 명절로 이르던 말.
〔中興 중흥〕 쇠퇴하던 집안이나 나라 또는 어떤 일이 중간에 다시 일어남. 또는, 일으킴.
◢ 個中(개중)/空中(공중)/宮中(궁중)/貴中(귀중)/途中(도중)/命中(명중)/夢中(몽중)/門中(문중)/伏中(복중)/腹中(복중)/不知中(부지중)/山中(산중)/喪中(상중)/水中(수중)/手中(수중)/市中(시중)/心中(심중)/眼中(안중)/年中(연중)/熱中(열중)/五里霧中(오리무중)/獄中(옥중)/渦中(와중)/雨中(우중)/隱然中(은연중)/意中(의중)/的中(적중)/座中(좌중)/集中(집중)/醉中(취중)/胸中(흉중)

6 7 **串** *2 ❶꿸 천 / 관*2 ❷한곶 곶*2

㊥chuàn(°추안), guàn(꾸안) ㊐セン, カン/つらぬく ㊎thread

풀이 ❶①꿰다. ②어음. ❷곶. 갑. ‖長山串(장산곶).
〔串柹 관시〕 곶감.

丶部 점주

0 1 **丶** 점 주

㊥zhǔ(°주) ㊐チュウ/てん ㊎comma
한자 부수의 하나.

2 3 **丸** ★*3 알 환

丿 九 丸

㊥wán(완) ㊐ガン/まる ㊎pill
전 자원 **회의자.** '人(인)'과 '厂(언덕 한)'으로 이루어짐. ⺈ 모양은 사람이 몸을 웅크린 모습을 나타내고, ㄱ 모양은 厂의 반대 모양임.
풀이 ①알. ‖丸藥(환약). ②잘고 둥근 것이나 자루, 먹 등을 세는 단위. ③둥글다.
〔丸藥 환약〕 작고 둥글게 빚은 알약. 丸劑(환제). ↔散藥(산약).
〔丸劑 환제〕 ➡丸藥(환약).
〔丸彫 환조〕 한 덩어리의 재료로 하나의 물체 전체를 입체적으로 조각하는 일. 또는, 그런 기법의 조각물.
◢ 睾丸(고환)/淸心丸(청심환)/彈丸(탄환)/砲丸(포환)

3 4 **丹** ☆*3-Ⅱ 붉을 단

丿 冂 冃 丹

㊥dān(딴) ㊐タン/あか ㊎red
갑 금 자원 **지사자.** 광구(鑛口)를 나타내는 井에 광석을 나타내는 점을 더한 자임. 광석은 붉은색을 최고로 쳤으므로 丹(단)에 '붉다'는 의미가 생김.
인명용 한자에서는 '란'으로 발음하는

것을 인정하고 있음.

풀이 ①붉다. ‖丹靑(단청). ②정성. ㉮성실하다. ㉯정성스런 마음. ‖丹心(단심). ③붉은빛 흙. ㉮주사(朱砂). ㉯영약(靈藥). 선도(仙道).

〔丹砂 단사〕 수은과 황의 화합물로, 정제하여 안료와 약제로 씀. 朱砂(주사).

〔丹誠 단성〕 (‘붉은 정성’이라는 뜻으로) 마음속으로부터 우러나오는 뜨거운 정성. 丹精(단정).

〔丹脣皓齒 단순호치〕 (‘붉은 입술과 하얀 이’라는 뜻으로) 아름다운 여자의 비유. 朱脣皓齒(주순호치).

〔丹心 단심〕 (‘붉은 마음’이라는 뜻으로) 참되고 정성 어린 마음.

〔丹粧 단장〕 화장. 또는, 모양을 곱게 꾸밈.

〔丹田 단전〕 배꼽에서 아래로 한 치쯤 되는 곳. 下腹部(하복부).

〔丹靑 단청〕 옛날식 집의 벽·기둥·천장 등에 여러 가지 그림이나 무늬를 그림. 또는, 그 그림이나 무늬.

〔丹楓 단풍〕 기후 변화로 식물의 잎이 붉은빛이나 누런빛으로 변하는 현상. 또는, 그렇게 변한 잎.

◪金丹(금단)/牧丹(모란)/仙丹(선단)/紫丹(자단)/朱丹(주단)

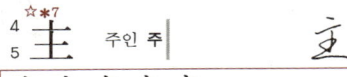

☆*7
4 **主** 5 주인 **주**

丶 亠 十 丰 主

㊥zhǔ(°주) ㊐シュ/ぬし, おも
㊎host, lord

갑 전 자원 **상형자.** 받침대 위의 불꽃을 본뜬 자. 뒷날 ‘주인(主人)’의 뜻으로 쓰이게 되면서 본뜻을 보존하기 위해 만든 자가 ‘炷(심지 주)’임.

풀이 ①주인. 가장(家長). ‖戶主(호주)/主客(주객). ②소유자. ③주되다. ‖主從(주종). ④주장(主掌)하다. ⑤우두머리. ‖主將(주장). ⑥자아. ‖主體(주체). ⑦신주(神主). ⑧임금. ⑨예수. 그리스도.

〔主幹 주간〕 어떤 일을 주장(主掌)하여 처리함. 또는, 그 사람.

〔主客 주객〕 ①주인과 손. ②주되는 것과 부차적인 것. 本末(본말).

〔主客顚倒 주객전도〕 (주인과 손의 위치가 서로 뒤바뀌었다는 뜻으로) 일의 경중(輕重)·선후·완급(緩急) 등이 서로 뒤바뀜. ※客反爲主(객반위주).

〔主見 주견〕 자기의 주장이 담긴 의견.

〔主管 주관〕 일을 주장(主掌)하여 관리함.

〔主觀 주관〕 ①대상을 인식·사고하는 주체. ↔客觀(객관). ②자기만의 생각. ‖主觀的(주관적).

〔主權 주권〕 ①주되는 권리. ②국가를 통치하는 최고·독립·절대의 권력. 통치권. ‖主權國(주권국).

〔主導 주도〕 주장이 되어 이끎.

〔主動 주동〕 어떤 일을 위하여 앞장서 움직임.

〔主力 주력〕 ①중심이 되는 세력. ②주가 되는 힘. ③가장 강력한 부대.

〔主禮 주례〕 예식을 맡아 주장하여 진행하는 일. 또는, 그 사람. 主禮者(주례자).

〔主流 주류〕 ①강의 원줄기가 되는 큰 흐름. ②어떤 사조(思潮)나 유행 등을 이끌어 가는 가장 큰 흐름. 主潮(주조). ③다수파.

〔主婦 주부〕 ①한 집안의 살림을 맡아 다스리는 안주인. 主母(주모). ②한 집안의 제사를 받드는 사람의 아내.

〔主賓 주빈〕 손님 중 중심이 되는 사람.

〔主上 주상〕 ‘임금’을 달리 이르는 말.

〔主食 주식〕 사람이 끼니때 먹는, 가장 중심이 되는 음식.

〔主審 주심〕 ①심사원의 우두머리. ②주심판.

〔主眼 주안〕 주된 목표. 眼目(안목).

〔主役 주역〕 ①주된 역할. 또는, 그 역할을 하는 사람. ②극이나 영화 등의 주인공 역할.

〔主演 주연〕 극이나 영화 등에서 주인공의 역할을 함. 또는, 그 배우. ↔助演(조연).

〔主義 주의〕 어떤 사물에 대하여 가지는 일정한 방침이나 주장.

〔主人 주인〕 ①물건의 임자. ②한 집안의 주장이 되는 사람. 家長(가장). ③손님을 맞아 상대하는 사람. ④‘남편’을 달리 이르는 말. ⑤가게나 상점 등을 경영하는 사람.

〔主人公 주인공〕 ①소설·연극·영화 등에서의 중심인물. ②어떤 일에서 중심이 되는 사람.

〔主任 주임〕 직장·단체 등에서 어떤 일을 주관하여 맡음. 또는, 그 사람.

〔主將 주장〕 ①우두머리가 되는 장수. 主帥(주수). ②운동 경기에서 팀을 대표하는 선수.

〔主掌 주장〕 주체가 되어 맡아 함.

〔主張 주장〕 자기의 주의나 의견을 굳게 내세움. 또는, 그런 의견이나 주의.

〔主宰 주재〕 맡아서 자기 관할하에 처리함.

〔主題 주제〕 예술 작품이나 말, 글 등의 중심적인 사상. 테마.

〔主從 주종〕 ①주인과 종자(從者). ②주장이 되는 사물과 그에 딸린 사물.

〔主旨 주지〕 중심이 되는 생각. 主意(주의).

〔主知 주지〕 지성(知性)·이성(理性) 등을 중히 여기는 일.

〔主唱 주창〕 주의나 사상을 앞장서서 주장함.

〔主體 주체〕 의사나 행위를 일으키는

쪽. ↔客體(객체).
〔主催 주최〕 행사 따위를 열고 맡아 치름. ‖主催者(주최자). ※主管(주관)·後援(후원).
◢家主(가주)/客主(객주)/公主(공주)/教主(교주)/救世主(구세주)/君主(군주)/盟主(맹주)/物主(물주)/民主(민주)/常主(상주)/喪主(상주)/船主(선주)/城主(성주)/宿主(숙주)/施主(시주)/神主(신주)/領主(영주)/自主(자주)/帝主(제주)/祭主(제주)/株主(주주)/地主(지주)/天主(천주)

丿部 삐침별

0 1 **丿** 삐침 **별**

[중]piě(피에) [일]ヘツ
[icon] 한자 부수의 하나.
[풀이] 삐침. 오른쪽 위에서 왼쪽 아래로 굽게 삐친 모양의 획.

☆*3
1 2 **乃** 이에 **내** [동]迺 乃

ノ 乃

[중]nǎi(나이) [일]タイ, ナイ/すなわち [영]here upon
[갑] [금] [자원] 돌출한 젖꼭지의 상형, 활짱(활의 몸체)의 상형 등의 설이 있으나 확실치 않음.
[풀이] ①이에. 곧. ②너. [통]汝. ③곧. ‖乃至(내지). ④접때. 저번에. 이전에.
〔乃父 내부〕 ①(‘네 아비’라는 뜻으로) 편지 글에서 아버지가 자녀에게 자기를 이르는 말. ②그이의 아버지.
〔乃子 내자〕 그 아들.
〔乃至 내지〕 ①얼마에서 얼마까지. ②또는. 혹은.
◢終乃(종내)

*
1 2 **乂** ❶풀 벨 **예*** ❷징계할 **애**

[중]yì(이), ài(아이) [일]ガイ/がる [영]mow
[풀이] ❶풀을 베다. ❷징계하다.

☆*3-Ⅱ
2 3 **久** 오랠 **구** 久

ノ ク 久

[중]jiǔ(지우) [일]キュウ, ク/ひさしい [영]long
[전] [자원] **회의자.** ク 모양은 서 있는 사람을, ㇏ 모양은 다리에 채워 놓은 족쇄를 나타냄. 족쇄를 찬 죄수의 걸음이 느리기 때문에 ‘오래다’의 뜻을 가짐.
[풀이] ①오래다. ‖長久(장구)/恒久(항구). ②오래 기다리다.
〔久遠 구원〕 아득히 멀고 오램. 永久(영구).
◢耐久(내구)/未久(미구)/永久(영구)/悠久(유구)/長久(장구)/持久(지구)/恒久(항구)

2 3 **乇** 잎 **탁** [본]**척** 乇

[중]zhé(°저) [일]タク, チャク/くさのは [영]leaf
[풀이] 잎. 풀잎. 꽃 모양.

☆*3-Ⅱ
3 4 **之** 갈 **지** 之

丶 亠 ㇇ 之

[중]zhī(°즈) [일]シ/この, の [영]go, this
[갑] [금] [자원] **회의자.** 屮 모양은 발을 나타내고 一 모양은 지면(地面) 또는 출발선을 나타낸 것으로, ‘가다’를 뜻함.
[풀이] ①가다. 이르다. ‖之東之西(지동지서). ②이. 이것. 지시 대명사. ③의. 주격·소유격의 조사.
〔之東之西 지동지서〕 《동쪽으로도 가고 서쪽으로도 간다는 뜻으로》 뚜렷한 목적 없이 이리저리 갈팡질팡함.
◢感之德之(감지덕지)/結者解之(결자해지)/敬而遠之(경이원지)/愛之重之(애지중지)/易地思之(역지사지)/一言以蔽之(일언이폐지)/一以貫之(일이관지)/一筆揮之(일필휘지)/左之右之(좌지우지)/諱之祕之(휘지비지)

*
4 5 **乍** 잠깐 **사** 乍

[중]zhà(°짜) [일]サ/たちまち [영]moment
[풀이] ①잠깐. 잠시. ‖乍晴(사청). ②갑자기.
〔乍晴 사청〕 지루하게 내리던 비가 그치고 잠깐 갬.

*1
4 5 **乏** 모자랄 **핍** 乏

[중]fá(°파) [일]ボウ/とぼしい [영]lack
[풀이] ①모자라다. 가난함. ‖貧乏(빈핍). ②내버리다. 폐(廢)함. ③고달프다.
〔乏絕 핍절〕 계속하여 생기지 않고 아주 없어져 버림. 絕乏(절핍).

〔乏盡 핍진〕 다 없어짐.
◢缺乏(결핍)/窮乏(궁핍)/耐乏(내핍)/貧乏(빈핍)/絕乏(절핍)/欠乏(흠핍)

☆＊3
4 5 **乎** 온 **호** | 乎

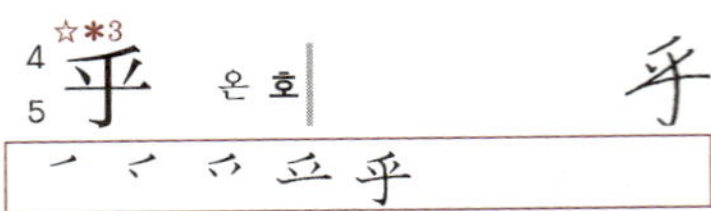

㊥hū(후) ㊐コ/か, や
풀이 ①온. 의문사. ②아! 어! 감탄사. ③…에. …보다. 전치사로 쓰임. ④부사를 만드는 어미. ‖確乎(확호).
◢斷乎(단호)

＊1
7 8 **乖** 어그러질 **괴** | 乖

㊥guāi(꾸아이) ㊐カイ, ケ
㊎be against
풀이 ①어그러지다. ‖乖舛(괴천). ②배반하다. ‖乖離(괴리). ③괴상하다. ‖乖愎(괴팍). ④교활하다.
〔乖戾 괴려〕 이치에 어그러져 온당치 않음. 乖悖(괴패).
〔乖離 괴리〕 서로 어그러져 동떨어짐.
〔乖僻 괴벽〕 성격이 야릇하고 까다로움.
〔乖愎 괴팍'〕 성격이 까다롭고 별남.

9 **乗** 乘(승)의 속자 →14쪽

☆＊3-Ⅱ
9 10 **乘** ❶탈 **승** ❷대 **승** | ㊍乗 乘

二 ニ 千 干 乖 乖 乘 乘

㊥chéng(°청), shèng(°썽)
㊐ジョウ/のる ㊎ride
갑 금 자원 **회의자.** 사람이 양발로 나무 위에 올라간 모양을 나타낸 것으로, '오르다'를 뜻함.
풀이 ❶①타다. ‖乘馬(승마). ②기회를 틈타다. ‖便乘(편승). ③셈하다. 곱셈. ‖乘法(승법). ❷①대. 단위(單位). ㉮수레를 세는 단위. ㉯4개를 한 벌로 하는 물건을 세는 단위. ②기록을 실은 책. ‖家乘(가승). ③불법(佛法). ‖大乘佛敎(대승 불교).
〔乘客 승객〕 차·배·비행기를 탄 손님.
〔乘機 승기〕 기회를 탐.
〔乘馬 승마〕 말을 탐.
〔乘法 승법〕 곱셈. ↔除法(제법).
〔乘船 승선〕 배를 탐.
〔乘勢 승세〕 유리한 형세나 기회를 탐.
〔乘勝長驅 승승장구〕 싸움에서 이긴 기세를 타고 계속 몰아침.
〔乘用車 승용차〕 주로 10인 이하의 인원을 운송하기 적합하게 만들어진 자동차.
〔乘車 승차〕 차를 탐. ‖乘車感(승차감).
◢大乘(대승)/同乘(동승)/萬乘(만승)/上乘(상승)/相乘(상승)/小乘(소승)/試乘(시승)/自乘(자승)/搭乘(탑승)/便乘(편승)/合乘(합승)/換乘(환승)

乙部 새을 乙乚

☆＊3-Ⅱ
0 1 **乙** 새 **을** | 乙

乙

㊥yǐ(이) ㊐オツ, イツ/きのと ㊎bird
갑 금 자원 '새싹이 흙을 뚫고 자라는 모습'의 상형, '물고기 창자'의 상형, '냇물 흐르는 모습'의 상형 등의 설이 있으나 확실치 않음.
한자 부수의 하나. 방으로 쓰일 때에는 자형이 '乚'의 꼴로 바뀜.
풀이 ①새. 제비. ②둘째 천간(天干). 오행(五行)으로는 목(木), 방위로는 남(南). ③둘째. ④굽어지다. ⑤표하다. ⑥아무개. 모(某).
〔乙科 을과〕 과거(科擧)에서, 성적으로 나눈 등급의 둘째. ※甲科(갑과)·丙科(병과).
〔乙時 을시〕 이십사시의 여덟째 시. 곧, 오전 6시 30분부터 7시 30분까지의 동안.
〔乙夜 을야〕 이경(二更)을 오야(五夜)의 하나로 이르는 말. 밤 10시 전후.
〔乙種 을종〕 등급을 갑종·을종·병종으로 나눈 둘째. ※甲種(갑종)·丙種(병종).
〔乙丑 을축〕 60갑자의 둘째.
〔乙亥 을해〕 60갑자의 열두째.
◢甲乙(갑을)/太乙(태을)

☆＊8
1 2 **九** ❶아홉 **구**☆＊8 ❷모을 **규** | ㊉玖 九

丿 九

㊥jiǔ(지우), jiū(찌우)
㊐キュウ, ク/ここのつ ㊎nine
갑 금 자원 **상형자.** 손과 팔뚝을 상형한 글자로 '팔'이 본뜻이었으나, 가차되어 9의 뜻으로 쓰임.
풀이 ❶①아홉. 아홉 번. ②수효의 끝. 수효가 많음. ❷모으다. ㊟聚.
〔九曲肝腸 구곡간장〕 《'굽이굽이 서린

창자'라는 뜻으로) 깊은 마음속.
〔九官鳥 구관조〕 찌르레깃과의 새. 몸빛이 검고, 사람의 말을 잘 흉내냄. 秦吉了(진길료).
〔九竅 구규〕 사람 몸에 있는 아홉 구멍. 눈·귀·코의 여섯 구멍과 입·항문·요도의 세 구멍.
〔九萬里 구만리〕 매우 먼 거리. ‖九萬里長天(구만리장천).
〔九死一生 구사일생〕 (아홉 번 죽을 뻔하다 한 번 살아난다는 뜻으로) 여러 번 죽을 고비를 넘기고 겨우 살아남. 百死一生(백사일생).
〔九十春光 구십춘광〕 봄 석 달 동안의 화창한 날씨.
〔九牛一毛 구우일모〕 ('아홉 마리의 소 가운데 박힌 하나의 털'이란 뜻으로) 매우 많은 것 가운데 극히 적은 수.
〔九折羊腸 구절양장〕 ('아홉 번 꼬부라진 양의 창자'라는 뜻으로) 꼬불꼬불하고 험한 산길.
〔九重宮闕 구중궁궐〕 ('문이 겹겹이 있는 깊은 궁궐'이라는 뜻으로) 임금이 있는 대궐 안. 九重深處(구중심처).
〔九尺長身 구척장신〕 ('키가 아홉 자'라는 뜻으로) 아주 큰 키. 또는, 그런 사람.
〔九泉 구천〕 저승. 황천(黃泉).
◢十中八九(십중팔구)

2/3 ★✱3 **乞** ❶빌 **걸**★✱3 ❷줄 **기**

㊥qǐ, qì(치) ㊐キツ/こう ㊞beg
풀이 ❶①빌다. 구걸함. ‖門前乞食(문전걸식). ②구하다. 청함. ❷주다.
〔乞士 걸사〕 ('위로는 부처에게 법을 구걸하고, 아래로는 시주(施主)에게 밥을 구걸하는 사람'이란 뜻으로) 승려를 이름.
〔乞食 걸식〕 음식을 남에게 구걸함. ‖門前乞食(문전걸식).
〔乞神 걸신〕 ('빌어먹는 귀신'이라는 뜻으로) 굶주려 음식을 몹시 탐내는 욕심.
〔乞人 걸인〕 거지.
◢求乞(구걸)/哀乞(애걸)/哀乞伏乞(애걸복걸)

2/3 ☆✱3 **也** ❶어조사 **야** ❷또 **야**

㊥yě(예), yí(이) ㊐ヤ/なり ㊞also
전 자원 전갈의 상형, 뱀의 상형, 여성 성기의 상형(설문해자) 등의 설이 있으나 확실치 않음.
풀이 ❶어조사. ❷또. 또한.

3/4 * **乬** ㊙울 **울**
우리말의 '울'음을 적는 글자. 뜻은 없음.

5/6 * **乫** ㊙땅 이름 **갈**

7 **乱** 亂(란)의 속자 →16쪽

7/8 * **乶** ㊙볼 **볼**
우리말의 '볼'음을 적는 글자. 뜻은 없음.

7/8 * **乷** ㊙살 **살**
우리말의 '살'음을 적는 글자. 뜻은 없음.

7/8 ★✱4 **乳** 젖 **유**

㊥rǔ(°루) ㊐ニュウ/ちち ㊞milk
갑 전 자원 **상형자.** 어머니가 아이를 품에 안고 젖을 먹이는 모습을 본뜬 자.
풀이 ①젖. ㉮젖 같은 액체. ‖母乳(모유). ㉯젖통이. 유방(乳房) 모양의 것. ‖鍾乳石(종유석). ②젖을 먹이다. 양육하다. ③약을 갈다.
〔乳頭 유두〕 ①젖꼭지. ②생체 중 젖꼭지 모양의 작은 돌기.
〔乳酪 유락〕 우유의 지방분을 굳힌 식품. 버터·치즈·크림 따위.
〔乳母 유모〕 어머니 대신 젖을 먹여 길러 주는 여자. 젖어머니.
〔乳鉢 유발〕 약을 갈아서 가루로 만드는 데 사용하는 사기그릇. 막자사발.
〔乳房 유방〕 젖. 젖가슴.
〔乳腐 유부〕 두부를 발효시켜 만든, 중국의 일상 식품.
〔乳兒 유아〕 젖먹이.
〔乳液 유액〕 식물의 유관(乳管)이나 유세포(乳細胞) 속에 들어 있는 흰 액체.
〔乳牛 유우〕 젖소.
〔乳汁 유즙〕 젖.
〔乳臭 유취〕 젖내. ‖口尙乳臭(구상유취).
◢豆乳(두유)/母乳(모유)/醱酵乳(발효유)/粉乳(분유)/產乳(산유)/授乳(수유)/羊乳(양유)/煉乳(연유)/牛乳(우유)/離乳(이유)/搾乳(착유)/初乳(초유)/脫脂乳(탈지유)/哺乳(포유)

☆＊3-Ⅱ
10 11 乾 ❶마를 건 본간 ❷하늘 건 | 고 간 漧 干 乾

一 十 𠦝 ... 乾

중gān(깐), qián(치엔)
일カン, ケン/かわく, そら 영dry, sky

전 자원 **형성자.** 乙(을)은 의미 부분으로 초목이 위로 자라는 모양을 나타내고, 乙을 뺀 나머지 부분은 음을 나타냄.

풀이 ❶①마르다. 말림. ‖乾燥(건조)/乾柹(건시). ②건성으로 하다. ‖乾酒酊(건주정). ❷①하늘. 뜻이 바뀌어, 천자(天子)·군(君)·부(父)를 뜻함. ②괘 이름. ‖乾卦(건괘).

[乾固 건고] 말라서 굳어짐.
[乾坤 건곤] ①하늘과 땅. 天地(천지). ②음양(陰陽).
[乾坤一色 건곤일색] 눈이 내려 온 천지가 한 빛깔임.
[乾坤一擲 건곤일척] 《하늘과 땅을 걸고 한 번 주사위를 던진다는 뜻으로》 승부를 내거나 성패를 가르기 위해 운명과 흥망을 걸고 결행함.
[乾空 건공] 땅으로부터 그리 높지 않은 허공.
[乾卦 건괘] 8괘의 하나. 하늘을 상징하며, ☰로 나타냄.
[乾達 건달] 하는 일 없이 빈둥빈둥 놀거나 게으름을 부리는 짓. 또는, 그런 사람.
[乾畓 건답] 조금만 가물어도 물이 마르는 논.
[乾木水生 건목수생] 《마른나무에서 물이 난다는 뜻으로》 없는 것을 무리하게 강요함. 剛木水生(강목수생).
[乾杯 건배] 건강이나 행복을 비는 뜻에서 서로 술잔을 들어 마심.
[乾性 건성] ①공기 중에서 쉽게 건조되는 성질. ②수분을 그다지 필요로 하지 않는 성질.
[乾嗽 건수] 마른기침.
[乾時 건시] 이십사시의 스물두째 시. 곧, 오후 8시 반부터 9시 반까지의 동안.
[乾魚 건어] 말린 물고기. ‖乾魚物(건어물).
[乾位 건위] 남자의 신주나 무덤.
[乾材 건재] 조제하지 않은 그대로의 한약재.
[乾燥 건조] ①마름. 또는, 말림. ‖乾燥機(건조기). ②정서적으로 메마르고 딱딱함. ‖無味乾燥(무미건조).
[乾酒酊 건주정] 일부러 취한 체하고 하는 주정.
[乾草 건초] 베어서 말린 풀.

11 亀 龜(귀·구·균)의 속자 →848쪽

★＊4
12 13 亂 어지러울 란 | 속 간 乱 亂

亂 필순

중luàn(루안) 일ラン/みだれる
영disorderly

금 전 자원 **회의자.** 한손에 실감개를 들고 다른 손으로 실을 감는 모양을 나타냄. 윗부분(爫)과 아랫부분(又)은 손을 나타내고, 중간 부분은 실감개와 실을 나타냄. 뒷날 오른쪽에 첨가된 획(乚)은 人(인)의 변형으로 실을 다루는 사람을 나타냄.

풀이 ①어지럽다. ‖騷亂(소란)/心亂(심란)/淫亂(음란). ②난리. 전쟁. ③반역하다. ④다스리다.

[亂局 난국] 어지러운 판국.
[亂動 난동] 질서를 어지럽히는 행동.
[亂離 난리] ①전쟁이나 재해(災害) 등으로 세상이 어지러워진 상태. ②작은 소동의 비유.
[亂立 난립] 질서 없이 여기저기서 나섬.
[亂麻 난마] 《'뒤얽힌 삼 가닥'이라는 뜻으로》 혼란한 세상이나 어지러운 사태의 비유.
[亂脈 난맥] 이리저리 흩어져서 질서나 체계가 서지 않음.
[亂舞 난무] ①어지럽게 뒤섞여 춤을 춤. ②함부로 나서서 마구 날뜀.
[亂民 난민] 무리를 지어 다니며 사회의 질서를 어지럽히는 백성.
[亂髮 난발] 헝클어진 머리털. 蓬髮(봉발).
[亂射 난사] 총·활 등을 함부로 마구 쏨.
[亂世 난세] 어지러운 세상.
[亂視 난시] 각막(角膜)이 고르지 않아 물체를 명확하게 볼 수 없는 일. 또는, 그런 눈. 亂視眼(난시안).
[亂入 난입] 난폭하게 여럿이 마구 밀고 들어감.
[亂刺 난자] 아무 데나 함부로 찌름.
[亂雜 난잡] ①행동이 막되고 문란함. ②정돈되어 있지 않고 어수선함.
[亂場 난장] 여러 사람들이 어지러이 뒤섞여 마구 떠들어 대거나 뒤죽박죽이 된 판. '난장판'의 준말.
[亂中 난중] 난리가 한창 벌어지고 있는 동안.
[亂打 난타] 마구 침.
[亂鬪 난투] 서로 뒤섞여 싸움. 亂戰(난전).
[亂暴 난폭] 행동이 몹시 거칠고 사나움.
[亂筆 난필] ①함부로 쓴 글씨. ②자기 글씨의 겸칭.

◢狂亂(광란)/攪亂(교란)/軍亂(군란)/內亂(내란)/紊亂(문란)/民亂(민란)/叛亂(반란)/變亂(변란)/紛亂(분란)/散亂(산란)/騷亂(소란)/心亂(심란)/倭亂(왜란)/搖亂(요란)/淫亂(음란)/一絲不

1획

亂(일사불란)/自中之亂(자중지란)/戰亂(전란)/錯亂(착란)/避亂(피란)/混亂(혼란)/患亂(환란)

亅部 갈고리궐

0
1 亅 갈고리 **궐**

㊥jué(쥐에) ㊐ケツ/かぎ ㊄hook
한자 부수의 하나.

★✱3
1
2 了 마칠 **료** 了

ㄱ 了

㊥liǎo(리아오), le(러)
㊐リョウ/おわる ㊄finish
풀이 ①마치다. 끝남. ‖完了(완료). ②깨닫다. ‖了解(요해). ③밝다. 똑똑함. ‖明了(명료). ④어조사. 결정·과거·완료 등의 뜻을 나타냄.
〔了結 요결〕 끝을 막음.
〔了解 요해〕 깨달아 알아냄.
◢校了(교료)/滿了(만료)/魅了(매료)/未了(미료)/修了(수료)/完了(완료)/終了(종료)

★✱3
3
4 予 ❶나 **여**★✱3 ❷줄 **여**★✱3 ❸미리 **예** 予

ㄱ ㄱ ㄱ 予

㊥yú, yǔ(위) ㊐ヨ/われ ㊄I
전 **자원** **상형자.** 베틀의 부속품인 북을 본뜬 자. '나', '주다'의 뜻으로 쓰이자 본뜻을 보존하기 위해 만든 자가 '杼(북 저)'임.
풀이 ❶나. 1인칭 대명사. ❷①주다. ㉠與. ②함께하다. ㉠與. ❸미리. 豫(예)의 약자.

☆✱7
7
8 事 일 **사** 事

一 丆 ... 事

㊥shì(°쓰) ㊐ジ/しごと ㊄work, affair
갑 **금** **자원** **회의자.** 장식이 달린 붓을 손에 든 모양을 나타냄. 자원이 史(사)나 吏(리)와 같음.
풀이 ①일. ㉮직분. 임무. ‖事務(사무). ㉯직업. ㉰사건. ‖擧事(거사). ②섬기다. ‖師事(사사). ③일삼다.
〔事件 사건〕 사회적으로 문제를 일으킬 만한 뜻밖의 일.
〔事故 사고〕 ①뜻밖에 일어난 불행한 일. ②말썽이나 문젯거리. ③일이 일어난 연유(緣由). 事由(사유).
〔事君以忠 사군이충〕 세속 오계의 하나. 임금을 충성으로써 섬겨야 한다는 말.
〔事大 사대〕 약자가 강자를 따름. 또는, 약소국이 강대국을 섬김. ‖事大主義(사대주의).
〔事例 사례〕 일의 전례. 實例(실례). 先例(선례).
〔事理 사리〕 사물의 이치.
〔事務 사무〕 회사나 관공서 등에서 문서를 정리하거나 다루는 일.
〔事物 사물〕 세상에 있는 모든 물체와 현상.
〔事變 사변〕 ①천재지변 같은 변고. ②경찰의 힘으로는 막을 수 없어 병력을 사용해야 하는 내란이나 난리. ③선전포고 없이 일어난 국가 간의 무력 충돌. ‖六二五事變(육이오 사변).
〔事不如意 사불여의〕 일이 뜻대로 되지 않음.
〔事事件件 사사건건〕 모든 일. 또는, 일마다.
〔事象 사상〕 여러 사물과 현상.
〔事實 사실〕 실제로 있었거나 있는 일이나 현상.
〔事案 사안〕 법률적으로 문제가 되어 있는 일의 안건.
〔事業 사업〕 어떤 일을 일정한 목적과 계획에 의해 경영함. 특히, 경제적 활동. 實業(실업).
〔事緣 사연〕 사정과 연유(緣由).
〔事由 사유〕 일의 까닭.
〔事跡 사적〕 일의 자취.
〔事前 사전〕 일이 벌어지기 전. ↔事後(사후).
〔事情 사정〕 일의 형편이나 까닭.
〔事親 사친〕 어버이를 섬김.
〔事親以孝 사친이효〕 세속 오계의 하나. 어버이를 효로써 섬겨야 한다는 말.
〔事態 사태〕 일의 상태.
〔事必歸正 사필귀정〕 모든 일은 반드시 옳은 데로 돌아감.
〔事項 사항〕 일의 내용이나 항목.
〔事後 사후〕 일이 끝난 뒤. ↔事前(사전).
◢家事(가사)/幹事(간사)/監事(감사)/擧事(거사)/檢事(검사)/兼事兼事(겸사겸사)/慶事(경사)/故事(고사)/工事(공사)/國事(국사)/記事(기사)/農事(농사)/茶飯事(다반사)/大事(대사)/道知事(도지사)/萬事(만사)/每事(매사)/謀事(모사)/無事(무사)/房事(방사)/凡事(범사)/兵家常事(병가상사)/不祥事(불상사)/師事(사사)/喪事(상사)/成事(성사)/世上事(세상사)/訟事(송사)/修人事(수인사)/時事(시사)/食事(식사)/役事(역사)/領事(영사)/例事(예사)/獄事(옥사)/理事(이사)/人間事(인간사)/人事(인사)/一夫從事(일부종사)/日常事(일상사)/政

事(정사)/情事(정사)/主事(주사)/執事(집사)/炊事(취사)/判事(판사)/行事(행사)/虛事(허사)/刑事(형사)/婚事(혼사)

二部 두이

0 ☆*8 二 2 두 이 고 弍 갖 貳 二

一 二

중èr(얼) 일ニ/ふたつ 영two

갑 二 금 二 자원 **지사자.** 가로획 둘로 2를 나타냄.

한자 부수의 하나.

풀이 ①둘. ②두 번. ③둘째. 다음. ④두 가지로 하다.

〔二更 이경〕 하룻밤을 오경(五更)으로 나눈 셋째. 밤 9시에서 11시 사이. 乙夜(을야). 亥時(해시).

〔二極 이극〕 양극(兩極).

〔二級 이급〕 둘째 등급.

〔二毛作 이모작〕 한 토지에서 1년에 두 번 농사를 지음.

〔二兵 이병〕 국군 계급의 하나. 사병의 맨 아래 계급으로, 일병의 아래임. 二等兵(이등병).

〔二姓 이성〕 ①두 왕조의 임금. ②결혼하는 남녀의 양가(兩家). ③두 남편.

〔二世 이세〕 ①다음 세대. 특히, 자라고 있는 어린 세대. ②(‘세대를 이을 아이’라는 뜻으로) 자녀(子女). ③처음 이민 간 세대의 자녀. ④서양에서, 같은 이름을 가지고 두 번째로 군주나 교황이 된 사람.

〔二乘 이승〕 ①제곱. ②불교에서, 대승(大乘)과 소승(小乘).

〔二心 이심〕 ①두 가지 마음. 異心(이심). 二志(이지). ②배반하는 마음. ③변하여 바뀌기 쉬운 마음.

〔二律背反 이율배반〕 똑같이 타당하다고 여겨지는 두 명제(命題)가 서로 대립하여 논리상 모순이 일어나는 일.

〔二儀 이의〕 ①하늘과 땅. ②양(陽)과 음(陰).

〔二重 이중〕 ①두 겹. ②거듭되거나 겹침. 重複(중복). ‖二重國籍(이중 국적).

〔二次 이차〕 어떤 사물이나 현상이 본디 것에 대하여 부수적인 관계에 있음.

◢善惡不二(선악불이)/身土不二(신토불이)/唯一無二(유일무이)

1 ☆*3 于 3 ❶어조사 우 ❷아 우 于

一 二 于

중yú(위), xū(쒸) 일ウ/に, ここに 영at, in, on

전 亐 자원 **지사자.** 丂(숨이 막혀서 구부러짐) 자와 一(한 일) 자를 합친 글자로, 숨이 목에 차서 새어 나오는 모양을 나타냄.

干(간:240쪽)은 딴 자.

풀이 ❶①어조사. …에. …에서. …보다. …구나. ②가다. ‖于歸(우귀). ❷아! 탄식하는 소리.

〔于歸 우귀〕 전통 혼례에서, 신부가 혼례식을 마치고 처음으로 시집에 들어감.

〔于今 우금〕 지금까지.

〔于先 우선〕 어떤 일에 앞서서 먼저.

2 ☆*8 五 4 다섯 오 갖 伍 五

一 丅 五 五

중wǔ(우) 일ゴ/いつつ 영five

갑 X 금 X 자원 **지사자.** 상하 두 개의 가로획에 × 모양을 더하여 만든 자임.

‘伍’는 ‘五’의 갖은자로, 마음대로 고치지 못하도록 문서 따위에 ‘五’ 대신 씀.

풀이 ①다섯. ‖五人(오인). ②다섯째. ③다섯 번.

〔五感 오감〕 시각(視覺)·청각(聽覺)·후각(嗅覺)·미각(味覺)·촉각(觸覺)의 다섯 감각.

〔五車書 오거서〕 (‘다섯 수레에 실을 만한 책’이라는 뜻으로) 많은 장서(藏書). 五車之書(오거지서).

〔五經 오경〕 유교의 다섯 가지 경서. ‘시경’, ‘서경’, ‘주역’, ‘예기’, ‘춘추’.

〔五穀 오곡〕 ①찹쌀·기장(또는 차조)·차수수·검은콩·붉은팥의 다섯 가지 곡식. ②곡식의 총칭. ‖五穀百果(오곡백과).

〔五官 오관〕 다섯 가지 감각 기관. 곧, 눈·귀·코·혀·피부.

〔五等爵 오등작〕 다섯 등급의 작위. 공(公)·후(侯)·백(伯)·자(子)·남(男).

〔五禮 오례〕 나라에서 지내는 다섯 가지 의례. 길례(吉禮)·흉례(凶禮)·빈례(賓禮)·가례(嘉禮)·군례(軍禮).

〔五倫 오륜〕 사람이 지켜야 할 다섯 가지 도리. 군신유의(君臣有義)·부자유친(父子有親)·부부유별(夫婦有別)·장유유서(長幼有序)·붕우유신(朋友有信). 五常(오상). 五教(오교). ‖三綱五倫(삼강오륜).

〔五輪 오륜〕 ①우주를 구성하고 있는, 지(地)·수(水)·화(火)·풍(風)·공(空)의 다섯 가지 요소. ②오륜기(五輪旗)의 다섯 고리.

〔五里霧中 오리무중〕 (오 리나 되는 짙은 안개 속에 있다는 뜻으로) 일의

갈피를 잡지 못함.
〔五萬 오만〕 매우 많은 수량을 과장하여 이르는 말.
〔五萬相 오만상〕 얼굴을 잔뜩 찌푸린 형상.
〔五方 오방〕 동·서·남·북과 중앙의 다섯 방위.
〔五福 오복〕 다섯 가지 복. 수(壽)·부(富)·강녕(康寧)·유호덕(攸好德)·고종명(考終命). 또는, 수(壽)·부(富)·귀(貴)·강녕(康寧)·다남(多男).
〔五十步百步 오십보백보〕 《오십 보 달아난 자가 백 보 물러선 자를 비웃었으나, 달아난 것은 마찬가지라는 뜻으로》 별 차이가 없음. 大同小異(대동소이).
〔五言 오언〕 ①한시(漢詩)에서, 한 구가 다섯 글자로 이루어진 형식. ② ➡ 五言詩(오언시).
〔五言詩 오언시〕 다섯 자로 한 구를 이루는 한시(漢詩)의 총칭. 오언 고시·오언 율시·오언 절구 등이 있음. 五言(오언).
〔五日京兆 오일경조〕 《중국 한나라 장창(張敞)이 경조윤(京兆尹)에 임명되었다가 며칠 후에 면직된 고사에서》 오래 계속되지 못하는 일의 비유.
〔五臟六腑 오장 육부〕 《'오장과 육부'라는 뜻으로》 내장(內臟)의 총칭.
〔五寸 오촌〕 아버지의 사촌이나 아들의 사촌과의 촌수.
〔五行 오행〕 우주 만물을 이루는 금(金)·목(木)·수(水)·화(火)·토(土)의 다섯 가지 원소.
◢三三五五(삼삼오오)

2 ☆✱3
4 **云** 이를 **운**

一 二 云 云

㊥yún(윈) ㉰ウン/いう ㊐say

갑 금 자원 **상형자.** 피어오르는 뭉게구름을 본뜬 자. 뒷날 '말하다'의 뜻으로 쓰이게 되자 본뜻을 보존하기 위해 만든 자가 '雲(구름 운)'임.
풀이 ①이르다. 말하다. ②어조사. 어조(語調)를 고르기 위해 씀.
〔云云 운운〕 이러쿵저러쿵하면서 말함. 말·글 등을 인용할 때 생략하는 부분에 쓰는 말.
〔云謂 운위〕 입에 올려 말함.
◢紛云(분운)

2 ☆✱3-Ⅱ
4 **井** 우물 **정**

一 二 キ 井

㊥jǐng(징) ㉰セイ/いど ㊐well

갑 금 자원 **상형자.** 네모진 우물 난간을 본뜬 자. 금문의 가운데 점은 두레박을 나타냄. 일설에는, 우물을 팔 때 벽이 무너지지 않도록 우물 바닥에 네모지게 설치한 나무 틀을 나타낸 것이라는 주장도 있음.
풀이 ①우물. ②우물 난간의 모양. ‖天井(천정). ③저자. ‖市井(시정). ④괘 이름. ‖井卦(정괘). ⑤별 이름.
〔井間 정간〕 가로세로 여러 평행선을 그어 나타나는 '井(정)' 자 모양의 칸살.
〔井然 정연〕 구획이 반듯하게 정돈된 모양. 井井(정정).
〔井底蛙 정저와〕 견문이 좁아 세상 물정을 모르는 사람을 이름. '우물 안 개구리'와 같은 말. 井蛙(정와).
〔井中觀天 정중관천〕 《우물 안에서 하늘을 본다는 뜻으로》 좁은 견문이나 좁은 소견으로 세상을 봄.
〔井華水 정화수〕 이른 새벽에 사람의 손이 닿기 전에 길어 온 우물물. 기도나 약을 달이는 데에 씀.
◢市井(시정)/油井(유정)/自噴井(자분정)/廢井(폐정)

2 ★✱3
4 **互** 서로 **호**

一 ㄷ 万 互

㊥hù(후) ㉰ゴ/たがい ㊐mutually

전 자원 **상형자.** 줄을 감는 도구의 상형, 또는 두 개의 막대기를 엇갈리게 잘라 서로 맞물리게 한 것의 상형 등 여러 설이 있음.
瓦(와:504쪽)는 딴 자.
풀이 ①서로. 함께. 같이. ‖相互(상호). ②뒤섞이다.
〔互角之勢 호각지세〕 역량이 서로 비슷비슷하여 우열을 가리기 어려운 형세.
〔互生 호생〕 식물의 잎이나 눈이 줄기·가지의 각 마디에 번갈아 이쪽저쪽으로 어긋남. 어긋나기.
〔互選 호선〕 특정한 사람들이 자기네들 가운데서 서로 선출함. 또는, 그런 선거.
〔互讓 호양〕 서로 사양함.
〔互惠 호혜〕 서로 혜택을 베풂.
〔互換 호환〕 서로 교환함.
◢交互(교호)/相互(상호)

4 ✱1
6 **亘** ❶건널 **긍**✱1 ❷돌 **선**1 ❶본 亙

㊥gèn(껀), xuān(쒸엔)
㉰コウ, セン/わたる, めぐる
㊐go across, revolve

풀이 ❶①건너다. ②뻗침. 걸치다. ‖亘古(긍고). ❷①돌다. ②펴다. 널리 알림. ㊔宣.

6 亙* 亘(긍)❶의 본자 →19쪽

5 7 些*1 적을 사 些

㊥xiē(씨에) ㊐シャ, サ/わずか ㊎little
풀이 적다. 작음. 조금.
〔些少 사소〕 보잘것없이 작거나 적음. 些些(사사).

7 亜* 亞(아)의 속자 →20쪽

6 8 亞★*3-Ⅱ 버금 아 속 亜 간 亚 亞

一 丅 丆 亏 亞 亞 亞 亞

㊥yà(야) ㊐ア/つぐ ㊎second
갑 금 자원 **상형자.** 종묘(宗廟)나 분묘(墳墓)를 만들기 위해 조성해 놓은 터를 나타냄.
풀이 ①버금. ‖亞聖(아성). ②'아세아(亞細亞)'의 약칭. ‖東南亞(동남아). ③동서(同壻). ④무리.
〔亞流 아류〕 ①둘째가는 사람이나 사물. ②어떤 학설이나 주의를 맹목적으로 따르거나 모방하는 사람.
〔亞聖 아성〕 ('성인(聖人)에 버금가는 이'라는 뜻으로) '안회(顔回)' 또는 '맹자(孟子)'를 이름.
〔亞熱帶 아열대〕 열대와 온대의 중간 지대.
〔亞洲 아주〕 '아세아주(亞細亞洲)'의 준말.
〔亞寒帶 아한대〕 온대와 한대의 중간 지대.
◢東南亞(동남아)/東北亞(동북아)/東亞(동아)/亞細亞(아세아)

7 9 亟 ❶빠를 극 ❷자주 기 간 亟 亟

㊥jí(지), qì(치)
㊐キョク, キ/すみやか, しばしば
㊎quick
풀이 ❶①빠르다. 성급함. ②받다. ❷자주. 누누이.

亠部 돼지해머리

0 2 亠 두

음(音)은 '두'인데, 훈(訓)은 알 수 없음. '亥(돼지해)'자의 머리(亠)와 같으므로, 부수 명칭을 '돼지해머리'라고 함.

1 3 亡☆*5 ❶잃을 망☆*5 ❷없을 무 본 亾 亡

丶 亠 亡

㊥wáng(왕), wú(우)
㊐ボウ, モウ, ム, ブ/ほろびる ㊎lose
갑 금 자원 人(사람 인)과 隱(숨을 은)의 고자(古字)인 ㄴ 자로 이뤄진 회의자라는 설과 부러진 칼의 상형이라는 설 등이 있으나 확실치 않음.
풀이 ❶①잃다. ②멸망하다. ‖亡國(망국). ③도망하다. ④죽다. ⑤경멸하다. ❷없다. ㉟無.
〔亡國 망국〕 ①멸망한 나라. ②나라를 망침.
〔亡國之歎 망국지탄〕 나라가 망한 데 대한 한탄.
〔亡靈 망령〕 죽은 사람의 영혼. 亡魂(망혼).
〔亡命 망명〕 혁명 또는 기타 정치적 이유로 남의 나라로 몸을 피함.
〔亡命客 망명객〕 망명하여 온 사람. 亡客(망객).
〔亡母 망모〕 죽은 어머니.
〔亡父 망부〕 죽은 아버지.
〔亡夫 망부〕 죽은 남편.
〔亡身 망신〕 잘못하여 자기의 지위나 명예를 손상함.
〔亡失 망실〕 잃어버림.
〔亡羊補牢 망양보뢰〕 (양을 잃고 우리를 고친다는 뜻으로) 이미 실패한 뒤에 후회해도 소용이 없음. '소 잃고 외양간 고친다'와 같은 말.
〔亡羊之歎 망양지탄〕 (달아난 양을 찾으러 갔다가 여러 갈래의 길에서 놓쳐 버리고 어찌할 바를 모른다는 뜻으로) 학문의 길이 여러 방면이어서 진리를 파악하기 어려움을 탄식한 말.
〔亡人 망인〕 죽은 사람. 亡者(망자).
〔亡者 망자〕 ➡亡人(망인).
〔亡兆 망조〕 망할 징조.
〔亡種 망종〕 ('몹쓸 종자'라는 뜻으로) 행실이 아주 못된 사람을 얕잡아 이름.
〔亡魂 망혼〕 죽은 사람의 넋.
◢逃亡(도망)/滅亡(멸망)/死亡(사망)/衰亡(쇠망)/存亡(존망)/敗亡(패망)/興亡(흥망)

2 4 亢*2 ❶목 항 본 강 ❷오를 항 본 강 亢

㊥gāng(깡), kàng(캉)
㊐コウ/くび, たかぶる ㊎neck

풀이 ❶①목. ②목구멍. ❷①오르다. 높아지다. ‖亢進(항진). ②막다. 항거(抗拒)함. ③별 이름. ‖亢宿(항수). ④겨루다.

〔亢龍 항룡〕《'하늘에 오른 용'이라는 뜻으로》 지극히 높은 지위.

〔亢進 항진〕 ①기세나 기능 등이 높아짐. ②병세 따위가 심해짐. ‖心悸亢進(심계 항진).

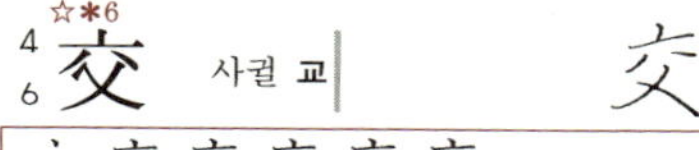

☆*6 4 6 交 사귈 교

㊥jiāo(쩌아오) ㊐コウ/まじわる ㊄associate

갑 금 자원 **상형자.** 사람이 두 다리를 교차하고 있는 모습을 본뜬 자.

풀이 ①사귀다. ‖結交(결교). ②엇갈리다. ‖交錯(교착). ③바꾸다. ④오가다. ‖交通(교통). ⑤섞이다. ‖交流(교류). ⑥흘레하다. ‖性交(성교).

〔交感 교감〕 서로 접촉하여 감응(感應)함. ‖交感神經(교감 신경).

〔交代 교대〕 서로 번갈아 듦. 交替(교체).

〔交流 교류〕 ①근원이 다른 물줄기가 만나서 흐름. ②문화·사상 등이 서로 통함. ③시간에 따라 크기와 방향이 주기적으로 바뀌어 흐르는 전류.

〔交尾 교미〕 동물의 암컷과 수컷이 성적(性的)인 관계를 맺음. 交接(교접).

〔交配 교배〕 생물의 암수를 인위적으로 수정(受精) 또는 수분(受粉)시키는 일.

〔交付 교부〕 내주는 것.

〔交付金 교부금〕 ①내주는 돈. ②국가가 공공 단체에 주는 돈. 補助金(보조금).

〔交分 교분〕 서로 사귄 정. 交誼(교의).

〔交涉 교섭〕 일을 처리하기 위해 서로 의논하고 절충함.

〔交信 교신〕 우편·전화 등의 매체를 통하여 정보나 의견을 주고받음.

〔交易 교역〕 나라와 나라 사이에서 서로 물건을 사고팔고 함. 交市(교시). 互市(호시).

〔交友 교우〕 벗을 사귐. 또는, 그 벗.

〔交誼 교의〕 ➡交分(교분).

〔交子床 교자상〕 음식을 차려 놓는, 사각형의 큰 상.

〔交雜 교잡〕 ①한데 어울려 뒤섞임. ②품종·계통·성질이 다른 암수의 교배.

〔交戰 교전〕 서로 맞붙어 싸움.

〔交接 교접〕 ①서로 닿아서 접촉함. ②동물의 암수가 성적(性的) 관계를 맺음.

〔交際 교제〕 서로 사귐. 交遊(교유).

〔交叉 교차〕 서로 엇갈리거나 마주침.

〔交錯 교착〕 서로 뒤섞여 혼잡함. ‖交錯狀態(교착 상태).

〔交替 교체〕 갈마듦. 交遞(교체). 交代(교대). 替代(체대).

〔交通 교통〕 ①탈것을 이용하여 사람이 오고 가거나 짐을 실어 나르는 일. ②서로 소식이나 정보를 주고받음. ③나라 사이에 관계를 맺어 오고 감.

〔交互 교호〕 ①서로 어긋나게 맞춤. ②번갈아듦.

〔交換 교환〕 ①서로 바꿈. ‖物物交換(물물 교환). ②서로 주고받음. ③경제적인 방법에 의한, 재화의 주고받음. ④'전화 교환(電話交換)'의 준말. ‖交換員(교환원).

◢管鮑之交(관포지교)/國交(국교)/金蘭之交(금란지교)/斷交(단교)/刎頸之交(문경지교)/貧賤之交(빈천지교)/社交(사교)/性交(성교)/修交(수교)/外交(외교)/絕交(절교)/芝蘭之交(지란지교)/親交(친교)

☆*3-Ⅱ 4 6 亦 또 역

㊥yì(이) ㊐エキ, ヤク/また ㊄also

갑 전 자원 **지사자.** 우뚝 선 사람(大)의 벌린 양팔 아래에 두 점을 찍어 겨드랑이임을 나타냄. 뒷날 '역시', '또한'의 뜻으로 쓰이게 되자, 본뜻을 보존하기 위해 만든 자가 '腋(액)'임.

풀이 또. 또한. ‖亦是(역시).

〔亦是 역시〕 마찬가지로. 또한.

〔亦然 역연〕 또한 그러함.

☆*3 4 6 亥 돼지 해

㊥hài(하이) ㊐ガイ/い ㊄pig

갑 금 자원 돼지 골격의 상형, 대가리 잘린 짐승의 상형 등의 설이 있으나 확실치 않음.

풀이 ①돼지. ②열두째 지지(地支). 시각으로는 오후 9시에서 11시 사이, 방향으로는 북북서, 달로는 음력 10월, 오행으로는 수(水).

〔亥年 해년〕 태세(太歲)의 지지(地支)가 해(亥)로 된 해.

〔亥時 해시〕 십이시의 열두째 시. 곧, 오후 9시부터 11시까지의 동안.

◢癸亥(계해)/己亥(기해)/辛亥(신해)/乙亥(을해)/丁亥(정해)

★*3 5 7 亨 형통할 형

[중]hēng(헝) [일]コウ/とおる [영]go well
[갑] [금] [전] [자원] **상형자.** 높이 지은 건축물인 종묘(宗廟)를 나타냄. 소전 자를 바탕으로 '亨(형)'과 '享(향)'으로 분화되었음.
[풀이] 형통하다.
〔亨通 형통〕 모든 일이 뜻과 같이 잘 됨. ‖萬事亨通(만사형통).

☆*6
6 8 **京** 서울 **경** 京

丶 亠 亡 古 古 亨 京 京

[중]jīng(찡) [일]ケイ, キョウ/みやこ [영]capital
[갑] [금] [자원] **상형자.** 기둥을 세우고 그 위에 지은 높은 집을 나타냄.
[풀이] ①서울. 수도(首都). ‖京都(경도). ②언덕. ③크고 높다. ④수(數)의 이름. 조(兆)의 1만 배.
〔京觀 경관〕 전사자의 유해를 한곳에 모아 장사 지내고, 전공을 기념하기 위해 세운 합동 무덤.
〔京軍 경군〕 조선 시대에 서울의 각 영문(營門)에 속해 있던 군사.
〔京畿 경기〕 '경기도'의 준말.
〔京城 경성〕 우리나라 서울의 일제 강점기 때 이름.
〔京仁 경인〕 서울과 인천.
〔京調 경조〕 ①서울의 풍습. ②서울 특유의 시조 창법(唱法).
〔京唱 경창〕 국악에서, 특히 서울에서 부르는 노래.
〔京鄕 경향〕 서울과 시골. 都鄙(도비).
◢歸京(귀경)/上京(상경)/入京(입경)/在京(재경)/出京(출경)/退京(퇴경)/下京(하경)

★*3
6 8 **享** 누릴 **향** 享

丶 亠 亡 古 古 亨 享

[중]xiǎng(시앙) [일]キョウ/うける [영]enjoy
[갑] [금] [전] [자원] **상형자.** 높이 지은 건물인 종묘(宗廟)를 본뜬 자. 소전 자를 바탕으로 '亨(형)'과 '享(향)'으로 분화되었음.
[풀이] ①누리다. ‖享福(향복). ②드리다. 진헌(進獻)함. ③제사를 지내다. ④대접하다.
〔享年 향년〕 《'한평생 살아 누린 나이'라는 뜻으로》 죽을 때의 나이.
〔享樂 향락〕 쾌락을 누림.
〔享禮 향례〕 ①대제(大祭)를 지내는 옛 예법. ②혼례가 끝나고 예물을 바치는 의식.
〔享祀 향사〕 제물을 갖추어 신에게 제사지냄. 祭祀(제사).
〔享受 향수〕 ①어떤 혜택을 받아 누림. ②예술품 따위를 즐기고 음미함.
〔享壽 향수〕 천수(天壽)를 누림.
〔享有 향유〕 복된 상태를 누리어 가짐.
◢大享(대향)/配享(배향)/時享(시향)/祭享(제향)

*2
7 9 **亮** 밝을 **량** 亮

[중]liàng(리앙) [일]リョウ/あかるい [영]bright
[풀이] ①밝다. ②임금의 거상(居喪). ③돕다.
〔亮察 양찰〕 다른 사람의 사정을 밝게 살핌.
〔亮許 양허〕 사정이나 형편을 잘 알아서 용서하거나 허용함.

★*3-Ⅱ
7 9 **亭** 정자 **정** 亭

亠 亡 古 古 声 声 亭 亭

[중]tíng(팅) [일]テイ/あずまや [영]arbor
[전] [자원] **형성자.** 2층 이상의 집을 상형한 高(고) 자에서 口(구)를 생략하고 음을 나타내는 丁(정)을 넣은 글자임.
[풀이] ①정자. ‖亭閣(정각). ②역참. ③주막집. ④곧다. ‖亭亭(정정).
〔亭子 정자〕 경치 좋은 곳에 놀거나 쉬기 위해 지은 아담한 건물. 亭閣(정각).
〔亭亭 정정〕 ①나무 따위가 우뚝하게 높이 솟은 모양. ②노인의 몸이 굳세고 건강한 모양.
◢江亭(강정)/老人亭(노인정)/射亭(사정)/松亭(송정)/水亭(수정)/料亭(요정)/八角亭(팔각정)

*
11 13 **亶** 미쁠 **단** 亶

[중]dǎn(단) [일]タン/まこと [영]reliable
[풀이] ①미쁘다. 신의(信義). ②진실하다. ③많다.

20 22 **亹** [1]힘쓸 **미** [2]물문 **문** 亹

[중]wěi(웨이) [일]ビ, モン [영]try
[풀이] [1]①힘쓰다. 근면한 모양. ②눈썹. 같眉. ③문채 있는 모양. [2]물문. 수문(水門).
〔亹亹 미미〕 꾸준히 노력하는 모양.

人部 사람인 人亻

☆✱8
0
2 **人** 사람 **인**

ノ 人

㊥rén(˚런) ㊐ジン, ニン/ひと
㊍man, people

갑 금 자원 **상형자.** 사람이 옆으로 서 있는 모습을 본뜬 자.

한자 부수의 하나. 변으로 쓰일 때에는 자형이 '亻'의 꼴로 바뀜.

풀이 ①사람. ‖聖人(성인). ②백성(百姓). ‖人民(인민). ③남. 타인(他人). ④인품. 인격. ‖爲人(위인). ⑤어떤 사람.

〔人家 인가〕 사람이 사는 집. 민가(民家).
〔人間 인간〕 ①사람. 인류. ②사람이 사는 세상. 속세(俗世).
〔人傑 인걸〕 특히 뛰어난 인재.
〔人格 인격〕 ①사람으로서의 품격. 人品(인품). ②도덕적 행위의 주체(主體). ③법률상 독립할 수 있는 자격.
〔人格化 인격화〕 사람이 아닌 사물을 사람처럼 감정과 의지가 있는 것으로 보는 일.
〔人界 인계〕 사람이 사는 세계. 人間界(인간계).
〔人工 인공〕 사람이 자연물을 가공하거나 자연물에 작용을 가함.
〔人口 인구〕 ①어느 구역 안에 사는 사람의 수. ‖人口密度(인구 밀도). ②뭇 사람들의 입. ③어떤 일에 종사하는 사람의 수.
〔人權 인권〕 사람으로서 당연히 가지는 기본적 권리.
〔人力車 인력거〕 사람이 끄는, 바퀴가 2개 달린 수레. 주로, 사람이 타고 다녔음.
〔人氣 인기〕 어떤 대상에 대하여 많은 사람들이 가지는 관심이나 선호도.
〔人類 인류〕 사람을 다른 동물과 구별해서 하는 말.
〔人倫 인륜〕 사람으로서 지키고 행해야 할 도리. 人道(인도). 五倫(오륜). ※天倫(천륜).
〔人望 인망〕 세상 사람들로부터 받는 신뢰나 존경. 衆望(중망).
〔人面獸心 인면수심〕《사람 얼굴을 하고 있으나 마음은 짐승과 같다는 뜻으로》 마음이나 행동이 몹시 흉악함.
〔人命 인명〕 사람의 목숨.
〔人物 인물〕 ①생김새나 됨됨이로 본 사람. ②어떤 역할을 하는 사람. ③뛰어난 사람. 人材(인재). ④'인물화'의 준말.
〔人民 인민〕 사회를 구성하는 사람. 백성. 국민.
〔人士 인사〕 사회적 지위가 높거나 사회 활동이 많은 사람. ‖著名人士(저명인사).
〔人事 인사〕 ①처음 만나는 사람끼리 서로 통성명하는 일. 또는, 의례적으로 남과 만났을 때 주고받는 말이나 동작. ②입은 은혜를 갚거나 치하할 일 등에 대하여 예의를 차림. ③사람으로서 해야 할 일. ④개인의 능력이나 신분에 관한 사무. ‖人事行政(인사 행정).
〔人事不省 인사불성〕 제 몸에 벌어지는 일을 모를 만큼 정신을 잃은 상태.
〔人死留名 인사유명〕《사람은 죽어서 이름을 남긴다는 뜻으로》 삶이 헛되지 않으면 그 이름이 길이 남음.
〔人生 인생〕 사람이 태어나 세상을 살아가는 일.
〔人生無常 인생무상〕 인생이 덧없음.
〔人生七十古來稀 인생칠십고래희〕 칠십의 나이를 누린 자는 예로부터 드물다는 뜻. 두보(杜甫)의 곡강시(曲江詩)의 한 구. 古稀(고희).
〔人選 인선〕 많은 사람 중에서 적당한 사람을 가려 뽑음.
〔人性 인성〕 사람의 성품.
〔人心 인심〕 ①사람의 마음. ②인정. ③백성의 마음.
〔人魚 인어〕 상반신은 인체, 하반신은 물고기와 같다는 상상의 동물.
〔人言 인언〕 ①남의 말. ②세상에 오가는 소문.
〔人員 인원〕 단체를 이루고 있는 사람들. 또는, 그 수효.
〔人爲 인위〕 사람의 힘으로 하는 일. ↔自然(자연).
〔人爲選擇 인위 선택〕 생물의 품종 개량에서, 특수한 형질을 지닌 것만을 가려서 교배하여 그 형질을 일정한 방향으로 변화시키는 일. 人爲淘汰(인위 도태).
〔人義 인의〕 사람으로서 행해야 할 도리(道理).
〔人子 인자〕 ①사람의 아들. ②예수의 자칭(自稱).
〔人才 인재〕 재주나 능력이 뛰어난 사람.
〔人材 인재〕 재능이 있는 사람. ‖人材登用(인재 등용).
〔人跡 인적〕 사람의 발자취. 人迹(인적).
〔人情 인정〕 ①남을 동정하는 갸륵한 마음씨. ②사람이 본디 가지고 있는 온갖 욕망. ③세상 사람들의 마음.
〔人情佳話 인정가화〕 외롭고 불쌍한 사람을 따뜻한 마음으로 돌보아준 아름다운 이야기.
〔人情味 인정미〕 인정이 깃든 맛.
〔人造 인조〕 사람의 힘으로 만듦. 또는, 그 물건. 人作(인작).
〔人中 인중〕 코와 윗입술 사이에 오목하게 들어간 곳.

〔人智 인지〕 사람의 지능(智能).
〔人之常情 인지상정〕 사람이면 보통 가질 수 있는 마음.
〔人體 인체〕 사람의 몸.
〔人波 인파〕 (('사람의 물결'이라는 뜻으로)) 어느 곳에 모인 수많은 사람.
〔人品 인품〕 사람의 품위(品位). 人格(인격).
〔人形 인형〕 사람의 모양을 본떠 만든 것.
◢佳人(가인)/個人(개인)/巨人(거인)/乞人(걸인)/故人(고인)/公人(공인)/寡人(과인)/狂人(광인)/教人(교인)/求人(구인)/軍人(군인)/貴人(귀인)/奇人(기인)/浪人(낭인)/老人(노인)/達人(달인)/大人(대인)/道人(도인)/同好人(동호인)/萬人(만인)/盲人(맹인)/名人(명인)/武人(무인)/文人(문인)/美人(미인)/白人(백인)/凡人(범인)/犯人(범인)/法人(법인)/夫人(부인)/婦人(부인)/殺人(살인)/商人(상인)/成人(성인)/聖人(성인)/世人(세인)/小人(소인)/囚人(수인)/詩人(시인)/新人(신인)/惡人(악인)/愛人(애인)/野人(야인)/良人(양인)/女人(여인)/戀人(연인)/藝人(예인)/要人(요인)/偉人(위인)/爲人(위인)/恩人(은인)/義人(의인)/張本人(장본인)/丈人(장인)/匠人(장인)/情人(정인)/罪人(죄인)/主人(주인)/中人(중인)/證人(증인)/知人(지인)/哲人(철인)/超人(초인)/他人(타인)/土人(토인)/廢人(폐인)/下人(하인)/學人(학인)/行人(행인)/賢人(현인)/好人(호인)/黑人(흑인)

2 ★✱3-Ⅱ
4 **介** 끼일 **개** 介

丿 人 ㅅ 介

㊥jiè(찌에) ㊐カイ/はさまる
㊎be situated between

갑 금 [자원] **회의자.** 人(사람 인)과 갑옷을 나타내는 획이 합쳐진 자로, 갑옷 입은 사람의 모습을 나타냄. 갑골문에서, 양옆의 짧은 획은 가죽을 잇대어 만든 갑옷을 나타냄.

[풀이] ①끼이다. ‖介入(개입). ②중개(中介)하다. ‖媒介(매개). ③돕다. ④갑옷. 또는, 갑각(甲殼). 조개껍데기 따위. ⓣ甲. ⑤깔끔하다. ⑥낱. 물건을 세는 단위.
〔介殼 개각〕 조가비. 패각(貝殼).
〔介甲 개갑〕 ①게나 거북 등의 딱딱한 껍데기. ②갑옷.
〔介潔 개결〕 성품이 곧고 깨끗함.
〔介意 개의〕 마음에 두고 걱정함.
〔介入 개입〕 자신과 직접적인 관계가 없는 일에 끼어듦.
〔介在 개재〕 사이에 끼어 있음.
〔介冑 개주〕 갑옷과 투구. 甲冑(갑주).
◢媒介(매개)/紹介(소개)/一介(일개)/節介(절개)/仲介(중개)

2 ✱1
4 **仇** 원수 **구** 仇

㊥chóu(°처우) ㊐キュウ/かたき
㊎enemy

[풀이] ①원수(怨讐). 원망. ‖仇讐(구수). ②짝. 상대. ③원망하다. 적시(敵視)함.
〔仇隙 구극〕 원수처럼 지내는 사이.
〔仇怨 구원〕 원수. 원한.
〔仇敵 구적〕 원수. 적(敵).
〔仇恨 구한〕 원한(怨恨).

2 ☆✱6
4 **今** 이제 **금** 今

丿 人 ㅅ 今

㊥jīn(찐) ㊐キン, コン/いま ㊎now

갑 금 [자원] 청동기를 만드는 거푸집(ㅅ)과 주물이 흘러나오는 모습(-)이 합쳐진 자라는 설과 'ㅅ'(合의 생략형)과 'ㄱ'(及의 생략형)이 합쳐진 자라는 설 등이 있으나 확실치 않음.

[풀이] ①이제. 오늘. 현재. ‖今世(금세). ②곧. 조만간. ③이. 이에.
〔今年 금년〕 올해.
〔今明間 금명간〕 오늘이나 내일 사이.
〔今方 금방〕 지금 막. 方今(방금).
〔今生 금생〕 지금 살고 있는 세상. 今世(금세).
〔今昔 금석〕 지금과 옛날.
〔今昔之感 금석지감〕 지금과 옛날을 비교하여 생각할 때 변화가 심함을 깊이 느낌.
〔今時初聞 금시초문〕 이제야 비로소 처음 들음.
〔今日 금일〕 ①오늘. ②요즈음.
〔今週 금주〕 이번 주일.
〔今後 금후〕 지금 이후.
◢古今(고금)/方今(방금)/昨今(작금)/只今(지금)/現今(현금)

2
4 **仆** 엎어질 **부** 仆

㊥pū(푸) ㊐フ, ホク/たおれる
㊎fall forward

[풀이] ①엎어지다. 앞으로 고꾸라짐. ②쓰러지다. ③뒤집히다.
〔仆臥 부와〕 쓰러져 누움.

4 **仏** 佛(불)의 약자 →32쪽

2 ✱1
4 **什** ❶열 사람 **십** ❷㊞세간 **집** 什

(중)shēn(°선), shí(°스) (일)ジュウ/とう
(영)household goods

풀이 ❶①열 사람. 열 집. ‖什長(십장). ②열. (통)十. ③시편(詩篇). ❷세간. 가구(家具). ‖什器(집기).

[什長 십장] ①인부를 직접 감독하는 사람. ②군사(軍士) 10명 1조의 우두머리.

[什器 집기] ➡什物(집물).

[什物 집물] 일상생활에 쓰는 온갖 기구. 집기(什器). ‖家藏什物(가장집물).

◪佳什(가집)/珍什(진집)

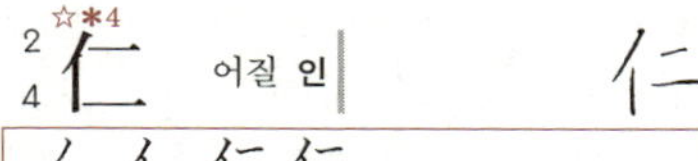

☆*4 2/4 **仁** 어질 **인**

丿 亻 仁 仁

(중)rén(°런) (일)ジン, ニン/いつくしむ
(영)merciful

갑 전 자원 **회의 겸 형성자.** 人(사람 인)과 二(두 이)가 합쳐진 자로, 두 사람이 친하게 지냄을 나타냄. 二는 의미를 나타내고 人은 의미와 음을 겸하여 나타냄.

풀이 ①어질다. ‖仁慈(인자). ②어진 이. 인덕(仁德)을 갖춘 사람. ③동정. ④과실의 씨. ‖杏仁(행인).

[仁君 인군] 어진 임금.

[仁德 인덕] 어진 덕.

[仁術 인술] ①(‘사람을 살리는 어진 기술’이라는 뜻으로) 의술(醫術). ②어진 덕을 베푸는 방법.

[仁義 인의] ①인(仁)과 의(義). ②‘도덕(道德)’을 달리 이르는 말.

[仁者 인자] 마음이 어진 사람. 仁人(인인).

[仁慈 인자] 어질고 자애스러움. 仁惠(인혜).

[仁者無敵 인자무적] 어진 사람은 널리 사람을 사랑하므로, 천하에 적이 없음.

[仁者樂山 인자요산] 어진 사람은 의리에 만족하여 몸가짐이 무겁고 덕이 두터워 그 마음이 산과 비슷하므로 자연히 산을 좋아함.

[仁兄 인형] (‘어진 형’이란 뜻으로) 편지에서 친구끼리 상대편을 높여 부르는 말.

[仁厚 인후] 인정 많고 후덕함.

◪寬仁(관인)/同仁(동인)/不仁(불인)/殺身成仁(살신성인)/杏仁(행인)

* 2/4 **仍** 인할 **잉**

(중)réng(°렁) (일)ジョウ/よる (영)cause

풀이 ①인하다. 그대로 따름. ②거듭되다. 거듭. ③오히려.

[仍用 잉용] 전의 것을 그대로 씀.

4 **从** 從(종)의 본자 →265쪽

* 2/4 **仄** 기울 **측**

(중)zè(쩌) (일)ソク/かたむく (영)incline

풀이 ①기울다. 비스듬하다. (같)昃. ②어렴풋함. ‖仄聞(측문). ③옆. 곁. ④측운. 운(韻)을 평(平)과 측(仄)으로 크게 나눈 것의 하나. ‖平仄(평측).

[仄聲 측성] 한자의 사성(四聲) 가운데 상성·거성·입성의 총칭.

[仄韻 측운] 한자의 사성(四聲) 가운데 상성(上聲)·거성(去聲)·입성(入聲)에 속하는 운자(韻字).

[仄字 측자] 측운(仄韻)의 한자.

[仄行 측행] ①모로 걷거나 비뚜로 걸음. ②귀인에게 경의를 표하여 옆으로 비켜서서 걸음.

☆*6 3/5 **代** 대신 **대**

丿 亻 仁 代 代

(중)dài(따이) (일)ダイ/かわる, よ
(영)in place of, generation

전 자원 **형성자.** 人(인)은 의미를 나타내고 弋(익)은 음을 나타냄.

伐(벌:29쪽)은 딴 자.

풀이 ①대신. 대리하다. 갈리다. ‖代行(대행)/代官(대관). ②번갈다. ‖交代(교대). ③세상. 시대. ‖現代(현대). ④대. ㉮사람의 한평생. ‖當代(당대). ㉯계승의 차례. ‖三代(삼대). ⑤대금. 값.

[代價 대가] ①수고나 노력에 대한 보람이나 보수. ②어떤 일을 이루기 위해 들여야 할 노력이나 희생.

[代金 대금] 물건의 값으로 치르는 돈.

[代代 대대] 여러 대. 累代(누대). ‖代代孫孫(대대손손).

[代理 대리] 남을 대신하여 처리함. 또는, 그런 직무를 가진 사람이나 직위. 代辨(대변). 代辦(대판). ‖代理人(대리인).

[代辯 대변] 남의 말을 대신하여 함. ‖代辯者(대변자).

[代謝 대사] 생물체가 필요한 것을 섭취하고 불필요한 것을 몸 밖으로 내보내는 일. 物質代謝(물질대사). 新陳代謝(신진대사).

[代償 대상] ①다른 것으로 대신 물어 줌. ②남을 대신하여 갚아 줌.

[代書 대서] 남을 대신하여 글이나 글씨를 씀. 代筆(대필). ‖代書士(대서사).

[代贖 대속] ①남을 대신하여 그의 죄를 속죄함. ②예수가 십자가에 못 박혀 죽음으로써 인류의 죄를 씻어 구원한 일.

〔代數 대수〕 ①세대(世代)의 수효. ②숫자 대신 문자나 부호를 써서 하는 수학.
〔代身 대신〕 ①어떤 일에서 남의 자리에 듦. ②딴 것으로 바꿈.
〔代案 대안〕 어떤 안(案)을 대신하는 안.
〔代役 대역〕 극이나 영화 등에서, 배우가 맡은 역할을 할 수 없을 때 다른 사람이 그 역할을 대신 맡아 하는 일. 또는, 그 사람.
〔代用 대용〕 대신하여 다른 것을 씀. 또는, 그 물건.
〔代替 대체〕 다른 것으로 대신함. ‖代替物(대체물).
〔代置 대치〕 어떤 대상을 다른 대상으로 바꾸어 놓음.
〔代表 대표〕 ①전체의 상태나 성질을 어느 하나로 잘 나타냄. 또는, 나타낸 그것. ②어느 단체를 대신하여 일을 하거나 의견을 말하는 사람.
〔代行 대행〕 ①남을 대신하여 함. ②남을 대신하여 어떤 권한이나 직무를 행하는 사람.
◢古代(고대)/交代(교대)/近代(근대)/累代(누대)/當代(당대)/萬代(만대)/先代(선대)/世代(세대)/時代(시대)/食代(식대)/歷代(역대)/年代(연대)/地代(지대)/初代(초대)/現代(현대)/後代(후대)/稀代(희대)

*
5 **仝** 同(동)과 동자 →118쪽

☆✱5
3
5 **令** [1]하여금 **령** [2]명령 **령**

ノ 人 亼 今 令

[중]lǐng(링) [일]レイ/のり [영]order

[갑]  [금]  [자원] **회의자.** 亼 자와 卩 자로 이뤄짐. 卩(절)은 꿇어앉은 사람을 나타낸 것이라는 데 별 이론이 없으나 亼 자는 '지붕'의 상형, '입'의 상형, '모자'의 상형 등 여러 설이 있음.

[풀이] [1]①하여금. 부리다. 하게 하다. ‖使令(사령). ②가령. [2]①명령. 명령을 내림. ‖軍令(군령). ②법령. 규칙. ‖閣令(각령). ③장관. ‖守令(수령). ④좋다. ⑤높임말. ‖令夫人(영부인).
〔令望 영망〕 좋은 평판이나 명망(名望).
〔令名 영명〕 ①좋은 명성이나 명예. ②남의 이름을 높여 이르는 말.
〔令夫人 영부인〕 남의 아내를 높여 이르는 말. 令閨(영규). 令正(영정). 令室(영실).
〔令色 영색〕 남에게 잘 보이려고 짓는 얼굴빛.
〔令息 영식〕 남을 높여 그의 아들을 이르는 말. 令胤(영윤). 令郞(영랑). 令子(영자).
〔令愛 영애〕 남을 높여 그의 딸을 이르는 말. 令嬌(영교). 令孃(영양). 令媛(영원). 令娘(영랑).
〔令胤 영윤〕 ➡令息(영식).
〔令狀 영장〕 ①명령을 적은 문서. ②구속이나 수색 등을 할 수 있도록 법원이 발행한 문서. ‖拘束令狀(구속 영장).
〔令節 영절〕 경사스러운 날. 가절(佳節).
〔令出多門 영출다문〕 명령 계통이 문란하여 한 가지 일에 대해 여러 곳에서 각기 다른 명령을 내림.
〔令兄 영형〕 ①편지에서, '벗'의 존칭. ②남을 높여 그의 형을 이르는 말.
◢假令(가령)/口令(구령)/軍令(군령)/禁足令(금족령)/斷髮令(단발령)/待令(대령)/命令(명령)/發令(발령)/法令(법령)/使令(사령)/辭令(사령)/設令(설령)/律令(율령)/傳令(전령)/指令(지령)/勅令(칙령)/緘口令(함구령)/縣令(현령)/號令(호령)/訓令(훈령)

★✱3-Ⅱ
3
5 **付** 줄 **부**

ノ 亻 仁 付 付

[중]fù(°푸) [일]フ/あたえる, つける [영]give, stick

[금]  [자원] **회의자.** 人(사람 인)과 손을 뜻하는 寸(촌)이 합쳐진 자로, 사람에게 물건을 건네주는 것을 나타냄.

[풀이] ①주다. 건넴. ‖給付(급부). ②붙다. 붙임. [통]附. ‖付着(부착). ③부치다. ‖付送(부송). ④부탁하다.
〔付壁 부벽〕 벽에 붙이는 글씨나 그림. ‖付壁書(부벽서).
〔付送 부송〕 물건을 부쳐 보냄.
〔付託 부탁〕 어떤 일을 해 달라고 청함. 請託(청탁).
◢結付(결부)/交付(교부)/給付(급부)/寄付(기부)/納付(납부)/當付(당부)/發付(발부)/配付(배부)/分付(분부)/送付(송부)/貼付(첩부)/還付(환부)

☆✱5
3
5 **仕** 벼슬 **사**

ノ 亻 仁 什 仕

[중]shì(°쓰) [일]シ, ジ/つかえる [영]official rank

[금] 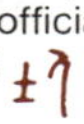 [전]  [자원] **회의 겸 형성자.** 人(사람 인)과 士(사)가 합쳐진 자임. 士는 도끼의 상형으로 왕을 옹위하는 무사 계급을 가리킨다는 설이 유력함. 人은 의미를 나타내고 士는 의미와 음을 겸하여 나타냄.

[풀이] 벼슬. ㉮벼슬살이. 섬기다. ‖仕宦(사환)/給仕(급사). ㉯벼슬하다. ‖進

仕(진사).
〔仕官 사관〕 관리가 되어 종사함.
〔仕途 사도〕 벼슬길. 仕路(사로).
◢給仕(급사)/奉仕(봉사)/出仕(출사)/致仕(치사)

☆*5
3 5 **仙** 신선 **선**
丿 亻 仙 仙 仙

[중]xiān(씨엔) [일]セン/せんにん [영]hermit
[자원] **회의 겸 형성자.** 人(인)과 山(산)이 합쳐진 자로, 산에 들어가 사는 사람, 곧 신선을 나타냄. 人은 의미를 나타내고 山은 의미와 음을 겸하여 나타냄.
[풀이] ①신선. ‖仙人(선인)/仙道(선도). ②선교(仙敎). ③센트(cent). 미국의 화폐 단위의 하나.
〔仙境 선경〕 ①신선이 사는 곳. 仙界(선계). ②속세를 떠난 듯한 맑고 아름다운 곳.
〔仙女 선녀〕 선경(仙境)에 사는 여자 신선. 仙娥(선아).
〔仙藥 선약〕 ①장생불사의 영약. 仙丹(선단). ②효험이 썩 좋은 약.
〔仙姿玉質 선자옥질〕 《'신선의 자태에 옥의 바탕'이라는 뜻으로》 몸과 마음이 매우 아름다운 사람.
〔仙風道骨 선풍도골〕 《'신선 같은 풍채와 도인과 같은 골격'이란 뜻으로》 뛰어나게 고상한 풍채.
◢國仙(국선)/登仙(등선)/水仙(수선)/詩仙(시선)/神仙(신선)/酒仙(주선)

☆*5
3 5 **以** 써 **이**
丨 𠄌 𠄌 以 以

[중]yǐ(이) [일]イ [영]with
[풀이] ①…(로)써. …가지고. ‖以夷制夷(이이제이). ②…부터. …에서. ‖以上(이상). ③…인 까닭에. ‖所以(소이). ④생각하다. ⑤또. 그 위에. ⑥하다. 됨.
〔以內 이내〕 어떤 기준을 포함해서 그보다 수량이 적은 범위.
〔以卵擊石 이란격석〕 《달걀로 돌을 친다는 뜻으로》 되지 않을 일이나 어리석은 일. 以卵投石(이란투석).
〔以來 이래〕 어느 기준이 되는 때부터 그 후.
〔以上 이상〕 어떤 기준보다 위 또는 더 많은 범위.
〔以實直告 이실직고〕 사실 그대로 아뢺. 以實告之(이실고지).
〔以心傳心 이심전심〕 《석가가 제자인 가섭(迦葉)에게 말이나 글을 쓰지 않고 불교의 진수(眞髓)를 전했다는 데서》 마음과 마음으로 서로 뜻이 통함.
〔以熱治熱 이열치열〕 열은 열로써 다스림.
〔以外 이외〕 어떤 한도나 범위의 밖.
〔以夷制夷 이이제이〕 《오랑캐로 오랑캐를 제어한다는 뜻으로》 자신의 힘은 쓰지 않고 다른 나라의 힘을 이용하여 또 다른 적국을 제어함.
〔以前 이전〕 ①기준이 되는 때를 포함하여 그 앞의 시기. ②지금보다 전. 以往(이왕). ↔以後(이후).
〔以下 이하〕 앞에 말한 것의 아래 또는 다음.
〔以後 이후〕 ①기준이 되는 때를 포함하여 그 뒤. ②지금부터 뒤. ↔以前(이전).
◢所以(소이)

3 5 **仞** 길 **인** [속]仭

[중]rèn(°런) [일]ジン [영]fathom
[풀이] ①길. 어른 키의 한 길이. 높이나 깊이를 재는 단위. ‖千仞絶壁(천인절벽). ②높다. 깊음.
◢千仞(천인)

5 **仭** 仞(인)의 속자 →27쪽

*1
3 5 **仔** 자세할 **자**

[중]zǐ(즈) [일]シ/こまかい [영]detailed
[풀이] 자세하다. 잚. ‖仔詳(자상).
〔仔詳 자상〕 꼼꼼하고 자세함.
〔仔細 자세〕 ①아주 작은 부분까지 구체적이고 분명함. ②꼼꼼하고 찬찬함. 子細(자세).
〔仔蟲 자충〕 애벌레. 幼蟲(유충).

*1
3 5 **仗** 무기 **장**

[중]zhàng(°짱) [일]ジョウ/つえ [영]arms
[풀이] ①무기. 창 따위의 병기. ‖兵仗器(병장기). ②호위. ‖仗衛(장위). ③의지함. 기대다. ④지팡이. [통]杖.
◢器仗(기장)/倚仗(의장)

*
3 5 **仟** 일천 **천**

[중]qiān(치엔) [일]セン [영]thousand
[풀이] ①일천. '千(천)'의 갖은자. ②천 사람의 우두머리. ③밭두둑. ④무성하다.

☆*5
3 5 **他** 다를 **타**
丿 亻 仃 仲 他

㊥tā(타) ㊐タ/ほか ㊋different
자원 **형성자.** 人(인)은 의미를 나타내고 也(야)는 음을 나타냄.
풀이 ①다르다. 딴. ‖他國(타국). ②남. ‖自他(자타). ③다른 곳.
〔他界 타계〕 ①다른 세계. ②(인간계를 떠나서 다른 세계로 간다는 뜻으로) 사람의 죽음, 특히 귀인(貴人)의 죽음. ③십계(十界) 중에서 인간계 이외의 세계.
〔他官 타관〕 ➡他鄕(타향).
〔他校 타교〕 다른 학교.
〔他國 타국〕 다른 나라. 他邦(타방).
〔他力 타력〕 ①남의 힘. ↔自力(자력). ②부처나 보살의 능력.
〔他社 타사〕 다른 회사.
〔他山之石 타산지석〕 (다른 산의 돌도 자기의 옥(玉)을 가는 데에 도움이 된다는 뜻으로) 남의 잘못이나 못난 언동도 자신의 인격을 닦는 데에 도움이 됨.
〔他殺 타살〕 ①남을 죽임. ②남에게 죽임을 당함.
〔他律 타율〕 ①다른 규율. ②남의 명령이나 속박에 따라 움직임.
〔他意 타의〕 ①다른 생각. ②다른 사람의 생각이나 의견.
〔他人 타인〕 다른 사람. 남.
〔他地 타지〕 다른 지방이나 지역.
〔他處 타처〕 다른 곳.
〔他鄕 타향〕 자기 고향이 아닌 곳. 他官(타관).
◢其他(기타)/排他(배타)/愛他(애타)/餘他(여타)/依他(의타)/利他(이타)/自他(자타)/出他(출타)

3
5 **仡** ❶날랠 **흘** ❷흔들릴 **올** 仡

㊥yì(이), wù(우) ㊐キツ ㊋nimble
풀이 ❶①날래다. ②높다. ❷흔들리다.

6 **仮** 假(가)의 약자 →47쪽

4 *2
6 **价** 착할 **개** 价

㊥jiè(찌에) ㊐カイ/よい ㊋good
풀이 착하다.

4 ★*5
6 **件** 것 **건** 件

丿 亻 亻' 仁 仁 件

㊥jiàn(찌엔) ㊐ケン ㊋thing
전 자원 **회의자.** 人(인)과 牛(우)가 합쳐진 자로, 백정(白丁)이 칼로 소를 잡아 분해함을 나타냄.
풀이 ①것. 사건. 조건. ‖用件(용건). ②건. 사물의 수를 세는 단위. ‖件數(건수). ③나누다.
〔件名 건명〕 일이나 물건의 이름.
〔件數 건수〕 ①사건이 일어난 수. ②업적이나 실적의 수.
◢文件(문건)/物件(물건)/事件(사건)/事事件件(사사건건)/案件(안건)/與件(여건)/要件(요건)/用件(용건)/立件(입건)/條件(조건)

4 *
6 **伋** 생각할 **급** 伋

㊥jí(지) ㊐キュウ ㊋think
풀이 ①생각하다. ②속이다. 거짓.

4 ★*3-Ⅱ
6 **企** 도모할 **기** 企

丿 人 个 个 企 企

㊥qǐ(치) ㊐キ/くわだてる ㊋plan
전 자원 **회의 겸 형성자.** 人(인)과 止(지)가 합쳐진 자로, 사람이 발돋움함을 나타냄. 人은 의미를 나타내고 止는 의미와 음을 겸하여 나타냄.
풀이 ①도모하다. 꾀함. ‖企圖(기도). ②발돋움하다.
〔企待 기대〕 일이 이루어지기를 바라고 기다림. 期待(기대).
〔企圖 기도〕 어떤 일을 이루려고 꾀함. 計圖(계도). 計畫(계획).
〔企望 기망〕 일이 이루어지기를 바라고 기다림.
〔企業 기업〕 영리를 목적으로 생산·판매 등의 사업을 계속적으로 하는 활동. 또는, 그 경영의 주체. ‖企業家(기업가).
〔企劃 기획〕 일을 꾸며 계획함. 企畫(기획).

4 *1
6 **伎** 재주 **기** 伎

㊥jì(찌) ㊐キ, ギ/うでまえ ㊋skill
풀이 ①재주. 기술. ㊋技. ②재능. ③기생. 광대. ㊔妓.
〔伎倆 기량〕 기술적인 재간이나 솜씨. 技倆(기량).

4
6 **仿** ❶배회할 **방** ❷비슷할 **방** 仿

㊥fǎng(°팡) ㊐ホウ/さまよう ㊋wander, similar
◪ 倣·彷·方·放·髣 등을 서로 뒤섞어 썼음.
풀이 ❶배회하다. 떠돎. 헤맴. ❷①비슷하다. ②모방하다. ㊋倣.

4
6 **伐** 칠 **벌** 伐

丿 亻 亻 代 伐 伐 伐

㊥fá(˚파) ㊐バツ/うつ ㊎hit

갑 금 **자원** **회의자.** 人(인)과 戈(창 과)가 합쳐진 자로, 창으로 사람의 목을 찌르는 것을 나타냄.

풀이 ①치다. ㉮적을 치다. ‖征伐(정벌). ㉯물건 따위를 두드리다. ㉰죄 있는 자를 치다. ‖伐罪(벌죄). ②베다. 자름. ‖伐木(벌목). ③훈공.

〔伐木 벌목〕 나무를 벰. 刊木(간목).
〔伐氷 벌빙〕 두었다가 쓰려고 강이나 호수 등에서 얼음장을 떠냄.
〔伐善 벌선〕 자기의 선행을 뽐냄.
〔伐性之斧 벌성지부〕 (('여색(女色)은 목숨을 끊는 도끼'란 뜻으로)) 여색을 경계해야 함.
〔伐齊爲名 벌제위명〕 ((중국 전국 시대에 연(燕)나라의 악의(樂毅)가 제(齊)나라를 칠 때, 전단(田單)이 악의가 제나라를 친다는 명목만 내걸고 속으로는 제왕(齊王)이 되려고 계획한다고 한 고사에서)) 겉으로는 하는 체하고 속으로 딴 짓을 함.
〔伐採 벌채〕 나무를 베거나 섶을 깎아 냄.
〔伐草 벌초〕 무덤의 잡초를 베어 깨끗이 함.

◢間伐(간벌)/濫伐(남벌)/盜伐(도벌)/北伐(북벌)/殺伐(살벌)/征伐(정벌)/誅伐(주벌)/天伐(천벌)/討伐(토벌)

4
6 **伏** 엎드릴 **복** 伏

丿 亻 亻 仆 伏 伏

㊥fú(˚푸) ㊐フク/ふす ㊎prostrate

금 전 **자원** **회의자.** 人(인)과 犬(개 견)이 합쳐진 자로, 주인의 뒤를 바짝 따르는 개를 나타냄.

풀이 ①엎드리다. ‖伏拜(복배). ②굴복하다. 복종함. ㊐服. ‖降伏(항복). ③숨다. 숨김. ‖伏兵(복병). ④복. ‖三伏(삼복).

〔伏乞 복걸〕 엎드려 빎. ‖哀乞伏乞(애걸복걸).
〔伏魔殿 복마전〕 ①악마가 숨어 있는 곳. 곧, 악마의 소굴. ②나쁜 짓을 하는 사람들이 모이는 곳의 비유.
〔伏望 복망〕 삼가 바람.
〔伏拜 복배〕 땅에 엎드려 절함.
〔伏兵 복병〕 적을 기습하기 위하여 그 지나는 길에 군사를 숨겨 둠. 또는, 그 군사.
〔伏線 복선〕 ①뒷일에 대비하여 미리 꾸며 놓은 일. ②소설 따위에서 뒤에 일어날 일을 미리 암시하는 일.
〔伏惟 복유〕 삼가 엎드려 생각하옵건대.
〔伏中 복중〕 초복에서 말복까지의 사이.
〔伏地不動 복지부동〕 ((땅에 엎드려 움직이지 않는다는 뜻으로)) 책임 추궁이 두려워, 주어진 일이나 업무를 처리하는 데 몸을 사림.
〔伏羲氏 복희씨〕 중국 고대 전설상의 임금. 팔괘(八卦)를 만들었다 함.

◢屈伏(굴복)/起伏(기복)/末伏(말복)/埋伏(매복)/俯伏(부복)/三伏(삼복)/越伏(월복)/潛伏(잠복)/中伏(중복)/初伏(초복)/降伏(항복)

6 **份** 彬(빈)의 고자 →259쪽

4
6 **仰** 우러를 **앙** 仰

丿 亻 亻 㐄 仰 仰

㊥yǎng(양) ㊐ギョウ/あおぐ ㊎respect

자원 **회의 겸 형성자.** 人(인)과 卬(앙)이 합쳐진 자로, 卬은 서서 내려다보는 사람과 무릎 꿇고 올려다보는 사람을 나타냄. 人은 의미를 나타내고 卬은 의미와 음을 겸하여 나타냄.

풀이 ①우러르다. ㉮존경하다. 사모함. 그리워함. ‖仰慕(앙모). ㉯위를 봄. ‖仰天(앙천). ②마시다. ‖仰毒(앙독).

〔仰望 앙망〕 ①우러러 바람. 주로 편지 글에서 씀. ② ➡仰視(앙시).
〔仰慕 앙모〕 우러러 사모함. 仰戀(앙련).
〔仰視 앙시〕 존경하는 마음으로 우러러 봄. 仰望(앙망).
〔仰天大笑 앙천대소〕 터져 나오는 웃음을 참을 수 없거나 어이가 없어서 하늘을 쳐다보고 크게 웃음.
〔仰請 앙청〕 우러러 청함.
〔仰祝 앙축〕 우러러 축하함.

◢景仰(경앙)/俯仰(부앙)/崇仰(숭앙)/信仰(신앙)/推仰(추앙)

4
6 **伍** 대오 **오** 伍

㊥wǔ(우) ㊐ゴ/たいしつ ㊎file

풀이 ①대오. ㉮항오(行伍). 5인을 1조(組)로 한, 군대 편제상의 단위. ㉯대열. ‖落伍(낙오). ②다섯으로 된 것. ㉮다섯 사람. ㉯다섯 집을 한 반(班)으로 한 행정 단위. ‖伍長(오장). ㉰다섯. '五'의 갖은자.

◢落伍(낙오)/隊伍(대오)/行伍(항오)

4
6 **伊** 저 **이** 伊

2획

[중]yī(이) [일]イ/あれ [영]that
[풀이] ①대명사. ㉮저. 그. ㉯이. [통]是. ②'이탈리아'의 약칭.
〔伊太利 이태리〕 '이탈리아(Italia)'의 음역.

★*5 4 6 任 맡길 임

ノ イ 亻' 仁 仟 任

[중]rèn(°런) [일]ニン/まかす [영]assign
[자원] **회의 겸 형성자.** 人(인)과 壬(임)이 합쳐진 자로, 壬은 '베틀'의 상형임. 人은 의미를 나타내고 壬은 의미와 음을 겸하여 나타냄.

[풀이] ①맡기다. ‖任務(임무). ②(관직 따위를) 주다. ‖任用(임용). ③일. 직무. ④마음대로 하다. ‖任意(임의).
〔任官 임관〕 ①관직에 임명됨. 敍官(서관). ②사관후보생 또는 사관생도가 장교로 임명됨.
〔任期 임기〕 어떤 직책을 맡는 기간.
〔任免 임면〕 임명과 해임.
〔任命 임명〕 직무를 맡김.
〔任務 임무〕 맡은 일. 職務(직무).
〔任用 임용〕 임무를 주어 씀. 任使(임사).
〔任員 임원〕 회사나 단체를 맡아 이끌어 가는, 직위가 높은 사람.
〔任意 임의〕 마음대로 함.
〔任地 임지〕 직무를 맡아 행하는 곳. 任所(임소).
〔任職 임직〕 직무를 맡김.
〔任置 임치〕 남에게 물건 따위를 맡겨 둠.
〔任賢使能 임현사능〕 《어진 사람에게 직무를 맡기고 능한 사람을 부린다는 뜻으로》 인재를 알맞게 등용함.
◢兼任(겸임)/擔任(담임)/大任(대임)/放任(방임)/背任(배임)/赴任(부임)/辭任(사임)/常任(상임)/先任(선임)/選任(선임)/所任(소임)/受任(수임)/信任(신임)/歷任(역임)/連任(연임)/委任(위임)/留任(유임)/離任(이임)/一任(일임)/再任(재임)/在任(재임)/適任(적임)/前任(전임)/專任(전임)/主任(주임)/重任(중임)/責任(책임)/初任(초임)/就任(취임)/退任(퇴임)/解任(해임)/後任(후임)

6 伝 傳(전)의 약자 →52쪽

★*3-Ⅱ 4 6 仲 버금 중

ノ イ 亻 仲 仲 仲

[중]zhòng(°쭝) [일]チュウ/だいにばんめ [영]second
[자원] **회의 겸 형성자.** 人(인)과 中(중)이 합쳐진 자로, 人은 의미를 나타내고 中은 의미와 음을 겸하여 나타냄.
[풀이] ①버금. 둘째. ‖仲兄(중형). ②가운데. [통]中. ‖仲朔(중삭). ③거간. ‖仲介(중개).
〔仲介 중개〕 두 당사자 사이에서 일을 주선함. ‖仲介人(중개인).
〔仲媒 중매〕 혼인이 이루어지도록 중간에서 주선함. 중신.
〔仲裁 중재〕 분쟁에 끼어들어 쌍방을 화해시킴.
〔仲秋 중추〕 음력 8월. 仲商(중상).
〔仲兄 중형〕 자기의 둘째 형.
◢伯仲(백중)

* 4 6 伉 짝 항 [본]강

[중]kàng(캉), gàng(깡) [일]コウ [영]mate
[풀이] ①짝. 배우자. ‖伉配(항배). ②겨루다. 맞섬. [통]抗. ③굳세다.
〔伉儷 항려〕 부부(夫婦). 배필.
〔伉禮 항례〕 한편으로 치우치지 않고 동등하게 교제함. 또는, 그 예.
〔伉直 항직〕 정직하고 곧음.

6 会 會(회)의 약자 →371쪽

☆*7 4 6 休 쉴 휴

ノ イ 亻 什 休 休

[중]xiū(씨우) [일]キュウ/やすむ [영]rest
[갑]  [자원] **회의자.** 人(인)과 木(목)이 합쳐진 자로, 사람이 나무 그늘에서 쉬는 모양을 나타냄.
[풀이] ①쉬다. ‖休息(휴식). ②그만두다. ‖休止(휴지). ③휴가(休暇). ④기뻐하다. ⑤좋다. 선미(善美)함.
〔休暇 휴가〕 근무 따위를 일정 기간 쉼. 또는, 그 겨를.
〔休講 휴강〕 강의를 쉼.
〔休憩 휴게〕 일을 하거나 길을 가다가 잠깐 쉼. 休息(휴식).
〔休校 휴교〕 학교가 일정 기간 수업을 중지하고 쉬는 일.
〔休眠 휴면〕 ①쉬면서 거의 활동을 하지 않음. ②동식물이 생활 기능을 활발히 하지 않거나 발육을 얼마간 정지함.
〔休務 휴무〕 직무를 하루 또는 한동안 쉼.
〔休息 휴식〕 하던 일을 멈추고 잠깐 쉼.
〔休養 휴양〕 편히 쉬면서 몸과 마음을 건강하게 함.
〔休業 휴업〕 사업이나 영업을 일시적으로 중단하고 한동안 쉼.

〔休日 휴일〕 일을 쉬는 날.
〔休戰 휴전〕 교전국이 서로 합의하여 전쟁을 일시 중지하는 일.
〔休止 휴지〕 ①하던 것을 멈추고 쉼. ②당사자의 의사나 태도에 의하여 소송 절차의 진행을 정지(停止)하는 일.
〔休紙 휴지〕 ①못 쓰게 된 종이. ②밑을 닦거나 코를 풀 때 쓰는 허드레 종이.
〔休職 휴직〕 일정 기간 동안 현직을 가지면서 직무를 쉬는 일.
〔休診 휴진〕 의료 기관에서 한동안 진찰을 하지 않고 쉼.
〔休學 휴학〕 일정 기간 동안 학교를 쉼.
〔休閑 휴한〕 토양을 개량하기 위해 어느 기간 재배를 중지하고 지력(地力)을 기르는 일. ‖ 休閑地(휴한지).
〔休會 휴회〕 ①회의를 일시 중지하고 쉼. ②의회가 의결(議決)로 의사(議事)를 중지하고 쉬는 일.
◢公休(공휴)/無休(무휴)/產休(산휴)/連休(연휴)/週休(주휴)

5 7 **伽** *2 절 **가**

㊥qiē(치에) ㊐カ, ガ/てら ㊎temple
풀이 절. 범어의 ka, ga를 음역(音譯)하기 위해 만든 자.
〔伽藍 가람〕 범어 'Saṅghārāmā'의 음역인 '僧伽藍摩(승가람마)'의 준말. 사원(寺院)의 건물 전체를 이름. 절. 精舍(정사).
〔伽倻 가야〕 42년경에 낙동강 하류 지역에서 12부족의 연맹체가 단합하여 6가야로 통합된 나라.
〔伽倻琴 가야금〕 우리나라 고유 현악기의 한 가지. 신라 진흥왕 때 우륵(于勒)이 만든 12현금(絃琴).
◢迦陵頻伽(가릉빈가)/僧伽(승가)/瑜伽(유가)

5 7 **估** 값 **고**

㊥gū(꾸) ㊐コ/あたい ㊎price
풀이 ①값. ‖ 估價(고가). ②값 놓다. ③팔다.
〔估價 고가〕 값. 價格(가격).
〔估客 고객〕 상인(商人).

5 7 **佝** 곱사등이 **구**

㊥gōu(꺼우) ㊐ク, コウ/せむし
㊎hunchback
풀이 ①곱사등이. ‖ 佝僂(구루). ②짧고 보기 싫은 모양.
〔佝僂 구루〕 늙거나 병들어서 등이 꼬부라짐. ‖ 佝僂病(구루병).

5 7 **佞** 아첨할 **녕**

㊥nìng(닝) ㊐ネイ/おもねる ㊎flatter
풀이 ①아첨하다. ②간사하다. ③재능(才能). ④말재주가 있음.
〔佞臣 영신〕 간사하고 아첨을 잘하는 신하.
〔佞人 영인〕 간사하고 아첨을 잘하는 사람.
◢奸佞(간녕)/不佞(불녕)

5 7 **但** ☆*3-Ⅱ 다만 **단**

丿 亻 亻 仴 但 但 但

㊥dàn(딴) ㊐タン/ただ ㊎only
자원 **형성자.** 人(인)은 의미를 나타내고 旦(단)은 음을 나타냄.
풀이 다만. 오직. ‖ 但只(단지).
〔但書 단서〕 '但' 자를 붙여 앞에서 서술한 내용에 대한 예외나 조건의 뜻을 나타내는 글.
〔但只 단지〕 다만.
◢非但(비단)

5 7 **伶** * 악공 **령**

㊥líng(링) ㊐レイ/わざおぎ
㊎court musician
풀이 ①악공(樂工). 배우. ‖ 伶人(영인). ②영리하다. 통怜. ③하인.
〔伶俐 영리〕 눈치가 빠르고 똑똑함.
〔伶人 영인〕 악공(樂工)과 광대.
◢女伶(여령)

5 7 **伴** ★*3 짝 **반**

㊥bàn(빤) ㊐ハン, バン/とも
㊎companion
풀이 ①짝. 동반자(同伴者). ‖ 伴侶(반려)/同伴(동반). ②따르다. 따라감. ‖ 隨伴(수반).
〔伴侶 반려〕 짝이 되는 친구. 동반자.
〔伴送 반송〕 ①다른 물건에 딸려서 함께 보냄. ②수행(隨行)하여 보냄.
〔伴奏 반주〕 성악이나 기악에 맞추어 다른 악기로 보조적인 연주를 하여 음악적 효과를 내는 일.
◢道伴(도반)/同伴(동반)/隨伴(수반)

5 7 **伯** ★*3-Ⅱ ❶맏 **백** ★*3-Ⅱ ❷길 **맥** ❸우두머리 **패**

丿 亻 亻' 亻ㄇ 伯 伯 伯

㊥bó(보), mò(모), bà(빠)
㊐ハク, ハ/あに, はたがしら
㊎the eldest, street, chief
자원 **형성자.** 人(인)은 의미를 나타내고 白(백)은 음을 나타냄.

[풀이] [1]①맏. 맏형. ‖伯氏(백씨). ②큰아버지. ③작위의 하나. ‖伯爵(백작). [2]길. 거리. [3]우두머리. [같]霸.
〔伯母 백모〕 백부의 아내.
〔伯父 백부〕 아버지의 맏형. 큰아버지. ※叔父(숙부).
〔伯氏 백씨〕 남의 맏형을 높여 이르는 말.
〔伯牙絶絃 백아절현〕《중국 춘추 시대에 백아가, 그의 거문고 소리를 좋아하던 벗 종자기(鍾子期)가 죽자, 거문고 줄을 끊고 다시는 타지 않았다는 데서》 자기를 알아주는 참다운 벗의 죽음을 슬퍼함.
〔伯夷叔齊 백이숙제〕 고대 중국 고죽국(孤竹國)의 두 태자인 백이와 숙제. 아버지가 죽은 후 서로 왕위를 사양하다가 주나라로 달아남. 뒤에 주(周) 무왕(武王)이 은 주왕(紂王)을 치려 할 때 이를 불가하다 하여 말렸으나 주왕이 듣지 않으므로, 두 형제는 주나라 곡식 먹기를 부끄럽게 여겨 수양산에 들어가 고사리로 연명하다가 굶어 죽었다고 함.
〔伯爵 백작〕 오등작(五等爵)의 셋째. 후작(侯爵)의 아래.
〔伯仲 백중〕 ①맏이와 둘째. ②인물·기량 등이 서로 비슷하여 우열(優劣)을 가릴 수 없음. 伯仲之勢(백중지세). 難兄難弟(난형난제).
〔伯仲叔季 백중숙계〕《'백은 맏이, 중은 둘째, 숙은 셋째, 계는 막내'라는 뜻으로》 사형제의 차례.
〔伯仲之間 백중지간〕 ➡伯仲之勢(백중지세).
〔伯仲之勢 백중지세〕《누가 첫째이고 둘째인지 구분하기 어렵다는 뜻으로》 서로 우열을 가리기 힘든 형세. 伯仲之間(백중지간).
〔伯兄 백형〕 맏형.
◢方伯(방백)/畫伯(화백)

5
7 **体** [1]용렬할 **분** [2]몸 **체** 体

[중]bèn(뻔), tǐ(티)
[일]ホン, タイ/おとる [영]mean, body
[풀이] [1]①용렬하다. ②상두꾼. [2]몸. 體(체)의 약자.

☆*4-Ⅱ
5
7 **佛** 부처 **불** [약]仏 佛

丿 亻 亻 亻 佀 佛 佛

[중]fó(°포) [일]ブツ/ほとけ [영]Buddha
[자원] **형성자.** 人(인)은 의미를 나타내고 弗(불)은 음을 나타냄. 불교가 중국에 전래된 이후 범어 'Buddha(붓다)'를 '佛陀(불타)'로 표기하면서 '佛'은 '부처'를 가리키게 되었음.
[풀이] ①부처. ‖佛陀(불타). ②불교. ③불상. ④'프랑스'의 약칭.
〔佛家 불가〕 ①불교를 믿는 사람. 또는, 그들의 사회. 佛門(불문). 佛法界(불법계). ②절. 불교의 사원(寺院).
〔佛經 불경〕 불교의 경전(經典). 佛典(불전).
〔佛供 불공〕 부처 앞에 공양을 드림.
〔佛教 불교〕 기원전 5세기에 석가모니가 창시한 종교.
〔佛堂 불당〕 부처를 모신 대청. 佛閣(불각). 佛宇(불우). 佛殿(불전).
〔佛徒 불도〕 불교를 믿는 신도(信徒).
〔佛道 불도〕 ①부처의 가르침. 法道(법도). ②수행을 쌓아 부처가 되는 길.
〔佛力 불력〕 부처의 공력(功力).
〔佛名 불명〕 불법에 귀의한 신남(信男)·신녀(信女)에게 붙이는 이름.
〔佛門 불문〕 ➡佛家(불가)①.
〔佛法 불법〕 부처의 교법(教法).
〔佛法僧 불법승〕 삼보(三寶)인 부처·교법·승려의 총칭.
〔佛菩薩 불보살〕 부처와 보살.
〔佛事 불사〕 불가에서 행하는 모든 일. 法事(법사).
〔佛舍利 불사리〕 석가의 유골.
〔佛像 불상〕 부처의 형상을 조각한 것이나 그린 것.
〔佛書 불서〕 불교에 관한 책. 佛家書(불가서).
〔佛性 불성〕 ①부처의 본성. ②성불(成佛)할 수 있는 성질.
〔佛式 불식〕 ①불교의 의식(儀式). 佛儀(불의). ②불교의 방식.
〔佛身 불신〕 부처의 몸.
〔佛心 불심〕 부처의 마음. 또는, 부처와 같은 자비로운 마음.
〔佛語 불어〕 ①부처의 말. ②불교의 전문어. ③프랑스 어.
〔佛恩 불은〕 부처의 은혜.
〔佛子 불자〕 부처의 제자.
〔佛陀 불타〕 범어 Buddha의 음역(音譯). '석가(釋迦)'를 달리 이르는 말.
〔佛塔 불탑〕 절에 세운 탑.
◢見佛(견불)/金銅佛(금동불)/金佛(금불)/大佛(대불)/等身佛(등신불)/磨崖佛(마애불)/彌勒佛(미륵불)/生佛(생불)/石佛(석불)/成佛(성불)/神佛(신불)/阿彌陀佛(아미타불)/念佛(염불)/禮佛(예불)

★*3
5
7 **似** 같을 **사** 似

丿 亻 亻 亻 仫 似 似

[중]sì(쓰) [일]ジ/にる [영]same
[자원] **형성자.** 人(인)은 의미를 나타내고 以(이)는 음을 나타냄.
[풀이] ①같다. …인 듯함. 유사(類似)함. ‖相似(상사). ②흉내내다. ‖似而非(사이비).

〔似而非 사이비〕 비슷해 보이지만 실제로는 같지 않음.
◢近似(근사)/相似(상사)/類似(유사)/擬似(의사)/恰似(흡사)

5 7 伺* 엿볼 사 伺

㊥sì(쓰) ㊐シ/うかがう ㊎peep
풀이 ①엿보다. ‖伺窺(사규). ②방문하다. ‖伺候(사후). ③듣다. ④맡다. ㊟司.
〔伺隙 사극〕 기회나 틈을 엿봄.
〔伺察 사찰〕 엿봄. 동정을 살핌.
〔伺候 사후〕 ①웃어른의 분부를 기다림. ②웃어른에게 문안을 드림.

5 7 伸★*3 펼 신 伸

丿 亻 亻 仴 伯 伸 伸

㊥shēn(°썬) ㊐シン/のばす
㊎stretch out
자원 **형성자.** 人(인)은 의미를 나타내고 申(신)은 음을 나타냄.
풀이 ①펴다. 늘다. ‖屈伸(굴신)/伸長(신장). ②기지개. ③사뢰다. 여쭘. ‖追伸(추신).
〔伸冤 신원〕 원통한 일을 풂.
〔伸張 신장〕 세력이나 권리 등이 늘어남. 또는, 늘어나게 함.
〔伸縮 신축〕 늘어남과 줄어듦. ‖伸縮性(신축성).
◢屈伸(굴신)/追伸(추신)/欠伸(흠신)

5 7 余☆*3 ❶나 여 ❷남을 여 余

丿 人 亼 亽 今 佘 余

㊥yú(위) ㊐ヨ, ショ/われ ㊎I
갑 전 자원 중국 고대 관리들이 출장 다닐 때 신분 증명의 표시로 가지고 다니던 물건의 상형이라는 설과, 나무 위에 지은 원시 시대의 집 모양의 상형이라는 설 등이 있으나 확실치 않음.
풀이 ❶나. 1인칭 대명사. ㊕予. ❷남다. 餘의 속자.
〔余等 여등〕 우리. 余輩(여배).

5 7 佑*2 도울 우 佑

㊥yòu(여우) ㊐ユウ/たすける
㊎aid, assist
풀이 돕다. 도움. ㊟祐.
◢保佑(보우)

5 7 位☆*5 자리 위 位

丿 亻 亻 仁 什 位 位

㊥wèi(웨이) ㊐イ/くらい
㊎seat, rank
자원 **회의자.** 측면에서 본 사람 모습인 人(인)과 정면에서 본 사람 모습인 立(립)이 합쳐진 자로, 서 있는 위치를 나타냄.
풀이 ①자리. ㉮사람이나 물건이 있어야 할 장소. ‖位置(위치). ㉯지위·신분·관직의 자리. ‖位階(위계). ㉰지위 또는 수(數)를 나타내기 위해 붙이는 자릿수. ‖單位(단위). ②자리잡다. ③높여서 어떤 사람을 가리키는 말. ‖諸位(제위).
〔位階 위계〕 계급·지위의 등급. ‖位階秩序(위계질서).
〔位相 위상〕 어떤 사물이 다른 사물과의 관계 속에서 가지는 위치나 양상.
〔位置 위치〕 ①사물이 차지하고 있는 자리. ②사람의 지위나 역할.
〔位牌 위패〕 단(壇)·묘(廟)·원(院)·절 등에 모시는, 신주(神主)의 이름을 적은 나무패.
◢高位(고위)/單位(단위)/同位(동위)/方位(방위)/寶位(보위)/復位(복위)/本位(본위)/部位(부위)/上位(상위)/禪位(선위)/水位(수위)/首位(수위)/順位(순위)/神位(신위)/讓位(양위)/王位(왕위)/優位(우위)/爵位(작위)/在位(재위)/電位(전위)/帝位(제위)/諸位(제위)/卽位(즉위)/地位(지위)/職位(직위)/體位(체위)/退位(퇴위)/廢位(폐위)/品位(품위)/下位(하위)/學位(학위)

5 7 佚*1 ❶편안할 일*1 ❷방탕할 질1 본절 佚

㊥yì(이), diē(디에)
㊐イツ, テツ/やすい ㊎easy
풀이 ❶①편안하다. ②숨다. 빠져 달아남. ㊕逸. ‖佚民(일민). ③빠져나가 없어지다. ❷방탕하다. ‖佚蕩(질탕).
〔佚蕩 질탕〕 놀음놀이 같은 것이 지나쳐서 방탕함.
◢更佚(경질)/散佚(산일)/淫佚(음일)

5 7 作☆*6 지을 작 作

丿 亻 亻 仁 作 作 作

㊥zuò(쭈어) ㊐サク, サ/つくる
㊎make
자원 **회의자.** 人(인)과 乍(사)가 합쳐진 자로, 바느질하여 옷을 지음을 나타냄.
풀이 ①짓다. ‖創作(창작). ②하다. ‖作爲(작위). ③되다. ④일어나다. 생겨남. ‖發作(발작). ⑤만든 것. ‖作品(작품). ⑥작황(作況). ‖豊作(풍작). ⑦저작(著作). ⑧일하다.

2획

〔作家 작가〕 문학 작품·사진·그림·조각 등의 예술품을 창작하는 사람.
〔作故 작고〕 죽음. 死亡(사망).
〔作曲 작곡〕 악곡을 지음.
〔作黨 작당〕 떼를 지음.
〔作圖 작도〕 지도·설계도·도형 등을 그림.
〔作動 작동〕 기계가 그 기능대로 움직임. 또는, 기계를 움직이게 함.
〔作亂 작란〕 난리를 일으킴.
〔作名 작명〕 이름을 지음.
〔作文 작문〕 글을 지음. 또는, 그 글.
〔作物 작물〕 농작물.
〔作法 작법〕 ①글 따위를 짓는 법. ②법을 제정함. ③만드는 방식.
〔作別 작별〕 서로 헤어짐.
〔作色 작색〕 불쾌한 안색을 드러냄.
〔作石 작석〕 곡식을 한 섬씩 만듦.
〔作成 작성〕 문서나·원고 등을 만듦.
〔作心三日 작심삼일〕《한 번 결심한 것이 사흘을 가지 못한다는 뜻으로》 결심이 굳지 못함.
〔作業 작업〕 일정한 목적 아래 하는 일.
〔作用 작용〕 ①어떤 사물이 다른 사물에 영향을 미침. ②물리학에서, 물체가 다른 물체에 힘을 미쳐 영향을 주는 일.
〔作爲 작위〕 의도적으로 꾸민 부자연스러운 짓이나 행동.
〔作人 작인〕 ①'소작인(小作人)'의 준말. ②사람의 생김새나 됨됨이.
〔作戰 작전〕 전투나 경기를 승리로 이끌기 위해 여러 가지 계획을 세움.
〔作定 작정〕 일을 어떻게 하기로 결정함. 또는, 그 결정.
〔作中人物 작중 인물〕 작품 속에 나오는 인물.
〔作品 작품〕 ①만든 물건. ②소설·그림·조각 등 예술 활동으로 만든 것.
〔作風 작풍〕 작품에 나타난, 작가의 독특한 예술적 수법이나 특징.
〔作況 작황〕 농작물의 잘되고 못된 상황.
〔作興 작흥〕 정신이나 기운을 단번에 일어나게 함.
◢佳作(가작)/改作(개작)/傑作(걸작)/耕作(경작)/工作(공작)/寡作(과작)/近作(근작)/勞作(노작)/多作(다작)/大作(대작)/代表作(대표작)/動作(동작)/名作(명작)/發作(발작)/小作(소작)/秀作(수작)/習作(습작)/始作(시작)/詩作(시작)/新作(신작)/力作(역작)/聯作(연작)/英作(영작)/原作(원작)/僞作(위작)/遺作(유작)/自作(자작)/著作(저작)/製作(제작)/造作(조작)/操作(조작)/拙作(졸작)/振作(진작)/創作(창작)/處女作(처녀작)/打作(타작)/駄作(태작)/豐作(풍작)/合作(합작)/凶作(흉작)

5 7 * **佇** 우두커니 서 있을 **저** 통 竚 佇

중zhù(°쭈) 일チョ/たたずむ 영stand blankly
풀이 ①우두커니 서 있다. ‖佇立(저립). ②기다리다.
〔佇立 저립〕 우두커니 머물러 섬.

5 7 ☆*4-Ⅱ **低** 낮을 **저** 低

丿 亻 亻 亻 仾 低 低

중dī(띠) 일テイ/ひくい 영low
자원 **회의 겸 형성자.** 쌓아 올린 흙의 가장 아래를 一의 선으로 나타낸 氐(저)와 人(인)이 합쳐진 자로, 키가 작은 사람을 나타냄. 人은 의미를 나타내고 氐는 의미와 음을 겸하여 나타냄.
풀이 ①낮다. 싸다. ‖低空(저공). ②숙이다. ‖低頭(저두).
〔低價 저가〕 싼값. ↔高價(고가).
〔低空 저공〕 땅 위의 가까운 하늘. ‖低空飛行(저공비행).
〔低級 저급〕 낮은 등급. ↔高級(고급).
〔低能 저능〕 지능이 보통 사람보다 낮음. ‖低能兒(저능아).
〔低頭 저두〕 머리를 숙임.
〔低廉 저렴〕 값이 쌈.
〔低利 저리〕 법정 이자보다 낮은 비율의 이자.
〔低俗 저속〕 품격이 낮고 속됨.
〔低壓 저압〕 낮은 압력.
〔低溫 저온〕 낮은 기온이나 온도.
〔低音 저음〕 낮은 소리.
〔低姿勢 저자세〕 상대방에게 눌려 굽실거리며 낮추는 자세.
〔低調 저조〕 ①낮은 가락. ②능률이나 상태가 좋지 않음.
〔低質 저질〕 질이 낮음.
〔低下 저하〕 수준이나 정도 등이 떨어져 낮아짐.
◢高低(고저)/最低(최저)

5 7 * **佃** 밭 갈 **전** 佃

중tián(티엔) 일デン/つくだ 영till
풀이 ①밭을 갈다. ②개간한 밭. ③사냥. 사냥함. ‖佃漁(전어).

5 7 * **征** 황급할 **정**

중zhēng(°쩡) 일セイ 영urgent
풀이 황급하다.

5 7 ★*3 **佐** 도울 **좌** 佐

丿 亻 亻 什 仛 佐 佐

중zuǒ(주어) 일サ/たすける

㊂aid, assist
자원 **회의 겸 형성자.** 의미를 나타내는 人(인)과 음을 나타내는 左(좌)가 합쳐진 자로, 본래 '돕다'의 뜻을 가진 '左'가 '왼쪽'의 뜻으로 쓰이게 되자, 그 본뜻을 보존하기 위해 만든 자가 '佐'임. 人은 의미를 나타내고 左는 의미와 음을 겸하여 나타냄.
풀이 ①돕다. ②도움. 보필하는 일. 또는, 그 사람. ‖補佐官(보좌관). ③권하다.
[佐郞 좌랑] 조선 시대, 육조의 정6품 벼슬.
[佐平 좌평] 백제의 16품 관등의 첫째 등급.
◢輔佐(보좌)/上佐(상좌)

☆✻7
5 **住** 살 **주**
7
丿 亻 亻' 亻亠 仁 仹 住
㊥zhù(°쭈) ㊐ジュウ/すむ ㊂live
자원 **형성자.** 人(인)은 의미를 나타내고 主(주)는 음을 나타냄.
풀이 ①살다. ‖住所(주소). ②생활. 주거(住居). ‖衣食住(의식주). ③머무르다.
[住居 주거] 일정한 곳에 머물러 삶. 또는, 그런 집.
[住民 주민] 일정한 지역에 머물러 사는 사람.
[住所 주소] 살고 있는 곳. ‖住所錄(주소록).
[住僧 주승] 절에 있는 승려.
[住持 주지] 한 절의 주승(主僧). 住職(주직).
[住宅 주택] 사람이 사는 집. 住家(주가).
◢居住(거주)/常住(상주)/安住(안주)/永住(영주)/原住(원주)/衣食住(의식주)/移住(이주)/入住(입주)/定住(정주)

5 **佗** ❶다를 **타** ❷더할 **타**
7
㊥tā(타), tuō(투어) ㊐タ/ほか
㊂different
풀이 ❶①다르다. 차이. ㊉他. ②지다. 짊어짐. ㊉駝·馱. ❷더하다. 보탬.

✻
5 **佈** 펼 **포**
7
㊥bù(뿌) ㊐ホ, フ/しく ㊂diffuse
풀이 펴다. 널리 알림.
[佈告 포고] ①세상에 널리 알림. ②국가의 결정을 공식적으로 공포하여 알림.
[佈明 포명] 세상에 두루 밝힘.
◢公佈(공포)/宣佈(선포)

✻
5 **佖** 점잖을 **필**
7
㊥bì(삐) ㊐ひつ ㊂gentle
풀이 ①점잖다. 위엄이 있음. ②가득 차다. ③견주다.

☆✻3-Ⅱ
5 **何** 어찌 **하**
7
丿 亻 亻 亻 佢 佰 何
㊥hé(허) ㊐カ/なに
㊂how, what, why
갑 자원 **상형자.** 사람이 어깨에 물건을 걸친 모습을 본뜬 자. 뒷날 '무엇'이라는 뜻으로 쓰이게 되면서 본뜻을 보존하기 위해 만든 자가 '荷(멜 하)'임.
풀이 ①어찌. ②무엇. 어떤. ‖何事(하사). ③어느. 어느 것(곳). 어느 누구. ④왜냐하면. ‖何也(하야).
[何故 하고] 어째서. 무슨 까닭.
[何等 하등] ①아무런. 아무. ②얼마만큼. 어느 정도.
[何時 하시] 언제.
[何如間 하여간] 어찌하든지 간에. 하여튼.
[何人 하인] 어떤 사람.
[何必 하필] 무슨 필요가 있어서. 어찌하여 꼭.
◢幾何(기하)/誰何(수하)/如何(여하)

☆✻3-Ⅱ
6 **佳** 아름다울 **가**
8
丿 亻 亻 亻 仩 佳 佳 佳
㊥jiā(찌아) ㊐カ ㊂beautiful
자원 **형성자.** 人(인)은 의미를 나타내고 圭(규)는 음을 나타냄.
풀이 ①아름답다. ‖佳人(가인). ②좋다. 훌륭함. ‖佳節(가절).
[佳客 가객] 반갑고 귀한 손님.
[佳景 가경] 아름다운 경치. 絶景(절경).
[佳境 가경] ①한창 재미있는 판이나 고비. 漸入佳境(점입가경). ②경치가 좋은 곳. 妙境(묘경).
[佳約 가약] ①사랑하는 사람과 만날 약속. ②부부가 되는 약속. 婚約(혼약). ‖百年佳約(백년가약).
[佳人 가인] 아름다운 여자. 美人(미인). ‖絶世佳人(절세가인).
[佳人薄命 가인박명] 아름다운 여자는 수명이 짧음. 美人薄命(미인박명).
[佳作 가작] 당선작에 버금가는 작품.
[佳節 가절] 좋은 시절이나 계절.
[佳話 가화] 아름답고 좋은 내용의 이야기.

2획

8 **価** 價(가)의 약자 →55쪽

6 8 **侃*** 강직할 **간** 侃

㊥kǎn(칸) ㊐カン/つよく, ただしい ㊎upright

풀이 ①강직하다. ‖侃諤(간악). ②화락(和樂)하다.

〔侃侃 간간〕 강직한 모양.

6 8 **供★✱3-Ⅱ** 이바지할 **공** 供

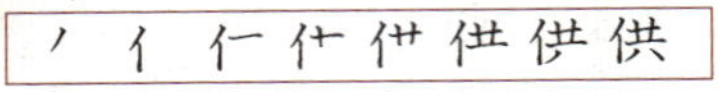

ノ 亻 仁 什 卅 供 供 供

㊥gōng(꿍) ㊐キョウ, ク/そなえる ㊎contribute

자원 **형성자.** 人(인)은 의미를 나타내고 共(공)은 음을 나타냄.

풀이 ①이바지하다. ㉮바치다. ‖供養(공양). ㉯대어 주다. ‖供給(공급). ②받들어 모시다. ③공초(供招)하다. ‖供述(공술).

〔供給 공급〕 수요(需要)에 응하여 물품을 대어 줌. ↔需要(수요).

〔供覽 공람〕 공적인 문서 등을 사람들이 보게 함.

〔供物 공물〕 신불(神佛) 앞에 바치는 물건.

〔供述 공술〕 형사 소송에서, 당사자·증인·감정인 등이 관계 사항을 구술 또는 서면으로 말함. 陳述(진술).

〔供養 공양〕 ①어른에게 좋은 음식을 대접하며 잘 받들어 모심. ②죽은이의 영혼이나 부처를 위로하기 위해 음식·의복·돈·꽃·향 등을 올림. ③불가에서, 음식을 먹는 일.

〔供託 공탁〕 물건을 맡겨 보관을 의뢰함.

◢佛供(불공)/提供(제공)

6 8 **侊*** 성할 **광** 侊

㊥guāng(꾸앙) ㊐コウ ㊎profuse

풀이 성하다. 큰 모양.

6 8 **佼*** 예쁠 **교** 佼

㊥jiǎo(지아오) ㊐コウ/みめよい ㊎pretty

풀이 ①예쁘다. ㊂姣. ②교활하다. ㊔狡. ③잘난 체하다. 업신여김.

6 8 **佶*** 건장할 **길** 佶

㊥jí(지) ㊐キツ/すこやか ㊎strong

풀이 ①건장하다. ②굽다.

6 8 **來☆✱7** 올 **래** ㊔徠 약간 来 來

一 ア 又 双 双 卒 來 來

㊥lái(라이) ㊐ライ/くる ㊎come

갑 금 자원 **상형자.** 밀 또는 보리가 익어 이삭이 축 늘어진 모습을 본뜬 자. '오다'의 뜻으로 쓰이게 되자 본뜻을 보존하기 위해 만든 자가 '麥(보리 맥)'임.

풀이 ①오다. ‖來往(내왕). ②오게 하다. ③앞으로의 일. ‖將來(장래). ④그다음. 그 뒤.

〔來客 내객〕 찾아온 손님.

〔來年 내년〕 올해의 다음 해. 明年(명년).

〔來談 내담〕 찾아와서 이야기함.

〔來到 내도〕 어떤 지점에 와 닿음.

〔來歷 내력〕 ①겪어 지나온 자취. 由來(유래). 經歷(경력). ②내림. 곧, 혈통적으로 유전되어 내려오는 특성.

〔來訪 내방〕 찾아옴.

〔來賓 내빈〕 모임에 공식적으로 초대를 받고 온 손님.

〔來世 내세〕 불교 삼세(三世)의 하나. 죽은 후에 다시 태어나 산다는 미래의 세상.

〔來往 내왕〕 오고 가고 함. 往來(왕래). 來去(내거).

〔來日 내일〕 ①오늘의 바로 다음 날. ②다가올 미래.

〔來朝 내조〕 ①제후가 조정에 와서 임금을 뵘. ②외국의 사신이 찾아옴.

〔來週 내주〕 다음 주. 次週(차주).

〔來後年 내후년〕 후년의 다음 해.

◢去來(거래)/古來(고래)/苦盡甘來(고진감래)/捲土重來(권토중래)/近來(근래)/到來(도래)/渡來(도래)/未來(미래)/本來(본래)/說往說來(설왕설래)/如來(여래)/年來(연래)/往來(왕래)/外來(외래)/元來(원래)/由來(유래)/以來(이래)/將來(장래)/傳來(전래)/從來(종래)/招來(초래)

6 8 **例☆✱6** 법식 **례** 例

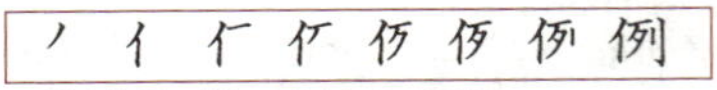

ノ 亻 仁 仿 伤 伤 例 例

㊥lì(리) ㊐レイ/たとえば ㊎regulation

자원 **형성자.** 人(인)은 의미를 나타내고 列(렬)은 음을 나타냄.

풀이 ①법식. 규정. ‖規例(규례). ②비류(比類). ③관례(慣例). ‖古例(고례). ④본보기. ‖凡例(범례).

〔例擧 예거〕 예를 드는 일.

〔例規 예규〕 관례로 되어 있는 규칙.

〔例年 예년〕 보통의 다른 해.

〔例文 예문〕 용례로서 드는 문장.

〔例事 예사〕 세상에 흔히 있는 일.
〔例示 예시〕 예를 들어 보임.
〔例外 예외〕 규정이나 정례에 어긋나는 일.
〔例題 예제〕 연습을 위하여 보기로서 내는 문제.
〔例證 예증〕 예를 들어 증명함.
◢古例(고례)/慣例(관례)/凡例(범례)/比例(비례)/事例(사례)/常例(상례)/先例(선례)/實例(실례)/用例(용례)/類例(유례)/依例(의례)/異例(이례)/一例(일례)/前例(전례)/定例(정례)/條例(조례)/通例(통례)/特例(특례)/判例(판례)/解例(해례)

6 8 侖* 조리 세울 륜 | 간 仑 侖

중lún(룬) 일ロン, リン
갑 금 자원 **회의자.** 亼 부분은 '한곳으로 모으다'를 뜻하고, 冊 부분은 종이 책 이전의 기록 매체인 죽간(竹簡)을 나타낸 것으로, '가지런히 정리된 죽간'을 뜻함.
풀이 조리를 세우다.

6 8 侔 가지런할 모 | 侔

중móu(머우) 일ボウ/そろう 영even
풀이 ①가지런하다. ②벼의 해충.

8 侮 侮(모)의 속자 →39쪽

6 8 佰* ❶백 사람 백* ❷밭두둑 맥 | 佰

중bǎi(바이), mò(모) 일ヒャク, ハク
풀이 ❶①백 사람. 또는, 100명의 두목. ②일백. '百(백)'의 갖은자. ❷밭두둑.

8 併 併(병)의 속자 →44쪽 | 併

6 8 使☆*6 ❶부릴 사 ❷사신 사 | 使

丿 亻 仁 仁 佢 佢 使 使

중shǐ(°스) 일シ/つかう
영manage, envoy
자원 **회의자.** 人(인)과 붓을 손에 든 모양을 나타내는 吏(리)가 합쳐진 자로, 일하는 사람을 뜻함.
풀이 ❶①부리다. ‖使役(사역). ②하여금. ❷①사신(使臣). ②심부름꾼. ‖使令(사령). ③가령. ‖設使(설사). ④지방에 파견되던 관리. ‖統制使(통제사).
〔使命 사명〕 당연히 해야 할, 주어진 임무. ‖使命感(사명감).
〔使臣 사신〕 임금의 명령을 받들어, 외국에 나가 임무를 수행하는 신하.
〔使役 사역〕 일을 시킴.
〔使用 사용〕 ①물건을 필요한 일에 씀. ‖使用法(사용법). ②사람을 써서 일을 시킴.
〔使者 사자〕 ①명령이나 부탁을 받고 심부름하는 사람. ②죽은 사람의 혼을 저승으로 잡아간다는 귀신.
〔使節 사절〕 ①국가를 대표하여 일정한 사명을 띠고 외국에 파견되는 사람. ‖外交使節(외교 사절). ②옛날, 중국에서 사신(使臣)이 지참하던 부절(符節).
〔使嗾 사주〕 남을 부추겨 나쁜 일을 하게 함. 唆囑(사촉).
〔使喚 사환〕 관청이나 회사 등에서 심부름을 하는 아이.
◢公使(공사)/勞使(노사)/大使(대사)/牧使(목사)/密使(밀사)/設使(설사)/御使(어사)/天使(천사)/出使(출사)/勅使(칙사)/特使(특사)/咸興差使(함흥차사)/行使(행사)/酷使(혹사)

6 8 侍★*3-Ⅱ 모실 시 | 侍

丿 亻 仁 仕 仕 佳 侍 侍

중shì(°쓰) 일ジ/はべる 영attend
자원 **형성자.** 人(인)은 의미를 나타내고 寺(사:원 발음은 시)는 음을 나타냄. 寺는 '받들다', '모시다'의 뜻이었으나 '절'의 뜻으로 쓰이게 되면서 본뜻을 보존하기 위해 만든 자가 '侍'임.
풀이 ①모시다. 시중듦. ‖侍女(시녀). ②받드는 사람. ‖近侍(근시). ③임(臨)하다.
〔侍女 시녀〕 ①궁녀. 女官(여관). ②곁에서 시중드는 계집종. 侍婢(시비).
〔侍童 시동〕 곁에서 모시며 시중드는 아이. 侍豎(시수).
〔侍立 시립〕 윗사람을 모시고 섬.
〔侍墓 시묘〕 부모의 거상 중 3년간 그 무덤 옆에서 막을 짓고 사는 일.
〔侍生 시생〕 웃어른에게 자기를 낮추어 이르는 말.
〔侍臣 시신〕 임금을 가까이서 모시는 신하. 近臣(근신).
〔侍衛 시위〕 임금을 모셔 호위함.
〔侍醫 시의〕 궁중에 있으면서 임금과 그 일족의 병을 보는 의원(醫員).
〔侍從 시종〕 ①임금을 가까이 모시면서 시중드는 일을 맡아보는 벼슬. ②가톨릭교에서 차부제(次副祭) 다음가는 이로서, 미사 때 사제와 부제를 돕는 직위.
〔侍下 시하〕 부모나 조부모를 모시고 있는 처지. 또는, 그 사람.
◢近侍(근시)/內侍(내시)/入侍(입시)/夾侍(협시)

6 8 **侁*** 걷는 모양 **신**

[중]shēn(°썬) [일]シン

[풀이] ①걷는 모양. ②많은 모양.

6 8 **佯*** 거짓 **양** 佯

[중]yáng(양) [일]よう/イツワル [영]fake

[풀이] ①거짓. ②…하는 체하다. ‖佯怒(양노). ③노닐다. 어정거림. [통]徉.

〔佯狂 양광〕 미친 체함.

6 8 **侑*** 권할 **유** 侑

[중]yòu(여우) [일]ユウ/すすめる [영]exhort

[풀이] ①권하다. ②돕다. ③갚다.

〔侑食 유식〕 ①제사에서, 제주(祭主)가 잔에 술을 따른 후 젯밥에 숟가락을 꽂고 젓가락을 대접 위에 올려놓아 조상에게 진지를 권하는 일. ②임금과 식사하면서 임금에게 음식을 권하는 일.

6 8 **依☆*4** 의지할 **의** 依

丿 亻 亻 亻 亻 依 依 依

[중]yī(이) [일]イ, エ/もたれる

[영]depend on

[자원] **회의 겸 형성자.** 人(인)과 衣(의)가 합쳐진 자로, 남의 그늘에 의지하여 자신의 모습을 감추는 것을 나타냄. 人은 의미를 나타내고 衣는 의미와 음을 겸하여 나타냄.

[풀이] ①의지하다. 기댐. ②의탁하다. ‖歸依(귀의). ③따르다. 좇음. ‖依法(의법). ④전과 같음. ‖依然(의연). ⑤말미암다.

〔依據 의거〕 ①어떤 사실이나 원리에 근거함. ②어떤 곳에 자리 잡고 머무름.

〔依舊 의구〕 옛날 그대로 변함이 없음.

〔依例 의례〕 전례에 따름. 依遵(의준).

〔依賴 의뢰〕 의지함. 부탁함. ‖依賴心(의뢰심).

〔依法 의법〕 법에 따름.

〔依然 의연〕 전과 다름이 없음.

〔依願免職 의원면직〕 본인의 청에 따라 직위를 해임함.

〔依存 의존〕 다른 것에 의지하여 존재함. ↔自立(자립).

〔依支 의지〕 기댐. 또는, 기댈 대상.

〔依他 의타〕 남에게 의지함. ‖依他心(의타심).

〔依託 의탁〕 남에게 몸이나 마음을 의지하여 맡김.

◢孤立無依(고립무의)/歸依(귀의)/憑依(빙의)

6 8 **佾*2** 줄춤 **일** 佾

[중]yì(이) [일]イツ/まいのれつ

[영]rank of dance

[풀이] 줄춤. 제사(祭祀) 때, 가로세로 늘어서서 추던 춤.

〔佾舞 일무〕 종묘나 문묘 제향 때, 여러 사람이 여러 줄로 벌여 서서 추는 춤.

6 8 **佺*** 신선 이름 **전** 佺

[중]quán(취엔) [일]セン

6 8 **佻** 경박할 **조** 佻

[중]tiāo(티아오) [일]チョウ/かるがるしい

[영]frivolous

[풀이] ①경박하다. ②도둑질하다.

◢輕佻(경조)

6 8 **侏*** 난쟁이 **주** 侏

[중]zhū(°쭈) [일]シュ/こびと [영]dwarf

[풀이] ①난쟁이. ②속이다. ③어리석다. ④무도하다. 버릇 없음.

〔侏儒 주유〕 ①난쟁이. ②광대. 배우.

6 8 **侄*** 어리석을 **질**

[중]zhí(°즈) [일]シツ [영]stupid

[풀이] ①어리석다. ②굳다. 단단함.

6 8 **侘*** 실의할 **차**

[중]chà(°차) [일]タ [영]despair

[풀이] ①실의하다. ②뽐내다.

6 8 **侈*1** 사치할 **치** 侈

[중]chǐ(°츠) [일]シ/おごる [영]extravagant

[풀이] ①사치하다. ‖奢侈(사치). ②거만하다. 오만함. ‖傲侈(오치).

◢驕侈(교치)

6 8 **佩*1** 찰 **패** [통]珮 佩

[중]pèi(페이) [일]ハイ/おびる [영]wear

[풀이] ①차다. ‖佩物(패물). ②노리개. ③마음에 새겨 잊지 않음. ‖感佩(감패).

〔佩劍 패검〕 칼을 참. 佩刀(패도).

〔佩物 패물〕 주로 여자들이 몸에 차는 장식물.

〔佩玉 패옥〕 조선 시대에, 벼슬아치가 금관 조복의 좌우에 늘여 차던 옥.
〔佩用 패용〕 훈장 따위를 몸에 닮.

6 8 **侐** * 고요할 **혁**

㊥xù(쒸) ㊐キョク/しずか ㊎quiet
풀이 고요하다. 쓸쓸함. 적막함.

6 8 **佪** 어정거릴 **회** 徊

㊥huí(후에이) ㊐カイ/さまよう ㊎wander
풀이 어정거리다. ㉠徊.

9 **俓** * 徑(경)과 동자 →263쪽

7 9 **係** ★＊4-Ⅱ 맬 **계** ㉮系 係

亻 亻 亻 亻 亻 伾 係 係

㊥xì(씨) ㊐ケイ/つなぐ ㊎fasten
자원 **회의 겸 형성자.** 人(인)과 系(계)가 합쳐진 자로, 사람과 사람을 잇는 것을 나타냄. 人은 의미를 나타내고 系는 의미와 음을 겸하여 나타냄.
풀이 ①매다. 묶다. 연결함. ②관계됨. 걸림. ‖關係(관계). ③끌다. ④계. ‖係員(계원).
〔係累 계루〕 ①얽매임. ②딸린 식구.
〔係長 계장〕 사무를 분담하는 어느 한 계(係)의 책임자.
〔係爭 계쟁〕 어떤 권리에 대해 소송 당사자끼리 서로 다투는 일.
◢高等係(고등계)/關係(관계)/補給係(보급계)

7 9 **侶** ＊1 짝 **려** ㉮侣 侶

㊥lǚ(뤼) ㊐リョ/ともがら ㊎companion
풀이 ①짝. ‖伴侶(반려). ②벗.
◢僧侶(승려)

7 9 **俐** ＊1 영리할 **리** ㉯悧

㊥lì(리) ㊐リ ㊎clever
풀이 영리하다. 똑똑함.
◢伶俐(영리)

7 9 **俚** ＊1 속될 **리** 俚

㊥lǐ(리) ㊐リ/いやしい ㊎vulgar
풀이 ①속되다. 상스러움. ‖俚諺(이언). ②속요. ‖俚謠(이요).
〔俚言 이언〕 민간에서 쓰는 속된 말.
〔俚諺 이언〕 항간에 퍼져 있는 속담.

7 9 **俛** 2 ❶힘쓸 **면**2 ❷숙일 **부** 俛

㊥miǎn(미엔), fǔ(°푸)
㊐ベン, メン/つとめる ㊎exert, bow
풀이 ❶힘쓰다. ㉠勉. ❷숙이다. 고개를 숙임. ㉠俯.
〔俛仰 면앙〕 세상을 굽어보고 하늘을 우러러봄. 俯仰(부앙).
〔俛焉 면언〕 부지런히 힘씀.

7 9 **侮** ★＊3 업신여길 **모** ㉰侮 侮

㊥wǔ(우) ㊐ブ/あなどる ㊎despise
풀이 ①업신여기다. 경멸함. ‖侮辱(모욕). ②참고 견디다.
〔侮蔑 모멸〕 업신여기고 얕잡아 봄.
〔侮辱 모욕〕 업신여기고 욕되게 함.
◢受侮(수모)

7 9 **保** ☆＊4-Ⅱ 보전할 **보** 保

亻 亻 亻 亻 亻 伻 保 保

㊥bǎo(바오) ㊐ホ/たもつ ㊎keep
갑 금 자원 **상형자.** 사람이 어린아이를 등에 업고 있는 모습을 본뜬 자. 여기에서 '보호하다', '기르다'의 의미가 파생됨.
풀이 ①보전하다. ‖保健(보건). ②지키다. ㉠呆. ‖保國(보국). ③책임지다. 보증함. ‖保證(보증). ④기르다. ‖保育(보육). ⑤편안하다. ⑥심부름꾼. ‖酒保(주보).
〔保健 보건〕 건강을 지키고 유지하는 일.
〔保管 보관〕 남의 물품 등을 맡아 두는 일. ‖保管品(보관품).
〔保菌 보균〕 병균을 몸속에 지니고 있음. ‖保菌者(보균자).
〔保留 보류〕 결정·처분 등을 미루어 둠. 留保(유보).
〔保姆 보모〕 ①보육원이나 탁아소 등의 아동 복지 시설에서 어린아이를 돌보는 여자. ②예전에 유치원 교사를 이르던 말. ③왕세자를 가르치고 돌보던 여자. 保傅(보부).
〔保釋 보석〕 일정한 보증금을 받고, 미결 구류 중의 피고인을 석방시킴.
〔保稅 보세〕 관세의 부과가 보류됨.
〔保守 보수〕 ①보호하여 지킴. ②재래의 풍습이나 전통 또는 현재의 상태를 보전하여 지킴. ↔革新(혁신).
〔保身 보신〕 몸을 보전함. 保身命(보신명).
〔保身策 보신책〕 자신을 지켜 보전하

고자 하는 꾀. 保身之策(보신지책). 護身策(호신책).
〔保安 보안〕 국가 사회의 안녕질서를 보전함.
〔保養 보양〕 몸을 보전하여 기름.
〔保溫 보온〕 일정한 온도를 유지함. ‖保溫甁(보온병).
〔保佑 보우〕 보살펴 도와줌.
〔保有 보유〕 가지고 있음.
〔保育 보육〕 어린아이를 돌보아 기름. ‖保育院(보육원).
〔保障 보장〕 잘못되는 일이 없도록 보증함.
〔保全 보전〕 온전하게 유지함.
〔保存 보존〕 원상(原狀)대로 유지함. ‖保存登記(보존 등기).
〔保證 보증〕 일이 잘못되지 않을 것을 증명하여 책임짐. ‖保證金(보증금)/身元保證(신원 보증).
〔保合 보합〕 시세(時勢)가 변동 없이 지속되는 일. ‖保合勢(보합세).
〔保險 보험〕 사고나 병을 대비하여, 여러 사람들이 미리 일정한 돈을 적립해 두었다가 사고를 당하거나 병이 난 사람에게 일정 금액을 주어 손해를 보상하는 제도.
〔保護 보호〕 돌보아 지킴.
◢擔保(담보)/安保(안보)/留保(유보)/確保(확보)

7 * 俌 도울 보
9
㊥fǔ(°푸) ㊐フ
풀이 돕다.

7 俘 사로잡을 부 俘
9
㊥fú(°푸) ㊐フ/いけどる ㊢capture
풀이 ①사로잡다. 포로. ②빼앗다.
〔俘虜 부로〕 사로잡은 적. 捕虜(포로).

7 * 俟 기다릴 사 俟
9
㊥sì(쓰) ㊐シ/まつ ㊢wait for
풀이 기다리다. 바람. 기대함.

7 ☆*4-Ⅱ 俗 풍속 속 俗
9
亻 亻 亻' 亻' 你 佫 俗 俗
㊥sú(수) ㊐ゾク/ならわし ㊢custom
자원 **형성자.** 人(인)은 의미를 나타내고 谷(곡)은 음을 나타냄.
풀이 ①풍속. ‖民俗(민속). ②속되다. ‖俗語(속어). ③범속하다. ④세상. ㉮세상 사람. ㉯출가하지 않은 사람. ‖僧俗(승속).
〔俗客 속객〕 속세에서 절에 온 손님.
〔俗界 속계〕 속인(俗人)이 사는 이 세계. 俗地(속지).
〔俗談 속담〕 ①예로부터 민간에서 전해 내려오는 격언. ②속된 이야기. 俗說(속설).
〔俗論 속론〕 ①세속의 의론(議論). ②하찮은 의견.
〔俗名 속명〕 ①학명(學名) 따위 외에 민간에서 불리는 이름. ②승려의 출가(出家)하기 전의 이름.
〔俗物 속물〕 ①세상살이에만 얽매여 식견이 천박하거나 풍류를 모르는 사람. ②속된 물건.
〔俗說 속설〕 ①세상 사람들 사이에 떠도는 말이나 의견. ② ➡俗談(속담)②.
〔俗世 속세〕 일반인들이 사는 이 세상. 俗世間(속세간).
〔俗語 속어〕 일반 사회에서 생겨나 쓰이는 저속한 말. 상말. 俚言(이언). 俚語(이어).
〔俗謠 속요〕 민간에 널리 떠도는 속된 노래.
〔俗人 속인〕 ①속세에 사는 일반 사람. ②풍류를 알지 못하는 속된 사람. ③불가에서, 승려가 아닌 일반 사람.
〔俗字 속자〕 한자(漢字) 등의, 본자(本字)와는 다른 꼴로 통용되는 글자. '兩'을 '両', '國'을 '国', '巖'을 '岩'으로 쓰는 따위.
〔俗情 속정〕 ①명예와 이익을 바라는 속된 생각. ②세간의 인정.
〔俗塵 속진〕 (('속세의 티끌'이란 뜻으로)) 세상의 여러 가지 번잡한 일. 世塵(세진).
〔俗稱 속칭〕 정식 명칭이 아닌, 일반인들 사이에 일컬어지는 명칭.
◢巫俗(무속)/美風良俗(미풍양속)/民俗(민속)/凡俗(범속)/卑俗(비속)/世俗(세속)/習俗(습속)/時俗(시속)/低俗(저속)/脫俗(탈속)/土俗(토속)/通俗(통속)/風俗(풍속)/還俗(환속)

7 ☆*6 信 ❶믿을 신 ❷펼 신 信
9
亻 亻 仁 仁 信 信 信 信
㊥xìn(씬) ㊐シン/しんずる ㊢believe
자원 **회의자.** 人(인)과 言(언)이 합쳐진 자로, 사람의 말은 미더워야 함을 나타냄.
풀이 ❶①믿다. 믿음. ‖信義(신의)/信心(신심). ②미쁘다. ‖信實(신실). ③도장. ‖印信(인신). ④표지. ‖信物(신물). ⑤소식. 편지. ‖書信(서신). ⑥진실로. 참됨. ❷펴다. 늘어남. ㊐伸.
〔信念 신념〕 옳다고 굳게 믿고 있는 마음. 信條(신조).
〔信賴 신뢰〕 남을 믿고 의지함. ‖信賴感(신뢰감).
〔信望 신망〕 믿고 바람. 또는, 믿음과

2획

기대.
〔信奉 신봉〕 믿고 받듦.
〔信憑 신빙〕 믿어서 증거나 근거로 삼음. ‖信憑性(신빙성).
〔信賞必罰 신상필벌〕《공(功)에는 반드시 상을 주고, 죄는 반드시 벌한다는 뜻으로》 상벌(賞罰)을 공정하게 함.
〔信實 신실〕 믿음직하고 착실함.
〔信心 신심〕 믿는 마음. 특히, 종교를 믿는 마음.
〔信仰 신앙〕 종교를 믿고, 신(神) 또는 교의(敎義)를 받드는 일.
〔信用 신용〕 ①언행이나 약속이 틀림없을 것으로 믿음. ②상대방이 일정 기간 후 상환 또는 지불할 수 있는 능력이 있음을 인정하고 돈을 빌려 주거나 물건의 대금 지불을 연기하여 주는 일.
〔信義 신의〕 믿음과 의리.
〔信任 신임〕 믿고 일을 맡김.
〔信者 신자〕 종교를 믿는 사람. 敎人(교인). 信徒(신도). 敎徒(교도).
〔信條 신조〕 옳다고 믿어 굳게 지키고 있는 것.
〔信託 신탁〕 ①믿고 위탁함. ②부동산이나 증권 등의 관리와 처분을 남에게 맡기는 일.
〔信標 신표〕 뒷날에 보고 표적이 되게 하기 위하여 주고받는 물건.
〔信號 신호〕 어떤 부호로 서로의 의사를 통하는 일. 또는, 그 부호.
◢過信(과신)/狂信(광신)/交信(교신)/短信(단신)/答信(답신)/妄信(망신)/盲信(맹신)/迷信(미신)/返信(반신)/發信(발신)/背信(배신)/不信(불신)/書信(서신)/所信(소신)/送信(송신)/受信(수신)/與信(여신)/外信(외신)/威信(위신)/自信(자신)/電信(전신)/着信(착신)/通信(통신)/花信(화신)/確信(확신)/回信(회신)

*1
7 9 **俄** 잠시 **아** 俄

[중]é(어) [일]ガ/にわか [영]moment
[풀이] ①잠시. ②갑자기. ③'러시아'의 약칭.
〔俄館 아관〕 러시아 공사관.
〔俄羅斯 아라사〕 '러시아'의 음역어.
〔俄然 아연〕 급작스러운 모양.

*
7 9 **俉** 맞이할 **오**

[중]wǔ(우) [일]ゴ [영]welcome
[풀이] 맞이하다.

*
7 9 **俑** 허수아비 **용** 俑

[중]yǒng(용) [일]ヨウ/ひとがた
[영]scarecrow
[풀이] 허수아비. 우인(偶人). 죽은 이와 함께 묻는 인형. ‖土俑(토용).

*
9 **俞** 兪(유)의 속자 →65쪽

*
7 9 **俎** 도마 **조** 俎

[중]zǔ(주) [일]ソ/まないた
[영]chopping board
✎ '爼'는 와자(訛字)임.
[풀이] ①도마. ‖俎上肉(조상육). ②적대(炙臺). 제향(祭享)에 희생을 담는 그릇. ‖俎豆(조두).
〔俎豆 조두〕 나무로 만든 제기(祭器).
〔俎上肉 조상육〕《'도마 위에 오른 고기'란 뜻으로》 어찌할 수 없게 된 운명 또는 죽음을 면할 수 없게 된 때의 비유.

★★3
7 9 **俊** 준걸 **준** 俊

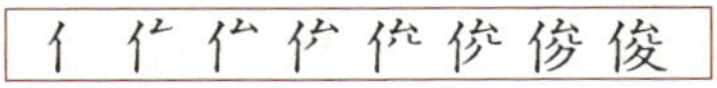

[중]jùn(쥔) [일]シュン/すぐれる
[영]superior
[자원] **형성자.** 人(인)은 의미를 나타내고 夋(준)은 음을 나타냄.
[풀이] ①준걸. 재주나 슬기가 뛰어난 사람. [같]儁·隽·駿. ‖俊乂(준예). ②준수하다. 뛰어남. ③크다. 높음.
〔俊傑 준걸〕 재주나 역량이 뛰어남. 또는, 그런 사람. 俊彦(준언). 俊豪(준호). 俊骨(준골).
〔俊秀 준수〕 재주나 슬기, 풍채 등이 빼어남.
〔俊乂 준예〕 재주와 슬기가 아주 뛰어난 사람.
〔俊才 준재〕 뛰어난 재능. 또는, 재주가 뛰어난 사람.
◢英俊(영준)/賢俊(현준)

★★3-Ⅱ
7 9 **促** 재촉할 **촉** 促

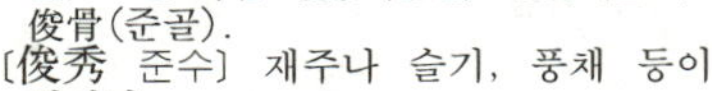

[중]cù(추) [일]ソク/うながす [영]urge
[자원] **형성자.** 人(인)은 의미를 나타내고 足(족)은 음을 나타냄.
[풀이] ①재촉하다. ‖促進(촉진). ②절박하다. 시기 등이 닥침. ‖促迫(촉박). ③빠르다.
〔促求 촉구〕 재촉하여 요구함.
〔促急 촉급〕 촉박하여 매우 급함.
〔促迫 촉박〕 기한 따위가 바싹 닥쳐 여유가 없음.
〔促成 촉성〕 서둘러 빨리 이루어지게 함.

〔促進 촉진〕 재촉하거나 박차를 가하여 빨리 나아가게 함.
◢督促(독촉)/催促(최촉)/販促(판촉)

★✱4-Ⅱ
7 9 **侵** 침범할 **침** 侵

亻 亻 亻 亻 亻 亻 侵 侵

㊥qīn(친) ㊐シン/おかす ㊄invade

갑 금 자원 **회의자.** 갑골문은 손에 비를 들고 소(¥)의 몸을 쓸어 주는 것을 나타내었으나, 금문에서는 소 대신 사람(亻)을 넣어 손에 비를 들고 사람의 몸을 털고 있는 모습을 나타냄. 본뜻은 '천천히 나아가다'이나 뒷날 의미가 확대되어 '침략하다'의 뜻을 갖게 됨.

풀이 ①침범하다. ㉮침략하다. ‖敵侵(적침). ㉯능멸하다. ㉰해를 끼치다. ㉱법을 어기다. ②점진(漸進)하다. ③번지다. ㉟浸.
〔侵攻 침공〕 침입하여 공격함.
〔侵擄 침노〕 남의 나라를 불법적으로 쳐들어감.
〔侵略 침략〕 남의 나라에 쳐들어가 영토를 빼앗음.
〔侵犯 침범〕 남의 영토나 권리 등을 침노하여 범하거나 해를 끼침.
〔侵蝕 침식〕 남의 권리나 지위·재산 등을 개먹어 들어감. 蠶食(잠식).
〔侵入 침입〕 침범해 들어감.
〔侵奪 침탈〕 침입하여 빼앗음.
〔侵害 침해〕 침범하여 해를 입힘.
◢南侵(남침)/來侵(내침)/不可侵(불가침)/外侵(외침)

☆✱7
7 9 **便** ❶편할 **편**☆✱7 ❷똥오줌 **변**✱7 便

亻 亻 亻 亻 亻 亻 便 便

㊥piān(피엔), biàn(삐엔)
㊐ベン, ビン/やすらか ㊄convenient

금 전 자원 **회의자.** 금문은 人(인)과 攴(채찍 편: 鞭의 古字)이 합쳐진 자로, 채찍을 휘둘러 사람을 고분고분하게 만드는 것을 뜻함. 소전에 이르러 攴이 㪅(경:更의 同字)으로 바뀜.

풀이 ❶①편하다. 편리함. ‖不便(불편). ②편의. ③소식. ‖便紙(편지)/郵便(우편). ④편. 전하는 방편. ‖人便(인편). ⑤아첨. ⑥㉮쪽. 방향. ‖東便(동편). ㉯몇 패로 갈라진 것들의 하나하나. ‖相對便(상대편). ❷①똥오줌. ‖大便(대변). ②곧. ③문득.
〔便器 변기〕 ①똥이나 오줌을 누도록 만든 기구. ②사람의 똥오줌을 받아 내는 그릇. 便壺(변호).
〔便祕 변비〕 똥이 잘 나오지 않는 병. 便閉(변폐).
〔便所 변소〕 대소변을 보도록 만들어 놓은 곳. 廁間(측간). 廁室(측실).
〔便意 변의〕 대소변, 특히 대변이 보고 싶은 느낌.
〔便佞 편녕〕 말로는 모든 일을 잘할 것 같으나 실속이 없음.
〔便覽 편람〕 어떤 일을 쉽게 보고 알 수 있도록 정리하여 엮은 책.
〔便利 편리〕 편하고 손쉬움.
〔便法 편법〕 간편하고 손쉬운 방법.
〔便辟 편벽〕 남에게 알랑거리며 비위를 잘 맞춤. 便은 남의 좋아하는 것에 붙좇음, 辟은 남이 싫어하는 것을 피함의 뜻.
〔便乘 편승〕 ①남이 타고 가는 차편을 얻어 탐. ②남의 세력이나 사회 변화 등을 이용하여 자기의 이익을 취함.
〔便安 편안〕 편하고 걱정이 없음.
〔便宜 편의〕 형편이나 조건 등이 편하고 좋음.
〔便易 편이〕 편리하고 손쉬움.
〔便益 편익〕 편리하고 유익함.
〔便殿 편전〕 임금이 평소에 거처하는 궁전.
〔便紙 편지〕 안부·소식·용무 등을 적어 보내는 글.
◢簡便(간편)/男便(남편)/大便(대변)/方便(방편)/排便(배변)/不便(불편)/相對便(상대편)/船便(선편)/小便(소변)/宿便(숙변)/兩便(양편)/用便(용변)/郵便(우편)/人便(인편)/車便(차편)/快便(쾌변)/胎便(태변)/風便(풍편)/血便(혈변)/形便(형편)

✱
7 9 **俔** 엿볼 **현**

㊥xiàn(씨엔) ㊐ケン ㊄peep

풀이 ①엿보다. ②두려워하다.

✱1
7 9 **俠** 호협할 **협** 간 侠 俠

㊥xiá(시아) ㊐キョウ/おとこだて
㊄chivalrous

풀이 ①호협하다. 의협심이 많음. ‖俠氣(협기). ②젊다.
〔俠客 협객〕 의협심이 많은 사람. 俠士(협사). 俠者(협자).
〔俠氣 협기〕 호탕하고 의로운 장부의 기상. 俠骨(협골). 義俠心(의협심).
◢義俠(의협)/豪俠(호협)

★✱3
7 9 **侯** 제후 **후** 侯

亻 亻 亻 亻 亻 亻 侯 侯

㊥hóu(허우) ㊐コウ/しょこう

㊐feudal lord

갑 [갑골문] 전 [소전] 자원 **회의자.** 갑골문에서 厂 자는 표적, 矢 자는 화살을 나타내며, 소전에서 ⺈ 자는 사람을 나타내는 것으로, '명사수'를 뜻함. 나중에 亻(인)을 덧붙였음. 候(후) 자와 자원이 같으나 세로획〔丨〕이 줄어듦.

풀이 ①제후(諸侯). ②후작. 오등작(五等爵)의 둘째. ‖ 公侯伯子男(공후백자남). ③과녁. 솔. ④어조사. ㉮이. 오직. ㉯어찌.

〔侯爵 후작〕 오등작(五等爵)의 둘째. 공작의 아래, 백작의 위임.

◢君侯(군후)/封侯(봉후)/王侯(왕후)/諸侯(제후)/土侯(토후)

*
7
9 俙 소송할 **희**

㊥xī(씨) ㊐キ

풀이 ①소송하다. ②아첨하다.

☆*4-Ⅱ
8
10 個 낱 **개** 간 个 個

亻 亻 们 們 們 個 個 個

㊥gè(꺼) ㊐コ, カ/ひとつ ㊐piece

자원 **형성자.** 人(인)은 의미를 나타내고 固(고)는 음을 나타냄. 같은 자인 个는 현재 중국 간체자인데, 이 글자는 대나무 한 개의 모습을 나타낸 상형자임.

풀이 ①낱. 셀 수 있게 된 사람이나 물건의 하나하나. ㉠个·箇. ‖ 個人(개인). ②개. ‖ 個個(개개).

〔個個 개개〕 낱낱. 하나하나. 箇箇(개개).
〔個別 개별〕 여럿 중 하나하나 또는 따로따로.
〔個性 개성〕 개개인이 가지고 있는 특유한 성질.
〔個人 개인〕 국가·사회·단체 등을 구성하는 낱낱의 사람.
〔個中 개중〕 여럿 있는 그 가운데.
〔個體 개체〕 ①하나의 독립된 생물체. ②단일하고 독립적인 통일적 존재.

◢各個(각개)/別個(별개)

*1
8
10 倨 거만할 **거** 倨

㊥jù(쮜) ㊐キョ/おごる ㊐haughty

풀이 ①거만하다. 뽐냄. ‖ 倨傲(거오). ②걸터앉다. ③굽다.

〔倨慢 거만〕 잘난 체하고 남을 업신여김.
〔倨傲 거오〕 거만스럽게 남을 낮추어 봄.

*
8
10 倞 굳셀 **경** 倞

㊥jìng(찡) ㊐ケイ/つよい ㊐strong

풀이 굳세다.

8
10 倥 ❶바쁠 **공** ❷어리석을 **공** ❸괴로울 **공** 倥

㊥kōng(쿵) ㊐コウ/いそがしい ㊐busy

풀이 ❶바쁘다. ‖ 倥偬(공총). ❷어리석다. ❸괴롭다.

★*3
8
10 俱 함께 **구** 俱

亻 亻 们 们 们 俱 俱 俱

㊥jù(쮜) ㊐グ/ともに ㊐together

자원 **회의 겸 형성자.** 人(인)과 具(구)가 합쳐진 자로서, 사람이 함께 어울려 행동함을 나타냄. 人은 의미를 나타내고 具는 의미와 음을 겸하여 나타냄.

풀이 ①함께. 다. 모두. ‖ 俱存(구존). ②함께하다. ③갖추다.

〔俱沒 구몰〕 부모가 다 별세함.
〔俱全 구전〕 모두 갖추고 있음.
〔俱存 구존〕 부모가 다 살아 있음.
〔俱現 구현〕 내용이 다 드러남.

8
10 倔 고집 셀 **굴** 倔

㊥jué(쥐에) ㊐クツ ㊐obstinate

풀이 고집이 세다.

〔倔強 굴강〕 의지가 굳어 쉽게 남에게 굽히지 않음. 屈強(굴강).

*1
8
10 倦 게으를 **권** 倦

㊥juàn(쮜엔) ㊐ケン/うむ ㊐lazy

풀이 ①게으르다. 싫증남. ‖ 倦怠(권태). ②피로하다. ‖ 倦憊(권비).

〔倦怠 권태〕 흥미를 잃고 싫증이나 따분함을 느끼는 상태.

*
8
10 倓 ❶고요할 **담** ❷움직일 **담**

㊥tán(탄) ㊐タン/しずか

풀이 ❶고요하다. 편안함. ❷움직이다. 두려워함.

8
10 倘 ❶혹시 **당** ❷어정거릴 **상** 倘

㊥tǎng(탕), cháng(°창)
㊐トウ, ショウ/もし ㊐if, wander

풀이 ❶혹시. 아마. ㉠儻. ‖ 倘來(당래). ❷어정거리다. 배회함. ㉠徜.

★*3-Ⅱ
8
10 倒 ❶넘어질 **도** ❷거꾸로 **도** 倒

亻 仁 仨 侄 侄 侄 倒 倒

㊥dào(따오) ㊐トウ/たおれる ㊎fall

자원 **형성자.** 人(인)은 의미를 나타내고 到(도)는 음을 나타냄.

풀이 ❶넘어지다. 넘어뜨림. ‖ 卒倒(졸도)/打倒(타도). ❷①거꾸로. ②거스르다.

〔倒閣 도각〕 내각을 무너뜨림.

〔倒壞 도괴〕 무너짐. 또는, 무너뜨림.

〔倒立 도립〕 거꾸로 섬. 물구나무섬.

〔倒産 도산〕 ①파산함. ②분만 때, 아이의 발이 먼저 나옴. 또는, 그런 출산. 逆産(역산).

〔倒生 도생〕 ①거꾸로 생겨남. ②《식물의 뿌리를 머리로 보고 가지를 손발로 보아 거꾸로 난다는 뜻으로》 초목(草木)을 이름.

〔倒錯 도착〕 ①위와 아래가 뒤바뀌어 거꾸로 됨. ②정신이 이상하게 되어 일상적인 행동 규범에 맞지 않음.

〔倒置 도치〕 순서나 위치를 뒤바꿈.

◢傾倒(경도)/罵倒(매도)/壓倒(압도)/顚倒(전도)/卒倒(졸도)/主客顚倒(주객전도)/七轉八倒(칠전팔도)/打倒(타도)/抱腹絶倒(포복절도)

10 倈 徠(래)와 동자 →264쪽

8 *1
10 倆 재주 량 | ㉿ 俩 倆

㊥liǎng(리앙) ㊐リョウ/わざ ㊎skill

풀이 재주. 솜씨. ‖ 技倆(기량).

8 ☆*3-Ⅱ
10 倫 인륜 륜 | ㉿ 伦 倫

亻 仒 伦 伶 伶 倫 倫 倫

㊥lún(룬) ㊐リン/みち ㊎morals

자원 **회의 겸 형성자.** 人(인)과 侖(륜)이 합쳐진 자로, '똑바로 줄지어 늘어선 사람과 사람 사이'의 뜻을 나타냄. 人은 의미를 나타내고 侖은 의미와 음을 겸하여 나타냄.

풀이 ①인륜. 윤리. 도리. ‖ 五倫(오륜). ②무리. 또래.

〔倫理 윤리〕 사람으로서 지켜야 할 도리.

◢不倫(불륜)/三綱五倫(삼강오륜)/人倫(인륜)/絶倫(절륜)/天倫(천륜)/悖倫(패륜)

8 *
10 們 들 문 | ㉿ 们

㊥mén(먼) ㊐モン

풀이 들. 무리.

8 ★*3
10 倣 본받을 방 | ㉿ 仿 倣

亻 仁 仂 仿 仿 仿 倣 倣

㊥fǎng(°팡) ㊐ホウ/ならう ㊎imitate

자원 **회의 겸 형성자.** 人(인)과 放(방)이 합쳐진 자로, 서로 닮은 것을 좌우에 늘어놓고 비교하는 것을 나타냄. 人은 의미를 나타내고 放은 의미와 음을 겸하여 나타냄.

✎ 倣·仿·彷·髣 등은 서로 통용함.

풀이 ①본받다. ②준거하다. 의지함.

〔倣刻 방각〕 본떠서 새김.

〔倣古 방고〕 옛것을 본뜸.

〔倣似 방사〕 아주 비슷함.

◢模倣(모방)/依倣(의방)

8 ★*5
10 倍 곱 배 | 倍

亻 亻 仁 仁 位 侼 倍 倍

㊥bèi(뻬이) ㊐バイ/あつつかう ㊎double

자원 **형성자.** 人(인)은 의미를 나타내고 咅(부)는 음을 나타냄.

풀이 ①곱. 갑절. ‖ 倍加(배가). ②등지다. 배반함. ③더하다. 곱함.

〔倍加 배가〕 갑절로 늘리거나 늘어남.

〔倍數 배수〕 어떤 수의 갑절이 되는 수.

〔倍額 배액〕 두 배의 값. 또는, 그런 금액.

〔倍率 배율〕 ①렌즈·현미경·망원경 등에 의하여 생기는 물체의 상의 크기와 그 물체의 크기와의 비. ②어떤 그림의 크기와 그 원도(原圖) 또는 실물의 크기와의 비.

〔倍前 배전〕 《'이전의 갑절'이라는 뜻으로》 정도가 전보다 훨씬 강함.

◢萬倍(만배)/數倍(수배)/十倍(십배)/勇氣百倍(용기백배)

8 *2
10 俳 광대 배 | 俳

㊥pái(파이) ㊐ハイ/わざおぎ ㊎actor

풀이 ①광대. 배우. ②장난. 익살. 농담.

〔俳優 배우〕 영화나 연극 등에서 어떤 인물로 분장하여 연기하는 사람.

8 *2
10 倂 아우를 병 | ㊉㉿ 併 倂

㊥bìng(삥) ㊐ヘイ/あわせる ㊎unite

풀이 ①아우르다. ㉠幷·竝. ‖ 合倂(합병). ②나란하다. ㉠幷

〔倂用 병용〕 아울러 같이 씀.

〔倂呑 병탄〕 남의 재물이나 영토를 한데 아울러서 제 것으로 만듦.

〔倂合 병합〕 둘 이상을 합하여 하나로

만듦. 合倂(합병).

8 10 俸 *2 녹 봉 — 俸

[중]fèng(°펑) [일]ホウ/たまもの [영]salary
[풀이] 녹. 봉급. 급료. ‖薄俸(박봉).
〔俸給 봉급〕 직무에 대한 보수(報酬)로 주는 돈. 給料(급료).
〔俸祿 봉록〕 벼슬아치에게 주던 봉급. 祿俸(녹봉). 俸秩(봉질).
◢減俸(감봉)/祿俸(녹봉)/薄俸(박봉)/本俸(본봉)/年俸(연봉)/月俸(월봉)/初俸(초봉)/號俸(호봉)

8 10 俯 *1 구부릴 부 — 俯

[중]fǔ(°푸) [일]フ/ふす [영]bend
[풀이] ①구부리다. 머리를 숙임. [같]俛. ②드러눕다.
〔俯瞰 부감〕 높은 곳에서 내려다봄. 下瞰(하감). 俯觀(부관). 俯視(부시).
〔俯仰 부앙〕 세상을 굽어보고 하늘을 우러러봄.
〔俯察 부찰〕 아랫사람의 형편을 두루 굽어살핌.

8 10 俾 [1]시킬 비 [2]흘겨볼 비 [본]폐 — 俾

[중]bǐ(비), pì(피) [일]ヒ, ヘイ/しむ [영]make one do
[풀이] [1]①시키다. …하게 함. ②좇다. 따름. [2]흘겨보다. ‖俾倪(비예).

8 10 修 ☆*4-Ⅱ 닦을 수 — 修

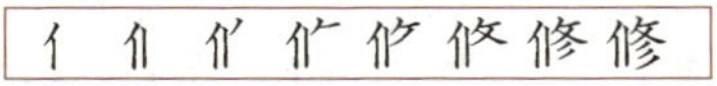

[중]xiū(씨우) [일]シュウ/おさめる [영]cultivate
[자원] **회의자.** 攸(유)와 彡(터럭 삼)이 합쳐진 자로, 攸는 서 있는 사람을 상형한 亻(인)과 몽둥이로 사람을 때리는 모습을 상형한 攵(복)과 흘린 피를 상형한 세로획[丨]으로 이뤄져 있고, 彡은 가지런한 짐승 털의 상형으로 '빛내다'의 뜻을 나타냄. 곧, 사람을 피가 나도록 단련하여 빛나게 한다는 뜻임.
[풀이] ①닦다. 익히다. 기르다. [통]脩. ‖修學(수학)/修養(수양). ②고치다. ‖修理(수리). ③꾸미다. 수식함. ④편찬하다. ‖修撰(수찬). ⑤다스리다.
〔修交 수교〕 나라와 나라 사이에 교제를 맺음.
〔修德 수덕〕 덕을 닦음.
〔修道 수도〕 도를 닦음.
〔修羅場 수라장〕 ①아수라왕(阿修羅王)이 제석천(帝釋天)과 싸우던 곳. ②싸움 등으로 혼란에 빠진 곳. 또는, 그런 상태.
〔修鍊 수련〕 인격·기술·학문 등을 닦아서 단련함. 修練(수련).
〔修了 수료〕 일정한 학과를 다 배워 끝냄.
〔修理 수리〕 고장난 데나 허름한 데를 고침.
〔修辭 수사〕 말이나 문장을 꾸며 아름답고 정연하게 함. ‖修辭學(수사학).
〔修繕 수선〕 낡거나 헌 물건을 고침.
〔修習 수습〕 학업·실무 등을 배워 익힘.
〔修飾 수식〕 ①겉모양을 꾸밈. ②문장의 표현을 화려하게 또는 기교 있게 꾸밈. ③체언이나 용언에 딸려, 그 뜻을 한정하거나 꾸미는 일.
〔修身 수신〕 마음과 행실을 바르게 닦아 수양함.
〔修身齊家 수신제가〕 몸과 마음을 닦아 수양하고, 집안을 다스림.
〔修養 수양〕 몸과 마음을 단련하여 품성이나 지덕을 닦음.
〔修業 수업〕 학문·기예 등을 배우고 익힘.
〔修正 수정〕 바로잡아 고침.
〔修撰 수찬〕 서책(書冊)을 편집하여 펴냄.
〔修築 수축〕 집이나 다리, 방죽 등 헐어진 데를 고쳐 짓거나 보수함. 改築(개축).
〔修學 수학〕 학업을 닦음. ‖同門修學(동문수학).
〔修行 수행〕 ①행실을 닦음. ②불도를 닦음.
〔修好 수호〕 나라와 나라가 사이좋게 지냄. ‖修好條約(수호 조약).
◢監修(감수)/補修(보수)/嚴修(엄수)/硏修(연수)/履修(이수)/再修(재수)/重修(중수)/纂修(찬수)/編修(편수)/必修(필수)

8 10 倏 갑자기 숙 — [속]倐 倏

[중]shū(°쑤) [일]シュク/にわか [영]suddenly
[풀이] ①갑자기. 문득. 언뜻. ‖倏忽(숙홀). ②개가 재빨리 내닫는 모양.

10 倐 倏(숙)의 속자 →45쪽

8 10 俺 * 나 엄 [본]암 — 俺

[중]ǎn(안) [일]エン/われ [영]I
[풀이] ①나. 자신(自身). ②크다.

8 10 倪 * 어린이 예 — 倪

㊥nǐ(니) ㊐ゲイ/おさないもの ㊒child
풀이 ①어린이. 소아(小兒). ㊕兒. ②가. 끝. ③더하다. ④노려보다.
◢端倪(단예)

8 *2
10 倭 왜국 왜 ㊏와 倭

㊥wō(워) ㊐ワ/やまと ㊒Japan
풀이 왜국. 일본. ‖倭人(왜인).
〔倭寇 왜구〕 13~16세기에 중국과 우리나라 연안에서 약탈을 일삼던 일본 해적.
〔倭國 왜국〕 '일본'을 얕잡아 이르는 말.
〔倭亂 왜란〕 ①왜인(倭人)이 일으킨 전란. ②임진왜란(壬辰倭亂).
〔倭色 왜색〕 어떤 사물에서 느낄 수 있는, 일본 문화 특유의 분위기나 맛.
〔倭式 왜식〕 '일본식(日本式)'을 얕잡아 이르는 말.
〔倭人 왜인〕 일본 사람을 얕잡아 이르는 말.
〔倭將 왜장〕 일본 장수(將帥)를 얕잡아 이르는 말.
〔倭敵 왜적〕 적으로서의 일본이나 일본인.
〔倭政 왜정〕 일본이 침략하여 다스리던 정치. 日政(일정). ‖倭政時代(왜정 시대).
〔倭風 왜풍〕 일본의 풍속을 얕잡아 이르는 말.

8 *
10 倚 ❶의지할 의* ❷기이할 기 倚

㊥yǐ(이), jī(찌)
㊐イ, キ/よる, めずらしい ㊒rely on
풀이 ❶①의지하다. 기댐. ②치우치다. ③인하다. ❷①기이하다. 이상야릇함. ②불구(不具).
〔倚馬之才 의마지재〕 《진(晉)나라의 원호(袁虎)가 말에 기대서서 기다리는 짧은 시간에 만언(萬言)의 문장을 지었다는 고사에서》 글을 빨리 짓는 탁월한 재주.
〔倚門而望 의문이망〕 어머니가 자식이 돌아오기를 애타게 기다림. 또는, 그런 마음. 倚閭而望(의려이망). 倚門之望(의문지망).
〔倚子 의자〕 앉을 때 벽에 세워 놓고 등을 기대는 기구.

8 *
10 倧 옛적 신인 종 倧

㊥zōng(쭝) ㊐ソウ
풀이 옛적의 신인(神人).

8 ☆*3-Ⅱ
10 借 빌릴 차 借

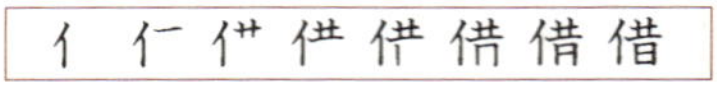

亻 亻 亻 借 借 借 借 借

㊥jiè(찌에) ㊐シャク, シャ/かりる
㊒borrow
자원 **형성자.** 人(인)은 의미를 나타내고 昔(석)은 음을 나타냄.
풀이 ①빌리다. 빌려 주다. ‖假借(가차). ②가령. 시험 삼아. ‖借問(차문).
〔借款 차관〕 한 나라의 정부나 회사·은행이 다른 나라에서 자금을 빌려 오는 일.
〔借力 차력〕 약이나 신령의 힘을 빌려 강한 체력과 기운을 얻음.
〔借名 차명〕 남의 이름을 빌려 씀.
〔借問 차문〕 시험 삼아 물어봄.
〔借用 차용〕 돈이나 물건을 빌려 씀. ‖借用證書(차용 증서).
〔借入 차입〕 돈이나 물건을 꾸어 들임.
〔借字 차자〕 자기 나라 말을 적는 데 남의 나라 글자를 빌려 쓰는 일. 또는, 그 글자.
〔借主 차주〕 돈이나 물건을 빌려 쓴 사람.
〔借廳入室 차청입실〕 《마루를 빌려 쓰다가 방으로 들어간다는 뜻으로》 남에게 의지하던 사람이 나중에는 그의 권리까지 침범함.
◢假借(가차)/貸借(대차)/賃借(임차)/租借(조차)

8 ★*3-Ⅱ
10 倉 곳집 창 ㊎仓 倉

人 人 今 今 含 倉 倉 倉

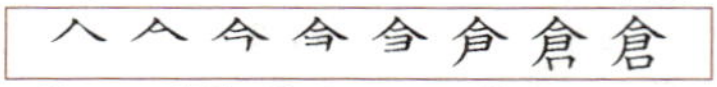

㊥cāng(창) ㊐ソウ/くら ㊒warehouse
갑 금 자원 **상형자.** 위는 지붕, 가운데는 외짝 문, 아래는 기초석을 나타낸 자로, 곡식 창고를 뜻함.
풀이 ①곳집. 창고. ‖倉庫(창고). ②갑자기. 당황하다. 총망함. ‖倉卒(창졸).
〔倉庫 창고〕 물자를 저장·보관하기 위한 건물. 곳집.
〔倉卒 창졸〕 매우 갑작스러움. 倉皇(창황).
〔倉皇 창황〕 ➡倉卒(창졸).
◢穀倉(곡창)/常平倉(상평창)/船倉(선창)/營倉(영창)/彈倉(탄창)

8 *1
10 倡 ❶광대 창 ❷창도할 창 倡

㊥chàng(°창) ㊐ショウ/わざおぎ
㊒entertainer, initiate
풀이 ❶①광대. 배우. ‖倡優(창우). ②기생. ㊖娼. ③미치다. ㊖猖. ❷창도하다. ㊕唱. ‖倡義(창의).
〔倡道 창도〕 앞장서서 부르짖음. 唱道(창도).
〔倡夫 창부〕 ①남자 광대. ②무당 굿거

리의 한 가지.
〔倡優 창우〕 광대.
〔倡義 창의〕 국난을 당하여 의병을 일으킴.

*
8
10 **倜** 대범할 **척**

[중]tī(티) [일]テキ/すぐれる
[영]broad-minded
[풀이] ①대범하다. 얽매이지 않음. ‖倜儻(척당). ②뛰어나다.

8
10 **倩** [1]예쁠 **천** [2]사위 **청**

[중]qiàn(치엔), qìng(칭)
[일]セン, セイ/うるわしい [영]pretty
[풀이] [1]예쁘다. 웃는 입 모양이 예쁨. [2]①사위. 여서(女壻). ②빌리다. ③고용하다. ‖倩工(청공).
〔倩人 청인〕 사람을 고용함.

★*3-Ⅱ
8
10 **值** 값 **치** [간]值

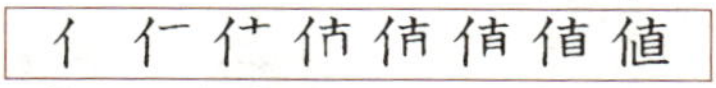

[중]zhí(°즈) [일]チ/ね, あたい [영]value
[자원] **형성자.** 人(인)은 의미를 나타내고 直(직)은 음을 나타냄.
[풀이] ①값. ㉮가치. 가격. ㉯수. 수치. ‖數值(수치). ②값하다. ‖價值(가치). ③가지다. ④만나다. ‖值遇(치우).
◢價值(가치)/近似值(근사치)/基準值(기준치)/同值(동치)/相值(상치)/數值(수치)/閾值(역치)/絶對值(절대치)/最大值(최대치)/最小值(최소치)

*
8
10 **倬** 클 **탁**

[중]zhuō(°주어) [일]タク/おおきい
[영]large
[풀이] ①크다. ②밝다. 명백함.

*
8
10 **俵** 나누어 줄 **표**

[중]biào(빠아오) [일]ヒョウ/ぶんぱいする
[영]distribute
[풀이] ①나누어 주다. ②흩다. 분산하다.

*
8
10 **倖** 요행 **행**

[중]xìng(씽) [일]コウ/さいわい [영]luck
[풀이] ①요행. ‖射倖心(사행심). ②괴다. 사랑함. [통]幸.
◢射倖(사행)/僥倖(요행)

★*4
8
10 **候** 철 **후**

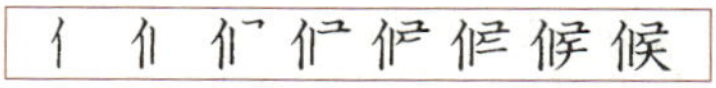

[중]hòu(허우) [일]コウ/うかがう [영]season
[갑]  [전]  [자원] **회의자.** 侯(후)자와 자원이 같으나 표적을 나타낸 ㄏ 자의 세로획이 줄지 않고 유지됨. '살피다', '기후' 등의 뜻이 파생됨.
[풀이] ①철. 시기. 날씨. ‖節候(절후)/氣候(기후). ②염탐. 살피다. ‖斥候(척후). ③조짐. ‖徵候(징후). ④상태. ‖氣體候(기체후). ⑤맞이하다. 기다림. ‖候補(후보). ⑥안부를 묻다. ‖問候(문후).
〔候補 후보〕 장차 어떤 신분·지위에 오를 자격이 있음. 또는, 그 사람. ‖候補生(후보생).
〔候鳥 후조〕 계절에 따라 옮겨 사는 새. 철새.
◢氣候(기후)/問候(문후)/時候(시후)/全天候(전천후)/節候(절후)/症候(증후)/徵候(징후)/斥候(척후)/天候(천후)/患候(환후)

☆*4-Ⅱ
9
11 **假** 거짓 **가** [약]仮

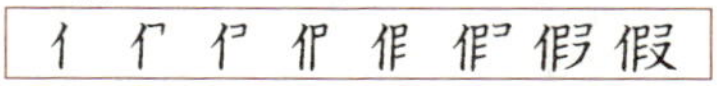

[중]jiǎ(지아) [일]カ, ケ/かり [영]falsehood
[금]  [자원] **회의 겸 형성자.** 人(인)과 叚(가)가 합쳐진 자. 叚는 바위산을 나타내는 厂, 광물을 뜻하는 二, 두 손을 나타내는 ⺕로 이뤄진 자로, 산에 가서 광물을 채취함을 나타냄. 이 자에 人(인)을 더하여 '빌리다', '가짜' 등의 뜻을 나타냄. 人은 의미를 나타내고 叚는 의미와 음을 겸하여 나타냄.
[풀이] ①거짓. ‖假名(가명). ②임시적. ‖假建物(가건물). ③빌리다. ‖假借(가차). ④너그럽다. ‖假貸(가대). ⑤가령. ‖假使(가사).
〔假建物 가건물〕 임시로 지은 건물.
〔假契約 가계약〕 임시로 맺는 계약.
〔假橋 가교〕 임시로 놓은 다리.
〔假令 가령〕 가정(假定)하여. 예를 들어. 이를테면. 假使(가사).
〔假面 가면〕 나무·흙·종이 등으로 얼굴을 본떠 만들어, 얼굴이 가려지도록 쓰는 물건. 탈.
〔假名 가명〕 실제의 자기 이름이 아닌 이름. 가짜 이름. ↔實名(실명).
〔假文書 가문서〕 가짜로 만든 문서.
〔假髮 가발〕 치레로 머리에 쓸 수 있도록 여러 가지 모양으로 만든 머리털.
〔假本 가본〕 옛 책이나 글씨·그림 등을

가짜로 꾸민 것.
〔假死 가사〕 완전히 의식을 잃어 죽은 것처럼 보이는 상태.
〔假相 가상〕 덧없고 헛된 현실 세계.
〔假想 가상〕 가정하여 생각함.
〔假設 가설〕 ①임시로 설치함. ②실제로는 없는 것을 있는 것으로 가정함.
〔假說 가설〕 편의상 가정적으로 세운 설(說).
〔假飾 가식〕 거짓으로 꾸밈.
〔假熱 가열〕 신열(身熱)이 없는데도 있는 듯이 느껴지는 열.
〔假裝 가장〕 ①태도를 거짓으로 꾸밈. ②얼굴 등을 알아보지 못하게 바꾸어 꾸밈. 假扮(가분).

〔假定 가정〕 ①임시로 정함. ②사실 여부는 분명하지 않으나 임시로 인정함.
〔假借 가차〕 ①임시로 빌림. ②사정을 보아줌. ③육서(六書)의 하나. 어떤 뜻을 나타내는 한자가 없을 때, 음이 같은 다른 글자를 빌려 쓰는 방법. 프랑스를 '佛蘭西'로 나타내는 따위.
〔假稱 가칭〕 어떤 이름을 임시 또는 거짓으로 일컬음. 또는, 그 이름.

★★5
9 11 **健** 튼튼할 **건** 健

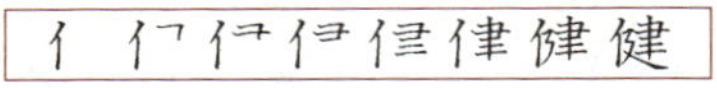

[중]jiàn(찌엔) [일]ケン/すこやか [영]healthy
[자원] **형성자.** 人(인)은 의미를 나타내고 建(건)은 음을 나타냄.
[풀이] ①튼튼하다. ‖健康(건강). ②굳세다. ‖健壯(건장). ③잘. 매우. ‖健忘症(건망증).
〔健脚 건각〕 튼튼하여 잘 걷거나 뛰는 다리. 또는, 그런 사람.
〔健康 건강〕 몸이 아무 탈 없이 정상적이고 튼튼함.
〔健忘 건망〕 듣거나 본 것을 잘 잊어버림. ‖健忘症(건망증).
〔健實 건실〕 건전하고 착실함.
〔健兒 건아〕 혈기가 왕성한 사나이.
〔健胃 건위〕 위를 튼튼하게 함. 또는, 튼튼한 위. ‖健胃劑(건위제).
〔健壯 건장〕 씩씩하고 굳셈.
〔健在 건재〕 아무 탈 없이 잘 있음.
〔健全 건전〕 행동·태도·마음이 잘못된 데가 없고 온전함.
〔健鬪 건투〕 어려움에 굴하지 않고 꿋꿋하게 잘 싸움.
〔健筆 건필〕 ①글씨를 힘 있게 잘 씀. ②문장이나 시를 의욕적으로 많이 씀.
◢剛健(강건)/康健(강건)/強健(강건)/保健(보건)/雄健(웅건)/壯健(장건)

*1
9 11 **偈** 쉴 **게** 偈

[중]qì(치), jì(찌) [일]ゲ, ケイ/いこう [영]rest
[풀이] ①쉬다. 휴식함. [통]憩. ②승려의 귀글. ‖偈頌(게송).
〔偈句 게구〕 가타(伽陀)의 글귀. 4구(句)를 한 게(偈)로 하고, 5자나 7자를 한 구로 함.
〔偈頌 게송〕 부처의 공덕을 찬양하는 노래. 讚佛歌(찬불가). 梵唄(범패).

9 11 **偰** 맑을 **설** 偰

[중]xiè(씨에) [일]セツ/きよい [영]clear
[풀이] ①맑다. 깨끗함. ②사람 이름. [같]卨·契.

*
9 11 **偲** 굳셀 **시**

[중]cāi(차이), sī(쓰) [일]シ, サイ/つよい [영]strong
[풀이] ①굳세다. 힘이 셈. ②똑똑하다. 재능이 있음. ③책선(責善)하다.

*2
9 11 **倻** [한]땅 이름 **야**

[풀이] ①땅 이름. ‖伽倻(가야). ②나라 이름. ‖伽倻國(가야국).

*
9 11 **偃** 누울 **언** 偃

[중]yǎn(옌) [일]エン/ふす [영]lie down
[풀이] ①눕다. ‖偃臥(언와). ②쓰러지다. 엎드림. ③쏠리다. ‖偃草(언초). ④쉬다. 그침. ⑤사물의 모양. ‖偃蹇(언건).
〔偃草 언초〕 《'바람에 휘어져 쓰러진 풀'이라는 뜻으로》 백성이 잘 교화됨.

★★3-Ⅱ
9 11 **偶** 짝 **우** 偶

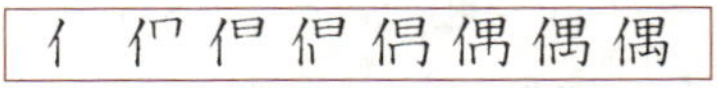

[중]ǒu(어우) [일]グウ/ともがら [영]spouse
[자원] **형성자.** 人(인)은 의미를 나타내고 禺(우)는 음을 나타냄.
[풀이] ①짝. ㉮배필. ‖配偶者(배우자). ㉯짝수. ㉰무리. ②인형(人形). 허수아비. ‖偶像(우상). ③우연히.
〔偶發 우발〕 일이 우연히 일어남. ‖偶發的(우발적).
〔偶像 우상〕 ①나무·돌·흙·쇠붙이 등으로 만든 상(像). 허수아비·토우(土偶) 따위. ②신처럼 숭배의 대상이 되는 물건이나 사람.
〔偶數 우수〕 짝수.
〔偶然 우연〕 예기치 않은 일. ↔必然(필연).
〔偶日 우일〕 짝숫날.

◢對偶(대우)/木偶(목우)/配偶(배우)/擇偶(택우)/土偶(토우)

9 ☆*5
偉 거룩할 **위** [간] 伟 偉
11

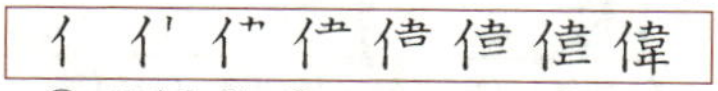

[중]wěi(웨이) [일]イ/すぐれる [영]holy

[자원] **형성자.** 人(인)은 의미를 나타내고 韋(위)는 음을 나타냄.

[풀이] ①거룩하다. 뛰어남. ‖偉功(위공). ②크다. ③성하다.

〔偉功 위공〕 훌륭한 공훈이나 업적.

〔偉大 위대〕 뛰어나고 훌륭함.

〔偉力 위력〕 위대한 힘.

〔偉業 위업〕 위대한 사업이나 업적. 대업(大業).

〔偉容 위용〕 훌륭하고 뛰어난 용모나 모양.

〔偉人 위인〕 뛰어나고 훌륭한 사람.

◢秀偉(수위)/雄偉(웅위)

11 **偽** 僞(위)의 약자 →54쪽

9 ☆*5
停 머무를 **정** 停
11

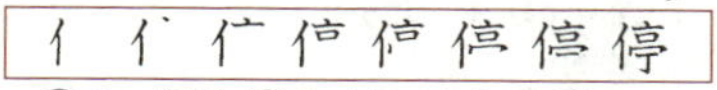

[중]tíng(팅) [일]テイ/とどまる [영]stay

[자원] **회의 및 형성자.** 人(인)과 '집', '여관'을 뜻하는 亭(정)이 합쳐진 자로, '머무르다', '그치다'의 뜻을 나타냄. 人은 의미를 나타내고 亭은 의미와 음을 겸하여 나타냄.

[풀이] ①머무르다. 지체하다. ‖停留(정류)/停滯(정체). ②멈추다. ③그만두다. ‖停學(정학).

〔停刊 정간〕 신문·잡지 등의 정기 간행물의 발행을 한때 중지함.

〔停車 정거〕 차가 멎음. 또는, 차를 멈춤.

〔停年 정년〕 법률이나 기타 규정에 의한 연령 제한에 따라, 그 직에서 물러나게 된 나이.

〔停頓 정돈〕 침체되어 나아가지 않음.

〔停留 정류〕 자동차 따위가 가다가 머무름. ‖停留場(정류장).

〔停電 정전〕 송전(送電)이 한때 중단됨.

〔停戰 정전〕 전쟁 중인 쌍방이 합의에 따라 한때 전투 행위를 중지함. ‖停戰協定(정전 협정).

〔停止 정지〕 ①움직이고 있는 것이 멈춤. ②하던 일을 중도에서 그만둠.

〔停職 정직〕 공무원을 일정 기간 직무에 종사하지 못하게 하는 징계 처분.

〔停車 정차〕 차가 운행 중에 어느 곳에 한동안 멈추어 섬.

〔停滯 정체〕 사물이 머물러 쌓이거나, 일이 진행되지 않고 밀림. 遲滯(지체). ※沈滯(침체).

〔停學 정학〕 학생이 학교의 규칙을 어겼을 때, 일시 등교를 정지시키는 일.

◢調停(조정)

9 *2
偵 염탐할 **정** [간] 侦 偵
11

[중]zhēn(°쩐) [일]テイ/うかがう [영]spy, scout

[풀이] ①염탐하다. ‖偵探(정탐)/偵察(정찰). ②염탐꾼. ‖偵候(정후). ③곧다. 바름. [같]貞.

〔偵察 정찰〕 척후를 보내어 적의 형편을 탐지함. ‖偵察隊(정찰대).

〔偵探 정탐〕 남의 사정이나 형편을 몰래 살펴서 알아냄.

◢密偵(밀정)/探偵(탐정)

9 *1
做 지을 **주** 做
11

[중]zuò(쭈어) [일]サ/なす [영]make

[풀이] 짓다. 만듦. [통]作. ‖做作(주작)/做工(주공).

〔做工 주공〕 공부나 일을 힘써 함.

〔做作 주작〕 없는 사실을 꾸며 냄. 做出(주출).

◢看做(간주)

9 ★*3-Ⅱ
側 곁 **측** [간] 侧 側
11

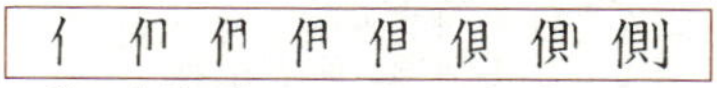

[중]cè(처) [일]ソク/かたわら [영]side

[자원] **형성자.** 人(인)은 의미를 나타내고 則(칙)은 음을 나타냄.

[풀이] ①곁. 옆. ‖左側(좌측)/側近(측근). ②기울다. 기울이다. ‖側言(측언). ③엎드리다. 뒤척거리다. ‖反側(반측).

〔側近 측근〕 ①곁의 가까운 곳. ②신분이 높은 이 등을 가까이서 섬기는 사람. 側近者(측근자).

〔側面 측면〕 ①정면에 대하여 좌우의 면. ‖側面攻擊(측면 공격). ↔正面(정면). ②각뿔 따위의 옆면.

〔側門 측문〕 옆쪽으로 낸 문.

〔側方 측방〕 옆쪽.

〔側壁 측벽〕 구조물의 측면에 있는 벽.

◢貴側(귀측)/南側(남측)/內側(내측)/反側(반측)/北側(북측)/上側(상측)/兩側(양측)/外側(외측)/右側(우측)/輾轉反側(전전반측)/左側(좌측)/下側(하측)

9 *
偸 훔칠 **투** 偸
11

[중]tōu(터우) [일]トウ, チュウ/ぬすむ [영]steal

2획

[풀이] ①훔치다. ‖偸竊(투절). ②도둑. ‖偸盜(투도). ③경박하다. 가벼움. ‖偸薄(투박). ④남모르게.
〔偸盜 투도〕 남의 물건을 훔침. 또는, 그 사람. 偸竊(투절).
〔偸生 투생〕《구차하게 산다는 뜻으로》 죽어야 할 때에 죽지 않고 욕되게 살기를 꾀함.

9 ★*3-Ⅱ
11 **偏** 치우칠 **편** 偏

[중]piān(피엔) [일]ヘン/かたよる
[영]incline
[풀이] ①치우치다. 한쪽으로 기욺. [통]扁. ‖偏重(편중). ②궁벽한 곳. ‖偏僻(편벽). ③외곬으로. ④변.
〔偏見 편견〕 한쪽으로 치우쳐서 공정(公正)하지 못한 의견.
〔偏頭痛 편두통〕 발작적·주기적으로 머리의 어느 한쪽에 아픔을 느끼는 상태.
〔偏母 편모〕 홀어미. ‖偏母膝下(편모슬하).
〔偏僻 편벽〕 한쪽으로 치우쳐 공정하지 못함.
〔偏西風 편서풍〕 위도 30~65°의 중위도 지역에서 일 년 내내 서쪽에서 동쪽으로 부는 바람.
〔偏食 편식〕 음식을 가려 먹음.
〔偏愛 편애〕 한쪽 또는 한 사람만을 사랑함.
〔偏倚 편의〕 ①한쪽으로 치우쳐 있음. ②수치·위치·방향 등이 일정한 기준에서 벗어남. 偏差(편차).
〔偏在 편재〕 한곳에 치우쳐 있음.
〔偏重 편중〕 한쪽으로 치우침.
〔偏執 편집〕 편견을 고집함. ‖偏執狂(편집광).
〔偏頗 편파〕 한쪽으로 치우쳐 불공평함. ‖偏頗報道(편파 보도).
〔偏向 편향〕 한쪽으로 치우침.
〔偏狹 편협〕 편벽되고 도량이 좁음.

9
11 **偪** 다가올 **핍** 偪

[중]bī(삐) [일]ヒョク/せまる [영]approach
[풀이] 다가오다. 핍박함. [같]逼.

9 *1
11 **偕** 함께 **해** 偕

[중]xié(시에) [일]カイ/ともに [영]together
[풀이] ①함께. 다 같이. ‖偕老(해로). ②굳세다. ③함께 행동하다.
〔偕樂 해락〕 여럿이 함께 즐김.
〔偕老 해로〕 부부가 한평생 같이 늙도록 삶.
〔偕老同穴 해로동혈〕 ①《살아생전에는 함께 늙고, 죽어서는 한 무덤에 묻힌다는 뜻으로》 부부의 굳은 언약. ②해면 동물의 한 가지. 바다수세미.
〔偕行 해행〕 ①함께 감. ②여럿이 잇따라 줄지어 감.

10 ★*4
12 **傑** 뛰어날 **걸** [속][간] 杰 傑

亻 㐅 亻夕 亻夕一 亻夕斗 亻姓 亻桀 傑

[중]jié(지에) [일]ケツ/ぬきんでる
[영]eminent
[자원] **형성자.** 人(인)은 의미를 나타내고 桀(걸)은 음을 나타냄.
[풀이] ①뛰어나다. 출중함. ‖傑出(걸출). ②뛰어난 사람.
〔傑物 걸물〕 ①걸출한 인물. 人傑(인걸). ② 뛰어난 물건. 逸物(일물).
〔傑作 걸작〕 ①매우 훌륭한 작품. 名作(명작). ↔拙作(졸작). ②말이나 행동이 유별나게 우스워 남의 주목을 끄는 사람.
〔傑出 걸출〕 남보다 훨씬 뛰어남. 또는, 그런 사람.
◢女傑(여걸)/英傑(영걸)/雄傑(웅걸)/人傑(인걸)/俊傑(준걸)/豪傑(호걸)

10
12 **傔** 시중들 **겸** 傔

[중]qiàn(치엔) [일]ケン/つかえる
[영]attend
[풀이] 시중들다. 또는, 그 사람. 시종(侍從). ‖傔人(겸인).
〔傔從 겸종〕 양반집에서 잡일을 맡아보거나 시중들던 사람. 청지기.

10 *2
12 **傀** 꼭두각시 **괴** 傀

[중]kuǐ(쿠에이), guī(꾸에이)
[일]カイ/でく [영]puppet
[풀이] ①꼭두각시. ‖傀儡(괴뢰). ②크다. [같]魁. ③괴이하다. 또는, 그런 것. [같]怪.
〔傀儡 괴뢰〕 ①꼭두각시. ②확고한 주견(主見)이나 자주성이 없이, 남의 앞잡이가 되어 이용당하는 사람.

10 ★*3
12 **傍** 곁 **방** 傍

亻 亻亠 亻ㅗ 亻立 亻产 亻产 亻旁 傍

[중]bàng(빵) [일]ボウ/かたわら [영]side
[자원] **회의 및 형성자.** 人(인)과 旁(방)이 합쳐진 자로, 본래 '양쪽 겨드랑이'를 뜻하였으나 '곁'의 뜻으로 바뀜. 人은 의미를 나타내고 旁은 의미와 음을 겸하여 나타냄.
[풀이] ①곁. 옆. [같]旁. ‖傍人(방인). ②방(旁). 한자의 오른쪽에 붙는 부수(部首).

〔傍系 방계〕 직계(直系)에서 갈려 나간 계통.
〔傍觀 방관〕 직접 관계하지 않고 제삼자의 처지에서 보기만 함.
〔傍若無人 방약무인〕《곁에 사람이 없는 듯이 행동한다는 뜻으로》 거리낌 없이 함부로 행동함.
〔傍人 방인〕 옆이나 곁의 사람.
〔傍點 방점〕 ①주의를 환기시키기 위하여 글자 옆이나 위에 찍는 점. ②사성점(四聲點).
〔傍助 방조〕 옆에서 도와줌.
〔傍證 방증〕 간접적인 증거.
〔傍聽 방청〕 회의·연설·재판 등을 당사자 아닌 사람이 듣는 일. ‖傍聽客(방청객).
◢近傍(근방)/路傍(노방)

10 12 **傅** *2 스승 **부** 傅

㊥fù(°푸) ㊐フ/かしずき ㊎teacher
傳(전:52쪽)은 딴 자.
풀이 ①스승. ‖師傅(사부). ②받들다. 돕다. ‖傅佐(부좌). ③붙이다.
◢師傅(사부)/世子傅(세자부)/太傅(태부)

10 12 **備** ☆*4-Ⅱ 갖출 **비** 간 备 備

亻 亻 仳 伻 伻 俻 備 備

㊥bèi(뻬이) ㊐ビ/そなえる ㊎furnish
갑 금 전 자원 **회의자.** 언제든 쓸 수 있도록 화살집에 담겨 있는 화살을 상형한 자로, '갖추다'를 나타냄. 뒷날 人(인)을 덧붙여 뜻을 더욱 분명히 함.
풀이 ①갖추다. 구비하다. ‖備品(비품)/準備(준비). ②갖추어지다. ③준비. 대비(對備). ‖有備無患(유비무환). ④모두.
〔備考 비고〕 참고하기 위해 갖춤. 또는, 그 내용.
〔備忘 비망〕 잊어버리지 않기 위한 준비. ‖備忘錄(비망록).
〔備蓄 비축〕 만약의 경우에 대비하여 저축해 둠.
〔備置 비치〕 마련하여 갖추어 놓음.
〔備品 비품〕 회사나 관청 등에서 갖추어 두고 쓰는 물품.
〔備荒 비황〕 흉년이나 변재(變災)에 대한 준비.
◢改備(개비)/兼備(겸비)/警備(경비)/具備(구비)/軍備(군비)/對備(대비)/未備(미비)/防備(방비)/常備(상비)/設備(설비)/守備(수비)/豫備(예비)/完備(완비)/雨備(우비)/裝備(장비)/整備(정비)/籌備(주비)/準備(준비)

10 12 **傘** *2 우산 **산** 간 伞 傘

㊥sǎn(산) ㊐サン/かさ ㊎umbrella
풀이 우산(雨傘).
〔傘下 산하〕 어떤 조직체나 세력의 관할 아래. ‖傘下機關(산하 기관).
◢落下傘(낙하산)/陽傘(양산)/雨傘(우산)/日傘(일산)

10 12 **傛** * 불안할 **용**

㊥róng(°룽) ㊐ヨウ/やすんじない ㊎uneasy
풀이 ①불안하다. ②자태가 예쁜 모양. ③일에 익숙한 모양.

10 12 **傖** 천할 **창** 간 伧 傖

㊥cāng(창) ㊐ソウ/いやしい ㊎base
풀이 천하다. 촌스러움. 또는, 그런 사람.

11 13 **傾** ★*4 기울 **경** 간 倾 傾

亻 亻 化 化 𠈽 傾 傾 傾

㊥qīng(칭) ㊐ケイ/かたむく ㊎incline
자원 **회의 겸 형성자.** 人(인)은 의미를 나타내고 頃(경)은 의미와 음을 겸하여 나타냄.
풀이 ①기울다. ㉮기울어지다. ‖傾斜(경사). ㉯위태롭게 하다. ‖傾國(경국). ②중정(中正) 상태에서 어느 한쪽으로 기울다. ‖傾向(경향). ③기울이다. ‖傾覆(경복).
〔傾國 경국〕 ①국운(國運)을 위태롭게 함. ②전 국력을 기울임. ③ ➡傾國之色(경국지색).
〔傾國之色 경국지색〕《임금이 혹하여 나라가 기울어져도 모를 정도의 미인이라는 뜻으로》 뛰어나게 아름다운 미인. 傾國(경국). 傾城之色(경성지색).
〔傾倒 경도〕 ①기울어 쓰러짐. 또는, 기울여 쓰러뜨림. ②깊이 존경하여 마음을 기울임.
〔傾斜 경사〕 비스듬히 기울어짐. 또는, 그런 상태. 기울기. 물매.
〔傾城之色 경성지색〕 ➡傾國之色(경국지색).
〔傾注 경주〕 ①물 따위를 기울여 붓거나 쏟음. ②힘이나 정신을 한곳에만 기울임.
〔傾聽 경청〕 귀를 기울이고 들음. 傾耳(경이). 側耳(측이).
〔傾向 경향〕 현상이나 사상, 행동이 어느 방향으로 쏠림. 趨勢(추세).
◢右傾(우경)/左傾(좌경)

2획

11 **傴** 구부릴 구 본우 간 伛 傴
13

중yǔ(위) 일ウ/かがむ 영bend
풀이 ①구부리다. ②곱사등이. 꼽추. ‖ 傴僂(구루).
〔傴僂 구루〕 늙거나 병이 들어 등이 앞으로 꼬부라짐. 또는, 그런 사람. ‖ 傴僂病(구루병).

11 ★＊3 **僅** 겨우 근 간 仅 僅
13

亻 亻 亻艹 亻芇 偣 僅 僅 僅

중jǐn(진) 일キン/わずか 영barely
자원 **형성자.** 人(인)은 의미를 나타내고 堇(근)은 음을 나타냄.
풀이 ①겨우. 간신히. ‖ 僅僅(근근). ②조금. ③거의. 거의 됨.
〔僅僅 근근〕 겨우. 근근이. 간신히.
〔僅少 근소〕 아주 적음.

2획

11 **僂** 구부릴 루 간 偻 僂
13

중lóu(러우) 일ロウ, ろ/まげる 영bend
풀이 ①구부리다. 둥글게 굽힘. ②꼽추. 곱사등이. ‖ 傴僂(구루).
◢傴僂(구루)

11 ☆＊4 **傷** 다칠 상 간 伤 傷
13

亻 亻 亻 亻 亻 傷 傷 傷

중shāng(°쌍) 일ショウ/きずつく 영be injured
자원 **형성자.** 人(인)은 의미를 나타내고 殤(상)의 생략형인 𥏫은 음을 나타냄.
풀이 ①다치다. ‖ 傷害(상해). ②상처. ‖ 負傷(부상). ③해치다. ‖ 中傷謀略(중상 모략). ④근심하다. 애태움. ‖ 傷心(상심).
〔傷心 상심〕 마음을 상함. 傷神(상신).
〔傷痍軍人 상이군인〕 전쟁이나 군사상 공무(公務)를 치르다가 상처를 입은 군인.
〔傷處 상처〕 부상을 입은 자리.
〔傷害 상해〕 남의 몸에 상처를 내어 해를 입힘. ‖ 傷害罪(상해죄).
〔傷痕 상흔〕 다친 자리의 흔적. 傷瘢(상반).
◢感傷(감상)/輕傷(경상)/骨折傷(골절상)/落傷(낙상)/凍傷(동상)/負傷(부상)/死傷(사상)/殺傷(살상)/損傷(손상)/食傷(식상)/外傷(외상)/刺傷(자상)/中傷(중상)/重傷(중상)/擦過傷(찰과상)/銃傷(총상)/致命傷(치명상)/打撲傷(타박상)/火傷(화상)

11 ＊ **僊** 춤출 선
13

중xiān(씨엔) 일セン 영dance
풀이 ①춤추다. ②신선하다.

11 ★＊3 **傲** 거만할 오 傲
13

亻 亻 仹 伕 伕 傲 傲 傲

중ào(아오) 일ゴウ/おごる 영haughty
자원 **형성자.** 人(인)은 의미를 나타내고 敖(오)는 음을 나타냄.
풀이 ①거만하다. 남을 멸시하다. 같 慠. ‖ 倨傲(거오). ②놀다.
〔傲氣 오기〕 남에게 지기 싫어하는 마음.
〔傲慢 오만〕 버릇이 없고 거만함. 또는, 그 태도.
〔傲霜孤節 오상고절〕 (‘모진 서리에도 굴하지 않고 홀로 지키는 절개’란 뜻으로) 국화(菊花)를 이름.
◢驕傲(교오)

11 ＊2 **傭** 품팔이할 용 간 佣 傭
13

중yōng(융) 일ヨウ/やとう 영work for wages
풀이 ①품팔이하다. ‖ 雇傭(고용). ②품팔이꾼. ‖ 傭人(용인). ③품삯.
〔傭兵 용병〕 봉급을 주고 병역(兵役)에 복무하게 함. 또는, 그 병사(兵士).
〔傭員 용원〕 ①관청에서 임시로 채용한 사람. ②품팔이꾼.
〔傭人 용인〕 고용인. 傭客(용객).
◢雇傭(고용)/日傭(일용)

11 ☆＊5 **傳** 1전할 전 2전기 전 약 伝 간 传 傳
13

亻 亻 亻 亻 伂 伂 傳 傳

중chuán(°추안), zhuàn(°쭈안) 일デン/つたえる 영transmit
자원 **형성자.** 人(인)은 의미를 나타내고 專(전)은 음을 나타냄.
풀이 1①전하다. ㉮전달하다. ㉯세상에 퍼뜨리다. ‖ 宣傳(선전). ②전해지다. ㉮이어받다. ‖ 傳受(전수). ㉯전해 내려오다. ‖ 傳說(전설). 2①전기. ‖ 偉人傳(위인전). ②경전의 주해. ‖ 詩傳(시전). ③역마을. ‖ 傳馬(전마). ④부신(符信).
〔傳敎 전교〕 ①종교를 널리 전함. ②임금이 명령을 내림. 또는, 그 명령.
〔傳記 전기〕 어떤 인물의 생애와 활동을 적은 기록.
〔傳單 전단〕 선전의 취지를 적은 종이쪽.
〔傳達 전달〕 전하여 이르게 함.

〔傳道 전도〕 ①도리를 세상에 널리 알림. ②종교, 특히 기독교의 교리를 널리 전파시킴. ‖傳道師(전도사).
〔傳導 전도〕 열·전기 등이 물체의 한 부분에서 다른 부분으로 이동함.
〔傳來 전래〕 ①예로부터 전해 내려옴. ‖傳來童話(전래 동화). ②외국에서 전해 들어옴.
〔傳令 전령〕 ①명령을 전함. 또는, 그 명령이나 사람. ②군(軍) 부대와 부대 사이에 명령을 전달함. 또는, 그 병사.
〔傳聞 전문〕 다른 사람을 통해 전해 들음.
〔傳法 전법〕 불법(佛法)을 전해 줌.
〔傳書鳩 전서구〕 통신이나 군사상의 이용을 위해 훈련된 비둘기.
〔傳說 전설〕 ①예로부터 전해 내려오는 이야기. 口碑(구비). ②말을 전함. 또는, 그 말. 傳言(전언).
〔傳貰 전세〕 부동산 소유자에게 일정 금액을 맡기고 그 부동산을 어느 기간 동안 빌려 쓰는 일.
〔傳送 전송〕 전하여 보냄. 遞傳(체전). 遞送(체송).
〔傳受 전수〕 기술·지식 등을 전해 받음.
〔傳授 전수〕 기술·지식 등을 전해 줌.
〔傳承 전승〕 문화유산 따위를 이어받아 계승함.
〔傳信 전신〕 편지나 소식을 전함.
〔傳染 전염〕 ①병이 남에게 옮음. ②버릇이나 태도 등이 옮아서 물이 듦.
〔傳統 전통〕 예로부터 전해 내려오는 사상·관습·행동 등의 양식.
〔傳播 전파〕 전하여 널리 퍼뜨림.
◢經傳(경전)/口傳(구전)/祕傳(비전)/宣傳(선전)/列傳(열전)/訛傳(와전)/偉人傳(위인전)/遺傳(유전)/立志傳(입지전)/自敍傳(자서전)/評傳(평전)

★✱3-Ⅱ
11 13 **債** 빚 **채** | 간 债 債

亻 亻 仹 佳 倩 倩 倩 債 債

㊥zhài(°짜이) ㊐サイ/かり ㊎debt
자원 **회의 겸 형성자.** 人(인)과 責(책)이 합쳐진 자로, 人은 의미를 나타내고 責은 의미와 음을 겸하여 나타냄.
풀이 빚. ㉮청산되지 않은 대차 관계. ‖債務(채무). ㉯빚돈.
〔債券 채권〕 국가·지방 자치 단체·은행·회사 등이 필요한 자금을 차입할 때에 발행하는 공채·사채(社債) 등의 유가 증권.
〔債權 채권〕 특정인이 다른 특정인에게 어떤 행위를 청구할 수 있는 권리. ‖債權者(채권자). ↔債務(채무).
〔債務 채무〕 특정인이 다른 특정인에게 어떤 행위를 해야 할 의무. ↔債權(채권).
◢公債(공채)/國債(국채)/卜債(복채)/負債(부채)/私債(사채)/社債(사채)/外債(외채)

✱1
11 13 **僉** 다 **첨** | 간 佥 僉

㊥qiān(치엔) ㊐セン/みな ㊎all
자원 **회의자.** '모으다'의 뜻인 亼(집)과 2개의 口(입 구)와 2개의 人(사람 인)이 합쳐진 자로, 여러 사람이 한곳에서 같이 말함을 나타냄.
풀이 ①다. 모두. 여러 사람. ‖僉位(첨위). ②도리깨.
〔僉位 첨위〕 여러분. 諸位(제위).
〔僉意 첨의〕 여러 사람의 의견.
〔僉知 첨지〕 지난날, 사회적 지위가 없는 나이 많은 남자를 예사롭게 이르던 말.

★✱3-Ⅱ
11 13 **催** 재촉할 **최** | 催

亻 亻 亻 佇 佯 俳 催 催

㊥cuī(추에이) ㊐サイ/うながす ㊎urge
자원 **형성자.** 人(인)은 의미를 나타내고 崔(최)는 음을 나타냄.
풀이 ①재촉하다. ‖催促(최촉). ②모임을 열다. ‖開催(개최). ③시일이 닥쳐오다. ‖催迫(최박).
〔催告 최고〕 법률상, 상대방에게 일정한 행위를 하도록 독촉하는 통지를 보냄.
〔催淚 최루〕 눈물이 나게 함.
〔催眠 최면〕 사람의 암시에 의해 잠이 든 것과 비슷하게 된 상태.
〔催促 최촉〕 재촉하고 서두름.
◢開催(개최)/主催(주최)

11 13 **僄** 가벼울 **표** | 僄

㊥piāo(피아오) ㊐ヒョウ/かるい ㊎light
풀이 가볍다. 민첩함. 빠름. ㊔剽.

14 **僱** 雇(고)의 속자 →793쪽

✱2
12 14 **僑** 우거할 **교** | 간 侨 僑

㊥qiáo(치아오) ㊐キョウ/かりずまい ㊎live abroad
풀이 우거하다. 타향 또는 타국에서 임시로 삶. ‖僑民(교민).
〔僑胞 교포〕 다른 나라에 살고 있는 동포.
◢華僑(화교)

2획

12 14 **僮** 아이 **동** 僮

[중]tóng(퉁) [일]ドウ/わらべ [영]child

[풀이] 아이. [통]童. ㉮아무것도 모르는 아이. 어리석은 자. ‖僮子(동자). ㉯하인. ‖僮僕(동복).

〔僮僕 동복〕 사내아이 종.

◢家僮(가동)/使僮(사동)/侍僮(시동)

★*3

12 14 **僚** 동료 **료** 僚

[중]liáo(리아오) [일]リョウ/あいやく [영]associate

[풀이] ①동료. ‖僚友(요우). ②벼슬아치. ‖僚官(요관).

〔僚船 요선〕 함대나 선단(船團)에서 그 대열에 딸린 선박.

〔僚友 요우〕 같은 일자리에서 일하는 같은 계급의 벗.

◢閣僚(각료)/官僚(관료)/同僚(동료)/幕僚(막료)/臣僚(신료)

*1

12 14 **僕** 종 **복** [간]仆 僕

[중]pú(푸) [일]ボク/しもべ [영]servant

[풀이] ①종. 하인. ‖奴僕(노복). ②마부. ‖僕夫(복부). ③저. '자기'의 겸칭. ‖僕輩(복배). ④붙다. ⑤무리.

◢家僕(가복)/公僕(공복)/老僕(노복)/僮僕(동복)/從僕(종복)/忠僕(충복)

12 14 **僨** 넘어질 **분** [간]偾 僨

[중]fèn(°펀) [일]フン, ホン/たおれる [영]fall

[풀이] ①넘어지다. 갑자기 푹 쓰러짐. ②뒤집히다. ㉮전복되다. ㉯갑자기 실패하다. ‖僨事(분사).

★*3-Ⅱ

12 14 **像** 형상 **상** [간]象 像

亻' 亻' 亻" 亻" 亻 像 像 像

[중]xiàng(씨앙) [일]ゾウ/かたち [영]figure

[자원] **회의 겸 형성자.** 人(인)과 象(코끼리 상)이 합쳐진 자로, 코끼리가 몸집이 커서 눈에 잘 띄는 데에서 '형상', '모습'의 뜻을 나타냄. 人은 의미를 나타내고 象은 의미와 음을 겸하여 나타냄.

[풀이] ①형상. 모습. ‖映像(영상). ②본뜬 형상. ‖佛像(불상). ③닮다.

〔像型 상형〕 납을 부어 활자의 자면(字面)이 나타나도록 하기 위해 글자를 새긴 판. 母型(모형).

◢群像(군상)/氣像(기상)/裸像(나상)/銅像(동상)/頭像(두상)/面像(면상)/佛像(불상)/想像(상상)/石像(석상)/聖像(성상)/神像(신상)/實像(실상)/心像(심상)/映像(영상)/偶像(우상)/立像(입상)/自畫像(자화상)/殘像(잔상)/彫像(조상)/坐像(좌상)/肖像(초상)/虛像(허상)/現像(현상)/畫像(화상)/幻像(환상)/胸像(흉상)

★*3-Ⅱ

12 14 **僧** 승려 **승** [간]僧 僧

亻 亻' 亻" 亻" 亻 僧 僧 僧

[중]sēng(썽) [일]ソウ/ぼうず [영]monk, bonze

[자원] **형성자.** 人(인)은 의미를 나타내고 曾(증)은 음을 나타냄. 범어 'samgha(상가)'를 '僧伽(승가)'로 음역했는데, 이를 '僧'으로 줄여 '승려'를 나타냄.

[풀이] 승려.

〔僧伽 승가〕 불도를 닦는 사람. 승려.

〔僧軍 승군〕 승려들로 조직된 군대. 僧兵(승병).

〔僧尼 승니〕 비구(比丘)와 비구니(比丘尼).

〔僧堂 승당〕 승려가 좌선하며 거처하는 집.

〔僧徒 승도〕 승려의 무리.

〔僧侶 승려〕 출가하여 불도를 닦는 사람.

〔僧舞 승무〕 장삼을 입고 고깔을 쓰고 추는 민속춤.

〔僧房 승방〕 ①승려의 거소. ②여승들이 사는 절. 尼寺(이사).

〔僧俗 승속〕 승려와 속인(俗人).

〔僧院 승원〕 승려가 수도하는 곳.

〔僧籍 승적〕 승려의 신분을 등록한 명부.

◢客僧(객승)/高僧(고승)/老僧(노승)/帶妻僧(대처승)/童子僧(동자승)/梵僧(범승)/比丘僧(비구승)/禪僧(선승)/俗僧(속승)/修道僧(수도승)/女僧(여승)/主僧(주승)/托鉢僧(탁발승)/破戒僧(파계승)/學僧(학승)/化主僧(화주승)

*1

12 14 **僥** 바랄 **요** [간]侥 僥

[중]jiǎo(지아오) [일]ギョウ/ねがう [영]desire

[풀이] ①바라다. 구하다. ②요행.

〔僥倖 요행〕 ①행복을 바람. ②뜻밖에 얻는 행운.

★*3-Ⅱ

12 14 **僞** 거짓 **위** [약]偽 [간]伪 僞

亻 亻' 亻" 亻" 亻 僞 僞 僞

[중]wěi(웨이) [일]ギ/いつわる [영]falsehood

[자원] **형성자.** 人(인)은 의미를 나타내고

爲(위)는 음을 나타냄.
[풀이] ①거짓. 허위. ‖詐僞(사위). ②속이다. ‖僞作(위작).
〔僞經 위경〕 전거가 확실하지 않아 성경에 수록되지 않은 문헌.
〔僞券 위권〕 위조한 문권(文券).
〔僞名 위명〕 거짓 이름.
〔僞本 위본〕 위조하여 만든 책. 僞書(위서). 假本(가본).
〔僞善 위선〕 겉으로만 착한 체함. ‖僞善者(위선자).
〔僞惡 위악〕 짐짓 악한 체함.
〔僞作 위작〕 다른 사람의 작품을 흉내 내어 비슷하게 만듦. 또는, 그 작품.
〔僞裝 위장〕 거짓으로 꾸밈.
〔僞造 위조〕 진짜처럼 속여 만듦. ‖僞造品(위조품)/僞造紙幣(위조지폐).
〔僞證 위증〕 ①거짓으로 증명함. ②법률에 따라 선서한 증인이 허위 증언을 하는 일.
〔僞幣 위폐〕 위조한 화폐.
◢眞僞(진위)/虛僞(허위)

12 * 僔 공경할 준
14

[중]zǔn(준) [일]ソン/うやうやしい
[풀이] ①공경하다. 공손함. ②모이다. ③웅크리다.

12 *1 僭 참람할 참 [속]僣 僭
14

[중]jiàn(찌엔) [일]セン/なぞらえる
[영]excessive
[풀이] ①참람하다. 분수에 지나친 행동을 함. ‖僭越(참월). ②어그러지다.
〔僭位 참위〕 자기 신분에 넘치는 군주의 자리에 앉음. 또는, 그 자리.
〔僭主 참주〕 분수에 넘치게 스스로를 왕이라 이르는 사람. 僭稱王(참칭왕).
〔僭稱 참칭〕 감히 스스로를 왕이라 칭하면서 왕의 행세를 함.
〔僭稱王 참칭왕〕 ➡僭主(참주).
◢奢僭(사참)

14 僣 僭(참)의 속자 →55쪽

12 * 僖 기쁠 희 僖
14

[중]xī(씨) [일]キ/よろこぶ [영]glad
[풀이] 기쁘다. 소리를 내어 기뻐하며 즐김. 또는, 그 모양. [같]喜. [통]嬉.

13 ☆*5 價 값 가 [약]価 [간]价 價
15

亻 亻 伒 俨 価 僄 僨 價 價

[중]jià(찌아) [일]カ/あたい [영]price
[자원] **회의 겸 형성자.** 人(인)과 賈(상인 가)가 합쳐진 자로, 상인이 매기는 가격을 나타냄. 人은 의미를 나타내고 賈는 의미와 음을 겸하여 나타냄.
[풀이] 값. ㉮가격(價格). ‖物價(물가). ㉯값어치. 가치. ‖評價(평가). ㉰수(數). ‖原子價(원자가).
〔價格 가격〕 물건이 지니고 있는 가치를 돈으로 나타낸 것. 값.
〔價額 가액〕 물품의 가치에 상당하는 금액.
〔價値 가치〕 사물의 유용성(有用性)의 정도나 중요성의 정도. 값어치.
◢高價(고가)/單價(단가)/代價(대가)/等價(등가)/物價(물가)/生產價(생산가)/聲價(성가)/酬價(수가)/市價(시가)/安價(안가)/廉價(염가)/營養價(영양가)/原價(원가)/油價(유가)/音價(음가)/低價(저가)/定價(정가)/株價(주가)/地價(지가)/紙價(지가)/眞價(진가)/特價(특가)/評價(평가)/呼價(호가)

13 僵 쓰러질 강 僵
15

[중]jiāng(찌앙) [일]キョウ/たおれる [영]fall
[풀이] ①쓰러지다. 신체가 경직되어 뻗어 버림. 또는, 그 모양. [같]殭. ‖僵屍(강시). ②쓰러뜨리다.
〔僵屍 강시〕 얼어 죽은 송장.

13 ★*4 儉 검소할 검 [간]俭 儉
15

亻 亽 仱 佮 佮 倹 儉 儉

[중]jiǎn(지엔) [일]ケン/つつましい
[영]thrifty
[자원] **형성자.** 人(인)은 의미를 나타내고 僉(첨)은 음을 나타냄.
[풀이] ①검소하다. ‖儉薄(검박). ②절약하다. ③넉넉하지 않다.
〔儉朴 검박〕 검소하고 꾸밈이 없음.
〔儉素 검소〕 사치하지 않고 수수함.
〔儉約 검약〕 절약하여 낭비하지 않음. 儉省(검생).
◢恭儉(공검)/勤儉(근검)/節儉(절검)/淸儉(청검)

13 *2 儆 경계할 경 儆
15

[중]jǐng(징) [일]ケイ/いましめる [영]guard
[풀이] 경계하다. 문득 긴장하여 주의함. [같]警.

13 儂 나 농 [간]侬 儂
15

[중]nóng(눙) [일]ドウ/われ [영]I
[풀이] ①나. 1인칭 대명사. ‖儂家(농가).

2획

②저. 3인칭 대명사. 아무개. 그 사람. ③당신. ④종족 이름.

13 15 **儋** 멜 **담** 儋

㊥dān(딴) ㊐タン/になう ㊎shoulder

풀이 ①메다. 어깨에 멤. ㉠擔. ②독. 항아리. ③두 섬. 두 독에 들어갈 만한 용량.

13 15 **僻***2 ❶후미질 **벽***2 ❷성가퀴 **피** 僻

㊥pì(피) ㊐ヘキ, ヒ/かたよる, ひめがき ㊎secluded

풀이 ❶①후미지다. 궁벽함. ‖僻地(벽지). ②치우치다. 편벽됨. ‖僻性(벽성). ③간교하다. ‖僻邪(벽사). ❷성가퀴.

〔僻見 벽견〕 치우친 견해.

〔僻論 벽론〕 치우쳐 공정을 잃은 언론. 僻說(벽설).

〔僻書 벽서〕 세상에 널리 알려져 있지 않은 기이한 책.

〔僻姓 벽성〕 흔하게 볼 수 없는 썩 드문 성(姓).

〔僻字 벽자〕 흔히 쓰이지 않는 괴벽(乖僻)한 글자.

〔僻地 벽지〕 도시에서 멀리 떨어진 궁벽한 곳. 僻境(벽경).

〔僻村 벽촌〕 외딴곳에 떨어져 있는 궁벽한 마을.

◢乖僻(괴벽)/窮僻(궁벽)/偏僻(편벽)

13 15 **僿*** 잘 **사*** **새** 僿

㊥sāi(싸이) ㊐サイ/こまかい ㊎minute

풀이 ①잘다. 자질구레함. ②무성의하다.

13 15 **億**☆*5 억 **억** 간 亿 億

亻 亻 亻 亻 倍 倍 億 億 億

㊥yì(이) ㊐オク ㊎hundred million

자원 **형성자.** 人(인)은 의미를 나타내고 意(의)는 음을 나타냄.

풀이 ①억. 수의 단위. ‖億恨(억한). ②매우 수가 많음. ‖億萬長者(억만장자). ③헤아리다.

〔億劫 억겁〕 무한히 긴 시간. 일겁(一劫)은 천지개벽에서 다음 천지개벽까지의 동안.

〔億萬 억만〕 매우 많은 수.

〔億兆蒼生 억조창생〕 수많은 백성.

◢萬億(만억)/千億(천억)

13 15 **儀**★*4 거동 **의** 간 仪 儀

亻 亻 亻 亻 亻 亻 儀 儀

㊥yí(이) ㊐ギ/のり ㊎manner

자원 **형성자.** 人(인)은 의미를 나타내고 義(의)는 음을 나타냄.

풀이 ①거동. ‖威儀(위의). ②법. ㉮본보기. ‖儀則(의칙). ㉯예식(禮式). ㉰예(禮)의 전례. ‖儀式(의식). ③짝. 배우자. ④천체(天體)의 측기(測器). ‖渾天儀(혼천의).

〔儀禮 의례〕 ①예로서 지켜야 할 범절. 禮法(예법). 의식(儀式)과 전례(典禮). ②중국의 유명한 고전(古典). 중국 고대 사회의 사회적 의식을 자세히 기록한 책.

〔儀範 의범〕 예의범절에 있어서 모범이 될 만함.

〔儀式 의식〕 ①예식(禮式) 때의 범절. ②갖추어진 일정한 형식에 의해 행하는 행사. 式典(식전).

〔儀仗 의장〕 의식에 쓰이는 장식적인 무기나 물건. ‖儀仗旗(의장기).

〔儀表 의표〕 몸을 가지는 태도. 儀容(의용).

◢公儀(공의)/羅針儀(나침의)/賻儀(부의)/謝儀(사의)/禮儀(예의)/容儀(용의)/威儀(위의)/六分儀(육분의)/子午儀(자오의)/地球儀(지구의)/祝儀(축의)/渾天儀(혼천의)

13 15 **儁*** 준걸 **준** 儁

㊥jùn(쮠) ㊐シュン/すぐれる ㊎eminence

풀이 준걸. 준걸하다. 또는, 그런 사람. ㉠俊·雋. ‖儁秀(준수).

13 15 **儈** 거간 **쾌** 본 **괴** 간 侩 儈

㊥kuài(쿠아이) ㊐カイ/なかがい ㊎broker

풀이 ㊕會. ①거간. 장주릅. ②장사꾼.

◢家儈(가쾌)/市儈(시쾌)

13 15 **儇*** 총명할 **현**

㊥xuān(쒸엔) ㊐ケン ㊎bright

풀이 ①총명하다. ②빠르다.

14 16 **儐*** 인도할 **빈** 간 傧

㊥bìn, bīn(삔) ㊐ヒン ㊎guide

풀이 ①인도하다. ②대접하다.

14 16 **儒**★*4 선비 **유** 儒

亻 亻 仁 佇 俨 儒 儒 儒

㊥rú(°루) ㊐ジュ/がくしゃ ㊎scholar
자원 **형성자.** 人(인)은 의미를 나타내고 需(수)는 음을 나타냄.
풀이 ①선비. ‖儒家(유가)/儒教(유교). ②교양 있는 사람. 학자.
〔儒家 유가〕 유교를 신봉하고 연구하는 학자나 학파.
〔儒教 유교〕 공자의 가르침을 받드는 종교. 인의(仁義)·도덕을 중시함. ※儒學(유학).
〔儒林 유림〕 유학을 신봉하는 무리. 士林(사림).
〔儒佛仙 유불선〕 유교와 불교와 선교.
〔儒生 유생〕 유학을 공부하는 선비. 儒者(유자).
〔儒學 유학〕 중국 공자(孔子)의 사상을 근본으로 하고, 사서오경을 경전으로 삼아 정치와 도덕의 실천을 중심 과제로 하는 학문. ※유교(儒教).
〔儒鄕 유향〕 선비가 많이 사는 고을.
◢巨儒(거유)/名儒(명유)/焚書坑儒(분서갱유)/崇儒(숭유)

14 16 *㥯 기댈 은

㊥yǐn(인) ㊐イン ㊎lean
풀이 기대다.

14 16 儕 무리 제 ㉿侪 儕

㊥chái(°차이) ㊐サイ/ともがら ㊎group
풀이 ①무리. 동배(同輩). ②함께. 같이.
〔儕輩 제배〕 나이나 신분이 서로 같은 사람.

14 16 儔 짝 주 ㉿俦 儔

㊥chóu(°처우) ㊐チュウ/ともがら ㊎comrade
풀이 ①짝. 동배(同輩). 동아리. ②누구. 누군가.

14 16 儘 다할 진 ㉿尽 儘

㊥jǐn(찐) ㊐ジン/つくす ㊎exhaust
풀이 ①다하다. ㉿盡. ②어떻든. ③조금.

15 17 *1 儡 ❶꼭두각시 뢰 ❷영락할 뢰 儡

㊥lěi, léi(레이) ㊐ライ/くぐつ ㊎puppet
풀이 ❶①꼭두각시. 허수아비. ‖傀儡(괴뢰). ②지친 모양. ❷영락(零落)하다. 망침.

◢傀儡(괴뢰)

15 17 **3-Ⅱ 償 갚을 상 ㉿偿 償

亻 亻' 亻'' 亻ᐡ 俨 偿 僧 償

㊥cháng(°창) ㊐ショウ/つぐなう ㊎repay
자원 **형성자.** 人(인)은 의미를 나타내고 賞(상)은 음을 나타냄.
풀이 ①갚다. 보상함. ‖償還(상환). ②보상. ‖賠償(배상).
〔償債 상채〕 빚을 갚음.
〔償還 상환〕 빚진 돈을 갚음.
◢代償(대상)/無償(무상)/賠償(배상)/辨償(변상)/報償(보상)/補償(보상)/有償(유상)

15 17 **4 優 부드러울 우 ㉿优 優

亻 亻 佇 佪 偃 偄 優 優

㊥yōu(여우) ㊐ユウ, ウ/やさしい ㊎tender
자원 **형성자.** 人(인)은 의미를 나타내고 憂(우)는 음을 나타냄.
풀이 ①부드럽다. ‖優美(우미)/優雅(우아). ②광대. ‖俳優(배우). ③넉넉하다. ‖優裕(우유). ④뛰어나다. ‖優劣(우열). ⑤도탑다. ‖優渥(우악). ⑥주춤거리다. ‖優柔不斷(우유부단).
〔優待 우대〕 특별히 잘 대우함. 優遇(우우). ‖優待證(우대증).
〔優等 우등〕 ①성적이 우수함. ②높은 등급. ↔劣等(열등).
〔優良 우량〕 뛰어나게 좋음.
〔優孟衣冠 우맹의관〕《중국 초(楚)나라의 명배우인 우맹이, 죽은 손숙오(孫叔敖)의 의관을 차리고 손숙오의 아들을 곤궁에서 구해냈다는 고사에서》 사이비(似而非)의 비유.
〔優美 우미〕 우아하고 아름다움.
〔優婆塞 우바새〕 범어 Upāsaka의 음역. 출가(出家)하지 않고 불교를 믿는 남자. ↔優婆夷(우바이).
〔優婆夷 우바이〕 범어 Upāsikā의 음역. 출가(出家)하지 않고 불교를 믿는 여자. ↔優婆塞(우바새).
〔優先 우선〕 다른 것에 앞서 특별히 대우함.
〔優勢 우세〕 남보다 실력이나 형세가 나음. ↔劣勢(열세).
〔優秀 우수〕 여럿 가운데에서 뛰어남.
〔優勝 우승〕 경기·경주 등에서 첫째로 이김.
〔優雅 우아〕 품위가 있고 아름다움.
〔優劣 우열〕 낫고 못함.
〔優越 우월〕 다른 것보다 뛰어남. ‖優越感(우월감).

2획

〔優位 우위〕 남보다 낫거나 높은 자리.
〔優柔不斷 우유부단〕 어물거리기만 하고 결단력이 없음.
◢男優(남우)/名優(명우)/俳優(배우)/聲優(성우)/女優(여우)/倡優(창우)

17 儹* 儧(찬)의 속자 →58쪽

16 18 儲* 쌓을 저 | 간 储 (초서)
㊥chǔ(°추) ㊐チョ/たくわえる ㊍store
풀이 ①쌓다. ②버금. ③태자. 세자. ‖儲宮(저궁).
〔儲君 저군〕 황태자. 東宮(동궁).

19 21 儺*1 역귀 쫓을 나 | 간 傩 (초서)
㊥nuó(누어) ㊐ナ, ダ/おにやらい ㊍exorcise
풀이 ①역귀를 쫓다. ‖儺禮(나례). ②절도 있게 걷다.
〔儺禮 나례〕 궁중이나 민가에서, 음력 섣달 그믐날에 악귀를 쫓던 의식.
〔儺者 나자〕 나례를 거행하는 사람들의 총칭. 방상시(方相氏)·초라니·진자(侲子)·지군(持軍) 따위.
◢驅儺(구나)

19 21 儷* 짝 려 | 간 俪 (초서)
㊥lì(리) ㊐レイ/つれあい ㊍couple
풀이 ①짝. 부부. 한 쌍. ‖伉儷(항려). ②나란히 하다.
〔儷文 여문〕 대구(對句)로 구성된, 중국의 육조와 당나라 때 유행한 문체. '변려문(騈儷文)'의 준말.
◢騈儷(변려)

19 21 儹* 모을 찬 | 속 儧
㊥zǎn(잔) ㊐サン
풀이 ①모으다. 모이다. ②지명(地名).

20 22 儻 뛰어날 당 | 간 傥 (초서)
㊥tǎng(탕) ㊐トウ/すぐれる ㊍excellent
풀이 ①뛰어나다. 훌륭함. ②만일. 혹은. ㉠倘. ③문득. 갑자기.

20 22 儼*1 의젓할 엄 | 간 俨 (초서)
㊥yǎn(옌) ㊐ゲン/おごそか ㊍dignified
풀이 ①의젓하다. ‖儼然(엄연). ②공손하다. 삼가고 정중함.
〔儼然 엄연〕 위엄 있는 모양.

儿部 어진사람인발

0 2 儿 어진 사람 인 |
㊥rén(°런) ㊐ジン, ニン/ひと ㊍person
한자 부수의 하나. 변으로 쓰일 때에는 자형이 '亻'의 꼴로, 발로 쓰일 때에는 '儿'의 꼴로 바뀜.
풀이 어진 사람. ㉠人.

1 3 兀* 우뚝할 올 | (초서)
㊥wù(우) ㊐ゴツ, コツ/たかい ㊍high
풀이 ①우뚝하다. ‖突兀(돌올). ②민둥산이 되다. ③움직이지 않는 모양. ④월형(刖刑)하다.
〔兀然 올연〕 홀로 우뚝한 모양.
〔兀兀 올올〕 ①움직이지 않는 모양. ②우뚝 솟은 모양.
〔兀者學 올자학〕 현실과 동떨어진 학문.
◢突兀(돌올)

2 4 元☆*5 으뜸 원 | (초서)
一 二 テ 元
㊥yuán(위엔)
㊐ゲン, ガン/もと, はじめ
㊍first, root
갑 전 자원 **상형자.** 머리 부분을 강조해서 그린, 서 있는 사람을 나타낸 자. 본뜻은 '머리'로, '선단(先端)', '으뜸', '처음' 등의 뜻이 파생됨.
풀이 ①으뜸. 시초. 처음. 첫째. ‖元旦(원단). ②우두머리. ‖元首(원수). ③근원. ‖元本(원본). ④크다. ‖元勳(원훈). ⑤정실(正室). ⑥기운. ⑦중국 화폐 단위의 하나.
〔元金 원금〕 꾸거나 꿔어준 돈에서 이자를 붙이지 않은 원래의 액수.
〔元氣 원기〕 ①몸과 마음에 지닌 기운. ②만물이 자라는 데에 근본이 되는 기운.
〔元年 원년〕 ①임금이 즉위한 첫해. ‖世宗元年(세종 원년). ②나라를 세운 해. ③연호(年號)를 정한 첫해.
〔元旦 원단〕 설날 아침. 元辰(원신). 元朝(원조).

〔元老 원로〕 ①한 가지 분야에 오래 종사하여 경험과 공로가 많은 사람. ②예전에, 관직·나이·덕망 등이 높은 벼슬아치. ‖元老大臣(원로대신).
〔元妃 원비〕 임금의 정실(正室). 皇后(황후).
〔元素 원소〕 ①화학에서 모든 물질을 구성하는 기본적 요소. 수소·산소 따위. ②만물의 근원이 되는 요소.
〔元孫 원손〕 왕세자의 맏아들.
〔元首 원수〕 국가의 최고 통치권을 가진 사람.
〔元始 원시〕 사물의 시작. 始元(시원). 原始(원시).
〔元是 원시〕 본디. 元來(원래).
〔元日 원일〕 설날.
〔元子 원자〕 아직 세자에 책봉되지 않은 임금의 맏아들. 太子(태자).
〔元祖 원조〕 ①시조(始祖). ②어떤 일을 처음 시작한 사람.
〔元勳 원훈〕 나라를 위한, 가장 으뜸가는 공로. 또는, 그런 공로를 세운 사람.
〔元兇 원흉〕 악한 무리의 우두머리. 元惡(원악).
◢改元(개원)/紀元(기원)/多元(다원)/單元(단원)/復元(복원)/身元(신원)/壯元(장원)/諸元(제원)/次元(차원)/抗元(항원)/還元(환원)

2
4 **允** *2 진실할 **윤**

㊥yǔn(윈) ㊐イン/まこと ㊎sincere
풀이 ①진실하다. 마땅하고 미쁜 모양. ‖平允(평윤). ②진실로. ③승낙하다. ‖允許(윤허).
〔允可 윤가〕 ➡允許(윤허).
〔允許 윤허〕 임금이 허가함. 允可(윤가). 允兪(윤유).

5 **充** 充(충)의 본자 →60쪽

3
5 **兄** ☆*8 맏 **형**

丨 ㄇ 口 尸 兄

㊥xiōng(씨웅) ㊐ケイ, キョウ/あに ㊎elder brother
갑 자원 **회의자.** 人(인)과 口(구)가 합쳐진 자로, 서거나 꿇어앉아 입을 벌리고 하늘을 향해 외치고 있는 사람의 모습을 나타냄. 곧, 제사를 지낼 때 신에게 고하는 역할을 맡은 사람을 나타냄.
풀이 ①맏. 형. ‖兄弟(형제). ②벗에 대한 경칭. ‖大兄(대형). ③뛰어나다. 나음.
〔兄亡弟及 형망제급〕 형이 아들 없이 죽었을 때, 동생이 형 대신 가통을 이음.
〔兄夫 형부〕 언니의 남편. 兄郞(형랑).
〔兄嫂 형수〕 형의 아내. ↔弟嫂(제수).
〔兄弟 형제〕 ①형과 아우. ②형제와 자매, 남매의 총칭. 同氣(동기).
◢家兄(가형)/老兄(노형)/妹兄(매형)/伯兄(백형)/詞兄(사형)/雅兄(아형)/義兄(의형)/慈兄(자형)/長兄(장형)/從兄(종형)/妻兄(처형)/親兄(친형)/學兄(학형)/呼父呼兄(호부호형)

4
6 **光** ☆*6 빛 **광** 동 炗 昡

丨 ㅣ ⺌ 业 业 光

㊥guāng(꾸앙) ㊐コウ/ひかり, ひかる ㊎light, shine
갑 금 자원 **회의자.** 火(불 화)와 人(사람 인)이 합쳐진 자로, 사람의 머리 위에 불이 있는 모습을 나타냄. 곧, 노예나 종이 주인을 위해 등불이나 횃불을 받쳐 들고 있는 모습을 나타냄.
풀이 ①빛. ‖日光(일광). ②빛나다. 빛냄. ③명예. 영예. ‖榮光(영광). ④윤기. ‖光澤(광택). ⑤경치. ‖觀光(관광). ⑥시간. ‖光陰(광음).
〔光景 광경〕 벌어진 일의 형편과 모양.
〔光年 광년〕 천체와 천체 사이의 거리를 나타내는 단위.
〔光度 광도〕 점광원(點光源)의 밝기를 나타내는 양.
〔光臨 광림〕 남이 찾아옴을 정중하게 이르는 말.
〔光明 광명〕 ①《밝고 환하다는 뜻으로》 희망이나 밝은 미래를 상징하는 말. ②부처와 보살 등의 몸에서 나는 빛.
〔光復 광복〕 《빛을 되찾는다는 뜻으로》 빼앗긴 주권을 되찾음.
〔光線 광선〕 빛의 줄기.
〔光速 광속〕 진공 속을 빛이 나아가는 속도.
〔光源 광원〕 스스로 빛을 내는 물체. 發光體(발광체).
〔光陰 광음〕 세월. 시간.
〔光彩 광채〕 ①찬란한 빛. ②정기 있는 밝은 빛.
〔光澤 광택〕 ①빛의 반사에 의하여 물체 표면에 번쩍거리는 빛. 光(광). ②부처의 광명(光明)으로 제도(濟度)되는 일.
〔光學 광학〕 빛의 성질과 현상을 연구하는 물리학의 한 분야.
〔光合成 광합성〕 녹색 식물이 빛 에너지를 써서 행하는 탄소 동화 작용.
〔光輝 광휘〕 ①아름답게 빛나는 빛. ②눈부시게 훌륭함의 비유.
◢脚光(각광)/感光(감광)/觀光(관광)/明光(명광)/發光(발광)/分光(분광)/瑞光(서광)/閃光(섬광)/眼光(안광)/夜光(야

2획

광)/逆光(역광)/榮光(영광)/月光(월광)/日光(일광)/殘光(잔광)/電光(전광)/遮光(차광)/採光(채광)/燭光(촉광)/風光(풍광)/螢光(형광)/後光(후광)

☆*8
4
6 **先** ❶먼저 **선** ❷앞설 **선**

丿 𠂉 𠂉 生 䒑 先

㊥xiān(씨엔) ㊐セン/さき ㊎first

갑 자원 **회의자.** 발을 뜻하는 止(지)와 人(인)이 합쳐진 자로, 갑골문은 발이 다른 사람 앞에 있음을 나타낸 것으로, 남보다 앞에 가는 것을 뜻함.

풀이 ❶①먼저. 우선. ‖先着(선착). ②앞. ‖先頭(선두)/機先(기선). ③조상. ‖先祖(선조). ❷앞서다.

〔先覺 선각〕 사물이나 세상일에 대하여 남보다 먼저 깨달음.
〔先見 선견〕 장래 일어날 일을 미리 내다보고 앎. 豫知(예지).
〔先見之明 선견지명〕 앞일을 꿰뚫어 보는 지혜.
〔先決 선결〕 다른 문제보다 앞서 해결함.
〔先考 선고〕 ➡先親(선친).
〔先驅 선구〕 ①어떤 일이나 사상에서 다른 사람보다 앞선 사람. 先驅者(선구자). ②말을 탄 행렬에서 맨 앞에 선사람. 前驅(전구).
〔先納 선납〕 기한 전에 미리 돈을 바침. 예납(預納).
〔先代 선대〕 조상의 세대.
〔先導 선도〕 앞에 서서 인도함.
〔先頭 선두〕 맨 앞.
〔先例 선례〕 지금까지 있어 온 예. 前例(전례).
〔先發 선발〕 먼저 출발함.
〔先發制人 선발제인〕 남의 꾀를 사전에 알아차리고 일이 생기기 전에 미리 막아 냄.
〔先輩 선배〕 ①같은 분야에서, 지위·나이·학예·경험 등이 자기보다 앞선 사람. 先進(선진). ②자신의 출신 학교를 먼저 졸업한 사람.
〔先鋒 선봉〕 ①본대(本隊)에 앞서서 가는 부대(部隊). ②맨 먼저 어떤 일을 행동하거나 주장하는 사람.
〔先生 선생〕 ①학생을 가르치는 사람. ②학예가 뛰어난 사람을 높여 이르는 말. ③경험이 많거나 잘 아는 사람의 비유.
〔先手 선수〕 ①남보다 먼저 착수함. 또는, 기선(機先)을 제압하는 일. ②장기나 바둑 등에서 상대보다 먼저 두는 일. ↔後手(후수).
〔先約 선약〕 먼저 약속함. 또는, 그 약속.
〔先烈 선열〕 ①나라를 위해 싸우다 죽은 열사(烈士). ②선조의 공적.
〔先塋 선영〕 조상의 무덤.
〔先王 선왕〕 선대(先代)의 군왕(君王). 先君(선군).
〔先人 선인〕 ①예전 시대의 사람. 옛사람. 前人(전인). ②돌아가신 아버지.
〔先任 선임〕 어떤 임무를 먼저 맡음. 또는, 그런 사람. 先任者(선임자). ↔後任(후임).
〔先入觀 선입관〕 어떤 대상에 대하여 이미 마음속에 갖고 있는 고정적인 생각이나 견해. 先入見(선입견). 先入感(선입감). 先入觀念(선입관념).
〔先占 선점〕 남보다 먼저 차지함.
〔先祖 선조〕 먼 대의 조상.
〔先知者 선지자〕 ①남보다 먼저 깨달은 사람. ②예언자. 특히, 예수 이전에 예수의 강림과 하느님의 뜻을 예언한 사람.
〔先進 선진〕 ①어느 한 분야에서 연령·지위·기량 등이 앞섬. 또는, 그런 사람. 先輩(선배). ②문물(文物)이 앞섬.
〔先天 선천〕 태어날 때부터 몸에 갖추어짐. ‖先天性(선천성).
〔先親 선친〕 남에게 '돌아가신 자기 아버지'를 이르는 말. 先考(선고). 先君(선군).
〔先行 선행〕 ①남보다 앞서 감. ②딴 일에 앞서서 행함. ‖先行條件(선행 조건).
〔先後 선후〕 먼저와 나중.

◢機先(기선)/率先(솔선)/于先(우선)

☆*3-Ⅱ
4
6 **兆** 조짐 **조**

丿 丬 丬 兆 兆 兆

㊥zhào(°짜오) ㊐チョウ/きざし ㊎omen, trillion

갑 자원 **상형자.** 거북 배딱지나 동물 뼈에 작은 홈을 파고 거기에 벌겋게 달군 청동 막대나 숯불을 갖다 대면 표면에 생기는 잔금을 본뜬 자. 중국 은나라 때 그런 방법으로 점을 쳤던 데서 '전조', '징조'의 뜻을 나타냄.

풀이 ①조짐. ‖兆候(조후). ②점. 점상(占象). ‖兆占(조점). ③조. ㉮수의 단위. 억(億)의 만 배. ㉯많은 수를 이름. ‖兆民(조민).

〔兆民 조민〕 모든 백성. 萬民(만민).
〔兆占 조점〕 점을 침. 또는, 그 점괘.
〔兆朕 조짐〕 길흉(吉凶)이 일어날 기미가 보이는 현상.
〔兆候 조후〕 조짐이나 징후.

◢吉兆(길조)/亡兆(망조)/億兆(억조)/前兆(전조)/徵兆(징조)/凶兆(흉조)

☆*5
4
6 **充** 찰 **충** 본 充

丶 亠 ㅗ 云 㐬 充

㊥chōng(°충) ㊐ジュウ/みちる ㊒full

자원 育(육)의 윗부분과 儿(인)이 합쳐져 아이가 성장함을 나타낸다는 설과, 머리에 비녀를 꽂은 처녀의 상형으로 시집갈 나이가 꽉 찼음을 나타낸다는 설 등이 있으나 확실치 않음.

풀이 ①차다. 속이 가득함. ‖充滿(충만). ②채우다. ‖充當(충당). ③막다. 막히다. ‖充塞(충색). ④살찌다. ‖充壯(충장).

〔充當 충당〕 모자라는 것을 채워서 메움.
〔充滿 충만〕 가득하게 참.
〔充分 충분〕 분량이 모자람이 없이 넉넉함.
〔充實 충실〕 ①내용이 알차고 단단함. ②아이들의 몸이 건강하여 튼튼함.
〔充員 충원〕 부족한 인원을 채움.
〔充耳 충이〕 염습(殮襲) 때 죽은 사람의 귀에 솜을 넣어 막는 일.
〔充溢 충일〕 가득 차서 넘침.
〔充電 충전〕 축전지나 축전기에 전기 에너지를 축적함.
〔充足 충족〕 넉넉하여 모자람이 없음.
〔充血 충혈〕 몸의 어느 부분에 피가 지나치게 몰려 붉은빛을 띤 상태.

◢補充(보충)/擴充(확충)

*1
4 6 兇 흉악할 흉

㊥xiōng(씨웅) ㊐キョウ/わるい ㊒cruel

풀이 ①흉악하다. 또는, 그 사람. ㉯凶. ‖兇漢(흉한)/元兇(원흉). ②두려워하다. ㊂恟.

〔兇計 흉계〕 흉악한 계책. 凶計(흉계).
〔兇器 흉기〕 사람을 살상하는 데 쓰는 기구. 兇具(흉구). 凶器(흉기).
〔兇惡 흉악〕 ①마음이 음흉하고 악함. ②겉모양이 흉하고 무서움. 凶惡(흉악).

◢元兇(원흉)

★*3-Ⅱ
5 7 克 이길 극 

一 十 亠 古 古 声 克

㊥kè(커) ㊐コク/かつ, よく ㊒overcome

갑 자원 입을 벌리고 있는 맹수를 돌도끼로 내리치는 모습이라는 설, 투구를 쓰고 손은 허리를 잡고 있는 자세로 자신 있음을 나타낸다는 설 등이 있으나 확실치 않음.

풀이 ①이기다. ㉯剋. ‖克己(극기)/克服(극복). ②능히. ③승벽(勝癖). ‖忌克(기극).

〔克己 극기〕 자기의 욕망·충동·감정 등을 자기 의지로 이겨 냄. ‖克己心(극기심).
〔克己復禮 극기복례〕 자기의 욕심을 누르고 예의범절을 따름.
〔克明 극명〕 속속들이 밝힘.
〔克服 극복〕 ①곤란을 이겨냄. ②적을 쳐부수어 굴복시킴.

◢超克(초극)

☆*3-Ⅱ
5 7 免 벗어날 면 ㊉免

㊥miǎn(미엔) ㊐メン/まぬかれる ㊒escape

갑 자원 **상형자.** 투구를 쓰고 서 있는 사람의 모습을 본뜬 자. 투구는 전투 시 부상이나 죽음을 면하게 하는 도구라는 데에서 '면하다'의 뜻을 나타냄. 태아가 모태로부터 힘겹게 태어나는 모습을 나타낸 자라는 설도 있음.

풀이 ①벗어나다. ‖免死(면사). ②…을 하지 않게 되다. ③벗다. ④면하다. ‖免官(면관). ⑤허락하다. ‖免許(면허).

〔免無識 면무식〕 겨우 무식이나 면함. 또는, 그 정도의 학식.
〔免白頭 면백두〕 《백두(白頭:지체는 높으나 벼슬하지 않은 양반)를 면한다는 뜻으로》 늙어서야 변변치 못한 벼슬자리를 얻음.
〔免稅 면세〕 과세(課稅)를 면제하는 일. ‖免稅品(면세품).
〔免疫 면역〕 질병에 잘 걸리지 않는 저항력을 가지는 일. ‖免疫性(면역성).
〔免除 면제〕 ①책임을 면함. ②채무를 면함.
〔免罪 면죄〕 죄를 면함. 또는, 죄를 면하게 해 줌.
〔免職 면직〕 일자리를 그만두고 물러나게 함. ‖免職處分(면직 처분).
〔免責 면책〕 책망이나 책임을 면함. ‖免責特權(면책 특권).
〔免賤 면천〕 천민(賤民)의 신분을 면하고 평민이 됨.
〔免避 면피〕 면하여 피함.
〔免許 면허〕 ①국가나 특정 기관에서 인정해 주는 어떤 기술의 자격. ②국가에서 특정한 행위나 영업을 할 수 있도록 허가함. ‖免許狀(면허장).

◢減免(감면)/謀免(모면)/放免(방면)/赦免(사면)/任免(임면)/罷免(파면)

*
7 児 兒(아)의 약자 →62쪽

*2
5 7 兌 바꿀 태 ㊎兑

㊥duì(뚜에이) ㊐ダ, タイ ㊒exchange

풀이 ①바꾸다. 교환함. ‖兌換(태환). ②괘 이름. ‖兌卦(태괘).

〔兌管 태관〕 색대.

〔兌卦 태괘〕 8괘의 하나. 못〔池〕을 상징하며, ☱로 나타냄.
〔兌換 태환〕 지폐(紙幣)를 정화(正貨)와 교환하는 일.

7 兎* 兔(토)의 속자 →62쪽

8 免* 免(면)의 속자 →61쪽

6/8 兒☆*5 아이 아 | 약 児 간 儿 兒

丿 亻 𠂉 𠂊 ... 兒

중ér(얼) 일ジ/こ 영child

갑 자원 상형자. 두개골이 아직 완전히 닫히지 않고 열려 있는 사람, 즉 '아기'의 모습을 나타낸 자.

풀이 ①아이. 유아(幼兒). ‖兒童(아동). ②아들. 어버이에 대한 자칭. ③젊은이. ‖健兒(건아).
〔兒女子 아녀자〕 ①여자를 얕잡아 이르는 말. 兒女(아녀). ②어린이와 여자를 이름.
〔兒童 아동〕 신체적·지적으로 미숙한 단계에 있는 어린 사람.
〔兒名 아명〕 아이 때의 이름. ↔冠名(관명).
〔兒役 아역〕 연극이나 영화에서, 어린이의 역.
〔兒戲 아희〕 아이들의 장난.
◢健兒(건아)/孤兒(고아)/麒麟兒(기린아)/棄兒(기아)/男兒(남아)/盲兒(맹아)/未熟兒(미숙아)/迷兒(미아)/私生兒(사생아)/小兒(소아)/女兒(여아)/嬰兒(영아)/幼兒(유아)/育兒(육아)/寵兒(총아)/蕩兒(탕아)/胎兒(태아)/風雲兒(풍운아)

8 兗* 兖(연)의 속자 →62쪽

6/8 兔*3-Ⅱ 토끼 토 | 속 兎 兔

⺈ ... 兔

중tù(투) 일ト/うさぎ 영rabbit

갑 금 자원 상형자. 토끼의 모습을 본뜬 자.

免(면:61쪽)은 딴 자.

풀이 ①토끼. 같菟. ‖狡兔(교토). ②'달'의 이칭. 달에 토끼가 있다는 전설에서 유래됨. ‖玉兔(옥토).
〔兔死狗烹 토사구팽〕 《토끼가 죽으면 토끼를 잡던 사냥개도 필요 없게 되어 주인에게 삶아 먹히게 된다는 뜻으로》 필요할 때는 쓰고 필요 없을 때는 야박하게 버림.
〔兔死狐悲 토사호비〕 《토끼가 죽으니 여우가 슬퍼한다는 뜻으로》 동류(同類)의 불행을 슬퍼함.

7/9 兖* 땅 이름 연 | 속 兗 兖

중yǎn(옌) 일エン

풀이 ①땅 이름. 옌저우(兖州). 고대 중국 구주(九州)의 하나. ②바르다. 단정함. ③미쁘다.

10 党 黨(당)의 약자 →844쪽

9/11 兜*1 투구 두 | 兜

중dōu(떠우) 일トウ, ト/かぶと 영helmet

범어 Tusita의 음역인 兜率에 한하여 음이 '도'로 됨.

풀이 ①투구. ②둘러싸다. ③두건(頭巾). 모자(帽子).
〔兜率天 도솔천〕 범어 Tusita의 음역. 욕계(欲界) 6천(六天)의 제4천으로, 욕계의 정토(淨土). 미륵보살이 여기 있다 함. 兜率(도솔).

12/14 兢*2 삼갈 긍 | 兢

중jīng(징) 일キョウ/つつしむ 영be careful

풀이 삼가다. 긴장하여 조심함.
〔兢兢 긍긍〕 두려워 삼가거나 쩔쩔맴.
◢戰戰兢兢(전전긍긍)

入部 들입

0/2 入☆*7 들 입 | 入

丿 入

중rù(°루) 일ニュウ, ジュ/いる, はいる 영enter

갑 자원 상형자. 화살촉이나 칼처럼 끝이 뾰족한 도구 모양을 나타낸 자. 끝이 뾰족하면 어떤 물체에 들어가기 쉽다는 데에서 '들어가다'의 뜻이 생겨남.

한자 부수의 하나.

풀이 ①들다. 들어가다. ‖入門(입문)/入選(입선). ②조정에서 벼슬하다. ‖

入官(입관). ③들이다. ‖納入(납입). ④빠지다. ‖沒入(몰입). ⑤입성(入聲).
〔入閣 입각〕 내각(內閣)의 일원(一員)이 됨.
〔入庫 입고〕 물건을 창고에 넣음.
〔入棺 입관〕 시체를 관 속에 넣음. 納棺(납관). 棺殮(관렴).
〔入宮 입궁〕 ①궁(宮)으로 들어감. 또는, 궁녀(宮女)가 됨. ②장기에서, 말이 상대방의 궁밭에 들어감.
〔入闕 입궐〕 대궐로 들어감.
〔入金 입금〕 금융 기관의 계좌에 돈을 넣는 일.
〔入納 입납〕 편지 봉투에 쓰는 말로, 편지를 드린다는 뜻.
〔入隊 입대〕 군인이 되기 위해 군대에 들어감.
〔入力 입력〕 정보나 데이터를 컴퓨터의 주기억 장치 속에 기억시킴.
〔入滅 입멸〕 ➡入寂(입적).
〔入門 입문〕 ①어떤 것을 배우는 길에 처음 들어감. 또는, 그 과정. ‖入門書(입문서). ②스승의 문하(門下)에 들어가 제자가 됨.
〔入社 입사〕 회사에 취직하여 들어감.
〔入山 입산〕 ①산에 들어감. ②출가하여 승려가 됨.
〔入賞 입상〕 상을 탈 수 있는 등수 안에 듦.
〔入選 입선〕 출품한 작품이 심사에 합격하여 뽑힘. ‖入選作(입선작). ↔落選(낙선).
〔入聲 입성〕 사성(四聲)의 하나. 짧게 빨리 거두어들이는 소리.
〔入手 입수〕 정보나 물품을 구하여 손에 넣음.
〔入試 입시〕 각급 학교의 입학시험.
〔入神 입신〕 기술이나 기예 등이 극히 뛰어나 신묘한 경지에 이름.
〔入養 입양〕 양자(養子)를 들임. 또는, 양자로 들어감. 入後(입후).
〔入營 입영〕 군대에 들어가 군인이 됨. 入隊(입대).
〔入獄 입옥〕 감옥에 들어감. 또는, 감옥에 갇힘. ↔出獄(출옥).
〔入浴 입욕〕 목욕탕에 들어감. 또는, 목욕을 함.
〔入院 입원〕 환자가 치료를 받기 위하여 일정 기간 병원에 들어감.
〔入場 입장〕 장내(場內)로 들어감.
〔入寂 입적〕 승려가 죽음. 涅槃(열반). 入滅(입멸). 寂化(적화).
〔入籍 입적〕 출생이나 혼인 등에 의해 그 집 호적에 올림.
〔入朝 입조〕 ①벼슬아치들이 조정의 조회에 들어가는 일. ②속국(屬國)이나 외국 사신 등이 내조(來朝)하여 천자를 알현하는 일.
〔入住 입주〕 새로 지은 집에 들어가 삶. ‖入住者(입주자).
〔入學 입학〕 학교에 들어가 학생이 됨.
〔入港 입항〕 배가 항구에 들어옴. ↔出港(출항).
〔入鄕循俗 입향순속〕 다른 지방에 들어가서는 그 지방의 풍속을 따름.
〔入會 입회〕 어떤 모임에 들어가 회원(會員)이 됨.
◢加入(가입)/介入(개입)/購入(구입)/記入(기입)/亂入(난입)/納入(납입)/單刀直入(단도직입)/代入(대입)/導入(도입)/突入(돌입)/買入(매입)/沒入(몰입)/搬入(반입)/拂入(불입)/算入(산입)/插入(삽입)/稅入(세입)/收入(수입)/輸入(수입)/新入(신입)/迎入(영입)/誤入(오입)/流入(유입)/潛入(잠입)/轉入(전입)/注入(주입)/進入(진입)/借入(차입)/初入(초입)/出入(출입)/吹入(취입)/侵入(침입)/投入(투입)/闖入(틈입)/編入(편입)/吸入(흡입)

3 亾 亡(망)의 본자 →20쪽

2 ☆*7 4 **內** ❶안 **내**☆*7 ❷들일 **납** ❸㊥여관 **나** 内

丨 冂 内 內

㊥nèi(네이) ㊐ナイ, ダイ/うち ㊎inside

갑 **자원** **회의자.** 집을 나타내는 冂(경)과 入(들 입)이 합쳐진 자로, 밖에서 집 안으로 들어옴을 나타냄.

풀이 ❶①안. ‖以內(이내). ②가정 안. ③중앙의 조정. ④아내. 처. ‖內子(내자). ⑤대궐의 안. ‖大內(대내). ⑥마음. ⑦몰래. ‖內密(내밀). ❷들이다. ㊀納. ❸여관(女官).
〔內閣 내각〕 국가의 행정권을 담당하는 최고 합의 기관. 정부의 각 장관 등으로 조직됨.
〔內艱 내간〕 어머니나 승중(承重) 조모의 상사(喪事). 內憂(내우).
〔內簡 내간〕 부녀자끼리 주고받는 편지. 안편지.
〔內國 내국〕 ①자기 나라. 본국(本國). 我國(아국). ‖內國人(내국인). ②나라 안. 國內(국내).
〔內勤 내근〕 관청·회사 등의 안에서 하는 근무.
〔內諾 내락〕 ①사전에 남몰래 승낙함. ②정식으로가 아닌, 우선 승낙함.
〔內亂 내란〕 나라 안에서 일어난 난리. 內變(내변). ‖內亂罪(내란죄).
〔內幕 내막〕 일의 속내. 내부의 실정.
〔內面 내면〕 ①물건의 안쪽. ↔外面(외면). ②사람의 정신적·심리적 측면. ‖內面生活(내면생활).
〔內面描寫 내면 묘사〕 문학 작품에서 인물의 심리·감정·기분 등의 내적인 면을 묘사하는 일.
〔內命婦 내명부〕 ①조선 시대에, 궁중

2획

에서 품계를 받은 여인의 총칭. ②중국 주나라 때, 궁중에서 봉사하는 삼부인(三夫人) 이하의 궁녀. ↔外命婦(외명부).
〔內密 내밀〕 남몰래 넌지시 하여 겉으로 드러나지 않음.
〔內服 내복〕 ①속옷. 內衣(내의). ②약을 먹음. 內用(내용).
〔內紛 내분〕 내부에서 저희끼리 일으키는 분쟁. 內爭(내쟁). 內訌(내홍).
〔內査 내사〕 ①은밀히 조사함. ②한 조직체 안에서 자체적으로 하는 조사.
〔內省 내성〕 자기 자신을 돌이켜 살펴봄.
〔內需 내수〕 국내에서의 수요.
〔內侍 내시〕 ①궁중에서 시봉(侍奉)하는 일을 맡아보는 벼슬아치. ②궁중의 남자 내관(內官). 宦官(환관).
〔內申 내신〕 ①겉으로 드러내지 않고 상신(上申)함. ②상급 학교의 진학에 관련하여 지원자의 출신 학교에서 학업 성적·품행 등을 적어 보내는 일.
〔內室 내실〕 ①남의 아내의 경칭. ②안방. 內堂(내당). 內房(내방). 閨房(규방).
〔內實 내실〕 ①내부의 실정. ②내적인 충실.
〔內心 내심〕 ①속마음. 心中(심중). ②수학에서, 내접원(內接圓)의 중심(中心).
〔內譯 내역〕 어떤 일에 따른 수량이나 액수 등의 자세한 내용.
〔內外 내외〕 ①안과 밖. 안팎. ②아내와 남편. 곧, 부부(夫婦). ③부녀자가 외간 남자와 바로 얼굴을 대하지 않고 피함.
〔內容 내용〕 ①어떤 일의 앞뒤 사정이나 과정. ②말이나 글 속에 담겨 있는 중심이 되는 의미. ↔形式(형식).
〔內憂 내우〕 ①나라 안의 근심이나 분쟁. 內亂(내란). ② ➡內艱(내간).
〔內憂外患 내우외환〕 나라 안팎의 여러 가지 어려움.
〔內苑 내원〕 궁성 안의 정원(庭苑). 禁苑(금원).
〔內柔外剛 내유외강〕 속은 부드러우나 겉은 강하게 보임. ↔外柔內剛(외유내강).
〔內應 내응〕 은밀히 적과 통함. 또는, 몰래 도와줌.
〔內衣 내의〕 겉옷 안쪽에 밖으로 보이지 않게 몸에 직접 닿게 입는 옷.
〔內子 내자〕 ①남에게 자기 아내를 이르는 말. ②옛날 중국에서, 경대부(卿大夫)의 정실(正室).
〔內粧 내장〕 집안을 모양 있게 꾸미는 일. 內裝(내장).
〔內臟 내장〕 척추동물의 흉강(胸腔)이나 복강(服腔) 속에 있는 여러 기관(器官)의 총칭. 臟(장).
〔內在 내재〕 어떤 사물이나 현상의 내부에 본래부터 들어 있음.
〔內殿 내전〕 ①궁궐 안의 임금이 거처하는 집. ②왕비가 거처하는 궁전.
〔內定 내정〕 ①속으로 정함. ②내밀히 결정함.
〔內助 내조〕 아내가 남편을 돕는 일. 內輔(내보).
〔內地 내지〕 ①해안에서 멀리 들어간 안쪽 지역. 內陸(내륙). ②변두리가 아닌 중심 지역. ③속국이나 식민지에서 본국을 이르는 말. ↔外地(외지).
〔內旨 내지〕 임금이 은밀히 내리는 명령.
〔內職 내직〕 ①궁중이나 조정에서 일하는 관직. ②본직 외에 사사로이 가지는 부업.
〔內通 내통〕 ①적과 은밀히 통함. 內應(내응). ②남녀가 은밀히 정을 통함. 私通(사통).
〔內包 내포〕 어떤 속성이나 뜻을 그 속에 포함함.
〔內皮 내피〕 ①겉가죽 속에 있는 속껍질. ②밤 같은 것 속에 있는 얇은 껍질. 보늬.
〔內合 내합〕 행성(行星)이 지구와 태양 사이에 들어와서 일직선이 되는 일.
〔內港 내항〕 항만(港灣) 안쪽에 있는 항구.
〔內行 내행〕 여행길에 나서거나 오른 부녀자.
〔內患 내환〕 ①아내의 병. ②나라 안의 환란. 內憂(내우).
〔內訓 내훈〕 예전에, 집안의 부녀자들에 대한 가르침.
◢家內(가내)/境內(경내)/管內(관내)/校內(교내)/構內(구내)/國內(국내)/圈內(권내)/闕內(궐내)/機內(기내)/對內(대내)/宅內(댁내)/社內(사내)/市內(시내)/室內(실내)/案內(안내)/年內(연내)/屋內(옥내)/邑內(읍내)/以內(이내)/場內(장내)/車內(차내)/體內(체내)/胎內(태내)

4 ☆*7
6 **全** 온전할 **전** 

丿 人 亼 仝 全 全

㊥quán(취엔) ㊐ゼン/まったく ㊎entire
금 전 자원 **상형자.** 주물(鑄物)을 부어 놓고 아직 열지 않은 온전한 상태의 거푸집을 본뜬 글자. 본뜻은 '온전하다'.
풀이 ①온전하다. ‖完全(완전). ②온전히 하다. ‖安全(안전). ③온통. 전체. ‖全國(전국).
〔全景 전경〕 한눈에 조망할 수 있는 전체의 경치.
〔全國 전국〕 온 나라.
〔全權 전권〕 맡겨진 일을 처리할 수 있는 일체의 권한.
〔全能 전능〕 모든 일을 다 할 수 있는

절대의 능력. ‖全知全能(전지전능).
〔全擔 전담〕 전부 담당하거나 부담함. ↔分擔(분담).
〔全面 전면〕 ①모든 방면. ②하나의 면 전체.
〔全滅 전멸〕 모조리 없어지거나 망함.
〔全貌 전모〕 전체의 모습.
〔全無 전무〕 어떤 사실이나 사물이 아주 없음.
〔全般 전반〕 통틀어서 모두. 全體(전체). ‖全般的(전반적).
〔全部 전부〕 대상을 나누거나 빼거나 하지 않은 모두.
〔全盛 전성〕 한창 왕성함. ‖全盛期(전성기).
〔全燒 전소〕 남김없이 다 타 버림.
〔全額 전액〕 액수의 전부.
〔全域 전역〕 전체의 지역.
〔全員 전원〕 전체의 인원.
〔全人 전인〕 지정의(知情意)가 모두 갖추어진 원만한 사람. ‖全人教育(전인교육).
〔全一 전일〕 완전한 모양. 또는, 통일성이 있는 모양.
〔全知全能 전지전능〕 모든 것을 알고 모든 것에 능한, 신불(神佛)의 능력.
〔全帙 전질〕 한 질(帙)로 이루어진 책의 전부.
〔全天候 전천후〕 어떤 기상 상태에서도 제 기능을 다할 수 있음.
〔全體 전체〕 대상의 형태나 범위를 이루는 것의 모두.
〔全敗 전패〕 싸울 때마다 모두 짐.
◢健全(건전)/萬全(만전)/保全(보전)/不全(부전)/純全(순전)/安全(안전)/穩全(온전)/完全(완전)

6 **兩** 8 ☆✱4-Ⅱ ❶두 **량**☆✱4-Ⅱ ❷[한]냥 **냥** | [속] 両 [간] 两 兩

一 丆 冂 币 币 币 兩 兩

[중]liǎng(리앙) [일]リョウ/ふたつ [영]two

[금]  [자원] **상형자.** 쌍두마차의 멍에를 그린 자. 멍에는 人(인)자 모양으로 생긴 것으로, 말의 목 위에 얹어 사용함.

[풀이] ❶①두. 둘. ‖兩分(양분). ②짝. ‖兩手(양수). ③무게의 단위. ‖斤兩(근량). ❷냥. ㉮무게의 단위. 1냥은 37.5g. ㉯옛날 엽전의 단위. 1냥=10돈=100푼.
〔兩家 양가〕 양편의 집.
〔兩極 양극〕 ①지구의 북극과 남극. ②양극(陽極)과 음극(陰極).
〔兩難 양난〕 이러기도 어렵고 저러기도 어려운 난처한 처지.
〔兩端 양단〕 두 끝.
〔兩得 양득〕 한 가지 일로써 두 가지 이익을 얻음. ‖一擧兩得(일거양득).
〔兩論 양론〕 두 가지의 서로 대립되는 의론.
〔兩立 양립〕 ①쌍방이 함께 존립함. 兩存(양존). ②둘이 서로 굽힘 없이 맞섬.
〔兩面 양면〕 ①사물의 두 면. 또는, 겉과 안. ②표면에 나타난 점과 숨은 점. ③두 가지 방면.
〔兩班 양반〕 ①동반(東班)과 서반(西班). ②고려·조선 시대에, 지체나 신분이 높은 사람 또는 계급을 이르던 말.
〔兩分 양분〕 둘로 가르거나 나눔.
〔兩性 양성〕 ①남성과 여성. ②웅성(雄性)과 자성(雌性). ③사물의 서로 다른 두 가지 성질.
〔兩手兼將 양수겸장〕 장기에서, 두 개의 말이 동시에 장(將)을 부르게 되는 일.
〔兩心 양심〕 ①두 마음. ②겉 다르고 속 다른 마음. 二心(이심).
〔兩岸 양안〕 양쪽 기슭.
〔兩院 양원〕 국회를 이루는 두 원(院). 곧, 상원(上院)과 하원(下院). 또는, 민의원(民議院)과 참의원(參議院).
〔兩者 양자〕 두 사람. 또는, 두 사물.
〔兩者擇一 양자택일〕 두 가지 가운데서 한 가지를 선택함.
〔兩側 양측〕 ①두 편. ②양쪽 측면.
〔兩親 양친〕 아버지와 어머니. 부모.
〔兩便 양편〕 두 편.

7 **兪** 9 ✱2 더욱 **유** | 兪

[중]yú(위) [일]ユ/いよいよ [영]more

[금]  [전]  [자원] **회의자.** 금문의 왼쪽 부분은 '피고름을 받아 내는 그릇', 오른쪽 부분은 '수술용 칼'을 나타냄. 본뜻은 '수술을 해서 병이 낫다.' 일설에는 배가 물살을 헤치고 앞으로 나아가는 모습을 나타낸다는 주장도 있음.

[풀이] ①더욱. 점점. ②그렇다. 예. 응낙(應諾)하는 말.

八部 여덟팔

0 **八** 2 ☆✱8 여덟 **팔** | 八

丿 八

[중]bā(빠) [일]ハチ/やっ [영]eight

[갑]  [자원] **지사자.** 물체가 반으로 나누어진 상태를 나타냄. '나누다'를 뜻하였으나 숫자 8의 뜻으로 가차되어 쓰이게 되자 본뜻을 보존하기 위해 刀(칼 도)를 더하여 만든 자가 '分'(나눌 분)임.

✎ 한자 부수의 하나.

[풀이] ①여덟. ‖八方(팔방). ②여덟째. ③여덟 번.
〔八日 파'일〕 석가가 탄생한 음력 4월 8일. 이날에는 관등(觀燈)을 하고, 느티떡과 검은콩을 쪄서 먹는 풍속이 있음. 초파일.
〔八道 팔도〕 ①조선 시대에, 전국을 여덟 개로 나눈 행정 구역. 경기도·강원도·경상도·전라도·충청도·평안도·함경도·황해도. ②우리나라 전국.
〔八斗作米 팔두작미〕 벼 한 섬을 찧게 하여 여덟 말은 받고, 그 나머지는 찧은 삯으로 주는 일.
〔八等身 팔등신〕 키가 얼굴 길이의 8배가 되는 몸. 또는, 그런 사람. 미인의 표준으로 삼음. 八頭身(팔두신).
〔八面不知 팔면부지〕 어느 모로 보나 전혀 알지 못함. 또는, 그런 사람.
〔八面體 팔면체〕 여덟 개의 평면으로 이루어진 입체.
〔八方 팔방〕 ①동·서·남·북·동북·서북·동남·서남의 여덟 방위. ②여러 방향. 또는, 여러 방면.
〔八方美人 팔방미인〕 ①어느 모로 보나 흠이 없이 아름다운 사람. ②누구에게나 잘 보이도록 처세하는 사람. ③아무 일에나 능통한 사람.
〔八分 팔분〕 서체(書體)의 이름. 곧, 전서(篆書)와 예서(隸書)의 중간체.
〔八不出 팔불출〕 몹시 어리석은 사람을 이르는 말. 八不用(팔불용).
〔八朔童 팔삭동〕 ①제달을 다 채우지 못하고 여덟 달 만에 낳은 아이. ②똑똑하지 못한 사람을 조롱하는 말. 팔삭둥이.
〔八旬 팔순〕 여든 살.
〔八字 팔자〕 출생한 연(年)·월(月)·일(日)·시(時)의 네 간지(干支)의 여덟 글자. 사람의 평생 운수를 이름. ‖四柱八字(사주팔자).

☆*6
2
4 **公** 공변될 **공** 公

丿 八 公 公

[중]gōng(궁) [일]コウ/おおやけ
[영]fair, public

[갑] [자원] **회의자.** 갑골문을 보면 '나누다'의 뜻인 八자와 물건을 나타내는 ㅁ자로 이뤄진 자로, 물건을 공평하게 나눈다는 뜻을 나타냄.
[풀이] ①공변되다. 사(私)가 없이 공평함. ‖公正(공정). ②드러내다. ‖公公然(공공연). ③공적. ‖公事(공사). ㉮관무(官務). ‖公職(공직). ㉯관청. ④공작(公爵). 5등작의 첫째. ⑤존칭어. ‖忠武公(충무공)/犬公(견공).
〔公開 공개〕 어떤 사실이나 일을 여러 사람들에게 드러내어 알리거나 보임. ↔非公開(비공개).
〔公卿大夫 공경대부〕 공(公)과 경(卿)과 대부(大夫). 곧, 벼슬이 높은 사람들을 이름.
〔公告 공고〕 ①널리 세상에 알림. ②국가나 공공 단체가 광고·게시 및 그 밖의 방법으로 일반 대중에게 알리는 일.
〔公共 공공〕 국가나 사회의 구성원에게 두루 관계되는 일. ‖公共料金(공공요금).
〔公公然 공공연〕 ①거리낌 없이 드러내 놓아 조금도 숨김이 없는 모양. ②지극히 공변되고 떳떳한 모양.
〔公金 공금〕 국가나 공공 단체 또는 회사 등이 소유하는 돈.
〔公道 공도〕 ①공평한 길. ②공공의 도로.
〔公論 공론〕 ①공적(公的)으로 의논함. 또는, 널리 일반인이 정당하다고 여기는 의견. ②사회의 일반 여론.
〔公立 공립〕 지방 자치 단체가 세워서 운영함. 또는, 그 시설.
〔公明正大 공명정대〕 공평하고 올발라 사사로움이 없음.
〔公募 공모〕 공개적으로 모집함.
〔公務 공무〕 ①여러 사람에 관한 일. ②국가나 공공 단체의 사무. ‖公務執行(공무 집행).
〔公文 공문〕 공공 기관이나 단체에서 공식으로 작성한 서류. 公文書(공문서).
〔公民 공민〕 ①국가 사회의 일원으로서 독립 생활을 하는 자유민. ②지방 자치 단체의 주민으로서 공무에 참여할 권리와 의무를 가진 사람.
〔公僕 공복〕 '공무원'을 국민의 심부름꾼이라는 뜻으로 이르는 말.
〔公設 공설〕 국가나 공공 단체에서 설립함. 또는, 그 시설.
〔公訴 공소〕 검사가 형사 사건에 관하여 법원에 재판을 청구하는 일.
〔公示 공시〕 ①널리 일반에게 보임. ②공공 기관이 일정한 사실을 여러 사람에게 주지(周知)시키는 일. 公布(공포).
〔公式 공식〕 ①정당한 절차를 밟은 방식. 正式(정식). ↔非公式(비공식). ②계산의 법칙 따위를 문자와 기호로 나타낸 식.
〔公約 공약〕 정부·정당·입후보자 등이 어떤 일을 실행하기로 국민에게 약속함. 또는, 그런 약속.
〔公演 공연〕 음악·연극·무용 등을 여러 사람 앞에서 공개적으로 연출함.
〔公營 공영〕 국가나 공공 단체에서 경영함. 또는, 그 사업.
〔公用 공용〕 ①공적(公的)으로 사용함. ‖公用物(공용물). ②공적인 용무. ③공공 단체에서 공적으로 쓰는 비용.
〔公園 공원〕 공중의 보건·휴양·놀이 등을 위해 시설한 동산.
〔公有 공유〕 국가나 공공 단체의 소유.
〔公益 공익〕 사회 전체의 이익.
〔公人 공인〕 공적인 지위에 있는 사람.

또는, 하는 일이 사회의 많은 사람들에게 영향을 주는 위치에 있는 사람.
〔公認 공인〕 국가나 공공 단체 또는 사회 단체 등이 공개적으로 인정함.
〔公子 공자〕 지체가 높은 집안의 나이 어린 자제.
〔公子王孫 공자왕손〕 왕이나 귀족의 자제.
〔公爵 공작〕 오등작(五等爵)의 첫째. 후작(侯爵)의 위임.
〔公正 공정〕 공평하고 올바름.
〔公主 공주〕 왕후가 낳은, 임금의 딸. ※翁主(옹주).
〔公衆 공중〕 사회의 여러 사람. 民衆(민중).
〔公職 공직〕 공공의 사무를 처리하는 직무.
〔公薦 공천〕 정당에서 선거에 출마할 당원을 공식적으로 추천함.
〔公平無私 공평무사〕 공평하여 사사로움이 없음.
〔公布 공포〕 ①일반에게 널리 알림. ②이미 확정된 법률·조약·명령 등을 온 국민이 따르도록 하기 위해 고시함.
〔公表 공표〕 어떤 사실을 드러내어 널리 알림.
〔公害 공해〕 급속한 산업화에 따라 공장의 폐수, 자동차의 매연과 소음, 각종 쓰레기 등으로 자연환경이 오염되는 재해.
〔公海 공해〕 어느 나라의 주권에도 속하지 않고, 모든 나라가 공통으로 사용할 수 있는 바다.
〔公侯 공후〕 공작(公爵)과 후작(侯爵).
〔公休日 공휴일〕 ①국경일이나 일요일과 같이 공적으로 정해진 휴일. ②동업자의 정기 휴일.
◪犬公(견공)/貴公(귀공)/大公(대공)/滅私奉公(멸사봉공)/名公(명공)/主公(주공)/主人公(주인공)/天公(천공)

☆＊8
2 4 **六** 여섯 **륙**

丶 亠 亣 六

㊥liù(리우) ㊐ロク, リク/むつ ㊎six

갑 [자원] **상형자.** 두 기둥에 지붕을 얹은 움막집을 본뜬 자. 廬(려)의 본자. 뒷날 가차되어 6의 뜻으로 쓰임.

[풀이] ①여섯. ‖六藝(육예). ②여섯 번. 6회(回).
〔六角 육각〕 ①육모. ②악기 중 북·장구·해금·피리 및 태평소 한 쌍의 총칭.
〔六角形 육각형〕 여섯 개의 직선으로 둘러싸인 평면 도형.
〔六感 육감〕 영감(靈感)처럼 순간적으로 직감하여 깨닫는 오관(五官) 이외의 감각. 第六感(제육감).
〔六法 육법〕 여섯 가지의 기본이 되는 법률. 곧, 헌법·형법·민법·상법·형사소송법·민사 소송법. ‖六法全書(육법전서).
〔六旬 육순〕 ①60일. ②60세.
〔六十甲子 육십갑자〕 천간(天干:甲乙丙丁戊己庚辛壬癸)과 지지(地支:子丑寅卯辰巳午未申酉戌亥)를 차례로 배합하여 예순 가지로 늘어놓은 것.
〔六藝 육예〕 선비의 교양으로서의 여섯 가지 기예(技藝). 곧, 예(禮)·악(樂:음악)·사(射:활쏘기)·어(御:말 부리는 기술)·서(書:서도)·수(數:수학).
〔六親 육친〕 부모·형제·처자의 총칭. 六戚(육척).
〔六合 육합〕 천지와 사방. 곧, 하늘과 땅, 동·서·남·북.

2획

★＊3
2 4 **兮** 어조사 **혜**

丿 八 亼 兮

㊥xī(씨) ㊐ケイ

[풀이] 어조사. 주어나 문(文) 뒤에 붙어서 감탄이나 강조를 나타내는 조사.

☆＊6
4 6 **共** 함께 **공**

一 十 卄 卄 共 共

㊥gòng(꽁) ㊐キョウ/とも ㊎together

갑 전 [자원] **회의자.** 물건을 두 손으로 들고 있는 모습을 나타낸 자. 본뜻은 '맞잡다'이나 파생 의미인 '함께'가 주로 쓰임.

[풀이] ①함께. 모두. ‖共同(공동). ②함께하다.
〔共感 공감〕 남의 의견이나 주장에 대해 자기도 그렇다고 느낌. 또는, 그렇게 느끼는 기분.
〔共同 공동〕 ①둘 이상의 사람이 일을 함께함. ②둘 이상의 사람이 동등한 자격으로 결합함.
〔共鳴 공명〕 ①남의 의견·주장 등에 찬동하여 함께 주장함. ②같은 진동수를 가진 두 발음체 중 하나가 울리면 다른 하나도 따라 울리는 현상.
〔共謀 공모〕 두 사람 이상이 어떤 좋지 않은 일을 함께 의논하여 꾀함.
〔共犯 공범〕 두 사람 이상이 공모하여 함께 범한 죄. 또는, 그 범인.
〔共產主義 공산주의〕 마르크스와 레닌에 의하여 체계화된 프롤레타리아 혁명 이론에 입각한 사상.
〔共生 공생〕 ①사람들이 공동의 운명 아래 함께 삶. ②종류가 다른 두 생물이 같은 곳에서 서로 이익을 주고받으며 사는 일.
〔共榮 공영〕 함께 번영함. ‖共存共榮(공존공영).

〔共用 공용〕 공동으로 사용함. ↔專用(전용).
〔共有 공유〕 공동으로 소유함.
〔共著 공저〕 공동으로 저술함. 또는, 그 책.
〔共存 공존〕 ①함께 존재함. ②서로 도우면서 함께 생존함.
〔共存共榮 공존공영〕 서로 협력하여 함께 생존하며 함께 번영함.
〔共通 공통〕 다 같이 통함. ‖共通語(공통어).
〔共和 공화〕 ①여러 사람이 공동으로 일을 함. ②주권(主權)이 국민에게 있어, 국민이 선출한 대통령이 일정 기간 나라를 다스리는 정치 체제.
◪公共(공공)/滅共(멸공)/反共(반공)/防共(방공)/勝共(승공)/容共(용공)

6 兴 興(흥)의 약자 →631쪽

☆*5
5
7 兵 군사 병 | 兵

丿 亻 F 斤 丘 乒 兵

㊥bīng(삥) ㊐ヘイ, ヒョウ/つわもの ㊕soldier

갑 자원 **회의자.** 갑골문의 윗부분은 도끼 형태의 무기를 나타내고 아랫부분은 무기를 잡고 있는 두 손을 나타냄. 본뜻은 '무기'이나 의미가 확장되어 '병사'의 뜻도 갖게 됨.

풀이 ①군사. 군인. ‖兵士(병사). ②무기. ‖兵器(병기). ③전쟁. ‖兵火(병화). ④치다. 죽임.
〔兵家 병가〕 ①병법(兵法)에 밝은 사람. 兵法家(병법가). ②중국 춘추 전국 시대의 제자백가(諸子百家)의 하나로 전술·전략을 논하던 학파. 손자(孫子)·오자(吳子) 등.
〔兵家常事 병가상사〕 ①전쟁에서 이기고 지는 일은 흔히 있는 일임. ②실패하는 일은 흔히 있으므로 낙심할 것이 없다는 말.
〔兵戈 병과〕 ①('싸움에 쓰는 창'이라는 뜻으로) 무기를 이름. ②전쟁.
〔兵器 병기〕 전쟁에 쓰이는 기구. 무기. 兵仗(병장). 兵仗器(병장기).
〔兵亂 병란〕 나라 안에서 싸움질하는 난리. 兵變(병변).
〔兵力 병력〕 ①군대의 인원. 또는, 그 숫자. ②군대의 힘.
〔兵馬 병마〕 ①병사와 군마(軍馬). ②전쟁에 관한 모든 일.
〔兵法 병법〕 전쟁에 이기는 방법. 戰術(전술). 兵術(병술).
〔兵不厭詐 병불염사〕 작전(作戰)에서는 적을 속이는 간사한 꾀도 꺼리지 않음.
〔兵士 병사〕 군사(軍士). 兵卒(병졸).
〔兵書 병서〕 병법(兵法)에 관한 책. 軍書(군서). 兵法書(병법서). 兵經(병경).
〔兵船 병선〕 전쟁에 쓰는 배.
〔兵役 병역〕 병사가 되어 군사 일에 종사함.
〔兵營 병영〕 ①군대가 주둔하는 건물. 兵舍(병사). ②조선 시대에, 병마절도사(兵馬節度使)가 있던 영문(營門).
〔兵長 병장〕 국군 계급의 하나. 사병의 맨 위 계급으로, 상병의 위, 하사의 아래임.
〔兵丁 병정〕 병역에 복무하는 장정.
〔兵卒 병졸〕 옛날에 군인을 이르던 말. 軍士(군사).
〔兵站 병참〕 일선 군대에 군수품을 보급하는 일. 또는, 그 일을 맡은 부서나 기관.
〔兵學 병학〕 군사·병법(兵法)에 관하여 연구하는 학문. 軍事學(군사학).
〔兵火 병화〕 전쟁으로 인하여 일어나는 화재.
◪強兵(강병)/擧兵(거병)/工兵(공병)/近衛兵(근위병)/騎馬兵(기마병)/騎兵(기병)/老兵(노병)/民兵(민병)/步兵(보병)/伏兵(복병)/士兵(사병)/上兵(상병)/僧兵(승병)/新兵(신병)/養兵(양병)/閱兵(열병)/傭兵(용병)/義兵(의병)/二兵(이병)/一兵(일병)/將兵(장병)/敵兵(적병)/卒兵(졸병)/徵兵(징병)/尖兵(첨병)/哨兵(초병)/出兵(출병)/派兵(파병)/把守兵(파수병)/敗殘兵(패잔병)/砲兵(포병)/海兵(해병)/憲兵(헌병)

★*5
6
8 具 갖출 구 | 具

丨 冂 冃 月 目 且 具 具

㊥jù(쮜) ㊐ク, グ/そなえる ㊕furnish

갑 자원 **회의자.** 갑골문의 윗부분은 '솥'을 나타내고 아랫부분은 두 손을 나타내어, 두 손으로 음식이 담긴 솥을 들고 있는 모습을 나타냄. 본뜻은 '준비하다'.

풀이 ①갖추다. ‖具備(구비). ②그릇. 기구. ‖農具(농구). ③함께. 통俱. ④자세히. ‖具載(구재).
〔具備 구비〕 빠짐없이 갖춤. 具足(구족).
〔具象 구상〕 형체를 갖춤. 具體(구체). ↔抽象(추상).
〔具色 구색〕 필요한 물건을 골고루 갖춤. 또는, 그런 모양새.
〔具申 구신〕 일의 내용이나 상황을 빠짐없이 아룀. 具陳(구진).
〔具眼 구안〕 사리(事理)를 분별하는 식견과 안목이 있음.
〔具足戒 구족계〕 비구(比丘)와 비구니(比丘尼)가 지켜야 하는 계율(戒律). 비구의 250계, 비구니의 348계가 있음.
〔具體 구체〕 ①전체를 완전하게 갖춤.

②형체를 갖춤. 具象(구상). ‖具體化(구체화). ↔抽象(추상).
〔具現 구현〕 전체를 갖추어 표현함. 또는, 구체적으로 실현함.
◢家具(가구)/敬具(경구)/工具(공구)/教具(교구)/器具(기구)/農具(농구)/茶具(다구)/道具(도구)/馬具(마구)/文具(문구)/文房具(문방구)/不具(불구)/佛具(불구)/小道具(소도구)/漁具(어구)/玩具(완구)/用具(용구)/裝身具(장신구)/寢具(침구)/表具(표구)/刑具(형구)/畫具(화구)

☆✱3-Ⅱ
6 8 **其** ❶그 기 ❷어조사 기

一 十 卄 卄 甘 甘 其 其

㊥qí(치), jī(찌) ㊐キ/それ ㊎it, that
갑 자원 **상형자.** 곡식을 까부를 때 쓰는 키를 본뜬 자. 뒷날 '그'라는 뜻으로 쓰이게 되자 본뜻을 보존하기 위해 만든 자가 '箕(키 기)'임.
풀이 ❶그. 사람이나 사물을 지시하는 대명사. ‖其間(기간)/其人(기인). ❷어조사. 어세(語勢)를 고르는 조사로, 뜻은 없음.
〔其實 기실〕 ①실제의 사정. ②실제에 있어서.
〔其人 기인〕 고려·조선 시대에, 중앙에 볼모로 와서 그 지방 행정의 고문을 맡아본 지방 유력자.
〔其他 기타〕 그것 외에 또 다른 것.
◢各其(각기)

☆✱5
6 8 **典** 법 전

丨 冂 冂 冂 冊 冊 典 典

㊥diǎn(디엔) ㊐テン/のり ㊎law
갑 전 자원 **회의자.** 갑골문의 윗부분은 죽간(竹簡)으로 엮은 책을 나타내고, 아랫부분은 두 손을 나타내어, 두 손으로 책을 공손히 들고 있는 모습을 나타냄. 소전에서는 책을 탁자 위에 올려놓은 모습으로 변형됨. 본뜻은 '중요한 책'임.
풀이 ①법. 규정. ②책. ‖法典(법전). ③의식. ④바르다. ‖典雅(전아). ⑤관장하다. ⑥전당 잡다. ‖典當鋪(전당포).
〔典據 전거〕 ①말이나 문장의 근거가 되는 문헌상의 출처. 出典(출전). 典證(전증). ②어떤 것을 근거로 하여 시행함.
〔典當 전당〕 물건을 담보로 하여 돈을 빌림. 抵當(저당). ‖典當鋪(전당포).
〔典例 전례〕 전거가 되는 선례.
〔典範 전범〕 ①본보기가 될 만한 모범. ②법 또는 규범.
〔典雅 전아〕 격에 맞아 고상하고 우아함.
〔典醫 전의〕 조선 말기, 태의원(太醫院)의 주임 벼슬.
〔典掌 전장〕 일을 맡아서 관리하고 처리함.
〔典籍 전적〕 '책(冊)'의 별칭.
〔典質 전질〕 물건을 전당 잡힘.
〔典型 전형〕 ①기준이 되는 형. ②같은 부류의 특징을 잘 나타내고 있는 본보기.
◢經典(경전)/古典(고전)/法典(법전)/佛典(불전)/事典(사전)/辭典(사전)/聖典(성전)/式典(식전)/原典(원전)/恩典(은전)/儀典(의전)/字典(자전)/祭典(제전)/執典(집전)/體典(체전)/祝典(축전)/出典(출전)/特典(특전)

2획

★✱3-Ⅱ
8 10 **兼** 겸할 겸 속 兼

八 今 今 今 争 争 兼 兼

㊥jiān(찌엔) ㊐ケン/かねる ㊎combine
금 자원 **회의자.** 갑골문은 한 손[彐]으로 벼 두 포기를 잡고 있는 모습을 나타냄. 여기에서 '겸하다', '아우르다'의 뜻이 나옴. 참고로, 秉(병)은 벼 한 포기를 손으로 잡고 있는 모습을 나타냄.
풀이 ①겸하다. ‖兼職(겸직). ②쌓다. ③아울러.
〔兼官 겸관〕 ① ➡兼職(겸직). ②조선 시대, 수령(守令) 자리가 비었을 때, 이웃 고을의 수령이 임시로 그 업무를 겸해 맡아보던 일.
〔兼奴上典 겸노상전〕 가난하여 하인이 할 일까지 몸소 하는 양반.
〔兼務 겸무〕 맡은 직무 이외에 다른 직무를 겸하여 봄. 또는, 그 직무.
〔兼備 겸비〕 아울러 갖춤. ‖才色兼備(재색 겸비).
〔兼事兼事 겸사겸사〕 한꺼번에 여러 가지 일을 겸하여 하는 모양.
〔兼床 겸상〕 두 사람이 한 상에 함께 먹도록 차린 상.
〔兼愛 겸애〕 모든 사람을 가리지 않고 똑같이 사랑함.
〔兼業 겸업〕 본업 외에 겸해서 하는 사업이나 일.
〔兼用 겸용〕 하나로써 여러 가지를 겸하여 씀.
〔兼人之勇 겸인지용〕 혼자서 능히 몇 사람을 당해 낼 만한 용기.
〔兼任 겸임〕 두 가지 이상의 직무를 겸하여 맡아봄.
〔兼職 겸직〕 본래의 직무 외에 다른 직무도 겸함. 兼官(겸관). 兼攝(겸섭).

12 **兼** 兼(겸)의 속자 →69쪽

13 龔 冀(기)와 동자 →70쪽

*2
14 16 冀 바랄 기 | 통 龔 冀

중jì(찌) 일キ/こいねがう
영hope, desire
풀이 ①바라다. ‖冀望(기망). ②바라건대. ③지명. ‖冀州(기주).
〔冀圖 기도〕 바라는 것을 이루려고 꾀함. 企圖(기도).
〔冀望 기망〕 희망(希望).
〔冀州 기주〕 중국 옛 구주(九州)의 하나. 지금의 산시 성(山西省)에 해당함.

冂部 멀경몸

*
0 2 冂 멀 경

중jiōng(찌웅) 일ケイ, キョウ
영remote
한자 부수의 하나.
풀이 ①멀다. ②변경의 경계.

4 冄 冉(염)과 동자 →70쪽

4 円 圓(원)의 약자 →147쪽

인명용 한자에서는 '엔'으로 발음하는 것을 인정하고 있음.

3 5 冉 나아갈 염 | 통 冄 冉

중rǎn(°란) 일ゼン, ネン 영advance
풀이 ①나아가다. ②연약하다. ‖冉冉(염염).
〔冉冉 염염〕 ①천천히 가는 모양. ②부드럽고 약한 모양.

☆*4
3 5 册 책 책 | 통 冊 册

丨 刀 ℿ ℿ 册

중cè(처) 일サク, サツ 영book
갑 전 자원 **상형자.** 죽간(竹簡:글을 기록한 대나무 조각)을 끈으로 묶은 것을 본뜬 글자. 갑골문·소전에서 세로획은 죽간을, 가로획은 묶는 끈을 나타냄. 옛날 종이가 발명되기 전에는 대나무 조각을 이용해 책을 만들었음.

풀이 ①책. ‖書册(서책). ②칙서(勅書). ‖册封(책봉). ③권. 책을 세는 단위.
〔册曆 책력〕 책으로 된 역서(曆書).
〔册禮 책례〕 글방에서 학생이 배우던 책을 다 마친 때 스승에게 감사하고 학우에게 한턱내던 일. 책씻이.
〔册立 책립〕 조칙(詔勅)을 내려 황후·왕후·태자·세자 등을 세우는 일.
〔册房 책방〕 ①서점. ②고을 원의 비서역(祕書役)을 맡아보던 아전.
〔册封 책봉〕 왕세자·세손(世孫)·왕후·비(妃)·빈(嬪) 등을 세우는 일.
〔册肆 책사〕 책방. 書店(서점).
〔册床 책상〕 글을 읽고 쓰거나 사무를 볼 때 그 앞에 앉아서 사용할 수 있게 만든 상.
〔册床退物 책상퇴물〕 글만 읽어서 세상 물정을 모르는 사람. 책상물림.
〔册子 책자〕 책. 書册(서책).
〔册張 책장〕 책을 이루고 있는 낱낱의 장.
◢簡册(간책)/空册(공책)/別册(별책)/分册(분책)/書册(서책)/製册(제책)

*4
5 冊 册(책)과 동자 →70쪽

5 冋 回(회)의 고자 →144쪽

☆*5
4 6 再 두 재 | 再

一 丆 冂 币 再 再

중zài(짜이) 일サイ/ふたたび 영twice
갑 자원 물고기의 머리와 꼬리 부분에 각각 가로획 하나씩을 덧붙여 '둘', '두 번'의 뜻을 나타낸다는 설, 冓(구)의 생략형이라는 설 등이 있으나 확실치 않음.
풀이 ①두. 둘. 두 번. ‖再拜(재배). ②거듭하다. ‖再犯(재범).
〔再嫁 재가〕 과부나 이혼한 여자가 결혼함. 再緣(재연). 再醮(재초).
〔再開 재개〕 회의나 활동 등을 한동안 쉬었다가 다시 시작함.
〔再建 재건〕 다시 세움.
〔再考 재고〕 다시 생각함.
〔再校 재교〕 두 번째의 교정(校正). 再準(재준).
〔再起 재기〕 능력이나 힘 등을 모아서 다시 일어남.
〔再臨 재림〕 ①다시 옴. ②크리스트교에서, 세상이 끝나는 날에 최후의 심판을 하기 위해 그리스도가 다시 이 세상에 나타난다는 말.
〔再武裝 재무장〕 무장이 해제된 나라나 군대가 다시 무장함.
〔再發 재발〕 ①질병·사고 등이 다시 발

생함. ②한 번 보낸 것을 다시 보냄.
〔再拜 재배〕 ①두 번 절함. 또는, 그 절. ②웃어른에게 쓰는 편지에서, 사연을 끝낸 뒤 자기 이름 뒤에 쓰는 말.
〔再三 재삼〕 두세 번. 곧, 여러 번.
〔再生 재생〕 ①죽게 되었다가 다시 살아남. 蘇生(소생). 復活(부활). ②다시 떳떳하게 살게 됨. 更生(갱생). 再活(재활). ③낡거나 못 쓰게 된 물건을 다시 쓸 만한 물건으로 만듦.
〔再選 재선〕 ①두 번 선거함. ②다시 당선·선임됨. 두 번 뽑힘.
〔再修 재수〕 한 번 배웠던 학과 과정을 다시 배움. 특히, 입학시험에 실패한 뒤 다음 해에 대비하여 다시 공부함.
〔再審 재심〕 ①다시 심사함. ②소송에서, 판결이 확정된 뒤 사실 인정의 잘못이 의심될 때 다시 심리하는 일.
〔再演 재연〕 ①연극 따위를 다시 상연(上演)함. ②한 번 있었던 일을 다시 되풀이함.
〔再議 재의〕 ①두 번째로 논의함. 또는, 그런 논의. ②다시 의결함.
〔再認識 재인식〕 ①다시 인식함. ②종래의 인식을 고쳐 새롭게 함.
〔再任 재임〕 같은 관직에 다시 임명됨.
〔再昨日 재작일〕 그저께. 再昨(재작).
〔再從 재종〕 육촌이 되는 관계.
〔再從叔 재종숙〕 아버지의 육촌 형제. 再堂叔(재당숙).
〔再次 재차〕 다시. 두 번째. 再度(재도).
〔再唱 재창〕 다시 노래 부름.
〔再請 재청〕 ①다시 청함. ②회의에서 다른 사람의 동의(動議)에 찬동하여 그것을 의논하도록 거듭 청함.
〔再出發 재출발〕 새로운 계획으로 일을 다시 시작함.
〔再娶 재취〕 다시 장가듦. 또는, 그 아내. 繼娶(계취).
〔再侵 재침〕 다시 침략함.
〔再湯 재탕〕 ①달여 먹은 약재를 다시 달임. 두 번째 달임. 再煎(재전). ②한 번 사용한 것을 다시 씀.
〔再版 재판〕 ①이미 간행된 책을 다시 출판함. 또는, 그런 출판물. 再刊(재간). ②과거의 어떤 일이 되풀이된 것. 특히, 좋지 못한 일의 되풀이 때에 씀.
〔再現 재현〕 다시 나타남. 또는, 되살려 다시 나타냄.
〔再婚 재혼〕 다시 결혼함. 또는, 그런 결혼.
〔再會 재회〕 ①다시 만남. ②두 번째 모임.
◢非一非再(비일비재)

5 * 冏 7 빛날 **경** | 통 囧

중jiǒng(지옹) 일ケイ 영bright
풀이 빛나다. 밝음.

8 冐 冒(모·묵)의 속자 →71쪽

7 ★★3 冒 9 ❶무릅쓸 **모**★★3 ❷묵돌 **묵** | 속 冐 冒

중mào(마오), mò(모) 일ボウ/おかす 영risk
금 전 **자원** **회의 겸 형성자.** 冃(모)와 目(눈 목)이 합쳐진 자로, 눈 위에 모자를 덮어쓰고 있는 모습을 나타냄. 본뜻은 '모자'이나 '무릅쓰다'의 뜻으로 널리 쓰이게 되자 본뜻을 보존하기 위해 만든 자가 帽(모)임. 目은 의미를 나타내고 冃는 의미와 음을 겸하여 나타냄.
풀이 ❶①무릅쓰다. 범함. ‖冒險(모험). ②가리다. 덮음. ③쓰개. 모자. ❷묵돌.
〔冒瀆 모독〕 더럽혀 욕되게 함.
〔冒頭 모두〕 말이나 글의 첫머리.
〔冒萬死 모만사〕 《만 번 죽기를 무릅쓴다는 뜻으로》 온갖 어려움을 무릅쓰고 감행함.
〔冒險 모험〕 어떤 일을 위험을 무릅쓰고 함. ‖冒險心(모험심).

7 * 胄 9 투구 **주** | 胄

중zhòu(°쩌우) 일チュウ/かぶと 영helmet
풀이 투구.
◢甲胄(갑주)

9 *2 冕 11 면류관 **면** | 冕

중miǎn(미엔) 일ベン, メン 영crown
풀이 면류관.
〔冕旒冠 면류관〕 옛날, 임금이 정장(正裝)에 갖추어 쓰던 관.
〔冕服 면복〕 제왕의 정복. 곧, 면류관과 곤룡포.

冖部 민갓머리

0 冖 2 덮을 **멱**

중mì(미) 일ベキ, ミャク 영cover
한자 부수의 하나.
풀이 ①덮다. 천 따위로 덮음. ②덮개.

2 * 冗 4 쓸데없을 **용** | 통 宂 冗

중rǒng(°룽) 일ジョウ 영useless

[풀이] ①쓸데없다. 무익함. ‖冗務(용무). ②번거롭다. ③바쁘다. ④떠다니다.

5 **写** 寫(사)의 약자 →210쪽

★✱3-Ⅱ
7 9 **冠** [1]갓 **관** [2]관례 **관** 冠

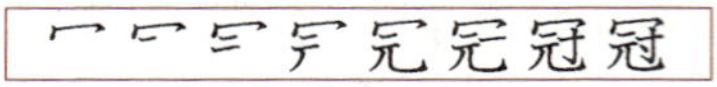

[중]guān(꾸안) [일]カン/かんむり [영]hat

[전] [자원] **회의 겸 형성자.** 冖(멱)은 모자, 元(원)은 '머리', 寸(촌)은 손을 가리키는 것으로, 성인이 된 사람의 머리에 모자를 씌워 주는 관례(冠禮) 모습을 나타낸 자임. 冖과 寸은 의미를 나타내고 元은 의미와 음을 겸하여 나타냄.

[풀이] [1]①갓. 관. ‖衣冠(의관). ②볏. ‖鷄冠(계관). [2]①관례(冠禮). ‖弱冠(약관). ②성년(成年). ③으뜸되다. ‖冠絶(관절). ④갓을 쓰다.

〔冠帶 관대〕 벼슬아치의 공복(公服). 지금은 전통 혼례 때 신랑이 입음. 官服(관복). 관디.

〔冠禮 관례〕 옛날에, 남자가 성년(20세)에 이르면 상투를 틀고 갓을 쓰게 하던 예식.

〔冠網 관망〕 갓과 망건.

〔冠名 관명〕 관례(冠禮) 때 아명을 버리고 새로 지은 이름. ↔兒名(아명).

〔冠絶 관절〕 가장 뛰어남. 卓絶(탁절).

〔冠形詞 관형사〕 품사의 하나. 체언 앞에 놓여서, 그 체언의 내용을 자세히 꾸며 주는 단어.

〔冠婚喪祭 관혼상제〕 관례·혼례·상례·제례의 사례(四禮).

◢鷄冠(계관)/金冠(금관)/冕旒冠(면류관)/無冠(무관)/寶冠(보관)/成冠(성관)/弱冠(약관)/王冠(왕관)/月桂冠(월계관)/衣冠(의관)/祭冠(제관)/齒冠(치관)/花冠(화관)

10 **冦** 寇(구)의 속자 →204쪽

★✱3
8 10 **冥** 어두울 **명** 冥

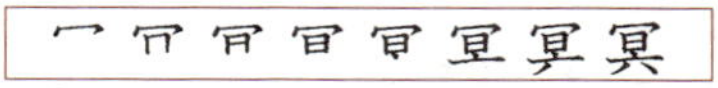

[중]míng(밍)
[일]ベイ, ミョウ, メイ/くらい [영]dark

[갑] [자원] **회의자.** 갑골문은 두 손으로 자궁을 벌리고 아이를 받아내는 모습을 나타냄. 이 일이 주로 어두운 방에서 이뤄졌으므로, '어둡다'의 뜻을 나타냄.

[풀이] ①어둡다. 어둠. ‖冥冥(명명). ②밤. ③깊숙하다. 아득함. ④하늘. ⑤저승. ‖冥途(명도).

〔冥界 명계〕 ➡冥途(명도).

〔冥途 명도〕 사람이 죽어서 가는 곳. 冥境(명경). 冥界(명계). 冥府(명부). 冥路(명로). 冥土(명토). 黃泉(황천).

〔冥冥 명명〕 겉으로 나타남이 없이 아득하고 그윽함.

〔冥福 명복〕 죽은 뒤 저승에서 받는 복.

〔冥府 명부〕 ➡冥途(명도).

〔冥府殿 명부전〕 지장보살을 주로 삼고 시왕(十王)을 함께 봉안한, 절의 전각(殿閣).

〔冥想 명상〕 고요한 가운데 눈을 감고 생각함. 瞑想(명상).

〔冥助 명조〕 신불(神佛)의 도움.

〔冥土 명토〕 ➡冥途(명도).

◢頑冥(완명)/幽冥(유명)

8 10 **冡** 덮어쓸 **몽** 冡

[중]méng(멍) [일]ボウ, モウ [영]cover

[풀이] [통]蒙. ①덮어쓰다. ②어둡다.

1
10 **冤** 寃(원)의 본자 →206쪽

8 10 **冢** 무덤 **총** 冢

[중]zhǒng(°중) [일]チョウ [영]grave

[참] 冡(몽:72쪽)은 딴 자.

[풀이] ①무덤. ‖古冢(고총). ②봉토(封土). ③크다. ④맏.

〔冢祀 총사〕 선조(先祖)의 제사.

〔冢子 총자〕 ①적장자(嫡長子). ②태자. 세자(世子). 冢嗣(총사).

11 **富** 富(부)의 속자 →206쪽

14 **冩** 寫(사)의 속자 →210쪽

✱
14 16 **冪** 덮을 **멱** 冪

[중]mì(미) [일]ベキ [영]cover

[풀이] ①덮다. 덮개. ②현수막. ③멱. 같은 수의 거듭제곱을 나타내는 숫자.

〔冪數 멱수〕 거듭제곱이 되는 수.

冫部 이수변

0 2 **冫** 얼음 **빙**

㊥bīng(삥) ㊐ヒョウ ㊎ice
한자 부수의 하나.
풀이 ①얼음. ②얼다.

☆✱7
3 **冬** 겨울 **동** 冬
5

ノ ク 夂 夂 冬

㊥dōng(뚱) ㊐トウ/ふゆ ㊎winter
갑 금 자원 한 가닥의 끈 양 끝에 각각 매듭을 지은 모습으로 '끝'을 나타낸다는 설과, 나뭇가지에 마지막 남은 두 개의 잎을 나타낸 것으로 '겨울'을 나타낸다는 설이 있음.
풀이 ①겨울. ‖立冬(입동). ②월동(越冬). 겨울을 남.
〔冬季 동계〕 겨울철. 冬期(동기).
〔冬眠 동면〕 동물이 겨울 동안 땅속에 숨어서 활동하지 않고 휴면 상태로 겨울을 나는 일.
〔冬服 동복〕 겨울옷.
〔冬將軍 동장군〕 (('겨울 장군'이라는 뜻으로)) 겨울철의 매서운 추위.
〔冬至 동지〕 24절기의 하나. 12월 22이나 23일경으로 북반구에서는 낮이 가장 짧은 날. ↔夏至(하지).
〔冬烘先生 동홍선생〕 (('겨울철에 방안에 앉아서 불만 쬐고 있는 훈장'이라는 뜻으로)) 학문에만 열중하여 세상 물정에 어두운 사람.
◢季冬(계동)/孟冬(맹동)/三冬(삼동)/嚴冬(엄동)/越冬(월동)/忍冬(인동)/立冬(입동)/春夏秋冬(춘하추동)

6 **冰** 氷(빙)의 본자 →423쪽

✱
6 **冲** 沖(충)의 속자 →428쪽

4 **冱** 찰 **호** 冱
6

㊥hù(후) ㊐コ ㊎cold, freeze
풀이 ①차다. ②얼다.
〔冱寒 호한〕 혹독한 추위.

☆✱5
5 **冷** 찰 **랭** 冷
7

丶 冫 冫 冫 冷 冷 冷

㊥lěng(렁) ㊐レイ/ひややか
㊎cool, cold
冷(령:429쪽)은 딴 자.
자원 **형성자.** 冫(빙)은 의미를 나타내고 令(령)은 음을 나타냄.
풀이 ①차다. ‖冷凍(냉동). ②쌀쌀하다. ③식히다. ④쓸쓸하다. ⑤업신여기다. ‖冷笑(냉소).
〔冷却 냉각〕 식혀 차게 함.
〔冷氣 냉기〕 ①찬 기운. ②찬 공기. ③한랭한 기후.
〔冷淡 냉담〕 ①인정이 없음. ②사물에 대하여 열의가 없음.
〔冷待 냉대〕 사람을 쌀쌀하게 대하거나 야박하게 대접함.
〔冷凍 냉동〕 인공적으로 얼게 함. ‖冷凍食品(냉동식품).
〔冷冷 냉랭〕 ①온도가 낮아 차갑고 싸늘함. ②태도가 정답지 않고 차가움.
〔冷房 냉방〕 ①불을 때지 않아 차게 된 방. 冷室(냉실). ②더위를 막기 위해 실내의 온도를 낮추는 일. ↔煖房(난방).
〔冷笑 냉소〕 멸시하여 비웃음.
〔冷水 냉수〕 찬물. ‖冷水摩擦(냉수마찰). ↔溫水(온수).
〔冷濕 냉습〕 ①차고 누짐. ②냉기·습기로 생기는 병증(病症).
〔冷嚴 냉엄〕 냉혹하고 엄함.
〔冷罨法 냉엄법〕 찬물에 적신 수건이나 차가운 성질의 약품 등을 쓰는 찜질.
〔冷藏 냉장〕 찬 곳에 저장함.
〔冷戰 냉전〕 무기를 쓰지 않는 전쟁. 국제 정치·외교 등에서의, 국가 간의 심한 대립 상태를 이름.
〔冷情 냉정〕 매정하고 쌀쌀함. ↔溫情(온정).
〔冷靜 냉정〕 침착하여 감정에 흔들리지 않음.
〔冷茶 냉차〕 차게 하여 마시는 차.
〔冷泉 냉천〕 ①찬물이 솟아나는 샘. ②온천보다 온도가 낮은 광천(鑛泉).
〔冷徹 냉철〕 냉정하고 투철함.
〔冷害 냉해〕 여름철의 이상 저온(異常低溫)이나 일조량 부족으로 농작물이 입는 피해.
〔冷血 냉혈〕 ①찬 기운으로 말미암아 배 속에 뭉친 피. ②동물의 체온이 외부의 온도보다 낮은 상태. ↔溫血(온혈). ③인정이 없고 냉혹함. ‖冷血漢(냉혈한).
〔冷酷 냉혹〕 인정이 없이 가혹함.
◢急冷(급랭)/寒冷(한랭)

✱1
5 **冶** 불릴 **야** 冶
7

㊥yě(예) ㊐ヤ/いる ㊎temper, forge
治(치:433쪽)는 딴 자.
풀이 ①불리다. 단련하다. ‖冶金(야금). ②대장간. ③대장장이. ④꾸미다. ⑤요염하다. ‖妖冶(요야).
〔冶金 야금〕 광석에서 쇠붙이를 분석해 냄. 또는, 합금을 만드는 일.
〔冶爐 야로〕 풀무.
〔冶匠 야장〕 대장장이. 冶工(야공).
◢鍛冶(단야)/陶冶(도야)

2획

7 況 況(황)의 속자 →434쪽

6 8 冽* 찰 렬 冽

㊥liè(리에) ㊐レツ/つめたい ㊎cold
풀이 차다. 매섭게 추움.
◢凜冽(늠렬)

6 8 洽* ❶온화할 협 ❷젖을 협

㊥xiá(시아) ㊐キョウ
풀이 ❶온화하다. ❷젖다.

7 9 涇* 찰 경

㊥jìng(찡) ㊐ケイ, ギョウ
풀이 차다. 추움.

8 10 凍★★3-Ⅱ 얼 동 ㉿冻 凍

冫 冖 冂 冋 冎 冲 凍 凍

㊥dòng(뚱) ㊐トウ/こおる ㊎freeze
자원 **형성자.** 冫(빙)은 의미를 나타내고 東(동)은 음을 나타냄.
풀이 ①얼다. ‖凍結(동결). ②추위로 몸이 굳어지다. ‖凍死(동사). ③춥다. ‖凍氷寒雪(동빙한설).
〔凍結 동결〕 ①얼어붙음. 氷結(빙결). ②자산·자금 등의 사용 및 이동을 금지함. 또는, 그 상태.
〔凍氷寒雪 동빙한설〕 (‘얼어붙은 얼음과 차가운 눈’이라는 뜻으로) 심한 추위.
〔凍死 동사〕 얼어 죽음.
〔凍傷 동상〕 추위로 살갗이 얼어서 상하는 일. 凍裂(동렬). 凍瘡(동창).
〔凍足放尿 동족방뇨〕 (‘언 발에 오줌누기’라는 뜻으로) 효력이 잠시 동안만 있을 뿐 곧 사라짐.
〔凍太 동태〕 얼린 명태.
〔凍土 동토〕 얼어붙은 땅.
〔凍破 동파〕 얼어서 터지거나 파손됨.
〔凍害 동해〕 농작물 따위가 추위로 입는 피해. ※冷害(냉해).
◢冷凍(냉동)/解凍(해동)

10 凉* 涼(량)의 속자 →443쪽

8 10 凌*1 업신여길 릉 凌

㊥líng(링) ㊐リョウ/しのぐ ㊎scorn
풀이 ①업신여기다. ㊟陵. ‖凌蔑(능멸). ②능가하다. ‖凌駕(능가). ③범하다. ㊟陵. ‖凌犯(능범). ④얼음. ⑤떨다. ‖凌亂(능란).
〔凌駕 능가〕 다른 것에 비하여 훨씬 뛰어남.
〔凌蔑 능멸〕 업신여겨 깔봄. 陵蔑(능멸). 凌侮(능모). 侮蔑(모멸).
〔凌侮 능모〕 ➡凌蔑(능멸).
〔凌辱 능욕〕 ①업신여겨 욕보임. ②폭력으로 여자를 범함.
〔凌遲 능지〕 ①점차 쇠퇴함. ②사지(四肢)를 찢은 후 목을 베던 극형. 陵遲(능지). 陵遲處斬(능지처참).

8 10 凊 서늘할 정 ㊟청 凊

㊥qìng(칭) ㊐セイ, ショウ/すずしい ㊎cool
풀이 ①서늘하다. 선선함. ②춥다.
◢冬溫夏凊(동온하정)

8 10 凋*1 시들 조 凋

㊥diāo(띠아오) ㊐チョウ/しぼむ ㊎wither
풀이 ①시들다. 이울다. ‖凋落(조락). ②기세 등이 쇠하여 줄어들다. ③마음 아파하다. 슬퍼함.
〔凋枯 조고〕 시들어 말라 버림.
〔凋落 조락〕 ①잎이 시들어 떨어짐. 凋零(조령). ②차차 쇠하여 보잘것없이 됨.
〔凋殘 조잔〕 말라서 쇠약하여 시듦.
◢枯凋(고조)

8 10 准*2 승인할 준 准

㊥zhǔn(°준) ㊐ジュン/なずらえる ㊎grant
准(회:447쪽)는 딴 자.
풀이 ①승인하다. 허락함. ‖批准(비준). ②견주다. 비김.
〔准尉 준위〕 국군 계급의 하나. 원사의 위, 소위의 아래임.
〔准將 준장〕 국군 계급의 하나. 대령의 위, 소장의 아래임.
◢批准(비준)/認准(인준)

8 10 凄*1 쓸쓸할 처 凄

㊥qī(치) ㊐セイ/すさまじい ㊎dreary
풀이 ①쓸쓸하다. 스산함. ‖凄凉(처량). ②춥다. 차가움.
〔凄凉 처량〕 ①쓸쓸하고 구슬픔. ②신세가 초라하고 딱함.
〔凄然 처연〕 외롭고 쓸쓸함.
〔凄切 처절〕 몹시 처량함.
〔凄絶 처절〕 몹시 처참함.

11 减 減(감)의 속자 →447쪽

12 *準 準(준)의 속자 →453쪽

13 *1
15 凜 찰 름 속 凛 凜

중lǐn(린) 일リン/さむい 영cold
풀이 ①차다. ②늠름하다. ‖凜然(늠연).
〔凜烈 늠렬〕 추위가 살을 엘 듯함. 凜然(늠연).
〔凜凜 늠름〕 의젓하고 당당함.
〔凜然 늠연〕 ①위엄이 있고 당당함. ②➡凜烈(늠렬).

15 *凛 凜(름)의 속자 →75쪽

13 *
15 凞 화할 희 본 熙 凞

중xī(씨) 일キ 영harmonious
풀이 화하다.

14 ★*3
16 凝 엉길 응 凝

중níng(닝) 일ギョウ/こる 영congeal
풀이 ①엉기다. ‖凝結(응결). ②모으다. ‖凝視(응시). ③머무르다. ‖凝滯(응체). ④굳다.
〔凝結 응결〕 ①한데 엉겨 뭉침. ②기체가 액체로, 액체가 고체로 변함.
〔凝固 응고〕 액체 따위가 엉겨서 뭉쳐 딱딱하게 굳어짐.
〔凝視 응시〕 시선을 한 곳에 집중해서 바라봄. 凝望(응망).
〔凝集 응집〕 한데 엉겨 뭉침. 凝聚(응취).
〔凝滯 응체〕 막히거나 걸림.
〔凝縮 응축〕 ①한데 엉겨 굳어짐. ②내용을 어느 한 점에 집중시킴. ③기체가 액체로 변화하는 현상.
〔凝血 응혈〕 피가 엉겨 뭉침. 또는, 그 피.
〔凝灰巖 응회암〕 화산재가 엉겨 굳어진 암석.

16 *凞 凞(희)의 본자 →75쪽

几部 안석궤

0 1
2 几 안석 궤 几

중jī(찌) 일キ/つくえ
영backrest, desk
한자 부수의 하나.
풀이 ①안석. ②제사에 쓰는 기구의 한 가지. 통俎. ③책상. 통机. ‖几案(궤안). ④명기(明器)의 한 가지.
〔几案 궤안〕 의자·사방침(四方枕)·안석(案席) 등의 총칭.
〔几筵 궤연〕 ①죽은 사람의 혼백이나 신주를 모셔 두는 기구. 또는, 그것들을 차려 놓는 곳. 靈室(영실). ②영위(靈位)를 모신 자리. 靈座(영좌).
◢書几(서궤)

1 ☆*3-II
3 凡 무릇 범 속 凢 凡

丿 几 凡

중fán(°판) 일ハン, ボン/およそ
영in general, ordinary
갑 자원 '돛'의 상형자라는 설과 盤(반)의 본자로 '제사에 쓰이는 그릇'의 상형자라는 설이 있음.
풀이 ①무릇. ②대강. 개요(槪要). ‖凡例(범례). ③모두. ‖凡節(범절). ④보통. ‖平凡(평범). ⑤속계(俗界). ‖塵凡(진범).
〔凡例 범례〕 일러두기.
〔凡百 범백〕 ①모든 사물. ②상궤에 벗어나지 않는 언행.
〔凡夫 범부〕 ①평범한 사내. ②번뇌에 얽매여 생사를 초월하지 못하는 사람.
〔凡事 범사〕 ①모든 일. ②평범한 일.
〔凡常 범상〕 대수롭지 않고 예사로움. 普通(보통). 尋常(심상).
〔凡俗 범속〕 평범하고 속됨.
〔凡庸 범용〕 평범하고 용렬함.
〔凡人 범인〕 평범한 사람.
〔凡節 범절〕 법도에 맞는 모든 질서나 절차. ‖禮儀凡節(예의범절).
◢大凡(대범)/非凡(비범)/超凡(초범)/平凡(평범)

3 凢 凡(범)의 속자 →75쪽

5 処 處(처)의 약자 →662쪽

9 *1
11 凰 봉황새 황 凰

중huáng(후앙) 일コウ, オウ/おおとり
풀이 봉황새. 봉황새의 암컷. 수컷은 鳳(봉)이라 함.
◢鳳凰(봉황)

10 *1
12 凱 개선할 개 간 凯 凱

2획

[중]kǎi(카이) [일]カイ, ガイ/かちとき
[영]triumph
[풀이] ①개선하다. 승리의 함성. 전투에 이기고 부르는 노래. ‖凱歌(개가)/凱旋(개선). ②즐기다. 화락함. [같]愷.
〔凱歌 개가〕 개선 때 부르는 노래. 승리를 축하하는 노래. 凱旋歌(개선가).
〔凱旋 개선〕 싸움에서 이기고 돌아옴. 凱歸(개귀). ‖凱旋門(개선문).

12 14 **凳** 평상 **등**

[중]dèng(떵) [일]トウ/こしかけ
[영]wooden bed
[풀이] 평상(平牀). 등상.
〔凳床 등상〕 나무로 만든 세간의 하나. 발판이나 걸상으로 씀.

凵部 위튼입구몸

0 2 **凵** 입 벌릴 **감**

[중]qiǎn(치엔) [일]カン, コン
[영]open the mouth, bowl
한자 부수의 하나.
[풀이] ①입을 벌리다. ②위가 터진 그릇.

☆*5
2 4 **凶** 흉할 **흉**

ノ メ 凶 凶

[중]xiōng(씨웅) [일]キョウ/わるい
[영]inauspicious
[전] [자원] **회의자.** 파 놓은 함정[凵]에 가시나 쇠꼬챙이 [乂]가 들어 있음을 나타낸 자. 여기에서 '재앙'의 뜻이 나옴.
[풀이] ①흉하다. [같]兇. ‖吉凶(길흉). ②재앙. ③흉년. 기근. ‖凶年(흉년). ④해치다. 사람을 죽임. ‖凶器(흉기). ⑤부정하다. 사악함. ‖凶惡(흉악).
〔凶家 흉가〕 사는 사람마다 흉한 일을 당하는 불길한 집.
〔凶計 흉계〕 흉악한 계책. 凶謀(흉모).
〔凶器 흉기〕 ①사람을 살상하는 데에 쓰는 도구. ②초상 때 쓰는 도구. 그릇이나 상여 따위.
〔凶年 흉년〕 농작물이 잘 안 된 해. 凶歲(흉세). ↔豊年(풍년).
〔凶徒 흉도〕 ①사납고 흉악한 무리. 凶黨(흉당). ②모반인이나 폭도. 逆徒(역도).
〔凶禮 흉례〕 초상 때의 예절. 喪禮(상례).
〔凶謀 흉모〕 ➡凶計(흉계).
〔凶夢 흉몽〕 불길한 꿈.
〔凶物 흉물〕 성질이 음흉한 사람.
〔凶變 흉변〕 사람이 죽는 등의 불길한 일.
〔凶報 흉보〕 ①사망 통지. ②불길한 소식. 凶音(흉음). ↔吉報(길보).
〔凶事 흉사〕 ①불길한 일. ②사람이 죽는 일.
〔凶相 흉상〕 ①보기 흉한 외모. ②좋지 못한 상격(相格).
〔凶惡 흉악〕 ①성질이 거칠고 사나움. ②겉모양이 흉하고 무서움.
〔凶漁 흉어〕 물고기가 아주 적게 잡힘.
〔凶作 흉작〕 농작물이 잘되지 못함. ↔豊作(풍작).
〔凶兆 흉조〕 불길한 조짐.
〔凶測 흉측〕 몹시 흉악함. '흉악망측(凶惡罔測)'의 준말.
〔凶彈 흉탄〕 흉한이 쏜 탄알.
〔凶暴 흉포〕 매우 거칠고 사나움.
◢吉凶(길흉)/大凶(대흉)/陰凶(음흉)/豊凶(풍흉)

*1
3 5 **凹** 오목할 **요**

[중]āo(아오) [일]オウ/くぼむ [영]hollow
[풀이] 오목하다.
〔凹面鏡 요면경〕 오목 거울. ↔凸面鏡(철면경).
〔凹凸 요철〕 오목함과 볼록함. 철요(凸凹).
〔凹版 요판〕 인쇄되는 부분이 다른 부분보다 오목한 인쇄판. ↔凸版(철판).

*1
3 5 **凸** 볼록할 **철**

[중]tū(투) [일]トツ, テツ/でこ
[영]protuberant
[풀이] 볼록하다.
〔凸面鏡 철면경〕 볼록 거울. ↔凹面鏡(요면경).
〔凸版 철판〕 인쇄되는 부분이 다른 부분보다 볼록한 인쇄판. ↔凹版(요판).
◢凹凸(요철)

☆*7
3 5 **出** 날 **출**

丨 屮 屮 出 出

[중]chū(º 추) [일]シュツ, スイ/でる, だす
[영]come out
[갑] [자원] **회의자.** 갑골문은 발[止]이 옛날 주거지인 움집[凵] 바깥쪽으로 향해 있는 모양을 나타낸 것으로, '나가다'의 뜻을 나타냄.
[풀이] ①나다. ㉮태어나다. ‖出産(출산). ㉯나타나다. ‖出現(출현). ㉰뛰어나다. ‖出衆(출중). ②나가다. ‖外出(외출). ㉮나아가다. ‖進出(진출). ㉯

달아나다. ‖脫出(탈출). ③내다. ㉮내보내다. ‖出師(출사). ㉯내놓다. ‖提出(제출). ④시집가다. ‖出嫁(출가).
〔出家 출가〕 ①집을 떠나감. ②집을 나와 승려가 되기 위해 불문(佛門)에 들어감. 出世(출세).
〔出嫁 출가〕 처녀가 시집을 감.
〔出刊 출간〕 책을 만들어 세상에 내놓음.
〔出監 출감〕 구치소나 교도소에서 석방되어 나옴.
〔出講 출강〕 강의하러 나감.
〔出擊 출격〕 나가 적을 침.
〔出庫 출고〕 물품을 창고에서 꺼냄.
〔出口 출구〕 밖으로 나갈 수 있는 통로.
〔出國 출국〕 나라의 국경 밖으로 나감.
〔出勤 출근〕 근무하러 일터로 나감.
〔出金 출금〕 예금 계좌에서 돈을 꺼냄.
〔出納 출납〕 돈·물품 등을 내주거나 받아들임.
〔出動 출동〕 군대·경찰 등이 소임을 수행하기 위하여 현지로 나아감.
〔出頭 출두〕 ①어떤 장소에 몸소 나아감. ②'어사출두(御史出頭)'의 준말.
〔出藍 출람〕 《쪽에서 뽑아낸 청색이 쪽빛보다 더 푸르다는 뜻으로》 제자가 스승보다 뛰어남. 靑出於藍(청출어람).
〔出力 출력〕 ①엔진이나 발전기 등이 정해진 시간에 내는 에너지의 양. ②컴퓨터에 저장된 자료가 처리되어 화면에 나타나거나 인쇄되는 일.
〔出馬 출마〕 ①말을 타고 나아감. ②선거에 입후보함.
〔出沒 출몰〕 나타났다 숨었다 함.
〔出沒無雙 출몰무쌍〕 나타났다 없어졌다 하는 것이 비길 데 없을 만큼 심함.
〔出發 출발〕 ①길을 떠남. 發程(발정). ②일을 시작함.
〔出帆 출범〕 ①배가 항구를 떠남. ②단체가 새로 조직되어 일을 시작함의 비유.
〔出兵 출병〕 군대를 싸움터로 내보냄.
〔出仕 출사〕 벼슬하여 관청에 출근함.
〔出産 출산〕 아기를 낳음.
〔出喪 출상〕 상가(喪家)에서 상여가 나감.
〔出生 출생〕 세상에 태어남.
〔出席 출석〕 공부나 회의하는 자리에 나감.
〔出世 출세〕 ①사회적으로 높은 지위에 오르거나 유명하게 됨. 出身(출신). ②숨어 살던 사람이 세상에 나옴. ③세상에 태어남. ④ ➡出家(출가)②.
〔出世間 출세간〕 ①세상을 초월한 경계. 세속을 떠난 깨달음의 세계로 들어감. ②세상과의 교제를 끊음.
〔出所 출소〕 ①형(刑)을 마치고 교도소에서 나옴. ② ➡出處(출처)①.
〔出身 출신〕 ①태어난 곳, 졸업한 학교, 거쳐 온 신분 등을 이름. ②관직에 등용됨. ③ ➡出世(출세)①.
〔出漁 출어〕 고기잡이를 나감. ‖出漁期(출어기).
〔出捐 출연〕 금품을 내어 원조함. ※義捐(의연).
〔出演 출연〕 연기·공연·연설 등을 하기 위해 무대나 연단에 나감.
〔出獄 출옥〕 형기(刑期)가 끝나 감옥을 나옴. 出牢(출뢰). ↔入獄(입옥).
〔出願 출원〕 원서를 내거나 특허·면허·허가 등을 국가에 신청함.
〔出入 출입〕 ①어느 곳을 드나듦. ②잠깐 다녀오려고 집 밖으로 나감.
〔出資 출자〕 밑천으로 할 돈을 냄. 자본금을 냄.
〔出張 출장〕 공무(公務)를 띠고 다른 곳으로 나감. ‖出張所(출장소).
〔出場 출장〕 ①어떤 장소에 나감. ②운동 경기에 참가함.
〔出典 출전〕 인용한 글이나 고사성어 등의 출처가 되는 책. 典據(전거).
〔出戰 출전〕 ①싸우러 나감. 出陣(출진). ②시합이나 경기에 나감.
〔出廷 출정〕 법정에 나감.
〔出征 출정〕 싸움터에 나감.
〔出題 출제〕 시가(詩歌)의 제목이나 시험 문제 등을 냄.
〔出衆 출중〕 여럿 중에서 두드러지게 뛰어남. 出凡(출범). 出群(출군).
〔出處 출처〕 ①사물이 생겨 나온 근거. 由來(유래). 出典(출전). 出所(출소). ②사람이 다니거나 가는 곳.
〔出版 출판〕 책을 만들어 세상에 내놓음.
〔出品 출품〕 진열·전람을 위하여 물건을 내놓음. ‖出品作(출품작).
〔出港 출항〕 배가 항구를 떠남. 發港(발항). ↔入港(입항).
〔出現 출현〕 나타나거나 또는 나타나서 보임.
〔出血 출혈〕 ①피가 혈관 밖으로 나옴. ②희생이나 손실의 비유.
◢家出(가출)/醵出(갹출)/傑出(걸출)/檢出(검출)/供出(공출)/救出(구출)//露出(노출)/漏出(누출)/貸出(대출)/導出(도출)/突出(돌출)/賣出(매출)/搬出(반출)/放出(방출)/排出(배출)/輩出(배출)/噴出(분출)/産出(산출)/算出(산출)/索出(색출)/庶出(서출)/選出(선출)/所出(소출)/續出(속출)/送出(송출)/輸出(수출)/演出(연출)/外出(외출)/月出(월출)/流出(유출)/引出(인출)/日出(일출)/轉出(전출)/提出(제출)/支出(지출)/進出(진출)/差出(차출)/創出(창출)/抽出(추출)/逐出(축출)/脫出(탈출)/退出(퇴출)/特出(특출)

6 *1
8 **函** ❶함 **함** ❷갑옷 **함** | 속 凾 간 凾 𠕄

㊥hán(한) ㊐カン/はこ ㊎box
풀이 ❶①함. 상자. ‖函籠(함롱). ②편

지. ‖書函(서함). ❷①갑옷. ②넣다. 사이에 끼움. ③스승. ‖函丈(함장).
〔函籠 함롱〕 옷가지를 담는, 함처럼 된 농.
〔函丈 함장〕《스승과의 관계에서 존경을 표하거나 가까이 모신다는 뜻으로 한 장(丈)의 여지를 둔 데서》'스승'의 이칭.
◢募金函(모금함)/保管函(보관함)/私物函(사물함)/私書函(사서함)/書類函(서류함)/郵便函(우편함)/積載函(적재함)/投票函(투표함)/佩物函(패물함)

9 凾 函(함)의 속자 →77쪽

12 凾 齒(치)의 속자 →847쪽

刀部 칼도 刀 刂

0
2 **刀** ☆*3-Ⅱ 칼 **도**

ㄱ 刀

㊥dāo(따오) ㊐トウ/かたな ㊍knife
갑 자원 **상형자.** 날이 한쪽에만 있는 칼을 본뜬 자.
한자 부수의 하나. 방(旁)으로 쓰일 때의 자형은 '刂'인데, '刀'와 구별하여 '선칼도'라고 함.
풀이 ①칼. ‖刀劍(도검). ②돈의 이름. ‖刀錢(도전).
〔刀劍 도검〕 칼이나 검의 총칭.
〔刀圭 도규〕 ①한약국에서, 가루약을 뜨는 숟가락. ②병을 고치는 기술. 醫術(의술).
〔刀鍊 도련〕 종이의 가장자리를 가지런하게 벰.
〔刀斧手 도부수〕 ①큰 칼과 큰 도끼로 무장한 군사. ②사형을 집행하는 사람. 망나니.
〔刀煙 도연〕 칼이나 도끼를 달구어, 참대의 껍질에 대었을 때 나오는 진. 약으로 씀. 鐵爇(철설).
〔刀錢 도전〕 고대 중국에 유통된, 칼 모양의 화폐. 刀幣(도폐).
〔刀筆 도필〕 ①고대 중국에서, 죽간(竹簡)에 글자를 기록하던 때에 틀린 글자를 깎아 내던 칼. ② ➡刀筆吏(도필리).
〔刀筆吏 도필리〕 '아전(衙前)'을 낮추어 이르던 말. 刀筆(도필).
◢果刀(과도)/短刀(단도)/面刀(면도)/食刀(식도)/銀粧刀(은장도)/長刀(장도)/竹刀(죽도)/執刀(집도)/護身刀(호신도)

0
2 **刁** 바라 **조**

㊥diāo(띠아오) ㊐チョウ/どらなべ ㊍small cymbal
풀이 바라. 동라(銅鑼)의 한 가지. ‖刁斗(조두).

1
3 **刃** *2 칼날 **인** 속 刄

ㄱ 刀 刃

㊥rèn(°런) ㊐ジン/やいば ㊍blade
자원 **지사자.** 刀(칼 도)에 짧은 획[丶]을 그어 칼날을 나타낸 자.
풀이 ①칼날. 칼. ‖白刃(백인). ②칼질하다. 벰. ‖自刃(자인). ③병기(兵器)의 총칭.
〔刃傷 인상〕 칼날에 다침. 또는, 그 상처.
◢刀刃(도인)/兵刃(병인)/霜刃(상인)/自刃(자인)

3 **刄** 刃(인)의 속자 →78쪽

2
4 **分** ☆*6 ❶나눌 **분** ❷분수 **분**

丿 八 分 分

㊥fēn, fèn(°펀) ㊐フン, ブン ㊍divide
갑 자원 **회의자.** 八(팔)과 刀(칼 도)가 합쳐진 자. 칼로 물건을 잘라 둘로 나누는 것을 나타냄. 八(팔)은 본래 '나누다'를 뜻하였으나, 숫자 8의 뜻으로 가차되어 쓰이게 되자 刀를 더하여 만든 자가 分임.
풀이 ❶①나누다. 가름. ‖分斷(분단). ②나누어지다. 갈라짐. ‖分離(분리). ③나누어 주다. ‖配分(배분). ④구별하다. ‖分別(분별). ⑤헤어지다. ‖分散(분산). ⑥단위. 길이·무게·시간·각도·넓이·화폐에 쓰임. ‖五分(오분). ❷분수(分數).
〔分家 분가〕 한 가계(家系)에서 갈라져 나와 딴살림을 차림. 또는, 그 집. 分戶(분호). ↔本家(본가).
〔分揀 분간〕 ①사물의 선악·시비·정도 등을 헤아림. ②범죄의 정상을 살펴 죄를 용서함.
〔分科 분과〕 각 전문 과목이나 업무에 따라 나눔. 또는, 그 과목이나 업무.
〔分校 분교〕 본교(本校)의 소재지 이외의 곳에 따로 나누어 세운 학교.
〔分局 분국〕 본국(本局)에서 갈라 따로 세운 국(局). 支局(지국).
〔分權 분권〕 권력을 분산함.
〔分岐 분기〕 몇 갈래로 나누어짐. 또

는, 그 갈래. ‖分岐點(분기점).
〔分期 분기〕 회계의 편의상 1년을 넷으로 구분한 3개월씩의 기간.
〔分納 분납〕 몇 차례로 나누어서 냄.
〔分段 분단〕 ①여러 단으로 나눔. 또는, 그 나눈 단. ②문장을 뜻에 따라 몇으로 나눈 토막. 大文(대문).
〔分斷 분단〕 동강이 나게 끊어 자름.
〔分擔 분담〕 각각 갈라서 맡음. 分掌(분장). ↔全擔(전담).
〔分度 분도〕 일정한 한도. 分限(분한). ‖分度器(분도기).
〔分量 분량〕 부피나 수효의 많고 적은 정도.
〔分類 분류〕 종류에 따라 나눔. 類別(유별).
〔分離 분리〕 ①서로 나뉘어 떨어짐. ②결정(結晶)·승화·증류(蒸溜) 등에 의하여 물질을 나누어 떼어냄. ‖分離器(분리기).
〔分立 분립〕 갈라져 따로 섬.
〔分娩 분만〕 아이를 낳음. 出產(출산). 解產(해산).
〔分明 분명〕 ①모습·소리 등이 뚜렷함. ②태도·목표 등이 확실함. 明瞭(명료). 判然(판연).
〔分配 분배〕 ①몇 개로 갈라서 나눔. ②생산 과정에 참여한 개개인이 생산물을 사회적 법칙에 따라서 나누는 일.
〔分別 분별〕 ①서로 구별하여 가름. ②경계를 세워서 나눔. ③세상 물정에 대한 바른 생각이나 판단.
〔分泌 분비〕 세포가 생체 내에서 특수한 액즙을 배출함.
〔分散 분산〕 갈라져 흩어짐.
〔分析 분석〕 ①나눠서 가름. ②화합물에 있는 원소를 갈라내고 그 양의 비(比)를 찾는 일. ③개념을 그 속성(屬性)으로 분해함.
〔分數 분수〕 ①사물을 분별하는 슬기. ②자기 신분에 알맞은 한도. ③1을 몇 개로 등분한, 그 낱낱 또는 그 몇을 모은 수.
〔分水嶺 분수령〕 ①물줄기가 갈라지는 산마루나 산맥. 分水山脈(분수 산맥). ②어떤 사물이 발전하는 데에 있어서의 전환점의 비유.
〔分身 분신〕 ①한 주체(主體)에서 갈라져 나온 것. ②부처가 중생을 제도하기 위하여 여러 가지 모습을 나타냄. 또는, 그 몸.
〔分野 분야〕 ①어떤 사물의 범위나 방면. 領域(영역). ②중국 전국 시대에 천문가가 천하를 하늘의 28수(宿)에 배당하여 구별한 것.
〔分讓 분양〕 전체를 몇 개로 나누어 양도함. 특히, 토지나 건물 등을 나누어 팖.
〔分業 분업〕 ①일을 나누어서 함. ②한 제품을 만들 때, 만드는 단계를 몇 가지로 나누어 여러 사람이 갈라 맡아서 생산함.
〔分裂 분열〕 ①갈라져서 나뉨. ②원자핵이 열과 방사능을 방출하면서 쪼개짐. ③하나의 세포나 개체가 둘 이상으로 나뉘어 불어남.
〔分針 분침〕 시계의 분(分)을 가리키는 바늘.
〔分布 분포〕 흩어져 퍼져 있음.
〔分割 분할〕 나누어서 쪼갬.
〔分解 분해〕 여러 부분이 결합되어 이루어진 것을 그 낱낱으로 나눔.
◢過分(과분)/交分(교분)/區分(구분)/氣分(기분)/糖分(당분)/德分(덕분)/名分(명분)/配分(배분)/本分(본분)/部分(부분)/線分(선분)/成分(성분)/水分(수분)/身分(신분)/十分(십분)/兩分(양분)/養分(양분)/餘分(여분)/緣分(연분)/應分(응분)/情分(정분)/持分(지분)/職分(직분)/處分(처분)/充分(충분)/親分(친분)

2 * 4 **刈** 벨 예 | 刈

㊥yì(이) ㊐ガイ, カイ/かる ㊎mow

풀이 ①베다. 풀·곡식 등을 벰. ②자르다.

2 ★*5 4 **切** ❶끊을 **절**★*5 ❷모두 **체***5 | 切

一 七 切 切

㊥qiē, qiè(치에) ㊐セツ, サイ/きる ㊎cut, all

자원 **형성자.** 刀(도)는 의미를 나타내고 七(칠)은 음을 나타냄. 切의 본자는 七임. 원래 七은 칼로 물건을 베는 것을 뜻하는 자였으나, 숫자 7의 뜻으로 가차되자 그 뜻을 보존하기 위해 刀를 더해 만든 자가 切임.

풀이 ❶①끊다. 벰. 자름. 썲. ‖切斷(절단). ②갈다. 문지름. ‖切齒腐心(절치부심). ③정성스럽다. ‖親切(친절). ④적절하다. ‖適切(적절). ⑤매우. 몹시. ‖切親(절친). ⑥삼가다. ‖切切(절절). ⑦떨어지다. 없어짐. ‖切品(절품). ❷모두. 온통. ‖一切(일체).
〔切感 절감〕 절실하게 느낌.
〔切開 절개〕 치료하기 위하여 피부나 근육 등을 째어 갈라 젖힘.
〔切斷 절단〕 자르거나 베어서 끊음.
〔切迫 절박〕 시기나 기한이 아주 가까이 닥쳐 급함. 切促(절촉).
〔切實 절실〕 ①느낌이나 생각이 매우 강렬함. ②매우 급하고 중요함. ③알맞아서 실제에 꼭 들어맞음. 適切(적절).
〔切切 절절〕 매우 간절함.
〔切除 절제〕 잘라 냄.
〔切磋琢磨 절차탁마〕 《돌·옥 등을 갈고 닦아서 빛을 낸다는 뜻으로》 부지

런히 학문과 덕행을 닦음. 切磨(절마).
〔切齒腐心 절치부심〕 몹시 분하여 이를 갈며 속을 썩임.
〔切親 절친〕 아주 친근함.
〔切痛 절통〕 몹시 원통함.
〔切品 절품〕 물품이 동이 나고 없음. 品切(품절).
◢懇切(간절)/急切(급절)/買切(매절)/迫切(박절)/反切(반절)/哀切(애절)/一切(일절·일체)/適切(적절)/凄切(처절)/親切(친절)/痛切(통절)/品切(품절)

3 ★*3-Ⅱ
5 **刊** 책 펴낼 **간** 刊

一 二 干 刊 刊

[중]kān(칸) [일]カン [영]publish
[자원] **형성자.** 刀(도)는 의미를 나타내고 干(간)은 음을 나타냄.
✍ 刋(천:80쪽)은 딴 자.
[풀이] ①책을 펴내다. ‖刊行(간행). ②깎다. 새김. ‖刊印(간인).
〔刊經 간경〕 불경을 펴냄.
〔刊本 간본〕 인쇄된 서책. 刊行本(간행본).
〔刊印 간인〕 간행물을 인쇄함.
〔刊行 간행〕 책 따위를 인쇄하여 세상에 널리 펴냄. 印行(인행). 發行(발행). ‖刊行物(간행물).
◢季刊(계간)/近刊(근간)/既刊(기간)/發刊(발간)/復刊(복간)/夕刊(석간)/旬刊(순간)/新刊(신간)/完刊(완간)/月刊(월간)/日刊(일간)/停刊(정간)/朝刊(조간)/終刊(종간)/週刊(주간)/增刊(증간)/創刊(창간)/出刊(출간)/廢刊(폐간)/休刊(휴간)

3
5 **刋** 끊을 **천** 刋

[중]qiàn(치엔) [일]セン [영]cut
[풀이] 끊다. 깎음.

4 ☆*4-Ⅱ
6 **列** 벌일 **렬** 列

一 ア 歹 歹 列 列

[중]liè(리에) [일]レツ/つらなる [영]display
[자원] **회의 겸 형성자.** '앙상한 뼈다귀'를 나타내는 歹(알)과 刀(칼 도)가 합쳐진 자로, 칼로 뼈에서 살점을 떼어 내는 것을 나타냄. 刀는 의미를 나타내고 歹은 의미와 음을 겸하여 나타냄.
[풀이] ①벌이다. 늘어놓음. ‖陳列(진열). ②줄. 행렬. ‖隊列(대열). ③여러. ‖列強(열강). ④차례. 등급. 반열. ‖序列(서열).
〔列強 열강〕 여러 강대한 나라들.
〔列擧 열거〕 여러 가지 실례나 사실들을 죽 들어서 말함.
〔列國 열국〕 여러 나라. 諸國(제국). 列邦(열방).
〔列島 열도〕 줄 지어 있는 여러 개의 섬들. ※群島(군도).
〔列席 열석〕 자리에 죽 벌여 앉음.
〔列聖朝 열성조〕 여러 대(代)의 임금의 시대.
〔列外 열외〕 ①늘어선 줄의 밖. 또는, 대열의 바깥. ②어떤 몫이나 축에 들지 않는 부분.
〔列位 열위〕 여러분. 諸位(제위). 諸公(제공).
〔列傳 열전〕 ①많은 사람들의 전기(傳記)를 차례로 배열한 책. ②기전체(紀傳體)에서, 각 개인의 전기를 적어 벌여 놓은 것.
〔列朝 열조〕 '열성조(列聖朝)'의 준말.
〔列車 열차〕 여러 대의 화차나 객차를 연결하여 철로 위를 다닐 수 있게 만든 탈것.
◢系列(계열)/羅列(나열)/隊列(대열)/堵列(도열)/同列(동렬)/班列(반열)/配列(배열)/竝列(병렬)/分列(분열)/序列(서열)/數列(수열)/順列(순열)/一列(일렬)/戰列(전열)/整列(정렬)/直列(직렬)/陳列(진열)/齒列(치열)/行列(항렬·행렬)

6 **刘** 劉(류)의 약자 →90쪽

4 *
6 **刎** 목 벨 **문** 刎

[중]wěn(원) [일]フン/くびきる [영]behead
[풀이] 목을 베다.
〔刎頸之交 문경지교〕《'목이 떨어져도 원망하지 않을 정도의 사이'라는 뜻으로》 생사를 같이할 수 있는 아주 가까운 사이, 또는 그런 친구. 刎頸之友(문경지우).

4
6 **刓** 깎을 **완** 刓

[중]wān(완) [일]ガン/けずる [영]round off
[풀이] ①깎다. ②닳다.
〔刓缺 완결〕 나무·돌 등에 새긴 것이 닳아서 없어짐.

4
6 **刖** 벨 **월** 刖

[중]yuè(위에) [일]ゲツ/きる [영]cut
[풀이] ①베다. 자름. ②발꿈치를 자르다.
〔刖刑 월형〕 발꿈치를 베는 형벌.

4 ☆*4
6 **刑** 형벌 **형** [본]刑 刑

一 二 于 开 刑 刑

㊥xíng(싱) ㊐ケイ/しおき
㊎punishment

금 [古字] 자원 죄수를 압송하는 우리[井]와 법 집행 도구의 상징인 칼[刀]이 합쳐져 죄수를 구속하여 처벌함을 나타낸 회의자라는 설과, 우물[井]을 둘러싸고 일어나는 분쟁을 방지하기 위해 관청에서 관리인을 파견하여 칼[刀]을 차고 우물을 지키도록 한 데에서 '벌로 다스리다'의 뜻을 나타낸 회의자라는 설 등이 있으나 정설이 없음.

풀이 ①형벌. ‖刑法(형법). ②형벌을 주다. 벌함. ③죽이다. ④법. 규칙. ‖典刑(전형).

〔刑具 형구〕 형벌을 가하거나 고문하는 데 쓰는 기구.
〔刑期 형기〕 형벌의 집행 기간.
〔刑量 형량〕 죄인에게 내리는 형벌의 정도.
〔刑律 형률〕 ➡刑法(형법).
〔刑吏 형리〕 지방 관청의 형방(刑房)에 속한 아전.
〔刑務所 형무소〕 '교도소(矯導所)'의 구칭.
〔刑房 형방〕 조선 시대에, 형죄(刑罪)에 관한 일을 담당하는 관아.
〔刑罰 형벌〕 국가가 죄를 지은 사람에게 법률에 의하여 주는 제재(制裁).
〔刑法 형법〕 범죄와 형벌에 관한 법률. 刑律(형률).
〔刑事 형사〕 ①형법의 적용을 받는 사건. ②'형사 순경(刑事巡警)'의 준말.
〔刑獄 형옥〕 예전에, 형벌과 감옥을 함께 이르던 말.
〔刑場 형장〕 사형(死刑)을 집행하는 곳.
〔刑典 형전〕 육전(六典) 중 형조(刑曹)의 소관 사항을 규정한 법전.

◢減刑(감형)/絞首刑(교수형)/求刑(구형)/極刑(극형)/禁錮刑(금고형)/無期刑(무기형)/罰金刑(벌금형)/死刑(사형)/實刑(실형)/量刑(양형)/流刑(유형)/終身刑(종신형)/重刑(중형)/懲役刑(징역형)/斬刑(참형)/處刑(처형)/體刑(체형)/笞刑(태형)/火刑(화형)

7 刦 刧(겁)의 속자 →92쪽

7 刼 刧(겁)과 동자 →92쪽

☆✱6
5
7 利 날카로울 **리**

丿 二 千 禾 禾 和 利

㊥lì(리) ㊐リ/とし ㊎sharp

갑 [古字] 자원 **회의자.** 갑골문에 보면 벼[禾]와 농기구 쟁기[㓞]를 나타내는 자가 합쳐진 자로, 농기구로 땅을 일구어 벼농사를 지음을 나타냄. 여기서 '이롭다'의 뜻이 나옴. 뒷날, 쟁기는 칼[刂]로 변함.

풀이 ①날카롭다. ‖銳利(예리). ②날래다. ③편하다. ‖便利(편리). ④이롭다. ‖利用厚生(이용후생). ⑤이익. ‖營利(영리). ⑥이자. ‖單利(단리). ⑦이기다. ‖勝利(승리).

〔利劍 이검〕 날카로운 칼.
〔利權 이권〕 이익을 얻을 수 있는 권리.
〔利己 이기〕 자기의 이익을 차림. ↔利他(이타).
〔利器 이기〕 ①날카로운 날이 있는 연장. 또는, 예리한 무기. ②편리한 기계. ③쓸모 있는 인물. 또는, 비상한 재능.
〔利尿 이뇨〕 오줌을 잘 나오게 함.
〔利得 이득〕 이익을 얻음. 또는, 그 이익. ↔損失(손실).
〔利慾 이욕〕 개인적인 이익을 탐내는 마음.
〔利用 이용〕 ①이롭게 씀. ②다른 사람이나 대상을 자기 이익을 꾀하기 위한 방편으로 씀.
〔利用厚生 이용후생〕 기구를 편리하게 쓰고 의식(衣食)을 넉넉하게 하여 살림에 부족이 없도록 함.
〔利潤 이윤〕 ①장사하여 남은 돈. ②기업의 총수익에서 모든 비용을 제한 나머지.
〔利率 이율〕 원금(元金)에 대한 이자의 비율.
〔利益 이익〕 ①이롭고 유익한 일. ↔損害(손해). ②기업의 결산 결과, 일체의 부채와 경비를 제한 뒤 증가된 금액.
〔利子 이자〕 남에게 돈을 빌려 쓴 대가로 치르는 돈. 길미. 利息(이식).
〔利敵 이적〕 적을 이롭게 함.
〔利點 이점〕 이로운 점.
〔利他 이타〕 남을 이롭게 해 주는 일. ↔利己(이기).
〔利害 이해〕 이익과 손해. 利病(이병). ‖利害關係(이해관계).

◢高利(고리)/公利(공리)/功利(공리)/權利(권리)/金利(금리)/單利(단리)/黨利(당리)/名利(명리)/薄利(박리)/福利(복리)/不利(불리)/私利(사리)/舍利(사리)/水利(수리)/勝利(승리)/實利(실리)/漁夫之利(어부지리)/年利(연리)/營利(영리)/銳利(예리)/有利(유리)/低利(저리)/便利(편리)/暴利(폭리)

☆✱6
5
7 別 나눌 **별** ㊗ 别

丨 ㄇ 口 号 另 別 別

㊥bié(비에) ㊐ベツ/わける ㊎part

2획

갑 전 자원 **회의자.** 뼈를 나타내는 冎(과)와 刀(칼 도)가 합쳐진 자로, 칼로 뼈에서 살을 발라내는 것을 나타냄. 여기에서 '구분해 내다'의 뜻이 생겨남. 갑골문에서 왼쪽은 칼, 오른쪽은 뼈를 나타냄.

풀이 ①나누다. ‖識別(식별). ②헤어지다. 이별. ‖惜別(석별). ③다르다. ‖別途(별도).

〔別個 별개〕 관련성이 없이 서로 다른 것.
〔別居 별거〕 따로 떨어져 삶.
〔別故 별고〕 ①특별한 사고. ②다른 까닭.
〔別館 별관〕 본관(本館) 외에 따로 지은 집.
〔別途 별도〕 ①원래의 것에 덧붙여 추가한 것. ②딴 방면이나 방도.
〔別淚 별루〕 이별의 눈물.
〔別名 별명〕 ①사람의 외모나 성격 등의 특징을 나타내어 본명 대신에 부르는 이름. ②본이름 외의 딴 이름.
〔別味 별미〕 특별히 좋은 맛. 또는, 그런 음식.
〔別般 별반〕 일반적인 것과 다름. 別段(별단).
〔別別 별별〕 여러 가지로 별다른. 별의별.
〔別世 별세〕 세상을 떠남. '죽음'을 높여 이름.
〔別世界 별세계〕 ①사람이 살고 있는 지구와는 다른 상상의 세계. ②자기가 있는 곳과는 아주 다른 환경이나 사회.
〔別數 별수〕 특별히 좋은 운수.
〔別試 별시〕 나라에 경사가 있을 때, 또는 병년(丙年)마다 실시한 문무과(文武科)의 과거.
〔別食 별식〕 별다르게 만든 좋은 음식.
〔別室 별실〕 ①특별히 따로 마련된 방. ②첩 또는 첩의 집.
〔別有天地 별유천지〕 ➡別天地(별천지).
〔別莊 별장〕 경치 좋은 곳에 따로 마련한 집. 別業(별업). 別第(별제). 別邸(별저). 別宅(별택).
〔別傳 별전〕 일화(逸話)·기문(奇聞)을 소설화한 문학 작품. 일명 전기 소설(傳奇小說). 당대(唐代)에 가장 성행하였음.
〔別冊 별책〕 따로 된 책.
〔別天地 별천지〕 늘 보는 보통 세상과는 매우 다른 좋은 세계. 別有天地(별유천지).
〔別添 별첨〕 서류를 따로 붙임.
〔別稱 별칭〕 달리 일컫는 이름.
〔別表 별표〕 따로 붙인 도표나 표시.
〔別項 별항〕 딴 조항이나 사항.
〔別行 별행〕 글의 따로 잡은 줄.

◢各別(각별)/鑑別(감별)/個別(개별)/訣別(결별)/告別(고별)/區別(구별)/奇別(기별)/大別(대별)/辨別(변별)/夫婦有別(부부유별)/分別(분별)/死別(사별)/惜別(석별)/選別(선별)/性別(성별)/送別(송별)/識別(식별)/離別(이별)/作別(작별)/餞別(전별)/差別(차별)/千差萬別(천차만별)/特別(특별)/判別(판별)

7 **别** 別(별)의 속자 →81쪽

*1
5
7 **刪** 깎을 **산** 통 删

㊥shān(°싼) ㊐サン/けずる ㊎cut

풀이 깎다. 삭제함. ‖刪削(산삭).

〔刪蔓 산만〕 덩굴처럼 잡다한 말은 잘라 버린다는 뜻으로, 편지 첫머리에 인사는 빼고 바로 할 말로 들어갈 때 쓰는 말. 除煩(제번).
〔刪削 산삭〕 쓸데없는 문자나 어구를 삭제함. 刪去(산거). 刪省(산생).
〔刪修 산수〕 불필요한 자구(字句)를 깎고 잘 정리함. 刪定(산정).

◢改刪(개산)/增刪(증산)

7 **删** 刪(산)과 동자 →82쪽

☆*5
5
7 **初** 처음 **초**

丶 ㇇ 礻 礻 礻 衤 初

㊥chū(°추) ㊐ショ/はじめ ㊎beginning

갑 자원 **회의자.** 衣(옷 의)와 刀(칼 도)가 합쳐진 자로, '옷감을 마름질하다'가 본뜻임. 여기에서 '시작', '처음'의 뜻도 생겨남. 갑골문에서 왼쪽은 옷, 오른쪽은 칼을 나타냄.

풀이 ①처음. 시작. ‖最初(최초). ②비로소. 처음으로.

〔初更 초경〕 하룻밤을 오경(五更)으로 나눈 첫째. 오후 7시에서 9시 사이. 初夜(초야). 甲夜(갑야).
〔初級 초급〕 맨 첫 번째의 등급.
〔初期 초기〕 어떤 기간의 처음이 되는 시기. 또는, 그 동안. ↔末期(말기).
〔初年 초년〕 ①일생의 초기. ②여러 해 걸리는 어떤 과정의 첫 해 또는 처음의 시기.
〔初代 초대〕 어떤 계통의 첫머리. 또는, 역대의 처음.
〔初對面 초대면〕 처음으로 대면함.
〔初頭 초두〕 ①일의 첫머리. ②애초.
〔初等 초등〕 ①맨 처음의 등급. ②맨 아래 등급.
〔初面 초면〕 처음으로 대하여 보는 얼굴이나 그런 상황. ↔舊面(구면).
〔初盤 초반〕 일이나 일정한 기간의 처음 단계.
〔初步 초보〕 ①첫걸음. ②학문·기술의 가장 낮은 단계나 수준.

2획

〔初產 초산〕 처음으로 아이를 낳음.
〔初喪 초상〕 사람이 죽어서 장사 지낼 때까지의 일.
〔初旬 초순〕 월초의 10일간. 上旬(상순). 上浣(상완). 上澣(상한).
〔初試 초시〕 과거의 맨 처음 시험. 복시(覆試)에 응할 사람을 뽑는 과거. 또는, 이 시험에 급제한 사람. 鄕試(향시).
〔初心者 초심자〕 ①처음 배우는 사람. ②어떤 일에 익숙하지 않은 사람.
〔初夜 초야〕 ① ➡初更(초경). ②결혼 첫날밤.
〔初葉 초엽〕 한 시대나 세기 등을 셋으로 구분할 때, 그 첫 무렵.
〔初有 초유〕 처음으로 있음.
〔初乳 초유〕 분만 후 며칠간 분비되는 젖.
〔初入 초입〕 ①어떤 곳에 들어가는 어귀. ②어떤 시기가 시작하는 때.
〔初志 초지〕 처음에 먹은 생각. 初心(초심). 初一念(초일념). 初意(초의).
〔初志一貫 초지일관〕 처음에 세운 뜻을 끝까지 밀고 나감.
〔初八日 초파'일〕 음력 사월 초여드렛날. 석가의 탄생일. 八日(파일).
〔初夏 초하〕 초여름.
〔初學者 초학자〕 ①처음으로 배우는 사람. ②학문이 얕은 사람.
〔初行 초행〕 어떤 곳에 처음으로 감.
〔初婚 초혼〕 처음으로 하는 결혼.
◢端初(단초)/當初(당초)/始初(시초)/年初(연초)/原初(원초)/月初(월초)/正初(정초)/週初(주초)/最初(최초)/太初(태초)

☆*4
5 7 **判** 빼갤 **판** 

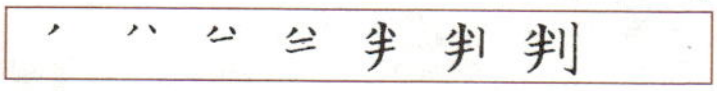

[중]pàn(판) [일]ハン, バン/わける [영]judge
[자원] **형성자.** 刀(도)는 의미를 나타내고 半(반)은 음을 나타냄.
[풀이] ①빼개다. 가름. ②판가름하다. 판단함. ‖裁判(재판). ③나누다. 구별함. ‖判別(판별).
〔判決 판결〕 ①시비나 선악을 판단하여 결정함. ②법원에서 법규를 적용하여 소송 사건을 결정, 종결하는 판정(判定).
〔判官 판관〕 ①조선 시대, 돈령부·한성부 등 관아의 종5품 벼슬. ②재판이나 심판 같은 일을 맡아 하는 사람.
〔判斷 판단〕 사물의 진위(眞僞)·선악·미추(美醜) 등을 가려 정함.
〔判讀 판독〕 뜻을 판단하면서 읽음.
〔判例 판례〕 소송 사건에 관한 판결의 실례. '판결례(判決例)'의 준말.
〔判明 판명〕 판단하여 분명히 밝힘.
〔判無識 판무식〕 아주 무식함. 全無識(전무식). 一字無識(일자무식).
〔判別 판별〕 시비·선악을 판단하여 구별함. 또는, 그 구별.
〔判示 판시〕 판결하여 내보임.
〔判然 판연〕 뚜렷하게 드러나 있음. 瞭然(요연).
〔判異 판이〕 아주 다름. 天壤之判(천양지판).
〔判定 판정〕 판단하여 결정함.
◢決判(결판)/公判(공판)/談判(담판)/批判(비판)/審判(심판)/誤判(오판)/裁判(재판)/參判(참판)/評判(평판)

★*4
6 8 **刻** 새길 **각** 

[중]kè(커) [일]コク/きざむ [영]carve
[자원] **형성자.** 刀(도)는 의미를 나타내고 亥(해)는 음을 나타냄.
[풀이] ①새기다. ㉮파다. ‖板刻(판각). ㉯아로새기다. ‖刻骨難忘(각골난망). ②깎다. ‖刻削(각삭). ③심하다. 엄함. ‖深刻(심각). ④때. 시각. ‖正刻(정각).
〔刻苦 각고〕 고생을 이겨 내면서 무척 애씀.
〔刻骨難忘 각골난망〕 남의 은혜에 대한 고마운 마음이 깊이 새겨져 잊혀지지 않음.
〔刻銘 각명〕 금석(金石)에 글자나 그림을 새김. 또는, 그 글자나 그림.
〔刻薄 각박〕 모질고 인정이 없음.
〔刻本 각본〕 판(版)에 새겨 인쇄한 책. 板刻本(판각본). 版本(판본).
〔刻手匠 각수장〕 문자·도화(圖畫) 등을 새기는 일을 직업으로 하는 사람.
〔刻印 각인〕 도장을 새김.
〔刻一刻 각일각〕 시간이 지남에 따라 더욱더.
〔刻舟求劍 각주구검〕 《초나라 사람이 배에서 칼을 물속에 떨어뜨리고 그 위치를 뱃전에 표시하였다가 나중에 배가 움직인 것을 생각하지 않고 칼을 찾았다는 고사에서》 융통성 없이 현실에 맞지 않는 낡은 생각을 고집하는 어리석음.
◢頃刻(경각)/木刻(목각)/復刻(복각)/浮刻(부각)/石刻(석각)/時刻(시각)/時時刻刻(시시각각)/深刻(심각)/陽刻(양각)/陰刻(음각)/一刻(일각)/篆刻(전각)/正刻(정각)/彫刻(조각)/卽刻(즉각)/遲刻(지각)/寸刻(촌각)/板刻(판각)

*1
6 8 **刮** 깎을 **괄** 

[중]guā(꾸아) [일]カツ/けずる [영]scrape
[풀이] ①깎다. 도려냄. ②비비다. ‖刮目

2획

相對(괄목상대). ③닦다. ‖ 刮磨(괄마).
〔刮目相對 괄목상대〕《눈을 비비고 상대편을 본다는 뜻으로》 남의 학식이나 재주가 놀랄 만큼 부쩍 늚.

★✱4
6
8 **券** 문서 **권**

丷 丷 ㅅ 二 半 失 券 券

㊥quàn(취엔) ㊐ケン ㊎bond
자원 **형성자.** 刀(도)는 의미를 나타내고 龹(권)은 음을 나타냄.
풀이 ①문서. 증서. 증표. ‖ 證券(증권). ②어음쪽.
◢ 馬券(마권)/發券(발권)/福券(복권)/食券(식권)/旅券(여권)/株券(주권)/證券(증권)/債券(채권)

2획

☆✱5
6
8 **到** 이를 **도**

一 ㄷ ㄷ 즈 至 至 到 到

㊥dào(따오) ㊐トウ/いたる ㊎reach
금 전 자원 **형성자.** 금문은 화살이 땅에 꽂힌 모양을 나타낸 至(이를 지)와 人(사람 인)이 합쳐진 회의자로, 사람이 어느 곳에 다다름을 나타냄. 뒷날 소전에서 人이 刀(칼 도)로 바뀜으로써 형성자가 됨. 至는 의미를 나타내고 刀(도)는 음을 나타냄.
풀이 ①이르다. ‖ 到着(도착). ②빈틈없이 찬찬하다. 주밀함. ‖ 周到(주도). ③속이다.
〔到達 도달〕 정한 곳에 이름.
〔到來 도래〕 어떤 시기나 기회가 닥쳐옴.
〔到任 도임〕 지방의 관리가 근무지에 도착함.
〔到底 도저〕 ①학식이나 생각이 아주 깊음. ②행동이나 몸가짐이 곧고 흐트러짐이 없음.
〔到着 도착〕 목적지에 다다름.
〔到處 도처〕 가는 곳마다.
◢ 來到(내도)/當到(당도)/想到(상도)/殺到(쇄도)/用意周到(용의주도)/周到(주도)

★✱3-Ⅱ
6
8 **刷** 인쇄할 **쇄** 본**솰**

ㄱ ㄱ 尸 尸 吊 吊 刷 刷

㊥shuā(°쑤아) ㊐サツ/する ㊎print
자원 **형성자.** 刀(칼 도)는 의미를 나타내고, 㕞(쇄)의 축약형인 㕞 자는 음을 나타냄.
풀이 ①인쇄하다. ‖ 印刷(인쇄). ②쓸다. ‖ 刷掃(쇄소). ③씻다. 없앰. ④솔. ‖ 刷子(쇄자).
〔刷掃 쇄소〕 쓸고 닦음.
〔刷新 쇄신〕 묵은 것을 없애고 새롭게 함. 革新(혁신).
〔刷還 쇄환〕 조선 시대에, 외국에서 유랑하는 동포를 본국으로 데려옴.
◢ 校正刷(교정쇄)/別刷(별쇄)/印刷(인쇄)

★✱3-Ⅱ
6
8 **刺** ❶찌를 **자**★✱3-Ⅱ ❷찌를 **척**✱3-Ⅱ ❸나무랄 **체**

一 ㄷ 广 市 朿 朿 刺 刺

㊥cì(츠), qì(치)
㊐シ, セキ, セイ/さす ㊎pierce
자원 **회의 겸 형성자.** 가시가 난 나무를 본뜬 朿(가시 자)와 刀(칼 도)가 합쳐진 자로, 가시가 찌르는 것을 나타냄. 刀는 의미를 나타내고 朿는 의미와 음을 겸하여 나타냄.
刺(랄·라:85쪽)는 딴 자.
풀이 ❶①찌르다. ‖ 刺戟(자극). ②가시. ‖ 有刺鐵線(유자철선). ③나무라다. 헐뜯음. ‖ 諷刺(풍자). ④명함. ‖ 名刺(명자). ❷①찌르다. ㉮칼로 베다. ㉯바느질하다. ‖ 刺繡(자수). ㉰문신을 하다. ‖ 刺字(자자). ②살피다. ❸나무라다.
〔刺客 자객〕 사람을 몰래 찔러 죽이는 사람. 暗殺者(암살자).
〔刺戟 자극〕 ①정신을 흥분시키는 일. ②외적(外的) 조건의 변화가 감각 기관을 흥분시켜 독특한 감각을 일으키게 하는 작용.
〔刺殺 자살·척살〕 찔러 죽임.
〔刺傷 자상〕 칼 따위의 날카로운 것에 찔려서 입은 상처. 刺創(자창).
〔刺繡 자수〕 수를 놓음. 또는, 그 수. 刺는 바느질, 繡는 뜨개질.
〔刺字 자자〕 죄인의 팔뚝이나 얼굴의 살을 따고 홈을 내어 먹물로 죄명을 찍어 넣던 벌. 刺文(자문).
◢ 亂刺(난자)/諷刺(풍자)/虎列刺(호열자)

★✱4-Ⅱ
6
8 **制** 마를 **제**

ㅅ ㅡ 牛 肯 朱 制 制

㊥zhì(°쯔) ㊐セイ ㊎cut
전 자원 **회의자.** '가지 많은 나무'의 상형인 未(미)의 변형과 刀(칼 도)가 합쳐진 자로, 나뭇가지를 칼로 잘라 필요한 도구를 만든다는 뜻을 나타냄.
풀이 ①마르다. ‖ 裁制(재제). ②만들다. 통製. ‖ 制造(제조). ③누르다. 억제하다. ‖ 制慾(제욕). ④법도. 규정. ‖ 規制(규제). ⑤정하다. ⑥임금의 말. ‖ 制詔(제소). ⑦묶다. 속박함. ‖ 抑制

(억제). ⑧마음대로 하다.
〔制度 제도〕 관습·도덕·법률 등의 규범이나 사회 구조의 체계.
〔制動 제동〕 기계나 자동차 등의 운동을 멈추게 함.
〔制令 제령〕 ①제도(制度)와 법률. ②법제(法制)에서 정해진 명령.
〔制服 제복〕 구성원이 모두 입도록 된 일정한 모양의 복장.
〔制壓 제압〕 위력이나 위엄으로 남을 눌러서 통제함.
〔制約 제약〕 ①사물의 성립에 반드시 있어야 할 조건이나 규정. ②어떤 조건을 붙임. 制限(제한).
〔制御 제어〕 ①억눌러서 억제함. ②기계나 설비가 목적에 알맞은 동작을 하도록 조절함.
〔制裁 제재〕 법이나 규율을 위반하는 행위에 대하여 가하는 처벌.
〔制定 제정〕 제도를 정함. 制決(제결).
〔制止 제지〕 말려서 못 하게 함.
〔制霸 제패〕 ①패권(霸權)을 잡음. ②경기 따위에서 우승함.
〔制限 제한〕 어느 한도를 벗어나지 못하게 억제함. 또는, 그 한도.
〔制憲 제헌〕 헌법을 제정함.
◢強制(강제)/牽制(견제)/規制(규제)/禁制(금제)/機制(기제)/法制(법제)/服制(복제)/喪制(상제)/稅制(세제)/時制(시제)/壓制(압제)/抑制(억제)/自制(자제)/專制(전제)/節制(절제)/職制(직제)/體制(체제)/統制(통제)/編制(편제)/學制(학제)

6 **刹** *2 절 **찰** | 통 刹 刹
8

중chà(°차) 일セツ/てら 영temple
풀이 ①절. 사찰. ‖古刹(고찰). ②탑. ③짧은 시간. ‖刹那(찰나).
〔刹那 찰나〕 범어 ksana의 음역. 지극히 짧은 시간. 瞬間(순간).
◢古刹(고찰)/名山大刹(명산대찰)/寺刹(사찰)

6 **刱** 처음 **창** | 속 刱 刱 刱
8

중chuàng(°추앙) 일ソウ/はじめる 영beginning
풀이 ①처음. 비롯하다. 통創. ②상처를 입다.

8 **刑** 刑(형)의 본자 →80쪽

7 **剄** 목 벨 **경** | 간 刭 剄
9

중jǐng(징) 일ケイ/くびきる 영behead
풀이 목을 베다.
〔剄殺 경살〕 목을 베어 죽임.

7 **剋** *1 이길 **극** | 剋
9

중kè(커) 일コク/かつ 영overcome
풀이 ①이기다. 억누르다. 같克. ‖剋己(극기). ②잘하다. ③정하다. ‖剋期(극기).
◢相剋(상극)

7 **剆** * 칠 **라**
9

중luǒ(루어) 일ラ 영strike
풀이 치다.

7 **剌** *1 1어그러질 **랄***1 2한수라 **라**1 | 剌
9

중là(라) 일ラツ/もとる 영go against
刺(자·척·체:84쪽)는 딴 자.
풀이 1①어그러지다. 서로 반대됨. ②고기 뛰는 소리. ‖潑剌(발랄). 2수라(水剌).
◢潑剌(발랄)/水剌(수라)

9 **頁** 負(부)의 속자 →713쪽

7 **削** ★*3-Ⅱ 1깎을 **삭**★*3-Ⅱ 2칼집 **초** 본소 | 削
9

丨 小 小 肖 肖 肖 削 削

중xiāo(씨아오), qiào(치아오)
일サク/けずる 영cut, scabbard
자원 **형성자.** 刀(도)는 의미를 나타내고 肖(초)는 음을 나타냄.
풀이 1①깎다. 덜어 버리다. ‖削髮(삭발)/削奪(삭탈). ②범하다. 해침. 2칼집. 통鞘.
〔削減 삭감〕 깎아서 줄임. ↔添加(첨가).
〔削髮 삭발〕 ①머리를 깎음. 剃髮(체발). ②승려가 됨.
〔削籍 삭적〕 호적이나 학적에서 기록을 지워 없앰. 落籍(낙적).
〔削除 삭제〕 깎아 없애거나 지워 버림.
〔削奪官職 삭탈관직〕 죄지은 사람의 벼슬과 품계를 빼앗는 일.
◢減削(감삭)/掘削(굴삭)/切削(절삭)/添削(첨삭)

7 **前** ☆*7 앞 **전** | 前
9

丷 䒑 广 产 前 前 前 前

중qián(치엔) 일ゼン/まえ
영front, former
갑 금 자원 **회의자.** '발[止]'과 '대야[凡]'를 나타낸 자가 합쳐진 자로, 종묘(宗廟)에

2획

들어가기 전에 발을 대야의 물에 담가 깨끗이 씻어야 함을 나타냄. 여기서 '앞서', '먼저'의 뜻이 생겨남. 일설에는, 전진하는 배 앞에 내민 발을 나타낸 것으로 가장 먼저 상륙한다는 뜻을 가진다는 주장도 있음.

풀이 ①앞. ‖門前(문전)/前人(전인). ②앞서다. ‖前導(전도). ③나아가다. ④…에게.

〔前景 전경〕 앞쪽에 보이는 경치.
〔前古 전고〕 지나간 옛날.
〔前功 전공〕 전에 쌓은 공. 前勳(전훈).
〔前功可惜 전공가석〕《전에 세운 공로가 아깝다는 뜻으로》 애써 한 일이 보람 없이 됨.

〔前科 전과〕 이전에 죄를 범하여 재판에 의해 확정된 형벌의 전력.
〔前期 전기〕 ①일정 기간을 몇 개로 나눈 그 첫 시기. ②앞의 시기.
〔前代 전대〕 지나간 시대.
〔前代未聞 전대미문〕 지금까지 들어본 적이 없음.
〔前途遙遠 전도요원〕 ①앞으로 갈 길이 아득히 멂. ②목적한 바에 이르기에는 아직도 멂.
〔前途有望 전도유망〕 앞으로 잘될 희망이 있음.
〔前歷 전력〕 과거의 경력.
〔前無後無 전무후무〕 전에도 없었고, 앞으로도 없음. 空前絶後(공전절후).
〔前文 전문〕 ①한 편의 글에서 앞부분에 해당하는 글. ②법령 조항 앞에 붙여 그 법령의 목적이나 기본 원칙 등을 밝히는 글.
〔前半 전반〕 전체를 둘로 나누었을 때의 앞부분.
〔前方 전방〕 ①앞쪽. 前面(전면). ②적을 바로 마주하고 있는 지역. ↔後方(후방).
〔前生 전생〕 현세에 태어나기 전의 세상. 前世(전세). ※今生(금생)·後生(후생).
〔前線 전선〕 ①전장에서 적과 접촉하는 맨 앞 지역. ②직접 뛰어든 일정한 활동 분야. ③성질이 다른 두 기단(氣團)의 경계면이 지표와 만나는 선. ‖寒冷前線(한랭 전선).
〔前夜 전야〕 ①어떤 날의 바로 전날 밤. ②어떤 시기나 단계의 바로 앞의 시기나 단계.
〔前衛 전위〕 ①앞에서 먼저 나가는 호위. ②본대(本隊)의 전방을 경위하는 부대. ↔後衛(후위). ③예술 운동에서 가장 선구적인 구실을 하는 집단. 아방가르드(avant-garde). ④배구·테니스 등에서, 앞쪽을 지키는 선수.
〔前人未踏 전인미답〕 이전 사람이 아직 가 보지 못하거나 해 보지 못함.
〔前進 전진〕 앞으로 나아감.
〔前日 전일〕 ①지난날. 先日(선일). ②바로 앞날.
〔前任 전임〕 이전에 그 직위에 있었던 일. 또는, 그 사람. 先任(선임). ↔後任(후임).
〔前者 전자〕 ①지난번. ②먼저 지적한 사물이나 사람. ↔後者(후자).
〔前提 전제〕 ①어떤 사물을 먼저 내세움. ②추리를 할 때, 결론의 기초가 되는 판단.
〔前兆 전조〕 사건 발생의 조짐. 徵兆(징조).
〔前奏 전주〕 ①곡의 첫머리. ②오페라 따위의 막을 열기 전에 하는 연주.
〔前轍 전철〕《'앞에 지나간 수레바퀴 자국'이란 뜻으로》 앞사람의 실패나 잘못.
〔前後 전후〕 ①앞과 뒤. ②먼저와 나중. ③대강 그 정도. 안팎.

◢空前(공전)/紀元前(기원전)/面前(면전)/目前(목전)/門前(문전)/倍前(배전)/事前(사전)/生前(생전)/食前(식전)/衙前(아전)/案前(안전)/眼前(안전)/御前(어전)/如前(여전)/年前(연전)/靈前(영전)/午前(오전)/以前(이전)/日前(일전)/從前(종전)/直前(직전)/婚前(혼전)

7 9 則 ☆*5

❶곧 즉
❷법 칙 ☆*5 본측

간 则 則

冂 冃 目 目 貝 貝 則 則

중zé(저) 일ソク/のり 영namely, rule

금 자원 **회의자.** 솥을 나타내는 鼎(정)과 刀(칼 도)가 합쳐진 자로, 칼로 솥에 문자를 새겨서 후세인들에게 준칙으로 삼게 하는 것을 나타냄. 여기에서 '준칙', '법도'의 뜻이 생겨남. 소전에서 鼎이 貝(조개 패)로 바뀜.

풀이 ❶곧. ❷①법. 규칙. 천리(天理). ‖校則(교칙). ②본받다.

◢校則(교칙)/規則(규칙)/反則(반칙)/罰則(벌칙)/犯則(범칙)/法則(법칙)/變則(변칙)/附則(부칙)/社則(사칙)/細則(세칙)/守則(수칙)/原則(원칙)/定則(정칙)/準則(준칙)/天則(천칙)/鐵則(철칙)/總則(총칙)/通則(통칙)/學則(학칙)/會則(회칙)

9 剎

刹(찰)과 동자 →85쪽

9 剏

刱(창)의 속자 →85쪽

7 9 剃 *

머리 깎을 **체**

剃

중tì(티) 일テイ/そる 영cut hair

풀이 머리를 깎다. ‖剃刀(체도).

〔剃刀 체도〕 머리털이나 수염을 깎는

작은 칼. 면도칼.
〔剃髮 체발〕 ①머리털을 깎음. 祝髮(축발). 落髮(낙발). ②출가(出家)함. 剃度(체도). 削髮(삭발).

8 10 **剛** ★★3-Ⅱ 굳셀 **강** [동] 鋼 [간] 刚

冂 门 円 冈 岡 岡 剛 剛

[중]gāng(깡) [일]ゴウ/つよい [영]firm
[갑] [전] [자원] **회의 겸 형성자.** 갑골문 刀(도)와 网(그물 망)으로 이뤄진 회의자로, 칼로 그물을 자르는 것을 나타내어 '단단하고 예리함'을 뜻함. 刀는 의미를 나타내고 网은 의미와 음을 나타냄. 소전에서 网이 岡(강)으로 바뀌어 음을 나타내게 되었고, 의미도 확장되어 '굳세다', '단단하다'의 뜻을 갖게 됨.
[풀이] ①굳세다. ‖剛健(강건). ②굳다. 단단함. ‖剛性(강성).
〔剛健 강건〕 ①의지나 기상이 굳세고 건전함. ②필력(筆力)·문세(文勢)가 강하고 힘참.
〔剛勁 강경〕 성품이 강직함.
〔剛斷 강단〕 어떤 일을 야무지게 결단하거나 견뎌 내는 힘.
〔剛木水生 강목수생〕《물기 없는 나무에서 물이 난다는 뜻으로》 없는 것을 무리하게 강요함. 乾木水生(건목수생).
〔剛性 강성〕 단단한 성질.
〔剛直 강직〕 마음이 굳세고 곧음.
◢金剛(금강)/外柔內剛(외유내강)

10 **剣** 劍(검)의 약자 →89쪽

8 10 **剞** 새길 **기**

[중]jī(찌) [일]キ [영]graver
[풀이] ①새기다. ②새김칼.

8 10 **剝** *1 벗길 **박**

[중]bāo(빠오) [일]ハク/はぐ [영]strip
[풀이] ①벗기다. ②벗겨지다. ‖剝離(박리). ③괴롭히다.
〔剝離 박리〕 벗겨 냄.
〔剝製 박제〕 동물의 내장을 발라내고 그 안에 솜·대팻밥을 넣어 살아 있을 때와 같은 모양으로 만든 것.
〔剝奪 박탈〕 권력이나 힘 등으로 남의 권리·자격·재물 등을 빼앗음.
〔剝片 박편〕 벗겨져 떨어진 조각.
〔剝皮 박피〕 껍질을 벗김.

8 10 **剖** *1 쪼갤 **부**

[중]pōu(퍼우) [일]ボウ/さく [영]split
[풀이] ①쪼개다. ②가르다. 깨뜨림.
〔剖檢 부검〕 사망 원인을 밝히기 위해 시체를 해부하여 검사하는 일.
〔剖棺斬屍 부관참시〕 무덤을 파헤쳐 관을 쪼개고 시체의 목을 벰.
◢解剖(해부)

8 10 **剕** 발꿈치 벨 **비**

[중]fèi(°페이) [일]ヒ/あしきる [영]cut heel
[풀이] 발꿈치를 베다.
〔剕罰 비벌〕 발꿈치를 베는 형벌.

8 10 **剡** * [1]땅 이름 **섬***
[2]날카로울 **염**

[중]shàn(°싼), yǎn(옌) [일]セン, エン [영]sharp
[풀이] [1]땅 이름. [2]①날카롭다. ②깎다.

10 **剤** 劑(제)의 약자 →90쪽

10 **剏** 刱(창)의 속자 →85쪽

8 10 **剔** * 바를 **척**

[중]tī(티) [일]テキ/えぐる [영]gouge out
[풀이] ①바르다. 뼈를 발라냄. ②깎다.
〔剔抉 척결〕 ①살을 긁어내고 뼈를 발라냄. ②결함이나 모순 등을 찾아내어 없앰.
〔剔出 척출〕 발라냄. 또는, 후벼 냄.

9 11 **副** ★★4-Ⅱ 버금 **부**

一 口 ⼙ 畐 畐 畐 畐 副

[중]fù(°푸) [일]フク/そう [영]second
[자원] **형성자.** 刀(도)는 의미를 나타내고 畐(복)은 음을 나타냄.
[풀이] ①버금. 다음. ‖副總裁(부총재). ②돕다. ③원본의 등사. ‖副本(부본). ④부인의 머리꾸미개.
〔副官 부관〕 군대에서 부대장이나 지휘관의 명령을 받아 행정 업무를 맡아보는 참모 장교.
〔副木 부목〕 다친 팔다리 등을 안정시키기 위해 대는 나무.
〔副本 부본〕 정본(正本)과 동일한 내용의 문서. 정본의 예비와 사무 정리를 위하여 만듦. 副書(부서).
〔副使 부사〕 정사(正使)를 보좌하는 사신.
〔副詞 부사〕 품사의 하나. 용언 또는 다른 말 앞에 놓여 그 뜻을 분명하게

2획

하는 단어.
〔副産物 부산물〕 ①주산물의 생산 과정에서 더불어 생기는 물건. ②어떤 일을 할 때 부수적으로 생기는 일이나 현상.
〔副賞 부상〕 상장 외에 덧붙여 주는 상금이나 상품.
〔副書 부서〕 ➡副本(부본).
〔副署 부서〕 법령이나 대통령의 국무에 관한 문서에 국무총리와 관계 국무 위원이 함께 서명하는 일. 또는, 그 서명.
〔副收入 부수입〕 정규 수입 이외에 가외로 생기는 수입.
〔副食 부식〕 주식(主食)에 딸린 음식물. 반찬 따위. '부식물(副食物)'의 준말.
〔副審 부심〕 운동 경기에서, 주심(主審)을 보좌하는 심판원.
〔副業 부업〕 본업 외에 여가를 이용하여 갖는 직업. ↔本業(본업).
〔副應 부응〕 무엇에 좇아서 응함.
〔副作用 부작용〕 어떤 일에 부수적으로 일어나는 바람직하지 못한 일.
〔副題 부제〕 서적·논문 등 주된 제목에 덧붙이는 제목. ↔主題(주제).
〔副次的 부차적〕 주된 것이 아니라 그것에 딸린 것.
〔副總裁 부총재〕 총재를 보좌하며 총재 유고 시 그를 대리하는 사람.

11 **剰** 剩(잉)의 약자 →88쪽

9 *1
11 **剪** 벨 **전** 剪

㊥jiǎn(지엔) ㊐セン/きる ㊢shear
풀이 ①베다. 자름. 죽임. ‖剪枝(전지)/剪夷(전이). ②가위. ‖剪刀(전도).
〔剪斷 전단〕 잘라서 끊음.
〔剪刀 전도〕 가위.
〔剪毛 전모〕 짐승의 털을 깎음. 털깎기. ‖剪毛機(전모기).
〔剪裁 전재〕 옷감을 마름질함.
〔剪定 전정〕 ➡剪枝(전지).
〔剪枝 전지〕 초목의 가지를 잘라 다듬는 일. 剪定(전정).

10
12 **剴** 알맞을 **개** 간 剀 剴

㊥kǎi(카이) ㊐ガイ, カイ ㊢proper
풀이 ①알맞다. 잘 어울림. ②큰 낫. ③베다. 문지름. ④알리다.
〔剴切 개절〕 알맞고 적절함.

10 *1
12 **剩** 남을 **잉** 약간 剰 剩

㊥shèng(°썽) ㊐ジョウ/あまる
㊢surplus
풀이 ①남다. 나머지. 남음. ‖剩餘(잉여). ②그 위에. 게다가.
〔剩餘 잉여〕 쓰고 난 나머지. 餘剩(여잉). 餘分(여분). ‖剩餘金(잉여금).
◢過剩(과잉)

10 ★*4-Ⅱ
12 **創** 비롯할 **창** 간 创 創

ノ 𠆢 亼 今 㑒 倉 倉 創

㊥chuàng(°추앙) ㊐ソウ/はじめる
㊢begin
금 자원 **형성자.** 刀(도)는 의미를 나타내고 倉(창)은 음을 나타냄. 원래는 지사자로, 금문에서처럼 칼날에 두 방울의 피가 묻어 있어 '칼에 다친 상처'를 뜻함. 뒷날 '시작하다', '창조하다'의 뜻으로 가차되어 쓰임. 자형도 刅(창)에서 刱(창)으로 쓰이다가 創의 형태로 바뀜.
풀이 ①비롯하다. 시작하다. ‖創業(창업). ②상처를 입다. 상처. ‖創傷(창상).
〔創刊 창간〕 정기 간행물인 신문·잡지 등을 처음으로 간행함. ↔廢刊(폐간).
〔創建 창건〕 ➡創立(창립).
〔創團 창단〕 단체를 처음으로 만듦.
〔創黨 창당〕 정당을 새로 만듦.
〔創立 창립〕 처음으로 세움. 創建(창건). 創設(창설).
〔創社 창사〕 회사를 처음 설립함.
〔創傷 창상〕 창·총검·칼날 등에 다친 상처. 瘡傷(창상).
〔創設 창설〕 ➡創立(창립).
〔創世 창세〕 처음으로 세계를 만듦. 또는, 그때.
〔創始 창시〕 어떤 종교나 사상·학설 등을 처음으로 시작하거나 내세움.
〔創氏改名 창씨개명〕 일제(日帝)가 우리의 성(姓)과 이름을 일본식으로 고치게 한 일.
〔創案 창안〕 처음으로 생각해 냄. 또는, 그런 생각이나 방안.
〔創業 창업〕 ①나라를 처음으로 세움. ②사업을 처음으로 시작함.
〔創意 창의〕 새로운 의견을 생각해 냄. 또는, 그 의견.
〔創痍 창이〕 날붙이에 다친 상처.
〔創作 창작〕 ①생각해 내어 처음 만듦. ②예술상의 작품을 독창적으로 만드는 일. 또는, 그 작품.
〔創製 창제〕 처음으로 만들거나 제정함.
〔創造 창조〕 처음으로 만듦. 創製(창제). ‖創造物(창조물). ↔模倣(모방).
◢開創(개창)/巨創(거창)/獨創(독창)/刺創(자창)/重創(중창)/草創(초창)

10 ★*3-Ⅱ
12 **割** 나눌 **할** 본 **갈** 약 割 割

宀 宀 宇 宰 害 害 割 割

[중]gē(꺼) [일]カツ/わる [영]divide

[자원] **형성자.** 刀(도)는 의미를 나타내고 害(해)는 음을 나타냄.

[풀이] ①나누다. ‖割據(할거). ②가르다. ‖割腹(할복). ③빼앗다. ‖割耕(할경). ④할. 비율. ④해치다. 손상함.

〔割據 할거〕 땅을 나누어 차지하고 굳게 지킴.

〔割當 할당〕 몫을 갈라 나눔. 또는, 그 몫. ‖割當制(할당제).

〔割半之痛 할반지통〕《'몸의 반을 베어 내는 고통'이란 뜻으로》 형제자매가 죽은 슬픔.

〔割譜 할보〕 족보에서 이름을 삭제하여 친족의 관계를 끊음.

〔割腹 할복〕 죽으려고 칼로 배를 가름.

〔割賦 할부〕 돈을 여러 번에 나누어 냄.

〔割愛 할애〕 아깝게 여기는 것을 기꺼이 내줌.

〔割讓 할양〕 ①토지의 일부를 나누어서 남에게 넘겨줌. ②국가 간의 합의에 따라 자기 나라 영토의 일부를 딴 나라에 넘겨줌.

〔割引 할인〕 일정한 값에서 얼마를 뺌.

〔割增 할증〕 일정한 값에 얼마를 더함.

◢均割(균할)/卵割(난할)/分割(분할)/役割(역할)

* 12 剳 割(할)의 약자 →88쪽

* 13 剿 勦(초)와 동자 →96쪽

*1 11 13 剽 빠를 **표** 剽

[중]piāo(피아오) [일]ヒョウ/すばやい [영]fast

[풀이] ①빠르다. ‖剽疾(표질). ②사납다. 거칢. ‖剽狡(표교). ③훔치다. 벗김. ‖剽竊(표절).

〔剽掠 표략〕 위협하여 빼앗음.

〔剽竊 표절〕 남의 시가(詩歌)·문장 등을 도용하여 자기가 지은 것처럼 함. 剽賊(표적).

〔剽悍 표한〕 몹시 사나움.

12 14 劂 새김칼 **궐** 劂

[중]jué(쥐에) [일]ケツ [영]graver

[풀이] ①새김칼. ②새기다. 조각함.

★★3-Ⅱ 12 14 劃 그을 **획** [동]畫 [간]划 劃

⺕ ⺕ 聿 聿 書 書 畫 劃

[중]huà(후아) [일]カク/かぎる [영]draw

[자원] **회의 겸 형성자.** 刀(도)와 畫(화)가 합쳐진 자로, 칼로 자르기에 앞서 그 경계를 그리는 것을 나타냄. 刀는 의미를 나타내고 畫는 의미와 음을 겸하여 나타냄.

[풀이] ①긋다. 나누다. ‖區劃(구획). ②꾀하다. ③한자의 획.

〔劃期的 획기적〕 어떤 과정에서 전연 새로운 시대가 열릴 만큼 뚜렷이 구분되는 것.

〔劃然 획연〕 구별이 분명함.

〔劃一 획일〕 '一' 자를 그은 듯이 모두가 한결같음.

〔劃定 획정〕 명확히 구별하여 정함.

〔劃策 획책〕 일을 꾸미거나 꾀함.

◢計劃(계획)/區劃(구획)/企劃(기획)

★★3-Ⅱ 13 15 劍 칼 **검** [동]劒劔 [약]剣 [간]剑 劍

八 ㅅ 合 合 合 僉 僉 劍

[중]jiàn(찌엔) [일]ケン/つるぎ [영]sword

[자원] **형성자.** 刀(도)는 의미를 나타내고 僉(첨)은 음을 나타냄.

[풀이] ①칼. ‖劍舞(검무). ②검법.

〔劍客 검객〕 검술을 잘하는 사람. 劍士(검사).

〔劍戟 검극〕 칼과 창. 劍槊(검삭).

〔劍道 검도〕 죽도(竹刀)로 상대편을 치거나 찔러서 승패를 결정하는 경기.

〔劍舞 검무〕 칼을 들고 추는 춤. 칼춤.

〔劍術 검술〕 칼을 쓰는 법. 劍法(검법).

〔劍匠 검장〕 칼을 만드는 사람. 劍工(검공).

〔劍俠 검협〕 검술에 능한 협객(俠客).

◢刻舟求劍(각주구검)/短劍(단검)/大劍(대검)/刀劍(도검)/銅劍(동검)/名劍(명검)/木劍(목검)/雙劍(쌍검)/長劍(장검)/槍劍(창검)/銃劍(총검)

15 劒 劍(검)과 동자 →89쪽

★★4 13 15 劇 심할 **극** [간]剧 劇

⺊ 广 卢 虍 虏 豦 豦 劇

[중]jù(쮜) [일]ゲキ/はげしい [영]violent, drama

[자원] **회의 겸 형성자.** 범[虎]과 멧돼지[豕]가 뒤얽혀 싸우고 있음을 나타내는 豦(거)와 刀(칼 도)가 합쳐진 자로, '아주 심함'을 나타냄. 刀는 의미를 나타내고 豦는 의미와 음을 겸하여 나타냄.

[풀이] ①심하다. 혹독하다. ‖劇甚(극심). ②연극. ‖戲劇(희극).

〔劇壇 극단〕 ①연극하는 무대. ②연극인들의 사회. 演劇界(연극계). 劇界(극

계).
〔劇烈 극렬〕 맹렬함. 激烈(격렬).
〔劇本 극본〕 연극이나 영화 등의 대본. 脚本(각본).
〔劇甚 극심〕 극도로 심함.
〔劇藥 극약〕 사용량을 초과하면 생명이 위험하거나 기능에 장해를 일으키는 약. 劇劑(극제).
〔劇作 극작〕 연극의 각본을 쓰는 일. ‖劇作家(극작가).
〔劇場 극장〕 ①무대와 객석을 갖추고 연극·무용·음악 등의 무대 예술을 공연하는 건물이나 시설. ②'영화관'의 이칭.
〔劇的 극적〕 연극을 보는 것과 같은 긴장이나 감동을 불러일으키는 (것).
◢歌劇(가극)/國劇(국극)/無言劇(무언극)/放送劇(방송극)/悲劇(비극)/史劇(사극)/新派劇(신파극)/樂劇(악극)/演劇(연극)/連續劇(연속극)/人形劇(인형극)/慘劇(참극)/唱劇(창극)/寸劇(촌극)/活劇(활극)/喜劇(희극)

2획

13 15 劉 *2 죽일 류 (약간 刘) 劉

㊥liú(리우) ㊐リュウ ㊎kill
풀이 ①죽이다. 사람을 죽임. ②베풀다. 벌여 놓음. ③이기다.

13 15 劈 *1 쪼갤 벽 劈

㊥pī(피) ㊐ヘキ/つんざく ㊎split
풀이 ①쪼개다. 가름. ‖劈開(벽개). ②천둥. ‖劈靂(벽력).
〔劈開 벽개〕 ①쪼개져서 갈라짐. ②광물이 일정하게 결을 따라 쪼개지는 일.
〔劈頭 벽두〕 ①글이나 말의 첫머리. ②일이 시작된 맨 처음.
〔劈靂 벽력〕 벼락.

16 劒 * 劍(검)과 동자 →89쪽

14 16 劓 코 벨 의 劓

㊥yì(이) ㊐ギ/はなきり ㊎cut the nose
풀이 ①코를 베다. 옛 형벌의 하나. ②쪼개다. 가름.
〔劓馘 의괵〕 코와 귀를 베는 형벌.

14 16 劑 *2 약 지을 제 (약 剤 간 剂) 劑

㊥jì(찌) ㊐ザイ, セイ, スイ ㊎prepare medicine
풀이 약을 짓다. 조합(調合)함. 조제한 약. ‖藥劑(약제).
◢覺醒劑(각성제)/強壯劑(강장제)/驅蟲劑(구충제)/痲醉劑(마취제)/防腐劑(방부제)/殺菌劑(살균제)/洗劑(세제)/消化劑(소화제)/睡眠劑(수면제)/藥劑(약제)/營養劑(영양제)/接着劑(접착제)/精力劑(정력제)/錠劑(정제)/調劑(조제)/鎭痛劑(진통제)/湯劑(탕제)/漂白劑(표백제)/下劑(하제)/抗生劑(항생제)/解熱劑(해열제)/丸劑(환제)

力部 힘력

0 2 力 ☆*7 힘 력 力

フ カ

㊥lì(리) ㊐リョク, リキ/ちから ㊎strength
갑 자원 **상형자.** 갑골문에서 보듯, 농기구인 쟁기의 모양을 본뜬 자. 이것을 사용하여 일한다는 데에서 '힘'의 뜻이 생겨남.
한자 부수의 하나.
풀이 ①힘. ‖國力(국력)/腕力(완력). ②힘쓰다. ③애쓰다. ‖力作(역작).
〔力技 역기〕 ➡力道(역도).
〔力道 역도〕 역기(力器)를 들어올려 그 중량을 겨루는 경기. 力技(역기).
〔力量 역량〕 일을 해낼 수 있는 힘의 정도.
〔力拔山氣蓋世 역발산기개세〕 《항우가 가이샤(垓下)에서 한(漢)나라 군사에게 포위되었을 때, 적군들이 사방에서 초(楚)나라 노래를 부르는 것을 듣고 읊었다는 시의 한 구절에서》 힘은 산을 뽑을 만큼 매우 세고, 기상은 세상을 덮을 만큼 웅대함. 拔山蓋世(발산개세).
〔力不足 역부족〕 힘이나 기량 등이 모자람.
〔力士 역사〕 뛰어나게 힘이 센 사람. 壯士(장사).
〔力說 역설〕 힘주어 주장함.
〔力作 역작〕 힘들여 만듦. 또는, 그런 작품.
〔力著 역저〕 힘을 기울여 지은 저서.
〔力點 역점〕 ①사물에서 중점이 되는 곳. ②지레로 물체를 움직일 때 힘이 모이는 점.
〔力走 역주〕 힘껏 달림.
〔力鬪 역투〕 힘껏 싸움. 力戰(역전).
〔力學 역학〕 ①학문에 힘씀. 勉學(면학). ②물체에 작용하는 힘과 물체의 운동과의 관계를 연구하는, 물리학의 한 분과.
〔力行 역행〕 힘써 행함. 勉行(면행).
◢強力(강력)/功力(공력)/國力(국력)/權

力(권력)/筋力(근력)/金力(금력)/氣力(기력)/努力(노력)/能力(능력)/膽力(담력)/動力(동력)/魔力(마력)/魅力(매력)/武力(무력)/迫力(박력)/兵力(병력)/浮力(부력)/勢力(세력)/速力(속력)/水力(수력)/視力(시력)/實力(실력)/壓力(압력)/餘力(여력)/腕力(완력)/威力(위력)/有力(유력)/人力(인력)/引力(인력)/財力(재력)/底力(저력)/全力(전력)/電力(전력)/精力(정력)/注力(주력)/重力(중력)/聽力(청력)/體力(체력)/彈力(탄력)/暴力(폭력)/學力(학력)/協力(협력)/火力(화력)/活力(활력)/效力(효력)

☆✱5
3 5 **加** 더할 **가**

フ カ 加 加 加

㊥jiā(찌아) ㉰カ/くわえる ㉢add

금 **자원** **회의자.** 쟁기의 상형인 力(력)과 口(입 구)가 합쳐진 자로, 쟁기질하는 사람에게 힘을 북돋워 주기 위해 소리침을 나타냄. 일설에는 힘〔力〕이 들어간 말〔口〕로 '과장(誇張)'을 나타낸다는 주장도 있음.

풀이 ①더하다. ‖倍加(배가)/加減乘除(가감승제). ②들다. 들어감. ‖加入(가입).

〔加減 가감〕 ①더함과 뺌. 또는, 그렇게 하여 알맞게 함. ②덧셈과 뺄셈.

〔加減乘除 가감승제〕 덧셈·뺄셈·곱셈·나눗셈. 四則(사칙).

〔加工 가공〕 자연물에 인공을 가하여 모양이나 성질을 바꾸는 일.

〔加擔 가담〕 같은 편이 되어 일을 함께 하거나 도움.

〔加盟 가맹〕 동맹이나 연맹 또는 단체에 가입함.

〔加味 가미〕 ①음식에 양념이나 식료품을 더 넣어 맛이 나게 함. ②본래의 것에 다른 요소를 보태어 넣음.

〔加算 가산〕 ①더하여 셈함. ②덧셈. ↔減算(감산).

〔加勢 가세〕 힘을 보태거나 거듦.

〔加速 가속〕 점점 속도를 더함. ↔減速(감속).

〔加壓 가압〕 압력을 가함.

〔加熱 가열〕 물질에 열을 가함.

〔加外 가외〕 일정한 표준이나 한도의 밖.

〔加一層 가일층〕 한층 더.

〔加入 가입〕 조직이나 단체에 들어감.

〔加重 가중〕 ①책임이나 부담 등을 더 무겁게 함. ②범죄의 정상에 따라 형벌을 무겁게 함.

〔加鞭 가편〕 ①채찍질하여 재촉함. ②더 빨리 잘하려고 더욱 힘을 가함.

〔加筆 가필〕 붓을 대어 글씨를 고치거나 글을 첨삭함.

〔加害 가해〕 남에게 해를 끼침. ↔被害(피해).

〔加護 가호〕 ①보호하여 줌. ②신이나 부처가 힘을 베풀어 보호하고 도와줌.

◢累加(누가)/倍加(배가)/附加(부가)/增加(증가)/參加(참가)/添加(첨가)/追加(추가)

☆✱6
3 5 **功** 공 **공**

一 丅 工 玎 功

㊥gōng(꿍) ㉰コウ, ク/いさお ㉢merits

자원 **회의 겸 형성자.** 일을 뜻하는 工(공)과 力(힘 력)이 합쳐진 자로, 힘써 해낸 어려운 일을 나타냄. 力은 의미를 나타내고 工은 의미와 음을 겸하여 나타냄.

풀이 ①공. 공로. 공력. ‖功勳(공훈). ②공치사하다. ③일. ④복(服). 오복(五服) 제도의 하나. 대공(大功)·소공(小功)이 있음.

〔功過 공과〕 공로와 과실. 功罪(공죄).

〔功過相半 공과상반〕 공로와 과실이 서로 반반임.

〔功德 공덕〕 ①공적(功績)과 덕행. ②불도(佛道)를 수행한 덕.

〔功力 공력〕 애써서 들이는 노력이나 정성.

〔功勞 공로〕 일에 애쓴 공적. 功勳(공훈).

〔功名 공명〕 공을 세워 얻은 이름. 또는, 그 이름이 널리 알려짐.

〔功服 공복〕 상복(喪服)의 한 가지. 굵은 베로 지은 대공(大功)과 가는 베로 지은 소공(小功)의 총칭.

〔功臣 공신〕 나라에 공을 세운 신하.

〔功績 공적〕 쌓은 공로. 功庸(공용). 勳績(훈적).

〔功罪 공죄〕 ➡功過(공과).

〔功致辭 공치사〕 자기의 공로를 남 앞에서 스스로 자랑함.

〔功布 공포〕 관(棺)을 묻을 때 관을 닦는 데 쓰는 삼베 헝겊. 발인 때 명정(銘旌)과 함께 상여 앞에 세우고 감.

〔功效 공효〕 공들인 보람.

〔功勳 공훈〕 나라나 회사를 위하여 두드러지게 세운 공로.

◢論功(논공)/獨功(독공)/武功(무공)/成功(성공)/年功(연공)/恩功(은공)/戰功(전공)/螢雪之功(형설지공)

✱
4 6 **劤** 강할 **근**

㊥jìn(찐) ㉰キン ㉢strong

풀이 강하다. 힘이 셈.

★✱3
4 6 **劣** 못할 **렬**

2획

丨 小 小 少 劣 劣

㊥liè(리에) ㊐レツ/おとる ㊎inferior

자원 **회의 겸 형성자.** 力(힘 력)과 少(적을 소)가 합쳐진 자로, 힘이 적다는 데에서 남보다 못하다는 뜻을 나타냄. 力은 의미를 나타내고 少는 의미와 음을 겸하여 나타냄.

풀이 ①못하다. 남보다 뒤떨어짐. ‖拙劣(졸렬). ②적다. ③낮다. ‖劣等(열등). ④어리석음. ‖愚劣(우열).

〔劣等 열등〕 낮은 등급. ↔優等(우등).

〔劣勢 열세〕 세력이 약함. 또는, 그 세력. ↔優勢(우세).

〔劣惡 열악〕 품질·능력·시설 등이 몹시 떨어지고 나쁨. ※粗惡(조악).

〔劣位 열위〕 다른 것보다 떨어져 있는 지위.

〔劣敗 열패〕 남보다 못하여 경쟁에서 짐. ‖劣敗感(열패감).

◢卑劣(비열)/庸劣(용렬)/優劣(우열)/低劣(저열)/拙劣(졸렬)

2획

5 7 **劫** *1 으를 **겁** ㊬㊛ 刧 刦 劫

㊥jié(지에)
㊐キョウ, コウ, ゴウ/おびやかす
㊎threaten

풀이 ①으르다. 위협함. ‖劫奪(겁탈). ②빼앗다. ‖劫盜(겁도). ③부지런하다. ‖劫劫(겁겁). ④겁. 오랜 세월. 불교에서, 하늘과 땅이 한 번 개벽할 때부터 다음 개벽할 때까지의 동안. ‖永劫(영겁).

〔劫姦 겁간〕 ➡劫奪(겁탈)②.

〔劫劫 겁겁〕 ①성미가 급하고 참을성이 없음. ②한 가지 일에만 골몰하여 마음의 여유가 없음. 汲汲(급급).

〔劫掠 겁략〕 ➡劫奪(겁탈)①.

〔劫迫 겁박〕 으르고 협박함.

〔劫奪 겁탈〕 ①위협하여 빼앗음. 劫掠(겁략). ②폭력으로 간음함. 劫姦(겁간). 強姦(강간).

〔劫火 겁화〕 세계가 파멸할 때에 일어난다는 큰 화재(火災).

◢無量劫(무량겁)/億劫(억겁)/永劫(영겁)

5 7 **劬** 수고할 **구** 劬

㊥qú(취) ㊐ク/つかれる ㊎laborious

풀이 수고하다. 애쓰다. ‖劬劬(구구)/劬勞(구로).

〔劬勞 구로〕 자식을 낳아 기르는 수고.

5 7 **努** ★*4-Ⅱ 힘쓸 **노** 努

㇛ 女 女 奴 奴 努 努

㊥nǔ(누) ㊐ド/つとめる ㊎endeavor

자원 **형성자.** 力(력)은 의미를 나타내고 奴(노)는 음을 나타냄.

풀이 힘쓰다. 있는 힘을 다함.

〔努力 노력〕 어떤 일을 이루기 위해 몸과 마음을 다하여 애를 씀.

7 **励** 勵(려)의 약자 →96쪽

7 **労** 勞(로)의 약자 →94쪽

5 7 **助** ☆*4-Ⅱ 도울 **조** 助

丨 冂 冃 月 且 助 助

㊥zhù(°쭈) ㊐ジョ/たすける ㊎help

자원 **형성자.** 力(력)은 의미를 나타내고 且(차)는 음을 나타냄.

풀이 돕다. 도움. ‖援助(원조).

〔助力 조력〕 힘을 써 도와줌. 援助(원조). 加勢(가세).

〔助味 조미〕 음식의 맛을 좋아지게 함.

〔助詞 조사〕 품사의 하나. 체언·부사·어미 등에 붙어, 그 말과 다른 말과의 문법적 관계를 표시하거나 그 말의 뜻을 도와주는 단어.

〔助言 조언〕 남에게 도움되는 말을 함.

〔助演 조연〕 연극·영화 등에서 주역(主役)의 연기를 돕는 역할. 또는, 그 연기자. ↔主演(주연).

〔助長 조장〕《중국 춘추 시대 송(宋)나라의 어느 농부가 곡식이 빨리 자라게 도와준다며 그 모를 잡아당겨 놓아 오히려 말라 죽게 했다는 고사에서》 힘을 도와서 더 자라게 함. 주로 부정적인 의미로 씀.

◢共助(공조)/救助(구조)/內助(내조)/補助(보조)/扶助(부조)/相助(상조)/神助(신조)/外助(외조)/援助(원조)/一助(일조)/贊助(찬조)/天佑神助(천우신조)/協助(협조)

6 8 **劻** 급할 **광** 劻

㊥kuāng(쿠앙) ㊐キョウ ㊎urgent

풀이 ①급하다. ②갑자기.

6 8 **劾** *1 캐물을 **핵** 劾

㊥hé(허) ㊐ガイ ㊎inquire

풀이 ①캐묻다. ②관리의 죄를 고발하다. ‖彈劾(탄핵).

〔劾論 핵론〕 허물을 들어 논박함.

◢彈劾(탄핵)

8 **効** 效(효)의 속자 →339쪽

7 9 **勁** *1 굳셀 **경** 간 劲 勁

중jìng(찡) 일ゲイ/つよい 영strong

풀이 ①굳세다. ②힘. ③강건하다. 단단함.

〔勁健 경건〕 굳세고 튼튼함.
〔勁弓 경궁〕 센 활. 強弓(강궁).
〔勁敵 경적〕 강한 적. 強敵(강적).
〔勁直 경직〕 의지가 굳세고 곧음.

7 9 **勉** ☆*4 힘쓸 **면** 동 勉 勉

ノ ⺈ ⺈ ⺈ 刍 免 免 勉

중miǎn(미엔) 일ベン/つとめる 영exert

자원 **형성자.** 力(력)은 의미를 나타내고 免(면)은 음을 나타냄.

풀이 ①힘쓰다. ‖勉學(면학). ②권하다. 격려함. ‖勸勉(권면).

〔勉勵 면려〕 ①스스로 힘써 함. ②남을 격려하여 힘쓰도록 함.
〔勉學 면학〕 학문에 힘씀.
◢勸勉(권면)/勤勉(근면)

7 9 **勃** *1 우쩍 일어날 **발** 勃

중bó(보) 일ボツ/おこる 영happen

풀이 ①우쩍 일어나다. ‖勃然(발연). ②갑자기. ‖勃發(발발). ③발끈하다. ④성하다.

〔勃起 발기〕 ①갑자기 불끈 일어남. ②음경이 성적인 흥분이나 잠자는 동안의 생리적 현상 등으로 단단해지고 커짐.
〔勃勃 발발〕 사물이 한창 성한 모양.
〔勃發 발발〕 전쟁이나 큰 사건 등이 갑자기 일어남. 突發(돌발).
〔勃然 발연〕 성을 내는 태도가 세차고 갑작스러움.
〔勃然變色 발연변색〕 발끈하여 안색이 변함. 勃然作色(발연작색).
〔勃興 발흥〕 갑자기 일어나서 번창해짐.

7 9 **勇** ☆*6 날랠 **용** 勇

⺂ ⺂ 乛 乛 甬 甬 甬 勇

중yǒng(융) 일ユウ/いさましい 영brave

자원 **형성자.** 力(력)은 의미를 나타내고 甬(용)은 음을 나타냄.

풀이 ①날래다. 용감함. ‖勇猛(용맹). ②기력이 있다. 과감함.

〔勇敢 용감〕 어떤 일을 하는 데 두려움이 없고 용기가 있음.
〔勇敢無雙 용감무쌍〕 용감하기 짝이 없음.
〔勇氣 용기〕 씩씩하고 굳센 기운.
〔勇斷 용단〕 용기 있게 결단함. 勇決(용결).
〔勇略 용략〕 용기와 지략(智略).
〔勇力 용력〕 씩씩한 힘. 또는, 뛰어난 역량.
〔勇猛 용맹〕 날쌔고 사나움. 勇武(용무).
〔勇士 용사〕 ①용맹스러운 사람. 勇者(용자). ②용감한 병사.
〔勇將 용장〕 용맹스러운 장수.
〔勇戰 용전〕 용감하게 싸움.
◢蠻勇(만용)/武勇(무용)/義勇(의용)

7 9 **勅** *1 조서 **칙** 동 敕 勅

중chì(°츠) 일チョク/みことのり 영edict

풀이 ①조서(詔書). ‖勅旨(칙지). ②타이르다. ‖戒勅(계칙). ③삼가다.

〔勅令 칙령〕 ➡勅命(칙명).
〔勅命 칙명〕 임금의 명령. 勅令(칙령). 勅旨(칙지).
〔勅使 칙사〕 임금의 명령을 전달하는 사신(使臣). 칙차(勅差).
〔勅書 칙서〕 임금의 분부를 기록한 문서. 詔書(조서). 勅宣(칙선).
〔勅諭 칙유〕 임금이 몸소 이름. 또는, 그런 말씀이나 포고문. 詔諭(조유). 勅敎(칙교). 勅語(칙어).
〔勅任 칙임〕 임금의 명으로 벼슬을 시킴. 또는, 그 벼슬.
〔勅許 칙허〕 임금이 허가함. 또는, 그 허가.
◢別勅(별칙)/詔勅(조칙)/回勅(회칙)

8 10 **勍** * 셀 **경**

중qíng(칭) 일ギョウ 영strong

풀이 세다. 강함.

10 **勉** 勉(면)과 동자 →93쪽

9 11 **勘** *1 헤아릴 **감** 勘

중kān(칸) 일カン/かんがえる 영consider

풀이 ①헤아리다. ‖勘定(감정). ②국문하다. 죄인을 신문함.

〔勘斷 감단〕 죄를 심리하여 처단함.
〔勘案 감안〕 헤아려 생각함.
〔勘罪 감죄〕 죄인을 심문하여 처단함.

☆*7
9 11 **動** 움직일 **동** 간 动 動

㊥dòng(뚱) ㊐ドウ/うごく ㊢move

자원 **형성자.** 力(력)은 의미를 나타내고 重(중)은 음을 나타냄.

풀이 ①움직이다. ‖運動(운동). ②놀라다. ③변하다. ‖變動(변동). ④다투다. 싸움. ‖動亂(동란). ⑤자칫하면.

〔動機 동기〕 행동의 원인이나 계기. 動因(동인).

〔動亂 동란〕 폭동·반란·전쟁 등이 일어나 세상이 소란함. 戰亂(전란).

〔動力 동력〕 ①전력·수력·풍력 등 에너지를 원동기에 의하여 기계적 에너지로 변환·발생시킨 힘. ②어떤 일을 발전시키고 밀고 나가는 힘.

〔動脈 동맥〕 심장에서 나오는 혈액을 체내 모든 기관으로 보내는 혈관.

〔動物 동물〕 생물의 하나. 유기물을 영양분으로 섭취하고 운동·감각·신경 등의 기능이 발달함.

〔動詞 동사〕 품사의 하나. 사물의 동작이나 작용을 나타내는 단어.

〔動產 동산〕 금전·가구 등 이동할 수 있는 재산.

〔動搖 동요〕 ①흔들려 움직임. ②떠들썩하고 어지러움. ③마음이 불안함.

〔動議 동의〕 회의에서 토의에 부치도록 의견을 제출하는 일. 또는, 그 의견.

〔動因 동인〕 사건이나 변화의 원인. 動機(동기).

〔動作 동작〕 몸의 움직임. 행동.

〔動靜 동정〕 ①움직임과 가만히 있음. ②일이나 현상이 벌어지고 있는 낌새.

〔動態 동태〕 활동이나 변화의 상태.

〔動向 동향〕 어떤 집단이나 현상이 어떤 방향이나 흐름으로 움직여 가는 상태.

◢稼動(가동)/感動(감동)/擧動(거동)/激動(격동)/鼓動(고동)/亂動(난동)/勞動(노동)/能動(능동)/微動(미동)/反動(반동)/發動(발동)/變動(변동)/不動(부동)/生動(생동)/煽動(선동)/騷動(소동)/手動(수동)/受動(수동)/躍動(약동)/言動(언동)/搖動(요동)/運動(운동)/律動(율동)/移動(이동)/自動(자동)/出動(출동)/衝動(충동)/胎動(태동)/波動(파동)/暴動(폭동)/行動(행동)/活動(활동)

*1
9 11 **勒** 굴레 **륵** 勒

㊥lè(러) ㊐ロク/くつわ ㊢bridle

풀이 ①굴레. 재갈. ②억누르다. ③억지로 하다. ④새기다. ㊐剝.

〔勒買 늑매〕 억지로 삼. 強買(강매).

〔勒兵 늑병〕 군사의 대오를 정돈하여 점검함.

〔勒葬 늑장〕 남의 땅이나 마을에 억지로 장사를 지냄.

〔勒奪 늑탈〕 폭력이나 위력으로 빼앗음. 強奪(강탈).

〔勒婚 늑혼〕 강제로 하는 혼인.

☆*4-Ⅱ
9 11 **務** 힘쓸 **무** 간 务 務

㊥wù(우) ㊐ム/つとめる ㊢exert

자원 **형성자.** 力(력)은 의미를 나타내고 敄(무)는 음을 나타냄.

풀이 ①힘쓰다. ②일. ‖事務(사무). ③직분.

〔務望 무망〕 간절히 바람.

〔務實力行 무실역행〕 참되고 실속 있도록 힘써 행함.

◢激務(격무)/公務(공무)/勤務(근무)/法務(법무)/兵務(병무)/服務(복무)/私務(사무)/事務(사무)/稅務(세무)/實務(실무)/業務(업무)/用務(용무)/義務(의무)/任務(임무)/財務(재무)/政務(정무)/職務(직무)/執務(집무)/債務(채무)/責務(책무)/特務(특무)/休務(휴무)

*
9 11 **勖** 힘쓸 **욱** 속 勗 勖

㊥xù(쒸) ㊐キョク ㊢exert

풀이 ①힘쓰다. ②권면하다.

11 **勗** 勖(욱)의 속자 →94쪽

☆*5
10 12 **勞** ❶일할 **로** ❷위로할 **로** 약 労 간 劳 勞

㊥láo(라오) ㊐ロウ/ねぎらう ㊢work, comfort

풀이 ❶①일하다. ‖勞動(노동). ②애쓰다. ③근심하다. 지치다. ‖心勞(심로). ④수고. ❷위로하다.

〔勞苦 노고〕 힘들여 수고하고 애씀.

〔勞困 노곤〕 고달프고 고단함. 疲困(피곤).

〔勞動 노동〕 몸을 움직여 일함.

〔勞力 노력〕 힘을 들여 일함.

〔勞務 노무〕 ①육체적 힘을 들여 하는 일. ②노동에 관한 사무.

〔勞使 노사〕 노동자와 사용자.

〔勞心焦思 노심초사〕 근심하면서 속을 태움.

〔勞役 노역〕 몹시 힘든 노동.

〔勞賃 노임〕 노동에 대한 보수. 품삯.

〔勞作 노작〕 ①힘써 일함. ②애써서 만

듦. 또는, 그 작품. 力作(역작).
〔勞組 노조〕 '노동 조합'의 약칭.
◢功勞(공로)/過勞(과로)/勤勞(근로)/慰勞(위로)/疲勞(피로)

☆*6
10 **勝** 이길 승 [간] 胜 勝
12
丿 月 月` 月⺍ 月兰 胖 朕 勝 勝

[중]shèng(°썽) [일]ショウ/かつ [영]win
[자원] **형성자.** 力(력)은 의미를 나타내고 朕(짐)은 음을 나타냄.
[풀이] ①이기다. ‖勝戰(승전). ②낫다. 뛰어난 것. ‖景勝(경승). ③이겨서 멸망시키다. ‖勝國(승국).
〔勝景 승경〕 뛰어난 경치.
〔勝國 승국〕 멸망한 전대(前代)의 왕국. 勝朝(승조).
〔勝利 승리〕 전쟁·경기 등에서 이김.
〔勝負 승부〕 이김과 짐.
〔勝算 승산〕 시합·경쟁·전투 등에서 이길 가망.
〔勝勢 승세〕 이길 기세.
〔勝訴 승소〕 소송에서 이김. 得訟(득송). ↔敗訴(패소).
〔勝戰 승전〕 싸움에서 이김. 勝捷(승첩). ↔敗戰(패전).
〔勝戰鼓 승전고〕 싸움에 이겼을 때 치는 북.
〔勝地 승지〕 경치가 좋은 곳. 景勝地(경승지).
〔勝捷 승첩〕 ➡勝戰(승전).
〔勝敗 승패〕 이기고 짐. 勝負(승부).
◢健勝(건승)/決勝(결승)/樂勝(낙승)/大勝(대승)/辛勝(신승)/壓勝(압승)/完勝(완승)/優勝(우승)/必勝(필승)

*
12 **勛** 勳(훈)의 고자 →96쪽

13 **勧** 勸(권)의 약자 →96쪽

☆*4
11 **勤** 부지런할 근 勤
13
⺾ 廿 苩 芇 革 堇 堇力 勤

[중]qín(친) [일]キン, ゴン/いそしむ [영]diligent
[자원] **형성자.** 力(력)은 의미를 나타내고 堇(근)은 음을 나타냄.
[풀이] ①부지런하다. ‖勤勞(근로). ②일. 직무. 근무하다.
〔勤儉 근검〕 부지런하고 검소함. ‖勤儉節約(근검절약).
〔勤勞 근로〕 부지런히 일함.
〔勤勉 근면〕 부지런히 노력함. ↔怠惰(태타).
〔勤務 근무〕 직장에 적을 두고 일을 맡아봄. 勤仕(근사).
〔勤續 근속〕 어떤 일자리에서 여러 해 계속하여 근무함.
〔勤實 근실〕 부지런하고 착실함.
〔勤怠 근태〕 ①부지런함과 게으름. ②출근과 결근.
◢皆勤(개근)/缺勤(결근)/內勤(내근)/夜勤(야근)/外勤(외근)/轉勤(전근)/出勤(출근)/通勤(통근)/退勤(퇴근)/特勤(특근)

★*3
11 **募** 모을 모 募
13
丶 ⺾ ⺾ 苜 荁 莫 募 募

[중]mù(무) [일]ボ/つのる [영]collect
[자원] **형성자.** 力(력)은 의미를 나타내고 莫(막)은 음을 나타냄.
[풀이] ①모으다. ‖募兵(모병). ②부름. 모집. ‖應募(응모).
〔募金 모금〕 기부금을 모음.
〔募兵 모병〕 병사를 모집함. 募軍(모군).
〔募集 모집〕 널리 구하여 모음.
◢公募(공모)/急募(급모)/應募(응모)

☆*4-Ⅱ
11 **勢** 기세 세 [간] 势 勢
13
土 夫 坴 坴丿 埶 埶 勢 勢

[중]shì(°쓰) [일]セイ/いきおい
[영]power, influence
[자원] **형성자.** 力(력)은 의미를 나타내고 埶(예)는 음을 나타냄.
[풀이] ①기세. ‖時勢(시세). ②세력. 힘. ‖權勢(권세). ③기회. ‖乘勢(승세). ④불알. ‖去勢(거세).
〔勢家 세가〕 권세 있는 집안. 勢門(세문). 勢族(세족). ‖權門勢家(권문세가).
〔勢窮力盡 세궁역진〕 기세가 꺾이고 힘이 다 빠져 꼼짝할 수 없게 됨.
〔勢道 세도〕 정치적 권세. 또는, 그 권세를 마구 휘두르는 일.
〔勢力 세력〕 남을 누르는 기세나 힘.
〔勢門 세문〕 ➡勢家(세가).
〔勢不得已 세부득이〕 일의 형세로 보아 그렇게 하지 않을 수 없어. 事勢不得已(사세부득이).
〔勢不兩立 세불양립〕 《힘이 엇비슷한 두 세력이 함께 존재할 수 없다는 뜻으로》 한 세력권 안에 두 우두머리가 있을 수 없음.
〔勢族 세족〕 ➡勢家(세가).
◢家勢(가세)/強勢(강세)/去勢(거세)/攻勢(공세)/權勢(권세)/氣勢(기세)/大勢(대세)/得勢(득세)/山勢(산세)/守勢(수세)/時勢(시세)/實勢(실세)/弱勢(약세)/餘勢(여세)/外勢(외세)/優勢(우세)/運勢(운세)/威勢(위세)/姿勢(자세)/戰勢(전세)/情勢(정세)/症勢(증세)/趨勢

(추세)/行勢(행세)/虛勢(허세)/形勢(형세)

11 13 **勣** * 공 **적**

[중]jī(찌) [일]セキ/いさお [영]merits
[풀이] 공. 업적.

11 13 **勦** * ❶노곤할 **초** ❷빼앗을 **초** [동]剿 勦

[중]jiǎo(지아오), chāo(°차오) [일]ソウ/つかれる [영]languid
[풀이] ❶ ①노곤하다. ②죽이다. 끊다. ❷ ①빼앗다. ②재빠르다.
〔勦滅 초멸〕 도적의 무리를 무찔러 없앰.

15 **勲** * 勳(훈)의 속자 →96쪽

14 16 **勳** *2 공 **훈** [고]勛 [속]勲 [간]勋 勳

[중]xūn(쒼) [일]クン/いさお [영]merits
[풀이] 공. ‖功勳(공훈).
〔勳功 훈공〕 나라를 위하여 세운 공로. 임금을 위한 공로를 勳, 나라를 위한 공로를 功이라 함. 勳勞(훈로).
〔勳舊 훈구〕 대대로 훈공(勳功)이 있는 집안이나 신하. ‖勳舊派(훈구파).
〔勳賞 훈상〕 공이 있는 자에게 주는 상.
〔勳臣 훈신〕 공훈이 있는 신하.
〔勳位 훈위〕 나라나 군주를 위해 드러나게 세운 공로와 벼슬의 등급.
〔勳章 훈장〕 훈공을 표창하여 수여하는 휘장. 勳牌(훈패).
〔勳號 훈호〕 훈공 있는 사람에게 주는 칭호. 勳名(훈명).
◢功勳(공훈)/武勳(무훈)/報勳(보훈)/敍勳(서훈)/殊勳(수훈)

15 17 **勵** ★★3-Ⅱ 힘쓸 **려** [약간]励 勵

一 厂 严 厝 厲 厲 厲 勵

[중]lì(리) [일]レイ/はげむ [영]exert, urge
[자원] **회의 겸 형성자.** 力(력)과 칼 가는 숫돌을 뜻하는 厲(려)가 합쳐진 자로, '힘을 많이 들이다', '힘쓰다'의 뜻을 나타냄. 力은 의미를 나타내고 厲는 의미와 음을 겸하여 나타냄.
[풀이] ①힘쓰다. ‖勵行(여행). ②권면하다. ‖奬勵(장려).
〔勵節 여절〕 지조(志操)를 지키도록 권장함. 勵操(여조).
〔勵行 여행〕 ①힘써 행함. ②행하기를 장려함. 厲行(여행).
◢刻苦勉勵(각고면려)/激勵(격려)/督勵(독려)/奬勵(장려)/策勵(책려)

17 19 **勷** 달릴 **양** 勷

[중]ráng(°랑) [일]ジョウ [영]run
[풀이] 달리다. 급하다.

18 20 **勸** ☆*4 권할 **권** [약]勧 [간]劝 勸

艹 卝 节 萨 萨 雚 雚 勸

[중]quàn(취엔) [일]カン/すすめる [영]advise
[자원] **형성자.** 力(력)은 의미를 나타내고 雚(관)은 음을 나타냄.
[풀이] 권하다. ‖勸勉(권면).
〔勸戒 권계〕 타일러 훈계함.
〔勸告 권고〕 권면하고 충고함. 諭告(유고).
〔勸農 권농〕 ①농사를 권장함. ②지방의 방(坊)·면(面)에 소속되어 농사를 장려하던 직책. 또는, 그 사람.
〔勸勉 권면〕 노력하도록 권함.
〔勸善 권선〕 ①착한 일을 하도록 권장함. ②신자에게 보시(布施)를 청함.
〔勸善懲惡 권선징악〕 착한 일을 권장하고 악한 일을 징계함. 勸懲(권징).
〔勸誘 권유〕 권하고 이끎. 勸引(권인).
〔勸奬 권장〕 권하여 장려함.
〔勸酒 권주〕 술을 권함. 勸盃(권배). ‖勸酒歌(권주가).
〔勸學 권학〕 학문을 하도록 권함.
◢強勸(강권)

勹部 쌀포몸

0 2 **勹** 쌀 **포**

[중]bāo(빠오) [일]ホウ [영]wrap
[✎] 한자 부수의 하나.
[풀이] 싸다.

1 3 **勺** *1 구기 **작** 勺

[중]sháo(°사오), zhuó(°주어) [일]シャク [영]ladle
[풀이] ①구기. ②작. 10작이 1홉. ③적은 분량. ④잔질하다. [통]酌.
〔勺水不入 작수불입〕 《한 모금의 물도 넘기지 못한다는 뜻으로》 음식을 조금도 먹지 못함.

2 4 **勾** * 굽을 **구** 勾

㊥gōu(꺼우) ㊐コウ, ク/まがる
㊔bend
풀이 ①굽다. ‖勾配(구배). ②잡다. ⓣ拘. ③표를 하다.
〔勾配 구배〕 ①경사의 정도. 물매. ②수평면에 대해 경사면이 기울어진 정도. 기울기.

2 * 4 **匀** ❶적을 균 ㊏윤 ❷고를 균

㊥yún(윈), jūn(쥔)
㊐イン, キン/ととのう ㊔few, even
풀이 ❶①적다. ②흩어지다. ❷고르다.

2 ☆*3-Ⅱ 4 **勿** 말 물

丿 勹 勺 勿

㊥wù(우) ㊐ブツ, モチ ㊔do not
갑 전 자원 **상형자.** '칼과 핏방울'의 상형으로 본뜻이 '죽이다'라는 설과 칼로 쓸모없는 것을 잘라 내는 모습으로 본뜻이 '필요없다', '버리다'라는 설, '쟁기와 흙덩이'의 상형이라는 설 등이 있음.
풀이 ①말다. 그만둠. ②아니다. 없다. ③기(旗).
〔勿驚 물경〕 (('놀라지 마라', '놀랍게도'의 뜻으로)) 엄청남을 이름.
〔勿禁 물금〕 금지된 일을 관아에서 특별히 허가하여 하게 함.
〔勿論 물론〕 말할 것도 없음. 無論(무론).
〔勿忘草 물망초〕 지칫과의 여러해살이풀.
〔勿失好機 물실호기〕 좋은 기회를 놓치지 않음.

3 ★*4-Ⅱ 5 **包** 쌀 포

丿 勹 勹 匀 包

㊥bāo(빠오) ㊐ホウ/つつむ ㊔wrap
갑 전 자원 **상형자.** 아직 형체를 제대로 갖추지 못한 태아가 어머니의 배 속에 들어 있는 모습을 본뜬 자. 한편, 孕(잉) 자는 태아의 형체가 완전히 갖춰진 뒤의 모습을 본뜬 자임.
풀이 싸다. 감쌈. ‖包裝(포장).
〔包括 포괄〕 여러 사물을 한데 묶음. 總括(총괄).
〔包袋 포대〕 종이·피륙·가죽 등으로 만든 자루. 負袋(부대).
〔包攝 포섭〕 상대편을 자기편으로 감싸 끌어들임.
〔包容 포용〕 남을 너그럽게 감싸 받아들임. 寬容(관용). ‖包容力(포용력).
〔包圍 포위〕 사방을 에워쌈.
〔包有 포유〕 싸서 가지고 있음.
〔包裝 포장〕 물건을 운반하기 편하도록 싸서 꾸림. ‖包裝紙(포장지).
〔包皮 포피〕 ①표면을 싼 가죽. ②음경의 귀두를 싸고 있는 가죽.
〔包含 포함〕 일정한 사물 속에 함께 넣음. 또는, 그 속에 들어 있음. 含有(함유).
◢內包(내포)/小包(소포)

4 *2 6 **匈** 오랑캐 흉

㊥xiōng(씨웅) ㊐キョウ ㊔savage
풀이 ①오랑캐. ‖匈奴(흉노). ②가슴. ⓣ胸. ③두려워하다.
〔匈奴 흉노〕 중국 진(秦)나라·한(漢)나라 때에 몽골 고원에서 활약한 유목 기마 민족.

7 *1 9 **匍** 길 포

㊥pú(푸) ㊐ホ/はう ㊔crawl
풀이 기다.
〔匍匐 포복〕 땅에다 배를 대고 김. 扶伏(부복).

9 *1 11 **匐** 길 복

㊥fú(°푸) ㊐ホク, フク ㊔crawl
풀이 기다.
〔匐枝 복지〕 원줄기에서 나서 땅으로 뻗어 가며 뿌리를 내리고 자라는 가지.

9 * 11 **匏** 박 포

㊥páo(파오) ㊐ホウ/ひさご ㊔gourd
풀이 ①박. 또는, 바가지. ②악기.
〔匏瓜 포과〕 박과의 한해살이 덩굴풀. 박.
〔匏樽 포준〕 박으로 만든 술그릇. 匏罇(포준).

匕部 비수비

0 *1 2 **匕** 비수 비

㊥bǐ(비) ㊐ヒ ㊔dagger
부 한자 부수의 하나.
풀이 ①비수. ‖匕首(비수). ②숟가락. ③살촉.
〔匕首 비수〕 날이 예리하고 짧은 칼.

2획

☆✱5
2 4 **化** 화할 **화** 化

丿 亻 亻 化

㊥huà(후아) ㊐カ, ケ/ばける
㊞change

갑 **자원** **회의자.** 바로 서 있는 사람과 거꾸로 서 있는 사람을 본뜬 자. 공중제비를 넘는 곡예를 나타낸다는 설과 산 사람과 죽은 사람을 통해 삶과 죽음의 전화(轉化)를 나타낸다는 설이 있음. 본뜻은 '변화'임.

풀이 ①화하다. 변함. ‖化石(화석). ②가르치다. ③태어나다.

〔化膿 화농〕 상처 따위가 곪음.
〔化石 화석〕 ①지층에 묻혀 돌이 된 동식물의 유체(遺體). ②변화·발전이 없거나 움직임이 없이 돌처럼 굳어 버린 것의 비유.
〔化成 화성〕 덕화(德化)되어 선해짐.
〔化身 화신〕 ①중생을 위해 형상을 바꾸어 나타나는 부처의 몸. ②어떤 추상적인 특질이 구체화 또는 유형화된 것.
〔化育 화육〕 천지자연의 이치로 만물을 낳고 길러 자라게 함.
〔化粧 화장〕 화장품을 발라 얼굴을 곱게 꾸밈.
〔化主 화주〕 ①'부처'의 이칭. ②민간에서 시주하는 물건을 얻어 절의 양식을 대는 승려. 化主僧(화주승). ③절이나 승려에게 물건을 베풀어 줌. 施主(시주).
〔化學 화학〕 물질의 조성·구조·성질·변화 등을 연구하는 과학.
〔化合 화합〕 두 가지 이상의 물질이 화학 변화를 일으켜 새로운 물질이 되는 현상. ‖化合物(화합물).

◢感化(감화)/強化(강화)/開化(개화)/激化(격화)/教化(교화)/歸化(귀화)/老化(노화)/綠化(녹화)/同化(동화)/鈍化(둔화)/文化(문화)/美化(미화)/變化(변화)/孵化(부화)/分化(분화)/消化(소화)/純化(순화)/深化(심화)/惡化(악화)/弱化(약화)/羽化(우화)/淨化(정화)/造化(조화)/進化(진화)/退化(퇴화)/風化(풍화)

☆✱8
3 5 **北** ❶북녘 **북**☆✱8 ❷달아날 **배**✱8 北

一 十 ㅕ ㅕ' 北

㊥běi(베이), bèi(뻬이)
㊐ホク, ハイ/きた ㊞north, run away

갑 **자원** **회의자.** 갑골문에서 보듯 두 사람이 서로 등지고 서 있는 모습을 본뜬 자. 본뜻은 '등지다', '어긋나다'이었으나, 뒷날 '북쪽'의 뜻으로 가차되어 쓰이게 되면서 본뜻을 보존하기 위해 만든 자가 '背'(배)임.

풀이 ❶①북녘. ‖北方(북방). ②북으로 가다. ❷①달아나다. ‖敗北(패배). ②배반하다.

〔北京官話 북경관화〕 베이징을 중심으로 한 중국 북부 지방의 말. 중국의 표준어로 쓰임.
〔北歐 북구〕 북유럽.
〔北闕 북궐〕 '경복궁'을 창덕궁과 경희궁에 상대하여 이르는 말.
〔北極 북극〕 ①지구의 북쪽 끝. ↔南極(남극). ②자침이 가리키는 북쪽 끝.
〔北斗七星 북두칠성〕 큰곰자리에서 국자 모양으로 보이는 일곱 개의 별.
〔北邙山 북망산〕 《중국 허난 성(河南省) 뤄양에 있는 낮은 산 이름으로, 후한 이래 여기에 무덤이 많았던 데서》 사람이 죽어서 묻히는 곳.
〔北方 북방〕 ①북쪽. ②북쪽 지방. 朔方(삭방).
〔北緯 북위〕 적도 이북의 위도(緯度).
〔北狄 북적〕 중국 북쪽의 오랑캐.
〔北宗 북종〕 ①중국 당나라의 이사훈(李思訓)을 원조로 하는 화가의 한 파. ②중국에서 신수(神秀)를 종조(宗祖)로 하는 선종(禪宗)의 한 파. ↔南宗(남종)
〔北宗畫 북종화〕 송나라 때 성한 동양화의 한 유파. 당나라의 이사훈(李思訓)의 화풍을 따른 것으로, 물체의 표현과 색채가 선명함이 특징임. 北畫(북화). ↔南宗畫(남종화).
〔北窓三友 북창삼우〕 거문고·술·시(詩)를 이름.
〔北村 북촌〕 ①북쪽에 있는 마을. ②조선 시대에, 서울의 북쪽 지대에 있는 마을들을 이르던 말.
〔北向 북향〕 북쪽을 향함. 또는, 그 방향.
〔北畫 북화〕 ➡北宗畫(북종화). ↔南畫(남화).

◢江北(강북)/南北(남북)/拉北(납북)/東北(동북)/訪北(방북)/越北(월북)/正北(정북)/脫北(탈북)/敗北(패배)

✱1
9 11 **匙** 숟가락 **시** 匙

㊥chí(°츠) ㊐シ/さじ ㊞spoon

풀이 숟가락. ‖匙楪(시접).

〔匙箸 시저〕 숟가락과 젓가락.

◢插匙(삽시)

匚部 튼입구몸

0 2 **匚** 상자 **방**

㊥fāng(°팡) ㊐ホウ/はこ ㊞box

갑 금 자원 **상형자.** 한쪽이 터진, 물건을 담는 상자를 본뜬 자.
한자 부수의 하나.

3 5 **匝** 돌 **잡**

중zā(짜) 일ソウ 영go around
풀이 돌다. 두름.

4 6 **匡** *1 바룰 **광**

중kuāng(쿠앙) 일キョウ/ただす 영correct
풀이 ①바루다. ‖匡正(광정). ②바르다. 바르게. 통方. ③돕다. 보좌함. ④두려워하다.
〔匡救 광구〕 잘못을 바로잡음.
〔匡正 광정〕 바로잡아 고침. 匡矯(광교). 矯正(교정).
〔匡濟 광제〕 잘못된 일을 바르게 고쳐 구제함.

4 6 **匠** *1 장인 **장**

중jiàng(찌앙) 일ショウ 영artisan
전 자원 **회의자.** 상자를 나타내는 匚(방)과 도끼를 나타내는 斤(근)이 합쳐진 자로, 도끼 따위의 공구를 상자에 넣어 가지고 다니면서 일하는 사람인 목수를 나타냄.
풀이 ①장인. 장색. ②목수. ③고안.
〔匠色 장색〕 ➡匠人(장인)①.
〔匠人 장인〕 ①물건 만드는 일을 업으로 하는 사람. 匠色(장색). ②《장인이 공들여 물건을 만들 듯, 예술가가 심혈을 기울여 창작한다는 뜻으로》 예술가를 이름.
◢巨匠(거장)/工匠(공장)/名匠(명장)/美匠(미장)/意匠(의장)

5 7 **匣** *1 갑 **갑**

중xiá(시아) 일コウ/はこ 영case
풀이 ①갑. 작은 상자. ②단위.
◢鏡匣(경갑)/文匣(문갑)/寶匣(보갑)

9 **匧** 篋(협)과 동자 →571쪽

8 10 **匪** *2 ❶비적 **비** *2 ❷결마 **비** *2 ❸나눌 **분**

중fěi, fēi(°페이), fēn(°펀) 일ヒ, フン/ひぞく 영bandit, divide
풀이 ❶①비적. 도적. ②대상자. 폐백을 담던 상자. ③아니다. 통非·不. ❷결마. ❸나누다. 통分.
〔匪魁 비괴〕 비적(匪賊)의 괴수.
〔匪徒 비도〕 비적의 무리. 匪類(비류).
〔匪賊 비적〕 떼를 지어 다니며 재물을 약탈하는 도둑.

11 13 **滙** * 물 돌 **회** 간 汇

중huì(후에이) 일カイ 영water whirl
풀이 ①물이 돌다. 물이 돌아 나감. 통回. ②어음. ‖滙票(회표).

12 14 **匱** 함 **궤** 간 匮

중guì(꾸에이), kuì(쿠에이) 일キ/はこ 영chest
풀이 ①함. 궤. 갑. 같櫃. ②삼태기. 통簣. ③모자라다. 다하여 없어짐.

匸部 감출혜몸

0 2 **匸** 감출 **혜**

중xì(씨) 일ケイ/かくす 영hide
한자 부수의 하나.
풀이 감추다.

4 **区** 區(구)의 약자 →100쪽

2 4 **匹** ☆*3 필 **필**

一 ㄏ 兀 匹

중pǐ(피) 일ヒツ/ひき 영roll, mate
풀이 ①필. 통疋. ㉮피륙 길이의 단위. ㉯마소를 세는 단위. ②짝. ③상대. 적수가 됨. ④혼자. 천한 사람.
〔匹對 필대〕 ➡匹敵(필적).
〔匹馬 필마〕 한 필의 말.
〔匹馬單騎 필마단기〕 혼자 한 필의 말을 타고 감. 또는, 그 사람.
〔匹夫 필부〕 ①한 사람의 남자. ②보잘것없고 하찮은 사내.
〔匹婦 필부〕 ①한 사람의 여자. ②보잘것없고 하찮은 계집.
〔匹夫之勇 필부지용〕 혈기만 믿고 날뛰는 분별 없는 용기. 小人之勇(소인지용).
〔匹夫匹婦 필부필부〕 평범한 남녀.
〔匹敵 필적〕 힘이 엇비슷하여 서로 맞섬. 맞상대. 匹對(필대).
◢馬匹(마필)/配匹(배필)/天生配匹(천생

배필)

5 医 ❶동개 예 ❷의원 의
7 医

㊥yī, yī(이) ㊐エイ/うつぼ ㊍quiver
풀이 ❶동개. 활과 화살을 넣어 메는 기구. ❷의원. 醫(의)의 약자.

9 區 ★*6 갈피 구 약간 区 區
11

一 ㄒ 𠃍 𠮛 𠯑 𠱃 𠮦 區

㊥qū(취) ㊐ク ㊍district
갑 자원 **회의자.** 상자 안에 그릇들을 정리해 둔 모습을 나타냄. 여기에서 의미가 확장되어 '나누다', '구역' 등의 뜻을 갖게 됨.
풀이 ①갈피. 지경. ‖區劃(구획). ②나누다. ③따로따로. ④자질구레하다. ⑤구. ‖選擧區(선거구).
[區間 구간] 어떤 지점과 다른 지점과의 사이.
[區區 구구] ①각각 다름. ②변변하지 못함. ③잘고 용렬함.
[區內 구내] 어떤 지역의 안.
[區民 구민] 구(區) 안에 사는 사람.
[區別 구별] 종류에 따라 갈라놓음.
[區分 구분] 구별하여 나눔.
[區域 구역] 갈라놓은 지역.
[區廳 구청] 구의 행정 사무를 맡아보는 관청.
[區劃 구획] 경계를 갈라 정함.
◢工區(공구)/管區(관구)/鑛區(광구)/敎區(교구)/選擧區(선거구)/地區(지구)

9 匿 *1 숨을 닉 匿
11

㊥nì(니) ㊐トク/かくれる ㊍hide
풀이 ①숨다. ②숨기다. 감추다. ‖匿名(익명).
[匿名 익명] 이름을 숨김.
◢隱匿(은닉)

十部 열십

0 十 ☆*8 열 십 갖 拾 十
2

一 十

㊥shí(°스) ㊐ジュウ/とお ㊍ten
갑 금 전 자원 **지사자.** 갑골문에서는 세로획을 하나 그어 10을 나타냄. 금문에서는 가운데에 점을 찍었고 이 점이 점차 가로획으로 변함.
부 한자 부수의 하나.
풀이 ①열. 통什. ②열 번. ③열 곱절. ④완전하다. ⑤전부. 일체(一切).
[十方世界 시'방세계] 동·서·남·북·동남·서남·동북·서북·상(上)·하(下). 시방의 세계. 곧, 온 세계.
[十干 십간] 천간(天干)의 갑(甲)·을(乙)·병(丙)·정(丁)·무(戊)·기(己)·경(庚)·신(辛)·임(壬)·계(癸)의 총칭.
[十誡命 십계명] 구약 성서에 나오는, 하느님이 모세에게 계시한 열 가지의 계명. 十誡(십계).
[十年減壽 십년감수] (수명이 10년이나 줄었다는 뜻으로) 대단한 고통이나 위험 등을 당하여 놀라거나 두려움을 겪은 뒤에 하는 말.
[十年之計 십년지계] 10년을 목표로 한 계획.
[十年知己 십년지기] 오래전부터 사귀어 온 친구.
[十目所視 십목소시] (여러 사람이 다 보고 있다는 뜻으로) 세상 사람을 속일 수 없음.
[十伐之木 십벌지목] ('열 번 찍어 베는 나무'라는 뜻으로) 아무리 뜻이 굳은 사람이라도 여러 번 유혹하면 결국은 마음이 변함.
[十分 십분] 아주 충분하게.
[十生九死 십생구사] (열 번 살고 아홉 번 죽는다는 뜻으로) 위태로운 지경에서 겨우 벗어남.
[十匙一飯 십시일반] (밥 열 술이면 한 그릇이 된다는 뜻으로) 여러 사람이 조금씩 힘을 합하면 한 사람을 돕기 쉬움.
[十五夜 십오야] 음력 보름날 밤.
[十二支 십이지] 육갑(六甲) 중의 12지지(地支). 곧, 자(子)·축(丑)·인(寅)·묘(卯)·진(辰)·사(巳)·오(午)·미(未)·신(申)·유(酉)·술(戌)·해(亥).
[十人十色 십인십색] 사람의 취향이나 생각이 저마다 달라 가지각색임.
[十長生 십장생] 장생불사한다는 열 가지 물건. 곧, 해·산·물·돌·구름·소나무·불로초·거북·학·사슴.
[十中八九 십중팔구] (열 가운데 여덟이나 아홉이 그러하다는 뜻으로) 거의 대부분이 그러할 것이라는 추측을 나타내는 말.
[十指 십지] 열 손가락.
[十進法 십진법] 10개의 숫자를 써서 10씩 모아서 윗자리로 올려 나아가는 표기법.
◢聞一知十(문일지십)

3 卄 * 卄(입)과 동자 →251쪽

1 ☆*7
3 **千** 일천 **천** ㉮ 仟阡 千

丿 二 千

㊥qiān(치엔) ㊐セン/せん, ち ㊎thousand

갑 **자원** **지사자.** 서 있는 사람의 아랫부분에 가로획 하나를 그어 1,000을 나타냄. 가로획을 둘 그으면 2,000, 셋을 그으면 3,000을 나타냄.

풀이 ①일천. 백의 열 곱절. ②천 번. ③많다. ‖千古(천고).

〔千古 천고〕 ①아주 먼 옛날. ②영구한 세월.

〔千斤 천근〕《'백 근의 열 곱절'이라는 뜻으로》 썩 무거움.

〔千金 천금〕 ①많은 돈이나 비싼 값의 비유. ②아주 귀중한 것의 비유.

〔千年一淸 천년일청〕《천 년에 한 번 맑아진다는 황허 강의 물이 맑아지기를 바란다는 뜻으로》 불가능한 일을 바람.

〔千慮一得 천려일득〕《천 번을 생각하여 하나를 얻는다는 뜻으로》 어리석은 사람도 많은 생각 가운데에는 한 가지쯤 좋은 생각이 미칠 수 있음.

〔千慮一失 천려일실〕《'천 번의 생각에 한 번의 실수'라는 뜻으로》 지혜로운 사람도 많은 생각 가운데에는 잘못되는 것도 있을 수 있음.

〔千里駒 천리구〕 ① ➡千里馬(천리마). ②뛰어나게 잘난 자손을 칭찬하는 말.

〔千里馬 천리마〕 하루에 천 리를 달릴 만큼 썩 빠른 명마. 千里駒(천리구).

〔千里眼 천리안〕《북위(北魏) 장제(莊帝) 때 광주 자사(光州刺史)로 부임해 온 양일(楊逸)이 천 리를 내다보는 눈을 가지고 있기 때문에 그를 속일 수 없다고 부하들이 말했다는 고사에서》 천 리 밖의 사물을 볼 수 있을 만큼 뛰어난 시력을 가진 눈. 또는, 그런 눈을 가진 사람.

〔千萬金 천만금〕 썩 많은 돈이나 값어치.

〔千變萬化 천변만화〕《천 번 변하고 만 번 바뀐다는 뜻으로》 사물이 온갖 형태로 끝없이 변함.

〔千不當萬不當 천부당만부당〕 조금도 이치에 맞지 않음.

〔千辛萬苦 천신만고〕《'천 가지의 매운 것과 만 가지의 쓴 것'이라는 뜻으로》 온갖 고생을 이름.

〔千言萬語 천언만어〕《'천 마디 만 마디 말'이라는 뜻으로》 말을 수없이 함. 또는, 그 말.

〔千仞斷崖 천인단애〕 천 길이나 되는 높은 낭떠러지.

〔千紫萬紅 천자만홍〕 울긋불긋한 여러 가지 꽃의 빛깔. 또는, 그 꽃. 萬紫千紅(만자천홍).

〔千字文 천자문〕 중국 양(梁)나라의 주흥사(周興嗣)가 지은 책. 각각 다른 1천 자로 사언시(四言詩) 250구를 만듦.

〔千載一遇 천재일우〕《'천 년에 한 번 만날 수 있는 기회'라는 뜻으로》 좀처럼 만나기 어려운 좋은 기회. 千歲一時(천세일시). 千載一時(천재일시).

〔千差萬別 천차만별〕 여러 가지 사물이 모두 차이가 있고 구별이 있음.

〔千秋 천추〕 천 년, 곧 긴 세월. 또는, 먼 미래. 千載(천재).

〔千秋萬歲 천추만세〕 ①천년만년의 긴 세월. ②오래 살기를 축원하는 말.

〔千秋遺恨 천추유한〕 오랜 세월을 두고 잊지 못할 원한.

〔千態萬象 천태만상〕《'천 가지 모습과 만 가지 형상'이라는 뜻으로》 세상 사물이 한결같지 않음.

〔千篇一律 천편일률〕 ①여러 시문(詩文)의 글귀가 모두 비슷하여 개별적 특성이 없음. ②여럿이 개별적 특성이 없이 모두 엇비슷함.

◪累千(누천)/數千(수천)/一騎當千(일기당천)

2
4 **卅** 서른 **삽** 卅

㊥sà(싸) ㊐ソウ/さんじゅう ㊎thirty

풀이 서른. 삼십.

2 *2
4 **升** 되 **승** 升

丿 亻 千 升

㊥shēng(˚썽) ㊐ショウ/ます ㊎measure

갑 금 **자원** **상형자.** 손잡이가 달린, 물을 뜨는 바가지의 모습을 본뜬 자. 뒷날 곡식의 양을 헤아리는 도구로도 쓰여 '되'의 뜻이 생김.

풀이 ①되. 용량의 단위. 홉〔合〕의 10배. ②새. 피륙의 날을 세는 단위. ③괘 이름. ‖升罫(승괘). ④오르다. ㊌登·昇·陞. ⑤바치다. ⑥번영하다. ⑦익다. 곡식이 익음.

〔升鑑 승감〕 편지 겉봉에 받는 사람의 이름 아래에 쓰는 존칭어.

〔升卦 승괘〕 64괘(卦)의 하나. 땅에 나무가 남을 상징함.

〔升堂入室 승당입실〕 ①《마루에 오른 다음 방으로 들어간다는 뜻으로》 일에는 차례가 있음. ②학문이 점점 깊어짐의 비유.

2 ☆*7
4 **午** 낮 **오** 午

2획

ノ 𠂉 𠂉 午

㊥wǔ(우) ㊐ゴ/うま ㊎noon, day

갑 [자원] **상형자.** 갑골문에서 보듯, 절굿공이의 모습을 본뜬 자. 뒷날 간지(干支)로 쓰이게 되면서 본뜻을 보존하기 위해 만든 자가 '杵(절굿공이 저)'임.

[풀이] ①낮. ‖午前(오전). ②일곱째 지지(地支). 방위로는 정남(正南), 달로는 음력 5월, 오행으로는 화(火), 동물로는 말. ‖午方(오방). ③가로세로로 엇걸리다.

〔午年 오년〕 태세(太歲)가 오(午)로 된 해.

〔午方 오방〕 24방위의 하나. 정남(正南)을 중심으로 한 15° 각도 안의 방향.
〔午睡 오수〕 낮잠. 午寢(오침).
〔午時 오시〕 12시의 일곱째 시. 오전 11시부터 오후 1시 사이.
〔午夜 오야〕 밤 12시. 子正(자정).
〔午前 오전〕 ①밤 12시부터 낮 12시까지의 동안. 上午(상오). ②일상적으로 아침부터 점심 전까지의 동안. ↔午後(오후).
〔午餐 오찬〕 보통보다 잘 차려 손님을 대접하는 점심 식사.
〔午初 오초〕 오시(午時)의 첫 시각. 오전 11시경.
〔午寢 오침〕 ➡午睡(오수).
〔午風 오풍〕 남쪽에서 불어오는 바람. 마파람.
〔午後 오후〕 ①낮 12시부터 밤 12시까지의 동안. 下午(하오). ②일상적으로 점심 이후 저녁 전까지의 동안. ↔午前(오전).
◢端午(단오)/上午(상오)/正午(정오)/下午(하오)

☆✱6
3 5 **半** 반 **반**

ノ 丷 丷 丷 半

㊥bàn(빤) ㊐ハン/なかば ㊎half

금 [자원] **회의자.** 본뜻이 '나누다'인 八(팔)과 牛(소 우)가 합쳐진 자. 한 마리의 소를 둘로 나눈다는 뜻을 나타냄.

[풀이] ①반. 한가운데. 한창. ‖半減(반감). ②조각. ㊀片.

〔半跏趺坐 반가부좌〕 한쪽 발을 다른 쪽 다리의 허벅다리 위에 얹고 앉는 앉음새.
〔半減 반감〕 절반으로 줆. 또는, 그렇게 줄임.
〔半開 반개〕 ①반쯤 엶. ②꽃이 반쯤 핌. ③개화(開化)가 다 되지 못함.
〔半徑 반경〕 반지름.
〔半旗 반기〕 조의(弔意)를 표하기 위해 보통보다 내려 다는 국기.
〔半島 반도〕 3면이 바다로 둘러싸인 육지.
〔半面之分 반면지분〕 얼굴만 약간 알 정도의, 교분이 아직 두텁지 못한 사이.
〔半半 반반〕 절반씩.
〔半白 반백〕 흰 것이 섞인 머리털.
〔半死 반사〕 거의 죽게 된 상태.
〔半生半死 반생반사〕 거의 죽게 되어 생사가 확실하지 않은 지경에 이름.
〔半世紀 반세기〕 한 세기의 절반.
〔半信半疑 반신반의〕《반은 믿고 반은 의심한다는 뜻으로》 얼마쯤 믿으면서도 한편으로는 의심함.
〔半身不隨 반신불수〕 병이나 사고로 몸의 반쪽이 마비되는 일. 또는, 그런 사람.
〔半身像 반신상〕 상반신의 사진·초상·소상(塑像) 등의 총칭.
〔半額 반액〕 전액 또는 정액(定額)의 절반 값.
〔半圓 반원〕 원(圓)의 절반.
〔半月 반월〕 ①반달. 반쯤 이지러진 달. ②한 달의 반.
〔半子 반자〕《'반자식'이란 뜻으로》 사위를 이름. 半子之名(반자지명). 女壻(여서).
◢居之半(거지반)/過半(과반)/上半(상반)/夜半(야반)/前半(전반)/折半(절반)/太半(태반)/殆半(태반)/下半(하반)/後半(후반)

✱1
5 **卉** 卉(훼)의 속자 →102쪽

✱1
4 6 **卍** 만자 **만**

㊥wàn(완) ㊐バン, マン ㊎fylfot

[풀이] 만자. 범어(梵語)의 만자(萬字).

〔卍字 만자〕 ①불심(佛心)에 나타나는 길상(吉祥)의 징표. ②卍(만)과 같은 형상의 무늬.
〔卍字窓 만자창〕 창살을 '卍' 자 모양으로 짠 창. 완자창.

6 **卋** 世(세)의 고자 →9쪽

✱1
4 6 **卉** 풀 **훼** ㊔ 卉

㊥huì(후에이) ㊐キ/くさ ㊎grass

[풀이] 풀. 초목.
◢花卉(화훼)

★✱3-Ⅱ
6 8 **卑** 낮을 **비**

ノ 丿 白 白 白 申 由 卑

[중]bēi(뻬이) [일]ヒ/いやしい [영]lowly
[금] [자원] **회의자.** 금문을 보면 甲(갑) 자 비슷하게 생긴 물건을 손으로 들고 있는 모습을 나타냄. 손으로 들고 있는 물건이 주인을 부쳐 주기 위한 부채라는 설도 있고, 의식을 치르기 위한 의장(儀仗)이라는 설도 있음.
[풀이] ①낮다. ②낮은 사람. ③천하다. 저속함. ‖野卑(야비). ④치뜰다. ‖卑屈(비굴).
〔卑怯 비겁〕 비열하고 겁이 많음.
〔卑屈 비굴〕 용기나 줏대가 없이 남에게 잘 굽힘.
〔卑近 비근〕 흔히 주위에서 보고 들을 수 있을 만큼 가까움.
〔卑陋 비루〕 하는 짓이 야비하고 더러움.
〔卑俗 비속〕 격이 낮고 속됨.
〔卑劣 비열〕 하는 짓이나 성품이 천하고 졸렬함.
〔卑賤 비천〕 신분이 낮고 천함. ↔高貴(고귀).
〔卑下 비하〕 ①지위가 낮음. ②자기를 낮춤. ③업신여겨 낮춤.
◢謙卑(겸비)/男尊女卑(남존여비)/野卑(야비)/尊卑(존비)

☆✱5
6 8 **卒** [1]군사 **졸** [2]마칠 **졸** [본]졸 卒

丶 亠 𠆢 ⺈ 亦 亦 卒 卒

[중]zú(주), cù(추) [일]ソツ, シュツ
[영]soldier, finish
[갑] [자원] **상형자.** 병사나 노예가 입던 제복을 본뜬 자. 갑골문은 윗옷을 나타낸 衣(옷 의)에 ×와 같은 표시가 더해진 것임.
[풀이] [1]①군사. 병졸. ②하인. ③갑자기. [2]①마치다. ‖卒業(졸업). ②죽다. ‖卒去(졸거).
〔卒哭 졸곡〕 삼우제(三虞祭)를 지낸 뒤에 지내는 제사. 사람이 죽은 지 석 달 만에 오는 첫 정일(丁日)이나 해일(亥日)에 지냄. 卒哭祭(졸곡제).
〔卒年 졸년〕 죽은 해. 沒年(몰년).
〔卒倒 졸도〕 갑자기 정신을 잃고 쓰러짐. 또는, 그런 일.
〔卒兵 졸병〕 직위가 낮은 병사(兵士). 병졸.
〔卒逝 졸서〕 죽어서 멀리 감.
〔卒業 졸업〕 학생이 규정에 따라 소정의 교과 과정을 마침.
〔卒然 졸연〕 갑자기. 별안간.
◢軍卒(군졸)/羅卒(나졸)/兵卒(병졸)/弱卒(약졸)/烏合之卒(오합지졸)/獄卒(옥졸)/將卒(장졸)/倉卒(창졸)/捕卒(포졸)

★✱5
6 8 **卓** 높을 **탁** [고]桌 卓

[중]zhuō(°쭈어) [일]タク/たかい
[영]outstanding, table
[풀이] ①높다. ㉮뛰어나다. 우월함. ‖卓越(탁월). ㉯높이 서 있다. ②탁자. ‖卓上(탁상).
〔卓見 탁견〕 뛰어난 의견이나 식견(識見). 卓識(탁식).
〔卓球 탁구〕 나무로 된 대(臺) 위에 네트를 치고 셀룰로이드 공을 라켓으로 쳐 넘겨 승부를 겨루는 실내 경기. 핑퐁.
〔卓立 탁립〕 ①우뚝하게 서 있음. ②여럿 가운데서 빼어남.
〔卓上 탁상〕 탁자나 책상 등의 위.
〔卓上空論 탁상공론〕 현실성이 없는 허황한 말이나 의론.
〔卓說 탁설〕 탁월한 논설. 卓論(탁론).
〔卓識 탁식〕 ➡卓見(탁견).
〔卓然 탁연〕 여럿 중에서 빼어나게 뛰어남.
〔卓越 탁월〕 월등하게 뛰어남. 卓犖(탁락). 卓拔(탁발).
〔卓子 탁자〕 물건을 올려놓기 위해 책상 모양으로 만든 가구의 총칭.
〔卓絕 탁절〕 더할 나위 없이 뛰어남.
〔卓行 탁행〕 뛰어난 행실. 高行(고행).
〔卓效 탁효〕 뛰어난 효험.
◢敎卓(교탁)/茶卓(다탁)/食卓(식탁)/圓卓(원탁)

☆✱4-Ⅱ
6 8 **協** 합할 **협** [간]协 協

一 十 𠦃 𠦄 𠦅 𠦆 協 協

[중]xié(시에) [일]キョウ/かなう [영]unite
[갑] [자원] **회의 겸 형성자.** 十(십)과 劦(협)이 합쳐진 자로, '많은 사람이 함께 힘을 합하다'의 뜻을 나타냄. 갑골문에서 보듯, 본래는 세 개의 力(력)으로 이뤄진 회의자였으나 (여러 쟁기를 사용하여 함께 일한다는 뜻), 뒷날 十이 더해져 '協' 또는 '恊(협)'으로 썼음. 十은 의미를 나타내고 劦은 의미와 음을 겸하여 나타냄.
[풀이] ①합하다. ‖協議(협의). ②일치하다. 화합. [같]叶. ‖協調(협조).
〔協同 협동〕 여럿이 마음과 힘을 합하여 어떤 일을 함.
〔協力 협력〕 어떤 일을 이루기 위해 힘을 합함. 戮力(육력).
〔協商 협상〕 협의에 의하여 어떤 목적에 부합된 결정을 함.
〔協演 협연〕 한 독주자가 다른 독주자나 악단과 함께 한 악곡을 연주함. 또는, 그런 연주.
〔協議 협의〕 여러 사람이 모여 의논함.
〔協定 협정〕 ①협의하여 결정함. 또는, 그 결정. ②국가와 국가 간에 맺은 조약.
〔協助 협조〕 힘을 합해 서로 도움.

〔協調 협조〕 힘을 합해 서로 조화를 이룸.
〔協奏 협주〕 여러 가지 악기로 조화 있게 연주함. 合奏(합주).
〔協贊 협찬〕 어떤 일에 장소나 물질 등을 제공하여 도움.
〔協和 협화〕 ①서로 협력하여 화합함. ②동시에 여러 소리가 잘 조화되어 나는 현상.
〔協會 협회〕 같은 목적을 가진 사람들이 목적 달성을 위하여 협동하여 설립, 유지하는 모임.
◪妥協(타협)/和協(화협)

7 ☆*8
9 **南** 남녘 남

一 十 广 冇 冇 冇 南 南 南

㊥nán(난) ㉰ナン/みなみ ㊔south

갑 금 **자원** **상형자.** 갑골문·금문에서 보듯, 매달 수 있는 종 모양의 악기를 본뜬 자. 윗부분은 매다는 끈을 나타냄. 남쪽 방향을 뜻하는 말로 가차됨.

풀이 ①남녘. ‖南國(남국). ②남으로 향하다.

〔南無阿彌陀佛 나무아미타불〕 ①《아미타불에 귀의한다는 뜻으로》 승려가 염불할 때 외는 소리. ②공들인 일이 헛일이 됨.
〔南柯一夢 남가일몽〕 《중국 당나라의 순우분(淳于棼)이 술에 취하여 홰나무의 남쪽으로 뻗은 가지 밑에서 잠이 들었는데, 괴안국(槐安國)으로부터 영접을 받아 20년 동안 영화를 누리는 꿈을 꾸었다는 고사에서》 꿈과 같이 헛된 한때의 부귀영화. 南柯夢(남가몽). 槐安夢(괴안몽).
〔南國 남국〕 남쪽에 위치한 나라.
〔南極 남극〕 ①지구의 남쪽 끝. ↔北極(북극). ②자침이 가리키는 남쪽 끝.
〔南男北女 남남북녀〕 우리나라에서, 남쪽 지방은 남자가 잘나고 북쪽 지방은 여자가 아름답다는 말.
〔南蠻北狄 남만북적〕 남쪽 오랑캐와 북쪽 오랑캐.
〔南北 남북〕 남쪽과 북쪽.
〔南船北馬 남선북마〕 《중국에서, 남쪽은 강이 많아 배를 이용하고 북쪽은 산야가 많아 말을 이용한다는 뜻으로》 사방으로 바쁘게 돌아다님. 北馬南船(북마남선).
〔南緯 남위〕 적도 이남의 위도. ↔北緯(북위).
〔南宗 남종〕 ①중국 당나라의 왕유(王維)를 원조로 하는 화가의 한 파. ②중국 당나라의 혜능(慧能)을 개조(開祖)로 하는 선종(禪宗)의 한 파. ↔北宗(북종).
〔南宗畫 남종화〕 중국 회화의 2대 유파의 하나. 흔히, 수묵과 담채(淡彩)로써 시정(詩情)이 넘치는 산수화를 그렸음. 南畫(남화). ↔北宗畫(북종화).
〔南中 남중〕 천체가 자오선의 남쪽을 통과함.
〔南風 남풍〕 남쪽에서 불어오는 바람.
〔南下 남하〕 남쪽으로 내려감.
〔南畫 남화〕 ➡南宗畫(남종화). ↔北畫(북화).
〔南回歸線 남회귀선〕 남위 23도 27분의 위선. 동지에 태양이 이 선을 통과함.
◪江南(강남)/東南(동남)/嶺南(영남)/越南(월남)/以南(이남)/湖南(호남)

10 ★*4-Ⅱ
12 **博** 넓을 박

十 忄 忄 恒 悀 悀 博 博

㊥bó(보) ㉰ハク/ひろい ㊔extensive

자원 **회의 겸 형성자.** 많다는 뜻의 '十(십)'과 널리 통한다는 뜻의 '尃(부)'가 합쳐진 자로, 넓게 두루 아는 것을 나타냄. 十은 의미를 나타내고 尃는 의미와 음을 겸하여 나타냄.

풀이 ①넓다. 많다. 두루 미치다. ‖博學(박학)/博愛(박애). ②도박. 노름함. ‖賭博(도박).

〔博覽 박람〕 ①책을 많이 읽음. ②사물을 널리 봄.
〔博覽強記 박람강기〕 여러 가지 책을 많이 읽고 기억을 잘함.
〔博物 박물〕 ①여러 사물에 대하여 두루 많이 앎. ②여러 사물과 그에 관한 참고가 될 만한 물건.
〔博士 박사〕 ①대학에서 수여하는 가장 높은 학위. 또는, 그 학위를 딴 사람. ②어떤 일에 정통하거나 숙달된 사람의 비유.
〔博識 박식〕 보고 들은 것이 많아서 많이 앎.
〔博愛 박애〕 모든 사람을 널리 사랑함. 汎愛(범애).
〔博而不精 박이부정〕 널리 알지만 정밀하지 못함.
〔博學 박학〕 학식이 넓음. 또는, 그 학식.
〔博學多識 박학다식〕 학문이 넓고 아는 것이 많음.
◪賭博(도박)/該博(해박)

卜部 점복

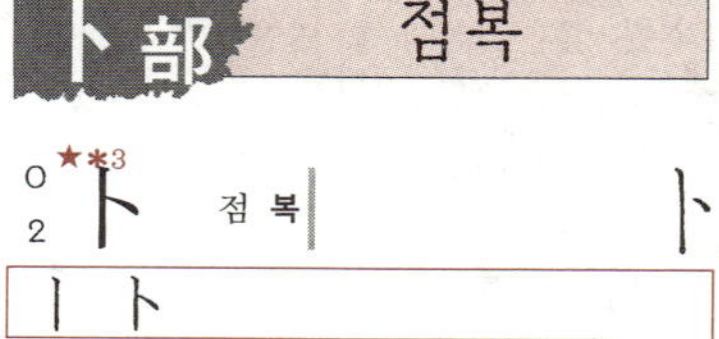

0 ★*3
2 **卜** 점 복

丨 卜

[중]bǔ(부) [일]ボク/うらない [영]divination

[갑] [자원] **상형자.** 거북 배딱지나 소의 어깨뼈 등을 불로 지졌을 때 생기는 금을 본뜬 자. 중국 은나라에서는 거북의 배딱지나 동물 뼈를 불로 지져 표면에 나타나는 금을 보고 길흉화복을 점쳤음.

✎ 한자 부수의 하나.

[풀이] ①점. 거북점. ‖占卜(점복). ②점치다. ‖卜師(복사). ③점쟁이. ④짐바리. ‖卜駄(복태).

〔卜居 복거〕 살 곳을 점쳐서 정함.
〔卜馬 복마〕 짐을 싣는 말.
〔卜師 복사〕 점을 치는 사람을 높여 이르는 말.
〔卜筮 복서〕 길흉을 점치는 일. 또는, 그 점.
〔卜駄 복태〕 말·소로 실어 나르는 짐.
◢龜卜(귀복)/筮卜(서복)/占卜(점복)

2 *2
4 **卞** 법 **변**

[중]biàn(삐엔) [일]ヘン, ベン/のり [영]law

[풀이] ①법. 규칙. ②조급하다.

3 ★*4
5 **占** ❶점칠 **점** ❷차지할 **점**

丨 ⺊ ⺊ 占 占

[중]zhān, zhàn(°짠) [일]セン/うらない [영]divine

[갑] [자원] **회의자.** 점괘를 나타내는 卜(복:거북 배딱지에 생긴 금)과 이를 보고 점괘를 말한다는 뜻의 口(입 구)가 합쳐진 자로, '점치다'의 뜻을 나타냄.

[풀이] ❶점치다. 점치는 일. ‖占卜(점복). ❷차지하다. ‖獨占(독점).

〔占據 점거〕 일정한 곳을 차지하여 자리를 잡음. 占領(점령).
〔占卦 점괘〕 점을 쳐서 나오는 괘.
〔占領 점령〕 ① ➡占據(점거). ②다른 나라의 영토를 무력으로 빼앗아 지배함.
〔占卜 점복〕 점을 침. 또는, 점.
〔占星 점성〕 별의 밝기·위치·움직임 등에 따라 길흉을 점치는 일.
〔占術 점술〕 점치는 술법(術法).
〔占有 점유〕 물건이나 영역, 지위 등을 차지함. ‖占有權(점유권).
◢強占(강점)/寡占(과점)/獨占(독점)/買占(매점)/先占(선점)/易占(역점)

6 *1
8 **卦** 괘 **괘**

[중]guà(꾸아) [일]カ, ケ/うらかた [영]trigram for divination

[풀이] ①괘. 점괘. ②점치다.

〔卦辭 괘사〕 ①'역경(易經)'에서, 64괘를 풀이한 글. ②점괘를 풀어서 써 놓은 글.
〔卦象 괘상〕 점괘에 나타난 길흉의 상.
◢吉卦(길괘)/占卦(점괘)/八卦(팔괘)

8 **卧** 臥(와)의 속자 →627쪽

9 *2
11 **卨** 사람 이름 **설** [간] 卨

[중]xiè(씨에) [일]セツ

[풀이] 사람 이름. [같]偰.

2획

卩部 병부절 卩 㔾

0
2 **卩** 병부 **절**

[중]jié(지에) [일]セツ

[갑] [금] [전] [자원] **상형자.** 꿇어앉은 사람의 모습을 본뜬 자.

✎ 한자 부수의 하나. 발로 쓰일 때에는 자형이 '㔾'의 꼴로 바뀜.

[풀이] 병부(兵符).

3 ☆*3
5 **卯** 넷째 지지 **묘**

ノ ㇄ 卬 卯 卯

[중]mǎo(마오) [일]ボウ/う

[갑] [자원] **상형자.** 갑골문에서 보듯, 칼로 어떤 대상을 반으로 자른 모양을 본뜬 자. 그 대상은 제물로 바칠 희생물로 짐작됨.

[풀이] ①넷째 지지(地支). 달로는 음력 2월, 방위로는 동쪽, 시각으로는 오전 5~7시. 오행(五行)으로는 목(木), 동물로는 토끼. ②문동개.

〔卯年 묘년〕 태세(太歲)의 지지(地支)가 묘(卯)로 된 해.
〔卯方 묘방〕 24방위의 하나. 정동(正東)을 중심으로 한 15° 각도 안의 방위.
〔卯生 묘생〕 묘년(卯年)에 태어난 사람. ※토끼띠.
〔卯時 묘시〕 12시의 넷째 시. 오전 5시부터 7시 사이.
〔卯正 묘정〕 묘시(卯時)의 한가운데. 곧, 오전 6시.
〔卯坐酉向 묘좌유향〕 집터나 묏자리 등이 동쪽을 등지고 서쪽을 바라보는 좌향(坐向).
〔卯酒 묘주〕 이른 아침이나 조반 전에 마시는 술. 곧, 해장술.

◢己卯(기묘)/乙卯(을묘)

3 5 **卮** 잔 **치** ㊗巵 危

㊥zhī(°쯔) ㊐シ/さかずき ㊎wineglass

풀이 잔.

〔卮酒 치주〕(‘잔의 술’이라는 뜻으로) 적은 양의 술.

☆*4

4 6 **危** 위태할 **위** 危

ノ ⺈ ⺈ 产 产 危

㊥wēi(웨이) ㊐キ/あやうい ㊎dangerous

전 자원 **회의자.** ‘절벽’을 뜻하는 厂(엄)과 그 위에 있는 사람을 나타내는 人(인)과 그 사람을 떠밀기 위해 절벽 아래 웅크리고 있는 사람을 나타내는 㔾(절)이 합쳐진 자로, ‘위태롭다’는 뜻을 나타냄.

풀이 ①위태하다. 불안을 느낌. ‖傾危(경위). ②위태롭게 하다. ③험하다. 높이 솟아 있는 모양. ‖危巖(위암). ④병이 중하다. ‖危篤(위독).

〔危懼 위구〕 염려하고 두려워함.

〔危急 위급〕 위태롭고 급박함.

〔危機 위기〕 위험한 고비나 시기.

〔危機一髮 위기일발〕 여유가 조금도 없이 몹시 절박한 순간. 危如一髮(위여일발).

〔危難 위난〕 위태로운 재난.

〔危篤 위독〕 병세가 매우 중하여 생명이 위태로움. 瀕死(빈사).

〔危亂 위란〕 위태롭고 어지러움.

〔危重 위중〕 병세가 위험할 정도로 중태임.

〔危殆 위태〕 어떤 형세가 마음을 놓을 수 없을 만큼 위험함.

〔危害 위해〕 위험한 재해. 특히, 사람의 생명을 위협하는 위험이나 해.

〔危險 위험〕 안전하지 못하거나, 신체나 생명에 해로움이 생길 우려가 있음.

◢累卵之危(누란지위)/安危(안위)

☆*4-Ⅱ

4 6 **印** 도장 **인** 印

ノ ⺁ F E 𠨍 印

㊥yìn(인) ㊐イン/しるし ㊎seal

갑 자원 **회의자.** 갑골문에서 보듯, 손을 나타내는 爪(조)와 꿇어앉은 사람을 나타내는 卩(절)이 합쳐진 자로, 손으로 꿇어앉은 사람의 머리를 내리누르는 모습을 나타냄. 본뜻은 ‘내리누르다’, ‘굴복시키다’이나 의미가 확대되어 ‘도장(을 찍다)’의 뜻을 가지게 됨.

풀이 ①도장. 임금의 도장은 璽(새) 또는 寶(보). ‖印章(인장). ②찍다. ‖印刷(인쇄)/印象(인상).

〔印鑑 인감〕 본인의 도장임을 증명할 수 있도록 관공서의 대장에 등록해 둔 특정한 도장.

〔印度 인도〕 남부 아시아의 중앙에 있는 나라. 인더스 강의 이름에서 따온 말임.

〔印本 인본〕 인쇄한 책.

〔印象 인상〕 사물을 보거나 들을 때, 마음에 와 닿는 느낌.

〔印稅 인세〕 저작물을 발행하여 판매하는 사람이 저작자에게 저작물 판매 수량에 따라 일정한 비율로 치르는 돈.

〔印刷 인쇄〕 문자나 그림을 나타낸 판면(版面)에 잉크를 칠해서 종이 따위에 박아 내는 일.

〔印綬 인수〕 병권이 있는 무관이 발병부(發兵符) 주머니를 매어 몸에 차는, 긴 녹비 끈. 인끈.

〔印信 인신〕 도장이나 관인(官印) 등의 총칭.

〔印影 인영〕 ➡印章(인장)②.

〔印章 인장〕 ①도장. ②찍어 놓은 도장의 형적. 인발. 印影(인영). 印形(인형).

〔印朱 인주〕 도장을 찍을 때, 도장에 묻히는 붉은 도장밥. 印泥(인니).

〔印紙 인지〕 세금이나 수수료를 냈다는 증거로 서류나 장부 등에 붙이는, 정부에서 발행하는 증표(證票).

〔印行 인행〕 출판물을 인쇄하여 간행함.

〔印形 인형〕 ➡印章(인장)②.

〔印畫 인화〕 음화(陰畫)의 원판을 감광지 위에 올려놓고 양화(陽畫)인 사진을 만드는 일.

◢刻印(각인)/檢印(검인)/官印(관인)/金印(금인)/烙印(낙인)/捺印(날인)/封印(봉인)/消印(소인)/影印(영인)/押印(압인)/調印(조인)/職印(직인)

★*3

5 7 **却** 물리칠 **각** ㊔卻 却

一 + 土 去 去 㕁 却

㊥què(취에) ㊐キャク/しりぞける ㊎reject

전 자원 **형성자.** 卩(절)은 의미를 나타내고 谷(곡)은 음을 나타냄. 谷이 나중에 去(거)로 바뀜.

풀이 ①물리치다. ‖却下(각하). ②물러나다. ‖退却(퇴각). ③어조사. ‖忘却(망각). ④도리어.

〔却說 각설〕 말머리를 돌릴 때, 허두로 쓰는 말.

〔却下 각하〕 소송(訴訟)·원서(願書) 등을 형식상의 부적함을 이유로 받지 않고 물리침.

◢棄却(기각)/冷却(냉각)/忘却(망각)/賣却(매각)/滅却(멸각)/沒却(몰각)/燒却(소각)/脫却(탈각)/退却(퇴각)

☆＊4
5 **卵** 알 **란**
7

丿 𠃌 𠃌 卯 卯 卯 卵

㊥luǎn(루안) ㊐ラン/たまご ㊖egg

전 **자원** **상형자.** '물고기 알'을 본뜬 자. 뒷날 모든 알을 가리키게 됨.

풀이 ①알. 새·물고기·벌레 등의 알. ‖ 卵生(난생). ②크다. 굵음.

〔卵白 난백〕 알의 흰자위.

〔卵生 난생〕 알이 부화되어 새끼가 나옴. ↔胎生(태생).

〔卵巢 난소〕 동물의 암컷에서, 난자를 만들고 여성 호르몬을 분비하는 생식기관.

〔卵育 난육〕 품에 안아 기름.

〔卵子 난자〕 동물의 암컷의 생식 세포.

〔卵形 난형〕 달걀의 모양. 달걀꼴.

〔卵黃 난황〕 동물의 알의 노른자위.

◢鷄卵(계란)/累卵(누란)/明卵(명란)/無精卵(무정란)/排卵(배란)/孵卵(부란)/産卵(산란)/土卵(토란)/抱卵(포란)

＊
5 **卲** 높을 **소**
7

㊥shào(ˆ싸오) ㊐ショウ/たかい ㊖eminent

풀이 높다. 뛰어나다.

＊
7 **即** 卽(즉)의 속자 →107쪽

☆＊4
6 **卷** ❶말 **권** ❷책 **권** ❸굽을 **권**
8

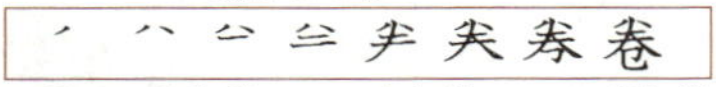

丶 丷 丷 龹 龹 龹 卷 卷

㊥juǎn(쥐엔), juàn(쮜엔), quán(취엔) ㊐ケン, カン/まく, まき ㊖roll, volume

전 **자원** **회의자.** 소전에서 보듯, '흩뿌리다'의 뜻인 釆(변)과 양손과 꿇어앉아 웅크린 사람을 나타내는 㔾(절)이 합쳐진 자로, 흩어지려고 하는 물건을 양손에 받아 손 안에 둥글게 모으는 것을 나타냄.

풀이 ❶말다. ‖ 卷尺(권척). ❷①책. ‖ 書卷(서권). ②권(卷). 책을 세는 단위. ❸굽다. 구부정함.

〔卷頭 권두〕 책 등의 첫머리. 卷首(권수). ↔卷末(권말).

〔卷頭言 권두언〕 책의 머리말.

〔卷末 권말〕 책의 맨 끝. 卷尾(권미). ↔卷頭(권두).

〔卷數 권수〕 책의 수효.

〔卷雲 권운〕 상층운(上層雲)의 하나. 하얀 깃털 모양의 구름. 새털구름.

〔卷子 권자〕 ①두루마리. ②과거(科擧)를 볼 때, 글을 지어 올리던 종이.

〔卷子本 권자본〕 두루마리로 된 책.

〔卷帙 권질〕 책의 권(卷)과 질(帙). 卷은 두루마리 모양의 책, 帙은 매어서 상자에 넣은 책.

〔卷尺 권척〕 헝겊이나 쇠로 만들어 평소에는 말아 두었다가 필요에 따라 잡아당겨 쓰는 자. 줄자.

〔卷軸 권축〕 ①글씨나 그림을 표장(表裝)하여 말아 놓은 축. ②주련(柱聯) 아래에 가로 대는 둥글고 긴 나무.

◢單卷(단권)/別卷(별권)/上卷(상권)/席卷(석권)/壓卷(압권)/全卷(전권)/中卷(중권)/通卷(통권)/下卷(하권)

6 **卺** 술잔 **근**
8

㊥jǐn(진) ㊐キン ㊖wineglass

'巹'은 와자(訛字)임.

풀이 술잔. 합환주(合歡酒) 잔.

〔卺禮 근례〕 혼인의 예절.

6 **卹** ❶가엾이 여길 **휼** ❷먼지 떨 **솔**
8

㊥xù(쒸) ㊐ジュツ/あわれむ ㊖pity

풀이 ❶가엾이 여기다. 진휼함. ‖ 救卹(구휼). ❷먼지를 떨다.

9 **卻** 却(각)의 본자 →106쪽

☆＊3-Ⅱ
7 **卽** 곧 **즉** 속 即卽
9

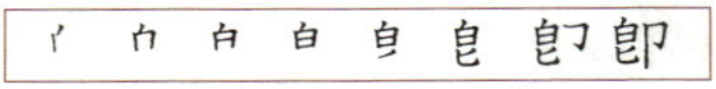

丶 ⺈ 白 白 自 皀 皀 卽

㊥jí(지) ㊐ソク/すなわち ㊖namely

갑 **자원** **회의 겸 형성자.** 음식이 담긴 그릇을 나타내는 皀자와 꿇어앉은 사람을 나타내는 卩(절) 자가 합쳐진 자로, 음식을 먹으려고 음식 앞에 앉아 있는 모양을 나타냄. 여기서 '나아가다'의 뜻이 파생됨. 皀은 의미를 나타내고 卩은 의미와 음을 겸하여 나타냄.

풀이 ①곧. 즉시. ②가까이하다. ③자리에 나아가다. ‖ 卽席(즉석).

〔卽刻 즉각〕 당장에 곧. 當刻(당각).

〔卽決 즉결〕 그 자리에서 곧 결정함.

〔卽納 즉납〕 금품을 당장 그 자리에서 바침.

〔卽答 즉답〕 질문이나 요구에 대해서 바로 그 자리에서 대답함. 直答(직답).

〔卽死 즉사〕 그 자리에서 바로 죽음.

〔卽席 즉석〕 일이 진행되는 바로 그 자리. 卽坐(즉좌).

〔卽時 즉시〕 바로 그때.

〔卽位 즉위〕 왕위에 오름. ↔退位(퇴위).

〔卽效 즉효〕 즉시에 나타나는 효력.

〔卽興 즉흥〕 즉석에서 일어나는 흥취.

9 卽 卽(즉)의 속자 →107쪽

11 卿 卿(경)의 속자 →108쪽

★*3
10/12 卿 벼슬 **경** 본 卿 속 卿 㣁

丿 ㇌ 卯 卯 卯 卯 卿 卿

㊥qīng(칭) ㊐ケイ, キョウ
㊎official post

갑 [甲骨文] 자원 **회의자.** 갑골문에서 보듯, 한가운데에 음식을 놓고 두 사람이 마주 앉아 있는 모습을 나타낸 자로, '鄕(향)' 자와 자원이 같음. 음식은 임금이 내린 어찬(御饌)으로, 두 사람의 신분이 고관이었을 것임.

풀이 ①벼슬. 대신(大臣). ‖公卿(공경). ②귀족. ③호칭(呼稱). ㉮천자의 중신(重臣)에 대한 경칭. ㉯관리 간의 경칭. 또는, 자칭. ㉰부부간의 호칭.

〔卿士大夫 경사대부〕 영의정·좌의정·우의정 이외의 벼슬아치의 총칭.

〔卿宰 경재〕 임금을 돕고 관원을 지휘·감독하는 2품 이상의 벼슬아치. 宰相(재상).

◢公卿(공경)/九卿(구경)/上卿(상경)/亞卿(아경)/六卿(육경)/樞機卿(추기경)

厂部 민엄호

0/2 厂 언덕 **한**

㊥hǎn(한) ㊐カン/がけ ㊎hill

갑 [甲骨文] 금 [金文] 전 [篆文] 자원 **상형자.** 갑골문에서 보듯, 돌출되어 있는 벼랑을 본뜬 자. 금문도 갑골문과 다르지 않으나 안쪽에 음을 나타내는 干(간) 자가 덧붙어 있음.

[부수] 한자 부수의 하나.

풀이 ①언덕. 구릉(丘陵) 또는 낭떠러지. ②민엄호. 부수(部首) 이름.

★*3
2/4 厄 재앙 **액** 厄

一 厂 厅 厄

㊥è(어) ㊐ヤク/わざわい ㊎calamity

금 [金文] 전 [篆文] 자원 **상형자.** 금문은 소나 말의 목에 씌우는 멍에를 본뜬 자. 소전은 厄의 통자인 戹(액)의 형태를 보여 주고 있음.

풀이 ①재앙. 불행한 일. 변고. ‖厄年(액년). ②사나운 운수.

〔厄年 액년〕 ①운수가 사나운 해. ②음양가(陰陽家)에서, 사람의 일생 중에 재난이 많다고 하여 꺼리는 나이. 남자는 25, 42, 50세와 여자는 19, 33, 37세.

〔厄運 액운〕 액을 당할 운수.

〔厄禍 액화〕 액으로 당하는 화(禍).

◢免厄(면액)/災厄(재액)/橫厄(횡액)

*
5/7 厎 숫돌 **지**

㊥dǐ(디) ㊐シ ㊎whetstone

풀이 ①숫돌. ②이르다.

*
6/8 厓 언덕 **애** 厓

㊥yá(야) ㊐カイ/ガケ ㊎cliff, hill

풀이 ①언덕. 낭떠러지. ‖際厓(제애). ②물가. ㉠涯.

*
9 厘 釐(리)의 속자 →764쪽
廛(전)의 속자 →249쪽

7/9 厖 클 **방** 厖

㊥máng(망), páng(팡)
㊐ボウ/おおいなり ㊎huge

풀이 ①크다. ‖厖大(방대). ②풍족하다. ③도탑다. 순후(純厚)함. ④뒤섞이다. ‖厖眉(방미).

〔厖大 방대〕 매우 큼.

☆*4
7/9 厚 두터울 **후** 고 垕 厚

一 厂 厂 厂 厚 厚 厚 厚

㊥hòu(허우) ㊐コウ/あつい
㊎thick, profound

자원 **형성자.** 厂(한)이 의미를 나타내고 𣆪(후)가 음을 나타냄.

풀이 ①두텁다. ㉮두껍다. ㉯도탑다. ‖厚意(후의). ㉰중하다. ㉱짙다. ‖濃厚(농후). ②두께.

〔厚待 후대〕 후하게 대접함. 또는, 그런 대접. 厚遇(후우).

〔厚德 후덕〕 덕이 두터움. 또는, 그런 덕.

〔厚朴 후박〕 인정이 두텁고 꾸밈이 없음.

〔厚謝 후사〕 정중히 사례함. 또는, 그 사례. 深謝(심사).

〔厚生 후생〕 ①사람들의 생활을 넉넉하고 윤택하게 하는 일. ②건강을 유지하거나 좋게 하는 일.

〔厚顔無恥 후안무치〕 낯가죽이 두꺼워 부끄러운 줄을 모름. 鐵面皮(철면피).
〔厚意 후의〕 두터이 인정을 베푸는 마음. 厚情(후정).
〔厚誼 후의〕 두터운 정의(情誼).
◢寬厚(관후)/濃厚(농후)/敦厚(돈후)/淳厚(순후)/溫厚(온후)/仁厚(인후)/重厚(중후)

☆*5
8 10 **原** 언덕 **원** 原

一 厂 厂 厂 历 盾 原 原 原

㊥yuán(위엔) ㊐ゲン/はら, もと
㊤hill, origin

금 전 **자원** **회의자.** 낭떠러지를 나타내는 厂(한)과 샘을 나타내는 泉(천)이 합쳐진 자로, 낭떠러지 밑에서 샘물이 솟아나고 있는 모습을 나타냄. 본뜻은 '수원(水源)', '근원'이나, 뒷날 '원인', '벌판' 등의 뜻으로 쓰이게 되면서, 본뜻을 나타낼 때는 '源(근원 원)'이 쓰이게 됨.

풀이 ①언덕. 들. ‖平原(평원). ②근원. ㉮사물의 기원(起源). ㉯源. ‖原泉(원천). ㉯처음. ‖原初(원초). ㉰본디. ‖原來(원래). ③찾다. ④용서하다. ‖原諒(원량).

〔原價 원가〕 ①상품의 제조·관리·판매에 드는 모든 비용. ②사들인 값.
〔原告 원고〕 소송을 일으킨 사람. ↔被告(피고).
〔原稿 원고〕 인쇄 또는 구두로 발표하기 위하여 쓴 글. 草稿(초고).
〔原動力 원동력〕 ①활동을 야기시키는 근원이 되는 힘. ②물체나 기계의 운동을 일으키는 근원적인 힘.
〔原頭 원두〕 들판의 언저리.
〔原料 원료〕 어떤 물건을 만드는 데 들어가는 재료.
〔原理 원리〕 ①만상(萬象)의 근원이 되는 본질적인 것. ②사물의 근본이 되는 이치.
〔原綿 원면〕 면사(綿絲) 방직의 원료가 되는 목화(木花).
〔原名 원명〕 본래 이름.
〔原毛 원모〕 모직물의 원료가 되는 짐승의 털.
〔原木 원목〕 가공하지 않은 나무.
〔原文 원문〕 본래의 문장.
〔原絲 원사〕 가공하지 않은 실.
〔原產 원산〕 어떤 고장에서 최초로 생산됨. 또는, 그 물건.
〔原色 원색〕 ①모든 빛깔의 근원이 되는 색깔. 곧, 빨강·파랑·노랑. 三原色(삼원색). ②복제화(複製畫)나 인쇄물 등에서, 본래의 색. ③현란한 빛깔.
〔原始 원시〕 진화하지 않은 본래의 상태.
〔原詩 원시〕 번역이나 개작(改作)의 바탕이 된 본디의 시(詩).
〔原案 원안〕 회의의 주제가 되는 처음의 안. 本案(본안).
〔原語 원어〕 고치거나 번역한 말의 본디 말.
〔原油 원유〕 채취한 그대로의 석유.
〔原音 원음〕 글자 본디의 음.
〔原因 원인〕 ①사실의 근본이 되는 까닭. ②사물이 변화하는 근거. ↔結果(결과).
〔原子 원자〕 물질을 구성하는 기본 입자.
〔原作 원작〕 ①본디의 저작(著作)이나 제작(製作). ②각색된 각본에 대해 그 소재가 된 소설이나 희곡.
〔原典 원전〕 기준이 되는 본디의 서적이나 물건.
〔原點 원점〕 기준이 되는 점.
〔原種 원종〕 ①개량되지 않은 재래 종자. ②원산지에서 난 종자.
〔原住民 원주민〕 본디부터 살고 있는 사람.
〔原則 원칙〕 많은 경우에 적용되는 근본 법칙.
〔原版 원판〕 ①발행의 근본이 되는 인쇄판. ②서적의 첫 출판. 初版(초판).
〔原爆 원폭〕 '원자 폭탄(原子爆彈)'의 준말.
〔原形 원형〕 ①본디의 형상(形狀). ②변화 없는 본디의 상태.
〔原型 원형〕 근본이 되는 거푸집. 또는, 본보기.
◢高原(고원)/起原(기원)/病原(병원)/復原(복원)/雪原(설원)/始原(시원)/燎原(요원)/中原(중원)/草原(초원)/平原(평원)/抗原(항원)

2획

*
11 **厠** 廁(측)과 동자 →248쪽

★*3
10 12 **厥** **1**그 **궐** **2**오랑캐 이름 **궐** 厥

一 厂 厂 尸 屰 厥 厥 厥 厥

㊥jué(쥐에) ㊐ケツ, クツ/その
㊤that, he

풀이 **1**①그. 그 사람. 그것. ‖厥者(궐자). ②상기(上氣). ③숙이다. ‖厥角(궐각). ④파다. **2**오랑캐 이름. ‖突厥(돌궐).

〔厥女 궐녀〕 '그 여자'를 홀하게 이르는 말. 그녀.
〔厥者 궐자〕 '그 사람'을 홀하게 이르는 말. 그자. 厥公(궐공).
〔厥後 궐후〕 그 뒤.
◢突厥(돌궐)

12 **厨** 廚(주)의 속자 →249쪽

12 **厦*** 廈(하)의 속자 →248쪽

13 **厩** 廏(구)의 속자 →248쪽

14 **厮** 廝(시)의 속자 →249쪽

12 14 **厭***2 [1]싫을 **염***2 [2]누를 **엽** [3]젖을 **읍** [4]빠질 **암** | [간] 厌 厭

[중]yàn(옌), yā(야), yì(이)
[일]エン, ヨウ, ユウ, アン/あきる
[영]dislike

[풀이] [1]①싫다. 싫어함. ‖厭世(염세). ②미워하다. ③족하다. [2]①누르다. [통]壓. ②숨기다. [3]젖다. [4]빠지다.
〔厭忌 염기〕 싫어하고 꺼림.
〔厭世 염세〕 세상을 싫어하거나 비관함.
〔厭症 염증〕 싫증.

14 **厰** 廠(창)의 속자 →249쪽

13 15 **厲** 사나울 **려** | [간] 厉 厲

[중]lì(리) [일]レイ/いかめしい [영]wild

[풀이] ①사납다. ②숫돌. [같]礪. ③갈다. [통]磨. ④문지르다. ⑤힘쓰다. ⑥심하다. ⑦가혹하다.
〔厲鬼 여귀〕 역질(疫疾)을 퍼뜨리는 귀신. 惡鬼(악귀).

17 **厳** 嚴(엄)의 약자 →142쪽

厶部 마늘모

2 **厶** [1]私(사)의 고자 →551쪽 [2]某(모)와 동자 →385쪽

[부] 한자 부수의 하나.

3 5 **去**☆*5 갈 **거** | 去

一 十 土 去 去

[중]qù(취) [일]キョ, コ/さる [영]go away

[갑]  [전]  [자원] 사람의 상형인 大(대)와 움집의 상형인 凵 자가 합쳐진 회의자로, 사람이 어느 곳을 '떠나가다'의 뜻을 나타낸다는 설과 사람의 상형을 나타낸 자와 똥구덩이를 나타낸 자가 합쳐진 회의자로 똥을 누고 있는 모습에서 '버리다'의 뜻을 나타낸다는 설 등이 있음.

[풀이] ①가다. ‖退去(퇴거). ②떠나다. ‖去留(거류). ③없애다. ‖除去(제거). ④거성(去聲). 사성(四聲)의 하나.
〔去去年 거거년〕 지지난해. 再昨年(재작년).
〔去去月 거거월〕 지지난달. 전전달. 前前月(전전월).
〔去去益甚 거거익심〕 갈수록 더욱 심함.
〔去去日 거거일〕 그저께.
〔去冷 거냉'〕 약간 데워서 찬 기운만 없앰.
〔去年 거년〕 지난해. 昨年(작년). 前年(전년).
〔去頭截尾 거두절미〕 《머리와 꼬리를 잘라 버린다는 뜻으로》 일의 원인과 결과는 빼놓고 요점만 말함.
〔去來 거래〕 ①상인 간의 영리(營利)를 위한 매매 행위. ②서로 오고 가거나 주고받거나 함.
〔去來處 거래처〕 돈이나 물건을 계속적으로 거래하는 곳.
〔去般 거반〕 지난번.
〔去番 거번〕 지난번.
〔去聲 거성〕 한자(漢字)의 사성(四聲)의 하나.
〔去勢 거세〕 ①동물의 불알이나 난소(卵巢)를 제거함. ②반대하는 세력을 맞서지 못하도록 힘을 없앰.
〔去處 거처〕 간 곳이나 가는 곳, 또는 갈 곳.
〔去就 거취〕 ①사람이 어디로 가거나 다니거나 하는 동태. ②어떤 일에 대한 자신의 입장을 밝히는 태도.
〔去皮 거피〕 ①콩·팥 등의 껍질을 벗김. ②소·말 등의 가죽을 벗김.
◢過去(과거)/逝去(서거)/消去(소거)/收去(수거)/除去(제거)/撤去(철거)/退去(퇴거)

8 **参** 參(참·삼)의 약자 →110쪽

9 11 **參**☆*5 [1]참여할 **참**☆*5 [2]석 **삼*** [3]별 이름 **삼*** | [속] [약] [간] 叅 参 参

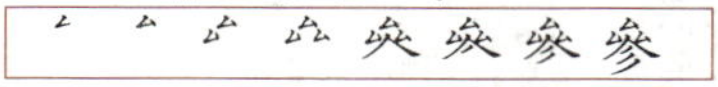

[중]cān(찬), sān(싼), shēn(°썬)
[일]サン, シン/まいる [영]join, three

[갑]  [금]  [자원] **회의자.** 갑골문은 사람 머리 위에 별 셋이 반짝이는 모습을 나타낸 자로 별자리 명칭을 나타냄. 금문에서는 彡 자로 별빛을 나타냄.

[풀이] [1]①참여하다. ‖參禪(참선). ②뵈

다. ‖參謁(참알). ③뒤섞이다. ‖參伍(참오). ④헤아리다. ‖參酌(참작). ⑤가지런하지 않다. ‖參差(참치). ❷석. 셋. '三'의 갖은자. ❸별 이름.

〔參加 참가〕 어떤 모임이나 일에 간여함.

〔參見 참견〕 남의 일에 끼어들어 쓸데없이 아는 체하거나 간섭함.

〔參考 참고〕 이것저것 살펴서 생각함. 또는, 그런 일을 하는 데 도움이 될 만한 재료.

〔參考人 참고인〕 범죄 수사를 위하여 수사 기관에서 조사를 받은 사람 가운데 피의자(被疑者) 이외의 사람.

〔參觀 참관〕 그 자리에 가서 실상을 봄.

〔參量 참량〕 ➡參酌(참작).

〔參列 참렬〕 ①의식(儀式) 따위에 참가함. ②반열(班列)에 참여함.

〔參禮 참례〕 예식이나 제사에 참여함.

〔參謀 참모〕 ①윗사람을 도와 어떤 일을 꾀하고 꾸미는 사람. ②지휘관을 도와 작전·정보·군수(軍需) 등의 업무를 맡아보는 장교.

〔參拜 참배〕 신불(神佛)에게 예배함.

〔參事 참사〕 ①어떤 일에 참여함. 또는, 그 사람. ②기업체·단체 등에 두는 직위. 또는, 그 직위의 사람.

〔參席 참석〕 어떤 모임의 자리에 참가함.

〔參禪 참선〕 선도(禪道)에 들어가 선법을 추구함. 또는, 좌선(坐禪)함.

〔參與 참여〕 참가하여 관여함. 參預(참예).

〔參詣 참예〕 신불(神佛) 앞에 나아가 참배하는 일.

〔參酌 참작〕 참고하여 알맞게 헤아림. 參量(참량).

〔參戰 참전〕 전쟁에 참가함.

〔參政 참정〕 ①정치에 참여함. ②의정부(議政府)의 한 벼슬.

〔參照 참조〕 참고로 대조하여 봄.

〔參差 참치〕 길고 짧고 들쭉날쭉하여 가지런하지 않음.

◢古參(고참)/同參(동참)/不參(불참)/新參(신참)/持參(지참)

12 **叅** 參(참·삼)의 속자 →110쪽

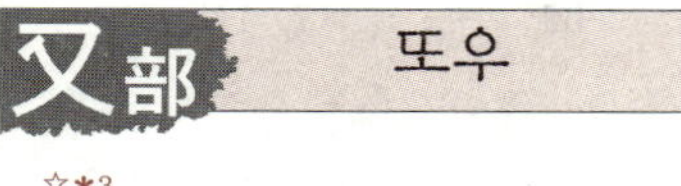

☆*3
0
2 **又** 또 **우** | 又

フ ヌ

㊥yòu(여우) ㊐ユウ/また ㊄again

갑 전 자원 **상형자.** 갑골문·소전에서 보듯, 오른손의 모습을 본뜬 자. 윗부분은 손가락, 아랫부분은 손목을 나타냄.

한자 부수의 하나.

풀이 ①또. 거듭. ②또 하다.

〔又況 우황〕 하물며.

*1
1
3 **叉** 깍지 낄 **차** | 叉

㊥chā(°차) ㊐サ ㊄clasp one's hands

풀이 ①깍지를 끼다. ②가닥지다. ③가닥. 분기(分岐). ④작살. ⑤찌르다. ⑥어긋나다. ‖交叉(교차).

◢交叉(교차)/夜叉(야차)/音叉(음차)

☆*3-Ⅱ
2
4 **及** 미칠 **급** | 及

ノ ア 乃 及

㊥jí(지) ㊐キュウ/およぶ ㊄reach

갑 전 자원 **회의자.** 갑골문에서 윗부분은 사람을 나타내고 아랫부분은 그 사람을 잡고 있는 손을 나타내어, '붙잡다', '따라잡다', '미치다'의 뜻을 나타냄.

풀이 ①미치다. ②미치게 하다. ③및. 사물을 열거할 때에 쓰는 접속사. ④'급제(及第)'의 준말.

〔及其也 급기야〕 필경에는.

〔及落 급락〕 급제(及第)와 낙제.

〔及第 급제〕 과거에 합격함. 登第(등제).

◢過不及(과불급)/過猶不及(과유불급)/論及(논급)/普及(보급)/遡及(소급)/言及(언급)/力不及(역불급)/波及(파급)/後悔莫及(후회막급)

☆*6
2
4 **反** ❶돌이킬 **반**☆*6 ❷반절 **반**☆*6 ❸뒤칠 **번** | 反

一 厂 万 反

㊥fǎn, fān(°판) ㊐ハン, ホン/かえる ㊄return

갑 자원 **회의자.** 절벽을 뜻하는 厂(한)과 손을 뜻하는 又(우)가 합쳐진 자로, 손으로 잡고 암벽을 기어오른다는 뜻을 나타냄. '攀(반)'의 본자임. '반대', '배반' 등의 뜻은 가차된 것임.

풀이 ❶①돌이키다. ‖反省(반성). ②거듭하다. ‖反復(반복). ③배반하다. ㊀叛. ‖謀反(모반). ④뒤척거리다. ‖輾轉反側(전전반측). ❷반절(反切). ❸뒤치다. 뒤엎음.

〔反感 반감〕 딴 사람의 의견에 반대하거나 반항하는 감정.

〔反擊 반격〕 쳐들어오는 적을 도리어 침.

〔反共 반공〕 공산주의에 반대함. ※容共(용공).
〔反攻 반공〕 수세(守勢)를 취하다가 공세(攻勢)로 바꾸어 상대를 침. 逆襲(역습).
〔反旗 반기〕 ①반란을 일으킨 무리가 그 표지로 세우는 기(旗). 叛旗(반기). ②반대 의사를 나타내는 행동이나 표시.
〔反對 반대〕 ①사물의 위치·방향·순서 등이 아주 상반(相反)됨. ②남의 의견이나 행동에 찬성하지 않음.
〔反動 반동〕 ①어떤 작용에 대하여 그 반대로 일어나는 작용. ②진보적이거나 발전적인 움직임을 반대하여 강압적으로 가로막음.
〔反亂 반란〕 모반(謀叛)하여 난리를 일으킴. 叛亂(반란).
〔反目 반목〕 서로 눈을 흘김. 곧, 사이가 좋지 않음.
〔反駁 반박〕 남의 의견을 반대하여 그렇지 않다고 주장함.
〔反撥 반발〕 상대의 요구나 일처리에 대해 거스르고 반항함.
〔反復 반복〕 되풀이함. 反覆(반복).
〔反省 반성〕 자기에게 잘못이나 허물이 없었는지 돌이켜 생각함.
〔反逆 반역〕 나라나 왕, 민족을 등지고 나라를 무너뜨리려고 함. 叛逆(반역). 謀叛(모반).
〔反映 반영〕 ①빛이 반사하여 비침. 反照(반조). ②어떤 영향이 다른 것에 미치게 하여 나타냄.
〔反應 반응〕 ①자극을 받아서 어떤 현상이 일어남. 또는, 그 현상. ②물질 사이에 일어나는 화학적 변화.
〔反轉 반전〕 ①진행 방향과 반대로 구름. ②위치·방향·순서 등이 반대로 됨. ③형세가 뒤바뀜. 逆轉(역전).
〔反切 반절〕 ①한자(漢字)의 음을 나타낼 때, 다른 두 한자의 음을 반씩 따서 합치는 방법. ②'훈민정음'의 이칭.
〔反證 반증〕 ①어떤 주장이 거짓임을 증명하는 일. ②증거를 들어서 어떤 논술이 성립되지 않음을 입증(立證)하는 일. 또는, 그 증거.
〔反芻 반추〕 ①소나 양 등이 한번 삼킨 음식을 다시 게워 내어 씹는 일. ②거듭 생각하여 음미함.
〔反側 반측〕 ①누운 자리가 편치 않거나 근심에 싸여 잠 못 이루고 몸을 이리저리 뒤척임. ②바른 원리에 반(反)하거나 벗어남.
〔反則 반칙〕 운동 경기나 게임 등에서, 규칙을 어김.
〔反哺之孝 반포지효〕《'까마귀 새끼가 자라서 늙은 어미에게 먹이를 물어다 주는 효도'라는 뜻으로》 자식이 자란 후에 어버이의 은혜를 갚는 효성.
〔反抗 반항〕 순종하지 않고 대듦. ‖反抗期(반항기).
〔反響 반향〕 ①음파(音波)가 무엇에 부딪쳐 반사하여 되돌아오는 현상. ②어떤 언동이 사회에 미치는 영향.
〔反耕 번경〕 논을 갈아 뒤집음.
〔反畓 번답〕 밭을 논으로 만듦.
◢謀反(모반)/背反(배반)/相反(상반)/違反(위반)/離反(이반)/贊反(찬반)

4 **収** 收(수)의 속자 →336쪽

4 **双** 雙(쌍)의 약자 →795쪽

☆✽5
2
4 **友** 벗 **우** | 友

一 ナ 方 友

㊥yǒu(여우) ㊐ユウ/とも ㊢friend
갑 [갑골문] 자원 **회의자.** 갑골문에서 보듯, 두 오른손을 나란히 내민 모습을 본뜬 자. 두 사람이 손을 내밀어 서로 돕는 것을 나타냄.
풀이 ①벗. 동무. ‖親友(친우). ②벗하다. ③우애(友愛).
〔友邦 우방〕 서로 사이좋은 나라. 友邦國(우방국).
〔友愛 우애〕 ①형제간의 사랑. ②친구 사이의 정분(情分).
〔友誼 우의〕 친구 사이의 정의.
〔友人 우인〕 벗. 친구. 友生(우생).
〔友情 우정〕 친구 사이의 정.
〔友好 우호〕 개인끼리나 나라끼리 서로 사이가 좋음.
◢交友(교우)/教友(교우)/級友(급우)/文房四友(문방사우)/文友(문우)/朋友(붕우)/社友(사우)/心友(심우)/畏友(외우)/戰友(전우)/竹馬故友(죽마고우)/知友(지우)/親友(친우)/學友(학우)/鄉友(향우)

8 **变** 燮(섭)의 약자 →478쪽

☆✽4-Ⅱ
6
8 **受** 받을 **수** | 受

[필순] 受

㊥shòu(°써우) ㊐ジュ/うける ㊢receive
갑 [갑골문] 전 [전서] 자원 **회의자.** 갑골문에서 윗부분은 '건네는 손', 아랫부분은 '받는 손', 가운데 부분은 '그릇'을 나타내어, 주고받음을 뜻함. 뒷날 手(수)를 더하여 授(수)를 만들어 '주는 것'을 나타내고, 기존의 受는 '받는것'만을 뜻하게 됨.
풀이 ①받다. ‖受領(수령)/受諾(수락).

②당하다. 입음.
〔受講 수강〕 강습이나 강의를 받음.
〔受難 수난〕 어려움을 당함.
〔受納 수납〕 받아서 넣어 둠.
〔受動 수동〕 다른 것의 작용을 받아 움직임. 被動(피동).
〔受諾 수락〕 요구를 받아들여 승낙함.
〔受領 수령〕 물건이나 금전을 받음. 受取(수취). 領收(영수).
〔受賂 수뢰〕 뇌물을 받음.
〔受理 수리〕 소장(訴狀)이나 원서(願書) 등을 접수해 처리함.
〔受侮 수모〕 모욕을 당함.
〔受粉 수분〕 종자식물에서 수술의 화분(花粉)이 암술머리에 옮겨 붙는 일.
〔受賞 수상〕 상을 받음.
〔受信 수신〕 ①우편물·전보 등의 통신을 받음. ②유선 또는 무선 통신에서 그 신호를 받음.
〔受業 수업〕 기술이나 학업의 가르침을 받음.
〔受容 수용〕 어떤 것을 받아들임.
〔受益 수익〕 이익을 얻음.
〔受精 수정〕 암컷의 난자(卵子)가 수컷의 정충(精蟲)과 결합하여 생식 작용을 하는 현상.
〔受注 수주〕 물건의 생산 등을 주문받음.
〔受取 수취〕 받아서 가짐. 受領(수령).
〔受胎 수태〕 아이를 뱀. 妊娠(임신).
〔受驗 수험〕 시험을 치름.
〔受刑 수형〕 형벌을 받음.
〔受話 수화〕 전화를 받음. ‖受話機(수화기).
◢甘受(감수)/授受(수수)/領受(영수)/豫受(예수)/引受(인수)/傳受(전수)/接受(접수)/享受(향수)

☆*4
6
8 叔 아재비 숙 | 𠮨

丨 ⺊ ⺊ 㝉 未 赤 叔 叔

㊥shū(°쑤) ㊐シュク/おじ ㊊uncle

금 자원 **회의자.** 금문의 왼쪽 부분은 '콩'을 상형한 것이고, 오른쪽 부분은 '손'을 상형한 것으로, 손으로 콩을 따서 수확함을 나타냄. 뒷날 '작은아버지'의 뜻으로 가차됨.

풀이 아재비. 아저씨. ㉮아버지의 아우. ‖叔父(숙부). ㉯4형제 서열 중 셋째. ㉰시동생.
〔叔母 숙모〕 숙부의 아내. 작은어머니.
〔叔父 숙부〕 아버지의 남동생. 작은아버지. ※伯父(백부).
〔叔氏 숙씨〕 남의 셋째 형이나 셋째 아우의 존칭.
〔叔姪 숙질〕 아저씨와 조카.
〔叔行 숙항〕 아저씨뻘의 항렬.
◢堂叔(당숙)/伯叔(백숙)/媤叔(시숙)/外叔(외숙)

☆*4-II
6
8 取 취할 취 | 取

一 丁 F F E 耳 取 取

㊥qǔ(취) ㊐シュ/とる ㊊take

갑 자원 **회의자.** 耳(귀 이)와 又(손 우)가 합쳐진 자로, 전쟁에서 공을 세운 것을 증명하기 위해 자기가 죽인 적의 시체에서 귀를 자르려고 손으로 귀를 잡고 있는 모습을 나타냄. 여기서 '취하다'의 뜻이 나옴.

풀이 ①취하다. 손에 넣다. ‖取捨(취사). ②장가들다. ㉠娶.
〔取扱 취급〕 ①물건을 직업적·업무적으로 다루거나 처리함. ②사람을 좋지 않은 자격의 존재로 생각하여 대함.
〔取得 취득〕 자기 것으로 만들어 가짐.
〔取捨選擇 취사선택〕 여럿 가운데서 쓸 것은 쓰고 버릴 것은 버림.
〔取消 취소〕 ①일단 적거나 진술한 사실을 말살함. ②법률 행위의 효력을 소급하여 소멸시키는 행위.
〔取材 취재〕 어떤 사물에서 작품이나 기사(記事)의 재료 또는 제재(題材)를 얻음.
〔取調 취조〕 범죄 사실을 밝히기 위하여 혐의자나 죄인을 조사함.
〔取土 취토〕 장사 지낼 때 무덤 속에 놓기 위하여 길한 방위에서 흙을 떠옴. 또는, 그 흙.
〔取下 취하〕 관청에 제기한 소송이나 출원 등을 취소함.
◢看取(간취)/喝取(갈취)/去取(거취)/錄取(녹취)/詐取(사취)/先取(선취)/攝取(섭취)/受取(수취)/爭取(쟁취)/進取(진취)/搾取(착취)/採取(채취)/聽取(청취)/奪取(탈취)/騙取(편취)

★*3
7
9 叛 배반할 반 | 叛

八 丷 亠 半 半 叛 叛 叛

㊥pàn(판) ㊐ハン, ホン/そむく ㊊betray

자원 **회의 겸 형성자.** '둘로 나뉘다'의 뜻인 半(반)과 '배반하다'의 뜻인 反(반)이 합쳐진 자로 배반하여 떠나는 것을 나타냄. 半은 의미를 나타내고 反은 의미와 음을 겸하여 나타냄.

풀이 ①배반하다. ㊐反. ‖離叛(이반). ②배반하는 일. ‖謀叛(모반).
〔叛軍 반군〕 배반한 군사. 叛亂軍(반란군).
〔叛旗 반기〕 반란을 일으킨 표시로 드는 기치(旗幟). 反旗(반기).
〔叛奴 반노〕 자기 상전을 배반한 종.
〔叛徒 반도〕 반란을 꾀하였거나 반란을 일으킨 무리.
〔叛亂 반란〕 모반(謀叛)하여 난리를 일

으킴. 反亂(반란).
〔叛心 반심〕 배반하는 마음. 背心(배심). 叛意(반의). 二心(이심).
〔叛逆 반역〕 나라의 주권을 빼앗으려거나 겨레를 배반함. 反逆(반역).
〔叛賊 반적〕 반역한 사람. 逆賊(역적).
◪謀叛(모반)/背叛(배반)/離叛(이반)

9 **叙*** 敍(서)의 속자 →341쪽

8
10 **叟** 늙은이 **수**

[중]sǒu(서우) [일]ソウ/としより [영]old man
[풀이] ①늙은이. ②여윈 노인. ③장로.

3획

14
16 **叡*** 밝을 **예** [고]睿

[중]ruì(°루에이) [일]エイ/さとい [영]wise
[풀이] ①밝다. 사리(事理)에 깊이 통함. [같]睿·容. ‖叡智(예지). ②천자(天子)의 언행. ‖叡覽(예람).
〔叡覽 예람〕 임금이 열람함. 御覽(어람). 上覽(상람).
〔叡智 예지〕 사물의 도리를 꿰뚫어 보는 뛰어난 지혜.

16
18 **叢*1** 모일 **총** [간]丛

[중]cóng(충) [일]ソウ/むらがる [영]crowd
[풀이] ①모이다. ‖叢集(총집). ②모으다. ③떨기. ④더부룩하다. ‖叢生(총생).
〔叢論 총론〕 관련 있는 갖가지 논설·논문 등을 모아 놓은 글.
〔叢林 총림〕 ①잡목이 우거진 숲. ②승려들이 모여 수행하는 곳.
〔叢生 총생〕 풀이나 나무가 무더기로 남. 簇生(족생). 群生(군생).
〔叢書 총서〕 ①일정한 형식에 따라 계속해서 출판되어 한 질을 이루는 책들. ②통일하지 않고 갖가지의 책들을 모음. 또는, 그 책.
〔叢說 총설〕 여러 학설을 모아 놓은 책. 또는, 그 학설.
〔叢中 총중〕 ①한 떼의 가운데. ②떼를 지은 뭇사람.
◪論叢(논총)

口部 입구

0
3 **口☆*7** 입 **구**

丨 ㄇ 口

[중]kǒu(커우) [일]コウ, ク/くち [영]mouth
[갑] [자원] **상형자.** 사람의 입 모습을 본뜬 자.
✎ 한자 부수의 하나.
[풀이] ①입. ‖耳目口鼻(이목구비). ②어귀. 관문. ‖港口(항구). ③말하다. ④구멍 난 곳. ‖噴火口(분화구). ⑤식구 또는 사람을 세는 단위. ‖戶口(호구).
〔口腔 구강〕 입에서 목구멍에 이르는, 입 안의 빈 곳.
〔口蓋 구개〕 입천장.
〔口徑 구경〕 원통형 물체의 아가리 지름.
〔口頭 구두〕 직접 입으로 하는 말.
〔口令 구령〕 여러 사람이 일제히 어떤 동작을 하도록 지휘자가 부르는 호령.
〔口文 구문〕 흥정을 붙여 주고 받는 돈. 口錢(구전). 紹介料(소개료).
〔口味 구미〕 음식을 대하거나 맛을 보았을 때 느끼게 되는 먹고 싶은 충동.
〔口蜜腹劍 구밀복검〕《입에는 꿀이 있고 배 속에는 칼이 있다는 뜻으로》 말로는 친한 듯하나 속으로는 해칠 생각이 있음.
〔口辯 구변〕 말솜씨. 언변(言辯).
〔口尙乳臭 구상유취〕《입에서 아직 젖내가 난다는 뜻으로》 말이나 행동이 유치함.
〔口舌 구설〕 시비하거나 헐뜯는 말.
〔口舌數 구설수〕 구설을 듣게 되는 운수. 口舌福(구설복). ※舌禍(설화).
〔口述 구술〕 말로 진술함. 口演(구연).
〔口承 구승〕 ➡口傳(구전).
〔口實 구실〕 핑계를 삼을 만한 재료.
〔口語 구어〕 일상적인 대화에서 쓰는 말. 구두어(口頭語). ‖口語體(구어체). ↔文語(문어).
〔口傳 구전〕 입에서 입으로 전함. 口承(구승). 口碑(구비).
〔口臭 구취〕 입 안에서 나는 나쁜 냄새.
〔口號 구호〕 ①대중 집회나 시위 등에서 어떤 주장을 나타내는 간결한 말. ②서로 눈짓이나 말로 몰래 연락함. 또는, 그런 신호.
◪家口(가구)/坑口(갱구)/極口(극구)/大口(대구)/洞口(동구)/食口(식구)/人口(인구)/入口(입구)/絕口(절구)/衆口(중구)/窓口(창구)/銃口(총구)/出口(출구)/浦口(포구)/河口(하구)/緘口(함구)/港口(항구)/險口(험구)/戶口(호구)/火口(화구)

2
5 **可☆*5** 옳을 **가**

一 丁 ㄇ 口 可

[중]kě(커) [일]カ/べし, よい [영]right
[갑] [전] [자원] **형성자.** 口(구)는 의미를 나타내고 丁

(가)는 음을 나타냄. 본뜻은 '말로 허락하다'임.
풀이 ①옳다. ㉮좋다. ‖可否(가부). ㉯인정하다. ‖許可(허가). ②가능(可能). ③정도.
〔可決 가결〕 의안(議案)을 시인하여 결정함. ↔否決(부결).
〔可觀 가관〕《꼴이 볼만하다는 뜻으로》하는 짓이나 모양 등이 비웃을 만함.
〔可能 가능〕 될 수 있거나 할 수 있음. ‖可能性(가능성).
〔可憐 가련〕 가엾고 불쌍함. 可矜(가긍).
〔可望 가망〕 가능성 있는 희망.
〔可變 가변〕 변할 수 있거나 변하게 할 수 있음. ↔不變(불변).
〔可否 가부〕 ①옳은가 그른가의 여부. 可不可(가불가). 是非(시비). ②표결(票決)에서, 찬성과 반대.
〔可視光線 가시광선〕 사람의 눈으로 볼 수 있는 보통의 광선.
〔可燃 가연〕 불에 탈 수 있음.
〔可畏 가외〕 두려워할 만함.
〔可憎 가증〕 괘씸하고 얄미움.
〔可聽 가청〕 들을 수 있음.
〔可票 가표〕 찬성을 나타내는 표. ↔否票(부표).
◢不可(불가)/認可(인가)/裁可(재가)/許可(허가)

☆*6
2
5 **古** 예 고 | 古

一 十 十 古 古

㊥gǔ(구) ㊐コ/いにしえ, ふるい ㊎old days
갑 금 자원 사건이 발생했을 때 두드려 소리 내는 악기의 상형이라는 설과, 十(십)은 '방패'의 상형으로 과거 전쟁에 관한 일을 입[口]으로 말하는 것을 나타낸 글자라는 설과, 十(십)과 口(구)가 합쳐진 자로 10대에 걸쳐 전해 온 옛말이나 옛이야기를 나타낸다는 설 등이 있음.
풀이 ①예. 옛날. 옛것. ‖古今(고금)/尙古(상고). ②낡다. ‖古書(고서). ③예스럽다.
〔古家 고가〕 지은 지 매우 오래된 집.
〔古宮 고궁〕 옛 궁궐.
〔古今 고금〕 옛날과 지금. 今古(금고).
〔古記 고기〕 옛날의 기록. 舊記(구기).
〔古代 고대〕 ①먼 옛날. ②역사상 원시 시대와 중세 사이의 시대.
〔古都 고도〕 옛 도읍.
〔古來 고래〕 예로부터 지금까지. 自古以來(자고이래).
〔古物 고물〕 ①옛 물건. ②헐거나 낡은 물건. ‖古物商(고물상).
〔古朴 고박〕 예스럽고 질박함.
〔古本 고본〕 ①오래된 책. ②같은 책의 옛 판.
〔古墳 고분〕 고대에 만들어진 무덤. 古塚(고총). 古墓(고묘).
〔古寺 고사〕 ➡古刹(고찰).
〔古色蒼然 고색창연〕 퍽 오래되어 예스러운 풍치가 그윽함.
〔古城 고성〕 옛 성.
〔古雅 고아〕 예스럽고 아담한 정취가 있음.
〔古語 고어〕 옛말.
〔古言 고언〕 옛말.
〔古人 고인〕 옛날 사람.
〔古跡 고적〕 남아 있는 옛 물건. 또는, 옛날 축조물이 있던 자리. 古蹟(고적).
〔古典 고전〕 ①옛날의 문물 제도. ②오랜 시대를 거쳐 전해지는, 예술적 가치가 높은 작품. 특히, 문예 작품을 이름. ③고대(古代)의 서적(書籍).
〔古刹 고찰〕 옛 절. 古寺(고사).
〔古參 고참〕 오래전부터 그 일에 참여해 온 사람. ↔新參(신참).
〔古鐵 고철〕 낡은 쇠. 헌쇠.
〔古體 고체〕 ①글·그림·글씨 등의 옛날의 모양이나 양식. ② ➡古體詩(고체시).
〔古體詩 고체시〕 한시(漢詩)에서 근체시(近體詩) 이전의 시체. 古詩(고시). 古體(고체). ↔近體詩(근체시).
〔古稀 고희〕《두보의 곡강시(曲江詩)에 나오는 '인생칠십고래희(人生七十古來稀)'라는 구절에서》70세를 이름.
◢考古(고고)/復古(복고)/尙古(상고)/中古(중고)/千古(천고)/最古(최고)/太古(태고)/懷古(회고)

*1
2
5 **叩** 두드릴 고 | 叩

㊥kòu(커우) ㊐コウ/たたく ㊎knock
풀이 ①두드리다. ‖叩門(고문). ②조아리다. ‖叩首(고수).
〔叩頭 고두〕 공경하는 뜻으로 머리를 땅에 조아림. 叩首(고수).
〔叩頭謝罪 고두사죄〕 머리를 조아리며 잘못을 빎.
〔叩門 고문〕 남을 찾아가서 문을 두드림.

☆*4-Ⅱ
2
5 **句** 글귀 구☆*4-Ⅱ 귀* | 句

丿 勹 勺 句 句

㊥jù(쥐) ㊐ク/くぎり ㊎phrase
갑 금 자원 **회의 겸 형성자.** 口(입 구)와 굽었다는 뜻의 厶(구)가 합쳐진 자로, 본뜻은 '굽다', '휘다'임. 口는 의미를 나타내고 厶는 의미와 음을 겸하여 나타냄.
풀이 글귀. 구절. ‖章句(장구).
〔句句節節 구구절절〕 ①모든 구절. ②한 구절 한 구절마다.
〔句讀 구두〕 글을 쓸 때, 쉼표·마침

표·물음표·느낌표 등의 문장 부호를 쓰는 방법.
〔句讀點 구두점〕 구두법(句讀法)에 따라 찍는 부호.
〔句法 구법〕 시문 등의 구(句)를 만들거나 배열하는 방법.
〔句節 구절〕 ①한 토막의 말이나 글. ②구(句)와 절(節).
◢警句(경구)/名句(경구)/文句(문구)/美辭麗句(미사여구)/成句(성구)/詩句(시구)/語句(어구)/字句(자구)

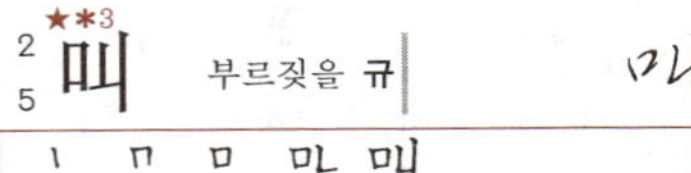

★★3 2/5 **叫** 부르짖을 **규**

丨 口 口 口乚 叫

㊥jiào(찌아오) ㊐キョウ/さけぶ ㊒cry
자원 **형성자.** 口(구)는 의미를 나타내고 丩(구)는 음을 나타냄.
풀이 ①부르짖다. ‖絶叫(절규). ②부르다. ③울다. 큰 소리로 욺.
〔叫號 규호〕 큰 목소리로 부르짖음.
〔叫喚 규환〕 큰 소리로 부르짖음. ‖阿鼻叫喚(아비규환).
◢絶叫(절규)

2/5 **另** 헤아릴 **령**

㊥lìng(링) ㊐レイ/わかれる, さく ㊒part from
풀이 ①헤어지다. ②가르다. 분리함. ‖另居(영거). ③따로.

★★3-Ⅱ 2/5 **司** ❶맡을 **사** ❷엿볼 **사**

𠃌 𠃌 𠃌 司 司

㊥sī(스), sì(쓰) ㊐シ/つかさどる ㊒manage, control
갑 금 자원 코바늘과 실을 담는 바구니의 상형으로 방직(紡織)을 뜻한다는 설, 匕(숟가락 비)를 거꾸로 나타낸 자와 口(입 구)가 합쳐진 자로 '숟가락으로 음식을 먹다[먹이다]'의 뜻을 나타낸다는 설, 옆으로 서서 손을 높이 쳐들고 있는 사람 모습과 명령을 내리는 입을 나타낸 자로 '맡다', '주관하다'의 뜻을 나타낸다는 설 등이 있음.
풀이 ❶①맡다. ㊀伺. ‖司法(사법). ②벼슬. 관리. ❷엿보다. 살펴봄.
〔司徒 사도〕 ①고려 시대에 둔 삼공(三公)의 하나. ②고대 중국에서 호구·전토(田土)·재화·교육을 담당하던 벼슬.
〔司令 사령〕 ①군대나 함대를 지휘·감독하는 일. 또는, 그 사람. ②연대급 이상 부대의 일직(日直)·주번(週番)의 책임 장교.
〔司令官 사령관〕 사령부의 장(長). 통솔권을 행사함.
〔司馬試 사마시〕 조선 시대에, 생원과 진사를 뽑던 과거(科擧).
〔司法 사법〕 삼권(三權)의 하나. 법을 적용하는 국가의 행위.
〔司書 사서〕 ①도서관에서 도서의 정리·보존·열람 등을 맡아보는 사람. ②조선 시대, 시강원(侍講院)의 정6품 벼슬.
〔司正 사정〕 그릇된 일을 다스려 바로잡음.
〔司直 사직〕 법에 의해 정사곡직(正邪曲直)을 판단하는 사람. 곧, 재판관을 이름.
〔司會 사회〕 모임의 진행을 맡아보는 일. 또는, 그 사람.
◢監司(감사)/三司(삼사)/上司(상사)

☆★5 2/5 **史** 사기 **사**

丶 口 口 中 史

㊥shǐ(°스) ㊐シ/ふみ ㊒history
갑 자원 **회의자.** 장식 달린 붓을 손에 들고 있는 모습을 나타낸 자. 역사나 문서의 기록에 참여하는 행위를 나타냄. 史·吏(리)·使(사)·事(사)는 본래 같은 자였으나 뒷날 분화되었음.
풀이 ①사기. 역사. ‖史乘(사승)/史實(사실). ②사관(史官). ③문필 종사자. 문장가. 서화가.
〔史家 사가〕 역사에 정통한 사람. 歷史家(역사가).
〔史官 사관〕 ①역사의 편찬을 맡아보던 벼슬아치. 史臣(사신). ②옛날, 중국에서 기록 및 문서 작성을 맡아보던 벼슬아치.
〔史觀 사관〕 역사 발전의 법칙에 대하여 가지는 관점. 歷史觀(역사관).
〔史記 사기〕 ①역사상의 사실을 기록한 책. 史書(사서). 史籍(사적). ②한(漢)나라의 사마천(司馬遷)이 지은 중국 역사책.
〔史論 사론〕 역사에 관한 주장이나 이론.
〔史料 사료〕 역사 연구에 필요한 문헌이나 유물.
〔史書 사서〕 ➡史記①.
〔史實 사실〕 역사상의 사실(事實).
〔史獄 사옥〕 역사에 관계되는 중대한 범죄를 다스린 사건. ※史禍(사화).
〔史跡 사적〕 역사상 중요한 사건이나 시설의 자취. 古跡(고적).
〔史籍 사적〕 ➡史記①.
〔史體 사체〕 역사를 서술하는 체계. 편년체(編年體)와 기전체(紀傳體)가 있음.
〔史草 사초〕 조선 시대에, 사관(史官)이 기록하여 둔 사기(史記)의 초고.
〔史話 사화〕 역사에 관한 이야기.
◢國史(국사)/文學史(문학사)/文化史(문

화사)/祕史(비사)/先史(선사)/世界史(세계사)/哀史(애사)/野史(야사)/御史(어사)/女史(여사)/歷史(역사)/正史(정사)/靑史(청사)/通史(통사)

★✱3
2 5 **召** ❶부를 **소**★✱3 ❷㊥대추 **조** 召

ㄱ 刀 刀 召 召

㊥zhào(°짜오) ㊐ショウ/めす ㊎call

갑 **자원** **회의자.** 갑골문의 첫째 자는 두 손으로 국자를 쥐고 술동이에서 술을 떠내는 모습을 나타낸 것으로, '접대하기 위해 손님을 부르다'의 뜻을 나타냄. 갑골문의 둘째 자는 간략형임.

풀이 ❶①부르다. 초래하다. ‖召喚(소환). ②부름. ‖徵召(징소). ❷대추. ㉠棗.

〔召命 소명〕 ①신하를 부르는 왕명. ②어떤 일에 헌신하도록, 신의 부름을 받음.

〔召集 소집〕 불러 모음.

〔召喚 소환〕 법원이 피고인·증인·변호인 등에게 일정한 날 일정한 장소에 나올 것을 명령하는 일.

〔召還 소환〕 ①일을 끝마치기 전에 불러 돌아오게 함. ②외교 사절·영사 등을 본국으로 불러들이는 일.

☆✱7
2 5 **右** 오른쪽 **우** 右

ノ ナ 𠂇 右 右

㊥yòu(여우) ㊐ユウ, ウ/みぎ ㊎the right

금 **자원** **회의 겸 형성자.** 오른손을 뜻하는 又(우)와 口(입 구)가 합쳐진 자로, 오른손과 입으로 남의 일을 돕는 것을 나타냄. 본뜻은 '돕다'이나 '오른쪽'의 뜻으로 널리 쓰이게 되자 본뜻을 보존하기 위해 만든 자가 '佑(도울 우)'임. 口는 의미를 나타내고 又는 의미와 음을 겸하여 나타냄.

풀이 ①오른쪽. ‖右側(우측). ②오른쪽으로 가다. ③숭상하다.

〔右傾 우경〕 ①오른쪽으로 기욺. ②우익 사상으로 기울어짐. 또는, 그런 경향. ↔左傾(좌경).

〔右袒 우단〕 한쪽 편을 듦.

〔右文左武 우문좌무〕 문무(文武)의 도(道)로써 천하를 다스림.

〔右阜傍 우부방〕 한자 부수의 하나. '고을읍(邑)' 부수가 오른쪽에 붙을 때의 '阝'의 이름.

〔右岸 우안〕 강·바다 등의 오른쪽 기슭.

〔右腕 우완〕 오른팔.

〔右往左往 우왕좌왕〕 《오른쪽으로 갔다 왼쪽으로 갔다 한다는 뜻으로》 이리저리 왔다 갔다 하며 일이나 나아가는 방향을 종잡지 못함. 左往右往(좌왕우왕).

〔右翼 우익〕 ①새나 비행기의 오른쪽 날개. ②오른쪽에 있는 부대. 또는, 대열의 오른쪽. ③사회 운동·정치 운동 등에서, 점진파 또는 보수파를 이르는 말. 右派(우파). ↔左翼(좌익).

〔右族 우족〕 명문거족의 집안. 右姓(우성).

〔右側 우측〕 오른쪽. ↔左側(좌측).

〔右派 우파〕 ➡右翼(우익)③. ↔左派(좌파).

〔右舷 우현〕 고물에서 뱃머리를 향하여 오른쪽의 뱃전.

◪極右(극우)/右向右(우향우)/前後左右(전후좌우)/左右(좌우)

2 5 **叮** 정성스러울 **정** 叮

㊥dīng(띵) ㊐テイ/ねんごろ ㊎wholehearted

풀이 정성스럽다.

〔叮嚀 정녕〕 틀림없이 꼭. 丁寧(정녕).

☆✱3
2 5 **只** 다만 **지** 只

丶 口 口 尸 只

㊥zhǐ(°즈) ㊐シ/ただ ㊎only

풀이 다만. 단지(但只).

〔只今 지금〕 바로 현재. 시방.

◪但只(단지)

✱1
2 5 **叱** 꾸짖을 **질** 叱

㊥chì(°츠) ㊐シツ/しかる ㊎scold

풀이 ①꾸짖다. 큰 소리로 욕하다. ②꾸짖는 소리.

〔叱正 질정〕 꾸짖어 바로잡음.

〔叱責 질책〕 꾸짖으며 나무라거나 책임을 물음.

〔叱咤 질타〕 큰 소리로 꾸짖음.

✱2
2 5 **台** ❶별 이름 **태**✱2 ❷나 **이** 台

㊥tāi(타이), yí(이) ㊐タイ, イ/われ ㊎I

풀이 ❶별 이름. 삼태성(三台星). 뜻이 바뀌어, 경어(敬語)가 됨. ‖台覽(태람). ❷나. 1인칭 대명사.

〔台監 태감〕 대감(大監)을 편지 따위에서 이르던 말.

〔台輔 태보〕 임금을 돕고 백관을 다스리는 대신. 재상(宰相)·삼공(三公)을 이름.

〔台鼎 태정〕 삼공(三公)의 지위. 삼태성(三台星)과 솥의 세 발에 비유한 말.

2 5 **叭*** ❶입 벌릴 **팔** ❷나팔 **팔** 

[중]pā(파), bā(빠) [일]ハ, ハツ/らっぱ
[풀이] ❶입을 벌리다. ❷나팔.
◢喇叭(나팔)

2 5 **叶** 화합할 **협** 

[중]xié(시에) [일]キョウ/かなう
[영]harmonize
[풀이] 화합하다. 맞다. 일치하다. 적합하다. [같]協.

5 **号** 號(호)의 약자 →663쪽

3 6 **各**☆*6 각각 **각** 

丿 ク 夂 夂 各 各

[중]gè(꺼) [일]カク/おのおの [영]each
[갑]  [자원] **회의자.** 갑골문은 발[A]이 움집[ㅂ]으로 향해 있는 모습을 나타낸 것으로, '들어오다', '내려오다'의 뜻을 나타냄. 뒷날 '각각'의 뜻으로 가차되어 쓰임.
[풀이] ①각각. 제각기. 따로따로. ‖各位(각위). ②여러.
〔各各 각각〕 저마다 따로따로.
〔各個 각개〕 하나하나의 낱낱.
〔各界 각계〕 사회의 각 방면.
〔各國 각국〕 각 나라. 또는, 여러 나라.
〔各論 각론〕 논설문이나 책 등의 각 항목에 대한 논설. ↔總論(총론).
〔各別 각별〕 유달리 특별함.
〔各司 각사〕 '경각사(京各司)'의 준말. 서울에 있던 관아(官衙)의 총칭.
〔各樣各色 각양각색〕 각기 다른 여러 가지 모양과 빛깔.
〔各人各色 각인각색〕 사람마다 모두 다름.
〔各人各說 각인각설〕 사람마다 주장하는 의견이나 설(說)이 모두 다름.
〔各自 각자〕 각각의 자기 자신.
〔各自圖生 각자도생〕 제각기 살아갈 길을 도모함.
〔各種 각종〕 여러 가지. 갖가지.
〔各地 각지〕 각 지방.
〔各處 각처〕 각각의 곳. 또는, 여러 곳.
〔各層 각층〕 ①각각의 계층. ②각각의 등급.
〔各派 각파〕 ①각각의 파벌(派閥). ②한 조상에서 갈려 나온 각 친족.
〔各項 각항〕 ①각 항목. ②각가지.

3 6 **吉**☆*5 길할 **길** 

一 十 士 吉 吉 吉

[중]jí(지) [일]キツ, キチ/よい [영]lucky
[갑]  [자원] 도끼[⇧]와 그것을 보관하는 함[ㅂ]의 상형이라는 설과, 도끼로 일정한 지역을 보호하는 것을 나타낸 글자라는 설 등이 있음.
[풀이] ①길하다. 상서로움. ‖吉祥(길상). ②좋다. ③오례(五禮)의 하나. ‖吉禮(길례).
〔吉年 길년〕 혼인하기에 좋다고 하는 해 또는 나이.
〔吉禮 길례〕 ①오례(五禮)의 하나. 천지·조상 등에 제사 지내는 의식. ②관례(冠禮)나 혼례(婚禮) 등의 경사스러운 예식.
〔吉夢 길몽〕 좋은 징조의 꿈.
〔吉報 길보〕 좋은 소식. ↔凶報(흉보).
〔吉相 길상〕 복을 많이 받을 관상.
〔吉祥 길상〕 상서로운 일이 있을 조짐. 吉瑞(길서).
〔吉瑞 길서〕 ➡吉祥(길상).
〔吉日 길일〕 ①운이 좋거나 상서로운 날. 吉辰(길신). ②음력 초하룻날. 朔日(삭일). 吉月(길월).
〔吉祭 길제〕 죽은 지 27일 만에 지내는 제사.
〔吉兆 길조〕 좋은 일이 있을 조짐. 佳兆(가조). 吉徵(길징). 嘉祥(가상).
〔吉鳥 길조〕 좋은 일이 생길 것을 미리 알려 준다고 믿어지는 새.
〔吉凶 길흉〕 길함과 흉함.
◢大吉(대길)/不吉(불길)/立春大吉(입춘대길)/擇吉(택길)

3 6 **同**☆*7 한가지 **동** [동]仝 

丨 冂 冂 同 同 同

[중]tóng(퉁) [일]ドウ/おなじ [영]alike
[갑]  [자원] '대부분'을 뜻하는 凡(범)과 口(입 구)가 합쳐진 자로 대부분의 사람들이 같은 말을 한다는 데에서 '같다'를 뜻한다고 보는 설과, 갑골문의 아랫부분은 '입'이고 윗부분은 가마와 같은 들것으로 이 들것을 여럿이 함께 들어 올릴 때 호흡을 맞추어 같은 소리를 낸다는 데에서 '같다'를 뜻한다고 보는 설 등이 있음.
[풀이] ①한가지. 서로 같은 모양. ②같이하다. ‖同席(동석). ③모이다. ‖會同(회동). ④화(和)하다. ‖附和雷同(부화뇌동).
〔同價紅裳 동가홍상〕 《'같은 값이면 다홍치마'라는 뜻으로》 같은 조건이면 마음에 드는 것으로 함.
〔同感 동감〕 상대와 같은 생각이나 의견을 가짐.
〔同甲 동갑〕 《육십갑자가 같다는 뜻으로》 같은 나이. 또는, 나이가 같은 사

람. 同庚(동경). 同年(동년). 甲長(갑장).
〔同居 동거〕 한집에서 같이 삶. ‖同居人(동거인).
〔同苦同樂 동고동락〕 괴로움도 즐거움도 함께함.
〔同級 동급〕 ①같은 등급. ②같은 학급이나 학년.
〔同氣 동기〕《같은 기를 받고 태어났다는 뜻으로》 형제자매.
〔同年輩 동년배〕 같은 나이 또래의 사람.
〔同道 동도〕 같은 도(道).
〔同僚 동료〕 같은 직장에서 함께 일하는 사람. 同寅(동인).
〔同盟 동맹〕 둘 이상의 개인이나 단체 또는 국가가 공동의 목적을 위하여 같이 행동하기로 맹세한 약속.
〔同名 동명〕 이름이 같음. 또는, 같은 이름. ‖同名異人(동명이인).
〔同門 동문〕 같은 학교나 스승에게서 배운 사람.
〔同伴 동반〕 ①어디를 함께 가거나 어떤 일을 함께함. ②어떤 현상이 함께 나타남.
〔同病相憐 동병상련〕《같은 병을 앓는 사람들이 서로 불쌍히 여긴다는 뜻으로》 곤란한 처지에 있는 사람들끼리 서로 딱하게 여겨 동정함.
〔同腹 동복〕 한 어머니의 배에서 남. 또는, 그런 사람.
〔同封 동봉〕 같은 곳에 넣거나 싸서 봉함.
〔同床異夢 동상이몽〕《같은 잠자리에 자면서 다른 꿈을 꾼다는 뜻으로》 겉으로는 함께 행동하면서도 속으로는 각각 딴생각을 함. 同牀各夢(동상각몽).
〔同生 동생〕 같은 부모에게서 태어난 사이 가운데 손아랫사람을 이르는 말.
〔同壻 동서〕 형제의 아내끼리 또는 자매의 남편끼리의 호칭.
〔同姓同本 동성동본〕 성(姓)과 본(本)이 모두 같음.
〔同乘 동승〕 함께 탐.
〔同業 동업〕 ①같은 직업이나 업종(業種). ②사업을 같이함. 또는, 그 사업.
〔同一 동일〕 ①어떤 것과 비교하여 똑같음. ②각각 다른 것이 아니라 하나임.
〔同一視 동일시〕 ①똑같게 보거나 평등하게 다룸. 同視(동시). 同一化(동일화). ②좋아하거나 동경하는 인물에 감정을 이입하여 같게 생각하는 일.
〔同情 동정〕 남의 불행을 가엾게 여겨 따뜻이 마음을 씀.
〔同族 동족〕 ①같은 겨레. ‖同族愛(동족애). ②같은 혈통의 사람. 同宗(동종).
〔同族相殘 동족상잔〕 동족끼리 서로 싸우고 죽임. 民族相殘(민족상잔).
〔同志 동지〕 목적이나 뜻이 서로 같음. 또는, 그 사람.
〔同質 동질〕 같은 성질.
〔同窓 동창〕 ①같은 학교에서 공부한 사이. ②같은 학교를 나온 사람. 同窓生(동창생).
〔同寢 동침〕 남녀가 잠자리를 같이함.
〔同胞 동포〕《'같은 배 속에서 난 한 핏줄'이라는 뜻으로》 같은 민족에 속하는 사람.
〔同行 동항〕 항렬이 같음. 같은 항렬.
〔同行 동행〕 ①길을 같이 감. 또는, 그 사람. ②수행(修行)이나 신앙을 같이하는 사람.
〔同化 동화〕 ①자기와 다른 것을 같게 변화시킴. ②생물이 외계의 물질을 섭취하여, 자신의 영양분으로 변화시키는 작용.
◢共同(공동)/大同(대동)/帶同(대동)/不同(부동)/附和雷同(부화뇌동)/一同(일동)/贊同(찬동)/表裏不同(표리부동)/合同(합동)/協同(협동)/混同(혼동)/會同(회동)

3 6 **吋** [1]꾸짖을 **두** [2]인치 **촌**

[중]dòu(떠우), cùn(춘)
[일]トウ, スン/しかる, いんち
[풀이] [1]꾸짖다. [2]인치(inch). 야드파운드법의 길이의 단위. 1인치는 약 2.54cm.

★★3-Ⅱ
3 6 **吏** 벼슬아치 **리**

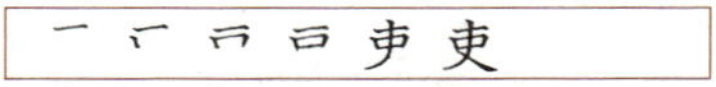

[중]lì(리) [일]リ/つかさ [영]official
[갑]  [전]  [자원] **회의자.** 장식 달린 붓을 손에 들고 있는 모습을 나타낸 자. 史(사)·使(사)·事(사)와 자원이 같은 자였으나, 뒷날 분화되어 '벼슬아치'의 뜻이 되었음.
[풀이] ①벼슬아치. ‖官吏(관리). ②구실아치. 아전(衙前).
〔吏道 이도〕 ①관리로서 지켜야 할 도리. ② ➡吏讀(이두).
〔吏讀 이두〕 삼국 시대부터 한자(漢字)의 음(音)과 뜻을 빌려 우리말을 표기하는 데에 쓰던 문자. 吏吐(이토). 吏道(이도). 吏頭(이두). 吏套(이투).
〔吏房 이방〕 조선 시대, 승정원과 지방 관아의 육방(六房) 가운데 승지(承旨) 밑에서 인사(人事)·비서(祕書) 등의 사무를 맡아보던 관아.
〔吏屬 이속〕 관아에 딸린 구실아치. 吏輩(이배).
〔吏判 이판〕 '이조 판서(吏曹判書)'의 준말.
◢官吏(관리)/胥吏(서리)/稅吏(세리)/淸白吏(청백리)/貪官汚吏(탐관오리)/刑吏(형리)

3획

☆✱7
3 名 이름 명 名
6

丿 ク タ タ 名 名

㊥míng(밍) ㊐メイ, ミョウ/な
㊎name, famous

갑 금 자원 회의자. 夕(석)과 口(구)가 합쳐진 자로, 저녁때 어둠 속에서 입으로 이름을 불러서 대답을 듣고 누가 누군지 알았다는 데에서 '이름'을 뜻함.

풀이 ①이름. ②유명하다. 뛰어난 모양. ‖名勝(명승). ③이름 붙이다. 명명(命名)함. ④부르다. ⑤사람 수를 세는 단위. ⑥평판.

〔名家 명가〕 ①명망(名望)이 높은 가문. 名門(명문). ②명망이 높은 사람. 名人(명인).
〔名曲 명곡〕 이름난 악곡(樂曲). 또는, 뛰어나게 잘된 악곡.
〔名單 명단〕 어떤 일에 관련된 사람들의 이름을 적은 표.
〔名望 명망〕 어떤 사람이 이름이 알려져 존경과 신망을 받는 일.
〔名目 명목〕 ①겉으로 내세우는 이름. 名號(명호). ②구실이나 이유.
〔名分 명분〕 ①지위나 일에 따라 지켜야 할 도의상의 본분. ②표면상의 이유나 구실.
〔名不虛傳 명불허전〕 《명성이나 명예가 헛되이 퍼진 것이 아니라는 뜻으로》 이름날 만한 까닭이 있음.
〔名士 명사〕 명성이 있거나 재덕(才德)이 뛰어난 사람.
〔名詞 명사〕 품사의 하나. 사람이나 사물의 이름을 나타내는 단어.
〔名聲 명성〕 세상에 널리 퍼져 평판 높은 이름. 聲名(성명). 聲聞(성문).
〔名手 명수〕 어떤 일에 훌륭한 솜씨나 소질이 있는 사람. 名人(명인).
〔名勝 명승〕 경치가 좋아 이름난 곳.
〔名實相符 명실상부〕 이름과 실상이 서로 딱 들어맞음.
〔名言 명언〕 ①사리에 맞는 훌륭한 말. ②널리 알려진 말.
〔名譽 명예〕 세상에서 훌륭하다고 인정되어 얻은 존엄이나 품위.
〔名人 명인〕 기예에 뛰어나 이름난 사람. 名手(명수).
〔名日 명일〕 명절(名節)과 국경일의 총칭.
〔名作 명작〕 내용이 훌륭하여 이름난 작품.
〔名節 명절〕 ①해마다 일정하게 지켜 즐기거나 기념하는 때. 우리나라에는 설날·대보름날·추석 등이 있음. 명질. ②명예와 절조(節操).
〔名札 명찰〕 이름표.
〔名稱 명칭〕 사물을 부르는 이름.
〔名牌 명패〕 이름이나 직위를 써서 책상 위에 놓아두는 패.
〔名筆 명필〕 썩 잘 쓴 글씨. 또는, 글씨를 잘 쓰는 사람.
〔名銜 명함〕 ①성명·주소·신분 등이 인쇄된 종이쪽. 名片(명편). 名刺(명자). ②'남의 이름'의 높임말.
〔名賢 명현〕 이름난 현인(賢人).
〔名畫 명화〕 썩 잘 그려지거나 만들어져 이름난 그림이나 영화.
◢假名(가명)/改名(개명)/擧名(거명)/階名(계명)/高名(고명)/功名(공명)/陋名(누명)/命名(명명)/無記名(무기명)/無名(무명)/美名(미명)/別名(별명)/本名(본명)/署名(서명)/姓名(성명)/實名(실명)/汚名(오명)/有名(유명)/匿名(익명)/人名(인명)/立身揚名(입신양명)/作名(작명)/罪名(죄명)/地名(지명)/指名(지명)/借名(차명)/品名(품명)/筆名(필명)/呼名(호명)

3 吁 탄식할 우 吁
6

㊥xū(쒸) ㊐ク, ウ/あぁ ㊎sigh
풀이 탄식하다. ‖吁嗟(우차).
◢長吁(장우)

✱
6 吊 弔(조·적)의 속자 →254쪽

★✱3-Ⅱ
3 吐 토할 토 吐
6

丨 ㄇ ㅁ ㅁ一 ㅁ十 吐

㊥tǔ, tù(투) ㊐ト/はく ㊎vomit
자원 형성자. 口(구)는 의미를 나타내고 土(토)는 음을 나타냄.
풀이 ①토하다. ㊀嘔. ‖吐血(토혈). ②말하다. ‖實吐(실토). ③드러내다.
〔吐氣 토기〕 욕지기.
〔吐露 토로〕 마음에 있는 것을 다 말함.
〔吐瀉霍亂 토사곽란〕 위로는 토하고 아래로는 설사하는 급성 위장병.
〔吐說 토설〕 일의 내용을 사실대로 말함. 吐實(토실). 實吐(실토).
〔吐心 토심〕 불쾌하고 아니꼬운 마음.
〔吐逆 토역〕 욕지기.
〔吐情 토정〕 진정을 다 털어놓음.
〔吐哺握髮 토포악발〕 《중국의 주공이 식사나 목욕 도중에 손님이 오면 먹던 것을 뱉고, 감고 있던 머리를 거머쥐고 영접하였다는 고사에서》 민심을 돌보고 정무를 보살피기에 잠시도 편안함이 없음.
〔吐血 토혈〕 피를 토함.
◢甘呑苦吐(감탄고토)/嘔吐(구토)/實吐(실토)

3 ☆*6
6 **合** ❶합할 **합**☆*6 ❷홉 **갑**

丿 𠆢 亼 𠓛 合 合

㊥hé(허), gě(거) ㊐ゴウ, ガツ/あう
㊊unite

갑 **자원** **회의자.** 갑골문의 윗부분은 '그릇 뚜껑'을, 아랫부분은 '그릇'을 나타낸 자로, 그릇에 뚜껑을 덮어 딱 맞춘다는 데에서 '합하다'의 뜻을 나타냄.

풀이 ❶①합하다. ‖倂合(병합). ②들어맞다. ‖符合(부합). ③모이다. ‖會合(회합). ④맞다. ‖合法(합법). ❷홉. 용량의 단위. 1되〔升〕의 10분의 1.

〔合格 합격〕 ①규격이나 격식의 기준에 맞음. ‖合格者(합격자). ②시험에 통과함.
〔合計 합계〕 한데 더하여 계산함. 또는, 그 수.
〔合金 합금〕 하나의 금속에 한 종류 이상의 다른 금속 원소나 비금속을 첨가하여 만든 금속.
〔合黨 합당〕 두 개 이상의 정당을 하나로 합침.
〔合同 합동〕 둘 이상의 것이 하나가 됨. 또는, 둘 이상의 것을 하나로 함.
〔合流 합류〕 ①냇물 따위가 한데 합쳐져 흐름. ②합하여 행동을 같이함.
〔合理 합리〕 이치에 합당함. ‖合理的(합리적).
〔合邦 합방〕 둘 이상의 나라를 하나로 합침.
〔合法 합법〕 법령이나 법식에 맞음.
〔合倂 합병〕 둘 이상의 기구나 단체, 나라를 하나로 합침. 倂合(병합).
〔合算 합산〕 모두 합하여 계산함. 合計(합계).
〔合席 합석〕 한자리에 같이 앉음.
〔合線 합선〕 음전기와 양전기의 선이 한데 붙음.
〔合設 합설〕 한곳에 합쳐 설치함.
〔合成 합성〕 ①둘 이상의 사물을 합쳐서 하나의 사물을 만듦. ②둘 이상의 물질을 화합하여 새로운 물질을 만듦.
〔合勢 합세〕 세력을 한데 모음.
〔合宿 합숙〕 여러 사람이 한곳에 집단적으로 묵음.
〔合心 합심〕 여럿이 서로 마음을 합함.
〔合議 합의〕 여럿이 모여 의논함.
〔合一 합일〕 합하여 하나가 됨. 또는, 합해서 하나로 함.
〔合掌 합장〕 두 손바닥을 마주 댐. 또는, 그렇게 하고 절함.
〔合葬 합장〕 여러 사람의 시체를 한 무덤에 묻음. 흔히 부부의 경우를 이름.
〔合掌拜禮 합장 배례〕 두 손바닥을 마주 대고 절함.
〔合著 합저〕 힘을 합하여 책을 지음. 또는, 그 책. 共著(공저).
〔合奏 합주〕 두 가지 이상의 악기로 함께 연주함. 協奏(협주). ‖合奏曲(합주곡). ↔獨奏(독주).
〔合唱 합창〕 두 사람 이상이 화음을 맞추어서 노래함.
〔合致 합치〕 서로 일치함.
〔合憲 합헌〕 헌법의 취지에 맞음.

◢結合(결합)/競合(경합)/宮合(궁합)/糾合(규합)/氣合(기합)/團合(단합)/談合(담합)/配合(배합)/保合(보합)/複合(복합)/符合(부합)/收合(수합)/試合(시합)/野合(야합)/聯合(연합)/迎合(영합)/融合(융합)/適合(적합)/接合(접합)/組合(조합)/綜合(종합)/集合(집합)/聚合(취합)/統合(통합)/混合(혼합)/化合(화합)/和合(화합)/會合(회합)

3 ☆*6
6 **向** 향할 **향**

丿 𠂆 门 向 向 向

㊥xiàng(씨앙) ㊐コウ, キョウ/むかう
㊊face

갑 **자원** **회의자.** 갑골문은 집〔宀〕에 창〔ㅂ〕이 나 있는 모습을 나타냄. 본뜻은 '북쪽으로 난 창문'이나 의미가 확대되어 '향하다', '이전에' 등의 뜻을 가짐.

풀이 ①향하다. 어떤 방향을 향해 나아감. ‖向上(향상). ②향방(向方). 향하는 방향. ③접때. 이전에. ㊐嚮. ‖向者(향자).

〔向念 향념〕 마음을 기울임. 또는, 그 마음. 向意(향의).
〔向方 향방〕 향하여 나가는 방향.
〔向上 향상〕 실력·수준·기술 등이 나아짐.
〔向陽花木 향양화목〕 《'볕을 받은 꽃나무'라는 뜻으로》 크게 잘될 사람.
〔向隅之歎 향우지탄〕 좋은 기회를 만나지 못한 것을 한탄함.
〔向日 향일〕 ①지난번. ②태양을 향함.
〔向學 향학〕 학문에 뜻을 두고 그 길로 나아감.
〔向後 향후〕 이다음. 今後(금후).

◢傾向(경향)/南向(남향)/東向(동향)/動向(동향)/方向(방향)/北向(북향)/上向(상향)/西向(서향)/性向(성향)/意向(의향)/轉向(전향)/志向(지향)/指向(지향)/趣向(취향)/偏向(편향)/風向(풍향)/下向(하향)

3 *2
6 **后** 임금 **후**

㊥hòu(허우) ㊐コウ/きさき
㊊king, queen

풀이 ①임금. ‖王后(왕후). ②황후. ‖呂后(여후). ③토지의 신. ‖后土(후토). ④뒤. ㊐後. ‖后宮(후궁).

〔后妃 후비〕 임금의 정실(正室). 皇后(황후). 王后(왕후).
〔后土 후토〕 토지를 맡아 다스리는 신.
◢母后(모후)/王后(왕후)/太后(태후)

3 6 吃* 말 더듬을 흘 본글

중chī(°츠) 일キツ/どもる
풀이 말을 더듬다. 말더듬이. ‖口吃(구흘).

4 7 告☆*5 1알릴 고☆*5 2청할 곡

丿 𠂉 牛 牛 牛 告 告

중gào(까오), gù(꾸) 일コク/つげる 영tell
갑 자원 소머리를 제물로 놓고 제사를 올리면서 신에게 고함을 나타내는 글자라는 설, 아랫부분은 '짐승 잡는 함정', 윗부분은 그것을 알리기 위해 꽂아 놓은 표지의 상형이라는 설, 윗부분은 제사에 사용하던 나뭇가지, 아랫부분은 축문(祝文)을 넣어 두는 그릇의 상형이라는 설 등 여러 설이 있으나 확실치 않음.
풀이 1①알리다. 아룀. ‖報告(보고). ②고발하다. 호소함. ‖告訴(고소). ③타이르다. 통誥. ‖忠告(충고). 2청하다. 뵙고 청함.
〔告發 고발〕 ①피해자가 아닌 사람이 범죄 사실을 수사 기관에 알려 조사와 처벌을 요구하는 일. ②사회의 모순이나 부조리 등을 드러내어 알림.
〔告白 고백〕 ①마음속에 감추고 있던 것을 숨김없이 다 말함. ②가톨릭교에서, 죄의 사함을 받기 위해 고해 신부에게 죄를 숨김없이 밝히는 일.
〔告別 고별〕 작별을 고함.
〔告訃 고부〕 사람의 죽음을 알림. 訃告(부고). 通訃(통부). 凶報(흉보).
〔告祀 고사〕 계획하는 일이나 집안에 탈이 없기를 비는 제사.
〔告訴 고소〕 범죄의 피해자 또는 법정 대리인이 범죄 사실을 수사 기관에 신고하여 범인의 처벌을 요구하는 일.
〔告示 고시〕 행정 기관이 일반 국민에게 글로 써서 널리 알림.
〔告由 고유〕 사삿집이나 나라에서 큰일을 치른 뒤에, 그 까닭을 사당이나 신명(神明)에게 아뢰는 일.
〔告諭 고유〕 어떤 사실을 알려서 깨우쳐 줌.
〔告者 고자〕 남의 잘못이나 비밀을 일러바치는 사람.
〔告知 고지〕 통지함.
◢警告(경고)/公告(공고)/廣告(광고)/勸告(권고)/論告(논고)/誣告(무고)/密告(밀고)/報告(보고)/社告(사고)/上告(상고)/宣告(선고)/申告(신고)/豫告(예고)/原告(원고)/催告(최고)/忠告(충고)/親告(친고)/通告(통고)/布告(포고)/被告(피고)/抗告(항고)

4 7 君☆*4 임금 군

㇇ ⺊ ⺕ 尹 尹 君 君

중jūn(쮠) 일クン/きみ 영king
갑 자원 회의자. 尹(윤)과 口(구)가 합쳐진 자로, 尹은 한 손으로 권력의 지팡이를 잡고 있는 모습(갑골문에서 ㅆ의 왼쪽은 지팡이, 오른쪽은 손을 나타냄)을, 口는 명령을 나타냄. 본뜻은 '군주'.
풀이 ①임금. ‖君主(군주). ②봉호(封號). ‖大院君(대원군). ③아내가 남편을 호칭하는 말. ④아내. ⑤동배 사이나 손아랫사람에 대한 호칭. ‖諸君(제군). ⑥어진 이. 현자(賢者). ‖君子(군자).
〔君國 군국〕 ①임금과 나라. ②군주 국가(君主國家).
〔君臨 군림〕 ①임금으로서 나라를 다스림. ②어떤 분야에서 절대적인 세력을 가지고 남을 압도함의 비유.
〔君師父一體 군사부일체〕 임금과 스승과 아버지는 같은 존재나 다름없으므로, 똑같이 섬기고 받들어야 함.
〔君臣 군신〕 임금과 신하.
〔君臣有義 군신유의〕 오륜(五倫)의 하나. 임금과 신하 사이는 의(義)를 첫째로 삼음.
〔君爲臣綱 군위신강〕 임금과 신하 사이에 마땅히 지켜야 할 도리.
〔君子 군자〕 ①덕이 높고 행실이 어진 사람. ↔小人(소인). ②지체나 관직이 높은 사람. ③지난날, 아내가 자기 남편을 이르던 말.
〔君主 군주〕 임금. 君王(군왕). ‖君主制(군주제).
〔君號 군호〕 왕족이나 공신 등을 군(君)으로 봉할 때 붙이는 이름.
◢郎君(낭군)/檀君(단군)/大君(대군)/夫君(부군)/聖君(성군)/諸君(제군)/主君(주군)/暴君(폭군)/賢君(현군)

4 7 吶 1말 더듬을 눌 2고함지를 납

중nè(너), nà(나) 일トツ/どもる 영stammer, shout
풀이 1말을 더듬다. 같訥. 2고함지르다. ‖吶喊(납함).
〔吶喊 납함〕 여러 사람이 함께 큰 소리를 지름.

4 7 呂*2 등뼈 려 간 吕

㊥lǚ(뤼) ㊐リョ/せぼね ㊍backbone
풀이 ①등뼈. 척추. ②음률(陰律).
◢六呂(육려)/律呂(율려)

4 *1
7 **吝** 아낄 린 吝

㊥lìn(린) ㊐リン/おしむ ㊍stingy
풀이 아끼다. 재물에 대하여 다랍게 굶.
〔吝嗇 인색〕 재물을 지나치게 아낌.

4 1
7 **呆** ❶어리석을 매1 ㊉태 ❷지킬 보 呆

㊥dāi(따이), bǎo(바오)
㊐タイ, ホウ/おろか ㊍stupid, keep
풀이 ❶어리석다. ‖癡呆(치매). ❷지키다. ㉤保.
◢癡呆(치매)

4 *
7 **吻** 입술 문 吻

㊥wěn(원) ㊐フン/くちびる ㊍lips
풀이 입술. 입가. ‖接吻(접문).
〔吻合 문합〕《입술이 꼭 들어맞는다는 뜻으로》 사물이 일치함.
◢口吻(구문)/接吻(접문)

4 ☆*4
7 **否** ❶아닐 부☆*4 ❷막힐 비 否

一 ア オ 不 不 否 否

㊥fǒu(°퍼우), pǐ(피) ㊐ヒ/いな
㊍not, deny, be blocked
자원 **회의 겸 형성자.** 不(불)과 口(구)가 합쳐진 자로, 아니라고 말함을 나타냄. 口는 의미를 나타내고 不은 의미와 음을 겸하여 나타냄.
풀이 ❶①아니다. ②부정하다. ❷①막히다. ‖否塞(비색). ②괘 이름. ‖否卦(비괘). ③나쁘다.
〔否決 부결〕 제출한 의안(議案)을 받아들이지 않기로 결정함. ↔可決(가결).
〔否認 부인〕 어떤 사실을 옳다고 인정하지 않음. ↔是認(시인).
〔否定 부정〕 그렇지 않다고 말하거나 단정함. ↔肯定(긍정).
〔否票 부표〕 반대를 나타내는 표. ↔可票(가표).
〔否卦 비괘〕 64괘의 하나. 음양이 화합하지 못함을 나타냄.
〔否塞 비색〕 운수가 꽉 막힘.
〔否運 비운〕 좋지 않은 운수. 불운(不運).
◢可否(가부)/拒否(거부)/安否(안부)/存否(존부)

4 *1
7 **吩** ❶뿜을 분 ❷분부할 분 吩

㊥fēn(°펀) ㊐フン/いいつける
㊍spout, command
풀이 ❶뿜다. ❷분부하다.
〔吩咐 분부〕 아랫사람에게 명령을 내림. 또는, 그 명령. 分付(분부).

4
7 **吮** 빨 연 吮

㊥shǔn(°순) ㊐セン/すう ㊍suck
풀이 빨다. 입술을 오므리고 빪.
〔吮犢之情 연독지정〕《'어미 소가 송아지를 핥는 정'이란 뜻으로》 자기 자녀나 부하에 대한 사랑.
〔吮癰舐痔 연옹지치〕《종기의 고름을 빨고 치질 앓는 밑을 핥는다는 뜻으로》 몹시 아첨함.

4 ☆*3
7 **吾** 나 오 吾

一 丆 五 五 吾 吾 吾

㊥wú(우) ㊐ゴ/われ ㊍I
자원 **형성자.** 口(구)는 의미를 나타내고 五(오)는 음을 나타냄.
풀이 ①나. ②우리. ‖吾等(오등).
〔吾等 오등〕 우리.
〔吾不關焉 오불관언〕《나는 그 일에 상관하지 않는다는 뜻으로》 남의 일에 무관심하거나 간여하지 않으려는 태도.
〔吾鼻三尺 오비삼척〕《'내 코가 석 자'라는 뜻으로》 자기 사정이 급하여 남을 돌볼 겨를이 없음.
〔吾兄 오형〕《'나의 형'이라는 뜻으로》 편지에서, 벗에 대한 경칭.

4 *2
7 **吳** 나라 이름 오 ㉮吴 吳

㊥wú(우) ㊐ゴ
풀이 나라 이름. 땅 이름.
〔吳越同舟 오월동주〕《중국 춘추 전국 시대에, 서로 적대 관계인 오나라의 왕 부차(夫差)와 월나라의 왕 구천(句踐)이 같은 배를 탔으나 풍랑을 만나서 서로 단합해야 했다는 고사에서》 서로 적의를 품은 사람들이 한자리에 있게 된 경우나 서로 협력해야 하는 상황의 비유.
〔吳吟 오음〕《오(吳)나라 사람이 오나라의 노래를 부른다는 뜻으로》 고향을 그리워함.

4 *
7 **听** ❶웃을 은* ❷들을 청

㊥yǐn(인), tīng(팅) ㊐ギン, テイ
㊍laugh, hear
풀이 ❶웃다. ❷듣다.

☆*3
4
7 **吟** 읊을 **음**

㊥yín(인) ㊐ギン/うたう ㊎recite

자원 **형성자.** 口(구)는 의미를 나타내고 今(금)은 음을 나타냄.

풀이 ①읊다. 나직이 읊조림. ‖吟味(음미). ②신음하다. 괴로워서 끙끙거림. ‖呻吟(신음).

〔吟味 음미〕 ①시가를 읊조리며 그 정취(情趣)를 맛봄. ②사물의 의미를 새겨서 깊이 연구함.

〔吟詠 음영〕 시가를 읊음.

〔吟遊詩人 음유 시인〕 중세 유럽에서 여러 지방을 떠돌아다니면서 시를 읊었던 시인.

〔吟風弄月 음풍농월〕 맑은 바람과 밝은 달을 대상으로 시를 짓고 흥취를 자아내어 즐겁게 놂. 吟風咏月(음풍영월).

〔吟風咏月 음풍영월〕 ➡吟風弄月(음풍농월).

◢朗吟(낭음)/詩吟(시음)/呻吟(신음)

*2
4
7 **呈** 나타낼 **정**

㊥chéng(°청) ㊐テイ/あらわす ㊎reveal

풀이 ①나타내다. 드러내 보임. ‖露呈(노정). ②드리다. ‖贈呈(증정). ③상급 관청에 올리는 문서.

〔呈上 정상〕 남에게 물건을 드림. 呈納(정납).

〔呈示 정시〕 ①내어 보임. ②어음·수표·증권 등의 소지자가 인수나 지급을 요구하기 위해 인수인 또는 지급인에게 제출해 보임.

〔呈才 정재〕 대궐 안 잔치 때에 벌이는 춤과 노래.

◢謹呈(근정)/露呈(노정)/上呈(상정)/贈呈(증정)/獻呈(헌정)

4
7 **呎** 피트 **척**

㊥chǐ(°츠) ㊎feet

풀이 피트. 야드파운드법의 길이의 단위. 1피트는 약 30.4cm.

☆*3-Ⅱ
4
7 **吹** 불 **취**

㊥chuī(°추에이) ㊐スイ/ふく ㊎blow

갑 전 자원 **회의자.** 갑골문의 왼쪽 부분은 입을 벌리고 꿇어앉은 사람을 나타내고 오른쪽 부분은 뜨거운 국이 든 그릇을 나타낸 것으로, 사람이 입김으로 뜨거운 국을 부는 모습을 나타냄. 여기서 '불다'의 뜻이 생겨남.

풀이 ①불다. ②부추기다. ‖鼓吹(고취).

〔吹入 취입〕 ①공기 따위를 불어 넣음. ②레코드를 만들기 위하여 녹음함.

〔吹奏 취주〕 피리·나발 등의 관악기를 불어서 연주함. ‖吹奏樂器(취주 악기).

〔吹奏樂 취주악〕 관악기에 타악기를 곁들인 합주 음악. 군악이 대표적임.

〔吹打 취타〕 군중(軍中)에서 나발·소라·대각(大角)·호적(號笛) 등을 불고, 징·북·나(鑼)·바라 등을 치는 군악(軍樂). ‖吹打手(취타수).

◢鼓吹(고취)

*1
4
7 **呑** 삼킬 **탄**

㊥tūn(툰) ㊐ドン/のむ ㊎swallow

풀이 ①삼키다. ‖呑聲(탄성). ②안중에 두지 않다.

◢竝呑(병탄)

*
4
7 **吠** 짖을 **폐**

㊥fèi(°페이) ㊐ハイ, ベイ/ほえる ㊎bark

풀이 짖다.

7 **品** 品(품)의 속자 →129쪽

*
4
7 **呀** 입 벌릴 **하**

㊥xiā(씨아) ㊐ガ

풀이 ①입을 벌리다. ②속이 텅 비다.

★*3-Ⅱ
4
7 **含** 머금을 **함**

㊥hán(한) ㊐ガン/ふくむ ㊎contain

자원 **형성자.** 口(구)는 의미를 나타내고 今(금)은 음을 나타냄.

풀이 ①머금다. ‖含淚(함루). ②넣다. ‖含蓄(함축).

〔含量 함량〕 들어 있는 분량.

〔含淚 함루〕 눈물을 머금음.

〔含默 함묵〕 입을 다물고 침묵을 지킴.

〔含憤 함분〕 분한 마음을 품음.

〔含笑 함소〕 ①웃음을 머금음. ②꽃이 피기 시작함.

〔含怨 함원〕 원한을 품음.

〔含有 함유〕 물질이 어떤 성분을 포함하고 있음.

〔含蓄 함축〕 ①말이나 글이 많은 뜻을 담고 있음. ②겉으로 드러내지 않고 속에 간직함.

〔含哺鼓腹 함포고복〕《잔뜩 먹고 배를 두드린다는 뜻으로》 백성이 배부르게 먹고 삶을 즐김.
◢包含(포함)

4/7 吼 *1 울 **후**

[중]hǒu(허우) [일]コウ/ほえる [영]roar
[풀이] ①울다. 짐승이 성내어 으르렁거림. ②아우성치다.
◢獅子吼(사자후)

4/7 吸 ★*4-II 숨 들이쉴 **흡**

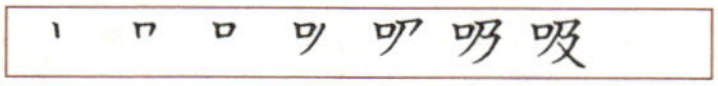

[중]xī(씨) [일]キュウ/すう [영]inhale
[자원] **형성자.** 口(구)는 의미를 나타내고 及(급)은 음을 나타냄.
[풀이] ①숨을 들이쉬다. ‖呼吸(호흡). ②마시다. 빨아들임. ‖吸煙(흡연). ③끌다. ‖吸着(흡착).
〔吸氣 흡기〕 들이쉬는 숨.
〔吸收 흡수〕 ①빨아들임. ②바깥에 있는 것을 안으로 끌어들임. ③액체·고체가 기체를 빨아들여 녹이는 일. ④소화된 음식물이 소화관의 벽을 통하여 혈관 또는 림프관 속으로 들어가는 일.
〔吸煙 흡연〕 담배를 피움. 喫煙(끽연).
〔吸引 흡인〕 빨아들이거나 끌어들임.
〔吸入 흡입〕 빨아들임.
〔吸着 흡착〕 ①달라붙음. ‖吸着力(흡착력). ②기체 또는 액체가 다른 액체나 고체의 표면에 달라붙는 현상.
〔吸血鬼 흡혈귀〕 ①사람의 피를 빨아먹는다는 전설상의 귀신. ②남의 고혈을 착취하는 사람의 비유.
◢呼吸(호흡)

5/8 呵 *1 꾸짖을 **가** [본]하

[중]hē(허) [일]カ/せめる [영]scold
[풀이] ①꾸짖다. 책망함. [같]訶. ‖呵責(가책). ②웃다. 껄껄 웃음. ‖呵呵大笑(가가대소).
〔呵呵大笑 가가대소〕 껄껄 크게 웃음.
〔呵責 가책〕 엄하게 잘못을 꾸짖음. 苛責(가책).

5/8 呱 *1 울 **고**

[중]gū(꾸) [일]コ [영]cry
[풀이] 울다. 아이의 울음소리.
〔呱呱 고고〕 아이가 태어나면서 처음 우는 소리.

5/8 咎 * 허물 **구**

[중]jiù(찌우) [일]キュウ/とがめ [영]fault
[풀이] ①허물. 죄과(罪過). ②재앙(災殃). ‖咎徵(구징). ③나무라다. 책망함. ④미움. ‖怨咎(원구).

5/8 呶 지껄일 **노**

[중]náo(나오) [일]ド/かまびすしい [영]chatter
[풀이] 지껄이다.

5/8 咄 꾸짖을 **돌**

[중]duō(뚜어) [일]トツ/しかる [영]scold
[풀이] ①꾸짖다. 혀를 참. ‖咄嗟(돌차). ②괴이쩍어 놀라는 소리. ‖咄咄(돌돌).
〔咄嗟 돌차〕 ①잠시. 순간. ②꾸짖음. ③혀를 차며 한탄함.

5/8 命 ☆*7 목숨 **명**

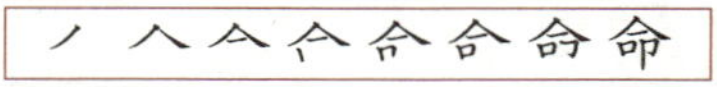

[중]mìng(밍) [일]メイ, ミョウ/いのち [영]life, fate, order
[갑] [금]  [자원] **회의자.** 口(구)와 令(령)이 합쳐진 자. 갑골문에서는 '令'과 '命'이 동일한 자였으나, 금문에 와서 '令'에 '口'를 더하여 '命'이 만들어짐. 사람이 꿇어앉아 명령을 받듦을 나타냄.
[풀이] ①목숨. 수명. ‖生命(생명). ②운수. 운명. ‖運命(운명). ③명령. ‖御命(어명). ④명하다. ⑤이름 붙이다. [같]名. ‖命名(명명). ⑥천명(天命). 하늘의 뜻. ‖召命意識(소명 의식). ⑦표적. ‖命中(명중).
〔命巾 명건〕 신령이나 부처에게 소원을 비는 사람의 생년월일을 써서 매다는 무명. 명다리. 命橋(명교).
〔命令 명령〕 ①윗사람이 아랫사람에게 내리는 분부. ②행정 기관에서 제정한 법의 형식. 대통령령·총리령·부령(部令) 따위.
〔命脈 명맥〕 ①맥이나 목숨이 유지되는 근본. ②사물 현상이 없어지지 않고 존속하는 일의 비유.
〔命名 명명〕 사물에 이름을 지어 붙임.
〔命婦 명부〕 부인(婦人)으로서 봉호(封號)를 받은 사람. 내명부와 외명부의 구별이 있음.
〔命分 명분〕 운수(運數).
〔命世之才 명세지재〕 한 시대를 바로잡아 구원할 만한 큰 인재.
〔命運 명운〕 운명(運命).
〔命在頃刻 명재경각〕 거의 죽게 되어

곧 숨이 끊어질 지경에 이름.
〔命題 명제〕 ①논리학에서, 하나의 판단 내용을 언어나 식(式) 등의 기호로 나타낸 것. ②시문 따위의 글에 제목을 정함. 또는, 그 제목.
〔命中 명중〕 겨냥한 곳을 바로 맞힘.
◢救命(구명)/短命(단명)/亡命(망명)/薄命(박명)/非命(비명)/使命(사명)/生命(생명)/召命(소명)/壽命(수명)/宿命(숙명)/身命(신명)/安心立命(안심입명)/御命(어명)/嚴命(엄명)/延命(연명)/王命(왕명)/運命(운명)/殞命(운명)/人命(인명)/任命(임명)/絕命(절명)/知天命(지천명)/天命(천명)/特命(특명)/下命(하명)/抗命(항명)/革命(혁명)

☆✱4-Ⅱ
5
8 **味** 맛 **미**

丶 ㄇ 口 口一 口二 吁 味 味

[중]wèi(웨이) [일]ミ/あじ [영]taste
[자원] **형성자.** 口(구)는 의미를 나타내고 未(미)는 음을 나타냄.
[풀이] ①맛. 맛의 감각. ‖味覺(미각). ②마음에 느끼는 멋. ‖趣味(취미). ③사물의 내용. ‖意味(의미). ④맛보다. 뜻을 음미함.
〔味覺 미각〕 맛을 아는 감각. 味感(미감).
〔味蕾 미뢰〕 척추동물의 혓바닥 윗면에 있는 미각 기관.
〔味盲 미맹〕 미각의 감수성이 병든 상태. 또는, 그런 사람.
◢甘味(감미)/口味(구미)/氣味(기미)/妙味(묘미)/無味(무미)/別味(별미)/山海珍味(산해진미)/性味(성미)/魚頭一味(어두일미)/吟味(음미)/意味(의미)/一味(일미)/調味(조미)/珍味(진미)/眞味(진미)/趣味(취미)/風味(풍미)/香味(향미)/興味(흥미)

✱1
5
8 **咐** 분부할 **부**

[중]fù(°푸) [일]フ/いいつける [영]order
[풀이] 분부하다.
〔咐囑 부촉〕 부탁하여 맡김.
◢吩咐(분부)

✱1
5
8 **呻** 끙끙거릴 **신**

[중]shēn(°썬) [일]シン/うめく [영]groan
[풀이] ①끙끙거리다. 신음함. ‖呻吟(신음). ②읊조리다. 웅얼거림.
〔呻吟 신음〕 ①병이나 고통으로 앓는 소리를 냄. ②괴로움이나 고통으로 허덕이며 고생함.

✱
8 **咏** 詠(영)과 동자 →692쪽

✱1
5
8 **咀** 씹을 **저**

[중]jǔ(쥐) [일]ソ, ショ/かむ [영]chew
[풀이] ①씹다. 맛을 봄. ②음미하다.
〔咀嚼 저작〕 음식을 입에 넣고 씹음.

✱1
5
8 **呪** 저주할 **주**

[중]zhòu(°쩌우) [일]ジュ, ズ/のろう [영]curse
[풀이] ①저주하다. 저주함. ‖詛呪(저주). ②빌다. ‖呪術(주술).
〔呪文 주문〕 술법을 부리거나 귀신을 쫓을 때 외는 글귀.
〔呪術 주술〕 무당 따위가 신령이나 부처의 불가사의한 힘을 빌려 길흉을 점치고 재액을 물리치거나 복을 달라고 비는 술법(術法).
◢詛呪(저주)

★✱4
5
8 **周** 두루 **주**

丿 冂 冂 月 用 周 周 周

[중]zhōu(°쩌우) [일]シュウ/あまねく [영]all around
[갑] [금]  [자원] **회의자.** 갑골문은 밭에 농작물을 촘촘히 심어 놓은 모습을 나타냄. 금문에서 口(구)가 덧붙어 오늘날의 자형과 비슷하게 됨. 본뜻은 '빽빽하다', '두루' 등임.
[풀이] ①두루. 골고루 미침. ‖周遊(주유). ②둘레. ‖周圍(주위). ③돌다. ‖周忌(주기). ④찬찬하다. 치밀함. ‖周到綿密(주도면밀). ⑤중국 왕조(王朝)의 이름.
〔周忌 주기〕 사람이 죽은 뒤 해마다 돌아오는 기일(忌日). 週忌(주기).
〔周年 주년〕 1년을 단위로 하여 돌아오는 돌.
〔周到 주도〕 주의(注意)가 두루 미쳐 실수가 없음. ‖周到綿密(주도면밀).
〔周流 주류〕 ①물 따위가 돌면서 흐름. ②천하를 두루 돌아다님. 遍歷(편력).
〔周密 주밀〕 도모하는 일에 빈 구석이 없고 자세함.
〔周邊 주변〕 주위의 가장자리. 또는, 변두리.
〔周旋 주선〕 ①일이 잘되도록 이리저리 힘을 씀. 斡旋(알선). ②국제 분쟁을 평화적으로 해결하기 위해 제3국이 분쟁 당사국 간의 교섭을 돕는 일.
〔周易 주역〕 오경(五經)의 하나. 주대(周代) 문왕(文王)·주공(周公)·공자(孔子)에 의하여 이루어졌다는 역학(易學). 또는, 그 책. 易經(역경).
〔周圍 주위〕 ①둘레. ②사람이나 사물

을 둘러싸고 있는 환경(環境). ③어떤 사람을 에워싸고 있는 사람들.
〔周遊 주유〕 여기저기 두루 돌아다니며 여행함.
〔周知 주지〕 여러 사람들이 두루 앎.
〔周波數 주파수〕 전파나 음파가 1초 동안에 진동하는 횟수.
〔周航 주항〕 여러 곳을 두루 항해함.
〔周回 주회〕 ①둘레. 周圍(주위). ②주위를 빙 돎.
◪圓周(원주)/一周(일주)

5 8 **咆** *1 으르렁거릴 **포**

[중]páo(파오) [일]ホウ/ほえる [영]roar
[풀이] ①으르렁거리다. ②성내다.
〔咆哮 포효〕 ①맹수가 성내어 울부짖음. 또는, 그 소리. 哮咆(효포). ②대단한 기세로 외침.

5 8 **咍** * 비웃을 **해**

[중]hāi(하이) [일]カイ, タイ/わらう [영]laugh at
[풀이] ①비웃다. 조소(嘲笑)함. ②기뻐하다. 즐거워함.

5 8 **呟** * 소리 **현** [본]**견**

[중]juǎn(쥐엔) [일]ケン/つぶやく [영]sound
[풀이] 소리. 음성.

5 8 **呼** ☆*4-Ⅱ 부를 **호**

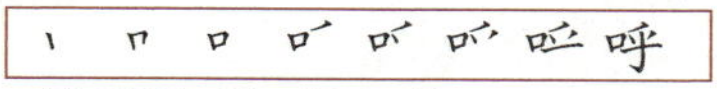

[중]hū(후) [일]コ/よぶ [영]call
[자원] **회의 겸 형성자.** 口(구)와 乎(호)가 합쳐진 자. 乎가 '부르다'의 뜻을 나타냈으나 뒷날 어조사로 쓰이게 되면서 口를 더하여 본뜻을 나타냄. 口는 의미를 나타내고, 乎는 의미와 음을 겸하여 나타냄.
[풀이] ①부르다. 이름을 짓다. ‖呼名(호명)/呼稱(호칭). ②부르짖다. ③숨을 내쉬다. ‖呼吸(호흡). ④아아. 탄식하거나 피곤할 때 내는 소리. ‖嗚呼(명호).
〔呼價 호가〕 팔거나 사려는 물건의 값을 부름.
〔呼客 호객〕 지나가는 사람을 손님으로 불러들임.
〔呼名 호명〕 이름을 부름.
〔呼訴 호소〕 억울한 사정을 남에게 하소연함. ‖呼訴力(호소력).
〔呼應 호응〕 ①《부르면 대답한다는 뜻으로》 호소에 마주 응함. ②글월의 앞뒤의 뜻이 서로 맞아 어울림. 照應(조응).
〔呼戚 호척〕 서로 촌수를 대어 항렬(行列)을 찾아 부름.
〔呼出 호출〕 ①불러냄. 특히, 전화 등에서 상대방을 부르는 일. ②법원이 피고인·증인·변호인 등에게 출두를 명령하는 일. 召喚(소환).
〔呼稱 호칭〕 이름을 지어 부름. 또는, 그 이름.
〔呼兄呼弟 호형호제〕 《서로 형이니 아우니 하고 부른다는 뜻으로》 매우 가까운 친구 사이를 이름.
〔呼吸 호흡〕 ①숨을 쉼. 또는, 그 숨. 날숨은 呼, 들숨은 吸. ②함께 일을 하는 사람들과 조화를 이룸. ③생물이 산소를 몸속으로 들이마시고, 탄산가스를 내보내는 작용.
◪連呼(연호)/嗚呼(오호)/點呼(점호)/歡呼(환호)

5 8 **和** ☆*6 [1]고를 **화** [2]답할 **화**

[중]hé, hè(허) [일]ワ [영]harmonious
[자원] **형성자.** 口(구)는 의미를 나타내고 禾(화)는 음을 나타냄.
[풀이] [1]①고르다. 조화됨. ‖調和(조화). ②화목하다. ‖和睦(화목). ③온화하다. ‖和色(화색). ④화해하다. ‖和解(화해). ⑤둘 이상의 수를 더한 값. ‖總和(총화). [2]①답하다. ②화답하다. 서로 응하여 대답함. ‖和答(화답).
〔和光同塵 화광동진〕 《빛을 부드럽게 하여 더러움과 함께한다는 뜻으로》 ①자기의 뛰어난 재덕(才德)을 나타내지 않고 세속을 따름. ②부처나 보살이 중생을 제도하기 위해 속인(俗人)과 섞여 행동함.
〔和氣 화기〕 ①따스하고 화창한 기운. ②온화한 기색. 또는, 화목한 분위기. ③생기가 도는 기색.
〔和氣靄靄 화기애애〕 화목한 분위기가 넘쳐 흐름.
〔和答 화답〕 시가(詩歌)로 서로 응답함.
〔和樂 화락〕 화평하고 즐거움.
〔和睦 화목〕 서로 뜻이 맞고 정다움. 和合(화합).
〔和色 화색〕 온화한 안색(顏色).
〔和順 화순〕 온화하고 순량(順良)함.
〔和顏 화안〕 온화한 얼굴.
〔和約 화약〕 화목하게 지내자는 약속.
〔和韻 화운〕 남이 지은 시의 운자(韻字)를 써서 화답하는 시를 지음.
〔和音 화음〕 높이가 다른 둘 이상의 음이 함께 울릴 때 어울리는 소리.

3획

〔和議 화의〕 더 이상 서로 싸우지 않기로 협상하여 정함.
〔和而不同 화이부동〕 남과 사이좋게 지내기는 하나, 도리를 어기면서까지 동조하지는 않음.
〔和暢 화창〕 날씨나 바람이 온화하고 맑음.
〔和親 화친〕 ①서로 의좋게 지냄. ②나라 사이의 좋은 교분.
〔和平 화평〕 ①화목하여 평온함. ②나라 사이가 평화로움.
〔和合 화합〕 화목하게 합함. 和同(화동).
〔和解 화해〕 ①싸움을 그만두고 서로 나쁜 감정을 풂. ②위장(胃腸)을 편하게 하여 외기(外氣)를 풂.
◪講和(강화)/不和(불화)/溫和(온화)/緩和(완화)/違和(위화)/宥和(유화)/柔和(유화)/融和(융화)/人和(인화)/調和(조화)/斥和(척화)/總和(총화)/親和(친화)/平和(평화)/飽和(포화)

6 9 **咯** 토할 **각**

(중)kǎ(카), gē(꺼) (일)カク/はく (영)vomit
풀이 ①토하다. 게움. 뱉음. (통)喀. ‖咯痰(각담). ②꿩의 울음소리.
〔咯痰 각담〕 가래를 뱉음.
〔咯血 각혈〕 피를 토함. 喀血(객혈).

*1 6 9 **咬** ❶물 **교** ❷새소리 **교**

(중)yǎo(야오) (일)ゴウ/かむ (영)bite
풀이 ❶물다. 입에 넣어 깨묾. ‖咬傷(교상). ❷새소리.
〔咬傷 교상〕 짐승·독사·독충 등에게 물려서 상처를 입음. 또는, 그 상처.

☆*3-Ⅱ 6 9 **哀** 슬플 **애**

(중)āi(아이) (일)アイ/かなしい (영)sad, grieve
자원 **형성자.** 口(구)는 의미를 나타내고 衣(의)는 음을 나타냄.
풀이 ①슬프다. 슬픔. ‖悲哀(비애). ②불쌍하게 여기다. 동정함. (통)憐. ‖哀憐(애련). ③슬퍼하다.
〔哀歌 애가〕 슬픈 노래.
〔哀乞 애걸〕 슬피 하소연하여 빎.
〔哀乞伏乞 애걸복걸〕 갖은 수단으로 머리 숙여 자꾸 빌고 원함.
〔哀慶 애경〕 슬픈 일과 경사스러운 일.
〔哀哭 애곡〕 슬피 소리 내어 욺.
〔哀悼 애도〕 사람의 죽음을 슬퍼함. 哀戚(애척). 哀弔(애조).
〔哀憐 애련〕 가엾고 애처롭게 여김. 哀矜(애긍).
〔哀慕 애모〕 죽은 사람을 슬퍼하며 사모함.
〔哀傷 애상〕 사람의 죽음을 슬퍼하여 상심함.
〔哀惜 애석〕 슬프고 아깝게 여김.
〔哀愁 애수〕 가슴에 스며드는 슬픈 시름.
〔哀願 애원〕 통사정하여 간절히 원함. 哀求(애구). 嘆願(탄원).
〔哀哉 애재〕 (('슬프도다'의 뜻으로)) 탄식하는 말.
〔哀切 애절〕 몹시 애처롭고 슬픔.
〔哀調 애조〕 슬픈 곡조.
〔哀痛 애통〕 몹시 슬퍼함. 哀傷(애상).
〔哀話 애화〕 슬픈 이야기. 悲話(비화).
〔哀歡 애환〕 슬픔과 기쁨.
◪悲哀(비애)

6 9 **咿** 선웃음 칠 **이**

(중)yī(이) (일)イ
풀이 ①선웃음을 치다. 억지로 웃음. ‖咿喔(이악). ②소리를 나타내는 말. ㉮글 읽는 소리. ‖咿唔(이오). ㉯벌레나 돼지·닭이 우는 소리. ‖咿咿(이이). ㉰노 젓는 소리.

*1 6 9 **咽** ❶목구멍 **인** ❷목멜 **열**

(중)yān(옌), yè(예) (일)エン, エツ/のど, むせぶ (영)throat, choke
풀이 ❶①목구멍. ‖咽喉(인후). ②급소(急所). ❷①목메다. ‖嗚咽(오열). ②막히다.
〔咽頭 인두〕 식도와 후두에 붙어 있는, 깔때기 모양의 부분.
〔咽喉 인후〕 목구멍.
◪哽咽(경열)/嗚咽(오열)

* 6 9 **咨** 물을 **자**

(중)zī(쯔) (일)シ/はかる (영)ask, consult
풀이 ①묻다. 물어서 꾀함. (같)諮. ‖咨問(자문). ②아아. 감탄하여 혀를 차는 의성어. (통)嗟. ③청대(淸代) 공문서(公文書)의 하나.
〔咨文 자문〕 ①청대(淸代)에 등급 관청 사이에 주고받던 공문서. ②조선 시대에, 중국과 주고받던 공식적인 외교 문서.
〔咨歎 자탄〕 아끼고 애석하게 여겨 탄식함.

☆*3 6 9 **哉** 어조사 **재**

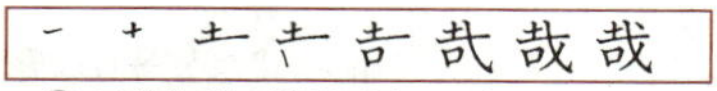

一 十 土 圭 吉 吉 哉 哉

㊥zāi(짜이) ㊐サイ/…かな, …や

자원 **형성자.** 口(구)는 의미를 나타내고 𢦏(재)는 음을 나타냄.

풀이 ①어조사(語助辭). ②비로소. 처음으로. ③재앙. ㊐災.

〔哉生明 재생명〕《달의 밝은 부분이 처음 생긴다는 뜻으로》 음력 초사흘.

〔哉生魄 재생백〕《달의 검은 부분이 생기기 시작한다는 뜻으로》 음력 열엿샛날.

◪哀哉(애재)/快哉(쾌재)

*1
6/9 **咫** 길이 **지**

㊥zhǐ(°즈) ㊐シ/あた ㊇length

풀이 ①8치〔寸〕. 주대(周代)의 길이의 단위. ②가까운 거리나 짧음의 비유. ‖咫尺之書(지척지서).

〔咫尺 지척〕《'8치〔寸〕와 1자〔尺〕'라는 뜻으로》 아주 가까운 거리.

*
6/9 **咤** 꾸짖을 **타**

㊥zhà(°짜) ㊐タ/しかる ㊇scold

풀이 ①꾸짖다. 나무람. ②뽐내다.

◪叱咤(질타)

☆*5
6/9 **品** 물건 **품** ㊍ 品

丨 口 口 口 口 口 品 品

㊥pǐn(핀) ㊐ヒン/しな
㊇goods, class

갑 자원 **회의자.** 여러 물품(또는 그릇)을 한곳에 모아 둠을 나타낸 데에서 '여럿'을 본뜻으로 함. 뒷날 의미가 확장되어 '종류', '품질', '등급' 등의 뜻을 갖게 됨.

풀이 ①물건. 여러 가지 물품. ‖商品(상품). ②가지. 종류를 세는 말. ③사람의 등급이나 사람됨. ‖品格(품격). ④관위(官位)의 등급. ⑤등급을 매기다. 평가함. ‖品評(품평).

〔品格 품격〕 ①사람된 바탕과 타고난 성질. ②물건의 좋고 나쁜 정도.

〔品階 품계〕 고려·조선 시대에, 여러 벼슬자리에 대하여 매기던 등급. 品秩(품질).

〔品官 품관〕 고려·조선 시대에, 품계를 가진 벼슬아치의 총칭.

〔品貴 품귀〕 물건을 구하기 어려움.

〔品名 품명〕 ①품종의 명칭. ②물품의 이름.

〔品目 품목〕 물품의 이름을 쓴 목록.

〔品性 품성〕 사람의 됨됨이. 人品(인품).

〔品數 품수〕 등급으로 나눈 그 차례.

〔品位 품위〕 ①사람이 갖추고 있는 인격적 가치. 品格(품격). ②직품(職品)과 지위(地位). ③사물의 가치나 위엄. ④광석 속에 들어 있는 금속의 비율. ⑤금화(金貨)·은화 등에 포함되어 있는 금이나 은의 비율.

〔品切 품절〕 물건이 다 팔리고 없음.

〔品種 품종〕 ①물품의 종류. ②같은 종류에 속하는 동식물에 있어서 유전 형질을 같이하는 최소의 분류 단위.

〔品質 품질〕 물건의 성질과 바탕.

〔品評 품평〕 물품의 좋고 나쁨을 평가함.

〔品行 품행〕 사람의 품성과 행실. 몸가짐. ‖品行方正(품행 방정).

◪景品(경품)/骨董品(골동품)/金品(금품)/氣品(기품)/納品(납품)/名品(명품)/物品(물품)/返品(반품)/部品(부품)/備品(비품)/上品(상품)/商品(상품)/賞品(상품)/性品(성품)/小品(소품)/食品(식품)/藥品(약품)/用品(용품)/遺品(유품)/人品(인품)/逸品(일품)/作品(작품)/正品(정품)/製品(제품)/眞品(진품)/珍品(진품)/出品(출품)/廢品(폐품)/下品(하품)/現品(현품)/携帶品(휴대품)

3획

★*3
6/9 **咸** 다 **함**

丿 厂 厂 斤 后 咸 咸 咸

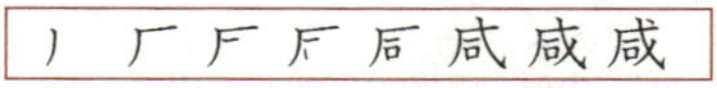

㊥xián(시엔) ㊐カン/みな ㊇all

갑 자원 **회의자.** 도끼를 나타내는 戌(술)과 口(입 구)가 합쳐진 자. 口는 도끼를 내리칠 때 비명을 지르는 입이라는 설도 있고 잘려진 머리라는 설도 있음. 본뜻은 '죽이다'.

풀이 ①다. 모두. ㊐皆. ‖咸告(함고). ②괘 이름. ‖咸卦(함괘). ③같다.

〔咸告 함고〕 모두 일러바침.

〔咸氏 함씨〕 남을 높여 그의 조카를 일컫는 말.

〔咸池 함지〕 ①해가 목욕을 한다는, 하늘에 있는 못. 또는, 해가 진다는 서쪽 바다. ↔扶桑(부상). ②황제(黃帝)가 지었다는, 요(堯)임금 때의 음악 이름. 大咸(대함). ③오곡(五穀)을 관장한다는 별.

〔咸興差使 함흥차사〕《조선 태조 이성계가 왕위를 물려주고 함흥에 있을 때, 태종이 보낸 차사를 혹은 죽이고 혹은 잡아 가두어 돌려보내지 않았던 고사에서》 심부름을 가서 오지 않거나 늦게 오는 사람.

*
6/9 **哈** ❶오물거릴 **합*** ❷마실 **삽**

㊥hā(하) ㊐ソウ ㊇sip

풀이 ❶오물거리다. ❷마시다.

6 *1
9 **咳** 기침 **해** 咳

㊥kē(커) ㊐ガイ/せき ㊎cough

풀이 기침. 기침함. ‖咳嗽(해수)/咳喘(해천).

〔咳嗽 해수〕 기침. 咳는 가래가 없고 소리만 나는 기침, 嗽는 기침 소리는 나지 않고 가래만 나오는 것.

〔咳喘 해천〕 기침과 천식.

6 *1
9 **哄** 떠들썩할 **홍** 哄

㊥hōng(훙) ㊐コウ/どよめき ㊎noisy

풀이 ①떠들썩하다. ‖哄笑(홍소). ②여러 사람이 함께 웃다.

〔哄笑 홍소〕 입을 크게 벌리고 웃음.

3획

7 *1
10 **哥** 노래 **가** 哥

㊥gē(꺼) ㊐カ/うた ㊎song

풀이 ①노래. 노래함. ㊀歌. ②호칭. 형제 중 손위 남자. ③성(姓) 밑에 붙이는 접미사. ‖朴哥(박가).

7 *
10 **哿** 좋을 **가**

㊥gě(거) ㊐カ/よい ㊎good

풀이 ①좋다. 옳음. ②머리꾸미개. 부인의 머리 장식.

7
10 **哽** 목멜 **경** 哽

㊥gěng(겅) ㊐コウ/むせぶ ㊎choke

풀이 ①목메다. ‖哽咽(경열). ②숨이 막히다.

〔哽塞 경색〕 지나치게 울어 목이 막힘.

〔哽咽 경열〕 너무 슬퍼서 목이 메도록 흐느껴 욺.

7 ★*3-Ⅱ
10 **哭** 울 **곡** 哭

丨 ㅁ ㅁ ㅁㅁ 㗊 罒 哭 哭

㊥kū(쿠) ㊐コク/なく ㊎wail

자원 **회의자.** 犬(개 견)과 口(입 구) 두 개가 합쳐진 자로, 개가 크게 짖음을 나타내는 말. '사람이 크게 소리 내어 울다'의 뜻으로 바뀜.

풀이 ①울다. ㉮슬퍼 큰 소리를 내어 울다. ‖痛哭(통곡). ㉯곡하다. ‖哭聲(곡성). ②곡. ‖哭班(곡반).

〔哭臨 곡림〕 임금이 죽은 신하를 몸소 조문함.

〔哭班 곡반〕 국상(國喪) 때 망곡(望哭)하는 백관(百官)의 반열.

〔哭聲 곡성〕 곡하는 소리.

◢鬼哭(귀곡)/大聲痛哭(대성통곡)/放聲大哭(방성대곡)/哀哭(애곡)/弔哭(조곡)/痛哭(통곡)/慟哭(통곡)/號哭(호곡)

7
10 **㖙** ㊥끗 **끗**

인명용 한자에서는 '말'로 발음하는 것을 인정하고 있음.

7 ★*3-Ⅱ
10 **唐** 당나라 **당** 唐

丶 亠 广 户 户 庐 唐 唐 唐

㊥táng(탕) ㊐トウ

자원 **형성자.** 口(구)는 의미를 나타내고 庚(경)은 음을 나타냄.

풀이 ①당나라. 중국의 왕조(王朝) 이름. ②중국. ‖唐材(당재). ③황당하다. ‖荒唐(황당). ④갑작스러움. ‖唐突(당돌).

〔唐机 당궤〕 중국풍의 책상.

〔唐突 당돌〕 ①갑자기. 돌연히. ②꺼리거나 어려워함이 없이 올차고 다부짐.

〔唐麵 당면〕 감자 가루로 만든 국수.

〔唐木 당목〕 고운 무명실로 폭이 넓고 발이 곱게 짠 피륙. 서양에서 발달하여 중국을 거쳐 우리나라에 들어왔으므로 당목이라고 함.

〔唐三彩 당삼채〕 당대(唐代) 도자기의 한 가지. 녹색·황색·백색 또는 녹색·황색·남색의 세 가지 빛깔로 무늬를 넣었음.

〔唐手 당수〕 주로 맨손을 사용하여 싸우는 일본식 권법. 중국 소림사의 승려들이 호신술로 쓰던 것인데, 일본에 전해지면서 당나라의 권법이라는 뜻으로 일러 온 말임. 가라테.

〔唐詩 당시〕 중국 당(唐)나라의 시인들이 지은 한시(漢詩).

〔唐虞 당우〕 중국의 도당씨(陶唐氏)와 유우씨(有虞氏). 唐은 요임금, 虞는 순임금의 호로서, 요순(堯舜) 시대를 이름.

〔唐衣 당의〕 여자 예복의 한 가지. 거죽은 초록빛, 안은 연분홍빛이며, 뒷자락이 앞자락보다 길. 당저고리.

〔唐材 당재〕 중국에서 나는 약재.

〔唐苧 당저〕 중국에서 생산되는 모시. 당모시.

〔唐冊 당책〕 중국에서 박아 낸 책. 唐本(당본). 唐書(당서).

〔唐靑 당청〕 중국에서 나는 푸른 물감.

〔唐體 당체〕 ①한문 글씨체의 한 가지. ②인쇄에서, 명조체(明朝體).

〔唐草紋 당초문〕 덩굴이 뻗은 모양의 무늬. 덩굴무늬.

〔唐筆 당필〕 중국에서 만든 붓.

〔唐慌 당황〕 놀라서 어리둥절함. 唐惶

(당황). 惝怳(당황).
◢盛唐(성당)/荒唐(황당)

7 10 **哩** 어조사 **리**

㊥lì, lǐ(리) ㊐リ
풀이 ①어조사. ②마일(mile). 육지의 거리를 재는 단위. 1마일은 약 1.6 km.

7 10 **唎*** 소리 **리**

㊥lì(리) ㊐リ ㊎sound

7 10 **哱** 바라 **발**

㊥bō(뽀) ㊐ホツ/みだれる
㊎confused
풀이 ①바라. 군대에서 쓰는 취주 악기. ②어지럽다.
〔哱囉 바라〕 소라의 껍데기로 만든 옛 군악기. 螺角(나각). 法螺(법라).

7 10 **唆*2** 부추길 **사**

㊥suō(쑤어) ㊐サ/そそのかす
㊎incite
풀이 부추기다.
◢教唆(교사)/示唆(시사)

7 10 **哦*** 읊을 **아**

㊥é(어) ㊐ガ/よむ, うたう
풀이 읊다. 시가(詩歌)를 소리 내어 읽음.

7 10 **員★*4-Ⅱ** 수효 **원** ㉤员

丨 ㄇ 口 尸 吕 昌 員 員

㊥yuán(위엔) ㊐イン/かず ㊎number
갑 전 자원 **회의자.** 갑골문의 아랫부분은 솥을 나타내고 윗부분은 원을 그린 것으로 솥 테두리가 둥글다는 것을 나타냄. 뒷날 '구성원'의 뜻으로 쓰이게 되자 본뜻을 보존하기 위해 만든 자가 '圓'(둥글 원)임.
풀이 ①수효. ㉮사람의 수. ‖人員(인원). ㉯둥그런 물건. 뜻이 바뀌어 개체를 이룬 물건을 세는 단위. ②동그라미. 둥글다. ㉨圓. ‖方員(방원). ③벼슬아치. ‖官員(관원).
〔員數 원수〕 인원의 수효.
〔員外 원외〕 정원(定員)의 밖.
◢減員(감원)/客員(객원)/缺員(결원)/契員(계원)/官員(관원)/教員(교원)/團員(단원)/黨員(당원)/隊員(대원)/動員(동원)/滿員(만원)/部員(부원)/社員(사원)/生員(생원)/船員(선원)/成員(성원)/要員(요원)/委員(위원)/醫員(의원)/議員(의원)/人員(인원)/任員(임원)/全員(전원)/店員(점원)/定員(정원)/增員(증원)/職員(직원)/充員(충원)/會員(회원)

7 10 **唇*** ❶놀랄 **진*** ❷입술 **순**

㊥chún(°춘)
㊐シン/ふるえる, くちびる
㊎be surprised, lips
풀이 ❶놀라다. ❷입술.

7 10 **哲★*3-Ⅱ** 밝을 **철** ㉧喆

一 扌 扌 扩 扩 折 哲 哲

㊥zhé(°저) ㊐テツ/あきらか ㊎wise
자원 **형성자.** 口(구)는 의미를 나타내고 折(절)은 음을 나타냄.
풀이 ①밝다. 언동이 지혜롭고 총명함. ‖明哲(명철). ②도리(道理)에 밝은 사람.
〔哲理 철리〕 ①아주 깊고 오묘한 이치. ②철학상의 이론.
〔哲人 철인〕 사물의 이치에 밝고 식견(識見)이 뛰어난 사람. 哲士(철사).
〔哲學 철학〕 자연과 인생, 현실과 이상에 관한 근본 원리를 연구하는 학문. ‖哲學者(철학자).
◢明哲(명철)/先哲(선철)/聖哲(성철)/賢哲(현철)

7 10 **哨*2** 망볼 **초**

㊥shào(°싸오) ㊐ショウ/みはる
㊎guard
풀이 ①망보다. 파수를 봄. ‖哨戒(초계). ②망보는 사람. ‖哨兵(초병).
〔哨戒 초계〕 적의 기습에 대비하여 망보며 경계하는 일.
〔哨兵 초병〕 초소를 지키는 병사.
〔哨所 초소〕 보초가 지키고 있는 곳.
◢步哨(보초)/巡哨(순초)/立哨(입초)/前哨(전초)

7 10 **唄*1** 찬불 노래 **패** ㉤呗

㊥bài(빠이) ㊐バイ
풀이 찬불 노래. 범패(梵唄). 부처의 공덕을 기리는 노래.
◢梵唄(범패)

3획

7 *1 **哺** 먹일 포 哺
10

㊥bǔ(부) ㊐ホ/くわせる ㊐feed
풀이 ①먹이다. 먹여 기름. ‖哺乳(포유). ②먹다.
〔哺乳 포유〕 어미가 제 젖으로 새끼를 먹여 기름. ‖哺乳動物(포유동물). ※授乳(수유).

7 *1 **哮** 으르렁거릴 효 哮
10

㊥xiāo(씨아오) ㊐コウ/ほえる ㊐roar
풀이 ①으르렁거리다. ‖咆哮(포효). ②큰소리치다.
◢咆哮(포효)

8 ★★3-Ⅱ **啓** 열 계 간 启 啓
11

丿 戶 戶 戶 戶 戶攵 啓 啓

㊥qǐ(치) ㊐ケイ/ひらく ㊐open
갑 자원 **회의자.** 갑골문 첫째 자는 손으로 문을 열고 있는 모습을 나타내며, 둘째 자는 口(입구)를 덧붙여 문을 열 때 인기척을 내거나 문을 열라고 소리쳐 부르는 것을 나타냄.
풀이 ①열다. 열리다. 일깨우다. ‖啓發(계발). ②여쭈다. ‖謹啓(근계). ③아뢰다. ④별 이름. ‖啓明星(계명성).
〔啓導 계도〕 남을 깨치어 이끌어 줌. 啓發誘導(계발 유도).
〔啓明星 계명성〕 새벽에 동쪽 하늘에 보이는 금성(金星). 샛별.
〔啓蒙 계몽〕 무식하거나 무지한 사람을 깨우쳐 올바른 지식을 갖게 함.
〔啓發 계발〕 슬기나 재능, 사상 등을 일깨워 줌. 開發(개발).
〔啓上 계상〕 윗사람에게 말씀드림. 啓白(계백).
〔啓示 계시〕 ①깨우쳐 보여 줌. ②신(神)이 사람의 마음을 열어 진리를 교시(教示)하는 일. 默示(묵시). ‖啓示錄(계시록).
〔啓蟄 계칩〕 ①봄이 되어 겨울잠을 자던 동물이 깨어나 움직임. ②24절기의 하나. 驚蟄(경칩).
〔啓稟 계품〕 임금에게 아룀.
◢謹啓(근계)/拜啓(배계)/上啓(상계)/狀啓(장계)

8 * **啖** 먹을 담 啖
11

㊥dàn(딴) ㊐タン/くう
풀이 먹다. 입을 크게 벌리고 음식을 게걸스럽게 먹음. ‖啖啖(담담).

8 **唳** 울 려 唳
11

㊥lì(리) ㊐れい
풀이 울다. ‖鶴唳(학려).

8 ☆*7 **問** 물을 문 간 问 問
11

丨 ㄏ ㄕ 門 門 門 問 問

㊥wèn(원) ㊐モン/とう ㊐ask
자원 **형성자.** 口(구)는 의미를 나타내고 門(문)은 음을 나타냄.
풀이 ①묻다. 물어 밝힘. ‖尋問(심문). ②사람을 찾다. ‖訪問(방문). ③죄상(罪狀)을 알아보다. ‖訊問(신문). ④묻는 일. 물음.
〔問答 문답〕 물음과 대답. 또는, 서로 묻고 대답함.
〔問病 문병〕 앓는 사람을 찾아보고 위로함. ‖問病客(문병객).
〔問喪 문상〕 초상집에 가서 슬픔을 나타내는 인사를 함. 弔喪(조상).
〔問安 문안〕 웃어른에게 안부를 여쭘.
〔問議 문의〕 물어보고 의논함.
〔問題 문제〕 ①대답을 얻기 위한 물음. ‖試驗問題(시험 문제). ②당면한 연구 사항. 또는, 논쟁(論爭)거리가 되는 사건.
〔問題兒 문제아〕 지능·성격·행동 등이 보통 아이와 현저하게 달라 특별히 다룰 필요가 있는 아동.
〔問罪 문죄〕 죄를 캐내어 밝힘.
〔問診 문진〕 의사가 환자에게 환자 자신과 가족의 병력(病歷) 및 발병 시기, 경과 등을 물음.
〔問責 문책〕 일의 잘못을 물어 책망함. 責問(책문).
〔問招 문초〕 죄인을 신문(訊問)함.
〔問項 문항〕 문제의 항목.
〔問候 문후〕 어른에게 안부를 물음.
◢檢問(검문)/拷問(고문)/顧問(고문)/鞠問(국문)/反問(반문)/訪問(방문)/不問(불문)/設問(설문)/訊問(신문)/審問(심문)/例文(예문)/愚問(우문)/慰問(위문)/疑問(의문)/自問(자문)/諮問(자문)/弔問(조문)/質問(질문)/探問(탐문)/學問(학문)/詰問(힐문)

8 ☆*5 **商** 헤아릴 상 商
11

丶 亠 产 产 丙 丙 商 商

㊥shāng(°쌍) ㊐ショウ/あきなう ㊐consider
갑 자원 상나라 사람이 세운 '신사(神社)'의 상형으로 보는 설, 술 담는 그릇을 받침대 위에 놓아 둔 모습으로 상(賞)으로 주는 물건을 나타

낸다는 설, 장식용 기둥 두 개와 세 발과 둥그런 배를 갖춘 술잔을 나타낸다는 설 등이 있으나 정설이 없음.
[풀이] ①헤아리다. 짐작하여 앎. ‖商議(상의). ②장사하다. ‖商術(상술). ③장수. ‖行商(행상). ④오음(五音)의 하나. 강하고 맑은 음색(音色)의 소리. 계절로는 가을, 오행으로는 금(金), 방위로는 서(西). ⑤상(商)나라.
〔商街 상가〕 상점이 죽 늘어선 거리.
〔商圈 상권〕 상업상의 세력이 미치는 범위.
〔商道德 상도덕〕 상업 활동에서 지켜야 할 도덕.
〔商量 상량〕 헤아려 생각함. 商度(상탁).
〔商法 상법〕 ①장사의 이치. ②상업상의 일에 관하여 규정한 법률.
〔商社 상사〕 ①상업상의 결사(結社). ②상행위를 목적으로 설립된 사단 법인. '상사 회사(商事會社)'의 준말.
〔商事 상사〕 상업에 관한 일.
〔商船 상선〕 상업상의 목적에 쓰이는 배.
〔商術 상술〕 장사하는 솜씨.
〔商業 상업〕 상품을 매매하여 이익을 추구하는 사업.
〔商才 상재〕 장사하는 재능.
〔商店 상점〕 상품을 파는 가게. 商鋪(상포).
〔商標 상표〕 사업자가 자기 상품임을 표시하기 위하여 쓰는 일정한 표지.
〔商品 상품〕 장사로 파는 물건. 또는, 매매를 목적으로 한 재화(財貨).
〔商行爲 상행위〕 영리를 위해 행하여지는 매매·교환·운수(運輸)·임대(賃貸) 등의 행위.
〔商號 상호〕 상인이 영업 활동을 할 때 자기를 표시하기 위해 쓰는 이름.
〔商會 상회〕 몇 사람이 함께 장사하는 상업상의 조합이라는 뜻으로, 기업·상점·상사(商社)에 덧붙여 쓰는 말.
◢巨商(거상)/隊商(대상)/萬物商(만물상)/貿易商(무역상)/褓負商(보부상)/通商(통상)/海商(해상)/行商(행상)/協商(협상)/豪商(호상)/畫商(화상)

8 售 11 팔 수

[중]shòu(°써우) [일]シュウ/うる [영]sell
[풀이] ①팔다. 팔림. ‖發售(발수). ②행하여지다.

8 啞 11 *1 ❶벙어리 아 ❷놀라 지르는 소리 아 [간]啞

[중]yǎ, yā(야) [일]ア/おし [영]mute
[풀이] ❶벙어리. ‖聾啞(농아). ❷놀라서 지르는 소리.
〔啞鈴 아령〕 운동 기구의 하나. 양손에 하나씩 들고 팔운동을 함.
〔啞然 아연〕 어이가 없어 말이 나오지 않는 모양.
〔啞然失色 아연실색〕 너무 놀라서 얼굴빛이 변함.
◢聾啞(농아)/盲啞(맹아)

8 唵 11 * 머금을 암

[중]ǎn(안) [일]オン/ふくむ [영]hold
🍃 범어 'om'의 음역자. 주문(呪文)이나 진언(眞言)을 욀 때 씀.
[풀이] ①머금다. ②발어사.

8 唹 11 * 웃을 어

[중]yū(위) [일]ヨ
[풀이] 웃다. 웃는 모양.

8 唯 11 ☆*3 ❶오직 유 ❷대답할 유

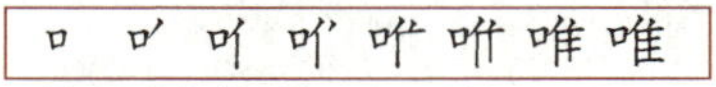

[중]wěi(웨이) [일]ユイ, イ/ただ, はい [영]only, answer
[자원] **형성자.** 口(구)는 의미를 나타내고 隹(추)는 음을 나타냄.
[풀이] ❶①오직. ‖唯一(유일)/唯物(유물). ②이. ❷대답하다. '예' 하고 공손히 대답하는 말. ‖唯唯諾諾(유유낙낙).
〔唯獨 유독〕 ①오직 홀로. ②유달리 두드러지게.
〔唯物 유물〕 오직 물질만이 존재한다고 하는 철학상의 입장.
〔唯我獨尊 유아독존〕 ①세상에서 자기가 혼자 잘났다고 뽐내는 태도. ②이 세상에서 오직 나만이 존귀함. 석가(釋迦)가 이 세상에 태어나자마자 천상천하 유아독존(天上天下唯我獨尊)이라 말했다 함.
〔唯一 유일〕 오직 하나밖에 없음.
〔唯一無二 유일무이〕 오직 하나뿐이고 둘도 없음.
〔唯一神敎 유일신교〕 오직 하나의 신을 인정하고 신앙하는 종교. 一神敎(일신교).

8 啁 11 ❶비웃을 조 ❷새소리 주

[중]zhāo(°짜오), zhōu(°쩌우) [일]トウ/ちゅう
[풀이] ❶①비웃다. 희롱함. [통]嘲. ②큰 소리를 지르다. 시끄럽게 떠듦. ❷새소리. 새가 지저귀는 소리.
〔啁啾 주추〕 ①악기 소리가 서로 섞여 들림. ②새가 지저귀는 일.

☆*5
8 **唱** 부를 **창** 唱
11

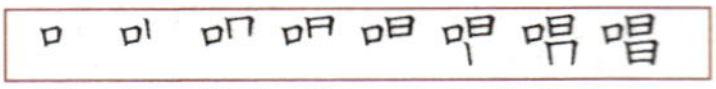

[중]chàng(°창) [일]ショウ/となえる
[영]sing
[자원] **형성자.** 口(구)는 의미를 나타내고 昌(창)은 음을 나타냄.
[풀이] ①부르다. ㉮노래를 부르다. ‖二重唱(이중창). ㉯먼저 부르다. 앞서 이끎. ㉰이름을 부르다. ㉱읊다. ②노래.
〔唱歌 창가〕 갑오개혁 이후에 발생한 우리나라 시가 양식의 하나. 서구의 악곡에 맞추어 지은 간단한 노래.
〔唱劇 창극〕 판소리나 그 형식을 빌려 만든 가극.
〔唱導 창도〕 ①앞장서서 주장함. ②교의(敎義)를 제창하여 중생(衆生)을 교화하고 인도함.
〔唱法 창법〕 노래하는 방법.
◢歌唱(가창)/獨唱(독창)/名唱(명창)/模唱(모창)/竝唱(병창)/復唱(복창)/奉唱(봉창)/敍唱(서창)/先唱(선창)/始唱(시창)/愛唱(애창)/熱唱(열창)/再唱(재창)/絕唱(절창)/提唱(제창)/齊唱(제창)/主唱(주창)/重唱(중창)/合唱(합창)

8 **啜** 마실 **철** 啜
11
[중]chuò(°추어) [일]セツ, テツ/すする
[풀이] ①마시다. 맛봄. ②먹다. ③울다. 훌쩍훌쩍 욺. ‖啜泣(철읍).

*1
8 **唾** 침 **타** 唾
11
[중]tuò(투어) [일]ダ/つば [영]spit
[풀이] ①침. ②침뱉다.
〔唾具 타구〕 가래나 침을 뱉는 그릇.
〔唾棄 타기〕《침을 뱉고 내버린다는 뜻으로》 아주 다랍게 여겨 돌아보지 않고 버림.
〔唾罵 타매〕《침을 뱉으며 꾸짖는다는 뜻으로》 몹시 경멸하거나 더럽게 생각하며 욕함.
〔唾液 타액〕 침. 口液(구액).
◢痰唾(담타)/咳唾(해타)

*
8 **啄** 쪼을 **탁** [본]**착** 啄
11
[중]zhuó(°주어) [일]タク/ついばむ
[풀이] ①쪼다. ②두드리다. 두드리는 소리. ③부리.
〔啄木鳥 탁목조〕 딱따구리.

*
啣 銜(함)의 속자 →769쪽
11

*1
9 **喝** 꾸짖을 **갈** 喝
12
[중]hē(허) [일]カツ/しかる
[풀이] ①꾸짖다. 큰 소리로 나무람. ②고함치다. ③벽제(辟除)하다. ‖喝道(갈도).
〔喝道 갈도〕 높은 벼슬아치가 행차할 때 길을 인도하는 하인이 앞에서 소리를 질러 행인들을 비키게 하던 일.
〔喝采 갈채〕 칭찬하거나 환영하여 큰 소리로 열렬히 외침.
〔喝取 갈취〕 으름장을 놓아 억지로 빼앗음.
〔喝破 갈파〕 ①큰 소리로 남의 언론을 설파(說破)함. ②사설(邪說)을 물리치고 진리를 말하여 밝힘.
◢恐喝(공갈)/大喝(대갈)/一喝(일갈)/傳喝(전갈)

*
9 **喀** 토할 **객** 喀
12
[중]kā(카) [일]カク/はく
[풀이] [통]咯. ①토하다. 뱉음. ‖喀血(객혈). ②토하는 소리.
〔喀痰 객담〕 가래를 뱉음.
〔喀血 객혈〕 피를 토함. 咯血(각혈).

*1
9 **喬** 높을 **교** [간]乔 喬
12
[중]qiáo(치아오) [일]キョウ/たかい
[풀이] ①높다. 높이 솟다. ②끝이 갈고리 진 창. ③교만하다. [통]驕.
〔喬木 교목〕 키가 크고 줄기가 굵은 나무. 큰키나무. ↔灌木(관목).
〔喬木世臣 교목세신〕 여러 대에 걸쳐 중요한 지위에 있어, 나라와 운명을 함께하는 신하.
〔喬松 교송〕 높이 솟은 소나무.

*1
9 **喫** 먹을 **끽** [본]**긱** [간]吃 喫
12
[중]chī(°츠) [일]キツ/くらう
[풀이] ①먹다. 음식을 먹음. ②마시다. ③피우다. ‖喫煙(끽연). ④당하다. 받음.
〔喫苦 끽고〕 고생을 겪음.
〔喫茶 끽다〕 차를 마심.
〔喫煙 끽연〕 담배를 피움. ‖喫煙家(끽연가).
◢滿喫(만끽)

9 **喃** 재잘거릴 **남** 喃
12
[중]nán(난) [일]ナン
[풀이] ①재잘거리다. ②글 읽는 소리.

3획

〔喃喃 남남〕 혀를 빠르게 놀려 무슨 말인지 알아들을 수 없게 재잘거리는 소리.

9 ☆✱4-Ⅱ
12 **單** ❶홑 **단**☆✱4-Ⅱ ❷오랑캐 임금 **선** | 간 单 單

ㅁ ㅁㅁ ㅁㅁ 㗊 㗊 㗊 單 單

㊥dān(딴), chán(°찬)
㊐タン, ゼン/ひとつ ㊎single

갑 자원 **상형자.** Y 자형 나무 막대기 양 끝에 돌덩이를 끈으로 달아맨 원시적 수렵 도구나 무기를 나타낸 자.

풀이 ❶①홑. 하나. ②오직. ③혼자. 외로움. ④단자(單子). ‖食單(식단). ⑤다하다. ㊐殫. ⑥한 벌의 옷. ❷오랑캐 임금. ‖單于(선우).
〔單價 단가〕 일정한 단위의 가격.
〔單刀直入 단도직입〕《한 자루의 칼만으로 적진에 쳐들어간다는 뜻으로》 여러 말을 늘어놓지 않고 곧바로 본론(本論)을 말함.
〔單獨 단독〕 단 하나. 혼자.
〔單利 단리〕 원금에만 붙이는 이자.
〔單文 단문〕 하나의 주어와 하나의 서술어로 된 문장.
〔單色 단색〕 한 가지 빛깔.
〔單細胞 단세포〕 단 하나의 세포로 구성된 생물체의 세포. ‖單細胞動物(단세포 동물).
〔單純 단순〕 복잡하지 않고 간단함.
〔單式 단식〕 ①단순한 방식이나 형식. ②'단식 부기(單式簿記)'의 준말. ③'단식 경기(單式競技)'의 준말.
〔單身 단신〕 ①홀몸. 獨身(독신). ②혼자의 몸.
〔單語 단어〕 한 개 또는 몇 개의 음운으로 구성되어 완전한 의미를 가진 언어의 최소 단위. 낱말.
〔單元 단원〕 ①통일되어 하나의 실체(實體)를 이루고 있는 것. ②어떤 주제의 단위. 경험 단원과 교과 단원, 대단원과 소단원의 구별이 있음.
〔單位 단위〕 ①길이·무게·수효·시간 등을 헤아리는 기준이 되는 분량의 표준. ②조직을 구성하는 기본적인 집단. ③일정한 학습량. 흔히, 학습 시간으로 나타냄.
〔單一 단일〕 ①단 하나로 되어 있음. ②복잡하지 않음. ③다른 것이 섞여 있지 않음.
〔單子 단자〕 ①부조나 선물로 보내는 물품의 품목과 수량을 적은 종이. ②사주 또는 후보자의 명단을 적은 종이.
〔單調 단조〕 ①변화가 없는 단순한 가락. ②사물이 단순하고 변화가 없어 새로운 맛이 없음.
〔單層 단층〕 단 하나의 층.
〔單于 선우〕 흉노의 추장에 대한 존칭.
◪簡單(간단)/名單(명단)/食單(식단)/禮單(예단)/傳單(전단)

9 ✱
12 **喇** 나팔 **라** 본**랄** | 喇

㊥lǎ(라) ㊐ラツ, ラ/らっぱ
㊎trumpet

인명용 한자에서는 '나'로 발음하는 것을 인정하고 있음.

풀이 ①나팔(喇叭). ②말하다. 말이 잼.
〔喇嘛教 나마교〕 티베트를 비롯하여 만주·몽고·네팔 등지에 퍼져 있는 불교의 한 파.
〔喇叭 나팔〕 ①금속으로 만든 관악기의 한 가지. ②끝이 나팔꽃 모양으로 된 금관 악기의 총칭.
〔喇叭手 나팔수〕 나팔을 맡아서 부는 사람.

9
12 **喨** 소리 맑을 **량** | 喨

㊥liàng(리앙) ㊐リョウ

풀이 소리가 맑다. ‖嚠喨(유량).

9 ☆✱3-Ⅱ
12 **喪** ❶복 입을 **상** ❷잃을 **상** | 간 丧 喪

一 ㅠ 㗊 㗊 㗊 㗊 喪 喪

㊥sāng, sàng(쌍)
㊐ソウ/も, うしなう
㊎wear mourning

갑 자원 '뽕나무 한 그루와 그 가지에 걸린 바구니'의 상형으로 뽕잎을 따는 것을 나타낸다는 설과, 哭(곡)과 두 개의 口(구)와 亡(망)이 합쳐져 죽은 사람을 보내며 우는 것을 나타낸다는 설 등이 있음.

풀이 ❶①복을 입다. ②복(服). ③죽다. ‖喪故(상고). ❷①잃다. ②망하다. 망침.
〔喪家 상가〕 ①초상난 집. ②상제의 집.
〔喪亂 상란〕 전쟁·전염병·천재지변 등으로 사람이 죽는 재앙.
〔喪禮 상례〕 상중(喪中)에 행하는 모든 예절. 凶禮(흉례).
〔喪服 상복〕 상제가 입는 예복. 凶服(흉복).
〔喪夫 상부〕 남편의 죽음을 당함. ↔喪妻(상처).
〔喪事 상사〕 초상이 난 일.
〔喪失 상실〕 잃어버림. 喪亡(상망). ‖記憶喪失(기억 상실).
〔喪心 상심〕 근심으로 마음이 산란하고 맥이 빠짐. 喪神(상신). 失心(실심).
〔喪輿 상여〕 장례 때, 여럿이 메어 시신을 묘지까지 운반할 수 있도록 만든

기구.
[喪章 상장] 평복에 붙이는 상(喪)의 표지(標識).
[喪制 상제] ①부모나 조부모가 세상을 떠나 거상 중에 있는 사람. 棘人(극인). 喪人(상인). ②상례에 관한 제도.
[喪祭 상제] 상례(喪禮)와 제례(祭禮).
[喪主 상주] 주장이 되는 상제(喪制).
[喪中 상중] 상제(喪制)로 있는 동안.
[喪妻 상처] 아내의 죽음을 당함. ↔喪夫(상부).
[喪魂落膽 상혼낙담] 혼이 날 정도로 몹시 놀람. 落膽喪魂(낙담상혼).
◪居喪(거상)/國喪(국상)/大喪(대상)/母親喪(모친상)/問喪(문상)/服喪(복상)/父親喪(부친상)/三年喪(삼년상)/心喪(심상)/初喪(초상)/出喪(출상)/脫喪(탈상)/好喪(호상)

9 ☆*5
12 **善** ❶착할 **선** ❷좋게 여길 **선** 善

丷 䒑 羊 羊 羊 盖 善 善

㊥shàn(°싼) ㊐ゼン/よい ㊎good

금 **자원** **회의자.** 금문에 따르면 羊(양)과 誩(다투어 말할 경)이 합쳐진 자. 예로부터 길상(吉祥)의 동물로 여겨져 온 양(羊)이 말다툼의 옳고 그름을 판단해 주고 있는 모습을 나타냄.

풀이 ❶①착하다. 좋음. ②높다. ③잘. ④친하다. 친하게 지냄. ‖親善(친선). ⑤좋아하다. 즐김. ❷①좋게 여기다. ②아끼다.
[善價 선가] 좋은 값.
[善男善女 선남선녀] ①(‘착한 남자와 착한 여자’란 뜻으로) 착하고 어진 사람들. ②불교에 귀의한 남녀. 善男信女(선남신녀).
[善導 선도] 바른길로 이끎.
[善良 선량] 착하고 어짊.
[善射 선사] 활·총 등을 잘 쏨.
[善心 선심] ①선량한 마음. ②남에게 베푸는 후한 마음.
[善惡 선악] 선함과 악함.
[善語 선어] 말을 잘함.
[善用 선용] 알맞게 쓰거나 좋은 일에 씀. ↔惡用(악용).
[善意 선의] ①착한 마음. ↔惡意(악의). ②남을 위하는 마음. 好意(호의). ③사정을 모르고 법률 행위를 할 경우의 의사(意思).
[善人 선인] 착한 사람. ↔惡人(악인).
[善因善果 선인선과] 선업(善業)을 쌓으면 반드시 좋은 업과(業果)를 받음. ↔惡因惡果(악인악과).
[善戰 선전] 전투·경기 등에서, 실력을 발휘하여, 또는 최선을 다하여 잘 싸움.
[善政 선정] 백성을 바르고 어질게 잘 다스리는 정치. ↔惡政(악정).
[善終 선종] 가톨릭교에서, 임종 때 성사를 받아 큰 죄가 없는 상태에서 죽는 일.
[善策 선책] 훌륭한 책략.
[善處 선처] 좋은 방향으로 잘 처리함.
[善行 선행] 착한 행실. ↔惡行(악행).
[善後策 선후책] 뒷갈망을 잘하려는 계책.
◪改過遷善(개과천선)/改善(개선)/勸善(권선)/多多益善(다다익선)/獨善(독선)/僞善(위선)/慈善(자선)/積善(적선)/至高善(지고선)/次善(차선)/最善(최선)/親善(친선)

9
12 **啻** 뿐 **시** 啻

㊥chì(°츠) ㊐シ/ただに ㊎besides

풀이 뿐. ‘不－, 豈－, 奚－’ 등 부정어(否定語)나 반어(反語)와 함께 쓰여 ‘…뿐만 아니라, …뿐더러’의 뜻을 나타냄.

9
12 **喔** 닭 우는 소리 **악** 喔

㊥wō(워) ㊐アク

풀이 ①닭이 우는 소리. ‖喔喔(악악). ②선웃음치다. 아첨하여 억지로 웃음.

12 **営** 營(영)의 약자 →478쪽

9
12 **喟** 한숨 **위** ㊉**귀** 喟

㊥kuì(쿠에이) ㊐キ, カイ/ためいき ㊎sigh

풀이 한숨.
[喟然 위연] 한숨을 쉬는 모양이 서글픔.

9 1
12 **喩** 깨우칠 **유** ㉠喻 喩

㊥yù(위) ㊐ユ/さとす ㊎realize

풀이 ①깨우치다. ‖喩敎(유교). ②고(告)하다. ③비유. ‖隱喩(은유).
◪比喩(비유)/隱喩(은유)/提喩(제유)/直喩(직유)/諷喩(풍유)/換喩(환유)/活喩(활유)/訓喩(훈유)

9 *1
12 **啼** 울 **제** 啼

㊥tí(티) ㊐テイ/なく ㊎cry

풀이 ①울다. 새·짐승 등이 욺. ②울부짖다.

〔啼哭 제곡〕 큰 소리로 욺.
〔啼泣 제읍〕 소리를 높여 욺.

9 12 **唧** 두런거릴 **즉** 간 喞 唧

㊥jī(지) ㊐ショク, ソク ㊎murmur
풀이 ①두런거리다. ‖唧唧(즉즉). ②물을 뿜어 올리다. ‖唧筒(즉통). ③탄식하는 소리.

*1
9 12 **喘** 헐떡거릴 **천** 喘

㊥chuǎn(°추안) ㊐セン, ゼン/あえぐ
풀이 ①헐떡거리다. ‖喘喘(천천). ②숨. ③천식.
〔喘息 천식〕 기관지에 경련이 생기는 병.

*2
12 **喆** 哲(철)과 동자 →131쪽

9 12 **喋** 재잘거릴 **첩** 喋

㊥dié(디에) ㊐チョウ/しゃべる
풀이 ①재잘거리다. 수다스레 말을 잘 함. ‖喋喋利口(첩첩이구). ②피가 흐르는 모양.

9 12 **啾** 뭇 소리 **추** 啾

㊥jiū(찌우) ㊐シュウ
풀이 ①뭇 소리. 새·벌레·말·원숭이 등의 우는 소리. ‖啾啾(추추). ②어린애의 소리. 작은 소리. ③읊조리다. 웅얼거림.

*1
9 12 **喊** 소리칠 **함** 喊

㊥hǎn(한) ㊐カン/つぐむ ㊎shout
풀이 ①소리치다. ②고함지르다.
〔喊聲 함성〕 여럿이 함께 고함지르는 소리.
◢高喊(고함)

*1
9 12 **喚** 부를 **환** 간 唤 喚

㊥huàn(후안) ㊐カン/よぶ ㊎call
풀이 ①부르다. ②불러일으키다. ‖喚想(환상).
〔喚起 환기〕 주의·생각 등을 불러일으킴.
〔喚聲 환성〕 고함치는 소리.
◢叫喚(규환)/召喚(소환)/呼喚(호환)

*2
9 12 **喉** 목구멍 **후** 喉

口 口' 口' 口' 口' 口' 喉 喉

㊥hóu(허우) ㊐コウ/のど ㊎throat
자원 **형성자.** 口(구)는 의미를 나타내고 侯(후)는 음을 나타냄.
풀이 ①목구멍. ‖喉頭(후두). ②목. 긴한 곳. 요소(要所).
〔喉頭 후두〕 숨 쉴 때 공기를 통하게 하고 소리가 나게 하는, 목구멍의 한 부분.
〔喉舌 후설〕 ①목구멍과 혀. ②왕명 출납과 나라의 중대한 언론을 맡은 승지(承旨)를 이르는 말. 喉舌之臣(후설지신).
◢結喉(결후)/咽喉(인후)

*1
9 12 **喧** 떠들썩할 **훤** 喧

㊥xuān(쒸엔) ㊐ケン/かまびすしい ㊎noisy
풀이 떠들썩하다. 시끄러움.
〔喧騷 훤소〕 뒤떠들어서 소란함.
〔喧擾 훤요〕 시끄럽게 떠듦.
〔喧藉 훤자〕 여러 사람의 입으로 퍼져서 왁자하게 됨.
〔喧譁 훤화〕 시끄럽게 지껄이며 떠듦.

*1
9 12 **喙** 부리 **훼** 喙

㊥huì(후에이) ㊐カイ/くちばし ㊎bill
풀이 ①부리. 주둥이. ②괴롭다.
◢容喙(용훼)

☆*4
9 12 **喜** 기쁠 **희** 고 憘 喜

一 十 士 吉 吉 吉 壴 喜

㊥xǐ(시) ㊐キ/よろこぶ ㊎delightful
갑 자원 **회의자.** 갑골문에서 윗부분은 '북'을 나타내고 아랫부분은 '입'을 나타내어 북을 치면서 즐겁게 웃고 있는 모습을 나타냄.
풀이 ①기쁘다. 기쁨. ‖喜悅(희열). ②즐겁다. ③좋아하다.
〔喜劇 희극〕 ①익살과 풍자가 섞인 연극. ↔悲劇(비극). ②웃음거리가 될 만한 행동이나 사건.
〔喜樂 희락〕 기쁨과 즐거움.
〔喜怒哀樂 희로애락〕 기쁨과 노여움과 슬픔과 즐거움. 곧, 사람의 모든 감정을 이름.
〔喜報 희보〕 기쁜 소식.
〔喜悲 희비〕 기쁨과 슬픔.
〔喜捨 희사〕 ①어떤 목적을 위해 기꺼

이 재물을 내놓음. ②기쁜 마음으로 신불(神佛)에게 재물을 바침. 淨施(정시).
〔喜色 희색〕 기뻐하는 얼굴빛. ‖喜色滿面(희색만면).
〔喜消息 희소식〕 기쁜 소식.
〔喜壽 희수〕《喜의 초서가 七十七을 세로로 써 놓은 것과 비슷한 데서》 77세의 나이.
〔喜悅 희열〕 만족하여 기쁨이나 즐거움을 느낌.
〔喜喜樂樂 희희낙락〕 매우 기뻐하고 즐거워함.
◢驚喜(경희)/大喜(대희)/歡喜(환희)

10 13 **嗛** [1]겸손할 **겸** [2]모자랄 **겸** [3]머금을 **함** [4]만족할 **협**

[중]qiān, qiǎn(치엔), xián(시엔), qiè(치에)
[일]ケン, カン, キョウ [영]modest
[풀이] [1]겸손하다. [통]謙. ‖嗛讓(겸양). [2]①모자라다. ②흉년 들다. ③볼. 원숭이나 쥐가 먹이를 머금은 입 안. [3]①머금다. ②원한을 품다. [4]만족하다. 마음이 흐뭇함. [통]慊. ‖嗛志(협지).
〔嗛嗛 겸겸〕 ①매우 적은 모양. ②겸손한 모양.

10 13 *1 **嗜** 즐길 **기**

[중]shì(°쓰) [일]シ/たしなむ [영]enjoy
[풀이] 즐기다. 좋아함. ‖嗜好(기호).
〔嗜酒 기주〕 술을 좋아함.
〔嗜好 기호〕 음식물이나 어떤 사물을 즐기고 좋아함.
〔嗜好品 기호품〕 ①술·담배·커피 등과 같이 독특한 향기나 맛이 있어 즐기고 좋아하는 음식물. ②골동품·보석 등과 같이 취미로 즐기거나 좋아하는 물품.

10 13 **嗎** 아편 **마** [간]吗

[중]mǎ(마) [일]バ [영]opium
[풀이] 아편(阿片). 모르핀(morphine).

10 13 *1 **嗣** 이을 **사**

[중]sì(쓰) [일]シ/つぐ [영]succeed to
[풀이] ①잇다. 계승함. ‖嗣君(사군). ②상속자. ③익히다.
〔嗣子 사자〕 대를 이을 아들. 長子(장자).
◢繼嗣(계사)/絕嗣(절사)/後嗣(후사)

10 13 *1 **嗇** 아낄 **색** [간]啬

[중]sè(써) [일]ショク/おしむ [영]spare
[갑]  [자원] **회의자.** 수확한 곡식을 창고(갑골문 첫째 자)나 밭(갑골문 둘째 자)에 쌓아 놓은 모습을 나타냄. 애써 지어서 거둔 곡식인 데에서 '아까워하다'의 뜻이 생겨남.
[풀이] ①아끼다. 재물을 다랍게 아끼다. ‖吝嗇(인색). ②탐하다. 탐냄. ③거두다. 거두어들임.
〔嗇夫 색부〕 인색한 남자.
◢吝嗇(인색)

10 13 ★★3 **嗚** 탄식 소리 **오** [간]呜

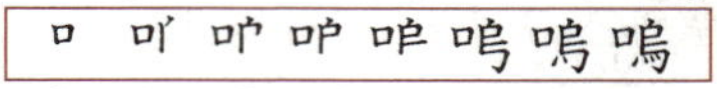

[중]wū(우) [일]オ [영]sigh
[자원] **형성자.** 口(구)는 의미를 나타내고 烏(오)는 음을 나타냄.
[풀이] ①탄식하는 소리. ②흐느껴 울다. ③새소리.
〔嗚咽 오열〕 목메어 욺.
〔嗚嗚 오오〕 노래를 부르는 소리.
〔嗚呼 오호〕 슬플 때나 탄식할 때 내는 소리.

10 13 *1 **嗔** 성낼 **진** [간]嗔

[중]chēn(°천) [일]シン/いかる
[풀이] 성내다. [통]瞋.
〔嗔言 진언〕 성내어 꾸짖는 말.
〔嗔責 진책〕 성내어 책망함.

10 13 *1 **嗟** 탄식할 **차**

[중]jiē(찌에) [일]サ/なげく
[풀이] ①탄식하다. ②발어사. 아아. 탄식하거나 감탄할 때 내는 소리.
〔嗟稱 차칭〕 감탄하여 칭찬함.
〔嗟歎 차탄〕 탄식하고 한탄함.

10 13 *1 **嗤** 웃을 **치**

[중]chī(°츠) [일]シ/わらう [영]laugh
[풀이] 웃다. 비웃음. 냉소함. ‖嗤侮(치모).
〔嗤笑 치소〕 빈정거리며 웃음.

10 13 * **嗃** [1]엄할 **학*** [2]피리 소리 **효**

[중]hè(허), xiāo(씨아오) [일]カク, コウ
[영]strict
[풀이] [1]①엄하다. 엄한 모양. ②엄하고 큰 소리. 기뻐하며 즐김. 덥고 답답함. [2]①피리 소리. ②부르짖는 소리.

10 ＊1
13 **嗅** 냄새 맡을 **후** 嗅

㊥xiù(씨우) ㊐キュウ/かぐ ㊎smell
풀이 냄새를 맡다. ‖嗅管(후관).
〔嗅覺 후각〕 냄새를 맡는 감각.

11 ＊1
14 **嘉** 아름다울 **가** 嘉

㊥jiā(찌아) ㊐カ/よい ㊎fine
풀이 ①아름답다. 훌륭함. ‖嘉名(가명). ②기리다. 칭찬함. ③경사스럽다. 좋음. ④기뻐하다. 즐김. ⑤오례(五禮)의 하나. ‖嘉禮(가례).
〔嘉納 가납〕 ①충고나 간언을 기꺼이 들음. ②바치는 물건을 기꺼이 받음.
〔嘉禮 가례〕 임금의 혼인이나 즉위, 세자·세손의 혼인이나 책봉 등의 예식.
〔嘉俳 가배〕 신라 유리왕(儒理王) 때 한가윗날 궁중에서 행해졌다는 놀이.
〔嘉尙 가상〕 착하고 기특함.
〔嘉辰 가신〕 경사스러운 날. 佳辰(가신).
〔嘉言 가언〕 본받을 만한 좋은 말.
〔嘉肴 가효〕 맛 좋은 안주.

11 ＊1
14 **嘔** 토할 **구** ㉯**우** ㉰呕 嘔

㊥ǒu(어우) ㊐オウ/はく ㊎vomit
풀이 토하다. 게움. ㉠歐.
〔嘔逆 구역〕 토할 듯 메스꺼운 느낌. 욕지기.
〔嘔吐 구토〕 먹은 음식물을 토함. ‖嘔吐症(구토증).

11 ★＊3
14 **嘗** 맛볼 **상** ㊐甞 ㉰尝 嘗

(필순) 丷 㓁 尚 尚 尝 営 嘗 嘗

㊥cháng(°창) ㊐ショウ/なめる
자원 **형성자.** 旨(지)는 의미를 나타내고 尙(상)은 음을 나타냄.
풀이 ①맛보다. ‖臥薪嘗膽(와신상담). ②시험하다. ‖嘗試(상시). ③일찍이. ㊐曾.
〔嘗膽 상담〕 《쓸개를 맛본다는 뜻으로》 원수를 갚으려는 일념으로 모진 고생을 참고 견딤. 臥薪嘗膽(와신상담).
〔嘗味 상미〕 맛을 봄.

11 ＊
14 **嗽** 기침 **수** 嗽

㊥sòu(써우) ㊐ソウ/せき ㊎cough
풀이 ①기침. 기침함. ‖咳嗽(해수). ②양치질하다. ㉠漱.
◢咳嗽(해수)

11 ＊1
14 **嗾** ❶부추길 **수** ❷개 부르는 소리 **주** ＊1 **촉** 嗾

㊥sǒu(서우) ㊐ソウ, ソク/そそのかす ㊎incite
풀이 ❶부추기다. 선동함. ‖嗾囑(주촉). ❷개 부르는 소리.
〔嗾囑 주촉〕 남을 꾀어 부추겨서 시킴.
◢使嗾(사주)

11
14 **嘖** 떠들썩할 **책** ㉰啧 嘖

㊥zé(저) ㊐サク ㊎noisy
풀이 떠들썩하다.
〔嘖嘖 책책〕 크게 외치거나 떠드는 소리.

11 ＊
14 **嘆** 탄식할 **탄** ㉰叹 嘆

㊥tàn(탄) ㊐タン/なげく ㊎sigh
풀이 ①탄식하다. ‖嘆息(탄식). ②한숨을 쉬다.
〔嘆聲 탄성〕 ①한탄하여 내는 소리. ②감탄하여 지르는 소리. 歎聲(탄성).
〔嘆息 탄식〕 한숨을 쉬며 한탄함. 歎息(탄식).
〔嘆願 탄원〕 사정을 하소연하여 도와주기를 간절히 바람. 歎願(탄원).
◢感嘆(감탄)/慨嘆(개탄)/驚嘆(경탄)/亡羊之嘆(망양지탄)/悲嘆(비탄)/傷嘆(상탄)/賞嘆(상탄)/詠嘆(영탄)/嗟嘆(차탄)/贊嘆(찬탄)/痛嘆(통탄)

11 ＊
14 **嘏** 클 **하** ㉯**가**

㊥gǔ(구) ㊐カ/おおきい ㊎big
풀이 ①크다. 장대함. ②복을 받다.

15 **器** 器(기)의 약자 →140쪽

12 ＊1
15 **噴** 뿜을 **분** ㉯噴 ㉰喷 噴

㊥pēn(펀) ㊐フン ㊎spout
풀이 ①뿜다. 물·불 등을 뿜어냄. ②재채기하다. ‖噴嚔(분체).
〔噴霧 분무〕 안개처럼 뿜어냄.
〔噴飯 분반〕 《입속에 있는 밥을 내뿜는다는 뜻으로》 웃음을 참을 수 없음.
〔噴水 분수〕 물을 뿜어내도록 만든 설비. 또는, 그 물줄기. ‖噴水器(분수기).
〔噴出 분출〕 내뿜음.
〔噴火 분화〕 ①불을 내뿜음. ②화산이 폭발하여 불을 내뿜는 일.

3획

12 * 15 **嘶** 울 **시** 嘶

[중]sī(쓰) [일]セイ
[풀이] ①울다. 짐승·새 등이 애처롭게 욺. 흐느낌. ②목이 쉬다.

12 *1 15 **嘲** 조롱할 **조** 嘲

[중]cháo(°차오) [일]チョウ
[풀이] 조롱하다. 비웃음. 경멸함.
〔嘲弄 조롱〕 비웃거나 깔보아 놀림.
〔嘲笑 조소〕 비웃음. 또는, 그런 웃음. 嘲哂(조신).
◪自嘲(자조)

3획

15 **嘱** 囑(촉)의 속자 →142쪽

12 * 15 **嘴** 부리 **취** 嘴

[중]zuǐ(주에이) [일]シ/くちばし
[풀이] 부리. 새의 주둥이.

12 *1 15 **嘘** 탄식할 **허** [간]嘘 嘘

[중]xū(쒸) [일]キョ
[풀이] ①탄식하다. 탄식하는 소리. ‖吹嘘(취허). ②입김 따위를 불다. ③울다. 흐느껴 욺.

12 15 **嘻** 즐거울 **희** 嘻

[중]xī(씨) [일]キ
[풀이] ①즐겁다. ②웃다. ③아아. 한숨·탄식·애통 등의 소리. ④놀라 지르는 소리.
〔嘻嘻 희희〕 즐거워서 웃는 소리. 또는, 그 모양.

13 16 **噤** 입 다물 **금** 噤

[중]jìn(찐) [일]キン
[풀이] 입을 다물다. 닫다.

13 ★*4-Ⅱ 16 **器** 그릇 **기** [약]噐 器

ㅁ ㅁ 吅 吅 哭 哭 哭 器

[중]qì(치) [일]キ/うつわ [영]vessel
[금] 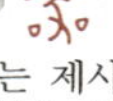 [자원] **회의자.** 犬(개 견)과 네 개의 口(구)가 합쳐진 자. 口는 제사에 쓰던 귀한 그릇이나 진귀한 보물을 담아 둔 상자를 가리키는 것으로 개가 귀한 물건을 지키고 있음을 나타냄.
[풀이] ①그릇. ‖器物(기물). ㉮재능이나 도량. ‖器量(기량). ㉯기관(器官). ‖臟器(장기). ②도구.
〔器械 기계〕 ①도구·연장·그릇·기구 등의 총칭. ②구조가 간단하여 제조·생산의 목적이 아닌 단순한 일에 사용하는 도구.
〔器官 기관〕 생물의 생명 유지에 필요한 작용을 하는 몸의 각 부분. ‖感覺器官(감각 기관).
〔器具 기구〕 세간·그릇·연장 등의 총칭. ‖實驗器具(실험 기구).
〔器機 기기〕 기구(器具)와 기계(機械)·기계(器械)의 총칭.
〔器量 기량〕 사람의 재능과 도량. 器局(기국).
〔器皿 기명〕 살림살이에 쓰는 온갖 그릇.
〔器物 기물〕 생활의 도구가 되는 온갖 물건.
〔器樂 기악〕 악기만으로 연주하는 음악. ※聲樂(성악).
〔器材 기재〕 기구와 재료.
◪計器(계기)/骨器(골기)/公器(공기)/空器(공기)/機器(기기)/茶器(다기)/陶器(도기)/鈍器(둔기)/名器(명기)/木器(목기)/武器(무기)/便器(변기)/兵器(병기)/砂器(사기)/石器(석기)/性器(성기)/食器(식기)/樂器(악기)/力器(역기)/甕器(옹기)/用器(용기)/容器(용기)/利器(이기)/瓷器(자기)/臟器(장기)/祭器(제기)/什器(집기)/鐵器(철기)/銃器(총기)/漆器(칠기)/湯器(탕기)/土器(토기)/凶器(흉기)

13 16 **噸** 톤 **돈** [간]吨 噸

[중]dūn(뚠) [일]トン [영]ton
[풀이] 무게의 단위인 '톤(ton)'의 음역. 1톤은 1,000kg.

16 **噴** 噴(분)의 본자 →139쪽

13 16 **噬** 씹을 **서** 噬

[중]shì(°쓰) [일]ぜい [영]chew
[풀이] 씹다. 물어뜯음. 깨묾.
〔噬臍莫及 서제막급〕《사람에게 잡힌 사향노루가 제 배꼽의 향내 때문에 잡혔다고 하여 제 배꼽을 물어뜯었다는 데서》 일이 지난 뒤에는 후회해도 소용없음.

13 * 16 **嘯** 휘파람 불 **소** [간]啸 嘯

㊥xiāo(씨아오) ㊐ショウ, シツ
풀이 ①휘파람을 불다. ②읊다. 읊조림. ‖嘯詠(소영). ③부르짖다.

13 噩 놀랄 악
16

㊥è(어) ㊐ガク
풀이 ①놀라다. ㉤愕. ‖噩夢(악몽). ② 엄숙하다. ‖噩噩(악악).

13 噪 시끄러울 조
16 ㉯소

㊥zào(짜오) ㊐ソウ
풀이 ①시끄럽다. 떠들썩함. ㉤譟. ②새가 떼를 지어서 지저귀다. ‖蟬噪(선조).
〔噪音 조음〕 진동이 불규칙하고 높이나 가락이 분명하지 않은 음.

13 噫 *2 ❶탄식할 희 *2
16 ❷트림할 애

口 口⁺ 口⁺ 口ᵗ 口ᵗ 口音 噫 噫

㊥yī(이), ài(아이) ㊐イ, アイ
자원 **형성자.** 口(구)는 의미를 나타내고 意(의)는 음을 나타냄.
풀이 ❶①탄식하다. 탄식. 한숨 소리. ‖噫嗚(희오). ②아아. 감탄사. ❷트림하다. 하품. ‖噫欠(애흠).

14 嚀 간곡할 녕 ㉯咛
17

㊥níng(닝) ㊐ネイ
풀이 간곡하다. 친절하고 극진하다. ‖叮嚀(정녕).

14 嚅 선웃음 칠 유
17

㊥rú(°루) ㊐ジュ
풀이 ①선웃음을 치다. ②머뭇거리다.

14 嚇 ❶으를 하 ㉯吓
17 ❷성낼 혁

㊥xià(씨아), hè(허)
㊐カ, カク/おどかす
풀이 ❶①으르다. 위협함. ②웃다. ③입을 엶. ❷성내다. 화를 냄. ‖嚇怒(혁노).

14 嚆 *1 울릴 효
17

㊥hāo(하오) ㊐コウ
풀이 ①울리다. 소리가 진동함. ②외치다. 부르짖음. ㉧嗃.
〔嚆矢 효시〕 ①소리를 내면서 나가는 화살. 우는살. ②《옛날 중국에서 전쟁을 시작할 때 우는살을 먼저 쏘았다는 데서》 어떤 사물의 맨 처음이 됨의 비유. 濫觴(남상).

15 嚏 재채기 체 ㉻㉯嚔
18

㊥tì(티) ㊐テイ
풀이 재채기. 재채기하다. ‖噴嚏(분체).

16 嚧 * 산돼지 부르는 소리 로
19

㊥lú(루) ㊐ロ

16 嚭 클 비
19

㊥pǐ(피) ㊐ヒ
풀이 크다. 큰 모양.

16 嚬 *1 찡그릴 빈 ㉯嚬
19

㊥pín(핀) ㊐ヒン
풀이 찡그리다. 눈살을 찌푸림.
〔嚬蹙 빈축〕 ①눈살을 찌푸리고 얼굴을 찡그림. 嚬眉(빈미). ②남들로부터 받는 비난이나 미움.

16 嚥 * 삼킬 연 ㉯咽
19

㊥yàn(옌) ㊐エン
풀이 삼키다. ‖嚥下(연하).

16 嚮 *1 향할 향 ㉯向
19

㊥xiàng(씨앙) ㊐キョウ, コウ
풀이 ①향하다. 바라봄. 대함. ㉤向. ② 지난번. 접때. ㉧向. ③누리다.
〔嚮導 향도〕 길을 인도함. 또는, 그 사람.
〔嚮者 향자〕 접때.

17 嚳 고할 곡 ㉯喾
20

㊥kù(쿠) ㊐コク
풀이 ①고하다. 급히 알림. ②제왕 이름. ‖帝嚳(제곡).

17 嚶 새 우는 소리 앵 ㉯嘤
20

㊥yīng(잉) ㊐オウ

3획

풀이 ①새 우는 소리. 새가 서로 정답게 지저귐. ②벗이 서로 격려하는 소리.

☆*4
17 20 **嚴** 엄할 **엄** 약 嚴 간 严 嚴

ㅁ 吅 罒 严 严 𠩆 嚴 嚴

중yán(옌) 일ゲン/きびしい 영strict

자원 **형성자.** 吅(현)은 의미를 나타내고 厰(음)은 음을 나타냄.

풀이 ①엄하다. 위엄이 있다. ‖嚴法(엄법)/莊嚴(장엄). ②삼가다. 공경하여 삼감. ‖無嚴(무엄). ③경계하다. ‖戒嚴(계엄). ④높다. ‖嚴父(엄부). ⑤혹심하다. ‖嚴冬(엄동).

〔嚴格 엄격〕 말·태도·규칙 등이 매우 엄하고 철저함.

〔嚴禁 엄금〕 엄하게 금지함.

〔嚴斷 엄단〕 엄중히 처단함. 嚴處(엄처).

〔嚴冬 엄동〕 추위가 혹심한 겨울.

〔嚴冬雪寒 엄동설한〕 눈이 내리고 추위가 심한 겨울.

〔嚴命 엄명〕 엄하게 명령함. 또는, 그 명령.

〔嚴密 엄밀〕 ①엄중하고 세밀함. ②매우 비밀스러움.

〔嚴父 엄부〕 ①엄격한 아버지. 嚴親(엄친). ↔慈母(자모). ②남에게 자기 아버지를 높여 이르는 말. 家親(가친).

〔嚴選 엄선〕 엄정하게 뽑음.

〔嚴守 엄수〕 어김없이 지킴. ‖時間嚴守(시간 엄수).

〔嚴肅 엄숙〕 장엄하고 숙연함.

〔嚴正 엄정〕 엄격하고 바름.

〔嚴峻 엄준〕 엄숙함.

〔嚴重 엄중〕 몹시 엄격함.

〔嚴妻侍下 엄처시하〕 아내에게 쥐여 지내는 사람을 놓으로 이르는 말.

〔嚴親 엄친〕 《'엄한 아버지'라는 뜻으로》 남에게 자기의 아버지를 격식체로 이르는 말.

◢戒嚴(계엄)/謹嚴(근엄)/冷嚴(냉엄)/無嚴(무엄)/森嚴(삼엄)/威嚴(위엄)/莊嚴(장엄)/尊嚴(존엄)/峻嚴(준엄)/至嚴(지엄)

18 21 **囁** 소곤거릴 **섭** 본 **녑** 간 嗫 囁

중zhé(°저), niè(니에)
일ショウ/ささやく

풀이 ①소곤거리다. 속삭임. ②말을 머뭇거리다. 말하기를 주저함.

〔囁嚅 섭유〕 머뭇거리면서 말을 하지 못하고 입만 벌렸다 오므렸다 함.

*1
18 21 **嚼** 씹을 **작** 嚼

중jiáo(지아오), jué(쥐에)
일シャク/かむ

풀이 씹다. 맛보다. 뜻을 음미하다. ‖嚼味(작미).

◢咀嚼(저작)

18 21 **囀** 지저귈 **전** 간 啭 囀

중zhuàn(°쭈안) 일テン/さえずる

풀이 ①지저귀다. 새가 계속하여 욺. ②가락. 울림.

18 21 **囂** 떠들썩할 **효** 간 嚣 囂

중xiāo(씨아오) 일ゴウ/かまびすしい

풀이 떠들썩하다. 왁자지껄함.

*1
19 22 **囊** 주머니 **낭** 囊

중náng(낭) 일ノウ/ふくろ 영bag

풀이 주머니. 자루. 호주머니.

〔囊中 낭중〕 주머니 속.

〔囊中物 낭중물〕 《'주머니 속의 물건'이란 뜻으로》 자기 수중에 있는 물건.

〔囊中之錐 낭중지추〕 《'주머니 속의 송곳'이란 뜻으로》 뛰어난 인물은 여러 사람들 속에 섞여 있어도 그 재능이 곧 드러남.

〔囊中取物 낭중취물〕 《주머니 속의 물건을 꺼낸다는 뜻으로》 아주 손쉽게 얻을 수 있음.

〔囊橐 낭탁〕 《'주머니와 전대'라는 뜻으로》 제 차지로 만듦. 또는, 그런 물건.

◢膽囊(담낭)/毛囊(모낭)/背囊(배낭)/陰囊(음낭)/精囊(정낭)/寢囊(침낭)/行囊(행낭)/香囊(향낭)

19 22 **囈** 잠꼬대 **예** 간 呓 囈

중yì(이) 일ゲイ/うわごと

풀이 잠꼬대. ‖囈語(예어).

*
19 22 **囍** 한 기쁨 **희** 囍

공예품·가구·그릇·옷감 등의 무늬나 축하와 기원의 뜻을 나타내는 연하 엽서 따위에 쓰임.

*1
21 24 **囑** 부탁할 **촉** 속 간 嘱 囑

중zhǔ(°주) 일ショク

풀이 ①부탁하다. ②위촉하다.

〔囑望 촉망〕 잘되기를 바라고 기대함. 屬望(촉망).

〔囑託 촉탁〕 ①일을 부탁하여 맡김. ②임시직으로 기관·회사 등의 일을 맡아 함. 또는, 그 사람. ③관청 간, 또는 국가와 특정 개인 간의 위임이나 계약의 일종.
◢付囑(부촉)/委囑(위촉)/解囑(해촉)

囗部 큰입구몸

3 囗 圍(위)의 고자 →147쪽
國(국)의 고자 →146쪽
한자 부수의 하나.

☆*8
2 5 四 넉 사 갖 肆 亖

丨 冂 四 四 四

중sì(쓰) 일シ/よ, よつ, よん 영four
갑 亖 금 四 자원 **상형자.** 갑골문에서는 네 개의 가로획을 그은 지사자였으나, 금문에서 짐승의 콧구멍과 주둥이를 본뜬 상형자로 바뀌었으며, 이는 다시 소전에 이르러 현재의 자형과 거의 비슷하게 됨. 四는 본래 '숨 쉬다'를 뜻하였으나, 4의 뜻으로 쓰이게 되면서 본뜻을 보존하기 위해 만든 자가 '呬(숨 쉴 희)'임.
풀이 ①넉. 넷. ‖三寒四溫(삼한 사온). ②네 번. ‖四乘(사승).
〔四角 사각〕 ①네 개의 각. ②네 개의 각이 있는 모양. ③사각형.
〔四季 사계〕 ①봄·여름·가을·겨울의 네 계절. 사철. 사시(四時). 四節(사절). ②음력으로 네 철의 마지막 달. 곧, 3월·6월·9월·12월. 사계삭(四季朔). 四界(사계). ③월계화(月季花).
〔四苦 사고〕 사람이 겪어야 하는 네 가지 고통. 곧, 생고(生苦)·노고(老苦)·병고(病苦)·사고(死苦). 四患(사환).
〔四顧無親 사고무친〕 《사방을 돌아봐도 친척이 없다는 뜻으로》 의지할 데가 전혀 없음.
〔四君子 사군자〕 동양화에서 고결함이 군자와 같다는 뜻으로, 매화·난초·국화·대나무를 이르는 말. 또는, 그것을 그린 그림.
〔四窮 사궁〕 네 가지의 궁한 처지. 곧, 늙은 홀아비, 늙은 홀어미, 부모 없는 아이, 자식 없는 늙은이.
〔四端 사단〕 사람의 본성에서 우러나오는 네 가지의 마음씨. 곧, 인(仁)·의(義)·예(禮)·지(智)에서 우러나오는 측은지심(惻隱之心)·수오지심(羞惡之心)·사양지심(辭讓之心)·시비지심(是非之心).
〔四達 사달〕 도로가 사방으로 통함.
〔四大奇書 사대 기서〕 중국 명대(明代)의 네 권의 걸작 소설. 곧, '수호지(水滸誌)', '삼국지연의(三國志演義)', '서유기(西遊記)', '금병매(金瓶梅)'를 이르는데, '금병매' 대신에 '비파기(琵琶記)'를 넣기도 함.
〔四德 사덕〕 ①인륜의 네 가지 덕행. 곧, 효(孝)·제(悌)·충(忠)·신(信). ②'역경(易經)'에서, 천지자연의 네 가지 덕. 곧, 원(元)·형(亨)·이(利)·정(貞). ③여자로서 갖추어야 할 네 가지 덕. 곧, 마음씨〔婦德〕·말씨〔婦言〕·맵시〔婦容〕·솜씨〔婦功〕.
〔四面 사면〕 ①전후좌우의 모든 방면. 사방. ②네 면.
〔四面楚歌 사면초가〕 《초나라의 항우가 사면을 포위한 한(漢)나라 군사 쪽에서 들려오는 초나라의 노랫소리를 듣고 초나라 군사가 이미 항복한 줄 알고 놀랐다는 고사에서》 도움을 청할 만한 길이 모두 끊겨 혼자 고립된 처지.
〔四面春風 사면춘풍〕 누구에게나 좋은 얼굴로 대함. 또는, 그런 사람. 四時春風(사시춘풍). 두루춘풍.
〔四物 사물〕 ①풍물에 쓰는 네 가지 악기. 꽹과리·징·북·장구. ②불사(佛事)에 쓰는 네 가지 기구. 법고(法鼓)·운판(雲板)·목어(木魚)·대종(大鐘).
〔四民 사민〕 ①백성의 네 계급. 사(士)·농(農)·공(工)·상(商). ②모든 백성.
〔四方 사방〕 ①동·서·남·북의 네 방위. 四向(사향). ②주변 일대. 주위(周圍). ③네모.
〔四分五裂 사분오열〕 여러 갈래로 어지럽게 분열됨.
〔四書 사서〕 유교 경전인 '대학(大學)', '중용(中庸)', '논어(論語)', '맹자(孟子)'. ‖四書三經(사서삼경).
〔四聲 사성〕 한자(漢字) 음의 네 가지 성조(聲調). 처음과 끝이 고른 평성(平聲), 끝이 높은 상성(上聲), 처음이 또렷하고 끝이 약한 거성(去聲), 끝을 빨리 닫는 입성(入聲). 四音(사음).
〔四時 사시〕 ① ➡四季(사계)①. ②하루 중의 네 때. 아침·낮·저녁·밤.
〔四時春風 사시춘풍〕 ➡四面春風(사면춘풍).
〔四十九日齋 사십구일재〕 사람이 죽은 지 49일 되는 날에 지내는 재. 四十九齋(사십구재). 七七齋(칠칠재).
〔四夷 사이〕 예전에, 중국에서 말한 사방의 오랑캐. 동이(東夷)·서융(西戎)·남만(南蠻)·북적(北狄)을 말함.
〔四足 사족〕 ①짐승의 네 발. 또는, 네 발 달린 짐승. ②사지(四肢)를 속되게 이르는 말.
〔四柱 사주〕 ①출생한 해·달·날·시의 네 간지(干支). ‖四柱八字(사주팔자). ② ➡四柱單子(사주단자).

〔四柱單子 사주단자〕 혼례 때 신랑 집에서 신부 집에 보내는, 사주를 적은 종이. 四柱(사주).
〔四柱八字 사주팔자〕 ①사주의 간지(干支)가 되는 여덟 글자. ②타고난 운수. 八字(팔자).
〔四重奏 사중주〕 실내악의 하나. 서로 다른 네 개의 독주 악기에 의한 합주. 현악 사중주·피아노 사중주 등.
〔四知 사지〕《중국 후한(後漢)의 양진(楊震)이 동래 태수로 부임할 때, 왕밀(王密)이 뇌물로 황금 열 근을 주면서 밤이라 아무도 모른다고 말하자, 하늘이 알고 땅이 알고 내가 알고 자네가 안다 하며 받지 않았다는 고사에서》 두 사람만의 비밀도 언젠가는 드러남.
〔四肢 사지〕 두 팔과 두 다리. 四體(사체). ※四足(사족).
〔四體 사체〕 ①두 손과 두 발. 四肢(사지). ②글씨의 네 가지 체.
〔四通八達 사통팔달〕 길이 사면팔방으로 여러 갈래로 통함. 四達五通(사달오통). 四通五達(사통오달).
〔四海 사해〕 ①사방의 바다. ②온 천하.
〔四海同胞 사해동포〕 ➡四海兄弟(사해형제).
〔四海兄弟 사해형제〕《공자의 제자 자하가 사람을 사귀는 데 공손하고 예절을 갖추면 사해의 사람들이 다 형제라고 한 데서》 온 세상 사람들이 모두 형제와 같이 친하게 지내야 한다는 말. 四海同胞(사해동포).
◢張三李四(장삼이사)/再三再四(재삼재사)/朝三暮四(조삼모사)

3획

★✱3
2 5 囚 가둘 수

丨 冂 冂 冈 囚

㊥qiú(치우) ㊐シュウ/とらえる
㊵imprison

갑 자원 **회의자.** 갑골문에서 보듯, 사방이 막힌 방에 사람이 갇혀 있는 모습을 나타낸 자. '가두다', '죄수'의 뜻을 가짐.

풀이 ①가두다. ‖囚縛(수박). ②갇히다. ③죄인. ‖囚衣(수의).
〔囚徒 수도〕 감옥에 갇힌 죄수. 囚는 금고(禁錮)에, 徒는 징역에 처해진 죄인.
〔囚虜 수로〕 갇힌 포로.
〔囚衣 수의〕 죄수가 입는 옷.
〔囚人 수인〕 감옥에 갇힌 사람. 罪囚(죄수).
◢既決囚(기결수)/無期囚(무기수)/未決囚(미결수)/服役囚(복역수)/死刑囚(사형수)/良心囚(양심수)/長期囚(장기수)/罪囚(죄수)/脫獄囚(탈옥수)

6 団 團(단)의 약자 →148쪽

☆✱5
3 6 因 인할 인

丨 冂 冂 冃 冈 因

㊥yīn(인) ㊐イン/よる, ちなむ
㊵follow, cause

갑 자원 **상형자.** 갑골문에서 보듯, 돗자리에 누워 있는 사람의 모습을 나타낸 자. 본래 '돗자리'를 뜻하였으나 뒷날 '까닭'의 뜻으로 쓰이게 되자 본뜻을 보존하기 위해 만든 자가 '茵(자리 인)'임.

풀이 ①인하다. 종전대로 따름. ‖因襲(인습). ②말미암다. ‖原因(원인). ③의지하다. ④유래하다. 연고. ‖因緣(인연). ⑤따르다.
〔因果 인과〕 ①원인과 결과. ②인연(因緣)과 과보(果報).
〔因果應報 인과응보〕 좋은 인연에는 좋은 과보(果報)가, 악업(惡業)에는 나쁜 과보가 따른다는 말.
〔因習 인습〕 이전부터 전하여 몸에 밴 풍습.
〔因緣 인연〕 ①서로의 연분. 緣故(연고). ②어떤 사물과 관계되는 연줄. ③과보(果報)를 이루는 원인 관계.
〔因人成事 인인성사〕 남의 힘으로 일을 성취함.
〔因子 인자〕 어떤 사물의 원인이 되는 낱낱의 요소.
◢起因(기인)/動因(동인)/病因(병인)/死因(사인)/成因(성인)/要因(요인)/原因(원인)/誘因(유인)/敗因(패인)

☆✱4-Ⅱ
3 6 回 돌 회 고 囘 동 迴 속 囬

丨 冂 冂 冋 回 回

㊥huí(후에이) ㊐カイ, エ/まわる
㊵turn

갑 금 자원 **상형자.** 물이 소용돌이치는 모양을 본뜬 자.

풀이 ①돌다. ‖回轉(회전). ②소용돌이치다. ‖旋回(선회). ③돌아오다. ‖回鄕(회향). ④돌아나가다. ‖迂回(우회). ⑤돌리다. ‖回覽(회람). ⑥간사하다. ⑦어기다. ⑧횟수. ⑨피하다. ‖回避(회피).
〔回甲 회갑〕 나이 61세를 이르는 말. 還甲(환갑).
〔回顧 회고〕 지난 일을 돌이켜 봄. 回想(회상).
〔回歸 회귀〕 한 바퀴 돌아 본디의 자리로 돌아옴.

〔回答 회답〕 물음이나 편지 등에 대답함.
〔回覽 회람〕 글 따위를 여럿이 차례로 돌려 봄.
〔回路 회로〕 ①돌아오는 길. 歸路(귀로). 返路(반로). ②도체(導體)의 한 점에서 시작하여 다시 되돌아오는 전류의 통로. ‖集積回路(집적 회로).
〔回文 회문〕 여럿이 차례로 돌려 보는 글. 回章(회장).
〔回報 회보〕 ①대답으로 하는 보고. 答報(답보). ②돌아와서 여쭘.
〔回復 회복〕 본래의 상태로 됨. 恢復(회복).
〔回附 회부〕 물건이나 사건 등을 어떤 대상에게 돌려보내거나 넘김.
〔回想 회상〕 지난 일을 돌이켜 생각함.
〔回生 회생〕 다시 살아남. 蘇生(소생).
〔回收 회수〕 도로 거두어들임.
〔回信 회신〕 편지·전신·전화 등으로 회답을 함.
〔回心 회심〕 마음을 고침. 改心(개심).
〔回心曲 회심곡〕 선행(善行)을 권장하여 지은 노래.
〔回游 회유〕 물고기가 일정한 곳으로 떼 지어 헤엄쳐 다님. 洄游(회유).
〔回遊 회유〕 돌아다니며 유람함.
〔回裝 회장〕 ①병풍·족자·현판(懸板) 등의 가장자리를 꾸밈. 또는, 그 가장자리. ②여자 저고리의 깃·끝동·겨드랑이·고름을 자줏빛·남빛 헝겊으로 꾸밈. 또는, 그 꾸밈새.
〔回轉 회전〕 어떤 축을 중심으로 하여 그 둘레를 돎.
〔回診 회진〕 의사가 환자의 병실을 돌아다니며 진찰함.
〔回春 회춘〕 ①봄이 돌아옴. ②환자가 건강을 회복함. ③노인이 도로 젊어짐.
〔回避 회피〕 ①몸을 피하고 만나지 않음. ②책임을 지지 않고 꾀를 부림.
〔回婚 회혼〕 혼인 60주년을 이름. 回巹(회근). ‖回婚禮(회혼례).
〔回數 횟수〕 차례의 수효.
◢挽回(만회)/旋回(선회)/數回(수회)/迂回(우회)/撤回(철회)/下回(하회)

*
7 囧 冏(경)과 동자 →71쪽

☆*4
4
7 困 곤할 곤

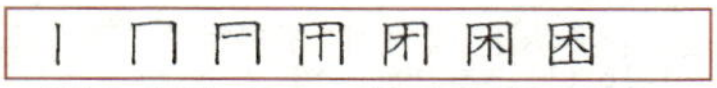

丨 冂 冃 田 用 困 困

㊥kùn(쿤) ㊐コン/こまる ㊖awkward

갑 전 자원 **회의자.** 집의 둘레를 나타내는 口(위)와 木(나무 목)이 합쳐진 자로, 집 안으로 들어설 때 맨 처음 발에 걸리는 물건인 '문지방'을 나타냄. 뒷날 의미가 확대되어 '곤하다', '난처하다'의 뜻을 갖게 됨.

풀이 ①곤하다. 괴로움. 난처함. ‖困難(곤란). ②곤궁하다. ‖困苦(곤고). ③가난하다. ‖貧困(빈곤). ④기운이 빠지다.
〔困境 곤경〕 어려운 형편이나 처지.
〔困窮 곤궁〕 가난하고 구차함.
〔困難 곤란ˇ〕 사정이 몹시 딱하고 어려움.
〔困辱 곤욕〕 심한 모욕. 또는, 참기 힘든 일.
〔困乏 곤핍〕 무엇을 할 기력도 없을 정도로 피로에 지침. 困憊(곤비).
〔困惑 곤혹〕 곤란한 일을 당해 어찌할 바를 모름.
◢勞困(노곤)/貧困(빈곤)/春困(춘곤)/疲困(피곤)/昏困(혼곤)

7 国 國(국)의 속자 →146쪽

7 図 圖(도)의 약자 →148쪽

4
7 囮 후림새 와

㊥é(어) ㊐カ, ガ/おとり ㊖decoy

풀이 후림새. 미끼새. ‖囮鳥(와조).

7 囲 圍(위)의 약자 →147쪽

7 囬 回(회)의 속자 →144쪽

☆*5
5
8 固 굳을 고

丨 冂 冃 円 冋 冏 固 固

㊥gù(꾸) ㊐コ/かたい, かためる ㊖firm, hard

자원 **형성자.** 口(위)는 의미를 나타내고 古(고)는 음을 나타냄.

풀이 ①굳다. 완고함. ‖固體(고체)/固陋(고루). ②굳히다. ‖確固(확고). ③단단하다. ‖堅固(견고). ④굳이. ⑤본디. ‖固有(고유). ⑥진실로. ‖固所願(고소원).
〔固陋 고루〕 낡은 관념이나 습관에 젖어 고집이 세고 새로운 것을 받아들이지 않음.
〔固辭 고사〕 굳이 사양함.
〔固所願 고소원〕 진실로 바라는 바임.
〔固守 고수〕 굳게 지킴. 固持(고지).
〔固有 고유〕 본디부터 가지고 있거나 어느 사물에만 특별히 있음. 特有(특

3획

유).
〔固定 고정〕 ①한곳에 움직이지 않게 붙박음. ②어떤 상황이나 상태가 계속 해서 같은 모습으로 있음.
〔固執 고집〕 자기 의견을 굽히지 않음.
〔固着 고착〕 ①굳게 들러붙음. ②어떤 현상이 굳어져 변하지 않음.
〔固體 고체〕 일정한 모양과 부피를 가진 물질.
〔固形 고형〕 물체의 질이 단단하고 굳은 일정한 형체.
◢強固(강고)/堅固(견고)/鞏固(공고)/頑固(완고)/凝固(응고)/確固(확고)

8 **国** * 國(국)의 속자 →146쪽

3획

5 8 **囹** *1 옥 **령**
[중]líng(링) [일]レイ/ひとや [영]jail
[풀이] 옥(獄). 감옥.
〔囹圄 영어〕 감옥.

6 9 **囿** * 동산 **유**
[중]yòu(여우) [일]ユウ/その [영]garden
[풀이] 동산. 정원. ‖苑囿(원유).

7 10 **圄** *1 옥 **어**
[중]yǔ(위) [일]ゴ, ギョ/ひとや [영]jail
[풀이] 옥(獄). 감옥.
◢囹圄(영어)

7 10 **圃** *1 밭 **포**
[중]pǔ(푸) [일]ホ, フ/はたけ
[영]kitchen garden
[풀이] 밭. 채마밭. ‖農圃(농포).
〔圃田 포전〕 채소밭.
◢農圃(농포)/苗圃(묘포)/蔘圃(삼포)/藥圃(약포)/園圃(원포)/田圃(전포)

7 10 **圂** 뒷간 **혼**
[중]hùn(훈) [일]コン, カン/ぶたごや
[영]toilet
[풀이] ①뒷간. 변소. [같]溷. ②돼지우리. ③괴롭히다.

8 11 **國** ☆*8 나라 **국** [고]囗 [속]国 [속간]国

丨 冂 冋 冋 國 國 國 國

[중]guó(구어) [일]コク/くに [영]country
[갑] [금] [자원] **회의자.** 본자는 '或(역, 혹)'으로, 영토를 나타내는 口(위), 창을 나타내는 戈(과), 방어를 위한 장애물을 뜻하는 왼쪽 아래의 가로획이 합쳐진 자. '보루를 쌓고 무기로 지키는 구역'을 뜻함. 或이 '혹시'의 뜻으로 쓰이게 되자 본뜻을 보존하기 위해 만든 자가 '國', '域(역)'임.
[풀이] 나라. ‖國家(국가).
〔國家 국가〕 나라의 법적인 호칭.
〔國境 국경〕 나라와 나라 사이의 경계.
〔國庫 국고〕 중앙은행에 설치된 정부의 예금 계정.
〔國交 국교〕 나라와 나라 사이에 맺는 외교 관계.
〔國軍 국군〕 나라의 군대.
〔國權 국권〕 국가의 권력. 또는, 국가의 통치권.
〔國旗 국기〕 나라를 상징하는 일정한 도형의 기(旗).
〔國難 국난〕 나라의 위난(危難).
〔國內 국내〕 나라 안. 國中(국중).
〔國亂 국란〕 나라 안의 변란.
〔國祿 국록〕 나라에서 주는 녹봉.
〔國論 국론〕 나라 안의 공론(公論). 또는, 국민 일반의 여론.
〔國立 국립〕 나라에서 세워 관리하고 운영함.
〔國文 국문〕 나라 고유의 글자. 또는, 그 글자로 쓴 글.
〔國民 국민〕 국가를 구성하는 사람. 또는, 그 나라 국적을 가진 사람.
〔國防 국방〕 외국의 침략에 대비할 태세를 갖추고 국토를 방위함.
〔國寶 국보〕 ①나라에서 지정하는 법률로 보호하는 문화재. ②임금의 도장. 國璽(국새).
〔國費 국비〕 나라의 비용. 國用(국용). 國度(국도).
〔國賓 국빈〕 나라에서 정식으로 초대한 손님. 주로, 외국의 국가 원수가 이 대우를 받음.
〔國史 국사〕 ①나라의 역사. ②한국사(韓國史).
〔國事 국사〕 나라에 관계되는 일. 또는, 나라의 정사(政事).
〔國產 국산〕 자기 나라에서 생산됨. 또는, 그 물건.
〔國勢 국세〕 ①인구·산업·자원 등의 면에서 본 종합적인 국력. ②나라의 형세(形勢).
〔國是 국시〕 국민이 지지하는 국가의 이념이나 국정(國政)의 기본 방침.
〔國樂 국악〕 우리나라 고유의 음악.
〔國語 국어〕 ①한 나라의 국민이 쓰는 말. ②우리나라의 언어. ③주(周)나라의 좌구명(左丘明)이 춘추(春秋) 시대 여덟 나라의 역사를 엮은 책. 春秋外傳(춘추외전).

〔國威 국위〕 나라의 권위나 위력.
〔國籍 국적〕 ①한 나라의 구성원이 되는 법률상의 자격. ②배나 비행기 등이 소속되어 있는 나라.
〔國政 국정〕 나라의 정치.
〔國際 국제〕 ①나라 사이에 관계됨. ②여러 나라 사이에 공통됨. ③여러 나라를 포괄함.
〔國策 국책〕 국가의 정책.
〔國泰民安 국태민안〕 나라가 태평하고 백성이 편안히 지냄.
〔國土 국토〕 국가의 영토.
〔國學 국학〕 ①자기 나라의 고유한 역사·언어·풍속·종교·제도·예술 등을 연구하는 학문. 國學問(국학문). ②신라 때 예부(禮部)에 딸린 교육 기관. ③'성균관'의 별칭.
〔國憲 국헌〕 나라의 기본 법도. 國法(국법).
〔國號 국호〕 나라의 이름. 國名(국명).
〔國婚 국혼〕 왕실의 혼인.
〔國會 국회〕 국민이 선출한 의원으로 조직된 입법 기관.
◢各國(각국)/強國(강국)/開國(개국)/擧國(거국)/建國(건국)/故國(고국)/公國(공국)/救國(구국)/歸國(귀국)/亡國(망국)/賣國(매국)/母國(모국)/本國(본국)/富國(부국)/屬國(속국)/鎖國(쇄국)/殉國(순국)/愛國(애국)/王國(왕국)/外國(외국)/憂國(우국)/異國(이국)/入國(입국)/自國(자국)/敵國(적국)/全國(전국)/帝國(제국)/祖國(조국)/天國(천국)/出國(출국)/治國(치국)/他國(타국)/護國(호국)

✻2
8 11 **圈** 우리 **권**

[중]juān(쥐엔) [일]ケン/かこい
[영]cage, boundary
[풀이] ①우리. ‖圈牢(권뢰). ②구역. 범위. ‖勢力圈(세력권).
〔圈內 권내〕 일정한 범위 안. ↔圈外(권외).
〔圈外 권외〕 일정한 범위 밖. ↔圈內(권내).
〔圈點 권점〕 ①글의 중요한 부분이나 글 끝에 찍는 둥근 점. ②한자 옆에 찍어 사성(四聲)을 나타내는 둥근 점. ③조선 시대에, 벼슬아치를 뽑을 때 후보자의 이름 밑에 찍던 점.
◢共産圈(공산권)/當選圈(당선권)/大氣圈(대기권)/文化圈(문화권)/商圈(상권)/生活圈(생활권)/勢力圈(세력권)/首都圈(수도권)/野圈(야권)/與圈(여권)/驛勢圈(역세권)/政治圈(정치권)

8 11 **圉** 마부 **어**

[중]yǔ(위) [일]ギョ, ゴ/うまかい
[영]groom
[풀이] ①마부. 마구간. ②감옥. ③변방. 국경. ④어릿어릿하다. ‖圉圉(어어).

12 **圎** 圓(원)의 속자 →147쪽

★✻4
9 12 **圍** 둘레 **위** (고) 口 (약) 囲 (간) 围

[중]wéi(웨이) [일]イ/かこむ
[영]circumference
[자원] **회의 겸 형성자.** 口(위)와 韋(위)가 합쳐진 자로, 주위를 빙 둘러 에워쌈을 나타냄. 韋가 '가죽'의 뜻으로 가차되어 쓰이면서 본뜻을 보존하기 위해 만든 자임. 口는 의미를 나타내고 韋는 의미와 음을 겸하여 나타냄.
[풀이] ①둘레. ‖範圍(범위). ②에워싸다. ‖包圍(포위). ③경계.
〔圍棋 위기〕 바둑을 둠. 圍碁(위기).
〔圍籬安置 위리안치〕 지난날, 죄인이 귀양지에서 달아나지 못하도록 가시로 울타리를 만들고 그 안에 가두어 두던 일.
〔圍繞 위요〕 ①빙 둘러쌈. ②혼례 때 신랑 또는 신부를 데리고 가는 사람. 上客(상객). 後行(후행).
◢防圍(방위)/四圍(사위)/範圍(범위)/周圍(주위)/包圍(포위)/胸圍(흉위)

☆✻4-Ⅱ
10 13 **圓** 둥글 **원** (속) 圎 (약) 円 (간) 圆

[중]yuán(위엔) [일]エン/まるい [영]round
[자원] **회의 겸 형성자.** 口(위)와 員(원)이 합쳐진 자로, 본래 '원형'을 뜻하던 員이 '구성원', '인원'의 뜻으로 쓰이게 되자 본뜻을 보존하기 위해 口를 덧붙인 것임. 口는 의미를 나타내고 員은 의미와 음을 겸하여 나타냄.
[풀이] ①둥글다. [같]圜. ‖圓盤(원반)/圓形(원형). ②동그라미. ‖半圓(반원). ③둘레. ‖圓周(원주). ④원만하다. 완전하다. ‖圓熟(원숙). ⑤화폐 단위. [통]元.
〔圓光 원광〕 ①둥글게 빛나는 빛. ②부처 머리 위에 나타나는 원형의 빛. 後光(후광).
〔圓丘 원구〕 옛날, 임금이 하늘에 제사 지내던 곳. 圜丘(원구).
〔圓滿 원만〕 ①성격이 모난 데가 없이 온화함. ‖圓滿型(원만형). ②일의 진행이 순조로움. ③서로 사이가 좋음.
〔圓舞 원무〕 여럿이 둥그렇게 둘러서서

돌면서 추는 춤.
〔圓盤 원반〕 ①둥근 소반·쟁반 따위. ②운동 기구의 하나. 원반던지기 용구. ‖投圓盤(투원반).
〔圓熟 원숙〕 ①매우 숙달됨. ②인격·지식 등이 깊고 원만함. ‖圓熟美(원숙미).
〔圓周 원주〕 일정한 점에서 같은 거리에 있는 점의 자취. 원둘레.
〔圓卓 원탁〕 둥근 탁자. ‖圓卓會議(원탁회의).
〔圓形 원형〕 둥근 모양.
〔圓滑 원활〕 ①모난 데가 없이 원만함. ②일이 막힘이 없이 순조로움.
◢大團圓(대단원)/同心圓(동심원)/半圓(반원)/一圓(일원)/楕圓(타원)

☆✱6
10 13 **園** 동산 **원** | 간 园 | 園

丨 冂 冃 冋 囩 園 園 園

중yuán(위엔) 일エン/その 영garden
자원 **형성자.** 口(위)는 의미를 나타내고 袁(원)은 음을 나타냄.
풀이 ①동산. 정원. ‖公園(공원). ②밭. ‖果樹園(과수원). ③원소(園所). ‖陵園(능원).
〔園頭幕 원두막〕 참외·수박 등을 심은 밭을 지키기 위해 밭머리에 지은 막.
〔園所 원소〕 왕세자·왕세자빈과 왕의 사친 등의 산소.
〔園藝 원예〕 과일·채소·화초 등을 심어 가꾸는 일.
〔園丁 원정〕 정원을 손질하는 일꾼.
◢公園(공원)/果樹園(과수원)/樂園(낙원)/農園(농원)/陵園(능원)/茶園(다원)/桃園(도원)/動物園(동물원)/植物園(식물원)/幼稚園(유치원)/莊園(장원)/田園(전원)/庭園(정원)/造園(조원)/學園(학원)/花園(화원)/後園(후원)

★✱5
11 14 **團** 둥글 **단** | 약 团 간 团 | 團

冂 冃 囘 囤 圃 團 團 團

중tuán(투안) 일ダン 영round
자원 **회의 겸 형성자.** 주거지의 둘레를 나타내는 口(위)와 실감개[북]를 나타내는 專(전)이 합쳐진 자로, '둥글다'의 뜻을 나타냄. 口는 의미를 나타내고 專은 의미와 음을 겸하여 나타냄.
풀이 ①둥글다. ‖團扇(단선). ②모이다. 모음. ‖團結(단결). ③덩어리. ‖團飯(단반). ④통솔하다.
〔團結 단결〕 많은 사람이 한마음으로 뭉침. 團合(단합).
〔團欒 단란〕 ①한 가족의 생활이 원만하고 즐거움. ②여럿이 함께 즐겁고 화목함.
〔團領 단령〕 조선 시대의 깃이 둥근 공복(公服).
〔團扇 단선〕 둥근 부채.
〔團束 단속〕 잡도리를 단단히 함.
〔團員 단원〕 단체의 구성원.
〔團圓 단원〕 결말 또는 끝. ‖大團圓(대단원).
〔團子 단자〕 떡의 한 가지. 찹쌀가루를 반죽하여 끓는 물에 익혀 으깬 다음, 팥이나 깨로 소를 넣고 둥글게 빚어 꿀을 발라 고물을 묻힌 떡. 團子餠(단자병).
〔團長 단장〕 '단(團)' 자가 붙은 단체의 책임자.
〔團地 단지〕 주택·공장·작물 재배지 등을 집단적으로 형성한 곳.
〔團體 단체〕 같은 목적을 가지고 결성한 집단.
〔團合 단합〕 ➡團結(단결).
◢瓊團(경단)/工團(공단)/公團(공단)/敎團(교단)/球團(구단)/群團(군단)/劇團(극단)/氣團(기단)/分團(분단)/社團(사단)/船團(선단)/星團(성단)/食團(식단)/樂團(악단)/一團(일단)/入團(입단)/財團(재단)/宗團(종단)/集團(집단)/創團(창단)/解團(해단)

☆✱6
11 14 **圖** 그림 **도** | 약 図 간 图 | 圖

冂 冋 冋 冎 圖 圖 圖 圖

중tú(투) 일ト, ズ/はかる
영craw, picture
자원 **회의자.** 나라를 뜻하는 口(위)와 시골 마을을 뜻하는 啚(비 : 鄙의 생략형)가 합쳐진 자로, 나라의 지도를 뜻함.
풀이 ①그림. 그리다. ‖山水圖(산수도). ②꾀하다. ‖企圖(기도).
〔圖鑑 도감〕 동식물이나 물건의 모양을 그림이나 사진으로 보여 주며 설명한 책.
〔圖面 도면〕 설계 따위의 내용을 제도기로 그린 그림. 圖本(도본).
〔圖謀 도모〕 어떤 일이 이루어지도록 꾀함.
〔圖生 도생〕 살기를 꾀함.
〔圖書 도서〕 ①서적. 책. ②글씨·그림·책 등의 총칭.
〔圖說 도설〕 그림을 넣어 설명함. 또는, 그 책.
〔圖示 도시〕 그림으로 그려 보임.
〔圖式 도식〕 사물의 관계를 설명하기 위해 고안한 그림. 또는, 그 양식.
〔圖案 도안〕 미술 공예품의 모양·색채 등을 그림으로 나타낸 것. 디자인.
〔圖章 도장〕 나무·뿔 등에 개인이나 단체의 이름을 새겨 어떤 뜻을 확인하거나 증명할 때 문서에 찍는 물건.
〔圖讖 도참〕 앞날의 길흉을 예언하는 술법. 또는, 그런 내용의 책.

〔圖表 도표〕 선이나 그림으로 그려 나타낸 표.
〔圖解 도해〕 글의 내용을 그림으로 풀이함. 또는, 그 풀이나 책.
〔圖形 도형〕 ①그림의 모양이나 형태. ②점·선·면 등이 모여 이루어진 꼴.
〔圖畫 도화〕 ①그림과 도안. 繪畫(회화). ②그림을 그리는 일. 또는, 그려 놓은 그림.
◪掛圖(괘도)/構圖(구도)/企圖(기도)/斷面圖(단면도)/附圖(부도)/設計圖(설계도)/試圖(시도)/略圖(약도)/意圖(의도)/日氣圖(일기도)/作圖(작도)/製圖(제도)/鳥瞰圖(조감도)/地圖(지도)/縮圖(축도)/透視圖(투시도)/版圖(판도)/平面圖(평면도)/風俗圖(풍속도)/海圖(해도)

13 16 **圜** ❶두를 **환** ❷둥글 **원** 圜

㊥huán(후안), yuán(위엔)
㊐カン, エン/めぐらす, まるい
㊎encircle, round
풀이 ❶두르다. 둥글게 에워쌈. ‖圜視(환시). ❷둥글다. ㊀圓.

土部 흙토

0 3 ☆✻8 **土** 흙 **토** 土

一 十 土

㊥tǔ(투) ㊐ト, ド/つち ㊎soil
갑 금 자원 **상형자.** 흙무더기를 본뜬 자. 갑골문·금문에서, 윗부분은 한 무더기의 흙을 나타내고 아래의 가로획은 지면을 나타냄.
한자 부수의 하나. 변일 때는 土가 됨.
풀이 ①흙. 토양. ‖土沙(토사). ②땅. ‖沃土(옥토). ③나라. ④오행(五行)의 하나. ⑤별 이름. ‖土星(토성).
〔土窟 토굴〕 땅속으로 파낸 굴.
〔土器 토기〕 진흙으로 만들어 구운 그릇. 질그릇. ※甕器(옹기).
〔土臺 토대〕 ①흙으로 쌓은 대. ※墩臺(돈대). ②건조물의 밑바탕. ③사물의 기초·근원.
〔土木 토목〕 흙과 돌을 쌓고 목재와 철재를 세워 구성함. 또는, 그 건설 작업. ‖土木工事(토목 공사).
〔土房 토방〕 방에 들어가는 문 앞에 좀 높이 판판하게 다진 흙바닥. 흙마루.
〔土蕃 토번〕 미개한 지방에 붙박이로 사는 토착민.
〔土墳 토분〕 흙으로 봉분한 무덤. 土壟(토롱).
〔土沙 토사〕 흙과 모래. 土砂(토사).
〔土產物 토산물〕 그 지방의 산물. 土產(토산). 土物(토물).
〔土城 토성〕 ①흙으로 쌓은 성. ②활터의 개자리 뒤에 흙을 쌓아 화살을 막는 둑.
〔土俗 토속〕 그 지방의 풍습. 土風(토풍). ‖土俗的(토속적).
〔土壤 토양〕 ①흙. ②식물에 영양을 공급하여 자라게 할 수 있는 흙.
〔土種 토종〕 일정한 고장이나 나라에서 오랫동안 기르거나 자생해 온 동식물의 종자나 품종.
〔土地 토지〕 땅. 지면(地面).
〔土質 토질〕 흙의 성질. 土理(토리).
〔土着 토착〕 여러 세대 동안 그 지방에 살고 있음. ‖土着民(토착민).
〔土青 토청〕 청화 자기(青華瓷器)에 쓰는, 우리나라에서만 나는 푸른 물감.
〔土炭 토탄〕 탄화(炭化) 정도가 낮은 석탄의 일종.
〔土豪 토호〕 ①그 지방에서 세력이 있는 사람. ②지방 호족(豪族).
◪疆土(강토)/國土(국토)/農土(농토)/凍土(동토)/本土(본토)/領土(영토)/沃土(옥토)/赤土(적토)/粘土(점토)/淨土(정토)/風土(풍토)/鄉土(향토)/黃土(황토)

5 **圧** 壓(압)의 약자 →163쪽

3 6 ✻2 **圭** 홀 **규** 珪 圭

㊥guī(꾸에이) ㊐ケイ ㊎mace
풀이 ①홀. 천자가 제후를 봉할 때 내리던 신표(信標). 위는 뾰족하고 아래는 네모짐. ②깨끗하다. ③부피나 무게의 단위. 좁쌀 10알의 부피나 무게. ④모. 모서리.
〔圭角 규각〕 ①모나 귀퉁이의 뾰족한 곳. ②말이나 행동이 모남.
◪刀圭(도규)

3 6 **圮** 무너질 **비** 圮

㊥pǐ(피) ㊐ヒ/やぶる ㊎collapse
풀이 ①무너지다. ②쳐부수다.

3 6 **圬** 흙손 **오** 圬

㊥wū(우) ㊐オ, ウ/こて ㊎trowel
풀이 흙손. 흙손질하다.

3획

3 6 **圩** * 우묵할 **우**

[중]wéi(웨이) [일]ウ [영]hollow, bank
[풀이] ①우묵하다. ②둑. ③염전(鹽田).

3 6 **圪** * 담장이 높은 모양 **을**

[중]yì(이) [일]ギツ, ゴチ
[풀이] ①담장이 높은 모양. ②높은 곳.

3 6 **圯** 흙다리 **이**

[중]yí(이) [일]イ [영]mud bridge
[풀이] 흙다리. ‖ 圯橋(이교).

3 6 **在** ☆*6 있을 **재**

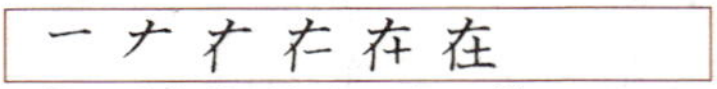

[중]zài(짜이) [일]ザイ/ある [영]exist
[금] [전]

[자원] **회의 겸 형성자.** 才(재)와 土(토)가 합쳐진 자로, 才는 땅 위로 돋는 싹을, 土는 흙을 나타내어 '존재'를 뜻함. 土는 의미를 나타내고 才는 의미와 음을 겸하여 나타냄.
[풀이] ①있다. ‖ 存在(존재). ②…에. 위치를 나타내는 조사.
〔在家 재가〕 ①집에 있음. ②속가에서 불법을 닦는 사람. ‖ 在家僧(재가승).
〔在京 재경〕 서울에 머물러 있음. ‖ 在京同門(재경 동문).
〔在庫 재고〕 창고에 있음. ‖ 在庫品(재고품).
〔在來 재래〕 전부터 있어 내려옴.
〔在所者 재소자〕 교도소에 수감된 사람.
〔在野 재야〕 초야(草野)에 있음. 곧, 벼슬 없이 지냄. ↔在朝(재조).
〔在位 재위〕 임금의 자리에 있음. 또는, 그 동안.
〔在籍 재적〕 학적(學籍)·병적(兵籍) 등에 이름이 올라 있음.
〔在廷 재정〕 ① ➡在朝(재조). ②법정에 출두하여 있음.
〔在朝 재조〕 조정에서 벼슬하고 있음. 在廷(재정). ↔在野(재야).
〔在職 재직〕 직장에 근무하고 있음. 在任(재임).
〔在天 재천〕 ①하늘에 있음. ②하늘에 달려 있음. ‖ 人命在天(인명재천).
〔在學 재학〕 학교에 다니고 있음. ‖ 在學生(재학생).
〔在鄕軍人 재향 군인〕 현역 복무를 마친 사람.
◢ 介在(개재)/健在(건재)/內在(내재)/不在(부재)/散在(산재)/所在(소재)/實在(실재)/臨在(임재)/自由自在(자유자재)/潛在(잠재)/存在(존재)/駐在(주재)/滯在(체재)/偏在(편재)/現在(현재)/混在(혼재)

3 6 **地** ☆*7 땅 **지**

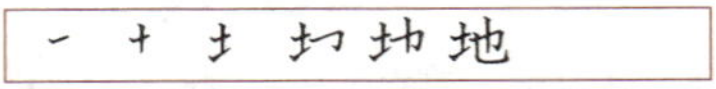

[중]dì(띠) [일]チ, ジ/つち [영]earth
[자원] **형성자.** 土(토)는 의미를 나타내고 也(야)는 음을 나타냄.
[풀이] ①땅. ‖ 大地(대지). ②국토. ③곳. 장소. ‖ 產地(산지). ④지위. 신분. ⑤바탕. ‖ 素地(소지).
〔地價 지가〕 토지의 가격.
〔地殼 지각〕 지구의 바깥쪽을 차지하는 부분. 地盤(지반).
〔地境 지경〕 ①토지의 경계. 地界(지계). ②처지나 형편.
〔地球 지구〕 인류가 사는 천체. 태양계에 속하는 행성의 하나임.
〔地區 지구〕 ①땅의 한 구획. ②일정한 목적을 위하여 특별히 지정된 지역.
〔地球儀 지구의〕 지구를 본떠 만든 모형. 지구본.
〔地圖 지도〕 지구 표면의 일부 또는 전체의 형태를 일정한 비율로 줄여 평면에 나타낸 그림.
〔地靈 지령〕 땅의 신령스러운 기운.
〔地雷 지뢰〕 적을 살상하거나 건물을 파괴할 목적으로 땅속에 묻는 폭약.
〔地理 지리〕 ①어떤 곳의 지형이나 길 등의 형편. ②지구 상의 지형·기후·생물·인구 등의 상태. ③'지리학(地理學)'의 준말. ④'풍수지리(風水地理)'의 준말.
〔地面 지면〕 땅의 표면. 地上(지상). 地表(지표).
〔地名 지명〕 마을·산천·지역 등의 이름.
〔地盤 지반〕 ① ➡地殼(지각). ②건물 따위의 기초가 되는 지면. ③활동의 발판.
〔地方 지방〕 ①어떤 방면의 땅. ‖ 南部地方(남부 지방). ②서울 이외의 곳. ↔中央(중앙).
〔地上 지상〕 땅의 위. 地面(지면). ↔地下(지하).
〔地上軍 지상군〕 주로 땅 위에서 전투하는 군대.
〔地稅 지세〕 토지에 부과하는 세금. 地租(지조).
〔地域 지역〕 ①땅의 구역. ②행정·생활권 등으로 나누어진 구역.
〔地緣 지연〕 출신 지역이 같은 사람들끼리의 특별한 인연이나 관계.
〔地熱 지열〕 ①지면의 열기. ②땅속의 열.
〔地獄 지옥〕 ①생전의 죄로 인하여 사

후(死後)에 고통을 받는다는 곳. ↔極樂(극락). ②심한 고통. 또는, 고통을 받는 처지. ‖生地獄(생지옥).
〔地位 지위〕 어떤 사람이 가지는 사회적 신분이나 계급이나 위치.
〔地點 지점〕 땅 위의 어느 한 곳.
〔地主 지주〕 토지의 소유자. 땅임자.
〔地震 지진〕 땅이 흔들리는 현상. 地鳴(지명). 地動(지동).
〔地質 지질〕 지각(地殼)을 구성하는 암석·지층의 성질 또는 상태.
〔地軸 지축〕 ①지구의 자전축. 坤軸(곤축). ②대지의 중심.
〔地層 지층〕 지각(地殼)을 이루는 층.
〔地平線 지평선〕 ①하늘과 땅이 맞닿아 보이는 선. 地平(지평). ②지평면이 천구(天球)와 만나는 큰 원.
〔地表 지표〕 지구의 표면. 또는, 땅의 겉면.
〔地下 지하〕 ①땅속. ↔지상(地上). ②저승.
〔地下運動 지하 운동〕 숨어서 비합법적으로 하는 결사(結社)·집회 등의 운동.
〔地峽 지협〕 바다에 끼어 두 대륙을 잇는 잘록한 땅. ↔海峽(해협).
〔地形 지형〕 땅의 생긴 모양이나 형세.
〔地黃 지황〕 현삼과의 여러해살이 풀. 뿌리는 약재로 씀.
◢各地(각지)/客地(객지)/見地(견지)/耕地(경지)/境地(경지)/高地(고지)/公有地(공유지)/空地(공지)/窮地(궁지)/基地(기지)/露地(노지)/綠地(녹지)/農地(농지)/團地(단지)/大地(대지)/垈地(대지)/墓地(묘지)/番地(번지)/僻地(벽지)/福地(복지)/敷地(부지)/盆地(분지)/死地(사지)/山地(산지)/産地(산지)/聖地(성지)/濕地(습지)/心地(심지)/陽地(양지)/餘地(여지)/奧地(오지)/外地(외지)/要地(요지)/陸地(육지)/陰地(음지)/任地(임지)/立地(입지)/敵地(적지)/猝地(졸지)/陣地(진지)/着地(착지)/處地(처지)/天地(천지)/草地(초지)/宅地(택지)/土地(토지)/平地(평지)/現地(현지)

4 7 坎* 구덩이 감

중kǎn(칸) 일カン, コン 영pit
풀이 ①구덩이. ‖坎穽(감정). ②험하다. ‖坎坷(감가). ③괘 이름. ‖坎卦(감괘).
〔坎坷 감가〕 ①길이 험하여 다니기가 힘듦. ②일이 뜻대로 되지 않아 마음이 답답함.
〔坎卦 감괘〕 8괘의 하나. 물을 상징하며, ☵로 나타냄.
〔坎方 감방〕 북쪽.

4 7 坑*2 구덩이 갱

중kēng(컹) 일コウ/あな 영pit
풀이 ①구덩이. 같阬. ‖坑木(갱목). ②구덩이에 묻다. ‖坑殺(갱살).
〔坑口 갱구〕 갱도(坑道)의 입구.
〔坑內 갱내〕 광산이나 탄광의 갱의 안.
〔坑道 갱도〕 땅속으로 판 통로. 坑路(갱로).
〔坑木 갱목〕 갱도가 무너지지 않도록 내벽에 버티어 대는 나무.
〔坑儒 갱유〕《선비를 묻는다는 뜻으로》 중국의 진시황(秦始皇)이 그의 정치를 비판하는 유생(儒生) 460여 명을 구덩이에 파묻어 죽인 일. ※焚書坑儒(분서갱유).
◢鑛坑(광갱)/金坑(금갱)/斜坑(사갱)/炭坑(탄갱)/廢坑(폐갱)

7 坚 堅(견)의 속자 →155쪽

4 7 均☆*4 고를 균

一 十 土 圴 圴 均 均

중jūn(쥔) 일キン/ひとしい 영even
금 자원 **회의 겸 형성자.** 土(토)와 '고루 나누다'를 뜻하는 匀(균)이 합쳐진 자로, '땅을 고루 나누다'의 뜻을 나타냄. 土는 의미를 나타내고 匀은 의미와 음을 겸하여 나타냄.
풀이 ①고르다. 고르게 함. ‖平均(평균). ②양(量)을 되다.
〔均等 균등〕 차별이나 차이가 없이 평등함.
〔均配 균배〕 고르게 나누어 줌.
〔均分 균분〕 고르게 나눔.
〔均一 균일〕 한결같이 고름.
〔均一制 균일제〕 값이나 요금 등에 차이를 두지 않고 고르게 하는 제도.
〔均田 균전〕 백성에게 고루 농토를 나누어 줌. ‖均田制(균전제).
〔均質 균질〕 ①성질·품질 등이 같음. ②어느 부분을 취하여도 성분·성질 등이 일정함.
〔均割 균할〕 똑같이 분할함.
〔均衡 균형〕 한쪽으로 치우침이 없이 고름. 平衡(평형).
◢平均(평균)

4 7 圻* ❶경기 기 ❷변경 은

중qí(치), yín(인) 일キ, ギン 영boundary
풀이 ❶①경기(京畿). 통畿. ②가장자리. ❷변경(邊境). 끝. 지경. 같垠.

4 7 坍* 물이 언덕 칠 담

3획

㊥tān(탄) ㊐タン
풀이 물이 언덕을 치다.

4 *1
7 **坊** 동네 **방** 坊

㊥fāng(°팡) ㊐ボウ/まち ㊖village
풀이 ①동네. ‖坊坊曲曲(방방곡곡)/坊民(방민). ②저자. 가게. ③관아(官衙)의 이름.
〔坊內 방내〕 마을의 안.
〔坊坊曲曲 방방곡곡〕 한 군데도 빠짐 없는 모든 곳.

4
7 **坏** 언덕 **배** 坏

㊥pī(피), péi(페이) ㊐ハイ ㊖hill
풀이 ①언덕. ②굽지 않은 기와. ③업신여기다. ④벽. 담. ⑤흙으로 벽의 터진 틈을 막다.
〔坏車 배차〕 축이 달린 둥근 널빤지 위에 흙뭉치를 놓고 돌리면서 도자기를 만드는 데 쓰는 물레. 돌림판.
〔坏土 배토〕 질그릇의 원료가 되는 흙.

3획

4 ☆*3-II
7 **坐** 앉을 **좌** 坐

丿 人 人丿 从 从 坐 坐

㊥zuò(쭈어) ㊐ザ/すわる ㊖sit
고 자원 **회의자.** 두 개의 人(인)과 土(흙 토)가 합쳐진 자로, 두 사람이 흙 위에 마주 앉아 있는 모습을 나타냄.
풀이 ①앉다. ‖正坐(정좌). ②무릎 꿇다. ③죄에 빠지다. ‖連坐(연좌). ④자리. 좌석. ㊔座.
〔坐見千里 좌견천리〕 (앉아서 천 리를 본다는 뜻으로) 보이지 않는 먼 곳이나 앞일을 내다봄.
〔坐骨 좌골〕 골반을 이루는 뼈.
〔坐不安席 좌불안석〕 (앉아도 자리가 편안하지 않다는 뜻으로) 마음이 몹시 불안하거나 걱정스러워 한군데에 앉아 있지 못하고 안절부절못하는 모양을 이름.
〔坐像 좌상〕 앉은 모양의 그림이나 조각.
〔坐禪 좌선〕 가부좌(跏趺坐)를 하고 고요히 참선함.
〔坐視 좌시〕 참견하지 않고 앉아서 보기만 함. 傍觀(방관).
〔坐式 좌식〕 앉아서 하는 방식.
〔坐藥 좌약〕 항문 따위에 넣는 약.
〔坐杖 좌장〕 노인이 앉은 채로 겨드랑이를 괴어 몸을 의지하는, '정(丁)' 자 모양의 짧은 지팡이.
〔坐定 좌정〕 자리 잡아 앉음. 남을 높일 때 씀.
〔坐井觀天 좌정관천〕 (우물 속에 앉아 하늘을 본다는 뜻으로) 식견(識見)이 좁음. 井中觀天(정중관천). 井底蛙(정저와).
〔坐礁 좌초〕 배가 암초에 걸림.
〔坐板 좌판〕 ①땅에 놓고 앉게 해 놓은 널조각. ②팔기 위해 물건을 늘어놓은 널조각.
◢結跏趺坐(결가부좌)/對座(대좌)/獨坐(독좌)/上坐(상좌)/連坐(연좌)/正坐(정좌)

4 *2
7 **址** 터 **지** 址

㊥zhǐ(°즈) ㊐シ/あと ㊖foundation
풀이 터. 토대.
〔址臺 지대〕 담·집채 등의 밑의 지면에 터전을 잡고 돌로 쌓은 부분.
◢寺址(사지)/城址(성지)/窯址(요지)/住居地(주거지)

4 *
7 **坂** 비탈 **판** 坂

㊥bǎn(반) ㊐ハン/さか ㊖slope
풀이 ①비탈. ㊎阪. ‖丘坂(구판). ②고개. ‖坂路(판로).

5
8 **坩** 도가니 **감** 坩

㊥gān(깐) ㊐カン ㊖melting pot
풀이 도가니.
〔坩堝 감과〕 금속을 녹이는 데 쓰는 그릇. 도가니.

5 *
8 **坰** 들 **경** 坰

㊥jiōng(찌옹) ㊐ケイ ㊖field
풀이 들. 국경에 가까운 곳.

5 ☆*3
8 **坤** 괘 이름 **곤** 坤

一 十 土 扣 扣 坩 坦 坤

㊥kūn(쿤) ㊐コン ㊖earth
풀이 ①괘 이름. ‖坤卦(곤괘). ②땅. ‖乾坤(건곤). ③황후(皇后). ‖坤殿(곤전).
〔坤卦 곤괘〕 8괘의 하나. 땅을 상징하며, ☷로 나타냄.
〔坤位 곤위〕 여자의 무덤이나 신주(神主).
〔坤殿 곤전〕 왕후. 中宮殿(중궁전).
〔坤坐 곤좌〕 묏자리나 집터가 곤방(坤方)을 등진 좌향(坐向).
〔坤坐艮向 곤좌간향〕 곤방에서 간방(艮方)으로 향한 좌향(坐向).
◢乾坤(건곤)

8 **坵*** 丘(구)의 속자 →8쪽

5 8 **垈***2 [한]터 **대** 垈

[풀이] 터. 집터.
〔垈田 대전〕 ①텃밭. ②집터와 밭.
〔垈地 대지〕 집터.

5 8 **坮*** 臺(대)와 동자 →630쪽

5 8 **垂**★✱3-Ⅱ 드리울 **수** 垂

[중]chuí(°추에이) [일]スイ/たれる [영]hang down
[풀이] ①드리우다. ‖懸垂(현수). ②가. 가장자리. 변경. ③거의.
〔垂簾聽政 수렴청정〕 임금이 어린 나이로 즉위하였을 때, 왕대비나 대왕대비가 이를 도와 정사를 돌보던 일.
〔垂範 수범〕 남에게 모범을 보임. ‖率先垂範(솔선수범).
〔垂成 수성〕 일이 거의 이루어짐.
〔垂楊 수양〕 수양버들. 垂柳(수류).
〔垂迹 수적〕 부처가 중생을 구하기 위하여 다시 이 세상에 화신(化身)하여 나오는 일.
〔垂直 수직〕 ①똑바로 드리움. ②하나의 직선이나 평면에 대하여 직각을 이룸. ‖垂直線(수직선).
〔垂訓 수훈〕 후세에 전하는 교훈. ‖山上垂訓(산상 수훈).
◢胃下垂(위하수)/蟲垂(충수)

5 8 **坧*** 토대 **척**

[중]zhí(°즈) [일]セキ [영]base
[풀이] 토대. 기초.

5 8 **坼*** 터질 **탁** 坼

[중]chè(°처) [일]タク/さける [영]break
[풀이] ①터지다. [통]拆. ②열리다.
〔坼裂 탁렬〕 터져 갈라짐.
〔坼榜 탁방〕 ①과거(科擧)에 급제한 사람의 이름을 게시함. ②어떤 일 따위의 결말의 비유.

5 8 **坦***1 평평할 **탄** 坦

[중]tǎn(탄) [일]タン/たいらか [영]plain
[풀이] ①평평하다. ②너그럽다. ③크다.
〔坦率 탄솔〕 성품이 너그럽고 대범함.
〔坦坦大路 탄탄대로〕 ①평탄하고 넓은 길. 坦路(탄로). 坦道(탄도). ②장래가 어려움이 없이 순탄함.
◢順坦(순탄)/平坦(평탄)

5 8 **坡***2 고개 **파** 坡

[중]pō(포) [일]ハ/さか [영]slope
[풀이] ①고개. 비탈길. [통]坂. ‖坡陀(파타). ②둑. 제방.

5 8 **坪***2 평평할 **평** 坪

[중]píng(핑) [일]ヘイ [영]plain
[풀이] ①평평하다. 평지(平地). ②지적(地積)의 단위. 6척제곱. 평. 보(步). ‖建坪(건평).
〔坪數 평수〕 평(坪)으로 따진 넓이.
◢建坪(건평)

6 9 **垢***1 때 **구** 垢

[중]gòu(꺼우) [일]コウ, ク/あか [영]dirt
[풀이] ①때. 찌꺼기. ‖齒垢(치구). ②먼지. ③때묻다. 악(惡)함.
◢無垢(무구)

6 9 **垌*** 항아리 **동**

[중]dòng(뚱), tóng(퉁) [일]トウ [영]crock
[풀이] ①항아리. ②[한]동막이. 둑을 쌓아 막는 일.

6 9 **城**· 城(성)과 동자 →154쪽

6 9 **垣*** 담 **원** 垣

[중]yuán(위엔) [일]エン/かき [영]fence
[풀이] ①담. ‖垣牆(원장). ②관아.

6 9 **垠***2 끝 **은** 垠

[중]yín(인) [일]ギン, ゴン [영]verge
[풀이] ①끝. 가장자리. ②기슭.

6 9 **垞*** 언덕 **택** 垞

[중]chá(°차) [일]タ [영]hill

6 9 **垓*** 지경 **해** [본]**개** 垓

[중]gāi(까이) [일]ガイ [영]boundary
[풀이] ①지경. 끝. ‖垓子(해자). ②넓은 땅.

3획

③수(數)의 이름. 천억 또는 경(京)의 1억 배.
〔垓心 해심〕 포위된 한가운데.
〔垓子 해자〕 ①능이나 묘의 경계. ②성 주위를 둘러 판 못.

6 9 型 *2 거푸집 형 型

[중]xíng(싱) [일]ケイ/かた
[영]mold, model
[풀이] ①거푸집. ‖模型(모형). ②본. 모범. ‖典型(전형).
〔型蠟 형랍〕 조각할 때, 본을 뜨는 데에 쓰는 재료. 송진·밀랍 따위.
〔型紙 형지〕 어떤 본을 떠서 만든 종이. 양재·수예 등에 쓰임.
◢舊型(구형)/金型(금형)/大型(대형)/模型(모형)/木型(목형)/文型(문형)/選多型(선다형)/小型(소형)/新型(신형)/原型(원형)/流線型(유선형)/類型(유형)/理想型(이상형)/典型(전형)/定型(정형)/鑄型(주형)/中型(중형)/紙型(지형)/體型(체형)/判型(판형)/血液型(혈액형)

9 垕 *

厚(후)의 고자 →108쪽

7 10 埋 ★*3 묻을 매 埋

十 土 圠 圳 坦 坦 埋 埋

[중]mái(마이) [일]マイ/うめる [영]bury
[갑] [자원] 土(토)와 里(리)가 합친 형성자로 里는 貍(삵 리)의 생략형으로 음을 나타낸다는 설과, 갑골문에서 보듯 너구리가 흙비를 맞아 몸빛깔을 감추었다는 데에서 '감추다', '묻다'의 뜻을 나타낸다는 설 등이 있음.
[풀이] ①묻다. ‖埋葬(매장). ②묻히다.
〔埋立 매립〕 우묵한 땅이나 하천, 바다 등을 돌이나 흙 등으로 메움.
〔埋沒 매몰〕 보이지 않게 파묻거나 파묻힘.
〔埋伏 매복〕 불시에 습격하려고 몰래 숨어 있음.
〔埋設 매설〕 땅속에 파묻어 설치함.
〔埋葬 매장〕 ①시체를 땅에 묻음. ②못된 짓을 한 사람을 사회에서 활동하지 못하게 함.
〔埋藏 매장〕 ①묻어서 감춤. ②묻혀 있음. ‖埋藏量(매장량).
◢生埋(생매)

7 10 城 ☆*4-Ⅱ 성 성 [동]城 城

一 土 圠 圹 圻 城 城 城

[중]chéng(°청) [일]ジョウ/しろ [영]castle
[금] [전] [자원] 회의 겸 형성자. 금문에서 왼쪽 부분은 성곽에 세워진 망루를 나타내고, 오른쪽 부분은 긴 자루에 도끼 날이 달린 무기를 나타내어 무기를 들고 지키는 곳을 뜻함. 소전에서 왼쪽 부분이 土(흙 토)로 바뀜. 土는 의미를 나타내고 成은 의미와 음을 겸하여 나타냄.
[풀이] 성. 성벽.
〔城郭 성곽〕 ①내성(內城)과 외성(外城). ②성(城). 城廓(성곽).
〔城門 성문〕 성의 문.
〔城壁 성벽〕 성곽의 벽.
〔城主 성주〕 ①성의 우두머리. ②봉건시대의 한 지방의 영주(領主).
〔城池 성지〕 ①성 둘레에 판 못. 城壕(성호). ②성벽과 이를 에워싼 해자(垓子).
〔城址 성지〕 성터.
〔城砦 성채〕 성과 요새. 城塞(성새).
〔城柵 성책〕 목책(木柵)을 두른 진지.
〔城下之盟 성하지맹〕 《'성 아래서의 맹약'이란 뜻으로》 도성 밑까지 쳐들어온 적군과의 굴욕적인 강화의 맹약.
◢干城(간성)/京城(경성)/古城(고성)/孤城(고성)/宮城(궁성)/籠城(농성)/都城(도성)/萬里長城(만리장성)/邊城(변성)/不夜城(불야성)/山城(산성)/守城(수성)/牙城(아성)/王城(왕성)/外城(외성)/入城(입성)/長城(장성)/鐵甕城(철옹성)/築城(축성)/土城(토성)

7 10 埃 *2 티끌 애 埃

[중]āi(아이) [일]アイ/ほこり [영]dust
[풀이] 티끌. 흙먼지. ‖塵埃(진애).
◢塵埃(진애)

7 10 垸 * 바를 완 [본]환 垸

[중]huán(후안) [일]カン
[풀이] 바르다. 옻과 회를 섞어 바름.

7 10 埇 * 길 돋울 용

[중]yǒng(용) [일]ヨウ, ユ
[풀이] 길을 돋우다.

7 10 埈 *2 가파를 준 埈

[중]jùn(쥔) [일]シュン
[풀이] 가파르다.

8 11 堈 * 언덕 강 堈

[중]gāng(깡) [일]コウ/おか [영]hill
[풀이] ①언덕. ②독. 항아리.

☆✱4
8 11 **堅** 굳을 **견** [속][간] 坚 坚 堅

[중]jiān(찌엔) [일]ケン/かたい [영]hard
[풀이] ①굳다. 단단함. ‖堅固(견고). ②강하다. 굳셈. ③굳어지다.
〔堅固 견고〕 굳고 튼튼함. 堅牢(견뢰).
〔堅果 견과〕 껍질이 단단한 나무 열매. 殼果(각과).
〔堅實 견실〕 튼튼하고 착실함.
〔堅靭 견인〕 단단하고 질김.
〔堅忍不拔 견인불발〕 굳게 참고 견디어 마음이 흔들리지 않음.
〔堅持 견지〕 주장 따위를 굳게 지니거나 지킴.
◢中堅(중견)

✱
8 11 **堀** 굴 **굴**

[중]kū(쿠) [일]クツ/ほり [영]cave
[풀이] ①굴. ②파다.

✱
8 11 **埼** 갑 **기**

[중]qí(치) [일]キ [영]cape
[풀이] ①갑. 곶. ②산부리.

☆✱5
8 11 **基** 터 **기** 基

一 十 卄 廿 甘 其 基 基

[중]jī(찌) [일]キ/もと [영]base
[자원] **형성자.** 土(토)는 의미를 나타내고 其(기)는 음을 나타냄.
[풀이] ①터. 토대. ‖基盤(기반). ②비롯하다. 시초. ‖基本(기본).
〔基幹 기간〕 어떤 분야나 부문에서 가장 으뜸이 되거나 중심이 되는 부분. ‖基幹産業(기간산업).
〔基金 기금〕 어떤 일의 비용을 충당할 재원(財源)이 되는 자금.
〔基壇 기단〕 탑·비석 등의 건축물의 맨 아래에 쌓아 만든 단.
〔基盤 기반〕 기초가 되는 바탕. 또는, 사물의 토대.
〔基本 기본〕 사물의 가장 중요한 밑바탕. ‖基本權(기본권).
〔基本給 기본급〕 봉급의 중심을 이루는 급여(給與). 本俸(본봉).
〔基部 기부〕 기초가 되는 부분. 底部(저부).
〔基因 기인〕 기본이 되는 원인.
〔基底 기저〕 기초가 되는 밑바닥.
〔基調 기조〕 작품·행동·사상 등의 기본적인 사고방식.
〔基準 기준〕 기본이 되는 표준. ‖基準線(기준선).
〔基地 기지〕 ①군대의 보급(補給)·수송·통신·항공 등의 기점(基點)이 되는 곳. ②터전.
〔基礎 기초〕 ①건물 따위와 같은 구조물의 무게를 받치기 위해 만든 밑받침. 基地(기지). 土臺(토대). ‖基礎工事(기초 공사). ②사물의 기본이 되는 토대. 根底(근저).
〔基層 기층〕 ①사물의 기초를 이루는 밑바탕. ②여러 층으로 된 것의 밑바탕이 되는 층.
◢國基(국기)/酸基(산기)/水酸基(수산기)/鹽基(염기)

☆✱6
8 11 **堂** 집 **당** 堂

丨 丷 ⺌ 尚 尚 尚 堂 堂

[중]táng(탕) [일]ドウ [영]hall
[자원] **형성자.** 土(토)는 의미를 나타내고 尙(상)은 음을 나타냄.
[풀이] ①집. 터를 돋우어 지은 큰 집. ‖高堂(고당)/公會堂(공회당). ②당당하다. 의젓함. ‖步武堂堂(보무당당). ③대소가(大小家). 8촌 안쪽의 친족. ‖堂叔(당숙).
〔堂姑母 당고모〕 아버지의 사촌 자매. 從姑母(종고모).
〔堂內 당내〕 ①8촌 이내의 친족. ②사당(祠堂)·불당 등의 안.
〔堂內至親 당내지친〕 8촌 이내의 가까운 친족.
〔堂堂 당당〕 ①거리끼는 것이 없이 떳떳함. ②위세나 세도가 남을 누를 만큼 대단함.
〔堂上 당상〕 ①대청 위. ②조선 시대, 문관은 정3품인 통정대부·명선대부·봉순대부 이상, 무관은 절충장군(折衝將軍) 이상의 벼슬. ↔堂下(당하).
〔堂上官 당상관〕 당상의 벼슬아치.
〔堂叔 당숙〕 아버지의 사촌 형제. 從叔(종숙).
〔堂姪 당질〕 사촌 형제의 아들. 從姪(종질).
〔堂下 당하〕 ①대청 아래. ②조선 시대, 문관은 창선대부·정순대부·통훈대부 이하, 무관은 어모장군(禦侮將軍) 이하의 벼슬. ↔堂上(당상).
〔堂下官 당하관〕 당하의 벼슬아치.
〔堂兄弟 당형제〕 사촌 형제. 從兄弟(종형제).
〔堂號 당호〕 ①당우(堂宇)의 이름. ②집의 이름에서 따온 그 주인의 호. ③도를 훌륭하게 닦은 승려에게 법사가 지어 주는 별호(別號).
◢講堂(강당)/公會堂(공회당)/金堂(금당)/納骨堂(납골당)/滿堂(만당)/明堂(명당)/法堂(법당)/別堂(별당)/封堂(봉

당)/祠堂(사당)/書堂(서당)/聖堂(성당)/食堂(식당)/禮拜堂(예배당)/殿堂(전당)/天堂(천당)/七星堂(칠성당)/學堂(학당)

★*3-Ⅱ
8 11 **培** 북돋울 **배** 培

十 土 圹 圹 垆 垶 培 培

㊥péi(페이) ㊐バイ/つちかう ㊎hill up
자원 **형성자.** 土(토)는 의미를 나타내고 咅(부)는 음을 나타냄.
풀이 ①북돋우다. 더함. ‖栽培(재배). ②손질하다.
〔培養 배양〕 ①식물을 북돋아 기름. ②미생물 따위를 인공적인 조건 아래에서 기름. ③능력·실력 등을 길러 냄.
〔培養土 배양토〕 거름을 섞어서 걸게 한 흙.
〔培土 배토〕 그루에 북을 돋움. 또는, 그 흙. 북주기.
◢栽培(재배)

*1
8 11 **埠** 부두 **부** 埠

㊥bù(뿌) ㊐フ/はとば ㊎wharf
풀이 부두. 선창.
〔埠頭 부두〕 배를 대어 사람과 짐이 뭍으로 오르내릴 수 있도록 만들어 놓은 곳. 선창(船艙).

*
8 11 **埴** 찰흙 **식*** **치** ㉮埴 埴

㊥zhí(°즈) ㊐ショク/はに ㊎clay
풀이 ①찰흙. 점토(粘土). ②진흙.
〔埴土 식토·치토〕 점토질을 50% 이상 포함한 흙.

*1
8 11 **堊** 백토 **악** ㉮垩 堊

㊥è(어) ㊐アク, ア ㊎white clay
풀이 ①백토. 석회. ②흰 빛깔.
〔堊次 악차〕 상제가 거상(居喪) 중 무덤 옆에서 거처하는 뜸집.
◢百堊(백악)

*
11 **埜** 野(야)의 고자 →764쪽

★*4
8 11 **域** 지경 **역** 域

十 土 圹 坛 垣 域 域 域

㊥yù(위) ㊐イキ/さかい ㊎boundary
자원 **회의 겸 형성자.** 土(토)와 或(역, 혹)이 합쳐진 자로, 土는 의미를 나타내고 或은 의미와 음을 겸하여 나타냄. 或은 창을 뜻하는 戈(과)와 어느 지역을 나타내는 口(위)와 방어를 위한 장애물을 뜻하는 가로획이 합쳐진 자로 國(국)의 본자이나, '혹시'의 뜻으로 쓰이게 되면서 본뜻을 보존하기 위해 土를 더하여 域이 됨.
풀이 지경. 경계. ‖區域(구역).
〔域內 역내〕 일정한 장소의 안. ↔域外(역외).
〔域外 역외〕 일정한 장소의 밖. ↔域內(역내).
◢廣域(광역)/區域(구역)/圈域(권역)/槿域(근역)/墓域(묘역)/西域(서역)/聖域(성역)/水域(수역)/殊域(수역)/領域(영역)/流域(유역)/音域(음역)/異域(이역)/全域(전역)/地域(지역)/海域(해역)

*
8 11 **埤** 성가퀴 **예**

㊥nì(니) ㊐ゲイ ㊎battlements

*
11 **埶** 藝(예)와 동자 →660쪽

*
8 11 **堉** 기름진 땅 **육** 堉

㊥yù(위) ㊐イク ㊎fertile land
풀이 기름진 땅. 걸찬 땅.

*
8 11 **埩** 다스릴 **정**

㊥zhēng(°쩡) ㊐ソウ ㊎manage
풀이 ①다스리다. ②못 이름.

*
8 11 **埻** 과녁 **준**

㊥zhǔn(°준) ㊐シュン ㊎target
풀이 ①과녁. 표적. ②법.

☆*3-Ⅱ
8 11 **執** 잡을 **집** ㉮执 執

土 圭 坴 坴 幸 執 執 執

㊥zhí(°즈) ㊐シュウ, シツ/とる ㊎hold
갑 금 자원 **회의자.** 갑골문은 형틀(또는, 수갑)에 두 손이 채워진 채 무릎을 꿇은 사람의 모습을 나타냄. 여기에서 움직이지 않고 자리를 지킨다는 뜻이 나옴.
풀이 ①잡다. 지킴. ‖固執(고집). ②처리하다. 다스림. ‖執行(집행). ③사귀다. ④벗.
〔執權 집권〕 정권을 잡음. 執柄(집병).

〔執念 집념〕 한 가지 일에 매달려 마음을 쏟음. 또는, 그 마음.
〔執刀 집도〕 ①칼을 쥠. ②수술이나 해부를 하기 위해 메스를 잡음.
〔執務 집무〕 업무를 맡아봄.
〔執事 집사〕 ①주인 옆에 있으면서 그 집 일을 맡아보는 사람. ②교회 직분의 하나. 또는, 그 직분을 맡은 사람. ③편지에서, 귀인의 이름 밑에 쓰던 말. ④절에서 여러 가지 잡무를 처리하는 소임.
〔執拗 집요〕 고집스럽게 끈질김.
〔執典 집전〕 전례(典禮)를 다잡아 집행함.
〔執政 집정〕 국정을 집행함. 또는, 그 사람.
〔執着 집착〕 마음이 사물에 사로잡힘.
〔執銃 집총〕 총을 쥐거나 몸에 지님.
〔執筆 집필〕 《붓을 잡는다는 뜻으로》 직접 글을 씀.
〔執行 집행〕 실제로 시행함. ‖強制執行(강제 집행).
〔執行猶豫 집행 유예〕 3년 이하의 징역이나 금고형(禁錮刑)을 선고할 때, 정상에 따라 일정 기간 형의 집행을 미루는 일.
◪固執(고집)/妄執(망집)/我執(아집)/壅固執(옹고집)/偏執(편집)

8 *2 11 **埰** 영지 **채** 埰

㊥cǎi(차이) ㊐サイ ㊍feud
풀이 영지(領地). 채지(采地). 식읍.

8 *1 11 **堆** 언덕 **퇴** 堆

㊥duī(뚜에이) ㊐タイ, ツイ/おか ㊍heap
풀이 ①언덕. 흙더미. ②쌓다. ③놓다.
〔堆肥 퇴비〕 잡초 따위를 쌓아 썩힌 거름. 두엄.
〔堆積 퇴적〕 ①많이 덮쳐 쌓거나 쌓임. ②퇴적 작용.
〔堆朱 퇴주〕 붉은 옻을 두껍게 칠하여 산수·화조(花鳥) 등의 그림을 새기는 공예.

9 *1 12 **堪** 견딜 **감** 堪

㊥kān(칸) ㊐カン/たえる ㊍endure
풀이 ①견디다. 감당함. ‖堪耐(감내). ②이기다. 뛰어남. ③하늘.
〔堪耐 감내〕 참고 견딤. 堪忍(감인).
〔堪當 감당〕 ①일을 능히 해 냄. ②능히 견뎌 냄.
〔堪輿 감여〕 ①《'만물을 포용하여 싣고 있는 물건'이라는 뜻으로》 하늘과 땅. ②풍수지리. ‖堪輿家(감여가).

* 12 **堺** 界(계)와 동자 →509쪽

12 **堦** 階(계)와 동자 →789쪽

9 12 **堝** 도가니 **과** 堝

㊥guō(꾸어) ㊐カ/るつぼ ㊍crucible
풀이 도가니. ‖坩堝(감과).

9 *1 12 **堵** 담 **도** 간 堵 堵

㊥dǔ(두) ㊐ト ㊍fence
풀이 ①담. ②담처럼 빙 두르다. ‖堵列(도열). ③거처. 집. ‖安堵(안도).
〔堵列 도열〕 많은 사람들이 죽 늘어섬. 또는, 그 대열.
◪安堵(안도)

9 *1 12 **堡** 작은 성 **보** 堡

㊥bǎo(바오) ㊐ホ, ホウ/とりで ㊍fort
풀이 ①작은 성. 성채(城砦). ‖城堡(성보)/堡壘(보루). ②언덕. ③둑. 제방.
〔堡壘 보루〕 ①적의 침입을 막기 위해 튼튼하게 쌓은 구축물. 堡障(보장). 堡砦(보채). ②수호해야 할 대상의 비유.
◪橋頭堡(교두보)/城堡(성보)/海堡(해보)

9 ☆*4-Ⅱ 12 **報** 갚을 **보** 간 报 報

土	圭	幸	幸	幸7	郣	郣	報

㊥bào(빠오) ㊐ホウ/むくいる ㊍repay
갑 금 자원 **회의자.** 죄수의 두 팔을 고정시키는 형틀을 뜻하는 幸(행)과 꿇어앉은 사람을 뜻하는 卩(절)과 손을 뜻하는 又(우)가 합쳐진 자로, 죄인을 손에 형틀을 채워 꿇어앉히고 등 뒤에서 손으로 그의 목을 누르는 모습을 나타냄. '죄를 판결하다'가 본뜻이나 '갚다', '알리다' 등의 뜻이 파생됨.
풀이 ①갚다. 보답. 보복. ‖報恩(보은). ②알리다. ‖通報(통보)/報道(보도).
〔報告 보고〕 ①일의 내용이나 결과를 알림. 通報(통보). ②보고서.
〔報國 보국〕 국은(國恩)에 보답함. 또는, 나라를 위해 충성함.
〔報答 보답〕 은혜를 갚음.
〔報道 보도〕 사회의 새 소식을 널리 알림. ‖報道機關(보도 기관).
〔報道管制 보도 관제〕 국가가 필요에 따라 특정한 사항의 보도를 제한하여 관리하는 일.

3획

〔報復 보복〕 원수를 갚음. 報仇(보구). 報讐(보수). 復仇(복구). 앙갚음.
〔報償 보상〕 빚·은혜 등을 갚음.
〔報酬 보수〕 ①고맙게 해 준 데 대해 보답함. 또는, 그 보답. 사의(謝儀). ②노무 또는 물건 사용의 대가로 지급하는 금품.
〔報怨 보원〕 원수를 갚음. 앙갚음.
〔報恩 보은〕 은혜를 갚음. 報德(보덕). ↔背恩(배은).
〔報知 보지〕 보고하여 알림.
〔報勳 보훈〕 나라를 위해 세운 공에 대해 보답함.
◢警報(경보)/公報(공보)/果報(과보)/官報(관보)/朗報(낭보)/壁報(벽보)/悲報(비보)/社報(사보)/速報(속보)/時報(시보)/業報(업보)/豫報(예보)/誤報(오보)/月報(월보)/應報(응보)/日報(일보)/電報(전보)/情報(정보)/提報(제보)/週報(주보)/牒報(첩보)/快報(쾌보)/通報(통보)/特報(특보)/學報(학보)/弘報(홍보)/畫報(화보)/會報(회보)/凶報(흉보)

9 *1
12 **堰** 방죽 **언** [통] 隁 堰

[중]yàn(옌) [일]エン/せき [영]dam
[풀이] ①방죽. ②물을 막다.
〔堰堤 언제〕 댐. 둑. 방죽.

9 *
12 **堧** 빈터 **연**

[중]ruán(°루안) [일]ゼン
[풀이] 빈터. 묘(廟)의 안 담과 바깥 담 사이의 빈터.

9 *2
12 **堯** 요임금 **요** [간] 尧 堯

[중]yáo(야오) [일]ギョウ
[풀이] ①요임금. ‖堯帝(요제). ②높다.
〔堯舜 요순〕 중국 고대의 성군인 요임금과 순임금. ‖堯舜時代(요순시대). ↔桀紂(걸주).

9 *
12 **堣** 모퉁이 **우** 堣

[중]yú(위) [일]ウ

9 ☆*7
12 **場** 마당 **장** [통] 塲 [간] 场 場

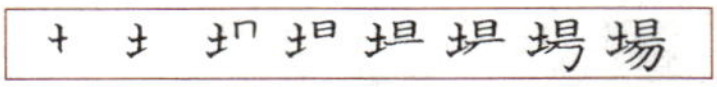

[중]chǎng(°창) [일]ジョウ/ば [영]place
[자원] **형성자.** 土(토)는 의미를 나타내고 昜(양)은 음을 나타냄.
[풀이] ①마당. 곳. ‖場所(장소). ②때. 경우. ‖場面(장면).
〔場內 장내〕 ①어떤 장소의 안. ↔場外(장외). ②과거를 보던 과장(科場)의 안. 장중(場中).
〔場面 장면〕 ①어떤 장소에서 벌어진 광경. ②연극이나 영화 등의 한 정경(情景).
〔場邊 장변〕 장에서 꾸는 돈의 이자. 한 장도막, 곧 닷새 동안의 이자를 얼마로 셈함. 場邊利(장변리). 場賭地(장도지).
〔場稅 장세〕 시장에서 상인들로부터 장소 사용료로 받는 세금. 場收稅(장수세).
〔場所 장소〕 곳. 자리.
〔場外 장외〕 어떤 장소의 밖. ↔場內(장내).
◢開場(개장)/客場(객장)/工場(공장)/廣場(광장)/球場(구장)/劇場(극장)/亂場(난장)/農場(농장)/當場(당장)/道場(도량·도장)/登場(등장)/滿場(만장)/賣場(매장)/牧場(목장)/市場(시장)/式場(식장)/漁場(어장)/浴場(욕장)/入場(입장)/立場(입장)/戰場(전장)/職場(직장)/出場(출장)/退場(퇴장)/罷場(파장)/閉場(폐장)/現場(현장)/刑場(형장)

9 ★*3
12 **堤** 방죽 **제** 堤

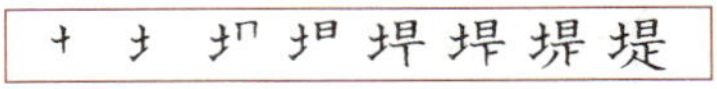

[중]dī(띠) [일]テイ/つつみ [영]dike
[자원] **형성자.** 土(토)는 의미를 나타내고 是(시)는 음을 나타냄.
[풀이] 방죽. 둑.
〔堤防 제방〕 물가에 흙이나 돌, 콘크리트 등으로 쌓은 둑. 堤塘(제당).
◢防波堤(방파제)/堰堤(언제)

9 *
12 **堞** 성가퀴 **첩** 堞

[중]dié(디에) [일]チョウ
[풀이] 성가퀴. 성 위에 낮게 쌓은 담. ‖城堞(성첩).

9 *
12 **堭** 당집 **황**

[중]huáng(후앙) [일]コウ [영]temple
[풀이] ①당집. ②해자.

9
12 **堠** 봉화대 **후** 堠

[중]hòu(허우) [일]コウ
[영]beacon mound
[풀이] ①봉화대. 망을 보는 돈대(墩臺). ②이정표(里程標). 길의 이수(里數)를 표시하는 돈대.
〔堠望 후망〕 봉화대에 올라가 멀리 살

피며 경계함.

10 *2
13 **塏** 높고 건조할 **개** 간 垲 塏

중kǎi(카이) 일カイ
풀이 높고 건조하다. 높고 건조한 땅. ‖塏塏(개개).

10 ★*3
13 **塊** 흙덩이 **괴** 간 块 塊

十 扌 扌 圹 坤 坤 塊 塊

중kuài(쿠아이) 일カイ/つちくれ 영clod
자원 **형성자.** 土(토)는 의미를 나타내고 鬼(귀)는 음을 나타냄.
풀이 흙덩이. 덩이. ‖土塊(토괴).
〔塊莖 괴경〕 땅속줄기의 일부가 녹말을 저장하여 덩이 모양으로 비대해진 것. 감자·뚱딴지 따위. 덩이줄기.
〔塊根 괴근〕 덩이뿌리.
〔塊狀 괴상〕 덩이 모양.
〔塊石 괴석〕 돌덩이.
◢金塊(금괴)

10 *2
13 **塘** 못 **당** 塘

중táng(탕) 일トウ/ためいけ 영pond
풀이 ①못. 연못. ‖池塘(지당). ②방죽. 둑. ③파수. 경비.

10 ★*3
13 **塗** 진흙 **도** 간 涂 塗

중tú(투) 일ト/どろ 영mud
풀이 ①진흙. 진창. ‖塗炭(도탄). ②칠하다. 꾸밈. ‖塗料(도료). ③길. ‖塗說(도설).
〔塗料 도료〕 물건의 미화·보호를 위해 그 겉에 바르는 재료. 바니시·페인트 따위.
〔塗抹 도말〕 ①발라서 가림. ②임시변통으로 발라맞춤.
〔塗褙 도배〕 벽·천장·장지·장판 등을 종이로 바름.
〔塗色 도색〕 물체에 색을 칠하여 입힘.
〔塗裝 도장〕 칠하여 치장함. ‖塗裝工(도장공).
〔塗炭 도탄〕 《진구렁에 빠지고 숯불에 탄다는 뜻으로》 몹시 곤궁하여 고통스러운 지경.
〔塗布 도포〕 약 따위를 겉에 바름.
◢糊塗(호도)

10 ★*3-Ⅱ
13 **塞** ❶변방 **새** ★*3-Ⅱ ❷막을 **색** *3-Ⅱ 塞

丶 宀 宀 宀 寉 寒 寒 塞

중sài(싸이), sè(써)
일サイ, ソク/ふさぐ 영frontier, block
갑 자원 **회의 겸 형성자.** 寒(하)와 土(토)가 합쳐진 자로, 양손으로 지붕 아래의 틈에 기와나 흙을 갖다 쌓거나 메워서 막는 것을 나타냄. 土는 의미를 나타내고 寒는 의미와 음을 겸하여 나타냄.
풀이 ❶①변방. 변경. ‖塞翁之馬(새옹지마). ②성채. ‖要塞(요새). ❷①막다. ②충만하다.
〔塞翁得失 새옹득실〕 한때의 이익이 장차 손해가 되기도 하고, 한때의 화(禍)가 장래에 복을 가져오기도 함. 塞翁禍福(새옹화복).
〔塞翁之馬 새옹지마〕 《옛날에 중국 북방에서 살던 노인이 기르던 말이 달아나서 낙심하였는데, 그 덕분에 훌륭한 말을 다시 얻게 되었고, 그 말을 타던 아들이 낙마하여 다리가 부러졌으나, 그로 인해 아들이 전쟁에 끌려 나가지 않아 죽음을 면했다는 고사에서》 인생의 길흉화복은 변화가 많아 예측하기 어려움.
〔塞外 새외〕 ①요새의 바깥. ②만리장성 밖. 邊境(변경).
〔塞源 색원〕 근원을 아예 없애 버림. ‖拔本塞源(발본색원).
◢梗塞(경색)/窘塞(군색)/窮塞(궁색)/語塞(어색)/壅塞(옹색)/要塞(요새)/窒塞(질색)

10 *1
13 **塑** 토우 **소** 塑

중sù(쑤) 일ソ 영clay icon
풀이 ①토우(土偶). 흙으로 만든 인형. ‖塑像(소상). ②흙을 이겨서 형상을 만들다. ‖彫塑(조소).
〔塑像 소상〕 찰흙으로 만든 조상(彫像).
〔塑性 소성〕 고체가 힘을 받아 형태가 변한 것이 그 힘을 없애도 본래의 상태로 돌아가지 않는 성질.
◢彫塑(조소)

10 *
13 **塍** 밭두둑 **승**

중chéng(°청) 일ショウ/あぜ 영ridge

10
13 **塒** 홰 **시** 간 埘 塒

중shí(°스) 일シ 영perch
풀이 홰. 새장이나 닭장 속에 새나 닭이 앉도록 가로지른 나무 막대.

13 **塩** 鹽(염)의 속자 →840쪽

10 **塋** * 무덤 **영** 간 茔 塋
13

중yíng(잉) 일エイ/はか 영grave
풀이 무덤. ‖先塋(선영).
◢墳塋(분영)/先塋(선영)

10 **塢** * 둑 **오** 간 坞 塢
13

중wū(우) 일オ/どて 영bank
풀이 ①둑. ②성채(城砦). ③마을.

10 **塡** *1 ❶메울 **전***1 ❷누를 **진*** 간 填 塡
13

중tián(티엔) 일テン/みたす 영fill
풀이 ❶메우다. 채움. ‖裝塡(장전). ❷누르다. 평정함.
〔塡補 전보〕 부족이나 결손을 채워서 메움. 塡充(전충).
〔塡塞 전색〕 메어서 막히거나 또는 막음.
◢補塡(보전)/裝塡(장전)/充塡(충전)

3획

10 **塚** *1 무덤 **총** 塚
13

중zhǒng(°중) 일チョウ/つか 영tomb
풀이 무덤. 묘. 같冢.
〔塚墓 총묘〕 무덤.
〔塚主 총주〕 무덤을 관리하는 자손.
◢古塚(고총)/積石塚(적석총)/貝塚(패총)

10 **塔** ★*3-Ⅱ 탑 **탑** 塔
13

十 土 圹 圻 垬 垯 塔 塔

중tǎ(타) 일トウ/とう
영pagoda, tower
자원 **형성자.** 土(토)는 의미를 나타내고 荅(답)은 음을 나타냄.
풀이 ①탑. 탑파(塔婆). ②절.
〔塔碑 탑비〕 탑과 비석.
〔塔婆 탑파〕 ①범어 stupa의 음역으로, 불탑(佛塔)을 이름. ②무덤. 뫼.
◢佛塔(불탑)/寺塔(사탑)/石塔(석탑)/尖塔(첨탑)/砲塔(포탑)

13 **塤** * 壎(훈)과 동자 →164쪽

11 **境** ★*4-Ⅱ 지경 **경** 境
14

十 土 圹 圹 埣 培 境 境

중jìng(찡) 일ケイ, キョウ/さかい
영boundary
자원 **형성자.** 土(토)는 의미를 나타내고 竟(경)은 음을 나타냄.
풀이 ①지경. 경계. ‖國境(국경). ②경우. 형편. ‖環境(환경). ③곳.
〔境界 경계〕 ①지역이 구분되는 한계. 地境(지경). 境域(경역). ②사물이 일정한 기준에 따라 분간되는 한계.
〔境內 경내〕 경계의 안. ↔境外(경외).
〔境上斬 경상참〕 옛날에, 서로 이웃한 두 나라에 다 관련이 있는 죄인을 국경에서 처형한 일.
〔境外 경외〕 경계의 밖. ↔境內(경내).
〔境遇 경우〕 놓여 있는 조건이나 놓이게 된 형편 또는 사정.
〔境地 경지〕 쉽게 도달할 수 없는 높은 정신 상태.
◢困境(곤경)/國境(국경)/老境(노경)/桃源境(도원경)/陶醉境(도취경)/無我境(무아경)/無人之境(무인지경)/邊境(변경)/祕境(비경)/死境(사경)/三昧境(삼매경)/仙境(선경)/心境(심경)/逆境(역경)/越境(월경)/漸入佳境(점입가경)/地境(지경)/環境(환경)

11 **墐** * 매흙질할 **근** 墐
14

중jǐn(찐) 일キン
풀이 매흙질하다. 벽을 칠함.

11 **墁** 흙손 **만** 墁
14

중màn(만) 일バン, マン 영trowel
풀이 ①흙손. ②벽의 장식.

11 **墓** ★*4 무덤 **묘** 墓
14

丶 艹 艹 苜 莒 莫 墓 墓

중mù(무) 일ボ/はか 영grave
자원 **형성자.** 土(토)는 의미를 나타내고 莫(막)은 음을 나타냄.
풀이 ①무덤. ‖墳墓(분묘). ②묘지. 영역(塋域). ‖墓域(묘역).
〔墓碣 묘갈〕 묘 앞에 세우는, 위쪽이 둥그스름한 묘비(墓碑).
〔墓界 묘계〕 묘역(墓域)의 경계.
〔墓幕 묘막〕 묘를 지키기 위하여 그 가까이에 지은 작은 집. 丙舍(병사).
〔墓碑 묘비〕 무덤 앞에 세우는 비석. 碑(비).
〔墓域 묘역〕 묘소(墓所)로 정한 구역.
〔墓地 묘지〕 묘소로 쓰는 땅.
〔墓誌 묘지〕 죽은 사람의 이름·신분·행적 등을 기록한 글. 사발이나 돌에 새겨 무덤에 묻음.
〔墓表 묘표〕 무덤 앞에 세우는 푯돌. 墓標(묘표).
〔墓穴 묘혈〕 관을 묻는 구덩이. 壙穴(광

혈). 壙中(광중). 窀穸(둔석).
◢假墓(가묘)/納骨墓(납골묘)/陵墓(능묘)/封墓(봉묘)/墳墓(분묘)/省墓(성묘)/侍墓(시묘)/支石墓(지석묘)

14 **墨** 墨(묵)의 속자 →161쪽

11 14 **塽*** 높고 밝은 땅 **상**
㊥shuǎng(°수앙) ㊐サウ

11 14 **墅*** 농막 **서** 墅
㊥shù(°쑤) ㊐ショ ㊎farmer's hut
풀이 ①농막. ‖別墅(별서). ②별장.
◢別墅(별서)/山墅(산서)

11 14 **塾*1** 글방 **숙** 塾
㊥shú(°수) ㊐ジュク/まなびや ㊎private school
풀이 글방. 서당. ‖義塾(의숙).
〔塾生 숙생〕 글방에 다니는 서생(書生).
◢家塾(가숙)/私塾(사숙)/義塾(의숙)

11 14 **墉*** 담 **용** 墉
㊥yōng(융) ㊐ヨウ/かき
풀이 담. 벽.

14 **塲** 場(장)과 동자 →158쪽

11 14 **塼*** 벽돌 **전** 塼
㊥zhuān(°쭈안) ㊐セン/かわら ㊎brick
풀이 벽돌. ‖塼甓(전벽).

14 **增** 增(증)의 약자 →162쪽

11 14 **塵*2** 티끌 **진** ㉮尘 塵
㊥chén(°천) ㊐チン, ジン/ちり ㊎dust
자원 **회의자.** 鹿(사슴 록)과 土(흙 토)가 합쳐진 자. 사슴들이 흙 위에 뛰어다니면서 일으키는 먼지를 나타냄. 원래 鹿 자 세 개와 土 자 한 개로 이뤄진 자였으나 鹿이 한 개로 줄어 현재의 자형이 됨.
풀이 ①티끌. 흙먼지. ‖塵埃(진애). ②속세(俗世). ‖風塵(풍진).
〔塵世 진세〕 복잡하고 어수선한 세상. 티끌세상. 俗世(속세).
〔塵埃 진애〕 ①티끌과 먼지. ②속세(俗世).
〔塵土 진토〕 티끌과 흙.
〔塵肺 진폐〕 먼지가 폐로 들어가 호흡 기능에 장애를 일으키는 병.
〔塵合泰山 진합태산〕 작은 것도 많이 모이면 큰 것이 됨.
◢落塵(낙진)/微塵(미진)/防塵(방진)/粉塵(분진)/俗塵(속진)/集塵(집진)/風塵(풍진)/紅塵(홍진)/火山塵(화산진)

11 14 **塹*1** 구덩이 **참** ㉮堑 塹
㊥qiàn(치엔) ㊐ザン/ほり ㊎pit
풀이 ①구덩이. ‖塹壕(참호). ②파다.
〔塹壕 참호〕 ①적의 공격을 막기 위해 방어선을 따라 판 구덩이. ②성벽 밖 둘레의 구덩이. ※垓子(해자)·城池(성지).

3획

12 15 **墩*** 돈대 **돈** 墩
㊥dūn(뚠) ㊐トン ㊎mound
풀이 돈대.
〔墩臺 돈대〕 조금 높직한 평지.

12 15 **墨☆*3-II** 먹 **묵** ㉯墨 墨
丶 冂 囗 四 罒 黑 墨 墨
㊥mò(모) ㊐ボク/すみ ㊎ink stick
자원 **회의 겸 형성자.** 黑(흑)과 土(토)가 합쳐진 자로, 검은색을 내는 흙덩어리를 뜻함. 土는 의미를 나타내고 黑은 의미와 음을 겸하여 나타냄.
풀이 ①먹. ‖紙筆墨(지필묵). ②형벌 이름. ‖墨刑(묵형). ③검다. ④묵자(墨子)의 학파. 묵가(墨家).
〔墨家 묵가〕 중국 춘추 전국 시대 노나라의 묵자(墨子)의 사상을 받들고 실천하던, 제자백가의 한 파.
〔墨客 묵객〕 먹으로 글씨를 쓰거나 그림을 그리는 사람.
〔墨守 묵수〕 《중국의 묵자(墨子)가 성을 잘 지켜 초나라의 공격을 아홉 번이나 물리쳤다는 고사에서》 자기의 의견이나 주장, 또는 옛날 습관 등을 굳게 지킴.
〔墨池 묵지〕 벼루 앞쪽에 우묵하게 패어 먹물이 괴는 곳. 硯池(연지). 硯海(연해).
〔墨香 묵향〕 먹의 향기.
〔墨刑 묵형〕 옛날 중국의 오형(五刑) 중 가장 가벼운 것으로, 죄인의 이마나 팔뚝에 먹줄로 죄명을 써 넣던 형

벌.
〔墨畫 묵화〕 먹으로 그린 동양화.
◢淡墨(담묵)/白墨(백묵)/水墨(수묵)/入墨(입묵)/紙筆墨(지필묵)/彩墨(채묵)/筆墨(필묵)

★＊3
12 15 **墳** 무덤 **분** 본 墳 간 坟 墳

土 圹 垆 坢 埣 墳 墳 墳

㊥fén(°펀) ㊐フン/はか ㊄grave
자원 **형성자.** 土(토)는 의미를 나타내고 賁(분)은 음을 나타냄.
풀이 무덤. 뫼. ‖古墳(고분).
〔墳墓 분묘〕 무덤.
◢古墳(고분)/封墳(봉분)/雙墳(쌍분)/土墳(토분)

＊
12 15 **墡** 백토 **선** 墡

㊥shàn(°싼) ㊐ゼン
풀이 백토. 하얀 흙.

☆＊4-Ⅱ
12 15 **增** 불어날 **증** 약 增 간 增 增

土 圹 圻 坳 埳 堷 增 增

㊥zēng(쩡) ㊐ゾウ/ます ㊄increase
자원 **형성자.** 土(토)는 의미를 나타내고 曾(증)은 음을 나타냄.
풀이 ①불어나다. 늚. ‖增加(증가). ②더하다. ‖增大(증대).
〔增加 증가〕 많아짐. 增益(증익). 增多(증다). ↔減少(감소).
〔增刊 증간〕 늘려서 간행함.
〔增減 증감〕 증가와 감소. 또는, 늘리거나 줄임. 加減(가감).
〔增強 증강〕 늘려 강하게 함.
〔增大 증대〕 늘어서 커짐.
〔增量 증량〕 수량이 늚. 또는, 수량을 늘림. ↔減量(감량).
〔增補 증보〕 보충하여 더함. 補足(보족). ‖增補版(증보판).
〔增産 증산〕 생산을 늘림.
〔增殖 증식〕 ①더하여 늘거나 늘림. ‖財産增殖(재산 증식). ②생물이 번식함. 또는, 그 세포가 증가함.
〔增額 증액〕 액수를 늘림. ↔減額(감액).
〔增員 증원〕 인원을 늘림. ↔減員(감원).
〔增資 증자〕 회사가 자본금을 늘림.
〔增進 증진〕 더 나아가게 함.
〔增築 증축〕 건축물을 더 늘려 지음.
〔增幅 증폭〕 ①사물의 범위를 넓혀 크게 함. ②라디오 등에서 전압·전류의 진폭을 늘려 감도(感度)를 좋게 함.
◢激增(격증)/急增(급증)/累增(누증)/漸增(점증)/遞增(체증)/暴增(폭증)/割增(할증)

＊1
12 15 **墜** 떨어질 **추** 간 坠 墜

㊥zhuì(°쭈에이) ㊐ツイ/おちる ㊄fall
풀이 ①떨어지다. ‖墜落(추락). ②떨어뜨리다. ‖擊墜(격추).
〔墜落 추락〕 높은 데서 떨어짐. 墜下(추하).
◢擊墜(격추)/失墜(실추)

★＊3
12 15 **墮** 떨어질 **타** 간 堕 墮

阝 阝 阝 阝 阝 陏 隋 墮

㊥duò(뚜어) ㊐ダ/おちる ㊄fall
자원 **형성자.** 土(토)는 의미를 나타내고 隋(수)는 음을 나타냄.
풀이 ①떨어지다. ‖墮落(타락). ②무너지다. ③깨뜨리다.
〔墮落 타락〕 올바른 길에서 벗어나 잘못된 길로 빠짐.
◢怠墮(태타)

＊1
12 15 **墟** 언덕 **허** 간 墟 墟

㊥xū(쒸) ㊐キョ/おか ㊄hill
풀이 ①언덕. ‖丘墟(구허). ②옛터. ‖廢墟(폐허). ③저자.
◢廢墟(폐허)

＊1
13 16 **墾** 따비질할 **간** 간 垦 墾

㊥kěn(컨) ㊐コン ㊄cultivate
풀이 따비질하다. 개간함.
〔墾田 간전〕 개간하여 밭을 만듦.

★＊5
13 16 **壇** 단 **단** 간 坛 壇

土 圹 坧 坾 坛 壇 壇 壇

㊥tán(탄) ㊐ダン ㊄platform
자원 **형성자.** 土(토)는 의미를 나타내고 亶(단)은 음을 나타냄.
풀이 ①단. 제터. ‖祭壇(제단). ②곳. 한 단 높게 만든 장소. ‖演壇(연단). ③특수 사회. ‖文壇(문단). ④뜰. 안뜰. ‖花壇(화단).
〔壇上 단상〕 교단이나 강단(講壇) 등의 위.
◢講壇(강단)/教壇(교단)/劇壇(극단)/論壇(논단)/登壇(등단)/文壇(문단)/佛壇(불단)/社稷壇(사직단)/詩壇(시단)/演壇(연단)/祭壇(제단)/花壇(화단)/畫壇(화단)

3획

13 ★✱4-Ⅱ
16 **壁** 벽 **벽**

ㄱ 尸 𡰪 启 辟 辟 辟 壁

[중]bì(삐) [일]ヘキ/かべ [영]wall

[자원] **형성자.** 土(토)는 의미를 나타내고 辟(벽)은 음을 나타냄.

[풀이] ①벽. ‖土壁(토벽). ②담. 성채(城砦). ‖壁壘(벽루). ③벼랑. ‖巖壁(암벽).

〔壁壘 벽루〕 성벽과 성루(城壘).
〔壁面 벽면〕 벽의 거죽.
〔壁報 벽보〕 벽이나 게시판에 붙여 널리 알리는 글.
〔壁書 벽서〕 벽에 글을 쓰거나 써 붙임. 또는, 그 글.
〔壁欌 벽장〕 벽을 뚫어 만든 장.
〔壁紙 벽지〕 벽을 도배하는 종이.
〔壁畫 벽화〕 벽에 그린 그림.

◢隔壁(격벽)/內壁(내벽)/面壁(면벽)/防壁(방벽)/氷壁(빙벽)/城壁(성벽)/巖壁(암벽)/擁壁(옹벽)/外壁(외벽)/胃壁(위벽)/障壁(장벽)/牆壁(장벽)/絶壁(절벽)/鐵壁(철벽)

13
16 **墳** 墳(분)의 본자 →162쪽

13 ✱2
16 **墺** 물가 **오** ✱2 **욱**

[중]ào(아오) [일]オウ [영]beach

[풀이] ①물가. ②언덕. ③'오스트리아'의 약칭.

13 ✱1
16 **壅** 막을 **옹**

[중]yōng(융) [일]ヨウ/ふせぐ [영]stop up

[풀이] ①막다. 막히다. ②덮다.

〔壅固執 옹고집〕 아주 심한 고집.
〔壅塞 옹색〕 ①생활이 군색함. ②장소가 비좁음. ③소견이 옹졸하고 답답함.
〔壅拙 옹졸〕 성품이 편협하고 소견이 좁음.

13 ★✱3
16 **墻** 담 **장** [통]牆

扌 扌 扌 坏 坏 墙 墻 墻

[중]qiáng(치앙) [일]ショウ/かき [영]wall

[자원] **회의자.** 土(토)와 嗇(색)이 합쳐진 자. 嗇은 수확하여 쌓아 놓은 볏단을 가리키고 土는 그것을 지키기 위한 흙담을 가리킴.

[풀이] ①담. ②경계. 사물을 나누어 놓은 칸막이.

〔墻內 장내〕 담의 안.
〔墻壁 장벽〕 ①담과 벽. ②칸막이.
〔墻垣 장원〕 담. 垣墻(원장).

◢越墻(월장)

14
17 **壔** 성채 **도**

[중]dǎo(다오) [일]トウ [영]fortress

[풀이] ①성채(城砦). ②언덕. 돈대. ③둑.

14 ★✱4-Ⅱ
17 **壓** 누를 **압** [약]圧 [간]压

一 厂 戸 眉 肩 厭 厭 壓

[중]yā(야) [일]アツ/おさえる [영]press

[자원] **형성자.** 土(토)는 의미를 나타내고 厭(염)은 음을 나타냄.

[풀이] 누르다. 제지하다. [통]抑. ‖壓力(압력)/抑壓(억압).

〔壓卷 압권〕《고대 중국의 관리 등용 시험에서 가장 뛰어난 답안지를 다른 답안지 위에 얹어 놓았다는 고사에서》 여럿 가운데서 가장 뛰어난 것.
〔壓倒 압도〕 ①눌러서 넘어뜨림. ②남을 크게 능가함. ‖壓倒的(압도적).
〔壓力 압력〕 ①누르는 힘. ‖壓力計(압력계). ②억압하는 힘. ‖壓力團體(압력 단체).
〔壓迫 압박〕 ①내리누름. ②기운을 펴지 못하게 억누름.
〔壓死 압사〕 눌려서 죽음.
〔壓勝 압승〕 압도적으로 이김.
〔壓政 압정〕 국민을 억압하는 정치.
〔壓制 압제〕 권력으로 강제로 누름.
〔壓紙 압지〕 잉크나 먹물 등으로 쓴 것이 번지거나 묻어나지 않도록 위에서 눌러 물기를 빨아들이는 종이. 押紙(압지).
〔壓搾 압착〕 ①눌러서 짜냄. ‖壓搾機(압착기). ②압력을 가해 물질의 밀도를 높임.
〔壓縮 압축〕 ①눌러서 오그라뜨림. ②내용을 요약하여 줄임.

◢加壓(가압)/減壓(감압)/強壓(강압)/高壓(고압)/氣壓(기압)/水壓(수압)/眼壓(안압)/抑壓(억압)/外壓(외압)/威壓(위압)/油壓(유압)/低壓(저압)/電壓(전압)/制壓(제압)/重壓(중압)/指壓(지압)/鎭壓(진압)/彈壓(탄압)/血壓(혈압)

14 ✱1
17 **壑** 골 **학**

[중]hè(허) [일]ガク/たに [영]valley

[풀이] ①골. 골짜기. ‖丘壑(구학). ②도랑. 구렁. ③굴.

◢千巖萬壑(천암만학)

14 ✱2
17 **壕** 해자 **호**

[중]háo(하오) [일]ゴウ/ほり [영]moat

3획

풀이 해자(垓子). 도랑.
◢待避壕(대피호)/防空壕(방공호)/塹壕(참호)

14 17 **壎** *2 질나팔 **훈** 동 塤 간 埙 壎

중xūn(쒼) 일ケン, クン 영earthen trumpet
풀이 질나팔. 흙을 구워 만든 옛 관악기.

15 18 **壙** *1 광 **광** 간 圹 壙

중kuàng(쿠앙) 일コウ/つかあな 영tomb, burial hole
풀이 ①광. 무덤. 구덩이. ‖壙中(광중). ②들판. ③넓다. 공허함.
〔壙中 광중〕 무덤 속. 壙內(광내).
〔壙穴 광혈〕 시체를 묻는 구덩이.

15 18 **壘** *1 진 **루** 간 垒 壘

중lěi(레이) 일ルイ/とりで 영fort
풀이 ①진(鎭). 작은 성. ‖堡壘(보루). ②쌓다. 포갬. ③야구의 베이스. ‖滿壘(만루).
〔壘審 누심〕 야구에서, 각 누의 옆에서 심판 일을 맡아보며, 구심(球審)을 보좌하는 사람.
◢盜壘(도루)/滿壘(만루)/堡壘(보루)/本壘(본루)/城壘(성루)/出壘(출루)/進壘(진루)

16 19 **壞** ★*3-Ⅱ 무너질 **괴** 간 坏 壞

扌 圹 坤 坤 壇 壞 壞 壞

중huài(후아이) 일カイ/くずれる 영ruin
자원 **형성자.** 土(토)는 의미를 나타내고 褱(회)는 음을 나타냄.
풀이 ①무너지다. 패함. ‖崩壞(붕괴). ②무너뜨리다. ‖破壞(파괴).
〔壞滅 괴멸〕 무너져 멸망함.
〔壞死 괴사〕 생체 내의 조직이나 세포가 죽어서 그 기능을 잃음.
〔壞疽 괴저〕 괴사(壞死)로 인하여 환부가 탈락 또는 부패하여 그 생리적 기능을 잃는 병.
〔壞血病 괴혈병〕 비타민 C의 부족으로 잇몸·피부 등에서 피가 나며 빈혈을 일으키는 병.
◢倒壞(도괴)/崩壞(붕괴)/損壞(손괴)/破壞(파괴)

16 19 **壜** 술병 **담** 간 坛 壜

중tán(탄) 일タン, ドン/びん 영liquor bottle
풀이 술병. 술 단지.

16 19 **壟** *1 언덕 **롱** 간 垄 壟

중lǒng(롱) 일リョウ, ロウ 영hill
풀이 ①언덕. ‖丘壟(구롱). ②밭두둑. ③무덤. 뫼.
〔壟斷 농단〕《어떤 사람이 시장에서 높은 곳에 올라가 사방을 살펴보고 자기 물건을 팔기에 적당한 곳으로 가서 판매 이익을 독점했다는 데서》 제 이익을 위해 간교한 수단으로 어떤 일을 좌지우지함. 隴斷(농단).

17 20 **壤** ★*3-Ⅱ 흙 **양** 壤

扌 圹 坤 坤 坤 壇 壤 壤

중rǎng(°랑) 일ジョウ 영soil
자원 **형성자.** 土(토)는 의미를 나타내고 襄(양)은 음을 나타냄.
풀이 ①흙. ‖土壤(토양). ②땅.
〔壤土 양토〕 농작물 재배에 알맞은 흙.
◢鼓腹擊壤(고복격양)/土壤(토양)

士部 선비사

0 3 **士** ☆*5 선비 **사** 士

一 十 士

중shì(°쓰) 일シ 영scholar
갑 금
자원 **상형자.** 도끼의 모양을 나타낸 자. 무사(武士)·형관(刑官)의 상징임. 뒷날 '문사(文士)'의 의미도 파생됨. 일설에는 수컷의 생식기를 나타낸 자라는 주장도 있음.
부 한자 부수의 하나.
풀이 ①선비. ‖士林(사림). ②벼슬. 제후(諸侯)·경(卿)·가신(家臣)·속리(屬吏). ③전문적 기예를 닦은 사람. ‖棋士(기사). ④남자. ‖紳士(신사). ⑤무사(武士). 병사. ‖戰士(전사).
〔士氣 사기〕 ①선비의 기개(氣槪). ②병사의 기세. 意氣(의기). ‖士氣衝天(사기충천). ③무슨 일을 하고자 하는 기세.
〔士農工商 사농공상〕 봉건 시대에 백성을 나누던 네 가지 계급. 곧, 선비·농민·장인(匠人)·상인.

〔士大夫 사대부〕 ①벼슬자리에 있는 사람을 평민에 상대하여 이르던 말. ②문벌이 높은 집안의 사람. 士族(사족).
〔士林 사림〕 유학(儒學)을 신봉하는 무리. 儒林(유림).
〔士民 사민〕 ①선비와 백성. ②도예를 배우는 사람.
〔士兵 사병〕 부사관(副士官) 이하의 군인.
〔士族 사족〕 사대부(士大夫) 집안.
〔士風 사풍〕 선비의 기풍(氣風). 士氣(사기).
〔士禍 사화〕 조선 시대에, 당쟁(黨爭)으로 말미암아 신하나 선비들이 참혹한 화를 입은 사건.
◢講士(강사)/巨士(거사)/軍士(군사)/技士(기사)/棋士(기사)/騎士(기사)/道士(도사)/名士(명사)/謀士(모사)/武士(무사)/文士(문사)/博士(박사)/辯士(변사)/兵士(병사)/碩士(석사)/修士(수사)/術士(술사)/紳士(신사)/樂士(악사)/力士(역사)/演士(연사)/烈士(열사)/勇士(용사)/隱士(은사)/義士(의사)/人士(인사)/壯士(장사)/戰士(전사)/志士(지사)/進士(진사)/策士(책사)/鬪士(투사)/學士(학사)

☆*3-Ⅱ
1 4 **壬** 북방 **임** 壬

一 二 千 壬

㊥rén(°런) ㊐ジン, ニン ㊎north

갑 I **자원** '베틀'의 상형, '양날 도끼'의 상형, '직조기의 날실을 조절하는 기구'의 상형 등 여러 설이 있음.
풀이 ①북방. 북녘. ②아홉째 천간(天干). 오행(五行)으로는 수(水), 방위는 북녘. ③아첨하다.
〔壬年 임년〕 태세(太歲)의 천간(天干)이 임(壬)으로 된 해. 임진(壬辰)·임자(壬子) 따위.
〔壬方 임방〕 서쪽에서 조금 북쪽에 가까운 방위.
〔壬戌 임술〕 육십갑자의 쉰아홉째.
〔壬時 임시〕 이십사시의 스물넷째 시. 곧, 오후 10시 30분부터 11시 30분까지의 동안.
〔壬申 임신〕 육십갑자의 아홉째.
〔壬午 임오〕 60갑자의 열아홉째.
〔壬辰 임진〕 60갑자의 스물아홉째.
〔壬辰倭亂 임진왜란〕 조선 선조 25년(1592)에 일본이 조선에 침범하여 일으킨 난리.

*
6 **壮** 壯(장)의 속자 →165쪽

7 **壳** 賣(매)의 약자 →718쪽

7 **声** 聲(성)의 약자 →612쪽

7 **壱** 壹(일)의 약자 →166쪽

☆*4
4 7 **壯** 씩씩할 **장** ㊔㊎ 壮 壮

丨 丬 丬 爿 爿一 爿十 壯

㊥zhuàng(°쭈앙) ㊐ソウ/さかん ㊎manly
자원 **형성자.** 士(사)는 의미를 나타내고 爿(장)은 음을 나타냄.
풀이 ①씩씩하다. 강건함. ‖健壯(건장). ②젊다. ③장하다. 웅대함.
〔壯健 장건〕 기골이 장대하고 튼튼함. 健壯(건장).
〔壯觀 장관〕 ①훌륭하고 장대한 광경. 偉觀(위관). ②보기에 흉하거나 우스꽝스러운 모습이나 광경을 비웃어 이르는 말.
〔壯年 장년〕 한창 기운이 왕성한 30~40대의 나이. 壯齡(장령). ‖壯年期(장년기).
〔壯談 장담〕 자신 있게 말함. 또는, 그 말. 壯語(장어). 壯言(장언).
〔壯大 장대〕 ①씩씩하고 큼. ②허우대가 크고 튼튼함.
〔壯途 장도〕 중대한 사명이나 장한 뜻을 품고 떠나는 길.
〔壯麗 장려〕 웅장하고 화려함.
〔壯烈 장렬〕 씩씩하고 맹렬함.
〔壯士 장사〕 몸이 우람하고 힘이 아주 센 사람.
〔壯元 장원〕 ①과거에서, 갑과(甲科)에 첫째로 급제함. ②글짓기 대회에서, 글을 제일 잘 지어 성적이 첫째가 됨.
〔壯丁 장정〕 ①나이가 젊고 기운이 좋은 남자. ②군역(軍役)·부역(賦役)에 소집된 남자.
〔壯快 장쾌〕 원기가 왕성하고 기분이 상쾌함.
〔壯版紙 장판지〕 방바닥을 바르는 데 쓰는, 기름 먹인 두꺼운 종이.
◢強壯(강장)/健壯(건장)/宏壯(굉장)/老益壯(노익장)/悲壯(비장)/雄壯(웅장)

*1
9 12 **壻** 사위 **서** ㊐ 婿 壻

㊥xù(쒸) ㊐セイ, サイ/むこ ㊎son-in-law
풀이 ①사위. ‖同壻(동서). ②지아비.
〔壻郎 서랑〕 남의 사위에 대한 높임말.
◢國壻(국서)

9 *2
12 **壹** 한 **일** [약] 壱 壹

十 ± 声 声 壴 壴 壹 壹

[중]yī(이) [일]イツ, イチ/ひとつ [영]one

[전] [자원] **회의 겸 형성자.** 소전에서 보듯, 호리병을 나타내는 壺(호)와 그 안에 있는 吉(길)이 합쳐진 자로, 오직 길한 마음을 품고 있다는 데에서 '한', '오로지' 등의 뜻을 나타냄. 壺는 의미를 나타내고 吉은 의미와 음을 겸하여 나타냄.

[풀이] ①한. 하나. '一'의 갖은자. ②오로지. ③모두. ④같다. ⑤합일하다.

9 *
12 **壺** 병 **호** [간] 壶 壺

[중]hú(후) [일]コ/つぼ [영]bottle

[갑] [자원] **상형자.** 뚜껑이 있고 양쪽에 손잡이가 있으며 배가 부른, 술을 담는 용기를 본뜬 자.

✎ 壼(곤:166쪽)은 딴 자.

[풀이] ①병. 단지. ②박. ③투호(投壺).

〔壺裏乾坤 호리건곤〕《'호리병 속의 천지'라는 뜻으로》 항상 술에 취해 있음.

〔壺狀 호상〕 단지처럼 생긴 모양.

〔壺中天 호중천〕《후한(後漢) 때 호공(壺公)이라는 선인(仙人)이 항아리 하나를 집으로 삼고 술을 즐기며 속세를 잊었다는 고사에서》 별천지·별세계·선경(仙境)을 이름. 壺中天地(호중천지). 壺天(호천).

◢茶壺(다호)/玉壺(옥호)/投壺(투호)

10
13 **壼** 대궐 안 길 **곤** [간] 壸 壼

[중]kǔn(쿤) [일]コン [영]road in court

✎ 壺(호:166쪽)는 딴 자.

[풀이] ①대궐 안의 길. ②넓다. 넓힘. ③문지방. ④여자.

〔壼政 곤정〕 궁중의 내전(內殿)의 일.

☆*3-Ⅱ
11
14 **壽** 목숨 **수** [약][간] 寿 壽

十 ± 丰 圭 圭 壴 壽 壽

[중]shòu(°써우) [일]ジュ [영]life

[금] [자원] **회의 겸 형성자.** 노인[耂]이 밭두둑[㽞]을 갈아엎는 모습을 나타냄. 耂 자는 의미를 나타내고 㽞 자는 疇(밭두둑 주)로 의미와 음을 겸하여 나타냄.

[풀이] ①목숨. 수명. ‖萬壽(만수). ②장수(長壽). ③축수하다. 헌수함.

〔壽命 수명〕 ①생물의 목숨. 또는, 살아 있는 연한(年限). ②물건이 사용에 견디는 기간.

〔壽福 수복〕 오래 살며 복을 누림.

〔壽福康寧 수복강녕〕 오래 살고 다복하며 건강하고 편안함.

〔壽石 수석〕 형태·색채·무늬 등에서 자연의 아름다움과 정취를 맛볼 수 있는 자연석.

〔壽宴 수연〕 장수를 축하하는 잔치. 보통 환갑잔치를 이름. 壽筵(수연).

〔壽筵 수연〕 ➡壽宴(수연).

〔壽衣 수의〕 염습(殮襲)할 때 시체에 입히는 옷.

◢減壽(감수)/萬壽(만수)/無量壽(무량수)/無病長壽(무병장수)/米壽(미수)/眉壽(미수)/白壽(백수)/世壽(세수)/仁壽(인수)/長壽(장수)/天壽(천수)/祝壽(축수)/鶴壽(학수)/稀壽(희수)/喜壽(희수)

夂部 뒤져올치

0
3 **夂** 뒤져 올 **치**

[중]zhǐ(°즈) [일]チ [영]come after

[갑] [금] [자원] **상형자.** 갑골문·금문은 발뒤꿈치가 위를 향하고 발가락이 아래를 향한 오른발을 나타낸 자로, '이동하다', '걷다'의 뜻을 나타냄.

✎ 한자 부수의 하나.

[풀이] 뒤져 오다. 뒤에 오다.

6 **夅** 學(학)과 동자 →194쪽

7 **麦** 麥(맥)의 속자 →841쪽

9 **変** 變(변)의 속자 →708쪽

10 **覐** 覺(각)과 동자 →685쪽

夊部 천천히걸을쇠발

0
3 **夊** 천천히 걸을 **쇠**

[중]suī(쑤에이) [일]スイ [영]walk slowly

✎ 한자 부수의 하나.

[풀이] ①천천히 걷다. ②편안하게 걷다.

☆*7
7 **夏** ❶여름 **하** ❷중국 **하** [고] 昰 夏
10

一 丆 丙 百 百 頁 夏 夏

[중]xià(씨아) [일]カ, ゲ/なつ
[영]summer, China

[금] [자원] **상형자.** 금문은 사람의 머리와 두 팔과 두 다리를 나타낸 자로, 무당이 비가 내리기를 기원하면서 춤을 추는 모습을 나타냄. 더위를 견디지 못해 옷을 훌훌 벗고 앉아 있는 모습이라는 설, 중원(中原)에 사는 사람을 가리킨다는 설 등이 있음.

[풀이] ❶여름. ‖夏季(하계). ❷①중국. 중국 사람. ②나라 이름.

〔夏景 하경〕 여름 경치.
〔夏季 하계〕 ➡夏期(하기).
〔夏穀 하곡〕 여름에 거두는 곡식. 보리·밀 따위. ↔秋穀(추곡).
〔夏期 하기〕 여름의 기간. 夏季(하계). ‖夏期放學(하기 방학).
〔夏爐冬扇 하로동선〕《'여름의 화로와 겨울의 부채'라는 뜻으로》 격(格)이나 철에 맞지 않음. 冬扇夏爐(동선하로).
〔夏服 하복〕 여름철에 입는 옷.
〔夏安居 하안거〕 승려들이 여름 석 달 동안 한곳에 모여서 수행하는 일.
〔夏雨 하우〕 여름철에 내리는 비.
〔夏節 하절〕 여름철. 夏季(하계).
〔夏至 하지〕 24절기의 하나. 양력 6월 21일경. 일년 중 낮이 가장 긴 날임. ↔冬至(동지).

◢晩夏(만하)/常夏(상하)/盛夏(성하)/立夏(입하)/初夏(초하)

*
17 **夔** 조심할 **기** [동] 夔 夔
20

[중]kuí(쿠에이) [일]キ [영]heed

[풀이] ①조심하다. 두려워 삼가는 모양. ‖夔夔(기기). ②외발 도깨비.

23 **夔** 夔(기)와 동자 →167쪽

夕部 저녁석

☆*7
0 **夕** 저녁 **석** 夕
3

ノ ク 夕

[중]xī(씨) [일]セキ/ゆう, ゆうべ
[영]evening

[갑] [금] [자원] **상형자.** 반달의 모습을 본뜬 자. 달이 뜨는 시간대인 '저녁', '밤'을 뜻함.

[부] 한자 부수의 하나.

[풀이] ①저녁. ‖朝夕(조석). ②밤. ‖日夕(일석). ③쏠리다. 기울.

〔夕刊 석간〕 석간신문. ↔朝刊(조간).
〔夕陽 석양〕 ①저녁 해. 夕日(석일). 斜陽(사양). 夕照(석조). ②해가 저물 무렵. ③노년(老年)의 비유.

◢除夕(제석)/朝夕(조석)/秋夕(추석)/七夕(칠석)/花朝月夕(화조월석)

☆*8
2 **外** 바깥 **외** 外
5

ノ ク 夕 夕| 外

[중]wài(와이) [일]ガイ, ゲ/そと, ほか
[영]outside

[금] [자원] **회의자.** 夕(저녁 석)과 卜(점 복)이 합쳐진 자로, 저녁에 점을 치는 것을 나타냄. 점은 보통 아침에 쳤으므로 밤에 치는 것은 예외적인 일이라는 데에서, 또는 저녁 점은 잘 맞지 않는다는 데에서, '밖', '멀다', '벗어나다' 등의 뜻을 가지게 됨.

[풀이] ①바깥. 겉. ‖校外(교외). ②남. 타국. ‖外遊(외유). ③처가. 외가. ‖外戚(외척). ④언행. ‖外柔內剛(외유내강). ⑤외대(外待)하다. 소홀히 대함. 싫어함.

〔外家 외가〕 어머니의 친정.
〔外剛內柔 외강내유〕 겉으로 억세어 보이나 속은 부드러움. ↔外柔內剛(외유내강).
〔外客 외객〕 ①남자 손님. ②외국에서 온 손님.
〔外界 외계〕 ①바깥세계. 또는, 자기 몸 밖의 범위. ②지구 밖의 세계. ③감각·사유의 작용을 떠나 독립하는 일체의 사물.
〔外科 외과〕 몸 외부의 상처나 내장 기관의 질병을 수술이나 그와 비슷한 방법으로 치료하는, 의학의 한 분야.
〔外廓 외곽〕 ①바깥 테두리. ②성 밖으로 다시 두른 성.
〔外廓團體 외곽 단체〕 기관·단체의 밖에서 이들과 제휴하여 그 사업·활동을 돕는 단체.
〔外觀 외관〕 겉으로 본 모양. 볼품. 外見(외견).
〔外交 외교〕 ①국가 간의 교섭. ‖外交官(외교관). ②외부와의 교제나 교섭.
〔外國 외국〕 자기 나라가 아닌 다른 나라.
〔外道 외도〕 ①바르지 않은 길이나 노릇. ②노는계집 따위와 상관하는 일. 誤入(오입). ③본업을 떠나 다른 일에 손을 댐.
〔外燈 외등〕 실외에 가설한 등.
〔外廊 외랑〕 집채의 바깥쪽에 달려 있는 복도.

〔外來 외래〕 ①밖에서 옴. ‖外來文化(외래문화). ②환자가 입원하지 않고 병원에 다니면서 치료를 받음. 또는, 그 환자. ‖外來患者(외래 환자). ↔往診(왕진).
〔外力 외력〕 ①외부로부터 오는 힘. ②지각(地殼)의 바깥에서 작용하여 지각에 변화를 주는 힘의 총칭.
〔外面 외면〕 ①겉면. ②말이나 하는 짓이 겉에 드러나는 모양. ↔內面(내면). ③대면하기를 꺼려 얼굴을 돌림.
〔外命婦 외명부〕 조선 시대 왕족·종친의 여자·처 및 문무관의 처로서, 그 남편의 지위에 따라 봉작(封爵)을 받은 여자의 통칭. ↔內命婦(내명부).
〔外貌 외모〕 겉으로 나타난 모습.
〔外泊 외박〕 자기 집 또는 일정한 숙소를 떠나 다른 데서 잠. 外宿(외숙).
〔外方 외방〕 ①서울 밖의 모든 지방. ②바깥쪽.
〔外部 외부〕 ①바깥쪽 부분. ②조직이나 단체의 범위 밖. ③조선 말엽, 외국과의 교섭이나 통상을 맡아보던 관아.
〔外傷 외상〕 폭력이나 사고 등에 의해 생긴 몸의 상처.
〔外勢 외세〕 ①외국의 세력. ②외부의 형세.
〔外叔 외숙〕 어머니의 남자 형제. 外三寸(외삼촌).
〔外信 외신〕 외국으로부터 보도 기관에 들어오는 통신.
〔外壓 외압〕 어떤 요구에 따르도록 외부에서 가하는 압력.
〔外憂 외우〕 ①아버지나 할아버지의 상사(喪事). ②외적(外敵)의 침범으로 인한 근심.
〔外柔內剛 외유내강〕 겉으로는 부드러워 보이나 속은 강직함. ↔外剛內柔(외강내유)·內柔外剛(내유외강).
〔外人 외인〕 ①집안이나 단체 등의 동아리 밖에 있는 사람. ‖出嫁外人(출가외인). ②어느 일에 관계없는 사람. 他人(타인). ③외국인. 異邦人(이방인).
〔外資 외자〕 외국이나 외국인이 투자한 자본. 또는, 외국으로부터 도입하는 자금이나 물자. ‖外資導入(외자 도입).
〔外敵 외적〕 외부에서 쳐들어오는 적.
〔外祖母 외조모〕 외할머니.
〔外祖父 외조부〕 외할아버지.
〔外從 외종〕 외삼촌의 아들이나 딸. 外四寸(외사촌).
〔外地 외지〕 ①자기 고장이나 고향이 아닌 땅. 他地(타지). ②나라 밖의 땅. 外國(외국). ③식민지를 본국에 상대하여 이르는 말. ↔內地(내지).
〔外戚 외척〕 ①외가의 친척. ②같은 성(姓) 이외의 친척. 異姓親(이성친).
〔外出 외출〕 집에서 밖으로 잠시 나감. 出他(출타).
〔外套 외투〕 겨울에 양복 등의 겉옷 위에 입는 옷.
〔外貨 외화〕 외국의 화폐.
〔外換 외환〕 외국과의 채권과 채무를 어음으로 결제하는 방식. 外國換(외국환).

◪加外(가외)/課外(과외)/郊外(교외)/國外(국외)/奇想天外(기상천외)/內外(내외)/論外(논외)/對外(대외)/等外(등외)/涉外(섭외)/疏外(소외)/市外(시외)/室外(실외)/野外(야외)/列外(열외)/例外(예외)/屋外(옥외)/意外(의외)/以外(이외)/場外(장외)/在外(재외)/除外(제외)/體外(체외)/海外(해외)/號外(호외)

3 ☆*6
6 **多** 많을 **다** ㉿ (속자)

ノ ク タ タ 多 多

㊥duō(뚜어) ㉐タ/おおい ㊒many, much
갑 (갑골문) **자원** **회의자.** 고깃덩어리〔肉(육)〕를 두 개 포개어 놓은 자로, '많다'의 뜻을 나타냄.
풀이 ①많다. ‖多數(다수). ②낫다.
〔多角化 다각화〕 여러 방면이나 분야에 걸치게 함.
〔多感 다감〕 감정이나 감수성이 풍부함.
〔多寡 다과〕 많고 적음. 多少(다소).
〔多岐亡羊 다기망양〕《갈래가 많은 갈림길에서 양을 잃었다는 뜻으로》 학문의 길이 여러 갈래이므로 진리를 찾기 어려움. 亡羊之歎(망양지탄).
〔多難 다난〕 어려움이 많음. 多故(다고). ‖多事多難(다사다난).
〔多年 다년〕 ①여러 해. ②여러 해 동안.
〔多多益善 다다익선〕《중국 한(漢)나라의 장수 한신이 고조(高祖)와 장수의 역량에 대하여 얘기할 때, 고조는 10만 정도의 병사를 지휘할 수 있는 그릇이지만, 자신은 병사의 수가 많을수록 잘 지휘할 수 있다고 한 고사에서》 많으면 많을수록 더욱 좋음.
〔多量 다량〕 많은 분량.
〔多忙 다망〕 매우 바쁨. ‖公私多忙(공사다망).
〔多聞博識 다문박식〕 견문이 많고 학식이 넓음.
〔多辯 다변〕 말이 많음.
〔多福 다복〕 복이 많음. ↔薄福(박복).
〔多事多難 다사다난〕 여러 가지 일도 많고 어려움이나 탈도 많음.
〔多少 다소〕 많고 적음. 多寡(다과).
〔多數決 다수결〕 회의에서 다수인의 찬성으로써 가부를 정함.
〔多樣 다양〕 모양·종류가 여러 가지로 많음. ‖多樣性(다양성).
〔多言 다언〕 말이 많음.
〔多元化 다원화〕 사물을 형성하는 근원이 많아짐.
〔多作 다작〕 제작한 작품의 수가 많음.

〔多才多能 다재다능〕 재주와 능력이 많음.
〔多情 다정〕 ①애정이 깊음. ↔薄情(박정). ②정분이 두터움.
〔多情多感 다정다감〕 정감(情感)이 풍부함.
〔多種多樣 다종다양〕 종류나 모양이 여러 가지로 많음.
〔多幸 다행〕 뜻밖에 일이 잘되어 운이 좋음.
〔多血質 다혈질〕 자극에 쉽게 반응하고 흥분을 잘하는 기질.
◪過多(과다)/煩多(번다)/數多(수다)/雜多(잡다)/最多(최다)/播多(파다)/許多(허다)

3 6 夙 ＊1 일찍 숙 夙

[중]sù(쑤) [일]シュク/つとに [영]early
[풀이] ①일찍. 이른 아침. ‖夙夜(숙야). ②삼가다.
〔夙起 숙기〕 아침에 일찍 일어남. 夙興(숙흥). 早起(조기).
〔夙成 숙성〕 나이에 비해 지각이나 발육이 빠름. 早熟(조숙).
〔夙夜 숙야〕 이른 아침과 늦은 밤.
〔夙志 숙지〕 일찍부터 품어 온 뜻. 宿志(숙지). 夙心(숙심). 夙意(숙의).

5 8 夜 ☆＊6 밤 야 夜

丶 亠 广 疒 疜 夜 夜 夜

[중]yè(예) [일]ヤ/よる [영]night
[자원] **형성자.** 夕(석)은 의미를 나타내고 亦(역)은 음을 나타냄. 亦에서 오른쪽 한 점이 생략되고 그 자리에 夕이 들어간 자임.
[풀이] ①밤. ‖夜間(야간). ②새벽. ③그늘. 어둠.
〔夜間 야간〕 밤. 밤새. ↔晝間(주간).
〔夜景 야경〕 밤의 경치.
〔夜光 야광〕 어둠 속에서 빛을 냄. 또는, 그런 물건.
〔夜勤 야근〕 밤에 근무함.
〔夜氣 야기〕 밤의 대기.
〔夜半逃走 야반도주〕 사람의 눈을 피해 한밤중에 도망함.
〔夜襲 야습〕 밤에 적을 공격함.
〔夜食 야식〕 밤에 음식을 먹음. 또는, 그 음식.
〔夜深 야심〕 밤이 깊음.
〔夜陰 야음〕 밤의 어두운 때.
〔夜戰 야전〕 밤에 하는 전투.
〔夜學 야학〕 ①밤에 공부함. 夜課(야과). ②밤에 수업하는 학교.
〔夜行 야행〕 ①밤에 길을 감. ②밤에 활동함. ‖夜行性(야행성).
〔夜話 야화〕 밤에 모여서 하는 가벼운 이야기.
〔夜會 야회〕 밤에 가지는 모임. 특히, 서양식의 사교적인 모임.
◪今夜(금야)/白夜(백야)/不撤晝夜(불철주야)/雪夜(설야)/深夜(심야)/熱帶夜(열대야)/月夜(월야)/前夜(전야)/除夜(제야)/晝夜(주야)/徹夜(철야)/初夜(초야)/黑夜(흑야)

11 梦 夢(몽)의 속자 →169쪽

11 14 夥 많을 과 [본]화 夥

[중]huǒ(후어) [일]カ [영]many
[풀이] 많다. 엄청나다.
〔夥多 과다〕 퍽 많음.

11 14 夢 ★＊3-Ⅱ [1]꿈 몽 [2]어두울 몽 [속][간]梦 夢

丶 艹 芇 芇 芇 芇 夢 夢

[중]mèng, méng(멍) [일]ム/ゆめ [영]dream
[갑] [금] 
[자원] **회의자.** 갑골문은 사람이 침상에 누워 눈을 크게 뜨고 있는 모습을 나타냄. 무당이 침상에 누워 꿈을 통해 신탁(神託)을 얻는 의식을 반영한 것이라는 설과 악몽을 꾸다가 놀라서 눈을 번쩍 뜨는 모습을 나타낸 것이라는 설 등이 있음. 오늘날의 자형은 침상이 없어지고, 눈썹〔艹〕과 눈〔罒〕과 사람〔人의 변형인 冖〕과 저녁〔夕〕을 뜻하는 자가 합쳐진 것임.
[풀이] [1]①꿈. ‖非夢似夢(비몽사몽). ②꿈꾸다. [2]어둡다. 흐림.
〔夢寐 몽매〕 잠을 자면서 꿈을 꿈. ‖夢寐間(몽매간).
〔夢想 몽상〕 ①꿈속의 생각. ②되지도 않을 일을 생각함. 空想(공상).
〔夢遊病 몽유병〕 자다가 일어나서 무의식중에 말이나 행동을 한 뒤, 전혀 기억하지 못하는 정신병.
〔夢精 몽정〕 꿈에 성적인 쾌감을 얻음으로써 사정(射精)하는 일.
〔夢幻 몽환〕 ①꿈과 환상(幻想). ②사물의 덧없음의 비유.
◪吉夢(길몽)/南柯一夢(남가일몽)/同床異夢(동상이몽)/白日夢(백일몽)/非夢似夢(비몽사몽)/惡夢(악몽)/一場春夢(일장춘몽)/長恨夢(장한몽)/春夢(춘몽)/醉夢(취몽)/胎夢(태몽)/解夢(해몽)/現夢(현몽)/凶夢(흉몽)

11 14 夤 조심할 인 夤

[중]yín(인) [일]イン

3획

[풀이] ①조심하다. 공경하다. ‖ 夤外(인외). ②의지하다. ③이어짐. 관계.

大部 큰대

0 3 大 ☆*8 [1]큰 대☆*8 [2]클 태 大

一 ナ 大

[중]dà(따), dài(따이), tài(타이)
[일]タイ, ダイ, タ/おおきい
[영]big, great

[갑]  [자원] **상형자.** 사람이 팔다리를 벌리고 정면으로 서 있는 모습을 본뜬 자. 사람의 옆모습을 본뜬 人(사람 인)에 비교하여 크고 위대한 사람을 나타냄.

[✎] 한자 부수의 하나.

[풀이] [1]①크다. ‖ 大道(대도). ②많다. ‖ 大家(대가). ③대개. ‖ 大略(대략). [2]①크다. 거대함. [통]太. ②심하다.

〔大家 대가〕 ①전문 분야에서 뛰어나 권위를 인정받는 사람. ②대대로 부귀를 누리며 번창하는 집안. 大族(대족). ↔小家(소가).

〔大家族 대가족〕 ①식구가 많은 가족. ②방계 혈족과 그 배우자 등도 포함하는 가부장적(家父長的) 가족.

〔大覺 대각〕 ①도를 닦아 크게 깨달음. 또는, 그 사람. ②'부처'의 이칭.

〔大監 대감〕 ①정2품 이상인 관원의 존칭. ②신(神)을 높여 부르는 무당의 말.

〔大綱 대강〕 ①일의 가장 중요한 줄거리. 大本(대본). ②대충.

〔大槪 대개〕 ①개략적인 줄거리. ②대강. 대충.

〔大擧 대거〕 많은 무리들이 한꺼번에 들고일어남.

〔大驚失色 대경실색〕 몹시 놀라 얼굴빛이 변함.

〔大計 대계〕 큰 계획.

〔大觀 대관〕 ①크고 넓게 전체를 내다봄. ②웅대한 경관. 壯觀(장관).

〔大權 대권〕 국가 원수가 국토와 국민을 통치하는 헌법상의 권한.

〔大闕 대궐〕 임금이 사는 큰 집.

〔大氣 대기〕 ①공기(空氣). ②천체의 표면을 둘러싸고 있는 기체.

〔大器晩成 대기만성〕 《큰 그릇은 늦게 완성된다는 뜻으로》 큰 인물은 늦게 그 진면목을 발휘하게 됨.

〔大吉 대길〕 매우 길함. 또는, 운수가 썩 좋음. ‖ 立春大吉(입춘대길).

〔大多數 대다수〕 ①거의 모두. ②대단히 많은 수.

〔大道 대도〕 ①큰 도로. 大塗(대도). ②사람이 행할 도리. 大義(대의). 大經(대경). 常道(상도).

〔大同團結 대동단결〕 서로 다른 당파가 공통의 목적을 위하여 크게 한 덩어리로 뭉침.

〔大同小異 대동소이〕 조금 다른 데도 있으나 전체적으로는 거의 같음.

〔大略 대략〕 ①큰 모략. ②대개. 대강. 槪略(개략).

〔大量 대량〕 많은 분량이나 수량.

〔大呂 대려〕 동양 음악에서, 십이율(十二律)의 둘째 음.

〔大陸棚 대륙붕〕 대륙이나 큰 섬의 주변을 둘러싸고 있는 깊이 약 200m까지의 경사가 완만한 해저 지역.

〔大汎 대범〕 사소한 것에 얽매이지 않고, 너그럽거나 예사로움.

〔大寶 대보〕 ①귀중한 보물. ②임금의 도장.

〔大事 대사〕 인생에 큰 의미를 가지는 중요한 일이나 행사. 큰일. ‖ 人倫大事(인륜대사).

〔大祥 대상〕 초상을 지낸 후 두 돌 만에 지내는 제사. 大朞(대기).

〔大書特筆 대서특필〕 《특별히 드러나 보이게 큰 글자로 쓴다는 뜻으로》 신문 기사를 큰 비중을 두어 다룸. 特筆大書(특필대서).

〔大選 대선〕 대통령을 뽑는 선거.

〔大成 대성〕 크게 이룸. ↔小成(소성).

〔大勢 대세〕 ①세상 돌아가는 형세. ②지위가 높고 권력이 있음.

〔大小 대소〕 사물의 큰 것과 작은 것.

〔大笑 대소〕 크게 웃음. 哄笑(홍소). ‖ 仰天大笑(앙천대소).

〔大小家 대소가〕 ①집안의 큰집과 작은집. ②본처(本妻)의 집과 첩의 집. 大小宅(대소댁).

〔大洋 대양〕 태평양·대서양과 같은 아주 넓은 바다.

〔大業 대업〕 ①위대한 사업. 偉業(위업). ②제왕(帝王)의 업. 帝業(제업).

〔大悟 대오〕 ①크게 깨달음. ‖ 大悟覺醒(대오 각성). ②번뇌를 벗어나 진리를 깨달음.

〔大院君 대원군〕 왕실의 방계에서 대를 이은 임금의 친아버지에게 주던 벼슬. ‖ 興宣大院君(흥선 대원군).

〔大意 대의〕 글이나 말의 대략적인 뜻. 大旨(대지).

〔大義 대의〕 ①사람으로서 지킬 바른 도리. ②대강의 뜻.

〔大義滅親 대의멸친〕 큰 도리를 지키기 위해서는 부모나 형제도 돌아보지 않음.

〔大義名分 대의명분〕 사람으로서 마땅히 지켜야 할 도리와 본분.

〔大人 대인〕 ①어른. 成人(성인). ②언행이 바르고 덕이 높은 사람. ③'아버지'의 경칭. ④벼슬이 높은 사람. ⑤몸

이 큰 사람.
〔大字 대자〕 큰 글자.
〔大慈大悲 대자대비〕 넓고 커서 끝이 없는 자비. 특히, 관세음보살의, 중생을 사랑하고 불쌍히 여기는 마음을 이름.
〔大作 대작〕 ①뛰어난 작품. ②규모나 내용이 방대한 작품.
〔大丈夫 대장부〕 《'건장하고 씩씩한 사내'라는 뜻으로》 남자를 이름.
〔大衆 대중〕 ①많은 사람. ②노동자·농민 등 일반 근로자의 총칭. ③많은 승려.
〔大旨 대지〕 ➡大意(대의).
〔大地 대지〕 대자연의 넓고 큰 땅.
〔大志 대지〕 큰 뜻.
〔大學 대학〕 ①고등 교육 기관. 전문대학·단과 대학·종합 대학 등. ‖大學院(대학원). ②유교 경서(經書)의 하나. 윤리와 정치 이념을 담고 있음. 공자의 유서(遺書)라는 설과 자사(子思) 또는 증삼(曾參)의 저서라는 설이 있음.
〔大賢 대현〕 지덕(智德)이 매우 높은 사람.
〔大患 대환〕 ①큰 병. 중병. ②큰 근심이나 걱정.
〔大會 대회〕 ①큰 모임이나 회의. ②재주나 기술을 겨루는 큰 모임.
◢強大(강대)/巨大(거대)/誇大(과대)/過大(과대)/寬大(관대)/廣大(광대)/膽大(담대)/莫大(막대)/尨大(방대)/肥大(비대)/事大(사대)/盛大(성대)/甚大(심대)/雄大(웅대)/遠大(원대)/壯大(장대)/絶大(절대)/重大(중대)/重且大(중차대)/增大(증대)/至大(지대)/最大(최대)/特大(특대)/弘大(홍대)/擴大(확대)

1 ☆*7
4 **夫** 지아비 **부**

一 二 夫 夫

㊥fū(°푸) ㊐フ, フウ/おっと ㊎husband

갑 **자원** **회의자.** 정면으로 서 있는 사람을 나타내는 大(대)와 동곳을 나타내는 一 자가 합쳐진 자로, 동곳을 꽂고 있는 '성인 남자'를 나타냄. 뒷날 '지아비'의 뜻을 가지게 됨.

풀이 ①지아비. 남편. ‖夫婦(부부). ②사내. ‖丈夫(장부). ③일꾼. ‖役夫(역부). ④병사. ⑤발어사. 도대체. 대개. 저….
〔夫君 부군〕 남편의 경칭. 郞君(낭군).
〔夫婦 부부〕 남편과 아내.
〔夫婦有別 부부유별〕 오륜(五倫)의 하나. 남편과 아내 사이의 도리는 서로 침범하지 않음에 있음.
〔夫爲婦綱 부위부강〕 남편과 아내 사이에 마땅히 지켜야 할 도리.
〔夫人 부인〕 ①남의 '아내'의 높임말. ②예전에, 지체 있는 사람의 아내를 이르던 말. ③예전에, 사대부 집안의 남자가 자기 아내를 이르던 말.
〔夫日 부일〕 부모의 제삿날.
〔夫唱婦隨 부창부수〕 《남편이 부르고 아내가 따른다는 뜻으로》 남편이 주장하여 추진하면 아내는 이를 따라 행함.
〔夫妻 부처〕 남편과 아내. 夫婦(부부).
◢坑夫(갱부)/工夫(공부)/鑛夫(광부)/農夫(농부)/馬夫(마부)/亡夫(망부)/妹夫(매부)/凡夫(범부)/漁夫(어부)/女丈夫(여장부)/女必從夫(여필종부)/人夫(인부)/雜役夫(잡역부)/丈夫(장부)/情夫(정부)/弟夫(제부)/拙丈夫(졸장부)/車夫(차부)/匹夫(필부)/兄夫(형부)

1 *1
4 **夭** ❶어릴 **요** ❷일찍 죽을 **요**

㊥yāo(야오) ㊐ヨウ/わかい
㊎young, die young

풀이 ❶어리다. 새끼. ❷①일찍 죽다. ‖夭折(요절). ②구부리다.
〔夭死 요사〕 ➡夭折(요절).
〔夭夭 요요〕 젊고 아름다운 모양.
〔夭折 요절〕 젊어서 죽음. 夭死(요사). 夭殤(요상). 夭逝(요서). 夭札(요찰).

1 ☆*7
4 **天** 하늘 **천**

一 二 チ 天

㊥tiān(티엔) ㊐テン/あめ, そら
㊎sky, God

갑 **자원** **상형자.** 머리 부분을 크게 그린 사람의 상형임. '정수리'가 본뜻이었으나 뒷날 '하늘', '하느님'의 뜻으로 쓰임.

풀이 ①하늘. ‖天地(천지). ②하느님. 조화(造化)의 주재자. ‖天罰(천벌). ③임금. ④운명. ⑤기후. 계절. ‖雨天(우천). ⑥천성. ‖先天的(선천적).
〔天界 천계〕 하늘에 있는 세계. 天上界(천상계).
〔天高馬肥 천고마비〕 《하늘이 높고 말이 살찐다는 뜻으로》 가을이 썩 좋은 철임을 형용하는 말.
〔天國 천국〕 하늘나라. 天堂(천당).
〔天氣 천기〕 ①하늘의 기운. ②날씨. 天候(천후).
〔天堂 천당〕 기독교에서 '천국'을 이르는 말.
〔天道 천도〕 ①하늘의 도리. 天理(천리). ②천체가 운행하는 길. ③천지를 주관하는 신(神).
〔天倫 천륜〕 부모와 자식, 형제 사이에서 지켜야 할 마땅한 도리.
〔天命 천명〕 ①타고난 수명. 天壽(천수). ②하늘의 명령. ③타고난 운명.

〔天文 천문〕 천체(天體)의 모든 현상. ‖天文學(천문학).
〔天方地方 천방지방〕 ➡天方地軸(천방지축).
〔天方地軸 천방지축〕 ①종작없이 덤벙거림. ②매우 급하여 허둥지둥 날뜀. 天方地方(천방지방).
〔天罰 천벌〕 하늘이 내리는 벌. 天刑(천형).
〔天福 천복〕 하늘이 준 복록(福祿).
〔天符印 천부인〕 천자의 위(位), 곧 제위(帝位)의 표시로서 하늘이 내려 전한 세 개의 보인(寶印).
〔天使 천사〕 ①기독교에서, 하느님의 사자. ②마음씨 곱고 착한 사람.
〔天上 천상〕 ①하늘 위. ②하늘에 있는 세계. 天上界(천상계).
〔天性 천성〕 타고난 성질. 天骨(천골). 天質(천질). ‖天性的(천성적).
〔天心 천심〕 하늘의 뜻. 天意(천의).
〔天壤之間 천양지간〕 ①천지간(天地間). ② ➡天壤之差(천양지차).
〔天壤之差 천양지차〕 하늘과 땅같이 엄청난 차이. 天壤之間(천양지간). 天壤之判(천양지판). 天淵之差(천연지차). 霄壤之差(소양지차). 雲泥之差(운니지차).
〔天然 천연〕 ①자연 그대로의 상태. ‖天然資源(천연자원). ②인력으로 바꿀 수 없는 상태.
〔天王 천왕〕 ①욕계(欲界)·색계(色界) 등 온갖 하늘의 임금. ②상고 시대에 수호신을 이르던 말. ③중국에서 천자(天子)를 이르던 말.
〔天佑神助 천우신조〕 하늘이 돕고 신령이 도움.
〔天運 천운〕 ①타고난 운명. 天數(천수). ②천체(天體)의 운행(運行). ③하늘이 준 좋은 운. 天幸(천행).
〔天恩 천은〕 ①하늘의 은혜. ②임금의 은혜.
〔天衣無縫 천의무봉〕 《하늘나라 사람들의 옷은 꿰맨 자국이 없다는 뜻으로》 시문(詩文)이나 예술 세계 등이 일부러 꾸민 데 없이 자연스럽고 아름다우면서 완전함.
〔天人共怒 천인공노〕 《하늘과 사람이 함께 노한다는 뜻으로》 누구나 분노할 만큼 증오스럽거나 도저히 용납될 수 없음.
〔天日 천일〕 ①하늘과 해. ②하늘에 떠 있는 해.
〔天子 천자〕 천제(天帝)의 아들이라는 말로, 임금을 이름. 帝王(제왕). 天后(천후). 天家(천가).
〔天才 천재〕 선천적으로 타고난, 남보다 훨씬 뛰어난 재주. 또는, 그런 재능을 가진 사람.
〔天災地變 천재지변〕 지진·홍수·태풍 등의 자연현상으로 인한 재앙.
〔天敵 천적〕 잡아먹는 동물을 잡아먹히는 동물에 상대하여 이르는 말.
〔天井不知 천정부지〕 《천장을 알지 못한다는 뜻으로》 물건 값 따위가 자꾸 오르기만 함.
〔天帝 천제〕 하느님. 上帝(상제).
〔天地 천지〕 ①하늘과 땅. 天壤(천양). 霄壤(소양). ②세상. 세계.
〔天職 천직〕 타고난 직업이나 직분.
〔天眞 천진〕 자연 그대로 조금도 꾸밈이 없음.
〔天眞爛漫 천진난만〕 말이나 행동이 조금도 꾸밈이 없이 순진함.
〔天體 천체〕 우주 공간에 떠 있는 물체. 해·달·별 등의 총칭.
〔天下 천하〕 ①온 나라. ②온 천하. ③온 세상 또는 한 나라가 그 정권 밑에 속하는 일.
〔天下一色 천하일색〕 아주 뛰어난 미인을 강조하는 말.
〔天幸 천행〕 하늘의 은덕.
◩感天(감천)/歸天(귀천)/樂天(낙천)/露天(노천)/東天(동천)/昇天(승천)/炎天(염천)/雨天(우천)/人乃天(인내천)/人命在天(인명재천)/祭天(제천)/中天(중천)/晴天(청천)/衝天(충천)/寒天(한천)

1 * 4 **夬** [1]나눌 **쾌*** [2]깍지 **결**

[중]guài(꾸아이), jué(쥐에)
[일]カイ, ケツ [영]divide

[풀이] [1]나누다. [2]깍지.

1 ☆*6 4 **太** 클 **태**

一 ナ 大 太

[중]tài(타이) [일]タイ/ふとい [영]great

[고]  [전]  [자원] 고문에서 보듯 大(대) 자 아래에 동일함을 나타내는 두 개의 짧은 선(뒷날 하나의 점으로 줆)을 그어 '크고도 크다'의 뜻을 나타낸다는 설과 泰(태)의 약자로 사람의 상형인 大(대)와 물을 움키고 있는 두 손을 나타내는 廾(공)과 水(물 수)가 합쳐진 자라는 설 등이 있음.

[풀이] ①크다. ②심하다. ③콩. ‖豆太(두태). ④처음. 최초. ‖太初(태초).
〔太古 태고〕 아주 오랜 옛날.
〔太極 태극〕 역학(易學)에서 우주 만물을 구성하는 근원이 되는 본체(本體).
〔太極旗 태극기〕 우리나라의 국기.
〔太甚 태심〕 매우 심함.
〔太陽 태양〕 ①태양계의 중심을 이루는 항성(恒星). 해. ②매우 소중하거나 희망을 주는 존재의 비유. ③양기(陽氣)뿐이고 음기(陰氣)가 없는 상태. ④인체의 맥(脈)의 이름. ⑤주역(周易)에서 사상(四象)의 한 가지.

〔太子 태자〕 황제의 자리를 이을, 황제의 아들. 皇太子(황태자).
〔太祖 태조〕 초대(初代) 임금의 묘호(廟號). 또는, 시조(始祖).
〔太初 태초〕 천지가 개벽한 맨 처음. 곧, 우주의 시초. 上古(상고).
〔太平 태평〕 ①나라가 안정되어 매우 평안함. ②마음에 아무 근심 걱정이 없음.
〔太平聖代 태평성대〕 어진 임금이 다스리는 태평한 세상.
〔太平洋 태평양〕 유라시아 대륙과 남·북아메리카 대륙 및 오스트레일리아 대륙, 남극 대륙 사이에 있는, 세계 최대의 대양.
〔太平煙月 태평연월〕 태평하고 안락한 세월.
〔太學 태학〕 ①고구려 때의 국립 교육 기관. ②고려 시대의 국자감(國子監)의 한 분과. ③조선 시대의 성균관(成均館)의 이칭. ④중국에서, 고대부터 송대(宋代)까지 국가가 중앙에 설치한 최고의 학교.
◢凍太(동태)/明太(명태)/生太(생태)/猶太(유태)/靑太(청태)/黃太(황태)

☆∗6
2 **失** 잃을 **실**
5

丿 𠂉 𠂒 ⺧ 失

[중]shī(°쓰) [일]シツ/うしなう
[영]lose, mistake
[고] [자원] **회의자.** 手(손 수)와 손에서 빠져나가는 어떤 물건('도끼'라고 하는 설도 있음)을 나타내는 자가 합쳐진 자로, '잃어버리다'를 뜻함.
[풀이] ①잃다. ‖遺失(유실). ②잘못. 착오. ‖失禮(실례).
〔失脚 실각〕 ①발을 헛디딤. ②지위를 잃음.
〔失格 실격〕 자격을 잃음. ‖失格者(실격자).
〔失權 실권〕 권리나 권세를 잃음.
〔失機 실기〕 기회를 놓침.
〔失禮 실례〕 말이나 행동이 예의에 벗어남.
〔失望 실망〕 희망을 잃음. 失意(실의). 또는, 기대(期待)에 어긋남.
〔失明 실명〕 시력(視力)을 잃음.
〔失性 실성〕 정신에 이상이 생김.
〔失笑 실소〕 어처구니가 없어 저도 모르게 웃음.
〔失手 실수〕 ①일을 잘못하여 그르침. ②예의에 벗어남.
〔失言 실언〕 실수로 잘못 말함. 또는, 그 말. 失口(실구).
〔失業 실업〕 직업을 잃음. 失職(실직). ‖失業者(실업자).
〔失戀 실연〕 원하는 이성(異性)과의 사랑을 이루지 못함.
〔失意 실의〕 뜻이나 의욕을 잃음. 실망(失望). 失志(실지).
〔失點 실점〕 운동 경기나 게임 등에서 점수를 잃음.
〔失足 실족〕 ①발을 헛디딤. 失脚(실각). ②행동을 잘못함.
〔失踪 실종〕 종적을 잃어 거처나 생사를 모르게 됨. 失跡(실적).
〔失職 실직〕 직업을 잃음.
〔失策 실책〕 계획이나 방법을 그르침. 失計(실계).
〔失敗 실패〕 ①일을 그르침. ②목적을 이루지 못함. ↔成功(성공).
〔失火 실화〕 잘못하여 화재를 냄.
〔失效 실효〕 효력을 잃음.
◢過失(과실)/得失(득실)/茫然自失(망연자실)/滅失(멸실)/凡失(범실)/紛失(분실)/喪失(상실)/消失(소실)/燒失(소실)/小貪大失(소탐대실)/損失(손실)/流失(유실)/遺失(유실)/利害得失(이해득실)

★∗3-Ⅱ
2 **央** 가운데 **앙**
5

丨 冂 口 央 央

[중]yāng(양) [일]オウ [영]center
[갑] [금] [자원] **회의자.** 목에 칼(형틀)을 쓴 사람을 나타냄. '베개를 베고 누운 사람'의 상형이라는 설도 있음. 본뜻은 '가운데'.
[풀이] 가운데. 중앙. 중심. 복판.
◢中央(중앙)/震央(진앙)

★∗3
3 **夷** 오랑캐 **이**
6

一 二 彐 弖 夷 夷

[중]yí(이) [일]イ/えびす [영]barbarian
[갑] [금] [자원] **회의자.** 弓(활 궁)과 사람의 상형인 大(대)가 합쳐진 자로, 활을 멘 사람을 나타냄. 갑골문에서는 사람과 활이 따로 떨어져 있었으나 금문에서 하나로 포개짐. 옛날 중국에서는 동쪽의 이민족을 '夷' 또는 '東夷(동이)'라고 불렀음.
[풀이] ①오랑캐. ‖東夷(동이). ②평평하다. 평온함. ③상처. 손상함.
〔夷狄 이적〕 오랑캐.
◢東夷(동이)/以夷制夷(이이제이)/征夷(정이)

∗
4 **夽** 클 **운**
7

[중]yǔn(윈) [일]グン [영]big
[풀이] ①크다. ②높다.

3획

4 7 夾* 낄 협 본겹 간夹

중jiā(찌아) 일キョウ/はさむ
영get between

갑 자원 **회의자.** 큰 사람을 작은 사람이 양쪽에서 부축하고 있는 모습을 나타냄. '부축하다'가 본뜻이나 뜻이 바뀌어 '끼다', '좁다' 등의 뜻으로 사용됨.

풀이 ①끼다. 끼움. 좌우에 배치함. ‖夾攻(협공). ②좁은 곳. 임시 숙소.

〔夾路 협로〕 큰길에서 갈린 좁은 길.
〔夾門 협문〕 ①대문 옆에 붙은 작은 문. ②삼문(三門)의 좌우에 달린 작은 문.
〔夾侍 협시〕 ①좌우에서 모심. 또는, 그 사람. ②부처를 좌우에서 모시는 두 보살. ③임금을 곁에서 모시는 내시.
〔夾室 협실〕 안방에 딸린 방. 夾房(협방).

5 8 奇★＊4 ❶기이할 기 ❷홀수 기

一 ナ 大 太 夲 奆 奆 奇

중qí(치), jī(찌) 일キ
영strange, uneven number

자원 **회의 겸 형성자.** 사람의 상형인 大(대)와 구부러진 모습을 뜻하는 可(가)가 합쳐진 자. 大는 의미를 나타내고 可는 의미와 음을 겸하여 나타냄.

풀이 ❶①기이하다. ‖怪奇(괴기). ②뛰어나다. ‖奇拔(기발). ③몰래. 느닷없이. ‖奇襲(기습). ❷①홀수. 역(易)에서의 양수(陽數). ②불운하다. 실패. ‖奇薄(기박).

〔奇計 기계〕 기묘한 꾀. 奇策(기책). 기모(奇謀). 奇劃(기획).
〔奇古 기고〕 신기하고 예스러움.
〔奇骨 기골〕 특이한 골상(骨相)이나 용모. 또는, 그런 사람.
〔奇怪 기괴〕 기이하고 괴상함.
〔奇怪罔測 기괴망측〕 기괴하기 이를 데 없음.
〔奇談 기담〕 진기한 이야기. 奇譚(기담).
〔奇談怪說 기담괴설〕 기이하고 괴상한 이야기.
〔奇妙 기묘〕 이상야릇하거나 색달라 묘함.
〔奇薄 기박〕 박복하고 불운함.
〔奇想天外 기상천외〕 극히 기발한 생각.
〔奇數 기수〕 홀수.
〔奇襲 기습〕 갑자기 공격하거나 습격함.
〔奇異 기이〕 특이하게 진기함.
〔奇蹟 기적〕 ①상식을 초월한 기이한 일. ②신(神)에 의해 행해졌다고 믿어지는 불가사의한 현상.
〔奇智 기지〕 특별하고 뛰어난 지혜.
〔奇形 기형〕 기이하고 괴상한 모양. 奇狀(기상). 奇態(기태).

◢怪奇(괴기)/神奇(신기)/新奇(신기)/獵奇(엽기)/傳奇(전기)/珍奇(진기)/好奇(호기)

5 8 奈★＊3 ❶어찌 내★＊3 ❷나락 나＊

一 ナ 大 太 夳 夲 奈 奈

중nài(나이) 일ナイ, ナ 영how, hell

자원 **형성자.** 옛 글자는 柰(능금나무 내). 木(목)은 의미를 나타내고 示(시)는 음을 나타냄. 뒷날 '어찌'의 뜻으로 가차됨.

풀이 ❶어찌. 왜. 같柰. ‖奈何(내하). ❷나락(奈落).

〔奈落 나락〕 범어 Naraka의 음역(音譯). ①지옥. ②벗어나기 어려운 절망적인 상황의 비유. 那落(나락).

5 8 奉☆＊5 받들 봉

一 二 三 丰 夫 夫 叁 奉

중fèng(°펑) 일ホウ/たてまつる
영honor

갑 자원 **회의 겸 형성자.** 두 손으로 초목을 잡고 있는 모습을 나타낸 자. 廾(공)은 의미를 나타내고 丰(봉)은 의미와 음을 겸하여 나타냄.

풀이 ①받들다. ‖奉命(봉명). ②바치다. 드림. ‖奉獻(봉헌). ③기르다.

〔奉讀 봉독〕 삼가 읽음.
〔奉仕 봉사〕 국가나 사회 또는 남을 위해 자신을 돌보지 않고 애씀.
〔奉送 봉송〕 ①공손히 배웅함. ②영령·유골·성물(聖物) 등을 정중히 보냄.
〔奉安 봉안〕 신주·불상·위패(位牌) 등을 안치함.
〔奉養 봉양〕 부모 등 웃어른을 받들어 섬김.
〔奉旨 봉지〕 임금의 명령을 받듦.
〔奉職 봉직〕 관직(官職)에 종사함.
〔奉祝 봉축〕 받들어 축하함. ‖奉祝行事(봉축 행사).
〔奉獻 봉헌〕 물건을 받들어 바침. 奉呈(봉정).

◢侍奉(시봉)/信奉(신봉)/參奉(참봉)

5 8 奔★＊3-Ⅱ 달릴 분

一 ナ 大 太 本 夲 奔 奔

중bēn(뻔) 일ホン/はしる 영run

금 전 자원 **회의자.** 금문의 윗부분은 사람이 두 팔을 흔들면서 달려가는 모습을 나타내고 아랫부분은 세 개의 발[止(지)]을 그려 '급히 달려가다'의 뜻을 나타냄.

풀이 ①달리다. 같犇. ②패주(敗走)하다.

쓰러짐.
〔奔流 분류〕 세차게 빨리 흐름. 또는, 그 물줄기.
〔奔忙 분망〕 매우 부산하며 바쁨.
〔奔放 분방〕 규율이나 어떤 틀에서 벗어나 구애받는 것이 없음.
〔奔走 분주〕 몹시 바쁘게 뛰어다님.
◢狂奔(광분)/淫奔(음분)/出奔(출분)

5 8 奄 가릴 엄 *1

[중]yǎn(옌) [일]エン/おおう [영]cover
[풀이] ①가리다. 덮음. ②갑자기. 별안간. ③환관(宦官).
〔奄忽 엄홀〕 문득. 갑자기.

6 9 契 ★*3-Ⅱ

❶맺을 계 ★*3-Ⅱ
❷애쓸 결
❸종족 이름 글 *
❹사람 이름 설 *

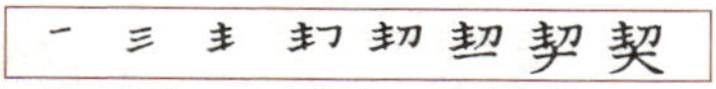

[중]qì(치), qiè(치에), xiè(씨에)
[일]ケイ, ケツ, キツ, セツ
[영]contract, exert
[자원] **회의 겸 형성자.** 원래는 '丯刀(갈)'로 써서 칼로 나무판에 어떤 표시(계약 내용 따위)를 새기는 것을 나타냈으나 뒷날 나무판에 새겼다 하여 木(나무 목)을 덧붙였다가, 木이 大(대)로 바뀐 것이 오늘날의 자형임. 丯刀은 의미와 음을 겸하여 나타냄.
[풀이] ❶①맺다. ‖默契(묵계). ②새기다. ❷애쓰다. ❸종족 이름. 북이(北夷)의 칭호. ❹사람 이름. 고신씨(高辛氏)의 아들. [같]偰.
〔契機 계기〕 어떤 일이 일어나거나 변화·결정되는 근거나 기회.
〔契約 계약〕 쌍방이 지켜야 할 의무에 대해 글이나 말로 하는 약속. ‖賣買契約(매매 계약).
〔契員 계원〕 계에 든 사람.
〔契印 계인〕 관련된 두 종이에 걸쳐 찍는, '契(계)' 자를 새긴 도장.
〔契主 계주〕 계를 조직하고 주관하는 사람.
◢金蘭之契(금란지계)/落札契(낙찰계)/斷金之契(단금지계)/同甲契(동갑계)/默契(묵계)/算筒契(산통계)/親睦契(친목계)

6 9 奎 별 이름 규 *2

[중]kuí(쿠에이) [일]ケイ
[풀이] 별 이름. 규성(奎星).
〔奎文 규문〕 학문과 문물.
〔奎章 규장〕 임금의 시문(詩文). 또는, 조칙(詔勅). 奎翰(규한). 宸翰(신한).

6 9 奏 아뢸 주 ★*3-Ⅱ

[중]zhòu(°쩌우) [일]ソウ/かなでる
[영]inform a superior
[풀이] ①아뢰다. 아뢰는 글. ‖上奏(상주). ②연주(演奏)하다. ‖合奏(합주).
〔奏達 주달〕 임금에게 아룀.
〔奏樂 주악〕 음악을 연주함. 또는, 그 음악.
〔奏請 주청〕 상주(上奏)하여 임금의 재가(裁可)를 청함.
〔奏效 주효〕 효과나 효력이 있음.
◢間奏(간주)/獨奏(독주)/伴奏(반주)/變奏(변주)/演奏(연주)/二重奏(이중주)/前奏(전주)/重奏(중주)/吹奏(취주)/彈奏(탄주)/合奏(합주)/協奏(협주)

6 9 奕 클 혁 *

[중]yì(이) [일]エキ/おおきい [영]great
[풀이] ①크다. ②아름답다. ③겹치다.
〔奕棋 혁기〕 바둑. 圍碁(위기).
〔奕奕 혁혁〕 매우 크고 아름다워 성함.

6 9 奐 빛날 환 *

[중]huàn(후안) [일]カン [영]shine
[풀이] ①빛나다. ②왕성하다. 큼.

7 10 奘 클 장 *

[중]zàng(짱) [일]ソウ [영]great
[풀이] ①크다. ②왕성하다. 건장함.

7 10 套 덮개 투 *1

[중]tào(타오) [일]トウ [영]cover
[풀이] ①덮개. ②일의 방식. ‖舊套(구투).
〔套語 투어〕 버릇이 되어 예사로 하는 말. 常套語(상투어).
◢文套(문투)/封套(봉투)/常套(상투)/語套(어투)/外套(외투)

7 10 奚 어찌 해 ★*3

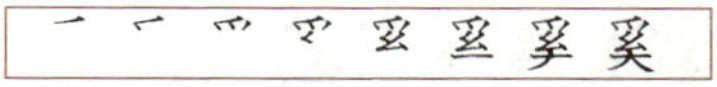

[중]xī(씨) [일]ケイ/いかに [영]how
[갑]  [자원] **회의자.** 손〔爪〕과 포승〔幺〕과 사람〔大〕이 합쳐진 자로, 포승에 묶인 사람을 손으로 끌고 가는 모습을 나타냄. 본뜻은 '노예'이나 뒷날 '어찌'의 뜻으로 가차됨.
[풀이] ①어찌. 의문 조사. ②계집 관노(官奴). 하인. ③종족 이름.

〔奚琴 해금〕 속이 빈 둥근 나무에 짐승의 가죽을 메우고 긴 나무를 꽂아 줄을 활 모양으로 건 악기.
〔奚囊 해낭〕 시문(詩文)을 넣어 두는 주머니. 詩囊(시낭).

9 *1 **奢** 12 사치할 **사** 奢

㊥shē(°써) ㊐シャ/おごる
풀이 사치하다. 호사.
〔奢侈 사치〕 분수에 지나친 소비나 향락.
◢驕奢(교사)/豪奢(호사)/華奢(화사)

9 *1 **奠** 12 제사 지낼 **전** 간 奠 奠

㊥diàn(띠엔) ㊐テン/まつる
㊎hold a memorial service
갑 금 자원 **상형자.** 술동이를 제단 위에 올려놓은 모양을 본뜬 자. 술과 음식을 차려 놓고 제사드리는 것을 나타냄.
풀이 ①제사 지내다. ②정하다. ③두다. ④드리다. ⑤제수. 제사 용품.
〔奠居 전거〕 살 곳을 정함.
〔奠都 전도〕 도읍을 정함.
〔奠物 전물〕 부처나 신에게 올리는 물건. 제수(祭需). 제물(祭物).
〔奠雁 전안〕 전통 혼례식에서, 신랑이 기러기를 가지고 신부 집에 가서 상위에 놓고 절하는 예.
◢夕奠(석전)/釋奠(석전)/祭奠(제전)/朝奠(조전)/香奠(향전)

10 *1 **奧** 13 ❶속 **오** *1 ❷따뜻할 **욱**

㊥ào(아오), yù(위) ㊐オウ/おく
㊎inside, warm
풀이 ❶속. 깊다. ‖深奧(심오). ❷①따뜻하다. ㊕燠. ②방 안. 구석.
〔奧妙 오묘〕 심오하고 묘함.
〔奧密稠密 오밀조밀〕 ①솜씨나 재간이 정교하고 세밀함. ②마음씨가 자상하고 꼼꼼함.
〔奧義 오의〕 높고 깊은 뜻. 奧祕(오비). 奧旨(오지).
〔奧地 오지〕 해안이나 도시에서 멀리 떨어진 대륙 내부의 땅.
◢深奧(심오)/玄奧(현오)

13 **奨** 奬(장)의 약자 →176쪽

11 ★*4 **奬** 14 권면할 **장** 약 奨 간 奖 奬

丨 爿 爿⺈ 爿⺈ 將 將 將 奬

㊥jiǎng(지앙) ㊐ショウ/すすめる
㊎encourage
자원 **형성자.** 大(대)는 의미를 나타내고 將(장)은 음을 나타냄.
풀이 ①권면하다. 격려함. ‖勸奬(권장). ②돕다. 도움.
〔奬勵 장려〕 권하여 힘쓰게 함. ‖奬勵金(장려금)/奬勵賞(장려상).
〔奬學 장학〕 학문을 장려함.
〔奬學金 장학금〕 학술 장려를 위해, 또는 우수한 소질이 있으면서 가난한 학생에게 면학 비용으로 주는 돈.
◢勸奬(권장)/推奬(추장)/褒奬(포장)

11 ★*3-Ⅱ **奪** 14 빼앗을 **탈** 간 夺 奪

一 ナ 大 夳 夵 奞 奪 奪

㊥duó(두어) ㊐ダツ/うばう
㊎take by force
금 자원 **회의자.** 금문은 달아나려고 퍼덕이는 새를 옷 안으로 밀어 넣고 있는 모습을 나타냄. 본뜻은 '놓치다', '잃어버리다'이나 뒷날 '빼앗다'의 뜻으로 바뀜.
풀이 ①빼앗다. 훔침. ②잃다.
〔奪氣 탈기〕 기운을 빼앗김.
〔奪取 탈취〕 빼앗아 가짐.
〔奪胎 탈태〕 모양이 좋은 방향으로 아주 달라짐. 換骨奪胎(환골탈태).
〔奪還 탈환〕 빼앗겼던 것을 도로 찾음.
◢強奪(강탈)/劫奪(겁탈)/勒奪(늑탈)/剝奪(박탈)/削奪(삭탈)/掠奪(약탈)/爭奪(쟁탈)/占奪(점탈)/簒奪(찬탈)/侵奪(침탈)/被奪(피탈)

12 *2 **奭** 15 ❶성할 **석** *2 ❷붉은 모양 **혁** 奭

㊥shì(°쓰), hè(허) ㊐セキ, カク
㊎prosperous, red
풀이 ❶①성하다. ②성내는 모양. ❷붉은 모양. ㊕赫.

12 * **奫** 15 물 깊고 넓을 **윤** 奫

㊥yūn(윈) ㊐イン
풀이 물이 깊고 넓다.

13 ★*3-Ⅱ **奮** 16 떨칠 **분** 간 奋 奮

一 大 夵 夵 奞 奮 奮 奮

㊥fèn(°펀) ㊐フン/ふるう ㊎rouse up
금 자원 **회의자.** 衣(옷 의)와 隹(새 추)와 田(밭 전)이 합쳐

진 자로, 옷 안의 새가 들로 날아가려고 몸부림치고 있는 모습을 나타냄.

풀이 ①떨치다. 분발함. ②성을 내다. 분격함.

〔奮激 분격〕 세차게 발분함.
〔奮擊 분격〕 분발하여 공격함.
〔奮起 분기〕 분발함.
〔奮力 분력〕 힘을 떨쳐 일으킴.
〔奮發 분발〕 마음과 힘을 돋우어 떨쳐 일어남. 奮起(분기). 發奮(발분).
〔奮然 분연〕 떨치고 일어나는 모양.
〔奮戰 분전〕 분발하여 싸움. 力戰(역전).
〔奮鬪 분투〕 있는 힘을 다해 싸우거나 노력함.

◢激奮(격분)/發奮(발분)/義奮(의분)/興奮(흥분)

* 21 24 奲 관대할 **차**

㊥chě(°처) ㊐シャ ㊎generous

풀이 관대하다.

女部 계집녀

☆✱8 0 3 **女** 계집 **녀**

く 女 女

㊥nǚ(뉘) ㊐ジョ, ニョ/おんな ㊎woman

갑 자원 **상형자.** 두 손을 다소곳이 맞잡고 무릎을 꿇고 앉아 있는 여자의 모습을 본뜬 자.

한자 부수의 하나.

풀이 ①계집. 여자. ‖女人(여인). ②딸. 처녀. ‖女息(여식).

〔女傑 여걸〕 걸출한 여자. 女丈夫(여장부).
〔女工 여공〕 ①공장에서 일하는 여자. ② ➡女功(여공).
〔女功 여공〕 부녀자가 하는 길쌈질. 女工(여공). 內職(내직).
〔女權 여권〕 여자의 정치상·사회상·법률상의 권리. ‖女權伸長(여권 신장).
〔女妓 여기〕 춤·노래·의술·바느질 등을 배우고 익히는 관비(官婢)의 총칭. 기녀(妓女).
〔女難 여난〕 여색(女色)으로 인한 재앙. 女禍(여화).
〔女郞 여랑〕 남자와 같은 기질·재주를 가진 여자.
〔女流 여류〕 전문적인 일에 능숙한 여성. ‖女流詩人(여류 시인).
〔女服 여복〕 ①여자 옷. ②복색을 여자처럼 꾸민 차림새.
〔女士 여사〕 학문·덕망이 있는 여자.
〔女史 여사〕 출가하였거나 사회적으로 이름 있는 여성에 대한 경칭.
〔女色 여색〕 ①여자의 용모. ②여자와의 정사(情事).
〔女性 여성〕 아기를 직접 낳을 수 있는 성(性)에 속하는 사람.
〔女囚 여수〕 여자 죄수.
〔女僧 여승〕 여자 승려.
〔女息 여식〕 딸.
〔女兒 여아〕 ①계집아이. ↔男兒(남아). ②딸.
〔女王 여왕〕 여자 임금.
〔女優 여우〕 여자 배우.
〔女人 여인〕 어른이 된 여자.
〔女子 여자〕 여성으로 태어난 사람.
〔女裝 여장〕 남자가 여자의 복색으로 차림. ‖女裝男子(여장 남자).
〔女將軍 여장군〕 ①여자 장군. ②몸집이 크거나 힘이 센 여자를 농으로 이르는 말.
〔女丈夫 여장부〕 남자같이 헌걸차고 기개가 있는 여자. 女傑(여걸).
〔女尊男卑 여존남비〕 사회적 지위나 권리에 있어 여자를 남자보다 우대하고 존중하는 일.
〔女主 여주〕 여자 임금. 女帝(여제).
〔女眞 여진〕 만주(滿洲) 동북쪽에 살던 종족의 이름.
〔女唱 여창〕 ①여자가 부르는 노래. ②남자가 여자의 음조로 노래를 부름. 또는, 그 노래.
〔女必從夫 여필종부〕 아내는 반드시 남편을 따라야 함.
〔女兄 여형〕 손위의 누이. 누님.
〔女婚 여혼〕 딸의 혼례(婚禮).
〔女皇 여황〕 여자 황제. 女帝(여제).

◢甲男乙女(갑남을녀)/宮女(궁녀)/妓女(기녀)/男女(남녀)/得女(득녀)/魔女(마녀)/母女(모녀)/美女(미녀)/善男善女(선남선녀)/仙女(선녀)/少女(소녀)/孫女(손녀)/修女(수녀)/淑女(숙녀)/侍女(시녀)/惡女(악녀)/養女(양녀)/烈女(열녀)/王女(왕녀)/子女(자녀)/長女(장녀)/姪女(질녀)/次女(차녀)/處女(처녀)/醜女(추녀)/下女(하녀)/海女(해녀)/孝女(효녀)

2 5 **奶** 유모 **내**

㊥nǎi(나이) ㊐ダイ/うば ㊎wet nurse

풀이 ①유모(乳母). ‖奶娘(내낭). ②젖.

★✱3-Ⅱ 2 5 **奴** 종 **노**

く 女 女 奴 奴

㊥nú(누) ㊐ド, ヌ/やっこ ㊎servant

3획

금 [자원] **회의자.** 女(녀)와 손을 나타내는 又(우)가 합쳐진 자로, 여자를 붙잡아 노예로 만듦을 나타냄.
[풀이] ①종. ‖ 男奴(남노). ②'자기'의 비칭(卑稱). ③남을 천시(賤視)하여 이르는 말. ‖ 賣國奴(매국노).
〔奴僕 노복〕 사내종. 僕夫(복부). 奴子(노자).
〔奴婢 노비〕 사내종과 계집종. 僕婢(복비).
〔奴隷 노예〕 ①종. 종신토록 주인에게 예속된 하인. ‖ 奴隷制度(노예 제도). ②인격의 존엄성마저 저버리면서까지 어떤 목적에 얽매인 사람.
〔奴子 노자〕 ➡奴僕(노복).
◢家奴(가노)/官奴(관노)/農奴(농노)/賣國奴(매국노)/私奴(사노)/守錢奴(수전노)/匈奴(흉노)

3획

*1
3 6 **奸** ❶범할 **간** ❷간악할 **간**

㊥jiān(찌엔) ㊐カン/おかす ㊢wicked
[풀이] ❶①범하다. ②구하다. ❷①간악하다. 간사함. ㊐姦. ‖ 奸臣(간신). ②간음하다.
〔奸計 간계〕 간사한 꾀. 간책(奸策).
〔奸巧 간교〕 간사하고 교활함.
〔奸邪 간사〕 성품이 간교하고 행실이 바르지 못함.
〔奸臣 간신〕 간사한 신하.
〔奸惡 간악〕 간사하고 사악함.
〔奸雄 간웅〕 간사한 꾀가 많은 영웅.
〔奸智 간지〕 간사한 꾀.
〔奸慝 간특〕 간사하고 악독함. 邪惡(사악).
〔奸譎 간휼〕 간사한 꾀로 속임.
〔奸凶 간흉〕 간사하고 흉악함. 또는, 그런 사람.
◢弄奸(농간)

★*3-Ⅱ
3 6 **妄** 망령될 **망**

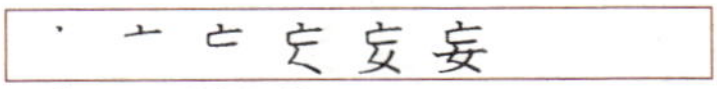

㊥wàng(왕) ㊐モウ, ボウ/みだり ㊢absurd
[자원] **형성자.** 女(녀)는 의미를 나타내고 亡(망)은 음을 나타냄.
[풀이] ①망령되다. ②허망하다. ‖ 妄想(망상).
〔妄動 망동〕 함부로 움직임. 妄擧(망거). ‖ 輕擧妄動(경거망동).
〔妄靈 망령〕 늙거나 정신이 흐려서 말과 행동이 정상을 벗어난 상태.
〔妄發 망발〕 ①망령이나 실수로 그릇된 말이나 행동을 함. 또는, 그 말이나 행동. 망언(妄言). ②잘못하여 자기나 조상에게 욕이 되는 말을 함.
〔妄想 망상〕 ①망령되거나 허황한 생각. 妄念(망념). ②상상에 불과한 상태를 현실이라고 믿는 심리적 경향. ‖ 誇大妄想症(과대망상증).
〔妄言 망언〕 이치나 사리에 맞지 않고 망령되게 말함. 또는, 그 말. 妄語(망어).
〔妄執 망집〕 분별없는 집념.
◢輕妄(경망)/怪妄(괴망)/迷妄(미망)/妖妄(요망)/孱妄(잔망)/虛妄(허망)

★*3-Ⅱ
3 6 **妃** 왕비 **비**

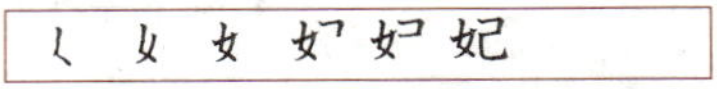

㊥fēi(°페이) ㊐ヒ/きさき ㊢queen
[자원] **형성자.** 女(녀)는 의미를 나타내고 己(기)는 음을 나타냄.
[풀이] ①왕비. ‖ 大妃(대비). ②배우자(配偶者).
〔妃嬪 비빈〕 비(妃)와 빈(嬪).
◢大妃(대비)/大王大妃(대왕대비)/王妃(왕비)/元妃(원비)/正妃(정비)/太子妃(태자비)/廢妃(폐비)/后妃(후비)

☆*4-Ⅱ
3 6 **如** 같을 **여**

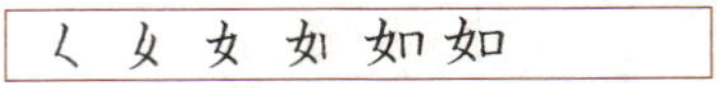

㊥rú(°루) ㊐ジョ, ニョ/ごとし ㊢same
갑 [자원] **회의자.** 口(입 구)와 女(계집 녀)가 합쳐진 자로, 주인의 명령[口]에 복종하는 여자[女]를 나타냄. 본뜻은 '따르다', '순종하다'이나 뒷날 '같다', '만약', '또는' 등의 뜻을 갖게 됨.
[풀이] ①같다. ‖ 如前(여전). ②조사. 비교·가정·접속·의문의 조사.
〔如來 여래〕 '석가'의 존칭.
〔如反掌 여반장〕 **(**손바닥을 뒤집는 것 같다는 뜻으로**)** 어떤 일이 매우 쉬움.
〔如是 여시〕 ①이와 같이. 이렇게. ②그대로.
〔如實 여실〕 사실 그대로임.
〔如意 여의〕 ①일이 마음대로 됨. ②법회나 강독(講讀) 때, 도사(導師)·강사가 손에 드는 물건.
〔如前 여전〕 전과 다름이 없음.
〔如此 여차〕 ①이러함. 이와 같음. 如許(여허). ②일이 뜻대로 되지 않음.
〔如此如此 여차여차〕 이러이러함. 如斯如斯(여사여사). 如是如是(여시여시).
〔如何 여하〕 ①어떤가. 어떻게. ②어찌하여.
〔如何間 여하간〕 어떻든 간에. 하여튼.
〔如兄若弟 여형약제〕 친하기가 형제와 같음.
◢缺如(결여)/物心一如(물심일여)/眞如(진여)/或如(혹여)

☆✱4-II
3
6 **好** [1]좋을 **호** [2]좋아할 **호**

ㄑ 𡿨 女 女' 好 好

[중]hǎo, hào(하오) [일]コウ/よい
[영]good, like

[갑] [자원] **회의자.** 女(녀)와 子(자)가 합쳐진 자로, 여인이 아이를 안고 있는 모습을 나타냄. 다음 세대를 이어 갈 자식을 생산했으니 좋은 일임을 나타냄.

[풀이] [1]①좋다. ‖好食(호식). ②아름답다. ③우의. 교분. [2]좋아하다. 사랑함. ‖好色(호색).

〔好感 호감〕 좋게 느끼는 감정.
〔好景氣 호경기〕 경기가 좋음. 好況(호황). ↔不景氣(불경기).
〔好機 호기〕 좋은 기회.
〔好奇心 호기심〕 새롭거나 신기한 것에 대해 알고 싶어 하는 마음.
〔好事多魔 호사다마〕 좋은 일에는 흔히 방해되는 일이 많음.
〔好喪 호상〕 오래 잘 살다가 죽은 사람의 상사(喪事).
〔好色 호색〕 여색(女色)을 좋아함.
〔好時節 호시절〕 좋은 때.
〔好惡 호오〕 좋아함과 싫어함. 愛憎(애증).
〔好衣 호의〕 좋은 옷.
〔好意 호의〕 친절한 마음. 厚情(후정).
〔好衣好食 호의호식〕 (‘좋은 옷과 좋은 음식’이라는 뜻으로) 잘 입고 잘 먹음.
〔好人 호인〕 성품이 좋은 사람.
〔好戰 호전〕 싸우기를 좋아함. ‖好戰的(호전적).
〔好轉 호전〕 형세·형편이 좋아짐. ↔惡化(악화).
〔好調 호조〕 상황이나 형편이 좋은 상태.
〔好評 호평〕 좋은 평판. ↔惡評(악평).
〔好學 호학〕 학문을 좋아함.
〔好況 호황〕 경기가 좋음. 好景氣(호경기).

◢嗜好(기호)/相好(상호)/選好(선호)/愛好(애호)/良好(양호)/友好(우호)/絕好(절호)/好不好(호불호)

✱
4
7 **妗** [1]외숙모 **금**✱ [2]방정맞을 **함**

[중]jìn(찐), xiān(씨엔) [일]キン, カン
[영]aunt

[풀이] [1]외숙모. [2]방정맞다.

✱1
4
7 **妓** 기생 **기**

[중]jì(찌) [일]ギ

[풀이] ①기생. ②갈보. 창녀(娼女).

〔妓女 기녀〕 ① ➡기생(妓生). ②옛날, 춤·노래·의술·바느질 등을 배우고 익히던 관비(官婢)의 총칭. 女妓(여기).
〔妓房 기방〕 기생을 둔 술집.
〔妓生 기생〕 잔치나 술자리에서 노래나 춤 등으로 흥을 돋는 것을 업으로 하는 여자. 妓女(기녀).
〔妓籍 기적〕 옛날, 관아에서 그 지방 기생의 이름을 기록하여 두던 명부.

◢官妓(관기)/童妓(동기)/名妓(명기)/愛妓(애기)/娼妓(창기)/賤妓(천기)/退妓(퇴기)

☆✱4
4
7 **妙** 묘할 **묘** [동]玅

ㄑ 𡿨 女 女] 如 妙 妙

[중]miào(미아오) [일]ミョウ/たえ
[영]strange

[자원] **형성자.** 女(녀)는 의미를 나타내고 少(소)는 음을 나타냄.

[풀이] ①묘하다. ‖奇妙(기묘). ②뛰어나다. ③젊다. ‖妙齡(묘령). ④아름답다.

〔妙境 묘경〕 ①심오하고 신비로운 경지. ②경치가 좋은 곳.
〔妙計 묘계〕 ➡妙策(묘책).
〔妙曲 묘곡〕 미묘한 곡조.
〔妙技 묘기〕 교묘한 기술과 재주.
〔妙齡 묘령〕 여자의 스물 안팎의 나이. 妙年(묘년).
〔妙味 묘미〕 미묘한 재미나 맛.
〔妙方 묘방〕 ①교묘한 방법. ②신통한 처방.
〔妙手 묘수〕 ①교묘한 수법(手法). ②뛰어난 솜씨. 또는, 그런 사람.
〔妙案 묘안〕 썩 좋은 생각.
〔妙藥 묘약〕 썩 잘 듣는 약. 神藥(신약). 靈藥(영약).
〔妙策 묘책〕 교묘한 계책(計策). 妙計(묘계). 妙略(묘략). 妙算(묘산).
〔妙處 묘처〕 묘한 곳. 妙所(묘소).

◢巧妙(교묘)/奇奇妙妙(기기묘묘)/奇妙(기묘)/微妙(미묘)/神妙(신묘)/靈妙(영묘)/奧妙(오묘)/絕妙(절묘)/玄妙(현묘)

★✱4
4
7 **妨** 방해할 **방**

ㄑ 𡿨 女 女 女' 妨 妨

[중]fáng(°팡) [일]ボウ/さまたげる
[영]obstruct

[자원] **형성자.** 女(녀)는 의미를 나타내고 方(방)은 음을 나타냄.

[풀이] ①방해하다. ‖妨害(방해). ②장애. 거리낌. ‖無妨(무방).

〔妨害 방해〕 헤살 놓아 해롭게 함. 妨礙(방애).

◢無妨(무방)

3획

4 7 **妣** 죽은 어미 **비**

㊥bǐ(비) ㊐ヒ ㊀deceased mother

풀이 죽은 어미.

◢考妣(고비)/先妣(선비)/顯妣(현비)

4 7 **妤** 궁녀 **여**

㊥yú(위) ㊐ヨ ㊀court maid

7 **姸** 姸(연)의 속자 →183쪽

4 7 **妧** 좋을 **완**

㊥wàn(완) ㊐ゲン ㊀good

풀이 ①좋다. ②곱다.

4 7 **妖** 아리따울 **요**

㊥yāo(야오) ㊐ヨウ ㊀charming

풀이 ①아리땁다. ‖妖艶(요염). ②괴이하다. 요망함. ③요사한 귀신.

〔妖怪 요괴〕 ①요사한 귀신. 妖鬼(요귀). 妖靈(요령). ②요사스럽고 괴이함.

〔妖氣 요기〕 요사한 기운.

〔妖女 요녀〕 ➡妖婦(요부).

〔妖妄 요망〕 ①요사스럽고 망령됨. ②언행이 경망스러움.

〔妖物 요물〕 사람을 호려서 정신을 못 차리게 하는 사람이나 동물이나 물건.

〔妖婦 요부〕 요사스러운 계집. 妖女(요녀).

〔妖邪 요사〕 요망하고 간사함.

〔妖術 요술〕 현실 세계에서는 불가능한 신비한 현상을 일으키는 일이나 기술. 魔術(마술).

〔妖艶 요염〕 사람을 홀릴 만큼 매우 아름다움.

〔妖精 요정〕 서양 전설이나 동화에 나오는, 사람 모습을 하고 마력을 지닌 혼령.

4 7 **妊** 아이 밸 **임** (동) 姙

㊥rèn(°런) ㊐ニン/はらむ ㊀conceive

풀이 아이를 배다. 잉태함.

〔妊婦 임부〕 아이를 밴 여자. 妊娠婦(임신부).

〔妊産婦 임산부〕 임부(妊婦)와 산부(産婦).

〔妊娠 임신〕 아이를 뱀. 懷妊(회임). 懷孕(회잉). 孕胎(잉태).

◢不妊(불임)/避妊(피임)/懷妊(회임)

4 7 **妝** 꾸밀 **장** (간) 妆

㊥zhuāng(°쭈앙) ㊐ソウ/よそおう ㊀adorn

풀이 ①꾸미다. ㉠粧. ②화장하다. 치장. 단장(丹粧).

4 7 **姘** 안존할 **정**

㊥jìng(찡) ㊐セイ ㊀quiet and gentle

풀이 안존하다. 얌전하고 조용함.

4 7 **妥** 평온할 **타**

㊥tuǒ(투어) ㊐ダ/やすらか ㊀serene

갑 자원 **회의자.** 爪(조)와 女(녀)가 합쳐진 자로, 여자를 손〔爪〕으로 어루만져 달래는 모습을 나타낸다는 설과 여자를 손으로 내리눌러 굴복시키는 모습을 나타낸다는 설이 있음. 본뜻은 '평온하다', '안정되다'임.

풀이 ①평온하다. ②편안하게 앉다.

〔妥結 타결〕 서로가 좋도록 일을 마무름. 또는, 그 일.

〔妥當 타당〕 사리에 비추어 마땅함. ‖妥當性(타당성).

〔妥協 타협〕 서로 좋도록 의견을 절충하여 협의함.

7 **妒** 妬(투)와 동자 →183쪽

5 8 **姑** 시어미 **고**

㊥gū(꾸) ㊐コ/しゅうとめ ㊀mother-in-law

자원 **형성자.** 女(녀)는 의미를 나타내고 古(고)는 음을 나타냄.

풀이 ①시어미. ‖姑婦(고부). ②고모. ‖姑從(고종). ③잠시.

〔姑母 고모〕 아버지의 누이.

〔姑母夫 고모부〕 고모의 남편.

〔姑婦 고부〕 시어머니와 며느리. 姑媳(고식).

〔姑息 고식〕 ①《잠시 숨을 쉰다는 뜻으로》 당장에는 탈이 없고 편안함. ②부녀자와 어린이.

〔姑息之計 고식지계〕 임시 모면을 위한 얕은 계책. 姑息策(고식책). 臨時方便(임시방편).

〔姑從 고종〕 고모의 아들이나 딸. 姑從四寸(고종 사촌). 內從(내종).

〔姑姪 고질〕 조카가 고모부에 대하여

자신을 이르는 말. 姻姪(인질).
◢先姑(선고)/外姑(외고)/慈姑(자고)

5
8 妲 여자 이름 달 妲

[중]dá(다) [일]ダツ
[풀이] 여자 이름.
〔妲己 달기〕 은(殷)의 폭군 주왕(紂王)의 비(妃). 음락(淫樂)으로 주왕을 사로잡아 폭정을 더하게 함.

5 *
8 姈 여자 이름 령

[중]líng(링) [일]レイ
[풀이] ①여자 이름. ②교활하다.

5 ☆*4
8 妹 누이 매 妹

く 女 女 女' 女= 好 妹 妹

[중]mèi(메이) [일]マイ/いもと
[영]younger sister
[자원] **형성자.** 女(녀)는 의미를 나타내고 未(미)는 음을 나타냄.
[풀이] ①누이. 손아래 누이. ‖姊妹(자매). ②소녀. 자기보다 나이가 아래인 여자의 애칭.
〔妹夫 매부〕 누이의 남편.
〔妹氏 매씨〕 남을 높여 그 누이를 이르는 말.
〔妹弟 매제〕 손아래 누이의 남편. ↔妹兄(매형).
〔妹兄 매형〕 손위 누이의 남편. 姊夫(자부). 姊兄(자형). ↔妹弟(매제).
◢男妹(남매)/亡妹(망매)/令妹(영매)/姊妹(자매)/從妹(종매)

5 *
8 姆 여스승 모* 무 姆

[중]mǔ(무) [일]ボ/うば
[영]female teacher
[풀이] 여자 스승.
◢保姆(보모)

5
8 姒 동서 사 姒

[중]sì(쓰) [일]シ, ジ
[풀이] ①동서. 여자 동서끼리의 호칭. 또는, 손위 동서. ②언니. 여형(女兄).
〔姒娣 사제〕 ①손위 누이와 손아래 누이. ②손위 동서와 손아래 동서.

5 ☆*7
8 姓 성 성 姓

く 女 女 女' 女' 姓 姓 姓

[중]xìng(씽) [일]セイ, ショウ/かばね
[영]family name
[자원] **회의 겸 형성자.** 女(녀)와 生(생)이 합쳐진 자. 아이가 어머니의 몸에서 태어나 어머니의 혈통을 이음을 나타냄. 모계 사회의 흔적이 남아 있는 자임. 女는 의미를 나타내고 生은 의미와 음을 겸하여 나타냄.
[풀이] ①성(姓). ②씨족(氏族). 인민.
〔姓名 성명〕 성과 이름.
〔姓氏 성씨〕 '성(姓)'의 높임말.
〔姓銜 성함〕 '성명(姓名)'의 높임말.
◢各姓(각성)/改姓(개성)/同姓(동성)/百姓(백성)/僻姓(벽성)/本姓(본성)/俗姓(속성)/他姓(타성)/稀姓(희성)

5 ☆*6
8 始 처음 시 始

く 女 女 女' 女 始 始 始

[중]shǐ(°스) [일]シ/はじめ [영]beginning
[자원] **형성자.** 女(녀)는 의미를 나타내고 台(이)는 음을 나타냄.
[풀이] ①처음. 시초. ‖原始(원시). ②시작하다. 비롯됨. ‖開始(개시).
〔始球 시구〕 야구에서, 경기를 시작하기 전에 저명인사가 처음으로 포수에게 공을 던짐.
〔始動 시동〕 ①자동차나 기계 등이 움직이기 시작함. ‖始動裝置(시동 장치). ②처음으로 움직임. 또는, 움직이게 함.
〔始末 시말〕 ➡始終(시종)①.
〔始末書 시말서〕 잘못한 행위의 경위를 자세히 적은 서면. 顚末書(전말서).
〔始務 시무〕 ①어떤 일을 맡아보기 시작함. ②관공서 등에서 연초에 근무를 시작함.
〔始發 시발〕 처음으로 출발함. ↔終着(종착).
〔始作 시작〕 어떤 일이나 행동의 처음 단계를 이룸. 또는, 그 단계.
〔始祖 시조〕 ①한 집안이나 왕조의 맨 처음 조상. ②어떤 학문이나 기술 등을 처음 생각해 낸 사람.
〔始終 시종〕 ①처음과 끝. 始末(시말). ②처음부터 끝까지.
〔始終一貫 시종일관〕 처음부터 끝까지 한결같이 함.
〔始初 시초〕 맨 처음.
◢開始(개시)/年末年始(연말연시)/原始(원시)/爲始(위시)/終始(종시)/創始(창시)

5 *
8 婀 여자 이름 아 [동]婀

[중]ē(어) [일]ア

3획

★*4
5 委 ❶맡길 위 ❷옹용할 위 | 委
8

丿 二 千 禾 禾 委 委 委

중wěi, wēi(웨이) 일イ/まかせる
영entrust, peaceful

갑 전 자원 회의자. 女(녀)와 禾(벼 화)가 합쳐진 자. 벼가 익어 고개를 숙이듯 여자는 순종해야 함을 나타낸다는 설과 여자에게 농사일을 맡기는 것을 나타낸다는 설 등이 있음.

풀이 ❶①맡기다. ‖委任(위임). ②버리다. ③쌓이다. ④자세하다. ❷옹용(雍容)하다. 편안함.

〔委曲 위곡〕 ①자세한 곡절이나 사정. ②찬찬하고 자세함. 委細(위세).

〔委付 위부〕 ①맡김. ②자기 소유물·권리를 상대방에게 넘김으로써 상대방과의 법률관계를 소멸시키는 일.

〔委員 위원〕 일정한 직무를 위촉받은 사람.

〔委任 위임〕 권리·권한을 맡겨 대신 행사하게 함.

〔委囑 위촉〕 사무 처리 따위를 남에게 맡김.

〔委託 위탁〕 ①일정한 행위를 해 주도록 부탁함. ②의뢰하여 대신 행하게 함.

☆*4
5 姊 손위 누이 자 | 속 姉 姊
8

く 乂 女 女 女 女 姊 姊

중zǐ(즈) 일シ/あね 영elder sister

자원 형성자. 女(녀)는 의미를 나타내고 𠂔(지)는 음을 나타냄.

풀이 ①손위 누이. ②'여자'의 경칭.

〔姊妹 자매〕 ①여자 형제. ②같은 계통에 속하며 유사점이 많은 것들의 속칭.

〔姊妹結緣 자매결연〕 ①자매 관계를 맺음. ②지역이나 단체 등이 서로 도우며 가까이 지내도록 관계를 맺음.

〔姊兄 자형〕 손위 누이의 남편. 妹兄(매형).

*4
8 姉 姊(자)의 속자 →182쪽

*
5 姐 누이 저 | 姐
8

중jiě(지에) 일シャ, ショ/あね

풀이 ①누이. 누나. ②'여자'의 통칭.

◢小姐(소저)

*
5 姃 계집 단정할 정 | 姃
8

중zhēng(°정) 일セイ

풀이 계집이 단정하다.

*
5 姓 예쁠 주
8

중tǒu(터우) 일トウ

풀이 예쁘다. 아름다움.

☆*3-Ⅱ
5 妻 ❶아내 처 ❷시집보낼 처 | 妻
8

一 ヲ ヨ 圭 圭 妻 妻 妻

중qī, qì(치) 일サイ/つま 영wife

갑 자원 회의자. 여자의 머리를 손으로 빗기고 비녀를 꽂아 주는 모습을 나타냄. 비녀를 꽂는 것은 성인으로 인정받아 결혼할 수 있음을 뜻하므로, 여기에서 '아내'의 뜻이 파생됨.

풀이 ❶아내. ❷시집보내다.

〔妻家 처가〕 아내의 본집.

〔妻男 처남〕 아내의 남자 형제.

〔妻福 처복〕 훌륭한 아내를 얻는 복. 또는, 그로 말미암아 생기는 복.

〔妻山 처산〕 아내의 무덤. 또는, 아내의 무덤이 있는 곳.

〔妻城子獄 처성자옥〕 (('아내는 성(城)이고 자식은 감옥'이라는 뜻으로)) 아내와 자식이 있는 사람은 집안일에 얽매여 자유롭게 활동할 수 없음.

〔妻叔 처숙〕 처의 삼촌.

〔妻侍下 처시하〕 아내에게 눌려 지내는 사람을 놀려 이르는 말.

〔妻子 처자〕 아내와 자식. 妻帑(처노). 처자식(妻子息).

〔妻弟 처제〕 아내의 여동생.

〔妻妾 처첩〕 아내와 첩.

〔妻兄 처형〕 아내의 언니.

◢本妻(본처)/夫妻(부처)/喪妻(상처)/惡妻(악처)/愛妻(애처)/良妻(양처)/一夫多妻(일부다처)/一夫一妻(일부일처)/前妻(전처)/糟糠之妻(조강지처)/賢母良妻(현모양처)/賢妻(현처)/後妻(후처)

★*3
5 妾 첩 첩 | 妾
8

丶 亠 亠 立 立 妾 妾 妾

중qiè(치에) 일ショウ/めかけ
영concubine

갑 자원 회의자. 문신의 형벌을 가하는 날붙이인 辛(신)과 女(녀)가 합쳐진 자로, 이마에 묵형(墨刑)을 당한 여자 노예를 가리킴. 뒷날 '본처 이외에 데리고 사는 여자'의 뜻을 가짐.

풀이 ①첩. 측실(側室). ‖蓄妾(축첩). ②'여자'의 겸칭.

〔妾室 첩실〕 첩을 점잖게 이르는 말. 妾婦(첩부).
◢婢妾(비첩)/小妾(소첩)/臣妾(신첩)/愛妾(애첩)/妻妾(처첩)/賤妾(천첩)/蓄妾(축첩)

5 8 妬 *1 강샘할 투 ⓢ妒

㊥dù(뚜) ㊐ト/ねたむ ㊎be jealous
풀이 ①강샘하다. 투기함. ‖嫉妬(질투). ②시기하다. ‖妬心(투심).
〔妬忌 투기〕 질투하고 시기함. 강샘.
◢嫉妬(질투)

6 9 姦 ★*3 간사할 간 ⓖ奸

㊥jiān(찌엔) ㊐カン/よこしま ㊎crafty
전 자원 회의자. 여자 셋을 그려 간사함을 나타냄.
풀이 ①간사하다. 속임. 간악함. ⓢ奸. ‖姦雄(간웅). ②간음하다. ⓢ奸. ‖姦通(간통)/強姦(강간).
〔姦夫 간부〕 간통한 사내.
〔姦婦 간부〕 간통한 여자.
〔姦淫 간음〕 부부가 아닌 남녀가 성 관계를 맺음.
〔姦通 간통〕 배우자 있는 사람이 배우자 이외의 이성(異性)과 성적 관계를 맺음. 密通(밀통). ‖姦通罪(간통죄).
◢強姦(강간)/劫姦(겁간)/鷄姦(계간)/近親相姦(근친상간)/獸姦(수간)/輪姦(윤간)/和姦(화간)

6 9 姜 *2 성 강

㊥jiāng(찌앙) ㊐キョウ
풀이 ①성(姓). ②강하다.

6 9 姣 * 예쁠 교

㊥jiāo(찌아오) ㊐コウ/きれいだ ㊎pretty
풀이 예쁘다. 아름다움. 요염함.

6 9 姞 * 성 길

㊥jí(지) ㊐キツ, キチ
풀이 성(姓).

6 9 姸 *2 예쁠 연 ⓢ妍

㊥yán(옌) ㊐ゲン ㊎beautiful
풀이 예쁘다. 아름다움. ‖姸麗(연려)/姸粧(연장).

9 娟 娟(연)의 속자 →185쪽

6 9 姽 예쁠 와

㊥nuǒ(누어) ㊐ガ/うつくしい ㊎beautiful
풀이 ①예쁘다. 아름다움. ②연약하다.

6 9 娃 * 예쁠 왜* 와

㊥wā(와) ㊐アイ ㊎pretty
풀이 예쁘다. 아름다움.

6 9 姚 *2 예쁠 요

㊥yáo(야오) ㊐ヨウ/うつくしい ㊎beautiful
풀이 ①예쁘다. ②날래다.

6 9 威 ☆*4 위엄 위

㊥wēi(웨이) ㊐イ/いげん ㊎dignity
금 자원 회의자. 女(녀)와 '무기'의 상형자인 戌(술)이 합쳐진 자로, 무기로 약한 여자를 위협하고 있는 모습을 나타낸다는 설과 여자가 무기를 든 모습으로 생살권을 쥐고 있는 우두머리가 여성임을 나타낸다는 설이 있음.
풀이 ①위엄. 존엄. ‖國威(국위). ②세력. 권세. ‖威力(위력). ③두려워하다. 두려움.
〔威力 위력〕 남을 위압할 만큼 강대한 힘.
〔威武 위무〕 ①위세와 무력(武力). ②위엄이 있고 씩씩함. 武威(무위). 武勇(무용).
〔威勢 위세〕 ①사람을 두렵게 하여 복종시키는 힘. ②힘차고 용맹스러운 기세.
〔威信 위신〕 위엄과 신망.
〔威壓 위압〕 위세(威勢)로 억누름.
〔威嚴 위엄〕 위세가 있고 엄숙함.
〔威容 위용〕 위엄찬 모습이나 모양.
〔威儀 위의〕 ①반듯하며 예의 바른 태도나 차림새. ②예법에 맞는 몸가짐.
〔威風 위풍〕 위엄 있는 풍채나 기세.
〔威風堂堂 위풍당당〕 위엄이 넘치며 당당함.
〔威脅 위협〕 으르고 협박함. 威嚇(위하).
◢國威(국위)/權威(권위)/猛威(맹위)/武威(무위)/示威(시위)/神威(신위)/嚴威(엄위)/天威(천위)/狐假虎威(호가호위)

3획

6 *1
9 **姨** 이모 **이** 姨

㊥yí(이) ㊐イ/おば ㊞maternal aunt
풀이 이모.
〔姨母 이모〕 어머니의 자매.
〔姨母夫 이모부〕 이모의 남편.
〔姨從 이종〕 이모의 아들이나 딸. 姨從四寸(이종 사촌).
〔姨姪 이질〕 이종(姨從)의 아들이나 딸.

6 ★*3
9 **姻** 혼인 **인** 姻

𡿨 ㄑ 女 ⼥ 女 刵 女冂 女冃 女因 姻

㊥yīn(인) ㊐イン/こんいん ㊞marriage
자원 **회의 겸 형성자.** 女(녀)와 因(인)이 합쳐진 자로, 여자가 의지해야 하는 곳, 곧 신랑의 집을 뜻함. 女는 의미를 나타내고 因은 의미와 음을 겸하여 나타냄.
풀이 ①혼인. ②인척(姻戚).
〔姻婭 인아〕 사위 쪽의 사돈과 동서 쪽의 사돈.
〔姻戚 인척〕 혼인에 의해 맺어진 친척.
◢婚姻(혼인)

*
9 **姙** 妊(임)과 동자 →180쪽

6 ★*4
9 **姿** 맵시 **자** 姿

丶 冫 冫 次 次 次 姿 姿

㊥zī(쯔) ㊐シ/すがた ㊞figure
자원 **형성자.** 女(녀)는 의미를 나타내고 次(차)는 음을 나타냄.
풀이 맵시. 모습. 풍취(風趣).
〔姿勢 자세〕 ①몸을 움직이거나 가누는 모양이나 태도. ②사물을 대하는 마음가짐.
〔姿態 자태〕 몸가짐과 맵시.
◢芳姿(방자)/勇姿(용자)/容姿(용자)/雄姿(웅자)

6 *
9 **姝** 예쁠 **주**

㊥shū(°쑤) ㊐シュ ㊞pretty
풀이 예쁘다.

6 ★*3
9 **姪** 조카 **질** 姪

ㄑ 女 女 女一 女⼀ 姪 姪 姪

㊥zhí(°즈) ㊐テツ, チツ/おい
㊞nephew
자원 **형성자.** 女(녀)는 의미를 나타내고 至(지)는 음을 나타냄.
풀이 조카.
〔姪女 질녀〕 형제자매의 딸. 조카딸.
〔姪婦 질부〕 조카의 아내. 조카며느리.
〔姪行 질항〕 조카가 되는 항렬.
◢堂姪(당질)/叔姪(숙질)/長姪(장질)/從姪(종질)

6 *
9 **姹** ❶자랑할 **차** ❷소녀 **차**

㊥chà(°차) ㊐タ/ほこる ㊞boast
풀이 ❶자랑하다. ❷소녀.

6 *
9 **姮** 항아 **항** 姮

㊥héng(헝) ㊐コウ/つき
㊞faries in the moon
풀이 항아. 선녀.
〔姮娥 항아〕 ①달에 산다는 선녀. ②궁중에서, 상궁이 되기 전의 어린 궁녀.

6 *2
9 **姬** 아씨 **희** (약) 姫 姬

㊥jī(찌) ㊐キ/ひめ ㊞madam
풀이 ①아씨. '여자'의 미칭. ②첩. 측실(側室).
◢舞姬(무희)/美姬(미희)/寵姬(총희)

9 **姫** 姬(희)의 약자 →184쪽

7 *
10 **娜** 아리따울 **나** 娜

㊥nà(나) ㊐ダ/しなやか
풀이 아리땁다. 날씬함.

7 ★*3-II
10 **娘** 아가씨 **낭** 娘

ㄑ 女 女 女丶 女⺕ 娘 娘 娘

㊥niáng(니앙) ㊐ジョウ/むすめ
㊞young lady
자원 **형성자.** 女(녀)는 의미를 나타내고 良(량)은 음을 나타냄.
풀이 ①아가씨. 소녀. ‖娘子(낭자). ②어미. ‖爺娘(야낭).
〔娘子 낭자〕 예전에, 처녀를 대접하여 이르던 말.
〔娘子軍 낭자군〕 여자들로 조직된 군대나 선수단이나 기타의 단체.
◢花娘(화랑)

7 *2
10 **娩** 해산할 **만** 娩

㊥miǎn(미엔) ㊐バン/うむ ㊎deliver
풀이 ①해산하다. 아이를 낳음. ‖ 分娩(분만). ②얌전하다.
◢分娩(분만)

7 *1
10 **娑** 춤출 **사** 娑

㊥suō(쑤어) ㊐サ/まう ㊎dance
풀이 ①춤추다. 춤추는 모양. ②범어 sa의 음역자(音譯字).
〔娑婆 사바〕 ①범어 sabhā의 음역. 괴로움이 많은 인간 세계. ②군대·감옥 등에서 바깥의 자유로운 세계를 이름.

7 *
10 **娍** 아름다울 **성**

㊥shèng(°썽) ㊐セイ ㊎pretty
풀이 ①아름답다. ②여자 이름.

7 *1
10 **娠** 애 밸 **신** 娠

㊥shēn(°썬) ㊐シン/はらむ ㊎conceive
풀이 애를 배다.
◢妊娠(임신)

7 *
10 **娥** 예쁠 **아** 娥

㊥é(어) ㊐ガ/うつくしい ㊎beautiful
풀이 ①예쁘다. 아름다움. ②미인.
〔娥英 아영〕 중국 순(舜)임금의 비인 아황과 여영.
◢仙娥(선아)/姮娥(항아)

7 *
10 **娟** 예쁠 **연** ㊀娟 娟

㊥juān(쮜엔) ㊐エン/うるわしい ㊎beautiful
풀이 예쁘다. 날씬하고 아름다움.
〔娟娟 연연〕 ①빛이 엷고 고운 모양. ②아름답고 어여쁜 모양.

7 *
10 **娫** 예쁠 **연**

㊥yán(옌) ㊐エン
풀이 예쁘다.

7 ★*3
10 **娛** 즐길 **오** ㉮娱 娛

(필순) 𡿨 𡚨 女 女ㄇ 女口 姴 娯 娛

㊥yú(위) ㊐ゴ/たのしむ ㊎amuse oneself
자원 **형성자.** 女(녀)는 의미를 나타내고 吳(오)는 음을 나타냄.
풀이 즐기다. 즐거움.
〔娛樂 오락〕 놀이·게임·노래·춤 등으로 즐겁게 노는 일.
〔娛樂物 오락물〕 오락에 이용되는 물건.
〔娛樂室 오락실〕 오락을 위해 필요한 기구·시설을 갖추어 놓은 방.
〔娛遊 오유〕 즐겁게 놂.

7
10 **娣** 여동생 **제** 娣

㊥dì(띠) ㊐テイ/いもうと
풀이 ①여동생. ②손아래 동서.
〔娣姒 제사〕 형제의 아내 가운데 손아래 동서와 손위 동서.

8
11 **婪** 탐할 **람** 婪

㊥lán(란) ㊐ラン/むさぼる ㊎covet
풀이 ①탐하다. ‖ 婪酣(남감). ②점괘(占卦)를 속이다.

8 *
11 **婡** 예쁠 **람**

㊥lǎn(란) ㊐ラン ㊎pretty
풀이 예쁘다.

8 *
11 **婁** ❶별 이름 **루** ❷끌 **루** ㉮娄 婁

㊥lóu(러우), lǚ(뤼) ㊐ロウ, ル ㊎drag
금 자원 **회의자.** 금문은 윗부분이 두 손과 물건을 나타내고 아랫부분은 여자를 나타내어, '물건을 머리에 이고 두 손을 받치고 있는 여자'를 나타냄. 본뜻은 '포개다'.
풀이 ❶①별 이름. 28수(宿)의 하나. ②거두다. 수렴(收斂). ❷끌다.

8 ☆*4-Ⅱ
11 **婦** 며느리 **부** ㉮妇 婦

(필순) 𡿨 𡚨 女 女ㄱ 女ㅋ 婦 婦 婦

㊥fù(°푸) ㊐フ/よめ
㊎daughter-in-law, woman
갑 자원 **회의자.** 女(녀)와 帚(비추)가 합쳐진 자로, 빗자루를 들고 청소하는 여자를 나타냄.
풀이 ①며느리. ‖ 姑婦(고부). ②아내. ‖ 夫唱婦隨(부창부수). ③여자. ④지어미. 주부(主婦).
〔婦女子 부녀자〕 성년이 된 여자. 婦女(부녀).
〔婦德 부덕〕 여자로서의 덕행.

3획

〔婦道 부도〕 여자가 지켜야 할 도리.
〔婦人 부인〕 결혼한 여자.
◢家政婦(가정부)/姑婦(고부)/寡婦(과부)/裸婦(나부)/賣春婦(매춘부)/夫婦(부부)/新婦(신부)/妖婦(요부)/妊婦(임부)/子婦(자부)/酌婦(작부)/情婦(정부)/娼婦(창부)/匹婦(필부)/賢婦(현부)/孝婦(효부)

★*3-Ⅱ
8 11 **婢** 여종 **비** 婢

乚 夂 女 女' 女白 女甶 女申 婢

㊥bì(삐) ㊐ヒ/はしため
㊎maid, female servant
자원 **회의 겸 형성자.** 女(녀)와 卑(비)가 합쳐진 자로 천한 계급의 여자, 곧 계집종을 나타냄. 女는 의미를 나타내고 卑는 의미와 음을 겸하여 나타냄.
풀이 ①여종. 하녀(下女). 천한 일을 하는 여자. ‖官婢(관비). ②저. 여자가 자기를 낮추어 이르는 말. ‖婢子(비자). ③첩.
〔婢僕 비복〕 계집종과 사내종.
〔婢夫 비부〕 계집종의 남편.
〔婢子 비자〕 ①부인이 스스로를 겸손하게 이르는 말. ②계집종.
〔婢妾 비첩〕 종으로 첩이 된 여자.
◢官婢(관비)/奴婢(노비)/侍婢(시비)/從婢(종비)/賤婢(천비)

*
8 11 **婀** ❶아리따울 **아** ❷머뭇거릴 **아** 통 婀

㊥ě, ē(어) ㊐ア ㊎lovely, hesitate
풀이 ❶아리땁다. ❷머뭇거리다.

*
11 **婀** 婀(아)와 동자 →186쪽

8 11 **娅** 동서 **아** 간 娅 婭

㊥yà(야) ㊐ア/あいむこ
㊎husband of wife's sister
풀이 ①동서(同壻). 아내의 자매의 남편, 또는 남편의 형제의 아내. ②아양을 떨다. ③몸종. 시녀(侍女).
◢姻婭(인아)

*
8 11 **婑** ❶얌전하고 예쁜 모양 **와** ❷여자의 모양 **유** *

㊥wǎ(워) ㊐カ, ワ

*1
8 11 **婉** 순할 **완** *1 **원** * 婉

㊥wǎn(완) ㊐エン/たおやか
㊎obedient
풀이 ①순하다. 순종함. ②아리땁다. 자늑자늑함. ③은근하다. 완곡. ④친애하다.
〔婉曲 완곡〕 말하는 투가 듣는 사람의 감정을 상하지 않도록 모나지 않고 부드러움.
〔婉娩 완만〕 여자의 태도가 의젓하고 부드러움.
〔婉美 완미〕 정숙하고 아름다움.
◢貞婉(정완)

*
8 11 **婠** 품성 좋을 **완**

㊥wān(완) ㊐ワン ㊎good-natured
풀이 품성이 좋다. 수더분함.

8 11 **婥** 예쁠 **작** 婥

㊥chuò(°추어) ㊐シャク/うるわしい
㊎beautiful
풀이 예쁘다.
〔婥約 작약〕 몸매가 호리호리하고 아리따움.

*1
8 11 **娼** 논다니 **창** 娼

㊥chāng(°창) ㊐ショウ/しょうぎ
㊎prostitute
풀이 논다니. 노는계집. 갈보. 창기(娼妓). 같倡.
〔娼家 창가〕 기생집. 妓樓(기루).
〔娼妓 창기〕 몸을 파는 천한 기생.
〔娼女 창녀〕 몸을 파는 일을 직업으로 하는 여자. 논다니. 娼婦(창부).
〔娼婦 창부〕 ➡娼女(창녀).
◢公娼(가창)/男娼(남창)/私娼(사창)

*
8 11 **婇** 여자 이름 **채**

㊥cǎi(차이) ㊐サイ

*1
8 11 **娶** 장가들 **취** 娶

㊥qǔ(취) ㊐シュ/めとる ㊎take a wife
풀이 장가들다. 통取.
〔娶妻 취처〕 아내를 맞음.
◢嫁娶(가취)/前娶(전취)/婚娶(혼취)/後娶(후취)

*1
8 11 **婆** 할미 **파** 婆

㊥pó(포) ㊐バ/ばば ㊎old woman
풀이 ①할미. 늙은 여자. ‖老婆(노파).

②범어 Bha의 음역자(音譯字). ‖婆羅門(바라문).
〔婆羅門 바라문〕 범어 Brāhmana의 음역. 인도 사성(四姓) 중에서 가장 높은 지위인 승려 계급.
〔婆娑 파사〕 ①춤추는 소매의 나부낌이 가벼운 모양. ②몸이 가냘픈 모양. ③거문고의 소리가 꺾임이 많은 모양. ④힘·형세 등이 쇠하여 약한 모양.
◢老婆(노파)/媒婆(매파)/娑婆(사바)/產婆(산파)/塔婆(탑파)/湯婆(탕파)

8 11 *嫭 여자의 마음씀이 재치 있을 **호**

[중]xiāo(씨아오) [일]コウ, キョウ
[풀이] 여자의 마음씀이 재치 있다.

8 11 ☆*4 婚 혼인할 **혼**

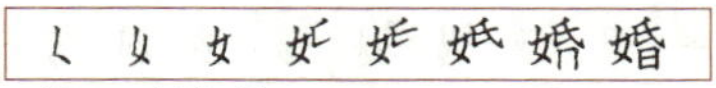

[중]hūn(훈) [일]コン/よめいり [영]marry
[자원] **회의 겸 형성자.** 女(녀)와 昏(어두울 혼)이 합쳐진 자로, 신부 집을 나타냄. 고대 중국에서는 날이 어두워지고 나서 신랑을 맞아들이는 혼례식이 신부 집에서 치러졌음. 女는 의미를 나타내고 昏은 의미와 음을 겸하여 나타냄.
[풀이] 혼인하다. ‖結婚(결혼)/婚禮(혼례).
〔婚期 혼기〕 혼인하기에 적당한 나이.
〔婚談 혼담〕 혼처를 정하기 위해 서로 주고받는 말. 緣談(연담).
〔婚禮 혼례〕 ①혼인의 예절. 婚儀(혼의). ②결혼식.
〔婚費 혼비〕 혼인에 드는 비용.
〔婚事 혼사〕 혼인에 관한 일.
〔婚書 혼서〕 혼인 때, 신랑 집에서 예단(禮緞)에 붙여 신부 집으로 보내는 편지.
〔婚需 혼수〕 혼인을 위해 마련하는 의복·장롱 등의 물건이나 혼인에 드는 비용.
〔婚約 혼약〕 혼인하기로 함. 또는, 그 약속.
〔婚姻 혼인〕 남자와 여자가 부부가 되는 일. 結婚(결혼). 婚嫁(혼가). 婚娶(혼취).
〔婚處 혼처〕 혼인하기에 알맞은 자리.
◢開婚(개혼)/結婚(결혼)/求婚(구혼)/禁婚(금혼)/旣婚(기혼)/亂婚(난혼)/晩婚(만혼)/未婚(미혼)/成婚(성혼)/新婚(신혼)/約婚(약혼)/離婚(이혼)/再婚(재혼)/定婚(정혼)/早婚(조혼)/請婚(청혼)/初婚(초혼)/祝婚(축혼)/擇婚(택혼)/通婚(통혼)/破婚(파혼)/華婚(화혼)/回婚(회혼)

9 12 ★*3-II 媒 중매 **매**

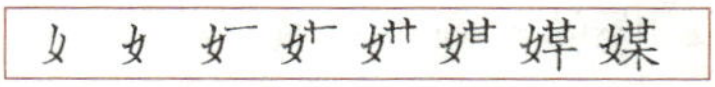

[중]méi(메이) [일]バイ/なかだち
[영]matchmaking
[자원] **형성자.** 女(녀)는 의미를 나타내고 某(모)는 음을 나타냄.
[풀이] ①중매. ‖媒婆(매파). ②매개하다. 중개(仲介).
〔媒介 매개〕 사이에 서서 양편의 관계를 맺어 줌. 仲介(중개).
〔媒子 매자〕 중간에서 혼인이 이루어지도록 함. 仲媒(중매).
〔媒質 매질〕 물리적 작용을 전해 주는 매개물.
〔媒體 매체〕 매질인 물체.
〔媒婆 매파〕 혼인을 중매하는 할멈. 媒媼(매온).
◢冷媒(냉매)/靈媒(영매)/溶媒(용매)/仲媒(중매)/觸媒(촉매)

9 12 *1 媚 아첨할 **미**

[중]mèi(메이) [일]ビ/へつらう [영]flatter
[풀이] ①아첨하다. 아양을 떪. ‖媚笑(미소)/媚態(미태). ②아리땁다. ‖明媚(명미).
〔媚笑 미소〕 아양을 떠는 웃음. 또는, 아첨하는 웃음.
〔媚態 미태〕 아양을 떠는 태도.
◢蛾媚(아미)

9 12 * 媄 빛 아름다울 **미**

[중]měi(메이) [일]ビ
[풀이] 빛이 아름답다.

12 * 婿 壻(서)와 동자 →165쪽

9 12 *1 媤 [한]시집 **시**

[풀이] 시집. 남편의 집.
〔媤家 시가〕 시부모가 사는 집. 또는, 남편의 집안. 시집.
〔媤宅 시댁〕 '시가(媤家)'의 높임말.
〔媤同生 시동생〕 남편의 남동생.
〔媤父母 시부모〕 시아버지와 시어머니.
〔媤叔 시숙〕 남편의 형제.
〔媤外家 시외가〕 남편의 외가.

9 12 *2 媛 미녀 **원**

3획

[중]yuán(위엔) [일]エン/たおやめ
[영]beauty
[풀이] 미녀.
◢淑媛(숙원)/才媛(재원)

9
12 **嫛*** [1]기쁠 이* [2]착할 희

[중]yí(이), xī(씨) [일]イ, キ [영]happy
[풀이] [1]기쁘다. [2]착하다.

9
12 **婷*** 예쁠 정 婷

[중]tíng(팅) [일]テイ/うるわしい
[영]beautiful
[풀이] 예쁘다. 아름다움.

3획

9
12 **媞*** [1]예쁠 제 [2]어머니 시

[중]tí(티), shì(°쓰) [일]テイ, シ
[풀이] [1]예쁘다. 아리따운 모양. [2]어머니.

9
12 **媓*** 어머니 황

[중]huáng(후앙) [일]コウ [영]mother

10
13 **嫁***1 시집갈 가 嫁

[중]jià(찌아) [일]カ/とつぐ [영]marry
[풀이] ①시집가다. ‖嫁女(가녀)/出嫁(출가). ②떠넘기다. 전가(轉嫁)함.
〔嫁期 가기〕 시집갈 만한 나이.
〔嫁娶 가취〕 시집가고 장가듦.
◢改嫁(개가)/再嫁(재가)/轉嫁(전가)/出嫁(출가)

10
13 **媾** 화친할 구 媾

[중]gòu(꺼우) [일]コウ/なかなおりする
[영]make peace
[풀이] ①화친하다. ②겹혼인. 친척끼리의 혼인. ③교접(交接)하다. 성교. ④사랑하다.
〔媾合 구합〕 남녀가 잠자리를 함께함. 性交(성교).
〔媾和 구화〕 두 나라가 화친을 맺음. 강화(講和).

10
13 **嫋** 예쁠 뇨 嫋

[중]niǎo(니아오) [일]ジョウ/うるわしい
[풀이] ①예쁘다. 아름다움. ②연하고 자늑자늑하다.
〔嫋娜 요나〕 부드럽고 나긋나긋하여 간드러짐.

10
13 **媽** 어미 마 [간]妈 媽

[중]mā(마) [일]ボ/おふくろ [영]mother
[풀이] 어미. 할미.
〔媽媽 마마〕 ①임금과 그 가족들의 칭호 뒤에 붙여, 존대의 뜻을 나타내는 말. ‖中殿媽媽(중전마마). ②벼슬아치의 첩을 높여 이르는 말. ③천연두.

10
13 **媺*** 착할 미

[중]měi(메이) [일]ビ [영]good
[풀이] 착하다.

10
13 **嫂***1 형수 수 嫂

[중]sǎo(사오) [일]ソウ/あによめ
[영]elder brother's wife
[풀이] ①형수(兄嫂). ②제수(弟嫂).
〔嫂叔 수숙〕 형제의 아내와 남편의 형제.
◢季嫂(계수)/弟嫂(제수)/兄嫂(형수)

10
13 **媳** 며느리 식 媳

[중]xí(시) [일]セキ/よめ
[풀이] 며느리. ‖媳婦(식부).

10
13 **媼*** 할미 온 [본]오 媼

[중]ǎo(아오) [일]オウ/ばば [영]old woman
[풀이] 할미. 노파.

10
13 **嫄*** 사람 이름 원

[중]yuán(위엔) [일]ゲン

10
13 **媵** 보낼 잉 媵

[중]yìng(잉) [일]ヨウ/おくる [영]send
[풀이] ①보내다. ②몸종. 시녀(侍女).

10
13 **嫉***1 미워할 질 嫉

[중]jí(지) [일]シツ/ねたむ [영]hate
[풀이] ①미워하다. ②강샘. 샘.
〔嫉視 질시〕 밉게 봄.
〔嫉妬 질투〕 ①우월한 사람을 미워함. ②강샘. 嫉妒(질투).
◢憎嫉(증질)

10
13 **嫌**★*3 싫어할 혐 [간]嫌 嫌

[중]xián(시엔) [일]ケン/きらう [영]dislike
[풀이] ①싫어하다. 미워함. ‖嫌惡(혐오).

②의심하다. ‖嫌疑(혐의).
〔嫌忌 혐기〕 꺼리며 싫어함.
〔嫌惡 혐오〕 싫어하고 미워함.
〔嫌怨 혐원〕 미워하고 원망함.
〔嫌疑 혐의〕 ①꺼리고 싫어함. ②범죄를 저지른 사실이 있으리라는 의심.

11 14 **嫝*** 여자 이름 **강**
㊥kāng(캉) ㊐コウ

11 14 **嫗** 할미 **구** ㊉**우** ㊎妪 嫗
㊥yù(위) ㊐ウ, オウ/ばば
㊍old waman
풀이 할미.
◢老嫗(노구)

11 14 **嫢*** ❶허리 가늘 **규** ❷아름다울 **규**
㊥guī(꾸에이) ㊐キ
풀이 ❶허리가 가늘다. ❷아름답다.

11 14 **嫤*** ❶여자 이름 **근** ❷아름다울 **근**
㊥jǐn(찐), jǐn(진) ㊐キン, コン
풀이 ❶여자 이름. ❷아름답다.

11 14 **嫩*** 어릴 **눈** 嫩
㊥nèn(넌) ㊐ドン/わかい ㊍young
풀이 어리다. 연약함.

11 14 **嫠** 과부 **리** 嫠
㊥lí(리) ㊐リ/やもめ ㊍widow
풀이 과부. 미망인. ‖嫠婦(이부).

11 14 **嫙*** 예쁠 **선**
㊥xuán(쉬엔) ㊐セン ㊍pretty
풀이 예쁘다.

11 14 **嫣*** 생긋 웃을 **언** 嫣
㊥yān(옌) ㊐エン/にっこりわらう
풀이 ①생긋 웃다. ②아리땁다. ‖嫣紅(언홍).

11 14 **嫕*** 유순할 **예**
㊥yì(이) ㊐エイ ㊍gentle
풀이 유순하다.

11 14 **嫡***[1] 정실 **적** 嫡
㊥dí(디) ㊐テキ, チャク/せいさい
㊍legal wife
풀이 ①정실(正室). 본마누라. ‖嫡妻(적처). ②맏아들. 정실이 낳은 장남. ‖嫡長子(적장자). ③정실이 낳은 아들. ‖嫡子(적자).
〔嫡庶 적서〕 적자(嫡子)와 서자(庶子).
〔嫡孫 적손〕 적자(嫡子)의 정실이 낳은 아들.
〔嫡室 적실〕 정식으로 혼인한 아내. 本妻(본처). 正室(정실).
〔嫡子 적자〕 정실(正室)이 낳은 아들. 嫡男(적남). ↔庶子(서자).
〔嫡長子 적장자〕 정실(正室)이 낳은 맏아들.
〔嫡妻 적처〕 혼례를 갖추어 정식으로 맞은 아내. 장가처.
〔嫡妾 적첩〕 본처와 첩.
〔嫡出 적출〕 정실(正室) 몸에서 태어난 자식. ↔庶出(서출).
〔嫡統 적통〕 적파(嫡派)의 계통.
◢承嫡(승적)/長嫡(장적)/廢嫡(폐적)

11 14 **嫖** 날랠 **표** 嫖
㊥piāo(피아오) ㊐ヒョウ/すばやい
㊍quick
풀이 ①날래다. 움직임이 기운차고 빠름. ‖嫖姚(표요). ②음란하다.
〔嫖姚 표요〕 강하고 민첩한 모양.

11 14 **嫦*** 항아 **항*** **상** 嫦
㊥cháng(°창) ㊐コウ, ショウ
풀이 항아(姮娥).

12 15 **嬌***[1] 아리따울 **교** ㊎娇 嬌
㊥jiāo(찌아오) ㊐キョウ/なまめかしい
㊍pretty
풀이 ①아리땁다. ‖嬌態(교태). ②사랑하다.
〔嬌聲 교성〕 아양 떠는 소리.
〔嬌態 교태〕 ①아양 떠는 몸짓. ②아리따운 자태(姿態).
◢愛嬌(애교)

12 15 **嬋*** 고울 **선** ㊎婵 嬋
㊥chán(°찬) ㊐セン/たおやか
㊍beautiful
풀이 곱다. 아름다움.
〔嬋娟 선연〕 얼굴이 곱고 아름다운 모양.

12 15 **燃*** ❶성 **연** ❷여자의 자태 **연**

㊥rán, rǎn(°란) ㊐ネン
풀이 ❶성(姓). ❷여자의 자태.

12 15 **嬅*2** 여자 얼굴 아름다울 **화** 嬅

㊥huà(후아) ㊐ガ
풀이 여자의 얼굴이 아름답다.

12 15 **嬉*2** 즐길 **희** 嬉

㊥xī(씨) ㊐キ/たのしむ ㊎enjoy
풀이 ①즐기다. 기쁨. ②놀다. 어울려 장난함.
〔嬉笑 희소〕 ①실없이 웃음. ②예쁘게 웃음.
〔嬉遊 희유〕 즐겁게 놂.

3획

13 16 **嬴*** 찰 **영** 통 嬴

㊥yíng(잉) ㊐エイ/みちる ㊎be fill with
풀이 ①차다. 가득함. 통盈. ②남다. ③풍요하다. 비옥함. ④이기다. ⑤아리땁다.
〔嬴縮 영축〕 가득 찼다 기울었다 함.

13 16 **嬖*** 사랑할 **폐** 嬖

㊥bì(삐) ㊐ヘイ ㊎love
풀이 사랑하다. ㉮총애(寵愛)하다. ‖嬖臣(폐신). ㉯귀인(貴人)에게 총애를 받는 천한 남녀. ‖嬖幸(폐행).
〔嬖臣 폐신〕 임금의 총애를 받는 신하.
〔嬖幸 폐행〕 남에게 아첨을 하여 귀염을 받음.

14 17 **嬪*1** 아내 **빈** 간 嫔 嬪

㊥pín(핀) ㊐ヒン ㊎wife
풀이 ①아내. 죽은 아내의 호칭. ②빈. 조선 시대, 정1품 내명부의 통칭. ‖世子嬪(세자빈). ③'여자'의 미칭.
〔嬪宮 빈궁〕 왕세자의 아내.
〔嬪妾 빈첩〕 임금의 첩. 後宮(후궁). 嬪御(빈어).
◢妃嬪(비빈)/世子嬪(세자빈)

14 17 **嬰*1** 갓난아이 **영** 간 婴 嬰

㊥yīng(잉) ㊐エイ/あかご ㊎baby
풀이 ①갓난아이. ‖嬰兒(영아). ②두르다. 둚. ③걸다. 떰. ④더하다. 가함. ⑤갓끈.
〔嬰兒 영아〕 젖먹이. 嬰孩(영해).

17 **嬴** 嬴(영)과 동자 →190쪽

16 19 **嬿*** 아름다울 **연**

㊥yàn(옌) ㊐エン ㊎beautiful
풀이 ①아름답다. ②유순하다. 순박함.

17 20 **孀*1** 과부 **상** 孀

㊥shuāng(°쑤앙) ㊐ソウ/やもめ ㊎widow
풀이 과부. 미망인.
〔孀婦 상부〕 젊은 과부.
◢青孀(청상)

17 20 **孃*2** 계집 **양** 본**낭** 孃

㊥niáng(니앙) ㊐ジョウ/おとめ ㊎miss
풀이 ①계집. '미혼녀(未婚女)'의 미칭. ‖令孃(영양). ②어미.
◢令孃(영양)

19 22 **孌*** 아름다울 **련** 간 娈

㊥luǎn(루안) ㊐レン ㊎beautiful
풀이 아름답다.

子部 아들자

0 3 **子☆*7** ❶아들 **자** ❷사랑할 **자** 子

フ 了 子

㊥zǐ(즈) ㊐シ/こ ㊎son, love
갑 자원 **상형자.** 아기의 모습을 본뜬 자. 갑골문 첫째 자는 머리털과 얼굴과 두 다리를 나타내고, 둘째 자는 머리와 두 팔을 나타냄.
한자 부수의 하나.
풀이 ❶①아들. 자식. ②새끼. ③'남자'의 통칭·미칭·존칭. ④학덕(學德) 있는 이의 호칭. ‖孔子(공자). ⑤상대자의 호칭. ⑥사람. 백성. ⑦열매. 씨. 알. 이자(利子). ⑧접미사. 물건 따위의 이름 밑에 쓰임. ⑨12지(支)의 하나. 방위로는 북, 오행(五行)으로는 수(水), 시간으로는 밤 11시에서 1시 사이. ⑩오등작(五等爵)의 넷째. ⑪학설로 일파를 이룬 학자. ❷사랑하다.

㊊慈.
〔子癎 자간〕 임신 중독증의 한 가지. 전신 경련을 일으키는 위급한 병.
〔子宮 자궁〕 여성 생식기의 하나. 태아가 자라는 곳. 아기집. 胞宮(포궁).
〔子規 자규〕 두견이.
〔子女 자녀〕 아들과 딸.
〔子莫執中 자막집중〕《중국 전국 시대에 자막이란 사람이 중용(中庸)만을 지켰다는 고사에서》 융통성이 없음.
〔子婦 자부〕 며느리.
〔子孫 자손〕 ①자식과 손자. ②후손(後孫).
〔子時 자시〕 오후 11시부터 오전 1시까지의 동안. 子夜(자야).
〔子息 자식〕 ①아들과 딸. ②남자를 욕하여 이르는 말.
〔子午線 자오선〕 ①천구(天球)의 두 극과 천정(天頂)을 지나 적도와 수직으로 만나는 큰 원. ②지구의 남극과 북극을 잇는 가상의 선. 經線(경선).
〔子子孫孫 자자손손〕 자손 대대로. 代代孫孫(대대손손).
〔子爵 자작〕 오등작(五等爵)의 넷째. 백작(伯爵)의 아래.
〔子正 자정〕 자시(子時)의 한가운데. 곧, 밤 12시.
〔子弟 자제〕 ①남을 높여 그의 아들을 이르는 말. ②남을 높여 그 집안의 젊은이를 이르는 말.
◢格子(격자)/鉗子(겸자)/鼓子(고자)/骨子(골자)/公子(공자)/菓子(과자)/君子(군자)/卵子(난자)/男子(남자)/娘子(낭자)/內子(내자)/單子(단자)/端子(단자)/獨子(독자)/童子(동자)/母子(모자)/帽子(모자)/拍子(박자)/分子(분자)/獅子(사자)/箱子(상자)/庶子(서자)/聖子(성자)/世子(세자)/孫子(손자)/額子(액자)/椰子(야자)/陽子(양자)/養子(양자)/女子(여자)/王子(왕자)/原子(원자)/椅子(의자)/利子(이자)/因子(인자)/粒子(입자)/嫡子(적자)/電子(전자)/亭子(정자)/精子(정자)/弟子(제자)/簇子(족자)/種子(종자)/妻子(처자)/親子(친자)/卓子(탁자)/板子(판자)/孝子(효자)

0 3 **孑** ❶짧을 궐 ❷장구벌레 궐 본공

㊥jué(쥐에) ㊐ケツ, キョウ ㊀short
풀이 ①짧다. ②장구벌레.

* 0 3 **孑** 외로울 혈 본결

㊥jié(지에) ㊐ケツ ㊀lonely
풀이 ①외롭다. 혼자. ②짧다. 작음. ③장구벌레.
〔孑遺 혈유〕 ①약간의 나머지. ②단 하나 남아 있음.
〔孑孑單身 혈혈단신〕 의지할 데가 없는 홀몸.

★★4 1 4 **孔** 구멍 공

ㄱ 了 孑 孔

㊥kǒng(쿵) ㊐コウ/あな ㊀hole
금 전 자원 **회의자.** 금문은 아기와 어머니의 유방(아기 입에 닿아 있는 부분)을 나타낸 것으로, 젖을 빠는 아기의 모습을 나타냄. 젖이 젖꼭지의 구멍에서 나온다고 하여 '구멍'의 뜻을 갖게 됨.
풀이 ①구멍. ㊊空. ②매우. 심히. ③크다. 깊음. ④'공자(孔子)'의 약칭. ‖孔孟(공맹).
〔孔劇 공극〕 매우 지독함.
〔孔孟 공맹〕 공자(孔子)와 맹자(孟子).
〔孔門 공문〕 공자의 문하(門下).
〔孔方 공방〕《'돈에 뚫린 네모진 구멍'이라는 뜻으로》 엽전(葉錢)을 이름. 孔方兄(공방형).
〔孔夫子 공부자〕 '공자(孔子)'의 존칭.
〔孔子 공자〕 유교(儒敎)의 교조(敎祖). 중국 춘추 시대 노(魯)나라의 사상가·학자(551~479B.C.). 이름은 구(丘), 자는 중니(仲尼).
〔孔穴 공혈〕 ①구멍. ②사람 몸의 혈도(穴道).
◢氣孔(기공)/瞳孔(동공)/毛孔(모공)/穿孔(천공)/廢孔(폐공)

*1 2 5 **孕** 아이 밸 잉

㊥yùn(윈) ㊐ヨウ/はらむ ㊀conceive
갑 전 자원 **회의자.** 어머니 배 속에 아이가 자라고 있는 모습을 나타냄.
풀이 ①아이를 배다. 임신(妊娠). 잉태(孕胎). ②머금다. 토함.
〔孕婦 잉부〕 아이를 밴 여자.
〔孕胎 잉태〕 아이를 뱀. 妊娠(임신). 懷孕(회잉). 懷妊(회임).

☆*7 3 6 **字** 글자 자

丶 丷 宀 宀 字 字

㊥zì(쯔) ㊐ジ/もじ ㊀letter
자원 **회의 겸 형성자.** 宀(집 면)과 子(자)가 합쳐진 자로, 집 안에서 아이를 기른다는 뜻을 나타냄. 宀은 의미를 나타내고 子는 의미와 음을 겸하여 나타냄. 사당의 조상신에게 자식이 태어났음을 알리면서 이름을 짓는 것을 나타낸다는 설도 있음.
풀이 ①글자. ②아이를 배다. 아이를 낳

3획

다. ③양육하다. 사랑하다. ④자(字). 본명 외에 부르는 이름.
〔字句 자구〕 글 속의 어떤 문자와 어구.
〔字幕 자막〕 영화 등의 화면에 배역(配役)·설명 등을 글자로 나타낸 것.
〔字母 자모〕 ①한 개의 음절을 자음과 모음으로 갈라서 적을 수 있는 낱낱의 글자. ②활자의 모형(母型).
〔字牧 자목〕 지방 수령이 백성들을 사랑으로 다스림.
〔字源 자원〕 문자, 특히 한자(漢字)의 구성 원리. '好' 자가 '女'와 '子'로 구성되었다고 하는 따위.
〔字音 자음〕 글자의 음. 흔히, 한자(漢字)의 음을 이름. ↔字訓(자훈).
〔字義 자의〕 문자(文字)의 뜻.
〔字字珠玉 자자주옥〕《글자마다 주옥이란 뜻으로》 필법이 묘하게 잘된 것을 이름.
〔字典 자전〕 한자(漢字)를 모아 일정한 순서로 배열하고, 그 음과 뜻을 풀이한 책. 字書(자서). 字彙(자휘).
〔字體 자체〕 ①글자의 형체. ②서예(書藝)에서 글씨체.
〔字解 자해〕 글자, 특히 한자에 대한 해석.
〔字形 자형〕 글자의 모양. 字樣(자양).
〔字型 자형〕 활자를 만드는 데 쓰이는 원형.
〔字號 자호〕 ①토지의 번호나 족보의 장수 등을 숫자 대신 천자문의 차례에 따라 매긴 번호. ②활자의 호수(號數).
〔字畫 자획〕 글자의 점획(點畫). 한자(漢字)는 본획(本畫)과 부수(部首)로 이루어짐.
〔字訓 자훈〕 한자(漢字)의 우리말 새김. ↔字音(자음).
〔字彙 자휘〕 ➡字典(자전).
◪古字(고자)/國字(국자)/同字(동자)/文字(문자)/僻字(벽자)/本字(본자)/俗字(속자)/數字(숫자)/習字(습자)/植字(식자)/識字(식자)/十字(십자)/額字(액자)/略字(약자)/英字(영자)/誤字(오자)/赤字(적자)/點字(점자)/正字(정자)/綴字(철자)/打字(타자)/脫字(탈자)/破字(파자)/八字(팔자)/漢字(한자)/銜字(함자)/活字(활자)

3획

☆✱4
3 6 **存** 있을 **존** 存

一 ナ 才 𠂇 存 存

㊥cún(춘) ㊐ソン, ゾン/ある ㊍exist
전 자원 **회의 겸 형성자.** 아기를 나타내는 子(자)와 초목의 새싹을 나타내는 才(재)가 합쳐진 자로, '생존', '활착(活着)'을 뜻함. 子는 의미를 나타내고 才는 의미와 음을 겸하여 나타냄.
풀이 ①있다. 생존함. ②보존하다. 편안함. ③문안하다. 위로함. ④살피다. 생각함.
〔存立 존립〕 망하거나 없어지지 않고 존재함.
〔存亡 존망〕 생존과 멸망. 興亡(흥망). 成敗(성패). 存沒(존몰).
〔存亡之秋 존망지추〕 생사(生死)가 걸린 중대한 시기.
〔存問 존문〕 ①안부를 물음. ②고을의 수령이 그 지방의 형편을 알아보려고 백성을 찾아보던 일.
〔存否 존부〕 ①있는지 없는지의 여부. ②건재(健在)한지의 여부. 安否(안부).
〔存續 존속〕 없어지지 않고 계속하여 존재함.
〔存在 존재〕 ①실제로 있음. 또는, 그것. ②객관적인 실재(實在).
〔存置 존치〕 없애지 않고 그대로 둠.
〔存廢 존폐〕 존속(存續)과 폐지(廢止).
◪共存(공존)/旣存(기존)/獨存(독존)/竝存(병존)/保存(보존)/尙存(상존)/常存(상존)/生存(생존)/實存(실존)/儼存(엄존)/依存(의존)/殘存(잔존)/現存(현존)

✱
4 7 **孚** ❶미쁠 **부** ❷기를 **부** 孚

㊥fú(°푸) ㊐フ/まこと ㊍sincere
풀이 ❶①미쁘다. 참됨. ②껍질. ‖孚甲(부갑). ③알을 까다. 부화(孵化)함. ❷기르다. 자람.

✱
4 7 **孜** 힘쓸 **자** 孜

㊥zī(°쯔) ㊐シ/つとめる ㊍effort
풀이 ①힘쓰다. 노력함. 통孳. ②널리 사랑하다.
〔孜孜 자자〕 부지런히 노력하는 모양.

7 **李** 學(학)의 속자 →194쪽

☆✱7
4 7 **孝** 효도 **효** 孝

㊥xiào(씨아오) ㊐コウ/こうこう ㊍filial piety
금 자원 **회의자.** 老(로)와 子(자)가 합쳐진 자로, 늙은 어버이를 업고 있는 자식을 나타냄. 부모를 잘 섬긴다는 뜻을 나타냄.
풀이 ①효도(孝道). ②친상(親喪)에 복(服)을 입다.
〔孝女 효녀〕 효성이 지극한 딸.
〔孝道 효도〕 부모를 잘 섬기는 도리.
〔孝廬 효려〕 상제(喪制)가 거처하는 곳.
〔孝婦 효부〕 시부모를 잘 섬기는 며느리.

〔孝誠 효성〕마음을 다하여 부모를 섬기는 정성.
〔孝孫 효손〕①효성스러운 손자. ②조상의 제사에서 손자가 스스로를 지칭하는 말.
〔孝心 효심〕효도하는 마음.
〔孝子 효자〕①부모를 잘 섬기는 아들. ②부모의 제사에서 제주(祭主)가 스스로를 지칭하는 말.
〔孝慈 효자〕부모에 대한 효도와 자식에 대한 사랑.
〔孝子門 효자문〕효자를 표창하여 세운 정문(旌門).
〔孝悌 효제〕부모에 대한 효도와 형제에 대한 우애. 孝友(효우).
〔孝親 효친〕어버이에게 효도함.
〔孝行 효행〕부모를 잘 섬기는 행실. 孝道(효도).
◢大孝(대효)/反哺之孝(반포지효)/不孝(불효)/至孝(지효)/忠孝(충효)

5 ☆✱4
8 **季** 끝 **계**

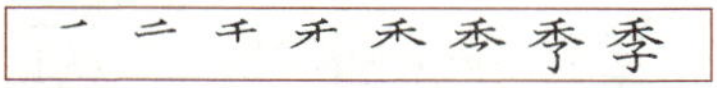

一 二 千 禾 禾 季 季 季

㊥jì(찌) ㊐キ/すえ ㊇end

자원 **회의자.** 禾(벼 화)와 子(자) 자가 합쳐진 자로 '어린 벼'를 나타냄.

풀이 ①끝. 막내. ②어리다. 작음. ③철. 시절.
〔季刊 계간〕잡지 따위를 계절에 따라 한 해에 네 번 간행함. 또는, 그 간행물.
〔季冬 계동〕①겨울의 끝. 곧, 음력 섣달. ②늦겨울. 晩冬(만동).
〔季嫂 계수〕아우의 아내. 弟嫂(제수). ↔兄嫂(형수).
〔季氏 계씨〕남을 높여 그의 아우를 이르는 말.
〔季節 계절〕한 해를 기후에 따라 넷으로 나눈 각 시기. 곧, 봄·여름·가을·겨울. 철.
〔季指 계지〕①새끼손가락. ②새끼발가락.
〔季夏 계하〕①여름의 끝. 곧, 음력 6월. ②늦여름.
◢乾季(건계)/冬季(동계)/四季(사계)/雨季(우계)/秋季(추계)/春季(춘계)/夏季(하계)

5 ★✱4
8 **孤** 외로울 **고**

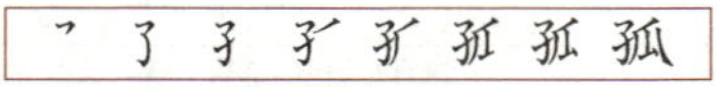

フ 了 子 子 孑 孤 孤 孤

㊥gū(꾸) ㊐コ ㊇lonely

자원 **형성자.** 子(자)는 의미를 나타내고 瓜(과)는 음을 나타냄.

풀이 ①외롭다. ②고아. ③'왕후(王侯)'의 겸칭. ④멀다. 떨어짐.
〔孤軍 고군〕고립된 군대.
〔孤軍奮鬪 고군분투〕①고립된 군력(軍力)으로 분발하여 싸움. ②남의 도움을 받지 않고 힘에 벅찬 일을 잘 해나감의 비유.
〔孤島 고도〕육지에서 멀리 떨어진 작은 섬.
〔孤獨 고독〕①매우 외롭고 쓸쓸함. ②부모 없는 어린아이와 자식 없는 늙은이.
〔孤立 고립〕①길이 막히거나 끊어지거나 하여 그곳을 벗어날 수 없게 됨. ②의지할 곳 없이 외톨이가 됨.
〔孤立無援 고립무원〕고립되어 구원을 받을 데가 없음.
〔孤城 고성〕①외따로 떨어져 있는 성. ②적중에 고립된 성.
〔孤城落日 고성낙일〕(('고립된 성과 서산으로 지는 해'라는 뜻으로)) 세력이 다하고 남의 도움이 없는 외로운 처지.
〔孤臣寃淚 고신원루〕임금의 신임이나 사랑을 받지 못하는 외로운 신하의 원통한 눈물.
〔孤兒 고아〕부모가 없는 아이.
〔孤兒院 고아원〕고아들을 맡아서 기르는 사회 사업 기관.
〔孤哀子 고애자〕부모를 여읜 사람이 상중(喪中)에 스스로를 이르는 말.
〔孤雲 고운〕①외따로 떠 있는 구름. ②가난한 선비 또는 현사(賢士)의 비유.
〔孤雲野鶴 고운야학〕(('외로이 뜬 구름과 무리를 벗어난 두루미'란 뜻으로)) 명리(名利)를 떠나 은거(隱居)하는 선비의 비유.
〔孤子 고자〕아버지의 상중(喪中)에 있는 사람이 스스로를 이르는 말.
〔孤掌難鳴 고장난명〕((손바닥 하나만으로는 소리가 나지 않는다는 뜻으로)) ①혼자서는 일을 이루기 어려움. ②맞서는 이가 없으면 싸움이 되지 않음. 獨掌難鳴(독장난명).
◢德不孤(덕불고)/遺孤(유고)

5
8 **孥** ❶자식 **노** ❷처자 **노**

㊥nú(누) ㊐ド ㊇children

풀이 ❶①자식. ②종. 사내종. ㊕奴. ❷처자(妻子). 처노(妻孥).

5 ★✱3-Ⅱ
8 **孟** ❶맏 **맹** ❷맹랑할 **맹** ㊃**망**

フ 了 子 子 孑 孟 孟 孟

㊥mèng(멍) ㊐モウ/はじめ ㊇firstborn

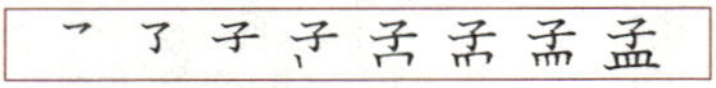

자원 **형성자.** 子(자)는 의미를 나타내고

3획

皿(명)은 음을 나타냄.
[풀이] [1]①맏. 처음. ②힘쓰다. 작음. ③'맹자(孟子)'의 약칭. [2]맹랑하다.
〔孟浪 맹랑〕 ①이치에 맞지 않고 허망함. ‖虛無孟浪(허무맹랑). ②하는 짓이 깜찍하고 당돌함.
〔孟母斷機之敎 맹모단기지교〕 맹자가 학업을 중단하고 돌아왔을 때, 그의 어머니가 짜고 있던 베를 자름으로써 아들을 엄하게 꾸짖은 일. 斷機之戒(단기지계).
〔孟母三遷之敎 맹모삼천지교〕 맹자 어머니가 아들에게 훌륭한 교육 환경을 만들어 주기 위하여 세 번 이사한 일. 三遷之敎(삼천지교).
〔孟月 맹월〕 계절의 첫 달. 음력 1·4·7·10월. 孟朔(맹삭).
〔孟子 맹자〕 ①중국 전국 시대 노(魯)나라의 사상가(372~289B.C.). 성선설(性善說)을 주장함. ②사서(四書)의 하나. 맹자의 제자들이 맹자의 가르침과 언행을 기록한 책.
〔孟仲季 맹중계〕 형제자매의 차례. 곧, 맏이·둘째·셋째.

3획

* 8 **学** 學(학)의 약자 →194쪽

* 6 9 **孩** 어린아이 **해**

[중]hái(하이) [일]ガイ/あかご [영]child
[풀이] ①어린아이. 젖먹이. ‖孩子(해자). ②어리다. ③젖먹이가 웃다. 咳(해)의 고자(古字).
〔孩子 해자〕 두 돌 안팎의 어린아이. 孩童(해동). 孩兒(해아).

☆*6 7 10 **孫** [1]손자 **손** [2]달아날 **손** [간]孙

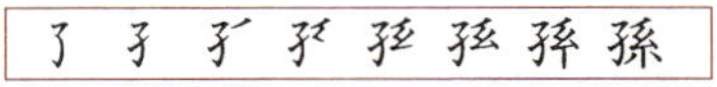

[중]sūn(쑨) [일]ソン/まご [영]grandson
[갑]  [금]  [자원] **회의자.** 갑골문·금문은 아이[子]와 실 다발[糸]을 나타낸 것으로, 아이에서 아이로 핏줄이 실처럼 이어짐을 뜻함. 소전에 이르러 糸(사)가 系(계)로 바뀜.
[풀이] [1]①손자. ②자손. 후손. ③움. 그루터기에서 돋는 싹. [2][통]遜. ①달아나다. ②따르다. 순종함.
〔孫女 손녀〕 아들이 낳은 딸.
〔孫婦 손부〕 손자며느리.
〔孫壻 손서〕 손녀의 남편.
〔孫子 손자〕 ①자녀의 아들. ②'손무(孫武)'의 존칭. ③손무가 지은 병서(兵書). ‖孫子兵法(손자병법).
◢高孫(고손)/代代孫孫(대대손손)/世孫(세손)/王孫(왕손)/外孫(외손)/子孫(자손)/子子孫孫(자자손손)/長孫(장손)/絕孫(절손)/宗孫(종손)/曾孫(증손)/玄孫(현손)/後孫(후손)

★*3 8 11 **孰** 누구 **숙**

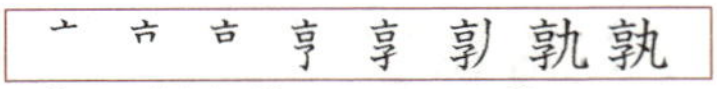

[중]shú(°수) [일]ジュク/たれ [영]who
[갑]  [자원] **회의자.** 갑골문의 왼쪽은 기단 위에 세워진 집 모양으로 종묘를 나타내고, 오른쪽은 두 손으로 제물을 올리고 있는 사람의 모습을 나타냄. 익힌 고기를 제물로 사용했기 때문에 처음에는 삶은 고기를 뜻하였으나 뒷날 '누구'의 뜻으로 가차되어 쓰이자 '익다'의 뜻을 나타내기 위해 만든 자가 '熟(숙)'임.
[풀이] 누구.
〔孰能禦之 숙능어지〕 (누가 감히 막을 수 있겠느냐는 뜻으로) 능히 막기 어려움.

* 9 12 **孱** 잔약할 **잔**

[중]càn(찬) [일]セン [영]frail
[풀이] ①잔약하다. 나약함. ②작다. ③삼가다.
〔孱妄 잔망〕 ①얄밉도록 맹랑함. ②몸이 작고 약함.
〔孱弱 잔약〕 연약함.
〔孱劣 잔열〕 나약하고 용졸함.

10 13 **孳** [1]부지런할 **자** [2]낳을 **자**

[중]zī(쯔) [일]シ [영]industrious, bear
[풀이] [1]①부지런하다. [통]孜. ②무성하다. 증가함. [통]茲. [2]①낳다. ②교미하다.

*1 11 14 **孵** [1]알 깔 **부***1 [2]자랄 **하**

[중]fū(°푸) [일]フ/かえす [영]hatch, grow
[풀이] [1]알을 까다. ‖孵化(부화). [2]자라다.
〔孵卵 부란〕 알을 까거나 알에서 깸.
〔孵化 부화〕 동물의 새끼가 알을 깨고 밖으로 나옴. 또는, 그리 되게 함.

☆*8 13 16 **學** 배울 **학** [동]斈 [속]李 [약][간]学

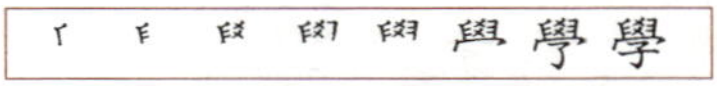

[중]xué(쉬에) [일]ガク/まなぶ [영]learn
[갑]  [금]  [자원] **회의자.** 두 손[𦥑]으로 매듭[爻]을

묶고 있는 모습에 아이[子]가 집[冖] 안에 있는 모습이 합쳐진 자. 고대에 매듭은 결승 문자를 사용하거나 그물을 만들거나 할 때 필요한 실용적 기술이었는데 아이가 집에서 그런 지식을 배우고 있음을 나타냄.

풀이 ①배우다. ‖學校(학교). ②학문. ‖修學(수학). ③학생. 학자. ④학교. ⑤학파. 가르침.

[學界 학계] 학자들의 사회.
[學科 학과] 학문의 과목. 또는, 교과(教科)의 종류. 學科目(학과목).
[學館 학관] ①'학교'의 이칭. ②학교의 명칭을 붙일 조건을 갖추지 못한 사립 교육 기관.
[學校 학교] 학생들을 교육하는 기관. 學院(학원). 學館(학관).
[學究 학구] ①학문을 연구함. ‖學究熱(학구열). ②글방 선생. 훈장(訓長).
[學年 학년] ①1년간의 학습 과정의 단위. ②1년을 단위로 구분한 학교 교육의 단계.
[學德 학덕] 학문과 덕행.
[學徒 학도] ①학생. ②학문을 닦는 사람.
[學力 학력] 교육을 통해 얻은 지식이나 기술 등의 능력.
[學歷 학력] 학교를 다닌 경력.
[學齡 학령] 초등학교에 취학할 의무가 생기는 나이.
[學理 학리] 학문상의 이론.
[學名 학명] ①동물·식물·세균 등에 학술 편의상 붙인 세계 공통의 명칭. ②학문으로 떨친 이름.
[學務 학무] 학문·교육에 관한 사무.
[學問 학문] 어떤 분야를 체계적으로 배워 익힘. 또는, 그런 지식.
[學閥 학벌] 출신 학교나 학파(學派)에 따른 파벌.
[學部 학부] ①대학교에서 전공 학과에 따라 크게 나눈 부. ②조선 말기에 교육에 관한 일을 맡아보던 관아.
[學父母 학부모] 학교에 다니는 자녀를 둔 부모.
[學父兄 학부형] 《'학생의 아버지나 형'이라는 뜻으로》 학생의 보호자.
[學費 학비] 학업에 드는 비용.
[學士 학사] ①학문에 종사하는 사람. ②대학의 학부 과정을 마친 사람에게 주는 학위(學位). ③한림원(翰林院)이나 집현전 등에 속한 벼슬의 하나.
[學舍 학사] 학문을 닦는 곳. 또는, 그 건물.
[學事 학사] ①학문에 관한 일. ②학교의 교육·경영에 관한 일.
[學生 학생] ①학교에서 공부하는 사람. ②생전에 벼슬하지 못하고 죽은 사람의 명정·신주·지방 등에 쓰는 존칭.
[學說 학설] 학문상의 논설(論說).
[學術 학술] ①학문과 예술·기술. ②학문의 방법이나 이론.
[學習 학습] 배우고 익힘.
[學僧 학승] ①학식이 있는 승려. ②불교를 연구하는 승려.
[學識 학식] ①배워서 얻은 지식. ②학문과 식견(識見).
[學業 학업] ①학문을 닦음. ②학교에서 지식을 배우기 위해 공부하는 일.
[學藝 학예] ①학문과 예능. ②문장과 기예.
[學用品 학용품] 연필·필기장 등과 같이 공부하는 데 필요한 물건.
[學友 학우] ①한 학교에서 같이 공부하는 벗. ②학문상의 벗. 學侶(학려).
[學院 학원] ① ➡學校(학교). ②비정규(非正規) 사립 교육 시설.
[學園 학원] 학교 및 기타 교육 기관의 총칭.
[學位 학위] 일정한 학술을 닦은 사람이나 학술상 가치 있는 연구를 한 사람에게 주는 칭호. 학사·석사·박사가 있음. ‖學位論文(학위 논문).
[學而知之 학이지지] 배워서 앎.
[學人 학인] 《'배우는 사람'이라는 뜻으로》 학자나 문필가가 아호(雅號)로 쓰는 말.
[學者 학자] 학문에 통달하거나 학문을 연구하는 사람. 석학(碩學).
[學資金 학자금] 학비로 쓰는 돈.
[學籍 학적] 학교에 비치하는, 학생의 인적 사항에 관한 기록.
[學點 학점] 대학생의 학과 이수(履修)를 계산하는 단위.
[學制 학제] 학교 또는 교육에 관한 제도.
[學窓 학창] 《'배움의 창가'라는 뜻으로》 공부하는 교실이나 학교.
[學風 학풍] ①학문상의 태도·경향. ②학교의 기풍. 校風(교풍).
[學兄 학형] 학우(學友)에 대한 존칭.
◢開學(개학)/見學(견학)/苦學(고학)/工學(공학)/共學(공학)/科學(과학)/光學(광학)/國學(국학)/農學(농학)/大學(대학)/獨學(독학)/東學(동학)/晩學(만학)/勉學(면학)/無學(무학)/文學(문학)/博學(박학)/放學(방학)/法學(법학)/復學(복학)/史學(사학)/私學(사학)/碩學(석학)/修學(수학)/數學(수학)/神學(신학)/實學(실학)/夜學(야학)/語學(어학)/力學(역학)/易學(역학)/留學(유학)/儒學(유학)/醫學(의학)/入學(입학)/雜學(잡학)/奬學(장학)/在學(재학)/轉學(전학)/停學(정학)/進學(진학)/哲學(철학)/就學(취학)/通學(통학)/退學(퇴학)/下學(하학)/漢學(한학)/衒學(현학)/後學(후학)/休學(휴학)

14 17 *孺 젖먹이 유 孺

㊥rú(°루) ㊐ジュ ㊌baby

3획

풀이 ①젖먹이. ②낳다. ③따르다. 딸림. 처자(妻子). ④친애하다.
〔孺嬰 유영〕 젖먹이.
〔孺子 유자〕 나이 어린 남자.

16 *孼 서자 얼 | 속 孽 孼
19

중niè(니에) 일ゲツ 영bastard

풀이 ①서자. 첩의 소생. ②재앙. ③움이 돋다.
〔孼子 얼자〕 첩에게서 난 아들. 庶子(서자).
◢庶孼(서얼)

20 孽 孼(얼)의 속자 →196쪽

3획

宀部 갓머리

0 宀 집 면
3

중mián(미엔) 일ベン, メン/いえ 영house

갑 전 자원 **상형자.** 갑골문은 지붕과 기둥(또는 벽면)을 그려 집을 나타낸 자임.
한자 부수의 하나.
풀이 집. 사방이 지붕으로 덮인 집.

5 宂 冗(용)과 동자 →71쪽

3 ☆*4-Ⅱ 守 ❶지킬 수 ❷벼슬 이름 수 | 守
6

丶 丷 宀 宁 守 守

중shǒu(°서우), shòu(°써우) 일シュ/まもる 영keep

금 자원 **회의자.** 집을 나타내는 宀(면)과 손 또는 손목을 나타내는 寸(촌)이 합쳐진 자로, '지키다', '보호하다'를 뜻함.

풀이 ❶①지키다. ②임무. 절개. ❷①벼슬 이름. ‖郡守(군수). ②임지(任地). 벼슬하는 곳.
〔守舊 수구〕 종래의 관습·노선을 지킴. 保守(보수).
〔守令 수령〕 조선 시대에, 각 고을을 맡아 다스리던 지방관. 절도사·관찰사·부윤(府尹)·목사(牧使)·부사(府使)·군수·현감·현령 따위. 원(員).
〔守備 수비〕 외부의 침략이나 공격을 막아 지킴. 防備(방비). ↔攻擊(공격).
〔守成 수성〕 선대(先代)의 업을 이어받아 지킴.
〔守城 수성〕 성을 지킴.
〔守歲 수세〕 섣달 그믐날의 밤샘.
〔守勢 수세〕 적의 공격에 대하여 지키는 형세·태세. ↔攻勢(공세).
〔守衛 수위〕 ①지켜 호위함. ②건물이나 시설의 경비원.
〔守錢奴 수전노〕 돈에 인색한 사람을 낮추어 이르는 말.
〔守節 수절〕 ①절개를 지킴. ②과부가 재가(再嫁)하지 않음.
〔守株 수주〕 ➡守株待兔(수주대토).
〔守株待兔 수주대토〕 《중국 송나라의 한 농부가 우연히 나무 그루터기에 토끼가 부딪쳐 죽은 것을 잡은 후, 또 그와 같이 토끼를 잡을까 하여 일도 하지 않고 그루터기만 지키고 있었다는 고사에서》 한 가지 일에만 얽매여 발전을 모르는 어리석음의 비유. 守株(수주).
〔守廳 수청〕 ①높은 벼슬아치 밑에서 심부름을 함. ②아녀자나 기생이 높은 벼슬아치에게 몸을 바쳐 시중 들던 일. ③청지기.
〔守則 수칙〕 행동이나 절차상 지키도록 정한 규칙.
〔守護 수호〕 안전하게 지켜 보호함.
◢看守(간수)/固守(고수)/郡守(군수)/保守(보수)/死守(사수)/嚴守(엄수)/遵守(준수)/太守(태수)/把守(파수)

3 ☆*7 安 편안할 안 | 安
6

丶 丷 宀 安 安 安

중ān(안) 일アン/やすらか 영peaceful

갑 자원 **회의자.** 집을 뜻하는 宀(면)과 女(녀)가 합쳐진 자로, 여자가 집 안에 있는 모습을 나타냄. 여기에서 '편안하다'의 뜻이 생김.

풀이 ①편안하다. ②즐기다. ③값이 싸다. ④어찌.
〔安康 안강〕 편안하고 튼튼함. 安泰(안태).
〔安居危思 안거위사〕 편안할 때에 어려움이 닥칠 것을 미리 대비해야 함.
〔安寧 안녕〕 아무 탈 없이 편안함.
〔安堵 안도〕 ①자기 거처에서 평안히 지냄. ②마음을 놓음. 安心(안심).
〔安樂 안락〕 편안하고 즐거움.
〔安樂死 안락사〕 회복하지 못할 환자에 대해, 그의 요구에 따라 편안하게 죽음에 이르게 하는 일. 安死(안사).
〔安眠 안면〕 편안히 잠을 잠. 安枕(안침).
〔安保 안보〕 '안전 보장(安全保障)'의 준말.

〔安否 안부〕 편안한지의 여부를 묻는 인사.
〔安分知足 안분지족〕 편한 마음으로 제 분수를 지키며 만족할 줄을 앎.
〔安貧樂道 안빈낙도〕 가난한 생활을 하면서도 편안한 마음으로 도(道)를 즐김.
〔安息 안식〕 편안히 쉼.
〔安心 안심〕 ①근심 걱정 없이 마음이 편안함. 安堵(안도). 安念(안념). ②신앙으로 마음을 안정시킴.
〔安心立命 안심입명〕 생사(生死)의 도리를 깨달아 몸을 천명에 맡기고 흔들리지 않음.
〔安穩 안온〕 평안하고 조용함.
〔安易 안이〕 ①너무 쉽게 여김. ②태평함.
〔安逸 안일〕 편안하고 한가로움. 또는, 편안함만을 누리려고 함.
〔安全 안전〕 위험이 없음.
〔安全保障 안전 보장〕 외부의 침략이나 공격으로부터 국가와 국민의 안전을 지키는 일. 安保(안보).
〔安定 안정〕 ①흔들리지 않게 튼튼히 자리 잡음. ②물리학에서, 무게 중심이 물체의 밑면 중심(中心)에 있는 상태. ③화학에서, 화합물이 좀처럼 분해되지 않는 상태.
〔安靜 안정〕 평온하고 조용함.
〔安住 안주〕 자리 잡고 편히 삶.
〔安置 안치〕 상(像)·위패·시신(屍身) 등을 잘 모셔 둠.
◢公安(공안)/問安(문안)/未安(미안)/保安(보안)/不安(불안)/慰安(위안)/治安(치안)/便安(편안)/平安(평안)

☆*3-Ⅱ
3 6 **宇** 집 우 [동] 寓 宇

丶 丷 宀 宀 宀 宇

[중]yǔ(위) [일]ウ/いえ [영]house
[자원] **형성자.** 宀(면)은 의미를 나타내고 于(우)는 음을 나타냄.
[풀이] ①집. ②지붕. ③처마. ④하늘. 공간. ⑤도량. 규모.
〔宇內 우내〕 온 세계. 天下(천하).
〔宇宙 우주〕 무수한 별과 행성 등이 있는 무한한 공간. 또는, 지구 밖의 무한한 공간. ‖宇宙旅行(우주여행).
◢氣宇(기우)/堂宇(당우)

☆*5
3 6 **宅** ❶집 택☆*5 ❷[한]댁 댁* 宅

丶 丷 宀 宀 宀 宅

[중]zhái(°자이) [일]タク/いえ [영]house
[자원] **형성자.** 宀(면)은 의미를 나타내고 乇(탁)은 음을 나타냄.
[풀이] ❶①집. ②대지(垈地). ③무덤. ④거주하다. ❷댁. 남의 집·가정·부인의 경칭.
〔宅內 댁내〕 남의 집안의 높임말.
〔宅配 택배〕 우편물·짐·상품 등을 요구하는 장소까지 직접 배달해 주는 일.
〔宅兆 택조〕 ①무덤의 구덩이 속과 벽 안의 총칭. ②묘지(墓誌).
〔宅地 택지〕 집을 지을 땅.
◢家宅(가택)/古宅(고택)/貴宅(귀댁)/本宅(본댁)/舍宅(사택)/媤宅(시댁)/幽宅(유택)/自宅(자택)/邸宅(저택)/住宅(주택)

*1
4 7 **宏** 클 굉 宏

[중]hóng(훙) [일]コウ/ひろい [영]great
[풀이] ①크다. ‖宏大(굉대). ②넓다. ③머금다.
〔宏傑 굉걸〕 굉장하고 훌륭함.
〔宏壯 굉장〕 ①크고 웅장함. ②대단하거나 훌륭함.
〔宏闊 굉활〕 크고 넓음.

*2
4 7 **宋** 송나라 송 宋

[중]sòng(쑹) [일]ソウ
[풀이] ①송나라. 춘추 시대 12열국(列國)의 하나. ②성(姓)의 하나.
〔宋襄之仁 송양지인〕《중국 춘추 시대 송나라의 양공이 적인 초나라를 불쌍히 여겨 장군 공자목이(公子目夷)의 진언을 받아들이지 않았다가 오히려 초나라에 패하여 세상 사람들의 비웃음을 받았다는 고사에서》 너무 착하기만 하여 쓸데없는 아량을 베풀다가 오히려 심한 타격을 받음.
〔宋朝體 송조체〕 중국 송나라 때의 글씨체로, 획이 가늘고 폭이 좁은 해서체(楷書體). 또는, 그것을 모델로 하여 만든 활자체의 하나. 宋體(송체).
〔宋學 송학〕 중국 송나라 때의 학문. 한·당나라 때의 학문에 대한 말임.
◢南宋(남송)/唐宋(당송)

☆*5
4 7 **完** 완전할 완 完

丶 丷 宀 宀 宀 宇 完

[중]wán(완) [일]カン/まったい [영]perfect
[자원] **형성자.** 宀(면)은 의미를 나타내고 元(원)은 음을 나타냄.
[풀이] ①완전하다. ②완전하게 하다. ③보존하다. 지킴. ④다스리다. 고침. ⑤끝내다. 완결함.
〔完結 완결〕 완전히 결정함.
〔完工 완공〕 공사를 완성함.

3획

〔完納 완납〕 남김없이 완전히 납부함.
〔完了 완료〕 완전히 마침. 完濟(완제).
〔完璧 완벽〕 ①《'흠이 없는 구슬'이라는 뜻으로》 결함이 없이 완전함. ② ➡完璧歸趙(완벽귀조).
〔完璧歸趙 완벽귀조〕 《중국 전국 시대 조나라의 인상여(藺相如)가 진(秦)나라의 소양왕이 열다섯 성(城)과 화씨(和氏)의 벽(璧)을 바꾸자고 하여 진나라에 갔으나, 소양왕이 거짓말을 하고 있다는 것을 알고, 목숨을 걸고 그 벽을 고스란히 도로 찾아왔다는 고사에서》 빌린 물건을 정중히 돌려보냄. 完璧(완벽).
〔完備 완비〕 빠짐없이 완전히 갖춤. 完具(완구).
〔完成 완성〕 완전히 다 이룸.
〔完遂 완수〕 완전히 이루거나 다 해냄.
〔完熟 완숙〕 ①열매 따위가 무르익음. ②사람·동물이 완전히 성숙함. ↔未熟(미숙). ③재주·기술 등이 아주 능숙함. ④음식 따위를 완전히 삶음.
〔完勝 완승〕 완전히 이김. ↔完敗(완패).
〔完譯 완역〕 전체를 완전하게 번역함. 또는, 그 번역. 全譯(전역).
〔完全 완전〕 모두 갖추어져 부족함이나 결함이 없음.
〔完全無缺 완전무결〕 부족함이나 조금의 결점도 없음. 完全無欠(완전무흠).
〔完治 완치〕 병을 완전히 고침.
〔完快 완쾌〕 병이 완전히 나음. 全癒(전유). 全治(전치). 全快(전쾌).
〔完敗 완패〕 완전히 패함. 全敗(전패). ↔完勝(완승).
◪未完(미완)/補完(보완)

3획

☆✱4-Ⅱ
5 8 **官** 벼슬 **관**

`丶 丷 宀 宀 宁 宁 官 官`

㊥guān(구안) ㊐カン/つかさ
㊎official rank

갑 금 **자원** **회의자.** 집을 나타내는 宀(면)과 언덕을 나타내는 𠂤(퇴)가 합쳐진 자로, 언덕 위에 지은 집으로, 출장 온 관리들이 사용하는 객사(客舍)를 뜻함. 의미가 확대되어 '관청', '관리', '관직'을 뜻하게 됨.

풀이 ①벼슬. 벼슬아치. ②마을. 관청. ③벼슬을 주다. 임관함. ④관능(官能). 지각하는 기관(器官).
〔官家 관가〕 ①벼슬아치들이 나랏일을 보는 집. ②시골 사람들이 그 고을 원을 이르는 말. 官廷(관정).
〔官界 관계〕 관리들의 사회.
〔官公署 관공서〕 관청과 공서.
〔官軍 관군〕 정부의 군사.
〔官權 관권〕 정부의 권력. ↔民權(민권).
〔官給 관급〕 정부에서 줌.
〔官妓 관기〕 관청에 딸린, 가무(歌舞)하는 기생.
〔官紀 관기〕 관리들이 지켜야 할 규율.
〔官紀肅正 관기숙정〕 해이된 관기를 바로잡음. 官紀肅淸(관기숙청).
〔官能 관능〕 ①생물이 생명을 영위하는 모든 기관의 기능. ②흔히, 감각·감관(感官)과 같은 뜻으로 쓰이며, 특히 성적(性的) 감각을 이름.
〔官能的 관능적〕 육체적 쾌감이 일어나게 하는 (것). 肉慾的(육욕적).
〔官等 관등〕 관직의 등급. 官階(관계).
〔官僚 관료〕 ①관리나 공무원. 특히, 정치에 영향력을 가지는 고급 관리. ②같은 관청에서 근무하는 동료.
〔官吏 관리〕 관직에 있는 사람. 官人(관인).
〔官立 관립〕 관청에서 세움. 公立(공립). ↔私立(사립).
〔官名 관명〕 벼슬 이름.
〔官物 관물〕 관청의 물품. ↔私物(사물).
〔官民 관민〕 관리와 국민.
〔官邊 관변〕 ①관청 주변이나 관청 계통. ②조선 시대에, 나라에서 정한 변리(邊利).
〔官報 관보〕 ①정부에서 발행하는 일간(日刊) 공보(公報). ②관공서에서 발행하는 전보(電報).
〔官府 관부〕 ①조정(朝廷)이나 정부(政府). ② ➡官衙(관아).
〔官婢 관비〕 관가의 계집종.
〔官費 관비〕 관청에서 내는 비용. ↔私費(사비).
〔官舍 관사〕 관청에서 지은 관리의 주택. 公舍(공사).
〔官署 관서〕 ①관청과 그 보조 기관의 총칭. ② ➡官衙(관아).
〔官選 관선〕 관청에서 뽑음.
〔官屬 관속〕 군아(郡衙)의 아전(衙前)과 하인.
〔官衙 관아〕 예전에, 관원이 모여 나랏일을 처리하는 곳. 官府(관부). 官署(관서).
〔官營 관영〕 정부의 경영(經營).
〔官用 관용〕 관청에서 씀.
〔官運 관운〕 벼슬할 운수. 또는, 승진할 운수. 官福(관복).
〔官員 관원〕 관직에 있는 사람. 벼슬아치.
〔官人 관인〕 ➡官吏(관리).
〔官印 관인〕 관용으로 쓰는 도장.
〔官認 관인〕 관청의 인가.
〔官長 관장〕 《'관가의 장(長)'이란 뜻으로》 시골 백성이 고을 원을 높여 이르던 말.
〔官邸 관저〕 높은 관리가 살도록 정부

에서 마련한 집.
〔官制 관제〕 관청의 조직·권한 및 관리의 배치·권리 등을 정한 규칙.
〔官製 관제〕 관청에서 만듦.
〔官尊民卑 관존민비〕 관리는 존귀하고 백성은 비천하다는 사고방식.
〔官職 관직〕 관리의 직무나 직위.
〔官廳 관청〕 국가의 사무를 취급하는 곳.
〔官治 관치〕 국가의 행정 기관이 직접 맡아 하는 행정. '관치행정(官治行政)'의 준말.
〔官弊 관폐〕 관리의 잘못으로 말미암은 폐단.
〔官許 관허〕 정부의 허가. 公許(공허).
〔官憲 관헌〕 ①관청의 법규. ②예전에 관청을 이르던 말. ③예전에, 관리(官吏)를 이르던 말.
◪警官(경관)/高官(고관)/敎官(교관)/舊官(구관)/貴官(귀관)/器官(기관)/名官(명관)/武官(무관)/文官(문관)/法官(법관)/士官(사관)/史官(사관)/上官(상관)/新官(신관)/任官(임관)/長官(장관)/前官(전관)/次官(차관)/他官(타관)/貪官(탐관)/判官(판관)/宦官(환관)

*
8 宝 寶(보)의 약자 →211쪽

*
5
8 宓 ❶성 복* ❷편안할 밀

㊥fú(°푸), mì(미) ㊐ブク, ミチ
풀이 ❶성(姓). ❷편안하다.

*
8 実 實(실)의 약자 →208쪽

*1
5
8 宛 ❶완연히 완*1 ❷나라 이름 원 ❸작을 원

㊥wǎn(완), yuān(위엔)
㊐エン/あたかも
풀이 ❶①완연히. 마치. ②굽다. ③움푹하다. ❷나라 이름. ❸작다. 작은 모양.
〔宛然 완연〕 ①아주 뚜렷함. ②모양이 서로 비슷함.
〔宛轉 완전〕 순탄하고 원활하여 구차하지 않음.

★*3
5
8 宜 마땅할 의

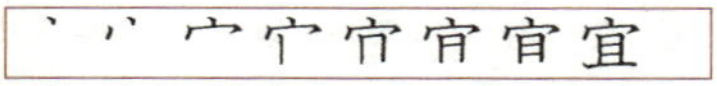

丶 丷 宀 宀 宀 宜 宜 宜

㊥yí(이) ㊐ギ/よろしい ㊇right
갑 금 자원 회의자. 갑골문·금문에서 보듯, 제사 때 쓰이는 그릇〔且〕에 고기〔肉〕가 담겨 있는 모습을 나타냄.
풀이 ①마땅하다. ㉮화목하다. 화순함. ㉯도리에 맞다. 옳음. ②마땅히 …할 만하다. 정말. 과연. ③마땅히 …하여야 하다.
〔宜當 의당〕 ①마땅함. ②마땅히.
〔宜當事 의당사〕 ①마땅한 일. ②예전에, 관아의 명령서 끝에 쓰던 문투로 그대로 마땅히 실행하라는 뜻.
◪時宜(시의)/便宜(편의)

☆*6
5
8 定 정할 정

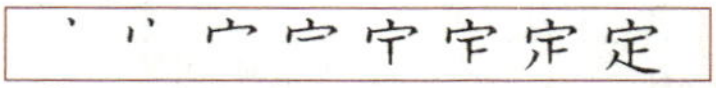

丶 丷 宀 宀 宀 宀 定 定

㊥dìng(띵) ㊐テイ/さだめる
㊇decide, fix
자원 **형성자.** 宀(면)은 의미를 나타내고 正(정)은 음을 나타냄.
풀이 ①정하다. 결정하다. ②준비하다. ③다스려 편히 살 수 있게 하다. ④평정하다. ⑤머무르다. 정지함.
〔定價 정가〕 물건의 값을 정함. 또는, 그 가격.
〔定刻 정각〕 정해진 시각. 定時(정시).
〔定見 정견〕 일정한 주장이나 의견.
〔定界 정계〕 한계나 경계를 정함. 또는, 그 한계나 경계. ‖定界碑(정계비).
〔定款 정관〕 법인(法人)의 목적·조직 및 업무 집행에 관한 규칙. 또는, 그것을 기재한 문서.
〔定規 정규〕 일정한 규칙이나 규약.
〔定期 정기〕 정해진 기간 또는 시기.
〔定量 정량〕 일정한 분량.
〔定例 정례〕 일정하게 정해져 있는 규례(規例). 定式(정식).
〔定理 정리〕 학문상 이미 진리라고 증명된 명제(命題).
〔定立 정립〕 ①하나의 판단·명제를 세우는 일. ②헤겔 변증법에서 논리를 전개하기 위한 최초의 명제. 또는, 사물 발전의 최초의 상태.
〔定配 정배〕 죄인을 지방이나 섬으로 보내 정해진 기간 동안 감시를 받으며 생활하게 하던 형벌.
〔定本 정본〕 고전의 여러 이본(異本) 가운데 검토하고 교정하여 원본과 가장 가깝다고 판단한, 표준이 될 만한 책.
〔定石 정석〕 ①바둑에서, 공수(攻守)의 최선이라고 인정된 방식으로 돌을 놓는 법. ②사물 처리의 일정한 방법.
〔定說 정설〕 옳다고 널리 인정된 설. 定論(정론).
〔定省 정성〕 부모를 모시는데 밤에는 잠자리를 편하게 해드리고, 아침에는 안부를 물어 살핌. '혼정신성(昏定晨省)'의 준말.
〔定數 정수〕 ①일정하게 정해진 수효나

3획

수량. ②정해진 운수. ③'常數(상수)'의 구용어.
〔定時 정시〕 일정한 시간 또는 시기.
〔定食 정식〕 ①식당에서 일정한 식단에 따라 장만하는 음식. ‖韓定食(한정식). ②때를 정해 놓고 먹는 음식.
〔定額 정액〕 일정하게 정해진 액수.
〔定溫 정온〕 일정한 온도.
〔定員 정원〕 정해진 인원수.
〔定義 정의〕 어떤 말이나 사물의 뜻을 명백히 밝혀 규정하는 일.
〔定住 정주〕 일정한 곳에 머물러 삶.
〔定着 정착〕 ①일정한 곳에 자리 잡아 떠나지 않음. ②새로운 문화 현상·학설 등이 당연한 것으로 사회에 수용됨. ③사진에서, 현상한 필름·인화지가 다시 감광하지 않도록 약품으로 처리하는 일.
〔定處 정처〕 정해 놓은 곳. 또는, 일정한 장소.
〔定礎 정초〕 주춧돌을 놓음.
〔定評 정평〕 모든 사람이 시인하는 평판.
〔定型 정형〕 일정한 형식.
〔定婚 정혼〕 혼인을 정함.
◢假定(가정)/鑑定(감정)/改正(개정)/檢定(검정)/決定(결정)/計定(계정)/固定(고정)/規定(규정)/肯定(긍정)/既定(기정)/內定(내정)/斷定(단정)/未定(미정)/配定(배정)/法定(법정)/否定(부정)/查定(사정)/算定(산정)/想定(상정)/選定(선정)/設定(설정)/所定(소정)/安定(안정)/約定(약정)/豫定(예정)/認定(인정)/一定(일정)/作定(작정)/酌定(작정)/剪定(전정)/訂定(정정)/制定(제정)/指定(지정)/鎭定(진정)/策定(책정)/推定(추정)/測定(측정)/特定(특정)/判定(판정)/平定(평정)/評定(평정)/限定(한정)/協定(협정)/確定(확정)/欽定(흠정)

☆✱4-Ⅱ
5
8 **宗** 마루 **종** 

丶 丶 宀 宀 宀 宇 宗 宗

[중]zōng(쭝) [일]ソウ, シュウ/むね
[영]root

[갑]  [금]  [자원] **회의자.** 宀(면)과 示(시)가 합쳐진 자로, 집 안에 제단이 놓여 있는 모습을 나타냄. 본뜻은 '종묘(宗廟)', '사당'임.
[풀이] ①마루. 일의 근원. 근본. ②사당. 가묘. 종묘. ③우두머리. 뛰어난 것. ④제사. ⑤일족(一族). 동성(同姓). ⑥교의(教義)의 갈래. 유파.
〔宗家 종가〕 한 문중에서 맏이로만 이어 온 큰집.
〔宗教 종교〕 신이나 초자연적 존재, 부처 등을 믿어 마음의 안정과 행복을 얻고자 하는 일.
〔宗團 종단〕 종교나 종파의 단체.
〔宗畓 종답〕 종중(宗中) 소유의 논. 宗中畓(종중답).
〔宗廟 종묘〕 역대 왕과 왕비의 위패를 모셔 두는 왕실의 사당(祠堂).
〔宗廟社稷 종묘사직〕 왕실과 나라를 아울러 이르는 말. 宗社(종사).
〔宗門 종문〕 ①종가의 문중(門中). ②➡宗派(종파)③.
〔宗法 종법〕 ①한 종씨끼리 정한 규약. ②한 종파나 종문(宗門)의 법규.
〔宗婦 종부〕 종가(宗家)의 맏며느리.
〔宗師 종사〕 ①숭앙받는 스승. ②각 종파의 조사(祖師).
〔宗山 종산〕 ➡宗中山(종중산).
〔宗孫 종손〕 종가의 대를 이을 맏아들이나 맏손자.
〔宗臣 종신〕 ①나라에 큰 공을 세운 신하. ②왕족으로서 벼슬자리에 있는 사람.
〔宗氏 종씨〕 같은 성으로서 촌수를 따질 정도가 못 되는 사람들 사이의 호칭(互稱).
〔宗匠 종장〕 ①경학(經學)에 밝고 글을 잘 짓는 사람. ②장인(匠人)의 우두머리. 工師(공사).
〔宗正 종정〕 ①종파의 가장 높은 우두머리. ②불교 조계종(曹溪宗)·태고종(太古宗) 등의 최고 지도자.
〔宗主國 종주국〕 식민지나 예속국에 대하여, 지배하는 나라. 宗國(종국).
〔宗中 종중〕 한겨레붙이의 문중.
〔宗中山 종중산〕 한 문중의 조상을 모신 산. 또는, 한 문중 소유의 산. 宗山(종산).
〔宗旨 종지〕 ①종파의 중심이 되는 가르침. ②근본이 되는 중요한 뜻.
〔宗親 종친〕 ①한 일가로서 유복친(有服親) 안에는 들지 않는, 촌수가 먼 일가. ②임금의 친족. 宗班(종반). 宗姓(종성).
〔宗統 종통〕 종가 맏아들의 혈통.
〔宗派 종파〕 ①지파(支派)에 대한 종가의 계통. ②학예 등의 유파(流派). ③불교의 유파. 宗門(종문).
◢改宗(개종)/教宗(교종)/禪宗(선종)/律宗(율종)/祖宗(조종)/太宗(태종)

☆✱3-Ⅱ
5
8 **宙** 집 **주** 

丶 丶 宀 宀 宀 宙 宙 宙

[중]zhòu(°쩌우) [일]チュウ/そう
[영]house
[자원] **형성자.** 宀(면)은 의미를 나타내고 由(유)는 음을 나타냄.
[풀이] ①집. 주거. ②하늘. ③때. 무한의 시간.
◢宇宙(우주)

3획

5 *1
8 **宕** 방탕할 **탕** 宕

㊥dàng(땅) ㊐トウ ㊎dissolute
풀이 ①방탕하다. 통蕩. ②거칠다. 데면데면함. ③넓다.
〔宕巾 탕건〕 갓 아래에 받쳐 쓰는 관.
〔宕氅 탕창〕 탕건과 창의(氅衣).
◢跌宕(질탕)/豪宕(호탕)

5 *
8 **宖** 집 울릴 **횡**

㊥hōng(홍) ㊐コウ
풀이 ①집이 울리다. ②편안하다.

6 ☆*5
9 **客** 손 **객** 客

丶 宀 宀 夕 夂 夊 客 客

㊥kè(커) ㊐キャク, カク/まらひと
㊎guest
금 자원 **회의 겸 형성자.** 집을 나타내는 宀(면)과 '오다'의 뜻을 나타내는 各(각)이 합쳐진 자로, 집에 찾아온 손님을 나타냄. 宀은 의미를 나타내고 各은 의미와 음을 겸하여 나타냄.
풀이 ①손. 손님. ‖過客(과객). ②여행. 객지. ‖客愁(객수). ③사람. ④붙이다. 의탁함. ⑤대상(對象). ‖客體(객체). ⑥지난 세월. ⑦객쩍다. 요긴하지 않음.
〔客觀 객관〕 자기와의 관계에서 벗어나 제 삼자의 입장에서 사물을 보거나 생각하는 일. ↔主觀(주관).
〔客鬼 객귀〕 ①객지에서 죽은 사람의 혼. ②떠돌아다니는 귀신.
〔客氣 객기〕 객쩍게 부리는 혈기·용기.
〔客談 객담〕 객쩍은 말. 客論(객론). 客說(객설).
〔客反爲主 객반위주〕《손이 도리어 주인 노릇을 한다는 뜻으로》 부차적인 것을 주된 것보다 더 중요하게 여김. ※主客顚倒(주객전도).
〔客死 객사〕 객지에서 죽음.
〔客舍 객사〕 ①나그네를 묵게 하는 집. ②고려·조선 시대에, 외국 사신이나 다른 곳에서 온 관원을 묵게 하던 숙소. 客館(객관).
〔客席 객석〕 극장 따위에서 손님이 앉는 자리.
〔客星 객성〕 평소에는 보이지 않다가 어느 한때에 나타나는 별. 혜성 따위.
〔客愁 객수〕 객지에서 느끼는 시름.
〔客僧 객승〕 절에 손님으로 와 있는 승려.
〔客室 객실〕 손님을 접대하는 방.
〔客員 객원〕 ①어떤 일에 직접적인 책임이 없이 참여한 사람. ②어떤 기관·단체에서 빈객(賓客)으로 특별 대우를 받는 사람.
〔客場 객장〕 은행이나 증권사 등의 점포에 고객들이 거래 업무를 볼 수 있도록 마련한 공간.
〔客主 객주〕 조선 시대에, 상인의 물건을 위탁받아 팔거나 매매를 소개하며, 또 그 상인을 숙박시키는 영업. 또는, 그런 일을 하던 사람.
〔客地 객지〕 자기 집을 떠나 임시로 가 있는 곳. 他地(타지). 他鄕(타향).
〔客車 객차〕 기차 따위에서, 승객을 태우는 차량. ↔貨車(화차).
〔客窓 객창〕 나그네가 객지에서 묵는 방. 旅窓(여창).
〔客體 객체〕 ①('객지에 있는 몸'이라는 뜻으로) 편지에서 상대방의 안부를 물을 때 쓰는 말. ②주관(主觀)의 작용과는 상관없이 독립하여 존재하는 것. ③의사(意思)나 행위의 목적물. ↔主體(주체).
◢歌客(가객)/劍客(검객)/顧客(고객)/過客(과객)/觀客(관객)/論客(논객)/墨客(묵객)/門客(문객)/賞春客(상춘객)/乘客(승객)/食客(식객)/旅客(여객)/刺客(자객)/接客(접객)/政客(정객)/弔客(조객)/主客(주객)/醉客(취객)/賀客(하객)/俠客(협객)/呼客(호객)

6 ★*4
9 **宣** 베풀 **선** 宣

丶 宀 宀 宀 宁 宣 宣 宣

㊥xuān(쒸엔) ㊐セン/のべる ㊎give
자원 **형성자.** 宀(면)은 의미를 나타내고 亘(선)은 음을 나타냄.
풀이 ①베풀다. 은혜 따위를 끼치어 줌. ②펴다. 널리 알리다. ‖宣傳(선전). ③임금이 말하다. 임금의 하교(下敎). ④떨치다.
〔宣告 선고〕 ①널리 알림. ②재판관이 법정에서 판결을 공표하는 일.
〔宣敎 선교〕 종교를 널리 폄. 傳道(전도). 布敎(포교).
〔宣撫 선무〕 흥분된 민심을 어루만져 가라앉힘.
〔宣撫工作 선무 공작〕 대중에게 국가 정책을 이해시키며 민심을 안정시키는 활동.
〔宣誓 선서〕 여럿 앞에서 맹세의 말을 함.
〔宣揚 선양〕 널리 세상에 드날림. 顯揚(현양).
〔宣言 선언〕 ①널리 펴서 말함. ②정식으로 표명함. 또는, 그 말.
〔宣傳 선전〕 어떤 사물이나 사상, 주의 등을 많은 사람에게 퍼뜨려 설명하여 이해와 공감을 구함.
〔宣戰 선전〕 상대국에 대하여 전쟁을

시작한다는 의사 표시를 함.
〔宣旨 선지〕 임금의 명령을 널리 선포함.
〔宣布 선포〕 세상에 널리 알림. 公布(공포).

6 ☆*8 室 9 집 실 室

丶 宀 宀 宀 宀 宀 室 室 室

㊥shì(˚쓰) ㊐シツ/へや
㊎house, room

갑 자원 회의 겸 형성자. 宀(집 면)과 至(이를 지)가 합쳐진 자로, 사람이 이르러 머물러 사는 곳을 나타냄. 宀은 의미를 나타내고 至는 의미와 음을 겸하여 나타냄.

풀이 ①집. 건물. ②방(房). 거실. ③거처. ③아내. ④가족. 일가. ⑤별 이름. 28수(宿)의 하나.
〔室家 실가〕 집 또는 가정.
〔室內 실내〕 ①방이나 건물 등의 안. ↔室外(실외). ②남의 아내를 이르는 말.
〔室宿 실수〕 28수(宿)의 열셋째 별자리.
〔室溫 실온〕 일반적인 실내 온도.
〔室外 실외〕 방이나 건물 등의 밖. ↔室內(실내).
〔室人 실인〕 자기 아내를 이르는 말.
〔室長 실장〕 부서로서의 실(室)의 책임자.
◢客室(객실)/居室(거실)/教室(교실)/內室(내실)/茶室(다실)/貸室(대실)/密室(밀실)/別室(별실)/病室(병실)/分室(분실)/產室(산실)/船室(선실)/小室(소실)/暗室(암실)/溫室(온실)/王室(왕실)/浴室(욕실)/入室(입실)/前室(전실)/正室(정실)/妾室(첩실)/側室(측실)/寢室(침실)/特室(특실)/畫室(화실)/皇室(황실)/後室(후실)

6 *1 宥 9 용서할 유 宥

㊥yòu(여우) ㊐ユウ/ゆるす
㊎pardon

풀이 ①용서하다. 벌하지 않음. ②돕다. 보좌함. ③권하다. ④너그럽고 어질다. 넓고 깊음.
〔宥恕 유서〕 너그럽게 용서함. 宥免(유면).
〔宥罪 유죄〕 죄를 너그러이 용서함.
〔宥和 유화〕 서로 용서하고 사이좋게 지냄.

6 *1 宦 9 벼슬 환 宦

㊥huàn(후안) ㊐カン/つかえる
㊎official rank

풀이 ①벼슬. 관직. ②벼슬살이하다. 섬김. ③배우다. 벼슬살이하는 길을 닦음. ④내시(內侍). 환관.
〔宦官 환관〕 거세(去勢)를 당하고 궁중에서 일하는 소리(小吏). 內侍(내시). 宦侍(환시). 宦者(환자).
〔宦路 환로〕 벼슬아치가 되는 길.
〔宦海 환해〕 관리의 사회. 官界(관계).

7 ☆*7 家 10 집 가 家

丶 宀 宀 宀 宁 家 家 家

㊥jiā(찌아) ㊐カ/いえ
㊎house, home

갑 자원 회의자. 집〔宀(면)〕 안에 돼지〔豕(시)〕가 있는 모습으로, 집에서 돼지를 사육함을 나타냄. 옛날 동아시아 여러 지역에서는 사람이 거주하는 방 밑에 움을 파서 돼지를 키웠음.

풀이 ①집. ②거주하다. ③학파(學派). 학자. ④전문가. ⑤자가(自家). 자기.
〔家家戶戶 가가호호〕 ①각 집. 또는, 모든 집. ②집집마다.
〔家系 가계〕 한 집안의 계통(系統). 血統(혈통).
〔家計 가계〕 한 집안의 살림살이.
〔家口 가구〕 ①가족. 또는, 가족의 수. ②세대(世帶).
〔家具 가구〕 집안 살림에 쓰는 기구.
〔家禽 가금〕 집에서 기르는 날짐승. 닭·오리 따위.
〔家內 가내〕 ①집안. 가족. ②집의 안.
〔家奴 가노〕 사삿집에서 부리는 사내종. 家僕(가복).
〔家垈 가대〕 집의 터전.
〔家豚 가돈〕 ➡家兒(가아).
〔家禮 가례〕 ①한 집안의 예법. ②'주자가례(朱子家禮)'의 준말.
〔家門 가문〕 집안. 또는, 그 집안의 사회적 지위. 門閥(문벌).
〔家寶 가보〕 대대로 내려오는 집안의 보물.
〔家貧 가빈〕 집이 가난함.
〔家事 가사〕 집안일.
〔家產 가산〕 집안의 재산.
〔家相 가상〕 집의 구조·방향·장소 등을 보아 길흉을 판단하는 일.
〔家書 가서〕 ①그 집안에 전해 내려오는 책. ②집으로 부치는 편지. 또는, 집에서 온 편지. 家信(가신).
〔家勢 가세〕 집안의 운수나 살림살이 등의 형세.
〔家屬 가속〕 ①집안 식구. ②남에게 자기 아내를 낮추어 이르는 말.
〔家臣 가신〕 ①정승의 집에 딸려 그들을 섬기는 사람. ②경대부(卿大夫)에게서 벼슬하는 사람. 陪臣(배신).

〔家兒 가아〕 남에게 자기 아들을 낮추어 이르는 말. 家豚(가돈).
〔家釀 가양〕 집에서 빚은 술.
〔家業 가업〕 ①대대로 물려받은 집안의 생업. ②집안의 직업. ③한 집안의 재산과 업적.
〔家屋 가옥〕 사람이 사는 집.
〔家用 가용〕 ①집안 살림살이에 드는 비용. ②집안에서 씀.
〔家運 가운〕 집안의 운수.
〔家長 가장〕 ①한 가정을 이끌어 나가는 사람. ②'남편'의 이칭.
〔家藏什物 가장집물〕 집안의 온갖 세간. 家什(가집).
〔家財 가재〕 한 집안의 재물이나 재산. ‖家財道具(가재도구).
〔家傳 가전〕 ①그 집안에 대대로 전하는 것. ②한 집안의 전기(傳記).
〔家政 가정〕 ①집안 살림을 다스리는 일. ②가정생활을 처리하는 수단과 방법.
〔家庭 가정〕 한 가족을 단위로 하여 살림하고 있는 집안.
〔家政婦 가정부〕 일정한 보수를 받고 한 집안 살림에 딸린 일을 하는 여자.
〔家族 가족〕 부부·부모·자녀·형제 등 혈연으로 이루어진 공동체.
〔家畜 가축〕 집에서 기르는 짐승.
〔家出 가출〕 가정을 버리고 집을 나감.
〔家親 가친〕 남에게 자기 아버지를 이르는 말. 家君(가군). 家父(가부). 家嚴(가엄).
〔家宅 가택〕 살림하는 집.
〔家風 가풍〕 한 집안에 전해 내려오는 풍습이나 범절.
〔家兄 가형〕 남에게 자기 형을 이르는 말.
〔家訓 가훈〕 한 집안에서 생활의 교훈으로 삼기 위해 정해 둔, 좋은 뜻이 담긴 말. 家戒(가계). 庭訓(정훈).
◢古家(고가)/官家(관가)/國家(국가)/歸家(귀가)/農家(농가)/大家(대가)/道家(도가)/名家(명가)/本家(본가)/分家(분가)/史家(사가)/私家(사가)/商家(상가)/喪家(상가)/生家(생가)/修身齊家(수신제가)/僧家(승가)/媤家(시가)/良家(양가)/王家(왕가)/外家(외가)/人家(인가)/一家(일가)/自手成家(자수성가)/作家(작가)/宗家(종가)/妻家(처가)/草家(초가)/出家(출가)/親家(친가)/廢家(폐가)/畫家(화가)/凶家(흉가)

★✱4-Ⅱ
7 **宮** 집 **궁** [간] 宫 
10

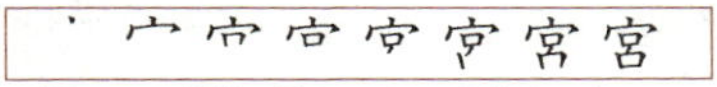

[중]gōng(꿍) [일]キュウ, グウ/みや
[영]house, palace
[갑]  [전]  [자원] **상형자.** 기둥과 지붕을 갖춘 집에 굴뚝과 문(일설에는 두 개의 방)이 있는 모습을 나타낸 자. 땅을 파고 그 위에 지붕을 얹은 반지하 가옥의 형태에서 진일보한 가옥을 나타냄. 진한 시대에 이르러 제왕들이 가옥을 크고 화려하게 지으면서 宮은 궁궐만을 가리키게 되었음.
[풀이] ①집. 가옥. ②궁궐. 궁전. ③종묘(宗廟). ④담. 울타리. ⑤후궁(後宮). ⑥5음(音)의 첫째. ⑦궁형(宮刑).
〔宮闕 궁궐〕 임금이 거처하는 집. 宮(궁). 宮殿(궁전). 宮廷(궁정). 大闕(대궐).
〔宮女 궁녀〕 궁중에서 대전(大殿)·내전(內殿)을 가까이 모시던 내명부의 총칭. 內人(나인). 宮人(궁인).
〔宮商角徵羽 궁상각치우〕 전래 음악의 다섯 가지 기본음. 각각 군(君)·신(臣)·민(民)·사(事)·물(物)에 해당함.
〔宮城 궁성〕 ①궁궐을 둘러싼 성벽. ②임금이 거처하는 궁전.
〔宮殿 궁전〕 ➡宮闕(궁궐).
〔宮廷 궁정〕 ➡宮闕(궁궐).
〔宮中 궁중〕 대궐 안.
〔宮合 궁합〕 혼인할 남녀의 사주를 오행에 맞추어 보아 배우자로서의 길흉을 알아보는 점.
〔宮刑 궁형〕 옛날 중국에서, 생식기를 없애는 형벌.
◢古宮(고궁)/東宮(동궁)/迷宮(미궁)/別宮(별궁)/尙宮(상궁)/阿房宮(아방궁)/王宮(왕궁)/龍宮(용궁)/月宮(월궁)/入宮(입궁)/子宮(자궁)/正宮(정궁)/出宮(출궁)/合宮(합궁)/還宮(환궁)/後宮(후궁)

✱
7 **宬** 서고 **성**
10

[중]chéng(°청) [일]セイ
[풀이] 서고(書庫). 책을 넣어 두는 곳집.

✱1
7 **宵** 밤 **소** 
10

[중]xiāo(씨아오) [일]ショウ/よい
[영]night
[풀이] ①밤. ②작다. [통]小.
◢元宵(원소)/晝宵(주소)

✱1
7 **宸** 집 **신** 
10

[중]chén(°천) [일]シン/いえ [영]house
[풀이] ①집. 처마. ②대궐. ③임금에 관한 일에 쓰는 관사(冠詞). ④하늘. 허공.
〔宸襟 신금〕 임금의 마음.

宲 實(실)의 고자 →208쪽
10

3획

7 10 **宴** 잔치 **연** ★*3-II

丶 宀 宀 宀 宀 宀 宴 宴

㊥yàn(옌) ㊐エン/うだげ ㊒banquet

자원 **형성자.** 宀(면)은 의미를 나타내고 晏(안)은 음을 나타냄.

풀이 ①잔치. ②즐기다. ③편안하다.

〔宴席 연석〕 연회를 베푸는 자리.

〔宴會 연회〕 여러 사람이 모여 베푸는 잔치.

◢壽宴(수연)/酒宴(주연)/饗宴(향연)

7 10 **容** 얼굴 **용** ☆*4-II

丶 宀 宀 宀 宊 宊 容 容

㊥róng(°룽) ㊐ヨウ/すがた ㊒face

자원 **회의자.** 宀(집 면)과 谷(계곡 곡)이 합쳐진 자. 집은 사람이 들어 산다는 데에서, 그리고 계곡은 골골의 물을 다 수용한다는 데에서 '받아들이다'의 뜻을 나타냄.

풀이 ①얼굴. 모습. ②꾸미다. ③몸가짐. ④받아들이다. ⑤담다. ⑥조용하다.

〔容共 용공〕 공산주의 또는 그 정책을 받아들이는 일.

〔容器 용기〕 물건을 담는 그릇.

〔容納 용납〕 남의 요청·주장을 문제 삼지 않고 받아들임. 容受(용수).

〔容量 용량〕 ①그릇 같은 데 들어갈 수 있는 분량. 容積(용적). ②컴퓨터에서, 저장할 수 있는 정보의 양.

〔容貌 용모〕 얼굴 모습.

〔容赦 용사〕 용서하여 놓아줌.

〔容色 용색〕 용모와 안색.

〔容恕 용서〕 죄나 잘못을 꾸짖거나 벌하지 않음.

〔容儀 용의〕 몸가짐과 행동거지.

〔容疑 용의〕 범죄의 혐의.

〔容疑者 용의자〕 범죄의 혐의를 받고 있는 사람. 被疑者(피의자).

〔容易 용이〕 매우 쉬움.

〔容認 용인〕 용납하여 인정함. 認容(인용).

〔容姿 용자〕 용모와 자태. 姿容(자용).

〔容積 용적〕 물건을 담을 수 있는 부피.

〔容態 용태〕 얼굴 모양과 몸맵시.

◢寬容(관용)/內容(내용)/美容(미용)/變容(변용)/收容(수용)/受容(수용)/威容(위용)/包容(포용)/許容(허용)/形容(형용)

7 10 **宰** 벼슬아치 **재** ★*3

㊥zǎi(자이) ㊐サイ/つかさ ㊒official

갑 자원 **회의자.** 집을 나타내는 宀(면)과 문신의 형벌을 가하는 날붙이인 辛(신)이 합쳐진 자로, '형벌을 관장하는 관청', '재상'의 뜻을 나타냄.

풀이 ①벼슬아치. ②다스리다. ③우두머리. ④잡다.

〔宰相 재상〕 임금을 보필하여 백관을 통솔하는 최고의 벼슬. 丞相(승상).

◢主宰(주재)

7 10 **害** ❶해칠 **해** ☆*5 ❷어찌 **갈** ☆*5

丶 宀 宀 宀 宔 宔 害 害

㊥hài(하이), hé(허) ㊐ガイ/そこなう ㊒harm, how

금 자원 **상형자.** 청동기를 만드는 거푸집의 윗부분과 아랫부분의 아귀가 맞지 않는 모습을 나타낸 자.

풀이 ❶①해치다. 죽임. ②손해. 재해. ③훼방하다. ④시기하다. ⑤요해처(要害處). ❷어찌. 어느. 의문 조사.

〔害毒 해독〕 사물을 망치거나 장해를 끼침.

〔害惡 해악〕 해가 되는 나쁜 일.

〔害蟲 해충〕 사람·농작물 등에 해를 끼치는 벌레.

◢加害(가해)/公害(공해)/冷害(냉해)/無害(무해)/迫害(박해)/妨害(방해)/病害(병해)/殺害(살해)/傷害(상해)/雪害(설해)/損害(손해)/水害(수해)/弑害(시해)/危害(위해)/有害(유해)/陰害(음해)/利害(이해)/自害(자해)/障害(장해)/災害(재해)/沮害(저해)/蟲害(충해)/侵害(침해)/弊害(폐해)/風害(풍해)/被害(피해)/旱害(한해)

8 11 **寇** 도둑 **구** *1 ㊀㊁ 寇

㊥kòu(커우) ㊐コウ/あた ㊒thief

풀이 ①도둑. ②원수. 적(敵). ③약탈하다.

〔寇賊 구적〕 나라를 침범하는 외적.

◢倭寇(왜구)

8 11 **寄** 부칠 **기** ★*4

宀 宀 宀 宀 宀 宀 宀 寄

㊥jì(찌) ㊐キ/よせる ㊒send

자원 **형성자.** 宀(면)은 의미를 나타내고 奇(기)는 음을 나타냄.

풀이 ①부치다. 보냄. ②맡기다. ③기대다. 의지함 ‖寄生(기생). ④위임하다.

〔寄居 기거〕 남에게 덧붙어서 삶. 寓居(우거).

〔寄稿 기고〕 글이나 원고를 신문사 같은 데에 보냄. 寄書(기서). ※投稿(투고).
〔寄留 기류〕 ①본적지 이외의 곳에 거처하는 일. ②임시로 거주함.
〔寄附 기부〕 자선 사업이나 공공사업을 돕기 위해 금품을 무상으로 내놓음.
〔寄生 기생〕 ①혼자서 살아가지 못하고 남에게 의지하여 삶. ②다른 동식물에 붙어 영양분을 얻어서 삶. ‖寄生蟲(기생충).
〔寄宿 기숙〕 자기 집이 아닌 남의 집이나 학교·회사 등에 딸린 집에서 거처함. ‖寄宿舍(기숙사).
〔寄與 기여〕 ①이바지함. 貢獻(공헌). ②물건을 부쳐 줌.
〔寄贈 기증〕 물품을 거저 제공함.
〔寄着 기착〕 비행기나 배가 목적지로 가는 도중 어떤 곳에 잠시 머무름.
〔寄託 기탁〕 남에게 돈이나 물건을 맡겨 둠.
〔寄港 기항〕 항해 중인 배가 목적지가 아닌 항구에 잠시 들름.

☆✱4-Ⅱ
8 11 **密** 빽빽할 **밀**

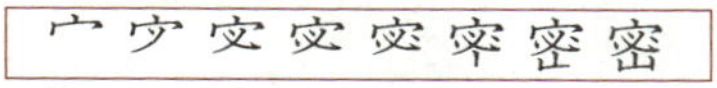

宀 宓 宓 宓 宓 寀 密 密

㊥mì(미) ㊐ミツ/ひそか
㊇close, secret

자원 **형성자.** 山(산)은 의미를 나타내고 宓(복)은 음을 나타냄.

풀이 ①빽빽하다. ②자세하다. ③은밀하다. ④숨기다. ⑤편안하다. ⑥가깝다.

〔密告 밀고〕 몰래 일러바침.
〔密教 밀교〕 ①대일여래를 본존(本尊)으로 하는 진언 비밀(眞言祕密)의 교파. ②임금이 은밀히 내린 교서.
〔密談 밀담〕 몰래 나누는 이야기.
〔密度 밀도〕 ①빽빽한 정도. ②단위 체적에 들어 있는 물체의 질량. ③내용·충실의 정도.
〔密林 밀림〕 나무가 빽빽이 들어선 숲.
〔密賣 밀매〕 불법으로 몰래 팖.
〔密命 밀명〕 몰래 내리는 명령. 密令(밀령).
〔密封 밀봉〕 단단히 봉함. 嚴封(엄봉).
〔密使 밀사〕 은밀하게 보내는 사자(使者).
〔密生 밀생〕 풀이나 나무가 매우 빽빽하게 자람.
〔密書 밀서〕 몰래 보내는 편지나 문서.
〔密輸 밀수〕 불법으로 몰래 물건을 반입·반출함.
〔密室 밀실〕 남이 함부로 출입하지 못하게 한 비밀스러운 방.
〔密約 밀약〕 비밀히 약속함. 또는, 그 약속.
〔密語 밀어〕 ①남이 알아듣지 못하게 비밀히 하는 말. 密話(밀화). ②밀교(密教)에서 여래(如來)의 교의(教義)를 설법하는 말. ③밀교의 다라니(陀羅尼).
〔密意 밀의〕 숨은 뜻. 또는, 은밀한 의도.
〔密議 밀의〕 남몰래 의논함. 또는, 그 의논.
〔密入國 밀입국〕 몰래 입국함.
〔密接 밀접〕 ①빈틈없이 꼭 붙음. ②관계가 아주 깊음.
〔密偵 밀정〕 몰래 남의 동정을 정탐함. 또는, 그 사람.
〔密造 밀조〕 몰래 만듦. 密製(밀제).
〔密酒 밀주〕 허가 없이 몰래 빚은 술.
〔密旨 밀지〕 비밀히 내리는 임금의 명령.
〔密集 밀집〕 아주 가깝게 맞닿아 있음.
〔密着 밀착〕 빈틈없이 단단히 붙음.
〔密探 밀탐〕 몰래 남의 움직임을 정탐함. 內探(내탐).
〔密通 밀통〕 ①부부가 아닌 남녀가 떳떳하지 못하게 정을 통함. ②형편을 몰래 알려 줌.
〔密派 밀파〕 비밀리에 파견함.
〔密閉 밀폐〕 틈새 없이 꼭 닫음.
〔密航 밀항〕 불법으로 몰래 해외로 나감.
〔密行 밀행〕 비밀히 다니거나 어떤 곳으로 감.
〔密會 밀회〕 몰래 만나거나 모임. 특히, 남녀가 남의눈을 피하여 몰래 만나는 일.

◢過密(과밀)/機密(기밀)/緊密(긴밀)/內密(내밀)/濃密(농밀)/綿密(면밀)/祕密(비밀)/細密(세밀)/嚴密(엄밀)/隱密(은밀)/精密(정밀)/稠密(조밀)/緻密(치밀)/親密(친밀)

☆✱5
8 11 **宿** ❶묵을 **숙**☆✱5 ❷별자리 **수**5

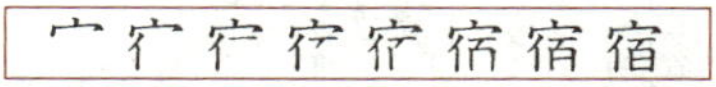

宀 宀 宀 宀 宀 宿 宿 宿

㊥sù(쑤), xiù(씨우)
㊐シュク, シュウ/やど ㊇lodge, old

갑 자원 **회의자.** 갑골문은 집 안에서 사람이 돗자리에 누워 있는 모습을 나타냄. 본뜻은 '묵다', '자다'.

풀이 ❶①묵다. ②머무는 집. ③망설이다. ④오래다. ⑤지키다. ❷별자리. 성수(星宿).

〔宿德 숙덕〕 ①오래도록 쌓은 덕. ②덕망 있는 노인.
〔宿老 숙로〕 경험이 풍부하고 사리에 밝은 노인. 耆老(기로). 耆宿(기숙).
〔宿望 숙망〕 ①오랜 소망. 宿願(숙원). ②오래된 명망(名望). 또는, 명망이 있는 사람.
〔宿命 숙명〕 타고난 운명. 宿運(숙운).
〔宿泊 숙박〕 여관이나 호텔 등에서 잠

을 자고 머무름.
〔宿便 숙변〕 장(腸) 속에 오래 머물러 있는 대변.
〔宿所 숙소〕 묵고 있는 곳.
〔宿食 숙식〕 자고 먹음. 寢食(침식).
〔宿緣 숙연〕 전세(前世)부터의 인연. 宿因(숙인).
〔宿願 숙원〕 오래전부터의 소원. 宿望(숙망).
〔宿儒 숙유〕 연로하고 명망 있는 학자. 宿學(숙학). 老儒(노유).
〔宿敵 숙적〕 오래전부터의 적.
〔宿題 숙제〕 ①학생들에게 복습이나 예습을 위해 집에서 하도록 내주는 과제. ②두고 생각할 문제. ③시회(詩會)에서 미리 내주는 시제(詩題).
〔宿主 숙주〕 기생하는 동식물에게 영양분을 주는 동식물. 寄主(기주).
〔宿直 숙직〕 관공서 등에서, 교대로 야간의 도난·화재 등을 경계하며 안전을 지키는 근무.
〔宿滯 숙체〕 오래 묵은 체증.
〔宿醉 숙취〕 이튿날까지 깨지 않은 취기.
〔宿虎衝鼻 숙호충비〕《자는 호랑이의 코를 찌른다는 뜻으로》공연히 건드려서 화를 입거나 일을 불리하게 만듦.
〔宿患 숙환〕 오래된 병. 宿痾(숙아). 宿疾(숙질).
◢露宿(노숙)/怏宿(앙숙)/投宿(투숙)/下宿(하숙)/合宿(합숙)/混宿(혼숙)

8 *1
11 **寃** 원통할 **원** [본] 冤 寃

[중]yuān(위엔) [일]エン [영]vexatious
[풀이] ①원통하다. 불만. ②누명을 쓰다. 무고한 죄.
〔寃鬼 원귀〕 원통하게 죽은 사람의 귀신.
〔寃死 원사〕 원통하게 죽음.
〔寃痛 원통〕 분하고 억울함.
〔寃魂 원혼〕 원통하게 죽은 사람의 넋.
◢伸寃(신원)

8 ☆*3
11 **寅** 셋째 지지 **인** 寅

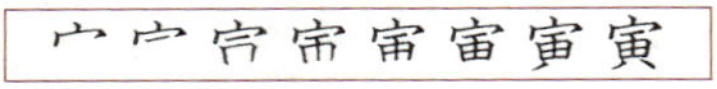

[중]yín(인) [일]イン/とら
[갑]  [금]  [자원] **상형자.** 갑골문 초기에는 단순히 화살 모양이었으나 후기에 들어 口 모양을 덧붙여 과녁을 뚫은 화살을 나타내었고, 금문에서는 口 대신 두 손을 나타내었음. 본뜻은 '깊다'이나 간지로 가차되어 쓰임.
[풀이] ①셋째 지지(地支). 달로는 정월, 방위로는 동북간, 시간으로는 새벽 3시부터 5시 사이, 오행으로는 목(木). ②동료. ③공경하다.
〔寅方 인방〕 24방위의 하나. 동북동쪽.
〔寅時 인시〕 십이시의 셋째 시. 오전 3시부터 5시까지의 동안.
◢甲寅(갑인)/丙寅(병인)

8 ★*3-II
11 **寂** 고요할 **적** 寂

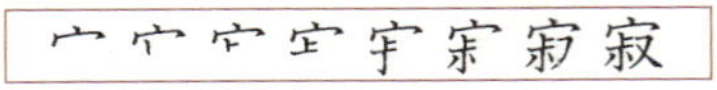

[중]jì(찌) [일]セキ, ジャク/しずか
[영]quiet, lonesome
[자원] **형성자.** 宀(면)은 의미를 나타내고 叔(숙)은 음을 나타냄.
[풀이] ①고요하다. 쓸쓸함. ②편안하다. ③열반(涅槃).
〔寂寞 적막〕 ①고요하고 쓸쓸함. ②의지할 데 없이 외로움.
〔寂滅 적멸〕 ①사라져 없어짐. 곧, 죽음. 涅槃(열반). ②번뇌의 세계를 완전히 벗어난 경지.
〔寂寂 적적〕 ①고요하고 쓸쓸한 모양. 寂然(적연). ②주위에 사람이 없어 외롭고 심심한 모양.
〔寂靜 적정〕 번뇌에서 벗어나고 고환(苦患)을 끊음. 곧, 열반(涅槃)에 이르는 길.
◢孤寂(고적)/鬱寂(울적)/入寂(입적)/靜寂(정적)/破寂(파적)/閑寂(한적)

8 *
11 **寀** 녹봉 **채** 寀

[중]cǎi(차이) [일]サイ
[풀이] 녹봉(祿俸). 봉록.

9 *1
12 **寐** 잘 **매** 寐

[중]mèi(메이) [일]ビ/ねる [영]sleep
[풀이] ①자다. ②곤들매기. 연어과의 민물고기.
◢夢寐(몽매)/輾轉不寐(전전불매)

9 ☆*4-II
12 **富** 가멸 **부** [속] 冨 富

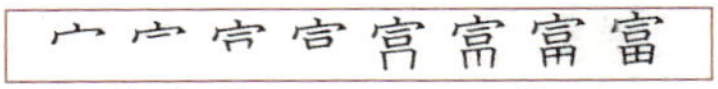

[중]fù(˚푸) [일]フ, フウ/とむ [영]rich
[자원] **형성자.** 宀(면)은 의미를 나타내고 畐(복)은 음을 나타냄.
[풀이] ①가멸다. 재물이 넉넉함. ②재보(財寶). ③복. 행운. ④부하다. 몸이 뚱뚱함.
〔富強 부강〕 나라가 경제적으로 부유하고 군사적으로 강함.
〔富國 부국〕 나라를 부유하게 만듦. 또는, 그 나라. ‖富國強兵(부국강병).
〔富貴 부귀〕 재산이 많고 지위가 높음.

〔富農 부농〕 부유한 농가나 농민.
〔富民 부민〕 살림이 넉넉한 백성.
〔富商 부상〕 자본이 많은 상인.
〔富裕 부유〕 재산이 많아 살림이 넉넉함. 富饒(부요).
〔富益富 부익부〕 부자일수록 더욱 부자가 됨.
〔富者 부자〕 재산이 많은 사람.
〔富村 부촌〕 살기가 넉넉한 마을.
〔富豪 부호〕 재산이 넉넉하고 세력이 있는 사람.
◢甲富(갑부)/巨富(거부)/國富(국부)/貧富(빈부)/猝富(졸부)/致富(치부)/豐富(풍부)

9 12 **寔** * 이 **식** 寔

[중]shí(°스) [일]ショク/これ [영]this
[풀이] ①이. 관형사. ②참으로.

9 12 **寓** *1 머무를 **우** 寓

[중]yù(위) [일]グウ/やどる [영]stay
[풀이] ①머무르다. 임시로 삶. ‖寓居(우거). ②숙소. 거처. ③부치다. ④핑계 삼다. 가탁(假託)함.
〔寓居 우거〕 ①남의 집이나 타향에 임시로 머물러 삶. 또는, 그런 집. 寓接(우접). 僑居(교거). 假寓(가우). ②자기 주거(住居)를 낮추어 이르는 말.
〔寓言 우언〕 ➡寓話(우화).
〔寓意 우의〕 다른 사물에 빗대어 뜻을 암시함.
〔寓話 우화〕 인격화한 동식물에 빗대어 교훈을 암시하는 이야기. 寓言(우언).
◢寄寓(기우)

12 **寓** 宇(우)와 동자 →197쪽

9 12 **寒** ☆*5 찰 **한** 寒

宀 宀 宀 宇 宑 寒 寒 寒

[중]hán(한) [일]カン/さむい [영]cold
[금]  [자원] **회의자.** 宀(집 면)과 짚 북데기를 뜻하는 茻(망)과 얼음을 뜻하는 冫(빙)과 人(사람 인)이 합쳐진 자로, 금문은 집 안에서 사람이 짚 북데기 사이에 몸을 웅크린 채 두 덩이의 얼음 위에서(모진 추위 속에서) 맨발로 서 있는 모습을 나타냄.
[풀이] ①차다. 추움. ②오싹하다. ③가난하다. 곤궁함. ④천하다. ⑤얼다. 식힘.
〔寒氣 한기〕 ①추운 기운. ②오싹하여 몸이 떨리는 기운.
〔寒帶 한대〕 지구의 남북 위도 각각 66도 33분인 곳에서 남북 양극까지의 매우 추운 지대.
〔寒暖 한란'〕 추움과 따뜻함.
〔寒冷 한랭〕 춥고 차가움.
〔寒露 한로〕 24절기(節氣)의 하나. 찬 이슬이 내리는 무렵임.
〔寒流 한류〕 온도가 비교적 낮은 해류.
〔寒微 한미〕 가난하고 미천함.
〔寒暑 한서〕 ①추위와 더위. ②겨울과 여름.
〔寒食 한식〕 명절의 하나. 동지(冬至)부터 105일째 되는 날. 이날은 성묘를 하고, 불을 금하여 찬밥을 먹음.
〔寒心 한심〕 ①가엾고 딱함. ②마음에 언짢아 기막힘.
〔寒熱 한열〕 한기와 열이 따르는 병.
〔寒雨 한우〕 ①찬비. ②겨울에 내리는 비.
〔寒地 한지〕 추운 지방. 寒土(한토).
〔寒天 한천〕 ①겨울 하늘. ②우뭇가사리를 끓인 뒤 걸러 낸 액체를 식혀서 묵처럼 굳힌 음식. 우무.
〔寒村 한촌〕 가난하고 쓸쓸한 마을.
〔寒波 한파〕 겨울철에 기온이 갑자기 내려가 몹시 추운 현상.
〔寒害 한해〕 심한 추위로 농작물이 입는 피해.
◢極寒(극한)/耐寒(내한)/大寒(대한)/防寒(방한)/貧寒(빈한)/小寒(소한)/脣亡齒寒(순망치한)/嚴冬雪寒(엄동설한)/惡寒(오한)/避寒(피한)/酷寒(혹한)

13 **寬** 寬(관)의 속자 →210쪽

13 **寗** * 甯(녕)의 와자 →507쪽

13 **寍** 寧(녕)의 속자 →208쪽

10 13 **寘** 둘 **치** 寘

[중]zhì(°쯔) [일]シ [영]put
[풀이] ①두다. ②받아들이다. ③차다. 채움.

13 **寑** 寢(침)의 약자 →209쪽

11 14 **寡** ★*3-II 적을 **과** 寡

宀 宀 宀 宵 宣 寘 寡 寡

[중]guǎ(구아) [일]カ/すくない [영]few
[금]  [전]  [자원] **회의자.** 금문은 宀(집 면)과 '머리

큰 사람'의 상형인 頁(혈)이 합쳐진 자로 집에 사람이 하나뿐임을 나타냄. 소전에서 分(나눌 분)이 덧붙은 것은 의미를 분명히 하기 위한 것임. 본뜻은 '적다'.

풀이 ①적다. ‖寡少(과소). ②약하다. ③임금 자신의 겸칭. 덕(德)이 적다는 뜻. ④홀어미. ‖寡婦(과부).

〔寡宅 과댁〕 ➡寡婦宅(과부댁).

〔寡頭 과두〕 적은 수의 우두머리.

〔寡默 과묵〕 말이 적음. 寡言(과언).

〔寡聞淺識 과문천식〕 견문(見聞)이 좁고 지식이 얕음.

〔寡婦 과부〕 남편이 죽어서 혼자 사는 여자. 寡守(과수). 홀어미.

〔寡婦宅 과부댁〕 '과부'의 높임말. 寡宅(과댁). 寡守宅(과수댁).

〔寡少 과소〕 아주 적음.

〔寡守 과수〕 ➡寡婦(과부).

〔寡欲 과욕〕 욕심이 적음.

〔寡人 과인〕 《'덕이 적은 사람'이라는 뜻으로》 임금이 자기를 낮추어 이르는 말.

◢多寡(다과)/衆寡(중과)

★✱3-Ⅱ 11 14 **寧** 편안할 **녕** | 동 속 간 甯寕宁

宀 宀 宀 宀 宀 宀 宀 寧 (필순)

㊥níng(닝) ㊐ネイ/やすらか ㊎peaceful

갑 금 자원 **회의자.** 갑골문은 종묘나 사당을 나타내는 宀(면)과 제기(祭器)를 나타내는 皿(명)과 제단을 나타내는 丁(정)이 합쳐진 자로, 종묘에서 제단 위에 음식을 올려 놓고 평안함을 비는 것을 나타냄. 금문에서 심장이 추가됨.

풀이 ①편안하다. 안심됨. 여전함. ②문안하다. 귀성(歸省)하다. ③거상(居喪)하다. ④공손하다. ⑤차라리. 오히려. ⑥틀림없이. 꼭.

〔寧日 영일〕 일이 없이 편안한 날.

◢康寧(강녕)/安寧(안녕)/丁寧(정녕)

1 11 14 **寥** 쓸쓸할 **료**

㊥liáo(리아오) ㊐リョウ/さびしい ㊎lonely

풀이 ①쓸쓸하다. ②텅 비다. ③하늘.

〔寥寥 요요〕 ①적막한 모양. ②텅 빈 모양.

〔寥闊 요활〕 고요하고 쓸쓸함.

◢閑寥(한료)/荒寥(황료)

✱1 11 14 **寞** 쓸쓸할 **막**

㊥mò(모) ㊐バク, マク/さびしい ㊎lonely

풀이 쓸쓸하다. ‖寂寞(적막).

〔寞寞 막막〕 ①쓸쓸하고 고요한 모양. ②의지할 데 없이 외로운 모양.

◢索寞(삭막)/寂寞(적막)

☆✱5 11 14 **實** 열매 **실** | 고 약 간 寔実实

宀 宀 宀 宀 宀 寶 實 實 (필순)

㊥shí(°스) ㊐ジツ ㊎fruit

금 자원 **회의자.** 宀(집 면)과 田(밭 전)과 貝(조개 패)가 합쳐진 자로, 밭에서 난 곡식과 재물이 집에 그득함을 나타냄. 의미가 확대되어 '열매', '참되다'의 뜻이 생겨남.

풀이 ①열매. ②결실하다. ③차다. 채우다. ④속. 내용. ⑤참으로. ⑥자취. 행적.

〔實感 실감〕 실제로 체험하는 듯한 느낌.

〔實果 실과〕 먹을 수 있는 초목의 열매. 과일. 果實(과실).

〔實科 실과〕 ①실제로 소용되는 것을 주로 한 과목. ②예전에, 초등학교 과목의 하나.

〔實權 실권〕 실제로 행사할 수 있는 권력.

〔實技 실기〕 실제의 기술.

〔實記 실기〕 실제의 사실을 적은 기록.

〔實力 실력〕 ①실제의 역량. ②강제력이나 무력.

〔實例 실례〕 실제의 예.

〔實錄 실록〕 ①사실을 그대로 적은 기록. ②한 임금의 재위 연간의 사적을 적은 기록. ‖中宗實錄(중종실록).

〔實利 실리〕 실지로 얻는 이익.

〔實名 실명〕 진짜 이름. 本名(본명). ↔假名(가명).

〔實母 실모〕 친어머니. 親母(친모).

〔實務 실무〕 실제의 업무나 사무.

〔實務者 실무자〕 실지로 그 사무를 맡아보는 사람.

〔實物 실물〕 ①실제의 인물이나 물건. ②주식이나 물품 등의 실제의 상품. 現物(현물).

〔實費 실비〕 실지로 드는 비용.

〔實査 실사〕 실지에 대하여 검사함. 또는, 실제상의 조사.

〔實寫 실사〕 실물·실경(實景)을 그리거나 촬영함. 또는, 그 그림이나 사진.

〔實辭 실사〕 실질적인 뜻을 나타내는 말. 概念語(개념어).

〔實事求是 실사구시〕 사실을 기초로 진리나 진상을 탐구함.

〔實相 실상〕 ①실제의 모양이나 상태. 眞相(진상). ②생멸(生滅)·무상(無常)을 벗어난 만유(萬有)의 참모습.

〔實像 실상〕 ①광선이 렌즈 따위에 의하여 굴절·반사되어 이룬 상(像). ②사물의 진짜 모습.

〔實生活 실생활〕 이론이나 공상이 아닌 실제의 생활.
〔實勢 실세〕 ①실제의 세력. ②실제의 시세(時勢).
〔實習 실습〕 실제로 해 보아 익힘.
〔實施 실시〕 실제로 시행함.
〔實業 실업〕 농업·공업·상업 등 생산 경제에 관한 사업.
〔實役 실역〕 현역(現役)으로 치르는 병역(兵役).
〔實演 실연〕 ①실제로 해 보임. ②배우가 무대에서 연기함.
〔實用 실용〕 실제로 씀. 또는, 실질적인 쓸모. ‖實用化(실용화).
〔實益 실익〕 실제의 이익.
〔實在 실재〕 ①실제로 있음. ②주관을 떠난 객관적 세계의 존재.
〔實績 실적〕 실제의 업적·공적.
〔實戰 실전〕 실제의 전투.
〔實情 실정〕 실제의 사정이나 정세.
〔實弟 실제〕 친아우.
〔實際 실제〕 현실의 경우나 형편.
〔實存 실존〕 ①실제로 있음. ②본질에 대하여, 현실의 존재를 이름.
〔實證 실증〕 ①사실에 근거를 두어서 증명함. ②확실한 증거. 確證(확증).
〔實職 실직〕 ①조선 시대, 문무 양반만 하던 벼슬. 正職(정직). ②실무를 담당하는 실제의 관직.
〔實質 실질〕 사물의 내용 또는 성질. 本質(본질). ↔形式(형식).
〔實踐 실천〕 실제로 행함. ‖實踐的(실천적). ↔理論(이론).
〔實踐躬行 실천궁행〕 실제로 몸소 실천함.
〔實體 실체〕 ①사물의 본체. 實質(실질). ②영구불변인 본질적 존재.
〔實測 실측〕 실제로 측량함.
〔實彈 실탄〕 쏘았을 때 실제로 효력을 나타내는 탄알.
〔實態 실태〕 실제의 상태나 모양.
〔實吐 실토〕 숨기던 사실을 털어놓음. 自白(자백). 吐實(토실).
〔實學 실학〕 ①실제로 소용이 되는 학문. ②조선 후기에 일어난, 현실 문제 해결에 중점을 둔 학문.
〔實行 실행〕 실제로 행함.
〔實驗 실험〕 ①실지로 해 봄. ②과학에서, 이론이나 현상을 관찰하고 측정함. ③새로운 형식이나 방법을 시도함.
〔實現 실현〕 실제로 이루거나 현실로 나타냄.
〔實刑 실형〕 실제로 받는 형벌.
〔實話 실화〕 실제로 있었던 이야기.
〔實況 실황〕 실제의 상황.
〔實效 실효〕 실제의 효력.
◪堅實(견실)/結實(결실)/果實(과실)/口實(구실)/內實(내실)/篤實(독실)/名實(명실)/不實(부실)/史實(사실)/事實(사실)/寫實(사실)/誠實(성실)/信實(신실)/如實(여실)/切實(절실)/情實(정실)/眞實(진실)/着實(착실)/充實(충실)/行實(행실)/現實(현실)/確實(확실)

11 14 寤 *1 깰 오

㊥wù(우) ㊐ゴ/さめる ㊢awake
풀이 ①깨다. 잠이 깸. ②꿈.
〔寤寐 오매〕 깨어 있을 때나 자고 있을 때. 곧, 자나 깨나.
〔寤寐不忘 오매불망〕 자나 깨나 잊지 못함.

11 14 察 ☆*4-Ⅱ 살필 찰

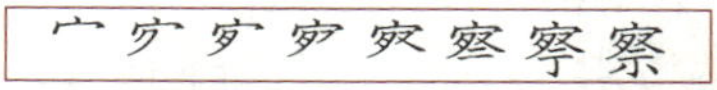

宀 宀 宀 宀 宀 宀 宀 察

㊥chá(°차) ㊐サツ/みる ㊢watch
자원 **회의 겸 형성자.** 宀(집 면)과 祭(제사 제)가 합쳐진 자로, 사당이나 종묘에서 제사를 지내는 것을 나타냄. 祭는 고기를 손으로 들어 신에게 바치는 것을 상형한 자로 제사를 지내기 위해서는 제수(祭需)를 찬찬히 살펴야 하므로, 여기에서 '살피다'의 뜻이 나옴. 宀은 의미를 나타내고 祭는 의미와 음을 겸하여 나타냄.
풀이 ①살피다. ②드러나다. ③자세하다. ④따지다. 지나치게 결백함.
〔察色 찰색〕 ①얼굴빛을 살펴봄. ②혈색을 보아서 병을 진단함.
〔察知 찰지〕 살펴서 앎.
◪監察(감찰)/檢察(검찰)/警察(경찰)/考察(고찰)/觀察(관찰)/不察(불찰)/査察(사찰)/省察(성찰)/巡察(순찰)/視察(시찰)/偵察(정찰)/診察(진찰)/洞察(통찰)

11 14 寨 *1 울짱 채

㊥zhài(°짜이) ㊐サイ/とりで ㊢stockade
풀이 ①울짱. 㫌柴. ②성채(城砦). 㫌砦.
◪木寨(목채)

11 14 寢 ★*4 잠잘 침 약간 寝

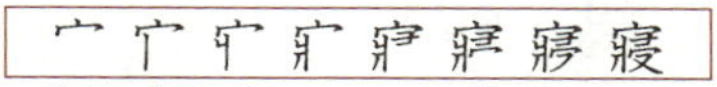

宀 宀 宀 宀 宀 宀 宀 寢

㊥qǐn(친) ㊐シン/ねる ㊢sleep
갑 전 자원 **회의자.** 갑골문은 宀(집 면)과 빗자루의 상형인 帚(추)가 합쳐진 자이며 소전은 거기에 人(사람 인)과 손을 나타내는 又(우)를 더해 만든 자임. 뒤에 人이 '침상〔爿〕'으로 바뀌어 오늘에 이름. 사람이 쉬거나 잘 수 있도록 방 안을 깨끗이 청소하는 것을 가리킴.
풀이 ①잠자다. 잠자리에 누움. ②앓아

눕다. ③쉬다. 그만둠. ④능침.
〔寢具 침구〕 잠자는 데 쓰는 물건. 이부자리나 베개 따위.
〔寢臺 침대〕 누워 잘 수 있도록 만든 가구. 길쭉한 평상에 다리가 달렸음.
〔寢牀 침상〕 누워 잘 수 있게 만든 평상.
〔寢所 침소〕 잠을 자는 곳.
〔寢睡 침수〕 '잠'의 높임말.
〔寢食 침식〕 잠자는 일과 먹는 일.
〔寢息 침식〕 떠들썩하던 일이 가라앉아 그침.
〔寢室 침실〕 잠을 자는 방. 寢房(침방). 臥室(와실).
◢起寢(기침)/同寢(동침)/午寢(오침)/就寢(취침)

★＊3-Ⅱ
12 15 **寬** 너그러울 **관** | [속] 寛 [간] 宽 寬

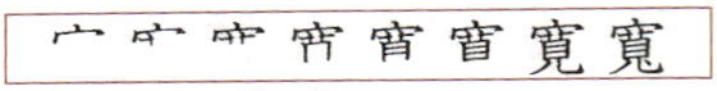

[중]kuān(쿠안) [일]カン/ゆたか
[영]generous
[자원] **형성자.** 宀(면)은 의미를 나타내고 萈(현)은 음을 나타냄.
[풀이] ①너그럽다. ②넓다. ③느슨하다. ④온화하다.
〔寬大 관대〕 너그럽고 도량이 큼.
〔寬待 관대〕 너그럽게 대우함. 厚待(후대). 優待(우대).
〔寬容 관용〕 너그럽게 받아들이거나 용서함.
〔寬厚 관후〕 너그럽고 인정이 후함.
〔寬厚長者 관후장자〕 관후하고 점잖은 사람.

＊1
12 15 **寮** 벼슬아치 **료** | 寮

[중]liáo(리아오) [일]リョウ/つかさ
[영]official
[풀이] ①벼슬아치. ②동료. ③집.
〔寮舍 요사〕 ①학교나 공공 단체의 기숙사(寄宿舍). ②절에 있는 승려들이 거처하는 집.
◢學寮(학료)

★＊5
12 15 **寫** 베낄 **사** | [약] 写 [속] 冩 [간] 写 写

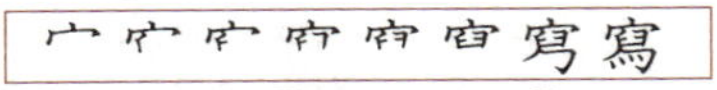

[중]xiě(시에) [일]シャ/うつす [영]copy
[자원] **형성자.** 宀(면)은 의미를 나타내고 舃(석)은 음을 나타냄.
[풀이] ①베끼다. ②그리다. ③배우다.
〔寫本 사본〕 원본을 옮겨 베낌. 또는, 베낀 문서나 책. 抄本(초본).
〔寫生 사생〕 자연 풍물 등을 보고 그대로 그림.
〔寫實 사실〕 사물을 있는 그대로 그려 냄.
〔寫眞 사진〕 ①사진기로 찍은 형상. ②물체의 모양을 그려 냄.
◢謄寫(등사)/模寫(모사)/描寫(묘사)/複寫(복사)/書寫(서사)/實寫(실사)/映寫(영사)/轉寫(전사)/接寫(접사)/出寫(출사)/透寫(투사)/筆寫(필사)

★＊3-Ⅱ
12 15 **審** 살필 **심** | [간] 审 審

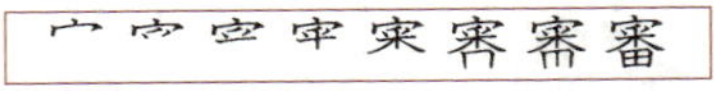

[중]shěn(°선) [일]シン/つまびらか
[영]examine
[금] [전]  [자원] **회의자.** 宀(집 면)과 짐승의 발자국을 뜻하는 番(번)이 합쳐진 자로, 집에 침입한 짐승의 발자국을 살피는 것을 나타냄.
[풀이] ①살피다. ②자세하다. ③깨닫다. ④안정시키다.
〔審理 심리〕 ①사실을 자세히 조사하여 처리함. ②재판에 필요한 사실 관계 및 법률관계를 명확히 하기 위하여 법원이 조사를 함.
〔審問 심문〕 ①상세히 따져서 물음. ②법관이 당사자 등에게 진술의 기회를 주는 일.
〔審美 심미〕 미(美)와 추(醜)를 살펴서 미의 본질을 구명(究明)함.
〔審美眼 심미안〕 미(美)를 살펴 찾는 안목.
〔審查 심사〕 ①상세히 조사함. 審檢(심검). ②심의하여 사정(查定)함
〔審議 심의〕 심사하고 의논함.
〔審判 심판〕 ①소송 사건을 심리하여 판단함. 또는, 그 판결. ②운동 경기에서 규칙의 적부(適否)나 승부를 판정함.
◢結審(결심)/球審(구심)/壘審(누심)/陪審(배심)/副審(부심)/三審(삼심)/豫審(예심)/誤審(오심)/原審(원심)/二審(이심)/一審(일심)/再審(재심)/主審(주심)/卽審(즉심)/初審(초심)

＊
12 15 **寭** 밝을 **혜**

[중]huì(후에이) [일]ケイ [영]bright
[풀이] ①밝다. ②살피다.

＊
13 16 **寯** 모을 **준**

[중]jùn(쮠) [일]シュン [영]gather
[풀이] ①모으다. ②뛰어나다.

13 16 **寰** 기내 **환** | 寰

[중]huàn(후안) [일]カン [영]capital area
[풀이] ①기내(畿內). 천자(天子)가 직할하던 영지(領地). ②천하(天下). ③인간 세상. 진세(塵世).
〔寰內 환내〕 천자가 다스리는 영토 안의 세계. 寰宇(환우).

19 **寶** 寶(보)의 속자 →211쪽

16 19 **寵** *1 괼 총 [간] 宠

[중]chǒng(°충) [일]チョウ/いつくしむ
[풀이] ①괴다. 사랑함. ②은혜. ③첩. 임금의 첩. ④영화. 영예.
〔寵臣 총신〕 임금의 총애를 받는 신하.
〔寵兒 총아〕 많은 사람들에게 특별히 사랑받는 사람. 寵子(총자).
〔寵愛 총애〕 ①특별히 귀엽게 여겨 사랑함. ②천주(天主)의 사랑.
〔寵妾 총첩〕 총애를 받는 첩. 愛妾(애첩).
〔寵姬 총희〕 총애를 받는 여자.
◢聖寵(성총)/恩寵(은총)

17 20 **寶** ★*4-Ⅱ 보배 보 [고]珤 [속]寳 [약][간]宝

宀 宀 宀 宝 宝 宝 寶 寶

[중]bǎo(바오) [일]ホウ/たから
[영]treasure
[갑]  [금]  [자원] **회의 겸 형성자.** 갑골문은 집을 뜻하는 宀(면)과 패물을 뜻하는 貝(패)와 구슬을 뜻하는 玉(옥)이 합쳐진 자로, 집에 진귀한 물건이 가득함을 나타냄. 금문에서 음을 나타내는 缶(부)가 덧붙음.
[풀이] ①보배. ②돈. 화폐. ③보배롭게 여기다. 소중히 여김. ④임금에 관한 것에 붙이는 접두어. ⑤불(佛)·법(法)·승(僧). 곧, 부처·교리·승려. ‖三寶(삼보).
〔寶鑑 보감〕 ①보배롭고 귀중한 거울. 寶鏡(보경). ②모범이 될 만한 책. ‖明心寶鑑(명심보감).
〔寶劍 보검〕 ①보배로운 칼. ②예전에, 의장(儀仗)에 쓰던 칼.
〔寶庫 보고〕 ①《'보물 창고'라는 뜻으로》 귀중한 재화를 넣어 두는 창고. ②귀중한 것이 많이 나거나 간직되어 있는 곳의 비유.
〔寶輦 보련〕 임금이 타는, 위를 꾸미지 않은 가마. 玉轎(옥교).
〔寶齡 보령〕 임금의 나이. 寶算(보산).
〔寶物 보물〕 보배로운 물건. 寶財(보재). 寶貨(보화).
〔寶石 보석〕 아름답고 귀한 광물. 寶玉(보옥).
〔寶位 보위〕 제왕(帝王)의 자리.
〔寶典 보전〕 ①귀중한 법전. ②귀중한 책.
〔寶座 보좌〕 ①임금이 앉는 자리. 玉座(옥좌). 王座(왕좌). ②부처가 앉는 자리. 蓮花座(연화좌).
〔寶珠 보주〕 ①귀중한 구슬. ②용의 턱밑에 있는 영묘한 구슬. 如意珠(여의주).
〔寶塔 보탑〕 ①귀한 보옥으로 장식한 탑. ②절의 탑.
〔寶榻 보탑〕 임금이 앉는 자리. 玉座(옥좌).
〔寶貨 보화〕 ➡寶物(보물).
◢家寶(가보)/國寶(국보)/法寶(법보)/佛寶(불보)/僧寶(승보)/御寶(어보)/財寶(재보)/珍寶(진보)/七寶(칠보)

寸部 마디촌

0 3 **寸** ☆*8 마디 촌

一 寸 寸

[중]cùn(춘) [일]スン [영]knuckle, inch
[전]  [자원] **지사자.** 소전은 손의 상형자 아래에 짧은 가로획을 그은 자로, 손가락 마디의 길이를 나타낸다는 설과 맥박이 뛰는 손목의 위치(손바닥 끝에서 여기까지의 길이가 1촌이라고 봄)를 나타낸다는 설이 있음. 1촌은 약 3센티미터의 길이를 나타냄.
✎ 한자 부수의 하나.
[풀이] ①마디. 손가락 하나의 너비. ②치〔寸〕. 길이의 단위. 1치는 1자〔尺〕의 10분의 1. ③조금. ‖寸刻(촌각). ④마음. ⑤촌수.
〔寸刻 촌각〕 ➡寸陰(촌음).
〔寸劇 촌극〕 아주 짧은 연극. 토막극.
〔寸步 촌보〕 ①몇 발짝 안 되는 걸음. ②아주 가까운 거리의 비유.
〔寸數 촌수〕 친족 간의 멀고 가까운 관계를 나타내는 수.
〔寸陰 촌음〕 아주 짧은 시간. 寸刻(촌각).
〔寸志 촌지〕 ①속으로 품은 작은 뜻. 寸心(촌심). ②《'작은 뜻'이라는 뜻으로》 잘 봐 달라거나 잘 봐주어서 고맙다는 뜻으로 은밀히 건네는 돈.
〔寸尺 촌척〕 ①길이의 단위인 촌과 척. ②얼마 안 되는 조그마한 것.
〔寸鐵殺人 촌철살인〕 《한 치의 쇠로도 사람을 죽일 수 있다는 뜻으로》 짤막한 말로도 사람의 마음을 크게 뒤흔듦.

〔寸土 촌토〕 얼마 안 되는 작은 논밭. 寸地(촌지). 寸壤(촌양).
〔寸評 촌평〕 짧게 비평함. 또는, 그 비평.
◢近寸(근촌)/方寸(방촌)/四寸(사촌)/三寸(삼촌)/五寸(오촌)/六寸(육촌)/七寸(칠촌)/八寸(팔촌)

5 **对** 對(대)의 속자 →215쪽

3 ☆✱4-Ⅱ
6 **寺** ❶절 사☆✱4-Ⅱ ❷내시 시

一 十 土 土 寺 寺

3획

㊥sì(쓰) ㊐ジ/てら
㊎temple, eunuch
금 전 자원 **형성자.** 寸(촌)은 의미를 나타내고 之(갈 지)는 음을 나타냄. 본뜻은 '들다'였으나 '모시다'의 뜻으로 쓰이다가 '관청', '절'의 뜻으로 바뀜(寺에서 土는 之가 변형된 것임).
풀이 ❶절. 불도를 수행하는 곳. ‖佛國寺(불국사). ❷①내시(內侍). 환관(宦官). ㊕侍. ②관청.
〔寺內 사내〕 절의 안.
〔寺院 사원〕 절.
〔寺田 사전〕 절에 딸린 밭.
〔寺址 사지〕 절터.
〔寺刹 사찰〕 절.
〔寺塔 사탑〕 절에 있는 탑.
〔寺人 시인〕 임금을 모시며 후궁에 관한 일을 맡은 관리. 宦官(환관).
◢末寺(말사)/山寺(산사)/庵寺(암사)

7 **対** 對(대)의 약자 →215쪽

7 **寿*** 壽(수)의 약자 →166쪽

8 **㝵** 礙(애)와 동자 →544쪽

8 **㕭** 爵(작)과 동자 →480쪽

6 ★✱3-Ⅱ
9 **封** 봉할 봉

一 十 土 圭 圭 圭 封 封

㊥fēng(°펑) ㊐ホウ, フウ/ほうずる
㊎appoint, confer
갑 금 자원 **회의자.** 흙〔土〕을 북돋우어 손〔寸〕으로 나무〔木〕를 심는 모습을 나타냄. 옛날에는 이런 방식으로 경계를 정한 데에서 '봉토(封土)', '나라의 경계'의 뜻을 나타냄.
풀이 ①봉하다. ②봉지. ③경계(境界). 지경. 흙을 쌓아 만든 경계. ④봉사(封祀). 천자(天子)가 즉위했을 때, 산꼭대기에 흙을 쌓아 단(壇)을 만들어 하늘에 제사 지내던 의식. ⑤무덤. 뫼. ⑥편지. 봉함 편지.
〔封建 봉건〕 천자(天子)의 공령(公領) 이외의 토지를 제후(諸侯)에게 나누어 주어 영유(領有)시키던 일.
〔封庫罷職 봉고파직〕 어사(御史)나 감사(監司)가 못된 원(員)을 파면하고 관가의 창고를 봉하여 잠그는 일. 封庫罷黜(봉고파출).
〔封君 봉군〕 임금의 적자(嫡子)를 대군(大君)으로, 후궁에서 태어난 왕자나 왕비의 아버지 또는 2품 이상의 종친(宗親)과 공신 등을 군(君)으로 봉함.
〔封墳 봉분〕 흙을 둥글게 쌓아 올려서 무덤을 만듦. 또는, 그 무덤.
〔封書 봉서〕 ①봉한 편지. 封狀(봉장). ②옛날, 임금이 종친이나 근신(近臣)에게 내리던 편지. ③왕비가 친정에 보내는 편지.
〔封禪 봉선〕 옛날 중국에서, 천자(天子)가 흙을 쌓아 단을 만들어 하늘에 제사 지내고, 땅을 깨끗하게 쓸고 산천에 제사 지내던 일. 封祀(봉사).
〔封送 봉송〕 물건을 싸서 선물로 보냄. 또는, 그 물건.
〔封鎖 봉쇄〕 ①봉하여 꼭 잠금. 閉鎖(폐쇄). ②병력(兵力)으로 적을 포위하여 외부와의 연락을 못하게 함.
〔封印 봉인〕 봉한 자리에 도장을 찍음. 또는, 그렇게 찍은 도장. 封璽(봉새).
〔封入 봉입〕 물건을 넣고 봉함.
〔封爵 봉작〕 ①제후(諸侯)에 봉하고, 관작(官爵)을 내림. ②외명부·내명부·의빈(儀賓) 등을 봉하던 일.
〔封狀 봉장〕 ➡封書(봉서)①.
〔封紙 봉지〕 종이나 비닐 등으로 물건을 담을 수 있게 주머니 모양으로 만든 물건.
〔封窓 봉창〕 ①창문을 봉함. 또는, 봉한 창문. ②벽에 작은 구멍을 내고 종이로 바른 창.
〔封土 봉토〕 ①흙을 높이 쌓아 올려 제단(祭壇)을 만듦. ②제후(諸侯)에게 나누어 준 땅. 領地(영지). 封邑(봉읍).
〔封套 봉투〕 편지나 서류 등을 넣기 위해 종이로 만든 물건.
〔封緘 봉함〕 편지를 봉투에 넣고 봉함. 또는, 그 편지.
〔封合 봉합〕 봉하여 붙임.
〔封還 봉환〕 사표 따위를 수리하지 않고 그대로 돌려보냄.
◢開封(개봉)/金一封(금일봉)/同封(동봉)/密封(밀봉)/完封(완봉)/冊封(책봉)/皮封(피봉)

7 / 10 **尃** [1]펼 **부** [2]퍼질 **포** | 尃

[중]fū(°푸), bū(뿌) [일]フ/しく
✎ 專(전:213쪽)은 딴 자.
[풀이] [1]펴다. 깔다. 깔림. [2]퍼지다. 두루 알리다.

☆*4
7 / 10 **射** [1]쏠 **사**☆*4 [본]**석** [2]맞힐 **석** [3]벼슬 이름 **야** [4]싫어할 **역** | 射

[중]shè(°써), yè(예), yì(이)
[일]シャ, セキ, ヤ, エキ/いる [영]shoot
[갑]  [금]  [자원] **회의자.** 갑골문은 활에 화살이 올려진 모습을 나타내었고, 금문은 거기에 손을 더 그려 넣어 손으로 활을 쏘는 것을 나타냄.
[풀이] [1]①쏘다. ‖射擊(사격). ②궁술(弓術). ③'사궁(射宮)'의 약칭. [2]맞히다. 쏘아서 명중시킴. [3]벼슬 이름. [4]①싫어하다. ②12율(律)의 하나. ③나무 이름.
〔射擊 사격〕 총·대포·활 등을 쏨.
〔射殺 사살〕 쏘아 죽임.
〔射手 사수〕 대포·총·활을 쏘는 사람.
〔射場 사장〕 활터.
〔射程 사정〕 탄알·포탄·미사일 등이 발사되어 도달할 수 있는 지점까지의 거리. 射距離(사거리). 射程距離(사정거리).
〔射精 사정〕 정액(精液)을 사출함.
〔射出 사출〕 ①쏘아 내보냄. ②부챗살 모양으로 퍼져 나감.
〔射倖 사행〕 요행을 바람. ‖射倖心(사행심).
◢亂射(난사)/反射(반사)/發射(발사)/放射(방사)/輻射(복사)/噴射(분사)/應射(응사)/日射(일사)/入射(입사)/注射(주사)/直射(직사)/投射(투사)

*
10 **将** 將(장)과 동자 →213쪽

10 **将** 將(장)의 약자 →213쪽

*2
8 / 11 **尉** 벼슬 **위** | 尉

[중]wèi(웨이) [일]イ [영]official rank
[풀이] ①벼슬. 벼슬 이름. 도둑의 무리를 치거나 옥사(獄事)를 다스리는 벼슬에 붙이는 이름. ②위로하다.
〔尉官 위관〕 준위·소위·중위·대위의 하급 장교의 총칭.
◢大尉(대위)/少尉(소위)/中尉(중위)

☆*4-Ⅱ
8 / 11 **將** [1]장수 **장** [2]장차 **장** | [동]將 [약]将 [간]将 | 將

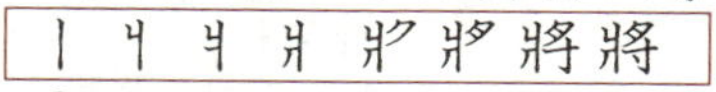

[중]jiàng, jiāng(찌앙)
[일]ショウ/ひきいる
[영]general, in future
[갑]  [고]  [자원] **회의 겸 형성자.** 갑골문은 제사를 드릴 때 솥〔鼎〕 안에 든 고기〔肉〕를 꺼내 봉헌함을 나타냄. 爿(장)은 음을 나타냄. 고문에서 솥 대신에 손〔寸〕을 바꾸어 넣음으로써 봉헌의 의미를 강조함.
[풀이] [1]①장수. 인솔자. ②거느리다. 인솔함. [2]①장차. ②지키다. ③보내다. 부쳐 보냄. ④나아가다. 발전함. ⑤행하다. 실천함.
〔將計就計 장계취계〕 상대편의 계략을 미리 알아채고 그것을 역이용하는 계략.
〔將官 장관〕 ① ➡將帥(장수). ② ➡將軍(장군)②.
〔將校 장교〕 군대에서, 소위(少尉) 이상의 무관(武官).
〔將軍 장군〕 ①일군(一軍)을 통솔·지휘하는 무관. 大將(대장). ②준장·소장·중장·대장의 총칭. 將官(장관). 將星(장성).
〔將棋 장기〕 나무로 만든 32짝의 말을 붉은 글자와 푸른 글자의 두 종류로 나누어 판 위에 벌여 놓고 서로 번갈아 두어 승부를 가리는 놀이.
〔將臺 장대〕 장수가 올라서서 지휘하는 대(臺).
〔將來 장래〕 다가올 앞날. 특히, 예측이 가능한 앞날. 未來(미래). 前途(전도).
〔將兵 장병〕 ①장교와 사병의 통칭. ②군사를 거느려 통솔함.
〔將相 장상〕 장수(將帥)와 재상(宰相).
〔將星 장성〕 ① ➡將軍(장군)②. ②북두칠성의 둘째 별. 河魁星(하괴성). ③어떤 사람에게든지 각각 인연이 맺어져 있다는 별.
〔將帥 장수〕 군사를 거느리는 우두머리. 將官(장관). 將領(장령).
〔將材 장재〕 장수가 될 만한 인재. 將器(장기).
〔將卒 장졸〕 장수와 병졸. 將士(장사).
〔將次 장차〕 미래의 어느 때에. 앞으로.
◢老將(노장)/大將(대장)/猛將(맹장)/名將(명장)/武將(무장)/少將(소장)/勇將(용장)/日就月將(일취월장)/敵將(적장)/主將(주장)/准將(준장)/中將(중장)/智將(지장)/敗將(패장)

★*4
8 / 11 **專** 오로지 **전** | [간]专 專

3획

一 𠮛 𦥑 申 叀 叀 專 專

㊥zhuān(°쭈안) ㊐セン/もっぱら
㊇only

갑 전 자원 **회의 겸 형성자.** '방추(→叀)와 그것을 잡고 있는 손(→寸)'의 상형임. 寸(촌)은 의미를 나타내고 叀(전)은 의미와 음을 겸하여 나타냄.

専(부·포 : 213쪽)는 딴 자.

풀이 ①오로지. 오직 한 곬으로. ②마음대로. 마음대로 함. ③섞이지 않다. 뒤섞임이 없음. ④홀로.

〔專決 전결〕 결정권자 마음대로 결정함. 專斷(전단).
〔專攻 전공〕 한 분야를 전문적으로 연구함.
〔專權 전권〕 권력을 마음대로 휘두름. 또는, 그 권력을 한 사람이 쥠.
〔專念 전념〕 오로지 그 일에만 마음을 씀.
〔專斷 전단〕 ➡專決(전결).
〔專擔 전담〕 전문적으로 맡거나 혼자서 담당함. 專當(전당).
〔專賣 전매〕 물건을 독점하여 판매함.
〔專務 전무〕 ①오로지 한 가지 일에 힘씀. ②사장을 보좌하여 회사의 업무를 모두 관장하는 이사. '전무이사(專務理事)'의 준말.
〔專門 전문〕 어떤 분야에 상당한 지식과 경험을 가지고 오직 그 분야만 연구하거나 맡음. 또는, 그 분야.
〔專貰 전세〕 일정 기간 동안 어떤 사람에게만 빌려 주는 일.
〔專屬 전속〕 오로지 한 기구나 조직에 소속됨.
〔專修 전수〕 오로지 한 가지 일만을 닦음.
〔專心 전심〕 마음을 한 가지 일에만 기울임. 專意(전의).
〔專心專力 전심전력〕 온 마음과 온 힘을 한곳에 모아 씀.
〔專業 전업〕 전문으로 하는 직업이나 사업.
〔專用 전용〕 ①혼자서만 씀. ↔共用(공용). ②오로지 한 가지만을 씀.
〔專一 전일〕 마음과 힘을 오직 한 가지 일에만 몰두함.
〔專任 전임〕 어떤 일을 오로지 맡거나 맡김. 또는, 그런 사람. 專委(전위).
〔專制 전제〕 ①독단으로 일을 처리함. ②정사(政事)를 마음대로 함.
〔專橫 전횡〕 권세를 독차지하여 제 마음대로 함. 專恣(전자).

★✽3
9/12 **尋** 찾을 **심** | 간 寻

ㄱ ㅋ ㅋ 㝵 尋 尋 尋 尋

㊥xún(쉰) ㊐ジン/たずねる
㊇visit, search

자원 **회의자.** 彐과 口가 합쳐서 된 右(우) 자는 오른손을 뜻하고, 寸과 工이 합쳐서 된 左(좌) 자는 왼손을 뜻하여, 양손을 쫙 벌려 길이를 재고 있는 모습을 나타냄.

풀이 ①찾다. ②묻다. ③보통. 평소. ④잇다. ⑤쓰다. 사용함. ⑥발. 두 팔을 벌린 길이. 7자〔尺〕 또는 8자.

〔尋訪 심방〕 방문하여 찾아봄.
〔尋常 심상〕 대수롭지 않음. ↔非常(비상).
〔尋人 심인〕 사람을 찾음. 또는, 찾는 사람.

◢推尋(추심)

☆✽4-II
9/12 **尊** ❶높을 **존**☆✽4-II ❷술통 **준** | 간 尊

丷 亠 产 肖 酋 酋 尊 尊

㊥zūn(쭌) ㊐ソン/とうとい ㊇high

갑 자원 **회의자.** 술 항아리를 뜻하는 酋(추)와 손을 뜻하는 寸(촌)이 합쳐진 자. 갑골문은 술동이를 공손히 두 손으로 받들어 조상신에게 바치는 모습을 나타낸 것으로, 여기에서 '존경하다', '존귀하다'의 뜻이 생겨남.

풀이 ❶①높다. ②높이다. ③중히 여기다. 소중하게 생각함. ④높은 사람. 임금·부형(父兄) 등을 이르는 말. ⑤신불(神佛)의 상(像)을 세는 말. 1좌(座)를 1존(尊)이라 함. ❷①술통. ㊐樽. ②따르다. 좇음. ㊐遵.

〔尊敬 존경〕 받들어 공경함.
〔尊貴 존귀〕 높고 귀함.
〔尊大 존대〕 벼슬이나 학식·인격이 높고 큼.
〔尊待 존대〕 받들어 대접함.
〔尊卑 존비〕 지위·신분의 높음과 낮음.
〔尊卑貴賤 존비귀천〕 지위·신분의 높고 낮음과 귀하고 천함.
〔尊姓 존성〕 남의 성(姓)의 존칭.
〔尊屬 존속〕 부모와 같은 항렬 이상의 친족. 尊屬親(존속친).
〔尊顔 존안〕 남을 높여 그의 얼굴을 이르는 말.
〔尊嚴 존엄〕 지위나 인품이 범할 수 없을 정도로 높고 엄숙함.
〔尊影 존영〕 남을 높여 그의 화상(畫像)이나 사진 등을 이르는 말.
〔尊者 존자〕 덕(德)·행(行)·지(智)를 구비한 사람.
〔尊長 존장〕 존대해야 할 나이가 많은 웃어른.
〔尊重 존중〕 높이고 중하게 여김.
〔尊體 존체〕 남을 높여 그의 몸을 이르는 말.
〔尊稱 존칭〕 존경하는 뜻으로 높여 부르는 칭호.

〔尊翰 존한〕 남을 높여 그의 편지를 이르는 말. 尊札(존찰). 尊函(존함).
〔尊銜 존함〕 남을 높여 그의 이름을 이르는 말.
〔尊兄 존형〕 같은 또래 사이에서 상대방을 높여 부르는 말.
〔尊酒 준주〕 통술.
◢本尊(본존)/釋尊(석존)/世尊(세존)/唯我獨尊(유아독존)/自尊(자존)/至尊(지존)/追尊(추존)

11 ☆✱6
14 **對** 대답할 **대** | ㉮㉯㉰ 对 対 對

丷 丵 业 业 丵 丵 對 對

㊥duì(뚜에이) ㊐タイ/こたえる
㊎reply, face

갑 **자원** **회의자.** 어떤 물건을 손으로 잡고 있는 모양을 나타냄. 그 물건이 무엇인지에 대해서는 촛대라는 설, 깃대라는 설, 악기를 걸어 놓은 기둥이라는 설 등이 있으나 정설이 없음.

풀이 ①대답하다. 응답함. ②대하다. ③짝. 상대. ④같다. ‖對等(대등). ⑤만나다.
〔對價 대가〕 자기의 재산이나 노력 등을 다른 사람에게 주거나 이용하게 하고, 그 보수로 얻는 재산상의 이익.
〔對決 대결〕 양자가 맞서서 우열을 가림.
〔對句 대구〕 시문(詩文)에서 서로 짝을 이루는 구(句).
〔對局 대국〕 ①어떤 국면에 당면함. ②바둑이나 장기를 마주 대하여 둠.
〔對內 대내〕 내부 또는 국내(國內)에 대한 것.
〔對談 대담〕 서로 마주 보고 이야기함.
〔對答 대답〕 묻는 말에 응함. 또는, 그 말.
〔對等 대등〕 서로 견주어 낫고 못함이 없이 비슷함.
〔對聯 대련〕 ①대(對)가 되는 연(聯). ②문이나 기둥에 써 붙이는 글귀.
〔對流 대류〕 더운 기체나 액체가 위로 오르면서 찬 기체가 아래로 내려오는 현상.
〔對立 대립〕 서로 반대되거나 모순됨.
〔對面 대면〕 서로 얼굴을 마주 대함.
〔對備 대비〕 어떤 일에 대응하기 위해 미리 준비함. 또는, 그런 준비.
〔對象 대상〕 어떤 일의 상대 또는 목적이 되는 것.
〔對案 대안〕 어떤 일에 대처할 안.
〔對外 대외〕 단체나 국가 등의 외부에 대한 것.
〔對偶 대우〕 쌍이 되어 있는 것.
〔對應 대응〕 ①맞서서 서로 응함. ②어떤 일이나 사태에 맞추어 태도나 행동을 취함.
〔對人 대인〕 사람을 대상으로 함.
〔對酌 대작〕 마주 앉아 술을 마심. 對飮(대음).
〔對敵 대적〕 ①적과 맞섬. ②상대가 됨. 또는, 그 상대. 敵手(적수).
〔對戰 대전〕 맞서 싸움.
〔對照 대조〕 ①다른 것과 비교하여 봄. ②서로 상대적으로 대비됨.
〔對坐 대좌〕 마주 앉음.
〔對陣 대진〕 ①적과 마주하여 진을 침. ②경기에서 적수로서 겨룸.
〔對質 대질〕 무릎맞춤.
〔對策 대책〕 어떤 일에 대응하는 방책.
〔對處 대처〕 어떤 일에 대응하는 조치를 취함.
〔對蹠點 대척점〕 ①지구 위의 한 지점에 대해, 정확히 지구의 반대쪽에 있는 지점. ②어떤 사물에 대해 그 특징이나 성격이 정반대되는 자리.
〔對替 대체〕 어떤 계정(計定)의 금액을 다른 계정에 옮겨 적는 일.
〔對峙 대치〕 서로 맞서서 버팀.
〔對稱 대칭〕 점·선·면이나 도형이 어떤 점·선·면을 중심으로 같은 거리에 똑같은 모양으로 놓여 있는 일.
〔對抗 대항〕 맞서서 겨루거나 싸움.
〔對話 대화〕 마주 대하여 이야기함.
◢刮目相對(괄목상대)/獨對(독대)/面對(면대)/反對(반대)/相對(상대)/應對(응대)/敵對(적대)/絶對(절대)/接對(접대)

13 ★✱4-Ⅱ
16 **導** 이끌 **도** | ㉰ 导 導

丷 䒑 首 道 道 道 導 導

㊥dǎo(다오) ㊐ドウ/みちびく
㊎guide

자원 **형성자.** 寸(촌)은 의미를 나타내고 道(도)는 음을 나타냄.

풀이 ①이끌다. ‖善導(선도). ②통하다. 소통하게 함. ③행하다. 실천함. ④길잡이. 인도. 유도. 지도.
〔導管 도관〕 물이나 수증기 등이 통하도록 만든 관.
〔導線 도선〕 전류를 흐르게 하는 쇠붙이 줄. 電線(전선).
〔導水路 도수로〕 물을 끌어들이기 위하여 만든 수로.
〔導入 도입〕 기술·방법·물자 등을 외부로부터 끌어들임.
〔導體 도체〕 열이나 전기를 잘 전하는 물체.
〔導出 도출〕 어떤 사실이나 일에서 판단이나 결론을 이끌어 냄.
〔導火線 도화선〕 ①화약을 터지게 하는 심지. ②사건을 일으키는 계기.
◢啓導(계도)/敎導(교도)/先導(선도)/領導(영도)/誤導(오도)/誘導(유도)/引導(인도)/傳導(전도)/主導(주도)/指導(지도)/唱導(창도)/嚮導(향도)

小部 작을소

☆✱8
0
3 **小** 작을 **소**

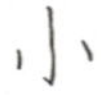

亅 小 小

[중]xiǎo(시아오) [일]ショウ/ちいさい
[영]small, little

[갑]  [금]  [자원] **지사자.** 작은 물건 세 개가 한곳에 모여 있는 모양을 나타낸 자.

한자 부수의 하나.

[풀이] ①작다. [통]少. ②적다. ③좁다. 협소함곳. ④조금. 적게. ⑤겸양의 뜻을 나타내는 접두어.

〔小家 소가〕 ①크기나 규모가 작은 집. ↔大家(대가). ②첩이나 첩의 집.
〔小家族 소가족〕 ①식구가 적은 집안. ②부부와 미성년 자녀만으로 구성된 가족. 核家族(핵가족).
〔小康 소강〕 소란하던 것이 그치고 다소 잠잠함.
〔小計 소계〕 일부분만의 합계.
〔小鼓 소고〕 작은북.
〔小功 소공〕 ①5복(五服)의 하나. 소공친(小功親)의 상사(喪事)에 다섯 달 동안 입는 복제(服制). ②작은 공로.
〔小功親 소공친〕 소공의 복을 입는 친척. 증조부모·재종형제·종질(從姪)·종손(從孫)이 이에 속함.
〔小科 소과〕 생원(生員)과 진사(進士)를 뽑던 과거.
〔小官 소관〕 ①지위가 낮은 관리. ②관리가 스스로를 낮추어 이르는 말.
〔小國 소국〕 작은 나라.
〔小朞 소기〕 ➡小祥(소상).
〔小器 소기〕 ①조그마한 그릇. ②작은 기량(器量). 또는, 그 사람.
〔小女 소녀〕 ①키나 몸이 작은 계집아이. ②예전에, 여자가 웃어른에게 자기를 낮추어 이르던 말.
〔小農 소농〕 작은 규모로 짓는 농사. 또는, 그런 농가나 농민.
〔小大祥 소대상〕 소상(小祥)과 대상(大祥). 小大朞(소대기).
〔小斗 소두〕 닷 되들이 말.
〔小量 소량〕 좁은 도량(度量).
〔小路 소로〕 작은 길.
〔小流 소류〕 실개천. 細流(세류).
〔小利 소리〕 작은 이익.
〔小滿 소만〕 24절기(節氣)의 하나. 5월 21일경.
〔小賣 소매〕 물건을 도매상에서 사서 직접 소비자에게 파는 일. ↔都賣(도매).
〔小麥 소맥〕 밀. ‖小麥粉(소맥분).
〔小門 소문〕 ①작은 문. ②여자의 음부를 완곡하게 이르는 말.
〔小民 소민〕 조선 중엽 이후에 평민을 이르던 말. 상사람.
〔小盤 소반〕 조그마한 밥상.
〔小便 소변〕 사람의 오줌.
〔小祥 소상〕 죽은 뒤 1년 되는 날에 지내는 제사. 小朞(소기). 一周忌(일주기).
〔小生 소생〕 예전에, 남자가 윗사람에 대하여 스스로를 낮추어 이르던 말.
〔小暑 소서〕 24절기의 하나. 7월 7일경.
〔小雪 소설〕 24절기의 하나. 11월 22일경.
〔小說 소설〕 ①허구에 의해 즐거리를 사실처럼 구성하고 세태와 인정을 묘사하거나 사실(史實)을 부연(敷衍)한 산문체의 문학 양식. ②소설책.
〔小成 소성〕 작은 일을 성취함. ↔大成(대성).
〔小數 소수〕 0보다 크고 1보다 작은 실수(實數).
〔小乘 소승〕 불교 교리의 한 갈래. 중생을 구제하기보다 자기의 인격 완성을 목표로 함. ↔大乘(대승).
〔小食 소식〕 음식을 조금 먹음.
〔小室 소실〕 본처 외에 혼인하지 않고 데리고 사는 여자. 첩. ↔本妻(본처).
〔小心 소심〕 대담하지 못하고 조심성이 많음.
〔小我 소아〕 ①개인적인 욕망과 망집에 사로잡힌 나. ②현상계(現象界)의 나.
〔小兒 소아〕 어린아이.
〔小人 소인〕 ①나이가 어린 사람. ②키·몸집 등이 작은 사람. ③도량이 좁고 간사한 사람. ↔君子(군자). ④자기 자신을 겸손하게 이르는 말. 小子(소자).
〔小人之勇 소인지용〕 혈기에서 나오는 소인의 용기.
〔小子 소자〕 ①아들이 부모에 대하여 자기를 낮추어 이르는 말. ②스승이 제자를 친근하게 부르는 말. ③임금이 조상이나 백성에 대하여 자기를 겸손하게 이르는 말.
〔小字 소자〕 ①작은 글자. ↔大字(대자). ②어릴 때 부르던 이름. 幼名(유명). 兒名(아명).
〔小作 소작〕 남의 논밭을 빌려서 경작함. 半作(반작).
〔小腸 소장〕 십이지장에서 시작되어 꾸부러져 대장(大腸)으로 통하는 소화관. 작은창자.
〔小姐 소저〕 지난날, 처녀를 대접하여 이르던 말.
〔小冊子 소책자〕 자그마한 책.
〔小妾 소첩〕 여자가 남편에 대하여 스스로를 낮추어 이르는 말.
〔小銃 소총〕 휴대용 전투 화기.
〔小貪大失 소탐대실〕 작은 것을 탐하다가 큰 것을 잃음.

〔小包 소포〕 ①자그맣게 포장한 것. ②'소포 우편물(小包郵便物)'의 준말.
〔小幅 소폭〕 작은 폭이나 작은 범위.
〔小荷物 소하물〕 기차 편에 쉽게 부칠 수 있는, 작고 가벼운 짐.
〔小學 소학〕 ①'초등학교'의 구칭. ②옛날에, 태자·왕자·제후의 아들 및 공경대부의 적자(嫡子)에게 소절(小節)·소의(小義)·소예(小藝)를 가르치던 학교. ③글자의 형상·훈고(訓詁)·음운(音韻) 등을 연구하는 학문. ④중국 송나라의 주희(朱熹)가 편찬한 책. 아이들이 행할 바와 마음가짐 등을 담음.
〔小寒 소한〕 24절기의 하나. 1월 6일 경으로, 동지 다음의 절기.
〔小形 소형〕 작은 형체.
◢過小(과소)/群小(군소)/極小(극소)/大小(대소)/弱小(약소)/矮小(왜소)/最小(최소)/縮小(축소)/狹小(협소)

☆*7
1 4 **少** ❶적을 소 ❷젊을 소 | 少

丨 ㅅ 小 少

㊥shǎo(°사오), shào(°싸오)
㊐ショウ/すくない, わかい
㊎few, little, young

자원 **지사자.** 작은 물건 네 개가 올망졸망 모여 있는 모양을 나타낸 자.

풀이 ❶①적다. 많지 않음. ②모자라다. ③잠깐. 조금 뒤. ❷①젊다. ‖少時(소시). ②젊은이. ‖少壯(소장). 어린이. ③서른 살 이전.
〔少女 소녀〕 아직 완전히 성숙하지 않은 어린 계집아이.
〔少年 소년〕 ①아직 완전히 성숙하지 않은 어린 사내아이. ②젊은 나이. 또는, 그런 나이의 사람.
〔少量 소량〕 적은 분량.
〔少領 소령〕 국군 계급의 하나. 영관의 맨 아래 계급으로, 대위의 위, 중령의 아래임.
〔少數 소수〕 적은 수효.
〔少時 소시〕 젊었을 때.
〔少額 소액〕 적은 액수. ↔高額(고액).
〔少壯 소장〕 젊고 혈기가 왕성함.
〔少長 소장〕 젊은이와 늙은이.
〔少將 소장〕 국군 계급의 하나. 장관에 속하는 계급으로, 준장의 위, 중장의 아래임.
〔少妾 소첩〕 젊은 첩.
◢減少(감소)/過少(과소)/極少(극소)/僅少(근소)/老少(노소)/多少(다소)/些少(사소)/略少(약소)/年少(연소)/最少(최소)/稀少(희소)

2 5 **尒** 너 이 | 尒

㊥ěr(얼) ㊐ジ/なんじ ㊎you
풀이 너. 그대. ㊌爾.

★*3
3 6 **尖** 뾰족할 첨 | 尖

丨 ㅅ 小 尐 尖 尖

㊥jiān(찌엔) ㊐セン/とがる
㊎pointed
자원 **회의자.** 小(소)와 大(대)가 합쳐진 자로, 아래는 크고 위는 작아 뾰족함을 나타냄.
풀이 ①뾰족하다. ‖尖銳(첨예). ②성격·표현 등이 날카롭거나 각박함. ③끝. 날카로운 끝.
〔尖端 첨단〕 ①물건의 뾰족한 끝. ②사조(思潮)·유행·학술 등의 맨 앞장. 先端(선단).
〔尖利 첨리〕 ➡尖銳(첨예)①.
〔尖兵 첨병〕 행군의 맨 앞에서 경계·수색하는 임무를 맡은 병사. 또는, 그런 부대.
〔尖銳 첨예〕 ①뾰족하고 날카로움. 尖利(첨리). ②첨단적이며 급진적임. ③격하고 치열함.
〔尖塔 첨탑〕 꼭대기가 뾰족한 탑.

☆*3-Ⅱ
5 8 **尙** 오히려 상 | ㉮尚 尙

丨 ㅅ 小 尙 尙 尙 尙 尙

㊥shàng(°쌍) ㊐ショウ/なお ㊎rather
금 **자원** **회의 겸 형성자.** '갈라짐'을 뜻하는 八(팔)과 집에 창이 나 있는 모습을 나타내는 向(향)이 합쳐진 자로, 창으로 공기가 나와 위로 퍼지는 모양을 나타냄. 八은 의미를 나타내고 向은 의미와 음을 겸하여 나타냄. 일설에는 '商(상)'의 약자라는 주장도 있음.
풀이 ①오히려. ②더하다. ③숭상하다. 높이 여김. ‖尙文(상문). ④높이다. 격(格)이 높음. ⑤좋아하다. 즐김. ‖高尙(고상).
〔尙宮 상궁〕 조선 시대, 여관(女官)의 정5품 벼슬.
〔尙今 상금〕 아직까지.
〔尙武 상무〕 무예를 숭상함. ↔尙文(상문).
〔尙文 상문〕 문예를 숭상함. ↔尙武(상무).
〔尙書 상서〕 ①'서경(書經)'의 이칭. ②벼슬 이름.
〔尙存 상존〕 아직 존재함.
◢嘉尙(가상)/高尙(고상)/崇尙(숭상)/和尙(화상)

10 13 **尟** 적을 선 | ㊌尠 尟

[중]xiǎn(시엔) [일]セン/すくない [영]few, rare
[풀이] 적다. 드물다.

13 尟 尠(선)과 동자 →217쪽

尢部 절름발이왕 尢尣兀

0
3 **尢** 절름발이 **왕**

[중]wāng(왕) [일]オウ [영]lame person
✍ 한자 부수의 하나.
[풀이] ①절름발이. 한쪽 정강이가 굽은 사람. ②등이 굽고 아주 작은 사람.

☆*3
1
4 **尤** 더욱 **우**

一 ナ 尢 尤

[중]yóu(여우) [일]ユウ/もっと [영]more
[갑]  [금]  [자원] **회의자.** 갑골문·금문은 손 위에 짧은 가로획을 덧붙여 상처 난(혹은 잘린) 손가락을 나타냄. '허물', '탓하다' 등의 뜻을 나타냄.
[풀이] ①더욱. 유달리. 특히. ②유달리 뛰어남. ③탓하다. 원망함. 비난함.
〔尤妙 우묘〕 더욱 이상함.
〔尤甚 우심〕 더욱 심함.

*1
4
7 **尨** 삽살개 **방**

[중]máng(망) [일]ボウ/むくいぬ
[영]shaggy dog
[갑]  [자원] **회의자.** 犬(개 견)과 彡(터럭 삼)이 합쳐진 자로, 털이 무성한 개, 즉 삽살개를 뜻함.
[풀이] ①삽살개. 털이 많은 개. ‖尨犬(방견). ②섞이다. ③크다. [같]厖. ‖尨大(방대).
〔尨大 방대〕 규모나 양이 매우 크거나 많음. 厖大(방대).

☆*4
9
12 **就** 이룰 **취**

亠 古 亨 京 京一 京ナ 就 就

[중]jiù(찌우) [일]シュウ/つく [영]achieve
[자원] **회의자.** 높은 집을 나타내는 京(경)과 상처 난 손가락을 나타내는 尤(우)가 합쳐진 자. 온갖 어려움을 극복하고 높은 데로 나아감을 나타냄.
[풀이] ①이루다. 성취함. ‖成就(성취). ②좇다. 인물·사물 등을 붙좇음. ③나가다. 일자리 또는 벼슬자리에 나감. ④곧. 이에. ⑤마치다.
〔就業 취업〕 ➡就職(취직).
〔就任 취임〕 맡은 임무에 처음으로 나아감. ↔辭任(사임).
〔就職 취직〕 일정한 직업을 잡아 직장에 나아감. 就業(취업).
〔就寢 취침〕 잠자리에 들어 잠을 잠. ↔起寢(기침).
〔就學 취학〕 ①교육을 받기 위해 학교에 들어감. ‖就學年齡(취학 연령). ②스승에게 학문을 배움.
〔就航 취항〕 배나 비행기가 항로에 오름.
◢去就(거취)/成就(성취)/進就(진취)

尸部 주검시엄

*
0
3 **尸** 주검 **시**

[중]shī(°쓰) [일]シ/しかばね [영]corpse
[갑]  [금]  [전]  [자원] **상형자.** 무릎을 굽히고 앉은 사람의 모습을 본뜬 자. 고대 중국에서는 제사를 지낼 때 죽은 조상을 대신하여 절을 받는 사람이 있었는데 그가 尸임. 尸가 죽은 자를 의미했으므로 '주검'의 뜻이 생겨남.
✍ 한자 부수의 하나.
[풀이] ①주검. 시체(屍體). [같]屍. ②뻣뻣해져 누워 있다. 죽은 사람처럼 움직이지 않음. ③시동(尸童). ④위패(位牌). 신주(神主).
〔尸童 시동〕 옛날 제사 지낼 때, 신위(神位) 대신 그 자리에 앉힌 아이.
〔尸位素餐 시위소찬〕 《시동의 자리에서 공밥만 먹는다는 뜻으로》 재덕이나 공로가 없어 직책을 다하지 못하면서 자리만 차지하고 녹(祿)만 받는 것의 비유. 尸祿(시록). 尸位(시위).
〔尸蟲 시충〕 시체에 생기는 벌레.

*2
1
4 **尹** 다스릴 **윤**

[중]yǐn(인) [일]イン/おさめる [영]rule
[풀이] ①다스리다. 바로잡음. ②벼슬 이름. 행정 관청의 장(長). ‖京兆尹(경조윤). ③미쁨. 참. ④성 윤.
◢府尹(부윤)/判尹(판윤)

☆✱3-Ⅱ
1
4 **尺** 자 척 | 尺

フ コ 尸 尺

[중]chǐ(˚츠) [일]シャク/ものさし [영]ruler

[금]  [전]  [자원] 손 뼘의 길이를 재는 것을 나타낸다는 설, 손목에서 팔꿈치까지의 길이를 재는 것을 나타낸다는 설, 발바닥에서 장딴지까지의 길이를 재는 것을 나타낸다는 설 등이 있음. 참고로 시대별 1尺의 길이는 다음과 같음. 상나라 : 16cm, 전국 시대 : 23.1cm, 동한 시대 : 23.5cm, 명·청 : 32cm(현재 우리나라에서는 약 30.3cm).

[풀이] ①자. ‖曲尺(곡척). ②법. 법도(法度). ③편지. ‖尺牘(척독).

〔尺貫法 척관법〕 길이의 단위를 척(尺), 양의 단위를 승(升), 무게의 단위를 관(貫)으로 하는 도량형법.

〔尺度 척도〕 ①자로 재는 길이의 표준. ②평가하거나 측정하는 기준.

〔尺牘 척독〕《종이가 없거나 부족하던 시대에 길이가 한 자가량인 널빤지에 글을 적었던 데서》 편지. 尺簡(척간).

〔尺土 척토〕 얼마 안 되는 좁은 논밭. 尺地(척지).

◢曲尺(곡척)/越尺(월척)/咫尺(지척)/縮尺(축척)

✱
2
5 **尻** 꽁무니 고 | 尻

[중]kāo(카오) [일]コウ/しり [영]tail bone

[풀이] ①꽁무니. 등뼈의 끝. ②끝. 말단. ③자리 잡다. 엉덩이를 땅에 댐.

✱2
2
5 **尼** 여승 니 | 尼

[중]ní(니) [일]ニ, ジ/あま [영]Buddhist nun

[풀이] 여승(女僧). 범어(梵語)를 한역(漢譯)한 '비구니(比丘尼)'의 약칭.

〔尼寺 이사〕 여승들이 사는 절. 尼院(이원).

〔尼僧 이승〕 여자 승려. 女僧(여승). 比丘尼(비구니).

◢陀羅尼(다라니)/比丘尼(비구니)/沙彌尼(사미니)/釋迦牟尼(석가모니)/僧尼(승니)

6 **尽** 盡(진)의 속자 →527쪽

★✱5
4
7 **局** 판 국 | 局

フ コ 尸 月 局 局 局

[중]jú(쥐) [일]キョク/つぼね [영]situation, part

[풀이] ①판. ㉮장기·바둑 등의 승부의 결말. ㉯판국. 추세. ‖時局(시국). ②방(房). 작게 나눈 구획. ③국. 어떤 사무를 분장한 부서. ‖電話局(전화국). ④사람의 도량이나 재능. ⑤몸을 굽히다. 움츠림. [같]跼.

〔局量 국량〕 도량(度量)과 일을 처리하는 능력. 局度(국도). 器量(기량).

〔局面 국면〕 ①어떤 일이 되어 가는 형세. ②바둑·장기 등의 승패를 다투는 판의 형세.

〔局報 국보〕 ①우체국 사이에서 서로 주고받는 전보. ②'국(局)' 자가 붙은 기관에서 발행·배부하는 통지·보고·보도.

〔局部 국부〕 ①전체 가운데 한 부분. 局所(국소). ‖局部痲醉(국부 마취). ②남녀의 외부 생식기가 있는 부위. 陰部(음부).

〔局所 국소〕 ①전체 가운데 한 부분. 局部(국부). ②몸의 관절이 꺾이는 곳.

〔局外 국외〕 어떤 일에 직접 관계가 없는 지위나 입장.

〔局外者 국외자〕 그 일에 관계없는 사람. 局外人(국외인).

〔局員 국원〕 한 국(局)의 사무를 다루는 직원.

〔局長 국장〕 '국(局)' 자가 붙은 부서의 장.

〔局地 국지〕 한정된 한 구역의 땅.

〔局限 국한〕 범위를 어떤 부분에만 한정함. 限局(한국).

◢開局(개국)/結局(결국)/難局(난국)/當局(당국)/對局(대국)/放送局(방송국)/時局(시국)/藥局(약국)/郵遞局(우체국)/政局(정국)/終局(종국)/支局(지국)/破局(파국)/形局(형국)

✱2
4
7 **尿** 오줌 뇨 | 尿

[중]niào(니아오) [일]ニョウ/ゆばり [영]urine

[갑]  [자원] **회의자.** 갑골문은 남자가 서서 오줌을 누는 모습을 나타내는 상형자였으나 뒷날 '사람'을 상형한 尸(시)와 '오줌'을 뜻하는 水(수)가 합쳐진 회의자가 됨.

[풀이] 오줌.

〔尿管 요관〕 신장에서 방광으로 오줌을 보내는 관. 輸尿管(수뇨관).

〔尿道 요도〕 오줌을 방광에서 몸 밖으로 내보내는 관.

〔尿石 요석〕 오줌에 들어 있는 염류가 수뇨관 내부에 가라앉아 된 결석(結石).

〔尿素 요소〕 오줌 속에 들어 있는 질소 화합물.

〔尿失禁 요실금〕 오줌이 마렵지도 않은 때에 저절로 나오는 증세.

3획

〔尿意 요의〕 오줌을 누고 싶은 생각.
◢檢尿(검뇨)/蛋白尿(단백뇨)/糖尿(당뇨)/放尿(방뇨)/排尿(배뇨)/糞尿(분뇨)/泌尿(비뇨)/夜尿(야뇨)/利尿(이뇨)/殘尿(잔뇨)/血尿(혈뇨)

4 ☆✽3-Ⅱ
7 **尾** 꼬리 **미**

ㄱ ㅋ 尸 尸 尸 尸 尾

[중]wěi(웨이) [일]ビ/お [영]tail
[갑] [전] [자원] **회의자.** 무릎을 구부리고 앉은 사람을 나타내는 尸(시)와 毛(털 모)가 합쳐진 자로 엉덩이에 짐승 꼬리를 단 사람을 나타냄. 고대인들은 축제 때 자신의 토템을 표시하기 위해 꼬리 장식을 달아 짐승의 흉내를 냈음.
[풀이] ①꼬리. ‖首尾(수미). ②교미(交尾)하다. ③별 이름. 28수(宿)의 하나. ④마리. 물고기를 세는 단위.
〔尾骨 미골〕 등뼈의 가장 아랫부분에 있는 뼈. 꼬리뼈.
〔尾蔘 미삼〕 인삼의 잔뿌리.
〔尾生之信 미생지신〕《중국 춘추 시대에 미생이라는 사람이 다리 밑에서 만나자고 한 여자와의 약속을 지키기 위해 홍수에도 피하지 않고 기다리다가 익사했다는 고사에서》 우직하여 융통성이 없이 약속만을 굳게 지킴.
〔尾翼 미익〕 비행기의 꼬리 날개.
〔尾椎 미추〕 척추의 맨 아래쪽, 꼬리 또는 꼬리가 퇴화한 부분에 있는 추골. 尾椎骨(미추골).
〔尾行 미행〕 남의 행동을 감시하기 위해 몰래 뒤를 밟음. ※密行(밀행).
◢去頭截尾(거두절미)/交尾(교미)/大尾(대미)/末尾(말미)/船尾(선미)/魚頭肉尾(어두육미)/語尾(어미)/龍頭蛇尾(용두사미)/徹頭徹尾(철두철미)/後尾(후미)

4
7 **屁** 방귀 **비**

[중]pì(피) [일]ヒ/へ [영]fart

5 ☆✽4
8 **居** [1]있을 **거**☆✽4 [2]어조사 **기**

ㄱ ㅋ 尸 尸 尸 尸 居 居

[중]jū(쥐), jī(찌) [일]キョ, キ/いる [영]be, live
[자원] **형성자.** 尸(시)는 의미를 나타내고 古(고)는 음을 나타냄.
[풀이] [1]①있다. ②살다. ③앉다. ‖起居(기거). ④쌓다. 저축함. ⑤있는 곳. 거처. [2]어조사.
〔居間 거간〕 사고파는 사람 사이에 들어 흥정을 붙임. 또는, 그런 일을 하는 사람. 거간꾼.
〔居留 거류〕 ①임시로 머물러 삶. ②남의 나라 영토에 머물러 삶.
〔居半 거반〕 절반 이상. 居之半(거지반).
〔居士 거사〕 ①재덕(才德)이 있으나 벼슬을 하지 않는 선비. 處士(처사). ②자호(自號)로서 당호 따위에 붙이는 칭호. ③속인(俗人)으로서 불도(佛道)에 뜻을 둔 사람.
〔居喪 거상〕 ①상중(喪中)에 있음. 居憂(거우). ②'상복(喪服)'의 속칭.
〔居所 거소〕 거처하는 곳.
〔居室 거실〕 ①주택에서, 가족 공동의 휴식 공간이자 일상생활의 중심이 되는 방. ②거처하는 방.
〔居住 거주〕 일정한 곳에 자리를 잡고 삶. 또는, 그곳.
〔居處 거처〕 일정하게 자리 잡고 살거나 묵고 있는 곳.
◢群居(군거)/寄居(기거)/獨居(독거)/同居(동거)/冬安居(동안거)/別居(별거)/安居(안거)/隱居(은거)/占居(점거)/住居(주거)/蟄居(칩거)/夏安居(하안거)/穴居(혈거)

5 ✽
8 **屆** 이를 **계** [속]届

[중]jiè(찌에) [일]カイ/とどく [영]arrive
[풀이] ①이르다. 도달함. 미침. [통]至·到. ‖屆期(계기). ②극한. 궁극.
〔屆期 계기〕 기한에 이름.
〔屆出 계출〕 해당 기관에 서류를 제출함. 申告(신고).
◢缺席屆(결석계)/死亡屆(사망계)/出生屆(출생계)

8 **届** 屆(계)의 속자 →220쪽

5 ★✽4
8 **屈** 굽을 **굴**

ㄱ ㅋ 尸 尸 屈 屈 屈 屈

[중]qū(취) [일]クツ/かがむ [영]bend
[자원] **형성자.** 尸(시)는 의미를 나타내고 出(출)은 음을 나타냄.
[풀이] ①굽다. ‖屈曲(굴곡). ②굽히다. ③굳세다. 강함. ④다하다.
〔屈強 굴강〕 의지가 굳어 남에게 굴하지 않음.
〔屈巾 굴건〕 상주가 두건 위에 덧쓰는 건.
〔屈曲 굴곡〕 ①이리저리 굽어 꺾임. ②인생에서 성쇠(盛衰)가 번갈아 나타나는 일.
〔屈伏 굴복〕 ①머리를 숙이고 꿇어 엎

드림. ② ➡屈服(굴복).
〔屈服 굴복〕 힘이 모자라서 복종함. 屈伏(굴복).
〔屈性 굴성〕 식물이 외부 자극의 방향이나 그 반대 방향으로 뻗어 나가는 성질.
〔屈伸 굴신〕 몸을 굽힘과 폄. 또는, 몸을 구부렸다 폈다 함.
〔屈辱 굴욕〕 남에게 억눌려 업신여김을 받음.
〔屈折 굴절〕 ①휘어 꺾임. ②물리학에서, 빛·소리가 한 매질에서 다른 매질로 들어갈 때 방향을 바꾸는 현상.
〔屈從 굴종〕 제 뜻을 굽혀 남에게 복종함.
〔屈指 굴지〕 ①손가락을 꼽아 셈. ②여럿 가운데에서 손가락을 꼽아 셀 만큼 뛰어남.
◢反屈(반굴)/不屈(불굴)/卑屈(비굴)/後屈(후굴)

9 **屛** 屛(병)의 속자 →222쪽

6 9 **屎*** 똥 **시** 屎

㊥shǐ(°스) ㊐シ/くそ ㊊excrement
갑 **자원** **회의자.** 갑골문은 사람이 엉거주춤하게 서서 똥을 누는 모습을 나타냄. 뒷날 尸(시)와 米(미)가 합쳐진 형태로 바뀜.
풀이 똥.
〔屎尿 시뇨〕 똥과 오줌. 糞尿(분뇨).

6 9 **屍*2** 주검 **시** 屍

㊥shī(°쓰) ㊐シ/しかばね ㊊corpse
자원 **회의 겸 형성자.** 尸(주검 시)와 死(죽을 사)가 합쳐진 자로, 死를 덧붙임으로써 주검의 의미를 더욱 분명히 한 것임. 死는 의미를 나타내고 尸는 의미와 음을 겸하여 나타냄.
풀이 주검. 시체. 송장.
〔屍身 시신〕 죽은 사람의 몸. 송장. 주검. 屍體(시체).
〔屍體 시체〕 죽은 사람이나 동물의 몸. 死體(사체). 屍身(시신).
〔屍臭 시취〕 시체에서 풍기는 썩은 냄새.
◢僵屍(강시)/檢屍(검시)/剖棺斬屍(부관참시)/戮屍(육시)

6 9 **屋☆*5** 집 **옥** 屋

㇇ ㇇ 尸 尸 层 层 屋 屋

㊥wū(우) ㊐オク/や ㊊house, roof
풀이 ①집. 주거. ②지붕. ③지붕 모양의 덮개.
〔屋內 옥내〕 집의 안. ↔屋外(옥외).
〔屋上 옥상〕 지붕의 위. 특히, 현대식 양옥 건물에서 판판하게 만든 건물의 맨 윗부분.
〔屋上架屋 옥상가옥〕《지붕 위에 또 지붕을 얹는다는 뜻으로》 어떤 일을 부질없이 거듭함.
〔屋外 옥외〕 집의 밖. ↔屋內(옥내).
〔屋下架屋 옥하가옥〕《지붕 아래에 또 지붕을 만든다는 뜻으로》 남의 흉내만 내고 발전이 없음.
◢家屋(가옥)/社屋(사옥)/洋屋(양옥)/破屋(파옥)/韓屋(한옥)

7 10 **屐** 나막신 **극** 屐

㊥jī(찌) ㊐ゲキ/きぐつ ㊊sabot
풀이 나막신.
〔屐聲 극성〕 나막신 끄는 소리.

7 10 **屑*1** 가루 **설** 屑

㊥xiè(씨에) ㊐セツ/くず ㊊fragment
풀이 ①가루. 부스러기. ②부수다. 가루로 만듦. ‖屑糖(설탕). ③달갑게 여기다. ④마음에 두다. 애씀.
〔屑糖 설탕〕 맛이 달고 물에 잘 녹는 결정체. 가루사탕.

7 10 **展☆*5** 펼 **전** 展

㇇ 尸 尸 屏 屈 屉 展 展

㊥zhǎn(°잔) ㊐テン/のべる ㊊spread
전 **자원** **회의 겸 형성자.** 소전은 앉아 있는 사람을 나타내는 尸(시)와 주름이 있는 붉은 비단옷을 뜻하는 㠭(전)이 합쳐진 자로, 옷을 펴고 앉는 것을 나타냄. 尸는 의미를 나타내고 㠭은 의미와 음을 겸하여 나타냄.
풀이 ①펴다. ㉮열다. 벌림. ㉯늘어놓다. ㉰발달하다. ‖發展(발전). ㉱소상하게 보다. 주의 깊게 봄. ‖展覽(전람). ②늘리다. 연장함. ③중히 여기다. 인정 등을 두터이 하다.
〔展開 전개〕 ①펴서 벌림. ②밀집 부대가 흩어져 산병(散兵)이 됨. ③수학에서, 일반 함수를 급수 형태로 고치는 일. ④작곡에서 주제를 분석하고 발전시켜, 여러 각도에서 자유로이 변화시키는 일.
〔展覽 전람〕 ①펴서 봄. ②여러 가지 물품을 진열하여 놓고 여러 사람에게 보임. 展觀(전관). ‖展覽會(전람회).
〔展望 전망〕 ①멀리 바라봄. 또는, 멀리 바라다보이는 경치. ②앞날을 헤아

려 내다봄. 또는, 내다보이는 앞날.
〔展性 전성〕 두드리거나 압착하면 얇게 펴지는 금속의 성질.
〔展示 전시〕 ①여러 가지 물품을 한곳에 벌여 놓고 보임. ②책·편지 등을 펴서 보임.
◢個人展(개인전)/公募展(공모전)/國展(국전)/發展(발전)/詩畫展(시화전)/進展(진전)/親展(친전)

8 ★★3
11 **屛** ❶병풍 **병** ❷물리칠 **병** 속간 屏

ㄱ 尸 尸 尸 屛 屛 屛 屛

중píng(핑), bǐng(빙)
일ヘイ/びょうぶ 영screen
자원 **형성자.** 尸(시)는 의미를 나타내고 幷(병)은 음을 나타냄.
풀이 ❶①병풍. ②울. 담. ③가리다. 막음. ④숨다. 은거함. ❷①물리치다. ②숨을 죽이다.
〔屛去 병거〕 물리쳐 버림.
〔屛居 병거〕 세상에서 물러나 숨어서 삶. 隱居(은거).
〔屛風 병풍〕 방 안에 세워 바람을 막거나 무엇을 가리는 물건.
◢畫屛(화병)

3획

9 *1
12 **屠** 잡을 **도**

중tú(투) 일ト/ほふる 영slaughter
풀이 ①잡다. 가축을 잡거나 사람을 죽임. ‖屠殺(도살). ②백정. ③가르다. 칼로 베어 끊음.
〔屠戮 도륙〕 무참하게 마구 죽임. 屠殺(도살).
〔屠殺 도살〕 ① ➡屠戮(도륙). ②고기나 가죽 등을 얻기 위해 가축을 죽임. ‖屠殺場(도살장).
〔屠畜 도축〕 가축을 도살함.
〔屠漢 도한〕 백정.
◢浮屠(부도)

12 **属** 屬(속·촉)의 속자 →223쪽

11 ★★3
14 **屢** 여러 **루** 간 屡

ㄱ 尸 尸 尸 屆 屢 屢 屢

중lǚ(뤼) 일ル/しばしば
영several, often
자원 **회의 겸 형성자.** 물건을 이고 있는 여자를 나타내는 婁(루)와 등을 구부리고 있는 사람을 나타내는 尸(시)가 합쳐진 자로, 尸로써 이고 있는 물건이 무거움을 강조했음. 尸는 의미를 나타내고 婁는 의미와 음을 겸하여 나타냄.
풀이 ①여러. 자주. 통數. ②번거롭다.
〔屢年 누년〕 여러 해. 累年(누년). 多年(다년).
〔屢屢 누누〕 말 따위를 여러 번 반복함. 累累(누누).
〔屢代 누대〕 여러 대. 累代(누대). 累世(누세).
〔屢代奉祀 누대봉사〕 여러 대 조상의 제사를 받드는 일.
〔屢次 누차〕 여러 차례. 頻數(빈삭).

11
14 **屣** 신 **사**

중xǐ(시) 일シ/ぞうり
영straw sandals
풀이 ①신. 슬리퍼 비슷한 짚신. ②짚신짝으로 여기다. 쓸모없게 생각함.

12 ★★3-Ⅱ
15 **履** 밟을 **리**

ㄱ 尸 尸 尸 屆 屆 履 履

중lǚ(뤼) 일リ/ふむ 영tread
금 전 자원 **회의자.** 금문은 위로부터 눈썹, 눈, 발, 신발의 순으로 그려진 자로, 눈에 짙은 화장을 한 무당이 신전이나 종묘 등에 들어가기 전에 신을 신는 모습을 나타냄. 소전에서는 자형이 바뀌어 '사람'을 나타내는 尸(시)와 '걷다'의 뜻인 彳(행), 세워진 형태의 신발, 맨 아래에 발이 그려져 있음.
풀이 ①밟다. ②행위. 품행. ③신. ④복. 복록(福祿).
〔履歷 이력〕 이제까지의 학업·직업·경험 등에 대한 내력. ‖履歷書(이력서).
〔履修 이수〕 해당 학과를 순서대로 공부하여 마침.
〔履行 이행〕 실제로 행함. 實踐(실천).

12 ★★4
15 **層** 층 **층** 간 层

ㄱ 尸 尸 尸 屈 屈 層 層

중céng(청) 일ソウ/こし 영story
자원 **형성자.** 尸(시)는 의미를 나타내고 曾(증)은 음을 나타냄.
풀이 ①층. ②겹치다. ‖層樓(층루). ③계급. 수준.
〔層階 층계〕 걸어서 층 사이를 오르내릴 수 있게 만든 설비. 階段(계단).
〔層臺 층대〕 ➡層層臺(층층대).
〔層樓 층루〕 여러 층으로 높게 지은 누각(樓閣). 層閣(층각).
〔層狀 층상〕 겹치거나 층을 이룬 모양.

〔層巖絶壁 층암절벽〕 험한 바위가 층을 이룬 절벽.
〔層層 층층〕 여러 층으로 겹친 모양. 또는, 낱낱의 층.
〔層層臺 층층대〕 높은 데를 걸어서 오르내릴 수 있도록 여러 작은 층으로 갈라놓은 통로. 層臺(층대).
〔層層侍下 층층시하〕 부모·조부모 등의 어른들을 한집에서 모시고 있는 처지.
〔層下 층하〕 다른 것보다 낮게 보아 소홀히 대함. 또는, 그런 차별.
◢加一層(가일층)/階層(계층)/高層(고층)/氣層(기층)/基層(기층)/單層(단층)/上層(상층)/深層(심층)/低層(저층)/中間層(중간층)/地層(지층)/表層(표층)/下層(하층)

14 17 **屨** 신 **구** | 간 屦 屨

㊥jù(쥐) ㊐ク/くつ ㊖footwear
풀이 신. 짚이나 삼끈 등으로 엮은 신. 짚신·미투리 따위. 또는, 가죽신.
〔屨賤踊貴 구천용귀〕 《보통 신의 값은 싸고, 죄를 지어 발을 잘린 사람이 신는 용(踊)의 값은 비싸다는 뜻으로》 죄인이 많음.

★★4
18 21 **屬** ❶무리 **속**★★4 ❷붙을 **촉** | 속 간 属 屬

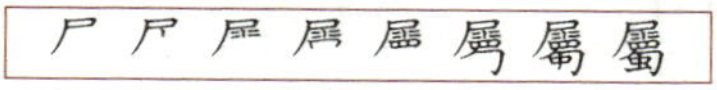

尸 尸 尸 屌 屌 屬 屬 屬

㊥shǔ(°수), zhǔ(°주)
㊐ショク, ゾク/つく, たぐい
㊖belong to, group
자원 **형성자.** 尾(미)는 의미를 나타내고 蜀(촉)은 음을 나타냄.
풀이 ❶①무리. 한패. 동아리. ②벼슬아치. 하급 관리. ③좇다. 뒤따름. 복종함. ④엮다. 글을 지음. ⑤살붙이. 혈족(血族). ⑥마침. 때마침. ⑦동식물학상 분류의 하나. ❷①붙다. 붙임. ②잇다.
〔屬國 속국〕 독립하지 못하고 다른 나라에 매여 있는 나라.
〔屬領 속령〕 어떤 나라에 딸린 영토.
〔屬僚 속료〕 계급적으로 아래인 동료. 僚屬(요속).
〔屬性 속성〕 사물의 특징이나 성질.
〔屬地 속지〕 어느 나라에 속하여 있는 땅. 屬土(속토).
〔屬望 촉망〕 잘되기를 바라고 기대함.
◢家屬(가속)/軍屬(군속)/眷屬(권속)/歸屬(귀속)/金屬(금속)/等屬(등속)/無所屬(무소속)/配屬(배속)/服屬(복속)/附屬(부속)/卑屬(비속)/所屬(소속)/隷屬(예속)/吏屬(이속)/專屬(전속)/族屬(족속)/尊屬(존속)/從屬(종속)/直屬(직속)

屮部 왼손좌

0 3 **屮** 왼손 **좌**

㊥zuǒ(주어) ㊐サ ㊖left hand
자원 **상형자.** 왼손의 모습을 본뜬 자. 오른손을 본뜬 又(우)와 대칭을 이루는 자임.
한자 부수의 하나.

★★3
1 4 **屯** ❶진 칠 **둔**★★3 ❷어려울 **준**

㊥tún(툰), zhūn(°쭌)
㊐トン, チュン/たむろ ㊖camp
갑 금 전 자원 **상형자.** 싹이 단단한 땅을 힘겹게 비집고 올라오는 모습을 나타낸 자. 여기에서 '힘겹다'의 뜻이 나옴.
풀이 ❶①진을 치다. ‖駐屯(주둔). ②진(陣). 진을 친 곳. ‖屯營(둔영). ③언덕. ❷①어렵다. 고난에 시달림. ②많다. 무리를 이룸.
〔屯兵 둔병〕 군사가 주둔함. 또는, 그 군사.
〔屯營 둔영〕 군사가 주둔하고 있는 군영. 屯衛(둔위).
〔屯田 둔전〕 주둔한 군대의 군량을 마련하기 위해 설치한 토지.
〔屯聚 둔취〕 많은 사람이 한곳에 모여 있음.
◢駐屯(주둔)

山部 메산

☆★8
0 3 **山** 메 **산**

丨 山 山

㊥shān(°싼) ㊐サン, セン/やま
㊖mountain
갑 전 자원 **상형자.** 세 개의 봉우리가 나란히 이어진 산의 모습을 본뜬 자.
한자 부수의 하나.
풀이 ①메. 산. ②산신(山神). ③무덤. 능(陵). ④절. 사찰(寺刹). ⑤임금의 상(象).
〔山間 산간〕 산과 산 사이에 산골짜기가 많은 곳. 산골.
〔山間僻地 산간벽지〕 산간 지대의 궁

3획

벽한 곳.
〔山高水長 산고수장〕《산은 높이 솟고 강은 길게 흐른다는 뜻으로》 군자의 덕행이 높고 오래도록 전해짐의 비유.
〔山谷 산곡〕 산골짜기.
〔山君 산군〕 ① ➡山神靈(산신령). ② '범'의 이칭.
〔山窮水盡 산궁수진〕《산이 막히고 물줄기가 끊어져 더 갈 길이 없다는 뜻으로》 막다른 지경에 이름. 山盡水窮(산진수궁).
〔山氣 산기〕 씩씩하고 빼어난 산의 기세.
〔山內 산내〕 ①산속. ②절의 구역 안.
〔山內末寺 산내 말사〕 본산(本山)과 같은 산 안에 있는 말사.
〔山麓 산록〕 산기슭. 山脚(산각).
〔山林 산림〕 ①산과 숲. 또는, 산에 있는 숲. ②학식과 덕이 높으나 벼슬하지 않고 숨어 지내는 선비.
〔山林綠化 산림녹화〕 황폐한 산에 식목·산림 보호·사방 공사 등을 하여 초목이 무성하게 하는 일.
〔山林處士 산림처사〕 벼슬을 하지 않고 한적한 시골에 살면서 글이나 읽으며 지내는 선비.
〔山幕 산막〕 사냥꾼이나 약초 캐는 사람이 쓰려고 산속에 임시로 지은 집.
〔山脈 산맥〕 여러 산들이 길게 이어져 줄기를 이루고 있는 지대. 산줄기.
〔山明水麗 산명수려〕 산수의 경치가 아름다움.
〔山明水紫 산명수자〕 산수의 경치가 맑고 아름다움.
〔山明水淸 산명수청〕 산수가 맑고 깨끗함.
〔山門 산문〕 ①산의 어귀. ②절. 또는, 절의 바깥문.
〔山腹 산복〕 산의 중턱. 산허리.
〔山峯 산봉〕 산봉우리.
〔山崩 산붕〕 ➡山沙汰(산사태).
〔山寺 산사〕 산속에 있는 절.
〔山沙汰 산사태〕 산의 바윗돌이나 토사(土沙)가 갑자기 무너져 내리는 일. 山崩(산붕).
〔山蔘 산삼〕 산에 저절로 나서 자란 인삼.
〔山上 산상〕 ①산의 위 ↔山下(산하). ②묘 쓰는 일을 하는 곳.
〔山城 산성〕 산 위에 쌓은 성.
〔山勢 산세〕 산의 형세.
〔山所 산소〕 ①'무덤'의 높임말. ②무덤이 있는 곳.
〔山水 산수〕 ①《'산과 물'이라는 뜻으로》 자연의 경치. ②산에 흐르는 물. ③'산수화(山水畫)'의 준말.
〔山水圖 산수도〕 ➡山水畫(산수화).
〔山水畫 산수화〕 자연의 경치를 그린 그림. 山水圖(산수도).
〔山僧 산승〕 ①산사(山寺)의 승려. ② 승려 자신의 겸칭.

3획

〔山神 산신〕 ➡山神靈(산신령).
〔山神閣 산신각〕 절에서 산신을 모신 집. 山王壇(산왕단).
〔山神堂 산신당〕 산신을 모신 당집.
〔山神靈 산신령〕 산을 맡아 다스린다는 신령. 山神(산신). 山君(산군). 山祇(산기).
〔山神祭 산신제〕 산신에게 지내는 제사. 山祭(산제).
〔山岳 산악〕 높고 험준하게 솟은 산들. 山嶽(산악). ‖山岳國(산악국).
〔山野 산야〕 산과 들.
〔山羊 산양〕 ①염소. ②영양(羚羊).
〔山役 산역〕 시체를 묻고 묘를 만들거나 이장하는 일.
〔山容 산용〕 ➡山形(산형).
〔山陰 산음〕 볕이 잘 안 드는, 산의 북쪽 땅.
〔山蔭 산음〕 좋은 자리에 묘를 씀으로써 그 자손이 받는다는 복. ↔山禍(산화).
〔山邑 산읍〕 산골의 마을. 山郡(산군).
〔山紫水明 산자수명〕《산은 보랏빛이고, 물은 맑다는 뜻으로》 자연의 경치가 아름다움.
〔山莊 산장〕 산에 있는 별장. 山房(산방). 山墅(산서).
〔山積 산적〕 물건이나 일이 산더미처럼 쌓이거나 밀림.
〔山賊 산적〕 예전에, 산속에 근거지를 두고 있던 도적.
〔山田 산전〕 산에 있는 밭.
〔山戰水戰 산전수전〕《산에서도 싸우고 물에서도 싸웠다는 뜻으로》 세상의 온갖 고생과 어려움을 다 겪음.
〔山頂 산정〕 산꼭대기.
〔山祭 산제〕 '산신제(山神祭)'의 준말.
〔山主 산주〕 ①산의 임자. ②재인들이 조직한 산방(山房)의 장(長). ③무당들이 조직한 신청(神廳) 직책의 하나.
〔山峻水急 산준수급〕 산이 험하고 물살이 빠름.
〔山中 산중〕 산속.
〔山盡水窮 산진수궁〕 ➡山窮水盡(산궁수진).
〔山菜 산채〕 산나물.
〔山寨 산채〕 산적들의 소굴.
〔山脊 산척〕 산등성마루.
〔山川 산천〕 ①산과 내. 山河(산하). ②《'산과 내'라는 뜻으로》 자연을 이름.
〔山川草木 산천초목〕《'산과 물과 풀과 나무'라는 뜻으로》 자연을 이름.
〔山椒 산초〕 산초나무의 열매. 위병(胃病)에 쓰임.
〔山村 산촌〕 산속에 있는 마을.
〔山坂 산판〕 나무나 풀을 함부로 베지 못하게 하여 가꾸는 산. 멧갓.
〔山下 산하〕 선산(先山)의 아래쪽. ↔山上(산상).
〔山海珍味 산해진미〕 산과 바다의 산

물을 골고루 갖추어 매우 잘 차린 진귀한 음식. 山珍海味(산진해미). 山珍海錯(산진해착). 水陸珍味(수륙진미).
〔山行 산행〕 ①산길을 걸어감. ②사냥하러 가는 일.
〔山峽 산협〕 ①산속의 골짜기. ②두메.
〔山形 산형〕 산의 생김새. 山容(산용).
〔山禍 산화〕 묏자리가 좋지 못하여 자손이 받는다는 재앙. 山害(산해). ↔山蔭(산음).
◢江山(강산)/高山(고산)/鑛山(광산)/錦繡江山(금수강산)/登山(등산)/名山(명산)/北邙山(북망산)/氷山(빙산)/三水甲山(삼수갑산)/西山(서산)/先山(선산)/雪山(설산)/須彌山(수미산)/深山(심산)/惡山(악산)/野山(야산)/靈山(영산)/入山(입산)/走馬看山(주마간산)/靑山(청산)/治山(치산)/泰山(태산)/下山(하산)/火山(화산)

3 6 **屹*** 산 우뚝할 **흘**

중yì(이) 일キツ/そばたつ 영lofty
풀이 산이 우뚝하다.
〔屹立 흘립〕 산이 깎아 세운 듯이 높이 솟아 있음.
〔屹然 흘연〕 높게 우뚝 솟은 모양.

4 7 **岌** 높을 **급**

중jí(지) 일キュウ 영high
풀이 ①높다. 산이 우뚝 솟은 모양. ②위태로운 모양.

4 7 **岐*2** 갈림길 **기** 동 歧

중qí(치) 일キ/わかれみち
영forked road
풀이 ①갈림길. 가닥이 짐. ②자라나는 모양. 지각이 드는 모양. ③날아가는 모양. ④산 이름.
〔岐路 기로〕 갈림길.
◢分岐(분기)

4 7 **岏*** 가파를 **완**

중wán(완) 일ガン/けわしい 영steep
풀이 가파르다.

4 7 **岑*** 봉우리 **잠**

중cén(천) 일シン/みね 영peak
풀이 ①봉우리. 작고 높은 산. ②높다. ③크다. ④나라 이름.
〔岑樓 잠루〕 높고 뾰족한 누각.

5 8 **岬*2** 산허리 **갑**

중jiǎ(지아) 일コウ/みさき
영mountainside
풀이 ①산허리. 산의 허구리. ②산과 산 사이. ③곶.

5 8 **岡*2** 언덕 **강** 속 崗 간 冈

중gāng(깡) 일コウ/おか 영hill
풀이 ①언덕. 구릉(丘陵). ②산등성이.

5 8 **岱*** 산 이름 **대**

중dài(따이) 일ダイ
풀이 ①산 이름. 오악의 하나인 타이산(泰山) 산을 이름. ②크다.

5 8 **岺*** 산 이름 **령**

중lǐng(링) 일レイ
풀이 ①산 이름. ②산이 깊다.

5 8 **岷*** 산 이름 **민**

중mín(민) 일ヒン, ミン
풀이 산 이름. 산맥.

5 8 **岫*** 산굴 **수** 동 峀

중xiù(씨우) 일シュウ/くき 영cave
풀이 ①산굴. ②산봉우리.

8 **峀*** 岫(수)와 동자 →225쪽

5 8 **岳★*3** 큰 산 **악**

丿 亻 彳 斤 丘 乒 乒 岳

중yuè(위에) 일ガク/たけ
영great mountain
갑 전 자원 **회의자.** 갑골문·소전은 산 뒤에 또 다른 봉우리의 산을 그린 자로, 산보다 더 크고 높은 산을 나타냄.
풀이 ①큰 산. 같嶽. ②제후의 맹주(盟主). 산(山)은 임금의 상(象)이라는 데서 나온 뜻.
〔岳母 악모〕 아내의 친정 어머니. 丈母(장모).
〔岳父 악부〕 아내의 친정 아버지. 丈人(장인). 岳丈(악장).

3획

〔岳丈 악장〕 ➡岳父(악부).
◢高岳(고악)/山岳(산악)/五岳(오악)

★✱3-Ⅱ
5 8 **岸** 언덕 **안** 岸

丶 ㅛ 山 屵 岸 岸 岸 岸

[중]àn(안) [일]ガン/きし [영]hill, cliff
[전] 岸 [자원] **형성자.** 厂(언덕 한)은 의미를 나타내고 干(간)은 음을 나타냄. 뒤에 높다는 뜻을 더하기 위해 山(산)을 덧붙임.
[풀이] ①언덕. 물가의 낭떠러지. ②높은 곳. ③층계. 층층대. ④옥(獄). 역참(驛站)에 있던 뇌옥(牢獄).
〔岸壁 안벽〕 ①깎아지른 듯이 험한 물가. ②항만이나 운하의 가에 배를 대기 좋게 쌓은 벽.
◢江岸(강안)/對岸(대안)/灣岸(만안)/沿岸(연안)/右岸(우안)/接岸(접안)/左岸(좌안)/此岸(차안)/彼岸(피안)/河岸(하안)/海岸(해안)

✱
8 **岩** 巖(암)의 속자 →230쪽

✱
5 8 **岾** [1][한]재 **재** [2][한]땅 이름 **점**✱
[풀이] [1]재. 고개. [2]땅 이름.

✱
5 8 **岧** 산 높을 **초**
[중]tiáo(티아오) [일]チョウ
[풀이] 산이 높다.

✱
5 8 **岵** 산 **호**
[중]hù(후) [일]コ [영]mountain
[풀이] 산. 초목이 우거진 산.

6 9 **峠** 언덕길 꼭대기 **상**
✎ 일본에서만 쓰이는 한자이나 인명용 한자로 인정하고 있음.

✱2
6 9 **峙** 우뚝할 **치** 峙
[중]zhì(°쯔) [일]ジ, チ/そばだつ [영]high
[풀이] ①우뚝하다. 산이 우뚝 솟아 있음. ②언덕. 높은 언덕. ③쌓다. 저장함.
◢對峙(대치)

9 **峡** 峽(협)의 약자 →227쪽

☆✱5
7 10 **島** 섬 **도** [동]嶋 [간]岛 島

丿 ⺁ 户 白 鸟 鳥 島 島

[중]dǎo(다오) [일]トウ/しま [영]island
[자원] **형성자.** 山(산)은 의미를 나타내고 鳥(조)는 음을 나타냄.
[풀이] 섬.
〔島國 도국〕 섬나라.
〔島嶼 도서〕 크고 작은 섬들.
◢孤島(고도)/群島(군도)/落島(낙도)/無人島(무인도)/半島(반도)/列島(열도)/絕海孤島(절해고도)/諸島(제도)/海島(해도)/火山島(화산도)

★✱3-Ⅱ
7 10 **峯** 봉우리 **봉** [동]峰 峯

丶 ㅛ 山 屮 岁 岌 峯 峯

[중]fēng(°펑) [일]ホウ/みね [영]peak
[자원] **형성자.** 山(산)은 의미를 나타내고 夆(봉)은 음을 나타냄.
[풀이] ①봉우리. 산봉우리. ②메. 산.
〔峯頭 봉두〕 산봉우리의 맨 위.
〔峯巒 봉만〕 꼭대기가 뾰족뾰족하게 솟은 산봉우리.
◢巨峯(거봉)/高峯(고봉)/萬丈峯(만장봉)/萬壑千峯(만학천봉)/上峯(상봉)/上上峯(상상봉)/雪峯(설봉)/雙峯(쌍봉)/連峯(연봉)/靈峯(영봉)/肉峯(육봉)/主峯(주봉)/峻峯(준봉)/最高峯(최고봉)/針峯(침봉)

✱
10 **峰** 峯(봉)과 동자 →226쪽

✱
7 10 **峨** 산 높을 **아** [동]峩 峨
[중]é(어) [일]ガ [영]lofty
[풀이] ①산이 높다. 산이 높고 험한 모양. ‖峨峨(아아). ②재. 높은 재. ③산 이름. '아미산(峨眉山)'의 약칭.
〔峨峨 아아〕 ①산이 높고 험한 모양. 嵯峨(차아). 巍峨(외아). ②위엄이 있고 성한 모양.

✱
10 **峩** 峨(아)와 동자 →226쪽

✱2
7 10 **峻** 높을 **준** 峻
[중]jùn(쮠) [일]シュン [영]high
[풀이] ①높다. ②험하다. ③엄하다. ④훌륭하다. 뛰어남. 아름다움.
〔峻嶺 준령〕 높고 험한 고개. 峻峰(준봉). ‖泰山峻嶺(태산준령).

〔峻論 준론〕 매우 엄정하고 날카로운 언론.
〔峻嚴 준엄〕 매우 엄격함. 峻刻(준각).
〔峻烈 준열〕 매우 엄하고 격렬함.
〔峻截 준절〕 ①산이 깎아 세운 듯이 높고 험함. ②매우 위엄이 있고 정중함.
〔峻險 준험〕 산세가 높고 험함. 險峻(험준).
◢高峻(고준)/嚴峻(엄준)/險峻(험준)

7 10 **峭** 가파를 **초**

[중]qiào(치아오) [일]ショウ [영]steep
[풀이] ①가파르다. 높고 험함. ②엄하다. 엄하고 성급함. ③산뜻한 모양. 선명한 모양.
〔峭急 초급〕 성질이 날카롭고 급함.
◢峻峭(준초)

*2
7 10 **峴** 재 **현** [간]岘

[중]xiàn(씨엔) [일]ケン [영]ridge
[풀이] ①재. 고개. ②산 이름.

*2
7 10 **峽** 골짜기 **협** [약][간]峡

[중]xiá(시아) [일]キョウ/はざま [영]valley
[풀이] ①골짜기. [같]陜. ②양쪽에 육지를 낀, 띠 모양의 바다. ‖海峽(해협).
〔峽谷 협곡〕 험하고 좁은 골짜기.
〔峽路 협로〕 산속에 난 좁은 길.
〔峽灣 협만〕 빙하의 침식으로 만들어진 골짜기가 빙하가 소실한 후 침수하여 생긴 좁고 깊은 만.
◢山峽(산협)/地峽(지협)/海峽(해협)

*2
11 **崗** 岡(강)의 속자 →225쪽

*
8 11 **崑** 산 이름 **곤** [동]崐

[중]kūn(쿤) [일]コン
[풀이] ①산 이름. ②시(詩)의 한 체(體)인 '서곤(西崑)'의 약칭.
〔崑崙 곤륜〕 중국 서쪽에 있었다는, 전설상의 높은 산. 崑崙山(곤륜산).

11 **崐** 崑(곤)과 동자 →227쪽

8 11 **崛** 우뚝할 **굴**

[중]jué(쥐에) [일]クツ [영]high
[풀이] 우뚝하다.
〔崛起 굴기〕 산이 우뚝 솟음.

*1
8 11 **崎** 험할 **기**

[중]qí(치) [일]キ [영]steep
[풀이] 험하다. 산길이 험함.
〔崎嶇 기구〕 ①산길이 험함. ②삶이 순조롭지 못하고 가탈이 많음.

*
8 11 **崍** 산 이름 **래** [간]崃

[중]lái(라이) [일]ライ

*2
8 11 **崙** 산 이름 **륜** [동][간]崘 仑

[중]lún(룬) [일]ロン
[풀이] ①산 이름. ‖崑崙(곤륜). ②산이 험한 모양.

*
11 **崘** 崙(륜)과 동자 →227쪽

★*3
8 11 **崩** 무너질 **붕**

丨 㞢 山 屵 岸 岸 崩 崩

[중]bēng(뻥) [일]ホウ/くずれる [영]collapse
[자원] **형성자.** 山(산)은 의미를 나타내고 朋(붕)은 음을 나타냄.
[풀이] ①무너지다. ②앓다. 아파서 괴로워함. ③죽다. 천자의 죽음.
〔崩壞 붕괴〕 허물어져 무너짐. 崩潰(붕궤). 崩頹(붕퇴).
〔崩潰 붕궤〕 ➡崩壞(붕괴).
〔崩御 붕어〕 《임금의 죽음은 산이 무너짐과 같다는 데서》 임금의 죽음. 登遐(등하). 昇遐(승하).
◢潰崩(궤붕)/山崩(산붕)/土崩(토붕)

*
8 11 **崧** 우뚝할 **숭**

[중]sōng(쑹) [일]スウ [영]high
[풀이] ①우뚝하다. 산이 우뚝 솟은 모양. [같]嵩. ②산 이름. 중악(中嶽).

☆*4
8 11 **崇** 높을 **숭**

丨 㞢 山 出 岀 岂 崇 崇

[중]chóng(°충) [일]スウ [영]high
[자원] **형성자.** 山(산)은 의미를 나타내고 宗(종)은 음을 나타냄.
[풀이] ①높다. ②높이다. ③존중하다. ④

3획

'숭고산(崇高山)'의 약칭.
〔崇高 숭고〕 뜻이 높고 고상함.
〔崇慕 숭모〕 우러러 사모함.
〔崇文 숭문〕 문학을 숭상함.
〔崇拜 숭배〕 ①높이 우러러 공경함. ②신이나 부처 등을 우러러 신앙함.
〔崇佛 숭불〕 부처·불교를 숭상함.
〔崇尙 숭상〕 높여 소중히 존경함.
〔崇仰 숭앙〕 높여 우러름.
〔崇嚴 숭엄〕 숭고하고 존엄함.
〔崇儒 숭유〕 유교(儒敎)를 숭상함.
◢隆崇(융숭)/尊崇(존숭)/欽崇(흠숭)

8 *1 **崖** 11 벼랑 **애** ㉯ 崕 崖

㊥yá(야) ㊐ガイ/がけ ㊎cliff
풀이 ①벼랑. 낭떠러지. 언덕. ②모. 모남.
◢端崖(단애)/磨崖(마애)/絶崖(절애)/層崖(층애)/海蝕崖(해식애)/懸崖(현애)

崕 11 崖(애)와 동자 →228쪽

8 **崢** 11 가파를 **쟁** ㉮ 峥 崢

㊥zhēng(°쩡) ㊐ソウ ㊎steep
풀이 ①가파르다. 산이 험한 모양. ②높은 재.

8 *2 **崔** 11 ❶높을 **최** ❷섞일 **최** 崔

㊥cuī(추에이) ㊐サイ ㊎high
풀이 ❶높다. 높고 큼. ❷①섞이다. ②움직이는 모양.
〔崔嵬 최외〕 ①산이 높고 험한 모양. ②집이나 정자가 높고 큼.
〔崔判官 최판관〕 죽은 사람의 생전의 선악을 판단한다는 저승 관리.

9 * **嵌** 12 ❶산 깊을 **감** ❷새겨 넣을 **감** 嵌

㊥qiàn(치엔) ㊐カン ㊎deep
풀이 ❶①산이 깊다. ②깊은 골짜기. ③굴. 동굴. ❷①새겨 넣다. ②새기다. 아로새김.
〔嵌工 감공〕 상감 세공. 또는, 그것을 업으로 하는 사람.
〔嵌入 감입〕 장식 따위를 새기거나 박아 넣음.
◢象嵌(상감)

9 * **嵐** 12 남기 **람** ㉮ 岚 嵐

㊥lán(란) ㊐ラン/あらし
풀이 ①남기(嵐氣). ②산바람. ③폭풍우.
〔嵐氣 남기〕 산속의 아지랑이 같은 기운.
◢晴嵐(청람)

9 * **嵂** 12 가파를 **률**

㊥lǜ(뤼) ㊐リツ ㊎steep
풀이 가파르다.

9 * **嵋** 12 산 이름 **미**

㊥měi(메이) ㊐ビ, ミ

9 * **嵋** 12 산 이름 **미** 嵋

㊥méi(메이) ㊐ビ

9 1 **嵎** 12 산모롱이 **우** 嵎

㊥yú(위) ㊐グウ
풀이 ①산모롱이. ②높고 험하다. 산이 높고 가파름.

10 * **嵩** 13 높을 **숭** 嵩

㊥sōng(쏭) ㊐スウ/たかい ㊎high
자원 **회의자.** 高(고)와 山(산)이 합쳐진 자로, 높은 산을 뜻함.
풀이 ①높다. 높고 큼. ②우뚝 솟다. ③산 이름.
〔嵩山 숭산〕 오악(五岳)의 하나. 중국 허난 성(河南省)에 있는 산. 中岳(중악).

10 * **嵬** 13 높을 **외** 嵬

㊥wéi(웨이) ㊐カイ/けわしい ㊎high
풀이 ①높다. 높고 험한 모양. ㉠巍. ②괴상하다. 멋대로 함.

10 * **嵯** 13 우뚝할 **차** ㉮ 嵯 嵯

㊥cuó(추어) ㊐サ ㊎high
풀이 우뚝하다.

11 *1 **嶇** 14 험할 **구** ㉮ 岖 嶇

㊥qū(취) ㊐ク/けわしい ㊎steep
풀이 ①험하다. ②평탄하지 않다.
◢崎嶇(기구)

14 嶋* 島(도)와 동자 →226쪽

11 14 嶃 높을 참 [동] [간] 嶄 崭 嶃

[중]zhǎn(°잔) [일]ザン [영]high
[풀이] ①높다. 높고 가파른 모양. ②파다. 도려냄.
〔嶃新 참신〕 새롭고 산뜻함. 斬新(참신).

14 嶄 嶃(참)과 동자 →229쪽

12 15 嶠* 뾰족하게 높을 교 [동] [간] 嵺 峤 嶠

[중]qiáo(치아오) [일]キョウ
[풀이] ①뾰족하게 높다. 뾰족하게 높은 산. ②산길. ‖嶠路(교로). ③고개. 산마루.

15 嵺 嶠(교)와 동자 →229쪽

12 15 嶝* 고개 등

[중]dèng(떵) [일]トウ/さか [영]hill
[풀이] 고개. 나지막한 고개.

12 15 嶢* 산 높을 요 [간] 峣

[중]yáo(야오) [일]キョウ [영]lofty
[풀이] 산이 높다.

13 16 嶪* 높고 험할 업 嶪

[중]yè(예) [일]ギョウ
[풀이] 높고 험하다.

14 17 嶺★*3-Ⅱ 재 령 [간] 岭 嶺

山 屵 岺 岺 岺 嶺 嶺 嶺

[중]lǐng(링) [일]レイ/みね [영]ridge
[자원] **형성자.** 山(산)은 의미를 나타내고 領(령)은 음을 나타냄.
[풀이] ①재. 산마루의 고개. ②산봉우리. ③'오령(五嶺)'의 약칭.
〔嶺東 영동〕 강원도 대관령의 동쪽 지역.
〔嶺西 영서〕 강원도 대관령의 서쪽 지역.

◢分水嶺(분수령)/山嶺(산령)/峻嶺(준령)

14 17 嶼*1 섬 서 [동] [간] 嶼 屿 嶼

[중]yǔ(위) [일]ショ/しま [영]island
[풀이] ①섬. 작은 섬. ②언덕. 작은 산.
◢島嶼(도서)/連嶼(연서)

17 嶼* 嶼(서)와 동자 →229쪽

14 17 嶽* 큰 산 악 嶽

[중]yuè(위에) [일]ガク/たけ
[영]great mountain
[풀이] ①큰 산. 높은 산. [같]岳. ②오악(五嶽)의 총칭.
◢巨嶽(거악)/山嶽(산악)/五嶽(오악)/河嶽(하악)

14 17 嶴 산 형상 안

[중]ǎn(안) [일]ガン
✎ 인명용 한자에서는 '한'으로 발음하는 것을 인정하고 있음.
[풀이] 산의 형상. 산이 높은 모양.

14 17 嶸* 가파를 영 [간] 嵘 嶸

[중]róng(°룽) [일]コウ [영]steep
[풀이] ①가파르다. ②산이 높다.

14 17 嶷 ❶산 이름 의 ❷높을 억 嶷

[중]yí(이), nì(니) [일]ギ, ギョク [영]high
[풀이] ❶산 이름. ❷①높다. ②철이 들다.

18 21 巍*1 높을 외 [본]위 巍

[중]wēi(웨이) [일]ギ/たかい [영]high
[풀이] 높다.
〔巍然 외연〕 ➡巍巍(외외).
〔巍巍 외외〕 산이 높고 우뚝함. 巍然(외연).

19 22 巒* 메 만 [본]란 [간] 峦 巒

[중]luán(루안) [일]ラン [영]mountain
[풀이] 메. ㉮작은 산. ㉯길게 뻗은 좁은 산. ㉰산봉우리.

3획

19 22 **巓** 산이마 **전** ㉮巅 巔

㊥diān(띠엔) ㊐テン/いただき ㊎peak

풀이 ①산이마. 산꼭대기. ②머리. ③떨어지다. 떨어뜨림.

* 19 22 **巑** 산 뾰족할 **찬**

㊥cuán(추안) ㊐サン

풀이 산이 뾰족하다.

☆*3-II 20 23 **巖** 바위 **암** ㊍㉮岩 嵒

㊥yán(옌) ㊐ガン/いわ ㊎rock

자원 **형성자.** 山(산)은 의미를 나타내고 嚴(엄)은 음을 나타냄.

풀이 ①바위. ②가파르다. 험함. ③굴. 석굴.

〔巖窟 암굴〕 바위굴. 巖穴(암혈).
〔巖盤 암반〕 암석으로 된 지반(地盤).
〔巖壁 암벽〕 깎아지른 듯이 솟아 있는 바위.
〔巖山 암산〕 바위가 많은 산.
〔巖石 암석〕 바위.
〔巖穴 암혈〕 ➡巖窟(암굴).

◢巨巖(거암)/奇巖(기암)/大理巖(대리암)/母巖(모암)/變成巖(변성암)/沙巖(사암)/石灰巖(석회암)/礫巖(역암)/鎔巖(용암)/堆積巖(퇴적암)/片巖(편암)/玄武巖(현무암)/花岡巖(화강암)/火成巖(화성암)/輝巖(휘암)

巛部 개미허리 巛 川

0 3 **巛** 川(천)의 본자 →230쪽

한자 부수의 하나. 독립적으로는 쓰이지 않음.

☆*7 0 3 **川** 내 **천** ㊔巛 川

㊥chuān(°추안) ㊐セン/かわ ㊎stream

갑 금 자원 **상형자.** 냇물이나 강이 흘러가는 모습을 본뜬 자.

풀이 ①내. 물 흐름의 총칭. ②물귀신. 내의 신. ③굴. 깊숙하게 팬 곳.

〔川芎 천궁〕 ①풀이름. 천궁이. ②궁궁이의 뿌리. 혈액 순환을 돕는 약재로 쓰임.
〔川獵 천렵〕 냇물에서 고기잡이를 하는 일.
〔川邊 천변〕 냇가.

◢乾川(건천)/大川(대천)/山川(산천)/野川(야천)/晝夜長川(주야장천)/天井川(천정천)/河川(하천)

★*5 3 6 **州** 고을 **주**

㊥zhōu(°쩌우) ㊐シュウ/す ㊎district

갑 전 자원 **상형자.** 강[川] 한가운데에 형성된 모래톱(갑골문·소전에서의 작은 원 모양)을 가리키는 자. '섬'이 본뜻이었으나 고대의 행정 구역을 가리키는 명칭으로 가차됨. 본뜻을 보존하기 위해 만든 자가 '洲'(섬 주)임.

풀이 ①고을. 행정 구역의 명칭. ②마을. 동네. ③나라. 국토.

〔州都 주도〕 주(州)의 정치·문화 등의 중심이 되는 도시.
〔州立 주립〕 주(州)에서 세워 관리·유지하는 것.
〔州縣 주현〕 ①주(州)와 현(縣). ②지방(地方).

★*3-II 4 7 **巡** 돌 **순** ㉮巡

㊥xún(쉰) ㊐ジュン/めぐる ㊎round

자원 **형성자.** 辵(쉬엄쉬엄 갈 착)은 의미를 나타내고 巛(천)은 음을 나타냄.

풀이 ①돌다. ‖巡察(순찰). ②어루만지다.

〔巡檢 순검〕 ①순회하여 점검함. ②조선 말에, 경무청에 속한 경리(警吏). 지금의 순경(巡警)과 같음. ③밤에 순장(巡將)과 함께 순행하며 검독하던 일.
〔巡警 순경〕 ①돌아다니며 경계함. ②경찰관의 최하 계급.
〔巡邏 순라〕 ①순회하며 경계함. 巡察(순찰). ②'술래'의 원말.
〔巡禮 순례〕 성지(聖地)·영지(靈地) 등을 두루 참배하는 일.
〔巡撫 순무〕 순회하면서 백성의 마음을 달래고 위로함. ‖巡撫使(순무사).
〔巡訪 순방〕 차례로 방문함.
〔巡杯 순배〕 술잔을 돌림.
〔巡狩 순수〕 천자가 제후의 나라를 순회하며 시찰함. 巡幸(순행).

〔巡視 순시〕 두루 다니며 살펴봄. 巡按(순안).
〔巡察 순찰〕 여러 곳을 돌아다니며 사정을 살핌.
〔巡行 순행〕 두루 돌아다님.
〔巡廻 순회〕 여러 곳으로 돌아다님.
◢一巡(일순)

*2
8 **巢** 보금자리 **소** 巢
11

㊥cháo(°차오) ㊐ソウ/す ㊎roost
풀이 ①보금자리. ②깃들이다. 보금자리를 만듦. ③모이다. ④악기 이름.
〔巢窟 소굴〕 ①나무 위의 집과 땅굴집. ②도둑·악한 등의 근거지.
〔巢笙 소생〕 생(笙)과 비슷한 악기.
◢歸巢(귀소)/卵巢(난소)/病巢(병소)/生殖巢(생식소)/精巢(정소)

工部 장인공

☆*7
0 **工** 장인 **공** 工
3

一 丅 工

㊥gōng(꿍) ㊐コウ ㊎artisan
갑 금 자원 집터의 땅을 다질 때 사용하는 달구의 상형이라는 설과 장인(匠人)이 사용하던 칼이나 곡척의 상형이라는 설 등이 있음.
풀이 ①장인(匠人). 주로, 기능공·예술인 등에 쓰임. ②교묘하다. 교묘하게 만듦. ③일. 만드는 일. ④악인(樂人).
〔工科 공과〕 공학에 관한 학과.
〔工巧 공교〕 ①솜씨가 좋음. ②생각지 않았던 우연한 사실과의 마주침이 썩 기이함.
〔工具 공구〕 물건을 만들거나 고치는 데에 쓰는 기구나 도구.
〔工區 공구〕 공사를 하고 있는 구역.
〔工務 공무〕 공장(工場)에 관한 사무.
〔工房 공방〕 ①공예품 등을 만드는 작업실. ②공전(工典)에 관한 사무를 맡아보던, 승정원과 각 지방 관아의 육방(六房)의 하나.
〔工兵 공병〕 군(軍)에서 축성(築城)·가교(架橋)·폭파·측량·건설 등의 임무를 맡는 병과(兵科). 또는, 그에 속한 군인.
〔工夫 공부〕 학문이나 기술 등을 배우고 익힘.
〔工部 공부〕 고려 시대, 육부(六部)의 하나. 영선(營繕)·공사(工事) 등의 일을 맡아봄.
〔工費 공비〕 공사(工事)에 드는 비용.
〔工事 공사〕 토목이나 건축 등의 일.
〔工業 공업〕 자연물 또는 조제품(粗製品)에 인공을 가하여 쓸모 있는 물건을 만드는 산업.
〔工藝 공예〕 일상생활에 필요한 물건을 예술적으로 아름답게 만드는 기술.
〔工人 공인〕 ①옛날에 악기를 연주하던 사람. ②갖가지 일을 하는 장인(匠人).
〔工賃 공임〕 공인의 품삯. 工銀(공은).
〔工作 공작〕 ①물건을 만드는 일. ‖工作物(공작물). ②어떤 목적을 위해 미리 일을 꾸밈.
〔工匠 공장〕 수공업에 종사하는 장인(匠人).
〔工場 공장〕 물건을 만들거나 가공하는 곳.
〔工程 공정〕 작업이나 공작의 과정. 또는, 작업 진척의 정도.
〔工學 공학〕 공업에 관한 이론·방법 및 그에 필요한 여러 학과를 연구하는 학문.
◢加工(가공)/起工(기공)/大工(대공)/陶工(도공)/名工(명공)/木工(목공)/舞工(무공)/沙工(사공)/石工(석공)/細工(세공)/手工(수공)/施工(시공)/樂工(악공)/完工(완공)/人工(인공)/竣工(준공)/職工(직공)/着工(착공)/土工(토공)/化工(화공)/畫工(화공)

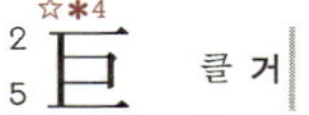
☆*4
2 **巨** 클 **거** 巨
5

丨 ㄏ 𠂆 巨 巨

㊥jù(쮜) ㊐キョ/おおきい ㊎big
금 전 자원 **회의자.** 금문은 工(공) 자 모양의 곡척(曲尺)을 손으로 잡고 있는 사람을 나타낸 자였으나, 소전에 이르러 사람의 상형인 大(대)가 생략되어 곡척을 잡고 있는 손으로 변형됨. 뒷날 '크다'의 뜻으로 가차되자 곡척이라는 본뜻을 보존하기 위해 만든 자가 '矩(구)', '榘(구)'임.
풀이 ①크다. 부피가 큼. ②많다. 수량이 많음. ③어찌.
〔巨家大族 거가대족〕 대대로 번영한 집안. 巨族(거족).
〔巨閣 거각〕 크고 웅장한 집.
〔巨軀 거구〕 커다란 몸집.
〔巨金 거금〕 많은 돈.
〔巨頭 거두〕 중요한 인물. 우두머리. 領袖(영수).
〔巨物 거물〕 ①사회적으로 영향력이 큰 인물. ②큰 물건.
〔巨富 거부〕 큰 부자. 豪富(호부).
〔巨商 거상〕 밑천을 많이 가지고 하는 장사. 또는, 그런 사람.
〔巨船 거선〕 큰 배.
〔巨姓 거성〕 대대로 번성한 집안. 大姓(대성).

3획

[巨星 거성] ①큰 별. ②어떤 방면에서 뛰어난 인물.
[巨樹 거수] 큰 나무. 거목(巨木).
[巨視的 거시적] 전체를 크게 파악하여 보는 것. ↔微視的(미시적).
[巨額 거액] 큰 액수. 多額(다액).
[巨儒 거유] ①조예(造詣)가 깊은 유학자(儒學者). ②학식이 많은 선비.
[巨人 거인] ①몸집이 아주 큰 사람. ②인격·학식 등이 뛰어나거나 위대한 업적을 남긴 인물. 偉人(위인). ③신화·전설 등에 나오는 초인적 힘을 가진 인물.
[巨匠 거장] 예술·과학 등의 분야에서 두드러지게 뛰어난 사람. 大家(대가).
[巨族 거족] ➡巨家大族(거가대족).
[巨刹 거찰] 큰절. 大伽藍(대가람).
[巨創 거창] 규모 등이 엄청나게 큼. 巨刱(거창).
[巨砲 거포] ①큰 대포. ②뛰어난 홈런 타자의 비유.
[巨漢 거한] 몸집이 유난히 큰 사나이.
[巨艦 거함] 큰 군함.

3획

★✱3-Ⅱ 2 5 巧 공교할 교

[중]qiǎo(치아오) [일]コウ/たくみ [영]dexterous

[자원] **형성자.** 工(공)은 의미를 나타내고 丂(고)는 음을 나타냄.

[풀이] ①공교하다. ②예쁘다. 아름다움. 사랑스러움. ③기교. ㉮재주. ㉯꾀. 계교. ㉰거짓.
[巧妙 교묘] 썩 잘되고 묘함.
[巧言 교언] 교묘하게 꾸며 대는 말. 巧語(교어). 巧舌(교설).
[巧言令色 교언영색] 《'교묘한 말과 좋게 꾸민 얼굴빛'이라는 뜻으로》 남에게 아첨함.
[巧拙 교졸] ①교묘함과 졸렬함. ②익숙함과 서투름. 工拙(공졸).
[巧智 교지] 교묘하고 민첩한 슬기.
[巧緻 교치] 정교하고 치밀함.
◢奸巧(간교)/計巧(계교)/工巧(공교)/技巧(기교)/精巧(정교)

☆✱7 2 5 左 왼 좌

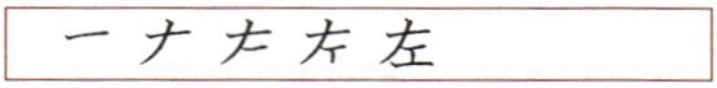

[중]zuǒ(주어) [일]サ/ひだり [영]left

[금]  [자원] **회의자.** 왼손의 상형인 屮(좌)와 곡척(曲尺) 또는 달구의 상형으로 추정되는 工(공)이 합쳐진 자로, 공구를 들고 일을 돕는다는 뜻을 나타냄. 뒷날 '왼쪽'의 뜻으로 널리 쓰이게 되자 '돕다'는 본뜻을 보존하기 위해 만든 자가 '佐'(도울 좌)임.

[풀이] ①왼. ②왼쪽으로 …하다. 왼쪽 자리로 정하다. ③낮추보다. ④그르다. 어긋남. ⑤증거. 증거를 댐. ⑥가까이. 부근. ⑦돕다. [같]佐.
[左傾 좌경] ①왼쪽으로 기울. ②공산주의나 사회주의 등의 좌익 사상으로 기욺. ↔右傾(우경).
[左顧右眄 좌고우면] ➡左右顧眄(좌우고면).
[左軍 좌군] 삼군(三軍) 가운데 왼쪽에 있는 군대. 左拒(좌거).
[左記 좌기] 본문의 왼쪽에 적은 글귀.
[左道 좌도] ①바르지 못한 도(道). ②전에, 경기도의 남쪽 부분과 충청도·경상도·전라도·황해도의 동쪽 부분을 각각 이르던 말.
[左邊 좌변] ①왼편짝. ②등식이나 부등식에서, 등호 또는 부등호의 왼쪽에 적은 수나 식.
[左阜邊 좌부변] 한자 부수의 하나. '언덕부(阜)' 부수가 왼쪽에 붙을 때의 '阝[阜]'의 이름.
[左相 좌상] '좌의정(左議政)'의 이칭.
[左岸 좌안] 강이나 바다 등의 왼쪽 기슭.
[左言 좌언] 도리에 맞지 않는 말.
[左腕 좌완] 왼팔.
[左往右往 좌왕우왕] 《왼쪽으로 갔다 오른쪽으로 갔다 한다는 뜻으로》 어쩔 바를 모름. 右往左往(우왕좌왕).
[左右 좌우] ①왼쪽과 오른쪽. ②옆이나 곁 또는 주변. ③주위에 거느리고 있는 사람. 근신(近臣). 侍臣(시신). ④좌익과 우익.
[左右間 좌우간] 어쨌든.
[左右顧眄 좌우고면] 《이쪽저쪽을 돌아본다는 뜻으로》 앞뒤를 재고 망설임. 左顧右眄(좌고우면). 左右顧視(좌우고시).
[左右翼 좌우익] ①좌익과 우익. ②진을 칠 때, 좌우에 벌여 있는 군대.
[左右挾攻 좌우협공] 좌우 양쪽에서 죄어 들어가며 공격함.
[左翼 좌익] ①왼쪽 날개. ②군대의 왼쪽 진영. ③급진적이거나 사회주의적·공산주의적인 경향. 또는, 그런 단체. 左派(좌파). ↔右翼(우익).
[左之右之 좌지우지] 《왼쪽으로 돌렸다 오른쪽으로 돌렸다 한다는 뜻으로》 이리저리 제 마음대로 다루거나 휘두름. 左右之(좌우지).
[左遷 좌천] 《예전에 중국에서 오른쪽을 숭상하고 왼쪽을 멸시하였던 데서》 낮은 관직이나 지위로 떨어지거나 외직으로 전근됨. 左降(좌강).
[左衝右突 좌충우돌] ①이리저리 마구 찌르고 부딪침. 左右衝突(좌우충돌). ②아무에게나 함부로 맞닥뜨림.
[左側 좌측] 왼쪽. ↔右側(우측).
[左派 좌파] ➡左翼(좌익)③. ↔右派(우

파).
〔左舷 좌현〕 이물을 향하여 왼쪽의 뱃전.
◢證左(증좌)

*1
4 巫 무당 무
7

㊥wū(우) ㊐フ/みこ ㊎shaman
갑 자원 상형자. 무당이 점칠 때 사용하던 도구의 모양을 본뜬 자.
풀이 ①무당. 후세에 와서 여자 무당을 무(巫), 남자 무당 곧 박수는 격(覡)이라 함. ②터무니없음.
〔巫歌 무가〕 무당의 노래.
〔巫覡 무격〕 무당과 박수.
〔巫瞽 무고〕 무당과 판수.
〔巫女 무녀〕 신(神)과 사람을 중개하여 길흉을 점치고 굿을 하는 여자.
〔巫卜 무복〕 무당과 점쟁이.
〔巫俗 무속〕 무당의 풍속.
◢降神巫(강신무)/世襲巫(세습무)

★*4
7 差 ❶어긋날 차★*4 ❷층질 치 ❸나을 차★*4 본채
10

간 差

丷 𠂹 丫 䒑 𦍌 羊 差 差

㊥chà, chā(°차), cī(츠)
㊐サ, シ/たがう ㊎differ
금 자원 회의자. 보리(또는 밀)를 나타내는 來(래)와 손으로 비빈다는 뜻의 左(좌)가 합쳐진 자로, '보리를 비비다'의 뜻을 나타냄. 일설에는 왼손으로 꼰 새끼가 가지런하지 못하여 짚이 삐죽삐죽 삐져나와 있는 모습을 나타낸다는 주장도 있음.
풀이 ❶①어긋나다. ②잘못. 어그러짐. ③다르다. 다름. ④나머지. ❷①층지다. 들쑥날쑥함. ②등급을 매기다. 등급. 구분(區分). ❸①낫다. 병이 나음. ②조금. 약간.
〔差減 차감〕 비교하여 덜어 냄.
〔差度 차도〕 병이 나아가는 정도.
〔差等 차등〕 등급의 차이. 等差(등차).
〔差別 차별〕 차이를 두어서 구별함.
〔差備 차비〕 ①'채비'의 원말. ②특별한 사무를 맡기기 위하여 임시로 임명하던 일.
〔差使 차사〕 ①중요한 임무를 위하여 파견하는 임시직. ‖咸興差使(함흥차사). ②고을 원이 죄인을 잡으려고 보내던 관원.
〔差送 차송〕 사람을 시켜서 보냄. 差遣(차견).
〔差勝 차승〕 약간 나음.
〔差額 차액〕 차가 나는 액수. 差金(차금).
〔差異 차이〕 서로 일치하지 않고 다름.
〔差入 차입〕 구금된 사람에게 외부에서 음식·의복·돈 등을 들여보내 주는 일.
〔差出 차출〕 일을 시키기 위해 사람을 뽑아냄.
◢隔差(격차)/落差(낙차)/時差(시차)/誤差(오차)/日較差(일교차)/潮差(조차)/種差(종차)/天壤之差(천양지차)/快差(쾌차)/偏差(편차)

己部 몸기

☆*5
0 己 몸 기
3

ㄱ ㄱ 己

㊥jǐ(지) ㊐キ/おのれ ㊎self
갑 자원 '회수하여 다시 쓰기 위해 화살 끝에 연결한 끈'의 상형이라는 설과 '물건을 묶는 끈'의 상형이라는 설 등이 있음.
한자 부수의 하나.
풀이 ①몸. ②천간(天干)의 여섯째. ③다스리다.
〔己卯 기묘〕 60갑자의 열여섯째.
〔己未 기미〕 60갑자의 쉰여섯째. ‖己未年(기미년).
〔己巳 기사〕 60갑자의 여섯째.
〔己酉 기유〕 60갑자의 마흔여섯째.
〔己出 기출〕 자기가 낳은 자식.
◢利己(이기)/自己(자기)/知己(지기)

☆*3
0 巳 뱀 사
3

ㄱ ㄱ 巳

㊥sì(쓰) ㊐シ/み ㊎snake
갑 자원 상형자. 아기의 모습을 본뜬 자.
풀이 ①뱀. ②여섯째 지지(地支). 달로는 음력 4월, 방위로는 동남, 시간으로는 오전 9~11시, 오행(五行)으로는 화(火)에 해당함. 동물로는 뱀〔蛇〕에 해당하므로 巳의 해에 난 사람을 뱀띠라 함.
〔巳年 사년〕 태세(太歲)의 지지(地支)가 巳인 해. 뱀해.
〔巳時 사시〕 십이시의 여섯째 시. 곧, 오전 9시부터 11시까지의 동안. 巳牌(사패).
〔巳坐 사좌〕 묏자리나 집터가 사방(巳方)을 등지고 앉은 좌향
◢癸巳(계사)/己巳(기사)/辛巳(신사)/乙巳(을사)

3획

☆*3-Ⅱ
0
3 **已** 그칠 **이** 已

ㄱ コ 已

[중]yǐ(이) [일]イ/やむ [영]stop, already
[풀이] ①그치다. 그만둠. ②이미. 벌써. ③매우. ④조금 있다가. ⑤어조사.
〔已往 이왕〕 이전. 旣往(기왕).
〔已往之事 이왕지사〕 이미 지나간 일.
◢不得已(부득이)

*1
1
4 **巴** 땅 이름 **파** 巴

[중]bā(빠) [일]ハ/ともえ
[풀이] ①땅 이름. ②'파조(巴調)'의 약칭. ③구렁이의 한 가지. ‖巴蛇(파사). ④아비. 서양말을 음역(音譯)한 것.
〔巴蜀 파촉〕 '쓰촨(四川)'의 이칭.

3획

7 **巵** 卮(치)의 속자 →106쪽

9 **巹** 卺(근)의 와자 →107쪽

★*3
6
9 **巷** 거리 **항** 巷

一 艹 丗 丑 共 共 巷 巷

[중]hàng(항) [일]コウ/ちまた [영]street
[자원] **회의자.** '함께', '공동'의 뜻을 나타내는 共(공)과 '사람들이 모여 사는 곳'을 뜻하는 邑(읍)이 합쳐진 자로, '마을 안의 거리'의 뜻을 갖게 됨.
[풀이] ①거리. 마을 안의 거리. ②궁궐 안의 통로나 복도. ③마을. 동네.
〔巷間 항간〕 일반 사람들 사이.
〔巷談 항담〕 ➡巷說(항설).
〔巷說 항설〕 거리에 떠도는 소문. 巷談(항담). 巷語(항어).
〔巷謠 항요〕 민중 사이에서 널리 불리는 속된 노래.
◢陋巷(누항)/僻巷(벽항)/閭巷(여항)

*
9
12 **巽** 괘 이름 **손** 巽

[중]xùn(쒼) [일]ソン/たつみ [영]docile
[풀이] ①괘 이름. ‖巽卦(손괘). ②유순하다. 공순함.
〔巽卦 손괘〕 8괘의 하나. 바람을 상징하며, ☴로 나타냄.
〔巽方 손방〕 24방위의 하나. 동남쪽.
〔巽坐 손좌〕 풍수지리(風水地理)에서, 묏자리나 집터 등이 손방(巽方)을 등진 방위.

巾部 수건건

*1
0
3 **巾** 수건 **건** 巾

[중]jīn(찐) [일]キン/ふきん [영]towel
[갑]  [자원] **상형자.** 드리워진 천이나 걸려 있는 수건을 나타낸 자.
✎ 한자 부수의 하나.
[풀이] ①수건. ②건. 두건. ‖幅巾(복건). ③헝겊. 피륙. ④공포(功布). 관을 묻을 때, 그것을 닦는 데에 쓰는 삼베 헝겊. ⑤덮다. 덮어 가림.
〔巾帶 건대〕 ①옷과 띠. 의관(衣冠). ②상복(喪服)에 쓰는, 삼베로 만든 두건과 띠.
◢葛巾(갈건)/屈巾(굴건)/頭巾(두건)/網巾(망건)/幅巾(복건)/手巾(수건)/儒巾(유건)/宕巾(탕건)/行巾(행건)

☆*7
2
5 **市** 저자 **시** 市

丶 亠 亠 市 市

[중]shì(°쓰) [일]シ/いち [영]market
[금]  [자원] 금문의 맨 위는 '깃대 끝의 장식'. 양쪽의 점은 '깃발', 丁(정) 자 모양은 '깃대'로서, 물건을 사고파는 장소(시장)를 나타내는 표시로 알려져 있으나 아직까지 정설로 굳어지지는 않음.
[풀이] ①저자. 시장. ‖市井(시정). ②시가. 인가(人家)가 많은 번화한 곳. ③장사. 거래. 매매. ④벌다. 돈벌이를 함. ⑤행정 구획의 단위.
〔市街 시가〕 ①도시의 큰 길거리. ②상점이 잇달아 늘어서 있는 거리.
〔市價 시가〕 시장 가격. 市値(시치).
〔市內 시내〕 도시의 안.
〔市立 시립〕 시(市)에서 설립하여 관리·유지함. ‖市立大學(시립 대학).
〔市民 시민〕 ①시(市)의 주민. ②국정(國政)에 참여할 수 있는 지위에 있는 사람. 공민(公民).
〔市勢 시세〕 ①시장에서의 수요와 공급의 균형 정도. ②행정 구역으로서의 시의 형세.
〔市外 시외〕 도시의 밖.
〔市有 시유〕 시의 소유.
〔市場 시장〕 ①여러 가지 상품을 사고파는 곳. ②상품으로서의 재화와 서비스의 거래가 이루어지는 추상적인 영역이나 공간.
〔市井 시정〕 ①《고대 중국에서, 우물이 있는 곳에 사람이 모여 살았다는 데서》 인가(人家)가 모인 곳. ②시장의 장사치.

〔市井輩 시정배〕 시장에서 장사하는 사람의 무리. 시정아치.
〔市中 시중〕 도시의 안.
〔市廳 시청〕 시의 행정 사무를 맡아보는 곳.
〔市販 시판〕 시장이나 시중에서 일반에게 판매함.
〔市況 시황〕 상품·주식 등의 매매나 거래의 상황.
◢開市(개시)/都市(도시)/門前成市(문전성시)/證市(증시)/撤市(철시)/出市(출시)/波市(파시)

2 ☆✱4-Ⅱ
5 **布** 베 **포** 布

ノ ナ 才 右 布

㊥bù(뿌) ㊐フ/ぬの ㊎hemp cloth

금 자원 **형성자.** 巾(피륙 건)은 의미를 나타내고 父(부)는 음을 나타냄.

풀이 ①베. 피륙의 총칭. ②돈. 화폐. ③펴다. ㉮넓게 깔다. ㉯진을 치다. ‖布陣(포진). ④베풀다. 나누어 줌. ‖布施(보시). ⑤벌이다. 진열함.
〔布施 보ˈ시〕 탐욕이 없는 깨끗한 마음으로 남에게 재물을 베풂. 또는, 그 물건.
〔布告 포고〕 국가의 결정 의사를 공식적으로 일반에게 널리 알림.
〔布教 포교〕 종교를 널리 폄. 宣教(선교). 傳道(전도).
〔布袋 포대〕 포목으로 만든 자루.
〔布笠 포립〕 베·모시 등으로 싸개를 한 갓.
〔布木 포목〕 베와 무명. ‖布木店(포목점).
〔布帛 포백〕 베와 비단.
〔布石 포석〕 ①바둑에서, 대국 초에 넓은 지역을 차지하기 위하여 돌을 벌여 놓는 일. ②장래에 대비하여 미리 준비하는 일.
〔布衣 포의〕 ①베로 지은 옷. 白衣(백의). ②벼슬이 없는 선비의 비유.
〔布帳 포장〕 베·무명 등으로 만든 휘장.
〔布陣 포진〕 진(陣)을 침.
◢葛布(갈포)/乾布(건포)/公布(공포)/塗布(도포)/麻布(마포)/面紗布(면사포)/毛布(모포)/頒布(반포)/配布(배포)/分布(분포)/沙布(사포)/撒布(살포)/宣布(선포)/濕布(습포)/流布(유포)/瀑布(폭포)/畫布(화포)

3 ✱1
6 **帆** 돛 **범** 帆

㊥fān(˚판) ㊐ハン/ほ ㊎sail

자원 **형성자.** 巾(건)은 의미를 나타내고 凡(범)은 음을 나타냄.

풀이 ①돛. ②돛단배. ③돛을 달다. 돛을 달아서 배를 나아가게 함.
〔帆船 범선〕 돛단배.
◢出帆(출범)

6 **师** 師(사)의 속자 →236쪽

4 ☆✱4-Ⅱ
7 **希** 바랄 **희** 希

ノ ㄨ 㐅 产 齐 肴 希

㊥xī(씨) ㊐キ/こいねがう ㊎hope

자원 **회의자.** '엉성하게 짠 베'의 상형인 爻(효)와 피륙의 상형인 巾(건)이 합쳐진 자로, '성글다'의 뜻을 나타냄.

풀이 ①바라다. 기대하거나 원하다. ‖希求(희구). ②수놓은 옷. ㊐黹. ③'희랍(希臘)'의 약칭.
〔希求 희구〕 바라고 구함. 欲求(욕구).
〔希臘 희랍〕 그리스. ‖希臘語(희랍어).
〔希望 희망〕 소망을 가지고 기대하여 바람. 希願(희원). 冀望(기망). ↔絶望(절망).
〔希願 희원〕 ➡希望(희망).

5
8 **帘** 주막 기 **렴** 帘

㊥lián(리엔) ㊐レン

풀이 주막 기. 주막(酒幕)에 표지로 세운 푸른 기.

5 ✱1
8 **帛** 비단 **백** 帛

㊥bó(보) ㊐ハク/きぬ ㊎silk

풀이 비단. ㉮견직물. ‖布帛(포백). ㉯예물로 보내는 비단.
〔帛書 백서〕 비단에 쓴 글자. 또는, 그 비단.
◢竹帛(죽백)/幣帛(폐백)/布帛(포백)

5 ✱1
8 **帙** 책갑 **질** 帙

㊥zhì(˚쯔) ㊐チツ/ふまき
㊎book cover, set

풀이 ①책갑. 책가위. ②책. ③여러 권으로 된 책의 한 벌.
〔帙冊 질책〕 여러 권으로 된, 한 벌의 책.
◢卷帙(권질)/書帙(서질)

5 ✱1
8 **帖** ❶표제 **첩** ✱1 ❷한체지 **체** 帖

㊥tiē(티에) ㊐チョウ, ジョウ/うわがき
㊎book title

[풀이] [1]①표제(標題). 비단에 적은 표제. ②편지. 서한(書翰). ③장부. 서류. ④법첩(法帖). 서체의 본보기가 될 만한 서첩. ⑤책. 사진·그림 등을 붙이기 위해 맨 책. ‖寫眞帖(사진첩). ⑥붙다. 붙임. ⑦좇다. 따름. [2]체지(帖紙). 체.

〔帖紙 체지〕 ①관청에서 이례(吏隸)를 고용할 때 쓰던 임명장. 辭令狀(사령장). ②돈을 받은 표. 곧, 영수증. 帖子(체자).

◢圖帖(도첩)/寫眞帖(사진첩)/書帖(서첩)/手帖(수첩)/筆帖(필첩)/畫帖(화첩)

5 8 **帚** 비 **추**

[중]zhǒu(°저우) [일]ソウ/ほうき
[영]broom

[풀이] ①비. 청소하는 비. ‖帚掃(추소). ②쓸다. 쓸어서 깨끗하게 함.

5 8 **帑*** [1]금고 **탕*** [2]처자 **노**

[중]tǎng(탕), nú(누)
[일]ド/かねぐら, つまこ

[풀이] [1]금고(金庫). ‖內帑金(내탕금). [2]①처자. 자손. ②포로. 전투에서 사로잡은 적군. ③새의 꼬리.

6 9 **帥** ★*3-Ⅱ [1]장수 **수**★*3-Ⅱ [2]거느릴 **솔***

[속] 师 

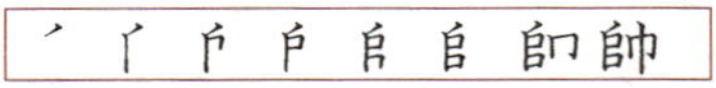

[중]shuài(°쑤아이)
[일]スイ, ソツ/かしら, ひきいる
[영]general, lead

[자원] **형성자.** 巾(건)은 의미를 나타내고 𠂤(퇴)는 음을 나타냄.

[풀이] [1]①장수. ‖元帥(원수). ②우두머리. 통솔자. [2]①거느리다. [통]率. ②좇다. 따름.

〔帥臣 수신〕 병마절도사(兵馬節度使)와 수군절도사(水軍節度使)의 총칭.

◢元帥(원수)/將帥(장수)/統帥(통수)

6 9 **帝** ☆*4 임금 **제**

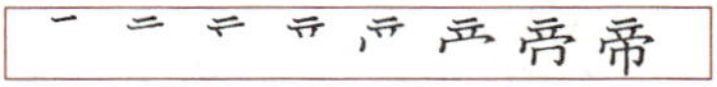

[중]dì(띠) [일]テイ, タイ/みかど
[영]emperor

[갑]  [자원] **상형자.** 제사 때 불을 피우기 위해 나무토막을 엑스 자 모양으로 묶어서 만든 물건을 본뜬 것으로, 제왕의 주관으로 하늘에 바치는 제사를 나타냄. 뒷날 '제왕'의 뜻으로 쓰이게 되자, 본뜻을 보존하기 위해 만든 자가 '禘(체)'임. '꽃과 꼭지'의 상형으로 보는 설도 있음.

[풀이] ①임금. 천자(天子). ②하느님. 조화(造化)의 신(神). ‖天帝(천제). ③'오제(五帝)'의 약칭.

〔帝國 제국〕 황제가 다스리는 나라.
〔帝釋 제석〕 ①수미산(須彌山) 도리천(忉利天)의 임금. 불법의 수호신으로 아수라의 군대를 정벌한다고 함. 帝釋天(제석천). ②무당이 모시는 신의 하나. 帝釋神(제석신).
〔帝室 제실〕 황제의 집안. 皇室(황실).
〔帝業 제업〕 제왕(帝王)의 업적.
〔帝王 제왕〕 황제·국왕의 총칭.
〔帝位 제위〕 제왕의 자리. 皇祚(황조).
〔帝政 제정〕 ①황제가 다스리는 정치. ②제국주의의 정치.

◢大帝(대제)/上帝(상제)/女帝(여제)/日帝(일제)/天帝(천제)/皇帝(황제)

10 **帰** 歸(귀)의 속자 →413쪽

7 10 **師** ☆*4-Ⅱ 스승 **사**

[속][간] 师 

[중]shī(°쓰) [일]シ/おさ [영]teacher

[금]  [자원] **회의자.** '정찰에 유리한 언덕'의 상형인 𠂤(퇴)와 '군대의 표지로 쓰는 깃발'의 상형인 帀(잡)이 합쳐진 자로, 본뜻은 '주둔군'이나, '우두머리', '스승'의 뜻을 가지게 됨.

[풀이] ①스승. ‖教師(교사). ②전문적인 기예(技藝)를 닦은 사람. ③스승으로 삼다. 모범으로 삼음. ‖師範(사범). ④군사. ⑤벼슬아치. ⑥괘 이름. ‖師卦(사괘).

〔師卦 사괘〕 64괘의 하나. 땅속에 물이 있음을 상징함.
〔師團 사단〕 군대 편성의 한 단위. 육군에서 군단의 아래, 연대(聯隊)의 위.
〔師母 사모〕 ①스승의 부인. ②목사의 부인.
〔師範 사범〕 ①스승이 될 만한 모범. ②유도·태권도·바둑 등의 기술을 가르치는 사람.
〔師父 사부〕 ①'스승'의 존칭. ②스승과 아버지.
〔師傅 사부〕 ①스승. ②고려 시대, 태사(太師)와 태부(太傅). ③조선 시대, 세자시강원(世子侍講院)과 세손강서원(世孫講書院)의 최고 관직.
〔師事 사사〕 스승으로 섬김. 또는, 스승으로 삼고 가르침을 받음.
〔師友 사우〕 ①스승과 벗. 師輔(사보). ②스승으로 삼을 만한 벗.
〔師弟 사제〕 ①스승과 제자. ②자기보

다 나이가 적은 승려. ③동문(同門)의 후배. ↔師兄(사형).
〔師宗 사종〕 스승으로 받들어 모시는 사람.
〔師表 사표〕 학식과 인격이 높아 남의 모범이 될 만한 사람. 龜鑑(귀감).
〔師兄 사형〕 ①나이나 학덕이 자기보다 높은 사람. ②한 스승 밑에서 불법을 배운 선배. ↔師弟(사제).
◢講師(강사)/教師(교사)/國師(국사)/軍師(군사)/技師(기사)/大師(대사)/牧師(목사)/法師(법사)/禪師(선사)/樂師(악사)/藥師(약사)/律師(율사)/恩師(은사)/醫師(의사)/祖師(조사)

☆✱6
7 10 **席** 자리 **석**

丶 亠 广 户 庐 座 唐 席

㊥xí(시) ㊐セキ/むしろ ㊔seat
갑 고 전 자원 **회의자.** 갑골문은 '돗자리'를 본뜬 상형자였으나, 고문의 厂자나 소전의 庐(庶의 생략형) 자는 간이 방(簡易房)을 나타내는 것으로, 돗자리를 나타내는 자나 巾(건)과 합쳐져 회의자가 됨.
풀이 ①자리. ㉮바닥에 까는 자리. ‖花紋席(화문석). ㉯지위. ‖席順(석순). ㉰일정한 일이 벌어진 자리. ‖宴會席(연회석). ②자리를 깔다. ③앉음. ④베풀다.
〔席藁待罪 석고대죄〕 거적을 깔고 엎드려 임금의 처분이나 명령을 기다림.
〔席卷 석권〕 《돗자리를 만다는 뜻으로》 굉장한 기세로 영토를 휩쓸거나 세력 범위를 넓힘. 席捲(석권).
〔席不暇暖 석불가난〕 《공자(孔子)가 앉은 자리가 따뜻할 겨를이 없을 정도로 쉴 새 없이 유세(遊說)하였던 고사에서》 매우 바쁘게 돌아다님.
〔席次 석차〕 ①자리의 차례. 席順(석순). ②성적의 순서.
◢客席(객석)/缺席(결석)/公席(공석)/空席(공석)/同席(동석)/末席(말석)/方席(방석)/陪席(배석)/病席(병석)/私席(사석)/上席(상석)/首席(수석)/議席(의석)/離席(이석)/立席(입석)/坐席(좌석)/卽席(즉석)/次席(차석)/着席(착석)/參席(참석)/出席(출석)/打席(타석)/特席(특석)/合席(합석)

7 10 **帨** 수건 **세**

㊥shuì(°쑤에이) ㊐ゼイ/てふき ㊔towel
풀이 ①수건. 허리에 차던 수건. ②닦다. 손을 닦음.

★✱4-Ⅱ
8 11 **帶** 띠 **대** 간 带

一 十 卅 卅 卌 卌 帶 帶

㊥dài(따이) ㊐タイ/おび ㊔belt
전 자원 **상형자.** 소전의 윗부분은 허리띠를 나타내고 아랫부분은 늘어뜨린 패옥(佩玉)을 나타냄.
풀이 ①띠. ‖革帶(혁대). ②띠다. 띠를 두르다. ③차다. 허리에 참. ‖帶劍(대검). ④두르다. ⑤데리다. ⑥뱀. 띠 모양이므로 이르는 말.
〔帶劍 대검〕 칼을 참. 또는, 그 칼. 佩劍(패검).
〔帶同 대동〕 함께 데리고 감.
〔帶狀 대상〕 좁고 길어서 띠같이 생긴 모양.
〔帶電 대전〕 물체가 전기를 띠는 일. ‖帶電體(대전체).
〔帶妻 대처〕 ①아내를 둠. ② ➡帶妻僧(대처승).
〔帶妻僧 대처승〕 살림을 차리고 아내와 가족을 거느린 승려. 帶妻(대처).
〔帶下 대하〕 여자의 질에서 흰빛 또는 누른빛의 액체가 흘러나오는 병. 冷(냉). 帶下症(대하증).
◢腹帶(복대)/附帶(부대)/繃帶(붕대)/聲帶(성대)/世帶(세대)/眼帶(안대)/連帶(연대)/熱帶(열대)/玉帶(옥대)/溫帶(온대)/腰帶(요대)/紐帶(유대)/靭帶(인대)/一帶(일대)/纏帶(전대)/縱帶(종대)/地帶(지대)/皮帶(피대)/寒帶(한대)/革帶(혁대)/橫帶(횡대)/携帶(휴대)

☆✱4-Ⅱ
8 11 **常** 항상 **상**

丨 丷 丷 尚 尚 尚 常 常

㊥cháng(°창) ㊐ジョウ/つね ㊔always
자원 **형성자.** 巾(건)은 의미를 나타내고 尙(상)은 음을 나타냄. 본뜻은 '치마'였으나 '늘'의 뜻으로 가차되어 쓰이게 되면서 본뜻을 보존하기 위해 만든 자가 '裳'(치마 상)임.
풀이 ①항상. 여느 때. ②법. 전법(典法). ③불변의 도. 사람으로서 행해야 할 도리. ④보통. ⑤법도. 일정한 형벌. ⑥관례. 통례. ⑦정해진 바.
〔常客 상객〕 ①늘 찾아오는 손님. ②단골로 오는 손님. 단골손님. 고객(顧客).
〔常軌 상궤〕 항상 지켜야 할 바른길. 常道(상도).
〔常規 상규〕 ①일반적인 규정. ②늘 변하지 않는 규칙. 常度(상도). 常律(상률).
〔常度 상도〕 정상적인 법도.
〔常道 상도〕 ①변하지 않는 떳떳한 도

리. ② ➡常軌(상궤).
〔常例 상례〕 보통 있는 일.
〔常綠 상록〕 나뭇잎이 일 년 내내 늘푸름.
〔常綠樹 상록수〕 일 년 내내 늘 잎이 푸른 나무. 늘푸른나무.
〔常理 상리〕 당연한 이치.
〔常務 상무〕 ①일상의 업무. ②'상무위원(常務委員)'의 준말. ③'상무이사(常務理事)'의 준말.
〔常民 상민〕 양반이 아닌 평민. 상사람.
〔常備 상비〕 늘 갖추어 둠.
〔常備軍 상비군〕 국가가 국방을 위하여 상비하고 있는 군대.
〔常備藥 상비약〕 늘 갖추어 두는 약품.
〔常設 상설〕 늘 이용할 수 있도록 설비나 시설을 갖추어 둠.

〔常數 상수〕 ①정해진 운명. ②물질의 물리적·화학적 성질을 표시하는 수치. ③항상 일정한 값을 가진 수나 양. 定數(정수).
〔常習 상습〕 늘 하는 버릇.
〔常習犯 상습범〕 상습적으로 하는 범죄. 또는, 그 범인.
〔常勝 상승〕 늘 이김.
〔常時 상시〕 ①임시가 아닌 보통 때. ②평상시.
〔常識 상식〕 사람들이 보통 알고 있거나 알아야 하는 지식.
〔常藥 상약〕 민간에서 경험에 의하여 흔히 쓰는 약.
〔常溫 상온〕 ①늘 일정한 온도. ②일 년 동안의 기온을 평균한 온도. ③자연 그대로의 기온.
〔常用 상용〕 일상생활에 늘 씀.
〔常用語 상용어〕 일상생활에서 늘 쓰는 말.
〔常人 상인〕 조선 중엽 이후에 평민을 이르던 말. 상사람.
〔常任 상임〕 일정한 직무를 계속하여 맡음.
〔常情 상정〕 사람에게 공통적으로 있는 보통의 인정. ‖人之常情(인지상정).
〔常住 상주〕 ①항상 거주함. ②불법(佛法)이 생멸(生滅) 변화 없이 늘 있음.
〔常套 상투〕 예사로 늘 하는 버릇.
〔常套語 상투어〕 버릇이 되어 예사로 하는 말. 套語(투어).
〔常套的 상투적〕 버릇이 되다시피한 (것).
◢怪常(괴상)/無常(무상)/凡常(범상)/非常(비상)/殊常(수상)/異常(이상)/日常(일상)/正常(정상)/通常(통상)/平常(평상)/恒常(항상)

8 11 **帷** 휘장 **유** 帷

㊥wéi(웨이) ㊐イ/とばり ㊎curtain
풀이 ①휘장(揮帳). 장막. ‖帷幕(유막). ②널에 치는 덮개. ③수레에 치는 덮개.
〔帷幕 유막〕 기밀(機密)을 의논하는 곳. 帷幄(유악).
〔帷幄 유악〕 ① ➡帷幕(유막). ②작전 계획을 짜는 곳. 參謀部(참모부). ③참모관.

8 11 ★★4 **帳** 휘장 **장** 간 帐 帳

丨 冂 巾 巾' 帳 帳 帳 帳

㊥zhàng(°짱) ㊐チョウ/とばり
㊎curtain
자원 **형성자.** 巾(건)은 의미를 나타내고 長(장)은 음을 나타냄.
풀이 ①휘장(揮帳). 방장. ‖帳幕(장막). ②군막(軍幕). ③공책. 장부. ④장. 휘장 따위를 세는 단위.
〔帳獨轎 장독교〕 가마의 한 가지. 앞에는 문이 있고, 양옆에 창이 나 있으며, 뚜껑은 지붕처럼 둥긋하고, 네 귀가 추녀처럼 생겼음.
〔帳幕 장막〕 ①야외에서 볕이나 비바람을 피할 수 있게 둘러치는 막. 휘장. ②어떤 사실이나 현상을 보이지 않게 가리는 사물의 비유.
〔帳步轎 장보교〕 가마의 한 가지. 장독교(帳獨轎)와 비슷한데, 네 기둥을 세우고 사면(四面)에 휘장을 둘러쳐 꾸몄다 뜯었다 할 수 있음.
〔帳簿 장부〕 금품의 수입·지출을 기록하는 책.
〔帳殿 장전〕 임금이 앉도록 임시로 꾸민 자리. 차일을 치고 휘장으로 사방을 둘러막고 바닥을 높인 다음, 자리를 펴고 가운데에 좌석을 만듦.
〔帳中 장중〕 장막의 안.
◢記帳(기장)/臺帳(대장)/練習帳(연습장)/營帳(영장)/元帳(원장)/日記帳(일기장)/紙帳(지장)/通帳(통장)/布帳(포장)/筆記帳(필기장)/學習帳(학습장)/揮帳(휘장)

9 12 ＊2 **帽** 모자 **모** 帽

㊥mào(마오) ㊐ボウ/ぼうし ㊎hat
풀이 ①모자. 두건. ‖冠帽(관모). ②두겁. 가늘고 길게 생긴 물건 끝에 씌우는 물건. 붓두껍.
〔帽子 모자〕 머리에 쓰는 것.
〔帽標 모표〕 모자에 붙이는 일정한 표지. 帽子標(모자표).
◢校帽(교모)/軍帽(군모)/登山帽(등산모)/防寒帽(방한모)/紗帽(사모)/中折帽(중절모)/着帽(착모)/鐵帽(철모)/脫帽(탈모)

9 12 ＊1 **幇** 도울 **방** 동 幫 간 帮 幇

[중]bāng(빵) [일]ホウ/たすける [영]help
[풀이] ①돕다. 보좌함. ②패거리. 패.
〔幇助 방조〕 ①거들어서 도와줌. ②남의 범행에 편의를 주는 일.
◢四人幇(사인방)

9 12 幄* 휘장 **악** 幄

[중]wò(워) [일]アク/とばり [영]curtain
[풀이] ①휘장(揮帳). 장막. 커튼. ②천막. 군막(軍幕). ③막을 쳐 놓은 곳.
〔幄幕 악막〕 진중(陣中)에 친 장막.
〔幄次 악차〕 임금이 거둥할 때 쉬도록 막을 둘러친 곳.

9 12 幃 휘장 **위** [간]帏 幃

[중]wéi(웨이) [일]キ, イ/とばり [영]curtain
[풀이] ①휘장(揮帳). ②향낭(香囊). 향을 넣는 주머니.
〔幃帳 위장〕 둘러치는 휘장.

9 12 幀*1 그림 족자 **정** [본]**쟁** [간]帧 幀

[중]zhēn(°쩐) [일]テイ [영]frame
[풀이] ①그림 족자. 비단에 그린 그림. ②그림틀. 수틀. ③책의 겉장이나 싸개. ‖裝幀(장정).
〔幀畫 탱'화〕 부처·보살·성현 등을 그려 벽에 거는 그림.
〔幀畫佛事 탱'화 불사〕 불상을 그리는 일.
◢影幀(영정)/裝幀(장정)

9 12 幅★*3 폭 **폭** [본]**복** 幅

丨 冂 巾 巾 巾' 帕 帼 幅 幅

[중]fú(°푸) [일]フク/はば [영]width
[자원] **형성자.** 巾(건)은 의미를 나타내고 畐(복)은 음을 나타냄.
[풀이] ①폭. 나비. ②넓이. ③가. 가장자리. ④천. 포백(布帛).
〔幅員 폭원〕 땅이나 지역의 넓이.
◢江幅(강폭)/廣幅(광폭)/旗幅(기폭)/落幅(낙폭)/路幅(노폭)/大幅(대폭)/步幅(보폭)/小幅(소폭)/全幅(전폭)/增幅(증폭)/振幅(진폭)/畫幅(화폭)

9 12 帿* 과녁 **후** [본]侯

[중]hóu(허우) [일]コウ [영]target
[풀이] 과녁. 활터에 세운 과녁판.

10 13 幎 덮을 **멱** 幎

[중]mì(미) [일]ベキ/おおう [영]cover
[풀이] ①덮다. 덮어씌움. [같]冪. ②물건을 덮는 보.
〔幎目 멱목〕 소렴(小殮) 때 시체의 얼굴을 싸는 헝겊.

10 13 幌* 휘장 **황**

[중]huǎng(후앙) [일]コウ [영]curtain
[풀이] ①휘장. ②덮개. 수레 위에 덮어 놓은 포장.

11 14 幕★*3-Ⅱ 막 **막** 幕

丶 艹 艹 芦 苜 草 莫 幕 幕

[중]mù(무) [일]バク, マク/まく, おおう [영]curtain
[자원] **형성자.** 巾(건)은 의미를 나타내고 莫(막)은 음을 나타냄.
[풀이] ①막. 장막. 천막. ②연극에서 한 단락을 세는 단위. ‖幕間(막간). ③진영(陣營). ④장군의 군막. 군사·정치에 관한 일을 처리하는 곳.
〔幕間 막간〕 연극에서, 한 막이 끝나고 다음 막이 시작되기까지의 동안. ‖幕間劇(막간극).
〔幕僚 막료〕 ①사령부나 본부에서 작전 등의 입안(立案)·실시에 관하여 지휘관을 보좌하는 간부. ②조선 시대에, 감사·유수·병사·수사 등을 따라다니던 무관. 裨將(비장).
〔幕府 막부〕 ①변방에 지휘관이 머물면서 군사를 지휘하는 곳. ②12세기 말에서 19세기까지 일본을 통치했던 쇼군(將軍)의 정권. 바쿠후.
〔幕舍 막사〕 천막·판자 등으로 임시로 간단하게 지은 집. 막집.
〔幕下 막하〕 ①대장의 휘하(麾下). ②예전에 장군이 거느리던 장교와 종사관.
〔幕後 막후〕 어떤 일의 배후.
◢開幕(개막)/軍幕(군막)/內幕(내막)/單幕(단막)/序幕(서막)/煙幕(연막)/映寫幕(영사막)/銀幕(은막)/字幕(자막)/帳幕(장막)/酒幕(주막)/天幕(천막)/草幕(초막)/閉幕(폐막)/懸垂幕(현수막)/黑幕(흑막)

12 15 幢* 기 **당** [본]**장** 幢

[중]chuáng(°추앙) [일]トウ/はた [영]pennon
[풀이] ①기(旗). 군(軍)에서 의장(儀仗)이나 지휘용으로 쓰는 기. ②막. 휘장.

3획

덮개.
〔幢竿 당간〕 당(幢:절 앞에 세우는 기)을 달아 두는 기둥.
〔幢竿支柱 당간 지주〕 당간을 받쳐 세우는 기둥.
〔幢主 당주〕 신라 때 무관(武官)의 벼슬 이름.

12 15 **幡** * 기 **번** 幡

㊥fān(°판) ㊐ハン, ホン/はた ㊍banner
풀이 ①기(旗). 표기(標旗). ②나부끼다. 펄럭거림. ③먹수건.
〔幡然 번연〕 깨달음이 갑작스러움. 翻然(번연).

3획

12 15 **幞** 건 **복** 幞

㊥fú(°푸) ㊐ボク/ずきん
풀이 건(巾). 두건.
〔幞巾 복건〕 도복(道服)에 갖추어서 머리에 쓰는 건. 현재는 어린 남자 아이가 명절이나 돌 때 머리에 씀. 幅巾(복건).
〔幞頭 복두〕 과거에 급제한 사람이 홍패(紅牌)를 받을 때 쓰던 관(冠).

12 15 **幟** *1 기 **치** ㉠帜 幟

㊥zhì(°쯔) ㊐シ/のぼり ㊍flag
풀이 ①기(旗). 표기(標旗). 표로 세워 보이는 기. ②표지(標識).
◢旗幟(기치)

12 15 **幣** ★*3 비단 **폐** ㉠币 幣

丶 小 屵 俞 俞̄ 敝 敝 幣

㊥bì(삐) ㊐ヘイ/ぬさ ㊍silk
자원 **형성자.** 巾(건)은 의미를 나타내고 敝(폐)는 음을 나타냄.
풀이 ①비단. 견직물. ②예물. ‖幣物(폐물). ③돈. 화폐. ④재물.
〔幣物 폐물〕 선사하는 물건.
〔幣帛 폐백〕 ①신부가 처음으로 시부모를 뵐 때 올리는 대추나 건치(乾雉) 따위. ②혼인 전에 신랑이 신부 집에 보내는 예물. ③윗사람이나 점잖은 사람을 만나러 갈 때 가지고 가는 물건.
〔幣聘 폐빙〕 예물을 보내서 남을 초대함.
◢納幣(납폐)/僞幣(위폐)/錢幣(전폐)/造幣(조폐)/紙幣(지폐)/貨幣(화폐)

17 **幫** 幇(방)과 동자 →238쪽

干部 방패간

0 3 **干** ☆*4 방패 **간** 干

一 二 干

㊥gān(깐) ㊐カン ㊍shield
갑 전 **자원** **상형자.** 공격과 방어를 겸해서 할 수 있는 방패의 모습을 본뜬 자. 갑골문 첫째 자는 찌르개·몸체·손잡이의 구성을 잘 보여 주고 있음.
한자 부수의 하나.
풀이 ①방패(防牌). ‖干戈(간과). ②범하다. ‖干犯(간범). ③막다. ④구하다. ⑤관여하다. ⑥헛되다. ⑦장대. ㊀竿. ⑧말리다. ⑨천간(天干). ‖干支(간지).
〔干戈 간과〕 ①('방패와 창'이라는 뜻으로) 전쟁에 쓰는 병기(兵器). ②전쟁.
〔干求 간구〕 바라고 구함.
〔干滿 간만〕 밀물과 썰물. 滿干(만간).
〔干犯 간범〕 남의 일에 간섭하여 권리를 침범함.
〔干潟地 간석지〕 바닷물이 드나드는 개펄.
〔干涉 간섭〕 남의 일에 나서서 참견함.
〔干城 간성〕 ('방패와 성'이라는 뜻으로) 나라를 지키는 군인.
〔干與 간여〕 관계하여 참견함. 干預(간예).
〔干將莫邪 간장막야〕 ①중국 오(吳)나라의 도공(刀工) 간장이 임금을 위하여 아내 막야의 머리털과 손톱을 쇠와 함께 가마 속에 넣어 칼을 만들고 자신과 아내의 이름을 붙였다는 한 쌍의 명검. ②'명검'의 비유.
〔干潮 간조〕 썰물로 해수면이 가장 낮아진 상태. ↔滿潮(만조).
〔干支 간지〕 천간(天干)과 지지(地支). 곧, 10간(干)과 12지(支).
〔干拓 간척〕 바다 따위를 막아 물을 빼고 육지로 만드는 일.
◢欄干(난간)/十干(십간)/若干(약간)/如干(여간)/天干(천간)

2 5 **平** ☆*7 평평할 **평** 平

一 ㄱ 八 三 平

㊥píng(핑) ㊐ヘイ, ビョウ/たいらか ㊍flat
금 전 **자원** **회의자.** 천평칭의 양 끝에 물건을 놓고 무게를 달고 있는 모습을 나타냄. 일설에는 '저울대'의 상형인 一 아래에

발음을 나타내는 釆(변)을 합친 형성자라는 주장도 있음.
풀이 ①평평하다. ‖平坦(평탄). ②바르게 하다. ③편안하다. ④보통. ⑤표준. ⑥쉽다. ‖平易(평이). ⑦사성(四聲)의 하나. ‖平聲(평성).
〔平交 평교〕 나이가 비슷한 벗.
〔平均 평균〕 여러 수나 양의 중간적인 수치를 구하는 일. 또는, 그 값.
〔平吉 평길〕 별다른 걱정이나 근심 없이 편안함.
〔平年 평년〕 ①윤년(閏年)이 아닌 해. ②농사가 보통 정도로 된 해. ※豐年(풍년)·凶年(흉년). ③일기 예보에서, 지난 30년간의 기후의 평균적 상태. 例年(예년).
〔平年作 평년작〕 농사가 풍작도 흉작도 아닌 정도로 수확되는 일. 平作(평작).
〔平等 평등〕 차별 없이 동등함. 均等(균등).
〔平亂 평란〕 난리를 평정함.
〔平面 평면〕 ①평평한 표면. ②한 표면 위의 어떤 두 점을 지나는 직선이 항상 그 표면 위에 놓이는 면.
〔平明 평명〕 알기 쉽고 분명함.
〔平民 평민〕 ①벼슬이 없는 보통 사람. 庶民(서민). ②특권 계급이 아닌 일반 시민.
〔平凡 평범〕 뛰어난 데 없이 보통임. 平平(평평). ↔非凡(비범).
〔平步 평보〕 보통 걸음.
〔平服 평복〕 ① ➡平常服(평상복). ②제복(制服)이나 관복(官服)이 아닌 보통의 옷.
〔平沙落雁 평사낙안〕《'모래벌판에 내려앉는 기러기'라는 뜻으로》 ①글씨, 특히 붓글씨가 매끈하게 잘 쓰인 상태. ②여자의 자태가 아름답고 맵시 있는 상태.
〔平牀 평상〕 판자를 깐 침상의 하나. 平床(평상).
〔平常 평상〕 ➡平常時(평상시).
〔平常服 평상복〕 평상시에 입는 옷. 平服(평복).
〔平常時 평상시〕 보통 때. 平常(평상). 平時(평시). 平日(평일). ↔非常時(비상시).
〔平生 평생〕 살아 있는 동안. 一生(일생).
〔平聲 평성〕 사성(四聲)의 하나. 낮고 평순한 소리.
〔平時 평시〕 ➡平常時(평상시).
〔平安 평안〕 무사하여 마음에 걱정이 없음. 太平(태평). 安穩(안온).
〔平野 평야〕 넓고 평평한 들. 平原(평원).
〔平穩 평온〕 무사하고 조용함.
〔平原 평원〕 ➡平野(평야).
〔平易 평이〕 까다롭지 않고 쉬움.
〔平日 평일〕 ➡平常時(평상시).
〔平作 평작〕 ① ➡平年作(평년작). ②고랑을 치지 않고 작물을 재배함.
〔平定 평정〕 난리를 진압하여 평온하게 함.
〔平靜 평정〕 평온하고 조용함.
〔平準 평준〕 ①가격의 기복이 없도록 표준을 정하여 물가를 조절함. ②수준기(水準器)를 써서 수평이 되게 함.
〔平地 평지〕 바닥이 평평한 땅.
〔平地風波 평지풍파〕《고요한 땅에 바람과 물결을 일으킨다는 뜻으로》 공연히 말썽을 일으키거나 뜻밖의 분쟁이 일어남.
〔平織 평직〕 씨와 날을 한 올씩 엇바꾸어 짬. 또는, 그렇게 짠 피륙.
〔平坦 평탄〕 ①지면이 평평함. ②일이 순조로움. ③마음이 평온함.
〔平土 평토〕 관(棺)을 묻고 흙을 덮어 땅을 평평하게 함.
〔平土祭 평토제〕 장례에서 관을 묻고 봉분한 뒤에 지내는 제사. 封墳祭(봉분제).
〔平板 평판〕 ①평평한 땅. ②씨 뿌릴 때 땅을 고르는 데에 쓰는 농구. ③시문(詩文) 등에서 시종 단조로워 재미없음.
〔平版 평판〕 판면에 요철(凹凸)이 없고, 잉크의 기름과 물의 반발성에 의해 인쇄되는 평평한 판. 석판(石版)·오프셋 따위.
〔平平 평평〕 ①고르고 판판함. ②예사롭고 평범함.
〔平行 평행〕 ①나란히 감. ②두 직선이나 평면이 나란히 있어 아무리 연장해도 서로 만나지 않는 일.
〔平衡 평형〕 ①사물이 한쪽으로 기울지 않고 안정함. ②무게를 달 때, 저울대가 수평을 이루는 상태.
〔平和 평화〕 ①평온하고 화목함. ②전쟁이 없이 세상이 잘 다스려짐.
〔平滑 평활〕 평평하고 매끄러움.
〔平闊 평활〕 평평하고 넓음.
◪公平(공평)/不公平(불공평)/不平(불평)/水平(수평)/順平(순평)/地坪(지평)/蕩平(탕평)/太平(태평)/扁平(편평)/衡平(형평)/和平(화평)

3 6 ☆✱8 **年** 해 **년** | 간 秊

丿 𠂉 ⺧ 𠂉 丘 年

㊥nián(니엔) ㊐ネン/とし ㊎year
갑 금 자원 **회의자.** 禾(벼 화)와 人(사람 인)이 합쳐진 자로, 수확한 벼를 머리에 이거나 등에 지고 옮기는 모습을 나타냄. 본뜻은 '수확하다'.
풀이 ①해. ‖豐年(풍년). ②때. 시대. ③나이. ④익다. 성숙(成熟). ⑤관상술(觀相術)에서, 콧마루.

3획

[年暇 연가] 직장에서 직원들에게 1년에 일정한 기간을 쉬게 해 주는 유급 휴가.
[年間 연간] ①한 해 동안. ②어느 왕이 재위에 있는 동안.
[年鑑 연감] 한 해 동안의 사건, 사회 여러 분야의 행사 및 동향, 각종 통계 등을 수록한 간행물.
[年甲 연갑] ➡年輩(연배).
[年功 연공] ①여러 해 동안 근무한 공로. ②여러 해에 걸쳐 익힌 기술.
[年金 연금] 국가·단체가 법이나 계약에 따라 개인에게 일정 기간 또는 죽을 때까지 정기적으로 주는 돈.
[年期 연기] ①1년을 단위로 정한 기간. ②정해지거나 경과한 햇수. 年限(연한).
[年內 연내] 올해 안.
[年年生 연년생] 아이를 한 살 터울로 낳음. 또는, 그 아이.
[年年歲歲 연년세세] 여러 해를 거듭하여 계속 이어짐. 歲歲年年(세세연년).
[年代 연대] ①지나온 햇수나 시대. ②어떤 일이 이루어진 시기.
[年度 연도] 일정한 기간 단위로서의 어느 한 해를 이르는 말.
[年頭 연두] 해의 첫머리. 연초(年初). 年始(연시).
[年齡 연령] 나이.
[年例 연례] 해마다 내려오는 전례(前例).
[年老 연로] 나이가 많아 늙음. ↔年少(연소).
[年輪 연륜] ①나무의 나이테. ②여러 해 동안의 노력이나 경험에 의한 숙련의 정도.
[年利 연리] 일 년을 단위로 하는 이율.
[年晩 연만] 나이가 많음.
[年末 연말] 한 해의 마지막 무렵. ↔年初(연초).
[年輩 연배] 서로 비슷한 나이. 또는, 그런 사람. 年甲(연갑).
[年報 연보] 해마다 한 번씩 내는 보고. 또는, 그런 간행물.
[年譜 연보] 사람이 한평생 지낸 일을 연월순으로 간략하게 적은 기록. 흔히 개인의 연대기(年代記)를 말함.
[年俸 연봉] 일 년 단위로 정하여 지급하는 봉급. 年給(연급).
[年富力強 연부역강] 나이가 젊고 기운이 셈.
[年上 연상] 자기보다 나이가 많음. 또는, 그 사람. ↔年下(연하).
[年歲 연세] '나이'의 높임말. 年齒(연치).
[年少 연소] 나이가 어림. ↔年老(연로).
[年少者 연소자] 나이가 어린 사람.
[年長 연장] 나이가 위임. 또는, 그 사람.
[年長者 연장자] 나이가 위인 사람.
[年前 연전] 몇 해 전.
[年中 연중] 한 해 동안. ‖年中無休(연중무휴).
[年初 연초] 새해가 시작되는 무렵. 年頭(연두). ↔年末(연말).
[年齒 연치] ➡年歲(연세).
[年表 연표] 역사상의 사건을 연대순으로 적은 표. 年代表(연대표).
[年下 연하] 자기보다 나이가 적음. 또는, 그 사람. ↔年上(연상).
[年賀 연하] ①신년 축하. 新禧(신희). ‖年賀狀(연하장). ②노인의 장수를 축하하는 일.
[年限 연한] 정하여진 햇수.
[年號 연호] 임금이 즉위한 해를 원년(元年)으로 하여 재위 기간에 붙이는 칭호.

◪瓜年(과년)/光年(광년)/近年(근년)/今年(금년)/來年(내년)/老年(노년)/當年(당년)/晩年(만년)/末年(말년)/忘年(망년)/每年(매년)/明年(명년)/沒年(몰년)/芳年(방년)/生年(생년)/成年(성년)/少年(소년)/送年(송년)/新年(신년)/例年(예년)/往年(왕년)/元年(원년)/幼年(유년)/閏年(윤년)/昨年(작년)/壯年(장년)/停年(정년)/中年(중년)/青年(청년)/初年(초년)/平年(평년)/豐年(풍년)/學年(학년)/享年(향년)/後年(후년)/凶年(흉년)/稀年(희년)

6 并*

并(병)의 속자 →242쪽

5 8 幷*

❶어우를 병 ❷나란히 할 병 ㊌ 并

㊥bìng(뼁) ㊐ヘイ, ヒョウ
㊎put together

풀이 ❶①어우르다. ②어울리다. ③함께. 함께하다. ❷①나란히 하다. ㊊倂. ②갈무리하다.

[幷呑 병탄] 남의 재물이나 영토를 함께 자기 것으로 함.
[幷合 병합] 합하여 하나로 함. 合幷(합병).

5 8 幸 ☆*6

다행할 행

一 十 土 … 幸

㊥xìng(씽) ㊐コウ/さいわい
㊎fortunate

갑 전 자원 **상형자.** 갑골문에서 보듯, 죄수의 두 팔을 자유롭지 못하게 고정시키는 형틀을 나타낸 자. 형틀에 채워지지 않은 것만 해도 다행이라는 의미가 담겨 있음.

일설에는 소전에서 보듯, 거꾸로 선 사람을 그린 屰(역)과 '어리다'의 뜻인 夭(요)가 합쳐진 회의자로 요절을 면하여 다행이라는 뜻을 나타낸 자라는 주장도 있음.
풀이 ①다행하다. ‖幸福(행복). ②사랑하다. ③혜택. 은총. ④바라다. ‖幸冀(행기). ⑤요행하다. ⑥임금의 행차. ⑦다행하게도.
〔幸福 행복〕 생활 속에서 기쁘고 즐겁고 만족을 느끼는 상태.
〔幸不幸 행불행〕 행복과 불행.
〔幸運 행운〕 좋은 운수. ↔不運(불운).
〔幸姬 행희〕 ①남달리 사랑을 받는 여자. ②군주의 첩. 寵妾(총첩).
◢陵幸(능행)/多幸(다행)/不幸(불행)/僥倖(요행)/天幸(천행)

10 13 幹 줄기 간

★✱3-Ⅱ 본 榦 간 干 幹

十 古 吉 直 草 卓 幹 幹

㊥gàn(깐) ㊐カン/みき ㊎trunk
전 榦 자원 **형성자.** 소전에서 보듯 본자는 榦. 木(목)은 의미를 나타내고 倝(간)은 음을 나타냄.
풀이 ①줄기. ②근본. 본질. ③몸. 뼈대. ④감. 기물(器物)의 재료. ⑤재능. ⑥감당하다. ⑦일. ⑧십간(十干). ㊕干.
〔幹局 간국〕 일을 처리하는 기량.
〔幹部 간부〕 조직에서 중심을 이루는 수뇌부(首腦部).
〔幹事 간사〕 주역이 되어 일을 처리하는 직무. 또는, 그 사람.
〔幹線 간선〕 철도·도로 등의 주요한 선로. ↔支線(지선).
◢骨幹(골간)/根幹(근간)/基幹(기간)/白頭大幹(백두대간)/語幹(어간)/才幹(재간)/主幹(주간)/體幹(체간)

幺部 작을요

0 3 幺 작을 요

㊥yāo(야오) ㊐ヨウ ㊎small
금 전 자원 **상형자.** 작은 실타래를 나타낸 자. 본뜻은 '작다', 파생된 뜻은 '약하다', '미미하다', '어리다'임.
부 한자 부수의 하나.
풀이 ①작다. ②어리다.

1 4 幻 변할 환

✱2

㊥huàn(후안) ㊐ゲン ㊎change
풀이 ①변하다. ‖變幻(변환). ②미혹하다. ③허깨비. ④요술. ‖幻術(환술).
〔幻覺 환각〕 외계의 자극이 없는데도 마치 있는 것처럼 감각하는 일. 환시(幻視)·환청(幻聽) 따위.
〔幻燈 환등〕 불빛을 그림·사진 등에 비추어 그 반사광을 렌즈로 확대 영사하는 장치. 슬라이드.
〔幻滅 환멸〕 꿈이나 기대나 환상이 깨어질 때 느끼는 허무함이나 쓰라림.
〔幻想 환상〕 현실적인 기초나 가능성이 없는 헛된 생각이나 공상.
〔幻生 환생〕 ①환상처럼 나타남. ②형상을 바꾸어 다시 태어남.
〔幻術 환술〕 남의눈을 속이는 기술.
〔幻影 환영〕 눈앞에 없는 물체가 있는 것처럼 보임.
◢夢幻(몽환)

3획

2 5 幼 어릴 유

☆✱3-Ⅱ

ㄑ ㄠ 幺 幻 幼

㊥yòu(여우) ㊐ヨウ/おさない ㊎young
자원 **회의자.** 幺(작을 요)와 力(힘 력)이 합쳐진 자로, '힘이 약하다', '어리다'의 뜻을 나타냄.
풀이 ①어리다. ‖幼年(유년)/幼稚(유치). ②어린아이. ③작다.
〔幼年 유년〕 ①어린 나이나 때. 幼齡(유령). 幼齒(유치). ‖幼年期(유년기). ②어린아이.
〔幼兒 유아〕 어린아이.
〔幼弱 유약〕 어리고 연약함.
〔幼主 유주〕 나이 어린 임금. 幼君(유군).
〔幼沖 유충〕 나이가 어림.
〔幼蟲 유충〕 애벌레.
〔幼稚 유치〕 ①나이가 어림. 幼少(유소). ②수준이 낮거나 미숙함.
◢長幼(장유)

6 9 幽 그윽할 유

★✱3-Ⅱ

丨 丩 纟 幺 幺 幺 幽 幽

㊥yōu(여우) ㊐ユウ ㊎secluded
갑 전 자원 **회의자.** 실타래를 뜻하는 𢆶(유)와 불을 뜻하는 火(화)가 합쳐진 자로, 불빛 아래서 실타래를 살펴보는 모습을 나타냄. 여기에서 '어둡다', '그윽하다'의 뜻이 파생됨. 뒷날 火(화)가 山(산)으로 바뀜.
풀이 ①그윽하다. ‖幽谷(유곡). ②숨다. ③멀다. ④어둡다. ⑤가두다. ‖幽閉

(유폐). ⑥저승. ⑦귀신. ⑧구석. ⑨조용하다.
〔幽居 유거〕 세상 시끄러움을 피하여 외딴곳에서 지냄. 또는, 그런 거처. 幽處(유처).
〔幽界 유계〕 저승.
〔幽谷 유곡〕 그윽하고 깊은 산골.
〔幽靈 유령〕 ①죽은 사람의 혼령. 幽魂(유혼). 冥鬼(명귀). 亡魂(망혼). ②이름뿐이고 실체는 없는 것.
〔幽明 유명〕 ①어둠과 밝음. 明暗(명암). ②저승과 이승.
〔幽囚 유수〕 사람을 잡아 가둠.
〔幽邃 유수〕 조용하고 그윽함.
〔幽雅 유아〕 우아하고 고상함.
〔幽暗 유암〕 그윽하고 어둡침침함.
〔幽人 유인〕 세상을 피해서 숨어 사는 사람. 隱君子(은군자).
〔幽趣 유취〕 그윽한 정취.
〔幽宅 유택〕 (‘죽은 사람의 집’이라는 뜻으로) 무덤.
〔幽閉 유폐〕 아주 깊숙이 가두어 둠.
〔幽玄 유현〕 이치나 아취(雅趣)가 헤아리기 어려울 만큼 깊고 그윽하며 미묘함.
〔幽魂 유혼〕 죽은 사람의 혼령. 亡魂(망혼). 幽靈(유령).

9 ☆*3 **幾** 12 ❶기미 **기** ❷몇 **기** 간 几 (幾)

㇛ ㇜ 幺幺 丝丝 幾 幾 幾 幾

중jǐ(지) 일キ 영sign, some

금 자원 **회의자.** 두 가닥의 실타래를 상형한 幺(유)와 병사가 창을 들고 파수를 보는 모습을 나타내는 戍(수)가 합쳐진 자로, 취약한 것이 무엇인지 살피는 것을 뜻함. 여기에서 ‘기미’, ‘낌새’의 뜻이 나옴.

풀이 ❶①기미. 낌새. ‖幾微(기미). ②위태하다. ③거의. ‖幾死之境(기사지경). ④접근하다. ⑤바라다. 원함. ⑥그. 어세를 돕는 조사. ❷①몇. ②자주.
〔幾萬 기만〕 몇 만.
〔幾望 기망〕 음력 14일 밤. 또는, 그날 밤의 달.
〔幾微 기미〕 낌새. 機微(기미).
〔幾百 기백〕 몇 백.
〔幾死 기사〕 거의 다 죽게 됨.
〔幾死之境 기사지경〕 거의 다 죽게 된 지경.
〔幾日 기일〕 몇 날.
〔幾千 기천〕 몇 천.
〔幾何 기하〕 얼마. 몇. 幾許(기허).
〔幾何級數 기하급수〕 어느 항과 그 다음 항과의 비(比)가 일정한 급수. 等比級數(등비급수).
〔幾許 기허〕 ➡幾何(기하).

广部 엄호

0 **广** 3 집 **엄**

중yǎn(옌) 일ゲン 영house

갑 금 자원 **상형자.** 한쪽 벽면이 없는 집을 나타낸 자. 산이나 바위 언덕에 기대어 지은 집을 가리킴. 广으로 구성된 글자는 집과 관계되어 있는 경우가 많음.

한자 부수의 하나.

풀이 ①집. ②마룻대.

5 * **広** 廣(광)의 약자 →249쪽

5 **庁** 廳(청)의 약자 →250쪽

6 *2 **庄** 莊(장)의 속자 →645쪽

7 **庐** 廬(려)의 속자 →250쪽

4 *1 **庇** 7 덮을 **비** (庇)

중pǐ(피) 일ヒ 영cover

풀이 ①덮다. 감싸다. ②덮개. 그늘. ③의탁하다.
〔庇佑 비우〕 ➡庇護(비호).
〔庇護 비호〕 편을 들거나 두둔하여 보호함. 庇佑(비우).

4 ★★4-Ⅱ **床** 7 ❶평상 **상** ❷한상 **상** (床)

丶 亠 广 户 庄 床 床

중chuáng(°추앙) 일ショウ/とこ, ゆか 영table

牀(상:482쪽)의 속자로도 씀.

풀이 ❶평상(平牀). ❷①상. 밥상·책상·평상 따위. ‖冊床(책상). ②소반. ③바닥.
〔床褓 상보〕 음식 차려 놓은 상을 덮는 보자기. 床巾(상건).
〔床石 상석〕 무덤 앞에 제물을 차려 놓기 위해 돌로 상처럼 만들어 놓은 것. 상돌.

◢各床(각상)/兼床(겸상)/鑛床(광상)/交子床(교자상)/起床(기상)/獨床(독상)/苗床(묘상)/飯床(반상)/病床(병상)/溫床(온상)/祭床(제상)/着床(착상)/冊床(책상)/寢床(침상)/平床(평상)

3획

4 ☆*5
7 **序** 차례 **서**

㊥xù(쒸) ㊐ジョ ㊎order

자원 **형성자.** 广(엄)은 의미를 나타내고 予(여)는 음을 나타냄.

풀이 ①차례. ‖順序(순서). ②차례를 매기다. ③담. 벽. ④학교. ⑤서문(序文).

〔序曲 서곡〕 ①오페라·모음곡 등의 개막 전에 연주하는 악곡. ②대체로 소나타 형식을 써서 단악장으로 맺게 된 악곡 형식. ③일이 본격화할 전조(前兆)의 비유.

〔序論 서론〕 본론에 앞서 그 전체에 걸쳐 간략하게 논하는 글. 序說(서설). 緖論(서론). ※本論(본론)·結論(결론).

〔序幕 서막〕 ①연극 따위에서 처음 여는 막. ②일의 시작.

〔序文 서문〕 책이나 논문 등의 첫머리에 그 책의 취지나 내용을 간략히 적은 글. 머리말. 序詞(서사). 序言(서언). ↔跋文(발문).

〔序詞 서사〕 ➡序文(서문).

〔序說 서설〕 ➡序論(서론).

〔序詩 서시〕 머리말 구실을 하는 시.

〔序言 서언〕 ➡序文(서문).

〔序列 서열〕 차례로 정하여 늘어놓음. 또는, 그 차례.

〔序戰 서전〕 싸움의 시작.

〔序奏 서주〕 악곡의 전주(前奏).

〔序次 서차〕 차례.

〔序齒 서치〕 나이순으로 차례를 정함.

◢順序(순서)/秩序(질서)/次序(차서)

5 ☆*3
8 **庚** 일곱째 천간 **경**

㊥gēng(껑) ㊐コウ

갑 자원 **상형자.** 손잡이가 있어 잡고 흔들 수 있는 고대 악기를 본뜬 자. '탈곡하는 농기구'의 상형이라는 설도 있음.

풀이 ①일곱째 천간(天干). 방위로는 서(西), 오행으로는 금(金), 계절로는 가을에 해당함. ②나이.

〔庚方 경방〕 24방위의 하나. 서쪽에서 남쪽으로 15도 되는 방향.

〔庚午 경오〕 60갑자의 일곱째.

5 ★*4-Ⅱ
8 **府** 곳집 **부**

㊥fǔ(°푸) ㊐フ ㊎warehouse

자원 **형성자.** 广(엄)은 의미를 나타내고 付(부)는 음을 나타냄.

풀이 ①곳집. ‖府庫(부고). ②서울. 도성. ③영묘(靈廟). ④관아(官衙). 관서(官署). ⑤대관(大官). ⑥죽은 아버지. ‖府君(부군).

〔府庫 부고〕 문서·재화·기물 등을 넣어 두는 창고.

〔府君 부군〕 죽은 아버지나 남자 조상에 대한 존칭.

〔府夫人 부부인〕 조선 시대에, 왕비의 친어머니나 대군(大君)의 아내에게 주던 작호(爵號). 품계는 정1품.

〔府院君 부원군〕 조선 시대에, 왕비의 친아버지나 정1품 공신(功臣)에게 주던 작호.

〔府尹 부윤〕 부(府)의 우두머리.

〔府中 부중〕 ①부(府)의 이름이 붙은 행정 구역의 안. ②높은 벼슬아치의 집안.

◢官府(관부)/權府(권부)/司法府(사법부)/義禁府(의금부)/議政府(의정부)/立法府(입법부)/政府(정부)/總督府(총독부)/行政府(행정부)

5 ★*4
8 **底** ❶밑 **저**★*4 ❷이를 **지**

㊥dǐ(디), dē(떠) ㊐テイ, シ/そこ ㊎bottom

자원 **형성자.** 广(엄)은 의미를 나타내고 氐(저)는 음을 나타냄.

풀이 ❶①밑. 바닥. ‖根底(근저). ②멈추다. ③막히다. ❷①이르다. ②이루다.

〔底力 저력〕 속에 지닌 끈기 있는 힘.

〔底流 저류〕 ①강·바다의 바닥을 흐르는 물결. ②표면에 나타나지 않고 깊은 곳에서 일고 있는 움직임.

〔底邊 저변〕 ①한 분야의 밑바탕을 이루는 부분. ②'밑변'의 구용어.

〔底本 저본〕 문서의 초고(草稿).

〔底意 저의〕 속에 품은 생각.

◢根底(근저)/基底(기저)/到底(도저)/徹底(철저)/海低(해저)

5 ☆*5
8 **店** 가게 **점**

㊥diàn(띠엔) ㊐テン/みせ ㊎shop

자원 **형성자.** 广(엄)은 의미를 나타내고 占(점)은 음을 나타냄.

풀이 ①가게. ②여관(旅館).

〔店頭 점두〕 가게 앞.

〔店房 점방〕 가게로 쓰는 방.

〔店員 점원〕 상점에서 일하는 종업원.

〔店鋪 점포〕 상점. 店舖(점포).

◢開店(개점)/露店(노점)/賣店(매점)/本店(본점)/分店(분점)/商店(상점)/書店(서점)/支店(지점)/閉店(폐점)

5 8 庖[1] 부엌 포 庖

㊥páo(파오) ㊐ホウ ㊎kitchen

풀이 ①부엌. ‖庖廚(포주). ②요리사. ③푸주. 정육점.

〔庖丁 포정〕 소·돼지 등을 잡는 일을 업으로 하던 사람. 白丁(백정).

6 9 度[☆*6] ❶법도 도☆*6 ❷헤아릴 탁*6 度

丶 亠 广 庀 庐 庐 庹 度

㊥dù(뚜), duó(두어) ㊐ド, タク ㊎law, consider

자원 형성자. 又(우)는 의미를 나타내고 庶(서)의 생략형인 庐는 음을 나타냄.

풀이 ❶①법도. ②제도. 규정(規程). ③한도. ④정도. ⑤자. 길이의 표준. ⑥풍채. ‖風度(풍도). ⑦도량. ⑧가락. ⑨차례. 회(回). ❷헤아리다. ‖忖度(촌탁).

〔度量 도량〕 ①도(度)와 양(量). 곧, 길이와 용적(容積). ②마음의 너그러운 정도. 局量(국량). ③재거나 되거나 하여 사물의 양을 따짐. ④길이를 재는 자와 양을 재는 되.

〔度量衡 도량형〕 길이·부피·무게 등의 단위를 재는 법.

〔度數 도수〕 ①거듭하는 횟수. ②각도·온도·광도 등의 크기를 나타내는 수.

〔度外視 도외시〕 중요하지 않은 것으로 여겨 소홀히 하거나 무시함.

〔度牒 도첩〕 수계(受戒)한 승려에게 나라에서 내주던 신분증명서.

〔度支 탁지〕 옛날 벼슬 이름. 나라의 재정과 조세 징수를 맡아보았음.

◢角度(각도)/感度(감도)/強度(강도)/硬度(경도)/經度(경도)/高度(고도)/光度(광도)/極度(극도)/難度(난도)/明度(명도)/密度(밀도)/法度(법도)/頻度(빈도)/速度(속도)/純度(순도)/濕度(습도)/深度(심도)/年度(연도)/用度(용도)/緯度(위도)/溫度(온도)/節度(절도)/粘度(점도)/程度(정도)/制度(제도)/濟度(제도)/進度(진도)/差度(차도)/彩度(채도)/尺度(척도)/忖度(촌탁)/態度(태도)/限度(한도)

6 9 庠[*2] 학교 상 庠

㊥xiáng(시앙) ㊐ショウ ㊎school

풀이 ①학교. 중국의 옛날 학교. ‖庠序(상서). ②향학(鄕學).

7 10 庫[★*4] 곳집 고 간 库 庫

丶 亠 广 户 启 启 宣 庫

㊥kù(쿠) ㊐コ, ク/くら ㊎warehouse

자원 회의자. 广(집 엄)과 車(수레 거)가 합쳐진 자로, 수레 또는 병거(兵車)를 보관하는 곳을 나타냄.

풀이 ①곳집. 창고. ‖寶庫(보고). ②무기고. ③서고(書庫).

〔庫房 고방〕 '광'의 원말.

〔庫直 고직〕 관아의 창고를 지키는 사람. 고지기.

◢國庫(국고)/金庫(금고)/冷藏庫(냉장고)/武器庫(무기고)/文庫(문고)/寶庫(보고)/書庫(서고)/入庫(입고)/在庫(재고)/車庫(차고)/倉庫(창고)/出庫(출고)/火藥庫(화약고)

7 10 庭[☆*6] 뜰 정 庭

丶 亠 广 广 庄 庄 庭 庭

㊥tíng(팅) ㊐テイ/にわ ㊎garden

자원 형성자. 广(엄)은 의미를 나타내고 廷(정)은 음을 나타냄.

풀이 ①뜰. ‖庭園(정원). ②집안. ③조정(朝廷). 궁중. ⓢ廷. ④관아.

〔庭球 정구〕 테니스.

〔庭試 정시〕 나라에 경사가 있을 때, 대궐 안마당에서 보이던 과거(科擧).

〔庭園 정원〕 집 안의 뜰.

◢家庭(가정)/校庭(교정)/宮庭(궁정)/法庭(법정)/親庭(친정)

7 10 座[★*4] 자리 좌 座

丶 亠 广 广 应 应 座 座

㊥zuò(쭈어) ㊐ザ/すわる ㊎seat

자원 회의 겸 형성자. 广(집 엄)과 坐(앉을 좌)가 합쳐진 자로, '앉는 곳', '자리'의 뜻을 나타냄. 广은 의미를 나타내고 坐는 의미와 음을 겸하여 나타냄.

풀이 ①자리. ‖座席(좌석). ②깔개. ③지위. ④별자리. ⑤부처 따위를 세는 단위.

〔座談 좌담〕 여러 사람이 한자리에 앉아 어떤 문제에 대해 의견을 주고받는 일. ‖座談會(좌담회).

〔座上 좌상〕 ①여러 사람이 모인 자리. 座中(좌중). 席上(석상). ②그 좌석에서 나이가 가장 많은 사람.

〔座席 좌석〕 앉는 자리.

〔座禪 좌선〕 앉아서 참선함. 坐禪(좌선).

〔座右 좌우〕 좌석의 오른편. 또는, 그

엳.
〔座右銘 좌우명〕 곁에 써 두고 늘 보면서 경계로 삼는 격언·명언(名言).
〔座長 좌장〕 집회 따위의 석상에서 추대받아 그 자리를 이끄는 가장 어른이 되는 사람.
〔座前 좌전〕 ➡座下(좌하).
〔座中 좌중〕 여러 사람이 모인 자리. 또는, 모여 앉은 여러 사람. 座上(좌상).
〔座標 좌표〕 ①점의 위치를 나타내는 수치. 자리표. ②사물이 처해 있는 위치나 형편의 비유.
〔座下 좌하〕 편지에서 받아 볼 사람의 이름 밑에 쓰는 경칭. 座前(좌전).
〔座興 좌흥〕 여러 사람이 모인 자리의 흥.
◢講座(강좌)/計座(계좌)/權座(권좌)/寶座(보좌)/星座(성좌)/首座(수좌)/御座(어좌)/王座(왕좌)

8 11 康 ★★4-Ⅱ 편안할 강 | 康

丶 亠 广 户 庐 康 康 康

㊥kāng(캉) ㊐コウ ㊎peaceful

갑 금 자원 **지사자.** 흔들어서 소리를 내는 고대 악기를 나타내는 庚(경)과 그 아래에 찍힌 네 개의 점(악기 소리의 추상적 부호)으로 구성된 자. 악기를 연주해 귀와 마음을 즐겁게 한다는 뜻에서 '안락', '화락'을 나타냄. 일설에는 탈곡하는 농기구와 거기서 떨어지는 낟알을 나타내는 자라는 주장도 있음.

풀이 ①편안하다. 편안하게 함. ‖平康(평강). ②화목하다. ③즐기다. ④오거리. 오달(五達)하는 길. ⑤겨. ㊟糠.
〔康健 강건〕 몸에 탈이 없고 건강함.
〔康衢 강구〕 사방으로 통하는 번화한 거리.
〔康衢煙月 강구연월〕《'번화한 거리에서 연기 사이로 은은하게 비치는 달빛'이라는 뜻으로》 태평한 시대의 평화로운 거리 풍경.
〔康寧 강녕〕 몸이 건강하고 마음이 편안함.
〔康熙 강희〕 청나라 성조(聖祖) 때의 연호.
〔康熙字典 강희자전〕 청나라 성조(聖祖) 때 장옥서(張玉書)·진정경(陳廷敬) 등이 칙명에 따라 편찬한 자전(字典).
◢健康(건강)/小康(소강)/安康(안강)/平康(평강)

8 11 庶 ★★3 뭇 서 | 庶

丶 亠 广 户 庐 庐 庐 庶

㊥shù(˚쑤) ㊐ショ/もろもろ

갑 자원 삼각형 모양의 돌을 불에 달구어 그것으로 음식물을 익히는 데 사용했음을 나타내는 자라는 설(갑골문 첫째 자)과 낭떠러지〔厂〕 아래에 솥〔ㅂ〕을 걸고 불〔火〕을 지펴 음식물을 익히고 있는 모습을 나타내는 자라는 설(갑골문 둘째 자) 등이 있음.

풀이 ①뭇. 여러. ②많다. 풍부함. ③벼슬 없는 사람. ④첩의 자식. ⑤지손(支孫). ⑥거의. 가깝다.
〔庶幾 서기〕 거의.
〔庶母 서모〕 아버지의 첩.
〔庶務 서무〕 특정 명목이 없는 일반적인 사무. 또는, 그 일을 맡은 사람.
〔庶民 서민〕 ①아무 벼슬이 없는 일반 평민. 庶人(서인). ②경제적으로 중류 이하의 생활을 하는 사람.
〔庶孫 서손〕 서자(庶子)의 아들. 또는, 적자의 소실이 낳은 아들.
〔庶孼 서얼〕 서자와 그 자손.
〔庶人 서인〕 ➡庶民(서민)①.
〔庶子 서자〕 ①첩이 낳은 아들. ↔嫡子(적자). ②적장자(嫡長子) 이외의 아들. 衆子(중자).
〔庶政 서정〕 모든 정사(政事).
〔庶族 서족〕 서자 자손의 혈족.
〔庶出 서출〕 첩이 낳은 자식. ↔嫡出(적출).
〔庶派 서파〕 서자의 자손.
◢嫡庶(적서)

8 11 庵 *1 암자 암 | 庵

㊥ān(안) ㊐アン/いおり
㊎small (Buddhist) temple

풀이 ①암자. ㊟菴. ②아호(雅號)에 곁들이는 호칭.
〔庵子 암자〕 ①큰 절에 딸린 작은 절. ②승려가 임시로 거처하며 수도하는 집.

8 11 庸 ★★3 쓸 용 | 庸

丶 亠 广 户 庐 肩 肩 庸

㊥yōng(융) ㊐ヨウ/もちいる ㊎use

갑 금 자원 **회의자.** 고대 악기를 나타내는 庚(경)과 '사용'의 뜻을 가지는 用(용)이 합쳐진 자. 본뜻은 '쓰다'.

풀이 ①쓰다. ‖登庸(등용). ②애쓰다. 고생. ③늘. 한결같음. ④범상(凡常). 보통. ‖凡庸(범용).
〔庸劣 용렬〕 변변하지 못하고 졸렬함. 庸愚(용우).
〔庸人 용인〕 평범한 사람. 凡人(범인).

3획

〔庸才 용재〕 보잘것없는 재주.
〔庸拙 용졸〕 용렬하고 못남.
◢登庸(등용)/凡庸(범용)/中庸(중용)

12 廟 廟(묘)의 고자 →249쪽

9 * 廂 행랑 상
12

㊥xiāng(씨앙)
㊐ショウ, ソウ/ほそどの
풀이 ①행랑. ②곁방. 몸채에 딸린 방.

9 *2 庾 곳집 유
12

㊥yǔ(위) ㊐ユ/くら ㊍warehouse
풀이 ①곳집. ②노적가리. ③활 이름.

9 * 廁 뒷간 측 / ㉥치 ㊌厠 ㉠厕
12

㊥cè(처) ㊐シ/かわや ㊍toilet
풀이 ①뒷간. ②돼지우리.
〔廁間 측간〕 변소.

12 廃 廢(폐)의 약자 →249쪽

10 ★*3-II 廊 복도 랑
13

亠 广 庐 庐 庐 底 廊 廊

㊥láng(랑) ㊐ロウ ㊍corridor
자원 **형성자.** 广(엄)은 의미를 나타내고 郞(랑)은 음을 나타냄.
풀이 ①복도. ②행랑.
〔廊屬 낭속〕 하인배(下人輩)의 총칭.
〔廊下 낭하〕 ①대문 안에 죽 벌여 있어 하인들이 거처하는 방. 行廊(행랑). ② 복도.
◢舍廊(사랑)/柱廊(주랑)/行廊(행랑)/畫廊(화랑)/回廊(회랑)

10 ★*3 廉 청렴 렴 ㉠廉
13

亠 广 产 产 序 庐 廉 廉

㊥lián(리엔) ㊐レン/つましい
㊍uprightness
자원 **형성자.** 广(엄)은 의미를 나타내고 兼(겸)은 음을 나타냄.
풀이 ①청렴. 청렴함. ‖清廉(청렴). ② 검소하다. ③값싸다. ④간략하다. ⑤곧다. 바름. ⑥모가 나다.
〔廉價 염가〕 싼값. 安價(안가).
〔廉潔 염결〕 청렴하고 결백함. 廉白(염백).
〔廉士 염사〕 청렴한 선비. 廉夫(염부).
〔廉隅 염우〕 ①품행이 방정하고 절조가 굳음. ② ➡廉恥(염치).
〔廉正 염정〕 마음이 깨끗하며 공정함.
〔廉直 염직〕 청렴하고 강직함.
〔廉察 염찰〕 몰래 남의 사정을 살핌.
〔廉恥 염치〕 체면이나 부끄러움을 아는 마음. 廉隅(염우).
〔廉探 염탐〕 몰래 사정을 조사함.
◢無廉(무렴)/低廉(저렴)/清廉(청렴)

10 * 廈 큰 집 하 ㊋厦
13

㊥shà(°싸) ㊐カ ㊍big house
풀이 ①큰 집. ‖廈屋(하옥). ②집. 지붕을 길게 아래로 달아낸 집.

11 *1 廓 ❶둘레 곽 ❷클 확
14

㊥kuò(쿠어) ㊐カク/くるわ
㊍circumference, wide
풀이 ❶①둘레. ‖輪廓(윤곽). ②외성(外城). ❷①크다. ②너그럽다. ③텅 비다. ④바로잡다.
〔廓大 확대〕 넓혀 크게 함.
〔廓然 확연〕 넓고 텅 비어 있음.
〔廓正 확정〕 부정이나 악습 등을 바로잡아 고침.
◢城廓(성곽)/外廓(외곽)/輪廓(윤곽)

11 *1 廏 마구간 구 ㊋廐廄 ㉠厩
14

㊥jiù(찌우) ㊐キュウ/うまや ㊍stable
풀이 ①마구간. ②마소가 모이는 곳.
〔廏舍 구사〕 마구간.
◢馬廏(마구)

14 * 廐 廏(구)의 속자 →248쪽

11 * 廖 공허할 료
14

㊥liáo(리아오) ㊐リョウ ㊍empty
풀이 공허하다.

11 廕 덮을 음
14

㊥yìn(인) ㊐イン/かばう ㊍cover
풀이 ①덮다. 가려 줌. ②그늘.
〔廕官 음관〕 조상이나 부모의 덕으로 얻은 벼슬.
〔廕補 음보〕 조상의 덕으로 벼슬을 얻

음. 廕敍(음서). 廕補(음보).

12 15 廣 ☆*5
[1]넓을 **광** [2]넓이 **광** | [약][간] 広广 廣

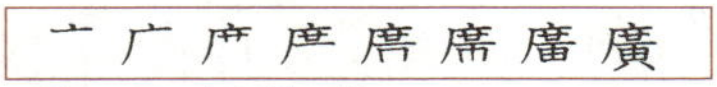

[중]guǎng(구앙) [일]コウ/ひろい
[영]broad, breadth
[자원] **형성자.** 广(엄)은 의미를 나타내고 黃(황)은 음을 나타냄.
[풀이] [1]①넓다. 넓힘. ‖廣野(광야). ②퍼지다. [2]①넓이. ‖廣狹(광협). ②가로. 너비. [통]橫.
〔廣告 광고〕 ①세상에 널리 알림. ②고객 유치를 위하여 상품·서비스 내용 등을 대중에게 알림.
〔廣軌 광궤〕 철도에서 선로와 선로 사이의 너비가 1.435m보다 넓은 궤도. ↔狹軌(협궤).
〔廣大 광대〕 넓고 큼. 宏大(굉대).
〔廣大無邊 광대무변〕 넓고 커서 끝이 없음.
〔廣漠 광막〕 땅이 넓고 아득함.
〔廣木 광목〕 무명실로 당목(唐木)처럼 폭이 넓게 짠 피륙.
〔廣問 광문〕 ①널리 탐문함. ②여러 사람에게 선물을 보냄.
〔廣範 광범〕 범위가 넓음.
〔廣範圍 광범위〕 넓은 범위.
〔廣野 광야〕 아득하게 너른 들.
〔廣域 광역〕 넓은 구역이나 범위.
〔廣義 광의〕 넓은 의미. ↔狹義(협의).
〔廣作 광작〕 농사를 많이 지음.
〔廣場 광장〕 많은 사람이 모일 수 있게 거리에 만들어 놓은, 넓은 빈 터.
〔廣闊 광활〕 넓고 막힌 데가 없음.

12 15 廟 **3
사당 **묘** | [고][간] 庿庙 廟

[중]miào(미아오) [일]ビョウ/たまや
[영]ancestral shrine
[자원] **형성자.** 广(엄)은 의미를 나타내고 朝(조)는 음을 나타냄.
[풀이] ①사당. ‖宗廟(종묘)/廟室(묘실). ②위패(位牌). ③빈소(殯所). ④왕궁의 정전(正殿).
〔廟堂 묘당〕 종묘(宗廟)와 명당(明堂). 廟庭(묘정). 朝廷(조정).
〔廟社 묘사〕 종묘와 사직(社稷).
〔廟議 묘의〕 (‘묘당에서 열리는 회의’라는 뜻으로) 조정의 회의. 朝議(조의).
〔廟庭 묘정〕 ➡廟堂(묘당).
〔廟號 묘호〕 임금이 죽은 뒤에 생전의 공덕을 기리어 붙인 이름.
◢家廟(가묘)/孔廟(공묘)/文廟(문묘)/祖廟(조묘)/宗廟(종묘)

12 15 廡
[1]집 **무** [2]무성할 **무** | [간] 庑 廡

[중]wǔ(우) [일]ブ [영]house
[풀이] [1]①집. ‖廡舍(무사). ②큰 집. ③복도. [2]무성하다.

12 15 廝
하인 **시** | [속] 厮 廝

[중]sī(쓰) [일]シ/しもべ [영]servant
[풀이] ①하인. ‖廝舍(시사). ②천하다. ③나누다. ④서로.

12 15 廛 *1
가게 **전** | [속] 厘 廛

[중]chán(°찬) [일]テン/みせ [영]store
[풀이] ①가게. ②집터. ③밭. 100묘의 밭.
〔廛房 전방〕 물건을 늘어놓고 파는 가게. 廛鋪(전포).
〔廛鋪 전포〕 ➡廛房(전방).
◢六矣廛(육의전)

12 15 廚 *1
부엌 **주** | [속] 厨 廚

[중]chú(°추) [일]チュウ, ズ/くりや
[영]kitchen
[풀이] ①부엌. ‖廚房(주방). ②요리사. ③주막. 역참(驛站).
〔廚房 주방〕 음식을 만들거나 차리는 방.

12 15 廠 *1
헛간 **창** | [속][간] 厰厂 廠

[중]chǎng(°창) [일]ショウ/かりや [영]shed
[풀이] ①헛간. 벽 없는 집. ‖廠舍(창사). ②공장.
◢基地廠(기지창)/兵器廠(병기창)/船廠(선창)/造兵廠(조병창)

12 15 廢 **3-II
폐할 **폐** | [약][간] 廃废 廢

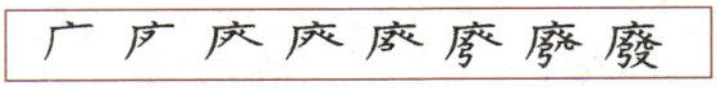

[중]fèi(°페이) [일]ハイ/すたれる
[영]abolish, abandon
[자원] **형성자.** 广(엄)은 의미를 나타내고 發(발)은 음을 나타냄.
[풀이] ①폐하다. ‖廢棄(폐기). ②엎드리다. ③떨어지다. ④그만두다.
〔廢家 폐가〕 ①사람이 살지 않고 버린 집. 廢屋(폐옥). ②후사(後嗣)가 없어 가계의 혈통이 끊김. 또는, 그 집. 絶家(절가). ③호주가 스스로 그 일가를 폐하는 행위.

〔廢刊 폐간〕 신문·잡지 등의 간행을 폐지함.
〔廢鑛 폐광〕 광산이나 탄광을 폐지함. 또는, 그 광산·탄광.
〔廢校 폐교〕 학교를 폐지함. 또는, 그 학교. ↔開校(개교).
〔廢君 폐군〕 폐위된 임금. 廢主(폐주).
〔廢棄 폐기〕 ①못 쓰게 된 것을 버림. ②조약의 효력을 잃게 함.
〔廢立 폐립〕 임금을 폐하고 새로 다른 임금을 세움.
〔廢物 폐물〕 못 쓰게 된 물건.
〔廢妃 폐비〕 왕비의 자리에서 물러나게 함. 또는, 그 왕비.
〔廢庶人 폐서인〕 벼슬이나 신분적 특권을 빼앗아 서민이 되게 함. 또는, 그렇게 된 사람.
〔廢水 폐수〕 쓰고 난 뒤에 버리는 더러운 물.
〔廢業 폐업〕 영업을 그만둠. ↔開業(개업).
〔廢位 폐위〕 왕위(王位)를 폐함.
〔廢油 폐유〕 이미 사용하여 더 사용할 수 없게 된 기름.
〔廢人 폐인〕 ①병으로 몸을 망친 사람. ②쓸모없이 된 사람.
〔廢帝 폐제〕 폐위된 황제.
〔廢朝 폐조〕 ①임금이 조회를 폐지함. ②폐군(廢君)의 시대.
〔廢族 폐족〕 조상이 범한 중죄로 인해 그 자손이 벼슬을 못하게 된 집안.
〔廢主 폐주〕 ➡廢君(폐군).
〔廢止 폐지〕 실시하던 제도·법규·계획 등을 폐하여 그만둠. 革罷(혁파).
〔廢紙 폐지〕 쓰고 버린 종이. 휴지.
〔廢車 폐차〕 낡거나 못 쓰게 된 차를 없앰. 또는, 그 차.
〔廢黜 폐출〕 벼슬을 떼고 내보냄. 免黜(면출). 罷免(파면).
〔廢品 폐품〕 쓰고 난 뒤 버리는 물품.
〔廢合 폐합〕 폐하여 다른 것에 합침.
〔廢墟 폐허〕 성곽·건물 등이 무너져 황폐한 터. 廢址(폐지).
◢改廢(개폐)/全廢(전폐)/存廢(존폐)/頹廢(퇴폐)/撤廢(철폐)/荒廢(황폐)

13 16 * **廩** 곳집 **름** 㢝

㊥lǐn(린) ㊐リン/くら ㊎granary

풀이 ①곳집. ‖倉廩(창름). ②갈무리하다. 저장함. ③모이다. ④녹미(祿米). ‖廩料(늠료).

16 19 *2 **廬** 오두막 **려** 속 간 庐庐 廬

㊥lú(루) ㊐ロ/いおり ㊎hut

풀이 ①오두막. ②주막. ③임시 거처. ④집. ‖草廬(초려).
〔廬幕 여막〕 궤연(几筵)이나 무덤 옆에 지은, 상제가 거처하는 초막.
〔廬墓 여묘〕 상제가 여막에 살면서 무덤을 지키는 일.
◢三顧草廬(삼고초려)

22 25 ★*4 **廳** 관청 **청** 약 간 庁厅 廳

亠 广 𢇁 𢇁 𢇁 𢇁 𢇁 廳

㊥tīng(팅) ㊐チョウ ㊎public office

자원 **형성자.** 广(엄)은 의미를 나타내고 聽(청)은 음을 나타냄.

풀이 ①관청(官廳). 관아. ‖市廳(시청). ②대청. 집.
〔廳舍 청사〕 관청의 건물.
◢官廳(관청)/區廳(구청)/郡廳(군청)/大廳(대청)/道廳(도청)/本廳(본청)/守廳(수청)/市廳(시청)/政廳(정청)/祭廳(제청)/支廳(지청)/退廳(퇴청)

廴部 민책받침

0 3 **廴** 길게 걸을 **인**

㊥yǐn(인) ㊐イン

전 자원 **상형자.** 네거리의 상형자인 行(행)의 왼쪽 부분인 彳(조금 걸을 척) 자의 아랫부분을 변형한 자임.

한자 부수의 하나.

풀이 길게 걷다. 보폭(步幅)을 길게 떼어 걸음.

4 7 ★*4 **延** 끌 **연** 延

丿 亻 下 正 𢌜 延 延

㊥yán(옌) ㊐エン/のびる ㊎delay

갑 전 자원 **회의자.** 네거리를 뜻하는 彳(척)의 변형인 廴(인)과 止(발 지)가 합쳐진 자로, '멀리 걸어가다'를 뜻함. 여기에서 '끌다', '길다' 등의 뜻이 파생됨.

풀이 ①끌다. 미룸. ‖延期(연기). ②늘어서다. 포진함. ③미치다. 도달함. ④길다. 멂. ⑤수를 종합하다.
〔延見 연견〕 손님을 맞아들여 만나 봄. 接見(접견).
〔延期 연기〕 정한 기한을 뒤로 미룸.
〔延面積 연면적〕 건축물 각 층의 바닥 면적을 합한 전체 면적.
〔延命 연명〕 목숨을 겨우 이어 감.
〔延性 연성〕 물질이 지니는 성질의 하나. 길게 또는 넓게 늘어나는 성질.

〔延人員 연인원〕 어떤 일에 종사한 인원을, 하루에 완성한 것으로 가정하여 계산한 총수. 2명이 사흘 걸린 경우, 연인원은 6명임.
〔延長 연장〕 ①길이·시간 등을 늘려 길게 함. ↔短縮(단축). ②수학에서, 주어진 선분을 늘이는 일.
〔延長戰 연장전〕 정한 시간 내에 승부가 나지 않을 경우, 시간을 연장하여 싸우는 경기.
〔延着 연착〕 정한 시각보다 늦게 도착함.
〔延滯 연체〕 기한 안에 이행해야 할 채무나 납세를 지체함.
〔延坪數 연평수〕 여러 층으로 된 건물에서, 각 층을 합친 평수.
◢蔓延(만연)/順延(순연)/壓延(압연)/外延(외연)/展延(전연)/遲延(지연)

★✱3-Ⅱ
4 7 **廷** 조정 **정**

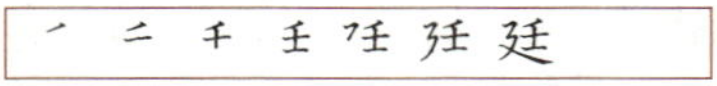

丿 二 千 壬 𡈼 廷 廷

㊥tíng(팅) ㊐テイ/にわ
㊢(Royal) Court
자원 **형성자.** 廴(인)은 의미를 나타내고 壬(임)은 음을 나타냄.
풀이 ①조정(朝廷). ‖廷議(정의). ②관아(官衙). 관청. ③공정하다.
〔廷論 정론〕 조정의 논의.
〔廷議 정의〕 조정의 의견. 朝議(조의).
◢開廷(개정)/宮廷(궁정)/法廷(법정)/入廷(입정)/朝廷(조정)/出廷(출정)/退廷(퇴정)/閉廷(폐정)/休廷(휴정)

8 **廻** 廻(회)와 동자 →251쪽

☆✱5
6 9 **建** ❶세울 **건** ❷엎지를 **건** ㊋ 建

フ ㅋ ㅋ 크 聿 ⺪聿 建 建

㊥jiàn(찌엔) ㊐ケン, コン/たてる
㊢build
갑 **자원** **회의자.** 彳 모양은 네거리의 상형, 丨 모양은 붓의 상형, ⺕ 모양은 붓을 잡은 손의 상형으로, 붓으로 거리의 설계도를 그리는 것을 나타냄.
풀이 ❶①세우다. ‖建設(건설). ②월건(月建). 달의 간지(干支). ③별 이름. 북두(北斗) 위에 있는 여섯 별. ❷엎지르다.
〔建功 건공〕 공을 세움.
〔建國 건국〕 나라를 세움. 肇國(조국). 開國(개국).
〔建立 건립〕 ①건물·기념비 등을 만들어 세움. ②기관·조직체 등을 새로 조직함. 樹立(수립).
〔建物 건물〕 가옥·창고 등의 건축물.
〔建白 건백〕 관청이나 윗사람에게 의견을 말함. 建言(건언).
〔建設 건설〕 ①건물·시설 등을 새로 세움. ②조직체를 새로 이룩함.
〔建設的 건설적〕 좋은 방향으로 이끌어 가려는 (것). 生產的(생산적).
〔建言 건언〕 ➡建白(건백).
〔建元 건원〕 연호(年號)를 제정함.
〔建議 건의〕 어떤 문제에 대해 의견이나 희망을 제시함. 또는, 그 의견이나 희망. ‖建議書(건의서).
〔建材 건재〕 건축에 필요한 재료.
〔建造 건조〕 건물이나 배 등을 만듦. ‖建造物(건조물).
〔建策 건책〕 방책이나 계획을 세움.
〔建築 건축〕 집·절 등의 건조물을 세움. 建立(건립).
〔建坪 건평〕 건물이 자리 잡은 터의 평수.
◢封建(봉건)/再建(재건)/重建(중건)/創建(창건)/土建(토건)

3획

✱2
6 9 **廻** 돌 **회** ㊂ 廽 ㊎ 回 廻

㊥huí(후에이) ㊐カイ, エ/まわる
㊢turn
풀이 ①돌다. ‖廻轉(회전). ②방향을 바꾸다. ③피하다. ④퍼지다.
〔廻轉 회전〕 빙빙 돎. 回轉(회전).
〔廻避 회피〕 책임지지 않고 피하거나 꺼림. 回避(회피).
◢上廻(상회)/巡廻(순회)/迂廻(우회)/輪廻(윤회)/下廻(하회)

廾部 스물입발

0 3 **廾** 들 **공**

㊥gǒng(궁) ㊐キョウ/ささげる
갑 전 **자원** **상형자.** 두 손으로 무엇을 받들고 있는 모습을 나타낸 자.
한자 부수의 하나.
풀이 들다.

✱
1 4 **廿** 스물 **입** ㊂ 卄 廿

㊥niàn(니엔) ㊐ジュウ ㊢twenty

✱2
2 5 **弁** 고깔 **변** 弁

㊥biàn(삐엔) ㊐ベン/かんむり
㊎conical cap
풀이 ①고깔. 관. ②빠르다. 서두름. ③두려워하다.
〔弁韓 변한〕 삼한(三韓)의 하나. 낙동강 하류에 형성된 부족 국가. 弁辰(변진).

★✱3-Ⅱ
4 7 **弄** 희롱할 **롱**

一 丅 干 王 王 弄 弄

㊥nòng(눙) ㊐ロウ/もてあそぶ
㊎ridicule
갑 전 자원 **회의자.** 두 손을 뜻하는 廾(공)과 玉(구슬 옥)이 합쳐진 자로, 두 손으로 옥을 만지작거리고 있는 모습을 나타냄. 여기에서 '가지고 놀다', '희롱하다'의 뜻이 나옴.
풀이 ①희롱하다. ‖弄玩(농완). ②놀이. ③노리개. 장난감. ④마음대로 다루다. ⑤좋아하다.
〔弄假成眞 농가성진〕 장난 삼아 한 일이 진심으로 한 일처럼 됨.
〔弄奸 농간〕 남을 농락하는 간사한 짓.
〔弄權 농권〕 권력을 제 마음대로 씀.
〔弄談 농담〕 농으로 하는 말. ↔眞談(진담).
〔弄瓦之慶 농와지경〕 딸을 낳은 즐거움. ※弄璋之慶(농장지경).
〔弄玩 농완〕 재미로 가지고 놂. 玩弄(완롱).
〔弄月 농월〕 달을 바라보며 즐김. ‖吟風弄月(음풍농월).
〔弄璋之慶 농장지경〕 아들을 낳은 즐거움. ※弄瓦之慶(농와지경).
〔弄調 농조〕 농으로 하는 말투.
〔弄蕩 농탕〕 남녀가 난잡하게 놂.
〔弄筆 농필〕 ①희롱조로 지은 글. ②멋을 부려 쓴 글씨. ③사실을 왜곡하여 씀.
◢飜弄(번롱)/玩弄(완롱)/愚弄(우롱)/才弄(재롱)/嘲弄(조롱)/戲弄(희롱)

6 9 **弈** 바둑 **혁**

㊥yì(이) ㊐エキ
奕(혁:175쪽)은 딴 자.
풀이 ①바둑. 바둑을 둠. ②도박. ③휘장.
〔弈棋 혁기〕 바둑.

★✱3-Ⅱ
12 15 **弊** 해어질 **폐** 간 弊

丶 丷 㡀 㡀 㡀 敝 敝 弊

㊥bì(삐) ㊐ヘイ/やぶれる
㊎be broken
자원 **형성자.** 廾(공)은 의미를 나타내고 敝(폐)는 음을 나타냄.
풀이 ①해어지다. 부수다. ㊐敝. ‖弊衣(폐의). ②쓰러지다. 엎어짐. ㊐斃. ③나쁘다. ④폐. ‖民弊(민폐). ⑤피로하다. 지침. ㊐疲. ⑥자기 사물에 붙이는 겸칭. ‖弊社(폐사).
〔弊家 폐가〕 자기 집의 겸칭. 弊屋(폐옥).
〔弊國 폐국〕 자기 나라의 겸칭. 敝國(폐국). 弊邦(폐방). ↔貴國(귀국).
〔弊端 폐단〕 옳지 못한 경향이나 해로운 요소.
〔弊社 폐사〕 자기 회사의 겸칭.
〔弊習 폐습〕 ①나쁜 버릇. ② ➡弊風(폐풍).
〔弊屋 폐옥〕 ➡弊家(폐가).
〔弊邑 폐읍〕 ①자기 고장의 겸칭. ②나쁜 풍습이 많아 다스리기 어려운 고장. 敝邑(폐읍).
〔弊衣 폐의〕 해어진 옷. 敝衣(폐의).
〔弊政 폐정〕 폐단이 많은 정치. 惡政(악정). 秕政(비정).
〔弊風 폐풍〕 폐해가 되는 못된 풍습. 弊習(폐습).
〔弊害 폐해〕 폐단으로 생기는 해.
◢舊弊(구폐)/民弊(민폐)/百弊(백폐)/病弊(병폐)/惡弊(악폐)/語弊(어폐)/作弊(작폐)/疲弊(피폐)

弋部 주살익

0 3 **弋** 주살 **익**

㊥yì(이) ㊐ヨク/いぐるみ
갑 전 자원 **상형자.** 가지가 벌어진 나무줄기에 가로목을 대어 만든 말뚝의 모습을 나타낸 자. 본뜻은 '말뚝'이나 뒷날 '주살'의 뜻을 갖게 됨.
한자 부수의 하나.
풀이 ①주살. 오늬에 줄을 매어 쏘는 화살. ②사냥하다.
〔弋獵 익렵〕 날짐승을 활로 쏘아 잡고 길짐승을 쫓아가 잡음. 弋射(익사).

5 **弍** 二(이)의 고자 →18쪽
貳(이)의 고자 →716쪽

☆✱6
3 6 **式** 법 **식**

一 二 亍 丐 式 式

3획

㊥shì(˚쓰) ㊐シキ, ショク/のり
㊎method

자원 **형성자.** 工(공)은 의미를 나타내고 弋(익)은 음을 나타냄.

풀이 ①법. 표준. ‖法式(법식). ②본받다. ③나타내다. ④절하다. ⑤식. ㉮의식(儀式). ‖卒業式(졸업식). ㉯수학에서, 산식(算式). ‖方程式(방정식). ㉰방식. ‖自動式(자동식). ⑥투. ‖軍隊式(군대식).

〔式年 식년〕 정례적으로 과거를 보이던 해. 곧, 자(子)·묘(卯)·오(午)·유(酉) 등의 간지(干支)가 드는 해.
〔式年科 식년과〕 식년마다 보이던 과거(科擧). 문과(文科)·무과(武科)·생원 진사과(生員進士科)·역과(譯科)·의과(醫科)·음양과(陰陽科)·율과(律科)가 있었음.
〔式辭 식사〕 식장에서 주최측이 인사로 하는 말.
〔式順 식순〕 의식의 차례.
〔式場 식장〕 의식을 올리는 장소.
〔式典 식전〕 행사를 치르는 법식. 또는, 정해진 방식에 따라 치르는 행사. 儀式(의식).

◢格式(격식)/公式(공식)/舊式(구식)/單式(단식)/圖式(도식)/等式(등식)/方式(방식)/法式(법식)/複式(복식)/書式(서식)/數式(수식)/濕式(습식)/新式(신식)/略式(약식)/洋式(양식)/樣式(양식)/禮式(예식)/要式(요식)/儀式(의식)/立式(입식)/正式(정식)/株式(주식)/韓式(한식)/形式(형식)

10 *1
13 **弑** 죽일 **시** 弑

㊥shì(˚쓰) ㊐シ, シイ/しいす
㊎murder a superior

풀이 ①죽이다. 윗사람을 죽임. ‖弑害(시해). ②살해하다.

〔弑君 시군〕 섬기던 임금을 죽임.
〔弑殺 시살〕 ➡弑害(시해).
〔弑逆 시역〕 ➡弑害(시해).
〔弑害 시해〕 부모나 임금을 죽임. 弑殺(시살). 弑逆(시역).

弓部 활궁

0 ☆*3-Ⅱ
3 **弓** 활 **궁** 弓

ㄱ ㄱ 弓

㊥gōng(꿍) ㊐キュウ/ゆみ ㊎bow

갑 금 전 **자원** **상형자.** 활의 모양을 본뜬 자.

부 한자 부수의 하나.

풀이 ①활. ‖洋弓(양궁). ②궁술(弓術).

〔弓弩 궁노〕 활과 쇠뇌.
〔弓師 궁사〕 ①활을 만드는 사람. 弓人(궁인). ②활 쏘는 일을 주로 하는 사람. 활잡이.
〔弓手 궁수〕 활 쏘는 군사.
〔弓術 궁술〕 활 쏘는 기술. 射法(사법).
〔弓矢 궁시〕 활과 화살. 弓箭(궁전).
〔弓形 궁형〕 활처럼 굽은 모양. 활꼴.

◢角弓(각궁)/國弓(국궁)/名弓(명궁)/石弓(석궁)/洋弓(양궁)

1 ☆*4-Ⅱ
4 **引** ❶당길 **인** ❷가슴걸이 **인** 引

ㄱ ㄱ 弓 引

㊥yǐn(인) ㊐イン/ひく, むながい
㊎draw

갑 전 **자원** **회의자.** 갑골문은 활을 나타내는 弓(궁)과 사람을 나타내는 大(대)가 합쳐진 자로, 사람이 활을 당기고 있는 모습을 나타냄. 소전에서는 大 자가 '화살'(일설에는 '시위')을 나타내는 丨(곤)으로 대체됨.

풀이 ❶①당기다. 끌어당김. 잡아당김. ‖萬有引力(만유인력). ②끌다. ㉮길게 잡아 늘이다. ㉯인도하다. ‖引率(인솔). ㉰인용하다. ③물러나다. 물리침. ‖引退(인퇴). ④떠맡다. 책임 따위를 짐. ‖引責(인책). ⑤길이 10장(丈). 열 길. ⑥문체(文體)의 하나. 서문(序文). ❷①가슴걸이. ②끈. 상여를 끄는 줄. ③악곡(樂曲). ‖箜篌引(공후인).

〔引見 인견〕 아랫사람을 불러들여 만나 봄. 引接(인접).
〔引繼 인계〕 어떤 일이나 물건 등을 넘겨주거나 넘겨받음.
〔引渡 인도〕 물건·권리 등을 넘겨줌.
〔引導 인도〕 ①이끌어 지도함. ②길이나 장소를 안내함.
〔引力 인력〕 공간적으로 떨어져 있는 물체끼리 서로 끌어당기는 힘.
〔引枋 인방〕 건물의 기둥들 사이 벽에 가로지른 나무. ‖上引枋(상인방).
〔引上 인상〕 ①물건 등을 끌어 올림. ②값이나 봉급·요금 등을 올림. ↔引下(인하).
〔引率 인솔〕 여러 사람을 이끌고 감.
〔引受 인수〕 권리·물건 등을 넘겨받음.
〔引用 인용〕 남의 말이나 글을 자신의 말이나 글 속에 넣어 씀.
〔引證 인증〕 인용하여 증거로 삼음. 또는, 그 증거.
〔引責 인책〕 어떤 잘못에 대한 책임을 스스로 짐. 引咎(인구).
〔引出 인출〕 예금 등을 찾음.
〔引致 인치〕 관청 따위에서 강제로 불러들임. 拘引(구인).

〔引下 인하〕 ①물건 등을 끌어내림. ②가격 등을 내림. ↔引上(인상).
〔引火 인화〕 불이 옮겨 붙음. 導火(도화). ‖引火物(인화물).
〔引換 인환〕 바꿈. 交換(교환).
◢牽引(견인)/拘引(구인)/索引(색인)/誘引(유인)/割引(할인)/吸引(흡인)

★★3
1 弔 4 ❶조상할 조★★3 ❷이를 적 | 속 吊

ㄱ ㅋ 弓 弔

중diào(띠아오)
일チョウ, チャク, テキ/とむらう, いたる
영condole

갑 전 자원 **회의자.** 갑골문에서 보듯, 사람이 주살(줄 달린 화살)을 메고 있는 모습을 나타냄. 丨(곤)은 사람, 弓(궁)은 주살의 변형임. 뒷날 '죽은 사람을 애도하다'의 뜻으로 가차됨.

풀이 ❶①조상(弔喪)하다. ②위문하다. 문안. ③불쌍히 여기다. ‖弔恤(조휼). ④매달다. ‖弔橋(조교). ❷이르다. 닿음.
〔弔客 조객〕 조상(弔喪)하는 사람. 弔問客(조문객).
〔弔哭 조곡〕 남의 죽음을 슬퍼하여 욺. 또는, 그 울음.
〔弔橋 조교〕 양 언덕에 줄 따위를 건너지르고 거기에 매단 다리. 懸橋(현교).
〔弔旗 조기〕 조의를 표하기 위하여 기폭 한 폭만큼 내려서 다는 국기. 半旗(반기).
〔弔問 조문〕 ➡弔喪(조상).
〔弔問客 조문객〕 ➡弔客(조객).
〔弔詞 조사〕 조상(弔喪)의 뜻을 적은 글. 弔辭(조사).
〔弔喪 조상〕 사람의 죽음에 대해 애도의 뜻을 표함. 弔問(조문).
〔弔詩 조시〕 조의(弔意)를 나타낸 시.
〔弔意 조의〕 남의 죽음을 슬퍼하는 마음.
〔弔電 조전〕 조의(弔意)를 담은 전보.
〔弔鐘 조종〕 ①죽은 사람에 대한 슬픔을 나타내기 위하여 치는 종. ②어떤 사물이 종말을 고하는 것의 비유.
〔弔燭 조촉〕 장례 때 쓰는 초.
〔弔砲 조포〕 군대에서 조의(弔意)를 나타내기 위하여 쏘는 예포(禮砲).
〔弔恤 조휼〕 불쌍히 생각하고 구제함.
◢慶弔(경조)/謹弔(근조)

*2
2 弗 5 아닐 불

ㄱ ㅋ 弓 弗 弗

중fú(°푸) 일フツ/あらず 영not

갑 자원 **회의자.** 갑골문에서, 두 개의 세로획은 '굽은 나무'나 '화살'의 상형이고, 弓(궁) 자 모양은 '한 가닥 끈'의 상형으로, 끈으로 나무나 화살을 묶어서 바르게 세워 놓는 것을 나타냄. '바로잡다'가 본뜻이나 뒷날 부정사(否定詞)로 가차됨.

풀이 ①아니다. '不(불)'보다 강한 부정. ②빠른 모양. 세차고 왕성한 모양. ③근심하다. ④달러(dollar). ‖弗貨(불화).
〔弗化 불화〕 어떤 물질이 플루오린과 화합하는 것.
〔弗貨 불화〕 달러를 단위로 하는 화폐. 곧, 미국의 화폐. 달러화.

★★3
2 弘 5 넓을 홍

ㄱ ㅋ 弓 弘 弘

중hōng(훙) 일コウ, グ/ひろい

갑 금 전 자원 **지사자.** 갑골문·금문에서 보듯, 弓(활 궁)에 비스듬한 획을 하나 덧붙여 활의 가장 단단한 부분을 나타냄. 소전에 이르러 그 획이 厶(마늘 모)로 바뀜.

풀이 ①넓다. ㉮넓다. ‖弘大(홍대). ㉯널리. ‖弘益(홍익). ㉰넓히다. ②크다.
〔弘經 홍경〕 불법을 널리 폄.
〔弘報 홍보〕 널리 알림. 또는, 그 보도.
〔弘誓 홍서〕 널리 중생을 구하고자 하는 부처의 서원(誓願).
〔弘益 홍익〕 ①큰 이익. ②널리 이롭게 함.
〔弘益人間 홍익인간〕 널리 인간을 이롭게 함. 단군의 건국이념임.

*1
3 弛 6 느슨할 이

중chí(°츠) 일シ/ゆるむ

풀이 ①느슨하다. ㉮느슨하게 하다. 늦춤. ‖解弛(해이). ㉯풀리다. 죄었던 것이 풀어짐. ②활시위를 벗기다. ③게으르다. ④쉬다. 쉬게 함.
〔弛緩 이완〕 ①근육 따위가 느슨해짐. ②정신이 풀려서 느슨해짐. ↔緊張(긴장).
◢解弛(해이)

☆*8
4 弟 7 아우 제

丶 丷 䒑 当 肖 弟 弟

중dì(띠) 일テイ, ダイ/おとうと
영younger brother

갑 전 자원 **회의자.** 말뚝에 줄을 감아 놓은 모양을 나타냄. 줄을 차례차례 감았다는 데에서 '차례', '순서' 등이 본뜻이었으나

3획

뒷날 '아우'의 뜻이 파생됨.
풀이 ①아우. ‖兄弟(형제). ②나이 어린 사람. ③겸양의 자칭(自稱). ④제자. ‖師弟(사제). ⑤공손하다.
〔弟夫 제부〕 여자가 자기 여동생의 남편을 이르는 말.
〔弟嫂 제수〕 남자가 자기 남동생의 아내를 이르는 말. 季嫂(계수). 弟婦(제부). ↔兄嫂(형수).
〔弟子 제자〕《스승은 부형(父兄)과 같다는 데서》 스승의 가르침을 받거나 받은 사람. 門人(문인).
◢難兄難弟(난형난제)/徒弟(도제)/妹弟(매제)/師弟(사제)/子弟(자제)/妻弟(처제)/兄弟(형제)/呼兄呼弟(호형호제)

*1
5 8 **弩** 쇠뇌 **노**

㊥nǔ(누) ㊐ド/おおゆみ
풀이 쇠뇌. 화살이나 돌을 여러 개 잇달아 쏠 수 있게 만든 큰 활.
〔弩手 노수〕 쇠뇌를 쏘는 사람.

*
8 **弥** 彌(미)와 동자 →257쪽

*2
5 8 **弦** 활시위 **현**

㊥xián(시엔) ㊐ゲン/つる ㊎string
자원 **형성자.** 弓(궁)은 의미를 나타내고 玄(현)은 음을 나타냄.
풀이 ①활시위. ②활시위의 울림 소리. ③반달. ‖上弦(상현).
〔弦影 현영〕 반달 모양. 또는, 그 빛.
〔弦月 현월〕 초승달.
◢弓弦(궁현)/上弦(상현)/下弦(하현)

*1
5 8 **弧** 활 **호**

㊥hú(후) ㊐コ/ゆみ ㊎bow
풀이 ①활. 나무로 만든 활. ②기(旗)를 매달아 펴져 있게 하는 기구. ③굽은 선. 활 모양의 선. ‖弧狀(호상). ④별 이름.
〔弧矢 호시〕 나무로 된 활과 화살.
〔弧形 호형〕 활의 모양.
◢括弧(괄호)

9 **弯** 彎(만)의 약자 →257쪽

6 9 **弭** 활 **미**

㊥mǐ(미) ㊐ビ/ゆはず
풀이 ①활. 각궁(角弓). 소·양 등의 뿔로 된 활. ②활고자. 시위를 메는, 활의 양 끝.

☆*6
7 10 **弱** 약할 **약**

㊥ruò(°루어) ㊐ジャク/よわい ㊎weak
자원 활시위가 끊어지거나 느슨해진 모양을 두 개 합쳐 놓은 자라는 설, 새가 피로에 지쳐 날개를 축 늘어뜨린 모양이라는 설, 구부정한 나무의 상형이라는 설 등이 있으나 아직 정설이 없음.
풀이 ①약하다. 약한 자. ‖弱小(약소). ②쇠약해지다. ③날씬하다. 허리가 가늚. ④어리다. 연소(年少)함. 주로 20세 미만을 이름. ‖弱冠(약관). ⑤어떤 수보다 작은 수.
〔弱骨 약골〕 ①몸이 허약한 사람. 弱質(약질). ②약한 골격. 孱骨(잔골).
〔弱冠 약관〕《남자가 20세에 관례를 한다는 뜻으로》 남자 나이 20세. 넓은 뜻으로는 20세 전후의 나이를 가리킴.
〔弱年 약년〕 어린 나이.
〔弱勢 약세〕 약한 세력. ↔強勢(강세).
〔弱小 약소〕 약하고 작음.
〔弱視 약시〕 약한 시력. 또는, 그런 시력을 가진 사람.
〔弱肉強食 약육강식〕《약한 자가 강한 자에게 먹힌다는 뜻으로》 강한 것이 약한 것을 차지하거나 침해함.
〔弱音 약음〕 약한 음. 또는, 약한 소리.
〔弱者 약자〕 힘·능력 등이 약한 자. ↔強者(강자).
〔弱點 약점〕 부족하거나 떳떳하지 못한 점. 缺點(결점). 短所(단소).
〔弱卒 약졸〕 약한 병졸. 弱兵(약병).
〔弱質 약질〕 허약한 체질. 또는, 그런 체질을 가진 사람. 弱骨(약골).
〔弱體 약체〕 ①허약한 몸. ②약한 조직체.
〔弱化 약화〕 세력 따위가 약하게 됨. 또는, 약하게 함. ↔強化(강화).
◢強弱(강약)/懦弱(나약)/老弱(노약)/文弱(문약)/微弱(미약)/薄弱(박약)/病弱(병약)/貧弱(빈약)/纖弱(섬약)/衰弱(쇠약)/心弱(심약)/軟弱(연약)/幼弱(유약)/柔弱(유약)/脆弱(취약)/虛弱(허약)

3획

☆*6
8 11 **強** ❶굳셀 **강** ❷힘쓸 **강** ❸단단할 **강** 속 强

㊥qiáng, qiǎng(치앙) ㊐キョウ, ゴウ/つよい ㊎strong
자원 **형성자.** 虫(충)은 의미를 나타내고 弘(홍)은 음을 나타냄. 본래 쌀 따위를

갉아먹는 바구미를 뜻했으나, 뒷날 '강하다'의 뜻으로 가차됨.
풀이 ⑧彊. ❶①굳세다. 세력이 크다. ‖强國(강국). ②강하게 하다. ③굳센 것. 큰 세력. ④나머지. 많은 수. ❷①힘쓰다. 힘써 함. ②억지로. 억지로 하게 함. ‖强姦(강간). ❸①단단하다. ②거스르다. 거역함.
〔强姦 강간〕 강제로 부녀자를 간음(姦淫)함.
〔强健 강건〕 굳세고 건강함.
〔强勁 강경〕 타협이나 굽힘이 없이 자기 주장·뜻을 고집함. 强硬(강경).
〔强固 강고〕 굳세고 튼튼함.
〔强骨 강골〕 굽히지 않는 굳센 기질.
〔强國 강국〕 세력이 큰 나라.
〔强弓 강궁〕 탄력성이 센 활.
〔强勸 강권〕 억지로 권함.
〔强記 강기〕 오래도록 잘 기억함. 또는, 그 기억. ‖博覽强記(박람강기).
〔强大 강대〕 세력이 강하고 큼.
〔强盜 강도〕 위협·폭력 등으로 남의 재물을 빼앗는 도둑. 또는, 그런 행위.
〔强力 강력〕 힘이나 작용이 강함.
〔强烈 강렬〕 강하고 맹렬함.
〔强買 강매〕 억지로 삼. 勒買(늑매).
〔强賣 강매〕 억지로 사게 함. 抑賣(억매).
〔强迫 강박〕 어쩔 수 없도록 다그침. ‖强迫觀念(강박 관념).
〔强辯 강변〕 무리하게 자기 주장을 끝까지 우기거나 합리화함.
〔强兵 강병〕 강한 병사나 군대.
〔强勢 강세〕 ①강한 세력이나 형세. ↔弱勢(약세). ②물가·증권 시세 등이 올라감. ③악센트.
〔强心劑 강심제〕 심장의 작용이 약해졌을 때 그것을 회복시키는 약제.
〔强壓 강압〕 강제로 억누름.
〔强弱 강약〕 ①강함과 약함. ②강자와 약자.
〔强要 강요〕 무리하게 요구함.
〔强靭 강인〕 억세고 질김.
〔强者 강자〕 힘·능력 등이 강한 자. ↔弱者(약자).
〔强壯劑 강장제〕 체력을 증진시키는, 영양제 따위의 약제.
〔强敵 강적〕 강한 적수나 상대. 勁敵(경적).
〔强制 강제〕 ①남의 행위나 의사를 억제함. ②법률에 의하여 어떤 행위를 하게 하거나 못하게 하는 일.
〔强調 강조〕 어떤 일에 대하여 특히 힘주어 말함.
〔强直 강직〕 관절의 움직임에 장애가 있는 것.
〔强震 강진〕 진도 5의 강한 지진. 진동이 중진(中震)과 열진(裂震) 사이.
〔强請 강청〕 무리하게 청함.
〔强取 강취〕 ➡强奪(강탈).
〔强打 강타〕 ①강하게 때림. ②치명적인 타격.
〔强奪 강탈〕 강제로 빼앗음. 强取(강취).
〔强風 강풍〕 ①세게 부는 바람. ②초속 13.9~17.1m의 강한 바람. 센바람.
〔强行 강행〕 강제로 행함.
〔强行軍 강행군〕 ①무리함을 무릅쓰고 먼 거리를 급히 가는 행군. ②어떤 일을 짧은 시간 안에 끝내려고 무리하게 함.
〔强豪 강호〕 세력이 강하여 맞서서 겨루기 힘든 상대.
〔强化 강화〕 튼튼하게 함. ↔弱化(약화).
◢堅强(견강)/莫强(막강)/補强(보강)/富强(부강)/列强(열강)/頑强(완강)/增强(증강)

★*4 8 11 **張** 베풀 **장** 간 张 張

ㄱ ㄱ 弓 引 弡 弫 張 張

㊥zhāng(°짱) ㊐チョウ/はる
자원 **형성자.** 弓(궁)은 의미를 나타내고 長(장)은 음을 나타냄.
풀이 ①베풀다. 벌여놓음. 벌임. 차림. ②당기다. 활시위·악기 줄 등을 팽팽하게 함. ③매다. 활시위·악기 줄 등을 맴. ④펴다. ⑤자랑하다. 크게 떠벌림. ‖誇張(과장). ⑥장. 물건을 세는 단위. ⑦별자리 이름. 28수(宿)의 하나.
〔張力 장력〕 당기거나 당겨지는 힘. ‖表面張力(표면 장력).
〔張本人 장본인〕 나쁜 일을 빚어낸 바로 그 사람.
〔張三李四 장삼이사〕 (('장씨의 셋째, 이씨의 넷째 아들'이란 뜻으로)) 이름이나 신분이 특별하지 않은 평범한 사람들. ※甲男乙女(갑남을녀).
〔張皇 장황〕 쓸데없이 번거롭고 긺.
◢誇張(과장)/緊張(긴장)/伸張(신장)/主張(주장)/出張(출장)/擴張(확장)

* 12 **强** 強(강)의 속자 →255쪽

12 **弾** 彈(탄)의 약자 →257쪽

*2 9 12 **弼** 도울 **필** 弼

㊥bì(삐) ㊐ヒツ/たすける
풀이 ①돕다. ㉮보좌함. ‖輔弼(보필). ㉯보좌하는 사람. 보좌역. ②도지개. 틈이 나거나 뒤틀린 활을 바로잡는 틀. ③어그러지다.
〔弼成 필성〕 도와서 이룸.
◢輔弼(보필)

3획

12 **彈** ★*4 [1]탄환 **탄** [2]튀길 **탄** | [약] 弾 [간] 弹
15

(필순) 一 コ 弓 弓ᄆ 弓ᄆᄆ 彈 彈 彈

[중]dàn(딴), tán(탄) [일]ダン, タン/たま, はじく [영]bullet, spring

[갑] [전]  [자원] **형성자.** 갑골문은 활시위에 금속 탄알을 걸어 놓은 활을 나타내는 회의자였으나, 소전에서는 형성자가 되어 弓(궁)은 의미를 나타내고 單(단)은 음을 나타냄.

[풀이] [1]①탄환. 대포·총 등의 탄알. ‖砲彈(포탄). ②활. 탄알을 쏘는 활. [2]①튀기다. ㉮튕겨지다. ㉯손으로 튀기어 털다. ②쏘다. 탄알을 쏨. ‖彈射(탄사). ③두드리다. 침. ④타다. 연주함.

〔彈琴 탄금〕 거문고나 가야금을 탐.
〔彈道 탄도〕 발사된 탄알이 공중으로 날아가는 길. ‖彈道彈(탄도탄).
〔彈力 탄력〕 ①용수철처럼 튀거나 팽팽하게 버티는 힘. ②상황에 따라 유연하게 대응하는 능력. ③탄성체가 어떤 변화에 반발하여 본래대로 되돌아가려는 힘.
〔彈性 탄성〕 외력(外力)에 의하여 변하였다가 그 외력이 없어지면 본래대로 돌아가는 성질. ‖彈性體(탄성체).
〔彈壓 탄압〕 무력·권력 등으로 강제로 억누름.
〔彈奏 탄주〕 ①가야금·거문고·바이올린 등의 현악기를 연주함. ②죄상을 밝혀 아룀.
〔彈皮 탄피〕 탄환이나 포탄의 껍데기.
〔彈劾 탄핵〕 ①죄상을 따져 문책함. ②고위 공무원의 잘못을 밝히고 파면시키는 법적 절차의 하나.
〔彈丸 탄환〕 총·포 등의 탄알.
〔彈痕 탄흔〕 탄알에 맞은 흔적.

◢糾彈(규탄)/防彈(방탄)/散彈(산탄)/實彈(실탄)/流彈(유탄)/肉彈(육탄)/裝彈(장탄)/敵彈(적탄)/指彈(지탄)/擲彈(척탄)/銃彈(총탄)/砲彈(포탄)/爆彈(폭탄)/凶彈(흉탄)

13 **彊** *2 [1]굳셀 **강** [2]힘쓸 **강** [3]굳을 **강**
16

[중]qiáng, qiǎng(치앙) [일]キョウ, ゴウ/つよい [영]strong

[풀이] [통]強. [1]①굳세다. ②강한 활. [2]①힘쓰다. ②억지로. 억지로 하게 함. [3]굳다.

◢自彊(자강)

14 **彌** *2 두루 미칠 **미** | [동][간] 弥
17

[중]mí(미) [일]ビ, ミ

[풀이] ①두루 미치다. 널리 퍼짐. ②멀리. ③오래 끌다. 오래됨. ④차다. 가득 메움. ⑤더욱. ⑥깁다. 꿰맴. ‖彌縫(미봉).

〔彌久 미구〕 동안이 매우 오래됨.
〔彌勒 미륵〕 범어 Maitreya의 음역. ①➡彌勒菩薩(미륵보살). ②돌부처.
〔彌勒菩薩 미륵보살〕 석가에게서 미래에 부처가 될 수기(授記)를 받은 후 도솔천에 올라가 지내다가, 석가의 입멸(入滅) 후 56억 7천만 년 뒤에 세상에 와서 중생을 제도한다는 보살. 彌勒(미륵). 彌勒佛(미륵불).
〔彌滿 미만〕 널리 사방에 꽉 차 그들먹함. 彌漫(미만).
〔彌縫 미봉〕《터진 곳을 임시로 얽어맨다는 뜻으로》 빈 곳이나 잘못된 것을 임시변통으로 이리저리 꾸며 댐.
〔彌縫策 미봉책〕 임시변통으로 둘러대어 때워 나가는 방책.

◢沙彌(사미)/須彌(수미)

19 **彎** *1 굽을 **만** [본]**완** | [약][간] 弯
22

[중]wān(완) [일]ワン/まがる [영]bend

[풀이] ①굽다. 활처럼 굽음. ‖彎曲(만곡). ②당기다. 활시위를 당김. ‖彎弓(만궁).

〔彎曲 만곡〕 활처럼 굽음. 彎屈(만굴).
〔彎弓 만궁〕 활시위를 당김.
〔彎月 만월〕 활 모양을 한 달. 곧, 초승달이나 그믐달.

彐部 튼가로왈 彐 ⺕ 彑

0 **彐** 돼지머리 **계**
3

[중]jì(찌) [일]ケイ [영]pig's head

한자 부수의 하나.

6 **彑** 多(다)의 속자 →168쪽

6 **当** 當(당)의 약자 →513쪽

5 **彔** * 나무 새길 **록**
8

[중]lù(루) [일]ロク

[풀이] 나무를 새기다.

6 **彖** * 판단할 **단**
9

[중]tuàn(투안) [일]タン [영]judge

[풀이] 판단하다.

3획

8 彗 11 *1 비 **혜**

[중]huì(후에이) [일]セイ, スイ/ほうき [영]broom

[풀이] ①비. 쓸어 내는 기구. ‖彗掃(혜소). ②쓸다. ③살별. 혜성.

〔彗星 혜성〕 ①밝고 긴 꼬리를 끌고 타원 궤도를 그리며 운행하는 태양계 내의 천체. 꼬리별. 살별. 尾星(미성). ②어떤 분야에 갑자기 두각을 나타내는 존재의 비유.

9 彘 12 돼지 **체**

[중]zhì(°쯔) [일]テイ/いのこ, ぶた [영]pig

[풀이] 돼지.

〔彘肩 체견〕 돼지의 어깻죽지에 붙은 살.

10 彙 13 *1 모을 **휘** [본]위 [간]汇

[중]huì(후에이) [일]イ/あつめる [영]gather

[풀이] ①모으다. ②무리. 동류(同類). ‖語彙(어휘). ③고슴도치. ④번성하다.

〔彙報 휘보〕 ①종류별로 모은 기록이나 보고. ②잡지.

◪語彙(어휘)

16 彛 * 彝(이)의 속자 →258쪽

15 彝 18 * 떳떳할 **이** [속]彛

[중]yí(이) [일]イ [영]honorable

[풀이] ①떳떳하다. ②법. 법칙. 영구히 변하지 않는 도(道). ③술항아리. 종묘(宗廟) 제기(祭器)의 한 가지. ‖彝器(이기).

〔彝倫 이륜〕 사람으로서 떳떳이 지켜야 할 도리.

彡部 터럭삼

0 彡 3 터럭 **삼**

[중]shān(°싼) [일]サン/けかざり [영]hair

[자원] **상형자.** 가지런히 나 있는 짐승 털을 본뜬 자. 여기에서 '무늬', '색깔', '빛내다' 등의 뜻이 파생됨.

✎한자 부수의 하나. '三' 자를 뉘어 놓은 모양이므로 '삐친석삼'이라고도 함.

[풀이] ①터럭. 머리털 따위. ②그리다. 붓 따위로 색을 칠하여 그림.

4 彤 7 * 붉게 칠할 **동**

[중]tóng(퉁) [일]トウ/あかぬり [영]color in red

[풀이] ①붉게 칠하다. 붉은 칠. ②붉다. 붉은빛. ‖彤雲(동운).

〔彤弓 동궁〕 붉게 칠한 활. 동시(彤矢)와 함께 천자가 공을 세운 제후에게 하사함.

〔彤矢 동시〕 붉게 칠한 화살.

4 形 7 ☆*6 형상 **형** [본]形 开彡

一 二 于 开 开ノ 形 形

[중]xíng(싱) [일]ケイ, ギョウ/かたち [영]shape

[자원] **형성자.** 彡(삼)은 의미를 나타내고 开(견)은 음을 나타냄.

[풀이] ①형상. 모양. 꼴. ‖形態(형태). ②용모. ③몸. 신체. ④형세. 상태. ⑤나타나다. 드러남.

〔形局 형국〕 ①어떤 일의 형편이나 판국. ②얼굴·묏자리·집터 등의 생김새. 體局(체국).

〔形狀 형상〕 ➡形象(형상)①.

〔形相 형상〕 ➡形象(형상)①.

〔形象 형상〕 ①사물의 생긴 모양. 形狀(형상). 形相(형상). ②어떤 대상에 관하여 마음속에 떠오르는 것.

〔形色 형색〕 ①형상과 빛깔. ②안색이나 표정.

〔形成 형성〕 모양을 이룸.

〔形聲 형성〕 육서(六書)의 하나. 한 글자에서 일부는 뜻을, 일부는 음(音)을 이루는 일. 詞(사)에서 言(언)이 뜻을, 司(사)가 음을 이루는 경우와 같은 것. 諧聲(해성).

〔形勢 형세〕 ①살림살이의 형편. ②일이 되어 가는 형편. 情勢(정세). ③풍수지리에서, 산의 모양과 지세.

〔形式 형식〕 외형(外形)이나 격식. ↔內容(내용).

〔形式的 형식적〕 외부로 나타나 보이는 모양을 위주로 하는 (것).

〔形言 형언〕 표현하여 말함.

〔形容 형용〕 사물의 어떠함을 말이나 글, 몸짓 등으로 나타냄.

〔形而上 형이상〕 《'무형(無形)'이란 뜻으로》 형태로써는 인식할 수 없는 영역, 즉 도(道)를 이름. ↔形而下(형이하).

〔形而下 형이하〕 《'유형(有形)'의 뜻으로》 모양을 갖추어 그것을 보고 인식할 수 있는 영역. ↔形而上(형이상).

〔形迹 형적〕 ①형상과 자취. ②남은 흔적. 形跡(형적).

〔形質 형질〕 생긴 모양과 그 바탕.
〔形體 형체〕 물건의 형태와 그것을 이루고 있는 몸.
〔形態 형태〕 사물의 겉모습.
〔形便 형편〕 ①일이 되어 가는 상태. ②살림살이의 형세.
〔形形色色 형형색색〕 ①가지각색. ②모양이나 빛깔 등이 제각각인 여러 가지.
◢固形(고형)/球形(구형)/弓形(궁형)/畸形(기형)/大形(대형)/圖形(도형)/同形(동형)/模形(모형)/無形(무형)/方形(방형)/變形(변형)/不定形(부정형)/象形(상형)/成形(성형)/小形(소형)/外形(외형)/原形(원형)/圓形(원형)/有形(유형)/異形(이형)/人形(인형)/整形(정형)/造形(조형)/地形(지형)/體形(체형)

*2
6 彥 선비 언 [속] 彦
9

[중]yàn(옌) [일]ゲン [영]scholar
[금] [자원] **회의 겸 형성자.** 文(문)과 厂(한)과 弓(궁)이 합쳐진 자로, 文은 문예, 弓은 무예, 厂은 음을 나타냄. '문무를 겸비한 인재'를 뜻함. 금문의 弓이 소전에서 彡(삼)으로 변했음.
[풀이] 선비. ㉮재주나 학력이 뛰어난 남자. ㉯'남자'의 미칭(美稱).

*2
9 彦 彥(언)의 속자 →259쪽

9 彨 形(형)의 본자 →258쪽

*
7 彧 문채 욱
10

[중]yù(위) [일]イク/あや
[풀이] 문채(文彩).

*2
8 彬 빛날 빈 [고] 份
11

[중]bīn(삔) [일]ヒン [영]glitter
[풀이] ①빛나다. 문채가 빛남. [같]斌. ②밝다. 문채 따위가 또렷하고 환함.
〔彬彬 빈빈〕 글의 내용·수식이 알맞게 갖추어져 있는 모양.

*2
8 彫 새길 조
11

[중]diāo(띠아오) [일]チョウ/ほる [영]carve
[자원] **형성자.** 彡(삼)은 의미를 나타내고 周(주)는 음을 나타냄.
[풀이] ①새기다. 돌·나무 등에 형상·글자 등을 새김. ②꾸미다. ③아로새기다. 금·은 등을 박아 꾸밈.
〔彫刻 조각〕 글씨나 그림 또는 물건의 형상 등을 돌·나무·금속 등에 새김. 또는, 그런 미술 분야.
〔彫像 조상〕 조각한 상(像).
〔彫塑 조소〕 어떤 형상(形像)을 새기는 일과 만드는 일.
〔彫琢 조탁〕 ①돌이나 옥에 새기고 쪼. ②시문 등을 매끄럽고 아름답게 다듬음.
◢木彫(목조)/浮彫(부조)/石彫(석조)/丸彫(환조)

★★3-Ⅱ
8 彩 채색 채
11

[중]cǎi(차이) [일]サイ/いろどり [영]color
[자원] **형성자.** 彡(삼)은 의미를 나타내고 采(채)는 음을 나타냄.
[풀이] ①채색. ㉮아름다운 빛깔. ㉯색을 칠함. ‖彩色(채색). ②무늬. ③빛. ④모양. 풍도(風度).
〔彩度 채도〕 색의 맑고 탁한 정도.
〔彩陶 채도〕 중국의 채문 토기(彩文土器).
〔彩料 채료〕 그림을 그리는 데 쓰는 물감.
〔彩色 채색〕 ①여러 가지의 고운 빛깔. ②색을 칠함.
〔彩筆 채필〕 색을 칠하는 붓.
〔彩畫 채화〕 여러 색을 칠하여 그린 그림. ‖水彩畫(수채화). ↔素描(소묘).
◢光彩(광채)/多彩(다채)/淡彩(담채)/文彩(문채)/色彩(색채)/異彩(이채)/虹彩(홍채)

*
8 彪 범 표
11

[중]biāo(뻬아오) [일]ヒョウ [영]tiger
[금] [자원] **회의자.** 虎(호랑이 호)와 무늬가 화려함을 나타내는 彡(터럭 삼)이 합쳐진 자로, 털의 무늬가 얼룩덜룩한 작은 범을 나타냄.
[풀이] ①범. 작은 범. ②무늬. 범 가죽의 아름다운 무늬. ③밝게 하다. 깨우쳐 줌.

*2
9 彭 [1]성 팽 [2]옆 팽 [본]방
12

[중]péng(평) [일]ホウ, ボウ/かたわら [영]side
[풀이] [1]①성(姓). 중국의 오랜 성씨의 하나. ②땅 이름. ③장수(長壽). 7백 년을 살았다는 팽조(彭祖)에서 비롯된 뜻. [2]①옆. 곁. ②많다. 많은 모양. ③팽창하다.
〔彭湃 팽배〕 ①파도가 서로 부딪쳐 솟구침. ②맹렬한 기세로 일어남. 澎湃

(팽배).

11 14 彰 *2 밝힐 창

[중]zhāng(°짱) [일]ショウ/あらわす [영]reveal
[자원] **형성자.** 彡(삼)은 의미를 나타내고 章(장)은 음을 나타냄.
[풀이] ①밝히다. 드러냄. ‖彰德(창덕). ②밝다. 드러남. 뚜렷함. 환함. ‖彰明(창명). ③무늬. 아름다운 무늬. 문채(文彩).
[彰德 창덕] 남의 미덕이나 선행을 명백히 들어서 밝힘. 또는, 그 덕행.
[彰善 창선] 남의 착한 행실을 밝혀 드러냄.
◢表彰(표창)

3획

12 15 影 ★*3-Ⅱ 그림자 영

ㄇ ㅂ 旦 昌 昌 景 景 影

[중]yǐng(잉) [일]エイ, ヨウ/かげ [영]shadow
[자원] **회의 겸 형성자.** 볕을 뜻하는 景(경)과 무늬를 뜻하는 彡(삼)이 합쳐진 자로, 햇빛을 받아 생긴 무늬, 즉 '그림자'를 나타냄. 彡은 의미를 나타내고 景은 의미와 음을 겸하여 나타냄.
[풀이] ①그림자. ②모양. 모습. 자태(姿態). ③상(象). 초상(肖像). 사진. ‖影幀(영정). ④빛.
[影堂 영당] 한 종파의 조사(祖師)나 한 절의 개조(開祖), 또는 덕이 높은 승려의 화상(畫像)을 모신 사당.
[影本 영본] 금석(金石)에 새긴 글씨나 그림을 종이에 박아 냄. 또는, 그 종이. 拓本(탁본).
[影像 영상] ① ➡影幀(영정). ②광선의 굴절이나 반사에 의해 물체의 상이 비추어진 것. 映像(영상).
[影印本 영인본] 사진 따위로 찍어 원본(元本)과 같이 만든 책.
[影幀 영정] 사람의 얼굴을 그린 족자. 影像(영상).
[影響 영향] 어떤 사물이 다른 사물에 어떤 작용을 미치는 일.
◢射影(사영)/暗影(암영)/陰影(음영)/殘影(잔영)/撮影(촬영)/投影(투영)/幻影(환영)

彳部 두인변

0 3 彳 조금 걸을 척

[중]chì(°츠) [일]テキ [영]hobble
[자원] **상형자.** 네거리의 상형인 行(행)의 생략형으로 본뜻은 '거리'이고 파생된 뜻은 '걷다', '가다'임.
✎한자 부수의 하나.
[풀이] 조금 걷다. 자축거림.

4 7 彷 *1 [1]어정거릴 방 [2]비슷할 방

[중]páng(팡), fǎng(°팡) [일]ホウ/さまよう [영]stroll, similar
[풀이] [1]①어정거리다. 배회(徘徊)함. ②헤매다. [2]비슷하다. [갈]仿·髣.
[彷彿 방불] 거의 비슷함. 髣髴(방불).
[彷徨 방황] ①이리저리 헤매어 돌아다님. ②삶의 분명한 목표를 정하지 못하고 갈팡질팡함.

4 7 役 ★*3-Ⅱ 부릴 역

ノ ㇇ 彳 彳 彸 役 役

[중]yì(이) [일]エキ, ヤク/えだち [영]work
[갑] [자원] **회의자.** 갑골문은 손에 몽둥이를 들고 사람에게 일을 시키고 있는 모습을 나타냄. 여기에서 '일을 시키다', '부리다' 등의 뜻을 갖게 됨.
[풀이] ①부리다. 일을 몰아서 시킴. ‖使役(사역). ②싸움. 전쟁. ‖戰役(전역). ③병사. 사졸(士卒). ④요역(徭役). 부역. ‖役刑(역형). ⑤일. 육체노동. ‖役事(역사). ⑥일하다. 힘씀. ⑦일꾼. ‖役軍(역군). ⑧학도(學徒).
[役軍 역군] ①일정한 부문에서 중요한 구실을 하는 일꾼. ②공사장에서 삯일을 하는 사람. 役丁(역정).
[役事 역사] 토목이나 건축 등의 공사.
[役割 역할] 맡은 일. 구실.
[役刑 역형] 감옥에 가두어 노역을 시키는 형벌.
◢苦役(고역)/勞役(노역)/端役(단역)/代役(대역)/配役(배역)/兵役(병역)/服役(복역)/賦役(부역)/使役(사역)/兒役(아역)/惡役(악역)/徭役(요역)/用役(용역)/轉役(전역)/主役(주역)/重役(중역)/懲役(징역)/退役(퇴역)/荷役(하역)

8 径 徑(경)의 약자 →263쪽

5 8 彿 *1 비슷할 불

[중]fú(°푸) [일]フツ/にかよう [영]similar
[풀이] 비슷하다.
◢彷彿(방불)

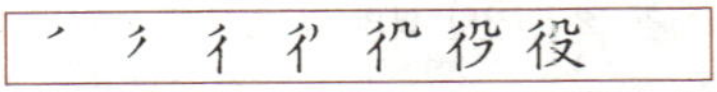

5
往 갈 왕
8
㊄ 徃

丿 彡 彳 彳 彳 彳 往 往

㊥wǎng(왕) ㊐オウ/ゆく ㊎go

갑 금 자원 **형성자.** 갑골문의 윗부분은 止(발 지)로 뜻을 나타내고 아랫부분은 王(왕)으로 음을 나타냄. 금문에 와서 彳(척)을 덧붙여 간다는 의미를 더욱 분명히 했음.

풀이 ①가다. ㉮일정한 곳을 향하여 가다. ㉯이르다. ㉰달아나다. ㉱사람이 죽다. 죽은 사람. ②예. 옛적. 지나간 일. ‖往年(왕년). ③이따금. ‖往往(왕왕). ④보내다. 물품을 보냄. ⑤뒤. 나중.

〔往年 왕년〕 지나간 해.
〔往來 왕래〕 가고 오고 함. 來往(내왕).
〔往復 왕복〕 갔다가 돌아옴. 往返(왕반).
〔往事 왕사〕 지나간 일.
〔往生極樂 왕생극락〕 죽어서 극락세계에 다시 태어남. 極樂往生(극락왕생).
〔往時 왕시〕 지나간 때. 옛적.
〔往往 왕왕〕 이따금. 때때로.
〔往診 왕진〕 의사가 환자 집에 가서 진찰함. ↔外來(외래).
◢既往(기왕)/來往(내왕)/右往左往(우왕좌왕)/已往(이왕)

8
徃 往(왕)의 속자 →261쪽

5
征 갈 정
8

丿 彡 彳 彳 彳 征 征 征

㊥zhēng(°정) ㊐セイ/ゆく ㊎go

자원 **형성자.** 彳(척)은 의미를 나타내고 正(정)은 음을 나타냄. 正(정)의 뜻이 '정벌'에서 '바르다'로 바뀌게 되자 원래의 뜻을 보존하기 위해 만든 자가 征임.

풀이 ①가다. 바르게 감. ②치다. ㉮아랫사람의 잘못을 바로잡다. ㉯천자의 명을 받들어 무도한 자를 치다. ③취(取)하다. 가짐. ④구실. 세금.

〔征途 정도〕 ①여행하는 길. 征路(정로). ②정벌하러 가는 길.
〔征伐 정벌〕 적 또는 죄가 있는 무리를 무력으로써 침.
〔征服 정복〕 정벌하여 복종시킴.
◢遠征(원정)/長征(장정)/出征(출정)/親征(친정)

5
徂 갈 조
8

㊥cú(추) ㊐ソ/ゆく ㊎go

풀이 ①가다. ②비로소. 비롯함. ③나라 이름. 주대(周代)에 있던 나라.

〔徂年 조년〕 지나간 해.

5
彼 저 피
8

丿 彡 彳 彳 彳 彳 彼 彼

㊥bǐ(비) ㊐ヒ/かれ ㊎that

자원 **형성자.** 彳(척)은 의미를 나타내고 皮(피)는 음을 나타냄.

풀이 ①저. ㉮저. 저 사람. ㉯저기. ‖彼岸(피안). ㉰저것. ②그. 그 이. 상대방.

〔彼我 피아〕 그와 나. 또는, 저편과 이편.
〔彼我間 피아간〕 그와 나 사이. 또는, 저편과 이편 사이.
〔彼岸 피안〕 ①사바세계 저쪽에 있는 깨달음의 세계. ②이승의 번뇌를 해탈하여 열반의 세계에 도달함. 또는, 그 경지.
〔彼此 피차〕 ①이것과 저것. ②이쪽과 저쪽의 양쪽.
◢於此彼(어차피)

6
待 기다릴 대
9

彡 彳 彳 彳 待 待 待 待

㊥dāi(따이) ㊐タイ/まつ ㊎wait

자원 **형성자.** 彳(척)은 의미를 나타내고 寺(사)는 음을 나타냄.

풀이 ①기다리다. ‖待望(대망). ②대접하다. 대우함. ‖歡待(환대). ③임용(任用)하다.

〔待機 대기〕 때가 오기를 기다림.
〔待令 대령〕 윗사람의 명령이나 지시·분부가 있기를 기다림.
〔待望 대망〕 기다리고 바람.
〔待遇 대우〕 예의를 갖추어 대함.
〔待人 대인〕 사람을 기다림. 또는, 무엇을 기다리는 사람.
〔待接 대접〕 ①음식을 차려서 접대함. ②예를 차려 대우함.
〔待罪 대죄〕 죄인이 처벌을 기다림. ‖席藁待罪(석고대죄).
〔待避 대피〕 위험이나 난을 임시로 피함.
〔待合室 대합실〕 역·터미널 등에서 차를 기다리며 쉬는 곳.
◢苦待(고대)/恭待(공대)/期待(기대)/冷待(냉대)/薄待(박대)/優待(우대)/接待(접대)/尊待(존대)/賤待(천대)/招待(초대)/特待(특대)/虐待(학대)/忽待(홀대)/歡待(환대)/厚待(후대)

6
律 법 률
9

彡 彳 彳 彳 律 律 律 律

㊥lǜ(뤼) ㊐リツ/のり ㊎law

자원 **형성자.** 彳(척)은 의미를 나타내고 聿(율)은 음을 나타냄.
풀이 ①법. ㉮법령. ‖法律(법률). ㉯형법. ‖律令(율령). ②정도. 비율. ③가락. ‖音律(음률). ④율시(律詩). ⑤불교의 한 종파. ‖律宗(율종).
〔律格 율격〕 율시(律詩)의 격식.
〔律動 율동〕 ①규칙적으로 되풀이되는 운동. ②음률의 곡조. ③리듬에 맞추어 추는 춤.
〔律呂 율려〕 ①국악에서, 음악이나 음성의 가락을 이름. ②음(音)을 음양(陰陽)으로 나누어, 양에 딸린 6음계를 6률(律), 음의 6음계를 6려(呂)라 함.
〔律令 율령〕 형률(刑律)과 법령. 곧, 법률의 총칭.
〔律文 율문〕 ①법률의 조문. ②운율(韻律)이 있는 글.
3획
〔律師 율사〕 계율을 잘 아는 승려.
〔律詩 율시〕 한시의 한 체(體). 8구(句)로 되어 있으며, 1구의 자수(字數)에 따라 오언 율시(五言律詩)·칠언 율시(七言律詩)로 나뉨.
〔律調 율조〕 시의 리듬. 특히, 조선 중세 시가의 음수율(音數律)을 이름.
〔律宗 율종〕 계율을 숭상하는 불교의 한 파.
◢戒律(계율)/規律(규율)/紀律(기율)/法律(법률)/不文律(불문율)/旋律(선율)/韻律(운율)/音律(음율)/自律(자율)/調律(조율)/千篇一律(천편일률)/他律(타율)/黃金律(황금률)

6 * 9 **徇** ❶돌 **순** ❷두루 **순** | 徇

㊥xùn(쒼) ㊐ジュン, シュン/めぐる ㊎turn, widely
풀이 ❶①돌다. ㊐巡·循. ②고시(告示)하다. 널리 알림. ③호령하다. ④좇다. ❷두루. 널리.

6 9 **徉** 어정거릴 **양** | 徉

㊥yáng(양) ㊐ヨウ/さまよう ㊎stroll
풀이 어정거리다. 헤맴.

6 *1 9 **徊** 어정거릴 **회** | 徊

㊥huái(후아이), huí(후에이) ㊐カイ/さまよう ㊎stroll
풀이 ①어정거리다. ‖徘徊(배회). ②꽃 이름. 매괴(玫瑰).
◢徘徊(배회)

6 ☆*7 9 **後** ❶뒤 **후** ❷뒤로할 **후** | 간 后 後

丿 彳 彳 彸 徔 徔 後 後

㊥hòu(허우) ㊐コウ, ゴ/うしろ ㊎back, later
갑 금 자원 **회의자.** '네거리'의 상형인 行(행)의 생략형인 彳(척), '실이나 끈'의 상형인 糸(멱)의 생략형인 幺(요), '발'의 상형인 止(지)의 변형인 夂(치)가 합쳐진 자로, 발목이 끈으로 묶인 죄수가 압송되는 모습을 나타냄. 여기에서 '늦다', '뒤처지다', '뒤'의 뜻이 나옴.
풀이 ❶①뒤. ㉮나아가는 반대쪽. ‖後進(후진). ㉯나중. 장래. ‖後世(후세). ㉰후계자. ‖後嗣(후사). ㉱자손. ㉲엉덩이. ㉳끝이나 마지막 부분. ㉴어떤 일이 끝난 다음. ②늦다. ❷①뒤로하다. ②뒤서다.
〔後見 후견〕 ①일정한 능력이나 역량이 아직 모자라는 사람이나 대상에 대하여 뒤를 돌보아줌. ②미성년자 또는 금치산자를 보호·대리하여 재산 관리 등을 함.
〔後繼 후계〕 ①뒤를 이음. ②후계자.
〔後光 후광〕 ①부처의 몸에서 비치는 빛. 또는, 불상의 뒤에 붙인 원환(圓環). ②어떤 사물을 더욱 빛나게 하는 배경이 되는 현상.
〔後軍 후군〕 후미(後尾)의 군대. 後陣(후진).
〔後宮 후궁〕 ①제왕의 첩. ②임금이 거처하는 정궁(正宮)의 뒤에 있는 궁전. 後庭(후정).
〔後記 후기〕 ①뒷날의 기록. ②본문 뒤에 기록함. 또는, 그 기록.
〔後期 후기〕 ①뒤의 기간이나 시기. ②뒷날을 위한 기약.
〔後年 후년〕 ①올해의 다음다음 해. 再明年(재명년). ②뒤에 오는 해.
〔後代 후대〕 앞으로 올 세대(世代). 後葉(후엽).
〔後來三杯 후래삼배〕 술자리에서 늦게 온 사람에게 권하는 석 잔의 술.
〔後斂 후렴〕 노래 끝에 붙여 되풀이하여 부르는 짧은 몇 마디의 가사.
〔後面 후면〕 뒤쪽의 면. ↔前面(전면).
〔後聞 후문〕 뒤에 들리는 소문. 뒷소문.
〔後味 후미〕 뒷맛.
〔後尾 후미〕 ①뒤쪽의 끝. ②대열의 맨 뒷부분.
〔後半 후반〕 뒤의 절반. ↔前半(전반).
〔後發 후발〕 ①뒤늦게 떠남. ‖後發隊(후발대). ②나중에 쏨.
〔後方 후방〕 ①중심에서부터의 뒤쪽. ②전방에서 싸우는 일선군에 대하여 보급·보충 등에 관한 일을 맡아보는 모든 분야를 이름. ↔前方(전방).
〔後輩 후배〕 ①같은 학교를 자기보다 나중에 마친 사람. 後進(후진). ‖先後輩(선후배). ②학문·덕행·경험·나이 등이 자기보다 뒤진 사람.
〔後壁 후벽〕 뒷벽.
〔後嗣 후사〕 대를 잇는 자식. 後承(후승).

〔後産 후산〕 아이를 낳은 뒤에 태반과 난막이 나오는 일.
〔後生 후생〕 ①뒤에 태어남. 또는, 그 사람. ↔先生(선생). ②뒤에 배운 사람. ③죽은 뒤의 생애. 來生(내생).
〔後世 후세〕 ①다음에 오는 세상. 後代(후대). ②다음 세대의 사람들. 後孫(후손). ③내세(來世).
〔後素 후소〕《그림을 그릴 때 먼저 여러 빛깔로 그리고 나중에 흰 빛깔로 마무리한다는 데서》'회화(繪畫)'의 이칭.
〔後孫 후손〕 여러 대가 지난 뒤의 자손. 後裔(후예).
〔後送 후송〕 ①군대에서, 후방(後方)으로 보냄. ②뒤로 보냄.
〔後手 후수〕 바둑이나 장기 등에서 뒤에 두는 일. ↔先手(선수).
〔後食 후식〕 ①나중에 먹음. ②식사 후 입가심으로 먹는 간단한 음식. 디저트.
〔後身 후신〕 ①다시 태어난 몸. ②사물·조직·단체의 이름이나 형태가 바뀌어 달라진 뒤의 것.
〔後室 후실〕 남의 후처의 경칭. ↔正室(정실).
〔後列 후열〕 뒤에 늘어선 줄. 뒷줄.
〔後葉 후엽〕 ➡後代(후대).
〔後裔 후예〕 ➡後孫(후손).
〔後園 후원〕 집 뒤의 작은 동산이나 정원.
〔後援 후원〕 뒤에서 도움.
〔後衛 후위〕 ①뒤쪽의 호위나 방위. ②축구·테니스·배구 등에서 자기 편의 뒤쪽에서 주로 수비를 맡는 경기자. ③주력 부대의 뒤쪽을 엄호하는 부대. 後衛隊(후위대). ↔前衛(전위).
〔後人 후인〕 후대의 사람.
〔後日 후일〕 뒷날.
〔後任 후임〕 전에 맡아보던 사람에 이어 맡아보는 임무. 또는, 그 임무를 맡은 사람. ↔前任(전임).
〔後者 후자〕 ①두 가지 중 뒤의 것. ↔前者(전자). ②후세의 사람.
〔後場 후장〕 오후에 열리는 증권 거래소 등의 시세.
〔後庭 후정〕 ① ➡後宮(후궁). ②집의 뒤뜰.
〔後主 후주〕 뒤를 이은 군주.
〔後陣 후진〕 ➡後軍(후군).
〔後進 후진〕 ①일정한 발전 수준에서 뒤지거나 뒤떨어짐. 또는, 그런 사람. ② ➡後輩(후배)①. ③뒤쪽으로 감.
〔後妻 후처〕 나중에 맞은 아내. ↔前妻(전처).
〔後天性 후천성〕 후천적인 성질.
〔後退 후퇴〕 ①뒤로 물러남. ②집채의 뒤쪽으로 있는 물림간.
〔後篇 후편〕 전후 두 편으로 된 책이나 영화 등의 나중 편.
〔後學 후학〕 ①후진(後進)의 학자. ②선배 학자에 대하여 자기를 겸손하게 이르는 말. ③후일의 학습에 참고가 될 학문.
〔後患 후환〕 뒷날의 걱정과 근심.
〔後悔 후회〕 예전의 잘못을 깨닫고 뉘우침.
〔後悔莫及 후회막급〕 일이 잘못된 뒤에 아무리 뉘우쳐도 어찌할 수가 없음.
◪今後(금후)/落後(낙후)/老後(노후)/幕後(막후)/無後(무후)/背後(배후)/死後(사후)/事後(사후)/產後(산후)/生後(생후)/先後(선후)/食後(식후)/然後(연후)/豫後(예후)/午後(오후)/以後(이후)/前後(전후)/戰後(전후)/直後(직후)/此後(차후)/最後(최후)/追後(추후)/向後(향후)

6 9 **很** 패려궂을 **흔** 很

㊥hěn(헌) ㊐コン
풀이 ①패려(悖戾)궂다. 말을 듣지 않음. ②어기다. 거스름. ③다투다. ④매우. 몹시.

3획

★✱3-Ⅱ
7 10 **徑** ❶지름길 **경** ❷건널 **경** 약 径 간 径 徑

彳 彳 彳 徑 徑 徑 徑 徑

㊥jìng, jīng(찡) ㊐ケイ/ちかみち
자원 **형성자.** 彳(척)은 의미를 나타내고 巠(경)은 음을 나타냄.
풀이 ❶①지름길. ‖捷徑(첩경). ②작은 길. 좁은 길. 소로(小路). ③논두렁길. 오솔길. ④빠르다. 가까움. ⑤곧다. 정직함. ⑥지름. 통俓. ❷건너다.
〔徑情直行 경정직행〕 예절·법식 등을 지키지 않고 곧이곧대로 행동함. 徑行(경행).
◪口徑(구경)/半徑(반경)/直徑(직경)/捷徑(첩경)

☆✱4
7 10 **徒** 무리 **도** 徒

彳 彳 彳 往 往 徒 徒 徒

㊥tú(투) ㊐ト/とも ㊍group
금 전 자원 **형성자.** 辵(착)은 의미를 나타내고 土(토)는 음을 나타냄.
풀이 ①무리. 동아리. ‖信徒(신도). ②걷다. 걸어감. ‖徒步(도보). ③자. 문인(門人). ④맨손. ‖徒手(도수). ⑤맨발. ⑥죄수. ⑦형벌. 고된 노동을 시키는 형벌. ‖徒刑(도형). ⑧헛되다. ‖徒勞(도로).
〔徒黨 도당〕 사람들의 무리. 주로, 불순한 무리를 이름. 徒屬(도속).
〔徒勞 도로〕 헛된 수고. 헛수고.
〔徒勞無益 도로무익〕 헛되이 애만 쓰

고 아무런 이로움이 없음.
〔徒步 도보〕 탈것을 타지 않고 걸어감.
〔徒手 도수〕 맨손.
〔徒食 도식〕 《먹기만 한다는 뜻으로》 놀고먹음.
〔徒弟 도제〕 ①제자(弟子). ②직업에 필요한 지식·기능을 배우기 위해 스승 밑에서 일하는 직공.
〔徒刑 도형〕 조선 시대, 5형(五刑) 가운데 죄인을 중노동을 시키던 형벌.
◢教徒(교도)/匪徒(비도)/使徒(사도)/生徒(생도)/聖徒(성도)/信徒(신도)/逆徒(역도)/暴徒(폭도)/學徒(학도)

★✱3-Ⅱ
7 徐 천천할 서 | 徐
10

彳 彳 彳 彳 彳 徐 徐 徐

㊥xú(쉬) ㊐ジョ/おもむろ ㊎slow
자원 **형성자.** 彳(척)은 의미를 나타내고 余(여)는 음을 나타냄.
풀이 ①천천하다. 천천히. ‖徐徐(서서). ②평온하다. 조용함. ③고을 이름. ④나라 이름.
〔徐徐 서서〕 움직임이 느리거나 더딤.
〔徐行 서행〕 천천히 감.

10 従 從(종)의 약자 →265쪽

☆✱4-Ⅱ
8 得 얻을 득 | 得
11

彳 彳 彳 彳 彳 徥 得 得

㊥dé(더) ㊐トク/える ㊎get
갑 자원 **회의자.** 갑골문의 왼쪽은 '거리', '걸어감'을 뜻하는 彳(척)을 나타내고 오른쪽 위는 '조개'의 상형으로 화폐를 나타내며 오른쪽 아래는 '손'을 나타냄. 따라서 '거리에서 돈을 줍다'가 본뜻임.
풀이 ①얻다. ‖獲得(획득). ②만족하다. ③깨닫다. 앎. ④맞다. 들어맞음. ‖得意(득의). ⑤득. 이익. ⑥탐하다. 탐냄.
〔得男 득남〕 아들을 낳음. 生男(생남).
〔得達 득달〕 목적한 곳에 다다름.
〔得道 득도〕 ①도를 깨달음. ②오묘한 이치를 깨달음.
〔得隴望蜀 득롱망촉〕 《후한(後漢)의 광무제가 농(隴) 지방을 평정한 후에 다시 촉(蜀) 지방까지 원하였다는 데서》 만족할 줄을 모르고 계속 욕심을 부림.
〔得名 득명〕 이름이 널리 알려짐.
〔得勢 득세〕 ①세력을 얻음. ②형세가 좋아짐.
〔得失 득실〕 ①얻음과 잃음. ②이익과 손해. ③장점과 단점. ④성공과 실패. 得喪(득상).
〔得音 득음〕 노래의 소리가 썩 아름다운 지경에 이름.
〔得意 득의〕 바라던 대로 되어 만족해함. 또는, 이를 뽐냄. ↔失意(실의).
〔得意揚揚 득의양양〕 뜻을 이루어 우쭐거리며 뽐냄.
〔得點 득점〕 시험이나 운동 경기에서 점수를 얻음. 또는, 그 점수.
〔得罪 득죄〕 남에게 잘못하여 죄를 얻음.
〔得票 득표〕 선거에서 표를 얻음.
◢感得(감득)/旣得(기득)/納得(납득)/生得(생득)/說得(설득)/所得(소득)/損得(손득)/修得(수득)/拾得(습득)/習得(습득)/利得(이득)/自業自得(자업자득)/取得(취득)/攄得(터득)/解得(해득)/獲得(획득)

✱
8 徠 ❶올 래 ❷위로할 래 | 통 倈 徠
11

㊥lái, lài(라이)
㊐ライ/くる, ねぎらう
풀이 ❶오다. ㊟來. ❷위로하다.

✱1
8 徘 어정거릴 배 | 徘
11

㊥pái(파이) ㊐ハイ/さまよう
풀이 어정거리다. 왔다 갔다 함.
〔徘徊 배회〕 목적 없이 이리저리 어정거림.

✱1
8 徙 ❶옮길 사 ❷받칠 사 | 徙
11

㊥xǐ(시) ㊐シ/うつす
풀이 ❶①옮기다. 있는 곳을 옮기다. ‖移徙(이사). ②새로워지다. 감화됨. ③넘기다. ④귀양을 보내다. ❷①받치다. 떠받침. ②고을 이름.
〔徙家忘妻 사가망처〕 《이사 가면서 아내를 잊고 두고 간다는 뜻으로》 무엇을 잘 잊음.
◢移徙(이사)

8 徜 어정거릴 상 | 徜
11

㊥cháng(°창) ㊐ショウ/さまよう
풀이 어정거리다. 어디든 마음 내키는 대로 걸어가다.

★✱3-Ⅱ
8 御 ❶어거할 어 ❷막을 어 | 御
11

彳 彳 彳 彳 彳 御 御 御

㊥yù(위) ㊐ギョ, ゴ ㊎drive
갑 자원 **회의자.** 갑골문은 사람이 꿇어앉아 말고삐를 잡고 있는

모습을 나타냄. 뒤에 '발바닥'의 상형으로 '멈춤'을 뜻하는 止(지), 行(행)의 축약형으로 '움직임'을 뜻하는 彳(척)이 추가되어 의미를 더욱 분명히 했음. '말을 부리다', '다스리다', '막다' 등의 의미를 가짐.

풀이 ❶①어거(馭車)하다. 말을 몰다. ②짐승을 길들이다. ③다스리다. ④부리다. 조종함. ⑤임금에 관한 사물에 붙이는 높임말. ❷①막다. 그만둠. ②노(魯)나라의 고을 이름.

〔御駕 어가〕 임금이 타는 수레. 大駕(대가).
〔御覽 어람〕 임금이 봄.
〔御命 어명〕 임금의 명령. 御令(어령).
〔御寶 어보〕 임금의 도장. 國璽(국새).
〔御史出頭 어사출두〕 옛날, 암행어사가 지방 관청에 이르러 중요한 일을 처리하기 위하여 자기 신분을 밝히고 좌기(坐起)를 벌임. 露蹤(노종).
〔御賜花 어사화〕 임금이 문무관에 급제한 사람에게 내리는, 종이로 만든 꽃.
〔御璽 어새〕 '옥새(玉璽)'의 높임말.
〔御書 어서〕 ➡御筆(어필).
〔御押 어압〕 임금의 수결(手決)을 새긴 도장. 御銜(어함).
〔御用 어용〕 ①임금이 쓰는 일. ②정부에서 씀. ③정권의 조종을 받거나, 그에 영합하여 앞잡이 노릇을 하는 것.
〔御衣 어의〕 임금이 입는 옷.
〔御者 어자〕 말을 부리는 사람.
〔御前 어전〕 임금의 앞.
〔御殿 어전〕 임금이 있는 곳.
〔御製 어제〕 임금이 지은 글이나 만든 물건.
〔御題 어제〕 임금이 친히 보이는 과거(科擧)의 글제.
〔御座 어좌〕 ①왕위. ②임금이 앉는 자리.
〔御酒 어주〕 임금이 내리는 술.
〔御眞 어진〕 임금의 초상화나 사진.
〔御札 어찰〕 임금이 쓴 편지.
〔御榻 어탑〕 임금이 앉는 의자.
〔御筆 어필〕 임금이 쓴 글씨. 御書(어서).

◢崩御(붕어)/制御(제어)/統御(통어)

8 11 從 ☆*4 ❶좇을 종 ❷시중들 종 | 약 從 본간 从 從

彳 彳 彳 𢓊 㣥 㣭 從 從

중cōng(충) 일ショウ, ジュウ/したがう 영follow, serve

갑 전 자원 **회의 겸 형성자.** 갑골문은 두 사람이 한쪽을 향해 나란히 서 있는 모양의 회의자로 '좇다', '따라가다'의 뜻을 나타냄. 뒷날 '가다'의 뜻인 辵(착)을 덧붙여(彳+止=辵) 뜻을 분명히 함으로써 회의 겸 형성자가 됨. 현재의 자형에서 辵은 의미를 나타내고 从은 의미와 음을 겸하여 나타냄.

풀이 ❶①좇다. ②나아가다. ③하다. 일함. ‖從事(종사). ④뒤쫓다. ‖追從(추종). ⑤…부터. 통自. ‖從來(종래). ⑥따라서. ❷①시중들다. ②하인. 심부름꾼. ③친척 사이의 관계를 나타내는 말. 부계(父系)나 모계(母系)에서 사촌 관계에 있음을 나타냄. 外從(외종). ④종(從). 직위(職位)는 같으나 직급(職級)이 낮은 것. ‖從二品(종이품).

〔從姑母 종고모〕 아버지의 사촌 누이.
〔從軍 종군〕 군대를 따라 싸움터로 나감.
〔從當 종당〕 일의 마지막.
〔從來 종래〕 ①이전부터 지금까지에 이르는 동안. ②이전부터 지금까지.
〔從妹 종매〕 사촌 여동생.
〔從物 종물〕 어떤 물건에 부속되어 그 사용에 도움을 주는 물건. 자물쇠에 딸린 열쇠 따위.
〔從伯 종백〕 사촌 맏형.
〔從僕 종복〕 ①사내종. ②자주성 없이 남이 시키는 대로 하는 사람의 비유.
〔從祀 종사〕 종묘나 문묘(文廟)에 신주를 모심. 配享(배향).
〔從事 종사〕 ①어떤 일에 관계하여 힘을 기울여 함. ②어떤 일을 일삼아 함. ③어떤 사람을 좇아 섬김.
〔從船 종선〕 큰 배에 딸린 작은 배.
〔從屬 종속〕 주되는 것에 딸려 붙음.
〔從孫 종손〕 자기 형제의 손자.
〔從叔 종숙〕 아버지의 사촌 형제로 오촌이 되는 관계. 堂叔(당숙).
〔從叔母 종숙모〕 종숙의 아내. 堂叔母(당숙모).
〔從心 종심〕《공자가 70세가 되니 마음 내키는 대로 행동해도 법도에 어긋남이 없었다고 한 데서》 나이 70세를 이름.
〔從氏 종씨〕 ①남을 높여 그의 사촌 형제를 이르는 말. ②남에게 대하여 자기의 사촌 형을 이르는 말.
〔從業 종업〕 일에 종사함.
〔從容 종용〕 차분하고 침착함.
〔從者 종자〕 남에게 종속하여 따라다니는 사람. 從人(종인).
〔從姉妹 종자매〕 사촌 자매.
〔從前 종전〕 지금보다 이전.
〔從弟 종제〕 사촌 아우. ↔從兄(종형).
〔從祖父 종조부〕 할아버지의 형제.
〔從姪 종질〕 사촌 형제의 아들로 오촌이 되는 관계. 堂姪(당질).
〔從姪女 종질녀〕 사촌 형제의 딸.
〔從兄 종형〕 사촌 형. ↔從弟(종제).
〔從兄弟 종형제〕 사촌 형제.

◢姑從(고종)/屈從(굴종)/盲從(맹종)/默從(묵종)/服從(복종)/相從(상종)/順從(순종)/侍從(시종)/類類相從(유유상종)/姨從(이종)/忍從(인종)/主從(주종)/追從(추종)/合從(합종)

9 12 **徧** 두루 변·편 | 徧

㊥biàn(삐엔) ㊐ヘン/あまねし ㊎widely

풀이 ①두루. 널리. 모두. ㊐遍. ②돌다. 돌아다님. ③두루 미치다. 골고루 미침.

〔徧讀 편독〕 책을 두루 읽음.

9 12 **復** ☆＊4-Ⅱ ❶회복할 복☆＊4-Ⅱ ❷다시 부＊4-Ⅱ | 간 复 復

彳 彳 彳 復 復 復 復 復

㊥fù(°푸) ㊐フク, フウ/かえる, また ㊎recover, again

갑 금 자원 **회의 겸 형성자.** 彳(척)과 复(복)이 합쳐진 자. 갑골문은 풀무의 상형〔 〕과 발의 상형〔 〕이 합쳐진 회의자로, 풀무를 발로 밟는 모습을 나타냄. 뒷날 여기에 彳을 덧붙여 '오가다'의 뜻을 나타내는 회의 겸 형성자가 됨. 彳은 의미를 나타내고 复은 의미와 음을 겸하여 나타냄.

풀이 ❶①회복하다. ②돌아가다. ‖復古(복고). ③뒤집다. ④갚다. ‖復讐(복수). ⑤되풀이하다. ‖復習(복습). ⑥복(復). 초혼(招魂)할 때에 부르는 소리. ⑦고을 이름. ❷다시. 거듭.

〔復刊 복간〕 간행을 중지 또는 폐지했던 출판물을 다시 간행함.

〔復古 복고〕 주로 사상이나 문물 제도 등의 면에서, 도로 옛 상태로 돌아감.

〔復校 복교〕 퇴학·정학·휴학을 했던 학생이 다시 그 학교에 다니게 됨.

〔復舊 복구〕 손실 이전의 상태로 회복함.

〔復權 복권〕 잃었던 자격이나 권리를 회복함.

〔復歸 복귀〕 본래 상태로 되돌아감.

〔復命 복명〕 명령을 받고 한 일의 결과를 보고함.

〔復姓 복성〕 딴 성을 사용하던 사람이 본성으로 돌아감.

〔復讐 복수〕 원수를 갚음. 앙갚음.

〔復習 복습〕 배운 것을 다시 익힘.

〔復元 복원〕 원래대로 회복함. 復原(복원).

〔復員 복원〕 전시 체제에서 평상 체제로 되돌려, 군인의 복역을 해제함.

〔復位 복위〕 물러났던 임금이나 후비(后妃)가 다시 그 자리에 오름.

〔復職 복직〕 그만두었던 관직이나 직업에 다시 종사함.

〔復唱 복창〕 명령이나 남의 말을 받아 그대로 소리 내어 욈.

〔復學 복학〕 휴학하고 있던 학생이 다시 학교에 복귀함.

〔復活 부활〕 ①죽었다가 다시 살아남. ②쇠퇴한 것을 다시 흥하게 함. ③크리스트교에서, 사람이 죽은 뒤에 다시 태어나 영화스럽게 변화한다는 믿음.

〔復興 부흥〕 쇠퇴하였던 것이 다시 일어남. 또는, 다시 일어나게 함.

◢光復(광복)/反復(반복)/報復(보복)/收復(수복)/往復(왕복)/回復(회복)

9 12 **循** ★＊3 좇을 순 | 循

彳 彳 彳 彳 彳 循 循 循

㊥xún(쉰) ㊐ジュン/したがう ㊎follow

자원 **형성자.** 彳(척)은 의미를 나타내고 盾(순)은 음을 나타냄.

풀이 ①좇다. ②돌다. 빙빙 돎. ㊐巡. ‖循環(순환).

〔循行 순행〕 여러 곳으로 돌아다님.

〔循環 순환〕 주기적으로 반복하여 돎. 또는, 그런 과정.

9 12 **徨** ＊1 노닐 황 | 徨

㊥huáng(후앙) ㊐コウ ㊎wander

풀이 노닐다. 어정거리다.

◢彷徨(방황)

10 13 **微** ★＊3-Ⅱ 작을 미 | 속 微 微

彳 彳 彳 彳 彳 微 微 微

㊥wēi(웨이) ㊐ビ/かすか ㊎minute

갑 금 자원 **회의 겸 형성자.** 갑골문·금문은 머리를 길게 풀어헤친 노인을 뒤에서 몽둥이로 내려치는 모습을 나타낸 회의자임. 뒷날 동작의 의미를 나타내는 彳(척)을 덧붙여 회의 겸 형성자가 됨. 彳은 의미를 나타내고 敚(미)는 의미와 음을 겸하여 나타냄.

풀이 ①작다. 자질구레함. ‖微細(미세). ②적다. ‖微量(미량). ③숨기다. ‖微行(미행). ④숨다. ⑤정묘하다. 자세함. ⑥어렴풋하다. 희미함. ⑦천(賤)하다. ‖微賤(미천). ⑧자릿수. 소수점 이하 여섯째 자리.

〔微功 미공〕 이러하다고 내세울 수 없는 작은 공로.

〔微官 미관〕 ①보잘것없는 벼슬자리. ②관리가 자기를 낮추어 이르는 말. 卑官(비관).

〔微官末職 미관말직〕 (('변변찮은 벼슬과 말단 직책'이라는 뜻으로)) 지위가 낮은 벼슬.

〔微軀 미구〕 ①천한 몸. ②자신의 몸을 낮추어 이르는 말.

〔微動 미동〕 약간 움직임.

〔微量 미량〕 아주 적은 분량.

〔微力 미력〕 (('적은 힘'이라는 뜻으로)) 남을 위한 자기 노력의 겸칭.

〔微粒子 미립자〕 아주 작은 입자.
〔微明 미명〕 희미하게 밝음.
〔微妙 미묘〕 뚜렷이 드러나지는 않으면서 야릇하게 묘함.
〔微物 미물〕 ①작고 보잘것없는 물건. ②(‘보잘것없는 것’이란 뜻으로) 동물을 사람에 상대하여 이르는 말. ③변변치 못한 사람을 얕잡아 이르는 말.
〔微微 미미〕 보잘것없이 아주 작음.
〔微服 미복〕 지위가 높은 사람이 무엇을 몰래 살피러 다닐 때 입는 남루한 옷.
〔微服潛行 미복잠행〕 지위가 높은 사람이 무엇을 몰래 살피러 다닐 때 남루한 옷차림으로 남이 알아차리지 못하게 가만히 다님. 微行(미행).
〔微分 미분〕 ①어떤 함수에서, 독립 변수의 값의 미소한 변화에 응하는 함수의 값의 변화. ②어떤 함수의 미분 계수를 구하는 일.
〔微生物 미생물〕 육안으로는 관찰할 수 없는, 아주 작은 생물.
〔微細 미세〕 분간하기 어려울 정도로 극히 작음.
〔微笑 미소〕 소리를 내지 않고 가볍게 웃음. 또는, 그런 웃음.
〔微瑣 미쇄〕 자질구레하고 보잘것없음.
〔微視的 미시적〕 ①맨눈으로는 볼 수 없는 몹시 작은 (것). ②미세하게 관찰하는 (것). ↔巨視的(거시적).
〔微臣 미신〕 ①벼슬이 낮은 신하. ②신하가 임금에게 자기 자신을 낮추어 이르는 말.
〔微弱 미약〕 미미하고 약함.
〔微熱 미열〕 그다지 높지 않은 신열.
〔微溫 미온〕 온도나 태도가 미지근함.
〔微溫的 미온적〕 태도가 분명하지 않거나 소극적인 (것).
〔微旨 미지〕 미묘하고 깊은 속뜻.
〔微賤 미천〕 신분이나 지위가 하찮고 천함.
〔微風 미풍〕 솔솔 부는 바람.
〔微行 미행〕 ➡微服潛行(미복잠행).
◢輕微(경미)/機微(기미)/稀微(희미)

10 13 **傜** 구실 **요**

[중]yáo(야오) [일]ヨウ/えだち
[풀이] 구실. 부역.
〔傜役 요역〕 지난날, 나라에서 구실 대신에 시키던 노동.

14 **徳** 德(덕)의 약자 →267쪽

14 **微** 微(미)의 속자 →266쪽

14 **徴** 徵(징·치)의 약자 →267쪽

12 15 ☆✱5 **德** 덕 **덕** [동] [약] 悳 徳

彳 彳 彳 彳 徝 徳 德 德

[중]dé(더) [일]トク [영]virtue
[갑] [금] [전] [자원] **회의 겸 형성자.** 갑골문은 彳(척:‘네거리’의 상형인 行의 생략형)과 直(직:눈 위에 세로 선을 그은 것)이 합쳐진 회의자로, 사방으로 난 길에서 눈을 들어 똑바로 본다는 의미를 나타냄. 금문에서 심장〔心〕을 추가했으며 소전에서는 彳을 뺀 형태가 사용되기도 함. 彳은 의미를 나타내고 悳의 본래 형태인 悳(덕)은 의미와 음을 겸하여 나타냄.
[풀이] ①덕. 인품. 마음을 닦아 몸에 얻은 것. ‖德望(덕망)/德性(덕성). ②행위. 절조(節操). ‖德行(덕행). ③어진 이. ④은혜를 베풀다. ⑤고맙게 여김.
〔德談 덕담〕 주로 새해에 남이 잘되기를 비는 말. ↔惡談(악담).
〔德望 덕망〕 덕행으로 얻은 명망.
〔德分 덕분〕 남에게 베푸는 고마움. 德澤(덕택).
〔德性 덕성〕 어질고 너그러운 성질.
〔德育 덕육〕 덕성(德性)을 기르는 교육. ※智育(지육)·體育(체육).
〔德音 덕음〕 ①도리에 맞는 말. ②임금의 말. ③좋은 평판.
〔德義 덕의〕 ①사람으로서 마땅히 지켜야 할 도덕상의 의무. ②덕성과 신의.
〔德人 덕인〕 남에게 착하고 의로운 일을 베푸는 사람.
〔德澤 덕택〕 ➡德分(덕분).
〔德行 덕행〕 어질고 너그러운 행실.
〔德化 덕화〕 덕행으로 교화함.
◢功德(공덕)/道德(도덕)/美德(미덕)/薄德(박덕)/背德(배덕)/背恩忘德(배은망덕)/變德(변덕)/福德(복덕)/不德(부덕)/善德(선덕)/聖德(성덕)/頌德(송덕)/心德(심덕)/惡德(악덕)/肉德(육덕)/恩德(은덕)/蔭德(음덕)/人德(인덕)/悖德(패덕)/學德(학덕)/厚德(후덕)

12 15 ★✱3-Ⅱ **徵** ❶부를 **징**★✱3-Ⅱ ❷음률 이름 **치** [약] [간] 徴 征

彳 彳 彳 徎 徎 徨 徵 徵

[중]zhēng(°쩡), zhǐ(°즈)
[일]チョウ, チ/めす [영]call
[풀이] ❶①부르다. ‖徵集(징집). ②구(求)하다. 요구함. ③거두다. ‖徵收(징수). ④증거를 세우다. ⑤효험. ⑥조짐. ‖徵驗(징험). ❷음률 이름. 5음(五音)의 넷째 음. ‖宮商角徵羽(궁상각치우).
〔徵募 징모〕 국가에서 특별한 일에 필요한 사람을 불러 모음. ※徵集(징집).

3획

〔徵發 징발〕 전시(戰時)나 사변(事變)의 경우에 사람을 불러다 쓰거나 물자·시설 등을 징수함.
〔徵辟 징벽〕 초야(草野)에 있는 사람을 불러서 벼슬을 시킴.
〔徵兵 징병〕 국가가 법률에 의하여 해당자를 불러서 병역에 복무하게 함.
〔徵收 징수〕 조세·수수료·과료(科料)·벌금 등을 거두어들임. 徵捧(징봉).
〔徵用 징용〕 국가 권력으로 국민을 강제로 일정한 업무에 종사시킴.
〔徵兆 징조〕 어떤 일이 일어날 기미가 보이는 일. 兆朕(조짐).
〔徵集 징집〕 ①물건을 거두어 모음. ②국가가 병역법에 따라 장정을 뽑아서 병역에 보충함. ※徵募(징모).
◪象徵(상징)/性徵(성징)/追徵(추징)/特徵(특징)/表徵(표징)

4획

★✻3-Ⅱ
12 15 **徹** 통할 철 | 간 彻 徹

彳 彳 彳 彳 彳 徹 徹 徹

㊥chè(°처) ㊐テツ/とおる ㊌pierce

갑 전 **자원** **회의 겸 형성자.** 갑골문은 '식기(食器)'를 뜻하는 鬲(력)과 '손'을 뜻하는 又(우)가 합쳐진 회의자로, 식사를 다하고 그릇을 치운다는 의미를 나타냄. 소전에 이르러 鬲이 育(육)으로 바뀌고 彳(척)이 덧붙었는데, 彳은 의미를 나타내고 攴(철)은 의미와 음을 겸하여 나타냄.

풀이 ①통하다. ‖貫徹(관철). ②말미암다. ③밝다. 환함. ‖透徹(투철). ④주(周)의 조세법.
〔徹頭徹尾 철두철미〕 처음부터 끝까지 철저하게.
〔徹夜 철야〕 밤을 새움. 밤샘.
〔徹底 철저〕 속속들이 꿰뚫어 미쳐서 부족함이나 빈틈이 없음.
〔徹天之寃 철천지원〕 ➡徹天之恨(철천지한).
〔徹天之恨 철천지한〕 하늘에 사무치는 크나큰 한. 徹天之寃(철천지원).
◪貫徹(관철)/冷徹(냉철)/透徹(투철)

✻2
14 17 **徽** 아름다울 휘 | 徽

㊥huī(후에이) ㊐キ/うつくしい ㊌beautiful

풀이 ①아름답다. ‖徽言(휘언). ②표기(標旗). 표지. ‖徽章(휘장). ③기러기발. ④노끈. 세 겹 노끈. ⑤타다. 악기를 탐.
〔徽琴 휘금〕 기러기발이 없는 작은 거문고.
〔徽纆 휘묵〕 예전에, 죄인을 묶던 세 가닥으로 꼰 노와 두 가닥으로 꼰 노.
〔徽章 휘장〕 직무·신분 등을 나타내기 위하여 옷이나 모자 등에 붙이는 표.
〔徽號 휘호〕 왕비가 죽은 뒤 시호(諡號)와 함께 올리는 존호(尊號).

心部 마음심 心忄⺗

☆✻7
0 4 **心** 마음 심 | 心

丶 心 心 心

㊥xīn(씬) ㊐シン/こころ ㊌heart

갑 금 전 **자원** **상형자.** 심장의 모습을 본뜬 자. 의미가 확대되어 '마음'을 뜻하기도 함.

한자 부수의 하나. 변으로 쓰일 때에는 자형이 '忄'의 꼴로, 발로 쓰일 때에는 '⺗'의 꼴로 바뀜.

풀이 ①마음. ‖心慮(심려)/心志(심지). ②염통. ‖心房(심방). ③가슴. ④한가운데. ‖江心(강심). ⑤별자리 이름. 28수(宿)의 하나. ⑥심.
〔心境 심경〕 마음의 상태.
〔心筋 심근〕 심장의 벽을 이루는 근육.
〔心琴 심금〕 (‘마음속의 거문고’라는 뜻으로) 외부의 자극에 따라 미묘하게 움직이는 마음.
〔心氣 심기〕 마음으로 느끼는 기분.
〔心機 심기〕 마음의 기능·활동.
〔心機一轉 심기일전〕 어떤 계기로 종전의 생각을 고쳐 마음이 근본적으로 달라짐.
〔心德 심덕〕 착한 마음의 덕(德).
〔心亂 심란〕 마음이 어수선함.
〔心慮 심려〕 마음으로 염려함.
〔心靈 심령〕 ①마음의 작용을 일으키는 근원적인 존재. ②육체를 떠나 존재한다는 마음의 주체. 魂靈(혼령).
〔心勞 심로〕 마음을 수고스럽게 씀. 또는, 그런 수고.
〔心理 심리〕 마음의 작용과 의식의 상태.
〔心腹 심복〕 (‘심장(또는 가슴)과 배’라는 뜻으로) 무슨 일이든 믿고 맡길 수 있는 충성스러운 부하.
〔心思 심사〕 ①어떤 일에 대한 여러 가지 마음의 작용. ②남의 일을 방해하려는 고약한 마음보.
〔心事 심사〕 마음에 생각하는 일. 또는, 그 생각.
〔心算 심산〕 속셈.
〔心象 심상〕 과거에 경험한 외물(外物)의 형상이 의식 중에 나타난 것. 心像(심상).
〔心性 심성〕 ①타고난 마음씨. ②변하

지 않는 마음의 본체.
〔心術 심술〕 ①온당하지 않게 고집 부리는 마음. ②남을 괴롭히거나 어려움에 빠뜨리는 짓.
〔心身 심신〕 마음과 몸.
〔心眼 심안〕 사물을 살펴 분별하는 마음의 힘이나 그 작용. ↔肉眼(육안).
〔心弱 심약〕 마음이 약함.
〔心臟 심장〕 ①피를 핏줄 속에 밀어내어 돌게 하는 작용을 하는 신체 기관. 염통. ②마음의 비유. ③중심이나 중추의 비유.
〔心的 심적〕 마음으로 느끼거나 마음과 관련되는 (것).
〔心情 심정〕 ①마음에 품은 생각과 감정. ②마음씨. ③좋지 않은 심사.
〔心中 심중〕 마음속.
〔心證 심증〕 마음속에 갖는 확신.
〔心地 심지〕 마음의 본바탕.
〔心志 심지〕 마음에 품은 의지.
〔心醉 심취〕 어떤 일에 마음이 쏠려 열중함.
〔心血 심혈〕 온갖 정성과 힘.
〔心魂 심혼〕 ①마음과 혼. ②온 정신.
〔心火 심화〕 ①불과 같이 타오르는 격렬한 마음. ②마음속에 일어나는 울화.
〔心懷 심회〕 마음속에 품고 있는 생각.
◢決心(결심)/苦心(고심)/關心(관심)/落心(낙심)/內心(내심)/都心(도심)/童心(동심)/銘心(명심)/無心(무심)/民心(민심)/放心(방심)/變心(변심)/本心(본심)/腐心(부심)/佛心(불심)/私心(사심)/傷心(상심)/善心(선심)/誠心(성심)/細心(세심)/小心(소심)/愁心(수심)/安心(안심)/怏心(앙심)/野心(야심)/良心(양심)/熱心(열심)/慾心(욕심)/疑心(의심)/淫心(음심)/人心(인심)/作心(작심)/點心(점심)/操心(조심)/中心(중심)/眞心(진심)/天心(천심)/初心(초심)/忠心(충심)/貪心(탐심)/寒心(한심)/合心(합심)/核心(핵심)/歡心(환심)/會心(회심)/孝心(효심)/黑心(흑심)

☆✱5
1
5 **必** 반드시 **필** 

[중]bì(삐) [일]ヒツ/かならず
[영]necessarily
[갑]  [금]  [자원] **상형자.** 갑골문은 국자 모양의 자루가 달린 도량형기를 본뜬 자. 몇 개의 점은 곡식 낟알이나 물방울을 나타낸 것임. 뒷날 '반드시'의 뜻으로 가차되어 쓰이게 되자 본뜻을 보존하기 위해 만든 자가 柲(자루 비)임.
[풀이] ①반드시. ②기필하다. ③오로지.
〔必讀 필독〕 꼭 읽어야 함.
〔必滅 필멸〕 반드시 멸함.
〔必死 필사〕 ①꼭 죽음. ②죽을 힘을 다함.
〔必須 필수〕 꼭 있어야 하거나 해야 함.
〔必需 필수〕 꼭 필요함. 또는, 꼭 쓰임.
〔必勝 필승〕 반드시 이김.
〔必是 필시〕 틀림없이.
〔必然 필연〕 반드시 그렇게 됨. 必至(필지). ↔偶然(우연).
〔必要 필요〕 꼭 소용이 됨.
〔必有曲折 필유곡절〕 반드시 무슨 까닭이 있음. 必有事端(필유사단).
〔必知 필지〕 반드시 알아야 함.
◢何必(하필)

★✱3
3
7 **忌** 꺼릴 **기** 

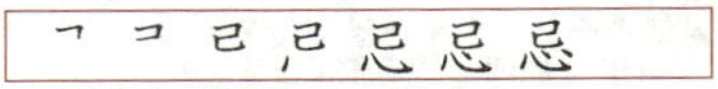

[중]jì(찌) [일]キ/いむ [영]shun
[자원] **형성자.** 心(심)은 의미를 나타내고 己(기)는 음을 나타냄.
[풀이] ①꺼리다. ②미워하다. 증오함. ③질투하다. 강샘. 시새움. ④기(忌). 기일(忌日). ⑤어조사. [같]其.
〔忌日 기일〕 ①해마다 돌아오는 제삿날. ②꺼려 피해야 할 불길한 날.
〔忌祭 기제〕 ➡忌祭祀(기제사).
〔忌祭祀 기제사〕 기일(忌日)에 지내는 제사. 忌祭(기제).
〔忌憚 기탄〕 어렵게 여겨 꺼림.
〔忌避 기피〕 ①꺼려 피함. ②소송 사건에서 불공평한 재판을 할 우려가 있을 때, 그 판사의 재판 받기를 거절함.
〔忌諱 기휘〕 ①꺼리고 싫어함. ②꺼리거나 두려워 피함. ③나라의 금령(禁令).
◢禁忌(금기)/猜忌(시기)/妬忌(투기)

☆✱3
3
6 **忙** 바쁠 **망** 

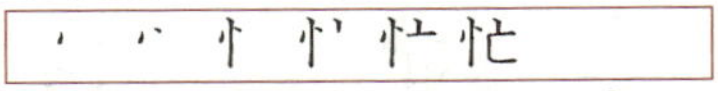

[중]máng(망) [일]ボウ/いそがしい [영]busy
[자원] **형성자.** 心(심)은 의미를 나타내고 亡(망)은 음을 나타냄.
[풀이] ①바쁘다. ②조급하다. ③분주하다.
‖奔忙(분망).
〔忙殺 망쇄〕 매우 바쁨.
〔忙中閑 망중한〕 바쁜 가운데 잠깐 얻어 낸 한가한 틈. 忙中有閑(망중유한).
◢公私多忙(공사다망)/多事多忙(다사다망)/奔忙(분망)/慌忙(황망)

☆✱3
3
7 **忘** 잊을 **망** 

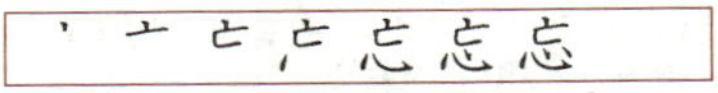

[중]wàng(왕) [일]ボウ/あすれる [영]forget
[자원] **회의 겸 형성자.** 亡(잃을 망)과 心(마음 심)이 합쳐진 말로 '잊다'를 나타

4획

냄. 心은 의미를 나타내고 亡은 의미와 음을 겸하여 나타냄.
풀이 ①잊다. ②건망증.
〔忘却 망각〕 잊어버림.
〔忘年 망년〕 ①나이의 차이를 잊음. ②한 해의 괴로움을 잊음.
〔忘年之友 망년지우〕 (‘나이를 잊은 사귐’이라는 뜻으로) 나이 많은 사람이 나이에 거리끼지 않고 사귀는 젊은 벗. 忘年之交(망년지교).
〔忘年會 망년회〕 한 해의 끝 무렵에 그 해의 모든 괴로움을 잊자는 뜻에서 가지는 모임. 送年會(송년회).
〔忘我 망아〕 어떤 일에 마음을 빼앗겨서 자신을 인식하지 못함.
〔忘恩 망은〕 은혜를 모르거나 잊음.
◢刻骨難忘(각골난망)/健忘(건망)/備忘(비망)/오매불망(寤寐不忘)

7 応 應(응)의 약자 →296쪽

4획

☆✱3-Ⅱ
3
7 忍 ❶참을 인 ❷질길 인 忍

フ 刀 刃 刃 忍 忍 忍

㊥rěn(°런) ㊐ジン,ニン/しのぶ ㊌bear
자원 **형성자.** 心(심)은 의미를 나타내고 刃(인)은 음을 나타냄.
풀이 ❶①참다. 견디어 내다. ②잔인하다. ❷질기다.
〔忍苦 인고〕 고통을 참음.
〔忍耐 인내〕 참고 견딤.
〔忍辱 인욕〕 ①욕됨을 견디어 참음. ②어떤 모욕이나 고뇌 또는 박해에도 견디어 마음을 움직이지 않음.
〔忍從 인종〕 참고 견디어 복종함.
◢不忍(불인)/隱忍(은인)/殘忍(잔인)

☆✱4-Ⅱ
3
7 志 뜻 지 志

一 十 士 士 志 志 志

㊥zhì(°쯔) ㊐シ/こころざし ㊌intention
자원 **형성자.** 心(심)은 의미를 나타내고 之(지)는 음을 나타냄. 士 자는 선비 ‘사’가 아니고 㞢(=之) 자의 변형임.
풀이 ①뜻. ②사심(私心). ③뜻하다. ④의(義)를 지키다.
〔志氣 지기〕 어떤 일을 이루려는 의지와 기개.
〔志望 지망〕 뜻하여 희망함.
〔志士 지사〕 나라와 민족을 위해 몸을 바쳐 일하려는 뜻을 가진 사람.
〔志願 지원〕 바라고 원함. ‖志願者(지원자)/志願兵(지원병).
〔志操 지조〕 옳은 원칙과 신념을 끝까지 굽히지 않는 의지.
〔志學 지학〕 (공자가 15세 때 학문에 뜻을 두었다는 데에서) 15세를 이름.
〔志向 지향〕 어떤 목적이나 목표에 뜻이 쏠려 향함.
◢同志(동지)/心志(심지)/雄志(웅지)/有志(유지)/遺志(유지)/意志(의지)/立志(입지)/初志(초지)/寸志(촌지)/忠志(충지)/鬪志(투지)

✱1
3
6 忖 헤아릴 촌 忖

㊥cǔn(춘) ㊐ソン/はかる ㊌consider
풀이 헤아리다. 미루어 생각함.
〔忖度 촌탁〕 남의 마음을 미루어 헤아림. 揣度(췌탁).

✱
3
6 忲 ❶사치할 태 ❷익힐 세✱ 忲

㊥tài(타이), shì(°쓰) ㊐タイ/ならう ㊌luxurious
풀이 ❶사치하다. ❷익히다. 익숙하게 함.

3
7 忒 틀릴 특 忒

㊥tè(터) ㊐トク/たがう ㊌go wrong
풀이 ①틀리다. 어긋남. ②변하다. 새롭게 변함. ③의심하다.

☆✱5
4
8 念 생각 념 念

ノ 人 人 今 今 念 念 念

㊥niàn(니엔) ㊐ネン/おもう ㊌thought
자원 **형성자.** 心(심)은 의미를 나타내고 今(금)은 음을 나타냄.
풀이 ①생각. ②생각하다. ③외다. ④스물. 廿의 음이 와전(訛轉)한 것. ⑤삼가다.
〔念念不忘 염념불망〕 자꾸 생각나서 잊지 못함.
〔念讀 염독〕 정신을 차리고 읽음.
〔念頭 염두〕 어떤 생각이 이뤄지는 마음속이나 머릿속. 心中(심중).
〔念慮 염려〕 헤아려 걱정함. 또는, 그런 걱정.
〔念力 염력〕 ①한 가지에 전념하여 장애를 극복하는 힘. ②초능력의 하나. 정신을 집중함으로써 떨어진 곳에 있는 물건을 움직이는 힘 따위.
〔念佛 염불〕 부처를 마음속으로 생각하면서 나무아미타불을 부르는 일.
〔念誦 염송〕 부처를 생각하며 불경을 욈.
〔念願 염원〕 늘 마음에 생각하고 간절히 바람.
〔念日 염일〕 스무날.
〔念珠 염주〕 염불할 때, 손으로 돌려 개수를 세거나 손목 또는 목에 거는 불구(佛具).

◢概念(개념)/觀念(관념)/紀念(기념)/斷念(단념)/無念(무념)/黙念(묵념)/思念(사념)/想念(상념)/信念(신념)/餘念(여념)/留念(유념)/理念(이념)/一念(일념)/雜念(잡념)/專念(전념)/執念(집념)/諦念(체념)/追念(추념)/通念(통념)

4 7 **忸** 부끄러워할 **뉵** 忸

[중]niǔ(니우) [일]ジク/はじる [영]bashful
[풀이] 부끄러워하다. 겸연쩍어함. [같]恧.
〔忸泥 육니〕 부끄럽고 창피함.

4 8 * **忞** 힘쓸 **민**

[중]mín(민) [일]ビン [영]strive
[풀이] 힘쓰다.

4 8 *1 **忿** 성낼 **분** 忿

[중]fèn(°펀) [일]フン/いかる
[영]get angry
[풀이] ①성내다. ②원망하다.
〔忿怒 분노〕 몹시 성냄. 憤怒(분노). 忿恚(분에).
〔忿心 분심〕 분한 마음. 憤心(분심).
〔忿恨 분한〕 성내고 원망함. 憤恨(분한).
◢激忿(격분)

4 7 **忤** 거스를 **오** 忤

[중]wǔ(우) [일]ゴ/さからう [영]go against
[풀이] ①거스르다. 거역함. 반대함. ‖乖忤(괴오). ②어지럽다. 뒤섞여 갈피를 잡을 수 없음.
〔忤視 오시〕 상대의 위세에 굴하지 않고 바로 봄.

4 8 **忝** ❶더럽힐 **첨** ❷고마워할 **첨** 忝

[중]tiǎn(티엔) [일]テン/かたじけない
[영]disgrace
[풀이] ❶①더럽히다. 욕되게 함. ②욕. 욕됨. ❷고마워하다.
〔忝汚 첨오〕 모욕을 당함.

4 8 ☆*4-Ⅱ **忠** 충성 **충** 忠

丶 ㄇ ㄇ 中 中 忠 忠 忠

[중]zhōng(°쭝) [일]チュウ/まごころ
[영]loyalty
[자원] **형성자.** 心(심)은 의미를 나타내고 中(중)은 음을 나타냄.
[풀이] ①충성. ②정성을 다하다.
〔忠諫 충간〕 충성스러운 마음으로 간함.
〔忠告 충고〕 남의 잘못이나 결함을 진심으로 타일러 줌. 또는, 그 말.
〔忠君 충군〕 임금에게 충성을 다함.
〔忠君愛國 충군애국〕 임금에게 충성을 다하고 나라를 사랑함.
〔忠良 충량〕 충성스럽고 선량함.
〔忠烈 충렬〕 충성스럽고 절의(節義)가 굳음.
〔忠僕 충복〕 진심으로 주인을 섬기는 종. 忠奴(충노).
〔忠憤 충분〕 충성심으로 인하여 생기는 분한 마음.
〔忠邪 충사〕 충직함과 간사함.
〔忠恕 충서〕 충직하며 동정심이 많음.
〔忠誠 충성〕 (‘참마음에서 우러나는 정성’이라는 뜻으로) 임금이나 나라에 대해 몸과 마음을 다 바침.
〔忠臣 충신〕 충성스러운 신하.
〔忠信 충신〕 충성과 신의.
〔忠實 충실〕 충직하고 성실함.
〔忠言 충언〕 ①충고하는 말. ②충직하고 바른 말.
〔忠言逆耳 충언역이〕 바른말은 귀에 거슬림.
〔忠勇 충용〕 충성스럽고 용맹함.
〔忠義 충의〕 임금이나 나라에 정성을 다하는 일.
〔忠節 충절〕 충의를 지키는 절개.
〔忠直 충직〕 충성스럽고 곧음.
〔忠魂 충혼〕 충의를 위하여 목숨을 버린 사람의 넋. ‖忠魂義魄(충혼의백).
〔忠孝 충효〕 충성과 효도.
〔忠勳 충훈〕 충성을 다하여 세운 공로.
◢不忠(불충)/盡忠(진충)

4 7 **忱** 정성 **침** 忱

[중]chén(°천) [일]シン/まこと
[풀이] 정성. 진심.

4 7 ☆*4-Ⅱ **快** 쾌할 **쾌** 快

丶 丷 忄 忄 忄 快 快

[중]kuài(쿠아이) [일]カイ/こころよい
[영]delightful
[자원] **형성자.** 心(심)은 의미를 나타내고 夬(쾌)는 음을 나타냄.
[풀이] ①쾌하다. ②기뻐하다. ③빠르다. ④날카롭다.
〔快感 쾌감〕 상쾌하고 즐거운 느낌. 快味(쾌미).
〔快擧 쾌거〕 통쾌할 만큼 장한 행위.
〔快男兒 쾌남아〕 성격이나 행동이 시원스럽고 쾌활한 남자. 快男子(쾌남자). 快漢(쾌한).
〔快談 쾌담〕 ➡快論(쾌론).
〔快刀 쾌도〕 잘 드는 칼.

4획

〔快刀亂痲 쾌도난마〕《잘 드는 칼로 헝클어진 삼 가닥을 자른다는 뜻으로》 어지럽게 뒤섞인 사물을 명쾌하게 처단함.
〔快樂 쾌락〕 유쾌하고 즐거움.
〔快諾 쾌락'〕 쾌히 승낙함.
〔快論 쾌론〕 유쾌하고 시원스럽게 하는 이야기나 논의. 快談(쾌담).
〔快味 쾌미〕 ➡快感(쾌감).
〔快美 쾌미〕 시원스럽게 아름다움.
〔快辯 쾌변〕 거침없이 잘하는 말.
〔快報 쾌보〕 듣기에 시원스러운 소식.
〔快速 쾌속〕 속도가 매우 빠름.
〔快勝 쾌승〕 시원스럽게 이김. 또는, 그런 승리.
〔快癒 쾌유〕 병이 거뜬히 다 나음.
〔快飮 쾌음〕 유쾌하게 술을 마심.
〔快子 쾌자〕 등솔을 길게 쨴, 소매 없는 전복(戰服)의 하나.
〔快哉 쾌재〕 뜻대로 잘되어 매우 만족스럽게 여김.
〔快著 쾌저〕 읽어서 흡족할 만큼 썩 잘 지은 책.
〔快適 쾌적〕 심신에 적합하여 기분이 썩 좋음.
〔快調 쾌조〕 상태가 아주 좋음.
〔快走 쾌주〕 빨리 달림.
〔快差 쾌차〕 병이 거뜬히 나음.
〔快擲 쾌척〕 돈 따위를 마땅히 쓸 자리에 시원스럽게 내줌.
〔快晴 쾌청〕 하늘이 구름 한 점 없이 상쾌하게 맑음.
〔快活 쾌활〕 씩씩하고 활발함.
◢輕快(경쾌)/明快(명쾌)/不快(불쾌)/爽快(상쾌)/完快(완쾌)/愉快(유쾌)/壯快(장쾌)/痛快(통쾌)/豪快(호쾌)/欣快(흔쾌)

★✻3-Ⅱ
4
8 **忽** 문득 **홀** 忽

丿 勹 勺 勿 匆 忽 忽 忽

[중]hū(후) [일]コツ/たちまち [영]suddenly
[자원] **형성자.** 心(심)은 의미를 나타내고 勿(물)은 음을 나타냄.
[풀이] ①문득. 갑자기. ②소홀히 하다. ③다하다. 멸(滅)함. 망함. ④작은 수의 단위. 10미(微)는 1忽, 10忽은 1사(絲).
〔忽待 홀대〕 소홀히 대접함.
〔忽然 홀연〕 뜻하지 않게 갑자기.
〔忽顯忽沒 홀현홀몰〕 문득 나타났다가 문득 없어짐.
◢疏忽(소홀)

✻
4
7 **忻** 기뻐할 **흔**

[중]xīn(씬) [일]キン/よろこぶ
[풀이] ①기뻐하다. ②열다. 마음이 열림.

✻1
5
8 **怯** 겁낼 **겁** 怯

[중]qiè(치에) [일]キョウ/おそれる
[영]fear
[풀이] ①겁내다. ②약하다. 비겁함.
〔怯懦 겁나〕 겁이 많고 마음이 약함.
〔怯夫 겁부〕 겁이 많은 남자.
◢氣怯(기겁)/卑怯(비겁)/惶怯(황겁)

★✻3-Ⅱ
5
8 **怪** 기이할 **괴** [속]恠 怪

丶 丷 忄 忄フ 怀 怪 怪 怪

[중]guài(꾸아이) [일]カイ/あやしい
[영]strange
[자원] **형성자.** 心(심)은 의미를 나타내고 圣(골)은 음을 나타냄.
[풀이] ①기이하다. ②기이하게 여기다. 의심함. ③도깨비. 정상이 아닌 것.
〔怪傑 괴걸〕 괴상할 만큼 뛰어난 호걸.
〔怪奇 괴기〕 괴상하고 기이함.
〔怪盜 괴도〕 괴상한 도둑.
〔怪力 괴력〕 괴이할 정도로 센 힘.
〔怪物 괴물〕 ①괴상한 물건. ②괴상한 사람의 비유.
〔怪變 괴변〕 괴상한 변고.
〔怪狀 괴상〕 기괴한 모양.
〔怪常 괴상〕 괴이하고 이상함.
〔怪石 괴석〕 이상하게 생긴 돌.
〔怪聲 괴성〕 사람이나 동물이 크게 지르는 괴상한 소리.
〔怪獸 괴수〕 괴상한 짐승. 奇獸(기수).
〔怪異 괴이〕 이상야릇함.
〔怪疾 괴질〕 원인을 알 수 없는 이상한 병.
〔怪漢 괴한〕 차림새나 행동이 수상한 사내.
◢奇怪(기괴)/變怪(변괴)/妖怪(요괴)/駭怪(해괴)

☆✻6
5
9 **急** 급할 **급** 急

丿 𠂊 𠂊 刍 刍 刍 急 急

[중]jí(지) [일]キュウ/いそぐ [영]urgent
[자원] **형성자.** 心(심)은 의미를 나타내고 及(급)은 음을 나타냄.
[풀이] ①급하다. ②군색하다. 곤란함. ③갑자기. ④빠르다. ⑤중요한 것. 큰일.
〔急降下 급강하〕 갑자기 빠른 속도로 내림.
〔急遽 급거〕 갑작스럽게 급히 서둘러.
〔急傾斜 급경사〕 몹시 가파른 경사.
〔急告 급고〕 급하게 알림. 急報(급보).
〔急救 급구〕 급히 구조함.
〔急急 급급〕 매우 급함.
〔急難 급난〕 갑자기 닥친 어려운 일.
〔急騰 급등〕 물가가 갑자기 오름.

〔急流 급류〕 물살이 센 흐름.
〔急募 급모〕 급하게 모집함.
〔急務 급무〕 급한 일.
〔急迫 급박〕 눈앞에 닥쳐 아주 급함.
〔急變 급변〕 갑자기 변함.
〔急病 급병〕 ①갑자기 앓는 병. ②위급한 병. 急症(급증).
〔急報 급보〕 급히 알림. 또는, 그런 소식. 急告(급고).
〔急死 급사〕 갑자기 죽음.
〔急使 급사〕 급한 용무로 보내는 사람.
〔急煞 급살〕 갑작스럽게 닥치는 재앙.
〔急逝 급서〕 '급사(急死)'의 높임말.
〔急先務 급선무〕 가장 먼저 처리해야 할 일.
〔急先鋒 급선봉〕 일의 개혁에 가장 과격하게 앞장섬. 또는, 그 사람.
〔急性 급성〕 병이 갑자기 일어나거나 급하게 악화되는 성질. ↔慢性(만성).
〔急所 급소〕 ①몸 가운데서 조금만 다쳐도 생명에 지장을 주는 부분. ②사물의 가장 중요한 곳. 要點(요점).
〔急速 급속〕 매우 빠름.
〔急送 급송〕 급히 보냄.
〔急襲 급습〕 갑자기 습격함.
〔急電 급전〕 급한 일을 알리는 전보.
〔急錢 급전〕 급히 쓸 돈.
〔急轉直下 급전직하〕 《갑자기 바뀌어 곧바로 내려간다는 뜻으로》 사정이나 형세가 걷잡을 수 없이 갑작스럽게 전개됨.
〔急停車 급정거〕 차가 급히 섬. 또는, 차를 급히 세움.
〔急增 급증〕 갑자기 늘거나 불어남.
〔急進 급진〕 ①서둘러 급히 나아감. ②이념·정책, 사회적 운동 등을 급히 실현하고자 함. ↔漸進(점진).
〔急派 급파〕 급히 파견함.
〔急行 급행〕 ①급히 감. ②'급행열차'의 준말. ↔緩行(완행).
〔急患 급환〕 위급한 병. 또는, 그 환자.
〔急回轉 급회전〕 빨리 회전함.
◢渴急(갈급)/救急(구급)/緊急(긴급)/多急(다급)/不要不急(불요불급)/性急(성급)/時急(시급)/緩急(완급)/危急(위급)/應急(응급)/躁急(조급)/至急(지급)/特急(특급)/火急(화급)/遑急(황급)

☆*4-Ⅱ
5 9 **怒** 성낼 **노** | 怒

ㄑ 女 女 奴 奴 奴 怒 怒

㊥nù(누) ㊐ド/おこる ㊎get angry
자원 **형성자.** 心(심)은 의미를 나타내고 奴(노)는 음을 나타냄.
풀이 ①성내다. ②성. 화. ③세차다. 기세가 오름.
〔怒甲移乙 노갑이을〕 《갑에게서 당한 노여움을 을에게 옮긴다는 뜻으로》 어떤 사람에게서 당한 노여움을 애꿎게 다른 사람에게 화풀이함.
〔怒氣 노기〕 노여운 기색.
〔怒氣騰騰 노기등등〕 성이 몹시 치받쳐 얼굴에 잔뜩 나타남.
〔怒氣衝天 노기충천〕 《노기가 하늘을 찌른다는 뜻으로》 노기가 대단함.
〔怒濤 노도〕 무서운 기세로 밀려오는 큰 파도.
〔怒發大發 노발대발〕 몹시 성을 냄.
〔怒色 노색〕 성난 얼굴빛.
〔怒聲 노성〕 성난 목소리.
〔怒號 노호〕 ①성내어 부르짖음. ②바람·물결 등의 세찬 소리.
◢激怒(격노)/共怒(공노)/大怒(대로)/憤怒(분노)/震怒(진노)/天人共怒(천인공노)

5 8 **怩** 부끄러워할 **니** | 怩

㊥ní(니) ㊐ジ/はじる ㊎bashful
풀이 부끄러워하다. 주눅이 들다.

5 8 **怛** 슬플 **달** | 怛

㊥dá(다) ㊐ダツ/いたむ ㊎sad
풀이 ①슬프다. 슬퍼함. ②놀라다. ③두려워하다. ④근심하다.

*
5 8 **怜** ❶영리할 **령*** ❷가엾어할 **련** | 怜

㊥lián(리엔) ㊐レイ/さとい ㊎clever
풀이 ❶영리하다. ‖怜悧(영리). ❷가엾어하다. ㉠憐.
〔怜悧 영리〕 눈치가 빠르고 똑똑함.

5 8 **怫** ❶발끈할 **비** ❷답답할 **불** | 怫

㊥fú(°푸) ㊐ヒ, フツ ㊎flare
풀이 ❶①발끈하다. ②마음이 불안한 모양. ❷답답하다.
〔怫然 불연〕 발끈 성을 내는 모양.
〔怫鬱 불울〕 뜻대로 되지 않아 화가 치밀고 답답함.

☆*5
5 9 **思** ❶생각할 **사** ❷생각 **사** | 思

丨 ㄇ 冂 冊 田 田 思 思 思

㊥sī(쓰) ㊐シ/おもう ㊎think
전 자원 **회의 겸 형성자.** 囟(정수리 신)과 心(마음 심)이 합쳐진 자. 자형의 윗부분은 원래 田(밭 전)이 아니라 囟임. 옛사람들은 머리와 심장은 모두 생각하는 일을 담당한다고 여긴 데에서, '생각하다'의 뜻을 나타냄. 心은 의미를 나타내고 囟은 의미와 음을 겸하여 나타냄.
풀이 ❶생각하다. ❷①생각. ②도덕이

순일하게 갖추어지다.
〔思考 사고〕 생각하고 궁리함. ‖思考力(사고력).
〔思考方式 사고방식〕 사고하는 법과 태도.
〔思念 사념〕 근심하고 염려하는 등의 여러 가지 생각. 思慮(사려).
〔思慮 사려〕 ①깊게 생각함. ② ➡思念(사념).
〔思料 사료〕 생각하여 헤아림.
〔思慕 사모〕 ①그리워함. ②우러러 받듦.
〔思無邪 사무사〕《공자가 시(詩)를 정의하여 "시삼백 일언이폐지왈 사무사(詩三百一言以蔽之曰思無邪)"라고 한 데서》 생각에 사악함이 없음.
〔思辨 사변〕 ①도리를 생각하여 시비를 가림. ②경험에 의하지 않고 순수한 논리적 사고만으로 인식하려는 일. ‖思辨哲學(사변 철학).
〔思想 사상〕 ①사람이 품고 있는 생각이나 견해. ②사회나 정치에 대한 어떤 견해.
〔思想犯 사상범〕 사회 체제에 반대하는 사상을 가지고 개혁을 꾀함으로써 성립되는 범죄. 또는, 그 사람.
〔思索 사색〕 사물의 이치를 따져 깊이 생각함.
〔思惟 사유〕 ①대상을 두루 생각함. ②개념·판단·추리 등을 행하는 인간의 이성(理性) 작용.
〔思潮 사조〕 한 시대의 일반적인 사상의 흐름.
〔思春期 사춘기〕 이성(異性)에 대해 눈을 뜨는 나이.
〔思鄕 사향〕 고향을 생각하고 그리워함.
◪勞心焦思(노심초사)/心思(심사)/深思(심사)/意思(의사)

4획

☆*5
5 8 性 성품 **성** 㤸

丶 忄 忄 忄 忙 性 性 性

[중]xìng(씽) [일]セイ, ショウ/さが [영]nature, sex
[자원] **형성자.** 心(심)은 의미를 나타내고 生(생)은 음을 나타냄.
[풀이] ①성품. 천성. ②성질. 본질. ③오행(五行). ④만유(萬有)의 원인. ⑤성(性). 남녀·자웅(雌雄)의 구별.
〔性感 성감〕 성교(性交)할 때 느끼는 육체적 쾌감.
〔性格 성격〕 각 사람이 가진 특유한 성질. 品性(품성).
〔性教育 성교육〕 청소년에게 성에 대한 건전한 지식을 주기 위한 교육.
〔性急 성급〕 성질이 급함.
〔性器 성기〕 성교 또는 교미를 하기 위한 신체 기관. 生殖器(생식기).
〔性能 성능〕 기계 따위가 지닌 성질이나 기능.
〔性理學 성리학〕 인성(人性)과 천리(天理)를 논한 유교 철학. 송유(宋儒)의 성명(性命)·이기(理氣)의 학을 이름.
〔性味 성미〕 성질과 취미. 性癖(성벽).
〔性別 성별〕 ①남성·여성의 구별. ②암·수의 구별.
〔性狀 성상〕 ①사람의 성질과 행실. ②사물의 성질과 상태.
〔性生活 성생활〕 남녀의 육체적 교섭에 관한 생활.
〔性腺 성선〕 생식 세포를 만들어 내는 기관. 生殖腺(생식선).
〔性善說 성선설〕 맹자가 제창한 도덕설. 사람의 본성은 착하나 물욕 때문에 불의(不義)가 생긴다는 설. ↔性惡說(성악설).
〔性惡說 성악설〕 순자(荀子)가 제창한 도덕설. 사람의 본성은 악하며, 선천적으로 이욕(利慾)의 마음이 생긴다는 설. ↔性善說(성선설).
〔性慾 성욕〕 성적인 만족이나 쾌감을 느끼고 싶어 하는 욕구.
〔性情 성정〕 타고난 본성. 性稟(성품).
〔性質 성질〕 ①타고난 기질. ②그것만이 가지고 있는 고유의 특성.
〔性徵 성징〕 성별(性別)에 따른, 신체의 형태 및 구조상의 특징.
〔性品 성품〕 성질과 됨됨이.
〔性稟 성품〕 ➡性情(성정).
〔性行 성행〕 성질과 행실.
〔性向 성향〕 성질에 따른 경향.
◪感性(감성)/個性(개성)/慣性(관성)/屈性(굴성)/根性(근성)/急性(급성)/男性(남성)/耐性(내성)/德性(덕성)/毒性(독성)/慢性(만성)/母性(모성)/本性(본성)/父性(부성)/佛性(불성)/屬性(속성)/習性(습성)/食性(식성)/失性(실성)/心性(심성)/惡性(악성)/陽性(양성)/女性(여성)/劣性(열성)/悟性(오성)/優性(우성)/陰性(음성)/異性(이성)/理性(이성)/人性(인성)/適性(적성)/粘性(점성)/中性(중성)/知性(지성)/天性(천성)/惰性(타성)/彈性(탄성)/特性(특성)/品性(품성)/活性(활성)

*1
5 8 怏 원망할 **앙** 怏

[중]yàng(양) [일]オウ/うらむ [영]resent
[풀이] ①원망하다. ②불만스럽다.
〔怏宿 앙숙〕 원한을 품고 서로 미워하는 사이.
〔怏心 앙심〕 원한을 품고 앙갚음하기를 벼르는 마음.
〔怏怏 앙앙〕 매우 마음에 차지 않거나 야속함.
〔怏怏不樂 앙앙불락〕 마음에 차지 않거나 야속하여 즐거워하지 않음.

5 ☆✱4
9 **怨** ❶원망할 **원** ❷원수 **원** 怨

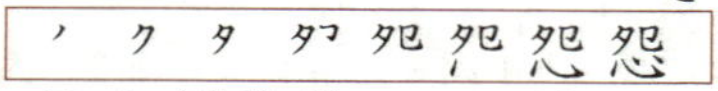

丿 ク タ 夗 夗 夗 怨 怨

㊥yuàn(위엔) ㊐エン, オン/うらむ ㊢resent, enemy
자원 **형성자.** 心(심)은 의미를 나타내고 夗(원)은 음을 나타냄.
풀이 ❶①원망하다. ②원망. 원한. ③힐책하다. 비방함. ❷원수(怨讐).
〔怨咎 원구〕 원망하고 타박함. 怨尤(원우).
〔怨溝 원구〕 ①원망으로 생긴 불화. ②사이를 가로막는 원한의 도랑.
〔怨女 원녀〕 《'원한을 품은 여자'라는 뜻으로》 과부(寡婦). 怨婦(원부).
〔怨念 원념〕 원한을 품은 생각.
〔怨望 원망〕 남을 못마땅히 여기고 탓하거나 불평을 가지고 미워함.
〔怨慕 원모〕 임금이나 어버이의 무정을 원망하면서도 사모함.
〔怨婦 원부〕 ➡怨女(원녀).
〔怨聲 원성〕 원망하는 소리.
〔怨讐 원수〕 원한이 맺힌 대상. 怨仇(원구).
〔怨罪 원죄〕 원한을 품고 저지른 악한 죄.
〔怨恨 원한〕 원통한 생각.
◪仇怨(구원)/宿怨(숙원)

5 ✱2
8 **怡** 기뻐할 **이** 怡

㊥yí(이) ㊐イ/よろこぶ ㊢be pleased
풀이 ①기뻐하다. ②온화하다. 화기(和氣)가 있음.
〔怡顔 이안〕 안색을 부드럽게 함.
〔怡悅 이열〕 기뻐서 만족함.

5
8 **怍** 부끄러워할 **작** 怍

㊥zuò(쭈어) ㊐サク/はじる ㊢bashful
풀이 ①부끄러워하다. ②안색이 변하다. ③성난 모양.

5
8 **怊** 슬퍼할 **초** 怊

㊥chāo(°차오) ㊐チョウ/いたむ ㊢grieve
풀이 ①슬퍼하다. 아파함. ②실의(失意)한 모양.

9 **怱** 悤(총)의 속자 →280쪽

5
8 **怵** 두려워할 **출** 怵

㊥chù(°추) ㊐ジュツ/おそれる ㊢fear
풀이 ①두려워하다. ②슬퍼하다.

5 ★✱3
9 **怠** 게으를 **태** 怠

ㄥ ㅿ 台 台 台 怠 怠 怠

㊥dài(따이) ㊐タイ/おこたる ㊢lazy
자원 **형성자.** 心(심)은 의미를 나타내고 台(태)는 음을 나타냄.
풀이 ①게으르다. 게을리 함. ‖怠慢(태만). ②해이(解弛)하다. 맺힌 데가 없음. ③그만두다.
〔怠慢 태만〕 게으름.
〔怠業 태업〕 ①일을 게을리 함. ②노동쟁의의 하나. 겉으로는 일을 하면서 집단적으로 작업 능률을 저하시켜 사용자에게 손해를 주는 행위. 사보타주.
〔怠惰 태타〕 몹시 게으름. ↔勤勉(근면).
◪倦怠(권태)/勤怠(근태)/懶怠(나태)/解怠(해태)

5
8 **怕** 두려워할 **파** 怕

㊥pà(파) ㊐ハ/おそれる
풀이 ①두려워하다. ②아마도. 아마. 대개. 주로 시(詩)에 쓰임. ③부끄러워하다.

5 ✱2
8 **怖** 두려워할 **포** 怖

㊥bù(뿌) ㊐フ/おそれる
풀이 ①두려워하다. 두려움. ②떨다. 두려워서 떪. ③위협하다.
◪恐怖(공포)

5 ✱
8 **怰** 팔 **현**

㊥xuàn(쒸엔) ㊐ケン ㊢sell
풀이 팔다.

5
8 **怙** 믿을 **호** 怙

㊥hù(후) ㊐コ/たのむ ㊢believe
풀이 ①믿다. 의지함. ②'아버지'의 이칭.
〔怙恃 호시〕 《믿고 의지한다는 뜻으로》 부모(父母).

5
8 **怳** 멍할 **황** 怳

㊥huǎng(후앙) ㊐キョウ, コウ ㊢be dazed
풀이 ①멍하다. 자실(自失)함. ②황홀하다. ③어슴푸레하다.
〔怳惚 황홀〕 ①눈부시게 찬란하거나 화려함. ②아름다움이나 관능 등에 마음

을 빼앗겨 정신을 못 차림. 恍惚(황홀).

6 恪 *1 삼갈 **각** 恪
9

㊥kè(커) ㊐カク/つつしむ
㊎be careful
풀이 ①삼가다. 공경함. ②표준.
〔恪勤 각근〕 삼가 근면히 노력함.
〔恪別 각별〕 유달리 특별함. 各別(각별).

6 恐 ★★3-Ⅱ ❶두려울 **공** ❷아마 **공** 恐
10

丅 工 玑 巩 巩 巩 恐 恐

㊥kǒng(쿵) ㊐キョウ/おそれる
㊎fearful
자원 **형성자.** 心(심)은 의미를 나타내고 巩(공)은 음을 나타냄.
풀이 ❶①두렵다. ②으르다. ❷아마. 추측컨대.
〔恐喝 공갈〕 무섭게 으르고 위협함.
〔恐懼 공구〕 대단히 무서워함.
〔恐水病 공수병〕 포유류, 특히 개에게서 볼 수 있는 바이러스성 질환. 사람은 이 병에 걸린 개에게 물려 감염됨. 狂犬病(광견병).
〔恐妻家 공처가〕 아내에게 눌려 지내는 남편.
〔恐怖 공포〕 두렵고 무서움.
〔恐慌 공황〕 ①두려워서 허둥지둥함. ②경기가 몹시 침체하여 파산자가 많이 생겨 급격한 경제 혼란에 빠지는 상태.
◢可恐(가공)/惶恐(황공)

6 恭 ★★3-Ⅱ 공손할 **공** 恭
10

一 艹 丗 共 共 共 恭 恭

㊥gōng(꿍) ㊐キョウ/つつしむ
㊎respectful
자원 **형성자.** 心(심)은 의미를 나타내고 共(공)은 음을 나타냄.
풀이 ①공손하다. 어렵성이 있고 겸손함. ②공경하다. 삼감. ③받들다.
〔恭儉 공검〕 공손하고 검소함.
〔恭敬 공경〕 공손히 받들어 모심.
〔恭謹 공근〕 공손하고 삼감.
〔恭待 공대〕 ①공손하게 대접함. ②상대자에게 경어를 씀.
〔恭遜 공손〕 예의바르고 겸손함.
〔恭順 공순〕 공손하고 온순함.
〔恭賀 공하〕 삼가 축하함.
◢過恭(과공)/不恭(불공)

6 恝 * 여유 없을 **괄** 恝
10

㊥jiá(지아) ㊐カイ
풀이 ①여유가 없다. ②소홀히 하다. 푸대접함.
〔恝待 괄대〕 푸대접함.
〔恝視 괄시〕 업신여겨 하찮게 대함.

6 恇 겁낼 **광** 恇
9

㊥kuāng(쿠앙) ㊐キョウ/おそれる
㊎fear
풀이 겁내다. 두려워하다.

9 恠 怪(괴)의 속자 →272쪽

6 恬 * 편안할 **념** 恬
9

㊥tián(티엔) ㊐テン
풀이 ①편안하다. ②조용하다.
〔恬淡 염담〕 욕심이 없고 마음이 깨끗함.
〔恬雅 염아〕 욕심이 없어 마음이 늘 화평함.
〔恬然 염연〕 욕심이 없어 마음이 흔들리지 않음.

6 恧 부끄러워할 **뉵** 恧
10

㊥nǜ(뉘) ㊐ジク/はじる ㊎bashful
풀이 부끄러워하다. ㊟忸.

10 恋 戀(련)의 약자 →298쪽

6 恕 ★★3-Ⅱ 용서할 **서** 恕
10

㇛ 女 女 如 如 如 恕 恕

㊥shù(°쑤) ㊐ジョ/ゆるす ㊎pardon
자원 **형성자.** 心(심)은 의미를 나타내고 如(여)는 음을 나타냄.
풀이 ①용서하다. ②어질다. 남의 처지를 잘 헤아려 줌.
〔恕免 서면〕 죄나 허물을 용서하여 면하게 함.
〔恕宥 서유〕 잘못을 너그럽게 용서함.
◢容恕(용서)/忠恕(충서)

6 恂 * 정성 **순** 恂
9

㊥xún(쉰) ㊐ジュン/まこと ㊎truth
풀이 ①정성. 참된 마음. ②미쁘다. ③두려워하다. 두려워서 떪.

6 恃 * 믿을 **시** 恃
9

㊥shì(°쓰) ㊐ジ/たのむ
풀이 ①믿다. 믿고 의지함. ②'어머니'의 이칭.

★✱4-Ⅱ
6 10 **息** 숨쉴 **식**

丿 亻 门 白 自 自 息 息

㊥xī(씨) ㊐ソク/いき ㊄breathe
금 전 자원 **회의 겸 형성자.** '코'의 상형인 自(자)와 '심장'의 상형인 心(심)이 합쳐진 자로, '호흡'을 뜻함. 心은 의미를 나타내고 自는 의미와 음을 겸하여 나타냄.
풀이 ①숨쉬다. ②한 호흡. 숨 한 번 쉬는 동안. ③번식하다. 퍼짐. ④아이. 자식. ⑤이자. ⑥쉬다. ⑦그치다. 멎음.
〔息耕 식경〕 논밭의 하루갈이를 여섯으로 나눈 면적.
◢氣息(기식)/棲息(서식)/消息(소식)/瞬息(순식)/安息(안식)/令息(영식)/利息(이식)/子息(자식)/窒息(질식)/喘息(천식)/歎息(탄식)/休息(휴식)

✱1
6 10 **恙** 근심 **양**

㊥yàng(양) ㊐ヨウ/つつが ㊄anxiety
풀이 ①근심. 근심함. ②병(病). ③양충. 독충(毒蟲).

6 10 **恚** 성낼 **에** ㊍**헤**

㊥huì(후에이) ㊐ケイ, イ/いかる ㊄get angry
풀이 성내다.

9 **悅** 悅(열)의 속자 →279쪽

☆✱4-Ⅱ
6 10 **恩** 은혜 **은**

丨 冂 冂 冃 冈 因 恩 恩

㊥ēn(언) ㊐オン/めぐみ ㊄favor
자원 **형성자.** 心(심)은 의미를 나타내고 因(인)은 음을 나타냄.
풀이 ①은혜. ②은혜로이 여기다. 고마워함. ③인정. 동정심.
〔恩顧 은고〕 은혜를 베풀어 보살펴 줌.
〔恩功 은공〕 은혜와 공로.
〔恩德 은덕〕 은혜와 덕. 또는, 은혜로운 덕.
〔恩命 은명〕 (('임금의 고마운 말씀'이라는 뜻으로)) 임금이 내리는 임관(任官)이나 유죄(宥罪)의 명령.
〔恩師 은사〕 ①스승. 恩傅(은부). ②승려가 된 후 처음 길러 준 스님.
〔恩赦 은사〕 나라에 경사가 있을 때 일정한 죄인을 석방하는 일.
〔恩愛 은애〕 ①은혜와 도타운 애정. ②부모 자식 사이나 부부간의 애정. ③어버이와 자식 또는 부부의 은정에 집착하여 떨어지기 어려운 일.
〔恩遇 은우〕 은혜롭게 대우함. 또는, 그런 대우.
〔恩怨 은원〕 은혜와 원한.
〔恩義 은의〕 은혜와 의리.
〔恩人 은인〕 은혜를 베푼 사람.
〔恩典 은전〕 나라에서 내리는 혜택의 특전.
〔恩情 은정〕 은혜로 사랑하는 마음. 또는, 인정 어린 마음.
〔恩寵 은총〕 ①높은 사람에게서 받는 특별한 은혜와 사랑. ②크리스트교에서, 하느님의 인류에 대한 사랑.
〔恩惠 은혜〕 베풀어 주는 혜택. 恩貸(은대).
◢結草報恩(결초보은)/背恩(배은)/報恩(보은)/謝恩(사은)/聖恩(성은)/天恩(천은)/皇恩(황은)/厚恩(후은)

4획

✱
6 10 **恁** ❶생각할 **임**✱ ❷당신 **님**

㊥rèn(°런), nín(닌) ㊐ニン
풀이 ①생각하다. ②당신.

★✱3
6 10 **恣** 방자할 **자**

冫 冫 冫 次 次 次 恣 恣

㊥zì(쯔) ㊐シ/ほしいまま ㊄arrogant
자원 **형성자.** 心(심)은 의미를 나타내고 次(차)는 음을 나타냄.
풀이 방자하다.
〔恣意 자의〕 제멋대로 하는 생각.
〔恣行 자행〕 ①방자한 행실. ②제멋대로 함.
◢放恣(방자)

★✱3-Ⅱ
6 10 **恥** 부끄러워할 **치** ㊕ 耻

一 丅 F F 耳 耳 恥 恥

㊥chǐ(°츠) ㊐チ/はじる ㊄bashful
자원 **형성자.** 心(심)은 의미를 나타내고 耳(이)는 음을 나타냄.
풀이 ①부끄러워하다. ②부끄럼. 도(道)에 어긋남을 부끄러워하는 마음. ③욕. 남에게 당한 부끄러움.
〔恥骨 치골〕 골반을 형성하는 엉덩이뼈의 앞쪽 아래 부위를 차지하는 뼈.
〔恥部 치부〕 ①부끄러워 남 앞에서 노출할 수 없는 부위. 곧, 성기 부분. ②남에게 숨기고 싶은 부끄러운 일.
〔恥辱 치욕〕 수치와 모욕.

◢國恥(국치)/沒廉恥(몰염치)/羞恥(수치)/廉恥(염치)/破廉恥(파렴치)/厚顔無恥(후안무치)

☆*4
6 9 **恨** 한할 **한** | 恨

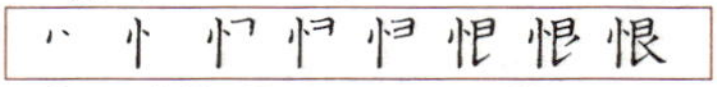

[중]hèn(헌) [일]コン/うらむ [영]deplore
[자원] **형성자.** 心(심)은 의미를 나타내고 艮(간)은 음을 나타냄.
[풀이] ①한하다. ②뉘우치다. 애석하게 여겨 뉘우침. ③한.
〔恨死 한사〕 억울하게 죽음.
〔恨歎 한탄〕 원통하거나 한스러운 일이 있을 때, 한숨 쉬며 탄식함.
◢刻骨痛恨(각골통한)/餘恨(여한)/怨恨(원한)/情恨(정한)/徹天之恨(철천지한)/痛恨(통한)/悔恨(회한)

4획

☆*3-Ⅱ
6 9 **恒** [1]항상 **항**☆*3-Ⅱ [2]뻗칠 **긍** | [본]恆 恒

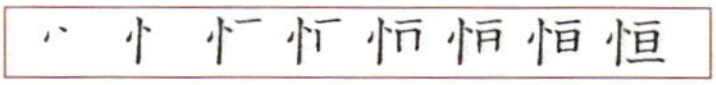

[중]héng(헝), gèng(껑) [일]コウ/つね [영]always
[갑] [금]  [자원] **회의 겸 형성자.** 갑골문은 반달과 위아래의 두 횡선(달이 뜨고 지는 동산과 서산을 뜻한다는 설과 하늘과 땅을 뜻한다는 설이 있음)으로 이뤄진 회의자임. 달이 뜨고 지는 일은 천지가 존재하는 한 영원할 것이라 하여 '늘'이라는 뜻이 생겨남. 금문에 이르러 心(심)이 덧붙음. 心은 의미를 나타내고 亘(긍)은 의미와 음을 겸하여 나타냄.
[풀이] [1]①항상. ②변하지 않다. ③괘 이름. 64괘의 하나. ‖恒卦(항괘). ④5악(五嶽)의 하나. [2]뻗치다. 두루 미침.
〔恒久 항구〕 변함없이 오램. ‖恒久的(항구적).
〔恒茶飯 항다반〕 (('늘 있는 차와 밥'이라는 뜻으로)) 늘 있어 이상할 것이 없음.
〔恒茶飯事 항다반사〕 늘 있어 이상할 것이 없는 일.
〔恒產 항산〕 생활할 수 있는 일정한 재산이나 생업.
〔恒常 항상〕 늘. 언제나.
〔恒性 항성〕 ①변하지 않는 성질. ②누구에게나 있는 성질.
〔恒星 항성〕 스스로 빛을 내며, 지구에서 볼 때 천구(天球) 상의 위치가 변하지 않는 별. 붙박이별. 定星(정성).
〔恒速 항속〕 일정한 속도.
〔恒時 항시〕 평상시. 常時(상시).
〔恒心 항심〕 늘 지니고 있는 떳떳한 마음.
〔恒娥 항아〕 달에 있다는 선녀 이름. 嫦娥(상아). 姮娥(항아).
〔恒言 항언〕 늘 말함. 또는, 늘 하는 말.
〔恒用 항용〕 보통. 늘.

*
9 **恆** 恒(항·긍)의 본자 →278쪽

*
10 **恵** 惠(혜)의 속자 →284쪽

*1
6 9 **恍** 황홀할 **황** | 恍

[중]huǎng(후앙) [일]コウ/ほのか [영]enchanted
[풀이] ①황홀하다. ②미묘하여 알기 어렵다. ③어슴푸레하다.
〔恍惚 황홀〕 ①눈부시게 찬란하거나 화려함. ②아름다움이나 관능 등에 마음을 빼앗겨 정신을 못 차림. 怳惚(황홀). 恍忽(황홀). 慌惚(황홀).

*1
6 9 **恢** 넓을 **회** | 恢

[중]huī(후에이) [일]カイ/ひろい [영]wide
[풀이] ①넓다. ②넓히다. ③갖추다. 갖추어짐. ④돌이키다.
〔恢復 회복〕 이전 상태로 되돌림. 回復(회복).

*1
6 9 **恤** 구휼할 **휼** | 恤

[중]xù(쒸) [일]ジュツ/めぐむ [영]relieve
[풀이] [통]卹. ①구휼하다. ②근심. 근심함. ③가엾이 여기다. ④돌보다.
〔恤民 휼민〕 빈민·이재민을 구제함.
〔恤兵 휼병〕 전쟁에 나간 장병에게 금품을 보내어 위로함.
〔恤典 휼전〕 정부에서 이재민을 구제하는 은전(恩典).
◢救恤(구휼)/矜恤(긍휼)/惠恤(혜휼)

6 9 **恟** 두려워할 **흉** | 恟

[중]xiōng(씨웅) [일]キョウ/おそれる [영]fear
[풀이] 두려워하다. ‖恟恟(흉흉).

*1
6 9 **恰** 마치 **흡** [본]**겹** | 恰

[중]qià(치아) [일]コウ/あたかも [영]as
[풀이] ①마치. 흡사(恰似). ②새 우는 소리.
〔恰似 흡사〕 거의 같을 정도로 비슷함.

7 **悃** 10 정성 **곤** 悃

㊥kǔn(쿤) ㊐コン/まこと ㊎sincerity
풀이 ①진심. 한결같은 마음. ②정중한 모양.

惱 10 惱(뇌)의 속자 →285쪽

悩 10 惱(뇌)의 약자 →285쪽

*1 **悧** 10 俐(리)와 동자 →39쪽

7 *1 **悚** 10 두려워할 **송** 悚

㊥sǒng(숭) ㊐ショウ
풀이 ①두려워하다. ②허둥거리다.
〔悚懼 송구〕 미안하게 생각함.
◢罪悚(죄송)/惶悚(황송)

7 *1 **悉** 11 다 **실** 悉

㊥xī(씨) ㊐シツ/ことごとく
풀이 ①다. 모두. ②다하다. ㉮다 알다. ㉯궁구하다. ㉰다 갖추다.
〔悉曇 실담〕 범어 Siddham의 음역. '범자(梵字)'의 이칭.

悪 11 惡(악·오)의 속자 →281쪽

7 * **悆** 11 ❶기뻐할 **여** ❷느슨해질 **서**

㊥yù(위), shū(°쑤) ㊐ヨ, ショ
풀이 ❶①기뻐하다. ②편안하다. ❷느슨해지다.

7 ☆*3-Ⅱ **悅** 10 기쁠 **열** ㊍悦 悅

〔필순: 丶 忄 忄 忄 忙 怡 悅 悅〕

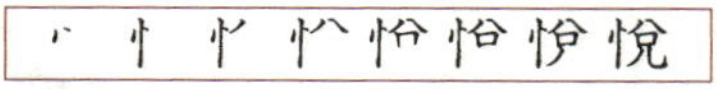

㊥yuè(위에) ㊐エツ/よろこぶ ㊎pleasant
자원 **형성자.** 心(심)은 의미를 나타내고 兌(태)는 음을 나타냄.
풀이 ①기쁘다. ㊂說. ②따르다. 심복(心服)함.
〔悅樂 열락〕 기뻐하고 즐거워함.
〔悅服 열복〕 기쁜 마음으로 복종함.
◢法悅(법열)/愉悅(유열)/喜悅(희열)

7 ☆*3-Ⅱ **悟** 10 깨달을 **오** 悟

〔필순: 丶 忄 忄 忙 恒 悟 悟 悟〕

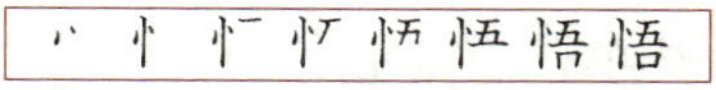

㊥wù(우) ㊐ゴ/さとる ㊎realize
자원 **형성자.** 心(심)은 의미를 나타내고 吾(오)는 음을 나타냄.
풀이 ①깨닫다. ②깨달음. ③깨우치다. 계발(啓發)함.
〔悟道 오도〕 번뇌를 해탈하고 불계에 들어갈 수 있는 부처의 가르침.
〔悟性 오성〕 사물에 대해 개념을 만들고 판단을 내리는 인간의 능력. ↔感性(감성).
◢覺悟(각오)/改悟(개오)/大悟(대오)/頓悟(돈오)/悔悟(회오)

7 ★*3-Ⅱ **悠** 11 멀 **유** 悠

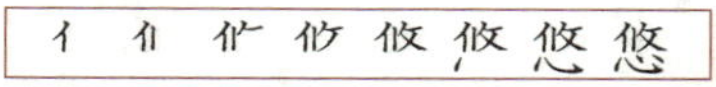

〔필순: 亻 亻 亻 攸 攸 攸 悠 悠〕

㊥yōu(여우) ㊐ユウ/とおい ㊎far
자원 **형성자.** 心(심)은 의미를 나타내고 攸(유)는 음을 나타냄.
풀이 ①멀다. ②아득히. 시간상 멀리. ③생각하다. 느낌. ④한가로이. 한가한 모양.
〔悠久 유구〕 아득하게 오램.
〔悠然 유연〕 침착하고 여유가 있음.
〔悠悠 유유〕 ①아득하게 멀거나 오래됨. ②움직임이 한가하고 느림. ③여유가 있고 태연함.
〔悠悠自適 유유자적〕 세속의 번거로움에서 벗어나 태연히 생활을 즐김.
〔悠長 유장〕 ①길고 오램. ②침착하여 느릿함.

7 **悒** 10 근심할 **읍** 悒

㊥yì(이) ㊐ユウ/うれえる
풀이 ①근심하다. 즐겁지 않음. ②흐느끼다.
〔悒鬱 읍울〕 근심으로 마음이 답답함.
〔悒悒 읍읍〕 불쾌하고 답답하여 편하지 않음.

7 *1 **悛** 10 고칠 **전** 悛

㊥quān(취엔) ㊐シュン/あらためる
풀이 ①고치다. ②잇다.
◢改悛(개전)

7 *1 **悌** 10 공경할 **제** 悌

㊥tì(티) ㊐テイ/すなお
풀이 ①공경하다. 연장자를 섬기는 일. ②화락하다.
〔悌友 제우〕 형제간이나 어른과 어린이 사이에 우애가 두터움.

7 11 **悊*** 공경할 **철**

중zhé(°저) 일テツ

풀이 공경하다.

7 10 **悄** ❶근심할 **초** ❷엄할 **초**

중qiǎo(치아오) 일ショウ

풀이 ❶①근심하다. ②고요하다. 조용함. ❷엄하다. 엄격함.

〔悄去明來 초거명래〕 남이 알지 못하게 갔다가 성공하여 공공연히 활개 치며 돌아옴.

〔悄然 초연〕 의기를 잃어 기운이 없음.

〔悄愴 초창〕 근심스럽고 슬픔.

7 11 **悤*** 바쁠 **총** 속 怱

중cōng(충) 일ス/いそぐ 영busy

풀이 ①바쁘다. ②밝다.

〔悤忙 총망〕 매우 급하고 바쁨.

〔悤悤 총총〕 ①급하고 바쁜 모양. 草草(초초). ②편지 글에서, 끝맺음의 뜻을 나타내는 말.

7 10 **悖***1 어그러질 **패**

중bèi(뻬이) 일ハイ/みだれる

풀이 어그러지다.

〔悖德 패덕〕 도리에 어긋난 행실.

〔悖戾 패려〕 도리에 어그러지고 사나움.

〔悖倫 패륜〕 인륜(人倫)에 어긋남.

〔悖說 패설〕 이치에 어긋나는 말.

〔悖逆 패역〕 도리에 어긋나고 불순함.

〔悖子 패자〕 천륜(天倫)을 거역한 자식. ‖悖子逆孫(패자역손).

◢狂悖(광패)/行悖(행패)

7 10 **悍***1 사나울 **한**

중hàn(한) 일カン/たけしい 영wild

풀이 ①사납다. ②세차다. ③눈을 부릅뜨다. ④날카롭다.

〔悍馬 한마〕 성질이 사나운 말.

〔悍勇 한용〕 사납고 용맹스러움.

7 11 **患**☆*5 근심 **환**

중huàn(후안) 일カン/わずらう 영anxiety

자원 **형성자.** 心(심)은 의미를 나타내고 串(관)은 음을 나타냄.

풀이 ①근심. ㉮근심. 걱정. ㉯고통. 고난. ㉰재해(災害). ㉱병(病). ②근심하다. 걱정함. ‖患難(환난). ③앓다. ‖患者(환자).

〔患難 환난〕 근심과 재난.

〔患難相救 환난상구〕 환난을 당했을 때 서로 구원함. 患難相恤(환난상휼).

〔患亂 환란〕 근심과 재앙.

〔患部 환부〕 병이나 상처가 난 곳.

〔患者 환자〕 병을 앓는 사람.

〔患節 환절〕 (('병의 상태'라는 뜻으로)) 남 또는 윗사람에게 병을 물을 때 쓰는 말.

〔患候 환후〕 웃어른을 높여 그의 병을 이르는 말. 病患(병환).

◢急患(급환)/內憂外患(내우외환)/老患(노환)/病患(병환)/宿患(숙환)/識字憂患(식자우환)/外患(외환)/憂患(우환)/有備無患(유비무환)/疾患(질환)/後患(후환)

7 10 **悔**★*3-Ⅱ 뉘우칠 **회**

중huǐ(후에이) 일カイ/くやむ 영repent

자원 **형성자.** 心(심)은 의미를 나타내고 每(매)는 음을 나타냄.

풀이 ①뉘우치다. ㉮애석하게 여기다. 한(恨)함. ㉯잘못을 깨닫다. ②뉘우침. ㉮한(恨). ㉯잘못.

〔悔改 회개〕 잘못을 뉘우쳐 고침.

〔悔淚 회루〕 잘못을 뉘우치고 흘리는 눈물.

〔悔心 회심〕 잘못을 뉘우치는 마음.

〔悔悟 회오〕 잘못을 뉘우쳐 깨달음.

〔悔恨 회한〕 뉘우치고 한탄함.

◢懺悔(참회)/痛悔(통회)/後悔(후회)

8 11 **悸***1 두근거릴 **계**

중jì(찌) 일キ/むなさわぎ 영palpitate

풀이 ①두근거리다. ②가슴이 두근거리는 병. ③두려워하다.

◢動悸(동계)/心悸(심계)

8 11 **悾** ❶정성 **공** ❷경황 없을 **공** ❸뜻 얻지 못할 **공**

중kōng(쿵) 일コウ/まこと

풀이 ❶①정성. ②삼가다. ❷경황이 없다. ❸뜻을 얻지 못하다.

12 **悳***2 德(덕)과 동자 →267쪽

8 11 **悼***2 슬퍼할 **도**

㊥dào(따오) ㊐トウ/いたむ ㊎grieve
풀이 ①슬퍼하다. ②마음이 동하다. ③앓다. ④아이의 죽음. 일곱 살 정도 어린아이의 죽음.
〔悼歌 도가〕 죽은 사람을 슬퍼하는 노래. 挽歌(만가).
〔悼詞 도사〕 죽은 사람을 슬퍼하며 지은 글.
◪哀悼(애도)/追悼(추도)

8 11 惇 *2 도타울 **돈**

㊥dūn(뚠) ㊐トン ㊎hearty
풀이 ①도탑다. 인정이 두터움. ㉠敦. ‖惇篤(돈독). ②진실. 참된 마음. ③힘쓰다. 애씀.
〔惇篤 돈독〕 정이 깊고 두터움. 敦篤(돈독).
〔惇厚 돈후〕 인정이 두터움. 敦厚(돈후).

8 11 惘 1 경황없을 **망**

㊥wǎng(왕) ㊐モウ, ボウ/あきれる
풀이 경황없다.

8 12 悶 *1 번민할 **민** 간 㥍

㊥mèn(먼) ㊐モン/もだえる ㊎agonize
풀이 ①번민하다. 마음이 답답함. ②근심하다. 걱정함.
〔悶鬱 민울〕 안타깝고 답답함.
◪苦悶(고민)/煩悶(번민)

8 11 悱 표현 못할 **비**

㊥fěi(°페이) ㊐ヒ/いいなやむ
풀이 ①표현하지 못하다. 알면서도 말로 표현하지 못함. ②슬프다. 슬퍼함. ㉠悲.

8 12 悲 ☆*4-Ⅱ 슬플 **비**

丿 ㇆ ㇋ ㇋ 非 非 悲 悲

㊥bēi(뻬이) ㊐ヒ/かなしむ ㊎sad
자원 **형성자.** 心(심)은 의미를 나타내고 非(비)는 음을 나타냄.
풀이 ①슬프다. ‖悲曲(비곡). ②슬퍼하다. 마음 아파함. ㉠悱. ③슬픔. 비애. ‖悲運(비운). ④자비(慈悲).
〔悲歌 비가〕 슬픈 노래.
〔悲感 비감〕 슬픈 느낌. 또는, 그런 느낌이 듦.
〔悲觀 비관〕 ①인생을 부정적으로만 보는 일. ‖悲觀的(비관적)/悲觀論(비관론). ↔樂觀(낙관). ②미래의 일이 잘못될 것으로 내다봄.
〔悲劇 비극〕 ①인생의 불행한 일을 제재로 하여 고뇌·파멸·죽음 등으로 끝맺는 극. ↔喜劇(희극). ②세상에서 일어난 비참한 일.
〔悲戀 비련〕 ①슬프게 끝나는 사랑. ②애절한 그리움. 哀戀(애련).
〔悲鳴 비명〕 ①슬피 욺. 또는, 그런 울음소리. ②다급할 때 지르는 외마디 소리.
〔悲報 비보〕 슬픈 소식.
〔悲憤 비분〕 슬퍼하고 분개함.
〔悲愁 비수〕 슬퍼하고 근심함.
〔悲哀 비애〕 슬픔과 서러움.
〔悲運 비운〕 슬픈 운명. 不運(불운).
〔悲願 비원〕 ①비장(悲壯)한 소원. ②중생을 제도하고자 하는 불보살의 대자대비한 서원(誓願).
〔悲壯 비장〕 슬프면서도 의기가 장함.
〔悲壯美 비장미〕 강한 슬픔의 감정과 더불어 일어나는 아름다움.
〔悲慘 비참〕 슬프고 처참함.
〔悲愴 비창〕 마음이 아프고 슬픔. 悲傷(비상).
〔悲歎 비탄〕 슬퍼 탄식함. 悲嘆(비탄).
〔悲痛 비통〕 몹시 슬퍼서 마음이 아픔. 悲傷(비상).
〔悲風 비풍〕 ①쓸쓸하고 구슬픈 느낌을 주는 바람. ②늦가을의 쓸쓸한 바람.
〔悲話 비화〕 슬픈 이야기.
◪大慈大悲(대자대비)/無慈悲(무자비)/一喜一悲(일희일비)/慈悲(자비)/喜悲(희비)

8 11 惜 ☆*3-Ⅱ 아낄 **석**

丶 忄 忄 忄 忄 惜 惜 惜

㊥xī(씨) ㊐セキ/おしむ ㊎spare
자원 **형성자.** 心(심)은 의미를 나타내고 昔(석)은 음을 나타냄.
풀이 ①아끼다. ②아깝다. ③가엾이 여기다.
〔惜別 석별〕 이별을 아쉬워함.
〔惜陰 석음〕 시간을 아낌.
〔惜敗 석패〕 아깝게 짐.
◪哀惜(애석)

8 12 惡 ☆*5 ❶악할 **악**☆*5 ❷미워할 **오***5 속 悪 간 恶

一 丆 丌 亞 亞 亞 惡 惡

㊥è(어), wù(우) ㊐アク, オ/わるい ㊎wicked
자원 **회의 겸 형성자.** 종묘나 분묘를 만들기 위해 다져 놓은 터를 가리키는 亞(아)와 心(마음 심)이 합쳐진 자로, '싫어하다', '나쁘다'의 뜻을 나타냄. 心은 의미를 나타내고 亞는 의미와 음을 겸하여 나타냄.
풀이 ❶①악하다. 모질다. ②잘못. 과실

(過失). ③재난. 화액(禍厄). ④악인. 나쁜 사람. ❷①미워하다. ②병들다. 앓음.
[惡感 악감] 나쁜 감정. 惡感情(악감정).
[惡鬼 악귀] 악한 귀신. 邪鬼(사귀). 惡魔(악마).
[惡氣 악기] ①나쁜 마음. 惡意(악의). ②고약한 냄새.
[惡女 악녀] 성질이 모질고 나쁜 여자.
[惡談 악담] 남을 비방하거나 저주하는 말. ↔德談(덕담).
[惡黨 악당] 악인(惡人)의 무리.
[惡德 악덕] 못된 마음씨. 凶德(흉덕).
[惡毒 악독] 마음씨가 흉악하고 독살스러움.
[惡童 악동] ①성질이 나쁜 아이. ②장난꾸러기.
[惡辣 악랄] 매섭고 표독함.
[惡靈 악령] 원한을 품고 재앙을 내린다는 죽은 사람의 혼령. 怨靈(원령).
[惡魔 악마] ①불도(佛道)를 방해하는 악신(惡神). ②불의나 암흑, 또는 사람을 악으로 유혹하고 멸망시키는 것의 비유. ③몹시 흉악한 사람의 비유.
[惡名 악명] 악하다는 소문이나 평판.
[惡夢 악몽] 불길하고 무서운 꿈.
[惡法 악법] ①사회에 해독을 끼치는 나쁜 법령. ②나쁜 방법.
[惡婦 악부] 성질이 악독한 부녀.
[惡事 악사] 흉악한 일.
[惡山 악산] 험악한 산.
[惡喪 악상] 젊은이 또는 어린 사람이 웃어른보다 먼저 죽는 일.
[惡書 악서] 읽어서 해로운 책.
[惡性 악성] ①나쁜 성질. ②병 따위가 잘 낫지 않는 성질. ③삼성(三性)의 하나. 나쁜 마음을 일으키는 일체의 악업(惡業). 탐심(貪心)·진심(嗔心) 따위.
[惡手 악수] 바둑·장기에서 잘못 놓거나 잘못 쓴 나쁜 수.
[惡循環 악순환] ①좋지 않은 순환. ②원인·결과가 한없이 반복하여 악화되는 일.
[惡習 악습] 나쁜 버릇. 惡癖(악벽).
[惡食 악식] ①맛없고 거친 음식. ↔美食(미식). ②불교를 믿으면서 육식(肉食)하는 일.
[惡心 악심] 나쁜 마음.
[惡業 악업] ①좋지 못한 소행. ②전세(前世)의 나쁜 행위.
[惡役 악역] 연극·영화 등에서 악인으로 분장(扮裝)하는 배역. 惡人役(악인역).
[惡疫 악역] 악성의 유행성 전염병.
[惡逆無道 악역무도] 의리에 벗어나고 도리에 어긋남.
[惡緣 악연] 좋지 못한 인연.
[惡用 악용] 잘못 씀. 또는, 못된 일에 씀. ↔善用(선용).
[惡友 악우] 나쁜 친구.
[惡運 악운] 사나운 운수. ↔幸運(행운).
[惡衣 악의] 너절하고 조잡한 옷.
[惡意 악의] ①나쁜 마음씨. ↔善意(선의). ②나쁜 의미.
[惡衣惡食 악의악식] 너절하고 조잡한 옷을 입고 맛없는 음식을 먹음. 또는, 그 옷이나 음식.
[惡人 악인] 악한 사람. ↔善人(선인).
[惡因惡果 악인악과] 나쁜 일을 하면 반드시 나쁜 결과가 따름. ↔善因善果(선인선과).
[惡材 악재] ①나쁜 재료. ②거래소에서 시세를 하락시키는 원인이 되는 조건. 惡材料(악재료).
[惡戰苦鬪 악전고투] 어려운 조건을 무릅쓰고 죽을힘을 다하여 싸움.
[惡政 악정] 백성을 괴롭히고 나라를 그르치는 정치. ↔善政(선정).
[惡種 악종] ①나쁜 종류. ②성질이 흉악한 사람이나 동물. 惡物(악물).
[惡疾 악질] 불치(不治)의 병. 惡病(악병).
[惡質 악질] 나쁜 성질. 또는, 그런 사람.
[惡妻 악처] 성질이 사납거나 부정한 아내.
[惡天候 악천후] 몹시 나쁜 날씨.
[惡臭 악취] 나쁜 냄새.
[惡趣味 악취미] ①좋지 못한 취미. ②괴벽한 취미.
[惡評 악평] 나쁘게 평함. 또는, 그런 평판이나 평가. ↔好評(호평).
[惡筆 악필] ①잘 쓰지 못한 글씨. ②품질이 나쁜 붓.
[惡漢 악한] 악독한 짓을 하는 사람. 無賴漢(무뢰한).
[惡行 악행] 악독한 행위. ↔善行(선행).
[惡刑 악형] 모진 형벌.
[惡化 악화] 상태·성질·관계 등이 나쁘게 변해 감. ↔好轉(호전).
[惡貨 악화] 실질 가격이 법정 가격보다 떨어지는 화폐. ↔良貨(양화).
[惡戲 악희] 못된 장난.
[惡心 오심] 속이 거북하고 토할 듯한 기분이 생기는 현상.
[惡寒 오한] 병으로 열이 심할 때 느끼는 추위.
◢奸惡(간악)/改惡(개악)/勸善懲惡(권선징악)/極惡(극악)/發惡(발악)/邪惡(사악)/善惡(선악)/劣惡(열악)/愚惡(우악)/僞惡(위악)/殘惡(잔악)/粗惡(조악)/罪惡(죄악)/憎惡(증오)/最惡(최악)/醜惡(추악)/七去之惡(칠거지악)/悖惡(패악)/暴惡(포악)/害惡(해악)/險惡(험악)/嫌惡(혐오)/好惡(호오)/凶惡(흉악)

8 11 惟 ★*3 생각할 유 惟

丶 忄 忄 忄 忄 怍 惟 惟

㊥wéi(웨이) ㊐イ/おもう ㊎think
자원 **형성자.** 心(심)은 의미를 나타내고 隹(추)는 음을 나타냄.
풀이 ①생각하다. ②꾀하다. 의도함. ③오직. 홀로. 오로지. 다만. ⓣ唯. ④아아! 감탄사.
〔惟獨 유독〕 오직 홀로. 唯獨(유독).
〔惟一 유일〕 오직 하나밖에 없음. 唯一(유일).
◢思惟(사유)

8 11 ☆*5 **情** 뜻 **정** | 동간 情 情

丶 忄 忄 忄 忄 情 情 情

㊥qíng(칭) ㊐ジョウ, セイ/なさけ ㊎sentiment
자원 **형성자.** 心(심)은 의미를 나타내고 靑(청)은 음을 나타냄.
풀이 ①뜻. 사물에 접하여 느끼는 마음. ②심기(心氣). ③본성(本性). ④정성. 진심(眞心). ⑤실정(實情). 사정. 형편. ⑥정취(情趣). ⑦인정(人情).
〔情感 정감〕 따뜻한 정을 불러일으키는 느낌. 感情(감정).
〔情景 정경〕 ①정취(情趣)와 경색(景色). ②가엾은 경지에 놓인 딱한 모양. 情狀(정상). 情況(정황).
〔情談 정담〕 정답게 주고받는 이야기.
〔情報 정보〕 실정(實情)의 보고. 또는, 그 내용이나 자료.
〔情婦 정부〕 아내 몰래 사통(私通)하는 여자.
〔情分 정분〕 사귀어서 정이 든 정도. 情誼(정의).
〔情死 정사〕 실현될 수 없는 사랑을 비관하여 남녀가 함께 자살하는 일.
〔情事 정사〕 남녀간의 사랑에 관한 일.
〔情狀 정상〕 ①있는 그대로의 사정과 형편. ②딱하고 가엾은 상태.
〔情狀酌量 정상 작량〕 일의 사정을 재판관이 헤아려서 형벌을 가볍게 하는 일. 情狀參酌(정상 참작).
〔情緖 정서〕 ①어떤 사물이나 경우에 부딪쳐 일어나는 감정이나 상념. ②희로애락(喜怒哀樂)과 같이 일시적으로 급격하게 일어나는 감정.
〔情勢 정세〕 일이 되어 가는 형편. 形勢(형세).
〔情實 정실〕 ①사사로운 정의나 관계에 끌리는 일. ②실제의 사실.
〔情愛 정애〕 따뜻한 사랑.
〔情熱 정열〕 뜨거운 감정. 熱情(열정).
〔情炎 정염〕 불타오르는 듯한 욕정. 情火(정화).
〔情欲 정욕〕 ①마음속에 일어나는 여러 가지 욕구. ②사욕(四欲)의 하나. 탐하여 집착하는 마음.
〔情慾 정욕〕 이성(異性)의 육체에 대한 욕망.
〔情誼 정의〕 서로 사귀어 친해진 정.
〔情意 정의〕 따뜻한 마음과 참된 뜻.
〔情人 정인〕 ①남몰래 정을 통하는 남녀 사이에서 서로를 이르는 말. ②마음이 통하는 친구.
〔情調 정조〕 단순한 감각에 따라 일어나는 쾌(快)·불쾌의 감정.
〔情操 정조〕 정신 활동에 따라 일어나는 고차원적인 복잡한 감정.
〔情地 정지〕 딱한 사정에 있는 가엾은 처지.
〔情趣 정취〕 깊은 정서를 자아내는 흥취(興趣). 韻致(운치). 情致(정치).
〔情表 정표〕 간곡한 정(情)의 표시로 물품을 줌. 또는, 그 물품.
〔情恨 정한〕 정과 한. 또는, 정에 얽힌 한.
〔情況 정황〕 일의 사정과 상황.
◢感情(감정)/憾情(감정)/激情(격정)/冷情(냉정)/多情(다정)/慕情(모정)/無情(무정)/物情(물정)/薄情(박정)/發情(발정)/非情(비정)/事情(사정)/抒情(서정)/煽情(선정)/純情(순정)/詩情(시정)/實情(실정)/心情(심정)/愛情(애정)/旅情(여정)/逆情(역정)/戀情(연정)/熱情(열정)/溫情(온정)/欲情(욕정)/友情(우정)/人情(인정)/眞情(진정)/陳情(진정)/衷情(충정)/痴情(치정)/通情(통정)/表情(표정)

11 **情** 情(정)과 동자 →283쪽

8 11 * **悰** 즐거울 **종** | 悰

㊥cóng(충) ㊐ソウ
풀이 즐겁다.

11 **慘** 慘(참)의 속자 →293쪽

8 11 **惝** 실심할 **창** | 惝

㊥chǎng(°창) ㊐ショウ ㊎lose heart
풀이 ①실심하다. 낙심함. 맥이 풀려 멍한 모양. ②놀라는 모양. 놀라 멍한 모양.
〔惝怳 창황〕 놀라거나 다급하여 어찌할 바를 모름. 𢡟怳(창황).

8 11 **悵** 슬퍼할 **창** | 간 怅 悵

㊥chàng(°창) ㊐チョウ/いたむ ㊎grieve
풀이 ①슬퍼하다. 원망함. 한탄함. ②멍한 모양. 아무 생각이 없는 모양.
〔悵惘 창망〕 근심 걱정으로 경황이 없음.
〔悵然 창연〕 몹시 서운하고 섭섭한 모양.

4획

8 11 **悽** *2 슬퍼할 **처**

㊥qī(치) ㊐セイ/いたむ ㊖grieve

자원 **형성자.** 心(심)은 의미를 나타내고 妻(처)는 음을 나타냄.

풀이 ①슬퍼하다. 마음 아파함. ‖悽然(처연). ②차다. 차가움. ③굶주려 괴로워하는 모양.

〔悽然 처연〕 애달프고 구슬픈 모양.
〔悽絶 처절〕 매우 처참함.
〔悽慘 처참〕 매우 참혹함.

8 11 **惕** 두려워할 **척**

㊥tì(티) ㊐テキ/おそれる ㊖fear

풀이 ①두려워하다. ②삼가다. 황공하여 조심함. ③놀라다. ④근심하다.

〔惕然 척연〕 근심스럽고 두려운 모양.

8 11 **惆** 슬퍼할 **추**

㊥chōu(°처우) ㊐チュウ/いたむ ㊖grieve

풀이 ①슬퍼하다. 한탄함. 마음 아파함. ②실심하다. 낙심하는 모양.

〔惆然 추연〕 실망하여 슬퍼하는 모양.

8 11 **悴** *1 파리할 **췌**

㊥cuì(추에이) ㊐スイ/やつれる ㊖thin

풀이 ①파리하다. 야윔. ②근심하다. 걱정함. ③괴로워하다. 상심함.

◢憔悴(초췌)

8 11 **悻** 성낼 **행**

㊥xìng(씽) ㊐コウ/いかる

풀이 성내다. ‖悻悻(행행).

8 12 **惠** ☆*4-Ⅱ 은혜 **혜** ㊟恵

㊥huì(후에이) ㊐ケイ/めぐむ ㊖favor

금 **자원** **회의자.** 방추(실감개)를 나타내는 叀(전)과 心(마음 심)이 합쳐진 자로, 상대를 원만하게 끌어들이는 부드러운 마음을 나타냄.

풀이 ①은혜. ②은혜를 베풀다. ③순종하다. 따름. ④착하다. 착한 일.

〔惠顧 혜고〕 남이 나를 찾아 줌을 높여 이르는 말. 惠來(혜래). 惠臨(혜림).
〔惠臨 혜림〕 ➡惠顧(혜고).
〔惠書 혜서〕 남이 보낸 편지를 높여 이르는 말. 惠音(혜음). 惠札(혜찰). 惠翰(혜한). 惠函(혜함).
〔惠示 혜시〕 친절하게 알려 줌.
〔惠存 혜존〕 자신의 저서나 작품을 남에게 기증할 때, 받아 간직하여 달라는 뜻으로, 받는 사람의 성명 아래 쓰는 말. 惠鑑(혜감).
〔惠澤 혜택〕 사물이나 다른 사람으로부터 받는 이로움이나 이익. 恩澤(은택).

◢受惠(수혜)/施惠(시혜)/恩惠(은혜)/慈惠(자혜)/天惠(천혜)/特惠(특혜)

8 12 **惑** ★*3-Ⅱ 미혹할 **혹**

㊥huò(후어) ㊐ワク/まどう ㊖be confused

자원 **형성자.** 心(심)은 의미를 나타내고 或(혹)은 음을 나타냄.

풀이 ①미혹하다. ②미혹되게 하다. 정신을 헷갈리게 함.

〔惑星 혹성〕 태양을 중심으로 그 둘레를 도는 천체. 行星(행성).
〔惑世 혹세〕 세상을 현혹되게 함.
〔惑世誣民 혹세무민〕 세상을 어지럽히고 사람들의 판단을 흐리게 하여 속임.

◢蠱惑(고혹)/困惑(곤혹)/當惑(당혹)/魅惑(매혹)/迷惑(미혹)/不惑(불혹)/誘惑(유혹)/疑惑(의혹)/眩惑(현혹)

8 11 **惛** 어리석을 **혼**

㊥hūn(훈) ㊐コン/おろか

풀이 ①어리석다. ②미혹하다. 정신이 현혹됨. ③어지럽다. 정신이 흐트러짐.

〔惛迷 혼미〕 정신이 흐리고 사리에 어두움. 昏迷(혼미).

8 11 **惚** *1 황홀할 **홀**

㊥hū(후) ㊐コウ/ほれる ㊖raptured

풀이 ①황홀하다. 멍한 모양. ②흐릿하다. 분명하지 않은 모양. 미묘(微妙)함.

◢恍惚(황홀)

9 13 **感** ☆*6 느낄 **감**

㊥gǎn(간) ㊐カン/かんずる, おもう ㊖feel

자원 **회의 겸 형성자.** 도끼로 내리쳐 처형함을 나타내는 咸(함)과 心(심)이 합쳐진 자로, 마음이 강한 충격을 받음을 나타냄. 心은 의미를 나타내고 咸은 의미와 음을 겸하여 나타냄.

풀이 ①느끼다. 사물에 접하여 느낌이

일어남. 또는, 그 느낌. ②깨닫다. 묘리(妙理)를 터득함. ③고맙게 여기다. ④지각(知覺). 감각. ⑤감응(感應)하다. 느낌이 통함.
〔感覺 감각〕 ①외계의 자극이 감각 기관을 통하여 신경 중추에 전달되어 일어나는 의식 현상. ②사물에서 받는 인상이나 느낌.
〔感慨無量 감개무량〕 사물에 대한 회포의 느낌이 한이 없음.
〔感激 감격〕 ①깊이 느껴 뭉클한 감정이 솟구쳐 일어남. ②고마움을 깊이 느낌.
〔感官 감관〕 외계의 자극을 감지(感知)하는 기관. 눈·귀·코·혀·살갗의 오관(五官). 感覺器官(감각 기관).
〔感光 감광〕 물질이 빛의 작용을 받아 화학적 변화를 일으키는 일.
〔感氣 감기〕 고뿔. 感冒(감모).
〔感度 감도〕 감응(感應)하는 정도.
〔感動 감동〕 깊이 느껴 마음이 움직임.
〔感得 감득〕 ①느껴서 앎. ②영감(靈感)으로 깨달아 앎.
〔感淚 감루〕 감격하여 흘리는 눈물.
〔感銘 감명〕 깊이 느껴 마음에 새김. 또는, 그 새겨진 느낌.
〔感服 감복〕 감동하여 심복(心服)함.
〔感奮 감분〕 감동하여 분기함. 感憤(감분).
〔感謝 감사〕 고맙게 여김. 또는, 그런 마음.
〔感想 감상〕 마음속에 느껴 일어나는 생각. 所感(소감). 所懷(소회).
〔感傷 감상〕 슬프게 느껴 마음 아파함.
〔感性 감성〕 ①감각의 능력. 感受性(감수성). ②사물에 촉발되어 표상(表像)을 얻게 되는 수동적인 능력. ↔悟性(오성)·理性(이성).
〔感受性 감수성〕 자극을 느낄 수 있는 성질. 또는, 그런 능력.
〔感染 감염〕 악습(惡習)이나 질병이 전염하는 일.
〔感恩 감은〕 은혜에 대하여 고맙게 여김.
〔感泣 감읍〕 감격하여 눈물을 흘림. 感涕(감체).
〔感應 감응〕 ①어떤 느낌을 받아 마음이 따라 움직임. ②정성이 신불(神佛)에 통함. 感通(감통). ③도체(導體)가 자석이나 발전체(發電體) 등에 접근하여 자기(磁氣) 또는 전기를 띠는 현상.
〔感電 감전〕 전기에 닿아 충격을 느끼는 일.
〔感情 감정〕 느끼어 일어나는 마음. 곧, 희로애락(喜怒哀樂) 등의 심정.
〔感知 감지〕 느끼어 앎.
〔感之德之 감지덕지〕 분에 넘치는 듯 매우 고맙게 여기는 모양.
〔感觸 감촉〕 만지거나 접촉하여 일어나는 느낌.
〔感祝 감축〕 경사스러운 일을 함께 감사하고 축하함.
〔感歎 감탄〕 감동하여 찬탄함.
〔感通 감통〕 정성스러운 마음이 신불(神佛)이나 남에게 감응(感應)되어 알려짐.
〔感化 감화〕 좋은 영향을 받아 마음이 변화함. 또는, 그렇게 변하게 함.
〔感懷 감회〕 지난 일을 돌이켜 볼 때 가지게 되는 느낌. 感想(감상). 懷抱(회포).
〔感興 감흥〕 느끼어 일어나는 흥취.
◢共感(공감)/交感(교감)/同感(동감)/鈍感(둔감)/萬感(만감)/敏感(민감)/反感(반감)/悲感(비감)/性感(성감)/所感(소감)/實感(실감)/量感(양감)/語感(어감)/靈感(영감)/豫感(예감)/五感(오감)/有感(유감)/六感(육감)/肉感(육감)/音感(음감)/切感(절감)/情感(정감)/直感(직감)/質感(질감)/體感(체감)/觸感(촉감)/快感(쾌감)/痛感(통감)/好感(호감)

4획

9 * 愆 13 허물 **건** | 愆

[중]qiān(치엔) [일]ケン/あやまち
[풀이] ①허물. 죄과(罪過). 과실(過失). ②어기다. 위반함. ③잃다.
〔愆過 건과〕 그릇되게 저지른 실수. 愆尤(건우).

9 愞 12 [1]약할 **나** [2]여릴 **연** | 愞

[중]nuò(누어), ruǎn(°루안) [일]ダ, ゼン
[풀이] [1]약하다. 기질이 약하다. [2]여리다. 여려 힘이 없다.

9 ★*3 惱 12 괴로워할 **뇌** [본]**노** | [속]惱 [약]悩 [간]恼 惱

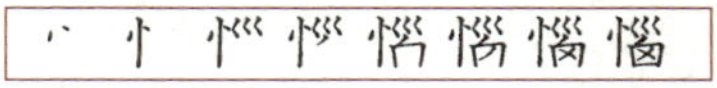

[중]nǎo(나오) [일]ノウ/なやむ [영]worry
[자원] **형성자.** 心(심)은 의미를 나타내고 㐫(뇌)는 음을 나타냄.
[풀이] ①괴로워하다. 고민함. ②괴롭히다. ③괴로움. 고뇌(苦惱).
〔惱殺 뇌쇄〕 애가 타도록 몹시 괴롭힘. 미색(美色)에 매료(魅了)되는 경우 등에 씀.
◢苦惱(고뇌)/煩惱(번뇌)/懊惱(오뇌)

9 * 愍 13 슬플 **민** | 愍

[중]mǐn(민) [일]ビン/いたむ
[풀이] ①슬프다. ②슬픔. 걱정. ③연민하다. 가엾이 여김. ④걱정함.
〔愍然 민연〕 가련한 모양.
◢憐愍(연민)

☆＊4-Ⅱ
9 **想** 생각 **상** 想
13

十 才 木 木冂 相 相 想 想

[중]xiǎng(시앙) [일]ソウ/おもう
[영]thought
[자원] **형성자.** 心(심)은 의미를 나타내고 相(상)은 음을 나타냄.
[풀이] 생각. ㉮상상하다. 여러모로 생각함. ㉯생각을 떠올리다. ㉰바라다. 원함.
〔想起 상기〕 지난 일을 생각해 냄.
〔想念 상념〕 마음속에 품은 여러 가지 생각.
〔想思 상사〕 곰곰이 생각함.
〔想像 상상〕 실제로 있지 않거나 겪지 않은 일을 머릿속으로 미루어 생각함. ‖想像力(상상력).
〔想定 상정〕 어떤 상황을 상상하여 가정함.
◢假想(가상)/感想(감상)/空想(공상)/構想(구상)/斷想(단상)/妄想(망상)/冥想(명상)/夢想(몽상)/無想(무상)/默想(묵상)/發想(발상)/思想(사상)/詩想(시상)/樂想(악상)/聯想(연상)/豫想(예상)/理想(이상)/着想(착상)/追想(추상)/虛想(허상)/幻想(환상)/回想(회상)

4획

＊
9 **惰** 지혜 **서**
12

[중]xū(쒸) [일]ショ [영]wisdom
[풀이] 지혜. 재치.

＊
9 **惺** 영리할 **성** 惺
12

[중]xīng(씽) [일]セイ/さとい
[풀이] 영리하다. 슬기로움.

☆＊3-Ⅱ
9 **愁** 시름 **수** 愁
13

二 千 禾 禾' 秒 秋 愁 愁

[중]chóu(°처우) [일]シュウ/うれう
[영]anxiety
[자원] **형성자.** 心(심)은 의미를 나타내고 秋(추)는 음을 나타냄.
[풀이] ①시름. 걱정. ②시름겹다. ③슬퍼하다. ④얼굴빛을 바꾸다.
〔愁眉 수미〕 (‘시름겨운 눈썹’이란 뜻으로) 수심에 잠긴 얼굴빛.
〔愁悶 수민〕 근심하며 고민함.
〔愁色 수색〕 근심스러운 기색.
〔愁聲 수성〕 슬픈 소리.
〔愁心 수심〕 근심스러운 마음. 愁意(수의). 愁思(수사).
◢客愁(객수)/哀愁(애수)/旅愁(여수)/憂愁(우수)/鄕愁(향수)

＊1
9 **愕** 놀랄 **악** 愕
12

[중]è(어) [일]ガク/おどろく
[풀이] ①놀라다. 당황하는 모양. ②직언(直言)하다.
〔愕然 악연〕 깜짝 놀라는 모양.
◢驚愕(경악)

☆＊6
9 **愛** 사랑 **애** [간]爱 愛
13

丿 爫 爫 㤅 㤅 愛 愛 愛

[중]ài(아이) [일]アイ/いつくしむ [영]love
[금] [전] [자원] **회의 겸 형성자.** 㤅(애:𢖻의 원래 자)와 夊(치)가 합쳐진 자. 금문은 사람이 가슴에 손을 얹고 입을 크게 벌려 애정을 갈구하고 있는 모습을 나타냄. 뒷날 ‘걷다’의 뜻인 夊를 덧붙여 애인을 향해 다가감을 나타냄. 心은 의미를 나타내고 㤅는 의미와 음을 겸하여 나타냄.
[풀이] ①사랑. 인정. 자애. ②사랑하다. ③가엾게 여기다. ④사모하다. ⑤아끼다. 아깝게 여김.
〔愛犬 애견〕 개를 귀여워함. 또는, 그 개.
〔愛顧 애고〕 사랑하여 돌보아 줌.
〔愛嬌 애교〕 남에게 귀엽게 보이는 태도.
〔愛國 애국〕 자기 나라를 사랑함.
〔愛機 애기〕 자기가 아껴서 조종하는 비행기.
〔愛讀 애독〕 즐겨 읽음.
〔愛憐 애련〕 사랑하며 가엾이 여김. 愛憫(애민).
〔愛戀 애련〕 사랑하여 연모(戀慕)함.
〔愛林 애림〕 산림(山林)을 사랑함.
〔愛馬 애마〕 자기가 사랑하는 말. 愛騎(애기).
〔愛慕 애모〕 사랑하여 사모함. 戀慕(연모).
〔愛撫 애무〕 사랑하여 어루만짐.
〔愛物 애물〕 사랑하여 아끼는 물건.
〔愛民 애민〕 백성을 사랑함.
〔愛別離苦 애별리고〕 팔고(八苦)의 하나. 부모·형제·부부 등, 사랑하는 사람과 헤어지는 괴로움.
〔愛誦 애송〕 즐겨 욈.
〔愛煙 애연〕 담배를 즐김.
〔愛玩 애완〕 좋아하여 가까이 두고 귀여워하거나 즐김. ‖愛玩動物(애완동물).
〔愛慾 애욕〕 ①애정과 욕심. ②이성에 대한 성애(性愛)의 욕망. 情慾(정욕).
〔愛用 애용〕 사랑하여 즐겨 씀.
〔愛育 애육〕 사랑하여 귀엽게 기름.
〔愛人 애인〕 ①이성(異性)으로서 사랑하는 사람. 戀人(연인). ②남을 사랑함.

〔愛子 애자〕 아들을 사랑함. 또는, 그 아들. 愛兒(애아).
〔愛情 애정〕 ①사랑하는 마음. ②이성 간에 연모하는 마음. 戀情(연정).
〔愛弟子 애제자〕 특별히 아끼고 사랑하는 제자.
〔愛酒 애주〕 술을 좋아함. 愛飮(애음).
〔愛憎 애증〕 사랑과 미움. 憎愛(증애).
〔愛之重之 애지중지〕 몹시 사랑하여 소중히 여김.
〔愛着 애착〕 몹시 끌리거나 아껴 집착함. ‖愛着心(애착심).
〔愛唱 애창〕 노래 따위를 즐겨 부름. ‖愛唱曲(애창곡).
〔愛妻 애처〕 아내를 사랑함. 또는, 그 아내. ‖愛妻家(애처가). ※恐妻(공처).
〔愛妾 애첩〕 사랑하는 첩. 寵妾(총첩).
〔愛稱 애칭〕 본래의 이름 외에 정답게 부를 때에 쓰는 이름.
〔愛他 애타〕 남을 사랑함. 利他(이타).
〔愛鄕 애향〕 고향을 아끼고 사랑함.
〔愛好 애호〕 사랑하고 좋아함.
◢敬愛(경애)/求愛(구애)/密愛(밀애)/博愛(박애)/性愛(성애)/純愛(순애)/戀愛(연애)/熱愛(열애)/友愛(우애)/慈愛(자애)/寵愛(총애)/親愛(친애)/偏愛(편애)/割愛(할애)

9 13 惹 *2 이끌 **야**

중rě(°러) 일ジャク
풀이 ①이끌다. 끌어당김. ②엉기다. 휘감김. ③어지럽다. 흐트러짐. ④불러오게 하다. 초래(招來)함.
〔惹起 야기〕 일이나 사건 등을 끌어 일으킴.
〔惹端 야단〕 ①떠들썩하게 일을 벌임. ②소리를 높여 마구 꾸짖음.
〔惹鬧 야료〕 생트집을 부리며 마구 떠드는 짓.

12 慍 慍(온)의 속자 →290쪽

9 12 愚 * 기뻐할 **우**

중yú(위) 일グ
풀이 기뻐하다. 황홀한 모양.

9 13 愚 ★*3-Ⅱ 어리석을 **우**

冂 日 𠕁 禺 禺 禺 愚 愚

중yú(위) 일グ/おろか 영foolish
자원 **형성자.** 心(심)은 의미를 나타내고 禺(우)는 음을 나타냄.
풀이 ①어리석다. ②바보. 어리석은 사람. ③'자기'의 겸칭. ④자기에 관계되는 사물에 붙이는 겸칭.
〔愚見 우견〕《'어리석은 의견'이란 뜻으로》 자기 의견을 겸손하게 이르는 말. 愚考(우고).
〔愚公移山 우공이산〕《우공(愚公)이 자기 집 앞의 산을 딴 곳으로 옮기려고 오랫동안 노력하여 결국 이루어 냈다는 고사에서》 끊임없이 노력하면 마침내 성취함.
〔愚鈍 우둔〕 어리석고 둔함.
〔愚論 우론〕 ①어리석은 의론. ②자기가 주장하는 바를 겸손하게 이르는 말.
〔愚弄 우롱〕 남을 바보로 여기고 놀림. 嘲弄(조롱).
〔愚昧 우매〕 어리석고 몽매함. 愚蒙(우몽). 愚迷(우미).
〔愚問 우문〕 어리석은 질문.
〔愚問賢答 우문현답〕 어리석은 질문에 대한 현명한 대답.
〔愚物 우물〕 어리석은 사람을 천대하여 이르는 말.
〔愚迷 우미〕 ➡愚昧(우매).
〔愚民 우민〕 ①어리석은 백성. 愚氓(우맹). ②백성이 통치자에게 자신을 낮추어 이르는 말.
〔愚夫 우부〕 어리석은 남자.
〔愚婦 우부〕 어리석은 여자.
〔愚生 우생〕 존경하는 사람에 대한 자기의 겸칭.
〔愚惡 우악〕 ①무지하고 포악함. ②미련하고 우락부락함.
〔愚劣 우열〕 어리석고 졸렬함.
〔愚人 우인〕 어리석은 사람.
〔愚弟 우제〕 ①남에 대한 자기 동생의 겸칭. ②형으로 대접하는 사람에 대한 자기의 겸칭.
〔愚直 우직〕 어리석고 고지식함.
〔愚策 우책〕 어리석은 계책. 愚計(우계).
〔愚妻 우처〕《'어리석은 아내'란 뜻으로》 자기 아내의 겸칭.
◢衆愚(중우)

9 12 愉 *1 ❶즐거울 **유** ❷게으를 **유**

중yú(위) 일ユ/たのしむ 영delightful
풀이 ❶①즐겁다. 즐거워함. ②기쁘다. 기뻐함. ③따르다. 기쁘게 복종함. ❷게으르다. 지침.
〔愉悅 유열〕 유쾌하고 기쁨.
〔愉快 유쾌〕 상쾌하고 즐거움.

9 13 愈 ★*3 나을 **유**

入 𠆢 合 合 俞 俞 愈 愈

중yù(위) 일ユ/まさる 영preferable
자원 **형성자.** 心(심)은 의미를 나타내고 兪(유)는 음을 나타냄.
풀이 ①낫다. 보다 우수함. ②낫다. 병이

나음. ③더욱. 점점 더. 더욱더.

9 12 愔* 화평할 음

㊥yīn(인) ㊐イン/やわらぐ ㊎peaceful

풀이 ①화평하다. 안화(安和)한 모양. ②깊숙하고 고요한 모양.

9 13 意☆*6 1 뜻 의☆*6 2 감탄사 희

亠 产 音 音 音 意 意 意

㊥yì(이) ㊐イ/こころ ㊎meaning

전 자원 **회의자.** 音(음)과 心(이)이 합쳐진 자. 고대에는 音이 言(언)과 통용되어 '마음속〔心〕의 말〔言〕'을 나타냄. 마음속으로 상대의 말을 잘 살피면 뜻을 알 수 있다는 데에서 '뜻', '생각' 등의 의미가 나옴.

풀이 1 ①뜻. ㉮의지(意志). ㉯생각. 사려(思慮). ㉰의의(意義). 어떤 일·행위 등의 가치 내용. ㉱의미(意味). 말·글 등에 담겨 있는 내용. ㉲정취(情趣). 풍정(風情). ㉳사의(私意). 사욕. ②생각하다. ㉮생각하다. 사려(思慮)함. ㉯헤아리다. 추측함. ③육근(六根)의 하나. 2 감탄사. 아아!

〔意見 의견〕 마음속에 느낀 생각. 소견(所見).
〔意氣 의기〕 ①기세가 좋은 적극적인 마음. ②기상(氣象).
〔意氣消沈 의기소침〕 풀이 죽어 기운이 없음. 意氣沮喪(의기저상).
〔意氣揚揚 의기양양〕 뜻을 이루어 크게 만족해하는 모양.
〔意氣衝天 의기충천〕 뜻한 바를 이루어 기세가 하늘을 찌를 듯함.
〔意氣投合 의기투합〕 마음이 서로 맞음.
〔意圖 의도〕 마음속으로 계획함. 또는, 그 계획.
〔意味 의미〕 사물의 뜻. 意義(의의).
〔意味深長 의미심장〕 말이나 글의 뜻이 매우 깊음.
〔意思 의사〕 무엇을 하고자 하는 마음.
〔意識 의식〕 ①마음에 인식(認識)함. ②지(知)·정(情)·의(意) 일체의 정신 작용의 총칭. ③육식(六識) 또는 팔식(八識)의 하나. 판단 분별하는 마음의 작용.
〔意譯 의역〕 낱말에 구애됨이 없이 글 전체의 뜻을 살리는 번역.
〔意外 의외〕 뜻밖. 慮外(여외).
〔意欲 의욕〕 ①적극적으로 하려 하는 마음. ② ➡意志(의지)②.
〔意義 의의〕 ①뜻. 의미(意味). ②일·행위 등이 가지는 가치 내용.
〔意匠 의장〕 공산품의 외관을 아름답게 하기 위한 고안(考案).
〔意中 의중〕 마음속. 心中(심중).
〔意志 의지〕 ①어떤 일을 이루고자 하는 마음. ②사려(思慮)·선택·결행 등을 하는 심적 작용. 意欲(의욕).
〔意表 의표〕 생각 밖이나 예상 밖. 뜻밖. 意外(의외).
〔意向 의향〕 무엇을 하려는 생각. 意趣(의취).

◢介意(개의)/隔意(격의)/決意(결의)/敬意(경의)/故意(고의)/同意(동의)/得意(득의)/民意(민의)/本意(본의)/不意(불의)/謝意(사의)/殺意(살의)/善意(선의)/誠意(성의)/失意(실의)/惡意(악의)/如意(여의)/熱意(열의)/用意(용의)/留意(유의)/異意(이의)/任意(임의)/自意(자의)/底意(저의)/敵意(적의)/戰意(전의)/弔意(조의)/注意(주의)/衆意(중의)/眞意(진의)/創意(창의)/他意(타의)/合意(합의)/好意(호의)/厚意(후의)

9 13 慈☆*3-Ⅱ 사랑 자 본 慈

丷 艹 艹 玄 兹 兹 慈 慈

㊥cí(츠) ㊐ジ/いつくしむ ㊎mercy

자원 **형성자.** 心(심)은 의미를 나타내고 兹(자)는 음을 나타냄.

풀이 ①사랑. ②사랑하다. ③어머니. ④중생에게 낙(樂)을 주는 일. ‖慈悲(자비).

〔慈堂 자당〕 남의 어머니의 존칭.
〔慈母 자모〕 ①《자식에 대한 사랑이 깊다는 뜻으로》 어머니. ↔嚴父(엄부). ②어머니를 여읜 뒤에 자기를 길러준 서모.
〔慈悲 자비〕 ①사랑하고 가엾게 여김. ②중생(衆生)에게 복을 주어서 괴로움을 없앰.
〔慈善 자선〕 남을 불쌍히 여겨 도와줌.
〔慈聖 자성〕 임금의 어머니. 慈殿(자전).
〔慈侍下 자시하〕 아버지를 여의고 어머니만 모시고 있는 처지.
〔慈愛 자애〕 아랫사람에게 베푸는 도타운 사랑.
〔慈烏 자오〕 《까마귀가 자란 뒤에 제 어미에게 먹이를 가져다 주어, 길러 준 은혜를 갚는다는 데서》 '까마귀'의 이칭. 慈鳥(자조).
〔慈雨 자우〕 ①만물을 촉촉이 적셔 자라게 하는 비. ②오래 가물다가 오는 비. 滋雨(자우).
〔慈殿 자전〕 ➡慈聖(자성).
〔慈鳥 자조〕 ➡慈烏(자오).
〔慈主 자주〕 어머님. 편지에 쓰는 말.
〔慈親 자친〕 남에게 자기 어머니를 높여 이르는 말.
〔慈惠 자혜〕 인자하게 사랑하는 은혜. 慈恩(자은).

◢仁慈(인자)

9 **愀** 12 [1]근심할 **초** [2]쓸쓸할 **추** 愀

[중]qiǎo(치아오), qiū(치우)
[일]ショウ, シュウ/うれえる

[풀이] [1]①근심하다. 걱정함. ②얼굴빛을 고치다. ③삼가다. 삼가는 모양. [2]쓸쓸하다. 쓸쓸한 모양.

〔愀然 초연〕 ①근심하는 모양. ②안색이 변하는 모양.

9 **惴** 12 두려워할 **췌** 惴

[중]zhuì(º쭈에이) [일]ズイ/おそれる
[영]fear

[풀이] 두려워하다.

9 *1 **惻** 12 슬퍼할 **측** [간]恻 惻

[중]cè(처) [일]ソク/いたむ [영]grieve

[풀이] ①슬퍼하다. ②간절한 모양.

〔惻然 측연〕 가여워하는 모양.
〔惻隱 측은〕 가엾고 불쌍함.
〔惻隱之心 측은지심〕 사단(四端)의 하나. 불쌍히 여겨서 언짢아하는 마음.

9 *1 **惰** 12 [1]게으를 **타** [2]사투리 **타** 惰

[중]duò(뚜어) [일]ダ [영]lazy

[풀이] [1]①게으르다. 나태함. ‖惰農(타농). ②삼가지 않다. 불경(不敬)함. ③소홀히 하다. 업신여김. ④게으름. 나태. [2]사투리. 방언.

〔惰性 타성〕 ①굳어진 버릇. ②외부의 힘을 받지 않는 한 현 상태를 유지하려는 물체의 성질. 慣性(관성).

◢怠惰(태타)/懈惰(해타)

9 *1 **愎** 12 괴팍할 **팍** 愎

[중]bì(삐) [일]ヒョク, フク/もとる
[영]fastidious

[풀이] ①괴팍하다. 너그럽지 못함. ②어긋나다. 남의 말을 거역함.

〔愎性 팍성〕 까다로워 화를 잘 내는 성질.

◢乖愎(괴팍)

9 *1 **惶** 12 두려워할 **황** 惶

[중]huáng(후앙) [일]コウ [영]fear

[풀이] ①두려워하다. 황공스럽게 여김. ②당황하다.

〔惶感 황감〕 황송하고 감격함.
〔惶怯 황겁〕 무서워 겁이 남.
〔惶恐 황공〕 높은 지위에 눌려 두려움. 惶懼(황구).
〔惶悚 황송〕 분에 넘쳐 고맙고 송구함.

◢恐惶(공황)/唐惶(당황)

9 * **愃** 12 [1]너그러울 **훤** [2]쾌활할 **선** * 愃

[중]xuǎn(쉬엔), xuān(쒸엔) [일]セン

[풀이] [1]너그럽다. [2]쾌활하다.

10 **愨** 14 삼갈 **각** [속]慤 [간]悫 愨

[중]què(취에) [일]カク/つつしむ
[영]be careful

[풀이] ①삼가다. 행동을 조심함. ②바르다. 성실함. ③정성. 성실한 마음.

10 * **愷** 13 즐거울 **개** [간]恺 愷

[중]kǎi(카이) [일]ガイ/たのしむ
[영]delightful

[풀이] ①즐겁다. 화락함. ②마음이 누그러지다. 마음이 편안해짐.

〔愷悌 개제〕 용모와 기상이 화락하고 단아함. 愷弟(개제).

10 *1 **愾** 13 [1]성낼 **개** *1 [2]한숨 쉴 **희** [간]忾 愾

[중]kài(카이) [일]ガイ/いかる [영]get angry

[풀이] [1]①성내다. 분개함. [통]慨. ②차다. 가득함. [2]한숨을 쉬다. 한탄함.

◢敵愾(적개)

10 * **慊** 13 [1]찐덥지 않을 **겸** * [2]의심할 **혐** 慊

[중]qiàn(치엔), xián(시엔)
[일]ケン/あきたらない [영]displeased

[풀이] [1]①찐덥지 않다. 마음에 차지 않음. ②흡족하다. 마음이 쾌함. ③좋다. 훌륭함. ④성의. 정성. [2]의심하다. 마음으로 싫어함. [통]嫌.

〔慊然 겸연〕 ①미안하여 볼 낯이 없음. ②쑥스럽고 어색함.

10 ★*3 **愧** 13 부끄러워할 **괴** 愧

丶 忄 忄' 忄' 忄白 忄由 愧 愧

[중]kuì(쿠에이) [일]キ/はじる
[영]bashful

[자원] **형성자.** 心(심)은 의미를 나타내고 鬼(귀)는 음을 나타냄.

[풀이] ①부끄러워하다. 부끄러움. ②창피를 주다. 모욕함.

〔愧色 괴색〕 부끄러워하는 안색.

◢自愧(자괴)/慙愧(참괴)

4획

10 13 慄 *1 두려워할 률 간 栗 慄

중lì(리) 일リツ/おそれる 영fear
풀이 ①두려워하다. ②떨다. 겁이 나서 떪. ③오싹하다. 소름이 끼침.
◢戰慄(전율)

10 13 慏 * 마음 다하지 못할 명

중mǐng(밍) 일ベイ 영worry
풀이 ①마음을 다하지 못하다. ②근심하다.

10 13 愫 * 정성 소

중sù(쑤) 일ソ/まこと 영sincerity

10 14 愬 하소연할 소 愬

중sù(쑤) 일ソ/うったえる 영appeal
풀이 ①하소연하다. ②하소연. ③일러바치다. 헐뜯어 말함. 같訴.

10 13 愼 ★*3-Ⅱ 삼갈 신 통 慎 愼

丶 忄 忄 忙 忙 惝 愔 愼

중shèn(°썬) 일シン/つつしむ
영be careful
자원 형성자. 心(심)은 의미를 나타내고 眞(진)은 음을 나타냄.
풀이 ①삼가다. 언행을 조심스럽게 가짐. ②훈계하다. 경고함.
〔愼獨 신독〕 혼자 있을 때도 도리에 어긋나지 않도록 언동을 삼감.
〔愼默 신묵〕 삼가 침묵함.
〔愼終 신종〕 상사(喪事)를 당하여 예절을 정중히 함.
〔愼重 신중〕 매우 조심스러움.
〔愼候 신후〕 병석에 있는 웃어른의 안부.
◢謹愼(근신)

13 慎 愼(신)과 동자 →290쪽

10 13 慍 성낼 온 속 愠 慍

중yùn(윈) 일ウン/いかる
풀이 ①성내다. ②원망하다. ③노여움.
〔慍色 온색〕 성내는 안색.

10 14 慂 * 권할 용 慂

중yǒng(융) 일ヨウ/すすめる
영persuade
풀이 권하다.
◢慫慂(종용)

10 14 愿 * 삼갈 원 愿

중yuàn(위엔) 일ゲン/つつしむ
영be careful
풀이 ①삼가다. 공손함. ②성실하다. 질박함.

10 14 慇 * 괴로워할 은 慇

중yīn(인) 일イン/いたむ
풀이 ①괴로워하다. 몹시 애태움. ②은근하다. 친절함.
〔慇懃 은근〕 ①정성을 다함이 남모르게 살뜰함. ②행동을 함부로 드러내지 않고 가만히 함.

14 慈 慈(자)의 본자 →288쪽

10 13 愴 *1 슬퍼할 창 간 怆 愴

중chuàng(°추앙) 일ソウ/いたむ
영grieve
풀이 ①슬퍼하다. 마음 아파함. ②차다. 차가움. ③실의하다. 의욕을 잃음.
◢悲愴(비창)/悽愴(처창)

10 14 態 ★*4-Ⅱ 모양 태 간 态 態

厶 自 自 自 能 能 態 態

중tài(타이) 일タイ/さま 영attitude
자원 형성자. 心(심)은 의미를 나타내고 能(태)는 음을 나타냄.
풀이 모양. ㉮생김새. 형상. ‖姿態(자태). ㉯맵시. ㉰상태. 형편.
〔態度 태도〕 몸을 가지는 모양이나 맵시.
〔態勢 태세〕 어떤 일에 대응하거나 대처하는 태도와 자세.
◢嬌態(교태)/舊態(구태)/動態(동태)/變態(변태)/事態(사태)/狀態(상태)/生態(생태)/世態(세태)/實態(실태)/樣態(양태)/容態(용태)/姿態(자태)/作態(작태)/重態(중태)/醜態(추태)/行態(행태)/形態(형태)

10 13 慌 *1 어리둥절할 황 慌

중huāng(후앙) 일コウ/あわただしい
영be stupefied
풀이 ①어리둥절하다. ②다급하다. 절박

4획

함. ③황홀하다. ㉠恍. ④어렴풋하다. 희미한 모양.
〔慌忙 황망〕 마음이 몹시 급하고 당황하여 어찌할 바를 모름.
〔慌惚 황홀〕 ①눈이 부셔 어릿어릿할 정도로 찬란하거나 화려함. ②한 가지 사물에 마음이나 시선이 쏠려 어리둥절함. ③정신이 어찔하고 흐리멍덩함. 恍惚(황홀).
◢恐慌(공황)/唐慌(당황)

* 10 13 **愰** 밝을 **황**

㊥huǎng(후앙) ㊐コウ ㊊bright
풀이 ①밝다. ②영리하다.

* 15 **慤** 愨(각)의 속자 →289쪽

11 14 **慳** 아낄 **간** ㉿慳

㊥qiān(치엔) ㊐ケン/あしむ ㊊stingy
풀이 ①아끼다. 쩨쩨함. ‖慳吝(간린). ②망설이다. 머무적거림.
〔慳吝 간린〕 재물을 지나치게 아낌. 吝嗇(인색).

*1 11 14 **慷** 강개할 **강**

㊥kāng(캉) ㊐コウ/なげく ㊊lament
풀이 강개하다.
〔慷慨 강개〕 의기(義氣)가 복받쳐 원통하고 슬픔.

★*3 11 14 **慨** 분개할 **개**

㊥kǎi(카이) ㊐ガイ/なげく ㊊lament
자원 **형성자.** 心(심)은 의미를 나타내고 旣(기)는 음을 나타냄.
풀이 ①분개하다. 개탄함. ②슬퍼하다. 탄식함.
〔慨世 개세〕 세상의 되어 가는 형편을 근심하고 탄식함.
〔慨然 개연〕 억울하고 원통하여 몹시 분한 모양.
〔慨歎 개탄〕 의분(義憤)이 북받쳐 탄식함. 慨嘆(개탄).
◢感慨(감개)/憤慨(분개)/悲憤慷慨(비분강개)

15 **憇** 憩(게)의 속자 →294쪽

☆*4-Ⅱ 11 15 **慶** 경사 **경** ㉿庆

㊥qìng(칭) ㊐ケイ/おめでた ㊊happy event
갑 금 전 자원 **회의자.** 갑골문은 사슴 종류의 동물을 그린 상형자이나 금문과 소전은 心(심) 또는 心, 夂(치)를 덧붙인 회의자임. 옛사람은 축하해 줄 때 사슴 가죽을 보냈던 데에서 '경사', '축하하다'의 의미가 생겨남.
풀이 ①경사. 축하할 만한 일. ‖慶賀(경하). ②경사스럽다. 축하함. ③상(賞).
〔慶弔 경조〕 혼인·회갑 등의 경사스러운 일과 초상·장사 등의 불행한 일.
〔慶弔相問 경조상문〕 서로 경사에 축하하고 흉사에 위문함.
〔慶祝 경축〕 경사를 축하함.
〔慶賀 경하〕 경사스러운 일을 치하함.
〔慶幸 경행〕 경사스럽고 다행한 일.
◢弄瓦之慶(농와지경)/弄璋之慶(농장지경)

★*3-Ⅱ 11 14 **慣** 버릇 **관** ㉿惯

㊥guàn(꾸안) ㊐カン/ならわし ㊊habit
자원 **형성자.** 心(심)은 의미를 나타내고 貫(관)은 음을 나타냄.
풀이 ①버릇. 익숙해진 것. ‖習慣(습관). ②버릇이 되다. 익숙해짐. ‖慣例(관례).
〔慣例 관례〕 관습이 된 전례(前例).
〔慣性 관성〕 물체가 현재의 상태를 유지하려고 하는 성질. 惰性(타성).
〔慣習 관습〕 일반적으로 인정된 질서나 습관. 또는, 전통적으로 세워진 사회 생활의 규칙.
〔慣用 관용〕 습관적으로 늘 씀. 또는, 정한 대로 늘 씀. ‖慣用句(관용구).
〔慣行 관행〕 습관이 되어 늘 행해지는 일.
◢習慣(습관)

★*4 11 15 **慮** 생각할 **려** ㉿虑

㊥lǜ(뤼) ㊐リョ/おもんぱかる ㊊consider
자원 **형성자.** 思(사)는 의미를 나타내고 虍(호)는 음을 나타냄.
풀이 ①생각하다. 사려함. ‖考慮(고려). ②꾀하다. 계획을 세움. ③근심하다. 걱정함. ④생각. ⑤꾀. 계획.

◢考慮(고려)/無慮(무려)/配慮(배려)/思慮(사려)/心慮(심려)/念慮(염려)/憂慮(우려)

★✱3
11 14 **慢** 게으를 **만** 慢

忄 忄ᄆ 忄ᄆ 忄ᄆ 慢 慢 慢 慢

㊥màn(만) ㊐マン/おこたる ㊒lazy
자원 **형성자.** 心(심)은 의미를 나타내고 曼(만)은 음을 나타냄.
풀이 ①게으르다. 게으름을 피움. ‖怠慢(태만). ②거만하다. 오만함. ‖驕慢(교만). ③모멸하다. 업신여김. ④느리다. 더딤. ‖慢性(만성). ⑤느슨하다. 해이함. 엄하지 않음. ⑥거칠다. 간략함.
〔慢性 만성〕 병이 급하지도 않고 속히 낫지도 않는 성질. ↔急性(급성).
〔慢心 만심〕 잘난 체하며 거드럭거리는 마음. 自慢(자만).
〔慢遊 만유〕 한가로이 여기저기 두루 다니며 놂. 漫遊(만유).
◢倨慢(거만)/驕慢(교만)/傲慢(오만)/緩慢(완만)/自慢(자만)/怠慢(태만)

★✱3-Ⅱ
11 15 **慕** 그리워할 **모** 慕

丶 艹 艹 苜 莫 莫 慕 慕

㊥mù(무) ㊐ボ/したう ㊒miss
자원 **형성자.** 心(심)은 의미를 나타내고 莫(막)은 음을 나타냄.
풀이 ①그리워하다. 사모함. ‖戀慕(연모). ②바라다. 원함. ③높이다. 우러러 받들어 본받음.
〔慕情 모정〕 그리워하는 심정.
〔慕化 모화〕 덕을 그리워하여 교화(教化)에 따름.
〔慕華 모화〕 중국의 문물이나 사상을 숭모함.
◢思慕(사모)/仰慕(앙모)/愛慕(애모)/戀慕(연모)/追慕(추모)/欽慕(흠모)

✱
11 15 **慜** 총명할 **민**

㊥mǐn(민) ㊐ビン ㊒wise
풀이 총명하다. 영리함.

11 14 **慴** 두려워할 **습** 본**접** 慴

㊥shè(°써) ㊐ショウ/おそれる ㊒fear
풀이 ①두려워하다. 두려워서 떪. ②으르다. 협박함.
〔慴伏 습복〕 두려워 굴복함.

11 14 **慠** 오만할 **오** 慠

㊥ào(아오) ㊐ゴウ/おごる ㊒proud
풀이 오만하다. ㉮傲.

★✱3-Ⅱ
11 15 **慾** 욕심 **욕** 慾

八 八 谷 谷 欲 欲 慾 慾

㊥yù(위) ㊐ヨク/むさぼる ㊒greed
자원 **회의 겸 형성자.** 무엇인가를 하려 함을 뜻하는 欲(욕)과 心(마음 심)이 합쳐진 자. 心은 의미를 나타내고 欲은 의미와 음을 겸하여 나타냄.
풀이 욕심. 욕정(欲情).
〔慾界 욕계〕 욕심이 가득 찬 세상. 欲界(욕계).
〔慾求 욕구〕 무엇을 얻거나 하고 싶어 함. 欲求(욕구). ‖慾求不滿(욕구 불만).
〔慾望 욕망〕 하고자 하거나 가지고자 간절히 바람. 欲望(욕망).
〔慾心 욕심〕 하고자 하거나 가지고 싶어 하는 마음. 欲氣(욕기). 欲心(욕심).
〔慾情 욕정〕 이성(異性)에 대한 육체적 욕망. 欲情(욕정).
◢過慾(과욕)/禁慾(금욕)/老慾(노욕)/無慾(무욕)/物慾(물욕)/私慾(사욕)/色慾(색욕)/性慾(성욕)/獸慾(수욕)/食慾(식욕)/愛慾(애욕)/野慾(야욕)/肉慾(육욕)/淫慾(음욕)/情慾(정욕)/貪慾(탐욕)/虛慾(허욕)

11 14 **慵** 게으를 **용** 慵

㊥yōng(융) ㊐ヨウ/ものうい ㊒lazy
풀이 게으르다. 게으름을 피움. 마음이 내키지 않음.
〔慵惰 용타〕 버릇이 없고 게으름.

✱
11 14 **慪** 아낄 **우**

㊥ǒu(어우) ㊐オウ, ウ
풀이 ①아끼다. ②유혹하다. ③놀리다. 화나게 함.

☆✱3-Ⅱ
11 15 **憂** 근심 **우** 간 忧 憂

一 丙 百 頁 悳 悳 憂 憂

㊥yōu(여우) ㊐ユウ/うれえる ㊒anxiety
자원 **회의자.** 윗부분은 머리 부분을 강조해서 나타낸 사람의 상형인 頁(혈)의 변형이고, 가운데의 心(심)은 '심장'의 상형이 아니라 '머리를 감싼 두 손'의 변형이며, 夊(천천히 걸을 쇠)는 '발'의 상형인 止(지)의 변형으로, '두 손으로 머리를 감싼 채 걷고 있는 모습'을 나타냄.
풀이 ①근심. 걱정. 애태움. ②근심하다. ③병. 질병. ④친상(親喪). 거상(居喪).

4획

⑤앓다.
〔憂國 우국〕 나라를 걱정함.
〔憂慮 우려〕 근심하거나 걱정함.
〔憂愁 우수〕 근심과 걱정.
〔憂鬱 우울〕 마음이 근심스럽고 답답함.
〔憂患 우환〕 집안의 복잡한 일이나 환자로 인한 걱정.
◢杞憂(기우)/內憂(내우)/外憂(외우)

★*4 11 15 **慰** 위로할 **위** | 慰

ㄱ 尸 尸 尽 尉 尉 慰 慰

㊥wèi(웨이) ㊐イ/なぐさめる ㊒comfort
자원 **형성자.** 心(심)은 의미를 나타내고 尉(위)는 음을 나타냄.
풀이 ①위로하다. ‖慰問(위문). ②위로. ③성내다. 원망함.
〔慰樂 위락〕 위안과 즐거움.
〔慰靈 위령〕 죽은 사람의 영혼을 위로함.
〔慰勞 위로〕 육체적·정신적인 고달픔을 풀도록 따뜻하게 대해 줌.
〔慰撫 위무〕 위로하고 어루만짐.
〔慰問 위문〕 군인이나 불의의 재앙을 당한 이들을 위로하기 위하여 방문함.
〔慰安 위안〕 위로하여 마음을 편안하게 함.
〔慰藉 위자〕 위로하고 도와줌. ‖慰藉料(위자료).
◢撫慰(무위)/安慰(안위)/自慰(자위)

*1 11 15 **慫** 권할 **종** | 간 怂 慫

㊥sǒng(숭) ㊐ショウ/すすめる ㊒persuade
풀이 ①권하다. 종용함. ②놀라다. 놀라 두려워함.
〔慫慂 종용〕 잘 설명하고 달래어 권함.

★*3 11 14 **慘** 참혹할 **참** | 속 간 惨 慘

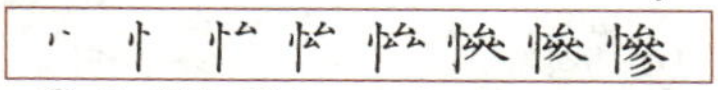

丶 忄 忄 怂 恱 悘 慘 慘

㊥cǎn(찬) ㊐サン, ザン/いたましい ㊒miserable
자원 **형성자.** 心(심)은 의미를 나타내고 參(참)은 음을 나타냄.
풀이 ①참혹하다. 무자비함. ‖慘變(참변). ②애처롭다. 비참함. ‖慘劇(참극). ③아프다. 아프게 함. ④근심하다. 염려함. ⑤근심. 거상(居喪).
〔慘景 참경〕 끔찍하고 비참한 광경.
〔慘劇 참극〕 ①참혹하게 벌어진 일. ②비참한 사실을 재료로 한 연극.
〔慘澹 참담〕 비참하고 막막함.
〔慘變 참변〕 참혹한 변고.
〔慘事 참사〕 참혹하거나 비참한 일.
〔慘狀 참상〕 참혹한 상태나 양상.
〔慘敗 참패〕 참혹한 실패나 패배.
〔慘酷 참혹〕 ①몸서리칠 정도로 보기에 끔찍함. ②비참할 정도로 딱하고 한심함.
◢無慘(무참)/悲慘(비참)/悽慘(처참)

* 14 **慚** 慙(참)과 동자 →293쪽

★*3 11 15 **慙** 부끄러울 **참** | 동 慚 慙

㊥cán(찬) ㊐ザン/はじる ㊒shame
자원 **형성자.** 心(심)은 의미를 나타내고 斬(참)은 음을 나타냄.
풀이 ①부끄럽다. 부끄러워함. ‖慙愧(참괴). ②부끄러움. 수치.
〔慙愧 참괴〕 부끄러워함.
〔慙悔 참회〕 부끄러워하며 뉘우침.

* 14 **慽** 慼(척)과 동자 →293쪽

* 11 15 **慼** 근심할 **척** | 동 慽 慼

㊥qī(치) ㊐セキ/うれえる ㊒worry
풀이 ㊝慽. ①근심하다. 걱정함. ②근심. ③슬퍼하다.
〔慼慼 척척〕 근심하는 모양.

* 11 14 **憁** 바쁠 **총**

㊥còng(충) ㊐ソウ/いそがしい ㊒busy
풀이 바쁘다.

*1 11 14 **慟** 서럽게 울 **통** | 간 恸 慟

㊥tòng(퉁) ㊐ドウ/なげく ㊒wail
풀이 서럽게 울다.
〔慟哭 통곡〕 매우 슬퍼서 큰 소리로 욺. 痛哭(통곡).

*1 11 15 **慝** 사특할 **특** | 慝

㊥tè(터) ㊐トク/よこしま ㊒wicked
풀이 ①사특(邪慝)하다. 간사함. ‖奸慝(간특). ②악하다. 못됨. ③재앙의 기운. 음기(陰氣).
◢奸慝(간특)/邪慝(사특)

*1 11 14 **慓** 날랠 **표** | 慓

㊥piāo(피아오) ㊐ヒョウ/すばやい ㊒swift
풀이 ①날래다. 재빠름. ㊝剽. ②가볍다. 경박함.

〔慓毒 표독〕 사납고 독함.
〔慓悍 표한〕 성질이 급하고 사나움. 剽悍(표한).

★＊3-Ⅱ
11 15 **慧** 슬기로울 **혜** 慧

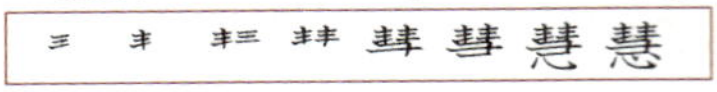

[중]huì(후에이) [일]ケイ, エ/さとい
[영]intelligent
[자원] **형성자.** 心(심)은 의미를 나타내고 彗(혜)는 음을 나타냄.
[풀이] ①슬기롭다. 총명함. ②슬기. 능력. ‖知慧(지혜). ③교활하다. 간교함. ④깨달음. 사리(事理)를 분별하여 의혹을 없애는 작용.
〔慧劍 혜검〕《'지혜의 칼'이라는 뜻으로》 번뇌의 속박을 끊어 버리는 지혜.
〔慧力 혜력〕 오력(五力)의 하나. 번뇌를 제거하는 힘.
〔慧命 혜명〕《'지혜의 생명'이라는 뜻으로》 '비구(比丘)'의 존칭.
〔慧敏 혜민〕 영리하고 민첩함.
〔慧眼 혜안〕 ①사물을 꿰뚫어 보는 안목과 식견. ②오안(五眼)의 하나. 이 세상의 진리를 식별하는 심안(心眼).
〔慧智 혜지〕 총명한 슬기.
◢智慧(지혜)

12 16 **憨** 어리석을 **감** 憨

[중]hān(한) [일]カン/おろか [영]stupid
[풀이] ①어리석다. 바보. ②해치다. 상하게 함.

＊2
12 16 **憩** 쉴 **게** [속]甜 憩

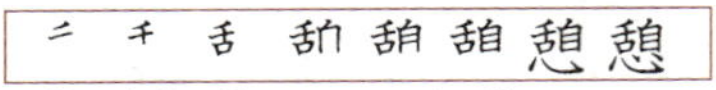

[중]qì(치) [일]ケイ/いこう [영]rest
[자원] **회의자.** 舌(혀 설)과 息(숨 쉴 식)이 합쳐진 자로, 혀를 내밀고 숨을 쉬는 상태를 나타냄. 본뜻은 '쉬다'.
[풀이] 쉬다. 숨을 돌림. 휴식함.
◢休憩(휴게)

＊1
12 15 **憬** 깨달을 **경** 憬

[중]jǐng(징) [일]ケイ/さとる [영]realize
[풀이] ①깨닫다. 알아차림. ②멀리 가는 모양. ③그리워하다.
◢憧憬(동경)

12 15 **憒** 심란할 **궤** [간]愦 憒

[중]kuì(쿠에이) [일]カイ/みだれる
[영]confused
[풀이] 심란하다. 마음이 어지러움.
〔憒亂 궤란〕 마음이 어수선함.

＊1
12 15 **憧** 그리워할 **동** [본]**총** 憧

[중]chōng(°충)
[일]ショウ, ドウ/あこがれる [영]miss
[풀이] 그리워하다. 그리움.
〔憧憬 동경〕 간절히 그리워하여 애틋하게 생각함.
〔憧憧 동동〕 마음이 들떠서 침착하지 못함.

★＊3
12 15 **憐** 불쌍히 여길 **련** [간]怜 憐

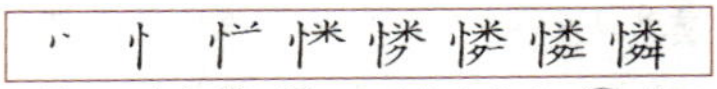

[중]lián(리엔) [일]レン/あわれむ [영]pity
[자원] **형성자.** 心(심)은 의미를 나타내고 粦(린)은 음을 나타냄.
[풀이] ①불쌍히 여기다. 가엾게 생각함. ②어여삐 여기다. 사랑함.
〔憐憫 연민〕 불쌍하고 가련하게 여김.
◢可憐(가련)/同病相憐(동병상련)/哀憐(애련)

＊1
12 15 **憮** 어루만질 **무** [간]怃 憮

[중]wǔ(우) [일]ブ/いつくし [영]caress
[풀이] ①어루만지다. 애무함. [통]撫. ②멍한 모양. 실의(失意)한 모양. ③이상히 여기는 모양. ④예쁘다.
〔憮然 무연〕 낙심하여 허탈하거나 멍해 있는 모양.

★＊3
12 15 **憫** 근심할 **민** [간]悯 憫

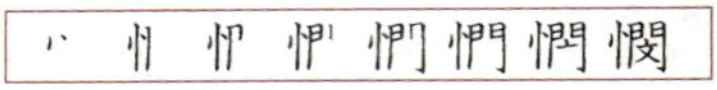

[중]mǐn(민) [일]ビン/いれえる
[자원] **형성자.** 心(심)은 의미를 나타내고 閔(민)은 음을 나타냄.
[풀이] [통]閔·愍. ①근심하다. 고민함. ②불쌍히 여기다. 가엾게 생각함. 딱함.
〔憫惘 민망〕 답답하고 딱하여 안타까움.
〔憫恤 민휼〕 불쌍한 사람을 도와줌.
◢憐憫(연민)

★＊4
12 15 **憤** 결낼 **분** [본]憤 [간]愤 憤

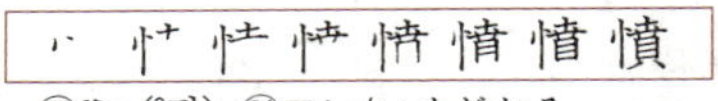

[중]fèn(°펀) [일]フン/いまどおる
[영]indignant
[자원] **형성자.** 心(심)은 의미를 나타내고

賁(분)은 음을 나타냄.
풀이 ①결내다. 성을 냄. ②분. 분한 마음. ③번민하다. 괴로워함. ④힘쓰다. 분발함.
〔憤慨 분개〕 매우 분하게 여김.
〔憤激 분격〕 몹시 노엽고 분한 감정이 북받쳐 오름.
〔憤氣 분기〕 분한 생각이나 기운.
〔憤怒 분노〕 분하여 성냄. 또는, 그 노여움.
〔憤死 분사〕 분한 나머지 죽음.
〔憤然 분연〕 성을 벌컥 내는 모양.
〔憤鬱 분울〕 분한 마음이 치밀어 속이 답답함. 憤懣(분만).
〔憤痛 분통〕 몹시 분하여 마음이 쓰리고 아픔.
〔憤敗 분패〕 이길 수 있는 것을 분하게 짐.
◢激憤(격분)/公憤(공분)/發憤(발분)/悲憤(비분)/鬱憤(울분)/義憤(의분)/痛憤(통분)

12 16 *1 **憊** 고달플 비 간 惫

중bèi(뻬이) 일ハイ/つかれる
영very tired
풀이 ①고달프다. 피곤함. ‖困憊(곤비). ②앓다. 병으로 고생함.
〔憊色 비색〕 피곤한 모습.
◢困憊(곤비)

12 16 *1 **憑** 기댈 빙 간 凭

중píng(핑) 일ヒョウ/よる 영rely
풀이 ①기대다. ㉮몸이나 물건을 무엇에 의지하다. ㉯남의 힘에 의지하다. ②의거하다. 전거로 삼음. ‖憑據(빙거). ③붙다. 신들림. ④맡기다. 의탁함. ⑤증거. 증서. ⑥성하다.
〔憑據 빙거〕 근거로 삼음.
〔憑公營私 빙공영사〕 관청이나 공공의 일을 빙자하여 개인의 이익을 꾀함.
〔憑依 빙의〕 ①다른 것에 몸이나 마음을 기댐. ②영혼이 옮겨 붙음.
〔憑藉 빙자〕 ①말막음을 위해 핑계로 내세움. ②남의 힘을 빌려 의지함.
◢信憑(신빙)/證憑(증빙)

12 15 ★*3-Ⅱ **憎** 미워할 증 간 憎

丶 忄 忄' 忄ᐟ 忄ᐟ 忄ᐟ 憎 憎

중zēng(쩡) 일ゾウ/にくむ 영hate
자원 **형성자.** 心(심)은 의미를 나타내고 曾(증)은 음을 나타냄.
풀이 미워하다.
〔憎惡 증오〕 몹시 미워함.
◢可憎(가증)/愛憎(애증)

12 15 *1 **憔** 수척할 초

중qiáo(치아오) 일ショウ/やつれる
영haggard
풀이 ①수척하다. 야위어 쇠약함. ②애태우다. 애태우느라 쇠약해짐.
〔憔悴 초췌〕 병·근심·고생 등으로 파리하고 쇠약함.

12 15 *1 **憚** 꺼릴 탄 간 惮

중dàn(딴) 일タン/はばかる 영avoid
풀이 ①꺼리다. 싫어함. 미워함. ②괴로워하다. ③두려워하다. 어렵게 여김.
◢忌憚(기탄)

12 16 ★*4 **憲** 법 헌 간 宪

宀 宀 宀 宀 宀 害 憲 憲

중xiàn(씨엔) 일ケン/のり
영law, constitution
금 전 자원 心(심)과 目(목)은 의미를 나타내고 害(해)의 생략형인 宔는 음을 나타내는 형성자라는 설, 宔는 덮어씌우는 물건을 나타내어 눈〔目〕이나 마음〔心〕에 씌워서 제멋대로인 행동을 억제하는 틀을 나타낸다는 설, 일산(日傘) 아래에서 번뜩이는 눈으로 전투를 지휘하는 장수의 모습을 나타낸다는 설 등이 있음.
풀이 ①법. ㉮법규. ‖憲法(헌법). ㉯본보기. ②가르침. ③상관(上官). ④본뜨다. 본받음.
〔憲法 헌법〕 국가 통치권 관계와 국민의 권리·의무를 규정하고 있는 최고의 기본적인 법률.
〔憲兵 헌병〕 주로 군사 경찰을 맡아보는 특과의 군인.
〔憲章 헌장〕 ①헌법의 전장(典章). ②국가 따위가 이상(理想)으로 정한 원칙.
〔憲政 헌정〕 헌법에 의해 행하는 정치.
◢改憲(개헌)/官憲(관헌)/國憲(국헌)/違憲(위헌)/立憲(입헌)/合憲(합헌)

12 15 * **憓** 사랑할 혜

중huì(후에이) 일ケイ/めぐみ 영love
풀이 ①사랑하다. ②순종하다.

15 * **憘** 喜(희)의 고자 →137쪽

12 16 *2 **憙** 기꺼울 희

㊥xǐ(시) ㊐キ/よろこぶ
풀이 기껍다. 은근히 기쁘게 여김.

★✱3-Ⅱ
13 17 **懇** 정성 **간** | 간 恳 懇

丿 彡 豸 豸彐 豸艮 貇 懇 懇

㊥kěn(컨) ㊐コン/ねんごろ
㊎sincerity
자원 **형성자.** 心(심)은 의미를 나타내고 貇(간)은 음을 나타냄.
풀이 ①정성. 성심. 진심. ②간절하다. 정성을 다함. 살뜰함.
〔懇曲 간곡〕 간절하고 정성스러움.
〔懇求 간구〕 간절히 바람.
〔懇談會 간담회〕 정답게 서로 이야기하는 모임.
〔懇切 간절〕 ①간곡하고 정성스러움. ②절실함.
〔懇請 간청〕 간절히 청함.
◢忠懇(충간)

4획

✱2
13 16 **憾** 한할 **감** 본**함** | 憾

㊥hàn(한) ㊐カン/うらむ
풀이 ①한(恨)하다. 원한을 품음. ②한(恨). 원한.
〔憾情 감정〕 불평·불만으로 언짢게 여기는 마음.
◢私憾(사감)/遺憾(유감)

13 17 **憼** 공경할 **경** | 憼

㊥jǐng(징) ㊐ケイ/うやまう
㊎respect
풀이 ①공경하다. ②엄숙하다. ③경계하다.

✱
13 17 **懃** 살뜰할 **근** | 懃

㊥qín(친) ㊐キン/ねんごろ
풀이 ①살뜰하다. 친절한 모양. ②일에 힘쓰다. 부지런히 일을 함.
◢慇懃(은근)

✱1
13 16 **憺** ❶편안할 **담** ❷움직일 **담** | 憺

㊥dàn(딴) ㊐タン/やすらか
㊎tranquil
풀이 ❶편안하다. 안정됨. ❷①움직이다. 움직이게 함. ②두려워하다.
〔憺畏 담외〕 벌벌 떨면서 두려워함.
◢慘憺(참담)

13 16 **懍** 위태할 **름** | 懍

㊥lǐn(린) ㊐リン/あやふい
㊎dangerous
풀이 ①위태하다. 위태로운 모양. ②삼가다. 조심함. ③벌벌 떨다. ④비통하다. 매우 슬퍼함.
〔懍懍 늠름〕 위태로워 두려운 모양.

✱
13 17 **懋** 힘쓸 **무** | 懋

㊥mào(마오) ㊐ボウ/つとめる
㊎make efforts
풀이 ①힘쓰다. 노력함. ②성대하다. 성대하게 함. ③아름답다.
〔懋戒 무계〕 힘써 경계함.

16 **憤** 憤(분)의 본자 →294쪽

☆✱3-Ⅱ
13 16 **憶** 생각할 **억** | 간 忆 憶

丶 忄 忄 忄亠 忄立 忄音 憶 憶

㊥yì(이) ㊐オク/おもう ㊎recall
자원 **형성자.** 心(심)은 의미를 나타내고 意(의)는 음을 나타냄.
풀이 ①생각하다. ②생각. 추억. 기억. ③우울해지다. 울적해짐.
◢記憶(기억)/追憶(추억)

✱1
13 16 **懊** 한할 **오** | 懊

㊥ào(아오) ㊐オウ/なやむ ㊎regret
풀이 ①한(恨)하다. 괴로워함. 뉘우치며 한함. ②아끼다. 탐냄.
〔懊惱 오뇌〕 뉘우쳐 한탄하고 번뇌함.
〔懊恨 오한〕 뉘우치고 한탄함. 悔恨(회한).

☆✱4-Ⅱ
13 17 **應** 응할 **응** | 약 応 간 应 應

亠 广 床 府 府 雁 應 應

㊥yìng, yīng(잉) ㊐オウ/こたえる
㊎reply
자원 **형성자.** 心(심)은 의미를 나타내고 雁(응)은 음을 나타냄.
풀이 ①응하다. 대답함. ②승낙하다. 허락함. ③화답하다. 남의 시나 글에 화답함. ④응당 …해야 한다.
〔應急 응급〕 급한 대로 우선 처리함.
〔應諾 응낙〕 승낙함. 또는, 받아들임.
〔應答 응답〕 부름이나 물음에 응하여 답함.
〔應當 응당〕 당연히. 마땅히.
〔應對 응대〕 부름이나 물음·요구 등에 응하여 상대함.
〔應募 응모〕 모집 또는 소집에 응함.

〔應變 응변〕 '임기응변(臨機應變)'의 준말.
〔應報 응보〕 선악(善惡)의 인연에 응하여 받는 길흉화복의 과보(果報). ‖因果應報(인과응보).
〔應分 응분〕 분수·신분이나 정도에 맞음.
〔應召 응소〕 소집에 응함.
〔應訴 응소〕 원고(原告)가 제기한 소송에 피고로서 응함. 應訟(응송).
〔應手 응수〕 바둑·장기 등에서, 상대가 놓는 수에 대응하는 수를 둠. 또는, 그 수.
〔應酬 응수〕 상대가 한 말이나 행동을 받아서 마주 응함.
〔應試 응시〕 시험에 응함.
〔應用 응용〕 어떤 일에서 얻은 이론이나 기술을 다른 일에 적용시켜 이용함.
〔應援 응원〕 곁에서 성원함. 또는, 호응하여 도움. ‖應援團(응원단).
〔應戰 응전〕 적의 공격에 응하여 싸움. ↔挑戰(도전).
〔應接 응접〕 ①맞아들여 접대함. ②사물에 접촉함.
〔應製 응제〕 ①임금의 특명에 의하여 임시로 보이던 과거. ②임금의 명령에 의하여 시문을 지음. 御製(어제).
〔應天順人 응천순인〕 천의(天意)에 응하고, 민의(民意)에 순종함.
〔應驗 응험〕 드러난 징조가 맞음.
〔應化 응화〕 부처가 중생을 구제하기 위하여 여러 가지로 변신하여 이 세상에 나타남. 應現(응현).
◢感應(감응)/對應(대응)/反應(반응)/副應(부응)/不應(불응)/相應(상응)/順應(순응)/適應(적응)/饗應(향응)/呼應(호응)

13 **懈** *1 게으를 **해** 본**개** 懈
16
㊥xiè(씨에) ㊐カイ, ケ/おこたる ㊎idle
풀이 ①게으르다. 게으름을 피움. ②느슨해지다. 헐렁함.
〔懈慢 해만〕 게으르고 거만함.
〔懈弛 해이〕 긴장이 풀려 마음이나 규율이 느스러짐.
〔懈惰 해타〕 ➡懈怠(해태).
〔懈怠 해태〕 마음이 해이해져 일을 소홀히 함. 게으름. 懈惰(해타).

16 **懐** 懷(회)의 속자 →298쪽

14 **懦** *1 나약할 **나** 懦
17
㊥nuò(누어), ruǎn(°루안) ㊐ダ/よわい ㊎feeble
풀이 ①나약하다. 무기력함. ‖懦弱(나약). ②낮다. 낮아짐.
〔懦怯 나겁〕 마음이 약하고 겁이 많음.
〔懦夫 나부〕 겁이 많은 남자.
〔懦弱 나약〕 의지가 굳세지 못함.

14 **懟** ❶원망할 **대** ❷근심할 **추** 간 怼 懟
18
㊥duì(뚜에이), zhuì(°쭈에이) ㊐タイ, ツイ/うらむ
풀이 ❶원망하다. ❷근심하다.

14 **懣** ❶번민할 **만** ❷번거로울 **문** 본**민** 간 懑 懣
18
㊥mèn(먼) ㊐モン, マン/もだえる ㊎agonize
풀이 ❶①번민하다. 마음이 괴로워 가슴이 답답함. ②화내다. 분개함. ❷번거롭다.
◢憤懣(분만)

15 **懲** ★*3 혼날 **징** 간 惩 懲
19
彳 彳" 彳" 徨 徵 徵 懲 懲
㊥chéng(°청) ㊐チョウ/こらす ㊎punish
자원 **형성자.** 心(심)은 의미를 나타내고 徵(징)은 음을 나타냄.
풀이 ①혼나다. 혼이 나서 잘못을 뉘우치거나 고침. ②혼내다. 응징함. 벌줌. ‖勸善懲惡(권선징악). ③징계. 응징.
〔懲戒 징계〕 ①허물이나 잘못을 뉘우치도록 경계하고 나무람. ②부정·부당 행위에 제재를 가함.
〔懲罰 징벌〕 그릇된 행위에 대하여 벌을 줌. 또는, 그 벌.
〔懲惡 징악〕 옳지 못한 일을 징계함.
〔懲役 징역〕 죄인을 교도소에 가두고 정해진 기간 동안 일을 시키는 일.
〔懲一勵百 징일여백〕 한 사람을 징계하여 여러 사람을 격려함.
◢膺懲(응징)

16 **懶** *1 게으를 **라** 본**란** 속 嬾 간 懒 懶
19
㊥lǎn(란) ㊐ラン/おこたる
풀이 게으르다. 나른함. 의욕이 없음.
〔懶農 나농〕 농사를 게을리 함.
〔懶怠 나태〕 게으름. 懶惰(나타).

19 **懶** 懶(라)의 속자 →297쪽

16 **懸** ★*3-Ⅱ 매달 **현** 간 悬 懸
20

[중]xuán(쉬엔) [일]ケン, ケ/かける
[영]hang

[자원] **회의 겸 형성자.** 縣(현)과 心(심)이 합쳐진 자로, 본래 '매달다'의 뜻인 縣이 행정 단위 명칭으로 더 쓰이게 되자, 心을 덧붙여 쓰게 됨. 心은 의미를 나타내고 縣은 의미와 음을 겸하여 나타냄.

[풀이] ①매달다. 달아맴. ②매달리다. 늘어짐. ③걸다. 상(賞)을 겂. ④동떨어지다. ‖懸隔(현격). ⑤멀다.

〔懸隔 현격〕 썩 동떨어짐.
〔懸橋 현교〕 양 언덕에 줄 따위를 건너지르고 거기에 매단 다리. 弔橋(조교).
〔懸燈 현등〕 등불을 높이 매닮.
〔懸鈴 현령〕 ①처마 따위에 방울을 닮. ②옛날의 지급 통신.
〔懸賞 현상〕 무엇을 모으거나 찾기 위해 상금을 내겂. ‖懸賞金(현상금).
〔懸垂 현수〕 아래로 달려 드리워짐.
〔懸垂幕 현수막〕 ①극장 등에 드리운 막. ②선전문·구호문 등을 적어 드리운 막.
〔懸案 현안〕 아직 결정을 못 지은 의안.
〔懸腕直筆 현완직필〕 붓글씨를 쓸 때, 팔목을 들고 붓을 수직으로 잡고 쓰는 자세.
〔懸板 현판〕 글씨·그림을 쓰거나 새겨서 문 위 또는 벽에 다는 널조각.
〔懸河口辯 현하구변〕 물 흐르듯 거침없이 잘하는 말. 懸河之辯(현하지변).

★✱3-Ⅱ
16/19 **懷** 품을 **회** | [속]懐 [간]怀 懷

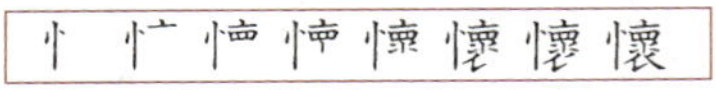

[중]huái(후아이) [일]カイ/いだく
[영]cherish

[자원] **형성자.** 心(심)은 의미를 나타내고 褱(회)는 음을 나타냄.

[풀이] ①품다. ②품. 품안. 가슴. ③마음. 생각. 정(情). ④편안히 하다. 편안히 됨. ⑤보내다. 보내어 위로함.

〔懷古 회고〕 옛일을 돌이켜 생각함. 懷舊(회구).
〔懷古談 회고담〕 옛 자취를 회상하며 하는 이야기.
〔懷古錄 회고록〕 옛날을 회상하여 적은 기록.
〔懷柔 회유〕 어루만져 잘 달램.
〔懷疑 회의〕 의심을 품음.
〔懷妊 회임〕 아이를 뱀. 妊娠(임신).
〔懷中 회중〕 ①품속. ②마음속.
〔懷胎 회태〕 아이를 뱀. 孕胎(잉태).
〔懷抱 회포〕 마음속에 품은 생각이나 정.
〔懷鄕 회향〕 고향을 그리워함.
◢感懷(감회)/萬端情懷(만단정회)/所懷(소회)/述懷(술회)/情懷(정회)/虛心坦懷(허심탄회)

✱
17/20 **懙** 호위할 **영**

[중]yíng(잉) [일]エイ, ヨウ

[풀이] 호위하다. 지킴.

✱1
17/20 **懺** 뉘우칠 **참** | [간]忏 懺

[중]chàn(°찬) [일]ザン, サン/くいる
[영]repent

[풀이] 뉘우치다. 저지른 잘못을 뉘우치고 고백함. ‖懺悔(참회).

〔懺悔 참회〕 과거의 죄악을 회개하고, 신이나 부처, 사람에게 고하여 사죄함.
〔懺悔錄 참회록〕 과거의 죄악을 참회하여 쓴 기록.

★✱3
18/21 **懼** 두려워할 **구** | [간]惧 懼

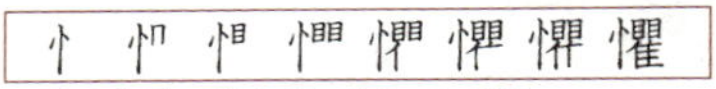

[중]jù(쮜) [일]ク/おそれる [영]fear

[자원] **회의자.** 瞿(구)는 目(눈 목) 두 개와 隹(새 추)가 합쳐진 자로, 두 눈을 두리번거리는 새를 나타냄. 여기에 心(마음 심)을 붙여 불안해하는 심리 상태를 나타냄.

[풀이] ①두려워하다. ②위태로워하다. 위태롭게 여김. ③두려움. 조심. 걱정.

◢悚懼(송구)/疑懼(의구)

18/21 **懾** 두려워할 **섭** | [간]慑 懾

[중]shè(°써) [일]ショウ/おそれる [영]fear

[풀이] ①두려워하다. 겁냄. 무서워함. ②으르다. 협박함.

〔懾服 섭복〕 두려워서 복종함.

✱
18/22 **懿** 아름다울 **의** | 懿

[중]yì(이) [일]イ/うるわしい [영]beautiful

[풀이] ①아름답다. 좋음. 훌륭함. ②기리다. 칭찬함.

〔懿德 의덕〕 훌륭한 덕. 宜德(의덕).

18/21 **懽** 기뻐할 **환** | 懽

[중]huān(후안) [일]カン/よろこぶ
[영]be glad

[풀이] ①기뻐하다. 기뻐서 좋아함. [통]歡. ②맞다. 들어맞음. 합당함.

★✱3-Ⅱ
19/23 **戀** 생각할 **련** | [약]恋 [간]恋 戀

言	結	結	結	縛	縊	戀	戀

㊥liàn(리엔) ㊐レン/こう
㊎think, love

자원 **형성자.** 心(심)은 의미를 나타내고 䜌(란)은 음을 나타냄.

풀이 ①생각하다. 남녀가 서로 그리워하다. ‖戀愛(연애). ②그리움. 사랑의 정. ③사랑하는 이.

〔戀歌 연가〕 사랑하는 사람을 그리워하며 부르는 노래.
〔戀慕 연모〕 사랑하여 그리워함.
〔戀文 연문〕 연애편지. 戀書(연서).
〔戀愛 연애〕 남녀간에 서로 사모하는 사랑.
〔戀人 연인〕 서로 사랑하는 관계에 있는 남녀.
〔戀敵 연적〕 연애의 경쟁자.
〔戀情 연정〕 이성을 그리워하며 사모하는 마음.
◢悲戀(비련)/失戀(실연)/戀戀(연연)

24 28 **戇** [*] 어리석을 **당** / ㊄**장** ㉩ 戅 戇

㊥zhuàng(°쭈앙) ㊐トウ/おろか
㊎foolish

풀이 ①어리석다. 우직함. ②고지식하다. 외고집 성질.

〔戇直 당직〕 어리석을 만큼 곧음.

戈部 창과

0 4 **戈** [*2] 창 **과** 戈

一	七	戈	戈

㊥gē(꺼) ㊐カ/ほこ ㊎spear

갑 **자원** **상형자.** 갑골문에서 보듯, 긴 자루 끝에 칼날이 달린 무기(창의 일종)를 본뜬 자.

한자 부수의 하나.

풀이 ①창. 날 한쪽에 가지가 있는 창. ‖戈戟(과극). ②싸움. 전쟁.

〔戈劍 과검〕 창과 칼. 병장기.
〔戈盾 과순〕 창과 방패. 矛盾(모순).
◢干戈(간과)/兵戈(병과)/槍戈(창과)

1 5 **戊** [☆*3] 다섯째 천간 **무** 戊

丿	厂	戊	戊	戊

㊥wù(우) ㊐ボウ, ボ, モ/つちのえ

갑 전 **자원** **상형자.** 갑골문에서 보듯, 긴 자루에 도끼 날이 달린 무기를 나타낸 자. 뒷날 간지의 이름으로 가차됨.

풀이 다섯째 천간. 오행(五行)으로는 토(土), 방위로는 중앙.

〔戊夜 무야〕 오경(五更). 오전 3시부터 5시 사이.

6 **戍** 成(성)의 속자 →300쪽

2 6 **戍** [*1] 수자리 **수** 戍

㊥shù(°쑤) ㊐シュ, ジュ/まもる
㊎frontier guard

갑 금 **자원** **회의자.** 갑골문의 왼쪽 부분은 사람을 나타내고 오른쪽 부분은 창을 나타냄. 곧, 병사가 창을 높이 들고 파수 보는 모습을 나타낸 것으로, 본뜻은 '지키다'임.

풀이 ①수자리. ②경비하다. ③국경을 지키다.

〔戍樓 수루〕 적의 동정을 살피기 위한 망루.
〔戍兵 수병〕 수비하는 군사.
〔戍衛 수위〕 국경을 지킴. 또는, 그 병사. 戍守(수수).
〔戍卒 수졸〕 변경에서 국경을 지키는 군사.
◢防戍(방수)/衛戍(위수)/鎭戍(진수)

2 6 **戌** [☆*3] 개 **술** 戌

丿	厂	𠂆	戌	戌	戌

㊥xū(쒸) ㊐ジュツ/いぬ ㊎dog

갑 **자원** **상형자.** 도끼류의 의장용 무기를 본뜬 자. 뒷날 간지의 이름으로 가차되어 쓰임.

풀이 개. 열한째 지지(地支). 방위로는 서북(西北), 오행(五行)으로는 토(土).

〔戌年 술년〕 태세(太歲)의 지지(地支)가 술(戌)인 해. 무술년(戊戌年)·임술년(壬戌年) 따위. 개해.
〔戌時 술시〕 십이시의 열한째 시. 오후 7시부터 9시까지의 동안.
◢甲戌(갑술)/庚戌(경술)/戊戌(무술)

2 6 **戎** [*1] 되 **융** 戎

㊥róng(°룽) ㊐ジュウ/えびす
㊎barbarian

풀이 ①되. 되놈. 서쪽 오랑캐. ②무기(武器). ③전쟁. ④병사. 군대. ⑤병거(兵車).

〔戎馬 융마〕 ①전쟁에 쓰는 말. ②('전쟁에서 쓰는 수레와 말'이라는 뜻으로) 군대.

4획

〔戎服 융복〕 철릭과 주립으로 된 옛 군복. 戎衣(융의).
〔戎狄 융적〕 옛날 중국의 서쪽 오랑캐와 북쪽 오랑캐.
◢山戎(산융)/西戎(서융)

★*4
3
7 戒 경계할 계

一 二 干 开 戒 戒 戒

㊥jiè(찌에) ㊐カイ/いましめる
㊋warn

갑 전 자원 **회의자.** '두 손'의 상형인 廾(공)과 '창'의 상형인 戈(과)가 합쳐진 자로, 두 손으로 창을 들고 지키는 모습을 나타냄.

풀이 ①경계하다. ②삼가다. 조심함. ③훈계. ④재계(齋戒)하다.
〔戒告 계고〕 행정상 의무 이행을 독촉하는 행정 주체의 통지.
〔戒壇 계단〕 승려로서 계법(戒法)을 전수받는 단(壇).
〔戒名 계명〕 ①사미계(沙彌戒)를 받은 뒤, 속명(俗名)을 버리고 스승으로부터 받는 법호(法號). ②사후(死後)에 승려에게 붙여 주는 이름. 法名(법명).
〔戒色 계색〕 여색(女色)을 삼감.
〔戒嚴 계엄〕 전쟁이나 내란 같은 비상사태가 생겼을 때, 일정한 지역을 병력으로 경계하는 일.
〔戒律 계율〕 승려가 지켜야 할 규범.
◢警戒(경계)/沐浴齋戒(목욕재계)/十戒(십계)/一罰百戒(일벌백계)/懲戒(징계)/哨戒(초계)/破戒(파계)/訓戒(훈계)

4획

☆*6
3
7 成 이룰 성 ㊗成

丿 厂 𠂇 万 成 成 成

㊥chéng(°청) ㊐セイ, ジョウ/なす
㊋accomplish

갑 전 자원 **형성자.** 의장용 무기인 도끼의 상형인 戊(술)에 음을 나타내는 丁(정)이 합쳐진 자. 이 무기를 든 병사들이 대오를 이룬다는 데에서 '이루다'의 뜻이 생겨남.

풀이 ①이루다. ‖成功(성공). ②다스리다. 평정함. ③무성하다.
〔成家 성가〕 ①재물을 모아 한 집안을 일으킴. ②학문·기술이 뛰어나 한 체계를 이룸. ③결혼하여 한 가정을 이룸.
〔成功 성공〕 목적하는 바를 이룸. ↔失敗(실패).
〔成果 성과〕 일이 이루어진 결과.
〔成句 성구〕 ①글귀를 이룸. ②하나의 완성된 뜻을 나타내는 글귀. ③예로부터 전하여 널리 알려진 시문(詩文) 구절.
〔成均館 성균관〕 고려·조선 시대에, 유교의 교육을 맡아보던 최고의 국립 교육 기관.
〔成年 성년〕 성인(成人)이 되는 나이. 만 20세.
〔成立 성립〕 일·관계 등이 이루어짐.
〔成文法 성문법〕 문자로 나타내고, 문서의 형식을 갖춘 법. 成文律(성문율).
〔成服 성복〕 초상(初喪)으로 상복을 입음.
〔成分 성분〕 ①물질의 바탕을 이루고 있는 화학적 요소. ②개인의 출신 배경이나 사회적으로 속해 있는 계층.
〔成墳 성분〕 흙을 쌓아 무덤을 만듦. 또는, 그 무덤. 封墳(봉분).
〔成佛 성불〕 ①번뇌를 해탈하고 진리를 깨달아 불과(佛果)를 얻음. ②죽음.
〔成不成 성불성〕 일이 되고 안 됨. 成否(성부).
〔成事 성사〕 일을 이룸. 또는, 일이 이루어짐.
〔成熟 성숙〕 ①곡식·과일이 완전히 익음. ②몸과 마음이 자라 어른스럽게 됨. ③사물이 완성 단계에 들어섬.
〔成市 성시〕 장이 섬. 또는, 시장을 이룸.
〔成案 성안〕 안(案)을 작성함. 또는, 그 안.
〔成語 성어〕 예로부터 쓰여 관용적인 뜻으로 굳어진 말. ‖故事成語(고사성어).
〔成員 성원〕 ①단체를 조직하는 구성원. ②회의 성립에 필요한 인원.
〔成人 성인〕 ①자라서 어른이 된 사람. 보통 만 20세 이상의 남녀를 이름. ②관례(冠禮)를 행함. 成冠(성관).
〔成因 성인〕 사물이 이루어지는 원인.
〔成長 성장〕 ①생물이 자라 커짐. ②규모가 커짐.
〔成績 성적〕 ①해 온 일의 결과. ②학습한 결과.
〔成體 성체〕 성숙한 동물. 또는, 그 몸.
〔成就 성취〕 일을 완성함.
〔成層 성층〕 층을 이룸.
〔成敗 성패〕 성공과 실패
〔成形 성형〕 ①외과적 수단으로 형체를 고치거나 만듦. ‖成形手術(성형 수술). ②그릇의 형체를 만듦.
〔成婚 성혼〕 혼인이 이루어짐.
〔成火 성화〕 ①몹시 마음이 답답하고 번거로움. ②몹시 귀찮게 조름.
◢結成(결성)/構成(구성)/既成(기성)/落成(낙성)/達成(달성)/大成(대성)/晩成(만성)/生成(생성)/速成(속성)/守成(수성)/夙成(숙성)/熟成(숙성)/養成(양성)/完成(완성)/育成(육성)/作成(작성)/長成(장성)/造成(조성)/集大成(집대성)/贊成(찬성)/編成(편성)/合成(합성)/形成(형성)/混成(혼성)

☆*3-Ⅱ
3
7 我 나 아

丿 二 千 手 我 我 我

㊥wǒ(워) ㉰ガ/われ ㊎I

갑 [자원] **상형자.** 날이 톱니 모양인 의장용(儀仗用) 창을 본뜬 자. 뒷날 '나'의 뜻으로 가차됨.

[풀이] ①나. ‖自我(자아). ②나의. ‖我國(아국). ③아집(我執).

〔我國 아국〕 우리의 나라. 我邦(아방).

〔我軍 아군〕 우리 편의 군대. ↔敵軍(적군).

〔我東方 아동방〕 예전에, 우리나라가 중국의 동쪽에 있다 하여 스스로를 이르던 말. 我東(아동).

〔我邦 아방〕 ➡我國(아국).

〔我田引水 아전인수〕 《'자기 논에 물 대기'라는 뜻으로》 자기에게 이로운 대로만 말하거나 행함.

〔我朝 아조〕 우리 왕조(王朝).

〔我執 아집〕 ①자기 의견만을 고집함. ②자신의 심신 안에 사물을 다스릴 상주불멸(常住不滅)의 실체가 있다고 믿는 일.

◢大我(대아)/忘我(망아)/沒我(몰아)/無我(무아)/物我(물아)/小我(소아)/自我(자아)/他我(타아)/彼我(피아)

4 8 **戕** 죽일 **장** 戕

㊥qiāng(치앙) ㉰ショウ, ゾウ, サン ㊎kill

[풀이] ①죽이다. ㉮죽이다. ‖戕殺(장살). ㉯다른 나라 신하가 임금을 죽이다. ②손상하다. ③어지럽히다.

〔戕殺 장살〕 무찔러 죽임.

〔戕賊 장적〕 쳐 죽임. 殺害(살해).

☆✱4

4 8 **或** ❶혹 **혹**☆✱4 ❷나라 **역** 或

一 ㄧ 口 口 豆 豆 或 或

㊥huò(후어), yù(위) ㉰コク, ワク/あるいは ㊎perhaps

갑 금 전 [자원] **회의자.** 영토를 나타내는 口(위), 창을 나타내는 戈(과), 방어를 위한 장애물을 뜻하는 가로획이 합쳐진 자로, '보루를 쌓고 무기로 지키는 구역'을 나타냄. '혹시'의 뜻으로 가차되어 쓰이자 본뜻을 보존하기 위해 만든 자가 '國'(국), '域'(역)임.

[풀이] ❶①혹. 혹은. ‖間或(간혹). ②어떤 사람. ‖或者(혹자). ③어떤 경우. ④늘. 항상. ⑤의심하다. ⑥당혹하다. ㊐惑. ❷나라. ㊐國.

〔或說 혹설〕 어떤 사람이 주장하는 말이나 학설.

〔或是 혹시〕 만일. 혹은. 或如(혹여).

〔或者 혹자〕 ①혹시(或是). 혹은. ②어떤 사람.

◢間或(간혹)/設或(설혹)

7 11 **戛** 창 **알** ㊍ 戞 戛

㊥jiá(지아) ㉰カツ/ほこ ㊎spear

[풀이] ①창. 긴 창. ②두드리다. ③짚. 멍석. ④어근버근하다. 어긋남. ‖戛戛(알알).

〔戛然 알연〕 ①쇠붙이가 부딪치는 소리. ②악기 소리가 맑고 은은한 모양.

★✱3-Ⅱ

7 11 **戚** 겨레 **척** 戚

丿 厂 匚 厈 厍 戚 戚 戚

㊥qī(치) ㉰セキ/みより ㊎relative

금 전 [자원] **형성자.** 금문은 戈(과), 소전은 戉(월), 예서 이후는 戊(무)가 의미를 나타내고 (戈는 창, 戉과 戊는 도끼를 뜻함), 尗(숙)은 금문 이후 음을 나타냄.

[풀이] ①겨레. 친족. ㊐族. ‖親戚(친척). ②친하다. ③가깝다. ④도끼.

〔戚黨 척당〕 ➡戚屬(척속).

〔戚分 척분〕 성이 다르면서 일가가 되는 관계.

〔戚屬 척속〕 성이 다른 일가. 戚黨(척당).

〔戚臣 척신〕 임금의 외척(外戚)이 되는 신하.

〔戚姪 척질〕 조카뻘 되는 외척(外戚).

◢內戚(내척)/外戚(외척)/遠戚(원척)/姻戚(인척)/族戚(족척)/親戚(친척)

✱1

8 12 **戟** 창 **극** 戟

㊥jǐ(지) ㉰ゲキ/ほこ ㊎spear

[풀이] ①창. 날이 두 가닥인 창. ‖劍戟(검극). ②찌르다. ‖刺戟(자극).

〔戟盾 극순〕 창과 방패.

◢刺戟(자극)

12 **戞** 戛(알)의 속자 →301쪽

✱

9 13 **戡** 찌를 **감** 戡

㊥kān(칸) ㉰カン, コン, チン/さす ㊎pierce

[풀이] ①찌르다. 죽임. ②이기다. 평정함. ㊐堪.

〔戡定 감정〕 전쟁에 이겨 난리를 평정함.

13 **戦** 戰(전)의 약자 →302쪽

9
13 **戢** 거둘 **즙** 戢

[중]jí(지) [일]シュウ/おさめる
[풀이] ①거두다. 무기를 거둠. ②그치다. 그만둠. ③움츠리다.
〔戢翼 즙익〕《새가 날개를 접는다는 뜻으로》 은퇴함의 비유.

*1
10
14 **截** 끊을 **절** 截

[중]jié(지에) [일]セツ/たつ [영]cut off
[풀이] ①끊다. 절단함. ②다스리다. 정제(整齊)함. ③언변이 좋은 모양.
〔截斷 절단〕 자르거나 베어서 끊음. 切斷(절단).
〔截然 절연〕 맺고 끊음이 칼로 자르듯이 명확한 모양. 斷然(단연). 決然(결연).
〔截取 절취〕 잘라 냄. 切取(절취).
◪峻截(준절)/直截(직절)

4획

*1
11
15 **戮** 죽일 **륙** 戮

[중]lù(루) [일]リク/ころす [영]kill
[풀이] ①죽이다. 육시함. ‖殺戮(살육). ②죄. 형벌. ③욕. 욕보이다.
〔戮力 육력〕 서로 힘을 합함.
〔戮屍 육시〕 죽은 죄인에게 참형(斬刑)을 가함.
◪屠戮(도륙)/殺戮(살육)

☆*6
12
16 **戰** 싸움 **전** [약]戦 [간]战 戰

吅	㗊	罒	𠷎	單	戰	戰	戰

[중]zhàn(°짠) [일]セン/たたかう [영]war
[자원] **회의 겸 형성자.** 원시적 무기의 상형인 單(단)과 창의 상형인 戈(과)가 합쳐진 자로 '싸움'의 뜻을 나타냄. 戈는 의미를 나타내고 單은 의미와 음을 겸하여 나타냄.
[풀이] ①싸움. 전쟁. ‖大戰(대전). ②두려워하다. ‖戰慄(전율).
〔戰功 전공〕 전쟁에서 세운 공로.
〔戰局 전국〕 전쟁의 국면(局面).
〔戰國時代 전국 시대〕 주(周) 위열왕(威烈王) 때부터 진(秦) 시황제(始皇帝)가 중국을 통일하기까지의, 여러 나라들이 얽혀 싸우던 183년간을 이름.
〔戰記 전기〕 전쟁의 기록.
〔戰機 전기〕 ①전쟁이 일어나려는 기미. ②전쟁상의 기밀(機密). 軍機(군기).
〔戰端 전단〕 전쟁의 발단(發端).
〔戰亂 전란〕 전쟁으로 말미암은 난리. 兵亂(병란).
〔戰略 전략〕 승리를 위한 방안.
〔戰力 전력〕 전투·경기 등을 수행할 수 있는 능력.
〔戰笠 전립〕 옛날, 군인이 쓰던 모자. 벙거지.
〔戰馬 전마〕 전쟁에 쓰는 말.
〔戰亡 전망〕 ➡戰死(전사).
〔戰歿 전몰〕 ➡戰死(전사).
〔戰犯 전범〕 ①전쟁을 일으킨 범죄. ②전쟁 범죄를 저지른 사람.
〔戰法 전법〕 싸우는 방법.
〔戰費 전비〕 전쟁에 쓰이는 비용.
〔戰士 전사〕 싸움터에 나가는 용사.
〔戰死 전사〕 전장에서 싸우다가 죽음. 戰亡(전망). 戰歿(전몰).
〔戰線 전선〕 전쟁에서 적과 직접 맞서 싸우는 지역.
〔戰船 전선〕 전투에 쓰는 배. 軍船(군선). 兵船(병선). 艦船(함선).
〔戰術 전술〕 싸움에 이기기 위한 술책(術策).
〔戰勝 전승〕 싸움에 이김. ↔戰敗(전패).
〔戰時 전시〕 전쟁이 벌어진 때.
〔戰列 전열〕 전쟁에 참가하는 부대의 대열.
〔戰友 전우〕 전쟁터에서 한편으로서 같이 싸우는 동료.
〔戰雲 전운〕 전쟁이 일어나려는 어수선한 정세(情勢).
〔戰慄 전율〕 두려워 몸이 떨림.
〔戰意 전의〕 싸우려는 의욕.
〔戰場 전장〕 전쟁터. 戰地(전지).
〔戰爭 전쟁〕 국가와 국가 사이의 무력에 의한 싸움. 戰鬪(전투).
〔戰績 전적〕 싸워서 올린 실적.
〔戰戰兢兢 전전긍긍〕 몹시 두려워 조심하는 모양. 戰兢(전긍).
〔戰地 전지〕 전쟁터. 전장(戰場).
〔戰陣 전진〕 ①전투를 하려고 벌여 친 진. ②진을 치고 싸우는 곳.
〔戰車 전차〕 장갑차(裝甲車). 탱크.
〔戰鬪 전투〕 무기를 사용하여 적과 맞서 싸움.
〔戰敗 전패〕 싸움에 짐. ↔戰勝(전승).
〔戰袍 전포〕 장수가 입는 긴 웃옷.
〔戰艦 전함〕 전쟁할 때 쓰는 배. 軍艦(군함). 戰鬪艦(전투함).
〔戰火 전화〕 ①전쟁으로 말미암은 화재. 兵火(병화). ②전쟁.
〔戰禍 전화〕 전쟁으로 말미암은 재화(災禍).
〔戰況 전황〕 전쟁의 상황. 戰狀(전상).
〔戰後 전후〕 전쟁이 끝난 뒤.
◪開戰(개전)/激戰(격전)/決戰(결전)/苦戰(고전)/觀戰(관전)/交戰(교전)/內戰(내전)/冷戰(냉전)/大戰(대전)/對戰(대전)/挑戰(도전)/反戰(반전)/奮戰(분전)/山戰水戰(산전수전)/宣戰(선전)/善戰(선전)/舌戰(설전)/聖戰(성전)/速戰(속전)/勝戰(승전)/實戰(실전)/夜戰(야전)/野戰(야전)/逆戰(역전)/熱戰(열전)/應戰(응전)/一戰(일전)/臨戰(임전)/作戰(작전)/接戰(접전)/停戰(정전)/拙戰(졸전)/終戰(종전)/參戰(참전)/出戰(출전)/敗戰(패전)/抗戰(항전)/海戰

(해전)/血戰(혈전)/混戰(혼전)/休戰(휴전)

*
16 **戲** 戲(희·호)의 속자 →303쪽

*2
13 17 **戴** 일 **대**

[중]dài(따이) [일]タイ/いただく
[풀이] ①이다. 머리에 임. ‖戴冠(대관). ②받들다.
〔戴冠 대관〕 대관식에서 제왕이 왕관을 받아 머리에 씀.
〔戴冠式 대관식〕 제왕(帝王)이 즉위할 때 왕관을 쓰는 의식.
〔戴白 대백〕 머리가 백발이 됨. 또는, 그 노인.
◢男負女戴(남부여대)/推戴(추대)

★★3-Ⅱ
13 17 **戲** [1]놀 **희** ★★3-Ⅱ [2]아하 **호** [속]戯 [간]戏

⺊ 广 庐 虍 虐 虛 戱 戲

[중]xì(씨) [일]キ, ギ, コ/たわむれる [영]play
[자원] **형성자.** 戈(과)는 의미를 나타내고 虛(허)는 음을 나타냄.
[풀이] [1]①놀다. ‖遊戲(유희). ②희롱하다. ③놀이. [2]아하! 감탄하는 소리. [같]呼. [통]乎.
〔戲曲 희곡〕 ①연극 대본(臺本). ②인물들의 행동이나 대사로 표현되는 문학 작품. 드라마.
〔戲弄 희롱〕 ①말이나 행동으로 실없이 놀림. ②데리고 놂.
〔戲墨 희묵〕 자기 글씨나 그림의 겸칭. 戲筆(희필).
〔戲筆 희필〕 ➡戲墨(희묵).
〔戲謔 희학〕 실없는 말로 하는 농지거리. 농담.
〔戲畫 희화〕 ①장난 삼아 그린 그림. ②익살스런 그림.
◢假面戲(가면희)/祕戲(비희)/演戲(연희)/遊戲(유희)/前戲(전희)/後戲(후희)

戶部 지게호

☆*4-Ⅱ
0 4 **戶** 지게 **호**

一 厂 户 戶

[중]hù(후) [일]コ/と [영]door
[갑] [전] [자원] **상형자.** 한쪽 문을 그린 자. 본뜻은 '문'이며 '집'의 뜻도 파생됨.
[부] 한자 부수의 하나.
[풀이] ①지게. 지게문. 외짝문. ②출입구. ③집. ‖戶口(호구).
〔戶口 호구〕 호수(戶數)와 식구 수.
〔戶房 호방〕 조선 시대, 6방(六房)의 하나. 호전(戶典)에 관한 사무를 맡아보던 관아.
〔戶別 호별〕 집집마다. 每戶(매호).
〔戶部 호부〕 고려 시대, 나라의 재정을 맡아보던 관아.
〔戶數 호수〕 집의 수효.
〔戶長 호장〕 고을 아전의 우두머리.
〔戶主 호주〕 지난날, 한 집안의 가장(家長)을 이르던 말.
◢家家戶戶(가가호호)/家戶(가호)/門戶(문호)/窓戶(창호)/破落戶(파락호)

*1
4 8 **戾** 어그러질 **려**

[중]lì(리) [일]レイ/もとる
[풀이] ①어그러지다. ‖悖戾(패려). ②사납다. ③이르다. 도착함. ④배반하다. ⑤돌려주다. ‖返戾(반려).
◢返戾(반려)/悖戾(패려)

☆*4-Ⅱ
4 8 **房** 방 **방**

一 厂 户 户 戶 戸 房 房

[중]fáng(°팡) [일]ボウ/へや [영]room
[자원] **형성자.** 戶(호)는 의미를 나타내고 方(방)은 음을 나타냄.
[풀이] ①방. 안채 옆에 붙은 방. ②집. 가옥. 거처(居處). ③아내. 첩.
〔房事 방사〕 남녀가 잠자리를 같이하는 일.
〔房貰 방세〕 남의 집 방에 세를 들고 내는 돈.
〔房宿 방수〕 28수(宿)의 하나. 남쪽에 있는 별자리.
〔房帳 방장〕 방 안에 두르는 휘장.
〔房親迎 방친영〕 재래식 혼례에서, 신랑 신부가 3일을 치를 때, 신부가 신방에 들어가서 얼마 동안 가만히 앉아 있다가 도로 나오는 일.
◢各房(각방)/監房(감방)/閨房(규방)/妓房(기방)/煖房(난방)/冷房(냉방)/茶房(다방)/獨房(독방)/獨守空房(독수공방)/書房(서방)/禪房(선방)/貰房(셋방)/僧房(승방)/新房(신방)/心房(심방)/藥房(약방)/乳房(유방)/店房(점방)/廚房(주방)/冊房(책방)/寢房(침방)/土房(토방)

☆*7
4 8 **所** 바 **소** [속]所

丿 𠂆 户 户 户' 所 所 所

[중]suǒ(수어) [일]ショ/ところ [영]thing

[금] 所 [자원] **형성자.** 斤(근)은 의미를 나타내고 戶(호)는 음을 나타냄.

[풀이] ①바. 지사(指事) 구실을 하는 말. ‖所謂(소위). ②곳. 장소. [통]處. ③경우. ④도리. 사리(事理).

〔所幹 소간〕 볼일.
〔所感 소감〕 마음에 느낀 바. 또는, 그 생각.
〔所見 소견〕 사물에 대한 의견이나 생각.
〔所管 소관〕 관장(管掌)함. 또는, 그 범위. 所轄(소할).
〔所關 소관〕 관계되는 바.
〔所期 소기〕 기대하는 바.
〔所得 소득〕 ①일의 결과로 얻는 것. ②수입(收入).
〔所料 소료〕 미루어 생각한 바.
〔所望 소망〕 바라는 바. 또는, 그 바람. 所願(소원).
〔所聞 소문〕 사람들 입에 오르내려 전하여 들리는 말.
〔所產 소산〕 어떤 지역에서 생산되는 산물(產物). 所產物(소산물).
〔所生 소생〕 자기가 낳은 자식.
〔所屬 소속〕 딸려 있음. 隷屬(예속).
〔所信 소신〕 믿는 바.
〔所要 소요〕 요구되거나 필요한 바.
〔所用 소용〕 쓰임. 또는, 쓰이는 바.
〔所願 소원〕 바라고 원하는 것.
〔所爲 소위〕 ①하는 일. ② ➡所行(소행).
〔所謂 소위〕 이른바.
〔所有 소유〕 자기 것으로 가짐.
〔所以 소이〕 까닭.
〔所任 소임〕 맡은 바의 직책.
〔所藏 소장〕 자기 소유물로서 간직함. 또는, 그 물품.
〔所在 소재〕 있는 곳.
〔所載 소재〕 신문·잡지 등에 기사로 실려 있는 것.
〔所傳 소전〕 글·말·물건 등으로 후세에 전하여 내려오는 바.
〔所定 소정〕 미리 정해진 바.
〔所請 소청〕 청하는 바.
〔所出 소출〕 논밭에서 거둔 곡식의 양.
〔所致 소치〕 그렇게 된 까닭.
〔所轄 소할〕 관할하는 바. 所管(소관).
〔所行 소행〕 한 짓. 所爲(소위).
〔所懷 소회〕 마음속에 품고 있는 감회(感懷).

◢居所(거소)/局所(국소)/急所(급소)/名所(명소)/墓所(묘소)/配所(배소)/便所(변소)/殯所(빈소)/山所(산소)/宿所(숙소)/業所(업소)/要所(요소)/入所(입소)/場所(장소)/適材適所(적재적소)/住所(주소)/處所(처소)/哨所(초소)/出所(출소)/寢所(침소)/退所(퇴소)

4획

5
9 **扃** 빗장 **경** 扃

[중]jiōng(찌웅) [일]ケイ/とざし [영]bolt

[풀이] ①빗장. 문빗장. ‖扃關(경관). ②출입문. ③닫다. ④덧방나무. 수레의 양 변죽에 덧댄 나무.

〔扃鎖 경쇄〕 자물쇠.

*2
5
9 **扁** [1]넓적할 **편** [2]치우칠 **편** 扁

[중]biǎn(비엔) [일]ヘン/ひてたい [영]flat, incline

[전] 扁 [자원] **회의자.** 戶(지게문 호)와 冊(책)이 합쳐진 자로, 문 위에 거는 가로로 된 글자, 즉 편액(扁額)을 나타냄. 뒷날 편액처럼 가로로 길고 납작한 것을 뜻하게 됨.

[풀이] [1]① 넓적하다. ‖扁平(편평). ②현판. 액자. ③병명(病名). [2]① 치우치다. [통]偏. ②엮다. [통]編.

〔扁桃腺 편도선〕 사람의 입 속 양쪽 구석에 하나씩 있는, 편평하고 타원형으로 생긴 림프샘.
〔扁旁 편방〕 한자(漢子)의 편과 방. 왼쪽 부분을 扁, 오른쪽 부분을 旁이라 함. 偏傍(편방).
〔扁額 편액〕 방 안이나 문 위에 거는 액자. 扁題(편제).
〔扁舟 편주〕 작은 배. 片舟(편주).
〔扁平 편평〕 넓고 평평함.

◢側扁(측편)

*1
6
10 **扇** 부채 **선** 扇

[중]shàn, shān(°싼) [일]セン/うちわ [영]fan

[풀이] ①부채. ‖太極扇(태극선). ②부채질하다. ③선동함.

〔扇錘 선추〕 부채고리에 늘어뜨리는 장식의 하나.
〔扇風機 선풍기〕 작은 전동기에 날개를 달아 전류 작용으로 회전시켜 바람이 나게 하는 기계.
〔扇形 선형〕 부채꼴.

◢太極扇(태극선)/合竹扇(합죽선)

*2
7
11 **扈** 뒤따를 **호** 扈

[중]hù(후) [일]コ/したがう [영]follow

[풀이] ①뒤따르다. ‖扈駕(호가). ②막다. 행동을 구속함. ③넓다. ④만연하다. ‖跋扈(발호). ⑤고용하다. 마부(馬夫).

〔扈駕 호가〕 어가(御駕)를 수행함.
〔扈從 호종〕 임금의 행차에 수행함. 또는, 그런 사람.

◢跋扈(발호)

*1
8 **扉** 삽짝 **비**
12

㊥fēi(°페이) ㊐ヒ/とびら ㊎twig gate

풀이 ①삽짝. 잡목의 가지 따위로 엮어 만든 대문짝. ②집. 가옥.

◢柴扉(시비)

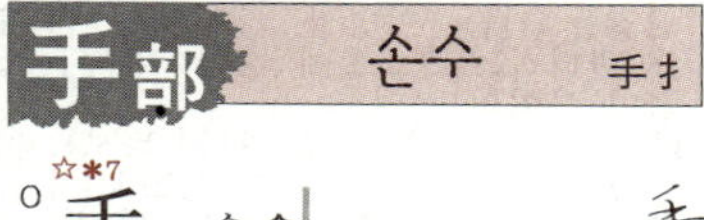

手部 손수 手扌

☆*7
0 **手** 손 **수**
4

一 二 三 手

㊥shǒu(°서우) ㊐シュ/て ㊎hand

금 전 자원 **상형자.** 사람의 손을 그린 자. 가운뎃손가락을 중심으로 네 손가락이 대칭적으로 펼쳐진 모습임.

한자 부수의 하나. 부수 명칭은 손수부이나, 자형이 '扌' 자를 닮았기 때문에 '재방변'이라고도 함.

풀이 ①손. ‖手足(수족). ②손가락. ③팔. ④손바닥. ⑤힘. 도움이 되는 행위. ⑥사람. 인사(人士). ⑦솜씨. 기량. ⑧수단. 방법. ⑨쥐다. 손으로 잡다. ⑩손수. 스스로. ‖手記(수기).

〔手匣 수갑〕 죄인의 양 손목에 걸쳐서 채우는 형구. 쇠고랑.

〔手巾 수건〕 얼굴이나 몸을 씻은 뒤에 닦는 천.

〔手工 수공〕 손으로 하는 공예(工藝).

〔手交 수교〕 손수 건네줌.

〔手記 수기〕 체험을 손수 적음. 또는, 그 기록.

〔手段 수단〕 ①목적을 이루기 위한 방법. ②일을 처리하는 솜씨나 꾀.

〔手談 수담〕 《서로 상대하여 말이 없이도 의사가 통한다는 뜻으로》 바둑을 둠. 또는, 바둑.

〔手當 수당〕 정해진 급료 외에 주는 보수.

〔手動 수동〕 다른 동력을 이용하지 않고 손의 힘으로 움직임.

〔手紋 수문〕 손바닥 살거죽에 줄무늬를 이룬 금. 손금.

〔手配 수배〕 ①부서를 갈라 맡아 어떤 일을 하게 함. ②범인을 잡기 위해 수사망을 폄.

〔手法 수법〕 ①일을 다루는 방법이나 재간. ②예술 작품을 만들 때의 솜씨나 기법.

〔手不釋卷 수불석권〕 《손에서 책을 놓지 않는다는 뜻으로》 부지런히 학문에 힘씀.

〔手寫 수사〕 직접 베껴 씀.

〔手上 수상〕 손 위.

〔手書 수서〕 손수 글이나 편지를 씀. 또는, 손수 쓴 글이나 편지. 手札(수찰). 手翰(수한).

〔手署 수서〕 손수 서명함.

〔手續 수속〕 일을 하는 절차.

〔手數料 수수료〕 어떤 일을 대신 맡아서 처리해 주고 받는 돈.

〔手熟 수숙〕 손에 익어서 능숙함.

〔手術 수술〕 신체의 일부를 째거나 베어서 하는 외과적 치료법.

〔手藝 수예〕 손으로 하는 기예. 뜨개질이나 자수 따위.

〔手腕 수완〕 일을 다루고 운영하는 솜씨 또는 수단.

〔手淫 수음〕 자기의 생식기를 손이나 기구 등으로 문질러서 성적 쾌감을 얻는 행위.

〔手印 수인〕 ①손바닥을 도장처럼 찍어서 증거로 삼음. ②자기가 직접 쓴 서명이나 문서.

〔手迹 수적〕 손수 쓴 글씨. 手筆(수필).

〔手顫症 수전증〕 물건을 잡을 때 손이 떨리는 증세.

〔手製品 수제품〕 손으로 만든 물품.

〔手足 수족〕 ①손과 발. ②손발처럼 마음대로 부리는 사람의 비유. ③형제나 자식의 비유.

〔手中 수중〕 ①손의 안. ②자기 권력이나 세력의 안.

〔手札 수찰〕 ➡手書(수서).

〔手帖 수첩〕 가지고 다니며 간단히 적을 수 있는 조그만 공책.

〔手澤 수택〕 ①손이 자주 닿은 책·물건에 손때가 묻어서 생기는 윤기. ②물건에 남아 있는 옛사람의 흔적.

〔手票 수표〕 발행인이 은행을 지불인으로 소지인에게 일정 금액을 치러 줄 것을 은행에 위탁하는 유가 증권.

〔手話 수화〕 귀로 듣거나 입으로 말할 수 없는 사람들이 손짓으로 하는 말.

◢歌手(가수)/強手(강수)/擧手(거수)/高手(고수)/鼓手(고수)/國手(국수)/弓手(궁수)/旗手(기수)/騎手(기수)/魔手(마수)/名手(명수)/木手(목수)/妙手(묘수)/拍手(박수)/白手(백수)/射手(사수)/上手(상수)/石手(석수)/先手(선수)/選手(선수)/洗手(세수)/身手(신수)/失手(실수)/雙手(쌍수)/握手(악수)/惡手(악수)/按手(안수)/野手(야수)/應手(응수)/義手(의수)/入手(입수)/敵手(적수)/助手(조수)/着手(착수)/觸手(촉수)/祝手(축수)/投手(투수)/砲手(포수)/捕手(포수)/下手(하수)/訓手(훈수)

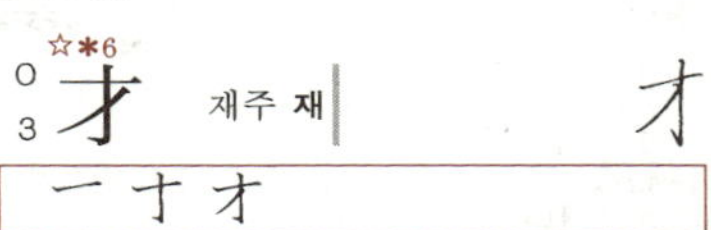

☆*6
0 **才** 재주 **재**
3

一 十 才

4획

㊥cái(차이) ㊐サイ/ざえ ㊎talent

갑 금 자원 **상형자.** 싹이 땅 위로 돋아나는 모양을 본뜬 자. 갑골문에서 가로획은 지면(地面), 그 위는 싹, 아래는 뿌리를 나타냄. 일설에는 어떤 지점을 나타내기 위해 땅에 꽂은 표지라는 주장도 있음.

풀이 ①재주. ‖ 才智(재지). ②재능이 있는 사람.

〔才幹 재간〕 일을 할 수 있는 재주와 솜씨.
〔才氣 재기〕 재주가 있는 기질.
〔才器 재기〕 재주와 기량. 또는, 재지(才智)가 뛰어난 사람.
〔才女 재녀〕 재주가 많은 여자.
〔才能 재능〕 재주와 능력.
〔才談 재담〕 재치 있게 하는 재미있는 말.
〔才德 재덕〕 재주와 덕행.
〔才弄 재롱〕 어린아이의 재미있는 말과 귀여운 짓.
〔才士 재사〕 재주가 많은 남자.
〔才色 재색〕 여자의 뛰어난 재주와 아름다운 용모.
〔才媛 재원〕 재주가 뛰어난 젊은 여자. 주로 학문이나 시문에 능한 여자를 이름.
〔才子佳人 재자가인〕 재주 있는 남자와 아름다운 여자.
〔才俊 재준〕 재주가 뛰어난 사람.
〔才智 재지〕 재주와 슬기.
〔才質 재질〕 재주와 기질.
〔才致 재치〕 눈치 빠른 재주. 또는, 능란한 솜씨.
〔才筆 재필〕 재치 있는 글씨나 문장. 또는, 그런 재능을 가진 사람.
〔才華 재화〕 뛰어난 재주.

◢鬼才(귀재)/鈍才(둔재)/文才(문재)/凡才(범재)/秀才(수재)/英才(영재)/人才(인재)/俊才(준재)/天才(천재)

5 **扐** 拂(불)의 약자 →312쪽

☆＊5
2
5 **打** 칠 **타**

一 十 扌 扌 打

㊥dǎ(다) ㊐ダ/うつ ㊎strike

자원 **회의 겸 형성자.** 手(손 수)와 丁(못 정)이 합쳐진 자로, 못을 치는 손동작을 나타냄. 手는 의미를 나타내고 丁은 의미와 음을 겸하여 나타냄.

풀이 ①치다. 같撻. ②공격하다. ③공을 차다. ④'다스[dozen]'의 음역.

〔打開 타개〕 어려운 일들을 잘 처리하여 해결의 길을 엶.
〔打擊 타격〕 ①때려 침. ②크게 기가 꺾이거나 손해·손실을 봄.
〔打倒 타도〕 때리거나 쳐서 쓰러뜨림.
〔打算 타산〕 이해를 따져 헤아려 봄.
〔打殺 타살〕 때려죽임.
〔打樂器 타악기〕 두드려 연주하는 악기의 총칭. 징이나 북 따위.
〔打字 타자〕 컴퓨터나 타자기의 키를 두드려 글자를 침.
〔打者 타자〕 야구에서 배트를 가지고 타석에서 공을 치는 선수.
〔打作 타작〕 ①곡식의 이삭을 두드려 낟알을 거둠. 마당질. ②배메기. 半打作(반타작). ③소출에 대한 지주와 소작인 사이의 분배.
〔打電 타전〕 전보를 침. 打報(타보).
〔打點 타점〕 ①펜이나 붓 등으로 점을 찍음. ②마음속으로 정해 둠. ③야구에서, 안타 따위로 득점한 점수.
〔打製石器 타제 석기〕 구석기 시대에, 돌을 깨서 만든 도끼·칼 등의 도구.
〔打鐘 타종〕 종을 침.
〔打診 타진〕 ①손가락 끝이나 타진기(打診器)로 가슴·등·관절 등을 두드려서 진찰하는 일. ②남의 의향이나 형편 등을 살피는 일.
〔打盡 타진〕 모조리 잡음.
〔打草驚蛇 타초경사〕《풀을 두드려 뱀을 놀라게 한다는 뜻으로》 갑(甲)을 징계하여 을(乙)을 깨우침.
〔打芻戱 타추희〕 민속놀이의 한 가지. 음력 정월 14일 밤 액땜의 뜻으로, 집집마다 제웅을 만들어 동전을 넣어 거리에 내놓으면, 아이들이 동전을 얻기 위해 제웅을 부수며 돌아다니던 놀이. 제웅치기.
〔打破 타파〕 바람직하지 못한 제도·습관 등을 깨어 부숨.
〔打合 타합〕 어떤 일에 대하여 서로 좋게 합의함.

◢強打(강타)/毆打(구타)/亂打(난타)/短打(단타)/代打(대타)/猛打(맹타)/凡打(범타)/安打(안타)/連打(연타)/誤打(오타)/長打(장타)/吹打(취타)

3
6 **扣** 두드릴 **구**

㊥kòu(커우) ㊐コウ/たたく ㊎beat

풀이 ①두드리다. ‖ 扣舷(구현). ②당기다. ③덜다. 제거함.

〔扣問 구문〕 질문함.

＊
3
6 **扜** 당길 **우**

㊥yū(위) ㊐ウ

풀이 ①당기다. 잡아당김. ②끌어들이다.

★＊3
3
6 **托** 밀 **탁**

一 十 扌 扌 扌 托

㊥tuō(투어) ㊐タク/おす ㊎push
자원 **형성자.** 手(수)는 의미를 나타내고 乇(탁)은 음을 나타냄.
풀이 ①밀다. ㉠拓. ②받침. 대(臺). ③맡기다. 부탁함.
〔托鉢 탁발〕 승려가 경문을 외면서 집집마다 다니며 동냥하는 일. ‖托鉢僧(탁발승).
〔托盞 탁잔〕 잔과 잔 받침이 한 벌을 이루는 그릇. 받침잔.

3 6 **扞** 막을 **한** 扞

㊥hàn(한) ㊐カン/ふせぐ ㊎defend
풀이 ①막다. 방어함. ‖扞拒(한거). ②거절하다. ③덮다. 덮어 가림.

4 7 * **抉** 도려낼 **결** 抉

㊥jué(쥐에) ㊐ケツ/えぐる ㊎scrape
풀이 ①도려내다. 후빔. ②들추다. ③파다. 구멍을 뚫음. ④깍지. 활을 쏠 때, 시위를 당기는 엄지손가락에 끼우는 기구.
〔抉摘 결적〕 숨겨진 것을 들추어냄.
◢剔抉(척결)

4 7 *1 **扱** ❶거두어 가질 **급***1 ❷꽂을 **삽**1 ㊍**흡** 扱

㊥qì(치), xī(씨), chā(°차)
㊐キュウ/あつかう ㊎harvest
풀이 ❶①거두어 가지다. ②미치다. 닿음. ㊐及. ③다루다. 처리함. ❷꽂다.
◢取扱(취급)

4 7 ☆*5 **技** 재주 **기** 技

一 十 扌 扌 扩 抆 技

㊥jì(찌) ㊐ギ/わざ ㊎skill
자원 **형성자.** 手(수)는 의미를 나타내고 支(지)는 음을 나타냄.
풀이 ①재주. ②재능. ③바르지 않다. 구부러짐.
〔技工 기공〕 손으로 가공하는 기술. 또는, 그 기술을 직업으로 하는 사람.
〔技巧 기교〕 무엇을 멋지고 능숙하게 하는 솜씨.
〔技能 기능〕 기술상의 재능.
〔技倆 기량〕 기술적인 재간이나 솜씨. 伎倆(기량).
〔技法 기법〕 기교와 방법. 또는, 기교를 나타내는 방법.
〔技師 기사〕 관청이나 회사에서 전문 기술에 관한 일을 맡아보는 사람.
〔技術 기술〕 무엇을 만들거나 고치거나 다루는 뛰어난 재간이나 솜씨.
〔技藝 기예〕 예술에 관한 기술적인 재주나 솜씨.
◢競技(경기)/球技(구기)/國技(국기)/妙技(묘기)/武技(무기)/手技(수기)/神技(신기)/實技(실기)/餘技(여기)/力技(역기)/演技(연기)/雜技(잡기)/長技(장기)/鬪技(투기)/特技(특기)

4 7 ☆*3-Ⅱ **扶** 도울 **부** 扶

一 十 扌 扌 扌 扶 扶

㊥fú(°푸) ㊐フ/たすける ㊎help
자원 **형성자.** 手(수)는 의미를 나타내고 夫(부)는 음을 나타냄.
풀이 ①돕다. ②받치다. 붙듦. ③곁. 옆. ④말미암다.
〔扶桑 부상〕 ①동쪽 바다의 해가 돋는 곳. ↔咸池(함지). ②중국 전설에서, 해가 뜨는 동쪽 바다 속에 있다는 신성한 나무. 또는, 그 나무가 있는 곳.
〔扶腋 부액〕 겨드랑이를 끼고 부축함. 곁부축.
〔扶養 부양〕 생활 능력이 없는 사람의 생활을 돌봄. ‖扶養家族(부양가족).
〔扶育 부육〕 도와서 기름.
〔扶助 부조〕 ①잔칫집·상가(喪家) 등에 돈이나 물건을 보냄. ‖扶助金(부조금). ②남을 거들어서 도와줌.
◢相扶(상부)

4 7 **抔** 움킬 **부** 抔

㊥póu(퍼우) ㊐ホウ, ハイ/すくう ㊎grasp
풀이 ①움키다. 떠서 올림. ②움큼. 움켜쥔 분량.
〔抔飲 부음〕 손으로 움켜 떠서 마심.
〔抔土 부토〕 ①한 움큼의 흙. ②무덤.

4 7 *1 **扮** 꾸밀 **분** ㊍**반** 扮

㊥bàn(빤) ㊐フン ㊎decorate
풀이 꾸미다.
〔扮飾 분식〕 몸을 치장함.
〔扮裝 분장〕 배우가 등장인물에 어울리도록 꾸밈. 또는, 그런 차림새.

4 7 ★*4 **批** ❶칠 **비** ❷비파 **비** 批

一 十 扌 扌 扌 扌 批

㊥pī, pí(피) ㊐ヒ/うつ, びわ ㊎hit
자원 **형성자.** 手(수)는 의미를 나타내고 比(비)는 음을 나타냄.
풀이 ❶①치다. ②비답. 상소에 대한 임금의 회답. ③평하다. 품평(品評)함. ④표를 하다. ❷비파. ㉠琵.

4획

〔批答 비답〕 신하의 상소(上疏)에 대한 임금의 하답(下答).
〔批點 비점〕 시문(詩文) 등을 비평하여 잘된 곳에 찍는 점. 評點(평점).
〔批准 비준〕 조약 체결에 있어서 국가가 최종적으로 승인하는 일.
〔批判 비판〕 ①옳고 그름을 가려 결정함. ②일정한 관점에서 사물을 분석하여 자체의 존재 근거와 전체와의 관계에서 의미와 가치를 밝히는 일.
〔批評 비평〕 ①사물의 선악(善惡)·시비(是非)·미추(美醜) 등을 분석하여 가치를 판단함. ②남의 결점을 이러니저러니 좋지 않게 말함.

*1
4
7 抒 풀 서

㊥shū(°쑤) ㊐ジョ/のべる ㊎dip
풀이 ①푸다. 물을 자아올림. ②펴다. 토로함.
〔抒情 서정〕 자기의 감정이나 정서를 나타냄.

☆*4-Ⅱ
4
8 承 받들 승

㇀ 了 孑 手 手 承 承 承

㊥chéng(°청) ㊐ショウ ㊎support
갑 금 전 자원 **회의자.** 갑골문·금문은 '앉아 있는 사람'과 '두 손'의 상형이 합쳐진 자로, 두 손으로 한 사람을 떠받들고 있는 모습을 나타냄. 본뜻은 '받들다'.
풀이 ①받들다. 받들어 모심. ②받쳐 들다. ③잇다. 계승함. ‖承繼(승계). ④받다. 받아들임.
〔承繼 승계〕 뒤를 이어 받음. 繼承(계승).
〔承諾 승낙〕 승인하여 허락함.
〔承命 승명〕 임금이나 부모의 명령을 받듦.
〔承聞 승문〕 존경하는 사람에 관한 소식을 들음.
〔承服 승복〕 ①납득하여 따름. ②죄를 스스로 고백함.
〔承嗣 승사〕 뒤를 이음.
〔承恩 승은〕 임금의 은혜를 입음.
〔承認 승인〕 옳다고 인정함.
〔承前 승전〕 ①앞의 것을 이음. ②앞글의 뒤를 이어 계속함.
〔承重 승중〕 장손(長孫)이 아버지와 할아버지를 대신하여 조상의 제사를 지내는 일.
〔承統 승통〕 종가(宗家)의 대를 이음.
〔承平 승평〕 평화로운 치세(治世)가 계속됨. 昇平(승평).
〔承候 승후〕 웃어른에게 문안드림.
◢繼承(계승)/口承(구승)/奉承(봉승)/傳承(전승)

*1
4
7 扼 누를 액

㊥è(어) ㊐ヤク/おさえる ㊎press
풀이 누르다. ‖扼喉(액후).
〔扼腕 액완〕 흥분하여 주먹을 쥠.

★*3-Ⅱ
4
7 抑 누를 억

㇐ 亅 扌 扌 扌 扣 抑

㊥yì(이) ㊐ヨク/おさえる ㊎restrain
전 자원 **회의자.** 손을 나타내는 爪(조)와 꿇어앉은 사람을 나타내는 卩(절)이 합쳐진 자로, 사람의 머리를 손으로 눌러 그를 꿇어앉히는 모습을 나타냄. 이 글자는 현재는 卬(앙)의 형태이지만 소전에서는 印(인) 자와 같음(위의 소전에서 자형의 좌우가 바뀌어 있으나 동일한 자임). 뒷날 印이 '도장'의 뜻으로 가차되자 본뜻을 보존하기 위해 手(손 수)를 더하여 抑 자를 새로 만듦.
풀이 ①누르다. ②굽히다. 숙임. ③물러나다. 물리침. ④막다.
〔抑強扶弱 억강부약〕 강자를 누르고 약자를 도와줌. ↔抑弱扶強(억약부강).
〔抑留 억류〕 억지로 머무르게 함.
〔抑壓 억압〕 자유롭게 행동하지 못하도록 억누름.
〔抑弱扶強 억약부강〕 약자를 누르고 강자를 도와줌. ↔抑強扶弱(억강부약).
〔抑揚 억양〕 ①혹은 억누르고 혹은 찬양함. ②음조(音調)의 높낮이와 강약.
〔抑鬱 억울〕 애매한 일을 당하여 원통하고 답답함.
〔抑制 억제〕 억눌러서 제어함.
〔抑止 억지〕 억눌러 멈추게 함.
〔抑何心情 억하심정〕《도대체 무슨 심정이냐라는 뜻으로》 무슨 생각으로 그러는지 마음을 알 수 없음. 抑何心腸(억하심장).

★*4
4
7 折 꺾을 절

㇐ 亅 扌 扌 扩 扩 折

㊥zhé(°저) ㊐セツ/おる ㊎break off
갑 자원 **회의자.** 도끼[斤(근)]로 나무[木(목)]를 찍는 모습을 나타냄. 갑골문의 부분은 가운데가 잘 잘린 나무를, 부분은 도끼를 나타냄.
풀이 ①꺾다. ②어려서 죽다. ③쪼개다. ④꺾이다. 부러짐. ⑤결단하다. 판단함. ⑥에누리하다.
〔折價 절가〕 ①값을 결정함. ②값을 깎음.

〔折骨 절골〕 뼈가 부러짐. 骨折(골절).
〔折半 절반〕 하나를 둘로 나눈 그 하나.
〔折腰 절요〕《허리를 꺾는다는 뜻으로》 허리를 굽혀 남에게 머리를 숙임.
〔折衷 절충〕 양쪽의 좋은 점을 취하여 알맞게 조화시킴.
〔折衝 절충〕《적의 창끝을 꺾고 막는다는 뜻으로》 이해 관계가 서로 다른 상대와 교섭하거나 담판함.
◪曲折(곡절)/骨折(골절)/屈折(굴절)/半折(반절)/夭折(요절)/迂餘曲折(우여곡절)/挫折(좌절)/回折(회절)

★*3
4
7 **抄** 가릴 **초**

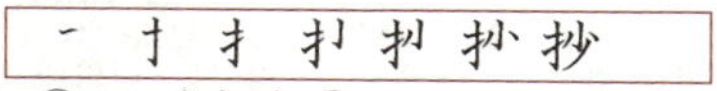

[중]chāo(°차오) [일]ショウ/うつす
[영]select
[자원] **형성자.** 手(수)는 의미를 나타내고 少(소)는 음을 나타냄.
[풀이] ①가리다. 뽑아 적음. ②노략질하다. ③뜨다. ④베끼다.
〔抄啓 초계〕 인재를 선발하여 임금에게 아뢰던 일.
〔抄略 초략〕 노략질로 빼앗음.
〔抄錄 초록〕 문장에서, 발췌(拔萃)하여 적음. 또는, 그 기록. 抄記(초기).
〔抄本 초본〕 원본에서 필요한 부분을 뽑아서 적음. 또는, 그 기록. ↔謄本(등본).
〔抄譯 초역〕 원문을 간추려서 번역함. 또는, 그 번역.

7 **択** 擇(택)의 약자 →332쪽

☆*4
4
7 **投** 던질 **투**

[중]tóu(터우) [일]トウ [영]throw
[자원] **형성자.** 手(수)는 의미를 나타내고 殳(수)는 음을 나타냄.
[풀이] ①던지다. ②주다. ③들이다. 받아들임. ④덮어 가리다. ⑤맞다. 합치함. ⑥의지하다. 기탁(寄托)함. ⑦묵다. 숙박함.
〔投稿 투고〕 신문사·잡지사 등에 원고를 보냄.
〔投球 투구〕 공을 던짐.
〔投機 투기〕 ①기회를 틈타 큰 이익을 얻으려 함. ②시세 변동을 이용하여 큰 이익을 얻으려고 하는 매매 거래.
〔投網 투망〕 ①그물을 던져 넣음. ②물고기를 잡는 데 쓰는 그물의 한 가지. 쟁이.
〔投賣 투매〕 손해를 무릅쓰고 상품을 헐값으로 막 팔아버림. 덤핑(dumping).
〔投射 투사〕 ①창이나 화살을 쏨. ②소리나 빛의 파장이 한 물질을 통과하여 다른 물질과의 경계면에 도달하는 일.
〔投書 투서〕 어떤 사실의 내막이나 남의 비행(非行) 등을 몰래 알리기 위하여 글을 써서 보냄. 또는, 그 글.
〔投石 투석〕 돌을 던짐. 또는, 그 돌.
〔投手 투수〕 야구의 피처.
〔投宿 투숙〕 여관·호텔 등에 들어서 묵음. ‖投宿客(투숙객).
〔投身 투신〕 ①목숨을 끊기 위해 높은 곳에서 아래로 자기 몸을 던짐. ②어떤 일에 몸을 던져 관계함.
〔投藥 투약〕 병에 알맞은 약을 지어 주거나 씀.
〔投與 투여〕 약 같은 것을 남에게 줌.
〔投影 투영〕 ①물체가 비친 그림자. ②물체를 어떤 일정한 점에서 본 형상의 평면도.
〔投獄 투옥〕 옥에 가둠.
〔投入 투입〕 자본이나 노동력 등을 집어넣음.
〔投資 투자〕 자금이나 자본을 댐.
〔投錢 투전〕 돈치기.
〔投擲 투척〕 물건 따위를 던짐.
〔投彈 투탄〕 폭탄·수류탄 등을 던짐.
〔投票 투표〕 선거할 때나 가부를 결정할 때 투표용지에 의사를 표시하여 일정한 곳에 내는 일. ‖投票權(투표권).
〔投筆 투필〕《붓을 던져 버린다는 뜻으로》 문필(文筆)을 떠나 다른 일에 종사함.
〔投合 투합〕 뜻이나 성질이 서로 잘 맞음.
〔投降 투항〕 항복함. 來降(내항).
〔投壺 투호〕 옛 놀이의 하나. 연회석 등에서 주인과 손님이 화살을 병 속에 던져 넣어 승부를 겨루며 좌흥(座興)을 돋우던 놀이.
◪繼投(계투)/失投(실투)/力投(역투)/完投(완투)/自由投(자유투)

★*3
4
7 **把** 잡을 **파**

[중]bǎ(바) [일]ハ/にぎる [영]catch
[풀이] ①잡다. 한 손으로 쥠. ②줌. 한 손으로 쥘 정도의 크기. ③자루. 손잡이. ④묶음. 다발. ⑤길이의 단위. 손가락 4개를 나란히 한 너비의 길이. 화살의 길이를 잴 때 씀. ⑥가지다. 쥠. ⑦갈퀴.
〔把盤 파반〕 손잡이가 달린 목판.
〔把守 파수〕 경계하여 지킴. 또는, 그 사람.
〔把握 파악〕 ①손에 쥠. ②어떤 일을 잘 이해하여 확실하게 앎.
〔把持 파지〕 꽉 움켜쥐고 있음.

*2
7 **抛** 拋(포)의 속자 →314쪽

4획

★*4
4 7 **抗** 막을 **항** 抗

一 ナ 扌 扩 扩 扩 抗

㊥kàng(캉) ㊐コウ/ふせぐ
㊎stop, resist

자원 **형성자.** 手(수)는 의미를 나타내고 亢(항)은 음을 나타냄.

풀이 ①막다. 거부함. ②돕다. 구함. ③들다. 멤. ④겨루다. 맞섬.

〔抗拒 항거〕 따르지 않고 맞서 저항함.
〔抗告 항고〕 법원의 판결에 불복하여, 상급 법원에 상고(上告)하는 소송.
〔抗力 항력〕 저항하는 힘.
〔抗命 항명〕 명령에 반항함.
〔抗辯 항변〕 ①항거하여 변론함. ②민사 소송법에서, 상대방의 신청이나 주장을 이유 없는 것으로 만들기 위하여 별개의 사항을 주장하는 일.
〔抗生物質 항생 물질〕 항생제를 만드는 물질.
〔抗訴 항소〕 ①민사 소송에서, 제1심의 최종 판결에 불복하여 하는 상소. ②형사 소송에서, 제1심 판결에 대한 제2심 법원에의 상소.
〔抗議 항의〕 반대 의견을 주장함.
〔抗爭 항쟁〕 맞서 싸움.
〔抗戰 항전〕 적에 대항하여 싸움.
◢拮抗(길항)/對抗(대항)/反抗(반항)/抵抗(저항)

★*4
5 8 **拒** 막을 **거** 拒

一 ナ 扌 打 打 扩 拒 拒

㊥jù(쮜) ㊐キョ/こばむ ㊎refuse

자원 **형성자.** 手(수)는 의미를 나타내고 巨(거)는 음을 나타냄.

풀이 ①막다. 거부함. ②겨루다. 대적(對敵)함. ③어긋나다.

〔拒否 거부〕 공적인 요청이나 제안을 승낙하지 않고 물리침.
〔拒逆 거역〕 윗사람의 뜻이나 명령을 거스름.
〔拒絕 거절〕 남의 청이나 제안을 받아들이지 않고 물리침.
◢抗拒(항거)

8 **抴** 據(거)의 속자 →330쪽

5 8 **拑** 재갈 먹일 **겸** 拑

㊥qián(치엔) ㊐ケン, カン/はさむ
㊎bit, gag

풀이 ①재갈을 먹이다. ②입을 다물다.

〔拑口 겸구〕 ①입을 다물고 말하지 않음. ②언론의 자유를 속박함의 비유. 緘口(함구). 箝口(겸구).

*1
5 8 **拐** 속일 **괴** 拐

㊥guǎi(구아이) ㊐カイ/かどわかす
㊎deceive

풀이 ①속이다. 꾀어냄. ②지팡이.

◢誘拐(유괴)

★*3-Ⅱ
5 8 **拘** 잡을 **구** 拘

一 ナ 扌 扌 扚 扚 拘 拘

㊥jū(쮜) ㊐コウ/とらえる ㊎catch

자원 **형성자.** 手(수)는 의미를 나타내고 句(구)는 음을 나타냄.

풀이 ①잡다. 잡힘. ②거리끼다. 구애(拘礙)함. ③한정하다. 경계를 지음. ④바로잡다. 단속함.

〔拘禁 구금〕 피고인 또는 피의자를 구치소나 교도소 등에 가두어 둠.
〔拘留 구류〕 ①잡아서 가두어 둠. ②하루 이상 30일 미만의 기간 동안 죄인을 교도소에 가두어 두는 일.
〔拘束 구속〕 ①행동이나 의사의 자유를 제한하거나 속박함. ②피의자나 피고인을 강제로 일정한 곳에 가두어 신체의 자유를 빼앗음.
〔拘礙 구애〕 거리끼거나 얽매임.
〔拘引 구인〕 ①체포하여 끌고 감. ②법원이 피의자를 심문하기 위하여 강제로 출두시키는 일. ‖拘引狀(구인장).
〔拘置 구치〕 피의자·범죄자 등을 일정한 곳에 가둠.
◢不拘(불구)

*1
9 **拏** 拿(나)의 본자 →315쪽

*
5 8 **拈** 집을 **념*** **점** 拈

㊥niān(니엔), diān(띠엔)
㊐ネン/つまむ ㊎pick up

풀이 ①집다. 손가락으로 집어 듦. ②따다. 꽃·뽕잎 등을 땀.

〔拈華微笑 염화미소〕 《석가가 연꽃을 들어 대중에게 보였을 때 가섭(迦葉)만이 그 뜻을 깨달아 미소 지었다는 고사에서》 마음에서 마음으로 전함. 拈華示衆(염화시중). 以心傳心(이심전심).

5 8 **抳** 가리킬 **니** 抳

㊥nǐ(니) ㊐ニ

풀이 가리키다.

5 8 **担** ❶멜 **담** ❷떨칠 **단** ❸오를 **걸** 担

㊥dān(딴), dǎn(단), jiē(찌에)
㊐タン, ケツ/になう ㊍shoulder, rise
풀이 ❶메다. 擔(담)의 속자. ❷떨치다. ❸오르다.

*2
5 8 **拉** 꺾을 **랍** 拉

㊥lā(라) ㊐ロウ/くじく ㊍break off
풀이 ①꺾다. 부러뜨림. ②데려가다. 끌어감. ③바람 소리.
〔拉致 납치〕 강제 수단을 써서 억지로 데리고 감.
◢被拉(피랍)

*1
5 8 **抹** 바를 **말** 抹

㊥mǒ(모) ㊐マツ/ぬる ㊍paint
풀이 ①바르다. 칠함. ②쓰다듬다. 문지름. 비빔. ③지우다. ④화장하다. 단장함. ⑤가루. 가루를 냄.
〔抹殺 말살〕 무력·권력 등의 힘으로 억눌러 모두 없애 버림.
〔抹消 말소〕 기록된 것을 지워서 없앰. 抹去(말거).
◢塗抹(도말)/一抹(일말)

*1
5 8 **拇** 엄지손가락 **무** 拇

㊥mǔ(무) ㊐ボ/おやゆび ㊍thumb
풀이 엄지손가락. ‖拇指(무지).
〔拇印 무인〕 엄지손가락으로 도장을 대신하여 찍는 일. 손도장. 指章(지장).
〔拇指 무지〕 엄지손가락. 擘指(벽지).

★*4
5 8 **拍** 칠 **박** 拍

一 † 扌 扌' 扌' 扚 拍 拍

㊥pāi(파이) ㊐ハク/うつ ㊍strike
자원 **형성자.** 手(수)는 의미를 나타내고 白(백)은 음을 나타냄.
풀이 ①치다. 두드림. ②어루만지다. ③박자(拍子). 음악의 리듬. ④박(拍). 악기의 한 가지.
〔拍手 박수〕 손뼉을 침.
〔拍手喝采 박수갈채〕 박수를 치며 환성을 올림.
〔拍子 박자〕 곡조의 진행 시간을 헤아리는 단위.
〔拍掌大笑 박장대소〕 손뼉을 치며 크게 웃음.
〔拍車 박차〕 ①승마용 구두의 뒤축에 다는, 쇠로 만든 물건. 말의 배를 차서 빨리 달리게 함. ②어떤 일의 촉진을 위해 더하는 힘.
◢強拍(강박)/弱拍(약박)

*1
5 8 **拌** 버릴 **반** 拌

㊥pān(판) ㊐ハン/すてる ㊍fling
풀이 버리다. 내버림.

★*3-Ⅱ
5 8 **拔** 뺄 **발** 간 拔 拔

一 † 扌 扌 扩 扐 拔 拔

㊥bá(바) ㊐バツ/ぬく ㊍draw
자원 **형성자.** 手(수)는 의미를 나타내고 犮(발)은 음을 나타냄.
풀이 ①빼다. ②빼어나다. ③빠르다. 빨리. 갑자기. ④쥐다. 잡음.
〔拔群 발군〕 여럿 가운데서 특별히 뛰어남. 拔萃(발췌). 傑出(걸출).
〔拔本 발본〕 ①근원을 없앰. ②장사에서 본전을 뽑음.
〔拔本塞源 발본색원〕 《뿌리를 뽑아 버리고 원인을 막아 버린다는 뜻으로》 폐단의 근원을 아주 없애 버려서 다시는 일어나지 못하게 함.
〔拔萃 발췌〕 ①필요한 부분만을 가려 뽑아 베낌. 또는, 그 기록. 拔抄(발초). ② ➡拔群(발군).
〔拔擢 발탁〕 여럿 가운데서 쓸 사람을 뽑음.
◢奇拔(기발)/選拔(선발)/海拔(해발)

8 **拜** 拜(배)의 속자 →311쪽

☆*4-Ⅱ
5 9 **拜** 절 **배** 속 拜 拜

二 三 手 手 手 手 手 拜

㊥bài(빠이) ㊐ハイ/おがむ ㊍bow
갑 금 전 자원 **회의자.** 갑골문은 새로 수확한 곡식을 조상신에게 두 손으로 바치는 모습을 나타냈으나, 소전에서는 두 손〔手〕과 下(아래 하)로 이뤄져 두 손을 모아 자신을 낮추며 공경을 표시하는 모습을 나타냄. 일설에는 '손으로 풀을 뽑고 있는 모습'을 나타낸 자라는 주장(풀을 뽑을 때 허리를 굽혀야 하므로 절을 하는 자세와 비슷하다는 데에서)도 있음.
풀이 ①절. 절하다. ②경의(敬意)를 나타내는 접두어. ③벼슬을 내리다. ④이르다. 방문함.
〔拜見 배견〕 ①삼가 절하고 봄. ②남의 글이나 물건을 공손하게 봄. 拜觀(배관).
〔拜啓 배계〕 《절하고 아뢴다는 뜻으로》

4획

편지의 첫머리에 쓰는 말. 謹啓(근계).
[拜官 배관] 관리가 됨.
[拜金 배금] 돈을 지나치게 숭배함.
[拜讀 배독] 남의 글월을 존경하는 마음으로 읽음. 拜誦(배송).
[拜禮 배례] 절하는 예(禮). 또는, 절하여 예를 갖춤.
[拜命 배명] 명령이나 임명을 삼가 받듦.
[拜伏 배복] 엎드려 절함.
[拜謝 배사] 삼가 사례함.
[拜辭 배사] ①삼가 작별을 고함. ②삼가 사양함.
[拜上 배상] (절하여 올린다는 뜻으로) 편지 끝의 자기 이름 아래에 쓰는 말.
[拜誦 배송] ➡拜讀(배독).
[拜受 배수] 삼가 받음. 拜領(배령).
[拜謁 배알] 윗사람을 삼가 만나 뵘.
[拜呈 배정] 절하고 삼가 드림.
[拜察 배찰] 삼가 살핌. 省察(성찰).
[拜披 배피] 편지 따위를 삼가 펴봄.
[拜賀 배하] 삼가 축하함.
◢敬拜(경배)/答拜(답배)/歲拜(세배)/肅拜(숙배)/崇拜(숭배)/禮拜(예배)/再拜(재배)/參拜(참배)

4획

5
8 拊 어루만질 부 拊

㊥fǔ(°푸) ㊐フ/なでる ㊎stroke
풀이 ①어루만지다. 쓰다듬음. ②치다. 가볍게 두드림. ③손잡이. 자루. ④붙다.

★✱3-Ⅱ
5
8 拂 떨 불 ㊀払 拂

一 丆 扌 扌 扫 扫 拂 拂

㊥fú(°푸) ㊐フツ/はらう ㊎sweep
자원 형성자. 手(수)는 의미를 나타내고 弗(불)은 음을 나타냄.
풀이 ①떨다. ②추어올리다. 걷음. ③닦다. 훔침. ④먼지떨이. 총채. ⑤거스르다. ⑥치르다. 값을 건네줌.
[拂拭 불식] (먼지를 떨고 훔친다는 뜻으로) 의심이나 부조리한 점 등을 말끔히 떨어 없앰.
[拂入 불입] 지불할 돈을 치름.
[拂子 불자] ①먼지떨이. 拂塵(불진). ②승려가 번뇌나 장애를 물리치는 표지로 쓰는 총채.
[拂下 불하] 관공서에서 일반인에게 공유물을 팔아넘기는 일.
◢假拂(가불)/旣拂(기불)/未拂(미불)/先拂(선불)/完拂(완불)/支拂(지불)/還拂(환불)/後拂(후불)

★✱3
5
8 押 누를 압 押

㊥yā(야) ㊐オウ/おす ㊎press
자원 형성자. 手(수)는 의미를 나타내고 甲(갑)은 음을 나타냄.
풀이 ①누르다. ②수결. 문서의 증명이나 확인을 위한 서명(署名). ③감독하다. 관리함. ④시(詩)에 운(韻)을 달다. ⑤도장. 인장(印章). ⑥도장을 찍다.
[押留 압류] 국가 권력으로 특정한 물건이나 권리에 대한 개인의 처분을 금하는 일.
[押送 압송] 죄인을 어떤 곳에서 다른 곳으로 호송(護送)함.
[押收 압수] 법원이 증거물이나 국민의 재산을 거두어들이는 강제 처분.
[押韻 압운] 시(詩)에 운(韻)을 닮.
[押印 압인] 도장을 찍음.
[押釘 압정] 손가락으로 눌러 박는, 대가리가 납작한 쇠못.
◢差押(차압)

✱1
5
8 拗 ❶꺾을 요 ❷비뚤 요 拗

㊥ǎo, ào(아오), niǔ(니우)
㊐オウ, ヨウ/くじく ㊎break off
풀이 ❶꺾다. 부러뜨림. ❷①비뚤다. 마음이 비뚤어짐. ②비틀다. ③어기다.
◢執拗(집요)

★✱3-Ⅱ
5
8 抵 거스를 저 抵

一 丆 扌 扌 扌 扌 抵 抵

㊥dǐ(디) ㊐テイ/こばむ ㊎go against
자원 형성자. 手(수)는 의미를 나타내고 氐(저)는 음을 나타냄.
풀이 ①거스르다. 거절함. ②닥뜨리다. 부딪침. ③이르다. 다다름. ④딸리다. 부속됨. ⑤의지하다. ⑥해당하다. 상당함. ⑦던지다.
[抵當 저당] 부동산이나 동산을 채무(債務)의 담보로 삼음.
[抵死 저사] 죽음을 각오하고 굳세게 저항함. 抵死爲限(저사위한).
[抵觸 저촉] 규칙이나 법에 어긋남.
[抵抗 저항] ①힘이나 세력에 맞서 버팀. ②두 물체가 서로 작용하는 힘. 또는, 도체(導體)가 전류의 흐름을 거스르는 성질.
◢大抵(대저)

★✱3
5
8 拙 못날 졸 拙

一 丆 扌 扌 扎 扎 拙 拙

㊥zhuō(°쭈어) ㊐セツ/つたない
㊎inferior
자원 형성자. 手(수)는 의미를 나타내고 出(출)은 음을 나타냄.
풀이 ①못나다. ②운이 나쁘다. ③쓸모없다. ④자신의 것에 대한 겸칭.
[拙稿 졸고] ①졸렬하게 쓴 원고. ②자

기가 쓴 원고의 겸칭.
〔拙工 졸공〕 서투른 공인(工人).
〔拙劣 졸렬〕 서투르고 옹졸함.
〔拙論 졸론〕 ①보잘것없는 말이나 이론. ②자기 말이나 이론의 겸칭.
〔拙妄 졸망〕 옹졸하고 잔망(孱妄)함.
〔拙文 졸문〕 ①졸렬한 글. ②자기 글의 겸칭.
〔拙夫 졸부〕 편지 등에서, 남편이 아내에게 자신을 낮춰 이르는 말.
〔拙速 졸속〕 일을 지나치게 서둘러 어설프고 서투름.
〔拙作 졸작〕 ①졸렬한 작품. ↔傑作(걸작). ②자기 작품의 겸칭.
〔拙丈夫 졸장부〕 도량이 좁고 졸렬한 남자.
〔拙著 졸저〕 ①졸렬한 저술. ②자기 저술의 겸칭.
〔拙策 졸책〕 졸렬한 계책. 拙計(졸계).
〔拙妻 졸처〕 ①자기 아내의 겸칭. 荊妻(형처). ②남편에 대한 아내의 겸칭.
〔拙品 졸품〕 ①졸렬한 작품이나 물품. ②자기 작품이나 물품의 겸칭.
〔拙筆 졸필〕 ①졸렬한 글씨. ②자기 글씨의 겸칭.
◢古拙(고졸)/壅拙(옹졸)/稚拙(치졸)

*
5
8 **拄** 버틸 **주** 拄

㊥zhǔ(°주) ㊐チュウ/ささえる
㊢support
풀이 ①버티다. 굄대를 세움. ②거절하다. 거부함.
〔拄杖 주장〕 지팡이.

*
5
8 **抮** 되돌릴 **진**

㊥zhěn(°전) ㊐シン ㊢return
풀이 되돌리다. 되돌아옴.

★*3-Ⅱ
5
8 **拓** ❶넓힐 **척**★*3-Ⅱ ㊏**탁** ❷박을 **탁*** 拓

一 † 扌 扌 扩 扩 拓 拓

㊥tà(타), tuō(투어) ㊐タク/ひらく
㊢develop
자원 **형성자.** 手(수)는 의미를 나타내고 石(석)은 음을 나타냄.
풀이 ❶①넓히다. 개척함. ②불우(不遇)하다. ❷①박다. ②밀다. 밀침. ㉠托.
〔拓殖 척식〕 땅을 개척하여 백성을 이주시킴.
〔拓地 척지〕 ①땅을 개척함. ②영토를 넓힘.
〔拓本 탁본〕 금석(金石)에 새긴 글씨나 그림을 종이에 박아 냄. 또는, 그 종이. 搨本(탑본). 影本(영본).
◢干拓(간척)/開拓(개척)

☆*4
5
8 **招** 부를 **초** 招

一 † 扌 扌 扌 扣 扣 招 招

㊥zhāo(°짜오) ㊐ショウ/まねく
㊢call, invite
자원 **형성자.** 手(수)는 의미를 나타내고 召(소)는 음을 나타냄.
풀이 ①부르다. ②구(求)하다. ③묶다.
〔招待 초대〕 불러서 대접함.
〔招來 초래〕 어떤 결과를 가져오게 함.
〔招聘 초빙〕 예를 갖추어 부름.
〔招引 초인〕 죄인이 남을 끌어넣음.
〔招提 초제〕 관부(官府)에서 사액(賜額)한 절.
〔招請 초청〕 청하여 부름.
〔招致 초치〕 불러옴.
〔招魂 초혼〕 죽은 사람의 혼을 부름.
◢問招(문초)/自招(자초)

4획

★*3
5
8 **抽** 뺄 **추** 抽

一 † 扌 扌 扣 扣 抽 抽

㊥chōu(°처우) ㊐チュウ/ぬく ㊢draw
자원 **형성자.** 手(수)는 의미를 나타내고 由(유)는 음을 나타냄.
풀이 ①빼다. ②당기다. 잡아당김. ③싹트다. ④거두다. 거두어들임.
〔抽象 추상〕 낱낱의 다른 구체적 관념 속에서 공통되는 부분을 빼내어 이를 종합·통일하여 다시 한 관념을 만드는 일. ↔具象(구상)·具體(구체).
〔抽籤 추첨〕 제비를 뽑음. 제비뽑기.
〔抽出 추출〕 ①전체 속에서 어떤 요소를 뽑아냄. ②액체 또는 고체의 혼합물에서 어떤 물질을 뽑아냄.

*
5
8 **拖** 끌 **타** ㊐ 拕 拖

㊥tuō(투어) ㊐タ/ひく ㊢drag
풀이 ①끌다. ②풀어놓다. ③빼앗다.

8 **拕** 拖(타)와 동자 →313쪽

5
8 **拆** 터질 **탁** 拆

㊥chāi(°차이) ㊐タク/さく ㊢split
풀이 터지다.
〔拆字 탁자〕 점의 일종. 한자의 변방 등의 부수별로 분해하여 그 의미에 따라 일의 길흉을 점치는 법.

8 **抬** ❶笞(태)와 동자 →566쪽 ❷擡(대)의 속자 →333쪽

☆*3
5 8 **抱** 안을 포 抱

一 十 扌 扌 扚 拘 拘 抱

[중]bāo(빠오) [일]ホウ/いだく [영]embrace

[자원] **회의 겸 형성자.** 手(손 수)와 包(쌀 포)가 합쳐진 자로, 손으로 감싸 안는 것을 나타냄. 手는 의미를 나타내고 包는 의미와 음을 겸하여 나타냄.

[풀이] ①안다. ㉮껴안다. ㉯알을 품다. ㉰둘러싸다. ㉱가지다. ②지키다. ③받들다. ④품. 가슴. ⑤마음. 생각.

〔抱腹絶倒 포복절도〕 배를 그러안고 넘어질 정도로 몹시 웃음.

〔抱負 포부〕 품고 있는 계획이나 의지.

〔抱孫 포손〕 손자가 생김.

〔抱擁 포옹〕 껴안음.

〔抱冤 포원〕 원한을 품음.

〔抱恨 포한〕 한을 품음.

◢懷抱(회포)

*2
5 8 **抛** 던질 포 [속]抛 抛

[중]pāo(파오) [일]ホウ/なげうつ [영]throw

[풀이] ①던지다. ②버리다.

〔抛棄 포기〕 ①하려던 일을 도중에 그만둠. ②자기의 권리를 버리고 행사하지 않음.

〔抛物線 포물선〕 원뿔 곡선의 하나. 평면 위의 한 정점(定點)과 한 정직선(定直線)에서 같은 거리에 있는 모든 점을 연결한 곡선.

〔抛擲 포척〕 ①물건을 내던짐. ②상관하지 않음.

*1
5 8 **披** 나눌 피 披

[중]pī(피) [일]ヒ/わける [영]divide

[풀이] ①나누다. 쪼갬. ②열다. ‖披瀝(피력). ③입다. 옷을 걸침. [통]被. ④펴다. 펼침. ⑤들추어내다.

〔披瀝 피력〕 마음속을 조금도 숨김없이 털어놓음.

〔披露 피로〕 ①문서 따위를 펴 보임. ②일반에게 널리 알림.

〔披髮 피발〕 ①머리를 풀어 헤침. ②부모가 죽었을 때 머리를 풂. 被髮(피발).

〔披針 피침〕 곪은 데를 째는 침. 바소. 鈹鍼(피침).

8 **拡** 擴(확)의 약자 →334쪽

10 **挙** 擧(거)의 약자 →332쪽

6 9 **挌** 칠 격 挌

[중]gé(거) [일]カク/うつ [영]hit

[풀이] 치다.

〔挌鬪 격투〕 서로 맞붙어 싸움.

*1
6 9 **拷** 칠 고 拷

[중]kǎo(카오) [일]ゴウ/うつ [영]beat

[풀이] ①치다. 자백을 받기 위하여 침. ②빼앗다.

〔拷問 고문〕 자백을 시키기 위하여 고통을 주는 일.

*1
6 9 **拱** 두 손 맞잡을 공 拱

[중]gǒng(궁) [일]キョウ/こまぬく [영]join hands

[풀이] ①두 손을 맞잡다. ②껴안다. ③아름. 두 팔을 벌려 안을 정도의 둘레.

〔拱手 공수〕 공경의 뜻을 나타내기 위해 두 손을 겹쳐 모아 하는 절. 길사(吉事)에는 남자는 왼손, 여자는 오른손을 앞으로 하고, 흉사에는 그 반대로 함.

*1
6 9 **括** 묶을 괄 括

[중]kuò(쿠어) [일]カツ/くくる [영]bind

[풀이] ①묶다. ②단속하다. 감독함. ③궁구(窮究)하다. 헤아림.

〔括約 괄약〕 모아서 한데 합침.

〔括弧 괄호〕 말이나 글 또는 식(式)을 한데 묶기 위하여 쓰는 부호.

◢槪括(개괄)/一括(일괄)/總括(총괄)/統括(통괄)/包括(포괄)

6 9 **挂** 걸 괘 挂

[중]guà(꾸아) [일]ケイ/かける [영]hang

[풀이] ①걸다. 걸림. [같]掛. ②건너다.

〔挂冠 괘관〕 《벼슬을 그만둔 벼슬아치가 관(冠)을 벗어 성문(城門)에 걸어 놓고 떠났다는 고사에서》 관직을 물러남.

〔挂帆 괘범〕 돛을 올림.

★*3-Ⅱ
6 10 **拳** 주먹 권 [간]拳 拳

丶 丷 䒑 类 类 券 叁 拳

[중]quán(취엔) [일]ケン/こぶし [영]fist

[자원] **회의 겸 형성자.** 手(손 수)와 龹(구부릴 권)이 합쳐진 자로, 손가락을 구부려 주먹을 쥐는 것을 나타냄. 手는 의미를 나타내고 龹은 의미와 음을 겸하여 나타냄.

[풀이] ①주먹. ②주먹을 쥐다. ③권법. 무술의 한 가지.
〔拳法 권법〕 주먹으로 서로 치는 기술.
〔拳銃 권총〕 한 손으로 다룰 수 있는 짧고 작은 총. 피스톨.
〔拳鬪 권투〕 글러브를 낀 주먹으로 상대를 공격하여 승부를 겨루는 경기. 복싱.
◢空拳(공권)/鐵拳(철권)/跆拳(태권)

*1
6 9 **拮** 일할 **길** 拮
[중]jié(지에) [일]キツ/はたらく
[풀이] ①일하다. ②죄다. ③버티다.
〔拮抗 길항〕 서로 버티고 대항함.

*1
6 10 **拿** 붙잡을 **나** [본]挐 拿
[중]ná(나) [일]ダ/とらえる [영]grasp
[풀이] ①붙잡다. ㉮손으로 잡다. ㉯죄인 따위를 붙잡다. ②비비다. 뒤섞임.
〔拿入 나입〕 죄지은 자를 관계 기관에 잡아들임.
〔拿捕 나포〕 죄인·적선(敵船) 같은 것을 붙잡음. 拿獲(나획).

*
6 10 **挐** [1]붙잡을 **나** * [2]끌 **녀**
[중]ná(나), rú(°루) [일]ダ, ジョ
[풀이] [1]붙잡다. 손에 넣음. [2]끌다.

★*3
6 9 **挑** 돋울 **도** [본]**조** 挑
扌 扌 扌 扌 扌 挑 挑 挑
[중]tiǎo(티아오) [일]チョウ/いどむ
[영]incite
[자원] **형성자.** 手(수)는 의미를 나타내고 兆(조)는 음을 나타냄.
[풀이] ①돋우다. ②메다. ③가려 취하다. 가려 씀. ④후비다.
〔挑發 도발〕 남을 집적거려 일을 일으킴.
〔挑戰 도전〕 ①정면으로 맞서 싸움을 걺. ②사업이나 기록 경신 등에 맞섬의 비유. ↔應戰(응전).

6 10 **挈** [1]끌 **설** [2]끊을 **계** 挈
[중]qiè(치에), qì(치)
[일]ケツ, ケイ/さげる, たつ [영]lead, cut
[풀이] [1]①끌다. 손으로 들다. ②거느리다. 이끎. ③갖추다. 이룩함. [2]①끊다. ②새기다. 흠집을 냄. ③문서. 증표.
〔挈家 설가〕 온 가족을 이끌고 감.

☆*3-Ⅱ
6 9 **拾** [1]주울 **습**☆*3-Ⅱ [2]열 **십***3-Ⅱ 拾
扌 扌 扌 扴 拾 拾 拾 拾
[중]shí(°스)
[일]シュウ, ジュウ/ひろう, とお
[영]pick up, ten
[자원] **형성자.** 手(수)는 의미를 나타내고 合(합)은 음을 나타냄.
[풀이] [1]①줍다. ②칼집. ③팔찌. 활을 쥐는 쪽 소매를 걷어 매는 띠. [2]열. '十'의 갖은자.
〔拾得 습득〕 주워서 얻음.
〔拾遺 습유〕 ①떨어진 것을 주움. ②빠진 글을 훗날 보충함.
◢收拾(수습)

*1
6 9 **拭** 닦을 **식** 拭
[중]shì(°쓰) [일]ショク/ぬぐう [영]wipe
[풀이] 닦다. 훔치다. 깨끗이 하다.
〔拭目 식목〕 눈을 씻고 자세히 봄.
◢拂拭(불식)

*1
6 9 **按** 누를 **안** 按
[중]àn(안) [일]アン/おさえる [영]press
[풀이] ①누르다. ②어루만지다. 쓰다듬음. ③당기다. 잡아당김. ④편안하다. 편안하게 함. ⑤주무르다. ⑥맥을 짚다.
〔按檢 안검〕 조사하여 증거로 삼음.
〔按摩 안마〕 몸을 두들기거나 주물러서 혈액 순환을 도와주는 일.
〔按舞 안무〕 가곡·가요에 따르는 동작을 연구하는 일. 또는, 그것을 연기자에게 가르치는 일.
〔按撫 안무〕 민정(民情)을 살펴 어루만져 위로함.
〔按排 안배〕 알맞게 잘 배치함.
〔按手 안수〕 개신교에서 목사나 장로가 기도를 받는 사람의 머리 위에 손을 얹는 일.
〔按酒 안주〕 술을 마실 때에 곁들여 먹는 음식.
〔按察 안찰〕 자세히 살펴 조사함.

*
6 9 **拯** 건질 **증** 拯
[중]zhěng(°정) [일]ジョウ/すくう
[영]rescue
[풀이] ①건지다. 구조(救助)함. ②들다. 들어 올림. ③받다.
〔拯濟 증제〕 구제함.

☆*4
6 9 **持** 가질 **지** 持

扌 扌 扌 扌 拧 持 持 持

㊥chí(°츠) ㊐ジ/もつ ㊎hold

자원 **형성자.** 手(수)는 의미를 나타내고 寺(사)는 음을 나타냄.

풀이 ①가지다. ②보전하다. 보존함. ③지키다. 유지함.

〔持戒 지계〕 계행(戒行)을 지켜 계(戒)를 범하지 않음.

〔持久 지구〕 오랫동안 버텨 견딤. ‖持久力(지구력).

〔持久戰 지구전〕 승부를 오래 끌거나 얼른 끝나지 않는 싸움이나 경쟁.

〔持論 지론〕 늘 가지고 있는 생각이나 이론. 持說(지설).

〔持病 지병〕 오랫동안 낫지 않고 계속 앓고 있는 병. 痼疾(고질). 宿痾(숙아).

〔持分 지분〕 공유물이나 공유 재산에서 각자가 소유하는 몫. 또는, 그런 비율.

〔持說 지설〕 ➡持論(지론).

〔持續 지속〕 같은 상태가 오래 계속됨.

〔持參 지참〕 돈이나 물건을 가지고 참가함. ‖持參金(지참금).

◢堅持(견지)/矜持(긍지)/保持(보지)/扶持(부지)/所持(소지)/維持(유지)/住持(주지)/支持(지지)

☆✱4-Ⅱ

6
9 指 손가락 **지** 指

扌 扌 扌 扌 扌 指 指 指

㊥zhǐ(°즈) ㊐シ/ゆび

㊎finger, point

자원 **형성자.** 手(수)는 의미를 나타내고 旨(지)는 음을 나타냄.

풀이 ①손가락. 발가락. ②가리키다. ③서다. 곧추섬. ④마음. 뜻. 취지.

〔指南鐵 지남철〕 자석(磁石)의 통칭.

〔指導 지도〕 가르쳐 인도함.

〔指導書 지도서〕 지도하는 데 도움이 되도록 만든 책.

〔指東指西 지동지서〕 《동쪽을 가리키기도 하고 서쪽을 가리키기도 한다는 뜻으로》 근본은 제쳐놓고 엉뚱한 것을 가지고 이러쿵저러쿵함.

〔指頭紋 지두문〕 도자기에 잿물을 덮고 붓 대신에 손가락 끝으로 그린 무늬.

〔指頭書 지두서〕 손가락 끝에 먹을 묻혀 쓴 글씨.

〔指頭畫 지두화〕 손가락 끝에 먹을 묻혀 그린 그림.

〔指令 지령〕 ①지휘명령. ②품의(稟議) 또는 원서(願書)에 대하여 내리는 관청의 통지나 명령.

〔指鹿爲馬 지록위마〕 《진(秦)나라의 조고(趙高)가 자신의 권세를 시험하고자 황제에게 사슴을 바치며 말이라 했는데, 황제는 그것이 어찌 말인가 하고 신하들에게 물었으나, 조고의 후환이 두려워 아무도 사슴이라고 하지 못했다는 고사에서》 ①윗사람을 농락하여 권세를 마음대로 휘두르는 짓. ②모순된 것을 끝까지 우겨 남을 속이려는 짓.

〔指名 지명〕 여러 사람 가운데서 누구라고 그 이름을 가리켜 말함.

〔指目 지목〕 사람이나 사물이 어떠하다고 가리켜 정함.

〔指紋 지문〕 손가락의 안쪽에 있는 물결 같은 금. 또는, 그것을 물체에 남긴 흔적.

〔指事 지사〕 ①사물을 가리킴. ②한자의 육서(六書)의 하나. 추상적 개념을 보이기 위하여 만든 부호적인 글자.

〔指示 지시〕 ①가리켜 보임. ②가리켜 시킴.

〔指壓 지압〕 ①손가락 끝으로 누름. ②인체 경락(經絡)의 요처(要處)를 손가락 끝으로 눌러서 병을 고치는 민간요법.

〔指章 지장〕 도장 대신 손가락에 인주를 묻혀 지문을 찍는 것. 손도장. 拇印(무인).

〔指摘 지적〕 ①꼭 집어서 가리킴. ②허물 따위를 드러내어 폭로함.

〔指定 지정〕 ①가리켜 정함. ②관공서·학교·회사·개인 등이 어떤 것에 특정한 자격을 주는 일.

〔指針 지침〕 ①지시 장치에 붙어 있는 바늘. ②행동이나 생활의 지도적 방향을 보여 주는 준칙. ‖指針書(지침서).

〔指稱 지칭〕 가리켜 부름.

〔指彈 지탄〕 잘못을 지적하여 비난함.

〔指標 지표〕 방향·목적·기준 등을 나타내는 표지.

〔指向 지향〕 정해지거나 작정한 방향으로 나아감. 또는, 그 방향.

〔指呼之間 지호지간〕 손짓하여 부를 만한 가까운 거리.

〔指環 지환〕 가락지.

〔指揮 지휘〕 ①어떤 목적을 이루기 위해 단체의 행동을 통솔함. ②합창단이나 악단의 연주를 앞에서 지시하여 이끎. 指麾(지휘).

◢季指(계지)/屈指(굴지)/斷指(단지)/無名指(무명지)/拇指(무지)/半指(반지)/小指(소지)/手指(수지)/食指(식지)/藥指(약지)/人指(인지)/長指(장지)/中指(중지)

6
9 拶 다그칠 **찰** 拶

㊥zā(짜) ㊐サツ/せめる ㊎bring near

풀이 ①다그치다. 바싹 다가섬. ②형구(刑具)의 한 가지.

〔拶逼 찰핍〕 바싹 다가섬.

7
10 捆 두드릴 **곤** 捆

㊥kǔn(쿤) ㊐コン/たたく

풀이 ①두드리다. 두드려 단단하게 함.

4획

②묶다.

7 10 **捃** 주울 **군** 捃

㊥jùn(쮠) ㊐クン/ひろう ㊎pick up

풀이 줍다.

〔捃拾 군습〕 주워서 모음.

7 10 **挪** 문지를 **나** 挪

㊥nuó(누어) ㊐ダ/もむ ㊎rub

풀이 ①문지르다. ②유용하다. ‖挪貸(나대). ③옮기다.

〔挪用 나용〕 돈이나 물건을 잠시 돌려 씀.

*1
7 10 **捏** 이길 **날** ㊔**녈** 捏

㊥niē(니에) ㊐ネツ/こねる ㊎knead

풀이 ①이기다. 반죽함. ②움켜쥐다.

〔捏造 날조〕《흙을 이겨 물건의 형상을 만들어 낸다는 뜻으로》 사실이 아닌 것을 사실인 것처럼 거짓으로 꾸밈.

*1
7 10 **挽** 당길 **만** 挽

㊥wǎn(완) ㊐バン/ひく ㊎pull

풀이 ①당기다. ㊊輓. ②말리다. ‖挽留(만류).

〔挽歌 만가〕《'수레를 끌면서 부르는 노래'라는 뜻으로》 ①상여가 나갈 때 상여꾼이 부르는 노래. ②죽은 이를 애도하는 가사. 輓歌(만가). 挽詞(만사).

〔挽留 만류〕 붙잡고 말림.

〔挽詞 만사〕 ➡挽歌(만가)②.

〔挽回 만회〕 본래 상태로 돌이킴.

*1
7 10 **揶** 놀릴 **야** ㊕揶 揶

㊥yé(예) ㊐ヤ/からかう ㊎banter

풀이 놀리다. 희롱하다.

〔揶揄 야유〕 남을 빈정거려 놀림. 또는, 그런 말이나 몸짓. 揶揄(야유).

*
7 10 **挻** 늘일 **연** ㊔**선**

㊥shān(°싼) ㊐セン/のばす ㊎lengthen

풀이 ①늘이다. ②반죽하다.

*1
7 10 **捐** 버릴 **연** 捐

㊥juān(쮜엔) ㊐エン/すてる ㊎renounce

풀이 ①버리다. ②주다. 바침. ③돈으로 벼슬을 사다. ‖捐納(연납). ④수레바퀴.

〔捐金 연금〕 기부하는 돈. ‖義捐金(의연금).

〔捐納 연납〕 돈이나 곡식을 바쳐 벼슬자리를 얻는 일.

〔捐補 연보〕 ①자기 재물을 내어 남을 도움. ②교회에서 받는 헌금(獻金).

◪義捐(의연)/出捐(출연)

7 10 **挹** 뜰 **읍** 挹

㊥yì(이) ㊐ユウ/くむ ㊎scoop

풀이 ①뜨다. 물을 품. ②당기다. 잡아끎. ③물러나다. 겸양함.

*1
7 10 **挺** 뺄 **정** 挺

㊥tǐng(팅) ㊐テイ/ぬく ㊎pull out

풀이 ①빼다. 뽑음. ②빠져나오다. ③빼어나다. 뛰어남. ④곧다. ⑤정. 총·괭이·삽 등을 세는 단위.

〔挺立 정립〕 ①우뚝 높이 솟음. ②남보다 뛰어남.

〔挺身 정신〕 어떤 일에 앞장서서 나아감.

*1
7 10 **挫** 꺾을 **좌** 挫

㊥cuò(추어) ㊐ザ/くじく ㊎break

풀이 꺾다. ㉮부러뜨리다. ㉯깨뜨리다. ㉰창피를 주다. ㉱눌리다. 굴복함.

〔挫氣 좌기〕 기세가 꺾임.

〔挫傷 좌상〕 기운이 꺾이고 마음이 상함.

〔挫折 좌절〕 ①마음이나 기운이 꺾임. ②계획이나 일이 실패로 끝남.

◪捻挫(염좌)

★*3-Ⅱ
7 10 **振** 떨칠 **진** 振

扌	扌	扩	扩	护	抿	拆	振

㊥zhèn(°쩐) ㊐シン/ふるう ㊎shake

자원 **형성자.** 手(수)는 의미를 나타내고 辰(신·진)은 음을 나타냄.

풀이 ①떨치다. ‖振興(진흥). ②떨쳐 일어나다. 속력을 냄. ③떨다. ④들다. 들춤. ⑤열다. ⑥구제하다. ㊕震.

〔振貸 진대〕 춘궁기에 백성에게 나라의 곡식을 꿔어주던 일. 賑貸(진대).

〔振動 진동〕 ①흔들려 움직임. ②물체가 하나의 점을 중심으로 좌우나 상하로 움직이는 운동.

〔振肅 진숙〕 ①두려워서 떨며 삼감. ②어지러워진 규율을 엄숙하게 바로잡음.

〔振子 진자〕 일정한 주기로 운동하는 물체. 흔들이.

〔振作 진작〕 정신을 떨쳐 일으킴.

〔振幅 진폭〕 물체의 진동이나 소리의

떨림의 범위나 정도.
〔振興 진흥〕 침체된 것을 떨쳐 일으킴. 또는, 떨쳐 일어남.
◢發振(발진)/不振(부진)/三振(삼진)

★*3
7 10 **捉** 잡을 **착** 捉

扌 扌 扌 扌 扌 扌 扌 捉

㊥zhuō(°쭈어) ㊐ソク/とる ㊎seize
자원 **형성자.** 手(수)는 의미를 나타내고 足(족)은 음을 나타냄.
풀이 ①잡다. ②쥐다. ③붙잡다. 체포함. ‖捕捉(포착).
〔捉囚 착수〕 죄인을 가둠.
◢捕捉(포착)

*
7 10 **捌** ❶깨뜨릴 **팔*** ❷처리할 **별**

㊥bā(빠) ㊐ハツ, ヘツ/やぶる ㊎break
풀이 ❶①깨뜨리다. ②고무래. 곡식을 끌어 모으는 농구. ③여덟. '八(팔)'의 갖은자. ❷처리하다.

★*3-Ⅱ
7 10 **捕** 잡을 **포** 捕

扌 扌 扌 扌 扌 扌 捕 捕

㊥bǔ(부) ㊐ホ/とらえる ㊎catch
자원 **형성자.** 手(수)는 의미를 나타내고 甫(보)는 음을 나타냄.
풀이 ①잡다. 사로잡음. 체포함. ②구하다. 찾음.
〔捕鯨 포경〕 고래를 잡음.
〔捕鯨船 포경선〕 고래잡이배.
〔捕校 포교〕 조선 시대, 포도부장(捕盜部長)의 이칭.
〔捕盜 포도〕 도둑을 잡음.
〔捕盜廳 포도청〕 조선 중기 이후 범죄자를 잡기 위하여 설치한 관청. 捕廳(포청).
〔捕虜 포로〕 사로잡은 적의 군사. 俘虜(부로).
〔捕縛 포박〕 잡아서 묶음.
〔捕手 포수〕 야구에서, 본루를 지키며 투수가 던진 공을 받는 선수. 캐처.
〔捕繩 포승〕 죄인을 결박하는 끈.
〔捕卒 포졸〕 조선 시대, 포도청의 군졸.
〔捕捉 포착〕 ①기회를 놓치지 않고 잡음. ②요점이나 요령을 얻음.
〔捕廳 포청〕 ➡捕盜廳(포도청).
〔捕蟲網 포충망〕 벌레를 잡는 데 쓰는 그물.
〔捕獲 포획〕 ①적병이나 적의 군함 등을 잡음. ②들짐승·물고기 등을 잡음.
◢拿捕(나포)/生捕(생포)/逮捕(체포)

7 10 **捍** 막을 **한** 捍

㊥hàn(한) ㊐カン/ふせぐ ㊎defend
풀이 ①막다. 지킴. ㊟扞. ②사납다.
〔捍塞 한색〕 막아서 가림.

*1
7 10 **挾** 낄 **협** ㉮挟 挾

㊥xié(시에) ㊐キョウ/はさむ ㊎hold
풀이 ①끼다. ②가지다. ③끼우다. 끼워 넣음. ④만나다. 모임. ⑤생각하다. 마음에 품음.
〔挾攻 협공〕 양쪽에서 공격함. 挾擊(협격).
〔挾舞 협무〕 주연자 옆에서 함께 춤추는 일. 또는, 그런 사람.
〔挾扶 협부〕 양쪽에서 부축함.
〔挾雜 협잡〕 옳지 않은 방법으로 남을 속임.

*
8 11 **据** 일할 **거** 据

㊥jū(쮜) ㊐キョ/はたらく
풀이 일하다. 일을 하는 모양.

*
8 11 **控** ❶당길 **공*** ❷챌 **강** 控

㊥kòng(쿵) ㊐コウ/ひく, つまずく
풀이 ❶①당기다. 끌어당기다. ②고하다. 하소연함. ③던지다. 떨어짐. ❷채다. 비틀거림.
〔控訴 공소〕 '항소(抗訴:일심에 불복하여 상급 법원에 하는 상소)'의 구용어.
〔控除 공제〕 받을 것에서 물어야 할 것을 빼냄.

★*3
8 11 **掛** 걸 **괘** ㉮挂 掛

扌 扌 扌 扌 扌 挂 掛 掛

㊥guà(꾸아) ㊐カイ/かける ㊎hang
자원 **형성자.** 手(수)는 의미를 나타내고 卦(괘)는 음을 나타냄.
풀이 걸다. 달다.
〔掛冠 괘관〕 《관을 벗어 건다는 뜻으로》 벼슬을 내놓음.
〔掛念 괘념〕 마음에 두고 잊지 않음. 掛意(괘의).
〔掛圖 괘도〕 벽 등에 걸게 되어 있는 학습용 그림이나 지도.
〔掛燈 괘등〕 누각·전각 등의 천장에 매다는 등.
〔掛曆 괘력〕 벽에 걸게 되어 있는 일력이나 달력.
〔掛佛 괘불〕 ①그려서 걸게 되어 있는 불상. 掛佛幀(괘불탱). ②부처의 그림

4획

을 겲.
〔掛書 괘서〕 이름을 숨기고 게시하는 글.
〔掛意 괘의〕 ➡掛念(괘념).
〔掛鐘 괘종〕 일정한 시각이 되면 종이 울리는, 벽이나 기둥에 거는 시계. 掛鍾時計(괘종시계).

8 11 **掬** 움킬 **국** 掬

㊥jū(쥐) ㊐キク/すくう ㊎grasp
풀이 ①움키다. 두 손으로 움켜 뜸. ②두 손바닥. ③단위. 한 움큼. 5합(合)의 양.
〔掬水 국수〕 물을 움켜 뜸.

*2
8 11 **掘** 팔 **굴** 掘

㊥jué(쥐에) ㊐クツ/ほる ㊎dig
풀이 ①파다. ②캐다. 파냄. ③움푹 패다. ④우뚝 솟은 모양.
〔掘鑿 굴착〕 땅이나 암석 등을 파고 뚫음.
◢露天掘(노천굴)/盜掘(도굴)/發掘(발굴)/試掘(시굴)/鑿掘(착굴)/採掘(채굴)

*1
8 11 **捲** 말 **권** ㉿卷 捲

㊥juǎn(쥐엔) ㊐ケン/まく ㊎roll
풀이 ①말다. 돌돌 감음. ㉬卷. ②주먹. ③힘쓰다.
〔捲土重來 권토중래〕《흙을 말아 일으킬 형세로 다시 온다는 뜻으로, 항우가 유방과의 결전에서 패하여 오강(烏江) 근처에서 자결한 것을 두고 당나라 시인 두목이 탄식한 고사에서》 ①한 번 패하였다가 세력을 회복하여 다시 쳐들어옴. ②어떤 일에 실패한 뒤에 힘을 쌓아 다시 그 일에 착수함.
◢席捲(석권)

8 11 **掎** 끌 **기** 掎

㊥jǐ(지) ㊐キ/ひく ㊎drag
풀이 ①끌다. 다리를 끌어당김. ②쏘다. 시위를 당김. ③뽑다. 뽑아냄.
〔掎角之勢 기각지세〕《한 사람은 사슴의 뒷다리를, 한 사람은 사슴의 뿔을 잡은 형세라는 뜻으로》 앞뒤에서 협공함.

*1
8 11 **捺** 누를 **날** 捺

㊥nà(나) ㊐ナツ/おす ㊎press
풀이 ①누르다. 찍음. ②파임. 한자의 획 '㇏'의 이름.
〔捺染 날염〕 피륙에 무늬를 찍음.
〔捺印 날인〕 도장을 찍음.

*
8 11 **捻** 비틀 **념** 捻

㊥niǎn(니엔) ㊐ネン/ひねる ㊎twist
풀이 ①비틀다. ‖捻挫(염좌). ②집다. ③비틀어 꼬다.
〔捻挫 염좌〕 관절이 삠. 挫閃(좌섬).
〔捻出 염출〕 ①방법을 어렵게 생각해 냄. ②비용을 어렵게 짜냄.

*1
8 11 **掉** 흔들 **도** 掉

㊥diào(띠아오) ㊐トウ, チョウ/ふるう ㊎shake
풀이 ①흔들다. ②흔들리다. 요동함. ③상대.
〔掉尾 도미〕《꼬리를 흔든다는 뜻으로》 끝판에 더욱 활약함.
〔掉舌 도설〕《혀를 휘두른다는 뜻으로》 변론함.

8 11 **掏** 가릴 **도** 掏

㊥tāo(타오) ㊐トウ/えらぶ ㊎select
풀이 ①가리다. 골라잡음. ②움켜 뜨다. 퍼냄. ③소매치기를 하다.
〔掏摸 도모〕 소매치기. 掏兒(도아).

★*3
8 11 **掠** 노략질할 **략** 掠

扌	扌	扌	扩	扩	拧	拧	掠

㊥lüè(뤼에) ㊐リャク/かすめる ㊎plunder
자원 **형성자.** 手(수)는 의미를 나타내고 京(경)은 음을 나타냄.
풀이 ①노략질하다. ②스치다. ③삐침. 한자의 획 '丿'의 이름.
〔掠奪 약탈〕 폭력을 써서 억지로 빼앗음. 攘奪(양탈).
◢劫掠(겁략)/攻掠(공략)/擄掠(노략)/侵掠(침략)

8 11 **捩** ❶발목 **려** ❷비틀 **렬** 捩

㊥lì(리), liè(리에) ㊐レイ, レツ/ばち
풀이 ❶발목(撥木). 비파(琵琶)를 타는 데 쓰는 도구. ❷비틀다. 꼼.

★*3-Ⅱ
8 11 **排** 밀칠 **배** 排

扌	扌	扌	扫	扫	扫	排	排

㊥pái(파이) ㊐ハイ/おす ㊎push
자원 **형성자.** 手(수)는 의미를 나타내고 非(비)는 음을 나타냄.
풀이 ①밀치다. 밀어젖힘. 밀어 엶. ②물리치다. ③늘어서다. 차례로 섬. ④줄.

4획

세로줄.
〔排擊 배격〕 배척하여 물리침.
〔排球 배구〕 네트를 사이에 두고 손으로 공을 쳐서 상대편 코트에 떨어뜨리면 이기게 되는 구기의 일종.
〔排氣 배기〕 속에 든 공기나 가스, 증기 등을 뽑아냄.
〔排尿 배뇨〕 오줌을 눔.
〔排卵 배란〕 일정한 시기에 성숙된 난자(卵子)가 난소(卵巢)에서 배출되는 생리 현상.
〔排門 배문〕 죄인의 집 문에 그 죄목(罪目)을 써서 붙이던 일.
〔排比 배비〕 비례를 따라 나누어 몫을 지음.
〔排泄 배설〕 ①안에서 밖으로 새어 나가게 함. ②신진대사의 결과 불필요하게 된 물질을 몸 밖으로 내보내는 일. 排出(배출).
〔排設 배설〕 의식·연회 등에서 필요한 제구를 차려 놓음.
〔排水 배수〕 ①안에 있는 물을 밖으로 흘려보냄. ②선박(船舶) 따위를 물에 띄울 때, 그 무게로 인하여 물을 밀어 내는 현상.
〔排列 배열〕 일정한 차례나 간격으로 벌여 놓음. 配列(배열).
〔排外 배외〕 외국 사람이나 외국의 문물·사상 등을 배척함.
〔排律 배율〕 한시체(漢詩體)의 하나. 5언이나 7언의 대구(對句)를 여섯 구 이상 늘어놓은 것.
〔排日 배일〕 ①날마다 얼마씩 갈라서 나눔. ②일본의 문물·사상·정치 등을 배척함.
〔排定 배정〕 여러 군데로 갈라서 벌여 놓음.
〔排除 배제〕 물리쳐 제외함.
〔排斥 배척〕 반대하여 밀어 내침.
〔排出 배출〕 ①밖으로 내보냄. ② ➡排泄(배설)②.
〔排置 배치〕 순서 있게 벌여 놓음. 布置(포치). 排布(배포).
〔排他 배타〕 남을 배척함.
〔排布 배포〕 ①머리를 써서 조리있게 계획함. ② ➡排置(배치).
◢均排(균배)/按排(안배)

*1
8 11 **捧** 받들 봉 | 捧

[중]pěng(펑) [일]ホウ/ささげる
[영]hold up
[풀이] ①받들다. [같]奉. ②들다.
〔捧納 봉납〕 ①물건을 바침. ②물건을 거두어 들임.
〔捧腹絶倒 봉복절도〕 《배를 그러안고 넘어진다는 뜻으로》 몹시 웃음. 抱腹絶倒(포복절도).
〔捧受 봉수〕 돈이나 물건을 거두어 받음.

8 11 **掊** [1]그러모을 부 [2]가를 부 | 掊

[중]pōu, pǒu(퍼우)
[일]ホウ/かきとる, さく
[영]gather up, divide
[풀이] [1]①그러모으다. ②헤치다. 헤쳐 드러나게 하다. [2]①가르다. 쪼갬. ②치다. 공격함.
〔掊克 부극〕 ①권세를 믿고 함부로 금품을 거둠. ②조세를 부당하게 부과하여 백성을 못살게 굶.

★★3
8 11 **捨** 버릴 사 | [간]舍 捨

扌 扌 扌 扑 扴 拎 捨 捨

[중]shě(°서) [일]シャ/すてる [영]throw
[자원] **형성자.** 手(수)는 의미를 나타내고 舍(사)는 음을 나타냄.
[풀이] ①버리다. ②베풀다. 신불(神佛)을 위하여 금품을 내놓음. ③내버려 두다. 돌보지 않음.
〔捨生取義 사생취의〕 《목숨을 버리고 의를 취한다는 뜻으로》 목숨을 버릴지언정 옳은 일은 그만두지 않음.
〔捨身 사신〕 ①속계(俗界)를 버리고 불문에 들어감. ②불사(佛事)나 불도의 수행을 위해 몸과 목숨을 버림.
◢取捨(취사)/喜捨(희사)

*
11 **捿** 栖(서)와 동자 →389쪽
棲(서)와 동자 →395쪽

★★4-II
8 11 **掃** 쓸 소 | [간]扫 掃

扌 扌 扌 扌 扌 扌 掃 掃

[중]sǎo(사오) [일]ソウ/はく [영]sweep
[자원] **회의 겸 형성자.** '손'의 상형인 手(수)와 '빗자루'의 상형인 帚(추)가 합쳐진 자로, 손으로 빗자루를 잡고 있는 모습을 나타냄. 手는 의미를 나타내고 帚는 의미와 음을 겸하여 나타냄. 본뜻은 '쓸다'.
[풀이] ①쓸다. 비로 쓺. ②버리다. ③제거하다. ④토벌(討伐)하다.
〔掃萬 소만〕 모든 일을 제쳐 놓음.
〔掃滅 소멸〕 싹 쓸어서 없앰.
〔掃墳 소분〕 경사스런 일이 있을 때 조상의 무덤에 가서 제사 지내는 일.
〔掃射 소사〕 기관총 따위로 비질하듯이 휘둘러 쏨.
〔掃除 소제〕 떨고 쓸고 닦아서 깨끗이 함. 淸掃(청소).
〔掃蕩 소탕〕 비로 쓸듯이 모조리 없애 버림.
〔掃海艇 소해정〕 바다에 부설한 수뢰 등의 위험물을 치워 없애는 작업을 전문으로 하는 특수한 함정.

4획

◢一掃(일소)/清掃(청소)

☆✱4-Ⅱ
8
11 **授** 줄 **수** 授

[중]shòu(°써우) [일]ジュ/さずける
[영]give

[자원] **회의 겸 형성자.** 手(수)와 受(수)가 합쳐진 자. 본래 受는 주고받는 것을 나타냈는데, 주는 것과 받는 것을 구별할 필요가 생기면서 받는 것을 나타낼 때는 受를 사용하고 주는 것을 나타낼 때는 手를 덧붙여 授 자를 새로 만듦. 手는 의미를 나타내고 受는 의미와 음을 겸하여 나타냄.

[풀이] ①주다. ②가르치다. ③임명하다.

〔授戒 수계〕 새로 불문(佛門)에 들어온 사람에게 계율(戒律)을 줌.
〔授權 수권〕 일정한 자격·권리·권한 등을 특정인에게 부여하는 일.
〔授賞 수상〕 상을 줌.
〔授受 수수〕 주고받음. 與受(여수).
〔授業 수업〕 교사가 학생에게 지식이나 기능을 가르쳐 줌.
〔授與 수여〕 상장·증서 등을 줌.
〔授乳 수유〕 젖을 먹임.

◢教授(교수)/受授(수수)/傳授(전수)/訓授(훈수)

✱
8
11 **掖** 낄 **액** 掖

[중]yē, yè(예) [일]エキ/わき [영]armpit

[풀이] ①끼다. 겨드랑이에 낌. ②부축하다. ③겨드랑이. [통]腋.

〔掖門 액문〕 옛날 관아의 정문 좌우에 있던 작은 문. 夾門(협문).

✱1
8
11 **掩** 가릴 **엄** 掩

[중]yǎn(옌) [일]エン/おおう [영]hide

[풀이] ①가리다. 덮음. [통]揜. ②닫다. 문을 닫음. ③감싸다. 비호함. ④숨기다.

〔掩襲 엄습〕 불시에 습격함.
〔掩耳盜鈴 엄이도령〕 《귀를 막고 방울을 훔친다는 뜻으로》 모든 사람이 그 잘못을 다 알고 있는데 얕은꾀로 남을 속이려 함.
〔掩蔽 엄폐〕 보이지 않도록 가려 숨기는 일.
〔掩護 엄호〕 적의 공격에서 아군을 보호함.

8
11 **掜** ❶비길 **예** ❷땅길 **예** 掜

[중]niē(니에) [일]ゲイ/なぞらえる

[풀이] ❶비기다. 견줌. ❷땅기다. 켕기어짐.

★✱3-Ⅱ
8
12 **掌** 손바닥 **장** 掌

[중]zhǎng(°장) [일]ショウ/てのひら
[영]palm

[자원] **형성자.** 手(수)는 의미를 나타내고 尙(상)은 음을 나타냄.

[풀이] ①손바닥. ②동물의 발바닥. ③맡다. 주관함.

〔掌骨 장골〕 손바닥을 형성하는 5개의 뼈.
〔掌狀 장상〕 손바닥을 편 모양.
〔掌握 장악〕 《손 안에 잡아 쥔다는 뜻으로》 무엇을 마음대로 할 수 있게 됨.
〔掌財 장재〕 금전 출납을 맡아보는 사람.
〔掌中 장중〕 《'손바닥 안'이라는 뜻으로》 어떤 사람의 세력이나 지배의 범위 안.
〔掌中寶玉 장중보옥〕 《'손 안에 든 보배로운 옥'이라는 뜻으로》 귀하고 보배롭게 여기는 것.
〔掌篇小說 장편 소설〕 짧고 재치 있게 쓴 단편 소설. 콩트.

◢管掌(관장)/分掌(분장)/合掌(합장)

☆✱4-Ⅱ
8
11 **接** 사귈 **접** 接

[중]jiē(찌에) [일]セツ, ショウ/まじわる
[영]associate

[자원] **형성자.** 手(수)는 의미를 나타내고 妾(첩)은 음을 나타냄.

[풀이] ①사귀다. 교제함. ②엇걸리다. 교차함. ③대접하다. ④잇다. ⑤접붙이다. 접.

〔接客 접객〕 손님을 대접함.
〔接見 접견〕 공식적으로 맞이하여 만나 봄.
〔接境 접경〕 경계가 맞닿음. 또는, 맞닿은 경계. 接界(접계).
〔接骨 접골〕 어긋나거나 부러진 뼈를 이어 맞춤.
〔接口 접구〕 음식을 조금 먹음.
〔接近 접근〕 가까이 함.
〔接待 접대〕 손님을 맞아 시중을 듦. 待接(대접).
〔接木 접목〕 나무를 접붙임.
〔接吻 접문〕 입맞춤. 키스(kiss).
〔接物 접물〕 물건에 접함.
〔接線 접선〕 ①곡선과 한 점에서 만나는 직선. ②어떤 목적을 위해 비밀리에 만남. 또는, 그런 관계를 맺음.
〔接續 접속〕 서로 맞대어 이음.
〔接收 접수〕 ①권력 기관이 그 필요에 따라 민간 소유물을 강제로 수용함. ②받아서 거둠.

4획

〔接受 접수〕 ①어떤 신청 또는 신고를 구두나 문서로 받음. ②돈이나 물건 등을 받음.
〔接神 접신〕 사람에게 신이 내려 서로 영(靈)이 통함.
〔接長 접장〕 ①보부상의 우두머리. ② ➡接主(접주)②.
〔接敵 접적〕 적과 맞부딪침.
〔接戰 접전〕 ①서로 맞부딪쳐 싸움. ②서로 힘이 비슷하여 승부가 쉽게 나지 않는 싸움.
〔接種 접종〕 병의 예방·치료·진단·실험 등을 위하여 병원균이나 독소를 사람 몸이나 동물체에 주입하는 일.
〔接踵 접종〕 ①《발꿈치를 잇댄다는 뜻으로》 남의 뒤에 바싹 붙어서 따름. ②사건이 잇달아 일어남.
〔接主 접주〕 ①과거를 보는 유생의 단체를 앞장서서 주선하던 사람. ②동학(東學)의 교구(敎區) 또는 집회소의 책임자. 接長(접장).
〔接着 접착〕 달라붙음.
〔接觸 접촉〕 ①두 물체가 맞닿음. ②더불어 일하거나 사귀기 위하여 가까이 대함.
〔接合 접합〕 한데 대어 붙이거나 닿아 붙음.
◪間接(간접)/交接(교접)/近接(근접)/內接(내접)/待接(대접)/面接(면접)/密接(밀접)/犯接(범접)/新接(신접)/迎接(영접)/外接(외접)/鎔接(용접)/應接(응접)/隣接(인접)/直接(직접)

8 11 **措** *2 둘 **조** 措

㊥cuò(추어) ㊐ソ/おく ㊎put
풀이 ①두다. 놓아 둠. ②베풀다. 사용함. 행함. ③처리하다. 조처함.
〔措辭 조사〕 시가나 산문에서 문자를 선택하거나 배열하는 일.
〔措語 조어〕 글자를 적당히 배치하거나 엉구어 어떤 의미를 만듦.
〔措處 조처〕 문제를 해결하기 위해 필요한 일을 하거나 처벌을 함.
〔措置 조치〕 어떤 문제가 생기지 않도록 적절한 일을 함.
◪擧措(거조)

8 11 **採** ☆*4 캘 **채** 採

扌 扌 扌 扌 扌 扌 採 採

㊥cǎi(차이) ㊐サイ/とる ㊎dig out
자원 **회의 겸 형성자.** 手(손 수)와 采(캘 채)가 합쳐진 자. 손[爪]으로 나무[木] 열매를 따는 모습을 나타내는 采에 手를 덧붙여 열매를 따는 행위를 손으로 하는 것임을 강조함. 手는 의미를 나타내고 采는 의미와 음을 겸하여 나타냄.
풀이 ①캐다. 파냄. ②가리다. 채택함. ③나무꾼.
〔採光 채광〕 실내에 광선을 받아들임.
〔採鑛 채광〕 광물을 캐냄.
〔採掘 채굴〕 땅 속에 묻힌 광물 따위를 캐냄.
〔採根 채근〕 ①식물의 뿌리를 캠. ②일의 근원을 캠.
〔採金 채금〕 금을 캐냄.
〔採納 채납〕 의견·요구 등을 받아들임.
〔採錄 채록〕 채집하여 기록함. 또는, 그 기록.
〔採算 채산〕 ①수입과 지출을 맞추어 보는 계산. ②수지(收支)가 맞는 일. 또는, 이익이 있는 일.
〔採石 채석〕 석재(石材)를 떠냄.
〔採用 채용〕 ①인재를 등용함. ②의견·방법 등을 채택하여 씀.
〔採字 채자〕 인쇄소에서 원고대로 활자를 골라 뽑음. 文選(문선).
〔採點 채점〕 점수를 매김.
〔採集 채집〕 어떤 대상을 잡거나 따거나 캐거나 하여 모음.
〔採取 채취〕 ①필요한 것을 거두어서 취함. ②풀이나 나무 등을 베어 냄.
〔採炭 채탄〕 석탄을 캐냄.
〔採擇 채택〕 가려 뽑음.
〔採血 채혈〕 몸에서 혈액을 채취함.
◪公採(공채)/伐採(벌채)/特採(특채)

8 11 **掇** 주울 **철** 掇

㊥duō(뚜어) ㊐テツ/ひろう ㊎pick up
풀이 ①줍다. ②가리다. 선택함. ③깎다. 엇깎음. ④찌르다. ⑤그만두다. ⑥짧다. 작음.
〔掇拾 철습〕 거두어 주워 모음.

8 12 **掣** ❶억누를 **철** 본**체** ❷당길 **철** 掣

㊥chè(°처)
㊐セイ, セツ/おさえる, ひく
풀이 ❶①억누르다. 자유를 구속함. ②길게 늘리다. ❷당기다.
〔掣肘 철주〕 《팔꿈치를 당긴다는 뜻으로, 공자의 제자 복자천(宓子賤)이 글씨를 쓰고 있는 두 사람의 팔꿈치를 톡톡 쳐 글씨가 엉망이 되게 한 후 두 사람을 질책했다는 고사에서》 간섭하여 마음대로 하지 못하게 함.

8 11 **捷** *1 이길 **첩** 捷

㊥jié(지에) ㊐ショウ/かつ ㊎win
풀이 ①이기다. 싸움에 이김. ②빠르다. ③전리품. 노획품. ④지름길로 가다. ⑤잇닿음.
〔捷徑 첩경〕 ①지름길. ②정도(正道)는

4획

아니나 손쉬운 방법.
〔捷報 첩보〕 승리의 소식.
◢大捷(대첩)/敏捷(민첩)

8 11 **捶** 종아리 칠 **추** 捶

㊥chuí(°추에이) ㊐スイ/うつ ㊕whip
풀이 ①종아리를 치다. 매질함. ②채찍. ③망치.

☆*4
8 11 **推** ❶옮을 **추**☆*4 ❷밀 **퇴** 推

扌 扌 扌 扌 扌 扌 推 推

㊥tuī(투에이)
㊐スイ, タイ/うつりかわる, おす
㊕shift, push
자원 **형성자.** 手(수)는 의미를 나타내고 隹(추)는 음을 나타냄.
풀이 ❶①옮다. 변천함. ②꾸짖다. 힐난함. ❷밀다.
〔推計 추계〕 추정(推定)하여 계산함.
〔推考 추고〕 ①미루어 생각함. ②벼슬아치의 죄과를 추문(推問)함.
〔推故 추고〕 거짓으로 핑계를 댐.
〔推及 추급〕 미루어 생각이 미침.
〔推斷 추단〕 ①미루어 판단함. ②죄상을 심문하여 처단함.
〔推戴 추대〕 떠받듦.
〔推量 추량〕 ➡推測(추측).
〔推論 추론〕 ①미루어 생각하여 논함. ②어떤 판단을 근거로 삼아 다른 판단을 이끌어 냄. 推理(추리).
〔推理 추리〕 ①사리를 미루어 생각함. ② ➡推論(추론)②.
〔推步 추보〕 천체의 운행을 관측하여 달력을 만드는 일.
〔推算 추산〕 미루어 계산함. 또는, 그 계산.
〔推想 추상〕 미루어 생각함.
〔推尋 추심〕 ①찾아내어 가지거나 받아냄. ②은행이 수표나 어음을 소지한 사람의 의뢰를 받아 지급인에게 제시하고 돈을 지급하게 함.
〔推仰 추앙〕 높이 받들어 우러러봄.
〔推移 추이〕 시간의 경과에 따라 일이나 형편이 변하여 감.
〔推奬 추장〕 추천하여 장려함.
〔推定 추정〕 ①추측하여 결정함. ②법률에서, 어떤 사실에 대하여 반대의 증거가 없는 이상, 그것이 정당하다고 인정하는 일.
〔推尊 추존〕 추앙하여 존경함.
〔推進 추진〕 진척되도록 밀고 나아감.
〔推薦 추천〕 어떤 조건에 적당한 대상을 책임지고 소개함.
〔推測 추측〕 미루어 헤아리거나 생각함. 推量(추량).
〔推敲 퇴고〕 《당(唐)나라의 시인 가도(賈島)가 '스님이 달빛 아래 문을 밀다'의 '밀다(推)'를 '두드린다(敲)'로 바꿀까 말까 망설이고 있을 때 대문장가 한유(韓愈)를 만나 그의 조언으로 '두드린다'로 결정했다는 고사에서》 시문(詩文)을 지을 때, 자구를 여러 번 생각하여 고치는 일.
◢類推(유추)

☆*4
8 11 **探** 찾을 **탐** 探

扌 扌 扌 扌 扌 扌 探 探

㊥tàn(탄) ㊐タン/さがす ㊕search
자원 **형성자.** 手(수)는 의미를 나타내고 罙(삼)은 음을 나타냄.
풀이 ①찾다. ②엿보다. ③잡다. 가짐.
〔探究 탐구〕 진리·학문 등을 파고들어 깊이 연구함.
〔探問 탐문〕 더듬어 찾아 물음.
〔探聞 탐문〕 알려지지 않은 사실이나 소식 등을 알아내기 위하여 더듬어 찾아 들음.
〔探訪 탐방〕 탐문(探問)하기 위해 사람이나 장소를 찾아감.
〔探査 탐사〕 더듬어 살펴 조사함.
〔探賞 탐상〕 좋은 경치를 찾아다니며 구경하고 즐김.
〔探色 탐색〕 여색(女色)을 좋아함. 好色(호색).
〔探索 탐색〕 드러나지 않은 것을 찾아내거나 밝히기 위해 살펴 찾음.
〔探勝 탐승〕 명승지를 찾아다님.
〔探偵 탐정〕 사정을 몰래 더듬어 살핌. 또는, 그 사람.
〔探照 탐조〕 더듬어 찾으려고 멀리 불빛을 비춤. ‖探照燈(탐조등).
〔探知 탐지〕 드러나지 않은 물건이나 사실을 더듬어 찾아 알아냄.
〔探險 탐험〕 알려지지 않은 곳을 위험을 무릅쓰고 찾아다니며 살핌.
◢廉探(염탐)/偵探(정탐)

8 11 **掀** 치켜들 **흔** 掀

㊥xiān(씨엔) ㊐キン/あげる ㊕raise
풀이 ①치켜들다. ②높은 모양.
〔掀天動地 흔천동지〕 《하늘을 들어 올리고 땅을 움직인다는 뜻으로》 천지가 흔들리도록 기세를 떨침.

*1
9 12 **揀** 가릴 **간** ㉮拣 揀

㊥jiǎn(지엔) ㊐カン/えらぶ ㊕choose
풀이 ①가리다. 가려 뽑음. ㉠柬. ②일다. 일어서 가려냄. 도태(淘汰)함.
〔揀選 간선〕 가려 뽑음.
〔揀擇 간택〕 ①분간하여 선택함. ②임

4획

금이나 왕자의 배우자를 고름.
◢分揀(분간)

*2
9
12 **揭** 들 **게** 揭

[중]jiē(찌에) [일]ケイ/かかげる
[풀이] ①들다. 높이 듦. ②걷다. 옷자락을 걷음.
〔揭示 게시〕 여러 사람에게 알리기 위하여 걸거나 붙여 두루 보게 함. 또는, 그런 글.
〔揭揚 게양〕 높이 걺.
〔揭載 게재〕 글이나 그림을 신문 또는 잡지에 실음.
◢上揭(상게)/前揭(전게)

*2
9
12 **揆** 헤아릴 **규** 揆

[중]kuí(쿠에이) [일]キ/はかる [영]consider
[풀이] ①헤아리다. 상량(商量)함. ②도(道). 법. ③꾀. 계책. ④벼슬. 벼슬아치. ⑤재상(宰相).
◢一揆(일규)

4획

9
12 **揑** 이길 **날** 揑

[중]niē(니에) [일]ネツ/こねる [영]knead
[풀이] ①이기다. 반죽함. ②꾀하다.

*1
9
12 **描** 그릴 **묘** 描

[중]miáo(미아오) [일]ビョウ/えがく [영]draw
[자원] **형성자.** 手(수)는 의미를 나타내고 苗(묘)는 음을 나타냄.
[풀이] 그리다. 묘사하다.
〔描寫 묘사〕 사물을 있는 그대로 그리거나 서술함.
〔描出 묘출〕 어떤 대상을 그려 드러냄.
◢線描(선묘)/素描(소묘)/點描(점묘)

*2
9
12 **插** 꽂을 **삽** [속]揷 插

[중]chā(°차) [일]ソウ/さす [영]insert
[풀이] ①꽂다. 끼워 넣음. ②가래. 농기구의 한 가지.
〔插圖 삽도〕 ➡插畫(삽화).
〔插木 삽목〕 꺾꽂이.
〔插匙 삽시〕 제사 지낼 때, 숟가락을 밥그릇에 꽂는 의식.
〔插入 삽입〕 사이에 끼워 넣음.
〔插紙 삽지〕 인쇄할 때 기계에 종이를 먹임.
〔插畫 삽화〕 서적·신문·잡지 등에서, 내용을 보충하거나 기사의 이해를 돕기 위해 넣는 그림. 插圖(삽도).
〔插話 삽화〕 문장·담화 가운데에 끼워 넣은, 본 줄거리와는 직접 관련이 없는 이야기. 에피소드(episode).

*2
12 **揷** 插(삽)의 속자 →324쪽

*
9
12 **揟** 거를 **서**

[중]xū(쒸) [일]ショ
[풀이] ①거르다. 여과함. ②두레박.

*2
9
12 **握** 쥘 **악** 握

[중]wò(워) [일]アク/にぎる [영]grasp
[자원] **형성자.** 手(수)는 의미를 나타내고 屋(옥)은 음을 나타냄.
[풀이] ①쥐다. ②주먹. ③손아귀. 수중(手中). ④줌. 양(量)의 단위.
〔握力 악력〕 손아귀의 힘.
〔握手 악수〕 인사·축하·화해 등의 뜻을 나타내기 위해 오른손을 서로 잠시 마주 쥐는 일.
◢掌握(장악)/把握(파악)

9
12 **揠** 뽑을 **알** 揠

[중]yà(야) [일]アツ/ぬく [영]pull out
[풀이] 뽑다.
〔揠苗 알묘〕 《송(宋)나라의 어느 농군이 모가 잘 안 자람을 근심하여 조금씩 뽑아 올려 끝내는 말라 죽게 했다는 고사에서》 성공을 서두르다가 도리어 해를 봄.

*1
12 **揶** 揶(야)와 동자 →317쪽

☆*3-Ⅱ
9
12 **揚** 오를 **양** [고]敭 [간]扬 揚

十 扌 扣 扣 担 担 揚 揚

[중]yáng(양) [일]ヨウ/あがる [영]go up
[금]  [전]  [자원] **회의 겸 형성자.** 금문의 왼쪽은 해의 그림자를 통해 시각을 알기 위한 T자형 장대와 그 위에 떠 있는 해를 나타내고 오른쪽은 사람이 꿇어앉아 두 손을 앞으로 들어올리는 모습을 나타냄. 소전에서는 금문의 오른쪽 부분이 手(손 수)로 바뀌어 왼쪽으로 옮겨짐. 手는 의미를 나타내고 昜(양)은 의미와 음을 겸하여 나타냄. '들어 올리다', '칭송하다'를 뜻함.
[풀이] ①오르다. ②날다. ③일다. 불어 오름. ④쳐들다. ⑤알려지다.
〔揚名 양명〕 이름을 들날림.

〔揚水 양수〕 물을 자아올림. 또는, 그 물.
〔揚水尺 양수척〕 삼국 시대의 유민(流民)의 하나. 무자리. 水尺(수척).
〔揚揚 양양〕 득의의 빛을 외모와 행동에 나타내는 모양.
◢揭揚(게양)/高揚(고양)/發揚(발양)/浮揚(부양)/宣揚(선양)/昂揚(앙양)/抑揚(억양)/意氣揚揚(의기양양)/引揚(인양)/止揚(지양)/讚揚(찬양)/顯揚(현양)

9 12 **揜** 가릴 **엄**

㊥yǎn(옌) ㊐エン/おおう ㊎hide
풀이 ①가리다. 가려 덮음. ②붙잡다. 덮쳐 빼앗음. ③깊다.

9 12 **掾** 아전 **연**

㊥yuàn(위엔) ㊐エン/したやく
㊎petty official
풀이 ①아전. 하급 관리. ②돕다. ③전. 테두리. 옷깃. 소맷부리.
〔掾吏 연리〕 아전.

12 **揺** 搖(요)의 약자 →327쪽

★★4
9 12 **援** ❶당길 **원** ❷도울 **원**

扌 扌 扩 扩 护 护 揆 援

㊥yuán(위엔) ㊐エン/ひく, たすける
㊎pull, help
자원 **형성자.** 手(수)는 의미를 나타내고 爰(원)은 음을 나타냄.
풀이 ❶①당기다. ②잡다. 쥠. ❷①돕다. ②도움.
〔援軍 원군〕 전투에서 자기 편을 도와주는 군대.
〔援用 원용〕 어떤 사실을 자기에게 도움이 되게 끌어다가 이용함.
〔援助 원조〕 도와줌.
〔援筆 원필〕 붓을 잡아 글을 씀.
〔援護 원호〕 원조하여 보호함.
◢孤立無援(고립무원)/救援(구원)/聲援(성원)/應援(응원)/支援(지원)/後援(후원)

*1
9 12 **揄** 끌 **유**

㊥yú(위) ㊐ユ/ひく ㊎drag
풀이 ①끌다. 질질 끎. ②끌어내다. 생각을 냄. ③끌어올리다. 기림. 칭찬함. ④빈정거리다. 놀림.

◢揶揄(야유)

9 12 **揉** ❶주무를 **유** ❷휠 **유**

㊥róu(°러우) ㊐ジュウ/もむ
풀이 ❶①주무르다. 주물러 부드럽게 함. ②순하게 하다. 부드럽게 함. ❷휘다.
〔揉紙 유지〕 주름이 잡힌 종이.

*1
9 12 **揖** ❶읍할 **읍***1 ❷모일 **집** ❸절할 **의**

㊥yī(이)
㊐ユウ, シュウ, イ/えしゃく, あつめる
풀이 ❶①읍하다. 읍. ②사양하다. 사퇴함. ③푸다. 퍼냄. ④끼다. ❷①모이다. 모음. ②합치다. ❸절하다. 읍함.
〔揖禮 읍례〕 읍을 하는 예(禮).
〔揖讓 읍양〕 ①읍하는 예를 갖추어 사양함. ②겸손한 태도를 가짐.

★★4-II
9 12 **提** 끌 **제**

扌 扌 扣 押 担 捍 捍 提

㊥tí(티) ㊐テイ/ひっさげる
자원 **형성자.** 手(수)는 의미를 나타내고 是(시)는 음을 나타냄.
풀이 ①끌다. ②들다. 손에 듦. ③내어걸다. ④돕다. 돌봄.
〔提高 제고〕 쳐들어 높임.
〔提供 제공〕 갖다 주어 이바지함.
〔提起 제기〕 ①의견이나 문제를 내놓음. ②소송을 일으킴.
〔提督 제독〕 ①해군 함대의 총사령관. ②조선 시대, 교육을 장려·감독하려고 둔 벼슬.
〔提燈 제등〕 ①들고 다니는 등. ②등불을 들고 부처에게 축원하는 일.
〔提報 제보〕 정보를 제공함.
〔提訴 제소〕 소송을 제기함.
〔提示 제시〕 어떤 문제의 내용·방향 등을 드러내어 보이거나 가리킴.
〔提案 제안〕 의안(議案)을 제출함. 또는, 그 의안.
〔提要 제요〕 요령만을 추려 제시함.
〔提議 제의〕 의제(議題)를 제출함. 또는, 그 의제.
〔提調 제조〕 조선 시대, 큰일이 있을 때 임시로 임명되어 관아의 일을 지휘·총괄하는 관원.
〔提唱 제창〕 어떤 의견 등을 처음으로 내놓아 주장함.
〔提出 제출〕 의견이나 서류 등을 해당 부문에 내놓음.
〔提携 제휴〕 정치·경제 활동에서, 공동의 목적을 위하여 서로 돕는 관계를 맺음.
◢前提(전제)

9 12 **揣** 잴 췌 본취 揣

중chuāi(°추아이) 일シ/はかる
풀이 ①재다. 높이를 측량함. ②생각하다. 헤아림. ③시험해 보다.
〔揣知 췌지〕 헤아려 깨달음.

★★3-Ⅱ
9 12 **換** 바꿀 환 간換 換

扌 扌 扌′ 扚 扌奂 換 換 換

중huàn(후안) 일カン/かえる
자원 **형성자.** 手(수)는 의미를 나타내고 奐(환)은 음을 나타냄.
풀이 ①바꾸다. ‖換金(환금). ②바뀌다. 교체됨. ‖變換(변환). ③고치다.
〔換骨奪胎 환골탈태〕 ①《뼈대를 바꾸어 끼고 태(胎)를 바꾸어 쓴다는 뜻으로》 고인(古人)의 시문(詩文)의 형식을 약간 바꾸어 의취(意趣)를 새롭게 하는 일. ②용모가 환하게 트이고 아름다워져 전혀 딴사람처럼 됨. 奪胎(탈태).
〔換金 환금〕 ①물건을 팔아서 현금으로 바꿈. ②한 나라의 통화를 다른 나라의 통화와 바꿈.
〔換氣 환기〕 탁한 공기를 빼고 맑은 공기로 바꿈.
〔換算 환산〕 어떤 단위로 표시된 수량을 다른 단위로 고침.
〔換歲 환세〕 ①해가 바뀜. ②설을 쇰.
〔換言 환언〕 바꿔 말함.
〔換率 환율〕 두 나라 사이의 화폐 교환 비율.
〔換腸 환장〕 《창자를 바꾼다는 뜻으로》 마음이나 행동이 비정상적인 상태로 바뀌어 달라짐. 換心腸(환심장).
〔換錢 환전〕 ①서로 다른 화폐와 화폐, 또는 화폐와 지금(地金)을 바꾸는 일. ②환표(換標)로 보내는 돈.
〔換節 환절〕 철이 바뀜. ‖換節期(환절기).
〔換地 환지〕 토지를 서로 바꿈. 또는, 바꾼 땅.
〔換置 환치〕 바꾸어 놓음.
◢交換(교환)/變換(변환)/相換(상환)/外換(외환)/轉換(전환)/置換(치환)/兌換(태환)/互換(호환)

★★4
9 12 **揮** 휘두를 휘 간挥 揮

扌 扌 扌′ 扌冖 扌冖 揮 揮 揮

중huī(후에이) 일キ/ふるう
자원 **형성자.** 手(수)는 의미를 나타내고 軍(군)은 음을 나타냄.
풀이 ①휘두르다. 내저음. ②뿌리다. ③나타내다. ④지시하다.
〔揮發 휘발〕 보통 온도에서 액체가 기체로 되어 날아가는 일.
〔揮場 휘장〕 예전에, 과거에 급제하였다고 금방(金榜)을 들고 과장(科場) 안을 돌며 외치던 일.
〔揮毫 휘호〕 《붓을 휘두른다는 뜻으로》 글씨를 쓰거나 그림을 그림. 揮筆(휘필).
◢發揮(발휘)/指揮(지휘)

10 13 **搉** 칠 각 搉

중què(취에) 일カク/うつ
풀이 ①치다. 두드림. ②끌다. ③독차지하다. 오로지함. ④대략.

10 13 **搆** 끌 구 搆

중gòu(꺼우) 일コウ/かまえる
풀이 ①끌다. ②차리다. 얽어 만듦. 통構.
〔搆兵 구병〕 군대를 출동시킴.

*1
10 13 **搗** 찧을 도 간捣 搗

중dǎo(다오) 일トウ/つく
풀이 같擣. ①찧다. 침. ②두드리다. 다듬이질함.
〔搗練紙 도련지〕 다듬잇돌에 다듬어 반드럽게 한 종이.
〔搗精 도정〕 곡식을 찧거나 쓿는 일.
〔搗砧 도침〕 종이·피륙 등을 다듬잇돌에 다듬어 반드럽게 함.

1
10 13 **搏** 잡을 박 搏

중bó(보) 일ハク/とらえる
풀이 ①잡다. 찾아내어 붙잡음. ②가지다. 취(取)함. ③치다. 때림. 맨손으로 때림. ④치다. 장단 맞추어 침.
〔搏擊 박격〕 몹시 힘주어 후려침.
〔搏動 박동〕 맥박이 뜀.
〔搏殺 박살〕 손으로 쳐서 죽임.
◢脈搏(맥박)/龍虎相搏(용호상박)

*2
10 13 **搬** 옮길 반 搬

중bān(빤) 일ハン/うつす
풀이 옮기다. ㉮운반(運搬)하다. ㉯이사하다.
〔搬移 반이〕 이사함.
〔搬入 반입〕 운반하여 들임.
〔搬出 반출〕 운반하여 냄.
◢運搬(운반)

13 **摂** 攝(섭)의 약자 →334쪽

4획

10 13 搔 긁을 소 搔

㊥sāo(싸오) ㊐ソウ/かく
풀이 ①긁다. 손톱 따위로 긁음. ②떠들다. ‖搔擾(소요).
〔搔癢 소양〕 가려운 데를 긁음. 搔痒(소양).
〔搔爬 소파〕 몸의 조직을 긁어내는 일. 인공 유산 등에 쓰임.

10 13 損 덜 손 ㊎损 損

扌 扌 扣 扣 扪 捐 損 損

㊥sǔn(순) ㊐ソン/へらす
자원 **형성자.** 手(수)는 의미를 나타내고 員(원)은 음을 나타냄.
풀이 ①덜다. 줄임. ②줄다. ③잃다. 손해를 봄. ‖損失(손실). ④해치다. 상하게 함. ⑤헐뜯다. 비난함.
〔損金 손금〕 손해 본 돈.
〔損傷 손상〕 ①물체가 망가지거나 상함. ②명예·가치 등이 떨어짐.
〔損失 손실〕 잃어버리거나 줄어들어서 손해를 봄. 또는, 그 손해. ↔利得(이득).
〔損益 손익〕 손해와 이익.
〔損者三友 손자삼우〕 사귀어 손해가 되는 세 가지 부류의 벗. 곧, 편벽한 벗, 말만 잘하고 성실하지 못한 벗, 너무 착하기만 하고 줏대가 없는 벗. 三損友(삼손우).
〔損財數 손재수〕 재물을 손해 볼 운수.
〔損害 손해〕 돈이나 재산을 잃거나 어떤 해를 입음. ↔利益(이익).
◢缺損(결손)/貸損(대손)/汚損(오손)/破損(파손)/毁損(훼손)

10 13 搜 찾을 수 搜

㊥sōu(써우) ㊐ソウ/さがす
자원 **형성자.** 手(수)는 의미를 나타내고 叟(수)는 음을 나타냄.
풀이 ①찾다. ‖搜索(수색). ②가리다. 고름. ③많다. ④빠르다. 날쌔고 재빠름.
〔搜査 수사〕 검사·경찰관이 범인을 찾거나 범죄의 증거를 모음.
〔搜索 수색〕 ①구석구석 뒤져 찾음. ②압수할 물건이나 체포할 사람을 찾아내기 위하여 신체·물건·가택 등을 조사하는 강제 처분.
〔搜所聞 수소문〕 떠도는 풍설을 더듬어 살핌.
〔搜探 수탐〕 수사하고 탐지함.

10 13 搤 잡을 액 搤

㊥è(어) ㊐ヤク/にぎる
풀이 ①잡다. 쥠. ②조르다. 거머잡고 누름.
〔搤殺 액살〕 목을 매어 죽임. 絞殺(교살).

10 13 搖 흔들릴 요 ㊎摇 ㊎摇 搖

扌 扌 扌 扌 扌 扌 搖 搖

㊥yáo(야오) ㊐ヨウ/ゆれる
자원 **형성자.** 手(수)는 의미를 나타내고 䍃(요)는 음을 나타냄.
풀이 ①흔들리다. ②흔들다. 움직임. ③오르다. 올라감.
〔搖動 요동〕 흔들리어 움직임.
〔搖亂 요란〕 ①시끄럽고 떠들썩함. ②정도가 지나쳐 야단스러움.
〔搖籃 요람〕 ①유아를 넣고 흔들어서 즐겁게 하거나 잠재우는 채롱. ②어떤 사물의 발생지나 출발지의 비유.
〔搖籃期 요람기〕 ①요람 속에 들어 있던 어린 시절. ②사물 발달의 초창기.
〔搖鈴 요령〕 흔들면 소리가 나도록, 작은 종 모양으로 만든 물건.
〔搖之不動 요지부동〕 흔들어도 꿈쩍하지 않음.
◢動搖(동요)

10 13 搢 꽂을 진 搢

㊥jìn(찐) ㊐シン/はさむ
풀이 꽂다.
〔搢紳 진신〕《홀(笏)을 큰 띠에 꽂는다는 뜻으로》 높은 벼슬아치나 행동이 점잖고 지위가 높은 사람.

10 13 搾 짤 착 ㊔자 搾

㊥zhà(°짜) ㊐サク/しぼる
풀이 짜다. 짜냄.
〔搾油 착유〕 기름을 짬.
〔搾乳 착유〕 젖을 짬.
〔搾取 착취〕 ①자본가나 지주가 노동자·농민이 산출한 노동의 잉여 가치를 독점함. ②꼭 누르거나 비틀어 짜냄.
◢壓搾(압착)

10 13 搶 ❶닿을 창 ❷어지러울 창 ㊎抢 搶

㊥qiǎng, qiāng(치앙) ㊐ソウ
풀이 ❶①닿다. 부딪힘. ②이르다. 도달함. ③빼앗다. ④거절하다. ❷어지럽다. 어지러워지는 모양.
〔搶奪 창탈〕 억지로 빼앗음. 掠奪(약탈).

10 13 搭 탈 탑 搭

㊥tà(타) ㊐トウ/のる
풀이 ①타다. 태움. 실음. ②치다. 두들김. 때림. ③박다. 베낌.
〔搭乘 탑승〕 배·비행기 등에 올라탐.
〔搭載 탑재〕 배·비행기·수레 등에 물건을 실음.

10 13 搨 베낄 탑 搨

㊥dá(따) ㊐トウ/うつす
풀이 ①베끼다. 밑에 받쳐 놓고 베낌. ②박다. 뜸. 탑본(搨本)함.
〔搨本 탑본〕 금석(金石)에 새긴 글씨나 그림을 종이에 박아 냄. 또는, 그 종이. 拓本(탁본).

★*3
10 13 携 끌 휴 본 攜 携

扌 扌 扌 扩 扩 扌 撨 携

㊥xié(시에) ㊐ケイ/たずさえる
자원 **형성자.** 携는 攜(휴)의 속자로, 手(수)는 의미를 나타내고 巂(휴)는 음을 나타냄.
풀이 ①끌다. 이끎. ②잡다. 손에 쥠. ③이어지다. ④떨어지다. 떨어진 사람.
〔携帶 휴대〕 손에 들거나 몸에 지님.
〔携帶品 휴대품〕 휴대한 물건.
◢提携(제휴)

11 14 摳 추킬 구 간 抠 摳

㊥kōu(커우) ㊐コウ/つまどる
풀이 ①추키다. ②던지다.
〔摳衣 구의〕 옷자락을 추킴.

*
11 14 摞 정돈할 라

㊥luò(루어) ㊐ラ
풀이 ①정돈하다. 정리함. ②포개어 쌓다. 쌓아 올림.

*2
11 15 摩 갈 마 摩

㊥mó(모) ㊐マ/する
풀이 ①갈다. 문지름. 비빔. ②닦다. 연마함. ③쓰다듬다. 어루만짐. ④닿다. 스침.
〔摩旨 마지〕 부처에게 올리는 밥.
〔摩擦 마찰〕 ①서로 대고 비빔. ②뜻이 맞지 않아서 옥신각신함.
〔摩天樓 마천루〕 (‘하늘에 닿는 집’이라는 뜻으로) 아주 높게 지은 고층 건물.
◢撫摩(무마)/按摩(안마)

*
11 15 摹 본뜰 모 摹

㊥mó(모) ㊐モ/うつす ㊎imitate
풀이 ①본뜨다. 모방함. ②베끼다. ㉠摸. ③본. 틀. ㉤模.
〔摹倣 모방〕 본받고 흉내 냄. 模倣(모방).
〔摹印 모인〕 옥새(玉璽)에 쓰던 글자체의 하나.

*1
11 14 摸 ❶찾을 모 본막 ❷본뜰 모 摸

㊥mō, mó(모) ㊐バク,モ/さぐる, うつす
자원 **형성자.** 手(수)는 의미를 나타내고 莫(막)은 음을 나타냄.
풀이 ❶①찾다. 더듬어 찾음. ‖摸索(모색). ②잡다. 쥠. 가짐. ③쓰다듬다. ❷본뜨다. 베낌. ㉠摹.
〔摸倣 모방〕 흉내 내거나 본뜸. 模倣(모방).
〔摸寫 모사〕 ①흉내 내서 그림. ②원본을 베끼어 씀. 模寫(모사).
〔摸索 모색〕 더듬어 찾음.

11 14 摏 찌를 용 摏

㊥chōng(°충) ㊐ショウ/つく
풀이 ①찌르다. ②치다. 두드림.

★*3-Ⅱ
11 14 摘 딸 적 摘

扌 扌 扩 扩 挤 擀 摘 摘

㊥zhāi(°짜이) ㊐テキ/つむ
자원 **형성자.** 手(수)는 의미를 나타내고 啇(적)은 음을 나타냄.
풀이 ①따다. ㉮열매 따위를 따다. ‖摘果(적과). ㉯요점을 따다. ②악기를 타다. ③들추어내다. ④어지럽히다. ⑤가리키다. 손가락질함. ‖指摘(지적).
〔摘發 적발〕 드러나 있지 않은 부정한 일이나 물건을 들추어냄.
〔摘示 적시〕 지적하여 보임.
〔摘芽 적아〕 새싹을 땀.
〔摘要 적요〕 요점을 따서 적음. 또는, 그 요점. 提要(제요).
〔摘出 적출〕 ①끄집어냄. ②들추어냄.
◢指摘(지적)

*
11 14 摺 접을 접 간 折 摺

㊥zhé(°저) ㊐ショウ/たたむ
풀이 ①접다. ②주름. ③깨뜨리다.
〔摺本 접본〕 ➡摺冊(접책)①.
〔摺扇 접선〕 접었다 폈다 할 수 있는 부채. 쥘부채.

4획

〔摺紙 접지〕 ①종이를 접음. 또는, 그 종이. ②제본을 하려고 인쇄된 종이를 차례대로 접음. 또는, 그 종이.
〔摺册 접책〕 ①종이를 앞뒤로 여러 겹 접어서 책처럼 만든 것. 摺本(접본). ②장첩(粧帖)으로 꾸민 책.
〔摺齒 접치〕 이를 부러뜨림.

*1 11 15 **摯** 지극할 **지** [간] 挚 摯

[중]zhì(°쯔) [일]シ
[풀이] ①지극하다. 도타움. ②잡다. 거머잡음. ③이르다. 옴.

* 11 14 **摠** 모두 **총** 摠

[중]zǒng(중) [일]ソウ/みな
[풀이] ①모두. 다. [같]總. ②묶다. ③거느리다.
〔摠管 총관〕 총책임자.

11 14 **摧** [1]꺾을 **최** [2]꼴 **좌** 摧

[중]cuī(추에이)
[일]サイ, キ/くじく, まぐさ
[풀이] [1]①꺾다. ②누르다. 억압함. ③막다. 저지함. ④밀치다. 배제함. [2]꼴. 꼴을 벰.
〔摧抑 최억〕 억누름.
〔摧折 최절〕 억눌러 제어함.

*1 12 15 **撚** 비틀 **년** 撚

[중]niǎn(니엔) [일]ネン/ひねる
[풀이] ①비틀다. ②꼬다. 꼬아 만든 노끈. ‖撚絲(연사). ③이기다. 반죽함.
〔撚絲 연사〕 몇 가닥의 실을 꼬아서 만든 실. ‖撚絲機(연사기).
〔撚紙 연지〕 책 따위를 매기 위해 종이를 비벼 꼬아서 만든 끈. 紙繩(지승).

*1 12 15 **撓** 휠 **뇨** [간] 挠 撓

[중]náo(나오) [일]ドウ/たわむ
[풀이] ①휘다. 구부러짐. ②어지럽게 하다. 휘저어 뒤섞임. ③비뚤다. 바르지 않음. ④약하다. 약하게 함.
〔撓改 요개〕 휘어서 바로잡음.

*1 12 15 **撞** 칠 **당** 撞

[중]zhuàng(°쭈앙)
[일]トウ, ドウ, シュ/つく
[풀이] ①치다. 두드림. ‖撞球(당구). ②돌진하다. ③부딪치다.
〔撞球 당구〕 대 위에서 붉은 공과 흰 공을 막대(큐)로 쳐서 승부를 가리는 실내 오락.
〔撞木 당목〕 절에서 종이나 징을 치는 나무 막대.
〔撞着 당착〕 말이나 행동의 앞뒤가 맞지 않음. 矛盾(모순).

*1 12 15 **撈** 잡을 **로** [간] 捞 撈

[중]lāo(라오) [일]ロウ/とる
[풀이] 잡다. 건져 냄. 물속에 들어가서 잡음.
◢漁撈(어로)

* 12 15 **撛** 뺄 **린**

[중]lǐn(린) [일]リン [영]help
[풀이] ①빼다. 뽑음. ②돕다.

*1 12 15 **撫** 어루만질 **무** [간] 抚 撫

[중]fǔ(°푸) [일]ブ/なでる
[풀이] ①어루만지다. ②누르다. 손댐. ③쥐다. 잡음. ④사랑하다. 귀여워함.
〔撫摩 무마〕 ①손으로 쓰다듬음. ②사람의 마음을 타일러 달램.
〔撫恤 무휼〕 어려운 처지에 있는 사람을 불쌍히 여겨 위로하고 물질적으로 도움.
◢宣撫(선무)/巡撫(순무)/按撫(안무)/愛撫(애무)/慰撫(위무)/鎭撫(진무)

*1 12 15 **撲** 칠 **박** [간] 扑 撲

[중]pū(푸) [일]ボク/うつ
[풀이] ①치다. 가격함. ②때려눕히다. ‖撲滅(박멸). ③가지다. ④두드리다. ‖打撲(타박).
〔撲滅 박멸〕 모조리 잡아 없앰.
〔撲殺 박살〕 때려죽임.
◢相撲(상박)/打撲(타박)

*1 12 15 **撥** 다스릴 **발** [간] 拨 撥

[중]bō(뽀) [일]ハツ/あさめる
[풀이] ①다스리다. ②튀기다. ③퉁기다. ④파다. 파냄.
〔撥軍 발군〕 중요한 서류를 변방에 급히 전하던 군졸. 撥卒(발졸).
〔撥亂 발란〕 혼란한 세상을 진정시킴.
〔撥木 발목〕 비파를 타는 데에 쓰는, 나무로 만든 물건.
◢反撥(반발)/擺撥(파발)

*1 12 15 **撒** 뿌릴 **살** 撒

4획

㊥sǎ(사) ㊐サン/まく
풀이 ①뿌리다. ②던지다. 내던짐.
[撒水 살수] 물을 흩어서 뿌림.
[撒布 살포] ①액체·가루 등을 흩어 뿌림. ②전단·금품 등을 여러 사람에게 나누어 줌.

12 15 **撙** 누를 **준** ㊄**존**

㊥zǔn(준) ㊐ソン/おさえる
풀이 ①누르다. 억제함. ②절약하다. ③모이다. ④겸양하다.
[撙節 존절] ①알맞게 절제함. ②씀씀이를 아껴 알맞게 씀.

12 15 *1 **撰** ❶지을 **찬** *1 ❷가릴 **선**

㊥zhuàn(°쭈안), xuǎn(쉬엔) ㊐サン, セン
풀이 ❶①짓다. 시문(詩文)을 지음. ‖ 撰述(찬술). ②가지다. 품음. ③갖추어진 것. ④일. ❷가리다.
[撰文 찬문] 글을 지음. 또는, 그 글.
[撰述 찬술] 책이나 글을 지음.
[撰定 찬정] 시문(詩文)을 지어서 골라 정함.
[撰進 찬진] 글을 지어 임금에게 바침.
[撰集 찬집] 시가·문장 등을 모아 편집함. 또는, 그 책.
◢修撰(수찬)/新撰(신찬)/自撰(자찬)/制撰(제찬)/親撰(친찬)

4획

12 15 *2 **撤** 거둘 **철**

㊥chè(°처) ㊐テツ/のぞく
풀이 거두다. 치우다.
[撤去 철거] 건물·시설 등을 무너뜨려 없애거나 걷어치움.
[撤軍 철군] 주둔하고 있던 군대를 철수함. 撤兵(철병).
[撤兵 철병] ➡撤軍(철군).
[撤收 철수] ①거두어들이거나 걷어치움. ②진지 따위를 거두고 군대가 물러남. 撤退(철퇴).
[撤市 철시] 시장·가게 등의 문을 모조리 닫음.
[撤廢 철폐] 전에 있던 제도나 규칙 등을 걷어치워 없앰. 撤罷(철파).
[撤回 철회] 현 상태를 그만두고 본디대로 함.
◢毁撤(훼철)

12 15 *1 **撮** 취할 **촬**

㊥cuō(추어) ㊐サツ/とる
풀이 ①취하다. 요점을 따다. ‖ 撮要(촬요). ②모으다. ③상투를 싸는 작은 관(冠). ④용량의 단위. ⑤사진을 찍다.
[撮影 촬영] 어떤 모습이나 장면을 사진이나 영화로 찍음.
[撮要 촬요] 요점을 골라 간추림. 또는, 그 문서.

12 15 *1 **撑** 버틸 **탱** ㊄**청** ㊀撐 撑

㊥chēng(°청) ㊐トウ ㊀support
풀이 ①버티다. ②버팀대. ③배를 젓다.
[撑柱 탱주] 쓰러지지 않도록 받치는 기둥. 버팀기둥.

15 * **撐** 撑(탱)의 속자 →330쪽

12 15 **3 **播** 뿌릴 **파**

扌 扌 扌' 扌'' 抨 採 播 播

㊥bō(뽀) ㊐ハ/まく
자원 **형성자.** 手(수)는 의미를 나타내고 番(번)은 음을 나타냄.
풀이 ①뿌리다. 씨뿌림. ‖ 播種(파종). ②퍼뜨리다. ③베풀다. 널리 미치게 함. ④흩다. 흩뜨림. ⑤나뉘다. ⑥옮다.
[播多 파다] 소문 등이 널리 퍼짐.
[播種 파종] 씨를 뿌림. 播植(파식).
[播遷 파천] 임금이 도성을 떠나 다른 곳으로 피란하던 일. ‖ 俄館播遷(아관파천).
◢乾播(건파)/代播(대파)/晩播(만파)/撒播(살파)/傳播(전파)/點播(점파)/早播(조파)/種播(종파)/直播(직파)/秋播(추파)/春播(춘파)

13 16 **撼** 흔들 **감**

㊥hàn(한) ㊐カン/ゆらぐ
풀이 흔들다. 움직이다.
◢搖撼(요감)/震撼(진감)

13 16 **4 **據** 의거할 **거** ㊀拠 ㊁据

扌 扌 扌' 扌'' 护 挗 擄 據

㊥jù(쮜) ㊐キョ/よる
자원 **형성자.** 手(수)는 의미를 나타내고 豦(거)는 음을 나타냄.
풀이 ①의거하다. ②근거로 삼다. ‖ 論據(논거). ③의탁하다. 의지함. ④자리 잡고 살다. ⑤의지할 곳.
[據點 거점] 활동의 근거지.
◢根據(근거)/論據(논거)/本據(본거)/雄據(웅거)/依據(의거)/典據(전거)/占據(점거)/準據(준거)/證據(증거)/割據(할거)

13 16 **撿** 단속할 **검** 撿

㊥jiǎn(지엔) ㊐ケン/とりしまる
풀이 ①단속하다. ②조사하다. 살펴서 맞춤.

★★4
13 17 **擊** 칠 **격** ㉠击 擊

(필순) 㠯 車 𨊥 𨊥 𨌢 𣪠 𣪠 擊

㊥jī(찌) ㊐ゲキ/うつ
자원 **형성자.** 手(수)는 의미를 나타내고 𣪠(격)은 음을 나타냄.
풀이 ①치다. ②쳐서 죽이다. ③쳐서 꺾다. 쳐서 누름. ‖擊破(격파). ④부딪치다. ⑤움직이다. ⑥다스리다. 계도(啓導)함. ‖擊蒙(격몽).
〔擊毬 격구〕 옛날, 말을 타고 달리며 공채로 공을 치던 무예(武藝) 또는 놀음놀이. 打毬(타구).
〔擊滅 격멸〕 쳐서 멸망시킴.
〔擊發 격발〕 탄환을 쏘려고 방아쇠를 당겨 장약(裝藥)에 점화함.
〔擊殺 격살〕 무기 등으로 쳐서 죽임.
〔擊壤歌 격양가〕《중국 요(堯)임금 때, 늙은 농부가 땅을 두들기면서 태평한 생활을 즐거워하여 불렀다고 한 데에서》 풍년이 들어 농부가 태평한 세월을 즐기는 노래.
〔擊墜 격추〕 비행기 따위를 쏘아 떨어뜨림.
〔擊沈 격침〕 함선(艦船)을 공격하여 가라앉힘.
〔擊退 격퇴〕 적을 쳐서 물리침.
〔擊破 격파〕 ①함선·비행기 등을 쳐부숨. ②태권도 등에서, 벽돌·기왓장 등을 맨손이나 맨발 등으로 쳐서 깨뜨림.
◢加擊(가격)/攻擊(공격)/突擊(돌격)/目擊(목격)/反擊(반격)/排擊(배격)/射擊(사격)/襲擊(습격)/邀擊(요격)/遊擊(유격)/一擊(일격)/狙擊(저격)/電擊(전격)/進擊(진격)/銃擊(총격)/追擊(추격)/出擊(출격)/衝擊(충격)/打擊(타격)/砲擊(포격)/爆擊(폭격)/被擊(피격)

*
13 17 **擎** 들 **경** 擎

㊥qíng(칭) ㊐ケイ/かかげる
풀이 ①들다. 높이 들어 올림. ②떠받치다.

*1
13 16 **擒** 사로잡을 **금** 擒

㊥qín(친) ㊐キン/とらえる ㊈capture
풀이 사로잡다.
〔擒縱 금종〕 포로로 사로잡는 것과 용서하여 놓아줌.
◢生擒(생금)/七縱七擒(칠종칠금)

*1
13 16 **撻** 매질할 **달** ㉠挞 撻

㊥tà(타) ㊐タツ/むちうつ ㊈thrash
풀이 ①매질하다. 잘못을 바로잡기 위해 때림. ‖鞭撻(편달). ②빠르다.
〔撻楚 달초〕 잘못을 저질렀을 때, 어버이나 스승 등이 훈계하느라고 회초리로 볼기나 종아리를 때림.
◢鞭撻(편달)

★★4-Ⅱ
13 16 **擔** ❶멜 **담** ❷짐 **담** ㉠担 擔

(필순) 亅 扌 扌' 扌" 扩 扩 擔 擔

㊥dān(딴) ㊐タン/になう ㊈bear
자원 **형성자.** 手(수)는 의미를 나타내고 詹(첨)은 음을 나타냄.
풀이 ❶①메다. 짊어짐. ㊟儋. ②맡다. 책임짐. ‖擔當(담당). ③들다. 들어 올림. ❷①짐. 맡은 일. ②양(量)의 단위. 지금의 100근(斤). ③부피의 단위. 지금의 1섬.
〔擔當 담당〕 ①일을 맡아 함. ②맡은 사람. 담당자.
〔擔保 담보〕 ①맡아서 보증함. ②빚 대신 물건 등을 신용으로 제공하는 보증. 저당물·공탁물·보증인 따위.
〔擔稅 담세〕 납세의 의무를 짐.
〔擔任 담임〕 책임지고 맡아봄. 또는, 그런 사람.
◢加擔(가담)/負擔(부담)/分擔(분담)/全擔(전담)/專擔(전담)

*1
13 16 **擄** 노략질할 **로** ㉠掳 擄

㊥lǔ(루) ㊐ロ/かすめとる ㊈rob
풀이 ①노략질하다. 을러서 빼앗음. ②사로잡다. ㊟虜.
〔擄掠 노략〕 떼를 지어 돌아다니면서 사람과 재물을 빼앗음.
◢侵擄(침노)

13 16 **擗** 가슴 칠 **벽** 擗

㊥pǐ(피) ㊐ヘキ
풀이 ①가슴을 치다. 가슴을 치며 슬퍼함. ②열다.
〔擗踊 벽용〕 부모의 상사(喪事)를 당하여 매우 슬프게 울며 가슴을 침.

*1
13 17 **擘** 엄지손가락 **벽** 擘

㊥bò(뽀) ㊐ハク/おやゆび
풀이 엄지손가락.
◢巨擘(거벽)

13 16 擁 ★*3 안을 **옹** [간] 拥 擁

[중]yōng(융) [일]ヨウ/だく [영]embrace
[자원] **형성자.** 手(수)는 의미를 나타내고 雍(옹)은 음을 나타냄.
[풀이] ①안다. 끌어안음. ‖抱擁(포옹). ②잡다. 손에 쥠. ③지키다. 호위함. ‖擁護(옹호). ④거느리다. 복종시킴. ⑤싸다. 막음. ⑥차지하다.
〔擁立 옹립〕 임금의 자리에 모셔 세움.
〔擁衛 옹위〕 부축하여 호위함.
〔擁護 옹호〕《도와서 지킨다는 뜻으로》 지지하여 유리하도록 보호함.
◪抱擁(포옹)

13 16 操 ★*5 [1]잡을 **조** [2]절개 **조** 操

扌 扌 扌ᄆ 扌ᄆ 扌品 扌品 搡 操

[중]cāo(차오) [일]ソウ/とる [영]take
[자원] **형성자.** 手(수)는 의미를 나타내고 喿(소)는 음을 나타냄.
[풀이] [1]①잡다. 쥠. 가짐. ②부리다. ‖操縱(조종). ③군사 훈련. ④운동. ‖體操(체조). [2]①절개. 절조. ‖志操(지조). ②곡조.
〔操鍊 조련〕 ①전투에 적응하도록 행하는 훈련. 教練(교련). ②못되게 굴어 남을 몹시 괴롭힘. 操練(조련).
〔操身 조신〕 몸가짐을 조심함.
〔操心 조심〕 잘못이나 실수가 없도록 마음을 씀.
〔操業 조업〕 기계를 움직여 작업을 함.
〔操作 조작〕 ①기계 따위를 일정한 방식에 따라 다루어 움직임. ②자기에게 유리한 쪽으로 이끎.
〔操縱 조종〕 ①비행기·선박·자동차 등의 기계를 다루어 부림. ②마음대로 부려 복종하게 함.
〔操舵 조타〕 배의 키를 조종함.
◪貞操(정조)/志操(지조)/體操(체조)

13 16 擅 *1 멋대로 할 **천** 擅

[중]shàn(°싼) [일]セン/ほしいまま
[풀이] ①멋대로 하다. 마음대로 함. ②차지하다. ③물려주다.
〔擅權 천권〕 권력을 제멋대로 부림.
〔擅斷 천단〕 멋대로 결단을 내림.
〔擅橫 천횡〕 거리낌 없이 제 마음대로 행함. 專橫(전횡).

13 16 擇 ★*4 가릴 **택** [약] 択 [간] 择 擇

扌 扌 扌ᄀ 扌罒 扌罒 擇 擇 擇

[중]zé(저) [일]タク/えらぶ [영]select
[자원] **형성자.** 手(수)는 의미를 나타내고 睪(역)은 음을 나타냄.
[풀이] 가리다. ㉮좋은 것을 가려 뽑다. ㉯가려서 구분하다. 차별을 둠.
〔擇吉 택길〕 ➡擇日(택일).
〔擇良 택량〕 좋은 것을 택함.
〔擇言 택언〕 말을 골라서 함. 또는, 그 말.
〔擇一 택일〕 여럿 가운데에서 하나를 고름.
〔擇日 택일〕 좋은 날을 가림. 擇吉(택길).
〔擇地 택지〕 좋은 땅을 고름.
◪揀擇(간택)/選擇(선택)/採擇(채택)/取擇(취택)

14 17 擱 놓을 **각** [간] 搁 擱

[중]gē(꺼) [일]カク/おく [영]put down
[풀이] ①놓다. 잡고 있던 것을 놓음. ②멈추다. 좌초(坐礁)함.
〔擱筆 각필〕 ①편지에서 글을 마치고 붓을 놓음. ②다른 사람의 글이 뛰어나 쓰던 글을 멈춤. 閣筆(각필).

14 18 擧 ☆*5 들 **거** [약] 挙 [간] 举 擧

𠂉 𠂉 𦥑 𦥑 𦥑 𦥯 與 擧

[중]jǔ(쥐) [일]キョ/あげる [영]hold
[자원] **회의 겸 형성자.** 與(줄 여)와 手(손 수)가 합쳐진 자. 與는 舁(마주 들 여)와 与(여)가 더해진 자이며, 여기에 손동작을 강조하기 위해 手를 더한 자가 擧임. 手는 의미를 나타내고 與는 의미와 음을 겸하여 나타냄.
[풀이] ①들다. ㉮권하다. ㉯손에 들다. ㉰천거하다. ㉱일으키다. ㉲행하다. ㉳묻다. ②오르다. ③움직이다. ④행실(行實). 행동. ‖行動擧止(행동거지). ⑤다. 죄다. 통틀어. ‖擧國(거국).
〔擧家 거가〕 온 집안.
〔擧皆 거개〕 거의 모두.
〔擧國 거국〕 온 나라. 전국(全國).
〔擧動 거동〕 행동하는 짓이나 태도.
〔擧頭 거두〕 ①머리를 듦. ②떳떳하게 머리를 들어 남을 대함.
〔擧論 거론〕 어떤 일을 논제로 삼음.
〔擧名 거명〕 누구라고 이름을 밝혀 말함.
〔擧兵 거병〕 군사를 일으킴.
〔擧事 거사〕 사회적 영향이나 의의가 큰 일을 일으킴.
〔擧世 거세〕 온 세상. 또는, 세상 사람 모두.
〔擧手 거수〕 찬반을 나타내거나 경례를 붙이기 위해 손을 위로 들어 올림.
〔擧案齊眉 거안제미〕《밥상을 눈썹과 가지런하도록 공손히 들어 남편 앞에

가지고 간다는 뜻으로》 남편을 깍듯이 공경함.
〔擧子 거자〕 과거를 보는 선비. 擧人(거인).
〔擧措 거조〕 움직일 때나 가만히 있을 때의 모든 몸가짐. 擧止(거지).
〔擧族 거족〕 온 겨레나 종족.
〔擧證 거증〕 증거를 들어 증명함. 또는, 그 증거. 立證(입증).
〔擧止 거지〕 ➡擧措(거조).
〔擧行 거행〕 ①의식(儀式)을 치름. ②명령대로 행함.
◢檢擧(검거)/輕擧(경거)/科擧(과거)/大擧(대거)/未擧(미거)/選擧(선거)/列擧(열거)/例擧(예거)/義擧(의거)/一擧(일거)/壯擧(장거)/薦擧(천거)/推擧(추거)/快擧(쾌거)/暴擧(폭거)/携擧(휴거)

*1 14 17 **擡** 들 **대** [속][간] 抬 擡

[중]tái(타이) [일]タイ/もたげる [영]raise
[풀이] ①들다. 들어 올림. 치켜듦. ②두 사람이 메다.
〔擡頭 대두〕 ①어떤 현상이나 세력이 사회적으로 일어나 나타남. ②글을 쓸 때, 경의를 표하는 뜻으로, 줄을 바꾸어 다른 줄보다 한 자 올려 씀. ※平出(평출).

14 17 **擣** 찧을 **도** 擣

[중]dǎo(다오) [일]トウ/つく [영]grind
[풀이] ①찧다. 빻음. [같]搗. ②찌르다. 공격함. ③다듬이질하다. 두드림. [같]搗. ‖擣衣(도의). ④닿다. 접촉함.
〔擣藥 도약〕 약재를 빻음.
〔擣衣 도의〕 옷을 다듬이질함.

* 14 18 **擥** 攬(람)과 동자 →335쪽

14 17 **擯** 물리칠 **빈** [간] 摈 擯

[중]bìn(삔) [일]ヒン/しりぞける [영]reject
[풀이] ①물리치다. 배척함. ②인도(引導)하다. 빈객을 인도하는 사람.
〔擯介 빈개〕 주객(主客) 사이에 서서 주선하는 사람.
〔擯斥 빈척〕 물리쳐 배척함.

*1 14 17 **擬** 헤아릴 **의** [간] 拟 擬

[중]nǐ(니) [일]ギ/はかる [영]ponder
[자원] **형성자.** 手(수)는 의미를 나타내고 疑(의)는 음을 나타냄.
[풀이] ①헤아리다. 상량(商量)함. ②견주다. 비교함. ③흉내 내다. 본뜸. ‖擬古(의고). ④의심하다. ⑤향하다.
〔擬古 의고〕 ①옛 것을 모방함. ②시문(詩文)을 옛 형식에 맞추어 지음.
〔擬死 의사〕 외부로부터 갑작스러운 자극을 받은 동물이 움직이지 않고 죽은 체함.
〔擬似 의사〕 실제와 비슷한 상태.
〔擬聲 의성〕 ➡擬音(의음).
〔擬律 의율〕 법률을 어떤 사실이나 행위에 적용함. 照律(조율).
〔擬音 의음〕 음향 효과를 위해 비·바람·파도·동물의 소리들을 인공적으로 흉내 내어 만들어 내는 일. 또는, 그렇게 만든 소리. 擬聲(의성).
〔擬人 의인〕 사람이 아닌 것을 사람에게 비김.
〔擬態 의태〕 어떤 모양이나 동작을 본떠서 흉내냄.
◢模擬(모의)

14 17 **擠** 밀 **제** [간] 挤 擠

[중]jǐ(지) [일]セイ/おす [영]squeeze
[풀이] ①밀다. 밀침. 밀어 떨어뜨림. ‖擠陷(제함). ②배척하다. ③해치다. 상하게 함. ④꺾다. 기세를 누름.
〔擠陷 제함〕 악의로 남을 함정에 빠뜨림.

*1 14 17 **擦** 비빌 **찰** 擦

[중]cā(차) [일]サツ/こする [영]rub
[풀이] 비비다. 문지르다.
〔擦過傷 찰과상〕 스치거나 문질려서 살갗이 벗어진 상처. 擦傷(찰상).
〔擦傷 찰상〕 ➡擦過傷(찰과상).
◢摩擦(마찰)

*1 14 17 **擢** 뽑을 **탁** 擢

[중]zhuó(°주어) [일]テキ/ぬく [영]pull out
[풀이] ①뽑다. 뽑아버림. ②뽑아내다. 발탁(拔擢)함. ③솟다. 빼어남. 뛰어남. ④길다. 길게 늘임.
〔擢秀 탁수〕 여럿 가운데 빼어남. 또는, 그런 사람.
◢拔擢(발탁)

*1 15 19 **攀** 더위잡을 **반** 攀

[중]pān(판) [일]ハン/よじのぼる
[풀이] ①더위잡다. 무엇을 붙잡고 오름. ‖登攀(등반). ②매달리다. 달라붙음. ③의지하다. 힘으로 이용함.
〔攀桂 반계〕 《계수나무에 오른다는 뜻으로》 과거에 급제함.
〔攀龍附鳳 반룡부봉〕 《용을 끌어 잡고

4획

봉황에 붙는다는 뜻으로) 훌륭한 임금을 좇아서 공명을 세움.
◢登攀(등반)

15 18 **擾** *1 어지러울 **요** | 간 扰 擾

중rǎo(°라오) 일ジョウ/みだれる 영disturbed
자원 **형성자.** 手(수)는 의미를 나타내고 憂(우)는 음을 나타냄.
풀이 ①어지럽다. 어지럽힘. ②흐려지다. ③길들이다. ④순하다. 유순함.
[擾亂 요란] ①시끄럽고 떠들썩함. ②정도가 지나쳐 야단스러움. 搖亂(요란).
[擾民 요민] 백성을 귀찮게 함.
◢煩擾(번요)/紛擾(분요)/騷擾(소요)/洋擾(양요)/喧擾(훤요)

18 **攢** 攢(찬)의 속자 →335쪽

15 18 **擲** *1 던질 **척** | 간 掷 擲

중zhì(°쯔) 일テキ, ジャク/なげうつ 영throw
풀이 ①던지다. ②버리다. ③노름하다.
[擲柶 척사] 윷놀이.
[擲殺 척살] 내던져 죽임.
◢投擲(투척)

15 18 **攄** *1 펼 **터** 본**처** | 간 摅 攄

중shū(°쑤) 일チョ/のべる 영spread
풀이 ①펴다. ㉮말을 늘어놓다. 생각을 나타냄. ㉯넓게 깔거나 벌임. ㉰널리 퍼뜨리다. ②오르다. 높이 뛰어 오름.
[攄得 터득] 경험을 쌓거나 연구하여 깨달아 앎.
[攄破 터파] 자기의 속마음을 털어놓아 남의 의혹을 풀게 함.

15 18 **擺** * 열릴 **파** | 간 摆 擺

중bǎi(바이) 일ハイ/ひらく 영open
풀이 ①열리다. ②벌여 놓다. 배열함. ③털다. 털어버림. ④흔들리다. 요동함.
[擺撥 파발] 공문을 급히 보내기 위하여 설치한 역참(驛站).
[擺撥馬 파발마] 공무로 급히 가는 사람이 타는 말. 騎撥(기발).
[擺脫 파탈] 예절·속박으로부터 자유로워짐.

15 18 **擴** ★*3 넓힐 **확** | 약 拡 간 扩 擴

扌 扩 扩 扩 搪 擴 擴 擴

중kuò(쿠어) 일カク/ひろめる 영expand
자원 **형성자.** 手(수)는 의미를 나타내고 廣(광)은 음을 나타냄.
풀이 넓히다. 규모·세력 등을 넓힘.
[擴大 확대] 늘려서 크게 함. ↔縮小(축소).
[擴散 확산] ①흩어져 널리 퍼짐. ②한 물질이 다른 물질에 스며들어 같은 농도가 되는 현상.
[擴聲器 확성기] 소리를 크게 하여 멀리까지 들리게 하는 기구. 스피커.
[擴張 확장] 늘려 넓힘.
[擴充 확충] 넓혀서 충실하게 함.

17 20 **攘** *1 물리칠 **양** | 攘

중rǎng(°랑) 일ジョウ/はらう 영drive out
풀이 ①물리치다. ‖攘夷(양이). ②물러나다. ③덜다. 제거함. ④훔치다. 도둑질함. ‖攘奪(양탈).
[攘夷 양이] 외국 사람을 얕보고 배척함.
[攘斥 양척] 쫓아 물리침.
[攘奪 양탈] 폭력을 써서 억지로 빼앗음. 掠奪(약탈).
◢擊攘(격양)/掃攘(소양)

18 21 **攝** ★*3 당길 **섭** | 약 摂 간 摄 攝

중shè(°써) 일セツ/ひく
자원 **형성자.** 手(수)는 의미를 나타내고 聶(섭)은 음을 나타냄.
풀이 ①당기다. 끌어당김. ②다스리다. 단정하게 매만짐. ③돕다. 보좌함. ④대신하다. ‖攝政(섭정). ⑤겸하다. ⑥기르다. ‖攝生(섭생).
[攝理 섭리] ①병에 걸린 몸을 잘 조리함. ②대신하여 다스림. ③자연계를 지배하고 있는 원리와 법칙. ④신(神)이 이 세상 모든 일을 다스리는 일.
[攝生 섭생] 적당한 운동과 식사로써 건강관리를 잘함. 養生(양생).
[攝養 섭양] 병에 걸리지 않도록 건강관리를 잘함. 養生(양생).
[攝政 섭정] 임금을 대신하여 정사(政事)를 맡아봄.
[攝取 섭취] ①영양분을 취함. ②좋은 요소를 받아들임. ③부처가 자비로 중생을 제도함.
◢兼攝(겸섭)/權攝(권섭)/調攝(조섭)/包攝(포섭)

21 **攜** 携(휴)의 본자 →328쪽

19 **孿** ❶걸릴 련 ❷오그라질 련 | ㉮ 挛
23

㊥luán(루안) ㉰レン/ひく ㊎continue
풀이 ❶①걸리다. 이어짐. ②경련이 일어나다. 쥐가 남. ❷오그라지다.

19 **攢** 모일 찬 | ㊔ 攅 ㉮ 攒 攢
22

㊥cuán(추안) ㉰サン/あつまる ㊎get together
풀이 ①모이다. 여기저기 모여 있는 모양. ②도려내다. ③흙으로 쌓은 약식 무덤. 토분(土墳). 토롱(土壟).
〔攢立 찬립〕 모여 일어섬.

19 **攤** 펼 탄 | ㉮ 摊 攤
22

㊥tān(탄) ㉰タン/ひらく ㊎spread
풀이 ①펴다. 펼침. ②벼르다. 배당함. ③노름. 도박.

20 **攪** 어지럽힐 교 | ㉮ 搅 攪
23

㊥jiǎo(지아오) ㉰カク, コウ/みだす ㊎disturb
풀이 ①어지럽히다. ‖攪亂(교란). ②뒤섞다. 휘저음. ③물소리.
〔攪亂 교란〕 뒤흔들어 어지럽게 함.
〔攪拌 교반〕 휘저어 섞음.

20 **攫** 붙잡을 확 | 攫
23

㊥jué(쥐에) ㉰カク/つかむ ㊎seize
풀이 ①붙잡다. ②움키다.

21 **攬** 잡을 람 | ㊐ 擥 ㉮ 揽 攬
24

㊥lǎn(란) ㉰ラン/とる ㊎grasp
풀이 ①잡다. 손에 쥠. ②추리다. 가려뽑음. ③따다. ④주관하다. 총괄함.
〔攬轡澄淸 남비징청〕《말고삐를 잡아 천하를 맑게 한다는 뜻으로》 관리가 되어 어지러운 정치를 새롭게 바로잡아 보겠다는 큰 뜻의 비유.
〔攬要 남요〕 요점을 추림.
◢總攬(총람)

支部 지탱할지

0 **支** 가를 지 | 支
4

一 十 ㄅ 支

㊥zhī(°쯔) ㉰シ/わける ㊎branch
전 자원 **회의자.** 대나무 가지(또는 나뭇가지)를 손에 들고 있는 모습을 나타냄. 본뜻은 '가지'. '갈래'의 뜻으로 쓰이게 되자 본뜻을 보존하기 위해 만든 자가 '枝'(가지 지)임.
한자 부수의 하나.
풀이 ①가르다. 갈림. ‖支流(지류). ②가지. ③버티다. 맞서서 겨루다. ④팔다리. ⑤헤아리다. 계산함. ⑥지지(地支). 12지(支). ‖干支(간지).
〔支局 지국〕 본사나 본국에서 갈라져 나간 곳.
〔支給 지급〕 물건이나 돈을 치러 줌.
〔支流 지류〕 ①강의 원줄기에서 갈려 흐르는 물줄기. ②갈려 나간 유파.
〔支離滅裂 지리멸렬〕 갈가리 찢기고 마구 흩어져 갈피를 잡을 수 없음.
〔支脈 지맥〕 ①원줄기에서 갈라져 나간 줄기. ②주맥(主脈)에서 좌우로 뻗어 나간 잎.
〔支配 지배〕 ①거느려 모든 일을 처리함. ②힘으로 타인의 생각이나 행동을 구속함.
〔支部 지부〕 본부의 관할 아래 그 지역의 사무를 맡아보는 곳.
〔支拂 지불〕 돈을 치름.
〔支社 지사〕 본사의 감독 아래 그 지역의 업무를 처리하는 곳.
〔支署 지서〕 본서에서 갈려 나간 관서.
〔支石 지석〕 남방식 고인돌에서 덮개돌을 받치고 있는 돌. ‖支石墓(지석묘).
〔支線 지선〕 본선에서 갈려 나간 선(線). ↔本線(본선)·幹線(간선).
〔支所 지소〕 본소의 감독 아래 그 지역의 업무를 처리하는 곳.
〔支孫 지손〕 지파(支派)의 자손.
〔支援 지원〕 원조함.
〔支子 지자〕 맏아들 이외의 아들.
〔支障 지장〕 일을 하는 데에 방해가 되는 장애.
〔支店 지점〕 본점에서 갈라져 나온 상점. ↔本店(본점).
〔支柱 지주〕 ①버텨 주어 쓰러지지 않도록 하는 기둥. ②의지할 수 있고 든든히 받쳐 주는 존재.
〔支持 지지〕 찬동하여 뒷받침함.
〔支廳 지청〕 본청에서 분리되어 그 감독을 받으며 소재지의 소관 업무를 다루는 관청.
〔支出 지출〕 어떤 목적을 위해 돈을 치름. ↔收入(수입).
〔支撐 지탱〕 버티어 나감.
〔支派 지파〕 종파(宗派)에서 갈라져 나간 파. 分派(분파).
◢干支(간지)/氣管支(기관지)/扶支(부지)/收支(수지)/十二支(십이지)/依支(의지)/地支(지지)

4획

12 16 **斄*** 바를 **리**

[중]lí(리) [일]リ

[풀이] 바르다.

攴部 등글월문 攴攵

0 4 **攴** 칠 **복** [동]攵

[중]pū(푸) [일]ボク

[갑] [금] [자원] **회의자.** 갑골문은 손에 막대기를 들고 무엇인가를 치는 모습을 나타냄.

한자 부수의 하나. 등글월 문(攵)이라 함은, 글월 문(文) 자 비슷하며 등(글자의 오른쪽)에 붙는 방(旁)이므로 이름.

[풀이] ①치다. 채찍질함. ②등글월 문. 부수(部首)에서, 방(旁)에만 씀.

4 **攵** 攴(복)과 동자 →336쪽

6 **攷*** 考(고)의 고자 →607쪽

2 6 **收**☆*4-Ⅱ 거둘 **수** [속]収

丨 丩 ㄐ' 屮' 收 收

[중]shōu(°써우) [일]シュウ/おさめる

[영]receive

[자원] **형성자.** 攴(복)은 의미를 나타내고 丩(구)는 음을 나타냄.

[풀이] ①거두다. 받아들이다. ‖收穫(수확). ②가지런히 하다. 정제(整齊)함. ③쉬다. 그만둠. 그침. ④잡다.

〔收監 수감〕 구치소나 교도소에 가두어 넣음.

〔收去 수거〕 거두어 감.

〔收金 수금〕 돈을 거두어들이는 일.

〔收納 수납〕 받아서 넣어 둠.

〔收斂 수렴〕 ①금품을 거두어들임. ②세금을 받아들임. ③방탕한 사람이 반성하여 조심함. 근신함. ④단단히 죔.

〔收錄 수록〕 ①모아서 기록함. ②책이나 잡지에 실음.

〔收買 수매〕 물건을 거두어 사들임.

〔收復 수복〕 잃었던 땅을 도로 찾음.

〔收贖 수속〕 돈으로 속죄함. 또는, 그 돈을 거둠.

〔收受 수수〕 거두어서 받음.

〔收拾 수습〕 ①흩어진 물건을 주워 정리함. ②어지러운 현상을 안정되게 함.

〔收屍 수시〕 시신을 거두어 머리와 팔다리를 바로잡음.

〔收用 수용〕 ①거두어들여 씀. ②공공(公共)의 이익을 위하여, 강제적으로 재산권을 취득하여 국가나 제삼자의 소유로 옮기는 일.

〔收容 수용〕 사람이나 물건을 일정한 장소에 넣어 둠.

〔收益 수익〕 이익을 거두어들임. 또는, 그 이익.

〔收入 수입〕 ①돈·물품 등을 거두어들임. 또는, 그 물품이나 돈. ②합법적으로 얻어 들이는 돈. ↔支出(지출).

〔收葬 수장〕 유해나 유골을 거두어 장사지냄.

〔收藏 수장〕 거두어 깊이 간직함.

〔收支 수지〕 수입과 지출.

〔收集 수집〕 거두어 모음.

〔收縮 수축〕 오그라들거나 줆.

〔收奪 수탈〕 강제로 재물을 빼앗음.

〔收穫 수확〕 곡식 따위를 거두어들임. 또는, 그 곡식.

〔收賄 수회〕 뇌물을 받음.

減收(감수)/買收(매수)/沒收(몰수)/稅收(세수)/實收(실수)/押收(압수)/年收(연수)/領收(영수)/月收(월수)/日收(일수)/接收(접수)/徵收(징수)/撤收(철수)/秋收(추수)/還收(환수)/回收(회수)

3 7 **改**☆*5 고칠 **개**

ㄱ ㄱ 己 己' 己' 改 改

[중]gǎi(가이) [일]カイ/あらためる

[영]improve

[갑] [금] [전] [자원] **회의자.** 아이를 나타내는 巳(사)와 攴(칠 복)이 합쳐진 자로, 아이를 매로 다스려 바로잡는 모습을 나타냄. 소전에 이르러 巳가 己(몸 기)로 바뀜.

[풀이] ①고치다. ㉮새롭게 고치다. ‖改革(개혁). ㉯바꾸다. ‖改名(개명). ②따로. 다시. 새삼스럽게. ③고쳐지다. 바꾸어짐.

〔改嫁 개가〕 결혼하였던 여자가 남편과 사별하거나 이혼하여 다른 남자와 결혼함.

〔改閣 개각〕 내각을 개편함.

〔改刊 개간〕 고쳐 간행함.

〔改稿 개고〕 원고를 고쳐 씀.

〔改過 개과〕 잘못을 고침.

〔改過遷善 개과천선〕 지난날의 잘못이나 허물을 고쳐 올바르고 착하게 됨.

〔改良 개량〕 좋게 고침.

〔改名 개명〕 이름을 고침.

〔改書 개서〕 다시 고쳐 씀.

〔改善 개선〕 나쁜 점을 고쳐 좋게 함.

〔改選 개선〕 임기가 끝나서 다시 뽑음.

〔改修 개수〕 고쳐 바로잡거나 다시 만듦.
〔改新 개신〕 묵은 것을 고쳐 새롭게 함. 更新(경신).
〔改心 개심〕 나쁜 마음을 고침.
〔改惡 개악〕 고쳐서 도리어 나빠지게 함.
〔改譯 개역〕 다시 고쳐 번역함.
〔改議 개의〕 ①고쳐 의논함. ②회의에서 동의(動議)를 고침.
〔改作 개작〕 다시 고쳐 짓거나 만듦. 또는, 그렇게 한 작품.
〔改葬 개장〕 장사를 다시 지냄.
〔改悛 개전〕 잘못을 뉘우쳐 고침. 改悟(개오). 改悔(개회).
〔改正 개정〕 잘못된 것을 바르게 고침.
〔改定 개정〕 고쳐 정함.
〔改訂 개정〕 고쳐 바로 잡음.
〔改題 개제〕 제목을 바꿈. 또는, 그 제목.
〔改造 개조〕 다시 고쳐 만듦.
〔改宗 개종〕 믿던 종교를 버리고 다른 종교를 믿음.
〔改鑄 개주〕 녹여서 다시 부어 만듦.
〔改竄 개찬〕 글이나 글자를 고쳐 씀.
〔改築 개축〕 건물·담장 등을 고쳐 짓거나 쌓음.
〔改春 개춘〕 ①다시 돌아온 봄. ②새해.
〔改漆 개칠〕 ①다시 칠함. ②붓글씨에서, 획을 그은 위에 붓을 대어 고침.
〔改稱 개칭〕 이름이나 호(號)를 고쳐 지음.
〔改編 개편〕 ①책 따위를 고쳐 다시 엮음. ②단체의 조직을 다시 편성함.
〔改廢 개폐〕 고치거나 없애 버림. 개정(改正)과 폐지(廢止).
〔改票 개표〕 승객의 차표를 확인함.
〔改憲 개헌〕 헌법을 개정함.
〔改革 개혁〕 새롭게 뜯어 고침.
◢變改(변개)/刪改(산개)/朝令暮改(조령모개)/朝變夕改(조변석개)/悔改(회개)

★✱4
3 7 **攻** 칠 **공** 攻

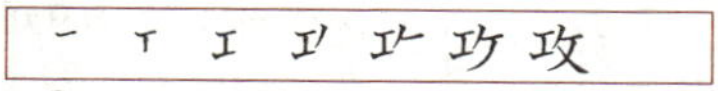

一 丅 工 工' 工𠂉 巧 攻

㊥gōng(꿍) ㊐コウ/せめる ㊓attack

자원 **형성자.** 攴(복)은 의미를 나타내고 工(공)은 음을 나타냄.

풀이 ①치다. 공격하다. ‖攻守(공수). ②다스리다. 다듬음. 치료함. ③닦다. 배움. 연구함. ‖專攻(전공). ④짓다. 만듦.
〔攻擊 공격〕 ①적을 침. ↔守備(수비). ②시비를 가려 논란함.
〔攻究 공구〕 연구함.
〔攻略 공략〕 남의 땅을 쳐서 빼앗음.
〔攻掠 공략〕 공격하여 남의 것을 약탈함.
〔攻駁 공박〕 잘못을 따지고 공격함.
〔攻防 공방〕 공격과 방어.
〔攻伐 공벌〕 공격하여 무찔러 없앰.
〔攻勢 공세〕 공격하는 태세나 그 세력. ↔守勢(수세).
〔攻守 공수〕 공격과 수비.
〔攻襲 공습〕 공격하여 침.
〔攻玉 공옥〕 ①옥을 갊. ②지덕(知德)을 닦음.
〔攻圍 공위〕 포위하여 공격함.
◢強攻(강공)/難攻(난공)/內攻(내공)/猛攻(맹공)/先攻(선공)/速攻(속공)/逆攻(역공)/專攻(전공)/侵攻(침공)/挾攻(협공)/火攻(화공)

✱
3 7 **攸** 바 **유** 攸

㊥yōu(여우) ㊐ユウ/ところ

풀이 ①바. 방법 또는 일 등의 뜻으로 쓰이는 의존 명사. ㊀所. ②다스리다. 닦음. ③태연한 모양. 느긋하고 유유한 모양. ④빠르다. 질주하는 모양.
〔攸好德 유호덕〕 5복(福)의 하나. 덕을 좋아하여 닦음.

☆✱6
4 8 **放** 놓을 **방** 放

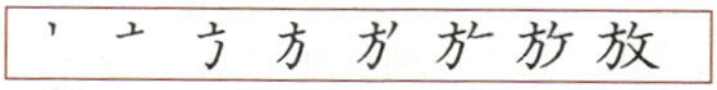

丶 亠 亍 方 方' 方𠂉 於 放

㊥fàng(°팡) ㊐ホウ/はなす ㊓release

금 자원 **회의 겸 형성자.** 땅의 가장자리를 뜻하는 方(방)과 손에 몽둥이를 들고 있는 모습을 나타내는 攴(복)이 합쳐진 자로, 변방으로 내치는 것을 나타냄. 攴은 의미를 나타내고 方은 의미와 음을 겸하여 나타냄.

풀이 ①놓다. ㉮석방하다. ‖放免(방면). ㉯불을 지르다. ‖放火(방화). ②내치다. 추방함. ③놓이다. 석방됨. ④내놓다. 꿔어줌. ‖放債(방채). ⑤멋대로 하다. 거리낌이 없음. ‖放言(방언).
〔放歌 방가〕 큰 소리로 노래를 부름.
〔放哭 방곡〕 목 놓아 욺.
〔放課 방과〕 그날 정해진 학과가 끝남. 또는, 학과를 끝냄.
〔放光 방광〕 빛을 발함.
〔放氣 방기〕 방귀.
〔放棄 방기〕 내버리고 돌아보지 않음.
〔放尿 방뇨〕 오줌을 아무 데서나 함부로 눔.
〔放談 방담〕 생각나는 대로 거리낌 없이 말함.
〔放浪 방랑〕 정처 없이 떠돌아다님.
〔放良 방량〕 노비를 놓아 양민(良民)이 되게 함.
〔放流 방류〕 ①모아서 가두어 둔 물을 흘려보냄. ②기르기 위해 어린 물고기를 물에 놓아 보내는 일. ③귀양을 보냄.
〔放漫 방만〕 제멋대로 하여 야무지게

맺고 끊음이 없음.
〔放賣 방매〕 물건을 내놓아 팖.
〔放免 방면〕 붙잡아 가두어 두었던 사람을 놓아줌.
〔放牧 방목〕 가축을 놓아먹임.
〔放辟 방벽〕 제멋대로 행동함.
〔放射 방사〕 ①바퀴살 모양으로 중심에서 사방으로 내뿜음. ②열이나 전자기파가 물체로부터 방출되는 현상. 輻射(복사).
〔放生 방생〕 공덕을 쌓기 위해 잡힌 물고기나 날짐승 등을 놓아줌.
〔放送 방송〕 라디오나 텔레비전을 통하여 사람들이 널리 듣고 볼 수 있도록 음성이나 영상을 전파로 내보냄.
〔放心 방심〕 ①마음을 다잡지 않고 풀어 놓음. ②편안하게 마음을 놓음. ③걱정하던 것을 풀어 없앰. 釋慮(석려).
〔放言 방언〕 거리낌 없이 함부로 하는 말. 放語(방어).
〔放熱 방열〕 열을 내쏨. 또는, 그 열.
〔放映 방영〕 텔레비전으로 방송함.
〔放逸 방일〕 제멋대로 거리낌 없이 놂.
〔放任 방임〕 간섭하지 않고 내버려 둠.
〔放恣 방자〕 ①무례하고 건방짐. ②제멋대로임.
〔放縱 방종〕 거리낌 없이 제멋대로 행동함.
〔放債 방채〕 돈놀이를 함.
〔放逐 방축〕 자리에서 쫓아냄.
〔放出 방출〕 ①비축해 놓은 것을 내놓음. ②열·빛·전파의 형태로 에너지를 내보냄.
〔放置 방치〕 내버려 둠.
〔放蕩 방탕〕 ①주색에 빠져 놀아남. ②마음이 들떠 걷잡을 수 없음.
〔放學 방학〕 학교에서 일정한 기간 수업을 쉬는 일.
〔放火 방화〕 일부러 불을 지름.
◩開放(개방)/百花齊放(백화제방)/奔放(분방)/釋放(석방)/自由奔放(자유분방)/直放(직방)/追放(추방)/解放(해방)/豪放(호방)/訓放(훈방)

8 政 政(정)의 본자 →338쪽

☆＊4-Ⅱ
5 9 故 연고 고

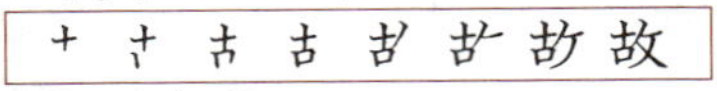

十 ㅜ 古 古 古' 古ʰ 故 故

㊥gù(꾸) ㊐コ/ゆえ
자원 **형성자.** 攴(복)은 의미를 나타내고 古(고)는 음을 나타냄.
풀이 ①연고. 까닭. ②예. ③옛. 이전의. ④묵다. 오래되다. 낡다. ⑤고로. 그러므로. ⑥죽다. ‖故人(고인). ⑦나이 많은 사람.
〔故家 고가〕 여러 대에 걸쳐 벼슬하며 잘 살아온 집안.
〔故舊 고구〕 사귄 지 오래된 친구. 故交(고교).
〔故國 고국〕 조상 때부터 살아왔고 자기가 태어났으나 현재는 살고 있지 않은 나라.
〔故基 고기〕 자기가 살던 터.
〔故老 고로〕 ①인습에 젖은 늙은이. ②늙고 덕망이 높은 사람.
〔故事 고사〕 ①옛날에 있었던 일. 古事(고사). ②옛날부터 전해 내려오는 유서 깊은 일. ‖故事成語(고사성어).
〔故山 고산〕 고향.
〔故實 고실〕 ①예전에 있던 일. ②옛 의식(儀式) 예법으로 후세의 본이 되는 것.
〔故友 고우〕 ①사귄 지 오래된 벗. 故人(고인). ②이미 세상을 떠난 벗.
〔故園 고원〕 ①옛 뜰. ②고향.
〔故意 고의〕 일부러 하는 생각이나 태도.
〔故人 고인〕 ①죽은 사람. ② ➡故友(고우)①.
〔故障 고장〕 ①기계 따위에 생긴 이상. ②몸에 탈이 생김.
〔故情 고정〕 전부터 사귀어 온 정분.
〔故宅 고택〕 예전에 살던 집.
〔故土 고토〕 고향의 땅.
〔故鄕 고향〕 태어나서 자란 곳. 또는, 조상 대대로 살아온 곳.
◩無故(무고)/物故(물고)/變故(변고)/別故(별고)/事故(사고)/緣故(연고)/有故(유고)/作故(작고)

＊
5 9 敃 강할 민

㊥mǐn(민) ㊐ビン ㊖strong
풀이 ①강하다. ②힘쓰다.

☆＊4-Ⅱ
4 9 政 정사 정 본 政

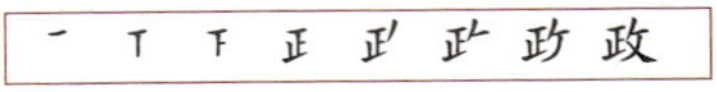

一 丅 下 正 正' 正ʰ 政 政

㊥zhèng(°쩡) ㊐セイ/まつりごと ㊖politics
갑 금 자원 **회의 겸 형성자.** 正(바를 정)과 攴(칠 복)이 합쳐진 자로, 매로 쳐서 바르게 하는 것을 나타냄. 攴은 의미를 나타내고 正은 의미와 음을 겸하여 나타냄.
풀이 ①정사(政事). 정치상의 일. ‖國政(국정). ②바루다. 바로잡음. ③법규. 법제. ④정치하는 사람. 임금. 관리.
〔政綱 정강〕 정치의 강령(綱領).
〔政客 정객〕 정계에서 활동하는 사람.
〔政見 정견〕 정치상의 식견이나 의견.
〔政經 정경〕 정치와 경제.
〔政界 정계〕 정치에 관계하는 사람들의 사회적 분야.
〔政教 정교〕 ①정치와 교육. ②정치와

종교.
〔政局 정국〕 정치적 국면.
〔政權 정권〕 ①정치를 행하는 권력. ②국가의 정치적 주권.
〔政黨 정당〕 정견(政見)을 같이하는 사람들이 정권에의 참여를 목적으로 조직한 단체.
〔政略 정략〕 ①정치상의 책략. ②어떤 목적을 위한 방책.
〔政務 정무〕 정치나 국가 행정에 관한 사무.
〔政變 정변〕 비합법적 수단으로 인한 정권의 변동.
〔政府 정부〕 국가의 정무를 행사하는 기관.
〔政事 정사〕 정치에 관계되는 일.
〔政丞 정승〕 조선 시대, 영의정·좌의정·우의정을 이름.
〔政策 정책〕 정치적 목적을 실현하기 위한 방책.
〔政廳 정청〕 정무를 보는 관청.
〔政體 정체〕 ①정치하는 방도. ②국가 주권의 행사 형식.
〔政治 정치〕 주권자가 그 영토와 국민을 다스리는 일. 政事(정사).
〔政況 정황〕 정계의 상황.
◢家政(가정)/國政(국정)/軍政(군정)/內政(내정)/農政(농정)/黨政(당정)/民政(민정)/法政(법정)/庶政(서정)/善政(선정)/攝政(섭정)/稅政(세정)/垂簾聽政(수렴청정)/市政(시정)/神政(신정)/失政(실정)/惡政(악정)/壓政(압정)/王政(왕정)/爲政(위정)/議政(의정)/財政(재정)/帝政(제정)/執政(집정)/參政(참정)/暴政(폭정)/虐政(학정)/行政(행정)/憲政(헌정)/酷政(혹정)

☆✱5
6
10 **效** 본받을 **효** | ㊍ 効 效

亠 六 六 交 交 交' 效 效

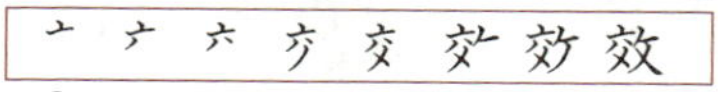

㊥xiào(씨아오) ㊐コウ/ならう
자원 **형성자.** 攴(복)은 의미를 나타내고 交(교)는 음을 나타냄.
풀이 ①본받다. 본받아 배움. ‖效則(효칙). ②주다. 수여함. ③아뢰다. 말씀드림. ④밝히다. 명백히 함. ⑤나타나다. 드러남. ‖效果(효과). ⑥보람. 효험. ‖效驗(효험).
〔效果 효과〕 ①보람이 있는 좋은 결과. ②연극이나 영화에서, 그 장면에 어울리는 분위기나 소리 등을 인위적으로 나타내는 일.
〔效能 효능〕 효험을 나타내는 능력.
〔效力 효력〕 ①어떤 원하는 결과가 나타나게 하는 힘. ②법률·규칙 등의 작용.
〔效顰 효빈〕 《월(越)나라의 미인 서시(西施)가 배가 아파 얼굴을 찡그리자 어떤 추녀가 미인은 얼굴을 찡그리는 것이라 생각하고 자기도 찡그렸다는 고사에서》 무턱대고 남의 흉내를 냄. 또는, 남의 결점을 장점인 줄 알고 본뜸. 西施顰目(서시빈목).
〔效用 효용〕 보람 있게 쓰임.
〔效率 효율〕 애쓴 노력과 얻어진 결과의 비율. ‖效率的(효율적).
〔效則 효칙〕 본받아서 법을 삼음.
〔效驗 효험〕 일이나 작용의 좋은 보람.
◢得效(득효)/無效(무효)/發效(발효)/速效(속효)/時效(시효)/失效(실효)/藥效(약효)/有效(유효)/奏效(주효)/卽效(즉효)/特效(특효)

☆✱8
7
11 **教** 가르칠 **교** | ㊍간 教 敎

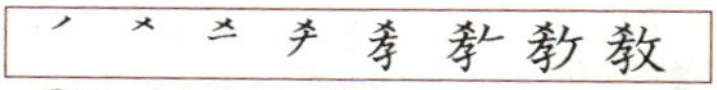

ノ ㄨ 土 耂 孝 孝' 孝攵 教

㊥jiào(찌아오) ㊐キョウ/おしえる
갑 자원 **회의자.** 줄로 매듭을 짓는 모습을 나타낸 爻(효)와 아이를 나타낸 子(자)와 막대기를 손에 든 모양을 나타낸 攴(복)이 합쳐진 자로 '매로 아이를 때려 매듭 짓는 법을 가르치다'의 뜻을 나타냄. 고대 중국에서 매듭짓기, 즉 결승(結繩)은 글자가 출현하기 이전에 문자와 같은 구실을 했음.
풀이 ①가르치다. ㉮깨닫게 하다. ㉯올바른 길로 일깨우다. ㊇斅. ‖教化(교화). ㉰바로잡아 주다. ②가르침. ③스승. 선생.
〔教科 교과〕 학교에서 가르치는 과목.
〔教科目 교과목〕 교과를 세분한 부분.
〔教官 교관〕 ①학교에서 군사 훈련의 직무를 맡은 교사. ②군대에서 군사 교육 및 훈련을 맡아보는 장교.
〔教具 교구〕 효과적인 학습을 위해 쓰는 도구. 教授用具(교수 용구).
〔教區 교구〕 포교나 신도의 지도·감독을 위하여 편의상 나눈 구역.
〔教權 교권〕 ①교사로서의 권위나 권력. ②종교상의 권위.
〔教難 교난〕 종교상의 박해나 고난.
〔教團 교단〕 같은 종교적 교의(教義)를 믿는 사람들끼리 모인 단체.
〔教徒 교도〕 종교를 믿는 사람.
〔教導 교도〕 가르쳐 인도함.
〔教鍊 교련〕 ①병사(兵士)를 가르치고 훈련함. ②학교에서 시행하는 군사 교육.
〔教令 교령〕 임금의 명령.
〔教理 교리〕 종교상의 이론.
〔教務 교무〕 ①학생을 가르치는 일에 대한 사무. ②종교상의 사무.
〔教範 교범〕 가르치는 데 모범으로 삼는 기본 법칙.
〔教本 교본〕 교재로 쓰는 책.
〔教師 교사〕 일정한 자격을 가지고 학생을 가르치는 사람. 곧, 유치원 및

초등·중등학교의 선생.
〔教唆 교사〕 남을 부추겨 못된 짓을 하게 함. ‖教唆犯(교사범).
〔教勢 교세〕 종교의 세력.
〔教授 교수〕 ①학문 또는 기예(技藝)를 가르침. ②대학에서, 제자에게 학문을 가르치는 사람.
〔教習 교습〕 가르쳐 익히게 함.
〔教示 교시〕 가르쳐 보임.
〔教室 교실〕 ①유치원, 초등 및 중고등 학교에서 학생들이 수업하는 방. ②교양이나 기능 등을 배우는 강좌.
〔教案 교안〕 교사가 수업의 목표·방법·시간 배당 등에 대하여 안을 세운 것. 教授案(교수안).
〔教養 교양〕 ①가르쳐 기름. ②학문·지식·사회생활을 바탕으로 이루어지는 품위. 또는, 문화에 대한 폭넓은 지식.
〔教役者 교역자〕 설교·전도 등의 종교적 사업에 종사하는 사람. 곧, 목사·전도사 등.
〔教外別傳 교외별전〕 선종(禪宗)에서 부처의 가르침을 말이나 글에 의하지 않고 마음에서 마음으로 전하는 일. ※以心傳心(이심전심).
〔教友 교우〕 같은 종교를 믿는 사람.
〔教育 교육〕 지식과 기술 등을 가르치며 인격을 길러 줌.
〔教義 교의〕 종교상의 가르침.
〔教人 교인〕 종교, 특히 크리스트교를 믿는 사람.
〔教場 교장〕 ①가르치는 곳. ②일정한 교육 시설을 해 놓은 곳.
〔教材 교재〕 교수 및 학습에 필요한 여러 가지 재료.
〔教祖 교조〕 어떤 종교나 종파를 처음 세운 사람. 教主(교주).
〔教主 교주〕 ① ➡教祖(교조). ②한 종교 단체의 우두머리.
〔教職 교직〕 ①학생을 가르치는 직무. ②교회에서 신자 또는 여러 사람을 교도(教導)하는 직무.
〔教派 교파〕 종교의 분파. 宗派(종파).
〔教鞭 교편〕 (('학생을 가르칠 때 교사가 가지는 회초리'라는 뜻으로)) 교직(教職)을 이름.
〔教學 교학〕 ①가르치는 일과 배우는 일. ②교육과 학문.
〔教化 교화〕 ①교도하여 감화시킴. ②중생을 가르쳐서 불도(佛道)에 향하게 함.
〔教會 교회〕 크리스트교 신자들의 공동체. 또는, 그들이 모여 예배 보는 건물.
〔教訓 교훈〕 행동이나 생활에 지침이 될 만한 가르침.
◢舊教(구교)/國教(국교)/基督教(기독교)/道教(도교)/密教(밀교)/背教(배교)/佛教(불교)/祕教(비교)/邪教(사교)/宣教(선교)/說教(설교)/殉教(순교)/信教(신교)/新教(신교)/儒教(유교)/異教(이교)/入教(입교)/傳教(전교)/宗教(종교)/主教(주교)/黜教(출교)/胎教(태교)/布教(포교)/回教(회교)

＊ 11 教

教(교)의 속자 →339쪽

☆＊5 7 11 救 건질 구

扌 才 求 求 求 求 救 救

㊥jiù(찌우) ㊐キュウ/すくう

자원 **형성자.** 攴(복)은 의미를 나타내고 求(구)는 음을 나타냄.

풀이 ①건지다. 도움. ②고치다. 치료함. ‖救病(구병). ③도움. 구원.

〔救國 구국〕 나라를 위기에서 구함.
〔救急 구급〕 위급한 상황에서 구해 냄.
〔救命 구명〕 사람의 목숨을 건짐.
〔救病 구병〕 앓는 사람을 돌보아 줌.
〔救貧 구빈〕 가난한 사람을 구제함.
〔救世 구세〕 ①세상 사람들을 고통에서 구함. ②인류를 죄악에서 구원함.
〔救世濟民 구세제민〕 어지러운 세상을 구원하고 고통 받는 백성을 구제함. 濟世安民(제세안민).
〔救世主 구세주〕 ①(('인류를 죄악에서 구원하는 주'라는 뜻으로)) '예수 그리스도'의 이칭. 救主(구주). ②어려움이나 고통에서 구해 주는 사람의 비유.
〔救援 구원〕 곤란을 면하도록 도와줌.
〔救人 구인〕 남의 어려움을 구하여 줌.
〔救濟 구제〕 어려운 지경에 빠진 사람을 도와줌.
〔救助 구조〕 재난을 당해 위기에 빠진 사람을 구해 줌.
〔救出 구출〕 위험한 상태에서 구해 냄.
〔救護 구호〕 구조하여 보호함.
〔救荒 구황〕 흉년 때 빈민을 도와 굶주림에서 벗어나게 함.
〔救恤 구휼〕 물품을 베풀어 곤궁한 사람을 도와줌.
◢急救(급구)/自救(자구)

★＊3 7 11 敏 재빠를 민

𠂉 𠂊 勹 勹 每 每 敏 敏

㊥mǐn(민) ㊐ビン/すばやい

갑 금 전 자원 **회의 겸 형성자.** 갑골문·금문은 머리에 비녀를 꽂은 여자를 나타내는 每(매)와 손을 나타내는 又(우)가 합쳐진 자로, 여자가 숙달된 솜씨로 비녀를 꽂고 있는 모습을 나타냄. 소전에서는 又가 攴(칠 복)으로 바뀜. 攴은 의미를 나타내고 每는 의미와 음을 겸하여 나타냄.

풀이 ①재빠르다. ‖敏捷(민첩). ②총명하다. ③힘쓰다.
〔敏感 민감〕 사물에 대한 느낌이 예민함. ↔鈍感(둔감).
〔敏速 민속〕 날쌔고 빠름.
〔敏腕 민완〕 《'재빠른 팔'이라는 뜻으로》 일을 재치 있고 빠르게 처리하는 솜씨.
〔敏捷 민첩〕 재빠르고 날쌤.
〔敏活 민활〕 날쌔고 활발함.
◢過敏(과민)/機敏(기민)/明敏(명민)/不敏(불민)/英敏(영민)/銳敏(예민)

★✱3
7 11 **敍** 차례 **서** | 속 叙 속간 叙 敍

중xù(쒸) 일ジョ/ついで
자원 **형성자.** 攴(복)은 의미를 나타내고 余(여)는 음을 나타냄.
풀이 ①차례. ㉮순서. ㉯행렬(行列). ㉰등급. ②차례를 매기다. 순서를 정함. ③차례로 행하다. ④펴다. 말함. ⑤줄을 섬.
〔敍事 서사〕 사실을 있는 그대로 서술함. 또는, 그 글.
〔敍事詩 서사시〕 있는 그대로의 사실을 읊은 시.
〔敍述 서술〕 일정한 내용을 차례를 좇아 말하거나 적음.
〔敍用 서용〕 죄로 인해 물러난 사람을 다시 기용함.
〔敍任 서임〕 벼슬을 내림.
〔敍情 서정〕 자기의 감정이나 정서를 그려 냄. 抒情(서정).
〔敍勳 서훈〕 훈공에 따라 훈장을 내림.
◢自敍(자서)/追敍(추서)

11 **敘** 敍(서)의 속자 →341쪽

✱
7 11 **敖** ❶놀 **오** ❷거만할 **오** | 敖

중áo(아오) 일ゴウ/あそぶ, おごる
풀이 ❶①놀다. 멋대로 굶. ②시끄럽다. ③북다. ❷①거만하다. ②놀리다. 희롱함.

11 **敕** 勅(칙)과 동자 →93쪽

☆✱5
7 11 **敗** 패할 **패** | 간 败 敗

중bài(빠이) 일ハイ/やぶれる
갑 금 자원 **회의 겸 형성자.** 貝(조개 패)와 攴(칠 복)이 합쳐진 자로, 조개를 막대기로 쳐서 깨뜨리는 모습을 나타냄. 조개는 화폐로 쓰였기 때문에 재산을 뜻했고 이것의 파괴는 파산을 의미함. 攴은 의미를 나타내고 貝는 의미와 음을 겸하여 나타냄.
풀이 ①패하다. ㉮지다. ‖敗走(패주). ㉯실패하다. ‖成敗(성패). ㉰망하다. ②썩다. ‖腐敗(부패). ③시들다. ④무너지다. 부서짐. ⑤무너뜨리다. 부숨.
〔敗家 패가〕 가산을 탕진함.
〔敗家亡身 패가망신〕 가산을 탕진하고 몸을 망침.
〔敗軍 패군〕 싸움에 진 군대.
〔敗德 패덕〕 도덕과 의리를 그르침.
〔敗亡 패망〕 패하여 망함.
〔敗滅 패멸〕 싸움에 져서 멸망함.
〔敗北 패배〕 ①싸움에 짐. ② ➡敗走(패주).
〔敗色 패색〕 싸움에 질 기미.
〔敗訴 패소〕 재판에서 짐. ↔勝訴(승소).
〔敗因 패인〕 싸움에 지거나 일에 실패한 원인.
〔敗者 패자〕 싸움이나 경기에 진 사람.
〔敗殘 패잔〕 싸움에 져서 세력이 꺾인 나머지. ‖敗殘兵(패잔병).
〔敗將 패장〕 싸움에 진 장수. 敗軍之將(패군지장).
〔敗戰 패전〕 싸움에 짐. ↔勝戰(승전).
〔敗走 패주〕 싸움에 지고 도망함. 敗北(패배).
◢大敗(대패)/沒敗(몰패)/無敗(무패)/腐敗(부패)/憤敗(분패)/不敗(불패)/酸敗(산패)/惜敗(석패)/成敗(성패)/勝敗(승패)/失敗(실패)/連敗(연패)/零敗(영패)/完敗(완패)/慘敗(참패)/必敗(필패)

☆✱4
8 12 **敢** 감히 **감** | 敢

중gǎn(간) 일カン/あえて
금 전 자원 금문·소전이 손으로 맹수 한 마리를 잡고 있는 모습을 나타내고 왼쪽 아래의 甘(감)은 소리를 나타낸다는 설, 위험을 무릅쓰고 바구니를 들고 광석을 채굴하는 모습을 나타낸다는 설, 두 손으로 다투어 무엇을 입에 넣는 모습을 나타낸다는 설 등이 있으나 정설이 아직 없음.
풀이 ①감히. ‖不敢(불감). ㉮두려움을 무릅쓰다. ㉯주제넘게. 함부로. ㉰결연히. 과단성 있게. ②감당하다. ③굳세다. 날램.
〔敢不生心 감불생심〕 감히 엄두도 내지 못함.
〔敢死 감사〕 죽음을 두려워하지 않음. 또는, 필사적임. 決死(결사).

4획

〔敢鬪 감투〕 용감하게 싸움.
〔敢行 감행〕 과감하게 행함.
◢果敢(과감)/焉敢(언감)/勇敢(용감)

★*3
8 12 **敦** 도타울 **돈** 敦

亠 古 亨 享 享 享 ⻀ 敦

㊥dūn(뚠) ㊐トン/あつい
금 자원 **회의자.** 한 손에 숟가락을 들고 양고기를 그릇 안에 넣는 모습을 나타낸다는 설, 높은 곳에 산양을 몰아서 잡는 모습을 나타낸다는 설, 높이 지은 건축물의 상형인 享(향)과 동사의 기호인 攴(복)이 합쳐진 자라는 설 등이 있으나 정설이 아직 없음.
풀이 ①도탑다. 도탑게 함. ㉠惇. ‖敦睦(돈목). ②진을 치다. ③힘쓰다. ④성내다. ⑤정성.
〔敦篤 돈독〕 인정이 두터움.
〔敦睦 돈목〕 정이 두텁고 화목함.
〔敦厚 돈후〕 인정이 두텁고 후함.

4획

☆*4
8 12 **散** 흩을 **산** 散

一 卄 廾 昔 昔 昔 散 散

㊥sǎn(산), sàn(싼) ㊐サン/ちる
금 전 자원 **회의자.** 㪔(삼마)와 攴(칠 복)이 합쳐진 자로, 삼을 막대기로 쳐서 잎을 제거하는 모습을 나타냄. 소전에서 月(달 월)을 덧붙인 것은 그 일을 밤에 한다는 뜻을 나타냄.
풀이 ①흩다. ②흩어지다. ③따로따로 떨어지다. ‖離散(이산). ④풀어 놓다. ⑤가루약. ⑥문체(文體) 이름. 운(韻)을 밟지 않는 글. ‖散文(산문).
〔散見 산견〕 여기저기 눈에 띔.
〔散官 산관〕 한산한 직위에 있는 관리. 散職(산직). 散班(산반).
〔散錄 산록〕 붓 가는 대로 적음. 또는, 그 글. 漫錄(만록). 漫筆(만필).
〔散漫 산만〕 흩어져 어수선함.
〔散賣 산매〕 물건을 생산자나 도매상에서 사들여 소비자에게 직접 파는 일. 小賣(소매). ↔都賣(도매).
〔散文 산문〕 글자 수의 제한이나 운율의 규정이 없는 보통의 글. 줄글. ↔韻文(운문).
〔散班 산반〕 ➡散官(산관).
〔散髮 산발〕 머리를 풀어 헤침. 또는, 그 머리.
〔散兵 산병〕 ①여기저기 흩어져 있는 군사. ②밀집한 병졸을 작전에서 이리저리 흩음.
〔散步 산보〕 ➡散策(산책).
〔散藥 산약〕 가루약. ↔丸藥(환약).
〔散熱 산열〕 열을 방사(放射)함.
〔散員 산원〕 맡은 일이 없는 벼슬아치.
〔散人 산인〕 ①벼슬을 하지 않고 한가로이 지내는 사람. ②세상일을 멀리하고 한가하게 사는 사람. 散士(산사).
〔散佚 산일〕 흩어져 일부가 빠져 없어짐. 散逸(산일). 散軼(산일).
〔散在 산재〕 여기저기 흩어져 있음.
〔散之四方 산지사방〕 사방으로 흩어짐.
〔散策 산책〕 바람을 쐬거나 기분 전환을 위해 한가로이 거닒. 散步(산보).
〔散華 산화〕 ①(꽃같이 진다는 뜻으로) 꽃다운 목숨이 전장(戰場) 등에서 죽음. ②부처를 공양하기 위하여 꽃을 뿌림. 散花(산화).
〔散會 산회〕 회의를 마치고 흩어짐.
◢霧散(무산)/發散(발산)/分散(분산)/陰散(음산)/離散(이산)/離合集散(이합집산)/蒸散(증산)/風飛雹散(풍비박산)/閑散(한산)/解散(해산)/魂飛魄散(혼비백산)/擴散(확산)

*2
8 12 **敞** 높을 **창** 敞

㊥chǎng(˚창) ㊐ショウ/たかい
풀이 ①높다. 땅이 높고 판판함. ②드러나다. ③널찍한 모양. 앞이 탁 트인 모양. ④뜻을 잃고 멍한 모양.
◢高敞(고창)

8 12 **敝** 해질 **폐** 敝

㊥bì(삐) ㊐ヘイ/やぶれる
풀이 ①해지다. 떨어짐. ②깨지다. 부서짐. ③피폐하다. ④자기를 낮추는 겸양의 접두어.
〔敝笠 폐립〕 해어진 갓. 破笠(파립).
〔敝社 폐사〕 자기 회사의 겸칭. 弊社(폐사).
〔敝衣破冠 폐의파관〕 ➡敝袍破笠(폐포파립).
〔敝店 폐점〕 자기 가게의 겸칭. 弊店(폐점).
〔敝袍破笠 폐포파립〕 (‘해어진 옷과 부서진 갓’이라는 뜻으로) 초라한 차림새. 敝衣破冠(폐의파관).

☆*5
9 13 **敬** 공경 **경** 敬

丨 卄 艹 芍 苟 苟 敬 敬

㊥jìng(찡) ㊐ケイ/うやまう ㊎respect
자원 **회의자.** 머리에 커다란 장식을 얹고 꿇어앉은 사람의 상형인 茍(구)와 몽둥이를 쥔 손의 상형인 攴(복)이 합쳐진 자로, 매를 들어 강제로 굴복시키는 모습을 나타냄.
풀이 ①공경. 공경하다. ②정중하다. 공

손함. ③삼가다.
〔敬虔 경건〕 공경하는 마음으로 깊이 삼가고 조심함.
〔敬禮 경례〕 ①공경의 뜻을 나타내기 위해 인사하는 일. ②상급자나 국기 등에 경의를 표하는 구령.
〔敬老 경로〕 노인을 공경함.
〔敬慕 경모〕 존경하고 사모함.
〔敬拜 경배〕 ①존경하여 공손히 절함. ②신령·부처 등을 숭배함.
〔敬信 경신〕 공경하여 믿음.
〔敬愛 경애〕 존경하며 사랑함.
〔敬語 경어〕 존경하는 뜻을 나타내는 말. 공대말.
〔敬畏 경외〕 공경하고 두려워함. ‖敬畏心(경외심).
〔敬遠 경원〕 ①공경하되 가까이 하지는 않음. ②겉으로는 공경하는 체하나 속으로는 꺼려 멀리함. 敬而遠之(경이원지).
〔敬意 경의〕 존경하는 뜻.
〔敬而遠之 경이원지〕 ➡敬遠(경원).
〔敬天愛人 경천애인〕 하늘을 숭배하고 사람을 사랑함.
〔敬稱 경칭〕 공경하는 뜻으로 부르는 칭호.
◢恭敬(공경)/不敬(불경)/崇敬(숭경)/禮敬(예경)/畏敬(외경)/尊敬(존경)

13 **数** 數(수·삭·촉)의 약자 →343쪽

*
13 **敭** 揚(양)의 고자 →324쪽

*1
10
14 **敲** 두드릴 **고** | 敲

㊥qiāo(치아오) ㊐コウ/たたく ㊎beat
[풀이] ①두드리다. 똑똑 가볍게 두드림. ②매. 짤막한 회초리.
〔敲石 고석〕 절구 등에 들어 있는 물건을 찧는 기구. 공이.
◢推敲(퇴고)

*2
11
15 **敷** 펼 **부** | 敷

㊥fū(°푸) ㊐フ/しく ㊎spread
[풀이] ①펴다. ㉮베풀다. ㉯넓게 깔다. ㉰진술하다. ‖敷衍(부연). ②퍼지다. ③나누다. 분할함. ‖敷土(부토). ④두루. 널리. ⑤다스리다.
〔敷設 부설〕 다리·철도·지뢰 등을 설치함.
〔敷衍 부연〕 ①알기 쉽게 자세히 풀이함. ②널리 폄. 敷演(부연).
〔敷地 부지〕 건물·도로·제방 등을 짓거나 시설하기 위한 땅.

☆*7
11
15 **數** [1]셀 **수**☆*7 [2]자주 **삭*** [3]촘촘할 **촉** | [약][간]数 數

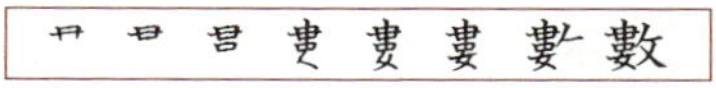

㊥shǔ(°수), shuò(°쑤어), cù(추)
㊐スウ, サク, ショク/かぞえる ㊎count
[금]  [자원] **회의 겸 형성자.** ‘물건을 머리에 이고 두 손으로 받치고 있는 여자’의 상형(본뜻은 ‘포개다’)인 婁(루)와 막대기로 수를 헤아린다는 뜻의 攴(복)이 합쳐진 자로, ‘계산’의 뜻을 나타냄. 攴은 의미를 나타내고 婁는 의미와 음을 겸하여 나타냄.
[풀이] [1]①세다. 계산함. ②헤아리다. 분별함. ③수. ④약간의. 너덧. 대여섯. ⑤운명. 운수. ⑥등급. 구분. [2]자주. [3]촘촘하다.
〔數尿症 삭뇨증〕 오줌이 자주 마려운 병.
〔數數 삭삭〕 자주자주. 屢次(누차).
〔數多 수다〕 수효가 많음.
〔數量 수량〕 헤아려서 숫자로 나타낸 사물의 수효나 양.
〔數理 수리〕 수학의 이론이나 이치.
〔數三 수삼〕 두서너.
〔數式 수식〕 수나 양을 나타내는 숫자나 문자를 계산 기호로 연결한 식.
〔數列 수열〕 일정한 규칙에 따라 한 줄로 배열된 수의 열.
〔數人 수인〕 두서너 사람.
〔數日 수일〕 두서너 날. 또는, 여러 날.
〔數次 수차〕 두세 차례. 또는, 여러 차례.
〔數値 수치〕 계산하여 얻은 값.
〔數學 수학〕 주로 수량 및 공간의 성질에 관하여 연구하는 학문.
〔數行 수항〕 글의 두세 줄.
〔數回 수회〕 두서너 번. 또는, 여러 번.
〔數爻 수효〕 낱낱의 수.
〔數字 숫자〕 수를 나타내는 글자.
◢個數(개수)/計數(계수)/級數(급수)/多數(다수)/單數(단수)/代數(대수)/度數(도수)/等數(등수)/名數(명수)/倍數(배수)/變數(변수)/複數(복수)/分數(분수)/頻數(빈삭)/算數(산수)/上數(상수)/常數(상수)/少數(소수)/素數(소수)/術數(술수)/乘數(승수)/身數(신수)/額數(액수)/約數(약수)/陽數(양수)/易數(역수)/逆數(역수)/運數(운수)/陰數(음수)/財數(재수)/點數(점수)/定數(정수)/整數(정수)/指數(지수)/寸數(촌수)/函數(함수)/虛數(허수)/回數(횟수)

☆*4-Ⅱ
11
15 **敵** 원수 **적** | [간]敌 敵

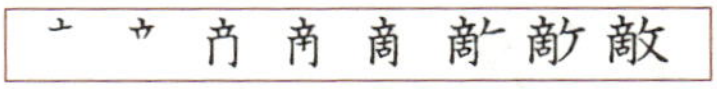

㊥dí(디) ㊐テキ/あだ ㊎enemy
[자원] **형성자.** 攴(복)은 의미를 나타내고

4획

商(적)은 음을 나타냄.
풀이 ①원수. 적. ‖敵國(적국). ②상대. ‖敵手(적수). ③대등하다. 필적함. ④부딪다. 당함.
〔敵愾心 적개심〕 적을 미워하여 싸우려는 마음.
〔敵魁 적괴〕 적의 괴수.
〔敵國 적국〕 전쟁 상대국이나 적대 관계에 있는 나라.
〔敵對 적대〕 적으로서 대항함.
〔敵兵 적병〕 적국의 병사.
〔敵產 적산〕 자기 나라 안에 있는 적국의 재산.
〔敵船 적선〕 적국의 함선(艦船).
〔敵性 적성〕 서로 적대(敵對)되는 성질.
〔敵勢 적세〕 적군의 세력.
〔敵手 적수〕 서로 대적할 만한 적이나 경쟁자. 맞수.
〔敵意 적의〕 ①적대하는 마음. ②해치려는 마음. 害心(해심).
〔敵將 적장〕 적군의 장수.
〔敵前 적전〕 적의 바로 앞.
〔敵情 적정〕 적군의 사정이나 형편.
〔敵地 적지〕 적이 점령하고 있는 땅.
〔敵陣 적진〕 적의 진영.
〔敵治 적치〕 적의 지배하의 통치.
〔敵侵 적침〕 적의 침입.
〔敵彈 적탄〕 적군이 쏜 탄환.
〔敵艦 적함〕 적의 군함.
◪強敵(강적)/難敵(난적)/對敵(대적)/無敵(무적)/宿敵(숙적)/戀敵(연적)/外敵(외적)/政敵(정적)/衆寡不敵(중과부적)/天敵(천적)/天下無敵(천하무적)/匹敵(필적)

12 * 16 **敾** 한사람 이름 **선**

12 ★*4 16 **整** 가지런할 **정** 整

[필순] 𠮛 申 束 束' 敕 敕 敕 整

중zhěng(°정) 일セイ/ととのえる 영even
자원 **회의 겸 형성자.** 攴(복)과 束(속)과 正(정)이 합쳐진 자로, 손으로 자루를 묶어 바르게 정돈하는 것을 나타냄. 攴과 束은 의미를 나타내고 正은 의미와 음을 겸하여 나타냄.
풀이 ①가지런하다. 정돈됨. ②가지런히 하다. 정돈함. ③우수리 없는 모양. 증서 따위에서, 금액을 적은 끝에 써서 끝수가 없음을 보임.
〔整頓 정돈〕 가지런하고 질서 있게 놓음.
〔整列 정렬〕 줄을 지어 늘어섬.
〔整理 정리〕 어수선하거나 흐트러진 것을 바로잡음.
〔整備 정비〕 정돈하여 갖춤.
〔整然 정연〕 사물의 정돈된 모양.
〔整齊 정제〕 정돈하여 가지런히 함.
〔整地 정지〕 땅을 평평하게 고름.
〔整枝 정지〕 가지고르기.
〔整風 정풍〕 문란해진 사회 기풍을 바로잡음.
〔整形 정형〕 ①모양을 가지런히 함. ②몸의 생김새를 고쳐 바로잡음.
◪端整(단정)/補整(보정)/修整(수정)/調整(조정)

13 *1 17 **斂** 거둘 **렴** 간 歛 斂

중liǎn(리엔) 일レン/おさめる 영gather
歛(감:410쪽)은 딴 자.
풀이 ①거두다. ②넣어 두다. 간직함. ③숨기다. ④염하다. 통殮.
〔斂襟 염금〕 삼가 옷깃을 바로잡음.
〔斂跡 염적〕 ①자취를 감춤. ②일에서 발을 뺌.
◪苛斂(가렴)/收斂(수렴)

14 *1 18 **斃** 넘어질 **폐** 간 毙 斃

중bì(삐) 일ヘイ/たおれる
풀이 ①넘어지다. ②넘어져 죽다. ③넘어뜨리다. 넘어뜨려 죽임.
〔斃死 폐사〕 가축 따위가 쓰러져 죽음.
◪自斃(자폐)

16 * 20 **斅** 가르칠 **효** 斅

중xiào(씨아오) 일コウ/おしえる 영instruct
풀이 ①가르치다. 통教. ②배우다. 통學. ③깨우치다.

文部 글월문

0 ☆*7 4 **文** 글월 **문** 文

[필순] 丶 亠 ナ 文

중wén(원) 일ブン, モン 영writing
갑 자원 **상형자.** 가슴에 문신을 새겨 넣은 사람의 정면 모습을 나타낸 자. 죽은 사람의 몸에 갖가지 무늬를 새겨 넣던 고대의 장의(葬儀)에서 비롯한 것이라는 설이 있음.
한자 부수의 하나.
풀이 ①글월. 문장. ②글자. ③서적. 책. ④학문. ⑤무늬. ⑥예악 제도(禮樂制度). ⑦꾸미다. ⑧문신하다.

〔文格 문격〕 문장의 품격.
〔文庫 문고〕 ①책을 간직해 두는 곳. 書庫(서고). ②문서·문방구 등을 담는 상자. ③출판물의 한 형태. 보급을 목적으로 하여 만든, 염가·소형의 책.
〔文科 문과〕 ①문학·예술을 포함한 인문 과학·사회 과학을 다루는 학문 분야. ②문관(文官)을 뽑는 과거. ↔武科(무과).
〔文官石 문관석〕 능(陵) 앞에 세우는, 문관(文官)의 석상(石像). 文石(문석). 文石人(문석인). 文人石(문인석).
〔文魁 문괴〕 문과의 장원.
〔文句 문구〕 글의 구절. 글귀.
〔文具 문구〕 ①문방 제구. 붓·종이·벼루·먹 따위. ②실속은 없이 겉만 그럴듯하게 꾸밈.
〔文券 문권〕 땅이나 집 등의 소유권 또는 권리를 주장할 수 있는 문서. 文記(문기). 文書(문서).
〔文壇 문단〕 문인들의 사회. 文林(문림). 文苑(문원).
〔文理 문리〕 ①문장의 조리. ②글의 뜻을 깨달아 아는 힘. ③사물의 이치를 깨달아 아는 힘. ④문과와 이과.
〔文脈 문맥〕 문장의 맥락.
〔文盲 문맹〕 글을 읽거나 쓸 줄을 모름. 또는, 그런 사람.
〔文面 문면〕 문장에 나타난 의미.
〔文名 문명〕 글을 잘한다는 명성. 文聲(문성).
〔文明 문명〕 사람의 지혜가 깨어 사회가 물질적·기술적으로 발전한 상태.
〔文廟 문묘〕 공자(孔子)를 모신 사당.
〔文武 문무〕 ①문관과 무관. ②일반 학식과 군사적 책략.
〔文武兼全 문무겸전〕 문식(文識)과 무략(武略)을 다 갖춤.
〔文武百官 문무백관〕 모든 문관과 무관.
〔文物 문물〕 문화의 산물. 학문·예술·교육·종교·법률 따위.
〔文班 문반〕 문관의 반열(班列). 東班(동반).
〔文房具 문방구〕 《'문방, 곧 서재에 필요한 도구'라는 뜻으로》 글을 쓰거나 그림을 그리거나 사무를 보는 데 필요한 도구. 붓·벼루·종이·먹 따위.
〔文房四友 문방사우〕 종이·붓·벼루·먹의 네 가지 문방구. 文房四寶(문방사보).
〔文法 문법〕 말의 일정한 규칙. 또는, 그것을 연구하는 학문.
〔文簿 문부〕 나중에 자세하게 참고하거나 검토할 문서와 장부. 文書(문서). 文案(문안).
〔文士 문사〕 문필에 종사하는 사람. ↔武士(무사).
〔文思 문사〕 글 속에 담긴 사상.
〔文書 문서〕 ①글이나 기호 등으로 일정한 의사·관념·사상을 나타낸 것. ② ➜文券(문권). ③ ➜文簿(문부).
〔文聲 문성〕 ➜文名(문명).
〔文飾 문식〕 ①글을 아름답게 꾸밈. ②실수나 잘못을 꾸며 댐.
〔文臣 문신〕 문관인 신하.
〔文身 문신〕 살갗을 바늘로 찔러 먹물이나 물감으로 무늬 등을 새김. 또는, 그렇게 한 것.
〔文案 문안〕 ① ➜文簿(문부). ②문서나 문장의 초안. 草稿(초고).
〔文弱 문약〕 글에만 골몰하여 나약함.
〔文樣 문양〕 무늬.
〔文語 문어〕 문장에 쓰이는 말. ↔口語(구어).
〔文藝 문예〕 ①문학과 기타 예술의 총칭. ②예술로서의 문학.
〔文友 문우〕 글로써 사귄 벗.
〔文運 문운〕 ①학문이 크게 일어나는 기세. 또는, 문화·문명이 진척되는 기운. ②문인으로서의 운수. ↔武運(무운).
〔文苑 문원〕 ➜文壇(문단).
〔文義 문의〕 글의 뜻. 文意(문의).
〔文人 문인〕 ①문필에 종사하는 사람. ②학문에 종사하는 사람.
〔文字 문자〕 ①글자. ②예전부터 전해 내려오는 한자 숙어나 성구.
〔文字獄 문자옥〕 발표한 글이 말썽이 되어 화를 당하는 일. 筆禍(필화).
〔文章 문장〕 ①자구(字句)를 이어서 하나의 생각을 나타낸 것. 흔히 산문적인 글을 이름. ②글을 뛰어나게 잘 쓰는 사람. 文章家(문장가).
〔文才 문재〕 문필의 재능. 글재주.
〔文籍 문적〕 글로 적어 놓은 것. 문서·서적을 이름.
〔文典 문전〕 문법·어법을 설명한 책.
〔文藻 문조〕 ①문장의 멋. ②글을 짓는 재주. 文才(문재).
〔文鎭 문진〕 책장이나 종이쪽이 바람에 날리지 않도록 누르는 물건. 書鎭(서진).
〔文質 문질〕 겉으로 드러난 모양과 실상의 바탕. 곧, 외관과 내용.
〔文集 문집〕 시나 문장을 모아 엮은 책.
〔文彩 문채〕 ①아름다운 광채. ②무늬. 文采(문채).
〔文牒 문첩〕 관아에서 쓰는 문서.
〔文體 문체〕 문장의 체재(體裁).
〔文治 문치〕 문덕(文德)으로 행하는 정치. 文政(문정).
〔文套 문투〕 ①글을 짓는 격식. ②글에 나타나는 버릇.
〔文風 문풍〕 글을 숭상하는 풍습.
〔文筆 문필〕 ①글과 글씨. ②글을 짓거나 글씨를 쓰는 일.
〔文學 문학〕 사람의 사상이나 감정을 상상의 힘을 빌려 글로써 표현하는 예술.
〔文獻 문헌〕 ①제도나 문물을 알 수 있는 증거가 되는 기록. ②학술 연구

에 자료가 되는 문서.
〔文衡 문형〕《문자를 평(評)하고 헤아림이 저울로 물건을 다는 것과 같은 데서》'대제학(大提學)'을 이름.
〔文豪 문호〕 문학의 대가.
〔文化 문화〕 인간이 사회를 이루어 살아가면서 이룩해 나가는 독특한 행동 방식이나 정신적·물질적인 산물.
◢檄文(격문)/公文(공문)/口文(구문)/國文(국문)/論文(논문)/單文(단문)/名文(명문)/跋文(발문)/複文(복문)/本文(본문)/碑文(비문)/散文(산문)/序文(서문)/詩文(시문)/語文(어문)/諺文(언문)/戀文(연문)/英文(영문)/例文(예문)/韻文(운문)/原文(원문)/潤文(윤문)/人文(인문)/作文(작문)/雜文(잡문)/長文(장문)/全文(전문)/條文(조문)/拙文(졸문)/注文(주문)/呪文(주문)/地文(지문)/天文(천문)/祝文(축문)/漢文(한문)

4획

8 斉 齊(제·자·재)의 약자 →846쪽

*1
8/12 **斑** 얼룩 **반**

[중]bān(빤) [일]ハン/まだら [영]spot
[풀이] ①얼룩. 얼룩진 무늬. ②어지러워지는 모양.
〔斑紋 반문〕 얼룩얼룩한 무늬.
〔斑白 반백〕 흰색과 검은색이 반반 정도인 머리털. 頒白(반백).
〔斑衣之戲 반의지희〕《중국 초나라의 노래자가 일흔 살에 늙은 부모님을 위로하려고 색동저고리를 입고 어린이처럼 기어 다녀 보였다는 고사에서》 늙어서 효도함.
〔斑點 반점〕 얼룩얼룩한 점.
〔斑指 반지〕 한 짝으로만 끼게 된 가락지. 半指(반지).
◢褐斑(갈반)/母斑(모반)/白斑(백반)/病斑(병반)/紫斑(자반)/血斑(혈반)/虎斑(호반)/紅斑(홍반)/黃斑(황반)/黑斑(흑반)

*
8/12 **斐** 아름다울 **비**

[중]fěi(°페이) [일]ヒ/うつくしい
[영]beautiful
[풀이] ①아름답다. 문채가 있어 화려한 모양. ②가벼운 모양.

*
8/12 **斌** 빛날 **빈**

[중]bīn(삔) [일]ヒン [영]shine
[풀이] ①빛나다. 문(文)과 무(武)가 조화되어 아름다운 모양. [같]彬. ②뒤섞여 얽힌 모양.

斗部 말두

☆*4-Ⅱ
0/4 **斗** 말 **두**

丶 丶 ニ 斗

[중]dǒu(더우) [일]ト/ます
[갑] [자원] **상형자.** 자루가 달린 국자 모양의 바가지를 본뜬 자. 물건의 양을 잴 때 사용한 것으로, '말'의 뜻으로 쓰임. 같은 용도의 升(승)보다 큰 것임.
[참] 한자 부수의 하나.
[풀이] ①말. 10되. ②구기. 기름·술 등을 푸는 데 쓰는, 자루가 긴 용구. ③별 이름. 斗는 북두(北斗)·남두(南斗)·소두(小斗)의 세 별자리의 총칭. ④동자기둥. 쪼구미. 들보 위에 세우는 짧은 기둥. ⑤뾰족하다. 튀어나옴.
〔斗斛 두곡〕 ①곡식을 되는 말과 휘. ②되질하는 일.
〔斗穀 두곡〕 말곡식.
〔斗南一人 두남일인〕 천하에 으뜸가는 훌륭한 인물.
〔斗膽 두담〕《'큰 쓸개'라는 뜻으로》 담력이 매우 큼. 또는, 그 사람.
〔斗量 두량〕 ①말로 됨. 또는, 그 분량. ②일을 두루 헤아려 처리함.
〔斗星 두성〕 북두칠성.
〔斗然 두연〕 우뚝 솟은 모양.
〔斗屋 두옥〕 매우 작은 집. 오두막집.
〔斗牛 두우〕 북두성(北斗星)과 견우성(牽牛星). 또는, 남두성과 견우성.
〔斗酒 두주〕 말술.
〔斗酒不辭 두주불사〕《말술도 사양하지 않는다는 뜻으로》 주량이 매우 큼.
◢大斗(대두)/小斗(소두)/泰斗(태두)/泰山北斗(태산북두)

☆*5
6/10 **料** 헤아릴 **료**

丷 ㅛ 半 米 米 米 米 料

[중]liào(리아오) [일]リョウ/はかる
[영]consider, measure
[금] [자원] **회의자.** 米(쌀 미)와 斗(말 두)가 합쳐진 자로, 쌀을 국자 모양의 용기인 말로 되면서 헤아리는 것을 나타냄. 본뜻은 '헤아리다'.
[풀이] ①헤아리다. 요량함. ②되다. 마질함. ③세다. 수효를 셈. ④녹(祿). 봉급. 급여(給與). ⑤거리. 재료. ⑥삯. 값.
〔料金 요금〕 사용하거나 남의 힘을 빌릴 때, 그 대가로 셈하는 돈.
〔料量 요량〕 앞일을 잘 헤아려 생각함. 또는, 그 생각.

〔料理 요리〕 ①음식물을 만듦. 또는, 그 음식. ②어떤 대상을 능숙하게 처리함.
〔料率 요율〕 요금의 비율.
〔料度 요탁〕 미루어 헤아림. 忖度(촌탁).
◢稿料(고료)/科料(과료)/過怠料(과태료)/給料(급료)/塗料(도료)/無料(무료)/肥料(비료)/史料(사료)/思料(사료)/飼料(사료)/試料(시료)/顔料(안료)/燃料(연료)/染料(염료)/原料(원료)/有料(유료)/飮料(음료)/資料(자료)/材料(재료)/質料(질료)/香料(향료)

7 * 斛 휘 **곡** 본**혹** 斛
11

㊥hú(후) ㊐コク
풀이 ①휘. ㉮10말의 용량(容量). ㉯곡식을 되는 그릇의 총칭. ②헤아리다.
〔斛量 곡량〕 곡식을 휘로 됨.

7 ★*3-Ⅱ 斜 비낄 **사** 斜
11

ノ ㅅ ㅅ 今 余 余 斜 斜

㊥xié(시에) ㊐シャ/かたむく
자원 **형성자.** 斗(두)는 의미를 나타내고 余(여)는 음을 나타냄.
풀이 ①비끼다. ②굽다. 구불구불함. ③바르지 못하다. 방정(方正)하지 못함.
〔斜坑 사갱〕 비스듬히 파 들어간 갱도.
〔斜徑 사경〕 비탈길.
〔斜籠 사롱〕 대문이나 중문 위에 만들어 댄 창살.
〔斜面 사면〕 경사진 면. 傾斜面(경사면).
〔斜線 사선〕 ①비스듬하게 그은 선. ②한 직선에 수직이 아닌 선.
〔斜視 사시〕 ①사팔눈. ②눈을 모로 뜨거나 곁눈질로 봄.
〔斜陽 사양〕 ①해가 질 무렵에 비스듬히 비치는 햇빛. 夕陽(석양). 斜照(사조). ②새로운 것에 밀려 점점 몰락해 감. ‖斜陽産業(사양 산업).
〔斜照 사조〕 ➡斜陽(사양)①.
〔斜塔 사탑〕 비스듬히 기운 탑.
〔斜風細雨 사풍세우〕 비스듬히 부는 바람과 가는 비.
◢傾斜(경사)/背斜(배사)/向斜(향사)/橫斜(횡사)

9 *1 斟 술 따를 **짐** 본**침** 斟
13

㊥zhēn(°쩐) ㊐シン/くむ
풀이 ①술을 따르다. 술을 침. ②수작(酬酌)하다. 잔을 주고받음. ③헤아리다. 짐작함.
〔斟酌 짐작〕 사정이나 형편 등을 어림쳐서 헤아림.

10 *1 斡 돌 **알** 斡
14

㊥wò(워) ㊐アツ
풀이 ①돌다. ②관리하다. 돌봄. ③두르다.
〔斡旋 알선〕 ①남의 일이 잘되도록 주선하여 줌. ②장물인 줄 알면서도 매매를 주선하여 수수료를 받는 행위.

斤部 날근

0 ★*3 斤 날 **근** 斤
4

ノ 厂 斤 斤

㊥jīn(찐) ㊐キン/おの
갑 자원 **상형자.** 갑골문에서 보듯, 굽은 나뭇가지에 날카로운 돌도끼 날을 단 모양을 그린 자. 뒷날 주로 중량의 단위로 사용됨.
한자 부수의 하나.
풀이 ①날. ②도끼. ③베다. 나무를 벰. ④근(斤). 무게의 단위. 1근은 16냥.
〔斤兩 근량〕 ①무게의 단위인 근과 냥. 1斤은 16兩, 1兩은 24銖(수). ②태도의 신중성이나 믿음성 등에서 오는 인품.
〔斤秤 근칭〕 100근까지 달 수 있는 저울. 大秤(대칭).

1 ★*3 斥 물리칠 **척** 斥
5

ノ 厂 斤 斤 斥

㊥chì(°츠) ㊐セキ/しりぞける
㊎refuse
전 자원 **지사자.** 소전은 广(집 엄)과 屰(거꾸로 역)이 합쳐진 회의 겸 형성자였으나(집에서 거꾸로 나온다는 뜻으로 '추방'을 나타냄), 현재의 자형은 斤(도끼 근)에 지사 부호(丶)를 더해 '도끼의 날'을 나타냈는데 여기서 '도려내다', '물리치다'의 뜻이 생겨남.
풀이 ①물리치다. ②가리키다. ③드러나다. ④엿보다. 염탐함.
〔斥邪 척사〕 간사한 것을 물리침. ‖衛正斥邪(위정척사).
〔斥和 척화〕 화의(和議)를 물리침.
〔斥候 척후〕 적군의 형편을 몰래 살핌. 또는, 그 군사.
◢排斥(배척)

4 *1
8 **斧** 도끼 **부**

㊥fǔ(°푸) ㊐フ/おの ㊍ax
자원 **형성자.** 斤(근)은 의미를 나타내고 父(부)는 음을 나타냄.
풀이 ①도끼. ②베다. 찍음. ③도끼 무늬. 도끼 모양을 그리거나 수놓은 천. 또는, 그런 천을 바른 병풍.
〔斧鉞 부월〕《'작은 도끼와 큰 도끼'라는 뜻으로》 출정하는 대장에게 주살(誅殺)을 허락하는 신표(信標)로 임금이 손수 주던 도끼. 군기(軍器)·형륙(刑戮)을 뜻함.
◢鬼斧(귀부)

5 *
9 **斫** 벨 **작**

㊥zhuó(°주어) ㊐シャク/きる ㊍cut
풀이 ①베다. 자름. 찍음. ②어리석다.
〔斫木 작목〕 나무를 벰. 또는, 벤 나무.
◢長斫(장작)

11 **断** 斷(단)의 속자 →349쪽

7 *2
11 **斬** 벨 **참** 간 斩

㊥zhǎn(°잔) ㊐ザン/きる ㊍cut
자원 **회의자.** 車(수레 거)와 斤(도끼 근)이 합쳐진 자. 車는 죄인의 목과 사지를 마차에 묶어 찢어 죽이는 형벌인 거열형(車裂刑)을 뜻하는 것으로, 후대에 몸을 여러 토막으로 끊어 죽이는 형벌임을 감안하여 斤을 덧붙인 것임. 본뜻은 '자르다'. 일설에는 도끼〔斤〕로 나무를 잘라서 수레〔車〕를 만들었다는 데에서 비롯된 자라는 주장도 있음.
풀이 ①베다. ②끊어지다. 다함. ③매우. 심히. ‖斬新(참신). ④상복(喪服)의 한 가지. 도련을 꿰매지 않은 상복.
〔斬殺 참살〕 칼로 목을 베어 죽임.
〔斬首 참수〕 목을 베어 죽임. 斬級(참급).
〔斬新 참신〕 매우 새로움.
〔斬衰 참최〕 오복(五服) 중 가장 무거운 복. 아버지나 할아버지 상(喪)에 입는 것으로, 거친 삼베로 짓고 아랫단을 꿰매지 않고 접음.

8 ★*3
12 **斯** 이 **사**

一 卄 甘 其 其' 斯 斯 斯

㊥sī(쓰) ㊐シ/これ ㊍this
자원 **회의자.** 곡식을 까부르는 '키'를 나타내는 其(기)와 斤(도끼 근)이 합쳐진 자. 대나무 따위를 날붙이로 쪼개 키를 만드는 것을 나타냄. 여기서 '쪼개다', '가르다'의 뜻이 나왔으나 뒷날 '이것'의 뜻으로 가차됨.
풀이 ①이. 사물을 가리키는 대명사. ‖斯道(사도). ②어조사. ③쪼개다. 가름. ④잠깐. 잠시.
〔斯界 사계〕 이 방면이나 분야의 세계.
〔斯道 사도〕 ①이 길. ②공맹(孔孟)의 가르침. ③일정한 전문적인 방면의 기예(技藝)나 도.
〔斯文 사문〕 ①유교의 학문·도의를 이름. ②'유학자(儒學者)'의 존칭.
〔斯文亂賊 사문난적〕《사문을 어지럽히고 상하게 한다는 뜻으로》 유교에서 유교 사상에 어긋나는 언행을 하는 사람.
〔斯學 사학〕 이 방면의 학문.

9 ☆*6
13 **新** 새 **신**

亠 立 立 辛 亲 新 新 新

㊥xīn(씬) ㊐シン/あたらしい ㊍new
갑 자원 **회의 겸 형성자.** 辛(신)의 생략형인 立과 木(나무 목)과 斤(도끼 근)이 합쳐진 자로, 도끼로 잘라 낸 나무를 나타냄. 辛은 음을 나타냄. 뒷날 '새로운'의 뜻으로 가차되어 쓰이자 본뜻을 보존하기 위하여 만든 자가 '薪'(땔나무 신)임.
풀이 ①새. 새로운. ②새로. 새롭게. ③새로워지다. 새롭게 함. ④새로움. 새것. ⑤새해.
〔新刊 신간〕 책을 새로 간행함. 또는, 그 책.
〔新曲 신곡〕 새로 지은 곡.
〔新穀 신곡〕 햇곡식.
〔新官 신관〕 새로 부임한 관리.
〔新舊 신구〕 새것과 헌것.
〔新規 신규〕 ①새로운 규칙·규정. ②새로 하는 일.
〔新劇 신극〕 창극·신파극에 대항하여 일어난 새로운 경향의 연극.
〔新紀元 신기원〕 ①새로운 기원. ②획기적인 사실로 인하여 나타나는 새 시대.
〔新機軸 신기축〕 기존의 것과 전혀 다른 방법 또는 체제.
〔新年 신년〕 새해. 新歲(신세).
〔新畓 신답〕 새로 일군 논.
〔新大陸 신대륙〕《'새로 발견한 대륙'이라는 뜻으로》 남북 아메리카와 오스트레일리아 대륙. 新世界(신세계).
〔新羅 신라〕 고구려·백제와 함께 삼국을 이룬 나라 이름. 박혁거세가 건국하여 고려에 망하기까지 992년간 계속됨. 경주에 도읍을 정함.
〔新羅坊 신라방〕 신라 삼국 통일 후, 당(唐)나라에 마련된 신라인의 거류지.
〔新郎 신랑〕 갓 결혼하였거나, 결혼하는 남자. ↔신부(新婦).

〔新來 신래〕 ①새로 옴. ②새로 문과(文科)에 급제한 사람.
〔新涼 신량〕 초가을의 서늘한 기운.
〔新曆 신력〕 ①새 책력. ②태양력(太陽曆).
〔新綠 신록〕 늦봄이나 초여름에 새로 나온 잎의 푸른빛.
〔新聞 신문〕 ①새 소식이나 언론을 신속히 보도하는 정기 간행물. ②'신문지(新聞紙)'의 준말.
〔新房 신방〕 ①신랑·신부가 첫날밤을 치르기 위하여 꾸민 방. ②신랑·신부가 거처하기 위하여 새로 꾸민 방.
〔新婦 신부〕 갓 결혼했거나, 결혼하는 여자.
〔新生 신생〕 ①새로 생김. ②생활이나 마음 상태 등이 그전과는 아주 다르게 새로워짐.
〔新鮮 신선〕 ①새롭고 산뜻함. ②채소·과일·고기 등이 싱싱함.
〔新設 신설〕 새로 설치함.
〔新星 신성〕 ①희미하던 별이 갑자기 밝아졌다가 서서히 희미해지는 별. ②어떤 사회, 특히 연예계에 새로 두각을 나타내는 사람.
〔新素材 신소재〕 금속·플라스틱 같은 종래의 재료에 없는, 뛰어난 특성을 가진 소재의 총칭.
〔新市街 신시가〕 도시에서 새로 뻗어 나가 발전한 시가지.
〔新案 신안〕 새로운 제안이나 고안.
〔新藥 신약〕 ①('새로운 약'이라는 뜻으로) 양약(洋藥). ②새로 발명한 약.
〔新女性 신여성〕 개화기 때, 신식 교육을 받거나 서양식 차림새를 한 여자.
〔新譯 신역〕 ①새로운 번역. 또는, 그 책. ②한역 경전(漢譯經典)의 당(唐)나라 이후의 여러 번역.
〔新銳 신예〕 새로 나타나 기세나 힘이 빼어난 존재.
〔新月 신월〕 초승달.
〔新人 신인〕 ①예전에 새색시를 이르던 말. ②예술계·체육계 등 어떤 분야에 새로 등장한 사람.
〔新任 신임〕 관직 등에 새로 임명되거나 취임함.
〔新入 신입〕 단체나 모임에 새로 들어옴.
〔新作 신작〕 새로 만듦. 또는, 그 작품이나 저술.
〔新著 신저〕 새로 지은 책.
〔新接 신접〕 ①살림을 새로 마련하여 차림. ②이사하여 새로 자리 잡아 삶.
〔新正 신정〕 ①새해의 정월. ②(음력에 의한 전통적인 설이 아니라 양력에 의한 설이라는 뜻으로) 양력 1월 1일. ↔舊正(구정).
〔新造 신조〕 새로 만듦. 新製(신제). ‖新造語(신조어).
〔新進 신진〕 ①어떤 사회에 새로 나감. 또는, 그 사람. ②새로 벼슬에 오름.
〔新陳代謝 신진대사〕 ①묵은 것이 사라지고 새것이 들어섬. ②생물체에서 영양을 섭취·배설하는 작용.
〔新參 신참〕 ①단체나 부류에 새로 들어옴. 또는, 그 사람. 풋내기. ↔古參(고참). ②새로 벼슬한 사람이 처음으로 관청에 들어감.
〔新天地 신천지〕 새로운 세상.
〔新體 신체〕 새로운 체재(體裁).
〔新築 신축〕 새로 건축하거나 축조함.
〔新春 신춘〕 겨울을 보내고 맞이하는 첫봄. 새봄. 開春(개춘). 初春(초춘).
〔新出 신출〕 ①새로 세상에 나옴. 또는, 그 인물이나 물건. ②곡식·과일 등에서 그해에 처음 거두어들인 것.
〔新出貴物 신출귀물〕 새로 나온 것으로 그리 흔하지 않은 물건.
〔新派 신파〕 ①새 유파(流派). ②신파극(新派劇).
〔新版 신판〕 ①새로 출판된 책. 新刊(신간). ②과거의 어떤 사실·인물·작품 등과 일치하는 새로운 사물이나 인물.
〔新編 신편〕 새로 편집함. 또는, 그 책.
〔新品 신품〕 새로 개발된 물품.
〔新行 신행〕 혼인한 신부가 신랑집에 처음 가는 일. 于歸(우귀).
〔新婚 신혼〕 새로 결혼함.
〔新興 신흥〕 새로 일어남.
◪更新(갱신·경신)/刷新(쇄신)/迎新(영신)/溫故知新(온고지신)/維新(유신)/一新(일신)/日日新(일일신)/斬新(참신)/最新(최신)/革新(혁신)

10 14 **斲** 깎을 **착** | ㊀ 斵 斮

㊥zhuó(°주어) ㊐タク/けずる ㊎cut
풀이 ①깎다. ②베다. 나무를 벰. ③새기다. 아로새김.
〔斲木 착목〕 나무를 벰. 伐木(벌목).

17 **斵** 斲(착)의 속자 →349쪽

★★4-Ⅱ
14 18 **斷** ❶끊을 **단** ❷결단할 **단** | ㊀㊁ 断 㫁

㊥duàn(뚜안) ㊐ダン/たつ ㊎cut
금 고 전 자원 **회의자.** 금문의 왼쪽은 베틀에 딸린 부속품인 '북'의 상형이고, 오른쪽은 '칼과 바구니'의 상형으로, 칼로 북의 엉클어진 실을 잘라 바구니에 담는 모습을 나타냄. 고문은 두 개의 실타래와 칼로 이뤄진 자로 실을 자르는 것을 나타냄. 소전은 고문에 '도끼'의 상형인 斤(근)을 덧붙인 자로, '자르다'의 의미를 더욱 강조한 것임.

풀이 1①끊다. ②베다. 2①결단하다. ②결단. 귀착(歸着).
〔斷見 단견〕 일체 만물이 무상하여 실재하지 않는 것과 같이, 사람도 한 번 죽으면 다시 이 세상에 태어나지 않는다고 생각하는 망견(妄見).
〔斷經 단경〕 여자가 나이가 들어 월경이 아주 끊어짐. 閉經(폐경).
〔斷交 단교〕 교제를 끊음.
〔斷金之契 단금지계〕 (‘쇠라도 자를 만큼의 굳은 약속’이라는 뜻으로) 친구 사이의 매우 두터운 친분.
〔斷金之交 단금지교〕 (‘쇠라도 자를 만큼의 굳은 사귐’이라는 뜻으로) 친구 사이의 매우 두터운 우정.
〔斷機之戒 단기지계〕 (맹자가 수학(修學) 도중에 집에 돌아오자, 그의 어머니가 짜던 베를 끊어 그를 훈계했다는 고사에서) 학문을 중도에서 그만두면 아무 쓸모 없음을 경계한 말.
〔斷念 단념〕 품었던 생각을 버림.
〔斷頭臺 단두대〕 사형수의 목을 자르는 형구(刑具)를 설치한 대.
〔斷末魔 단말마〕 (조금만 세게 닿아도 목숨을 잃는 급소를 끊는다는 뜻으로) 폭력이나 흉기 등에 의해 목숨을 잃는 순간의 고통. 또는, 고통스럽게 숨이 끊어지는 순간.
〔斷面 단면〕 물체를 잘라 낸 면.
〔斷髮 단발〕 ①머리털을 짧게 자름. ②여자의 머리털을 목덜미 언저리에서 가지런히 자름. 또는, 그 머리 모양.
〔斷産 단산〕 아이 낳는 일을 끊음. 또는, 못 낳게 됨.
〔斷想 단상〕 ①생각을 끊음. ②단편적인 생각.
〔斷線 단선〕 ①줄이 끊어지거나 줄을 끊음. ②전선·선로가 통하지 못하게 됨.
〔斷續 단속〕 끊어졌다 이어졌다 함.
〔斷水 단수〕 ①물길을 막아 끊음. ②수도의 급수를 끊음.
〔斷食 단식〕 일정 기간 동안 의식적으로 음식을 먹지 않음.
〔斷岸 단안〕 깎아 세운 듯한 언덕.
〔斷案 단안〕 ①옳고 그름을 딱 잘라 판단함. 또는, 그 판단. ②논리학에서 기지(旣知)나 가정(假定)의 전제에서 추론하여 얻은 결론.
〔斷崖 단애〕 깎아 세운 듯한 낭떠러지.
〔斷言 단언〕 딱 잘라 말함.
〔斷然 단연〕 잘라 끊은 듯이 과단성 있는 모양. 斷乎(단호).
〔斷熱 단열〕 열의 전도(傳導)를 막음.
〔斷章 단장〕 체제 없는 산문체의 토막글.
〔斷腸曲 단장곡〕 애끊는 듯이 몹시 슬픈 곡조.
〔斷章取義 단장 취의〕 원작자의 본의(本意)는 불문하고 시문에서 자기에게 필요한 부분만 따서 마음대로 해석하여 씀.
〔斷電 단전〕 전기의 공급을 중단함.

4획

〔斷切 단절〕 자르거나 베어 끊음. 斷截(단절). 切斷(절단).
〔斷絶 단절〕 유대나 관계를 끊음.
〔斷定 단정〕 딱 잘라 판단하여 결정함.
〔斷罪 단죄〕 ①죄를 처단함. ②죄로 단정함. 斷獄(단옥).
〔斷指 단지〕 자기 손가락을 자름. 또는, 깨물어 피가 나오게 함.
〔斷層 단층〕 지각(地殼)의 수축으로 지층 일부가 끊어져 어긋난 현상.
〔斷片 단편〕 ①끊어지거나 쪼개진 조각. ②전반에 걸치지 않은 토막진 일부분.
〔斷編 단편〕 내용이 연결되지 못하고 따로 떨어진 짧은 글.
〔斷行 단행〕 결정한 것을 실행함. 決行(결행).
〔斷乎 단호〕 일단 결심한 것을 과단성 있게 처리하는 모양. 斷然(단연).
◪剛斷(강단)/決斷(결단)/果斷(과단)/禁斷(금단)/論斷(논단)/壟斷(농단)/獨斷(독단)/無斷(무단)/不斷(부단)/分斷(분단)/速斷(속단)/兩斷(양단)/言語道斷(언어도단)/嚴斷(엄단)/英斷(영단)/豫斷(예단)/勇斷(용단)/優柔不斷(우유부단)/裁斷(재단)/專斷(전단)/切斷(절단)/縱斷(종단)/中斷(중단)/診斷(진단)/遮斷(차단)/處斷(처단)/判斷(판단)/橫斷(횡단)

方部 모방

☆*7
0
4 **方** 모 방 | 方

丶 亠 亍 方

㊥fāng(°팡) ㊐ホウ/かど ㊎square

갑 금 전 자원 **상형자.** 쟁기의 모습을 본뜬 자. 갑골문의 위는 손잡이, 중간은 발판, 아래는 갈라진 날을 나타냄. 뒷날 의미가 확대되어 ‘네모’, ‘방향’, ‘방법’ 등의 뜻을 갖게 됨.
한자 부수의 하나.
풀이 ①모. 각(角). ②방위(方位). 방향. ③나란히 하다. 어우름. ④견주다. 비교함. ⑤나누다. 구별함. ⑥같은 무리. ⑦땅. 대지. ⑧바르다. 곧음. ⑨널빤지. 목판(木板). ⑩곳. 있는 곳. ⑪술법(術法). ⑫약(藥). 약을 조제하는 일. ‖ 漢方(한방). ⑬바야흐로. 이제 막.
〔方今 방금〕 바로 조금 전.
〔方途 방도〕 일을 해 갈 방법과 도리.
〔方略 방략〕 일을 꾀하고 해 나가는 방법과 계략. 방책(方策).
〔方笠 방립〕 상제가 밖에 나갈 때 쓰는

갓. 방갓. 喪笠(상립).
〔方面 방면〕 ①향하는 쪽. 또는, 그 지방이나 방향. ②어떤 분야.
〔方文 방문〕 약(藥)의 처방. 藥方文(약방문).
〔方物 방물〕 그 지방의 특산물.
〔方伯 방백〕 관찰사. 道伯(도백).
〔方法 방법〕 어떤 목적을 이루기 위해 취하는 수단이나 방식.
〔方士 방사〕 신선의 술법을 닦는 사람.
〔方相氏 방상시〕 구나(驅儺)할 때의 나자(儺者)의 하나. 악귀를 쫓는 데에 썼음.
〔方書 방서〕 방술 또는 의술에 관한 책.
〔方術 방술〕 ①방법과 기술. ②방사(方士)가 행하는 신선의 술법.
〔方式 방식〕 일정한 방법이나 형식.
〔方案 방안〕 일을 처리할 방법이나 계획.
〔方眼 방안〕 '모눈'의 구용어.
〔方眼紙 방안지〕 '모눈종이'의 구용어.
〔方言 방언〕 사투리.
〔方位 방위〕 사방의 위치.
〔方正 방정〕 ①언행이 바르고 점잖음. ②모양이 네모지고 반듯함.
〔方舟 방주〕 네모진 모양의 배.
〔方陣 방진〕 병사를 사각형으로 배치하여 친 진.
〔方策 방책〕 방법과 꾀.
〔方寸 방촌〕 ①한 치 사방의 넓이. ②《사람의 마음은 가슴 속의 한 치 사방의 넓이에 깃들어 있다는 뜻으로》 마음.
〔方針 방침〕 ①나아갈 방향과 계획. ②방위를 가리키는 자석의 바늘.
〔方便 방편〕 ①경우에 따라 쉽게 사용하는 수단. ②부처가 중생을 구제하기 위해 쓰는 묘한 수단과 방법.
〔方向 방향〕 향하거나 나아가는 쪽.
〔方形 방형〕 네모반듯한 모양.
◢近方(근방)/今方(금방)/南方(남방)/東方(동방)/萬方(만방)/百方(백방)/邊方(변방)/北方(북방)/祕方(비방)/四方(사방)/西方(서방)/時方(시방)/雙方(쌍방)/洋方(양방)/外方(외방)/右方(우방)/一方(일방)/前方(전방)/左方(좌방)/地方(지방)/處方(처방)/八方(팔방)/韓方(한방)/行方(행방)/向方(향방)/後方(후방)

☆✱3
4 8 **於** ❶어조사 **어**☆✱3 ❷탄식할 **오**3 | 於

丶 亠 方 方 方' 於 於 於

㊥wū(우) ㊐ヨ, オ, ウ
금 전 [자원] **상형자.** 까마귀의 모습을 나타낸 자.
[풀이] ❶①어조사. ㉮장소. …에. …에서. ㉯비교. …보다. ②수동. ③있다. 삶. ④기대다. 의지함. ❷①탄식하다. 감탄하는 소리. 아! ②'범'의 이칭(異稱).
〔於是乎 어시호〕 이제야.
〔於焉間 어언간〕 어느덧. 於焉(어언).
〔於中間 어중간〕 거의 중간이 되는 곳.
〔於此彼 어차피〕 이러거나 저러거나.

☆✱4-Ⅱ
5 9 **施** ❶베풀 **시**☆✱4-Ⅱ ❷옮을 **이** | 施

亠 方 方 方' 方' 方 於 施

㊥shī(°쓰), yì(이)
㊐シ, イ/ほどこす, うつる ㊎bestow
[자원] **형성자.** 㫃(언)은 의미를 나타내고 也(야)는 음을 나타냄.
[풀이] ❶①베풀다. 설치함. ②퍼지다. 이어짐. ③은혜. 은혜를 베풂. ④버리다. 밀쳐 둠. ⑤자랑하다. ❷①옮다. ②뻗다. 연장함. ③기울다. 서쪽으로 기욺.
〔施工 시공〕 공사를 시행함.
〔施肥 시비〕 거름주기.
〔施賞 시상〕 상(賞)을 줌.
〔施設 시설〕 설비·장치 등을 베풀어 갖춤. 또는, 그 설비.
〔施術 시술〕 의사가 수술을 함.
〔施政 시정〕 정치를 시행함.
〔施主 시주〕 승려나 절에 물건을 베풀어 줌. 또는, 그런 사람. 檀那(단나).
〔施策 시책〕 국가나 행정 기관이 실행하는 정책.
〔施行 시행〕 ①실제로 행함. ②법률을 실제로 적용함. ③자비심으로 남에게 재물이나 불법을 베풀어 주는 일.
〔施惠 시혜〕 은혜를 베풂. 또는, 그 은혜.
◢布施(보시)/實施(실시)

6 10 **旂** 기 **기** | 旂

㊥qí(치) ㊐キ/はた ㊎flag
[풀이] 기(旗). 용을 그리고 방울을 단 기.

☆✱5
6 10 **旅** 나그네 **려** | 旅

亠 方 方 方' 方' 旅 旅 旅

㊥lǚ(뤼) ㊐リョ/たび
갑 [자원] **회의자.** 군대 깃발 아래 사람을 둘 그려 넣은 것으로, '500명을 단위로 하는 군대 조직'을 나타냄.
[풀이] ①나그네. 여행함. ②군사. 군대. ③무리. 많은 사람들. ④함께. ⑤벌이다. 가지런히 베풂.
〔旅客 여객〕 여행하는 사람. 나그네.
〔旅館 여관〕 돈을 받고 손님을 묵게 하는 집. 旅舍(여사).
〔旅券 여권〕 외국에 여행하는 사람에게 정부가 주는 여행 허가증.
〔旅團 여단〕 군대 편제상의 부대 단위의 하나. 연대(聯隊)의 위, 사단(師團)의 아래.

4획

〔旅毒 여독〕 여행으로 말미암아 생긴 피로. 路毒(노독).
〔旅路 여로〕 여행하는 길. 나그넷길.
〔旅舍 여사〕 ➡旅館(여관).
〔旅愁 여수〕 객지에서 느끼는 시름. 客愁(객수).
〔旅裝 여장〕 여행할 때의 차림.
〔旅情 여정〕 여행할 때 느끼게 되는 외로움이나 시름 등의 감정.
〔旅程 여정〕 여행의 과정이나 일정.
〔旅進旅退 여진여퇴〕 《함께 나아가고 함께 물러선다는 뜻으로》 일정한 주견이 없이 남이 하는 대로 따라 함. ※附和雷同(부화뇌동).
〔旅窓 여창〕 나그네가 묵고 있는 방.
〔旅行 여행〕 다른 고장이나 나라에 다니는 일.
◢行旅(행려)

6 10 **旄** ❶깃대 장식 **모** ❷늙은이 **모**

㊥máo(마오) ㊐ボウ/はたかざり, おいぼれ
풀이 ❶①깃대 장식. 쇠꼬리나 새의 깃을 드리운 장식. ②긴 털소. ❷늙은이. 80~90세의 노인.
〔旄倪 모예〕 늙은이와 어린이.

6 10 *2 **旁** 곁 **방**

㊥páng(팡) ㊐ボウ/かたわら ㊎side
풀이 ①곁. 옆. ㊀傍. ②두루. 널리. ③가깝다. 가까이 감. ④가지. 곁가지. ⑤도움. 보좌(輔佐). ⑥기울다. 쏠림. ⑦갈림길. ⑧방. 한자에서, 음을 이루는 부분이 그 글자 오른쪽에 있는 것.
〔旁求 방구〕 널리 찾아 구함.
◢偏旁(편방)

6 10 **旃** 기 **전**

㊥zhān(°짠) ㊐セン/はた ㊎flag
풀이 ①기(旗). 비단으로 만든 깃발과 기드림이 달린, 무늬 없는 붉은 기. ②장막. 휘장.

6 10 **旆** 기 **패**

㊥pèi(페이) ㊐ハイ/はた ㊎flag
풀이 ①기. 대장기(大將旗). 검은 바탕에 잡색 비단으로 가장자리를 꾸민, 끝이 제비 꼬리 같은 기. ②깃발이 펄럭이다.

7 11 ★*3-Ⅱ **旋** 돌 **선**

(필순) 亠 方 方 方' 方ᐩ 方ᐩ 方ᐩ 旋

㊥xuán(쉬엔) ㊐セン/めぐる ㊎revolve
갑 금 전 자원 **회의자.** 깃발을 나타내는 㫃(언)과 足(족)의 변형인 疋(필)이 합쳐진 자. 깃발을 든 기수의 지휘를 받아 빙빙 도는 모습을 나타냄.
풀이 ①돌다. ②돌리다. ③둥글다. 원을 그림. ④주선하다. 일이 되게 돌봄. ⑤되돌다.
〔旋毛 선모〕 머리에 털이 소용돌이 모양을 이룬 부분. 가마.
〔旋盤 선반〕 금속 소재를 회전시켜 갈거나 파내거나 도려내는 데 쓰는 공작 기계.
〔旋律 선율〕 음악의 가락.
〔旋風 선풍〕 ①회오리바람. ②돌발적으로 일어나 세상을 뒤흔드는 사건의 비유.
〔旋回 선회〕 둘레를 빙빙 돎.
◢凱旋(개선)/螺旋(나선)/斡旋(알선)/周旋(주선)

7 11 *2 **旌** 기 **정**

㊥jīng(찡) ㊐セイ/はた ㊎flag
풀이 ①기(旗). 깃대 꼭대기에 오색 깃털의 장식을 드리운 기. ②절(節). 사신(使臣)에게 신임의 표지로 주던 기. ③나타내다.
〔旌旗 정기〕 기(旗)의 총칭.
〔旌閭 정려〕 충신·효자·열녀 등을, 그들이 살던 고을에 정문(旌門)을 세워 표창함.
〔旌門 정문〕 충신·효자·열녀 등을 표창하기 위해 그 집 앞에 세우는 붉은 문.
〔旌表 정표〕 선행(善行)을 표창하여 여러 사람에게 알림.
◢銘旌(명정)/表旌(표정)

7 11 ☆*6 **族** 겨레 **족**

(필순) 亠 方 方 方' 方ᐩ 方ᐩ 方ᐩ 族

㊥zú(주) ㊐ゾク/みうち ㊎people
갑 금 자원 **회의자.** 깃발과 화살을 상형한 자로, 전쟁 시 같은 깃발 아래에 함께 모일 수 있는 공동체, 즉 군대 조직을 나타냄.
풀이 ①겨레. ②가계(家系). 성(姓)이 갈라짐을 씨(氏), 氏의 갈라짐을 族이라 함. ③무리. 동류(同類). ④모이다. 떼를 지음.
〔族黨 족당〕 ➡族屬(족속)①.
〔族類 족류〕 일가붙이.
〔族閥 족벌〕 큰 세력을 가진 가문의 일족.
〔族譜 족보〕 한 가문의 계통과 혈통에 관하여 기록한 책.
〔族屬 족속〕 ①같은 종족의 겨레붙이.

族黨(족당). ②어떤 부류의 사람을 얕잡아 이르는 말.
〔族孫 족손〕 손자뻘 되는 같은 성의 먼 친척.
〔族叔 족숙〕 아저씨뻘이 되는 같은 성의 먼 친척.
〔族人 족인〕 같은 종문(宗門)이면서 유복친(有服親)이 아닌 일가붙이.
〔族丈 족장〕 유복친(有服親) 이외의 위 항렬이 되는 같은 성의 어른.
〔族長 족장〕 ①일족(一族)의 어른. ②종족이나 부족의 장(長).
〔族弟 족제〕 아우뻘 되는 같은 성의 먼 친척.
〔族誅 족주〕 한 사람의 죄로 일족 또는 삼족(三族)을 죽임. 滅門(멸문).
〔族徵 족징〕 조선 시대에 군역(軍役)을 피하여 도망한 자의 친척에게 대신 군포(軍布)를 물리던 일.
〔族戚 족척〕 친족과 인척(姻戚).
〔族親 족친〕 유복친이 아닌, 같은 성의 일가붙이.
◢家族(가족)/九族(구족)/貴族(귀족)/同族(동족)/滅族(멸족)/民族(민족)/部族(부족)/三族(삼족)/氏族(씨족)/魚族(어족)/語族(어족)/王族(왕족)/外族(외족)/遺族(유족)/一族(일족)/種族(종족)/親族(친족)/漢族(한족)/韓族(한족)/血族(혈족)/豪族(호족)/皇族(황족)

8 * 旎 깃발 바람에 날릴 나
12

㊥nuǒ(누어) ㊐ダ
풀이 깃발이 바람에 날리다.

9 * 旒 깃발 류 旒
13

㊥liú(리우) ㊐リュウ/はたあし ㊇flag
풀이 ①깃발. 깃대에 매지 않은 쪽의 기폭 귀에 붙인 긴 오리. 보통 붉은 비단을 씀. ②주옥(珠玉) 술. 면류관 앞뒤에 천자는 12줄, 제후는 9줄을 드리웠음.

10 ★*7 旗 기 기 旗
14

丶 方 方 方 㫃 旃 旗 旗

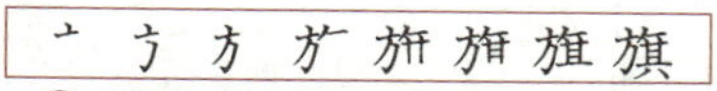

㊥qí(치) ㊐キ/はた ㊇flag
자원 **형성자.** 㫃(깃발 언)은 의미를 나타내고 其(기)는 음을 나타냄.
풀이 ①기(旗). 곰과 범을 그려 장수가 있는 곳에 세우던 기. ②표. 표지(標識). ③덮다. 가림. ④별 이름. ⑤군대의 부서. 청대(清代)에 기의 빛깔에 따라 구분했던, 군대의 부서.
〔旗手 기수〕 ①행사 때 대열의 앞에 서서 기를 드는 사람. ②사회 활동에서 앞장서서 이끄는 사람의 비유.
〔旗幟 기치〕 ①군중(軍中)에서 쓰던 기. ②어떤 목적을 위하여 표명하는 태도나 주장.
〔旗幅 기폭〕 ①깃발. ②깃발의 나비.
〔旗艦 기함〕 함대의 군함 중 사령관이 타고 있는 군함.
◢校旗(교기)/國旗(국기)/軍旗(군기)/團旗(단기)/黨旗(당기)/反旗(반기)/半旗(반기)/白旗(백기)/社旗(사기)/船旗(선기)/手旗(수기)/五輪旗(오륜기)/弔旗(조기)/太極旗(태극기)/下旗(하기)/降旗(항기)

无部 없을무 无 旡

0 * 无 없을 무 无
4

4획

㊥wú(우) ㊐ム, ブ
한자 부수의 하나. 흔히 이 부수를 '이미기방'이라고 하는데, 이는 이 부수에 딸린 한자로는 旣(기) 자가 대표적이기 때문임. 방으로 쓰일 때에는 자형이 '旡'의 꼴로 바뀜.
풀이 ①없다. ㊀無. ㊁毋. ‖无咎(무구). ②발어사(發語辭). 불경을 욀 때의 발어사. ‖无南(무남).
〔无妄 무망〕 64괘(卦)의 하나. 사심(邪心)이 없는 상(象). 无妄卦(무망괘).

9 既 旣(기·희)의 약자 →353쪽

7 ☆*3 旣 ❶이미 기☆*3 ❷녹미 희 | ㊂ ㊃ 旣 既 旣
11

㇒ 白 白 自 皀 旣 旣 旣

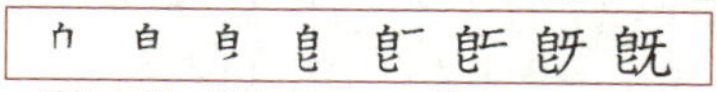

㊥jì(찌) ㊐キ/すでに ㊇already
갑 자원 **회의자.** 갑골문은 사람이 음식이 담긴 그릇을 앞에 놓고 고개를 반대편으로 돌리고 있는 모습을 나타냄. 卽(즉)의 갑골문과 거의 같으나 고개를 돌려 식사가 이미 끝났음을 나타냄. 여기서 '이미', '마치다'의 뜻이 파생됨.
풀이 ❶①이미. ②본디. 원래. ③이윽고. ④다하다. 다 됨. ❷녹미(祿米).
〔旣刊 기간〕 이미 간행함. 또는, 그 간행물. ↔未刊(미간).
〔旣決 기결〕 이미 결정됨.
〔旣決囚 기결수〕 유죄 판결이 확정된 죄수.
〔旣得 기득〕 이미 얻어서 차지함.
〔旣望 기망〕 《이미 보름이 지났다는 뜻으로》 음력 16일.

〔既成 기성〕 ①이미 이루어지거나 만들어짐. ‖기성품(既成品). ②신주(神主)를 만듦.
〔既往 기왕〕 ①지금보다 이전. ②이미 그렇게 된 바에.
〔既爲 기위〕 이미.
〔既張之舞 기장지무〕 (('이미 벌인 춤'이란 뜻으로)) 이미 시작한 일이니 중간에 그만둘 수 없음.
〔既定 기정〕 이미 정해짐. ‖既定事實(기정사실).
〔既存 기존〕 이미 존재함.
〔既知 기지〕 이미 앎.
〔既婚 기혼〕 이미 결혼함.

11 旣 既(기·희)의 속자 →353쪽

4획

日部 날일

☆*8
0
4 日 날 일

丨 冂 日 日

㊥rì(°르) ㊐ジツ, ニチ/ひ, か ㊄day

갑 전 자원 **상형자.** 태양을 본뜬 자. 가운데의 점은 태양의 흑점이라 하기도 하고, 해 속에 산다는 전설상의 까마귀라기도 하나, 갑골문에서 동그라미나 네모로 그려지던 星(별 성) 자와 구별하기 위한 획일 수도 있음.

한자 부수의 하나.

풀이 ①날. 낮 동안. ②해. 음양으로는 양(陽), 오행으로는 화(火), 인도(人道)에서는 군(君)·덕(德) 등에 해당. ③햇볕. 햇살. ④낮의 길이. ⑤나라 이름. '일본(日本)'의 약칭.

〔日脚 일각〕 사방으로 뻗친 햇살. 햇발.
〔日間 일간〕 ①하루 동안. ②가까운 며칠 사이.
〔日課 일과〕 ①날마다 하는 일정한 일. ②하루 동안에 배워야 하는 학과 과정.
〔日光 일광〕 햇빛.
〔日較差 일교차〕 기온·기압·습도 등의 하루 동안의 최곳값과 최젓값의 차이.
〔日久月深 일구월심〕 (('날이 오래고 달이 깊어 간다는 뜻으로)) 세월이 흐를수록 더함.
〔日給 일급〕 하루 단위로 급료를 지급함. 또는, 그 급료.
〔日氣 일기〕 날씨.
〔日曆 일력〕 날마다 떼거나 젖혀 보도록 만든 책력.
〔日暮 일모〕 날이 저묾.
〔日暮途窮 일모도궁〕 ①날이 저물고 길은 막혀 있음. ②늙고 쇠약하여 앞날이 얼마 남지 않음의 비유.
〔日暮途遠 일모도원〕 ((날은 저물고 갈 길은 멀다는 뜻으로)) 늙고 쇠약한데 할 일은 아직 많음.
〔日沒 일몰〕 해가 짐. 해넘이.
〔日邊 일변〕 날수로 셈하는 이자. 날변.
〔日報 일보〕 ①나날의 보도나 보고. ②매일 내는 신문. 日刊新聞(일간 신문).
〔日附印 일부인〕 그날그날의 날짜를 찍도록 만든 도장.
〔日産 일산〕 ①하루의 생산량. ②일본 제품.
〔日傘 일산〕 ①햇빛을 가리기 위하여 한데다 세우거나 설치하는 큰 양산. ②의장(儀仗)의 하나. 자루가 길고 큰 양산.
〔日常 일상〕 ①매일 반복되는 생활. ②날마다.
〔日收 일수〕 ①하루 동안의 수입. ②본전에 이자를 얹어서 날마다 갚아 가는 빚돈.
〔日蝕 일식〕 달이 태양과 지구 사이에 놓여 태양을 가로 막는 현상.
〔日新 일신〕 날로 새로워짐.
〔日夜 일야〕 밤낮.
〔日用 일용〕 날마다 씀.
〔日傭 일용〕 날품.
〔日用品 일용품〕 날마다 쓰는 물건.
〔日月 일월〕 ①해와 달. ②('날과 달'이라는 뜻으로)) 세월.
〔日月星辰 일월성신〕 해와 달과 별의 총칭.
〔日益 일익〕 날로 더함.
〔日人 일인〕 일본 사람.
〔日日新 일일신〕 날마다 새로워짐.
〔日程 일정〕 ①그날 해야 할 일. 또는, 그 양. ②그날 하루에 가야 할 길. 또는, 그 양.
〔日照 일조〕 햇빛이 내리쬠. ‖日照權(일조권).
〔日中食 일중식〕 가난한 사람이 하루중 낮에 한 번만 밥을 먹음.
〔日誌 일지〕 그날그날의 일을 적은 기록. 또는, 그 책.
〔日直 일직〕 ①매일의 당직(當直). ②낮이나 일요일의 당직. 또는, 그 사람.
〔日辰 일진〕 ①날의 간지(干支). ②그 날의 운세.
〔日進月步 일진월보〕 날로 달로 진보함.
〔日淺 일천〕 시작한 뒤로 날짜가 얼마 되지 않음.
〔日出 일출〕 해가 돋음. 해돋이.
〔日就月將 일취월장〕 날로 달로 진보함. 日將月就(일장월취).

◢隔日(격일)/近日(근일)/今日(금일)/忌日(기일)/期日(기일)/吉日(길일)/落日(낙일)/來日(내일)/當日(당일)/末日(말일)/每日(매일)/明日(명일)/百日

(백일)/生日(생일)/消日(소일)/時日(시일)/連日(연일)/寧日(영일)/曜日(요일)/月日(월일)/翌日(익일)/昨日(작일)/前日(전일)/祭日(제일)/終日(종일)/主日(주일)/週日(주일)/初八日(초파일)/祝日(축일)/誕日(탄일)/擇日(택일)/平日(평일)/後日(후일)/休日(휴일)

5 旧 舊(구)의 약자 →632쪽

★＊3-Ⅱ
1
5 **旦** 아침 **단**

丨 冂 月 日 旦

㊥dàn(딴) ㊐タン/あした ㊎morning

갑 금 자원 **회의자.** 수평선 위로 떠오르는 아침 해(갑골문), 또는 수면에 비친 해 그림자(금문)를 나타냄. 본뜻은 '아침'.

풀이 아침. 해 돋을 무렵.

〔旦望 단망〕 삭일(朔日)과 망일(望日). 곧, 음력 초하루와 보름. 朔望(삭망).

〔旦夕 단석〕 ①아침과 저녁. ②시기·상태 등의 위급함이 절박한 모양.

◢歲旦(세단)/元旦(원단)/一旦(일단)

★＊3-Ⅱ
2
6 **旬** 열흘 **순**

丿 勹 勺 旬 旬 旬

㊥xún(쉰) ㊐ジュン ㊎ten days

갑 금 전 자원 **지사자.** 갑골문의 윗부분은 十('甲'의 갑골문·금문), 아랫부분은 빙 한 바퀴 도는 형상을 나타내어, 십간(十干)의 하나인 甲(갑)으로 한 바퀴 돌아온 것을 나타냄. 금문에서는 日(날 일)을 덧붙임. 본뜻은 '열흘'.

풀이 ①열흘. 열흘 동안. ②열 번. ③10년. ‖七旬(칠순). ④두루 미치다.

〔旬刊 순간〕 열흘에 한 번 간행함. 또는, 그 간행물.

〔旬年 순년〕 10년.

〔旬報 순보〕 열흘에 한 번씩 발행하는 신문.

〔旬朔 순삭〕 초열흘과 초하루.

〔旬餘 순여〕 열흘 남짓한 동안.

〔旬日 순일〕 ①음력 초열흘. ②열흘 동안.

〔旬葬 순장〕 죽은 지 열흘 만에 지내는 장사.

◢上旬(상순)/六旬(육순)/中旬(중순)/初旬(초순)/七旬(칠순)/八旬(팔순)/下旬(하순)

＊2
2
6 **旭** 아침 해 **욱**

㊥xù(쒸) ㊐キョク/あさひ ㊎rising sun

풀이 ①아침 해. ‖旭日(욱일). ②해가 돋다. 해가 돋는 모양.

〔旭日 욱일〕 아침 해.

〔旭日昇天 욱일승천〕《아침 해가 하늘에 떠오른다는 뜻으로》 왕성한 기세.

☆＊4-Ⅱ
2
6 **早** 일찍 **조**

丨 冂 日 日 旦 早

㊥zǎo(자오) ㊐ソウ/はやい ㊎early

금 전 자원 **회의자.** 日(날 일)과 甲(갑옷 갑)이 합쳐진 자. 十과 ㄖ 자는 각각 甲의 금문과 소전임. 갑옷을 입은 병사의 머리 위로 해가 뜨는 모습을 나타냄. 병사들이 새벽 일찍 일어나 전투 준비를 한다는 데에서 '이르다'의 뜻을 갖게 됨.

풀이 ①일찍. ㉮미리. ㉯급히. ‖早急(조급). ②이르다. ㉮때가 아직 이르지 않다. ㉯젊다.

〔早急 조급〕 매우 급함. 火急(화급).

〔早起 조기〕 아침 일찍 일어남.

〔早期 조기〕 이른 시기.

〔早達 조달〕 젊어서 출세함.

〔早老 조로〕 나이에 비해 빨리 늙음.

〔早漏 조루〕 성교(性交) 때 정액이 비정상적으로 일찍 나오는 일.

〔早晩 조만〕 이름과 늦음.

〔早晩間 조만간〕 앞으로 곧. 머잖아.

〔早死 조사〕 젊어서 죽음. 夭折(요절).

〔早産 조산〕 달이 차기 전에 아이를 낳는 일.

〔早生種 조생종〕 올되는 품종. 早種(조종). ↔晩生種(만생종).

〔早速 조속〕 이르고도 빠름.

〔早熟 조숙〕 ①곡식·과일 등이 일찍 익음. ②나이에 비해 발달이 빠름. 早成(조성).

〔早失父母 조실부모〕 어려서 부모를 여읨.

〔早朝 조조〕 이른 아침. 早旦(조단).

〔早退 조퇴〕 정한 시각 이전에 물러감.

〔早婚 조혼〕 나이가 어려서 결혼함.

◢時機尙早(시기상조)

＊2
2
6 **旨** 뜻 **지**

㊥zhǐ(˚즈) ㊐シ/むね ㊎intention

풀이 ①뜻. 내용. ‖旨意(지의). ②맛있다. 맛있는 음식.

〔旨義 지의〕 깊고도 주장이 되는 뜻.

◢敎旨(교지)/論旨(논지)/密旨(밀지)/本旨(본지)/承旨(승지)/御旨(어지)/要旨

(요지)/遺旨(유지)/趣旨(취지)

3
7 **旰** 해질 **간**

㊥gàn(깐) ㊐カン/くれる ㊒sunset
풀이 해가 지다. ‖旰食(간식).

*
3
7 **旲** ❶햇빛 **대*** ❷클 **영**

㊥tái(타이), yīng(잉) ㊐タイ
㊒sunshine
풀이 ❶햇빛. ❷크다.

*
3
7 **旴** 클 **우**

㊥xū(쒸) ㊐ク
풀이 크다.

4획

★*3
3
7 **旱** 가물 **한**

丨 冂 冃 日 旦 早 旱

㊥hàn(한) ㊐カン/ひでり ㊒drought
자원 **형성자.** 日(일)은 의미를 나타내고 干(간)은 음을 나타냄.
풀이 가물다. 가뭄. ‖旱害(한해).
[旱魃 한발] ①가뭄을 맡은 신(神). ② 가뭄.
[旱災 한재] 가뭄으로 인한 재앙.
[旱害 한해] 가뭄으로 인한 재해.
◢大旱(대한)/炎旱(염한)

*1
4
8 **昆** 맏 **곤**

㊥kūn(쿤) ㊐コン/あに
㊒eldest brother
풀이 ①맏. 형. ‖昆弟(곤제). ②많다. 잡다(雜多)함. ③벌레. ‖昆蟲(곤충).
[昆孫 곤손] 현손(玄孫)의 손자. 六代孫(육대손).
[昆蟲 곤충] 머리·가슴·배의 세 부분으로 나눌 수 있는 절지 동물. 파리·벌·나비 따위.

*
4
8 **昑** 밝을 **금**

㊥qǐn(친) ㊐キン ㊒bright
풀이 밝다. 환함.

*
4
8 **旽** ❶밝을 **돈*** ❷친밀할 **준**

㊥tūn(툰), zhùn(°쭌) ㊐トン, シュン
㊒bright
풀이 ❶밝다. ❷친밀하다.

☆*6
4
8 **明** 밝을 **명** ㊐ 朙

丨 冂 日 日 明 明 明 明

㊥míng(밍) ㊐メイ, ミョウ/あかるい
㊒bright
갑 금 전

자원 **회의자.** 冏(경)과 月(월)이 합쳐진 자로, 창문에 달빛이 비쳐 밝음을 나타냄. 갑골문에서 日(날 일)과 月이 합쳐진 꼴도 나타나는데, 이에 대해 冏의 생략형이 日의 형태가 되었다는 설과 冏과 月의 합성 꼴 외에도 日과 月의 합성 꼴도 함께 존재했다는 설이 대립되어 있음. 예서에 이르러 현재의 자형이 됨.
풀이 ①밝다. ‖明暗(명암). ②밝히다. ‖明德(명덕). ③밝게. 확실하게. ‖明示(명시). ④낮. ⑤새벽. ⑥다음의. ‖明日(명일). ⑦빛. 광채. ⑧이승. ⑨시력(視力). ‖失明(실명). ⑩왕조(王朝) 이름.
[明鑑 명감] ①(‘사물의 모습을 분명히 비추어 주는 거울’이라는 뜻으로) 훌륭한 귀감(龜鑑). ②뛰어난 식견. ③분명한 감정(鑑定).
[明經 명경] 과거(科擧)의 강경과를 볼 때, 경서(經書) 중의 몇 구절을 외는 일.
[明鏡 명경] 맑은 거울.
[明鏡止水 명경지수] (‘맑은 거울과 잔잔한 물’이라는 뜻으로) 맑고 깨끗한 심경(心境).
[明記 명기] 분명히 밝히어 적음.
[明器 명기] 죽은 사람과 함께 무덤 속에 묻는 그릇·악기·무기·생활 용구 등의 기물.
[明年 명년] 다음 해. 來年(내년).
[明堂 명당] ①어떤 일에 썩 좋은 자리. ②임금이 조회를 받던 정전(正殿). ③썩 좋은 묏자리나 집터. 명당자리.
[明度 명도] 색의 밝고 어두운 정도.
[明瞭 명료] 분명하고 똑똑함.
[明滅 명멸] 켜졌다 꺼졌다 함.
[明明白白 명명백백] 아주 명백함.
[明文 명문] ①명백히 기록된 조문(條文). ②사리가 명백하고 뜻이 분명한 글.
[明文化 명문화] 문건(文件)으로 명백히 밝힘.
[明敏 명민] 사리에 밝고 총명함.
[明白 명백] 의심의 여지가 없이 분명함.
[明沙 명사] 아주 곱고 깨끗한 모래. ‖明沙十里(명사십리).
[明晳 명석] 사고나 판단이 분명하고 똑똑함.
[明星 명성] 샛별.
[明細 명세] ①분명하고 자세함. ②물품이나 금액 등의 분명하고 자세한 내용.

〔明細書 명세서〕 내용을 자세하게 적은 문서.
〔明示 명시〕 명확하게 드러내 보임.
〔明暗 명암〕 ①밝음과 어두움. ②회화·사진 등에서 밝기의 정도.
〔明若觀火 명약관화〕 불을 보듯 분명하고 뻔함.
〔明言 명언〕 명백히 단언함. 確言(확언).
〔明王 명왕〕 ①명철한 임금. ②악마를 굴복시킨다는, 무서운 얼굴을 한 신장(神將).
〔明月 명월〕 ①밝은 달. ②보름달. 특히, 음력 8월 보름날 밤의 달.
〔明衣 명의〕 시체를 염습할 때 맨 먼저 입히는 옷.
〔明日 명일〕 내일. 翌日(익일).
〔明淨 명정〕 밝고 맑음.
〔明朝 명조〕 ①내일 아침. ②명(明)나라의 조정. ③활자에 쓰이는 서체(書體)의 하나. 세로획이 굵고 가로획이 가늚. 明朝體(명조체).
〔明紬 명주〕 누에고치에서 뽑은 실로 무늬 없이 짠 피륙.
〔明智 명지〕 밝은 지혜.
〔明澄 명징〕 깨끗하고 맑음.
〔明察 명찰〕 명확하게 살핌.
〔明天 명천〕 ①밝은 하늘. ②모든 것을 다 아는 하느님.
〔明哲 명철〕 총명하고 사리에 밝음.
〔明哲保身 명철보신〕 총명하고 사리에 밝아 일을 잘 처리하여 몸을 보전함.
〔明快 명쾌〕 ①명랑하고 쾌활함. ②말이나 글의 조리가 명백하여 시원스러움.
〔明確 명확〕 명백하고 확실함.
◢簡明(간명)/開明(개명)/高明(고명)/公明(공명)/光明(광명)/究明(구명)/糾明(규명)/克明(극명)/無明(무명)/文明(문명)/未明(미명)/薄明(박명)/發明(발명)/辯明(변명)/分明(분명)/釋明(석명)/鮮明(선명)/說明(설명)/聲明(성명)/疏明(소명)/神明(신명)/失明(실명)/言明(언명)/黎明(여명)/英明(영명)/幽明(유명)/自明(자명)/照明(조명)/證明(증명)/淸明(청명)/聰明(총명)/透明(투명)/判明(판명)/表明(표명)/解明(해명)/賢明(현명)

4 8 旼 *2 온화할 **민** | 旼

㊥mín(민) ㊐ビン/やわらぐ
풀이 온화하다.

4 8 旻 *2 하늘 **민** | 旻

㊥mín(민) ㊐ビン/そら ㊎sky
풀이 하늘.
〔旻天 민천〕 ①가을 하늘. ②《하늘을 신격화한 데서》 어진 하늘.

4 8 昉 *1 마침 **방** | 昉

㊥fǎng(°팡) ㊐ホウ/まさに
풀이 마침. 때마침.

4 8 昐 * 햇빛 **분**

㊥fēn(°펀) ㊐フン ㊎sunshine

4 8 昔 ☆*3 ❶예 **석**☆*3 ❷섞일 **착** | 昔

一 十 艹 廿 丗 昔 昔 昔

㊥xī(씨) ㊐セキ/むかし ㊎ancient
갑 금 전 자원 **회의자.** 갑골문·금문의 윗부분인 물결 모양은 '홍수'를 나타내고, 아랫부분은 日(날 일)을 나타내는 자로, '홍수로 고통 받던 지난 어느 날'을 나타냄. 여기에서 '옛날'의 의미가 생겨남.
풀이 ❶예. 옛날. ‖古昔(고석). ❷섞이다. 교착함. ㉲錯.
〔昔年 석년〕 ①여러 해 전. ②지난해.
〔昔人 석인〕 옛 사람. 古人(고인).

4 8 昇 ★*3-Ⅱ 오를 **승** | 昇

丶 口 日 日 旦 戸 昇 昇

㊥shēng(°썽) ㊐ショウ/のぼる ㊎rise
자원 **형성자.** 日(일)은 의미를 나타내고 升(승)은 음을 나타냄.
풀이 ①오르다. 해가 떠오르다. ②높은 곳에 오르다. ‖昇降(승강). ③벼슬·지위 등이 오르다. ‖昇進(승진).
〔昇降 승강〕 ①오르고 내림. ②서로 옥신각신함. 승강이.
〔昇格 승격〕 격을 높임. 또는, 격이 높아짐.
〔昇級 승급〕 급수나 등급이 오름.
〔昇給 승급〕 급료가 오름.
〔昇壓 승압〕 전류 등의 압력을 높임.
〔昇進 승진〕 직위가 오름.
〔昇天 승천〕 ①하늘에 오름. ②예수가 부활한 후 하늘에 올라간 일. ③가톨릭 신자가 죽는 일.
〔昇沈 승침〕 인생의 영고(榮枯).
〔昇平 승평〕 나라가 태평함. 承平(승평).
〔昇遐 승하〕 임금이 세상을 떠남. 崩御(붕어). 薨去(훙거).
〔昇華 승화〕 ①고체가 액체를 거치지 않고 바로 기체가 되는 현상. ②사물·현상이 고상한 것으로 발전하여 바뀜.
◢上昇(상승)

4 8 **昂** *1 오를 **앙** 昂

㊥áng(앙) ㊐コウ/あがる
풀이 ①오르다. 높이 오르다. ‖昂騰(앙등). ②기운·감정 등이 높아지다.
〔昂貴 앙귀〕 값이 오름.
〔昂騰 앙등〕 물가가 뛰어오름. 騰貴(등귀).
〔昂揚 앙양〕 드높아짐. 高揚(고양).
◢激昂(격앙)

4 8 **易** ☆*4 ❶바꿀 **역** ☆*4 ❷쉬울 **이** *4 易

丨 冂 日 日 月 昜 易 易

㊥yì(이) ㊐エキ, イ/かわる, やすい
㊤exchange
갑 금 자원 도마뱀의 상형자(갑골문의 첫째 자와 금문)라는 설과 잔을 기울여 다른 잔에 술이나 물을 따라 주는 모습(갑골문 둘째 자)이라는 설 등이 있는데, 전자는 도마뱀의 변화 적응력에서 '바꾸다'의 의미가 나왔다고 보는 설이고, 후자는 주면 받게 되고 결과적으로 서로 바꾸는 것이므로 '바꾸다'의 의미가 파생된 것이라고 보는 설임.
풀이 ❶①바꾸다. 물건과 물건을 바꿈. ‖貿易(무역). ②바뀌다. 변화하다. 개선됨. ③점(占). 화복 등을 아는 일. ④역학(易學). 주역(周易). ❷①쉽다. ‖難易(난이). ②편안하다.
〔易經 역경〕 오경(五經)의 하나. 음양의 이치에 따라 윤리·도덕을 풀이한 책. 周易(주역).
〔易書 역서〕 점에 관한 책.
〔易姓革命 역성혁명〕 ①왕조가 바뀜. ②임금이 덕이 없으면 민심을 잃게 되고, 천명(天命)이 유덕한 사람에게로 돌아간다는, 고대 중국의 정치 사상.
〔易數 역수〕 주역의 법칙에 의하여 길흉을 미리 아는 술법.
〔易地思之 역지사지〕 처지를 바꾸어서 생각함.
〔易學 역학〕 주역을 연구하는 학문.
◢簡易(간이)/交易(교역)/難易(난이)/貿易(무역)/變易(변역)/安易(안이)/周易(주역)/容易(용이)/平易(평이)

4 8 **昨** * 밝을 **오** 昨

㊥wǔ(우) ㊐ゴ/あきらか ㊤bright
풀이 밝다.

4 8 **旺** *2 성할 **왕** 旺

㊥wàng(왕) ㊐オウ/さかん
㊤vigorous
풀이 성하다. 세력·기운이 왕성한 모양. ‖旺運(왕운).
〔旺盛 왕성〕 사물이 성함.
◢盛旺(성왕)/興旺(흥왕)

4 8 **昀** * 햇빛 **윤**

㊥yún(윈) ㊐イン ㊤sunshine

4 8 **昌** ☆*3-Ⅱ 창성할 **창** 昌

丨 冂 日 日 昌 昌 昌 昌

㊥chāng(°창) ㊐ショウ/さかん
㊤vigorous
갑 전 자원 **회의자.** 윗부분은 '해'의 상형인 日(일)이고 아랫부분은 수면에 비친 해의 그림자로, 해가 수면 위로 솟아오르는 모습을 나타냄.
풀이 창성하다. 번성함.
〔昌盛 창성〕 번성하여 잘됨.
◢繁昌(번창)/盛昌(성창)/隆昌(융창)

4 8 **昃** 기울 **측** 昃

㊥zè(쩌) ㊐ショク/かたむく
㊤decline
풀이 기울다. 해가 서쪽으로 기울다. ㊟仄. ‖日昃(일측).

4 8 **昊** *2 하늘 **호** 昊

㊥hào(하오) ㊐コウ/そら ㊤sky
풀이 하늘.
〔昊天 호천〕 ①넓고 큰 하늘. ②사천(四天)의 하나.

4 8 **昏** ★*3 어두울 **혼** 昏

一 𠂆 F 氏 氏 昏 昏 昏

㊥hūn(훈) ㊐コン/くらい ㊤dark
갑 전 자원 **회의자.** 氏(씨)와 日(일)이 합쳐진 자로, 해〔日〕가 씨 뿌리는 사람〔氏〕의 발 아래로 떨어진 상태를 나타냄. 본뜻은 '어둡다'.
풀이 ①어둡다. 해가 져서 어둡다. ‖黃昏(황혼). ②어지럽히다. 어지러워짐.
〔昏困 혼곤〕 까라지거나 노그라져서 정신을 차릴 수 없이 곤함.
〔昏君 혼군〕 사리에 어두운 임금. 暗君(암군).
〔昏亂 혼란〕 ①마음이나 정신이 어둡고 어지러움. ②흐릿하고 분별력이 없음.

4획

[昏迷 혼미] ①정신이 헷갈리고 희미함. ②사리에 어둡고 미욱함.
[昏睡 혼수] ①정신없이 잠이 듦. ②의식을 잃음.
[昏睡狀態 혼수상태] 의식을 잃어 어떤 자극을 주어도 눈을 뜨지 못하는 상태.
[昏絶 혼절] 정신이 아찔하여 까무라침. 昏倒(혼도).
[昏定晨省 혼정신성] 《밤에는 부모의 잠자리를 보아 드리고 이른 아침에는 안부를 묻는다는 뜻으로》 부모를 잘 섬기고 효성을 다함.
◢朦昏(몽혼)/黃昏(황혼)

4 8 * 昕 아침 **흔** 昕

㊥xīn(씬) ㊐キン/あさ ㊎morning
풀이 아침. 해뜰 무렵.

5 9 昵 친할 **닐** 昵

㊥nì(니) ㊐ジツ/ちかづく
풀이 친하다. 친숙해짐.

5 9 * 昤 햇빛 **령**

㊥líng(링) ㊐レイ ㊎sunshine
풀이 햇빛. 햇살.

5 9 *1 昧 어두울 **매** 昧

㊥mèi(메이) ㊐マイ/くらい
㊎obscure
풀이 ①어둡다. 어리석다. ‖愚昧(우매). ②새벽. 동틀 무렵. ‖昧爽(매상).
[昧事 매사] 사리에 어두움.
◢蒙昧(몽매)/三昧(삼매)/曖昧(애매)/愚昧(우매)

5 9 *2 昴 별자리 이름 **묘** 昴

㊥mǎo(마오) ㊐ボウ/すばる
풀이 별자리 이름. 28수(宿)의 하나.

5 9 *2 昞 밝을 **병** ㊐昺 昞

㊥bǐng(빙) ㊐ヘイ/あきらか ㊎bright
풀이 밝다.

9 *2 昺 昞(병)과 동자 →359쪽

5 9 ☆*4-Ⅱ 星 별 **성** 星

冂 冃 日 戶 旦 旱 星 星

㊥xīng(씽) ㊐セイ, ショウ/ほし
㊎star
갑 금 자원 **형성자.** 日(일)은 의미를 나타내고 生(생)은 음을 나타냄. 日은 여러 개의 별을 뜻하는 晶(정)의 생략형임.
풀이 ①별. ‖恒星(항성). ②세월. 광음. ‖星霜(성상). ③요직에 있는 벼슬아치. ‖將星(장성).
[星群 성군] 별의 무리.
[星團 성단] 천구 상의 군데군데 몰려 있는 별들의 집단.
[星命學 성명학] 사주(四柱)로 사람의 운명과 길흉을 판단하는 학문.
[星霜 성상] ①《별은 일 년에 한 바퀴를 돌고 서리는 매해 추우면 내린다는 뜻으로》 한 해 동안의 세월. ②햇수의 비유.
[星星 성성] 머리털이 희끗희끗하게 센 모양.
[星宿 성수] ①모든 별자리의 별들. ②28수(宿)의 스물다섯째 별자리.
[星辰 성신] 별.
[星雲 성운] 구름 모양으로 퍼져 보이는 천체.
[星座 성좌] 별의 위치를 표시하기 위한 성군(星群)의 구역. 별자리.
◢巨星(거성)/金星(금성)/明星(명성)/木星(목성)/北斗七星(북두칠성)/水星(수성)/新星(신성)/衛星(위성)/流星(유성)/土星(토성)/恒星(항성)/行星(행성)/彗星(혜성)/曉星(효성)

5 9 **3 昭 밝을 **소** ㊔**조** 昭

冂 月 日 日フ 日刀 日卲 昭 昭

㊥zhāo(°짜오) ㊐ショウ/あきらか
㊎bright
자원 **형성자.** 日(일)은 의미를 나타내고 召(소)는 음을 나타냄.
풀이 ①밝다. 환히 빛남. ②나타나다. ‖昭著(소저).
[昭格署 소격서] 조선 시대, 하늘·땅·별에 지내는 초제(醮祭)를 맡아보던 관아.
[昭詳 소상] 분명하고 자세함.

5 9 ☆*4-Ⅱ 是 옳을 **시** 是

冂 日 日 旦 早 早 昰 是

㊥shì(°쓰) ㊐シ, ゼ/これ ㊎right
금 전 자원 **회의자.** 日(일)과 正(정)이 합쳐진 자. 해가 한가운데 위치할 때를 가리키는 것으로, 여기에서 '곧바르다', '옳다'

의 뜻이 생겨남.
풀이 ①옳다. 바름. ‖是非(시비). ②바로잡다. 바르게 함. ‖是正(시정). ③이. 이것. 이곳. ‖是日(시일).
〔是非 시비〕 ①옳음과 그름. ②옥신각신함.
〔是非曲直 시비곡직〕 옳고 그르고 굽고 곧음.
〔是非之心 시비지심〕 사단(四端)의 하나. 옳고 그름을 가릴 줄 아는 마음.
〔是是非非 시시비비〕 ①여러 가지의 잘잘못. ②옳은 것은 옳다 하고 그른 것은 그르다고 함.
〔是認 시인〕 옳다고 인정함. ↔否認(부인).
〔是日 시일〕 이날.
〔是正 시정〕 잘못된 것을 바로잡음.
◢國是(국시)/本是(본시)/社是(사시)/亦是(역시)/必是(필시)/或是(혹시)

* 5 9 昜
陽(양)과 동자 →790쪽

★*4 5 9 映 비칠 영
속 暎 映

冂 日 日 日' 日ロ 日口 映 映

㊥yìng(잉) ㊐エイ/うつる ㊎reflect
자원 **형성자.** 日(일)은 의미를 나타내고 央(앙)은 음을 나타냄.
풀이 ①비치다. ‖映射(영사). ②햇빛. 햇살.
〔映寫 영사〕 ①영화나 환등 등의 필름에 있는 상을 영사막에 비추어 나타냄. ②원도(原圖)를 정밀하게 옮겨 그림.
〔映像 영상〕 ①빛의 굴절이나 반사에 의해 눈에 보이는 사물의 모양. ②영화나 텔레비전의 화면에 나타나는 상.
〔映窓 영창〕 방을 환하게 하기 위해 방과 마루 사이에 낸 두 쪽의 미닫이.
〔映畫 영화〕 각본에 따라 움직이는 대상을 촬영하여 영사기로 영사막에 재현하는 종합 예술.
◢反映(반영)/放映(방영)/上映(상영)/終映(종영)/透映(투영)

* 5 9 昷 온화할 온

㊥wēn(원) ㊐オン
풀이 온화하다.

*2 5 9 昱 빛날 욱
昱

㊥yù(위) ㊐イク/あきらか ㊎bright
풀이 빛나다.
〔昱昱 욱욱〕 햇빛이 눈부시게 빛나는 모양.

☆*6 5 9 昨 어제 작
昨

冂 日 日 日' 日' 昨 昨 昨

㊥zuó(주어) ㊐サク/きのう
㊎yesterday
자원 **형성자.** 日(일)은 의미를 나타내고 乍(사)는 음을 나타냄.
풀이 ①어제. ‖昨今(작금). ②앞서. 옛날. ‖昨非今是(작비금시).
〔昨今 작금〕 어제와 오늘. 곧, 요즈음. 近來(근래). 近日(근일).
〔昨年 작년〕 지난해.
〔昨夜 작야〕 어젯밤.
〔昨日 작일〕 어제.

9 昼
晝(주)의 속자 →363쪽

* 5 9 昣 밝을 진

㊥zhěn(°전) ㊐シン ㊎bright
풀이 밝다.

*2 5 9 昶 밝을 창
昶

㊥chǎng(°창) ㊐チョウ/あきらか
㊎bright
풀이 ①밝다. 환함. 통함. ②해가 길다.

☆*7 5 9 春 봄 춘
春

= 三 夫 夫 耒 春 春 春

㊥chūn(°춘) ㊐シュン/はる
갑 금 전 자원 **회의 겸 형성자.** 日(날 일)과 艸(풀 초)와 새싹이 땅을 비집고 올라오는 모습을 나타내는 屯(둔)이 합쳐진 자. 햇빛을 받아 풀이 돋아나는 봄을 나타냄. 日과 艸는 의미를 나타내고 屯은 의미와 음을 겸하여 나타냄.
풀이 ①봄. ‖立春(입춘). ②젊은 때. ‖靑春(청춘). ③남녀의 연정. ‖春情(춘정).
〔春耕 춘경〕 봄갈이.
〔春季 춘계〕 봄철.
〔春困 춘곤〕 봄철에 느끼는 나른한 기운.
〔春光 춘광〕 봄빛.
〔春窮 춘궁〕 농가에서 봄에 햇곡식이 나기 전, 식량에 어려움을 겪는 일. ‖春窮期(춘궁기).
〔春暖 춘난〕 봄철의 따뜻한 기운.
〔春夢 춘몽〕 (‘봄에 꾸는 꿈’이라는 뜻으로) 인생의 덧없음의 비유. ‖一場春夢(일장춘몽).

〔春府丈 춘부장〕 남의 아버지의 존칭. 春庭(춘정). 春府大人(춘부대인).
〔春分 춘분〕 경칩과 청명 사이에 있는 절기. 3월 21일경.
〔春三月 춘삼월〕 봄 경치가 가장 좋은 음력 3월.
〔春色 춘색〕 봄의 아름다운 빛. 봄빛.
〔春雪 춘설〕 봄눈.
〔春樹暮雲 춘수모운〕 (‘봄철의 나무와 저문 날의 구름’이라는 뜻으로) 먼 곳에 있는 벗을 그리워함.
〔春心 춘심〕 ①봄철에 느끼는 정서. ② ➡春情(춘정)①.
〔春情 춘정〕 ①남녀간의 정욕. 春心(춘심). ②봄의 정취.
〔春秋 춘추〕 ①봄과 가을. ②어른의 나이의 높임말. ③세월. ④오경(五經)의 하나. 공자(孔子)가 노(魯)나라 은공(隱公)에서 애공(哀公)까지 242년간의 사적(事跡)을 편년체로 기록한 책.
〔春秋筆法 춘추필법〕 중국의 경서 ‘춘추’와 같은 비판적이고 엄정한 태도를 이르는 말로, 대의명분을 밝혀 세우는 사필(史筆)의 준엄한 논법.
〔春風 춘풍〕 봄바람.
〔春花 춘화〕 봄꽃.
◢晩春(만춘)/賣春(매춘)/新春(신춘)/立春(입춘)/早春(조춘)/靑春(청춘)/回春(회춘)

9 昰*

夏(하)의 고자 →167쪽

5 9 昡* 햇빛 현

㊥xuàn(쒸엔) ㊐ケン ㊎sunshine
풀이 ①햇빛. ②당혹하다.

10 晈

皎(교)와 동자 →524쪽

6 10 晌 한낮 상

㊥shǎng(°상) ㊐ショウ/まひる ㊎noon
풀이 한낮. 대낮. 정오.
〔晌午 상오〕 점심때. 正午(정오).

10 晒

曬(쇄)와 동자 →369쪽

6 10 時☆*7 때 시

간 时 時

冂 日 日ˉ 日⁺ 日⁺ 旪 時 時

㊥shí(°스) ㊐ジ/とき ㊎time
갑 금 전 자원 회의 겸 형성자. 갑골문은 日(날 일)과 之(갈 지)가 합쳐진 자로, 태양의 운행으로 ‘시간’을 나타냄. 日은 의미를 나타내고 之는 의미와 음을 겸하여 나타냄.
풀이 ①때. ㉮철. 사철. ‖四時(사시). ㉯시. 옛날에는 12진(辰)으로, 현대에는 24시간으로 나눔. ‖午時(오시). ㉰기회. ‖時機(시기). ②때에.
〔時價 시가〕 현재의 물건 값. 時勢(시세).
〔時刻 시각〕 ①시간의 어느 한 시점. 時間(시간). ②짧은 시간.
〔時間 시간〕 ①어떤 시각에서 어떤 시각과의 사이. ② ➡時刻(시각)①. ③과거·현재·미래의 무한한 연속. ↔空間(공간).
〔時計 시계〕 시각을 나타내거나 시간을 재는 기계.
〔時空 시공〕 시간과 공간을 아울러 이르는 말.
〔時局 시국〕 현재 당면한 국내·국제 정세.
〔時急 시급〕 시간이 매우 절박함.
〔時期 시기〕 어떤 일이나 현상이 진행되는 때.
〔時期尙早 시기상조〕 어떤 일을 하기에 때가 아직 이름.
〔時代 시대〕 ①역사적으로 어떤 표준에 의하여 구분한 일정한 기간. ②지금 있는 그 시기.
〔時流 시류〕 그 시대의 풍조·유행.
〔時報 시보〕 ①표준 시간을 알리는 일. ②그때그때의 보도.
〔時事 시사〕 그 당시에 일어난 여러 가지 사회적 사건.
〔時勢 시세〕 ①그때의 형세나 세상의 형편. ② ➡時價(시가).
〔時速 시속〕 한 시간을 단위로 하는 평균 속도.
〔時時刻刻 시시각각〕 시각마다.
〔時運 시운〕 시대의 운수.
〔時日 시일〕 ①때와 날. ②기일이나 기한.
〔時節 시절〕 ①계절. ②일정한 시기나 때. ③사람의 일생을 구분한 어느 한 동안.
〔時點 시점〕 시간의 흐름 가운데 어느 한 순간.
〔時調 시조〕 고려 말엽부터 발달한 우리나라 고유의 정형시.
〔時評 시평〕 ①당시 사람들의 비평. ② 시사에 대한 평론.
〔時限 시한〕 일정하게 한정된 기간이나 시간.
〔時和年豐 시화연풍〕 나라가 태평하고 풍년이 듦. 時和歲豐(시화세풍).
〔時效 시효〕 어떤 권리를 취득하게 하거나 소멸시키는 법률적인 기간.
◢今時(금시)/當時(당시)/同時(동시)/每時(매시)/不時(불시)/常時(상시)/生時(생시)/盛時(성시)/隨時(수시)/零時

(영시)/午時(오시)/一時(일시)/日時(일시)/臨時(임시)/暫時(잠시)/適時(적시)/戰時(전시)/定時(정시)/卽時(즉시)/平時(평시)/何時(하시)/恒時(항시)/或時(혹시)

晏 *1 6 10 늦을 **안**

㊥yàn(옌) ㊐アン/おそい ㊎late

풀이 ①늦다. ②편안하다. ‖晏如(안여).

〔晏然 안연〕 마음이 편안한 모양.

晁 * 10 朝(조)의 고자 →375쪽

晉 *2 6 10 나라 이름 **진** ㊔㊎ 晋

㊥jìn(찐) ㊐シン

풀이 ①나라 이름. ②나아가다.

〔晉山 진산〕 새로 선출된 주지(住持)가 취임하는 일.

〔晉秩 진질〕 관직이 오름.

〔晉體 진체〕 중국 진(晉)나라의 명필 왕희지(王羲之)의 글씨체.

晋 *2 10 晉(진)의 속자 →362쪽

晐 6 10 갖출 **해** ㊄**개**

㊥gāi(까이) ㊐カイ/そなわる ㊎prepare

풀이 갖추다.

晃 *2 6 10 밝을 **황** ㊋ 晄

㊥huǎng(후앙) ㊐コウ/あきらか ㊎dazzling

풀이 밝다.

〔晃然 황연〕 환하게 밝은 모양.

晄 * 10 晃(황)과 동자 →362쪽

晜 7 11 형 **곤**

㊥kūn(쿤) ㊐コン/あに ㊎elder brother

풀이 ①형. 맏. ②뒤. 후손.

晚 ☆*3-Ⅱ 7 11 저물 **만**

日	日	日'	日⺈	昒	晗	晚	晚

㊥wǎn(완) ㊐バン/くれ ㊎sunset, late

자원 **형성자.** 日(일)은 의미를 나타내고 免(면)은 음을 나타냄.

풀이 ①저물다. ㉮해가 저물다. ㉯해질 무렵. ‖晚餐(만찬). ②늦다. 때가 늦음.

〔晚年 만년〕 나이가 들어 늙어 가는 시기. 老年(노년).

〔晚生 만생〕 ①늙어서 자식을 낳음. 晚得(만득). ②선배에 대한 자기의 비칭.

〔晚生種 만생종〕 같은 식물 가운데서 아주 늦게 익는 품종. ↔早生種(조생종).

〔晚成 만성〕 늦게 성취함. ‖大器晚成(대기만성).

〔晚時之歎 만시지탄〕 시기에 늦어 기회를 놓쳤음을 안타까워하는 탄식.

〔晚鐘 만종〕 저녁때 절·수도원·교회 등에서 치는 종. 暮鐘(모종).

〔晚餐 만찬〕 손님을 초대하여 함께 먹는 저녁 식사.

〔晚秋 만추〕 늦가을.

〔晚學 만학〕 나이가 들어 뒤늦게 공부함.

〔晚婚 만혼〕 나이가 들어 늦게 결혼함.

◢年晚(연만)/早晚(조만)

晟 *2 7 11 밝을 **성** ㊋ 晠

㊥shèng(°썽) ㊐セイ/あきらか ㊎bright

풀이 ①밝다. ②성하다.

晠 * 11 晟(성)과 동자 →362쪽

晨 ★*3 7 11 새벽 **신**

日	旦	戶	昃	晨	晨	晨	晨

㊥chén(°천) ㊐シン/あした ㊎day break

전 자원 **형성자.** 여러 개의 별을 뜻하는 晶(정)은 의미를 나타내고 辰(신)은 음을 나타냄.

풀이 ①새벽. ‖晨旦(신단). ②'방성(房星)'의 이칭. 28수(宿)의 하나.

〔晨星 신성〕 새벽 하늘에 보이는 별. 샛별.

〔晨省 신성〕 아침 일찍 부모의 침소에 가서 밤사이의 안부를 살피는 일.

晤 * 7 11 밝을 **오**

㊥wù(우) ㊐ゴ/あきらか

풀이 ①밝다. 사리에 밝음. 총명함. ‖英晤(영오). ②만나다. 마주 대함.

〔晤語 오어〕 마주 대하여 터놓고 이야기함.

* 7 11 **晢** 밝을 **절**

[중]zhé(°저) [일]セツ, セイ [영]bright
[풀이] 밝다. 환함.

☆*6 7 11 **晝** 낮 **주** [속][간] 昼

[중]zhòu(°쩌우) [일]チュウ/ひる
[영]daytime
[금] [전] [자원] **회의자.** 금문에서 보듯, 붓을 나타내는 율(聿)과 태양을 나타내는 일(日)이 합쳐진 자로, 붓으로 글을 쓸 수 있는 '낮' 시간을 가리킴.
[풀이] 낮.
〔晝間 주간〕 낮 동안. ↔夜間(야간).
〔晝耕夜讀 주경야독〕《낮에는 농사일을 하고 밤에는 글을 읽는다는 뜻으로》 어려운 여건 속에서도 꿋꿋이 공부함.
〔晝光 주광〕 태양 광선에 의한 낮 동안의 빛. 또는, 그 밝음.
〔晝宵 주소〕 ➡晝夜(주야).
〔晝食 주식〕 점심밥.
〔晝夜 주야〕 낮과 밤. 밤낮. 晝宵(주소).
〔晝夜兼行 주야겸행〕 밤낮을 가리지 않고 계속해서 함.
〔晝夜長川 주야장천〕 밤낮으로 쉬지 않고 연달아.
◪白晝(백주)

*2 7 11 **晙** 밝을 **준**

[중]jùn(쮠) [일]シュン
[풀이] 밝다.

7 11 **晡** 신시 **포**

[중]bū(뿌) [일]ホ/ひぐれ [영]evening
[풀이] 신시(申時). 저녁때.
〔晡時 포시〕 오후 3시에서 5시 사이. 申時(신시).

* 7 11 **晛** 햇살 **현** [간] 晛

[중]xiàn(씨엔) [일]ケン/ひかり

*2 7 11 **晧** 밝을 **호**

[중]hào(하오) [일]コウ/あきらか
[풀이] 밝다. 빛남.

* 7 11 **晥** 환할 **환**

[중]hàn(한) [일]カン/あきらか
[풀이] 환하다. 밝은 모양.

*1 7 11 **晦** 그믐 **회**

[중]huì(후에이) [일]カイ/みそか
[풀이] ①그믐. 음력의 매월 말일. ‖晦朔(회삭). ②어둡다. 캄캄함. ③희미하다. 어슴푸레하다.
〔晦塞 회색〕 아주 꽉 막힘.
〔晦日 회일〕 그 달의 마지막 날. 그믐날.

* 7 11 **晞** 마를 **희**

[중]xī(씨) [일]キ [영]dry
[풀이] ①마르다. 말림. ②동트다.

☆*5 8 12 **景** 볕 **경**

[중]jǐng(징) [일]ケイ/ひかり
[자원] **형성자.** 日(일)은 의미를 나타내고 京(경)은 음을 나타냄.
[풀이] ①볕. 빛. ②크다. ③우러르다. 사모함. ‖景慕(경모). ④경사스럽다. ⑤경치. 풍경. ‖景色(경색).
〔景概 경개〕 ➡景致(경치).
〔景觀 경관〕 ① ➡景致(경치). ②특색이 있는 풍경을 가진 일정한 지역.
〔景光 경광〕 ➡景致(경치).
〔景氣 경기〕 매매나 거래 등에 나타나는 호황(好況)·불황(不況) 등 경제 활동의 상태.
〔景慕 경모〕 우러러 사모함.
〔景福 경복〕 큰 복. 大福(대복).
〔景色 경색〕 ➡景致(경치).
〔景勝 경승〕 경치가 좋은 곳.
〔景致 경치〕 산수 풍물 등의 아름다운 모습. 景概(경개). 景觀(경관). 景光(경광). 景色(경색).
〔景品 경품〕 ①상품에 곁들여 고객에게 거저 주는 물품. ②어떤 모임에서 제비를 뽑아 선물로 주는 물품.
〔景況 경황〕 정신적인 여유나 겨를.
◪光景(광경)/近景(근경)/背景(배경)/殺風景(살풍경)/雪景(설경)/夜景(야경)/遠景(원경)/全景(전경)/前景(전경)/絶景(절경)/情景(정경)/造景(조경)/珍景(진경)/風景(풍경)

* 8 12 **晷** 그림자 **구** [본]**궤** 귀*

4획

㊥guǐ(구에이) ㊐キ/ひかげ ㊒shadow
풀이 ①그림자. 해그림자. 일영(日影). ②해시계.
[晷刻 구각] 잠깐 동안.

★✱4
8 12 **普** 두루 **보**

丷 䒑 䒑 並 並 普 普 普

㊥pǔ(푸) ㊐フ/あまねし ㊒universally
자원 **형성자.** 日(일)은 의미를 나타내고 並(병)은 음을 나타냄.
풀이 ①두루. 널리. 널리 미침. ‖普及(보급). ②보통. 중간.
[普及 보급] 많은 사람들에게 두루 미치게 하여 누리게 함.
[普施 보시] 널리 베풂.
[普通 보통] 특별하지 않고 예사로움. 通常(통상).
[普遍 보편] 두루 널리 미침. ↔特殊(특수).

4획

✱2
8 12 **晳** 밝을 **석** ㊀晰

㊥xī(씨) ㊐セキ/あきらか ㊒bright
풀이 밝다.
◢明晳(명석)

12 **晰** 晳(석)과 동자 →364쪽

8 12 **晬** 돌 **수** ㊄**쉬**

㊥zuì(쭈에이) ㊐サイ
풀이 돌. 생일.
[晬宴 수연] 생일잔치.

8 12 **晻** 어두울 **암**

㊥yǎn(옌) ㊐アン/くらい ㊒dark
풀이 어둡다. 어두운 모양.
[晻昧 암매] 일에 어두움.

✱
8 12 **晹** 해 언뜻 보일 **역**

㊥yì(이) ㊐エキ, セキ
풀이 ①해가 언뜻 보이다. ②날씨가 흐리다.

✱2
8 12 **晶** 밝을 **정**

㊥jīng(찡) ㊐ショウ/あきらか
갑 전 자원 **상형자.** 밤하늘에 무수히 반짝이는 별을 나타낸 자.
풀이 ①밝다. 환함. 밝게 빛나는 모양. ②빛. ③맑다. 투명함. ④수정(水晶).
[晶光 정광] 밝은 빛.
◢結晶(결정)/水晶(수정)

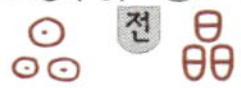

✱
8 12 **晸** 해뜨는 모양 **정**

㊥zhěng(°정) ㊐テイ

★✱4
8 12 **智** 슬기 **지**

𠂉 𠂉 乍 矢 知 知 智 智

㊥zhì(°쯔) ㊐チ/ちえ ㊒wisdom
자원 **회의 겸 형성자.** 知(알 지)와 日(가로 왈)이 합쳐진 자로, 앎에 있어서 말하는 행위의 중요성을 강조함. 예서 이후로 曰이 日(날 일)로 바뀜. 日은 의미를 나타내고 知는 의미와 음을 겸하여 나타냄.
풀이 ①슬기. 지혜. ②슬기롭다. 지혜로움. ‖智略(지략).
[智囊 지낭] ①지혜의 주머니. ②지혜가 많은 사람의 비유.
[智德體 지덕체] 지육(智育)·덕육(德育)·체육(體育)을 아울러 이르는 말.
[智略 지략] 슬기로운 계략.
[智力 지력] 사물을 헤아리는 능력.
[智謀 지모] 슬기로운 꾀.
[智勇 지용] 지혜와 용기.
[智育 지육] 지능의 개발과 지식의 함양을 목적으로 하는 교육. ※德育(덕육)·體育(체육).
[智者 지자] 슬기로운 사람.
[智者樂水 지자요수] 슬기로운 사람은 사리에 밝아 막힘이 없는 것이 흐르는 물과 같아서 늘 물을 가까이해 즐김.
[智將 지장] 지혜가 많은 장수.
[智慧 지혜] 사리를 분별하는 마음의 작용. 슬기.
◢機智(기지)/叡智(예지)/理智(이지)/才智(재지)/衆智(중지)/慧智(혜지)

☆✱3
8 12 **晴** 갤 **청** ㊀晴

𠃊 日 日一 日十 日丰 晴 晴 晴

㊥qíng(칭) ㊐セイ/はれる ㊒clear
자원 **형성자.** 日(일)은 의미를 나타내고 青(청)은 음을 나타냄.
풀이 개다. ㉮비가 그치다. ‖晴天(청천). ㉯하늘에 구름이 없다. 하늘이 맑음. ‖晴和(청화). ㉰마음이 개운해지다.
[晴耕雨讀 청경우독] 《날이 개면 논밭을 갈고 비가 오면 글을 읽는다는 뜻으로》 부지런히 일하며 공부함.
[晴曇 청담] 날씨의 맑음과 흐림.

〔晴朗 청랑〕 날씨가 맑고 화창함.
〔晴雨 청우〕 날이 갬과 비가 옴.
〔晴天 청천〕 맑게 갠 하늘. 晴空(청공).
◢快晴(쾌청)

*
12 晴 晴(청)과 동자 →364쪽

*
8
12 晫 환할 **탁** 晫

[중]zhuō(°주어) [일]タク
[풀이] 환하다.

12 晓 曉(효)의 약자 →368쪽

★*4
9
13 暇 겨를 **가** 暇

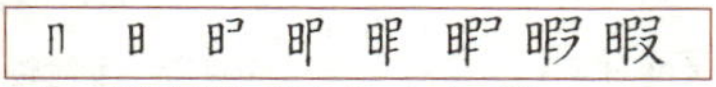

[중]xiá(시아) [일]カ/いとま [영]leisure
[자원] **형성자.** 日(일)은 의미를 나타내고 叚(가)는 음을 나타냄.
[풀이] ①겨를. 틈. ‖休暇(휴가). ②느긋하게 지내다. 여유 있게 지냄.
〔暇日 가일〕 한가한 날.
◢病暇(병가)/餘暇(여가)/年暇(연가)/寸暇(촌가)/閑暇(한가)/休暇(휴가)

☆*4-Ⅱ
9
13 暖 따뜻할 **난** 暖

[중]nuǎn(누안) [일]ダン/あたたかい [영]warm
[자원] **형성자.** 日(일)은 의미를 나타내고 爰(원)은 음을 나타냄.
[풀이] ①따뜻하다. 따뜻해지다. [같]煖. ②따뜻하게 하다. ‖暖房(난방).
〔暖帶 난대〕 열대와 온대의 중간 지대. 亞熱帶(아열대).
〔暖冬 난동〕 예년보다 따뜻한 겨울.
〔暖爐 난로〕 연료나 전기를 이용하여 방 안을 덥게 하는 기구.
〔暖流 난류〕 적도 부근에서 고위도의 방향으로 흐르는 해류. ↔寒流(한류).
〔暖房 난방〕 ①건물의 안이나 방 안을 따뜻하게 함. ②따뜻한 방. 煖房(난방).
〔暖色 난색〕 따뜻한 느낌을 주는 색.
◢溫暖(온난)/寒暖(한란)

*
9
13 暋 굳셀 **민**

[중]mǐn(민) [일]ビン/つよい [영]strong
[풀이] 굳세다. 강함.

☆*3
9
13 暑 더울 **서** [간]暑 暑

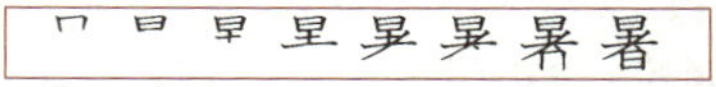

[중]shǔ(°수) [일]ショ/あつい [영]hot
[자원] **형성자.** 日(일)은 의미를 나타내고 者(자)는 음을 나타냄.
[풀이] ①덥다. 무더움. ‖暑氣(서기). ②여름. ‖大暑(대서).
〔暑氣 서기〕 더운 기운.
◢大暑(대서)/小暑(소서)/處暑(처서)/暴暑(폭서)/避暑(피서)/寒暑(한서)/酷暑(혹서)

☆*4-Ⅱ
9
13 暗 어두울 **암** 暗

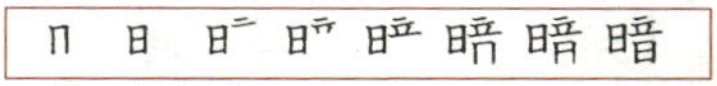

[중]àn(안) [일]アン/くらい [영]dark
[자원] **형성자.** 日(일)은 의미를 나타내고 音(음)은 음을 나타냄.
[풀이] ①어둡다. ‖暗夜(암야). ②어리석다. ③밤. 어둠. ④몰래. ‖暗殺(암살). ⑤보이지 않다. 숨어 있음. ‖暗礁(암초). ⑥외다. ‖暗記(암기).
〔暗君 암군〕 어리석은 임금. 昏君(혼군).
〔暗記 암기〕 머릿속에 기억하여 잊지 않음.
〔暗澹 암담〕 ①어두컴컴하고 쓸쓸함. ②희망이 없고 막막함.
〔暗買 암매〕 물건을 몰래 삼.
〔暗算 암산〕 머릿속으로 계산하는 셈.
〔暗殺 암살〕 사람을 몰래 죽임.
〔暗誦 암송〕 보지 않고 욈.
〔暗示 암시〕 넌지시 알림.
〔暗室 암실〕 빛이 들어오지 못하게 꾸민 캄캄한 방.
〔暗躍 암약〕 비밀리에 숨어서 활동함.
〔暗愚 암우〕 사리에 어둡고 어리석음.
〔暗雲 암운〕 ①곧 비가 내릴 것 같은 검은 구름. ②좋지 못한 일이 일어날 듯한 낌새.
〔暗鬱 암울〕 암담하고 침울함.
〔暗中 암중〕 ①어두운 속. ②은밀한 가운데.
〔暗中摸索 암중모색〕 ①어둠 속에서 더듬어 물건을 찾음. ②어림으로 무엇을 찾아내려 함. 暗索(암색). ③은밀한 가운데 실마리나 해결책을 찾아내려 함.
〔暗礁 암초〕 ①물속에 잠겨 보이지 않는 바위나 산호. ②뜻밖의 어려움이나 장애의 비유.
〔暗鬪 암투〕 서로 적의를 품고 드러나지 않게 다툼.
〔暗行 암행〕 남모르게 다님. ‖暗行御史(암행어사).
〔暗香 암향〕 그윽하게 풍기는 향기.
〔暗號 암호〕 당사자끼만 알 수 있게 꾸

4획

민 신호나 기호.
〔暗黑 암흑〕 ①어둡고 캄캄함. ②정신상 또는 생활상 불안하고 비참한 상태의 비유.
◢明暗(명암)/黑暗(흑암)

9 13 暘* 해돋이 양 간 旸 暘

㊥yáng(양) ㊐ヨウ/ひので
풀이 해돋이. 해가 뜸. ‖暘谷(양곡).
〔暘烏 양오〕 '태양'의 이칭.

13 暎*2 映(영)의 속자 →360쪽

9 13 暐* 햇빛 위 간 晻 暐

㊥wěi(웨이) ㊐イ/ひざし
풀이 ①햇빛. ②환히 빛나는 모양.

9 13 暈*1 무리 훈 본운 간 晕 暈

㊥yùn(윈) ㊐ウン/かさ ㊎halo
풀이 ①무리. ㉮햇무리. 달무리. ㉯화광(火光)의 둘레에 생기는 흐릿한 빛. ②눈이 어지러워지다. ③멀미.
〔暈輪 훈륜〕 달무리·햇무리 등의 둥근 테두리. 暈圍(훈위).
〔暈圍 훈위〕 ➡暈輪(훈륜).

9 13 暄* 따뜻할 훤 暄

㊥xuān(쒸엔) ㊐ケン/あたたかい
풀이 따뜻하다.
〔暄風 훤풍〕 따뜻한 바람.

9 13 暉* 빛 휘 간 晖 暉

㊥huī(후에이) ㊐キ/ひかり ㊎light
풀이 빛. 빛나다.
◢光暉(광휘)

10 14 暠* ❶밝을 고* ❷흴 호

㊥gǎo(가오), hào(하오) ㊐コウ
㊎bright, white
풀이 ❶밝다. ❷희다.

10 14 暣* 별 기운 기 暣

㊥qì(치) ㊐キ
풀이 ①별 기운. ②날씨.

10 14 暝*1 ❶어두울 명 ❷밤 명

㊥míng, mìng(밍) ㊐メイ/くらい
㊎dark
풀이 ❶어둡다. ❷밤.

10 14 暚* 밝을 요

㊥yáo(야오) ㊐ヨウ
풀이 ①밝다. ②햇빛.

10 14 暢★*3 펼 창 간 畅 暢

日 申 申ㄇ 申ㄖ 申旦 申旦 暘 暢

㊥chàng(°창) ㊐チョウ/のべる
㊎spread
자원 **형성자.** 申(신)은 의미를 나타내고 昜(양)은 음을 나타냄.
풀이 ①펴다. ②통하다. 통달함. ‖流暢(유창) ③날씨가 맑다. ‖和暢(화창). ④자라다.
〔暢達 창달〕 ①의견·주장 등을 거리낌없이 표현하고 전달함. ②거침없이 뻗어 나감.
〔暢月 창월〕 음력 11월의 이칭.
〔暢懷 창회〕 마음속의 회포를 풀어 후련하게 함.
◢流暢(유창)/和暢(화창)

11 15 暮☆*3 저물 모 暮

丶 艹 艹 苩 莫 莫 暮 暮

㊥mù(무) ㊐ボ/くれる ㊎sunset
자원 **회의 겸 형성자.** 본래의 자형은 풀밭 너머로 해가 지고 있는 모습을 나타낸 莫(막)이었으나 이 글자가 부정(否定)의 뜻으로 가차되어 쓰이게 되자 본뜻을 보존하기 위해 日(날 일)을 덧붙여 만든 자임. 日은 의미를 나타내고 莫은 의미와 음을 겸하여 나타냄.
풀이 ①저물다. ㉮해가 지다. ‖日暮(일모). ㉯세밑이 되다. ‖歲暮(세모). ㉰계절이 거의 다 지나게 되다. ‖暮春(모춘). ②늦다. 때늦음. ③늙다. 노쇠함. ‖暮年(모년).
〔暮景 모경〕 저녁 무렵의 경치.
〔暮境 모경〕 나이가 들어 늙게 된 판. 늙바탕.
〔暮年 모년〕 나이가 들어 늙은 때. 老年(노년). 晩年(만년).
〔暮秋 모추〕 ①늦가을. ②음력 9월의 이칭.
〔暮春 모춘〕 ①늦봄. ②음력 3월의 이칭.
◢歲暮(세모)/日暮(일모)

★✱3-Ⅱ
11 **暫** 잠깐 **잠** | 간 暂
15

亓 亘 車 斬 斬 斬 暫 暫

중zàn(짠) 일ザン/しばらく 영moment
자원 **형성자.** 日(일)은 의미를 나타내고 斬(참)은 음을 나타냄.
풀이 잠깐.
〔暫時 잠시〕 짧은 시간.
〔暫定 잠정〕 임시로 정함.

✱
11 **暲** 햇살 퍼질 **장**
15

중zhāng(°짱) 일ショウ
풀이 ①햇살이 퍼지다. 해가 솟아오름. ②밝다.

☆✱4-Ⅱ
11 **暴** **1**사나울 **폭**☆✱4-Ⅱ
포 ✱4-Ⅱ
15 **2**쬘 **폭**☆✱4-Ⅱ

日 旦 早 昇 異 暴 暴 暴

중bào(빠오) 일ボウ, バク/あらい 영wild
전 **자원** **회의자.** 日(일), 出(출), 廾(공), 米(미)가 합쳐진 자로, 구름 속에 있던 해[日]가 나오니[出] 두 손[廾]으로 곡식[米]을 곳간에서 꺼내어 말린다는 뜻을 나타냄. 본뜻은 '쬐다', '말리다'.
풀이 **1**①사납다. ㉮성질이 사납다. ‖ 暴惡(포악). ㉯행동이 거칠어 도리에 어긋나다. ‖ 暴君(폭군). ②갑자기. ‖ 暴落(폭락). ③맨손으로 때리다. **2**①쬐다. 같曝. ②나타내다. 드러내다. ‖ 暴露(폭로).
〔暴惡 포악〕 성질이 사납고 악함.
〔暴虐 포학〕 잔인하고 난폭함.
〔暴君 폭군〕 포악한 임금.
〔暴徒 폭도〕 폭동을 일으키는 무리.
〔暴動 폭동〕 폭력으로 소동을 일으켜 사회 질서를 어지럽히는 일.
〔暴騰 폭등〕 물가나 주가(株價) 등이 갑자기 오름. ↔暴落(폭락).
〔暴落 폭락〕 물가나 주가(株價) 등이 갑자기 내림. ↔暴騰(폭등).
〔暴力 폭력〕 난폭한 힘.
〔暴露 폭로〕 ①비밀을 드러나게 함. ②묻히거나 쌓인 물건이 바람이나 비를 맞아 바램.
〔暴利 폭리〕 부당하게 많이 남기는 이익.
〔暴發 폭발〕 속에 쌓여 있던 감정이 한꺼번에 세찬 기세로 나옴.
〔暴暑 폭서〕 ➡暴炎(폭염).
〔暴雪 폭설〕 한꺼번에 많이 내리는 눈.
〔暴食 폭식〕 음식을 한꺼번에 많이 먹음.
〔暴言 폭언〕 난폭한 말. 暴說(폭설).
〔暴炎 폭염〕 매우 심한 더위. 暴暑(폭서).
〔暴雨 폭우〕 한꺼번에 많이 쏟아지는 비.
〔暴飮 폭음〕 술을 한꺼번에 많이 마심.
〔暴走 폭주〕 차량이 매우 빠른 속도로 난폭하게 달림.
〔暴風 폭풍〕 몹시 세차게 부는 바람.
〔暴風雨 폭풍우〕 강하게 몰아치는 비바람.
〔暴寒 폭한〕 별안간 닥치는 큰 추위.
〔暴漢 폭한〕 난폭한 행동을 하는 사람.
〔暴行 폭행〕 ①난폭한 행동. ②강간(強姦)을 완곡하게 이름.
◢狂暴(광포)/亂暴(난폭)/組暴(조폭)/橫暴(횡포)/凶暴(흉포)

✱
11 **暳** 별 반짝일 **혜**
15

중huì(후에이) 일ケイ
풀이 별이 반짝이다.

✱
12 **暻** 밝을 **경**
16

중jǐng(징) 일ケイ/あきらか
풀이 밝다.

12 **曁** **1**및 **기** | 간 暨
16 **2**성 **글**

중jì(찌) 일キ, キツ/ともに 영and
풀이 **1**①및. 함께. ②미치다. 이름. 다다름. **2**성(姓).

✱1
12 **曇** 흐릴 **담** | 간 昙
16

중tán(탄) 일ドン/くもる 영cloudy
풀이 흐리다. 구름이 낌.
〔曇天 담천〕 ①흐린 날씨. ②기상학에서, 구름이 하늘 넓이의 80% 이상 낀 날씨.
◢晴曇(청담)

✱
12 **暾** 아침 해 **돈**
16

중tūn(툰) 일トン/あさひ 영rising sun
풀이 ①아침 해. ②해돋는 모양.

✱
12 **曈** 동틀 **동**
16

중tóng(퉁) 일トウ 영sunrise
풀이 동트다.

★✱3-Ⅱ
12 **曆** 책력 **력** | 간 历
16

厂 厈 厤 厤 厤 曆 曆 曆

[중]lì(리) [일]レキ/こよみ [영]calendar
[자원] **형성자.** 日(일)은 의미를 나타내고 厤(력)은 음을 나타냄.
[풀이] ①책력. ②역법(曆法). ‖陰曆(음력). ③운명. 운수.
〔曆法 역법〕 천체의 운행을 추산하여 세시(歲時)를 정하는 방법.
〔曆數 역수〕 ①천체의 운행과 기후의 변화가 철을 따라 돌아가는 순서. ②자연히 돌아오는 운수.
〔曆學 역학〕 책력에 관한 학문.
◪舊曆(구력)/西曆(서력)/陽曆(양력)/月曆(월력)/陰曆(음력)/日曆(일력)/册曆(책력)

*2
12 16 **暹** 해 돋을 **섬** [간] 暹 暹

[중]xiān(씨엔) [일]セン/のぼる
[풀이] 해가 돋다. 햇살이 퍼지다.
〔暹羅 섬라〕 타이의 옛 이름인 '시암(siam)'의 음역어.

*
12 16 **曄** 빛날 **엽** [간] 晔 曄

[중]yè(예) [일]ヨウ/かがやく
[풀이] ①빛나다. 빛을 냄. ‖曄曄(엽엽). ②성(盛)한 모양.

★*3
12 16 **曉** 새벽 **효** [약] 暁 [간] 晓 曉

冂 日 日一 日土 日圭 日垚 日垚 曉

[중]xiǎo(시아오) [일]ギョウ/あかつき [영]dawn
[자원] **형성자.** 日(일)은 의미를 나타내고 堯(요)는 음을 나타냄.
[풀이] ①새벽. 동틀 무렵. ‖曉星(효성). ②밝다. 환함. ③깨닫다. 환히 앎. ④타이르다. ‖曉諭(효유).
〔曉得 효득〕 깨달아 앎.
〔曉星 효성〕 ①샛별. 金星(금성). ②매우 드문 존재의 비유.
〔曉諭 효유〕 깨달아 알도록 타이름. 曉喩(효유).
〔曉鐘 효종〕 새벽 종소리.
◪霜曉(상효)/通曉(통효)

*
16 **暿** 熹(희)와 동자 →478쪽

*1
13 17 **曖** 가릴 **애** [간] 暧 曖

[중]ài(아이) [일]アイ/かげる
[풀이] ①가리다. ②흐리다. 희미함.
〔曖昧 애매〕 희미하여 확실하지 못함.
〔曖昧模糊 애매모호〕 말이나 태도 등이 희미하고 흐려 분명하지 않음.

*1
14 18 **曙** 새벽 **서** 曙

[중]shǔ(°수) [일]ショ/あけぼの [영]dawn
[풀이] ①새벽. 날이 샐 무렵. ‖曙鐘(서종). ②날이 밝다.
〔曙光 서광〕 ①새벽에 동이 틀 무렵의 빛. ②좋은 일이 일어나려는 조짐. 瑞光(서광).
〔曙色 서색〕 ①새벽빛. ②서광을 받은 산천의 빛. 곧, 새벽녘의 경치.
〔曙天 서천〕 새벽 하늘.

*5
14 18 **曜** 빛날 **요** 曜

[중]yào(야오) [일]ヨウ/ひかる [영]dazzle
[자원] **형성자.** 日(일)은 의미를 나타내고 翟(적)은 음을 나타냄.
[풀이] ①빛나다. 빛을 냄. ②해·달 및 다섯 별. ③일주일.
〔曜日 요일〕 한 주일의 각 날.
◪金曜(금요)/木曜(목요)/水曜(수요)/月曜(월요)/日曜(일요)/七曜(칠요)/土曜(토요)/火曜(화요)

*
14 18 **曘** 햇빛 **유**

[중]rú(°루) [일]ジュ, ニュ
[풀이] ①햇빛. ②어둡다.

14 18 **曛** 석양빛 **훈** 曛

[중]xūn(쉰) [일]クン
[풀이] ①석양빛. ②저녁해. 석양. ③황혼 무렵. ‖曛黃(훈황).
〔曛黑 훈흑〕 해가 지고 어둑어둑함.

*1
15 19 **曠** 밝을 **광** [간] 旷 曠

[중]kuàng(쿠앙) [일]コウ/あきらか
[풀이] ①밝다. 환함. ②비다. 공허함. ‖曠日(광일). ③넓다. 큼. ‖曠野(광야). ④멀다. 오래다. ‖曠年(광년).
〔曠古 광고〕 전례가 없음.
〔曠夫 광부〕 홀아비.
〔曠世 광세〕 세상에 보기 드묾.
〔曠野 광야〕 광대한 들. 廣野(광야). 曠原(광원).

*1
15 19 **曝** 쬘 **폭** *1 / **포** 1 曝

[중]pù(푸) [일]バク/さらす [영]shine
[풀이] 쬐다. [같]暴.
〔曝白 포백〕 생피륙을 삶거나 빨아서 바래는 일. 마전.

4획

〔曝曬 포쇄〕 바람에 쐬고 볕에 말림.
〔曝書 폭서〕 책을 볕에 말리고 바람에 쐼.
〔曝陽 폭양〕 뜨겁게 내리쬐는 볕.
◢被曝(피폭)

*
16 20 **曣** 청명할 **연**

[중]yàn(옌) [일]エン [영]clean
[풀이] ①청명하다. 구름이 없고 맑음. ② 따뜻하다.

*
16 20 **曦** 햇빛 **희**

[중]xī(씨) [일]キ
[풀이] 햇빛.
〔曦月 희월〕 해와 달.
〔曦軒 희헌〕 해. 또는, 해가 타고 다닌다는 수레.

17 21 **曩** 접때 **낭**

[중]nǎng(낭) [일]ノウ/さきに
[영]previously
[풀이] 접때. 지난번.
〔曩日 낭일〕 지난번. 曩昔(낭석).

19 23 **曬** 쬘 **쇄** [통간] 晒

[중]shài(°싸이) [일]サイ/さらす
[영]dry in the sun
[풀이] 쬐다.
〔曬書 쇄서〕 책을 햇볕에 쬠.
〔曬風 쇄풍〕 바람을 쐼.
◢曝曬(포쇄)

曰部 가로왈

☆*3
0 4 **曰** 가로 **왈**

丨 冂 日 曰

[중]yuē(위에) [일]エツ/いわく [영]speak
[갑] [자원] **지사자.** 입의 상형 위에 가로획 하나를 그어 입에서 나가는 말을 나타냄.
✎ 日(일:354쪽)은 딴 자.
[풀이] ①가로다. 가로되. 말하기를. ②이르다. 말함. [통]云. ③…라 하다. 사물을 열거할 때 이름. ‖曰可曰否(왈가왈부)/曰兄曰弟(왈형왈제). ④이에. 발어사.
〔曰可曰否 왈가왈부〕 어떤 일에 대하여 옳으니 그르니 함.

☆*5
2 6 **曲** 굽을 **곡**

丨 冂 巾 巾 曲 曲

[중]qū, qǔ(취) [일]キョク/まげる
[영]bent
[갑] [금] [전] [자원] **상형자.** 굽은 대바구니의 모양을 나타낸 자. 본뜻은 '굽다'. '굽은 자〔曲尺〕'의 상형이라는 설도 있음.
[풀이] ①굽다. 휨. ‖曲線(곡선). ②마음이 바르지 않다. 옳지 않다. ‖邪曲(사곡). ③자세하다. ‖委曲(위곡). ④가락. 곡조. ‖音曲(음곡). ⑤구석. ⑥변화가 있고 재미있는 재주.
〔曲馬 곡마〕 말을 타고 하는 재주.
〔曲線 곡선〕 구부러진 선.
〔曲線美 곡선미〕 곡선에 나타나는 아름다움.
〔曲水 곡수〕 굽이굽이 휘어 흐르는 물.
〔曲藝 곡예〕 줄타기·공중 그네타기 등 아슬아슬하고 신기한 재주를 부리는 연예. ‖曲藝團(곡예단).
〔曲折 곡절〕 ①이런저런 복잡한 내막이나 까닭. ②구불구불 꺾여 있음.
〔曲調 곡조〕 가사나 음악 등의 가락.
〔曲直 곡직〕 《'굽음과 곧음'이라는 뜻으로》 사리의 옳음과 그름.
〔曲盡 곡진〕 ①마음과 힘을 다함. ②자세하고 간곡함.
〔曲尺 곡척〕 곱자.
〔曲學 곡학〕 진리에 어긋나는 학문.
〔曲學阿世 곡학아세〕 《한(漢)나라의 원고생(轅固生)이 공손홍(公孫弘)에게 학문의 정도(正道)는 학설을 굽혀 세상 속물에 아첨하는 것이 아니라고 한 고사에서》 진리에 어긋나는 학문으로 세상 사람에게 아첨함.
〔曲解 곡해〕 사실과 다르게 잘못 이해함.
◢歌曲(가곡)/懇曲(간곡)/屈曲(굴곡)/名曲(명곡)/舞曲(무곡)/坊坊曲曲(방방곡곡)/序曲(서곡)/選曲(선곡)/新曲(신곡)/樂曲(악곡)/婉曲(완곡)/歪曲(왜곡)/作曲(작곡)/編曲(편곡)/戲曲(희곡)

*1
2 6 **曳** 끌 **예**

[중]yè(예) [일]エイ/ひく [영]trail
[풀이] 끌다. 끌어당김. ‖曳船(예선).
〔曳光彈 예광탄〕 탄도(彈道)를 알 수 있도록 빛을 내면서 나가는 포탄.
〔曳履聲 예리성〕 신을 끄는 소리.
〔曳引船 예인선〕 다른 배를 끌고 가는 배.

☆*4
3 7 **更** [1]다시 **갱**☆*4 [2]고칠 **경***4

4획

一 厂 戸 戸 㪅 㪅 更

㊥gèng, gēng(껑)
㊐コウ/さらに, あらためる
㊎again, reform

갑 전 **자원** **회의 겸 형성자.** 두드리면 소리가 나는 돌〔丙〕을 매달아 놓고 자루 달린 도구로 치는〔攴〕 모습을 나타냄. 攴(복)은 의미를 나타내고 丙(병)은 의미와 음을 겸하여 나타냄.

풀이 ❶다시. 재차. 또. ‖更生(갱생). ❷①고치다. 개선함. 새롭게 함. ‖變更(변경). ②바꾸다. ③밤. 밤 시각. 하룻밤을 5등분한 것의 하나. ‖三更(삼경).

〔更生 갱생〕 ①죽을 지경에서 다시 살아남. ②생활 태도나 정신이 바람직한 상태로 되돌아감. 更蘇(갱소).
〔更新 갱신〕 다시 새로워짐.
〔更紙 갱지〕 조금 거친 양지(洋紙)의 한 가지.
〔更新 경신〕 ①옛것을 고쳐 새롭게 함. ②기록경기에서, 종전의 기록을 깨뜨림.
〔更張 경장〕 ①고쳐서 확장함. ②사회적·정치적으로 묵은 제도를 새롭게 고침.
〔更點 경점〕 조선 시대, 북이나 징을 쳐서 알려 주던 시간. 하룻밤의 시간을 5경, 1경을 5점으로 나누어, 경에는 북을, 점에는 징을 침. 물시계를 따랐음.
〔更正 경정〕 바르게 고침.
〔更迭 경질〕 어떤 직위에 있는 사람을 다른 사람으로 바꿈. 更佚(경질).
◢變更(변경)/三更(삼경)/初更(초경)

5 * 曷 어찌 갈
9 본 할 曷

㊥hé(허) ㊐カツ/なんぞ ㊎why
풀이 ①어찌. 어찌하여. ②언제.

☆*6
6 書 글 서 간 书 書
10

㇕ ㇕ ⺕ ⺕ ⺕ 聿 書 書

㊥shū(°쑤) ㊐ショ/ふみ ㊎writing

갑 금 **자원** **회의자.** 聿(붓 율)과 그릇을 나타내는 자가 합쳐진 자. 붓으로 그릇에 담긴 먹을 찍어 글을 쓰는 모습을 나타냄.

풀이 ①글. ㉮책. ‖書冊(서책). ㉯문장. 기록. ㉰편지. ‖書翰(서한). ②쓰다. 글을 씀. 기록함. ③글자. 문자. ‖書契(서계). ④글씨. 서법(書法). 필적(筆蹟). ‖書道(서도).

〔書架 서가〕 문서나 책을 얹는 시렁. 書閣(서각).
〔書簡 서간〕 편지.
〔書經 서경〕 오경의 하나. 공자가 요순 때부터 주나라 때까지의 정사(政事)에 관한 문서를 수집하여 편찬한 책. 尙書(상서).
〔書庫 서고〕 책을 보관하는 집이나 방. 文庫(문고).
〔書記 서기〕 기록을 맡아보는 사람.
〔書堂 서당〕 지난날, 사사로이 한문을 가르치던 곳. 글방. 學堂(학당).
〔書道 서도〕 ①글씨 쓰는 방법. 또는, 그 방법을 배우는 일. ②예전에, 서예(書藝)를 이르던 말.
〔書頭 서두〕 ①글의 첫머리. 緖頭(서두). ②책의 위쪽의 여백.
〔書類 서류〕 문건이나 문서의 총칭.
〔書吏 서리〕 조선 시대, 문서의 기록과 관리를 맡은 하급 관리.
〔書林 서림〕 (('책을 많이 모아 두는 곳'이라는 뜻으로)) 서점(書店).
〔書面 서면〕 ①글씨를 쓴 지면(紙面). ②일정한 내용을 적은 문서.
〔書法 서법〕 글씨 쓰는 법.
〔書生 서생〕 학업을 닦는 젊은이.
〔書式 서식〕 증서·원서 등을 쓰는 일정한 양식.
〔書信 서신〕 편지.
〔書室 서실〕 ➡書齋(서재).
〔書案 서안〕 ①책을 얹는 책상. ②문서의 초안.
〔書筵 서연〕 조선 시대에, 왕세자에게 글을 강론하던 자리.
〔書藝 서예〕 글씨를 붓으로 쓰는 예술.
〔書院 서원〕 ①조선 시대에, 선비들이 모여서 학문을 강론하고 석학(碩學) 또는 충절(忠節)로 죽은 사람들을 제사 지내던 곳. ②당대(唐代) 이후의 학교를 일컬음.
〔書狀 서장〕 ①편지. ②서장관(書狀官).
〔書齋 서재〕 책을 갖추어 두고 글을 읽거나 쓰는 방. 書室(서실).
〔書籍 서적〕 책.
〔書店 서점〕 책을 파는 가게.
〔書誌 서지〕 책이나 문헌에 관한 내용 목록.
〔書札 서찰〕 편지.
〔書體 서체〕 ①글씨체. ②붓글씨의 여러 형체. 해서·전서·예서·행서·초서 따위.
〔書標 서표〕 책장의 읽던 곳을 찾기 쉽도록 끼워 두는 종이쪽.
〔書風 서풍〕 붓글씨를 쓰는 방식이나 양식.
〔書翰 서한〕 편지 가운데 특히 공식적인 편지.
〔書畫 서화〕 글씨와 그림.
◢覺書(각서)/經書(경서)/古書(고서)/禁書(금서)/落書(낙서)/但書(단서)/圖書(도서)/讀書(독서)/文書(문서)/密書(밀서)/白書(백서)/祕書(비서)/司書(사서)/辭書(사서)/聖書(성서)/惡書(악서)/良書(양서)/戀書(연서)/葉書(엽서)/隸書(예서)/原書(원서)/願書(원서)/遺書(유

4획

서)/藏書(장서)/著書(저서)/篆書(전서)/證書(증서)/草書(초서)/叢書(총서)/勅書(칙서)/親書(친서)/投書(투서)/判書(판서)/板書(판서)/楷書(해서)/行書(행서)/血書(혈서)

*2
6 10 **曺** ㊅성 **조** 曺

*
7 11 **曼** ❶길 **만** ❷뻗을 **만** 曼

㊥màn(만) ㊐マン/ながい ㊎long

풀이 ❶①길다. ②끌다. 길게 끎. ③아름답다. 미려함. ❷뻗다. 한없음. 널리 퍼짐. ‖曼衍(만연).

〔曼陀羅 만다라〕 범어 mandala의 음역. 부처가 해탈한 경지. 또는, 부처가 해탈한 경지나 정토(淨土)의 실상(實相)을 그린 그림. 曼荼羅(만다라).

〔曼衍 만연〕 널리 퍼짐.

*1
7 11 **曹** 마을 **조** 曹

㊥cáo(차오) ㊐ソウ/つかさ

풀이 ①마을. ㉮관아. 관청. ‖曹司(조사). ㉯관리. 벼슬아치. ②무리. ③나라 이름.

◢工曹(공조)/法曹(법조)/兵曹(병조)/禮曹(예조)/六曹(육조)/吏曹(이조)/刑曹(형조)/戶曹(호조)

☆*3-Ⅱ
8 12 **曾** 일찍 **증** ㉿曽 曾

(필순) 八 台 命 命 命 曾 曾 曾

㊥céng(청) ㊐ソウ/かつて ㊎once

갑 금 자원 **회의자.** 갑골문의 아랫부분은 시루이고 윗부분은 피어오르는 증기를 나타냄. 금문에서는 맨 아래에 그릇(솥으로 추정)을 추가함. 본뜻이 '시루'였으나 '일찍이'의 뜻으로 가차되어 쓰이자 본뜻을 보존하기 위하여 만든 자가 甑(시루 증)임.

풀이 ①일찍. 지난날. 이전에. ㊐嘗. ‖未曾有(미증유). ②곧. 이에. ㊐乃. ③거듭하다. ‖曾孫(증손). ④더하다. ㊐增.

〔曾孫 증손〕 손자의 아들. 또는, 아들의 손자. 曾孫子(증손자).

〔曾往 증왕〕 이미 지나가 버린 그때.

〔曾祖 증조〕 ①3대 위의 조상. ②아버지의 할아버지. 曾祖父(증조부).

〔曾祖考 증조고〕 돌아간 증조부.

〔曾祖妣 증조비〕 돌아간 증조모.

★*3
8 12 **替** 바꿀 **체** 替

(필순) 一 二 夫 夫 扶 替 替 替

㊥tì(티) ㊐タイ/かえる ㊎change

금 전 자원 함정〔ㅂ〕에 빠진 두 사람〔㚘〕을 나타내며 도와 달라고 소리치는 입〔ㄱ〕을 강조한 자라는 설, 두 사람이 하품하고 있는 모습을 나타낸 자로 '게으르다', '느슨하다'의 뜻을 가진다는 설, 두 사람이 서로 교대하거나 교체되는 모습을 나타낸다는 설, 제물(祭物)로 삼기 위해 도살한 짐승을 용기(容器) 안에 담은 모습이라는 설 등이 있음.

풀이 ①바꾸다. 갊. 교체함. ‖交替(교체). ②번갈다. 갈마듦. ‖替代(체대). ③쇠퇴하다. 쓸모 없게 됨.

〔替送 체송〕 대신 보냄. 代送(대송).

◢交替(교체)/代替(대체)/移替(이체)

☆*5
8 12 **最** 가장 **최** 最

(필순) 冂 日 旦 早 𣅀 冣 最 最

㊥zuì(쭈에이) ㊐サイ/もっとも ㊎most

전 자원 **회의자.** 투구의 상형인 冃자와 귀를 손으로 잡고 있는 모양의 取(취)가 합쳐진 자. 투구를 쓴 장수의 귀를 잘라 오는 것이 최고의 전공(戰功)임을 나타냄.

풀이 ①가장. 으뜸. 제일. ‖最高(최고). ②최상. 가장 뛰어난 것. 수공(首功).

〔最強 최강〕 가장 강함.

〔最古 최고〕 가장 오래됨. ↔最新(최신).

〔最高 최고〕 가장 높음. ↔最低(최저).

〔最近 최근〕 얼마 안 되는 지나간 날.

〔最多 최다〕 가장 많음. ↔最少(최소).

〔最短 최단〕 가장 짧음. ↔最長(최장).

〔最良 최량〕 가장 좋음.

〔最上 최상〕 맨 위. ↔最下(최하).

〔最善 최선〕 ①가장 좋음. ↔最惡(최악). ②온 정성과 힘.

〔最少 최소〕 ①가장 적음. ↔最多(최다). ②가장 젊음.

〔最新 최신〕 가장 새로움. ↔最古(최고).

〔最惡 최악〕 가장 나쁨. ↔最善(최선).

〔最長 최장〕 가장 긺. ↔最短(최단).

〔最低 최저〕 가장 낮음. ↔最高(최고).

〔最適 최적〕 가장 적합하거나 적당함.

〔最終 최종〕 맨 나중. ↔最初(최초).

〔最初 최초〕 맨 처음. ↔最終(최종).

〔最下 최하〕 맨 아래. ↔最上(최상).

〔最後 최후〕 맨 마지막.

☆*6
9 13 **會** 모일 **회**  會

丿 亼 亼 佘 侖 侖 俞 會 (필순)

㊥huì(후에이) ㊐カイ, エ/あつまる
㊞get together, meet

갑 금 자원 **회의자.** 갑골문·금문의 윗부분은 그릇의 뚜껑, 아랫부분은 그릇, 가운데는 제수품인 고깃덩어리를 나타냄. 뒷날 신에게 제사를 지내기 위한 '모임'의 뜻을 갖게 됨.

풀이 ①모이다. ‖會同(회동). ②만나다. ‖面會(면회). ③때. 적당한 시기. ‖機會(기회). ④깨닫다. 이해함. ‖會得(회득). ⑤셈. ⑥그림. ㊐繪.

〔會見 회견〕 서로 만나 봄.
〔會計 회계〕 ①금품 출납에 관한 사무. ②재산 및 수입·지출의 운용에 관한 계산 제도.
〔會稽之恥 회계지치〕《중국 춘추 시대에 월왕(越王) 구천(勾踐)이 오왕(吳王) 부차(夫差)에게 후이지 산(會稽山)에서 패전하고 생포되어 굴욕적인 강화를 맺었다는 고사에서》 패전(敗戰)의 치욕.
〔會館 회관〕 집회·회의 등을 목적으로 지은 건물. 會堂(회당).
〔會談 회담〕 회합하여 이야기함.
〔會堂 회당〕 ① ➡會館(회관). ②교회당(敎會堂).
〔會同 회동〕 같은 목적으로 한데 모임.
〔會得 회득〕 마음속으로 깨달아 앎.
〔會社 회사〕 영리를 목적으로 하여 두 사람 이상이 만드는 사단 법인.
〔會食 회식〕 여러 사람이 모여 함께 음식을 먹음. 또는, 그 모임.
〔會心 회심〕 마음에 듦.
〔會悟 회오〕 깨달음. 解悟(해오).
〔會意 회의〕 ①뜻을 깨달음. ②육서(六書)의 하나. 둘 이상의 한자를 합하고 그 뜻도 합성하여 글자를 만드는 방법. '日'과 '月'이 합하여 '明'이 되는 따위.
〔會議 회의〕 여럿이 모여 의논함. 또는, 그런 모임.
〔會者定離 회자정리〕《만나면 반드시 이별한다는 뜻으로》 인생의 무상함.
〔會戰 회전〕 쌍방이 서로 어울려서 싸움. 合戰(합전).
〔會衆 회중〕 많이 모인 군중.
〔會誌 회지〕 회에서 발행하는 기관지.
〔會則 회칙〕 모임의 규칙. 會規(회규).
〔會合 회합〕 여럿이 모임.
〔會話 회화〕 ①서로 만나 이야기함. 對話(대화). ②외국어로 이야기함.

◪開會(개회)/教會(교회)/國會(국회)/機會(기회)/大會(대회)/面會(면회)/牧會(목회)/密會(밀회)/法會(법회)/司會(사회)/社會(사회)/散會(산회)/宴會(연회)/議會(의회)/入會(입회)/再會(재회)/停會(정회)/朝會(조회)/照會(조회)/集會(집회)/總會(총회)/閉會(폐회)/學會(학회)/協會(협회)/休會(휴회)

10 14 * 輑 작은북 **인**

㊥yǐn(인) ㊐イン

月部 달월

0 4 ☆✱8 月 달 **월**

丿 冂 月 月

㊥yuè(위에) ㊐ゲツ, ガツ/つき
㊞moon

갑 전 자원 **상형자.** 이지러진 달을 본뜬 자. 해〔日〕와 구별하기 쉽도록 보름달이 아닌 반달을 본뜬 것임. 갑골문에 보면 日(일)처럼 가운데에 점이 있는데, 이는 달 표면의 음영으로 보기도 하고 달에 산다는 두꺼비(중국 신화)를 상징한 것으로 보기도 함.

한자 부수의 하나.

풀이 ①달. ㉮태음(太陰). 지구의 위성. ‖月光(월광). ㉯1년을 12등분한 기간. ‖大月(대월). ②세월(歲月). 광음(光陰). ③월경(月經). 경수(經水).

〔月刊 월간〕 매달 한 차례씩 간행함. 또는, 그 간행물.
〔月桂冠 월계관〕 ①고대 그리스에서 월계수의 잎사귀로 만들어 경기의 우승자에게 씌워 주던 관. ②우승의 영예의 비유.
〔月光 월광〕 달빛. 月色(월색).
〔月給 월급〕 일한 대가로 다달이 받는, 일정한 액수의 돈. 月俸(월봉).
〔月曆 월력〕 달력.
〔月令 월령〕 한 해 동안의 정례적인 정사(政事)·의식(儀式)이나 농가(農家) 행사를 월별로 구별하여 기록하는 표.
〔月賦 월부〕 값 또는 빚을 다달이 나누어 내는 일.
〔月蝕 월식〕 지구가 태양과 달 사이에 놓여 달의 전부 또는 일부분이 보이지 않게 되는 현상.
〔月夜 월야〕 달밤.
〔月出 월출〕 달이 떠오름.
〔月下老人 월하노인〕《중국 당나라의 위고(韋固)가 달밤에 장래의 아내를 예언해 준 노인을 만난 데서》 남녀의 인연을 맺어 준다는 전설상의 노인. 月下氷人(월하빙인).

◪個月(개월)/隔月(격월)/滿月(만월)/每月(매월)/蜜月(밀월)/產月(산월)/歲月(세월)/吟風弄月(음풍농월)/日月(일월)/正月(정월)/淸風明月(청풍명월)/風月

(풍월)

☆*7
2 **有** ❶있을 유 ❷또 유
6

ノ ナ 十 冇 有 有

㊥yǒu, yòu(여우) ㊐ユウ, ウ/ある ㊎exist

갑 금 전 **자원** **회의자.** 갑골문에서는 손을 나타내는 又(우)로 有의 뜻을 나타냈으나 금문·소전에서는 又에 肉(육)을 덧붙여 고기 한 점을 손으로 쥐고 있는 모습을 나타냄. 본뜻은 '얻다', '점유하다'.

풀이 ❶①있다. ㉮존재하다. ‖有無(유무). ㉯가지다. 소지함. ‖所有(소유). ②혹. 어떤. ③어조사. ❷또.

〔有故 유고〕 특별한 사정이나 사고가 있음.
〔有功 유공〕 공로가 있음.
〔有口無言 유구무언〕 《입은 있으나 말이 없다는 뜻으로》 변명할 여지가 없음.
〔有權者 유권자〕 선거권을 가진 사람.
〔有能 유능〕 재능이 있음. ↔無能(무능).
〔有力 유력〕 ①힘이나 세력이 있음. ↔無力(무력). ②확실한 가능성이 있음.
〔有利 유리〕 이로움.
〔有望 유망〕 잘될 희망이 있음.
〔有名 유명〕 이름이 세상에 널리 알려짐. ↔無名(무명).
〔有名無實 유명무실〕 이름만 그럴듯하고 실속은 없음.
〔有無 유무〕 있음과 없음.
〔有備無患 유비무환〕 미리 준비해 두면 근심될 것이 없음.
〔有司 유사〕 어떤 단체의 사무를 맡아 보는 사람.
〔有事 유사〕 큰일이나 사변(事變)이 있음.
〔有産 유산〕 재산이 많음.
〔有償 유상〕 어떤 행위의 결과에 대하여 보상이 있음.
〔有象無象 유상무상〕 ①천지간에 있는 모든 물체. ②어중이떠중이.
〔有色 유색〕 빛깔이 있음.
〔有性 유성〕 암수의 성별이 있음.
〔有勢 유세〕 ①세력이 있음. ②자랑삼아 세도를 부림.
〔有數 유수〕 ①주요한 몇몇 안에 들 만큼 훌륭함. 屈指(굴지). ②운수가 있음.
〔有始有終 유시유종〕 《처음도 있고 끝도 있다는 뜻으로》 시작한 일을 끝까지 마무리함.
〔有識 유식〕 학식이나 견식이 높음.
〔有耶無耶 유야무야〕 있는 듯 없는 듯 흐지부지함.
〔有用 유용〕 쓸모가 있음.
〔有意 유의〕 ①어떤 일을 할 생각이 있음. ②의미가 있음.
〔有益 유익〕 이익이 있음.
〔有人 유인〕 차·배·비행기·우주선·인공위성 등에 그것을 작동·운전하는 사람이 있음.
〔有情 유정〕 ①인정이 있음. ↔無情(무정). ②희로애락의 감정을 가지고 있는, 살아 있는 존재.
〔有終 유종〕 시작한 일에 끝맺음이 있음.
〔有罪 유죄〕 ①죄가 있음. ②재판에서 범죄의 성립을 인정함.
〔有志 유지〕 ①마을이나 지역에서 명망 있고 영향력을 가진 사람. ②어떤 좋은 일에 뜻을 가지거나 관심이 많은 사람. 有志者(유지자).
〔有形 유형〕 형체가 있음. ↔無形(무형).
〔有形無形 유형무형〕 형체가 있음과 없음.
〔有效 유효〕 ①효력이 있음. ②그 자격이 있어 법률상의 효력이 생김. ↔無效(무효). ③유도에서, 판정의 하나.
◢固有(고유)/公有(공유)/共有(공유)/國有(국유)/未曾有(미증유)/保有(보유)/所有(소유)/占有(점유)/初有(초유)/特有(특유)/含有(함유)/享有(향유)

☆*6
4 **服** 옷 복
8

丿 刀 月 月 月7 肥 服 服

㊥fú(°푸) ㊐フク/きもの ㊎clothes

갑 금 전 **자원** **회의자.** 갑골문은 사람(卩)을 손(又)으로 붙잡아 굴복시켜 배(舟)에 태우는 모습을 나타냄. 금문과 소전도 자형이 다르지 않으나 오늘날의 자형은 舟 자가 月(달 월)로 바뀜. 본뜻은 '복종하다'.

풀이 ①옷. 의복. ‖被服(피복). ②옷을 입다. ‖服裝(복장). ③좇다. 복종하다. ④복. 복을 입음. ‖喪服(상복). ⑤약을 먹다. ‖服用(복용). ⑥차다. 몸에 달아 맴. ⑦일하다. ‖服務(복무).

〔服務 복무〕 직무를 맡아 일함.
〔服事 복사〕 복종하여 섬김.
〔服色 복색〕 옷의 색깔.
〔服屬 복속〕 복종하여 좇음.
〔服飾 복식〕 옷의 꾸밈새.
〔服藥 복약〕 ➡服用(복용).
〔服役 복역〕 ①공역(公役)에 종사함. ②징역을 삶.
〔服用 복용〕 약을 먹음. 服藥(복약).
〔服裝 복장〕 옷차림.
〔服制 복제〕 ①신분·직업 등에 맞추어 만든 의복 규정. ②상복(喪服)을 입는 제도.
〔服從 복종〕 남의 의사·명령 등을 좇음.
◢感服(감복)/校服(교복)/軍服(군복)/屈服(굴복)/克服(극복)/內服(내복)/冬服

(동복)/不服(불복)/私服(사복)/喪服(상복)/說服(설복)/素服(소복)/承服(승복)/心服(심복)/洋服(양복)/禮服(예복)/衣服(의복)/征服(정복)/制服(제복)/着服(착복)/歎服(탄복)/平服(평복)/夏服(하복)/韓服(한복)/降服(항복)

☆✱3
4 8 **朋** 벗 **붕** 

丿 冂 月 月 肌 朋 朋 朋

[중]péng(평) [일]ホウ/とも [영]friend

[갑]  [자원] **상형자.** 고대에 화폐로 쓰이던 조개를 두 줄로 꿰어 놓은 모습을 본뜬 자. 은나라 때 돈을 헤아리는 수량사로 쓰였으나 뒷날 가차되어 '벗'의 뜻이 되었음.

[풀이] ①벗. 친구. ‖朋友(붕우). ②떼. 무리. ‖朋黨(붕당).

〔朋黨 붕당〕 ①이해(利害)나 주의(主義)를 같이하는 사람들이 맺은 단체. ②후한(後漢)·당나라·송나라 때에 발생한 정치적 당파.

〔朋友 붕우〕 벗.

〔朋友有信 붕우유신〕 오륜(五倫)의 하나. 벗 사이에는 믿음이 있어야 함.

✱
4 8 **朊** 달빛 희미할 **원**

[중]ruǎn(°루안) [일]ゲン, ガン

[풀이] 달빛이 희미하다.

★✱3
6 10 **朔** 초하루 **삭** 

丷 䒑 屰 屰 屰 屰 朔 朔

[중]shuò(쑤어) [일]サク/ついたち

[자원] **회의 겸 형성자.** 月(달 월)과 屰(거스를 역)이 합쳐진 자로, 차고 이지러지는 달의 주기가 원상태로 돌아감을 나타냄. 여기에서 '초하루', '시작', '새벽' 등의 의미가 나옴. 月은 의미를 나타내고 屰은 의미와 음을 겸하여 나타냄.

[풀이] ①초하루. 음력의 매월 1일. ‖朔望(삭망). ②북쪽. ‖朔風(삭풍).

〔朔茶禮 삭다례〕 매달 초하룻날 사당에서 지내는 차례. 朔單(삭단).

〔朔單 삭단〕 ➡朔茶禮(삭다례).

〔朔望 삭망〕 ①음력 초하루와 보름. ②상가(喪家)에서 매월 초하루와 보름날 아침에 지내는 제사. 삭망전(朔望奠).

〔朔方 삭방〕 북쪽.

〔朔風 삭풍〕 겨울철의 북풍.

◢滿朔(만삭)/合朔(합삭)

✱1
6 10 **朕** 나 **짐** [간]朕

[중]zhèn(°쩐) [일]チン/われ [영]I

[풀이] ①나. 천자(天子)의 자칭. ②조짐. 징조.

◢兆朕(조짐).

✱5
7 11 **朗** 밝을 **랑** [간]朗 

丶 ㇆ ㇌ 㫃 自 良 朗 朗

[중]lǎng(랑) [일]ロウ/ほがらか [영]bright

[자원] **회의 겸 형성자.** 본뜻이 '회랑'인 良(량)과 月(달 월)이 합쳐진 자로, 회랑에 달빛이 환히 비치는 모습을 나타냄. 月은 의미를 나타내고 良은 의미와 음을 겸하여 나타냄.

[풀이] ①밝다. ㉮맑고 환하다. ‖朗月(낭월). ㉯유쾌하고 활달하다. ‖明朗(명랑). ②소리 높이. 또랑또랑하게. ‖朗吟(낭음).

〔朗讀 낭독〕 글을 소리 내어 읽음. ↔默讀(묵독).

〔朗朗 낭랑〕 ①소리가 맑고 또랑또랑함. ②빛이 매우 밝음.

〔朗報 낭보〕 반가운 소식.

〔朗誦 낭송〕 소리를 높여 글을 읽음.

◢明朗(명랑)/淸朗(청랑)

☆✱5
7 11 **望** 바랄 **망** 

亠 亡 切 胡 胡 望 望 望

[중]wàng(왕) [일]ボウ, モウ/のぞむ [영]hope

[갑]  [금]  [자원] **회의자.** 갑골문은 사람이 땅 위에 서서 눈을 크게 뜨고 멀리 바라보는 모습을 나타내고, 금문은 시선 끝에 月(달 월)을 넣어 멀리 본다는 뜻을 더욱 분명히 나타냄. 소전(小篆)에 와서 朢(망)자가 되었고, 그 뒤 臣(신)이 亡(망)으로 변하여 오늘날의 望이 됨.

[풀이] ①바라다. ㉮원하다. 기대함. ‖希望(희망). ㉯멀리 내다보다. ‖展望(전망). ②우러러보다. ③덕망. ‖人望(인망). ④보름. ‖朔望(삭망). ⑤원망하다. ‖怨望(원망).

〔望哭 망곡〕 《바라보며 통곡한다는 뜻으로》 먼 곳에서 임금이나 부모의 상을 당했을 때, 빈소(殯所)가 있는 쪽을 향하여 슬피 욺.

〔望九 망구〕 《아흔을 바라본다는 뜻으로》 '81세'를 이름.

〔望茶禮 망다례〕 매월 음력 보름날에 사당에서 지내는 차례. 보름차례.

〔望臺 망대〕 망을 보는 높은 대.

〔望樓 망루〕 망보기 위하여 지은 누각.

〔望六 망륙〕 《예순을 바라본다는 뜻으로》 '51세'를 이름.

〔望拜 망배〕 멀리서 연고가 있는 곳을

향하여 절함. 또는, 그 절. 遙拜(요배).
〔望百 망백〕《백을 바라본다는 뜻으로》 '91세'를 이름.
〔望夫石 망부석〕 옛날, 정렬(貞烈)한 아내가 멀리 떠난 남편을 기다리다가 그대로 화석이 되었다는 전설적인 돌.
〔望洋之歎 망양지탄〕《'큰 바다를 바라보며 하는 한탄'이란 뜻으로》 어떤 일에 자기 자신의 힘이 미치지 못함을 느껴서 하는 탄식. 望洋之嘆(망양지탄).
〔望外 망외〕 바라던 것 이상의 것.
〔望雲之情 망운지정〕 자식이 객지에서 고향에 계신 어버이를 생각하는 마음.
〔望月 망월〕 ①달을 바라봄. ②보름달.
〔望日 망일〕 음력 보름날.
〔望鄕 망향〕 고향을 그리워함.
◢可望(가망)/渴望(갈망)/觀望(관망)/落望(낙망)/大望(대망)/待望(대망)/德望(덕망)/名望(명망)/物望(물망)/羨望(선망)/所望(소망)/信望(신망)/失望(실망)/仰望(앙망)/野望(야망)/熱望(열망)/要望(요망)/慾望(욕망)/怨望(원망)/願望(원망)/有望(유망)/人望(인망)/展望(전망)/絶望(절망)/眺望(조망)/志望(지망)/責望(책망)/囑望(촉망)/希望(희망)

☆✱5
8
12 **期** 만날 **기** | 期

一 十 卄 甘 甘 其 期 期

[중]qī(치), jī(찌) [일]キ, ゴ/あう [영]meet
[자원] **형성자.** 月(월)은 의미를 나타내고 其(기)는 음을 나타냄.
[풀이] ①만나다. 언약에 따라 만남. ②정하다. 결심함. ③약속하다. ‖期約(기약). ④기대하다. 목표·목적으로 삼음. ⑤돌. [같]朞. ‖期年(기년). ⑥백년의 수(壽). ‖期頤(기이).
〔期間 기간〕 어느 시기부터 다른 어느 시기까지의 사이.
〔期年 기년〕 ①만 1년이 되는 날. ②기한이 되는 해. 朞年(기년).
〔期待 기대〕 바라고 기다림. 企待(기대).
〔期約 기약〕 때를 정하여 약속함.
〔期頤 기이〕 백 살이 되는 사람.
〔期必 기필〕 반드시 되기를 기약함.
〔期限 기한〕 미리 한정하여 놓은 시기.
◢乾期(건기)/工期(공기)/短期(단기)/滿期(만기)/末期(말기)/無期(무기)/時期(시기)/延期(연기)/雨期(우기)/任期(임기)/長期(장기)/適期(적기)/前期(전기)/定期(정기)/早期(조기)/週期(주기)/次期(차기)/初期(초기)/學期(학기)/刑期(형기)/好期(호기)/婚期(혼기)/後期(후기)

✱1
8
12 **朞** 돌 **기** | 朞

[중]jī(찌) [일]キ/ひとまわり
[영]anniversary
[풀이] 돌. 한 바퀴 돎. [같]期.
〔朞年 기년〕 ①만 1년이 되는 날. 期年(기년). ②'기년복(朞年服)'의 준말.
〔朞年服 기년복〕 1년 동안 입는 복. 朞年(기년). 朞服(기복).

☆✱6
8
12 **朝** 아침 **조** | [고]晁 朝

一 十 古 卓 卓 卓 朝 朝

[중]zhāo(°짜오), cháo(°차오)
[일]チョウ/あさ [영]morning
[갑]  [금]  [전]  [자원] **회의자.** 갑골문은 해가 풀숲에서 솟아오르고 새벽달은 아직 서쪽에 남아 있는 아침 모습을 나타냄. 금문에서는 오른쪽 부분이 水(물 수)로 바뀌었고 소전에서는 舟(배 주) 모양으로 바뀌었다가 예전 이후에 현재의 자형이 됨.
[풀이] ①아침. ‖朝夕(조석). ②뵙다. 신하가 임금을 뵙다. ③조정(朝廷). ‖朝臣(조신). ④한 임금의 재위 기간. ⑤왕조(王朝).
〔朝刊 조간〕 아침에 발행하는 일간 신문. ↔夕刊(석간).
〔朝令暮改 조령모개〕《아침에 명령을 내렸다가 저녁에 다시 고친다는 뜻으로》 법령을 자꾸 고쳐서 갈피를 잡기가 어려움. 朝改暮變(조개모변).
〔朝飯 조반〕 아침밥. 朝餐(조찬).
〔朝飯夕粥 조반석죽〕《아침에는 밥을 먹고, 저녁에는 죽을 먹는다는 뜻으로》 몹시 가난한 살림.
〔朝變夕改 조변석개〕《아침저녁으로 뜯어고친다는 뜻으로》 계획·결정 등을 자주 변경함. 朝改暮變(조개모변). 朝夕變改(조석변개).
〔朝服 조복〕 관원이 조정에 나아갈 때 입는 예복.
〔朝不慮夕 조불려석〕《아침에 저녁 일을 헤아리지 못한다는 뜻으로》 당장을 걱정할 뿐 앞일을 미리 생각할 겨를이 없음.
〔朝三暮四 조삼모사〕《송(宋)나라의 저공(狙公)이, 자신이 키우는 원숭이들에게 아침에 3개, 저녁에 4개씩 먹이를 주겠다고 하자 화를 내므로, 아침에 4개, 저녁에 3개씩 주겠다고 하니 원숭이들이 기뻐하였다는 고사에서》 간사한 꾀로 남을 속여 농락함.
〔朝夕 조석〕 ①아침과 저녁. 朝暮(조모). ②아침밥과 저녁밥.
〔朝野 조야〕 조정과 민간. 中外(중외).
〔朝廷 조정〕 임금이 나라의 정치를 의논·집행하는 곳.
〔朝餐 조찬〕 손님을 초대하여 먹는 아침 식사.

4획

〔朝會 조회〕 ①백관(百官)이 임금에게 문안을 드리기 위하여 조정에 모임. ②학교·관청 등에서 아침에 모든 구성원이 한자리에 모임.
◪列聖朝(열성조)/王朝(왕조)/入朝(입조)/早朝(조조)

12 16 *朣 달 뜰 **동**

[중]tōng(퉁) [일]ドウ
풀이 ①달이 뜨다. ②흐리다. 어렴풋함.

14 18 *朦 흐릴 **몽** 朦

[중]méng(멍) [일]モウ/おぼろ [영]dim
풀이 흐리다. 희미하다.
〔朦朧 몽롱〕 ①달빛이 흐릿한 모양. ②사물이 분명하지 않은 모양. ③정신이 흐리멍덩한 모양.
〔朦昏 몽혼〕 독물이나 약물로 말미암아 감각을 잃어 자극에 반응할 수 없는 상태. 痲醉(마취).

16 20 *朧 흐릿할 **롱** 간 胧 朧

[중]lóng(룽) [일]ロウ/おぼろ [영]dim
풀이 흐릿하다.
◪朦朧(몽롱)

木部 나무목

☆*8
0 4 木 나무 **목** 木

一 十 才 木

[중]mù(무) [일]ボク, モク/き [영]tree
갑 전 **자원** **상형자.** 줄기·가지·뿌리가 있는 나무의 모습을 본뜬 자.
✎ 한자 부수의 하나.
풀이 ①나무. ㉮서 있는 나무. ‖灌木(관목). ㉯벤 나무. 목재. ②오행(五行)의 첫째. ③저리다. 뻣뻣하다. ‖痲木(마목). ④별 이름. 목성.
〔木刻 목각〕 나무에 새김. 또는, 그 조각품.
〔木工 목공〕 나무로 물건을 만드는 일. 또는, 그 사람. 木手(목수). 木匠(목장).
〔木器 목기〕 나무로 만든 그릇.
〔木訥 목눌〕 순박하고 말이 적음.
〔木理 목리〕 ①나뭇결. ②나이테.
〔木馬 목마〕 ①나무로 만든 말. ②기계 체조에 쓰는 기구의 한 가지.
〔木末 목말〕 메밀가루.
〔木綿 목면〕 ①목화(木花). 木棉(목면). ②무명.
〔木本 목본〕 목질(木質)로 된 식물.
〔木佛 목불〕 나무로 만든 부처.
〔木石 목석〕 ①나무와 돌. ②나무나 돌처럼 아무 감정이 없는 사람의 비유.
〔木船 목선〕 나무로 만든 배.
〔木姓 목성〕 술가(術家)에서 말하는, 오행 중 목(木)에 속하는 성. 金·朴·崔·高·劉·車 따위.
〔木材 목재〕 나무로 된 재료.
〔木製 목제〕 나무를 재료로 하여 만듦. 또는, 그 물건. 木造(목조).
〔木造 목조〕 ➡木製(목제).
〔木柵 목책〕 말뚝을 박아 만든 울짱.
〔木枕 목침〕 나무토막으로 만든 베개.
〔木炭 목탄〕 ①숯. ②그림을 그리는 데 쓰는 가느다란 막대 모양의 숯.
〔木版 목판〕 나무에 글자나 그림을 새겨 인쇄하는 데 쓰는 판. 木板(목판).
◪角木(각목)/巨木(거목)/古木(고목)/灌木(관목)/廣木(광목)/喬木(교목)/苗木(묘목)/伐木(벌목)/副木(부목)/樹木(수목)/植木(식목)/原木(원목)/雜木(잡목)/材木(재목)/接木(접목)/草木(초목)/土木(토목)

☆*5
1 5 末 끝 **말** 末

一 二 丰 才 末

[중]mò(모) [일]バツ, マツ/すえ [영]end
금 전 **자원** **지사자.** 木(나무 목)의 윗부분에 지사 부호를 그어 나무의 끝 부분임을 나타냄.
풀이 ①끝. ㉮사물의 끝 부분. ‖末端(말단). ㉯차례의 마지막. ‖末席(말석). ㉰일의 맨 끝이나 결과. ‖終末(종말). ②지엽(枝葉). 중요하지 않은 부분. ‖末職(말직). ③가루. ‖粉末(분말).
〔末技 말기〕 하찮은 재주. 末藝(말예).
〔末期 말기〕 정해진 기간이나 일의 끝 무렵. 晩期(만기). ↔初期(초기).
〔末年 말년〕 일생의 마지막 무렵. 늘그막. 老年(노년). 晩年(만년).
〔末端 말단〕 ①맨 끄트머리. 末尾(말미). ②조직에서 제일 아랫자리 부분.
〔末路 말로〕 ①일생의 끝날 무렵. 晩年(만년). ②망해 가는 마지막 무렵의 모습.
〔末尾 말미〕 맨 끝. 末端(말단).
〔末伏 말복〕 삼복(三伏) 중의 마지막 복(伏). 입추(立秋) 후 첫 경일(庚日)임.
〔末寺 말사〕 본산(本山)에 딸린 절.
〔末席 말석〕 ①맨 끝의 좌석. ②등급·지위 등의 맨 끝. ↔首席(수석).
〔末世 말세〕 ①정치·도덕·풍속 등이 아주 쇠퇴하여 끝판에 이른 세상. ②말법(末法)의 세상. ③예수가 탄생한 때부터 재림할 때까지의 세상.

〔末孫 말손〕 먼 자손. 遠孫(원손).
〔末葉 말엽〕 어느 시대의 맨 끝 부분. 後葉(후엽).
〔末運 말운〕 ①막다른 운수. ②말년의 운수.
〔末子 말자〕 막내아들.
〔末節 말절〕 ①여러 토막으로 나눈 끝 부분. ②사소한 일.
〔末職 말직〕 맨 끝자리의 벼슬이나 직위.
〔末梢 말초〕 ①나뭇가지의 끝. ②사물의 맨 끝. 末端(말단).
◢結末(결말)/期末(기말)/綠末(녹말)/本末(본말)/粉末(분말)/年末(연말)/月末(월말)/顚末(전말)/終末(종말)/週末(주말)

☆✻4-Ⅱ
1
5

未 아닐 미

一 二 キ 未 未

㊥wèi(웨이) ㊐ビ, ミ/あらず ㊕not

갑 금 자원 **상형자.** 가지가 무성한 나무를 본뜬 자. 木(나무 목)에 한 획을 더 그은 모양임.

풀이 ①아니다. ‖未知(미지). ②미래. 장래. ③여덟째 지지(地支). 방위로는 서남, 시간으로는 오후 1~3시, 띠로는 양(羊)에 해당함. ‖乙未年(을미년).
〔未刊 미간〕 책이 아직 간행되지 않음. ↔旣刊(기간).
〔未開 미개〕 ①아직 꽃이 피지 않음. ②문화가 발달하지 못한 상태.
〔未納 미납〕 아직 내지 못함.
〔未達 미달〕 아직 목표점에 이르지 못함.
〔未來 미래〕 아직 오지 않은 때. 將來(장래). ↔過去(과거).
〔未練 미련〕 깨끗이 잊지 못하고 끌리는 데가 남아 있는 마음.
〔未滿 미만〕 정한 수효나 정도에 차지 못함.
〔未亡人 미망인〕 (('아직 따라 죽지 못한 사람'이라는 뜻으로)) 죽은 사람의 아내.
〔未明 미명〕 아직 날이 밝지 않은 때.
〔未發 미발〕 ①꽃잎 따위가 아직 피지 않음. ②일이 아직 일어나지 않음. ③어떤 감정이 아직 생기지 않음. ④아직 출발하지 않음.
〔未備 미비〕 아직 다 갖추지 못함.
〔未成年 미성년〕 아직 성년(만 20세)이 되지 못한 나이. 또는, 그런 사람. 未丁年(미정년).
〔未熟 미숙〕 ①아직 성숙하지 못함. ②익숙하지 못함.
〔未時 미시〕 오후 1시부터 3시 사이.
〔未然 미연〕 아직 그렇게 되지 않음.
〔未穩 미온〕 아직 평온하지 못함.
〔未完成 미완성〕 아직 완성되지 않음.
〔未曾有 미증유〕 지금까지 한 번도 있어 본 적이 없음.
〔未知 미지〕 아직 알지 못함.
〔未畢 미필〕 아직 일을 끝내지 못함.
〔未婚 미혼〕 아직 결혼하지 않음.
〔未洽 미흡〕 아직 흡족하지 못함.
◢己未(기미)/辛未(신미)/乙未(을미)

☆✻6
1
5
本 밑 본

一 十 才 木 本

㊥běn(번) ㊐ホン/もと ㊕origin

금 전 자원 **지사자.** 木(나무 목)의 아랫부분에 지사 부호를 그어 그곳이 뿌리임을 나타냄.

풀이 ①밑. 근본. 기초. ‖本義(본의). ②근원. 기원. ③중심이 되는 것. ‖本論(본론). ④원래부터 갖추고 있는 것. ‖本質(본질). ⑤현재 문제로 삼고 있는 것. ‖本件(본건). ⑥자기 자신. ‖本官(본관). ⑦책. 문서. ‖原本(원본).
〔本家 본가〕 ①본집. 宗家(종가). ↔分家(분가). ②친정(親庭).
〔本格 본격〕 ①근본의 격식. ②본래의 법칙. 本則(본칙).
〔本貫 본관〕 시조(始祖)의 고향. 본(本). 貫鄕(관향). 本鄕(본향).
〔本能 본능〕 태어날 때부터 가지고 있는 습성이나 능력.
〔本來 본래〕 ①사물이 전해 내려오는 그 처음. 본디. ②처음부터. 元來(원래).
〔本論 본론〕 말이나 글에서 주장이 되는 부분.
〔本末 본말〕 ①일의 처음과 끝. ②사물의 근본과 말초(末梢).
〔本名 본명〕 ①본이름. ②세례명.
〔本務 본무〕 근본이 되는 임무나 직무.
〔本文 본문〕 번역·주석한 문장에 대한 그 본디의 문장.
〔本俸 본봉〕 주가 되는 봉급. 基本給(기본급).
〔本夫 본부〕 본남편.
〔本分 본분〕 ①자기에게 알맞은 분수. ②마땅히 행해야 할 직분.
〔本色 본색〕 ①본래의 빛깔이나 생김새. ②본디의 특색이나 정체.
〔本生家 본생가〕 양자(養子)의 생가. 本生(본생).
〔本線 본선〕 주가 되는 간선(幹線). ↔支線(지선).
〔本性 본성〕 본디의 성질. 天性(천성).
〔本姓 본성〕 본디의 성.
〔本是 본시〕 본디.
〔本心 본심〕 본디부터 가지고 있는 마음. 본마음. 本意(본의).
〔本業 본업〕 주가 되는 직업. ↔副業(부업).
〔本意 본의〕 ➡本心(본심).
〔本義 본의〕 ➡本旨(본지).
〔本人 본인〕 ①자기. ②바로 그 사람.

4획

當事者(당사자).
〔本籍 본적〕 호적이 있는 곳.
〔本店 본점〕 영업의 본거지가 되는 점포. ↔支店(지점).
〔本旨 본지〕 ①근본이 되는 취지. ②본디의 취지. 本義(본의).
〔本質 본질〕 ①본바탕. ②본디 갖추고 있는 독자(獨自)의 성질.
〔本妻 본처〕 아내를 첩에 상대하여 이르는 말. 本室(본실). 正室(정실). 嫡室(적실). ↔小室(소실).
〔本體 본체〕 ①사물의 본바탕. 正體(정체). ②기계 따위의 중심 부분. ③현상의 근저(根底)가 되는 실상(實相).
〔本草 본초〕 약재나 약학(藥學)을 한방에서 이르는 말.
〔本草學 본초학〕 중국의 식물학 및 약물학.
〔本土 본토〕 ①속국(屬國)이나 멀리 떨어진 섬에 대하여 이것들이 소속된 육지. ②외국어의 근원지가 되는 나라의 땅.
〔本鄕 본향〕 ①본고향. ② ➡本貫(본관).
〔本會 본회〕 ①분회·지회에 대한, 그 본부. ②자기가 속하는 회.
〔本會議 본회의〕 분과 회의에 대한, 주장되는 회의.
◢脚本(각본)/見本(견본)/古本(고본)/敎本(교본)/劇本(극본)/根本(근본)/基本(기본)/臺本(대본)/同性同本(동성동본)/配本(배본)/寫本(사본)/原本(원본)/異本(이본)/資本(자본)/製本(제본)/眞本(진본)/破本(파본)/標本(표본)/合本(합본)

4획

1 *2
5 **札** 패 **찰**

중zhā(°자) 일サツ/ふだ 영tag
자원 **형성자.** 木(목)은 의미를 나타내고 乙(을)은 음을 나타냄.
풀이 ①패. 나무·종이·쇠 등의 얇은 조각. ‖表札(표찰). ②편지. ‖書札(서찰). ③공문서. ④돈. 화폐. ‖現札(현찰).
◢鑑札(감찰)/改札(개찰)/落札(낙찰)/名札(명찰)/書札(서찰)/入札(입찰)/正札(정찰)/標札(표찰)/現札(현찰)

1 *
5 **朮** 차조 **출** 간 术

중zhú(°주) 일ジュツ/もちあわ
풀이 ①차조. 조[粟]의 한 가지. ②삽주. 산계(山薊).
◢百朮(백출)/蒼朮(창출)

2 *1
6 **机** 책상 **궤**

중jī(찌) 일キ/つくえ 영desk
풀이 책상. 통几. ‖机上(궤상).
〔机案 궤안〕 의자·사방침(四方枕)·안석(案席)의 총칭. 几案(궤안).
〔机下 궤하〕 ①책상 아래. ②편지 겉봉의 상대편 이름 아래에 쓰는 높임말.

2 ☆*6
6 **朴** 순박할 **박**

一 十 才 木 札 朴

중pǔ(푸) 일ボク/すなお 영simple
자원 **형성자.** 木(목)은 의미를 나타내고 卜(복)은 음을 나타냄.
풀이 ①순박하다. 꾸밈이 없음. 통樸. ‖素朴(소박). ②후박나무. ③밑동.
〔朴鈍 박둔〕 단단하지 못한 그릇.
◢儉朴(검박)/素朴(소박)/淳朴(순박)/質朴(질박)/厚朴(후박)

2 ☆*4
6 **朱** 붉을 **주**

丿 𠂉 二 牛 牛 朱

중zhū(°쭈) 일シュ/あかい 영red
갑 금 전 자원 **지사자.** 木(나무 목)의 가운데 부분에 점을 찍거나 짧은 금을 그어 그곳이 나무줄기임을 나타냄. '붉다'의 뜻으로 가차되어 쓰이자 본뜻을 보존하기 위해 만든 자가 株(주)임.
풀이 ①붉다. 붉은빛. ‖朱肉(주육). ②연지. 화장품의 한 가지.
〔朱丹 주단〕 붉은색.
〔朱蠟 주랍〕 편지 겉봉 같은 것을 봉하는 데에 쓰는 붉은빛의 밀랍.
〔朱笠 주립〕 융복(戎服)을 입을 때 쓰던, 붉은 칠을 한 갓.
〔朱門 주문〕 ①붉은 문. ②예전에, 지위가 높은 벼슬아치의 집을 이름.
〔朱砂 주사〕 짙은 홍색의 광택이 있는 육방 정계의 광물. 한방에서 약으로 씀.
〔朱書 주서〕 붉은색으로 글씨를 씀. 또는, 그 글씨.
〔朱硯 주연〕 주묵을 가는 작은 벼루.
〔朱土 주토〕 붉은 흙. 赤土(적토).
〔朱紅 주홍〕 주황과 빨강의 중간색.
〔朱黃 주황〕 빨강과 노랑의 중간색.
◢印朱(인주)/紫朱(자주)

2 *
6 **朶** 늘어질 **타** 본 朵

중duǒ(두어) 일ダ/しだれる
풀이 ①늘어지다. 나뭇가지가 휘휘 늘어짐. ②가지에서 휘늘어진 꽃다발.

6 **朵** 朶(타)의 본자 →378쪽

*1
2 **朽** 썩을 **후** 朽
6
㊥xiǔ(시우) ㊐キュウ/くさる ㊎rot
풀이 ①썩다. 부패함. ②쇠하다. 기세·능력 등이 약해짐.
〔朽落 후락〕 낡고 썩어서 못 쓰게 됨.
〔朽敗 후패〕 썩어서 문드러짐.
◢老朽(노후)/不朽(불후)

*2
3 **杆** 지레 **간** ㊋桿 杆
7
㊥gān(깐) ㊐カン/てこ ㊎bar
풀이 지레. 몽둥이. ‖槓杆(공간).

*
3 **杠** 깃대 **강**
7
㊥gāng(깡) ㊐コウ ㊎flagpole
풀이 ①깃대. ②다리.

*1
3 **杞** ❶나무 이름 **기** *1 ❷쟁기 **시** 杞
7
㊥qǐ(치) ㊐キ, シ/すき
풀이 ❶①나무 이름. ②나라 이름. ③고리버들. ‖杞柳(기류). ❷쟁기.
〔杞憂 기우〕 《중국 기(杞)나라의 한 사람이 하늘이 무너지지 않을까 걱정했다는 고사에서》 쓸데없는 걱정.

*2
3 **杜** 팥배나무 **두** 杜
7
㊥dù(뚜) ㊐ト, ズ/やまなし
풀이 ①팥배나무. 감당(甘棠). 당리(棠梨). ②막다. 닫음. ‖杜絕(두절). ③성(姓).
〔杜鵑 두견〕 ①두견새. 두견이. ②'진달래'의 이칭. 杜鵑花(두견화).
〔杜門不出 두문불출〕 《이성계가 조선을 건국하자 고려의 충신들이 두문동(杜門洞:경기도 개풍군 광덕산 서쪽의 옛 지명)에 모여 살면서 일절 밖으로 나오지 않았다는 고사에서》 집 안에만 틀어박혀 밖으로 나다니지 않음.
〔杜詩 두시〕 두보(杜甫)의 시. ‖杜詩諺解(두시언해).
〔杜絕 두절〕 막혀 끊김.
〔杜撰 두찬〕 《중국 송나라 두묵(杜默)이 지은 시가 율격(律格)에 맞지 않게 억지로 지은 것이 많았다는 고사에서》 전거(典據)·출처(出處)가 확실하지 않거나 틀린 곳이 많은 저작(著作).

*
7 **来** 來(래)의 약자 →36쪽

☆*6
3 **李** 오얏 **리** 李
7
一 十 才 木 本 李 李
㊥lǐ(리) ㊐リ/すもも ㊎plum
자원 **형성자.** 木(목)은 의미를 나타내고 子(자)는 음을 나타냄.
풀이 ①오얏. 자두. 자두나무. ②심부름꾼. 사자(使者). ‖行李(행리).
〔李下不整冠 이하부정관〕 《자두나무 밑에서 갓을 고쳐 쓰지 말라는 뜻으로》 남에게 의심받을 일은 피하는 것이 좋다는 말.

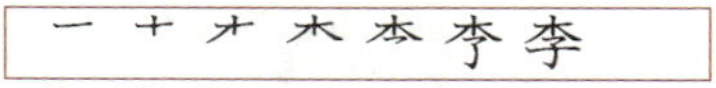

*
3 **枫** 나무 이름 **범**
7
㊥fān(°판) ㊐ヘン

*
3 **杉** 삼나무 **삼** 杉
7
㊥shān(°싼) ㊐サン/すぎ ㊎cedar
풀이 삼나무. 낙우송과의 상록 교목.
〔杉籬 삼리〕 삼나무 생울타리.

★*5
3 **束** ❶묶을 **속** ❷약속할 **속** ㊇**추** 束
7
一 𠃌 丙 白 申 束 束
㊥shù(°쑤) ㊐ソク/たばねる ㊎bind
갑 금 전 자원 **회의자.** 木(목)과 口 자가 합쳐진 자. 새끼로 묶어 놓은 땔나무 한 단을 나타냄. 본뜻은 '묶다'.
풀이 ❶①묶다. ‖束縛(속박). ②매다. ③묶음. ❷약속하다. 언약을 맺음. ‖約束(약속).
〔束帶 속대〕 《관을 쓰고 띠를 맨다는 뜻으로》 예복(禮服)을 입음.
〔束縛 속박〕 자유롭지 못하게 얽어맴.
〔束手無策 속수무책〕 손을 묶은 것처럼 어찌할 도리가 없어 꼼짝 못함.
〔束裝 속장〕 행장을 차림.
◢檢束(검속)/結束(결속)/拘束(구속)/團束(단속)/約束(약속)

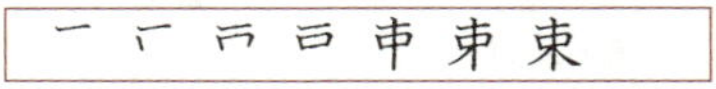

3 **杌** 위태로울 **올** 杌
7
㊥wù(우) ㊐ゴツ
풀이 위태롭다. 위태로운 모양.

*1
3 **杖** 지팡이 **장** 杖
7
㊥zhàng(°짱) ㊐ジョウ/つえ ㊎stick
자원 **형성자.** 木(목)은 의미를 나타내고 丈(장)은 음을 나타냄.

4획

[풀이] ①지팡이. ‖几杖(궤장). ②짚다. 지팡이를 짚음. ③몽둥이. 곤장.
〔杖屨 장구〕 ①지팡이와 짚신. ②이름난 사람이 머물러 있던 자취의 비유.
〔杖刑 장형〕 오형(五刑)의 하나. 곤장으로 볼기를 치는 형벌.
◢棍杖(곤장)/短杖(단장)/竹杖(죽장)

☆*5
3 7 **材** 재목 **재** 材

一 十 才 木 朩 村 材

[중]cái(차이) [일]ザイ, サイ/まるた [영]timber
[자원] **형성자.** 木(목)은 의미를 나타내고 才(재)는 음을 나타냄.
[풀이] ①재목. 건축·기구 등의 재료로 쓰이는 나무. ②원료. ‖石材(석재). ③재능. 재주. 수완. [통]才.
〔材料 재료〕 ①물건을 만드는 감. ②일을 하기 위한 거리.
〔材木 재목〕 ①건축·기구를 만드는 데 재료가 되는 나무. ②어떤 일을 할 만한 능력이 있는 사람.
〔材質 재질〕 ①목재의 성질. ②재료의 성질
◢骨材(골재)/教材(교재)/器材(기재)/木材(목재)/石材(석재)/素材(소재)/惡材(악재)/藥材(약재)/人材(인재)/資材(자재)/製材(제재)/題材(제재)/取材(취재)/好材(호재)

7 **条** 條(조)의 속자 →392쪽

3 7 **杈** 나뭇가지 **차** 杈

[중]chā(°차) [일]サ/えだ
[풀이] ①나뭇가지. ②작살.

☆*7
3 7 **村** 마을 **촌** [본]邨 村

一 十 才 木 朩 村 村

[중]cūn(춘) [일]ソン/むら [영]village
[자원] **형성자.** 木(목)은 의미를 나타내고 寸(촌)은 음을 나타냄.
[풀이] 마을. 시골. ‖村落(촌락).
〔村家 촌가〕 시골 마을에 있는 집.
〔村落 촌락〕 시골의 마을. 村里(촌리).
〔村婦 촌부〕 시골에 사는 부녀.
〔村長 촌장〕 한 마을의 우두머리.
◢農村(농촌)/僻村(벽촌)/富村(부촌)/貧村(빈촌)/山村(산촌)/漁村(어촌)

*
3 7 **杝** [1]쪼갤 **치** [2]나무 이름 **이** *

[중]chǐ(°츠), yí(이) [일]チ, イ/わる
[풀이] [1]①쪼개다. ②뻗치다. 넓힘. ③바자. 울. [2]나무 이름.

*2
3 7 **杓** [1]자루 **표** *2 [2]구기 **작** 杓

[중]biāo(삐아오), sháo(°사오) [일]ヒョウ, シャク/え, ひしゃく [영]handle
[풀이] [1]자루. 구기의 자루. ‖斗杓(두표). [2]구기. 국·술 등을 푸는 기구. [통]勺.
〔杓子 작자〕 구기.

*2
3 7 **杏** 살구나무 **행** 杏

[중]xìng(씽) [일]キョウ, アン/あんず [영]apricot
[풀이] ①살구나무. ‖杏仁(행인). ②은행나무. ‖銀杏(은행).
〔杏林 행림〕 ①살구나무 숲. ②《옛날 동봉(董奉)이란 의원이 치료의 대가로 살구나무를 중환자에게는 다섯 그루, 경환자에게는 한 그루씩 심게 한 것이 몇 년 뒤에 가서 울창한 살구나무 숲을 이루었다는 고사에서》 '의원(醫員)'의 미칭(美稱).
〔杏仁 행인〕 살구 씨를 한방에서 이르는 말. 진해제(鎭咳劑)로 쓰임.
〔杏花 행화〕 살구꽃.
◢銀杏(은행)

*2
8 **杰** 傑(걸)의 속자 →50쪽

*
4 8 **杲** 밝을 **고**

[중]gǎo(가오) [일]コウ/あきらか [영]bright
[풀이] ①밝다. ②높다.

☆*6
4 8 **果** 실과 **과** 果

丨 口 日 日 旦 甲 果 果

[중]guǒ(구어) [일]カ/くだもの [영]fruit
[금]  [전]  [자원] **상형자.** 나무에 탐스러운 과실이 열려 있는 모습을 나타낸 자.
[풀이] ①실과. 나무의 열매. ‖果樹(과수). ②해내다. 이룸. ③결단성이 있다. ‖果斷(과단). ④과연(果然). ⑤결과. ‖成果(성과).
〔果敢 과감〕 결단성이 있고 용감함.
〔果斷 과단〕 일을 딱 잘라서 결정함.
〔果報 과보〕 인과응보.
〔果樹 과수〕 열매를 얻기 위해 가꾸는 나무. 과실나무.

〔果實 과실〕 먹을 수 있는 나무의 열매.
〔果然 과연〕 아닌 게 아니라 정말로. 果是(과시).
〔果園 과원〕 과수원(果樹園).
〔果汁 과즙〕 과일의 즙.
◪乾果(건과)/結果(결과)/落果(낙과)/沙果(사과)/成果(성과)/藥果(약과)/善果(선과)/因果(인과)/戰果(전과)/效果(효과)

4 8 *柟 녹나무 남 | 柟

㊥nán(난) ㊐ダン, ナン/くすのき
풀이 녹나무. 녹나뭇과의 상록 활엽 교목.

4 8 *杻 ❶감탕나무 뉴* ❷쇠고랑 추

㊥niǔ(니우), chǒu(°처우)
㊐ニュウ, チュウ/てかせ, もち

4 8 ☆*8 東 동녘 동 | 간 东 東

一 ㄏ 币 百 亘 車 東 東

㊥dōng(똥) ㊐トウ/ひがし ㊎east
갑 자원 **상형자.** 물건을 가득 담아 양 끝을 묶은 자루를 본뜬 자. 뒷날 '동쪽'의 뜻으로 쓰이게 되자, 본뜻을 보존하기 위해 만든 자가 '橐'(자루 탁)임.
풀이 동녘. 동쪽. ‖東方(동방).
〔東家食西家宿 동가식서가숙〕《동쪽 집에서 밥 먹고 서쪽 집에서 잠잔다는 뜻으로》 일정한 거처 없이 떠돌아다니며 지냄.
〔東國 동국〕《'중국의 동쪽에 있는 나라'라는 데서》 '우리나라'의 이칭.
〔東君 동군〕 ①봄의 신. 또는, 태양의 신. ②'태양'의 이칭.
〔東問西答 동문서답〕《동쪽을 묻는데 서쪽을 대답한다는 뜻으로》 물음과는 상관없는 엉뚱한 대답을 함.
〔東方 동방〕 ①동쪽. ②동쪽 지방.
〔東奔西走 동분서주〕《동쪽으로 뛰고 서쪽으로 뛴다는 뜻으로》 사방으로 바쁘게 돌아다님. 東行西走(동행서주).
〔東史 동사〕《'동국의 역사'란 뜻으로》 우리나라의 역사.
〔東床 동상〕 남의 새 사위. 東牀(동상).
〔東西古今 동서고금〕 동양이나 서양, 예나 지금이나. 곧, 언제 어디서나.
〔東洋 동양〕 유라시아 대륙의 동부 지역. 한국·일본·중국 등을 말함.
〔東營 동영〕 ①강원도의 감영(監營). ②창경궁의 동쪽에 있던 어영청(御營廳)의 분영(分營). ③조선 시대의 훈련도감의 본영(本營). 東別營(동별영).
〔東夷 동이〕《'동쪽의 오랑캐'라는 뜻으로》 예전에, 중국 사람들이 그들의 동쪽에 있는 이민족들을 멸시하여 이르던 말.
〔東儲 동저〕 임금의 자리를 이을 왕자. 東宮(동궁).
〔東漸 동점〕 점점 세력을 넓혀 동쪽으로 옮겨 감.
〔東征西伐 동정서벌〕《동쪽을 정벌하고 서쪽을 친다는 뜻으로》 여러 나라를 이리저리 정벌함.
〔東窓 동창〕 동쪽으로 난 창.
〔東天 동천〕 동쪽 하늘.
〔東風 동풍〕 ①동쪽에서 불어오는 바람. ②봄바람.
〔東學 동학〕 ①조선 시대에, 서울 동부에 있던 사학(四學)의 하나. ②최제우(崔濟愚)를 교조로 하는 민족 종교.
〔東軒 동헌〕 고을 원이나 병사·수사(水使) 등 고을의 수령들이 공사(公事)를 처리하던 대청이나 집.
◪關東(관동)/極東(극동)/近東(근동)/南東(남동)/北東(북동)/嶺東(영동)/正東(정동)/中東(중동)/海東(해동)

4 8 ☆*7 林 수풀 림 | 林

一 十 才 木 木 村 材 林

㊥lín(린) ㊐リン/はやし ㊎forest
갑 전 자원 **회의자.** 두 그루의 나무가 나란히 서 있는 모습으로, 나무가 많다는 뜻을 나타냄. 여기에서 '숲'이라는 뜻이 생겨남.
풀이 ①수풀. 숲. ‖山林(산림). ②많다. 수효가 많은 모양.
〔林立 임립〕 숲의 나무처럼 빽빽하게 죽 늘어섬.
〔林産 임산〕 ①임산물(林産物). ②산림의 생산에 관한 사업.
〔林野 임야〕 나무가 무성한 숲과 개간되지 않은 벌판.
〔林業 임업〕 산림을 육성하여 목재 등을 생산하는 산업.
◪綠林(녹림)/密林(밀림)/士林(사림)/山林(산림)/森林(삼림)/松林(송림)/樹林(수림)/儒林(유림)/育林(육림)/造林(조림)/竹林(죽림)/風林(풍림)

4 8 *2 枚 줄기 매 | 枚

㊥méi(메이) ㊐マイ, バイ/みき ㊎stalk
풀이 ①줄기. 나무 줄기. ②채찍. 말채찍. 회초리. ③하무. 군대에서 떠들지 못하게 군사들의 입에 물리던 가는 막대. ‖銜枚(함매). ④장(張). 매(枚). 종이나 널빤지 등을 세는 단위.
〔枚擧 매거〕 하나하나 빠짐없이 들어서

말함.
〔枚數 매수〕 장으로 세는 물건의 수. 張數(장수).

4 8 杳 어두울 묘 [본]요 杳

*1

[중]yǎo(야오) [일]ヨウ/くらい [영]dark

[갑]  [자원] **회의자.** 木(나무 목)과 日(날 일)이 합쳐진 자로, 해가 나무 아래로 떨어진 어둑한 때를 나타냄.

[풀이] ①어둡다. ‖杳杳(묘묘). ②멀다. 아득히 먼 모양.
〔杳冥 묘명〕 그윽하고 어두움.
〔杳杳 묘묘〕 멀어서 아득함.
〔杳然 묘연〕 ①멀어서 아물아물함. ②소식·행방 등을 알 길이 없음.

4 8 枋 다목 방 枋

*1

[중]fāng(°팡) [일]ホウ/まゆみ

[풀이] ①다목. 낙엽 교목의 하나. ②박달나무.
◢引枋(인방)/中枋(중방)

4 8 杯 잔 배 [속]盃 杯

☆*3

一 十 才 木 木一 杉 杯 杯

[중]bēi(뻬이) [일]ハイ/さかずき [영]cup

[자원] **형성자.** 木(목)은 의미를 나타내고 不(불)은 음을 나타냄.

[풀이] 잔. ㉮술잔. 음료수·국 등을 담는 그릇. ㉯잔의 수량을 나타내는 말.
〔杯酒 배주〕 잔에 따른 술. 또는, 잔술.
〔杯中蛇影 배중사영〕 《'잔 속의 뱀 그림자'라는 뜻으로》 의심이 많아 고민함.
◢乾杯(건배)/苦杯(고배)/金杯(금배)/銀杯(은배)/祝杯(축배)

4 8 枇 비파나무 비 枇

*

[중]pí(피) [일]ビ/びわ [영]loquat

[풀이] 비파나무. 상록 관목인 과수(果樹).
〔枇杷 비파〕 비파나무의 열매.

4 8 析 가를 석 析

★*3

一 十 才 木 木′ 析 析 析

[중]xī(씨) [일]セキ/さく [영]divide

[갑]  [금]  [자원] **회의자.** 木(나무 목)과 斤(도끼 근)이 합쳐진 자로, 도끼로 나무를 쪼개는 모습을 나타냄.

[풀이] ①가르다. 분석하다. ‖解析(해석). ②나누어지다. ‖析別(석별).
〔析出 석출〕 화합물을 분석하여 어떤 물질을 분리해 냄.
◢分析(분석)/透析(투석)/解析(해석)

4 8 松 솔 송 松

☆*4

一 十 才 木 木′ 木′` 松 松

[중]sōng(쑹) [일]ショウ/まつ [영]pine tree

[자원] **형성자.** 木(목)은 의미를 나타내고 公(공)은 음을 나타냄.

[풀이] 솔. 소나무. ‖松竹(송죽).
〔松林 송림〕 소나무 숲.
〔松茂柏悅 송무백열〕 《소나무가 무성하면 잣나무가 기뻐한다는 뜻으로》 벗이 잘되는 것을 기뻐함.
〔松柏 송백〕 ①소나무와 잣나무. ②껍질을 벗겨 솔잎에 꿴 잣. 접시에 높이 괴어 잔치나 제사상에 차림.
〔松煙 송연〕 소나무를 태운 그을음. 먹의 원료로 쓰임. 松烟(송연).
〔松栮 송이〕 소나무 숲에서 나는, 향기 좋은 식용 버섯.
〔松竹梅 송죽매〕 소나무·대나무·매화. 추위를 견디는 이 셋을 세한삼우(歲寒三友)라 함.
〔松津 송진〕 소나무 등의 침엽수에서 나오는 끈적끈적한 액체. 松脂(송지).
〔松花 송화〕 소나무의 꽃. 또는, 그 꽃가루.
◢落落長松(낙락장송)/落葉松(낙엽송)/老松(노송)/陸松(육송)/赤松(적송)/青松(청송)/海松(해송)

4 8 枉 굽을 왕 枉

*1

[중]wǎng(왕) [일]オウ/まがる [영]crooked

[풀이] ①굽다. ②굽히다. 존귀함을 굽히다. ‖枉臨(왕림). ③억울하다. ‖枉死(왕사).
〔枉臨 왕림〕 남이 자기 있는 곳으로 오는 일의 경칭. 惠臨(혜림). 惠顧(혜고).
〔枉法 왕법〕 법을 왜곡함.
〔枉死 왕사〕 억울한 죄로 죽음.
〔枉尺直尋 왕척직심〕 《한 자를 굽혀 한 길을 편다는 뜻으로》 작은 욕에 돌아보지 않고 큰일을 이룸.

4 8 杬 ❶나무 이름 원* ❷주무를 완

*

[중]yuán(위엔) [일]ゲン

[풀이] ❶나무 이름. ❷주무르다. 안마함.

4 8 杵 공이 저 杵

*

㊥chǔ(°추) ㊐ショ/きね ㊟pestle
풀이 ①공이. 절굿공이. ‖杵臼(저구). ②방망이. 다듬잇방망이. ③달구. 둑이나 집터를 다질 때 쓰는 기구. ④방패.
〔杵臼之交 저구지교〕(‘절굿공이와 확의 사귐’이라는 뜻으로) 귀천을 가리지 않고 사귀는 일.

4
8 **杼** ❶북 **저** ❷개수통 **서**

㊥zhù(°쭈) ㊐チョ, ショ/ひ ㊟shuttle
풀이 ❶북. 베틀의 북. ‖杼柚(저축). ❷①개수통. 물통. ②물을 푸다.
〔杼梭 저사〕①베틀의 북. ②베를 짬.

*
4
8 **枓** ❶구기 **주** ❷두공 **두***

㊥zhǔ(°주), dǒu(더우)
㊐シュ, トウ/ひしゃく, ますがた
풀이 ①구기. 물·술 등을 푸는 기구. ②두공(枓栱).
〔枓栱 두공〕큰 규모의 목조 건물의 기둥 위에 지붕을 받치며 짜 올린 구조. 杜空(두공).

☆*3-Ⅱ
4
8 **枝** ❶가지 **지**☆*3-Ⅱ ❷육손이 **기**

㊥zhī(°쯔), qí(치)
㊐シ, キ/えだ, むつゆび ㊟branch
자원 **회의 겸 형성자.** 木(나무 목)과 支(가지 지)가 합쳐진 자. 支가 ‘가지’를 본뜻으로 하고 있으나 ‘갈래’의 뜻으로 쓰이게 되자 본뜻을 보존하기 위해 木을 덧붙여 枝를 만듦. 木은 의미를 나타내고 支는 의미와 음을 겸하여 나타냄.
풀이 ❶①가지. 초목의 가지. ‖枝葉(지엽). ②가지 치다. ③버티다. 지지함. ❷육손이. ㉦跂.
〔枝指 기지〕육손이의 덧붙은 손가락.
〔枝葉 지엽〕①가지와 잎. ②사물의 중요하지 않은 부분. ↔根幹(근간).
◢分枝(분지)/插枝(삽지)/剪枝(전지)

*
4
8 **杺** 사침대 **진**

㊥jìn(찐) ㊐シン
풀이 사침대. 베틀의 비경이 옆에서 날의 사이를 떼어 주는, 두 개의 나무 대.

8 **枢** 樞(추)의 약자 →402쪽

4
8 **杶** 참죽나무 **춘**

㊥chūn(°춘) ㊐チュン
풀이 참죽나무. 낙엽 교목의 하나.

★*3
4
8 **枕** 베개 **침**

㊥zhěn(°전) ㊐チン/まくら ㊟pillow
자원 **형성자.** 木(목)은 의미를 나타내고 冘(유·임)은 음을 나타냄.
풀이 베개.
〔枕木 침목〕①큰 물건을 괴어 놓는 나무토막. ②철도의 선로 밑에 까는 나무토막.
〔枕上 침상〕①베개의 위. ②잠을 자거나 누워 있을 때.
〔枕席 침석〕①베개와 자리. ②잠자는 자리.
◢起枕(기침)/木枕(목침)/鴛鴦衾枕(원앙금침)

*
4
8 **杷** 비파나무 **파**

㊥pá(파) ㊐ハ/びわ
풀이 ①비파나무. ‖枇杷(비파). ②밭고무래. 갈퀴 모양의 농구(農具). ③써레.
◢枇杷(비파)

★*5
4
8 **板** 널빤지 **판**

㊥bǎn(반) ㊐ハン, バン/いた
㊟board
자원 **형성자.** 木(목)은 의미를 나타내고 反(반)은 음을 나타냄.
풀이 ①널빤지. ㉮판자. ‖板橋(판교). ㉯얇고 넓은 물건의 통칭. ‖鐵板(철판). ②판목(板木). ㉦版.
〔板刻 판각〕글씨나 그림을 나무판에 새김. 版刻(판각).
〔板刻本 판각본〕목판으로 인쇄한 책. 板本(판본).
〔板橋 판교〕널다리.
〔板木 판목〕인쇄하기 위하여 글자나 그림을 새긴 나무판. 版木(판목).
〔板本 판본〕➡板刻本(판각본).
〔板書 판서〕칠판에 분필로 글을 씀. 또는, 그 글.
〔板子 판자〕널빤지.
◢看板(간판)/甲板(갑판)/鋼板(강판)/薑板(강판)/登板(등판)/木板(목판)/苗板(묘판)/氷板(빙판)/松板(송판)/數板(수판)/食板(식판)/原板(원판)/字板(자판)/坐板(좌판)/鐵板(철판)/漆板(칠판)/懸板(현판)/畫板(화판)/活板(활판)/黑板(흑판)

*
4 **杭** 건널 **항**
8

[중]háng(항) [일]コウ/わたる [영]sail
[풀이] ①건너다. ②나룻배.

*2
5 **柯** 가지 **가**
9

[중]kē(커) [일]カ/えだ [영]branch
[풀이] ①가지. 나뭇가지. ‖柯葉(가엽). ②줄기. 초목의 줄기.
〔柯葉 가엽〕 가지와 잎. 枝葉(지엽).

*
5 **枷** [1]도리깨 **가** [2]횃대 **가**
9

[중]jiā(찌아) [일]カ/からさお
[풀이] [1]①도리깨. ②칼. 형틀의 한 가지. ‖枷鎖(가쇄). [2]횃대.
〔枷鎖 가쇄〕 죄인의 목에 씌우는 칼과 발목에 채우는 쇠사슬. 또는, 그것을 써서 행하던 형벌.

★*3-Ⅱ
5 **架** 시렁 **가**
9

フ カ 加 加 加 架 架 架

[중]jià(찌아) [일]カ/たな [영]shelf
[자원] **형성자.** 木(목)은 의미를 나타내고 加(가)는 음을 나타냄.
[풀이] ①시렁. ‖書架(서가). ②건너지르다. ‖架空(가공).
〔架空 가공〕 ①공중에 가로 건너지름. ②근거가 없음.
〔架橋 가교〕 다리를 놓음. 또는, 놓은 다리.
〔架設 가설〕 공중에 건너질러 설치함.
〔架子 가자〕 ①가지가 늘어지지 않도록 밑에서 받쳐 세운 시렁. ②편종(編鐘)·편경(編磬) 등을 달아 놓는 틀.
◢開架(개가)/高架(고가)/書架(서가)/十字架(십자가)

*
5 **柬** 가릴 **간**
9

[중]jiǎn(지엔) [일]カン/えらぶ [영]distinguish
[풀이] ①가리다. 분간함. ②편지.

*1
5 **柑** 감자나무 **감**
9

[중]gān(깐) [일]カン/こうじ
[풀이] 감자나무. 상록 교목. 열매는 약재로 쓰임.
〔柑子 감자〕 감자나무의 열매.
◢蜜柑(밀감)

★*3
5 **枯** 마를 **고**
9

一 十 木 木一 木十 木古 枯 枯

[중]kū(쿠) [일]コ/かれる [영]wither
[자원] **형성자.** 木(목)은 의미를 나타내고 古(고)는 음을 나타냄.
[풀이] ①마르다. ㉮초목이 마르다. ‖枯木(고목). ㉯물이 마르다. ‖枯渴(고갈). ②죽다. ‖枯骨(고골).
〔枯渴 고갈〕 ①물이 말라서 없어짐. ②돈·물건 등이 없어져 귀해짐.
〔枯骨 고골〕 죽은 사람의 썩은 뼈.
〔枯淡 고담〕 서화·문장·성격 등이 산뜻하여 아취가 있음.
〔枯木生花 고목생화〕《말라 죽은 나무에서 꽃이 핀다는 뜻으로》 불우했던 사람이 행운을 만나서 잘됨.
〔枯死 고사〕 나무·풀 등이 말라 죽음.
〔枯葉 고엽〕 마른 잎.
〔枯卉 고훼〕 말라 죽은 풀과 나무.
◢榮枯(영고)

*1
5 **枸** [1]호깨나무 **구** [2]구기자나무 **구**
9

[중]gǒu(거우) [일]ク
[풀이] [1]①호깨나무. ②구연(枸櫞). 레몬. [2]구기자나무.
〔枸杞子 구기자〕 구기자나무의 열매. 강장제·해열제로 씀.

*1
5 **柩** 널 **구**
9

[중]jiù(찌우) [일]キュウ/ひつぎ [영]coffin
[풀이] 널.
〔柩衣 구의〕 출관(出棺)할 때 관 위에 덮는 천.
◢靈柩(영구)/運柩(운구)

*
5 **柾** [1]관 **구** [2]나무 바를 **정***
9

[중]jiù(찌우) [일]キョウ
[풀이] [1]관. 널. [2]나무가 바르다.

*
5 **柰** [1]능금나무 **내** [2]어찌 **나**
9

[중]nài(나이) [일]ダイ, ナイ/からなし [영]crab apple
[풀이] [1]①능금나무. ②어찌. 어떻게. 어찌하랴. [같]奈. [2]어찌.
〔柰何 내하〕 어떻게. 어찌하여.

*
5 **柅** 무성할 **니**
9

[중]nǐ(니) [일]ジ [영]thick
[풀이] ①무성하다. ②살피다.

☆*4
5 **柳** 버들 **류** | 柳
9

一 十 木 木 朩 朩 杉 柳

[중]liǔ(리우) [일]リュウ/やなぎ [영]willow
[자원] **형성자.** 木(목)은 의미를 나타내고 卯(묘)는 음을 나타냄.
[풀이] ①버들. 버드나무의 총칭. ‖柳腰(유요). ②수레 이름. ‖柳車(유거).
〔柳車 유거〕 장사 지낼 때 재궁(梓宮)이나 시체를 실어 소가 끌던 큰 수레.
〔柳器 유기〕 고리버들 가지로 만든 그릇. 고리.
〔柳綠 유록〕 봄철의 버들잎과 같이 노란색을 띤 연한 녹색.
〔柳眉 유미〕《'버들잎 같은 눈썹'이라는 뜻으로》 미인의 눈썹. ※蛾眉(아미).
〔柳腰 유요〕 버들가지처럼 가늘고 부드러운 허리. 細腰(세요).
◢細柳(세류)/楊柳(양류)/花柳(화류)

5 **枺** 기둥 **말** | 枺
9

[중]mò(모) [일]バツ [영]pillar

★*3
5 **某** 아무 **모** | [통]厶 某
9

一 卄 廾 甘 甘 苴 革 某

[중]mǒu(머우) [일]ボウ/それがし
[영]certain
[금]  [자원] **회의자.** 甘(감)과 木(목)이 합쳐진 자로, 달고 신 맛이 나는 '매실'을 나타냄. 뒷날 '아무', '어느'의 뜻으로 쓰이게 되면서, 본뜻을 보존하기 위해 만든 자가 '梅(매)'임.
[풀이] ①아무. 아무개. ‖某氏(모씨). ②어느. 어느 것. 어느 일. 어느 곳.
〔某年 모년〕 아무 해. 또는, 어느 해.
〔某某 모모〕 아무아무.
〔某時 모시〕 아무 때.
〔某月 모월〕 아무 달.
〔某日 모일〕 아무 날.
〔某種 모종〕 어떤 종류.
〔某處 모처〕 아무 곳.

5 **柈** 쟁반 **반** | 柈
9

[중]pán(판) [일]ハン/はち [영]tray

*2
5 **柏** 측백나무 **백** | [속]栢 柏
9

一 十 木 朩 朩 朷 柏 柏

[중]bǎi(바이) [일]ハク/かしわ
[영]cypress
[갑]  [자원] **회의 겸 형성자.** 木(나무 목)과 길둥근 잣나무 열매를 나타내는 白(백)이 합쳐진 자. 木은 의미를 나타내고 白은 의미와 음을 겸하여 나타냄.
[풀이] ①측백나무. ②잣나무. ‖柏葉茶(백엽차).
〔柏葉酒 백엽주〕 잣나무의 잎을 담가 우려낸 술.
〔柏子 백자〕 잣나무의 열매. 잣.
◢松柏(송백)/側柏(측백)

*2
5 **柄** 자루 **병** | [통]棅 柄
9

[중]bǐng(빙) [일]ヘイ/え [영]handle
[풀이] ①자루. 손잡이. ‖斗柄(두병). ②근본. ③권세. 권력. ‖權柄(권병).

*
5 **柶** 숟가락 **사** | 柶
9

[중]sì(쓰) [일]シ/さじ [영]spoon
[풀이] ①숟가락. ②윷가락. ‖擲柶(척사).

★*5
5 **查** 조사할 **사** | 查
9

一 十 木 杏 杏 杳 杳 查

[중]chá(°차) [일]サ/しらべる [영]seek out
[자원] **형성자.** 木(목)은 의미를 나타내고 且(차)는 음을 나타냄.
[풀이] ①조사하다. 사실(查實)함. ‖檢查(검사). ②사돈.
〔查頓 사돈〕 혼인한 두 집안 사이에서, 서로 같은 항렬의 사람끼리 부르는 말.
〔查問 사문〕 조사하여 따져 물음.
〔查夫人 사부인〕 안사돈의 존칭.
〔查實 사실〕 사실(事實)을 조사하여 알아봄.
〔查閱 사열〕 부대의 훈련 정도나 사기 등을 열병과 분열을 통해 살핌.
〔查丈 사장〕 항렬이 높은 사돈을 높여 이르는 말.
〔查定 사정〕 조사하여 결정함.
〔查察 사찰〕 조사하여 살핌.
◢監查(감사)/檢查(검사)/考查(고사)/內查(내사)/踏查(답사)/搜查(수사)/實查(실사)/審查(심사)/調查(조사)/探查(탐사)

9 **桒** 桑(상)과 동자 →389쪽

5 **栍** [한]찌 **생** | 栍
9

[풀이] ①찌. 찌지. 표지(標識). ②제비〔籤〕. ‖抽栍(추생). ③장승. ‖長栍(장생).

4획

5 9 **柖** * 나무 흔들릴 **소**

[중]shāo(°사오) [일]ショウ

[풀이] ①나무가 흔들리다. ②과녁.

5 9 **柹** *1 감나무 **시** [속] 柿 柹

[중]shì(°쓰) [일]シ/かき [영]persimmon

[풀이] ①감나무. ②감. 감나무의 열매. ‖ 紅柹(홍시).

〔柹雪 시설〕 곶감 거죽에 생기는 흰 가루.

◢乾柹(건시)/軟柹(연시)/沈柹(침시)/紅柹(홍시)

9 **柿** *1 柹(시)의 속자 →386쪽

5 9 **枲** 모시풀 **시** 枲

[중]xǐ(시) [일]シ/からむし [영]ramie

[풀이] ①모시풀. 줄기의 껍질에서 실을 뽑아 모시를 짬. ②삼.

5 9 **柴** *2 ❶섶 **시***2 [본]**재** ❷울짱 **채** 柴

[중]chái(°차이) [일]サイ/しば

[풀이] ❶①섶. ㉮잎나무·풋나무 등 잡목. ㉯물거리. 땔나무. ‖ 柴奴(시노). ②거칠다. 꾸밈이 없음. ❷울짱. 울타리. 목책(木柵).

〔柴糧 시량〕 땔나무와 양식.

〔柴扉 시비〕 사립문.

〔柴炭 시탄〕 땔나무와 숯. 薪炭(신탄).

5 9 **染** ★*3-Ⅱ 물들일 **염** 染

氵 氵 氿 氿 汍 沈 染 染

[중]rǎn(°란) [일]セン/そめる [영]dye

[전] [자원] **회의자.** 나무〔木〕에서 채취한 여러〔九〕 염료를 물〔水〕에 담가 염색하는 모습을 나타냄.

[풀이] ①물들이다. 염색함. ‖ 染料(염료). ②더럽히다. ③바르다. 색칠함. ④물들다. ㉮염색되다. ㉯감화되어 달라지다.

〔染料 염료〕 천 등에 빛깔을 들이는 물질. 물감.

〔染病 염병〕 ①'장티푸스'의 속칭. ②전염병.

〔染色 염색〕 염료로 피륙 따위에 물을 들임. ↔脫色(탈색).

◢感染(감염)/捺染(날염)/汚染(오염)/傳染(전염)

9 **栄** * 榮(영)의 약자 →400쪽

5 9 **栧** ❶노 **예** ❷도지개 **설** 栧

[중]yì(이), xiè(씨에)

[일]エイ, セツ/かい, ゆだめ

[풀이] ❶①노. ②키. 배의 키. ❷도지개. 활을 바로잡는 틀.

5 9 **柔** ☆*3-Ⅱ 부드러울 **유** 柔

マ マ 予 予 矛 柔 柔 柔

[중]róu(°러우) [일]ジュウ/やわらかい

[영]soft

[자원] **회의 겸 형성자.** 矛(창 모)와 木(나무 목)이 합쳐진 자. 창의 자루로 쓰는 나무는 유연해야 함을 나타냄. 木은 의미를 나타내고 矛는 의미와 음을 겸하여 나타냄.

[풀이] ①부드럽다. 화평하고 순함. ‖ 外柔內剛(외유내강). ②약하다. 여림. ‖ 柔弱(유약). ③사랑하다.

〔柔道 유도〕 두 사람이 맨손으로 서로 맞잡고 넘어뜨리거나 조르거나 눌러 승부를 겨루는 운동.

〔柔順 유순〕 성질이 부드럽고 온순함.

〔柔弱 유약〕 몸이나 마음이 약함.

〔柔軟 유연〕 부드럽고 연함.

〔柔和 유화〕 성질이 부드럽고 온화함.

◢溫柔(온유)/優柔(우유)/懷柔(회유)

5 9 **柚** *1 ❶유자나무 **유***1 ❷바디 **축** 柚

[중]yòu(여우), zhóu(°저우)

[일]ユウ, チク/ゆず, たてまき [영]citron

[풀이] ❶유자나무. ‖ 柚子(유자). ❷바디. 베틀이나 가마니틀 등에 딸린 기구의 한 가지. [통]軸.

5 9 **柞** ❶떡갈나무 **작** ❷벨 **책** 柞

[중]zuò(쭈어), zé(저)

[일]サク/ははそ, きる

[풀이] ❶떡갈나무. 작목(柞木). ❷베다. 초목을 벰.

〔柞蠶 작잠〕 산누에.

5 9 **柊** * 나무 이름 **종**

[중]zhōng(°쭝) [일]シュウ

[풀이] ①나무 이름. ②메. 무엇을 치거나 박을 때 쓰는 물건.

4획

★★3-Ⅱ
5 9 **柱** 기둥 **주**

一 十 木 木' 木' 朩 朩 柱

[중]zhǔ(°쭈) [일]チュウ/はしら [영]pillar
[자원] **형성자.** 木(목)은 의미를 나타내고 主(주)는 음을 나타냄.
[풀이] ①기둥. ‖電柱(전주). ②기러기발. 현악기의 줄 밑에 괴어 줄의 소리를 고르는 데에 쓰는 부속품. ③버티다. 굄.
〔柱聯 주련〕 기둥이나 벽 등에 장식으로 써 붙이는 한시(漢詩)의 연구(聯句).
〔柱石 주석〕 ①기둥과 주춧돌. ②가장 중요한 구실을 하는 사람.
◢四柱(사주)/石柱(석주)/水銀柱(수은주)/圓柱(원주)/電柱(전주)/支柱(지주)/脊柱(척주)/鐵柱(철주)

*1
5 9 **枳** ❶가지 **지***1 ❷탱자나무 **기**1

[중]zhǐ(°즈) [일]シ, キ/えだ, からたち
[풀이] ❶가지. 갈라짐. [통]枝. ❷①탱자나무. ②해치다. 상하게 함.
〔枳殼 기각〕 탱자를 썰어 말린 약재. 위장을 맑게 하고 대변을 순하게 함.

*1
5 9 **栅** 울짱 **책** [통]柵

[중]zhà(°짜) [일]サク/やらい
[풀이] ①울짱. 목책(木柵). ②성채. 작은 성. ③잔교(棧橋).
〔柵門 책문〕 울타리의 문. 사립문.
◢木柵(목책)/城柵(성책)/鐵柵(철책)

*1
9 **柵** 柵(책)과 동자 →387쪽

*
9 **柒** 漆(칠)과 동자 →457쪽 七(칠)의 갖은자 →2쪽

5 9 **柁** 키 **타** [통]舵

[중]tuó(투어) [일]ダ/かじ [영]rudder
[풀이] 키. 배의 방향을 조정하는 장치.

*
5 9 **柝** 열 **탁**

[중]tuò(투어) [일]タク/あける
[풀이] ①열다. 펼침. ②터지다. 갈라짐. ③딱따기. 딱따기를 쳐서 경계함.

*
5 9 **枰** 바둑판 **평**

[중]píng(핑) [일]ヘイ/ごばん
[풀이] ①바둑판. ②쌍륙판. ③의자. 침상(寢牀).

5 9 **枵** 빌 **효**

[중]xiāo(씨아오) [일]キョウ/むなしい
[풀이] [통]虛. 비다. ㉮텅 빈 모양. ㉯굶주리다. ‖枵腹(효복).

*
6 10 **栞** 도표 **간**

[중]kān(칸) [일]カン/しおり
[풀이] 도표(道標). 길의 방향을 알리는 표지.

*2
6 10 **桀** 횃대 **걸**

[중]jié(지에) [일]ケツ
[풀이] ①횃대. 홰. 닭장 따위에 가로질러 놓은 막대기. ②찢다. ③사납다. 거칢. 나쁨.
〔桀紂 걸주〕 중국 하(夏)나라의 걸왕(桀王)과 은(殷)나라의 주왕(紂王). 천하의 폭군의 비유. ↔堯舜(요순).

★★5
6 10 **格** ❶바로잡을 **격**★★5 ❷가지 **각**

† 木 木' 杪 柊 柊 格 格

[중]gé(거) [일]カク, コウ/ただす
[자원] **형성자.** 木(목)은 의미를 나타내고 各(각)은 음을 나타냄.
[풀이] ❶①바로잡다. 바룸. ‖格心(격심). ②겨루다. 대적함. ‖格鬪(격투). ③이르다. 다다름. ④법. 법칙. 표준. ‖格式(격식). ⑤자품. 인품. ‖人格(인격). ⑥격. 문법 용어. ‖主格(주격). ❷가지. 나뭇가지.
〔格納庫 격납고〕 비행기 따위를 넣거나 정비하는 건물.
〔格物致知 격물치지〕 사물의 이치를 연구하여 온전한 지식에 다다름.
〔格式 격식〕 격에 어울리는 법식.
〔格言 격언〕 사리에 맞아 교훈이 될 만한 짧은 말. 金言(금언).
〔格子 격자〕 ①갓끈에 꿰는 구슬. ②나무오리나 대오리 등으로 가로세로를 일정한 간격으로 직각이 되게 짠 물건. 또는, 그런 형식. ‖格子窓(격자창).
〔格調 격조〕 ①문예 작품에서, 격식과 운치에 어울리는 가락. ②사람의 품격과 취향.
〔格鬪 격투〕 서로 맞붙어 싸움.
〔格下 격하〕 자격·등급·지위 등의 격을 낮춤.
◢價格(가격)/缺格(결격)/骨格(골격)/規格(규격)/同格(동격)/本格(본격)/性格(성격)/昇格(승격)/神格(신격)/失格

4획

(실격)/嚴格(엄격)/人格(인격)/資格(자격)/適格(적격)/體格(체격)/破格(파격)/品格(품격)/風格(풍격)/合格(합격)

★✱3-Ⅱ
6 10 **桂** 계수나무 **계** 桂

丨 木 木一 木十 木土 木圭 桂 桂

[중]guì(꾸에이) [일]ケイ/かつら [영]cinnamon

[자원] **형성자.** 木(목)은 의미를 나타내고 圭(규)는 음을 나타냄.

[풀이] ①계수나무. ‖桂皮(계피). ②월계수. ‖桂冠(계관). ③성. ④달.

〔桂冠 계관〕 ①고대 그리스에서 월계수로 만들어 경기 우승자에게 씌워 주던 관. ②우승의 영예의 비유. 月桂冠(월계관).

〔桂冠詩人 계관 시인〕 《고대 그리스에서 훌륭한 시인에게 월계관을 준 데서》 영국에서 국왕으로부터 임명되어 왕실의 경조(慶弔)에 공적인 시를 짓는 것을 의무로 한 시인.

〔桂樹 계수〕 계수나무.

〔桂月 계월〕 ①《'계수나무가 있는 달'이라는 뜻으로》 '달'의 이칭. ②음력 8월의 이칭.

〔桂皮 계피〕 ①계피나무 줄기의 껍질을 말린 것. ②육계나무 뿌리의 껍질을 말린 것.

4획

6 10 **栱** 두공 **공** 栱

[중]gǒng(궁) [일]キョウ/ますがた

[풀이] ①두공(枓栱). 목조 건물의 기둥머리를 장식하기 위하여 짜 올린 구조. ②말뚝.

◢枓栱(두공)

6 10 **栝** [1]노송나무 **괄** [2]땔나무 **첨** 栝

[중]kuò(쿠어), guā(꾸아) [일]カツ, テン

[풀이] [1]①노송나무. 일설에는 전나무. [통]檜. ②하늘타리. ‖栝樓(괄루). ③도지개. 활이나 휜 물건을 바로잡는 틀. [2]땔나무.

6 10 **框** 문테 **광** 框

[중]kuàng(쿠앙) [일]キョウ/かまち

[풀이] ①문테. ②관문.

✱
6 10 **桄** 광랑나무 **광** 桄

[중]guāng(꾸앙) [일]コウ/くろつげ

[풀이] ①광랑나무. ②사다리의 가로대.

☆✱8
6 10 **校** 학교 **교** 校

丨 木 木丶 木亠 木六 木交 校 校

[중]xiào(씨아오), jiào(찌아오) [일]コウ/まなびや [영]school

[자원] **형성자.** 木(목)은 의미를 나타내고 交(교)는 음을 나타냄.

[풀이] ①학교. ‖校長(교장). ②짐작하다. 생각함. ‖校本(교본). ③짐승을 잡기 위하여 나무로 얽은 우리. ④교정하다. ‖校書(교서). ⑤군대의 지휘관. ‖將校(장교).

〔校歌 교가〕 학교를 상징하는 노래.

〔校了 교료〕 인쇄물의 교정이 끝남.

〔校門 교문〕 학교의 정문.

〔校舍 교사〕 학교의 건물.

〔校閱 교열〕 원고나 문서에서 잘못된 글자나 내용을 바로잡음.

〔校友 교우〕 ①같은 학교에서 배우는 벗. 學友(학우). ②같은 학교의 직원·재학생·졸업생의 총칭.

〔校長 교장〕 초등학교·중학교·고등학교 등에서 교무를 처리하고 소속 직원을 총감독하는 사람.

〔校正 교정〕 인쇄물을 원고와 대조하여 잘못을 고침. 校準(교준).

〔校訂 교정〕 출판물의 잘못된 글자나 글귀를 바르게 고침.

〔校庭 교정〕 학교의 마당.

〔校誌 교지〕 학생들이 교내에서 편집·발행하는 잡지.

〔校則 교칙〕 학교의 규칙. 學則(학칙).

〔校風 교풍〕 각 학교 특유의 기풍.

〔校訓 교훈〕 학교의 교육 이념을 간명하게 나타낸 표어.

◢開校(개교)/登校(등교)/母校(모교)/本校(본교)/分校(분교)/入校(입교)/將校(장교)/全校(전교)/廢校(폐교)/下校(하교)/學校(학교)/休校(휴교)

☆✱6
6 10 **根** 뿌리 **근** 根

丨 木 木乛 木ヨ 木ヨ 根 根 根

[중]gēn(껀) [일]コン/ね [영]root

[자원] **형성자.** 木(목)은 의미를 나타내고 艮(간)은 음을 나타냄.

[풀이] ①뿌리. ㉮초목의 뿌리. ㉯사물의 밑부분. ㉰사물의 본원(本原). ‖根源(근원). ②생식기. ‖男根(남근).

〔根幹 근간〕 ①뿌리와 줄기. 根莖(근경). ②사물의 바탕이나 중심이 되는 부분. ↔枝葉(지엽).

〔根據 근거〕 ①근본이 되는 거점. ②어떤 일이나 의논, 의견에 그 근본이 됨. 또는, 그런 까닭.

〔根莖 근경〕 뿌리와 같이 생긴 줄기. 뿌리줄기.

〔根本 근본〕 ①초목의 뿌리. ②사물의 본질이나 본바탕.
〔根性 근성〕 ①사람의 타고난 성질. ②뿌리가 깊게 박힌 성질.
〔根源 근원〕 ①물줄기가 나오기 시작하는 곳. ②사물이 비롯되는 본바탕.
〔根底 근저〕 사물의 밑바탕. 根柢(근저).
〔根絶 근절〕 뿌리째 없애 버림.
〔根治 근치〕 병을 근본적으로 고침.
◢球根(구근)/男根(남근)/毛根(모근)/無根(무근)/蓮根(연근)/着根(착근)/採根(채근)/禍根(화근)

6 10 桔* 도라지 길 본결 | 桔

중jié(지에) 일ケツ/ききょう
풀이 ①도라지. ‖桔梗(길경). ②두레박틀. ③높고 험한 모양. ‖桔桀(길걸).
〔桔梗 길경〕 도라지.

6 10 桃★*3-Ⅱ 복숭아나무 도 | 桃

| 十 木 札 札 杉 杉 桃 桃 |

중táo(타오) 일トウ/もも
자원 **형성자.** 木(목)은 의미를 나타내고 兆(조)는 음을 나타냄.
풀이 복숭아나무. ‖桃李(도리).
〔桃色 도색〕 ①익은 복숭아와 같은 빛깔. 곧, 연분홍빛. ②남녀 사이에 얽힌 색정적인 일.
〔桃源 도원〕 선경(仙境). 별천지. '무릉도원(武陵桃源)'의 준말.
〔桃園結義 도원결의〕 《중국 촉나라의 유비·관우·장비가 도원에서 결의형제한 고사에서》 의형제를 맺음.
〔桃仁 도인〕 복숭아씨.
〔桃花 도화〕 복숭아꽃.
◢白桃(백도)/櫻桃(앵도)/胡桃(호도)/黃桃(황도)

6 10 桐*2 오동나무 동 | 桐

| 十 木 札 桐 桐 桐 桐 桐 |

중tóng(퉁) 일ドウ/きり
자원 **형성자.** 木(목)은 의미를 나타내고 同(동)은 음을 나타냄.
풀이 오동나무.
〔桐油 동유〕 유동(油桐)의 씨에서 짜낸 기름.
◢梧桐(오동)

6 10 栗★*3-Ⅱ 밤나무 률 | 栗

| 一 丙 襾 襾 覀 覀 栗 栗 |

중lì(리) 일リツ/くり 영chestnut
갑 금 전 자원 **상형자.** 가시 있는 열매가 달린 밤나무를 나타낸 자.
풀이 ①밤나무. 밤. ‖生栗(생률). ②단단하다. ③떨다. 무섭거나 추워서 떪. ‖戰栗(전율). ④엄하다.
〔栗烈 율렬〕 추위가 매서움.
◢生栗(생률)/棗栗(조율)/黃栗(황률)

10 栢* 柏(백)의 속자 →385쪽

6 10 桑★*3-Ⅱ 뽕나무 상 | 동 桒 | 桑

| フ ヌ 叒 叒 叒 桑 桑 桑 |

중sāng(쌍) 일ソウ/くわ 영mulberry
갑 전 자원 **회의자.** 갑골문은 뽕나무의 모습을 본뜬 상형자이나 소전은 木(목)과 뽕나무 잎을 나타낸 叒(약)이 합쳐진 회의자임.
풀이 뽕나무. ‖桑田碧海(상전벽해).
〔桑葉 상엽〕 뽕나무 잎.
〔桑梓 상자〕 《뽕나무와 가래나무를 심어 자손들에게 양잠과 기구 만들기에 힘쓰게 하였다는 데서》 조상의 무덤이 있는 고향이나 고향의 집.
〔桑田碧海 상전벽해〕 《뽕나무 밭이 변하여 푸른 바다가 된다는 뜻으로》 세상 일의 변천이 심함. 碧海桑田(벽해상전).

6 10 栖* 깃들일 서 | 栖

중qī(치) 일セイ/すむ
풀이 ①깃들이다. 새가 깃들여 삶. 같棲. ‖栖息(서식). ②깃. 보금자리. 집.

6 10 栒* ❶가로대 순 ❷나무 이름 순

중sǔn(순), xún(쉰) 일シュン
풀이 ❶가로대. 종과 경쇠를 매다는 가로대. ❷①나무 이름. ②고을 이름.

6 10 栻* 점치는 기구 식 | 栻

중shì(°쓰) 일チョク
풀이 ①점치는 기구. ②나무 이름.

6 10 案☆*5 책상 안 | 동 桉 | 案

| 宀 宀 安 安 安 案 案 案 |

중àn(안) 일アン/つくえ 영desk
자원 **형성자.** 木(목)은 의미를 나타내고 安(안)은 음을 나타냄.

4획

풀이 ①책상. ‖書案(서안). ②생각하다. 상고함. ‖考案(고안). ③안. ㉮생각한 계획. ‖代案(대안). ㉯안건(案件). ④ 인도하다.
〔案件 안건〕 조사하거나 논의할 사항.
〔案机 안궤〕 책상.
〔案內 안내〕 ①내용을 소개하여 알려 줌. ②사람을 가고자 하는 곳까지 데려다 줌.
〔案頭 안두〕 책상머리.
〔案席 안석〕 앉아서 몸을 기대는 방석.
〔案出 안출〕 연구하여 냄.
◢勘案(감안)/檢案(검안)/考案(고안)/起案(기안)/斷案(단안)/答案(답안)/代案(대안)/圖案(도안)/妙案(묘안)/文案(문안)/方案(방안)/飜案(번안)/法案(법안)/腹案(복안)/事案(사안)/試案(시안)/新案(신안)/原案(원안)/議案(의안)/立案(입안)/提案(제안)/創案(창안)/草案(초안)/懸案(현안)

10 **桉** 案(안)과 동자 →389쪽

*
6
10 **栯** 산앵두 **욱*** **유**

㊥yǒu(여우) ㊐イク

10 **栈** 棧(잔)의 약자 →395쪽

☆*3-Ⅱ
6
10 **栽** 심을 **재**

一 十 土 圭 耒 栽 栽 栽

㊥zāi(짜이) ㊐サイ/うえる ㊢plant
자원 **형성자.** 木(목)은 의미를 나타내고 𢦏(재)는 음을 나타냄.
풀이 ①심다. 가꿈. ‖栽培(재배). ②묘목(苗木). ‖盆栽(분재).
〔栽培 재배〕 초목을 심어 가꿈.
◢盆栽(분재)

*1
6
10 **栓** 나무못 **전**

㊥shuān(°쑤안) ㊐セン/せん
풀이 나무못.
◢給水栓(급수전)/消火栓(소화전)/血栓(혈전)

6
10 **栴** 단향목 **전**

㊥zhān(°짠) ㊐セン/せんだん
풀이 단향목.
〔栴檀 전단〕 자단(紫檀)·백단(白檀) 등 향나무의 총칭. 檀香木(단향목).

★*3-Ⅱ
6
10 **株** 그루 **주**

十 木 木 朩 朩 栣 株 株

㊥zhū(°쭈) ㊐シュ/かぶ ㊢stock
자원 **형성자.** 木(목)은 의미를 나타내고 朱(주)는 음을 나타냄.
풀이 ①그루. ②나무 수를 세는 말. ③주식(株式). ‖株主(주주).
〔株價 주가〕 주식이나 주권(株券)의 가격.
〔株券 주권〕 회사의 주식을 소유하고 있음을 증명하는 유가 증권.
〔株金 주금〕 주식에 대한 출자금.
〔株式 주식〕 주식회사의 자본을 구성하는 단위.
〔株主 주주〕 주식을 가지고 있는 사람.
◢公募株(공모주)/上場株(상장주)/守株(수주)/新株(신주)/優良株(우량주)/有望株(유망주)

*1
6
10 **桎** 차꼬 **질**

㊥zhì(°쯔) ㊐シツ/あしかせ ㊢fetters
풀이 ①차꼬. 족쇄. ‖桎梏(질곡). ②차꼬를 채우다. 자유를 속박함.
〔桎梏 질곡〕 ①차꼬와 수갑. ②자유를 속박하는 일.

10 **桌** 卓(탁)의 고자 →103쪽

★*4
6
10 **核** 씨 **핵**

十 木 木 朩 朩 杧 核 核

㊥hé(허) ㊐カク/さね ㊢kernel
자원 **형성자.** 木(목)은 의미를 나타내고 亥(해)는 음을 나타냄.
풀이 ①씨. 씨가 있는 과일. ‖核果(핵과). ②사물의 중심. ‖核心(핵심). ③세포핵. 원자핵. ‖核武器(핵무기). ④뿌리. 초목의 뿌리.
〔核果 핵과〕 씨가 단단한 핵으로 싸여 있는 열매. 살구·복숭아 따위.
〔核武器 핵무기〕 핵에너지를 이용한 무기.
〔核心 핵심〕 사물의 중심이 되는 부분.
◢結核(결핵)/細胞核(세포핵)/原子核(원자핵)/陰核(음핵)

*
6
10 **桁** ❶도리 **형** ❷차꼬 **항***

㊥héng(헝), háng(항) ㊐コウ/けた ㊢beam
풀이 ❶도리. 서까래를 받치기 위해 기둥과 기둥 위에 걸쳐 놓는 나무. ❷①

차꼬. 가쇄(枷鎖). ②횃대. 옷걸이.

*2
6 10 **桓** 굳셀 **환** | 桓

(중)huán(후안) (일)カン/たけしい
(영)manly

풀이 ①굳세다. 위엄이 있음. ②머뭇거리다. ‖盤桓(반환). ③무환자나무.

*
11 **桿** 杆(간)의 속자 →379쪽

*1
7 11 **梗** 대개 **경** | 梗

(중)gěng(겅) (일)キョウ, コウ/おおむね
(영)generally

풀이 ①대개. 대강. ‖梗概(경개). ②가시나무. ③느릅나무. ④굳세다. 강함. (통)剛. ‖剛梗(강경). ⑤곧다. 정직함. ⑥막히다. 통하지 않음. ‖梗塞(경색).

〔梗概 경개〕 대강의 줄거리. 概要(개요).

〔梗塞 경색〕 ①소통되지 못하고 막힘. ②혈관을 막는 일.

〔梗直 경직〕 참되고 곧음. 勁直(경직).

★*3-Ⅱ
7 11 **械** 형틀 **계** | 械

(중)xiè(씨에) (일)カイ/かせ

자원 **형성자.** 木(목)은 의미를 나타내고 戒(계)는 음을 나타냄.

풀이 ①형틀. 수갑·차꼬·칼 따위. ②기구. 도구. ‖器械(기계). ③병장기. 무기. ④틀. ‖機械(기계).

◢器械(기계)/機械(기계)

*1
7 11 **梏** 쇠고랑 **곡** | 梏

(중)gù(꾸) (일)コク/てかせ (영)fetters

풀이 ①쇠고랑. 수갑. ‖桎梏(질곡). ②묶다. 붙잡음.

◢桎梏(질곡)

*
7 11 **梱** 문지방 **곤** | 梱

(중)kǔn(쿤) (일)コン/しきい (영)doorsill

풀이 문지방. (같)閫.

*
7 11 **梡** 도마 **관·완**

(중)kuǎn(쿠안) (일)カン
(영)chopping board

풀이 ①도마. ②땔나무.

★*3-Ⅱ
7 11 **梁** 들보 **량** | 梁

(중)liáng(리앙) (일)リョウ/うつばり
(영)beam

금 전 자원 **회의 겸 형성자.** 水(수)와 刅(창)과 木(목)이 합쳐진 자로, 나무를 잘라 물 위에 걸쳐 놓은 모습을 나타내어 '다리'를 뜻함. 水와 木은 의미를 나타내고 刅은 의미와 음을 겸하여 나타냄.

풀이 ①들보. ‖棟梁(동량). ②징검다리. 교량(橋梁). ③어량(魚梁).

〔梁上君子 양상군자〕《후한(後漢)의 진식(陳寔)이 들보 위에 숨어 있는 도둑을 가리켜 한 말에서》 도둑을 듣기 좋게 이르는 말.

◢橋梁(교량)/棟梁(동량)

7 11 **梠** 평고대 **려** | 梠

(중)lǚ(뤼) (일)リョ/ひさし

풀이 평고대. 처마 끝에 가로로 놓은 나무.

★*3
7 11 **梨** 배나무 **리** | 梨

(중)lí(리) (일)リ/なし (영)pear

자원 **형성자.** 木(목)은 의미를 나타내고 利(리)는 음을 나타냄.

풀이 배나무. 배. ‖梨花(이화).

〔梨園 이원〕《당(唐)나라 현종(玄宗)이 자제와 궁녀 수백 명을 뽑아 대궐 안에 있던 이원에서 속악(俗樂)을 배우게 했던 고사에서》 연예계, 극단, 배우들의 사회.

〔梨花 이화〕 배꽃.

★*3-Ⅱ
7 11 **梅** 매화나무 **매** | 梅

(중)méi(메이) (일)バイ/うめ

자원 **형성자.** 木(목)은 의미를 나타내고 每(매)는 음을 나타냄.

풀이 ①매화나무. ‖梅實(매실). ②절후 이름. 매실이 익을 무렵인 장마철.

〔梅實 매실〕 매실나무의 열매.

〔梅雨 매우〕《'매실나무 열매가 익을 무렵에 내리는 비'라는 뜻으로》 6월부터 7월 중순에 걸쳐 드는 장마. 梅霖(매림).

〔梅香 매향〕 매화의 향기.

〔梅花 매화〕 ①매실나무. ②매화꽃.

◢白梅(백매)/雪中梅(설중매)/松竹梅(송죽매)/靑梅(청매)

*
7
11 **梶** 우듬지 **미**

[중]wěi(웨이) [일]ミ/こずえ [영]treetop
[풀이] 우듬지. 나무의 꼭대기 줄기.

*1
7
11 **梵** 범어 **범**

[중]fàn(°판) [일]ボン [영]Sanskrit
[풀이] ①범어(梵語). 범어 brahmā의 음역(音譯). ‖梵文(범문). ②천축(天竺)이나 불교에 관한 것. ‖梵閣(범각).
〔梵閣 범각〕 절이나 불당.
〔梵僧 범승〕 불법을 지키는 깨끗한 중.
〔梵語 범어〕 고대 인도의 말. 산스크리트 어(Sanskrit語).
〔梵字 범자〕 고대 인도의 문자.
〔梵殿 범전〕 부처를 모셔 놓은 대청이나 집. 佛堂(불당).
〔梵鐘 범종〕 절에서 치는 종.
〔梵唄 범패〕 부처의 공덕을 찬양하는 노래.
〔梵學 범학〕 불경에 관한 학문. 佛學(불학).

4획

7
11 **桴** 마룻대 **부**

[중]fú(°푸) [일]フ/むなぎ [영]ridgepole
[풀이] ①마룻대. 집의 용마루 밑에 서까래가 걸리게 되는 도리. ②북채. ③뗏목. 떼.

*
7
11 **梭** 북 **사**

[중]suō(쑤어) [일]サ/ひ
[풀이] 북. 방추(紡錘).

*1
7
11 **梳** 빗 **소**

[중]shū(°쑤) [일]ソ/くし [영]comb
[풀이] 빗. 얼레빗.
〔梳洗 소세〕 머리를 빗고 얼굴을 씻음.

*2
7
11 **梧** 오동나무 **오**

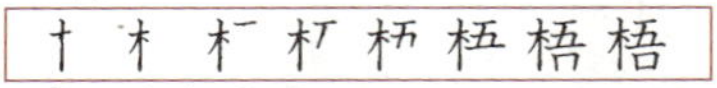

[중]wú(우) [일]ゴ/あおぎり
[자원] **형성자.** 木(목)은 의미를 나타내고 吾(오)는 음을 나타냄.
[풀이] 오동나무.
〔梧桐 오동〕 오동나무.
〔梧月 오월〕 음력 7월. 梧秋(오추).

*
7
11 **梓** 가래나무 **재** [본]**자**

[중]zǐ(즈) [일]シ/あずさ
[풀이] ①가래나무. ‖梓宮(자궁). ②목수. 목공. ‖梓人(자인). ③판목(版木). ‖上梓(상재). ④고향. ‖梓里(재리). ⑤관(棺).
〔梓宮 자'궁〕 《가래나무로 만든 데서》 임금의 관(棺).
〔梓人 자인〕 목수의 우두머리.
◩上梓(상재)

7
11 **梲** ❶쪼구미 **절** ❷지팡이 **탈**

[중]zhuō(°쭈어), tuō(투어)
[일]ゼツ, タツ/うだち
[풀이] ❶쪼구미. ❷지팡이.

*
7
11 **梃** 지팡이 **정**

[중]tǐng(팅) [일]テイ, ジョウ/つえ
[풀이] ①지팡이. 막대기. ②대. 곧은 막대기나 줄기를 세는 단위.

*
7
11 **桯** 탁자 **정**

[중]tīng(팅) [일]テイ

*1
7
11 **梯** 사다리 **제**

[중]tī(티) [일]テイ/はしご [영]ladder
[풀이] ①사다리. ‖梯階(제계). ②실마리. 진행의 차례.
〔梯階 제계〕 ①사다리. ②일이 잘되거나 벼슬이 올라가는 차례. 階梯(계제).
〔梯田 제전〕 비탈에 사다리처럼 층층이 일군 논밭.
〔梯形 제형〕 '사다리꼴'의 구용어.
◩階梯(계제)

**4
7
11 **條** 가지 **조** [속][간] 条

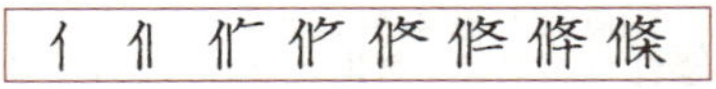

[중]tiáo(티아오) [일]ジョウ/えだ
[영]branch
[자원] **형성자.** 木(목)은 의미를 나타내고 攸(유)는 음을 나타냄.
[풀이] ①가지. 나뭇가지. 곁가지. ②통하다. 다다름. ③조리. 맥락. ④조리를 세우다. ⑤조목. 대문(大文).
〔條件 조건〕 일을 이루는 데 갖추어야 할 사항.
〔條例 조례〕 ①조목별로 쓴 규칙. ②지방 자치 단체가 자주적으로 만든 법.
〔條理 조리〕 일·행동·말에서 앞뒤가 맞고 이치가 통하는 것.
〔條目 조목〕 법률·규정 등의 하나하나의 항목.

〔條文 조문〕 하나하나 따진 조목을 적은 글.
〔條約 조약〕 ①조문으로서 약속하는 일. ②문서에 의한 국가 간의 합의.
〔條項 조항〕 법률·규정 등의 각 항목.
◢個條(개조)/教條(교조)/金科玉條(금과옥조)/信條(신조)/十一條(십일조)/約條(약조)/逐條(축조)

7 11 * **梴** 처마 **진**

[중]zhēn(°쩐) [일]シン [영]eaves
[풀이] ①처마. ②대청.

7 11 *1 **梢** 우듬지 **초** [본]**소**

[중]shāo(°싸오) [일]ショウ/こずえ
[풀이] ①우듬지. 나뭇가지의 끝. ②끝. 말단. ‖末梢(말초).
〔梢頭 초두〕 나뭇가지의 끝.
◢末梢(말초)

7 11 * **梔** 치자나무 **치**

[중]zhī(°쯔) [일]シ/くちなし [영]gardenia
[풀이] 치자나무.
〔梔子 치자〕 치자나무의 열매.

7 11 *1 **桶** ❶통 **통** *1 ❷되 **용**

[중]tǒng(퉁)
[일]トウ, ツウ, ヨウ/おけ, ます [영]tub
[풀이] ❶통. ❷되.
◢鐵桶(철통)/休紙桶(휴지통)

7 11 * **梟** 올빼미 **효** [간]枭

[중]xiāo(씨아오) [일]キョウ/ふくろう
[영]owl
[풀이] ①올빼미. ‖梟鴟(효시). ②사납고 용맹스럽다. 날래다. ‖梟猛(효맹). ③목을 베어 매달다. ‖梟首(효수).
〔梟猛 효맹〕 날래고 사나움.
〔梟首 효수〕 죄인의 목을 베어 높은 곳에 매다는 형벌.
〔梟示 효시〕 효수(梟首)하여 경계하는 뜻으로 뭇사람에게 보임.
〔梟雄 효웅〕 사납고 용맹스러운 영웅.

12 **検** 檢(검)의 약자 →405쪽

8 12 * **棨** 창 **계**

[중]qǐ(치) [일]ケイ/はたぼこ
[풀이] 창(槍).

12 **椁** 槨(곽)과 동자 →401쪽

8 12 *1 **棺** 널 **관**

[중]guān(꾸안) [일]カン/ひつぎ [영]coffin
[풀이] 널. ‖入棺(입관).
〔棺槨 관곽〕 시체를 넣는 속 널과 겉 널.
〔棺柩 관구〕 관(棺).
◢木棺(목관)/石棺(석관)/甕棺(옹관)/入棺(입관)/出棺(출관)/下棺(하관)

8 12 **棬** 나무그릇 **권**

[중]quān(취엔) [일]ケン/まげもの
[풀이] 나무그릇.

8 12 *1 **棘** 가시나무 **극**

[중]jí(지) [일]キョク/いばら [영]thorn
[풀이] ①가시나무. ‖荊棘(형극). ②가시.
〔棘人 극인〕 부모의 상(喪)을 입은 사람의 자칭.
〔棘皮動物 극피동물〕 석회질의 가시가 돋힌 동물. 성게·불가사리 따위.
◢荊棘(형극)

8 12 *2 **棋** 바둑 **기** [통]棊碁

[중]qí(치) [일]キ/ご [영]go
[자원] **형성자.** 木(목)은 의미를 나타내고 其(기)는 음을 나타냄.
[풀이] ①바둑. 바둑돌. ‖棋局(기국). ②장기. 장기쪽. ‖將棋(장기).
〔棋局 기국〕 ①바둑판 또는 장기판. 棋盤(기반). ②바둑이나 장기의 국면.
〔棋譜 기보〕 바둑 두는 법을 적은 책.
〔棋士 기사〕 바둑이나 장기를 전문적·직업적으로 두는 사람.
〔棋院 기원〕 ①바둑 두는 사람에게 장소와 시설을 빌려 주고 돈을 받는 곳. ②바둑을 즐기는 사람들이 조직하는 단체.
◢復棋(복기)/將棋(장기)

12 **棊** 棋(기)와 동자 →393쪽

8 12 ★*3 **棄** 버릴 **기** [간]弃

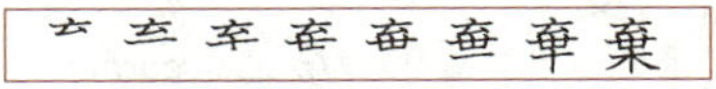

[중]qì(치) [일]キ/すてる [영]abandon

4획

[갑]  [금]  [전]  [자원] **회의자.** 갑골문의 윗부분은 피 흘리는 아기를 나타내고(금문 이후는 아기가 거꾸로 되어 있음) 가운데 부분은 삼태기를 나타내며 아랫부분은 두 손을 나타내어, 아기를 죽여 삼태기에 담아 버리는 모습을 나타냄. 본뜻은 '버리다'.
[풀이] 버리다. 내버림. ‖ 棄兒(기아).
〔棄却 기각〕 ①물품을 내버림. ②법원이 소송 당사자의 신청을 이유 없다고 무효를 선고함.
〔棄權 기권〕 권리를 포기함.
〔棄世 기세〕 ①(세상을 버린다는 뜻으로) 웃어른이 세상을 떠남. 別世(별세). ②속세를 초탈함.
〔棄兒 기아〕 남몰래 아이를 내다 버림. 또는, 그 아이.
〔棄人 기인〕 상도(常道)에서 벗어나 버림받은 사람.
◢放棄(방기)/遺棄(유기)/自暴自棄(자포자기)/唾棄(타기)/破棄(파기)/廢棄(폐기)/抛棄(포기)

4획

8 12 棠 *1 아가위나무 **당** 棠
[중]táng(탕) [일]トウ/やまなし
[풀이] ①아가위나무. 아가위. ‖ 棠毬子(당구자). ②팥배.
〔棠梨 당리〕 팥배나무의 열매. 팥배.

8 12 棹 * 노 **도** 棹
[중]zhào(°짜오) [일]トウ/かい [영]oar
[풀이] 노. 키. [같]櫂.
〔棹歌 도가〕 뱃사공이 노를 저으면서 부르는 뱃노래.

8 12 棟 *2 용마루 **동** [간]栋 棟
[중]dòng(뚱) [일]トウ/むね
[자원] **형성자.** 木(목)은 의미를 나타내고 東(동)은 음을 나타냄.
[풀이] ①용마루. ②마룻대. ‖ 棟梁(동량). ③채. ㉮집을 세는 단위. ㉯집. 건물. ‖ 病棟(병동).
〔棟梁 동량〕 ①기둥과 들보. ② ➡棟梁之材(동량지재).
〔棟梁之材 동량지재〕 한 집안이나 한 나라를 떠받치는 중대한 일을 맡을 만한 인재. 棟梁(동량).
◢病棟(병동)

8 12 棱 모 **릉** 棱
[중]léng(렁) [일]リョウ/かど [영]corner
[풀이] 모. 모서리.

8 12 棽 * [1]무성할 **림** [2]뒤덮일 **침**
[중]lín(린), chēn(°천) [일]リン, チン
[풀이] [1]무성하다. [2]뒤덮이다.

8 12 棉 *1 목화 **면** 棉
[중]mián(미엔) [일]メン/わた [영]cotton
[풀이] 목화.
〔棉作 면작〕 목화 농사.
〔棉花 면화〕 아욱과의 한해살이풀. 木花(목화). 木棉(목면).
◢木棉(목면)

8 12 椧 * [한]홈통 **명**

12 棅 * 柄(병)과 동자 →385쪽

8 12 棒 *1 몽둥이 **봉** [본]**방** 棒
[중]bàng(빵) [일]ボウ/ぼう [영]bar
[풀이] ①몽둥이. 막대기. ‖ 棒術(봉술). ②치다. 몽둥이로 때림.
〔棒鋼 봉강〕 강철 덩어리를 압연하여 막대 모양으로 만든 제품.
〔棒高跳 봉고도〕 장대높이뛰기.
◢棍棒(곤봉)/鐵棒(철봉)

8 12 棚 *1 시렁 **붕** 棚
[중]péng(평) [일]ホウ/たな [영]shelf
[풀이] ①시렁. 선반. ‖ 書棚(서붕). ②잔교(棧橋). ③누각(樓閣).
◢大陸棚(대륙붕)/陸棚(육붕)

8 12 椑 [1]술통 **비** [2]감나무 **비** [3]널 **벽** 椑
[중]bēi(뻬이), pí(피)
[일]ヘイ, ヘキ/たる, ひつぎ
[풀이] [1] ①술통. 둥근 술통. ②술잔. [2]감나무. [3]널. 관(棺).

8 12 棐 * 도울 **비**
[중]fěi(°페이) [일]ヒ/たすく [영]assist
[풀이] ①돕다. ②비자나무. ③도지개.

8 12 森 *3-Ⅱ 나무 빽빽할 **삼** 森
一 十 オ 木 木 森 森 森

[중]sēn(썬) [일]シン/もり [영]forest
[갑] [전] [자원] **회의자.** 木(나무 목)이 세 개 합쳐져 나무가 빽빽하게 우거진 삼림을 나타냄.
[풀이] ①나무가 빽빽하다. ‖森林(삼림). ②무성한 모양. ③엄숙하다. ‖森嚴(삼엄).
〔森羅萬象 삼라만상〕 우주에 있는 온갖 사물과 현상. 萬物(만물).
〔森列 삼렬〕 촘촘하게 늘어서 있음.
〔森林 삼림〕 나무가 많이 우거진 숲.
〔森嚴 삼엄〕 무서우리만큼 질서가 바로 서고 엄숙함.

*1
8 12 **棲** 살 **서** [동]捿 [간]栖 棲

[중]qī(치) [일]セイ/すむ [영]roost
[풀이] ①살다. 깃들이다. ‖棲息(서식). ②사람이 살다. ‖隱棲(은서).
〔棲息 서식〕 동물이 어떤 곳에서 깃들여 삶. 棲宿(서숙).
◢同棲(동서)/兩棲(양서)

☆*7
8 12 **植** 심을 **식** [간]植 植

十 木 杧 杧 柿 柿 植 植

[중]zhí(°즈) [일]ショク/うえる [영]plant
[자원] **회의 겸 형성자.** 木(나무 목)과 直(곧을 직)이 합쳐진 자로, 나무의 모종은 똑바로 세워서 심어야 함을 나타냄. 木은 의미를 나타내고 直은 의미와 음을 겸하여 나타냄.
[풀이] ①심다. ‖植木(식목). ②일정한 곳에 근거를 두게 하다. ‖植民(식민). ③초목의 총칭. ‖植物(식물).
〔植木 식목〕 나무를 심음. 또는, 그 나무. 植樹(식수).
〔植物 식물〕 생물의 2대 구분의 하나. 빛·물·흙에서 영양을 공급 받아 자라는 것. ↔動物(동물).
〔植民 식민〕 본국과 정치적 종속 관계에 있는 지역에 자국민을 이주시켜 경제적으로 개척하여 활동하는 일. 또는, 그 이주민. 殖民(식민).
〔植樹 식수〕 나무를 심음. 또는, 심은 나무.
〔植字 식자〕 활판 인쇄에서, 활자를 원고대로 짜 맞추는 일. 組版(조판).
◢密植(밀식)/誤植(오식)/移植(이식)

*
8 12 **椀** 주발 **완** 椀

[중]wǎn(완) [일]ワン/はち
[풀이] 주발. 바리.

*1
8 12 **椅** ❶의나무 **의** ❷걸상 **의** 椅

[중]yī, yǐ(이) [일]イ/いいぎり [영]chair
[풀이] ❶의나무. 이나무. 이나뭇과의 낙엽 교목. ❷걸상. 의자.
〔椅子 의자〕 뒤에 등받이가 있는 걸상. 交椅(교의).

*1
8 12 **棧** 잔도 **잔** [약]桟 [간]栈 棧

[중]zhàn(°짠) [일]サン/かけはし
[풀이] ①잔도. 험한 벼랑에 선반을 매듯 낸 길. ②비계(飛階). 선반. ‖棧橋(잔교).
〔棧橋 잔교〕 ①절벽과 절벽 사이에 높이 걸쳐 놓은 다리. ②배를 부두에 댈 수 있게 물가에 만들어 놓은 구조물.
〔棧道 잔도〕 험한 벼랑 같은 곳에 널빤지를 늘어놓아 선반처럼 만든 길.
〔棧板 잔판〕 질그릇을 굽기 위해 담아 나르는 널빤지.

4획

8 12 **椄** 접붙일 **접** 椄

[중]jiē(찌에) [일]ショウ, セツ/つぎき
[풀이] ①접붙이다. ②형틀. 형구(刑具).
〔椄木 접목〕 나무에 접붙임. 또는, 그 나무. 接木(접목).
〔椄本 접본〕 접붙일 때 바탕이 되는 나무. 臺木(대목).
〔椄枝 접지〕 나무를 접붙일 때 접본에 꽂는 나뭇가지.

8 12 **棖** 문설주 **정** [간]枨 棖

[중]chéng(°청) [일]トウ/ぼうだて [영]gatepost
[풀이] ①문설주. ②닿다. 부딪침.

*1
8 12 **棗** 대추나무 **조** [간]枣 棗

[중]zǎo(자오) [일]ソウ/なつめ
[풀이] 대추나무. 대추. [갈]召.
〔棗東栗西 조동율서〕 제사상에 제물을 차릴 때, 대추는 동쪽에, 밤은 서쪽에 놓는다는 말.
〔棗栗 조율〕 대추와 밤.
〔棗栗梨柹 조율이시〕 제사에 쓰는 대추·밤·배·감 등의 과실.

*
8 12 **棕** 종려나무 **종** [동]椶 棕

[중]zōng(쫑) [일]ソウ, シュ [영]palm
[풀이] 종려나무.
〔棕櫚 종려〕 야자과의 상록 교목. 종려나무.

8 12 **棌** 참나무 **채**

㊥cǎi(차이) ㊐サイ ㊎oak

풀이 ①참나무. ②생나무. 원목(原木).

8 12 **棣** ❶앵두나무 **체** ❷익숙할 **태**

㊥dì(띠), dài(따이)
㊐テイ, タイ/にわざくら

풀이 ❶①앵두나무. ‖棠棣(당체). ②통하다. ❷익숙하다.

〔棣鄂之情 체악지정〕《'화려하게 만발한 산앵두나무 꽃의 정'이라는 뜻으로》 형제간의 두터운 우애.

〔棣棣 태태〕 위의(威儀)가 있거나 예절 바른 모양.

8 12 **椒** 산초나무 **초**

㊥jiāo(찌아오) ㊐ショウ/さんしょう
㊎prickly ash

풀이 ①산초나무. ②후추나무. ‖胡椒(호초).

〔椒蘭 초란〕 산초나무와 난초. 향기가 좋은 것을 이름.

◪山椒(산초)

8 12 **椎** 몽치 **추**

㊥zhuī(°쭈에이) ㊐ツイ, スイ/つち
㊎mallet

풀이 ①몽치. 망치. 방망이. ㊐槌. ②치다. 몽치로 침. ‖椎擊(추격). ③등뼈. ‖椎骨(추골). ④어리석다. 우둔함.

〔椎擊 추격〕 들이닥치면서 침.

〔椎骨 추골〕 등골뼈.

◪頸椎(경추)/尾椎(미추)/腰椎(요추)/脊椎(척추)/薦椎(천추)/胸椎(흉추)

8 12 **棍** ❶묶을 **혼** ❷몽둥이 **곤**

㊥hùn(훈), gùn(꾼) ㊐コン

풀이 ❶묶다. 동여맴. ❷몽둥이.

〔棍棒 곤봉〕 ①체조에 쓰는 기구의 하나. ②몽둥이.

〔棍杖 곤장〕 예전에, 죄인의 볼기를 치던 형구.

13 **概** 槪(개)의 약자 →400쪽

9 13 **楗** 문빗장 **건**

㊥jiàn(찌엔) ㊐ケン

풀이 ①문빗장. ②방죽.

9 13 **極** 다할 **극** ㉿极

十 木 朾 柯 柯 極 極 極

㊥jí(지) ㊐キョク, ゴク/きわまる
㊎utmost

자원 **형성자.** 木(목)은 의미를 나타내고 亟(극)은 음을 나타냄.

풀이 ①다하다. 지극하다. ‖極盡(극진). ②극. ㉮한계. 막다른 지경. ‖極限(극한). ㉯끝. 일의 결과. ‖窮極(궁극). ③지상(至上)의 자리. 임금의 자리.

〔極光 극광〕 남북 양극에 가까운 고위도의 지방에서 광선이 광채를 발하며 투사해 오는 현상. 오로라(aurora).

〔極口 극구〕 온갖 말을 다하여.

〔極端 극단〕 ①맨 끝. ②중용을 벗어나 한쪽으로 크게 치우침. ③이르는 곳까지 이르러 더 나아가지 못함.

〔極度 극도〕 극심한 정도.

〔極樂 극락〕 ①지극히 안락함. ②아미타불이 있다는 정토(淨土). 極樂世界(극락세계). ↔地獄(지옥).

〔極樂往生 극락왕생〕 죽어서 극락세계에 다시 태어나는 일.

〔極力 극력〕 있는 힘을 다함.

〔極烈 극렬〕 지극히 열렬함.

〔極祕 극비〕 절대적인 비밀.

〔極貧 극빈〕 몹시 가난함.

〔極上 극상〕 품질이 가장 좋음.

〔極甚 극심〕 매우 심함.

〔極惡無道 극악무도〕 더없이 악하고 도리에 어긋나 있음.

〔極右 극우〕 극단적인 우익 사상. 또는, 우익파. ↔極左(극좌).

〔極左 극좌〕 극단적인 좌익 사상. 또는, 좌익파. ↔極右(극우).

〔極盡 극진〕 힘이나 마음을 다함.

〔極讚 극찬〕 매우 칭찬함.

〔極致 극치〕 최고의 경지.

〔極刑 극형〕 가장 무거운 형벌. 사형(死刑).

◪窮極(궁극)/南極(남극)/登極(등극)/罔極(망극)/無極(무극)/北極(북극)/兩極(양극)/陽極(양극)/陰極(음극)/積極(적극)/電極(전극)/至極(지극)/太極(태극)

9 13 **楠** 녹나무 **남**

㊥nán(난) ㊐ダン, ナン/くすのき

풀이 녹나무. 녹나뭇과의 상록 활엽 교목.

13 **楼** 樓(루)의 속자 →401쪽

9 13 **楞** 모 **릉**

㊥léng(렁) ㊐リョウ/かど ㊎corner
풀이 모. 모서리. 불교에서는 '棱' 자를 쓰지 않고 이 자만 씀. ‖楞嚴經(능엄경).

9 13 * 楙 茂(무)의 고자 →640쪽

9 13 * 楣 문미 미

㊥méi(메이) ㊐ビ ㊎lintel
풀이 ①문미. ②처마.
◢門楣(문미)

9 13 楂 떼 사 楂

㊥zhā(°짜) ㊐サ/いかだ ㊎raft
풀이 ①떼. 뗏목. ㊋槎. ②산사나무. 장미과의 낙엽 관목. ③나무등걸. ‖古楂(고사).

9 13 * 楔 문설주 설 楔

㊥xiē(씨에) ㊐セツ/ほこだち
풀이 ①문설주. 문주(門柱). ②쐐기.
〔楔齒 설치〕 염습(殮襲)하기 전에, 입에 낟알을 물리려고 시신의 이를 벌리는 일.
〔楔形 설형〕 쐐기의 모양.
〔楔形文字 설형 문자〕 고대 오리엔트에서 쓰였던, 쐐기 모양의 문자. 쐐기 문자.

9 13 * 楯 방패 순 楯

㊥dùn(뚠) ㊐ジュン/たて ㊎shield
풀이 ①방패. ㊋盾. ②난간. ③잡아 뽑다. 빼냄.

9 13 楽 樂(악·락·요)의 속자 →401쪽

9 13 * 椰 야자나무 야 椰

㊥yē(예) ㊐ヤ/やし ㊎palm
풀이 야자나무.
〔椰子 야자〕 야자나무. 또는, 그 열매.

9 13 ★*3 楊 버들 양 ㉮杨 楊

十 木 札 杛 杛 枵 楊 楊

㊥yáng(양) ㊐ヨウ/やなぎ ㊎willow
자원 **형성자.** 木(목)은 의미를 나타내고 昜(양)은 음을 나타냄.
풀이 버들. 버드나무.
〔楊柳 양류〕 버드나무.
◢白楊(백양)/垂楊(수양)

9 13 ☆*6 業 업 업 ㉮业 業

业 业 业 业 业 业 業 業

㊥yè(예) ㊐ギョウ, ゴウ/わざ
㊎business
금 전 자원 **상형자.** 종·북 따위의 악기를 걸어 두는 나무 틀을 본뜬 자. 의미가 확대되어 '일', '업무'의 뜻을 갖게 됨.
풀이 ①업. ㉮일. 사업. ‖修業(수업). ㉯학문. 기예. ㉰전세(前世)의 소행에 의해 현세(現世)에서 받는 선악의 응보(應報). ‖業報(업보). ②생계. 생업.
〔業界 업계〕 같은 산업·상업에 종사하는 사람들의 사회.
〔業務 업무〕 맡아서 하는 일.
〔業報 업보〕 전생에서 한 일에 대하여 이승에서 받는 선악의 갚음. 죗값. 業果(업과).
〔業者 업자〕 영리 사업을 경영하는 사람. 當業者(당업자).
〔業績 업적〕 사업이나 연구 등에서 세운 공적.
〔業種 업종〕 직업이나 영업의 종류.
〔業主 업주〕 사업의 경영주.
〔業體 업체〕 사업이나 기업의 주체.
〔業態 업태〕 영업이나 사업의 실태.
◢家業(가업)/開業(개업)/兼業(겸업)/工業(공업)/課業(과업)/鑛業(광업)/企業(기업)/農業(농업)/大業(대업)/同業(동업)/本業(본업)/副業(부업)/分業(분업)/事業(사업)/產業(산업)/商業(상업)/生業(생업)/盛業(성업)/修業(수업)/授業(수업)/失業(실업)/實業(실업)/惡業(악업)/漁業(어업)/營業(영업)/偉業(위업)/林業(임업)/作業(작업)/殘業(잔업)/專業(전업)/轉業(전업)/操業(조업)/卒業(졸업)/職業(직업)/創業(창업)/就業(취업)/怠業(태업)/罷業(파업)/廢業(폐업)/學業(학업)/現業(현업)/協業(협업)/休業(휴업)

9 13 *1 椽 서까래 연 ㉯전 椽

㊥chuán(°추안) ㊐テン/たるき
㊎rafter
풀이 서까래.
〔椽蓋板 연개판〕 서까래 위를 덮는 널.
〔椽木 연목〕 서까래.

9 13 * 楹 기둥 영 楹

㊥yíng(잉) ㊐エイ/はしら ㊎pillar

풀이 기둥.
〔楹棟 영동〕 ①기둥과 마룻대. ②중요한 인물.

*2
9 13 **楡** 느릅나무 유 楡

중yú(위) 일ユ/にれ
풀이 느릅나무. 느릅나뭇과의 낙엽 활엽 교목.
〔楡莢錢 유협전〕 느릅나무 씨 꼬투리처럼 생긴, 한대(漢代)의 돈.

*
9 13 **楢** 졸참나무 유 楢

중yóu(여우) 일ユウ/なら
풀이 졸참나무. 참나뭇과의 낙엽 교목.

9 13 **椸** 횃대 이 椸

중yí(이) 일イ/ころもかけ
풀이 횃대. 옷을 걸 수 있게 만든 막대.

*
9 13 **楮** 닥나무 저 간楮 楮

중chǔ(°추) 일チョ/こうぞ
풀이 ①닥나무. ‖楮白皮(저백피). ②돈. 지폐. ‖楮幣(저폐).
〔楮實 저실〕 닥나무의 열매.
〔楮幣 저폐〕 예전에, 닥나무 껍질로 만들어 쓰던 종이돈. 楮貨(저화).

*2
9 13 **楨** 광나무 정 간桢 楨

중zhēn(°쩐) 일テイ/ねずみもち
풀이 ①광나무. ‖女楨木(여정목). ②기둥.
〔楨幹 정간〕 ①나무의 으뜸이 되는 줄기. ②(‘담을 쌓을 때 양쪽 모서리에 세우는 나무 기둥’이라는 뜻으로) 사물의 근본.

*
13 **椶** 棕(종)과 동자 →395쪽

*
9 13 **楫** 노 즙·집 동檝 楫

중jí(지) 일ショウ/かい 영oar
풀이 노(櫓).

*2
9 13 **楚** 모형 초 楚

중chǔ(°추) 일ソ/いばら
풀이 ①모형(牡荊). 마편초과의 낙엽 관목. ②가시나무. 가시가 있는 잡목. ‖荊楚(형초). ③매. 회초리. ④매질하다. ‖楚撻(초달). ⑤아프다. 고통을 느낌. ‖痛楚(통초). ⑥초나라. 지금의 양쯔 강 유역을 영유하고 있던, 전국 7웅의 하나.
〔楚撻 초달〕 회초리로 때림.
◢苦楚(고초)/撻楚(달초)/淸楚(청초)

*2
9 13 **楸** 개오동나무 추 楸

중qiū(치우) 일シュウ/ひさぎ
풀이 ①개오동나무. ‖楸梧(추오). ②가래나무. ‖楸木(추목). ③바둑판.

*2
9 13 **椿** 참죽나무 춘 椿

중chūn(°춘) 일チュン, チン
풀이 ①참죽나무. ‖椿葉菜(춘엽채). ②신령스러운 나무 이름. 장수(長壽)의 비유. ③신기하다. ‖椿事(춘사).
〔椿堂 춘당〕 편지 등에서, 남의 아버지를 높여 이르는 말.
〔椿府丈 춘부장〕 남의 아버지의 존칭. 椿府(춘부). 春府大人(춘부대인).
〔椿事 춘사〕 뜻밖에 일어난 불행한 일.

*1
13 **椭** 橢(타)와 동자 →404쪽

*3-Ⅱ
9 13 **楓** 단풍나무 풍 간枫 楓

十 木 木 机 机 枫 楓 楓

중fēng(°펑) 일フウ/かえで 영maple
자원 **형성자.** 木(목)은 의미를 나타내고 風(풍)은 음을 나타냄.
풀이 단풍나무.
〔楓林 풍림〕 단풍나무 숲.
◢丹楓(단풍)

*1
9 13 **楷** 해서 해 본개 楷

중kǎi(카이) 일カイ
풀이 ①해서(楷書). 서체의 한 가지. ②본. 본보기. 모범.
〔楷書 해서〕 한자 서체(書體)의 하나. 예서(隸書)에서 발전한 것으로, 정자(正字)로 또박또박 쓴 글씨. 正書(정서). 眞書(진서).

10 14 **榷** 전매 각 榷

중què(취에) 일カク 영monopoly
풀이 ①전매(專賣). ‖榷酒(각주). ②세금(稅金). 세금을 매기다.

14 **榦** 幹(간)의 본자 →243쪽

10 14 **槁*** 마를 **고** | 통 稾 槁

중gǎo(가오) 일コウ/かれる 영wither
풀이 ①마르다. 말라 죽음. ‖ 槁木(고목). ②말리다. 물기를 없앰. ‖ 槁魚(고어).

14 **稾** 槁(고)와 동자 →399쪽

10 14 **槓** 지렛대 **공** 본**강** | 간 杠 槓

중gàng(깡) 일コウ/てこ 영lever

10 14 **槐***2 회화나무 **괴** 본**회** | 槐

중huái(후아이) 일カイ/えんじゅ 영locust tree
풀이 ①회화나무. 콩과의 낙엽 관목. 홰나무. ‖ 槐木(괴목). ②삼공(三公)의 자리. ‖ 槐鼎(괴정).
〔槐木 괴목〕 회화나무.

10 14 **構****4 얽을 **구** | 간 构 構

木 朩 朩 桝 椎 椎 構 構 構

중gòu(꺼우) 일コウ/かまえる 영frame
자원 **형성자.** 木(목)은 의미를 나타내고 冓(구)는 음을 나타냄.
풀이 ①얽다. ㉮집을 짓다. ㉯생각을 짜내다. ‖ 構想(구상). ㉰글을 짓다. ‖ 構文(구문). ②맺다. ‖ 構怨(구원). ③집. ④꾀하다. ‖ 構圖(구도).
〔構內 구내〕 관공서나 기업체 같은 큰 건물의 울 안.
〔構圖 구도〕 전체적으로 조화되게 배치하는 도면 구성.
〔構文 구문〕 문장을 구성함. 또는, 그 문장.
〔構想 구상〕 ①생각을 얽어 놓음. 構思(구사). ②작품을 창작할 때, 그 내용·형식 등을 구체적으로 생각하는 일.
〔構成 구성〕 ①얽어서 만듦. ②사물이 이루어지게 함. 成立(성립).
〔構怨 구원〕 원한을 맺음. 結怨(결원).
〔構造 구조〕 사물의 부분들이 합쳐져 전체를 이루고 있는 짜임새.
◢架構(가구)/機構(기구)/虛構(허구)

10 14 **榔** 나무 이름 **랑** | 榔

중láng(랑) 일ロウ
풀이 ①나무 이름. ②광랑(桄榔).
◢檳榔(빈랑)

10 14 **榴*** 석류나무 **류** | 본 橊 榴

중liú(리우) 일リュウ/ざくろ
풀이 석류나무.
〔榴花 유화〕 석류나무의 꽃.
◢石榴(석류)

10 14 **槃***1 쟁반 **반** | 槃

중pán(판) 일ハン, バン/たらい 영tray
풀이 ①쟁반. 소반. 같盤. ②즐기다.
◢涅槃(열반)

10 14 **榜***1 방 **방** | 통 牓 榜

중bǎng(방) 일ボウ/かけふだ
풀이 ①방. 방을 써 붙이다. ‖ 標榜(표방). ②매. 매질하다. ③배. 배를 젓다. ‖ 榜聲(방성).
〔榜目 방목〕 과거에 급제한 사람의 성명을 적은 책.
〔榜文 방문〕 여러 사람에게 알리기 위해 길거리나 사람이 많이 모이는 곳에 써 붙이는 글.
◢落榜(낙방)/紙榜(지방)/標榜(표방)

10 14 **榧*** 비자나무 **비** | 榧

중fěi(°페이) 일ヒ/かや
풀이 비자나무.
〔榧子 비자〕 비자나무의 열매.

10 14 **榭** 정자 **사** | 榭

중xiè(씨에) 일シャ/うてな
풀이 ①정자. ‖ 亭榭(정사). ②사당(祠堂). ③곳집. 악기를 넣어 두는 창고.

10 14 **槊** ❶창 **삭** ❷한옷속 **소** | 槊

중shuò(°쑤어) 일サク/ほこ 영lance
풀이 ❶창. 무기의 하나. ❷옷속. 요 안에 넣는 솜이나 털.
〔槊毛 삭모〕 기(旗)·창(槍) 등의 머리를 이삭 모양으로 만들어 다는 붉은빛의 가는 털.

10 14 **榺*** 바디 **승** |

중shèng(°썽) 일ショウ
풀이 바디. 베틀에서 날을 꿰어 씨를 치는 기구.

14 **様** 樣(양)의 약자 →402쪽

10 14 **榮** ☆*4-Ⅱ 영화 **영** | 약 栄 간 荣 榮

丶 火 炏 炏 𤇾 𤇾 𤇾 榮

중róng(°룽) 일エイ/さかえる 영glory

자원 **형성자.** 木(목)은 의미를 나타내고 熒(형)의 생략형인 𤇾 자는 음을 나타냄.

풀이 ①영화. 영달. ‖榮進(영진). ②성하다. ㉮싱싱하게 우거지다. ‖榮茂(영무). ㉯융성하다. 창성함. ‖繁榮(번영). ③명예. ‖榮冠(영관).

〔榮枯 영고〕 성함과 쇠함. 榮落(영락).
〔榮枯盛衰 영고성쇠〕 성하고 쇠함이 서로 뒤바뀜.
〔榮光 영광〕 빛나는 영예. 光榮(광영).
〔榮達 영달〕 지위가 높고 귀하게 됨. 尊貴(존귀). ↔零落(영락).
〔榮落 영락〕 ➡榮枯(영고).
〔榮辱 영욕〕 영예와 치욕.
〔榮轉 영전〕 전보다 더 좋은 자리나 직위로 옮김.
〔榮進 영진〕 벼슬이나 지위가 높아짐.
〔榮華 영화〕 몸이 귀하게 되고 이름이 남.

◢共榮(공영)/光榮(광영)/繁榮(번영)/尊榮(존영)/虛榮(허영)

10 14 **榕** * 벵골보리수 **용** | 榕

중róng(°룽) 일ヨウ/あこう

10 14 **榨** ❶술주자 **자** ❷기름틀 **착** 본**자** | 榨

중zhà(°짜) 일サク/しめぎ 영wring

풀이 ❶술주자. 누룩이 섞인 술을 거르는 통. ‖酒榨(주자). ❷①기름틀. ‖榨牀(착상). ②짜다. 거름.

10 14 **榛** * 개암나무 **진** | 榛

중zhēn(°쩐) 일シン/はしばみ

풀이 ①개암나무. 자작나뭇과의 낙엽 활엽 교목. ‖榛栗(진율). ②덤불. 잡목의 숲. ③우거지다.

〔榛子 진자〕 개암나무의 열매.

10 14 **槎** ❶나무 벨 **차** ❷떼 **사** | 간 楂 槎

중chá(°차) 일サ

풀이 ❶나무를 베다. 나무를 비스듬히 자름. ❷떼. 뗏목. ‖仙槎(선사).

10 14 **槍** *1 창 **창** | 간 枪 槍

중qiāng(치앙) 일ソウ/やり 영spear

풀이 창. 무기의 하나. ‖槍劍(창검).

〔槍劍 창검〕 창과 칼.
〔槍術 창술〕 창을 쓰는 무술.

◢三枝槍(삼지창)/竹槍(죽창)/投槍(투창)/鏢槍(투창)

10 14 **榱** 서까래 **최** | 榱

중cuī(추에이) 일スイ/たるき 영rafter

풀이 서까래. 마룻대에서 도리 또는 보에 걸쳐 지른 나무.

10 14 **槌** *1 ❶망치 **추**1 ❷던질 **퇴** *1 | 간 槌 槌

중chuí(°추에이), duī(뚜에이) 일ツイ, タイ/つち 영mallet

풀이 ❶①망치. 짤막한 몽둥이. 통椎. ‖木槌(목추). ②치다. 망치 따위로 때림. ❷던지다. 내던짐.

◢鐵槌(철퇴)

10 14 **榻** * 걸상 **탑** | 榻

중tà(타) 일トウ/こしかけ

풀이 걸상. 길고 좁게 만든 평상.

〔榻牀 탑상〕 걸상과 평상(平牀).
〔榻前 탑전〕 임금의 자리 앞.

10 14 **榥** * 책상 **황** | 榥

중huàng(후앙) 일コウ

11 15 **槪** ★*3-Ⅱ 평미레 **개** | 통 概 槩 약간 概 槪

木 朾 杒 杒 柙 椻 椻 槪

중gài(까이) 일ガイ/とかき

자원 **형성자.** 木(목)은 의미를 나타내고 旣(기)는 음을 나타냄.

풀이 ①평미레. 평목(平木). ②절개(節槪). 절조. ③풍치. 경치. ‖勝槪(승개). ④대개. 대강. ‖槪要(개요).

〔槪觀 개관〕 ①전체를 대강 살펴봄. ②대체의 모양.
〔槪括 개괄〕 요점이나 줄거리를 대강 추려 냄.
〔槪念 개념〕 동일한 종류의 개개의 사물에서 공통점을 뽑아내어 그것을 종합하여 얻은 관념.
〔槪略 개략〕 대강 추려 줄임. 또는, 그 줄인 것. 大略(대략).
〔槪論 개론〕 전체에 대한 대강의 논설.
〔槪說 개설〕 줄거리만 잡아 대강 설명

함. 또는, 그런 글이나 책. 槪論(개론).
〔槪要 개요〕 대강의 요점. 大要(대요).
〔槪況 개황〕 대개의 상황.
◢景槪(경개)/氣槪(기개)/大槪(대개)/節槪(절개)

15 槩 槪(개)와 동자 →400쪽

15 槩 槪(개)와 동자 →400쪽

*1 11 15 槨 덧널 곽 통 椁 槨

중guǒ(구어) 일カク/ひつぎ
영outer coffin
풀이 덧널. 외관.

15 権 權(권)의 속자 →407쪽

11 15 樛 휠 규 樛

중jiū(찌우) 일キュウ/まがる 영bend
풀이 ①휘다. 나뭇가지가 휘어 늘어짐. ‖樛木(규목). ②돌고 돌다. 구불구불함.

* 11 15 槻 물푸레나무 규

중guī(꾸에이) 일キ/つき
영ash tree

*2 11 15 槿 무궁화나무 근 槿

중jǐn(진) 일キン/むくげ
영rose of Sharon
풀이 ①무궁화나무. ‖木槿花(목근화). ②'우리나라'의 이칭.
〔槿域 근역〕 (('무궁화가 많은 땅'이라는 뜻으로)) '우리나라'의 이칭.
〔槿花 근화〕 무궁화.
◢木槿(목근)

*2 11 15 樑 들보 량 樑

중liáng(리앙) 일リョウ/はり 영beam
풀이 들보. 같梁. ‖棟樑(동량).

★*3-Ⅱ 11 15 樓 다락 루 속간 楼 樓

木 朩 桕 桕 楫 楼 樓 樓

중lóu(러우) 일ロウ/たかどの
영garret, attic
자원 **형성자.** 木(목)은 의미를 나타내고 婁(루)는 음을 나타냄.
풀이 ①다락. ‖樓閣(누각). ②망루(望樓). ③기생집. 기루(妓樓). 청루.
〔樓閣 누각〕 사방을 바라볼 수 있게 문과 벽이 없이 높이 지은 집. 다락집.
〔樓臺 누대〕 누각(樓閣)과 대사(臺榭)와 같이 높은 건물.
〔樓上 누상〕 누각 위.
◢摩天樓(마천루)/望樓(망루)/蜃氣樓(신기루)/鐘樓(종루)

★*4 11 15 模 법 모 模

木 朩 朩 朩 栣 栱 楧 模

중mó(모), mú(무) 일モ/かた 영form
자원 **형성자.** 木(목)은 의미를 나타내고 莫(막)은 음을 나타냄.
풀이 ①법. ②본. 본보기. ‖模範(모본). ③거푸집. 모형(模型). 형(型). ④본받다. 본뜸. ‖模倣(모방). ⑤모호하다. ‖模糊(모호).
〔模倣 모방〕 본뜨거나 본받음. 摸倣(모방). 摹倣(모방). ↔創造(창조).
〔模範 모범〕 본받아 배울 만한 대상. 본보기. 模楷(모해). 模表(모표).
〔模寫 모사〕 ①본떠 그대로 그림. ②원본과 같이 베껴 씀.
〔模樣 모양〕 ①겉으로 나타나는 생김새나 모습. ②일의 되어 가는 형편. ③위신이나 체면.
〔模擬 모의〕 실제의 것을 흉내 내어 그대로 해 봄. 摸擬(모의).
〔模型 모형〕 ①똑같은 물건을 만들기 위한 틀. 거푸집. ②실물과 같거나 축소한 크기로 만든 물건. 모델.
〔模糊 모호〕 분명하지 않음.
◢規模(규모)

* 11 15 樊 울 번 樊

중fán(°판) 일ハン/まがき 영fence
풀이 ①울. 울타리. ‖樊籬(번리). ②새장. ③어지러운 모양. 어수선한 모양.
〔樊籠 번롱〕 번뇌에 묶여 자유롭지 못함.

☆*6 11 15 樂 ❶풍류 악*6 ❷즐길 락☆*6 ❸좋아할 요*6 속간 楽 乐 樂

白 㠯 㘬 𢆶 㘬 樂 樂 樂

중yuè(위에), lè(러), yào(야오)
일ガク, ラク, ゴウ
영music, enjoy, like
갑 금 자원 **상형자.** 갑골문은 나무〔木〕와 실〔幺〕로 된 악기를 나타냄. 여기서 나무는 공명통이 있는 나무를 가리키고 실은 현(絃)을 가리킴. 금문에서의 白 자는 악기 연주

때 끼는 골무라는 설도 있고 현을 팽팽하게 조절하는 기구라는 설도 있음.
풀이 ❶풍류. 음악. ‖風樂(풍악). ❷①즐기다. ②즐거움. ‖快樂(쾌락). ❸좋아하다. ‖樂山樂水(요산요수).
〔樂觀 낙관〕①인생이나 사물을 밝고 희망적으로 봄. ②일이 잘될 것으로 여김. ↔悲觀(비관).
〔樂勝 낙승〕힘들이지 않고 쉽게 이김.
〔樂園 낙원〕안락한 곳. 樂土(낙토).
〔樂天 낙천〕세상이나 인생을 즐겁고 좋은 것으로 여김.
〔樂曲 악곡〕음악의 곡조.
〔樂劇 악극〕악곡을 극의 내용에 맞도록 구성한 음악극.
〔樂器 악기〕음악을 연주하는 기구의 총칭.
〔樂團 악단〕①음악을 연주하는 단체. ②'악극단(樂劇團)'의 준말.
〔樂隊 악대〕기악(器樂)의 합주대.
〔樂譜 악보〕음악의 곡조를 일정한 기호로 기록한 것. 曲譜(곡보).
〔樂章 악장〕①음악에 채용된 시가(詩歌). ②소나타·교향곡 등을 구성하는 한 악곡에서 각 부분의 곡.
〔樂山樂水 요산요수〕《산을 좋아하고 물을 좋아한다는 뜻으로》 산수(山水)의 자연을 즐김.
◢苦樂(고락)/管樂(관악)/國樂(국악)/軍樂(군악)/極樂(극락)/器樂(기악)/農樂(농악)/同苦同樂(동고동락)/福樂(복락)/生死苦樂(생사고락)/聲樂(성악)/俗樂(속악)/雅樂(아악)/安樂(안락)/悅樂(열락)/娛樂(오락)/音樂(음악)/正樂(정악)/奏樂(주악)/快樂(쾌락)/風樂(풍악)/享樂(향락)/鄕樂(향악)/絃樂(현악)/歡樂(환락)/喜怒哀樂(희로애락)

11 ★★4
15 **樣** ❶모양 **양**★★4 ❷상수리나무 **상**＊ | 약 様 간 样 樣

木 木' 木'' 栏 样 样 樣 樣

㊥yàng(양), xiàng(씨앙)
㊐ヨウ, ショウ/さま ㊎shape
자원 **형성자.** 木(목)은 의미를 나타내고 羕(양)은 음을 나타냄.
풀이 ❶①모양. 형태. 상태. ②본. ㊐像. ‖樣式(양식). ❷상수리나무.
〔樣相 양상〕사물·현상의 모양이나 상태.
〔樣式 양식〕①일정한 모양이나 형식. ②예술에서의 형식. 스타일.
〔樣態 양태〕사물이 존재하는 모양이나 형편.
◢各樣(각양)/多樣(다양)/模樣(모양)/文樣(문양)/外樣(외양)

11 ＊
15 **槦** 나무 이름 **용**

㊥yōng(융) ㊐ヨウ, ユ
풀이 ①나무 이름. ②병가(兵架). 병기를 얹는 시렁.

11 ＊
15 **樟** 녹나무 **장** | 樟

㊥zhāng(°짱) ㊐ショウ/くす
풀이 녹나무.
〔樟腦 장뇌〕녹나무에서 뽑은, 방향성(芳香性)의 흰 결정체. 향료·방충제·방취제 등으로 쓰임.

11
15 **槳** 상앗대 **장** | 간 桨 槳

㊥jiǎng(지앙) ㊐ショウ/かい
풀이 상앗대. 물가에서 배를 밀어 나갈 때 쓰는 장대.

11 ＊
15 **樗** 가죽나무 **저** | 樗

㊥chū(°추) ㊐チョ/ぬるで
풀이 ①가죽나무. ‖樗木(저목). ②쓸모없는 물건. ‖樗櫟(저력).
〔樗櫟之材 저력지재〕《'가죽나무와 상수리나무 재목'이라는 뜻으로》 아무 데도 쓸모없는 사람의 비유. 樗櫟(저력).

11 ＊1
15 **槽** 구유 **조** | 槽

㊥cáo(차오) ㊐ソウ/かいおけ
㊎trough
풀이 ①구유. ②물통. 두멍. ③술독.
〔槽櫪 조력〕《'말구유와 마판'이란 뜻으로》 마구간이나 외양간.
◢浴槽(욕조)/油槽(유조)

11
15 **樅** 전나무 **종** | 간 枞 樅

㊥cōng(충) ㊐ショウ/もみ ㊎fir
풀이 ①전나무. ②둘쑥날쑥하다.
〔樅木 종목〕전나무.

11 ＊1
15 **樞** 지도리 **추** | 약간 枢 樞

㊥shū(°쑤) ㊐スウ/とぼそ
풀이 ①지도리. ‖樞軸(추축). ②고동. 일을 하는 데에 가장 주요한 점. ‖樞要(추요). ③근본.
〔樞機卿 추기경〕로마 가톨릭교회에서, 교황 다음가는 성직자.
〔樞要 추요〕중심이 되게 가장 종요로움. 樞轄(추할).
◢中樞(중추)

11 ★＊4
15 **標** 우듬지 **표** | 간 标 標

木 杧 标 標 標 標 標 標

㊥biāo(삐아오) ㊐ヒョウ/しるし

자원 **형성자.** 木(목)은 의미를 나타내고 票(표)는 음을 나타냄.

풀이 ①우듬지. ②과녁. 목표. ‖標的(표적). ③표. 표시. ‖標紙(표지). ④표하다. 내걸다. ‖標榜(표방).

〔標榜 표방〕《방(榜)을 내건다는 뜻으로》 어떤 명목을 붙여 자기의 주의·주장·처지를 앞에 내세움.

〔標本 표본〕 ①본보기나 표준이 되는 것. ②동물·식물·광물에 적당한 처리를 하여 보존할 수 있게 한 것.

〔標語 표어〕 주의(主義)·강령·이념 등을 간명하게 표현한 짧은 어구. 슬로건. 口號(구호).

〔標的 표적〕 목표가 되는 물건.

〔標準 표준〕 ①사물의 정도를 정하는 기준. ②규범이 되는 준칙.

〔標識 표지〕 다른 것과 구별하여 알게 하는 데 필요한 표시나 특징. 標幟(표치).

〔標札 표찰〕 ①표지(標識)로 써 놓은 것. ②문패.

◢目標(목표)/浮標(부표)/商標(상표)/手標(수표)/音標(음표)/里程標(이정표)/座標(좌표)/指標(지표)

12 16 * 橄 감람나무 **감** ㉮ 橄

㊥gǎn(간) ㊐カン

풀이 감람나무.

〔橄欖 감람〕 감람나무의 열매.

12 16 ☆*5 橋 다리 **교** ㉮ 桥

十 木 杧 杧 桥 桥 橋 橋

㊥qiáo(치아오) ㊐キョウ/はし ㊕bridge

자원 **형성자.** 木(목)은 의미를 나타내고 喬(교)는 음을 나타냄.

풀이 다리. 교량(橋梁).

〔橋脚 교각〕 다리를 받치는 기둥.

〔橋頭堡 교두보〕 ①다리를 엄호하기 위하여 쌓은 보루. ②아군의 상륙이나 도하(渡河) 작전을 위한 거점으로, 적지의 한 모퉁이에 마련한 작은 진지.

〔橋梁 교량〕 비교적 큰 규모의 다리.

◢架橋(가교)/木橋(목교)/浮橋(부교)/船橋(선교)/烏鵲橋(오작교)/陸橋(육교)/弔橋(조교)/鐵橋(철교)

12 16 橇 덧신 **교·취**

㊥qiāo(치아오) ㊐キョウ, セイ/かんじき

풀이 ①덧신. 진흙 위를 다닐 때 신던 것. ②썰매.

12 16 *1 橘 귤나무 **귤**

㊥jú(쥐) ㊐キツ/たちばな

풀이 귤나무. ‖柑橘(감귤).

〔橘皮 귤피〕 귤의 껍질.

◢柑橘(감귤)

12 16 ★*4 機 베틀 **기** ㉮ 机

木 杉 桦 桦 榉 機 機 機

㊥jī(찌) ㊐キ/はた ㊕loom

자원 **형성자.** 木(목)은 의미를 나타내고 幾(기)는 음을 나타냄.

풀이 ①베틀. ‖機業(기업). ②틀. 기계. 도구. ③기미(機微). 조짐. ④계기. 기회. ‖動機(동기). ⑤사북. 일의 중요한 고동. ‖機務(기무).

〔機械 기계〕 동력(動力)으로 일정한 운동을 일으켜 외부에서 주어진 에너지를 유효한 일로 바꾸는 장치.

〔機關 기관〕 ①열(熱)에너지를 동력으로 변하게 하는 장치. ②어떤 목적을 이루기 위해 설치된 조직이나 단체.

〔機巧 기교〕 잔꾀와 솜씨가 매우 교묘함.

〔機務 기무〕 ①기밀을 요하는 일. ②근본이 되는 일.

〔機微 기미〕 어떤 일이 일어날 것 같은 기운. 낌새.

〔機敏 기민〕 눈치가 빠르고 동작이 날쌤.

〔機密 기밀〕 중요하고 비밀스러운 일.

〔機業 기업〕 피륙을 짜는 사업.

〔機智 기지〕 뜻밖의 상황에 재빨리 대처하는 지혜.

〔機會 기회〕 ①일을 하기에 가장 적당한 시기. ②겨를. 짬.

◢契機(계기)/器機(기기)/待機(대기)/動機(동기)/勝機(승기)/時機(시기)/失機(실기)/危機(위기)/敵機(적기)/轉機(전기)/天機(천기)/投機(투기)/好機(호기)

12 16 * 橈 ❶굽을 **뇨** ❷노 **요*** ㉮ 桡

㊥náo(나오), ráo(°라오) ㊐ドウ, ジョウ/まがる ㊕bend, oar

풀이 ❶①굽다. 휘다. ㊐撓. ‖橈折(요절). ②꺾이다. 기세가 꺾임. ‖橈敗(요패). ❷①노. 작은 노. ②번영하다.

12 16 *1 橙 등자나무 **등** ㊄**증**

[중]chéng(°청) [일]トウ/だいだい
[풀이] 등자나무. 운향과의 작은 상록 활엽 교목.
〔橙色 등색〕 귤이나 등자 껍질의 빛깔. 오렌지색.
〔橙子 등자〕 등자나무의 열매.

16 **橊** 榴(류)의 본자 →399쪽

12 16 **橅** * ❶법 **모** ❷어루만질 **무**
[중]mó(모) [일]ボ, モ
[풀이] ❶법. ❷어루만지다.

12 16 **樸** *1 통나무 **박** [간]朴 樸
[중]pǔ(푸) [일]ハク, ボク/あらき
[풀이] ①통나무. ②바탕. 본질. ③성실하다. 순박함. [통]朴. ‖純樸(순박)/素樸(소박).
〔樸直 박직〕 순박하고 정직함.
◪質樸(질박)

12 16 **橵** [한]산자 **산** 橵
[풀이] 산자.
〔橵子 산자〕 집을 지을 때 서까래 위에 엮어 까는 나뭇개비나 수수깡. 산자발.

12 16 **橡** * 상수리나무 **상** 橡
[중]xiàng(씨앙) [일]ショウ/つるばみ
[풀이] 상수리나무.
〔橡木 상목〕 상수리나무.
〔橡實 상실〕 상수리나무의 열매. 상수리.

12 16 **樹** ☆*6 ❶나무 **수** ❷심을 **수** [간]树 樹

[중]shù(°쑤) [일]ジュ/き, うえる [영]tree
[자원] **형성자.** 木(목)은 의미를 나타내고 尌(주)는 음을 나타냄.
[풀이] ❶①나무. ‖樹木(수목). ②초목. ❷①심다. 식물을 심다. ②세우다. ‖樹立(수립).
〔樹林 수림〕 나무가 우거진 숲.
〔樹立 수립〕 국가·정부·제도 등을 이룩하여 세움.
〔樹木 수목〕 ①살아 있는 나무. ②목본 식물의 총칭.
〔樹種 수종〕 나무의 종류.
〔樹脂 수지〕 나무에서 나오는 진.
〔樹海 수해〕《'나무의 바다'라는 뜻으로》 울창한 삼림의 광대함.
◪街路樹(가로수)/落葉樹(낙엽수)/常綠樹(상록수)/植樹(식수)/針葉樹(침엽수)/闊葉樹(활엽수)

12 16 **橓** * 무궁화 **순**
[중]shùn(°쑨) [일]シュン [영]rose of Sharon

12 16 **橤** * 꽃술 **예**
[중]ruǐ(°루에이) [일]ズイ/しべ
[영]stamen, apistil
[풀이] ①꽃술. ②드리우다. 척 늘어짐.

12 16 **橒** * 나무 이름 **운**
[중]yún(윈) [일]ウン

12 16 **樽** *1 술통 **준** 樽
[중]zūn(쭌) [일]ソン/たる [영]wine barrel
[풀이] ①술통. 술단지. [통]尊. [같]罇. ‖樽酒(준주). ②그치다. 그만두다.
〔樽酒 준주〕 술단지의 술.

12 16 **樵** *1 땔나무 **초** 樵
[중]qiáo(치아오) [일]ショウ/たきぎ
[풀이] ①땔나무. 화목(火木). ②나무하다. ‖樵童(초동). ③나무꾼.
〔樵童汲婦 초동급부〕《'땔나무를 하는 아이와 물을 긷는 아낙네'라는 뜻으로》 평범한 사람.
〔樵夫 초부〕 나무꾼. 樵子(초자).

12 16 **橢** 길쭉할 **타** [통]楕 [간]椭 橢
[중]tuǒ(투어) [일]ダ
[풀이] 길쭉하다.

12 16 **橐** 전대 **탁** 橐
[중]tuó(투어) [일]タク
[풀이] 전대. 자루.

12 16 **樺** *2 자작나무 **화** [간]桦 樺
[중]huà(후아) [일]カ/かば [영]birch
[풀이] 자작나무.
〔樺榴欌 화류장〕 자단(紫檀)의 목재로 만든 장롱.

★*3-Ⅱ
12
16
橫 ❶가로 **횡** ❷방자할 **횡** 橫

木 杧 栱 栱 梤 橫 橫 橫

㊥héng, hèng(헝) ㊐オウ, コウ/よこ ㊎width

자원 **형성자.** 木(목)은 의미를 나타내고 黃(황)은 음을 나타냄.

풀이 ❶①가로. 동서(東西). ‖縱橫(종횡). ②가로놓다. 가로지르다. 옆으로 누이다. ‖橫臥(횡와). ③비정상적인 일. ‖橫財(횡재). ❷①방자하다. ‖橫行(횡행). ②뜻을 굽히다. ③거칠다. 도리에 벗어남. ‖橫暴(횡포).

〔橫斷 횡단〕 ①가로 끊음. ↔縱斷(종단). ②가로지름. ③가로 건너감.

〔橫帶 횡대〕 하관(下棺)한 뒤에 광중(壙中)을 덮는 널조각.

〔橫來之厄 횡래지액〕 뜻밖에 당하게 되는 재액.

〔橫列 횡렬〕 가로 늘어섬. 또는, 그 줄. ↔縱列(종렬).

〔橫領 횡령〕 남의 것을 가로채거나 빼앗음. ‖公金橫領(공금 횡령).

〔橫木 횡목〕 가로질러 놓은 나무.

〔橫死 횡사〕 뜻밖의 재앙으로 죽음.

〔橫書 횡서〕 가로쓰기. ↔縱書(종서).

〔橫說竪說 횡설수설〕 조리도 없고 앞뒤도 맞지 않는 말을 이러쿵저러쿵 늘어놓음.

〔橫財 횡재〕 뜻밖에 재물을 얻음. 또는, 그 재물.

〔橫暴 횡포〕 제멋대로 굴며 몹시 거칠고 사나움.

〔橫行 횡행〕 《모로 간다는 뜻으로》 아무 거리낌 없이 제멋대로 행동함.

◢連橫(연횡)/專橫(전횡)

*
12
16
橲 나무 이름 **희**

13
17
檟 개오동나무 **가** ㉠ 槚 檟

㊥jiǎ(지아) ㊐カ/ひさぎ

풀이 ①개오동나무. ②차(茶)의 일종.

*
13
17
橿 나무 이름 **강** 橿

㊥jiāng(찌앙) ㊐キョウ/かし

풀이 나무 이름. 감탕나무.

★*4-Ⅱ
13
17
檢 봉할 **검** ㊋ 検 ㉠ 检 檢

十 木 杦 朩 柃 椧 檢 檢

㊥jiǎn(지엔) ㊐ケン/ふう ㊎seal

자원 **형성자.** 木(목)은 의미를 나타내고 僉(첨)은 음을 나타냄.

풀이 ①봉함. 봉하다. ②조사하다. 검사하다. ‖檢査(검사)/巡檢(순검).

〔檢擧 검거〕 수사 기관이 범죄 사실을 조사하려고 용의자를 관서로 연행하는 일.

〔檢問 검문〕 검사하기 위해 따져 물음.

〔檢査 검사〕 실상을 조사하여 시비·우열 등을 판정함.

〔檢索 검색〕 ①검사하여 찾음. ②컴퓨터에서, 안에 있는 자료 가운데 필요한 자료들을 찾아내는 일.

〔檢閱 검열〕 ①검사하여 열람함. ②군사 용어로, 군기(軍紀)·교육·작전 준비 등을 점검·사열하는 일. ③치안상의 목적을 위하여 서신·출판물·방송·영화 등을 강권으로 조사하는 일.

〔檢印 검인〕 검사하고 찍는 도장.

〔檢定 검정〕 검사하여 자격의 유무·조건의 적부(適否) 등을 판정함.

〔檢證 검증〕 검사하여 증명함.

〔檢診 검진〕 건강 상태와 질병의 유무를 알아보기 위하여 진찰함.

〔檢討 검토〕 내용을 검사하면서 따짐.

◢剖檢(부검)/受檢(수검)/巡檢(순검)/臨檢(임검)/點檢(점검)/被檢(피검)

*1
13
17
檄 격문 **격** 檄

㊥xí(시) ㊐ゲキ/ふれ ㊎despatch

풀이 ①격문. ㉮선전·선동하기 위해 쓴 글. ‖檄文(격문). ㉯적군을 설복하거나 꾸짖는 글. ②편지.

〔檄文 격문〕 ①여러 사람에게 알려 부추기는 글. ②급히 사람들에게 알리려고 각처로 보내는 글. ③적군을 달래거나 꾸짖기 위한 글. 檄書(격서).

*
13
17
檠 도지개 **경** ㊀ 檠 檠

㊥qíng(칭) ㊐ケイ/ゆだめ

풀이 ①도지개. ②등잔걸이. ‖燈檠(등경).

*
17
檠 檠(경)과 동자 →405쪽

*
13
17
檎 능금나무 **금** 檎

㊥qín(친) ㊐ゴ

풀이 능금나무. ‖林檎(임금).

★*4-Ⅱ
13
17
檀 박달나무 **단** 檀

十 木 朩 朩 栯 檀 檀 檀

㊥tán(탄) ㊐ダン/まゆみ

자원 **형성자.** 木(목)은 의미를 나타내고 亶(단)은 음을 나타냄.

[풀이] ①박달나무. 자작나뭇과의 낙엽 교목. ②단향목. 자단·백단 등 향나무의 총칭. ③베풀다. 시주하다. 범어 dāna의 음역자. ‖檀那(단나).
〔檀君 단군〕 우리 민족의 시조(始祖)로 받드는 태초의 임금.
〔檀木 단목〕 박달나무.

13 17 **櫑** 무기 이름 뢰 | 櫑
[중]léi(레이) [일]ライ

13 17 **檗*** 황벽나무 벽
[중]bò(뽀) [일]ハク
[풀이] 황벽나무. 운향과의 낙엽 활엽 교목.

13 17 **橚*** ❶나무 줄지어 설 숙* ❷우거질 소 ❸밋밋할 추
[중]sù(쑤), xiāo(씨아오), qiū(치우) [일]シュク, ショウ, シュウ
[풀이] ❶나무가 줄지어 서다. ❷우거지다. ❸밋밋하다.

13 17 **檍*** 참죽나무 억 | 檍
[중]yì(이) [일]オク/もちのき
[풀이] 참죽나무. 운향과의 낙엽 교목.

13 17 **檃*** 도지개 은
[중]yǐn(인) [일]イン/ためぎ
[풀이] ①도지개. ②도지개로 바로잡다.

13 17 **檣***1 돛대 장 | [간]樯 檣
[중]qiáng(치앙) [일]ショウ/ほばしら
[풀이] 돛대.
〔檣竿 장간〕 돛대.
〔檣樓 장루〕 군함의 돛대 위에 설치한 망루.

13 17 **檉*** 위성류 정 | [간]柽
[중]chēng(°청) [일]テイ
[풀이] 위성류. 위성류과의 낙엽 교목.

17 **檝** 楫(즙·집)과 동자 →398쪽

13 17 **檐** 처마 첨 [본]염 | 檐
[중]yán(옌) [일]エン/のき
[풀이] ①처마. ②전. 물건의 위쪽 가장자리의 조금 넓직하게 된 부분.
〔檐階 첨계〕 댓돌.
〔檐下 첨하〕 처마 밑.

13 17 **檜***2 노송나무 회 [본]괴 | [간]桧 檜
[중]guì(꾸에이) [일]カイ/いぶき, ひのき
[풀이] 노송나무. 소나뭇과의 상록 교목.
〔檜木 회목〕 편백(扁柏).

14 18 **櫃***1 함 궤 | [간]柜 櫃
[중]guì(꾸에이) [일]キ/ひつ [영]box
[풀이] 함. ‖書櫃(서궤).
〔櫃櫝 궤독〕 궤.

14 18 **檮** ❶등걸 도 ❷관 도 | [간]梼 檮
[중]táo(타오), dào(따오) [일]トウ [영]stump, coffin
[풀이] ❶①등걸. 그루터기. ‖檮杌(도올). ②어리석다. ❷관(棺).

14 18 **櫂*** 노 도 | 櫂
[중]zhào(°짜오) [일]トウ/かい [영]oar
[풀이] ①노. 배를 젓는 기구. [같]棹. ②노젓다. ③배.
〔櫂歌 도가〕 뱃노래.

14 18 **檳*** 빈랑나무 빈 | [간]槟 檳
[중]bīng(삥) [일]ビン
[풀이] 빈랑나무. 종려나뭇과의 상록 교목.
〔檳榔 빈랑〕 ①빈랑나무. ②빈랑나무의 열매.

14 18 **檼*** 대마루 은
[중]yìn(인) [일]イン [영]ridge
[풀이] ①대마루. 마룻대로 쓰는 목재. ②도지개.

14 18 **檻***1 우리 함 | [간]槛 檻
[중]jiàn(찌엔) [일]カン/おり [영]cage
[풀이] ①우리. 짐승을 가두어 두는 곳. ‖檻車(함거). ②감옥. ③덫. 올무. 허방다리. ④난간. ‖欄檻(난함). ⑤막다. 폐쇄함.
〔檻車 함거〕 예전에, 죄인의 호송에 쓰던, 사방을 널빤지나 통나무로 막은 수레.

15 * **櫚** 종려나무 려 | 간 榈 櫚
19

중lǘ(뤼) 일ロ
풀이 종려나무. 야자나뭇과의 상록 교목.
◢棕櫚(종려)

15 **櫟** 상수리나무 력 | 간 栎 櫟
19

중lì(리) 일レキ/くぬぎ
풀이 ①상수리나무. ②난간(欄干).

15 * **櫓** 방패 로 | 간 橹 櫓
19

중lǔ(루) 일ロ/やぐら 영shield
풀이 ①방패. ②망루(望樓). ③노. 배 젓는 기구. ‖櫓聲(노성).
〔櫓歌 노가〕 뱃노래.
〔櫓棹 노도〕 노와 상앗대.

15 **櫡** ❶젓가락 저 ❷도끼 착 | 櫡
19

중zhù(°쭈), zhuó(°주어)
일チョ, チャク
풀이 ❶젓가락. ❷도끼.

15 *1 **櫛** 빗 즐 | 간 栉 櫛
19

중zhì(°쯔) 일シツ/くし 영comb
풀이 ①빗. ②빗다. ③긁다. ④늘어서다. 빽빽하게 늘어섬.
〔櫛比 즐비〕 빗살처럼 빽빽이 늘어서 있음.
〔櫛風沐雨 즐풍목우〕《바람으로 머리를 빗고, 빗물로 몸을 씻는다는 뜻으로》객지를 돌아다니며 갖은 고생을 함.

15 **櫍** 모탕 질 | 櫍
19

중zhì(°쯔) 일シツ
풀이 모탕. 나무를 패거나 자를 때, 밑에 받쳐 놓는 나무토막.

16 **櫪** 마판 력 | 간 枥 櫪
20

중lì(리) 일レキ/うまや
풀이 ①마판. ②말구유. ‖馬櫪(마력). ③상수리나무.
〔櫪馬 역마〕《'외양간에 매여 있는 말'이라는 뜻으로》속박당하여 자유롭지 못한 신세의 비유.

16 **櫨** 두공 로 | 간 栌 櫨
20

중lú(루) 일ロ/ますがた
풀이 ①두공. 기둥 위에 마련한 정사각형 또는 직사각형의 나무. ②거망옻나무. 옻나뭇과의 낙엽 교목.
◢木櫨(목로)

16 * **櫶** 나무 이름 헌 |
20

중xiǎn(시엔)

★✱3-Ⅱ
17 **欄** 난간 란 | 간 栏 欄
21

(필순) 木 朩 朩' 朩门 朩門 朩門 朩闌 欄

중lán(란) 일ラン/おばしま 영rail
자원 **형성자.** 木(목)은 의미를 나타내고 闌(란)은 음을 나타냄.
풀이 ①난간. ②울. 칸막이. 경계. ③난. 글·그림 등을 싣기 위해 지어 놓은 구획. ‖文藝欄(문예란).
〔欄干 난간〕 층계·다리·마루 등의 가장자리를 일정한 높이로 막은 물건.
〔欄外 난외〕 신문·책 등의 본문 주위의 여백.
◢固定欄(고정란)/空欄(공란)/廣告欄(광고란)/讀者欄(독자란)/文藝欄(문예란)/備考欄(비고란)/投稿欄(투고란)

17 *1 **櫻** 앵두나무 앵 | 간 樱 櫻
21

중yīng(잉) 일ヨウ, オウ
풀이 ①앵두나무. ‖櫻桃(앵도). ②벚나무.
〔櫻花 앵화〕 ①앵두꽃. ②벚꽃.

☆✱4-Ⅱ
18 **權** 저울추 권 | 속 権 간 权 權
22

(필순) 木 木' 木⺊ 木𠂉 木卄 木芦 栯 權

중quán(취엔) 일ケン, ゴン/おもり
자원 **형성자.** 木(목)은 의미를 나타내고 雚(관)은 음을 나타냄.
풀이 ①저울추. ‖權衡(권형). ②달다. 저울로 달다. ③권세. 권력. ‖權威(권위). ④권도(權道).
〔權貴 권귀〕 지위가 높고 권세가 있음. 또는, 그런 사람.
〔權能 권능〕 권리를 주장하고 행사할 수 있는 능력.
〔權道 권도〕 목적 달성을 위해 때에 따라 임기응변으로 일을 처리하는 방도.
〔權力 권력〕 남을 복종시키거나 지배할 수 있는 공인된 권리와 힘.
〔權利 권리〕 ①권력과 이익. ②어떤 일을 행하거나 요구할 수 있는 자격.
〔權謀 권모〕 그때그때 형편에 따라 꾀하는 모략.
〔權謀術數 권모술수〕 목적 달성을 위해 수단과 방법을 가리지 않는 온갖

재주.
〔權不十年 권불십년〕 《권세는 10년을 가지 못한다는 뜻으로》 아무리 높은 권세라도 오래가지 못함.
〔權勢 권세〕 권력과 위세(威勢).
〔權威 권위〕 남을 통솔하여 복종시키는 힘.
〔權益 권익〕 권리와 그에 따르는 이익.
〔權座 권좌〕 권력, 특히 통치권을 가지고 있는 지위.
〔權限 권한〕 권리나 권력이 미치는 범위.
〔權衡 권형〕 ①《'저울추와 저울대'라는 뜻으로》 저울. ②사물의 균형.
〔權化 권화〕 부처나 보살이 중생을 제도하기 위하여 임시로 화신(化身)하여 이 세상에 나타나는 일. 또는, 그 화신.
〔權凶 권흉〕 권세를 함부로 부리는 흉악한 사람.
◢公權(공권)/教權(교권)/國權(국권)/棄權(기권)/金權(금권)/黨權(당권)/大權(대권)/母權(모권)/默祕權(묵비권)/民權(민권)/兵權(병권)/父權(부권)/分權(분권)/私權(사권)/商權(상권)/神權(신권)/實權(실권)/女權(여권)/王權(왕권)/越權(월권)/利權(이권)/人權(인권)/全權(전권)/政權(정권)/主權(주권)/職權(직권)/執權(집권)/債權(채권)/親權(친권)/特權(특권)/版權(판권)/霸權(패권)

4획

18 22 **欌*** ㊥장롱 **장**

풀이 장롱. ‖欌門(장문).
〔欌籠 장롱〕 옷을 넣어 두는 장.
◢衣欌(의장)/冊欌(책장)

19 23 **欒*** 나무 이름 **란** ㉮栾

㊥luán(루안) ㊐ラン/もくげんじ
풀이 ①나무 이름. ②둥글다. 원만함.
◢團欒(단란)

19 23 **欑** 모을 **찬** ㉮欑

㊥cuán(추안) ㊐サン
풀이 ①모으다. ②수목(樹木)이 떨기를 이루다. ③가장하다.
〔欑宮 찬궁〕 빈전(殯殿) 안에 임금의 관을 두던 곳.

21 25 **欖*** 감람나무 **람** ㉮榄

㊥lǎn(란) ㊐ラン
풀이 감람나무. ‖橄欖樹(감람수).

26 **欝** 鬱(울)의 속자 →831쪽

欠部 하품흠

0 4 **欠***1 ❶하품 **흠***1 ㊔**검** ❷이지러질 **결**

㊥qiàn(치엔) ㊐ケン, ケツ/あくび ㊎yawn
갑 자원 **상형자.** 갑골문은 하품하는 사람의 모습을 나타냄. 갑골문의 윗부분은 크게 벌린 입을, 아랫부분은 꿇어앉은 모습을 나타냄.
한자 부수의 하나.
풀이 ❶①하품. ‖欠伸(흠신). ②하품하다. ③모자라다. 부족함. ‖欠乏(흠핍).
❷이지러지다. 缺(결)의 약자.
〔欠缺 흠결〕 ➡欠縮(흠축).
〔欠伸 흠신〕 하품과 기지개.
〔欠節 흠절〕 흠이 되는 점. 欠點(흠점).
〔欠縮 흠축〕 일정한 수효에서 부족함이 생김. 欠缺(흠결).
〔欠乏 흠핍〕 이지러져서 모자람.

2 6 **次**☆*4-Ⅱ 버금 **차**

丶 冫 丫 次 次 次

㊥cì(츠) ㊐シ/つぐ ㊎next
갑 금 전 자원 **상형자.** 갑골문·금문·소전의 왼쪽 부분(두 개의 점)은 '침'을 나타내고 오른쪽 부분은 사람이 입을 크게 벌리고 있는 모습을 나타냄. 이야기하거나 재채기하거나 할 때 침이 튀는 것은 예의에 어긋나는 행동인 데에서 '제멋대로 하는', '최선이 못 되는'의 뜻을 갖게 됨.
풀이 ①버금. ‖次席(차석). ②차례. 순서. ③번. 횟수. ‖次數(차수).
〔次期 차기〕 다음 시기.
〔次男 차남〕 둘째 아들.
〔次席 차석〕 수석(首席)의 다음 자리.
〔次善 차선〕 최선의 다음.
〔次點 차점〕 최고점이나 기준점에 다음 가는 점수.
〔次次 차차〕 어떤 일이 조금씩 차례로 되어 가는 모양. 점점.
◢累次(누차)/目次(목차)/席次(석차)/數次(수차)/順次(순차)/年次(연차)/將次(장차)/再次(재차)/節次(절차)/漸次(점차)/編次(편차)/行次(행차)

8 **欧** 歐(구)의 약자 →410쪽

4 8 **欣***1 기뻐할 **흔**

[중]xīn(씬) [일]キン, ゴン/よろこぶ
[영]delight
[풀이] ①기뻐하다. ‖欣喜(흔희). ②기쁨.
〔欣然 흔연〕 기뻐하는 모양.
〔欣快 흔쾌〕 기쁘고 상쾌함.

7
11 **欸** [1]한숨 쉴 **애** [2]화낼 **애**

[중]āi, ǎi(아이) [일]アイ/なげく [영]sigh
[풀이] [1]한숨 쉬다. [2]화내다.

☆*3-Ⅱ
7
11 **欲** 하고자 할 **욕**

丷 㕣 㕣 谷 谷 谷 欲 欲

[중]yù(위) [일]ヨク/ほっする [영]desire
[자원] **회의 겸 형성자.** 谷(계곡 곡)과 欠(하품 흠)이 합쳐진 자. 계곡은 산 사이의 비어 있는 공간이고, 하품은 잠이 부족하여 생기는 현상인 데에서, 비어 있음과 부족함이 결합하여 '무엇인가를 하려 하다'의 뜻을 나타냄. 欠은 의미를 나타내고 谷은 의미와 음을 겸하여 나타냄.
[풀이] [통]慾. ①하고자 하다. 바라다. ‖意欲(의욕). ②욕심. ‖貪欲(탐욕).
〔欲界 욕계〕《'욕심이 많은 세계'란 뜻으로》 인간 세계.
〔欲求 욕구〕 무엇을 얻거나 무슨 일을 하고자 바람. 希求(희구).
〔欲望 욕망〕 무엇을 바라거나 하고 싶어 하는 마음.
〔欲速不達 욕속부달〕 너무 빨리 하려고 서두르면 도리어 이루지 못함.
〔欲情 욕정〕 ①충동적으로 일어나는 욕심. ②이성에 대한 육체적 욕망. 色情(색정).
◢購買欲(구매욕)/意欲(의욕)/情欲(정욕)

7
11 **欷** 흐느낄 **희**

[중]xī(씨) [일]キ/むせびなく [영]sob
[풀이] 흐느끼다.

*2
8
12 **款** 정성 **관**

[중]kuǎn(쿠안) [일]カン/まこと
[영]sincerity
[자원] **형성자.** 欠(흠)은 의미를 나타내고 窾(관)의 생략형인 叀 자는 음을 나타냄.
[풀이] ①정성. ‖款待(관대). ②음자(陰字). 금석(金石)·종정(鐘鼎)에 음각(陰刻)한 글자. ③조목. 항목. ‖定款(정관). ④새기다. ‖落款(낙관).
〔款待 관대〕 친절하게 대접함.
◢落款(낙관)/約款(약관)/定款(정관)/借款(차관)

★*3
8
12 **欺** 속일 **기**

一 卄 甘 甘 其 其' 欺 欺

[중]qī(치) [일]キ/あざむく [영]cheat
[자원] **형성자.** 欠(흠)은 의미를 나타내고 其(기)는 음을 나타냄.
[풀이] ①속이다. ‖詐欺(사기). ②거짓.
〔欺弄 기롱〕 속이거나 비웃으며 놀림.
〔欺瞞 기만〕 남을 속임.
〔欺世盜名 기세도명〕 세상 사람을 속이고 헛된 명예를 얻음.
◢詐欺(사기)

8
12 **欻** 문득 **훌**

[중]xū(쒸) [일]クツ/たちまち
[풀이] 문득. 갑자기.
〔欻然 훌연〕 어떤 일이 급히 일어나는 모양.

4획

*2
8
12 **欽** 공경할 **흠** [본]**금** [간]钦

[중]qīn(친) [일]キン/うやまう [영]respect
[풀이] ①공경하다. 삼가다. ②황제(皇帝)에 관한 일에 붙이는 말. ‖欽勅(흠칙).
〔欽命 흠명〕 황제의 명령.
〔欽慕 흠모〕 기쁜 마음으로 공경하며 사모함.
〔欽仰 흠앙〕 공경하여 우러러 사모함.
〔欽定 흠정〕 칙명(勅命)에 의하여 제정함. 또는, 그 제정된 것.
〔欽差 흠차〕 황제의 명령으로 보내던 파견인.

9
13 **歃** 마실 **삽**

[중]shà(°싸) [일]ソウ/すする
[풀이] 마시다. 맹세로 희생의 피를 마심.
〔歃血 삽혈〕 옛 중국에서, 맹세할 때 희생으로 잡은 짐승의 피를 서로 나누어 마시거나 입에 바르던 일.

*1
9
13 **歇** 쉴 **헐**

[중]xiē(씨에) [일]ケツ/やすむ [영]rest
[풀이] ①쉬다. ②헐하다. 값이 싸다.
〔歇價 헐가〕 헐값.
〔歇看 헐간〕 물건·일을 탐탁스럽지 않게 보아 넘김.
◢間歇(간헐)

*1
9
13 **歆** 흠향할 **흠**

[중]xīn(씬) [일]キン/うける [영]receive

풀이 ①흠향하다. ②대접하다. 음식을 대접함. 부러워하다. ‖歆羨(흠선).
〔歆嘗 흠상〕 신에게 제물을 바치고 제사 지냄.
〔歆羨 흠선〕 우러러 공경하고 부러워함.
〔歆饗 흠향〕 신이 제물을 받거나 제사 음식의 향기를 맡음.

10 14 歌 ☆*7 노래 가 歌

一 ㄱ ㄲ ㄲ 哥 哥 歌 歌

중gē(꺼) 일カ/うた 영song
자원 **형성자.** 欠(흠)은 의미를 나타내고 哥(가)는 음을 나타냄.
풀이 ①노래. ‖唱歌(창가). ②노래하다. 같哥. ③운문. ‖詩歌(시가).
〔歌曲 가곡〕 시에 곡을 붙인 성악곡.
〔歌劇 가극〕 극시(劇詩)와 음악·무용을 혼용하여 대사를 노래로 부르면서 하는 연극. 오페라(opera).
〔歌舞 가무〕 ①노래와 춤. ②노래하면서 춤을 춤.
〔歌詞 가사〕 노랫말.
〔歌手 가수〕 노래 부르는 것을 직업으로 삼는 사람.
〔歌樂 가악〕 노래와 풍악.
〔歌謠 가요〕 ①일반 사람들이 널리 부르는 노래. 大衆歌謠(대중가요). ②민요·동요·유행가의 총칭. ③악가(樂歌)와 속요(俗謠).
〔歌人 가인〕 노래를 잘 부르는 사람.
〔歌唱 가창〕 노래를 부름.
◢凱歌(개가)/校歌(교가)/謳歌(구가)/國歌(국가)/軍歌(군가)/悲歌(비가)/聖歌(성가)/頌歌(송가)/詩歌(시가)/哀歌(애가)/戀歌(연가)/讚歌(찬가)/唱歌(창가)/祝歌(축가)/鄕歌(향가)

10 14 歉 흉년 들 겸 歉

중qiàn(치엔) 일ケン/ききん 영have a bad crop
풀이 ①흉년이 들다. ‖歉敝(겸폐). ②뜻에 차지 않다. ③나쁘다.
〔歉年 겸년〕 농작물이 잘되지 않은 해. 凶年(흉년). 荒年(황년). 歉歲(겸세).
〔歉然 겸연〕 ①미안하여 볼 낯이 없는 모양. ②쑥스럽고 어색한 모양. 慊然(겸연).

10 14 歊 * 김 오를 효

중xiāo(씨아오) 일キョウ
풀이 ①김이 오르다. ②숨결.

11 15 歐 *2 ❶토할 구 본우 ❷노래할 구 본우 약간 欧 歐

중ǒu, ōu(어우) 일オウ/はく, うたう 영vomit
자원 **형성자.** 欠(흠)은 의미를 나타내고 區(구)는 음을 나타냄.
풀이 ❶①토하다. ②치다. 때림. ❷①노래하다. ②구라파. '유럽(Europe)'의 약칭. ‖歐美(구미).
〔歐文 구문〕 서양 문자. 또는, 그 글.
〔歐美 구미〕 ①유럽 주와 아메리카 주. ②유럽과 미국.

11 15 歎 ★*4 탄식할 탄 간 叹 歎

一 ㅛ 甘 堇 莫 歎 歎 歎

중tàn(탄) 일タン/なげく 영sigh
풀이 ①탄식하다. 통嘆. ‖恨歎(한탄). ②기리다. 칭찬함. ‖歎賞(탄상). ③화답(和答)하다.
〔歎服 탄복〕 깊이 감탄하여 마음으로 따름. 嘆服(탄복). 感服(감복).
〔歎聲 탄성〕 ①탄식하는 소리. ②감탄하는 소리.
〔歎息 탄식〕 한숨을 쉬며 한탄함. 嘆息(탄식).
〔歎願 탄원〕 사정을 말하여 도와주기를 애타게 바람. ‖歎願書(탄원서).
◢感歎(감탄)/慨歎(개탄)/驚歎(경탄)/悲歎(비탄)/詠歎(영탄)/自歎(자탄)/讚歎(찬탄)/痛歎(통탄)/恨歎(한탄)

15 歓 歡(환)의 속자 →411쪽

12 16 歔 흐느낄 허 간 歔 歔

중xū(쒸) 일キョ/すすりなく 영sob
풀이 흐느끼다.
〔歔欷 허희〕 한숨을 지음.

13 17 歛 바랄 감 歛

중liǎn(리엔) 일カン/のぞむ 영wish
斂(렴:344쪽)은 딴 자.
풀이 바라다.

14 18 歟 * 어조사 여 간 欤 歟

중yú(위) 일ヨ
풀이 어조사. ㉮구 가운데 놓여 어기(語氣)를 고르는 어조사. ㉯의문·감탄·추량(推量)의 종결사.

4획

15 **𩡣** 마실 **철** 𩡣
19

[중]chuò(°추어) [일]セツ/のむ [영]drink
[풀이] 마시다.

☆*4
18 **歡** 기뻐할 **환** [속]歓 [간]欢 歡
22

丶 丷 艹 茾 萑 雚 歡

[중]huān(후안) [일]カン [영]delight
[자원] **형성자.** 欠(흠)은 의미를 나타내고 雚(관)은 음을 나타냄.
[풀이] ①기뻐하다. ②기쁨. 즐거움. ‖歡喜(환희).
〔歡談 환담〕 정답게 이야기함. 또는, 그 이야기.
〔歡待 환대〕 정성껏 후하게 대접함.
〔歡樂 환락〕 기뻐하고 즐거워함. 또는, 즐거운 마음으로 놂.
〔歡送 환송〕 떠나는 사람을 기쁜 마음으로 보냄.
〔歡迎 환영〕 오는 사람을 기쁜 마음으로 맞음.
〔歡呼 환호〕 기뻐서 고함을 지름.
〔歡呼雀躍 환호작약〕 기쁘거나 감격하여 소리를 치며 날뜀.
〔歡喜 환희〕 매우 기뻐함. 또는, 큰 기쁨. 歡悅(환열).
◢哀歡(애환)

止部 그칠지

☆*5
0 **止** 그칠 **지** 止
4

丨 ト 㐅 止

[중]zhǐ(°즈) [일]シ/とまる [영]stop
[갑] [자원] **상형자.** 사람의 발을 본뜬 자. 뒷날 '그치다'의 뜻으로 쓰이게 되면서 본뜻을 보존하기 위해 만든 자가 '趾'(발가락 지)임.
[부] 한자 부수의 하나.
[풀이] ①그치다. 멈춤. ‖停止(정지). ②막다. 금하다. ‖禁止(금지). ③묵다. 머무르다. ④거동. 행동거지.
〔止水 지수〕 ①흐르지 않고 괴어 있는 물. ②마음이 고요하고 움직임이 없음의 비유. ‖明鏡止水(명경지수).
〔止揚 지양〕 어떤 것을 그 자체로는 부정하면서, 한층 더 높은 단계에서 이것을 긍정하여 나가는 일.
〔止血 지혈〕 피가 나오다가 그침. 또는, 나오는 피를 그치게 함.
◢禁止(금지)/防止(방지)/抑止(억지)/沮止(저지)/停止(정지)/制止(제지)/中止(중지)/廢止(폐지)/解止(해지)/行動擧止(행동거지)/休止(휴지)

☆*7
1 **正** [1]바를 **정** [2]정월 **정** 正
5

一 丅 下 𤴓 正

[중]zhèng, zhēng(°쩡)
[일]セイ, ショウ/ただしい [영]right
[갑] [금] [전] [자원] **회의자.** 갑골문에서 보듯 성(城)을 뜻하는 口 자와 발을 뜻하는 止(止) 자가 합쳐진 자로, 공격 목표인 성을 향해 나아가는 발을 나타냄. 본뜻은 '정벌'이었으나 '바르다'의 뜻이 널리 쓰이게 되자 본뜻을 보존하기 위해 만든 자가 '征'(정)임.
[풀이] [1]①바르다. ‖方正(방정). ②바르게 하다. ③정사(政事). ④바른길. 도(道). ‖正道(정도). ⑤우두머리. ⑥적자(嫡子). ⑦정실(正室). ⑧바로. 참으로. [2]정월.
〔正刻 정각〕 정확히 바로 그 시각.
〔正格 정격〕 ①바른 격식이나 규칙. 正則(정칙). ②한시의 절구(絕句)나 율시(律詩) 등에서, 첫 구의 둘째 자가 측성자(仄聲字)로 시작되는 것.
〔正鵠 정곡〕 ①과녁의 중심. ②사물의 요점.
〔正金 정금〕 ①순금(純金). ②지폐에 대해 금은 따위로 만든 정화(正貨).
〔正氣 정기〕 ①만물의 근원이 되는 기운. ②공명정대한 기상. ↔邪氣(사기).
〔正當 정당〕 바르고 마땅함. ↔不當(부당).
〔正大 정대〕 의지나 언행이 바르고 떳떳함.
〔正道 정도〕 바른 길. 또는, 정당한 도리. 正路(정로).
〔正路 정로〕 ➡正道(정도).
〔正論 정론〕 바른 의론. 또는, 바르게 의론함.
〔正面 정면〕 바로 마주 보이는 면. ※後面(후면)·側面(측면).
〔正帽 정모〕 정복 차림에 쓰는 모자.
〔正文 정문〕 설명·주석 등에 대하여, 문서의 본문(本文). ↔注釋(주석).
〔正門 정문〕 주된 출입문.
〔正方形 정방형〕 정사각형.
〔正否 정부〕 바름과 그름.
〔正副 정부〕 으뜸과 버금.
〔正式 정식〕 바른 격식. 正格(정격). ↔略式(약식).
〔正室 정실〕 아내를 첩에 상대하여 이르는 말. ↔副室(부실).
〔正午 정오〕 낮 12시. 晌午(상오).
〔正月 정월〕 음력으로 한 해의 첫째 달. 1월.
〔正義 정의〕 ①바른 도리. ②바른 뜻.
〔正裝 정장〕 정식의 복장을 함. 또는,

그 복장.
〔正正堂堂 정정당당〕 바르고 정연하며 기세가 당당한 모양.
〔正直 정직〕 마음이 바르고 곧음.
〔正初 정초〕 정월의 초승. 또는, 그해의 처음.
〔正統 정통〕 ①바른 혈통(血統). ②바른 계통의 종파. 正宗(정종).
〔正確 정확〕 바르고 확실함. 的確(적확).
◢改正(개정)/更正(경정)/公正(공정)/校正(교정)/端正(단정)/反正(반정)/方正(방정)/補正(보정)/不正(부정)/司正(사정)/査正(사정)/事必歸正(사필귀정)/修正(수정)/肅正(숙정)/是正(시정)/嚴正(엄정)/子正(자정)/適正(적정)/訂正(정정)/眞正(진정)/叱正(질정)

☆✱3-Ⅱ
2 6 **此** 이 **차** 此

丨 ⺊ 屮 止 止 此

㊥cǐ(츠) ㊐シ/これ ㊀this

갑 전 자원 **회의자.** 갑골문의 왼쪽은 '발'의 상형인 止(지)이고 오른쪽은 '서 있는 사람'의 상형으로, 사람이 발을 디디고 서 있는 '바로 이곳'을 나타냄.

풀이 ①이. 이에. 이와 같은. ②이곳. 이것.
〔此岸 차안〕 생사(生死)의 세계. 또는, 이 세상. ↔彼岸(피안).
〔此月彼月 차월피월〕 이달 저달 하며 자꾸 기한을 미루는 모양.
〔此日彼日 차일피일〕 이날 저날 하며 자꾸 기한을 미루는 모양.
〔此際 차제〕 때마침 주어진 이 기회.
〔此後 차후〕 이 다음. 이 뒤.
◢如此(여차)/彼此(피차)

☆✱4-Ⅱ
3 7 **步** 걸을 **보** 步

丨 ⺊ 屮 止 止 步 步

㊥bù(뿌) ㊐ホ, ブ/あるく ㊀walk

갑 금 전  자원 **회의자.** 오른발과 왼발이 합쳐진 자. 두 발을 번갈아 내디디며 걷는 것을 나타냄.

풀이 ①걷다. 걸음. ‖步行(보행). ②행하다. ‖步哨(보초). ③시운(時運). ‖國步(국보). ④길이의 단위. 한 걸음. 6척(尺) 또는 8척.
〔步道 보도〕 사람이 걸어다니는 길. 人道(인도). ↔車道(차도).
〔步武堂堂 보무당당〕 걸음걸이가 활발하고 버젓한 모양.
〔步兵 보병〕 도보로 전투하는 군인. 步卒(보졸).
〔步涉 보섭〕 길을 걷고 물을 건넘.
〔步調 보조〕 ①걸음걸이의 속도. ②여럿이 함께 일을 할 때의 진행 속도나 조화.
〔步行 보행〕 걸어감. 徒步(도보).
◢競步(경보)/驅步(구보)/踏步(답보)/徒步(도보)/獨步(독보)/散步(산보)/速步(속보)/讓步(양보)/五十步百步(오십보백보)/一步(일보)/進步(진보)/初步(초보)/退步(퇴보)/行步(행보)/闊步(활보)

8 **歧** 岐(기)와 동자 →225쪽
跂(기)와 동자 →725쪽

☆✱4-Ⅱ
4 8 **武** 호반 **무** 武

一 二 千 千 干 正 武 武

㊥wǔ(우) ㊐ブ, ム

갑 금 전 자원 **회의자.** '창'을 상형한 戈(과)와 '발'을 상형한 止(지)가 합쳐진 자로, 창을 들고 전장(戰場)을 향해 나아가는 모습을 나타냄. 본뜻은 '정벌'.

풀이 ①호반(虎班). 옛날, 우리나라 무반(武班)의 별칭. ②굳세다. ‖武勇(무용). ③군인. ④병기. ⑤발자취.
〔武功 무공〕 군사상의 공적.
〔武科 무과〕 무관(武官)을 선발하던 과거(科擧). ↔文科(문과).
〔武器 무기〕 전쟁에 쓰는 도구. 武具(무구). 兵器(병기). 干戈(간과).
〔武道 무도〕 ①무예·무술의 총칭. ②무사가 마땅히 지켜야 할 도리.
〔武力 무력〕 ①군사상의 힘. 兵力(병력). 戰力(전력). ②욱대기는 힘. 腕力(완력).
〔武陵桃源 무릉도원〕 ①도연명의 '도화원기(桃花源記)'에 기술된 선경. 중국 진(晉)나라 때, 무릉의 한 어부가 복숭아꽃이 떠내려오는 강물을 거슬러 배를 저어 올라갔더니 거기에 경치 좋은 마을이 있어 옛날 진(秦)나라의 난리를 피해 온 사람들이 바깥세상 소식을 모르는 채 살고 있었다고 함. ②세상과 따로 떨어진 별천지의 비유.
〔武士 무사〕 무예에 힘쓰고 군사에 종사하는 사람. ↔文士(문사).
〔武事 무사〕 무예와 싸움에 관한 일. ↔文事(문사).
〔武術 무술〕 무도(武道)의 기술.
〔武藝 무예〕 무도(武道)에 관한 재주. 武技(무기). ↔文藝(문예).
〔武勇 무용〕 ①무예와 용맹. ②날래고 용맹함.
〔武運 무운〕 ①전쟁의 승패에 관한 운수. ②무인(武人)으로서의 운수. ↔文運(문운).
〔武人 무인〕 ①무술을 닦은 사람. ②무관의 직에 있는 사람. ↔문인(文人).

〔武裝 무장〕 전투에 필요한 장비를 갖춤. 또는, 그 장비.
◢文武(문무)/步武(보무)/尙武(상무)/硏武(연무)/威武(위무)

*2
5 **歪** 비뚤 **왜** ㊔외 | 歪
9

㊥wāi(와이) ㊐ワイ ㊎crooked
풀이 비뚤다. 기욺.
〔歪曲 왜곡〕 사실과 다르게 해석함.

☆*5
9 **歲** 해 **세** | ㉠岁 歳
13

㊥suì(쑤에이) ㊐サイ, セイ/とし
㊎year
갑 금 전 자원 **회의자.** 갑골문 첫째 자는 날 있는 도끼 모양의 도구를 나타낸 상형자이고, 갑골문 둘째 자와 금문·소전은 날 있는 도구〔戉(월)〕와 두 발〔步(보)〕이 합쳐진 회의자로, 곡식을 수확하는 행위를 나타냄. 수확은 매년 이뤄진 데에서 '한 해'의 뜻이 생겨남.
풀이 ①해. 1년. ‖歲末(세말). ②신년. 설. ③세월. ‖歷歲(역세). ④나이.
〔歲暮 세모〕 한 해의 마지막 무렵. 세밑. 歲末(세말). 歲底(세저).
〔歲拜 세배〕 섣달 그믐이나 정초에 웃어른에게 하는 절. 歲謁(세알).
〔歲序 세서〕 세월이 바뀌는 차례.
〔歲時 세시〕 ①새해의 첫머리. 설. ②한 해의 절기나 달, 계절에 따른 때.
〔歲月 세월〕 흘러가는 시간. 光陰(광음).
〔歲入 세입〕 한 회계 연도 동안의 총수입. ↔歲出(세출).
〔歲次 세차〕 간지(干支)를 따라서 정한 해의 차례.
〔歲出 세출〕 한 회계 연도 동안의 총지출. ↔歲入(세입).
◢隔歲(격세)/過歲(과세)/萬歲(만세)/年歲(연세)/千歲(천세)/太歲(태세)

☆*5
12 **歷** 지낼 **력** | ㉠历 歷
16

㊥lì(리) ㊐レキ/へる ㊎pass
갑 금 자원 **회의 겸 형성자.** '언덕'을 나타내는 厂(엄), '벼 두 포기'의 상형인 秝(력), '발'의 상형인 止(지)가 합쳐진 자로, 밭 사이로 난 길을 지나가면서 곡식이 잘 자라는지 확인하는 모습을 나타냄. 止는 의미를 나타내고 秝 또는 厤(력)은 의미와 음을 겸하여 나타냄. 본뜻은 '지나다'.
풀이 ①지내다. ‖經歷(경력). ②순서대로. 차례차례. ‖遍歷(편력). ③분명하다. ‖歷然(역연). ④책력.
〔歷年 역년〕 ①여러 해를 지냄. ②한 왕조(王朝)가 왕업을 편 햇수.
〔歷代 역대〕 이어 내려온 여러 대. 또는, 그동안. 代代(대대). 累代(누대).
〔歷歷 역력〕 자취나 기미 등이 또렷함.
〔歷訪 역방〕 여러 곳을 차례로 방문함.
〔歷史 역사〕 ①인류 사회의 변천과 흥망의 과정. 또는, 그 기록. ②사물이 존재해 온 연혁.
〔歷然 역연〕 뚜렷한 모양.
〔歷任 역임〕 여러 직위를 두루 거쳐 지냄. 歷官(역관).
〔歷戰 역전〕 여러 차례 전투에 참가함.
〔歷程 역정〕 거치거나 지나온 과정.
◢經歷(경력)/來歷(내력)/病歷(병력)/略歷(약력)/履歷(이력)/前歷(전력)/遍歷(편력)/學歷(학력)

4획

☆*4
14 **歸** 돌아갈 **귀** | ㊉帰 ㉠归 歸
18

㊥guī(꾸에이) ㊐キ/かえる
㊎go back
갑 전 자원 **회의 겸 형성자.** 흙덩이의 상형인 𠂤(퇴)와 빗자루의 상형인 帚(추)와 발바닥의 상형인 止(지)가 합쳐진 자. 시집가는 신부가 고향의 흙덩이와 빗자루를 가지고 가는 것을 나타냄. 止와 帚는 의미를 나타내고 𠂤는 의미와 음을 겸하여 나타냄. 본뜻은 '시집가다'이나, 옛 중국인의 관념에 시댁은 여자가 마땅히 돌아가야 하는 본집이라 여긴 데에서 '돌아가다'의 뜻이 생김.
풀이 ①돌아가다. 돌려보내다. ‖歸家(귀가)/復歸(복귀). ②따르다. 좇다. ‖歸化(귀화). ③시집가다. ④의탁하다. ‖歸依(귀의).
〔歸家 귀가〕 집으로 돌아감.
〔歸去來辭 귀거래사〕 중국 진(晉)나라의 도연명(陶淵明)이 벼슬을 그만두고 고향으로 돌아갈 때 지은 글. 유유자적하는 전원생활을 그린 내용임.
〔歸結 귀결〕 ①최후에 다다름. 또는, 그 결론이나 결과. ②논의나 추리(推理)의 도달되는 결과. 結着(결착).
〔歸京 귀경〕 서울로 돌아옴.
〔歸國 귀국〕 본국으로 돌아옴.
〔歸納 귀납〕 여러 사실의 일치점을 근거로 하여 일반적 원리를 이끌어 내는 일. ↔演繹(연역).
〔歸路 귀로〕 돌아가는 길. 歸途(귀도). 歸程(귀정). 回程(회정).
〔歸省 귀성〕 부모를 뵙기 위해 객지에서 고향으로 돌아감. ‖歸省客(귀성객).

※歸鄕(귀향).
〔歸屬 귀속〕 재산·권리가 특정인이나 단체에 딸림. ‖歸屬財産(귀속 재산).
〔歸順 귀순〕 대적하던 마음을 버리고 복종함. 歸復(귀복).
〔歸依 귀의〕 ①돌아가 의지함. ②신불(神佛)을 신앙하여 의지함.
〔歸一 귀일〕 ①하나로 합쳐짐. ②한 가지 결말로 돌아감.
〔歸着 귀착〕 ①돌아와 닿음. ②결말에 다다름.
〔歸趨 귀추〕 일이 되어 가는 형편.
〔歸航 귀항〕 배나 비행기가 출발했던 곳으로 다시 돌아가는 항해.
〔歸鄕 귀향〕 고향으로 돌아옴. 回鄕(회향). ↔離鄕(이향). ※歸省(귀성).
〔歸化 귀화〕 다른 나라의 국적(國籍)을 얻어 그 국민이 되는 일.
〔歸還 귀환〕 제자리로 다시 돌아옴.
◢復歸(복귀)/不歸(불귀)/回歸(회귀)

歹部 죽을사변 歹 歺

0 4 **歹** ❶부서진 뼈 **알** ❷나쁠 **태**

㊥è(어), dǎi(다이) ㊐ガツ, タイ

갑 전 자원 **상형자.** 시신의 살이 썩어 없어지고 뼈만 앙상하게 남은 모습을 나타낸 자.

한자 부수의 하나.

풀이 ❶부서진 뼈. ❷나쁘다.

☆*6
2 6 **死** 죽을 **사**

一 ア 万 歹 歹' 死

㊥sǐ(스) ㊐シ/しぬ ㊎die

갑 전 자원 **회의자.** 갑골문·소전에서 보듯 뼈의 잔해〔歹(알)〕 앞에 꿇어앉아 애도하는 사람〔匕(비)〕의 모습을 나타냄. 여기에서 '죽다'의 뜻이 나옴.

풀이 ①죽다. 죽이다. 죽음. ‖死亡(사망). ②죽음. ②활동하지 않다. 생기없다. ‖死火山(사화산). ③목숨을 걸다. 결사적이다. ‖死地(사지).

〔死境 사경〕 죽을 지경.
〔死苦 사고〕 ①죽을 때의 고통. ②죽을 정도의 심한 고통. ③사고(四苦)의 하나로, 죽음의 고통.
〔死力 사력〕 필사의 노력. 全力(전력).
〔死亡 사망〕 죽음. ↔出生(출생).
〔死滅 사멸〕 죽어 없어짐.
〔死文 사문〕 ①조문(條文)뿐이고 실제로 활용되지 않는 규정(規定). 空文(공문). ②쓸모없는 문장.
〔死別 사별〕 죽어서 이별함. 永訣(영결).
〔死生決斷 사생결단〕 죽고 사는 것을 돌보지 않고 끝장을 내려고 함.
〔死線 사선〕 ①죽을 고비. ②넘거나 통과하기 위해서는 죽음을 무릅써야 하는 경계선.
〔死守 사수〕 목숨을 걸고 지킴.
〔死者 사자〕 죽은 사람. 死人(사인). ↔生者(생자).
〔死藏 사장〕 활용하지 않고 썩혀 둠.
〔死罪 사죄〕 죽어 마땅한 죄. 사형에 처할 죄.
〔死地 사지〕 죽을 지경의 매우 위험한 곳.
〔死鬪 사투〕 죽을힘을 다해 싸움.
〔死刑 사형〕 목숨을 끊는 형벌.
〔死後 사후〕 죽은 뒤. ↔生前(생전).
◢假死(가사)/客死(객사)/決死(결사)/故死(고사)/絞死(교사)/急死(급사)/腦死(뇌사)/毒死(독사)/凍死(동사)/變死(변사)/病死(병사)/不死(불사)/瀕死(빈사)/賜死(사사)/生老病死(생로병사)/生死(생사)/餓死(아사)/壓死(압사)/獄死(옥사)/溺死(익사)/戰死(전사)/情死(정사)/即死(즉사)/直死(직사)/慘死(참사)/致死(치사)/必死(필사)/橫死(횡사)

*1
4 8 **歿** 죽을 **몰**

㊥mò(모) ㊐ボツ/しぬ

풀이 죽다. 끝남. ‖戰歿(전몰).

4 8 **殀** 일찍 죽을 **요**

㊥yāo(야오) ㊐ヨウ/わかじに

풀이 일찍 죽다.

★*3
5 9 **殃** 재앙 **앙**

ア 万 歹 歹' 歹ㄇ 歹口 殃 殃

㊥yāng(양) ㊐オウ/わざわい ㊎disaster

자원 **형성자.** 歹(알)은 의미를 나타내고 央(앙)은 음을 나타냄.

풀이 ①재앙. ②해를 끼치다.

〔殃及池魚 앙급지어〕 《중국 송(宋)나라의 성문에 불이 나서 못의 물로 불을 끄니 그 못의 물고기가 다 죽었다는 고사에서》 엉뚱하게 재난을 당함.
〔殃禍 앙화〕 지은 죄의 앙갚음으로 받는 재앙. 殃孼(앙얼).
◢災殃(재앙)

5 9 **殂** 죽을 **조**

㊥cú(추) ㊐ソ/しぬ

[풀이] 죽다.
〔殂落 조락〕 임금의 죽음. 崩御(붕어).

5
9 **殄** * 다할 **진**

[중]tiǎn(티엔) [일]テン/つきる
[영]be gone
[풀이] ①다하다. ②끊어지다.
〔殄滅 진멸〕 무찔러 죽여 없앰.
〔殄殲 진섬〕 남김없이 멸망함.

5
9 **殆** ★✱3-Ⅱ 위태할 **태**

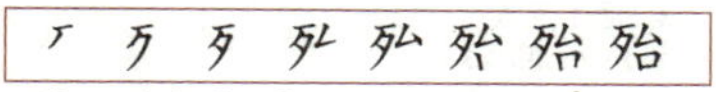

[중]dài(따이) [일]タイ/あやふい
[영]dangerous
[자원] **형성자.** 歹(알)은 의미를 나타내고 台(태)는 음을 나타냄.
[풀이] ①위태하다. ②거의. ‖ 殆半(태반).
〔殆無 태무〕 거의 없음.
〔殆半 태반〕 거의 절반.
◢危殆(위태)

6
10 **殊** ★✱3-Ⅱ 죽일 **수**

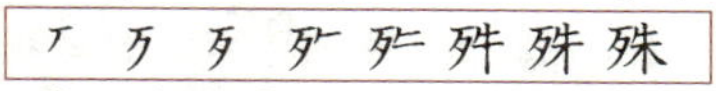

[중]shū(°쑤) [일]シュ/ころす [영]kill
[자원] **형성자.** 歹(알)은 의미를 나타내고 朱(주)는 음을 나타냄.
[풀이] ①죽이다. 죽다. ②다르다. ‖ 特殊(특수). ③뛰어나다. ‖ 殊功(수공).
〔殊常 수상〕 보통과 달리 이상하여 의심스러움.
〔殊勝 수승〕 특히 뛰어난 일.
〔殊異 수이〕 유별나게 다름.
〔殊勳 수훈〕 뛰어난 공훈. 殊功(수공).
◢特殊(특수)

6
10 **殉** ★✱3 따라 죽을 **순**

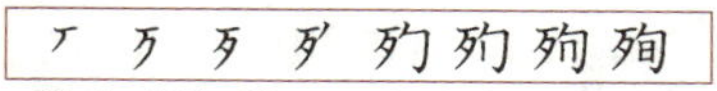

[중]xùn(쒼) [일]ジュン/となう
[자원] **형성자.** 歹(알)은 의미를 나타내고 旬(순)은 음을 나타냄.
[풀이] ①따라 죽다. ‖ 殉死(순사). ②어떤 것을 지키기 위해 죽다. ‖ 殉職(순직).
〔殉教 순교〕 신앙하는 종교를 위하여 목숨을 바침. ‖ 殉教者(순교자).
〔殉國 순국〕 나라를 위해 목숨을 바침.
〔殉死 순사〕 ①나라를 위해 목숨을 바침. ②죽은 사람을 따라 죽음.
〔殉葬 순장〕 지난날, 임금이나 귀족이 죽었을 때, 첩·신하·종 등을 산 채로 함께 묻던 일.
〔殉節 순절〕 ①신하로서 충절(忠節)을 지켜 죽음. ②아내로서의 절개를 지켜 목숨을 버림.
〔殉職 순직〕 직무를 수행하다가 목숨을 잃음.

10 **残** 殘(잔)의 속자 →415쪽

7
11 **殍** 굶어죽을 **표**

[중]piǎo(피아오) [일]ヒョウ
[풀이] 굶어죽다.

8
12 **殖** ✱2 번성할 **식** [간]殖

[중]zhí(°즈) [일]ショク/ふえる [영]prosper
[자원] **형성자.** 歹(알)은 의미를 나타내고 直(직)은 음을 나타냄.
[풀이] ①번성하다. ‖ 蕃殖(번식). ②붇다. 불림. ‖ 利殖(이식).
〔殖産 식산〕 ①재산을 불림. 殖財(식재). 殖貨(식화). ②생산물을 늘림.
◢繁殖(번식)/生殖(생식)/養殖(양식)/利殖(이식)/增殖(증식)

8
12 **殘** ★✱4 해칠 **잔** [속]残 [간]残

[중]cán(찬) [일]ザン/のこる [영]injure
[자원] **회의 겸 형성자.** 뼈를 나타내는 歹(알)과 얇거나 얕거나 가치 없는 것을 나타내는 戔(잔)이 합쳐진 자로, 뼈 가운데 바스러지고 남은 것을 뜻함. 歹은 의미를 나타내고 戔은 의미와 음을 겸하여 나타냄.
[풀이] ①해치다. ‖ 相殘(상잔). ②상해(傷害). ③잔인하다. 포악함. ‖ 殘酷(잔혹). ④남다. 나머지. ‖ 殘金(잔금). ⑤미워하다.
〔殘高 잔고〕 →殘額(잔액).
〔殘金 잔금〕 ①쓰고 남은 돈. ②갚다가 못다 갚은 돈. 殘額(잔액).
〔殘留 잔류〕 남아서 처져 있음.
〔殘務 잔무〕 다 처리하지 못하여 남은 업무.
〔殘飯 잔반〕 ①먹고 남은 밥. ②먹고 남은 음식. ③먹다가 그릇에 남긴 밥. 대궁.
〔殘兵 잔병〕 패한 싸움에서 살아 남은 병사. 敗殘兵(패잔병).
〔殘雪 잔설〕 ①녹다 남은 눈. ②봄까지 남아 있는 눈.
〔殘惡 잔악〕 잔인하고 악랄함.
〔殘額 잔액〕 나머지 금액. 殘高(잔고).
〔殘餘 잔여〕 전체 가운데 일부가 남아 있음. 또는, 그런 나머지.
〔殘忍 잔인〕 인정이 없고 모짊.

4획

〔殘滓 잔재〕 ①쓰고 남은 찌꺼기. ②과거의 낡은 사고방식이나 생활양식의 찌꺼기.
〔殘存 잔존〕 남아 있음.
〔殘虐 잔학〕 잔인하고 포악함. 殘暴(잔포).
〔殘骸 잔해〕 부서지거나 못 쓰게 되어 남아 있는 물체.
〔殘酷 잔혹〕 잔인하고 가혹함.
◪相殘(상잔)/衰殘(쇠잔)/敗殘(패잔)

10 14 **殞** *1 죽을 **운** | [간] 殒

[중]yǔn(윈) [일]イン [영]die
[풀이] ①죽다. [같]隕. ‖殞死(운사). ②떨어지다. ‖殞石(운석).
〔殞命 운명〕 사람의 목숨이 끊어짐.

11 15 **殤** 일찍 죽을 **상** | [간] 殇

[중]shāng(°쌍) [일]ショウ/わかじに
[풀이] 일찍 죽다. 20세 이전에 죽음.
〔殤服 상복〕 옛날, 8세부터 19세 사이에 죽은 자녀에 대한 복제(服制).
〔殤死 상사〕 스무 살이 되기 전에 죽음.

12 16 **殪** 쓰러질 **에**

[중]yì(이) [일]エイ/たおれる, つくす
[풀이] ①쓰러지다. 쓰러뜨림. ②숨이 막혀 죽다. 숨을 막아 죽임.

12 16 **殫** 다할 **탄** | [간] 殚

[중]dān(딴) [일]タン/つくす
[풀이] 다하다. 다 없앰. ‖殫竭(탄갈).
〔殫亡 탄망〕 다하여 없어짐.

13 17 **殭** 굳어질 **강**

[중]jiāng(찌앙) [일]キョウ [영]harden
[풀이] ①굳어지다. 몸뚱이가 굳어져 죽음. ②희게 말라 죽은 누에.
〔殭屍 강시〕 얼어 죽은 송장. 僵屍(강시). 凍屍(동시).

13 17 **殮** *1 염할 **렴** | [간] 殓

[중]liàn(리엔) [일]レン/かりもがり
[풀이] 염하다. 염습함.
〔殮襲 염습〕 죽은 사람의 몸을 씻긴 뒤에 옷을 입히고 염포(殮布)로 묶는 일. 襲殮(습렴). 殮(염).
〔殮布 염포〕 염습(殮襲)할 때 시체를 묶는 베. 絞布(교포).

14 18 **殯** *1 대렴할 **빈** | [간] 殡

[중]bìn(삔) [일]ヒン/かりもがり
[풀이] 대렴하다. 초빈(草殯)함. 입관 후 장사 지낼 때까지 안치함.
〔殯所 빈소〕 발인(發靷) 때까지 관을 놓아두는 방.
〔殯殿 빈전〕 발인(發靷) 때까지 왕이나 왕비의 관을 모시는 궁전.

17 21 **殲** *1 다 죽일 **섬** | [간] 歼

[중]jiān(찌엔) [일]セン/つくす
[영]annihilate
[풀이] 다 죽이다.
〔殲滅 섬멸〕 모두 무찔러 멸망시킴.

殳部 갖은등글월문

0 4 **殳** 창 **수**

[중]shū(°쑤) [일]シュ/つえぼこ
[갑]  [금]  [전]  [자원] **회의자.** 갑골문은 끝이 뾰족한 창을 손〔又〕으로 든 모습을 나타냄. 기록에 의하면 이 창은 군대가 전진할 때 전차의 양쪽에 꽂거나 보병이 손에 들고 적의 접근을 막을 때 쓰던 고대 무기임.
[부] 한자 부수의 하나. 둥글월 문(攵)의 갖은자라는 뜻.
[풀이] ①창. 길이 1장(丈) 2척(尺)의 8모 창. 몽둥이. ②나무 지팡이.
〔殳書 수서〕 진서 팔체(秦書八體)의 하나. 수(殳) 따위 병기에 쓰는 서체.

8 **殴** 毆(구)의 약자 →418쪽

5 9 **段** ★★4 구분 **단**

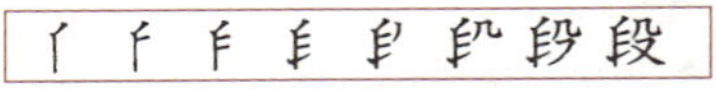

[중]duàn(뚜안) [일]ダン/わかち
[영]divsion
[금]  [자원] **회의자.** 망치 같은 도구를 손에 들고〔⺕〕 언덕〔厂〕에서 광석〔=〕을 캐는 모습을 나타낸 자. 본뜻은 '두드리다', '단련하다'.
[풀이] ①구분. ‖段落(단락). ②조각. 단편. ③방법. ‖手段(수단). ④층계. 차례. ‖階段(계단). ⑤유도·바둑 등의 등급. ‖有段者(유단자).

〔段階 단계〕 일의 차례를 따라 나아가는 과정.
〔段丘 단구〕 강·호수·바다의 연안에 생기는, 계단 모양의 지형.
〔段落 단락〕 ①긴 문장을 몇 토막으로 나눈 각 부분. ②일이 다 된 끝.
〔段數 단수〕 ①술수를 쓰는 재간의 정도. ②바둑·태권도 등 단으로 등급을 매기는 경우의 단의 수.
◢階段(계단)/九九段(구구단)/文段(문단)/分段(분단)/上段(상단)/手段(수단)/特段(특단)/下段(하단)

10 **殺** 殺(살·쇄)의 속자 →417쪽

*2
6 10 **殷** ❶성할 은 ❷소리 은 | 殷

㊥yīn, yǐn(인) ㊐イン/さかん
갑 금 자원 **회의자.** 사람이 뾰족한 물건을 손에 들고 배가 불룩 나온 사람을 찌르는 모습(즉, 돌침을 이용하여 종기를 째거나 통증을 없애거나 하여 병을 치료하는 모습)을 나타낸 자. 병세의 심각함을 보여 주는 데에서 '성하다', '성대하다'의 뜻이 파생됨.
풀이 ❶①성하다. 충실하여 번성함. ‖殷盛(은성). ②나라 이름. 왕조 이름. 중국의 삼대(三代)의 하나. ❷소리. 천둥·포성(砲聲) 등의 우렁찬 소리. 또는, 그 형용.
〔殷鑑不遠 은감불원〕 《은나라 사람이 경계의 귀감으로 삼은 것은 앞 대의 하(夏)나라 걸왕(桀王)이 포악한 정치를 하다가 망한 것을 생각하면 된다는 시경(詩經)의 구절에서》 남의 실패를 보고 자신의 경계로 삼음.
〔殷盛 은성〕 번화하고 성함. 殷昌(은창).
〔殷殷 은은〕 멀리서 들려오는 소리가 요란하고 힘참.
〔殷墟 은허〕 중국 허난 성(河南省)의 안양현(安陽縣)에 있는, 은(殷)나라 때의 유적.

☆*4-Ⅱ
7 11 **殺** ❶죽일 살☆*4-Ⅱ ❷덜 쇄*4-Ⅱ | 속 殺 간 杀 殺

[필순: ㄨ 㐅 杀 杀 杀 杀 杀 殺]

㊥shā(°싸), shài(°싸이)
㊐サツ, サイ/ころす, へらす ㊋kill
갑 금 전 자원 **회의자.** 갑골문은 짐승의 몸체에 죽임을 상징하는 삐침 획(丿)이 하나 더해진 상형자였으나 소전에 이르러 무기[창]를 손에 쥔 모양을 나타낸 殳(수)가 더해져 현재의 자형이 됨.
풀이 ❶①죽이다. ‖殺害(살해). ②부수다. 없애다. ❷①덜다. 저밈. ‖減殺(감쇄). ②심하다. ‖殺到(쇄도).
〔殺菌 살균〕 세균 등의 미생물을 죽임. 滅菌(멸균).
〔殺氣 살기〕 남을 죽이거나 해칠 것 같은 무시무시한 기운.
〔殺氣騰騰 살기등등〕 살기가 잔뜩 나타나 있음.
〔殺氣衝天 살기충천〕 살기가 하늘을 찌를 듯함.
〔殺伐 살벌〕 거칠고 무시무시함.
〔殺傷 살상〕 죽이거나 상처를 입힘.
〔殺生 살생〕 ①사람이나 생물을 죽임. ②10악(惡)의 하나. 산 목숨을 죽이는 일.
〔殺生有擇 살생유택〕 《살생하는 데에 가림이 있다는 뜻으로》 함부로 살생을 하지 말라는 말. 세속 오계의 하나.
〔殺身成仁 살신성인〕 자기의 몸을 희생하여 인(仁)을 이룸.
〔殺戮 살육〕 사람을 마구 죽임.
〔殺人 살인〕 사람을 죽임.
〔殺風景 살풍경〕 ①아무 볼품이 없이 삭막하고 쓸쓸한 풍경. ②매몰차고 흥취가 없음. ③살기를 띤 광경.
〔殺害 살해〕 사람을 죽임.
〔殺到 쇄도〕 한꺼번에 세차게 몰려듦.
◢絞殺(교살)/惱殺(뇌쇄)/屠殺(도살)/毒殺(독살)/抹殺(말살)/沒殺(몰살)/默殺(묵살)/撲殺(박살)/倂殺(병살)/射殺(사살)/相殺(상쇄)/暗殺(암살)/自殺(자살)/斬殺(참살)/銃殺(총살)/他殺(타살)/被殺(피살)/虐殺(학살)

*1
8 12 **殼** 껍질 각 | 간 壳 殼

㊥qiào(치아오), ké(커) ㊐カク/から
㊋shell
풀이 ①껍질. ‖卵殼(난각). ②물체의 표면을 덮은 딱딱한 외피(外皮). ‖地殼(지각).
◢甲殼(갑각)/舊殼(구각)/地殼(지각)

8 12 **殽** 섞일 효 | 殽

㊥xiáo(시아오) ㊐コウ/まじえる
㊋mixed
풀이 ①섞이다. ②어지럽다. ③안주. 같 肴. ‖殽膳(효선).

★*3-Ⅱ
9 13 **殿** 대궐 전 | 殿

㊥diàn(띠엔) ㊐テン, デン/との
㊋palace
자원 **형성자.** 殳(수)는 의미를 나타내고 展(전)은 음을 나타냄.
풀이 ①대궐. 전각. 높고 크고 웅장한 건물. ‖殿閣(전각). ②존칭. ‖殿下(전하).

4획

③후미 부대.
[殿閣 전각] ①임금이 사는 집. 宮闕(궁궐). ②전(殿)·각(閣)의 이름이 붙은 큰 집의 통칭.
[殿軍 전군] 행진할 때 맨 뒤에 서는 군대. 殿後(전후).
[殿堂 전당] ①신불을 모셔 놓은 집. ②크고 화려한 집. ③어떤 분야의 중심이 되는 건물이나 시설.
[殿上 전상] 궁전이나 전각(殿閣)의 위.
[殿試 전시] 조선 시대, 임금이 참석하여 보이던 과거의 마지막 시험.
[殿下 전하] ①왕·왕비에 대한 존칭. ②'추기경'의 존칭.
◢宮殿(궁전)/内殿(내전)/大殿(대전)/伏魔殿(복마전)/佛殿(불전)/聖殿(성전)/神殿(신전)/御殿(어전)/正殿(정전)/中殿(중전)/寢殿(침전)/便殿(편전)

4획

★*3
9 13 **毁** 헐 **훼** [속] 毀

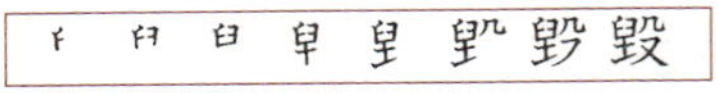

[중]huǐ(후에이) [일]キ/こわす
[영]ruin, destroy
[자원] **형성자.** 土(토)는 의미를 나타내고 毇(훼)의 생략형인 毀 자는 음을 나타냄.
[풀이] ①헐다. ‖毁壞(훼괴). ②비방하다. 헐뜯다. ‖毁譽(훼예). ③야위다. 너무 슬퍼 심신이 수척해짐. ‖哀毁(애훼).
[毁棄 훼기] 헐거나 깨뜨려 버림.
[毁慕 훼모] 죽은 사람을 너무 그리워한 나머지 몸이 쇠약해짐.
[毁謗 훼방] ①남을 헐뜯어 비방함. ②남의 일을 방해함.
[毁傷 훼상] 몸에 상처를 냄.
[毁損 훼손] ①헐어서 못 쓰게 함. ②체면을 손상함.
[毁譽 훼예] 비방과 칭찬.
[毁節 훼절] 절개나 절조를 깨뜨림.
[毁瘠 훼척] 너무 슬퍼하여 몸이 쇠약해짐.
◢貶毁(폄훼)

*3
13 **毀** 毁(훼)의 속자 →418쪽

*1
11 15 **毆** 때릴 **구** [본]우 [약간] 殴

[중]ōu(어우) [일]オウ/うつ [영]beat
[풀이] 때리다.
[毆殺 구살] 때려죽임. 撲殺(박살).
[毆打 구타] 사람을 마구 때림.

*1
11 15 **毅** 굳셀 **의**

[중]yì(이) [일]キ/つよい [영]firm, bold
[풀이] 굳세다. 의지가 강함.
[毅然 의연] 의지가 강하여 끄떡없는 모양.

*
15 19 **繄** 아름다울 **예**

[중]yì(이) [일]エイ
[풀이] 아름답다.

毋部 말무

*1
0 4 **毋** 말 **무**

[중]wú(우) [일]ブ, ム/なかれ [영]do not
✎ 한자 부수의 하나.
[풀이] ①말다. 금지의 뜻. ②없다. [같]無. ‖毋論(무론). ③아니다. 부정.
[毋論 무론] 물론. 無論(무론).

☆*8
1 5 **母** 어미 **모**

[중]mǔ(무) [일]モ, ボウ/はは [영]mother
[갑]  [금]  [자원] **상형자.** 갑골문은 꿇어앉은 여자의 모습에 두 점을 찍어 젖가슴을 나타냄. 젖으로 아이를 키우는 여자, 즉 어머니를 뜻함. 女(녀)의 갑골문은 母의 갑골문과 형태가 다르지 않으나 젖가슴을 나타낸 두 점이 없음.
[풀이] ①어미. ‖老母(노모). ②소생(所生)의 근원. ‖酵母(효모). ③실모(實母)에 견줄 만한 여자. ‖乳母(유모). ④암컷. ⑤땅. 만물을 기르는 것. 근원.
[母系 모계] 어머니 쪽의 계통.
[母校 모교] 자기의 출신 학교.
[母國 모국] 교포(僑胞)가 자기 본국을 이르는 말.
[母堂 모당] 남의 어머니의 존칭. 慈堂(자당).
[母性 모성] 여성이 어머니로서 가지는 정신적·육체적 특성.
[母體 모체] ①어머니의 몸. ②근본이 되는 것.
[母親 모친] 어머니. ↔父親(부친).
[母胎 모태] ①어머니의 태 안. ②사물의 발생·발전의 근거가 되는 토대.
[母型 모형] 활자를 만들어 내는 판. 字母(자모).
◢繼母(계모)/姑母(고모)/國母(국모)/老母(노모)/代母(대모)/伯母(백모)/父母(부모)/聘母(빙모)/師母(사모)/產母(산모)/生母(생모)/庶母(서모)/聖母

(성모)/叔母(숙모)/食母(식모)/養母(양모)/乳母(유모)/姨母(이모)/丈母(장모)/祖母(조모)/酒母(주모)/針母(침모)/偏母(편모)

☆*7
3
7 **每** 매양 **매**

[중]měi(메이) [일]マイ/つねに [영]always

[갑]  [금]  [자원] **상형자.** 머리에 비녀를 꽂은 어머니를 나타낸 자. 어머니는 늘 한결같은 존재인 데에서 '매양', '늘'의 뜻을 나타냄.

[풀이] ①매양. 늘. 항상. ②마다. 그때마다. ‖每年(매년).

〔每年 매년〕 해마다.
〔每番 매번〕 번번이.
〔每事 매사〕 모든 일. 또는, 일마다.
〔每朔 매삭〕 달마다. 다달이.
〔每月 매월〕 달마다.
〔每人 매인〕 사람마다.
〔每週 매주〕 주마다.

★*4-Ⅱ
4
8 **毒** 독 **독**

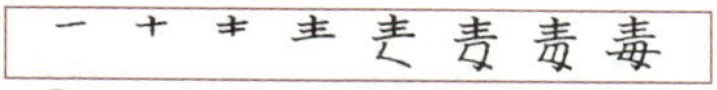

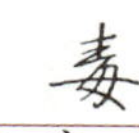

[중]dú(두) [일]ドク [영]poison

[자원] 한 포기 독초의 상형이라는 설, 머리에 화려한 장식을 하고 짙은 화장을 한 여인을 나타낸 자라는 설, '풀'을 뜻하는 屮(철)과 행실이 나쁜 사람을 뜻하는 毐(애)가 합쳐진 자라는 설 등이 있음.

[풀이] ①독. ‖毒藥(독약). ②해치다. 상하게 함.

〔毒感 독감〕 ①매우 지독한 감기. ②인플루엔자(influenza).
〔毒氣 독기〕 ①독의 기운. 毒瘴(독장). ②독살스러운 기운이나 기색.
〔毒物 독물〕 독이 있는 물질.
〔毒婦 독부〕 몹시 악독한 여자.
〔毒殺 독살〕 독약을 먹여 죽임.
〔毒舌 독설〕 남을 비방하거나 해치는 몹쓸 말.
〔毒性 독성〕 독이 있는 성분.
〔毒素 독소〕 ①해로운 요소. ②생물에서 생기는 강한 독성의 물질.
〔毒藥 독약〕 사람이나 동물의 건강 및 생명을 해치는 독성의 약제. 아비산·모르핀·염산·황산 따위. 毒劑(독제).
〔毒筆 독필〕 남을 가혹하게 욕하고 비방하는 글.

◢路毒(노독)/梅毒(매독)/猛毒(맹독)/病毒(병독)/消毒(소독)/惡毒(악독)/旅毒(여독)/有毒(유독)/飮毒(음독)/杖毒(장독)/酒毒(주독)/中毒(중독)/至毒(지독)/慓毒(표독)/解毒(해독)/酷毒(혹독)

*
10
14 **毓** 기를 **육**

[중]yù(위) [일]イク/そだつ [영]grow

[풀이] 기르다. [같]育.

比部 견줄비

☆*5
0
4 **比** [1]견줄 **비** [2]도울 **비** [3]이웃 **비**

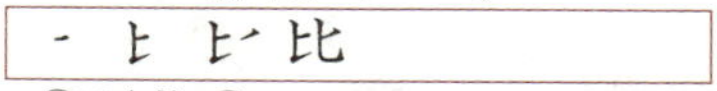

[중]bǐ(비) [일]ヒ/くらべる, たすける, となり [영]compare

[갑]  [자원] **회의자.** 두 사람이 나란히 서 있는 모습을 나타냄. 본뜻은 '나란히 있다'이고 더 확장되어 '가까이 있다', '비교하다'의 뜻을 가짐.

[참고] 한자 부수의 하나.

[풀이] [1]①견주다. ‖比較(비교). ②비율. ‖比例(비례). ③겨루다. 어깨를 나란히 함. ‖無比(무비). [2]①돕다. ②편들다. 파당(派黨)을 짓다. ③나란하다. 나란히 함. [3]이웃. 인근.

〔比肩 비견〕《어깨를 나란히 한다는 뜻으로》 우열이 없이 거의 비등함.
〔比較 비교〕 둘 이상의 사물을 서로 견주어 그 관계를 고찰함.
〔比例 비례〕 두 수나 양의 비가 다른 두 수나 양의 비와 같은 일. 또는, 그 계산법.
〔比喩 비유〕 어떤 사물을 다른 사물에 빗대어서 표현하는 일.
〔比率 비율〕 어떤 수나 양의 다른 수나 양에 대한 비.
〔比翼連理 비익연리〕《'비익조와 연리지'라는 뜻으로》 부부가 아주 화목함의 비유.
〔比準 비준〕 서로 견주어 비추어 봄. 對照(대조).
〔比重 비중〕 다른 것과 비교할 때의 중요도.

◢對比(대비)/無比(무비)/性比(성비)/類比(유비)/櫛比(즐비)

*
5
9 **毗** 도울 **비** [동]毘

[중]pí(피) [일]ヒ, ビ/たすける [영]help, aid

[풀이] ①돕다. 곁에 있어 도움. ②두텁게 하다. ③배꼽.

〔毗益 비익〕 도와서 이익이 되게 함. 裨益(비익).

◢茶毗(다비)

*2
9 毘 毗(비)와 동자 →419쪽

*2
5
9 毖 삼갈 비 毖

㊥bì(삐) ㊐ヒ/つつしむ ㊎careful
풀이 ①삼가다. ‖懲毖(징비). ②고달프다. 위로하다.

毛部 터럭모

☆*4-Ⅱ
0
4 毛 터럭 모 毛

ノ 二 三 毛

㊥máo(마오) ㊐モウ/け ㊎hair
금 전 자원 **상형자.** 머리털이나 짐승의 털을 나타낸 자.
한자 부수의 하나.
풀이 ①터럭. 털. ‖毛髮(모발). ②잘고 많은 것의 비유. ③약간. 조금. ④작다. 가볍다. ⑤식물.
〔毛孔 모공〕 털구멍.
〔毛髮 모발〕 ①사람의 머리털. ②사람의 몸에 있는 털의 총칭.
〔毛細管 모세관〕 ①털과 같이 가느다란 관. ②온몸의 조직에 그물 모양으로 퍼져 있는 매우 가는 혈관.
〔毛遂自薦 모수자천〕《중국 춘추 전국 시대에 조나라 평원군이 초나라에 구원을 청하기 위해 사신을 물색할 때, 모수가 스스로를 추천했다는 고사에서》 자기가 자기를 추천함.
〔毛羽 모우〕 ①길짐승과 날짐승. ②짐승의 털과 새의 깃.
〔毛廛 모전〕 과일 가게. 果物廛(과물전).
〔毛氈 모전〕 짐승의 털을 가공하여 만든 요. 담요. 양탄자.
〔毛織 모직〕 털실로 짠 직물.
〔毛布 모포〕 담요.
〔毛皮 모피〕 털이 붙은 채 벗긴 짐승의 가죽. 털가죽.
◢發毛(발모)/不毛(불모)/纖毛(섬모)/純毛(순모)/羊毛(양모)/陰毛(음모)/除毛(제모)/體毛(체모)/脫毛(탈모)/鞭毛(편모)

*
7
11 毬 공 구 毬

㊥qiú(치우) ㊐キュウ/まり, けまり ㊎ball
풀이 ①공. 표면에 털이 둥그렇게 싸인 공. ②밤송이처럼 외피(外皮)에 가시가 돋친 것. ‖毛毬(모구).
〔毬果 구과〕 열매의 일종. 솔방울·잣송이 따위.
◢擊毬(격구)/打毬(타구)

★*3
7
11 毫 가는 털 호 毫

亠 亣 产 高 亭 亳 亳 毫

㊥háo(하오) ㊐ゴウ/け ㊎fine hair
금 전 자원 **회의 겸 형성자.** 高(높을 고)와 毛(털 모)가 합쳐진 자로, 높게 자란 털을 나타냄. 毛는 의미를 나타내고 高는 의미와 음을 겸하여 나타냄. 본뜻은 '가는 털'.
풀이 ①가는 털. 길게 자란 가는 털. ‖秋毫(추호). ②조금. 극히 작거나 잔 것의 비유. ‖毫末(호말). ③붓. 모필 끝. ‖揮毫(휘호). ④호. 무게나 길이의 한 치. 1리(釐)의 10분의 1.
〔毫端 호단〕 붓끝.
〔毫末 호말〕 ①털끝. ②아주 작은 일이나 적은 양의 비유.
〔毫髮 호발〕 자디잔 털. 곧, 아주 작은 물건.
◢秋毫(추호)/揮毫(휘호)

8
12 毯 담요 담 毯

㊥tǎn(탄) ㊐タン/けむしろ ㊎blanket
풀이 담요.
〔毯子 담자〕 담요.

8
12 毳 ❶솜털 취 ❷썰매 취 본절 毳

㊥cuì(추에이) ㊐ゼイ, セツ/にこげ ㊎down
풀이 ❶①솜털. 부드럽고 가는 털. ②모직물. 모직. 털실로 짠 물건의 총칭. 울(wool). ❷썰매.

*
9
13 毸 날개 칠 시

㊥suī(쑤에이) ㊐サイ, スイ
풀이 날개를 치다. 날개를 편 모양.

12
16 氅 새털 창 氅

㊥chǎng(°창) ㊐ショウ/とりげ ㊎feather
풀이 새털. ㉮새의 우모(羽毛). ㉯깃털을 봉제(縫製)한 옷.
〔氅衣 창의〕 관원이 평상시에 입던 웃옷. 소매가 넓고 뒷솔기가 갈라지게 만들었음.

13 **氈** *1 모전 **전** | 간 毡 氈
17

㊥zhān(°짠) ㊐セン/けむしろ

풀이 모전(毛氈). 양털에 수분을 가해 가면서 문질러 비벼 포상(布狀)으로 만든 깔개.

〔氈帽 전모〕 조선 시대에, 여자들이 나들이할 때 쓰던 모자.

◢毛氈(모전)

氏部 각시씨

0 **氏** ☆*4 ❶씨 **씨**☆*4 ❷나라 이름 **지** | 氏
4

㇀ 𠄌 𠂆 氏

㊥shì(°쓰), zhī(°쯔) ㊐シ/うじ ㊒clan

갑 금  **자원** **상형자.** 허리를 숙인 채 어떤 물건을 들고 있는 사람을 나타낸 자. 들고 있는 물건은 '씨앗'으로 추정됨. 막대 위에 뱀 모양의 토템이 걸려 있는 모습의 상형이라는 설, 匙(숟가락 시)의 초기 자형이라는 설, 나무뿌리의 상형이라는 설 등도 있음.

✎ 한자 부수의 하나.

풀이 ❶①씨. ㉮한 성(姓) 중에서 계통의 종별을 표시하는 칭호. ‖氏族(씨족). ㉯성씨(姓氏). ㉰사람의 성이나 이름 밑에 붙여서 존칭의 뜻을 나타냄. ②뿌리. 나무의 뿌리. 근본. ❷나라 이름. ‖月氏(월지).

〔氏名 씨명〕 성씨와 이름. 姓名(성명).

〔氏族 씨족〕 원시 사회에서 공동의 조상을 가진 혈족 단체.

◢無名氏(무명씨)/伯氏(백씨)/姓氏(성씨)/失名氏(실명씨)/宗氏(종씨)

1 **民** ☆*8 백성 **민** | 民
5

㇕ ㇕ 𠄌 𡰯 民

㊥mín(민) ㊐ミン/たみ ㊒people

금 전 **자원** **상형자.** 뾰족한 쇠꼬챙이에 찔린 눈을 나타낸 자. 전쟁 포로의 한쪽 눈을 찔러 반항 의지를 상실케 하여 노예로 삼았음을 보여 주는 자로, 본뜻은 '노예'임. 의미가 확대되어 '백성'의 뜻도 생겨남.

풀이 백성. 다스림을 받는 사람들.

〔民家 민가〕 일반 백성들이 사는 집. 民戶(민호).

〔民間 민간〕 관청 또는 정부 기관에 속하지 않은 서민의 사회.

〔民權 민권〕 ①국민의 권리. ↔官權(관권). ②국민이 정치에 참여하는 권리.

〔民譚 민담〕 예로부터 민간에 전해 내려오는 이야기.

〔民度 민도〕 국민의 문화 수준의 정도.

〔民亂 민란〕 백성들이 일으킨 폭동이나 소요(騷擾). 民擾(민요).

〔民力 민력〕 백성의 노력이나 재력(財力).

〔民泊 민박〕 숙박업소가 아닌 일반 가정에서 숙박하는 것.

〔民本 민본〕 국민을 위주로 함.

〔民生 민생〕 ①일반 국민의 생활 또는 생계. ②생명을 가진 백성.

〔民生苦 민생고〕 일반 국민의 생활고.

〔民俗 민속〕 민간 생활과 결부된 신앙·습관·풍속·전승 문화 등의 총칭.

〔民心 민심〕 백성의 마음. 民意(민의).

〔民營 민영〕 민간인이 하는 경영.

〔民謠 민요〕 민중들 사이에서 불리는 전통적인 노래의 총칭.

〔民怨 민원〕 백성의 원망.

〔民願 민원〕 주민이 행정 기관에 대하여 어떤 행정 처리를 요구하는 일.

〔民族 민족〕 언어·혈통·역사를 같이하는 사람들의 집단.

〔民主 민주〕 ①주권이 국민에게 있음. ‖民主政治(민주 정치). ②민주주의.

〔民衆 민중〕 국가나 사회를 구성하는 다수의 일반 국민.

〔民弊 민폐〕 민간에 끼치는 폐해.

◢官民(관민)/僑民(교민)/國民(국민)/難民(난민)/農民(농민)/萬民(만민)/貧民(빈민)/庶民(서민)/選民(선민)/市民(시민)/良民(양민)/漁民(어민)/遺民(유민)/移民(이민)/人民(인민)/住民(주민)/賤民(천민)/平民(평민)

1 **氐** 근본 **저** | 氐
5

㊥dǐ(디), dī(띠) ㊐テイ/もと ㊒foundation

금 전 **자원** **지사자.** 씨를 뿌리기 위해 허리를 굽히고 있는 사람을 나타내는 氏(씨)에 땅을 나타내는 가로획을 더해 '낮다'의 뜻을 나타냄. 의미가 확대되어 '근본'의 뜻도 생겨남.

풀이 ①근본. 근원. ②뿌리. 직근(直根). ③종족 이름. 서융(西戎). ‖氐羌(저강). ④별 이름. ‖氐宿(저수).

4 **氓** * 백성 **맹** | 氓
8

㊥méng(멍) ㊐ボウ/たみ ㊒people

풀이 백성.

◢蒼氓(창맹)

4획

气部 기운기엄

0 / 4 **气** [1]기운 **기** [2]빌 **걸** 

[중]qì, qǐ(치) [일]キ, キツ/き, もとめる

[갑]  [금]  [자원] **상형자.** 세 가닥의 구름 띠가 하늘에 떠 있는 모습을 나타낸 자. 금문에서는 위와 아래 획을 구부려 三(석 삼) 자와 구별함. 氣(기)의 본자로 '기운', '공기'의 뜻을 나타냄.

한자 부수의 하나.

[풀이] [1]기운. [같]氣. [2]빌다. 구걸함. [같]乞.

6 **気** 氣(기)의 약자 →422쪽

4획

4 / 8 **氛** 기운 **분** 

[중]fēn(°편) [일]フン/き, わるいき [영]tinge

[풀이] ①기운. ‖氛氣(분기). ②요기(妖氣). 흉(凶)한 조짐. 재앙.

〔氛氣 분기〕 대기 중에 떠도는 구름이나 연무 같은 기운.

☆*7

6 / 10 **氣** 기운 **기** [약]気 [간]气 

ノ ⺈ 气 气 気 氧 氣 氣

[중]qì(치) [일]キ, ケ [영]gas, energy

[자원] **형성자.** 米(미)는 의미를 나타내고 气(기)는 음을 나타냄. 본뜻이 '음식이나 양식을 드리다'였으나, '기운'을 뜻하는 气를 대신해서 쓰이게 되자, 본뜻을 살리기 위해 만든 자가 餼(보낼 희)임.

[풀이] ①기운. ㉮가스. 기체(氣體). ㉯만물의 근원. ‖元氣(원기). ㉰심신의 활력. ‖正氣(정기). ㉱그렇게 느껴지는 움직임. ‖氣運(기운). ②숨기. 호흡. ‖呼氣(호기). ③자연계에 일어나는 현상. ‖氣象(기상). ④절기. 1년을 24등분한 기(期). ⑤타고난 성질. 품성(稟性). ‖氣質(기질).

〔氣槪 기개〕 씩씩한 기상과 꿋꿋한 절개.

〔氣高萬丈 기고만장〕 ①펄펄 뛸 만큼 대단히 성이 남. ②일이 뜻대로 잘될 때, 우쭐하여 뽐내는 기세가 대단함.

〔氣骨 기골〕 ①기혈(氣血)과 골격. ②자기의 신념을 지켜 굴하지 않는 성질. 俠骨(협골). 氣槪(기개).

〔氣球 기구〕 가벼운 기체를 넣어 공중으로 높이 올라가게 만든, 공 모양의 물건. 風船(풍선).

〔氣力 기력〕 ①정신과 육체의 힘. ②증기나 압착 공기의 힘.

〔氣流 기류〕 대기의 흐름.

〔氣魄 기백〕 씩씩하고 굳센 기상과 진취성이 있는 정신.

〔氣分 기분〕 ①어떤 기간 동안 지속되는 비교적 약한 감정 상태. ②분위기. ③혈기(血氣)에 대하여 원기(元氣)를 가리키는 말.

〔氣象 기상〕 바람·비·구름·눈 등 대기 중에서 일어나는 물리적 현상.

〔氣色 기색〕 ①심기가 안색에 나타난 상태. 顔色(안색). ②어떤 행동을 하려고 하는 낌새나 눈치.

〔氣勢 기세〕 남이 두려워할 만큼 세차게 뻗치는 힘.

〔氣壓 기압〕 대기의 압력.

〔氣焰 기염〕 불꽃처럼 대단한 기세.

〔氣溫 기온〕 대기의 온도.

〔氣運 기운〕 어떤 일이 벌어지려고 하는 분위기.

〔氣絶 기절〕 ①까무라쳐 한때 정신을 잃음. 失神(실신). 卒倒(졸도). ②병든 사람이 숨이 끊어져 죽음. 絶息(절식). ③갑자기 몹시 놀람.

〔氣質 기질〕 ①어떤 사람의 행동에 나타나는 특유한 성질. ②사람의 행동 양식의 바탕이 되는 유전적·생물학적·감정적 성질.

〔氣體 기체〕 ①공기·수증기와 같이 일정한 형체가 없는 물체. ②(('기력(氣力)과 체후(體候)'란 뜻으로)) 어른께 올리는 편지에서 문안할 때 쓰는 말. 氣體候(기체후). 氣候(기후).

〔氣候 기후〕 ①일정한 지역의 여러 해에 걸친 기온·비·눈 등의 평균 상태. ②1년간을 구획한 시후(時候). 5일을 1후(候), 15일을 1기(氣)로 하여, 1년을 24기(氣), 72후(候)로 나눔. ③ ➡氣體(기체)②.

◢感氣(감기)/客氣(객기)/景氣(경기)/驚氣(경기)/空氣(공기)/狂氣(광기)/冷氣(냉기)/怒氣(노기)/大氣(대기)/毒氣(독기)/同氣(동기)/排氣(배기)/士氣(사기)/殺氣(살기)/上氣(상기)/生氣(생기)/瑞氣(서기)/濕氣(습기)/心氣(심기)/陽氣(양기)/煙氣(연기)/熱氣(열기)/傲氣(오기)/溫氣(온기)/勇氣(용기)/元氣(원기)/潤氣(윤기)/義氣(의기)/人氣(인기)/日氣(일기)/磁氣(자기)/電氣(전기)/節氣(절기)/精氣(정기)/蒸氣(증기)/聽氣(총기)/稚氣(치기)/寒氣(한기)/香氣(향기)/血氣(혈기)/火氣(화기)/和氣(화기)/換氣(환기)/活氣(활기)/薰氣(훈기)

6 / 10 **氤** 기운 성할 **인** 

[중]yīn(인) [일]イン

[풀이] 기운이 성하다.

〔氤氳 인온〕 기운이 성한 모양.

10 14 **氳** 기운 성할 **온** [간] 氲 

[중]yūn(윈) [일]ウン
[풀이] ①기운이 성하다. ②기운 어리다. ‖ 氤氳(인온).

水部 물수 水 氵 氺

☆*8
0 4 **水** 물 **수** 

丨 亅 水 水

[중]shuǐ(°수에이) [일]スイ/みず [영]water
[갑]  [금]  [자원] **상형자.** 굽이쳐 흐르는 물을 본뜬 자.
한자 부수의 하나. 변으로 쓰일 때는 '삼수변'이라 하여 '氵'를, 또 '泰' 자에서와 같이 한자의 구성에서 발로 쓰일 때는 '아래물수'라 하여 '氺' 자를 쓰지만, 독립적으로 쓰이지는 않음.
[풀이] ①물. ‖ 水路(수로). ②고르다. ‖ 水平(수평). ③오행(五行)의 하나. ④'수성(水星)'의 약칭. ⑤별자리 이름. ‖ 水宿(수수).
〔水難 수난〕 비·홍수 등의 물로 인하여 생기는 익사·침몰·표류 등의 재난. 水災(수재). 水害(수해).
〔水道 수도〕 ①음료수나 사용수를 공급하기 위한 설비. ‖ 上水道(상수도). ②수도꼭지. ③뱃길 또는 물길.
〔水力 수력〕 ①흐르거나 내리떨어지는 물의 힘. ②물이 가지고 있는 에너지를 어떤 일에 이용하였을 때의 동력.
〔水路 수로〕 ①물이 흐르는 통로. 물길. ②배가 다닐 수 있는 시설을 한 곳. 뱃길.
〔水流 수류〕 물의 흐름.
〔水陸 수륙〕 ①물과 뭍. 곧, 바다와 육지. ②수로와 육로.
〔水利 수리〕 ①수상(水上) 운송상의 편리. ②물을 식수·관개용·공업용 등으로 이용하는 일.
〔水魔 수마〕 수해(水害)를 마귀에 비유하여 이르는 말.
〔水沒 수몰〕 물속에 잠김.
〔水墨 수묵〕 묵화를 칠 때 쓰는 묽은 먹물.
〔水門 수문〕 저수지나 수로에 설치하여 물의 유통을 조절하는 문. 물문.
〔水分 수분〕 축축한 물의 기운. 물기. 습기. 水氣(수기).
〔水上 수상〕 ①물의 위. 水面(수면). ②흐르는 물의 상류.
〔水星 수성〕 행성 중에서 가장 작은 별.
〔水素 수소〕 냄새·맛·빛깔이 없고, 가장 가벼운 기체 원소.
〔水深 수심〕 물의 깊이.
〔水壓 수압〕 물의 압력.
〔水魚之交 수어지교〕 ①《'물이 없으면 살 수 없는 물고기와 물의 관계'라는 뜻으로》 아주 친밀하여 떨어질 수 없는 사이. ②임금과 신하 또는 부부의 친밀함. 水魚之親(수어지친).
〔水域 수역〕 물 위의 일정한 구역.
〔水泳 수영〕 스포츠나 놀이로서 물속을 헤엄치는 일.
〔水溫 수온〕 물의 온도.
〔水銀 수은〕 상온(常溫)에서 유일하게 액체를 이룬 은백색의 금속. ‖ 水銀柱(수은주).
〔水葬 수장〕 ①시체를 물속에 넣어 장사 지냄. ↔火葬(화장). ②물속에 넣음.
〔水災 수재〕 홍수 등으로 인한 재난. 水害(수해).
〔水準 수준〕 ①사물의 가치나 질 등의 기준이 되는 일정한 표준이나 정도. ②수면(水面)의 위치.
〔水準器 수준기〕 수평을 재는 기구.
〔水中 수중〕 물속.
〔水質 수질〕 물의 성질.
〔水波 수파〕 물결.
〔水平 수평〕 ①기울지 않고 평평한 상태. ↔垂直(수직). ②수직면에 직각되는 면.
〔水平線 수평선〕 ①하늘과 바다가 맞닿아 경계를 이루는 선. ②중력의 방향과 직각을 이루는 선.
〔水泡 수포〕 ①물위에 떠 있는 포말(泡沫). 물거품. 水沫(수말). ②애써 노력한 것이 헛되게 된 상태의 비유.
〔水害 수해〕 홍수로 인한 재해. 水災(수재). ※火災(화재)·旱害(한해).
◪ 硬水(경수)/給水(급수)/落水(낙수)/冷水(냉수)/斷水(단수)/淡水(담수)/防水(방수)/排水(배수)/噴水(분수)/山水(산수)/撒水(살수)/生水(생수)/食水(식수)/藥水(약수)/羊水(양수)/軟水(연수)/溫水(온수)/用水(용수)/流水(유수)/潛水(잠수)/淨水(정수)/潮水(조수)/治水(치수)/浸水(침수)/脫水(탈수)/廢水(폐수)/風水(풍수)/下水(하수)/香水(향수)/湖水(호수)/洪水(홍수)

☆*5
1 5 **氷** 얼음 **빙** [본] 冰 

丨 亅 扌 汁 氷

[중]bīng(삥) [일]ヒョウ/こおり [영]ice
[갑]  [금]  [전]  [자원] **회의 겸 형성자.** 갑골문은 물 위의 얼음이 들고일어난 모양의 상형자. 금문은 水(물 수) 옆에 두 점〔冫〕이 찍혀 있는데, 이 점은 두 덩어

4획

리의 얼음을 나타냄. 水는 의미를 나타내고 冫(빙)은 의미와 음을 겸하여 나타냄. 冰(빙)이 줄어서 氷이 됨.

[풀이] ①얼음. ‖氷雪(빙설)/氷解(빙해). ②얼다. 물이 얾. ‖氷結(빙결).

〔氷菓 빙과〕 얼음과자. 아이스크림·아이스케이크 따위. 冷菓(냉과).

〔氷肌玉骨 빙기옥골〕 (‘얼음 같은 살결과 옥 같은 뼈대’라는 뜻으로) ① ‘미인(美人)’의 형용. ②‘매화’의 이칭. 한겨울 한기(寒氣) 속에서 하얀 꽃을 피우므로 이름.

〔氷壁 빙벽〕 ①빙산의 벽. ②얼음이나 눈에 덮인 낭떠러지.

〔氷山 빙산〕 남극이나 북극의 바다에 떠 있는 거대한 얼음 덩어리.

〔氷雪 빙설〕 ①얼음과 눈. ②마음씨가 결백함의 비유.

〔氷水 빙수〕 ①얼음냉수. ②얼음을 잘게 부수어 설탕·향미료 등을 섞은 청량음료.

〔氷姿玉質 빙자옥질〕 ①얼음같이 맑고 깨끗한 살결과 구슬같이 아름다운 자질. ②‘매화(梅花)’의 이칭.

〔氷點 빙점〕 물이 얼기 시작하거나 얼음이 녹기 시작할 때의 온도. 곧, 섭씨 0도.

〔氷炭之間 빙탄지간〕 (‘얼음과 숯의 사이’라는 뜻으로) 서로 조화될 수 없는 사이.

〔氷板 빙판〕 얼음이 덮인 길바닥.

〔氷河 빙하〕 높은 산에서 응고된 만년설이 얼음이 되어 서서히 움직여 강처럼 흐르는 것.

〔氷解 빙해〕 의혹이 얼음 녹듯이 깨끗이 풀림.

◢結氷(결빙)/薄氷(박빙)/流氷(유빙)/製氷(제빙)/解氷(해빙)

☆*6
1
5 **永** 길 **영**

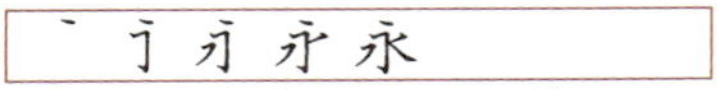

[중]yǒng(용) [일]エイ/ながい [영]long

[갑] [금] [전]  [자원] **회의자.** ‘가다’의 뜻을 나타내는 彳(척)과 人(사람 인)과 水(물 수)가 합쳐진 자로(갑골문의 왼쪽은 彳, 가운데는 人, 점들은 水), 사람이 헤엄치는 모습을 나타냄. 뒷날 ‘길다’의 뜻으로 가차되어 쓰이자 본뜻을 보존하기 위해 만든 자가 ‘泳’(헤엄칠 영)임.

[풀이] ①길다. ‖永久(영구)/永遠(영원). ②길게 하다. 길게 늘임.

〔永劫 영겁〕 영원한 세월.

〔永訣 영결〕 죽은 사람과 산 사람이 영원히 이별함. 死別(사별).

〔永久 영구〕 길고 오램. 永遠(영원).

〔永眠 영면〕 (영원히 잠잔다는 뜻으로) 죽음을 이름. 永逝(영서).

〔永生 영생〕 영원히 삶. 또는, 영원한 생명.

〔永世 영세〕 영구한 세대. 또는, 무한한 세월. 永代(영대).

〔永永 영영〕 영원히.

〔永遠 영원〕 세월이 끝없이 길고 오램.

〔永住 영주〕 한곳에 오래 삶.

*
1
5 **丞** ❶구원할 **증** ❷받을 **승***

[중]zhěng(°정) [일]ジョウ [영]save

[풀이] ❶구원하다. 구해 냄. ❷받다. 봉승(奉承)함.

☆*4-Ⅱ
2
7 **求** 구할 **구**

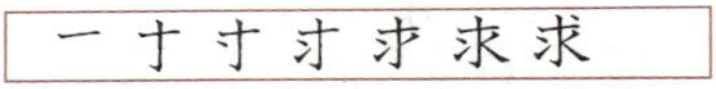

[중]qiú(치우) [일]キュウ/もとめる [영]wish for

[갑] [금] [전]  [자원] **상형자.** 털이 달린 가죽 옷을 나타낸 자. 갑골문·금문은 ‘윗옷’의 상형인 衣(옷 의)에 삐죽삐죽 털이 나 있는 모습을 나타냄. ‘구하다’의 뜻으로 가차되어 쓰이자 본뜻을 보존하기 위해 만든 자가 ‘裘’(갖옷 구)임.

[풀이] ①구하다. 찾음. ‖求職(구직)/欲求(욕구). ②빌다. 청함. ‖要求(요구). ③탐내다. 욕심을 부림.

〔求乞 구걸〕 남에게 돈이나 곡식 등을 거저 달라고 청함.

〔求道 구도〕 ①바른 도리를 물어 구함. ②불도를 구함.

〔求愛 구애〕 이성(異性)의 사랑을 구함.

〔求人 구인〕 일할 사람을 구함.

〔求職 구직〕 직업을 구함.

〔求賢 구현〕 현인(賢人)을 구함.

〔求刑 구형〕 검사가 피고인에게 어떤 형벌을 과하도록 판사에게 요구함.

〔求婚 구혼〕 ①혼처(婚處)를 구함. ②결혼을 청함. 請婚(청혼).

◢懇求(간구)/渴求(갈구)/急求(급구)/要求(요구)/慾求(욕구)/請求(청구)/促求(촉구)/追求(추구)/探求(탐구)/希求(희구)

*1
2
5 **氾** ❶넘칠 **범** ❷물 이름 **범**

[중]fàn(°판) [일]ハン/あふれる [영]overflow

[풀이] ❶①넘치다. 물이 넘침. [같]泛. ‖氾濫(범람). ②넓다. 광대함. [같]汎. ③뜨다. 물에 떠서 안정치 못한 모양. ❷물 이름. ‖氾水(범수).

〔氾濫 범람〕 ①큰물이 넘쳐 흐름. 汎濫(범람). ②바람직하지 못한 것이 마구

쏟아져 돌아다님. ③제 분수에 넘침.
〔氾論 범론〕 넓게 개괄적으로 논설함. 汎論(범론).

*2
2 **汀** ❶물가 **정** ❷흙탕물 **정**
5

㊥tīng(팅) ㊐テイ/みぎわ, どろ ㊎beach
풀이 ❶물가. 물결이 밀어닥치는 평평한 모래. ㉥渟. ❷흙탕물. 진흙.
〔汀線 정선〕 해면과 해안이 서로 접하는 선. 海岸線(해안선).

*1
2 **汁** 즙 **즙**
5

㊥zhī(°쯔) ㊐ジュウ/しる ㊎juice, gravy
풀이 ①즙. 진액. ②국물.
〔汁液 즙액〕 즙을 짜낸 액.
〔汁滓 즙재〕 즙을 짜낸 찌꺼기.
◢果汁(과즙)/綠汁(녹즙)/膽汁(담즙)/生汁(생즙)/液汁(액즙)/乳汁(유즙)/肉汁(육즙)

☆*7
3 **江** 강 **강**
6

㊥jiāng(찌앙) ㊐コウ/かわ ㊎river
자원 **형성자.** 水(수)는 의미를 나타내고 工(공)은 음을 나타냄.
풀이 ①강. 큰 내. ②물 이름. ‖江水(강수).
〔江口 강구〕 ①강물이 바다로 흘러가는 어귀. 강어귀. ②나루.
〔江南 강남〕 ①강의 남쪽. ②양쯔 강 남쪽 지역.
〔江邊 강변〕 강가.
〔江山 강산〕 ①강과 산. ②나라의 영토.
〔江心 강심〕 강의 한복판.
〔江村 강촌〕 강가의 마을.
〔江河 강하〕 ①강과 하천. ②중국의 양쯔 강과 황허 강.
〔江湖 강호〕 ①강과 호수. ②예전에, 은자(隱者)나 시인, 묵객 등이 현실을 도피하여 생활하는 시골이나 자연. ③세상(世上)의 비유.
◢渡江(도강)/長江(장강)

3 **汏** 일 **대**
6

㊥dà(따) ㊐タイ/よなげる ㊎wash
풀이 ①일다. 쌀을 읾. ②씻다. 헹굼. ③큰 물결.

*2
3 **汎** 뜰 **범**
6

㊥fàn(°판) ㊐ハン/うかぶ ㊎float
자원 **형성자.** 水(수)는 의미를 나타내고 凡(범)은 음을 나타냄.
풀이 ①뜨다. 넓은 수면에 뜨는 모양. ㉥泛. ‖浮汎(부범). ②넓다. 광대하다. ‖汎論(범론). ③널리. 두루.
〔汎濫 범람〕 ①큰물이 넘쳐 흐름. 氾濫(범람). ②바람직하지 못한 것이 마구 쏟아져 돌아다님. ③제 분수에 넘침.
〔汎論 범론〕 사물 전반에 걸쳐 논하는 일. 氾論(범론).
〔汎愛 범애〕 차별을 두지 않고 널리 사랑함. 博愛(박애).
〔汎稱 범칭〕 넓은 범위로 쓰는 명칭. 泛稱(범칭). 總稱(총칭).
◢大汎(대범)

*
3 **汕** 오구 **산**
6

㊥shàn(°싼) ㊐サン/すくいあみ ㊎scoop net
풀이 오구. 물고기를 떠올리는 어구(漁具)의 한 가지.

*
3 **汐** 저녁 조수 **석**
6

㊥xī(씨) ㊐セキ/しお ㊎night tide
풀이 저녁 조수. ㉮저녁때 밀려드는 조수. ㉯썰물. 간조(干潮).
〔汐水 석수〕 저녁때 밀려 들어왔다가 나가는 바닷물.
◢潮汐(조석)

☆*3
3 **汝** 너 **여**
6

㊥rǔ(°루) ㊐ジョ/なんじ ㊎you
자원 **형성자.** 水(수)는 의미를 나타내고 女(녀)는 음을 나타냄.
풀이 너.
〔汝等 여등〕 너희. 汝輩(여배).
〔汝輩 여배〕 ➡汝等(여등).

★*3
3 **汚** ❶더러울 **오** ❷씻을 **오** ㊋汙
6

㊥wū(우) ㊐オ, ウ/けがらわしい ㊎dirty
자원 **형성자.** 水(수)는 의미를 나타내고 于(우)는 음을 나타냄.
풀이 ❶①더럽다. ㉮불결하다. ㉯추잡하다. 마음이나 행실이 더러움. ‖汚吏(오리). ②더럽히다. 더러워짐. 흙탕물

4획

따위로 더럽히거나 더러워짐. ‖汚濁(오탁). [2]씻다. 더럽혀진 것을 빪.
〔汚吏 오리〕 청렴하지 못한 관리. ‖貪官汚吏(탐관오리). ↔淸白吏(청백리).
〔汚名 오명〕 더러워진 이름이나 명예.
〔汚物 오물〕 더럽고 지저분한 물건.
〔汚損 오손〕 더럽히고 손상함.
〔汚水 오수〕 더러워진 물. 구정물.
〔汚染 오염〕 ①공기나 물 등이 더러워짐. ②더럽게 물듦.
〔汚穢 오예〕 지저분하고 더러운 것. 또는, 더러워진 것.
〔汚辱 오욕〕 명예를 더럽히고 욕되게 함.
〔汚點 오점〕 《'더러운 얼룩'이라는 뜻으로》 명예롭지 못한 흠이나 결점.

6 **汙** 汚(오)와 동자 →425쪽

4획

*
3 6 **氵刃** 끈적거릴 **인**

[중]rěn(°런) [일]ジン, ニン
[풀이] ①끈적거리다. ②때. 오물.

★*3-Ⅱ
3 6 **池** 못 **지** 池

丶 冫 氵 氵𠃌 沖 池

[중]chí(°츠) [일]チ/いけ [영]pond
[자원] **형성자.** 水(수)는 의미를 나타내고 也(야)는 음을 나타냄.
[풀이] ①못. 물이 괸 넓고 깊은 곳. ‖汚池(오지). ②해자(垓子). 성 밖을 둘러싼 못. 성호(城濠).
〔池塘 지당〕 못. 연못.
◢城池(성지)/沼池(소지)/硯池(연지)/電池(전지)

★*3-Ⅱ
3 6 **汗** [1]땀 **한** [2]현 이름 **한** 汗

丶 冫 氵 氵一 氵二 汗

[중]hán(한) [일]カン/あせ [영]sweat
[자원] **형성자.** 水(수)는 의미를 나타내고 干(간)은 음을 나타냄.
✎ 汙(오:426쪽)는 딴 자.
[풀이] [1]①땀. 땀을 흘리다. ‖發汗(발한). ②윤택(潤澤)하다. ③물이 질펀한 모양. [2]①현(縣) 이름. ‖番汗(번한). ②중국 변방 민족의 우두머리.
〔汗衫 한삼〕 ①저고리 속에 껴입는 홑옷. 속적삼. 汗衣(한의). ②손을 감추기 위하여 소매 끝에 흰 헝겊으로 길게 덧대는 소매.
〔汗腺 한선〕 땀을 분비하는 기관(器官). 땀샘.
〔汗牛充棟 한우충동〕 《수레에 실으면 소가 땀을 흘리고, 방에 쌓으면 들보에 닿을 만하다는 뜻으로》 책이 많음.
〔汗蒸 한증〕 높은 온도로 몸을 덥혀 땀을 내어 병을 고치는 일.
◢冷汗(냉한)/發汗(발한)

*
3 7 **汞** 수은 **홍** 汞

[중]gǒng(궁) [일]コウ/みずがね
[영]mercury
[풀이] 수은(水銀). 상온에서 액체 상태로 있는 은백색의 금속 원소. ‖昇汞(승홍).
〔汞粉 홍분〕 수은과 명반염을 가하여 만든 약품. 輕粉(경분).
◢昇汞(승홍)

☆*5
4 7 **決** 틀 **결** 決

丶 冫 氵 氵フ 氵コ 氵夬 決

[중]jué(쥐에) [일]ケツ/きめる [영]break
[자원] **형성자.** 水(수)는 의미를 나타내고 夬(쾌)는 음을 나타냄.
[풀이] ①트다. 둑을 무너뜨려 물이 흐르게 함. ②정(定)하다. ‖決定(결정). ③끊다. 이로 끊음. ④헤어지다. 이별함. ‖決裂(결렬).
〔決斷 결단〕 단호히 결정함. 또는, 그 결정.
〔決裂 결렬〕 ①갈래갈래 찢어짐. ②회의 따위에서 의견이 맞지 않아 갈라서는 일.
〔決死 결사〕 죽기를 각오함. 必死(필사).
〔決算 결산〕 ①계산을 마감함. ②일정 기간 동안의 수입과 지출의 총계산.
〔決選 결선〕 ①선거 결과 당선자를 결정짓지 못할 때, 동점자나 최고 득점자 두 사람 이상만을 다시 투표하여 결정짓는 일. ‖決選投票(결선 투표). ②일등 또는 우승자를 가리기 위하여 마지막으로 겨룸. ↔豫選(예선).
〔決勝 결승〕 최후의 승부를 결정하는 일. ‖決勝戰(결승전).
〔決心 결심〕 마음을 결정함. 또는, 그 마음. 決志(결지).
〔決意 결의〕 굳게 뜻을 정함.
〔決定 결정〕 결단하여 정함.
〔決判 결판〕 시비를 가려 판정함.
〔決行 결행〕 결단하여 실행함.
◢可決(가결)/旣決(기결)/對決(대결)/未決(미결)/否決(부결)/先決(선결)/速決(속결)/完決(완결)/議決(의결)/專決(전결)/終決(종결)/卽決(즉결)/處決(처결)/判決(판결)/表決(표결)/解決(해결)

*1
4 7 **汩** [1]빠질 **골** *1 [2]호를 **율** * 汩

[중]gǔ(구), yù(위) [일]コツ, イツ

[영]fall in, flow
[풀이] [1]**빠지다**. 물에 잠김. 가라앉음. [2]흐르다. 물 흐르는 모양. ‖汩汩(율율).
〔汩沒 골몰〕 다른 일을 생각할 여유가 없이 오직 한 가지 일에만 잠김.

*1
4 7 **汲** 길을 **급** 汲

[중]jí(지) [일]キュウ/くむ [영]draw
[풀이] ①긷다. 물을 품. ‖汲水(급수). ②당기다. ③분주하다. 바삐 돌아가는 모양. ‖汲汲(급급).
〔汲汲 급급〕 한 가지 일에만 골몰하여 마음의 여유가 없는 모양.
〔汲水 급수〕 물을 길음. ‖汲水場(급수장).

*5
4 7 **汽** 김 **기** 汽

[중]qì(치) [일]キ [영]steam
[풀이] 김. 증기(蒸氣).
〔汽罐 기관〕 물을 끓여 증기로 바꾸는 장치.
〔汽船 기선〕 증기의 힘으로 물 위를 달리도록 장치한 배. 蒸氣船(증기선).
〔汽笛 기적〕 기차나 기선에서 증기의 힘으로 경적 소리를 내는 장치.
〔汽車 기차〕 증기의 힘으로 궤도 위를 달리도록 장치한 차. 火車(화차).

*2
4 7 **沂** 내 이름 **기** 沂

[중]yí(이) [일]ギ
[풀이] ①내 이름. ‖沂水(기수). ②산 이름. ‖沂山(기산).

*
4 8 **沓** 겹칠 **답** 沓

[중]tà(타) [일]トウ/かさなる
[영]put one upon another
[풀이] 겹치다. 뒤섞임.
◢雜沓(잡답)

*1
4 7 **沌** [1]어두울 **돈** [2]돌 **돈** 沌

[중]dùn(뚠) [일]トン/くらい [영]dark
[풀이] [1]①어둡다. ‖混沌(혼돈). ②어리석다. [2]①돌다. 빙빙 도는 모양. 또는, 둥근 모양. ②혼탁하고 어지럽다.
◢混沌(혼돈)

*1
4 7 **汨** [1]내 이름 **멱**1 [2]빠질 **골** *1 汨

[중]mì(미), gǔ(구) [일]ベキ, コツ
[영]fall in
[풀이] [1]내 이름. ‖汨羅(멱라). [2]①빠지다. 물에 잠김. 가라앉음. ②다스리다.
〔汨沒 골몰〕 다른 일을 생각할 여유가 없이 오직 한 가지 일에만 잠김.

*2
4 7 **沔** 내 이름 **면**

[중]miǎn(미엔) [일]メン

*2
4 7 **沐** 머리 감을 **목** 沐

丶 冫 氵 汁 汁 汴 沐

[중]mù(무) [일]ボク, モク
[영]wash one's hair
[자원] **형성자.** 水(수)는 의미를 나타내고 木(목)은 음을 나타냄.
[풀이] ①머리를 감다. ②씻다. 세척함.
〔沐浴 목욕〕 온몸을 씻음.
〔沐浴齋戒 목욕재계〕 신에게 제사를 지낼 때 부정(不淨)을 타지 않도록 깨끗이 목욕하고 몸가짐을 가다듬는 일.

★*3-Ⅱ
4 7 **沒** 빠질 **몰** [간]没 沒

丶 冫 氵 氵 氵 沒 沒

[중]mò(모) [일]ボツ [영]sink
[자원] **형성자.** 水(수)는 의미를 나타내고 殳(몰)은 음을 나타냄.
[풀이] ①빠지다. 물에 잠김. ‖沈沒(침몰). ②다하다. 몰락하다. ‖沒落(몰락). ③마치다. 죽다. 끝남. ④없다. [통]無. ‖沒人情(몰인정). ⑤몰수하다. 강제로 빼앗음. ‖沒收(몰수).
〔沒却 몰각〕 ①무시해 버림. ②없애 버림.
〔沒年 몰년〕 죽은 해. 또는, 죽은 해의 나이.
〔沒頭 몰두〕 어떤 일에 열중함.
〔沒落 몰락〕 ①재물이나 세력 등이 쇠하여 보잘것없이 됨. ②멸망하여 모조리 없어짐.
〔沒殺 몰살〕 한꺼번에 죄다 죽임.
〔沒常識 몰상식〕 상식이 전혀 없음.
〔沒收 몰수〕 나라에서 범죄인의 재산을 강제로 빼앗아 들임.
〔沒廉恥 몰염치〕 염치가 없음.
〔沒人情 몰인정〕 인정이 없음.
〔沒入 몰입〕 깊이 파고들거나 빠짐.
◢汨沒(골몰)/埋沒(매몰)/生沒(생몰)/水沒(수몰)/日沒(일몰)/出沒(출몰)/沈沒(침몰)/陷沒(함몰)

*2
4 7 **汶** [1]내 이름 **문** [2]욕될 **문** 汶

[중]wèn(원) [일]ブン, モン, ボン

4획

[풀이] [1]내 이름. 산둥 성(山東省)에 있는 강. ‖汶水(문수). [2]①욕되다. 오욕(汚辱). 문몽(汶濛). ②도리에 어두운 모양.

*
4/7 **沕** [1]아득할 **물** * [2]숨을 **밀**

[중]wù(우), mì(미) [일]モチ, ミチ [영]dim
[풀이] [1]아득하다. 어렴풋함. [2]숨다. 숨김.

4/7 **汴** 내 이름 **변** 汴

[중]biàn(삐엔) [일]ベン
[풀이] ①내 이름. 허난 성(河南省)에 있는 강. ‖汴水(변수). ②땅 이름. 허난 성의 별칭. ‖汴省(변성).

*
4/7 **汾** 내 이름 **분** 汾

[중]fén(°펀) [일]フン

4획

★*3-Ⅱ
4/7 **沙** 모래 **사** 沙

丶 ⺀ 氵 氵丨 氵小 氵少 沙

[중]shā, shà(°싸) [일]サ, シャ/すな
[자원] **형성자.** 水(수)는 의미를 나타내고 少(소)는 음을 나타냄.
[풀이] ①모래. ②사막. 모래벌. ③물가. 물가의 땅. ‖沙洲(사주). ④일다. 어레미 따위에 일어 좋은 것은 취하고 나쁜 것은 버림. ‖沙汰(사태).
〔沙丘 사구〕 해안·사막 등지에 이루어진 모래 언덕. 砂丘(사구).
〔沙金 사금〕 물가나 물 밑의 모래 또는 자갈에 섞인 금. 砂金(사금).
〔沙器 사기〕 사기그릇.
〔沙礫 사력〕 자갈. 砂礫(사력).
〔沙漠 사막〕 건조하여 식물이 거의 생장할 수 없는 불모(不毛)의 모래땅. 砂漠(사막).
〔沙鉢 사발〕 사기로 만든 밥그릇.
〔沙上樓閣 사상누각〕 《'모래 위에 세운 누각'이라는 뜻으로》 기초가 튼튼하지 못하여 오래 견디지 못할 일이나 물건.
〔沙場 사장〕 강가나 바닷가의 넓은 모래 벌판. 모래사장.
〔沙汰 사태〕 ①높은 언덕, 산비탈, 쌓인 눈 등이 무너져 내려앉는 일. ②사람·물건이 한꺼번에 많이 쏟아져 나오는 일의 비유.
◢白沙(백사)/細沙(세사)/土沙(토사)/黃沙(황사)

*
4/7 **沁** 스며들 **심** 沁

[중]qìn(친) [일]シン/ひくす
[풀이] 스며들다.

*
4/7 **沇** [1]강 이름 **연** * [2]물 흐를 **유** 沇

[중]yǎn(옌), wěi(웨이) [일]イン
[풀이] [1]강 이름. [2]물이 흐르다.

*
4/7 **汭** 물굽이 **예**

[중]ruì(°루에이) [일]ゼイ

*2
4/7 **沃** 기름질 **옥** 沃

[중]wò(워) [일]ヨク/こえる [영]fertile
[풀이] ①기름지다. 땅이 기름짐. ‖沃土(옥토). ②물을 대다. ③물을 부어 손을 씻다. ④교도(敎導)하다.
〔沃畓 옥답〕 기름진 논. ‖門前沃畓(문전옥답).
〔沃土 옥토〕 기름진 땅. 沃地(옥지).
◢肥沃(비옥)

*2
4/7 **汪** 넓을 **왕** 汪

[중]wāng(왕) [일]オウ/ひろい [영]wide
[풀이] ①넓다. 깊고 넓고 큼. ‖汪茫(왕망). ②많다. 넉넉함. 홍건함.
〔汪茫 왕망〕 바다가 끝없이 넓은 모양.

*
4/7 **沄** 소용돌이칠 **운** 沄

[중]yún(윈) [일]ウン
[풀이] 소용돌이치다.

*
4/7 **沅** 내 이름 **원** 沅

[중]yuán(위엔) [일]ゲン

*
4/7 **沚** 물가 **지** 沚

[중]zhǐ(°즈) [일]シ/なぎさ
[풀이] 물가. 또는 물속의 작은 섬.

*
4/7 **泜** 붙을 **지**

[중]zhǐ(°즈) [일]チ [영]stick
[풀이] ①붙다. ②가지런한 모양.

*2
4/7 **沖** 빌 **충** [속]冲 沖

[중]chōng(°충) [일]チュウ [영]empty
[풀이] ①비다. 공허함. ②화하다. 온화함. ‖沖澹(충담). ③이르다. 도달함. ‖沖

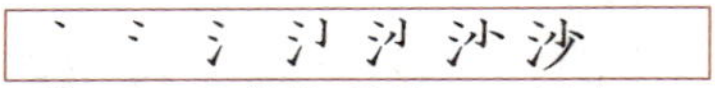

天(충천). ④어리다. 순진함. ‖沖年(충년).
〔沖氣 충기〕 천지간의 조화된 기운.
〔沖天 충천〕 하늘 높이 솟아 오름.

★*3-Ⅱ
4 7 **沈** ❶잠길 **침** ★*3-Ⅱ ❷성 **심** *3-Ⅱ | 속 沉 沈

丶 冫 氵 氵 氵 氵 沈

㊥chén(°천), shěn(°선) ㊐チン, シン/しずむ ㊎sink
자원 **형성자.** 水(수)는 의미를 나타내고 冘(유·임)은 음을 나타냄.
풀이 ❶①잠기다. 물에 빠져 가라앉음. ‖浮沈(부침). ②막히다. 침체됨. ‖沈滯(침체). ③무엇에 빠지다. ‖沈溺(침닉). ④조용하다. 흐리다. ‖沈沈(침침). ⑤오래다. ⑥침착하다. 무겁다. ‖沈着(침착). ❷성(姓).
〔沈降 침강〕 가라앉음. 沈下(침하).
〔沈溺 침닉〕 ①물에 빠져 가라앉음. ②술·여자·노름에 빠짐.
〔沈淪 침륜〕 ① ➡沈沒(침몰)①. ②재산·권세가 없어지고 보잘것없이 됨.
〔沈沒 침몰〕 ①물에 빠져 가라앉음. 沈淪(침륜). ②세력·기운 등이 쇠함의 비유.
〔沈默 침묵〕 아무 말을 하지 않음.
〔沈思 침사〕 깊이 생각함.
〔沈水 침수〕 물에 잠김.
〔沈鬱 침울〕 마음이 울적함.
〔沈潛 침잠〕 ①물속에 깊이 가라앉아 잠김. ②마음을 가라앉혀 생각에 잠김. ③성정이 깊어 겉으로 드러나지 않음.
〔沈澱 침전〕 액체 속에 섞여 있는 물질이 밑바닥에 가라앉음. 또는, 그 물질.
〔沈着 침착〕 행동이 차분함.
〔沈滯 침체〕 진전되지 못하고 제자리에 머묾.
〔沈沈 침침〕 ①광선이 약하여 어두컴컴함. ②눈이 어두워 보이는 것이 흐릿함.
〔沈痛 침통〕 슬픔이나 걱정으로 마음이 몹시 괴로움.
◢擊沈(격침)/浮沈(부침)

7 **沉** 沈(침·심)의 속자 →429쪽

*1
4 7 **汰** 일 **태** | 汰

㊥tài(타이) ㊐タイ/よなぐ ㊎wash
풀이 ①일다. 물로 일어 가려 냄. ‖汰金(태금). ②흐리다. 지행(志行)이 올바르지 않음. ‖汰侈(태사).
◢淘汰(도태)/沙汰(사태)

7 **沢** 澤(택)의 약자 →462쪽

*1
4 7 **沛** 늪 **패** | 沛

㊥pèi(페이) ㊐ハイ ㊎swamp
풀이 ①늪. 물속에 풀이 무성한 곳. ‖沛澤(패택). ②흐르다. 흐르는 모양. ③비가 줄기차게 오는 모양.
〔沛然 패연〕 비가 줄기차게 계속 오는 모양.
〔沛澤 패택〕 ①비의 은택. 雨澤(우택). ②죄수를 특사(特赦)하는 은전의 비유.

*2
4 7 **沆** 물 넓을 **항** | 沆

㊥hàng(항) ㊐コウ
풀이 물이 넓다.

4 7 **沍** 막힐 **호** | 沍

㊥hù(후) ㊐ゴ/ふさぐ ㊎close
풀이 ①막히다. ②마르다. ③얼다.

*
5 8 **沽** ❶사고 팔 **고** ❷술 팔 **고** | 沽

㊥gū(꾸) ㊐コ/うる ㊎trade
풀이 ❶①사고팔다. 매매함. ②내 이름. ❷술을 팔다. ‖沽酒(고주).
〔沽券 고권〕 토지의 매매 증서.

★*3-Ⅱ
5 8 **泥** 진흙 **니** | 泥

丶 冫 氵 氵 氵 氵 氵 泥

㊥ní(니) ㊐デイ, ナイ ㊎clay
자원 **형성자.** 水(수)는 의미를 나타내고 尼(니)는 음을 나타냄.
풀이 ①진흙. ②오염되고 썩다. 또는, 그렇게 썩은 것. ③약하다. 재력(才力)이 부족함. ④빗물이 괴어 진창이 된 언덕.
〔泥金 이금〕 금가루를 아교에 녹인 것. 서화(書畫)를 그리는 데에 씀. 金泥(금니).
〔泥田鬪狗 이전투구〕 (‘진흙탕에서 싸우는 개’라는 뜻으로) 강인한 성격, 또는 자기의 이익을 위해 비열하게 다툼의 비유.
〔泥醉 이취〕 술이 몹시 취함.
〔泥炭 이탄〕 탄화 작용이 충분히 되지 않은 석탄. 土炭(토탄).
〔泥土 이토〕 진흙.

*
5 8 **泠** 맑을 **령** | 泠

㊥líng(링) ㊐レイ/さとす ㊎fresh
冷(랭:73쪽)은 딴 자.
풀이 ①맑다. 상쾌함. ②깨우치다. ③악사(樂師).

5 *1
8 **沫** 거품 **말** 沫

㊥mò(모) ㊐マツ/あわ ㊎bubble

沬(매·회:430쪽)는 딴 자.

풀이 ①거품. ②물방울. 흩날리는 물보라. ③물거품이 일다. ④흐르는 땀. 또는, 땀이 흐르는 모양.

◪飛沫(비말)/泡沫(포말)

5
8 **沬** ❶땅 이름 **매** ❷낯 씻을 **회** 沬

㊥mèi(메이), huì(후에이) ㊐バイ, カイ

沫(말:430쪽)은 딴 자.

풀이 ❶땅 이름. 은(殷)대의 조가(朝歌)의 땅. 지금의 허난 성(河南省)의 한 고을. ❷낯을 씻다. 세면함.

5 *
8 **泯** 다할 **민** 泯

㊥mǐn(민) ㊐ビン ㊎be gone

풀이 ①다하다. 다하여 없어짐. ‖泯沒(민몰). ②빠지다. 물에 잠김. ③어지러워지다. 어두움. ‖泯亂(민란).

〔泯亂 민란〕 질서·도덕 등이 쇠퇴하여 어지러움.

〔泯滅 민멸〕 자취가 아주 없어짐. 泯沒(민몰).

5 ★*3
8 **泊** ❶배 댈 **박** ❷잔물결 **박** 泊

丶 冫 氵 氵' 汀 泊 泊 泊

㊥bó(보) ㊐ハク/とまる

자원 **형성자.** 水(수)는 의미를 나타내고 白(백)은 음을 나타냄.

풀이 ❶①배를 대다. 배를 물가에 붙임. ‖碇泊(정박). ②머무르다. ‖宿泊(숙박). ③떠돌아다니다. ④엷다. 산뜻하다. ‖淡泊(담박). ❷잔물결.

◪淡泊(담박)/無泊(무박)/民泊(민박)/宿泊(숙박)/外泊(외박)/一泊(일박)/碇泊(정박)/漂泊(표박)

5 *
8 **泮** 반궁 **반** 泮

㊥pàn(판) ㊐ハン

풀이 ①반궁(泮宮). 주대(周代)의 제후(諸侯)의 국학(國學). ②반(半). ㉦半. ③녹다.

〔泮人 반인〕 대대로 성균관에 딸려 있던 사람. 쇠고기를 파는 사람이 많았음. 관(館)사람.

5 *1
8 **泛** 뜰 **범** 泛

㊥fàn(°판) ㊐ハン/うかぶ ㊎float

풀이 ①뜨다. 띄움. ㉦氾·汎. ②널리. 두루. ‖泛稱(범칭). ③물을 뿌리다.

〔泛看 범간〕 눈여겨보지 않고 데면데면 지나쳐 봄.

〔泛過 범과〕 정신을 가다듬지 않고 데면데면하게 지나감.

〔泛論 범론〕 데면데면하게 들떠워 놓고 하는 말. 汎論(범론).

〔泛泛 범범〕 꼼꼼하지 않고 데면데면함.

〔泛舟 범주〕 배를 띄움. 汎舟(범주).

〔泛稱 범칭〕 널리 가리켜 이르는 칭호. 汎稱(범칭).

5 ☆*5
8 **法** 법 **법** 法

丶 冫 氵 氵一 汁 汢 法 法

㊥fǎ(°파) ㊐ホウ/のり ㊎law

금 전 자원 **회의자.** 금문은 水(물 수)와 去(갈 거)와 상상의 동물인 해태를 나타낸 廌(치)가 합쳐진 자로, 법은 물〔水〕이 흘러가는〔去〕 것처럼 공평하고 해태〔廌〕처럼 정의로워야 함을 나타냄. 해태는 부정한 존재를 판별하여 자신의 뿔로 받아 쫓아냈다고 함. 소전 이후로 해태는 생략함.

풀이 ①법. ‖法律(법률). ②부처의 가르침. 불도. ‖佛法(불법). ③본받다. ‖法度(법도). ④법을 지키다.

〔法鼓 법고〕 불교 의식 때 부처 앞에서 치는 작은 북.

〔法官 법관〕 법원에서 법률에 의해 재판을 맡아보는 사람. 法吏(법리).

〔法規 법규〕 ①법률상의 규정(規定). ②법률·명령·규정·규칙 등의 총칭.

〔法度 법도〕 ①법률과 제도. ②생활상의 예법과 제도.

〔法令 법령〕 법률과 명령.

〔法例 법례〕 법규의 적용 관계를 정한 법률 또는 규정.

〔法律 법률〕 국민이 지켜야 할 나라의 규율(規律). 法度(법도).

〔法文 법문〕 법률·명령의 조문(條文).

〔法式 법식〕 ①형식과 법도. ②방식.

〔法悅 법열〕 ①불법을 듣고 마음속에 생기는 기쁨. ②깊은 진리를 깨달았을 때의 진리에 파묻히는 기쁨.

〔法益 법익〕 법률상의 보호를 받는 이익.

〔法人 법인〕 자연인 이외의, 법률상으로 권리·의무를 행사하는 자격을 부여받은 주체(主體). 주식회사 따위.

〔法典 법전〕 국가가 정한 법규를 체계적으로 정리하여 엮은 책.

〔法廷 법정〕 재판관이 재판을 하는 곳. 法庭(법정).

〔法治 법치〕 법률에 의하여 나라를 다스림.

〔法則 법칙〕 ①지켜야 할 규범. ②원인과 결과 사이의 필연성.

4획

〔法會 법회〕 설법하는 모임.
◢工法(공법)/公法(공법)/國法(국법)/軍法(군법)/技法(기법)/落法(낙법)/論法(논법)/農法(농법)/讀法(독법)/魔法(마법)/妙法(묘법)/無法(무법)/文法(문법)/民法(민법)/方法(방법)/犯法(범법)/兵法(병법)/不法(불법)/佛法(불법)/祕法(비법)/司法(사법)/商法(상법)/說法(설법)/稅法(세법)/手法(수법)/術法(술법)/惡法(악법)/語法(어법)/用法(용법)/違法(위법)/律法(율법)/立法(입법)/作法(작법)/適法(적법)/戰法(전법)/製法(제법)/遵法(준법)/唱法(창법)/打法(타법)/脫法(탈법)/便法(편법)/筆法(필법)/合法(합법)/解法(해법)/憲法(헌법)/刑法(형법)/話法(화법)/畫法(화법)

*2
5 **泌** ❶샘 **비** ❷물결 부딪칠 **필**
8

㊥mì(미), pì(피) ㉰ヒ, ヒツ
풀이 ❶①샘. ②스며 나오다. ‖分泌物(분비물). ❷물결이 부딪치는 모양.
〔泌尿器 비뇨기〕 오줌을 만들어 배설하는 기관.
◢分泌(분비)

*1
5 **沸** ❶끓을 **비** *1 ❷샘솟는 모양 **불**1
8

㊥fèi(°페이), fú(°푸) ㉰ヒ, フツ/わく ㊐boil
풀이 ❶①끓다. 끓임. 끓음. ②샘솟다. 물이 솟아오름. ③들끓다. 어지러이 일어남. ❷샘솟는 모양.
〔沸騰 비등〕 ①액체가 끓어오름. ②여론이 물끓듯이 일어남.

*2
5 **泗** 내 이름 **사** 본**시**
8

㊥sì(쓰) ㉰シ
풀이 ①내 이름. ‖泗洙(사수). ②콧물.
〔泗洙 사수〕 ①쓰수이(泗水) 강과 주수이(洙水) 강. 중국 노(魯)나라의 강 이름. ②《공자가 이 근처에서 제자를 가르쳤다는 데서》 공자의 학문.

*1
5 **泄** ❶샐 **설** *1 ❷떠날 **예**
8

㊥xiè(씨에), yì(이) ㉰セツ, エイ/もれる ㊐leak
풀이 ❶①새다. 같洩. ㉮넘치다. ‖泄散(설산). ㉯흘리다. 비밀이 몰래 외부에 알려짐. ‖漏泄(누설). ②싸다. 설사함. ③일어나다. 발생함. ❷①떠나다. 흩어져 감. ②마음이 느긋한 모양.
〔泄瀉 설사〕 물똥을 눔. 瀉痢(사리).
◢漏泄(누설)/夢泄(몽설)/排泄(배설)

*2
5 **沼** 늪 **소** 본**조**
8

㊥zhǎo(°자오) ㉰ショウ/ぬま
풀이 늪.
〔沼澤 소택〕 늪과 못. 沼池(소지).
◢湖沼(호소)

5 **泝** 거슬러 올라갈 **소**
8

㊥sù(쑤) ㉰ソ/さかのぼる
풀이 ①거슬러 올라가다. ‖泝流(소류). ②향하다. 면(面)함. ③흐르다. 흘러감.

★*3-Ⅱ
5 **沿** ❶따를 **연** ❷내 이름 **연**
8

㊥yán(옌) ㉰エン/そう ㊐follow
자원 **형성자.** 水(수)는 의미를 나타내고 㕣(연)은 음을 나타냄
풀이 ❶①따르다. ㉮물을 따라 내려가다. ㉯길을 따르다. ‖沿道(연도). ㉰선례를 따르다. ‖沿革(연혁). ②냇물이 굽이진 곳. ❷내 이름.
〔沿道 연도〕 큰길의 좌우 근처.
〔沿邊 연변〕 국경·강·철도·도로 등의 언저리 일대.
〔沿線 연선〕 철도 선로에 연한 땅.
〔沿岸 연안〕 ①바다·강·호수에서 육지와 가까운 부분. ②바다·강·호수와 맞닿아 있는 육지.
〔沿海 연해〕 ①바다와 잇닿은 육지. ②육지에 가까운 바다.
〔沿革 연혁〕 변천해 온 내력.

★*3
5 **泳** 헤엄칠 **영**
8

㊥yǒng(융) ㉰エイ/およぐ ㊐swim
자원 **회의 겸 형성자.** 水(물 수)와 永(영)이 합쳐진 자. 永이 본래 '헤엄치다'의 뜻이었으나 '길다'의 뜻으로 가차되어 쓰이자, 본뜻을 보존하기 위해 水를 덧붙여 만든 자가 '泳'임. 水는 의미를 나타내고 永은 의미와 음을 겸하여 나타냄.
풀이 헤엄치다.
◢競泳(경영)/繼泳(계영)/背泳(배영)/水泳(수영)/游泳(유영)/潛泳(잠영)/蝶泳(접영)/平泳(평영)/混泳(혼영)

☆*6
5 **油** 기름 **유**
8

㊥yóu(여우) ㉰ユ, ユウ/あぶら ㊐oil

4획

자원 **형성자.** 水(수)는 의미를 나타내고 由(유)는 음을 나타냄.
풀이 ①기름. ㉮가연성의 액체. ‖油田(유전). ㉯동식물에서 얻어낸 액체. ‖香油(향유). ②구름이 피어오르는 모양. ‖油然(유연).
〔油價 유가〕 석유의 가격.
〔油類 유류〕 기름 종류.
〔油蜜菓 유밀과〕 밀가루나 쌀가루를 반죽하여 기름에 튀겨 꿀 또는 조청을 발라 튀밥이나 깨고물을 입힌 과자. 油菓(유과).
〔油然 유연〕 구름이 피어오르는 모양.
〔油印物 유인물〕 등사한 인쇄물.
〔油田 유전〕 석유가 나는 곳.
〔油脂 유지〕 동식물에서 짜낸 기름의 총칭.
〔油畫 유화〕 기름에 갠 물감으로 그린 그림.
◢肝油(간유)/輕油(경유)/給油(급유)/豆油(두유)/燈油(등유)/石油(석유)/原油(원유)/精油(정유)/注油(주유)/重油(중유)/搾油(착유)/採油(채유)/廢油(폐유)/香油(향유)

☆*3
5 8 **泣** 울 **읍** 본급 泣

丶 氵 氵 氵 汁 汁 泣 泣

중qì(치) 일キュウ/なく 영weep
자원 **형성자.** 水(수)는 의미를 나타내고 立(립)은 음을 나타냄.
풀이 ①울다. 울음. ②눈물.
〔泣諫 읍간〕 울면서 간(諫)함.
〔泣訴 읍소〕 눈물을 흘리면서 간절히 하소연함.
〔泣斬馬謖 읍참마속〕《중국 촉나라의 제갈량이, 군령을 어긴 마속을 울면서 참형에 처하였다는 고사에서》 큰 목적을 위해 자기가 아끼는 사람을 버림.
〔泣血 읍혈〕 눈물을 흘리며 슬피 욺.
◢感泣(감읍)/哭泣(곡읍)/哀泣(애읍)/涕泣(체읍)

5 8 **泆** 넘칠 **일** 泆

중yì(이) 일イツ/あふれる
풀이 ①넘치다. 끓어 넘침. ②방탕(放蕩)하다. ㉮음탕하다. ‖淫泆(음일). ㉯제멋대로 하다.
〔泆陽 일양〕 머리는 표범, 꼬리는 말의 모양을 한, 전설 속의 짐승.

*2
5 8 **沮** 막을 **저** 沮

중jǔ(쥐) 일ソ/はばむ
풀이 ①막다. 저지함. ②꺾이다. 기가 꺾임. 뜻이 약해짐. ③무너지다. 붕괴됨.
〔沮喪 저상〕 기운을 잃음.
〔沮止 저지〕 막아서 못 하게 함.
〔沮害 저해〕 막아서 해롭게 함.

☆*6
5 8 **注** 물 댈 **주** 注

丶 氵 氵 氵 汁 汁 注 注

중zhù(°쭈) 일チュウ/そそぐ
자원 **형성자.** 水(수)는 의미를 나타내고 主(주)는 음을 나타냄.
풀이 ①물을 대다. ②붓다. 따름. 쏟음. ③뜻을 두다. 마음을 쏟음. ‖注意(주의). ④적다. 같註. ㉮기록하다. ‖注記(주기). ㉯주내다. 풀이함. ‖注釋(주석). ㉰주. 주해. 주석. ‖脚注(각주).
〔注目 주목〕 ①관심을 가지고 주의하여 봄. ②조심하고 경계하여 봄. 注視(주시).
〔注文 주문〕 살 물건을 보내 달라고 부탁함.
〔注射 주사〕 약액(藥液)을 주사기에 넣어 생물체의 피하(皮下)·근육·정맥 등에 주입하는 일.
〔注書 주서〕 ①고려 시대, 문하부(門下府)의 종7품 벼슬. ②조선 시대, 승정원(承政院)의 정7품 벼슬. 사초(史草)를 맡아보았음.
〔注釋 주석〕 낱말이나 문장 등을 알기 쉽게 풀이함. 또는, 그 글. 註釋(주석). 注解(주해). ↔正文(정문).
〔注視 주시〕 관심을 가지고 눈여겨봄.
〔注意 주의〕 ①마음에 새겨 두고 조심함. ②조심하도록 곁에서 충고하는 일. ③의식 작용이 한 사물에 집중하여 모든 것을 명료하게 하는 일.
〔注入 주입〕 ①흘러 들어가도록 쏟아 넣음. ②기억과 암기를 주로 하여 가르침.
〔注子 주자〕 술을 따르는 데에 쓰는, 목이 가름하고 아가리가 좁은 병.
〔注解 주해〕 ➡注釋(주석).
◢傾注(경주)/發注(발주)/受注(수주)/外注(외주)

☆*4
5 9 **泉** 샘 **천** 泉

丶 白 白 白 宀 身 泉 泉

중quán(취엔) 일セン/いずみ 영spring
갑 [갑골문] 전 [전서] 자원 **상형자.** 갑골문에서 보듯, 바위 틈에서 물이 솟아 나오는 모습을 본뜬 자.
풀이 ①샘. 물이 솟아 나오는 근원. ‖原泉(원천). ②돈. 화폐.
〔泉石膏肓 천석고황〕 산수(山水)를 즐기는 것이 정도에 지나쳐 마치 불치의 병과 같음. 煙霞痼疾(연하고질).
〔泉聲 천성〕 샘물이 흐르는 소리.

〔泉壤 천양〕 저승.
〔泉布 천포〕 돈. 화폐.
◢溪泉(계천)/鑛泉(광천)/冷泉(냉천)/溫泉(온천)/湧泉(용천)/源泉(원천)/黃泉(황천)

5 8 沾 *

[1]더할 **첨** [2]적실 **첨** [본]**점**

[중]zhān(°짠) [일]テン, セン
[풀이] [1]①더하다. 첨가함. [같]添. ②보다. 엿봄. [2]①적시다. 축임. [같]霑.
〔沾濕 첨습〕 물기에 젖음.

5 8 治 ☆✻4-Ⅱ

다스릴 **치**

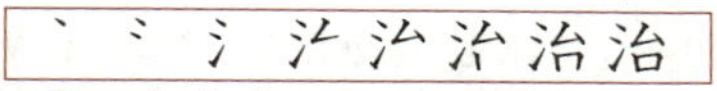

[중]zhì(°쯔) [일]チ/おさめる [영]rule
[자원] **형성자.** 水(수)는 의미를 나타내고 台(태·이)는 음을 나타냄.
✎ 冶(야:73쪽)는 딴 자.
[풀이] ①다스리다. ‖治國(치국). ②병·상처 등을 보살펴 낫게 하다. ‖治療(치료). ③평정하다. ‖治罪(치죄).
〔治國 치국〕 나라를 다스림.
〔治亂 치란〕 ①잘 다스려진 세상과 어지러운 세상. ②혼란에 빠진 세상을 다스림.
〔治療 치료〕 병이나 상처를 잘 다스려 낫게 함.
〔治山治水 치산치수〕 산과 내를 잘 관리하고 돌보아 가뭄이나 홍수 등의 재해를 입지 않도록 예방함.
〔治世 치세〕 ①잘 다스려진 태평한 세상. ②세상을 다스림.
〔治安 치안〕 세상이 편안하도록 다스리는 일.
〔治癒 치유〕 치료하여 병을 낫게 함.
〔治者 치자〕 ①한 나라를 다스리는 사람. ②권력을 가진 사람.
〔治下 치하〕 ①통치의 아래. ②관할하는 구역의 안. 管下(관하).
◢官治(관치)/根治(근치)/難治(난치)/內治(내치)/德治(덕치)/文治(문치)/法治(법치)/不治(불치)/完治(완치)/外治(외치)/人治(인치)/自治(자치)/政治(정치)/統治(통치)/退治(퇴치)

5 8 沱

[1]물 이름 **타** [2]물 흐를 **타** [동]沲

[중]tuó(투어) [일]ダ
[풀이] [1]①물 이름. ‖沱江(타강). ②눈물이 흐르는 모양. ③큰비가 내리는 모양. [2]물이 흐르는 모양.

8 沲

沱(타)와 동자 →433쪽

5 10 泰 ☆✻3-Ⅱ

클 **태**

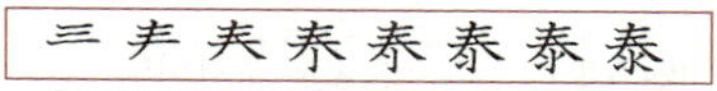

[중]tài(타이) [일]タイ/やすい [영]great
[전]  [자원] **형성자.** 물을 움키고 있는 두 손인 廾(공)과 물을 나타내는 水(수)는 의미를 나타내고 사람의 상형인 大(대)는 음을 나타냄. 본뜻은 '미끄럽다', '넉넉하다'.
[풀이] ①크다. 매우 큼. [같]太. ‖泰山(태산). ②넉넉하다. ‖泰風(태풍). ③편안하다. ④산 이름. ‖泰山(태산).
〔泰東 태동〕 '동양(東洋)'을 예스럽게 이르는 말. ↔泰西(태서).
〔泰斗 태두〕 ①'태산북두(泰山北斗)'의 준말. ②어떤 분야에서 썩 권위가 있는 사람. 大家(대가).
〔泰山 태산〕 ①높고 큰 산. ②크고 많음의 비유. ③중국 오악(五嶽)의 하나로 산둥 성(山東省)에 있는 높은 산.
〔泰山北斗 태산북두〕 ①태산(泰山)과 북두성(北斗星). ②우러러 존경할 만한 인물의 비유. 泰斗(태두).
〔泰山峻嶺 태산준령〕 큰 산과 험한 고개.
〔泰西 태서〕 '서양(西洋)'을 예스럽게 이르는 말. ↔泰東(태동).
〔泰然 태연〕 흔들리지 않고 굳건한 모양.
〔泰然自若 태연자약〕 마음이 굳건하여 흔들림이 없이 천연스러움.
〔泰平 태평〕 ①나라가 안정되어 아무 걱정 없고 평안함. ②마음에 아무 근심 걱정이 없음.

5 8 波 ☆✻4-Ⅱ

물결 **파**

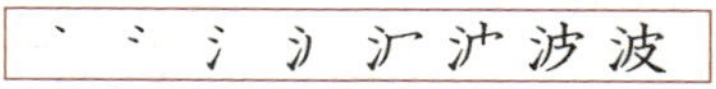

[중]bō(뽀) [일]ハ/なみ [영]wave
[자원] **회의 겸 형성자.** 水(물 수)와 皮(거죽 피)가 합쳐진 자로, 물이 흐를 때 굽이치는 수면을 나타냄. 水는 의미를 나타내고 皮는 의미와 음을 겸하여 나타냄.
[풀이] ①물결. ‖波紋(파문). ②영향이 다른 곳에 미치다. ‖波及(파급). ③눈빛. 눈길. ‖秋波(추파).
〔波高 파고〕 물결의 높이.
〔波及 파급〕 물결이 점차로 주위에 미치듯 사건의 영향이 차츰 여러 곳에 미침.
〔波濤 파도〕 바다에 이는 센 물결. 波浪(파랑).
〔波動 파동〕 ①물결의 움직임. ②어떤 현상이 사회적으로 큰 변동을 가져올 만한 거센 움직임.
〔波瀾 파란〕 ①파도. ②순조롭지 않게

일어나는 여러 가지 곤란이나 사건.
〔波瀾萬丈 파란만장〕 《물결이 만 길 높이로 인다는 뜻으로》 생활이나 일의 진행에 기복(起伏)과 변화가 심함.
〔波瀾重疊 파란중첩〕 생활이나 일의 진행에 변화와 난관이 많음.
〔波浪 파랑〕 잔물결과 큰 물결.
〔波紋 파문〕 ①수면에 이는 잔물결. ②물결 모양의 무늬. ③어떤 일의 영향.
〔波狀 파상〕 ①물결의 모양. ②어떤 일이 간격을 두고 반복되는 모양.
〔波市 파시〕 고기가 한창 잡힐 때 바다 위에서 열리는 생선 시장.
〔波心 파심〕 물결의 중심. 水心(수심).
〔波長 파장〕 ①파동의 최고점에서 이웃 파동의 최고점까지의 거리. ②어떤 일이 사회에 미치는 영향.
◢光波(광파)/腦波(뇌파)/短波(단파)/世波(세파)/餘波(여파)/音波(음파)/人波(인파)/一波萬波(일파만파)/長波(장파)/電波(전파)/滄波(창파)/秋波(추파)/平地風波(평지풍파)/風波(풍파)/寒波(한파)

4획

5 8 泙* 물소리 평

㊥pēng(펑) ㊐ヘイ

5 8 泡*1 거품 포 — 泡

㊥pào(파오) ㊐ホウ/あわ ㊎bubble
풀이 ①거품. 물거품. ‖泡沫(포말). ②성(盛)하다. ‖泡溲(포수).
〔泡沫 포말〕 물거품.
◢氣泡(기포)/水泡(수포)

5 8 河☆*5 ❶강 이름 하 ❷내 하 — 河

丶 冫 氵 汀 汀 沔 沔 河

㊥hé(허) ㊐カ/かわ
자원 **형성자.** 水(수)는 의미를 나타내고 可(가)는 음을 나타냄. 본디 황허 강을 가리켰으나 뒷날 하천의 뜻으로 확대됨.
풀이 ❶강 이름. 황허(黃河) 강. ❷내. 강. 유수(流水)의 총칭.
〔河口 하구〕 강물이 바다로 흘러드는 어귀.
〔河圖 하도〕 옛날 중국 복희씨(伏羲氏) 때, 황허(黃河)에서 용마(龍馬)가 지고 나왔다는 55점의 그림. 주역(周易)의 기본 이치가 됨.
〔河邊 하변〕 하천의 가.
〔河床 하상〕 하천 바닥.
〔河岸 하안〕 하천 양쪽의 둔덕.
〔河川 하천〕 강과 내.
◢大河(대하)/渡河(도하)/氷河(빙하)/山河(산하)/運河(운하)/銀河(은하)

5 8 泫* ❶흐를 현 ❷깊고 넓을 현 — 泫

㊥xuàn(쒸엔) ㊐ゲン ㊎flow
풀이 ❶①흐르다. ②이슬이 빛나다. ③눈물을 흘리는 모양. ❷깊고 넓다.
〔泫然 현연〕 눈물이 줄줄 흐르는 모양.

5 8 泂* 멀 형 — 泂

㊥jiǒng(지웅) ㊐ケイ/とおい ㊎far
풀이 멀다.

5 8 泓*2 물 깊을 홍 — 泓

㊥hóng(훙) ㊐オウ
풀이 ①물이 깊다. 얕은 것 같으면서 깊음. ②웅덩이. 소.

5 8 況★*4 하물며 황 — ㊗况 況

丶 冫 氵 氵 汩 汩 沪 況

㊥kuàng(쿠앙) ㊐キョウ
자원 **형성자.** 水(수)는 의미(강물이 늘고 주는 변화 상황)를 나타내고 兄(형)은 음을 나타냄.
풀이 ①하물며. ②모양. 형편. ‖近況(근황). ③비유하다. 예를 듦.
〔況且 황차〕 하물며. 더구나.
◢概況(개황)/景況(경황)/近況(근황)/不況(불황)/狀況(상황)/盛況(성황)/市況(시황)/實況(실황)/漁況(어황)/作況(작황)/戰況(전황)/情況(정황)/現況(현황)/好況(호황)/活況(활황)

6 9 洎 물 부을 계 ㊃기 — 洎

㊥jì(찌) ㊐キ
풀이 물을 붓다. 가마솥에 물을 부음.

6 9 洸* ❶물 용솟음할 광* ❷황홀할 황 — 洸

㊥guāng(꾸앙), huàng(후앙) ㊐コウ
풀이 ❶①물이 용솟음하다. ②성내는 모양. ❷①황홀하다. 어렴풋한 모양. 희미한 모양. ‖洸忽(황홀). ②물이 깊고 넓은 모양.

6 9 洞☆*7 ❶골 동☆*7 ❷통할 통*7 — 洞

冫 氵 氵 汩 泂 洞 洞 洞

㊥dòng(뚱) ㊐ドウ/ほら
자원 **형성자.** 水(수)는 의미를 나타내고 同(동)은 음을 나타냄.

풀이 ❶①골. 골짜기. 깊은 골짜기. ②굴. 동굴(洞窟). ③비다. 공허함. ④동네. ‖洞里(동리). ❷①통하다. ‖洞察(통찰). ②악기 이름.
〔洞口 동구〕 동네 어귀.
〔洞窟 동굴〕 자연적으로 생긴 깊고 넓은 큰 굴. 洞穴(동혈).
〔洞里 동리〕 마을. 동네.
〔洞房 동방〕 ①잠자는 방. ②신혼의 방. 신방(新房). ③ ➡洞房花燭(동방화촉).
〔洞房花燭 동방화촉〕 (‘동방에 비치는 환한 촛불’이란 뜻으로) 신랑이 첫날밤에 신부 방에서 자는 일. 洞房(동방).
〔洞穴 동혈〕 ➡洞窟(동굴).
〔洞察 통찰〕 사물이나 현상을 훤히 꿰뚫어 앎.
〔洞燭 통촉〕 아랫사람의 형편 등을 헤아려 살핌.
◢空洞(공동)

6 9 洛 *2 낙수 락

氵 氵 氵 汐 汷 洛 洛 洛

㊥luò(루어) ㊐ラク
자원 **형성자.** 水(수)는 의미를 나타내고 各(각)은 음을 나타냄.
풀이 ①낙수(洛水). 강 이름. ②땅 이름. ‖洛陽(낙양).
〔洛書 낙서〕 중국 우왕(禹王) 때 뤄수이(洛水)에서 나온 거북의 등에 있었다는, 45개의 점으로 이루어진 아홉 개의 무늬. 팔괘(八卦)와 홍범구주(洪範九疇)의 근원이 됨. ※河圖(하도).
〔洛陽紙價貴 낙양지가귀〕 (진(晉)나라 좌사(左思)가 ‘삼도부(三都賦)’를 지었을 때 낙양 사람들이 다투어 이것을 베낀 까닭에 종이 값이 올랐다는 고사에서) 어떤 책이 매우 잘 팔림.

6 9 洌 * 맑을 렬

㊥liè(리에) ㊐レツ
풀이 ①맑다. ②강 이름. 대동강(大同江)을 이름. 한강(漢江)이라는 설도 있음. ‖洌水(열수).

9 流 流(류)의 본자 →438쪽

6 9 洺 * 강 이름 명

㊥míng(밍) ㊐ベイ
풀이 ①강 이름. ‖洺水(명수). ②고을 이름. ‖洺州(명주).

6 9 洑 *1 ❶나루 복1 ❷㊞보 보*1

㊥fú(°푸) ㊐フク
풀이 ❶①나루. 배를 대는 곳. ②빙 돌아 흐르다. ❷보(洑).
〔洑稅 보세〕 ➡洑水稅(보수세).
〔洑水稅 보수세〕 봇물을 이용할 때, 그 값으로 내는 돈이나 곡식. 洑稅(보세).
〔洑主 보주〕 보(洑)의 주인.

6 9 洩 *1 ❶샐 설*1 ❷나는 모양 예1

㊥xiè(씨에), yì(이) ㊐セツ, エイ
풀이 ❶새다. 비밀이 흘러나옴. ㊎泄. ‖漏洩(누설). ❷①나는 모양. 훨훨 날아오르는 모양. ②퍼지다.
◢漏洩(누설)

6 9 洗 ☆*5 ❶씻을 세☆*5 ❷깨끗할 선

氵 氵 氵 氵 氵 洪 洪 洗

㊥xǐ(시), xiǎn(시엔)
㊐セン, セイ/あらう
자원 **형성자.** 水(수)는 의미를 나타내고 先(선)은 음을 나타냄.
풀이 ❶씻다. ㊎洒. ❷①깨끗하다. 결백함. ②신선하다. 새로움.
〔洗腦 세뇌〕 본디 갖고 있던 생각을 다른 생각으로 개조하거나, 특정한 사상·주의를 주입시키는 일.
〔洗練 세련〕 (깨끗이 씻고 다듬는다는 뜻으로) ①서투르지 않고 능숙함. ②깔끔하고 품위가 있음. ③말이나 글이 잘 다듬어져 있음. 洗鍊(세련).
〔洗禮 세례〕 ①크리스트교·유대교 등에서, 정식으로 교인이 될 때 모든 죄악을 씻는다는 표시로 물에 담그거나 머리에 물을 붓거나 하는 의식. ②원치 않는 물건이나 타격 등이 한꺼번에 몸에 쏟아지는 상태의 비유.
〔洗面 세면〕 ➡洗手(세수).
〔洗髮 세발〕 머리를 감음.
〔洗手 세수〕 얼굴을 씻음. 洗面(세면).
〔洗眼 세안〕 눈을 씻음.
〔洗劑 세제〕 물에 풀어 고체의 표면에 붙은 이물질을 씻어 내는 물질.
〔洗滌 세척〕 깨끗이 빨거나 씻음.
〔洗濯 세탁〕 빨래. ‖洗濯器(세탁기).
◢梳洗(소세)/水洗(수세)/領洗(영세)

6 9 洒 * ❶물 뿌릴 쇄 ❷물 부을 신 ❸씻을 세* ❹삼갈 선*

㊥sǎ(사), xǐ(시), xiǎn(시엔)
㊐サイ, シャ, シン, セイ

풀이 ❶①물을 뿌리다. 물을 뿌려 청소함. 같灑. ‖洒埽(쇄소). ②상쾌하다. 마음이 시원함. ‖洒落(쇄락). ❷물을 붓다. 물을 댐. ❸①씻다. 물로 씻음. 같洗. ②깨끗하게 하다. ❹삼가다.
〔洒落 쇄락〕 마음이 상쾌하고 깨끗함. 灑落(쇄락).

*2
6 9 **洙** 강 이름 **수** | 洙

중zhū(°쭈) 일シュ
풀이 강 이름. 중국 쓰수이(泗水) 강의 지류.
〔洙泗學 수사학〕 공자의 학문과 그 학통.

*2
6 9 **洵** 참으로 **순** | 洵

중xún(쉰) 일シュン
풀이 ①참으로. 진실로. ②눈물을 흘리다. 소리 없이 욺. ‖洵涕(순체). ③고르다. 같음. 같恂. ④멀다.

☆*6
6 9 **洋** 바다 **양** | 洋

氵 氵 氵 氵' 氵' 氵 洋 洋

중yáng(양) 일ヨウ 영sea
자원 **형성자.** 水(수)는 의미를 나타내고 羊(양)은 음을 나타냄.
풀이 ①바다. 큰 바다. 외해(外海). ‖太平洋(태평양). ②넘치다. 가득 차서 넘침. ③큰 파도. ④외국. 특히 서양(西洋)을 나타냄. ⑤은화(銀貨).
〔洋弓 양궁〕 서양식 활. 또는, 그 활로 하는 궁술.
〔洋女 양녀〕 서양 여자.
〔洋緞 양단〕 여러 가지 무늬를 넣어 겹으로 두껍게 짠 고급 비단.
〔洋襪 양말〕 맨발에 신도록 섬유로 짠 것.
〔洋木 양목〕 고운 무명실로 폭이 넓고 바닥을 곱게 짠 피륙. 唐木(당목).
〔洋服 양복〕 ①서양식 의복. ②남성이 입는 서양식 정장(正裝).
〔洋食 양식〕 서양 특유의 음식.
〔洋洋 양양〕 ①바다가 한없이 넓은 모양. ②사람의 앞날이 발전할 여지가 많은 모양.
〔洋屋 양옥〕 서양식으로 지은 집.
〔洋擾 양요〕 서양 사람에 의하여 일어난 난리.
〔洋裝 양장〕 ①여자가 옷을 서양식 정장으로 차려입음. 또는, 그 옷. ②서양식 장정(裝幀)의 하나. 철사나 실로 꿰맨 본문을 두꺼운 종이·헝겊·가죽 등의 표지로 싸 붙임.
〔洋酒 양주〕 서양산(西洋産)이거나 서양식으로 양조(釀造)한 술.
〔洋行 양행〕 ①서양으로 감. ②외국과 무역 거래를 하는 회사나 상점.
◢南洋(남양)/大洋(대양)/東洋(동양)/北洋(북양)/西洋(서양)/遠洋(원양)/海洋(해양)

9 **涓** 涓(연)의 속자 →440쪽

6 9 **洿** ❶웅덩이 **오** ❷더러울 **오** | 洿

중wū(우) 일オ
풀이 ❶웅덩이. 흐린 물이 고인 못. ‖洿池(오지). ❷같汚. ①더럽다. ②더러움.
〔洿池 오지〕 웅덩이로 된 못.

*
6 9 **洹** 강 이름 **원** | 洹

중huán(후안) 일エン

*
6 9 **洧** 강 이름 **유** | 洧

중wěi(웨이) 일イ

9 **浄** 淨(정)의 속자 →445쪽

★*3-Ⅱ
6 9 **洲** 섬 **주** | 洲

氵 氵 氵 氵 氵 洲 洲 洲

중zhōu(°쩌우) 일シュウ/す, しま
자원 **회의 겸 형성자.** 水(물 수)와 州(고을 주)가 합쳐진 자. 하천 가운데 형성된 섬을 뜻하던 州가 행정 구역을 가리키는 명칭으로 바뀌자 본뜻을 보존하기 위해 水를 덧붙여 만든 자가 '洲'임. 水는 의미를 나타내고 州는 의미와 음을 겸하여 나타냄.
풀이 ①섬. ②대륙. ‖五大洲(오대주). ③물가. ‖洲渚(주저).
◢滿洲(만주)/沙洲(사주)/三角洲(삼각주)/亞洲(아주)/六大洲(육대주)

*
6 9 **洔** 섬 **지**

중zhǐ(°즈) 일シ 영island
풀이 ①섬. ②갑자기 불은 물.

*2
6 9 **津** 나루 **진** | 津

중jīn(찐) 일シン/つ 영ferry
자원 **형성자.** 水(수)는 의미를 나타내고 聿(율)은 음을 나타냄.

4획

풀이 ①나루. ‖關津(관진). ②진액. ㉮풀·나무 등에서 분비되는 끈끈한 액체. ‖松津(송진). ㉯인체에서 분비되는 액체. 침·땀·눈물 따위. ‖津液(진액). ③윤택하다. 넉넉해짐.
〔津口 진구〕 나루터.
〔津渡 진도〕 나루.
〔津液 진액〕 생물의 몸 안에서 생겨나는 액체. 수액·체액 따위.
〔津津 진진〕 ①맛이 아주 좋은 모양. ②풍성하게 많은 모양. ③매우 재미있는 모양.
◢渡津(도진)/松津(송진)

9 **浅** 淺(천)의 약자 →445쪽

★✱4
6/9 **派** 물갈래 **파** | 派
氵 氵 氵 氵 氵 氵 派 派 派
㊥pài(파이) ㊐ハ/わかれる
㊎branch
금 전 자원 **회의 겸 형성자.** 水(물 수)와 𠂢(파)가 합쳐진 자. 𠂢는 금문·소전에서 보듯 갈라진 강물 줄기의 모습을 나타내며 여기에서 '갈래', '파벌'의 의미가 생겨남. 水는 𠂢가 물과 관계된 자임을 분명히 나타내기 위해 덧붙인 것임. '설문해자'에 따르면 '𠂢'는 '永'(영)의 좌우를 반대로 바꾸어 만든 자임. 水는 의미를 나타내고 𠂢는 의미와 음을 겸하여 나타냄.
풀이 ①물갈래. ㉮강물이 본류에서 갈려 흘러내리는 가닥. ㉯갈라져 나온 계통. ‖黨派(당파). ②갈라지다. 갈라져 흐름. ‖派出(파출).
〔派遣 파견〕 일정한 임무를 주어 사람을 보냄. 派送(파송).
〔派閥 파벌〕 이해관계에 따라 따로따로 갈라진 사람들의 무리.
〔派兵 파병〕 군대를 파견함.
〔派生 파생〕 원줄기에서 갈라져 나와 생김.
〔派爭 파쟁〕 파벌(派閥)끼리의 다툼. 편싸움.
〔派出 파출〕 임무를 주어 사람을 보냄. ‖派出婦(파출부).
◢系派(계파)/教派(교파)/急派(급파)/黨派(당파)/密派(밀파)/分派(분파)/新派(신파)/右派(우파)/流派(유파)/宗派(종파)/左派(좌파)/支派(지파)/特派(특파)/學派(학파)

✱
9 **海** 海(해)의 약자 →441쪽

6/9 **洫** 봇도랑 **혁** | 洫
㊥xù(쒸) ㊐キョク/みぞ
풀이 ①봇도랑. 논 사이의 물을 통하게 하는 도랑. ‖溝洫(구혁). ②수문(水門). 수도(水道)의 문.

★✱3-Ⅱ
6/9 **洪** 큰물 **홍** | 洪
氵 氵 氵 汁 汼 洪 洪 洪
㊥hóng(홍) ㊐コウ/おおみず
자원 **형성자.** 水(수)는 의미를 나타내고 共(공)은 음을 나타냄.
풀이 ①큰물. 대수(大水). ‖洪水(홍수). ②크다. 많음. ㊟鴻. ‖洪福(홍복).
〔洪福 홍복〕 큰 행복.
〔洪水 홍수〕 ①장마가 져서 냇가나 강에 크게 불은 물. 큰물. ②사람이나 사물이 많이 쏟아져 나옴의 비유.

4획

☆✱7
6/9 **活** ❶살 **활**☆✱7 ❷물 콸콸 흐를 **괄** | 活
氵 氵 氵 汇 汗 活 活 活
㊥huó(후어), guō(꾸어)
㊐カツ/いきる, いかす ㊎live
자원 **형성자.** 水(수)는 의미를 나타내고 舌(설)은 음을 나타냄.
풀이 ❶①살다. ㉮생존하다. ‖活人(활인). ㉯생기가 발동하다. ‖活氣(활기). ②살리다. ㉮죽음에서 구해 내다. ㉯소생하게 하다. ❷물이 콸콸 흐르다. 물이 힘차게 흐르는 모양.
〔活氣 활기〕 ①활동의 원천이 되는 싱싱한 생기. ②활발한 기운.
〔活動 활동〕 ①활발하게 움직임. 또는, 생기가 있거나 생동(生動)함. ②무슨 일을 이루기 위하여 움직임.
〔活力 활력〕 살아 움직이는 힘.
〔活路 활로〕 곤란을 뚫고 살아나갈 길이나 방법. 血路(혈로).
〔活潑 활발〕 정신이나 행동이 활기 있고 원기(元氣)가 좋음.
〔活性化 활성화〕 ①생체(生體)나 생체 물질이 그 기능을 발휘함. ②물질을 처리할 때 화학적 변화, 물리적 변화가 보다 완전하고 신속하게 되도록 하는 일. ③침체된 활동에 생기를 불어넣어 정상 기능을 발휘하게 하는 일.
〔活躍 활약〕 어느 분야나 세계에서 활발히 활동함.
〔活魚 활어〕 살아 있는 물고기.
〔活用 활용〕 ①이리저리 응용함. 변통하여 씀. ②용언(用言)의 어미변화.
〔活字 활자〕 활판 인쇄에 사용되는 자형(字型).
〔活版 활판〕 활자로 조판한 인쇄판. 또

는, 그것에 의한 인쇄. 活字版(활자판).
〔活況 활황〕 활기 띤 상황.
◢復活(부활)/死活(사활)/生活(생활)/自活(자활)/再活(재활)/快活(쾌활)

洶 *1 6/9 물결 세찰 **흉** 洶
㊥xiōng(씨웅) ㊐キョウ
풀이 ①물결이 세차다. 물이 세차게 솟아오름. 또는, 그 소리. ‖洶急(흉급). ②시끄러운 모양. 여러 사람이 모여서 떠들어 대는 모양.
〔洶湧 흉용〕 ①물이 치솟음. ②파도가 소용돌이침.
〔洶洶 흉흉〕 ①물흐름이 세차고 물소리가 매우 시끄러운 모양. ②분위기가 매우 어수선한 모양.

洽 *1 6/9 화합할 **흡** 洽
㊥qià(치아) ㊐ユウ/やわらぐ ㊧harmonize
풀이 ①화합하다. 화목하여 협화(協和)함. ②두루 미치다. 널리 미침. ③윤택하게 하다. 윤기 있게 함.
〔洽覽 흡람〕 두루 봄.
〔洽然 흡연〕 흡족한 모양.
〔洽足 흡족〕 넉넉하여 조금도 모자람이 없음.
◢未洽(미흡)

涇 * 7/10 ❶곧을 **경** ❷통할 **경** 간 泾 涇
㊥jīng(찡) ㊐ゲイ/とおる ㊧straight, get through
풀이 ❶곧다. 곧게 뻗음. ㉮곧은 물줄기. ㉯곧은 물결. ❷①통하다. 통해 흐름. ②대변(大便). ③월경.
〔涇渭 경위〕 《중국의 징수이(涇水)는 탁하고, 웨이수이(渭水)는 맑아서 뚜렷이 구별된다는 데에서》 사리에 대한 판단이나 분별.

涅 1 7/10 개흙 **녈·날** 涅
㊥niè(니에) ㊐デツ, ネ ㊧silt
풀이 ①개흙. 갯바닥·진펄 등에 있는 검고 미끈미끈한 흙. 염료로도 쓰임. ②검은 물을 들이다. ③검은색. ④열반. 범어 nirvana의 음역. 부처의 죽음.
〔涅槃 열반〕 범어 nirvana의 음역. ①번뇌와 미망(迷妄)에서 벗어나 진리를 체득함. ↔輪廻(윤회). ②부처의 죽음. 入寂(입적). 寂滅(적멸).

浪 ☆*3-Ⅱ 7/10 물결 **랑** 浪

氵 氵 氵 氵 氵 浪 浪 浪

㊥làng(랑) ㊐ロウ/なみ ㊧wave
자원 **형성자.** 水(수)는 의미를 나타내고 良(량)은 음을 나타냄.
풀이 ①물결. 파도. 맑은 물결. ‖滄浪(창랑). ②물결이 일다. ③유랑하다. 떠돌아다님. ‖放浪(방랑). ④함부로. 마구. ⑤방자하다. 방종함. ⑥어리석은 모양. ‖孟浪(맹랑).
〔浪漫 낭만〕 현실적이기보다는 정서적·이상적으로 사물을 바라보는 심리 상태.
〔浪費 낭비〕 재물을 함부로 씀.
〔浪說 낭설〕 터무니없는 소문.
〔浪人 낭인〕 일정한 직업이 없이 떠도는 사람. 浪子(낭자).
〔浪子 낭자〕 ① ➡浪人(낭인). ②도락에 빠지거나 방탕한 자식.
◢激浪(격랑)/孟浪(맹랑)/放浪(방랑)/浮浪(부랑)/流浪(유랑)/滄浪(창랑)/波浪(파랑)/風浪(풍랑)/虛浪(허랑)

流 ☆*5 7/10 흐를 **류** 본 流 流

氵 氵 氵 氵 氵 氵 流 流

㊥liú(리우) ㊐リュウ/ながれる ㊧flow
금 전 자원 **회의자.** 水(물 수)와 㐬(돌)이 합쳐진 자로, 강물에 아이가 떠내려가는 모습을 나타냄. 여기에서 '물이 흘러가다', '세월이 흐르다'의 뜻이 나옴.
풀이 ①흐르다. ‖流水(유수). ②흘리다. 흐르게 하다. ‖流血(유혈). ③떠돌아다니다. ‖流浪(유랑). ④옮겨 퍼지다. ‖流行(유행). ⑤흐름. ‖激流(격류). ⑥귀양 보내다. 내침. ‖流刑(유형). ⑦품위. 계급. ‖亞流(아류). ⑧어느 파의 전문 학술. ‖流派(유파).
〔流動 유동〕 ①액체 같은 것이 흘러 움직임. ②이리저리 옮겨 다님.
〔流浪 유랑〕 정처 없이 떠돌아다님.
〔流麗 유려〕 글이나 말이 유창하고 아름다움.
〔流離 유리〕 정처 없이 떠돎.
〔流離乞食 유리걸식〕 이곳저곳 떠돌아다니며 빌어먹음.
〔流離漂泊 유리표박〕 일정한 직업도 거처도 없이 이리저리 떠돌아다님.
〔流民 유민〕 고향을 떠나 유랑하는 백성. 流氓(유맹). 流浪民(유랑민).
〔流芳百世 유방백세〕 꽃다운 이름이 후세에 길이 전함.
〔流配 유배〕 오형(五刑)의 하나. 죄인을 귀양보내는 형벌. 流刑(유형).
〔流產 유산〕 ①태아가 달이 차기 전에 죽어서 나옴. ②계획 또는 추진하는 일이 이루어지지 못함의 비유.
〔流說 유설〕 근거 없는 소문. 뜬소문.

〔流水 유수〕 흐르는 물.
〔流言蜚語 유언비어〕 아무 근거 없이 널리 퍼진 소문.
〔流域 유역〕 강물이 흐르는 언저리의 지역.
〔流入 유입〕 흘러 들어옴. ↔流出(유출).
〔流暢 유창〕 말을 하거나 글 읽는 것이 조금도 거침이 없음.
〔流出 유출〕 ①흘러 나감. ↔流入(유입). ②중요한 것을 나라나 조직의 밖으로 나가게 함.
〔流通 유통〕 ①화폐나 물품 등이 세상에 널리 쓰임. ②액체나 기체가 흘러 드나듦.
〔流派 유파〕 예능 등에서, 어떤 파에서 갈라져 나온 갈래. 分派(분파).
〔流布 유포〕 널리 세상에 퍼짐.
〔流行 유행〕 세상에 널리 행하여짐. 또는, 널리 퍼짐.
◪激流(격류)/貫流(관류)/交流(교류)/急流(급류)/氣流(기류)/暖流(난류)/對流(대류)/同流(동류)/物流(물류)/放流(방류)/本流(본류)/分流(분류)/奔流(분류)/三流(삼류)/上流(상류)/時流(시류)/亞流(아류)/女流(여류)/逆流(역류)/源流(원류)/二流(이류)/一流(일류)/底流(저류)/電流(전류)/潮流(조류)/主流(주류)/中流(중류)/支流(지류)/直流(직류)/濁流(탁류)/漂流(표류)/風流(풍류)/下流(하류)/寒流(한류)/合流(합류)/海流(해류)/血流(혈류)

7 10 涖* 다다를 **리**

[중]lì(리) [일]リ/のぞむ
[풀이] ①다다르다. ②보다. ③물소리.

7 10 浬* 해리 **리**

浬

[중]lǐ(리) [일]リ/かいり
[풀이] 해리(海里). 해상 거리의 단위. 약 1,852m.

7 10 浡 일어날 **발**

浡

[중]bó(보) [일]ボツ/おこる
[풀이] ①일어나다. 우쩍 일어나는 모양. ‖浡然(발연). ②용솟음하다. 샘이 솟아남. ③바다 이름. [갈]渤.

7 10 浜* [1]선거 **병** [2]물가 **빈***

浜

[중]bāng(빵), bīn(삔) [일]ホウ, ヒン/はま
[풀이] [1]선거(船渠). 배를 매어 두는 곳. 선구(船溝). [2]물가. 濱(빈)의 속자.

10 浲* 逢(봉)과 동자 →455쪽

7 10 浮☆*3-II 뜰 **부**

浮

[중]fú(°푸) [일]フ/うかぶ [영]float
[자원] **형성자.** 水(수)는 의미를 나타내고 孚(부)는 음을 나타냄.
[풀이] ①뜨다. 띄우다. ‖浮沈(부침). ②들뜨다. 침착하지 않음. ‖浮薄(부박). ③불안정하다. 덧없음. ④근거가 없다. ⑤물 위에 뜨게 하는 기구.
〔浮刻 부각〕 ①사물의 특징을 두드러지게 나타냄. ②그림이나 문자 등을 도드라지게 새김. 돋을새김. 양각(陽刻).
〔浮輕 부경〕 ①하는 말이나 태도가 경솔함. ②부피는 크나 무게가 가벼움.
〔浮囊 부낭〕 ①헤엄칠 때 몸이 잘 뜨게 하는 기구. 浮袋(부대). ②물고기의 장부근에 있는 공기 주머니. 부레.
〔浮袋 부대〕 ➡浮囊(부낭)①.
〔浮動 부동〕 ①떠서 움직임. ②진득하지 못하고 들뜸.
〔浮動票 부동표〕 지지하는 후보나 정당이 확실하지 않고 변화할 가능성이 많은 표.
〔浮浪 부랑〕 일정한 주소나 직업이 없이 이리저리 떠돌아다님.
〔浮浪輩 부랑배〕 부랑(浮浪)하는 무리.
〔浮力 부력〕 기체나 액체 속에 있는 물체가 그 표면에 작용되는 압력으로 위로 뜨게 하는 힘.
〔浮上 부상〕 ①물 위로 떠오름. ②어떤 대상이 사람들의 관심을 끌게 되거나 주목을 받게 됨.
〔浮生 부생〕 덧없는 인생.
〔浮說 부설〕 근거 없는 소문.
〔浮揚 부양〕 가라앉은 것이 떠오름. 또는, 떠오르게 함.
〔浮雲 부운〕 ①하늘에 떠 있는 구름. ②덧없는 인생이나 세상일의 비유.
〔浮遊 부유〕 ①물이나 공중을 떠다님. ②건들건들 놀며 떠돌아다님. 浮游(부유).
〔浮彫 부조〕 어떤 형상을 평평한 면에 도드라지게 새기는 기법.
〔浮腫 부종〕 몸이 붓는 증상. 浮症(부증).
〔浮症 부증〕 ➡浮腫(부종).
〔浮沈 부침〕 ①물 위에 떠올랐다 물속에 잠겼다 함. ②세력 따위가 성하고 쇠함의 비유.
〔浮標 부표〕 물 위에 띄워 어떤 표적으로 삼는 물건. 낚시찌나 암초 등의 소재, 항로 등을 나타내는 여러 기구.

4획

★*3
7 涉 건널 섭 [통] 涉
10

氵 氵 氵 氵 氵 氵 涉 涉

[중]shè(°써) [일]ショウ/わたる [영]cross

[갑] [금] [자원] **회의자.** 갑골문·금문은 가운데에 냇물을 그리고 냇물 양쪽에 발을 하나씩 그려, 냇물 이쪽에서 저쪽으로 건너는 모습을 나타냄.

[풀이] ①건너다. ‖渡涉(도섭). ②겪다. 경과함. 지냄. ‖經涉(경섭). ③관계하다. 관계를 가짐. ‖干涉(간섭).

〔涉歷 섭력〕 (물을 건너고 산을 넘는다는 뜻으로) 여러 가지 일을 경험함.

〔涉獵 섭렵〕 (물을 건너고 여기저기 찾아다닌다는 뜻으로) 여러 가지 책을 널리 찾아 읽음.

〔涉外 섭외〕 외국 또는 외부와 연락하거나 교섭함.

◢干涉(간섭)/交涉(교섭)/通涉(통섭)

4획

☆*6
7 消 사라질 소
10

氵 氵 氵 氵 氵 消 消 消

[중]xiāo(씨아오) [일]ショウ/きえる [영]extinguish

[자원] **형성자.** 水(수)는 의미를 나타내고 肖(초)는 음을 나타냄.

[풀이] ①사라지다. ㉮없어지다. 없어지게 함. ‖消音(소음). ㉯멸망하다. ‖消滅(소멸). ②소극적이다. ③삭이다. ‖消化(소화). ④쇠하다. 약해짐. ⑤녹다. ⑥불을 끄다. ‖消防(소방).

〔消極的 소극적〕 무슨 일에 대한 태도가 수동적이며, 미온적인 (것). ↔積極的(적극적).

〔消毒 소독〕 약으로 병균을 죽여 없애는일.

〔消燈 소등〕 등불을 끔.

〔消滅 소멸〕 모두 사라져 없어짐.

〔消耗 소모〕 써서 줄게 하거나 없어짐.

〔消防 소방〕 화재를 방지하고 불난 것을 끔.

〔消費 소비〕 일정한 요구나 수요를 충족시키기 위해 필요한 것을 써 없앰. ‖消費者(소비자). ↔生産(생산).

〔消息 소식〕 어떤 사람의 안부나 일의 형편을 알리는 말이나 글.

〔消失 소실〕 사라져 없어짐.

〔消音 소음〕 소음(騷音)이나 잡음을 없앰.

〔消印 소인〕 ①말소(抹消)하기 위하여 도장을 찍음. 또는, 그 도장. ②우체국에서 접수된 우편물의 우표 따위에 도장을 찍음. 또는, 그 도장.

〔消日 소일〕 날을 보냄. 消光(소광).

〔消盡 소진〕 점점 줄어들어 없어짐. 또는, 다 써서 없앰.

〔消蕩 소탕〕 휩쓸어 없애 버림.

〔消風 소풍〕 ①답답한 마음을 풀기 위하여 바람을 쐼. ②학교에서, 운동·자연 학습을 겸하여 단체로 교외 등의 먼 길을 걷는 일. 逍風(소풍).

〔消化 소화〕 ①먹은 음식을 새김. ②배워 얻은 지식을 자기 것으로 만듦.

〔消火 소화〕 불을 끔.

〔消火栓 소화전〕 화재가 났을 때 급수하기 위한 장치.

◢抹消(말소)/取消(취소)/解消(해소)

*
7 涑 ❶헹굴 속 ❷강 이름 속
10

[중]sù(쑤) [일]ソク/すすぐ

[풀이] ❶헹구다. ❷강 이름.

*
7 涓 시내 연 [본]견 [속] 涓
10

[중]juān(쮜엔) [일]ケン

[풀이] ①시내. 졸졸 흐르는 물. ②물방울. 미소한 것의 비유. ③물방울이 듣다. ④가리다. 잘게 선별함. ⑤깨끗하다. 청결함.

〔涓吉 연길〕 전통 혼례에서, 길일(吉日)을 택함. 날받이.

〔涓涓 연연〕 작은 물이 졸졸 흐르는 모양.

*
7 涎 침 연
10

[중]xián(시엔) [일]セン/よだれ [영]saliva

[풀이] ①침. 입속에서 흐르는 타액. ②물이 흐르는 모양.

〔涎沫 연말〕 침과 거품.

*
7 浯 강 이름 오
10

[중]wú(우) [일]ゴ

*
7 浣 씻을 완
10

[중]huàn(후안) [일]カン/あらう [영]wash

[풀이] ①씻다. ‖浣腸(완장). ②열흘 사이. 옛날에 관리가 열흘마다 휴가를 얻어 목욕한 데서, 일완(一浣)이 일순(一旬), 곧 열흘의 뜻이 됨.

〔浣衣 완의〕 옷을 빪.

☆*5
7 浴 목욕할 욕
10

氵 氵 氵 氵 氵 浴 浴 浴

[중]yù(위) [일]ヨク/ゆあみ, あびる
[영]bathe

[자원] **형성자.** 水(수)는 의미를 나타내고 谷(곡)은 음을 나타냄.
[풀이] ①목욕하다. 미역 감음. ‖浴槽(욕조). ②미역. 목욕. ‖入浴(입욕). ③미역 감기다. 목욕시키다.
〔浴室 욕실〕 목욕하는 설비가 되어 있는 방.
〔浴槽 욕조〕 욕실 등에서, 목욕물을 받는 큰 통.
〔浴湯 욕탕〕 '목욕탕(沐浴湯)'의 준말.
◢沐浴(목욕)/日光浴(일광욕)/入浴(입욕)/坐浴(좌욕)/海水浴(해수욕)/混浴(혼욕)

*1
10 **涌** 湧(용)과 동자 →449쪽

7
10 **浥** 젖을 **읍** | 浥

[중]yì(이) [일]ユウ/うるえる
[풀이] 젖다.
〔浥塵 읍진〕 먼지를 축일 정도로 적은 양의 비.

*
7
10 **浙** 강 이름 **절** | 浙

[중]zhè(°쩌) [일]セツ
[풀이] 강 이름. 저장 성(浙江省)에 있는 첸탕 강(錢塘江)의 하류.

*
7
10 **涏** ❶곧을 **정** * ❷반질반질할 **전**

[중]tǐng(팅) [일]エン [영]straight
[풀이] ❶곧다. ❷반질반질하다.

*2
7
10 **浚** 깊을 **준** | 浚

[중]jùn(쮠) [일]シュン/ふかい [영]deep
[풀이] ①깊다. ‖浚照(준조). ②치다. ㉮우물 바닥의 오물을 치다. ㉯강 따위의 바닥을 깊게 파다.
〔浚渫 준설〕 하천·항만 등의 바닥에 쌓인 모래나 암석을 파냄.
〔浚井 준정〕 우물을 깨끗이 쳐냄.

*1
7
10 **涕** 눈물 **체** | 涕

[중]tì(티) [일]テイ/なみだ [영]tears
[풀이] ①눈물. ②울다. ‖涕泣(체읍).
〔涕淚 체루〕 슬프거나 감동하여 흐르는 눈물.
〔涕泣 체읍〕 소리 없이 눈물을 흘리며 욺.

★*3-Ⅱ
7
10 **浸** ❶담글 **침** ❷배어들 **침** | 浸

氵 氵 氵 浔 浔 浔 浔 浸

[중]jìn(찐) [일]シン
[자원] **형성자.** 水(수)는 의미를 나타내고 㑴(침)은 음을 나타냄.
[풀이] ❶①담그다. 적심. ‖浸漬(침지). ②담기다. ‖浸水(침수). ❷①배어들다. 차츰 스며듦. [같]滲·侵. ‖浸潤(침윤). ②침노하다. 침범함.
〔浸水 침수〕 홍수로 논·밭·가옥 등이 물에 잠김.
〔浸蝕 침식〕 빗물이나 흐르는 물이 지반(地盤)이나 암석 등을 깎거나 개먹어 들어감.
〔浸染 침염〕 ①물감을 푼 물에 섬유를 담가 무늬 없이 물들임. ②점점 감화됨.
〔浸潤 침윤〕 ①수분이 스며들어 젖음. ②사상 등이 물들어 감. ③염증·악성 종양이 번져 조직으로 침입함.
〔浸透 침투〕 ①물 같은 것이 스며듦. 滲透(삼투). ②주의나 사상이 깊이 스며들어 퍼짐.

*
7
10 **浿** 강 이름 **패** | 浿

[중]pèi(페이) [일]ハイ/かわのな
[풀이] 강 이름.
〔浿水 패수〕 ①고조선 때, 압록강(鴨綠江)을 이르던 이름. ②'대동강(大同江)'의 옛 이름.

★*3-Ⅱ
7
10 **浦** 개 **포** | 浦

氵 氵 汀 汀 洧 洧 浦 浦

[중]pǔ(푸) [일]ホ/うら [영]waterside
[자원] **형성자.** 水(수)는 의미를 나타내고 甫(보)는 음을 나타냄.
[풀이] ①개. ㉮강이나 내에 조수가 드나드는 곳. ㉯물가. 바닷가. ②지류가 강이나 바다로 들어가는 곳.
〔浦口 포구〕 배가 드나드는 개〔浦〕의 어귀.
〔浦村 포촌〕 갯가에 있는 마을. 갯마을.
◢三浦(삼포)/出浦(출포)

☆*7
7
10 **海** 바다 **해** | [약]海 海

氵 氵 汇 汇 海 海 海 海

[중]hǎi(하이) [일]カイ/うみ [영]sea
[자원] **형성자.** 水(수)는 의미를 나타내고 每(매)는 음을 나타냄.
[풀이] ①바다. 해양(海洋). ②바닷물. 해수(海水). ③사물이 많이 모이는 곳. ‖學海(학해). ④크다. 거대함.
〔海溝 해구〕 바다 밑바닥에 좁고 길게

움푹 들어간 곳.
〔海難 해난〕 항해 중에 만나는 재난.
〔海東 해동〕 《'발해(渤海)의 동쪽'이라는 뜻으로》 옛날에 '우리나라'를 이르던 이름.
〔海諒 해량〕 상대방에게 용서를 빌 때 쓰는 말로, 바다처럼 넓은 도량으로 잘 헤아려 달라는 뜻.
〔海路 해로〕 바다 위의 배가 다니는 길. 바닷길. 航路(항로). ↔陸路(육로).
〔海流 해류〕 일정한 방향과 속도로 이동하는 바닷물의 흐름.
〔海陸 해륙〕 바다와 육지.
〔海面 해면〕 바닷물의 표면. 海水面(해수면).
〔海物 해물〕 바다에서 나는 것. 海産物(해산물).
〔海拔 해발〕 바다 표면으로부터 계산하여 잰 육지나 산의 높이.
〔海邊 해변〕 바닷가. 海濱(해빈).
〔海上 해상〕 바다 위.
〔海恕 해서〕 넓은 마음으로 용서함.
〔海松子 해송자〕 잣.
〔海水 해수〕 바닷물.
〔海水浴 해수욕〕 주로 여름에 더위를 피해 바다에서 헤엄치거나 물놀이를 하는 일. ‖海水浴場(해수욕장).
〔海岸 해안〕 바닷가의 언덕.
〔海洋 해양〕 넓고 큰 바다. 大洋(대양).
〔海運 해운〕 바다에서 화물이나 사람을 배로 나르는 일.
〔海溢 해일〕 바다 속의 지진이나 화산 폭발 또는 기상 변화로 바닷물이 갑자기 크게 일어서 육지로 넘쳐 들어오는 현상.
〔海底 해저〕 바다의 밑바닥.
〔海藻 해조〕 바다 속에서 자라며, 꽃이 피지 않고 열매도 맺지 않는 풀. 미역·김·다시마 따위. ※海草(해초).
〔海草 해초〕 ①바다에서 자라는, 꽃이 피고 열매를 맺는 풀. ※海藻(해조). ②충청남도 해변에서 나는 담배.
〔海峽 해협〕 육지와 육지, 섬과 섬 사이에 끼어 있는 좁은 바다. ↔地峽(지협).
◢苦海(고해)/公海(공해)/近海(근해)/南海(남해)/內海(내해)/大海(대해)/東海(동해)/茫茫大海(망망대해)/碧海(벽해)/北海(북해)/桑田碧海(상전벽해)/西海(서해)/深海(심해)/沿海(연해)/領海(영해)/外海(외해)/雲海(운해)/人山人海(인산인해)/臨海(임해)/絶海(절해)/航海(항해)

*
7
10 浹 두루 미칠 **협**

[중]jiā(찌아) [일]ショウ/あまねし
[풀이] ①두루 미치다. ②사무치다. 통하다. ③젖다. 적시다.
〔浹洽 협흡〕 ①물이 사물을 적시듯이 골고루 미침. ②화목하고 친밀함.

★*3-Ⅱ
7
10 浩 넓을 **호** [동] 澔

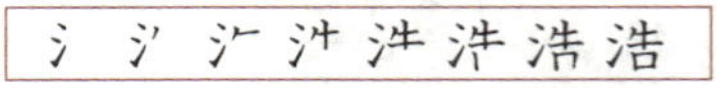

[중]hào(하오) [일]コウ/ひろい [영]wide
[자원] **형성자.** 水(수)는 의미를 나타내고 告(고)는 음을 나타냄.
[풀이] ①넓다. 광대하다. ②풍부하다. 넉넉함. ③크다. ‖浩氣(호기).
〔浩然之氣 호연지기〕 ①천지간에 충만해 있는 넓고 큰 원기. 공명정대하여 조금도 부끄러울 바가 없는 도덕적 용기로, 맹자(孟子)가 처음 주창한 말임. ②거침 없이 넓고 큰 기개. 浩氣(호기).
〔浩蕩 호탕〕 ①맑은 물이 출렁거리며 한없이 넓음. ②세차게 내달리는 듯한 힘이 있음.
〔浩浩蕩蕩 호호탕탕〕 ①끝없이 넓고 넓음. ②기세 있고 힘참.

*
7
10 涍 성 **효**

[중]xiào(씨아오) [일]コウ
[풀이] 성(姓).

*
8
11 淃 물 돌아 흐를 **권**

[중]juàn(쮜엔) [일]ケン
[풀이] 물이 돌아 흐르다.

*2
8
11 淇 강 이름 **기**

[중]qí(치) [일]キ/かわのな
[풀이] 강 이름. 허난 성(河南省)에서 발원하여 웨이허(衛河) 강으로 흘러가는 황허(黃河) 강의 지류. ‖淇水(기수).

8
11 淖 진흙 **뇨**

[중]nào(나오) [일]ドウ/どろ [영]mud
[풀이] ①진흙. 이토(泥土). ②진창. 땅이 곤죽같이 된 곳.

★*3-Ⅱ
8
11 淡 묽을 **담**

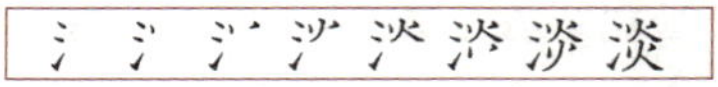

[중]dàn(딴) [일]タン/あわい [영]watery
[자원] **형성자.** 水(수)는 의미를 나타내고 炎(염)은 음을 나타냄.
[풀이] ①묽다. 연하다. 짙지 않음. ‖淡彩(담채). ②싱겁다. 맛이 심심함. ‖淡味(담미). ③담백하다. 담담하다. 집착

4획

이 없거나 욕심이 없음.
〔淡淡 담담〕 ①차분하고 평온함. ②음식이 느끼하지 않고 담백함. ③물이나 빛이 맑음.
〔淡泊 담박〕 ➡淡白(담백).
〔淡白 담백〕 ①욕심이 없고 마음이 깨끗함. ②음식이 느끼하지 않고 개운함. ③빛깔이 산뜻함. 淡泊(담박).
〔淡水 담수〕 염분이 없는 맑은 물. 민물. ↔鹹水(함수).
〔淡水魚 담수어〕 민물고기의 총칭.
〔淡彩 담채〕 엷은 채색.
◢枯淡(고담)/冷淡(냉담)/濃淡(농담)/雅淡(아담)/清淡(청담)/平淡(평담)

*1
8 **淘** 11 일 **도** 淘

[중]táo(타오) [일]トウ/よなぐ
[풀이] ①일다. ㉮쌀을 일다. ㉯물에 흔들어 쓸 것과 못 쓸 것을 가려내다. ‖淘金(도금). ②치다. 준설(浚渫)함.
〔淘金 도금〕 사금을 일어서 금을 가려냄.
〔淘汰 도태〕 ①여럿 가운데 불필요한 것을 없앰. ②생물이 환경이나 생존조건에 적응하지 못해 사라져 없어짐.

☆*3-Ⅱ
8 **涼** 11 서늘할 **량** [속]凉 涼

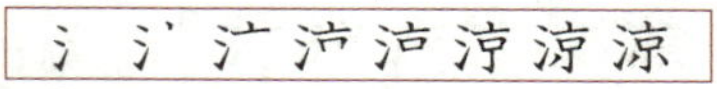

[중]liáng(리앙) [일]リョウ/すずしい
[영]cool
[자원] **형성자.** 水(수)는 의미를 나타내고 京(경)은 음을 나타냄.
[풀이] ①서늘하다. 적당히 차가움. ‖納涼(납량). ②엷다. 후하지 못함. ‖涼德(양덕). ③쓸쓸하다. 황폐해져 어쩐지 서글퍼짐. ‖荒涼(황량).
〔涼秋 양추〕 ①상쾌하고 서늘한 가을. ②음력 9월의 이칭.
〔涼風 양풍〕 ①서늘한 바람. 秋風(추풍). ②북풍. 또는, 남서풍.
◢納涼(납량)/清涼(청량)

★*3
8 **淚** 11 눈물 **루** [간]泪 淚

[중]lèi(레이) [일]ルイ/なみだ [영]tears
[자원] **형성자.** 水(수)는 의미를 나타내고 戾(려)는 음을 나타냄.
[풀이] ①눈물. 뚝뚝 떨어지는 눈물. ‖淚痕(누흔). ②눈물지다. 뚝뚝 눈물을 흘림. ‖揮淚(휘루).
〔淚腺 누선〕 눈구멍의 바깥 위쪽에 있는, 눈물을 내보내는 기관. 눈물샘.
〔淚痕 누흔〕 눈물이 흐른 흔적.
◢感淚(감루)/落淚(낙루)/憤淚(분루)/燭淚(촉루)/催淚(최루)/血淚(혈루)

*1
8 **淪** 11 잔물결 **륜** [간]沦 淪

[중]lún(룬) [일]リン/さざなみ [영]ripples
[풀이] ①잔물결. 정연히 늘어선 파문. ②빠져 들어가다.
〔淪落 윤락〕 ①쇠락하여 다른 고장으로 떠돌아다님. ②여자가 타락하여 몸을 파는 처지에 빠짐.

*1
8 **淋** 11 물 뿌릴 **림** 淋

[중]lín(린) [일]リン/そそぐ
[영]sprinkle, drip
[풀이] ①물을 뿌리다. ②방울져 떨어지다. 또는, 비가 오는 모양. ‖淋漓(임리). ③장마. [같]霖. ④임질(淋疾).
〔淋毒 임독〕 임균이나 임질의 독.
〔淋漓 임리〕 피·땀 등이 흘러 흥건함.
〔淋疾 임질〕 임균이 일으키는 성병.
〔淋巴腺 임파선〕 림프액이 흐르는 림프관의 여러 곳에 있는 입상의 결절. 림프샘.

8 **淼** 12 물 아득할 **묘** 淼

[중]miǎo(미아오) [일]ビョウ/ひろいみず
[풀이] ①물이 아득하다. 수면이 아득하게 넓은 모양. ②넓은 물. 대수(大水).
〔淼淼 묘묘〕 물이 한없이 넓어 아득한 모양. 淼茫(묘망).

11 **渋** 澁(삽)의 약자 →459쪽

*
8 **淅** 11 쌀 일 **석** 淅

[중]xī(씨) [일]セキ/よなぐ [영]clean rice
✎ 浙(절:441쪽)은 딴 자.
[풀이] ①쌀을 일다. ②바람 소리. 방울 소리. ③처량하다. 슬프고도 쓸쓸함.
〔淅然 석연〕 찬물을 뒤집어쓴 것처럼 오싹오싹 추워서 떠는 증상.

11 **渉** 涉(섭)과 동자 →440쪽

*
8 **淞** 11 강 이름 **송**

[중]sōng(쑹) [일]ショウ

☆*3-Ⅱ
8 **淑** 11 맑을 **숙** 淑

氵 氵 氵 汻 汻 沫 淑 淑

㊥shū(°쑤) ㊐シュク/しとやか ㊎chaste

자원 **형성자.** 水(수)는 의미를 나타내고 叔(숙)은 음을 나타냄.

풀이 ①맑다. 맑고 깊음. ②착하다. 정숙함. 일반적으로 부인의 선량한 미덕. ‖貞淑(정숙). ③사모하다. 좋다고 생각하고 경모함. ‖私淑(사숙).

〔淑女 숙녀〕 ①교양과 예의를 갖춘 정숙한 여자. ‖窈窕淑女(요조숙녀). ②성년이 된 여자의 미칭.

〔淑淸 숙청〕 성품이 맑고 깨끗함.

◢私淑(사숙)/貞淑(정숙)/賢淑(현숙)

8 11 **淳** *2 순박할 **순**

㊥chūn(°춘) ㊐ジュン/すなお ㊎simple

풀이 ①순박하다. 검소하고 꾸밈이 없는 모양. ㉦純·醇. ‖淳朴(순박). ②도탑다. 인정이 깊음.

〔淳良 순량〕 기품이나 성질 등이 순박하고 선량함.

〔淳朴 순박〕 선량하고 꾸밈이 없음. 淳樸(순박). 淳質(순질).

〔淳厚 순후〕 순박하고 인정이 두터움.

8 11 **淬** 담금질할 **쉬** ㉠ **쵀**

㊥cuì(추에이) ㊐サイ/にらぐ

풀이 ①담금질하다. 쇠를 불림. ‖淬礪(쉬려). ②힘쓰다.

〔淬礪 쉬려〕 ①쇠붙이를 담금질하여 갊. ②학문에 정진함.

8 11 **深** ☆*4-Ⅱ 깊을 **심**

氵 氵 氵 泙 泙 泙 深 深

㊥shēn(°썬) ㊐シン/ふかい ㊎deep

자원 **형성자.** 水(수)는 의미를 나타내고 罙(심)은 음을 나타냄.

풀이 ①깊다. ㉮밑바닥이 깊다. ‖深淵(심연). ㉯깊숙하다. ‖山深(산심). ㉰심오하다. 정미함. ‖深遠(심원). ②깊게 하다. ㉮감추다. ㉯깊게 치다. ‖深溝(심구). ③깊이. 심히. 크게.

〔深刻 심각〕 아주 깊고 절실함.

〔深度 심도〕 사물의 깊은 정도.

〔深綠 심록〕 진한 녹색.

〔深謀遠慮 심모원려〕 깊은 꾀와 먼 장래를 내다보는 생각.

〔深思 심사〕 깊이 생각함. 또는, 그 생각. 深念(심념).

〔深思熟考 심사숙고〕 깊이 잘 생각함.

〔深山幽谷 심산유곡〕 깊은 산의 으슥한 골짜기.

〔深夜 심야〕 깊은 밤. 한밤중. 深更(심경).

〔深淵 심연〕 ①깊은 못. ②좀처럼 빠져나오기 어려운 구렁의 비유.

〔深奧 심오〕 깊고 오묘함. 蘊奧(온오).

〔深遠 심원〕 헤아리기 어려울 만큼 깊음.

〔深醉 심취〕 몹시 취함.

〔深呼吸 심호흡〕 폐 속에 공기를 되도록 많이 드나들게 하는 호흡.

〔深化 심화〕 정도가 점점 깊어짐.

◢水深(수심)/甚深(심심)/夜深(야심)

8 11 **涯** ★*3 물가 **애**

氵 氵 汇 沪 沪 涯 涯 涯

㊥yá(야) ㊐ガイ/みぎわ ㊎shore

자원 **회의 겸 형성자.** 水(물 수)와 厓(언덕 애)가 합쳐진 자로, 강이나 물가에 생긴 절벽을 나타냄. 水는 의미를 나타내고 厓는 의미와 음을 겸하여 나타냄.

풀이 ①물가. 수변(水邊). ㉦厓. ‖水涯(수애). ②끝. 한계. ‖際涯(제애).

◢生涯(생애)/水涯(수애)/天涯(천애)

8 11 **液** *4-Ⅱ 진 **액**

㊥yè(예) ㊐エキ/しる ㊎sap

자원 **형성자.** 水(수)는 의미를 나타내고 夜(야)는 음을 나타냄.

풀이 ①진. 즙. 진액. 즙액. ‖液體(액체). ②겯. 겨드랑이. ㉦掖.

〔液狀 액상〕 액체 상태.

〔液汁 액즙〕 즙(汁).

〔液體 액체〕 물이나 기름처럼 부피는 일정하지만 모양은 자유롭게 변하는 물질.

〔液化 액화〕 기체가 냉각·압축되어 액체로 변하거나, 고체가 녹아 액체로 되는 일.

◢樹液(수액)/溶液(용액)/原液(원액)/胃液(위액)/乳液(유액)/粘液(점액)/精液(정액)/汁液(즙액)/津液(진액)/體液(체액)/唾液(타액)/血液(혈액)

8 11 **淤** 진흙 **어**

㊥yū(위) ㊐オ/どろ ㊎mud

풀이 진흙. 진흙덩이. 앙금.

〔淤泥 어니〕 진흙.

8 11 **淹** * 담글 **엄**

㊥yān(옌) ㊐エン/ひたす ㊎soak

풀이 ①담그다. 적심. ②오래다. ㉮오래 머무르다. ㉯오래되다.

〔淹留 엄류〕 오래 머무름. 淹泊(엄박).
〔淹沒 엄몰〕 가라앉음. 沈沒(침몰).

11 **渆*** 淵(연)의 속자 →448쪽

11 **渕** 淵(연)의 약자 →448쪽

8 11 **淫** ★✱3-Ⅱ 음란할 **음** 淫

氵 氵 氵 氵 氵 淫 淫 淫

㊥yín(인) ㊐イン/みだら ㊂obscene

자원 **형성자.** 水(수)는 의미를 나타내고 㸒(음)은 음을 나타냄.

풀이 ①음란하다. 음탕함. ②지나치다. 정도를 넘어서 깊이 빠짐. ③담그다. 젖다. ‖浸淫(침음). ④방탕하다. 방종함. ‖淫佚(음일).

〔淫談悖說 음담패설〕 음탕하고 상스러운 이야기.
〔淫樂 음락〕 음란하게 놀고 즐김.
〔淫亂 음란〕 음탕하고 난잡함.
〔淫心 음심〕 음탕한 마음.
〔淫慾 음욕〕 음탕한 욕심. 色慾(색욕).
〔淫蕩 음탕〕 주색에 빠져 방탕함.
〔淫行 음행〕 음란한 행위.

◢姦淫(간음)/賣淫(매음)/手淫(수음)/混淫(혼음)/荒淫(황음)

8 11 **淀*** 얕은 물 **전** 정✱ 淀

㊥diàn(띠엔) ㊐テン/よどみ, よどむ

8 11 **淨** ☆✱3-Ⅱ 깨끗할 **정** 속 浄 간 净 淨

氵 氵 氵 氵 淨 淨 淨 淨

㊥jìng(찡) ㊐ジョウ/きよい
㊂clean, pure

자원 **형성자.** 水(수)는 의미를 나타내고 爭(쟁)은 음을 나타냄.

풀이 깨끗하다. ㉮때묻지 않다. ㉯청정(淸淨)하다. ㉰사념이 없다. ㉱맑다. 깨끗하고 밝다.

〔淨潔 정결〕 맑고 깨끗함. ↔不潔(불결).
〔淨寫 정사〕 ➡淨書(정서).
〔淨書 정서〕 ①글씨를 깨끗이 씀. ②초(草) 잡았던 글을 깨끗이 베껴 씀. 淨寫(정사). 淸書(청서).
〔淨水 정수〕 물을 깨끗하고 맑게 함. 또는, 그 물. ‖淨水器(정수기).
〔淨財 정재〕 (('깨끗한 재물'이란 뜻으로)) 절에 내는 기부금이나 사회에 희사하는 돈.
〔淨土 정토〕 번뇌의 속박을 떠난 아주 깨끗한 세상. 부처나 보살이 있는 곳임. ↔穢土(예토).
〔淨化 정화〕 불순하거나 더러운 것을 깨끗이 함.

◢不淨(부정)/洗淨(세정)/自淨(자정)/淸淨(청정)

11 **済*** 濟(제)의 속자 →464쪽

8 11 **淙*** 물소리 **종** 淙

㊥cóng(충) ㊐ソウ/みずのおと

풀이 물소리. 물이 졸졸 흘러내리는 소리. 또는, 그 모양. ‖淙然(종연).

8 11 **淒** 쓸쓸할 **처** 淒

㊥qī(치) ㊐セイ/さむい ㊂lonely

풀이 ①쓸쓸하다. 오싹하리만큼 적적함. ②서늘하다. 한량(寒涼)함.

〔淒涼 처량〕 ①쓸쓸하고 구슬픔. ②초라하고 딱함.
〔淒切 처절〕 몹시 처량함.

8 11 **淺** ☆✱3-Ⅱ 얕을 **천** 약 浅 간 浅 淺

氵 氵 氵 氵 氵 氵 淺 淺

㊥qiǎn(치엔) ㊐セン/あさい ㊂shallow

자원 **회의 겸 형성자.** 水(물 수)와 戔(전)이 합쳐진 자. 水는 의미를 나타내고 戔은 의미와 음을 겸하여 나타냄. 戔이 음을 나타낼 때 그 의미는 '얕다', '가볍다', '가치 없다' 등인데 여기에서는 '얕다'의 의미를 가짐.

풀이 얕다. ㉮수량(水量)이 적다. 물이 깊지 않음. ‖淺水(천수). ㉯지식이나 견식 등이 깊지 않다. ‖淺薄(천박). ㉰색깔이 엷다. 색이 짙지 않음. ‖淺綠(천록).

〔淺綠 천록〕 엷은 녹색.
〔淺薄 천박〕 생각하는 바나 지식·태도 등이 얕음.
〔淺識 천식〕 천박한 식견.
〔淺學 천학〕 얕은 지식. 또는, 그런 사람.
〔淺海 천해〕 얕은 바다.

◢深淺(심천)/日淺(일천)

8 11 **添** ★✱3 ❶더할 **첨** ❷맛 더할 **첨** 添

氵 氵 氵 沃 沃 添 添 添

㊥tiān(티엔) ㊐テン/そえる ㊂add

자원 **형성자.** 水(수)는 의미를 나타내고 忝(첨)은 음을 나타냄.

풀이 ❶더하다. 보탬. ‖添加(첨가). ❷

맛을 더하다. 맛이 더 있게 함.
〔添加 첨가〕 덧붙이거나 보탬. 加添(가첨). ↔削減(삭감).
〔添附 첨부〕 덧붙임.
〔添削 첨삭〕 글이나 글자를 보태거나 빼서 고침.
〔添言 첨언〕 덧붙여 말함.
◢加添(가첨)/別添(별첨)/補添(보첨)

8 11 **淸** ☆*6 맑을 **청** 통 清 淸

氵 氵 汁 汁 浐 淸 淸 淸

㊥qīng(칭) ㊐セイ, シン/きよい ㊎clear

자원 **형성자.** 水(수)는 의미를 나타내고 靑(청)은 음을 나타냄.

풀이 ①맑다. ‖淸流(청류). ②갚다. ‖淸算(청산). ③산뜻하다. ‖淸涼(청량). ④깨끗이하다. ‖淸掃(청소). ⑤왕조 이름. ‖淸國(청국).

〔淸江 청강〕 맑은 물이 흐르는 강.
〔淸潔 청결〕 맑고 깨끗함.
〔淸涼 청량〕 날씨가 맑고 서늘함.
〔淸廉 청렴〕 마음이 깨끗하고 바르며 탐욕이 없음.
〔淸明 청명〕 ①맑고 밝음. ②24절기(節氣)의 하나. 4월 5일경.
〔淸白吏 청백리〕 ①청렴결백한 관리. ②조선 시대에, 조정의 우두머리가 천거한 청렴한 벼슬아치. ↔汚吏(오리).
〔淸貧 청빈〕 청렴하며 가난함.
〔淸算 청산〕 ①셈하여 깨끗이 정리함. ②회사나 조합 등이 해산했을 때, 그 재산을 정리함. ③종래의 관계를 결말지음.
〔淸商 청상〕 예전에, 우리나라에 와서 장사하던 청나라 상인.
〔淸爽 청상〕 맑고 시원함.
〔淸掃 청소〕 깨끗이 쓸고 닦음. 掃除(소제).
〔淸水 청수〕 맑고 깨끗한 물.
〔淸純 청순〕 맑고 순수함.
〔淸雅 청아〕 맑고 아름다움.
〔淸淨 청정〕 ①맑고 깨끗함. ②사욕이나 사념(邪念)이 없음.
〔淸直 청직〕 결백하고 곧음.
〔淸楚 청초〕 싱그럽거나 생기 있고 고움.
〔淸濁 청탁〕 ①맑음과 흐림. ②청음(淸音)과 탁음. ③옳음과 그름.
〔淸風 청풍〕 부드럽고 맑은 바람.
〔淸風明月 청풍명월〕 맑은 바람과 밝은 달.
◢百年河淸(백년하청)/石淸(석청)/肅淸(숙청)/造淸(조청)/血淸(혈청)

11 **清** * 淸(청)과 동자 →446쪽

8 11 **淄** * 검은빛 **치**

㊥zī(쯔) ㊐シ ㊎black

8 11 **涸** 물 마를 **학·호** 涸

㊥hé(허) ㊐カク, コ

풀이 ①물이 마르다. ②물을 말리다. ③막다. ④엄하다.

〔涸轍鮒魚 학철부어〕 (‘수레바퀴 자국의 괸 물에 있는 붕어’라는 뜻으로) 매우 위급한 처지에 있는 사람.

8 11 **涵** *1 젖을 **함** 涵

㊥hán(한) ㊐カン

풀이 ①젖다. 적시다. ②잠기다. 가라앉다.

〔涵養 함양〕 (물 주어 기른다는 뜻으로) 정신이나 품성을 기르고 닦음. 涵育(함육).

8 11 **涬** * 기운 **행**

㊥xìng(씽) ㊐ケイ

풀이 ①기운. ②끌다. 끌어당김.

8 11 **淏** * 맑을 **호** 淏

㊥hào(하오) ㊐コウ

풀이 맑다.

8 11 **混** ☆*4 섞을 **혼** 混

氵 氵 沪 沪 涅 涅 混 混

㊥hùn(훈) ㊐コン/まじる ㊎mix

자원 **형성자.** 水(수)는 의미를 나타내고 昆(곤)은 음을 나타냄.

풀이 ①섞다. 섞임. ‖混雜(혼잡). ②흐리다. ③합치다.

〔混沌 혼돈〕 ①천지가 개벽하기 전에 하늘과 땅이 아직 갈라지지 않은 상태. 混淪(혼륜). ②사물의 구별이 확연하지 않은 상태.
〔混同 혼동〕 ①구별하지 못하고 뒤섞어서 생각함. ②서로 뒤섞여 하나가 됨.
〔混亂 혼란〕 뒤섞여 어지러움.
〔混紡 혼방〕 성질이 다른 섬유를 섞어서 짜는 일.
〔混線 혼선〕 ①전화·전신 등의 선이 서로 접촉하여 혼란을 빚는 일. ②여러 갈래의 이야기가 뒤섞여 얽힘.
〔混成 혼성〕 섞어서 만듦. 또는, 섞여서 이루어짐.
〔混食 혼식〕 ①쌀에 잡곡을 섞어 먹음.

4획

②여러 가지 음식을 섞어 먹음.
〔混用 혼용〕 섞어서 쓰거나 함께 씀.
〔混雜 혼잡〕 여럿이 한데 뒤섞여 어수선함. 渾雜(혼잡).
〔混戰 혼전〕 두 편이 어지럽게 뒤섞여 치열하게 싸움.
〔混濁 혼탁〕 ①불순한 것이 섞여서 흐림. ②세상이 어지러움. 渾濁(혼탁).
〔混合 혼합〕 뒤섞어 한데 합함.
〔混血 혼혈〕 서로 다른 종족의 남녀가 교합(交合)하여 피가 섞임. 또는, 그 혼합된 혈통. ‖混血兒(혼혈아).
〔混淆 혼효〕 여러 가지 것을 뒤섞음.
〔混淆林 혼효림〕 여러 종류의 나무로 이루어진 숲. 混成林(혼성림).

*2
8
11 **淮** 강 이름 **회** 淮

[중]huái(후아이) [일]ワイ
[풀이] ①강 이름. ‖淮水(회수). ②고르게 하다. ③에워싸다.

*
8
11 **淆** 뒤섞일 **효** 淆

[중]xiáo(시아오) [일]コウ
[풀이] ①뒤섞이다. 어지러워지다. ②흐리다. 흐리게 함. ‖淆亂(효란).
◢混淆(혼효)

☆*3
9
12 **渴** 목마를 **갈** 渴

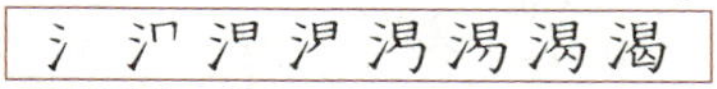

[중]kě(커) [일]カツ
[자원] **형성자.** 水(수)는 의미를 나타내고 曷(갈)은 음을 나타냄.
[풀이] ①목마르다. ‖解渴(해갈). ②갈증.
〔渴求 갈구〕 매우 애타게 구함.
〔渴望 갈망〕 목말라 물을 찾듯이 몹시 바람. 熱望(열망).
〔渴症 갈증〕 목이 말라 물을 마시고 싶은 느낌.
〔渴筆 갈필〕 서화(書畫)에서, 먹이 덜 묻은 붓으로 쓰거나 그린 듯이 하는 기법. 焦墨(초묵).
◢枯渴(고갈)/飢渴(기갈)/酒渴(주갈)/解渴(해갈)

☆*4-II
9
12 **減** 덜 **감** [속]减 減

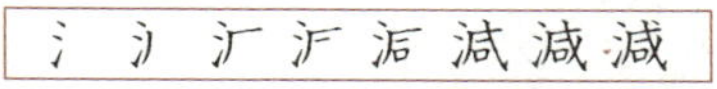

[중]jiǎn(지엔) [일]ゲン/へる [영]subtract
[자원] **형성자.** 水(수)는 의미를 나타내고 咸(함)은 음을 나타냄.
[풀이] ①덜다. 감하다. ‖輕減(경감). ②빼기. 감산(減算).
〔減量 감량〕 분량이나 무게를 줄임.
〔減免 감면〕 매겨야 할 부담을 감해 주거나 면제함.
〔減俸 감봉〕 봉급을 줄임.
〔減產 감산〕 생산을 줄임.
〔減算 감산〕 뺄셈. ↔加算(가산).
〔減少 감소〕 줄어서 적어짐. ↔增加(증가).
〔減速 감속〕 속도를 줄임. ↔加速(가속).
〔減損 감손〕 줄거나 줄임. 減少(감소).
〔減殺 감쇄〕 줄어 없어지거나 줄여 없앰.
〔減收 감수〕 수확이나 수입이 줆.
〔減壽 감수〕 수명이 줆.
〔減額 감액〕 액수를 줄임. 또는, 줄인 액수. ↔增額(증액).
〔減員 감원〕 인원을 줄임. ↔增員(증원).
〔減縮 감축〕 덜어서 줄임.
〔減退 감퇴〕 줄어서 쇠퇴함.
〔減刑 감형〕 형량을 줄임. 減等(감등).
◢加減(가감)/激減(격감)/輕減(경감)/半減(반감)/削減(삭감)/節減(절감)/增減(증감)/差減(차감)/蕩減(탕감)

*1
9
12 **渠** 도랑 **거** 渠

[중]qú(취) [일]キョ
[풀이] ①도랑. ‖溝渠(구거). ②크다. ③우두머리.
〔渠首 거수〕 악한 무리의 우두머리.

*
9
12 **湳** 강 이름 **남** 湳

[중]nǎn(난) [일]ダン

*2
9
12 **湍** 여울 **단** 湍

[중]tuān(투안) [일]タン
[풀이] ①여울. ②빠르다. ③소용돌이치다.
〔湍水 단수〕 소용돌이치는 물.

*
9
12 **湛** ❶즐길 **담*** ❷가득 찰 **잠** ❸잠길 **침** 湛

[중]dān(딴), zhàn(°짠), chén(°천) [일]タン, チン
[풀이] ❶①즐기다. ②탐닉하다. [통]耽. ❷①가득 차다. 차고 넘침. ②물이 괴다. ❸잠기다. 가라앉히다.
〔湛樂 담락〕 ①오래도록 즐김. ②평화롭고 화락하게 즐김.
〔湛露 잠로〕 ①많이 내린 이슬. ②임금의 깊은 은혜의 비유.
〔湛溺 침닉〕 물에 잠기어 빠짐.

★*3-II
9
12 **渡** 건널 **도** 渡

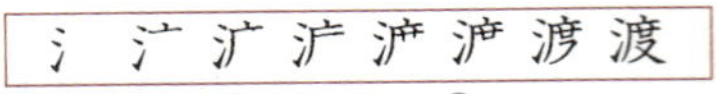

[중]dù(뚜) [일]ト/わたる [영]cross
[자원] **형성자.** 水(수)는 의미를 나타내고 度(도)는 음을 나타냄.
[풀이] ①건너다. ‖渡河(도하). ②건네다. ‖讓渡(양도). ③나루터.
〔渡江 도강〕 강을 건넘.
〔渡來 도래〕 ①물을 건너옴. ‖渡來地(도래지). ②외부에서 전해져 들어옴.
〔渡美 도미〕 미국으로 건너감.
〔渡船 도선〕 나룻배.
〔渡河 도하〕 강이나 내를 건넘.
〔渡航 도항〕 배를 타고 바다를 건넘.
◢過渡(과도)/賣渡(매도)/明渡(명도)/不渡(부도)/讓渡(양도)/引渡(인도)

12 **満** 滿(만)의 약자 →455쪽

12 **湾** 灣(만)의 약자 →466쪽

*1
9
12 **渺** 아득할 **묘** 渺
[중]miǎo(미아오) [일]ビョウ
[풀이] ①아득하다. 끝없이 넓음. ‖渺茫(묘망). ②작다. 아주 작은 모양.
〔渺茫 묘망〕 넓고 아득함.
〔渺然 묘연〕 끝없이 넓은 모양.

*
9
12 **渼** 물놀이 **미** 渼
[중]měi(메이) [일]ビ
[풀이] 물놀이. 파문(波紋).

*
9
12 **湄** 물가 **미**
[중]méi(메이) [일]ミ/ほとり [영]waterside

*2
9
12 **渤** 바다 이름 **발** 渤
[중]bó(보) [일]ボツ
[풀이] ①바다 이름. ②물이 솟아나는 모양.
〔渤海 발해〕 7세기 말에 고구려 유민 대조영(大祚榮)이 만주에 세운 나라.

*1
9
12 **湃** 물결 일 **배** 湃
[중]pài(파이) [일]ハイ
[풀이] ①물결이 이는 모양. ②물결 소리.
◢澎湃(팽배)

*
9
12 **湺** [한]사람 이름 **보**

*
9
12 **渣** 찌끼 **사** 渣
[중]zhā(°짜) [일]サ
[풀이] ①찌끼. 앙금. ②강 이름.
〔渣滓 사재〕 가라앉은 찌꺼기.

*
9
12 **湘** 강 이름 **상** 湘
[중]xiāng(씨앙) [일]ショウ
[풀이] ①강 이름. ‖湘水(상수). ②'후난성(湖南省)'의 옛 이름. ‖湘中(상중).
〔湘妃 상비〕 순(舜)임금의 비(妃)인 아황(娥皇)과 여영(女英). 순임금이 죽자 샹수이(湘水)에 몸을 던져 수신(水神)이 되었다 함.

*
9
12 **渲** 바림 **선** 渲
[중]xuàn(쒸엔) [일]セン
[풀이] ①바림. ②작은 시내.
〔渲染法 선염법〕 화면에 물을 칠한 후 채 마르기 전에 채색을 하여 몽롱한 묘미를 나타내는 화법.

*1
9
12 **渫** 칠 **설** 渫
[중]xiè(씨에) [일]セツ
[풀이] ①치다. 물밑을 쳐냄. ‖浚渫(준설). ②흩어지다. ③그치다. ④더럽히다. 더러움. ‖奧渫(오설).
◢浚渫(준설)

12 **湿** 濕(습)의 약자 →463쪽

*2
9
12 **湜** 물 맑을 **식** 湜
[중]shí(°스) [일]ショク
[풀이] ①물이 맑다. ‖清湜(청식). ②마음을 바르게 가지는 모양.

*
9
12 **渥** 두터울 **악** 渥
[중]wò(워) [일]アク
[풀이] ①두텁다. ‖優渥(우악). ②은혜.
〔渥恩 악은〕 두터운 은혜.

*2
9
12 **淵** 못 **연** [약]渕 [속][간]渊 渊
[중]yuān(위엔) [일]エン/ふち [영]pond

풀이 ①못. ‖深淵(심연). ②깊다.
〔淵源 연원〕 사물의 근본. 本源(본원).
〔淵衷 연중〕 깊은 속마음.
◢深淵(심연)/海淵(해연)

9 12 * **渶** 물 맑을 **영** 渶

㊥yīng(잉) ㊐エイ
풀이 물이 맑다.

12 **温** 溫(온)의 속자 →452쪽

9 12 *1 **渦** 소용돌이 **와** 간 涡 渦

㊥wō(워) ㊐カ/うずまき ㊎whilpool
풀이 소용돌이. 소용돌이침.
〔渦紋 와문〕 소용돌이 무늬.
〔渦狀 와상〕 소용돌이 모양으로 빙빙 도는 형상.
〔渦中 와중〕 ①흘러가는 물이 소용돌이치는 가운데. ②시끄럽고 분란(紛亂)한 사건의 가운데.

9 12 *1 **湧** 샘솟을 **용** 통 涌 湧

㊥yǒng(용) ㊐ヨウ/わく ㊎gush out
풀이 ①샘솟다. ‖湧出(용출). ②물이 끓어오르다. ‖蒸湧(증용).
〔湧泉 용천〕 물이 솟는 샘.
〔湧出 용출〕 물이 솟구쳐 나옴.

9 12 * **湲** 물 흐를 **원**

㊥yuán(위엔) ㊐エン
풀이 물이 흐르다.

9 12 *2 **渭** 위수 **위** 渭

㊥wèi(웨이) ㊐イ
풀이 위수. '웨이수이(渭水) 강'의 옛 이름.

9 12 *1 **游** 놀 **유** 游

㊥yóu(여우) ㊐ユウ/あそぶ
갑 금 전 자원 **회의 겸 형성자.** 갑골문·금문은 '깃발'의 상형인 㫃(언)과 子(자)가 합쳐진 회의자로 기에 장식으로 다는 술을 나타냄. 소전에서 水(물 수)가 덧붙어 游가 되었는데, 이는 㫃과 '유동(流動)'을 뜻하는 汓(수)가 합쳐진 회의 겸 형성자로, 㫃은 의미를 나타내고 汓는 의미와 음을 겸하여 나타냄.
풀이 ①놀다. ㉠遊. ‖游民(유민). ②놀리다. ③뜨다. 부유(浮游)함. ④헤엄치다. ‖游泳(유영).
〔游泳 유영〕 물속에서 헤엄치며 놂.

9 12 * **渱** 깊을 **유**

㊥yōu(여우) ㊐ユウ, コ
풀이 깊다.

9 12 *1 **湮** 묻힐 **인** 湮

㊥yān(옌) ㊐イン ㊎perish
풀이 ①묻히다. 멸망함. ‖湮滅(인멸). ②막다. ③스미다.
〔湮滅 인멸〕 자취 없이 모두 없어짐. 또는, 그렇게 없앰. 湮沒(인몰).

9 12 *2 **滋** 불을 **자** 본 滋 滋

㊥zī(쯔) ㊐ジ ㊎increase
풀이 ①붇다. 더함. ‖滋繁(자번). ②더욱. ‖滋甚(자심). ③적시다. ‖滋雨(자우). ④맛있다. ‖滋味(자미).
〔滋味 자미〕 자양분이 많고 맛도 좋음. 또는, 그 음식.
〔滋甚 자심〕 점점 더 심함.
〔滋養 자양〕 몸의 영양을 좋게 함. 또는, 그 물질.
〔滋雨 자우〕 식물이 자라는 데 알맞게 내리는 비.

9 12 * **渽** 강 이름 **재** 渽

㊥zāi(짜이) ㊐サイ

9 12 * **渚** 물가 **저** 간 渚 渚

㊥zhǔ(˚주) ㊐ショ/なぎさ
풀이 ①물가. ②삼각주. 작은 섬. ③강 이름. ‖渚水(저수).

9 12 **湔** 씻을 **전** 湔

㊥jiān(찌엔) ㊐セン/あらう ㊎wipe
풀이 ①씻다. ㉮빨다. ㉯누명 따위를 벗다. ②물이 번지다.

9 12 * **湞** 강 이름 **정** 간 浈 湞

㊥zhēn(˚쩐) ㊐トウ

9 * 渟 물 괼 정 渟
12

㊥tíng(팅) ㊐テイ
풀이 ①물이 괴다. ②물가. ㉟汀.
〔渟泊 정박〕 닻을 내리고 머묾. 碇泊(정박).
〔渟水 정수〕 괴어 있는 물.

9 * 湊 모일 주 湊
12

㊥còu(처우) ㊐ソウ
풀이 ①모이다. 물이 모임. ②합수(合水)하는 곳. ③항구.

9 * 湫 ❶늪 추* ❷근심할 추* ❸웅덩이 초 湫
12

㊥qiū(치우), jiǎo(지아오)
㊐シュウ, ショウ
풀이 ❶①늪. ②다하다. ❷근심하다. 근심하는 모양. ❸①웅덩이. ②사람 이름.

9 ★*4-Ⅱ 測 잴 측 ㉿测 測
12

氵 氵 汈 沪 泪 泹 浿 測

㊥cè(처) ㊐ソク/はかる ㊗measure
자원 형성자. 水(수)는 의미를 나타내고 則(칙)은 음을 나타냄.
풀이 ①재다. ㉮깊이를 재다. ㉯측량하다. ㉰헤아리다. ②알다.
〔測量 측량〕 ①기기를 써서 물건의 높이·깊이·넓이·방향 등을 잼. ②남의 마음을 헤아림. 忖度(촌탁).
〔測雨器 측우기〕 조선 세종 때 만든 우량계.
〔測定 측정〕 어떤 양의 크기를 잼.
〔測候 측후〕 기상(氣象)의 상태를 알기 위해 천기의 변화를 관측함.
◢計測(계측)/觀測(관측)/罔測(망측)/目測(목측)/實測(실측)/臆測(억측)/豫測(예측)/推測(추측)/凶測(흉측)

9 ★*3-Ⅱ 湯 끓일 탕 ㉿汤 湯
12

氵 汈 沪 泹 浧 浧 湯 湯

㊥tāng(탕) ㊐トウ/ゆ ㊗boil
자원 형성자. 水(수)는 의미를 나타내고 昜(양)은 음을 나타냄.
풀이 ①끓이다. ‖湯劑(탕제). ②끓인 물. ㉮끓인 물. ‖探湯(탐탕). ㉯목욕탕. ㉰온천. ③목욕하다. ④탕약. ⑤방탕하다.
〔湯器 탕기〕 국·찌개 등을 담는 작은 그릇.
〔湯飯 탕반〕 장국밥.
〔湯藥 탕약〕 달여서 먹는 한약. 湯劑(탕제).
◢給湯(급탕)/男湯(남탕)/冷湯(냉탕)/藥湯(약탕)/女湯(여탕)/熱湯(열탕)/溫湯(온탕)/浴湯(욕탕)/雜湯(잡탕)/再湯(재탕)/重湯(중탕)

9 渝 달라질 투 ㊔유 渝
12

㊥yú(위) ㊐ユ
풀이 달라지다. ㉮변하여 바뀌다. ㉯맑은 물이 흐려지다.
〔渝盟 투맹〕 맹세한 언약을 저버림.

9 ★*4-Ⅱ 港 항구 항 ㊔강 港
12

氵 氵 氵 汫 洪 洪 港 港

㊥gǎng(강) ㊐コウ/みなと ㊗port
자원 형성자. 水(수)는 의미를 나타내고 巷(항)은 음을 나타냄.
풀이 ①항구. ㉮배가 머무는 곳. ㉯하구(河口). ②뱃길.
〔港口 항구〕 바닷가에 배가 드나들 수 있도록 부두 설비를 한 곳.
〔港都 항도〕 '항구 도시(港口都市)'의 준말.
〔港圖 항도〕 항구 안팎의 지리를 자세히 그린 해도(海圖).
〔港灣 항만〕 화물·승객을 싣고 내리기 위해 배가 머물 수 있는 시설을 갖춘 해역.
◢開港(개항)/空港(공항)/軍港(군항)/歸港(귀항)/寄港(기항)/內港(내항)/母港(모항)/良港(양항)/漁港(어항)/外港(외항)/入港(입항)/着港(착항)/出港(출항)/海港(해항)

9 ☆*5 湖 호수 호 湖
12

氵 氵 汁 沽 沽 湖 湖 湖

㊥hú(후) ㊐コ/みずうみ ㊗lake
자원 형성자. 水(수)는 의미를 나타내고 胡(호)는 음을 나타냄.
풀이 호수(湖水).
〔湖畔 호반〕 호숫가.
〔湖沼 호소〕 호수와 늪.
〔湖水 호수〕 큰 못.
〔湖岸 호안〕 호수의 기슭.
◢江湖(강호)/淡水湖(담수호)/潟湖(석호)/沼湖(소호)/鹽湖(염호)/鹹水湖(함수호)

9 *1 渾 흐릴 혼 ㉿浑 渾
12

㊥hún(훈) ㊐コン

풀이 ①흐리다. ‖渾濁(혼탁). ②합수(合水)하다. ③섞이다. 분간이 서지 않음. ④가지런하다. 가지런히 함. ⑤온전하다. ‖渾然(혼연). ⑥모두. 온. ⑦크다. ‖渾元(혼원).
〔渾沌 혼돈〕 ①하늘과 땅이 아직 나누어지지 않은 상태. ②마구 뒤섞여 있어 갈피를 잡을 수 없는 상태.
〔渾身 혼신〕 온몸. 몸 전체.
〔渾然 혼연〕 ①다른 것이 조금도 섞이지 않은 모양. ②구별이나 차별이 없는 모양.
〔渾然一體 혼연일체〕 사상·행동 등이 조금의 차이도 없이 하나가 됨.
〔渾融 혼융〕 사물이 완전히 융합함.
〔渾天儀 혼천의〕 고대 중국에서 천체의 운행과 위치를 관측하던 장치.
〔渾濁 혼탁〕 ①불순물이 섞여 흐림. ②사회적 현상이 어지러움.
◢雄渾(웅혼)

*
9 12 **渙** 흩어질 **환** | 간 涣 渙

중huàn(후안) 일カン
풀이 ①흩어지다. 풀림. ②괘 이름. 64괘의 하나. ‖渙卦(환괘).
〔渙發 환발〕 조칙·칙명을 세상에 널리 알림.

*
9 12 **湟** 해자 **황**

중huáng(후앙) 일コウ 영moat
풀이 ①해자(垓子). ②우묵한 땅.

☆*3-Ⅱ
10 13 **溪** 시내 **계** | 溪

氵 氵 氵 氵 氵 氵 溪 溪

중xī(씨) 일ケイ/たに 영stream
자원 **형성자.** 水(수)는 의미를 나타내고 奚(해)는 음을 나타냄.
풀이 ①시내. 같谿. ②산골짜기. 시내가 없는 산골짜기. ‖深溪(심계).
〔溪谷 계곡〕 물이 흐르는 골짜기.
〔溪流 계류〕 산골짜기에 흐르는 시냇물. 谿流(계류).
◢碧溪(벽계)

13 **滾** 滾(곤)의 본자 →454쪽

*1
10 13 **溝** 도랑 **구** | 간 沟 溝

중gōu(꺼우) 일コウ/みぞ 영ditch
풀이 ①도랑. ②하수도. ③해자(垓子). ④시내. 골짜기에 흐르는 물.
〔溝渠 구거〕 수채 물이 흐르는 작은 도랑. 개골창.
◢排水溝(배수구)

*2
10 13 **溺** ❶빠질 **닉** *2 ❷오줌 **뇨** | 溺

중nì(니), niào(니아오)
일デキ, ニョウ/おぼれる
영be drowned
풀이 ❶①빠지다. 물에 빠지다. ‖溺死(익사). ②잠기다. ❷①오줌. 같尿. ②오줌 누다.
〔溺死 익사〕 물에 빠져 죽음.
〔溺愛 익애〕 ①지나치게 사랑함. ②사랑에 빠짐. ※偏愛(편애).
◢沒溺(몰닉)/耽溺(탐닉)

*1
10 13 **滔** 물 넘칠 **도** | 滔

중tāo(타오) 일トウ
풀이 ①물이 넘치다. 물이 가득함. ②물이 세차게 흐르는 모양.
〔滔滔 도도〕 ①광대한 모양. ②물이 흘러가는 모양.

10 15 **滕** 물 솟을 **등** | 滕

중téng(텅) 일トウ
풀이 ①물이 솟다. 물이 끓어오름. 통騰. ②나라 이름.

13 **滝** 瀧(롱·랑)의 고자 →465쪽

*1
10 13 **溜** 방울질 **류** | 溜

중liū(리우) 일リュウ/したたる
풀이 ①방울지다. 방울져 떨어짐. ②물방울. 낙숫물. ③김이 서리다.
〔溜槽 유조〕 빗물을 받는 큰 통.
◢乾溜(건류)/分溜(분류)/精溜(정류)/蒸溜(증류)

★*3-Ⅱ
10 13 **滅** 멸망할 **멸** | 간 灭 滅

氵 氵 氵 氵 氵 氵 滅 滅

중miè(미에) 일メツ/ほろびる
자원 **형성자.** 水(수)는 의미를 나타내고 烕(멸)은 음을 나타냄.
풀이 ①멸망하다. ②멸하다. 다하다. 끊어짐. ‖滅種(멸종). ③끄다. 불이 꺼짐. ‖明滅(명멸). ④잠기다. 물에 빠짐. ⑤㉮열반(涅槃). ‖入滅(입멸). ㉯계행(戒行).
〔滅菌 멸균〕 세균을 죽여 없앰. 殺菌(살균).
〔滅裂 멸렬〕 찢어지고 흩어져 완전히

형태를 잃음.
〔滅亡 멸망〕 망하여 없어짐.
〔滅門 멸문〕 한 집안을 다 죽여 없앰.
〔滅絶 멸절〕 멸하여 없애 버림.
〔滅種 멸종〕 어떤 생물이 지구 상 또는 어느 지역에서 모두 죽어 없어짐.
◪壞滅(괴멸)/潰滅(궤멸)/磨滅(마멸)/明滅(명멸)/撲滅(박멸)/不滅(불멸)/死滅(사멸)/生滅(생멸)/殲滅(섬멸)/消滅(소멸)/湮滅(인멸)/自滅(자멸)/寂滅(적멸)/全滅(전멸)/絶滅(절멸)/點滅(점멸)/破滅(파멸)/幻滅(환멸)

10 13 溟 *1 어두울 명

㊥míng(밍) ㊐メイ
풀이 ①어둡다. 가랑비가 와서 어둡다. ②바다. ‖滄溟(창명).
〔溟洲 명주〕 큰 바다 가운데 있는 섬.
〔溟海 명해〕 망망한 바다.
◪滄溟(창명)

4획

10 13 滂 * 비 퍼부을 방

㊥pāng(팡) ㊐ボウ
풀이 ①비가 퍼붓다. ‖滂滂(방방). ②물이 질펀히 흐르는 모양.
〔滂沱 방타〕 ①비가 좍좍 쏟아짐. ②눈물이 뚝뚝 떨어짐.

10 13 溥 * ❶펼 부* ❷넓을 보

㊥fū(°푸), pǔ(푸) ㊐フ, ホ
풀이 ❶펴다. ❷넓다.

13 溯 * 遡(소)와 동자 →750쪽

10 13 溲 ❶반죽할 수 ❷적실 수

㊥sōu(써우) ㊐シュウ
풀이 ❶①반죽하다. ②일다. 씻음. ❷①적시다. ②오줌.

10 13 溫 ☆*6 따뜻할 온 ㉫운 속간 温

氵 氵 沪 沪 泗 泗 淵 溫 溫

㊥wēn(원) ㊐オン/あたたかい
㊎warm
자원 **형성자.** 水(수)는 의미를 나타내고 昷(온)은 음을 나타냄.
풀이 ①따뜻하다. 따뜻하게 함. ‖溫氣(온기). ②온화하다. ③순전하다. 원만함. ④두텁다. 짙음. ⑤넉넉하다. ‖溫厚(온후). ⑥묻다. 배움. ‖溫故知新(온고지신).
〔溫故知新 온고지신〕 옛것을 익히고 그것을 미루어서 새것을 앎.
〔溫暖 온난〕 날씨가 따뜻함.
〔溫帶 온대〕 열대와 한대 사이의 지대.
〔溫度 온도〕 덥고 찬 정도. 또는, 그것을 나타내는 수치.
〔溫突 온돌〕 아궁이에 불을 때어 그 열기로 방바닥을 덥게 하는 난방 장치. 溫堗(온돌). 방구들.
〔溫床 온상〕 ①인공적으로 열을 가하여 식물을 촉성 재배하는 설비. ②어떤 사물·사상 등이 싹터 자라나는 토대나 환경.
〔溫水 온수〕 더운물. ↔冷水(냉수).
〔溫順 온순〕 성질이 온화하고 양순함.
〔溫室 온실〕 가열·보온 설비를 하여 겨울에도 식물이 나고 자라게 하는 구조물.
〔溫柔 온유〕 온화하고 부드러움.
〔溫情 온정〕 따뜻한 인정.
〔溫泉 온천〕 더운물이 솟는 샘.
〔溫和 온화〕 ①날씨가 따뜻함. ②성품이 온순하고 인자함.
◪高溫(고온)/氣溫(기온)/冷溫(냉온)/微溫(미온)/保溫(보온)/常溫(상온)/水溫(수온)/室溫(실온)/低溫(저온)/體溫(체온)/恒溫(항온)

10 13 溶 *2 질펀히 흐를 용

㊥róng(°룽) ㊐ヨウ
풀이 ①질펀히 흐르다. ②녹다. ‖溶液(용액).
〔溶媒 용매〕 용액을 만들 때 용질을 녹이는 액체.
〔溶液 용액〕 한 물질이 다른 물질에 녹아서 고르게 퍼져 이루어진 물질.
〔溶溶 용용〕 ①강물이 질펀하게 흐르는 모양. ②마음이 넓고 여유 있는 모양.
〔溶質 용질〕 용액이 녹아 있는 물질.
〔溶解 용해〕 녹거나 녹임.
◪可溶(가용)/不溶(불용)

10 13 源 **4 근원 원

氵 厂 沂 沂 洉 洉 源 源

㊥yuán(위엔) ㊐ゲン/みなもと
자원 **회의 겸 형성자.** 水(물 수)와 原(언덕 원)이 합쳐진 자. 본뜻이 '수원(水源)'이던 原이 '벌판'의 뜻으로 가차되어 쓰이자 '근원'이라는 본뜻을 보존하기 위해 만든 자가 水를 덧붙인 源임. 水는 의미를 나타내고 原은 의미와 음을 겸하여 나타냄.
풀이 근원. ㉣原. ㉮샘이 흐르는 근원.

‖源泉(원천). ㉯사물의 근원. ‖字源(자원).
〔源流 원류〕 ①내나 강의 본줄기. ②사물의 근원. ③주가 되는 유파(流派).
〔源泉 원천〕 ①물이 흘러나오는 근원. ②사물의 근원.
◢光源(광원)/根源(근원)/起源(기원)/蜜源(밀원)/發源(발원)/本源(본원)/稅源(세원)/水源(수원)/語源(어원)/淵源(연원)/字源(자원)/資源(자원)/財源(재원)/電源(전원)/震源(진원)

10 13 * **溵** 강 이름 **은**

㊥yīn(인) ㊐イン

10 13 *1 **溢** 넘칠 **일** 溢

㊥yì(이) ㊐イツ/あふれる ㊎overflow
풀이 ①넘치다. 물이 넘침. ‖海溢(해일). ②차다. 가득함. ③지나치다. 도(度)를 넘음. ④사치하다. 교만함.
〔溢血 일혈〕 신체 조직의 내부에서 일어나는 출혈. ‖腦溢血(뇌일혈).
◢氾溢(범일)/噴溢(분일)/漲溢(창일)/充溢(충일)/海溢(해일)

13 **滋** 滋(자)의 본자 →449쪽

10 13 *1 **滓** 찌끼 **재** 본**자** 滓

㊥zǐ(즈) ㊐シ/おり
풀이 ①찌끼. ‖殘滓(잔재). ②앙금. ③때. 몸에 끼거나 묻는 더러운 물질.
◢殘滓(잔재)

10 13 ★*4-Ⅱ **準** ❶수준기 **준** ❷콧마루 **준** 본**절** 속 準 간 准 準

氵 汁 汴 沭 淮 準 準 準

㊥zhǔn(°준) ㊐ジュン, セツ
자원 **형성자.** 水(수)는 의미를 나타내고 隼(준)은 음을 나타냄.
풀이 ❶①수준기(水準器). ②평형하다. 수면(水面)이 평평함. ‖平準(평준). ③법. 법도. ④본받다. 모범으로 삼음. ‖準據(준거). ❷콧마루. ‖隆準(융준).
〔準據 준거〕 일정한 기준이나 근거에 따름.
〔準決勝 준결승〕 운동 경기 등에서, 결승전에 나아갈 팀을 결정하는 경기. 準決勝戰(준결승전).
〔準例 준례〕 표준이 될 만한 전례(前例).
〔準備 준비〕 필요한 것을 미리 마련하여 갖춤.
〔準用 준용〕 표준으로 삼아 적용함.
〔準則 준칙〕 표준을 삼아서 따라야 할 규칙.
〔準行 준행〕 표준으로 삼아 그대로 행함.
◢規準(규준)/基準(기준)/水準(수준)/照準(조준)/平準(평준)/標準(표준)

10 13 * **溱** 많을 **진**

㊥zhēn(°젼) ㊐シン ㊎many
풀이 ❶많다. ❷성하다.

10 13 *2 **滄** 찰 **창** 간 沧 滄

氵 氵 氵 氵 氵 氵 滄 滄

㊥cāng(창) ㊐ソウ
자원 **형성자.** 水(수)는 의미를 나타내고 倉(창)은 음을 나타냄.
풀이 ①차다. 싸늘하다. ②강 이름. ③물빛. 푸름. ④바다. 큰 바다. ‖滄海(창해).
〔滄浪 창랑〕 ➡滄波(창파).
〔滄茫 창망〕 물이 푸르고 넓은 모양.
〔滄桑之變 창상지변〕 (('푸른 바다가 뽕밭으로 바뀌는 변화'라는 뜻으로)) 자연이나 사회에 심한 변화가 일어남.
〔滄波 창파〕 큰 바다의 푸른 물결. 滄浪(창랑).
〔滄海 창해〕 넓고 큰 바다. 滄溟(창명).
〔滄海一粟 창해일속〕 (('넓은 바다 속의 좁쌀 한 알'이라는 뜻으로)) 광대한 것 중의 아주 하찮은 것.

10 13 **溘** 갑자기 **합** 본**갑** 溘

㊥kè(커) ㊐コウ
풀이 ①갑자기. ②이르다. 다다름.

10 14 * **滎** ❶실개천 **형*** ❷물결 일 **영** 간 荥 滎

㊥xíng(싱), yíng(잉) ㊐ケイ, エイ
풀이 ❶①실개천. ②못 이름. 허난 성(河南省) 잉쩌 현(滎澤縣)에 있는 못. ‖滎澤(형택). ❷물결이 일다.

10 13 **滈** ❶장마 **호** ❷끓을 **학** 滈

㊥hào(하오), xuè(쒸에)
㊐コウ, カク
풀이 ❶①장마. ②물이 희게 빛나는 모양. ③물결이 길게 뻗어 있는 모양. ❷끓다. 물이 끓는 모양. 또는, 그 소리.

4획

10 13 溷 어지러울 혼 溷

㊥hùn(훈) ㊐コン
풀이 ①어지럽다. ②섞이다. ③흐려지다. 물이 흐린 모양. ‖溷濁(혼탁). ④뒷간. ⑤우리. 돼지우리.
〔溷厠 혼측〕 뒷간. 변소.

*2
10 13 滑 ❶미끄러울 활 ❷어지러울 골 간 滑 滑

㊥huá(후아), gǔ(구)
㊐カツ, コツ/すべる
자원 **형성자.** 水(수)는 의미를 나타내고 骨(골)은 음을 나타냄.
풀이 ❶①미끄럽다. ‖滑降(활강). ②반드럽다. 술술 잘 통함. ③부드럽게 하다. 미끄럽게 함. ‖潤滑(윤활). ④교활하다. ❷어지럽다. 어지럽게 함. ‖滑稽(골계).
〔滑稽 골계〕 익살을 부리는 가운데 어떤 교훈을 주는 일.
〔滑降 활강〕 미끄러져 내림.
〔滑空 활공〕 ①항공기가 공중에서 엔진을 끄고 비행하는 일. ②새가 날개를 움직이지 않고 낢.
〔滑氷 활빙〕 얼음지치기.
〔滑石 활석〕 백색 또는 녹회색의 부드럽고 무른 광물.
〔滑走 활주〕 비행기가 날아오르기 전이나 날아내린 뒤에 땅 위를 미끄러져 내달음. ‖滑走路(활주로).
◢圓滑(원활)/潤滑(윤활)

*2
10 13 滉 깊고 넓을 황 滉

㊥huàng(후앙) ㊐コウ
풀이 깊고 넓다.

*1
11 14 漑 물 댈 개 간 溉 漑

㊥gài(까이) ㊐ガイ
풀이 ①물을 대다. ‖灌漑(관개). ②씻다. 헹굼.
◢灌漑(관개)

*
14 漧 乾(건)의 고자 →16쪽

*
11 14 滾 흐를 곤 본간 滚 滾

㊥gǔn(군) ㊐コン
풀이 ①흐르다. 물이 세차게 흐르는 모양. ‖滾滾(곤곤). ②물이 끓다.
〔滾滾 곤곤〕 ①흐르는 큰 물이 출렁출렁 넘칠 듯한 모양. ②물이 세차게 솟아오르는 모양.

*
11 14 漌 맑을 근 漌

㊥jǐn(진) ㊐キン
풀이 맑다.

*2
11 14 漣 물놀이 련 漣

㊥lián(리엔) ㊐レン
풀이 ①물놀이. ②우는 모양. ‖漣然(연연).
〔漣漪 연의〕 잔물결.

11 14 漉 거를 록 漉

㊥lù(루) ㊐ロク/こす
풀이 ①거르다. 밭음. ②치다. 앙금을 침.

★*3-Ⅱ
11 14 漏 샐 루 漏

氵 氵 氵 沪 沪 涓 漏 漏

㊥lòu(러우) ㊐ロウ/もれる
자원 **회의 겸 형성자.** 水(물 수)와 屚(루)가 합쳐진 자. 屚는 '집'을 뜻하는 戶(호)의 변형인 尸(시)와 雨(비 우)가 합쳐진 자로 집에 비가 새는 모양을 나타냄. 水는 '물'의 의미를 강조하기 위해 덧붙인 자임. 水는 의미를 나타내고 屚는 의미와 음을 겸하여 나타냄.
풀이 ①새다. ㉮틈으로 새다. ‖漏水(누수). ㉯틈으로 스며들다. 틈으로 배어 듦. ‖漏氣(누기). ㉰틈으로 비치다. ㉱비밀이 드러나다. ‖漏洩(누설). ㉲빠뜨리다. ‖漏落(누락). ②구멍. 틈. ③구멍을 뚫다. ④물시계.
〔漏刻 누각〕 물시계.
〔漏落 누락〕 기입되어야 할 것이 기록에서 빠짐.
〔漏泄 누설〕 ①기체·액체 등이 밖으로 새어 나감. ②비밀이 새어 나감. 漏洩(누설).
〔漏水 누수〕 물이 샘.
〔漏電 누전〕 전기가 전깃줄 밖으로 새어 흐름. 또는, 그 전류.
〔漏出 누출〕 액체·기체 등이 밖으로 새어 나옴.
◢刻漏(각루)/落漏(낙루)/玉漏(옥루)/早漏(조루)/脫漏(탈루)/血漏(혈루)

11 14 漓 스며들 리 漓

㊥lí(리) ㊐リ

풀이 스며들다. 흐르는 모양.
◢淋漓(임리)

★✱3-II
11
14 漠 사막 막 漠

氵 氵 汁 汁 沽 浩 漠 漠

중mò(모) 일バク 영desert
자원 형성자. 水(수)는 의미를 나타내고 莫(막)은 음을 나타냄.
풀이 ①사막. ②넓다. ‖廣漠(광막). ③조용하다. ④쓸쓸하다. ‖寂漠(적막). ⑤어둡다. 아득함. ‖漠漠(막막).
〔漠漠 막막〕 ①넓고 멀어서 아득함. ②아득하고 막연함.
〔漠然 막연〕 갈피를 잡을 수 없게 어렴풋한 모양.
◢廣漠(광막)/沙漠(사막)/索漠(삭막)/荒漠(황막)

☆✱4-II
11
14 滿 찰 만 약 満 간 满 滿

氵 汁 汁 汁 浩 浩 湍 滿

중mǎn(만) 일マン/みつ 영fill
자원 형성자. 水(수)는 의미를 나타내고 㒼(만)은 음을 나타냄.
풀이 ①차다. ㉮가득 차다. ‖滿腹(만복). ㉯넉넉하다. ‖滿足(만족). ㉰둥그레지다. 이지러짐이 없음. ‖滿月(만월). ②'만주(滿洲)'의 약칭. ‖滿語(만어).
〔滿腔 만강〕 마음속에 가득 참.
〔滿開 만개〕 꽃이 활짝 핌.
〔滿期 만기〕 정해 놓은 기한이 다 참.
〔滿喫 만끽〕 ①마음껏 먹고 마심. ②마음껏 즐기거나 누림.
〔滿了 만료〕 정해진 기간이 끝남.
〔滿面 만면〕 온 얼굴. 또는, 얼굴에 가득함.
〔滿面愁色 만면수색〕 얼굴에 가득 찬 수심의 빛.
〔滿面喜色 만면희색〕 얼굴에 가득찬 기쁜 빛.
〔滿發 만발〕 많은 꽃이 한꺼번에 활짝 핌.
〔滿腹 만복〕 음식을 많이 먹어 배가 잔뜩 부름.
〔滿朔 만삭〕 아이 낳을 달이 참. 滿月(만월).
〔滿山 만산〕 ①온 산에 가득함. 또는, 그런 산. ②절 전체.
〔滿船 만선〕 배에 가득히 실음.
〔滿員 만원〕 정원이 다 참.
〔滿場 만장〕 회장(會場)에 가득 모임. 또는, 그런 회장.
〔滿載 만재〕 가뜩 실음.
〔滿點 만점〕 ①규정한 점수의 가장 높은 점. ②아주 만족할 정도.
〔滿潮 만조〕 꽉 차게 들어 있을 때의 밀물. ↔干潮(간조).
〔滿足 만족〕 마음에 부족함을 느끼는 것이 없이 흐뭇함.
〔滿醉 만취〕 술에 잔뜩 취함. 漫醉(만취).
◢干滿(간만)/未滿(미만)/彌滿(미만)/不滿(불만)/肥滿(비만)/圓滿(원만)/充滿(충만)/膨滿(팽만)/飽滿(포만)/豐滿(풍만)

★✱3
11
14 漫 질펀할 만 漫

氵 氵 氵 渭 淠 渴 漫 漫

중màn(만) 일マン
자원 형성자. 水(수)는 의미를 나타내고 曼(만)은 음을 나타냄.
풀이 ①질펀하다. ②넘쳐 흐르다. 많음. ③흩어지다. 어지러움. ‖散漫(산만). ④멋대로. ⑤부질없이. 함부로. ⑥더러워지다. 더럽힘.
〔漫談 만담〕 재미있고 익살스럽게 세상과 인정을 풍자하는 이야기.
〔漫漫 만만〕 끝이 없어 지루한 모양.
〔漫步 만보〕 한가롭게 거닒. 또는, 그런 걸음.
〔漫評 만평〕 체계 없이 생각나는 대로 하는 비평. ‖時事漫評(시사만평).
〔漫筆 만필〕 붓 가는 대로 생각한 바를 쓴 글. 漫錄(만록). 隨筆(수필).
〔漫畫 만화〕 ①이야기 따위를 간결하고 익살스럽게 그린 그림. 漫筆畫(만필화). ②시대와 인정을 풍자·비판하는 그림.
◢浪漫(낭만)/放漫(방만)/散漫(산만)/天眞爛漫(천진난만)

✱
11
14 漨 ❶강 이름 봉 ❷울적할 봉 동 浲

중féng(°평), pēng(평) 일ホウ
풀이 ❶강 이름. ❷울적하다. 답답한 모양.

✱1
11
14 滲 스밀 삼 간 渗 滲

중shèn(°썬) 일シン/しみる
풀이 ①스미다. 배어듦. ②밭다. 거름. ③새다. ④다하다.
〔滲水 삼수〕 물이 스며듦. 또는, 그 물. 浸水(침수).
〔滲出 삼출〕 액체가 스며 나옴.
〔滲透 삼투〕 ①스며듦. 浸透(침투). ②농도가 다른 두 액체가 반투막을 통하여 서로 섞이는 현상. ‖滲透壓(삼투압).

11 14 **漩** 소용돌이 **선** | 漩

[중]xuán(쉬엔) [일]セン

*
11 14 **潄** 양치질할 **수** | 潄

[중]shù(°쑤) [일]ソウ/くちすすぐ
[풀이] ①양치질하다. ②씻다. ㉮빨래하다. ㉯헹구다.
〔潄石枕流 수석침류〕《진(晉)나라 손초(孫楚)가 침석수류(枕石潄流)라고 할 것을 수석침류(潄石枕流)라고 잘못 말한 뒤 '潄石'은 이를 닦기 위함이고, '枕流'는 귀를 씻기 위함이라고 얼버무린 고사에서》 자기 실수를 인정하기 싫어 억지 변명으로 우김.

*
11 14 **漾** 출렁거릴 **양** | [고]瀁 漾

[중]yàng(양) [일]ヨウ
[풀이] ①출렁거리다. ②뜨다. 띄움. ③표류하다. 떠돎. ‖漾漾(양양).

☆✱5
11 14 **漁** 고기 잡을 **어** | [간]渔 漁

氵 氵 氵 氵 氵 漁 漁 漁

[중]yú(위) [일]ギョ, リョウ/すなどる
[갑]  [자원] **회의 겸 형성자.** 水(수)와 魚(어)가 합쳐진 자로, 水는 의미를 나타내고 魚는 의미와 음을 겸하여 나타냄.
[풀이] ①고기를 잡다. ‖漁撈(어로). ②빼앗다. 탐냄. ‖漁奪(어탈). ③어부(漁夫).
〔漁撈 어로〕 고기잡이.
〔漁網 어망〕 고기잡이 그물.
〔漁網鴻離 어망홍리〕《물고기를 잡으려고 쳐 놓은 그물에 기러기가 걸렸다는 뜻으로》 구하는 것이 아닌 다른 것을 얻음.
〔漁民 어민〕 ➡漁夫(어부).
〔漁夫 어부〕 고기잡이를 직업으로 하는 사람. 漁民(어민). 漁父(어부).
〔漁夫之利 어부지리〕《도요새와 무명조개가 다투는 틈을 타서 어부가 둘 다 잡았다는 고사에서》 양자(兩者)가 다투는 바람에 엉뚱한 제삼자가 이익을 보게 됨. 漁人之功(어인지공). ※犬兎之爭(견토지쟁)·蚌鷸之爭(방휼지쟁).
〔漁船 어선〕 고기잡이배.
〔漁業 어업〕 물고기를 잡거나 기르는 직업.
〔漁場 어장〕 고기잡이를 하는 수역.
〔漁村 어촌〕 어업에 종사하는 사람들이 모여 사는 마을.
〔漁港 어항〕 주로 어선이 드나드는 항구.
〔漁獲 어획〕 수산물을 잡거나 채취함. 또는, 그 수산물.
◢出漁(출어)/豐漁(풍어)

★✱4-Ⅱ
11 14 **演** 흐를 **연** | 演

氵 氵 氵 氵 汸 沛 渖 演

[중]yǎn(옌) [일]エン
[자원] **형성자.** 水(수)는 의미를 나타내고 寅(인)은 음을 나타냄.
[풀이] ①흐르다. ②펴다. ㉮당기다. ㉯부연(敷衍)하다. ㉰널리 펴다. ③스며 흐르다. ④통하다. 기(氣)가 통함. 윤택함. ⑤연극을 하다. ‖公演(공연). ⑥익히다. 학습함. ‖演習(연습).
〔演劇 연극〕 배우가 연출자의 지도하에 각본에 따라 연기하여 관객에게 보이는 예술.
〔演技 연기〕 배우가 맡은 배역의 성격·행동 등을 표현해 내는 일.
〔演說 연설〕 여러 사람 앞에서 자기의 주의·주장·의견을 말함.
〔演習 연습〕 실지로 하는 것처럼 하면서 익힘.
〔演繹 연역〕 일반적인 사실이나 원리로부터 특수·개별적인 사실이나 원리를 이끌어 내는 일. ↔歸納(귀납).
〔演藝 연예〕 대중 앞에서 연극·음악·무용·만담·쇼 등을 보임. 또는, 그 재주.
〔演奏 연주〕 악기를 다루어 음악을 들려줌.
〔演出 연출〕 각본을 바탕으로 배우의 연기와 기타 요소를 종합하여 무대나 영화에 표현함.
◢講演(강연)/競演(경연)/公演(공연)/口演(구연)/上演(상연)/熱演(열연)/再演(재연)/助演(조연)/主演(주연)/初演(초연)/出演(출연)/協演(협연)

*
11 15 **潁** 강 이름 **영** | [간]颍 潁

[중]yǐng(잉) [일]エイ

11 14 **漪** 물놀이 **의** | 漪

[중]yī(이) [일]イ/さざなみ
[풀이] ①물놀이. 잔물결. ②물결이 일다. ③물가.
〔漪瀾 의란〕 잔물결과 큰 물결.

*
11 14 **漳** 강 이름 **장** |

[중]zhāng(°짱) [일]ショウ

풀이 ①강 이름. 산시 성(山西省)에서 발원하는 강. ②막다. 둑.

*1
11 15 **漿** 미음 **장** 간 浆 漿

중jiāng(찌앙) 일ショウ/こんず
풀이 ①미음. ②즙. 액체.
〔漿果 장과〕 살과 물이 많고 속에 씨가 들어 있는 과실. 귤·감·포도 따위.

★*3
11 14 **滴** 물방울 **적** 滴

氵 汁 汴 沛 滴 滴 滴 滴

중dī(띠) 일テキ/しずく
자원 **형성자.** 水(수)는 의미를 나타내고 啇(적)은 음을 나타냄.
풀이 ①물방울. ②방울져 떨어지다.
〔滴水 적수〕 떨어지는 물방울.
◢水滴(수적)/餘滴(여적)/硯滴(연적)

★*3-Ⅱ
11 14 **漸** 점점 **점** 간 渐 漸

氵 沪 沍 泹 浦 漸 漸 漸

중jiàn, jiān(찌엔) 일ゼン/ようやく
자원 **형성자.** 水(수)는 의미를 나타내고 斬(참)은 음을 나타냄.
풀이 ①점점. 차츰. ‖漸次(점차). ②차츰 나아가다. ③괘 이름. 64괘의 하나. ‖漸卦(점괘). ④익히다. ⑤적시다. 번짐. 물듦. ⑥흘러들다.
〔漸減 점감〕 점점 줄어듦.
〔漸染 점염〕 점차로 번져서 물듦.
〔漸移 점이〕 차차 옮아감.
〔漸入佳境 점입가경〕《점점 아름다운 경지로 들어간다는 뜻으로》 들어갈수록 점점 재미가 있음.
〔漸漸 점점〕 조금씩 더하거나 덜해지는 모양.
〔漸增 점증〕 점점 증가함.
〔漸進 점진〕 ①조금씩 앞으로 나아감. ②점점 발전함. ↔急進(급진).
〔漸次 점차〕 차례를 따라 조금씩.
◢東漸(동점)

*1
11 14 **漕** 배 저을 **조** 漕

중cáo(차오) 일ソウ/こぐ
풀이 ①배를 젓다. ②배로 실어 나르다.
〔漕船 조선〕 물건을 운반하는 배.
〔漕運 조운〕 배로 물건을 실어 나르는 일.
〔漕艇 조정〕 보트를 젓는 경기.
〔漕倉 조창〕 고려·조선 시대에, 조운(漕運)할 곡식을 쌓아 두던 곳집.
◢運漕(운조)/回漕(회조)

*
11 14 **漬** 담글 **지** 간 渍 漬

중zì(쯔) 일シ/ひたす
풀이 ①담그다. 물에 담금. ②스미다. 뱀. ‖漬墨(지묵). ③옮다. 전염함.

*1
11 14 **漲** 불을 **창** 간 涨 漲

중zhǎng(°장) 일チョウ/みなぎる
풀이 ①붇다. 물이 벌창함. ②성하다. 넘쳐 날 정도로 성함.
〔漲溢 창일〕 물이 불어 넘침.

*1
11 14 **滌** 씻을 **척** 본**적** 간 涤 滌

중dí(디) 일テキ/あらう
풀이 씻다. ㉮헹구다. ‖洗滌(세척). ㉯떨다. 턺. 청소함. ‖滌煩(척번).
〔滌暑 척서〕 더위를 씻음.
◢洗滌(세척)

★*3-Ⅱ
11 14 **滯** 막힐 **체** 간 滞 滯

중zhì(°쯔) 일タイ/とどこおる
자원 **형성자.** 水(수)는 의미를 나타내고 帶(대)는 음을 나타냄.
풀이 ①막히다. ㉮막혀 통하지 않다. ‖滯症(체증). ㉯오래다. 오래 쌓임. ‖積滯(적체). ②빠지다. ③골똘하다. ㉮한 가지에 구애되다. ㉯엉기다. 엉겨 굳어짐. ‖凝滯(응체). ㉰쌓이다. ④칩충(蟄蟲).
〔滯納 체납〕 세금 따위를 기한까지 내지 못하고 밀림.
〔滯留 체류〕 객지에 가서 머물러 있음. 滯在(체재).
〔滯拂 체불〕 마땅히 지급해야 할 것을 미룸.
〔滯賃 체임〕 마땅히 지급해야 할 노임을 미룸.
〔滯在 체재〕 ➡滯留(체류).
〔滯症 체증〕 체하여 소화가 잘되지 않는 증세.
◢急滯(급체)/宿滯(숙체)/食滯(식체)/延滯(연체)/積滯(적체)/停滯(정체)/遲滯(지체)/沈滯(침체)

★*3-Ⅱ
11 14 **漆** 옻 **칠** 동 柒 漆

氵 汁 汁 沐 沐 泳 漆 漆

중qī(치) 일シツ/うるし
자원 **형성자.** 水(수)는 의미를 나타내고 桼(칠)은 음을 나타냄.

[풀이] ①옻. 옻나무. ②옻칠하다. ③검은 칠. 검음. ④캄캄하다. ‖漆黑(칠흑).
〔漆工 칠공〕 칠하는 것을 업으로 하는 사람.
〔漆器 칠기〕 ①옻칠을 한 나무 그릇. ②옻칠같이 검은 잿물을 입힌 도자기.
〔漆夜 칠야〕 아주 캄캄한 밤.
〔漆板 칠판〕 분필로 글씨를 쓰는 판. 黑板(흑판).
〔漆黑 칠흑〕 옻칠처럼 검고 광택이 있음. 또는, 그런 빛깔.
◢加漆(가칠)/改漆(개칠)/丹漆(단칠)/粉漆(분칠)/藥漆(약칠)/色漆(색칠)

★*3
11 14 **漂** [1]떠돌 표 [2]빨래할 표

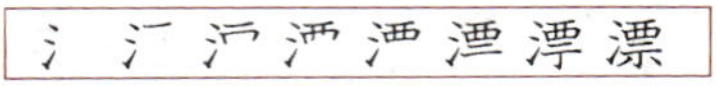

[중]piāo, piǎo(피아오)
[일]ヒョウ/ただよう
[자원] **형성자.** 水(수)는 의미를 나타내고 票(표)는 음을 나타냄.
[풀이] [1]①떠돌다. ㉮물에 떠돌다. 물에 뜸. ㉯물결에 떠내려가다. ‖漂流(표류). ㉰유랑하다. ‖漂浪(표랑). ②움직이다. 흔듦. [2]①빨래하다. ②헹구다. 바래다.
〔漂流 표류〕 ①물에 떠서 흘러감. ②방랑함.
〔漂母 표모〕 빨래하는 나이 든 여자.
〔漂泊 표박〕 ①풍랑을 만난 배가 물 위에 떠돎. ②정처 없이 떠돌아다님.
〔漂白 표백〕 물에 빨아 바래거나 약품을 써서 희게 함.
〔漂着 표착〕 표류하여 어떤 곳에 닿음.
◢浮漂(부표)

☆*7
11 14 **漢** 한수 한 [간]汉

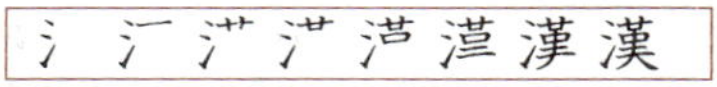

[중]hàn(한) [일]カン
[자원] **형성자.** 水(수)는 의미를 나타내고 難(난)의 생략형인 𦰩은 음을 나타냄. 일설에 의하면 성부(聲符)가 難이 아니라 熯(한)이라는 주장도 있음.
[풀이] ①한수(漢水). 산시 성(陝西省)에서 발원하여 양쯔 강으로 흘러드는 강. ②은하수. ‖銀漢(은한). ③사나이. ‖無賴漢(무뢰한). ④왕조 이름. 유방(劉邦)이 항우(項羽)를 멸하고 세운 왕조. ⑤나라 이름. 유비(劉備)의 촉한(蜀漢). ⑥종족 이름. 한족(漢族).
〔漢江投石 한강투석〕 《'한강에 돌 던지기'란 뜻으로》 몹시 미미하여 전혀 효과가 없음.
〔漢文 한문〕 ①중국 고전의 문장. ②한자로 쓴 문장. ‖漢文學(한문학).
〔漢詩 한시〕 한문으로 이루어진 시.
〔漢陽 한양〕 '서울'의 옛 이름.
〔漢語 한어〕 중국인이 쓰는 말. 中國語(중국어).
〔漢字 한자〕 중국 고유의 문자.
〔漢族 한족〕 중국 본토에서 예로부터 살아온, 중국의 중심되는 민족.
〔漢學 한학〕 중국의 문화·역사·언어·문학 등에 관한 학문. 漢文學(한문학).
◢巨漢(거한)/怪漢(괴한)/冷血漢(냉혈한)/門外漢(문외한)/惡漢(악한)/癡漢(치한)/破廉恥漢(파렴치한)

*
11 14 **滸** 물가 호 [간]浒

[중]hǔ(후) [일]コ
[풀이] ①물가. ②화이수이(淮水)의 지류(支流) 이름.

11 14 **滬** 강 이름 호 [간]沪

[중]hù(후) [일]コ
[풀이] ①강 이름. 장쑤 성(江蘇省) 상하이 현(上海縣)의 동북을 흐르는 강. ②'상하이(上海)'의 이칭. ③대나무로 만든 어살.

*1
12 15 **澗** 산골 물 간 [본]㵎 [간]涧

[중]jiàn(찌엔) [일]カン
[풀이] ①산골 물. ②산골짜기. ‖澗溪(간계). ③강 이름. 허난 성(河南省)에서 발원하여 뤄수이(洛水)로 흘러드는 강. ‖澗水(간수).
〔澗壑 간학〕 물이 흐르는 골짜기.
◢溪澗(계간)/淸澗(청간)

15 **㵎** 澗(간)의 본자 →458쪽

☆*4-II
12 15 **潔** 깨끗할 결 [간]洁

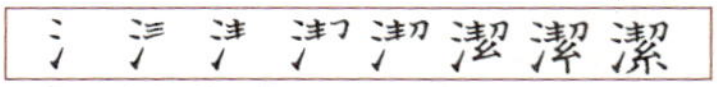

[중]jié(지에) [일]ケツ/きよい
[자원] **형성자.** 水(수)는 의미를 나타내고 絜(혈)은 음을 나타냄.
[풀이] ①깨끗하다. [같]絜. ㉮더러움이 없다. ㉯행실이 바르다. ②깨끗이 하다. 몸을 닦음.
〔潔白 결백〕 ①맑고 흼. ②마음이 깨끗하여 허물이 없음.
〔潔癖 결벽〕 유난스럽게 깨끗함을 좋아하는 성벽. ‖潔癖症(결벽증).
◢簡潔(간결)/高潔(고결)/不潔(불결)/純潔(순결)/貞潔(정결)/淸潔(청결)

12 15 **潰** *1 무너질 **궤** 간 溃 潰

중kuì(쿠에이) 일カイ/ついえる

풀이 ①무너지다. ㉮방죽이 터지다. ㉯달아나 흩어짐. ‖潰散(궤산). ②문드러지다. 헒. ‖潰瘍(궤양).

〔潰爛 궤란〕 썩어 문드러짐.

〔潰滅 궤멸〕 무너지거나 흩어져 없어짐.

〔潰瘍 궤양〕 피부나 점막이 짓무르거나 허는 병.

12 15 **潭** *2 깊을 **담** 潭

氵 氵⺈ 氵覀 氵覀 潭 潭 潭 潭

중tán(탄) 일タン

자원 **형성자.** 水(수)는 의미를 나타내고 覃(담)은 음을 나타냄.

풀이 ①깊다. ②소(沼). 물이 깊게 괸 곳. ③물가. 물녘.

〔潭水 담수〕 깊은 못이나 늪의 물.

◢碧潭(벽담)

12 15 **潼** * 강 이름 **동** 潼

중tóng(퉁) 일トウ

풀이 강 이름. 쓰촨 성(四川省)에서 발원하는 강.

12 15 **潦** ❶큰비 **료** ❷강 이름 **료** 본로 潦

중lǎo(라오) 일ロウ, リョウ/おおみず

풀이 ❶①큰비. ②장마. ③길바닥에 괸 물. ❷강 이름.

〔潦水 요수〕 땅에 괴어 있는 빗물.

〔潦炎 요염〕 장마철의 무더위.

12 15 **潾** * 맑을 **린** 潾

중lín(린) 일リン

풀이 맑다. 물이 맑은 모양.

12 15 **潣** * 물 졸졸 흐를 **민**

중mǐn(민) 일ビン 영murmur

풀이 물이 졸졸 흐르다.

12 15 **潘** *2 뜨물 **반** 潘

중pān(판) 일ハン/しろみず

풀이 ①뜨물. ‖潘沐(반목). ②소용돌이. 소용돌이침. ③강 이름.

12 15 **潑** *1 물 뿌릴 **발** 간 泼 潑

중pō(포) 일ハツ

풀이 ①물을 뿌리다. ②활발하다. ‖活潑(활발). ③무뢰배. ‖潑皮(발피).

〔潑剌 발랄〕《물고기가 뛰는 모양에서》 원기가 왕성함. 潑潑(발발).

〔潑墨 발묵〕 그림이나 서예에서, 먹물이 번져 퍼지게 하는 기법. 흔히, 비 오는 경치를 그리는 데에 씀.

◢活潑(활발)

12 15 **潽** *2 내 이름 **보** 潽

중pū(푸) 일ホ

12 15 **濆** ❶뿜을 **분** ❷용솟음칠 **분** 본 濆 간 偾 濆

중fén(°펀) 일フン/ふく

풀이 ❶뿜다. ❷①용솟음치다. ②움직이다. 떨쳐 일어남.

12 15 **潸** 눈물 흐를 **산** 동 潸 潸

중shān(°싼) 일サン

풀이 ①눈물이 흐르다. 눈물이 흐르는 모양. ‖潸然(산연). ②비가 오는 모양.

15 **潸** 潸(산)과 동자 →459쪽

12 15 **澁** *1 떫을 **삽** 동 澀 약 渋 간 涩 澁

중sè(써) 일ジュウ/しぶい

풀이 ①떫다. ②껄끄럽다. 미끄럽지 않음. ‖難澁(난삽). ③말하기를 어려워하다. 말을 더듬음.

〔澁味 삽미〕 떫은맛.

〔澁語 삽어〕 더듬거리는 말.

◢難澁(난삽)

15 **澀** 澁(삽)과 동자 →459쪽

12 15 **潟** *1 개펄 **석** 潟

중xì(씨) 일セキ/かた

[참고] 瀉(사:464쪽)는 딴 자.

풀이 개펄. ‖干潟地(간석지).

〔潟湖 석호〕 바닷가에서 모래톱 등으로 바다의 일부가 끊겨 생긴 호수.

12 15 **澌** ❶다할 **시** ❷목쉴 **시**

㊥sī(쓰) ㊐シ, セイ/つきる
풀이 ❶다하다. ❷목쉬다.
〔澌盡 시진〕 기운이 빠져 없어짐.

12 15 **潯** 물가 **심** 간 浔

㊥xún(쉰) ㊐シン
풀이 ①물가. 물녘. ②소. 물가의 깊은 곳. ③강 이름.

12 15 **潱** * 물 흐르는 모양 **열**

㊥yē(예) ㊐エツ

12 15 **澆** 물 댈 **요** 본 **교** 간 浇

㊥jiāo(찌아오) ㊐ギョウ/そそぐ
풀이 ①물을 대다. 물을 줌. ②엷다. 경박함.
〔澆僞 요위〕 행동이 경솔하고 거짓이 많음.

12 15 **澐** * 큰 물결 **운** 간 沄

㊥yún(윈) ㊐ウン

12 15 **潤** ★*3-Ⅱ 젖을 **윤** 간 润

氵 氵 汈 沪 泗 潤 潤 潤

㊥rùn(°룬) ㊐ジュン/うるおう
자원 **형성자.** 水(수)는 의미를 나타내고 閏(윤)은 음을 나타냄.
풀이 ①젖다. 적시다. ‖浸潤(침윤). ②윤택하다. 윤기. ‖潤色(윤색). ③붇다. 불림. ‖潤益(윤익).
〔潤氣 윤기〕 반질반질하고 매끄러운 기운.
〔潤文 윤문〕 글을 매끄럽게 다듬음.
〔潤色 윤색〕 ①광택을 내고 색칠을 함. 潤飾(윤식). ②사실을 과장하거나 미화함. 文飾(문식).
〔潤澤 윤택〕 ①기름기가 돌아 번지르르함. ②살림이 풍족함.
〔潤筆 윤필〕 (붓을 적신다는 뜻으로) 글씨를 쓰거나 그림을 그림.
〔潤滑 윤활〕 기름기나 물기가 있어 빽빽하지 않고 매끄러움.
◢濕潤(습윤)/利潤(이윤)/浸潤(침윤)

12 15 **潺** * 졸졸 흐를 **잔**

㊥chán(°찬) ㊐セン
풀이 ①졸졸 흐르다. 물이 졸졸 흐르는 모양. ②눈물을 줄줄 흘리다.
〔潺潺 잔잔〕 얕은 시냇물이 졸졸 흐르는 모양.

12 15 **潛** ★*3-Ⅱ 잠길 **잠** 본 속 간 濳 潜

氵 氵 氵 氵 氵 氵 潛 潛

㊥qián(치엔) ㊐セン/もぐる
자원 **형성자.** 水(수)는 의미를 나타내고 朁(참)은 음을 나타냄.
풀이 ①잠기다. ㉮숨다. ㉯숨기다. ㉰마음을 모아 기울이다. ‖潛心(잠심). ②자맥질하다. ㉮물속에 잠겨서 가다. ㉯땅속을 흐르다. ③몰래. ‖潛行(잠행).
〔潛伏 잠복〕 드러나지 않게 숨어 있음.
〔潛伏期 잠복기〕 병독이나 병원균이 몸에 들어 있으면서 병의 증세로 나타나지 않는 시기.
〔潛水 잠수〕 물속으로 잠겨 들어감. ‖潛水艦(잠수함).
〔潛心 잠심〕 어떤 일에 마음을 가라앉혀 골똘히 생각함.
〔潛入 잠입〕 남몰래 숨어듦.
〔潛在 잠재〕 겉으로 드러나지 않고 속에 숨어 있음. ‖潛在力(잠재력).
〔潛跡 잠적〕 어디론가 사라져 자취를 감춤.
〔潛行 잠행〕 남모르게 숨어서 오고 감.
◢沈潛(침잠)

15 **濳** 潛(잠)의 본자 →460쪽

15 **潜** * 潛(잠)의 속자 →460쪽

12 15 **潮** ★*4 조수 **조**

氵 氵 氵 洁 湞 淖 潮 潮

㊥cháo(°차오) ㊐チョウ/しお ㊒tide
자원 **형성자.** 水(수)는 의미를 나타내고 朝(조)는 음을 나타냄.
풀이 ①조수(潮水). ②흘러들다. 강물이 바다로 흘러듦. ③시대의 흐름. ‖思潮(사조).
〔潮流 조류〕 ①밀물과 썰물 때문에 일어나는 바닷물의 흐름. ②시세나 세태(世態)의 경향.
〔潮水 조수〕 주기적으로 간만(干滿)의 현상을 이루는 바닷물.
◢干潮(간조)/落潮(낙조)/滿潮(만조)/思潮(사조)/逆潮(역조)/赤潮(적조)/主潮(주조)/退潮(퇴조)/風潮(풍조)/海潮(해조)/紅潮(홍조)

4획

12 15 澍 * 적실 주

[중]shù(°쑤) [일]ジュ [영]moisten
[풀이] ①적시다. ②단비.

12 15 潗 * 샘솟을 집 [동]濈

[중]jí(지) [일]シュウ
[풀이] 샘솟다. 물이 솟는 소리.

15 濈 * 潗(집)과 동자 →461쪽

12 15 澄 *1 맑을 징 [동]澂

[중]chéng(°청) [일]チョウ/すむ [영]clear
[풀이] ①맑다. 물이 깨끗함. ‖明澄(명징). ②맑게 하다.
〔澄水 징수〕 맑고 깨끗한 물.
◪明澄(명징)/淸澄(청징)

15 澂 澄(징)과 동자 →461쪽

12 15 澈 *2 물 맑을 철

[중]chè(°처) [일]テツ
[풀이] 물이 맑다.

12 15 澎 *1 물결 부딪는 기세 팽

[중]péng(펑) [일]ホウ
[풀이] ①물결 부딪는 기세. ②물결 소리.
〔澎湃 팽배〕 ①큰 물결이 서로 부딪쳐 솟구침. ②기운·사조(思潮) 등이 세차게 일어남.

12 15 澖 * 넓을 한

[중]xián(시엔) [일]カン [영]broad
[풀이] 넓다.

15 澔 *2 浩(호)와 동자 →442쪽

12 15 潢 * 웅덩이 황

[중]huáng(후앙) [일]コウ [영]pond
[풀이] ①웅덩이. ②물이 깊고 넓은 모양. [같]滉.
〔潢池 황지〕 물이 괴어 있는 못.

13 16 激 **4 부딪쳐 흐를 격

氵 氵 泊 泊 浡 湧 湧 激

[중]jī(찌) [일]ゲキ/はげしい
[자원] **형성자.** 水(수)는 의미를 나타내고 敫(격)은 음을 나타냄.
[풀이] ①부딪쳐 흐르다. ②치다. 부딪치다. ‖衝激(충격). ③빠르다. 격렬하다. ④분발하다. 격려하다.
〔激怒 격노〕 몹시 화를 냄.
〔激突 격돌〕 심하게 부딪침.
〔激動 격동〕 ①급격하게 움직임. ②몹시 흥분하여 충동을 느낌.
〔激勵 격려〕 분발하도록 마음을 북돋워 줌.
〔激烈 격렬〕 매우 맹렬함.
〔激流 격류〕 ①몹시 세차게 흐르는 물. ②사회적 변화나 사조(思潮) 등의 거센 흐름.
〔激變 격변〕 갑자기 심하게 변함.
〔激憤 격분〕 매우 분개함.
〔激昻 격앙〕 감정이 고조됨.
〔激增 격증〕 갑자기 늘거나 불어남.
〔激讚 격찬〕 몹시 칭찬함. 激賞(격상).
◪感激(감격)/過激(과격)/急激(급격)/憤激(분격)/衝激(충격)

13 16 濃 *2 짙을 농 [간]浓

氵 氵 沪 浀 浀 浀 濃 濃

[중]nóng(눙) [일]ノウ/こい [영]deep
[자원] **형성자.** 水(수)는 의미를 나타내고 農(농)은 음을 나타냄.
[풀이] ①짙다. ‖濃厚(농후). ②두텁다. ③이슬이 많다.
〔濃淡 농담〕 짙음과 옅음.
〔濃度 농도〕 용액 따위의 진함과 묽음의 정도.
〔濃霧 농무〕 짙은 안개.
〔濃縮 농축〕 액체를 진하게 또는 바싹 졸임.
〔濃厚 농후〕 ①맛·빛깔 등이 매우 짙음. ②어떤 경향·기색 등이 뚜렷함.

13 16 澾 * 미끄러울 달 [간]汰

[중]tà(타) [일]タツ/なめらか [영]slippery
[풀이] 미끄럽다. 반드러움.

13 16 澹 *1 담박할 담

[중]dàn(딴) [일]タン [영]plain
[풀이] ①담박하다. ②움직이다. ③조용하다. ④안정되다.

4획

〔澹泊 담박〕 ①욕심이 없고 마음이 깨끗함. 淡泊(담박). ②맛이 개운함. ③빛깔이 산뜻함.

13 *2
16 濂 시내 이름 렴 濂

[중]lián(리엔) [일]レン, セン
[풀이] ①시내 이름. ②작은 시내. [같]溓. ③엷다.

13 *
16 澪 강 이름 령

[중]líng(링) [일]レイ

13 *
16 澧 강 이름 례

[중]lǐ(리) [일]ライ, レイ
[풀이] ①강 이름. 중국 허난 성(河南省)에서 발원하는 강. ②단술.

13 *
16 潞 강 이름 로

[중]lù(루) [일]ロ
[풀이] ①강 이름. ②고을 이름.

16 濆 濆(분)의 본자 →459쪽

13 *
16 潚 [1]물 맑을 숙* [2]강 이름 축 소

[중]sù(쑤) [일]シュク
[풀이] [1]물이 맑다. [2]강 이름.

13 *
16 澳 [1]깊을 오* [2]후미 욱 [간]澳 澳

[중]ào(아오), yù(위) [일]オウ, イク
[풀이] [1]①깊다. ②강 이름. [2]후미.

13 *1
16 澱 앙금 전 [간]淀 澱

[중]diàn(띠엔) [일]デン
[풀이] ①앙금. 찌끼. ②물이 괴다. ③물이 감돌아 흐르다.
〔澱粉 전분〕 녹말.
◢沈澱(침전)

13
16 澡 씻을 조 澡

[중]zǎo(자오) [일]ソウ
[풀이] ①씻다. 헹구다. ②깨끗하게 하다. ③바래다. 표백함.

13
16 濈 화목할 즙 濈

[중]jí(지) [일]シュウ
[풀이] ①화목하다. ②물이 흐르다. 흐름. ③빠른 모양.

13 *
16 澯 맑을 찬 澯

[중]càn(찬) [일]サン
[풀이] 맑다.

13 ★*3
16 濁 흐릴 탁 [간]浊 濁

氵 氵冂 氵罒 氵罒 氵罒 渇 濁 濁

[중]zhuó(°주어) [일]ダク/にごる
[영]muddy
[자원] **형성자.** 水(수)는 의미를 나타내고 蜀(촉)은 음을 나타냄.
[풀이] ①흐리다. ‖濁流(탁류). ②흐리게 하다. ③더러워지다. 추하다. ④더럽히다. ⑤어지럽다.
〔濁流 탁류〕 흘러가는 흐린 물.
〔濁世 탁세〕 도덕·풍속 등이 퇴폐한 세상. 亂世(난세).
〔濁音 탁음〕 목청을 울려서 내는 소리. 울림소리. 有聲音(유성음).
〔濁酒 탁주〕 막걸리.
◢鈍濁(둔탁)/汚濁(오탁)/淸濁(청탁)/混濁(혼탁)

13 ★*3-II
16 澤 못 택 [약]沢 [간]泽 澤

氵 氵冂 氵罒 氵罒 氵睪 澤 澤 澤

[중]zé(저) [일]タク/さわ [영]pond
[자원] **형성자.** 水(수)는 의미를 나타내고 睪(역)은 음을 나타냄.
[풀이] ①못. 늪. 진펄. ‖川澤(천택). ②윤. 윤이 나다. 윤을 내다. ‖光澤(광택). ③윤택하게 하다. ‖澤雨(택우). ④혜택.
〔澤畔 택반〕 못가.
〔澤雨 택우〕 만물을 적셔 주는 은혜로운 비. 滋雨(자우).
◢光澤(광택)/德澤(덕택)/沼澤(소택)/手澤(수택)/潤澤(윤택)/恩澤(은택)/惠澤(혜택)

13 *1
16 澣 빨 한 澣

[중]huàn(후안) [일]カン
[풀이] ①빨다. 빨래함. ②발을 씻다. ③열흘. 열흘마다 있던 휴일.
〔澣滌 한척〕 때 묻은 옷을 빪. 澣濯(한탁).

13 *2 **濊** ❶물 많을 **회** ❷깊고 넓을 **회** ㉥**외** ❸흐릴 **예** *2
16 濊

㊥huì(후에이) ㉰カイ, ワイ
풀이 ❶물이 많다. ❷①깊고 넓다. ‖汪濊(왕회). ②많다. ❸①흐리다. 더러워지다. ②종족 이름. ‖濊貊(예맥).
〔濊貊 예맥〕 ①한족(韓族) 선민(先民)들의 총칭. ②고조선의 관할 경계 내에 있던 나라.

13 * **澮** 봇도랑 **회** ㉥**괴**
16 ㉿浍 澮

㊥kuài(쿠아이) ㉰カイ
풀이 봇도랑. 시내.

13 * **濉** ❶부릅떠 볼 **휴** ❷강 이름 **수** *
16

㊥huī(후에이), suī(쑤에이)
㉰キ, スイ
풀이 ❶부릅떠 보다. ❷강 이름.

14 **濘** 진창 **녕**
17 ㉿泞 濘

㊥nìng(닝) ㉰ネイ/どろ
풀이 ①진창. ‖泥濘(이녕). ②작은 시내. ‖滎濘(영녕).

14 *1 **濤** 큰 물결 **도**
17 ㉿涛 濤

㊥tāo(타오) ㉰トウ
풀이 ①큰 물결. ‖波濤(파도). ②물결치다.
◢怒濤(노도)/波濤(파도)

14 ★*3 **濫** 퍼질 **람**
17 ㉿滥 濫

氵 氵 氵 氵 氵 氵 濫 濫

㊥làn(란) ㉰ラン/みだる ㊐spread
자원 **형성자.** 水(수)는 의미를 나타내고 監(감)은 음을 나타냄.
풀이 ①퍼지다. ‖氾濫(범람). ②넘치다. ③어지럽힘. 문란. ④함부로.
〔濫發 남발〕 ①법령·지폐 등을 마구 공포하거나 발행함. ②말이나 행동을 자꾸 함부로 함.
〔濫伐 남벌〕 나무를 함부로 베어 냄.
〔濫觴 남상〕 《양쯔 강 같은 큰 강물도 잔이 넘칠 정도의 적은 양의 물에서 비롯되었다는 데서》 사물의 시초.
〔濫用 남용〕 함부로 마구 씀.
〔濫作 남작〕 시문 따위를 함부로 많이 지어냄.
〔濫獲 남획〕 짐승이나 물고기를 마구 잡음.
◢氾濫(범람)/猥濫(외람)

14 **濛** 가랑비 올 **몽**
17 ㉿蒙 濛

㊥méng(멍) ㉰モウ
풀이 ①가랑비가 오다. ②어둡다.
〔濛濛 몽몽〕 비나 안개 등이 자욱함.
〔濛雨 몽우〕 보슬비.

14 * **瀰** ❶치렁치렁할 **미** ❷넘칠 **니**
17 ㉿沵

㊥mǐ(미), nǐ(니) ㉰ビ, デイ
풀이 ❶치렁치렁하다. ❷①넘치다. ②물건이 많은 모양.

14 *1 **濱** 물가 **빈**
17 ㊛浜 ㉿滨 濱

㊥bīn(삔) ㉰ヒン/はま
풀이 ①물가. ‖海濱(해빈). ②끝. ③물에 가까이 있다. ④임박하다.
◢沙濱(사빈)

14 ★*3-Ⅱ **濕** 축축할 **습**
17 ㊗㉿湿 濕

氵 氵 氵 氵 氵 濕 濕 濕

㊥shī(°쓰) ㉰シュウ, シツ ㊐wet
자원 **형성자.** 水(수)는 의미를 나타내고 㬎(현·압)은 음을 나타냄.
풀이 ①축축하다. ‖濕潤(습윤). ②우로(雨路).
〔濕氣 습기〕 축축한 기운.
〔濕度 습도〕 공기 중에 들어 있는 수증기의 많고 적음의 정도.
〔濕地 습지〕 습기가 많은 축축한 땅.
〔濕疹 습진〕 피부에 물집 따위가 생기는 염증.
〔濕布 습포〕 물 또는 약액에 적신 헝겊을 환부에 대서 염증을 치료함. 또는, 그 헝겊.
◢乾濕(건습)/冷濕(냉습)/多濕(다습)/防濕(방습)/補濕(보습)/陰濕(음습)

14 * **濚** 소용돌이칠 **영**
17

㊥yíng(잉) ㉰エイ ㊐whirlpool
풀이 소용돌이치다.

14 * **濡** 젖을 **유**
17 濡

㊥rú(°루) ㉰ジュ/ぬれる ㊐wet

[풀이] ①젖다. 젖어 윤이 남. ‖濡潤(유윤). ②적시다. 혜택을 줌. ③습기. 혜택. ④멈추다. 지체함. ‖濡滯(유체).
〔濡滯 유체〕 막히고 걸림.

* 14 17 **濦** 강 이름 **은**

[중]yīn(인) [일]イン

★*4-Ⅱ 14 17 **濟** ❶건널 **제** ❷많고 성할 **제** [속]済 [간]济 濟

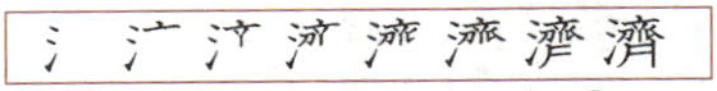

[중]jì(찌), jǐ(지) [일]セイ, サイ [영]cross
[자원] **형성자.** 水(수)는 의미를 나타내고 齊(제)는 음을 나타냄.
[풀이] ❶①건너다. ②나루터. ③구제하다. ‖濟度(제도). ④더하다. ⑤이루다. ❷많고 성하다.
〔濟度 제도〕 미혹한 세계에서 중생을 건져 내어 극락으로 인도해 줌.
〔濟民 제민〕 도탄에서 허덕이는 백성을 구제함.
〔濟衆 제중〕 세상 사람을 구제함.
◢決濟(결제)/經濟(경제)/共濟(공제)/救濟(구제)/未濟(미제)/辨濟(변제)/完濟(완제)

*2 14 17 **濬** 칠 **준** [통]容 [간]浚 濬

[중]jùn(쥔) [일]シュン
[풀이] ①치다. 바닥을 파내어 물길을 통함. ②깊다.
〔濬川 준천〕 개천을 파서 쳐냄.

★*3 14 17 **濯** 씻을 **탁** 濯

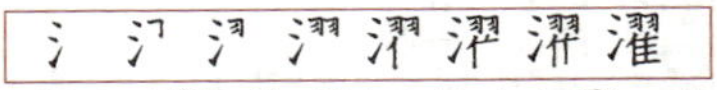

[중]zhuó(°주어) [일]タク/すすぐ [영]wash
[자원] **형성자.** 水(수)는 의미를 나타내고 翟(적)은 음을 나타냄.
[풀이] ①씻다. ‖洗濯(세탁). ②크다.
〔濯足 탁족〕 ①발을 씻음. ②여름철에 계곡 물이나 냇물에 발을 담그고 더위를 쫓음.
◢洗濯(세탁)

*2 14 17 **濠** 해자 **호** 濠

[중]háo(하오) [일]ゴウ/ほり
[풀이] ①해자(垓子). ②강 이름. ‖濠水(호수). ③'호주(濠洲)'의 약칭.
〔濠洲 호주〕 '오스트레일리아'의 음역어.
◢外濠(외호)

* 14 17 **濩** ❶삶을 **확** ❷퍼질 **호***

[중]hù(후), huò(후어) [일]カク [영]boil
[풀이] ❶①삶다. ②깊숙하다. ❷①퍼지다. ②풍류 이름. 탕(湯) 임금의 음악.

* 17 **濶** 闊(활)의 속자 →782쪽

*1 15 18 **瀆** 도랑 **독** [간]渎 瀆

[중]dú(두) [일]トク [영]ditch
[풀이] ①도랑. ②큰 강. ③더러워지다. 더럽힘. ‖瀆職(독직). ④업신여기다.
〔瀆職 독직〕 직책을 더럽힘. 특히, 공무원이 직권을 남용하여 부정한 행위를 저지름. 汚職(오직).
◢冒瀆(모독)/汚瀆(오독)

*1 15 18 **濾** 거를 **려** [간]滤 濾

[중]lǜ(뤼) [일]ロ/こす [영]filter
[풀이] ①거르다. ‖濾過(여과). ②맑게 하다. ③씻다.
〔濾過 여과〕 액체를 거름종이나 여과기를 이용하여 걸러 냄. 거르기.

* 15 18 **瀏** 맑을 **류** [간]浏 瀏

[중]liú(리우) [일]リュウ [영]clear
[풀이] ①맑다. ②바람이 빠른 모양.

*1 15 18 **瀉** ❶쏟을 **사** ❷게울 **사** [간]泻 瀉

[중]xiè(씨에) [일]シャ
✎ 潟(석:459쪽)은 딴 자.
[풀이] ❶쏟다. ❷①게우다. ②설사하다. ‖瀉痢(사리).
〔瀉劑 사제〕 설사를 하게 하는 약.
〔瀉出 사출〕 쏟아 냄.
◢泄瀉(설사)/吐瀉(토사)

*2 15 18 **瀋** 즙 **심** [간]沈 瀋

[중]shěn(°선) [일]シン
[풀이] ①즙. ②강 이름.

* 18 **瀁** 漾(양)의 고자 →456쪽

15 18 **濺** ❶흩뿌릴 **천** ❷빨리 흐를 **천** [간]溅 濺

4획

[중]jiàn(찌엔) [일]セン
[풀이] ①흩뿌리다. ②빨리 흐르다.

15 18 **瀑** *1 ❶폭포 **폭***1 ❷소나기 **포**1 瀑

[중]pù(푸) [일]バク
[풀이] ❶폭포(瀑布). ❷①소나기. ②거품. 물보라. ‖瀑沫(포말). ③빠르다. 바람이 빠름. [통]暴.
〔瀑布 폭포〕 낭떠러지에서 쏟아져 내리는 물. 飛泉(비천).
◢飛瀑(비폭)/懸瀑(현폭)

15 18 **瀅** *2 맑을 **형** [본]**영** [간]滢 瀅

[중]yíng(잉) [일]エイ
[풀이] 맑다. 물이 맑음.

15 18 **𤁗** 물 넓을 **효** 𤁗

[중]xiào(씨아오) [일]キョウ
[풀이] 물이 넓다.

16 19 **瀝** *1 거를 **력** [간]沥 瀝

[중]lì(리) [일]レキ
[풀이] ①거르다. ②물이 방울져 떨어지다. 또는, 그 소리. ③물방울.
〔瀝青 역청〕 석유를 정제할 때 잔류물로 얻어지는 검고 끈적거리는 물질. 도로 포장 등에 씀. 아스팔트. 피치.

16 19 **瀘** * 강 이름 **로** [간]泸

[중]lú(루) [일]ロ

16 19 **瀧** * ❶비 올 **롱*** ❷여울 **랑** [고]滝 [간]泷 瀧

[중]lóng(룽) [일]ロウ
[풀이] ❶①비가 오다. ②적시다. 담금. ❷여울.
〔瀧船 낭선〕 여울을 거슬러 올라가는 배.

16 19 **瀨** * 여울 **뢰** [간]濑 瀨

[중]lài(라이) [일]ライ
[풀이] ①여울. ②급류.

16 19 **瀕** *1 물가 **빈** [간]濒 瀕

[중]bīn(삔) [일]ヒン
[풀이] ①물가. [같]濱. ‖海瀕(해빈). ②따르다. 임박함. ‖瀕死(빈사).
〔瀕死 빈사〕 거의 죽을 지경에 이름.
〔瀕海 빈해〕 바닷가.

16 19 **瀛** * 바다 **영** 瀛

[중]yǐng(잉) [일]エイ
[풀이] ①바다. ②못 속. 늪 속.
〔瀛海 영해〕 큰 바다.

16 19 **瀜** * 물 깊을 **융**

[중]róng(°룽) [일]ユウ
[풀이] 물이 깊다. 물이 깊고 넓은 모양.

16 19 **瀦** 웅덩이 **저** [간]潴 瀦

[중]zhū(°쭈) [일]チョ
[풀이] ①웅덩이. ‖瀦水(저수). ②물이 괴다.
〔瀦水 저수〕 둑을 쌓아 모아 둔 물.
〔瀦宅 저택〕 대역 죄인의 집을 헐어 버리고 그 자리에 연못을 만들던 형벌.

16 19 **瀞** * 맑을 **정**

[중]jìng(찡) [일]セイ [영]clean
[풀이] 맑다. 깨끗함. [통]淨.

16 19 **瀚** * 넓을 **한** 瀚

[중]hàn(한) [일]カン
[풀이] ①넓다. 넓고 큰 모양. ②사막 이름. [통]翰.

16 19 **瀣** * 이슬 기운 **해**

[중]xiè(씨에) [일]カイ

17 20 **瀾** *1 물결 **란** [간]澜 瀾

[중]lán(란) [일]ラン
[풀이] ①물결. 큰 파도. ②물놀이. 잔물결.
◢波瀾(파란)

17 20 **瀲** 넘칠 **렴** [간]潋 瀲

[중]liàn(리엔) [일]レン
[풀이] ①넘치다. 물이 넘치는 모양. ‖瀲瀲(염염). ②물에 뜨다.

4획

17 20 **瀰** 물 넓을 **미** [간] 弥

[중]mí(미) [일]ビ
[풀이] ①물이 넓다. ②세게 흐르다. 물살이 세찬 모양.

17 20 **瀟*** 강 이름 **소** [간] 潇

[중]xiāo(씨아오) [일]ショウ
[풀이] ①강 이름. ②물이 맑고 깊다.
〔瀟灑 소쇄〕 기운이 맑고 깨끗함.

17 20 **瀯*** 졸졸 흐를 **영**

[중]yíng(잉) [일]エイ
[풀이] 졸졸 흐르다.

4획

17 20 **瀷*** 강 이름 **익**

[중]yì(이) [일]ヨク

18 21 **灌*1** 물 댈 **관**

[중]guàn(꾸안) [일]カン/そそぐ
[풀이] ①물을 대다. 관개(灌漑)함. ②헹구다. 씻음. ‖灌澡(관조). ③모여 나다. 나무가 총생(叢生)함. 또는, 그 나무. ‖灌木(관목).
〔灌漑 관개〕 농사에 필요한 물을 논밭에 댐.
〔灌木 관목〕 키가 작고, 원줄기와 가지의 구별이 분명하지 않은 나무. 떨기나무. ↔喬木(교목).
〔灌腸 관장〕 대변을 잘 나오게 하기 위해 항문에 약물을 넣음.

18 21 **瀅*** [한]사람 이름 **형**

19 22 **灑*1** 뿌릴 **쇄** [간] 洒

[중]sǎ(사) [일]サイ, シャ [영]sprinkle
[풀이] ①뿌리다. ㉮물을 뿌리다. ‖灑水(쇄수). ㉯씻다. 소제함. ②깨끗하다. 티끌이 없어 상쾌한 모양. ‖灑落(쇄락).
〔灑落 쇄락〕 기분이나 몸이 상쾌하고 깨끗함. 灑然(쇄연).
〔灑掃 쇄소〕 물을 끼얹어 씻고 비로 쓺.
〔灑塵 쇄진〕 물로 먼지를 씻어 내림.

19 22 **灘*2** 여울 **탄** [간] 滩

[중]tān(탄) [일]タン/せ, なた
[풀이] ①여울. ②물가. 사주(砂洲).
〔灘聲 탄성〕 여울물이 흐르는 소리.

21 24 **灝*** 넓을 **호** [간] 灏

[중]hào(하오) [일]コウ/ひろい [영]wide
[풀이] ①넓다. 크다. 물이 한없이 넓은 모양. ②천상(天上)의 맑은 기운. ③콩을 삶은 물.

22 25 **灣*2** 물굽이 **만** [본]**완** [약] 湾 [간] 湾

[중]wān(완) [일]ワン [영]bay
[풀이] 물굽이. 육지로 굽어 들어온 바다나 강의 부분.
〔灣流 만류〕 큰 만의 해안을 따라 크게 휘돌아 가는 바닷물의 흐름. 멕시코 만류에서 나온 말임.
〔灣商 만상〕 옛날, 의주(義州)에서 중국과 교역하던 상인.
〔灣入 만입〕 강이나 바다의 물이 활등처럼 뭍으로 휘어듦.
◢臺灣(대만)/港灣(항만)

23 26 **灩** 물 그득할 **염** [간] 滟

[중]yàn(옌) [일]エン
[풀이] 물이 그득하다. 또는, 물결치는 모양.

火部 불화 火 灬

0 4 **火☆*8** 불 **화**

丶 丷 少 火

[중]huǒ(후어) [일]カ/ひ [영]fire
[갑]  [전]  [자원] **상형자.** 활활 타오르는 불꽃을 본뜬 자.
한자 부수의 하나. 발로 쓰일 때에는 자형이 '灬'의 꼴로 바뀜.
[풀이] ①불. ‖火炎(화염). ②오행(五行)의 하나. ③타다. 태움. ㉮불을 때다. 사름. ‖火刑(화형). ㉯불에 익히다. ‖火食(화식). ④몹시 급하다. 화급.
〔火口 화구〕 ①화산의 분화구(噴火口). ②불을 때는 아궁이의 아가리.
〔火急 화급〕 걷잡을 수 없이 타는 불과 같이 아주 급함. 火速(화속).
〔火氣 화기〕 ①불의 뜨거운 기운. 불기운. ②가슴이 답답해지는 기운. ③화가

치밀어 오르는 기운. 火症(화증).
〔火器 화기〕 ①화약을 사용하는 무기. 총·대포 따위. ②불을 담는 그릇의 총칭. 화로 따위.
〔火力 화력〕 ①불의 힘. ②총포의 위력.
〔火爐 화로〕 숯불을 담아 두는 그릇.
〔火山 화산〕 땅속의 마그마와 가스가 지표를 뚫고 나와 이루어진 산.
〔火傷 화상〕 살갗이 불이나 뜨거운 열에 닿아 뎀. 또는, 그 상처.
〔火星 화성〕 태양계의 넷째 번 행성. 지구와 목성 사이에 있으며, 2개의 위성이 있음.
〔火食 화식〕 음식을 불에 익혀 먹는 일. ↔生食(생식).
〔火藥 화약〕 충격·점화 등에 의해 폭발하는 물질. 焰硝(염초).
〔火焰 화염〕 불꽃.
〔火葬 화장〕 죽은 사람을 불에 태워 장사 지냄. ※水葬(수장).
〔火災 화재〕 불로 인한 재앙.
〔火田 화전〕 산이나 들에 불을 질러 나무나 풀을 태운 다음 일군 밭.
〔火車 화차〕 ①화공(火攻)에 쓰는 병거(兵車). ②증기 기관을 원동력으로 하여 궤도 위를 운행하는 차량. 汽車(기차).
〔火筒 화통〕 기차·기선·공장 등의 굴뚝.
〔火砲 화포〕 대포 따위의 화기(火器).
〔火刑 화형〕 불에 태워 죽이는 형벌.
◢燈火(등화)/發火(발화)/防火(방화)/放火(방화)/烽火(봉화)/飛火(비화)/聖火(성화)/消火(소화)/失火(실화)/熱火(열화)/鬱火(울화)/引火(인화)/點火(점화)/鎭火(진화)/砲火(포화)

0 4 灬 불 **화** | 灬

한자의 구성에서, '火(화)'가 받침으로 쓰일 때의 자형(字形).

2 6 灯 ❶열화 **정** ❷등불 **등** | 灯

㊥dīng(띵), dēng(떵) ㊐チン, トウ
풀이 ❶열화(烈火). 맹렬한 불. ❷등불. 燈(등)의 속자.

*4
2 6 灰 재 **회** | 灰

一 ナ 𠂇 𤆍 灰 灰

㊥huī(후에이) ㊐カイ ㊎ash
전 자원 **회의자.** 소전은 火(불화)와 又(손 우)가 합쳐진 자로, 불이 꺼져 손으로 만질 수 있는 물질, 즉 '재'를 나타냄.
풀이 ①재. 불에 탄 뒤에 남은 가루. ②재가 되다. 멸망함. ‖灰滅(회멸). ③'석회(石灰)'의 약칭. ‖灰分(회분).
〔灰壁 회벽〕 석회를 바른 벽.
〔灰色 회색〕 ①잿빛. 재색. ②정치적 경향이나 노선이 뚜렷하지 않은 상태.
〔灰燼 회신〕 ①불에 타고 남은 끄트러기나 재. ②흔적 없이 아주 타 없어짐.
◢石灰(석회)

*1
3 7 灸 뜸 **구** | 灸

㊥jiǔ(지우) ㊐キュウ ㊎moxibustion
풀이 ①뜸. 뜸뜨다. ‖鍼灸(침구). ②버티다. 지탱함.
〔灸甘草 구감초〕 약재로 쓰는 구운 감초.
〔灸點 구점〕 뜸을 뜰 자리에 먹물을 칠한 점.
◢鍼灸(침구)

7 灵 靈(령)의 속자 →802쪽

*1
3 7 灼 사를 **작** | 灼

㊥zhuó(°주어) ㊐シャク/やく ㊎burn
풀이 ①사르다. 불에 태움. ‖灼熱(작열). ②밝다. ‖灼灼(작작).
〔灼熱 작열〕 불 따위가 새빨갛게 달거나 뜨겁게 타오름.
〔灼灼 작작〕 꽃이 핀 모양이 화려하고 찬란함.

★*5
3 7 災 재앙 **재** | 동간 灾 | 災

巛 巛 巛 巛 巛 災 災

㊥zāi(짜이) ㊐サイ/わざわい
㊎calamity
자원 **회의자.** 홍수를 나타내는 巛(천)과 화재를 나타내는 火(화)가 합쳐진 자. 본뜻은 '재앙'.
풀이 ①재앙. ‖天災(천재). ②응징(膺懲)하다. 주벌(誅伐)함. ③해치다. 상하게 함.
〔災難 재난〕 뜻밖의 불행한 일.
〔災殃 재앙〕 천재지변으로 인한 불행한 사고.
〔災厄 재액〕 재앙으로 인한 불운.
〔災害 재해〕 재앙으로 인한 피해.
〔災禍 재화〕 재앙과 화난(禍難).
◢救災(구재)/防災(방재)/產災(산재)/三災(삼재)/水災(수재)/人災(인재)/天災(천재)/火災(화재)

7 灾 災(재)와 동자 →467쪽

3 7 灯 화톳불 홍 灯
㊥hōng(훙) ㊐コウ/かがりび ㊎torch
풀이 ①화톳불. ②불이 활활 타다.

*2 4 8 炅 빛날 경 炅
㊥jiǒng(지옹) ㊐ケイ/ひかる ㊎shine
풀이 ①빛나다. 빛이 나타남. ②열. 열기(熱氣).

* 8 炛 光(광)과 동자 →59쪽

* 8 炚 光(광)과 동자 →59쪽

8 炉 爐(로)의 속자 →479쪽

* 4 8 炆 따뜻할 문 炆
㊥wén(원) ㊐ブン, モン
풀이 따뜻하다. 따스함.

☆*3-Ⅱ 4 8 炎 ❶불꽃 염 ❷불탈 염 炎
丶 丷 丷 火 𤆍 炏 炎 炎
㊥yán(옌) ㊐エン/ほのお ㊎flame
갑 금 자원 **회의자.** 火(불 화)가 둘 모여 불이 맹렬히 타오르는 모습을 나타냄.
풀이 ❶불꽃. ㉦焰·燄. ❷①불타다. 타오름. ‖炎上(염상). ②덥다. ‖炎天(염천). ③성(盛)한 모양.
〔炎涼 염량〕 ①더위와 서늘함. ②사리를 분별하는 슬기. ③세태의 변천, 영고성쇠를 말함.
〔炎涼世態 염량세태〕 권세가 있을 때는 붙좇고, 권세가 없어지면 푸대접하는 세속의 인심.
〔炎上 염상〕 불꽃이 타오름.
〔炎暑 염서〕 무더운 더위.
〔炎症 염증〕 몸의 한 부분이 붓고 곪아 아픈 증상.
〔炎天 염천〕 몹시 더운 날씨.
◢肝炎(간염)/老炎(노염)/腦炎(뇌염)/鼻炎(비염)/胃炎(위염)/腸炎(장염)/情炎(정염)/肺炎(폐렴)/暴炎(폭염)/酷炎(혹염)

*1 4 8 炙 고기 구울 적·자 炙
㊥zhì(°쯔), zhè(°쩌)
㊐セキ, シャ/あぶる
풀이 ①고기를 굽다. ②구운 고기.
〔炙鐵 적철〕 석쇠.
〔炙膾 적회〕 잘게 썬 고기를 꿰어 익힌 것. 산적(散炙).
◢散炙(산적)/魚炙(어적)/膾炙(회자)

*1 4 8 炒 볶을 초 炒
㊥chǎo(°차오) ㊐ショウ/いる ㊎sauté
풀이 ①볶다. ②떠들다. 시끄러움.
〔炒麵 초면〕 기름에 볶은 밀국수.
〔炒黑 초흑〕 약재를 까맣게 볶음.

*2 4 8 炊 불 땔 취 炊
㊥chuī(°추에이) ㊐スイ/かしぐ
㊎make a fire
풀이 ①불을 때다. 밥을 지음. ‖炊事(취사). ②굽다. 태움. ③불다. ㉦吹.
〔炊事 취사〕 불을 사용하여 음식을 만드는 일.
◢自炊(자취)

* 4 8 炘 구울 흔 炘
㊥xīn(씬) ㊐キン/あぶる
풀이 굽다. 또는 화기(火氣).

* 5 9 炬 횃불 거 炬
㊥jù(쮜) ㊐キョ/たいまつ ㊎torch
풀이 ①횃불. ㉦苣. ②등불. ③사르다. 땜.
〔炬火 거화〕 횃불.

*2 5 9 炳 밝을 병 炳
㊥bǐng(빙) ㊐ヘイ/あきらか ㊎bright
풀이 ①밝다. 빛남. ㉦昞. ②잡다. 잡아 쥠.
〔炳然 병연〕 환하게 밝은 모양.

* 5 9 炤 ❶밝을 소* 본조 ❷비출 조 炤
㊥zhāo(°짜오) ㊐ショウ/あきらか
풀이 ❶밝다. ㉦昭. ❷①비추다. 빛남. ㉦照. ②환히 보이는 모양.
〔炤炤 소소〕 밝고 환한 모양.

4획

9 **為** 爲(위)의 약자 →480쪽

*1
5/9 **炸** 터질 **작** / 본**사**

중zhà(°짜) 일サク 영break
풀이 터지다. 폭발함.
〔炸裂 작렬〕 폭발하여 터짐.

*
9 **点** 點(점)의 속자 →843쪽

*
5/9 **炡** 빛날 **정**

중zhēng(°쩡) 일セイ
풀이 빛나다.

*
5/9 **炷** 심지 **주**

중zhǔ(°쭈) 일シュ/とうしん 영wick
풀이 ①심지. 등불의 심지. ②불태우다. ③향을 사르다. ‖炷香(주향).

★*5
5/9 **炭** 숯 **탄**

중tàn(탄) 일タン/すみ 영charcoal
자원 **형성자.** 火(화)는 의미를 나타내고 屵(알)은 음을 나타냄.
풀이 ①숯. ㉮숯. 목탄. ㉯석탄. ‖炭鑛(탄광). ㉰숯불. ‖塗炭(도탄). ②재. 불 타고 남은 것. ③탄소(炭素).
〔炭坑 탄갱〕 석탄을 캐내는 구덩이.
〔炭鑛 탄광〕 석탄이 나는 광산.
〔炭酸 탄산〕 이산화탄소가 물에 녹아서 생기는 약한 산.
〔炭素 탄소〕 숯·석탄·다이아몬드 등을 구성하고 있는 비금속 원소.
〔炭田 탄전〕 석탄이 많이 묻혀 있는 땅.
◢褐炭(갈탄)/塗炭(도탄)/木炭(목탄)/無煙炭(무연탄)/白炭(백탄)/氷炭(빙탄)/石炭(석탄)/煉炭(연탄)

5/9 **炮** 구울 **포**

중páo(파오) 일ホウ/やく 영bake
풀이 ①굽다. 통으로 구움. ②제사 이름. 섶을 태워 하늘에 지내는 제사.
〔炮烙之刑 포락지형〕 ①단근질하는 형벌. 낙형(烙刑). ②중국 은(殷)나라의 주왕(紂王)이 애첩 달기(妲己)를 웃기기 위하여 구리 기둥에 기름을 발라 숯불 위에 걸치고, 죄인이 그것을 건너게 한 형벌.

5/9 **炰** 구울 **포**

중páo(파오) 일ホウ/やく
풀이 ①굽다. 같炮. ②굳세다. 사납고 용맹스런 모양.

*2
5/9 **炫** 빛날 **현**

중xuàn(쒸엔) 일ゲン/ひかる
풀이 ①빛나다. ‖炫燿(현요). ②비추다. 빛나게 함. ③빛. 불빛.
〔炫惑 현혹〕 정신이 혼미하여 매우 어지러움.

*2
5/9 **炯** 빛날 **형**

중jiǒng(지웅) 일ケイ/ひかる
풀이 ①빛나다. ②밝다. 명찰(明察)하는 모양. ‖炯炯(형형).
〔炯眼 형안〕 ①날카로운 눈매. ②사물에 대한 뛰어난 관찰력의 비유.
〔炯炯 형형〕 반짝반짝 빛나면서 밝은 모양.

*
6/10 **烓** ❶화덕 **계** / 본**유** / ❷밝을 **계**

중wēi(웨이), guī(꾸에이)
일エイ, ケイ
풀이 ❶화덕. ❷밝다.

*
6/10 **烔** 뜨거운 모양 **동**

중tóng(퉁) 일トウ 영burning
풀이 ①뜨거운 모양. ②태우다.

*1
6/10 **烙** 지질 **락**

중lào(라오) 일ラク/やく 영brand
풀이 ①지지다. 단근질. ②화침(火鍼).
〔烙印 낙인〕 ①불에 달구어 찍는 쇠도장. 火印(화인). ②씻기 어려운 오명(汚名)의 비유.
〔烙刑 낙형〕 단근질하는 형벌.
〔烙畫 낙화〕 대나무 따위에 인두로 지져서 그린 그림. 또는, 그 기법.

☆*4
6/10 **烈** 세찰 **렬**

중liè(리에) 일レシ/はげしい 영fierce
자원 **형성자.** 火(화)는 의미를 나타내고

4획

列(렬)은 음을 나타냄.
풀이 ①세차다. ㉮불길이 세다. ㉯거칠다. 맹렬함. ‖猛烈(맹렬). ㉰굳세다. ②위엄(威嚴). ③아름답다. ‖烈祖(열조). ④공(功). 공업(功業). ‖遺烈(유열).
〔烈女 열녀〕 절개가 굳은 여자. 烈婦(열부). 貞女(정녀).
〔烈士 열사〕 나라를 위해 맨몸으로 저항하다가 죽음으로써 높은 지조를 나타낸 사람. 烈夫(열부). ※義士(의사).
〔烈祖 열조〕 커다란 공로와 업적이 있는 조상.
〔烈火 열화〕 맹렬하게 타는 불. 猛火(맹화).
◪強烈(강렬)/激烈(격렬)/極烈(극렬)/猛烈(맹렬)/先烈(선열)/熱烈(열렬)/義烈(의열)/壯烈(장렬)/峻烈(준열)/熾烈(치열)/痛烈(통렬)

4획

* 10 烟 煙(연)과 동자 →474쪽

☆*3-Ⅱ 6 10 烏 까마귀 오 | 간 乌 烏

丿 𠂆 户 户 户 烏 烏 烏

㊥wū(우) ㊐オ, ウ/からす ㊎crow
금 전 자원 **상형자.** 새의 모습을 나타내되 눈을 그리지 않은 자. 사실은 까마귀한테 눈이 없는 게 아니라 온몸이 까맣기 때문에 눈이 구분이 되지 않아 없는 것처럼 보이는 것임.
풀이 ①까마귀. ‖烏飛梨落(오비이락). ②검다. 흑색. ‖烏騅馬(오추마). ③아아. ㉮탄식하는 소리. ㉯환호하는 소리. ④어찌. ㊍焉.
〔烏骨鷄 오골계〕 살·가죽·뼈가 검은 닭. 강장제(強壯劑)로 씀.
〔烏金 오금〕 구리에 금을 섞은 합금. 빛이 검붉으며 장식품에 쓰임.
〔烏銅 오동〕 검붉은 빛이 나는 구리. 장식품에 쓰임.
〔烏飛梨落 오비이락〕《까마귀 날자 배 떨어진다는 뜻으로》 아무 관계도 없이 한 일이 우연히 다른 일과 때가 같아 억울하게 의심을 받게 됨.
〔烏石 오석〕 검은 유리질의 암석. 黑曜巖(흑요암).
〔烏有 오유〕《어찌 이런 일이 있으랴라는 뜻으로》 사물이 불에 타거나 하여 아무것도 없게 됨.
〔烏鵲橋 오작교〕 칠석날 밤, 견우와 직녀를 만나게 하기 위해 까막까치가 모여 은하에 놓는다는 전설상의 다리.
〔烏竹 오죽〕 줄기의 색깔이 검은 대나무.
〔烏合之卒 오합지졸〕《'까마귀가 모인 것처럼 질서 없이 모인 병졸'이라는 뜻으로》 임시로 모여들여 규율이 없고 무질서한 병졸 또는 군중. 烏合之衆(오합지중).

* 6 10 烝 찔 증 | 烝

㊥zhēng(°쩡) ㊐ショウ/むす ㊎steam
풀이 ①찌다. ②많다. 여러. 뭇. ‖烝民(증민).

* 4 10 烘 횃불 홍 | 烘

㊥hōng(홍) ㊐コウ/かがりび

*2 6 10 烋 ❶아름다울 휴 *2 ❷뽐낼 효 | 烋

㊥xiāo(씨아오), xiū(씨우) ㊐キュウ/こう
풀이 ❶아름답다. ❷뽐내다.

* 7 11 烱 불꽃 오를 경 | 烱

㊥jiǒng(지웅) ㊐ケイ
풀이 불꽃이 오르다.

* 7 11 烺 빛 밝을 랑

㊥lǎng(랑) ㊐ロウ
풀이 ①빛이 밝다. 빛이 밝은 모양. ②맑고 환하다.

*1 7 11 烽 봉화 봉 | 烽

㊥fēng(°펑) ㊐ホウ/のろし
풀이 ①봉화(烽火). ②경계. 적에 대한 경계.
〔烽燧 봉수〕 ➡烽火(봉화).
〔烽火 봉화〕 변란이 있음을 중앙에 알리기 위하여 봉수대(烽燧臺)에서 올리던 신호의 불. 烽燧(봉수).

★*3 7 11 焉 어찌 언 | 焉

丅 下 正 正 正 焉 焉 焉

㊥yān(옌) ㊐エン, イ ㊎why, how
금 전 자원 **상형자.** 꼬리가 긴 새를 나타낸 자. 뒷날 어조사로 가차되어 쓰이면서 본뜻을 잃어버림.
풀이 ①어찌. ㉮의문·반어의 뜻. ㉯비교의 뜻. ②이에. 접속사. ③이. 여기. 사물·처소 등을 지시하는 대명사. ④발어사(發語辭).
〔焉敢生心 언감생심〕 감히 그런 마음을 품을 수도 없음.
◢終焉(종언)

7 11 *焌 태울 준 | 焌

㊥jùn(쥔) ㊐シュン, ソン/やく
풀이 태우다. 또는, 그 불.

7 11 *烹 삶을 팽 | 烹

㊥pēng(펑) ㊐ホウ/にる ㊎simmer
풀이 ①삶다. ②삶아 죽이다. 삶아 죽이는 형벌. ‖烹刑(팽형).
〔烹頭耳熟 팽두이숙〕《머리를 삶으면 귀까지 익는다는 뜻으로》 한 가지 일이 잘되면 다른 일도 저절로 잘 이루어짐.
〔烹卵 팽란〕 삶은 달걀.
◢兔死狗烹(토사구팽)

11 *焃 赫(혁)의 속자 →722쪽

7 11 *焄 김 쐴 훈 | 焄

㊥xūn(쉰) ㊐クン/ふすべる
풀이 ①김을 쐬다. ②향기.

7 11 *烯 불빛 희 |

㊥xī(씨) ㊐キ ㊎light
풀이 ①불빛. ②마르다.

8 12 ☆*5 無 없을 무 | ㉿无 無

丿 𠂉 𠂉 𠂉 無 無 無 無

㊥wō(워), wū(우) ㊐ム, ブ/ない ㊎not exist
갑 금 자원 **상형자.** 갑골문·금문은 양손에 어떤 장식물을 들고 춤을 추는 무녀(巫女)를 나타냄. 뒷날 '없다'의 뜻으로 가차되어 쓰이게 되자 본뜻을 보존하기 위해 만든 자가 '舞'(춤출 무)임.
풀이 ①없다. ㉿无. ‖有無(유무). ②허무의 도(道). 뒤섞여 구별이 없는 만물의 근원이 되는 도. 도가(道家)의 말. ③대체로. 모두. ‖無慮(무려).
〔無故 무고〕 ①아무 까닭이 없음. ②사고 없이 평안함.
〔無關心 무관심〕 관심이나 흥미가 없음.
〔無垢 무구〕 때묻지 않고 깨끗함.
〔無窮 무궁〕 끝이 없음. 無限(무한).
〔無念 무념〕 마음속에 아무 생각하는 것이 없음. 무아의 경지에 이름.
〔無能 무능〕 능력이나 재능이 없음. 無能力(무능력). ↔有能(유능).
〔無斷 무단〕 사전에 연락이나 허락이 없음. ‖無斷出入(무단출입).
〔無道 무도〕 도리에 어긋나서 막됨.
〔無力 무력〕 힘이 없음. ↔有力(유력).
〔無禮 무례〕 예의에 벗어남.
〔無賴漢 무뢰한〕 일정한 직업 없이 불량한 짓이나 하며 돌아다니는 사람.
〔無料 무료〕 요금이 필요하지 않음.
〔無聊 무료〕 ①《근심이 있어 즐겁지 않다는 뜻으로》 심심하고 지루함. ②부끄럽고 열없음.
〔無理 무리〕 이치나 도리에 맞지 않거나 정도에 지나치게 벗어남.
〔無名 무명〕 ①이름이 없음. ②세상에 이름이 알려지지 않음. ↔有名(유명).
〔無名氏 무명씨〕 이름을 모르는 사람. 失名氏(실명씨).
〔無謀 무모〕 앞뒤를 헤아리는 깊은 생각이나 분별력이 없음.
〔無味 무미〕 ①맛이 없음. ②재미가 없음. 沒趣味(몰취미).
〔無味乾燥 무미건조〕 재미가 없고 메마름.
〔無法 무법〕 ①법이나 질서가 없음. ‖無法者(무법자). ②도리에 어긋남.
〔無不干涉 무불간섭〕 함부로 참견하고 간섭하지 않는 것이 없음.
〔無不通知 무불통지〕 무슨 일이든지 환히 통하여 모르는 것이 없음.
〔無比一色 무비일색〕 비길 데 없이 뛰어난 미인.
〔無事 무사〕 탈이 없음. 無故(무고).
〔無常 무상〕 ①일정함이 없음. 無時(무시). ②덧없음.
〔無所不爲 무소불위〕 하지 못하는 일이 없음.
〔無視 무시〕 ①중요하게 여기지 않음. ②깔보거나 업신여김. 蔑視(멸시).
〔無雙 무쌍〕 견줄 데가 없을 만큼 뛰어남. 無比(무비). 無類(무류).
〔無顔 무안〕 부끄러워 볼 낯이 없음. 無色(무색).
〔無慾 무욕〕 욕심이 없음.
〔無用之物 무용지물〕 쓸모없는 사람이나 물건.
〔無爲 무위〕 ①아무 일도 하지 않음. ②인위(人爲)를 가하지 않음.
〔無爲徒食 무위도식〕 하는 일 없이 놀고먹음.
〔無爲而化 무위이화〕 ①애써 공들이지 않아도 저절로 변하여 잘 이루어짐. ②성인의 덕이 크면 클수록 백성들이 스스로 잘 따라와서 감화된다는, 노자의 사상.

〔無爲自然 무위자연〕 노장 철학에서, 인위가 없는, 참된 행복의 근원으로서의 자연.
〔無依無托 무의무탁〕 몸을 의탁할 곳이 없음. 곧, 몹시 가난하고 외로운 상태를 이름.
〔無意識 무의식〕 ①의식(意識)이 없음. ②자아(自我)라는 관념이 활동하지 않는 일.
〔無人 무인〕 사람이 없음.
〔無酌定 무작정〕 ①정한 것이 없음. ②무턱대고.
〔無情 무정〕 ①인정이 없음. ↔有情(유정). ②남의 형편에 아랑곳없음.
〔無條件 무조건〕 아무런 조건이 없음.
〔無知 무지〕 ①아는 것이 없음. ②미련하고 어리석음.
〔無盡藏 무진장〕 다함이 없이 굉장하게 많음.
〔無慚 무참〕 매우 부끄러움.
〔無策 무책〕 계책이 없음. ‖束手無策(속수무책).
〔無風地帶 무풍지대〕 ①바람이 불지 않는 지역. ②갈등이나 말썽 등이 없는 평화롭고 안전한 곳의 비유.
〔無限 무한〕 수량·시간·공간 등에 한도나 한계가 없음. ↔有限(유한).
〔無形 무형〕 형상이나 형체가 없음. ↔有形(유형).
〔無效 무효〕 ①효력이 없음. ②법률 행위가 어떤 원인으로 당사자가 의도한 효력을 나타내지 못함. ↔有效(유효).
〔無休 무휴〕 휴일이 없음. ‖年中無休(연중무휴).
◢萬無(만무)/有無(유무)/全無(전무)/全無後無(전무후무)/虛無(허무)

*
8
12 **焙** 쬘 **배**

㊥bèi(뻬이) ㊐ホウ, ハイ, ホイ/あぶる
풀이 ①쬐다. 불에 쬠. ②배롱(焙籠).
〔焙茶 배다〕 찻잎을 불에 말림. 또는, 그 잎.
〔焙籠 배롱〕 화로에 덮어씌워 젖은 기저귀나 옷 등을 말리는 기구.

*1
8
12 **焚** 불사를 **분**

㊥fén(°펀) ㊐フン ㊄burn
자원 **회의자.** 林(수풀 림)과 火(불 화)가 합쳐진 자로, 숲을 불태우는 모양을 나타냄.
풀이 ①불사르다. 태움. ‖焚身(분신). ②불을 놓아 사냥하다.
〔焚書坑儒 분서갱유〕 중국의 진시황(秦始皇)이 정치 비판을 막기 위해 책들을 불태우고 유생들을 구덩이에 묻어 죽인 일.
〔焚身 분신〕 자기 몸을 스스로 불사름. ‖焚身自殺(분신자살).
〔焚香 분향〕 향을 피움. 燒香(소향).

12 **焼** 燒(소)의 약자 →477쪽

8
12 **焠** 담금질 **쉬** / 본 **쵀**

㊥cuì(추에이) ㊐サイ/にらぐ
풀이 ①담금질. ②지지다. ③칠하다. 스며들게 함.

☆*7
8
12 **然** 그러할 **연**

ノ ク タ タ 肰 肰 然 然

㊥rán(°란) ㊐ゼン, ネン/しかり
자원 **회의 겸 형성자.** 肰(연)과 火(불 화)가 합쳐진 자로, 개고기를 불에 굽는 모습을 나타냄. '그러하다'의 뜻으로 가차되어 쓰이자 본뜻을 보존하기 위해 만든 자가 '燃'(사를 연)임. 火는 의미를 나타내고 肰은 의미와 음을 겸하여 나타냄.
풀이 ①그러하다. ‖必然(필연). ②동의(同意)하다. 승낙함. ③이에. ㉠乃. ④곧. 즉. ㉠則. ⑤그러나. ‖然而(연이).
〔然則 연즉〕 그런즉. 그렇다면.
〔然後 연후〕 그런 뒤.
◢蓋然(개연)/決然(결연)/空然(공연)/果然(과연)/斷然(단연)/當然(당연)/突然(돌연)/漠然(막연)/茫然(망연)/杳然(묘연)/未然(미연)/本然(본연)/釋然(석연)/鮮然(선연)/肅然(숙연)/儼然(엄연)/歷然(역연)/宛然(완연)/偶然(우연)/柔然(유연)/毅然(의연)/自然(자연)/全然(전연)/整然(정연)/燦然(찬연)/蒼然(창연)/天然(천연)/超然(초연)/泰然(태연)/必然(필연)/忽然(홀연)/確然(확연)

*
8
12 **焱** 불꽃 **염** / **혁***

㊥yàn(옌) ㊐エン, ケキ/ほのお

*1
8
12 **焰** 불꽃 **염** 통 燄

㊥yàn(옌) ㊐エン/ほのお ㊄flame
풀이 ①불꽃. ㉠炎. ②빛. 불빛.
◢光焰(광염)/氣焰(기염)/火焰(화염)

12 **煑** 煮(자)의 약자 →474쪽

*2
8
12 **焦** 탈 **초** | 焦

[중]jiāo(찌아오) [일]ショウ
[자원] **형성자.** 火(화)는 의미를 나타내고 隹(추)는 음을 나타냄.
[풀이] ①타다. 태움. ‖焦眉(초미). ②애타다. 가슴을 애태움. ‖焦慮(초려).
〔焦眉 초미〕(눈썹에 불이 붙었다는 뜻으로) 아주 급함. 焦眉之急(초미지급).
〔焦眉之急 초미지급〕➡焦眉(초미).
〔焦思 초사〕속을 태움.
〔焦心苦慮 초심고려〕마음을 태우며 괴롭게 염려함.
〔焦點 초점〕①볼록렌즈나 오목거울 등에서 평행 광선이 굴절 또는 반사되어 한곳에 모이는 점. ②사물의 가장 중요로운 부분.
〔焦燥 초조〕애를 태워서 마음을 졸임.
〔焦土 초토〕①까맣게 탄 흙. ②불에 탄 것처럼 황폐해지고 못 쓰게 된 상태의 비유.

*
8
12 **焞** [1]성할 **퇴** [2]밝을 **돈*** **순***

[중]tuī(투에이), tūn(툰) [일]タイ, シュン [영]dense
[풀이] [1]성하다. [2]밝다.

9
13 **煢** 외로울 **경** | [간]茕 煢

[중]qióng(치옹) [일]ケイ
[풀이] ①외롭다. ②근심하다. ③주사위.
〔煢獨 경독〕형제나 배우자가 없어 의지할 데 없는 외로운 사람.

*1
9
13 **煖** 따뜻할 **난***1 **훤** | 煖

[중]nuǎn(누안) [일]ダン, ケン/あたたか [영]warm
[풀이] ①따뜻하다. 따뜻하게 함. [같]暖. ‖煖爐(난로). ②불기운〔火氣〕.
〔煖氣 난기〕따뜻한 기운.
〔煖爐 난로〕불을 때어 방 안을 따뜻하게 하는 기구. 스토브.
〔煖房 난방〕방을 따뜻하게 함. 또는, 따뜻한 방. ↔冷房(냉방).

*
9
13 **煓** 불길 성한 모양 **단**

[중]tuān(투안) [일]タン
[풀이] 불길이 성한 모양. 불이 활활 타는 모양.

*2
9
13 **煉** 불릴 **련** | [간]炼 煉

[중]liàn(리엔) [일]レン/ねる [영]temper
[풀이] ①불리다. 쇠붙이를 정련(精鍊)함. [같]鍊. ②굽다. 고다. 반죽하여 굽다. ‖煉藥(연약).
〔煉獄 연옥〕영혼이 천국에 들어가기 전에 불로써 단련하여 그 영혼을 정화(淨化)한다고 하는 곳.
〔煉瓦 연와〕벽돌.
〔煉乳 연유〕달여서 진하게 만든 우유.
〔煉炭 연탄〕가루 석탄에 흙을 넣고 반죽하여 굳혀 만든 연료.

*1
9
13 **煤** 그을음 **매** | 煤

[중]méi(메이) [일]バイ/すす [영]soot
[풀이] ①그을음. ‖煤煙(매연). ②먹. ③석탄. ‖煤炭(매탄).
〔煤氣 매기〕①그을음이 섞인 공기. ②석탄 가스.
〔煤煙 매연〕연료가 탈 때 나는 연기와 그을음.

4획

★*3
9
13 **煩** 번거로울 **번** | [간]烦 煩

丶 丷 火 火 火 炘 煩 煩

[중]fán(˚판) [일]ハン, ボン/わずらわしい [영]troublesome
[자원] **회의자.** 火(불 화)와 頁(머리 혈)이 합쳐진 자로, 머리에 열이 남을 나타냄. 뒤에 괴롭고 번거롭다는 뜻까지 갖게 됨.
[풀이] ①번거롭다. 번잡하다. ②괴로워하다. 번민하다.
〔煩惱 번뇌〕①마음이 시달려서 괴로움. ②욕정(欲情)에서 오는 괴로움.
〔煩悶 번민〕번거롭고 답답하여 괴로워함.
〔煩瑣 번쇄〕자질구레하고 성가심. 煩碎(번쇄).
〔煩雜 번잡〕번거롭게 뒤섞여 어수선함.

*1
9
13 **煞** [1]죽일 **살***1 [2]빠를 **쇄** | 煞

[중]shā, shà(˚싸) [일]サツ, サイ/ころす
[풀이] [1]①죽이다. [같]殺. ②매듭을 짓다. ③살. 사람 또는 사람과의 관계를 해치는 모진 귀신의 독기. [2]빠르다.
◪急煞(급살)/亡身煞(망신살)/驛馬煞(역마살)/元嗔煞(원진살)

*
9
13 **煬** [1]쬘 **양** [2]쇠 녹일 **양** | [간]炀 煬

[중]yáng(양) [일]ヨウ
[풀이] [1]①쬐다. ②불을 때다. 밥을 지음. [2]쇠를 녹이다.

☆*4-Ⅱ
9
13 **煙** 연기 **연** 통 烟 煙

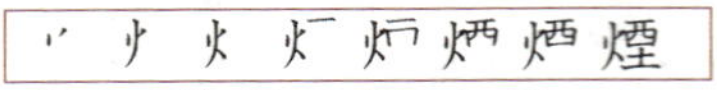

丶 丷 火 炉 炉 炳 煙 煙

㊥yān(옌) ㊐エン/けむり ㊖smoke

자원 **형성자.** 火(화)는 의미를 나타내고 垔(인)은 음을 나타냄.

풀이 ①연기. ‖風煙(풍연). ②연기가 끼다. ③그을음. ④담배. ‖喫煙(끽연).

〔煙景 연경〕 ①구름·연기 등이 어려 있는 아름다운 경치. ②아지랑이·이내 등이 아물거리는 봄의 경치.

〔煙氣 연기〕 물체가 탈 때 생기는 기체.

〔煙幕 연막〕 ①적의 눈을 가리기 위하여 피우는 짙은 연기. ②자기의 잘못이나 범행을 일시적으로 흐릿하게 얼버무림.

〔煙霧 연무〕 연기와 안개.

〔煙草 연초〕 담배.

〔煙波 연파〕 안개가 낀 수면.

〔煙霞 연하〕 ①안개와 노을. ②고요한 산수(山水)의 경치.

〔煙霞痼疾 연하고질〕 자연을 사랑하고 즐기는, 고질과도 같은 성벽.

◢禁煙(금연)/喫煙(끽연)/煤煙(매연)/砲煙(포연)/燻煙(훈연)/吸煙(흡연)

4획

*
9
13 **煐** 사람 이름 **영** 煐

㊥yīng(잉) ㊐エイ

*2
9
13 **煜** 빛날 **욱** 煜

㊥yù(위) ㊐イク/かがやく ㊖shine

풀이 ①빛나다. 빛나는 모양. ②불꽃.

9
13 **煒** 빨갈 **위** 간 炜 煒

㊥wěi(웨이) ㊐イ

풀이 ①빨갛다. 붉은빛. ②매우 밝은 모양.

*1
9
13 **煮** 삶을 **자** 본 **저** 통 䰞 약간 煑 煮

㊥zhǔ(°주) ㊐シャ/にる ㊖simmer

풀이 ①삶다. 익힘. ②삶기다. 익음.

13 **煑** 煮(자)와 동자 →474쪽

*1
9
13 **煎** ❶달일 **전** ❷전 **전** 煎

㊥jiān(찌엔) ㊐セン/いる ㊖decoct

풀이 ❶①달이다. ‖煎藥(전약). ②마음을 졸이다. 애태움. ❷전.

〔煎茶 전다〕 차를 달임. 烹茶(팽다).

〔煎餠 전병〕 번철에 지진, 넓고 둥근 떡. 부꾸미.

◢花煎(화전)

★*3-Ⅱ
9
13 **照** 비출 **조** 照

丨 冂 日 日ˇ 日ㄲ 昭 昭 照

㊥zhào(°짜오) ㊐ショウ/てらす ㊖illuminate

금 전 자원 **회의 겸 형성자.** 금문의 왼쪽은 불을 손으로 잡고 있는 모습으로 의미를 나타내며 오른쪽은 召(소)로 음을 나타냄(형성자). 소전은 火(불 화)와 昭(소)가 합쳐진 회의 겸 형성자로, 불이 환함을 나타냄. 火는 의미를 나타내고 昭는 의미와 음을 겸하여 나타냄.

풀이 ①비추다. ‖照射(조사). ②대조하다. ‖對照(대조). ③의거(依據)하다. 준거(準據)함. ‖照例(조례).

〔照臨 조림〕 ①해와 달이 위에서 내리비침. ②임금이 백성을 굽어보고 다스림.

〔照明 조명〕 빛으로 밝게 비춤. 또는, 그 빛.

〔照應 조응〕 ①서로 일치하게 대응함. ②원인에 따라 결과가 나타남.

〔照會 조회〕 어떤 사람의 인적 사항을 관계 기관에 알아봄.

◢觀照(관조)/落照(낙조)/對照(대조)/參照(참조)

*2
9
13 **煥** 불꽃 **환** 간 焕 煥

㊥huàn(후안) ㊐カン

풀이 ①불꽃. 불빛. ②밝다. 빛남. ‖煥爛(환란). ③문채 있는 모양.

*1
9
13 **煌** 빛날 **황** 煌

㊥huáng(후앙) ㊐コウ

풀이 빛나다.

〔煌煌 황황〕 번쩍번쩍 빛나서 밝은 모양.

*
9
13 **煦** 따뜻하게 할 **후** 煦

㊥xù(쒸) ㊐ク

풀이 ①따뜻하게 하다. 햇빛이 만물 자연을 따뜻하게 함. ②찌다. ③은혜를 베풀다. ‖煦煦(후후).

*
9
13 **煊** 따뜻할 **훤**

㊥xuān(쒸엔) ㊐ケン ㊖warm

풀이 따뜻하다.

9 13 煇 * 빛날 휘 | 煇

㊥huī(후에이) ㊐キ/かがやく
풀이 빛나다. 빛.

9 13 熙 *2 빛날 희 | ㉿熙 熙

厂 𠂆 𠂤 臣 𦣞 𦣞 𤋮 熙

㊥xī(씨) ㊐キ
자원 형성자. 火(화)는 의미를 나타내고 𤋮(희)는 음을 나타냄.
풀이 ①빛나다. 빛. ‖熙朝(희조). ②마르다. 말림. ③넓다. 넓히다. ④일다. 일으킴. ⑤기뻐하다. 기뻐하여 웃음.
〔熙笑 희소〕 기뻐하여 웃음.

10 14 煽 *1 부칠 선 | 煽

㊥shān(°싼) ㊐セン/あおる ㊢fan
풀이 ①부치다. 부채질함. ②부추기다. 꼬드김. ③성(盛)하다. 불길이 셈.
〔煽動 선동〕 남을 부추겨 일을 일으키게 함.
〔煽情 선정〕 정욕을 자극하여 일으킴.

10 14 熄 *1 꺼질 식 | 熄

㊥xī(씨) ㊐ソク/やむ
풀이 ①꺼지다. 그침. ②없어지다. 망함.
〔熄滅 식멸〕 ①불이 꺼져 없어짐. ②자취 없이 없애 버림.
◢終熄(종식)

14 熔 *2 鎔(용)의 속자 →774쪽

10 14 熉 * 노랄 운 |

㊥yūn(윈) ㊐ウン/きいろい ㊢yellow
풀이 노랗다. 노란 모양.

10 14 熊 *2 곰 웅 | 熊

㊥xióng(시웅) ㊐ユウ/くま ㊢bear
풀이 곰.
〔熊膽 웅담〕 곰의 쓸개. 약으로 씀.
〔熊掌 웅장〕 팔진미(八珍味)의 하나인, 곰의 발바닥.

10 14 熒 * ❶등불 형* ❷미혹할 영 | 熒

㊥yíng(잉) ㊐ケイ
풀이 ❶①등불. 등불의 불빛. ②빛나다. ③밝다. ④등(燈). 불꽃이 작은 등. ⑤아찔하다. 당혹함. ⑥별 이름. ⑦반딧불이. ‖熒光(형광). ❷미혹하다. 어찌해야 할지 갈피를 잡지 못함.
〔熒熒 형형〕 작은 빛이 자꾸 반짝거리고 있는 모양.
〔熒火 형화〕 반딧불.

10 14 熀 * 불빛 이글거릴 황·엽 |

㊥huǎng(후앙) ㊐コウ ㊢bright
풀이 불빛이 이글거리다.

10 14 熏 *2 연기 낄 훈 | 熏

㊥xūn(쒼) ㊐クン/くすぶる
㊢smoke up
풀이 ①연기가 끼다. 연기가 올라감. ②그을리다. ㉮연기에 그을리다. ㉯향을 피우다. ‖熏香(훈향). ③스미다. 스며듦. ④타다. 태움. ⑤황혼. 땅거미.
〔熏煮 훈자〕 (지지고 삶는다는 뜻으로) 날씨가 몹시 더움.
〔熏灼 훈작〕 ①불에 태움. ②세력이 왕성함.
◢香熏(향훈)

11 15 熲 * 빛날 경 | ㉿颎

㊥jiǒng(지웅) ㊐ケイ ㊢shine
풀이 ①빛나다. ②불빛.

11 15 熢 * ❶연기 자욱할 봉 ❷불기운 봉 | 熢

㊥fēng(°펑) ㊐ホウ
풀이 ❶연기가 자욱하다. ❷불기운.

11 15 熟 ★*3-Ⅱ 익을 숙 | 熟

亠 古 亨 享 孰 孰 孰 熟

㊥shú(°수) ㊐ジュク/にる, みのる
㊢ripe
자원 회의 겸 형성자. 본래 '익다', '익히다'의 뜻인 孰(숙)과 火(불 화)가 합쳐진 자. 孰이 '누구'의 뜻으로 쓰이게 되자 본뜻을 보존하기 위해 火를 더해 만든 자가 '熟'임. 火는 의미를 나타내고 孰은 의미와 음을 겸하여 나타냄.
풀이 ①익다. ㉮날것이 익다. 삶아짐. ‖半熟(반숙). ㉯곡식·과일 등이 영글다. ㉰익숙하다. 숙달함. ‖習熟(습숙). ②생물이 잘 자라게 하다. ‖成熟(성숙). ③무르다. 무르게 하다. ④익히. 곰곰이. 유심히. ‖熟考(숙고). ⑤낯익다.
〔熟客 숙객〕 잘 알고 있는 손님. 곧,

단골손님.
〔熟考 숙고〕 곰곰이 잘 생각함. 熟慮(숙려). ‖深思熟考(심사숙고).
〔熟果 숙과〕 유밀과(油蜜果)를 실과(實果)에 견주어 이르는 말.
〔熟達 숙달〕 익숙하여 통달함. ↔未熟(미숙).
〔熟讀 숙독〕 ①익숙하게 잘 읽음. ②뜻을 잘 생각하면서 읽음.
〔熟卵 숙란〕 삶아서 익힌 달걀.
〔熟練 숙련〕 연습을 많이 하여 능숙하게 익힘. ‖熟練工(숙련공).
〔熟面 숙면〕 낯익은 사람.
〔熟眠 숙면〕 잠이 깊이 듦. 또는, 그런 잠. 熟睡(숙수).
〔熟語 숙어〕 두 개 이상의 낱말이 합쳐서 하나의 뜻을 이루는 말. 또는, 관용적으로 쓰여 특별한 뜻을 나타내는 말. 익은말. 慣用句(관용구).
〔熟議 숙의〕 깊이 생각하여 충분히 의논함.
〔熟知 숙지〕 익히 잘 앎.
◢爛熟(난숙)/老熟(노숙)/能熟(능숙)/未熟(미숙)/半熟(반숙)/白熟(백숙)/成熟(성숙)/完熟(완숙)/圓熟(원숙)/早熟(조숙)/親熟(친숙)

☆*5
11 15 **熱** 더울 **열** | 간 热 㷊

十 土 夫 坴 坴 埶 埶 熱

㊥rè(°러) ㊐ネツ/あつい ㊎hot
갑 금 전 자원 **회의자.** 갑골문은 사람이 횃불을 들고 있는 모습을 나타냄. 소전에서는 火(불 화)가 덧붙음.
풀이 ①덥다. 따뜻하다. ‖熱氣(열기). ②더위. 여름철 더운 기운. ③열. ‖煩熱(번열). ④몸달다. 열중함. ‖熱情(열정). ⑤바쁘다. 때를 만나 드날림.
〔熱狂 열광〕 너무 기쁘거나 흥분하여 미친 듯이 날뜀.
〔熱氣 열기〕 ①뜨거운 기운. ②높은 체온.
〔熱烈 열렬〕 관심이나 감정 등이 더할 나위 없이 강함.
〔熱望 열망〕 열렬히 바람. 渴望(갈망).
〔熱辯 열변〕 열렬한 변설(辯舌).
〔熱病 열병〕 ①신열(身熱)이 대단히 나는 병. ②'장티푸스'의 속칭. ③어떤 일에 몹시 흥분한 상태의 비유.
〔熱砂 열사〕 햇볕으로 뜨거워진 모래.
〔熱心 열심〕 어떤 일에 깊이 마음을 쏟음.
〔熱愛 열애〕 열렬히 사랑함. 또는, 그런 사랑.
〔熱意 열의〕 열성을 다하는 마음.
〔熱情 열정〕 어떤 일에 열중하는 마음. 情熱(정열).
〔熱中 열중〕 정신을 한곳으로 집중시킴.
〔熱唱 열창〕 노래를 온 힘을 다해 부름.
〔熱火 열화〕 ①뜨거운 불길. ②매우 급한 화증.
◢加熱(가열)/高熱(고열)/過熱(과열)/耐熱(내열)/斷熱(단열)/微熱(미열)/發熱(발열)/身熱(신열)/豫熱(예열)/溫熱(온열)/以熱治熱(이열치열)/灼熱(작열)/情熱(정열)/地熱(지열)/胎熱(태열)/解熱(해열)

*
11 15 **熬** 볶을 **오**

㊥āo(아오), áo(아오) ㊐ゴウ/いる ㊎parch
풀이 ①볶다. ②삶다. ③근심하다.

11 15 **熨** ❶다릴 **울** ❷눌러 덥게 할 **위** | 㷉

㊥yùn(윈), yù(위) ㊐ウツ, イ/のす ㊎iron
풀이 ❶①다리다. 다리미로 옷 따위의 주름을 폄. ②다리미. ❷눌러서 덥게 하다.
〔熨斗 울두〕 다리미. 火斗(화두).

*
11 15 **熤** 사람 이름 **익**

㊥yì(이) ㊐ヨク

*2
12 16 **燉** 이글거릴 **돈** | 간 炖 燉

㊥dùn(뚠) ㊐トン
풀이 ①이글거리다. 불이 성(盛)한 모양. ②불빛. ③찌다.

☆*4-Ⅱ
12 16 **燈** 등불 **등** | 속간 灯 燈

火 灯 炉 炉 烬 烬 熔 燈

㊥dēng(떵) ㊐トウ/ともしび ㊎lamp
자원 **형성자.** 火(화)는 의미를 나타내고 登(등)은 음을 나타냄.
풀이 ①등불. 등명(燈明). ‖燈影(등영). ②등. 등잔. ‖街燈(가등).
〔燈架 등가〕 등잔걸이.
〔燈臺 등대〕 밤중에 배가 안전하게 다닐 수 있도록 불빛을 비추어 주는 높은 건물.
〔燈籠 등롱〕 대오리나 철사로 살을 만들고 종이나 헝겊으로 씌워 그 속에 등불을 켜는 기구.
〔燈盞 등잔〕 기름을 담아 등불을 켜는 데에 쓰는 기구.
〔燈下不明 등하불명〕 《등잔 밑이 어둡다는 뜻으로》 가까운 데 생긴 일을 먼데 일보다 오히려 잘 모름.
〔燈火 등화〕 등불.

4획

〔燈火可親 등화가친〕《등불을 가까이 할 만하다는 뜻으로》 서늘한 가을밤은 등불을 가까이하여 글 읽기에 좋음.
◢街路燈(가로등)/尾燈(미등)/白熱燈(백열등)/消燈(소등)/信號燈(신호등)/燃燈(연등)/外燈(외등)/電燈(전등)/點燈(점등)/提燈(제등)/走馬燈(주마등)/螢光燈(형광등)

*1
12 16 **燎** 화톳불 **료** 燎

[중]liáo(리아오) [일]リョウ/やく
[풀이] ①화톳불. 모아 놓은 장작 따위에 지펴 놓은 불. ‖燎火(요화). ②태우다. 타다. 불을 놓음. 연소(燃燒)함.
〔燎亂 요란〕 불이 붙어서 어지러움.
〔燎原 요원〕 불타고 있는 벌판.

*1
12 16 **燐** 도깨비불 **린** 燐

[중]lín(린) [일]リン/おにび
[영]ignis fatuus
[풀이] ①도깨비불. 귀화(鬼火). ②인. 비금속 원소의 하나. ③반딧불. 형화(螢火).
〔燐光 인광〕 ①흰인을 공기 중에 방치할 때 저절로 생기는 푸른빛. ②금강석이나 방해석 등에 빛을 비추었다가 그 빛을 없앤 뒤에도 계속하여 내는 빛.
〔燐酸 인산〕 무수인산을 물에 용해하여 끓이거나 혹은 인을 아세트산과 함께 끓여 얻은 결정체의 산.
〔燐火 인화〕 도깨비불.
◢白燐(백린)/赤燐(적린)/黃燐(황린)/黑燐(흑린)

*
12 16 **燔** 구울 **번** 燔

[중]fán(°판) [일]ハン/やく [영]roast
[풀이] 굽다.
〔燔肉 번육〕 구운 고기.
〔燔鐵 번철〕 지짐질할 때에 쓰는 무쇠 그릇. 煎鐵(전철).

★*3-Ⅱ
12 16 **燒** 사를 **소** [약]焼 [간]烧 燒

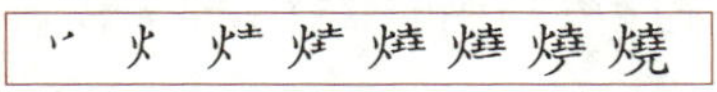

[중]shāo(°싸오) [일]ショウ/やく [영]burn
[자원] **형성자.** 火(화)는 의미를 나타내고 堯(요)는 음을 나타냄.
[풀이] ①사르다. 불태움. ②타다. 불에 탐. ‖燃燒(연소). ③익히다. 불에 쬐어 익게 함. ④애태우다. 안달함.
〔燒却 소각〕 불에 태워 없애 버림.
〔燒殺 소살〕 불에 태워 죽임.
〔燒失 소실〕 불에 타 없어짐.
〔燒酒 소주〕 증류(蒸溜)하여 만든 무색 투명한 독한 술.
〔燒盡 소진〕 다 타서 없어짐.
◢燃燒(연소)/全燒(전소)

★*4
12 16 **燃** 사를 **연** 燃

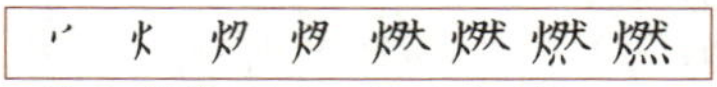

[중]rán(°란) [일]ネン/もえる [영]burn
[자원] **회의 겸 형성자.** 火(화)와 然(연)이 합쳐진 자. 然(연)이 불에 태우다는 뜻을 나타내었으나 '그러하다'의 뜻으로 가차되어 쓰이자 본뜻을 보존하기 위해 火를 덧붙여 만든 자임. 火는 의미를 나타내고 然은 의미와 음을 겸하여 나타냄.
[풀이] 사르다. 열을 내며 탐. [같]然.
〔燃燈會 연등회〕 불교 의식으로, 음력 정월 보름에 등불을 켜고 부처에게 복을 빌며 노는 놀이. 燃燈(연등).
〔燃料 연료〕 열을 얻기 위하여 태우는 재료. 석탄·나무·기름·가스 따위.
〔燃燒 연소〕 물질이 공기 중의 산소와 결합하여 열과 빛을 내는 현상.
◢可燃(가연)/內燃(내연)/不燃(불연)/再燃(재연)

★*3-Ⅱ
12 16 **燕** [1]제비 **연** [2]나라 이름 **연** 燕

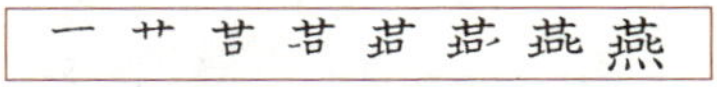

[중]yàn(옌) [일]エン/つばめ [영]swallow
[갑]  [전]  [자원] **상형자.** 제비의 모습을 본뜬 자. 갑골문에 날렵한 날개와 꼬리가 잘 나타나 있음.
[풀이] [1]①제비. ‖燕雀(연작). ②잔치. 잔치하다. ‖燕樂(연락). ③편안하다. ‖燕居(연거). [2]나라 이름.
〔燕尾服 연미복〕 빛깔은 검고 저고리의 뒷자락이 제비 꼬리 모양인, 남자용 서양 예복.
〔燕雀 연작〕 ①제비와 참새. ②도량이 좁은 사람의 비유.

16 **燄** 焰(염)과 동자 →472쪽

*2
12 16 **燁** 빛날 **엽** [간]烨 燁

[중]yè(예) [일]ヨウ
[풀이] 빛나다.

*
12 16 **燏** 빛나는 모양 **율**

[중]yù(위) [일]イツ

4획

*1
12 16 **熾** 성할 **치** | [간] 炽 熾

[중]chì(°츠) [일]シ/さかん [영]furious
[풀이] ①성하다. ②불을 피우다.
〔熾烈 치열〕 불길같이 맹렬함.

*2
12 16 **熹** 성할 **희** | [동] 嘻 熺 熹

[중]xī(씨) [일]キ/さかん [영]furious
[풀이] ①성하다. ②희미하다.

*
16 **熺** 熹(희)와 동자 →478쪽

*2
13 17 **燮** 화할 **섭** | [약] 変 燮

[중]xiè(씨에) [일]ショウ/やわらぐ
[풀이] 화하다. 조화(調和)함. 조화시킴.
〔燮和 섭화〕 조화시켜 알맞게 함.

*
13 17 **燧** 부싯돌 **수** | [간] 燧 燧

[중]suì(쑤에이) [일]スイ/ひうち [영]flint
[풀이] ①부싯돌. ②횃불. ③봉화.
〔燧火 수화〕 ①횃불. ②부시를 쳐서 낸 불.
◢烽燧(봉수)

★★4
13 17 **營** 경영할 **영** | [약] 営 [간] 营 營

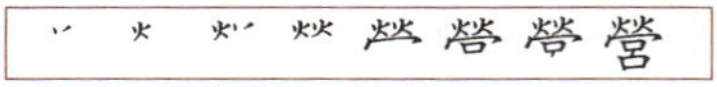

[중]yíng(잉) [일]エイ/いとなむ
[영]manage
[자원] **형성자.** 宮(궁)은 의미를 나타내고 熒(형)의 생략형인 炏 자는 음을 나타냄.
[풀이] ①경영하다. 다스림. ‖營造(영조). ②경영. 영위하는 것. ③진영(陣營).
〔營內 영내〕 병영(兵營)의 안.
〔營農 영농〕 농업을 경영함.
〔營利 영리〕 재산상의 이익을 도모함.
〔營繕 영선〕 토목이나 건축 등에서, 새로 짓거나 수리하는 일.
〔營養 영양〕 생물이 물질을 섭취하여 생명을 유지하는 일. 또는, 그러한 일을 하는 데 필요한 양분.
〔營業 영업〕 영리를 목적으로 경영하는 사업.
〔營爲 영위〕 일을 해 나감.
◢監營(감영)/經營(경영)/公營(공영)/共營(공영)/官營(관영)/國營(국영)/軍營(군영)/歸營(귀영)/民營(민영)/兵營(병영)/野營(야영)/運營(운영)/入營(입영)/自營(자영)/直營(직영)/陣營(진영)/脫營(탈영)

4획

*
13 17 **燠** [1]따뜻할 **욱·오** [2]위로하는 소리 **우** | [간] 燠 燠

[중]yù(위), ào(아오)
[일]イク/あたたかい [영]warm
[풀이] [1]①따뜻하다. 더움. 열이 속에 있음. ②온화하다. [2]위로하는 소리.
〔燠室 욱실〕 몹시 더운 방.

★★3
13 17 **燥** 마를 **조** | 燥

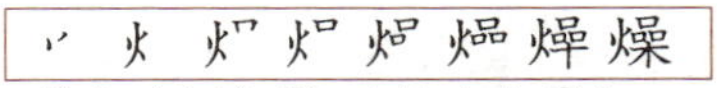

[중]zào(짜오) [일]ソウ/かわく [영]dry
[자원] **형성자.** 火(화)는 의미를 나타내고 喿(소)는 음을 나타냄.
[풀이] ①마르다. 건조함. ‖乾燥(건조). ②말리다. 건조시킴.
〔燥渴症 조갈증〕 물을 자꾸 마셔도 계속 목이 몹시 마르는 병. 消渴症(소갈증).
◢乾燥(건조)/焦燥(초조)

*2
13 17 **燦** 빛날 **찬** | [간] 灿 燦

[중]càn(찬) [일]サン/あきらか
[풀이] 빛나다.
〔燦爛 찬란〕 ①선명하게 빛나는 모양. ②눈부시게 아름다운 모양. 粲爛(찬란).
〔燦然 찬연〕 선명하게 빛나는 모양.

★★3
13 17 **燭** 촛불 **촉** | [간] 烛 燭

[중]zhú(°주) [일]ショク/ともしび
[영]candle
[자원] **형성자.** 火(화)는 의미를 나타내고 蜀(촉)은 음을 나타냄.
[풀이] ①촛불. ‖燈燭(등촉). ②초. 불을 켜는 것. ‖燭淚(촉루). ③비추다. 비침. ④빛나는 모양. ⑤촉. ‖燭光(촉광).
〔燭光 촉광〕 ①촛불의 빛. ②빛의 세기를 나타내는 단위.
〔燭臺 촉대〕 촛대. 燭架(촉가).
〔燭淚 촉루〕 초가 녹아 내리는 것을 흐르는 눈물에 비유한 말. 촛농.
〔燭數 촉수〕 전등의 촉광의 도수.
◢燈燭(등촉)/洞燭(통촉)/華燭(화촉)

*2
14 18 **燾** 비출 **도** | [간] 焘 燾

[중]tāo(타오) [일]トウ
[풀이] ①비추다. 온통 덮어 비춤. ②덮다.
〔燾育 도육〕 덮어 보호하여 기름.

*1
14 18 **燼** 깜부기불 **신** | [간] 烬 燼

[중]jìn(찐) [일]ジン/もえのこり
[풀이] ①깜부기불. ‖灰燼(회신). ②나머지. ㉮재난을 겪고 살아 남은 백성. ‖餘燼(여신). ㉯멸망한 나라의 유민(遺民).
〔燼滅 신멸〕 남김없이 멸망시킴.
◢餘燼(여신)/灰燼(회신)

*
14
18 燿 빛날 **요**

[중]yào(야오) [일]ヨウ/かがやく [영]shine
[풀이] ①빛나다. 빛남. [같]耀·曜. ②비추다. 비침. ③빛. 광명. ④밝다.

*
14
18 燽 드러날 **주**

[중]chōu(°처우) [일]チウ [영]expose
[풀이] 드러나다. 현저함.

*2
14
18 爀 붉을 **혁**

[중]hè(허) [일]カク
[풀이] 붉다. 불빛이 붉음.

*
14
18 燻 그스를 **훈**

[중]xūn(쉰) [일]クン/くすぶる [영]singe
[풀이] ①그스르다. 그슬리다. 그슬림. 불에 쬐어 거죽만 조금 태워 검게 함. [같]熏. ②연기 끼다. ③질식하다.
〔燻肉 훈육〕 연기로 구운 고기.
〔燻製 훈제〕 소금에 절인 고기를 연기에 그슬려 말리는 일. 또는, 그 식품.
〔燻蒸 훈증〕 더운 연기에 쐬어서 찜.

★*4
15
19 爆 터질 **폭** [본]**포**

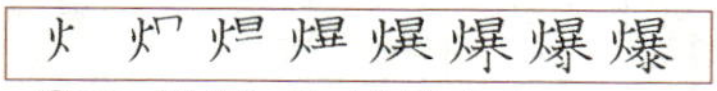

[중]bào(빠오) [일]バク/さける
[영]explode
[자원] **형성자.** 火(화)는 의미를 나타내고 暴(폭)은 음을 나타냄.
[풀이] 터지다. 화력으로 갈라짐.
〔爆擊 폭격〕 비행기에서 폭탄을 떨어뜨려 적의 진지나 중요 시설을 파괴함.
〔爆發 폭발〕 화력(火力)으로 인하여 갑자기 터짐. 爆裂(폭렬).
〔爆死 폭사〕 폭발물의 폭발로 죽음.
〔爆笑 폭소〕 여러 사람이 갑자기 큰 소리로 웃는 웃음.
〔爆藥 폭약〕 센 압력이나 열을 받으면 폭발하는 물질.
〔爆音 폭음〕 폭발할 때 나는 큰 소리.
〔爆彈 폭탄〕 ①적의 진지나 시설물을 공격하는 병기의 하나로, 폭발성의 약품을 장치한 탄알. 爆裂彈(폭렬탄). ②폭탄처럼 위력이나 반향이 큰 것. ‖爆彈宣言(폭탄선언).
〔爆破 폭파〕 폭발시켜 파괴함.
◢起爆(기폭)/猛爆(맹폭)/水爆(수폭)/原爆(원폭)/自爆(자폭)/被爆(피폭)

★*3-Ⅱ
16
20 爐 화로 **로** [속]炉 [간]炉

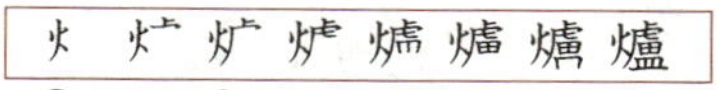

[중]lú(루) [일]ロ/いろり [영]brazier
[자원] **형성자.** 火(화)는 의미를 나타내고 盧(로)는 음을 나타냄.
[풀이] 화로. 불을 피우거나 담아 놓는 그릇. ‖香爐(향로).
〔爐邊 노변〕 화로를 둘러싼 가까운 자리. 화롯가.
〔爐邊談話 노변담화〕 화롯가에 둘러앉아서 나누는 친밀한 이야기.
◢暖爐(난로)/火爐(화로)

*
16
20 爔 햇빛 **희**

[중]xī(씨) [일]キ
[풀이] ①햇빛. ②불.

*2
17
21 爛 문드러질 **란** [간]烂

[중]làn(란) [일]ラン/ただれる
[영]be sore
[자원] **형성자.** 火(화)는 의미를 나타내고 闌(란)은 음을 나타냄.
[풀이] ①문드러지다. ㉮살이 문드러지다. ㉯너무 익어 문드러지다. ‖爛熟(난숙). ②문드러지게 하다. ③빛나다. 선명함. ‖絢爛(현란).
〔爛開 난개〕 꽃이 한창 만발함.
〔爛漫 난만〕 ①꽃이 활짝 많이 피어 화려함. ②광채가 강하고 선명함.
〔爛商公論 난상공론〕 여러 사람이 모여 충분히 의논함.
〔爛商討議 난상토의〕 충분히 의견을 나누어 토의함.
〔爛熟 난숙〕 ①과실 따위가 무르익음. ②더할 수 없이 충분히 발달함.
◢能爛(능란)/燦爛(찬란)/絢爛(현란)

25
29 爨 부뚜막 **찬**

[중]cuàn(추안) [일]サン/かまど
[풀이] ①부뚜막. 아궁이 위에 솥을 걸게 된 시설. ②불을 때다. 밥을 지음. ③조미(調味)하다. 또는, 그 일을 하는 곳.
〔爨婦 찬부〕 밥을 짓는 여자.
〔爨室 찬실〕 부엌.

4획

爪部 손톱조 爪 爫

0 *1
4 **爪** 손톱 **조**

㊥zhǎo(°자오) ㊐ソウ/つめ
㊎fingernail

갑 금 전 **자원** **상형자.** 갑골문은 발톱이나 새 따위의 짐승의 발을 나타내며 금문은 동물의 날카로운 발톱을 사실적으로 나타냄. '손톱', '발톱'의 뜻을 나타냄.

한자 부수의 하나.

풀이 ①손톱. 발톱. ②깍지. 손가락 끝에 끼어 손톱을 대신하는 기구. ③메뚜기. 기구의 끝에 달려 물건을 걸거나 긁는 데 사용하는 것. ④긁다. 할퀴.

〔爪甲 조갑〕 손톱 또는 발톱. 指甲(지갑).

〔爪痕 조흔〕 손톱이나 발톱으로 할퀸 자국.

6 **争** 爭(쟁)의 약자 →480쪽

4 ☆*5
8 **爭** 다툴 **쟁** 약 간 争 争

㊥zhēng(°쩡) ㊐ソウ/あらそう
㊎quarrel

갑 금 전 **자원** **회의자.** 두 사람이 손, 즉 손톱〔爪〕과 손〔又〕으로 어떤 물건을 서로 차지하려고 잡아당기고 있는 모양을 나타냄. 본뜻은 '다투다'.

풀이 ①다투다. ‖競爭(경쟁). ②소송하다. 하소연함. ‖爭訟(쟁송). ③다툼. 싸움. ‖鬪爭(투쟁). ④간하다. ㉦諍.

〔爭論 쟁론〕 서로 다투어 논란함. 또는, 그 이론. 爭議(쟁의).

〔爭臣 쟁신〕 임금의 잘못을 바른말로 간하는 신하. 諍臣(쟁신).

〔爭議 쟁의〕 서로 다른 의견을 주장하여 다툼. ‖勞動爭議(노동 쟁의).

〔爭點 쟁점〕 논쟁의 중심이 되는 점.

〔爭取 쟁취〕 싸워서 얻음.

〔爭奪 쟁탈〕 서로 다투어 빼앗음. ‖爭奪戰(쟁탈전).

◢競爭(경쟁)/論爭(논쟁)/黨爭(당쟁)/紛爭(분쟁)/言爭(언쟁)/戰爭(전쟁)/政爭(정쟁)/鬪爭爭(투쟁)/抗爭(항쟁)

4 *1
8 **爬** 긁을 **파**

㊥pá(파) ㊐ハ/かく ㊎scratch

풀이 ①긁다. ‖爬痒(파양). ②기다. 바닥에 몸을 대고 기어감.

〔爬蟲類 파충류〕 척추동물의 하나. 피부가 각질의 비늘로 덮여 있는 변온동물. 거북·뱀·악어 따위.

〔爬行 파행〕 벌레나 짐승 등이 땅 위를 기어 다님.

◢搔爬(소파)

5 *
9 **爰** 이에 **원**

㊥yuán(위엔) ㊐エン/ここに
㊎hereupon

풀이 ①이에. 이리하여. 발어의 조사. ②여기에서. 이때를 당하여. ③곧. ④미치다. 도달함.

〔爰書 원서〕 죄인의 범죄 사실을 조사한 서류.

8 ☆*4-Ⅱ
12 **爲** ❶할 **위** ❷위할 **위** 약 간 為 为

㊥wéi, wèi(웨이)
㊐イ/なす, ためにす ㊎do

갑 **자원** **회의자.** 갑골문의 아랫부분은 코끼리의 상형이고, 윗부분은 코를 잡고 있는 손의 상형으로, '코끼리를 부려 일하다'의 뜻을 나타냄.

풀이 ❶①하다. 행하다. ‖行爲(행위). ②만들다. 지음. ‖爲福(위복). ③다스리다. 정치를 하다. ‖爲政(위정). ④되다. ㉮완성하다. 이룸. ‖爲人(위인). ㉯당하다. 피동을 나타냄. ⑤삼다. 간주함. 인정함. ‖爲主(위주). ⑥가장하다. 위장함. ⑦행위. 하는 일. 짓. ‖所爲(소위). ❷①위하다. …을 위하여 꾀함. ‖爲己(위기). ②돕다. ③하게 하다. 시킴. 사역을 나타냄.

〔爲國 위국〕 나라를 위함.

〔爲民 위민〕 백성을 위함.

〔爲先 위선〕 다른 것에 앞서. 우선.

〔爲始 위시〕 여럿 중에서 어떤 대상을 첫 자리로 삼음.

〔爲人 위인〕 ①사람의 됨됨이. ②됨됨이로 본 그 사람.

〔爲政者 위정자〕 정치를 하는 사람.

〔爲主 위주〕 주되는 것으로 삼음.

◢當爲(당위)/無所不爲(무소불위)/無爲(무위)/所爲(소위)/營爲(영위)/人爲(인위)/作爲(작위)/行爲(행위)

14 ★*3
18 **爵** 잔 **작** 동 간 爵 爵

㊥jué(쥐에) ㊐シャク/さかずき
㊎glass

[갑] [금] [자원] **상형자.** 중국 고대의 술잔(또는 술 담는 용기)을 그린 자. 다리가 셋이고 둥근 손잡이가 달렸으며 윗부분에 기둥 모양의 장식이 두 개 붙어 있음.
[풀이] ①잔. ②작위. ㉮신분의 위계. ‖公爵(공작). ㉯내리다.
〔爵祿 작록〕 관작(官爵)과 봉록(俸祿).
〔爵位 작위〕 ①벼슬과 지위. ②작(爵)의 계급.
〔爵號 작호〕 ①관작의 칭호. ②작위의 칭호.
◢公爵(공작)/男爵(남작)/伯爵(백작)/子爵(자작)/獻爵(헌작)/侯爵(후작)

父部 아비부

☆*8
0 4 **父** [1]아비 **부**☆*8 [2]남자 미칭 **보**

丿 八 ㄅ 父

[중]fǔ(°푸) [일]フ, ホ/ちち [영]father
[갑] [자원] **회의자.** 손(갑골문의 오른쪽 부분)에 돌도끼(왼쪽 세로획)를 들고 있는 모습을 본뜬 자. 돌도끼를 들고 수렵을 하고 야수나 적의 침입을 막던 성인 남자를 가리킴. 여기에서 '아버지'의 뜻이 생겨남.
🖊 한자 부수의 하나.
[풀이] [1]①아비. 아버지. ‖父母(부모). ②친족의 부로(父老)의 일컬음. ‖大父(대부). ③연로한 사람의 경칭(敬稱). [2]'남자'의 미칭(美稱). [같]甫. ㉮남자를 높여 이르는 말. ‖尙父(상보). ㉯신분이 낮은 늙은이를 부르는 말. ‖田父(전보).
〔父系 부계〕 아버지 쪽의 혈연 계통. ↔母系(모계).
〔父道 부도〕 ①아버지로서 지켜야 할 도리. ②아버지가 평생에 행해 온 길.
〔父老 부로〕 한 마을에서 나이가 많은 남자 어른의 존칭.
〔父命 부명〕 아버지의 명령.
〔父母 부모〕 아버지와 어머니. 어버이.
〔父爲子綱 부위자강〕 삼강(三綱)의 하나. 아버지는 자식의 근본이 되어야 함.
〔父子 부자〕 아버지와 아들. ↔母女(모녀).
〔父子有親 부자유친〕 오륜(五倫)의 하나. 아버지와 아들 사이의 도리는 친애(親愛)에 있음.
〔父傳子傳 부전자전〕 《아버지가 전해 받은 것을 아들에게 전해 준다는 뜻으로》 아버지가 아들에게 대대로 전함.
〔父親 부친〕 아버지. ↔母親(모친).
◢繼父(계부)/國父(국부)/代父(대부)/亡父(망부)/伯父(백부)/聘父(빙부)/師父(사부)/生父(생부)/叔父(숙부)/媤父(시부)/神父(신부)/養父(양부)/義父(의부)/祖父(조부)/親父(친부)

*
6 10 **爹** 아비 **다**

[중]diē(띠에) [일]タ/ちち [영]father
[풀이] ①아비. 아버지. ②어른.

*1
9 13 **爺** 아비 **야** [간]爷

[중]yé(예) [일]ヤ [영]father
[풀이] ①아비. 아버지. ②'남자'의 존칭.
〔爺爺 야야〕 아버지에 대한 존칭.

爻部 점괘효

4획

*1
0 4 **爻** 효 **효**

[중]yáo(야오) [일]コウ
[갑] [금] [자원] **상형자.** 실이나 새끼를 교차되게 짜거나 매듭을 짓는 모습을 나타낸 자. 셈을 할 때 사용하던 '산(算)가지'를 나타낸다는 설도 있음.
🖊 한자 부수의 하나.
[풀이] ①효. 육효(六爻). 주역의 괘를 이루는, 6개의 가로 그은 획. '—'은 양(陽), '--'은 음(陰). ②엇걸리다. ③본받다. [같]效. ④변하다.
〔爻象 효상〕 ①좋지 못한 몰골. ②주역의 효사(爻辭)와 상사(象辭)를 풀어 놓은 말. 卦象(괘상).
◢卦爻(괘효)/數爻(수효)

9 **爼** 俎(조)의 와자(訛字) →41쪽

*1
7 11 **爽** 시원할 **상**

[중]shuǎng(°수앙) [일]ソウ/さわやか [영]fresh
[금] [전] [자원] **회의자.** 사람〔大〕의 양 겨드랑이에 성글게 짠〔爻〕 베를 그려 시원하게 통풍이 됨을 나타냄.
[풀이] ①시원하다. 마음이 맑고 즐거움. ‖爽快(상쾌). ②밝다. 새벽. ‖昧爽(매상). ③굳세다. 날래다. ‖豪爽(호상).
〔爽氣 상기〕 상쾌한 기분.
〔爽快 상쾌〕 마음이 시원하고 거뜬함.
◢颯爽(삽상)

*1
10 14 **爾** 너 이 간 尔 爾

중ěr(얼) 일ジ, ニ/なんじ 영you
풀이 ①너. ②그. 통彼. ③이. 통是·此. ④그. 통其. ⑤응낙하는 말. ⑥곱고 아름답다. ‖麗爾(여이).
〔爾餘 이여〕 그 나머지. 其餘(기여).

爿部 장수장변

0 4 **爿** 나뭇조각 장

중qiáng(치앙) 일ショウ
갑 전 자원 **상형자.** 침상을 세워 놓은 모양을 나타낸 자. 갑골문의 오른쪽 세로획은 침상의 바닥을 나타내고, 왼쪽 부분은 침상의 다리를 나타냄. 뒷날 의미를 분명히 하기 위해 木(나무 목)을 덧붙여 만든 자가 '牀'(평상 상)임.
한자 부수의 하나. 將의 변과 같으므로 장수장변이라 함.
풀이 ①나뭇조각. ②창. ③평상. 침상.

*
4 8 **牀** 평상 상 속 床 牀

중chuáng(°추앙) 일ショウ/ねだい 영wooden bed
갑 전 자원 **회의 겸 형성자.** '침상'을 나타내는 爿(장)과 '나무'를 뜻하는 木(목)이 합쳐진 자. 갑골문에서는 爿만 단독으로 쓰인 상형자였으나 소전에 이르러 재료인 木을 덧붙임으로써 회의 겸 형성자가 됨. 木은 의미를 나타내고 爿은 의미와 음을 겸하여 나타냄.
풀이 ①평상. 침상. ‖平牀(평상). ②마루. ③우물 귀틀. 우물 아가리에 나무를 네모로 짜서 얹은 것.
〔牀榻 상탑〕 깔고 앉거나 눕거나 하는 제구.
◢寢牀(침상)/平牀(평상)

*
17 **牆** 墻(장)과 동자 →163쪽

片部 조각편

☆*3-Ⅱ
0 4 **片** 조각 편 片

丿 丿 𠂇 片

중piàn(피엔) 일ヘン, ハン/きれ
전 자원 **상형자.** 木(나무 목)을 반으로 쪼개 놓은 모양을 나타낸 자. 소전의 왼쪽 세로획은 나무의 줄기를, 오른쪽 윗부분은 가지를, 오른쪽 아랫부분은 뿌리를 나타냄. 片(편) 자의 좌우를 반대로 바꾼 자라는 설도 있음.
한자 부수의 하나.
풀이 ①조각. 토막. ‖斷片(단편). ②한쪽. 절반. ‖片道(편도). ③얇은 조각. ‖片花(편화). ④아주 작음을 나타냄. ‖片言(편언).
〔片道 편도〕 가고 오는 길 중에서 어느 한쪽 길.
〔片鱗 편린〕 (('한 조각의 비늘'이라는 뜻으로)) 사물의 극히 작은 한 부분.
〔片面 편면〕 한쪽 면.
〔片肉 편육〕 얇게 저민 수육.
〔片舟 편주〕 작은 배. 扁舟(편주). ‖一葉片舟(일엽편주).
〔片志 편지〕 자기의 조그마한 정성을 겸손하게 이르는 말. 寸志(촌지).
〔片紙 편지〕 (('한 조각의 종이'라는 뜻으로)) 서신(書信). 便紙(편지).
◢骨片(골편)/斷片(단편)/木片(목편)/剝片(박편)/阿片(아편)/一片(일편)/鐵片(철편)/破片(파편)

★*3-Ⅱ
4 8 **版** 널 판 版

丿 丿 𠂇 片 片 版 版 版

중bǎn(반) 일ハン
자원 **형성자.** 片(편)은 의미를 나타내고 反(반)은 음을 나타냄.
풀이 ①널. 널빤지. ②호적부(戶籍簿). ③판목(版木). 인쇄를 뜻함. ‖木版本(목판본).
〔版權 판권〕 저작물의 복제(複製)나 판매에 관하여 독차지하는 권리.
〔版圖 판도〕 ①한 나라의 영토. ②어떤 세력이 미치는 영역·범위.
〔版木 판목〕 인쇄하기 위하여 글자나 그림을 새긴 나무.
〔版本 판본〕 목판으로 박은 책. 板本(판본). 木版本(목판본). 板刻本(판각본).
〔版型 판형〕 인쇄물의 크기. 사륙판·국판 따위. 判型(판형).
〔版畫 판화〕 나무·금속·돌 등으로 된 판에 그림을 새긴 다음, 그 위에 물감을 묻혀 찍어 낸 그림.
◢圖版(도판)/銅版(동판)/石版(석판)/新版(신판)/鉛版(연판)/原色版(원색판)/原版(원판)/壯版(장판)/再版(재판)/絕版(절판)/製版(제판)/組版(조판)/重版(중판)/初版(초판)/出版(출판)/平版(평판)/下版(하판)/活版(활판)

4획

8
12 **牋** 장계 **전** 牋

[중]jiān(찌엔) [일]セン
[풀이] ①장계(狀啓). ②종이.

*1
8
12 **牌** 패 **패** 牌

[중]pái(파이) [일]ハイ
[풀이] ①패. ㉮방(榜). ㉯명찰(名札). ‖門牌(문패). ㉰시 등을 쓰는 패. ㉱공(功)을 새긴 패. ‖賞牌(상패). ㉲간판. 상표(商標). ②부신(符信). 부절(符節). ③위패. ④가투. ‖骨牌(골패).
◢骨牌(골패)/馬牌(마패)/名牌(명패)/門牌(문패)/防牌(방패)/賞牌(상패)/位牌(위패)/號牌(호패)

*1
9
13 **牒** 서찰 **첩** 牒

[중]dié(디에) [일]チョウ/ふだ [영]letter
[풀이] ①서찰. 글씨 판. 문서를 적는 얇은 나뭇조각. ‖書牒(서첩). ②계보(系譜). ③공문서. ‖通牒(통첩). ④명부(名簿). ⑤장부. 기록(記錄).
〔牒報 첩보〕 서면으로 상관에게 보고함. 또는, 그 보고.
◢家牒(가첩)/圖牒(도첩)/簿牒(부첩)/移牒(이첩)/請牒(청첩)/通牒(통첩)

10
14 **牔** 박공 **박** 牔

[중]bó(보) [일]ハク [영]gable
[풀이] 박공.
〔牔栱 박공〕 마루머리나 합각머리에 '八' 자 모양으로 붙인 두꺼운 널. 牔風(박풍).

14 **牓** 榜(방)과 동자 →399쪽

*
11
15 **牖** 바라지 **유** 牖

[중]yǒu(여우) [일]ユウ
[풀이] ①바라지. 햇빛을 받기 위해 벽에 낸 작은 창. ‖窓牖(창유). ②인도하다.

*
15
19 **牘** 편지 **독** [간]牍 牘

[중]dú(두) [일]トク/ふだ
[풀이] ①편지. ②글자를 쓰는 나뭇조각. ③책. 서적. ④공문서.
〔牘書 독서〕 문서(文書)나 편지.
◢簡牘(간독)

牙部 어금니아

★*3-II
0
4 **牙** 어금니 **아** 牙

一 ㄷ 于 牙

[중]yá(야) [일]ガ/きば [영]molar
[금]  [전]  [자원] **상형자.** 위아래가 맞물려 있는 어금니의 모습을 나타낸 자. 금문의 가운데 두 점은 음식물을 나타내는 것으로 보임. 어금니뿐 아니라 '이'를 통칭함.
✎ 한자 부수의 하나.
[풀이] ①어금니. ㉮어금니. ㉯송곳니. ㉰이의 총칭. ‖齒牙(치아). ㉱동물의 입 밖에까지 나온 이. ‖象牙(상아). ㉲병기(兵器). 무기(武器). ②천자나 대장이 세우는 기. ③거간꾼. ④깨물다.
〔牙器 아기〕 상아로 만든 그릇.
〔牙城 아성〕 ①임금이나 대장군의 기를 세운, 주장(主將)이 있는 성. ②아주 중요한 근거지.
〔牙箏 아쟁〕 가야금보다 조금 크며 7현으로 된 우리나라의 현악기.
〔牙儈 아쾌〕 거간꾼.
◢毒牙(독아)/象牙(상아)/齒牙(치아)

牛部 소우 牛 牜

☆*5
0
4 **牛** 소 **우** 牛

ノ ㅗ 느 牛

[중]niú(니우) [일]ギュウ/うし [영]cattle
[갑]  [금]  [자원] **상형자.** 정면을 향한 소의 머리를 나타낸 자. 갑골문·금문의 위쪽 굽은 획은 뿔을, 아래쪽 꺾인 획은 귀를, 중심을 이루는 세로획은 머리를 나타냄.
✎ 한자 부수의 하나.
[풀이] ①소. ‖牛馬(우마). ②무릅쓰다. ③별 이름. 견우성. ④희생.
〔牛角 우각〕 쇠뿔.
〔牛刀割鷄 우도할계〕 ①《소 잡는 칼로 닭을 잡는다는 뜻으로》 작은 일에 어울리지 않는 큰 기구를 씀. ②지나치게 과장된 표현이나 몸짓 등의 비유.
〔牛痘 우두〕 천연두(天然痘)를 예방하기 위하여 소에서 뽑은 면역 물질.
〔牛酪 우락〕 버터(butter).
〔牛馬 우마〕 소와 말. 마소.
〔牛步 우보〕 《'소의 걸음'이라는 뜻으로》 느린 걸음.
〔牛溲馬勃 우수마발〕 《'소의 오줌과

4획

말의 똥'이라는 뜻으로) 가치 없는 말이나 글 또는 품질이 나빠 쓸모없는 약재.
〔牛乳 우유〕 소의 젖.
〔牛耳讀經 우이독경〕 (('쇠귀에 경 읽기'라는 뜻으로)) 아무리 가르쳐도 알아듣지 못함. 牛耳誦經(우이송경).
〔牛脂 우지〕 소의 지방(脂肪). 식용 또는 비누의 원료로 씀. 쇠기름.
〔牛車 우차〕 소가 끄는 수레. 소달구지.
〔牛黃 우황〕 소의 쓸개 속에 병적으로 뭉친 덩어리. 약재로 씀.
◢牽牛(견우)/矯角殺牛(교각살우)/碧昌牛(벽창우)/乳牛(유우)/肉牛(육우)/種牛(종우)/鬪牛(투우)/韓牛(한우)

*2
2 6 **牟** 보리 **모** 牟

[중]móu(머우) [일]ボウ
[풀이] ①보리. ②소가 우는 소리. ③탐하다. 빼앗음.
〔牟尼 모니〕 범어(梵語) muni의 음역. (('성자(聖者)'라는 뜻으로)) 석가모니(釋迦牟尼).
〔牟利輩 모리배〕 옳지 못한 방법으로 이익을 꾀하는 무리. 謀利輩(모리배).
〔牟麥 모맥〕 보리. 대맥(大麥).

*
2 6 **牝** 암컷 **빈** 牝

[중]pìn(핀) [일]ヒン/めす [영]female
[풀이] 암컷. 보통, 암컷을 날짐승은 雌(자), 길짐승은 牝이라 함.
〔牝鷄司晨 빈계사신〕 (('암탉이 새벽을 알리느라고 먼저 운다는 뜻으로)) 부인이 남편을 제쳐놓고 집안일을 마음대로 처리함.
〔牝牡 빈모〕 암컷과 수컷. 암수. ※雌雄(자웅).
〔牝牛 빈우〕 암소. ↔牡牛(모우).

*1
3 7 **牢** 우리 **뢰** [본]로 牢

[중]láo(라오) [일]ロウ/おり
[갑] 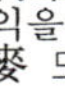 [금]  [자원] **회의자.** 牛(소 우)와 宀(집 면)이 합쳐진 자로, 소를 우리 안에 가두어 둔 모습을 나타냄. 본뜻은 '우리'.
[풀이] ①우리. ②옥. 감옥. ③희생. 좋은 음식. ‖牢禮(뇌례). ④굳다. 견고함. ⑤굳게 지키다.
〔牢却 뇌각〕 부탁·호의·선물 등을 굳게 물리침.
〔牢拒 뇌거〕 딱 잘라 거절함.
〔牢死 뇌사〕 감옥에서 죽음. 獄死(옥사).
〔牢獄 뇌옥〕 감옥.

*1
3 7 **牡** 수컷 **모** [본]무 牡

[중]mǔ(무) [일]ボ/おす
[풀이] 수컷. 보통, 수컷을 날짐승은 雄(웅), 길짐승은 牡라 함.
〔牡丹 모란〕 미나리아재빗과의 낙엽 활엽 관목. 牧丹(목단).
〔牡瓦 모와〕 수키와.
〔牡牛 모우〕 수소. ↔牝牛(빈우).

*
3 7 **牣** 찰 **인**

[중]rèn(°런) [일]ジン [영]full
[풀이] ①차다. 가득함. 살짐. ②질기다.

★*4-Ⅱ
4 8 **牧** 칠 **목** 牧

丿 𠂉 牛 牛 牜 牜 牧 牧

[중]mù(무) [일]ボク
[갑]  [자원] **회의자.** 손〔又〕에 막대기〔丨〕를 잡고 소〔牛〕를 몰아 기르는 것을 나타냄.
[풀이] ①치다. 마소를 놓아 기름. ‖牧畜(목축). ②마소를 치는 사람. ‖牧童(목동). ③다스리다. ‖牧民(목민). ④벼슬 이름. ‖牧民官(목민관).
〔牧丹 목단〕 ①모란(牡丹). ②모란이 그려진 화투짝.
〔牧童 목동〕 풀을 뜯기며 가축을 치는 아이. 牧豎(목수).
〔牧民 목민〕 백성을 다스림.
〔牧使 목사〕 고려 및 조선 시대에 관찰사 밑에서 지방의 각 목을 맡아 다스리던 정3품 외직 문관.
〔牧師 목사〕 교회나 교구를 관리하고, 신자의 영적 생활을 지도하는 성직자.
〔牧者 목자〕 ①양을 치는 사람. ②신자를 양에 비유하여 성직자를 이르는 말.
〔牧場 목장〕 가축을 놓아 기르는 곳.
〔牧畜 목축〕 가축을 많이 기르는 일.
◢軍牧(군목)/放牧(방목)/遊牧(유목)

☆*7
4 8 **物** 만물 **물** 物

丿 𠂉 牛 牛 牜 牞 物 物 物

[중]wù(우) [일]ブツ/もの [영]matter
[자원] 소〔牛〕가 쟁기질로 일구어 놓은 흙덩이〔勿〕를 나타내는 회의자라는 설, 칼로 소를 잡는 모습을 나타내는 회의자라는 설, 牛(우)가 의미를 나타내고 勿(물)이 음을 나타내는 형성자라는 설 등이 있음.
[풀이] ①만물. 천지간의 모든 것. ②일. ‖物情(물정). ③무리. 종류. ④재물. 의복·병기(兵器). ⑤보다. 살펴봄.
〔物價 물가〕 물건의 값. 시세.
〔物件 물건〕 ①일정한 모양을 갖춘 모

든 것. ②사고파는 물품.
〔物望 물망〕 여러 사람이 우러러보는 명망(名望).
〔物物交換 물물 교환〕 화폐를 쓰지 않고 물건을 맞바꿈.
〔物產 물산〕 그 고장에서 나는 물품.
〔物色 물색〕 ①물건의 빛깔. ②어떤 기준을 세워 거기에 알맞은 사람이나 물건을 고름.
〔物心 물심〕 물질과 정신.
〔物心一如 물심일여〕 사물과 마음이 구별 없이 하나로 통합됨.
〔物我一體 물아일체〕 외물(外物)과 자아, 객관과 주관, 물질계와 정신계가 어울려 하나가 됨.
〔物議 물의〕 어떤 사람의 좋지 않은 행동에 대해 많은 사람이 논란하는 상태.
〔物的證據 물적 증거〕 물건으로 뚜렷이 드러난 증거. 物證(물증).
〔物情 물정〕 세상의 형편이나 이치.
〔物證 물증〕 '물적 증거'의 준말.
〔物質 물질〕 ①물체의 본바탕. ②재물. ③인간의 의식 밖에 존재하는 객관적 실재.
〔物品 물품〕 쓰일 가치가 있는 물건.
◢巨物(거물)/建物(건물)/古物(고물)/穀物(곡물)/供物(공물)/貢物(공물)/鑛物(광물)/怪物(괴물)/禁物(금물)/賂物(뇌물)/動物(동물)/萬物(만물)/名物(명물)/文物(문물)/微物(미물)/博物(박물)/寶物(보물)/事物(사물)/產物(산물)/生物(생물)/膳物(선물)/俗物(속물)/植物(식물)/實物(실물)/禮物(예물)/汚物(오물)/妖物(요물)/遺物(유물)/人物(인물)/作物(작물)/贓物(장물)/財物(재물)/靜物(정물)/祭物(제물)/鑄物(주물)/織物(직물)/退物(퇴물)/貝物(패물)/廢物(폐물)/風物(풍물)/海物(해물)/貨物(화물)/凶物(흉물)

5 9 牲 희생 생 ＊1

㊥shēng(°썽) ㊐セイ
갑 금 **자원** **회의 겸 형성자.** 牛(소 우)와 生(생)이 합쳐진 자로, 희생의 제물로 바칠 살아 있는 소를 나타냄. 牛는 의미를 나타내고 生은 의미와 음을 겸하여 나타냄.
풀이 희생(犧牲).
〔牲犢 생독〕 제사를 지낼 때 제물로 쓰는 송아지.
◢犧牲(희생)

5 9 牴 ❶부딪칠 저 ❷숫양 저

㊥dǐ(디) ㊐テイ ㊒run against
풀이 ❶①부딪치다. ②만나다. ③대략. 대저(大牴). ❷숫양. 양의 수컷.

6 10 特 유다를 특 ☆＊6

(필순) ⺧ 牛 牜 牛⁻ 牛土 特 特 特

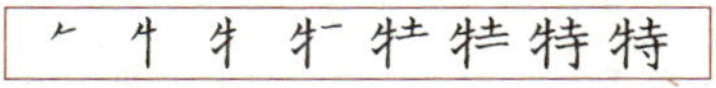

㊥tè(터) ㊐トク ㊒special
자원 **형성자.** 牛(우)는 의미를 나타내고 寺(사)는 음을 나타냄.
풀이 ①유다르다. ‖特異(특이). ②특히. 특별히. ‖特別(특별). ③다만. ④수컷. 수소. ‖特牛(특우). ⑤홀로. 하나.
〔特權 특권〕 일부의 사람만 특별히 가지는 권리.
〔特急 특급〕 특급열차.
〔特技 특기〕 남이 가지지 못한 특별한 기능이나 기술. 長技(장기).
〔特別 특별〕 보통과 구별되게 다름.
〔特產 특산〕 그 지방에서 특별히 생산되는 물건. 特產物(특산물).
〔特色 특색〕 다른 것과 비교하여 특별히 다른 점.
〔特殊 특수〕 특별히 다름. ↔普遍(보편).
〔特約 특약〕 특별한 조건을 붙여 계약하거나 약속함.
〔特有 특유〕 그것에만 특별히 있음.
〔特異 특이〕 보통의 것과 두드러지게 다름.
〔特定 특정〕 특별히 지정함.
〔特徵 특징〕 다른 것과 눈에 띄게 다른 점.
〔特採 특채〕 특별히 채용함.
〔特許 특허〕 ①특별히 허락함. ②특정의 사람을 위하여 새로이 특정의 권리를 설정하는 행정 행위. ③발명으로 등록할 가치가 있는 창안을 한 사람에게 그 창안의 이용을 독점할 수 있게 함.
〔特惠 특혜〕 특별한 혜택.
◢奇特(기특)/獨特(독특)/英特(영특)

7 11 牽 끌 견 ★＊3

㉆牵
㊥qiān(치엔) ㊐ケン/ひく ㊒drag
자원 **회의 겸 형성자.** '줄'을 뜻하는 玄(현)과 '우리'를 뜻하는 冖(멱)과 '소'를 뜻하는 牛(우)가 합쳐진 자로, 소를 줄로 묶어 우리 밖으로 끌어내는 모습을 나타냄. 玄은 의미와 음을 겸하여 나타냄.
풀이 ①끌다. 끌어당기다. ‖牽引(견인). ②이어지다. ‖牽連(견련).
〔牽強附會 견강부회〕 이치에 맞지 않는 말을 억지로 끌어 붙여 자기에게 유리하게 함.
〔牽牛星 견우성〕 독수리자리에서 가장 밝은 별.
〔牽引 견인〕 끌어당김.
〔牽制 견제〕 지나치게 세력을 펴거나 자유롭게 행동하지 못하게 억누름.

4획

*
11 **犁** 犂(려·리)와 동자 →486쪽

*
8 12 **犂** ❶쟁기 **려** ❷얼룩소 **리*** [동] 犁

[중]lí(리) [일]レイ, リ/すき
[풀이] ❶①쟁기. ②갈다. 쟁기질함. ❷얼룩소. ‖ 犂牛(이우).

8 12 **犇** 달아날 **분**

[중]bēn(뻰) [일]ホン
[풀이] ①달아나다. 달림. [같]奔. ②소가 놀라다.
〔犇潰 분궤〕 흩어져 달아남. 奔潰(분궤).

*1
8 12 **犀** 무소 **서**

[중]xī(씨) [일]サイ/さい
[풀이] 무소. 코뿔소.
〔犀角 서각〕 코뿔소의 뿔. 약재로 씀.
〔犀牛 서우〕 코뿔소. 무소.

10 14 **犖** 얼룩소 **락** [간] 荦

[중]luò(루어) [일]ラク
[풀이] ①얼룩소. ②밝다. 명백함. ③뛰어나다. 훌륭함.

10 14 **犒** 호궤할 **호**

[중]kào(카오) [일]コウ/ねぎらう
[풀이] ①호궤하다. 음식을 보내어 군사를 위로함. ②맛 좋은 음식. 호궤할 음식.
〔犒饋 호궤〕 군사들에게 음식을 베풀어 위로함.

11 15 **犛** 검정소 **리·모**

[중]lí(리), máo(마오) [일]リ, ボウ

*
15 19 **犢** 송아지 **독** [간] 犊

[중]dú(두) [일]トク/こうし
[풀이] 송아지.
〔犢角 독각〕 송아지의 뿔.
〔犢牛 독우〕 송아지.

*1
16 20 **犧** 희생 **희** [간] 牺

[중]xī(씨) [일]ギ/いけにえ [영]sacrifice
[풀이] ①희생. 종묘 제향에 쓰는 희생. ②사랑하여 기르다.
〔犧牲 희생〕 ①천지신명·종묘(宗廟)에 제사 지낼 때 제물로 바치는 소·양·염소 등의 산 짐승. ②남을 위하여 자기 목숨·재산·이익 등을 바침.

犬部 개견 犬 犭

☆*4
0 4 **犬** 개 **견**

一 ナ 大 犬

[중]quǎn(취엔) [일]ケン/いぬ [영]dog
[갑] [금] [전] [자원] **상형자.** 개의 모습을 나타낸 자.
✎ 한자 부수의 하나.
[풀이] ①개. ②하찮은 것의 비유.
〔犬馬之勞 견마지로〕《'개나 말 정도의 하찮은 힘'이라는 뜻으로》 윗사람에게 충성을 다하는 자기 노력의 겸칭.
〔犬馬之誠 견마지성〕《'개나 말의 정성'이라는 뜻으로》 자기 정성의 겸칭.
〔犬馬之齒 견마지치〕《'개나 말처럼 보람 없이 헛되게 먹은 나이'라는 뜻으로》 자기 나이의 겸칭.
〔犬猿之間 견원지간〕《'개와 원숭이 사이'라는 뜻으로》 사이가 매우 나쁜 두 사람의 관계.
〔犬兎之爭 견토지쟁〕《사나운 개가 교활한 토끼를 쫓아 산을 다섯 번 오르고 세 바퀴를 돈 뒤 마침내 지쳐서 둘 다 죽으니, 농부가 이를 거저 얻었다는 고사에서》 두 사람의 싸움에 제삼자가 이익을 봄. ※漁夫之利(어부지리).
◢狂犬(광견)/軍犬(군견)/猛犬(맹견)/盲導犬(맹도견)/愛玩犬(애완견)/雜犬(잡견)/忠犬(충견)/鬪犬(투견)

★*4
2 5 **犯** 범할 **범**

丿 犭 犭 犭 犯

[중]fàn(°판) [일]ハン, ホン/おかす
[영]commit
[자원] **형성자.** 犬(견)은 의미를 나타내고 㔾(범)은 음을 나타냄.
[풀이] ①범하다. ②죄. 법령을 거역한 죄. ③죄인(罪人). ‖ 共犯(공범).
〔犯法 범법〕 법을 어김. 犯科(범과).
〔犯人 범인〕 죄를 범한 사람.
〔犯罪 범죄〕 죄를 지음. 또는, 그 죄.
〔犯則 범칙〕 규칙을 어김.
〔犯行 범행〕 법령에 위배된 행위.
◢輕犯(경범)/共犯(공범)/防犯(방범)/虞犯(우범)/雜犯(잡범)/再犯(재범)/戰犯(전범)/從犯(종범)/主犯(주범)/重犯(중범)/眞犯(진범)/初犯(초범)/侵犯(침범)

4획

7 **狀** 狀(상·장)의 속자 →487쪽

★★3-Ⅱ
4 7 **狂** 미칠 **광**

㊥kuáng(쿠앙) ㊐キョウ/くろう ㊎mad

풀이 ①미치다. ‖狂氣(광기). ②미치광이. ③함부로 성내어 덤비다. ④한 가지 일에만 골똘한 사람. ⑤뜻은 높고 행동이 소략(疏略)한 사람.

〔狂簡 광간〕 뜻은 높으나 행동이 이에 따르지 못하고 소략(疏略)함.

〔狂氣 광기〕 ①미친 증세. ②미친 듯이 날뛰는 기질.

〔狂女 광녀〕 미친 여자.

〔狂亂 광란〕 미친 듯이 날뜀.

〔狂奔 광분〕 어떤 목적을 위하여 미친 듯이 날뜀.

〔狂信 광신〕 도를 넘어 맹목적으로 지나치게 믿음. ‖狂信者(광신자).

〔狂人 광인〕 미친 사람. 미치광이.

〔狂暴 광포〕 미친 듯이 행동이 몹시 사나움.

〔狂風 광풍〕 사납게 부는 바람.

◢發狂(발광)/色狂(색광)/熱狂(열광)

4 7 **狃** 친압할 **뉴**

㊥niǔ(니우) ㊐ジュウ/なれる

풀이 ①친압하다. ㉮습관이 되다. ㉯친근하여 버릇이 없다. ②탐하다. 탐냄. ③바로잡다.

〔狃習 유습〕 되풀이하여 익힘.

★★4-Ⅱ
4 8 **狀** ❶형상 **상**★★4-Ⅱ ㊔장 ❷문서 **장**★4-Ⅱ ㊕狀

丨 丬 丬 爿 爿 壯 狀 狀

㊥zhuàng(°쭈앙) ㊐ジョウ/かたち ㊎shape

자원 **형성자.** 犬(견)은 의미를 나타내고 爿(장)은 음을 나타냄.

풀이 ❶①형상. 모양. ②형용하다. ❷①문서. 소장(訴狀). ‖狀詞(장사). ②편지. 서간(書簡). ‖書狀(서장).

〔狀態 상태〕 사물 현상이 처해 있는 형편이나 모양.

〔狀況 상황〕 일이 되어 가는 형편이나 모양.

〔狀啓 장계〕 왕명을 받고 지방으로 출장 간 관원이 서면(書面)으로 보고함. 또는, 그런 문서. 狀達(장달).

◢管狀(관상)/球狀(구상)/窮狀(궁상)/答狀(답장)/帶狀(대상)/賞狀(상장)/訴狀(소장)/送狀(송장)/實狀(실상)/液狀(액상)/葉狀(엽상)/令狀(영장)/原狀(원상·원장)/異狀(이상)/情狀(정상)/罪狀(죄상)/症狀(증상)/慘狀(참상)/波狀(파상)/行狀(행장)/險狀(험상)/現狀(현상)/形狀(형상)

＊1
4 7 **狄** 오랑캐 **적**

㊥dí(디) ㊐テキ/えびす

풀이 ①오랑캐. 북방의 미개인. ‖夷狄(이적). ②오랑캐로 간주하다.

〔狄人 적인〕 ①중국 북방에 살던 미개 종족. ②우리나라 북방에 살던 여진족.

◢北狄(북적)/夷狄(이적)

★★3
5 8 **狗** 개 **구**

丿 犭 犭 犭 犳 豹 狗 狗

㊥gǒu(거우) ㊐ク/いぬ ㊎dog

자원 **형성자.** 犬(견)은 의미를 나타내고 句(구)는 음을 나타냄.

풀이 ①개. 강아지. ②역(易)의 간(艮)에 해당함.

〔狗盜 구도〕 좀도둑.

〔狗尾續貂 구미속초〕 《중국 진(晉)나라 조왕(趙王)의 당(黨)이 모두 경상(卿相)이 되어 노졸(奴卒)까지도 작위를 탔으므로, 벼슬 받은 사람들의 관(冠)을 장식하는 담비의 꼬리가 부족하여 개의 꼬리를 사용한 고사에서》 ①벼슬을 함부로 줌. ②훌륭한 것에 보잘것없는 것이 뒤를 이음.

◢泥田鬪狗(이전투구)/走狗(주구)/黃狗(황구)

＊
5 8 **狎** 익숙할 **압**

㊥xiá(시아) ㊐コウ/なれる ㊎familiar

풀이 ①익숙하다. ②친압하다. 무람없음. ③길들이다. 길들게 함. ④갈마들다. 교대함. ⑤업신여기다.

〔狎逼 압핍〕 버릇없이 어른에게 바싹 다가붙음. 狎近(압근).

◢親狎(친압)

＊1
5 8 **狙** 원숭이 **저**

㊥jū(쮜) ㊐ソ/さる ㊎monkey

풀이 ①원숭이. ②교활하다. 속임. ③노리다. 엿봄. ‖狙擊(저격).

〔狙擊 저격〕 어떤 대상을 노려 치거나 총을 쏨. ‖狙擊犯(저격범).

＊1
5 8 **狐** 여우 **호**

㊥hú(후) ㊐コ/きつね ㊎fox

풀이 여우.

〔狐假虎威 호가호위〕 《여우가 호랑이

의 위엄을 빌려 다른 짐승들을 위협한다는 뜻으로) 남의 권세를 빌려 위세를 부림.
〔狐貍 호리〕 ①여우와 살쾡이. ②도량이 좁고 간사한 사람의 비유.
〔狐死兎泣 호사토읍〕 (여우의 죽음에 토끼가 운다는 뜻으로) 동료의 불행을 슬퍼함.
◢九尾狐(구미호)

*1
6 9 狡 교활할 교 | 狡
㊥jiǎo(지아오) ㊐コウ/ずるい ㊎cunning
풀이 ①교활하다. 간교함. ‖狡猾(교활). ②재빠르다. 용건(勇健)함.
〔狡智 교지〕 교활한 지혜. 잔꾀.
〔狡猾 교활〕 간사한 꾀가 많음.

4획

9 独 獨(독)의 속자 →491쪽

*1
6 9 狩 사냥할 수 | 狩
㊥shòu(°써우) ㊐シュ/かる ㊎hunt
풀이 ①사냥하다. ②사냥. 몰이꾼·사냥개를 풀어 하는 사냥. ③임지(任地). 명을 받아 다스리는 곳. ④순행(巡行)하다. 임금이 국토를 순찰함.
〔狩獵 수렵〕 사냥.
◢巡狩(순수)

6 9 狠 ❶개 싸우는 소리 한 ❷물 한 | 狠
㊥yán(옌), hěn(헌) ㊐コン
풀이 ❶개가 싸우는 소리. ❷①물다. ②패려궂다.
〔狠戾 한려〕 성질이 몹시 비뚤어지고 고약함.

7 10 狷 성급할 견 | 狷
㊥juàn(쮜엔) ㊐ケン/きみじか
풀이 ①성급하다. 단려(短慮). ‖狂狷(광견). ②뜻을 굽히지 않는 일.
〔狷介 견개〕 고집이 매우 세어 남과 타협하지 않음.

*1
7 10 狼 이리 랑 | 狼
㊥láng(랑) ㊐ロウ/おおかみ
풀이 ①이리. ‖虎狼(호랑). ②흐트러지다. 어수선함. ‖狼藉(낭자). ③거칠다. 사나움. ④거스르다. 어긋남. ⑤오랑캐 이름.
〔狼藉 낭자〕 여기저기 흩어져 어지러운 모양.
〔狼狽 낭패〕 (낭(狼)은 앞다리가 길고 패(狽)는 뒷다리가 길어서 두 짐승은 서로 떨어지면 절룩거리고 넘어진다는 데서) 일이 실패로 돌아가거나 기대에 어긋나 딱하게 됨.

*
10 狸 貍(리)와 동자 →712쪽

7 10 狻 사자 산 | 狻
㊥suān(쑤안) ㊐サン, シュン/しし
풀이 사자(獅子).
〔狻猊 산예〕 ①'사자'의 이칭. ②사자탈을 쓰고 춤을 추는 가면극.

*
7 10 狽 짐승 이름 패 | 간 狈 狽
㊥bèi(뻬이) ㊐ハイ
풀이 짐승 이름. 앞다리는 짧고 뒷다리는 길어서, 낭(狼)과 함께라야 서서 다닐 수 있다는 짐승.
◢狼狽(낭패)

*1
7 10 狹 좁을 협 | 속간 狭 狹
㊥xiá(시아) ㊐キョウ/せまい
풀이 ①좁다. ㉮폭이 좁다. 같陜. ‖狹軌(협궤). ㉯좁히다. 좁아지다. ②적다.
〔狹軌 협궤〕 궤간의 폭이 표준보다 좁은 궤도. ↔廣軌(광궤).
〔狹小 협소〕 좁고 작음.
〔狹義 협의〕 좁은 범위의 뜻. ↔廣義(광의).
〔狹窄 협착〕 몹시 좁음. 狹隘(협애).
◢偏狹(편협)

11 猟 獵(렵)의 약자 →492쪽

★*3-Ⅱ
8 11 猛 사나울 맹 | 猛
丿 犭 犭 犭 犭 犭 猛 猛
㊥měng(멍) ㊐モウ/たけし ㊎fierce
자원 **형성자.** 犬(견)은 의미를 나타내고 孟(맹)은 음을 나타냄.
풀이 사납다. ㉮날래다. 용감함. ‖勇猛(용맹). ㉯엄하다. 맹렬함. ‖寬猛(관맹).
〔猛犬 맹견〕 사나운 개.
〔猛攻 맹공〕 맹렬히 공격함.
〔猛禽 맹금〕 성질이 사납고 육식을 하는 날짐승.
〔猛毒 맹독〕 몹시 심한 독.
〔猛烈 맹렬〕 기세가 사납고 세참.
〔猛獸 맹수〕 사나운 짐승. 사자·범 따위.

〔猛威 맹위〕 맹렬한 위세.
〔猛將 맹장〕 용맹스러운 장수. 勇將(용장).
〔猛打 맹타〕 몹시 세차게 때리거나 공격함.
〔猛爆 맹폭〕 몹시 세차게 폭격함.
〔猛虎 맹호〕 ①사나운 범. 強虎(강호). ②몹시 사나운 사람의 비유.
〔猛虎伏草 맹호복초〕《사나운 범이 풀숲에 엎드려 있다는 뜻으로》 영웅은 한때 숨어 있어도 때가 되면 세상에 드러나게 마련임.
◢勇猛(용맹)

8 11 猜 *1 시기할 **시** 猜

[중]cāi(차이) [일]サイ/ねたむ [영]jealous
[풀이] ①시기하다. ②원망하다. 의심하며 원망함. ③의심하다. 두려워함.
〔猜懼 시구〕 의심하고 두려워함.
〔猜忌 시기〕 남의 재능이나 세력을 샘하여 미워함. 疑忌(의기).
〔猜疑 시의〕 시기하고 의심함.

8 11 猊 * 사자 **예** 猊

[중]ní(니) [일]ゲイ/しし
[풀이] ①사자. ‖狻猊(산예). ②부처가 앉는 자리. 뜻이 바뀌어, 고승(高僧)이 앉는 자리. ‖猊座(예좌).
〔猊下 예하〕 ①부처나 보살이 앉는 자리. ②'고승(高僧)'의 존칭.

8 11 猗 아름다울 **의** 猗

[중]yī(이) [일]イ/うるわしい
[풀이] ①아름답다. ②아! 감탄사. ③길다.
〔猗靡 의미〕 ①부드럽고 아름다운 모양. ②서로 그리워하여 잊혀지지 않는 모양.

8 11 猙 흉악할 **쟁·정** [간]狰 猙

[중]zhēng(°쩡) [일]ソウ [영]crude
[풀이] ①흉악하다. 우락부락한 용모. ②개털. 개의 털.
〔猙獰 정녕〕 ①난폭하고 입살스러움. ②개의 털.

8 11 猝 *1 갑자기 **졸** 猝

[중]cù(추) [일]ソツ/にわか
[풀이] ①갑자기. ㉮풀숲에서 개가 갑자기 달려나오는 일. ㉯갑자기. 느닷없이. 창졸(倉卒). ②빠르다. 급속함.
〔猝富 졸부〕 벼락부자.
〔猝然 졸연〕 갑작스럽게. 卒然(졸연).
〔猝地 졸지〕 갑작스러운 판국.

◢倉猝(창졸)

8 11 猖 *1 미쳐 날뛸 **창** 猖

[중]chāng(°창) [일]ショウ/くるう
[영]run amuck
[풀이] ①미쳐 날뛰다. ②어지럽히다. 흐트러짐. 옷을 입고 띠를 매지 않은 모양. [같]昌.
〔猖獗 창궐〕 전염병이나 좋지 못한 세력이 기승을 부려 걷잡을 수가 없이 퍼짐.
〔猖披 창피〕 떳떳하지 못하거나 체면이 깎이는 일을 당해 부끄러움.

9 12 猫 *1 고양이 **묘** [동]貓 猫

[중]māo(마오) [일]ビョウ/ねこ [영]cat
[풀이] ①고양이. ②털이 엷은 범.
〔猫頭懸鈴 묘두현령〕《쥐가 고양이 목에 방울을 단다는 뜻으로》 실현성이 없는 헛된 논의.

9 12 猩 * 성성이 **성** 猩

[중]xīng(씽) [일]ショウ/しょうじょう
[풀이] ①성성이. ②붉은 빛깔. 다홍색. ‖猩紅(성홍). ③개 짖는 소리.
〔猩猩 성성〕 오랑우탄과의 짐승. 오랑우탄. 성성이.
〔猩紅熱 성홍열〕 소아에게 전염하는 법정 전염병.

9 12 猥 *1 함부로 **외** 猥

[중]wěi(웨이) [일]ワイ/みだりに
[영]at random
[풀이] ①함부로. 외람되이. 외람스럽게. ②뒤섞이다. ③추잡하다.
〔猥濫 외람〕 하는 짓이 분수에 지나침.
〔猥褻 외설〕 글·그림·영화·공연 등이 사회의 풍속을 해칠 만큼 성적(性的)으로 난잡함.

12 猨 猿(원)과 동자 →490쪽

9 12 猶 ☆*3-Ⅱ 오히려 **유** [간]犹 猶

丿 犭 犭 犷 犷 犷 猶 猶 猶

[중]yóu(여우) [일]ユウ/なお [영]rather
[자원] **형성자.** 犬(견)은 의미를 나타내고 酋(추)는 음을 나타냄.
[풀이] ①오히려. 역시. 매우. 심히. ②닮다. 비슷함. [동]似·若. ③같다. 고름. ④

느슨한 모양. ⑤의심하다.
〔猶父猶子 유부유자〕《아버지 같고 자식 같다는 뜻으로》 삼촌과 조카. 곧, 숙질(叔姪) 사이.
〔猶豫 유예〕 ①주저하여 결정하지 못함. ②날짜를 미룸.

* 9 13 **猷** 꾀 **유** 猷

[중]yóu(여우) [일]ユウ/はかりごと
[풀이] 꾀. 꾀하다. ‖大猷(대유).

* 9 12 **猪** 멧돼지 **저** [본]豬 [간]猪 猪

[중]zhū(°쭈) [일]チョ/いのこ
[풀이] ①멧돼지. 돼지. ②웅덩이. [같]瀦.
〔猪突 저돌〕 앞뒤를 생각하지 않고 덤빔. ‖猪突的(저돌적).
〔猪八戒 저팔계〕 중국 소설 '서유기(西遊記)'에 나오는 돼지의 이름.

4획

13 **献** 獻(헌)의 속자 →492쪽

9 12 **猴** 원숭이 **후** 猴

[중]hóu(허우) [일]コウ/さる [영]monkey
[풀이] 원숭이.
〔猴猿 후원〕 원숭이.

*1 10 13 **獅** 사자 **사** [간]狮 獅

[중]shī(°쓰) [일]シ/しし [영]lion
[풀이] 사자.
〔獅子 사자〕 고양잇과의 맹수.
〔獅子座 사자좌〕 부처가 앉는 자리. 또는, 고승이나 법사가 설법할 때 앉는 자리. 猊座(예좌). 獅座(사좌).
〔獅子吼 사자후〕 ①《'사자의 으르렁거리는 소리'라는 뜻으로》 부처의 설법. 그의 설법에 뭇 악마가 굴복한 데서 온 말임. ②부르짖는 듯한 열변.

★*3-Ⅱ 10 14 **獄** 옥 **옥** [간]狱 獄

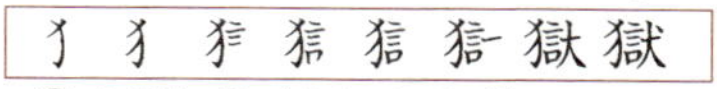

[중]yù(위) [일]ゴク/ひとや [영]prison
[금]  [전]  [자원] **회의자.** 犬(개 견)과 犬, 言(말씀 언)이 합쳐진 자로, 두 마리의 개가 서로 짖고 물어뜯듯이 소송을 벌이고 있는 모습을 나타냄. 의미가 확대되어 '감옥'의 뜻을 갖게 됨.
[풀이] ①옥. 감옥. ‖獄舍(옥사). ②소송하다. ③판결(判決).
〔獄苦 옥고〕 옥살이하는 고생.
〔獄吏 옥리〕 옥을 다스리는 관리.
〔獄死 옥사〕 감옥에서 죽음. 牢死(뇌사).
〔獄事 옥사〕 살인·반역 등 중대한 범죄를 다스리는 일. 또는, 그런 사건. 罪獄(죄옥).
〔獄卒 옥졸〕 감옥에서 죄수를 감시하는 하례(下隷). 옥사쟁이. 獄丁(옥정).
〔獄中 옥중〕 감옥의 안.
◢監獄(감옥)/煉獄(연옥)/地獄(지옥)/出獄(출옥)/脫獄(탈옥)/投獄(투옥)/下獄(하옥)

10 13 **猺** 오랑캐 이름 **요** 猺

[중]yáo(야오) [일]ヨウ/えびす
[풀이] ①오랑캐 이름. ②짐승 이름. ③개의 한 가지.

*1 10 13 **猿** 원숭이 **원** [동]猨 猿

[중]yuán(위엔) [일]エン/さる [영]monkey
[풀이] 원숭이.
〔猿猴 원후〕 원숭이.
◢類人猿(유인원)

*1 10 13 **猾** 교활할 **활** [간]猾 猾

[중]huá(후아) [일]カツ/わるがしこい
[풀이] ①교활하다. 또는, 그 사람. ‖狡猾(교활). ②어지럽다.
〔猾吏 활리〕 교활한 관리.
◢狡猾(교활)

11 14 **獏** 짐승 이름 **모** 獏

[중]mò(모) [일]ボ
[풀이] ①짐승 이름. [통]貘. ②종족 이름.

* 11 15 **獒** 개 **오**

[중]áo(아오) [일]ゴウ/いぬ

*2 11 14 **獐** 노루 **장** 獐

[중]zhāng(°짱) [일]ショウ/のろ
[풀이] 노루.
〔獐角 장각〕 노루의 굳은 뿔. 임질에 약으로 쓰임.
〔獐茸 장용〕 아직 굳지 않은, 노루의 어린 뿔. 보약으로 씀.

* 12 15 **獗** 날뛸 **궐** 獗

[중]jué(쥐에) [일]ケツ/たける

풀이 날뛰다. 사납게 날뛰다.
◢猖獗(창궐)

12 15 **獠** ❶밤 사냥 **료** ❷사냥 **료** 獠

㊥liáo(리아오) ㊐リョウ/かり
풀이 ❶밤 사냥. ❷사냥. 사냥함.

16 **獣** 獸(수)의 약자 →492쪽

☆*5
13 16 **獨** 홀로 **독** ㊛㉾ 独 獨

犭 犭 犭 犭 犭 犸 獨 獨

㊥dú(두) ㊐トク, ドク/ひとり
㊊alone
자원 **형성자.** 犬(견)은 의미를 나타내고 (개는 군집 생활을 하지 않고 단독 생활을 함) 蜀(촉)은 음을 나타냄.
풀이 ①홀로. ㉮혼자. ‖獨子(독자). ㉯남과 다르다. 독특함. ‖獨特(독특). ②홀몸. ‖獨身(독신).
〔獨斷 독단〕 ①제멋대로 결정함. 專斷(전단). ②주관적 편견만으로 판단함. 도그마(dogma).
〔獨立 독립〕 ①혼자의 힘으로 일을 해 나감. ②한 나라가 다른 나라의 간섭 없이 완전한 주권을 가짐. ③어떤 사람이 부모의 도움을 받지 않고 따로 나와 삶.
〔獨房 독방〕 ①혼자서 쓰는 방. ②죄수 한 사람만 가두는 감방.
〔獨白 독백〕 ①혼자서 중얼거림. ②연극에서, 상대자 없이 혼자 말하는 대사.
〔獨不將軍 독불장군〕 ①《혼자서는 장군이 될 수 없다는 뜻으로》 남과 의논하거나 협조하지 않고 혼자서 어떤 일을 이루기란 매우 어려움. ②자기주장이 강하여 남의 의견을 무시하고 제 고집대로만 일을 처리하는 사람.
〔獨善 독선〕 ①자기 혼자만 옳다고 믿고 행동하는 일. ②자기 한 몸의 처신만을 온전하게 하는 일.
〔獨守空房 독수공방〕 《혼자서 빈방을 지킨다는 뜻으로》 결혼한 여자가 남편 없이 혼자 외롭게 밤을 지냄.
〔獨食 독식〕 《혼자서 먹는다는 뜻으로》 이익을 혼자서 차지함. 독차지.
〔獨身 독신〕 ①배우자가 없는 사람. ②형제자매가 없는 사람.
〔獨子 독자〕 외아들.
〔獨掌難鳴 독장난명〕 《손바닥 하나만으로는 소리가 나지 않는다는 뜻으로》 ①혼자서는 일을 이루기 어려움. ②맞서는 사람이 없으면 싸움이 되지 않음. 孤掌難鳴(고장난명).
〔獨裁 독재〕 특정한 개인·단체·계급 등이 모든 권력을 쥐고 독단으로 지배함.
〔獨占 독점〕 어떤 기업이 생산과 시장을 지배하여 이익을 독차지함.
〔獨奏 독주〕 한 사람이 악기를 연주함. ↔合奏(합주).
〔獨創 독창〕 모방함이 없이 처음으로 만들어 내는 일.
◢孤獨(고독)/單獨(단독)/唯獨(유독)

13 16 **獩** 민족 이름 **예** 獩

㊥huì(후에이) ㊐ワイ
풀이 민족 이름.
〔獩貊 예맥〕 옛날 만주와 우리나라 북부 지방에 살던 민족.

*
13 16 **獪** 교활할 **회*** **쾌** ㉾ 狯 獪

㊥kuài(쿠아이) ㊐カイ
풀이 교활하다. 간교하다.
〔獪猾 회활〕 간악하고 교활함.
◢老獪(노회)

*
14 17 **獰** 모질 **녕** ㉾ 狞 獰

㊥níng(닝) ㊐ドウ/わるい
풀이 모질다. 밉살스럽다.
〔獰毒 영독〕 모질고 독살스러움.
〔獰猛 영맹〕 모질고 사나움.
〔獰惡 영악〕 사납고 악함.

★*3
14 17 **獲** 얻을 **획** ㉾ 获 獲

犭 犭 犷 犷 犷 獾 獲 獲

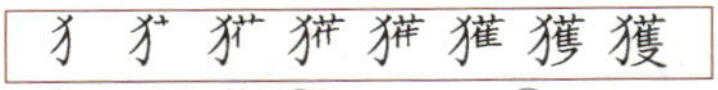

㊥huò(후어) ㊐カク/える ㊊get
갑 전 자원 **회의 겸 형성자.** 갑골문은 새의 발목을 손으로 잡고 있는 모습을 나타낸 隻(척)으로서 회의자임. 소전은 새의 머리 위에 뿔 같은 털을 덧붙였고 왼쪽 부분에는 사냥개를 첨가함으로써 사냥하여 새를 잡는 의미를 더욱 분명히 한 회의 겸 형성자임. 犬은 의미를 나타내고 蒦(약)은 의미와 음을 겸하여 나타냄.
풀이 ①얻다. ㉮사냥하여 새·짐승을 잡다. ㉯빼앗다. 탈취함. ②계집종. 사내종은 藏(장). ‖藏獲(장획).
〔獲得 획득〕 얻거나 따서 자기 것으로 만듦.
〔獲利 획리〕 이익을 얻음. 得利(득리).
◢濫獲(남획)/鹵獲(노획)/虜獲(노획)/漁獲(어획)/捕獲(포획)

14 17 **獯** 오랑캐 **훈** 獯

㊥xūn(쉰) ㊐クン/えびす
풀이 오랑캐.

4획

〔獯鬻 훈육〕 중국 하(夏)나라 때 북적(北狄)을 이르던 말.

15
18 獷 사나울 광 | 간 犷 獷

㊥guǎng(구앙) ㊐コウ/あらい ㊞rough
풀이 ①사납다. 난폭한 모양. ‖獷悍(광한). ②사나운 개. 맹견(猛犬).

★✱3
15
18 獵 사냥 렵 | 약 猟 간 猎 獵

㊥liè(리에) ㊐リョウ/かり ㊞hunting
자원 **형성자.** 犬(견)은 의미를 나타내고 巤(렵)은 음을 나타냄.
풀이 ①사냥. 사냥함. ‖狩獵(수렵). ②잡다. 체포함.
〔獵犬 엽견〕 사냥개. 獵狗(엽구).
〔獵官 엽관〕 관직(官職)을 얻으려고 온갖 방법을 쓰며 경쟁함.
〔獵奇 엽기〕 기괴하고 이상한 것에 흥미가 쏠리어 즐겨 찾아다님.
〔獵期 엽기〕 사냥이 허락되는 기간.
〔獵銃 엽총〕 사냥하는 데 쓰는 총. 사냥총.
◢禁獵(금렵)/密獵(밀렵)/涉獵(섭렵)/狩獵(수렵)/漁獵(어렵)/川獵(천렵)

★✱3-Ⅱ
15
19 獸 짐승 수 | 약 獣 간 兽 獸

[필순] ㅁ ㅁㅁ 㗊 嘼 嘼 嘼 獸 獸

㊥shòu(°써우) ㊐ジュウ/けもの ㊞animal
갑 금 자원 **회의자.** 갑골문·금문의 왼쪽 부분은 사냥 도구인 나무 막대의 상형이고 오른쪽 부분은 사냥개의 상형임. 본뜻은 '사냥하다'이나 뒷날 사냥 대상물인 '짐승'의 뜻으로 쓰이면서 狩(사냥할 수)를 새로 만들어 보충함.
풀이 ①짐승. ②포(脯). 말린 고기.
〔獸性 수성〕 ①짐승의 성질. ②짐승과 같은 육체의 욕정. ③잔인하고 야만적인 성질.
〔獸心 수심〕 짐승처럼 사납고 야만스러운 마음.
〔獸醫 수의〕 가축의 병을 고치는 의사.
◢怪獸(괴수)/禽獸(금수)/猛獸(맹수)/野獸(야수)/鳥獸(조수)

✱
16
19 獺 수달 달 | 간 獭 獺

㊥tǎ(타) ㊐ダツ/かわおそ
풀이 수달.
〔獺祭魚 달제어〕 《중국 당(唐)나라의 이상은(李商隱)이 글을 지을 때 많은 서적을 펼쳐 놓고 참고하였는데, 마치 수달이 고기를 늘어놓는 것과 같다 하여 사람들이 달제어란 호를 지어 준 고사에서》 시문(詩文)을 지을 때 많은 참고 서적을 벌여 놓음.
◢水獺(수달)

★✱3-Ⅱ
16
20 獻 바칠 헌 | 속 간 献 獻

[필순] 广 虍 虐 虜 虜 鬳 獻 獻

㊥xiàn(씨엔) ㊐ケン/たてまつる
갑 금 자원 **형성자.** 갑골문은 제사용 솥을 나타내는 鬲(력)과 犬(개 견)이 합쳐진 회의자로 제사에 바칠 개고기를 솥에 삶는 모습을 나타내었으나, 금문에 이르러 음을 나타내는 虍(호랑이 호)가 덧붙어 형성자가 됨.
풀이 ①바치다. ‖獻金(헌금). ②바치는 물건. ③현인(賢人).
〔獻金 헌금〕 돈을 바침. 또는, 그 돈.
〔獻納 헌납〕 ①금품을 바침. 獻供(헌공). ②임금에게 충언(忠言)을 올림.
〔獻上 헌상〕 ①임금에게 바침. ②물건을 삼가 올림. 獻進(헌진).
〔獻身 헌신〕 몸과 마음을 바쳐 있는 힘을 다함.
〔獻血 헌혈〕 수혈이 필요한 환자를 위하여 피를 뽑아 줌.
◢貢獻(공헌)/文獻(문헌)/奉獻(봉헌)/三獻(삼헌)/進獻(진헌)

17
20 獼 원숭이 미 | 간 猕 獼

㊥mí(미) ㊐ビ/さる
풀이 원숭이.
〔獼猿 미원〕 원숭이.
〔獼猴 미후〕 원숭이. 沐猴(목후).

玄部 검을현

★✱3-Ⅱ
0
5 玄 검을 현 | 玄

[필순] ' 亠 㐅 玄 玄

㊥xuán(쉬엔) ㊐ゲン/くろ ㊞black
금 전 자원 **상형자.** 검은색을 들인 실타래를 나타낸 자. 여기에서 '검다', '어둡다' 등의 뜻이 생겨남. 黑(검을 흑)과는 다른 색으로 흑적(黑赤)을 가리키거나, 짐작할 수 없는 깊이를 가진 캄캄하고 그윽한 상태를 가리킴.
한자 부수의 하나.
풀이 ①검다. 검은빛. ②고요하다. ③북

5획

방. 북향. ④신묘(神妙)하다. 불가사의함. ⑤현손(玄孫).
〔玄關 현관〕 빌딩이나 주택 등의 건물 정면에 딸려 있는 출입문.
〔玄木 현목〕 바래지 않아 빛깔이 누르스름한 무명.
〔玄妙 현묘〕 심오하고 미묘함.
〔玄米 현미〕 벼의 겉껍질만 벗기고 쓿지 않은 쌀.
〔玄孫 현손〕 증손자의 아들. 또는, 손자의 손자.
◢幽玄(유현)

★∗3
5 10 **玆** 이 **자**

亠 𠂉 𠫔 玄 玄' 玆 玆 玆

㊥zī(쯔) ㊐ヒ/ここ
갑 금 전 자원 **상형자.** 두 뭉치의 명주 실타래를 나타낸 자. '이것'의 뜻으로 가차됨.
兹(자:643쪽)는 본래 딴 자. 지금은 혼용됨.
풀이 ①이. 가까운 사물을 가리킴. ②이에. 발어사(發語辭). ③흐리다. ④검다.

★∗3-Ⅱ
6 11 **率** ❶거느릴 **솔** ∗3-Ⅱ ❷비율 **률**★∗3-Ⅱ

亠 𠫔 玄 玄 玄 玄 率 率

㊥shuài(°쑤아이), lǜ(뤼)
㊐ソツ, リツ/ひきいる
갑 금 전 자원 **상형자.** 동아줄을 나타낸 자로, 꼰 줄 양편으로 까끄라기가 삐져나온 모양을 나타냄. 동아줄로 커다란 물체를 묶는 데에서 '이끌다', '거느리다' 등의 뜻이 생겨남.
풀이 ❶①거느리다. 통솔함. ‖率眷(솔권). ②좇다. ③앞장서다. 인도함. ‖率先(솔선). ④거칠다. 조포(粗暴)함. ⑤갑자기. 갑작스러운 모양. 또는, 가벼운 모양. ‖率然(솔연). ⑥솔직하다. 숨김 없이 곧은 모양. ‖率直(솔직). ❷①비율(比率). ②대략. 총계.
〔率家 솔가〕 객지에 살다가 가족을 다 데려가는 일.
〔率眷 솔권〕 집안 식구를 데리고 감.
〔率先 솔선〕 남보다 앞장서서 함. ‖率先垂範(솔선수범).
〔率直 솔직〕 거짓이나 꾸밈이 없이 바르고 곧음.
〔率土之民 솔토지민〕 온 천하의 백성.
◢家率(가솔)/輕率(경솔)/能率(능률)/倍率(배율)/比率(비율)/稅率(세율)/勝率(승률)/食率(식솔)/利率(이율)/引率(인솔)/眞率(진솔)/打率(타율)/統率(통솔)/確率(확률)/換率(환율)/效率(효율)

玉部 구슬옥 玉 王

☆∗8
0 4 **王** ❶임금 **왕** ❷임금 노릇할 **왕**

一 丅 干 王

㊥wáng, wàng(왕) ㊐オウ/きみ
㊄king
갑 금 전 자원 **상형자.** 날이 아래로 향한 큰 도끼를 본뜬 자. 고대 중국에서는 청동으로 만든 도끼는 '무력', '권력'의 상징이었으므로 '왕'의 뜻을 갖게 됨.
한자 부수의 하나.
풀이 ❶①임금. 천자(天子). ‖帝王(제왕). ②황족(皇族) 남자의 칭호. 한대(漢代)에 비롯함. ③우두머리. 동류(同類)의 수령(首領). ❷임금 노릇하다. 군림(君臨)함. ‖王道(왕도).
〔王家 왕가〕 임금의 집안.
〔王冠 왕관〕 임금이 쓰는 관.
〔王國 왕국〕 임금이 다스리는 나라.
〔王宮 왕궁〕 임금이 거처하는 궁전.
〔王大人 왕대인〕 남의 할아버지의 높임말. 王丈(왕장).
〔王都 왕도〕 왕궁(王宮)이 있는 도시.
〔王道 왕도〕 ①임금으로서 마땅히 지켜야 할 도리. ②백성을 덕으로써 다스림. ↔霸道(패도).
〔王命 왕명〕 임금의 명령.
〔王妃 왕비〕 임금의 아내. 王后(왕후).
〔王室 왕실〕 임금의 집안. 王家(왕가).
〔王位 왕위〕 임금의 자리.
〔王政 왕정〕 ①임금이 다스리는 정치. ②군주 정치.
〔王朝 왕조〕 같은 왕가에 속하는 통치자의 계열. 또는, 그 왕가가 다스리는 시대.
〔王族 왕족〕 임금의 일가.
〔王座 왕좌〕 ①임금이 앉는 자리. 또는, 임금의 지위. 玉座(옥좌). 王位(왕위). ②으뜸가는 자리.
〔王統 왕통〕 왕위를 잇는 혈통.
〔王后 왕후〕 ➡王妃(왕비).
◢國王(국왕)/君王(군왕)/大王(대왕)/魔王(마왕)/父王(부왕)/上王(상왕)/先王(선왕)/聖王(성왕)/女王(여왕)/龍王(용왕)/帝王(제왕)/天王(천왕)/霸王(패왕)/廢王(폐왕)

☆∗4-Ⅱ
0 5 **玉** 구슬 **옥**

一 丅 干 王 玉

㊥yù(위) ㊐ギョク/たま ㊄bead

5획

갑 [古文字] 금 [古文字] 전 [古文字] 자원 **상형자.** 여러 개의 옥이 실에 꿰어져 있는 모양을 나타낸 자. 금문·소전에서 王(임금 왕) 자와 비슷해지자 예서 이후에 점이 하나 덧붙여져 현재의 자형이 됨.

풀이 ①구슬. ‖玉石(옥석). ②남의 것에 대한 미칭(美稱). ③아껴 소중히 여기다. ④아름답다. 훌륭함.

〔玉稿 옥고〕 (('훌륭한 원고(原稿)'라는 뜻으로)) 남의 원고의 높임말.

〔玉骨仙風 옥골선풍〕 (('옥 같은 골격에 신선 같은 풍채'란 뜻으로)) 고결한 풍격(風格).

〔玉童子 옥동자〕 옥같이 예쁜 어린 아들. 또는, 몹시 소중한 아들.

〔玉樓 옥루〕 옥으로 장식한 화려한 누각(樓閣).

〔玉門 옥문〕 ①옥으로 장식한 문. ②궁궐. ③여자의 음문(陰門).

〔玉璽 옥새〕 옥으로 만든 임금의 도장. 御璽(어새).

〔玉色 옥색〕 옥의 빛깔과 같이 약간 파르스름한 빛깔.

〔玉石 옥석〕 ①옥이 들어 있는 돌. 또는, 가공하지 않은 옥. ②(('옥과 돌'이라는 뜻으로)) 좋은 것과 나쁜 것.

〔玉石俱焚 옥석구분〕 (('옥과 돌이 모두 다 불에 탄다는 뜻으로)) 옳은 사람이나 그른 사람이 구별 없이 모두 재앙을 받음.

〔玉碎 옥쇄〕 (('옥처럼 아름답게 부서진다는 뜻으로)) 명예나 충절을 위해 깨끗이 죽음.

〔玉顔 옥안〕 아름다운 얼굴. 또는, 미인의 얼굴. 玉面(옥면).

〔玉座 옥좌〕 임금이 앉는 자리. 寶座(보좌). 王座(왕좌).

〔玉體 옥체〕 ①임금의 몸. ②옥같이 아름다운 몸. ③남을 높여 그의 몸을 이르는 말.

◢曲玉(곡옥)/冠玉(관옥)/白玉(백옥)/寶玉(보옥)/氷玉(빙옥)/珠玉(주옥)/青玉(청옥)/紅玉(홍옥)

*玎 (2 / 6) 옥 소리 **정**

중dīng(띵) 일テイ

*玕 (3 / 7) 옥돌 **간**

중gān(깐) 일カン

*²玖 (3 / 7) 옥돌 **구**

중jiǔ(지우) 일ク/あらだま

풀이 ①옥돌. 옥 비슷한 검은 빛깔의 미석(美石). ②아홉. 九의 갖은자.

*玘 (3 / 7) 패옥 **기**

중qǐ(치) 일キ

풀이 ①패옥. ②노리개.

*玗 (3 / 7) 옥돌 **우**

중yú(위) 일ウ

*玔 (3 / 7) 옥고리 **천**

중chuān(°추안) 일セン

풀이 ①옥고리. ②옥팔찌.

*玠 (4 / 8) 큰 홀 **개**

중jiè(지에) 일カイ/けい

풀이 큰 홀. 제후(諸侯)를 봉할 때 신표(信標)로 쓰던 큰 홀.

玦 (4 / 8) 패옥 **결**

중jué(쥐에) 일ケツ/おびたま

풀이 ①패옥(佩玉). 허리에 차는 옥. ②활깍지. 활을 쏠 때 오른손 엄지에 끼는 것. 통決·抉.

玫 (4 / 8) 매괴 **매**

중méi(메이) 일バイ, マイ/ばいかい

풀이 매괴.

〔玫瑰 매괴〕 중국에서 나는 붉고 아름다운 돌.

*²玟 (4 / 8) 옥돌 **민**

중mín(민) 일ビン, ミン

*玭 (4 / 8) 구슬 이름 **빈**

중pín(핀) 일ヒン

*¹玩 (4 / 8) 희롱할 **완**

중wán(완) 일ガン/もてあそぶ 영ridicule

풀이 ①희롱하다. 노리개로 삼음. 같翫. ②사랑하다. 애상(愛賞)함.

〔玩具 완구〕 장난감. ‖玩具店(완구점).

〔玩弄 완롱〕 장난감이나 놀림감처럼 희롱함.

〔玩賞 완상〕 즐겨 구경함.

〔玩月 완월〕 달을 구경하며 즐김.

◢弄玩(농완)/愛玩(애완)

4 8 * **玧** 귀 막는 옥 **윤**

[중]yǔn(윈) [일]カン

5 9 * **珂** 옥 이름 **가**

[중]kē(커) [일]カ

5 9 *2 **珏** 쌍옥 **각** * **곡**

[중]jué(쥐에) [일]カク

[풀이] 쌍옥. 한 쌍의 옥.

5 9 * **玽** 옥돌 **구**

[중]gǒu(거우) [일]コウ, ク

5 9 * **玳** 대모 **대**

[중]dài(따이) [일]タイ/たいまい

[풀이] 대모.

〔玳瑁 대모〕 ①열대·아열대 지방에 사는 바다거북. ② ➡玳瑁甲(대모갑).

〔玳瑁甲 대모갑〕 대모의 등과 배를 싸고 있는 껍데기. 장식품·공예품을 만드는 데 씀. 玳瑁(대모).

5 9 *2 **玲** 옥 소리 **령**

[중]líng(링) [일]レイ

[풀이] 옥 소리. 옥 또는 금옥(金玉)의 울리는 소리.

〔玲瓏 영롱〕 ①광채가 찬란함. ②구슬 따위의 울리는 소리가 맑고 아름다움.

5 9 *2 **珉** 옥돌 **민** [동] 瑉

[중]mín(민) [일]ビン, ミン

5 9 *1 **珀** 호박 **박**

[중]pò(포) [일]ハク/こはく

[풀이] 호박.

◢琥珀(호박)

9 **珐** 琺(법)의 약자 →498쪽

5 9 *1 **珊** 산호 **산** [동][간] 姍

[중]shān(°산) [일]サン/さんご [영]coral

[풀이] 산호.

〔珊瑚 산호〕 산호충(珊瑚蟲)의 뼈가 모여 나뭇가지 모양을 이룬 것. 장식품으로 씀.

9 **姍** 珊(산)과 동자 →495쪽

5 9 * **玿** 아름다운 옥 **소**

[중]sháo(°사오) [일]ショウ

5 9 * **玴** 옥돌 **예**

[중]yì(이) [일]エイ [영]gemstone

5 9 ★*4 **珍** 보배 **진** [동] 鉁 [속] 珎

一 T 王 王' 王^ 玠 珍 珍

[중]zhēn(°쩐) [일]チン/めずらしい [영]precious

[자원] **형성자.** 王(옥)은 의미를 나타내고 㐱(진)은 음을 나타냄.

[풀이] ①보배. ②진귀하다.

〔珍貴 진귀〕 드물고 귀중함.

〔珍技 진기〕 진귀한 기술.

〔珍奇 진기〕 드물어서 놀랍고 이상함.

〔珍味 진미〕 썩 좋은 맛. 또는, 그런 음식. ‖山海珍味(산해진미).

〔珍寶 진보〕 진귀한 보배.

〔珍本 진본〕 ➡珍書(진서).

〔珍書 진서〕 진귀한 책. 珍本(진본).

〔珍羞盛饌 진수성찬〕 맛이 좋고 잘 차린 음식.

9 **珎** 珍(진)의 속자 →495쪽

5 9 **玻** 유리 **파**

[중]bō(뽀) [일]ハ/はり [영]glass

[풀이] 유리(琉璃).

〔玻璃 파리〕 ①유리. ②수정(水晶).

5 9 * **珌** 칼 장식 옥 **필**

[중]bì(삐) [일]ヒツ/さやかざり

5 9 * **玹** 옥돌 **현**

[중]xuán(쉬엔) [일]ゲン

5획

6 10 珙* 크고 둥근 옥 **공**

㊥gǒng(궁) ㊐キョウ

6 10 珖* 옥 피리 **광**

㊥guāng(꾸앙) ㊐コウ

10 珪*2 圭(규)의 고자 →149쪽

6 10 珞* 구슬 목걸이 **락**

㊥luò(루어) ㊐ラク

6 10 班**6 나눌 **반**

一 丁 干 王 玎 玔 玔 班

㊥bān(빤) ㊐ハン/わける ㊎classify

금 班 [자원] **회의자.** 두 개의 옥을 나타내는 珏(각)과 칼을 나타내는 刀(도)가 합쳐진 자로, 옥을 칼로 쪼개는 것을 나타냄.

[풀이] ①나누다. ②차례. 순서. ‖班次(반차). ③지위. 위계(位階). ④줄. 행렬. ‖班列(반열). ⑤돌이키다. 돌아옴. ⑥양반. ‖班常(반상).

〔班常 반상〕 양반과 상사람.

〔班首 반수〕 ①수석(首席)의 자리에 있는 사람. 수반. 우두머리. ②보부상(褓負商)의 우두머리.

〔班列 반열〕 일정한 조직에서 인정받는 높은 등급.

〔班長 반장〕 반(班)을 대표하는 사람.

◢武班(무반)/文班(문반)/分班(분반)/首班(수반)/兩班(양반)/越班(월반)

10 珤* 寶(보)의 고자 →211쪽

6 10 珗* 옥돌 **선**

㊥xiān(씨엔) ㊐セン ㊎gemstone

6 10 珣*2 옥 그릇 **순**

㊥xún(쉰) ㊐シュン/たまうつわ ㊎jade vessel

6 10 珢* 옥돌 **은**

㊥kèn(컨) ㊐ギン/たまいし ㊎gemstone

6 10 珥*2 귀고리 **이**

㊥ěr(얼) ㊐ジ/みみかざり ㊎earring

[풀이] ①귀고리. ‖珥璫(이당). ②햇무리.

6 10 珠**3 구슬 **주**

㊥zhū(°쭈) ㊐シュ/たま ㊎bead

[자원] **형성자.** 玉(옥)은 의미를 나타내고 朱(주)는 음을 나타냄.

[풀이] ①구슬. ‖珠玉(주옥). ②진주.

〔珠簾 주렴〕 구슬로 꾸민 발.

〔珠算 주산〕 수판으로 하는 계산. 수판셈.

〔珠玉 주옥〕 ①구슬과 옥. ②아름답고 값진 것의 비유.

◢寶珠(보주)/念珠(염주)/眞珠(진주)

6 10 珫* 귀고리 옥 **충**

㊥chōng(°총) ㊐シュウ

10 珮 佩(패)와 동자 →38쪽

6 10 珦* 옥 이름 **향**

㊥xiéng(씨앙) ㊐キョウ, コウ

6 10 珩* 노리개 **형**

㊥héng(헝) ㊐コウ

6 10 珝* 옥 이름 **후**

㊥xǔ(쉬) ㊐ク

7 11 球**6 구슬 **구**

丁 王 王' 玎 玎 玎 球 球

㊥qiú(치우) ㊐キュウ/たま ㊎bead

[자원] **형성자.** 玉(옥)은 의미를 나타내고 求(구)는 음을 나타냄.

[풀이] ①구슬. 아름다운 옥. ②공. ‖球技(구기).

〔球莖 구경〕 구상(球狀)의 지하경(地下莖).

〔球菌 구균〕 구상(球狀) 세균의 총칭. 球狀菌(구상균).

〔球根 구근〕 둥근 덩어리처럼 생긴 뿌리나 땅속줄기. 알뿌리.
〔球技 구기〕 공을 가지고 하는 운동 경기.
〔球形 구형〕 공처럼 둥근 모양.
◪氣球(기구)/籠球(농구)/撞球(당구)/排球(배구)/白球(백구)/選球(선구)/速球(속구)/送球(송구)/水球(수구)/始球(시구)/眼球(안구)/野球(야구)/電球(전구)/制球(제구)/足球(족구)/地球(지구)/直球(직구)/天球(천구)/蹴球(축구)/打球(타구)/卓球(탁구)/投球(투구)/避球(피구)/血球(혈구)

7 11 琅* 옥 이름 **랑** 속 瑯

중lǎng(랑) 일ロウ
풀이 ①옥 이름. ‖琺琅(법랑). ②문고리. ③금석 고리.
〔琅琅 낭랑〕 옥이 서로 부딪쳐 울리는 소리가 아주 맑은 모양.

7 11 琉*1 유리 **류** 동 瑠

중liú(리우) 일リュウ/るり 영glass
풀이 유리. 돌. 규석(硅石).
〔琉璃 유리〕 석영(石英)을 원료로 하여 만든 투명한 물질. ‖琉璃窓(유리창).

7 11 理☆*6 다스릴 **리**

丁 王 玎 玑 玾 玾 理 理

중lǐ(리) 일リ/おさめる 영regulate
자원 **형성자.** 玉(옥)은 의미를 나타내고 里(리)는 음을 나타냄.
풀이 ①다스리다. ‖理事(이사)/修理(수리). ②꾸미다. 장식함. ‖理容(이용). ③길. 도(道). ‖背理(배리). ④결. ㉮무늬. ‖木理(목리). ㉯살결. ⑤성질. ⑥매개(媒介). ⑦깨닫다. 이해함. ‖理解(이해).
〔理念 이념〕 ①이상적인 것으로 여겨지는 생각이나 견해. ②이성(理性)의 판단으로 얻은 최고의 개념.
〔理論 이론〕 ①이치나 지식을 조직한 체계. ②실험에 의하지 않고 순수한 관념에 의한 논리. ↔實踐(실천).
〔理髮 이발〕 남자의 머리털을 깎고 다듬음.
〔理法 이법〕 ①원리와 법칙. ②도리와 예법.
〔理事 이사〕 법인(法人)의 사무를 처리하며, 이를 대표하여 권리를 행사하는 직위. 또는, 그 직위에 있는 사람.
〔理想 이상〕 ①사물의 가장 완전한 상태나 모습. ↔現實(현실). ②마음에 그리며 추구하는 최고의 목표.
〔理性 이성〕 이치에 맞고 논리적으로 생각하고 판단하는 능력. ↔感性(감성).
〔理由 이유〕 ①까닭이나 근거. ②구실이나 변명.
〔理財 이재〕 재산을 잘 관리함.
〔理致 이치〕 사물의 정당한 도리. 또는, 도리에 맞는 취지.
〔理解 이해〕 ①사리를 분별하여 앎. ②깨달아 앎.
◪監理(감리)/經理(경리)/公理(공리)/管理(관리)/教理(교리)/窮理(궁리)/論理(논리)/代理(대리)/道理(도리)/無理(무리)/文理(문리)/物理(물리)/法理(법리)/病理(병리)/非理(비리)/事理(사리)/生理(생리)/署理(서리)/攝理(섭리)/受理(수리)/修理(수리)/順理(순리)/心理(심리)/審理(심리)/料理(요리)/原理(원리)/倫理(윤리)/義理(의리)/一理(일리)/整理(정리)/條理(조리)/調理(조리)/地理(지리)/眞理(진리)/天理(천리)/哲理(철리)/總理(총리)/推理(추리)/合理(합리)

5획

7 11 珷* 옥돌 이름 **무**

중wǔ(우) 일ブ

11 琁* 璇(선)과 동자 →501쪽

7 11 珹* 옥 이름 **성**

중chéng(°청) 일セイ, ショウ

7 11 琇* 옥돌 **수**

중xiù(씨우) 일シュウ
풀이 ①옥돌. ②아름답다.

7 11 珸* 옥돌 **오**

중wú(우) 일ゴ 영gemstone

7 11 琓*1 한옥돌 **완**

7 11 珵* 옥 이름 **정**

중chéng(°청) 일テイ

7 11 珽*2 옥홀 **정**

중tǐng(팅) 일テイ
풀이 옥홀. 옥으로 만든 홀.

☆*6
7 11 **現** 나타날 **현**

丅 王 玔 玑 玥 玥 玥 現

㊥xiàn(씨엔) ㊐ゲン/あらわれる
㊄appear
자원 **회의 겸 형성자.** 玉(구슬 옥)과 見(볼 견)이 합쳐진 자로, 옥의 아름다운 무늬가 드러남을 나타냄. 玉은 의미를 나타내고 見은 의미와 음을 겸하여 나타냄.
풀이 ①나타나다. 나타냄. ㊀見. ‖現像(현상). ②이제. 현재. ‖現存(현존). ③이승. ‖現世(현세).
〔現金 현금〕 ①실제로 통용되는 화폐. ②현재 가지고 있는 돈.
〔現代 현대〕 ①오늘날의 시대. ②근대 이후의 시대.
〔現狀 현상〕 현재의 상태.
〔現象 현상〕 ①실제로 나타나 보이는 사물의 모양이나 상태. ②인간의 보통 감각에 의하여 지각(知覺)하고 경험할 수 있는 것의 형상(形象). ‖現象界(현상계). ↔本體(본체).
〔現像 현상〕 ①형상을 드러냄. 또는, 그 형상. ②촬영한 필름이나 인화지를 약품으로 처리하여 영상이 나타나게 하는 일.
〔現世 현세〕 현재 살고 있는 세계.
〔現實 현실〕 실제의 사실 또는 상태. ↔理想(이상).
〔現役 현역〕 ①어떤 분야에서 현재 활동하고 있음. 또는, 그런 사람. ②현재 군에 복무하고 있는 병역. 또는, 그런 군인.
〔現場 현장〕 어떤 일이 진행되고 있거나 일어난 바로 그 장소.
〔現在 현재〕 바로 지금의 때.
〔現存 현존〕 현재 존재함.
〔現行 현행〕 현재 실행되고 있음.
〔現況 현황〕 현재의 상황
◢具現(구현)/發現(발현)/示現(시현)/實現(실현)/再現(재현)/體現(체현)/出現(출현)/表現(표현)/顯現(현현)

*
8 12 **琨** 옥돌 **곤**

㊥kūn(쿤) ㊐コン/あらたま

*2
8 12 **琯** 옥 피리 **관**

㊥guǎn(구안) ㊐カン/たまぶえ
㊄jade flute

★*3-II
8 12 **琴** 거문고 **금**

丅 王 玎 玨 玨 玨 珡 琴

㊥qín(친) ㊐キン/こと
전 자원 **형성자.** 소전은 거문고를 나타낸 상형자로, 玨자는 현을 매는 기러기발을 나타내고 아랫부분은 공명통을 나타냄. 예서 이후로 공명통 대신에 今(금) 자를 더하여 형성자가 됨. 今은 음을 나타냄.
풀이 거문고.
〔琴道 금도〕 거문고에 대한 이론과 타는 기술.
〔琴瑟 금실〕 서로 잘 맞는 부부 관계. 琴瑟之樂(금실지락).
〔琴瑟之樂 금실지락〕 ➡琴瑟(금실).
◢伽倻琴(가야금)/木琴(목금)/無絃琴(무현금)/心琴(심금)/月琴(월금)/彈琴(탄금)/風琴(풍금)/奚琴(해금)

*2
8 12 **琦** 옥 이름 **기**

㊥qí(치) ㊐キ/たまのな
풀이 ①옥 이름. ②훌륭하다. 아름다움. ③기이하다. ㊐奇. ‖琦行(기행).

*2
8 12 **琪** 옥 **기**

㊥qí(치) ㊐キ/たまのな ㊄jade
풀이 ①옥. ②아름답다.
〔琪花瑤草 기화요초〕 선경(仙境)에 있다는 아름다운 꽃과 풀.

*
8 12 **琳** 아름다운 옥 **림**

㊥lín(린) ㊐リン/たま ㊄jade
풀이 아름다운 옥. ‖琳球(임구).

*
8 12 **琺** 법랑 **법** 약 珐

㊥fà(파) ㊐ホウ/ほうろう ㊄enamel
풀이 법랑.
〔琺瑯 법랑〕 사기그릇이나 쇠 그릇의 겉에 구워 올려 윤이 나게 하는 유약.
〔琺瑯質 법랑질〕 이의 표면을 덮어 상아질을 보호하는 단단한 물질.

*
8 12 **琫** 칼집 장식 **봉**

㊥běng(벙) ㊐ホウ/さやかざり

*1
8 12 **琵** 비파 **비**

㊥pí(피) ㊐ヒ, ビ/びわ ㊄lute
풀이 ①비파(琵琶). ②음정이 낮게 활주(滑奏)하다.
〔琵琶 비파〕 동양 현악기의 한 가지. 줄은 넷이며 튕겨서 연주함.

5획

8 12 **琡*** 옥 이름 **숙**

㊥chū(°추) ㊐シュク

8 12 **琰*** 옥 갈 **염**

㊥yǎn(옌) ㊐エン
풀이 옥을 갈다.

8 12 **琬*** 홀 **완**

㊥wǎn(완) ㊐エン/しるしたま
풀이 홀. 모나지 않은 홀.

8 12 **琟*** 옥돌 **유**

㊥wéi(웨이) ㊐イ, ユイ

8 12 **琤** 옥 소리 **쟁** 간 琤

㊥chēng(°청) ㊐ソウ/たまのおと
풀이 ①옥 소리. ②물건이 부딪는 소리.
〔琤琤 쟁쟁〕 ①옥이 맞부딪쳐 맑게 울리는 소리. ②전에 들었던 소리가 귀에 울리는 느낌. ③목소리가 매우 또렷하고 맑은 소리.

8 12 **琠*** 귀막이 **전**

㊥diǎn(디엔) ㊐テン
풀이 귀막이. 옥 이름.

8 12 **琮*2** 옥홀 **종**

㊥cóng(충) ㊐ソウ/たまのな
풀이 ①옥홀. 서옥(瑞玉) 이름. ②부신(符信).

8 12 **琗*** 옥빛 **채**

㊥cuì(추에이) ㊐サイ

8 12 **琛*** 보배 **침**

㊥chēn(°천) ㊐チン ㊕treasure
풀이 ①보배. ②옥.

8 12 **琢*2** 쫄 **탁**

㊥zhuó(°주어) ㊐タク/みがく
자원 **형성자.** 玉(옥)은 의미를 나타내고 豖(축)은 음을 나타냄.
풀이 ①쪼다. 옥을 다듬다. ‖琢磨(탁마). ②덕이나 기량을 닦다. 연마함. ‖切磋琢磨(절차탁마).
〔琢磨 탁마〕 ①옥이나 돌을 세공(細工)하는 일. ②학문이나 덕행을 갈고 닦는 일.

8 12 **琸*** 사람 이름 **탁**

㊥zhuó(°주어) ㊐タク

8 12 **琶*1** 비파 **파**

㊥pá(파) ㊐ハ, バ/びわ
풀이 ①비파. ②음정이 높게 활주(滑奏)하다.
◢琵琶(비파)

8 12 **琥*1** 호박 **호**

㊥hǔ(후) ㊐コ/こはく ㊕amber
풀이 ①호박(琥珀). 장식품의 한 가지. ②서옥(瑞玉). ③옥으로 만든 범 형상의 그릇.
〔琥珀 호박〕 지질 시대 나무의 진이 땅속에 묻혀서 굳어진 누런색 광물. 장신구로 쓰임.

9 13 **瑙*** 마노 **노** 통 碯

㊥nǎo(나오) ㊐ノウ/めのう ㊕agate
풀이 마노.
◢瑪瑙(마노)

9 13 **瑁*** ❶서옥 **모** ❷대모 **모** 본매

㊥mào(마오)
㊐ボウ, バイ/たま, たいまい
풀이 ❶서옥(瑞玉). ❷대모(玳瑁). 바다거북.

13 **瑉*** 珉(민)과 동자 →495쪽

9 13 **瑞*2** 상서 **서**

㊥ruì(°루에이) ㊐ズイ/めでたい
㊕auspicious
풀이 ①상서. 길조(吉兆). ②경사스럽다. ③부절(符節). 부신(符信).
〔瑞光 서광〕 ①상서로운 빛. ②좋은 일

이 있을 징조. 祥光(상광).
[瑞氣 서기] 상서로운 기운.
[瑞夢 서몽] 상서로운 꿈.
[瑞雪 서설] 상서로운 눈.
◢祥瑞(상서)

9 13 瑄 *2 도리옥 **선**

[중]xuān(쉬엔) [일]セン/たま [영]jade
[풀이] 도리옥. 여섯 치의 큰 옥.

9 13 瑆 * 옥빛 **성**

[중]xīng(씽) [일]セイ

9 13 瑟 *2 큰 거문고 **슬**

[중]sè(써) [일]シツ/おおごと
[고]  [전]  [자원] **형성자.** 고문은 거문고와 비슷한 현악기의 모습을 나타낸 상형자로, 大(대)자 모양은 악기의 몸통을 나타내고 양쪽의 가로획들은 현을 나타냄. 소전은 琴(거문고 금)의 玨자와 必(필)이 합쳐진 형성자로 必은 음을 나타냄.
[풀이] ①큰 거문고. ‖琴瑟(금슬). ②쓸쓸하다. ③엄숙하다. 엄격함.
◢琴瑟(금슬)/蕭瑟(소슬)

9 13 瑌 * 옥돌 **연**

[중]ruǎn(°루안) [일]ゼン

9 13 瑛 *2 옥빛 **영**

[중]yīng(잉) [일]エイ/すいしょう
[풀이] ①옥빛. 옥의 광채. ②투명한 옥. 수정(水晶).

9 13 瑀 * 패옥 **우**

[중]yǔ(위) [일]ウ/おびたま
[풀이] 패옥. 허리띠에서 내려뜨린 수실 중간에 다는 옥.

9 13 瑗 *2 도리옥 **원**

[중]yuàn(위엔) [일]エン/たま [영]jade
[풀이] 도리옥. 둥근 고리 모양의 옥.

9 13 瑋 * 옥 이름 **위** [간]玮

[중]wěi(웨이) [일]イ

[풀이] 옥 이름. 아름다운 구슬.

9 13 瑜 * 아름다운 옥 **유**

[중]yú(위) [일]ユ/たま [영]jade
[풀이] ①아름다운 옥. ②옥의 광채.

9 13 瑅 * 옥 이름 **제**

[중]tí(티) [일]テイ

9 13 瑃 * 옥 이름 **춘**

[중]chūn(°춘) [일]チュン

9 13 瑕 *1 티 **하**

[중]xiá(시아) [일]カ/きず
[풀이] ①티. 옥의 티. ②허물. 잘못.
[瑕疵 하자] 물건이나 사실의 흠이나 잘못된 점. 흠.

9 13 瑚 *1 산호 **호**

[중]hú(후) [일]コ/さんご [영]coral
[풀이] ①산호(珊瑚). ②호련(瑚璉). 고상한 인격.
◢珊瑚(산호)

9 13 琿 * 아름다운 옥 **혼** [간]珲

[중]hún(훈) [일]コン

10 14 瑰 구슬 이름 **괴**

[중]guī(꾸에이) [일]カイ/たまのな
[풀이] ①구슬 이름. 원형의 미주(美珠). ‖玫瑰(매괴). ②진기하다. 뛰어남. ③크다. 훌륭함. ④아름답다.

14 瑯 * 琅(랑)의 속자 →497쪽

14 瑠 * 琉(류)와 동자 →497쪽

10 14 瑪 * 마노 **마** [간]玛

[중]mǎ(마) [일]バ, メ/めのう [영]agate
[풀이] 마노.
[瑪瑙 마노] 빛깔이 곱고 투명하여 장식품이나 보석으로 쓰이는 차돌.

5획

10 14 **瑣** 자질구레할 **쇄** | 간 琐 瑣

중suǒ(수어) 일サ/こまかい 영fine
풀이 ①자질구레하다. 잚. ‖瑣事(쇄사). ②세분하다. 잘게 구별함.
[瑣事 쇄사] 쓸모없고 사소한 일.
[瑣細 쇄세] 잘고 사소함.
◢煩瑣(번쇄)

*2
10 15 **瑩** ❶밝을 **영** ❷의혹할 **형** | 간 莹 瑩

중yíng(잉) 일エイ
풀이 ❶밝다. 밝은 빛. ❷의혹하다.

*
10 14 **瑥** 사람 이름 **온** | 瑥

중wēn(원) 일オン

*
10 14 **瑤** 아름다운 옥 **요** | 간 瑶 瑤

중yáo(야오) 일ヨウ/たま 영gem
풀이 ①아름다운 옥. 아름다운 돌. ‖瑤臺(요대). ②사물의 미칭(美稱).
[瑤臺 요대] 옥으로 장식한 아름다운 누대(樓臺).
[瑤池鏡 요지경] ①상자 앞면에 확대경을 달고, 그 안에 여러 가지 그림을 넣어 들여다보게 만든 장치. ②알쏭달쏭하여 이해할 수 없는 형편.

*2
10 14 **瑢** 패옥 소리 **용** | 瑢

중róng(°룽) 일ヨウ

*
10 14 **瑿** 한사람 이름 **은** |

*
10 14 **瑱** 귀막이 옥 **진** | 瑱

중zhèn(°쩐) 일テン, チン/みみだま

*
14 **瑨** 아름다운 돌 **진** | 속 瑨 瑨

중jìn(진) 일シン

*
14 **瑨** 瑨(진)의 속자 →501쪽

*
10 14 **瑳** 옥빛 깨끗할 **차** | 간 瑳

중cuō(추어) 일サ
풀이 ①옥빛이 깨끗하다. ②웃다. ③갈다. 같磋.

*2
11 15 **瑾** 아름다운 옥 **근** | 瑾

중jǐn(진) 일キン/たま
풀이 ①아름다운 옥. ②붉은 옥.

*
11 15 **璂** 옥 꾸미개 **기** | 璂

중qí(치) 일キ
풀이 옥 꾸미개. 고깔의 좌우 솔기에 다는, 오색의 옥으로 된 장식.

*
11 15 **璉** 호련 **련** | 간 琏 璉

중liǎn(리엔) 일レン 영vessel
풀이 호련(瑚璉). 서직(黍稷)을 담는 종묘 제기.

*
11 15 **璃** 유리 **리** | 璃

중lí(리) 일リ/るり 영glass
풀이 유리.
◢琉璃(유리)

*2
11 15 **璇** 아름다운 옥 **선** | 동 琁 璇

중xuán(쉬엔) 일セン/たま
풀이 ①아름다운 옥. ‖璇瑰(선괴). ②별 이름. 북두칠성의 둘째 별.

*
11 15 **璌** 사람 이름 **인** |

중yín(인) 일イン

*2
11 15 **璋** 반쪽 홀 **장** | 璋

중zhāng(°짱) 일ショウ/しるしたま
풀이 ①반쪽 홀(笏). ②구기.

*
11 15 **瑽** 패옥 소리 **종** 본**총** | 간 玐

중cōng(충) 일ショウ

*2
12 16 **璟** 옥빛 **경*** **영** | 璟

중jǐng(징) 일エイ/たまのひかり
풀이 ①옥빛. ②광채(光彩)가 나다. ③

사람 이름.

12 16 璣 *2 구슬 기 ㊎玑

㊥jī(찌) ㊐キ/たま ㊏bead

풀이 ①구슬. ②천문 측정 기구 이름. 혼천의(渾天儀). ‖璿璣玉衡(선기옥형).

12 16 璘 * 옥빛 린

㊥lín(린) ㊐リン/たまのひかり

풀이 ①옥빛. ②옥 무늬.

12 16 璞 * 옥돌 박

㊥pú(푸) ㊐ハク/あらたま

풀이 ①옥돌. ②본바탕. 진실.

12 16 璡 * 옥돌 진 ㊎琎

㊥jīn(찐) ㊐シン

풀이 옥돌. 옥같이 아름다운 돌.

12 16 璜 * 패옥 황

㊥huáng(후앙) ㊐コウ/おびだま

13 17 璥 * 경옥 경

㊥jǐng(징) ㊐ケイ

풀이 경옥. 옥의 이름.

13 18 璧 *1 둥근 옥 벽

㊥bì(삐) ㊐ヘキ/たま

璧(벽:163쪽)은 딴 자.

풀이 ①둥근 옥. ②아름다운 옥. 흠이 없는 옥. ‖完璧(완벽).

[璧玉 벽옥] 벽과 옥의 병칭. 넓적하게 생긴 것을 璧, 둥근 것을 玉이라 함.

◢雙璧(쌍벽)/完璧(완벽)

13 17 璲 * 패옥 수

㊥suì(쑤에이) ㊐スイ

풀이 패옥. 허리띠에 차는 옥.

13 17 瑟 * 옥 깨끗할 슬

㊥sè(써) ㊐シツ

풀이 ①옥이 깨끗하다. ②푸른 구슬.

13 17 璪 * 옥 조

㊥zǎo(자오) ㊐ソウ

풀이 옥. 면류관에 드리우는 옥.

13 17 璨 *2 빛날 찬

㊥càn(찬) ㊐サン/ひかる

풀이 빛나다. 옥의 빛.

13 17 環 **4 ❶고리 환 ❷물러날 환 ㊎环

丅 王 𤤃 𤦓 𤨿 環 環 環

㊥huán(후안) ㊐カン/わ ㊏ring

자원 **형성자.** 玉(옥)은 의미를 나타내고 睘(경)은 음을 나타냄.

풀이 ❶①고리. ‖耳環(이환). ②환옥(環玉). 고리처럼 둥근 옥. ❷①물러나다. ②두르다.

[環境 환경] ①사람·생물에게 영향을 미치는 자연이나 사회의 조건 또는 형편. ②생활하고 있는 곳의 주변 상태.

[環視 환시] ①많은 사람이 둘러싸고 봄. ②사방을 둘러봄.

[環玉 환옥] 조선 시대에, 정1품과 종1품 벼슬아치가 관모에 붙이던 옥관자. 도리옥.

[環礁 환초] 고리 모양으로 배열된 산호초.

◢金環(금환)/循環(순환)/玉環(옥환)/一環(일환)/指環(지환)/花環(화환)

14 18 璸 * 구슬 이름 빈

㊥piān(피엔) ㊐ヘン

14 19 璽 *1 도장 새 ㊔사 ㊎玺

㊥xǐ(시) ㊐ジ ㊏royal seal

풀이 도장. 옥새(玉璽).

[璽書 새서] 옥새가 찍혀 있는 문서.

◢國璽(국새)/寶璽(보새)/御璽(어새)/玉璽(옥새)/印璽(인새)

14 18 璿 *2 선옥 선

㊥xuán(쉬엔) ㊐セン

풀이 선옥. 아름다운 옥.

14 * 璹 옥 그릇 숙
18
㊥shú(°수) ㊐シュク

14 * 璶 옥돌 신
18
㊥jìn(찐) ㊐シン

14 * 璵 옥 여 ㉿玙
18
㊥yú(위) ㊐ヨ
풀이 옥. 아름다운 보석 이름.

14 * 瑌 옥돌 연
18
㊥ruǎn(°루안) ㊐セン, ネン

15 *2 瓊 아름다운 옥 경 ㉿琼
19
㊥qióng(치웅) ㊐ケイ
풀이 아름다운 옥. ‖瓊玉(경옥).
〔瓊團 경단〕 찹쌀이나 찰수수의 가루를 반죽하여 밤톨만 한 크기로 동글동글하게 빚어 끓는 물에 삶아 낸 뒤 고물을 묻힌 떡.
〔瓊玉 경옥〕 아름다운 구슬.

15 * 瓆 사람 이름 질
19
㊥zhì(°쯔) ㊐シツ, シチ

16 *1 瓏 환할 롱*1 롱 ㉿珑
20
㊥lóng(룽) ㊐ロウ
풀이 ①환하다. ‖玲瓏(영롱). ②옥 소리. 금옥의 소리. ‖瓏瓏(농롱).
◢玲瓏(영롱)

17 * 瓓 옥 무늬 란 ㉿㻶
21
㊥làn(란) ㊐ラン
풀이 옥 무늬. 옥의 광채.

17 * 瓔 구슬 목걸이 영 ㉿璎
21
㊥yīng(잉) ㊐エイ, ヨウ
풀이 ①구슬 목걸이. ②옥돌.
〔瓔珞 영락〕 구슬을 꿰어 만든 장신구.

18 * 瓘 옥 이름 관
22
㊥guàn(꾸안) ㊐カン

19 *2 瓚 제기 찬 ㉿瓒
23
㊥zàn(짠) ㊐サン
풀이 제기(祭器). 술그릇. 옥잔.

瓜部 오이과

0 *2 瓜 오이 과
5
丿 𠂆 𠂢 𠂢 瓜
㊥guā(꾸아) ㊐カ/うり ㊊cucumber
금 전 자원 **상형자.** 넝쿨에 오이나 표주박 같은 길둥근 열매가 달려 있는 모습을 나타낸 자. 가운데가 열매, 위와 양쪽 부분이 넝쿨을 나타냄.
한자 부수의 하나.
풀이 오이. ‖瓜菜(과채).
〔瓜期 과기〕 ①《중국 제(齊)나라의 양공(襄公)이 관리를 임지로 보내면서 다음 해 참외가 익을 무렵에는 돌아오게 하겠다고 말한 고사에서》 벼슬의 임기가 끝나는 시기. 瓜年(과년). ②기한이 다 된 시기.
〔瓜年 과년〕 ①결혼하기에 적당한 여자의 나이. ② ➡瓜期(과기)①.
〔瓜田不納履 과전불납리〕 《오이 밭에서 신을 고쳐 신지 말라는 뜻으로》 의심받기 쉬운 행동은 하지 말아야 함.
◢木瓜(모과)/破瓜(파과)

6 * 瓠 표주박 호
11
㊥hù(후) ㊐コ/ひさご
풀이 ①표주박. 바가지. ②병. 단지.
〔瓠犀 호서〕 《'호리병박의 씨'라는 뜻으로》 희고 고르게 박힌 미인의 이〔齒〕의 비유.

11 * 瓢 박 표
16
㊥piáo(피아오) ㊐ヒョウ/ひさご
풀이 ①박. ②박으로 만든 그릇. 바가지. 표주박. ‖簞瓢(단표).
〔瓢簞 표단〕 조롱박이나 둥근 박을 반

으로 쪼개어 만든 작은 바가지. 표주박.
◪簞瓢(단표)

14 19 *瓣 오이씨 판 | 瓣

㊥bàn(빤) ㊐ベン/はなびら
辨(변:736쪽)·辦(판:736쪽)·辯(변:737쪽)은 딴 자.
풀이 ①오이씨. ②오이 열매. ③꽃잎. ‖花瓣(화판).

瓦部 기와와

0 5 ☆*3-Ⅱ 瓦 기와 와 | 瓦

一 丅 丆 瓦 瓦

㊥wǎ(와) ㊐ガ/かわら ㊊tile
고 자원 **상형자.** 고문(古文)은 암키와와 수키와가 서로 맞물려 있는 모양을 나타냄(기와를 세워 그린 것이므로 눕혀서 보면 더 잘 알 수 있음).
한자 부수의 하나.
풀이 ①기와. ‖女瓦(여와). ②질그릇. ‖瓦器(와기). ③실패.
〔瓦家 와가〕 기와집. ↔草家(초가).
〔瓦器 와기〕 진흙으로 만들어 잿물을 올리지 않고 구운 그릇. 질그릇. 土器(토기).
〔瓦全 와전〕 《옥(玉)이 못 되고 기와가 되어 안전하게 남는다는 뜻으로》 아무 보람 없이 목숨을 보전함. ↔玉碎(옥쇄).
〔瓦片 와편〕 기와 조각.
〔瓦解 와해〕 《기와가 깨진다는 뜻으로》 조직이나 계획 등이 산산이 무너지고 흩어짐.

4 9 *瓮 독 옹 |

㊥wèng(웡) ㊐オウ/かめ

11 瓶 甁(병)의 속자 →504쪽

6 11 *1 瓷 오지그릇 자 | ㊫磁 瓷

㊥cí(츠) ㊐シ, ジ
풀이 오지그릇. 사기그릇. ‖青瓷(청자).
〔瓷器 자기〕 사기그릇. 陶器(도기). ‖高麗瓷器(고려자기).
〔瓷枕 자침〕 사기로 만든 베개. 陶枕(도침).
◪白瓷(백자)/青瓷(청자)

8 13 *1 甁 병 병 | ㊫㊕瓶 甁

㊥píng(핑) ㊐ヘイ/びん ㊊bottle
풀이 ①병. 단지. 항아리. ‖花甁(화병). ②두레박. ③시루.
◪金甁(금병)/梅甁(매병)/花甁(화병)

8 13 瓿 단지 부 | 瓿

㊥bù(뿌) ㊐ホウ/ほとぎ
풀이 단지. 작은 항아리.

9 14 *2 甄 질그릇 견* 진 | 甄

㊥zhēn(°쩐) ㊐ケン, シン
풀이 ①질그릇. ②살피다. ③가르치다.
〔甄拔 견발〕 인재(人材)를 뽑아서 씀.

11 16 甌 사발 구 ㊔우 | ㉮瓯 甌

㊥ōu(어우) ㊐オウ
풀이 ①사발. ②중발. 주발.

11 16 甍 용마루 맹 | 甍

㊥méng(멍) ㊐ボウ/いらか
풀이 용마루. 용마루 기와. ‖甍棟(맹동).

11 16 甎 벽돌 전 | ㊫塼 甎

㊥zhuān(°쭈안) ㊐セン
풀이 벽돌.
〔甎壁 전벽〕 벽돌로 된 벽.
〔甎瓦 전와〕 벽돌과 기와.

12 17 *甑 시루 증 | 甑

㊥zèng(쩡) ㊐ソウ/こしき
풀이 시루. ‖甑餠(증병).

13 18 甓 벽돌 벽 | 甓

㊥pì(피) ㊐ヘキ/かわら
풀이 ①벽돌. ‖甓瓦(벽와). ②기와.

13 *2
18 **甕** 독 옹 ㉮ 瓮 甕

㊥wèng(웡) ㊐オウ/かめ ㊍jar
풀이 독. 단지.
〔甕器 옹기〕 질그릇·오지그릇의 총칭.
〔甕器匠 옹기장〕 옹기 만드는 것을 업으로 삼는 사람. 옹기장이. 陶工(도공).
〔甕城 옹성〕 ①철옹산성(鐵甕山城). ②큰 성문을 엄호하기 위하여 성문 밖에 반달 모양으로 쌓은 성.
〔甕井 옹정〕 독우물.

甘部 달감

0 ☆*4
5 **甘** 달 감 甘

一 十 廾 甘 甘

㊥gān(깐) ㊐カン/あまい ㊍sweet
갑 자원 **지사자.** 갑골문은 입과 그 안에 든 음식물(짧은 가로획)을 나타낸 것으로, '달다', '맛있다'를 뜻함.
한자 부수의 하나.
풀이 ①달다. ㉮단맛이 있다. ‖甘味(감미). ㉯맛이 좋다. ㉰쾌하다. 기분이 좋음. ‖甘言利說(감언이설). ②달게 여기다. 좋다고 하다. ‖甘受(감수).
〔甘露 감로〕 ①천하가 태평할 때 하늘에서 내린다고 하는 단 이슬. ②생물에게 이로운 이슬. ③부처의 교법(教法).
〔甘露酒 감로주〕 소주에 용안육·구기자·대추 등을 넣어 우린 술.
〔甘味 감미〕 단맛. ‖甘味料(감미료).
〔甘受 감수〕 달게 받아들임.
〔甘言利說 감언이설〕 남의 비위를 맞추는 달콤한 말과 이로운 조건을 내세워 꾀는 말. 사탕발림.
〔甘雨 감우〕 때맞추어 알맞게 내리는 비. 단비. 時雨(시우).
〔甘酒 감주〕 엿기름과 밥을 식혜처럼 삭혀 끓인 음식. 단술.
〔甘草 감초〕 ①콩과의 여러해살이풀. 중화(中和)·교미(矯味)·해독(解毒) 등의 약재로 널리 쓰임. ②《감초는 어느 약방문에나 거의 빠지지 않고 드는 데서》 아무 일에나 참견하고 나서는 사람의 비유.
〔甘呑苦吐 감탄고토〕 《달면 삼키고 쓰면 뱉는다는 뜻으로》 사리의 옳고 그름에는 관계없이 자기 비위에 맞으면 좋아하고 그렇지 않으면 싫어함.

4 ☆*3-Ⅱ
9 **甚** 심할 심 甚

一 廾 廾 甘 甘 其 甚 甚

㊥shèn(˚썬) ㊐ジン/はなはだ
금 전 자원 **회의자.** 입속에 맛있는 것이 들어 있는 모습을 나타내는 甘(감)과 숟가락을 나타내는 匕(비)가 합쳐진 자. 숟가락으로 맛있는 것을 떠먹는 모습을 나타냄. 소전 이후로 匕가 匹(필)로 바뀜.
풀이 ①심하다. 정도에 지나침. ②깊다.
〔甚難 심난〕 매우 어려움.
〔甚深 심심〕 매우 깊음.
〔甚至於 심지어〕 더 심하게는. 더 나아가서.
◢極甚(극심)

6 *
11 **甜** 달 첨 ㊐ 甛 甜

㊥tián(티엔) ㊐テン
풀이 ①달다. 맛있음. ‖甜菜(첨채). ②잘 자다. 달게 잠. ‖黑甜(흑첨).
〔甜菜 첨채〕 사탕무. 명아줏과의 여러해살이풀. 뿌리는 당료(糖料)가 됨.

*
11 **甛** 甜(첨)과 동자 →505쪽

13 **甞** 嘗(상)과 동자 →139쪽

生部 날생

0 ☆*8
5 **生** 날 생 生

丿 𠂉 𠂉 牛 生

㊥shēng(˚썽)
㊐セイ, ショウ/うまれる ㊍be born
갑 전 자원 **상형자.** 땅 표면을 뚫고 나온 새싹의 모습을 본뜬 자. 갑골문에서 아래쪽 가로획은 땅을 나타내고 윗부분은 새싹을 나타냄.
한자 부수의 하나.
풀이 ①나다. 낳다. ‖出生(출생)/生産(생산). ②살다. 삶. ‖生活(생활). ③서투르다. 낯섦. ‖生疎(생소). ④기르다. 자람. ‖生育(생육). ⑤천연의. 가공하지 않은. ‖生鐵(생철). ⑥싱싱하다. ‖生氣(생기). ⑦백성. 인민. ⑧선비. 학문을 지닌 사람.
〔生家 생가〕 ①어떤 사람이 태어난 집. ②남의 양자(養子)가 된 사람의 친부모의 집. 本生家(본생가). 本生(본생). ↔養家(양가).
〔生薑 생강〕 생강과의 여러해살이풀. 또는, 그 뿌리. 새앙.
〔生硬 생경〕 ①시문(詩文) 따위가 세련되지 않아 딱딱함. ②세상 물정에 어둡고 완고함.
〔生計 생계〕 살아 나갈 방도. 生道(생도).
〔生苦 생고〕 사고(四苦)·팔고(八苦)의 하나. 이 세상에 태어나는 괴로움.
〔生寡婦 생과부〕 ①남편과 생이별한 여자. ②갓 결혼하였거나 약혼만 하였다가 과부가 된 여자.
〔生光 생광〕 ①빛이 남. ②영광스러워 체면이 섬. 生色(생색). ③아쉬울 때 잘 쓰게 되어 보람이 있음.
〔生氣 생기〕 활발하고 생생한 기운.

5획

〔生動 생동〕 ①살아서 생기 있게 움직임. ②예술 작품이나 이야기 등이 생생하게 실감이 남. ‖生動感(생동감).
〔生靈 생령〕 ①(‘살아 있는 넋’이라는 뜻으로) 생명. ② ➡生民(생민).
〔生理 생리〕 ①생물체의 생물학적 기능과 작용. 또는, 그 원리. ②생활하는 방식이나 습성. ③월경(月經).
〔生面不知 생면부지〕 전에 만나 본 적이 없어 전혀 모르는 상태. 또는, 그런 사람.
〔生滅 생멸〕 사물이 생기고 없어짐.
〔生命 생명〕 ①목숨. ②어떤 사물 현상 등의 기능에 있어 본질적이며 기본적인 것.
〔生沒 생몰〕 태어남과 죽음. 生歿(생몰).
〔生物 생물〕 생명이 있는 동물과 식물.
〔生民 생민〕 살아 있는 백성. 生靈(생령).
〔生不如死 생불여사〕 (살아 있음이 차라리 죽는 것만 못하다는 뜻으로) 몹시 어려운 형편에 빠져 있음.
〔生死 생사〕 삶과 죽음.
〔生產 생산〕 ①자연물에 인력을 가하여 사람에게 유용한 재화(財貨)를 만들어 내는 일. ↔消費(소비). ②아이나 새끼를 낳음.
〔生色 생색〕 어떤 도움이나 영향으로 남 앞에 떳떳이 나설 수 있는 체면.
〔生鮮 생선〕 말리거나 절이지 않은 잡은 그대로의 물고기. 鮮魚(선어).
〔生成 생성〕 사물이 생겨남.
〔生疎 생소〕 ①친숙하지 못하여 낯이 섦. ②익숙하지 못하여 서투름.
〔生食 생식〕 음식을 익히지 않고 날로 먹음.
〔生殖 생식〕 ①낳아서 번식함. ②생물체가 새 개체(個體)를 낳는 현상. 유성 생식과 무성 생식이 있음.
〔生辰 생신〕 ‘생일’의 높임말.
〔生涯 생애〕 한평생.
〔生業 생업〕 생활을 유지하기 위한 직업.
〔生育 생육〕 ①생물이 나서 자람. ②낳아 기름.
〔生離別 생이별〕 살아 있는 혈육이나 부부간에 어쩔 수 없는 사정으로 헤어짐.
〔生日 생일〕 태어난 날. 탄생일(誕生日).
〔生者必滅 생자필멸〕 생명이 있는 것은 반드시 죽음. 인생의 무상을 이름.
〔生長 생장〕 나서 자람.
〔生前 생전〕 ①살아 있는 동안. ↔死後(사후). ②살아온 지금까지 결코.
〔生存 생존〕 살아 있음. 生息(생식). ‖生存競爭(생존 경쟁).
〔生體 생체〕 살아 있는 몸.
〔生聚 생취〕 백성을 길러 군대를 튼튼히 하고 나라를 부강하게 함.
〔生態 생태〕 생물의 생활 상태. ‖生態界(생태계).
〔生捕 생포〕 산 채로 잡음. 生擒(생금).
〔生活 생활〕 ①일정한 환경 안에서 활동하여 살아감. ②생계를 꾸려 나감.
◢更生(갱생)/苦生(고생)/共生(공생)/今生(금생)/妓生(기생)/寄生(기생)/來生(내생)/同生(동생)/民生(민생)/發生(발생)/放生(방생)/死生(사생)/殺生(살생)/相生(상생)/先生(선생)/攝生(섭생)/蘇生(소생)/野生(야생)/養生(양생)/餘生(여생)/永生(영생)/衛生(위생)/儒生(유생)/人生(인생)/一生(일생)/自生(자생)/長生(장생)/再生(재생)/前生(전생)/衆生(중생)/蒼生(창생)/畜生(축생)/出生(출생)/誕生(탄생)/胎生(태생)/派生(파생)/平生(평생)/學生(학생)/現生(현생)/還生(환생)/回生(회생)/厚生(후생)/後生(후생)

6 11 產 ☆*5 낳을 산

亠 亣 立 产 产 产 产 產

㊥chǎn(°찬) ㊐サン/うむ ㊎bear

자원 **형성자.** 生(생)은 의미를 나타내고 彥(언)의 생략형인 产은 음을 나타냄.

풀이 ①낳다. ㉮아이를 낳다. ‖出產(출산). ㉯만들어 내다. ‖生產(생산). ②나다. ③산물(產物). ④출신(出身). 생장지. ⑤재산. 생업(生業). ‖產業(산업).
〔產苦 산고〕 아이를 낳을 때 겪는 괴로움.
〔產氣 산기〕 아이를 낳을 기미.
〔產卵 산란〕 알을 낳음.
〔產物 산물〕 ①그 지방에서 생산되어 나오는 물건. ‖土產物(토산물). ②어

떤 것에 의하여 생겨나는 사물.
〔產室 산실〕 ①아이를 낳는 방. ②어떤 중요한 일을 처음 꾸미거나 시작하는 곳.
〔產兒制限 산아 제한〕 인위적 방법으로 아이 낳는 일을 제한함.
〔產業 산업〕 생산을 하는 일. 농업·공업·수산업 따위.
〔產地 산지〕 ①물품이 생산되는 곳. ②출생한 곳.
〔產出 산출〕 물건을 생산해 냄.
〔產痛 산통〕 해산할 때 주기적으로 되풀이되는 아픔.
〔產婆 산파〕 해산 때 아이를 받고, 산모를 도와주는 일을 직업으로 하는 여자. 助產師(조산사).
◢家產(가산)/國產(국산)/難產(난산)/老產(노산)/多產(다산)/斷產(단산)/倒產(도산)/動產(동산)/物產(물산)/不動產(부동산)/死產(사산)/生產(생산)/所產(소산)/水產(수산)/順產(순산)/量產(양산)/原產(원산)/流產(유산)/遺產(유산)/資產(자산)/財產(재산)/早產(조산)/增產(증산)/初產(초산)/出產(출산)/特產(특산)/破產(파산)/解產(해산)

7 12 **甥** *1 생질 **생**

㊥shēng(°썽) ㊐セイ/おい ㊎sister's son
풀이 ①생질(甥姪). ②외손자. ③처남. 매부. ④사위. ‖外甥(외생).
〔甥姪 생질〕 누이의 아들.

12 **甦** *1 穌(소)와 동자 →557쪽

用部 쓸용

0 5 **用** ☆*6 쓸 **용**

丿 冂 月 月 用

㊥yòng(융) ㊐ヨウ/もちいる ㊎use
갑 금 자원 '나무통'의 상형이라는 설, '큰 종'의 상형이라는 설. 卜(점 복)과 卌(점복용 뼈) 자가 합쳐져 점을 치는 것을 나타낸다는 설 등 여러 설이 있음.
한자 부수의 하나.
풀이 ①쓰다. ‖利用(이용). ②작용. 능력. ③용도(用途). ‖用件(용건). ④써. ㉠以.

〔用件 용건〕 볼일. 用務(용무).
〔用具 용구〕 무엇을 하거나 만드는 데 쓰는 기구.
〔用器 용기〕 어떤 일에 사용하는 기구.
〔用途 용도〕 쓰이는 곳. 쓰임새.
〔用量 용량〕 하루에 또는 한 번에 사용하거나 복용하는 분량.
〔用例 용례〕 실제로 쓰이는 예.
〔用務 용무〕 볼일. 用件(용건).
〔用法 용법〕 쓰는 방법.
〔用水 용수〕 ①물을 씀. 또는, 그 물. ‖灌漑用水(관개용수). ②음료수에 대하여 허드렛물을 이름.
〔用語 용어〕 어떤 개념을 나타내는 데 사용하는 말.
〔用役 용역〕 생산과 소비에 필요한 노동을 제공함.
〔用意 용의〕 어떤 일을 하려고 마음을 먹음. 또는, 그 마음.
〔用意周到 용의주도〕 마음의 준비가 두루 미쳐 빈틈이 없음.
〔用紙 용지〕 어떤 일에 쓰이는 종이.
〔用處 용처〕 돈·물건 등의 쓸 곳.
〔用品 용품〕 무엇에 쓰이거나 필요한 물품.
◢兼用(겸용)/雇用(고용)/公用(공용)/共用(공용)/過用(과용)/慣用(관용)/軍用(군용)/起用(기용)/濫用(남용)/代用(대용)/盜用(도용)/登用(등용)/併用(병용)/服用(복용)/副作用(부작용)/費用(비용)/使用(사용)/常用(상용)/商用(상용)/善用(선용)/所用(소용)/食用(식용)/信用(신용)/實用(실용)/惡用(악용)/愛用(애용)/藥用(약용)/御用(어용)/誤用(오용)/運用(운용)/援用(원용)/有用(유용)/流用(유용)/應用(응용)/利用(이용)/引用(인용)/任用(임용)/作用(작용)/適用(적용)/專用(전용)/轉用(전용)/準用(준용)/重用(중용)/徵用(징용)/借用(차용)/着用(착용)/採用(채용)/通用(통용)/佩用(패용)/恒用(항용)/混用(혼용)/活用(활용)/效用(효용)

5획

2 7 **甫** *2 클 **보**

㊥fǔ(°푸) ㊐フ, ホ
풀이 ①크다. ‖甫田(보전). ②아무개. '남자'의 미칭. ③비롯하다. 비로소.

2 7 **甬** * ❶길 **용*** ❷대롱 **동**

㊥yǒng(융) ㊐ヨウ, トウ
풀이 ❶길. 양쪽에 담을 쌓은 길. ❷대롱.

12 **甯** 寧(녕)과 동자 →208쪽

田部 밭전

☆＊4-Ⅱ
0
5 **田** 밭 **전**

丨 冂 冂 田 田

㊥tián(티엔) ㊐デン/た ㊖field

갑 금 자원 **상형자.** 사각으로 구획된 경지(耕地)를 본뜬 자.

한자 부수의 하나. 우리나라에서는 田은 밭, 畓은 논을 나타냄.

풀이 ①밭. 곡식을 심는 경지. ‖田畓(전답). ②심다. 종자를 가려서 심음. ③갈다. 경작(耕作)함. ④생업(生業). 농업. ⑤사냥.

〔田結 전결〕 논밭의 조세(租稅).
〔田穀 전곡〕 밭에서 나는 곡식.
〔田畓 전답〕 논밭.
〔田園 전원〕 (('밭과 동산'이라는 뜻으로)) 도시에서 떨어진 시골이나 교외(郊外). ‖田園都市(전원도시).
〔田地 전지〕 논밭.
◢耕田(경전)/丹田(단전)/屯田(둔전)/寺田(사전)/鹽田(염전)/油田(유전)/火田(화전)

☆＊4
0
5 **甲** 갑옷 **갑**

丨 冂 日 日 甲

㊥jiǎ(지아) ㊐コウ/よろい ㊖armor

갑 자원 '물고기 비늘'의 상상형이라는 설, 가죽이 열십자로 찢어진 형태라는 설, 수결(手決)로서 押(압) 자의 본자라는 설 등이 있으나 정설이 없음.

풀이 ①갑옷. ‖甲冑(갑주). ②첫째 천간(天干). ③거북의 등딱지. ④껍질. ‖甲殼(갑각). ⑤빼어나다. 첫째감. ‖甲第(갑제). ⑥비롯하다. 시작됨. ⑦아무. 모(某). 미지의 사람을 차례로 말할 때의 첫째 사람. ‖甲乙(갑을).

〔甲殼 갑각〕 게·새우 등의 단단한 껍데기. ‖甲殼類(갑각류).
〔甲科 갑과〕 과거(科擧)에서, 성적으로 나눈 등급의 첫째. ※乙科(을과)·丙科(병과).
〔甲男乙女 갑남을녀〕 (('갑'이라는 남자와 '을'이라는 여자라는 뜻으로)) 평범한 사람들. ※張三李四(장삼이사).
〔甲論乙駁 갑론을박〕 여러 사람이 서로 자기의 주장을 내세우고 상대편의 주장을 반박함.
〔甲兵 갑병〕 갑옷을 입은 병사.
〔甲富 갑부〕 첫째가는 부자. 首富(수부).
〔甲戌 갑술〕 60갑자의 열한째.
〔甲時 갑시〕 24시의 여섯째 시. 곧, 오전 4시 30분부터 5시 30분까지의 동안.
〔甲午 갑오〕 60갑자의 서른한째.
〔甲乙 갑을〕 ①갑과 을 ②순서나 우열을 나타낼 때, 첫째와 둘째를 이름.
〔甲子 갑자〕 60갑자의 첫째.
〔甲族 갑족〕 가문이나 문벌이 아주 훌륭한 집안.
〔甲種 갑종〕 등급을 갑종·을종·병종으로 나눈 첫째. ※乙種(을종)·丙種(병종).
〔甲冑 갑주〕 갑옷과 투구.
〔甲板 갑판〕 큰 배 위에 철판이나 나무로 깐 넓고 평평한 바닥.
◢同甲(동갑)/遁甲(둔갑)/文甲(문갑)/六甲(육갑)/掌甲(장갑)/進甲(진갑)/鐵甲(철갑)/華甲(화갑)/還甲(환갑)/回甲(회갑)

☆＊4-Ⅱ
0
5 **申** ❶납 **신** ❷펼 **신**

丨 冂 日 日 申

㊥shēn(°썬) ㊐シン/もうす, のぶ ㊖report

갑 자원 **상형자.** 갑골문에서 보듯, 번개가 치는 모습을 본뜬 자. 뒷날 간지로 쓰이게 되면서 본뜻을 보존하기 위해 만든 자가 '電'(번개 전)임.

풀이 ❶①납. 원숭이. 아홉째 지지(地支). ‖甲申(갑신). ②말하다. 말씀드리다. 아룀. ‖上申(상신). ❷①펴다. ②끌다.

〔申告 신고〕 국민이 행정 관청에 일정한 사실을 알림.
〔申聞鼓 신문고〕 조선 시대에, 대궐 문간에 달아 백성이 억울한 일을 하소연할 때 치게 하던 북.
〔申時 신시〕 십이시의 아홉째 시. 곧, 오후 3시부터 5시까지의 동안.
〔申申當付 신신당부〕 몇 번이고 거듭 간절히 하는 부탁. 申申付託(신신부탁).
〔申請 신청〕 ①신고하여 청구함. ‖申請書(신청서). ②사인(私人)이 국가 기관이나 법원 또는 공공 기관에 대하여 어떤 사항을 청구하기 위해 그 의사를 표시하는 일.
◢甲申(갑신)/庚申(경신)/內申(내신)/上申(상신)/追申(추신)

☆＊6
0
5 **由** 말미암을 **유**

丨 冂 巾 由 由

5획

㊥yóu(여우) ㊐ユウ, ユ/よる
풀이 ①말미암다. ‖由來(유래). ②…에서. …으로부터. 기점(起點)을 나타내는 조사. ③까닭. 곡절. 이유.
〔由來 유래〕 사물의 내력.
〔由緖 유서〕 예로부터 전해 내려오는 까닭과 내력.
◢經由(경유)/不自由(부자유)/事由(사유)/緣由(연유)/理由(이유)/自由(자유)

☆*7
2 7 **男** 사내 **남** 男

丨 口 ㄇ 田 田 男 男

㊥nán(난) ㊐ダン/おとこ ㊎male
갑 자원 **회의자.** 田(밭 전)과 力(힘 력)이 합쳐진 자. 力은 농기구 쟁기의 상형자로, 밭에서 쟁기를 가지고 일하는 것을 나타냄. 밭에서 일하는 사람은 남자라는 데에서 '남자'의 뜻이 생겨남.
풀이 ①사내. 남자. 장부(丈夫). ②젊은이. 장정(壯丁). ③아들. 사내 자식. ‖長男(장남). ④남작(男爵). 5등작(五等爵)의 맨 아래.
〔男女 남녀〕 남자와 여자.
〔男女老少 남녀노소〕 남자와 여자, 늙은이와 젊은이. 곧 모든 사람.
〔男負女戴 남부여대〕《남자는 지고 여자는 인다는 뜻으로》 가난한 사람들이 살 곳을 찾아 이리저리 떠돌아다님.
〔男性 남성〕 ①남자의 성질 또는 체질. ‖男性的(남성적). ②어른 남자.
〔男兒 남아〕 ①남자 아이. 사내아이. 아들. ↔女兒(여아). ②사나이. 장부(丈夫).
〔男子 남자〕 남성인 사람.
〔男爵 남작〕 5등작의 다섯째 작위.
〔男裝 남장〕 여자가 남자처럼 차림. 또는, 그런 차림새.
〔男丁 남정〕 장정이 된 남자.
〔男尊女卑 남존여비〕 사회 관습상 권리나 지위 등에서, 남자를 존중하고, 여자를 낮게 보는 일.
〔男便 남편〕 부부 관계에서의 남자. 지아비. 夫壻(부서).
〔男婚 남혼〕 아들의 혼사. ↔女婚(여혼).
◢得男(득남)/美男(미남)/長男(장남)/次男(차남)/妻男(처남)/醜男(추남)

*2
2 7 **甸** 경기 **전** 甸

㊥diàn(띠엔) ㊐デン
풀이 ①경기. 옛 중국에서, 도성(都城) 둘레 500리 안. 천자가 직할하는 지역. ㊎畿. ②교외(郊外).

*1
2 7 **町** 밭두둑 **정** 町

㊥tǐng(팅) ㊐チョウ, テイ/あぜ
풀이 ①밭두둑. 밭의 둔덕. ②밭이랑의 두둑한 데. ③경계(境界). 구획. ④토지 면적의 단위. 정보(町步).
〔町步 정보〕 토지 면적의 단위. 1정보는 3,000평.

8 **画** 畫(화)의 약자 →512쪽

4 9 **畎** 밭도랑 **견** 畎

㊥quǎn(취엔) ㊐ケン ㊎small drain
풀이 ①밭도랑. ②물을 대다. 통함.

☆*6
4 9 **界** 지경 **계** 통 堺 界

ㄇ ㄇ 田 田 田 罒 罒 界

㊥jiè(찌에) ㊐カイ/さかい
㊎boundary
자원 **형성자.** 田(전)은 의미를 나타내고 介(개)는 음을 나타냄.
풀이 ①지경(地境). ㉮구획하여 양쪽으로 나눈 경계선. ‖境界(경계). ㉯한계. 한정. ‖限界(한계). ②둘레 안. 범위. 세계. ‖社交界(사교계).
〔界標 계표〕 경계를 나타내는 표지.
〔界限 계한〕 ①땅의 경계. ②한계(限界).
◢各界(각계)/境界(경계)/官界(관계)/法界(법계)/斯界(사계)/世界(세계)/俗界(속계)/視界(시계)/眼界(안계)/業界(업계)/外界(외계)/臨界(임계)/財界(재계)/政界(정계)/天界(천계)/他界(타계)/學界(학계)/限界(한계)

*
4 9 **畇** 밭 일굴 **균** 畇

㊥yún(윈) ㊐キン/たつくる
풀이 밭을 일구다.

★*3
4 9 **畓** ㊕논 **답** 畓

丨 ㇇ 才 水 水 沓 沓 畓

자원 **회의자.** '논'이라는 뜻을 나타내기 위해 水(물 수)와 田(밭 전)을 결합하여 만든 자. 중국에 없는 글자로, 고려 때 우리나라에서 만들었음.
풀이 논.
〔畓穀 답곡〕 논에서 나는 곡식. 논곡식.

5획

〔畓農 답농〕 논농사.
◢乾畓(건답)/門前沃畓(문전옥답)/田畓(전답)/天水畓(천수답)

★✱3
4 9 **畏** 두려워할 **외**

ㅁ ㅁ 田 田 毋 畏 畏 畏

㊥wèi(웨이) ㊐イ/おそれる ㊕fear
갑 금 전 **자원** **회의자.** 갑골문·금문의 오른쪽 부분은 얼굴에 커다란 가면을 쓴 사람, 즉 귀신을 나타냈고 왼쪽 부분은 막대기나 창 따위의 물건을 나타냄. 곧, 귀신이 손에 막대기나 창을 들고 있는 모습을 나타냄.
풀이 ①두려워하다. ‖畏友(외우). ②으르다. 위협함.
〔畏敬 외경〕 두려워하고 공경함.
〔畏懼 외구〕 무서워하고 두려워함.
〔畏友 외우〕 아끼고 존경하는 벗.
〔畏怖 외포〕 크게 두려워함.
◢敬畏(경외)

5획

✱
4 9 **畑** 밭 **전**

4 9 **畋** 밭 갈 **전**

㊥tián(티엔) ㊐デン
풀이 ①밭을 갈다. ㊔田. ②사냥하다. ‖畋獵(전렵).

☆✱4-Ⅱ
5 10 **留** 머무를 **류** 本 畱

ㄷ ㄷ 𠨍 𠨍 𠨍 𠨎 留 留

㊥liú(리우) ㊐リュウ/とどまる ㊕stay
자원 **형성자.** 田(전)은 의미를 나타내고 丣(류)는 음을 나타냄.
풀이 ①머무르다. ‖保留(보류). ②지체하다.
〔留級 유급〕 진급하지 못하고 그대로 남음.
〔留念 유념〕 마음에 새겨 둠.
〔留保 유보〕 ①일의 처리를 곧 하지 않고 뒤로 미룸. 保留(보류). ②어떤 일을 하면서 조건을 붙임.
〔留宿 유숙〕 남의 집에 묵음.
〔留意 유의〕 마음에 두고 신경을 씀. 留心(유심).
〔留任 유임〕 임기가 만료된 후에도 그 자리에 그대로 머물러 있음. 連任(연임).
〔留置 유치〕 ①맡아 둠. ②피의자를 일정한 곳에 잡아 가둠. ‖留置場(유치장).
〔留學 유학〕 외국에서 공부함.
◢居留(거류)/繫留(계류)/拘留(구류)/挽留(만류)/保留(보류)/押留(압류)/抑留(억류)/殘留(잔류)/滯留(체류)

✱
5 10 **畝** 이랑 **묘** 本**무** 간 亩

㊥mǔ(무) ㊐ホ/うね
풀이 이랑. ‖南畝(남묘).

✱1
5 10 **畔** 두둑 **반** 간 畔

㊥pàn(판) ㊐ハン/あぜ
풀이 ①두둑. 논밭의 경계. ②물가. 수애(水涯). ‖湖畔(호반).
◢湖畔(호반)

5 10 **畚** 삼태기 **분**

㊥běn(번) ㊐ホン/ふご
풀이 삼태기. ‖畚鍤(분삽).

✱
5 10 **畛** 두렁길 **진**

㊥zhěn(°전) ㊐シン ㊕levee path
풀이 ①두렁길. 밭 사이의 길. ②두렁. 논두렁.

★✱3-Ⅱ
5 10 **畜** ❶쌓을 **축**★✱3-Ⅱ ❷가축 **축**★✱3-Ⅱ ❸기를 **휵**

亠 玄 玄 玄 产 斉 斋 畜

㊥chù(°추), xù(쒸) ㊐チク, キク/たくわえる, かちく, やしなう
㊕livestock
갑 금 전 **자원** **회의자.** 갑골문·금문의 윗부분은 창자를 나타내고 아랫부분은 위(胃)를 나타냄. 위와 장은 음식물이 쌓이는 곳이므로 '쌓다', '쌓이다'의 뜻이 나오게 됨. 뒷날 '가축'의 뜻으로 쓰이게 되자 본뜻을 보존하기 위해 만든 자가 '蓄'(쌓을 축)임.
풀이 ❶①쌓다. ‖畜積(축적). ②비축. 준비해 두는 일. ❷가축(家畜). 육축(六畜). ❸기르다.
〔畜舍 축사〕 가축을 기르는 건물.
〔畜産 축산〕 가축을 길러 생활에 유용한 물질을 생산하는 일.
〔畜生 축생〕 ①사람이 기르는 온갖 짐승. ②사람답지 못한 사람을 욕하는 말.
〔畜養 축양〕 가축을 기름.
〔畜牛 축우〕 집에서 기르는 소.

◢家畜(가축)/屠畜(도축)/牧畜(목축)

★*4
6 11 **略** 다스릴 략 | 통 畧 略

冂 田 田 畋 畋 畋 略 略

중lüè(뤼에) 일リャク/おさめる

자원 **형성자.** 田(전)은 의미를 나타내고 各(각)은 음을 나타냄.

풀이 ①다스리다. 경영함. ‖經略(경략). ②빼앗다. 노략질함. ‖略奪(약탈). ③치다. 정벌함. ‖侵略(침략). ④꾀. 계략. ‖計略(계략). ⑤요점. 요약. ⑥대략. 대강. ⑦줄이다. 생략함. ‖略式 (약식).

[略圖 약도] 간략하게 그린 도면(圖面).
[略歷 약력] 간략하게 적은 이력.
[略少 약소] 적고 변변하지 못함.
[略式 약식] 정식 순서를 일부 생략한 방식. ↔正式(정식).
[略字 약자] 획을 줄이어 쓴 간단한 한자. 半字(반자). ↔正字(정자).
[略取 약취] 폭행·협박 등의 수단으로 타인을 자기의 실력적 지배 아래 둠.
[略號 약호] 간략하게 만든 부호.

◢簡略(간략)/概略(개략)/計略(계략)/攻略(공략)/大略(대략)/謀略(모략)/省略(생략)/戰略(전략)/政略(정략)/中略(중략)/智略(지략)/策略(책략)/侵略(침략)

11 **畧** 略(략)과 동자 →511쪽

☆*4
6 11 **異** 다를 이 | 간 异 異

冂 田 田 甲 毘 毘 毘 異

중yì(이) 일イ/ことなる 영different

갑 [갑골문] 전 [전서] 자원 **회의자.** 사람이 얼굴에 커다란 가면을 쓰고 두 손을 들어 올려 춤을 추는 모습을 나타냄. 옛날에 역병이 돌면 귀신을 쫓아내기 위해 얼굴에 무서운 형상의 가면을 썼던 데에서 유래함. 이러한 모습이 특이했으므로 '다르다', '특별나다'의 뜻이 생겨남.

풀이 ①다르다. ‖異種(이종). ②달리하다. ③의심하다. 이상하게 여김. ‖異常(이상).

[異見 이견] 남과 다른 생각이나 의견. 異論(이론).
[異口同聲 이구동성] 《입은 다르나 목소리는 같다는 뜻으로》 여러 사람의 말이 한결같음. 如出一口(여출일구). 異口同音(이구동음).
[異國 이국] 다른 나라. 外國(외국). 異邦(이방). 他國(타국).
[異端 이단] 정통 학파나 종파에서 벗어나는 설이나 교파.
[異例 이례] 보통의 예에서 벗어나는 특이한 예.
[異變 이변] ①괴이한 변고. ②예상하지 못한 사태.
[異腹 이복] 《배가 다르다는 뜻으로》 아버지는 같고 어머니가 다름. 異母(이모). ‖異腹兄弟(이복형제).
[異常 이상] 정상적인 것과 다른 것.
[異性 이성] ①남성이 여성을 또는 여성이 남성을 가리키는 말. ②성질이 다름. 또는, 다른 성질.
[異域 이역)] ①다른 나라의 땅. 異國(이국). 外國(외국). ②고향에서 멀리 떨어진 곳.
[異議 이의] ①남과 다른 의론. 異論(이론). 異見(이견). ②법원이나 이 밖의 국가 기관의 처분에 대하여 불복의 뜻을 나타내는 일.
[異彩 이채] ①눈에 띌 정도로 별다른 색채. ②남다르게 특별함.

◢驚異(경이)/怪異(괴이)/奇異(기이)/大同小異(대동소이)/變異(변이)/相異(상이)/差異(차이)/天變地異(천변지이)/特異(특이)/判異(판이)

5획

★*3-Ⅱ
6 11 **畢** 마칠 필 | 간 毕 畢

冂 田 田 甲 甲 畢 畢 畢

중bì(삐) 일ヒツ/おわる 영finish

갑 [갑골문] 금 [금문] 자원 **상형자.** 갑골문은 윗부분은 그물이, 아랫부분은 손잡이가 있는 사냥 도구를 나타냄. 금문 맨 윗부분의 田(전) 자 모양의 표시는 새나 짐승을 잡는 구역을 나타냄.

풀이 ①마치다. 끝냄. ‖兵役畢(병역필). ②다하다. 남기지 않음. ③이상(以上). 끝났음을 뜻함. ④모두. 죄다.

[畢竟 필경] 마침내. 결국에는. 究竟(구경).
[畢納 필납] 납세나 납품을 끝냄.
[畢生 필생] 생명이 다할 때까지. 一生(일생). 平生(평생).
[畢業 필업] 하던 사업이나 학업을 마침.

◢檢査畢(검사필)/未畢(미필)

*
6 11 **畦** 밭두둑 휴 | 畦

중qí(치) 일ケイ/あぜ

풀이 ①밭두둑. ‖畦畔(휴반). ②경계(境界). 지경(地境).

[畦畔 휴반] 밭두둑.

12 **畱** 留(류)의 본자 →510쪽

☆*6
7 12 **番** 갈마들 **번**

[중]fān(°판) [일]バン
[금] [자원] **상형자.** 짐승의 발자국을 본뜬 자. 釆(변)은 발톱이 날카로운 짐승의 발자국을 나타내고 田 자는 발바닥이 뭉툭한 짐승의 발자국을 나타냄.
[풀이] ①갈마들다. 갈음하여 듦. ②수(數). ㉮차례. 순서. ㉯횟수. ㉰개수(個數). 장수(張數).
〔番地 번지〕 땅을 일정한 기준에 따라 나누어서 매겨 놓은 번호. 또는, 그 땅.
〔番號 번호〕 차례를 나타내거나 식별하기 위해 붙이는 숫자.
◢缺番(결번)/局番(국번)/軍番(군번)/單番(단번)/當番(당번)/每番(매번)/不寢番(불침번)/非番(비번)/順番(순번)/十八番(십팔번)/輪番(윤번)/週番(주번)/地番(지번)/學番(학번)

5획

7 12 **畬** 따비밭 **사**

[중]shē(°써) [일]シュ/やきた
[풀이] 따비밭. 새로 개간한 밭.

*
7 12 **畯** 농부 **준**

[중]jùn(쥔) [일]シュン/のうふ [영]farmer
[풀이] ①농부. ②권농관(勸農官). 농사를 권장하는 벼슬아치.

☆*6
7 12 **畫** [1]그림 **화**☆*6 [2]그을 **획**6 [1][속] 畵 [1][약] 画

[중]huà(후아) [일]カイ, ガ/え, えがく [영]picture
[갑] [금] [전] [자원] **회의자.** 갑골문의 윗부분은 붓을 잡은 손의 상형이고 아랫부분은 x 자와 비슷한 도형으로, 붓으로 어떤 형상을 그리는 것을 나타냄. 소전에서는 아랫부분이 田(밭 전)과 밭 주위의 경계를 그리는 모습으로 바뀜.
[풀이] [1]①그림. ‖繪畫(회화). ②그리다. 그림을 그림. [2]①긋다. 구획함. ‖畫一(획일). ②꾀하다. ‖計畫(계획). ③획. 자획(字畫).
〔畫家 화가〕 그림 그리는 일을 전문으로 하는 사람.
〔畫壇 화단〕 화가의 사회.
〔畫廊 화랑〕 화가의 그림이나 미술품 등을 전시하고 파는 곳.
〔畫龍點睛 화룡점정〕《양(梁)나라 때의 화가 장승유(張僧繇)가 용(龍)을 그린 뒤 마지막으로 눈동자를 그려 넣었더니 그 용이 홀연히 구름을 타고 하늘로 올라갔다는 고사에서》무슨 일을 하는 데 가장 중요한 부분을 완성시킴.
〔畫面 화면〕 ①한 폭의 그림이나 사진이 채우고 있는 면. ②텔레비전이나 컴퓨터 등에서 그림이나 영상이 나타나는 면.
〔畫報 화보〕 어떤 일에 대한 그림이나 사진을 한데 모아 설명을 붙인 기사나 책.
〔畫蛇添足 화사첨족〕《뱀을 그리면서 발까지 그린다는 뜻으로》쓸데없는 짓을 하여 오히려 일을 그르침. 蛇足(사족).
〔畫室 화실〕 ①미술가가 작품을 만드는 방. ②그림 그리기를 가르치는 학원.
〔畫中之餠 화중지병〕《'그림 속의 떡'이라는 뜻으로》실제로 이용할 수 없거나 차지할 수 없는 것.
〔畫幅 화폭〕 그림 그리는 데 쓰이는 천이나 종이.
〔畫風 화풍〕 그림을 그리는 경향.
〔畫虎類狗 화호유구〕《범을 그리려다가 강아지를 그린다는 뜻으로》소양이 없는 사람이 호걸인 체하다가 도리어 망신을 당함. 畫虎不成(화호불성).
〔畫數 획수〕 자획(字畫)의 수효.
〔畫順 획순〕 글씨를 쓸 때 획을 긋는 순서.
〔畫一 획일〕 모두가 서로 다른 것이 없이 똑같음.
〔畫策 획책〕 일을 꾸미거나 꾀함. 또는, 그 계책. 謀計(모계).
◢計畫(계획)/古畫(고화)/劇畫(극화)/企畫(기획)/錄畫(녹화)/圖畫(도화)/漫畫(만화)/名畫(명화)/墨畫(묵화)/民畫(민화)/邦畫(방화)/壁畫(벽화)/揷畫(삽화)/線畫(선화)/聖畫(성화)/映畫(영화)/外畫(외화)/油畫(유화)/字畫(자획)/總畫(총획)/春畫(춘화)/幀畫(탱화)/版畫(판화)/繪畫(회화)/戲畫(희화)

*
8 13 **畺** 지경 **강**

[중]jiāng(찌앙) [일]キョウ

*1
8 13 **畸** 뙈기밭 **기**

[중]jī(찌) [일]キ
[풀이] ①뙈기밭. 자투리 땅. ②우수리. ③기이하다. [같]奇. ④병신(病身). 불구(不具). [같]倚·踦. ‖畸形(기형). ⑤가지런하지 않다.

〔畸形 기형〕 생물의 생김새·구조 등이 정상이 아닌 모양. 언청이·육손이 따위. ‖畸形兒(기형아).

☆*5
8 **當** [1]마땅할 **당** [2]주관할 **당** | [약][간] 当 當
13

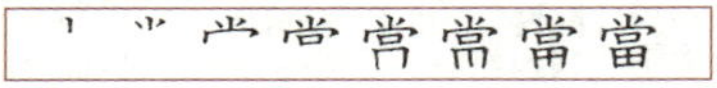

[중]dàng, dāng(땅)
[일]トウ/あたる, つかさどる [영]suitable

[자원] **형성자.** 田(전)은 의미를 나타내고 尙(상)은 음을 나타냄.

[풀이] [1]①마땅하다. 의당 …여야 함. ‖當然(당연). ②대적(對敵)하다. ㉮맞서다. 정면에서 대항함. ‖一騎當千(일기당천). ㉯당해 내다. 견딜 만함. ‖擔當(담당). ㉰상당하다. 들어맞음. ‖該當(해당). [2]①주관하다. [통]掌. ②맞다. ③잡히다. 전당(典當)함.

〔當局 당국〕 어떤 일을 담당하는 공적 기관.
〔當年 당년〕 ①그해. ②그해의 나이.
〔當代 당대〕 ①그 시대. ②지금 세상. 現代(현대). ③사람의 한평생.
〔當到 당도〕 목적한 곳에 다다름. 到達(도달).
〔當番 당번〕 번드는 차례가 됨. 또는, 그 사람. ↔非番(비번).
〔當付 당부〕 말로 단단히 부탁함. 또는, 그 부탁.
〔當選 당선〕 ①선거에서 뽑힘. ②심사나 선발에서 뽑힘.
〔當時 당시〕 일이 있었던 바로 그때.
〔當然 당연〕 마땅히 그러함.
〔當爲 당위〕 당연히 해야 할 일. ‖當爲性(당위성).
〔當地 당지〕 일이 일어난 바로 그곳.
〔當直 당직〕 당번으로서 일직이나 숙직을 함. 또는, 그 사람.

◢堪當(감당)/擔當(담당)/配當(배당)/不當(부당)/相當(상당)/手當(수당)/穩當(온당)/應當(응당)/宜當(의당)/日當(일당)/抵當(저당)/適當(적당)/典當(전당)/正當(정당)/至當(지당)/充當(충당)/妥當(타당)/該當(해당)/合當(합당)

*
13 **畵** 畫(화)의 속자 →512쪽

★*3-II
10 **畿** 경기 **기** | 畿
15

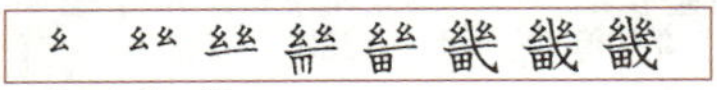

[중]jī(찌) [일]キ

[자원] **형성자.** 田(밭)은 의미를 나타내고 幾(기)의 생략형인 𢆶는 음을 나타냄.

[풀이] ①경기(京畿). 도성(都城) 둘레 500리 안의 땅. ‖畿內(기내). ②지역 이름.

〔畿內 기내〕 나라의 수도를 중심으로 하여 사방으로 뻗어 나간 가까운 행정 구역의 안.
〔畿察 기찰〕 경기도 관찰사의 이칭.

◢京畿(경기)

*2
14 **疆** 지경 **강** | 疆
19

[중]jiāng(찌앙) [일]キョウ/さかい

[풀이] ①지경. 경계(境界). ‖疆界(강계). ②한계(限界). 끝. ③경계 짓다. 지경을 그음.

〔疆域 강역〕 국경 안. 또는, 영토의 구역.
〔疆土 강토〕 나라의 경계 안에 있는 땅. 領土(영토).

◢萬壽無疆(만수무강)

*2
14 **疇** 두둑 **주** | [간] 畴 疇
19

[중]chóu(°처우) [일]チュウ/うね

[풀이] ①두둑. 길게 뻗은 두둑길. ②논밭. 전답(田畓). ③북돋우다. 배토(培土)함. ④무리. ㉮부류(部類). ㉯짝. 배필(配匹).

〔疇輩 주배〕 같은 무리. 동아리.

◢範疇(범주)

*1
17 **疊** 겹쳐질 **첩** | 疊
22

[중]dié(디에) [일]ジョウ/たたむ

[풀이] ①겹쳐지다. 포개짐. ‖重疊(중첩). ②겹치다. 포갬. 겹쳐 놓음. ‖疊疊(첩첩).

〔疊語 첩어〕 같은 낱말이 거듭하여 한 단어를 이룬 말. 팔랑팔랑·철썩철썩 따위.
〔疊雲 첩운〕 여러 층으로 쌓인 구름. 層雲(층운).
〔疊疊 첩첩〕 여러 겹으로 겹쳐 있는 모양.
〔疊疊山中 첩첩산중〕 산으로 거듭 둘러싸인 깊은 산속.

◢重疊(중첩)

疋部 짝필

*1
0 **疋** [1]짝 **필** *1 [2]발 **소** | 疋
5

5획

㊥pǐ(피), shū(°쑤) ㊐ヒツ, ソ/あし ㊧foot

갑 전 자원 **상형자.** 갑골문에서 보듯 정강이 아래의 다리를 나타낸 자. 아래쪽에 발과 발가락도 묘사되어 있음.

한자 부수의 하나.

풀이 ❶①짝. ⓣ匹. ②8장(丈)의 길이. ③작다. ④필. 피륙의 치수를 세는 단위. 1필은 40자[尺]. ⓣ疋. ❷①발. ㉠足. ②적다. 기록함. ㉠疏. ③낮은 벼슬아치. ⓣ胥.

[疋緞 필단] 필로 된 비단.

[疋木 필목] 필로 된 무명·광목·당목 따위.

★*3-Ⅱ

7 12 **疏** ❶트일 **소** ❷거칠 **소** ❸적을 **소** ⓣ疎 疏

ㄱ ㄗ 𤴓 𤴔 𤴕 𤴖 𤴗 疏

㊥shū(°쑤)

㊐ソ/とおる, そまつ, しるす

㊧get cleared

풀이 ❶①트이다. 통함. ‖疏通(소통). ②멀다. ‖疏遠(소원). ③멀리하다. 멀어짐. ❷거칠다. ⓣ粗. ❸①적다. ㉮조목별로 나누어 진술하다. ‖疏章(소장). ㉯기록하다. ②문체(文體)의 이름. 상소문·주소(奏疏) 따위.

[疏隔 소격] 서로 사귀는 사이가 멀어져서 왕래가 막힘. 疏遠(소원).

[疏漏 소루] 생각이나 행동이 꼼꼼하지 못하고 거침.

[疏密 소밀] 성김과 빽빽함.

[疏食 소사] 거친 음식. 疏食(소식).

[疏外 소외] 주위에서 따돌림을 당함.

[疏遠 소원] 지내는 사이가 가깝지 못하고 멂.

[疏章 소장] 임금에게 올리는 글.

[疏註 소주] 본문에 대한 주해(註解). 또는, 이전 사람의 주해에 대한 주해.

[疏廳 소청] 유생들이 모여 건의·상소하는 집.

[疏脫 소탈] 형식이나 예절에 구애되지 않고 수수하고 털털함.

[疏通 소통] ①막히지 않고 잘 통함. ②의사가 서로 잘 전달됨.

[疏忽 소홀] 중요하게 생각하지 않고 예사롭게 여김.

◢上疏(상소)/親疏(친소)

*1

12 **疎** 疏(소)와 동자 →514쪽

★*4

9 14 **疑** 의심할 **의** 疑

ㄴ ㄴ ㅌ 𠤕 𠤕 𠤕 𠤕 疑

㊥yí(이) ㊐ギ/うたがう ㊧doubt

갑 금 자원 **회의자.** 갑골문은 어떤 사람이 길을 잃은 듯 지팡이를 짚고 네거리에 서서 좌우를 두리번거리고 있는 모습을 나타냄. 금문에서는 牛(소 우)를 덧붙여 잃어버린 소를 찾아 이리저리 찾아다니는 모습을 나타냄.

풀이 ①의심하다. ㉮의혹(疑惑)하다. ㉯두려워하다. ②의심스럽다. ㉮의심스럽다. ㉯닮다. 비슷함. ③추측하건대. 아마도. ④의심. 혐의.

[疑懼 의구] 의심하고 두려워함. ‖疑懼心(의구심).

[疑問 의문] 의심스럽게 생각함. 또는, 그런 문제나 사실.

[疑心 의심] 확실히 알 수 없어서 믿지 못함. 또는, 그런 마음.

[疑訝 의아] 의심스럽고 괴이쩍음.

[疑惑 의혹] 의심하여 수상히 여김. 또는, 그런 생각.

◢半信半疑(반신반의)/容疑(용의)/質疑(질의)/嫌疑(혐의)/懷疑(회의)

疒部 병질엄

0 5 **疒** 병들어 기댈 **녁·상**

㊥nè(너) ㊐ダク, ソウ/やまいだれ

갑 전 자원 **회의자.** 갑골문은 사람이 아파서 침상 위에 누워 있는 모습을 나타낸 자. 점을 더해 땀을 흘리고 있는 것을 표시함.

한자 부수의 하나. 부수 이름은 병질(病疾)임. 疒은 질병과 관계됨을 뜻함.

풀이 병들어 기대다.

2 7 **疕** 머리 헐 **비** 疕

㊥bǐ(비) ㊐ヒ/かさ

풀이 ①머리가 헐다. 두창(頭瘡). ②헌데 딱지.

2 7 **疔** 정 **정** 疔

㊥dīng(띵) ㊐チョウ/かさ

풀이 정. 흔히 얼굴에 나는 악성 종기. ‖疔疽(정저).

3 8 **疚** 오랜 병 **구** 疚

5획

[중]jiū(찌우) [일]キュウ/やましい
[풀이] ①오랜 병. 고질병. ②꺼림하다. 마음이 괴롭다. ③거상(居喪).

*1
3 疝 산증 **산**
8

[중]shàn(°싼) [일]サン, セン/せんき
[풀이] 산증(疝症).
〔疝症 산증〕 아랫배와 불알이 붓고 아픈 병.
〔疝痛 산통〕 배가 쑤시는 듯이 심하게 아픈 것이 간격을 두고 되풀이하여 일어나는 증상.

*
4 疥 옴 **개**
9

[중]jiè(찌에) [일]カイ/ひぜん
[풀이] ①옴. 몹시 가려운 피부병의 한 가지. ②더럽히다.
〔疥癬 개선〕 연한 살가죽부터 시작하여 온몸에 좁쌀 같은 것이 돋고 몹시 가려운 전염성 피부병. 옴.

★*3-Ⅱ
4 疫 염병 **역**
9

亠 广 疒 疒 疒 疕 疫 疫

[중]yì(이) [일]エキ/えやみ
[영]epidemic disease
[자원] **형성자.** 疒(녁)은 의미를 나타내고 役(역)의 생략형인 殳은 음을 나타냄.
[풀이] ①염병. 돌림병. ‖疫病(역병). ②역귀(疫鬼).
〔疫鬼 역귀〕 역병을 일으킨다는 귀신.
〔疫痢 역리〕 급성으로 전염되는 설사병.
〔疫病 역병〕 악성의 유행병. 전염병.
〔疫神 역신〕 ①천연두. ②천연두를 앓게 한다는 귀신.
〔疫疾 역질〕 '천연두'를 한의학에서 이르는 말.
◢免疫(면역)/防疫(방역)

4 疣 사마귀 **우**
9

[중]yóu(여우) [일]ユウ/いぼ
[풀이] 사마귀.
〔疣目 우목〕 무사마귀.
〔疣痔 우치〕 항문 주변에 사마귀 같은 것이 생겨 피가 나는 치질.

*
5 痂 헌데 딱지 **가**
10

[중]jiā(찌아) [일]カ/かさぶた
[풀이] ①헌데 딱지. ②옴. 피부병의 한 가지.

*1
5 疳 감병 **감**
10

[중]gān(깐) [일]カン
[풀이] ①감병. ②창병. 매독. ‖下疳(하감).
〔疳病 감병〕 젖이나 음식 조절을 잘못하여 어린아이에게 생기는 병. 疳疾(감질).
〔疳疾 감질〕 ①먹고 싶거나 갖고 싶어서 몹시 애가 타는 마음. ② ➡疳病(감병).
〔疳瘡 감창〕 ①매독(梅毒)으로, 음부(陰部)에 헌데가 생기는 병. ②어린아이의 피부에 결핵성 또는 영양 장애로 부스럼이 생기는 병.

5 痀 곱사등이 **구**
10

[중]jū(쮜) [일]ク/せむし [영]humpback
[풀이] 곱사등이.
〔痀瘻 구루〕 곱사등이. 꼽추. 佝僂(구루). ‖痀瘻病(구루병).

*1
5 疸 황달 **달**
10 [본]**단**

[중]dǎn(단) [일]タン/おうだん
[풀이] 황달.
◢黃疸(황달)

*1
5 疼 아플 **동**
10

[중]téng(텅) [일]トウ/うずく
[풀이] 아프다.
〔疼痛 동통〕 몸이 쑤시고 아픈 증세.

☆*6
5 病 병 **병**
10

亠 广 疒 疒 疒 病 病 病

[중]bìng(삥) [일]ビョウ/やまい [영]disease
[자원] **형성자.** 疒(녁)은 의미를 나타내고 丙(병)은 음을 나타냄. 고대에는 비교적 가벼운 병을 '疾(질)', 중병을 '病'이라 함.
[풀이] ①병. ㉮질병(疾病). ㉯흠. 결점. ‖病弊(병폐). ㉰근심. ㉱굳어진 버릇. 성벽(性癖). ②괴로워하다. ㉮앓다. ㉯근심하다. ㉰원망하다. ③괴롭히다.
〔病暇 병가〕 병으로 얻는 휴가.
〔病苦 병고〕 병으로 인한 고통.
〔病菌 병균〕 병의 원인이 되는 세균. 病原菌(병원균).

5획

〔病棟 병동〕 병원 안의 한 건물 전체가 여러 개의 병실로 이루어진 건물. 病舍(병사).
〔病歷 병력〕 이제까지 결렸던 병의 경력.
〔病名 병명〕 병의 이름.
〔病死 병사〕 병으로 죽음.
〔病床 병상〕 병든 사람이 누워 있는 침상.
〔病席 병석〕 환자가 누워 있는 곳. 病褥(병욕).
〔病勢 병세〕 병의 증세.
〔病弱 병약〕 병으로 인해 몸이 쇠약함.
〔病原 병원〕 병의 원인. 病根(병근). ‖病原菌(병원균).
〔病者 병자〕 병을 앓는 사람.
〔病的 병적〕 건전하지 못하여 정상적이 아닌 (것).
〔病蟲害 병충해〕 농장물이 균이나 벌레 때문에 입는 피해.
〔病痛 병통〕 병으로 인한 아픔.
〔病弊 병폐〕 병통과 폐단.
〔病患 병환〕 남을 높여 그의 병을 이르는 말.

◢看病(간병)/痼疾病(고질병)/癩病(나병)/難治病(난치병)/萬病(만병)/無病(무병)/問病(문병)/發病(발병)/不治病(불치병)/相思病(상사병)/性病(성병)/成人病(성인병)/心臟病(심장병)/疫病(역병)/熱病(열병)/染病(염병)/臥病(와병)/傳染病(전염병)/精神病(정신병)/重病(중병)/持病(지병)/職業病(직업병)/疾病(질병)/鬪病(투병)/肺病(폐병)/風土病(풍토병)/火病(화병)

*1
5
10 **疵** 흠 **자** 疵

[중]cī(츠) [일]シ/きず
[풀이] ①흠. 결점(缺點). ‖瑕疵(하자). ②병(病). ③사마귀. ④헐다. ⑤재앙.
〔疵病 자병〕 흠이나 결점.
◢瑕疵(하자)

*
5
10 **疽** [1]등창 **저** [2]가려운 병 **저** 疽

[중]jū(쮜) [일]ソ
[풀이] [1]등창. 악성의 종기. ‖疽腫(저종). [2]가려운 병.

★*3-Ⅱ
5
10 **症** 증세 **증** 症

亠 广 疒 疒 疒 疔 疔 症

[중]zhèng(°쩡) [일]ショウ [영]symptom
[자원] **형성자.** 疒(녁)은 의미를 나타내고 正(정)은 음을 나타냄.
[풀이] 증세. 병의 증세. [통]証.

〔症狀 증상〕 ➡症勢(증세).
〔症勢 증세〕 병으로 앓는 여러 가지 모양. 症候(증후). 症狀(증상).
〔症候 증후〕 ➡症勢(증세).
◢渴症(갈증)/健忘症(건망증)/輕症(경증)/恐怖症(공포증)/不感症(불감증)/不眠症(불면증)/不妊症(불임증)/失語症(실어증)/炎症(염증)/厭症(염증)/重症(중증)/滯症(체증)/痛症(통증)/合併症(합병증)/眩氣症(현기증)/狹心症(협심증)/後遺症(후유증)

*1
5
10 **疹** [1]홍역 **진** [2]열병 **진** 疹

[중]zhěn(°전) [일]シン, チン/はしか
[풀이] [1]①홍역(紅疫). 홍진. ②천연두(天然痘). 두창(痘瘡). ③앓다. ④오래된 병. [2]열병(熱病).
◢發疹(발진)/濕疹(습진)

★*3-Ⅱ
5
10 **疾** 병 **질** 疾

亠 广 疒 疒 疒 疒 疾 疾

[중]jí(지) [일]シツ/やまい [영]disease
[갑]  [전]  [자원] **회의자.** 갑골문은 사람의 겨드랑이에 화살이 꽂혀 있는 모습을 나타내어 '부상을 입다', '병이 들다'의 뜻을 나타냄. 소전은 갑골문의 사람이 병상 위의 사람(疒)으로 달라졌을 뿐 갑골문과 구성이 같음.
[풀이] ①병(病). ㉮질병. ‖疾患(질환). ㉯불구(不具). 폐질(癈疾). ㉰흠. 하자(瑕疵). ㉱고통. 괴로움. ㉲버릇. 성벽(性癖). ‖痼疾(고질). ②앓다. ‖疾病(질병). ③미워하다. ‖疾視(질시). ④빠르다. ‖疾風(질풍).
〔疾苦 질고〕 병으로 인한 괴로움. 병고(病苦).
〔疾故 질고〕 병으로 인해 생기는 사고. 病故(병고).
〔疾病 질병〕 몸의 온갖 병. 疾患(질환).
〔疾視 질시〕 밉게 봄.
〔疾走 질주〕 빨리 달림.
〔疾風怒濤 질풍노도〕 《몹시 빠르게 부는 바람과 무섭게 소용돌이치는 물결이라는 뜻으로》 격동의 상태.
〔疾患 질환〕 ➡疾病(질병).
◢癎疾(간질)/痼疾(고질)/怪疾(괴질)/惡疾(악질)/眼疾(안질)/痢疾(이질)/淋疾(임질)/痔疾(치질)/瘧疾(학질)

*1
5
10 **疱** 천연두 **포**

[중]pào(파오) [일]ホウ [영]smallpox
[풀이] 천연두. 마마.

★★4
5 **疲** 피곤할 **피** 疲
10

一 广 疒 疒 疒 疒 疒 疲

㊥pí(피) ㊐ヒ/つかれる ㊞tired
자원 **형성자.** 疒(녁)은 의미를 나타내고 皮(피)는 음을 나타냄.
풀이 ①피곤하다. 고달픔. 고달프게 함. ‖疲勞(피로). ②지치다. 앓음. ③노쇠(老衰)하다.
〔疲困 피곤〕 몸이나 마음이 지쳐서 고달픔.
〔疲勞 피로〕 과로로 몸이나 마음이 지친 상태.
〔疲弊 피폐〕 지치고 쇠약해짐.

*
6 **痒** ❶가려울 **양** ❷앓을 **양** 痒
11

㊥yǎng(양) ㊐ヨウ, ショウ/かゆい ㊞itchy
풀이 ❶가렵다. ㊟癢. ‖搔痒(소양). ❷①앓다. 걱정하여 속을 끓임. ②옴. 종기.
◢隔靴搔痒(격화소양)

*1
6 **痍** 상처 **이** 痍
11

㊥yí(이) ㊐イ/きず
풀이 ①상처(傷處). 다친 곳. ‖傷痍(상이). ②상처 나다.
◢傷痍(상이)/滿身瘡痍(만신창이)

*1
6 **痔** 치질 **치** 痔
11

㊥zhì(°쯔) ㊐ジ
풀이 치질.
〔痔瘻 치루〕 항문 또는 직장 부위에 구멍이 뚫리고 고름이 나오는 악성 치질. 痔漏(치루).
〔痔疾 치질〕 항문 안팎에 나는 병의 총칭. 치루(痔瘻) 따위.

*1
6 **痕** 흉터 **흔** 痕
11

㊥hén(헌) ㊐コン/きずあと ㊞scar
풀이 ①흉터. 헌데 자국. ‖傷痕(상흔). ②자취. 흔적. ③발뒤꿈치.
〔痕跡 흔적〕 뒤에 남아 있는 자국이나 자취. 痕迹(흔적).
◢傷痕(상흔)/殘痕(잔흔)/血痕(혈흔)

*1
7 **痙** 심줄 당길 **경** 痙
12

㊥jìng(찡) ㊐ケイ
풀이 심줄이 당기다.
〔痙攣 경련〕 근육이 발작적으로 수축하거나 떨게 되는 증세.

*1
7 **痘** 마마 **두** 痘
12

㊥dòu(떠우) ㊐トウ/ほうそう ㊞smallpox
풀이 마마. 천연두(天然痘).
〔痘疹 두진〕 '천연두'를 앓을 때 피부에 나타나는 발진.
〔痘瘡 두창〕 천연두를 한의학에서 이르는 말.
〔痘痕 두흔〕 천연두를 앓은 자국.
◢水痘(수두)/牛痘(우두)/種痘(종두)

*1
7 **痢** 이질 **리** 痢
12

㊥lì(리) ㊐リ/りびょう
풀이 이질.
〔痢疾 이질〕 똥에 피나 곱이 섞여 나오면서 뒤가 잦은 병.

7 **痞** 배 속 결릴 **비** 痞
12

㊥pǐ(피) ㊐ヒ
풀이 ①배 속이 결리다. 체한 증세. ②배가 붓다.

★★4
7 **痛** 아플 **통** 痛
12

一 广 疒 疒 疒 疗 疗 痛

㊥tòng(통) ㊐ツウ/いたい ㊞painful
자원 **형성자.** 疒(녁)은 의미를 나타내고 甬(용)은 음을 나타냄.
풀이 ①아프다. 아파함. ‖疼痛(동통). ②괴롭히다. ‖苦痛(고통). ③괴로움. 슬픔. ‖悲痛(비통). ④몹시. ⑤힘껏. ⑥원한(怨恨). 증오. ‖怨痛(원통).
〔痛感 통감〕 마음에 사무치게 느낌.
〔痛哭 통곡〕 큰 소리로 슬피 욺.
〔痛烈 통렬〕 몹시 맵고 사나움. 猛烈(맹렬).
〔痛駁 통박〕 몹시 날카롭고 매섭게 공박함.
〔痛憤 통분〕 원통하고 분함.
〔痛心 통심〕 몹시 마음이 아픔.
〔痛切 통절〕 ①뼈에 사무치게 절실함. ②아주 적절함.
〔痛症 통증〕 아픈 증세.
〔痛快 통쾌〕 아주 속이 시원하도록 마음에 흡족함.
〔痛歎 통탄〕 매우 한탄하며 슬퍼함.
〔痛恨 통한〕 몹시 원통함.
〔痛悔 통회〕 뼈아프게 뉘우침.
◢苦痛(고통)/頭痛(두통)/鈍痛(둔통)/無

痛(무통)/腹痛(복통)/憤痛(분통)/悲痛(비통)/産痛(산통)/哀痛(애통)/腰痛(요통)/寃痛(원통)/胃痛(위통)/陣痛(진통)/鎭痛(진통)/齒痛(치통)/沈痛(침통)

*1
8 13 痼 고질 고 痼

㊥gù(꾸) ㊐コ
풀이 고질.
〔痼疾 고질〕 ①오래되어 고치기 어려운 병. 宿疾(숙질). ②오래되어 굳어진 습관. 痼癖(고벽).

*1
8 13 痰 가래 담 痰

㊥tán(탄) ㊐タン
풀이 ①가래. 담(痰). ‖痰結(담결)/血痰(혈담). ②천식(喘息).
〔痰結 담결〕 가래가 목구멍에 엉겨 뱉을 수도 삼킬 수도 없는 병.
◢喀痰(객담)

8 13 痳 임질 림 痳

㊥lín(린) ㊐リン
풀이 임질.
〔痳疾 임질〕 주로 성교에 의해 감염되는 성병. 요도·생식기 등에 화농성 염증을 일으킴. 淋疾(임질).

*2
8 13 痲 저릴 마 痲

㊥má(마) ㊐マ/しびれる ㊎numb
痳(림:518쪽)은 딴 자.
풀이 ①저리다. 마비(痲痹). 중풍(中風). ②홍역(紅疫). ‖痲疹(마진).
〔痲痹 마비〕 신체가 저려 감각을 잃는 일. 麻痹(마비).
〔痲疹 마진〕 바이러스에 의하여 일어나는 급성 발진성 전염병. 紅疫(홍역).
〔痲醉 마취〕 아픔을 느끼지 않게 하려고 약물 따위로 감각을 잠시 잃게 함.
〔痲瘋 마풍〕 문둥병의 한 가지.

*1
8 13 痺 암메추라기 비 痺

㊥bì(삐) ㊐ヒ
痹(비:518쪽)는 딴 자.

8 13 痹 저릴 비 痹

㊥bì(삐) ㊐ヒ/しびれる
痺(비:518쪽)는 딴 자이나 속화(俗化)하여 혼용(混用)함.

풀이 ①저리다. ‖痲痹(마비). ②신경통(神經痛).
◢痲痹(마비)

*1
8 13 瘀 어혈 어 瘀

㊥yū(위) ㊐オ
풀이 ①어혈. 뇌충혈·폐병·타박상 등의 피. ②앓다. ③상기(上氣)하다.
〔瘀血 어혈〕 타박상 등으로 혈액 순환이 잘되지 못하여 피가 한 곳에 맺혀 있음. 또는, 그 피. ※凝血(응혈).

*
13 痴 癡(치)의 약자 →520쪽

*1
9 14 瘍 종기 양 간 疡 瘍

㊥yáng(양) ㊐ヨウ
풀이 ①종기(腫氣). ②머리가 헐다. 상처. ‖潰瘍(궤양).
◢潰瘍(궤양)

9 14 瘐 앓을 유 瘐

㊥yǔ(위) ㊐ユ
瘦(수:519쪽)는 딴 자.
풀이 ①앓다. 속을 끓여 앓음. ②죄인이 기한(飢寒)으로 옥사(獄死)하다.
〔瘐死 유사〕 감옥에서 고문·기한(飢寒)·질병 등에 시달려 죽음.

9 14 瘖 벙어리 음 瘖

㊥yīn(인) ㊐イン
풀이 ①벙어리. ‖瘖瘂(음아). ②어두움.
〔瘖瘂 음아〕 혀가 굳거나 성대에 탈이 나서 말을 하지 못하는 병.

9 14 瘋 두풍 풍 간 疯 瘋

㊥fēng(°펑) ㊐フウ
풀이 ①두풍(頭風). ②미치광이. ‖瘋癲(풍전). ③문둥병. ‖痲瘋(마풍).

*1
10 15 瘤 혹 류 본 瘤

㊥liú(리우) ㊐リュウ ㊎tumor

*
10 15 瘢 흉터 반

㊥bān(빤) ㊐バン ㊎scar

5획

풀이 ①흉터. ②자국. 흔적. ③허물. 잘못.
〔瘢痕 반흔〕 상처나 부스럼 등이 나은 뒤에 남은 자국. 瘢瘡(반창).

10 15 瘙 *1 종기 소 간 瘙

중sào(싸오) 일ソウ 영tumor
풀이 종기. 부스럼.

10 15 瘦 *1 파리할 수 瘦

중shòu(°써우) 일ソウ/やせる 영lean
瘐(유:518쪽)는 딴 자.
풀이 ①파리하다. 여윔. ‖ 瘦瘠(수척). ②가늘다. 글자 획이 가늚.
〔瘦勁 수경〕 자획(字劃)이 가늘면서도 힘이 있음. 瘦硬(수경).
〔瘦軀 수구〕 여윈 몸. 瘦身(수신).
〔瘦瘠 수척〕 몹시 야위고 파리함.

10 15 瘟 * ❶염병 온* ❷괴로워할 올 ❸좀 아플 온*

중wēn(원) 일オン, オツ
풀이 ❶염병. ❷괴로워하다. ❸좀 아프다.

10 15 瘡 *1 부스럼 창 瘡

중chuāng(°추앙) 일ソウ/かさ
풀이 ①부스럼. 종기. ‖ 連珠瘡(연주창). ②상처 내다.
〔瘡病 창병〕 피부에 나는 질병의 총칭 瘡疾(창질).
◢痘瘡(두창)/面瘡(면창)/褥瘡(욕창)

10 15 瘠 *1 파리할 척 瘠

중jí(지) 일セキ/やせる 영lean
풀이 ①파리하다. 여윔. ②메마른 땅. 박토(薄土).
〔瘠薄 척박〕 땅이 기름지지 못하고 메마름.
〔瘠土 척토〕 매우 메마른 땅.
◢瘦瘠(수척)

10 15 瘧 1 학질 학 간 疟 瘧

중nüè(뉘에) 일ギャク/おこり 영malaria
풀이 학질.
〔瘧疾 학질〕 모기에 의해 전염되며, 주기적으로 오한과 열이 나는 법정 전염병. 말라리아.

11 16 瘻 * ❶부스럼 루 ❷곱사등이 루 간 瘘

중lòu(러우) 일ル 영tumor
풀이 ❶부스럼. ❷곱사등이.
◢痀瘻(구루)/痔瘻(치루)

11 16 瘼 병들 막 瘼

중mò(모) 일バク
풀이 병들다. 앓음.

11 16 瘴 장기 장 瘴

중zhàng(°짱) 일ショウ
풀이 장기. 풍토병. ‖ 瘴疫(장역).
〔瘴氣 장기〕 축축하고 더운 땅에서 생기는 독기. 瘴毒(장독).
〔瘴疫 장역〕 장기(瘴氣)에 걸려 생기는 유행성 열병.

12 17 癎 *1 경풍 간 본한 간 痫 癎

중xián(시엔) 일カン
풀이 ①경풍(驚風). 경기(驚氣). ②간질. 지랄병.
〔癎病 간병〕 어린아이가 경련을 일으키는 병. 驚氣(경기). 驚風(경풍).
〔癎疾 간질〕 갑자기 의식을 잃고 쓰러져 몸이 굳어지고 손발을 떠는 병. 지랄병. 癎風(간풍). 癲癎(전간).

12 17 療 *2 병 고칠 료 간 疗 療

중liáo(리아오) 일リョウ 영cure
풀이 병을 고치다. ‖ 治療(치료).
〔療飢 요기〕 시장기를 면할 정도로 조금 먹음.
〔療法 요법〕 병을 고치는 방법.
〔療養 요양〕 휴양하면서 조리하여 병을 치료함.
◢加療(가료)/施療(시료)/醫療(의료)/診療(진료)/治療(치료)

12 17 癃 느른할 륭 癃

중lóng(룽) 일リュウ
풀이 ①느른하다. 몸이 쇠하여 폐인이 됨. ‖ 癃病(융병). ②늙다. ③곱사등이.

12 17 癌 *2 암 암 癌

중ái(아이) 일ガン 영cancer
풀이 암(癌).

5획

〔癌腫 암종〕 표피·점막 등의 상피 조직에 생기는 악성 종양.
◢肝癌(간암)/大腸癌(대장암)/發癌(발암)/膀胱癌(방광암)/食道癌(식도암)/胃癌(위암)/乳房癌(유방암)/子宮癌(자궁암)/肺癌(폐암)/皮膚癌(피부암)/抗癌(항암)/喉頭癌(후두암)

12 17 **癈** 폐질 **폐** | 간 废 癈
중fèi(°페이) 일ハイ
풀이 폐질.
〔癈疾 폐질〕 고칠 수 없어 폐인이 되는 병. 廢疾(폐질).

13 18 **癘** ❶유행병 **려** ❷문둥병 **라** 본**뢰** | 간 疠 癘
중lì(리), lài(라이) 일レイ, ライ
풀이 ❶①유행병. 염병. ‖癘疫(여역). ②창질(瘡疾). ❷문둥병. 같癩.
〔癘氣 여기〕 전염병을 일으키는 독기.

5획

*1
13 18 **癖** 버릇 **벽** | 癖
중pǐ(피) 일ヘキ/くせ 영habit
풀이 ①버릇. 기호(嗜好)의 치우친 습관. ②적취(積聚). 소화 불량.
〔癖積 벽적〕 음식을 잘못 먹어 배 속에 덩어리 같은 것이 생기는 병.
◢潔癖(결벽)/盜癖(도벽)/性癖(성벽)/習癖(습벽)/酒癖(주벽)

18 **癕** 癰(옹)과 동자 →520쪽

*1
13 18 **癒** 병 나을 **유** | 癒
중yù(위) 일ユ/いえる
풀이 병이 낫다. ‖快癒(쾌유).
〔癒着 유착〕 ①서로 다른 기관이나 사물이 아주 밀접하게 결합되어 분리할 수 없음. ②서로 떨어져 있어야 할 살의 조직이 염증으로 인해 들러붙음.
〔癒合 유합〕 피부나 근육 등이 아물어 붙음.
◢治癒(치유)/快癒(쾌유)

*1
14 19 **癡** 어리석을 **치** | 약간 痴 癡
중chī(°츠) 일チ 영foolish
풀이 ①어리석다. ②미치다. 미치광이.
〔癡呆 치매〕 나이가 많아 정신 작용이 불완전한 상태.
〔癡情 치정〕 옳지 못한 관계로 맺어진 남녀간의 애정.
〔癡漢 치한〕 여자에게 장난을 걸고 희롱하는 남자.
◢白癡(백치)/音癡(음치)

1
15 20 **癢** 가려울 **양** | 간 痒 癢
중yǎng(양) 일ヨウ/かえい
풀이 ①가렵다. ②근지럽다. ③넓다.
◢搔癢(소양)

*
15 20 **癤** 부스럼 **절** | 간 疖
중jiē(찌에) 일セツ 영tumor
풀이 ①부스럼. ②멍울.

16 21 **癨** 곽란 **곽** 본**확** | 癨
중huò(후어) 일カク
풀이 곽란.
〔癨亂 곽란〕 음식이 체하여 토하고 설사하는 급성 위장병. 霍亂(곽란).

*1
16 21 **癩** 문둥병 **라** 본**뢰** | 간 癞 癩
중lài(라이) 일ライ
풀이 문둥병.
〔癩病 나병〕 살이 썩어 들어가며 치료가 어려운 피부 전염병. 문둥병.

*
17 22 **癬** 옴 **선** | 간 癣 癬
중xuǎn(쉬엔) 일セン
풀이 ①옴. 가려운 피부병의 한 가지. ‖疥癬(개선). ②옮다. ③종기(腫氣).
〔癬瘡 선창〕 버짐.
◢疥癬(개선)/白癬(백선)

*
18 23 **癰** 등창 **옹** | 동 간 癕 痈 癰
중yōng(융) 일ヨウ
풀이 ①등창. 악창(惡瘡). ②냄새를 맡지 못하다.
〔癰疽 옹저〕 큰 종기.

*1
19 24 **癲** 미칠 **전** | 간 癫 癲
중diān(띠엔) 일テン 영mad
풀이 ①미치다. ‖癲狂(전광). ②지랄하다.
〔癲癇 전간〕 갑자기 의식을 잃고 쓰러져 몸이 굳어지고 손발을 떠는 병. 癇疾(간질). 지랄병.

癶部 필발머리

0
5 癶 배반할 **발**

[중]bō(뽀) [일]ハツ

[갑] [금] [자원] **회의자.** 발〔止〕이 서로 반대 방향으로 놓인 모습을 나타낸 자로, 여기에서 '등지다', '멀어지다' 등의 뜻이 생겨남.

✎한자 부수의 하나. 두 다리를 뻗친 모양. '發' 자의 부수인 데서 '필발머리'라 함.

[풀이] ①배반하다. ②가다. 걸음.

☆*3
4
9 癸 열째 천간 **계** [본]**규**

[중]guǐ(구에이) [일]キ

[갑] [자원] '겹쳐 놓은 화살'의 상형, '두드려서 연주하는 악기'의 상형 등의 설이 있으나 정설이 없음.

[풀이] ①열째 천간(天干). ‖癸坐(계좌). ②월경(月經).

〔癸方 계방〕 24방위의 하나. 정북에서 동으로 15° 되는 쪽을 중심으로 한 15°의 방위.

〔癸時 계시〕 이십사시의 둘째 시. 곧, 오전 0시 30분부터 1시 30분까지의 동안.

〔癸酉 계유〕 60갑자의 열째.

〔癸亥 계해〕 60갑자의 예순째.

9 発 發(발)의 약자 →521쪽

☆*7
7
12 登 오를 **등**

[중]dēng(떵) [일]トウ/のぼる [영]climb

[갑] [자원] **회의자.** 갑골문의 맨 위는 두 발, 가운데는 제기(祭器), 맨 아래는 두 손을 나타내어, 두 손으로 제기를 들고 제단을 향해 올라가는 모습을 나타냄. 여기에서 '오르다'의 뜻이 생겨남.

[풀이] ①오르다. ㉮높은 곳에 오르다. ‖登山(등산). ㉯높은 지위에 오르다. ②올리다. ㉮사람을 끌어올려 쓰다. ‖登用(등용). ㉯장부에 싣다. ‖登錄(등록). ③높다. ④더하다. 보탬. ⑤익다.

〔登校 등교〕 학생이 학교에 감. ↔下校(하교).

〔登極 등극〕 임금의 자리에 오름. 登祚(등조). 卽位(즉위).

〔登記 등기〕 ①민법상의 권리 관계 또는 사실을 밝히기 위하여 일정한 사항을 등기소의 장부에 올리는 일. ②'등기 우편(登記郵便)'의 준말.

〔登壇 등단〕 ①연단(演壇)·교단·무대 등에 올라섬. ②문단(文壇)·화단(畫壇) 등에 처음 등장함.

〔登錄 등록〕 허가나 인정을 받기 위해 이름 따위를 문서에 적어 둠.

〔登攀 등반〕 산, 특히 암벽·빙벽 등을 기어오름.

〔登山 등산〕 산에 오름.

〔登用 등용〕 인재를 골라 뽑아서 씀. 登庸(등용).

〔登龍門 등용문〕《용문(龍門)은 중국 황허 강 상류의 급류를 이루는 곳으로, 고기가 이곳을 오르면 용이 된다는 고사에서》입신출세에 연결되는 어려운 관문이나 시험의 비유.

〔登場 등장〕 ①배우가 무대에 나옴. ②어느 장면이나 장소에 인물이 나타남. ↔退場(퇴장).

〔登載 등재〕 장부·등기부·명부 등에 이름이나 사실이 기록됨.

〔登頂 등정〕 높은 산의 꼭대기에 오름.

〔登廳 등청〕 관청에 출근함.

〔登板 등판〕 야구에서, 투수가 마운드에 서는 일.

◢完登(완등)

☆*6
7
12 發 필 **발** [약]発 [간]发

[중]fā(°파) [일]ハツ, ホツ/ひらく [영]spread

[자원] **형성자.** 弓(궁)은 의미를 나타내고 癹(발)은 음을 나타냄.

[풀이] ①피다. 꽃이 핌. ‖滿發(만발). ②쏘다. 활·총 등을 쏨. ‖百發百中(백발백중). ③가다. 떠남. ‖出發(출발). ④보내다. 파견함. ⑤일어나다. 일으킴. ‖發起(발기). ⑥내다. 남. ‖發聲(발성). ⑦들추다. 드러냄. ‖摘發(적발). ⑧밝히다. ‖啓發(계발). ⑨흩어지다. ‖發散(발산).

〔發覺 발각〕 숨긴 일이 드러남.

〔發刊 발간〕 책·신문·잡지 등의 출판물을 펴냄. 刊行(간행).

〔發見 발견〕 새로운 사물을 남보다 먼저 찾아냄.

〔發光體 발광체〕 스스로 빛을 내는 물체. 光體(광체). 光源(광원).

〔發掘 발굴〕 ①땅속에 묻혀 있던 것을 파냄. ②알려지지 않던 것을 찾아냄.

〔發起 발기〕 앞장서 새로운 일을 꾸며 일으킴.

〔發端 발단〕 일의 실마리.

〔發達 발달〕 사물이 이전보다 더욱 완전한 상태에 이름.
〔發動 발동〕 ①일이나 생각이 강하게 일어남. ②엔진 등의 동력을 일으킴. ③국가 기관이 법적 권한을 행사함.
〔發令 발령〕 ①공공 기관에서 임명하거나 근무하도록 명령을 내림. ②경보를 발함.
〔發露 발로〕 묻혀 있던 사실이 겉으로 드러남.
〔發明 발명〕 아직까지 없던 새로운 기계·물건을 처음으로 만들어 냄.
〔發憤 발분〕 마음과 힘을 돋우어 일으킴. 發奮(발분).
〔發憤忘食 발분망식〕 끼니까지도 잊을 정도로 어떤 일에 열중하여 노력함.
〔發射 발사〕 총·대포·로켓 등을 쏨.
〔發散 발산〕 ①감정 등을 행동으로 나타내어 밖으로 풀어 없앰. ②열·빛·냄새 등이 사방으로 퍼져 나감.
〔發祥地 발상지〕 문명이나 큰 사업이 처음 일어난 곳.
〔發生 발생〕 ①어떤 일이나 사물이 생겨남. ②생물이 난세포(卵細胞)에서 자라서 한 개체가 되는 일.
〔發說 발설〕 감추어야 할 사실을 입 밖으로 냄.
〔發聲 발성〕 목소리를 냄. 또는, 그 목소리.
〔發送 발송〕 물품을 우편이나 운송 수단을 이용하여 보냄.
〔發信 발신〕 소식이나 우편·전신을 보냄. ↔受信(수신).
〔發芽 발아〕 ①초목의 눈이 틈. ②씨앗에서 싹이 나옴. 芽生(아생).
〔發言 발언〕 의견을 말함. 또는, 그 말.
〔發熱 발열〕 ①열을 냄. ②병으로 체온이 보통 이상으로 오름.
〔發育 발육〕 생물체가 자라남.
〔發音 발음〕 소리를 냄. 또는, 그 소리.
〔發議 발의〕 회의에서, 심의할 의안(議案)을 내놓음.
〔發作 발작〕 경련과 같은 증세나 격한 감정이 갑자기 일어남.
〔發展 발전〕 사물이 보다 낫고 더 좋은 상태로 나아감.
〔發電 발전〕 전기를 일으킴.
〔發足 발족〕 어떤 조직체를 새로 만들어 활동을 시작함.
〔發車 발차〕 차가 떠남.
〔發砲 발포〕 총이나 대포를 쏨.
〔發表 발표〕 널리 세상에 알림.
〔發行 발행〕 ①출판물을 출판하여 세상에 내보냄. ②화폐나 공채 등을 만들어 통용하게 사회에 내보냄.
〔發現 발현〕 숨겨져 있던 것이 드러남.
〔發火 발화〕 불이 남.
〔發效 발효〕 효력을 나타냄.
〔發揮 발휘〕 재능이나 역량 등을 떨쳐 드러냄.
◢開發(개발)/啓發(계발)/告發(고발)/濫發(남발)/多發(다발)/挑發(도발)/突發(돌발)/滿發(만발)/妄發(망발)/勃發(발발)/奮發(분발)/不發(불발)/頻發(빈발)/散發(산발)/先發(선발)/始發(시발)/連發(연발)/誤發(오발)/偶發(우발)/誘發(유발)/自發(자발)/再發(재발)/摘發(적발)/蒸發(증발)/徵發(징발)/觸發(촉발)/出發(출발)/爆發(폭발)/揮發(휘발)

5획

白部 흰백

☆✻8
0 5 白 흰 백 白

′ 亻 白 白 白

[중]bāi(바이) [일]ハク/しろい [영]white

[갑]  [자원] '백미(白米)'의 상형, '도토리 같은 열매'의 상형, '엄지손가락'의 상형, '햇빛'의 상형, '사람 머리'의 상형 등의 설이 있으나 정설이 없음.

✎한자 부수의 하나.

[풀이] ①희다. ㉮빛깔이 희다. ‖黑白(흑백). ㉯채색하지 않다. 꾸미지 않음. ‖純白(순백). ㉰깨끗하다. ‖潔白(결백). ②밝다. ㉮환하다. ‖明白(명백). ㉯날이 새다. ③밝히다. ④여쭈다. 사뢰. ‖主人白(주인백). ⑤공허하다. 빈 것. ‖空白(공백).

〔白骨 백골〕 ①송장의 살이 썩고 남은 흰 뼈. 枯骨(고골). ②칠을 하지 않은 목기(木器)나 목물(木物) 따위.
〔白骨難忘 백골난망〕《죽어 백골이 되어도 잊을 수 없다는 뜻으로》 큰 은덕을 입었을 때 감사의 뜻으로 하는 말.
〔白駒過隙 백구과극〕《흰 망아지가 빨리 달리는 것을 문틈으로 본다는 뜻으로》 인생이나 세월이 덧없이 짧음.
〔白露 백로〕 ①'이슬'의 미칭. ②24절기의 하나. 9월 8일경.
〔白馬 백마〕 털빛이 흰 말.
〔白面書生 백면서생〕 글만 읽고 세상 일에는 전혀 경험이 없는 사람.
〔白墨 백묵〕 칠판에 글씨를 쓰는 필기구. 粉筆(분필).
〔白眉 백미〕《촉한(蜀漢)의 마씨(馬氏) 집 다섯 형제가 모두 재주가 뛰어났으나, 그중 눈썹이 흰 털이 섞인 마량(馬良)이 가장 뛰어났다는 고사에서》 여럿 가운데서 가장 뛰어난 사람이나 물건.
〔白飯 백반〕 ①흰밥. ②음식점에서 쌀밥에 국과 몇 가지 반찬을 곁들여 파는 음식.
〔白髮 백발〕 하얗게 센 머리털. ‖皓皓

白髮(호호백발).
〔白雪 백설〕 흰 눈.
〔白松 백송〕 나무껍질이 흰 소나무.
〔白首北面 백수북면〕 재주와 덕이 없는 사람은 늙어서도 북쪽을 향하여 스승의 가르침을 받음이 마땅함.
〔白眼視 백안시〕《중국 진나라 때 죽림칠현의 한 사람인 완적(阮籍)이 반갑지 않은 손님은 백안(白眼)으로 대하고, 반가운 손님은 청안(靑眼)으로 대한 고사에서》 남을 업신여기거나 무시하는 태도로 흘겨봄.
〔白夜 백야〕 극지방에 가까운 곳에서 해가 뜨기 전이나 해가 진 뒤에 반영(反映)되는 태양 광선 때문에 희뿌옇게 밝은 현상.
〔白熱 백열〕 ①물체가 백색광에 가까운 빛을 낼 정도로 아주 높은 온도에서 가열되는 일. ②힘이나 정열이 최고조에 이름.
〔白玉 백옥〕 흰 빛깔의 옥.
〔白衣 백의〕 ①흰 옷. ‖白衣民族(백의민족). ②벼슬이 없는 사람. 布衣(포의). ③'속인(俗人)'의 이칭.
〔白衣從軍 백의종군〕 벼슬 없는 신분으로 싸우려고 전장에 나감.
〔白人 백인〕 백색 인종에 속하는 사람. ↔黑人(흑인).
〔白刃 백인〕 서슬이 시퍼런 칼날.
〔白日夢 백일몽〕《대낮에 꿈을 꾼다는 뜻으로》 실현될 수 없는 헛된 공상.
〔白日場 백일장〕 ①글짓기 대회. ②옛날에 유생의 학업을 권장하는 의미에서 베풀어지는, 시문을 짓는 시험.
〔白丁 백정〕 소나 돼지 등을 잡는 일을 직업으로 하는 사람. 백장.
〔白鳥 백조〕 오릿과의 물새. 고니.
〔白晝 백주〕 대낮. 한낮.
〔白紙 백지〕 ①흰 종이. ②아무것도 쓰지 않은 종이. 空紙(공지). ③'백지상태(白紙狀態)'의 준말.
〔白癡 백치〕 지능이 몹시 낮은 사람. 바보. 天癡(천치). 白痴(백치).
〔白虎 백호〕 ①흰 호랑이. ②사신(四神)의 하나. 서방을 지키는 신.
◢潔白(결백)/告白(고백)/空白(공백)/淡白(담백)/獨白(독백)/明白(명백)/半白(반백)/傍白(방백)/純白(순백)/餘白(여백)/自白(자백)/蒼白(창백)/漂白(표백)/黑白(흑백)

☆*7
1
6 **百** 일백 **백**

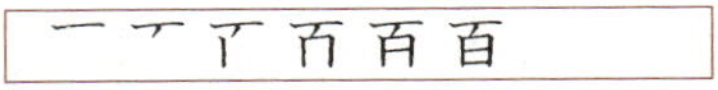

[중]bǎi(바이) [일]ヒャク/もも [영]hundred
[갑]  [금]  [전]  [자원] **지사자.** 白(백)에 가로획을 한 개 그어 숫자 100을 나타냄.

[풀이] ①일백. 100. ②모든. 여러. ‖百官(백관). ③백 번 하다. 여러 번 함.
〔百家 백가〕 여러 가지 학설이나 주장을 내세우는 많은 학자 또는 작자(作者). ‖諸子百家(제자백가).
〔百家爭鳴 백가쟁명〕《중국 춘추 전국 시대에 많은 사상가가 나와 많은 학설을 주장한 데에서》 많은 학자나 논객들이 온갖 학설과 이론을 거침없이 내세우며 논쟁하는 일.
〔百計無策 백계무책〕 있는 꾀를 다 써 보아도 해결할 방도를 찾지 못함.
〔百穀 백곡〕 온갖 곡식.
〔百年佳約 백년가약〕 젊은 남녀가 결혼하여 평생을 같이 지낼 것을 다짐하는 아름다운 언약.
〔百年河淸 백년하청〕《늘 흐린 중국 황허 강이 백 년을 기다려도 맑아지지 않는다는 뜻으로》 어떤 일이 아무리 오랜 세월이 지나도 이루어지기 어려움.
〔百年偕老 백년해로〕 부부가 되어 화락하게 함께 늙음.
〔百發百中 백발백중〕《백 번 쏘아 백 번 맞힌다는 뜻으로》 ①총·활 등을 쏠 때마다 겨눈 곳에 다 맞음. ②모든 일이 계획대로 들어맞음.
〔百方 백방〕 여러 방법. 또는, 온갖 수단과 방도.
〔百姓 백성〕 일반 국민을 예스럽게 이르는 말.
〔百世 백세〕 오랜 세대(世代).
〔百歲 백세〕 ①백 살. ②긴 세월.
〔百獸 백수〕 온갖 짐승.
〔百戰百勝 백전백승〕《백 번 싸워 백 번 이긴다는 뜻으로》 싸울 때마다 다 이김.
〔百折不屈 백절불굴〕 어떠한 난관에도 굽히지 않고 이겨 나감. 百折不撓(백절불요).
〔百折不撓 백절불요〕 ➡百折不屈(백절불굴).
〔百尺竿頭 백척간두〕《백 자나 되는 높은 장대 위에 올라섰다는 뜻으로》 몹시 어렵고 위태로운 지경.
〔百八煩惱 백팔번뇌〕 중생의 과거·현재·미래를 통한 일체의 번뇌.
〔百花爛漫 백화난만〕 온갖 꽃이 활짝 피어 아름답게 흐드러짐.
◢一當百(일당백)

2
7 **皁** 하인 **조**

[중]zào(짜오) [일]ソウ [영]servant
[풀이] ①하인. 천한 사람. ②마구간. ③검다. 검은빛.
〔皁隷 조례〕 서울의 각 관아에서 부리던 하인.
〔皁白 조백〕 ①검은색과 흰색. ②옳고 그름의 비유.

5획

☆✱5
3
8 **的** 과녁 **적**

㊥dì(띠), dí(디) ㊐テキ/まと ㊌target

자원 **형성자.** 白(백)은 의미를 나타내고 勺(작)은 음을 나타냄.

풀이 ①과녁. ②표준. 사물을 행하는 기준. ③사북. 요점. ④확실하다. 적확(的確)함. ⑤어조사(語助辭). ‖知的(지적).

〔的實 적실〕 틀림이 없이 확실함.

〔的中 적중〕 ①화살이 과녁에 맞음. ②예측대로 맞음.

〔的證 적증〕 명확한 증거.

〔的知 적지〕 명확히 앎.

〔的確 적확〕 정확하고 확실함.

◢可及的(가급적)/計劃的(계획적)/公的(공적)/科學的(과학적)/內的(내적)/端的(단적)/動的(동적)/盲目的(맹목적)/目的(목적)/物的(물적)/非較的(비교적)/寫實的(사실적)/生產的(생산적)/世界的(세계적)/量的(양적)/靈的(영적)/人爲的(인위적)/綜合的(종합적)/知的(지적)/質的(질적)/標的(표적)/合理的(합리적)/現實的(현실적)

☆✱3
4
9 **皆** 다 **개**

㊥jiē(찌에) ㊐カイ/みな ㊌all

금 전 자원 **회의자.** 금문은 두 사람이 나란히 서 있음을 나타내는 比(비)와 曰(가로 왈)이 합쳐진 자로, '모두 같은 말로 하다'의 뜻을 나타냄. 소전에서 曰이 白(백)으로 바뀌어 현재의 자형이 됨.

풀이 ①다. 모두. ‖皆擧(개거). ②나란하다. ③두루 미치다. ④함께.

〔皆勤 개근〕 일정한 기간 동안 하루도 빠짐 없이 출석 또는 출근함.

〔皆旣蝕 개기식〕 개기 일식과 개기 월식의 총칭.

〔皆兵 개병〕 온 국민이 병역 의무가 있는 것.

☆✱3-Ⅱ
4
9 **皇** 임금 **황**

㊥huáng(후앙) ㊐コウ ㊌king

갑 금 전 자원 '화려한 장식을 한 모자'의 상형이라는 설과 '등잔과 받침대 그리고 그 불빛(위의 세 점)'의 상형이라는 설이 있음.

풀이 ①임금. 군주(君主). 왕(王)이나 패(霸)보다 공덕이 높고 큰 임금. ‖皇帝(황제). ②천자나 상제에 관한 사물 위에 붙이는 말. ‖皇器(황기). ③크다. ‖玉皇上帝(옥황상제).

〔皇女 황녀〕 황제의 딸. ↔皇子(황자).

〔皇室 황실〕 황제의 집안. 皇家(황가).

〔皇位 황위〕 황제의 지위.

〔皇恩 황은〕 황제의 은혜.

〔皇子 황자〕 황제의 아들. ↔皇女(황녀).

〔皇帝 황제〕 제국의 군주. 천자(天子).

〔皇族 황족〕 황제의 가까운 친척.

〔皇太子 황태자〕 황위(皇位)를 이을 황제의 아들. 皇嗣(황사).

〔皇后 황후〕 황제의 정실(正室).

◢敎皇(교황)/天皇(천황)

10 **皐** 皐(고)의 약자 →524쪽

✱2
6
11 **皐** 못 **고** 약 臯

㊥gāo(까오) ㊐コウ

풀이 ①못. 늪. ②논. ③물가. 못 주변의 땅. ④경계. 한계. ⑤길게 끌어 사람을 부르는 소리. ⑥느리다. 소리가 느림. ⑦명령하다. ⑧5월. ‖皐月(고월).

〔皐復 고복〕 초혼(招魂)하고 발상(發喪)하는 의식.

✱1
6
11 **皎** 달빛 **교** 통 晈

㊥jiǎo(지아오) ㊐コウ ㊌moonlight

풀이 ①달빛. 달의 밝은 빛. ②햇빛. ③희다. 밝음. ④깨끗하다. 결백함.

〔皎皎 교교〕 ①달이 매우 맑고 밝은 모양. ②매우 희고 깨끗한 모양.

〔皎月 교월〕 희고 밝게 빛나는 달.

✱2
7
12 **皓** 흴 **호**

㊥hào(하오) ㊐コウ ㊌white

풀이 ①희다. 희게 빛남. ㉮皜. ②밝다. ③깨끗하다. ④넓다. ⑤하늘.

〔皓月 호월〕 밝게 빛나는 달.

〔皓齒 호치〕 희고 깨끗한 이.

〔皓皓白髮 호호백발〕 온통 하얗게 센 머리. 또는, 그런 늙은이.

✱
8
13 **皗** 밝을 **주**

㊥chóu(°처우) ㊐チュウ

풀이 ①밝다. ②비단이 희다.

10
15 **皚** 흴 **애** 간 皑

㊥ái(아이) ㊐ガイ

풀이 희다.

〔皚皚 애애〕 서리나 눈이 깨끗하고 하얗게 내린 모양.

10 15 **皜** 흴 호·고

㊥hào(하오) ㊐コウ ㊎white
풀이 ①희다. 흰 모양. ㉠皓. ②단단하고 바른 모양.

* 15 **皞** 皥(호)의 본자 →525쪽

10 15 * **皛** 나타날 효

㊥xiǎo(시아오) ㊐キョウ ㊎appear
풀이 ①나타나다. ②희다. 밝음.

12 17 **皤** 머리 센 모양 파

㊥pó(포) ㊐ハ
풀이 ①머리가 센 모양. ②희다. ③배가 불룩하고 살찐 모양.
〔皤皤 파파〕 머리털이 하얗게 센 모양. 또는, 그런 머리털.
〔皤皤老人 파파노인〕 백발이 된 늙은이.

12 17 **皥** 밝을 호 (본) 皞

㊥hào(하오) ㊐コウ
풀이 ①밝다. ②희다. ③하늘.
〔皥天 호천〕 하늘. 昊天(호천).

13 18 **皦** 옥돌 흴 교

㊥jiǎo(지아오) ㊐キョウ
풀이 ①옥돌이 희다. ②희다. ③밝다. 또렷함. ④맑다. 깨끗함. ⑤달빛이 밝다. ㉠皎.

皮部 가죽피

☆✱3-Ⅱ
0 5 **皮** 가죽 피

丿 厂 广 皮 皮

㊥pí(피) ㊐ヒ/かわ ㊎skin
금 전 자원 **회의자.** 금문은 뿔 달린 짐승의 가죽을 한 손으로 벗기고 있는 모습을 나타냄. 일설에는 가죽으로 만든 방패를 손으로 잡고 있는 모양이라는 주장도 있음.

부 한자 부수의 하나.
풀이 ①가죽. ㉮생가죽. ㉯겉가죽. 껍질. ‖皮膚(피부). ②거죽. 물건의 표면. ‖表皮(표피). ③갖옷. 모피옷. ‖毛皮(모피).
〔皮骨相接 피골상접〕 살갗과 뼈가 서로 맞닿을 정도로 몹시 여윔.
〔皮帶 피대〕 두 개의 바퀴에 걸어 동력을 전하는, 띠 모양의 물건.
〔皮膜 피막〕 ①피부와 점막. ②껍질 같은 얇은 막.
〔皮封 피봉〕 편지를 봉투에 넣고 다시 싸서 봉한 종이. 겉봉. 外封(외봉).
〔皮膚 피부〕 동물의 몸의 표면을 둘러싸고 있는 조직. 살가죽. 살갗.
〔皮相 피상〕 겉으로 나타나 보이는 모양.
〔皮相的 피상적〕 일이나 현상 등의 본질은 추구하지 않고 겉으로 드러나 보이는 현상에만 관계하는 (것).
〔皮脂 피지〕 살갗 밑에 있는 작은 분비선에서 나오는 지방 등의 분비물.
〔皮下 피하〕 살갗 아래.
〔皮革 피혁〕 날가죽과 무두질한 가죽의 총칭.
◪ 果皮(과피)/內皮(내피)/頭皮(두피)/毛皮(모피)/木皮(목피)/剝皮(박피)/樹皮(수피)/羊皮(양피)/外皮(외피)/種皮(종피)/鐵面皮(철면피)/彈皮(탄피)/脫皮(탈피)/包皮(포피)/表皮(표피)

7 12 **皴** 주름 준

㊥cūn(춘) ㊐シュン ㊎wrinkle
풀이 ①주름. 살갗·치마 등에 잔줄이 진 것. ②트다. ③준법(皴法).
〔皴法 준법〕 동양의 산수화에서, 산·바위 등의 중첩이나 굴곡, 옷의 주름 따위를 그릴 때 쓰는 기법.

14 **皷** 鼓(고)의 속자 →845쪽

* 10 15 **皺** 주름 추 (간) 皱

㊥zhòu(°쩌우) ㊐シュウ ㊎wrinkle
풀이 ①주름. ②주름 잡히다.
〔皺紋 추문〕 주름살 모양의 무늬.

皿部 그릇명

*1
0 5 **皿** 그릇 명

㊥mǐn(민) ㊐ベイ ㊎dish

5획

갑 금 전 **자원** **상형자.** 음식물을 담는 그릇의 모양을 본뜬 자.

한자 부수의 하나.

풀이 그릇. ‖器皿(기명).

◢器皿(기명)

3 8 **盂*** 바리 **우** 盂

㊥yú(위) ㊐ウ

풀이 ①바리. 사발. ②진(陣) 이름. 사냥할 때의 진형의 이름.

〔盂只 우지〕 놋쇠로 만든, 승려의 밥그릇.

9 **盃*** 杯(배)의 속자 →382쪽

4 9 **盆*1** 동이 **분** 盆

㊥pén(펀) ㊐ホン, ボン

풀이 ①동이. ㉮물동이. ㉯피를 담는 그릇. ㉰술동이. ②밥 짓는 그릇.

〔盆栽 분재〕 화초나 나무 등을 화분에 심어 가꿈.

〔盆地 분지〕 사방이 산이나 대지(臺地)로 둘러싸인 평평한 땅.

◢花盆(화분)

4 9 **盈*2** 찰 **영** 盈

㊥yíng(잉) ㊐エイ ㊒fill up

풀이 ①차다. 그릇에 가득 참. ②만월(滿月). 보름달이 됨. ‖盈月(영월).

〔盈虧 영휴〕 차는 것과 이지러지는 것.

5 10 **盎** 동이 **앙** 盎

㊥àng(앙) ㊐オウ

풀이 ①동이. ②성한 모양. ③가득 차다.

5 10 **盌** 주발 **완** ㊛碗 盌

㊥wǎn(완) ㊐ワン

풀이 주발. ㊂椀.

5 10 **益★*4-Ⅱ** 더할 **익** ㉠益 益

丶 丷 亠 亣 𠀎 兴 益 益

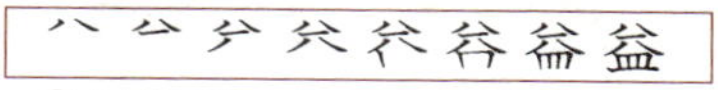

㊥yì(이) ㊐エキ

갑 전 **자원** **회의자.** 皿(명)과 水(수)가 합쳐진 자. 물[水]이 그릇[皿] 위로 넘쳐흐르는 모습을 나타냄. '풍족하다', '이익' 등의 뜻으로 쓰이게 되자 본뜻을 보존하기 위해 만든 자가 '溢'(넘칠 일)임.

풀이 ①더하다. ‖增益(증익). ②보탬. 증가. ③보람. 효험. ‖無益(무익). ④이익. 유익. ‖益鳥(익조).

〔益友 익우〕 사귀어서 유익한 친구.

〔益者三友 익자삼우〕 사귀어 유익함이 있는 세 부류의 벗. 곧, 정직한 벗, 신의가 있는 벗, 지식이 있는 벗.

〔益鳥 익조〕 해충을 잡아먹는 등 사람에게 도움을 주는 새. 제비·황새 따위.

〔益蟲 익충〕 사람에게 이익을 주는 벌레.

◢公益(공익)/國益(국익)/權益(권익)/無益(무익)/損益(손익)/收益(수익)/純益(순익)/實益(실익)/有益(유익)/利益(이익)/差益(차익)/便益(편익)/弘益(홍익)

5 10 **盍** 덮을 **합** 盍

㊥hé(허) ㊐コウ

풀이 ①덮다. ②합하다. ‖盍簪(합잠). ③어찌 …하지 않는가.

11 **盖*** 蓋(개·합)의 속자 →651쪽

6 11 **盒*1** 합 **합** 盒

㊥hé(허) ㊐ゴウ

풀이 ①합. 둥글넓적하며 뚜껑이 있는 식기. ②찬합(饌盒).

◢饌盒(찬합)/香盒(향합)

6 11 **盔** 바리 **회** ㊄**괴** 盔

㊥kuī(쿠에이) ㊐カイ

풀이 ①바리. 음식물을 담는 공기. ②투구.

7 12 **盜★*4** 도둑 **도** 盜

氵 氵 氵 汐 次 咨 盜 盜

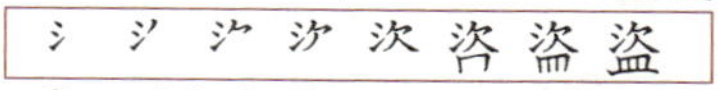

㊥dào(따오) ㊐トウ/ぬすむ ㊒thief

전 **자원** **회의자.** 입을 벌린 채 침을 흘리는 모습을 나타내는 次(연)과 그릇을 나타내는 皿(명)이 합쳐진 자로, 그릇에 담긴 음식을 보고 침을 흘리는 것을 나타냄. 본뜻은 '훔치다'.

풀이 ①도둑. 비적(匪賊). ‖強盜(강도). ②훔치다. ‖盜伐(도벌). ③도둑질하다. ‖竊盜(절도).

〔盜掘 도굴〕 광물이나 옛 무덤 속의 유

물을 몰래 파냄.
〔盜難 도난〕 물건을 도둑맞는 재난.
〔盜伐 도벌〕 허가 없이 산의 나무를 몰래 벰. 盜斫(도작).
〔盜癖 도벽〕 남의 물건을 훔치는 버릇.
〔盜用 도용〕 남의 명의(名義)나 물건, 시문(詩文) 등을 허락 없이 몰래 씀.
〔盜賊 도적〕 도둑. 盜人(도인).
〔盜聽 도청〕 몰래 엿들음.
◢強盜(강도)/竊盜(절도)

☆✱4-Ⅱ
7 **盛** ❶담을 **성** ❷성할 **성**
12

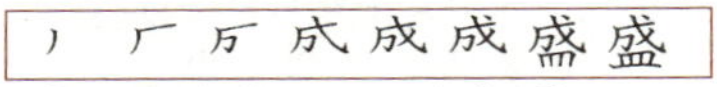

丿 厂 万 成 成 成 盛 盛

㊥shèng(°썽), chéng(°청) ㊐セイ ㊒fill
자원 **형성자.** 皿(명)은 의미를 나타내고 成(성)은 음을 나타냄.
풀이 ❶①담다. ②제상에 차려 놓은 음식. ❷①성하다. 넘치다. ‖盛大(성대). ②원기가 왕성하다. ‖盛年(성년).
〔盛年 성년〕 원기가 왕성한 젊은 나이.
〔盛大 성대〕 성하고 큼.
〔盛代 성대〕 나라의 세력이 특히 번성한 시대. 盛世(성세). ‖太平盛代(태평성대).
〔盛衰 성쇠〕 성함과 쇠함. 隆替(융체).
〔盛需期 성수기〕 어떤 물품이 한창 쓰이는 철.
〔盛業 성업〕 사업이나 장사가 썩 잘됨.
〔盛者必衰 성자필쇠〕 융성하던 것도 결국 쇠퇴해짐.
〔盛裝 성장〕 옷을 잘 차려 입음. 또는, 그런 차림. 盛飾(성식).
〔盛夏 성하〕 더위가 한창인 여름. 한여름.
〔盛行 성행〕 매우 성하게 행해짐.
〔盛況 성황〕 모임 따위에 사람이 많이 모여 활기에 찬 상태.
◢極盛(극성)/茂盛(무성)/繁盛(번성)/旺盛(왕성)/隆盛(융성)/全盛(전성)/豐盛(풍성)

★✱3-Ⅱ
8 **盟** 맹세 **맹** ㊄**명**
13

冂 日 即 明 明 明 盟 盟

㊥méng(멍) ㊐メイ/ちかい ㊒oath
자원 **형성자.** 皿(명)은 의미를 나타내고 明(명)은 음을 나타냄.
풀이 ①맹세. 맹세함. ‖同盟(동맹). ②약속. ‖盟約(맹약).
〔盟邦 맹방〕 동맹을 맺은 나라.
〔盟誓 맹세*〕 ①신불 앞에서 약속함. ②반드시 이룰 것을 다짐하여 약속함.
〔盟約 맹약〕 ①굳게 맹세한 약속. ②동맹국 사이의 조약.
〔盟主 맹주〕 동맹을 맺은 집단의 우두머리.

◢加盟(가맹)/同盟(동맹)/聯盟(연맹)/血盟(혈맹)

✱1
8 **盞** 잔 **잔**
13
㉠盏

㊥zhǎn(°잔) ㊐サン/さかずき
풀이 ①잔. 옥으로 만든 술잔. ‖盞臺(잔대). ②등잔(燈盞).
〔盞臺 잔대〕 술잔 받침. 托盤(탁반).
◢燈盞(등잔)

★✱4-Ⅱ
9 **監** ❶볼 **감** ❷살필 **감**
14
㉠监

丨 𠂎 𠂎 臣 臣ᐩ 臨 監 監

㊥jiān, jiàn(찌엔)
㊐カン/したにのぞむ ㊒see
갑 **전** **자원** **회의자.** 갑골문의 왼쪽은 물이 담긴 그릇, 오른쪽은 그릇의 물에 비친 자기 얼굴을 들여다보는 사람을 나타냄. 오른쪽 윗부분은 눈을 나타낸 것으로 현재는 臣(신) 자로 변함. 여기에서 '거울', '보다', '살피다' 등의 뜻이 나옴.
풀이 ❶①보다. 내려다봄. ②경계(警戒)하다. 단속함. ‖監察(감찰). ③감옥(監獄). ‖監房(감방). ❷①살피다. ‖監視(감시). ②감찰. ③옛 중국에서, 산림·천택(川澤)을 맡아 다스린 벼슬. ④관공서.
〔監禁 감금〕 신체의 자유를 구속하여 일정한 장소에 가두어 둠.
〔監督 감독〕 감시하여 단속함. 또는, 그 일을 하는 사람.
〔監房 감방〕 감옥에서 죄인을 가두어 두는 방.
〔監司 감사〕 조선 시대, 각 도의 으뜸 벼슬. 觀察使(관찰사).
〔監査 감사〕 감독하고 검사함.
〔監修 감수〕 책의 저술이나 편찬을 지도하고 감독함.
〔監視 감시〕 단속하기 위해 주의하여 지켜봄.
〔監獄 감옥〕 죄인을 가두어 두는 곳. 현재는 '교도소(矯導所)'로 개칭됨.
〔監察 감찰〕 ①주의 깊게 살핌. ②조선 시대, 사헌부(司憲府)의 정6품 벼슬.
〔監護 감호〕 죄수를 특별한 장소에 두고 감시함.
◢校監(교감)/大監(대감)/舍監(사감)/上監(상감)/收監(수감)/令監(영감)/出監(출감)/統監(통감)

☆✱4
9 **盡** ❶다할 **진** ❷진력할 **진**
14
㊀㉠尽

⺕ ⺕ ⺕ 聿 聿 肀 盡 盡 盡

5획

[중]jǐn(찐) [일]シン, ジン
[갑] [자원] **회의자.** 갑골문은 볏짚(수세미)을 손으로 잡고 그릇을 깨끗이 씻는 모습을 나타냄. 여기서 '다하다', '끝나다'의 뜻이 파생됨.
[풀이] [1]①다하다. [같]儘. ㉮다 없어지다. ‖盡滅(진멸). ㉯끝나다. ‖窮盡(궁진). ㉰죽다. ‖自盡(자진). ②정성. 정성을 다함. ‖盡誠(진성). ③죄다. 다. ④섣달그믐. [2]진력(盡力)하다.
〔盡力 진력〕 있는 힘을 다함.
〔盡善盡美 진선진미〕 더할 나위 없이 착하고 아름다움. 곧, 완전무결함.
〔盡心 진심〕 마음과 노력을 다 기울임.
〔盡終日 진종일〕 하루 종일. 온종일.
〔盡忠報國 진충보국〕 충성을 다하여 나라의 은혜에 보답함.
◢極盡(극진)/氣盡脈盡(기진맥진)/賣盡(매진)/消盡(소진)/一網打盡(일망타진)/自盡(자진)/脫盡(탈진)/蕩盡(탕진)

★*3-Ⅱ
10 15 **盤** 소반 **반** [간] 盘 盤

丿 ⺆ 舟 舟几 般 般 盤 盤

[중]pán(판) [일]バン
[자원] **회의 겸 형성자.** 般(반)과 그릇을 나타내는 皿(명)이 합쳐진 자로, '둥근 모양을 한 큰 쟁반'을 나타냄. 皿은 의미를 나타내고 般은 의미와 음을 겸하여 나타냄.
[풀이] ①소반. [같]槃. ‖盤床器(반상기). ②대야. 목욕통. ③대(臺). 밑받침. ‖基盤(기반). ④물건의 바탕을 의지하는 곳. ⑤굽다. 꾸불꾸불함. ‖盤回(반회). ⑥서리다. ‖盤龍(반룡). ⑦돌다. ‖盤舞(반무). ⑧반석.
〔盤據 반거〕 어떤 곳에 근거하여 지킴.
〔盤曲 반곡〕 산길 따위가 꼬불꼬불함.
〔盤石 반석〕 ①넓고 평평한 큰 돌. ②아주 견고하고 든든한 기초나 토대.
〔盤松 반송〕 키가 작고 가지가 옆으로 퍼진 소나무.
〔盤桓 반환〕 성이나 궁궐이 넓고 큰 모양.
◢骨盤(골반)/基盤(기반)/小盤(소반)/玉盤(옥반)/圓盤(원반)/音盤(음반)/錚盤(쟁반)/地盤(지반)

11 16 **盥** 대야 **관** 盥

[중]guàn(꾸안) [일]カン/たらい
[갑] [금] [자원] **회의자.** 皿(그릇 명)과 手(손 수)와 水(물 수)가 합쳐진 자. 갑골문은 대야에 손을 넣고 씻는 모습을 나타냄.
[풀이] ①대야. ②씻다. 손을 씻음.
〔盥漱 관수〕 세수하고 양치질을 함.

*2
11 16 **盧** 밥그릇 **로** [간] 卢 盧

[중]lú(루) [일]ロ [영]rice bowl
[풀이] ①밥그릇. ②창 자루. ③목로. 술청. ④검다. 검은빛. ‖盧弓盧矢(노궁노시).
〔盧生之夢 노생지몽〕 (('노생의 꿈'이란 뜻으로)) 인생의 영고성쇠(榮枯盛衰)가 꿈처럼 헛되고 덧없음. 邯鄲之夢(한단지몽).

12 17 **盪** [1]씻을 **탕** [2]깨끗이 할 **탕** [간] 荡 盪

[중]dàng(땅) [일]トウ [영]wash
[풀이] [1]①씻다. ②흔들리는 모양. [2]①깨끗이 하다. ②밀다. ③움직이다. ‖盪舟(탕주). ④흔들거리다. ⑤어루만지다. ⑥비틀거리다.

目部 눈목 目 罒

☆*6
0 5 **目** 눈 **목** 目

丨 冂 冃 月 目

[중]mù(무) [일]モク/め [영]eye
[갑] [금] [전] [자원] **상형자.** 사람의 눈 모양을 본뜬 자. 소전에 이르러 자형이 세로로 세워져 현재의 자형과 비슷해짐.
한자 부수의 하나.
[풀이] ①눈. ‖耳目(이목). ②보다. 주시하다. ‖目擊(목격). ③사북. 추요(樞要). 요점. ‖要目(요목). ④조목. ‖目次(목차). ⑤이름. 제목. ‖題目(제목). ⑥우두머리. 지배자. ‖頭目(두목). ⑦단위의 한 가지. ‖項目(항목).
〔目擊 목격〕 자기 눈으로 직접 봄. 目見(목견). 目睹(목도).
〔目睹 목도〕 ➜目擊(목격).
〔目禮 목례〕 눈짓으로 가볍게 나누는 인사.
〔目錄 목록〕 어떤 물품의 이름이나 책 제목 등을 일정한 순서로 적은 것.
〔目不識丁 목불식정〕 ((아주 간단한 글자인 '丁' 자를 보고도 그것이 '고무래'인 줄을 알지 못한다는 뜻으로)) 아주 까막눈임.
〔目不忍見 목불인견〕 눈앞의 광경이 끔찍하거나 딱하거나 하여 눈으로 차마 볼 수 없음.
〔目的 목적〕 실현하려고 하는 일이나 나아가는 방향.

〔目前 목전〕 눈앞. 당장. 眼前(안전).
〔目前之計 목전지계〕 눈앞에 보이는 한때만을 생각하는 꾀.
〔目次 목차〕 제목·조항 등의 차례.
〔目測 목측〕 눈대중으로 거리·크기 등을 재는 일. 눈어림.
〔目標 목표〕 목적을 이루기 위해 실제적인 대상으로 삼는 것.
〔目下 목하〕 바로 지금.
◢曲目(곡목)/科目(과목)/刮目(괄목)/德目(덕목)/頭目(두목)/盲目(맹목)/面目(면목)/名目(명목)/反目(반목)/細目(세목)/稅目(세목)/眼目(안목)/要目(요목)/耳目(이목)/題目(제목)/條目(조목)/種目(종목)/罪目(죄목)/注目(주목)/指目(지목)/品目(품목)/項目(항목)

★✱3-Ⅱ
3 8 **盲** 소경 **맹**

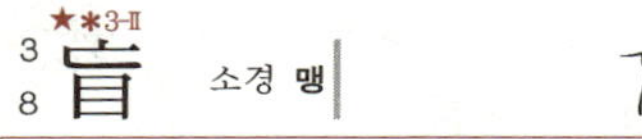

㊥máng(망) ㊐モウ ㊎blind man
자원 **회의 겸 형성자.** 亡(망)과 目(목)이 합쳐진 자로, 눈을 못 쓰거나 시력을 잃어 앞을 보지 못하는 사람을 나타냄. 目은 의미를 나타내고 亡은 의미와 음을 겸하여 나타냄.
肓(황:615쪽)은 딴 자.
풀이 ①소경. 장님. ‖盲人(맹인). ②도리를 분별하지 못하다. ③눈이 어둡다.
〔盲龜遇木 맹귀우목〕《눈먼 거북이 우연히 떠내려오는 나무를 만났다는 뜻으로》 어렵던 차에 뜻밖의 행운을 얻음. 盲龜浮木(맹귀부목).
〔盲目的 맹목적〕 사실을 옳게 판단할 수 없으면서 함부로 행동하는 (것).
〔盲信 맹신〕 사리를 따지지 않고 덮어놓고 믿음.
〔盲啞 맹아〕 소경과 벙어리.
〔盲人 맹인〕 눈이 먼 사람. 소경.
〔盲點 맹점〕 ①안구 속 시신경이 망막으로 들어가는 부위에 있는, 유두(乳頭) 모양의 흰 돌기. ②주의가 미치지 않아 모르고 지나친 허점.
〔盲從 맹종〕 맹목적으로 좇음.
◢文盲(문맹)/色盲(색맹)/夜盲(야맹)

☆✱7
3 8 **直** ❶곧을 **직**☆✱7 ❷값 **치** ㉮ 直

㊥zhí(°즈) ㊐チョク, チ/すなお
㊎straight
갑 금 전 자원 **회의자.** 갑골문은 수직의 세로획과 눈의 상형으로 이뤄진 자로 세로획은 측량 막대를 나타낸 것임. 곧, 시선이 똑바르다는 것을 나타냄. 금문·소전에서 目(목) 밑에 꺾인 획[ㄴ]을 덧붙임.
풀이 ❶①곧다. 똑바름. ‖直線(직선). ②곧. 즉시. ‖直答(직답). ③숙직하다. ‖宿直(숙직). ④마음이 곧다. 정직함. ‖正直(정직). ⑤세로. ‖垂直(수직). ❷①값. 품삯. ②세. 임대료. ③직면하다.
〔直角 직각〕 두 직선이 만나 이루는 90°의 각.
〔直諫 직간〕 윗사람에게 바른말로 충고함.
〔直感 직감〕 사물이나 현상을 접했을 때 곧바로 느껴 앎.
〔直擊彈 직격탄〕 ①곧바로 날아와서 명중한 포탄. ②직접적으로 치명적인 피해를 줌.
〔直結 직결〕 직접 연결되거나 관계가 맺어짐.
〔直系 직계〕 ①혈연이 친자 관계에 의해 직접적으로 이어져 있는 계통. ↔傍系(방계). ②단체나 조직에서 직접적으로 소속되는 계열 관계.
〔直觀 직관〕 판단·추리 등의 사유(思惟)를 거치지 않고 대상을 직접적으로 파악하는 일. 直覺(직각).
〔直球 직구〕 야구에서, 투수가 변화를 주지 않고 곧게 던지는 공.
〔直流 직류〕 ①곧게 흐르는 줄기. ②회로 안을 일정한 방향과 크기로 흐르는 전류. ↔교류(交流).
〔直立 직립〕 꼿꼿하게 바로 섬.
〔直面 직면〕 직접 맞부딪침.
〔直配 직배〕 직접 배달하거나 배급함.
〔直線 직선〕 굽지 않고 곧은 선. ↔曲線(곡선).
〔直屬 직속〕 어떤 조직이나 사람에 직접 속함.
〔直輸入 직수입〕 외국의 상품을 중개인의 손을 거치지 않고 직접 사들임.
〔直視 직시〕 똑바로 봄.
〔直言 직언〕 옳다고 생각한 바를 기탄없이 말함.
〔直譯 직역〕 외국어를 글자 그대로의 뜻에 따라 번역함.
〔直營 직영〕 직접 관리하고 운영함.
〔直前 직전〕 어떤 일이 일어나기 바로 전.
〔直接 직접〕 중간에 아무 거침이 없이 바로 이어지는 관계. ↔間接(간접).
〔直進 직진〕 곧장 앞으로 나아감.
〔直通 직통〕 두 지점 사이를 중계 없이 바로 통함.
〔直販 직판〕 중간 상인을 거치지 않고 생산자가 소비자에게 직접 팖.
〔直轄 직할〕 직접 관할함.
〔直航 직항〕 배·비행기 등이 도중에 다른 곳에 들르지 않고 목적지까지 바로 감.
〔直行 직행〕 도중에 다른 곳에 들르지 않고 바로 감.
◢剛直(강직)/硬直(경직)/當直(당직)/不

問曲直(불문곡직)/率直(솔직)/垂直(수직)/宿直(숙직)/愚直(우직)/正直(정직)/忠直(충직)/下直(하직)

☆*4
4 9 **看** 볼 **간** 看

一 三 手 手 看 看 看 看

㊥kàn, kān(칸) ㊐カン/みる ㊎see

자원 **회의자.** 手(손 수)와 目(눈 목)이 합쳐진 자로, 눈 위에 손을 얹고 멀리 바라보는 것을 나타냄.

풀이 ①보다. 바라봄. ②방문하다. ③지키다. ‖看守(간수).

〔看過 간과〕 큰 관심 없이 대강 보아 넘김.

〔看病 간병〕 환자를 보살핌.

〔看守 간수〕 ①'교도관(矯導官)'의 구칭. ②철도의 건널목을 지키는 사람.

〔看做 간주〕 그렇다고 침.

〔看破 간파〕 속마음을 알아차림.

〔看板 간판〕 ①가게 따위에서 상호·업종 등을 써서 내거는 표지(標識). ②외관·학벌·경력 등, 남 앞에 내세울 만한 것의 속칭.

〔看護 간호〕 환자나 노약자를 돌보아 도와줌. ‖看護師(간호사).

*1
4 9 **眄** 애꾸눈 **면** 眄

㊥miàn(미엔) ㊐ベン

풀이 ①애꾸눈. ②한쪽 눈으로 자세히 보다. ③곁눈질하다. ‖左顧右眄(좌고우면).

*
9 **眀** 明(명)과 동자 →356쪽

4 9 **眊** 눈 흐릴 **모** 眊

㊥mào(마오) ㊐ボウ

풀이 ①눈이 흐리다. 눈에 정기가 없음. ②눈이 어둡다. ③늙은이.

4 9 **眇** 애꾸눈 **묘** 眇

㊥miǎo(미아오) ㊐ビョウ

풀이 ①애꾸눈. 짝눈. ‖眇目(묘목). ②눈을 가늘게 뜨고 보다. ③희미하다. 작음. 가늚. ④천하다. ⑤멀다. ⑥높다. ⑦넓다.

〔眇然 묘연〕 아득히 먼 모양.

★*3
4 9 **眉** 눈썹 **미** 眉

乛 ㄱ ⺕ 尸 尸 屌 眉 眉

㊥méi(메이) ㊐ビ/まゆ ㊎eyebrow

갑 금 자원 **상형자.** 눈과 그 위에 있는 눈썹을 나타낸 자.

풀이 ①눈썹. ②노인. ③가장자리.

〔眉間 미간〕 두 눈썹 사이. 兩眉間(양미간).

〔眉目秀麗 미목수려〕 용모가 빼어나게 아름다움.

〔眉壽 미수〕 《'눈썹이 길게 자라도록 오래 사는 수명'이라는 뜻》 남에게 오래 살기를 축원할 때 쓰는 말.

◢白眉(백미)/蛾眉(아미)/焦眉(초미)

*
4 9 **盼** 눈 예쁠 **반** 盼

㊥pàn(판) ㊐ハン

풀이 ①눈이 예쁘다. ②바라다. ③보다. 돌아봄.

☆*5
4 9 **相** ❶서로 **상** ❷볼 **상** 相

一 十 才 木 朩 札 相 相

㊥xiāng, xiàng(씨앙) ㊐ソウ, ショウ/あい ㊎mutually

갑 금 전 자원 **회의자.** 木(나무 목)과 目(눈 목)이 합쳐진 자로, 나무를 재목으로 쓰기 위해 잘 살펴보는 것을 나타냄. 뒷날 '서로'의 뜻으로 가차됨.

풀이 ❶①서로. ‖相關(상관). ②바탕. 질(質). ③따르다. ❷①보다. ㉮자세히 보다. ㉯점치다. ‖相法(상법). ②형상. 얼굴. ‖人相(인상). ③돕다. ④인도하다. 도움. ⑤정승. 대신(大臣).

〔相見 상견〕 서로 만나 봄. 對面(대면). ‖相見禮(상견례).

〔相公 상공〕 '재상(宰相)'의 존칭.

〔相關 상관〕 ①서로 관계가 있음. ②남의 일에 간섭함.

〔相剋 상극〕 서로 맞지 않거나 마주치면 충돌하는 상태.

〔相談 상담〕 서로 의논함. 相議(상의).

〔相當 상당〕 일정한 액수나 수치 등에 해당함.

〔相對 상대〕 ①서로 마주 대함. 또는, 그런 대상. ②서로 겨룸. 또는, 그런 대상. ③서로 대비시킴. ④서로 관계를 가지는 일. ↔絕對(절대).

〔相面 상면〕 서로 만나봄. 또는, 처음으로 대면하여 알게 됨.

〔相半 상반〕 서로 절반씩 어슷비슷함.

〔相法 상법〕 관상을 보는 방법.

〔相逢 상봉〕 서로 만남.

〔相扶相助 상부상조〕 서로서로 도움.

5획

〔相似 상사〕 ①서로 모양이 비슷함. ②수학에서, '닮음'의 구용어.
〔相生 상생〕 사람 또는 사물이 서로 잘 맞아서 도움을 줌.
〔相續 상속〕 ①차례로 계승됨. ②사람이 죽은 뒤에 그의 재산을 넘겨받음.
〔相殺 상쇄〕 ①서로 받을 돈과 줄 돈의 액수가 같게 되어 주고받는 계산이 끝남. ②상반되는 둘이 같은 비중을 가져 그 효과나 영향이 없어짐.
〔相違 상위〕 서로 다르거나 어긋남.
〔相應 상응〕 서로 응하거나 어울림.
〔相殘 상잔〕 서로 모질게 싸우고 죽임. ‖同族相殘(동족상잔).
〔相爭 상쟁〕 서로 다툼.
〔相接 상접〕 서로 한데 닿거나 붙음. ‖皮骨相接(피골상접).
〔相通 상통〕 ①서로 통함. ②서로 길이 트임. ③서로 공통된 바가 있음.
〔相互 상호〕 피차가 서로. 互相(호상).
◢觀相(관상)/窮相(궁상)/吉相(길상)/面相(면상)/色相(색상)/手相(수상)/首相(수상)/實相(실상)/樣相(양상)/位相(위상)/人相(인상)/宰相(재상)/眞相(진상)/凶相(흉상)

☆✱6
4 9 **省** ❶살필 **성**☆✱6 ❷덜 **생**✱6 ❸마을 **성**☆✱6 본**생** 省

丨 小 少 少 省 省 省 省

중xǐng(싱), shěng(°성)
일セイ, ショウ/かえりみる, はぶく
영deliberate
갑 금 전 **자원** **회의 겸 형성자.** 生(생)과 目(목)이 합쳐진 자. 눈병으로 눈에 백태 따위가 생겼음을 나타낸다는 설이 있으나 아직은 분명치 않음. 예서에서 生이 少(소)로 바뀜. 目은 의미를 나타내고 生은 의미와 음을 겸하여 나타냄.
풀이 ❶①살피다. 조사하다. ‖省察(성찰). ②돌아보다. 깨닫다. ‖反省(반성). ③안부를 묻다. ❷①덜다. ㉮없애다. 그만둠. ㉯줄이다. ‖省略(생략). ②허물. ❸①마을. 관아(官衙). ②중국의 지방 행정 구역. ‖河南省(허난 성).
〔省略 생략〕 전체에서 일부를 줄이거나 뺌.
〔省墓 성묘〕 조상의 산소를 찾아가서 돌봄. 參墓(참묘).
〔省察 성찰〕 깊이 생각함. 또는, 반성하여 자기를 살핌.
◢歸省(귀성)/反省(반성)/自省(자성)

✱2
4 9 **盾** 방패 **순** 盾

一 厂 ㄏ 厂 斤 盾 盾 盾

중dùn(뚠) 일ジュン/たて 영buckler
갑 전 **자원** **회의자.** 갑골문은 방패를 본뜬 상형자이나 소전은 目(눈 목)과 방패(厂자는 방패를 옆에서 본 형태이고 十 자는 방패의 손잡이를 나타냄)가 합쳐진 회의자임. 방패로 몸을 방어함을 나타냄.
풀이 ①방패. ‖矛盾(모순). ②피하다. 숨음. ③별 이름.
◢矛盾(모순)

✱1
4 9 **眈** 노려볼 **탐** 眈

중dān(딴) 일タン
耽(탐:610쪽)은 딴 자.
풀이 ①노려보다. 범이 노려보는 모양. ②가까운 데를 보면서 먼 곳을 노리다.
〔眈眈 탐탐〕 ①야심을 가지고 잔뜩 노리는 모양. ②속이 깊은 모양.
◢虎視眈眈(호시탐탐)

9 **県** 縣(현)의 약자 →594쪽

4 9 **盻** 흘겨볼 **혜** 본**계·예** 盻

중xì(씨) 일ケイ, ゲイ
풀이 ①흘겨보다. 노려봄. ②돌아보다.
〔盻恨 혜한〕 눈을 흘기며 원망함.

5 10 **眜** 어두울 **말** 眜

중mò(모) 일バツ
풀이 ①어둡다. 눈이 흐림. ②무릅쓰다.

5 10 **昧** 눈 어두울 **매** 昧

중mèi(메이) 일バイ
풀이 눈이 어둡다.

☆✱3-Ⅱ
5 10 **眠** ❶잘 **면** ❷쉴 **면** 眠

冂 月 目 目¯ 目⁷ 目ㄱ 眀 眠

중mián(미엔) 일ミン, メン/ねむる
영sleep
자원 **형성자.** 目(목)은 의미를 나타내고 民(민)은 음을 나타냄.
풀이 ❶①자다. 눈을 감고 잠. ②모르다. 지각(知覺)이 없음. ❷①쉬다. 누워서 쉼. ②약물에 중독되다.
〔眠食 면식〕 잠자는 일과 먹는 일. 寢食(침식).
◢冬眠(동면)/不眠(불면)/睡眠(수면)/熟眠(숙면)/安眠(안면)/永眠(영면)/催眠(최면)/休眠(휴면)

5획

5 10 **眥** ❶눈초리 **제** ❷노려볼 **자** | 동 眦 眥

㊥zì(쯔) ㊐セイ, サイ/まぶち
풀이 ❶①눈초리. ②깃이 포개지는 부분. ❷①노려보다. ‖睚眥(애자). ②눈초리가 찢어지다.

10 **眦** 眥(제·자)와 동자 →532쪽

☆✱4-Ⅱ
5 10 **眞** 참 **진** | 속 真 眞

ㄧ ㄴ 𠂉 旨 旨 直 眞 眞

㊥zhēn(°쩐) ㊐シン/まこと ㊒truth
금 자원 **회의자.** 금문의 윗부분은 '숟가락', 아랫부분은 솥을 나타낸 것으로, 제관이 제사에 바칠 솥에 담긴 음식을 숟가락으로 떠서 맛을 보는 것을 뜻함. 여기에서 '참', '진실' 등의 뜻이 생겨남.
풀이 ①참. 진짜. ‖眞實(진실). ②변함이 없다. ③있는 그대로. 자연. ‖天眞(천진). ④도(道). 묘리(妙理). ‖眞理(진리). ⑤천성. ⑥본질(本質). ⑦초상(肖像). ‖寫眞(사진).
〔眞價 진가〕 참된 값어치.
〔眞空 진공〕 공기가 없는 공간.
〔眞談 진담〕 진정으로 하는 말. 참말. ↔弄談(농담).
〔眞理 진리〕 ①참된 도리. 또는, 올바른 이치. ②누구에게나 타당하다고 인정되는 지식.
〔眞面目 진면목〕 본래 가지고 있는 그대로의 참모습.
〔眞犯 진범〕 실제로 죄를 저지른 사람.
〔眞否 진부〕 참됨과 거짓됨. 또는, 진짜와 가짜.
〔眞相 진상〕 사물이나 현상의 참모습.
〔眞率 진솔〕 진실하고 솔직함.
〔眞髓 진수〕 사물의 가장 본질적인 부분. 精髓(정수).
〔眞實 진실〕 거짓 없이 바르고 참됨.
〔眞心 진심〕 참된 마음. 眞情(진정).
〔眞僞 진위〕 참과 거짓.
〔眞意 진의〕 속에 품고 있는 참뜻.
〔眞義 진의〕 참된 의미나 의의.
〔眞珠 진주〕 진주조개 속에 조개의 분비물이 덩어리져서 생기는 구슬.
〔眞摯 진지〕 참되고 성실함.
◢迫眞(박진)/寫眞(사진)/純眞(순진)/御眞(어진)/天眞(천진)

✱
10 **真** 眞(진)의 속자 →532쪽

✱1
5 10 **眩** 아찔할 **현** | 眩

㊥xuàn(쒸엔) ㊐ゲン/くらむ ㊒dizzy
풀이 ①아찔하다. 어지럽다. ‖眩亂(현란). ②현혹시키다. ③어둡다. ④현기증. ‖眩暈(현훈).
〔眩氣症 현기증〕 머리가 어지럽고 눈앞이 캄캄한 증세.
〔眩耀 현요〕 눈부실 정도로 빛남.
〔眩惑 현혹〕 정신이 혼미하여 어지러움. 또는, 홀려 미혹되게 함.

✱1
6 11 **眷** 돌아볼 **권** | 眷

㊥juàn(쮜엔) ㊐ケン/かえりみる ㊒look back
풀이 ①돌아보다. ‖眷顧(권고). ②친족. ‖眷屬(권속).
〔眷顧 권고〕 돌보아 줌.
〔眷念 권념〕 돌보며 생각함.
〔眷屬 권속〕 ① ➡眷率(권솔). ②'아내'의 낮춤말.
〔眷率 권솔〕 한집에 거느리고 사는 식구. 眷屬(권속). 食率(식솔).

✱
6 11 **眸** 눈동자 **모** | 眸

㊥móu(머우) ㊐ボウ/ひとみ
풀이 ①눈동자. ‖眸子(모자). ②눈.

☆✱4-Ⅱ
6 11 **眼** 눈 **안** | 眼

冂 月 目 目˥ 目ヨ 目ヨ 眼 眼

㊥yǎn(옌) ㊐ガン/め ㊒eye
자원 **형성자.** 目(목)은 의미를 나타내고 艮(간)은 음을 나타냄.
풀이 ①눈. ‖眼球(안구). ②보다. 보는 기능. ‖眼識(안식). ③고동. 사북. 요점. ‖主眼(주안).
〔眼鏡 안경〕 눈을 보호하거나 시력을 돕기 위하여 눈에 쓰는 물건.
〔眼高手卑 안고수비〕 《눈은 높고 마음은 크나 재주가 따르지 못한다는 뜻으로》 이상만 높고 실천이 따르지 못함.
〔眼球 안구〕 눈알. 眼珠(안주).
〔眼帶 안대〕 눈병이 났을 때 아픈 눈을 가리는 천 조각.
〔眼目 안목〕 사물을 분별하는 견식.
〔眼識 안식〕 사물·선악을 분별하는 힘.
〔眼疾 안질〕 눈에 생긴 질환. 눈병.
〔眼下無人 안하무인〕 《눈 아래 사람이 없다는 뜻으로》 방자하고 교만하여 주위 사람을 업신여김.
◢開眼(개안)/檢眼(검안)/裸眼(나안)/老眼(노안)/碧眼(벽안)/心眼(심안)/肉眼(육안)/點眼(점안)/主眼(주안)/着眼(착안)/血眼(혈안)/慧眼(혜안)

✱1
6 11 **眺** 바라볼 **조** | 眺

㊥tiāo(티아오) ㊐チョウ/ながめる ㊢gaze at
풀이 ①바라보다. ‖眺望(조망). ②살피다. ③두리번거리다.
〔眺望 조망〕 먼 곳을 바라봄. 또는, 그런 경치.

7 12 **睇** 흘끗 볼 **제**

㊥dì(띠) ㊐テイ
풀이 ①흘끗 보다. ‖睇視(제시). ②한눈팔다.

☆✱5
7 12 **着** 붙을 **착**

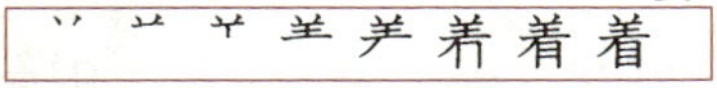

丷 䒑 䒑 羊 差 着 着 着

㊥zhāo(°자오) ㊐チャク/つく ㊢stick to
자원 **형성자.** 着은 著(저)의 속자이고 著는 箸(저)에서 갈라져 나온 자로, 세 글자는 발음과 뜻이 서로 달라지기는 했지만 본래에는 같은 글자였음. 箸는 竹이 의미를 나타내고 者가 음을 나타냄.
풀이 ①붙다. 붙임. ㉠著. ㉮달라붙다. ‖接着(접착). ㉯옷을 입다. ‖着衣(착의). ㉰신발을 신다. ㉱손대다. 일을 시작함. ‖着手(착수). ㉲자리 잡다. ‖定着(정착). ②이르다. ‖到着(도착).
〔着工 착공〕 공사를 시작함.
〔着陸 착륙〕 비행기가 공중에서 땅으로 내려앉음.
〔着發 착발〕 도착과 출발.
〔着服 착복〕 ①옷을 입음. ②남의 금품을 부당하게 자기 것으로 함.
〔着想 착상〕 생각이나 구상의 실마리를 잡음. 또는, 그런 구상이나 생각.
〔着色 착색〕 칠이나 염색을 하여 빛깔이 나게 함.
〔着席 착석〕 자리에 앉음.
〔着手 착수〕 일에 손을 대어 시작함.
〔着實 착실〕 자기가 하는 일에 한결같이 성실함.
〔着眼 착안〕 쓸모 있는 새로운 일을 생각해 냄.
〔着用 착용〕 옷을 입거나 모자를 쓰거나 신발을 신거나 함.
〔着地 착지〕 ①공중에서 땅으로 내림. ②기계 체조에서, 연기를 마치고 땅바닥에 내려서는 동작.
〔着着 착착〕 ①일을 차례대로 침착하게 처리하는 모양. ②질서 정연한 모양.
〔着火 착화〕 불이 붙거나 타기 시작함.
◢固着(고착)/膠着(교착)/歸着(귀착)/落着(낙착)/撞着(당착)/到着(도착)/密着(밀착)/發着(발착)/逢着(봉착)/附着(부착)/先着(선착)/安着(안착)/愛着(애착)/延着(연착)/癒着(유착)/裝着(장착)/粘着(점착)/接着(접착)/定着(정착)/終着(종착)/執着(집착)/沈着(침착)/土着(토착)/敗着(패착)/漂着(표착)/活着(활착)/吸着(흡착)

✱
7 12 **睍** 불거진 눈 **현**

㊥xiàn(씨엔) ㊐ケン

★✱4-Ⅱ
8 13 **督** 살펴볼 **독**

丨 上 卡 未 叔 叔 督 督

㊥dū(뚜) ㊐トク ㊢look around
자원 **형성자.** 目(목)은 의미를 나타내고 叔(숙)은 음을 나타냄.
풀이 ①살펴보다. ‖督察(독찰). ②조사하다. ③생각하다. ④통솔하다. ‖督戰(독전). ⑤촉구하다. ‖督促(독촉). ⑥단속하다. ‖監督(감독).
〔督勵 독려〕 감독하며 격려함.
〔督戰 독전〕 전투를 감독함.
〔督促 독촉〕 빨리 서둘러 하라고 재촉함.
◢監督(감독)/都督(도독)/提督(제독)/總督(총독)

★✱3-Ⅱ
8 13 **睦** 화목할 **목**

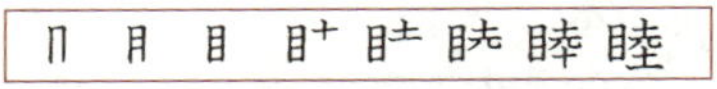

冂 月 目 目⁺ 目土 目夫 睦 睦

㊥mù(무) ㊐ボク/むつまじい
자원 **형성자.** 目(목)은 의미를 나타내고 坴(륙)은 음을 나타냄.
풀이 ①화목하다. ‖親睦(친목). ②도탑다. ‖敦睦(돈목). ③가깝다.
◢親睦(친목)/和睦(화목)

8 13 **睥** 흘겨볼 **비**

㊥pì(피) ㊐ヘイ/にらむ
풀이 ①흘겨보다. ②엿보다.

★✱3
8 13 **睡** 졸 **수**

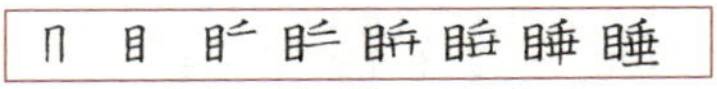

冂 目 目⺈ 目二 目千 目壬 睡 睡

㊥shuì(°쑤에이) ㊐スイ/ねむる ㊢doze
전 자원 **회의 겸 형성자.** 目(눈 목)과 垂(드리울 수)가 합쳐진 자로, 눈꺼풀이 내려감을 뜻함. 여기에서 '졸다'의 뜻이 생겨남. 目은 의미를 나타내고 垂는 의미와 음을 겸하여 나타냄.
풀이 ①졸다. 잠자다. ②잠.
〔睡魔 수마〕 견딜 수 없이 오는 졸음을 악마에 비유하여 이르는 말.

〔睡眠 수면〕 잠. 또는, 잠을 잠.
◢假睡(가수)/午睡(오수)/昏睡(혼수)

8 13 睚 눈초리 **애** 睚

㊥yá(야) ㊐ガイ/まなじり
풀이 ①눈초리. ②쳐다보다. ③노려보다. 흘겨봄. ‖睚眥(애자).

8 13 睨 흘겨볼 **예** 睨

㊥nì(니) ㊐ゲイ/にらむ
풀이 ①흘겨보다. ‖睥睨(비예). ②자세히 보다.

8 13 睛 *1 눈동자 **정** 睛

㊥jīng(찡) ㊐セイ/ひとみ
풀이 눈동자. ‖點睛(점정).
◢眼睛(안정)/畫龍點睛(화룡점정)

5획

8 13 睜 싫은 눈빛 **정** 睜

㊥zhēng(°쩡) ㊐セイ
풀이 ①싫은 눈빛. ②눈을 크게 뜨다. 부릅뜨는 모양.

8 13 睬 * 주목할 **채**

㊥cǎi(차이) ㊐サイ
풀이 주목하다.

8 13 睫 * 속눈썹 **첩** 睫

㊥jié(지에) ㊐ショウ/まつげ
풀이 ①속눈썹. ②깜박이다.
◢目睫(목첩)

9 14 睾 * 못 **고** 睾

㊥gāo(까오) ㊐コウ/さわ
풀이 ①못. 늪. ②높은 모양. ③불알.
〔睾女 고녀〕 남녀의 생식기를 겸하여 가진 사람. 어지자지.
〔睾丸 고환〕 정자를 만드는, 작은 알 모양의 신체 기관. 불알.

9 14 睽 사팔눈 **규** 睽

㊥kuí(쿠에이) ㊐ケイ
풀이 ①사팔눈. ②노려보다. ③등지다. 배반함. ④부릅뜨다.

9 14 睹 *1 볼 **도** 통 覩 간 睹 睹

㊥dǔ(두) ㊐ト/みる
풀이 보다.
◢目睹(목도)/逆睹(역도)

9 14 睿 *2 깊고 밝을 **예** 睿

㊥ruì(°루에이) ㊐エイ/あきらか
풀이 ①깊고 밝다. ②통하다. ③임금. 성인(聖人). 천자에 관한 사물의 접두어. ④총명하다. 슬기로움.
〔睿德 예덕〕 ①매우 뛰어난 덕망. ②왕세자의 덕망.
〔睿覽 예람〕 왕세자가 책 따위를 봄.
〔睿智 예지〕 뛰어나게 총명함. 叡智(예지).

9 14 睺 애꾸눈 **후** 睺

㊥hóu(허우) ㊐コウ/かため

10 15 瞑 * 눈 감을 **명** 瞑

㊥míng(밍) ㊐メイ
풀이 ①눈을 감다. ‖瞑想(명상). ②눈이 어둡다. ③소경. ④백성.
〔瞑目 명목〕 ①눈을 감음. ②편안하게 죽음의 비유.
〔瞑想 명상〕 눈을 감고 생각에 잠김.

10 15 瞋 * 부릅뜰 **진** 간 瞋 瞋

㊥chēn(°천) ㊐シン/いからす
풀이 ①부릅뜨다. 성내어 눈을 크게 뜸. ②성내다. ‖瞋怒(진노).
〔瞋怒 진노〕 성내어 노여워함.
〔瞋恚 진에〕 제 마음에 맞지 않는 것에 대해 성냄.

10 15 瞎 애꾸눈 **할** 瞎

㊥xiā(씨아) ㊐カツ/かため
풀이 ①애꾸눈. 척안(隻眼). ②소경. ③어둡다. 사리(事理)에 어두움.

11 16 瞠 볼 **당** 본 **청** 瞠

㊥chēng(°청) ㊐ドウ
풀이 ①보다. 똑바로 봄. ②눈을 휘둥그레 뜨고 보다.

11 16 瞞 *1 ❶속일 **만** *1 ❷부끄러워할 **문** 간 瞒 瞞

㊥mán(만) ㊐マン, モン/あざむく
풀이 ❶①속이다. ‖欺瞞(기만). ②눈을 감은 모양. ❷부끄러워하다.
〔瞞過 만과〕 속여서 넘김.

◢欺瞞(기만)

11 16 **矒** 어두울 **몽** 矒

㊥méng(멍) ㊐ボウ/くらい
풀이 ①어둡다. ②부끄러워하다. ③번민하다.

*1
12 17 **瞰** 볼 **감** 瞰

㊥kàn(칸) ㊐カン/みる
풀이 ①보다. ②멀리 내려다보다. ‖鳥瞰圖(조감도).
◢俯瞰(부감)/鳥瞰(조감)

*1
12 17 **瞳** 눈동자 **동** 瞳

㊥tóng(퉁) ㊐ドウ/ひとみ
풀이 눈동자.
〔瞳孔 동공〕 눈동자. 瞳子(동자).
〔瞳子 동자〕 ➡瞳孔(동공).

*1
12 17 **瞭** 밝을 **료** ㉮了 瞭

㊥liǎo(리아오) ㊐リョウ/あきらか
풀이 ①밝다. ②멀다. 아득함.
〔瞭然 요연〕 똑똑하고 분명한 모양. ‖一目瞭然(일목요연).
◢明瞭(명료)

*1
12 17 **瞥** 언뜻 볼 **별** 瞥

㊥piē(피에) ㊐ベツ
풀이 ①언뜻 보다. 잠깐 봄. ‖瞥見(별견). ②안정되지 못한 모양.
〔瞥眼間 별안간〕 갑작스럽고 아주 짧은 동안.
◢一瞥(일별)

★*3-Ⅱ
12 17 **瞬** 눈 깜박일 **순** 瞬

目 目′ 目⺈ 目⺤ 瞬 瞬 瞬 瞬

㊥shùn(˚쑨) ㊐シュン/またたく
자원 **형성자.** 目(목)은 의미를 나타내고 舜(순)은 음을 나타냄.
풀이 ①눈을 깜박이다. ②잠깐 사이. 눈 깜박할 사이. ‖瞬間(순간).
〔瞬間 순간〕 눈 깜박할 사이.
〔瞬息間 순식간〕 극히 짧은 동안.
◢一瞬(일순)

*
13 18 **瞼** 눈꺼풀 **검** ㉮睑

㊥jiǎn(지엔) ㊐ケン/まぶた ㊎eyelid

13 18 **瞽** 소경 **고** 瞽

㊥gǔ(구) ㊐コ/めくら ㊎the blind
풀이 ①소경. ②마음이 어둡다. 분별이 없음.
〔瞽女 고녀〕 여자 소경.
〔瞽馬聞鈴 고마문령〕 《눈먼 망아지가 워낭 소리를 듣고 따라간다는 뜻으로》 맹목적으로 남이 하는 대로 따라함.
〔瞽子 고자〕 소경.

*
13 18 **瞿** 볼 **구** 瞿

㊥jù(쮜) ㊐ク/みる ㊎see
풀이 ①보다. ②마음속으로 놀라다. ③검소하다.

*2
13 18 **瞻** 볼 **첨** 瞻

㊥zhān(˚짠) ㊐セン/みる
✎膽(담:625쪽)·贍(섬:721쪽)은 딴 자.
풀이 ①보다. ②쳐다보다. 우러러봄. ③굽어보다.
〔瞻望 첨망〕 높은 곳을 바라다봄.
〔瞻仰 첨앙〕 우러러 사모함.

5획

14 19 **矇** 청맹과니 **몽** ㉮蒙 矇

㊥mēng(멍) ㊐モウ/メクラ
풀이 ①청맹과니. ‖矇瞽(몽고). ②어둡다. ㉮눈이 어둡다. ㉯어리석다.
〔矇朧 몽롱〕 ①달빛이 흐릿함. ②어른어른하여 희미함. ③의식이 흐리멍덩함.
〔矇瞍 몽수〕 장님으로서 점치는 일을 직업으로 하는 사람.

15 20 **矍** 두리번거릴 **확** 본**곽** 矍

㊥jué(쥐에) ㊐カク
풀이 ①두리번거리다. 놀라서 보는 모양. ②기운이 솟는 모양.
〔矍鑠 확삭〕 노인이 기력이 정정하고 몸이 잼.

*
17 22 **矘** 물끄러미 볼 **응**

㊥yīng(잉) ㊐ヨウ ㊎look vacantly
풀이 물끄러미 보다.

*
19 24 **矗** 우거질 **촉** 본**축** ㉮矗 矗

㊥chù(˚추) ㊐チク, シュク
풀이 ①우거지다. 초목이 무성함. ②길고 곧은 모양. ③높이 솟은 모양.
〔矗矗 촉촉〕 높이 솟아 삐죽삐죽한 모양.

矛部 창모

0 5 矛 창 모 (*2)

ㄱ ㄱ ㄱ 予 矛

㊥máo(마오) ㊐ボウ, ム/ほこ

금 전 자원 **상형자.** 금문은 날카로운 창끝과 긴 창대와 손잡이로 이뤄진 창을 본뜬 자임.

한자 부수의 하나.

풀이 창. 자루가 긴 창.

〔矛盾 모순〕《중국 초나라 상인이 창〔矛〕과 방패〔盾〕를 팔면서, 어떤 방패로도 막지 못할 창이요, 어떤 창으로도 뚫지 못할 방패라고 앞뒤가 맞지 않게 선전했다는 고사에서》 어떤 말이 논리적으로 앞뒤가 맞지 않는 상태.

4 9 矜 불쌍히 여길 긍 (*1)

㊥jīn(찐) ㊐キョウ, キン

풀이 ①불쌍히 여기다. 가엾게 여김. ‖矜恤(긍휼). ②괴로워하다. ③아끼다. ④자랑하다. ‖矜持(긍지).

〔矜持 긍지〕 떳떳하고 자랑스럽게 여기는 마음.

〔矜恤 긍휼〕 불쌍히 여겨 도움.

◢可矜(가긍)/自矜(자긍)

矢部 화살시

0 5 矢 화살 시 (★*3)

丿 ㅡ 느 午 矢

㊥shǐ(°스) ㊐シ/や

갑 전 자원 **상형자.** 갑골문은 화살을 그린 자로, 화살촉·화살대·깃·오늬를 잘 나타냈음.

한자 부수의 하나.

풀이 ①화살. ‖弓矢(궁시). ②벌여 놓다. ③맹세하다. ‖矢心(시심). ④바르다. 곧음.

〔矢石 시석〕 예전에, 전쟁에 쓰던 화살과 돌.

〔矢心 시심〕 마음속으로 맹세함.

〔矢言 시언〕 맹세하는 말.

〔矢鏃 시촉〕 화살촉.

◢弓矢(궁시)/嚆矢(효시)

2 7 矣 어조사 의 (☆*3)

ㄥ 厶 厶 厶 厶 矣 矣

㊥yǐ(이) ㊐イ

자원 **회의 겸 형성자.** 以(써 이)와 矢(화살 시)가 합쳐진 자. 화살이 날아가 버린 것처럼 말이 종결됨을 나타냄. 矢는 의미를 나타내고 以의 생략형인 厶 자는 의미와 음을 겸하여 나타냄.

풀이 어조사. 구의 끝에 붙어서 단정·한정·의문 등의 뜻을 나타냄.

3 8 知 ❶알 지 ❷슬기 지 (☆*5)

丿 ㅡ 느 午 矢 矢 知 知

㊥zhī(°쯔) ㊐チ/しる ㊕know

갑 전 자원 **회의자.** 갑골문은 '말하다'를 뜻하는 于(우)와 口(입 구)와 矢(화살 시)가 합쳐진 자이고, 소전은 于가 없어져 현재의 자형과 유사해진 자임. 화살이 과녁을 꿰뚫듯 상황을 날카롭게 판단하여 말할 수 있는 능력을 나타냄.

풀이 ❶①알다. ㉮인정하다. 인지(認知)함. ㉯깨닫다. 느낌. 터득함. ‖知覺(지각). ②알리다. 기별(寄別)함. ‖通知(통지). ③앎. 지식(知識). ④주관하다. 주장함. ‖知事(지사). ❷슬기.

〔知覺 지각〕 ①사물을 이치를 깨달음. ②감각 기관에 의하여 외계(外界)의 사물을 인식하는 작용.

〔知己 지기〕 ➡知己之友(지기지우).

〔知己之友 지기지우〕 자기의 속마음과 가치를 잘 알아주는 참다운 친구. 知己(지기).

〔知能 지능〕 사물이나 현상을 이해하고 대처하는 지적 능력.

〔知力 지력〕 지식의 힘.

〔知名 지명〕 이름이 널리 알려짐. ‖知名度(지명도).

〔知事 지사〕 한 도의 행정 사무를 총괄하는 최고 책임자. '도지사'의 준말.

〔知性 지성〕 사물에 대해 바르게 판단하고 이해하는 지적 능력.

〔知識 지식〕 배우거나 실천을 통하여 알게 된 명확한 인식이나 이해.

〔知音 지음〕 ①음악의 곡조를 잘 앎. ②《거문고의 명인 백아(伯牙)가, 자기의 거문고 소리를 잘 이해해 준 친구 종자기(鍾子期)가 죽은 후, 그 소리를 아는 자가 없다 하여 거문고의 줄을 끊어 버렸다는 고사에서》 마음이 서로 통하는 친한 벗.

〔知人 지인〕 아는 사람.

〔知的 지적〕 지식이나 지능에 관한 (것).

〔知天命 지천명〕 《하늘의 뜻을 안다는 뜻으로》 50세를 이름.

〔知彼知己 지피지기〕 적의 사정과 나의 사정을 자세히 앎.
〔知慧 지혜〕 사물의 이치를 잘 분별하는 정신 능력. 슬기.
◪感知(감지)/告知(고지)/公知(공지)/旣知(기지)/無知(무지)/未知(미지)/不知(부지)/熟知(숙지)/諒知(양지)/豫知(예지)/認知(인지)/全知(전지)/周知(주지)/親知(친지)/探知(탐지)/通知(통지)

4 9 矧 하물며 신

중shěn(°선) 일シン/いわんや
풀이 ①하물며. ②잇몸. 치은(齒齦).

*1
5 10 矩 곱자 구

중jǔ(쥐) 일ク/かねざし
풀이 ①곱자. 곡척(曲尺). ‖規矩(규구). ②네모. 직사각형. ‖矩形(구형). ③모. 모서리. ④법. 법도. ‖矩度(구도).
〔矩尺 구척〕 곱자. 曲尺(곡척).
〔矩形 구형〕 직사각형.

☆*6
7 12 短 짧을 단

중duǎn(두안) 일タン/ミジカイ
영short
자원 **회의 겸 형성자.** 矢(화살 시)와 豆(굽 달린 제기 두)가 합쳐진 자. 고대에는 활과 화살로써 각각 긴 물건과 짧은 물건을 재는 척도로 삼았는데, 豆가 矢보다 작다는 데에서 '짧다', '모자라다', '단점' 등의 뜻이 나옴. 矢는 의미를 나타내고 豆는 의미와 음을 겸하여 나타냄.
풀이 ①짧다. 키가 작다. ‖短髮(단발)/短軀(단구). ②모자라다. ③뒤떨어지다. ④허물. 결점. ‖短點(단점).
〔短歌 단가〕 ①시조나 시조와 비슷한 형식의 짧은 시가. ②판소리를 부르기 전에 목청을 가다듬기 위해 부르는 짤막한 노래.
〔短劍 단검〕 날이 양쪽에 있는 짧은 칼. ↔長劍(장검).
〔短期 단기〕 짧은 기간.
〔短刀 단도〕 날이 한쪽에만 있는 짧은 칼.
〔短命 단명〕 오래 살지 못함.
〔短文 단문〕 ①짧은 문장. ↔長文(장문). ②글을 아는 것이 그리 넉넉하지 못함.
〔短髮 단발〕 짧은 머리털. ↔長髮(장발).
〔短簫 단소〕 대로 만든 관악기의 하나.
〔短時日 단시일〕 짧은 시일.
〔短身 단신〕 키가 작은 몸.
〔短信 단신〕 ①짧게 쓴 편지. 短簡(단간). ②짤막하게 전하는 뉴스.
〔短音 단음〕 짧은소리. ↔長音(장음).
〔短杖 단장〕 손잡이가 꼬부라진 짧은 지팡이.
〔短點 단점〕 모자라거나 흠이 되는 점. ↔長點(장점).
〔短調 단조〕 단음계로 된 곡조.
〔短縮 단축〕 짧게 줄임. ↔延長(연장).
〔短波 단파〕 파장(波長)이 짧은 전파(電波). 국제 통신에 쓰임.
〔短篇 단편〕 짧은 시문.
〔短靴 단화〕 목이 짧아 발목 아래로 오는 구두.
◪一長一短(일장일단)/長短(장단)/最短(최단)

*1
8 13 矮 키 작을 왜

중ǎi(아이) 일ワイ/ひくい
풀이 ①키가 작다. ‖矮小(왜소). ②난쟁이. ‖矮人(왜인). ③짧게 하다. 움츠림.
〔矮軀 왜구〕 키가 작은 체구.
〔矮小 왜소〕 몸집이 작음.
〔矮松 왜송〕 가지가 많아 다보록한 어린 솔. 다복솔.
〔矮人 왜인〕 난쟁이.
〔矮子看戲 왜자간희〕 《난쟁이가 키가 작아 구경은 못 하고, 앞사람의 이야기만 듣고 제가 본 체 또는 아는 체한다는 뜻으로》 자신은 아무것도 모르면서 남이 그렇다고 하니까 자기도 덩달아 그렇다고 하는 일.

★*3
12 17 矯 바로잡을 교 (간)矫

중jiǎo(지아오) 일キョウ/ためる
영straighten
자원 **형성자.** 矢(시)는 의미를 나타내고 喬(교)는 음을 나타냄.
풀이 ①바로잡다. ‖矯正(교정). ②속이다. ‖矯僞(교위). ③거스리다. ④힘쓰다. ⑤굳세다. ⑥도자개. 뒤틀린 활을 바로잡는 기구.
〔矯角殺牛 교각살우〕 《소의 뿔을 바로잡으려다가 소를 죽인다는 뜻으로》 잘못된 점을 고치려다가 방법이 지나쳐 오히려 일을 그르침.
〔矯正 교정〕 ①잘못된 것을 바로잡음. ②죄지은 사람을 올바르게 만드는 일.

12 17 矰 주살 증

중zēng(쩡) 일ソウ
풀이 ①주살. 오늬에 줄을 매어 쏘는 화살. ‖矰矢(증시). ②짧은 화살.

石部 돌석

☆*6
0 5 石 돌 석

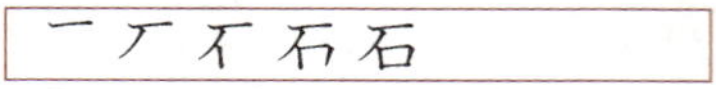

一 丆 不 石 石

㊥shí(°스) ㊐セキ/いし ㊢stone
갑 금 자원 **상형자.** 설문해자에서는 절벽과 그 아래 떨어져 있는 돌덩이로 해석하였으나, 갑골문·금문에서 보듯 날카롭게 깬 돌과 그 돌로 판 구덩이의 상형이라는 설이 좀 더 유력함.
한자 부수의 하나.
풀이 ①돌. ‖巖石(암석). ②비석. ‖金石(금석). ③화살촉. ④운석. ⑤부피의 단위. 섬. ‖萬石(만석).
〔石刻 석각〕 돌에 글씨 따위를 새김. 또는, 그 조각품.
〔石間水 석간수〕 바위틈에서 솟는 샘물. 石泉(석천).
〔石膏 석고〕 황산칼슘으로 이루어진 광물. 백색 안료(顏料)·분필 등의 재료로 쓰임. ‖石膏像(석고상).
〔石工 석공〕 ➡석수(石手).
〔石橋 석교〕 돌다리.
〔石窟 석굴〕 바위에 뚫린 굴.
〔石器 석기〕 고대인이 사용하던, 돌로 만든 여러 가지 생활 도구.
〔石綿 석면〕 불에 타지 않는 광물질 섬유로 만든 물질.
〔石壁 석벽〕 돌로 쌓은 담이나 벽.
〔石佛 석불〕 돌부처.
〔石像 석상〕 돌을 조각하여 만든 상(像).
〔石手 석수〕 돌을 다루어 물건을 만드는 사람. 石工(석공). 石匠(석장).
〔石筍 석순〕 종유굴 안에 탄산석회의 용액이 떨어져 굳어 죽순 모양을 이룬 돌. 돌순.
〔石油 석유〕 땅속에서 용출하는 가연성의 액체 광물.
〔石材 석재〕 건축·조각 등의 재료로 쓰이는 돌. ↔木材(목재).
〔石造 석조〕 돌로 물건을 만드는 일. 또는, 그 물건.
〔石淸 석청〕 산속의 나무나 돌 사이에 벌이 집을 짓고 모아 둔 꿀.
〔石炭 석탄〕 태고 때 식물이 땅속에 매몰되어 가연성의 탄소 화합물이 된 것.
〔石塔 석탑〕 돌로 쌓은 탑. 돌탑.
〔石版 석판〕 끈끈한 물감으로 그림이나 글씨를 그려 인쇄물을 찍어 내기 위한 판. ‖石版畫(석판화).
〔石火 석화〕 ①부싯돌을 쳐서 나는 불. ②매우 짧은 시간의 비유.
〔石灰 석회〕 석회석 따위를 구워서 얻는 생석회(生石灰)와, 여기에 물을 부어 얻는 소석회(消石灰)의 총칭.
◢巨石(거석)/結石(결석)/鑛石(광석)/金剛石(금강석)/硅石(규석)/奇巖怪石(기암괴석)/落石(낙석)/膽石(담석)/大理石(대리석)/木石(목석)/盤石(반석)/寶石(보석)/碑石(비석)/床石(상석)/碎石(쇄석)/壽石(수석)/巖石(암석)/玉石(옥석)/原石(원석)/磁石(자석)/定石(정석)/採石(채석)/礎石(초석)/齒石(치석)/他山之石(타산지석)/投石(투석)/布石(포석)/化石(화석)

*2
1 6 乭 ㊅돌 돌 
풀이 돌. 아이나 종의 이름에 많이 쓰여 왔음.

*
4 9 砇 옥돌 민
㊥mín(민) ㊐ビン

*1
4 9 砒 비소 비
㊥pī(피) ㊐ヒ
풀이 비소.
〔砒霜 비상〕 비석(砒石)을 가열 승화(昇華)하여 얻은 결정체의 독약.
〔砒石 비석〕 비소·황·철로 이루어진 광물. 방부제·쥐약 등으로 쓰임.
〔砒素 비소〕 비금속 원소의 하나. 독성이 강하며 의약·농약의 원료로 쓰임.

*
4 9 砂 모래 사
㊥shā(°싸) ㊐サ, シャ/すな ㊢sand
풀이 ①모래. ㊦沙. ‖砂土(사토). ②약재 이름. 단사(丹砂)·진사(辰砂) 따위.
〔砂金 사금〕 모래 속에서 섞여 나오는 금.
〔砂漠 사막〕 메마르고 건조하여 식물이 거의 자라지 않으며, 모래와 자갈로 뒤덮인 넓은 땅. 沙漠(사막).
〔砂防 사방〕 산·해안 등에 흙이나 모래가 흘러내리는 것을 막기 위해 나무를 심거나 돌을 쌓는 일.
〔砂糖 사탕〕 ①엿이나 설탕을 졸여서 만든 단 과자. 알사탕 따위. ②설탕.
◢白砂(백사)/熱砂(열사)/朱砂(주사)/土砂(토사)/黃砂(황사)

9 硏 硏(연)의 속자 →540쪽

4 9 砌 섬돌 체
㊥qì(치) ㊐セイ/みぎり

5 *
10 **砬** 돌 소리 **립**

[중]lā(라) [일]リツ
[풀이] ①돌 소리. ②암석.

5 *
10 **砥** 숫돌 **지**

[중]dǐ(디) [일]シ/といし [영]whetstone
[풀이] ①숫돌. ②평평하다. ③갈다. 연마(硏磨)함. ‖ 砥礪(지려).
〔砥石 지석〕 숫돌.

5 *
10 **砦** 울타리 **채**

[중]zhài(°짜이) [일]サイ/とりで
[풀이] ①울타리. 바자울. [같]柴. ②작은 성채. [같]寨.
◪城砦(성채)

5 *1
10 **砧** 다듬잇돌 **침**

[중]zhēn(°쩐) [일]チン/きぬた
[풀이] ①다듬잇돌. ‖ 砧石(침석). ②모탕.
〔砧杵 침저〕 다듬잇방망이.

5 ☆*4-Ⅱ
10 **破** 깨뜨릴 **파**

丆 石 石 矿 矿 矿 矿 破

[중]pò(포) [일]ハ/やぶる [영]break
[자원] **형성자.** 石(석)은 의미를 나타내고 皮(피)는 음을 나타냄.
[풀이] ①깨뜨리다. ‖ 破壞(파괴). ②깨지다. 망그러짐. ③다하다. 바닥남. ‖ 讀破(독파).
〔破格的 파격적〕 일정한 격식을 깨뜨리는 (것).
〔破鏡 파경〕 ①깨어진 거울. ②사이가 나빠서 부부가 헤어지는 것의 비유. ③이지러진 달의 비유.
〔破瓜之年 파과지년〕 (('瓜'를 파자(破字)하면 '八'이 두 개가 되는 데서)) ①여자의 나이 16세를 이름. 두 개의 '八'을 더하면 16이 되기 때문임. ②남자의 나이 64세를 이름. 두 개의 '八'을 곱하면 64가 되기 때문임.
〔破壞 파괴〕 못 쓰게 부수거나 깨뜨려 헐어 버림.
〔破局 파국〕 일이 잘못되어 결딴남. 또는, 그런 판국.
〔破棄 파기〕 ①깨뜨리거나 찢어서 내버림. ②취소하여 무효로 함.
〔破廉恥 파렴치〕 염치를 모르고 뻔뻔스러움. 鐵面皮(철면피).
〔破滅 파멸〕 완전히 망함.
〔破產 파산〕 ①재산을 모두 잃고 망함. ②빚을 갚을 힘이 없는 채무자의 남은 재산을 모든 채권자에게 공평히 나눠 갚도록 할 것을 목적으로 하는 재판상의 제도. ‖ 破產宣告(파산 선고).
〔破損 파손〕 깨어져 못 쓰게 됨. 또는, 깨뜨려 못 쓰게 함.
〔破碎 파쇄〕 깨어져 부스러짐. 또는, 깨뜨려 부숨.
〔破顔大笑 파안대소〕 활짝 웃는 표정을 지으면서 크게 웃음.
〔破裂 파열〕 터져서 갈라짐.
〔破字 파자〕 한자의 자획을 쪼개어 둘 이상의 한자로 나누는 일. 또는, 그렇게 나뉜 한자로 전혀 다른 의미를 이끌어 내는 문자 유희. '米(미)'를 '八十八'로 풀어 미수(米壽)를 88세로 보는 따위.
〔破竹之勢 파죽지세〕 (('대를 쪼개는 기세'라는 뜻으로)) 적을 거침없이 물리치고 쳐들어가는 기세.
〔破天荒 파천황〕 ((중국 당나라 형주 지방은 과거 합격자가 없어 천황(天荒:천지가 열리지 않아 혼돈한 상태)이라 불렸는데, 유세(劉蛻)라는 사람이 처음으로 합격하여 '천황'을 깨뜨렸다는 데서)) 이전에 아무도 하지 못한 일을 처음으로 함.
〔破綻 파탄〕 잘 이루어지지 못하고 실패함.
〔破片 파편〕 깨어져 부서진 조각.
〔破婚 파혼〕 약혼을 깨뜨림. ↔約婚(약혼).
◪看破(간파)/喝破(갈파)/擊破(격파)/難破(난파)/論破(논파)/大破(대파)/讀破(독파)/突破(돌파)/凍破(동파)/發破(발파)/說破(설파)/完破(완파)/作破(작파)/走破(주파)/打破(타파)/爆破(폭파)

5
10 **砰** 돌 구르는 소리 **팽** [본]**평**

[중]pēng(펑) [일]ホウ

5
10 **砭** 돌침 **폄**

[중]biān(삐엔) [일]ヘン/いしばり
[풀이] ①돌침. 고대에 사용되던 의료용 도구. ②돌침을 놓다. ③경계(警戒). 계명(戒銘).
〔砭石 폄석〕 고대에, 종기를 째거나 통증을 없애거나 하기 위해 쓰이던 날카롭거나 뾰족한 돌.

5 *4-Ⅱ
10 **砲** 돌쇠뇌 **포**

[중]pào(파오) [일]ホウ/いしゆみ
[자원] **형성자.** 石(석)은 의미를 나타내고 包(포)는 음을 나타냄.
[풀이] ①돌쇠뇌. ②대포(大砲). ‖ 銃砲(총포).
〔砲擊 포격〕 대포로 사격함.

〔砲門 포문〕 대포의 탄알이 나가는 구멍.
〔砲兵 포병〕 포를 다루는 부대나 군인.
〔砲聲 포성〕 포를 쏠 때 나는 소리.
〔砲手 포수〕 ①대포의 발사를 맡아보는 군인. ②총으로 짐승을 잡는 사냥꾼.
〔砲身 포신〕 대포의 몸통.
〔砲彈 포탄〕 대포의 탄환.
〔砲火 포화〕 총포를 쏠 때 나는 불꽃.
〔砲丸 포환〕 ①대포의 탄알. ②포환던지기에 쓰는 쇠공.
◢巨砲(거포)/高射砲(고사포)/曲射砲(곡사포)/空砲(공포)/大砲(대포)/迫擊砲(박격포)/發砲(발포)/禮砲(예포)/弔砲(조포)/銃砲(총포)/祝砲(축포)/艦砲(함포)/火砲(화포)

*1
6 11 **硅** ❶규소 **규** *1 ❷깨뜨릴 **괵** | 硅

㊥guī(꾸에이) ㊐ケイ, カク ㊄silicon
풀이 ❶규소(硅素). ❷깨뜨리다.
〔硅酸 규산〕 규소와 산소와 물의 화합물. 유리를 만드는 데 쓰임.
〔硅素 규소〕 비금속 원소의 하나. 반도체를 만드는 데 쓰임.

☆*4-Ⅱ
6 11 **研** ❶갈 **연** ❷벼루 **연** | 속간 研 研

丆 石 石 石 石 矸 矸 研

㊥yán(옌) ㊐ケン, ゲン/とぐ ㊄whet
자원 **형성자.** 石(석)은 의미를 나타내고 幵(견)은 음을 나타냄.
풀이 ❶①갈다. ‖研磨(연마). ②궁구하다. ‖研究(연구). ③자세히 밝히다. ❷벼루. ㊀硯. ‖研石(연석).
〔研究 연구〕 사물을 깊이 생각하거나 상세히 조사하여 진리를 밝히는 일.
〔研磨 연마〕 ①돌·쇠붙이 등을 갈고 닦음. ②학문·기술을 익히고 닦음. 練磨(연마). 鍊磨(연마).
〔研修 연수〕 학문 등을 연구하고 닦음.
〔研子磨 연자마〕 마소를 끌어 돌려서 곡식을 찧는, 돌로 만든 큰 매. 연자매. 연자방아.
〔研鑽 연찬〕 깊이 연구함.

6 11 **硃** 주사 **주** | 간 朱 硃

㊥zhū(°쭈) ㊐シュ
풀이 주사(硃砂). 단사(丹砂).
〔硃砂 주사〕 색깔이 붉고 광택이 있는, 수은과 황의 화합물. 적색 안료나 한약의 원료로 쓰임. 朱砂(주사). 辰砂(진사).

★*3-Ⅱ
7 12 **硬** 굳을 **경** 본 **앵** | 硬

丆 石 石 石 石 砶 硬 硬

㊥yìng(잉) ㊐コウ/かたい ㊄hard
자원 **형성자.** 石(석)은 의미를 나타내고 更(경)은 음을 나타냄.
풀이 ①굳다. 단단함. ‖堅硬(견경). ②강하다. ‖強硬(강경).
〔硬度 경도〕 ①물체의 단단함의 정도. ②물에 칼슘염 등이 들어 있는 정도.
〔硬性 경성〕 단단한 성질. ↔軟性(연성).
〔硬水 경수〕 칼슘염·마그네슘염 등의 광물질이 비교적 많이 들어 있는 물. 센물.
〔硬直 경직〕 ①굳어서 뻣뻣하게 됨. ②융통성이 없음.
〔硬化 경화〕 ①단단하게 굳어짐. ‖動脈硬化(동맥 경화). ②의견·태도가 강경해짐.
◢強硬(강경)/生硬(생경)

*2
7 12 **硫** 유황 **류** | 硫

㊥liú(리우) ㊐リュウ/いおう
㊄sulphur
풀이 유황.
〔硫酸 유산〕 무색무취의 끈기가 있는 액체. 黃酸(황산).
〔硫黃 유황〕 황색·무취의 비금속 원소. 결정체이며, 화학·성냥 등의 원료로 쓰임. 黃(황).
〔硫黃泉 유황천〕 황화수소 이온이 많은 온천. 피부병·신경통 등의 치료에 이용됨. 黃泉(황천).

*2
7 12 **硯** 벼루 **연** | 간 砚 硯

丆 石 石 石 石 硯 硯 硯

㊥yàn(옌) ㊐ケン/すずり
자원 **형성자.** 石(석)은 의미를 나타내고 見(견)은 음을 나타냄.
풀이 벼루. ‖筆硯(필연).
〔硯滴 연적〕 벼룻물을 담는 그릇. 硯水(연수). 水滴(수적).
〔硯池 연지〕 벼루의 한쪽 가, 물을 담는 우묵한 부분. 硯海(연해).

*
7 12 **硨** 조개 이름 **차*** **거** | 간 砗 硨

㊥chē(°처) ㊐シャ
풀이 조개 이름. ‖硨磲(차거).

*1
7 12 **硝** 초석 **초** 본 **소** | 硝

㊥xiāo(씨아오) ㊐ショウ
풀이 초석(硝石).
〔硝酸 초산〕 부식성(腐蝕性)이 있는 무색의 액체. 窒酸(질산).

〔硝石 초석〕 질산칼륨.
〔硝煙 초연〕 화약의 연기.
〔硝子 초자〕 유리.

13 **碁** * 棋(기)와 동자 →393쪽

8 13 **碓** 방아 **대** 碓

㊥duī(뚜에이) ㊐タイ/うす
풀이 ①방아. 디딜방아. ‖碓聲(대성). ②망치.

8 13 **碌** *1 돌 모양 **록** 碌

㊥lù(루) ㊐ロク
풀이 ①돌 모양. ②따르고 좇는 모양.
〔碌碌 녹록〕 ①만만하고 호락호락한 모양. ②값이 헐한 모양. 錄錄(녹록).

8 13 **碑** ★*4 비석 **비** 碑

厂 石 石' 矿 砷 砷 碑 碑

㊥bēi(뻬이) ㊐ヒ/いしぶみ ㊖tombstone
자원 **형성자.** 石(석)은 의미를 나타내고 卑(비)는 음을 나타냄.
풀이 ①비석. ‖碑石(비석). ②돌기둥. ③문체(文體) 이름. 비문(碑文). ④길이 전하다. ‖口碑(구비).
〔碑閣 비각〕 비를 보호하기 위해 세워 놓은 집.
〔碑銘 비명〕 비석에 새긴 글. ‖墓碑銘(묘비명).
〔碑文 비문〕 비석에 새긴 글.
〔碑石 비석〕 돌로 만든 비. 石碑(석비). 빗돌.
◢口碑(구비)/紀念碑(기념비)/墓碑(묘비)/石碑(석비)/頌德碑(송덕비)/詩碑(시비)

8 13 **碎** *1 부술 **쇄** 碎

㊥suì(쑤에이) ㊐サイ/くだく ㊖break
풀이 ①부수다. ‖粉碎(분쇄). ②부서지다. ③부스러기. 깨진 부스러기. ④잘다. 번거로움. ‖煩碎(번쇄). ⑤깨뜨리다. ‖破碎(파쇄).
〔碎氷船 쇄빙선〕 언 강이나 바다의 얼음을 부수어 뱃길을 내는 배.
〔碎身 쇄신〕 몸이 부서질 정도로 전력을 다함. 粉骨碎身(분골쇄신).
◢粉碎(분쇄)/玉碎(옥쇄)/破碎(파쇄)

13 **碍** * 礙(애)의 속자 →544쪽

13 **碗** * 盌(완)의 속자 →526쪽

8 13 **碇** *1 닻 **정** 碇

㊥dìng(띵) ㊐テイ/いかり ㊖anchor
풀이 ①닻. ②닻을 내리다.
〔碇泊 정박〕 배가 닻을 내리고 부두에 머무름.

8 13 **硼** *1 ❶돌 이름 **평** ❷붕사 **붕** *1 硼

㊥pēng, péng(펑) ㊐ホウ
풀이 ❶①돌 이름. ②소리가 큰 모양. ❷붕사(硼砂).
〔硼砂 붕사〕 붕산나트륨의 백색 결정체. 방부제·소독제로 씀.
〔硼素 붕소〕 비금속 원소의 하나. 흑갈색의 비결정성 고체.

9 14 **碣** * ❶선 돌 **게** ❷둥근 비석 **갈** * 碣

㊥jié(지에) ㊐ケイ, ケツ
풀이 ❶①선 돌. ②산이 우뚝 솟은 모양. ❷①둥근 비석. ‖碑碣(비갈). ②새의 형용.

14 **碯** 瑙(노)와 동자 →499쪽

9 14 **碈** * 옥돌 **민**

㊥mín(민) ㊐ビン, ミン

9 14 **碧** ★*3-Ⅱ 푸를 **벽** 碧

丅 王 珀 珀 珀 珀 碧 碧

㊥bì(삐) ㊐ヘキ ㊖blue
자원 **회의 겸 형성자.** 石(돌 석)과 珀(호박 박)이 합쳐진 자로, 호박과 같은 옥돌을 가리킴. 石은 의미를 나타내고 珀은 의미와 음을 겸하여 나타냄.
풀이 ①푸르다. 짙은 청색. ‖碧色(벽색). ②푸른 옥돌. ‖碧玉(벽옥).
〔碧溪 벽계〕 물이 맑아 푸른빛이 도는 시내. ‖碧溪水(벽계수).
〔碧空 벽공〕 푸른 하늘. 蒼空(창공).
〔碧眼 벽안〕 ①눈동자가 푸른 눈. ②서양 사람.
〔碧玉 벽옥〕 푸른 옥.
〔碧昌牛 벽창우〕 ①평안북도 벽동(碧潼)과 창성(昌城) 지방에서 나는 크고 억센 소. ②'벽창호(우둔하고 고집이 센 사람)'의 원말.

〔碧海 벽해〕 푸른 바다.
〔碧海桑田 벽해상전〕 《뽕나무밭이 변하여 푸른 바다가 된다는 뜻으로》 세상일의 변천이 심함.

9 14 碩 *2 클 석 | 간 硕 碩

㊥shuò(°쑤어) ㉰セキ/おおきい ㉵big
자원 회의 겸 형성자. 石(돌 석)과 頁(머리 혈)이 합쳐진 자로, 바위처럼 큰 머리 또는 충실하고 총명한 머리를 나타냄. 頁은 의미를 나타내고 石은 의미와 음을 겸하여 나타냄.
풀이 ①크다. ②머리가 크다. ③가득하다. 충실함.
〔碩士 석사〕 ①벼슬이 없는 선비의 존칭. ②대학원에서 일정한 과정을 마치고 받는 학위. 또는, 그 학위를 받은 사람. ※博士(박사)·學士(학사).
〔碩儒 석유〕 이름난 유학자. 巨儒(거유).
〔碩學 석학〕 학식이 많고 깊은 사람.

5획

9 14 磁 *2 자석 자 | 통 磁 磁

㊥cí(츠) ㉰ジ/じしゃく ㉵magnet
풀이 ①자석(磁石). ②사기그릇. 瓷(자)의 속자. ‖磁器(자기).
〔磁極 자극〕 자석의 양쪽 끝 부분. 磁氣極(자기극).
〔磁氣 자기〕 자석이 철을 끌어당기는 기운.
〔磁器 자기〕 백토(白土) 따위를 원료로 하여 구워 만든 그릇. 사기그릇. 瓷器(자기). ※陶瓷器(도자기).
〔磁力 자력〕 같은 극끼리는 서로 밀치고 다른 극끼리는 서로 끌어당기는 자석의 힘. 磁氣力(자기력).
〔磁石 자석〕 쇠를 끌어당기는 힘을 가진 물체.
〔磁性 자성〕 물체가 쇠를 끌어당기는 성질.
〔磁針 자침〕 자유로이 수평 방향으로 회전할 수 있도록 괴어 놓은, 침 모양의 자석. 指南鐵(지남철). 指南針(지남침).
◢白磁(백자)/電磁(전자)/靑磁(청자)

9 14 碬 * 숫돌 하

㊥xiā(시아) ㉰カ ㉵whetstone
풀이 ①숫돌. ②울퉁불퉁하다.

15 磎 * 谿(계)와 동자 →709쪽

10 15 碾 맷돌 년 | 碾

㊥niǎn(니엔) ㉰テン/ひきわす
풀이 ①맷돌. ㉠輾. ②맷돌에 갈다.
〔碾車 연거〕 씨아.

10 15 磊 *1 돌무더기 뢰 | 磊

㊥lěi(레이) ㉰ライ
풀이 ①돌무더기. ②큰 돌. ③사물이 크고 활달한 모양.
〔磊落 뇌락〕 도량이 커서 작은 일에 구애되지 않음.

10 15 碼 * 마노 마 | 간 码 碼

㊥mǎ(마) ㉰バ, メ ㉵agate
풀이 ①마노. ②마. 길이의 단위. 야드.
〔碼磁 마노〕 옥의 한 가지. 빛깔이 곱고 투명하여 장식품·보석 등으로 쓰임. 瑪瑙(마노).

10 15 磐 * 너럭바위 반 | 磐

㊥pán(판) ㉰バン/いわお
풀이 ①너럭바위. ‖磐石(반석). ②이어지다. 한통속이 됨. ③광대한 모양.
〔磐石 반석〕 ①넓고 평평한 큰 돌. 너럭바위. ②아주 믿음직스럽고 든든한 기초나 토대. 盤石(반석).

10 15 磅 * 돌 떨어지는 소리 방* 팽 | 磅

㊥bàng(빵), pāng(팡) ㉰ホウ
풀이 ①돌 떨어지는 소리. ②가득 차서 막히는 모양. ③파운드(pound). ㉮영국의 무게 단위. ㉯영국의 화폐 단위.

10 15 磑 맷돌 애 | 간 硙 磑

㊥wéi(웨이) ㉰ガイ
풀이 맷돌.

10 15 磈 돌 많은 모양 외 | 磈

㊥wěi(웨이) ㉰ガイ

15 磁 磁(자)와 동자 →542쪽

10 15 磋 * 갈 차 | 간 磋

㊥cuō(추어) ㉰サ
풀이 갈다.

10 15 **磔** 찢을 **책**

㊥zhé(°저) ㊐タク<はりつけ

풀이 ①찢다. 가름. ②팔다리를 찢어 죽이는 형벌.

〔磔刑 책형〕 ①사지를 수레에 매어 찢어 죽이는 형벌. ②기둥에 묶어 놓고 창으로 찔러 죽이는 형벌.

*
10 15 **碻** 굳을 **확**

㊥què(취에) ㊐カク

풀이 ①굳다. ②채찍.

★★4-Ⅱ
10 15 **確** 굳을 **확** 본각 간 确

厂 石 石' 矿 矿 碎 碎 確

㊥què(취에) ㊐カク/かたい ㊢hard

자원 **형성자.** 石(석)은 의미를 나타내고 隺(확)은 음을 나타냄.

풀이 ①굳다. ‖確固(확고). ②강하다. 굳셈. ‖確然(확연). ③확실하다. 분명함. ‖正確(정확).

〔確固 확고〕 확실하고 굳음.

〔確固不動 확고부동〕 확실하고 굳건하여 변하지 않음.

〔確答 확답〕 확실한 대답.

〔確率 확률〕 실현될 수 있는 가능성의 정도. 또는, 그것을 나타내는 수치.

〔確立 확립〕 굳게 섬. 또는, 그렇게 함.

〔確保 확보〕 확실히 보증하거나 가지고 있음.

〔確信 확신〕 굳게 믿음. 또는, 그런 마음.

〔確實 확실〕 틀림이 없음.

〔確約 확약〕 확실히 약속함. 또는, 그런 약속.

〔確言 확언〕 확실히 말함. 또는, 그 말.

〔確然 확연〕 아주 확실한 모양.

〔確認 확인〕 확실히 알아보거나 인정함.

〔確定 확정〕 확실히 정함.

〔確證 확증〕 확실히 증명함.

◢明確(명확)/的確(적확)/正確(정확)

*1
11 16 **磬** 경쇠 **경**

㊥qìng(칭) ㊐ケイ

갑 전 자원 **회의자.** 갑골문의 왼쪽 부분은 돌로 만든 삼각형 타악기(경쇠)가 매달려 있는 모양이고(그 위는 장식임), 오른쪽 부분은 손에 망치 모양의 채를 들고 두드리는 모양을 나타냄. 이 글자가 악기가 아닌 '소리'의 뜻으로 쓰이게 되자 소전(小篆)에 와서 石(돌 석)을 받쳐 적어 본뜻을 보존하였음. 한편, '소리'를 뜻하던 殸(경)은 耳(귀 이)를 덧붙여 '聲(성)'이 되었음.

풀이 ①경쇠. 옥이나 돌로 만든 악기. ‖石磬(석경). ②비다. 다함.

〔磬石 경석〕 경쇠를 만드는 돌.

◢編磬(편경)/風磬(풍경)

★★3-Ⅱ
11 16 **磨** ❶갈 **마** ❷연자매 **마**

亠 广 庁 床 庥 麻 麼 磨

㊥mó(모) ㊐マ/する ㊢grind

자원 **형성자.** 石(석)은 의미를 나타내고 麻(마)는 음을 나타냄.

풀이 ❶①갈다. 돌을 갈아 광을 냄. ‖硏磨(연마). ②숫돌에 갈다. ③닳다. 닳아 없어짐. ‖磨滅(마멸). ❷①연자매. ②연자매로 찧다.

〔磨滅 마멸〕 닳아 없어짐.

〔磨耗 마모〕 마찰 부분이 닳아 없어짐.

〔磨石 마석〕 ①맷돌. ②돌로 된 물건을 반들반들하게 갊.

〔磨崖 마애〕 석벽에 글자나 그림, 불상 등을 새김. ‖磨崖佛(마애불).

◢硏磨(연마)/琢磨(탁마)

11 16 **磧** 서덜 **적** 간 碛

㊥qì(치) ㊐セキ/かわら

풀이 서덜. 냇가·강가 등 물가의 돌이 많은 곳. ‖磧礫(적력).

16 **磚** 甎(전)의 속자 →504쪽

*
12 17 **磵** 산골 물 **간**

㊥jiàn(찌엔) ㊐カン ㊢valley stream

풀이 산골 물. 산골 시내.

12 17 **磲** 옥돌 **거**

㊥qú(취) ㊐キョ

풀이 옥돌. ‖硨磲(차거).

*
12 17 **磯** 물가 **기** 간 矶

㊥jī(찌) ㊐キ/いそ

풀이 ①물가. 강가의 자갈밭. ②물결이 바위에 부딪치다. ③문지르다.

*2
12 17 **磻** 강 이름 **반·번**

㊥pán(판) ㊐ハン

5획

*1
12 礁 물속 돌 **초** 礁
17

[중]jiāo(찌아오) [일]ショウ/かわれいわ
[풀이] 물속 돌. 암초. ‖礁石(초석).
◪珊瑚礁(산호초)/暗礁(암초)/坐礁(좌초)/環礁(환초)

12 磺 [1]유황 **황** [2]쇳돌 **광** 磺
17

[중]huáng(후앙) [일]コウ/おう
[풀이] [1]유황(硫磺). [2]쇳돌. [같]鑛.
◪硫磺(유황)

★*3-Ⅱ
13 礎 주춧돌 **초** [간]础 礎
18

丆 石 矿 砞 砵 础 础 礎

[중]chǔ(°추) [일]ソ/いしずえ
[자원] **형성자.** 石(석)은 의미를 나타내고 楚(초)는 음을 나타냄.
[풀이] 주춧돌. ‖基礎(기초).
〔礎石 초석〕 ①주춧돌. 礎盤(초반). ② 어떤 사물의 기초의 비유.
◪基礎(기초)/定礎(정초)/柱礎(주초)

2
14 礙 거리낄 **애** [동]㝵 [속][간]碍 礙
19

[중]aì(아이) [일]ガイ/さまたげる
[풀이] ①거리끼다. 방해함. ‖妨礙(방애). ②가로막다. ‖障礙(장애).
〔礙産 애산〕 아기 낳을 때, 아기의 목이 걸려서 몹시 힘이 드는 해산.
〔礙子 애자〕 사기나 유리로 만든 전류 절연체. 뚱딴지.
◪拘礙(구애)/障礙(장애)

*
14 礖 [한]사람 이름 **여**
19

20 礦 鑛(광)과 동자 →777쪽

*2
15 礪 거친 숫돌 **려** [간]砺 礪
20

[중]lì(리) [일]レイ/あらと
[풀이] ①거친 숫돌. [같]厲. ②숫돌에 갈다.

*1
15 礫 조약돌 **력** [간]砾 礫
20

[중]lì(리) [일]レキ/こいし
[풀이] 조약돌.
〔礫巖 역암〕 자갈이 진흙이나 모래에 섞여 이루어진 바위.
◪沙礫(사력)

*1
15 礬 명반 **반** [간]矾 礬
20

[중]fán(°판) [일]バン
[풀이] 명반(明礬). 백반.
◪明礬(명반)/白礬(백반)

16 礱 갈 **롱** [간]砻 礱
21

[중]lóng(룽) [일]ロウ/する
[풀이] ①갈다. ②맷돌.

示部 보일시

☆*5
0 示 보일 **시** 示
5

一 二 亍 亓 示

[중]shì(°쓰) [일]シ, ジ/しめす [영]show
[갑]  [자원] **상형자.** 돌로 만든 제단을 본뜬 자. 두 번째 갑골문 맨 위의 가로획은 제물을 나타낸 것임.
✎ 한자 부수의 하나. 'ネ'는 부수 보일 시(示)변의 속체(俗體).
[풀이] ①보이다. ‖示範(시범). ②알리다. ③보다.
〔示達 시달〕 상부에서 명령·통지 등을 하부에 내려 보냄.
〔示範 시범〕 모범을 보임.
〔示唆 시사〕 미리 암시하여 알려 줌.
〔示威 시위〕 위력이나 기세를 드러내어 보임. ‖街頭示威(가두시위).
〔示現 시현〕 ①나타내 보임. ②신불(神佛)이 영검을 나타내 보이는 일. ③석가모니가 중생을 제도(濟度)하기 위하여 속세에 태어나는 일.
◪揭示(게시)/啓示(계시)/告示(고시)/公示(공시)/誇示(과시)/敎示(교시)/明示(명시)/默示(묵시)/暗示(암시)/例示(예시)/豫示(예시)/諭示(유시)/摘示(적시)/展示(전시)/提示(제시)/指示(지시)/表示(표시)/標示(표시)/顯示(현시)/訓示(훈시)

*
5 礼 禮(례)의 약자 →550쪽

6 礼 禮(례)의 고자 →550쪽

*
3 祁 성할 **기** [간]祁 祁
8

[중]qí(치) [일]キ [영]prosperous
[풀이] ①성하다. 큼. ‖祁寒(기한). ②많다.

★✱3-Ⅱ
3 8 **祀** 제사 **사** 간 祀 祀

一 二 亍 示 示 示ᄀ 示ᄀ 祀

㊥sì(쓰) ㊐シ/まつり
㊣ancestral rites
갑 금 자원 **회의 겸 형성자.** 제단의 상형인 示(시)와 태아의 모습을 나타낸 巳(사)가 합쳐진 자. 자손이 제단 앞에서 제사를 드리는 모습을 나타냄. 示는 의미를 나타내고 巳는 의미와 음을 겸하여 나타냄.
풀이 ①제사(祭祀). ②제사 지내다.
〔祀孫 사손〕 조상의 제사를 받드는 자손. 奉祀孫(봉사손).
〔祀天 사천〕 하늘에 제사를 지냄.
◢告祀(고사)/奉祀(봉사)/祭祀(제사)/從祀(종사)/合祀(합사)

★✱6
3 8 **社** 토지 신 **사** 간 社 社

一 二 亍 示 示 示一 示十 社

㊥shè(°써) ㊐シャ/やしろ
자원 **회의자.** 흙덩이의 상형으로 높은 언덕을 뜻하는 土(토)와 제단을 나타내는 示(시)가 합쳐진 자. 높은 언덕 위에 세운 토지의 신을 모시는 제단을 가리킴. 본뜻은 '토지의 신'.
풀이 ①토지의 신. ②제사 이름. ③단체. ‖社會(사회). ④사일(社日).
〔社交 사교〕 사회생활에서의 교제.
〔社說 사설〕 신문이나 잡지에서 자기네가 주장하는 바를 써 놓은 글.
〔社屋 사옥〕 회사의 업무용으로 쓰는 건물.
〔社員 사원〕 회사에 근무하는 사람.
〔社長 사장〕 회사의 대표자.
〔社主 사주〕 회사의 주인.
〔社稷 사직〕 ①고대 중국에서, 천자나 제후가 제사를 지내던 토지신(土地神)과 곡신(穀神). ②나라 또는 조정.
〔社債 사채〕 회사가 채권을 발행하여 모집한 금액에 대한 채무.
〔社會 사회〕 ①공동생활을 하는 사람들의 집단. ②생활수준이나 직업 등이 같은 사람들의 집단.
〔社訓 사훈〕 사원이 지켜야 할 회사의 방침.
◢結社(결사)/來社(내사)/本社(본사)/入社(입사)/支社(지사)/創社(창사)/退社(퇴사)/弊社(폐사)/會社(회사)

★✱3-Ⅱ
4 9 **祈** 빌 **기** 간 祈 祈

二 亍 亓 示 示' 示厂 示斤 祈

㊥qí(치) ㊐キ/いのる
갑 금 전 자원 **회의 겸 형성자.** 갑골문·금문의 윗부분은 깃발, 아랫부분은 무기를 나타냄. 소전에 이르러 제단과 도끼(무기)로 바뀜. 示는 의미를 나타내고 斤(근)은 旂(기)의 생략형으로 의미와 음을 겸하여 나타냄.
풀이 ①빌다. 신에게 빌어 복을 구함. ②구(求)하다. ③고하다.
〔祈求 기구〕 신에게 원하는 것을 이루어 주기를 구함.
〔祈禱 기도〕 바라는 바가 이루어지도록 신불(神佛)에게 비는 일.
〔祈雨祭 기우제〕 비를 내려 줄 것을 비는 제사.
〔祈願 기원〕 소원이 이루어지기를 빎.

✱
4 9 **祇** 토지 신 **기** 간 祇 祇

㊥qí(치) ㊐ギ
祗(지:547쪽)는 딴 자.
풀이 ①토지의 신. ‖地祇(지기). ㊊示. ②크다. ③편안하다.

4 9 **祆** 재앙 **요** 祆

㊥yāo(야오) ㊐ヨウ/わざわい
풀이 재앙. ‖祆孼(요얼).

✱1
4 9 **祉** 복 **지** 간 祉 祉

㊥zhǐ(°즈) ㊐シ/さいわい
풀이 복.
◢福祉(복지)

✱
5 10 **祛** 떨 **거**

㊥qū(취) ㊐セキ ㊣disperse
풀이 ①떨다. 떨어 없앰. ②세다. 강함.
〔祛痰 거담〕 가래를 없앰.

5 10 **祔** 합사할 **부** 祔

㊥fù(°푸) ㊐フ
풀이 ①합사(合祀)하다. ②합장(合葬)하다.
〔祔右 부우〕 합장할 때 아내를 남편의 오른쪽에 묻음. ↔祔左(부좌).
〔祔祭 부제〕 3년상을 마친 뒤에 신주를 조상의 신주 곁에 모실 때 지내는 제사.
〔祔左 부좌〕 합장할 때 아내를 남편의 왼쪽에 묻음. ↔祔右(부우).

5
10 **祓** 푸닥거리할 **불** [간] 祓

[중]fú(°푸) [일]フツ
[풀이] ①푸닥거리하다. 재액을 떪. ‖祓禳(불양). ②부정(不淨)을 없애다.
〔祓除 불제〕 재앙을 물리침.

★✱4
5
10 **祕** 숨길 **비** [속] 秘

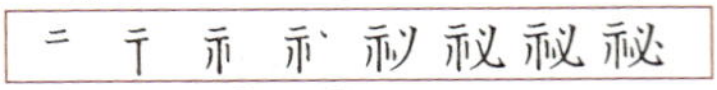

[중]mì(미) [일]ヒ [영]hide
[자원] **형성자.** 示(시)는 의미를 나타내고 必(필)은 음을 나타냄.
[풀이] ①숨기다. 알리지 않음. ‖祕密(비밀). ②신(神). ③신묘(神妙)하여 헤아리기 어렵다. ‖神祕(신비).
〔祕訣 비결〕 남에게 알려지지 않은 자기만의 묘한 방법.
〔祕境 비경〕 ①신비스러운 경치. ②잘 알려지지 않은 곳.
〔祕密 비밀〕 숨겨 남에게 공개하지 않는 일.
〔祕方 비방〕 ①비밀한 방법. ②한방에서, 비밀히 전해 오는 약의 처방.
〔祕法 비법〕 남에게 알려지지 않은 방법.
〔祕史 비사〕 세상에 알려지지 않은 역사.
〔祕書 비서〕 중요한 직책에 있는 사람을 도와 그의 사무나 일정을 챙겨 주는 일을 하는 사람.
〔祕藏 비장〕 숨겨서 소중히 간직함.
〔祕策 비책〕 아무도 모르게 숨긴 꾀.
〔祕話 비화〕 세상에 알려지지 않은 숨은 이야기.
◢極祕(극비)/便祕(변비)/神祕(신비)

✱1
5
10 **祠** 사당 **사** [간] 祠

[중]cí(츠) [일]シ
[풀이] ①사당. 신사(神祠). ②제사. 봄제사. ③제사를 지내다. ‖淫祠(음사). ④보답하여 제사를 지내다.
〔祠堂 사당〕 신주(神主)를 모셔 두는 집. 祠宇(사우).
〔祠板 사판〕 죽은 사람의 위패. 神主(신주). 祠版(사판).
◢神祠(신사)

5
10 **祟** 빌미 **수**

[중]suì(쑤에이) [일]スイ
✍ 崇(숭:227쪽)은 딴 자.
[풀이] 빌미. 앙화(殃禍)를 입음.

☆✱6
5
10 **神** 귀신 **신** [간] 神

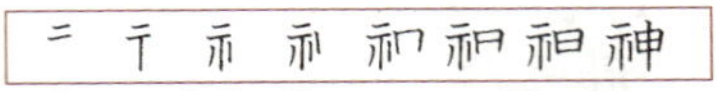

[중]shén(°선) [일]シン/かみ [영]god
[자원] **회의 겸 형성자.** 번개를 나타내는 申(신)과 제단(祭壇)을 뜻하는 示(시)가 합쳐진 자로, 자연 속에 숨어 있는 불가지(不可知)의 존재를 나타냄. 示는 의미를 나타내고 申은 의미와 음을 겸하여 나타냄.
[풀이] ①귀신. ‖天神(천신). ②불가사의한 것. ‖神祕(신비). ③혼(魂). 사람의 정령(精靈). ④마음. 사람의 본바탕. ⑤덕이 아주 높은 사람.
〔神格 신격〕 신으로서의 자격이나 격식. ‖神格化(신격화).
〔神經 신경〕 ①동물의 몸속에 퍼져 있어 지각·운동 등의 유기적 연락 관계를 맡은 기관. ②어떤 일을 느끼거나 생각하는 힘.
〔神權 신권〕 신의 권능.
〔神奇 신기〕 신묘하고 기이함.
〔神氣 신기〕 ①이상한 운기(雲氣). ②만물(萬物) 생성의 원기(元氣). ③정신과 기력.
〔神童 신동〕 유난히 똑똑하고 재주가 뛰어난 어린아이.
〔神靈 신령〕 ①죽은 사람의 혼(魂). 靈魂(영혼). ②신기하고 영묘함. ③사람이 섬기는 여러 신.
〔神妙 신묘〕 신통하고 묘함.
〔神父 신부〕 가톨릭 교직의 하나. 司祭(사제).
〔神佛 신불〕 신령과 부처.
〔神祕 신비〕 이성적·상식적으로 설명하든가 이해할 수 없이 매우 놀랍고 신기한 일.
〔神仙 신선〕 도를 닦아서 현실의 인간 세계를 떠나 자연과 벗하며 산다는 상상의 사람.
〔神聖 신성〕 매우 거룩하고 성스러움.
〔神人 신인〕 ①신과 사람. ②신과 같이 신령하고 숭고한 사람.
〔神殿 신전〕 신을 모신 건물.
〔神出鬼沒 신출귀몰〕 《귀신같이 나타났다가 사라진다는 뜻으로》 자유자재로 출몰하여 그 변화를 쉽사리 알 수 없음.
〔神託 신탁〕 신이 사람을 매개자로 하여 자기의 뜻을 나타내거나 사람의 물음에 대답하는 일.
〔神通 신통〕 ①매우 영검하고 신기함. ②대견하고 훌륭함.
〔神話 신화〕 ①신이나 신 같은 존재에 대한 신비롭고 환상적인 이야기. ②절대적이고 획기적인 일의 비유.
◢降神(강신)/鬼神(귀신)/等神(등신)/牧神(목신)/邪神(사신)/山神(산신)/善神(선신)/失神(실신)/心神(심신)/惡神(악신)/女神(여신)/疫神(역신)/入神(입신)/接神(접신)/精神(정신)/主神(주신)/酒神(주신)/海神(해신)

5 10 **祐** *2 도울 **우** 간 祐 祐

중yòu(여우) 일ユウ 영help

祐(호:547쪽)는 딴 자.

풀이 ①돕다. 같佑. ②천지신명의 도움. ‖天祐神助(천우신조). ③복. 행복. ④권하다.

5 10 **祖** ☆*7 할아비 **조** 간 祖 祖

二 亍 亓 示 礻 礻 祖 祖

중zǔ(주) 일ソ 영ancestor

자원 **회의 겸 형성자.** '조상'을 뜻하는 且(차)가 '또'라는 뜻으로 가차되어 쓰이자 제단을 나타내는 示(시)를 덧붙여 본래의 뜻을 보존한 자. 示는 의미를 나타내고 且는 의미와 음을 겸하여 나타냄.

풀이 ①할아비. ‖祖父(조부). ②조상(祖上). 시조(始祖). ③사당(祠堂). ④처음. 비롯함. ⑤근본. ⑥개조(開祖). ‖祖師(조사). ⑦본받다. ⑧익히다. 배움. ⑨이어받다. ⑩복되다. ⑪가다. ⑫도신(道神).

〔祖國 조국〕 조상 때부터 살아오며 자기가 태어난 나라. 母國(모국).

〔祖父 조부〕 할아버지.

〔祖父母 조부모〕 할아버지와 할머니.

〔祖師 조사〕 ①한 학파(學派)를 창시한 사람. ②한 종파(宗派)를 세우고 종지(宗旨)를 열어 주장한 사람.

〔祖上 조상〕 ①한 혈통을 이어오는 돌아간 어버이 위로 대대의 어른. 先祖(선조). 祖先(조선). ②현재 살고 있는 세대 이전의 모든 세대.

〔祖孫 조손〕 할아버지와 손자.

〔祖宗 조종〕 ①시조가 되는 조상. ②임금의 조상. ③가장 근본적이고 중요한 것의 비유.

〔祖行 조항〕 할아버지뻘의 항렬(行列).

◢開祖(개조)/高祖(고조)/敎祖(교조)/父祖(부조)/鼻祖(비조)/先祖(선조)/始祖(시조)/元祖(원조)/宗祖(종조)/太祖(태조)

5 10 **祚** *2 복 **조** 간 祚 祚

중zuò(쭈어) 일ソ

풀이 ①복. 신이 내리는 행복. ‖福祚(복조). ②복을 내리다. ③녹(祿). 녹봉(祿俸). ④임금의 자리. ‖登祚(등조).

5 10 **祗** * 공경할 **지** 간 祗 祗

중zhī(°쯔) 일シ 영respect

祇(기:545쪽)는 딴 자.

풀이 ①공경하다. 존경함. ②어조사(語助辭). ㉮마침. ㉯이. 이것.

5 10 **祝** ☆*5 빌 **축** 간 祝 祝

二 亍 亓 示 礻 礻 祀 祝

중zhù(°쭈) 일シュク 영pray

갑 자원 **회의자.** 제단을 나타내는 示(시)와 그 앞에 꿇어앉은 사람을 나타내는 兄(형)이 합쳐진 자로, 제사를 주재하는 사람을 뜻함. 동사로는 '빌다'를 뜻함.

풀이 ①빌다. 기원함. ‖祝禱(축도). ②신직(神職). 신(神)을 섬기는 일을 업으로 하는 사람. ③박수. 남자 무당. ④원하다. ⑤축문(祝文). ‖祝官(축관). ⑥축하하다. 하례(賀禮)함. ‖祝典(축전). ⑦기쁜 일. 경사(慶事).

〔祝歌 축가〕 축하하기 위해 부르는 노래.

〔祝官 축관〕 ①제사 때 축문을 읽는 사람. ②종묘·사직·문묘(文廟)의 제사 때 축문을 맡아 읽던 임시 벼슬.

〔祝禱 축도〕 예배를 마칠 때 목사가 하나님에게 복을 비는 기도.

〔祝文 축문〕 제사 때, 신명(神明)에게 아뢰는 글.

〔祝髮 축발〕 ①머리를 자름. ②머리를 깎고 승려가 됨.

〔祝杯 축배〕 축하하는 뜻을 나타내기 위하여 마시는 술, 또는, 그 술잔.

〔祝福 축복〕 ①행복을 빎. ②신이 내리는 은혜.

〔祝辭 축사〕 축하하는 말이나 글.

〔祝壽 축수〕 오래 살기를 빎.

〔祝願 축원〕 희망하는 대로 이루어지기를 마음속으로 빎. 祈願(기원).

〔祝儀金 축의금〕 축하하는 뜻으로 내는 돈.

〔祝典 축전〕 축하하는 의식이나 행사.

〔祝電 축전〕 축하하는 내용의 전보.

〔祝祭 축제〕 축하하여 벌이는 큰 규모의 행사.

〔祝砲 축포〕 어떤 일을 축하하는 뜻으로 큰 소리로 쏘는 총이나 대포.

〔祝賀 축하〕 경사를 치하하는 일.

◢慶祝(경축)/奉祝(봉축)

5 10 **祜** *2 복 **호** 간 祜 祜

중hù(후) 일コ

풀이 ①복. 신이 주는 행복. ②복이 두텁다.

6 11 **祥** ★*3 상서로울 **상** 간 祥 祥

二 亍 亓 示 礻 礻 祥 祥

㊥xiáng(시앙) ㊐ショウ
㊎auspicious
자원 **형성자.** 示(시)는 의미를 나타내고 羊(양)은 음을 나타냄.
풀이 ①상서롭다. 복(福). ②좋다. ‖吉祥(길상). ③재앙. ④조짐. ⑤제사 이름. ‖小大祥(소대상).
〔祥瑞 상서〕 길한 일이 있을 조짐.
〔祥雲 상운〕 상서로운 구름.
◢吉祥(길상)/大祥(대상)/發祥(발상)/小祥(소상)

☆✱4-Ⅱ
6 11 **祭** 제사 **제**

ク タ タ⁷ 夕又 𡗗 祭 祭 祭

㊥jì(찌) ㊐サイ/まつり
갑 자원 **회의자.** 고기〔肉(육)〕를 손〔又(우)〕으로 들어 신〔示(시)〕에게 바치는 모양을 나타냄. 갑골문은 손으로 고깃덩어리를 잡고 있는 모양을 상형한 것으로, 점은 핏방울을 나타냄.
풀이 ①제사. ‖祭禮(제례). ②제사 지내다. ‖祭壇(제단). ③사귀다. 사람과 신이 서로 접함.
〔祭器 제기〕 제사에 쓰는 그릇.
〔祭壇 제단〕 제사를 위한 제물·제기 등을 올려놓는 단.
〔祭禮 제례〕 제사를 지내는 예법이나 예절.
〔祭文 제문〕 죽은 사람에 대하여 애도의 뜻을 나타낸 글.
〔祭物 제물〕 ①제사에 쓰는 음식. 祭需(제수). ②희생물의 비유.
〔祭祀 제사〕 조상이나 신령에게 음식을 바쳐 정성을 나타내는 의식.
〔祭需 제수〕 ①제사에 드는 여러 가지 재료. ② ➡祭物(제물)①.
〔祭衣 제의〕 미사 때 사제가 입는, 앞뒤가 늘어지고 양옆이 터진 큰 옷.
〔祭典 제전〕 ①집단적으로 크게 벌이는 제사. ②크게 벌이는 예술·문화·체육 등의 행사.
〔祭政 제정〕 제사와 정치.
〔祭主 제주〕 제사를 주장하는 상제.
〔祭天 제천〕 하늘에 제사를 지내는 일.
〔祭享 제향〕 ①나라에서 지내는 제사. ②'제사'의 높임말.
◢冠婚喪祭(관혼상제)/記念祭(기념제)/祈雨祭(기우제)/路祭(노제)/謝肉祭(사육제)/司祭(사제)/三虞祭(삼우제)/慰靈祭(위령제)/前夜祭(전야제)/追慕祭(추모제)/祝祭(축제)

6 11 **祧** 조묘 **조** 간 祧

㊥tiāo(티아오) ㊐チョウ
풀이 ①조묘(祧廟). 원조(遠祖)를 합사(合祀)한 사당. ②조묘로 옮기다.

★✱4-Ⅱ
6 11 **票** ❶불똥 튈 **표** ❷쪽지 **표**

一 一 襾 襾 覀 票 票 票

㊥piào(피아오) ㊐ヒョウ ㊎bill, ticket
전 자원 **회의자.** 소전은 火(불 화)와 䙴(높이 오를 천)이 합쳐진 자로, 불길이 솟구쳐 오르는 모습을 나타냄.
풀이 ❶①불똥이 튀다. ②요동하는 모양. ❷①쪽지. 어음·물표·관람권 따위. ‖車票(차표). ②빠르다.
〔票決 표결〕 투표로 결정함.
◢改票(개표)/開票(개표)/記票(기표)/得票(득표)/賣票(매표)/死票(사표)/手票(수표)/暗票(암표)/郵票(우표)/傳票(전표)/證票(증표)/車票(차표)/投票(투표)

☆✱4-Ⅱ
8 13 **禁** 금할 **금**

十 木 村 林 林 埜 埜 禁

㊥jìn(찐) ㊐キン ㊎forbid
자원 **형성자.** 示(시)는 의미를 나타내고 林(림)은 음을 나타냄.
풀이 ①금하다. ‖禁止(금지). ②기(忌)하다. 꺼림. ‖禁忌(금기). ③규칙. 계율. ④삼가다. ⑤대궐. ‖禁中(금중).
〔禁錮 금고〕 ①교도소에 가두어 두기만 하고 일은 시키지 않는 형벌. ②조선 시대, 벼슬길을 막아 버리는 형벌.
〔禁軍 금군〕 대궐을 지키고 임금을 호위하는 군사. 禁兵(금병).
〔禁忌 금기〕 불길하다고 하여 꺼리고 금하는 일. 터부.
〔禁斷 금단〕 어떤 행동을 하지 못하도록 금함.
〔禁物 금물〕 해서는 안 되는 일.
〔禁書 금서〕 출판·판매·독서를 법적으로 금지한 책.
〔禁食 금식〕 종교상의 계율이나 심신 단련 등을 위해 얼마 동안 음식을 먹지 않는 일. ※斷食(단식).
〔禁煙 금연〕 ①담배 피우는 것을 금함. ②담배를 끊음.
〔禁慾 금욕〕 욕정(慾情)을 억제함.
〔禁足令 금족령〕 외출을 금하는 명령.
〔禁酒 금주〕 ①술을 마시지 못하게 함. ②술을 끊음. 斷酒(단주).
〔禁中 금중〕 대궐 안. 宮中(궁중).
〔禁止 금지〕 제지하여 못하게 함.
◢監禁(감금)/拘禁(구금)/嚴禁(엄금)/軟禁(연금)/通禁(통금)/解禁(해금)

✱
8 13 **祺** 복 **기** 간 祺

㊥qí(치) ㊐キ

풀이 ①복. ②길조(吉兆). ‖祺祥(기상). ③편안한 모양. ‖祺然(기연).

★✱3-Ⅱ
8 13 **祿** 복 **록** 간 禄 祿

중lù(루) 일ロク
풀이 ①복. ‖福祿(복록). ②녹봉. ‖祿位(녹위). ③녹을 주다.
〔祿米 녹미〕 녹봉으로 주는 쌀.
〔祿俸 녹봉〕 나라에서 관리들에게 봉급으로 주던 곡식·옷감·돈 따위. 俸祿(봉록). 食祿(식록).
◢國祿(국록)/俸祿(봉록)

13 **禀** 稟(품·름)의 속자 →556쪽

9 14 **禊** 계제 **계** 간 禊 禊

중xì(씨) 일ケイ/みそぎ
풀이 계제. 푸닥거리.
〔禊祭祀 계제사〕 유둣날 액운을 떨어 버리기 위해 물가에서 지내는 제사.

☆✱5
9 14 **福** 복 **복** 간 福 福

중fú(°푸) 일フク
갑 금 자원 **회의 겸 형성자.** 갑골문은 제단〔示〕 앞에서 두 손으로 술동이〔畐〕를 받쳐 들고 신에게 복을 빌고 있는 모습을 나타냄. 금문에서 두 손이 빠져 현재의 자형과 유사하게 됨. 示는 의미를 나타내고 畐(복)은 의미와 음을 겸하여 나타냄.
풀이 ①복. ②복을 받다. 복을 이룸. ③하늘의 도움. ④제사에 쓴 고기나 술.
〔福券 복권〕 제비를 뽑아 당첨되면 상금 등을 받게 되는 표찰. 福票(복표).
〔福德房 복덕방〕 가옥이나 토지 같은 부동산의 거래를 중개하는 곳.
〔福祿 복록〕 (‘타고난 복과 벼슬아치의 녹봉’이라는 뜻으로) 복되고 영화로운 삶.
〔福利 복리〕 행복과 이익.
〔福音 복음〕 ①기쁜 소식. ②크리스트교에서, 예수의 가르침. ③복음서(福音書).
〔福祉 복지〕 사람들이 건강하고 편안하고 행복하게 살 수 있게 갖추어진 사회 환경. 福利(복리).
◢吉凶禍福(길흉화복)/多福(다복)/萬福(만복)/冥福(명복)/薄福(박복)/福不福(복불복)/賞福(상복)/壽福(수복)/食福(식복)/女福(여복)/艷福(염복)/五福(오복)/裕福(유복)/飮福(음복)/人福(인복)/至福(지복)/妻福(처복)/祝福(축복)/幸福(행복)/洪福(홍복)

✱
9 14 **禑** 복 **오** **우**✱

중wú(우) 일グ
풀이 복(福).

✱2
9 14 **禎** 상서 **정** 간 祯 禎

중zhēn(°쩐) 일テイ
풀이 ①상서(祥瑞). ‖禎祥(정상). ②복(福).

9 14 **禔** 복 **지·제** 간 禔 禔

중tí(티) 일シ, テイ
풀이 ①복(福). ②기쁨. ③편안하다.

★✱3-Ⅱ
9 14 **禍** 재난 **화** 간 祸 禍

중huò(후어) 일カ/わざわい
자원 **회의 겸 형성자.** 제단을 뜻하는 示(시)와 고대에 점을 칠 때 사용했던 소의 어깨뼈를 그린 冎의 변형인 咼(괘)가 합쳐져 ‘재앙’을 나타냄. 示는 의미를 나타내고 咼는 의미와 음을 겸하여 나타냄.
풀이 ①재난. 재앙. ‖禍亂(화란). ②재앙을 미치다. 화근이 됨.
〔禍根 화근〕 재앙의 근원. 禍源(화원).
〔禍福 화복〕 재앙과 복록.
◢舌禍(설화)/殃禍(앙화)/輪禍(윤화)/災禍(재화)/戰禍(전화)/慘禍(참화)/筆禍(필화)

✱
10 15 **禛** 복 받을 **진** 간 禛

중zhēn(°쩐) 일シン
풀이 복을 받다.

✱1
11 16 **禦** 막을 **어** 간 御 禦

중yù(위) 일ギョ
자원 **형성자.** 示(시)는 의미를 나타내고 御(어)는 음을 나타냄.
풀이 ①막다. 사이를 가리다. ‖禦寒(어한). ②방어. ‖防禦(방어). ③제사 지내다. 평안을 빎.
〔禦侮 어모〕 외부로부터 받는 모욕을 막아 냄.
〔禦敵 어적〕 적의 침략을 막음.

〔禦寒 어한〕 추위에 언 몸을 녹임.
◢防禦(방어)

12 17 禫 담제 담 | 간 禫 禫

㊥dàn(딴) ㊐タン
풀이 ①담제. 담사(禫祀). ②조용하다. 평안함.
〔禫服 담복〕 상중에 있는 사람이 담제(禫祭) 후 길제(吉祭)까지 입는 옷.
〔禫祭 담제〕 대상(大祥)을 치른 다음다음 달 하순의 정일(丁日)이나 해일(亥日)에 지내는 제사. 禫祀(담사).

★✱3-Ⅱ
12 17 禪 ❶봉선 선 ❷고요할 선 | 간 禅 禪

亍 示 示' 示'' 示'' 禪 禪 禪

㊥shàn(°싼), chàn(°찬) ㊐ゼン
자원 **형성자.** 示(시)는 의미를 나타내고 單(단)은 음을 나타냄.
풀이 ❶①봉선(封禪). ②사양하다. 선위(禪位)하다. ❷①고요하다. 정려(靜慮)함. ‖禪那(선나). ②좌선(坐禪). ③불교의 한 파. ‖禪宗(선종).
〔禪家 선가〕 ①참선하는 승려. 禪客(선객). ②참선하는 집.
〔禪道 선도〕 참선하는 도(道).
〔禪房 선방〕 참선하는 방. 禪室(선실).
〔禪師 선사〕 ①선종의 고승(高僧). 法師(법사). ②지덕이 높은 선승(禪僧)에게 조정에서 내리는 칭호.
〔禪僧 선승〕 선종의 승려.
〔禪院 선원〕 선종의 절. 禪寺(선사).
〔禪位 선위〕 임금이 그 자리를 물려줌. 讓位(양위). 禪讓(선양).
〔禪定 선정〕 번뇌를 가라앉히고 마음을 하나로 집중하여 흐트러짐이 없게 하는 일.
〔禪宗 선종〕 참선을 통해 도를 깨달으려는, 불교의 한 종파.
◢入禪(입선)/坐禪(좌선)/參禪(참선)

✱2
12 17 禧 복 희 | 간 禧 禧

㊥xǐ(시) ㊐キ
풀이 ①복(福). ②경사스럽다.
〔禧年 희년〕 가톨릭교에서, 25년마다 돌아오는 복된 해.

☆✱6
13 18 禮 예도 례 | 고 礼 약간 礼 禮

亍 示 示' 示'' 示'' 禮 禮 禮

㊥lǐ(리) ㊐レイ, ライ
자원 **회의 겸 형성자.** '제단'의 상형인 示(시)와 豊(례)가 합쳐진 자. 원래 豊로만 썼으나 뒷날 豐(풍)과 혼용되자 示를 덧붙임. 豊는 '제사 그릇'의 상형인 豆(두)에 玉(구슬 옥) 두 개를 담은 그릇〔凵〕을 얹은 자임. 示는 의미를 나타내고 豊는 의미와 음을 겸하여 나타냄.
풀이 ①예도. 예의(禮儀). ②예법. 경의를 표하는 일. ‖敬禮(경례). ③예식. 의식. ④예물.
〔禮緞 예단〕 ①예물로 보내는 비단. ②신부가 결혼하기 전에 시댁 어른들에게 주는 선물.
〔禮度 예도〕 예의와 법도.
〔禮物 예물〕 ①사례의 뜻으로 주는 물건. ②결혼식에서 신랑과 신부가 주고받는 물품.
〔禮拜 예배〕 신이나 부처 앞에 경배함. 또는, 그 의식.
〔禮法 예법〕 예절의 형식이나 법칙.
〔禮服 예복〕 예식 때 예를 갖추어 입는 옷.
〔禮式 예식〕 정해진 절차에 따라서 치르는 의식.
〔禮遇 예우〕 예를 갖추어 대우함.
〔禮儀 예의〕 존경의 뜻을 표하기 위해 예로써 나타내는 말투나 몸가짐.
〔禮節 예절〕 지켜야 할 예의와 범절.
〔禮讚 예찬〕 매우 좋게 여겨 존경하고 찬양함.
〔禮砲 예포〕 예식 등에서 환영·존경·축하의 뜻을 표하여 쏘는 공포(空砲).
◢家禮(가례)/缺禮(결례)/敬禮(경례)/冠禮(관례)/答禮(답례)/大禮(대례)/目禮(목례)/無禮(무례)/默禮(묵례)/拜禮(배례)/謝禮(사례)/洗禮(세례)/巡禮(순례)/失禮(실례)/儀禮(의례)/葬禮(장례)/祭禮(제례)/終禮(종례)/主禮(주례)/茶禮(차례)/賀禮(하례)/割禮(할례)/虛禮(허례)/婚禮(혼례)

14 19 禰 아비 사당 녜 본니 | 간 祢 禰

㊥nǐ(니) ㊐デイ
풀이 아비 사당. 아버지를 모신 사당.

✱1
14 19 禱 빌 도 | 간 祷 禱

㊥dǎo(다오) ㊐トウ
풀이 ①빌다. 기원함. ‖祈禱(기도). ②제사 지내다.
◢祈禱(기도)/默禱(묵도)/祝禱(축도)

✱
17 22 禳 ❶제사 이름 양 ❷푸닥거리할 양 | 간 禳 禳

㊥ráng(°랑) ㊐ジョウ
풀이 ❶제사 이름 ❷푸닥거리하다. ‖禳災(양재).
〔禳禍求福 양화구복〕 신명에게 제사를 지내어 재앙을 물리치고 복을 구함.

内部 짐승발자국유

0 5 **内** 짐승 발자국 **유**

㊥rōu(°러우) ㊐ジュウ
한자 부수의 하나.
풀이 짐승의 발자국. 자귀.

4 9 *2 **禹** 하우씨 **우** 禹

㊥yǔ(위) ㊐ウ
풀이 ①하우씨(夏禹氏). 하(夏)나라의 우임금. ②성(姓).

6 11 * **离** 산신 이름 **리** 离

㊥lí(리) ㊐チ
풀이 산신 이름. 짐승 모양의 산신.

7 12 * **离** 사람 이름 **설** 간 卨

㊥xiè(씨에) ㊐セツ
풀이 사람 이름. 은(殷)나라의 시조.

8 13 ★*3-Ⅱ **禽** 날짐승 **금** 禽

人 亽 今 㑒 㑒 禽 禽 禽

㊥qín(친) ㊐キン
갑 금 자원 **형성자.** 갑골문은 자루가 달린 그물의 상형자였으나 금문에 와서 소리를 나타내는 今(금)이 위에 덧붙어 형성자가 됨. 본뜻은 '짐승을 잡다'였으나 '새'를 뜻하게 되면서 본뜻을 살리기 위해 만든 자가 '擒'(사로잡을 금)임.
풀이 ①날짐승. ②짐승. 금수(禽獸)의 총칭.
〔禽獸 금수〕 날짐승과 길짐승의 총칭. 鳥獸(조수).
◪家禽(가금)/猛禽(맹금)

禾部 벼화

0 5 ★*3 **禾** 벼 **화** 禾

丿 二 千 禾 禾

㊥hé(허) ㊐カ/いね
갑 자원 **상형자.** 벼가 익어 고개를 숙인 모습을 본뜬 자.
한자 부수의 하나.
풀이 ①벼. ‖禾稻(화도). ②곡물. ③곡식의 모. 곡식의 줄기.
〔禾苗 화묘〕 볏모. 모.
〔禾穗 화수〕 벼 이삭.

2 7 *1 **禿** 대머리 **독** 禿

㊥tū(투) ㊐トク/はげ
풀이 ①대머리. ②민둥산. ‖禿山(독산). ③벗어지다. 모지라지다. ‖禿筆(독필). ④맨머리.
〔禿頭 독두〕 대머리. 禿首(독수).
〔禿山 독산〕 민둥산.
〔禿翁 독옹〕 대머리 진 노인.
〔禿筆 독필〕 ①끝이 닳아서 무디어진 붓. 몽당붓. ②자신이 쓴 문장의 겸칭.

2 7 ☆*4 **私** 사사 **사** 고 厶 私

丿 二 千 禾 禾 私 私

㊥sī(쓰) ㊐シ/わたくし
자원 **회의 겸 형성자.** 禾(곡물 화)와 厶(사사 사)가 합쳐진 자로, 곡물을 자신의 것으로 만드는 것을 나타냄. 禾는 의미를 나타내고 厶는 의미와 음을 겸하여 나타냄.
풀이 ①사사. 개인. 사사로움. ‖公私(공사). ②사사로이 하다. ‖私有(사유). ③은밀하다. ‖私通(사통).
〔私憾 사감〕 개인적인 원한.
〔私見 사견〕 개인의 생각이나 의견.
〔私利私慾 사리사욕〕 개인의 사사로운 이익과 욕심.
〔私立 사립〕 개인이 세움.
〔私物 사물〕 개인이 사사로이 소유하는 물건. 私有物(사유물). ‖私物函(사물함). ↔官物(관물).
〔私費 사비〕 개인이 부담하는 비용. 自費(자비). ↔公費(공비).
〔私生活 사생활〕 개인의 사적인 일상생활.
〔私設 사설〕 개인이 사사로이 설립함. 또는, 그 시설.
〔私淑 사숙〕 직접 가르침은 없어도 마음으로 그 덕을 사모하거나 스승으로 삼는 일.
〔私塾 사숙〕 개인이 경영하는 글방.
〔私心 사심〕 제 욕심만을 채우려는 어그러진 마음.
〔私慾 사욕〕 자신의 이익만을 채우려는 욕심.
〔私用 사용〕 ①공공의 물품을 사사로이 씀. ②개인의 사사로운 사용이나 용건. ↔公用(공용).
〔私有 사유〕 개인의 소유.

〔私意 사의〕 개인의 의견.
〔私益 사익〕 개인의 사사로운 이익.
〔私人 사인〕 사적인 자격으로서의 개인.
〔私邸 사저〕 개인의 저택. 특히, 고위 관리의 사택.
〔私的 사적〕 개인에 관계되는 (것).
〔私債 사채〕 개인이 사사로이 진 빚.
〔私通 사통〕 ①부부가 아닌 남녀가 몰래 정을 통함. ②내밀히 서로 연락함.
〔私學 사학〕 개인이 설립한 교육 기관.
〔私和 사화〕 ①서로 원한을 풀고 화해함. ②송사(訟事)를 화해함.
◢公私(공사)/公平無私(공평무사)

☆*4
2 7 **秀** 빼어날 **수** 秀

一 二 千 禾 禾 秀 秀

㊥xiù(씨우) ㊐シュウ/ひいでる
전 자원 곡식이 익어 고개 숙인 모습의 상형이라는 설, 머리에 볏단을 이고 있는 사람을 나타낸다는 설(아랫부분을 乃가 아닌 人의 변형으로 봄), 익은 곡식〔禾〕의 이삭을 칼〔刀〕로 베는 모습을 나타낸다는 설 등이 있으나 정설이 없음.
풀이 ①빼어나다. 뛰어나다. ‖秀才(수재). ②꽃이 피다. ③아름답다. ‖秀麗(수려).
〔秀麗 수려〕 빼어나게 아름다움.
〔秀逸 수일〕 빼어나게 우수함.
〔秀作 수작〕 뛰어난 작품.
〔秀才 수재〕 재능·학문이 뛰어난 사람.
◢閨秀(규수)/優秀(우수)/俊秀(준수)

8 **秆** 稈(간)과 동자 →554쪽

*
8 **秊** 年(년)의 본자 →241쪽

*2
3 8 **秉** ❶잡을 **병** ❷자루 **병** 秉

㊥bǐng(빙) ㊐ヘイ
갑 금 자원 **회의자.** 손을 나타내는 又(우)와 禾(벼 화)가 합쳐진 자로, 한 손으로 벼 한 포기를 잡고 있는 모습을 나타냄.
풀이 ❶잡다. 손에 쥠. ‖秉權(병권). ❷①자루. ㊞柄. ②권병(權柄).
〔秉權 병권〕 권력을 잡음.
〔秉燭 병촉〕 (촛불을 손에 잡는다는 뜻으로) 촛불을 켬.

*
3 8 **秄** 북돋울 **자**

㊥zǐ(즈) ㊐シ
풀이 북돋우다. 뿌리를 북돋움.

4 9 **秔** 메벼 **갱** ㊔**경** ㊞ 粳稉 秔

㊥jīng(찡) ㊐コウ
풀이 메벼.
〔秔稻 갱도〕 메벼. 粳稻(갱도).
〔秔米 갱미〕 멥쌀. 粳米(갱미).

☆*6
4 9 **科** 과정 **과** 科

二 千 禾 禾 禾 禾 禾 科

㊥kē(커) ㊐カ
전 자원 **회의자.** 斗(말 두)와 禾(벼 화)가 합쳐진 자로, 말로 곡식의 양을 재는 것을 나타냄. 이를 위해 분류가 이뤄지고 등급이 매겨진 데에서 '분류', '등급'의 뜻도 파생됨.
풀이 ①과정. 조목. ‖科目(과목). ②규정. 법률의 조문(條文). ③과거. ‖登科(등과).
〔科擧 과거〕 옛날에 관리를 뽑을 때 시행하던 시험.
〔科料 과료〕 재산형(財産刑)의 하나. 가벼운 죄에 물리며, 벌금보다 가벼움.
〔科目 과목〕 분야에 따라 나눈 학문이나 교과.
〔科試 과시〕 과거 때 보는 시험.
〔科題 과제〕 과거 볼 때 내주는 제목.
〔科學 과학〕 보편적인 진리나 법칙을 알아내기 위한 체계적인 지식.
◢教科(교과)/內科(내과)/武科(무과)/文科(문과)/百科(백과)/法科(법과)/兵科(병과)/分科(분과)/小兒科(소아과)/眼科(안과)/外科(외과)/醫科(의과)/理科(이과)/全科(전과)/前科(전과)/轉科(전과)/罪科(죄과)/齒科(치과)/學科(학과)

★*3
4 9 **秒** ❶까끄라기 **묘** ❷초 **초**★*3 ㊔**묘** 秒

㊥miǎo(미아오) ㊐ビョウ
자원 **형성자.** 禾(화)는 의미를 나타내고 少(소)는 음을 나타냄.
풀이 ❶①까끄라기. ②미소(微小)하다. 미묘함. ❷초. 시간·각도·온도 등의 단위. 분(分)의 60분의 1.
〔秒速 초속〕 1초 동안의 속도.
〔秒針 초침〕 시계의 초를 가리키는 바늘.
◢分秒(분초)

*1
4 9 **秕** 쭉정이 **비** 秕

㊥bǐ(비) ㊐ヒ/しいな

5획

풀이 ①쭉정이. ②질이 나쁜 쌀. ③더럽히다.
〔秕政 비정〕 국민을 괴롭히는 나쁜 정치. 惡政(악정).

☆*7
4 9 **秋** 가을 **추**

二 千 禾 禾 禾 禾' 秒 秋

㊥qiū(치우) ㊐シュウ/あき ㊔fall

갑 전 자원 **회의자.** 갑골문 첫째 자는 '메뚜기'의 상형자이고 둘째 자는 아래쪽에 火(불 화)를 덧붙인 자임. 수확기인 가을에 메뚜기를 박멸하기 위해 밭두둑에 불을 피우는 모습을 나타냄. 소전에서는 메뚜기 대신에 禾(벼 화)가 들어가 회의자가 됨.
풀이 ①가을. ②결실(結實). ③성숙한 때. 결실한 때. ④때. 시기. ⑤나이. 세월.
〔秋季 추계〕 가을의 시기. 秋期(추기).
〔秋穀 추곡〕 가을에 거두는 곡식. ↔夏穀(하곡).
〔秋霜 추상〕 ①가을의 찬 서리. ②당당한 위세(威勢), 엄한 형벌 등의 비유.
〔秋扇 추선〕 ①《'가을철의 부채'라는 뜻으로》 철이 지나서 쓸모없이 된 물건. ②이성의 사랑을 잃은 사람의 비유. 秋風扇(추풍선).
〔秋收 추수〕 가을에 익은 곡식을 거둬들임. 가을걷이. 秋穫(추확).
〔秋夜 추야〕 가을밤. 秋宵(추소).
〔秋波 추파〕 ①가을철의 잔잔하고 아름다운 물결. ②이성의 관심을 끌기 위한 은근한 눈짓. ③아첨하는 은근한 기색.
〔秋風落葉 추풍낙엽〕 ①가을바람에 떨어지는 나뭇잎. ②세력이나 형세가 갑자기 기울거나 시드는 상태의 비유.
〔秋毫 추호〕 《가을에 짐승의 털이 아주 가늘다는 뜻으로》 매우 작음.
◢晩秋(만추)/立秋(입추)/存亡之秋(존망지추)/千秋(천추)/春秋(춘추)

5 10 **秣** 꼴 **말**

㊥mò(모) ㊐マツ/まぐさ
풀이 ①꼴. 말먹이. ②말을 먹이다.

*
5 10 **秘** ❶숨길 **비** * ❷향기로울 **별**

㊥mì(미) ㊐ヒ/べつ
풀이 ❶숨기다. 祕(비)의 속자. ‖秘話(비화). ❷향기롭다.

*
5 10 **祏** 돌 **석**

㊥shí(°스) ㊐セキ ㊔stone
풀이 ①돌. ②석. 무게의 단위. 1석은 120근(斤).

*1
5 10 **秧** 모 **앙**

㊥yāng(양) ㊐オウ
풀이 ①모. ‖秧板(앙판). ②심다. 재배함. ‖移秧(이앙).
◢移秧(이앙)

*
5 10 **秞** 무성할 **유**

㊥yóu(여우) ㊐イウ ㊔thick
풀이 무성하다.

★*3-Ⅱ
5 10 **租** 구실 **조**

二 千 禾 禾 利 和 和 租

㊥zū(쭈) ㊐ソ/みつぎ ㊔tax
자원 **형성자.** 禾(화)는 의미를 나타내고 且(차)는 음을 나타냄.
풀이 ①구실. 세금. ‖租稅(조세). ②쌓다. ③세 들다. 세냄.
〔租界 조계〕 중국의 개항 도시(開港都市)에 있었던 외국인의 거주 지역.
〔租稅 조세〕 국가 또는 지방 자치 단체가 필요한 비용을 마련하려고 국민으로부터 강제로 거두어들이는 돈.
〔租借 조차〕 ①한 나라가 다른 나라 영토의 일부를 빌려 일정 기간 동안 통치하는 일. ②가옥 또는 토지를 빌림.
◢賭租(도조)/地租(지조)

*2
5 10 **秦** 나라 이름 **진**

㊥qín(친) ㊐シン
풀이 ①나라 이름. ②'중국'의 통칭.
〔秦鏡 진경〕 《중국 진시황(秦始皇)이 사람의 선악·사정(邪正)을 비추어 보았다는 거울에서》 선악을 꿰뚫어 보는 사람의 안목과 식견.
◢前秦(전진)/後秦(후진)

★*3-Ⅱ
5 10 **秩** 차례 **질**

二 千 禾 禾 禾' 秆 秩 秩

㊥zhì(°쯔) ㊐チツ/つむ ㊔order
자원 **형성자.** 禾(화)는 의미를 나타내고 失(실)은 음을 나타냄.
풀이 ①차례. ‖秩序(질서). ②녹(祿). 녹봉. ③벼슬. 관직.
〔秩序 질서〕 사회가 평화롭고 올바른 상태를 유지하기 위해 사람들이 지켜야 할 순서나 규칙. 秩次(질차).

*1
5 10 **秤** 저울 **칭** 秤

㊥chèng(°청) ㊐ショウ/はかり
枰(평:387쪽)은 딴 자.
풀이 저울. 稱(칭)의 속자.
〔秤量 칭량〕 저울로 무게를 닮.
◢天秤(천칭)

10 **称** 稱(칭)의 약자 →556쪽

☆*4-Ⅱ
6 11 **移** 옮길 **이** 移

二 千 禾 禾 秒 秒 移 移

㊥yí(이) ㊐イ/うつる ㊇move
자원 **형성자.** 禾(화)는 의미를 나타내고 多(다)는 음을 나타냄.
풀이 ①옮기다. ‖移徙(이사). ②모내기하다. ‖移秧(이앙). ③바꾸다.
〔移監 이감〕 수감되어 있던 죄수를 다른 교도소로 옮김. 移囚(이수).
〔移管 이관〕 관할을 옮김.
〔移動 이동〕 옮겨 움직임.
〔移民 이민〕 자기 나라를 떠나 외국에 옮겨 사는 일. 또는, 그 사람.
〔移徙 이사〕 사는 곳을 다른 데로 옮김. 移轉(이전).
〔移送 이송〕 ①다른 데로 옮겨 보냄. ②법원이 소송 사건을 다른 법원으로 옮김.
〔移植 이식〕 ①옮겨 심음. ②살아 있는 조직이나 장기(臟器)를 생체에서 떼어 내어, 다른 부분에 옮겨 붙이는 일.
〔移秧 이앙〕 모내기.
〔移讓 이양〕 남에게 넘겨줌.
〔移越 이월〕 ①옮겨 넘김. ②회계에서, 한 회계 연도의 남은 돈을 다음 회계 연도로 넘기는 일. ③부기(簿記)에서, 계산 결과를 다음 쪽으로 보내는 일.
〔移入 이입〕 ①옮겨 들어옴. ②한 나라 안에서, 어떤 지역의 생산품을 다른 지역에서 사들이거나 실어 들임.
〔移籍 이적〕 소속 따위를 다른 데로 옮김.
〔移轉 이전〕 ①장소나 주소를 옮김. ②권리를 다른 사람에게로 옮김.
〔移住 이주〕 다른 곳으로 옮겨 삶.
〔移牒 이첩〕 받은 공문(公文)이나 통첩을 다른 기관으로 다시 보내어 알림. 또는, 그 공문이나 통첩.
〔移行 이행〕 옮아가거나 변해 감.
◢轉移(전이)/推移(추이)

*
7 12 **稈** 짚 **간** ㊂秆 稈

㊥gǎn(간) ㊐カン

풀이 짚. 볏대.

12 **稉** 秔(갱)과 동자 →552쪽

7 12 **稂** 강아지풀 **랑** 稂

㊥láng(랑) ㊐ロウ
풀이 강아지풀. 볏과의 한해살이풀.

☆*4-Ⅱ
7 12 **稅** ❶구실 **세** ☆*4-Ⅱ ❷추복 입을 **태** ❸벗을 **탈** 稅

二 千 禾 禾 秒 秒 稅 稅

㊥shuì(°쑤에이), tuì(투에이), tuō(투어) ㊐ゼイ, タイ, タツ ㊇tax
자원 **형성자.** 禾(화)는 의미를 나타내고 兌(태)는 음을 나타냄.
풀이 ❶①구실. 조세. ‖稅金(세금). ②거둬들이다. 징수(徵收)함. ③두다. 방치함. ❷추복(追服)을 입다. 상을 뒤에 듣고 복을 입음. ❸벗다. ㊂脫.
〔稅關 세관〕 항구·공항에서 나라 안팎으로 들어오거나 나가는 물건을 검사·단속하고 세금을 물리는 국가 기관.
〔稅金 세금〕 조세로 바치는 돈.
〔稅吏 세리〕 세금을 받고, 세무 행정에 종사하는 관리.
〔稅務 세무〕 세금의 부과·징수에 관한 행정 사무. ‖稅務署(세무서).
〔稅收 세수〕 세금을 매겨 거두어들인 돈.
〔稅額 세액〕 조세의 액수.
〔稅源 세원〕 조세가 부과되는 원천이 되는 소득이나 재산.
〔稅率 세율〕 세원(稅源)에 대하여 세액(稅額)을 산출해 나가는 비율.
〔稅制 세제〕 세금에 관한 제도.
◢加算稅(가산세)/間接稅(간접세)/減稅(감세)/課稅(과세)/關稅(관세)/國稅(국세)/納稅(납세)/擔稅(담세)/免稅(면세)/法人稅(법인세)/保稅(보세)/附加稅(부가세)/相續稅(상속세)/所得稅(소득세)/消費稅(소비세)/印稅(인세)/印紙稅(인지세)/租稅(조세)/住民稅(주민세)/酒稅(주세)/贈與稅(증여세)/直接稅(직접세)/徵稅(징세)/脫稅(탈세)/血稅(혈세)

★*4-Ⅱ
7 12 **程** 법 **정** 程

二 千 禾 禾 和 和 程 程

㊥chéng(°청) ㊐テイ/のり ㊇law
자원 **형성자.** 禾(화)는 의미를 나타내고 呈(정)은 음을 나타냄.
풀이 ①법. 법도. 표준. ②길이의 단위. ③도량형(度量衡)의 계량기. ④한도.

‖程度(정도). ⑤헤아리다. ⑥벼르다. 할당함. ⑦길. ‖道程(도정).
〔程度 정도〕 ①알맞은 한도. ②얼마가량의 분량.
〔程子冠 정자관〕 선비들이 평상시에 쓰는, 말총으로 만든 관. 위는 터지고 세 봉우리가 졌음.
◢工程(공정)/過程(과정)/規程(규정)/路程(노정)/道程(도정)/上程(상정)/視程(시정)/旅程(여정)/曆程(역정)/音程(음정)/里程(이정)/日程(일정)/長程(장정)/行程(행정)

7 12 稍 *1 벼 줄기 끝 **초** 稍

[중]shāo(°싸오) [일]ソウ
✎ 梢(초:393쪽)는 딴 자.
[풀이] ①벼 줄기의 끝. ②점점. ③작다. 적음. ④녹.
〔稍遠 초원〕 약간 멂.
〔稍蠶食之 초잠식지〕 《누에가 뽕잎을 조금씩 갉아먹는다는 뜻으로》 조금씩 침략하여 먹어 들어감.
〔稍解 초해〕 겨우 조금 이해함.

7 12 稀 ★*3-Ⅱ 드물 **희** 稀

[중]xī(씨) [일]キ [영]rare
[자원] **회의 겸 형성자.** 익은 벼의 상형인 禾(화)와 '성글다'를 본뜻으로 하는 希(희)가 합쳐진 자로, '듬성듬성하게 자란 벼'를 나타냄. 禾는 의미를 나타내고 希는 의미와 음을 겸하여 나타냄.
[풀이] 드물다. ㉮벼가 드문드문하다. ㉯성기다. ㉰적다. ㉱묽다. ‖稀釋(희석).
〔稀貴 희귀〕 드물어 귀함.
〔稀代 희대〕 세상에 드묾.
〔稀微 희미〕 분명하지 못하고 어렴풋함.
〔稀薄 희박〕 ①기체·액체가 묽거나 엷음. ②일이 이루어질 가능성이 적음.
〔稀釋 희석〕 용액에 물이나 다른 물질을 넣어 농도를 묽게 함.
〔稀世 희세〕 세상에 드묾.
〔稀少 희소〕 드물고 적음.
〔稀罕 희한〕 매우 드물어서 신기함.
◢古稀(고희)

8 13 稘 * 일주년 **기**

[중]jī(찌) [일]キ

8 13 稜 *1 모서리 **릉** 稜

[중]léng(렁) [일]リョウ [영]corner
[풀이] ①모서리. ‖稜線(능선). ②서슬. 위광(威光). ‖稜威(능위).
〔稜角 능각〕 물체의 뾰족한 모서리.
〔稜線 능선〕 산등을 따라 한 봉우리에서 다른 봉우리로 이어진 선.
〔稜威 능위〕 존엄스러운 위엄.

8 13 稔 * 곡식 익을 **임*** **념** 稔

[중]rěn(°런) [일]ジン/みのる
[풀이] ①곡식이 익다. ‖稔熟(염숙). ②쌓다. 쌓임. ③해. 벼가 한 번 익는 기간. 1년간.

8 13 稠 *1 빽빽할 **조** [본]**주** 稠

[중]chóu(°처우) [일]チョウ
[풀이] ①빽빽하다. 많음. ‖稠密(조밀). ②풍족하게 익다.
〔稠密 조밀〕 촘촘하고 빽빽함.
〔稠人廣坐 조인광좌〕 여러 사람이 빽빽하게 모인 자리. 稠坐(조좌).

8 13 稙 *2 일찍 심은 벼 **직** [간]稙 稙

[중]zhī(°쯔) [일]チョク, ショク

8 13 稚 *3-Ⅱ 어릴 **치** [동]穉 稚

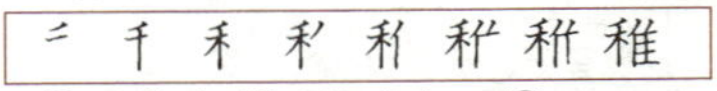

[중]zhì(°쯔) [일]チ/おさない [영]young
[자원] **형성자.** 禾(화)는 의미를 나타내고 隹(추)는 음을 나타냄.
[풀이] ①어리다. ‖幼稚(유치). ②만생종(晩生種). ③어린 벼. 작은 벼.
〔稚氣 치기〕 어리고 유치한 기분이나 감정.
〔稚魚 치어〕 알에서 깬 지 얼마 안 되는 어린 물고기.
〔稚拙 치졸〕 유치하고 졸렬함.
◢幼稚(유치)

8 13 稗 *1 피 **패** 稗

[중]bài(빠이) [일]ハイ/ひえ
[풀이] ①피. 볏과의 한해살이풀. 또는, 그 열매. ②잘다. 자잘함. 작음.
〔稗官 패관〕 중국 한나라 이후, 민간에 떠도는 이야기를 모아 기록하던 벼슬아치.
〔稗史 패사〕 패관이 소설과 같은 형식으로 꾸며서 쓴 역사 이야기.
〔稗說 패설〕 ①민간에 떠도는 전설적·교훈적·세속적인 기이한 이야기. ②'패관 소설'의 준말.

5획

8 *1 稟 13 ❶녹 품 *1 ❷곳집 름 | 속 禀 稟

㊥bǐng(빙), lǐn(린) ㊐ヒン, リン ㊎stipend

풀이 ❶①녹. 녹미(祿米). ②주다. 내려 줌. ③받다. ‖稟受(품수). ④천품(天稟). 타고난 성품. ‖稟性(품성). ⑤여쭈다. 사뢰. ‖稟達(품달). ❷곳집. 광. 곡식 창고. ‖稟庫(늠고).

〔稟告 품고〕 웃어른이나 상관에게 여쭘. 稟達(품달). 稟申(품신).

〔稟達 품달〕 ➡稟告(품고).

〔稟性 품성〕 타고난 성품.

〔稟議 품의〕 웃어른이나 상사에게 글이나 말로 여쭈어 의논함. ‖稟議書(품의서).

◢氣稟(기품)/性稟(성품)/天稟(천품)

* 稳 14 穩(온)의 속자 →558쪽

5획

9 ☆*5 種 14 ❶씨 종 ❷심을 종 | 간 种 種

〔필순〕 ⼆ 千 禾 禾' 稍 稍 種 種

㊥zhǒng(°중), zhòng(°쭝) ㊐シュ, ショウ/たね ㊎seed

자원 **형성자.** 禾(화)는 의미를 나타내고 重(중)은 음을 나타냄.

풀이 ❶①씨. ㉮식물의 씨. ㉯동물의 씨. ㉰근본. 원인. ㉱핏줄. 혈통. ②갖가지 종류. 품류(品類). ③부족. ‖種族(종족). ④무리. ❷①심다. ②펴다.

〔種瓜得瓜 종과득과〕 (오이를 심으면 반드시 오이가 나온다는 뜻으로) 원인에 따라 결과가 생김.

〔種豚 종돈〕 씨돼지.

〔種痘 종두〕 천연두를 예방하기 위하여 사람의 몸에 백신을 접종하는 일.

〔種類 종류〕 사물의 부문(部門)을 나누는 갈래.

〔種目 종목〕 종류에 따라 나눈 항목.

〔種苗 종묘〕 씨나 싹을 심어 묘목을 가꿈. 모종이나 묘목.

〔種別 종별〕 종류에 따른 구별.

〔種子 종자〕 ①초목의 씨. 씨앗. ②동물의 혈통이나 품종. 또는, 그로부터 번식된 새끼.

〔種族 종족〕 ①조상이 같고, 같은 문화를 가진 사람들의 집단. ②같은 종류에 딸린 생물 전체.

〔種畜 종축〕 우수한 새끼를 낳게 하기 위해 기르는 우량 품종의 가축.

〔種皮 종피〕 씨껍질.

◢各種(각종)/斷種(단종)/毒種(독종)/同種(동종)/滅種(멸종)/某種(모종)/變種(변종)/別種(별종)/選種(선종)/純種(순종)/新種(신종)/魚種(어종)/業種(업종)/育種(육종)/異種(이종)/人種(인종)/一種(일종)/雜種(잡종)/接種(접종)/職種(직종)/車種(차종)/土種(토종)/特種(특종)/播種(파종)/品種(품종)

9 ★*4 稱 14 ❶일컬을 칭 ❷저울 칭 | 약간 称 稱

〔필순〕 ⼆ 千 禾 禾' 禾⺥ 稍 稱 稱

㊥chēng(°청) ㊐ショウ ㊎call

갑 전 자원 **회의 겸 형성자.** 갑골문은 한 손으로 물고기(?)를 들고 무게를 달아 보고 있는 모습을 나타내는 회의자임. 소전에 와서 禾(벼 화)를 덧붙였는데(회의 겸 형성자), 이는 곡물이 무게를 달아야 하는 중요한 대상이었기 때문임. 禾는 의미를 나타내고 爯(승)은 의미와 음을 겸하여 나타냄.

풀이 ❶①일컫다. ㉮이르다. ‖通稱(통칭). ㉯부르다. ②기리다. 칭찬함. ‖稱頌(칭송). ❷①저울. 속자는 秤. ‖稱量(칭량). ②저울질하다. 매닮. ③맞다. 걸맞다. 어울림.

〔稱量 칭량〕 ①저울로 닮. ②사정이나 형편을 헤아림.

〔稱名 칭명〕 ①이름을 속임. ②이름을 부름. ③부처의 명호(名號)를 부름.

〔稱頌 칭송〕 공덕을 칭찬하여 기림.

〔稱情 칭정〕 인정에 맞음.

〔稱讚 칭찬〕 잘한다고 추어올림.

〔稱託 칭탁〕 핑계를 댐.

〔稱號 칭호〕 사회적으로 불리는 이름.

◢假稱(가칭)/改稱(개칭)/謙稱(겸칭)/敬稱(경칭)/舊稱(구칭)/對稱(대칭)/名稱(명칭)/美稱(미칭)/別稱(별칭)/卑稱(비칭)/詐稱(사칭)/世稱(세칭)/俗稱(속칭)/愛稱(애칭)/略稱(약칭)/言必稱(언필칭)/異稱(이칭)/人稱(인칭)/自稱(자칭)/尊稱(존칭)/指稱(지칭)/僭稱(참칭)/天稱(천칭)/總稱(총칭)/通稱(통칭)/呼稱(호칭)

10 *1 稼 15 심을 가 | 稼

㊥jià(찌아) ㊐カ/うえる

풀이 ①심다. 농사. ‖稼穡(가색). ②익은 벼 이삭. ③베지 않은 벼.

〔稼動 가동〕 사람이나 기계가 움직여 일함. ‖稼動率(가동률).

10 * 稽 15 ❶상고할 계 ❷조아릴 계 | 稽

㊥jī(찌), qǐ(치) ㊐ケイ

풀이 ❶①상고(詳考)하다. ②머무르다. ‖稽留(계류). ❷①조아리다. ‖稽首(계수). ②깃발을 단 창.

〔稽考 계고〕 지난 일을 상고함.
〔稽留 계류〕 머무르게 함. 滯留(체류).
〔稽査 계사〕 잘 생각하여 자세히 조사함.
〔稽顙 계상〕 이마가 땅에 닿도록 몸을 굽혀 절함. 稽首(계수).
〔稽滯 계체〕 일이 밀려 늦어짐.
◢滑稽(골계)

★✱3-Ⅱ
10 15 **稿** 볏짚 **고** | 동 稾 藁 稿

〔필순〕 𠂉 千 禾 秆 秬 稆 稿 稿

중gǎo(가오) 일コウ
자원 **형성자.** 禾(화)는 의미를 나타내고 高(고)는 음을 나타냄.
풀이 ①볏짚. ②화살대. ③초고(草稿). 초안(草案). 원고. ‖脫稿(탈고).
〔稿料 고료〕 출판사·신문사 등에 원고를 써 준 대가로 받는 돈. 原稿料(원고료).
◢改稿(개고)/寄稿(기고)/送稿(송고)/玉稿(옥고)/原稿(원고)/遺稿(유고)/拙稿(졸고)/草稿(초고)/脫稿(탈고)/投稿(투고)

15 **稾** 稿(고)와 동자 →557쪽

☆✱4
10 15 **穀** 곡식 **곡** | 속 穀 간 谷 穀

〔필순〕 士 声 声 㝬 㝬 㝬 穀 穀

중gǔ(구) 일コク 영grain
자원 **형성자.** 禾(화)는 의미를 나타내고 𣪊(곡)은 음을 나타냄.
풀이 ①곡식. 곡물. ‖雜穀(잡곡). ②양식(糧食). ③좋다. 길함.
〔穀類 곡류〕 쌀·보리·밀 등의 곡식의 총칭.
〔穀物 곡물〕 식량이 되는 쌀·보리·콩·조·기장 등의 총칭. 穀食(곡식).
〔穀食 곡식〕 ➡穀物(곡물).
〔穀雨 곡우〕 24절기의 하나. 4월 20일경.
〔穀日 곡일〕 음력 정월 초여드렛날. 이날 곡식 심을 준비를 하면 풍년이 든다고 함.
〔穀酒 곡주〕 곡식으로 빚은 술.
〔穀倉 곡창〕 ①곡식을 보관하는 창고. ②곡식이 많이 생산되는 곳.
◢米穀(미곡)/糧穀(양곡)/五穀(오곡)/雜穀(잡곡)/脫穀(탈곡)/禾穀(화곡)

★✱3
10 15 **稻** 벼 **도** | 稻

〔필순〕 𠂉 千 禾 禾 秤 秤 稻 稻

중dào(따오) 일トウ/いね
자원 **형성자.** 禾(화)는 의미를 나타내고 舀(요)는 음을 나타냄.
풀이 벼. ‖稻作(도작).
〔稻熱病 도열병〕 벼의 잎에 갈색 반점이 생기고 중심부로부터 백화(白化)하면서 이삭이 돋아나지 않게 되는 병.
〔稻作 도작〕 벼농사.

✱
15 **穂** 穗(수)의 약자 →558쪽

✱
10 15 **穏** 향기 **온**

중yūn(윈) 일ウン

✱
10 15 **稶** 서직 무성할 **욱** | 稶

중yù(위) 일イク
풀이 서직이 무성하다.

✱2
10 15 **稷** 기장 **직** | 稷

중jì(찌) 일ショク
풀이 ①기장. ②오곡(五穀)의 신. 또는, 그 사당. ‖社稷(사직). ③농관(農官). 농사를 다스리는 벼슬.
〔稷神 직신〕 곡식을 맡은 신.
◢社稷(사직)/黍稷(서직)

✱2
11 16 **穆** 화목할 **목** | 穆

중mù(무) 일ボク, モク/やわらぐ
풀이 ①화목(和睦)하다. 온화함. ②삼가다. 공경함. ‖穆然(목연). ③기뻐하다. 기쁘게 함. ④아름답다. ⑤편안하다. 고요함.

✱
11 16 **穌** 긁어모을 **소** | 동 甦 간 稣 穌

중sū(쑤) 일ソ
풀이 ①긁어모으다. 갈퀴로 짚을 긁어모음. ②잠이 깨다. ③되살아나다.

✱
11 16 **穎** 이삭 **영** | 간 颖 穎

중yǐng(잉) 일エイ 영ear
풀이 ①이삭. 벼 이삭. ②뾰족한 끝. 물건의 뾰족한 끝. ‖穎脫(영탈). ③빼어나다. 훌륭함. ‖穎敏(영민).
〔穎果 영과〕 열매껍질이 말라서 씨껍질과 붙어 하나처럼 되고, 속의 씨는 하나인 열매. 벼·보리 따위.
〔穎敏 영민〕 총명하고 민첩함. 英敏(영민).

〔穎悟 영오〕 남보다 뛰어나게 총명함.

★*4
11 16 **積** 쌓을 **적** 간 积 積

二 禾 秂 秄 稓 積 積 積

중jī(찌) 일セキ/つむ 영pile up

자원 **형성자.** 禾(화)는 의미를 나타내고 責(책)은 음을 나타냄.

풀이 ①쌓다. 모으다. ‖積金(적금). ②둘 이상의 수를 곱한 수치. ‖乘積(승적).

〔積極的 적극적〕 일을 긍정적·능동적으로 하는 것. ↔消極的(소극적).
〔積金 적금〕 ①돈을 모아 둠. 또는, 그 돈. ②일정한 기간, 다달이 일정한 금액을 부어 만기에 원금과 이자를 찾는 저금.
〔積立 적립〕 모아서 쌓아 둠.
〔積善 적선〕 착한 일을 많이 함.
〔積雪 적설〕 많이 내려 쌓인 눈.
〔積如邱山 적여구산〕 산처럼 많이 쌓임.
〔積載 적재〕 물건을 실음.
〔積阻 적조〕 오랫동안 서로 소식이 막힘. 隔阻(격조).
〔積滯 적체〕 쌓여서 막힘.
◢見積(견적)/過積(과적)/露積(노적)/累積(누적)/面積(면적)/山積(산적)/船積(선적)/野積(야적)/容積(용적)/集積(집적)/體積(체적)/蓄積(축적)/沖積(충적)/堆積(퇴적)

*1
12 17 **穗** 이삭 **수** 약 穂 穗

중suì(쑤에이) 일スイ/ほ

풀이 이삭.

〔穗狀 수상〕 이삭과 같은 모양.
◢落穗(낙수)/發穗(발수)/出穗(출수)

*
17 **穉** 稚(치)와 동자 →555쪽

*
13 18 **穡** 거둘 **색** 穡

중sè(써) 일ショク 영harvest

풀이 ①거두다. 수확함. ②거둘 곡식. ③농사. 곡식 농사. ‖家穡(가색).

*1
13 18 **穢** 더러울 **예** 간 秽 穢

중huì(후에이) 일ワイ, エ 영dirty

풀이 ①더럽다. 더럽히다. ‖汚穢(오예). ②더러운 곳, 더러운 것. ③거칠다. 거친 땅. ‖荒穢(황예).

〔穢氣 예기〕 더러운 냄새.
〔穢慾 예욕〕 더러운 욕심.
〔穢政 예정〕 더러운 정치. 惡政(악정).
〔穢土 예토〕 (('더러운 땅'이라는 뜻으로)) 이 세상. ↔淨土(정토).

*
14 19 **穦** 향기 **빈**

중pīn(핀) 일ヒン 영fragrance

*2
14 19 **穩** 평온할 **온** 속 稳 穩

중wěn(원) 일オン/おだやか 영calm

풀이 ①평온하다. ‖穩健(온건). ②곡식을 거두어 모으다.

〔穩健 온건〕 온당하고 건실함.
〔穩當 온당〕 사리에 맞고 무리가 없음.
〔穩全 온전〕 흠이 없이 완전함.
◢不穩(불온)/平穩(평온)

★*3
14 19 **穫** 벼 벨 **확** 간 获 穫

千 禾 秆 秆 秤 秨 穫 穫

중huò(후어) 일カク

자원 **형성자.** 禾(화)는 의미를 나타내고 蒦(약)은 음을 나타냄.

풀이 ①벼를 베다. ②거두다. ③얻다.

◢收穫穫(수확)/秋穫(추확)

*
17 22 **穰** 볏대 **양** 穰

중ráng(°랑) 일ジョウ

풀이 ①볏대. 수숫대. ②풀. ③쑥. ④푸지다. 풍작(豐作). ⑤풍년을 빌다. ⑥왕성한 모양. ‖穰穰(양양).

穴部 구멍혈

★*3-II
0 5 **穴** 구멍 **혈** 穴

' ' 宀 宀 穴

중xué(쉬에) 일ケツ/あな

갑 금 전 자원 **상형자.** 입구 양쪽에 버팀목이 갖추어진 동굴 집을 나타냄. 동굴 집은 지상 건축물이 만들어지기 전의 거주 양식이었음.

한자 부수의 하나.

풀이 ①구멍. 움. 동굴. ‖巢穴(소혈). ②구멍을 뚫다. ③옆. 곁.

〔穴居 혈거〕 굴 속에서 삶. 穴處(혈처).

5획

◢經穴(경혈)/洞穴(동혈)/墓穴(묘혈)

☆*4-Ⅱ
2 7 **究** 궁구할 **구** 究

丶 丷 宀 宂 穵 究 究

㊥jiū(찌우) ㊐キュウ ㊎grope about

자원 **형성자.** 穴(혈)은 의미를 나타내고 九(구)는 음을 나타냄.

풀이 ①궁구하다. ‖究明(구명). ②끝. ③다하다. 끝남. ‖究考(구고).

〔究竟 구경〕 ①어떤 과정의 마지막. 窮極(궁극). ②가장 지극한 깨달음.

〔究極 구극〕 어떤 과정의 마지막이나 끝. 窮極(궁극).

〔究明 구명〕 깊이 연구하여 밝힘.

◢講究(강구)/考究(고구)/窮究(궁구)/論究(논구)/研究(연구)/探究(탐구)

☆*7
3 8 **空** ❶빌 **공** ❷구멍 **공** 空

丶 丷 宀 宂 穵 空 空 空

㊥kōng(쿵) ㊐クウ/そら, あく ㊎empty

자원 **형성자.** 穴(혈)은 의미를 나타내고 工(공)은 음을 나타냄.

풀이 ❶①비다. 속이 비다. ‖空間(공간). ②부질없다. 헛됨. 쓸데없음. ‖空想(공상). ③하늘. 공중. ‖蒼空(창공). ❷①구멍. ②뚫다. ③혈맥(血脈).

〔空間 공간〕 ①비어 있는 곳. ②건물의 비워둔 칸. ③상하·사방으로 무한히 퍼져 있는 빈 영역. ↔時間(시간).

〔空氣 공기〕 ①지구나 별을 둘러싸고 있는 모든 기체. ②그 자리에 감도는 분위기.

〔空軍 공군〕 항공기를 사용하여 국가를 방어하는 일을 맡은 군대.

〔空洞 공동〕 ①아무것도 없이 텅 비어 있는 굴. ②내장에 조직이 파괴되어 생기는 구멍.

〔空欄 공란〕 지면(紙面)의 빈 난.

〔空白 공백〕 ①텅 비어 아무것도 없음. ②지면(紙面)의 글씨나 그림이 없는 빈 부분. 餘白(여백).

〔空腹 공복〕 배 속이 비어 있는 상태. 또는 그런, 배 속. ‖空腹感(공복감).

〔空想 공상〕 현실적이지 못하거나 실현 가능성이 없는 헛된 생각.

〔空席 공석〕 비어 있는 자리나 직위.

〔空輸 공수〕 항공기로 수송함.

〔空手來空手去 공수래공수거〕 《빈손으로 왔다가 빈손으로 간다는 뜻으로》 재물에 욕심을 부릴 필요가 없음.

〔空襲 공습〕 비행기로 공중에서 공격함.

〔空日 공일〕 일을 하지 않고 쉬는 날. 곧, 일요일.

〔空前 공전〕 비교할 만한 것이 이전에는 없음.

〔空前絶後 공전절후〕 그전에도 없었고 앞으로도 없음. 前無後無(전무후무).

〔空中 공중〕 하늘과 땅 사이의 공간.

〔空中樓閣 공중누각〕 《'공중에 떠 있는 누각'이라는 뜻으로》 근거나 토대가 없는 사물이나 생각. ※沙上樓閣(사상누각).

〔空地 공지〕 아무런 건물이나 시설이 없는 빈 땅이나 빈 터.

〔空砲 공포〕 ①총알은 없이 소리만 나게 쏘는 총. ②위협하려고 공중을 향해 총을 쏘는 것.

〔空港 공항〕 항공기가 뜨고 내리는 데 필요한 시설을 갖춘 비행장.

〔空虛 공허〕 ①텅 빔. ②실속이 없이 헛됨.

◢架空(가공)/高空(고공)/防空(방공)/碧空(벽공)/上空(상공)/時空(시공)/領空(영공)/低空(저공)/眞空(진공)/蒼空(창공)/天空(천공)/滯空(체공)/航空(항공)/虛空(허공)/滑空(활공)

5획

*1
3 8 **穹** 하늘 **궁** 穹

㊥qiōng(치웅) ㊐キュウ/そら ㊎sky

풀이 ①하늘. ‖蒼穹(창궁). ②높다. ③깊다. ④구멍. ‖穹窖(궁교). ⑤궁륭형.

〔穹窿 궁륭〕 활이나 무지개같이 한가운데가 높고 길게 굽은 형상.

〔穹蒼 궁창〕 푸른 하늘. 蒼天(창천).

3 8 **穸** 광중 **석** 穸

㊥xī(씨) ㊐セキ

풀이 ①광중(壙中). 무덤의 구덩이. ‖窀穸(둔석). ②밤.

★*3-Ⅱ
4 9 **突** 갑자기 **돌** 突

丶 宀 宂 穴 穵 空 突 突

㊥tū(투) ㊐トツ ㊎suddenly

갑 전 자원 **회의자.** 穴(구멍 혈)과 犬(개 견)이 합쳐진 자로, 개가 굴에서 갑자기 뛰쳐나오는 모습을 나타냄.

풀이 ①갑자기. ‖突發(돌발). ②찌르다. 부딪치다. ‖衝突(충돌). ③불룩하게 나오다. ‖突起(돌기). ④굴뚝. ‖煙突(연돌).

〔突擊 돌격〕 돌진하여 공격함.

〔突起 돌기〕 뾰족하게 내밀거나 도드라짐. 또는, 그런 부분.

〔突發 돌발〕 예상하지 못했던 일이 갑자기 일어남. ‖突發事故(돌발 사고).

〔突變 돌변〕 갑작스럽게 변함.
〔突然 돌연〕 별안간. 갑자기.
〔突入 돌입〕 기세 있게 갑자기 뛰어듦.
〔突進 돌진〕 거침 없이 곧장 나아감.
〔突出 돌출〕 ①쑥 내밀거나 불거져 있음. ②별안간 튀어나옴.
〔突破 돌파〕 ①뚫고 나아감. ②일정한 기준이나 기록 등을 넘어섬.
〔突風 돌풍〕 ①갑자기 세게 부는 바람. ②갑작스럽게 사회적으로 많은 관심을 모으거나 많은 영향을 끼치는 현상.
◢激突(격돌)/唐突(당돌)/溫突(온돌)/豬突(저돌)/追突(추돌)/衝突(충돌)

4 9 **窀** 광중 **둔**

[중]zhūn(°쭌) [일]チュン
[풀이]①광중(壙中). 무덤의 구덩이. ‖窀穸(둔석). ②두텁다. 길다. ③후하게 장사 지내다.

9 **窃** 竊(절)의 속자 →562쪽

*1 4 9 **穽** 허방다리 **정**

[중]jǐng(징) [일]セイ
[풀이]허방다리. 함정.
◢陷穽(함정)

*1 4 9 **穿** 뚫을 **천**

[중]chuān(°추안) [일]セン/うがつ [영]bore
[풀이]①뚫다. ‖穿孔(천공). ②꿰뚫다. ‖貫穿(관천). ③구멍.
〔穿孔 천공〕 구멍을 뚫음. 또는, 그 구멍.
〔穿鑿 천착〕 ①구멍을 뚫음. ②학문을 깊이 파고들어 연구함.

*1 5 10 **窈** 아득할 **요**

[중]yǎo(야오) [일]ヨウ [영]obscure
[풀이]①아득하다. ‖窈然(요연). ②얌전하다. ‖窈窕(요조). ③깊숙하다. 또는, 방의 동남쪽 구석.
〔窈窕淑女 요조숙녀〕 정숙하고 기품 있는 여자.

*1 5 10 **窄** 좁을 **착** [본]**책**

[중]zhǎi(°자이) [일]サク/せまい [영]narrow
[풀이]①좁다. ②닥치다. 임박함.
〔窄小 착소〕 좁고 작음. 狹小(협소).
◢狹窄(협착)

5 10 **窆** 하관할 **폄**

[중]biǎn(비엔) [일]ヘン [영]bury
[풀이]①하관(下棺)하다. ②광중(壙中). 무덤의 구덩이.

* 6 11 **窕** 정숙할 **조**

[중]tiǎo(티아오) [일]チョウ
[풀이]①정숙하다. ‖窈窕淑女(요조숙녀). ②깊고 넓다.

*2 6 11 **窒** 막을 **질**

[중]zhì(°쯔) [일]チツ [영]block
[풀이]①막다. 막히다. ②가득 차다. ③원소 이름. ‖窒素(질소).
〔窒塞 질색〕 몹시 싫어하거나 꺼림.
〔窒素 질소〕 공기 속에 많이 포함되어 있는, 무색·무미·무취의 기체 원소.
〔窒息 질식〕 숨이 막힘.

☆*6 6 11 **窓** 창 **창** [본]窗 [속]窻

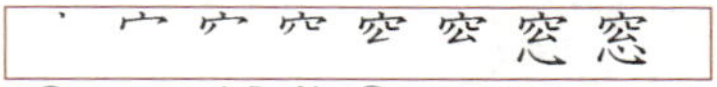

[중]chuāng(°추앙) [일]ソウ/まど [영]window
[고]  [전]  [자원]**회의 겸 형성자.** 고문은 고대의 간이 창을 나타낸 상형자이고 소전은 대나무를 대각선으로 교차해서 만든 창을 나타낸 상형자임. 窓은 窗의 속자로 회의 겸 형성자임. 窗의 穴(혈)은 벽을 뚫어서 만든 것임을 강조하기 위해 덧붙은 것임. 穴은 의미를 나타내고 囱(창)은 소전이 정형화된 것으로 의미와 음을 겸하여 나타냄.
[풀이]창. 창문. [같]囱·窻. ‖窓口(창구).
〔窓口 창구〕 ①사무실에서 바깥 손님을 응대하기 위해 낸 작은 창문. ②외부와의 절충이나 교섭을 담당하는 경로나 부서.
〔窓門 창문〕 방의 채광이나 환기를 위해 벽이나 지붕에 낸 문.
〔窓戶紙 창호지〕 한지(韓紙)의 한 가지. 창이나 문에 바르는 종이.
◢客窓(객창)/同窓(동창)/封窓(봉창)/船窓(선창)/映窓(영창)/影窓(영창)/車窓(차창)/鐵窓(철창)/學窓(학창)

7 12 **窖** 움 **교**

[중]jiào(찌아오) [일]コウ
[풀이]①움. 움집. ②구멍. ③깊다.

7 *1
12 **窘** 막힐 **군**

(중)jiǒng(지옹) (일)キン, クン
(영)get stopped up
풀이 ①막히다. ‖窘窮(군궁). ②닥치다. 임박함. ③고생하다. ‖窘急(군급).
〔窘塞 군색〕 ①몹시 가난함. ②변명·대답이 믿기지 않게 억지로 꾸민 듯함.
〔窘乏 군핍〕 필요한 것이 없거나 모자라 군색하고 아쉬움.

7 *
12 **[illegible]** 깊은 모양 **다**

(중)chā(°차) (일)タ, ダ

12 **窗** 窓(창)의 본자 →560쪽

7 *
12 **窙** 높은 기운 **효**

(중)xiāo(씨아오) (일)コウ
풀이 ①높은 기운. ②기운이 피어오르다.

8
13 **窠** 보금자리 **과**

(중)kē(커) (일)カ (영)nest
풀이 보금자리. 새·짐승·벌레 등의 둥글게 판 집.

8 *2
13 **窟** 굴 **굴**

(중)kū(쿠) (일)クツ/あな (영)tunnel
풀이 ①굴. ‖洞窟(동굴). ②움.
〔窟穴 굴혈〕 ①바위나 땅에 깊숙하게 팬 굴. ②도적·악인 등의 근거지. 巢窟(소굴).
◢洞窟(동굴)/土窟(토굴)

9 *
14 **窪** 웅덩이 **와** 간 洼

(중)wā(와) (일)ワ (영)puddle
풀이 ①웅덩이. ②우묵하다. 낮음.

9 *
14 **窩** 움집 **와** 간 窝

(중)wō(워) (일)カ, ワ (영)dugout, cave
풀이 ①움집. 굴. ‖窩窟(와굴). ②우묵한 곳. ③숨기다. 숨기는 곳.
〔窩窟 와굴〕 나쁜 짓을 하는 무리들이 자리잡고 있는 집. 巢窟(소굴).

9
14 **窬** 협문 **유·두**

(중)yú(위) (일)ユ, トウ (영)small door
풀이 ①협문(夾門). 작은 문. ②넘다. ③속이 비다. 공허. ④뚫다. ⑤뒷간.

10 ★*4
15 **窮** 다할 **궁** 본 竆 간 穷

(중)qióng(치옹) (일)キュウ/きわまる
(영)be exhausted
자원 **형성자.** 穴(혈)은 의미를 나타내고 躬(궁)은 음을 나타냄.
풀이 ①다하다. ‖無窮(무궁). ②궁구하다. 추구하다. ‖窮理(궁리).
〔窮究 궁구〕 깊이 파고들어 연구함.
〔窮極 궁극〕 어떤 과정의 마지막이나 끝.
〔窮理 궁리〕 ①사물의 이치를 연구함. ②마음속으로 이리저리 따져 깊이 생각함.
〔窮相 궁상〕 궁하게 생긴 상(相).
〔窮塞 궁색〕 몹시 가난함.
〔窮餘之策 궁여지책〕 몹시 궁한 끝에 짜낸 계책. 窮餘一策(궁여일책).
〔窮鳥入懷 궁조입회〕 《쫓긴 새가 품 안으로 날아든다는 뜻으로》 궁한 사람이 와서 의지함.
〔窮地 궁지〕 아주 어려운 처지.
〔窮乏 궁핍〕 몹시 가난함.
◢困窮(곤궁)/無窮(무궁)/貧窮(빈궁)/追窮(추궁)/春窮(춘궁)

10 *1
15 **窯** 가마 **요** 통 窰

(중)yáo(야오) (일)ヨウ/かま (영)kiln
풀이 ①가마. 기와·벽돌·질그릇 등을 굽는 구덩이. ②오지그릇.
〔窯業 요업〕 질그릇·사기·벽돌 등을 만드는 공업.
〔窯址 요지〕 가마터.
◢官窯(관요)/陶窯(도요)/瓦窯(와요)

15 **窰** 窯(요)와 동자 →561쪽

11 *1
16 **窺** 엿볼 **규** 간 窥

(중)kuī(쿠에이) (일)キ/うかがう (영)peep
풀이 ①엿보다. ②보다.
〔窺視 규시〕 엿봄.

16 **窻** 窓(창)의 속자 →560쪽

12
17 **窿** 활처럼 굽은 모양 **륭**

(중)lóng(룽) (일)リョウ
풀이 ①활처럼 굽은 모양. ‖穹窿(궁륭). ②하늘 기운.

5획

◢穹窿(궁륭)

13 **竅*** 구멍 **규** [본]**교** [간]窍
18

[중]qiào(치아오) [일]キョウ [영]hole

[풀이] ①구멍. ‖七竅(칠규). ②구멍을 뚫다. ③통하다.

13 **竄*** 숨을 **찬** [간]窜
18

[중]cuàn(추안) [일]ザン [영]escape

[풀이] ①숨다. ‖竄伏(찬복). ②달아나다. ‖竄逃(찬도). ③숨기다. ④글자를 고치다. ‖竄定(찬정).

〔竄入 찬입〕 ①도망쳐 들어감. ②잘못되어 뒤섞여 들어감.

〔竄黜 찬출〕 벼슬을 빼앗고 멀리 내쫓음. 竄謫(찬적).

◢改竄(개찬)

19 **竆** 窮(궁)의 본자 →561쪽

5획

15 **竇*** 구멍 **두** [간]窦
20

[중]dòu(떠우) [일]トウ/あな [영]hole

[풀이] ①구멍. ②구멍을 내다. ③수도(水道).

16 **竈** 부엌 **조** [간]灶
21

[중]zào(짜오) [일]ソウ/かまど [영]kitchen

[풀이] ①부엌. ‖竈突(조돌). ②조왕.

〔竈神 조신〕 ➡竈王(조왕).

〔竈王 조왕〕 부엌을 맡아 지키는 신. 竈神(조신).

17 **竊★*3** 훔칠 **절** [속]窃 [간]窃
22

[중]qiè(치에) [일]セツ/ぬすむ [영]steal

[풀이] ①훔치다. ‖竊盜(절도). ②도둑. ③몰래. ‖竊聽(절청).

〔竊盜 절도〕 남의 물건을 몰래 훔침. 또는, 그런 사람. 도둑. 盜竊(도절).

〔竊取 절취〕 몰래 훔쳐 가짐.

◢剽竊(표절)

立部 설립

0 **立☆*7** 설 **립**
5

丶 亠 亣 亣 立

[중]lì(리) [일]リツ/たつ [영]stand

[갑] [금] [전]  [자원] **회의자.** 갑골문·금문은 지면〔一〕 위에 사람〔大〕이 정면으로 서 있는 모습을 나타냄. 본뜻은 '서다'.

[부] 한자 부수의 하나.

[풀이] ①서다. ‖起立(기립). ②세우다. ‖獨立(독립). ③일으키다. ‖設立(설립). ④부피의 단위. 리터의 약호.

〔立脚 입각〕 근거를 두어 그 입장에 섬.

〔立冬 입동〕 24절기의 하나. 11월 7~8일경.

〔立法 입법〕 ①법률을 제정함. ②삼권 분립의 하나. 의회에서 법률을 제정하는 행위.

〔立席 입석〕 열차·버스·극장 등에서 지정된 자리가 없어 서서 가거나 구경하는 자리.

〔立身揚名 입신양명〕 출세하여 이름을 세상에 들날림.

〔立身出世 입신출세〕 세상에 나아가 자신의 이름을 드날림.

〔立案 입안〕 안(案)을 세움. 또는, 그 안건.

〔立證 입증〕 증거를 내세워 증명함.

〔立地 입지〕 ①인간이 경제 활동을 하기 위해 선택하는 장소. ②자신의 입장.

〔立志 입지〕 뜻을 세움.

〔立體 입체〕 넓이·길이·두께를 가지고 공간의 일부를 차지하는 것.

〔立秋 입추〕 24절기의 하나. 8월 8일경.

〔立錐之地 입추지지〕 《'송곳 하나 세울 만한 땅'이라는 뜻으로》 매우 좁아 조금의 여유도 없음.

〔立春 입춘〕 24절기의 하나. 2월 4일경.

〔立夏 입하〕 24절기의 하나. 5월 6일경.

〔立憲 입헌〕 헌법을 제정함.

〔立候補 입후보〕 선거에 후보자로 나섬.

◢建立(건립)/孤立(고립)/公立(공립)/國立(국립)/起立(기립)/亂立(난립)/對立(대립)/倒立(도립)/獨立(독립)/埋立(매립)/竝立(병립)/分立(분립)/設立(설립)/成立(성립)/樹立(수립)/市立(시립)/侍立(시립)/兩立(양립)/聯立(연립)/擁立(옹립)/自立(자립)/積立(적립)/定立(정립)/組立(조립)/存立(존립)/中立(중립)/直立(직립)/創立(창립)/確立(확립)

9 **竗*** 妙(묘)와 동자 →179쪽

10 **竜*** 龍(룡)의 고자 →847쪽

★*3
5
10 竝 아우를 병 | 통 간 並 幷

丶 亠 亣 立 立 竝 竝 竝

중bìng(삥) 일ヘイ/ならぶ

갑 전 자원 **회의자.** 지면 위에 두 사람이 정면으로 함께 서 있는 모습을 나타낸 자. 본뜻은 '나란히 서다'.

풀이 ①아우르다. 같倂·幷. ②견주다. ③함께하다. ④모여들다.

〔竝列 병렬〕 ①여러 개를 나란히 늘여 세움. ②둘 이상의 도선이나 전지 등을 같은 극끼리 연결하는 일. ↔直列(직렬).

〔竝立 병립〕 나란히 섬.

〔竝發 병발〕 두 가지 이상의 일이 한꺼번에 일어남.

〔竝設 병설〕 둘 이상을 아울러 한곳에 갖추거나 세움.

〔竝稱 병칭〕 둘 이상을 한데 아울러서 칭함.

〔竝行 병행〕 ①나란히 감. ②한꺼번에 아울러서 행함.

10 竚 佇(저)와 동자 →34쪽

*1
5
10 站 역참 참

중zhàn(°짠) 일タン

풀이 ①역참(驛站). ②우두커니 서다. ③서다.

◢兵站(병참)/驛站(역참)

★*3
6
11 竟 ❶마칠 경 ❷지경 경

亠 亣 立 产 音 音 音 竟

중jìng(찡) 일キョウ 영finish

갑 금 자원 **회의자.** 音(음)과 人(인)이 합쳐진 자. 갑골문의 윗부분은 관악기, 가운데는 입, 아랫부분은 사람을 나타냄. 연주가 끝났다는 뜻으로 쓰였는데, 여기에서 '끝나다', '다하다'의 의미가 파생됨.

풀이 ❶①마치다. 끝나다. ②마침내. ‖畢竟(필경). ③다하다. ④두루 미치다. ⑤이어지다. ⑥도리어. ❷지경.

〔竟夜 경야〕 밤을 새움. 達夜(달야).

◢究竟(구경)/畢竟(필경)

☆*6
6
11 章 문채 장

亠 亣 立 产 音 音 音 章

중zhāng(°짱) 일ショウ 영sheen

금 자원 **회의자.** 문신을 새기는 칼을 뜻하는 辛(신)과 무늬를 나타내는 글자가 합쳐진 자로, 형벌용 칼로 몸에 문신을 새기는 것을 나타냄.

풀이 ①문채(文彩). ②악곡·시문(詩文)의 한 단락. ‖章句(장구). ③글. 문장. ④조목. ⑤규정. 법식(法式). ⑥표징. ⑦밝다. 밝히다. 통彰. ⑧구획. 정도. ⑨모범. ⑩도장. ⑪문체(文體)의 이름. 주소(奏疏) 따위.

〔章句 장구〕 ①글의 장(章)과 구(句). ②문장의 단락.

〔章程 장정〕 여러 조목으로 나누어 정한 규정.

〔章奏 장주〕 임금에게 올리는 글.

◢肩章(견장)/記章(기장)/文章(문장)/紋章(문장)/喪章(상장)/序章(서장)/樂章(악장)/腕章(완장)/印章(인장)/終章(종장)/中章(중장)/指章(지장)/初章(초장)/褒章(포장)/憲章(헌장)/勳章(훈장)/徽章(휘장)

☆*6
7
12 童 아이 동

亠 亣 立 产 音 章 章 童

중tóng(퉁) 일トウ/わらべ 영child

금 자원 **회의 겸 형성자.** 금문은 형벌용 칼인 辛(신)으로 얼굴에 경형(黥刑)을 받은(또는 눈을 칼로 찔러 반항 의지를 박탈한) 남자 노예를 나타냄. 금문 가운데의 눈 모양은 얼굴을 뜻하며, 아래쪽의 東(동)은 음을 나타냄.

풀이 ①아이. ‖兒童(아동). ②어리석다. ③뿔이 나지 않은 어린 양이나 소. ④민둥산. ⑤대머리.

〔童詩 동시〕 ①어른이 어린이의 정서에 맞게 지은 시. ②어린이가 지은 시.

〔童心 동심〕 어린이의 마음. 또는, 어린이와 같은 순진한 마음. 稚心(치심).

〔童顏 동안〕 ①어린아이의 얼굴. ②나이 든 사람의, 어린아이와 같이 젊어 보이는 얼굴.

〔童謠 동요〕 어린이의 노래.

〔童子 동자〕 ①나이 어린 사내아이. ②승려가 되려고 절에서 공부하며 시중을 드는 사내아이.

〔童貞 동정〕 이성과의 성적 접촉이 전연 없는 상태. 또는, 그런 사람.

〔童話 동화〕 어린이를 위해 지은, 재미있고 유익한 이야기.

◢牧童(목동)/舞童(무동)/神童(신동)/兒童(아동)/惡童(악동)/樵童(초동)/花童(화동)

7 12 竢 기다릴 사

㊥sì(쓰) ㊐シ ㊎wait
풀이 기다리다.

7 12 竦 두려워할 송

㊥sǒng(숭) ㊐ショウ/すくむ
풀이 ①두려워하다. ‖竦懼(송구). ②삼가다. ③놀라다. ④주눅들다. ‖竦然(송연). ⑤서다. 세움. ⑥발돋움하다.
〔竦動 송동〕 너무 황송하여 몸이 떨림.
〔竦然 송연〕 두려워 몸을 옹송그리는 모양. 悚然(송연).

*1
7 12 竣 마칠 준*1 전

㊥jùn(쥔) ㊐シュン, セン ㊎finish
풀이 ①마치다. ‖竣工(준공). ②멈추다. 고치다. ③웅크리다.
〔竣工 준공〕 공사를 마침. 竣役(준역). ↔起工(기공).
〔竣事 준사〕 사업을 끝마침.

6획

*1
13 竪 豎(수)의 속자 →710쪽

*1
9 14 竭 다할 갈 ㊄걸

㊥jié(지에) ㊐ケツ ㊎exhaust
풀이 ①다하다. ㉮있는 힘을 다하다. ㉯바닥이 나다. ②물이 마르다.
〔竭力 갈력〕 있는 힘을 다함. 盡力(진력).
〔竭忠報國 갈충보국〕 충성을 다하여 나라의 은혜에 보답함. 盡忠報國(진충보국).

☆*4-II
9 14 端 바를 단

㊥duān(뚜안) ㊐タン/はし ㊎straight
자원 **형성자.** 立(립)은 의미를 나타내고 耑(단)은 음을 나타냄.
풀이 ①바르다. ‖端正(단정). ②바르게 하다. ③끝. 가. ‖兩端(양단). ④실마리. 발단. ‖端緖(단서).
〔端麗 단려〕 몸가짐이 단정하고 자태가 아름다움.
〔端緖 단서〕 일의 실마리.
〔端雅 단아〕 단정하고 아담함.
〔端役 단역〕 연극·영화 등에서 대수롭지 않은 역. 또는, 그 역을 맡은 사람.
〔端的 단적〕 간단하고 분명한 (것).
〔端正 단정〕 흐트러진 데 없이 얌전하고 바름. 方正(방정).
◪極端(극단)/南端(남단)/末端(말단)/發端(발단)/北端(북단)/事端(사단)/上端(상단)/先端(선단)/惹端(야단)/兩端(양단)/異端(이단)/一端(일단)/尖端(첨단)/弊端(폐단)/下端(하단)

*
12 17 竴 기쁠 준

㊥cūn(춘) ㊐シュン ㊎joyful
풀이 기쁘다.

☆*5
15 20 競 다툴 경 ㉿竞

㊥jìng(찡) ㊐キョウ, ケイ/きそう ㊎quarrel
갑 금 전 자원 **회의자.** 이마에 경(黥)을 친 두 명의 노예가 목숨을 걸고 싸우는 모습을 나타냄. 두 사람이 달리기 시합을 하는 모습이라는 설도 있음.
풀이 ①다투다. 말다툼으로 겨룸. ‖競爭(경쟁). ②쫓다. ‖競走(경주).
〔競技 경기〕 운동·기술 등에서 재주나 능력을 겨룸.
〔競輪 경륜〕 법의 허가를 받아, 내기를 하는 자전거 경주.
〔競馬 경마〕 ①말을 타고 빨리 달리기를 겨루는 경기. ②가장 빨리 달릴 말에 돈을 걸어 내기를 하는 오락.
〔競賣 경매〕 물건을 사려는 사람이 여럿일 때 가장 많은 값을 부른 사람에게 파는 일.
〔競步 경보〕 빨리 걷기를 겨루는 육상 경기.
〔競選 경선〕 둘 이상의 후보가 경쟁하는 선거.
〔競演 경연〕 개인이나 단체가 모여 예술·기능 등의 실력을 겨룸.
〔競泳 경영〕 일정한 거리를 헤엄쳐 그 빠르기를 겨루는 경기.
〔競爭 경쟁〕 서로 우위에 서려고 다툼.
〔競走 경주〕 사람·동물·차량이 빨리 달리기를 겨루는 일.
〔競合 경합〕 이권이 달린 사회적인 일을 맡으려고 서로 맞서 겨룸.

竹部 대죽

☆*4-II
0 6 竹 대 죽

㊥zhú(°주) ㊐チク/たけ ㊎bamboo
금 전 자원 **상형자.** 금문·소전에서 보듯 대나무의 곧은 줄기와 양옆으로 난 잎을 나타낸 자.
한자 부수의 하나.
풀이 ①대. 대나무. ‖松竹(송죽). ②피리. ③죽간(竹簡). ‖竹帛(죽백).
〔竹簡 죽간〕 고대 중국에서, 종이가 발명되기 전에 글자를 기록하던 대나무 조각. 또는, 대나무 조각으로 만든 책.
〔竹頭木屑 죽두목설〕《'대나무 조각과 나무의 부스러기'라는 뜻으로》 쓸모가 적은 물건.
〔竹林七賢 죽림칠현〕 중국 진(晉)나라 초기에 노장(老莊)의 무위 사상을 숭상하여 죽림에 모여 청담(淸談)을 일삼던 7명의 선비.
〔竹馬 죽마〕 아이들이 장난으로 말이라 하여 가랑이에 끼고 끌고 다니는 대막대기. 대말.
〔竹馬故友 죽마고우〕《'죽마를 타고 놀던 벗'이라는 뜻으로》 어릴 때부터 같이 놀며 자란 벗. 竹馬舊友(죽마구우). 竹馬之友(죽마지우).
〔竹帛 죽백〕《옛날 종이가 발명되기 전에 대쪽이나 비단에 글을 썼던 데서》 서적, 특히 역사를 기록한 책.
〔竹夫人 죽부인〕 여름에 더위를 덜기 위해 잠자리에 놓는, 대오리로 길고 둥글게 얼기설기 엮어 만든 기구.
〔竹筍 죽순〕 대나무의 땅속줄기에서 돋아나는 어린싹.
〔竹杖 죽장〕 대지팡이.
◢墨竹(묵죽)/松竹(송죽)/烏竹(오죽)/長竹(장죽)/爆竹(폭죽)

*
2 8 **竺** 대나무 **축** 본**죽**

㊥zhú(°주) ㊐ジク ㊎bamboo
풀이 ①대나무. 같竹. ②나라 이름. 지금의 인도(印度). ‖天竺(천축).
〔竺經 축경〕 불경(佛經).
◢天竺(천축)

*1
3 9 **竿** 장대 **간**

㊥gān(깐) ㊐カン ㊎pole
풀이 ①장대. ‖竹竿(죽간). ②죽순(竹筍). ③죽간(竹簡).
〔竿頭之勢 간두지세〕《'대막대기 끝에 선 형세'라는 뜻으로》 몹시 위태로운 형세.
◢幢竿(당간)/釣竿(조간)/竹簡(죽간)

3 9 **竽** 피리 **우**

㊥yú(위) ㊐ウ ㊎flute
풀이 ①피리. ‖竽瑟(우슬). ②괴수.

4 10 **笈** 책 상자 **급**

㊥jí(지) ㊐キョウ/おい
풀이 ①책 상자. ‖負笈(부급). ②길마. 짐 싣는 말안장.

☆*4-Ⅱ
4 10 **笑** 웃을 **소**

丶 𠂉 𥫗 𥫗 笁 竺 笑 笑

㊥xiào(씨아오) ㊐ショウ/おらう ㊎laugh
풀이 ①웃다. ‖微笑(미소). ②꽃이 피다. ‖花笑(화소).
〔笑劇 소극〕 관객을 웃기기 위해 만든 비속한 연극.
〔笑話 소화〕 우스운 이야기.
◢苦笑(고소)/冷笑(냉소)/談笑(담소)/微笑(미소)/拍掌大笑(박장대소)/失笑(실소)/一笑(일소)/嘲笑(조소)/破顔大笑(파안대소)/爆笑(폭소)/哄笑(홍소)

4 10 **笆** ❶가시대 **파** ❷대 바자 **파**

㊥bā(빠) ㊐ハ
풀이 ❶가시대. 가시가 있는 대나무. ❷대 바자. 가시대로 결은 바자.
〔笆籬 파리〕 대 울타리.

*1
4 10 **笏** 홀 **홀**

㊥hù(후) ㊐コツ
풀이 홀. 신하가 임금을 뵐 때 조복에 갖추어 손에 드는 수판(手板).
〔笏記 홀기〕 의식(儀式)의 진행 순서를 적은 글.
◢象笏(상홀)

5 11 **笳** 갈잎 피리 **가**

㊥jiā(찌아) ㊐カ
풀이 갈잎 피리. ‖胡笳(호가).

*
5 11 **笭** 종다래끼 **령**

㊥líng(링) ㊐レイ ㊎basket
풀이 종다래끼. 작은 대바구니.

*1
5 11 **笠** 삿갓 **립**

㊥lì(리) ㊐リュウ/かさ
풀이 삿갓.
〔笠帽 입모〕 예전에, 비가 올 때 갓 위에 덮어쓰던 물건. 갈모.

6획

◢戰笠(전립)/草笠(초립)/破笠(파립)

★✻3-Ⅱ
5 11 **符** 부신 **부**

[중]fú(°푸) [일]フ/わりふ
[자원] **형성자.** 竹(죽)은 의미를 나타내고 付(부)는 음을 나타냄.
[풀이] ①부신(符信). ‖符號(부호). ②수결(手決). 도장. ‖符璽(부새). ③상서(祥瑞). 길조. ④미래기(未來記). 예언서. ‖符讖(부참). ⑤부적. 호부(護符). ⑥맞다. ‖符合(부합).
〔符書 부서〕 뒷날에 일어날 일을 미리 알아 적어 놓은 글. 符讖(부참).
〔符信 부신〕 둘로 쪼개어 서로 나누어 가졌다가 나중에 서로 맞추어 증거로 삼던 물건.
〔符籍 부적〕 악귀나 잡신을 쫓는 액막이로서 몸에 지니거나 벽에 붙이는, 붉은색으로 이상한 글자나 모양을 그린 종이.
〔符節 부절〕 대나무나 옥으로 만든 부신(符信).
〔符合 부합〕 꼭 들어맞음.
〔符號 부호〕 어떤 뜻을 나타내는 기호.
◢免罪符(면죄부)/名實相符(명실상부)/音符(음부)/疑問符(의문부)/終止符(종지부)/休止符(휴지부)

5 11 **笨** 거칠 **분**

[중]bèn(뻔) [일]ホン [영]rough
[풀이] ①거칠다. ②대나무 속껍질.

✻
5 11 **笙** 생황 **생**

[중]shēng(°썽) [일]ショウ
[풀이] ①생황(笙簧). ②작다. 가늘다.
〔笙簧 생황〕 아악(雅樂)에 쓰는 관악기의 하나. 笙篁(생황).

5 11 **笹** 가는 대 **세**

✎ 일본에서만 쓰이는 한자이나 인명용 한자로 인정하고 있음.

✻3-Ⅱ
5 11 **笛** 피리 **적**

[중]dí(디) [일]テキ/ふえ [영]flute
[풀이] ①피리. ‖玉笛(옥적). ②취주 악기.
◢角笛(각적)/警笛(경적)/汽笛(기적)/牧笛(목적)/玉笛(옥적)/縱笛(종적)/橫笛(횡적)

☆✻6
5 11 **第** 차례 **제**

[중]dì(띠) [일]ダイ, テイ [영]order
[자원] **회의 겸 형성자.** 竹(대나무 죽)과 弟(제)가 합쳐진 자. 弟는 본래 '순서'를 뜻하는 말이었으나, '아우'의 뜻으로 가차되어 쓰이자 본뜻을 보존하기 위해 竹을 덧붙여 만든 자가 '第'임. 竹은 의미를 나타내고 弟는 의미와 음을 겸하여 나타냄.
[풀이] ①차례. ‖第三位(제삼위). ②차례를 정하다. ③품등(品等). 계급. ④집. 저택. ⑤과거(科擧). 또는, 그 시험에 합격함. ‖及第(급제). ⑥만일.
〔第三國 제삼국〕 직접 관련되어 있는 나라들을 제외한 다른 나라.
〔第三者 제삼자〕 당사자 이외의 사람.
〔第一 제일〕 여럿 가운데서 첫째가는 것.
〔第一步 제일보〕 첫걸음.
〔第一線 제일선〕 ①전투가 직접 벌어지거나 적과 직접 맞서고 있는 곳. ②일을 실행하는 데 있어서의 맨 앞장.
〔第一人者 제일인자〕 그 방면에서 가장 으뜸인 사람.
◢科第(과제)/及第(급제)/落第(낙제)/登第(등제)/本第(본제)/鄕第(향제)

✻1
5 11 **笞** 볼기 칠 **태** [본]**치** [통]抬

[중]chī(°츠) [일]チ
[풀이] ①볼기를 치다. ②매질하다. ③태형(笞刑).
〔笞杖 태장〕 ①태형(笞刑)과 장형(杖刑). ②볼기를 치는 데 쓰던 형구.
〔笞刑 태형〕 오형(五刑)의 하나. 매로 볼기를 치는 형벌. 笞罰(태벌).

6 12 **笄** 비녀 **계**

[중]jī(찌) [일]ケイ/こうがい
[영]ornamental hairpin
[풀이] ①비녀. 동곳. ‖笄冠(계관). ②비녀를 꽂다. ‖笄年(계년).

✻
6 12 **筐** 광주리 **광**

[중]kuāng(쿠앙) [일]キョウ/かたみ
[영]basket
[풀이] ①광주리. 네모진 대광주리. ‖筐笥(광사). ②침상.

✻4
6 12 **筋** 힘줄 **근**

[중]jīn(찐) [일]キン/すじ [영]muscle
[풀이] ①힘줄. ‖筋肉(근육). ②힘. 체력.

〔筋骨 근골〕 ①근육과 골격. ②체력의 비유.
〔筋力 근력〕 ①근육의 힘. ②일을 할 수 있는 몸의 힘. 기력(氣力).
〔筋肉 근육〕 힘줄과 살. 힘살.
◪背筋(배근)/腹筋(복근)/舌筋(설근)/心筋(심근)/鐵筋(철근)/胸筋(흉근)

☆*7
6 **答** 대답할 **답**
12

⺊ ⺊ 𥫗 𥫗 𥫗 答 答 答

㊥dá(다) ㊐トウ/こたえる ㊎answer
자원 **형성자.** 竹(죽)은 의미를 나타내고 合(합)은 음을 나타냄.
풀이 ①대답하다. ㉮응하다. ‖ 應答(응답). ㉯물음에 답하다. ㉰보답하다. ②대답.
〔答禮 답례〕 받은 예(禮)를 도로 갚음. 또는, 그 인사. 返禮(반례).
〔答辯 답변〕 물음에 답하여 말함. 또는, 그 답하는 말.
〔答辭 답사〕 ①대답하는 말. ②축사·식사(式辭) 등에 답하는 인사의 말.
〔答書 답서〕 ➡答狀(답장).
〔答申 답신〕 물음에 답하여 아룀.
〔答信 답신〕 회답으로 통신이나 서신을 보냄. 또는, 그 통신이나 서신.
〔答案 답안〕 문제에 대한 답. 또는, 그 답을 쓴 지면. ‖ 答案紙(답안지).
〔答狀 답장〕 회답의 편지. 答札(답찰). 答書(답서).
◪對答(대답)/東問西答(동문서답)/名答(명답)/默默不答(묵묵부답)/問答(문답)/報答(보답)/禪問答(선문답)/誤答(오답)/愚問賢答(우문현답)/應答(응답)/一問一答(일문일답)/自問自答(자문자답)/正答(정답)/卽答(즉답)/解答(해답)/和答(화답)/確答(확답)/回答(회답)

☆*6
6 **等** 등급 **등**
12

⺊ ⺊ 𥫗 𥫗 笁 笁 等 等

㊥děng(덩) ㊐トウ/など, ひとしい ㊎class
자원 **회의자.** 竹(죽)과 寺(사)가 합쳐진 자. 죽간(竹簡)을 가지런하게 함을 나타냄.
풀이 ①등급. 계급. ‖ 等級(등급). ②같다. 같게 함. ‖ 平等(평등). ③동아리. 부류. ④견주다. 측량하다. ⑤기다리다. ‖ 等待(등대). ⑥들. 다수를 나타내는 접미사. ‖ 吾等(오등).
〔等價 등가〕 같은 값이나 가치.
〔等高線 등고선〕 지도에서 해발 고도가 같은 지점을 연결한 곡선.
〔等級 등급〕 높고 낮음이나 좋고 나쁨의 정도에 따라 나눈 구별.
〔等邊 등변〕 길이가 같은 변.
〔等分 등분〕 분량을 똑같이 나눔. 또는, 그 분량.
〔等數 등수〕 등급의 차례.
〔等式 등식〕 두 식이 서로 형식은 다르나 수치가 같은 것을 나타내는 수식.
〔等身 등신〕 자기의 키와 같은 높이.
〔等溫 등온〕 같은 온도.
〔等外 등외〕 정한 등급의 밖.
〔等位 등위〕 ①등급. ②같은 위치.
〔等質 등질〕 모든 부분의 성질이 동등하며 고름. 均質(균질).
〔等差 등차〕 등급의 차이. 差等(차등).
〔等閑 등한〕 무엇에 관심이 없거나 소홀함. 等閒(등한).
〔等閑視 등한시〕 대수롭지 않게 여김.
◪降等(강등)/高等(고등)/均等(균등)/對等(대등)/同等(동등)/上等(상등)/劣等(열등)/優等(우등)/越等(월등)/中等(중등)/差等(차등)/初等(초등)/特等(특등)/平等(평등)/下等(하등)

*2
6 **筏** 떼 **벌**
12

㊥fá(°파) ㊐バツ/いかだ
풀이 ①떼. 뗏목. ‖ 筏夫(벌부). ②바다에 있는 큰 배.

*1
6 **筍** 죽순 **순** ㉮ 笋
12

㊥sǔn(순) ㊐ジュン/たけのこ
풀이 ①죽순(竹筍). ②악기를 다는 틀. ③장부.
◪石筍(석순)/竹筍(죽순)

*
6 **筌** 통발 **전**
12

㊥quán(취엔) ㊐セン/うえ ㊎fish trap
풀이 통발. 대오리로 만든, 물고기를 잡는 기구. ‖ 筌蹄(전제).

★*3-Ⅱ
6 **策** 꾀 **책**
12

⺊ ⺊ 𥫗 𥫗 竾 笧 笧 策

㊥cè(처) ㊐サク/はかりごと ㊎plan
자원 **형성자.** 竹(죽)은 의미를 나타내고 朿(자)는 음을 나타냄.
풀이 ①꾀. 꾀함. ‖ 計策(계책). ②채찍. 말의 채찍. ③지팡이. ④대쪽. ⑤책. 문서. ‖ 書策(서책). ⑥명령서. 왕명을 전하는 것. ‖ 策命(책명). ⑦문체(文體)의 이름. ‖ 策問(책문).
〔策動 책동〕 ①은밀히 꾀를 써서 행동함. ②남을 부추겨 어떤 일을 하게 함.
〔策略 책략〕 어떤 일을 처리하는 꾀와

방법. 策謀(책모). 計略(계략).
〔策勵 책려〕 채찍질하여 격려함.
〔策問 책문〕 정치에 관한 계책을 물어서 답하게 하던 과거 과목. 策試(책시).
〔策士 책사〕 책략을 잘 쓰는 사람. 謀士(모사).
〔策定 책정〕 계책을 세워 결정함.
◢簡策(간책)/計策(계책)/苦肉策(고육책)/國策(국책)/對策(대책)/妙策(묘책)/方策(방책)/祕策(비책)/散策(산책)/上策(상책)/束手無策(속수무책)/術策(술책)/施策(시책)/失策(실책)/政策(정책)

6 12 *筑 악기 이름 **축**

㊥zhū(°쭈) ㊐チク
풀이 악기 이름. 대로 만든, 거문고 비슷한 악기.

6 12 *1筒 대통 **통** 筒

㊥tǒng(퉁) ㊐トウ/つつ ㊖tube
풀이 대통. 통.
◢算筒(산통)/煙筒(연통)/圓筒(원통)/鍼筒(침통)/筆筒(필통)/火筒(화통)

6 12 ☆*5筆 붓 **필** ㊓笔 筆

⺊ ⺮ ⺮ 竺 笁 筀 筀 筆

㊥bǐ(비) ㊐ヒツ/ふで
㊖writing brush
자원 **회의자.** 聿(율)과 竹(대나무 죽)을 합친 자. 聿은 손으로 붓을 잡고 있는 모습을 나타낸 자로 '붓'을 뜻하는 자였으나, '이에'라는 전치사의 뜻으로 쓰이게 되자 본뜻을 보존하기 위해 竹을 덧붙여 붓의 재질이 대나무임을 나타냄.
풀이 ①붓. ‖筆墨(필묵). ②쓰다. 적음. ‖筆記(필기). ③필적(筆迹). 글씨.
〔筆記 필기〕 ①글씨를 씀. ②강의·연설 등의 내용을 받아 적음.
〔筆談 필담〕 글로 써서 의사를 통함.
〔筆答 필답〕 글로 써서 답함.
〔筆頭 필두〕 ①나열하여 적거나 말할 때의 맨 처음에 오는 사람이나 단체. ②어떤 단체나 동아리의 주장이 되는 사람.
〔筆力 필력〕 ①글씨의 획에 드러난 힘. 筆勢(필세). ②글을 쓰는 능력.
〔筆名 필명〕 ①글씨를 잘 써서 떨치는 명예. ②글을 써서 발표할 때 쓰는, 본명 아닌 이름.
〔筆墨 필묵〕 ①붓과 먹. ‖紙筆墨(지필묵). ②써 놓은 글씨나 문장.
〔筆房 필방〕 붓을 만들어 파는 가게.
〔筆法 필법〕 글씨나 문장을 쓰는 법.
〔筆鋒 필봉〕 ①붓끝. ②서화 또는 문장의 위세.
〔筆寫 필사〕 베껴 씀.
〔筆舌 필설〕 (('붓과 혀'라는 뜻으로)) 글과 말.
〔筆順 필순〕 글씨를 쓸 때의 획의 순서.
〔筆者 필자〕 글을 쓴 사람.
〔筆才 필재〕 글을 쓰는 재주.
〔筆跡 필적〕 어떤 사람이 쓴 특유의 글자 생김새. 手蹟(수적).
〔筆致 필치〕 ①글씨를 쓰는 솜씨. ②문장의 운치(韻致).
〔筆筒 필통〕 ①필기도구를 넣어 가지고 다니는 갑. ②붓이나 필기구 등을 꽂아 두는 통.
〔筆禍 필화〕 발표한 글이 말썽이 되어 화를 당하는 일. 文字獄(문자옥). ↔舌禍(설화).
◢加筆(가필)/健筆(건필)/曲筆(곡필)/亂筆(난필)/達筆(달필)/代筆(대필)/大書特筆(대서특필)/漫筆(만필)/名筆(명필)/文筆(문필)/粉筆(분필)/細筆(세필)/速筆(속필)/隨筆(수필)/惡筆(악필)/鉛筆(연필)/運筆(운필)/肉筆(육필)/自筆(자필)/絶筆(절필)/拙筆(졸필)/主筆(주필)/直筆(직필)/執筆(집필)/親筆(친필)/畫筆(화필)

7 13 筧 대 홈통 **견** ㊓笕 筧

㊥jiǎn(지엔) ㊐ケン/かけひ
풀이 ①대 홈통. 대나무 홈. ‖筧水(견수). ②대나무 이름.

7 13 *筠 대 **균** 본**윤** 筠

㊥yún(윈) ㊐イン, ウン ㊖bamboo
풀이 ①대. 대나무. ②대의 푸른 껍질. 대의 가장 여문 부분.

7 13 *筮 점대 **서** 筮

㊥shì(°쓰) ㊐セイ, ゼイ/めどぎ
풀이 ①점대. ②점을 치다. 점대로 점을 침. ‖卜筮(복서).

7 13 *筬 바디 **성**

㊥chéng(°청) ㊐セイ/おさ
풀이 ①바디. 베틀·가마니틀 등에 딸린 기구. ②대나무 이름.

7 13 *1筵 대자리 **연** 筵

㊥yán(옌) ㊐エン/むしろ
풀이 ①대자리. ‖筵席(연석). ②좌석.

③곳. 장소. ‖經筵(경연).
〔筵席 연석〕 임금과 신하가 모여 자문(諮問)·주달(奏達)하는 자리.
◢講筵(강연)/經筵(경연)/詩筵(시연)

7 13 **箕** * ㉻버들고리 **오**

7 13 **筷** 젓가락 **쾌** 筷

㊥kuài(쿠아이) ㊐カイ/はし
㊖chopstick

8 14 **箇** *1 낱 **개** ㉿个 箇

㊥gè(꺼) ㊐コ, カ ㊖piece
풀이 낱. 물건을 세는 단위. ㉠個.
〔箇箇 개개〕 하나하나. 낱낱.
〔箇數 개수〕 낱으로 셀 수 있는 물건의 수효.

8 14 **箝** * 재갈 먹일 **겸** 箝

㊥qián(치엔) ㊐カン ㊖gag
풀이 ①재갈을 먹이다. ‖箝口(겸구). ②끼우다. ㉠鉗. ③항쇄(項鎖). 칼.
〔箝口 겸구〕 ①입을 다물고 말하지 않음. ②언론의 자유를 제한함의 비유.
〔箝制 겸제〕《말에 재갈을 물린다는 뜻으로》 자유를 구속하여 억누름.

8 14 **箜** 공후 **공** 箜

㊥kōng(쿵) ㊐コウ, ク
㊖ancient kind of lute
풀이 ①공후(箜篌). ②바구니.
〔箜篌 공후〕 동양의 옛 현악기.

8 14 **管** ★*4 대롱 **관** 管

⺊ ⺮ ⺮ 竺 竺 笁 管 管

㊥guǎn(구안) ㊐カン/くだ
㊖slender tube
자원 **형성자.** 竹(죽)은 의미를 나타내고 官(관)은 음을 나타냄.
풀이 ①대롱. ‖管見(관견). ②피리. ③대나무로 만든 악기의 총칭. ④맡아 다스리다. ‖管理(관리).
〔管內 관내〕 맡아 다스리는 구역 안.
〔管理 관리〕 ①맡아 처리함. ②보존·이용·개량 등의 일을 맡아서 함.
〔管狀 관상〕 대롱처럼 생긴 모양.
〔管樂器 관악기〕 입으로 불어서 관 안의 공기를 진동시켜 소리를 내는 악기.
〔管掌 관장〕 맡아서 주관함.
〔管制 관제〕 관리하고 통제함. ‖燈火管制(등화관제).
〔管鮑之交 관포지교〕《중국 춘추 시대의 관중(管仲)과 포숙아(鮑叔牙)의 우정이 퍽 두터웠다는 고사에서》 아주 친한 친구 사이의 사귐.
〔管下 관하〕 관할하는 구역이나 범위.
〔管轄 관할〕 일정한 권한을 가지고 관리하고 통제함. 또는, 그 권한이 미치는 범위.
〔管絃 관현〕 관악기와 현악기. 絲竹(사죽). ‖管絃樂(관현악).
◢氣管(기관)/雷管(뇌관)/導管(도관)/毛細管(모세관)/配管(배관)/保管(보관)/所管(소관)/移管(이관)/腸管(장관)/專管(전관)/精管(정관)/主管(주관)/土管(토관)/血管(혈관)

8 14 **箕** *2 키 **기** 箕

㊥jī(찌) ㊐キ/み ㊖winnow
풀이 ①키. ②28수(宿)의 하나. ③쓰레받기. ④두 다리를 뻗고 앉다. ‖箕踞(기거).
〔箕山之志 기산지지〕《허유(許由)가 요임금이 자기에게 천하를 물려주겠다고 하는 말을 듣고 기산에 숨어 영수(潁水)에서 귀를 씻었다는 고사에서》 은둔하는 고결한 뜻.
〔箕子 기자〕 고조선 때에 있었다고 하는 전설상의 기자 조선의 시조.

8 14 **箔** *1 발 **박** 箔

㊥bó(보) ㊐ハク/すだれ
㊖bamboo blind
풀이 ①발〔簾〕. ②잠박(蠶箔). ③금속의 얇은 조각. ‖金箔(금박).
◢金箔(금박)/銀箔(은박)/蠶箔(잠박)

8 14 **箙** 전동 **복** 箙

㊥fú(°푸) ㊐フク/やなぐい
풀이 전동(箭筒). 화살을 넣는 통.

8 14 **算** ☆*7 ❶셈할 **산** ❷산가지 **산** 算

⺊ ⺮ ⺮ ⺮ 笇 笪 笪 算

㊥suàn(쑤안) ㊐サン ㊖count
전 자원 **회의자.** 두 손으로 대나무로 만든 산가지를 들고 계산하는 모습을 나타낸 자.
풀이 ❶①셈하다. ②수. 수효. ❷①산가지. ②세는 법. 산술(算術).
〔算法 산법〕 계산하는 방법.

〔算數 산수〕 수의 성질과 산술을 가르치던 초등학교의 교과명. '수학'으로 명칭이 바뀜.
〔算定 산정〕 계산하여 수치를 알아냄.
〔算出 산출〕 계산하여 냄.
〔算筒 산통〕 소경이 점치는 데 쓰는, 산가지를 넣어 두는 통.
◢檢算(검산)/決算(결산)/計算(계산)/公算(공산)/乘算(승산)/暗算(암산)/演算(연산)/豫算(예산)/精算(정산)/採算(채산)/淸算(청산)/推算(추산)/打算(타산)/合算(합산)/換算(환산)

8 14 *箏 쟁 쟁 ㉿筝

㊥zhēng(°쩡) ㊐ソウ
풀이 ①쟁. 거문고 비슷한, 13줄의 악기. ②풍경(風磬).

8 14 *1箋 찌지 전 ㉿笺

㊥jiān(찌엔) ㊐セン/はりふだ ㊎letter
풀이 ①찌지. 부전(附箋). ②주해(註解). 주석(註釋). ③글. 글을 쓴 것.
〔箋文 전문〕 나라에 길흉의 일이 있을 때 임금에게 아뢰던 사륙체의 글.
〔箋註 전주〕 본문의 뜻을 설명한 주석.
◢附箋(부전)

8 14 *箚 차자 차 ㊔잡

㊥zhā(°짜) ㊐サツ, トウ ㊎prick
풀이 ①차자(箚子). 간단한 서식의 상소문. ②찌르다.
〔箚記 차기〕 독서하여 얻은 바를 수시로 적어 놓음. 또는, 그런 책.
〔箚刺 차자〕 먹물로 살 속에 글씨 또는 그림을 써 넣음. 入墨(입묵).

9 15 ★*4範 법 범 ㉿范

(필순) 𠂉 𥫗 笵 笵 笵 笵 範 範

㊥fàn(°판) ㊐ハン/のり ㊎law
자원 **형성자.** 範은 수레로 길을 떠날 때 길의 신에게 지내는 제사를 뜻하고, 笵(범)은 대나무로 만든 모형 틀을 뜻하는 것으로 서로 다른 자였으나, 範이 '모범', '틀'의 의미로 쓰이면서 笵이 쓰일 자리를 대신 차지하게 됨. 笵은 竹(대나무 죽)이 의미를 나타내고, 氾(범)이 음을 나타냄.
풀이 ①법. ②본. 골. 틀. ‖範疇(범주). ③한계. 구획.
〔範例 범례〕 본보기.
〔範圍 범위〕 ①일정한 구역의 언저리. ②어떤 것이 미치는 한계.
〔範疇 범주〕 ①같은 성질의 것이 속해야 할 부류(部類)나 범위. ②대상을 인식하여 개념으로 삼는 경우, 꼭 의존해야 할 사유(思惟) 형식.
◢廣範(광범)/敎範(교범)/軌範(궤범)/規範(규범)/模範(모범)/師範(사범)/垂範(수범)/示範(시범)/典範(전범)

9 15 *2箱 상자 상

㊥xiāng(씨앙) ㊐ショウ/はこ ㊎box
풀이 ①상자(箱子). ②곳집.
〔箱子 상자〕 물건을 넣어 두기 위해 나무나 두꺼운 종이 등으로 만든 네모난 물건.

9 15 *篒 ㊅사람 이름 식

9 15 箬 대 껍질 약 ㊌篛

㊥ruò(루어) ㊐ジャク

9 15 *1箴 바늘 잠 ㊔침

㊥zhēn(°쩐) ㊐シン/はり ㊎needle
풀이 ①바늘. ㊌鍼. ㉮시침(時針). ㉯침. ‖箴石(잠석). ②경계(警戒). 경계함. ③꽂다. 지름. 찌름. ④문체(文體)의 하나. ‖箴言(잠언).
〔箴戒 잠계〕 깨우쳐 훈계함.
〔箴言 잠언〕 ①경계나 교훈이 되는 말. ②구약 성서 중의 한 권.

9 15 *1箸 젓가락 저

㊥zhù(°쭈) ㊐チョ/はし ㊎chopstick
풀이 ①젓가락. ②대통. ③통. 크고 깊은 그릇.
◢匙箸(시저)/火箸(화저)

9 15 *1篆 전자 전

㊥zhuàn(°쭈안) ㊐テン
풀이 ①전자(篆字). ②도장. ③사람의 이름자.
〔篆刻 전각〕 돌·나무·옥 등에 특수한 꼴의 글자를 새김. 또는, 그런 글자.
〔篆額 전액〕 전자(篆字)로 쓴 비문(碑文)의 제자(題字).
〔篆字 전자〕 획의 굵기가 일정하고 곡선이 부드러우며 상형적 성질을 암시하는, 한자 붓글씨체.
◢大篆(대전)/小篆(소전)

6획

9 *1
15 **箭** 화살 **전** 𥫗前

[중]jiàn(찌엔) [일]セン/やだけ [영]arrow
[풀이] ①화살. ‖箭鏃(전촉). ②화살대.
〔箭筒 전동'〕 화살을 넣는 통.
〔箭窓 전창〕 좁은 나무나 쇠 오리로 살을 대어 만든 창. 살창.
◢火箭(화전)

9 ☆*5
15 **節** 마디 **절** [간]节 節

⺮ ⺮ 𥫗 𥫗 𥫗 𥫗 節 節

[중]jié(지에) [일]セツ/ふし [영]knot
[자원] **형성자.** 竹(죽)은 의미를 나타내고 即(즉)은 음을 나타냄.
[풀이] ①마디. 토막. ‖竹節(죽절). ②절개. ‖節操(절조). ③규칙. 제도. ‖節度(절도). ④예절(禮節). ⑤시절 구분의 이름. ‖節氣(절기). ⑥절약하다. ⑦풍류. 가락. ‖音節(음절). ⑧경절. 국경일. ‖仲秋節(중추절). ⑨알맞게 하다. 알맞음. ‖的節(적절).
〔節減 절감〕 절약하여 줄임.
〔節概 절개〕 신념 따위를 굽히거나 바꾸지 않고 지키는 충실한 태도나 마음. 志操(지조). 氣節(기절).
〔節氣 절기〕 ①음력에서 1년을 24등분한 계절의 구분. 節候(절후). ②철.
〔節度 절도〕 일이나 행동이 규칙적이고 질서가 있는 것.
〔節目 절목〕 ①초목의 마디와 눈. ②규칙의 조목.
〔節約 절약〕 마구 쓰지 않고 아껴 씀.
〔節電 절전〕 전기의 사용을 절약함.
〔節制 절제〕 정도를 넘지 않도록 함.
〔節操 절조〕 절개와 지조.
〔節次 절차〕 일의 순서.
〔節候 절후〕 ➡節氣(절기)①.
◢佳節(가절)/結節(결절)/季節(계절)/曲節(곡절)/關節(관절)/句節(구절)/名節(명절)/變節(변절)/分節(분절)/使節(사절)/守節(수절)/時節(시절)/語節(어절)/禮節(예절)/音節(음절)/貞節(정절)/調節(조절)/忠節(충절)

9 ☆*4
15 **篇** 책 **편** 篇

⺮ ⺮ 𥫗 𥫗 𥫗 篇 篇 篇

[중]piān(피엔) [일]ヘン/ふみ [영]book
[자원] **회의 겸 형성자.** 竹(대나무 죽)과 扁(편)이 합쳐진 자로, 대나무를 재료로 하여 엮은 것이 책임을 나타냄(고대에는 '죽간'이라 하여 대나무 조각으로 책을 만듦). 竹은 의미를 나타내고 扁은 의미와 음을 겸하여 나타냄.
[풀이] ①책. 완결된 책. ‖長篇(장편). ②완결된 시문(詩文). 사장(詞章). ③시문을 세는 단위.
〔篇首 편수〕 책 편(篇)의 첫머리.
◢短篇(단편)/續篇(속편)/詩篇(시편)/玉篇(옥편)/長篇(장편)/掌篇(장편)/全篇(전편)/前篇(전편)/後篇(후편)

9
15 **篋** 상자 **협** [통]匧 [간]箧 篋

[중]qiè(치에) [일]キョウ/はこ [영]box

9 *
15 **篁** 대숲 **황** 篁

[중]huáng(후앙) [일]コウ
[영]bamboo thicket
[풀이] ①대숲. ②'대'의 통칭.

9
15 **篌** 공후 **후** 篌

[중]hóu(허우) [일]コウ, ゴ
[풀이] 공후(箜篌). 하프 비슷한 악기.
◢箜篌(공후)

10
16 **篙** 삿대 **고** 篙

[중]gāo(까오) [일]コウ/さお [영]pole
[풀이] 삿대. 상앗대.

10
16 **篝** 배롱 **구** 篝

[중]gōu(꺼우) [일]コウ/ふせご
[풀이] ①배롱(焙籠). 화로에 덮어씌워 젖은 옷가지를 말리는, 대소쿠리 비슷한 것. ②바구니.

10 ★*3
16 **篤** 도타울 **독** [간]笃 篤

⺮ ⺮ 𥫗 𥫗 𥫗 篤 篤 篤

[중]dǔ(두) [일]トク/あつい [영]sincere
[풀이] ①도탑다. 신실함. ‖篤實(독실). ②괴로워하다. 고생함. ③병이 위중하다. ‖危篤(위독).
〔篤老侍下 독로시하〕 일흔 살이 넘은 부모를 모시고 있는 처지.
〔篤信 독신〕 독실하게 믿음.
〔篤實 독실〕 믿음이 두텁고 성실함.
〔篤志家, 독지가〕 자기의 이익과 관계없이 사회적으로 좋은 일에 돈이나 재물을 주어 돕는 사람.
〔篤學 독학〕 학문에 충실함.
◢敦篤(돈독)/危篤(위독)

16 **篭** 籠(롱)의 약자 →574쪽

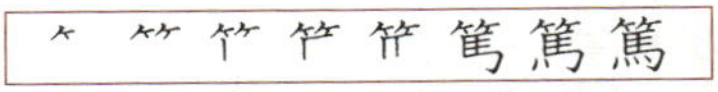

10 16 **篚** 대광주리 **비**

[중]fěi(°페이) [일]ヒ [영]baskets

10 16 **篦** 참빗 **비**

[중]bì(삐) [일]ヒ
[풀이] ①참빗. ‖篦頭(비두). ②통발.

10 16 **篩*** 체 **사** [간]筛

[중]shāi(°싸이) [일]シ/ふるい [영]sieve
[풀이] ①체. 치거나 거르는 데에 쓰는 기구. ②치다. 체로 침.
〔篩管 사관〕 식물의 관다발 안에 있는, 양분의 통로가 되는 관상 조직. 체관.

16 **簑** 蓑(사)와 동자 →652쪽

10 16 **篠*** 조릿대 **소**

[중]xiǎo(시아오) [일]ショウ/しの
[풀이] ①조릿대. 화살대 재료로 알맞은 가는 대. ②삼태기.

16 **篛** 箬(약)과 동자 →570쪽

10 16 **篔*** 왕대 **운** [동]䉙

[중]yún(윈) [일]ウン
[풀이] 왕대. 볏과의 대의 하나.

10 16 **篡*1** 빼앗을 **찬**

[중]cuàn(추안) [일]サン [영]take
✎ 簒(찬:597쪽)은 딴 자.
[풀이] ①빼앗다. ‖篡立(찬립)/篡奪(찬탈). ②주살로 잡다.
〔篡奪 찬탈〕 임금의 자리를 빼앗음.

10 16 **築★*4-II** 쌓을 **축** [간]筑

[중]zhù(°쭈) [일]チク/きずく [영]build
[자원] **형성자.** 木(목)은 의미를 나타내고 筑(축)은 음을 나타냄.
[풀이] ①쌓다. 건축함. ②달구. ③다지다. 달구로 땅을 다짐.
〔築臺 축대〕 평평한 터를 만들기 위해 높이 쌓아 올린 벽.
〔築城 축성〕 성을 쌓음.
〔築造 축조〕 쌓아서 만듦.
◢改築(개축)/建築(건축)/構築(구축)/新築(신축)/增築(증축)

11 17 **簋** 궤 **궤**

[중]guǐ(구에이) [일]キ
[풀이] 궤. 기장, 피를 담는 제기(祭器).

11 17 **篷** 뜸 **봉** [간]篷

[중]péng(펑) [일]ホウ/とま
[풀이] ①뜸. ②거룻배. 마상이.
〔篷窓 봉창〕 배의 창문. 船窓(선창).

11 17 **簇*1** [1]조릿대 **족** *1 [2]모일 **주**

[중]cù(추)
[일]ソク, ソウ/ささだけ, むらがる
[풀이] [1]조릿대. [2]모이다. 떼를 지음. ‖簇出(족출).
〔簇生 족생〕 초목이 더부룩하게 무더기로 남. 뭉쳐나기. 叢生(총생).
〔簇子 족자〕 서화(書畫)를 표구하여 벽에 걸거나 두루마리처럼 말아 둘 수 있게 만든 것.

11 17 **簀** 살평상 **책** [간]箦

[중]zé(저) [일]サク
[풀이] ①살평상. ‖簀牀(책상). ②대자리. 죽석(竹席). ③쌓다. 모음.

11 17 **篳** 사립문 **필** [간]筚

[중]bì(삐) [일]ヒツ/いばら
[풀이] ①사립문. 시문(柴門). ②바자. 울타리. ③악기 이름. ‖篳篥(필률).

12 18 **簡★*4** 대쪽 **간** [간]简

[중]jiǎn(지엔) [일]カン/たけふだ
[영]split bamboo
[자원] **형성자.** 竹(죽)은 의미를 나타내고 間(간)은 음을 나타냄.
[풀이] ①대쪽. ‖竹簡(죽간). ②글. 문서. 서책(書冊). ‖簡策(간책). ③편지. ‖書簡(서간). ④줄이다. 간략하게 함. ⑤뽑다. 선발함. ⑥나누다. 분별함.
〔簡潔 간결〕 글이나 말이 깔끔하고 분명함.
〔簡單 간단〕 ①단순하고 간략함. ②간편하고 단출하며 손쉬움.
〔簡牘 간독〕 ①종이가 없던 때에, 중국에서 글을 적던 대쪽과 나무쪽. ②편

지. 簡札(간찰).
〔簡略 간략〕 간단하고 짤막함.
〔簡明 간명〕 간단하여 분명함.
〔簡素 간소〕 간략하고 소박함.
〔簡易 간이〕 간단하고 편리함.
〔簡策 간책〕 예전에, 종이 대신 글씨를 쓰던 대쪽. 또는, 그것으로 엮어 맨 책. 竹簡(죽간). 簡册(간책).
〔簡擇 간택〕 여럿 가운데에서 골라냄.
〔簡便 간편〕 간단하고 편리함.
◢內簡(내간)/書簡(서간)/竹簡(죽간)

12 18 **簣** 삼태기 **궤** [간]篑 簣

[중]kuì(쿠에이) [일]カイ, キ/あじか

*1
12 18 **簞** 대광주리 **단** [간]箪 簞

[중]dān(딴) [일]タン/かたみ
✎ 簟(점:573쪽)은 딴 자.
[풀이] ①대광주리. ②대도시락. ③호리병박. 호로(葫蘆). ‖簞瓢(단표).
〔簞食瓢飮 단사표음〕《'대나무로 만든 밥그릇에 담은 밥과 표주박에 든 물'이란 뜻으로》 청빈(淸貧)하고 소박한 생활. 簞瓢(단표).

12 18 **簠** 보궤 **보** 簠

[중]fǔ(°푸) [일]ホ
[풀이] 보궤(簠簋). 제기(祭器) 이름.

*
18 **篔** 篔(운)과 동자 →572쪽

*1
12 18 **簪** 비녀 **잠** 簪

[중]zān(짠) [일]シン, サン/かんざし
[풀이] ①비녀. ②꽂다. 찌름.
〔簪纓 잠영〕 ①관원이 쓰던 비녀와 갓끈. ②고관(高官)의 비유.
〔簪笏 잠홀〕 벼슬아치가 관(冠)에 꽂던 비녀와 손에 쥐던 홀.
◢玉簪(옥잠)

12 18 **簟** 대자리 **점** 簟

[중]diàn(디엔) [일]テン/たかむしろ
✎ 簞(단:573쪽)은 딴 자.
[풀이] ①대자리. ‖簟褥(점욕). ②방문석(方文席). ③점죽(簟竹).

*
12 18 **簧** 생황 **황** [간]簧 簧

[중]huáng(후앙) [일]コウ/ふえ
[풀이] ①생황(笙簧). 관악기의 한 가지. ②피리의 혀.
〔簧葉 황엽〕 생황·피리 따위 관악기의 부리에 장치하여 그 진동으로 소리가 나게 하는 얇은 조각. 서.
◢笙簧(생황)

*1
13 19 **簾** 발 **렴** [간]帘 簾

[중]lián(리엔) [일]レン/すだれ
[영]bamboo blind
[풀이] 발. 문발. 주렴(珠簾).
〔簾政 염정〕 임금이 나이가 어릴 때, 임금의 어머니나 할머니가 임금을 대신하여 정사를 보던 일. 垂簾聽政(수렴청정).
◢珠簾(주렴)

★*3-Ⅱ
13 19 **簿** 장부 **부** 簿

[중]bù(뿌) [일]ボ/ちょうめん [영]book
[자원] **형성자.** 竹(죽)은 의미를 나타내고 溥(부)는 음을 나타냄.
[풀이] ①장부. ‖帳簿(장부). ②홀(笏). ③맡아 다스리다. 관장함.
〔簿記 부기〕 회사나 은행 등에서 돈의 출납이나 재산의 증감 등을 일정한 방식으로 정리하여 장부에 적는 일.
◢名簿(명부)/原簿(원부)/帳簿(장부)/置簿(치부)

*1
13 19 **簫** 퉁소 **소** [간]箫 簫

[중]xiāo(씨아오) [일]ショウ/ふえ
[영]bamboo flute
[풀이] ①퉁소. ②순(舜)의 악곡 이름. ③조릿대.

13 19 **簷** 처마 **첨** [본]**염** 簷

[중]yán(옌) [일]エン/のき [영]eave
[풀이] [같]檐. ①처마. 차양(遮陽). ②모첨(帽簷). 덮어서 사방으로 드리우는 것.
〔簷端 첨단〕 처마의 끝.

*
13 19 **簽** 농 **첨** [간]签 簽

[중]qiān(치엔) [일]セン/カゴ [영]basket
[풀이] ①농. 죽롱(竹籠). ②찌. 쪽찌. [같]籤. ③제첨(題簽). 책의 표제(標題). ④서명함. ‖簽名(첨명).

13 19 **簸** 까부를 **파** 簸

6획

㊥bǒ(보) ㊐ハ/ひる ㊎winnow
풀이 ①까부르다. 키질함. ②일다. 물로 흔들어 가림.

*1
14 20 籃 대바구니 람 | 간 篮 𥳑

㊥lán(란) ㊐ラン ㊎bamboo basket
풀이 ①대바구니. 대광주리. ‖魚籃(어람). ②배롱(焙籠).
〔籃輿 남여〕 대를 결어 만든, 뚜껑이 없는 가마. 竹輿(죽여).
◢搖籃(요람)

★*4
14 20 籍 문서 적 | 籍

⺈ ⺮ 竺 筀 笄 箝 籍 籍

㊥jí(지) ㊐セキ/ふみ ㊎document
자원 **형성자.** 竹(죽)은 의미를 나타내고 耤(적)은 음을 나타냄.
풀이 ①문서. 책. 서적(書籍). ‖文籍(문적). ②장부. ‖簿籍(부적). ③명부. 인명부. ④호적(戶籍). ⑤적다. 기록함.
◢國籍(국적)/妓籍(기적)/黨籍(당적)/無籍(무적)/本籍(본적)/符籍(부적)/史籍(사적)/書籍(서적)/除籍(제적)/地籍(지적)/學籍(학적)/戶籍(호적)

*
14 20 籌 산대 주 | 간 筹 籌

㊥chóu(°처우) ㊐チュウ/かずとり ㊎counting stick
풀이 ①산대. 산가지. ‖籌算(주산). ②꾀. 계책. ‖籌備(주비).
〔籌備 주비〕 계획하여 준비함.
〔籌算 주산〕 수판셈. 珠算(주산).
〔籌策 주책〕 이리저리 타산한 끝에 생각해 낸 꾀. 籌畫(주획).
〔籌板 주판〕 셈하는 데에 쓰는 기구. 數板(수판). 珠板(주판).

15 21 籀 주문 주 | 籀

㊥zhòu(°쩌우) ㊐チュウ
풀이 주문(籀文). 한자 서체의 하나.

16 22 籙 책 상자 록 | 간 箓 籙

㊥lù(루) ㊐ロク/かご
풀이 ①책 상자. ②장부. 서책(書冊). ③대쪽. 죽간(竹簡). ④미래기(未來記). 예언서.

*2
16 22 籠 대그릇 롱 | 약 篭 간 笼 籠

㊥lǒng(룽) ㊐ロウ/かご
풀이 ①대그릇. ㉮물건을 넣어 두는 죽기(竹器)의 총칭. ‖欌籠(장롱). ㉯새장. 조롱(鳥籠). ‖籠鳥(농조). ②들어앉다. 틀어박힘. ‖籠城(농성).
〔籠球 농구〕 다섯 사람이 한 편이 되어 상대편 바스켓에 공을 던져 넣어 득점을 겨루는 경기.
〔籠絡 농락〕 교묘한 수단으로 남을 제 손아귀에 넣어 마음대로 조종함.
〔籠城 농성〕 ①성문을 굳게 닫고 지킴. ②어떤 목적을 관철하기 위하여 그 자리를 떠나지 않고 시위함.
〔籠鳥 농조〕 ①새장에 갇힌 새. ②얽매여 자유가 없는 몸의 비유. 籠中鳥(농중조).
◢燈籠(등롱)/欌籠(장롱)/鳥籠(조롱)

16 22 籟 퉁소 뢰 | 간 籁 籟

㊥lài(라이) ㊐ライ/ふえ
㊎bamboo flute
풀이 ①퉁소. 구멍이 3개인 퉁소. ②소리. 음향(音響). ‖萬籟(만뢰)/天籟(천뢰).
◢地籟(지뢰)/天籟(천뢰)/風籟(풍뢰)

17 23 籥 피리 약 | 籥

㊥yuè(위에) ㊐ヤク/ふえ
풀이 ①피리. ‖管籥(관약). ②쇠를 채우다. 잠금.

*1
17 23 籤 제비 첨 | 간 签 籤

㊥qiān(치엔) ㊐セン/くじ ㊎lot
풀이 ①제비. 심지. 점대. ‖當籤(당첨). ②시험하다. 가부(可否)를 점침. ③찌. 표지(標識). ‖籤紙(첨지).
〔籤辭 첨사〕 점대에 적힌 길흉의 점괘.
〔籤紙 첨지〕 책 따위에 무엇을 표시하려고 붙이는 쪽지.
◢當籤(당첨)/抽籤(추첨)

*1
19 25 籬 울타리 리 | 간 篱 籬

㊥lí(리) ㊐リ/まがき ㊎fence
풀이 울타리. ‖籬牆(이장).

19 25 籩 제기 이름 변 | 간 笾 籩

㊥biān(삐엔) ㊐ヘン/たかつき
풀이 제기 이름. ‖籩豆(변두).

6획

米部 쌀미

☆*6
0
6 **米** 쌀 **미**

丶 丷 䒑 半 米 米

[중]mǐ(미) [일]ベイ, マイ/こめ [영]rice
[갑] [금] [자원] **상형자.** 갑골문의 가운데 가로획은 탈곡한 뒤에 남은 이삭 줄기를 나타내고 위아래의 작은 점들은 점점이 흩어진 쌀알을 나타냄. 금문에서는 줄기 부분이 十(십) 자의 형태로 바뀌어 현재의 자형과 유사해짐.
[참고] 한자 부수의 하나.
[풀이] ①쌀. ②길이의 단위. 미터(meter)의 취음.
〔米價 미가〕 쌀값. 穀價(곡가).
〔米穀 미곡〕 ①쌀. ②쌀을 비롯한 갖가지 곡식.
〔米粒 미립〕 쌀의 낟알. 쌀알.
〔米壽 미수〕 《'米' 자를 풀면 '八十八'이 되는 데서》 여든여덟 살.
〔米飮 미음〕 쌀이나 좁쌀을 오래 끓여 체에 밭인 음식.
〔米作 미작〕 벼농사. 稻作(도작).
〔米點 미점〕 동양화에서, 수목이나 산수를 그릴 때 가로로 찍는 작은 점.
◢白米(백미)/節米(절미)/精米(정미)/玄米(현미)

★*4
4
10 **粉** 가루 **분**

丷 䒑 半 米 米 米丶 粉 粉

[중]fěn(˚펀) [일]フン/こな [영]powder
[자원] **형성자.** 米(미)는 의미를 나타내고 分(분)은 음을 나타냄.
[풀이] ①가루. 분말(粉末). ‖製粉(제분). ②분. 분을 바르다. 화장함. ‖粉黛(분대). ③색칠하다. 채색함. ‖粉彩(분채). ④희다.
〔粉匣 분갑〕 분을 담는 갑.
〔粉骨碎身 분골쇄신〕 《뼈를 가루로 만들고 몸을 부순다는 뜻으로》 자기 몸을 돌보지 않고, 지극한 정성으로 전력을 다함. 碎骨粉身(쇄골분신).
〔粉末 분말〕 가루.
〔粉壁紗窓 분벽사창〕 《'하얗게 꾸민 벽과 비단으로 바른 창'이라는 뜻으로》 여자가 거처하며 아름답게 꾸민 방.
〔粉碎 분쇄〕 ①가루가 되도록 부스러뜨림. ②여지없이 쳐부숨.
〔粉食 분식〕 밀가루 따위로 만든 음식.
〔粉飾 분식〕 ①내용이 없이 거죽만을 좋게 꾸밈. ②좋게 보이려고 거짓으로 꾸밈.
〔粉塵 분진〕 돌 따위가 잘게 부서져 공기 중에 섞인 가루와 먼지. 티끌.
〔粉筆 분필〕 칠판에 글씨를 쓰는 필기구. 백묵.
〔粉紅 분홍〕 흰빛이 섞인 붉은빛.
◢葛粉(갈분)/穀粉(곡분)/骨粉(골분)/小麥粉(소맥분)/受粉(수분)/魚粉(어분)/鱗粉(인분)/澱粉(전분)/製粉(제분)/脂粉(지분)/花粉(화분)

*
4
10 **粃** 쭉정이 **비**

[중]bǐ(비) [일]ヒ/しいな
[영]empty heads of grain
[풀이] ①쭉정이. [같]秕. ‖粃滓(비재). ②모르다. 아니다.

*1
5
11 **粒** 낟알 **립**

[중]lì(리) [일]リュウ/つぶ [영]grain
[풀이] ①낟알. 쌀알. 미립(米粒). ②낱알. 동글동글한 구슬, 환약(丸藥) 등의 총칭.
〔粒子 입자〕 물질을 구성하는 매우 작은 알갱이.
◢顆粒(과립)

*1
5
11 **粕** 지게미 **박**

[중]pò(포) [일]ハク/かす [영]lees
[풀이] ①지게미. ‖糟粕(조박). ②깻묵. ‖大豆粕(대두박).

*1
5
11 **粘** 붙을 **점** [본]**념**

[중]nián(니엔) [일]ネン/おばる [영]sticky
[풀이] 붙다. 끈끈함. [같]黏. ‖粘液(점액).
〔粘性 점성〕 물질의 차지고 끈적거리는 성질.
〔粘液 점액〕 끈끈한 액체.
〔粘着 점착〕 끈끈하게 착 달라붙음.
〔粘土 점토〕 물에 이기면 점성(粘性)을 띠는 흙. 찰흙.

*1
5
11 **粗** 거칠 **조**

[중]cū(추) [일]ソ/あらい [영]rough
[풀이] ①거칠다. 정세(精細)하지 않음. 소략함. ‖粗雜(조잡). ②크다. ③대략(大略). ‖粗略(조략).
〔粗略 조략〕 아주 간략하여 보잘것없음.
〔粗惡 조악〕 물품의 질이 거칠고 나쁨.
〔粗野 조야〕 ①거칠고 막됨. ②무례하고 야비함.
〔粗衣粗食 조의조식〕 잘 입지도 잘 먹

6획

지도 못함. 惡衣惡食(악의악식).
〔粗雜 조잡〕 거칠고 잡스러워 품위가 없음. ↔精密(정밀).
〔粗製 조제〕 물건을 조잡하게 만듦.

★✱3
6 12 **粟** 조 **속** 粟

一 一 襾 襾 襾 覀 粟 粟

㊥sù(쑤) ㊐ゾク/あわ ㊊millet
갑 전 자원 **회의자.** 갑골문은 벼 그루터기와 그 주위에 흩어진 벼의 난알을 나타낸 상형자이나, 소전에서는 卣(열매 주렁주렁 달릴 조)와 米(미)가 합쳐진 회의자로 바뀜. 예서에서 卣가 襾(아)로 변하여 현재의 자형이 됨.
풀이 ①조. 좁쌀. ②오곡(五穀)의 총칭. ‖粟帛(속백). ③벼.
〔粟米 속미〕 좁쌀.
◢黍粟(서속)/滄海一粟(창해일속)

6 12 **粤** 어조사 **월** 粤

㊥yuè(위에) ㊐エツ/ここに
풀이 ①어조사. ㉮이에. 발어사(發語辭). ㉯이에. 이에 있어서. 위를 이어 아래를 일으키는 말. ㊟越. ②두텁다. 후함. ③종족 이름. 옛날, 강(江)·절(浙)·민(閩)·월(粤) 지방에 살던 민족. ㊟越. ④주대(周代)의 나라 이름. 남월(南粤). ㊟越.

★✱3-Ⅱ
6 12 **粧** 단장할 **장** 粧

丶 丷 丬 米 米' 米' 粧 粧

㊥zhuāng(°쭈앙) ㊐ショウ/よそおう
㊊adorn oneself
자원 **형성자.** 米(미)는 의미를 나타내고 庄(장)은 음을 나타냄.
풀이 ①단장하다. 단장(丹粧). ㊟妝. ②…체하다.
〔粧鏡 장경〕 화장용 거울. 鏡臺(경대).
〔粧刀 장도〕 주머니 속에 넣거나 옷고름에 차는 작은 칼. 장도칼. ‖銀粧刀(은장도).
〔粧飾 장식〕 화장하여 꾸밈. 또는, 그 꾸밈새.
◢丹粧(단장)/美粧(미장)/盛粧(성장)/治粧(치장)/化粧(화장)

✱
6 12 **粥** ❶죽 **죽**✱ ❷팔 **육** 粥

㊥zhōu(°쩌우), yù(위)
㊐シュク, イク/かゆ, うる ㊊gruel, sell
풀이 ❶죽. ㊟鬻. ‖羹粥(갱죽). ❷①팔다. ②기르다. ③시집보내다.
◢朝飯夕粥(조반석죽)

✱
13 **粳** 秔(갱)과 동자 →552쪽

✱1
7 13 **粱** 기장 **량** 粱

㊥liáng(리앙) ㊐リョウ/おおあわ
㊊bamboo millet
풀이 ①기장. ②쓿은 곡식. 정제(精製)한 곡물. ③기장밥.
◢高粱(고량)

✱
13 **粮** 糧(량)과 동자 →578쪽

✱
7 13 **粲** 정미 **찬** 粲

㊥càn(찬) ㊐サン/しらげよね
㊊polished rice
풀이 ①정미(精米). 백미. ②밝다. 선명함. ‖粲爛(찬란). ③맑다. 청결한 모양. ④문채. 장식. ⑤웃는 모양. ‖粲然(찬연).

✱1
8 14 **粹** 순수할 **수** 粹

㊥cuì(추에이) ㊐スイ ㊊pure
풀이 ①순수하다. 전일(專一)함. ‖純粹(순수). ②정미(精米). ③아름답다.
〔粹美 수미〕 순수하고 아름다움.
〔粹然 수연〕 꾸밈이 없고 천진스러움.
◢純粹(순수)/精粹(정수)

☆✱4-Ⅱ
8 14 **精** 정미로울 **정** 精

丶 丬 米 米' 米' 精 精 精

㊥jīng(찡) ㊐セイ, ショウ/くわしい
㊊minute
자원 **형성자.** 米(미)는 의미를 나타내고 靑(청)은 음을 나타냄.
풀이 ①정미롭다. 면밀함. ‖精密(정밀). ②찧다. ‖精米(정미). ③날카롭다. 정예함. ④아름답다. ‖精粹(정수). ⑤정액(精液). ⑥마음. 진심. 정성. ‖精神(정신). ⑦정하다. 깨끗함. ‖精華(정화). ⑧진실. 참됨. ⑨신령. 요괴. ‖妖精(요정).
〔精潔 정결〕 깨끗하고 깔끔함.
〔精巧 정교〕 아주 정밀하고 교묘함.
〔精勤 정근〕 부지런히 힘씀.
〔精氣 정기〕 천지 만물의 생성 및 활동의 근원이 되는 기운. 원기(元氣).
〔精讀 정독〕 글을 자세히 읽음.
〔精力 정력〕 ①심신의 활동력. ②남자

6획

의 성적(性的) 능력.
〔精練 정련〕 ①잘 훈련함. ②천연 섬유에 포함되어 있는 불순물을 걸러 없앰.
〔精靈 정령〕 ①죽은 사람의 넋. ②산천 초목에 있다고 믿던 신비로운 기운이나 혼령.
〔精米 정미〕 기계 따위로 벼를 찧어 쌀을 만듦. ‖精米所(정미소).
〔精密 정밀〕 아주 세밀하고 정확함.
〔精兵 정병〕 잘 골라서 뽑은 우수하고 용맹한 군사. 精卒(정졸).
〔精算 정산〕 자세하게 계산함.
〔精選 정선〕 정밀하게 고름. 精擇(정택).
〔精誠 정성〕 성실하고 참된 마음.
〔精髓 정수〕 ①뼈 속에 있는 골수. ②사물의 중심이 되는 골자 또는 요점.
〔精神 정신〕 ①영혼이나 마음. ↔肉體(육체). ②사물을 생각하고 느끼는 능력. ③마음의 자세나 태도.
〔精液 정액〕 수컷의 몸속에서 만들어지는 정자가 들어 있는 액체.
〔精銳 정예〕 여럿 가운데 잘 훈련된 사람.
〔精子 정자〕 수컷의 생식 세포. 精蟲(정충).
〔精製 정제〕 ①정밀하게 제작함. ②물질에 섞인 불순물을 제거하여 순수하게 만듦.
〔精進 정진〕 정력을 다하여 열심히 노력함.
〔精蟲 정충〕 ➡精子(정자).
〔精通 정통〕 정확하고 자세히 앎.
〔精華 정화〕 어떤 것을 대표할 만한 가장 뛰어난 부분. 菁華(정화).
〔精確 정확〕 자세하고 확실함.
◢搗精(도정)/夢精(몽정)/射精(사정)/受精(수정)/妖精(요정)/酒精(주정)

9 15 糅 섞을 유 糅

㊥róu(°러우) ㊐ジュウ/まじる ㊎mix
풀이 ①섞다. ②여러 가지를 섞어 장만한 안주. ③잡곡밥. 비빔밥.

*1 9 15 糊 풀 호 糊

㊥hù, hú(후) ㊐コ/のり ㊎paste
풀이 ①풀. 죽. ㊀黏. ②끈끈하다. ③입에 풀칠함. 겨우 살아감. ‖糊口(호구) ④모호하다. 멍함. 흐릿함.
〔糊口 호구〕《입에 풀칠을 한다는 뜻으로》 겨우 끼니를 이어 감.
〔糊口之計 호구지계〕 ➡糊口之策(호구지책).
〔糊口之策 호구지책〕 가난한 살림에서 겨우 먹고살아 가는 방책. 糊口之計(호구지계).
〔糊塗 호도〕《풀을 바른다는 뜻으로》 명확하게 결말을 내지 않고 일시적으로 감추거나 흐지부지 덮어 버림.
◢模糊(모호)

16 糓 糓(곡)의 속자 →557쪽

10 16 糗 볶은 쌀 구 糗

㊥qiǔ(치우) ㊐キュウ/いりごめ
풀이 ①볶은 쌀. 볶은 곡식. ②미숫가루로 빚은 떡.

★✱3-Ⅱ 10 16 糖 사탕 당 糖

丷 丬 米 米ˊ 粆 粔 糖 糖

㊥táng(탕) ㊐トウ/さとう ㊎sugar
자원 **형성자.** 米(미)는 의미를 나타내고 唐(당)은 음을 나타냄.
인명용 한자에서는 '탕'으로 발음하는 것을 인정하고 있음.
풀이 ①사탕. 설탕. ②엿. ㊀飴.
〔糖尿病 당뇨병〕 오줌에 당분이 많이 섞여 나오는 병.
〔糖分 당분〕 당류(糖類)의 성분.
◢果糖(과당)/沙糖(사탕)/雪糖(설탕)/製糖(제당)/葡萄糖(포도당)

*1 11 17 糠 겨 강 糠

㊥kāng(캉) ㊐コウ/ぬか ㊎chaff
풀이 ①겨. 쌀겨. ‖糟糠(조강). ②매우 작은 것의 비유.
〔糠糜 강미〕 겨로 쑨 죽. 겨죽.
◢糟糠(조강)

11 17 糜 죽 미 糜

㊥mí(미) ㊐ビ/かゆ ㊎gruel
풀이 ①죽. 된죽. ②문드러지다. 피폐(疲弊)하게 함. ‖糜爛(미란).
〔糜爛 미란〕 썩거나 헐어서 문드러짐.

*1 11 17 糞 똥 분 간 粪 糞

㊥fèn(°펀) ㊐フン/くそ ㊎feces
갑 전 자원 **회의자.** 갑골문은 한 손에는 쓰레받기를, 다른 한 손에는 빗자루를 들고 더러운 물질을 쓸어 담고 있는 모습을 나타냄. 소전에서는 더러운 물질이 米(쌀 미)로 바뀌어 '똥'의 의미를 분명히 했음. 현재의 자형은 米 이외에는 그 형태를 알아보기 어려움.

6획

풀이 ①똥. 배설물. ‖糞尿(분뇨). ②치다. 더러운 것을 치움. ③쓸다. 청소함. ④거름 주다.
〔糞尿 분뇨〕 똥과 오줌. 대소변.
◢鷄糞(계분)/馬糞(마분)/牛糞(우분)/人糞(인분)

11 17 **糟** *1 지게미 **조**

㊥zāo(짜오) ㊐ソウ/かす ㊍lees
풀이 지게미. 술지게미.
〔糟糠 조강〕 (('지게미와 쌀겨'라는 뜻으로)) 가난한 사람이 먹는 변변치 못한 음식.
〔糟糠之妻 조강지처〕 (('지게미와 쌀겨로 끼니를 이을 때의 아내'라는 뜻으로)) 가난할 때 고생을 함께 해 온 아내.
〔糟粕 조박〕 ①술을 거르고 남은 찌끼. 재강. ②보잘것없는 것의 비유.

12 18 **糧** ★★4 양식 **량** 동간 粮

㊥liáng(리앙) ㊐リョウ/かて ㊍food
자원 **형성자.** 米(미)는 의미를 나타내고 量(량)은 음을 나타냄.
풀이 ①양식. 식량의 총칭. 곡식(穀食). ②구실. 조세. ③봉록(俸祿). 급여(給與). ‖給糧(급량).
〔糧穀 양곡〕 양식으로 쓰는 곡식.
〔糧食 양식〕 ①살아가는 데 필요한 먹을거리. 食糧(식량). ②정신적인 활동에 중요한 구실을 하는 것.
◢軍糧(군량)/食糧(식량)/絶糧(절량)

14 20 **糯** 찰벼 **나**

㊥nuò(누어) ㊐ダ/もちごめ
풀이 찰벼. 찹쌀.
〔糯米 나미〕 찹쌀.
〔糯黍 나서〕 찰기장.

16 22 **糴** 쌀 사들일 **적** 간 籴

㊥dí(디) ㊐テキ/かいよね
풀이 ①쌀을 사들이다. ‖糶糴(조적). ②구두쇠. 인색한 사람.

19 25 **糶** 쌀 낼 **조** 간 粜

㊥tiào(티아오) ㊐チョウ/うりよね
풀이 쌀을 내다. 쌀을 팖.

糸部 실사

0 6 **糸** * 絲(사)의 약자 →585쪽

자원 **상형자.** 한 타래의 실을 본뜬 자.
한자 부수의 하나.

1 7 **系** ★★4 이을 **계**

㊥xì(씨) ㊐ケイ/つなぐ ㊍link
갑 금 전 자원 **회의자.** 손을 뜻하는 爪(조)와 糸(실 사)가 합쳐진 자로, 손으로 두세 타래의 실을 잡고(또는 잇고) 있는 모습을 나타냄.
풀이 ①잇다. 뒤를 이음. ②핏줄. 혈통(血統). ③계보(系譜).
〔系圖 계도〕 대대의 계통을 한눈에 볼 수 있게 만든 도표.
〔系譜 계보〕 ①조상 대대로 내려오는 혈통과 선조의 약사(略史)를 적은 책. ②혈연관계·학풍·사조 등이 계승되어 온 연속성.
〔系列 계열〕 서로 관련이 있거나 비슷한 특성이 있는 것들이 이루는 갈래나 조직.
〔系統 계통〕 성질이나 기능이 같은 종류에 속하는 것.
◢家系(가계)/母系(모계)/傍系(방계)/父系(부계)/直系(직계)/體系(체계)

7 **糺** * 糾(규)와 동자 →578쪽

2 8 **糾** ★★3 꼴 **규** 동간 糺 纠

㊥jiū(찌우) ㊐キュウ/あざなう ㊍twist
풀이 ①꼬다. ②모으다. 모아서 합침. ③거두다. 규합(糾合)함. ④얽히다. ‖紛糾(분규). ⑤바루다. 시정함. ‖糾正(규정). ⑥조사하다. ‖糾彈(규탄).
〔糾明 규명〕 사리(事理)를 따져 밝힘.
〔糾彈 규탄〕 책임이나 잘못을 들추어내어 따지고 비난함.
〔糾合 규합〕 많은 사람이나 힘을 한데 끌어 모음.
◢紛糾(분규)

3 9 **紀** ★★4 벼리 **기** 간 纪

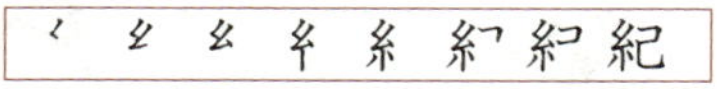

[중]jì(찌) [일]キ/こずな
[자원] **형성자.** 糸(사)는 의미를 나타내고 己(기)는 음을 나타냄.
[풀이] ①벼리. 기강(紀綱). 규칙. ②순서를 정하여 기록하다. 또는, 그 기록. 본기(本紀). ‖紀行(기행). ③해. ‖紀元(기원). ④인도(人道).
〔紀綱 기강〕 사회의 규율과 질서.
〔紀念 기념〕 뜻 깊은 일이나 훌륭한 인물 등을 오래도록 잊지 않고 마음에 간직함. 記念(기념).
〔紀元 기원〕 ①건국의 첫해. ②연대를 세는 기준이 되는 해.
〔紀律 기율〕 한 집단에 속한 사람들이 지켜야 하는 규칙. 規律(규율).
〔紀行 기행〕 여행 중에 보고 듣고 느낀 것을 적은 글. ‖紀行文(기행문).
◢國紀(국기)/軍紀(군기)/檀紀(단기)/本紀(본기)/佛紀(불기)/西紀(서기)/世紀(세기)/創世紀(창세기)

3 9 **紃** 끈 **순** [간] 𬘘 紃

[중]xún(쒼) [일]シュン/うちひも [영]string
[풀이] ①끈. ②좇다. 따름. [같]循.

☆*5
3 9 **約** 묶을 **약** [간] 约 約

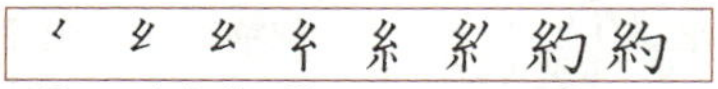

[중]yuē(위에) [일]ヤク/むすぶ [영]bind
[자원] **형성자.** 糸(사)는 의미를 나타내고 勺(작)은 음을 나타냄.
[풀이] ①묶다. ②따르다. ③약속하다. 맹약. ‖約婚(약혼). ④검소하다. ‖節約(절약). ⑤줄이다. ⑥축약(縮約)하다. ⑦대략. 대강. ‖約略(약략). ⑧나눗셈하다. ‖約分(약분).
〔約款 약관〕 계약·조약 등에서 정해진 하나하나의 조항.
〔約分 약분〕 분수의 분모와 분자를 공약수로 나누어 간단하게 하는 일. 맞줄임.
〔約束 약속〕 어떤 일을 하기로 상대와 미리 정하는 일. 또는, 그 내용.
〔約定 약정〕 약속하여 정함.
〔約條 약조〕 ①조항을 정하여 약속함. ②약속하여 정한 조항.
〔約婚 약혼〕 혼인하기로 약속함. ↔破婚(파혼).
◢佳約(가약)/儉約(검약)/契約(계약)/公約(공약)/舊約(구약)/規約(규약)/期約(기약)/密約(밀약)/誓約(서약)/先約(선약)/新約(신약)/言約(언약)/豫約(예약)/要約(요약)/違約(위약)/節約(절약)/制約(제약)/條約(조약)/集約(집약)/縮約(축약)/特約(특약)/解約(해약)/協約(협약)/婚約(혼약)/確約(확약)

*
3 9 **紆** 굽을 **우** [간] 纡 紆

[중]yū(위) [일]ウ/まがる [영]bend
[풀이] ①굽다. ②굽히다. ③얽히다.

*1
3 9 **紂** 말고삐 **주** [간] 纣 紂

[중]zhòu(˚쩌우) [일]チュウ [영]rein
[풀이] ①말고삐. 늑설(勒紲). ②주임금. 은(殷)의 마지막 임금. ‖桀紂(걸주).

☆*4
3 9 **紅** 붉을 **홍** [간] 红 紅

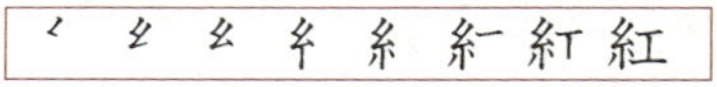

[중]hóng(홍) [일]コウ/くれない [영]red
[자원] **형성자.** 糸(사)는 의미를 나타내고 工(공)은 음을 나타냄.
[풀이] 붉다. 선홍색. ‖紅潮(홍조).
〔紅燈街 홍등가〕 (‘붉은 등이 켜져 있는 거리’란 뜻으로) 유곽(遊廓)이나 창가(娼家)가 늘어선 거리.
〔紅爐點雪 홍로점설〕 (빨갛게 단 화로 위에 눈을 조금 뿌린 것 같다는 뜻으로) 큰일을 하는 데 있어 작은 힘으로는 아무 도움이 되지 않음.
〔紅蔘 홍삼〕 수삼(水蔘)을 쪄서 말린 붉은 빛깔의 인삼.
〔紅顏 홍안〕 (‘붉은 얼굴’이라는 뜻으로) 젊어서 혈색이 좋은 얼굴.
〔紅顏薄命 홍안박명〕 얼굴이 예쁜 여자는 팔자가 사나운 경우가 많음.
〔紅疫 홍역〕 주로 어린아이에게 높은 열이 나고 온몸에 빨간 열꽃이 돋는 급성 전염병. 紅疹(홍진).
〔紅葉 홍엽〕 ①붉은 잎. ②가을에 단풍이 든 나뭇잎.
〔紅玉 홍옥〕 ①붉은 옥. 루비. 紅寶石(홍보석). ②겉껍질이 아주 붉은 사과 품종의 하나. ③피부색·안색 등이 윤이 나고 아름다운 사람의 비유.
〔紅一點 홍일점〕 (‘푸른 잎 가운데 피어 있는 한 송이의 붉은 꽃’이라는 뜻으로) ①많은 남자들 사이에 끼어 있는 한 사람의 여자. ②여럿 가운데 오직 하나 이채를 띠는 것.
〔紅潮 홍조〕 ①아침 해가 바다에 비쳐 붉게 물든 경치. ②취하거나 흥분하거나 부끄러워서 붉어짐. 또는, 그런 빛. ③월경(月經).
〔紅茶 홍차〕 차나무의 잎을 발효시켜 녹색을 빼내고 말린 찻감.
◢粉紅(분홍)/鮮紅(선홍)/深紅(심홍)/朱紅(주홍)/眞紅(진홍)/花無十日紅(화무십일홍)

3 * 紈 흰 깁 환 ㉮纨 紈
9
㉩wán(완) ㉰ガン/しろぎぬ
풀이 흰 깁. 희고 올이 가는 생견.

3 * 紇 묶을 흘 ㉮纥 紇
9
㉩gē(꺼), hé(허) ㉰コツ/つかねる
㉧bind
풀이 ①묶다. ②핫길의 명주실. ③종족 이름. ‖回紇(회흘).

4 * 紘 갓끈 굉 ㉺횡 ㉮纮
10
㉩hóng(훙) ㉰オウ, コウ/つな
㉧hat string
풀이 ①갓끈. ②밧줄.

4 ★*6 級 등급 급 ㉮级 級
10
〈 幺 纟 糸 糹 紁 級 級
6획
㉩jí(지) ㉰キュウ/しな ㉧grade
자원 **형성자.** 糸(사)는 의미를 나타내고 及(급)은 음을 나타냄.
풀이 ①등급(等級). 차례. ‖級數(급수). ②층계(層階). ③수급(首級). 전쟁에서 베어 얻은 적군의 머리.
〔級數 급수〕 ①우열에 따라 매긴 등급. ②수학에서 일정한 법칙에 따라 증감하는 수를 순서대로 배열한 것.
〔級友 급우〕 같은 학급의 친구.
◢階級(계급)/高級(고급)/同級(동급)/等級(등급)/上級(상급)/首級(수급)/昇級(승급)/留級(유급)/低級(저급)/中級(중급)/職級(직급)/進級(진급)/體級(체급)/初級(초급)/下級(하급)/學級(학급)

4 ★*4 納 들일 납 ㉮纳 納
10
〈 幺 纟 糸 糹 紃 紉 納
㉩nà(나) ㉰ノウ/おさめる ㉧receive
자원 **형성자.** 糸(사)는 의미를 나타내고 內(내)는 음을 나타냄.
풀이 ①들이다. 받아들임. ‖納期(납기). ②보내다. ③거두어들이다. ④받다. ‖收納(수납). ⑤넣다.
〔納骨堂 납골당〕 유골을 모셔 두는 곳.
〔納期 납기〕 세금·공과금 등을 내는 기한.
〔納吉 납길〕 신랑 집에서 신부 집으로 혼인날을 받아 보내는 일.
〔納得 납득〕 남의 말 등을 잘 알아 이해하고 긍정함.
〔納涼 납량〕 여름철에 더위를 피하여 서늘한 기운을 느낌.
〔納付 납부〕 공과금·세금 등을 관계 기관에 냄.
〔納稅 납세〕 세금을 냄.
〔納入 납입〕 세금·공과금 등을 정해진 곳에 냄.
〔納采 납채〕 신랑 집에서 신부 집으로 혼인을 청하는 의례.
〔納幣 납폐〕 혼인할 때, 신랑 집에서 신부 집으로 예물을 보냄. 또는, 그 예물.
〔納品 납품〕 주문받은 물건을 주문한 곳에 가져다 줌.
◢軍納(군납)/歸納(귀납)/返納(반납)/代納(대납)/未納(미납)/分納(분납)/上納(상납)/先納(선납)/收納(수납)/受納(수납)/完納(완납)/容納(용납)/滯納(체납)/出納(출납)/獻納(헌납)

4 *1 紐 끈 뉴 ㉮纽 紐
10
㉩niǔ(니우) ㉰チュウ/ひも ㉧string
풀이 ①끈. ②매다. ‖紐帶(유대).
〔紐帶 유대〕 (‘끈과 띠’라는 뜻으로) 둘 이상을 서로 연결하거나 결합하게 하는 관계.

4 *3-Ⅱ 紋 무늬 문 ㉮纹 紋
10
㉩wén(원) ㉰モン/あや ㉧pattern
풀이 ①무늬. ㉤文. ‖紋章(문장). ②주름. ‖波紋(파문).
〔紋様 문양〕 무늬의 모양.
〔紋章 문장〕 왕이나 귀족의 집안을 나타내는 상징적인 그림으로 나타낸 표시.
〔紋織 문직〕 무늬가 돋아 나오게 짠 피륙.
◢指紋(지문)/波紋(파문)/花紋(화문)

4 *2 紊 어지러울 문 紊
10
㉩wěn(원) ㉰ブン, ビン/みだれる
㉧dizzy
풀이 어지럽다. 얽히다.
〔紊亂 문란〕 도덕·질서가 제대로 지켜지지 않아 어지러움.

4 *2 紡 자을 방 ㉮纺 紡
10
㉩fǎng(°팡) ㉰ボウ/つむぐ ㉧spin
자원 **형성자.** 糸(사)는 의미를 나타내고 方(방)은 음을 나타냄.
풀이 ①잣다. 실을 뽑음. ‖紡績(방적). ②실. ‖紡絲(방사).
〔紡絲 방사〕 섬유를 자아서 실을 뽑음. 또는, 그 실.

〔紡績 방적〕 섬유를 가공하여 실을 뽑음. 길쌈.
〔紡織 방직〕 공장에서 기계로 천을 짬.
〔紡錘 방추〕 ①물레의 가락. ②북. 베틀의 부속품.
◢綿紡(면방)/毛紡(모방)

★✱3-Ⅱ
4 10 **紛** 어지러울 **분** | 간 纷

ㄑ ㄠ 纟 糸 糹 紒 紛 紛

중fēn(°펀) 일フン/まぎれる 영dizzy
자원 **형성자.** 糸(사)는 의미를 나타내고 分(분)은 음을 나타냄.
풀이 ①어지럽다. ‖紛糾(분규). ②섞이다. ③엉크러지다.
〔紛糾 분규〕 이해관계나 주장이 서로 엇갈려 다투는 상황.
〔紛亂 분란〕 어수선하고 소란스러움.
〔紛紛 분분〕 ①의견들이 갈피를 잡을 수 없이 많고 어수선함. ②여럿이 한데 뒤섞여 어수선함.
〔紛失 분실〕 알지 못하는 사이에 잃어버림.
〔紛雜 분잡〕 많은 사람이 북적거려 시끄럽고 어수선함.
〔紛爭 분쟁〕 이해관계가 복잡하고 얽힌 문제 때문에 서로 시끄럽게 다툼.
◢內紛(내분)

✱1
4 10 **紗** 깁 **사** | 간 纱

중shā(°싸) 일サ, シャ
풀이 ①깁. 얇은 견직물의 하나. ‖紗帽(사모). ②외올실.
〔紗帽 사모〕 옛날에 벼슬아치들이 관복을 입을 때 쓰던, 깁으로 만든 모자. 烏紗帽(오사모).
〔紗窓 사창〕 깁으로 바른 창문.
◢甲紗(갑사)/羅紗(나사)

★✱3-Ⅱ
4 10 **索** ❶동아줄 **삭**✱3-Ⅱ ❷찾을 **색**★✱3-Ⅱ

一 十 𠫓 ... 索 (필순)

중suǒ(수어) 일サク/つな, もとめる
갑 금 **자원** **회의자.** 갑골문은 굵은 줄과 두 손으로 이뤄진 자로, 줄을 두 손으로 꼬고 있는 모습을 나타냄. 손이 없이 줄만 나타낸 갑골문도 있는데 이 경우에는 상형자임.
풀이 ❶①동아줄. ‖索道(삭도). ②꼬다. ③택하다. ④쓸쓸하다. ‖索莫(삭막). ⑤떨어지다. 분산함. ❷①찾다. 구함. ‖摸索(모색). ②바라다. 원함.
〔索道 삭도〕 케이블카가 다니는, 철삭(鐵索)을 공중에 맨 선로. 架空索道(가공 삭도).
〔索莫 삭막〕 황폐하여 쓸쓸함. 索寞(삭막). 索漠(삭막).
〔索引 색인〕 책 속의 내용·사항 등을 찾아보기 쉽도록 특별히 꾸며 놓은 목록. 찾아보기.
〔索出 색출〕 샅샅이 뒤져서 찾아냄.
◢鋼索(강삭)/檢索(검색)/摸索(모색)/思索(사색)/搜索(수색)/探索(탐색)

☆✱4-Ⅱ
4 10 **素** 흴 **소**

一 十 丰 主 圭 耒 耒 素

중sù(쑤) 일ソ/しろい 영white
금 전 **자원** **회의자.** 실이 너풀거리는 원단(물들이지 않은 명주)을 나타낸 자. 금문은 좌우에 손을 그려 원단을 두 손으로 들고 있는 모양을 나타냈고 소전은 두 손이 생략되어 현재의 자형과 유사해짐.
풀이 ①희다. ‖素絲(소사). ②생명주(生明紬). ③무늬 없는 피륙. ④질소(質素)하다. ‖素朴(소박). ⑤근본. ㉮본시. ㉯바탕. ‖素因(소인). ⑥평소. ‖素食(소식). ⑦채식. ‖素饌(소찬).
〔素描 소묘〕 채색(彩色)을 하지 않은 선화(線畫). 데생.
〔素朴 소박〕 꾸밈이 없고 수수함.
〔素飯 소반〕 고기반찬이 없는 밥. 소밥. 素食(소식).
〔素服 소복〕 하얗게 차려입은 한복. 흔히 상사(喪事)에 입음.
〔素扇 소선〕 하얀 깁으로 만든 부채. 깁부채.
〔素心 소심〕 평소의 마음.
〔素養 소양〕 평소에 닦은 학덕과 기예.
〔素因 소인〕 ①근본 원인. ②병에 걸리기 쉬운 신체적인 성질.
〔素材 소재〕 ①기본이 되는 재료. ②예술 창작에서, 작품을 만들기 위해 다루는 사실이나 사물.
〔素地 소지〕 본디의 바탕.
〔素質 소질〕 본디부터 가지고 있는 성질. 또는, 타고난 능력이나 기질.
〔素饌 소찬〕 고기나 생선이 들어 있지 않은 반찬. 素膳(소선).
◢簡素(간소)/儉素(검소)/毒素(독소)/酸素(산소)/色素(색소)/水素(수소)/鹽素(염소)/尿素(요소)/要素(요소)/元素(원소)/音素(음소)/窒素(질소)/炭素(탄소)/平素(평소)/畫素(화소)/酵素(효소)

☆✱4-Ⅱ
4 10 **純** ❶생사 **순**☆✱4-Ⅱ ❷가선 **준**✱ | 간 纯

ㄑ ㄠ 纟 糸 糹 糽 紅 純

중chūn(°춘), zhūn(°쭌)

㉢ジュン/いと ㊍raw silk
자원 **형성자.** 糸(사)는 의미를 나타내고 屯(둔)은 음을 나타냄.
풀이 ❶①생사(生絲). ②순수하다. ‖純潔(순결). ③오로지. ④천진하다. ‖純樸(순박). ⑤온전하다. ‖純全(순전). ⑥착하다. ❷가선. 가장자리.
〔純潔 순결〕 ①마음에 더러움이 없이 깨끗함. ②이성과의 육체 관계가 없음.
〔純潔無垢 순결무구〕 마음과 몸이 깨끗하여 조금도 더러운 티가 없음.
〔純金 순금〕 잡물이 섞이지 않은 순수한 금.
〔純度 순도〕 물질의 순수한 정도.
〔純毛 순모〕 순수한 털실이나 모직물.
〔純白 순백〕 ①다른 것이 섞이지 않은 순수한 흰색. ②티 없이 맑고 깨끗함.
〔純粹 순수〕 ①다른 것이 전혀 섞이지 않음. ②사욕이나 사념(邪念)이 없음.
〔純益 순익〕 총이익에서 모든 경비를 빼고 남은 순전한 이익. 純利(순리).
〔純全 순전〕 순수하고 완전함.
〔純情 순정〕 ①순결한 애정. ②순수하고 사심 없는 감정.
〔純種 순종〕 다른 것과 섞이지 않은 순수한 품종.
〔純直 순직〕 순박하고 곧음.
〔純眞 순진〕 꾸밈이 없고 참됨.
◢單純(단순)/不純(불순)/至高至純(지고지순)/至純(지순)/淸純(청순)

4 10 **紜** 어지러울 **운** ㉮纭

㊥yún(윈) ㉢ウン ㊍dizzy
풀이 ①어지럽다. 시끄러움. ‖紛紜(분운). ②많다. 성함.

4 10 **紝** 짤 **임** ㊐絍 ㉮纴

㊥rèn(°런) ㉢ジン/おる ㊍weave
풀이 ①짜다. 베를 짬. ②비단.

☆✱7
4 10 **紙** 종이 **지** ㉮纸

𠃋	幺	幺	糸	糸	紅	紅	紙

㊥zhǐ(°즈) ㉢シ/かみ ㊍paper
자원 **형성자.** 糸(사)는 의미를 나타내고 氏(씨)는 음을 나타냄. '설문해자'의 저자 허신에 따르면 종이는 누에고치를 씻을 때 생기는 실오리가 광주리에 붙은 것이라고 함.
풀이 ①종이. ②종이를 세는 단위. 장(張).
〔紙價 지가〕 종이의 값.
〔紙匣 지갑〕 가죽·헝겊 등으로 만든, 돈·증명서 등을 넣어 가지고 다니는 물건.
〔紙齡 지령〕 신문이 창간된 이후로 발행한 호수(號數).
〔紙面 지면〕 ①종이의 겉면. ②글이나 그림이 실리는 인쇄물의 면.
〔紙墨 지묵〕 종이와 먹.
〔紙物鋪 지물포〕 벽지·장판지 등을 파는 가게. 紙廛(지전).
〔紙榜 지방〕 종이로 만든 신주(神主).
〔紙上 지상〕 ①종이의 위. ②신문의 지면 위.
〔紙繩 지승〕 종이로 꼰 노끈. 撚紙(연지).
〔紙錢 지전〕 ① ➡紙幣(지폐). ②장례 때, 돈 모양으로 오려 관에 넣는 종이.
〔紙質 지질〕 종이의 품질. 紙地(지지).
〔紙幣 지폐〕 종이로 된 화폐. 紙錢(지전). 紙貨(지화).
〔紙筆墨 지필묵〕 종이와 붓과 먹.
◢簡紙(간지)/更紙(갱지)/白紙(백지)/壁紙(벽지)/封紙(봉지)/外紙(외지)/用紙(용지)/油紙(유지)/印紙(인지)/摺紙(접지)/製紙(제지)/破紙(파지)/便紙(편지)/廢紙(폐지)/表紙(표지)/韓紙(한지)/休紙(휴지)

✱1
5 11 **紺** 반물 **감** ㉮绀

㊥gàn(깐) ㉢カン, コン ㊍dark blue
풀이 반물. 감색. ‖紺靑(감청).
〔紺色 감색〕 검은빛을 띤 남빛. 반물.
〔紺靑 감청〕 짙고 산뜻한 남빛.

✱
5 11 **絅** ❶끌어 죌 **경** ❷홑옷 **경** ㉮䌹

㊥jiōng(찌웅), jiǒng(지웅) ㉢ケイ
풀이 ①끌어 죄다. ②홑옷.

11 **経** 經(경)의 약자 →587쪽

★✱3-Ⅱ
5 11 **累** ❶묶을 **루** ❷포갤 **루** ❸괴롭힐 **루**

丨	冂	冂	田	田	甲	罗	累

㊥lěi, lèi(레이) ㉢ルイ/しばる ㊍tie
전 자원 **회의자.** 여러 개의 물건(田 자는 가면의 상형이라는 주장이 있음)을 실로 연결한 모습을 나타냄.
풀이 ❶묶다. ‖係累(계루). ❷①포개다. 여럿. ‖累代(누대). ②쌓다. ③모두. ‖累計(누계). ❸①괴롭히다. 수고를 끼치다. ‖累名(누명). ②번거로움. 근심. 폐. ‖累責(누책). ③연루(連累). 연루됨.
〔累計 누계〕 소계(小計)를 계속하여 덧붙여 계산함. 또는, 그 합계.
〔累年 누년〕 여러 해.

6획

[累代 누대] 여러 대. 累世(누세).
[累卵之勢 누란지세] 《알을 쌓아 놓은 모양 같다는 뜻으로》 몹시 위태로운 형세.
[累卵之危 누란지위] 《알을 쌓아 놓은 것처럼 위태롭다는 뜻으로》 몹시 아슬아슬한 위기.
[累犯 누범] ①거듭 죄를 지음. 또는, 그런 사람. ②전과자가 다시 범죄함.
[累世 누세] ➡累代(누대).
[累積 누적] 포개어 쌓음. 또는, 포개져 쌓임.
[累增 누증] 계속해서 늘어남.
[累進 누진] ①계급·등급 등이 여러 차례 거듭하여 올라감. 累遷(누천). ②가격·수량 등이 증가됨에 따라 그에 대한 비율이 점점 높아짐.
[累次 누차] 여러 차례. 여러 번.
◢繫累(계루)/連累(연루)

5 *1
11 **絆** 줄 반 | 간 绊 絆

중bàn(빤) 일ハン, バン/きずな
영rope
풀이 ①줄. ㉮말의 다리를 얽매어 못 걷게 하는 줄. ㉯물건을 얽매는 줄. ②얽어매다.
[絆創膏 반창고] 연고나 붕대 등을 피부에 붙이기 위해 점착성 물질을 발라서 만든 헝겊이나 테이프.

5
11 **紲** 고삐 설 | 간 绁 紲

중xiè(씨에) 일セツ 영rein
풀이 ①고삐. 같絏. ②오다. ③매다.

5 ☆*4-II
11 **細** 가늘 세 | 간 细 細

𠃋 幺 糸 糹 糹冂 糹田 細 細

중xì(씨) 일サイ/こまかい 영thin
전 자원 형성자. 소전에서 糸(사)는 의미를 나타내고 囟(신)은 음을 나타냄. 뒷날 해서에서 囟이 田 자로 바뀜.
풀이 ①가늘다. ‖細流(세류). ②작다. ‖細小(세소). ③잘다. 자세함. ‖세세(細細). ④적다.
[細工 세공] 잔손질이 많이 가는 정밀한 수공.
[細菌 세균] 눈으로 볼 수 없을 만큼 작고, 세포가 하나뿐인 생물. 박테리아.
[細流 세류] 가늘게 흐르는 시냇물.
[細目 세목] 잘게 나눈 낱낱의 조항.
[細密 세밀] 자세하고 꼼꼼함.
[細部 세부] 자세한 부분.
[細分 세분] 자세하게 분류하거나 잘게 나눔.
[細細 세세] 매우 자세한 모양.
[細心 세심] 작은 일에도 꼼꼼하게 주의를 기울여 빈틈이 없음.
[細則 세칙] 자세하게 규정한 규칙.
[細胞 세포] 생물체를 이루는 기본 단위.
[細筆 세필] 잔글씨를 씀. 또는, 잔글씨를 쓰는 가는 붓.
◢明細(명세)/微細(미세)/詳細(상세)/纖細(섬세)/零細(영세)/仔細(자세)

5 *2
11 **紹** 이을 소 | 간 绍 紹

중shào(°싸오) 일ショウ 영link
자원 형성자. 糸(사)는 의미를 나타내고 召(소)는 음을 나타냄.
풀이 ①잇다. ‖紹復(소복). ②받다. ③소개하다. 알선함.
[紹介 소개] ①모르는 사이를 서로 알도록 중간에서 관계를 맺어 줌. ②남이 잘 모르는 지식이나 내용을 대강 알게 해 줌.

5 *2
11 **紳** 큰 띠 신 | 간 绅 紳

중shēn(°썬) 일シン 영girdle
풀이 ①큰 띠. 예복에 갖추어 매는 띠. ②다발을 짓다. ③지위·교양 등이 높은 훌륭한 사람. ‖紳士(신사). ④벼슬아치. ‖搢紳(진신).
[紳士 신사] ①태도나 행동이 점잖고 교양이 있는 남자. ②'남자'의 미칭.

6획

5 ★*3-II
11 **紫** 자줏빛 자 | 紫

𠃊 止 止' 此 此 紫 紫 紫

중zǐ(즈) 일シ/むらさき 영purple
자원 형성자. 糸(사)는 의미를 나타내고 此(차)는 음을 나타냄.
풀이 자줏빛.
[紫色 자색] ➡紫朱色(자주색).
[紫水晶 자수정] 자줏빛의 수정.
[紫煙 자연] ①자줏빛 연기. ②담배 연기.
[紫外線 자외선] 파장이 X선보다 길고, 가시광선보다 짧은 전자파.
[紫朱色 자주색] 짙은 남빛을 띤 붉은색. 紫色(자색). 紫朱(자주).
◢靑紫(청자)

5 *
11 **紵** 모시 저 | 간 纻 紵

중zhù(°쭈) 일チョ/からむし
영ramie fabric
풀이 ①모시. ②모시베.
[紵布 저포] 모시풀 껍질의 섬유로 짠

피륙. 모시.

★✱4
5 11 **組** 끈 조 | 간 组 組

ㄑ 幺 糸 糹 糿 糿 組 組

㊥zǔ(주) ㊐ソ/くみひも ㊎string
자원 **형성자.** 糸(사)는 의미를 나타내고 且(차)는 음을 나타냄.
풀이 ①끈. ②짜다. 조직함. ‖組成(조성).
〔組閣 조각〕 내각(內閣)을 조직함.
〔組曲 조곡〕 여러 개의 독립된 악곡을 한데 합하여 하나로 구성한 악곡. 모음곡.
〔組立 조립〕 짜 맞춤.
〔組成 조성〕 짜 맞추어 이룸.
〔組織 조직〕 ①어떤 목적을 이루기 위해 여러 사람이 모여 단체를 만듦. 또는, 그 단체. ②같은 기능과 구조를 가진 세포의 집단. ③날실과 씨실로 짠 천의 짜임새.
〔組版 조판〕 활판 인쇄에서, 활자로 인쇄의 판을 짜는 일. 또는, 그 판. 製版(제판).
〔組合 조합〕 ①여럿을 모아 한덩어리로 만듦. ②공통 목적을 이루기 위해 일정한 자격을 가진 사람들로 이룬 단체.
◢改組(개조)/骨組(골조)

☆✱5
5 11 **終** 끝날 종 | 간 终 終

ㄑ 幺 糸 糸' 紁 終 終 終

㊥zhōng(°쭝) ㊐シュウ/おわる ㊎end
자원 **형성자.** 糸(사)는 의미를 나타내고 冬(동)은 음을 나타냄.
풀이 ①끝나다. 다하다. ㉮그치다. ‖終熄(종식). ㉯마치다. ‖終業(종업). ㉰죽다. ‖臨終(임종). ②끝. 종말. ‖始終(시종). ③마침내. 결국. ‖終局(종국).
〔終刊 종간〕 마지막으로 간행함. ↔創刊(창간).
〔終講 종강〕 한 학기의 강의를 끝마침. ↔開講(개강).
〔終結 종결〕 일을 끝냄.
〔終局 종국〕 일의 마지막. 끝판.
〔終乃 종내〕 마침내. 필경.
〔終了 종료〕 일을 끝냄. ↔開始(개시).
〔終末 종말〕 계속되어 온 일의 맨 끝.
〔終無消息 종무소식〕 끝내 아무 소식이 없음.
〔終始 종시〕 마지막과 처음. 또는, 마침과 시작함.
〔終熄 종식〕 끝나거나 없어짐.
〔終身 종신〕 ①죽을 때까지. 한평생. ②임종(臨終).
〔終焉 종언〕 ①없어지거나 죽어서 존재가 사라짐. ②계속 하던 일이 끝장남.
〔終日 종일〕 아침부터 저녁까지. 온종일.
〔終章 종장〕 시조와 같이 세 장으로 나뉜 시가에서 마지막 장.
〔終戰 종전〕 전쟁을 끝냄.
〔終止符 종지부〕 글의 끝을 나타내는 부호. 마침표.
〔終着 종착〕 마지막으로 도착함. ‖終着驛(종착역). ↔始發(시발).
◢始終(시종)/有終(유종)/臨終(임종)/自初至終(자초지종)/最終(최종)

✱1
5 11 **紬** ❶명주 주 ❷실마리 주 | 간 䌷 紬

㊥chōu(°처우), zhòu(°쩌우)
㊐チュウ, シュウ/つむぎ ㊎silk
풀이 ❶①명주(明紬). ‖紬緞(주단). ②잣다. 실을 뽑음. ③모아 꿰매다. 철(綴)함. ④현(絃)을 타다. ❷실마리.
〔紬緞 주단〕 명주와 비단.
◢明紬(명주)

✱
5 11 **紮** 감을 찰

㊥zhā(°짜) ㊐サツ ㊎wind
풀이 ①감다. ②머무르다.

★✱3
5 11 **絃** 악기 줄 현 | 絃

ㄑ 幺 糸 糸' 糹 紇 紘 絃

㊥xián(시엔) ㊐ゲン ㊎string
자원 **회의 겸 형성자.** 糸(실 사)와 실타래의 상형인 玄(현)이 합쳐진 자. 糸는 의미를 나타내고 玄은 의미와 음을 겸하여 나타냄.
풀이 ①악기 줄. ‖絶絃(절현). ②현악기(絃樂器). 거문고·가야금 따위. ③현악기를 타다.
〔絃樂 현악〕 현악기로 연주하는 음악.
〔絃樂器 현악기〕 현을 타거나 켜서 소리를 내는 악기.
◢管絃(관현)/三絃(삼현)/絶絃(절현)

✱
6 12 **絳** 진홍 강 | 간 绛 絳

㊥jiàng(찌앙) ㊐コウ/あか ㊎scarlet
풀이 진홍(眞紅). 진홍색.

☆✱5
6 12 **結** 맺을 결 | 간 结 結

ㄑ 幺 糸 糸一 糸十 結 結 結

㊥jié(지에) ㊐ケツ/むすぶ ㊎tie
자원 **형성자.** 糸(사)는 의미를 나타내고 吉(길)은 음을 나타냄.
풀이 ①맺다. ㉮묶다. ‖結束(결속). ㉯

6획

매듭짓다. ‖終結(종결). ㉰쌓다. ‖結集(결집). ㉱열매를 맺다. ‖結果(결과). ㉲끝내다. ‖完結(완결). ②매듭.
〔結果 결과〕 ①열매를 맺음. 結實(결실). ②원인에 의하여 이루어진 결말. ↔原因(원인).
〔結構 결구〕 일정한 형태로 얼개를 만듦. 또는, 그렇게 만든 물건.
〔結局 결국〕 ①마지막에 이르러. 마침내. ②일의 마무리 단계.
〔結論 결론〕 ①말이나 글의 끝맺는 부분. ②최종적으로 판단을 내림. 또는, 그 판단.
〔結末 결말〕 어떤 일이나 말의 마무리.
〔結付 결부〕 서로 밀접하게 관련되어 있음.
〔結氷 결빙〕 물이 얾. 凍氷(동빙).
〔結社 결사〕 공동의 목적을 위하여 단체를 조직함. 또는, 그 단체.
〔結石 결석〕 몸속의 내장에 생기는 돌같이 단단한 물질.
〔結成 결성〕 조직이나 단체를 짜서 만듦.
〔結束 결속〕 ①한 덩어리가 되게 묶음. ②뜻이 같은 사람끼리 하나로 뭉침.
〔結實 결실〕 ①열매를 맺거나 열매가 익어서 여묾. ②보람 있는 일의 결과.
〔結緣 결연〕 인연을 맺음.
〔結義 결의〕 의형제(義兄弟)를 맺음.
〔結義兄弟 결의형제〕 결의하여 형제의 관계를 맺음. 또는, 그 형제.
〔結者解之 결자해지〕《맺은 사람이 풀어야 한다는 뜻으로》 일을 저지른 사람이 해결해야 함.
〔結晶 결정〕 ①광물 등이 일정한 법칙에 따라 특유의 규칙적 형태를 이룬 상태. 또는, 그 물질. ②노력한 끝에 얻은 보람된 결과.
〔結集 결집〕 한데 모여 뭉침.
〔結草報恩 결초보은〕《중국 춘추 시대 진(晉)나라의 위과(魏顆)가 아버지가 죽은 후에 서모(庶母)를 개가(改嫁)시켜 순사(殉死)를 면하게 하였더니, 그 뒤 싸움터에서 그 서모 아버지의 혼령이 적군의 앞길에 풀을 묶어 적을 넘어뜨려 위과가 공을 세울 수 있도록 하였다는 고사에서》 죽은 뒤에라도 은혜를 잊지 않고 갚음.
〔結託 결탁〕 주로 나쁜 일을 꾸미려고 서로 한통속이 됨.
〔結合 결합〕 둘 이상의 사물이나 사람이 서로 관계를 맺어 하나가 됨.
〔結核 결핵〕 몸의 조직, 특히 허파에 작고 굳은 알맹이를 만드는 균이 일으키는 병.
〔結婚 결혼〕 부부 관계를 맺음. ↔離婚(이혼).
◢歸結(귀결)/起承轉結(기승전결)/團結(단결)/凍結(동결)/連結(연결)/完結(완결)/凝結(응결)/終結(종결)/直結(직결)/集結(집결)/締結(체결)/妥結(타결)

*2
6 12 **絞** [1]목맬 **교** *2 [2]염습 **효** | [간] 绞 绞

[중]jiǎo(지아오) [일]コウ/くびる
[영]strangle
[자원] **형성자.** 糸(사)는 의미를 나타내고 交(교)는 음을 나타냄.
[풀이] [1]①목매다. ‖絞死(교사). ②묶다. [2]염습(斂襲). 염포.
〔絞死 교사〕 목매어 죽음.
〔絞殺 교살〕 목을 졸라 죽임.
〔絞首 교수〕 사형수의 목을 옭아매어 죽임. ‖絞首刑(교수형).

☆*5
6 12 **給** 넉넉할 **급** | [간] 给 給

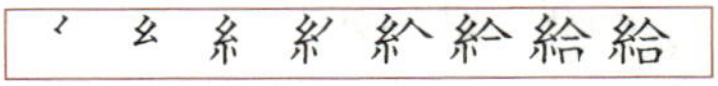

[중]gěi(게이) [일]キュウ/たりる
[영]enongh
[자원] **형성자.** 糸(사)는 의미를 나타내고 合(합)은 음을 나타냄.
[풀이] ①넉넉하다. ②더하다. ③대다. ‖需給(수급). ④주다. ‖給與(급여).
〔給料 급료〕 일에 대한 대가로 고용주가 지급하는 돈.
〔給仕 급사〕 관청 등에 고용되어 잔심부름을 하는 사람. 使喚(사환).
〔給水 급수〕 물을 공급함.
〔給食 급식〕 식사를 제공함. 또는, 그 식사.
〔給與 급여〕 돈이나 물품을 줌. 또는, 그 돈이나 물품.
〔給油 급유〕 비행기·배·자동차 등에 연료를 공급함.
◢供給(공급)/都給(도급)/無給(무급)/發給(발급)/配給(배급)/補給(보급)/俸給(봉급)/收給(수급)/昇給(승급)/時給(시급)/月給(월급)/有給(유급)/週給(주급)/支給(지급)/還給(환급)

★*3-Ⅱ
6 12 **絡** 맥락 **락** | [간] 络 絡

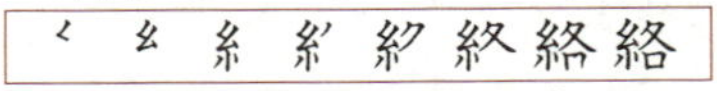

[중]luò(루어) [일]ラク/からむ [영]vein
[자원] **형성자.** 糸(사)는 의미를 나타내고 各(각)은 음을 나타냄.
[풀이] ①맥락. ‖經絡(경락). ②잇다. 계속됨. 연락함. ‖連絡(연락). ③묶다. ④에두르다. ⑤그물.
◢經絡(경락)/籠絡(농락)/脈絡(맥락)/連絡(연락)

☆*4
6 12 **絲** 실 **사** | [약] 糸 [간] 丝 絲

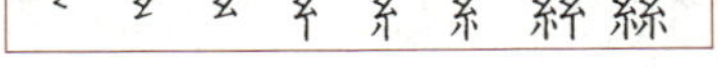

㊥sī(쓰) ㊐シ/いと ㊢thread
갑 전 자원 **상형자.** 두 타래의 실을 본뜬 자. 본뜻은 '명주실'.
풀이 ①실. ‖生絲(생사). ②명주실. ③악기 이름. 거문고 따위의 현악기.
〔絲竹 사죽〕 현악기와 관악기.
◢絹絲(견사)/生絲(생사)/鐵絲(철사)

6 12 絮* 솜 서 | 絮

㊥xù(쒸) ㊐ジョ/わた ㊢cotton
풀이 ①솜. 헌 풀솜. ②솜옷. ③버들개지·눈송이 따위. ‖柳絮(유서). ④장황(張皇)하다.
〔絮說 서설〕 쓸데없이 지루하게 오래 이야기함. 絮語(서어).

6 12 絏 1맬 설 2소매 예 | 絏

㊥xiè(씨에), yì(이)
㊐セツ, エイ/しばる
풀이 1 ①매다. 묶음. ②고삐. 2 소매.

6 12 絨*1 융 융 | 간 绒 絨

㊥róng(°룽) ㊐ジュウ
㊢cotton flannel
풀이 융. 감이 두툼한 모직물.
〔絨緞 융단〕 무늬를 넣어 짠 두꺼운 모직물. 양탄자.
〔絨毛 융모〕 ①식물의 꽃·잎 등에 있는 작고 가는 털. ②작은창자의 안쪽 벽에 촘촘하게 나 있는 돌기. 융털.

6 12 絪* 기운 인 | 간 细

㊥yīn(인) ㊐イン ㊢vigor
풀이 ①기운. 천지의 기운. ②요. 깔개.

12 絍 紝(임)과 동자 →582쪽

6 12 絶☆*4-II 끊을 절 | 간 绝 絶

⺈ 幺 糸 糹 紹 絈 絽 絶

㊥jué(쥐에) ㊐ゼツ/たつ ㊢cut
갑 금 전 자원 **회의자.** 갑골문은 한 타래의 실이 세 개의 가로 선에 의해 끊어지는 모습을 나타낸 지사자임. 금문은 刀(칼 도)와 絲(실 사)가 합쳐진 회의자이며, 소전은 糸(사)와 刀(도)와 꿇어앉은 사람의 상형인 卩(절)이 합쳐진 회의자로 사람이 칼을 가지고 실을 자르는 모습을 나타냄.
풀이 ①끊다. 없애다. 죽임. ‖絶交(절교)/根絶(근절). ②끊어지다. 망하다. 죽다. ‖絶家(절가). ③뛰어나다. ‖絶倫(절륜). ④절구(絶句). ⑤극(極)에 이르다. ‖絶頂(절정).
〔絶景 절경〕 아주 훌륭한 경치.
〔絶交 절교〕 교제를 끊음. 斷交(단교).
〔絶句 절구〕 한시의 형식의 한 가지. 오언 또는 칠언의 각각 네 구(句)로 이루어짐.
〔絶叫 절규〕 있는 힘을 다해 애타게 부르짖음.
〔絶對 절대〕 ①견줄 만한 상대가 없음. ↔相對(상대). ②아무런 제약도 받지 않고 어떤 조건도 붙지 않는 일.
〔絶倒 절도〕 ①까무러쳐 넘어짐. ②배를 그러안고 넘어질 정도로 몹시 웃음. 抱腹絶倒(포복절도).
〔絶望 절망〕 모든 희망이 사라짐. ↔希望(희망).
〔絶命 절명〕 목숨이 끊어짐. 죽음.
〔絶妙 절묘〕 비할 데 없을 만큼 아주 묘함.
〔絶壁 절벽〕 낭떠러지.
〔絶色 절색〕 비할 데 없이 아름다운 여자. 一色(일색).
〔絶世 절세〕 세상에 둘도 없을 만큼 뛰어남.
〔絶世佳人 절세가인〕 세상에 다시없을 만큼 빼어난 미인. 絶世美人(절세미인).
〔絶食 절식〕 일정한 기간, 음식을 먹지 않음. 斷食(단식).
〔絶崖 절애〕 깎아 세운 듯한 가파른 낭떠러지.
〔絶緣 절연〕 ①인연이나 관계를 끊음. ②전기나 열이 통하지 못하게 함.
〔絶項 절정〕 ①산의 맨 꼭대기. ②사물의 발전 과정이 최고에 달한 상태. 頂點(정점).
〔絶讚 절찬〕 극구 칭찬함. 또는, 그 칭찬. ‖絶讚裏(절찬리).
〔絶體絶命 절체절명〕 (몸도 목숨도 다 되었다는 뜻으로) 몹시 위태롭거나 급박한 지경.
〔絶版 절판〕 출판된 책이 다 팔린 뒤에 다시 더 찍어 내지 않음.
〔絶筆 절필〕 ①생전에 마지막으로 쓴 글이나 글씨. ②글쓰기를 그만둠.
〔絶好 절호〕 더할 나위 없이 좋음.
〔絶後 절후〕 비교할 만한 것이 이후로는 다시는 없음.
◢拒絶(거절)/根絶(근절)/氣絶(기절)/斷絶(단절)/頓絶(돈절)/杜絶(두절)/謝絶(사절)/義絶(의절)/中絶(중절)/悽絶(처절)/昏絶(혼절)

6 12 絰 질 질 | 간 绖 絰

㊥dié(디에) ㊐テツ

풀이 질(絰). 상복을 입을 때, 머리에 쓰는 수질(首絰)과 허리에 두르는 요질(腰絰).
◢首絰(수질)/腰絰(요질)

☆✽4-Ⅱ
6 12 **統** 거느릴 **통** 간 统 统

筆順: 〈 幺 糸 糹 紟 紵 綂 統

㊥tǒng(퉁) ㊐トウ/すべる
㊎command

자원 **형성자.** 糸(사)는 의미를 나타내고 充(충)은 음을 나타냄.

풀이 ①거느리다. ㉮통솔하다. ‖統領(통령). ㉯한데 묶다. 합치다. ‖統一(통일). ㉰다스리다. ‖統治(통치). ②혈통. ‖宗統(종통). ③처음. ④벼리. ⑤법.

〔統計 통계〕①한데 몰아서 계산함. ②어떤 현상을 종합적으로 한눈에 알아보도록 일정한 체계에 의하여 숫자로 표현함. 또는, 그런 것.
〔統括 통괄〕낱낱의 것을 한데 몰아서 잡음.
〔統理 통리〕①일체를 통할하여 거느림. 統領(통령). ② ➡統治(통치).
〔統率 통솔〕조직이나 집단 등의 많은 사람을 거느려 다스림. 統帥(통수).
〔統帥 통수〕①부하를 통솔하는 장수. ② ➡統率(통솔).
〔統一 통일〕여럿을 모아 하나가 되게 함.
〔統制 통제〕통일적인 규율이나 규정에 따라 제약하거나 제한함. 統御(통어).
〔統治 통치〕나라나 지역을 도맡아 다스림. 統理(통리).
〔統稱 통칭〕통틀어 가리킴. 또는, 그런 이름.
〔統轄 통할〕모두 거느려서 다스림.
〔統合 통합〕둘 이상의 조직이나 기구 등을 하나로 합침. 통일함.
◢系統(계통)/法統(법통)/嫡統(적통)/傳統(전통)/正統(정통)/體統(체통)/總統(총통)/學統(학통)/血統(혈통)

✽1
6 12 **絢** 무늬 **현** 간 绚 絢

㊥xuàn(쒸엔) ㊐ケン/あや ㊎pattern

풀이 ①무늬. 문채. ②문채 나다. ‖絢爛(현란). ③빠르다.

〔絢爛 현란〕①눈이 부시도록 빛남. ②시문(詩文)의 자구(字句)가 풍부하고 화려함.

6 12 **絜** ❶헤아릴 **혈** ❷깨끗할 **결** 絜

㊥xié(시에), jié(지에) ㊐ケツ/はかる
㊎consider

풀이 ❶①헤아리다. 재다. ②에두르다. ❷①깨끗하다. ㉤潔. ②맑다.

✽
12 **絵** 繪(회)의 약자 →597쪽

7 13 **綌** 칡베 **격** 간 绤 綌

㊥xì(씨) ㊐ゲキ

풀이 칡베. 거친 갈포. ‖綌衰(격최).

★✽3
7 13 **絹** 명주 **견** 간 绢 絹

筆順: 〈 幺 幺 糸 糹 綃 絹 絹

㊥juàn(쮜엔) ㊐ケン/きぬ ㊎silk

자원 **형성자.** 糸(사)는 의미를 나타내고 肙(연)은 음을 나타냄.

풀이 ①명주. ‖絹絲(견사). ②생명주(生明紬). 생견(生絹).

〔絹本 견본〕서화(書畫)에 쓰는 깁. 또는, 거기에 쓰거나 그린 서화.
〔絹絲 견사〕깁이나 비단을 짜는 명주실.
〔絹織物 견직물〕명주실로 짠 피륙.
◢本絹(본견)/人造絹(인조견)

☆✽4-Ⅱ
7 13 **經** 날 **경** 약 간 経 经 经

筆順: 〈 幺 糸 糹 紅 絒 經 經

㊥jīng(찡) ㊐ケイ, キョウ ㊎warp

금 巠 전 經 자원 **회의 겸 형성자.** 금문은 베틀에 건 실을 그린 상형자이나, 소전 이후로 糸(실사)를 덧붙여 회의 겸 형성자가 됨. 糸는 의미를 나타내고 巠(경)은 의미와 음을 겸하여 나타냄.

풀이 ①날. 날실. ‖經緯(경위). ②세로. ‖經度(경도). ③길. 조리(條理). ④법. 이(理). 의(義). ⑤다스리다. ‖經國(경국). ⑥지내다. 겪음. ‖經年(경년). ⑦떳떳하다. 변하지 않음. ⑧경서. 책. ‖九經(구경). ⑨불경(佛經). ⑩월경(月經). ⑪목매다.

〔經過 경과〕①시간이 지나감. ②어떤 곳이나 단계를 거침. ③일이 진행되는 과정.
〔經口 경구〕약·세균 등이 입을 통하여 몸 안으로 들어감.
〔經國 경국〕나라를 다스림.
〔經國濟世 경국제세〕나라를 잘 다스려 도탄에 빠진 백성을 구제함.
〔經度 경도〕①지구 위의 한 지점을 지나는 자오선이 기준 자오선과 이루는 각. ↔緯度(위도). ②성숙한 여성에게

평균 28일 주기로 일어나는 자궁 점막의 출혈 현상. 月經(월경).
〔經絡 경락〕 침과 뜸을 놓는 자리인 경혈들의 연결.
〔經略 경략〕 ①나라를 경영하고 다스림. ②침략하여 점령한 지방이나 나라를 다스림.
〔經歷 경력〕 어떤 사람이 직업을 가지고 그동안 일해 온 경험. 履歷(이력).
〔經路 경로〕 ①지나는 길. ②일의 진행 과정.
〔經綸 경륜〕 ①인생에 대한 의견과 경험과 판단력. ②나라를 다스리는 데 필요한 경험과 능력.
〔經理 경리〕 금전의 출납, 물자의 관리 등을 맡아보는 사무. 또는, 그 부서나 사람.
〔經費 경비〕 ①어떤 일을 하는 데 드는 비용. ②무엇을 경영·운영하기 위하여 예산에서 쓰는 돈.
〔經常 경상〕 변함없이 항상 일정함.
〔經常收入 경상 수입〕 매년 규칙적으로 들어오는 수입.
〔經書 경서〕 옛 성현들이 유교의 사상과 교리를 써 놓은 책.
〔經線 경선〕 지구의 남극과 북극을 세로로 잇는 가상적인 선. ↔緯線(위선).
〔經世 경세〕 세상을 다스림.
〔經世濟民 경세제민〕 세상을 다스리고 백성을 구제함.
〔經世致用 경세치용〕 학문은 세상을 다스리는 데에 실질적인 이익을 줄 수 있는 것이어야 한다는 유교상의 한 주장.
〔經營 경영〕 사업이나 기업을 관리하고 운영함. ‖經營者(경영자).
〔經緯 경위〕 ①피륙의 날과 씨. ②경선(經線)과 위선(緯線). ③경도(經度)와 위도(緯度). ④일이 진행되어 온 과정.
〔經由 경유〕 거쳐 지남.
〔經典 경전〕 옛 성현의 가르침이나 종교의 교리를 적은 책.
〔經濟 경제〕 ①사람들이 물건을 생산하여 팔거나, 일을 하여 돈을 벌거나 그 돈을 쓰고 관리하는 모든 활동. ②비용·시간·노력 등을 적게 들이는 일.
〔經天緯地 경천위지〕 《하늘을 씨로 하고 땅을 날로 한다는 뜻으로》 온 천하를 다스림.
〔經驗 경험〕 실제로 해 보거나 겪어 봄. 또는, 거기서 얻은 지식이나 기능.
〔經穴 경혈〕 사람의 몸에서 침이나 뜸을 놓기에 알맞은 자리.
◢讀經(독경)/東經(동경)/佛經(불경)/西經(서경)/聖經(성경)/神經(신경)/易經(역경)/牛耳讀經(우이독경)/月經(월경)/正經(정경)/初經(초경)

13 継 繼(계)의 약자 →597쪽

6획

7 13 絿* 급할 구 絿
㊥qiú(치우) ㊐キュウ ㊎urgent
풀이 ①급하다. 급박함. ②느슨하다. ③구하다.

13 続 續(속)의 약자 →597쪽

7 13 綏* 편안할 수 간 绥 綏
㊥suí(쑤에이) ㊐スイ/やすらか
풀이 ①편안하다. ②수레 손잡이 줄.

7 13 綎* 띳술 정 綎
㊥tīng(팅) ㊐テイ
풀이 띳술. 공복(公服)의 띠에 달던 술.

7 13 絛 끈 조 본도 絛
㊥tāo(타오) ㊐トウ/ひらひも
풀이 끈. 납작하게 짠 끈.
〔絛蟲 조충〕 척추동물의 장에 기생하는 편형동물. 條蟲(조충).

7 13 綃 생사 초 본소 간 绡 綃
㊥xiāo(씨아오) ㊐ショウ/きいと ㊎raw silk
풀이 ①생사(生絲). 명주실. ②생명주(生明紬). ③무늬 비단.
◢生綃(생초)

7 13 絺 칡베 치 간 絺 絺
㊥chī(°츠) ㊐チ
풀이 칡베. 고운 갈포(葛布).

8 14 綱 ★✱3-Ⅱ 벼리 강 간 纲 綱
〈 幺 糸 紅 網 網 網 綱
㊥gāng(깡) ㊐コウ/つな
자원 **형성자.** 糸(사)는 의미를 나타내고 岡(강)은 음을 나타냄.
網(망:590쪽)은 딴 자.
풀이 ①벼리. ②사물의 근본이 되는 것. ‖綱領(강령). ③사물의 큰 분류. 대강. ‖綱目(강목). ④줄을 치다. ‖綱紀(강기). ⑤통괄하다.
〔綱領 강령〕 ①일의 으뜸되는 큰 줄거

리. ②정당·사회단체가 정한 기본적인 이념이나 방침.
〔綱目 강목〕 사물의 대략적인 줄거리와 자세한 조목.
〔綱常 강상〕 삼강(三綱)과 오상(五常). 곧, 사람이 지켜야 할 도리.
◢紀綱(기강)/大綱(대강)/三綱(삼강)/要綱(요강)/政綱(정강)

8 14 綮 ❶힘줄 얽힌 곳 **경** ❷발 고운 비단 **계** | 綮

㊥qǐng(칭), qǐ(치) ㊐ケイ
풀이 ❶힘줄이 얽힌 곳. 힘줄이 뼈에 붙는 곳. ❷①발이 고운 비단. ②기치(旗幟). ③창집.

8 14 綣 정다울 **권** | ㉿绻 綣

㊥quǎn(취엔) ㊐ケン
풀이 정답다. 곡진(曲盡)함.
〔綣繾 권견〕 정이 두터워 서로 떨어질 수 없음.

*1
8 14 綺 비단 **기** | ㉿绮 綺

㊥qǐ(치) ㊐キ/あやぎぬ ㊎silk
풀이 ①비단. 무늬가 놓인 비단. ②무늬. 광택. ③아름답다.
〔綺羅星 기라성〕 (‘밤하늘에 반짝이는 수많은 별’이라는 뜻으로) 신분이 높거나 권력·명예 등을 가지고 있는 사람이 모여 있는 것의 비유.

★*3-Ⅱ
8 14 緊 굳게 얽을 **긴** | ㉿紧 緊

丨 ㄏ 𠂤 臣 臤 堅 緊 緊

㊥jǐn(진) ㊐キン/しまる
풀이 ①굳게 얽다. ②감다. ③오그라지다. 줄어듦. ④소중하다. ‖緊要(긴요). ⑤엄하다. 급함. 팽팽하다. ⑥단단하다. 굳음.
〔緊急 긴급〕 일이 아주 중대하고 급함.
〔緊密 긴밀〕 서로의 관계가 아주 가깝고 밀접함.
〔緊迫 긴박〕 아주 긴장되게 절박함.
〔緊要 긴요〕 아주 필요하고 중요함. 要緊(요긴).
〔緊張 긴장〕 마음을 놓지 않고 정신을 바싹 차림. ↔弛緩(이완).
〔緊縮 긴축〕 재정의 기초를 다지기 위하여 지출을 줄임.
◢要緊(요긴)

☆*6
8 14 綠 초록빛 **록** | ㉿绿 綠

纟 糸 糹 紀 紀 綠 綠 綠

㊥lǜ(뤼) ㊐リョク/みどり ㊎green
자원 **형성자.** 糸(사)는 의미를 나타내고 彔(록)은 음을 나타냄.
緣(연:592쪽)은 딴 자.
풀이 ①초록빛. 초록빛 비단. ②조개풀.
〔綠豆 녹두〕 팥보다 작고 녹색인, 콩 종류의 곡식.
〔綠林豪傑 녹림호걸〕 불한당이나 화적을 듣기 좋게, 또는 익살스럽게 이르는 말. 綠林豪客(녹림호객).
〔綠末 녹말〕 ①감자나 녹두를 갈아서 가라앉힌 앙금을 말린 가루. ②식물의 광합성 작용으로 만들어져 뿌리·줄기·씨 등에 저장되는 탄수화물.
〔綠肥 녹비〕 생풀이나 생나무의 잎으로 만든 거름. 풋거름. ※堆肥(퇴비).
〔綠色 녹색〕 파랑과 노랑이 섞인 색. 풀빛.
〔綠水 녹수〕 푸른 물. 碧水(벽수).
〔綠陰 녹음〕 푸르고 울창하게 우거진 수풀. 또는, 그 나무의 그늘.
〔綠陰芳草 녹음방초〕 (‘푸르게 우거진 나무와 향기로운 풀’이라는 뜻으로) 여름철의 자연경관.
〔綠衣紅裳 녹의홍상〕 (‘연두저고리와 다홍치마’라는 뜻으로) 젊은 여자의 고운 옷차림.
〔綠地 녹지〕 풀과 나무가 많이 자라는 땅. 특히, 도시나 도시 주변에 풀과 나무를 심어 가꾼 땅.
〔綠茶 녹차〕 차나무의 잎을 푸른 빛이 나게 말려서 만든 차.
〔綠化 녹화〕 산이나 들에 나무를 심어 푸르게 함. ‖山林綠化(산림녹화).
◢淡綠(담록)/常綠(상록)/新綠(신록)/深綠(심록)/草綠(초록)

*1
8 14 綸 ❶낚싯줄 **륜** *1 ❷허리끈 **관** | ㉿纶 綸

㊥lún(룬), guǎn(구안)
㊐リン, カン/つりいと
풀이 ❶①낚싯줄. ②현악기의 줄. ③실. ④다스리다. ⑤통괄하다. ‖經綸(경륜). ❷①허리끈. ②두건 이름. ‖綸巾(관건).
〔綸音 윤음〕 임금이 신하나 백성에게 내리는 말. 綸言(윤언). 綸旨(윤지).
◢經綸(경륜)

*1
8 14 綾 비단 **릉** | ㉿绫 綾

㊥líng(링) ㊐リョウ/あやぎぬ ㊎silk
풀이 비단. 무늬가 있는 비단.
〔綾羅 능라〕 두꺼운 비단과 얇은 비단.
〔綾紗 능사〕 명주실로 짠 성기고 얇은 비단.

8 *2
14 **網** 그물 **망** 간 网 (초서)

중wǎng(왕) 일モウ/あみ 영net
자원 **형성자.** 糸(사)는 의미를 나타내고 罔(망)은 음을 나타냄.
網(강:588쪽)은 딴 자.
풀이 ①그물. 같罔. ‖魚網(어망). ②그물 무늬. ③그물질하다. 망라함.
〔網巾 망건〕 상투를 튼 사람이 머리털이 흘어지지 않게 머리에 두르는, 그물 모양의 물건.
〔網羅 망라〕(‘물고기나 새를 잡는 그물’이라는 뜻으로) 널리 받아들여 모두 포함함.
〔網膜 망막〕 눈알의 안쪽을 싸고 있는, 빛을 느끼는 얇은 막.
〔網紗 망사〕 그물같이 성기게 짠 천.
◢法網(법망)/漁網(어망)/鐵網(철망)/投網(투망)

8 ★*3-Ⅱ
14 **綿** 솜 **면** 통 緜 간 绵 (초서)

〈 幺 ㄠ 糸 糹 約 綿 綿 綿〉

중mián(미엔) 일メン/わた 영cotton
전 (전서) 자원 **회의자.** 帛(백)과 系(계)가 합쳐진 자.
풀이 ①솜. ‖綿絲(면사). ②이어지다. 매우 길게 이어짐. ‖綿綿(면면). ③잇다. 연속함. ④두르다. ⑤자세함. ‖綿密(면밀). ⑥면직물. ‖純綿(순면). ⑦감기다. 얽히다.
〔綿綿 면면〕 끊어지지 않고 죽 이어져 있는 모양.
〔綿密 면밀〕 자세하고 빈틈이 없음.
〔綿紡 면방〕 면섬유에서 실을 뽑는 일. 綿紡績(면방적).
〔綿絲 면사〕 솜을 자아 만든 실. 무명실.
〔綿羊 면양〕 양(羊). 緬羊(면양).
〔綿織物 면직물〕 무명실로 짠 피륙.
〔綿花 면화〕 아욱과의 한해살이풀. 木花(목화).
◢木綿(목면)/石綿(석면)/純綿(순면)/連綿(연면)/海綿(해면)

8 *1
14 **緋** 비단 **비** 간 绯

중fēi(°페이) 일ヒ 영red silk
풀이 ①비단. 붉은 비단. ②붉다. 짙붉은 색.
〔緋緞 비단〕 명주실로 광택이 나게 짠 천.

8
14 **綬** 인끈 **수** 간 绶 (초서)

중shòu(°써우) 일ジュ
풀이 ①인끈. ②폐슬(蔽膝)의 끈.
◢印綬(인수)

8 ★*3-Ⅱ
14 **維** 밧줄 **유** 간 维 (초서)

〈 幺 ㄠ 糸 糹 糾 紒 維 維〉

중wéi(웨이) 일イ, ユイ/これ 영rope
자원 **형성자.** 糸(사)는 의미를 나타내고 隹(추)는 음을 나타냄.
풀이 ①밧줄. ㉮과녁을 고정시키는 바. ㉯금줄. ㉰벼리. ②매다. 묶음. ③지탱하다. ④생각하다. 통惟. ⑤발어사. ㉮이. ‖維歲次(유세차). ㉯다만. 단지.
〔維歲次 유세차〕(‘이해의 차례는’이라는 뜻으로) 제문(祭文)이나 축문(祝文)의 첫머리에 쓰는 말.
〔維新 유신〕 낡은 제도를 고쳐 새롭게 함.
〔維持 유지〕 지탱하여 감.
◢纖維(섬유)

8 *1
14 **綽** 너그러울 **작** 간 绰 (초서)

중chuò(°추어) 일シャク 영generous
풀이 ①너그럽다. ②유순하다. ‖綽約(작약). ③느긋하다. ‖綽態(작태). ④많다.
〔綽約 작약〕 몸매가 가냘프고 아름다운 모양.
〔綽綽 작작〕 여유 있는 모양.

8 *2
14 **綜** 잉아 **종** 간 综 (초서)

중zōng(쭝) 일ソウ
자원 **형성자.** 糸(사)는 의미를 나타내고 宗(종)은 음을 나타냄.
풀이 ①잉아. 종사. ②통괄(統括)하다. ‖綜合(종합). ③다스리다.
〔綜絲 종사〕 베틀에 날실을 끌어 올리기 위해 맨 굵은 실. 잉아.
〔綜合 종합〕 여러 갈래의 것을 한데 모아서 합함.

8 *
14 **綢** 얽을 **주** 간 绸 (초서)

중chóu(°처우) 일チュウ/まとう
풀이 ①얽다. 얽힘. ‖綢繆(주무). ②묶다. ③빽빽하다. 무성함. ‖綢密(주밀). ④비단. ‖綢緞(주단).
〔綢緞 주단〕 품질이 좋은 비단.
〔綢繆 주무〕 빈틈없이 꼼꼼하게 준비함.
〔綢密 주밀〕 촘촘하고 빽빽함.

8 / 14 **綵** * 비단 **채** | 綵

[중]cǎi(차이) [일]サイ/あや [영]silk
[풀이] ①비단. ②무늬. 채색. [같]采·彩.
〔綵緞 채단〕 비단의 총칭.
〔綵華 채화〕 비단 조각을 오려 만든 조화(造花).

8 / 14 **綴** *1 꿰맬 **철** [본]**체** | [간]缀 綴

[중]zhuì(°쭈에이) [일]テイ/つづる [영]sew
[풀이] ①꿰매다. ②연(連)하다. ③맺다. 한데 맴. ④끊이지 않다.
〔綴字 철자〕 자음과 모음을 맞추어 한 글자를 만듦.
◢補綴(보철)/分綴(분철)/連綴(연철)/點綴(점철)/編綴(편철)

14 **総** * 總(총)과 동자 →595쪽

8 / 14 **緇** * 검을 **치** | [간]缁 緇

[중]zī(쯔) [일]シ/くろい [영]black
[풀이] ①검다. ②검은 옷. ③승복(僧服). ④검은 비단. 검은빛.
〔緇衣 치의〕 ①승려가 입는 물들인 옷. ②'승려'의 이칭.

8 / 14 **綻** *1 옷 터질 **탄** | [간]绽 綻

[중]zhàn(°짠) [일]タン/ほころびる
[풀이] ①옷이 터지다. ②터지다.
〔綻露 탄로〕 숨긴 것이 드러남.
◢破綻(파탄)

9 / 15 **緞** *1 비단 **단** | [간]缎 緞

[중]duàn(뚜안) [일]タン, ドン
[풀이] 비단.
◢緋緞(비단)/綢緞(주단)

9 / 15 **練** ☆*5 익힐 **련** | [간]练 練

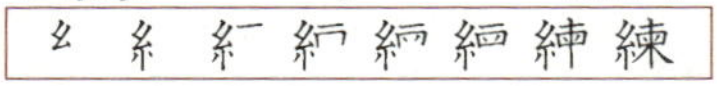

[중]liàn(리엔) [일]レン/ねる [영]practice
[자원] **형성자.** 糸(사)는 의미를 나타내고 柬(간)은 음을 나타냄.
[풀이] ①익히다. ㉮명주 따위를 누이다. ㉯단련하다. ‖練兵(연병). ㉰시험하다. ②누인 명주. ③가리다. 택함. ④희다. ‖練絲(연사). ⑤소상(小祥)에 입는 상복(喪服). 또는, 소상. ‖練服(연복).
〔練磨 연마〕 ①돌·쇠붙이 등을 갈고 닦음. ②학문·기술 등을 배우고 닦음. 硏磨(연마). 鍊磨(연마).
〔練武 연무〕 무술을 익힘. 鍊武(연무).
〔練兵 연병〕 군인으로서 전투에 필요한 여러 가지 동작·작업 등을 훈련함.
〔練服 연복〕 소상(小祥) 뒤로부터 담제(禫祭) 전까지 입는 상복.
〔練習 연습〕 학술이나 기예 등을 되풀이하여 익힘. 鍊習(연습).
〔練日 연일〕 날을 택함. 擇日(택일).
◢洗練(세련)/修練(수련)/熟練(숙련)/試練(시련)/精練(정련)/調練(조련)/訓練(훈련)

9 / 15 **緬** *1 가는 실 **면** | [간]缅 緬

[중]miǎn(미엔) [일]メン
[풀이] ①가는 실. ②멀다. 아득함. ‖緬然(면연). ③생각하는 모양. ④나라 이름. 미얀마. ‖緬甸(면전).
〔緬禮 면례〕 조상의 무덤을 옮겨 장사를 다시 지냄. 移葬(이장).
〔緬羊 면양〕 솟과의 초식 동물. 羊(양). 綿羊(면양).

15 **緜** 綿(면)과 동자 →590쪽

9 / 15 **緡** * [1]낚싯줄 **민*** [2]새 우는 소리 **면** | [간]缗 緡

[중]mín(민), miān(미엔) [일]ビン/メン
[풀이] [1]①낚싯줄. ②밧줄. ③엽전 꿰는 끈. 또는, 꿴 돈. [2]새 우는 소리.

9 / 15 **緒** ★*3-II [1]실마리 **서**★*3-II [2]나머지 **사** | [간]绪 緒

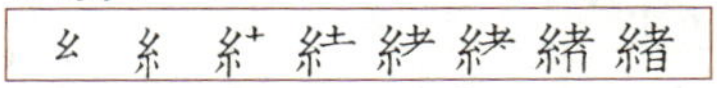

[중]xù(쒸) [일]ショ, シャ [영]clue
[자원] **형성자.** 糸(사)는 의미를 나타내고 者(자)는 음을 나타냄.
[풀이] [1]①실마리. ‖緒言(서언). ②시작(始作). 발단. ‖端緒(단서). ③줄기. 계통. ④차례. ⑤일. 사업(事業). ⑥찾다. [2]나머지.
〔緒論 서론〕 본론(本論)에 들어가기 전의, 서두에 펴는 논설. 序論(서론).
〔緒言 서언〕 책의 머리말. 序言(서언).
〔緒戰 서전〕 전쟁이나 시합의 첫 번째 싸움. 初戰(초전).
◢端緒(단서)/頭緒(두서)/由緒(유서)/情緒(정서)

6획

☆*6
9 15 **線** 줄 **선** [간] 线 綫

幺 糸 紒 約 綍 綧 緽 線

[중]xiàn(씨엔) [일]セン/いとすじ [영]line
[자원] **형성자.** 糸(사)는 의미를 나타내고 泉(천)은 음을 나타냄.
[풀이] 줄. 실. ‖電線(전선).
〔線路 선로〕 ①기차나 전차가 다니도록 레일을 깔아 놓은 길. 軌道(궤도). ②전기나 전화의 통화를 위해 설치한 전기 회로.
〔線分 선분〕 직선 위의 두 점 사이에 한정된 부분.
〔線形 선형〕 선과 같이 가늘고 긴 모양. 線狀(선상).
〔線畫 선화〕 색칠을 하지 않고 선으로만 그린 그림.
◢境界線(경계선)/曲線(곡선)/光線(광선)/螺線(나선)/路線(노선)/稜線(능선)/對角線(대각선)/導火線(도화선)/動線(동선)/無線(무선)/放射線(방사선)/配線(배선)/伏線(복선)/複線(복선)/祕線(비선)/死線(사선)/斜線(사선)/垂直線(수직선)/水平線(수평선)/視線(시선)/實線(실선)/有線(유선)/子午線(자오선)/電線(전선)/點線(점선)/接線(접선)/地平線(지평선)/直線(직선)/車線(차선)/打線(타선)/脫線(탈선)/抛物線(포물선)/合線(합선)/海岸線(해안선)/混線(혼선)

9 15 **緦** 시마복 **시** [간] 缌 緦

[중]sī(쓰) [일]シ
[풀이] ①시마복(緦麻服). ②모으다.
〔緦麻服 시마복〕 오복(五服)의 하나. 종증조·삼종형제·중현손·외손·내외종 등의 상사(喪事)에 석 달 동안 입는 상복. 緦麻(시마).

★*4
9 15 **緣** [1]가선 **연** [2]연줄 **연** [간] 缘 緣

幺 糸 紅 紹 紹 綒 緣 緣

[중]yuán(위엔) [일]エン/ふち
[자원] **형성자.** 糸(사)는 의미를 나타내고 彖(단)은 음을 나타냄.
[풀이] [1]①가선. ②물건의 가장자리. ‖緣邊(연변). [2]①연줄. 연유하다. ②두르다. ‖緣縈(연영). ③인연(因緣).
〔緣故 연고〕 ①까닭. 事由(사유). ②혈통이나 정분 등으로 맺어진 관계.
〔緣起 연기〕 사물이 생기는 연유나 연혁(沿革). 由來(유래).
〔緣木求魚 연목구어〕 《나무에 올라가서 물고기를 구한다는 뜻으로》 도저히 불가능한 일을 굳이 하려 함.
〔緣邊 연변〕 둘레나 테두리.
〔緣分 연분〕 ①서로 관계를 맺게 되는 인연. ②하늘이 배필로 정해 준 인연.
〔緣由 연유〕 까닭. 事由(사유).
〔緣坐 연좌〕 부자·형제·숙질(叔姪)의 죄로 무고하게 처벌을 당하는 일.
◢結緣(결연)/奇緣(기연)/內緣(내연)/事緣(사연)/辭緣(사연)/惡緣(악연)/因緣(인연)/絶緣(절연)/地緣(지연)/學緣(학연)/血緣(혈연)

★*3-Ⅱ
9 15 **緩** 느릴 **완** [간] 缓 緩

幺 糸 糸 紅 紅 紅 紅 緩

[중]huǎn(후안) [일]カン/ゆるい [영]slow
[자원] **형성자.** 糸(사)는 의미를 나타내고 爰(원)은 음을 나타냄.
[풀이] ①느리다. 늦음. ‖緩行(완행). ②느슨하다. ③늦추다. ④늘어지다. 처짐. ⑤부드럽다. ‖緩慢(완만). ⑥너그럽다. ‖緩刑(완형).
〔緩急 완급〕 급함과 급하지 않음.
〔緩慢 완만〕 ①움직임이 느릿느릿함. ②경사가 급하지 않음.
〔緩步 완보〕 천천히 걸음. 또는, 느린 걸음. 徐步(서보). ↔速步(속보).
〔緩衝 완충〕 충돌을 완화함.
〔緩行 완행〕 ①천천히 감. 徐行(서행). ②'완행열차'의 준말. ↔急行(급행).
〔緩和 완화〕 긴박한 것이 풀려 느슨해짐.
◢弛緩(이완)

★*3
9 15 **緯** 씨 **위** [간] 纬 緯

幺 糸 糸 紆 結 緈 緯 緯

[중]wěi(웨이) [일]イ [영]woof
[자원] **형성자.** 糸(사)는 의미를 나타내고 韋(위)는 음을 나타냄.
[풀이] ①씨. ㉮피륙의 씨실. ㉯좌우·동서의 방향. ㉰동서로 통하는 길. ②길. 줄기. ③짜다. 베를 짬. ④현(弦). 악기의 줄.
〔緯度 위도〕 지구 표면의 위치를 나타내는 데에 쓰는, 적도(赤道)에 평행선을 이루는 좌표. 씨줄. ↔經度(경도).
〔緯線 위선〕 지구상의 위치를 나타내는 데에 쓰는, 적도(赤道)에 평행하는 가상(假想)의 선. ↔經線(경선).
◢經緯(경위)

*
9 15 **緝** 길쌈할 **집** [본]**즙** [간] 缉 緝

[중]jī(찌) [일]シュウ
[풀이] ①길쌈하다. ②잇다. ③모으다. ④

6획

맞다. 적합함. ⑤거두다. ⑥잡다.
〔緝綴 집철〕 한데 모아서 철함. 또는, 그런 책.
〔緝合 집합〕 주워 모아서 합함.

*2
9 **締** 맺을 **체** | 간 缔 (締)
15
중dī(띠) 일テイ/むすぶ 영tie
풀이 맺다. ㉮끈으로 묶다. ㉯연결하다.
〔締結 체결〕 계약이나 조약을 맺음.
〔締盟 체맹〕 맹약을 맺음.

★★3-Ⅱ
9 **編** ❶엮을 **편**★★3-Ⅱ ❷땋을 **변** | 간 编 (編)
15
幺 糸 紅 紀 紀 綸 綸 編
중biān(삐엔) 일ヘン/あむ 영weave
자원 **형성자.** 糸(사)는 의미를 나타내고 扁(편)은 음을 나타냄.
풀이 ❶①엮다. ㉮죽간(竹簡)을 엮다. ㉯문서를 모아 책으로 만들다. ㉰기록하다. ②글. 문서. ③책끈. 책을 맨 끈. ‖韋編(위편). ④편. 책의 내용을 크게 나눈 한 부분. ‖前編(전편). ❷땋다. ㉠辮.
〔編磬 편경〕 두 층으로 된 걸이에 각각 8개씩의 경쇠를 매달고 채로 쳐서 소리를 내는 아악기.
〔編曲 편곡〕 음악 작품을 본래의 연주 형태에서 다른 연주 형태로 바꿈. 또는, 그렇게 만든 곡.
〔編年 편년〕 역사를 연대순으로 편찬함.
〔編隊 편대〕 여러 비행기가 대형을 갖추는 일. 또는, 그 대형.
〔編物 편물〕 뜨개질. 또는, 뜨개질로 만든 물건.
〔編髮 편발〕 ①예전에, 관례를 하기 전에 머리를 길게 땋아 늘이던 일. 또는, 그 머리. ②만주족의 풍습으로, 남자의 머리를 뒤쪽 가운데 부분만 남기고 모두 깎아 뒤로 길게 땋아 늘인 머리. 辮髮(변발).
〔編成 편성〕 ①책이나 신문 등을 엮어서 만듦. ②모아서 조직을 이룸.
〔編修 편수〕 책을 편집하고 수정함.
〔編入 편입〕 ①다니던 학교를 그만두고 다른 학교에 들어감. ②이미 짜여진 조직이나 단체에 끼어 들어감.
〔編著 편저〕 자료를 모아 엮어 저술함.
〔編鐘 편종〕 음높이가 다른 16개의 종을 두 층의 걸이에 걸어 채로 쳐서 소리를 내는 아악기.
〔編輯 편집〕 책·신문 등의 제작을 위해 자료나 원고 등을 수집·정리하여 일정한 형태로 구성함.
〔編纂 편찬〕 여러 가지 자료를 모아 체계적으로 정리하여 책을 만듦.
◢改編(개편)/共編(공편)/新編(신편)/豫編(예편)/再編(재편)/合編(합편)

*1
9 **緘** 봉할 **함** 본**감** | 간 缄 (緘)
15
중jiān(찌엔) 일カン/とじる 영close
풀이 ①봉하다. ‖緘口(함구). ②봉함(封緘). ③봉투. ④편지.
〔緘口 함구〕《입을 다문다는 뜻으로》 말을 하지 않음. 緘默(함묵).
〔緘口無言 함구무언〕 입을 다물고 말이 없음.
〔緘口不言 함구불언〕 입을 다물고 말을 하지 않음.
〔緘封 함봉〕 편지·문서 등의 겉봉을 봉함.
◢封緘(봉함)

*1
10 **縛** ❶묶을 **박** ❷한얽을 **박** | 간 缚 (縛)
16
중fù(˚푸) 일バク/しばる 영bind
풀이 ❶①묶다. 얽어매다. 속박함. ‖結縛(결박). ②오랏줄. ❷얽다.
◢結縛(결박)/束縛(속박)/捕縛(포박)

*1
10 **縊** 목 맬 **액** 본**예**·**의** | 간 缢 (縊)
16
중yì(이) 일エイ, イ/くびれる 영hang
풀이 ①목을 매다. ②목을 매어 죽이다.
〔縊死 액사〕 목매어 죽음.
〔縊殺 액살〕 목매어 죽임.

*
10 **縕** 헌 솜 **온** | 간 缊
16
중yūn(윈) 일ウン
풀이 헌 솜. 헌 풀솜.
〔縕袍 온포〕 묵은 솜을 둔 도포.

*
10 **縟** 무늬 **욕** | 간 缛 (縟)
16
중rù(˚루) 일ジョク/あや 영pattern
풀이 ①무늬. 채색. ②번다한 채식(彩飾). 화문 놓다. ③번다하다. ‖煩文縟禮(번문욕례).
〔縟禮 욕례〕 번거롭고 까다로운 예절.

*
10 **縡** 일 **재** | (縡)
16
중zài(짜이) 일サイ/こと
풀이 일〔事〕.

*
10 **縝** 맺을 **진** | 간 缜
16
중zhěn(˚전) 일シン 영tie

풀이 ①맺다. ②촘촘하다.

10 16 **縉*** 꽂을 **진** 縉

중jīn(찐) 일シン
풀이 ①꽂다. ②붉은 비단. ③분홍빛.
〔縉紳 진신〕 ①《예전에 벼슬아치들이 예복을 입을 때, 큰 띠〔紳〕에 홀(笏)을 꽂은 데서》 벼슬아치의 총칭. ②지위가 높고 행동이 점잖은 사람.

10 16 **緻***1 촘촘할 **치** 간 致 緻

중zhì(°쯔) 일チ 영close
풀이 ①촘촘하다. 치밀함. ②꿰매다. ③찬찬하다. 면밀함.
〔緻密 치밀〕 ①자세하고 꼼꼼함. ②결이 섬세하고 고움.
◢巧緻(교치)/細緻(세치)/精緻(정치)

10 16 **縣****3 ❶고을 **현** ❷매달 **현** 약 県 간 县 縣

目 𥄉 㫗 県 県 縣 縣 縣

중xiàn(씨엔) 일ケン/かける
금 전 자원 **회의자.** 금문의 왼쪽은 한 그루 나무를 나타내고 오른쪽은 동그랗게 눈을 뜬 얼굴과 끈이 그려진 것으로 죄인의 머리를 줄로 묶어 나무에 매달아 놓은 모습을 나타냄. 본뜻은 '매달다'. 뒤에 주로 행정 단위의 명칭으로 쓰이게 되자 본래의 뜻은 '懸'(현)으로 쓰게 됨.
풀이 ❶고을. 행정 구역 이름. ‖州縣(주현). ❷매달다. 같懸.
〔縣令 현령〕 신라 때부터 조선 시대까지 둔, 큰 현의 으뜸 벼슬.

10 16 **縞*** 비단 **호** 간 缟 縞

중gǎo(가오) 일コウ/きぬ
풀이 ①비단. 흰 비단. ②흰색.
〔縞衣玄裳 호의현상〕 《'흰 비단 저고리와 검은 치마'라는 뜻으로》 두루미의 깨끗하고 아름다운 모습.

11 17 **縷*** 실 **루** 간 缕 縷

중lǚ(뤼) 일ル, リュウ 영thread
풀이 ①실. ②실처럼 가늘고 긴 것. ‖縷望(누망). ③자세하다. 상세함.
◢一縷(일루)

11 17 **縲** 포승 **루** 간 缧 縲

중léi(레이) 일ルイ
풀이 포승. 죄인을 묶는 줄.

11 17 **繆*** ❶삼 열 단 **무*** ❷잘못할 **류** 본 **무** 간 缪 繆

중móu(머우), miù(미우)
일ビュウ, リュウ
풀이 ❶①삼〔麻〕 열 단. ②묶다. ‖綢繆(주무). ❷①잘못하다. ②어긋나다. ③속이다. ④다르다.
◢綢繆(주무)

11 17 **縻** 얽어맬 **미** 縻

중mí(미) 일ビ/つなぐ 영tie up
풀이 ①얽어매다. ②고삐. ‖羈縻(기미). ③밧줄.

11 17 **繁****3-Ⅱ 많을 **번** 繁

𠂉 𠂉 𣅀 每 敏 緐 繁 繁

중fán(°판) 일ハン/おおい
자원 **형성자.** 糸(사)는 의미를 나타내고 敏(민)은 음을 나타냄.
풀이 ①많다. ‖繁多(번다). ②번거롭다. ③무성하다. ④번성하다. ‖繁昌(번창). ⑤바쁘다. ‖繁務(번무).
〔繁盛 번성〕 한창 성하게 일어나 퍼짐. 蕃盛(번성).
〔繁殖 번식〕 붇고 늘어서 많이 퍼짐.
〔繁榮 번영〕 번성하고 영화롭게 됨.
〔繁昌 번창〕 사회나 조직체의 활동이나 사업이 늘어나고 커짐.
〔繁華 번화〕 번성하고 화려함.
◢頻繁(빈번)

11 17 **縫***2 꿰맬 **봉** 간 缝 縫

중féng(°펑) 일ホウ/ぬう 영sew
풀이 ①꿰매다. 바느질함. ‖裁縫(재봉). ②합치다. ‖縫合(봉합).
〔縫製 봉제〕 재봉틀 따위로 박아서 만듦.
〔縫合 봉합〕 상처의 갈라진 부분이나 자리를 꿰매어 붙임.
◢彌縫(미봉)/裁縫(재봉)/天衣無縫(천의무봉)

11 17 **繃***1 묶을 **붕** 간 绷 繃

중bēng(뻥) 일ホウ/くくる 영bind
풀이 묶다. 감음.
〔繃帶 붕대〕 상처에 감는, 소독한 얇고 긴 천.

11 繅 ❶고치 켤 소 ❷무늬 조 | 간 缫 繅
17

㊥sāo(싸오), zǎo(자오) ㊐ソウ

풀이 ❶고치를 켜다. ㊎繰. ❷①무늬. ㊎藻. ②가죽 옥받침.

11 縯* ❶길 연* ❷당길 인 | 간 缜
17

㊥yǎn(옌), yǐn(인) ㊐エン, イン

풀이 ❶길다. ❷당기다.

11 繇* 부역 요 | 간 繇 繇
17

㊥yáo(야오) ㊐ヨウ

풀이 ①부역. ②따르다. ③노래.

★★4
11 績 자을 적 | 간 绩 績
17

幺 糸 糸 紆 綪 績 績 績

㊥jì(찌) ㊐セキ/うむ ㊎spin thread

자원 형성자. 糸(사)는 의미를 나타내고 責(책)은 음을 나타냄.

풀이 ①잣다. 실을 자음. ‖紡績(방적). ②잇다. ③일. 업(業). ④이루다. ⑤공(功). ‖功績(공적).

◢功績(공적)/紡績(방적)/成績(성적)/實績(실적)/業績(업적)/治績(치적)

★★3-II
11 縱 ❶늘어질 종 ❷세로 종 | 간 纵 縱
17

幺 糸 糸 紒 縱 縱 縱 縱

㊥zòng(쭝) ㊐ジュウ, ソウ ㊎release

자원 형성자. 糸(사)는 의미를 나타내고 從(종)은 음을 나타냄.

풀이 ❶①늘어지다. 놓다. 놓아주다. ‖七縱七擒(칠종칠금). ②제멋대로 하다. ‖放縱(방종). ③자유자재. ④가령. 설령. ❷세로. 남북. ‖縱隊(종대).

〔縱斷 종단〕 ①세로로 자름. ②남북 방향으로 건너가거나 건너옴. ↔橫斷(횡단).

〔縱隊 종대〕 세로로 늘어선 대형. ↔橫隊(횡대).

〔縱覽 종람〕 마음대로 봄.

〔縱列 종렬〕 세로로 줄지어 늘어섬. 또는, 그 대열. ↔橫列(횡렬).

〔縱書 종서〕 글자를 위에서 아래로 내리씀. 세로쓰기. ↔橫書(횡서).

〔縱走 종주〕 ①능선을 따라 산을 걸어, 많은 봉우리를 넘어감. ②산맥 따위가 지형이 긴 쪽으로, 또는 남북으로 이어져 있음.

〔縱橫 종횡〕 ①가로와 세로. ②거침없이 마구 오가거나 이리저리 다님.

〔縱橫無盡 종횡무진〕 자유자재로 행동하여 거침이 없음.

◢放縱(방종)/操縱(조종)

★★4-II
11 總 거느릴 총 | 동 総 간 总 總
17

幺 糸 糸 紉 綃 總 總 總

㊥zǒng(종) ㊐ソウ/すべる ㊎control

자원 형성자. 糸(사)는 의미를 나타내고 悤(총)은 음을 나타냄.

풀이 ①거느리다. ‖總理(총리). ②모이다. ③모두. ㊎摠. ‖總員(총원). ④끝마무리. 합계. ‖總計(총계). ⑤머리털을 묶는 끈.

〔總角 총각〕 결혼하지 않은 성인 남자. ↔處女(처녀).

〔總計 총계〕 전체를 통틀어 합산함. 또는, 그 합계. 統計(통계).

〔總括 총괄〕 개별적인 것들을 통틀어 한데 묶음.

〔總動員 총동원〕 인원·물자 등을 모두 동원함.

〔總力 총력〕 전체의 힘.

〔總論 총론〕 전체를 총괄한 이론. 總說(총설). ↔各論(각론).

〔總理 총리〕 ①총괄하여 관리함. ②'국무총리(國務總理)'의 준말.

〔總務 총무〕 전체적이며 일반적인 사무. 또는, 그 일을 맡은 사람.

〔總本山 총본산〕 ①근원이 되거나 전체를 통할하는 곳. ②전체의 본산을 총괄하는 절. 總本寺(총본사).

〔總帥 총수〕 ①큰 조직이나 집단의 우두머리. ②전군(全軍)을 지휘하는 사람.

〔總額 총액〕 모두 합한 액수.

〔總員 총원〕 전체의 인원. 全員(전원).

〔總意 총의〕 전체의 의사.

〔總長 총장〕 ①각 군 본부, 검찰청 등의 우두머리. ②대학교의 최고 책임자.

〔總裁 총재〕 정당·은행·적십자사 등의 최고 직위에 있는 사람.

〔總點 총점〕 전체 점수의 합계.

〔總則 총칙〕 전체를 총괄하는 규칙이나 법칙.

〔總稱 총칭〕 전체를 묶어서 부르는 이름.

〔總和 총화〕 ①구성원 모두가 한데 화합함. ②전체를 합한 수.

〔總會 총회〕 ①회사나 단체 등에서 관계자 전원이 모이는 회의. ②사단 법인의 전체 구성원으로 조직된 회의체.

★★4
11 縮 오그라들 축 | 간 缩 縮
17

幺 糸 糸 紵 綒 綧 縮 縮

㊥suō(쑤어) ㊐シュク/ちぢむ
㊢contract
자원 **형성자.** 糸(사)는 의미를 나타내고 宿(숙)은 음을 나타냄.
풀이 ①오그라들다. 줄다. ‖縮小(축소). ②오그라뜨리다. 적게 하다.
〔縮圖 축도〕 실물이나 원화(原畫)를 축소한 그림.
〔縮小 축소〕 줄여 작게 함. ↔擴大(확대).
〔縮刷 축쇄〕 책이나 그림의 크기를 줄여서 인쇄함.
〔縮地法 축지법〕 먼 거리를 가깝게 만드는 술법(術法).
〔縮尺 축척〕 지도나 설계도를 그릴 때 축소한 비율.
◪減縮(감축)/軍縮(군축)/緊縮(긴축)/濃縮(농축)/收縮(수축)/伸縮(신축)/壓縮(압축)/萎縮(위축)/凝縮(응축)

11 17 **縹** 옥색 **표** 간 缥 縹
㊥piǎo, piāo(피아오) ㊐ヒョウ
㊢light blue
풀이 ①옥색(玉色). 옥색 비단. ‖縹綠(표록). ②사물이 가볍게 날아오르거나 펄럭이는 모양. ③아득함.
〔縹緲 표묘〕 아득하고 넓은 모양.

6획

12 18 **繙** 번역할 **번** 간 缙 繙
㊥fān(°판) ㊐ハン, ホン ㊢translate
풀이 ①번역하다. 통飜. ②어지럽다. ③찾다. 연구함.

12 18 **繖** 일산 **산** 繖
㊥sǎn(산) ㊐サン/きぬがさ
㊢parasol
풀이 ①일산(日傘). ②우산(雨傘).

12 18 *2 **繕** 기울 **선** 간 缮 繕
㊥shàn(°싼) ㊐ゼン/つくろう
㊢repair
풀이 ①깁다. 보완(補完)함. ‖修繕(수선). ②다스리다.
◪修繕(수선)/營繕(영선)

12 18 * **繞** ❶두를 **요** ❷감길 **요** 간 绕 繞
㊥rào(°라오), rǎo(°라오)
㊐ジョウ/まとう ㊢put around
풀이 ❶①두르다. ②에워싸다. ③치맛자락. ❷①감기다. 달라붙음. ②굽다.

◪圍繞(위요)/纏繞(전요)

12 18 * **繒** 비단 **증** 간 缯 繒
㊥zēng(쩡) ㊐ソウ
풀이 ①비단. 명주(明紬). ②주살.

12 18 ★★4 **織** 짤 **직** 간 织 織
㊥zhī(°쯔) ㊐ショク/おる
자원 **형성자.** 糸(사)는 의미를 나타내고 戠(시)는 음을 나타냄.
풀이 ①짜다. 베를 짬. ‖紡織(방직). ②구성하다. ‖組織(조직). ③베틀. 실. ④직물(織物).
〔織機 직기〕 천을 짜는 기계.
〔織女 직녀〕 ①베를 짜는 여자. 織婦(직부). ②별 이름. 織女星(직녀성).
〔織物 직물〕 직기(織機)에 씨와 날을 걸어 짠 물건의 총칭.
〔織造 직조〕 기계로 피륙을 짜는 일.
◪絹織(견직)/交織(교직)/綾織(능직)/麻織(마직)/綿織(면직)/毛織(모직)/紡織(방직)/染織(염직)/組織(조직)/平織(평직)

13 19 *1 **繭** 고치 **견** 간 茧 繭
㊥jiǎn(지엔) ㊐ケン/まゆ
풀이 ①고치. 누에고치. ②지스러기.
〔繭絲 견사〕 누에고치에서 켠 실. 비단실. 蠶絲(잠사).
〔繭蠶 견잠〕 고치가 된 누에.

13 19 ★★3 **繫** 맬 **계** 간 系 繫
㊥jì(찌), xì(씨) ㊐ケイ/つなぐ ㊢tie
풀이 ①매다. ㉮동여매다. ㉯붙잡다. ㉰유지하다. ②걸리다. ③끈. ④매듭.
〔繫累 계루〕 ①어떤 사물에 얽매임. ②어떤 사물에 얽매어 당하는 괴로움. 係累(계루).
〔繫留 계류〕 ①붙잡아 매어 놓음. ②사건이 해결되지 않고 걸려 있음.
◪連繫(연계)

13 19 *1 **繰** ❶고치 켤 **소** ❷야청 통견 **조***1 간 缲 繰
㊥sāo(싸오), zǎo(자오)
㊐ソウ, ショウ
풀이 ❶고치를 켜다. 실을 잣다. 같繅. ❷①야청 통견(通絹). ②야청빛.

13 **繡** *1 ❶수 수 *1 ❷생초 초 (간) 绣 繡
19

㊥xiù(씨우) ㊐シュウ, ショウ/ぬいとり
㊎embroidery

풀이 ❶수. 수놓다. ‖繡衣(수의). ❷생초(生綃). 생명주(生明紬).

〔繡衣 수의〕 ①수를 놓은 옷. ②암행어사.

〔繡衣夜行 수의야행〕 《비단옷을 입고 밤길을 걷는다는 뜻으로》 영광스러운 일이 남에게 알려지지 않음. 錦衣夜行(금의야행).

◢十字繡(십자수)/刺繡(자수)

13 **繩** *2 ❶노끈 승 ❷밧줄 승 (간) 绳 繩
19

㊥shéng(°성) ㊐ジョウ/なわ ㊎string

풀이 ❶①노끈. 새끼. ‖繩索(승삭). ②먹줄. ‖繩墨(승묵). ③법도(法度). ❷밧줄. ‖繩梯(승제).

〔繩矩 승구〕 ①먹줄과 곡척(曲尺). ②규범. 法度(법도).

〔繩墨 승묵〕 먹통에 딸린 실줄. 먹줄.

〔繩索 승삭〕 노와 새끼.

◢結繩(결승)/捕繩(포승)/火繩(화승)

13 **繹** *1 ❶궁구할 역 *1 ❷풀 석 (간) 绎 繹
19

㊥yì(이), shì(°쓰) ㊐エキ/セキ
㊎study

풀이 ❶①궁구(窮究)하다. 이치를 헤아림. ‖演繹(연역). ②늘어놓다. ③뜻이 통하다. ❷풀다. 통釋.

◢演繹(연역)

13 **繪** *1 그림 회 (약) 絵 (간) 绘 繪
19

㊥huì(후에이) ㊐カイ/え ㊎picture

풀이 ①그림. 그림을 그리다. ‖繪畫(회화). ②채색(彩色). 무늬. 수(繡).

〔繪畫 회화〕 미술의 한 분야로서의 그림.

14 **繾** 곡진할 견 (간) 缱 繾
20

㊥qiǎn(치엔) ㊐ケン, キン

풀이 곡진하다.

〔繾綣 견권〕 생각하는 정이 두터워 서로 떨어질 수 없음.

14 **繼** ★*4 이을 계 (약) 継 (간) 继 繼
20

幺	糸	糸	糹	絟	絟	繼	繼

㊥jì(찌) ㊐ケイ/つぐ ㊎succeed

금 전 자원 **회의자.** 금문은 두 타래의 실이 하나는 이어지고 하나는 끊어진 모습을 나타냄. 소전에서는 㡭(계)에 糸(멱)을 덧붙여 끊어진 것을 실로 잇는다는 뜻을 나타냄.

풀이 ①잇다. 계속하다. 계승하다. ②후계(後繼).

〔繼母 계모〕 의붓어머니.

〔繼父 계부〕 의붓아버지.

〔繼續 계속〕 ①끊이지 않고 이음. ②끊어졌던 일을 다시 이음.

〔繼承 계승〕 뒤를 이어받음. 承繼(승계).

〔繼走 계주〕 이어달리기.

◢承繼(승계)/引繼(인계)/中繼(중계)/後繼(후계)

14 **辮** 땋을 변 (간) 辫 辮
20

㊥biàn(비엔) ㊐ベン/あむ

풀이 ①땋다. 엮음. 꼬다. ②땋은 머리.

〔辮髮 변발〕 만주족의 풍습으로, 남자의 머리를 뒤쪽 가운데 부분만 남기고 모두 깎아 뒤로 길게 땋아 늘인 머리. 編髮(편발).

14 **繽** * 어지러울 빈 (간) 缤 繽
20

㊥bīn(삔) ㊐ヒン

풀이 ①어지럽다. ②왕성하다.

〔繽紛 빈분〕 ①많아서 기세가 성함. ②혼잡하여 어지러움.

14 **纂** *1 모을 찬 纂
20

㊥zuǎn(주안) ㊐サン ㊎collect

纂(찬:572쪽)은 딴 자.

풀이 ①모으다. 통欑. ‖纂集(찬집). ②잇다. 통纘. ‖纂修(찬수).

〔纂修 찬수〕 글·자료 등을 모아 정리하여 책으로 만듦.

〔纂述 찬술〕 글의 재료를 모아 저술함.

〔纂輯 찬집〕 자료를 모아 책을 엮음. 또는, 그 책.

◢編纂(편찬)

21 **纖** 纖(섬)의 속자 →598쪽

15 **續** ☆*4-Ⅱ 이을 속 (약) 続 (간) 续 續
21

糸	糸	糹	緒	緒	縉	續	續

㊥xù(쒸) ㊐ゾク/つづく ㊎continue

6획

자원 **형성자.** 糸(사)는 의미를 나타내고 賣(매)는 음을 나타냄.
풀이 ①잇다. ㉮잇달다. ㉯덧붙이다. ② 전승(傳承)되다.
〔續刊 속간〕 간행을 중단하였던 신문·잡지 등을 다시 간행함.
〔續開 속개〕 일단 멈추었던 회의 등을 다시 엶.
〔續報 속보〕 앞의 보도에 계속하여 알림. 또는, 그 보도.
〔續續 속속〕 잇달아 계속.
〔續出 속출〕 잇달아 나옴. 頻出(빈출).
〔續編 속편〕 이미 편찬된 책에 잇대어 편찬된 책.
〔續篇 속편〕 이미 만든 책이나 영화에 잇대어 만든 것.
〔續行 속행〕 계속하여 행함.
◢繼續(계속)/勤續(근속)/相續(상속)/手續(수속)/連續(연속)/永續(영속)/接續(접속)/存續(존속)/持續(지속)/後續(후속)

15 21 **纏** *1 얽힐 **전** | 간 缠 纏
㊥chán(°찬) ㊐テン ㊎bind
풀이 ①얽히다. ②매다. 묶음. ③밧줄. ④당기다.
〔纏帶 전대〕 돈이나 물건을 넣어 허리에 매거나 어깨에 두르는, 띠 모양의 자루. 肩帶(견대).
〔纏足 전족〕 옛 중국 풍속에서 여자의 발을 어릴 때부터 베로 동여매어 자라지 못하게 한 일. 또는, 그 발.
〔纏着 전착〕 덩굴 따위가 감겨 붙음.

21 **纉** 纘(찬)의 속자 →598쪽

17 23 **纖** *2 가늘 **섬** | 속 纎 간 纤 纖
㊥xiān(씨엔) ㊐セン/ほそい ㊎thin
풀이 ①가늘다. ‖纖細(섬세). ②발이 가는 비단. 얇은 비단. ③잘다.
〔纖毛 섬모〕 ①가는 털. 細毛(세모). ② ➡纖維(섬유).
〔纖纖玉手 섬섬옥수〕 가냘프고 고운 여자의 손.
〔纖細 섬세〕 ①가냘프고 가늚. ②아주 찬찬하고 세밀함.
〔纖弱 섬약〕 가냘프고 연약함.
〔纖維 섬유〕 생물체를 이루는 가는 실 모양의 물질. 纖毛(섬모).

17 23 **纓** * 갓끈 **영** | 간 缨 纓
㊥yīng(잉) ㊐エイ
풀이 ①갓끈. ②장식끈. 술. ③감기다.
〔纓紳 영신〕 ①갓끈과 큰 띠. ②벼슬이 높은 사람의 비유.
◢簪纓(잠영)/珠纓(주영)

17 23 **纔** 겨우 **재** | 간 才 纔
㊥cái(차이) ㊐サイ ㊎barely
풀이 ①겨우. 통才. ②조금. 잠깐.

19 25 **纛** * 둑 **독*** **도** | 纛
㊥dào(따오) ㊐トク, トウ
풀이 둑(纛). 임금이 타는 가마나 군대의 대장 앞에 세우던 큰 기.

19 25 **纘** * 이을 **찬** | 속 纉 간 缵 纘
㊥zuǎn(주안) ㊐サン/つぐ
풀이 ①잇다. ②모으다.

21 27 **纜** * 닻줄 **람** | 간 缆 纜
㊥lǎn(란) ㊐ラン/ともづな
풀이 닻줄. ‖解纜(해람).

缶部 장군부

0 6 **缶** * 장군 **부** | 동 缻 缶
㊥fǒu(퍼우) ㊐フ, フウ/ほとぎ
갑 전 자원 **상형자.** 갑골문의 아랫부분은 도기(陶器)를 만들 때 쓰는 '틀'을 나타내고 윗부분은 거기에 흙을 넣고 짓이길 때 쓰는 '공이'를 나타냄.
한자 부수의 하나.
풀이 ①장군. 술·간장·물 등을 담는 그릇. 진(秦)나라 사람들은 장단을 맞추는 타악기로도 썼음. ‖缶器(부기). ② 용량의 단위.

3 9 **缸** *1 항아리 **항** | 缸
㊥gāng(깡) ㊐コウ ㊎jar
풀이 항아리.
〔缸胎 항태〕 오지그릇의 하나. 질이 토기와 같으나 거칠고 두꺼우며 무거움.

4 10 **缺** ★*4-Ⅱ 이지러질 **결** | 약 欠 缺

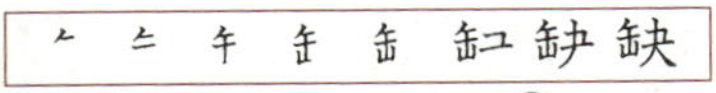

[중]quē(취에) [일]ケツ/かく [영]wane
[자원] **회의 겸 형성자.** 질그릇을 나타내는 缶(부)와 파손을 뜻하는 夬(쾌)가 합쳐진 자로, 질그릇이 깨어져 떨어져 나간 상태를 나타냄. 缶는 의미를 나타내고 夬는 의미와 음을 겸하여 나타냄.
[풀이] ①이지러지다. ㉮그릇이 깨지다. ㉯한쪽이 망그러지다. ㉰부족하다. ②틈. 빈틈. ③흠. ‖缺陷(결함).
〔缺格 결격〕 필요한 자격을 갖추고 있지 못함.
〔缺勤 결근〕 근무해야 할 날에 빠짐.
〔缺禮 결례〕 예의에 어긋남.
〔缺席 결석〕 출석하지 않음. 闕席(궐석).
〔缺損 결손〕 ①일부분이 모자라거나 부족함. ②수입보다 지출이 많아서 생기는 손해.
〔缺食 결식〕 끼니를 거름.
〔缺如 결여〕 있어야 할 것이 모자라거나 빠져서 없음.
〔缺員 결원〕 정원(定員)에서 일부가 모자람. 또는, 그 모자라는 인원.
〔缺點 결점〕 잘못되거나 부족하여 완전하지 못한 점. 短點(단점).
〔缺乏 결핍〕 있어야 할 것이 없거나 모자람.
〔缺陷 결함〕 부족하거나 완전하지 못하여 흠이 되는 부분.
〔缺航 결항〕 정기 노선의 배나 항공기가 운항(運航)을 거름.
◢病缺(병결)/補缺(보결)/完全無缺(완전무결)/出缺(출결)

11 **缻** 缶(부)와 동자 →598쪽

6 / 12 **缾** 두레박 **병** | [본] 餅 缾

[중]píng(핑) [일]ヘイ
[풀이] ①두레박. [같]瓶. ②물장군.

14 **餅** 缾(병)의 본자 →599쪽

11 / 17 **罅** 틈 **하** | 罅

[중]xià(씨아) [일]カ [영]gap
[풀이] ①틈. 구멍. ‖罅隙(하극). ②갈라지다. 그릇에 금이 감.

12 / 18 **罇** 술독 **준** | 罇

[중]zūn(쭌) [일]ソン
[풀이] 술독. 술통.

13 / 19 **罋** 독 **옹** | 罋

[중]wèng(웡) [일]オウ, ヨウ
[풀이] ①독. 항아리. [같]甕. ②두레박.

14 / 20 ***罌** 양병 **앵** [본]**영** | [간] 罂 罌

[중]yīng(잉) [일]オウ
[풀이] 양병(洋甁). 배가 부르고 목이 좁고 짧은 오지병.

18 / 24 ***罐** 두레박 **관** | 罐

[중]guàn(꾸안) [일]カン/つるべ
[풀이] ①두레박. ②가마.
◢汽罐(기관)

网部 그물망 网 罒 㓁

6획

0 / 6 **网** 그물 **망**

[중]wǎng(왕) [일]モウ, ボウ [영]net
[갑] [전]  [자원] **상형자.** 새·물고기·짐승을 잡을 때 쓰던 그물의 모양을 본뜬 자. 두 개의 막대기 사이에 끈이 서로 엇갈리도록 짜서 만든 것임.
✎ 한자 부수의 하나.

★★3
3 / 8 **罔** 그물 **망** | 罔

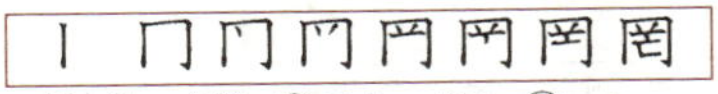

[중]wǎng(왕) [일]モウ, ボウ [영]net
[자원] **형성자.** 网(망)은 의미를 나타내고 亡(망)은 음을 나타냄.
[풀이] ①그물. [같]网. ②그물질하다. 잡음. ③없다. [통]無·亡. ‖罔極(망극). ④속이다. ‖罔民(망민).
〔罔極 망극〕 임금이나 어버이의 은혜가 그지없음.
〔罔極之痛 망극지통〕 그지없는 슬픔. 임금이나 부모의 상사(喪事)에 쓰는 말임.
〔罔知所措 망지소조〕 너무 당황하거나 급하여 어찌할 바를 모름. 罔措(망조).
〔罔測 망측〕 상식에서 벗어나거나 이치에 맞지 않아 어이가 없음.
◢欺罔(기망)

*1
3 **罕** 드물 **한** 罕
7

[중]hǎn(한) [일]カン [영]rare
[풀이] ①드물다. ②새 잡는 그물.
〔罕例 한례〕 드문 예.
◢稀罕(희한)

5 **罟** 그물 **고** 罟
10

[중]gǔ(구) [일]コ
[풀이] ①그물. 물고기 그물. ②그물질하다.

5 **罠** 낚싯줄 **민** 罠
10

[중]mín(민) [일]ビン
[풀이] ①낚싯줄. ②토끼 그물.

*1
8 **罫** [1]줄 **괘***1 [2]거리낄 **홰** 罫
13

[중]guà(꾸아) [일]ケイ, カイ [영]string
[풀이] [1]줄. 선. [2]거리끼다. 지체됨.
〔罫線 괘선〕 인쇄물에서, 윤곽이나 경계를 나타낸 선.
〔罫紙 괘지〕 괘선(罫線)이 인쇄되어 있는 종이. 印札紙(인찰지).

8 **罨** 그물 **엄·압** 罨
13

[중]yǎn(옌) [일]アン/あみ [영]net
[풀이] ①그물. ②그물질하다. ③덮다.
〔罨法 엄법〕 염증을 없애고 충혈을 풀기 위해 찜질하거나 열을 식히는 치료법.

☆*5
8 **罪** 허물 **죄** 罪
13

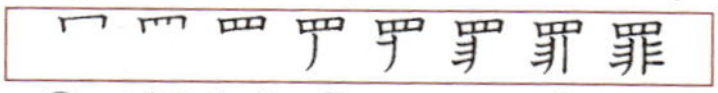

[중]zuì(쭈에이) [일]ザイ/つみ [영]crime
[금]  [자원] **회의자.** 본래 辠(죄)로 썼던 자임. '코'를 뜻하는 自(자)와 '형벌용 칼'을 뜻하는 辛(신)이 합쳐진 자로, 칼로 코를 베어 처벌함을 뜻함. 진시황이 辠 자가 皇(임금 황)과 비슷하다고 하여 쓰지 못하게 하면서 罪 자를 쓰게 됨. 罪는 网(그물 망)과 非(아닐 비)가 합쳐진 자로, 올바르지 않은 것을 모조리 그물로 잡아들이는 것을 뜻함.
[풀이] ①허물. 과오. 범죄(犯罪). ‖謝罪(사죄). ②벌주다.
〔罪科 죄과〕 ①죄와 허물. ②법률에 의거하여 처벌함.
〔罪過 죄과〕 죄가 될 만한 과실.
〔罪名 죄명〕 죄의 이름.
〔罪目 죄목〕 죄의 종류.
〔罪狀 죄상〕 범죄의 실상.
〔罪悚 죄송〕 죄스럽고 송구스러움.
〔罪悚萬萬 죄송만만〕 더할 수 없이 죄송함. 罪萬(죄만).
〔罪囚 죄수〕 죄를 지어 감옥이나 교도소에 갇힌 사람. 囚人(수인).
〔罪惡 죄악〕 죄가 될 만한 나쁜 짓.
〔罪業 죄업〕 불교에서, 죄를 짓거나 죄가 될 만한 일.
〔罪人 죄인〕 ①죄를 지은 사람. ②부모의 상중(喪中)에 있는 사람이 스스로를 이르는 말.
〔罪質 죄질〕 범죄의 성질.
〔罪責 죄책〕 저지른 죄에 대한 마음의 가책이나 책임. ‖罪責感(죄책감).
◢斷罪(단죄)/大罪(대죄)/免罪(면죄)/無罪(무죄)/犯罪(범죄)/謝罪(사죄)/贖罪(속죄)/原罪(원죄)/有罪(유죄)/定罪(정죄)/重罪(중죄)

★*4-Ⅱ
8 **置** 둘 **치** [간]置 置
13

[중]zhì(°쯔) [일]チ/おく [영]place
[전]  [자원] **회의 겸 형성자.** 网(그물 망)과 시선이 똑바름을 나타내는 直(직)이 합쳐진 자. 그물을 쳐 두고 눈으로 똑바로 보고 있음을 나타냄. 网은 의미를 나타내고 直은 의미와 음을 겸하여 나타냄.
[풀이] ①두다. ‖安置(안치). ②베풀다. ‖設置(설치).
〔置簿 치부〕 금전이나 물품의 출납을 기록함. 또는, 그 장부.
〔置重 치중〕 중요하게 여김. 또는, 어떠한 것에 중점을 둠.
〔置之度外 치지도외〕 《생각 밖에 버려둔다는 뜻으로》 내버려 두어 문제 삼지 않음. 度外視(도외시).
〔置換 치환〕 이것과 저것을 서로 바꾸어 놓음.
◢代置(대치)/倒置(도치)/放置(방치)/配置(배치)/備置(비치)/設置(설치)/安置(안치)/預置(예치)/位置(위치)/留置(유치)/裝置(장치)/措置(조치)/存置(존치)/處置(처치)/換置(환치)

★*4-Ⅱ
9 **罰** 벌 **벌** [간]罚 罰
14

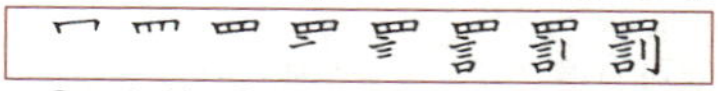

[중]fá(°파) [일]バツ/ばち [영]punishment
[금]  [전]  [자원] **회의자.** 网(그물 망)과 言(말씀 언)과 刀(칼 도)가 합쳐진 자. 법망〔网〕으로 범법자를 붙잡아 판결〔言〕을 내리고 형벌〔刀〕을 내리는 것을 나타냄.

6획

풀이 ①벌. 형벌(刑罰). ②죄(罪). ③벌하다. 형벌을 줌.
〔罰金 벌금〕 벌로 내게 하는 돈.
〔罰點 벌점〕 잘못한 것에 대하여 벌로 따지는 점수.
〔罰酒 벌주〕 벌로 마시게 하는 술.
〔罰責 벌책〕 꾸짖어 가볍게 벌줌.
〔罰則 벌칙〕 약속이나 법을 어겼을 때 주는 벌을 정해 놓은 규칙.
◢賞罰(상벌)/嚴罰(엄벌)/重罰(중벌)/懲罰(징벌)/處罰(처벌)/天罰(천벌)/體罰(체벌)/刑罰(형벌)

9 14 署 ★★3-Ⅱ 나눌 **서** 간 署

㊥shǔ(°수) ㉠ショ/わりあてる
자원 **형성자.** 网(망)은 의미를 나타내고 者(자)는 음을 나타냄.
풀이 ①나누다. 부서를 정함. ②부서(部署). ③관직. ④마을 관청. ‖官署(관서). ⑤맡다. 대리로 맡다. ‖署理(서리). ⑥쓰다. 서명하다.
〔署理 서리〕 결원이 생겼을 때, 그 직무를 대리함. 또는, 그 사람.
〔署名 서명〕 서류 따위에 책임을 밝히기 위하여 직접 이름을 적어 넣음. 또는, 그 이름. 사인(sign).
〔署長 서장〕 '서(署)' 자가 붙은 기관의 책임자.
◢警察署(경찰서)/官公署(관공서)/官署(관서)/本署(본서)/部署(부서)/稅務署(세무서)/自署(자서)

10 15 罵 ＊1 욕할 **매** 간 骂

㊥mà(마) ㉠バ/ののしる ㉢abuse
풀이 ①욕하다. 욕. ②호통치다.
〔罵倒 매도〕 사회적으로 심하게 욕하여 몰아세움.
◢唾罵(타매)

10 15 罷 ★★3 ❶그만둘 **파**★★3 ❷고달플 **피** 간 罢

㊥bà(빠) ㉠ハイ, ヒ/やめる, つかれる ㉢cease
자원 **회의자.** '곰'을 나타내는 能(능)과 그물을 나타내는 网(망)이 합쳐진 자로, 그물에 걸린 곰을 나타냄. 여기에서 '그만두다', '지치다', '고달프다'의 뜻이 생겨남.
풀이 ❶①그만두다. ②그치다. 쉼. ③내치다. ‖罷免(파면). ❷고달프다. 지침. 피로함. ‖罷苦(피고).
〔罷漏 파루〕 조선 시대, 서울에서 통행금지를 해제하기 위해 종각의 종을 33번 치던 일. 바라.
〔罷免 파면〕 잘못을 저지른 사람에게 직무를 그만두게 함. 免職(면직).
〔罷市 파시〕《중국 진(晉)나라의 양호(羊祜)가 형주(荊州) 도독으로 재임하던 중 죽자, 백성들이 그를 추모하여 시장을 열지 않았다는 고사에서》 시장이 서지 않고 쉼.
〔罷業 파업〕 노동자가 그들의 요구를 관철하기 위해 집단적으로 일제히 작업을 중지함. 또는, 그런 투쟁. 스트라이크.
〔罷場 파장〕 ①과장(科場)·백일장·시장(市場) 등이 끝남. ②일이 거의 끝나 가는 무렵.
〔罷職 파직〕 관직에서 물러나게 함.
◢革罷(혁파)

11 16 罹 ＊1 걸릴 **리**

㊥lí(리) ㉠リ/かかる ㉢incur
罹(라:601쪽)은 딴 자.
풀이 ①걸리다. 휘말림. ‖罹災(이재). ②만나다. 당함. ③근심.
〔罹病 이병〕 →罹患(이환).
〔罹災 이재〕 재해를 입음.
〔罹患 이환〕 병에 걸림. 罹病(이병).

14 19 羅 ★★4-Ⅱ 그물 **라** 간 罗

㊥luō(루어) ㉠ラ/あみ ㉢fowler's net
갑 전 자원 **회의자.** 갑골문은 网(그물 망)과 隹(새 추)가 합쳐졌고 소전은 여기에 糸(실 사)가 덧붙여진 자로, 실로 짠 새잡이 그물을 나타냄.
풀이 ①그물. 새 그물. ②그물질하다. ‖網羅(망라). ③늘어서다. 벌여 놓음. ④얇은 비단. ‖輕羅(경라).
〔羅紗 나사〕 포르투갈 어 raxa의 음역. 양털 또는 거기에 무명·명주·인조 견사 등을 섞어서 짠 모직물.
〔羅城 나성〕 큰 성(城)의 바깥 주위.
〔羅列 나열〕 죽 벌여 놓음.
〔羅卒 나졸〕 옛날에, 지방 관아에 딸렸던 군뢰(軍牢)·사령(使令)의 총칭.
〔羅刹 나찰〕 범어 rākṣasa의 음역. ①신통력으로 사람을 매료시키며 잡아먹기도 한다는 악귀. ②지옥의 옥졸.
〔羅針盤 나침반〕 자침(磁針)이 남북을 가리키는 특성을 이용하여, 방위를 알 수 있도록 만든 기구.
〔羅漢 나한〕 소승 불교에서, 온갖 번뇌를 끊고 깨달음을 얻어 공덕을 갖춘 성자. 阿羅漢(아라한).

6획

〔羅睺 나후〕 별의 이름. 해와 달을 가려 일식·월식을 일으킨다고 함.
◢綺羅(기라)/綾羅(능라)/網羅(망라)/森羅(삼라)/亢羅(항라)

14 19 **冪** 덮을 **멱** | 冪

㊥mì(미) ㊐ベキ
풀이 ①덮다. 덮어 씌움. ㉠冪. ②덮어 씌우는 막. 덮는 보. ㉠幎.

17 22 **羇** 나그네 **기** | ㊂覊 羇

㊥jī(찌) ㊐キ/たび ㊒traveler
풀이 ①나그네. 타향에서 임시로 삶. ‖羈客(기객). ②굴레. 말굴레.
〔羇愁 기수〕 객지에서 느끼는 쓸쓸함이나 시름. 客愁(객수).
〔羇寓 기우〕 타향살이. 羈寓(기우).

*1
19 24 **羈** 굴레 **기** | ㊂覊 ㊉羇 羈

㊥jī(찌) ㊐キ/おもがい
풀이 ①굴레. 얽매이다. ②재갈. ③매다. 구속함. ④나그네.
〔羈旅 기려〕 객지에 머묾. 또는, 그런 나그네. 羇旅(기려).
〔羈絆 기반〕 ①말이나 소를 다루기 위해 머리에 씌우는, 굵은 줄로 얽어서 만든 장치. 羈縻(기미). 굴레. ②《굴레를 씌운다는 뜻으로》 자유를 구속함.
〔羈束 기속〕 ①얽어매어 묶음. ②강제로 얽어매어 자유를 빼앗음.

羊部 양양 羊 ⺶

☆*4-Ⅱ
0 6 **羊** 양 **양** | 羊

丶 丷 䒑 兰 兰 羊

㊥yáng(양) ㊐ヨウ/ひつじ ㊒sheep
갑 금 자원 **상형자.** 정면에서 본 양의 뿔과 머리를 본뜬 자.
◪ 한자 부수의 하나. 머리로 쓰일 때에는 자형이 '⺶'의 꼴로 바뀜.
풀이 양. 가축의 하나.
〔羊頭狗肉 양두구육〕 《양의 머리를 걸어 놓고 개고기를 판다는 뜻으로》 겉으로는 훌륭한 체하나 속으로는 못된 짓을 함.
〔羊毛 양모〕 양털.
〔羊水 양수〕 태아를 보호하는, 자궁 속을 채우는 액체. 모래집물. 胞衣水(포의수).
〔羊腸 양장〕 ①양의 창자. ②꼬불꼬불한 길의 비유.
〔羊質虎皮 양질호피〕 《속은 양이고 거죽은 범이라는 뜻으로》 본바탕이 곱지 못한 사람이 겉모양만 꾸밈.
〔羊皮紙 양피지〕 양의 가죽으로 만든, 글 쓰는 재료.
◢牧羊(목양)/山羊(산양)/羚羊(영양)

*
2 8 **羌** 오랑캐 **강** | ㊌羗 羌

㊥qiāng(치앙) ㊐キョウ/えびす
풀이 오랑캐. 중국 서쪽의 오랑캐 이름. 티베트족. ‖羌胡(강호).

☆*6
3 9 **美** 아름다울 **미** | 美

丷 䒑 䒑 羊 羊 兰 美 美

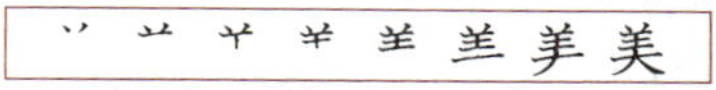

㊥měi(메이) ㊐ビ/うつくしい
㊒beautiful
갑 금 자원 **회의자.** 양(羊)의 뿔이나 새의 깃털과 같은 장식물을 머리에 쓰고 있는 사람〔大(대)〕을 나타냄. 여기에서 '아름답다'의 의미가 파생됨.
풀이 ①아름답다. 착하다. 좋다. ‖美人(미인)/美談(미담). ②맛나다. ③바르다. ④ '미국(美國)'의 약칭.
〔美觀 미관〕 아름답고 훌륭한 경치.
〔美談 미담〕 아름다운 이야기.
〔美德 미덕〕 칭찬을 받을 만큼 훌륭한 태도나 행위.
〔美麗 미려〕 아름답고 고움.
〔美名 미명〕 그럴듯하게 내세운 명목.
〔美貌 미모〕 아름답게 생긴 얼굴.
〔美文 미문〕 아름다운 글.
〔美辭麗句 미사여구〕 아름답게 꾸민 말이나 문구.
〔美聲 미성〕 아름다운 목소리.
〔美少年 미소년〕 용모가 아름다운 소년.
〔美術 미술〕 공간적·시각적 미를 표현하는 예술. 그림·조각·공예·건축 따위.
〔美食 미식〕 좋은 음식을 먹음. 또는, 그 음식.
〔美容 미용〕 얼굴이나 머리, 몸을 아름답게 가꾸는 일. 美粧(미장).
〔美人 미인〕 용모가 아름다운 여자.
〔美人薄命 미인박명〕 미인은 흔히 불행하거나 병약하여 요절하는 일이 많음. 佳人薄命(가인박명).
〔美製 미제〕 미국에서 생산해 낸 물품.
〔美洲 미주〕 아메리카 주.
〔美酒 미주〕 맛이 좋은 술.
〔美醜 미추〕 아름다움과 추함.
〔美稱 미칭〕 아름답게 이르는 이름.
〔美風 미풍〕 아름다운 풍속.

〔美化 미화〕 아름답게 꾸밈.
◢脚線美(각선미)/官能美(관능미)/肉體美(육체미)/眞善美(진선미)/讚美(찬미)/耽美(탐미)

10 羗 羌(강)과 동자 →602쪽

*
4
10 羔 새끼 양 고 羔

[중]gāo(까오) [일]コウ/こひつじ
[영]lamb
[풀이] 새끼 양.
〔羔裘 고구〕 새끼 양의 가죽으로 만든, 대부(大夫)가 입던 예복.
〔羔羊 고양〕 어린 양.

*
5
11 羚 영양 령 羚

[중]líng(링) [일]レイ/かもしか
[영]antelope
[풀이] 영양(羚羊).
〔羚羊 영양〕 솟과의 짐승. 염소 비슷한데, 암수 모두 뿔이 남.

*1
5
11 羞 부끄러울 수 [간]羞 羞

[중]xiū(씨우) [일]シュウ/はじる
[영]ashamed
[갑] [금] [전] [자원] **회의 겸 형성자.** 羊(양)과 손가락을 구부리고 있는 손의 상형인 丑(축)이 합쳐진 자. '양을 잡아 바치다'가 본뜻으로, '맛있는 음식'은 파생된 뜻임. '부끄럽다'는 가차된 뜻으로 보기도 하고, 대접하는 음식이 변변치 않아 부끄럽다는 데에서 파생되었다고 보기도 함. 羊은 의미를 나타내고 丑은 의미와 음을 겸하여 나타냄.
[풀이] ①부끄럽다. 부끄러움. 수치. ②음식을 올림. ③음식물. ‖珍羞盛饌(진수성찬). ④모욕당하다.
〔羞明 수명〕 안력(眼力)이 약하여 밝은 빛을 바로 보지 못하는 증세.
〔羞惡之心 수오지심〕 옳지 못함을 부끄러워하며, 착하지 못함을 미워하는 마음.
〔羞恥 수치〕 부끄러움. 羞愧(수괴).

5
11 羝 숫양 저 羝

[중]dī(띠) [일]テイ/おひつじ [영]ram
[풀이] 숫양.
〔羝羊觸藩 저양촉번〕 《무엇이나 뿔로 받고 앞으로 나아가기만을 좋아하는 숫양이 울타리에 부딪쳐 앞으로 나아가지 못한다는 뜻으로》 나아가지도 물러서지도 못할 궁지에 빠짐. 進退維谷(진퇴유곡).

6
12 羨 땅 이름 이 羨

[중]yí(이) [일]イ
✍ 羨(선·연:603쪽)은 딴 자.

★★4
7
13 群 무리 군 [본]羣 群

ㄱ ㅋ 尹 君 君' 君" 君' 群

[중]qún(췬) [일]グン/むれ [영]group
[자원] **형성자.** 羊(양)은 의미를 나타내고 (양은 무리를 지어 다니는 특징이 있음), 君(군)은 음을 나타냄.
[풀이] ①무리. 떼. ‖拔群(발군). ②동아리. ③모으다. ‖群集(군집). ④많음.
〔群居 군거〕 무리를 지어 삶.
〔群鷄一鶴 군계일학〕 《'닭의 무리 가운데 한 마리의 학'이란 뜻으로》 많은 사람 가운데 홀로 빼어남. 鷄群一鶴(계군일학).
〔群島 군도〕 무리를 이루고 있는 크고 작은 섬들.
〔群落 군락〕 ①많은 부락. ②같은 생육 조건에서 떼 지어 자라는 식물 집단.
〔群舞 군무〕 여럿이 함께 추는 춤.
〔群像 군상〕 떼를 이룬 많은 사람.
〔群棲 군서〕 같은 종류의 생물이 한곳에 떼 지어 삶. 群生(군생).
〔群小 군소〕 규모가 작은 여러 가지 것들.
〔群雄 군웅〕 같은 시대에 여기저기서 활약한 많은 영웅. 群豪(군호).
〔群雄割據 군웅할거〕 많은 영웅이 각지에 자리 잡고 세력을 다툼.
〔群衆 군중〕 한곳에 무리 지어 모인 많은 사람들.
〔群衆心理 군중 심리〕 많은 사람이 모여 무리를 이룰 때, 판단력과 자제력을 잃고 다른 사람의 언행에 쉽게 휩쓸리는 충동적인 심리.
〔群集 군집〕 ①한곳에 떼를 지어 모임. ②한 종류의 생물이 어느 곳에 떼를 지어 모여 긴밀한 관계를 가지고 살아가는 집단. 群聚(군취).
◢拔群(발군)/魚群(어군)/一群(일군)/症候群(증후군)/學群(학군)

13 羣 群(군)의 본자 →603쪽

*1
7
13 羨 [1]부러워할 선 *1 [2]묘도 연1 羨

[중]xiàn(씨엔), yán(옌)
[일]セン, エン/うらやむ, はかみち

6획

영covet
羡(이:603쪽)는 딴 자.
풀이 ❶①부러워하다. ②나머지. ③남다. ❷묘도(墓道).
〔羨望 선망〕 부러워하여 그렇게 되기를 바람.
〔羨道 연도〕 고분의 입구에서 현실(玄室)에 이르는 길. 널길.

☆*4-Ⅱ
7 13 **義** 옳을 **의** 간 义 義

丷 䒑 䒑 兰 羊 羊 義 義

중yì(이) 일ギ/よい 영righteous
금 자원 **회의자.** 羊(양)과 창 또는 톱을 뜻하는 我(아)가 합쳐진 자로, 신에게 바치기 위해 양을 창(또는 톱)으로 죽여 희생물로 삼은 데에서 신의 뜻에 부합하여 옳음을 나타냄.
풀이 ①옳다. 의롭다. ‖義戰(의전). ②의(義). 직분. ③실물의 대용물. ‖義齒(의치). ④뜻. ‖字義(자의). ⑤맺다. ‖義兄(의형).
〔義擧 의거〕 정의를 위해 일으키는 일.
〔義理 의리〕 사람으로서 지켜야 할 바른 도리.
〔義務 의무〕 ①마땅히 해야 할 일. ②법률에 규정된 강제적으로 해야 할 일.
〔義兵 의병〕 나라가 위급할 때, 나라를 구하기 위해 자발적으로 일어난 군대.
〔義父 의부〕 의붓아버지나 수양아버지.
〔義憤 의분〕 불의한 일을 보고 정의감에서 일어나는 분노.
〔義士 의사〕 나라를 위하여 무력(武力)으로써 항거하다가 의롭게 죽은 사람.
〔義手 의수〕 나무·고무·금속 등으로 만들어진 손.
〔義捐金 의연금〕 자선이나 공익을 위해 내는 돈.
〔義勇軍 의용군〕 전쟁 때, 국민이 자진하여 참여하기 위해 조직한 군대. 또는, 그 군사.
〔義人 의인〕 의로운 사람.
〔義賊 의적〕 부정하게 모은 재물을 훔쳐다가 가난한 사람에게 나누어 주는 의로운 도적.
〔義絶 의절〕 ①맺었던 의를 끊음. ②친구나 친척 사이의 정을 끊음.
〔義足 의족〕 나무·고무·금속 등으로 만들어 붙이는 발. 義脚(의각).
〔義齒 의치〕 만들어 박은 이.
〔義俠 의협〕 정의를 위하여 강자에 맞서서 약자를 돕는 일. 또는, 그런 사람. ‖義俠心(의협심).
〔義兄弟 의형제〕 ①의로 맺은 형제. 結義兄弟(결의형제). ②의붓형제.
◢講義(강의)/廣義(광의)/敎義(교의)/大義(대의)/道義(도의)/名義(명의)/不義(불의)/信義(신의)/語義(어의)/原義(원의)/意義(의의)/異義(이의)/仁義(인의)/字義(자의)/正義(정의)/定義(정의)/主義(주의)/眞義(진의)/忠義(충의)/狹義(협의)

6획

9 15 **羯** 불 깐 양 **갈** 羯

중jié(지에) 일カツ, ケツ
풀이 ①불 깐 양. 거세(去勢)한 검은 양. ②오랑캐.
〔羯鼓 갈고〕 장구와 비슷한, 아악기의 하나.

*2
10 16 **羲** 숨 **희** 羲

중xī(씨) 일ギ/いき
풀이 ①숨. 내쉬는 숨. ②사람 이름. ㉮'복희씨(伏羲氏)'의 약칭. ㉯'왕희지(王羲之)'의 약칭.
〔羲皇 희황〕 '복희씨(伏羲氏)'의 이칭.

*1
13 19 **羹** 국 **갱** 羹

중gēng(껑) 일コウ/あつもの 영soup
풀이 국. ‖肉羹(육갱).
〔羹汁 갱즙〕 국의 국물.

*
13 19 **羸** 여윌 **리** 羸

중léi(레이) 일ルイ/やせる 영emaciate
풀이 ①여위다. 파리함. 수척함. ②고달프다. 피로함. ③약하다. 약하게 함.

13 19 **羶** 누린내 **전** 羶

중shān(°싼) 일セン/なまぐさい
풀이 ①누린내. ②비린 고기. ③냄새. ④남이 흠모하다.

羽部 깃우

★*3-Ⅱ
0 6 **羽** 깃 **우** 羽

丁 ㇆ 习 羽 羽 羽

중yǔ(위) 일ウ/はね 영wing
갑 전 자원 **상형자.** 새의 깃털을 본뜬 자.
한자 부수의 하나.
풀이 ①깃. ㉮새의 날개. 새의 깃. ‖羽

毛(우모). ㉯날벌레의 날개. ②새. 날짐승. ③오음(五音)의 하나. 가장 맑은 음. ④돕다. 돕는 사람.
〔羽毛 우모〕 깃털.
〔羽衣 우의〕 선녀나 신선이 입는다는, 새의 깃으로 만든 옷.
〔羽翼 우익〕 ①새의 날개. ②보좌하는 일. 또는, 그 일을 하는 사람.
〔羽化登仙 우화등선〕 도교 사상에서, 사람이 신선이 되어 하늘로 올라감.

*
4 10 **翅** 날개 **시**

㊥chì(ˆ츠) ㊐シ/つばさ ㊖wing
풀이 ①날개. ②나는 모양.
〔翅鞘 시초〕 갑충의 단단한 겉날개.

★*3
4 10 **翁** 늙은이 **옹**

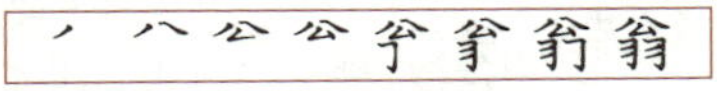

丿 八 公 公 㒶 翁 翁 翁

㊥wēng(웡) ㊐オウ/おきな ㊖old man
자원 **형성자.** 羽(우)는 의미를 나타내고 公(공)은 음을 나타냄.
풀이 ①늙은이. '노인'의 존칭. ②목털. 새의 목에 난 털. ③아버지.
〔翁壻 옹서〕 장인과 사위.
〔翁主 옹주〕 임금의 후궁(後宮)에게서 난 왕녀.
◢老翁(노옹)/不倒翁(부도옹)/漁翁(어옹)

*
5 11 **翎** 깃 **령**

㊥líng(링) ㊐レイ ㊖feather
풀이 ①깃. ②화살 깃.

☆*6
5 11 **習** 익힐 **습** ㉿ 习

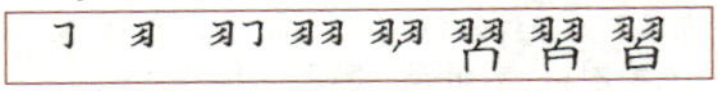

丁 ㄋ ㄋㄱ ㄋㄋ 习习 習 習 習

㊥xí(시) ㊐しュウ/ならう ㊖practice
갑 전 자원 **회의자.** 갑골문은 날개를 나타내는 羽(우)와 日(날 일)이 합쳐진 자. 어린 새가 나는 것을 익히기 위해 날마다 반복적으로 날갯짓하는 모습을 나타냄. 소전에서 日이 白(백)으로 잘못 변화됨.
풀이 ①익히다. ㉮새새끼가 나는 법을 익히다. ㉯되풀이하다. 연습함. ‖復習(복습). ②습관. 관습.
〔習慣 습관〕 버릇.
〔習得 습득〕 배워서 터득함.
〔習癖 습벽〕 버릇.
〔習性 습성〕 버릇이 되어 버린 성질.
〔習俗 습속〕 습관이 된 풍속.
〔習字 습자〕 글씨 쓰는 법을 배워 익힘.
〔習作 습작〕 연습으로 작품을 만듦. 또는, 그 작품.
◢講習(강습)/見習(견습)/慣習(관습)/教習(교습)/舊習(구습)/復習(복습)/常習(상습)/修習(수습)/實習(실습)/惡習(악습)/演習(연습)/練習(연습)/豫習(예습)/因習(인습)/自習(자습)/傳習(전습)/弊習(폐습)/風習(풍습)/學習(학습)

*1
5 11 **翌** 이튿날 **익**

㊥yì(이) ㊐ヨク
풀이 ①이튿날. 익일(翌日). 명일(明日). ‖翌月(익월). ②돕다. ㉴翼.
〔翌年 익년〕 다음 해. 이듬해.
〔翌月 익월〕 다음 달. 훗달.
〔翌日 익일〕 다음 날. 이튿날.
〔翌朝 익조〕 다음 날 아침.

*2
5 11 **翊** 도울 **익**

㊥yì(이) ㊐ヨク ㊖help
풀이 ①돕다. ②나는 모양.
〔翊戴 익대〕 정성스럽게 받들어 추대함. 翼戴(익대).
〔翊贊 익찬〕 도와서 올바른 데로 이끌어 감. 翼贊(익찬).

*1
6 12 **翔** 돌아 날 **상**

㊥xiáng(시앙) ㊐ショウ/とびめぐる
풀이 ①돌아 날다. 빙 돌며 낢. ②날다.
〔翔空 상공〕 하늘을 날아다님.
◢飛翔(비상)

*
6 12 **翕** 합할 **흡**

㊥xī(씨) ㊐キュウ/あつまる ㊖unite
풀이 합하다. 화합함.
〔翕然 흡연〕 인심이 화합하여 일치하는 모양.

*1
8 14 **翡** 물총새 **비**

㊥fěi(ˇ페이) ㊐ヒ/かわせみ ㊖kingfisher
풀이 ①물총새. 물총새의 수컷. ②비취(翡翠).
〔翡色 비색〕 고려청자와 같은 푸른 빛깔.
〔翡玉 비옥〕 붉은 점이 있는 비취옥.
〔翡翠 비취〕 ①물총새. ②짙은 녹색의 경옥(硬玉). 翡翠玉(비취옥).

8 * 14 **翟** 꿩 **적**

㊥dí(디) ㊐テキ ㊎pheasant

8 *1 14 **翠** 물총새 **취** 翆

㊥cuì(추에이) ㊐スイ/かわせみ ㊎kingfisher
풀이 ①물총새. 물총새의 암컷. ‖翡翠(비취). ②비취색.
〔翠色 취색〕 남색과 파란색의 중간색.
〔翠竹 취죽〕 푸른 대. 靑竹(청죽).
◢翡翠(비취)

9 * 15 **翫** 노리개 **완** 翫

㊥wàn(완) ㊐ガン/もてあそぶ
풀이 ①노리개. ②가지고 놀다. 희롱함. ③즐거워하다. ④얕보다.

9 15 **翦** 자를 **전** 翦

㊥jiǎn(지엔) ㊐セン/きる ㊎shear
풀이 ①자르다. ㉦剪. ②가위.

9 * 15 **翩** 빨리 날 **편** 翩

㊥piān(피엔) ㊐ヘン/ひるがえる
풀이 ①빨리 날다. ②나부끼다. 펄럭이다.
〔翩翩 편편〕 ①새가 가볍게 나는 모양. ②풍채가 멋스럽고 좋은 모양.

9 15 **翬** 날개 칠 **휘** ㉿ 翚 翬

㊥huī(후에이) ㊐キ ㊎fly
풀이 ①날개를 치다. 훨훨 날. ②꿩.

10 16 **翯** ❶함치르르할 **학** ❷흰 깃 **호** 翯

㊥hè(허) ㊐カク, ゴウ
풀이 ❶①함치르르하다. ②깃이 깨끗하고 흰 모양. ❷흰 깃.
〔翯翯 학학〕 새의 깃이 윤이 나고 몹시 흰 모양.

10 *2 16 **翰** 날개 **한** 翰

㊥hàn(한) ㊐カン/はね ㊎wing
풀이 ①날개. ②날다. ③붓. ‖翰墨(한묵). ④글. 문서. 편지. ‖翰札(한찰).
〔翰林 한림〕 ①학자 또는 문인의 모임. ②조선 시대, 예문관 검열의 이칭.
〔翰林院 한림원〕 고려 시대에, 임금의 명령을 받아 문서를 꾸미는 일을 맡아 보던 관청.
◢公翰(공한)/文翰(문한)/書翰(서한)

11 17 **翳** 일산 **예** 翳

㊥yì(이) ㊐エイ/きぬがさ
풀이 ①일산(日傘). 깃으로 꾸민 일산. 임금의 수레에 씀. ②덮다. 가림. ③그늘. ④머리 위에 얹다.

11 ★*3-II 17 **翼** 날개 **익** 翼

㊥yì(이) ㊐ヨク/つばさ ㊎wing
자원 **형성자.** 羽(우)는 의미를 나타내고 異(이)는 음을 나타냄.
풀이 ①날개. ②돕다. 도움. ‖翼贊(익찬). ③좌우의 부대. ④다음 날.
〔翼戴 익대〕 정성스럽게 받들어 추대함. 翊戴(익대).
〔翼善冠 익선관〕 왕과 왕세자가 평상복으로 정무를 볼 때 쓰던 관.
〔翼室 익실〕 본채의 좌우 양편에 딸린 방.
〔翼贊 익찬〕 도와서 올바른 데로 인도함. 翊贊(익찬).
◢鵬翼(붕익)/右翼(우익)/一翼(일익)/鳥翼(조익)/左翼(좌익)/主翼(주익)

12 * 18 **翹** 꼬리 긴 깃털 **교** ㉿ 翘 翹

㊥qiào(치아오) ㊐キョウ, ギョウ
풀이 ①꼬리의 긴 깃털. ②들다. 들림. ③발돋움하다. ④재능이 뛰어나다.

12 * 18 **翻** 날 **번** 翻

㊥fān(°판) ㊐ホン/ひるがえる ㊎fly
풀이 ①날다. ‖翩翻(편번). ②나부끼다. ③뒤집다. ④번역하다. ㉦飜. ⑤다시 만들다. 만들어 고치다.
〔翻覆 번복〕 이미 한 말이나 결정 등을 고치거나 뒤바꿈. 飜覆(번복).
〔翻譯 번역〕 어떤 나라의 말이나 글을 다른 나라의 말이나 글로 옮김. 飜譯(번역).
〔翻意 번의〕 먹었던 마음을 뒤집음. 飜意(번의).

16 *2 20 **耀** 빛날 **요** 耀

㊥yào(야오) ㊐ヨウ/かがやく ㊎bright
풀이 ①빛나다. ㉦曜·燿. ②빛.
〔耀耀 요요〕 빛나는 모양.
◢光耀(광요)/照耀(조요)

老部 늙을로 老耂

☆*7
0 6 **老** 늙을 **로** | 老

一 十 土 耂 耂 老

[중]lǎo(라오) [일]ロウ/おいる [영]old

[갑] [금] [자원] **상형자.** 갑골문에서 보듯, 머리가 길고 허리가 굽은 사람(노인)이 지팡이를 짚고 있는 모습을 본뜬 글자.

[참고]한자 부수의 하나. 머리로 쓰일 때에는 자형이 '耂'의 꼴로 바뀜.

[풀이] ①늙다. ‖偕老(해로). ②늙은이. 70세 이상이나 60세 이상 또는 50세 이상의 늙은이. ‖老人(노인). ③오래되어 기능이 약해지다. ‖老化(노화). ④익숙하다. 노련함. ⑤예로부터 전해지다. ‖老舖(노포). ⑥어른을 높여 이르는 말. ‖卿老(경로). ⑦'노자(老子)'의 약칭. ‖老莊(노장).

〔老境 노경〕 늙바탕. 晩境(만경).
〔老軀 노구〕 늙은 몸. 老身(노신).
〔老妓 노기〕 늙은 기생.
〔老年 노년〕 나이가 들어 늙은 때. 또는, 늙은 나이.
〔老當益壯 노당익장〕 ➡老益壯(노익장).
〔老大家 노대가〕 나이와 경험이 많은, 그 방면에 뛰어난 사람.
〔老鈍 노둔〕 늙어서 둔함.
〔老練 노련〕 오랫동안 경험을 쌓아서 익숙하고 능란함.
〔老齡 노령〕 늙은 나이.
〔老妄 노망〕 늙어서 망령을 부림. 또는, 그 망령.
〔老母 노모〕 늙은 어머니.
〔老兵 노병〕 ①늙은 병사. ②노련한 병사.
〔老少 노소〕 늙은이와 젊은이.
〔老少同樂 노소동락〕 늙은이와 젊은이가 함께 즐김.
〔老衰 노쇠〕 늙어서 쇠약함.
〔老宿 노숙〕 ①나이 많고 경험이 풍부한 사람. 宿老(숙로). ②불도(佛道)를 많이 닦은 승려. 高僧(고승).
〔老熟 노숙〕 경험이 많아 익숙함.
〔老僧 노승〕 늙은 승려.
〔老臣 노신〕 늙은 신하.
〔老眼 노안〕 나이가 많아 시력이 약해진 눈.
〔老弱者 노약자〕 늙은이와 약한 사람.
〔老炎 노염〕 늦더위.
〔老益壯 노익장〕 나이를 먹을수록 기력이 좋아짐. 또는, 그런 사람. 老當益壯(노당익장).
〔老人 노인〕 나이가 들어 늙은 사람. 늙은이.
〔老人丈 노인장〕 '노인'의 높임말.
〔老壯 노장〕 노년과 장년(壯年).
〔老婆 노파〕 늙은 여자. 老嫗(노구).
〔老婆心 노파심〕 남의 일을 지나치게 걱정하는 마음.
〔老廢 노폐〕 낡거나 늙어서 더 이상 쓸모가 없음.
〔老廢物 노폐물〕 신진 대사의 결과로 생물의 몸 안에 생긴 불필요한 것.
〔老化 노화〕 ①나이가 많아지면서 육체적·정신적 기능이 약해짐. ②물질이 시간이 지남에 따라 그 성질이 변함.
〔老患 노환〕 노쇠해서 오는 병.
〔老朽 노후〕 오래되어 낡아서 쓸모가 없음.
〔老後 노후〕 늙은 뒤. 晩景(만경).

◪敬老(경로)/百年偕老(백년해로)/不老(불로)/養老(양로)/元老(원로)/長老(장로)/早老(조로)/初老(초로)/村老(촌로)

☆*5
2 6 **考** 상고할 **고** | [고] 攷 考

一 十 土 耂 耂 考

[중]kǎo(카오) [일]コウ/かんがえる [영]think

[갑] [자원] **상형자.** 갑골문에서 보듯, 머리가 길고 허리가 굽은 사람(노인)이 지팡이를 짚고 있는 모습을 본뜬 자. 주로 돌아가신 아버지의 뜻으로 쓰였는데 본뜻은 '늙은이'임.

[풀이] ①상고(詳考)하다. ②조사하다. ‖考究(고구). ③죽은 아버지. ‖先考(선고). ④오래 살다. 장수함.

〔考古 고고〕 유물이나 유적으로 옛일을 연구함.
〔考課 고과〕 근무 성적이나 태도·능력 등을 조사하여 보고함.
〔考慮 고려〕 생각하여 헤아림.
〔考妣 고비〕 죽은 부모.
〔考査 고사〕 ①자세히 생각하고 검사함. ②학력을 알아보기 위해 치르는 시험.
〔考試 고시〕 공무원 등을 뽑기 위해 나라에서 보는 시험. ‖考試生(고시생).
〔考案 고안〕 연구하여 새로운 안을 생각해 냄. 또는, 그 안.
〔考終命 고종명〕 제명대로 살다가 편안히 죽음.
〔考證 고증〕 옛 문헌이나 물건에 기초하여 증거를 세워 이론적으로 해명함.
〔考察 고찰〕 깊이 생각하고 연구함.

◪論考(논고)/備考(비고)/思考(사고)/詳考(상고)/先考(선고)/小考(소고)/熟考(숙고)/一考(일고)/長考(장고)/再考(재고)/祖考(조고)/參考(참고)

*2
4 10 **耆** 늙은이 **기** | 耆

㊥qí(치) ㊐キ/としより
㊎senior citizen
풀이 늙은이. 60세 또는 70세 이상의 늙은이.
〔耆年 기년〕 60세가 넘은 나이.
〔耆老 기로〕 ①60세 이상의 노인. ②연로하고 덕이 높은 사람.

4 10 **耄** 늙은이 **모**

㊥mào(마오) ㊐モウ, ボウ/としより
풀이 ①늙은이. 80세 또는 90세의 늙은이. ②늙다. 늙어 빠짐.

5 9 **耉** 늙을 **구** ㊐耇

㊥gǒu(거우) ㊐コウ ㊎old
풀이 늙다.

☆*6
5 9 **者** 놈 **자** ㉠者

十 土 耂 耂 者 者 者 者

㊥zhě(저) ㊐シャ/もの ㊎person
갑 금 전 자원 **회의자.** 갑골문·금문은 솥에 나물(혹은 콩)을 넣고 삶고 있는 모양을 나타냄. 뒷날 '무엇을 하는 사람'의 뜻으로 가차되어 쓰이자, 본뜻을 보존하기 위해 만든 자가 '煮'(삶을 자)임.
풀이 ①놈. 것. ㉮사람을 가리켜 이름. ㉯사물을 가리켜 이름. ②어조사. 때를 뜻하는 말에 쓰임. ‖昔者(석자)/今者(금자).
◢強者(강자)/近者(근자)/記者(기자)/讀者(독자)/亡者(망자)/病者(병자)/富者(부자)/貧者(빈자)/死者(사자)/使者(사자)/聖者(성자)/勝者(승자)/識者(식자)/信者(신자)/弱者(약자)/兩者(양자)/業者(업자)/譯者(역자)/王者(왕자)/隱者(은자)/著者(저자)/前者(전자)/走者(주자)/諜者(첩자)/打者(타자)/敗者(패자)/霸者(패자)/編者(편자)/筆者(필자)/學者(학자)/賢者(현자)/惑者(혹자)/患者(환자)/後者(후자)

*
11 **耇** 耉(구)와 동자 →608쪽

6 12 **耋** 늙은이 **질**

㊥dié(디에) ㊐テツ/としより
㊎senior citizen

而部 말이을이

☆*3
0 6 **而** 말 이을 **이**

一 丆 𠂇 丙 而 而

㊥ér(얼) ㊐ジ/しこうして
갑 금 자원 **상형자.** 갑골문은 아래턱과 턱수염을, 금문은 코(가로획), 인중(세로획), 콧수염(바깥으로 늘어진 획), 턱수염(안쪽으로 늘어진 획)을 나타냄. 뒷날 '너' 또는 말을 잇는 기능사로 가차됨.
🖊한자 부수의 하나.
풀이 ①말을 잇다. 그리고. 또. 또한. 그러나. 접속의 역할을 함. ②너. ③그러하다. ㊐然. ④곧. ㊐乃·則. ⑤써. ㊐以.
〔而立 이립〕《공자가 30세에 인생관이 확고하게 섰다는 고사에서》 30세를 이름.

★*3-Ⅱ
3 9 **耐** ❶견딜 **내**★*3-Ⅱ ❷능할 **능**

一 丆 丙 而 而 而一 耐 耐

㊥nài(나이) ㊐タイ, ドウ/たえる
㊎endure
자원 **회의겸 형성자.** 수염을 나타내는 而(이)와 손을 뜻하는 寸(촌)이 합쳐진 자. 다른 사람의 손에 의해 권위의 상징인 수염이 잘리는 모습(고대 중국의 가벼운 형벌의 하나)으로, 모욕을 참고 견디는 것을 나타냄. 寸은 의미를 나타내고 而는 의미와 음을 겸하여 나타냄.
풀이 ❶견디다. 참음. ‖忍耐(인내). ❷능하다. 능히 함. 能(능)의 고자(古字).
〔耐久 내구〕 오래 견딤. ‖耐久力(내구력).
〔耐力 내력〕 물체가 외부의 힘에 견뎌 내는 힘.
〔耐山 내산〕 산(酸)에 잘 침식되지 않고 견뎌 냄.
〔耐性 내성〕 ①외부의 자극에 견디는 성질. ②병원균 따위가 약에 대해 저항하는 성질.
〔耐壓 내압〕 압력에 견딤.
〔耐熱 내열〕 높은 열에 견딤.
〔耐震 내진〕 건축물 따위가 지진을 견딤.
〔耐乏 내핍〕 궁핍함을 견딤.
〔耐寒 내한〕 추위를 견딤.
〔耐火 내화〕 불에 타지 않고 잘 견딤.
◢堪耐(감내)/忍耐(인내)

6획

耒部 쟁기뢰

0
6 **耒** 쟁기 **뢰**

㊥lěi(레이) ㊐ライ, ルイ/すき ㊎plow
갑 금 자원 **상형자.** 쟁기를 그린 자로, 갑골문에서는 손잡이와 보습이 달린 쟁기를 그렸고 금문에서는 又(손 우)를 더하기도 했음.
한자 부수의 하나.
풀이 ①쟁기. 농기구의 한 가지. ②쟁기의 자루. ‖耒耜(뇌사).

☆*3-Ⅱ
4
10 **耕** 갈 **경**

一 三 丰 耒 耒一 耒= 耕 耕

㊥gēng(껑) ㊐コウ/たがやす ㊎plow
자원 **회의 겸 형성자.** 耒(쟁기 뢰)와 井(정)이 합쳐진 자로, 井 자 모양으로 정리된 농지를 쟁기로 가는 것을 나타냄. 耒는 의미를 나타내고 井은 의미와 음을 겸하여 나타냄.
풀이 ①갈다. 농기구로 논밭을 갊. ‖農耕(농경). ②농사 이외의 일로 생계를 꾸리다. ‖筆耕(필경).
〔耕耘 경운〕 논밭을 갈고 김을 맴. ‖耕耘機(경운기).
〔耕作 경작〕 땅을 갈아 농사를 지음.
〔耕田 경전〕 논밭을 갊. 또는, 그 논밭.
〔耕地 경지〕 농사를 짓는 땅. 耕作地(경작지). ‖耕地整理(경지 정리).
◢歸耕(귀경)/農耕(농경)/水耕(수경)/深耕(심경)/筆耕(필경)/休耕(휴경)

*1
4
10 **耗** 줄 **모** 본**호**

㊥hào(하오) ㊐コウ, モウ/へる, へらす ㊎decrease
풀이 ①줄다. 줄임. 감소(減少)함. ‖磨耗(마모). ②쓰다. 소비함. ‖消耗(소모). ③어지럽다. 난잡함.
〔耗盡 모진〕 해어지거나 닳아서 다 없어짐.
◢磨耗(마모)/消耗(소모)

*1
4
10 **耘** 김맬 **운**

㊥yún(윈) ㊐ウン/くさぎる ㊎weed
풀이 김매다. ‖耘耕(운경).
◢耕耘(경운)

4
10 **耙** 써레 **파**

㊥bà(빠) ㊐ハ/まぐわ
풀이 써레. 같杷.

5
11 **耜** 보습 **사**

㊥sì(쓰) ㊐シ/すき, すきざき ㊎plowshare
풀이 보습. 쟁깃술 끝에 맞추는 날.

9
15 **耦** 짝 **우**

㊥ǒu(어우) ㊐グウ/つれあう ㊎mate
풀이 ①짝. 짝을 지음. ㉮배우자(配偶者). ㉯상대자. ㉰짝을 지음. ②나란히 갈다. 둘이 나란히 서서 밭을 갊.
〔耦耕 우경〕 두 사람이 쟁기를 나란히 하여 땅을 갊.

*
12
18 **耭** 밭 갈 **기**

㊥jī(찌) ㊐キ/たかやす ㊎plough
풀이 밭을 갈다.

6획

耳部 귀이

☆*5
0
6 **耳** 귀 **이**

一 丅 F F E 耳

㊥ěr(얼) ㊐ジ/みみ ㊎ear
갑 금 전 자원 **상형자.** 귓바퀴와 귓불이 갖추어진 귀를 나타낸 자.
한자 부수의 하나.
풀이 ①귀. ㉮오관(五官)의 하나로 청각(聽覺)을 맡음. ‖耳朶(이타). ㉯귀처럼 생긴 젖손. ②듣다. ③어조사.
〔耳聾 이롱〕 귀가 먹어 들리지 않음.
〔耳鳴 이명〕 귀 안에서 소리가 나는 것처럼 느껴지는 증상.
〔耳明酒 이명주〕 음력 정월 보름날 아침에 귀가 밝아지라고 마시는 술. 귀밝이술.
〔耳目 이목〕 ①귀와 눈. ②다른 사람들의 주의나 관심.
〔耳目口鼻 이목구비〕 ①귀·눈·입·코의 총칭. ②귀·눈·입·코를 중심으로 한 얼굴의 생김새.
〔耳順 이순〕 《공자가 60세에 이르러 천지 만물의 이치를 통달하였으므로, 어떤 말을 들어도 이해할 수 있었다

는 고사에서) 60세를 이름.
〔耳懸鈴鼻懸鈴 이현령비현령〕(‘귀에 걸면 귀걸이, 코에 걸면 코걸이’라는 뜻으로) 어떤 사실이 이렇게도 저렇게도 해석됨.
◢內耳(내이)/逆耳(역이)/外耳(외이)

★*3
3 9 **耶** 어조사 **야** 耶

一 丅 𠂤 F 𦣞 耳 耶 耶

㊥yē(예) ㊐ヤ
전 **자원** **형성자.** 소전에서 보듯 원래 邑(읍)과 牙(아)로 이뤄진 자〔邪(사)〕로 邑은 의미를 나타내고 牙는 음을 나타냄.
풀이 ①어조사(語助辭). ㉠邪. ②아버지를 부르는 말. ㉠爺.
〔耶蘇 야소〕 라틴어 Jesus의 음역. 그리스도. 예수.
◢有耶無耶(유야무야)

*
4 10 **耿** 빛날 **경** 耿

㊥gěng(겅) ㊐コウ/ひかる ㊣shine
풀이 ①빛나다. 비춤. ②맑다. 행실이 청백함. ③한결같다. 지조가 굳은 모양. ‖耿介(경개). ④슬퍼하다.
〔耿介 경개〕 대세에 휩쓸리지 않을 정도로 지조가 굳음.
〔耿耿 경경〕 ①빛이 약하게 환한 모양. ②불빛이 깜박거리는 모양. ③마음에서 사라지지 않고 염려가 되는 모양.

*
4 10 **耼** 귓바퀴 없을 **담** ㊋㉿ 聃 耼

㊥dān(딴) ㊐タン
풀이 귓바퀴가 없다.

10 **耻** 恥(치)의 속자 →277쪽

*2
4 10 **耽** 즐길 **탐** 본**담** 耽

㊥dān(딴) ㊐タン/たのしむ ㊣enjoy
풀이 ①즐기다. 기쁨을 누림. ②빠지다. 탐닉함. 열중하여 일에 빠짐.
〔耽溺 탐닉〕 어떤 일을 몹시 즐겨서 거기에 빠짐.
〔耽讀 탐독〕 ①책을 열중하여 읽음. ②책을 유달리 즐겨 읽음.
〔耽美 탐미〕 미(美)를 추구하여 거기에 빠짐.

*
11 **聃** 耼(담)의 속자 →610쪽

*
5 11 **聆** 들을 **령**

㊥líng(링) ㊐レイ/きく ㊣hear
풀이 ①듣다. ②깨닫다.

*1
5 11 **聊** 애오라지 **료** 聊

㊥liáo(리아오) ㊐リョウ/いささか
풀이 ①애오라지. 한갓. 오직. 마음에 부족하나마 그대로. ②두려워하다. ③즐기다. 즐거움. ④바라다. 원함.
◢無聊(무료)

12 **联** 聯(련)의 약자 →611쪽

★*3
7 13 **聘** 부를 **빙** 聘

丅 𦣞 耳 耶 聃 聃 聘 聘

㊥pìn(핀) ㊐ヘイ/まねく
전 **자원** **회의자.** 소전의 왼쪽 부분은 ‘귀’를 나타내고 오른쪽 윗부분은 물건(또는 음식)이 가득한 대바구니를 나타내고 오른쪽 아랫부분은 그것을 메고 있는 사람을 나타냄.
풀이 ①부르다. ②찾다. 방문하여 안부를 물음. ‖聘問(빙문). ③장가들다.
〔聘禮 빙례〕 혼인의 의례. 婚禮(혼례).
〔聘母 빙모〕 아내의 어머니. 丈母(장모). 外姑(외고). ↔聘父(빙부).
〔聘父 빙부〕 아내의 아버지. 丈人(장인). 外舅(외구). ↔聘母(빙모).
〔聘丈 빙장〕 장인(丈人).
◢禮聘(예빙)/招聘(초빙)

☆*4-Ⅱ
7 13 **聖** 성스러울 **성** ㊌㉿ 聖圣 聖

丅 𦣞 耳 耶 耶 聖 聖 聖

㊥shèng(°썽) ㊐セイ/ひじり ㊣holy
갑 금 **자원** **회의자.** 人(사람 인)과 耳(귀 이)와 口(입 구)가 합쳐진 글자로, 커다란 귀를 가진 사람이 다른 사람이 하는 말을 귀를 기울여 듣고 있는 모양을 나타냄.
풀이 ①성스럽다. ②성인(聖人). ㉮거룩한 사람. ‖聖賢(성현). ㉯어느 방면에 우뚝 뛰어난 사람. ‖樂聖(악성). ③임금의 존칭. ‖聖主(성주). ④임금에 관한 사물의 경칭. ‖聖恩(성은).
〔聖歌 성가〕 ①성스러운 노래. ②크리스트교의 종교 가곡.
〔聖經 성경〕 종교상 신앙의 최고 법전이 되는 책. 크리스트교의 성서, 불교

의 팔만대장경, 유교의 사서오경, 이슬람교의 코란 따위. 聖典(성전).
〔聖君 성군〕 매우 존경하고 받들 만한 훌륭한 임금.
〔聖堂 성당〕 가톨릭교의 종교 의식이 행해지는 건물.
〔聖代 성대〕 ➡聖世(성세).
〔聖德 성덕〕 임금이나 성인의 크고 높은 덕.
〔聖靈 성령〕 크리스트교에서, 삼위일체(三位一體)의 하나인 하느님의 영.
〔聖上 성상〕 당대 임금의 높임말. 主上(주상).
〔聖像 성상〕 ①성인(聖人)이나 임금의 상(像). ②그리스도나 성모의 상(像).
〔聖世 성세〕 어진 임금이 다스리는 세상. 聖代(성대).
〔聖域 성역〕 ①아무나 함부로 들어갈 수 없는 종교적으로 거룩한 곳. ②정치적·종교적 권력의 보호를 받아 법의 제약을 받지 않는 영역.
〔聖恩 성은〕 임금의 은혜.
〔聖人 성인〕 ①덕과 지혜가 뛰어나 길이 우러러 본받을 만한 사람. ‖聖人君子(성인군자). ②가톨릭교에서 신앙과 덕이 특히 뛰어난 사람에게 교회에서 내리는 칭호.
〔聖者 성자〕 뛰어난 인격과 행동으로 여러 사람에게 크게 이로움을 끼쳐 존경을 받는 사람.
〔聖殿 성전〕 ①신성한 전당. ②교회나 성당.
〔聖戰 성전〕 ①거룩한 사명을 띤 전쟁. ②종교적 이념에 의해 수행하는 전쟁.
〔聖地 성지〕 성인의 유적이 있는 곳.
〔聖職 성직〕 거룩한 직분.
〔聖哲 성철〕 ①성인(聖人)과 철인(哲人). ②덕이 높고 총명한 사람.
〔聖誕 성탄〕 ①성인이나 임금의 탄생일. ②그리스도의 생일. 크리스마스. 聖誕節(성탄절).
〔聖賢 성현〕 성인과 현인.
〔聖火 성화〕 ①신에게 제사 지낼 때 밝히는 성스러운 불. ②올림픽 같은 큰 경기에서, 경기장에서 켜 놓는 횃불.
〔聖畫 성화〕 종교적 사실·인물·전설 등을 내용으로 한 그림.
◢詩聖(시성)/神聖(신성)/樂聖(악성)/至聖(지성)/賢聖(현성)

*
13 **聖** 聖(성)과 동자 →610쪽

☆✱6
8 / 14 **聞** [1]들을 문 [2]들릴 문 [간]闻 

[중]wén(원) [일]ブン/きく, きこえる
[영]hear

[갑]  [금]  [전]  [자원] **회의자.** 갑골문의 왼쪽은 사람이 꿇어앉아 손으로 입을 막고 있는 모습을, 오른쪽은 커다란 귀를 나타내어 누군가의 말을 귀 기울여 듣고 있는 모습을 나타냄. 금문 역시 크게 다르지 않으나 머리 위에 점을 추가하여 소리를 나타냄. 소전 이후 사람이 門(문)으로 바뀜.
[풀이] [1]①듣다. ②들어서 알다. ‖聞一知十(문일지십). ③냄새를 맡다. ④가르침을 받다. [2]①들리다. ②널리 알려진 이름. 명망(名望). ‖聞達(문달).
〔聞達 문달〕 이름이 널리 알려짐.
〔聞道 문도〕 도를 들음. 또는, 도를 듣고 깨달음.
〔聞一知十 문일지십〕《한 가지를 듣고 열 가지를 미루어 안다는 뜻으로》 매우 총명함.
◢見聞(견문)/寡聞(과문)/今時初聞(금시초문)/所聞(소문)/新聞(신문)/艶聞(염문)/前代未聞(전대미문)/醜聞(추문)/探聞(탐문)/風聞(풍문)/後聞(후문)

*
14 **聡** 聰(총)과 동자 →612쪽

✱2
8 / 14 **聚** 모일 취 / [본]추 

[중]jù(쥐) [일]シュウ/あつまる
[영]assemble
[풀이] ①모이다. ‖類聚(유취). ②모으다. ‖積聚(적취). ③누적된 것. ④무리. 모인 사람들. 군중(群衆). ⑤저축(貯蓄). ⑥마을. 촌락. ‖聚落(취락).
〔聚落 취락〕 사람들이 모여 사는 곳. 마을. 部落(부락). 村落(촌락).
〔聚散 취산〕 모임과 흩어짐.
〔聚土 취토〕 흙을 반죽하기 위하여 거두어 모음.

15 **聨** 聯(련)의 약자 →611쪽

15 **聦** 聰(총)의 속자 →612쪽

★✱3-Ⅱ
11 / 17 **聯** 잇닿을 련 [약]聨 [약][간]联 

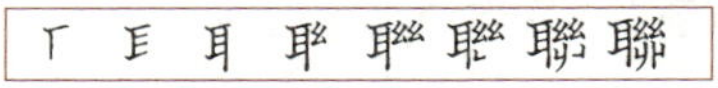

[중]lián(리엔) [일]レン/つらなる
[전]  [자원] **회의자.** 耳(귀 이) 絲(실 사)가 합쳐진 자. 전쟁터에서 죽인 적의 귀를 잘라(전투의 공로를 잘라 온 적의 귀 숫자로 판단했음) 끈으로 이은 모양을 나타냄. 솥·술잔·항아리와 같은 그릇들의 귀(손잡이)를

6획

줄로 묶어 하나로 연결하는 모습을 나타낸다는 설도 있음.
풀이 ①잇닿다. 잇다. 연결함. ‖結聯(결련). ②나란히 하다. 좌우로 나란히 함. ③연(聯). 대구(對句)가 되는 두 구의 한 짝. ‖柱聯(주련).
〔聯關 연관〕 서로 관계를 가짐. 關聯(관련).
〔聯句 연구〕 한시(漢詩)에서 서로 짝을 지은 구.
〔聯隊 연대〕 군대의 부대 단위로, 사단의 아래, 대대의 위.
〔聯立 연립〕 둘 이상의 것이 어울려 성립함.
〔聯盟 연맹〕 공동의 목적을 가진 단체나 국가가 서로 돕고 행동을 같이할 것을 맹세함. 또는, 그런 조직체.
〔聯邦 연방〕 몇 나라가 연합하여 하나의 주권 국가를 이룬 나라.
〔聯想 연상〕 한 관념이 다른 관념을 불러일으키는 현상.
〔聯政 연정〕 둘 이상의 정당이 연합하여 이룬 정부.
〔聯合 연합〕 두 가지 이상의 사물이 합하여 하나의 조직체를 만듦. 또는, 그 조직체.
◢關聯(관련)

6획

☆*4-Ⅱ
11 17 **聲** 소리 **성** | 약 간 声 聲

중shēng(°성) 일セイ/こえ 영voice
갑 전 자원 **회의자.** 갑골문의 왼쪽 위는 삼각형의 경쇠(돌로 만든 타악기)를 나타내고 오른쪽은 망치 모양의 채를 손으로 잡고 경쇠를 때리는 것을 나타내며 경쇠 아래쪽은 그 소리를 듣는 귀를 나타냄. 본뜻은 '소리'.
풀이 ①소리. 말. ‖音聲(음성). ②명예. ‖名聲(명성)/聲譽(성예). ③소문(所聞). 평판(評判). ④가르치다. 교육. ‖風聲(풍성). ⑤소리 내다. 발성함. ⑥소리치다. 공표함. ‖聲討(성토). ⑦중국어의 악센트. ‖四聲(사성).
〔聲價 성가〕 세상의 좋은 소문이나 평판. 名聲(명성).
〔聲帶 성대〕 후두의 중앙부에 있는, 소리를 내는 기관. 목청.
〔聲東擊西 성동격서〕 《동쪽에서 소리를 내고 서쪽에서 적을 친다는 뜻으로》 적을 유인하여 이쪽을 공격하는 체하다가 그 반대쪽을 치는 전술.
〔聲量 성량〕 목소리의 크기. 音量(음량).
〔聲律 성률〕 ①한자 사성(四聲)의 규칙. ②음악의 율려(律呂).
〔聲明 성명〕 사회적으로 중요한 일에 대한 입장이나 생각을 공식적으로 발표함. 言明(언명).
〔聲樂 성악〕 사람의 음성으로 표현하는 음악.
〔聲域 성역〕 사람의 목소리에서, 최저음부터 최고음까지의 범위.
〔聲優 성우〕 목소리만으로 연기하는 배우.
〔聲援 성원〕 ①소리쳐서 사기를 북돋움. ②하는 일이 잘되도록 격려하거나 도와줌.
〔聲音 성음〕 목소리.
〔聲調 성조〕 ①목소리의 가락. ②사성(四聲)의 가락.
◢假聲(가성)/高聲(고성)/哭聲(곡성)/怪聲(괴성)/嬌聲(교성)/奇聲(기성)/雷聲(뇌성)/頭聲(두성)/名聲(명성)/美聲(미성)/發聲(발성)/變聲(변성)/言聲(언성)/怨聲(원성)/肉聲(육성)/音聲(음성)/一聲(일성)/銃聲(총성)/歎聲(탄성)/砲聲(포성)/喊聲(함성)/和聲(화성)/歡聲(환성)

11 17 **聱** 말 듣지 않을 **오** | 聱

중áo(아오) 일ゴウ/きかない
풀이 말을 듣지 않다.

*1
11 17 **聳** 솟을 **용** 본**송** | 간 耸 聳

중sǒng(숭) 일ショウ/そびえる
영tower up
풀이 ①솟다. 높음. 통崇. ㉮우뚝 높이 솟다. ‖聳立(용립). ㉯높이 오르다. ②솟게 하다. 높이 세움. ③두려워하다. ④삼가다. 공경함. ⑤권장하다. 유도(誘導)함. ⑥귀머거리.
〔聳立 용립〕 우뚝 솟음.
〔聳出 용출〕 우뚝 솟아남.

17 **聴** 聽(청)의 속자 →613쪽

★*3
11 17 **聰** 귀 밝을 **총** | 동 속 간 聡 聦 聪 聰

중cōng(충) 일ソウ/さとい
자원 **회의 겸 형성자.** 耳(귀 이)와 悤(밝을 총)이 합쳐진 자로, '귀가 밝다'의 뜻을 나타냄. 耳는 의미를 나타내고 悤은 의미와 음을 겸하여 나타냄.
풀이 ①귀가 밝다. ②총명하다.
〔聰氣 총기〕 ①총명한 기운. ②좋은 기억력.
〔聰明 총명〕 아주 영리하고 재주가 있음.
〔聰敏 총민〕 총명하고 민첩함.

★✱4-Ⅱ
12 18 **職** 벼슬 **직** | 간 职 𦖻

丆 F 耳 耶 聀 聕 職 職

㊥zhí(°즈) ㊐ショク/やくめ

자원 **회의 겸 형성자**. 耳(귀 이)와 戠(새길 시)가 합쳐진 자. 戠는 창으로 어떤 표지(標識)를 새기는 것을 나타내는 데에서, 귀로 들은 것을 창으로 표시해서 기록함을 뜻함. 여기에서 '상세히 알다', '임무', '직책' 등의 뜻이 생겨남. 耳는 의미를 나타내고 戠는 의미와 음을 겸하여 나타냄.

풀이 ①벼슬. 관직(官職). ‖行職(행직). ②구실. 직분. ‖職責(직책). ③일. 직업. ‖職業(직업). ④맡다. 일정한 일의 책임을 짐.

[職權 직권] 직무상의 권한.
[職能 직능] 직무상의 고유한 역할이나 기능.
[職務 직무] 직책으로서 맡아서 하는 일.
[職分 직분] ①직무상의 본분. ②마땅히 해야 할 본분.
[職業 직업] 생계를 위하여 일정하게 하는 사회적 활동. 生業(생업).
[職員 직원] 일정한 직장에 근무하는 사람.
[職位 직위] 직장에서의 지위.
[職印 직인] 공공 기관에서 책임자가 직무상 쓰는 도장.
[職場 직장] 사람들이 일정한 직업을 가지고 일하는 곳.
[職責 직책] 직무상의 책임.
[職品 직품] 관직의 품계(品階).
[職銜 직함] 직책이나 직무의 이름.

◢兼職(겸직)/公職(공직)/官職(관직)/教職(교직)/求職(구직)/免職(면직)/無職(무직)/補職(보직)/復職(복직)/奉職(봉직)/辭職(사직)/聖職(성직)/殉職(순직)/失職(실직)/要職(요직)/移職(이직)/在職(재직)/前職(전직)/轉職(전직)/天職(천직)/賤職(천직)/就職(취직)/退職(퇴직)/罷職(파직)/閑職(한직)/解職(해직)/現職(현직)/休職(휴직)

✱1
16 22 **聾** 귀머거리 **롱** | 간 聋 䶬

㊥lóng(룽) ㊐ロウ/つんぼ ㊍deaf

풀이 ①귀머거리. ②귀가 먹다.

[聾啞 농아] 귀머거리와 벙어리.

◢耳聾(이롱)

☆✱4
16 22 **聽** ❶들을 **청** ❷허락할 **청** | 속 聴 간 听 聽

一 F 耳 耳 𦔻 聕 聽 聽

㊥tīng(팅) ㊐チョウ/きく ㊍hear

갑 금 전 자원 **회의 겸 형성자**. 갑골문은 耳(귀 이)와 口(입 구)가 합쳐진 회의자로, 사람의 말을 귀 기울여 듣는 것을 나타냄. 금문은 왼쪽에 耳, 그 아래에 王(정), 오른쪽에 口(구), 십(十), 口(구)로 이뤄져, 듣는 사람은 한 사람이지만 말하는 사람은 열 명(많은 사람)임을 나타냄. 소전은 耳에 그 귀의 주인공이자 음을 나타내는 王(흙더미 위에 우뚝 서 있는 사람을 나타냄), 그리고 '능력'을 본뜻으로 德(덕) 자의 오른쪽 부분으로 이뤄진 회의 겸 형성자임.

풀이 ❶듣다. ㉮자세히 정신을 차리고 듣다. ‖視聽(시청). ㉯말을 잘 따르다. 순종함. ❷허락하다.

[聽覺 청각] 소리를 듣는 감각. 聽感(청감).
[聽講 청강] 강의를 들음.
[聽力 청력] 소리를 듣는 능력. ↔視力(시력).
[聽聞會 청문회] 의회에서, 어떤 일에 관하여 묻고 그에 필요한 증언을 듣는 모임.
[聽訟 청송] 재판하기 위하여 송사(訟事)를 들음.
[聽音 청음] 소리의 음정을 분간하여 알아들음.
[聽衆 청중] 강연·음악 등을 듣기 위하여 모인 군중.
[聽診 청진] 환자의 몸 안에서 들리는 소리를 기구를 사용하여 듣고 하는 진찰. ‖聽診器(청진기).
[聽取 청취] 방송 따위를 들음.
[聽許 청허] 듣고 허락함.

◢監聽(감청)/傾聽(경청)/難聽(난청)/盜聽(도청)/傍聽(방청)/視聽(시청)/愛聽(애청)/幻聽(환청)

聿部 오직율

✱
0 6 **聿** 붓 **율** | 𦘒

㊥yù(위) ㊐イツ ㊍writing brush

갑 금 자원 **상형자**. 손으로 붓을 잡고 있는 모습을 나타낸 자. 본뜻은 '붓'.

부 한자 부수의 하나.

풀이 ①붓. ㉦筆. ②드디어. 마침내. ③스스로. ④닦다. ⑤따르다. 좇음. ⑥발어사(發語辭). 오직. 이에.

8 **肃** 肅(숙)의 속자 →614쪽

6획

7 * 13 **肆** 방자할 **사**

㊥sì(쓰) ㊐シ/ほしいまま
㊢impertinent

풀이 ①방자(放恣)하다. 제멋대로 함. ‖肆氣(사기). ②늘어놓다. 진열(陳列)함. ‖肆陳(사진). ③가게. ‖肆廛(사전). ④넷. '四(사)'의 갖은자.

〔肆氣 사기〕 함부로 방자한 성미를 부림.

〔肆縱 사종〕 제멋대로 방자한 행동을 함.

7 ★*4 13 **肅** 엄숙할 **숙** ㊌ 粛 ㊍ 肃

ㅋ ㅋ 肀 肀 肀 肃 肅 肅

㊥sù(쑤) ㊐シュク ㊢solemn

자원 **회의자.** 수놓을 밑그림을 붓으로 그리고 있는 모습을 나타낸 자. 수놓을 때는 집중해야 한다는 뜻에서 '엄숙하다'의 뜻이 생겨남.

풀이 ①엄숙하다. ‖肅然(숙연). ②공경하다. 정중(鄭重)하다. ③경계하다. ‖肅戒(숙계). ④엄하다. 엄격함. ‖肅淸(숙청). ⑤절의 한 가지. 허리를 굽히고 손을 내림. ‖肅拜(숙배).

〔肅啓 숙계〕 삼가 아룀. 편지에서 첫머리에 쓰는 말. 肅白(숙백).

〔肅拜 숙배〕 ①백성들이 왕이나 왕족에게 하던 절. ②(삼가 정중하게 절한다는 뜻으로) 윗사람에게 올리는 편지 끝에 쓰는 말. ③서울을 떠나 임지(任地)로 향하는 관원이 임금에게 작별을 아뢰던 일.

〔肅然 숙연〕 고요하고 엄숙한 모양.

〔肅正 숙정〕 엄하게 다스려 바로잡음.

〔肅淸 숙청〕 반대하거나 방해하는 사람·집단 등을 없앰.

◢嚴肅(엄숙)/自肅(자숙)/靜肅(정숙)

7 * 13 **肄** 익힐 **이**

㊥yì(이) ㊐イ

풀이 ①익히다. ②수고. 노력.

8 *1 14 **肇** 비롯할 **조**

㊥zhào(°짜오) ㊐チョウ/はじめる
㊢start

풀이 ①비롯하다. 시작함. ‖肇國(조국). ②바르다. 바로잡음. ㊟矯.

〔肇國 조국〕 나라를 세움. 建國(건국).

〔肇業 조업〕 사업을 처음으로 시작함. 創業(창업).

肉部 고기육 肉 月

0 ☆*4-Ⅱ 6 **肉** 고기 **육**

丨 冂 内 内 肉 肉

㊥ròu(°러우) ㊐ニク ㊢meat

갑 전 자원 **상형자.** 한 토막의 고깃덩어리를 본뜬 자.

한자 부수의 하나. 부수로 쓰일 때에는 자형이 대개 '月(육달월)'의 꼴로 바뀌는데, 가운데의 '二' 모양이 세로획에 완전히 붙지 않는 '月(달월)'과는 구별됨.

풀이 ①고기. ㉮동식물의 상피 조직에 싸여 있는 연한 부분. ‖果肉(과육). ㉯먹는 새고기. ‖肉食(육식). ㉰인간의 정신적에 대한 육체적 요소. 몸. ‖肉體(육체). ②혈연. ‖肉親(육친). ③직접. 그대로. ‖肉聲(육성).

〔肉感 육감〕 ①육체의 감각. ②성적(性的)인 느낌.

〔肉類 육류〕 먹을 수 있는 짐승의 고기 종류.

〔肉味 육미〕 ①짐승의 고기로 만든 음식. ②고기의 맛.

〔肉薄 육박〕 바싹 가까이 다가붙음.

〔肉聲 육성〕 기계를 통하지 않고 사람의 입에서 직접 나오는 소리.

〔肉食 육식〕 ①음식으로 고기를 먹음. ↔菜食(채식). ②동물의 식성이 동물을 먹이로 하는 일. ↔草食(초식).

〔肉身 육신〕 사람의 몸.

〔肉眼 육안〕 ①망원경이나 현미경 등을 통하지 않고 직접 보는 눈. ②사물의 표면을 보는 시각. ↔心眼(심안).

〔肉慾 육욕〕 육체에 관하여 느끼는 욕정. 특히, 性慾(성욕)을 이름.

〔肉重 육중〕 크고 무거움.

〔肉汁 육즙〕 쇠고기를 다져서 삶아 짠 국물.

〔肉質 육질〕 ①살이 많거나 살과 같은 성질. ②고기나 과육의 품질.

〔肉體 육체〕 사람의 몸. ↔靈魂(영혼).

〔肉親 육친〕 혈족 관계가 있는 사람.

〔肉彈 육탄〕 몸을 탄환 삼아 적진(敵陣)에 돌입하는 일 또는, 그 몸.

〔肉脯 육포〕 쇠고기를 얇게 저며서 말린 포.

〔肉筆 육필〕 어떤 사람이 자기 손으로 직접 쓴 글씨.

〔肉膾 육회〕 소의 살코기나 간·처녑·양 등을 잘게 썰어 갖은 양념을 하여 날로 먹는 음식.

◢果肉(과육)/筋肉(근육)/魚肉(어육)/靈肉(영육)/人肉(인육)/精肉(정육)/片肉(편육)/血肉(혈육)

*1
2 **肌** 살 기 | 肌
6

[중]jī(찌) [일]キ/はだ [영]flesh
[풀이] ①살. ‖肌膚(기부). ②피부. 살갗.
〔肌膚 기부〕 사람이나 동물의 몸을 싸고 있는 살이나 살가죽.

*1
2 **肋** 갈빗대 륵 | 肋
6

[중]lèi(레이) [일]ロク/あばら [영]rib
[풀이] 갈빗대.
〔肋骨 늑골〕 가슴 부분에 있는, 활처럼 휘어 있는 뼈. 갈비뼈.
〔肋膜 늑막〕 늑골의 안쪽에 있어서 흉곽의 내면과 폐의 표면을 싸고 있는 얇은 막. 胸膜(흉막).
◢鷄肋(계륵)

★*3-Ⅱ
3 **肝** 간 간 | 肝
7

丿 刀 月 月 月一 月二 肝

[중]gān(깐) [일]カン/きも [영]liver
[자원] **형성자**. 肉(육)은 의미를 나타내고 干(간)은 음을 나타냄.
[풀이] ①간. 간장(肝臟). ②정성. 충정(衷情). ‖肝膽(간담). ③가장 중요한 곳.
〔肝腦塗地 간뇌도지〕 《참혹한 죽음을 당하여 간과 뇌수(腦髓)가 땅에 널려 있다는 뜻으로》 나라를 위하여 목숨을 돌보지 않고 애를 씀.
〔肝膽 간담〕 간과 쓸개.
〔肝膽相照 간담상조〕 《간과 쓸개를 서로 드러내 보인다는 뜻으로》 서로 속마음을 터놓고 사귐.
〔肝油 간유〕 물고기의 간에서 뽑아낸 기름.
〔肝腸 간장〕 ①간과 창자. ②마음.
〔肝臟 간장〕 폐와 위 사이에 있는, 피를 맑게 해 주는 기관. 간(肝).

3 **肚** 배 두 | 肚
7

[중]dù(뚜), dǔ(두) [일]ト/はら [영]belly
[풀이] ①배〔腹〕. ②위(胃). 밥통.

肓 育(육)의 본자 →616쪽
7

3 **肘** 팔꿈치 주 | 肘
7

[중]zhǒu(°저우) [일]チュウ/ひじ [영]elbow
[풀이] ①팔꿈치. 팔의 관절. ‖肘腋(주액). ②말리다. 팔을 붙잡고 말림.
〔肘腋 주액〕 ①팔꿈치와 겨드랑이. ②사물이 자기 몸에 가까이 있음의 비유.

★*3-Ⅱ
3 **肖** 닮을 초 | [간]肖 肖
7

丨 ⺌ 小 ⺌ 肖 肖 肖

[중]xiào(씨아오) [일]ショウ [영]resemble
[자원] **형성자**. 肉(육)은 의미를 나타내고 小(소)는 음을 나타냄.
[풀이] ①닮다. 골상(骨相)·육체가 닮음. ‖肖像(초상). ②작다. [통]小.
〔肖像 초상〕 그림·사진 등에 나타낸, 사람의 얼굴이나 모습.
◢不肖(불초)

*1
3 **肛** 똥구멍 항 | 肛
7

[중]gāng(깡) [일]コウ [영]anus
[풀이] 똥구멍. 항문(肛門).
〔肛門 항문〕 똥구멍.
◢脫肛(탈항)

3 **肓** 명치끝 황 | 肓
7

[중]huāng(후앙) [일]コウ
[풀이] 명치끝.
◢膏肓(고황)

★*3
4 **肩** 어깨 견 | 肩
8

一 厂 户 户 户 肩 肩 肩

[중]jiān(찌엔) [일]ケン/かた [영]shoulder
[전]  [자원] **회의자**. 소전의 왼쪽 부분은 어깨 모양을 나타내고, 오른쪽 부분은 肉(육)으로 몸을 나타냄. 뒷날 왼쪽 부분은 戶(호) 자 모양으로 변함.
[풀이] ①어깨. ②견디다. ③이겨내다.
〔肩胛 견갑〕 어깨뼈가 있는 자리.
〔肩骨 견골〕 어깨뼈.
〔肩章 견장〕 제복(制服)의 어깨 부분에 붙여서 계급 따위를 나타내는 표지.
◢比肩(비견)/五十肩(오십견)

*1
4 **股** 넓적다리 고 | 股
8

[중]gǔ(구) [일]コ/また [영]thigh
[풀이] ①넓적다리. ②정강이. ③가닥지다. 가지. ④고(股). 직각삼각형의 직각을 낀 두 변 가운데서의 긴 변.
〔股間 고간〕 아랫배와 두 다리가 만나는 부분. 샅.
〔股肱之臣 고굉지신〕 《'다리와 팔같이 중요한 신하'라는 뜻으로》 임금이 가장 믿는 신하.

*1
4
8 **肱** 팔 **굉** 肱

㊥gōng(꿍) ㊐コウ/かいな ㊍arm

갑 전 자원 **회의 겸 형성자.** 갑골문은 팔의 한 부분에 반원을 표시하여 근육을 나타낸 지사자임. 소전은 팔과 팔꿈치를 내민 모습을 나타낸 厷(굉)으로 회의자이며 현재의 자형은 肉(육)을 덧붙인 회의 겸 형성자임. 肉은 의미를 나타내고 厷은 의미와 음을 겸하여 나타냄.

풀이 팔.

◢股肱(고굉)

★*3
4
8 **肯** 즐길 **긍** 肯

丨 ⺊ 卝 ⺌ 肯 肯 肯 肯

㊥kěn(컨) ㊐コウ/かい ㊍agree

금 전 자원 **회의자.** 금문·소전의 윗부분은 뼈를 나타내고 아랫부분은 肉(육)을 나타냄. 본뜻은 '뼈에 붙어 있는 살'. 뒷날 뜻이 바뀌어 '수긍하다', '기꺼이 하다'가 됨.

풀이 ①즐기다. ②뼈에 붙은 살. ③옳게 여기다. 수긍(首肯)함. ‖肯定(긍정).

〔肯綮 긍경〕《옛날 요리사가 칼로 소의 뼈와 살을 잘 발라내었다는 데서》 사물의 가장 요긴한 곳. 急所(급소).

〔肯定 긍정〕 그러하다고 생각하여 인정함. ↔否定(부정).

◢首肯(수긍)

*1
4
8 **肪** 기름 **방** 肪

㊥fáng(°팡) ㊐ボウ/あぶら

풀이 ①기름. 비계. ②살찌다.

◢脂肪(지방)

★*3-Ⅱ
4
8 **肥** 살찔 **비** 肥

丿 刀 月 月 月⁷ 肥 肥 肥

㊥féi(페이) ㊐ヒ ㊍fatten

전 자원 **회의자.** 肉(육)과 꿇어 앉은 사람의 상형인 卩(절)이 합쳐진 자. 살이 찌는 상태를 나타냄.

풀이 ①살찌다. ②걸우다. 땅을 걸게 함. ③거름. ‖肥料(비료).

〔肥大 비대〕 ①살찌고 몸집이 큼. ②조직·권한 등이 보통 이상으로 덩치가 크거나 강대함.

〔肥鈍 비둔〕 너무 살쪄 행동이 굼뜸.

〔肥料 비료〕 생장이나 결실을 돕기 위해 식물에게 주는 영양 물질. 거름.

〔肥滿 비만〕 살이 쪄서 몸이 뚱뚱함.

〔肥沃 비옥〕 땅이 기름짐.

〔肥肉 비육〕 살져 기름진 고기.

◢金肥(금비)/綠肥(녹비)/天高馬肥(천고마비)/堆肥(퇴비)

☆*7
4
8 **育** 기를 **육** 본 育 育

丶 亠 𠫓 𠫔 产 育 育 育

㊥yù(위) ㊐イク/そだつ ㊍rear

갑 자원 **회의자.** 아기를 낳고 있는 산모의 모습을 나타냄. 갑골문에서 왼쪽 부분은 산모를, 오른쪽 부분은 거꾸로 태어나는 아기와 출산 시 흘리는 양수를 나타낸 것으로, 여기에 해당하는 한자는 毓(육)이며 그 약자는 育임.

풀이 ①기르다. ‖育英(육영). ②자라다.

〔育林 육림〕 나무를 심거나 씨를 뿌려 인공적으로 나무를 가꾸는 일.

〔育苗 육묘〕 모나 묘목을 기름.

〔育成 육성〕 길러서 자라게 함.

〔育兒 육아〕 어린아이를 기름.

〔育英 육영〕 영재(英才)를 교육함.

〔育種 육종〕 교잡(交雜)에 의하여 새 품종을 만들어 내거나 기존 품종을 개량하는 일.

◢敎育(교육)/發育(발육)/保育(보육)/飼育(사육)/生育(생육)/養育(양육)/體育(체육)/訓育(훈육)

*1
4
8 **肢** 사지 **지** 肢

㊥zhī(°쯔) ㊐シ ㊍limb

자원 **형성자.** 肉(육)은 의미를 나타내고 支(지)는 음을 나타냄.

풀이 사지. 팔다리.

〔肢體 지체〕 팔다리와 몸.

◢四肢(사지)

★*3-Ⅱ
4
8 **肺** 허파 **폐** 肺

丿 刀 月 月 月⁻ 肝 肺 肺

㊥fèi(°페이) ㊐ハイ ㊍lung

자원 **형성자.** 肉(육)은 의미를 나타내고 巿(불)은 음을 나타냄.

풀이 ①허파. 부아. 오장(五臟)의 하나. ②마음. 충심(衷心).

〔肺結核 폐결핵〕 폐에 결핵균이 침입하여 생기는 만성 전염병. 폐병.

〔肺炎 폐렴〕 폐에 생기는 염증.

〔肺病 폐병〕 폐의 질병의 총칭. 특히 폐결핵.

〔肺腑 폐부〕 ①폐(肺). ②마음의 깊은 속. 心腹(심복).

〔肺腸 폐장〕 ①폐와 창자. ②마음속.

〔肺活量 폐활량〕 숨을 깊이 들이쉬었다 한껏 내쉴 때의 공기의 양. 肺量(폐량). 肺氣量(폐기량).
◢心肺(심폐)

4 8 肴* 안주 효 | 肴

㊥yáo(야오) ㊐コウ/さかな
풀이 안주(按酒). 술안주. 새·짐승·물고기 등을 뼈째 구워 익힌 고기.

5 9 胛* 어깨뼈 갑 | 胛

㊥jiǎ(지아) ㊐コウ ㊎shoulder bone
풀이 어깨뼈.
〔胛骨 갑골〕 어깨뼈.
◢肩胛(견갑)

9 胆 膽(담)의 속자 →625쪽

9 脉 脈(맥)의 속자 →619쪽

5 9 胖 ❶희생의 반쪽 반 ❷편안할 반 | 胖

㊥pán(판) ㊐ハン ㊎fatten
풀이 ❶①희생의 반쪽. ②살찌다. ❷편안하다. 너그러움.
〔胖大 반대〕 살이 쪄서 몸집이 크고 뚱뚱함.

5 9 背★★4-Ⅱ ❶등 배 ❷배반할 배 | 背

(필순) 背

㊥bèi(뻬이) ㊐ハイ/せ ㊎back
자원 **형성자.** 肉(육)은 의미를 나타내고 北(북·배)는 음을 나타냄.
풀이 ❶①등. ②뒤. 등쪽. ❷①배반하다. ‖背德(배덕). ②달아나다. 버리고 멀리 떠남. ③등지다. 등 뒤에 둠.
〔背景 배경〕 ①뒤쪽의 경치. ②무대 뒤쪽에 꾸며 놓은 장치. ③소설에서 인물을 둘러싼 주위의 정경(情景). ④뒤에서 도와주는 세력(勢力).
〔背囊 배낭〕 물건을 넣어 등에 지는, 가죽이나 헝겊으로 주머니처럼 만든 물건.
〔背反 배반〕 믿음과 의리를 저버리고 돌아섬. 背叛(배반).
〔背書 배서〕 책장이나 문서 등의 뒷면에 글씨를 씀. 또는, 그 글씨.
〔背水陣 배수진〕 《중국 한(漢)나라의 한신이 강을 등지고 진을 쳐서 병사들이 물러서지 못하고 힘을 다해 싸우도록 하여 조(趙)나라의 군사를 물리쳤다는 고사에서》 강이나 바다를 등지고 치는 진법.
〔背信 배신〕 신의(信義)를 저버림.
〔背泳 배영〕 물 위에 누워서 하는 수영. 송장헤엄.
〔背恩 배은〕 은혜를 저버림. ↔報恩(보은).
〔背恩忘德 배은망덕〕 남에게 입은 은덕을 저버리고 배신함.
〔背任 배임〕 임무를 저버림.
〔背馳 배치〕 서로 반대가 되어 어긋남.
〔背後 배후〕 ①뒤쪽. 背面(배면). ②어떤 일의 겉에 드러나지 않는 부분. 또는, 그런 일을 조정하는 세력.
◢光背(광배)/違背(위배)/向背(향배)

5 9 胚*1 아이 밸 배 | 胚

㊥pēi(페이) ㊐ハイ ㊎pregnant
풀이 ①아이를 배다. ②배아. ③시초. 비롯함. ‖胚胎(배태).
〔胚盤 배반〕 알의 노른자 위에 있는 희게 보이는 원형질. 알눈.
〔胚芽 배아〕 식물의 씨에서 싹이 돋아날 부분. 씨눈.
〔胚乳 배유〕 씨앗 속에 있는, 발아하기 위한 양분을 저장한 조직. 배젖.
〔胚子 배자〕 알에서 발생하여 모체 속에서 보호되고 있는 동물의 유생.
〔胚胎 배태〕 ①아이나 새끼를 뱀. ②어떤 일이 일어날 조짐.

5 9 胥*1 서로 서 | 胥

㊥xū(쒸) ㊐ショ ㊎mutually
풀이 ①서로. 함께. ㉠與. ②다. 모두. ③아전(衙前). 하급 관리.
〔胥吏 서리〕 지방 관아에 딸린 하급 관리. 衙前(아전).

5 9 胜* ❶비릴 성 ❷정우 정

㊥xīng(씽), qīng(칭) ㊐ショウ
풀이 ❶비리다. 누림. ❷정우(胜遇). 전설상의 새 이름.

5 9 胃★★3-Ⅱ 밥통 위 | 胃

(필순) 胃

㊥wèi(웨이) ㊐イ ㊎stomach
금 전 자원 **회의자.** 금문·소전의 윗부분은 소화 기관인 '위'를 나타내고, 아랫부분은 肉(육)으로 몸 안의 기관임을 나타냄. 위 안의 작은 점들은 위 속에 있는 음식물을 나타냄.

6획

胄(주:71쪽)·冑(주:618쪽)는 딴 자.
풀이 ①밥통. 위. ②마음. ③별 이름. 28 수(宿)의 하나.
〔胃痙攣 위경련〕 명치 부분에서 일어나는 발작성 통증.
〔胃潰瘍 위궤양〕 위 점막에 궤양이 생기는 병.
〔胃酸 위산〕 위액 속에 들어 있는 산(酸).
〔胃癌 위암〕 위에 발생하는 암.
〔胃液 위액〕 위에서 분비되는 소화액.
〔胃炎 위염〕 위의 점막에 염증이 생기는 병.
〔胃腸 위장〕 위(胃)와 장(腸).
〔胃臟 위장〕 식도와 창자 사이에 있는, 주머니 모양의 소화 기관.
〔胃痛 위통〕 위의 통증.
◢健胃(건위)/脾胃(비위)

*2
5 9 胤 맏아들 윤 | 胤

중yìn(인) 일イン 영eldest son
풀이 ①맏아들. 후사(後嗣). ②잇다. 자손이 조상의 뒤를 이음. ③핏줄. 혈통(血統).
〔胤玉 윤옥〕 남의 아들을 높여 이르는 말. 允玉(윤옥). 令息(영식).

1
5 9 冑 맏아들 주 | 冑

중zhòu(°쩌우) 일チュウ/よつぎ
영eldest son
胃(위:617쪽)·胄(주:71쪽)는 딴 자.
풀이 ①맏아들. 후사(後嗣). ②핏줄. 혈통.

*2
5 9 胎 아이 밸 태 | 胎

중tāi(타이) 일タイ/はらむ
영pregnant
자원 **형성자.** 肉(육)은 의미를 나타내고 台(태)는 음을 나타냄.
풀이 ①아이를 배다. ②태아(胎兒). ③사물의 기원(起源). ‖胚胎(배태).
〔胎教 태교〕 임산부가 태아에게 좋은 영향을 주기 위하여 마음을 바르게 하고 언행을 삼가는 일.
〔胎氣 태기〕 아이를 밴 기미.
〔胎內 태내〕 아이를 밴 어머니의 배 속.
〔胎動 태동〕 ①태내의 태아의 움직임. ②어떤 일이 일어날 기운이 싹틈.
〔胎夢 태몽〕 아이를 밸 것이라고 알려 주는 꿈.
〔胎盤 태반〕 태아의 태낭(胎囊)이 모체의 자궁벽과 연결되어 배꼽의 태로 양분을 받는 곳.
〔胎生 태생〕 ①일정한 곳에 태어남. ②모체 안에서 어느 정도 발육을 한 후에 태어남. ↔卵生(난생).
〔胎兒 태아〕 태내(胎內)의 아이.
〔胎中 태중〕 아이를 배고 있는 동안.
◢落胎(낙태)/母胎(모태)/受胎(수태)/孕胎(잉태)/懷胎(회태)

★★4
5 9 胞 태보 포 | 胞

丿 几 月 月' 肑 肑 肑 胞

중bāo(빠오) 일ホウ/えな
자원 **회의 겸 형성자.** 자궁을 둘러싼 막을 나타내는 肉(육)과 '배 속의 태아'의 상형인 包(포)가 합쳐진 자. 肉은 의미를 나타내고 包는 의미와 음을 겸하여 나타냄.
풀이 ①태보. 삼. ②아기집. ‖同胞(동포). ③원형질. ‖胞子(포자).
〔胞子 포자〕 식물이 무성 생식을 하기 위하여 형성하는 생식 세포. 홀씨.
〔胞胎 포태〕 ①임신. ②태아를 싸고 있는 얇은 막.
◢僑胞(교포)/氣胞(기포)/卵胞(난포)/同胞(동포)/細胞(세포)/液胞(액포)/肺胞(폐포)

★★3-Ⅱ
5 9 胡 오랑캐 호 | 胡

一 十 古 古 古 刮 胡 胡

중hú(후) 일コ
자원 **형성자.** 肉(육)은 의미를 나타내고 古(고)는 음을 나타냄. 본뜻은 소의 턱 밑에 늘어진 살이었으나 '오랑캐', '어찌' 등의 뜻으로 가차됨.
풀이 ①오랑캐 이름. 진(秦) 이전은 오로지 흉노(匈奴)만을 일컬었으나, 뒤에는 새외(塞外) 민족의 총칭이 되었음. ②장수하다. ③아득히 멀다. ④어찌. ⑤엉터리. 두서없음.
〔胡國 호국〕 북쪽 오랑캐의 나라.
〔胡亂 호란〕 호인(胡人)들이 일으킨 난리. ‖丙子胡亂(병자호란).
〔胡麥 호맥〕 호밀.
〔胡人 호인〕 ①만주 사람. ②야만스러운 사람.
〔胡蝶 호접〕 나비.
〔胡蝶夢 호접몽〕 《중국의 장자(莊子)가 꿈에 나비가 되어 즐겁게 놀다가 깬 뒤에 자기가 나비가 되었는지 나비가 자기가 되었는지 판단하기 어렵다고 했다는 고사에서》 이것과 저것, 선과 악, 삶과 죽음 등의 구별을 버리고 만물과 자아가 일체가 되어야 함을 주장할 때 쓰는 비유. 莊周之夢(장주지몽). 胡蝶之夢(호접지몽).
◢五胡(오호)

***1**
6 10 胱 오줌통 **광**

[중]guāng(꾸앙) [일]コウ
[풀이] 오줌통. 방광.
◢膀胱(방광)

*****
6 10 脶 성길 **나**

[중]nǎ(나) [일]ダ [영]sparse
[풀이] 성기다.

☆*5
6 10 能 능할 **능** [고]耐

ㅅ 亻 台 育 育' 能 能 能

[중]néng(넝) [일]ノウ [영]able
[금]  [전]  [자원] **상형자.** 곰의 모습을 본뜬 자. 뒷날 '능력', '할 수 있다'의 뜻으로 가차되자 본뜻을 보존하기 위해 만든 자가 '熊'(곰 웅)임.
[풀이] ①능하다. ‖能手能爛(능수능란). ②미치다. 영향이 감. ③재량(才量).
〔能動 능동〕 스스로 움직이거나 작용함.
〔能爛 능란〕 익숙하고 매우 솜씨가 좋음. ‖能手能爛(능수능란).
〔能力 능력〕 어떤 일을 해낼 수 있는 힘.
〔能率 능률〕 일정한 시간에 해낼 수 있는 일의 양.
〔能辯 능변〕 말솜씨가 능란함. 또는, 그 말. 能言(능언).
〔能事 능사〕 ①자기에게 알맞아 잘해 낼 수 있는 일. ②잘하는 일.
〔能小能大 능소능대〕 모든 일에 두루 능함.
〔能手 능수〕 일에 능란한 솜씨.
〔能熟 능숙〕 능하고 익숙함.
〔能通 능통〕 사물에 잘 통달함.
◢可能(가능)/官能(관능)/權能(권능)/技能(기능)/機能(기능)/多才多能(다재다능)/萬能(만능)/無能(무능)/放射能(방사능)/本能(본능)/不能(불능)/性能(성능)/藝能(예능)/有能(유능)/才能(재능)/低能(저능)/全能(전능)/知能(지능)/職能(직능)/效能(효능)

***1**
6 10 胴 [1]큰창자 **동** [2]몸통 **동**

[중]dòng(뚱) [일]ドウ
[풀이] [1]큰창자. 대장(大腸). [2]몸통.
〔胴部 동부〕 가슴과 배를 합한 부분.
〔胴體 동체〕 ①사람이나 동물의 몸에서, 목·팔·다리·꼬리·날개 등을 제외한 가운데 부분. 몸통. ②비행기에서 날개·꼬리·바퀴 등을 제외한 부분.

★*4-Ⅱ
6 10 脈 맥 **맥** [속][간]脉

丿 月 月 肜 肜 脈 脈 脈

[중]mài(마이) [일]ミャク [영]vein
[자원] **회의자.** 肉(고기 육)과 派(파)의 오른쪽 부분인 𠂢자가 합쳐진 글자. 𠂢는 갈라지거나 합쳐지면서 흐르는 물길을 나타내는데 여기에 肉을 덧붙여 '혈맥', '혈관'의 뜻을 나타냄.
[풀이] ①맥. ②줄기. 잇닿음. 사물이 관통 연락하여 계통을 이루는 것. ③맥박(脈搏). ‖診脈(진맥).
〔脈絡 맥락〕 ①혈관이 서로 연락되어 있는 계통. ②사물 따위가 서로 이어져 있는 관계나 연관.
〔脈搏 맥박〕 심장의 운동으로 일어나는, 동맥의 주기적인 움직임. 脈(맥).
◢鑛脈(광맥)/金脈(금맥)/亂脈(난맥)/動脈(동맥)/命脈(명맥)/文脈(문맥)/山脈(산맥)/水脈(수맥)/葉脈(엽맥)/人脈(인맥)/靜脈(정맥)/地脈(지맥)/診脈(진맥)/學脈(학맥)/血脈(혈맥)

*****
6 10 胹 힘줄 질길 **이**

[중]ěr(얼) [일]ジ, ニ
[풀이] 힘줄이 질기다.

***2**
6 10 脂 기름 **지**

[중]zhī(˚쯔) [일]シ/あぶら [영]oil
[풀이] ①기름. ㉮뿔이 있는 짐승이나 가축의 기름. ㉯동물성 기름의 총칭. ㉰화장 기름. ㉱송진(松津). ㉲담뱃진. ②기름을 치다. 기름을 바름. ③입술연지.
〔脂肪 지방〕 동물이나 식물에 들어 있는, 보통 온도에서 고체인 기름.
〔脂粉 지분〕 연지(臙脂)와 백분(白粉).
〔脂肉 지육〕 기름기와 살코기.
〔脂質 지질〕 생물체 안에 있는 기름기 물질.
◢樹脂(수지)/獸脂(수지)/臙脂(연지)/牛脂(우지)/油脂(유지)/脫脂(탈지)/皮脂(피지)

***1**
6 10 脊 등골뼈 **척**

[중]jǐ(지) [일]セキ/せぼね [영]backbone
[풀이] ①등골뼈. 등. 척주(脊柱). ‖脊梁(척량). ②등성마루. ‖屋脊(옥척).
〔脊梁 척량〕 등마루의 거죽 쪽. 등성마루.
〔脊髓 척수〕 등골뼈 안에 들어 있는 중추 신경.
〔脊椎 척추〕 등마루를 이루는 뼈. 등골뼈.

6 10 **脆** *1 무를 **취** 脆

㊥cuì(추에이) ㊐ゼイ/もろい ㊎fragile

풀이 ①무르다. 바탕이 단단하지 않아 견딜 힘이 적음. ‖脆弱(취약). ②연(軟)하다. 무르고 부드러움.

〔脆弱 취약〕 무르고 약함.

6 10 **脅** ★*3-Ⅱ 겨드랑이 **협** 통 脇 간 肋 脅

ㄱ ㄌ ㄌ㇇ 劦 劦 脅 脅 脅

㊥xié(시에) ㊐キョウ

자원 **형성자**. 肉(육)은 의미를 나타내고 劦(협)은 음을 나타냄.

풀이 ①겨드랑이. 늑골이 있는 가슴의 측면. ②으르다. 무섭게 위협함.

〔脅迫 협박〕 으르면서 몹시 위협함.

〔脅奪 협탈〕 위협하여 빼앗음.

◢威脅(위협)

10 **脇** * 脅(협)과 동자 →620쪽

6 10 **胸** ☆*3-Ⅱ 가슴 **흉** 胸

丿 刀 月 肑 肑 肑 胸 胸

㊥xiōng(씨웅) ㊐キョウ/むね ㊎breast

자원 **형성자**. 肉(육)은 의미를 나타내고 匈(흉)은 음을 나타냄.

풀이 ①가슴. 목과 배 사이에 있는 부분. ‖胸廓(흉곽). ②마음. 가슴속. ‖胸裏(흉리)/胸襟(흉금).

〔胸腔 흉강〕 심장·폐 등이 들어 있는, 가슴 안쪽의 빈 부분.

〔胸廓 흉곽〕 등뼈·갈비뼈·가슴뼈와 가로막으로 이루어지는, 원통 모양의 가슴 부분.

〔胸襟 흉금〕 마음속 깊이 품은 생각. 胸中(흉중). 心襟(심금).

〔胸背 흉배〕 ①가슴과 등. ②옛날에, 관복(官服)의 가슴과 등에 학이나 범을 수놓아 붙이던, 사각형의 헝겊 조각.

〔胸部 흉부〕 가슴 부분.

〔胸像 흉상〕 사람의 머리에서 가슴 부분까지를 나타낸 조각상이나 초상화.

〔胸圍 흉위〕 가슴둘레.

〔胸中 흉중〕 마음속에 품고 있는 생각.

◢氣胸(기흉)/心胸(심흉)

7 11 **脚** ☆*3-Ⅱ 다리 **각** 본 腳 脚

丿 月 月⁺ 肚 肤 胠 胠 脚

㊥jiǎo(지아오) ㊐キャク/あし ㊎leg

자원 **형성자**. 肉(육)은 의미를 나타내고 却(각)은 음을 나타냄.

풀이 다리. ㉮하지(下肢). ‖馬脚(마각). ㉯아래에 붙어 그 물건을 떠받치는 것. ‖橋脚(교각)/三脚架(삼각가). ㉰물건의 아랫부분.

〔脚光 각광〕 ①무대의 앞쪽 아래에서 배우를 비추어 주는 조명. ②사회의 주목을 끄는 일.

〔脚氣 각기〕 비타민 B_1이 부족하여 다리가 붓고 마비되는 병. 脚氣病(각기병).

〔脚本 각본〕 연극이나 영화 등의 대본. 劇本(극본).

〔脚色 각색〕 소설 등을 각본이 되게 만드는 일.

〔脚線美 각선미〕 여성의 다리의 선이 보여 주는 아름다움.

〔脚韻 각운〕 시구의 끝 글자에 다는 운(韻). ↔頭韻(두운).

〔脚註 각주〕 본문의 어떤 부분에 대하여 그 아래쪽에 따로 덧붙인 설명.

〔脚婆 각파〕 더운물을 넣어 몸을 따뜻하게 하는 기구.

◢健脚(건각)/橋脚(교각)/馬脚(마각)/三脚(삼각)/失脚(실각)/行脚(행각)

7 11 **脛** *1 정강이 **경** 본 **형** 간 胫 脛

㊥jìng(찡) ㊐ケイ/すね ㊎shin

풀이 정강이. 무릎 아래에서 복사뼈까지의 부분. ‖脛骨(경골).

〔脛骨 경골〕 정강이뼈.

11 **脳** 腦(뇌)의 약자 →622쪽

7 11 **脩** * 포 **수** 脩

㊥xiū(씨우) ㊐シュウ/ほじし ㊎dried meat

풀이 ①포. 포육(脯肉). 고기를 말려 얇고 길게 저민 것. ‖束脩(속수). ②닦다. 통修. ③길다. ‖脩竹(수죽).

〔脩竹 수죽〕 긴 대나무.

7 11 **脣** ★*3 입술 **순** 脣

一 厂 戸 戸 辰 辰 脣 脣

㊥chún(°춘) ㊐シン/くちびる ㊎lip

자원 **회의 겸 형성자**. '조개'의 상형인 辰(신)과 肉(육)이 합쳐진 자로, 입술의 이미지를 조개로 나타냄. 肉은 의미를 나타내고 辰은 의미와 음을 겸하여 나타냄.

◢唇(진·순:131쪽)은 딴 자.

풀이 입술. 부드럽게 떠는 입술. 또는, 입술과 같은 모양을 한 것.
〔脣亡齒寒 순망치한〕《입술이 없으면 이가 시리다는 뜻으로》서로 이해 관계가 밀접하여 어느 한쪽이 망하면 다른 한쪽도 그 영향을 받아 온전하기 어려움.
〔脣音 순음〕두 입술 사이에서 나는 소리. 파열음과 마찰음이 있음. 입술소리.
〔脣齒之國 순치지국〕입술과 이가 서로 밀접한 관계를 가지는 것처럼, 이해관계가 밀접한 두 나라.
◢丹脣(단순)

7 11 脘* 밥통 완

㊥wǎn(완) ㊐カン/いぶくろ ㊎stomach
풀이 밥통. 위(胃).

7 11 脫☆*4 벗을 탈

⺼ 月 月' 肸 朌 胎 脗 脫

㊥tuō(투어) ㊐ダツ/ぬぐ ㊎take off
자원 **형성자.** 肉(육)은 의미를 나타내고 兌(태)는 음을 나타냄.
풀이 ①벗다. 갓이나 옷 등을 벗음. ‖脫衣(탈의)/脫帽(탈모). ②벗기다. 껍질을 벗김. ③벗어나다. ㉮어려운 일에서 헤어나다. ㉯탈출하다. ‖脫獄(탈옥). ④빠지다. 빠뜨림.
〔脫却 탈각〕①잘못된 생각이나 나쁜 상황에서 벗어남. ②벗어서 버림.
〔脫殼 탈각〕껍질에서 벗어남.
〔脫稿 탈고〕원고 쓰기를 마침. ↔起稿(기고).
〔脫穀 탈곡〕①곡식의 이삭에서 낟알을 떨어냄. 打穀(타곡). ②곡식의 낟알에서 겉겨를 벗기는 일.
〔脫臼 탈구〕뼈의 관절이 어긋남.
〔脫黨 탈당〕당원이 자기가 소속한 당에서 떠남.
〔脫落 탈락〕범위에 들지 못하고 빠지거나 떨어져 나감.
〔脫漏 탈루〕밖으로 빠져나가 샘.
〔脫毛 탈모〕털이 빠짐. 또는, 그 털.
〔脫帽 탈모〕모자를 벗음.
〔脫喪 탈상〕부모의 삼년상(三年喪)을 마침.
〔脫色 탈색〕①염색된 물감을 뺌. ↔染色(염색). ②빛이 바램.
〔脫線 탈선〕①기차나 전차의 바퀴가 궤도를 벗어남. ②말·행동 등이 나쁜 방향으로 빗나감.
〔脫稅 탈세〕내야 할 세금을 옳지 않은 방법을 써서 내지 않음.
〔脫俗 탈속〕세속적인 생활이나 생각에서 벗어남. 脫塵(탈진). 超俗(초속).
〔脫水 탈수〕물기를 뺌. ‖脫水機(탈수기).
〔脫營 탈영〕군인이 병영에서 탈출함.
〔脫獄 탈옥〕감옥에서 탈출함.
〔脫衣室 탈의실〕목욕탕·수영장 등에서, 옷을 벗어 보관하거나 갈아입는 방.
〔脫走 탈주〕몰래 빠져 달아남.
〔脫盡 탈진〕기운이 다 빠져 없어짐.
〔脫出 탈출〕제한된 환경이나 구속 등에서 빠져 나감.
〔脫臭 탈취〕냄새를 빼어 없앰.
〔脫退 탈퇴〕관계하던 조직이나 단체에서 관계를 끊고 나옴.
〔脫皮 탈피〕①파충류·곤충류 등이 자라면서 허물이나 껍질을 벗음. ②낡은 사고방식에서 벗어나 새로워짐.
〔脫肛 탈항〕항문 안의 점막이 바깥으로 나오는 일.
◢免脫(면탈)/剝脫(박탈)/疏脫(소탈)/離脫(이탈)/逸脫(일탈)/超脫(초탈)/逋脫(포탈)/解脫(해탈)/虛脫(허탈)

7 11 脯*1 포 포 ㊄보

㊥fǔ(°푸) ㊐ホ/ほしし ㊎dried meat
풀이 포. 얇게 저며 말린 고기. 육포(肉脯).
〔脯肉 포육〕얇게 저며 양념을 하여 말린 고기.
◢魚脯(어포)/肉脯(육포)

6획

8 12 腔*1 빈속 강

㊥qiāng(치앙) ㊐コウ/うつろ ㊎hollow
풀이 ①빈속. 몸 안의 빈 곳. ‖鼻腔(비강)/口腔(구강). ②가락. 곡조. 시가(詩歌)의 가락. ‖腔調(강조).
〔腔腸 강장〕히드라 따위 동물의 몸 안에서 영양을 흡수하는 기관.
◢口腔(구강)/腹腔(복강)/鼻腔(비강)/胸腔(흉강)

8 14 腐★*3-Ⅱ 썩을 부

亠 广 广 府 府 府 腐 腐

㊥fǔ(°푸) ㊐フ/くさる ㊎rot
자원 **회의 겸 형성자.** 府(곳집 부)와 肉(고기 육)이 합쳐진 자로, 고기가 창고에 쌓여 썩어 가는 모습을 나타냄. 肉은 의미를 나타내고 府는 의미와 음을 겸하여 나타냄.
풀이 ①썩다. ㉮부패하다. ‖腐蝕(부식)/腐爛(부란). ㉯낡아서 쓸모없이 되다. ‖陳腐(진부)/腐生(부생). ②썩이다.

썩게 함. ③부형(腐刑). 거세(去勢)하는 형벌. 궁형(宮刑). ④마음을 상하다. 고심함. ‖腐心(부심).
〔腐爛 부란〕 ①썩어 문드러짐. ②생활이 문란함의 비유.
〔腐木 부목〕 썩은 나무.
〔腐蝕 부식〕 ①썩어서 문드러짐. ②금속이 공기·액체·약품에 닿아 녹슬거나 삭음.
〔腐心 부심〕 속을 썩임. 苦心(고심). ‖切齒腐心(절치부심).
〔腐敗 부패〕 ①썩어서 못 쓰게 됨. ②정신이 타락하거나 기강이 문란함.
◢豆腐(두부)/防腐(방부)/陳腐(진부)

8 腑 12 *1 장부 **부** 腑

[중]fǔ(°푸) [일]フ
[풀이] ①장부. 담·위·대장·소장·방광·삼초(三焦)의 여섯 가지 내장 기관. ‖五臟六腑(오장육부). ②마음속. 충심(衷心). 흉금(胸襟).
◢六腑(육부)/臟腑(장부)/肺腑(폐부)

8 脾 12 *1 ❶지라 **비** ❷허벅다리 **비** 脾

[중]pí(피) [일]ヒ/ひぞう, もも
[풀이] ❶지라. 비장(脾臟). ❷허벅다리. 넓적다리. [같]髀.
〔脾胃 비위〕 ①지라와 위(胃). ②좋고 언짢음을 느끼는 기분. ③아니꼽고 싫은 것을 잘 참아 내는 힘.
〔脾肉之歎 비육지탄〕《중국 촉나라의 유비가 오랫동안 말을 타고 전쟁터에 나가지 못하여 넓적다리만 살찜을 한탄한 고사에서》 재능을 발휘할 때를 얻지 못하여 헛되이 세월만 보내는 것을 한탄함.
〔脾臟 비장〕 위의 뒤쪽에 있는, 묵은 적혈구를 파괴하는 기관. 지라.

8 腎 12 *2 콩팥 **신** [간]肾 腎

[중]shèn(°썬) [일]シン/じんぞう
[풀이] ①콩팥. 신장(腎臟). ②자지. 불알. ‖腎氣(신기).
〔腎管 신관〕 지렁이 따위 환형동물의 각 체절(體節)에 있는 배설기.
〔腎臟 신장〕 몸 안의 불필요한 물질을 오줌으로 배설하게 하는 기관. 콩팥.
◢海狗腎(해구신)

8 腋 12 *1 겨드랑이 **액** 腋

[중]yè(예) [일]エキ/わき
[풀이] 겨드랑이.
〔腋芽 액아〕 잎과 줄기 사이에서 나는 싹. 겨드랑눈.
〔腋臭 액취〕 겨드랑이에서 나는 고약한 냄새. 腋氣(액기). 암내.
〔腋汗 액한〕 겨드랑이에서 유난히 땀이 많이 나는 병. 곁땀.
◢扶腋(부액)/肘腋(주액)

8 腕 12 *1 팔 **완** 腕

[중]wàn(완) [일]ワン/うで [영]arm
[풀이] ①팔. ㉮팔목. 손목. ‖腕骨(완골). ㉯팔뚝. ㉰어깨에서 손목까지의 부분. ②수완(手腕). 기량. ‖敏腕(민완).
〔腕力 완력〕 ①팔의 힘. ②육체적으로 억누르는 힘.
〔腕章 완장〕 팔에 두르는 표장(標章).
◢敏腕(민완)/手腕(수완)/右腕(우완)/左腕(좌완)

8 脹 12 *1 부를 **창** [본]**장** [간]胀 脹

[중]zhàng(°짱) [일]チョウ/はれる
[영]swell out
[풀이] 부르다. ㉮배가 부르다. 부풂. ‖脹滿(창만). ㉯뚱뚱하다. 불룩해짐. ‖膨脹(팽창)/脹力(창력).
〔脹滿 창만〕 ①배가 불룩해짐. ②복강(腹腔) 안에 액체가 괴어 배가 몹시 팽창하는 증상.
〔脹症 창증〕 창만(脹滿)을 일으키는 증세. 脹氣(창기).
◢膨脹(팽창)

13 腳 脚(각)의 본자 →620쪽

9 腱 13 *1 ❶힘줄 밑동 **건** *1 ❷힘줄 **근**

[중]jiàn(찌엔) [일]コン

9 腦 13 ★*3-Ⅱ 뇌 **뇌** [본]**노** [약]脳 [간]脑 腦

丿 月 月 月巛 月巛 月巛 腦 腦

[중]nǎo(나오) [일]ノウ/のうみそ
[영]brain
[자원] **회의자.** '살'을 나타내는 육(肉)과 '머리털'을 나타내는 巛(천)과 '머리'를 나타내는 囟(신)이 합쳐진 자. 머리에 머리털이 더해진 모습으로, 신체 부위라는 뜻으로 肉이 추가됨.
[풀이] ①뇌. 머릿골. 뇌수(腦髓). ②머리. ㉮머리통. 두개골(頭蓋骨). ㉯판단력·기억력 등의 정신 작용.
〔腦力 뇌력〕 머리를 써서 생각하는 힘.
〔腦裏 뇌리〕 기억과 생각이 이루어지고 있는 머릿속.

〔腦膜炎 뇌막염〕 뇌막에 생기는 염증.
〔腦死 뇌사〕 뇌의 기능이 완전히 멈추어 본래의 상태로 되돌아갈 수 없는 상태.
〔腦髓 뇌수〕 머릿골. 뇌.
〔腦炎 뇌염〕 뇌수에 생기는 염증의 총칭.
〔腦溢血 뇌일혈〕 뇌 안의 혈관이 터져 출혈하는 병.
〔腦震蕩 뇌진탕〕 머리를 세게 부딪혔을 때, 충격을 받아 일시적으로 의식을 잃는 일.
◢大腦(대뇌)/頭腦(두뇌)/洗腦(세뇌)/小腦(소뇌)/首腦(수뇌)/樟腦(장뇌)

★∗3-Ⅱ
9 13 **腹** 배 **복** 腹

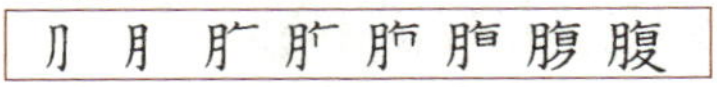

丿 月 … 腹

[중]fù(°푸) [일]フク/はら [영]belly
[자원] **형성자.** 肉(육)은 의미를 나타내고 复(복)은 음을 나타냄.
[풀이] 배. ㉮가슴 부분 아래쪽의 내장을 싸고 있는 부분. ‖鼓腹(고복). ㉯마음. 심중. 심복. ‖腹誹(복비). ㉰물건의 배에 해당하는 부분. ‖中腹(중복). ㉱태아를 낳은 모체나 머물렀던 태내(胎內). ‖同腹(동복). ㉲가운데. 중앙부.
〔腹腔 복강〕 척추동물의 몸에서 위·간·장·지라 등이 들어 있는 부분.
〔腹膜 복막〕 복강(腹腔)을 따라 내장 기관을 싸고 있는 얇은 막.
〔腹背 복배〕 ①배와 등. ②앞면과 뒷면.
〔腹部 복부〕 배의 부분.
〔腹案 복안〕 마음속에 품고 있는 계획.
〔腹痛 복통〕 배가 아픈 증세.
◢開腹(개복)/空腹(공복)/私腹(사복)/心腹(심복)/異腹(이복)/割腹(할복)/含哺鼓腹(함포고복)/胸腹(흉복)

∗1
9 13 **腺** 샘 **선** 腺

[중]xiàn(씨엔) [일]セン/せん [영]gland
[풀이] 샘. 생물체 안에서 분비 작용을 하는 기관(器官). ‖淋巴腺(임파선).
〔腺毛 선모〕 식물과 곤충의 몸 표면에 있는 털.
〔腺病質 선병질〕 체질이 허약하고 흉곽이 편평하여 빈혈이 일어나기 쉬운 무력한 체질. 혹은, 신경질을 이름.
◢甲狀腺(갑상선)/淚腺(누선)/性腺(성선)/乳腺(유선)/汗腺(한선)

∗
9 13 **腥** 비릴 **성** 腥

[중]xīng(씽) [일]セイ/なまぐさい
[풀이] ①비리다. 날고기의 냄새가 남. 또는, 그 물건. ②날고기. 생고기. ‖腥魚(성어). ③더럽다. 추(醜)함. ‖腥穢(성예).
〔腥血 성혈〕 비린내가 나는 피.

★∗3
9 13 **腰** 허리 **요** 腰

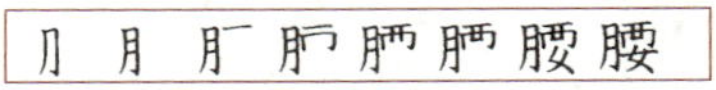

丿 月 … 腰

[중]yāo(야오) [일]ヨウ/こし [영]waist
[자원] **회의 겸 형성자.** 肉(육)과 要(요)가 합쳐진 자. 본래 '허리'를 뜻하던 要가 '요구하다'의 뜻으로 가차되어 쓰이게 되자 본뜻을 보존하기 위해 肉을 덧붙여 만든 자가 '腰'임. 肉은 의미를 나타내고 腰는 의미와 음을 겸하여 나타냄.
[풀이] ①허리. ‖蜂腰(봉요)/腰帶(요대). ②허리에 띠다. 허리에 참.
〔腰劍 요검〕 칼을 허리에 참. 또는, 그 칼.
〔腰帶 요대〕 허리띠.
〔腰刀 요도〕 허리에 차는 칼.
〔腰部 요부〕 허리 부분.
〔腰折 요절〕 몹시 우스워 허리가 끊어질 듯함. 腰絕(요절).
〔腰斬 요참〕 옛날, 죄인의 허리를 베어 죽이던 형벌.
〔腰痛 요통〕 허리가 아픈 병. 허리앓이.
〔腰下 요하〕 허리의 주위. 허리춤.
◢細腰(세요)/柳腰(유요)

★∗4
9 13 **腸** 창자 **장** [속]膓 [간]肠 腸

丿 月 … 腸

[중]cháng(°창) [일]チョウ/はらわた [영]bowels
[자원] **형성자.** 肉(육)은 의미를 나타내고 昜(양)은 음을 나타냄.
[풀이] ①창자. ‖小腸(소장)/斷腸(단장). ②마음. 기질(氣質). ‖石腸(석장).
〔腸壁 장벽〕 창자의 둘레를 이룬 벽.
〔腸癌 장암〕 장에 생기는 악성 종양.
〔腸窒扶斯 장질부사〕 '장티푸스(腸typhus)'의 음역.
◢肝腸(간장)/結腸(결장)/灌腸(관장)/斷腸(단장)/大腸(대장)/盲腸(맹장)/小腸(소장)/胃腸(위장)/直腸(직장)/脫腸(탈장)/換腸(환장)

∗1
9 13 **腫** 부스럼 **종** [간]肿 腫

[중]zhǒng(°중) [일]ショウ, シュ/はれもの [영]swelling
[풀이] ①부스럼. 종기(腫氣). ‖腫瘍(종양)/浮腫(부종). ②붓다. 살가죽이 부

6획

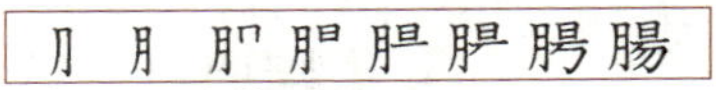

풀어 오름.
〔腫氣 종기〕 피부가 곪으면서 생기는 큰 부스럼.
〔腫瘍 종양〕 몸속에서 세포가 병적으로 불어나 만들어진, 아무 쓸모 없는 혹.
〔腫脹 종창〕 곪거나 부스럼 따위가 나서 부어오름. 또는, 그 상처.
◢根腫(근종)/浮腫(부종)/水腫(수종)

10 *1
14 **膈** 흉격 **격** 膈

㊥gé(거) ㊐カク/おうかくまく
풀이 흉격. 횡격막(橫膈膜).
〔膈膜 격막〕 흉강(胸腔)과 복강(腹腔) 사이에 있어, 두 강(腔)을 구별하는 막. 橫膈膜(횡격막).
◢胸膈(흉격)

10 *1
14 **膏** 기름 **고** 膏

㊥gāo(까오) ㊐コウ/あぶら ㊎fat
자원 **회의 겸 형성자.** 高(고)와 肉(살 육)이 합쳐진 자로, 살이 풍만하게 찐 상태를 나타냄. 肉은 의미를 나타내고 高는 의미와 음을 겸하여 나타냄.
풀이 ①기름. ‖膏血(고혈). ②기름약. 고약. ③기름지다. ④땅이 비옥하다. 또는, 그런 땅. ‖膏土(고토). ⑤살진 고기. 비육(肥肉). ⑥염통 밑. 심장의 아래. ‖膏肓(고황). ⑦은혜. 은택.
〔膏粱珍味 고량진미〕 기름진 고기와 좋은 곡식으로 만든 맛있는 음식.
〔膏藥 고약〕 주로 헐거나 곪은 데에 붙이는 끈끈한 약.
〔膏雨 고우〕 농작물이 자라기 알맞게 제때에 내리는 비.
〔膏澤 고택〕 (‘기름진 혜택’이라는 뜻으로) 남의 은혜와 덕택.
〔膏血 고혈〕 ①기름과 피. ②애써 얻은 이익이나 재산의 비유.
〔膏肓 고황〕 (‘膏’는 심장의 아랫부분, ‘肓’은 횡격막의 윗부분이라는 뜻으로) 심장과 횡격막의 사이. 이곳에 병이 생기면 낫기 어렵다고 함.
◢軟膏(연고)

10
14 **膂** 등골뼈 **려** 膂

㊥lǚ(루) ㊐リョ/せぼね ㊎backbone
풀이 ①등골뼈. 척추골(脊椎骨). 척골. ②힘. 근육의 힘. ‖膂力(여력).
〔膂力 여력〕 ①육체적으로 억누르는 힘. 腕力(완력). ②근육의 힘.

10 *1
14 **膊** 포 **박**

㊥pō(포) ㊐ハク/ほじし
풀이 ①포(脯). 고기를 말린 것. ②고깃덩이. ③어깨뼈.

10 *1
14 **膀** 오줌통 **방** 膀

㊥pāng(팡) ㊐ホウ/しょうべんぶくろ ㊎bladder
풀이 오줌통. 방광(膀胱).
〔膀胱 방광〕 오줌을 모아 두었다가 몸 밖으로 내보내는, 주머니 모양의 기관. 오줌통.

10 *1
14 **腿** 넓적다리 **퇴** 간 腿 腿

㊥tuǐ(투에이) ㊐タイ/もも ㊎thigh
풀이 넓적다리.
〔腿骨 퇴골〕 다리뼈.
◢大腿(대퇴)/下腿(하퇴)

11 *2
15 **膠** 갖풀 **교** 간 胶 膠

㊥jiāo(찌아오) ㊐コウ/にかわ
풀이 ①갖풀. 아교(阿膠). ‖膠漆(교칠). ②갖풀로 붙이다. ‖膠黏(교점). ③굳다. 견고(堅固)함.
〔膠匣 교갑〕 아교로 얇게 만든 작은 갑. 쓴 약을 넣어 먹기 쉽도록 하는 데 쓰임. 캡슐.
〔膠柱鼓瑟 교주고슬〕 (갖풀로 비파나 거문고의 기러기발을 붙여 놓으면 음조를 바꿀 수 없다는 뜻으로) 고지식하여 조금도 융통성이 없음. 膠瑟(교슬).
〔膠着 교착〕 ①아교로 붙인 것처럼 단단히 달라붙음. ②진행되던 일이 어떤 사정 때문에 변하지 않고 고정되어 있음.
〔膠漆 교칠〕 (‘아교와 옻칠’이라는 뜻으로) 사귀는 사이가 매우 친밀하여 서로 떨어질 수 없는 관계.
◢阿膠(아교)

11 *2
15 **膜** ❶꺼풀 **막** *2 ❷무릎 꿇을 **모** 膜

㊥mó(모) ㊐マク, モ
자원 **형성자.** 肉(육)은 의미를 나타내고 莫(막)은 음을 나타냄.
풀이 ❶꺼풀. ‖網膜(망막). ❷무릎을 꿇다. 무릎을 꿇고 절함.
◢角膜(각막)/結膜(결막)/鼓膜(고막)/肋膜(늑막)/網膜(망막)/薄膜(박막)/腹膜(복막)/粘膜(점막)/皮膜(피막)

11 *2
15 **膚** 살갗 **부** 간 肤 膚

丶 ⺊ 广 庐 庿 盧 膚 膚

㊥fū(°푸) ㊐フ/はだ ㊎skin

6획

[금] [전] [자원] **형성자.** 소전에서 肉(육)은 의미를 나타내고 盧(로)는 음을 나타냄. 금문에서는 盧의 '皿' 자가 생략됨. 예서 이후에 소전을 따르지 않고 금문의 자형을 이어받아 膚로 씀.
[풀이] ①살갗. ㉮피부(皮膚). ‖雪膚(설부). ㉯식물의 겉껍질. ‖栗膚(율부). ②고기. 돼지고기. 저민 고기. ③얕다. 문사(文辭)가 천박함.
〔膚淺 부천〕 지식이나 말이 천박함.
◪肌膚(기부)/皮膚(피부)

*1
11 15 **膝** 무릎 **슬** 膝
[중]xī(씨) [일]シツ/ひざ [영]knee
[풀이] 무릎. ‖膝甲(슬갑).
〔膝甲 슬갑〕 추위를 막기 위해 바지 위에다 무릎까지 내려오게 껴입는 옷.
〔膝蓋骨 슬개골〕 종지뼈.
〔膝癢搔背 슬양소배〕 《무릎이 가려운데 등을 긁는다는 뜻으로》 의논 따위가 이치에 맞지 않음.
〔膝下 슬하〕 《'무릎의 아래'라는 뜻으로》 거느리는 곁이나 품 안. 주로, 부모의 보호 영역을 이름.
〔膝行 슬행〕 《무릎으로 걷는다는 뜻으로》 매우 두려워 삼가는 모양.
◪壓膝(압슬)

15 **膓** 腸(장)의 속자 →623쪽

*1
11 15 **膣** 새살 돋을 **질** 膣
[중]zhì(˚쯔) [일]チツ
[풀이] ①새살이 돋다. ②음문(陰門). 여자의 생식기. [같]腟.

*
12 16 **膩** 기름 **니** [간]腻 膩
[중]nì(니) [일]ジ/あぶら
[풀이] ①기름. ②매끄럽다. 살결이 고움. ③때. 몸에 끼는 때.

*1
12 16 **膳** 반찬 **선** [통]饍 膳
[중]shàn(˚싼) [일]ゼン/そなえもの
[풀이] ①반찬(飯饌). ②바치다. 상(床)을 차려 올림.
〔膳物 선물〕 선사하는 물건.
〔膳賜 선사〕 존경·친근·애정의 뜻으로 남에게 선물을 줌.

*1
12 16 **膵** 췌장 **췌**
[중]cuì(추에이) [일]スイ [영]pancreas

*1
12 16 **膨** 배 불룩할 **팽** 膨
[중]péng(펑) [일]ホウ, ボウ/ふくれる [영]swell out
[풀이] 배가 불룩하다.
〔膨大 팽대〕 세력·기운 등이 크게 늘어나 퍼짐.
〔膨滿 팽만〕 몸의 한 부분이 부풀어 터질 듯함.
〔膨脹 팽창〕 ①부풀어 부피가 커짐. ②규모나 수량이 늘어남.
〔膨膨 팽팽〕 한껏 부풀어 땡땡한 모양.

*1
13 17 **膿** 고름 **농** [간]脓 膿
[중]nóng(눙) [일]ノウ/うみ [영]pus
[풀이] 고름. ‖化膿(화농).
〔膿瘍 농양〕 신체 조직 속에 화농성 염증이 생겨 고름이 몰려 있는 곳.
〔膿汁 농즙〕 고름.
〔膿血 농혈〕 피고름.
◪排膿(배농)/化膿(화농)

*2
13 17 **膽** 쓸개 **담** [속][간]胆 膽
[중]dǎn(단) [일]タン/きも [영]gall
[풀이] ①쓸개. 담낭(膽囊). ‖膽汁(담즙). ②담력. 기백(氣魄). 결단력.
〔膽囊 담낭〕 쓸개.
〔膽大 담대〕 겁이 없고 용감함.
〔膽略 담략〕 ①담력(膽力)과 지략(智略). ②대담하고 꾀가 많음.
〔膽力 담력〕 겁이 없고 용감한 기운. 膽氣(담기).
〔膽汁 담즙〕 간에서 분비되는 소화액. 쓸개즙.
◪肝膽(간담)/落膽(낙담)/大膽(대담)/臥薪嘗膽(와신상담)/熊膽(웅담)

*1
13 17 **臀** 볼기 **둔** 臀
[중]tún(툰) [일]デン/しり [영]buttocks
[풀이] 볼기. 엉덩이. ‖臀肉(둔육).
〔臀部 둔부〕 엉덩이. 볼기.

*1
13 17 **臂** 팔 **비** 臂
[중]bì(삐) [일]ヒ/ひじ [영]arm
[풀이] 팔. 팔뚝.
〔臂力 비력〕 팔의 힘.
〔臂膊 비박〕 팔과 어깨.

*1
13 **臆** 가슴 **억** | 臆
17

[중]yì(이) [일]オク/むね [영]chest
[풀이] ①가슴. ②생각. 마음.
〔臆斷 억단〕 근거 없이 판단함. 臆判(억판).
〔臆塞 억색〕 몹시 원통하거나 슬퍼서 가슴이 막힘.
〔臆說 억설〕 근거 없이 억지로 우겨 대는 말.
〔臆測 억측〕 근거 없이 하는 추측.
◢胸臆(흉억)

*1
13 **膺** 가슴 **응** | 膺
17

[중]yīng(잉) [일]ヨウ/むね [영]breast
[풀이] ①가슴. 흉부(胸部). ②받다. ‖膺受(응수). ③치다. 정벌(征伐)함. [통]枕·應. ‖膺懲(응징).
〔膺受 응수〕 ①선물 따위를 받음. ②책임이나 의무를 짐.
〔膺懲 응징〕 ①잘못을 뉘우치도록 징계함. ②적국(敵國)을 정복함.

6획

*1
13 **膾** 회 **회** | [간]脍 膾
17

[중]kuài(쿠아이) [일]カイ/なます
[영]minced meat
[풀이] ①회. 잘게 저민 날고기. [갈]鱠. ②회를 치다.
〔膾炙 회자〕 《'회와 구운 고기'라는 뜻으로》 칭찬을 받으며 사람들의 입에 자주 오르내림.
◢生鮮膾(생선회)/肉膾(육회)

*
14 **臍** 배꼽 **제** | [간]脐 臍
18

[중]qí(치) [일]セイ, サイ/へそ [영]navel
[풀이] 배꼽. [통]齊.
〔臍帶 제대〕 태아와 태반을 연결하는 줄. 탯줄. 臍緖(제서).
〔臍緖 제서〕 ➡臍帶(제대).

*1
15 **臘** 납향 **랍** | [간]腊 臘
19

[중]là(라) [일]ロウ
[풀이] ①납향(臘享). 동지(冬至) 후 셋째 술일(戌日)인 납일(臘日)에 지내는 제사. ②섣달. 12월.
〔臘梅 납매〕 섣달에 꽃이 피는 매화.
〔臘月 납월〕 음력 섣달.
〔臘日 납일〕 동지 뒤의 셋째 미일(未日).
〔臘享 납향〕 납일에 한 해 동안의 농사 형편과 그 밖의 일을 여러 신에게 고하는 제사. 臘平祭(납평제).
◢舊臘(구랍)/法臘(법랍)

18 **臙** 연지 **연** | [간]胭 臙
20

[중]yān(옌) [일]エン/べに [영]rouge
[풀이] ①연지. ②목. 인후(咽喉).
〔臙脂 연지〕 여자가 화장할 때 양쪽 볼에 찍는 붉은색 안료(顏料).
〔臙脂粉 연지분〕 ①연지와 분. ②화장품.

★*3-Ⅱ
18 **臟** 오장 **장** | [간]脏 臟
22

月 月艹 月艹 月芹 月芹 臓 臟 臟

[중]zàng(짱) [일]ゾウ/はらわた
[자원] **형성자.** 肉(육)은 의미를 나타내고 藏(장)은 음을 나타냄.
[풀이] 오장(五臟). 내장.
〔臟器 장기〕 내장의 여러 기관(器官).
〔臟腑 장부〕 오장(五臟)과 육부(六腑). 곧, 내장의 총칭. 오장은 심장(心臟)·신장(腎臟)·간장(肝臟)·폐장(肺臟)·비장(脾臟), 육부는 대장(大腸)·소장(小腸)·위(胃)·쓸개·방광(膀胱)·삼초(三焦).
◢肝臟(간장)/內臟(내장)/腎臟(신장)/心臟(심장)/五臟(오장)/膵臟(췌장)

臣部 신하신

☆*5
0 **臣** 신하 **신** | 臣
6

一 𠃊 三 五 𠂈 臣

[중]chén(˚천) [일]シン/けらい [영]subject
[갑]  [자원] **상형자.** 갑골문에서 보듯, 감히 얼굴을 들 수 없으므로 고개를 숙인 채 우러르고 있는 전쟁 포로나 노예의 눈을 본뜬 자. 본래 '비천한 사람'을 뜻하였으나, 뒷날 신하가 임금에게 자신을 낮추는 뜻으로 사용하게 되면서 '신하'의 뜻을 갖게 됨.
[부] 한자 부수의 하나.
[풀이] ①신하(臣下). 공무(公務)로 임금을 섬기는 사람. ②백성(百姓). 서민(庶民). ③신하의 자칭(自稱).
〔臣道 신도〕 신하로서 마땅히 지켜야 할 도리.
〔臣僚 신료〕 ①모든 신하. ②신하끼리의 동료.
〔臣民 신민〕 군주국의 신하와 백성.
〔臣服 신복〕 신하가 되어 복종함.
〔臣事 신사〕 신하가 되어 섬김.
〔臣節 신절〕 신하가 지켜야 할 절개.

〔臣妾 신첩〕 왕비나 후궁이 임금에게 대하여 스스로를 이르는 말.
〔臣下 신하〕 임금을 섬기는 벼슬아치.
◢家臣(가신)/奸臣(간신)/功臣(공신)/君臣(군신)/權臣(권신)/大臣(대신)/武臣(무신)/文臣(문신)/使臣(사신)/逆臣(역신)/重臣(중신)/戚臣(척신)/忠臣(충신)/賢臣(현신)

☆*3
2 8 **臥** 누울 **와** | 속 卧 臥

一 丅 五 五 子 臣 臥 臥

중wò(워) 일ガ/ふす 영lie down
전 자원 **회의자.** 人(사람 인)과 고개를 숙인 채 올려다보고 있는 눈을 나타내는 臣(신)이 합쳐진 자. 사람이 엎드려 고개를 숙이고 올려다보고 있는 모습을 나타냄. 여기에서 '눕다', '자다'의 뜻이 나옴.
풀이 눕다. 옆으로 누워 자다.
〔臥龍 와룡〕 ①누워 있는 용. ②초야(草野)에 묻혀 있는 큰 인물의 비유.
〔臥病 와병〕 병으로 자리에 누움.
〔臥像 와상〕 누워 있는 모습으로 만든 상.
〔臥席終身 와석종신〕 사람이 제명을 다 살고 편안히 자리에 누워서 죽음.
〔臥薪嘗膽 와신상담〕《중국 춘추 시대 오나라의 왕 부차(夫差)가 아버지의 원수를 갚기 위해 장작 더미 위에서 잠을 자며 월나라의 왕 구천(句踐)에게 복수할 것을 맹세하였고, 그에게 패배한 월나라의 왕 구천이 쓸개를 핥으면서 복수를 다짐한 고사에서》 원수를 갚으려는 일념으로 온갖 어려움과 괴로움을 참고 견딤. 嘗膽(상담).
〔臥遊 와유〕《누워서 유람한다는 뜻으로》 집에서 명승이나 고적을 그린 그림을 보며 즐김. ‖臥遊江山(와유강산).
〔臥榻 와탑〕 누워서 잘 수 있게 만든 가구. 寢牀(침상).
◢安臥(안와)/橫臥(횡와)

*
5 11 **臤** 밝을 **진** |

중zhěn(°전) 일シン 영bright
풀이 밝다.

*
8 14 **臧** 착할 **장** | 臧

중zāng(짱) 일ゾウ/よい 영good
풀이 ①착하다. ‖臧否(장부). ②숨다. 숨김. 같藏. ‖臧匿(장닉). ③뇌물을 받다. 또는, 뇌물. 통贓. ‖臧賂(장뢰). ④종. 노비(奴婢).
〔臧獲 장획〕 종. 奴婢(노비).

★*3-Ⅱ
11 17 **臨** 임할 **림** | 간 临 臨

丅 五 子 臣 臣 臨 臨 臨

중lín(린) 일リン/のぞむ
금 자원 **회의자.** 사람〔人〕이 눈을 크게 뜨고〔臣〕 여러 개의 물건〔品〕을 내려다보고 있음을 나타내어, '자세히 살피다'를 뜻함.
풀이 ①임하다. ㉮내려다보다. ㉯윗사람이 아랫사람에게로 가다. ‖枉臨(왕림). ㉰그 장소에 나아가다. ㉱그때에 미치다. ②본떠 쓰다. 본떠 그림. ‖臨寫(임사).
〔臨檢 임검〕 사건이 일어난 현장에 가서 조사함.
〔臨界 임계〕 경계(境界). 한계.
〔臨機應變 임기응변〕 그때그때의 형편에 따라 알맞게 일을 처리함. 隨機應變(수기응변).
〔臨迫 임박〕 어떤 일이나 시기가 가까이 닥쳐옴.
〔臨死 임사〕 죽을 고비에 이름.
〔臨床 임상〕 실제로 환자를 접하여 병을 치료하거나 연구하는 일.
〔臨席 임석〕 자리에 참석함.
〔臨時 임시〕 ①미리 정하지 않고 필요에 따라 정한 것. ②일시적인 얼마 동안. ↔經常(경상). ③일정한 시기에 다다름.
〔臨時方便 임시방편〕 ➡臨時變通(임시변통).
〔臨時變通 임시변통〕 갑자기 생긴 일을 임시로 둘러맞춰 처리함. 臨時方便(임시방편).
〔臨戰 임전〕 전쟁에 임함. 전장에 나아감.
〔臨政 임정〕 임시 정부(臨時政府).
〔臨終 임종〕 ①죽음을 맞이함. 臨命(임명). ②부모가 돌아가실 때, 그 자리에 함께 있음. 終身(종신).
〔臨海 임해〕 바다에 가까이 있음.
◢降臨(강림)/君臨(군림)/枉臨(왕림)/再臨(재림)

自部 스스로자

☆*7
0 6 **自** 스스로 **자** | 自

丿 亻 白 白 自 自

중zì(쯔) 일ジ/みずから
갑 전 자원 **상형자.** 사람의 코를 본뜬 자. 뒷날 '나', '자신'의 뜻으로 쓰이게 되자,

본뜻을 보존하기 위해 만든 자가 '鼻'(비)임.
한자 부수의 하나.
풀이 ①스스로. 친히. 몸소. 자기(自己). ‖自治國(자치국). ②저절로. 절로. ‖自然(자연). ③조사. …로부터. ‖自古以來(자고이래).
〔自家 자가〕 ①자기의 집. ②어떤 시설을 필요에 의해 집에서 만들어 쓰는 일. ‖自家發電(자가발전).
〔自家撞着 자가당착〕 같은 사람의 언행이 앞뒤가 맞지 않는 일. 矛盾撞着(모순당착).
〔自覺 자각〕 ①스스로 깨달음. ②자기가 자기를 의식하는 작용. 自意識(자의식). ③삼각(三覺)의 하나. 스스로 미망(迷妄)에서 깨어나 정법(正法)을 깨닫는 일.
〔自彊不息 자강불식〕 스스로 힘써 몸과 마음을 가다듬어 쉬지 않음.
〔自激之心 자격지심〕 자기가 한 일에 대하여 스스로 미흡하게 여기는 마음.
〔自決 자결〕 ①의분을 참지 못하거나 지조를 지키기 위해 스스로 목숨을 끊음. 自處(자처). ②자기의 일을 스스로 해결함.
6획
〔自顧 자고〕 스스로를 돌아봄.
〔自古以來 자고이래〕 예로부터 지금까지의 동안.
〔自愧 자괴〕 스스로 부끄러워함.
〔自愧之心 자괴지심〕 스스로 부끄러워하는 마음.
〔自今 자금〕 이제부터.
〔自給 자급〕 필요한 것을 스스로 마련하여 씀. ‖自給自足(자급자족).
〔自矜 자긍〕 스스로에게 긍지를 가짐. 또는, 그 긍지. ‖自矜心(자긍심).
〔自己 자기〕 그 사람 자신.
〔自欺 자기〕 스스로 양심에 부끄러운 언행을 함.
〔自棄 자기〕 스스로 자신을 버리고 돌보지 않음. ‖自暴自棄(자포자기).
〔自己矛盾 자기모순〕 스스로의 생각이나 주장이 앞뒤가 맞지 않음.
〔自動 자동〕 기계나 장치가 사람이 부리지 않아도 스스로 작동함.
〔自動車 자동차〕 석유나 가스를 원료로 하여 엔진의 힘으로 도로 위를 달리게 만든 차.
〔自得 자득〕 ①스스로 터득함. ②스스로 만족하여 뽐냄.
〔自量 자량〕 스스로 헤아림.
〔自力 자력〕 자기 혼자의 힘. ↔他力(타력).
〔自立 자립〕 자기 힘으로 섬.
〔自慢 자만〕 스스로 자랑하며 뽐냄.
〔自滅 자멸〕 스스로 자신을 망치거나 멸망하게 함.
〔自明 자명〕 증명하지 않아도 저절로 명백함.
〔自問自答 자문자답〕 스스로 묻고 스스로 대답함.
〔自白 자백〕 자기가 저지른 죄를 스스로 고백함.
〔自負 자부〕 자신의 가치나 능력에 대해 스스로 당당히 여김. 自恃(자시).
〔自殺 자살〕 자신의 목숨을 스스로 끊음. 自盡(자진).
〔自生 자생〕 ①자기 자신의 힘으로 살아감. ②저절로 나서 자람.
〔自敍傳 자서전〕 자기 자신이 쓴 자기의 전기(傳記). 自傳(자전).
〔自省 자성〕 스스로 반성함.
〔自首 자수〕 죄를 지은 사람이 스스로 경찰 등에 찾아가 자기 죄를 신고함.
〔自手削髮 자수삭발〕 ①제 손으로 자기의 머리털을 깎음. ②스스로의 힘으로 어려운 일을 감당함. ③본인의 뜻으로 머리를 깎고 승려가 됨.
〔自手成家 자수성가〕 물려받은 재산이 없이 혼자의 힘으로 집안을 일으키고 재산을 모음.
〔自肅 자숙〕 스스로 행동을 조심함.
〔自習 자습〕 선생님의 가르침이 없이 학생들이 스스로 학습함.
〔自繩自縛 자승자박〕《자기의 줄로 자기 몸을 옭아 묶는다는 뜻으로》 자기가 한 말이나 행동 때문에 자신이 구속되어 괴로움을 당하게 됨.
〔自信 자신〕 스스로 자기의 재능을 믿음.
〔自失 자실〕 자기의 존재를 잊을 정도로 얼이 빠짐.
〔自我 자아〕 다른 사람과 구별되는 자기. 또는, 스스로를 생각하고 반성하는 자기 자신.
〔自若 자약〕 큰일을 당해도 놀라지 않고 평상시와 같이 침착함.
〔自業自得 자업자득〕 자기가 저지른 잘못의 나쁜 결과가 자기에게 전부 미침. 自業自縛(자업자박).
〔自然 자연〕 ①사람의 힘을 가하지 않은, 저절로 된 그대로의 상태. ↔人爲(인위). ②지리적·지질적 환경과 조건. ③인간 의식 밖의 객관적 실재. ④저절로. 자연히.
〔自然淘汰 자연도태〕 ➡自然選擇(자연선택).
〔自然選擇 자연선택〕 어떤 생물에 생긴 유전적 변이 개체 중 생존에 유리한 것이 살아남는 일. 自然淘汰(자연도태).
〔自營 자영〕 사업 따위를 자신이 직접 경영함.
〔自慰 자위〕 ①스스로 자기를 위로함. ②자기의 생식기를 자극하여 성적 쾌감을 얻음. 手淫(수음).
〔自衛 자위〕 몸이나 나라를 스스로 막아 지킴.
〔自由 자유〕 남에게 얽매이거나 무엇에 구속받지 않고 자기 마음대로 행동하는 일.

〔自由自在 자유자재〕 거침없이 자기 마음대로 할 수 있음.
〔自律 자율〕 자신의 의지에 따라 자신의 행동을 규제하는 일.
〔自刃 자인〕 칼로 자기 목숨을 끊음.
〔自認 자인〕 스스로 인정함.
〔自任 자임〕 어떤 일을 스스로 자기의 임무로 맡음.
〔自作 자작〕 ①자기 토지를 스스로 경작(耕作)함. ②손수 제작(製作)함. 또는, 그 물건. 自製(자제).
〔自酌 자작〕 술을 손수 따라 마심.
〔自在 자재〕 ①저절로 있음. ②속박이나 장애가 없이 마음대로임.
〔自適 자적〕 아무런 속박을 받지 않고 마음껏 즐김.
〔自轉 자전〕 천체가 자체의 축을 중심으로 하여 회전하는 운동.
〔自制 자제〕 감정이나 욕망 등을 스스로 억제함. ‖自制力(자제력).
〔自助 자조〕 자기의 발전을 위하여 스스로 애씀.
〔自足 자족〕 스스로 만족함.
〔自存 자존〕 ①자기의 존재. ②자신의 힘으로 생존하는 일.
〔自尊 자존〕 ①자신의 품위를 스스로 지킴. ‖自尊心(자존심). ②자기를 높여 잘난 체함.
〔自主 자주〕 남의 도움이나 간섭을 받지 않고 자기 일을 스스로 처리함.
〔自重 자중〕 스스로 자기 인격을 소중히 여겨 언행을 신중히 하는 일.
〔自中之亂 자중지란〕 같은 패 속에서 일어나는 싸움.
〔自進 자진〕 스스로 나섬.
〔自盡 자진〕 ➡自殺(자살).
〔自讚 자찬〕 자기를 스스로 칭찬함. ‖自畫自讚(자화자찬).
〔自責 자책〕 스스로 자신을 책망함.
〔自處 자처〕 ①스스로 그렇게 처신함. ②자기 일을 자기가 알아서 처리함. ③ ➡自決(자결)①.
〔自薦 자천〕 자기를 추천함.
〔自初至終 자초지종〕 처음부터 끝까지의 과정.
〔自祝 자축〕 자기의 경사를 스스로 축하함. ‖自祝宴(자축연).
〔自炊 자취〕 가족과 떨어져 손수 밥을 지어 먹으며 삶. ‖自炊房(자취방).
〔自治 자치〕 ①스스로 일을 처리함. ②한 집단이 자체의 일을 스스로 결정하고 처리함.
〔自稱 자칭〕 스스로 자기를 일컬음.
〔自他 자타〕 자기와 남.
〔自歎 자탄〕 스스로 탄식함. 自嘆(자탄).
〔自宅 자택〕 자기의 집.
〔自暴自棄 자포자기〕 절망 상태에 빠져 자신을 스스로 포기하고 돌아보지 않음.
〔自爆 자폭〕 자기가 지닌 폭발물을 터뜨려 스스로 죽음.
〔自筆 자필〕 자기가 직접 글씨를 씀. 또는, 그 글씨. 自書(자서).
〔自害 자해〕 자기 몸을 스스로 다치게 함.
〔自號 자호〕 자기의 칭호를 스스로 지어 부름. 또는, 그 칭호.
〔自畫像 자화상〕 자기 모습을 자기가 그린 그림.
〔自畫自讚 자화자찬〕《자기가 그린 그림을 자기가 칭찬한다는 뜻으로》 자기가 한 일을 스스로 자랑함.
〔自活 자활〕 자기 힘으로 살아감.
◢各自(각자)/獨自(독자)

★✱3

4 10 **臭** 냄새 **취**

冂 门 白 自 自 皀 臯 臭 臭

㊥chòu(°처우) ㊐シュウ/くさい

갑 **자원** **회의자.** '코'의 상형인 自(자)와 犬(개 견)이 합쳐진 자로, 개의 코는 냄새에 아주 예민하다는 데에서 '냄새를 맡다'의 뜻을 나타내게 됨.

풀이 ①냄새. ②냄새나다.

〔臭氣 취기〕 고약한 냄새.
◢口臭(구취)/無色無臭(무색무취)/惡臭(악취)/腋臭(액취)/體臭(체취)/香臭(향취)

至部 이를지

☆✱4-Ⅱ

0 6 **至** 이를 **지**

一 ㄈ ㄈ 즈 조 至

㊥zhì(°쯔) ㊐シ/いたる ㊫reach

갑 **자원** **회의자.** 갑골문에서 보듯, 화살이 날아와 땅에 떨어져 땅에 꽂힌 모습을 나타냄. 본뜻은 '이르다'.

한자 부수의 하나.

풀이 ①이르다. 도래(到來)함. 통함. 두루 미침. ②극진히 하다. 힘을 다함. ‖至極(지극). ③지일(至日). 동지(冬至)와 하지(夏至).

〔至高 지고〕 더할 수 없이 높음.
〔至公無私 지공무사〕 지극히 공평하여 사사로움이 없음.
〔至極 지극〕 더할 수 없이 극진함.
〔至今 지금〕 예로부터 지금에 이르기까지. 至于今(지우금).
〔至急 지급〕 몹시 급함.
〔至難 지난〕 썩 어려움.

〔至當 지당〕 지극히 당연함.
〔至大 지대〕 더없이 큼.
〔至毒 지독〕 더할 나위 없이 매우 독하거나 심함.
〔至樂 지락〕 더할 나위 없는 즐거움.
〔至妙 지묘〕 지극히 묘함.
〔至密 지밀〕 ①《지극히 은밀하고 비밀스럽다는 뜻으로》 임금이 평상시 거처하던 곳. ②각 궁방의 침실.
〔至上 지상〕 지극히 높거나 중요함.
〔至善 지선〕 더할 나위 없이 착함.
〔至誠 지성〕 지극한 정성(精誠).
〔至純 지순〕 지극히 순수함.
〔至惡 지악〕 지극히 악함.
〔至言 지언〕 지극히 당연한 말.
〔至嚴 지엄〕 지극히 엄함.
〔至人 지인〕 지극히 덕(德)이 높은 사람.
〔至情 지정〕 ①지극히 두터운 정분. ②진심에서 우러나오는 참된 정. ③아주 가까운 친척.
〔至尊 지존〕 ①가장 존귀(尊貴)함. 至貴(지귀). ②《'더없이 존귀한 존재'라는 뜻으로》 임금.
〔至重 지중〕 지극히 귀중함.
〔至賤 지천〕 ①매우 천함. ②너무 많아서 귀하지 않음.
〔至治 지치〕 지극히 잘 다스려진 정치.
〔至親 지친〕 가장 가까운 친족(親族).
〔至孝 지효〕 지극한 효성.
◪乃至(내지)/遝至(답지)/冬至(동지)/夏至(하지)

6획

9 致 致(치)의 본자 →630쪽

☆✱5
4 10 致 이룰 치 본 致 致

㊥zhì(°쯔) ㊐チ/いたす ㊄accomplish
전 자원 **회의자.** 소전은 至(이를 지)와 夂(천천히 걸을 쇠)가 합쳐진 자로, 발로 걸어서 목적지까지 가는 것을 나타냄. 예서 이후 오른쪽 부분인 夂가 攵(칠 복)으로 바뀜.
풀이 ①이루다. ㉮되돌리다. 반납함. ㉯바치다. 헌납함. ㉰두다. ㉱부르다. 초치(招致)함. ②이르다. 도달함. 통至. ‖致死(치사). ③풍취(風趣). 풍운(風韻).
〔致命 치명〕 죽을 지경에 이름.
〔致命傷 치명상〕 ①목숨이 위태로울 정도의 큰 상처. ②회복할 수 없을 정도의 큰 피해.
〔致富 치부〕 재물을 모아 부자가 됨.
〔致仕 치사〕 나이가 많아 벼슬을 사양하고 물러남.
〔致死 치사〕 죽음에 이름. 또는, 죽게 함.
〔致詞 치사〕 치하(致賀)하는 말. 致辭(치사).
〔致謝 치사〕 사의(謝意)를 표함.
〔致誠 치성〕 ①정성을 다함. ②신이나 부처에게 정성을 드림.
〔致知 치지〕 사물의 이치를 추구하여 통달함. ‖格物致知(격물치지).
〔致賀 치하〕 고마워하는 마음을 말과 예로 나타냄.
◪景致(경치)/極致(극치)/拉致(납치)/所致(소치)/送致(송치)/馴致(순치)/雅致(아치)/韻致(운치)/誘致(유치)/理致(이치)/一致(일치)/才致(재치)/情致(정치)/招致(초치)/風致(풍치)/筆致(필치)/合致(합치)/興致(흥치)

★✱3-Ⅱ
8 14 臺 대 대 통 坮 臺

㊥tái(타이) ㊐ダイ/うてな ㊄tower
전 자원 **회의자.** 之(갈 지)와 高(높을 고)와 至(이를 지)가 합쳐진 자로, '높은 곳으로 가다'의 뜻을 나타냄. 여기서 '높이 지은 건물'이라는 뜻이 파생됨. 현재의 자형은 之가 士의 꼴로, 高가 아래위 생략된 꼴로 바뀌어 된 것임.
풀이 ①대. ㉮돈대(墩臺). 사방을 관망할 수 있게 흙을 높이 쌓아 위를 평평하게 한 곳. ㉯누대(樓臺). 대사(臺榭). 돈대 위에 사방을 바라볼 수 있게 지은 건물. ㉰자동차·시계 등을 세는 말. ②조정(朝廷). 관서(官署). ③남을 높이는 존칭.
〔臺閣 대각〕 조선 시대, 사헌부와 사간원의 총칭.
〔臺本 대본〕 연극이나 영화에서, 등장인물의 대사·동작·무대 장치 등을 적은 글.
〔臺詞 대사〕 연극·영화·드라마 등에서, 배우가 하는 말.
〔臺榭 대사〕 높고 큰 누각이나 정자.
〔臺帳 대장〕 기본이 되는 사항을 기록하는 장부. 原簿(원부).
〔臺座 대좌〕 불상(佛像)을 올려놓는 대.
〔臺紙 대지〕 그림·사진 등의 뒤에 밑바탕으로 붙이는 두꺼운 종이.
◪鏡臺(경대)/露臺(노대)/樓臺(누대)/墩臺(돈대)/燈臺(등대)/望臺(망대)/舞臺(무대)/燭臺(촉대)/築臺(축대)/寢臺(침대)/土臺(토대)/砲臺(포대)

✱
10 16 臻 이를 진

㊥zhēn(°쩐) ㊐シン/いたる ㊄reach
풀이 ①이르다. 미침. ②모이다.

臼部 절구구

*1
0 6 **臼** 확 구 | 臼

㊥jiū(찌우) ㊐キュウ/うす ㊎mortar

고 전 자원 **상형자.** 곡식을 찧는 절구의 단면을 그린 자. 좌우로 돌출된 획은 절구 안쪽의 돌기를 나타냄.

한자 부수의 하나.

풀이 ①확. 곡식을 찧는 기구. ‖杵臼(저구). ②찧다.

〔臼狀 구상〕 절구처럼 생긴 모양.
〔臼齒 구치〕 어금니.

*
2 8 **臾** 잠깐 유 | 臾

㊥yú(위) ㊐ユ

臾(수:114쪽)는 딴 자.

풀이 잠깐. ‖須臾(수유).

5 11 **舂** 방아 찧을 용 본송 | 舂

㊥chōng(°충) ㊐ショウ/うすづく ㊎mill

금 자원 **회의자.** 금문은 양손으로 절굿공이를 잡고 절구 안에 쌀을 넣고 찧는 것을 나타냄.

풀이 ①방아를 찧다. ②찌르다.

〔舂精 용정〕 곡식을 찧음.

*
6 12 **舄** 1까치 작 2신 석

㊥què(취에), xì(씨) ㊐シャク, セキ

풀이 1까치. 2신. 바닥을 여러 겹으로 붙인 신.

*1
7 13 **舅** 시아비 구 | 舅

㊥jiù(찌우) ㊐キュウ/しゅうと

풀이 ①시아비. ‖舅姑(구고). ②외삼촌. 외숙(外叔). ③장인. ④처남(妻男).

〔舅姑 구고〕 시아버지와 시어머니. 시부모.
〔舅父 구부〕 어머니의 형제. 외삼촌.
〔舅婦 구부〕 시어머니와 며느리.
〔舅甥 구생〕 ①외삼촌과 생질. ②장인과 사위.

◢國舅(국구)/內舅(내구)/外舅(외구)

☆*4
7 14 **與** 1줄 여 2참여할 여 | 약간 与 與

㊥yǔ, yù(위)

㊐ヨ/あたえる, あずかる

금 자원 **회의자.** 与(여)와 네 손의 상형인 舁(여)가 합쳐진 자. 두 사람이 새끼를 꼬는 모습을 나타낸다는 설과 상아를 주고받는 모습을 나타낸다는 설이 있음.

풀이 1①주다. 베풂. ②편이 되다. 가담함. ③함께하다. ‖與民同樂(여민동락). 2참여하다.

〔與件 여건〕 주어진 조건.
〔與黨 여당〕 현재 정권을 잡고 있는 정당. ↔野黨(야당).
〔與民同樂 여민동락〕 임금이 백성과 함께 즐김. 與民偕樂(여민해락).
〔與否 여부〕 그러함과 그렇지 않음.
〔與世推移 여세추이〕 세상이 변하는 대로 따라서 변함.
〔與受 여수〕 주고받음. 授受(수수).
〔與信 여신〕 금융 기관에서, 고객에게 돈을 빌려 주는 일.
〔與野 여야〕 여당과 야당.
〔與奪 여탈〕 주는 일과 빼앗는 일.

◢供與(공여)/關與(관여)/給與(급여)/寄與(기여)/貸與(대여)/賦與(부여)/賞與(상여)/授與(수여)/贈與(증여)/參與(참여)

☆*4-II
9 16 **興** 1일 흥 2흥취 흥 | 약간 兴 興

㊥xīng, xìng(씽)

㊐コウ, キョウ/おこる, おもむき

㊎rise

갑 자원 **회의자.** 舁(여)와 同(동)이 합쳐진 자. 힘을 합쳐 들어 올리는 것을 나타냄. 舁의 臼(구)는 갑골문에서 위쪽에 있는 두 개의 손을 나타내고 廾(공)은 아래쪽에 있는 두 개의 손을 나타냄. 본뜻은 '들어 올리다', '일으키다'.

풀이 1①일다. 일어남. ㉮번성하다. 왕성함. ㉯시작되다. ㉰행해지다. ㉱떨쳐 일어나다. 분기(奮起)함. ②일으키다. ㉮발(發)하다. ㉯행하다. ㉰성(盛)하게 하다. ㉱뽑다. 등용(登用)함. 2흥취. 흥겨움. ‖興味(흥미).

〔興國 흥국〕 나라를 흥하게 함.
〔興起 흥기〕 ①떨치고 일어남. ②세력이 왕성해짐.
〔興亡 흥망〕 흥함과 망함. 興敗(흥패).
〔興亡盛衰 흥망성쇠〕 흥하고 망함과 성하고 쇠함.
〔興味 흥미〕 ①흥을 느끼는 재미. ②어떤 대상에 특별히 관심이 끌리는 감정.
〔興奮 흥분〕 자극에 의하여 일시적으로 신경이 고조됨. 또는, 그 감정.
〔興盛 흥성〕 나라나 문화가 매우 왕성

하게 됨. 隆盛(융성).
〔興信所 흥신소〕 고객의 요청에 따라 대가를 받고 기업이나 개인의 신용, 재산 상태, 개인적인 비행 등을 몰래 조사하여 알려 주는 사설 기관.
〔興業 흥업〕 ①새로 산업이나 사업을 일으킴. ②학업을 장려하여 일으킴.
〔興旺 흥왕〕 번창하고 세력이 매우 왕성함.
〔興盡悲來 흥진비래〕 《즐거운 일이 다 하면 슬픈 일이 닥쳐온다는 뜻으로》 세상일은 순환되는 것임.
〔興趣 흥취〕 흥겨운 정취.
〔興致 흥치〕 흥과 운치.
〔興廢 흥폐〕 흥함과 폐함. 盛衰(성쇠).
〔興行 흥행〕 구경꾼을 모아 돈을 받고, 연극·영화·서커스 등을 보이는 일.
◢感興(감흥)/發興(발흥)/復興(부흥)/詩興(시흥)/新興(신흥)/餘興(여흥)/遊興(유흥)/座興(좌흥)/酒興(주흥)/中興(중흥)/卽興(즉흥)/振興(진흥)/醉興(취흥)

☆✱5
12 18 **舊** 옛 구 | 약간 旧 (초서)

丶 䒑 艹 芢 萑 雈 舊 舊

㊥jiù(찌우) ㊐キュウ/ふるい ㊎old
자원 **형성자.** 萑(추)는 의미를 나타내고 臼(구)는 음을 나타냄.
풀이 ①옛. 옛날. ‖舊學(구학). ②오래다. ‖舊家(구가). ③옛 벗. 친구. 구우(舊友). ‖故舊(고구).
〔舊家 구가〕 ①옛날에 살던 집. 옛집. 古家(고가). ②여러 대를 이어 온 집안. ③한곳에 오래 살아온 집안.
〔舊故 구고〕 오래전부터의 연고(緣故).
〔舊基 구기〕 옛 집터. 또는, 옛 도읍터. 故址(고지).
〔舊都 구도〕 옛 도읍. 故都(고도).
〔舊曆 구력〕 달이 지구를 한 바퀴 도는 시간을 기초로 하여 만든 역법. 太陰曆(태음력).
〔舊面 구면〕 전부터 안면이 있는 사람. 또는, 그런 관계. ↔初面(초면).
〔舊聞 구문〕 ①이미 들은 소문이나 이야기. ②지난 날짜의 신문을 오늘 신문에 상대하여 이르는 말.
〔舊法 구법〕 예전의 법.
〔舊俗 구속〕 옛 풍속. 舊風(구풍).
〔舊習 구습〕 예전부터 내려오는 낡은 풍습.
〔舊式 구식〕 ①예전의 형식이나 방식. ②시대에 뒤떨어진 것.
〔舊惡 구악〕 ①전에 저지른 죄악. ②전날의 사회적인 악습이나 병폐(病弊).
〔舊友 구우〕 옛 친구. 또는, 사귄 지 오래된 친구. 舊朋(구붕). 故舊(고구).
〔舊怨 구원〕 오래된 원한.
〔舊正 구정〕 ①'설'을 신정(新正)에 상대하여 이르는 말. ②음력 정월.
〔舊制 구제〕 전의 제도. 舊制度(구제도).
〔舊稱 구칭〕 전에 이르던 이름.
〔舊態 구태〕 뒤떨어진 예전 그대로의 모습. ‖舊態依然(구태의연).
〔舊套 구투〕 예전의 낡은 방식이나 습관.
〔舊懷 구회〕 오래 회포.
◢復舊(복구)/守舊(수구)/親舊(친구)

舌部 혀설

☆✱4
0 6 **舌** 혀 설 | (초서)

丿 二 千 千 舌 舌

㊥shé(°서) ㊐ゼツ, セツ/した
㊎tongue
갑 금 전 자원 **상형자.** 길게 내민 혀를 본뜬 자. 뱀의 혀를 가지고 사람을 포함한 모든 동물의 혀를 나타낸 것으로 보임. 일설에는 피리처럼 생긴 관악기와 그 악기의 혀〔reed〕를 나타낸 것이라는 주장도 있음.
✎한자 부수의 하나.
풀이 ①혀. ②말. 언어(言語). ③혀 모양. 혀의 구실을 하는 물건.
〔舌根 설근〕 ①혀뿌리. ②육근(六根)의 하나. 미각 기관인 '혀'를 이르는 말.
〔舌端 설단〕 혀끝.
〔舌鋒 설봉〕 날카롭고 매서운 말재주. 論鋒(논봉). 舌劍(설검).
〔舌癌 설암〕 혀에 생기는 암.
〔舌音 설음〕 혓소리.
〔舌戰 설전〕 말다툼. 논쟁(論爭).
〔舌禍 설화〕 ①연설·강연 등의 내용 때문에 받는 재난. ↔筆禍(필화). ②남의 중상·비방 때문에 받는 재난.
◢口舌(구설)/毒舌(독설)/饒舌(요설)/長廣舌(장광설)/筆舌(필설)

☆✱4-Ⅱ
2 8 **舍** ❶집 사 ❷둘 사 | (초서)

丿 人 亼 亽 仐 全 舍 舍

㊥shè(°쌔), shě(°서)
㊐シャ/いえ, おく ㊎house
금 자원 **상형자.** 비교적 간단하게 지은 집을 본뜬 자. 지붕·기둥·대들보·기석(基石)을 나타냄.
풀이 ❶①집. 가옥(家屋). ‖舍屋(사옥). ②묵다. ③쉬다. ④30리. 군대가 하루에 걷는 거리. ❷두다. 버려 두다.
〔舍監 사감〕 기숙사(寄宿舍) 등에서 기숙생들의 생활을 감독하는 사람.

〔舍廊 사랑〕 바깥 주인이 거처하며 손님을 접대하는 방. 사랑방.
〔舍利 사리〕 석가나 고승의 유골(遺骨). 후세에는 화장한 뒤에 나오는 구슬 모양의 것만 가리킴. 佛舍利(불사리).
〔舍伯 사백〕 남에게 자기의 맏형을 이르는 말. 舍兄(사형).
〔舍生取義 사생취의〕《목숨을 버리고 의를 좇는다는 뜻으로》 목숨을 버릴지언정 옳은 일을 함.
〔舍叔 사숙〕 남에게 자기의 삼촌을 이르는 말.
〔舍宅 사택〕 ①기업체나 기관에 근무하는 직원을 위해, 그 기관이나 기업체에서 지은 살림집. ②'집'의 높임말.
〔舍兄 사형〕 ① ➡舍伯(사백). ②편지 등에서, 형이 아우에게 자기를 이르는 말.
◢客舍(객사)/官舍(관사)/校舍(교사)/寄宿舍(기숙사)/豚舍(돈사)/幕舍(막사)/驛舍(역사)/廳舍(청사)/畜舍(축사)

4 10 **舐** 핥을 **지** 본**시** 舐

㊥shì(°쓰) ㊐シ/なめる ㊎lick
풀이 핥다.
〔舐犢之愛 지독지애〕《어미 소가 송아지를 사랑하여 혀로 핥아 준다는 뜻으로》 자식에 대한 어버이의 지극한 사랑. 舐犢之情(지독지정).

*2
6 12 **舒** 펼 **서** 舒

㊥shū(°쑤) ㊐ジョ/のびる
㊎spread out
풀이 ①펴다. 흩어짐. ‖卷舒(권서). ②느긋하다. 늦음.

15 **舖** 鋪(포)의 속자 →770쪽

*
16 **舘** 館(관)의 속자 →820쪽

舛部 어그러질천

*
0 6 **舛** 어그러질 **천** 舛

㊥chuǎn(°추안) ㊐セン/たがう
㊎contrary to
전 자원 **회의자.** 반대 방향으로 놓인 두 발, 곧 夊(치)와 㐄(과)가 합쳐진 자로, '어그러짐'을 나타냄.
부 한자 부수의 하나.
풀이 ①어그러지다. 배반(背叛)함. 패려(悖戾)함. ‖乖舛(괴천). ②잘못되다. ③뒤섞여 어지럽다. 착란(錯亂).
〔舛錯 천착〕 ①심정이 뒤틀려 난잡함. ②생김새나 행동이 상스럽고 더러움.

*2
6 12 **舜** 순임금 **순** 舜

㊥shùn(°쑨) ㊐シュン
풀이 ①순임금. 우순(虞舜). 중국의 옛 성군(聖君). ②나팔꽃. ③무궁화.
〔舜花 순화〕 무궁화.
◢堯舜(요순)

☆*4
8 14 **舞** 춤출 **무** 舞

(필순) 𠂉 𠂉 無 舞 舞 舞 舞 舞

㊥wǔ(우) ㊐ブ/まう ㊎dance
전 자원 **회의 겸 형성자.** 양손에 장식물을 들고 춤추는 모습의 상형자인 無(무)가 '없다'의 뜻으로 가차되어 쓰이자 두 발 모양을 나타낸 舛(천)을 덧붙여 '춤추다'의 본뜻을 보존한 자. 舛은 의미를 나타내고 無는 의미와 음을 겸하여 나타냄.
풀이 ①춤추다. ②춤. 무용. ③고무(鼓舞)하다.
〔舞曲 무곡〕 춤출 때 맞추어 추도록 작곡된 음악. 춤곡.
〔舞臺 무대〕 ①노래·춤·연극 등을 하기 위해 관람석 앞에 만들어 놓은 단. ②활동하는 장소나 분야.
〔舞蹈 무도〕 ①춤을 춤. ‖舞蹈會(무도회). ② ➡舞踊(무용).
〔舞樂 무악〕 궁중 무용에 맞추어 아뢰는 아악(雅樂).
〔舞踊 무용〕 여러 가지 몸짓으로 아름다움을 표현하는 예술. 舞蹈(무도).
〔舞雩祭 무우제〕 비를 내려 줄 것을 비는 제사. 祈雨祭(기우제).
〔舞姬 무희〕 춤추는 일을 직업으로 하는 여자.
◢歌舞(가무)/劍舞(검무)/鼓舞(고무)/群舞(군무)/亂舞(난무)/獨舞(독무)/僧舞(승무)/按舞(안무)/圓舞(원무)

舟部 배주

★*3
0 6 **舟** 배 **주** 舟

(필순) ´ 丿 力 舟 舟 舟

[중]zhōu(°쩌우) [일]シュウ/ふね
[갑] [금] [자원] **상형자.** 작은 배 모양을 본뜬 자.
[참]한자 부수의 하나.
[풀이] ①배. ‖舟楫(주즙). ②술두루미 따위를 받치는 그릇.
〔舟橋 주교〕 배를 나란히 잇달아 띄워 그 위에 널빤지를 건너질러 만든 다리. 배다리. 舟梁(주량). 船橋(선교).
〔舟師 주사〕 조선 시대, 바다에서 국방과 치안을 맡아보던 군대. 수군(水軍).
〔舟遊 주유〕 뱃놀이.
〔舟艇 주정〕 소형의 배.
◢孤舟(고주)/方舟(방주)/一葉片舟(일엽편주)/虛舟(허주)

*
3 9 **舡** [1]오나라 배 **강**＊ [2]배 **선**

[중]xiāng(씨앙), chuán(°추안)
[일]コウ [영]ship
[풀이] [1]오나라 배. [2]배.

★＊3-Ⅱ
4 10 **般** [1]돌 **반** [2]되돌아올 **반**

丿 ⺆ 舟 舟 舟 舡 舡 般

[중]bān(빤) [일]ハン/めぐる, かえる
[영]turn, come back
[갑] [자원] **회의자.** '반(舟)'을 악기로 삼아 이를 두드리는 '채〔几〕'와 '손〔又〕'을 나타낸 자. 상앗대를 손으로 잡고 배를 돌리는 모습이라는 설도 있음.
[풀이] [1]①돌다. 돌리다. ②옮기다. 나름. ③즐기다. ‖般遊(반유). ④때. 시점(時點). ‖今般(금반). [2]되돌아오다. 되돌리다.
〔般若 반야〕 범어 Prajñā의 음역. 미망(迷妄)을 버리고 진리를 깨닫는 지혜.
◢萬般(만반)/別般(별반)/一般(일반)/全般(전반)/諸般(제반)

*
4 10 **舫** 배 **방**

[중]fǎng(°팡) [일]ホウ/ふね
[풀이] ①배. ②쌍배. 두 척을 매어 나란히 가게 한 배. ‖舫船(방선).

★＊4-Ⅱ
4 10 **航** 건널 **항**

丿 ⺆ 舟 舟 舟' 舟亠 舟 航

[중]háng(항) [일]コウ/わたる [영]cross
[자원] **형성자.** 舟(주)는 의미를 나타내고 亢(항)은 음을 나타냄.
[풀이] ①건너다. 배로 물을 건넘. ‖難航(난항). ②하늘을 날다. ‖航空(항공).
〔航空 항공〕 비행기로 공중을 날아다님.
〔航路 항로〕 배나 항공기가 다니는 길.
〔航法 항법〕 배나 비행기가 두 지점 사이를 가장 안전하고 정확하게 이동하는 방법.
〔航海 항해〕 배를 타고 바다 위를 다님.
〔航行 항행〕 배나 비행기를 타고 항로 또는 궤도를 다님.
◢缺航(결항)/歸航(귀항)/寄航(기항)/難航(난항)/密航(밀항)/巡航(순항)/順航(순항)/運航(운항)/直航(직항)/出航(출항)/就航(취항)/回航(회항)

5 11 **舸** 큰 배 **가**

[중]gě(거) [일]カ/ふね [영]gig ship

＊2
5 11 **舶** 당도리 **박**

[중]bó(보) [일]ハク/おおぶね
[풀이] 당도리. 바다로 다니는 큰 나무배.
〔舶來 박래〕 ①외국에서 배로 들여옴. ② ➡舶來品(박래품).
〔舶來品 박래품〕 전날에, 주로 서양에서 배에 실려 들어온 신식(新式) 물품을 이르던 말. 舶來(박래).
◢大舶(대박)/船舶(선박)

☆＊5
5 11 **船** 배 **선**

丿 ⺆ 舟 舟 舡 舡 船 船

[중]chuán(°추안) [일]セン/ふね [영]ship
[자원] **형성자.** 舟(주)는 의미를 나타내고 㕣(연)은 음을 나타냄.
[풀이] 배. ‖船員(선원).
〔船價 선가〕 뱃삯. 船賃(선임).
〔船客 선객〕 배를 탄 손님.
〔船渠 선거〕 배의 건조(建造)·수리·하역(荷役) 등을 하기 위하여 해안에 만든 설비. 독(dock).
〔船橋 선교〕 ①배를 나란히 잇달아 띄워 그 위에 널빤지를 건너질러 만든 다리. 배다리. 舟橋(주교). ②배의 상갑판에 있는, 선장이 지휘하는 곳.
〔船具 선구〕 배에서 쓰는 기구나 도구. 노·닻·키·돛 따위.
〔船路 선로〕 배가 다니는 길. 뱃길.
〔船尾 선미〕 배의 뒷부분. 고물.
〔船舶 선박〕 배. 특히, 상당히 큰 규모의 배를 가리킴.
〔船室 선실〕 배 안에 승객들이 쓰도록 만든 방.
〔船員 선원〕 배의 승무원.
〔船長 선장〕 배의 최고 책임자로서 항

6획

해를 지휘하는 사람.
〔船積 선적〕 배에 짐을 실음. 船載(선재). 舶載(박재).
〔船籍 선적〕 배의 국적(國籍).
〔船主 선주〕 배의 주인.
〔船艙 선창〕 물가에 다리처럼 만들어 배가 닿을 수 있게 한 곳. 埠頭(부두).
〔船便 선편〕 배를 이용하는 교통편. 배편.
◢客船(객선)/汽船(기선)/滿船(만선)/木船(목선)/帆船(범선)/兵船(병선)/商船(상선)/乘船(승선)/漁船(어선)/敵船(적선)/造船(조선)/破船(파선)/風船(풍선)/下船(하선)/艦船(함선)

5 11 **舳** ❶고물 **축** ❷이물 **주** 舳

㊥zhú(°주), zhōu(°쩌우)
㊐ジク, ユウ, チュウ/とも ㊢stern
풀이 ❶①고물. 선미(船尾). ‖舳艫(축로). ②키. 배의 방향 조종 장치. ❷이물. 선수(船首).

*1
11 **舵** 柁(타)와 동자 →387쪽

*
5 11 **舷** 뱃전 **현** 舷

㊥xián(시엔) ㊐ケン, ゲン/ふなべり
풀이 뱃전. 선연(船緣).
〔舷側 현측〕 배의 양쪽 가장자리 부분. 뱃전.
◢船舷(선현)/右舷(우현)/左舷(좌현)

*
7 13 **艀** 거룻배 **부** 艀

㊥fú(°푸) ㊐フ/はしけ
풀이 거룻배. 돛 없는 작은 배.

*
7 13 **艅** 배 이름 **여**

㊥yú(위) ㊐ヨ

*2
7 13 **艇** 거룻배 **정** 艇

㊥tǐng(팅) ㊐てい/こぶね
풀이 거룻배.
◢警備艇(경비정)/漕艇(조정)/快速艇(쾌속정)/艦艇(함정)

10 16 **艘** 배 **소** 艘

㊥sōu(써우) ㊐ソウ/ふね ㊢ship
풀이 ①배. 배의 총칭. ②척(隻). 배를 세는 단위.

*1
10 16 **艙** 선창 **창** ㉮舱 艙

㊥cāng(창) ㊐ソウ ㊢pier
풀이 선창(船艙). 부두(埠頭).

*
13 19 **艤** 배 뜰 준비할 **의** ㉮舣 艤

㊥yǐ(이) ㊐ギ
풀이 배가 뜰 준비를 하다.

*2
14 20 **艦** 싸움배 **함** ㉮舰 艦

㊥jiàn(찌엔) ㊐カン/いくさぶね
풀이 싸움배.
〔艦隊 함대〕 여러 척의 군함으로 조직한 해군 부대.
〔艦船 함선〕 군함·선박 등의 총칭.
〔艦長 함장〕 군함의 책임자.
〔艦艇 함정〕 군함·구축함·어뢰정·소해정 등 군사용 배.
〔艦砲 함포〕 군함에 장치한 화포.
◢驅逐艦(구축함)/軍艦(군함)/母艦(모함)/巡洋艦(순양함)/潛水艦(잠수함)/戰艦(전함)/航空母艦(항공모함)

16 22 **艫** 고물 **로** ㉮舻 艫

㊥lú(루) ㊐ロ/とも ㊢stern
풀이 고물. 배의 뒤쪽.

艮部 괘이름간

*2
0 6 **艮** 괘 이름 **간** 艮

㊥gèn(껀) ㊐コン
갑 금 전 자원 **회의자.** 目(눈 목)과 人(사람 인)이 합쳐진 자로, 눈을 크게 뜨고 머리를 돌려 노려보는 모습을 나타냄.
한자 부수의 하나.
풀이 괘 이름. ‖艮卦(간괘).
〔艮卦 간괘〕 8괘의 하나. 산을 상징하며, ☶로 나타냄.

☆*5
1 7 **良** 좋을 **량** 良

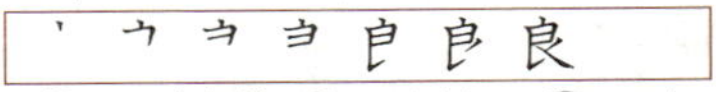

' ㄱ ㅋ ㅋ 户 自 良

㊥liáng(리앙) ㊐リョウ/よい ㊢good
갑 금 전 자원 **상형자.** 갑골문·금문의

가운데 부분은 집의 몸체를 나타내고 상하에 있는 것은 회랑(回廊)을 나타냄. 뒷날 '좋다', '편안하다' 등의 뜻으로 쓰이게 되자 본뜻을 보존하기 위해 만든 자가 '廊'(복도 랑)임.

[풀이] ①좋다. 어질다. ‖良家(양가)/良妻(양처). ②진실로. 정말. ③조금. 좀 있다가. ‖良久(양구).

〔良家 양가〕 지체가 있는 집안.

〔良弓 양궁〕 좋은 활.

〔良禽擇木 양금택목〕《새도 가지를 가려 앉는다는 뜻으로》 현명한 선비는 좋은 군주를 가려서 섬김.

〔良民 양민〕 ①선량한 백성. 善民(선민). ②조선 시대, 양반과 천민의 중간에 속하여 주로 농업·상업 등에 종사하던 백성. 良人(양인).

〔良書 양서〕 내용이 좋고 유익한 책.

〔良識 양식〕 올바른 판단력을 갖춘 식견.

〔良心 양심〕 자기의 행위에 대하여 옳고 그름, 선악의 판단을 내리는 도덕적 의식.

〔良藥苦口 양약고구〕《좋은 약은 입에 쓰다는 뜻으로》 충언(忠言)은 귀에 거슬리나 자신에게 이로움.

〔良人 양인〕 ①어질고 착한 사람. ②부부가 서로 상대를 이르는 말. ③ ➡良民(양민)②.

〔良將 양장〕 지략이 뛰어난 훌륭한 장수.

〔良質 양질〕 좋은 품질.

〔良好 양호〕 매우 좋음.

〔良貨 양화〕 품질이 좋은 화폐. 실제 가격과 법정 가격의 차이가 적은 화폐를 이름. ↔惡貨(악화).

◢改良(개량)/不良(불량)/善良(선량)/選良(선량)/優良(우량)/閑良(한량)

*1
11 / 17 **艱** 어려울 **간** | [간] 艰 艱

[중]jiān(찌엔) [일]カン/なやむ

[풀이] ①어렵다. 괴로워하다. ‖艱難(간난). ②어려움. 괴로움. ③어버이의 상(喪). ‖母艱(모간).

〔艱難辛苦 간난신고〕《어렵고 맵고 쓰다는 뜻으로》 몹시 힘들고 괴로움.

色部 빛색

☆*7
0 / 6 **色** 빛 **색** | 色

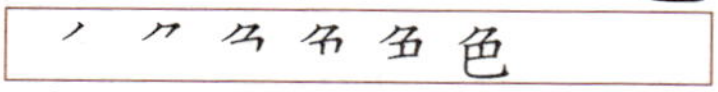

[중]sè(써), shǎi(°사이)
[일]ショク, シキ/いろ [영]color

[전]  [자원] **회의자.** 소전에서 아랫부분은 엎드린 여자, 윗부분은 그 등에 올라탄 남자를 나타낸 것으로, 뒤에서 껴안고 교접하는 것을 뜻함.

✍한자 부수의 하나.

[풀이] ①빛. 빛깔. ‖色彩(색채). ②종류. ‖色色(색색). ③색정(色情).

〔色感 색감〕 ①색에 대한 감각. ②색에서 받는 느낌.

〔色界 색계〕 ①삼계(三界)의 하나. 재물에 대한 욕심은 없으나 색심(色心)까지는 벗지 못한 세계. ②여색(女色)의 세계.

〔色狂 색광〕 ➡色魔(색마).

〔色魔 색마〕 색에 미쳐 비정상적인 행동을 하는 사람. 色狂(색광).

〔色盲 색맹〕 색깔을 가려낼 능력을 잃은 상태. 또는, 그런 사람. 색소경.

〔色相 색상〕 한 색을 다른 색과 다르게 보이게 하는 색의 특징.

〔色素 색소〕 물체가 색깔을 띨 수 있게 하는 성분.

〔色眼鏡 색안경〕 색깔이 있는 렌즈를 낀 안경.

〔色情 색정〕 성적 욕구를 가지는 마음.

〔色調 색조〕 색깔이 주는 분위기나 인상.

〔色卽是空 색즉시공〕 무릇 형상을 갖춘 만물은 인연으로 생긴 것이어서 불변하는 고유의 존재성이 없음.

〔色彩 색채〕 어떤 물체나 물질이 띠고 있는 색의 상태. 빛깔.

◢脚色(각색)/褐色(갈색)/具色(구색)/氣色(기색)/難色(난색)/綠色(녹색)/單色(단색)/名色(명색)/無色(무색)/物色(물색)/薄色(박색)/配色(배색)/白色(백색)/變色(변색)/病色(병색)/補色(보색)/本色(본색)/死色(사색)/生色(생색)/遜色(손색)/純色(순색)/十人十色(십인십색)/顏色(안색)/女色(여색)/染色(염색)/獵色(엽색)/倭色(왜색)/原色(원색)/月色(월색)/銀色(은색)/音色(음색)/異色(이색)/一色(일색)/紫色(자색)/才色(재색)/赤色(적색)/絕色(절색)/正色(정색)/酒色(주색)/着色(착색)/彩色(채색)/青色(청색)/脫色(탈색)/退色(퇴색)/特色(특색)/敗色(패색)/行色(행색)/血色(혈색)/好色(호색)/混色(혼색)/紅色(홍색)/和色(화색)/黃色(황색)/灰色(회색)/喜色(희색)/黑色(흑색)

5 / 11 **艴** 발끈할 **불·발** | 艴

[중]fú(°푸) [일]ボツ [영]be angry

[풀이] 발끈하다. 성난 얼굴. ‖艴然(불연).

*1
19 **艶** 艷(염)의 속자 →637쪽

18 **艶** *1 고울 **염** [속][동][간] 艶 豔 艳 𧮰
24

[중]yàn(옌) [일]エン/あでやか
[영]beautiful
[풀이] ①곱다. 요염함. ②광택(光澤). 광채. ‖光艶(광염). ③미문(美文).
〔艶聞 염문〕 연애나 정사(情事)에 관한 소문.
〔艶情 염정〕 연모하는 마음.
◢妖艶(요염)/淫艶(음염)

艸部 풀초 艸 ⺿ 艹

0 **艸** * 풀 **초**
6

[중]cǎo(차오) [일]ソウ/くさ [영]grass
✎한자 부수의 하나. 머리로 쓰일 때에는 자형이 '⺿, 艹'의 꼴로 바뀜.
[풀이] 풀. [같]草.

2 **艽** ❶나라 끝 **구** ❷오독도기 **교** 艽
6

[중]qiú(치우), jiāo(찌아오)
[일]キュウ/こう
[풀이] ❶나라의 끝. 궁벽한 땅. ❷오독도기. 미나리아재빗과의 여러해살이풀. 蓁艽(진범).

2 **艾** *2 ❶쑥 **애** *2 ❷거둘 **예** 艾
6

[중]ài(아이), yì(이) [일]ガイ/よもぎ
[영]mugwort
[풀이] ❶①쑥. ②뜸쑥. 뜸을 뜨는 데에 쓰도록 만든 쑥. ③늙은이. 50세 또는 70세의 늙은이. ④아름답다. 예쁨. ⑤부양(扶養)하다. ❷①거두다. 수확함. [통]刈. ②낫. ③편안하다.
〔艾年 애년〕 (머리털이 약쑥같이 희어진다는 뜻으로) 50세.
〔艾葉 애엽〕 약쑥의 잎.

3 **芎** * 궁궁이 **궁** 芎
7

[중]qiōng(치웅) [일]キュウ
[풀이] 궁궁이. 미나릿과의 여러해살이풀. ‖芎藭(궁궁).

3 **芒** *1 까끄라기 **망** 芒
7

[중]máng(망) [일]ボウ/ノギ
[풀이] ①까끄라기. ‖芒種(망종). ②털. 털 끝. ‖毫芒(호망). ③창. 창 끝. ④크다. 넓다. 많다. ⑤빛. ‖光芒(광망).
〔芒種 망종〕 ①24절기의 하나. 소만(小滿)과 하지(夏至) 사이. 양력 6월 6일경. ②까끄라기가 있는 곡식. 벼·보리 따위.

3 **芋** * ❶토란 **우** ❷클 **우** 芋
7

[중]yù(위) [일]ウ/さといも
[풀이] ❶토란. ❷크다.

3 **芍** *1 함박꽃 **작** 芍
7

[중]sháo(°사오) [일]シャク
[풀이] 함박꽃.
〔芍藥 작약〕 미나리아재빗과에 딸린 여러해살이풀. 뿌리는 한약재로 씀.

4 **芡** 가시연 **감** [본]**검** 芡
8

[중]qiàn(치엔) [일]ケン
[풀이] 가시연. 못이나 늪에서 나는 연꽃의 한 가지.
〔芡實 감실〕 '가시연밥'을 한의학에서 이르는 말.

4 **芥** *1 겨자 **개** 芥
8

[중]gài(까이) [일]カイ/からし
[풀이] ①겨자. ②작은 풀. 티끌. 먼지.
〔芥子 개자〕 겨자씨와 갓 씨.
◢草芥(초개)

4 **芹** * 미나리 **근** 芹
8

[중]qín(친) [일]キン/せり
[풀이] 미나리. ‖芹菜(근채).

4 **芩** * ❶풀 이름 **금** * ❷수초 이름 **음**
8

[중]qín(친), yín(인) [일]ゴン, キン

4 **芚** * 채소 이름 **둔**
8

[중]tún(툰) [일]トン

4 **芼** * 풀 우거질 **모**
8

[중]mào(마오) [일]モウ/えらぶ
[풀이] 풀이 우거지다.

★✱3-Ⅱ
4 8 **芳** 꽃다울 **방** 芳

丶 十 卄 艹 芀 芳 芳 芳

㊥fāng(°팡) ㊐ホウ/かんばしい ㊎fragrant

자원 **형성자.** 艸(초)는 의미를 나타내고 方(방)은 음을 나타냄.

풀이 ①꽃답다. ㉮풀이 향기롭다. ㉯좋은 냄새가 나다. ㉰명성이 높다. ②아름답고 좋다. 아름다움의 비유. ‖芳年(방년). ③향기.

〔芳年 방년〕 20세 전후의 한창 젊은 꽃다운 나이.

〔芳名錄 방명록〕 어떤 일에 참여하거나 찾아온 사람들을 기념하기 위하여 그 사람들의 이름을 적어 놓는 공책.

〔芳樹 방수〕 (‘좋은 향기가 있는 나무’라는 뜻으로) 꽃이 피는 나무.

〔芳草 방초〕 향기로운 풀.

〔芳春 방춘〕 ①꽃이 한창인 봄. ②아름다운 여자의 젊은 시절.

〔芳香 방향〕 좋은 향기.

6획

✱1
4 8 **芙** 연꽃 **부** 芙

㊥fú(°푸) ㊐フ/はす

풀이 연꽃.

〔芙蓉 부용〕 ①‘연꽃’의 별칭. ②아욱과의 낙엽 관목. 木芙蓉(목부용).

✱2
4 8 **芬** 향기로울 **분** 芬

㊥fēn(°펀) ㊐フン/かおる ㊎fragrant

풀이 ①향기롭다. 향기. ②많다. 성(盛)함. ③어지럽다. ‖芬芬(분분).

✱
4 8 **芟** 벨 **삼** 芟

㊥shān(°싼) ㊐サン/かる

풀이 베다. ㉮풀을 베다. ㉯제거하다.

〔芟除 삼제〕 풀을 깎듯이 베어 없애 버림.

✱
4 8 **芯** 등심초 **심** 芯

㊥xīn(씬) ㊐シン

풀이 등심초. 골풀.

★✱3-Ⅱ
4 8 **芽** 싹 **아** 芽

丶 十 卄 艹 芀 芒 芽 芽

㊥yá(야) ㊐ガ/め ㊎sprout

자원 **형성자.** 艸(초)는 의미를 나타내고 牙(아)는 음을 나타냄.

풀이 ①싹. ‖萌芽(맹아). ②싹이 트다. ③조짐이 보이다. ④처음. 시초. ⑤어금니. ㉠牙.

◢麥芽(맥아)/萌芽(맹아)/發芽(발아)/胚芽(배아)

✱2
4 8 **芮** 풀 뾰족뾰족 날 **예** 芮

㊥ruì(°루에이) ㊐ゼイ

풀이 ①풀이 뾰족뾰족 나다. ②작은 모양. ③방패를 매는 끈. ④나라 이름.

✱2
4 8 **芸** ❶운향 **운** ✱2 ❷재주 **예** 芸

㊥yún(윈) ㊐ウン

풀이 ❶①운향(芸香). ②김매다. ③채소 이름. 궁궁이. ❷재주. 藝(예)의 속자.

〔芸閣 운각〕 조선 시대, 경서(經書)의 인쇄·교정이나 향축·인전(印篆) 등을 맡아보던 관아. 校書館(교서관).

〔芸香 운향〕 미나릿과의 여러해살이풀. 궁궁이. 川芎(천궁).

✱
4 8 **芢** 풀 이름 **인**

㊥rén(°런) ㊐ジン

✱
4 8 **艿** ❶새로 돋은 풀 **잉** ❷풀 이름 **잉**

㊥réng(°렁) ㊐ジョウ

✱2
4 8 **芝** 지초 **지** 芝

㊥zhī(°쯔) ㊐シ

풀이 지초(芝草). 상서로운 풀로 여기는 신초(神草)로 버섯의 한 가지.

〔芝蘭 지란〕 ①지초(芝草)와 난초(蘭草). ②높고 맑은 재질의 비유.

〔芝蘭之交 지란지교〕 (‘지초와 난초의 사귐’이라는 뜻으로) 벗 사이의 맑고도 높은 사귐.

〔芝草 지초〕 ①지칫과의 여러해살이풀. ②담자균류의 버섯. 靈芝(영지).

✱
4 8 **芷** 구릿대 **지** 芷

㊥zhǐ(°즈) ㊐シ

풀이 구릿대. 미나릿과의 여러해살이풀. 뿌리는 한약재로 씀.

✱1
4 8 **芻** 꼴 **추** ㉿刍 芻

㊥chú(°추) ㊐スウ/まぐさ ㊎fodder

풀이 꼴. 마소에게 먹일 풀.

◢反芻(반추)

4 8 芭 *1 파초 파 芭

㊥bā(빠) ㊐ハ, バ ㊎plantain
풀이 파초.
〔芭蕉 파초〕 파초과의 여러해살이풀. 중국 원산.

4 8 苄 * 지황 호* 하

㊥hù(후), xià(씨아) ㊐コ, カ
풀이 지황(地黃). 약초의 한 가지.

4 8 花 ☆*7 꽃 화 花

丶 十 艹 艹 芀 芀 芲 花

㊥huā(후아) ㊐カ/はな ㊎flower
자원 **형성자.** 艸(초)는 의미를 나타내고 化(화)는 음을 나타냄.
풀이 ①꽃. ㉖華. ②꽃답다. 아름다운 것의 비유. ‖花燭(화촉). ③흐려지다. 어두워짐.
〔花壇 화단〕 흙을 한 층 높게 쌓아 올리고 꽃을 심어 놓은 곳. 꽃밭.
〔花代 화대〕 ①잔치 때, 기생·악공에게 주는 돈이나 물건. 놀음차. ②기생·창기 등과 성관계를 맺고 주는 돈. 해웃값.
〔花郎 화랑〕 신라 때, 문벌과 학식이 있고 용모가 단정한 청소년들의 수양 단체. 또는, 그 단체의 중심 인물.
〔花柳 화류〕 ①꽃과 버들. ②유곽(遊廓)의 비유.
〔花無十日紅 화무십일홍〕《열흘 동안 붉은 꽃은 없다는 뜻으로》 한 번 성한 것이 얼마 못 가서 반드시 쇠하여짐.
〔花瓶 화병〕 꽃을 꽂는 병.
〔花盆 화분〕 꽃을 심어 가꾸는 그릇.
〔花粉 화분〕 종자식물의 수술의 꽃밥 속에 들어 있는 꽃의 가루. 꽃가루.
〔花信 화신〕 꽃이 핌을 알리는 소식. 꽃소식.
〔花容月態 화용월태〕 아름다운 여인의 얼굴과 맵시.
〔花苑 화원〕 꽃을 심어 가꾸는 밭.
〔花園 화원〕 ①꽃을 심은 동산. 꽃밭. ②꽃을 파는 가게. 꽃가게.
〔花煎 화전〕 찹쌀가루 반죽에 진달래·국화 등의 꽃잎을 얹어서 부친 전.
〔花朝月夕 화조월석〕 ①《'꽃 피는 아침과 달 밝은 밤'이라는 뜻으로》 경치가 좋은 시절. ②음력 2월 보름과 8월 보름.
〔花草 화초〕 ①꽃이 피는 풀이나 작은 나무. ②명사 앞에 쓰여, 그 물건이 노리개나 장식품에 지나지 않음을 이르는 말.
〔花卉 화훼〕 꽃이 피는 풀. 또는, 관상용으로 재배하는 식물.
◢開花(개화)/國花(국화)/菊花(국화)/落花(낙화)/桃花(도화)/梅花(매화)/棉花(면화)/木花(목화)/散花(산화)/生花(생화)/雪花(설화)/梨花(이화)/弔花(조화)/造花(조화)/獻花(헌화)

5 9 苛 *1 매울 가 ㉡하 苛

㊥kē(커) ㊐カ/きびしい ㊎hot
풀이 ①맵다. 사나움. ②잘다. 자세(仔細)함. ③학대하다. 혹독함.
〔苛斂誅求 가렴주구〕《맵게 거두고 욕질하여 구한다는 뜻으로》 가혹하게 세금이나 금품을 긁어모아 백성을 못 살게 굶.
〔苛酷 가혹〕 몹시 모질고 혹독함.

5 9 茄 * 가지 가 茄

㊥qié(치에) ㊐カ/なすび
풀이 가지. 가짓과의 한해살이풀.

5 9 苣 상추 거 苣

㊥jù(쮜) ㊐キョ/ちしゃ ㊎lettuce
풀이 ①상추. ‖萵苣(와거). ②횃불. ㉖炬.

5 9 苽 * 줄 고

㊥gū(꾸) ㊐ク, コ/まこも
풀이 ①줄. 볏과의 다년초. ②산수국.

5 9 苦 ☆*6 쓸 고 苦

丶 十 艹 艹 艹 苹 苦 苦

㊥kǔ(쿠) ㊐ク/にがい ㊎bitter
자원 **형성자.** 艸(초)는 의미를 나타내고 古(고)는 음을 나타냄.
풀이 ①쓰다. 쓴맛. ‖良藥苦口(양약고구). ②괴로워하다. 괴롭힘. ㉮고달프다. 지침. ‖勞苦(노고). ㉯힘쓰다. 애씀. ㉰아프다. 고통을 받음.
〔苦難 고난〕 괴로움과 어려움. 苦楚(고초).
〔苦惱 고뇌〕 괴로워하고 번뇌함.
〔苦樂 고락〕 괴로움과 즐거움.
〔苦悶 고민〕 괴로워하고 속을 썩임.
〔苦杯 고배〕 ①쓴 술잔. ②쓰라린 경험의 비유.
〔苦生 고생〕 어렵고 힘든 일을 겪음. 또는, 그런 생활.
〔苦心 고심〕 마음을 괴롭힘.
〔苦役 고역〕 몹시 힘들고 괴로운 일.

〔苦肉之計 고육지계〕 어려운 상황에서 벗어나기 위하여 자신의 고통이나 손실을 무릅쓰고 꾸미는 계책. 苦肉之策(고육지책).
〔苦肉之策 고육지책〕 ➡苦肉之計(고육지계).
〔苦盡甘來 고진감래〕《쓴 것이 다하면 단 것이 온다는 뜻으로》 고생 끝에 즐거움이 옴.
〔苦衷 고충〕 괴롭고 어려운 사정.
〔苦痛 고통〕 몸이나 마음이 괴롭고 아픔.
〔苦學 고학〕 학비를 자기 힘으로 벌며 고생하여 배움.
◢刻苦(각고)/艱難辛苦(간난신고)/困苦(곤고)/勞苦(노고)/病苦(병고)/產苦(산고)/獄苦(옥고)/忍苦(인고)/千辛萬苦(천신만고)

★✱3
5 9 **苟** 구차할 **구** 苟

[중]gǒu(거우) [일]コウ
[갑] [금] [전] [자원] 머리 위에 커다란 장식을 얹고 다소곳이 꿇어앉은 사람의 상형이라는 설과 양을 토템으로 삼던 중국 서북쪽 羌族(강족)들이 굴복하는 모습을 나타낸 자라는 설이 있음.
[풀이] ①구차하다. 눈앞의 안전만 꾀함. ②진실로. 정말로. ③혹은.
〔苟安 구안〕 일시적인 안락을 꾀함.
〔苟全性命 구전성명〕 구차하게 목숨을 보전함.
〔苟且 구차〕 ①살림이 몹시 가난함. ②언행이 떳떳하지 못함.

5 9 **苓** 도꼬마리 **령** 苓

[중]líng(링) [일]レイ
[풀이] ①도꼬마리. ②복령(茯苓).

✱
5 9 **茉** 말리 **말**

[중]mò(모) [일]マツ
[풀이] 말리(茉莉). 물푸레나뭇과의 상록 관목.

✱
5 9 **苺** 딸기 **매**✱ **모** 苺

[중]méi(메이) [일]バイ, ボウ/いちご
[영]strawberry

✱2
5 9 **茅** 띠 **모** 茅

[중]máo(마오) [일]ボウ
[풀이] ①띠. ②띠집. ‖茅屋(모옥).
〔茅沙 모사〕 제사에서, 술을 따르는 그릇에 담은 모래와 거기에 꽂은 띠의 묶음.
〔茅屋 모옥〕 ①띠로 지붕을 인 초라한 집. 茅舍(모사). ②자기 집의 겸칭.

5 9 **苜** 거여목 **목** 苜

[중]mù(무) [일]モク
[풀이] 거여목. 콩과의 두해살이풀.
〔苜蓿 목숙〕 콩과의 두해살이풀. 마소의 사료, 비료 등에 쓰임. 거여목.

★✱3
5 9 **苗** 모 **묘** 苗

[중]miáo(미아오) [일]ビョウ/なえ
[전] [자원] **회의자.** 艸(초)와 田(전)이 합쳐진 자. 농작물의 어린 싹이 밭에서 자라고 있는 모습을 나타냄.
[풀이] ①모. ‖苗木(묘목). ②싹. ③여름철의 사냥. ④후손. 후예. ‖苗裔(묘예). ⑤종족 이름. ‖苗族(묘족).
〔苗木 묘목〕 옮겨 심는 어린 나무. 모종나무.
〔苗床 묘상〕 꽃·나무·채소 등의 모종을 기르기 위하여 만들어 놓은 밭.
〔苗族 묘족〕 중국 구이저우 성(貴州省)·윈난 성(雲南省) 등지에 사는 소수 민족. 먀오 족.
〔苗板 묘판〕 못자리.
〔苗圃 묘포〕 묘목을 기르는 밭.
◢種苗(종묘)

5 9 **茆** 순채 **묘** 茆

[중]máo(마오) [일]ボウ
[풀이] ①순채(蓴菜). ②띠. ③무성한 모양.

☆✱3-Ⅱ
5 9 **茂** 우거질 **무** [고]楙 茂

[중]mào(마오) [일]モ/しげる
[영]grow thick
[자원] **형성자.** 艸(초)는 의미를 나타내고 戊(무)는 음을 나타냄.
[풀이] ①우거지다. ‖茂盛(무성). ②왕성하다. ③뛰어나다. ④아름답다.
〔茂盛 무성〕 ①초목이 잘 자라 우거짐. ②사물이 풍부함. 繁盛(번성).

5 ＊2
9 **范** 풀 이름 **범** 范

㊥fàn(°판) ㊐ハン
풀이 ①풀 이름. ②벌〔蜂〕. ③법도(法度). 틀.

5
9 **苻** 귀목풀 **부** 苻

㊥fú(°푸) ㊐フ
풀이 ①귀목풀. 백영(白英). ②깍지. ③갈대의 속껍질.

5 ☆＊3-Ⅱ
9 **若** ❶같을 **약**☆＊3-Ⅱ ❷땅 이름 **야**＊3-Ⅱ 若

丶 ⺊ 艹 艹 � 若 若

㊥ruò(°루어) ㊐ジャク, ジャ
갑 자원 **상형자.** 사람이 꿇어앉아 두 손으로 머리를 손질하는 모습을 본뜬 자. 본뜻은 '부드럽다', '따르다'임. 뒷날 口(구)를 덧붙여 '승낙하다'의 뜻을 나타냄. 신탁을 받는 무녀의 모습을 나타낸 자라는 설도 있음.
풀이 ❶①같다. ‖若是(약시). ②너. ‖若曹(약조). ③만일. ④이와 같은. 이러한. ❷①땅 이름. ②범어(梵語)의 음역. ‖般若(반야).
〔若干 약간〕 얼마 되지 않음.
◢萬若(만약)/般若(반야)

5 ＊
9 **苒** 풀 우거질 **염**

㊥rǎn(°란) ㊐ゼン/しげる
풀이 풀이 우거지다.

5 ☆＊6
9 **英** 꽃부리 **영** 英

丶 ⺊ 艹 艹 芇 苂 英 英

㊥yīng(잉) ㊐エイ
자원 **형성자.** 艸(초)는 의미를 나타내고 央(앙)은 음을 나타냄.
풀이 ①꽃부리. ②뛰어나다. ‖英才(영재). ③영예(榮譽). ‖英華(영화). ④싹. 초목의 눈. ⑤나라 이름.
〔英傑 영걸〕 뛰어난 인물.
〔英國 영국〕 유럽 서부 대서양에 있는 섬나라.
〔英斷 영단〕 지혜롭고 용기 있는 결단.
〔英靈 영령〕 나라를 위해 죽은 사람들의 영혼.
〔英語 영어〕 영국·미국·캐나다·오스트레일리아 등 세계 여러 나라에서 국어로 쓰이는 언어.
〔英雄 영웅〕 재능과 지력(智力)이 뛰어나 세상을 경륜(經綸)할 만한 사람.
〔英才 영재〕 뛰어난 재능. 또는, 그런 사람. 秀才(수재).
〔英特 영특〕 뛰어나게 총명함.
◢石英(석영)/育英(육영)

5 ＊2
9 **苑** 나라 동산 **원** 苑

㊥yuàn(위엔) ㊐エン
풀이 ①나라 동산. 나라에서 울을 치고 새·짐승을 기르는 임야(林野). ②사물이 유(類)를 따라 모이는 곳. ‖文苑(문원).
◢祕苑(비원)/後苑(후원)

5 ＊
9 **苡** 질경이 **이** 苡

㊥yǐ(이) ㊐イ ㊈plantain
풀이 ①질경이. ②율무.

5 ＊
9 **苧** 모시 **저** 苧

㊥zhù(°쭈) ㊐チョ
풀이 모시.
〔苧布 저포〕 모시풀 껍질의 섬유로 짠 피륙. 모시. 紵布(저포).

5
9 **苴** 신 바닥 **저** 苴

㊥jū(쥐) ㊐ショ, ソ
풀이 ①신 바닥. 밑창. ②삼. ‖苴布(저포). ③마른풀. ④싸다. 선물.

5
9 **苫** 이엉 **점** 苫

㊥shān(°싼) ㊐セン
풀이 ①이엉. ②거적.
〔苫塊 점괴〕 (('거적자리와 흙덩이 베개'라는 뜻으로)) 상제(喪制)가 거처하는 곳.
〔苫席 점석〕 상제(喪制)가 깔고 앉는 거적자리.

5 ＊
9 **茁** 풀 처음 날 **줄** 茁

㊥zhuó(°주어) ㊐チュツ
풀이 풀이 처음 나다.

5 ＊
9 **苕** ❶능소화 **초**＊ ❷풀 이름 **소**

㊥tiáo(티아오) ㊐チョウ

5 ＊1
9 **苔** 이끼 **태** 苔

㊥tāi(타이) ㊐タイ/こけ ㊎moss
풀이 이끼.
〔苔蘚 태선〕 이끼.
◢白苔(백태)/舌苔(설태)/齒苔(치태)

5 9 **苹** ❶개구리밥 **평** ❷수레 이름 **병** 苹

㊥píng(핑) ㊐ヘイ
풀이 ❶①개구리밥. 부평초. ㊟萍. ②쑥. ③갈대. 부들. ④사과(沙果). ‖苹果(평과). ⑤풀이 우거진 모양. ❷수레 이름. ‖苹車(병거).

5 9 ***苞** 그령 **포** 苞

㊥bāo(빠오) ㊐ホウ
풀이 ①그령. ②밑동. ③꾸러미. ‖苞苴(포저).

5 9 ***苾** 향기로울 **필** 苾

㊥bì(삐) ㊐ヒツ
풀이 향기롭다. 향기.

6획

6 10 ★✱3-Ⅱ **茶** 차 **다**★✱3-Ⅱ 차 **차**✱3-Ⅱ 茶

丶 ⺿ 艹 艾 苂 苓 茶 茶

㊥chá(°차) ㊐サ, チャ ㊎tea
전 茶 자원 **형성자.** 소전에서 艸(초)는 의미를 나타내고 余(여)는 음을 나타냄. 예서 이후에 余가 ⽊로 변함.
풀이 차. ㉮차나무. ㉯차의 색깔. ㉰찻잎을 달인 차.
〔茶菓 다과〕 차와 과자.
〔茶器 다기〕 차를 끓이고 담아 마실 때 쓰는 그릇.
〔茶道 다도〕 차를 달이거나 마실 때의 방식이나 예의범절.
〔茶房 다방〕 사람들이 이야기를 나누며 쉴 수 있도록 꾸며 놓고, 차나 음료 등을 파는 곳.
〔茶毘 다비〕 《불에 태운다는 뜻으로》 시체를 화장(火葬)하는 일.
〔茶禮 차례〕 명절날이나 조상의 생일 등의 낮에 간단하게 지내는 제사.
◢喫茶(끽다)/綠茶(녹차)/濃茶(농차)/抹茶(말차)/葉茶(엽차)/紅茶(홍차)

6 10 ★✱3 **茫** 아득할 **망** 茫

丶 ⺿ 艹 艹 汼 汼 茳 茫

㊥máng(망) ㊐ボウ ㊎remote
자원 **형성자.** 水(수)는 의미를 나타내고 芒(망)은 음을 나타냄.
풀이 아득하다. 물이 멀리 이어진 모양.
〔茫漠 망막〕 ①넓고 멀어 아득한 모양. ②뚜렷한 계획이나 희망이 없어 마음이 답답함.
〔茫茫 망망〕 ①광대한 모양. ②끝없이 먼 모양.
〔茫然 망연〕 ①멀어 끝없는 모양. ②아무 생각 없이 멍한 모양.
〔茫然自失 망연자실〕 멍하니 정신을 잃음.
◢滄茫(창망)

6 10 ***茗** 차 **명** 茗

㊥míng(밍) ㊐メイ/ちゃ
풀이 ①차. ‖茗香(명향). ②차의 싹.

6 10 ***茯** 복령 **복** 茯

㊥fú(°푸) ㊐フク
풀이 복령.
〔茯苓 복령〕 소나무 뿌리에 기생하는 버섯의 한 가지. 수종(水腫)·임질(淋疾) 등의 약재로 씀.

6 10 ***茱** 수유 **수** 茱

㊥zhū(°쭈) ㊐シュ
풀이 수유.
〔茱萸 수유〕 수유나무의 열매. 머릿기름으로 쓰임.

6 10 ✱2 **荀** 풀 이름 **순** 荀

㊥xún(쉰) ㊐ジュン
풀이 ①풀 이름. ‖荀草(순초). ②주(周)의 제후(諸侯) 이름. ‖荀侯(순후).

6 10 ***茹** 먹을 **여** 茹

㊥rú(°루) ㊐ジョ ㊎eat
풀이 ①먹다. ‖茹藿(여곽). ②섞다. 섞임. ③탐하다. 게걸스럽게 먹음.

6 10 ✱1 **茸** ❶무성할 **용** ㊄**용** ❷어리석을 **용** 茸

㊥rǒng, róng(°룽)
㊐ジョウ, ジュウ/たけ, きのこ
풀이 ❶①무성하다. ‖茸茸(용용). ②녹용(鹿茸). ❷①어리석다. 천(賤)함. ‖茸闒(용탑). ②솜털. 가는 털.
◢鹿茸(녹용)

6 10 **茵*** 자리 **인**

㊥yīn(인) ㊐イン

풀이 ①자리. 수레 안에 까는 자리. ‖ 茵席(인석). ②풀 이름.

〔茵席 인석〕 왕골이나 부들로 만든 돗자리.

〔茵蔯 인진〕 국화과의 여러해살이풀. 사철쑥.

6 10 **荏*** 들깨 **임**

㊥rěn(°런) ㊐ジン/えごま ㊥perilla

풀이 ①들깨. ‖ 荏油(임유). ②부드럽다.

〔荏苒 임염〕 차츰차츰 세월이 지나거나 일이 되어 감.

6 10 **玆** 무성할 **자**

㊥zī(쯔) ㊐ジ/しげる ㊥exuberant

풀이 ①무성하다. 만연(蔓延)함. ②거적. 멍석. ③여기. 이에. 이. ㊫此.

6 10 **茨*** 가시나무 **자**

㊥cí(츠) ㊐シ/いばら ㊥thorn

풀이 ①가시나무. ‖ 茨棘(자극). ②새 따위로 지붕을 이다. ③남가새. 질려(蒺藜). ㊫薺.

10 **荘** 莊(장)의 약자 →645쪽

6 10 **荃*** 향초 이름 **전**

㊥quán(취엔) ㊐セン/かおりぐさ

풀이 ①향초 이름. ②통발.

6 10 **荑*** ❶삘기 **제** ❷흰 비름 **이***

㊥tí(티) ㊐テイ, イ

풀이 ❶삘기. ❷흰 비름.

10 **荵** 蒸(증)과 동자 →653쪽

6 10 **荐** 거듭할 **천**

㊥jiàn(찌엔) ㊐セン ㊥repeat

풀이 거듭하다. ‖ 荐問(천문).

6 10 **茜*** 꼭두서니 **천**

㊥qiàn(치엔) ㊐セン

풀이 꼭두서니. 모수(茅蒐).

6 10 **草**☆*7 풀 **초**

丶 ⺾ ⺾ 苎 苩 苩 荁 草

㊥cǎo(차오) ㊐ソウ/くさ ㊥grass

자원 **형성자.** 艸(초)는 의미를 나타내고 早(조)는 음을 나타냄.

풀이 ①풀. ㊎艸. ‖ 草木(초목). ②풀숲. 초원(草原). ③천(賤)하다. ‖ 草野(초야). ④거칠다. ⑤시작하다. 처음. ㊫俶. ‖ 草昧(초매). ⑥만들다. 초(草)를 잡음. ⑦초안(草案). 원고. ‖ 草稿(초고). ⑧서체(書體)의 한 가지. ‖ 草書(초서).

〔草家 초가〕 짚·갈대 등으로 지붕을 인 집. 초가집. 草廬(초려). 草屋(초옥). ↔瓦家(와가).

〔草芥 초개〕 (('풀과 티끌'이라는 뜻으로)) 쓸모없고 하찮은 것.

〔草稿 초고〕 시문(詩文)의 초벌 원고.

〔草堂 초당〕 집의 원채에서 따로 떨어져 있는 조그만 초가.

〔草略 초략〕 몹시 거칠고 간략함.

〔草露 초로〕 풀잎에 맺힌 이슬.

〔草綠 초록〕 황색과 청색의 중간색.

〔草木 초목〕 풀과 나무.

〔草色 초색〕 풀의 빛깔과 같이 노란빛을 약간 띤 녹색. 풀빛.

〔草書 초서〕 한자 서체의 하나. 행서(行書)를 풀어서 점과 획을 줄여 흘려 쓴 글씨.

〔草食 초식〕 ①주로 풀만 먹고 삶. ↔肉食(육식). ②채소로 만든 음식. 菜食(채식).

〔草案 초안〕 ①초를 잡은 글. ②기초(起草)한 의안(議案)·법안 따위.

〔草野 초야〕 (('풀이 난 들'이라는 뜻으로)) 궁벽한 시골.

〔草原 초원〕 풀이 난 들판.

〔草地 초지〕 풀이 나 있는 땅.

〔草創 초창〕 어떤 사업을 처음으로 시작함. ‖ 草創期(초창기).

◢乾草(건초)/甘草(감초)/起草(기초)/蘭草(난초)/毒草(독초)/芳草(방초)/伐草(벌초)/水草(수초)/藥草(약초)/雜草(잡초)/除草(제초)/海草(해초)/香草(향초)/花草(화초)

6 10 **荇*** 마름 **행**

㊥xìng(씽) ㊐コウ

풀이 마름. 마름과의 한해살이풀.

6 10 **荊*** 모형나무 **형**

6획

[중]jīng(찡) [일]ケイ
[풀이] ①모형나무. ②가시나무. ‖荊棘(형극). ③매. 곤장(棍杖). ④자기 아내의 겸칭. ‖荊妻(형처).
〔荊棘 형극〕 ①나무의 온갖 가시. ②매우 고통스럽고 어려운 삶.
〔荊妻 형처〕《중국 후한 때 양홍(梁鴻)의 아내 맹광(孟光)이 가시나무 비녀를 꽂고 무명으로 만든 치마를 입었다는 고사에서》 자기 아내의 겸칭.

★✻3-Ⅱ
6 **荒** 거칠 **황** 荒
10

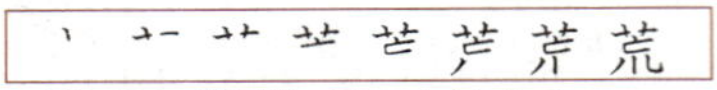

[중]huāng(후앙) [일]コウ/あれる
[영]rough
[자원] **형성자.** 艸(초)는 의미를 나타내고 㠩(황)은 음을 나타냄.
[풀이] ①거칠다. 황폐함. ‖荒廢(황폐). ②굶주림. 흉년. ‖荒年(황년). ③거짓. 허황(虛荒)함. ④황무지.
〔荒唐無稽 황당무계〕 터무니없고 허황함.
〔荒凉 황량〕 황폐하여 쓸쓸함.
〔荒蕪地 황무지〕 돌보지 않고 버려 둔 거친 땅.
〔荒野 황야〕 버려 두어 거친 들판. 荒原(황원).
〔荒廢 황폐〕 ①거칠고 못 쓰게 됨. ②정신·생활 등이 거칠어지고 메마름.
◢救荒(구황)/破天荒(파천황)/虛荒(허황)

6획

✻
6 **茴** 회향 **회**
10

[중]huí(후에이) [일]カイ
[풀이] 회향(茴香).
〔茴香 회향〕 미나릿과의 여러해살이풀.

✻1
7 **莖** 줄기 **경** [본]**형** [간]茎 莖
11

[중]jīng(찡) [일]ケイ, キョウ/くき
[영]stalk
[풀이] ①줄기. ‖根莖(근경). ②장대. 가늘고 긴 막대기.
〔莖葉 경엽〕 ①줄기와 잎. ②줄기에서 나는 잎.
◢球莖(구경)/根莖(근경)/玉莖(옥경)/陰莖(음경)/包莖(포경)

✻
7 **荳** 콩 **두**
11

[중]dòu(떠우) [일]トウ/まめ [영]bean

✻
7 **莉** 말리 **리** 莉
11

[중]lì(리) [일]リ
[풀이] 말리(茉莉). 물푸레나뭇과의 상록 관목.

☆✻3-Ⅱ
7 **莫** ❶없을 **막**☆✻3-Ⅱ ❷저물 **모** 莫
11

[중]mò(모) [일]バク, ボ/なし, くれる
[영]not
[갑]  [전]  [자원] **회의자.** 갑골문·소전은 해가 나무숲 또는 풀밭 너머로 지고 있는 모습을 나타냄. 뒷날 莫이 '하지 말라'의 뜻으로 가차되자, 본뜻을 보존하기 위해 만든 자가 '暮'(저물 모)임. 본뜻은 '해질 무렵'.
[풀이] ❶①없다. [동]無. ②말다. ❷저물다. 해가 저묾. [동]暮.
〔莫強 막강〕 매우 강함.
〔莫大 막대〕 매우 크거나 많음.
〔莫論 막론〕 이것저것 따지고 가려 말하지 않음.
〔莫上莫下 막상막하〕 더 낫고 더 못함의 차이가 거의 없음.
〔莫甚 막심〕 매우 심함.
〔莫逆 막역〕 허물이 없이 아주 친함.
〔莫逆之友 막역지우〕《'거스르는 일이 없는 친구'라는 뜻으로》 허물이 없이 아주 친한 친구.
〔莫重 막중〕 매우 중요함.
◢索莫(삭막)

11 **莽** 莽(망)의 속자 →646쪽

7 **莓** 나무딸기 **매** 莓
11

[중]méi(메이) [일]バイ/きいちご
[풀이] ①나무딸기. [같]苺. ‖山莓(산매). ②이끼. ③풀이 무성한 모양.
〔莓苔 매태〕 이끼.

✻
7 **莂** 모종 낼 **별**
11

[중]bié(비에) [일]ツ, ヘツ
[풀이] ①모종을 내다. ②씨뿌리기.

✻
7 **莩** ❶갈대청 **부**✻ ❷굶어 죽을 **표**
11

[중]fú(°푸), piǎo(피아오)
[일]フ, ヒョウ/あまかわ
[풀이] ❶갈대청. ❷굶어 죽다.

✻
7 **莎** 향부자 **사** 莎
11

[중]suō(쑤어) [일]サ/はますげ
[풀이] 향부자(香附子).
〔莎草 사초〕 ①무덤에 떼를 입히고 다듬는 일. ②방동사니과의 여러해살이풀. 香附子(향부자).

7 11 * **莘** 족두리풀 **신** 莘

[중]xīn(씬) [일]シン/みらのねぐさ
[풀이] 족두리풀. 쥐방울덩굴과의 여러해살이풀.

7 11 * **莪** 지칭개 **아**

[중]é(어) [일]ガ/ぎつねあざみ
[풀이] 지칭개. 국화과의 두해살이풀.

7 11 * **莚** 덩굴 벋을 **연**

[중]yán(옌) [일]エン/のびる
[풀이] ①덩굴이 벋다. ②풀 이름.

7 11 *2 **莞** ❶왕골 **완** [본]**환** ❷웃을 **완** [본]**환** 莞

[중]guān(꾸안), wǎn(완)
[일]カン/い, まるがま, わらう
[풀이] ❶①왕골. ‖莞莚(완연). ②왕골 기직. 왕골로 만든 자리. ❷웃다. 빙그레 웃음. 미소를 띰.

7 11 **莠** 가라지 **유** 莠

[중]yǒu(여우) [일]ユウ/はぐさ
[풀이] 가라지. 밭에 나는 강아지풀.

7 11 * **莙** 풀 뿌리 **윤**

[중]yǔn(윈) [일]イン

7 11 ★*3-Ⅱ **莊** 엄숙할 **장** [약]荘 [속][간]庄 莊

丶 艹 艹 艹 芹 芹 荘 莊 莊

[중]zhuāng(°쭈앙) [일]ソウ/おごそか
[영]serious
[자원] **회의 겸 형성자.** 艸(풀 초)와 壯(장할 장)이 합쳐진 자로, 풀이 무성함을 나타냄. 艸는 의미를 나타내고 壯은 의미와 음을 겸하여 나타냄.
[풀이] ①엄숙하다. ②삼가다. 정중하고 공손함. ③씩씩하다. [통]壯. ‖莊嚴(장엄). ④별저(別邸). 별장(別莊). ‖莊園(장원).
〔莊嚴 장엄〕 웅장하고 위엄이 있음.
〔莊園 장원〕 서양의 봉건 사회에서, 귀족·교회 등이 소유하고 있던 토지.
〔莊周之夢 장주지몽〕《중국의 장자(莊子)가 꿈에 나비가 되었다가 깬 뒤에 자기가 나비가 되었는지 나비가 자기가 되었는지 판단하기 어렵다고 했다는 고사에서》 물아일체(物我一體)의 경지. 胡蝶夢(호접몽).
〔莊重 장중〕 장엄하고 정중함.
◢別莊(별장)/山莊(산장)

7 11 * **荻** 물억새 **적** 荻

[중]dí(디) [일]テキ/おぎ [영]reed
[풀이] 물억새. 볏과의 여러해살이풀.

7 11 ★*3-Ⅱ **荷** ❶연 **하** ❷멜 **하** 荷

丶 艹 艹 艹 芢 芢 芢 荷 荷

[중]hé, hè(허) [일]カ, ニ/はす, になう
[자원] **형성자.** 艸(초)는 의미를 나타내고 何(하)는 음을 나타냄.
[풀이] ❶연(蓮). [통]蓮. ‖荷葉(하엽). ❷메다. ㉮물건을 어깨에 걸메다. ㉯무거운 짐이나 일을 떠맡다. ‖負荷(부하). ㉰짐. 하물(荷物). ‖荷役(하역).
〔荷物 하물〕 배·비행기·철도 등으로 실어 나르는 짐.
〔荷船 하선〕 짐을 싣는 배.
〔荷役 하역〕 짐을 싣고 내림.
〔荷電 하전〕 물체가 전기를 띠는 일. 帶電(대전).
〔荷重 하중〕 ①짐의 무게. ②물체에 작용하는 외부의 힘.
◢負荷(부하)/入荷(입하)/重荷(중하)/集荷(집하)/出荷(출하)

7 11 * **莢** 열매 **협** [본]**겹** [간]荚 莢

[중]jiá(지아) [일]キョウ
[풀이] ①열매. 풀의 열매. ‖莢果(협과). ②꼬투리. 두각(豆角).
〔莢果 협과〕 콩·팥·완두 등과 같이 꼬투리로 맺히는 열매.

8 12 * **菰** 줄 **고** 菰

[중]gū(꾸) [일]コ/まこも [영]water-oat
[풀이] ①줄. 포아풀과의 여러해살이 물풀. ‖菰根(고근)/菰菜(고채). ②버섯의 한 가지. ‖菰子(고자).

8 12 *2 **菓** 과일 **과** 菓

[중]guǒ(구어) [일]カ/くだもの [영]fruit

6획

풀이 ①과일. 먹는 과실. 같果. ②한과자(菓子).
〔菓子 과자〕 밀가루나 쌀가루 등에 설탕·우유 등을 섞어 굽거나 튀겨 만든 식품.
◢茶菓(다과)/製菓(제과)

8 12 菅* 골풀 관* 간 — 菅
중jiān(찌엔) 일カン/ふじはかま
풀이 ①골풀. 방동사닛과의 여러해살이풀. ②솔새. 볏과의 여러해살이풀. ③띠로 엮은 뜸. 거적.

8 12 菊★*3-Ⅱ 국화 국 — 菊
丶 艹 艹 芍 芍 芍 菊 菊
중jú(쥐) 일キク/きく
자원 **형성자.** 艸(초)는 의미를 나타내고 匊(국)은 음을 나타냄.
풀이 ①국화. ‖黃菊(황국)/菊花(국화). ②대국(大菊).
〔菊版 국판〕 ①가로 630mm, 세로 930mm의 인쇄 용지의 크기. ②가로 148mm, 세로 210mm의 인쇄물의 규격.
〔菊花 국화〕 국화과의 여러해살이풀.
◢甘菊(감국)/白菊(백국)/山菊(산국)/水菊(수국)/秋菊(추국)/黃菊(황국)

8 12 菌★*3-Ⅱ 버섯 균 본군 — 菌
丶 艹 艹 芇 芇 苘 菌 菌
중jùn, jūn(쮠) 일キン/きのこ
영mushroom
자원 **형성자.** 艸(초)는 의미를 나타내고 囷(균)은 음을 나타냄.
풀이 ①버섯. ‖菌絲(균사). ②균. 세균. ‖殺菌(살균).
〔菌類 균류〕 광합성을 하지 않는 하등 식물의 총칭. 곰팡이·버섯 따위.
〔菌絲 균사〕 균류의 본체를 이루는 실 모양의 부분.
〔菌傘 균산〕 버섯의 줄기 위에 우산 모양으로 덮인 부분.
◢滅菌(멸균)/無菌(무균)/病菌(병균)/保菌(보균)/殺菌(살균)/細菌(세균)/抗菌(항균)

8 12 菫* 제비꽃 근 — 菫
중jǐn(진) 일キン/すみれ 영violet
풀이 ①제비꽃. 오랑캐꽃. ②무궁화(無窮花). 통槿. ‖木菫(목근). ③넓은잎 딱총나무.

8 12 萁 콩깍지 기 — 萁
중qí(치) 일キ/まめがら
풀이 콩깍지. 콩대. ‖萁稈(기간).

8 12 萄*1 포도 도 — 萄
중táo(타오) 일トウ/ぶどう 영grape
풀이 포도. 포도나무.
◢葡萄(포도)

8 12 萊*2 명아주 래 — 간莱 萊
중lái(라이) 일ライ/あかざ
영goosefoot
풀이 ①명아주. ②묵정밭. 버려 두어 묵은 밭. 진전(陳田). ‖萊蕪(내무).

8 12 菉* 녹두 록 — 菉
중lù(루) 일リョク/かりやす
풀이 ①녹두(綠豆). ②푸르다. 통綠.

8 12 菱*1 마름 릉 — 菱
중líng(링) 일リョウ/ひし
풀이 마름. 바늘꽃과의 한해살이풀.
〔菱形 능형〕 마름모.

8 12 莽* 풀 우거질 망 — 속莾 莽 莽
중mǎng(망) 일ボウ, モウ/くさむら
풀이 ①풀이 우거지다. ‖莽莽(망망). ②멀다. 아득함. 유원(幽遠)한 모양. ③풀. 잡초. ‖草莽(초망).

12 莾 莽(망)의 속자 →646쪽

8 12 萌*1 싹틀 맹 — 萌
중méng(멍) 일ボウ/めばえ 영bud
풀이 ①싹트다. ②싹. ㉮씨앗에서 터져 나오는 어린잎. ‖萌芽(맹아). ㉯조짐(兆朕). 사물의 시작이나 발단. ③백성(百姓). 서민. 통氓.
〔萌芽 맹아〕 ①식물의 새싹. ②사물의 시초.

8 12 菩*1 보살 보 — 菩
중pú(푸) 일ボ/ぼさつ
풀이 ①보살(菩薩). ②보리(菩提).
〔菩提 보리〕 범어 Bodhi의 음역. 세속

6획

적인 번뇌를 끊고 얻는 깨달음의 경지.
〔菩薩 보살〕 ①부처에 버금가는 성인. ②불교의 여자 신자. ③'고승(高僧)'의 존칭.

8 12 **菔** 무 **복** 菔

㊥fú(°푸) ㊐フク/だいこん ㊞radish
풀이 무. 십자화과의 한해살이 또는 두해살이풀.

8 12 **菲*** 엷을 **비** 菲

㊥fěi(°페이) ㊐ヒ ㊞thin
풀이 ①엷다. 엷게 함. 박함. 박하게 함. ②채소 이름. 순무 비슷한 야채.
〔菲德 비덕〕 덕이 부족함. 또는, 그런 사람. 薄德(박덕). 寡德(과덕).
〔菲才 비재〕 ①재주가 없음. ②(('변변치 못한 재능'이라는 뜻으로)) 자기 재능의 겸칭. 非才(비재).

8 12 **菽*1** 콩 **숙** 菽

㊥shū(°쑤) ㊐シュク/まめ ㊞bean
풀이 콩.
〔菽麥 숙맥〕 ①콩과 보리. ②((콩인지 보리인지를 구별하지 못한다는 뜻으로)) 사리 분별을 못하는 어리석은 사람.
〔菽麥不辨 숙맥불변〕 콩인지 보리인지 분간하지 못할 만큼 어리석음.
〔菽水 숙수〕 (('콩과 물'이라는 뜻으로)) 변변하지 못한 음식.

8 12 **菴*** 암자 **암** 菴

㊥ān(안) ㊐アン/いおり
풀이 암자(菴子). ㊋庵.
〔菴子 암자〕 ①큰 절에 딸린 작은 절. ②승려가 임시로 거처하며 도를 닦는 집. 庵子(암자).

8 12 **萎*1** 시들 **위** 萎

㊥wěi(웨이) ㊐イ/しおれる ㊞wither
풀이 ①시들다. ‖凋萎(조위). ②병들다. ③쇠미(衰微)하다. 약함.
〔萎靡 위미〕 시들고 느른해짐.
〔萎縮 위축〕 ①어떤 힘에 눌려 기를 펴지 못함. ②마르거나 시들어 쪼그라듦.

8 12 **菹*** 김치 **저** 菹

㊥zū(쭈) ㊐ショ, ソ/つけもの
풀이 김치. ‖菜菹(채저).

8 12 **菁*** ❶부추꽃 **정** ❷우거질 **청*** 菁

㊥jīng(찡) ㊐セイ/にらのはな
풀이 ❶①부추꽃. ②순무. ‖菁菹(정저). ③화려하다. ❷우거지다.
〔菁華 정화〕 ①깨끗하고 순수한 부분. ②정수가 될 만한 뛰어난 부분. 精華(정화).

8 12 **菖*1** 창포 **창** 菖

㊥chāng(°창) ㊐ショウ/しょうぶ ㊞sweet flag
풀이 창포.
〔菖蒲 창포〕 천남성과의 여러해살이풀.

8 12 **菜☆*3-Ⅱ** 나물 **채** 菜

(필순) 丶 艹 艹 芓 苎 苹 莱 菜

㊥cài(차이) ㊐サイ/な ㊞vegetable
자원 **형성자.** 艸(초)는 의미를 나타내고 采(채)는 음을 나타냄.
풀이 ①나물. 푸성귀. ‖菜蔬(채소)/野菜(야채). ②반찬(飯饌). 안주.
〔菜根 채근〕 ①채소의 뿌리. ②맛없고 거칠며 보잘것없는 음식의 비유.
〔菜毒 채독〕 채소 따위에 섞인 독기.
〔菜麻 채마〕 먹을거리나 입을 거리로 심어 가꾸는 식물. ‖菜麻田(채마전).
〔菜蔬 채소〕 잎·줄기·뿌리·열매 등을 반찬으로 먹기 위해 밭에서 기르는 농작물. 野菜(야채). 남새.
〔菜食 채식〕 고기류를 피하고 주로 채소·과일·해초 등의 식물성 음식만 먹음. ↔肉食(육식).
◢冷菜(냉채)/山菜(산채)/生菜(생채)/蔬菜(소채)/野菜(야채)/花菜(화채)

8 12 **萋** 우거질 **처** 萋

㊥qī(치) ㊐セイ/しげる ㊞exuberant
풀이 우거지다.

8 12 **萃*1** 모을 **췌** ㊄취 萃

㊥cuì(추에이) ㊐スイ/あつめる
풀이 ①모으다. ‖叢萃(총췌). ②괘 이름. ‖萃卦(췌괘). 64괘의 하나.
◢拔萃(발췌)

8 12 **菟** ❶새삼 **토** ❷범 **도** 菟

㊥tù(투) ㊐ト/とら

6획

풀이 ❶①새삼. ②토끼. 같兔. ❷범. 호랑이. ‖於菟(어도).
〔菟絲 토사〕 메꽃과의 한해살이 기생 식물. 새삼. 兔絲(토사).

8
12 **菠** 시금치 **파** 菠

중bō(뽀) 일ハ/ほうれんそう
풀이 시금치.
〔菠薐菜 파릉채〕 명아줏과의 한해살이풀 또는 두해살이풀. 시금치.

8 *1
12 **萍** 개구리밥 **평** 본**병** 萍

중píng(핑) 일ヘイ/うきくさ
풀이 ①개구리밥. 부평초(浮萍草). ②쑥.
〔萍水相逢 평수상봉〕《부평초와 물이 서로 만난다는 뜻으로》 여행 중에 우연히 벗을 만남의 비유.

8 ☆*4
12 **華** 빛날 **화** 간华 華

一 十 艹 艹 艹 芔 芔 華

중huā(후아) 일カ/はなやか 영brilliant
금 전 자원 **회의 겸 형성자.** 금문은 한 송이 꽃을 나타낸 상형자이나 소전에 이르러 艸(풀 초)를 덧붙여 회의 겸 형성자가 됨. 艸는 의미를 나타내고 𠌶(화)는 의미와 음을 겸하여 나타냄. 뒷날 '꽃'을 나타내는 자는 '花(화)'로 쓰게 됨.
풀이 ①빛나다. 문화가 빛남. ‖榮華(영화). ②꽃. 꽃이 핌. 같花. ③아름답다. ‖華麗(화려). ④뛰어나다. ⑤흰머리. 백발(白髮). ⑥중화(中華). 중국인이 자국(自國)을 이르는 말.
〔華甲 화갑〕《'華'를 파자(破字)하면 '十'이 여섯, '一'이 하나인 데서》 61세를 이름. 回甲(회갑). 還甲(환갑).
〔華僑 화교〕 외국에서 사는 중국 사람.
〔華麗 화려〕 빛나고 아름다움.
〔華奢 화사〕 화려하게 고움.
〔華胥之夢 화서지몽〕《고대 중국의 황제(黃帝)가 낮잠을 자다가 꿈을 꾸었는데, 화서라는 나라에 가서 어진 정치를 보고 깨어나 깊이 깨달았다는 고사에서》 낮잠 또는 좋은 꿈.
〔華嚴 화엄〕 ①만행(萬行)과 만덕(萬德)을 닦아 덕과(德果)를 장엄하게 하는 일. ②'화엄경(華嚴經)', '화엄종(華嚴宗)'의 준말.
〔華燭 화촉〕 ①화려한 등촉. ②'결혼'의 이칭. 花燭(화촉).
〔華燭洞房 화촉동방〕 첫날밤에 신랑 신부가 자는 방.
〔華婚 화혼〕 남의 혼인의 미칭. ‖祝華婚(축화혼).
◢繁華(번화)/散華(산화)/昇華(승화)/榮華(영화)/精華(정화)/中華(중화)/豪華(호화)

9
13 **葭** 갈대 **가** 葭

중jiā(찌아) 일カ
풀이 갈대. ‖葭葦(가위).
〔葭莩 가부〕 ①갈대 속에 있는 얇은 막. 갈대청. ②매우 엷은 것의 비유.

9 *2
13 **葛** 칡 **갈** 葛

중gé(거) 일カツ/くず 영arrowroot
풀이 ①칡. ‖葛粉(갈분). ②덩굴. ③갈포(葛布). 거친 베. 통褐.
〔葛巾 갈건〕 갈포로 만든 두건.
〔葛根 갈근〕 칡뿌리.
〔葛藤 갈등〕《'칡과 등나무'라는 뜻으로》 ①마음에 얽힌 번뇌. 또는, 분규. ②사물의 뒤얽힘.
〔葛布 갈포〕 칡의 섬유로 짠 베.

9 *1
13 **葵** 해바라기 **규** 葵

중kuí(쿠에이) 일キ 영sunflower
풀이 ①해바라기. ‖葵花(규화). ②채소 이름. 아욱과의 식물.

9 *2
13 **董** 바로잡을 **동** 董

중dǒng(둥) 일トウ
풀이 바로잡다.
〔董狐之筆 동호지필〕《중국 춘추 시대 진(晉)나라의 사관(史官)이었던 동호가 위세를 두려워하지 않고 사실을 사실대로 직필(直筆)하였다는 고사에서》 사실을 숨기지 않고 그대로 씀.

9 ☆*5
13 **落** 떨어질 **락** 落

一 十 艹 艹 艹 艹 莎 落 落

중luò(루어) 일ラク/おちる 영fall
자원 **형성자.** 艸(초)는 의미를 나타내고 洛(락)은 음을 나타냄.
풀이 ①떨어지다. ㉮잎이 말라 떨어지다. ㉯빠지다. 탈락(脫落)함. ㉰몰락하다. 영락(零落)함. ㉱뒤떨어지다. ‖落後(낙후). ㉲함락하다. ‖落城(낙성). ②마을. ‖村落(촌락). ③쓸쓸하다. ‖落莫(낙막). ④낙성식(落成式).
〔落款 낙관〕 서화(書畫)에 작가가 자기의 이름이나 호(號)를 쓰고 도장을 찍는 일. 또는, 그렇게 찍힌 도장.
〔落膽 낙담〕 ①실망하여 맥이 풀림. ②너무 놀라 간이 떨어지는 듯함.

〔落膽喪魂 낙담상혼〕 몹시 놀라거나 마음이 상해서 넋을 잃음.
〔落島 낙도〕 육지에서 멀리 떨어진 외딴 섬.
〔落落長松 낙락장송〕 가지가 늘어진, 키가 큰 소나무.
〔落雷 낙뢰〕 벼락이 떨어짐. 또는, 그 벼락.
〔落淚 낙루〕 눈물을 흘림. 또는, 그 눈물. 零淚(영루).
〔落馬 낙마〕 말에서 떨어짐.
〔落望 낙망〕 희망을 잃음. 失望(실망).
〔落盤 낙반〕 광산 등의 갱내(坑內)에서, 천장이나 벽이 무너져 내림. 또는, 그 돌이나 흙.
〔落榜 낙방〕 시험에 떨어짐.
〔落書 낙서〕 글자나 그림 등을 장난으로 아무데나 함부로 씀. 또는, 그 글자나 그림.
〔落石 낙석〕 산 위나 벼랑 등에서 돌이 떨어짐. 또는, 그 돌.
〔落選 낙선〕 선거·선발·심사 등에서 떨어짐. ↔入選(입선).
〔落成 낙성〕 건축물의 공사를 다 이룸. 竣工(준공). ‖落成式(낙성식).
〔落水 낙수〕 처마 끝에서 빗물·눈·고드름이 녹은 물 따위가 떨어짐. 또는, 그 물.
〔落穗 낙수〕 ①추수 후 땅에 떨어진 이삭. ②어떤 일의 뒷이야기의 비유.
〔落心 낙심〕 바라던 일이 되지 않아 맥이 빠짐. 失望(실망).
〔落葉 낙엽〕 나무에서 잎이 떨어짐. 또는, 그 잎.
〔落伍 낙오〕 ①대오(隊伍)에서 떨어짐. ②경쟁에서 뒤떨어짐.
〔落張 낙장〕 책의 장수가 빠짐. 또는, 그 책장.
〔落第 낙제〕 ①시험에 떨어짐. ②성적이 나빠서 상급 학년에 진급하지 못함.
〔落照 낙조〕 ①저녁에 지는 햇빛. ②지는 해 주위로 퍼지는 붉은빛.
〔落帙 낙질〕 한 질을 이루는 여러 권의 책 중에서 빠진 권이 있음.
〔落着 낙착〕 일이 결말이 남.
〔落札 낙찰〕 경쟁 입찰에서 살 사람이나 기관이 결정됨. ‖落札契(낙찰계).
〔落胎 낙태〕 배 속에 있는 아이를 인공적으로 떼어 내어 없앰. 流產(유산).
〔落下 낙하〕 높은 데서 낮은 데로 떨어짐.
〔落下傘 낙하산〕 항공기에서 낙하하는 데 쓰는 기구.
〔落鄕 낙향〕 서울에서 살다가 고향 또는 시골로 거처를 옮김. 下鄕(하향).
〔落花 낙화〕 꽃이 떨어짐. 또는, 떨어진 꽃.
〔落花流水 낙화유수〕 ①《'떨어지는 꽃과 흐르는 물'이라는 뜻으로》 가는 봄의 정경. ②살림이나 세력이 약해져 아주 보잘것없이 됨. ③《꽃이 흐르는 물에 떨어지면 물도 이것을 받아 띄워서 흘러간다는 뜻으로》 남녀 사이에 서로 그리워하는 정이 있음.
〔落後 낙후〕 경제·사회·문화 등이 뒤떨어짐.
◢群落(군락)/奈落(나락)/漏落(누락)/段落(단락)/當落(당락)/騰落(등락)/沒落(몰락)/部落(부락)/灑落(쇄락)/零落(영락)/烏飛梨落(오비이락)/淪落(윤락)/轉落(전락)/凋落(조락)/村落(촌락)/墜落(추락)/聚落(취락)/墮落(타락)/脫落(탈락)/頹落(퇴락)/暴落(폭락)/下落(하락)/陷落(함락)/朽落(후락)

9 ☆*8
13 **萬** 일만 **만** | 약간 万 萬

艹 艹 艹 苜 苜 萬 萬 萬

㊥wàn(완) ㊐マン, バン/よろず
㊎ten thousand

갑 **자원** **상형자.** 전갈의 모습을 본뜬 자. 뒷날 10,000의 뜻으로 쓰이게 되자, 본뜻을 보존하기 위해 만든 자가 '蠆(전갈 채)'임.

풀이 ①1만. ②다수. 갖가지. ③결코. 반드시. ‖千萬(천만).
〔萬感 만감〕 솟아오르는 온갖 느낌.
〔萬頃蒼波 만경창파〕 끝없이 너른 바다.
〔萬古 만고〕 ①아주 오랜 옛날. 太古(태고). ②아주 오랜 세월. ③세상에 비길 데가 없음.
〔萬古絕色 만고절색〕 세상에 다시없을 뛰어난 미인.
〔萬古風霜 만고풍상〕 오랜 세월 동안 겪어 온 많은 고생.
〔萬國 만국〕 세계의 모든 나라. 萬邦(만방).
〔萬金 만금〕 아주 많은 돈.
〔萬難 만난〕 온갖 어려움.
〔萬年雪 만년설〕 아주 추운 지방이나 높은 산지에 언제나 녹지 않고 쌓여 있는 눈.
〔萬能 만능〕 온갖 일에 능통하거나 모든 일을 다 할 수 있음.
〔萬代 만대〕 아주 오래 계속되는 세대.
〔萬里鏡 만리경〕 망원경.
〔萬無 만무〕 절대로 없음.
〔萬物 만물〕 세상에 있는 모든 것.
〔萬物商 만물상〕 일용 잡화를 파는 장사. 또는, 그 가게.
〔萬民 만민〕 모든 백성. 또는, 모든 사람.
〔萬邦 만방〕 ➡萬國(만국).
〔萬福 만복〕 온갖 복.
〔萬不當 만부당〕 조금도 이치에 맞지 않음. 千不當萬不當(천부당만부당). 千萬不當(천만부당).
〔萬不得已 만부득이〕 부득이. 어쩔 수 없이.

〔萬不成說 만불성설〕 말이 전혀 사리에 맞지 않음.
〔萬事 만사〕 모든 일.
〔萬事如意 만사여의〕 모든 일이 뜻과 같음.
〔萬事亨通 만사형통〕 모든 일이 뜻대로 잘됨.
〔萬事休矣 만사휴의〕《모든 일이 끝장이라는 뜻으로》 모든 일이 헛수고로 돌아감.
〔萬世 만세〕 아주 오랜 세대.
〔萬歲 만세〕 ①영원한 세월. ②장수(長壽)를 축원하는 말. ③경축·환영의 뜻으로 외치는 소리.
〔萬壽無疆 만수무강〕《한이 없이 수를 누리라는 뜻으로》 오래 살기를 비는 말. 萬世無疆(만세무강).
〔萬有 만유〕 우주에 존재하는 모든 것.
〔萬人 만인〕 모든 사람.
〔萬一 만일〕 만에 하나라도. 萬若(만약).
〔萬全 만전〕 조금도 허술한 데가 없이 아주 완전함.
〔萬全之計 만전지계〕 실패의 위험성이 조금도 없는 안전한 계책. 萬全之策(만전지책).
〔萬壑千峯 만학천봉〕 무수한 골짜기와 수많은 봉우리.
〔萬戶 만호〕 ①많은 집. ②조선 시대의 무관직의 하나.
〔萬華鏡 만화경〕 원통 속에 직사각형의 유리판을 삼각으로 짜 넣은 장난감의 한 가지.
〔萬花方暢 만화방창〕 따뜻한 봄날에 온갖 생물이 나서 자라 흐드러짐.
◢累萬(누만)/億萬(억만)/千萬(천만)

9 13 **葚** 오디 **심** 葚

㊥shèn(°썬) ㊐シン ㊇mulberry
풀이 오디. 뽕나무의 열매.

9 13 **萼** 꽃받침 **악** 萼

㊥è(어) ㊐ガク ㊇calyx
풀이 꽃받침.
〔萼片 악편〕 꽃받침의 조각.

9 13 **葯**[*1] 구릿대 잎 **약** 간 药 葯

㊥yào(야오) ㊐ヤク
풀이 ①구릿대 잎. ②꽃밥.
〔葯胞 약포〕 수술 끝에 붙어서 꽃가루를 갖고 있는 주머니. 꽃밥.

9 13 **葉**[☆*5] ❶잎 **엽**☆*5 ❷땅 이름 **섭*** 간 叶 葉

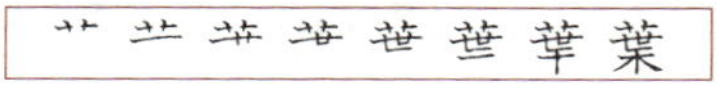

(필순) 艹 艹 艹 苹 苹 苹 莗 葉

㊥yè(예) ㊐ヨウ, ショウ/は ㊇leaf
자원 **형성자.** 艸(초)는 의미를 나타내고 枼(엽)은 음을 나타냄.
풀이 ❶①잎. ‖葉菜(엽채)/落葉(낙엽). ②끝. 갈래. ③시대. 세대(世代). ‖末葉(말엽). ④잎처럼 얇고 평평한 물건. ‖葉書(엽서). ❷땅 이름.
〔葉綠素 엽록소〕 에너지를 태양으로부터 얻어서 광합성을 하는 녹색 색소.
〔葉書 엽서〕 우편엽서.
〔葉錢 엽전〕 옛날, 놋쇠로 만든 돈.
〔葉茶 엽차〕 차나무의 마른 잎을 넣어 끓인 멀건 차.
〔葉菜 엽채〕 주로 잎을 먹는 채소류.
〔葉草 엽초〕 썰지 않고 잎사귀 그대로 말린 담배. 잎담배. 葉煙草(엽연초).
◢枯葉(고엽)/金枝玉葉(금지옥엽)/落葉(낙엽)/末葉(말엽)/中葉(중엽)/枝葉(지엽)/初葉(초엽)/胎葉(태엽)/紅葉(홍엽)

9 13 **萵** 상추 **와** 간 莴 萵

㊥wō(워) ㊐ワ ㊇lettuce
풀이 상추. ‖萵苣(와거).

9 13 **葦**[*] 갈대 **위** 간 苇 葦

㊥wěi(웨이) ㊐イ/あし ㊇reed
풀이 ①갈대. ②거룻배. 작은 배.

9 13 **萸**[*] 수유 **유** 萸

㊥yú(위) ㊐ユ ㊇dogwood
풀이 수유(茱萸). 수유나무의 열매.

9 13 **葬**[★*3-Ⅱ] 장사 지낼 **장** 葬

(필순) 艹 艹 芀 芀 苑 苑 葬 葬

㊥zàng(짱) ㊐ソウ/ほうむる ㊇funeral
갑 [갑골문 자형] 전 [소전 자형] 자원 **회의자.** 갑골문은 관(棺)·시체·침상으로 이뤄진 자로, 침상에 눕혀진 시체를 관에 넣어 장례를 치르는 모습을 나타냄. 소전은 가운데에 시체가 있고 위와 아래에 풀이 나 있는 모습으로, 들이나 숲에 시체를 버리는 풍습을 나타낸 자임. 현재의 자형은 소전 가운데의 가로획(시체를 싸는 거적으로 추정)을 뺀 자로, 茻(풀 무성할 망)과 死(죽을 사)가 합쳐져 만들어짐.
풀이 ①장사 지내다. 매장(埋葬)함. ‖葬禮(장례). ②장사(葬事).
〔葬列 장렬〕 장송(葬送)의 행렬.
〔葬禮 장례〕 장사를 지내는 예식. 葬儀(장의).
〔葬費 장비〕 장사를 지내는 데 드는 비

6획

용. 葬禮費(장례비). 葬需(장수).
〔葬事 장사〕 죽은 사람을 땅에 묻거나 화장하는 일.
〔葬送 장송〕 죽은 사람을 장사 지내어 장지(葬地)로 보냄. ‖葬送曲(장송곡).
〔葬祭 장제〕 장례와 제사.
〔葬地 장지〕 장사하여 시체를 묻는 땅. 墓地(묘지).
◢國葬(국장)/埋葬(매장)/殉葬(순장)/暗葬(암장)/移葬(이장)/合葬(합장)/火葬(화장)

9 13 **著** ☆✱3-Ⅱ ❶드러날 **저**☆✱3-Ⅱ ❷붙일 **착**

(필순) 艹 艹 芏 芏 苸 荖 著 著

㊥zhù(°쭈), zhuó(°주어)
㊐チョ, チャク/いちじるしい
자원 **형성자.** 艸(초)는 의미를 나타내고 者(자)는 음을 나타냄.
풀이 ❶①드러나다. 분명함. ‖著名(저명). ②나타내다. ㉮밝히다. ㉯짓다. 저술(著述)함. ‖著書(저서). ③두드러지다. ❷붙이다. ㉠着. ①옷 등을 입다. ‖著衣(착의). ②달라붙다. ‖接著(접착). ③정착하다. ‖落著(낙착).
〔著名 저명〕 세상에 이름이 널리 알려짐. 有名(유명).
〔著書 저서〕 주로 학술적인 분야의 책.
〔著述 저술〕 글이나 책 등을 씀. 또는, 그 책. 著作(저작).
〔著者 저자〕 책을 지은 사람. 著作者(저작자). 作者(작자).
〔著作 저작〕 어떤 분야에 대해 책을 지음. 또는, 그 책. 著述(저술).
◢共著(공저)/近著(근저)/論著(논저)/名著(명저)/力著(역저)/原著(원저)/拙著(졸저)/主著(주저)/編著(편저)/顯著(현저)

9 13 **葰** ✱ 꽃술 **준**

㊥jùn(쮠) ㊐シュン ㊎stamen
풀이 ①꽃술. ②크다.

9 13 **葺** 1 지붕 일 **집**

㊥qì(치) ㊐シュウ/ふく
✎ 인명용 한자에서는 '즙'으로 발음하는 것을 인정하고 있음.
풀이 ①지붕을 이다. ②덮다. ③깁다. 수리(修理)함.

9 13 **葱** 파 **총** 고 蔥

㊥cōng(충) ㊐ソウ/ねぎ ㊎onion
풀이 ①파. ‖葱根(총근). ②푸르다.
〔葱竹之交 총죽지교〕 파피리를 불고 죽마(竹馬)를 타며 어렸을 때 함께 놀던 벗과의 교분.

9 13 **萩** ✱ ❶사철쑥 **추**✱ ❷사람 이름 **초**

㊥qiū(치우) ㊐シュウ
㊎perennial artemisia

9 13 **葡** ✱2 포도 **포**

㊥pú(푸) ㊐ホ, ブ ㊎grape
풀이 ①포도. 포도나무. ②'포르투갈〔葡萄牙〕'의 약칭.
〔葡萄 포도〕 포도나무. 또는, 그 열매.
〔葡萄糖 포도당〕 단맛이 있는 과일이나 꿀 등에 들어 있는 당분. 글루코스.

9 13 **葫** ✱ 마늘 **호**

㊥hú(후) ㊐コ ㊎garlic
풀이 ①마늘. ②호리병박. ‖葫蘆(호로).

9 13 **葷** 매운 채소 **훈** 간 荤

㊥hūn(훈) ㊐クン
풀이 매운 채소.
〔葷菜 훈채〕 특이한 냄새가 나는 채소. 파·마늘·생강 따위.

9 13 **萱** ✱ 원추리 **훤**

㊥xuān(쒸엔) ㊐ケン ㊎daylily
풀이 원추리. 백합과의 여러해살이풀.
〔萱堂 훤당〕《예전에, 중국에서 어머니는 북당(北堂)에 거처하였는데, 그 뜰에 원추리를 심은 데서》 남의 어머니의 존칭. 慈堂(자당). 北堂(북당).

10 14 **蓋** ★✱3-Ⅱ ❶덮을 **개**★✱3-Ⅱ ❷어찌 아니할 **합** 속 간 盖

(필순) 丶 一 艹 芏 芏 荖 蓋 蓋

㊥gài(까이), hé(허)
㊐カイ, ガイ, コウ ㊎cover
자원 **회의 겸 형성자.** 艸(풀 초)와 盍(덮을 합)이 합쳐진 자로, 멍석이나 초가지붕을 덮는 것을 나타냄. 艸는 의미를 나타내고 盍은 의미와 음을 겸하여 나타냄.
풀이 ❶①덮다. ‖覆蓋(복개). ②뚜껑. ‖蓋石(개석). ③생각건대. 아마도. ❷어찌 아니하리오.
〔蓋棺事定 개관사정〕《시체를 관에 넣고 뚜껑을 덮은 후에야 일을 결정할 수 있다는 뜻으로》 사람이 죽은 후에야 비로소 그 사람에 대한 평가가 제

6획

대로 됨.
〔蓋石 개석〕 석실의 돌뚜껑.
〔蓋世 개세〕 기상·위력·재능 등이 세상을 뒤엎음.
〔蓋然性 개연성〕 확실하지 않으나 아마 그러하리라고 생각되는 성질.
〔蓋瓦 개와〕 기와로 지붕을 임.
〔蓋草 개초〕 ①이엉. ②이엉으로 지붕을 임.
◢口蓋(구개)/無蓋(무개)/覆蓋(복개)

10 14 **蒟** 구장 구 | 蒟

[중]jǔ(쥐) [일]ク, コン
[풀이] ①구장(蒟醬). 후춧과의 풀. ②구약나물.
〔蒟蒻 구약〕 천남성과의 여러해살이풀.

10 14 **蓂*** 명협 명 | 蓂

[중]míng(밍) [일]メイ
[풀이] 명협(蓂莢). 달력 풀.
〔蓂曆 명력〕 태음력.
〔蓂莢 명협〕 《초하루부터 보름까지 하루에 한 잎씩 났다가, 열엿새부터 그믐까지 하루에 한 잎씩 떨어지고, 작은달에는 마지막 한 잎이 시들기만 하고 떨어지지 않은 데에서》 중국 요임금 때 났다는 상서로운 풀. 달력 풀. 책력 풀.

6획

10 14 **蒙**★*3-Ⅱ 입을 몽 | 蒙

丶 艹 艹 芦 芦 萝 蒙 蒙

[중]méng(멍) [일]モウ/こうむる
[자원] **형성자.** 艸(초)는 의미를 나타내고 冡(몽)은 음을 나타냄.
[풀이] ①입다. 입힘. ②덮개. 덮어씀. [통]冡. ‖蒙塵(몽진). ③무릅쓰다. [통]冒. ‖蒙死(몽사). ④어리석다. 어두움. [통]冡. ‖蒙昧(몽매). ⑤어린이. ‖童蒙(동몽). ⑥나라 이름. '몽고(蒙古)'의 약칭.
〔蒙古 몽고〕 아시아의 북동부에 있는 나라. 몽골.
〔蒙利 몽리〕 이익을 봄.
〔蒙昧 몽매〕 사리에 어둡고 어리석음.
〔蒙恩 몽은〕 은혜를 입음.
〔蒙塵 몽진〕 《머리에 먼지를 쓴다는 뜻으로》 임금이 난리를 피하여 안전한 곳으로 떠남.
◢啓蒙(계몽)/童蒙(동몽)/訓蒙(훈몽)

10 14 **蒡*** 인동덩굴 방

[중]pàng(팡) [일]ビョウ, ホウ
[풀이] ①인동덩굴. ②흰쑥.

10 14 **蓑***1 도롱이 사 | [통]簑 蓑

[중]suō(쑤어) [일]サ/みの
[풀이] 도롱이.
〔蓑笠 사립〕 도롱이와 삿갓. 簑笠(사립).
〔蓑衣 사의〕 도롱이.

10 14 **蒴** 깍지 삭 | 蒴

[중]shuò(°쑤어) [일]サク
[풀이] 깍지.
〔蒴果 삭과〕 익으면 과피가 말라 쪼개지면서 씨를 퍼뜨리는, 여러 개의 씨방으로 된 열매.

10 14 **蒜*** 마늘 산 | 蒜

[중]suàn(쑤안) [일]サン/にんにく
[풀이] 마늘. 달래.

10 14 **蓆*** 자리 석 | 蓆

[중]xí(시) [일]セキ
[풀이] ①자리. [같]席. ②크다.

10 14 **蓀*** 향풀 이름 손 | [간]荪

[중]sūn(쑨) [일]ソン
[풀이] 향풀 이름. 창포의 한 가지.

10 14 **蒐***1 ❶모을 수 ❷꼭두서니 수 | 蒐

[중]sōu(써우) [일]シュウ/あつめる
[영]collect
[풀이] ❶모으다. 수집(蒐集)함. ❷①꼭두서니. ②사냥하다.
〔蒐集 수집〕 여러 가지를 찾아 모음.

10 14 **蓚*** 수산 수

[중]sǒu(서우) [일]シュウ [영]oxalic acid
[풀이] 수산(蓚酸). 옥살산.

10 14 **蓍*** 시초 시

[중]shī(°쓰) [일]シ/めどはぎ
[풀이] ①시초(蓍草). 콩과의 여러해살이풀. ②점대. 서죽(筮竹).

10 14 **蒔*** 모종 낼 시 | [간]莳 蒔

[중]shì(°쓰) [일]シ/うえる

풀이 ①모종을 내다. 옮겨 심음. ②세우다. 심음.

10 14 **蒻** 부들 **약** 蒻

㊥ruò(°루어) ㊐ジャク
풀이 ①부들. 어린 부들. ②구약(蒟蒻)의 알뿌리.

10 14 **蓐** 자리 **욕** 蓐

㊥rù(°루) ㊐ジョク/しとね ㊎mat
풀이 ①자리. 깔개. ②거적. 거적자리. ③산실(產室).
〔蓐瘡 욕창〕 오래 병상에서 지내는 환자의, 자리에 닿은 곳의 살이 짓물러서 생기는 종기.
◢產蓐(산욕)

10 14 *1 **蓉** 연꽃 **용** 蓉

㊥róng(°룽) ㊐ヨウ
풀이 ①연꽃. ‖芙蓉(부용). ②목련. ‖木芙蓉(목부용).
◢芙蓉(부용)

10 14 **3-II **蒸** 찔 **증** 통 烝 蒸

丶 丷 艹 芓 芽 菉 菉 蒸 蒸

㊥zhēng(°쩡) ㊐ジョウ/むす ㊎steam
자원 **형성자.** 艸(초)는 의미를 나타내고 烝(증)은 음을 나타냄.
풀이 ①찌다. ②덥다. ‖蒸炎(증염). ③무리. 많음.
〔蒸氣 증기〕 ①수증기. ②액체가 증발하거나 고체가 승화하여 생긴 기체.
〔蒸溜 증류〕 액체를 가열하여 생긴 기체를 냉각하여 다시 액체로 만드는 일.
〔蒸發 증발〕 ①액체가 기체로 변하는 일. ②갑자기 사라져서 어디에 있는지 모름.
〔蒸散 증산〕 식물체 안의 물이 수증기가 되어 밖으로 배출되는 현상.
◢燻蒸(훈증)

10 14 * **蓁** 우거질 **진** 蓁

㊥zhēn(°쩐) ㊐シン ㊎exuberant
풀이 우거지다. 풀이 우거진 모양.

10 14 **3-II **蒼** 푸를 **창** 간 苍 蒼

丶 丷 艹 艾 芩 苍 苍 蒼 蒼

㊥cāng(창) ㊐ソウ ㊎blue
자원 **형성자.** 艸(초)는 의미를 나타내고 倉(창)은 음을 나타냄.
풀이 ①푸르다. ‖蒼苔(창태). ②우거지다. ‖蒼生(창생). ③늙은 모양. ‖老蒼(노창). ④허둥지둥 당황해하는 모양. ‖蒼黃(창황).
〔蒼空 창공〕 푸른 하늘. 蒼天(창천).
〔蒼茫 창망〕 넓고 멀어서 아득한 모양. 滄茫(창망).
〔蒼白 창백〕 얼굴이 푸른 기가 돌 만큼 해쓱함.
〔蒼生 창생〕 세상의 모든 사람. 萬民(만민). 蒼氓(창맹).
〔蒼然 창연〕 ①푸른 모양. ②해질 무렵의 어두컴컴한 모양. ③물건이 오래되어 예스러운 느낌이 은근한 모양. ‖古色蒼然(고색창연).
〔蒼蒼 창창〕 ①하늘·숲 등이 매우 푸른 모양. ②앞날이 환히 트이고 희망이 넘치는 모양.
〔蒼天 창천〕 ➡蒼空(창공).
〔蒼黃 창황〕 허둥지둥하는 모양. 倉皇(창황).
◢穹蒼(궁창)/鬱蒼(울창)

10 14 **4-II **蓄** 쌓을 **축** 蓄

丶 丷 艹 芓 苦 菩 蓄 蓄

㊥xù(쒸) ㊐チク/たくわえる
자원 **회의 겸 형성자.** 艸(풀 초)와 위와 장의 상형자인 畜(축)이 합쳐진 자. 본래 '쌓다'를 나타내던 畜이 '가축'의 뜻으로 쓰이게 되자 그 본뜻을 보존하기 위해 艸를 덧붙여 만든 자임(소는 위에 풀 따위의 음식물을 저장했다가 되새김질을 함). 艸는 의미를 나타내고 畜은 의미와 음을 겸하여 나타냄.
풀이 ①쌓다. ‖備蓄(비축). ②모으다. ‖蓄財(축재). ③기르다. 양성함.
〔蓄膿症 축농증〕 콧속에 고름이 괴는 병.
〔蓄音器 축음기〕 레코드에서 녹음한 음을 재생하는 장치.
〔蓄財 축재〕 부정한 방법으로 재물을 모아 가짐.
〔蓄積 축적〕 많이 모아서 쌓음.
〔蓄電器 축전기〕 도체(導體)에 많은 양의 전기를 모으는 장치.
〔蓄妾 축첩〕 첩을 둠.
◢備蓄(비축)/餘蓄(여축)/蘊蓄(온축)/貯蓄(저축)/電蓄(전축)/含蓄(함축)

10 14 *1 **蒲** 부들 **포** 蒲

㊥pú(푸) ㊐ホ/がま
풀이 ①부들. 향포(香蒲). ‖蒲葦(포위). ②창포(菖蒲).

〔蒲團 포단〕 ①승려가 좌선할 때 쓰는 부들로 만든 깔개. ②요.
〔蒲席 포석〕 부들로 만든 자리.
◪菖蒲(창포)

10 14 **蓖** 아주까리 **피·비** | 蓖

[중]bì(삐) [일]ヒ
[풀이] 아주까리. 피마자.
〔蓖麻子 피마자〕 ①대극과의 한해살이풀. 아주까리. ②아주까리의 씨.
〔蓖麻子油 피마자유〕 피마자 열매의 씨로 짠 기름.

10 14 * **蒿** 쑥 **호** | 蒿

[중]hāo(하오) [일]コウ [영]mugwort
[풀이] ①쑥. ②김이 오르다. ③지치다.

11 15 ★*3-Ⅱ **蓮** 연밥 **련** | 蓮

丶 艹 芇 苩 萓 莗 蓮 蓮

[중]lián(리엔) [일]レン/はす [영]lotus
[자원] **형성자.** 艸(초)는 의미를 나타내고 連(련)은 음을 나타냄.
[풀이] ①연밥. 연실(蓮實). ‖蓮子(연자). ②연. ‖蓮塘(연당).
〔蓮根 연근〕 연의 뿌리.
〔蓮實 연실〕 연의 열매. 연밥. 蓮子(연자).
〔蓮肉 연육〕 연밥의 살. 한약재로 씀.
〔蓮座 연좌〕 연꽃 모양으로 만든 불상(佛像)의 자리. 蓮花座(연화좌).
〔蓮池 연지〕 연꽃을 심은 못. 연못. 蓮塘(연당).
〔蓮花 연화〕 연꽃. 蓮華(연화).
◪木蓮(목련)/白蓮(백련)/睡蓮(수련)

11 15 * **蓼** ❶여뀌 **료*** ❷장대할 **륙** | 蓼

[중]liǎo(리아오), lù(루)
[일]リョウ, リク/たで
[풀이] ❶여뀌. 마디풀과의 한해살이풀. ❷장대하다. 큼.
〔蓼花 요화〕 여뀌의 꽃.

11 15 * **蔞** ❶쑥 **루*** ❷상여 장식 **류** | [간]蒌

[중]lóu(러우), liǔ(리우) [일]ル, ロウ
[풀이] ①쑥. ②상여 장식. 상여에 다는 새깃 장식.

11 15 **蔆** 마름 **릉** | [통]菱 蔆

[중]líng(링) [일]リョウ/ひし
[풀이] ①마름. 물풀의 이름. [같]菱. ②모. 모남. [통]棱.

15 **薐** 蔆(릉)과 동자 →654쪽

15 **蔴** 麻(마)의 속자 →841쪽

11 15 *1 **蔓** 덩굴 **만** | 蔓

[중]wàn(완), màn(만) [일]マン/つる
[영]vine
[풀이] ①덩굴. 덩굴풀의 총칭. ‖蔓草(만초). ②퍼지다. 만연(蔓延)함.
〔蔓生 만생〕 식물의 줄기가 덩굴로 자람.
〔蔓性 만성〕 덩굴성.
〔蔓延 만연〕 ①식물의 줄기가 널리 뻗음. ②전염병이나 나쁜 현상이 널리 퍼짐. 蔓衍(만연).
〔蔓草 만초〕 덩굴풀.

11 15 *2 **蔑** 업신여길 **멸** | 蔑

[중]miè(미에) [일]ベツ/さげすむ
[영]condemn
[풀이] ①업신여기다. 깔봄. ‖蔑視(멸시). ②없다.
〔蔑視 멸시〕 업신여기거나 깔봄.
◪輕蔑(경멸)/陵蔑(능멸)/侮蔑(모멸)

11 15 * **蔔** 무 **복** | [간]卜 蔔

[중]bo(보) [일]フク [영]radish
[풀이] 무. 십자화과의 한해살이풀 또는 두해살이풀. [같]菔.
◪蘿蔔(나복)

11 15 *2 **蓬** 쑥 **봉** | 蓬

[중]péng(펑) [일]ホウ/よもぎ [영]mugwort
[풀이] ①쑥. ②흐트러지다. ‖蓬髮(봉발). ③무성한 모양.
〔蓬頭亂髮 봉두난발〕 쑥대강이같이 마구 흐트러진 머리털.
〔蓬髮 봉발〕 텁수룩하게 흐트러진 머리털.
〔蓬室 봉실〕 ①《'쑥으로 지붕을 인 집'이라는 뜻으로》 가난한 집. ②자기 집의 겸칭.
〔蓬蒿 봉호〕 국화과의 여러해살이풀. 쑥.

11 15 **蓰** 다섯 곱 **사** | 蓰

[중]xǐ(시) [일]シ

풀이 다섯 곱. 5배(倍).

11 *2 **蔘** 인삼 **삼** 간 参
15

중shēn(°썬) 일シン 영ginseng
풀이 인삼(人蔘).
〔蔘圃 삼포〕 인삼을 재배하는 밭. 삼밭. 蔘場(삼장).
◢乾蔘(건삼)/童蔘(동삼)/尾蔘(미삼)/白蔘(백삼)/山蔘(산삼)/水蔘(수삼)/人蔘(인삼)/海蔘(해삼)/紅蔘(홍삼)

11 * **蔎** 향기로울 **설*** **살**
15

중shè(°써) 일セツ, サツ 영aromatic
풀이 ①향기롭다. ②향기로운 풀.

11 ★*3 **蔬** 나물 **소**
15

중shū(°쑤) 일ソ 영vegetable
자원 **형성자.** 艸(초)는 의미를 나타내고 疏(소)는 음을 나타냄.
풀이 ①나물. ‖菜蔬(채소). ②거칠다. 거칠게 찧음.
〔蔬食 소사〕 채소 반찬뿐인 밥.
〔蔬菜 소채〕 심어 가꾸는 온갖 푸성귀와 나물의 총칭. 채소.
◢菜蔬(채소)

11 **蓿** 거여목 **숙**
15

중xū(쒸) 일シュク
풀이 거여목. 콩과의 두해살이풀.

11 * **蓴** 순채 **순**
15

중chūn(°춘) 일シュン
풀이 순채(蓴菜).
〔蓴羹鱸膾 순갱노회〕 《중국 진(晉)나라의 장한(張翰)이 자기 고향의 명물인 순챗국과 농어회를 먹으려고 관직을 사퇴하고 고향으로 돌아갔다는 고사에서》 고향을 잊지 못하고 그리워하는 정.
〔蓴菜 순채〕 수련과의 여러해살이 물풀.

11 * **蓺** 심을 **예**
15

중yì(이) 일ゲイ/うえる 영plant
풀이 ①심다. ②다하다. 끝남.

11 *2 **蔚** ❶고을 이름 **울** ❷제비쑥 **위**
15

중wèi(웨이), yù(위) 일ウツ
풀이 ❶①고을 이름. ②초목이 우거진 모양. ‖蔚然(울연). ❷제비쑥.
〔蔚然 울연〕 ①나무가 무성한 모양. ②크게 성한 모양.

11 *1 **蔭** 덕택 **음** 간 荫
15

중yìn(인) 일イン 영shade
풀이 ①덕택(德澤). ‖蔭德(음덕). ②그늘. ③덮다. 숨김. 감쌈.
〔蔭官 음관〕 조상의 공덕(功德)으로 얻은 벼슬.
〔蔭德 음덕〕 ①조상의 덕. ②남몰래 베푸는 선행(善行). 陰德(음덕).

11 *1 **蔗** 사탕수수 **자**
15

중zhè(°쩌) 일ショ 영sugar cane
풀이 사탕수수. 감자(甘蔗).
〔蔗糖 자당〕 사탕수수로 만든 설탕. 수크로스.

11 *2 **蔣** 줄 **장** 간 蒋
15

중jiǎng(지앙) 일ショウ/まこも
풀이 줄. 볏과의 여러해살이풀. ‖蔣茅(장모).

11 * **蔯** 더위지기 **진**
15

중chén(°천) 일チン, ジン
풀이 더위지기. 사철쑥.

11 *2 **蔡** 거북 **채**
15

중cài(차이) 일サイ
풀이 ①거북. 점치는 데에 쓰는 큰 거북. ②나라 이름. 주대(周代)의 나라.

11 **蔕** ❶꼭지 **체** 본제 ❷작은 가시 **체**
15

중dì(띠) 일タイ, テイ
풀이 ❶꼭지. 열매의 꼭지. ❷작은 가시. 조그만 장애물.

* **蔥** 葱(총)의 고자 →651쪽
15

11 **蓽** 필발 **필** 간 荜
15

중bì(삐) 일ヒツ
풀이 필발(蓽茇). 후춧과의 풀.

6획

12 蕎* 메밀 교 | 蕎
16

중qiáo(치아오) 일キョウ/そば
영buckwheat

풀이 메밀.
〔蕎麥 교맥〕 메밀.

12 蕨* 고사리 궐 | 蕨
16

중jué(쥐에) 일ケツ/わらび
영bracken

풀이 고사리.
〔蕨菜 궐채〕 ①고사릿과의 여러해살이 풀. 고사리. ②고사리나물.

12 蕁* ❶지모 담* ❷쐐기풀 심 | 간 荨
16

중tán(탄), qián(치엔) 일タン, ジン

풀이 ❶지모(知母). 백합과의 여러해살이풀. ❷쐐기풀.

12 蕪*1 거칠 무 | 간 芜 蕪
16

중wú(우) 일ブ/あれる 영rough

풀이 ①거칠다. ‖荒蕪地(황무지). ②순무. ‖蕪菁(무정).

12 蕃*1 우거질 번 | 蕃
16

중fán(°판) 일ハン, バン/しげる

풀이 ①우거지다. 무성함. ②붇다. 늘어남. ‖蕃殖(번식). ③울타리. ④오랑캐. 부속(附屬).
〔蕃國 번국〕 오랑캐 나라. 번방(蕃邦).
〔蕃茂 번무〕 초목이 무성함.
〔蕃盛 번성〕 ①한창 성하게 일어나 퍼짐. ②초목이 무성함. 蕃茂(번무).
〔蕃殖 번식〕 불어나 퍼짐. 繁殖(번식).
〔蕃人 번인〕 야만인.
〔蕃族 번족〕 ①자손이 많아 번성한 집안. ②대만의 원주민. 高山族(고산족).

12 蕡 열매 많을 분·번 | 본 蕡 간 蒉 蕡
16

중fén(°펀) 일フン

풀이 열매가 많다.

12 蕣* 무궁화 순 |
16

중shùn(°쑨) 일シュン/むくげ

12 蕊* 꽃술 예 | 속 蘂 蕊
16

중ruǐ(°루에이) 일ズイ/しべ

풀이 ①꽃술. ②꽃봉오리.
◢雄蕊(웅예)/雌蕊(자예)/花蕊(화예)

12 蕓* 평지 운 | 간 芸
16

중yún(윈) 일ウン 영rape

풀이 평지. 유채(油菜).

12 蔿* 애기풀 위 | 간 芳
16

중wěi(웨이) 일セキ

풀이 ①애기풀. ②고을 이름. 초(楚)나라의 읍 이름.

12 蕉*1 파초 초 | 蕉
16

중jiāo(찌아오) 일ショウ/ばしょう
영plantain

풀이 파초(芭蕉).
〔蕉葉 초엽〕 기둥이나 벽에 박아 선반 등을 받치게 된 널조각.
◢芭蕉(파초)

12 蕩*1 쓸어 없앨 탕 | 간 荡 蕩
16

중dàng(땅) 일トウ

풀이 ①쓸어 없애다. 소탕함. ‖掃蕩(소탕). ②움직이다. ③흩어지다. ④방자(放恣)하다. ⑤크다. 넓음.
〔蕩減 탕감〕 빚·세금 등을 다 감해 줌.
〔蕩兒 탕아〕 방탕한 사나이. 난봉꾼. 蕩子(탕자).
〔蕩盡 탕진〕 ①재물 따위를 다 써서 없앰. 蕩渴(탕갈). 蕩敗(탕패). ②시간·힘·정열 등을 헛되이 다 써 버림.
〔蕩平 탕평〕 어느 쪽에도 치우침이 없이 공평함.
◢弄蕩(농탕)/放蕩(방탕)/焚蕩(분탕)/掃蕩(소탕)/淫蕩(음탕)/佚蕩(질탕)/浩蕩(호탕)

12 蔽★*3 가릴 폐 | 蔽
16

丶 十 艹 芇 芇 蔽 蔽 蔽

중bì(삐) 일ヘイ/おおう 영conceal

자원 **형성자.** 艸(초)는 의미를 나타내고 敝(폐)는 음을 나타냄.

풀이 ①가리다. 가림. ②가리개.
〔蔽一言 폐일언〕 한마디로 휩싸서 말함.
◢掩蔽(엄폐)/隱蔽(은폐)

12 蕙* 향풀 이름 혜 | 蕙
16

중huì(후에이) 일ケイ

풀이 ①향풀 이름. 난초의 일종. ②아름답다. ‖蕙心(혜심).
〔蕙蘭 혜란〕 난초의 하나.

13 17 **薑** 생강 **강** 간 姜 薑

중jiāng(찌앙) 일キョウ/しょうが 영ginger
풀이 생강.
◢乾薑(건강)/生薑(생강)

13 17 **蕾** 꽃봉오리 **뢰** 蕾

중lěi(레이) 일ライ/つぼみ

13 17 **薐** 시금치 **릉** 薐

중léng(렁) 일ロウ/ほうれんそう
풀이 시금치. ‖菠薐菜(파릉채).

13 17 **薇** 고비 **미** 薇

중wēi(웨이) 일ビ/ぜんまい 영osmunda
풀이 ①고비. 양치식물 고빗과의 여러해살이풀. ②장미.
◢薔薇(장미)

13 17 **薄** 엷을 **박** 薄

중bāo(바오), bō(보) 일ハク/うすい 영thin
자원 **형성자.** 艸(초)는 의미를 나타내고 溥(부)는 음을 나타냄.
풀이 ①엷다. ‖薄氷(박빙)/薄明(박명). ②적다. ‖薄俸(박봉). ③메마르다. ㉮토질이 나쁘다. ‖薄土(박토). ㉯정(情)이 없다. ‖刻薄(각박). ④가볍다. ⑤가까이하다. 접근함.
〔薄待 박대〕 사람을 무시하여 소홀하게 대접함. 푸대접. ↔厚待(후대).
〔薄德 박덕〕 덕이 적음.
〔薄利多賣 박리다매〕 이익을 적게 보고 많이 팖.
〔薄明 박명〕 해가 뜨기 전이나 해가 진 후의 어슴프레한 상태.
〔薄命 박명〕 ①사람의 수명이 짧음. ②복이 없고 팔자가 사나움.
〔薄暮 박모〕 해가 진 뒤 어스레한 동안. 땅거미.
〔薄福 박복〕 복이 없음. ↔多福(다복).
〔薄俸 박봉〕 적은 봉급. 薄給(박급).
〔薄氷 박빙〕 ①살얼음. ②근소한 차이의 비유.
〔薄色 박색〕 아주 못생긴 얼굴. 또는, 그런 여자.
〔薄弱 박약〕 ①굳세지 못하고 약함. ②뚜렷하지 않음.
〔薄情 박정〕 인정이 없음. ↔多情(다정).
〔薄酒 박주〕 ①맛이 좋지 못한 술. ②남에게 대접하는 술의 겸칭.
〔薄土 박토〕 메마른 땅.
〔薄片 박편〕 얇은 조각.
〔薄荷 박하〕 꿀풀과의 여러해살이풀.
◢刻薄(각박)/輕薄(경박)/浮薄(부박)/疏薄(소박)/野薄(야박)/肉薄(육박)/瘠薄(척박)/淺薄(천박)/稀薄(희박)

17 **蕡** 蕡(분·번)의 본자 →656쪽

13 17 **薛** 쑥 **설** 薛

중xuē(쒸에) 일セツ/かわらよもぎ
풀이 ①쑥. 맑은대쑥. ②향부자(香附子). ③나라 이름.

13 17 **蕭** 쑥 **소** 간 萧 蕭

중xiāo(씨아오) 일ショウ/かわらよもぎ 영mugwort
풀이 ①쑥. 맑은대쑥. ②쓸쓸하다. 고적한 모양. ‖蕭寥(소요).
〔蕭瑟 소슬〕 가을바람이 쓸쓸하게 부는 모양.

13 17 **薪** 섶나무 **신** 薪

중xīn(씬) 일シン/たきぎ 영brushwood
풀이 섶나무. 땔나무.
〔薪水 신수〕 땔나무와 마실 물. 柴水(시수).
〔薪炭 신탄〕 땔나무와 숯. 柴炭(시탄).

17 **薬** 藥(약)의 속자 →659쪽

13 17 **薏** 율무 **억** **의** 薏

중yì(이) 일ヨク, イ/はとむぎ
풀이 ①율무. ‖薏苡(의이). ②연밥. 연실(蓮實). 연자(蓮子).

13 17 **蕷** 참마 **여** 간 蓣 蕷

중yù(위) 일ヨ/やまのいも
풀이 참마. 맛과의 덩굴성 여러해살이풀.

13 17 **薀** ❶붕어마름 **온** ❷쌓을 **온** 본**운** 薀

중wēn(원)
일オン, ウン/きんぎょも, つむ
풀이 ❶붕어마름. 붕어마름과의 여러해살이 물풀. ❷쌓다.
〔薀蓄 온축〕 ①속에 깊이 쌓아 둠. ②오랜 연구로 학식을 많이 쌓음.

13 17 **薔** *1 장미 **장** 간薔 薔

중qiáng(치앙) 일ショウ/ばら 영rose
풀이 장미.
〔薔薇 장미〕 장미과의 낙엽 관목.

17 **藏** 藏(장)의 약자 →659쪽

13 17 **薦** ★*3 천거할 **천** 간荐 薦

丶 ⺾ 艹 芦 荐 荐 薦 薦

중jiàn(찌엔) 일セン/すすめる
영recommend
금 전 자원 **회의자.** 금문은 전설상의 짐승인 해태 한 마리와 그 주위에 풀이 무성한 모습을 나타냄. 본뜻은 '짐승이 먹는 풀'이나 의미가 확대되어 '그 풀로 만든 돗자리', '신에게 제수를 올리다', '추천하다' 등을 뜻함.
풀이 ①천거하다. 추천함. ‖推薦(추천). ②올리다. 드림. ③풀.
〔薦擧 천거〕 사람을 어떤 자리에 쓰도록 소개하거나 추천함.
〔薦新 천신〕 햇곡식이나 과일을 신(神)에게 먼저 올리는 일.
◢公薦(공천)/落薦(낙천)/自薦(자천)/推薦(추천)/他薦(타천)

13 17 **薙** ❶풀 벨 **체** ❷백목련 **치** 薙

중tì(티), zhì(°쯔) 일テイ, チ/なぐ
영mow
풀이 ❶풀을 베다. ㉮풀을 옆으로 후려쳐 베다. ㉯털을 깎다. ❷백목련.

13 17 **薤** 염교 **해·혜** 薤

중xiè(씨에) 일カイ, ケイ/らっきょう
영shallot
풀이 염교. 백합과의 여러해살이풀.
〔薤露歌 해로가〕 상여가 나갈 때 부르는 노래. 사람의 목숨이 부추 위의 이슬과 같아서 쉽사리 말라 없어진다는 뜻의 가사와 구슬픈 곡조로 되어 있음.

13 17 **薨** * ❶죽을 **훙*** 본**홍** ❷많을 **횡** 薨

중hōng(훙) 일コウ/しぬ, おおい
영death
풀이 ❶죽음. 제후(諸侯)의 죽음. ❷①많다. 떼 지어 모인 모양. ②빠르다.
〔薨逝 훙서〕 왕공(王公)이나 귀인(貴人)의 죽음의 존칭. 薨去(훙거).

14 18 **藁** * 짚 **고** 藁

중gǎo(가오) 일コウ/わら 영straw
풀이 ①짚. 볏짚. ‖席藁待罪(석고대죄). ②원고(原稿). 글·문서의 초안(草案). 같稿.

14 18 **藍** *2 쪽 **람** 간蓝 藍

丶 ⺾ 芦 芦 茈 茈 藍 藍

중lán(란) 일ラン/あい 영indigo
자원 **형성자.** 艸(초)는 의미를 나타내고 監(감)은 음을 나타냄.
풀이 ①쪽. 마디풀과의 한해살이풀. ②쪽빛. ‖藍色(남색). ③누더기. ④절. 사찰(寺刹). ‖伽藍(가람).
〔藍色 남색〕 청색과 보라색의 중간색.
〔藍青 남청〕 짙푸른 색깔.
◢伽藍(가람)/青出於藍(청출어람)

14 18 **藐** ❶멀 **막** ❷작을 **묘** 藐

중mò(모), miǎo(미아오)
일バク, マク, ビョウ/とおい, ちいさい
풀이 ❶멀다. 아득함. 넓음. ❷①작다. ②업신여기다.

14 18 **薩** *1 보살 **살** 간萨 薩

중sà(싸) 일サツ
풀이 보살.
◢菩薩(보살)

14 18 **薯** *1 마 **서** 薯

중shǔ(°수) 일ショ/やまのいも
풀이 ①마. 맛과의 여러해살이풀. 같藷. ‖薯蕷(서여). ②고구마.

14 18 **藇** * ❶고울 **서*** ❷참마 **여** 藇

중xù(쉬), yù(위)
일ショ, ヨ/うつくしい
풀이 ❶곱다. ❷참마. 맛과의 여러해살이 덩굴풀.

6획

14 **藎** * [1]나아갈 **신***
18 [2]풀 이름 **진**

[중]jìn(찐) [일]シン, ジン/すすむ
[풀이] [1]나아가다. [2]풀 이름.

14 **藉** *1 [1]깔개 **자** [2]짓밟을 **적**
18 [간]借 藉

[중]jiè(찌에), jí(지)
[일]シャ, セキ/しきもの, たすける
[영]mat
✎ 籍(적:574쪽)은 딴 자.
[풀이] [1]①깔개. ②빌리다. ㉮차용(借用)하다. ㉯핑계 삼다. 빙자함. ③위로하다. ‖慰藉(위자). ④흐트러지다. ‖狼藉(낭자). [2]①짓밟다. ②적전(藉田).
〔藉藉 자자〕 여러 사람의 입에 오르내려 떠들썩함.
〔藉托 자탁〕 다른 구실을 내세워 핑계를 댐.
◢狼藉(낭자)/憑藉(빙자)/慰藉(위자)

14 **藏** ★*3-Ⅱ [1]감출 **장** [2]곳집 **장**
18 [약]藏 藏

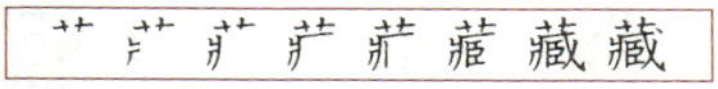

[중]cáng(창), zàng(짱)
[일]ゾウ/かくす, くら [영]conceal
[자원] **형성자.** 艸(초)는 의미를 나타내고 臧(장)은 음을 나타냄.
[풀이] [1]①감추다. 간직함. [통]臧. ‖祕藏(비장). ②저장하다. ‖貯藏(저장). [2]①곳집. 창고. ‖經藏(경장). ②불경(佛經). ‖大藏(대장).
〔藏書 장서〕 책을 간직하여 둠. 또는, 그 책. ‖藏書閣(장서각).
◢內藏(내장)/冷藏(냉장)/埋藏(매장)/祕藏(비장)/死藏(사장)/所藏(소장)/愛藏(애장)/貯藏(저장)/包藏(포장)

14 **薺** * 냉이 **제**
18 [간]荠

[중]jì(찌) [일]セイ, ザイ/なずな
[영]shepherd's purse
[풀이] 냉이. 십자화과의 두해살이풀.

14 **薰** *2 향풀 **훈**
18 [통]勳 薰

[중]xūn(쒼) [일]クン/かおる
[풀이] ①향풀. 향초(香草). ②향내 나다. 향기. ③그을다. 그스름. ④바람이 부는 모양. ‖薰風(훈풍). ⑤훈자(薰炙)하다. 선도함. 감화함. ⑥온화하다.
〔薰氣 훈기〕 ①훈훈한 기운. ②인정으로 생기는 훈훈한 분위기의 비유. 훈김.
〔薰陶 훈도〕 학문이나 덕으로 사람을 감화함.
〔薰藥 훈약〕 불에 태워 그 기운을 쐬어 병을 치료하는 약.
〔薰育 훈육〕 품성이나 도덕 등을 가르쳐 기름.
〔薰蒸 훈증〕 찌는 듯이 무더움.
〔薰風 훈풍〕 초여름에 부는 훈훈한 바람.
〔薰薰 훈훈〕 ①기분 좋을 정도로 따뜻한 모양. ②마음을 감싸 주는 따스한 느낌이 있는 모양.
◢餘薰(여훈)/香薰(향훈)

19 **藁** 稿(고)와 동자 →557쪽

15 **藤** *2 등나무 **등**
19 藤

[중]téng(텅) [일]トウ/ふじ [영]rattan
[풀이] ①등나무. ②덩굴. 등나무 덩굴.
〔藤架 등가〕 기둥을 세우고 그 위에 나무를 걸쳐 등나무 덩굴을 올리게 된 것.
◢葛藤(갈등)

15 **藜** * 명아주 **려**
19 藜

[중]lí(리) [일]レイ/あかざ [영]goosefoot
[풀이] 명아주. 명아줏과의 한해살이풀. ‖青藜杖(청려장).

15 **藩** *1 울 **번**
19 藩

[중]fān(°판) [일]ハン/まがき [영]hedge
[풀이] ①울. 울타리. ‖藩籬(번리). ②경계. 한계. ③왕후(王侯)의 영토. 변방을 지키는, 왕가의 부용국(附庸國).
〔藩國 번국〕 제후의 나라. 藩邦(번방).
〔藩邦 번방〕 ➡藩國(번국).

15 **藪** * 늪 **수**
19 [간]薮

[중]sǒu(서우) [일]ソウ, ス
[풀이] ①늪. 못. ②덤불.

15 **藥** ☆*6 약 **약**
19 [속]薬 [간]药 藥

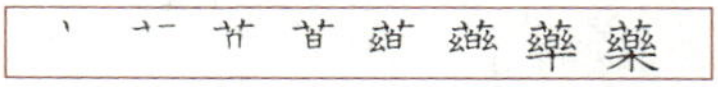

[중]yào(야오) [일]ヤク/くすり [영]drug
[자원] **형성자.** 艸(초)는 의미를 나타내고 樂(악)은 음을 나타냄.
[풀이] ①약. ㉮병을 고치는 데에 효과가 있는 것의 총칭. ㉯화약. ‖裝藥(장약). ②독(毒).
〔藥果 약과〕 ①밀가루를 반죽하여 판에 박거나 네모꼴로 썰어 기름에 튀겨 꿀이나 물엿을 바른, 우리나라 고유의 과자. 과줄. ②다른 것과 비교하면 그

6획

쯤은 아무것도 아님.
〔藥局 약국〕 약사가 의사의 처방에 따라 약을 조제하거나 의약품을 판매하는 곳.
〔藥物 약물〕 약의 재료가 되는 물질.
〔藥房 약방〕 ①'약국(藥局)'의 이칭. ②약사가 없이 약종상 면허만으로 양약을 소매하는 가게. 藥鋪(약포). ③지난날, 한약국을 이르던 말.
〔藥方文 약방문〕 한방에서, 약을 짓기 위해 약재의 이름과 약의 분량을 적은 종이.
〔藥師 약사〕 ①자격증을 가지고 의사의 처방에 따라 약을 조제하거나 의약품을 판매하는 사람. 藥劑師(약제사). ②중생을 질병에서 구원해 준다는 부처. 藥師瑠璃光如來(약사유리광여래).
〔藥石 약석〕 ①《'약과 침'이라는 뜻으로》 여러 가지 약의 총칭. 또는, 온갖 치료. ② ➡藥石之言(약석지언).
〔藥石之言 약석지언〕 남을 훈계하여 그 잘못을 고치게 하는 말. 藥石(약석).
〔藥水 약수〕 약효가 있는 물.
〔藥食 약식〕 약밥.
〔藥用 약용〕 약으로 씀.
〔藥材 약재〕 약을 만드는 재료.
〔藥劑 약제〕 여러 가지 약재를 섞어 조제한 약.
〔藥酒 약주〕 ①약술. ②맑은술. ③술을 점잖게 이르는 말.
〔藥草 약초〕 약으로 쓰는 풀. 약풀.
〔藥湯 약탕〕 ①달여 먹는 약. 湯藥(탕약). ‖藥湯器(약탕기). ②약재를 넣어 끓인 욕탕(浴湯).
〔藥圃 약포〕 약초를 심어 가꾸는 밭.
〔藥品 약품〕 약을 물품으로서 이르는 말.
〔藥學 약학〕 약품의 화학적 성질·제법·효능 등의 기술과 이론을 연구하는 학문.
〔藥效 약효〕 약의 효력.
◪膏藥(고약)/劇藥(극약)/農藥(농약)/毒藥(독약)/痲藥(마약)/賣藥(매약)/妙藥(묘약)/百藥(백약)/補藥(보약)/服藥(복약)/死藥(사약)/生藥(생약)/新藥(신약)/眼藥(안약)/良藥(양약)/洋藥(양약)/靈藥(영약)/釉藥(유약)/醫藥(의약)/製藥(제약)/坐藥(좌약)/齒藥(치약)/彈藥(탄약)/湯藥(탕약)/投藥(투약)/爆藥(폭약)/韓藥(한약)/火藥(화약)/丸藥(환약)

15 ☆✻4-Ⅱ
19 **藝** 재주 **예** | 통 埶 속 芸 간 艺 藝

丶 艹 芏 芸 蓺 蓺 藝 藝

중yì(이) 일ゲイ 영skill

갑 금 전 자원 **회의자.** 갑골문·금문은 사람이 꿇어앉아 두 손으로 나무를 심고 있는 모습을 나타냄. 소전에서 土(흙 토)가 더해져 땅에 나무를 심는다는 뜻을 강조했으며, 예서 이후에 艸(풀 초)가 더해졌고 사람의 구부린 다리 부분이 云(운) 자로 바뀜. 본뜻은 '심다'이나 뒷날 '기예', '재주' 등의 뜻이 생겨남.
풀이 ①재주. 기예. 재능. ‖藝術(예술). ②심다. 씨를 뿌림.
〔藝妓 예기〕 가무 따위의 예능을 익힌 기생.
〔藝能 예능〕 ①재주와 기능. ②연극·영화·음악·미술·무용 등의 총칭.
〔藝道 예도〕 기예(技藝)의 도(道).
〔藝名 예명〕 예능인이 본명 외에 따로 가진 이름.
〔藝術 예술〕 ①학예(學藝)와 기술. ②미(美)를 창작·표현하려는 활동. 또는, 그 작품.
〔藝人 예인〕 배우·가수 등 기예를 직업으로 하는 사람.
◪曲藝(곡예)/工藝(공예)/技藝(기예)/陶藝(도예)/武藝(무예)/文藝(문예)/書藝(서예)/手藝(수예)/演藝(연예)/園藝(원예)/學藝(학예)

15 ✻
19 **藕** 연뿌리 **우** | 藕

중ǒu(어우) 일グウ/はす
풀이 ①연뿌리. ②연(蓮).

16 ✻1
20 **藿** 콩잎 **곽** | 藿

중huò(후어) 일カク

16
20 **蘄** 바랄 **기** | 간 蕲 蘄

중qí(치) 일キ
풀이 바라다.

16 ✻2
20 **蘆** 갈대 **로** | 간 芦 蘆

중lú(루) 일ロ/あし 영reed
풀이 갈대. 패지 않은 갈대.
〔蘆笛 노적〕 갈댓잎을 말아서 만든 피리. 蘆管(노관).
〔蘆花 노화〕 갈대꽃.

16 ✻
20 **藺** 골풀 **린** | 간 蔺 藺

중lìn(린) 일リン/い 영rush
풀이 골풀. 등심초(燈心草).

16
20 **蘋** 마름 **빈** | 간 苹 蘋

중píng(핑) 일ヒン/うきくさ
영duckweed

풀이 마름. 바늘꽃과의 여러해살이 물풀.
〔蘋藻 빈조〕 물 위에 떠 있는 풀과 물 속에 잠겨 있는 풀.

★*3-Ⅱ 16/20 **蘇** 차조기 **소** 간 苏 蘇

丶 艹 苎 苏 蘇 蘇 蘇 蘇

중sū(쑤) 일ソ/しそ
자원 **형성자.** 艸(초)는 의미를 나타내고 穌(소)는 음을 나타냄.
풀이 ①차조기. 자소(紫蘇). ②깨어나다. 소생(蘇生)함. ③나라 이름. ‖蘇聯(소련).
〔蘇復 소복〕 원기가 회복됨.
〔蘇生 소생〕 다시 살아남. 甦生(소생).

16/20 **藹** 우거질 **애** 간 蔼 藹

중ǎi(아이) 일アイ/しげる
풀이 ①우거지다. ②번지르르하다. 윤택(潤澤)함. ‖藹然(애연).
〔藹藹 애애〕 ①초목이 무성한 모양. ②달빛이 희미한 모양. ③부드럽고 포근한 모양.

* 20 **蘂** 蕊(예)의 속자 →656쪽

*1 16/20 **蘊** 쌓을 **온** 간 蕴 蘊

중yùn(윈) 일ウン
풀이 ①쌓다. ②모으다. 저축함. ③깊은 속. 깊은 속내. ‖蘊奧(온오).
〔蘊奧 온오〕 학문·기예 등의 이치가 심오함.
〔蘊蓄 온축〕 지식·경험 등을 오랫동안 충실하게 쌓음.

* 16/20 **藷** ❶사탕수수 **저*** ❷참마 **서** 藷

중zhū(°쭈), shǔ(°수) 일ショ/さとうきび
풀이 ❶①사탕수수. ‖藷蔗(저자). ②고구마. ❷참마. 산약(山藥). 통薯.
〔藷芋 저우〕 고구마.

*1 16/20 **藻** 마름 **조** 藻

중zǎo(자오) 일ソウ/も
풀이 ①마름. 수조(水藻)의 총칭. ②문채가 있는 문장. 아름다운 표현. ‖詞藻(사조). ③꾸미다. 장식함.
〔藻類 조류〕 물풀의 총칭.
〔藻飾 조식〕 ①몸치장을 함. ②아름답고 훌륭한 말로 문장을 꾸밈.
◢詞藻(사조)/海藻(해조)

* 20 **勳** 薰(훈)과 동자 →659쪽

17/21 **蘧** ❶패랭이꽃 **거** ❷놀랄 **거** 蘧

중qú(취) 일キョ
풀이 ❶패랭이꽃. ❷놀라다.

★*3-Ⅱ 17/21 **蘭** 난초 **란** 간 兰 蘭

艹 𦫳 𦬇 芦 蔄 蔄 蘭 蘭

중lán(란) 일ラン
자원 **형성자.** 艸(초)는 의미를 나타내고 闌(란)은 음을 나타냄.
풀이 난초.
〔蘭交 난교〕 《'난의 향기와 같이 아름다운 사귐'이라는 뜻으로》 마음이 통하는 사람끼리의 친밀한 사귐. 金蘭之交(금란지교). 蘭契(난계).
〔蘭草 난초〕 난초과의 여러해살이풀.
〔蘭秋 난추〕 음력 7월의 이칭.
◢洋蘭(양란)/春蘭(춘란)/風蘭(풍란)/寒蘭(한란)

6획

* 17/21 **蘗** 황벽나무 **벽**

중bò(뽀) 일ハク
풀이 황벽나무. 운향과의 낙엽 활엽 교목.
◢黃蘗(황벽)

* 17/21 **蘚** 이끼 **선** 간 藓 蘚

중xiǎn(시엔) 일セン/こけ
풀이 이끼.
〔蘚苔 선태〕 관다발 조직이 발달하지 않은 식물의 총칭. 이끼. 苔蘚(태선).

* 17/21 **蘖** ❶그루터기 **얼*** ❷황벽나무 **벽**

중niè(니에), bò(뽀) 일ゲツ, ハク

* 17/21 **蘟** 인동덩굴 **은**

중yǐn(인) 일イン
풀이 인동덩굴. 인동.

* 19/23 **蘿** 여라 **라** 간 萝 蘿

중luó(루어) 일ラ/つた
풀이 ①여라(女蘿). 소나무겨우살이. ②

담쟁이덩굴.
〔蘿蔔 나복〕 무.
◢松蘿(송라)

19 **蘺** 천궁 **리** 간 蓠 蘺
23

중lí(리) 일リ/まがき
풀이 천궁(川芎). 미나릿과의 여러해살이풀.

虍部 범호엄

0 **虍** 범 무늬 **호**
6

중hū(후) 일コ
한자 부수의 하나. 부수 이름은 '범호엄'.
풀이 범의 무늬. 범 가죽의 무늬.

☆＊3-Ⅱ
2 **虎** 범 **호** 虎
8

丶 ⺊ 𠂉 广 卢 虍 虎 虎

중hǔ(후) 일コ/とら 영tiger
갑 금 자원 **상형자.** 갑골문은 위협적으로 입을 벌리고 있는 호랑이의 모습을 본뜬 자임.
풀이 ①범. ②용맹스럽다. ‖虎皮(호피). ③포학하다.
〔虎口 호구〕 ①(('범의 아가리'라는 뜻으로)) 매우 위태로운 처지나 형편. ②어수룩하여 이용하기 좋은 사람의 비유. ③바둑에서, 상대편의 돌이 삼각형으로 놓인 곳의 한가운데.
〔虎狼 호랑〕 (('범과 이리'라는 뜻으로)) 욕심이 많고 잔인한 사람.
〔虎尾難放 호미난방〕 ((한번 잡은 범의 꼬리는 놓기가 어렵다는 뜻으로)) 위험한 일에 손대어 그만두기도 어렵고 계속하기도 어려움.
〔虎班 호반〕 무관(武官)의 반열(班列). 武班(무반). 西班(서반).
〔虎父犬子 호부견자〕 (('아비는 범인데 새끼는 개'라는 뜻으로)) 훌륭한 아버지에 비하여 자식은 그렇지 못함.
〔虎死留皮 호사유피〕 ((호랑이는 죽어서 가죽을 남긴다는 뜻으로)) 사람은 죽어서 명예를 남겨야 한다는 말. ※豹死留皮(표사유피).
〔虎視眈眈 호시탐탐〕 ((범이 눈을 부릅뜨고 먹이를 노려본다는 뜻으로)) 남의 것을 빼앗기 위하여 형세를 살피며 가만히 기회를 엿봄.
〔虎皮 호피〕 범의 가죽.

◢猛虎(맹호)/白虎(백호)/飛虎(비호)/龍虎(용호)

＊2
3 **虐** 모질 **학** 본약 虐
9

중nüè(뉘에) 일ギャク/しいたげる
영cruel
전 자원 **회의자.** 소전은 虍(범 호)와 爪(발톱 조)와 人(사람 인)이 합쳐진 자로, 범이 발톱을 세워 사람을 할퀴는 모습을 나타냄. 이후 人이 없어져 현재의 자형이 됨.
풀이 모질다. ㉮못되게 굴다. 학대함. ‖暴虐(포학). ㉯해치다. 괴롭힘. ‖殘虐(잔학).
〔虐待 학대〕 사람이나 동물을 심하게 괴롭힘.
〔虐殺 학살〕 잔인하게 죽임.
〔虐政 학정〕 백성을 괴롭히는 포학한 정치. 苛政(가정). 暴政(폭정).
◢苛虐(가학)/自虐(자학)/殘虐(잔학)/貪虐(탐학)/暴虐(포학)

＊1
4 **虔** 삼갈 **건** 虔
10

중qián(치엔) 일ケン/つつしむ
영sincere
풀이 삼가다. 통謹.
〔虔肅 건숙〕 경건하고 엄숙함.
◢敬虔(경건)

☆＊4-Ⅱ
5 **處** ❶머무를 **처** ❷곳 **처** 약 処 간 处 處
11

丶 𠂉 广 卢 虍 虍 虔 處

중chǔ, chù(°추) 일ショ/おる
영stay, place
금 전 자원 **형성자.** 금문은 사람이 탁자에 기대어 쉬고 있는 모습을 나타낸 회의자이고 소전은 사람이 夂(뒤져올 치)로 바뀌어 발을 뻗고 있음을 나타낸 회의자임. 이후 虍(호)가 덧붙어 음을 나타냄으로써 형성자가 됨. 본뜻은 '멈추다'.
풀이 ❶①머무르다. ㉮살다. ‖處世(처세). ㉯시집가지 않고 있다. ‖處子(처자). ②처분하다. 부침. ‖處刑(처형). ③정하다. 결정함. ‖處理(처리). ❷곳. ㉮장소. ‖勤務處(근무처). ㉯위치. 지위.
〔處決 처결〕 결정하여 조처함.
〔處女 처녀〕 ①아직 결혼하지 않은 여자. ②아직 남자와 성교를 한 적이 없는 여자.
〔處斷 처단〕 결단을 내려 처치하거나 처분함.
〔處理 처리〕 일을 절차에 따라 다루어 마무리함.

〔處方 처방〕 ①병(病)의 증세에 맞추어 약을 조제하는 방법. ②사물을 처리하는 방법.
〔處罰 처벌〕 벌을 줌. 또는, 그 벌.
〔處分 처분〕 ①처리하여 치움. ②지시나 결정. ③법규에 따른 처리.
〔處士 처사〕 벼슬하지 않고 초야(草野)에 묻혀 있는 선비.
〔處事 처사〕 일을 처리함.
〔處暑 처서〕 24절기의 하나. 양력 8월 23일경.
〔處世 처세〕 세상 사람들과 교제하며 살아감.
〔處所 처소〕 사람이 살거나 머무르는 곳.
〔處身 처신〕 세상을 살아가는 데 가져야 할 몸가짐이나 행동.
〔處子 처자〕 처녀.
〔處地 처지〕 처해 있는 형편.
〔處處 처처〕 여러 곳. 또는, 이곳저곳. 곳곳.
〔處置 처치〕 필요한 조치를 함. 또는, 그 일.
〔處刑 처형〕 ①형벌에 처함. ②사형을 집행함.
◢各處(각처)/居處(거처)/近處(근처)/難處(난처)/對處(대처)/到處(도처)/某處(모처)/傷處(상처)/善處(선처)/用處(용처)/自處(자처)/定處(정처)/措處(조처)/出處(출처)/婚處(혼처)

11 虗 虛(허)의 속자 →663쪽

*1
6 / 12 **虜** 사로잡을 **로** | 간 虏 虜

중lǔ(루) 일リョ/とりこ 영capture
풀이 ①사로잡다. 포로. 같擄. ‖俘虜(부로). ②종. 사내종. ‖僕虜(복로).
〔虜掠 노략〕 떼 지어 돌아다니며 사람을 해치거나 재물을 빼앗음.
〔虜獲 노획〕 적을 사로잡거나 목을 벰.
◢捕虜(포로)

☆*4-Ⅱ
6 / 12 **虛** 빌 **허** | 속간 虚 虛

丨 卜 广 卢 虍 虐 虗 虛

중xū(쉬) 일キョ, コ/むなしい 영empty
자원 **형성자.** 丘(구)는 의미를 나타내고 虍(호)는 음을 나타냄.
풀이 비다. ㉮없다. ‖虛空(허공). ㉯약하다. ㉰공허하다. 속이 빔.
〔虛空 허공〕 텅 빈 공중.
〔虛構 허구〕 사실에 없는 일을 사실처럼 꾸며 만듦. 또는, 그렇게 만든 이야기.
〔虛飢 허기〕 심한 시장기.
〔虛頭 허두〕 말이나 글의 첫머리.
〔虛浪放蕩 허랑방탕〕 언행이 허황하고 착실하지 못하며 주색에 빠져 행실이 추저분함.
〔虛禮 허례〕 겉으로만 꾸미는 형식적인 예절.
〔虛妄 허망〕 ①어이없고 허무함. ②허황하고 망령됨.
〔虛名無實 허명무실〕 헛된 이름뿐이고 실속이 없음.
〔虛無 허무〕 사물이 덧없음.
〔虛無孟浪 허무맹랑〕 터무니없이 허황하고 실상(實相)이 없음.
〔虛文 허문〕 겉만 꾸미고 실속이 없는 글이나 법제(法制).
〔虛費 허비〕 돈 따위를 헛되이 씀.
〔虛像 허상〕 실제의 참모습과는 다른, 거짓되게 겉으로 꾸며진 모습.
〔虛勢 허세〕 실상이 없는 기세.
〔虛送 허송〕 하는 일 없이 시간을 헛되이 보냄. ‖虛送歲月(허송세월).
〔虛飾 허식〕 실속 없이 꾸민 겉모습. ‖虛禮虛飾(허례허식).
〔虛失 허실〕 헛되이 잃어버림.
〔虛實 허실〕 ①허함과 실함. ②참과 거짓.
〔虛心坦懷 허심탄회〕 마음에 아무 거리낌이 없고 솔직함.
〔虛弱 허약〕 실하지 못하고 약함.
〔虛言 허언〕 ①실속이 없는 빈말. ②거짓말.
〔虛榮 허영〕 헛된 영화(榮華). 또는, 필요 이상의 겉치레.
〔虛慾 허욕〕 헛된 욕심.
〔虛僞 허위〕 꾸며 낸 거짓.
〔虛張聲勢 허장성세〕 실속은 없으면서 큰소리치거나 허세를 부림.
〔虛點 허점〕 불충분하거나 허술한 점.
〔虛脫 허탈〕 기운이나 의욕이 쑥 빠짐.
〔虛風 허풍〕 실제와는 다른 과장된 언행.
〔虛虛實實 허허실실〕 허(虛)를 찌르고 실(實)을 꾀하는 계책.
〔虛荒 허황〕 헛되고 황당하며 믿음성이 적음.
◢謙虛(겸허)/空虛(공허)/太虛(태허)

*1
7 / 13 **虞** 근심할 **우** | 虞

중yú(위) 일グ/うれえる 영worry
풀이 ①근심하다. 염려함. ②제사 이름.
〔虞犯 우범〕 성격·환경 등으로 보아 범죄의 우려가 있음.
〔虞祭 우제〕 장사를 지낸 뒤 드리는 세 번의 제사의 총칭. 곧, 초우(初虞)·재우(再虞)·삼우(三虞).

☆*6
7 / 13 **號** ❶부를 **호** ❷부르짖을 **호** | 약간 号 號

6획

丶 口 号 号' 号' 号' 號 號

㊥háo, hào(하오)
㊐ゴウ/よぶ, さけぶ ㊎call out

자원 회의 겸 형성자. 号(호)와 虎(호)가 합쳐진 자. 号는 막대기로 맞을 때 지르는 비명 소리를 나타내고 虎는 호랑이를 뜻하므로, 둘이 결합하여 호랑이의 울음소리를 나타냄. 号는 의미를 나타내고 虎는 의미와 음을 겸하여 나타냄.

풀이 ❶①부르다. ②이름. ‖別號(별호). ③신호(信號). 군호(軍號). ‖旗號(기호). ④표(標). 표지(標識). ‖符號(부호). ❷부르짖다. ㉮외치다. ‖叫號(규호). ㉯큰 소리로 울다. ‖號哭(호곡).

〔號角 호각〕 불어서 소리를 내는 신호용 도구. 호루라기.

〔號哭 호곡〕 소리를 내어 슬피 욺.

〔號令 호령〕 ①큰 소리로 꾸짖음. ②지휘하여 명령함. ③구령(口令).

〔號俸 호봉〕 직위·연공(年功) 등에 따라 정해지는 급여의 등급.

〔號數 호수〕 차례 따위를 나타내는 번호의 수.

〔號外 호외〕 예기치 못한 사건을 알리기 위해 특별히 임시로 발행하는 신문이나 잡지.

◢口號(구호)/國號(국호)/記號(기호)/番號(번호)/符號(부호)/商號(상호)/聖號(성호)/諡號(시호)/信號(신호)/雅號(아호)/暗號(암호)/略號(약호)/題號(제호)/稱號(칭호)

11 17 虧* 이지러질 휴 ㊄규 ㉮亏 虧

㊥kuī(쿠에이) ㊐キ/かける ㊎wane

풀이 이지러지다. ‖虧損(휴손).

虫部 벌레충

0 6 虫* ❶벌레 충 ❷벌레 훼 虫

㊥huǐ(후에이), chóng(충)
㊐キ, チュウ/むし ㊎worm

갑 전 자원 상형자. 뱀의 모습을 그린 자. 본뜻은 '뱀'이었으나 뒷날 의미가 확대되어 '벌레'의 총칭으로 쓰임.

한자 부수의 하나.

풀이 ❶벌레. 蟲(충)의 약자. 원래는 딴 자. ❷①벌레. ②살무사.

8 虱 蝨(슬)과 동자 →667쪽

3 9 虹*1 무지개 홍 虹

㊥hóng(훙) ㊐コウ/にじ ㊎rainbow

갑 전 자원 형성자. 갑골문은 무지개 모양을 나타낸 상형자로 양쪽 끝에 각각 뱀의 머리를 덧붙인 것임(고대인은 무지개를 뱀 같은 생물의 일종이라고 봄). 뒷날 소전에 이르러 의미를 나타내는 虫(충)과 음을 나타내는 工(공)을 합친 형성자로 바뀜.

풀이 무지개.

〔虹橋 홍교〕 무지개처럼 만든 둥근 다리. 虹棧(홍잔).

〔虹霓 홍예〕 무지개. 虹蜺(홍예).

〔虹霓門 홍예문〕 문의 윗부분을 무지개처럼 반쯤 둥글게 만든 문.

〔虹彩 홍채〕 각막과 수정체 사이에 있는, 둥근 모양의 얇은 막.

4 10 蚣* ❶지네 공* ❷베짱이 송

㊥gōng(꿍), zhōng(°쭝) ㊐ク, シュ
㊎centipede

4 10 蚪 올챙이 두 蚪

㊥dǒu(더우) ㊐トウ/おたまじゃくし

풀이 올챙이.

◢蝌蚪(과두)

4 10 蚊*1 모기 문 蚊

㊥wén(원) ㊐ブン/か ㊎mosquito

풀이 모기. ‖見蚊拔劍(견문발검).

4 10 蚌* 방합 방 蚌

㊥bàng(빵) ㊐ホウ, ボウ

풀이 ①방합(蚌蛤). 백합. 대합. ②펄조개.

〔蚌鷸之勢 방휼지세〕 《도요새가 조개를 쪼아 먹으려고 부리를 넣는 순간 조개가 껍데기를 닫고 놓지 않는다는 우화(寓話)에서》 대립하는 두 세력이 맞서 겨루면서 조금도 양보하지 않음.

〔蚌鷸之爭 방휼지쟁〕 《도요새가 조개와 다투다가 다 같이 어부에게 잡히고 말았다는 우화(寓話)에서》 대립하는 두 세력이 다투다가 결국 제삼자만 득(得)을 보게 하는 싸움. ※漁夫之利(어부지리).

4 10 蚓*1 지렁이 인 蚓

㊥yǐn(인) ㊐イン/みみず

[풀이] 지렁이.
◢蚯蚓(구인)

10 蚕 蠶(잠)의 속자 →670쪽

*
4
10 蚤 벼룩 조 蚤

[중]zǎo(자오) [일]ソウ/のみ [영]flea
[풀이] ①벼룩. ②손톱.

*
4
10 蚩 어리석을 치 蚩

[중]chī(°츠) [일]シ/おろか
[풀이] ①어리석다. ②업신여기다.

5
11 蚯 지렁이 구 蚯

[중]qiū(치우) [일]キュウ/みみず
[영]earthworm
[풀이] 지렁이.
〔蚯蚓 구인〕 지렁이.

*1
5
11 蛋 알 단 蛋

[중]dàn(딴) [일]タン [영]egg
[풀이] 알. 새·거북·뱀 등의 알.
〔蛋白 단백〕 알의 흰자. 卵白(난백).
〔蛋白質 단백질〕 생물의 몸을 구성하는 고분자 유기물. 흰자질.
〔蛋黃 단황〕 알의 노른자위. 卵黃(난황).

5
11 蛉 잠자리 령 蛉

[중]líng(링) [일]レイ/とんぼ
[영]dragonfly
[풀이] 잠자리.
◢蜻蛉(청령)

★*3-Ⅱ
5
11 蛇 뱀 사 蛇

丶 口 中 虫 虫' 虫宀 虫宀 蛇

[중]shé(°서) [일]ジャ, ダ/へび [영]snake
[갑]  [금]  [전]  [자원] 형성자. 갑골·금문·소전은 뱀의 모습을 그린 상형자이나, 현재의 자형은 의미를 나타내는 虫(충)과 음을 나타내는 它(사)가 합쳐진 형성자임.
[풀이] 뱀.
〔蛇蝎 사갈〕 ①뱀과 전갈. ②남을 해치거나 심한 혐오감을 주는 사람의 비유.
〔蛇足 사족〕 《뱀을 빨리 그리는 것으로 써 술 내기 시합을 벌인 사람이, 있지도 않은 뱀의 다리를 공연히 덧붙여 그렸다가 내기에서 졌다는 고사에서》 쓸데없는 일을 덧붙여 하다가 도리어 일을 그르침. 畫蛇添足(화사첨족).
◢毒蛇(독사)/白蛇(백사)

5
11 蛆 구더기 저 蛆

[중]qū(취) [일]ショ/うじ [영]maggot
[풀이] ①구더기. ‖蛆蟲(저충). ②지네. ③노래기.

11 蛍 螢(형)의 속자 →668쪽

*1
6
12 蛟 교룡 교 蛟

[중]jiāo(찌아오) [일]コウ/みずち
[영]scaly dragon
[풀이] 교룡.
〔蛟龍 교룡〕 ①모양이 뱀과 같고 길이가 한 길이 넘으며 넓적한 네 발이 있다고 하는 상상의 동물. ②때를 못 만나 뜻을 이루지 못한 영웅호걸의 비유.

12 蛮 蠻(만)의 약자 →670쪽

*
6
12 蛙 개구리 와 蛙

[중]wā(와) [일]ア, ワ/かえる [영]frog
[풀이] ①개구리. ②음란하다.
〔蛙聲 와성〕 ①개구리가 우는 소리. ②음란한 음악 소리.
◢井底蛙(정저와)/靑蛙(청와)

*
6
12 蛛 거미 주 蛛

[중]zhū(°쭈) [일]チュ, シュ/くも
[영]spider
[풀이] 거미. ‖蜘蛛(지주).
〔蛛網 주망〕 거미집.
〔蛛絲 주사〕 거미줄.

*
6
12 蛭 거머리 질 蛭

[중]zhì(°쯔) [일]シツ/ひる [영]leech
[풀이] ①거머리. ②개밋둑.
◢水蛭(수질)

*1
6
12 蛤 대합조개 합 蛤

[중]gé(거), há(하) [일]コウ/はまぐり
[영]clam

6획

풀이 ①대합조개. ‖文蛤(문합). ②큰 두꺼비. ‖山蛤(산합). ③개구리.
〔蛤子 합자〕 홍합이나 섭조개를 말린 어물.
◢大蛤(대합)/紅蛤(홍합)

*1
6 12 **蛔** 거위 **회** 蛔

㊥huí(후에이) ㊐カイ/かいちゅう
풀이 거위. 회충.
〔蛔藥 회약〕 회충약.
〔蛔蟲 회충〕 회충과의 기생충. 거위.

7 13 **蜋** 버마재비 **랑** ㊐螂 蜋

㊥láng(랑) ㊐ロウ/かまきり
풀이 버마재비. 사마귀.

★*3
7 13 **蜂** 벌 **봉** ㊒蠭 蜂

丶 口 中 虫 虫' 蚁 蜂 蜂

㊥fēng(°펑) ㊐ホウ/はち ㊎bee
자원 **형성자.** 虫(충)은 의미를 나타내고 夆(봉)은 음을 나타냄.
풀이 벌. ‖蜂鳥(봉조).
〔蜂起 봉기〕 벌 떼처럼 많은 사람이 한꺼번에 들고일어남.
〔蜂蠟 봉랍〕 벌집을 만들기 위하여 꿀벌이 분비하는 물질. 밀.
〔蜂蜜 봉밀〕 벌꿀. 꿀.
◢蜜蜂(밀봉)/分蜂(분봉)/養蜂(양봉)

7 13 **蜉** 하루살이 **부** 蜉

㊥fú(°푸) ㊐フ/かげろう ㊎mayfly
풀이 ①하루살이. ②왕개미.
〔蜉蝣 부유〕 하루살잇과의 곤충. 하루살이.

*1
7 13 **蜃** 무명조개 **신** 蜃

㊥shèn(°썬) ㊐シン/はまぐり
풀이 무명조개. 대합(大蛤).
〔蜃氣樓 신기루〕 ①광선의 이상 굴절로 먼 곳의 경치 따위가 공중에 어려 보이는 현상. ②현실의 토대가 없는 공상이나 망상. 또는, 공상이나 망상 속에서만 가능한 사물. 空中樓閣(공중누각).

*
7 13 **蛾** 나방 **아** 蛾

㊥é(어) ㊐ガ/ひむし
풀이 ①나방. ②눈썹. ③초승달.
〔蛾眉 아미〕 (('누에나방의 눈썹'이라는 뜻으로)) 가늘고 길게 굽은 아름다운 눈썹. 곧, 미인(美人)의 눈썹.

*
7 13 **蜈** 지네 **오** ㊎蜈 蜈

㊥wú(우) ㊐ゴ/むかで ㊎centipede
풀이 지네.
〔蜈蚣 오공〕 지네.

7 13 **蛹** 번데기 **용** 蛹

㊥yǒng(융) ㊐ヨウ/さなぎ ㊎pupa

*2
7 13 **蜀** 나라 이름 **촉** 蜀

갑 금 전 자원 **상형자.** 갑골문은 머리가 크고 몸뚱이가 둥글게 말린 애벌레를 나타낸 자(일설에 의하면 머리 부분을 눈으로 보기도 함). 금문 이후로 虫(벌레 충)이 덧붙음.
㊥shǔ(°수) ㊐ショク
풀이 ①나라 이름. ②'쓰촨 성(四川省)'의 약칭. ③애벌레.
〔蜀犬吠日 촉견폐일〕 ((중국 촉나라는 산이 높고 안개가 항상 짙어 해가 보이는 날이 드물기 때문에 개들이 해를 보면 이상히 여겨 짖었다는 고사에서)) 식견이 좁은 사람이 남의 훌륭한 언행을 이상하게 여겨 비난함.
〔蜀魂 촉혼〕 ((촉나라 망제(望帝)가 죽은 뒤 혼백이 변하여 두견이가 되었다는 전설에서)) 두견이. 蜀魄(촉백). 歸蜀道(귀촉도). 杜宇(두우). 子規(자규). 杜鵑(두견).

*
8 14 **蝀** 무지개 **동** ㊎蝀

㊥dōng(뚱) ㊐トウ ㊎rainbow

★*3
8 14 **蜜** 꿀 **밀** 蜜

宀 宀 宓 宓 容 蜜 蜜 蜜

㊥mì(미) ㊐ミツ/はちみつ ㊎honey
자원 **형성자.** 虫(충)은 의미를 나타내고 宓(복)은 음을 나타냄.
풀이 꿀.
〔蜜柑 밀감〕 귤. 귤나무.
〔蜜蠟 밀랍〕 꿀벌의 집을 이루는 물질. 밀. 蜂蠟(봉랍).
〔蜜腺 밀선〕 식물의 꿀샘.
〔蜜語 밀어〕 남녀 사이의 달콤하고 정다운 이야기.
〔蜜月 밀월〕 (('꿀같이 달콤한 달'이라는 뜻으로)) 결혼 직후의 즐겁고 달콤한 시기. 허니문.

◢蜂蜜(봉밀)

8 14 蜚 *1 ❶바퀴 비 ❷날 비 蜚

㊥fēi(°페이) ㊐ヒ/ごきぶり
㊎cockroach
풀이 ❶①바퀴. 바퀴과 곤충의 총칭. ②쌕쌔기. ❷날다. 통飛.
〔蜚蠊 비렴〕 바퀴. 바퀴벌레.
〔蜚語 비어〕 근거 없이 떠도는 말. 飛語(비어).

8 14 蜥 도마뱀 석 蜥

㊥xī(씨) ㊐セキ ㊎lizard
풀이 도마뱀.
〔蜥蜴 석척〕 도마뱀.

8 14 蜙 베짱이 송 蜙

㊥sōng(쑹) ㊐ショウ

14 蜺 霓(예·역)과 동자 →800쪽

8 14 蜘 * 거미 지 蜘

㊥zhī(°쯔) ㊐チ
풀이 거미.
〔蜘蛛 지주〕 거미.

8 14 蜴 도마뱀 척 본역 蜴

㊥yì(이) ㊐エキ
풀이 도마뱀.
◢蜥蜴(석척)

8 14 蜻 ❶귀뚜라미 청 ❷잠자리 청 蜻

㊥jīng(찡), qīng(칭) ㊐セイ
㊎cricket
풀이 ❶귀뚜라미. ❷잠자리.
〔蜻蛉 청령〕 잠자리.

15 蝎 * 蠍(갈)의 속자 →669쪽

9 15 蝌 올챙이 과 蝌

㊥kē(커) ㊐カ ㊎tadpole
풀이 올챙이.
〔蝌蚪 과두〕 올챙이.
〔蝌蚪文字 과두 문자〕 고대 중국의 황제(黃帝) 때 창힐(蒼詰)이 만들었다는 문자. 글자 모양이 머리는 굵고 끝이 가늘어서 올챙이를 닮았음.

9 15 蝨 * 이 슬 동虱 蝨

㊥shī(°쓰) ㊐シツ/しらみ ㊎louse
풀이 이. 잇과의 곤충.

9 15 蝕 *1 좀먹을 식 간蚀 蝕

㊥shí(°스) ㊐ショク/むしばむ
풀이 ①좀먹다. ②일식(日蝕). 월식.
◢腐蝕(부식)/月蝕(월식)/日蝕(일식)/侵蝕(침식)/浸蝕(침식)/海蝕(해식)

9 15 蝸 *1 달팽이 와 본과 간蜗 蝸

㊥wō(워) ㊐カ ㊎snail
풀이 달팽이. 와우(蝸牛).
〔蝸角 와각〕 ①달팽이의 더듬이. ②아주 좁은 지경이나 아주 미세한 것의 비유.
〔蝸角之爭 와각지쟁〕 ①《달팽이의 더듬이 위에서 싸운다는 뜻으로》 하찮은 일로 벌이는 싸움. ②작은 나라끼리의 싸움의 비유. 蝸牛角上爭(와우각상쟁).
〔蝸牛 와우〕 달팽이.

9 15 蝟 * 고슴도치 위

㊥wèi(웨이) ㊐イ/はりねずみ

9 15 蝣 하루살이 유 蝣

㊥yóu(여우) ㊐ユウ
풀이 하루살이.
◢蜉蝣(부유)

9 15 蝶 **3 나비 접 蝶

虫 虫一 虫+ 虫廾 虫廿 虫世 蝶 蝶

㊥dié(디에) ㊐チョウ ㊎butterfly
자원 **형성자.** 虫(충)은 의미를 나타내고 枼(엽)은 음을 나타냄.
풀이 나비.
〔蝶夢 접몽〕 《중국의 장자(莊子)가 꿈에 나비가 되어 즐겁게 놀았다는 고사에서》 인생의 덧없음. 胡蝶夢(호접몽).

9 15 蝦 *1 새우 하 간虾 蝦

㊥há(하) ㊐カ
풀이 ①새우. ②두꺼비.
◢大蝦(대하)/中蝦(중하)

6획

9 15 **蝴** 나비 **호** 蝴

㊥hú(후) ㊐コ/ちょう ㊎butterfly
풀이 나비.
〔蝴蝶 호접〕 나비.

9 15 **蝗** 누리 **황** 蝗

㊥huáng(후앙) ㊐コウ ㊎locust
풀이 누리. 메뚜깃과의 곤충.
〔蝗災 황재〕 주로 벼농사를 해치는 황충(蝗蟲)으로 인한 재앙.
〔蝗蟲 황충〕 누리. 벼메뚜기.

16 **螂** 蜋(랑)과 동자 →666쪽

10 16 **螟** 마디충 **명** 螟

㊥míng(밍) ㊐メイ
풀이 마디충. 명충(螟蟲).
〔螟蛉 명령〕 ①빛깔이 푸른 나비와 나방의 애벌레. ②《나나니가 명령을 업어 기른다는 뜻으로》 양아들.
〔螟蟲 명충〕 명나방과의 곤충. 애벌레는 벼의 해충임. 이화명나방.

10 16 **融** 화할 **융** 融

㊥róng(°룽) ㊐ユウ/とける ㊎melt
자원 **형성자.** 鬲(력)은 의미를 나타내고 虫(충)은 음을 나타냄.
풀이 ①화하다. ‖融和(융화). ②녹다. 녹임. ‖融解(융해). ③통하다. ‖融通(융통).
〔融資 융자〕 은행 등의 기관에서 자금을 빌림. 또는, 그 자금.
〔融通 융통〕 ①돈이나 물건을 돌려씀. ②임기응변으로 일을 처리함.
〔融合 융합〕 여럿이 녹아서 하나로 합침.
〔融解 융해〕 녹음. 溶解(용해).
〔融和 융화〕 서로 어울려 화합함.
◢金融(금융)/熔融(용융)

10 16 **螢** 개똥벌레 **형** 속 蛍 간 萤 螢

㊥yíng(잉) ㊐ケイ/ほたる ㊎firefly
자원 **형성자.** 虫(충)은 의미를 나타내고 熒(형)의 생략형인 𤇾은 음을 나타냄.
풀이 개똥벌레.
〔螢光 형광〕 ①반딧불. 螢火(형화). ②어떤 물질이 빛 등을 받았을 때 내는 고유의 빛.
〔螢光燈 형광등〕 기다란 원통형의 유리관 속에 흰빛의 형광 물질이 칠해진 전등.
〔螢雪之功 형설지공〕 《중국 진(晉)나라의 차윤(車胤)이 반딧불에 비추어 글을 읽고, 손강(孫康)이 가난하여 겨울밤에는 눈빛에 비추어 글을 읽었다는 고사에서》 고생을 하면서 부지런하고 꾸준하게 공부하는 자세.

11 17 **螳** 버마재비 **당** 螳

㊥táng(탕) ㊐トウ
풀이 버마재비. 사마귀.
〔螳螂 당랑〕 사마귀. 버마재비.
〔螳螂拒轍 당랑거철〕 《중국 제(齊)나라의 장공(莊公)이 사냥을 나가는데, 사마귀가 앞발을 들고 수레를 막으려 했다는 고사에서》 제 역량을 생각하지 않고 강한 상대나 되지 않을 일에 덤벼드는 무모한 행동거지.
〔螳螂窺蟬 당랑규선〕 《사마귀가 매미를 덮치려고 엿보는 데에만 정신이 팔려 참새가 자신을 엿보고 있음을 몰랐다는 데서》 눈앞의 이익에만 정신이 팔려 뒤에 닥친 위험을 깨닫지 못함.

11 17 **螺** 소라 **라** 螺

㊥luó(루어) ㊐ラ/にな ㊎conch
풀이 소라. 권패류(卷貝類). 우렁이·소라고둥·다슬기·소라 따위.
〔螺角 나각〕 소라의 껍데기로 만든 옛 군악기.
〔螺髮 나발〕 소라 껍데기처럼 빙빙 비틀린 형상을 한 부처의 머리털.
〔螺絲 나사〕 ①소라의 껍데기처럼 빙빙 비틀려 고랑이 진 물건. ②나사못.
〔螺旋 나선〕 소라 껍데기처럼 빙빙 비틀린 형상.
〔螺鈿 나전〕 빛깔이 곱고 윤이 나는 조개껍데기 조각을 여러 가지 모양으로 박아 붙여 꾸미는 공예.

11 17 **蟀** 귀뚜라미 **솔** 蟀

㊥shuài(°쑤아이) ㊐シュツ ㊎cricket
풀이 귀뚜라미. 실솔(蟋蟀).

11 17 **蟋** 귀뚜라미 **실** 蟋

㊥xī(씨) ㊐シツ ㊎cricket
풀이 귀뚜라미.
〔蟋蟀 실솔〕 귀뚜라미.

11 17 **螽** 누리 **종** 螽

㊥zhōng(°쭝) ㊐シュウ
풀이 누리. 황충(蝗蟲).
〔螽斯 종사〕 ①메뚜기·베짱이·여치의 통칭. ②《여치가 한 번에 99개의 알을 낳는 데서》 부부가 화합하여 자손이 번창함.

*1
11 17 **蟄** 숨을 **칩** | ㉿蛰 蟄

㊥zhé(°저) ㊐チツ, チュウ
㊎closet oneself
풀이 ①숨다. 틀어박힘. ‖蟄伏(칩복). ②겨울잠 자는 벌레. ‖驚蟄(경칩).
〔蟄居 칩거〕 나가서 활동하지 않고 집 안에만 틀어박혀 있음.
〔蟄伏 칩복〕 ①벌레가 땅속에서 겨울잠을 잠. ②자기 처소에 틀어박혀 몸을 숨김.
◪驚蟄(경칩)

*1
12 18 **蟠** 서릴 **반** | 蟠

㊥pán(판) ㊐ハン, バン/わだかまる
㊎coil
풀이 서리다. 몸을 틀어감고 엎드림.
〔蟠踞 반거〕 ①뿌리가 넓고 굳게 박혀 서림. ②어떤 집단이 한 지방을 차지하고 세력을 떨침. 盤踞(반거).
〔蟠據 반거〕 어떤 곳에 근거를 잡고 지킴. 盤據(반거).
〔蟠龍 반룡〕 아직 승천하지 못하고 땅에 서리고 있는 용.

*
12 18 **蟬** 매미 **선** | ㉿蝉 蟬

㊥chán(°찬) ㊐セン, ゼン/せみ
㊎cicada
풀이 매미.
〔蟬脫 선탈〕 《매미가 허물을 벗는다는 뜻으로》 낡은 형식을 벗음.

*
12 18 **蟯** 요충 **요** | ㉿蛲 蟯

㊥náo(나오)
㊐ギョウ, ジョウ/ぎょうちゅう
㊎pinworm
풀이 요충.
〔蟯蟲 요충〕 사람의 몸속에 기생하는 기생충의 하나.

☆*4-Ⅱ
12 18 **蟲** 벌레 **충** | ㉲㉿虫 蟲

口	中	虫	虫	虫中	虫虫	蟲	蟲

㊥chóng(°충) ㊐チュウ/むし ㊎worm

갑 전 자원 회의자. 虫(충) 자 세 개가 합쳐진 자로, 우글거리는 벌레를 나타냄.
풀이 벌레. ㉮동물의 총칭. ‖羽蟲(우충). ㉯곤충(昆蟲).
〔蟲媒花 충매화〕 곤충의 매개(媒介)에 의해 수정되는 꽃.
〔蟲齒 충치〕 벌레 먹은 이.
〔蟲害 충해〕 해충(害蟲)으로 인하여 농작물이 입는 피해.
◪昆蟲(곤충)/毒蟲(독충)/殺蟲(살충)/成蟲(성충)/蟯蟲(요충)/幼蟲(유충)/益蟲(익충)/寸蟲(촌충)/鞭蟲(편충)/害蟲(해충)/蛔蟲(회충)

*
13 19 **蠍** 전갈 **갈** ㊄**헐** | ㊃蝎

㊥xiē(씨에) ㊐カツ/さそり
㊎scorpion
풀이 전갈.
◪全蠍(전갈)

*2
13 19 **蟾** 두꺼비 **섬** | 蟾

㊥chán(°찬) ㊐セン/ひきがえる
풀이 두꺼비.
〔蟾兎 섬토〕 《'달 속에 있다는 두꺼비와 옥토끼'라는 뜻으로》 '달'의 이칭.

*
13 19 **蠅** 파리 **승** | ㉿蝇 蠅

㊥yíng(잉) ㊐ヨウ/はえ ㊎fly
풀이 파리.
〔蠅頭 승두〕 《'파리의 머리'라는 뜻으로》 작은 것.

*
13 19 **蟻** 개미 **의** | ㉿蚁 蟻

㊥yǐ(이) ㊐ギ/あり ㊎ant
풀이 개미.
〔蟻封 의봉〕 개밋둑.
〔蟻穴 의혈〕 개미굴.

*
13 19 **蟹** 게 **해** | 蟹

㊥xiè(씨에) ㊐カイ/かに ㊎crab
풀이 게.
〔蟹行 해행〕 게처럼 옆으로 걷는 걸음.
〔蟹黃 해황〕 게의 알로 젓을 담근 간장.

14 20 **蠕** 꿈틀거릴 **연** | 蠕

㊥rú(°루) ㊐ゼン/うごめく ㊎wriggle
풀이 꿈틀거리다.
〔蠕動 연동〕 ①벌레 따위가 꿈틀거리

며 움직임. ②음식물을 소화시키기 위하여 위장이 꿈틀꿈틀 움직임.
〔蠕形動物 연형동물〕 발이 없이 몸을 꿈틀거려 움직이는 벌레의 총칭. 지렁이·거머리·회충 따위.

*1
15/21 **蠟** 밀 **랍** [간] 蜡 蠟

[중]là(라) [일]ロウ/みつろう [영]wax
[풀이] ①밀. 밀랍(蜜蠟). ②밀초. ③밀을 바르다. ‖ 蠟書(납서).
〔蠟燭 납촉〕 밀랍으로 만든 초. 밀초.
◢蜜蠟(밀랍)/白蠟(백랍)/封蠟(봉랍)

*
15/21 **蠣** 굴조개 **려** [간] 蛎 蠣

[중]lì(리) [일]レイ/かき [영]oyster
[풀이] 굴조개. 굴.

15/21 **蠡** [1]좀 **려** [2]소라 **라·려** 蠡

[중]lǐ(리), luō(루어)
[일]レイ, ラ/きくいむし
[풀이] [1]①좀. 나무를 파먹는 벌레. ②좀먹다. [2]①소라. [통]螺. ②달팽이.

*1
15/21 **蠢** 꿈틀거릴 **준** 蠢

[중]chǔn(°춘) [일]シュン/うごめく
[영]wriggle
[풀이] ①꿈틀거리다. ②어리석다.
〔蠢動 준동〕《벌레 따위가 꿈틀거린다는 뜻으로》 불순한 세력이나 보잘것없는 무리가 법석을 부림.
〔蠢愚 준우〕 굼뜨고 어리석음.

22 **蠹** 蠹(두)의 속자 →670쪽

17/23 **蠲** 밝을 **견** [간] 蠲 蠲

[중]juān(쥐엔) [일]ケン/あきらか
[영]clear
[풀이] ①밝다. ②깨끗하다. 맑음. ‖ 蠲潔(견결). ③덜어 내다. 제거함. ④노래기. 그리마.

*
17/23 **蠱** 미혹할 **고** [간] 蛊 蠱

[중]gǔ(구) [일]コ/まどう [영]infatuated
[풀이] ①미혹하다. 호림. ②해독.
〔蠱毒 고독〕 뱀·지네·두꺼비 등의 독. 또는, 이 독이 들어 있는 음식을 먹고 생긴 병.
〔蠱惑 고혹〕 남의 마음을 미혹(迷惑)하게 함.

23 **蠭** 蜂(봉)의 고자 →666쪽

18/24 **蠹** 좀 **두** [속] 蠧 蠹

[중]dù(뚜) [일]ト/きくいむし [영]moth
[풀이] ①좀. ②좀먹다. ‖ 蠹害(두해). ③별에 쬐다.
〔蠹書 두서〕 ①좀먹은 책. ②책을 볕에 쬠.

*2
18/24 **蠶** 누에 **잠** [속][간] 蚕 蠶

[중]cán(찬) [일]サン/かいこ
[영]silkworm
[갑] [전] [자원] **형성자.** 갑골문은 누에의 모습을 본뜬 상형자였으나, 소전에 이르러서는 의미를 나타내는 蚰(벌레 곤)과 음을 나타내는 朁(참)이 합쳐진 형성자가 됨.
[풀이] ①누에. ②누에를 치다.
〔蠶箔 잠박〕 누에 채반.
〔蠶絲 잠사〕 누에고치에서 뽑은 실. 繭絲(견사).
〔蠶食 잠식〕 누에가 뽕잎을 갉아먹듯이 차츰차츰 침략하여 먹어 들어감.
〔蠶室 잠실〕 누에를 치는 방.
〔蠶業 잠업〕 누에를 치는 사업.
〔蠶種 잠종〕 누에씨.
◢家蠶(가잠)/繭蠶(견잠)/山蠶(산잠)/養蠶(양잠)/臥蠶(와잠)/秋蠶(추잠)/春蠶(춘잠)

*2
19/25 **蠻** 오랑캐 **만** [약][간] 蛮 蠻

[중]mán(만) [일]バン/えびす
[영]barbarian
[자원] **형성자.** 虫(충)은 의미를 나타내고 䜌(란)은 음을 나타냄.
[풀이] 오랑캐. 남방의 미개족.
〔蠻勇 만용〕 분별없이 함부로 날뛰는 용기.
〔蠻行 만행〕 야만스런 행위.
◢南蠻(남만)/野蠻(야만)

血部 피혈

☆*4-II
0/6 **血** 피 **혈** 血

6획

丿 亻 白 血 血 血

㊥xuè(쒸에), xiě(시에) ㊐ケツ/ち
㊢blood

갑 전 자원 **회의자.** 갑골문에서 보듯, 제사상에 올리는 그릇[ㅂ]에 희생의 피[ㆍ]를 담은 것을 나타냄.

한자 부수의 하나.

풀이 ①피. ‖血液(혈액). ②골육(骨肉). ③왕성한 기세. ‖血氣(혈기)

[血管 혈관] 피가 흐르는 몸속의 관. 핏줄.
[血氣 혈기] ①(‘피의 기운’이라는 뜻으로) 힘을 쓰고 활동하게 하는 원기. ②격동하기 쉬운 의기.
[血尿 혈뇨] 오줌에 피가 섞여 나오는 병. 피오줌.
[血糖 혈당] 혈액 속에 포함되어 있는 포도당.
[血路 혈로] 적의 포위망을 뚫고 나가는 도피로(逃避路).
[血淚 혈루] 피눈물.
[血脈 혈맥] ①동물의 몸에서 피가 도는 줄기. 血管(혈관). ② ➡血統(혈통).
[血盟 혈맹] 혈판(血判)을 찍어 굳게 맹세함. 또는, 그런 동맹.
[血便 혈변] 피가 섞여 나오는 똥. 피똥.
[血色 혈색] 살갗에 보이는 핏기.
[血書 혈서] 자신의 굳은 결의나 맹세의 표시로 손가락을 베어 그 피로 쓴 글.
[血稅 혈세] (‘국민의 피를 짜내듯이 걷은 세금’이라는 뜻으로) 가혹한 세금.
[血孫 혈손] 핏줄을 잇는 자손.
[血眼 혈안] 기를 쓰고 달려들어 독이 오른 눈.
[血壓 혈압] 피가 핏줄 속으로 흐를 때 생기는 압력.
[血液 혈액] 피.
[血緣 혈연] 같은 핏줄로 맺어진 인연.
[血肉 혈육] 같은 혈통을 가진 부모, 형제나 자손. 所生(소생). 骨肉(골육).
[血戰 혈전] 생사를 헤아리지 않고 맹렬하게 싸움. 또는, 그런 전투.
[血族 혈족] 한 조상에서 갈려 나온 친족. 일가. 血屬(혈속).
[血統 혈통] 같은 핏줄을 타고난 친족의 계통. 血脈(혈맥).
[血鬪 혈투] 죽음을 무릅쓰고 치열하게 하는 싸움.
[血痕 혈흔] 피가 묻은 자국.

◢咯血(각혈)/膏血(고혈)/賣血(매혈)/貧血(빈혈)/鮮血(선혈)/輸血(수혈)/心血(심혈)/瘀血(어혈)/熱血(열혈)/流血(유혈)/凝血(응혈)/造血(조혈)/止血(지혈)/採血(채혈)/出血(출혈)/充血(충혈)/吐血(토혈)/下血(하혈)/獻血(헌혈)/混血(혼혈)/吸血(흡혈)

☆*4-Ⅱ
6
12 **衆** 무리 중 | 간 众

丿 白 血 血 衆 衆 衆 衆

㊥zhòng(°쭝) ㊐シュウ/もろもろ
㊢crowd

갑 자원 **회의자.** 갑골문에서 보듯, 태양 아래서 일하고 있는 노예를 상형한 자로, 본뜻은 ‘많다’이고 ‘사람의 무리’는 파생된 뜻임.

풀이 무리. ㉮많다. ㉯많은 사람.

[衆寡不敵 중과부적] 적은 수로 많은 수를 대적하지 못함. 寡不敵衆(과부적중).
[衆口難防 중구난방] (여러 사람의 입을 막기 어렵다는 뜻으로) 여러 사람이 마구 떠들어 어찌할 수 없음.
[衆論 중론] 여러 사람의 견해. 衆議(중의).
[衆望 중망] 세상 사람들로부터 받는 신망(信望). 人望(인망).
[衆生 중생] ①많은 사람. ②부처의 구제 대상이 되는, 생명을 갖고 있는 모든 존재. ‖衆生濟度(중생 제도).
[衆意 중의] 여러 사람의 의견.
[衆人環視 중인환시] 여러 사람이 둘러서서 보고 있음.
[衆志 중지] 여러 사람들의 생각이나 의지.
[衆智 중지] 여러 사람의 지혜.

◢公衆(공중)/觀衆(관중)/群衆(군중)/大衆(대중)/民衆(민중)/言衆(언중)/聽衆(청중)/出衆(출중)/會衆(회중)

行部 다닐행

☆*6
0
6 **行** ❶다닐 행 ☆*6 ❷행위 행 ☆*6 ❸항렬 항 *6

丿 彳 彳 行 行 行

㊥xíng(싱), háng(항)
㊐コウ, ギョウ/ゆく, ならび ㊢walk

갑 금 전 자원 **상형자.** ‘네거리’를 나타낸 자. 본뜻인 ‘네거리’에서 ‘가다’, ‘다니다’의 뜻이 파생됨.

한자 부수의 하나. 부수(部首)로 쓸 때는 彳은 왼쪽, 亍은 오른쪽 가에로 갈라짐.

풀이 ❶①다니다. 감. ‖步行(보행). ②하다. 행함. ③길. ‖行路(행로). ④여장(旅裝). ⑤서체 이름. ‖行書(행서). ⑥시체(詩體)의 한 가지. ‖琵琶行(비파행). ❷행위. ‖善行(선행). ❸①항렬. 서열(序列). ②가게. 상점. 도매상.

〔行列 항렬〕 동일한 조상으로부터 몇 대 후손인지를 나타내는 관계.
〔行伍 항오〕 군대를 편성한 대오.
〔行脚 행각〕 ①여러 곳으로 돌아다니며 수행함. ②어떤 목적이나 의도를 가지고 여러 곳을 돌아다님.
〔行間 행간〕 글의 줄과 줄 사이. 또는, 행과 행 사이.
〔行巾 행건〕 복인(服人)이나 상제가 쓰는 건.
〔行軍 행군〕 군인 또는 많은 인원이 줄을 지어 먼 거리를 걸어감.
〔行宮 행궁〕 임금이 나들이할 때 머물던 별궁. 行在所(행재소).
〔行囊 행낭〕 우편물을 넣어 보내는 자루.
〔行動 행동〕 몸을 움직여 어떤 동작을 하거나 일을 함.
〔行動擧止 행동거지〕 몸을 움직여서 하는 모든 동작.
〔行樂 행락〕 야외로 나가서 놀며 즐김. ‖行樂客(행락객).
〔行廊 행랑〕 본채 또는 대문 양쪽에 붙어 있는 방. 문간방. 行廊房(행랑방).
〔行旅病死 행려병사〕 떠돌아다니다가 타향에서 병들어 죽음.
6획
〔行列 행렬〕 여럿이 줄을 지어 감. 또는, 그 줄.
〔行路 행로〕 ①한길. ②세상을 살아가는 길.
〔行方 행방〕 간 곳이나 방향.
〔行方不明 행방불명〕 간 곳을 모름.
〔行使 행사〕 권리 따위를 사용함.
〔行事 행사〕 어떤 일을 거행함. 또는, 그 일.
〔行商 행상〕 떠돌아다니며 물건을 팖. 또는, 그 사람.
〔行色 행색〕 ①겉으로 보이는 사람의 차림새. ②길을 떠나기 위해 차리고 나선 모양.
〔行書 행서〕 서체(書體)의 한 가지. 해서를 약간 흘려 쓴 글씨.
〔行首 행수〕 한 무리의 우두머리.
〔行尸走肉 행시주육〕 (‘살아 있는 송장이요 걸어다니는 고깃덩어리’라는 뜻으로) 배운 것이 없어서 아무 쓸모가 없는 사람.
〔行實 행실〕 실지로 드러난 행동.
〔行惡 행악〕 나쁜 짓을 함. 또는, 그런 행동.
〔行雲流水 행운유수〕 (‘떠가는 구름과 흐르는 물’이라는 뜻으로) ①일의 처리가 자연스럽고 거침없음. ②마음씨가 시원하고 씩씩함. ③일정한 형태가 없이 늘 변함.
〔行爲 행위〕 목적을 가진 의식적인 행동.
〔行人 행인〕 길을 가는 사람.
〔行者 행자〕 불도를 닦는 사람.
〔行狀 행장〕 사람이 죽은 뒤 일생의 행적을 적은 글.
〔行裝 행장〕 여행에 쓰는 장비와 짐.
〔行跡 행적〕 ①행동의 자취. 行績(행적). 行蹟(행적). ②평생의 한 일.
〔行纏 행전〕 한복 바지를 입을 때, 무릎 아래의 바지 겉에 둘러매는 것.
〔行政 행정〕 ①정부가 법률에 따라 행하는 통치 행위. ②규정·규칙에 의하여 공적인 일들을 처리해 나가는 것.
〔行進 행진〕 줄을 지어 나아감.
〔行次 행차〕 웃어른이 차리고 나서서 길을 감. 또는, 그때 이루는 대열.
〔行悖 행패〕 난폭한 짓을 함. 또는, 그런 언행.
◢刊行(간행)/敢行(감행)/強行(강행)/擧行(거행)/決行(결행)/苦行(고행)/慣行(관행)/急行(급행)/奇行(기행)/斷行(단행)/代行(대행)/德行(덕행)/同行(동행)/蠻行(만행)/尾行(미행)/發行(발행)/犯行(범행)/竝行(병행)/步行(보행)/奉行(봉행)/非行(비행)/飛行(비행)/山行(산행)/先行(선행)/善行(선행)/所行(소행)/續行(속행)/修行(수행)/遂行(수행)/隨行(수행)/施行(시행)/實行(실행)/惡行(악행)/暗行(암행)/夜行(야행)/言行(언행)/旅行(여행)/逆行(역행)/連行(연행)/豫行(예행)/緩行(완행)/運行(운행)/流行(유행)/銀行(은행)/移行(이행)/履行(이행)/恣行(자행)/走行(주행)/直行(직행)/進行(진행)/執行(집행)/初行(초행)/醜行(추행)/通行(통행)/退行(퇴행)/跛行(파행)/平行(평행)/暴行(폭행)/品行(품행)/現行(현행)/孝行(효행)/興行(흥행)

3 *2
9 **衍** 넘칠 **연** | 衍

㊥yǎn(옌) ㊐エン ㊈overflow

갑 금 전 **자원** **회의자.** 길을 나타내는 行(행)과 물을 나타내는 水(수)가 합쳐진 자로, 물이 길로 넘쳐흐르는 것을 나타냄.

풀이 ①넘치다. ②남다. 군더더기. ‖衍文(연문). ③퍼지다. ‖蔓衍(만연). ④넓히다. ‖衍義(연의).

〔衍文 연문〕 글 가운데 쓸데없이 들어간 군더더기 글귀.
◢蔓衍(만연)/敷衍(부연)

5 ★*6
11 **術** 꾀 **술** | 간 朮 術

彳 彳 什 什 休 休 休 術

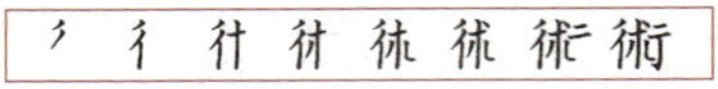

㊥shù(°쑤) ㊐ジュツ ㊈trick

자원 **형성자.** 行(행)은 의미를 나타내고 朮(출)은 음을 나타냄.

풀이 ①꾀. 계략(計略). ‖術策(술책). ②수단. 방법. ‖仁術(인술). ③재주.

학문 기예. ‖技術(기술). ④술수(術數). 음양가(陰陽家)·복서가(卜筮家) 등의 술법. ‖術家(술가).
〔術家 술가〕 풍수(風水)·복서(卜筮)·점술 등에 밝은 사람. 術士(술사).
〔術法 술법〕 음양(陰陽)과 복술(卜術)에 관한 이치 및 그 실현 방법.
〔術士 술사〕 ① ➡術家(술가). ②술책을 잘 꾸미는 사람.
〔術數 술수〕 ① ➡術策(술책). ②음양(陰陽)·복서(卜筮) 등으로 길흉을 점치는 방법.
〔術策 술책〕 일을 꾸미는 꾀나 방법. 計略(계략). 術計(술계). 術數(술수).
◢劍術(검술)/弓術(궁술)/技術(기술)/道術(도술)/馬術(마술)/魔術(마술)/武術(무술)/美術(미술)/算術(산술)/商術(상술)/手術(수술)/施術(시술)/心術(심술)/易術(역술)/藝術(예술)/妖術(요술)/醫術(의술)/仁術(인술)/戰術(전술)/占術(점술)/呪術(주술)/鍼術(침술)/學術(학술)/話術(화술)

*1
5 11 **衒** 발보일 **현**

[중]xuàn(쒸엔) [일]ゲン/てらう
[풀이] 발보이다. ㉮자기를 선전하다. ㉯스스로를 자랑하여 남에게 내보이다.
〔衒學 현학〕 학식이 있음을 자랑하여 뽐냄.

☆*4-Ⅱ
6 12 **街** 거리 **가**

[중]jiē(찌에) [일]ガイ, カイ/まち [영]street
[자원] **형성자.** 行(행)은 의미를 나타내고 圭(규)는 음을 나타냄.
[풀이] ①거리. 시가(市街). ②한길. 큰길. ‖街路(가로). ③네거리. 십자로(十字路). ④길. 통로(通路).
〔街談巷說 가담항설〕 거리나 항간에 떠도는 소문.
〔街道 가도〕 넓고 큰 도로.
〔街童走卒 가동주졸〕 길거리에서 노는 철없는 아이들이나 떠돌아다니는 사람들.
〔街頭 가두〕 길거리.
〔街路 가로〕 시가지의 넓은 도로.
〔街路燈 가로등〕 길가에 설치해 놓은 등.
◢繁華街(번화가)/貧民街(빈민가)/商街(상가)/市街(시가)/遊興街(유흥가)/住宅街(주택가)

*1
7 13 **衙** 마을 **아**

[중]yá(야) [일]ガ [영]village
[풀이] 마을. 관청. ‖官衙(관아).
〔衙門 아문〕 ①관아의 출입문. ②관원들이 정무를 보는 곳의 총칭.
〔衙前 아전〕 지방 관아에 딸린, 낮은 벼슬아치. 구실아치. 書吏(서리).
◢官衙(관아)

**4-Ⅱ
15 **衛** 衞(위)의 속자 →673쪽

**3-Ⅱ
9 15 **衝** [1]찌를 **충** [2]사북 **충** [간] 冲

[중]chòng, chōng(°충) [일]ショウ/つく [영]pierce
[자원] **형성자.** 行(행)은 의미를 나타내고 重(중)은 음을 나타냄.
[풀이] [1]①찌르다. 침. ‖衝突(충돌). ②맞부딪치다. ‖衝擊(충격). [2]사북. 요처(要處). ‖要衝(요충).
〔衝激 충격〕 서로 세차게 부딪침.
〔衝擊 충격〕 ①갑자기 심하게 부딪치는 것. ②마음에 심한 타격을 받는 일.
〔衝突 충돌〕 ①물체가 서로 세게 부딪침. ②이해나 생각의 차이로 서로 맞섬.
〔衝動 충동〕 어떤 일을 하고 싶은 욕망이 강하게 일어나는 상태.
〔衝天 충천〕 ①하늘을 찌를 듯이 높이 솟아오름. ②기세가 왕성하게 뻗쳐 오름.
◢緩衝(완충)/要衝(요충)/折衝(절충)

*
9 16 **衞** 지킬 **위** [속] 衛 [간] 卫

[중]wèi(웨이) [일]エイ [영]guard
[자원] **회의 겸 형성자.** 行(행)과 韋(위)가 합쳐진 자. 韋는 어느 구역이나 성〔口〕을 군사들이 에워싸는 것을 나타내고 行은 다니면서 순찰함을 나타내어 '지키다'의 뜻을 나타냄. 行은 의미를 나타내고 韋는 의미와 음을 겸하여 나타냄.
[풀이] ①지키다. ②막다. 방비함.
〔衞兵 위병〕 ①부대·숙영지 등의 경비와 순찰의 임무를 맡은 병사. ②궁성(宮城)·능·관아·군영을 지키던 병사.
〔衞生 위생〕 신체의 건강과 질병의 예방에 힘쓰는 일.
〔衞星 위성〕 행성(行星)의 둘레를 도는 천체.
〔衞戍 위수〕 ①군대가 일정한 지역에 오래 주둔하여 경비하는 일. ②국경을 지키던 일. 수자리.
〔衞正斥邪 위정척사〕 조선 후기에 주

6획

자학을 지키고 가톨릭교를 물리치자던 주장.
◢警衛(경위)/防衛(방위)/守衛(수위)/侍衛(시위)/自衛(자위)/前衛(전위)/親衛(친위)/護衛(호위)/後衛(후위)

★✱3-Ⅱ
10 **衡** [1]저울대 **형**★✱3-Ⅱ
16 [2]가로 **횡**

[중]héng(헝) [일]コウ, オウ
[영]scale beam

[금] [자원] **회의 겸 형성자.** '네거리'의 상형인 行(행)과 角(뿔 각)과 大(큰 대)가 합쳐진 자로, 길에서 수레를 끄는 소의 뿔에 큰 가름대를 묶은 모습을 타나낸다는 설(가름대가 저울과 모양이 닮아 '저울'의 뜻을 갖게 됨)과, 길거리에서 보따리를 머리에 이고 균형을 잡고 있는 사람을 나타낸다는 설(角은 보따리, 大는 사람을 나타냄)이 있음. 두 가지 설 모두 角과 大는 의미를 나타내고 行은 의미와 음을 겸하여 나타냄.

[풀이] [1]①저울대. 저울. ②달다. 저울질함. ‖銓衡(전형). ③쇠뿔의 가름대. ④가로나무. 수레채 끝에 댄 가로나무. ⑤균형. 평균. ‖平衡(평형). [2]가로. [통]橫. ‖連衡(연횡).

〔衡平 형평〕 한쪽에 치우침이 없이 균형이 잡힌 상태.
◢均衡(균형)/度量衡(도량형)/連衡(연횡)/銓衡(전형)/平衡(평형)

✱1
18 **衢** 네거리 **구**
24

[중]qú(취) [일]ク [영]crossroads
[풀이] 네거리.
◢街衢(가구)

衣部 옷의 衣衤

☆✱6
0 **衣** 옷 **의**
6

丶 亠 ナ 衣 衣 衣

[중]yī, yì(이) [일]イ/ころも [영]clothes

[갑] [금] [자원] **상형자.** 옷깃을 세운 윗옷을 그린 자. 갑골·금문의 윗부분은 옷깃, 아랫부분은 소매와 옷섶을 나타냄.

[참고] 한자 부수의 하나. 변으로 쓰일 때에는 자형이 '衤'의 꼴로 바뀜.

[풀이] ①옷. ②가사(袈裟). 승려의 법복(法服). ③싸는 것. 덮는 것. ④입다.

〔衣冠 의관〕《'남자의 웃옷과 갓'이라는 뜻으로》 남자가 정식으로 갖추어 입는 옷차림.
〔衣帶 의대〕《'옷과 띠'라는 뜻으로》 갖추어 입는 옷차림.
〔衣籠 의롱〕 옷을 간수하는 농. 옷농.
〔衣類 의류〕 옷 종류의 총칭.
〔衣鉢 의발〕 ①가사(袈裟)와 바리때. ②《선원에서, 전법(傳法)의 표가 되는 가사와 바리때를 후계자에게 전하던 일에서》 학문·기예 등을 후학에게 전하는 일.
〔衣服 의복〕 옷.
〔衣裳 의상〕 ①겉에 입는 옷. ②배우 등이 연기할 때 입는 옷.
〔衣食 의식〕 옷과 음식.
〔衣食住 의식주〕 사람이 사는 데 기본적인 요소인 옷과 음식과 집.
〔衣欌 의장〕) 옷장.
◢錦衣(금의)/內衣(내의)/白衣(백의)/法衣(법의)/上衣(상의)/囚衣(수의)/壽衣(수의)/僧衣(승의)/雨衣(우의)/着衣(착의)/脫衣(탈의)/下衣(하의)

✱
3 **衫** 적삼 **삼**
8

[중]shān(°싼) [일]サン
[풀이] 적삼. 윗도리에 입는 홑옷.
◢錦衫(금삼)/長衫(장삼)/汗衫(한삼)

☆✱6
3 **表** 겉 **표**
8

一 十 キ 主 丰 耒 表 表

[중]biǎo(비아오) [일]ヒョウ/おもて
[영]outside

[전] [자원] **회의자.** 衣(옷 의)와 毛(털 모)가 합쳐진 자로, 털이 있는 옷인 '갖옷'을 나타냄. 갖옷은 겉옷으로 입었으므로 '겉', '거죽'의 뜻이 생겨남.

[풀이] ①겉. ㉮거죽. 겉면. ‖表面(표면). ㉯바깥. 역외(域外). ‖海表(해표). ②나타내다. 밝히다. ‖表明(표명). ③규범(規範). 사표(師表). ④표(表). 문체(文體)의 하나로, 임금에게 올리는 서장(書狀). ‖出師表(출사표). ⑤표(表). 도표(圖表). ‖一覽表(일람표).

〔表決 표결〕 의안(議案)에 대한 가부(可否)의 의사를 결정함.
〔表具 표구〕 그림의 뒷면이나 테두리에 종이 또는 천을 붙여서 병풍·족자 등을 만드는 일.
〔表裏 표리〕 ①물체의 겉과 속 또는 안과 밖. ②언행과 속마음.
〔表裏不同 표리부동〕 마음이 음흉하고 불량하여 겉과 속이 다름.
〔表面 표면〕 겉으로 드러난 부분. ↔裏面(이면).
〔表明 표명〕 의사나 태도를 드러내어

6획

명백히 함.
〔表文 표문〕 임금 또는 조정(朝廷)에 올리던 글.
〔表象 표상〕 ①어떤 것을 대표하여 나타낸 모습. 象徵(상징). ②과거의 경험을 바탕으로 마음에 재생된 상(像).
〔表示 표시〕 생각이나 감정 등을 겉으로 드러내 보임.
〔表紙 표지〕 책의 겉장.
〔表徵 표징〕 겉으로 드러나는 특징이나 상징.
〔表彰 표창〕 선행 등을 기리어 널리 세상에 드러냄. ‖表彰狀(표창장).
〔表出 표출〕 겉으로 나타냄.
〔表層 표층〕 여러 층으로 된 것의 겉을 이루는 층.
〔表土 표토〕 토양의 맨 위에 있는 겉의 흙.
〔表皮 표피〕 생물체의 표면을 덮고 있는 조직.
〔表現 표현〕 생각이나 느낌을 말·글·소리 등으로 나타냄.
◢公表(공표)/代表(대표)/圖表(도표)/墓表(묘표)/發表(발표)/師表(사표)/辭表(사표)/時間表(시간표)/言表(언표)/年表(연표)/意表(의표)/情表(정표)/地表(지표)/徵表(징표)

*1 4 10 **衮** 곤룡포 **곤** | 통 袞

중gǔn(군) 일コン
풀이 곤룡포.
〔衮龍袍 곤룡포〕 임금이 입던 정복(正服).

* 4 9 **衿** 옷깃 **금** | 衿

중jīn(찐) 일キン/えり 영collar
풀이 옷깃. 같襟. ‖衣衿(의금).

*1 4 10 **衾** 이불 **금** | 衾

중qīn(친) 일キン 영covers
풀이 이불.
〔衾枕 금침〕 이부자리와 베개.
◢鴛鴦衾(원앙금)

*1 4 9 **衲** 기울 **납** | 衲

중nà(나) 일ノウ/ぬう 영patch
풀이 ①깁다. ②장삼(長衫). 승려의 웃옷. ③승려. 비구(比丘).
〔衲衣 납의〕 ①승려가 입는 검은색의 옷. 장삼(長衫). ②《낡은 헝겊을 모아 기워 입었다는 뜻으로》 가사(袈裟).
〔衲子 납자〕 《'납의를 입은 사람'이라는 뜻으로》 승려. 衲僧(납승).

*1 4 9 **袂** 소매 **메** | 袂

중mèi(메이) 일ベイ/たもと 영sleeve
풀이 소매.
〔袂別 메별〕 《소매를 잡고 헤어진다는 뜻으로》 섭섭히 헤어짐.

★★3-Ⅱ 4 10 **衰** ❶쇠할 **쇠**★★3-Ⅱ ❷상복 **최** | 衰

亠 亡 亩 亩 声 衰 衰 衰

중shuāi(°쑤아이), cuī(추에이)
일スイ, サイ 영decline
고 전 자원 **상형자.** 고문의 윗부분은 삿갓, 아랫부분은 풀로 만든 비옷(도롱이)를 나타내며, 소전은 옷[衣]이 풀로 만들어져 있음을 나타냄. 뒷날 '쇠하다'의 뜻으로 가차되어 쓰이자 본뜻을 보존하기 위해 만든 자가 '蓑'(도롱이 사)임.
풀이 ❶쇠하다. ❷상복(喪服).
〔衰亡 쇠망〕 쇠퇴하여 멸망함.
〔衰弱 쇠약〕 힘이 쇠하고 약함.
〔衰殘 쇠잔〕 쇠하여 힘이나 세력이 점점 약해짐.
〔衰盡 쇠진〕 기운·힘 등이 빠질 대로 빠져서 없어짐.
〔衰退 쇠퇴〕 세력이나 기운이 점점 약해짐. 衰頹(쇠퇴).
〔衰服 최복〕 부모·조부모의 상중에 입는 상복(喪服).
◢減衰(감쇠)/老衰(노쇠)/病衰(병쇠)/斬衰(참최)/興亡盛衰(흥망성쇠)

*2 4 10 **袁** 옷 길 **원** | 袁

중yuán(위엔) 일エン
풀이 옷이 길다. 낙낙한 옷.

4 9 **衽** 옷깃 **임** | 통 袵 衽

중rèn(°런) 일ジン/おくみ 영collar
풀이 ①옷깃. ②옷섶. ③요. 까는 침구.

*2 4 10 **衷** 속마음 **충** | 衷

중zhōng(°쭝) 일チュウ 영sincerity
풀이 ①속마음. 정성스러운 마음. ‖衷心(충심). ②가운데.
〔衷心 충심〕 속에서 우러나오는 참된 마음.
〔衷情 충정〕 마음에서 우러나오는 참된 정.
◢苦衷(고충)/折衷(절충)

6획

*1
5 **袈** 가사 **가**
11 袈

㊥jiā(찌아) ㊐カ, ケ
풀이 가사.
〔袈裟 가사〕 범어 kasaya의 음역. 승려가 장삼 위에 왼쪽 어깨에서 오른쪽 겨드랑이 밑으로 걸쳐 입는 법의(法衣).

*1
11 **袞** 衮(곤)과 동자 →675쪽

*
5 **袒** 웃통 벗을 **단**
10 袒

㊥tǎn(탄) ㊐タン
풀이 웃통을 벗다. ㊐但.

*1
5 **袋** 자루 **대**
11 袋

㊥dài(따이) ㊐タイ/ふくろ ㊎bag
풀이 자루. 부대. 주머니.
◢麻袋(마대)/布袋(포대)

5 **袢** 속옷 **번**
10 袢

㊥pàn(판) ㊐ハン/はだぎ
풀이 속옷. 땀받이로 속에 입는 옷.

*1
5 **袖** 소매 **수**
10 袖

㊥xiù(씨우) ㊐シュウ/そで ㊎sleeve
풀이 ①소매. ‖袖納(수납). ②소매에 넣다. 소매 속에 숨김.
〔袖納 수납〕 편지 등을 직접 전함. 袖傳(수전).
〔袖手傍觀 수수방관〕 (팔짱을 끼고 보고만 있다는 뜻으로) 간섭하지 않고 내버려 둠.
◢領袖(영수)

*
5 **袗** 홑옷 **진**
10 袗

㊥zhěn(°전) ㊐シン ㊎unlined clothes
풀이 ①홑옷. ②아름다운 옷. 수놓아 꾸민 옷. ‖袗衣(진의).

*1
5 **袍** 핫옷 **포**
10 袍

㊥páo(파오) ㊐ホウ/わたいれ
풀이 ①핫옷. 솜옷. ‖縕袍(온포). ②웃옷. 겉옷. 외투(外套). 두루마기.
◢道袍(도포)/靑袍(청포)

★★3-II
5 **被** ❶이불 **피** ❷입을 **피**
10 被

丶 ㇇ 衤 衤 衤 衤 衤 被 被

㊥bèi(뻬이), pī(피) ㊐ヒ/ふすま
㊎covers
자원 **형성자.** 衣(의)는 의미를 나타내고 皮(피)는 음을 나타냄.
풀이 ❶①이불. ②덮다. ❷①입다. ㉮옷을 입다. ㉯피해·부상 등을 당하다. ‖被害(피해). ②쓰고 입는 것. 갓이나 옷 등의 총칭. ‖被服(피복).
〔被擊 피격〕 습격을 당하거나 사격을 받음.
〔被告 피고〕 소송에서 고소를 당한 사람. ↔原告(원고).
〔被衾 피금〕 이부자리.
〔被動 피동〕 남의 힘에 의해 움직임. 受動(수동).
〔被拉 피랍〕 납치를 당함.
〔被髮 피발〕 ①머리를 풀어 헤침. ②부모가 돌아갔을 때 머리를 풂. 披髮(피발).
〔被服 피복〕 옷.
〔被覆 피복〕 거죽을 덮어 씌움. 또는, 그 덮어 씌운 물건.
〔被寫體 피사체〕 사진을 찍는 대상이 되는 물체.
〔被殺 피살〕 살해됨.
〔被選 피선〕 선거에서 뽑힘. 當選(당선).
〔被襲 피습〕 습격을 당함.
〔被疑者 피의자〕 범죄의 혐의가 있으나, 아직 공소 제기가 되지 않은 사람.
〔被爆 피폭〕 폭격을 받음.
〔被曝 피폭〕 인체가 방사선을 받음.
〔被害 피해〕 손해를 입음. ‖被害者(피해자). ↔加害(가해).

6 **袷** ❶겹옷 **겁** ❷옷깃 **겁**
11 袷

㊥qiā(치아), jié(지에) ㊐コウ

*1
6 **袴** 바지 **고**
11 袴

㊥kù(쿠) ㊐コ
풀이 바지.
〔袴衣 고의〕 남자의 여름 한복 홑바지.
◢單袴(단고)/短袴(단고)

★★3-II
6 **裂** 찢을 **렬**
12 裂

㇐ 歹 歹 列 列 列 裂 裂

㊥liè(리에) ㊐レツ/さく ㊎split
자원 **형성자.** 衣(의)는 의미를 나타내고 列(렬)은 음을 나타냄.
풀이 ①찢다. 찢어짐. ‖裂指(열지). ②깨지다. 무너짐. ‖破裂(파열).

〔裂傷 열상〕 피부가 찢어져서 생긴 상처.
◢決裂(결렬)/龜裂(균열)/滅裂(멸렬)/分裂(분열)/破裂(파열)

6 袱 11 보자기 복 袱
[중]fú(°푸) [일]フク
[풀이] 보자기.
〔袱紙 복지〕 한약에서 첩약을 싸는 데 쓰는 네모반듯한 종이.

6 裀 11 요 인 裀
[중]yīn(인) [일]イン/しとね
[풀이] ①요. 까는 침구. ②겹옷.

11 袵 衽(임)과 동자 →675쪽

12 装 裝(장)의 약자 →678쪽

★★3-Ⅱ 6 裁 12 마를 재 裁
十 土 圭 圭 衣 衣 裁 裁
[중]cái(차이) [일]サイ/たつ [영]cut off
[자원] **형성자.** 衣(의)는 의미를 나타내고 𢦏(재)는 음을 나타냄.
[풀이] ①마르다. 마름질함. ‖裁斷(재단). ②헤아리다. 재량함. ③결단하다. ④본. 형(型). 체제(體制).
〔裁可 재가〕 ①안건(案件)을 결재하여 승인함. ②임금이 국사를 결재하여 허가함. 允許(윤허).
〔裁斷 재단〕 옷감 따위를 치수에 맞추어 자름. 마름질.
〔裁量 재량〕 스스로 판단하여 처리함.
〔裁縫 재봉〕 옷감을 말라서 바느질함.
〔裁定 재정〕 옳고 그름을 판단하여 결정함.
〔裁判 재판〕 ①옳고 그름을 가려 심판함. ②판사(判事)가 소송 사건에 대하여 내리는 판단.
◢決裁(결재)/獨裁(독재)/制裁(제재)/仲裁(중재)/體裁(체재)/總裁(총재)

7 裘 13 갖옷 구 裘
[중]qiú(치우) [일]キュウ/けごろも
[영]fur garments
[풀이] 갖옷. 가죽 옷. 털가죽 옷.
〔裘葛 구갈〕 ①(‘가죽 옷과 칡의 외올실로 짠 베옷’이라는 뜻으로) 겨울옷과 여름옷. ②(가죽 옷을 입는 겨울과 베옷을 입는 여름을 지낸다는 뜻으로) 1년을 말함.

* 7 裙 12 치마 군 裙
[중]qún(췬) [일]クン/もすそ [영]skirt

★★3-Ⅱ 7 裏 13 속 리 [동]裡 [간]里 裏
亠 亠 亩 亩 亩 重 裏 裏
[중]lǐ(리) [일]リ/うら [영]inside
[자원] **형성자.** 衣(의)는 의미를 나타내고 里(리)는 음을 나타냄.
[풀이] ①속. 가운데. 내부. ②안. 사물의 안쪽. ‖裏題(이제).
〔裏面 이면〕 ①속. 뒷면. ②겉으로 드러나지 않은 속내나 속사정. ↔表面(표면).
〔裏書 이서〕 수표나 어음의 뒤쪽에 소유자의 이름·전화번호 등의 필요한 사항을 적고 서명하는 일. 背書(배서).
◢腦裏(뇌리)/祕密裏(비밀리)/暗暗裏(암암리)/表裏(표리)

*1 12 裡 裏(리)와 동자 →677쪽

★★3-Ⅱ 7 補 12 기울 보 [간]补 補
ㄱ 衤 衤 衤 衤 補 補 補
[중]bǔ(부) [일]ホ/おぎなう [영]patch
[자원] **형성자.** 衣(의)는 의미를 나타내고 甫(보)는 음을 나타냄.
[풀이] ①깁다. ㉮보수(補修)하다. ㉯돕다. ‖補助(보조). ②임명(任命)하다. 벼슬을 줌. ‖補職(보직).
〔補角 보각〕 두 각의 합이 180°일 때, 한 각을 다른 각에 대하여 이르는 말.
〔補強 보강〕 보충하여 더 강하게 함.
〔補缺 보결〕 ①결원이 생겼을 때 그 빈자리를 채움. 補闕(보궐). ②결점을 보충함.
〔補闕 보궐〕 ➡補缺(보결)①.
〔補給 보급〕 물자·자금 등을 대어 줌.
〔補色 보색〕 색상이 다른 두 색을 혼합하여 무채색이 될 때, 이 두 색을 서로 일컫는 말.
〔補償 보상〕 남에게 끼친 손해를 갚음.
〔補修 보수〕 낡은 것을 보충하여 수리함.
〔補身 보신〕 영양 음식이나 보약을 먹어 몸을 보함.
〔補藥 보약〕 몸의 기운을 회복시키거나 높여 주는 한약. 補劑(보제).
〔補完 보완〕 보충하여 완전하게 만듦.
〔補遺 보유〕 빠진 것을 보태어 채움.
〔補任 보임〕 관직의 자리에 임명함.
〔補助 보조〕 ①보태어 도움. ②어떤 일

6획

을 옆에서 거들어 도움. 또는, 그 사람. ‖補助員(보조원).
〔補佐 보좌〕 상관을 도와 일을 처리함.
〔補職 보직〕 관리에게 직무의 담당을 명함. 또는, 그 직무.
〔補聽器 보청기〕 귀가 잘 들리지 않는 사람이 잘 들리게 하기 위해 귀에 꽂는 기구.
〔補充 보충〕 부족한 것을 보태어 채움.
〔補血 보혈〕 약을 먹어 조혈 작용을 돕는 일.
◢相補(상보)/試補(시보)/轉補(전보)/增補(증보)/候補(후보)

* 7 13 裟 가사 사 裟

㊥shā(°싸) ㊐サ
풀이 가사(袈裟). 장삼(長衫) 위에 걸치는 옷.
◢袈裟(가사)

*1 7 13 裔 후손 예 裔

㊥yì(이) ㊐エイ/あとつぎ
풀이 ①후손. 후사. ②옷자락. 옷단.
〔裔孫 예손〕 먼 후손.
◢末裔(말예)/後裔(후예)

★★3-Ⅱ 7 12 裕 넉넉할 유 裕

ㇷ 礻 礻 礻 衤 衤 裕 裕

㊥yù(위) ㊐ユウ/ゆたか ㊊enough
자원 **형성자.** 衣(의)는 의미를 나타내고 谷(곡)은 음을 나타냄.
풀이 넉넉하다. ㉮너그럽다. 관대함. ㉯여유(餘裕).
〔裕福 유복〕 살림이 넉넉함.
〔裕足 유족〕 여유 있게 풍족함.
◢寬裕(관유)/富裕(부유)/餘裕(여유)

★★4 7 13 裝 꾸밀 장 약간 装 裝

丨 ㅓ 爿 壯 壯 裝 裝 裝

㊥zhuāng(°쭈앙) ㊐ソウ/よそおう ㊊decorate
자원 **형성자.** 衣(의)는 의미를 나타내고 壯(장)은 음을 나타냄.
풀이 ①꾸미다. 수식하다. ‖裝飾(장식). ②차리다. 옷차림. ‖服裝(복장).
〔裝備 장비〕 필요한 용구를 갖추어 차림. 또는, 그 장치와 설비.
〔裝飾 장식〕 겉모양을 아름답고 보기 좋게 꾸밈. 또는, 그 꾸미는 물건.
〔裝身具 장신구〕 몸치장을 하는 데 쓰는 물건. 裝具(장구).
〔裝塡 장전〕 총포에 탄약을 재어 넣음.
〔裝幀 장정〕 책의 겉모양을 꾸밈. 또는, 그런 꾸밈새.
〔裝着 장착〕 의복·장비 등에 일정한 장치를 부착함.
〔裝置 장치〕 기계나 시설을 그것이 사용되는 장소에 설치함. 또는, 그 물건.
◢假裝(가장)/軍裝(군장)/男裝(남장)/內裝(내장)/塗裝(도장)/武裝(무장)/變裝(변장)/服裝(복장)/扮裝(분장)/盛裝(성장)/新裝(신장)/鞍裝(안장)/洋裝(양장)/女裝(여장)/旅裝(여장)/外裝(외장)/僞裝(위장)/正裝(정장)/包裝(포장)/鋪裝(포장)/行裝(행장)

8 13 裾 옷자락 거 裾

㊥jū(쮜) ㊐キョ/すそ
풀이 옷자락. 옷의 뒷자락.

8 14 裹 쌀 과 裹

㊥guǒ(구어) ㊐カ/つつむ ㊊wrap
풀이 ①싸다. 보자기 같은 것으로 쌈. ②꾸러미.

8 13 褂 마괘자 괘 褂

㊥guà(꾸아) ㊐カイ
풀이 마괘자. 마고자. 한복 저고리 위에 덧입는 웃옷.

*2 8 13 裸 벌거숭이 라 裸

㊥luǒ(루어) ㊐ラ/はだか ㊊naked
풀이 ①벌거숭이. ②벌거벗다. 옷을 모두 벗음. ‖裸體(나체).
〔裸婦 나부〕 벌거벗은 여자.
〔裸像 나상〕 나체를 표현한 상. 裸體像(나체상).
〔裸眼 나안〕 안경이나 렌즈를 끼지 않은 맨눈. ‖裸眼視力(나안 시력).
〔裸體 나체〕 알몸. 裸身(나신).
◢半裸(반라)/赤裸裸(적나라)/全裸(전라)

*2 8 14 裵 옷 치렁치렁할 배 속 裴 裵

㊥péi(페이) ㊐ハイ
풀이 ①옷이 치렁치렁하다. ②어정거리다. ‖裵回(배회).

* 14 裴 裵(배)의 속자 →678쪽

*1 8 14 裨 도울 비 裨

[중]bì(삐) [일]ヒ/つぎたす
[풀이] ①돕다. 보좌(補佐)함. ‖ 裨將(비장). ②보태다. 모자란 데를 기움.
〔裨補 비보〕 도와서 모자람을 채움.
〔裨益 비익〕 보태고 늘여 도움이 되게 함. 補益(보익).
〔裨將 비장〕 조선 시대, 監司(감사)·留守(유수)·兵使(병사)·水使(수사) 등을 따라다니며 일을 돕던 무관 벼슬.

★✱3-Ⅱ
8 14 **裳** 치마 **상** 裳

丶 丷 ⺌ 尚 尚 党 党 裳 裳

[중]cháng(°창) [일]ショウ/も [영]skirt
[자원] **형성자.** 衣(의)는 의미를 나타내고 尙(상)은 음을 나타냄.
[풀이] 치마.
◢衣裳(의상)/紅裳(홍상)

☆✱4-Ⅱ
8 14 **製** 지을 **제** [간]制 製

𠂉 乍 牛 制 制 製 製 製

[중]zhì(°쯔) [일]セイ/たつ [영]make
[자원] **회의 겸 형성자.** 制(제)와 衣(의)가 합쳐진 자로, 옷감을 마른다는 데에서 '만들다'의 의미가 생겨남. 衣는 의미를 나타내고 制는 의미와 음을 겸하여 나타냄.
[풀이] ①짓다. 마르다. 재단. ②만들다. 기물을 만들다. ‖ 製作(제작)/製品(제품).
〔製鋼 제강〕 시우쇠를 불려 강철을 만듦.
〔製菓 제과〕 과자나 빵을 만듦.
〔製糖 제당〕 설탕을 만듦.
〔製圖 제도〕 기계·건축물 등의 도면을 그려 만듦.
〔製鍊 제련〕 광석에서 금속을 뽑아내어 정제함. 精鍊(정련).
〔製法 제법〕 물건을 만드는 방법.
〔製本 제본〕 인쇄물 등을 매어 책으로 만듦. 製冊(제책).
〔製粉 제분〕 밀 등의 곡식을 빻아서 가루로 만듦.
〔製氷 제빙〕 얼음을 만듦.
〔製藥 제약〕 약을 만듦.
〔製鹽 제염〕 소금을 만듦.
〔製作 제작〕 물건이나 작품을 구상하여 만듦.
〔製造 제조〕 원료를 가공하여 제품을 만듦.
〔製紙 제지〕 종이를 만듦.
〔製鐵 제철〕 철광석을 제련하여 철을 뽑아냄.
〔製品 제품〕 물건을 만듦. 또는, 만든 물품.
〔製靴 제화〕 구두를 만듦.
◢官製(관제)/木製(목제)/美製(미제)/剝製(박제)/複製(복제)/縫製(봉제)/私製(사제)/手製(수제)/外製(외제)/日製(일제)/精製(정제)/創製(창제)/鐵製(철제)/特製(특제)/燻製(훈제)

8 13 **裱** 장황 **표** 裱

[중]biǎo(비아오) [일]ヒョウ
[풀이] ①장황. 책이나 서화첩을 꾸며 만드는 일. ②목도리.

✱1
9 14 **褐** 털옷 **갈** [본]**할** 褐

[중]hè(허) [일]カツ
[풀이] ①털옷. ②베옷. 거친 베옷. ③미천한 사람. ④갈색. 다색(茶色).
〔褐巾 갈건〕 거친 베로 만든 두건.
〔褐色 갈색〕 검은빛을 띤 주황색.
〔褐炭 갈탄〕 탄화가 불완전하고 갈색을 띤 석탄.

9 14 **褌** 잠방이 **곤** [간]裈 褌

[중]kūn(쿤) [일]コン
[풀이] 잠방이. ‖ 褌衣(곤의).

✱
9 14 **褙** 속적삼 **배** 褙

[중]bèi(뻬이) [일]ハイ
[풀이] ①속적삼. ‖ 褙子(배자). ②배접(褙接).
〔褙子 배자〕 부녀자들이 저고리 위에 덧입는, 소매가 없는 옷.
〔褙接 배접〕 헝겊·종이 등을 여러 겹 포개어 붙이는 일.

✱
9 14 **褓** 포대기 **보** 褓

[중]bǎo(바오) [일]ホウ
[풀이] 포대기.
〔褓負商 보부상〕 봇짐장수와 등짐장수. 負褓商(부보상).
〔褓子 보자〕 보자기.
◢襁褓(강보)

★✱4
9 14 **複** 겹옷 **복** [간]复 複

丶 ㇇ 衤 衤 衤 袹 複 複

[중]fù(°푸) [일]フク
[자원] **형성자.** 衣(의)는 의미를 나타내고 复(복)은 음을 나타냄.
[풀이] ①겹옷. ②겹. 이중(二重). ‖ 複數(복수). ③겹치다. 겹쳐짐.
〔複道 복도〕 여러 개의 방이 나란히 있는 건물에서, 방들의 출입문 쪽에 나

6획

있는 긴 통로.
〔複利 복리〕 이자에 이자가 붙음.
〔複寫 복사〕 문서나 그림 등을 그대로 베끼거나 그리거나 인쇄함.
〔複數 복수〕 둘 이상인 수.
〔複式 복식〕 두 겹 또는 그 이상으로 된 방식.
〔複雜 복잡〕 여러 갈래로 뒤얽혀 어수선함.
〔複製 복제〕 본래의 것과 똑같이 만듦. 또는, 그렇게 만든 것.
〔複合 복합〕 두 가지 이상의 것이 합하여 하나가 됨.
◢重複(중복)

9 14 褑* [1]패옥 띠 원 [2]옷 원

[중]yuàn, yuān(위엔) [일]エン
[풀이] ①패옥 띠. 패옥을 차는 띠. ②옷.

9 14 褊 좁을 편 褊

[중]biǎn(비엔) [일]ヘン
[풀이] ①좁다. ②성급하다.
〔褊小 편소〕 땅·장소 등이 좁고 작음.
〔褊狹 편협〕 ①도량이 좁고 너그럽지 못함. ②토지가 좁음.

9 15 褒*1 기릴 포 [본]보 褒

[중]bāo(빠오) [일]ホウ/ほめる
[풀이] 기리다.
〔褒賞 포상〕 칭찬하여 상을 줌.
〔褒章 포장〕 나라에 공이 있는 사람에게 주는 휘장(徽章).
〔褒貶 포폄〕 시비나 선악을 판단하여 결정함.

9 14 褘* [1]폐슬 휘 [2]아름다울 위* [간]袆

[중]huī(후에이) [일]キ, イ/ひざかけ
[풀이] [1]폐슬. 조복(朝服)이나 제복(祭服)을 입을 때, 가슴에서 늘여 무릎을 가리는 천. [2]①아름답다. ②향낭.

10 16 褰 걷을 건 褰

[중]qiān(치엔) [일]ケン/かかげる
[풀이] ①걷다. 옷을 추어올림. ②바지.

10 15 褥* 요 욕 褥

[중]rù(°루) [일]ジョク/しとね [영]mattress
[풀이] 요.
◢產褥(산욕)

10 15 褫 옷 벗길 치 褫

[중]chǐ(°츠) [일]チ/はぐ [영]strip off
[풀이] 옷을 벗기다. 옷을 벗겨 빼앗음.
〔褫奪 치탈〕 벗겨 빼앗아 들임.

10 15 褪*1 바랠 퇴 [본]톤 [간]褪 褪

[중]tuì(투에이) [일]タイ/あせる [영]fade
[풀이] ①바래다. 빛이 엷어짐. ‖褪色(퇴색). ②벗다. 옷을 벗음.
〔褪色 퇴색〕 빛이 바램.

11 16 襁* 포대기 강 襁

[중]qiǎng(치앙) [일]キョウ
[영]swaddling cloth
[풀이] 포대기. [같]強.
〔襁褓 강보〕 아기를 싸는 포대기.

11 16 褸* 누더기 루 [간]褛 褸

[중]lǚ(뤼) [일]ロウ/つづれ
[풀이] ①누더기. ②깁다. ③옷깃.
◢襤褸(남루)

11 17 褻* 속옷 설 [간]亵 褻

[중]xiè(씨에) [일]セツ/けがれる
[풀이] ①속옷. ②평복(平服). 평상복. ③더럽다. 더럽힘. ④무람없다.
〔褻慢 설만〕 무례하고 거만함.
◢猥褻(외설)

11 16 褶* 주름 습 褶

[중]zhě(°저) [일]シュウ [영]wrinkle
[풀이] ①주름. ②사마치. 말을 탈 때 입는 아랫도리옷.
〔褶曲 습곡〕 지각 운동의 영향으로 지표가 주름이 지는 현상.

11 17 襄*2 도울 양 [본]상 襄

[중]xiāng(씨앙) [일]ジョウ [영]help
[풀이] ①돕다. ②오르다. ③이루다. ④장사(葬事)를 지내다.

12 17 襌 홑옷 단 [간]襌 襌

[중]dān(딴) [일]タン/ひとえ
[풀이] 홑옷. ‖襌衣(단의).

6획

12 * 襒 털 별
17

[중]biē(비에) [일]ヘツ [영]shake off
[풀이] 털다. 옷을 텖.

13 *1 襟 옷깃 금 襟
18

[중]jīn(찐) [일]キン/えり
[풀이] ①옷깃. [같]衿. ②가슴. 마음. 생각. ‖胸襟(흉금).
〔襟帶 금대〕 ①깃과 띠. ②옷의 비유. ③산천이 꼬불꼬불 둘러싸고 있어 요충지를 이루고 있는 상태의 비유.
〔襟度 금도〕 남을 용납할 만한 도량.
〔襟章 금장〕 군복·교복 등의 제복의 옷깃에 다는 휘장.
◢胸襟(흉금)

13 襚 수의 수 襚
18

[중]suì(쑤에이) [일]スイ
[영]grave clothes
[풀이] 수의(壽衣). 죽은 사람에게 입히는 옷.

13 襖 웃옷 오 [간]袄 襖
18

[중]ǎo(아오) [일]オウ [영]coat
[풀이] 웃옷. 두루마기.

14 * 襤 누더기 람 [간]褴 襤
19

[중]lán(란) [일]ラン/ぼろ
[풀이] 누더기.
〔襤褸 남루〕 ①누더기. ②옷 따위가 해어져 더럽고 너절함.

14 襦 저고리 유 襦
19

[중]rú(°루) [일]ジュ/はだぎ [영]jacket
[풀이] ①저고리. ②속옷. 땀받이로 속에 입는 짧은 옷. ③턱받이.
〔襦衣 유의〕 남자가 입는 저고리. 동옷. 胴衣(동의).

15 *1 襪 버선 말 [간]袜 襪
20

[중]wà(와) [일]バツ
[풀이] 버선.
◢洋襪(양말)

16 ★*3-Ⅱ 襲 엄습할 습 [간]袭 襲
22

亠	音	音ᄂ	龍	龍	龍	龏	襲

[중]xí(시) [일]シュウ/おそう
[영]make a surprise attack
[금] [전] [자원] **형성자.** 금문에서 衣(의)는 의미를 나타내고 龖(답)은 음을 나타냄. 소전 이후로 龖이 龍(룡)으로 줆.
[풀이] ①엄습하다. ㉮불의(不意)에 치다. ‖襲擊(습격). ㉯잇다. 계승함. ‖襲爵(습작). ②겹치다. 옷을 껴입다. ③벌. 갖추어진 옷을 세는 단위. ④염습(殮襲)하다. 죽은 사람에게 옷을 입힘.
〔襲擊 습격〕 갑자기 적을 덮쳐 공격함.
〔襲衣 습의〕 ①장례 때 시체에 입히는 옷. ②옷을 갖추어 입음.
〔襲爵 습작〕 선대(先代)의 작위(爵位)를 이어받음.
◢空襲(공습)/急襲(급습)/奇襲(기습)/踏襲(답습)/世襲(세습)/掩襲(엄습)/逆襲(역습)/殮襲(염습)/因襲(인습)/一襲(일습)/被襲(피습)

16 襯 속옷 친 [간]衬 襯
21 [본]츤

[중]chèn(°천) [일]シン [영]underwear

6획

襾部 덮을아 襾 西

0 襾 덮을 아
6

[중]yà(야) [일]ア
[전] [자원] **상형자.** ⋂ 자는 어떤 물건을 위에서 아래로 덮고 있는 모양을 나타내고, ∪ 자는 아래에서 위로 벌어진 모양을 나타내며, 一 자는 그것을 덮고 있는 모양을 나타냄.
[참고] 한자 부수의 하나.
[풀이] 덮다.

0 ☆*8 西 서녘 서 西
6

一	丆	冂	襾	两	西

[중]xī(씨) [일]セイ, サイ/にし [영]west
[갑] [전] [자원] **상형자.** 갑골문은 대나무로 엮은 바구니를 본뜬 자. 소전에서부터 새 모양을 덧붙여 새가 둥지에 있는 모양으로 알려져 있으나 이는 잘못된 해석임. 뒷날 '서쪽'의 뜻으로 가차됨.
[참고] 襾(아:681쪽)는 딴 자.
[풀이] ①서녘. 서쪽. ‖西方(서방). ②서양(西洋). 구미(歐美) 각국의 총칭.
〔西經 서경〕 영국의 그리니치 천문대를 0도로 하여 지구의 서쪽으로 180도까

지 사이의 경도.
〔西歐 서구〕 ①서유럽. ②유럽과 미국 지역을 아울러 이름.
〔西紀 서기〕 그해가 예수가 태어난 해를 기원(紀元)으로 한 것임을 나타내는 말.
〔西曆 서력〕 예수가 태어난 해를 기원으로 하는 책력.
〔西半球 서반구〕 지구를 동과 서로 나누었을 때의 서쪽 부분.
〔西班牙 서반아〕 '에스파냐'의 음역.
〔西方 서방〕 서쪽 방향이나 지역. ↔東方(동방).
〔西部 서부〕 어떤 지역의 서쪽 부분.
〔西洋 서양〕 유럽과 아메리카의 여러 나라. 泰西(태서).
〔西域 서역〕 지난날, 중국의 서쪽 지역에 있던 여러 나라의 총칭.
〔西風 서풍〕 서쪽에서 불어오는 바람.
〔西海 서해〕 ①서쪽에 있는 바다. ②우리나라의 '황해'를 이름.
〔西向 서향〕 서쪽을 향함. 또는, 그 방향.
◢江西(강서)/關西(관서)/南西(남서)/東西(동서)/北西(북서)

6획

☆✱5
3 **要** [1]구할 요 [2]사북 요
9

一 丆 冂 襾 襾 覀 要 要

[중]yāo, yào(야오) [일]ヨウ/かなめ
[영]seek

[갑]  [금]  [전]  [자원] **상형자.** 여자가 양손을 허리에 얹고 있는 모습을 나타낸 자. 일설에는 남자의 손이 여자의 허리를 감싸 안은 것이라는 주장도 있음. 본뜻이 '허리'였으나 '요구하다'의 뜻으로 가차되어 쓰이자 본뜻을 보존하기 위해 만든 자가 '腰'(허리 요)임.

[풀이] [1]①구하다. 요구함. ②원하다. 바람. [2]①사북. 근본. ②요컨대. 요약하여 말하면.
〔要綱 요강〕 중요한 근본 골자나 줄거리.
〔要件 요건〕 ①긴요한 일이나 안건. ②필요한 조건.
〔要訣 요결〕 ①가장 중요한 방법. ②긴요한 뜻.
〔要求 요구〕 필요한 것을 청구함.
〔要緊 요긴〕 매우 중요하며 꼭 필요함. 緊要(긴요).
〔要覽 요람〕 중요한 것만 간추려서 만든 책.
〔要領 요령〕 ①가장 중심이 되는 중요한 점이나 그 줄거리. ②경험에서 얻은 묘한 이치. ③적당히 꾀를 피우는 것.
〔要領不得 요령부득〕 말이나 글에서 전하고자 하는 핵심적 내용을 알 수가 없음. 不得要領(부득요령).
〔要路 요로〕 ①중요한 길. ②영향을 미칠 수 있는 중요한 지위나 위치.
〔要望 요망〕 꼭 그리하여 주기를 바람.
〔要目 요목〕 중요한 조목.
〔要塞 요새〕 군사상 중요한 지점에 구축한 방어 시설.
〔要所 요소〕 중요한 곳. 要處(요처).
〔要素 요소〕 사물이 이루어지기 위하여 꼭 있어야 할 성분이나 조건.
〔要式 요식〕 일정한 규정이나 방식에 따라야 할 양식(樣式).
〔要約 요약〕 말이나 글의 요점을 잡아서 간추림.
〔要員 요원〕 ①필요한 인원. ②중요한 지위에 있는 사람.
〔要人 요인〕 중요한 위치에 있는 사람.
〔要因 요인〕 중요한 원인.
〔要點 요점〕 중요한 점.
〔要注意 요주의〕 주의가 필요함.
〔要地 요지〕 핵심이 되는 중요한 곳.
〔要旨 요지〕 말이나 글에서 핵심이 되는 중요한 내용.
〔要職 요직〕 중요한 직위나 직책.
〔要請 요청〕 필요한 일을 해 달라고 청함.
〔要衝地 요충지〕 지세(地勢)가 군사적으로 아주 중요한 곳.
〔要害 요해〕 ①전쟁에서, 자기편에는 꼭 필요하면서도 적에게는 해로운 지점. 요해처(要害處). ②생명과 직결되는 신체의 중요한 부분. 急所(급소).
◢強要(강요)/概要(개요)/緊要(긴요)/大要(대요)/不要(불요)/所要(소요)/需要(수요)/摘要(적요)/主要(주요)/重要(중요)/必要(필요)

✱
6 **覃** 미칠 담
12

[중]tán(탄) [일]タン
[풀이] ①미치다. 한정된 곳에 이름. ②길다. ③깊다.

★✱3-Ⅱ
12 **覆** [1]뒤집힐 복★✱3-Ⅱ [2]덮을 부3-Ⅱ
18

[중]fù(°푸) [일]フク, フウ/くつがえす
[영]overturn, cover
[자원] **형성자.** 襾(아)는 의미를 나타내고 復(복)은 음을 나타냄.
[풀이] [1]①뒤집히다. ②뒤집다. ‖覆盆(복분). ③다시하다. ‖反覆(반복). [2]덮다.
〔覆蓋 복개〕 ①뚜껑. 덮개. ②하천에 덮개 구조물을 씌워 겉으로 보이지 않도록 함. 개복(蓋覆).
〔覆車之戒 복거지계〕 《앞의 수레가 엎어지는 것을 보고 뒤의 수레는 미리 경계하여 엎어지지 않도록 한다는 뜻

으로) 남의 실패를 거울삼아 자기를 경계함.
〔覆面 복면〕 얼굴을 알아보지 못하게 헝겊 따위로 싸서 가림. 또는, 가리는 물건.
〔覆審 복심〕 ①다시 조사함. ②상소(上訴)한 사건을 법원이 다시 심리함.
〔覆字 복자〕 활자를 뒤집어 검게 박은 글자.
〔覆轍 복철〕 (‘엎어진 수레바퀴’라는 뜻으로) 앞서 가던 사람이 실패한 자취.
◪反覆(반복)/飜覆(번복)/顚覆(전복)/被覆(피복)

19 *覇 霸(패)의 속자 →801쪽

13 19 覈 ❶핵실할 **핵** ❷보리 싸라기 **흘** | 覈

㊥hé(허) ㊐カク, ケツ ㊎examine

풀이 ❶①핵실(覈實)하다. 실상을 조사함. ②엄하다. 엄격함. ③씨. 핵(核). ❷보리 싸라기.
〔覈論 핵론〕 실상을 조사하여 논박함.
〔覈實 핵실〕 일의 실상을 조사함.

23 覊 羇(기)의 속자 →602쪽

25 覉 羈(기)의 속자 →602쪽

見部 볼견

0 7 ☆*5 見 ❶볼 **견**☆*5 ❷나타날 **현***5 | ㉮见 見

丨 冂 冃 月 目 貝 見

㊥jiàn(찌엔), xiàn(씨엔) ㊐ケン/みる ㊎see

갑 자원 **회의자.** 目(눈 목)과 人(사람 인)이 합쳐진 자로, 눈을 강조해서 그린 사람의 모습을 나타냄. 본뜻은 ‘보다’.

한자 부수의 하나.

풀이 ❶①보다. ‖見學(견학). ②보이다. ③보는 바. 생각. 소견. ‖愚見(우견). ❷①나타나다. 드러남. ②만나다. ③지금. 현재. ㉠現.
〔見利思義 견리사의〕 눈앞의 이익을 보면 의리를 먼저 생각함.
〔見聞 견문〕 보고 들음. 또는, 그 지식.
〔見蚊拔劍 견문발검〕 (모기를 보고 칼을 뺀다는 뜻으로) 사소한 일에 크게 화를 내어 덤빔.
〔見物生心 견물생심〕 물건을 보면 갖고 싶은 욕심이 생김.
〔見本 견본〕 전체 상품의 품질이나 상태 등을 알아볼 수 있게 본보기로 보이는 물건.
〔見習 견습〕 남이 하는 것을 보고 익힘. 또는, 그 과정에 있는 사람. 修習(수습).
〔見識 견식〕 보고 듣거나 배워서 아는 지식.
〔見危致命 견위치명〕 나라가 위태로울 때 자기의 몸을 나라에 바침.
〔見積 견적〕 어림잡아 한 계산.
〔見地 견지〕 사물을 관찰하거나 판단하는 입장. 觀點(관점).
〔見學 견학〕 실제로 보고 그 일에 관한 지식을 넓힘.
〔見解 견해〕 사물이나 현상에 대한 의견이나 생각.
◪高見(고견)/短見(단견)/目不忍見(목불인견)/發見(발견)/私見(사견)/先入見(선입견)/所見(소견)/識見(식견)/謁見(알현)/豫見(예견)/外見(외견)/意見(의견)/異見(이견)/一見(일견)/接見(접견)/政見(정견)/主見(주견)/參見(참견)/卓見(탁견)/偏見(편견)/會見(회견)/後見(후견)

10 覌 觀(관)의 약자 →685쪽

4 11 ★*5 規 법 **규** | ㉮规 規

二 扌 夫 丮 规 規 規 規

㊥guī(꾸에이) ㊐キ/のり ㊎law

자원 **회의자.** 夫(지아비 부)와 見(볼 견)이 합쳐진 자로, 성인이 된 남자가 사물을 보고 판단함을 나타냄. 여기에서 ‘법도’, ‘규범’의 뜻이 생겨남.

풀이 ①법. 규정. ‖規則(규칙). ②걸음쇠. 원을 그리는 기구. 컴퍼스. ‖規矩(규구). ③바루다. 바로잡음.
〔規格 규격〕 ①일정한 규정에 들어맞는 격식. ②공업 제품의 품질·모양·크기 등에 대해 정해 놓은 표준.
〔規矩 규구〕 지름이나 선의 거리를 재는 기구.
〔規矩準繩 규구준승〕 ①목수가 쓰는 그림쇠·자·수준기·먹줄의 총칭. ②일상생활에서 지켜야 할 법도.
〔規模 규모〕 ①건물이나 시설물의 크기. ②사물의 범위나 양의 크기.
〔規範 규범〕 마땅히 따라야 할 본보기.
〔規約 규약〕 한 조직체의 구성과 활동에 관한 규정.
〔規律 규율〕 단체 생활의 질서를 유지하기 위해 정해 놓은, 행동에 관한 약속.
〔規定 규정〕 규칙으로 정함. 또는, 그 규칙.

〔規程 규정〕 ①모든 행위의 준칙이 되는 규칙. ②공공 기관의 내부 조직 및 사무 처리상의 규칙.
〔規制 규제〕 법이나 규정으로 어떤 일을 제한하거나 금지함.
〔規準 규준〕 규범이 되는 표준.
〔規則 규칙〕 여러 사람이 다 같이 지키기로 정한 법칙.
◢內規(내규)/法規(법규)/常規(상규)/新規(신규)/正規(정규)/定規(정규)

*2
4 11 **覓** 찾을 **멱** [속] 覔 [간] 觅

[중]mì(미) [일]ベキ [영]search for
[풀이] 찾다. 구하여 찾음.

11 **覔** 覓(멱)의 속자 →684쪽

12 **覚** 覺(각)의 약자 →685쪽

5 12 **覗** 엿볼 **사** [간] 觇

[중]sì(쓰) [일]シ [영]peep
[풀이] 엿보다. 들여다보다.

☆*4-Ⅱ
5 12 **視** 볼 **시** [간] 视

[중]shì(°쓰) [일]シ/みる [영]look at
[갑] [자원] **회의 겸 형성자.** 갑골문은 '제단'의 상형인 示(시)와 目(눈 목)이 합쳐진 자로, 눈을 똥그랗게 뜨고 제단을 바라봄을 나타냄. 소전에 이르러 目이 見(견)으로 바뀜. 見은 의미를 나타내고 示는 의미와 음을 겸하여 나타냄.
[풀이] ①보다. ‖視力(시력). ②대우(待遇)하다. 대접함.
〔視角 시각〕 무엇을 보고 이해하고 생각하는 관점.
〔視覺 시각〕 눈을 통해 사물을 보고 느낄 수 있는 감각. 視感(시감).
〔視界 시계〕 ➡視野(시야)①.
〔視力 시력〕 눈으로 물체를 볼 수 있는 능력. 眼力(안력). ※聽力(청력).
〔視線 시선〕 ①눈길이 가는 방향. ②주의나 관심.
〔視野 시야〕 ①눈으로 볼 수 있는 범위. 視界(시계). ②사실이나 현상을 이해할 수 있는 생각의 범위.
〔視察 시찰〕 실제로 돌아다니며 사정을 살펴봄.
〔視聽 시청〕 텔레비전·비디오 등을 보고 들음.
〔視聽覺 시청각〕 눈으로 보는 감각과 귀로 듣는 감각.
◢可視(가시)/監視(감시)/輕視(경시)/恝視(괄시)/近視(근시)/亂視(난시)/蔑視(멸시)/無視(무시)/白眼視(백안시)/斜視(사시)/巡視(순시)/弱視(약시)/遠視(원시)/凝視(응시)/坐視(좌시)/注視(주시)/重視(중시)/直視(직시)/嫉視(질시)/錯視(착시)/賤視(천시)/透視(투시)

5 12 **覘** 엿볼 **점** [본]**첨** [간] 觇

[중]chān(°찬) [일]テン [영]spy
[풀이] ①엿보다. 몰래 봄. ②보다.
〔覘候 점후〕 ①다른 사람의 사정을 몰래 엿봄. ②적의 동정을 살핌.

*1
7 14 **覡** 박수 **격** [간] 觋

[중]xí(시) [일]ケキ [영]wizard
[풀이] 박수. 남자 무당.
◢巫覡(무격)

*
16 **覩** 睹(도)와 동자 →534쪽

☆*6
9 16 **親** 친할 **친** [간] 亲

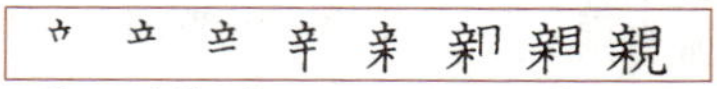

[중]qīn(친) [일]シン/したしい [영]close
[자원] **형성자.** 見(견)은 의미를 나타내고 亲(친)은 음을 나타냄.
[풀이] ①친하다. ‖切親(절친)/親交(친교). ②친히. 손수. ‖親筆(친필). ③어버이. 부모. ‖養親(양친).
〔親家 친가〕 ①결혼을 하거나 양자로 만 집에 들어갔을 때 본집을 이름. 親庭(친정). 實家(실가). ②승려의 부모가 사는 속가(俗家).
〔親交 친교〕 친밀하게 사귐. 또는, 그런 사귐.
〔親舊 친구〕 가깝게 오래 사귄 사람.
〔親權 친권〕 부모가 미성년인 자식에 대하여 가지는 신분상·재산상의 권리와 의무.
〔親近 친근〕 사귀고 지내는 사이가 아주 가까움.
〔親睦 친목〕 서로 친하여 뜻이 맞고 정다움.
〔親密 친밀〕 지내는 사이가 몹시 친하고 가까움.
〔親分 친분〕 아주 가깝고 친한 관계.
〔親喪 친상〕 부모의 상사(喪事).
〔親書 친서〕 ①몸소 쓴 편지. ②한 나라의 원수가 다른 나라의 원수에게 보내는 공식적인 서한.
〔親善 친선〕 서로 친하여 사이가 좋음.

〔親疎 친소〕 친함과 친하지 않음.
〔親熟 친숙〕 친하여 허물이 없음.
〔親愛 친애〕 친밀히 사랑함.
〔親友 친우〕 친한 벗. 親朋(친붕).
〔親切 친절〕 대하는 태도가 매우 정겹고 고분고분함. 또는, 그런 태도.
〔親族 친족〕 촌수가 가까운 일가.
〔親知 친지〕 썩 가깝게 지내는 사람.
〔親戚 친척〕 ①친족과 외척. ②성이 다른 일가붙이. 고종(姑從)·이종(姨從) 따위.
〔親筆 친필〕 손수 쓴 글씨. 眞筆(진필).
〔親和 친화〕 사이좋게 잘 어울림.
◢家親(가친)/近親(근친)/老親(노친)/母親(모친)/父親(부친)/四顧無親(사고무친)/先親(선친)/兩親(양친)/養親(양친)/嚴親(엄친)/肉親(육친)/切親(절친)/宗親(종친)/和親(화친)

18 **観** 觀(관)의 속자 →685쪽

*1
11 18 **覲** 뵐 근 | 간 觐 覲

중jìn(찐) 일キン/まみえる
풀이 뵙다. 알현(謁見)함. ‖覲禮(근례).
〔覲參 근참〕 찾아뵙고 인사함.
〔覲親 근친〕 ①시집간 딸이 친정에 가서 부모를 뵘. 歸寧(귀녕). ②승려가 속가(俗家)의 부모를 뵘.
〔覲行 근행〕 근친(覲親)을 가거나 옴.

*
12 19 **覶** 자세할 라* 란

중luō(루어) 일ラ, ラン
풀이 ①자세하다. ②즐겁게 보다. ③차례.

★*4
13 20 **覺** 깨달을 각 | 통 斍 약 覚 간 觉 覺

중jué(쥐에) 일カク 영perceive
자원 **회의 및 형성자.** 學(배울 학)의 생략형인 𦥯과 見(볼 견)이 합쳐진 자. 보고 배워서 깨닫게 됨을 나타냄. 見은 의미를 나타내고 學은 의미와 음을 겸하여 나타냄.
풀이 ①깨닫다. 터득함. ‖覺悟(각오). ②깨우치다. 깨닫게 함. ③깨달음. ‖知覺(지각). ④느끼다. ‖感覺(감각). ⑤나타나다. 드러남. ⑥알다. 기억하다.
〔覺書 각서〕 ①약속을 지키겠다는 내용을 적은 문서. ②외교 문서의 한 가지.
〔覺醒 각성〕 ①깨어 정신을 차림. ②잘못을 깨달음.
〔覺悟 각오〕 앞으로의 일에 대한 마음의 준비.
◢感覺(감각)/味覺(미각)/發覺(발각)/色覺(색각)/先覺(선각)/視覺(시각)/壓覺(압각)/自覺(자각)/知覺(지각)/錯覺(착각)/聽覺(청각)/觸覺(촉각)/痛覺(통각)/幻覺(환각)/嗅覺(후각)

★*4
14 21 **覽** 볼 람 | 간 览 覽

중lǎn(란) 일ラン/みる 영look at
자원 **회의 겸 형성자.** 監(감)과 見(견)이 합쳐진 자. 見은 의미를 나타내고 監은 그릇의 물에 비친 자기 얼굴을 들여다보는 사람을 나타내는 자로, 의미와 음을 겸하여 나타냄.
풀이 ①보다. ㉮살펴보다. ‖回覽(회람). ㉯바라보다. 전망함. ②전망. 경관.
◢供覽(공람)/觀覽(관람)/博覽(박람)/閱覽(열람)/要覽(요람)/遊覽(유람)/一覽(일람)/展覽(전람)/總覽(총람)/便覽(편람)/回覽(회람)

☆*5
18 25 **觀** 볼 관 | 속 観 약 覌 간 观 觀

중guān(꾸안) 일カン/みる 영observe
자원 **회의 겸 형성자.** 雚(수리부엉이 관)과 見(볼 견)이 합쳐진 자로, 큰 눈을 가진 수리부엉이가 목표물을 응시하듯 뚫어지게 바라봄을 나타냄. 見은 의미를 나타내고 雚은 의미와 음을 겸하여 나타냄.
풀이 ①보다. 자세히 봄. ‖觀戰(관전). ②보이다. 나타내 보임. ③경관(景觀). 경치. ④체계화한 견해. ‖人生觀(인생관).
〔觀客 관객〕 공연 따위를 구경하는 사람. 관람객.
〔觀光 관광〕 다른 지방이나 다른 나라의 경치나 풍속을 구경하며 돌아다님.
〔觀念 관념〕 어떤 일에 대해 오랜 시간에 걸쳐 마음속에 이루어져 있는 생각이나 견해.
〔觀覽 관람〕 연극·영화 등을 구경함.
〔觀望 관망〕 형편이나 분위기를 가만히 살펴봄.
〔觀兵 관병〕 ①군대를 열병함. ②군대의 위세를 보임.
〔觀相 관상〕 얼굴 생김새를 보고 그 사람의 운명이나 성격 등을 판단하는 일.
〔觀賞 관상〕 보고 즐김.
〔觀戰 관전〕 ①전쟁의 실황을 직접 살펴봄. ②운동 경기나 바둑 대국(對局) 등을 구경함.
〔觀點 관점〕 사물을 관찰할 때 그 사람

이 보는 각도나 입장. 見地(견지).
〔觀照 관조〕 고요한 마음으로 자연이나 예술 작품 등을 관찰·음미함.
〔觀衆 관중〕 운동 경기나 공연 등을 구경하기 위해 모인 사람들. 구경꾼.
〔觀察 관찰〕 사물이나 현상을 주의하여 살펴봄.
〔觀測 관측〕 천문·기상 등 자연 현상의 변화나 상태를 관찰하여 측정함.
◢可觀(가관)/槪觀(개관)/客觀(객관)/景觀(경관)/樂觀(낙관)/達觀(달관)/美觀(미관)/傍觀(방관)/悲觀(비관)/史觀(사관)/外觀(외관)/壯觀(장관)/主觀(주관)/直觀(직관)/參觀(참관)

角部 뿔각

☆✱6
0 7 **角** 뿔 **각** | ㊃ 角 角

丿 ⺈ ⺈ 角 角 角 角

㊥jiǎo(지아오) ㊐カク/つの ㊎horn
갑 전 자원 **상형자.** 뿔(특히, 소의 뿔)의 모습을 본뜬 자. 갑골문은 뿔의 무늬까지 나타내고 있음.
한자 부수의 하나.
풀이 ①뿔. ‖牛角(우각). ②모. 귀. 모진 데. ‖三角(삼각). ③뿔피리. 뿔로 만든 관악기. ‖角笛(각적). ④상투. ⑤겨루다. 경쟁함. ‖角逐(각축). ⑥오음(五音)의 하나.
〔角弓 각궁〕 뿔로 장식한 활.
〔角度 각도〕 ①각의 크기. ②사물을 보는 관점.
〔角力 각력〕 ①서로 힘을 겨룸. ②씨름.
〔角膜 각막〕 눈동자의 바깥 벽의 앞에 둥근 접시 모양으로 된 투명한 막.
〔角帽 각모〕 ①모난 모자. ②사각모자.
〔角木 각목〕 둘레를 네모나게 만든 목재.
〔角者無齒 각자무치〕《뿔이 있는 짐승은 이가 없다는 뜻으로》 한 사람이 여러 가지 재주나 복을 다 가질 수 없음.
〔角觝 각저〕 ①힘이나 기예·활쏘기·말타기 등을 겨루는 일. 角抵(각저). ②씨름.
〔角質 각질〕 딱딱하게 굳은 피부.
〔角逐 각축〕 집단이나 나라가 서로 이기려고 다툼.
◢廣角(광각)/交角(교각)/內角(내각)/鹿角(녹각)/多角(다각)/頭角(두각)/鈍角(둔각)/等角(등각)/四角(사각)/死角(사각)/三角(삼각)/視角(시각)/銳角(예각)/外角(외각)/直角(직각)/總角(총각)/畫角(화각)

5 12 **觚** 술잔 **고** | ㊃ 觚 觚

㊥gū(꾸) ㊐コ ㊎(wine)glass
풀이 ①술잔. 의식(儀式)에 쓰는 술잔. 술그릇. ②모. 능각(稜角). ③쪽. 대쪽. 옛날, 글자를 쓰던 나무쪽.

13 **触** 觸(촉)의 속자 →687쪽

13 **觧** 解(해)의 속자 →686쪽

☆✱4-Ⅱ
6 13 **解** ❶풀 **해** ❷흩어질 **해** | ㊄ 觧 解

⺈ 角 角 角 角⺈ 角⺈ 角⺈ 解

㊥jiě(지에) ㊐カイ, ガ/とく ㊎untie
갑 금 전 자원 **회의자.** 갑골문·금문은 양손으로 소의 뿔을 잡고 뽑아내는 모습을 나타냄. 갑골문의 두 점은 피가 튀고 있는 상태를 나타냄. 소전에 이르러 손이 刀(칼 도)로 바뀌어 오늘날의 자형이 됨. 본뜻은 '뽑다'.
풀이 ❶①풀다. ㉮가르다. 해부(解剖)함. ㉯풀이하다. 설명함. ‖解說(해설). ㉰서로 좋게 하다. ‖和解(화해). ②풀리다. ㉮이해되다. ㉯게을러지다. ‖解怠(해태). ③깨닫다. 깨달음. ❷흩어지다. 흩음. ‖解散(해산).
〔解渴 해갈〕 ①목마름을 없앰. ②비가 내려 가뭄을 벗어남.
〔解決 해결〕 얽힌 일을 풀어서 처리하거나 문제를 풀어서 결말을 지음.
〔解雇 해고〕 고용했던 사람을 내보냄.
〔解禁 해금〕 금하던 것을 풂.
〔解答 해답〕 ①알기 쉽게 설명하여 답함. 또는, 그 답. ②문제를 풀어서 답함. 또는, 그 답.
〔解毒 해독〕 독기를 풀어 없앰.
〔解讀 해독〕 ①알기 쉽게 풀어 읽음. ②알 수 없는 문장이나 암호 등을 풀어 읽음.
〔解凍 해동〕 ①언 것이 녹아서 풀림. ②얼었던 것이 녹고 날씨가 풀림.
〔解得 해득〕 뜻을 깨쳐 앎.
〔解免 해면〕 ① ➡解任(해임). ②책임을 면함.
〔解明 해명〕 까닭이나 내용을 풀어서 밝힘.
〔解夢 해몽〕 꿈의 길흉을 판단함. 꿈풀이.
〔解放 해방〕 속박에서 풀려나서 자유로운 상태가 됨.
〔解剖 해부〕 ①생물의 몸을 갈라서 내

7획

부를 조사함. ②사물의 조리를 분석하여 연구함.
〔解氷 해빙〕 ①얼음이 녹아 풀림. 解凍(해동). ②서로 대립 중이던 세력 사이의 긴장이 완화됨.
〔解產 해산〕 아이를 낳음. 分娩(분만).
〔解散 해산〕 ①모였던 사람들이 흩어지거나 흩어지게 함. ②집회·결사·법인의 존재를 없앰.
〔解釋 해석〕 알기 쉽게 풀어서 설명함.
〔解說 해설〕 문제나 사건의 내용 등을 알기 쉽게 풀어서 설명함. 또는, 그런 글이나 책.
〔解消 해소〕 좋지 않은 상태나 관계를 없앰.
〔解約 해약〕 계약 따위의 성립된 약속을 취소함.
〔解熱 해열〕 신열(身熱)을 풀어 내림.
〔解弛 해이〕 마음의 긴장이나 규율이 풀려 느즈러짐.
〔解任 해임〕 맡은 임무에서 물러나게 함. 免職(면직). 解免(해면).
〔解除 해제〕 ①설치하거나 지녔던 것을 없앰. ②통제하거나 제한하였던 것을 풀어 줌.
〔解體 해체〕 ①사람들이 뿔뿔이 흩어짐. ②기계를 뜯어 여러 부품으로 헤침.
〔解脫 해탈〕 ①미혹이나 번뇌에서 벗어나 깨달음. ②얽매임에서 벗어남.
〔解土 해토〕 얼었던 땅이 녹아서 풀림. 땅풀림.
◢講解(강해)/見解(견해)/曲解(곡해)/難解(난해)/圖解(도해)/讀解(독해)/分解(분해)/諒解(양해)/誤解(오해)/瓦解(와해)/了解(요해)/溶解(용해)/融解(융해)/理解(이해)/字解(자해)/正解(정해)/註解(주해)/和解(화해)

7 14 **觫** 곱송그릴 **속** 간 觫 觫

㊥sù(쑤) ㊐ソク
풀이 곱송그리다. 죽음을 두려워하는 모양. ‖ 觳觫(곡속).

10 17 **觳** 뿔잔 **곡** 본**혹** 觳

㊥hú(후) ㊐コク ㊎horn chalice
풀이 ①뿔잔. ②다하다. 끝이 됨. ③곱송그리다.
〔觳觫 곡속〕 죽음을 두려워하는 모양.

11 18 *1 **觴** 잔 **상** 간 觞 觴

㊥shāng(°쌍) ㊐ショウ/さかずき ㊎(wine)glass
풀이 잔. 술잔의 총칭.
◢濫觴(남상)

13 20 ★*3-Ⅱ **觸** 닿을 **촉** 속 触 간 触 觸

ク 角 角 角 角罒 觸 觸 觸

㊥chū(°추) ㊐ショク/ふれる ㊎touch
자원 **형성자.** 角(각)은 의미를 나타내고 蜀(촉)은 음을 나타냄.
풀이 닿다. ㉮부딪히다. ㉯범하다. 저촉(抵觸)됨.
〔觸角 촉각〕 곤충류의 머리 부분에 있는 감각 기관. 더듬이.
〔觸覺 촉각〕 피부에 닿아서 생기는 감각. 觸感(촉감).
〔觸感 촉감〕 ①만지거나 접촉하여 일어나는 느낌. 感觸(감촉). ② ➡觸覺(촉각).
〔觸媒 촉매〕 다른 물질의 화학 반응을 매개하여 반응 속도를 빠르게 하거나 늦추는 물질.
〔觸發 촉발〕 어떤 일을 당하여 충동·감정 등이 일어나는 것.
〔觸手 촉수〕 무척추동물의 입 주위에 있는, 돌기 모양의 기관.
〔觸診 촉진〕 환자의 몸을 손으로 만져서 진단하는 진찰법.
◢感觸(감촉)/抵觸(저촉)/接觸(접촉)

7획

言部 말씀언

0 7 ☆*6 **言** 말씀 **언** 言

丶 亠 亠 亠 言 言 言

㊥yán(옌) ㊐ゲン/いう ㊎words
갑 전 자원 입과 혀, 그리고 '말'을 상징하는 가로획이 더해진 자라는 설과 입으로 나팔 모양의 악기를 부는 모습의 상형이라는 설이 있음.
한자 부수의 하나.
풀이 ①말씀. 말. 언어. ②말하다.
〔言去言來 언거언래〕《말이 가고 말이 온다는 뜻으로》 여러 말을 서로 주고받음.
〔言權 언권〕 말할 권리. 發言權(발언권).
〔言及 언급〕 어떤 문제에 대하여 말함.
〔言動 언동〕 말과 행동.
〔言論 언론〕 말이나 글로 자기의 주장이나 견해 등을 발표하는 일. 또는, 그 말이나 글.
〔言明 언명〕 분명히 말함.
〔言文一致 언문일치〕 실제로 쓰는 말과 그 말을 적은 글이 일치함.
〔言辯 언변〕 말을 잘하는 재주나 솜씨.
〔言辭 언사〕 말이나 말씨.

〔言約 언약〕 말로 약속함. 또는, 그 약속.
〔言語 언어〕 말.
〔言語道斷 언어도단〕《말할 길이 끊어졌다는 뜻으로》 어이가 없어서 말하려 해도 말할 수 없음.
〔言爭 언쟁〕 말다툼.
〔言中有骨 언중유골〕《말 속에 뼈가 있다는 뜻으로》 예사로운 말 속에 단단한 속뜻이 들어 있음.
〔言中有言 언중유언〕《말 속에 말이 있다는 뜻으로》 예사로운 말 속에 어떤 풍자나 암시가 들어 있음.
〔言質 언질〕 어떤 일에 대해 미리 약속하거나 허락하여 하는 말.
〔言表 언표〕 말로 나타낸 바.
〔言下 언하〕 말하는 바로 그 자리 또는 그때.
〔言行 언행〕 말과 행동.
〔言行一致 언행일치〕 말과 행동이 같음.
◢諫言(간언)/甘言(감언)/格言(격언)/結言(결언)/苦言(고언)/公言(공언)/空言(공언)/過言(과언)/極言(극언)/金言(금언)/斷言(단언)/妄言(망언)/名言(명언)/無言(무언)/默言(묵언)/發言(발언)/方言(방언)/附言(부언)/序言(서언)/宣言(선언)/食言(식언)/失言(실언)/豫言(예언)/遺言(유언)/箴言(잠언)/傳言(전언)/提言(제언)/助言(조언)/證言(증언)/直言(직언)/忠言(충언)/贅言(췌언)/暴言(폭언)/形言(형언)/豪言(호언)/確言(확언)

☆*6 計 2/9 셀 계 (간) 计

丶 亠 亖 言 言 言 言一 計

㊥jì(찌) ㊐ケイ/かぞえる ㊎count

전 **자원** **회의자.** 言(말씀 언)과 十(열 십)이 합쳐진 자로, 통계 숫자나 수량을 말하는 것을 나타냄.

풀이 ①세다. 헤아림. ‖計算(계산). ②총계. ‖合計(합계). ③꾀하다. ④꾀. 계략. ‖計巧(계교).

〔計巧 계교〕 여러모로 생각해 낸 꾀.
〔計器 계기〕 무게·길이·양·면적이나 온도·속도·시간·세기 등을 재는 기계나 기구의 총칭.
〔計略 계략〕 어떤 일을 이루기 위한 꾀나 수단. 計謀(계모). 謀略(모략).
〔計量 계량〕 분량이나 무게를 잼.
〔計算 계산〕 ①수량을 헤아림. ②값을 치름. ③어떤 일에 대해서 이득이나 손해를 따짐.
〔計上 계상〕 계산에 넣음.
〔計數 계수〕 수를 계산함. 또는, 그런 결과로 얻은 값.
〔計策 계책〕 무엇을 실현하기 위하여 세운 대책.
〔計測 계측〕 시간이나 물건의 양 등을 헤아리거나 잼.
〔計劃 계획〕 미리 꾀하여 작정함. 또는, 그 내용. 計畫(계획).
◢家計(가계)/奸計(간계)/累計(누계)/百年大計(백년대계)/三十六計(삼십육계)/生計(생계)/設計(설계)/時計(시계)/集計(집계)/總計(총계)/推計(추계)/統計(통계)/合計(합계)/會計(회계)/凶計(흉계)

*1 訃 2/9 부고 부 (간) 讣

㊥fù(°푸) ㊐フ ㊎obituary

풀이 부고. 죽음을 알리다.

〔訃告 부고〕 사람의 죽음을 알림. 또는, 그 글. 訃報(부보). 訃音(부음).
〔訃音 부음〕 ➡訃告(부고).

★*3 訂 2/9 바로잡을 정 (간) 订

丶 亠 亖 言 言 言 言一 訂

㊥dìng(띵) ㊐テイ/ただす ㊎correct

자원 **형성자.** 言(언)은 의미를 나타내고 丁(정)은 음을 나타냄.

풀이 바로잡다. 정(定)함.

〔訂正 정정〕 글귀나 글자 등의 틀린 곳을 고쳐서 바로잡음.
〔訂定 정정〕 잘못된 것을 의논하여 결정함.
◢改訂(개정)/校訂(교정)/修訂(수정)

☆*7 記 3/10 적을 기 (간) 记

亠 亖 言 言 言 言ㄱ 訁ㄱ 記

㊥jì(찌) ㊐キ/しるす ㊎record

자원 **형성자.** 言(언)은 의미를 나타내고 己(기)는 음을 나타냄.

풀이 ①적다. 기록함. ‖記述(기술). ②외다. 기억함. ‖銘記(명기). ③문서(文書). 일의 내력을 적은 문서. ‖日記(일기).

〔記念 기념〕 뜻 깊은 일에 대하여 잊지 않고 회상함. 紀念(기념).
〔記錄 기록〕 ①어떤 생각이나 사실을 적음. 또는, 그 글. ②운동 경기 등의 최고 성적.
〔記名 기명〕 이름을 적음.
〔記事 기사〕 ①사실을 그대로 적음. 또는, 그 글. ②신문이나 잡지 등에서, 어떤 사실을 알리는 글.
〔記述 기술〕 있는 그대로 기록하여 서술함. 또는, 그 기록.
〔記憶 기억〕 ①이전의 인상이나 경험을 의식 속에 간직하거나 도로 생각해 냄. ②지각(知覺)·경험한 사물을 잊지

않고 인식하는 작용.
〔記入 기입〕 적어 넣음.
〔記者 기자〕 ①신문·잡지·방송 등에 실을 기사를 취재하여 쓰거나 편집하는 사람. ②문서를 기초하는 사람.
〔記帳 기장〕 장부에 적음.
〔記章 기장〕 어떤 일을 기념하는 뜻을 표시한 휘장. 記念章(기념장).
〔記載 기재〕 문서·신문·잡지 등에 적어 실음.
〔記號 기호〕 어떤 뜻을 나타내기 위하여 쓰이는 부호·문자·圖像(도상) 등의 총칭.
◢登記(등기)/明記(명기)/附記(부기)/簿記(부기)/書記(서기)/速記(속기)/手記(수기)/暗記(암기)/誤記(오기)/日記(일기)/傳記(전기)/特記(특기)/表記(표기)/筆記(필기)/後記(후기)

*1
3 10 **訊** 물을 **신** 간 讯 訊

중xùn(쉰) 일ジン/とう 영ask
풀이 ①묻다. ㉮방문하다. ㉯고문(拷問)하다. ②소식. 편지. 서찰.
〔訊鞫 신국〕 죄상을 엄하게 따져 물음. 鞫問(국문). 訊鞫(신국).
〔訊問 신문〕 법원이나 수사 기관에서 증인이나 당사자, 피고인에게 캐물어 조사함.

*2
3 10 **託** 부탁할 **탁** 간 讬 託

중tuō(투어) 일タク/たのむ 영request
풀이 ①부탁하다. 청탁함. ‖託送(탁송). ②맡기다. ③핑계하다. ‖託故(탁고).
〔託送 탁송〕 남에게 부탁하여 물건을 보냄.
〔託兒所 탁아소〕 보육 시설인 '어린이집'이나 '놀이방'을 전날에 이르던 말.
◢假託(가탁)/結託(결탁)/供託(공탁)/寄託(기탁)/付託(부탁)/信託(신탁)/神託(신탁)/預託(예탁)/委託(위탁)/依託(의탁)/請託(청탁)/囑託(촉탁)

★*4
3 10 **討** 칠 **토** 간 讨 討

亠 亖 言 言 言 言一 討 討

중tǎo(타오) 일トウ/うつ 영attack
자원 **회의자.** 言(말씀 언)과 寸(촌)이 합쳐진 자. 분별 있는 말로써 가르치고 다스리는 것을 나타냄.
풀이 ①치다. ‖討逆(토역)/討賊(토적). ②구(求)하다. ‖討索(토색). ③탐구하다. ‖討究(토구).
〔討論 토론〕 어떤 논제를 내걸고 여러 사람이 각자 의견을 말하여 논의함.
〔討滅 토멸〕 쳐서 없애 버림.
〔討伐 토벌〕 무력으로 쳐 없앰.
〔討索 토색〕 벼슬아치가 백성으로부터 재물을 억지로 빼앗음.
〔討議 토의〕 어떤 주제에 대하여 각자의 의견을 내어 검토하고 협의함.
〔討賊 토적〕 도둑을 침. 또는, 적을 토벌함.
〔討罪 토죄〕 지은 죄를 밝혀 내어 심하게 나무람.
◢檢討(검토)/聲討(성토)

*1
3 10 **訌** 무너질 **홍** 간 讧 訌

중hòng(훙) 일コウ 영collapse
풀이 ①무너지다. 내부에서 무너짐. ‖內訌(내홍). ②집안 싸움. 내분. ③어지러워지다. 옥신각신함.
◢內訌(내홍)

☆*6
3 10 **訓** 가르칠 **훈** 간 训 訓

亠 亖 言 言 言 言 訓 訓

중xùn(쉰) 일クン/おしえる
영instruct
금 전 자원 **회의 겸 형성자.** 금문은 人(사람 인)과 두 개의 言(말씀 언)과 川(내 천)이 합쳐진 자. 잘 가르쳐서 생각이 흐르는 물처럼 막힘이 없게 만드는 것을 나타냄. 소전에 이르러 言과 川으로 단순화됨. 言은 의미를 나타내고 川은 의미와 음을 겸하여 나타냄.
풀이 ①가르치다. 훈계함. ‖訓育(훈육). ②뜻. 문자의 해석. ‖訓詁(훈고).
〔訓戒 훈계〕 타일러 경계함.
〔訓詁 훈고〕 경서 따위 고문의 자구(字句)를 해석하는 일.
〔訓讀 훈독〕 한자의 뜻을 새겨 읽음.
〔訓練 훈련〕 ①무술을 연습함. 調練(조련). 教練(교련). ②배워 익히도록 연습하거나 단련하는 일. 訓鍊(훈련).
〔訓令 훈령〕 하급 관청에 명령을 내림. 또는, 그 명령.
〔訓蒙 훈몽〕 어린아이나 처음 배우는 사람에게 글을 가르침.
〔訓民 훈민〕 백성을 가르침.
〔訓民正音 훈민정음〕 《'백성을 가르치는 바른 소리'라는 뜻으로》 1443년에 세종이 창제한 우리나라 글자.
〔訓放 훈방〕 훈계하여 방면함.
〔訓手 훈수〕 바둑·장기 등을 둘 때, 구경하던 사람이 끼어들어 수를 가르쳐 줌.
〔訓示 훈시〕 ①상관이 집무상의 주의 사항을 부하 직원에게 일러 줌. ②가르쳐 보이거나 타이름.
〔訓諭 훈유〕 가르쳐 타이름. 訓喩(훈유).
〔訓育 훈육〕 품성·도덕 등을 가르쳐 기

름.
〔訓話 훈화〕 교훈이나 훈시를 하는 말.
◢家訓(가훈)/校訓(교훈)/敎訓(교훈)/級訓(급훈)/內訓(내훈)/社訓(사훈)/垂訓(수훈)/遺訓(유훈)/音訓(음훈)

3 10 **訖*** ❶이를 흘* ❷마칠 글 | 간 讫 訖
㊥qì(치) ㊐キツ, ケツ/いたる, おえる ㊌finish
풀이 ❶이르다 ㉦迄. ‖訖今(흘금). ❷ ①마치다. 끝남. ②그치다. 그만둠.

4 11 **訣** *3-Ⅱ 이별할 결 | 간 诀 訣
㊥jué(쥐에) ㊐ケツ/わかれる ㊌part
풀이 ①이별하다. ‖訣別(결별). ②사별하다. 애도(哀悼)의 뜻을 표함. ‖永訣(영결). ③비결(祕訣). 비방. ‖要訣(요결).
〔訣別 결별〕 ①기약 없는 작별을 함. ②교제나 관계를 끊음.
◢口訣(구결)/祕訣(비결)/永訣(영결)/要訣(요결)

4 10 **訥** *1 말 더듬을 눌 | 간 讷 訥
㊥nè(너) ㊐トツ/どもる ㊌stammer
풀이 말을 더듬다. ㉦吶·詘.
〔訥辯 눌변〕 서툴고 더듬거리는 말솜씨.
〔訥言 눌언〕 더듬거리는 말.

4 11 **訪** ☆*4-Ⅱ 찾을 방 | 간 访 訪
(필순: 亠 亖 言 言 言' 訁 訪 訪)
㊥fǎng(°팡) ㊐ホウ/おとずれる ㊌visit
자원 **회의 겸 형성자.** 言(언)과 方(방)이 합쳐진 자로, 주위〔方〕의 의견을 구하려고 찾아가 묻는 것〔言〕을 나타냄. 言은 의미를 나타내고 方은 의미와 음을 겸하여 나타냄.
풀이 ①찾다. ㉮방문하다. 심방(尋訪)함. ‖來訪(내방). ㉯구(求)하다. 찾음. ②묻다. 문의함.
〔訪問 방문〕 사람을 찾아가서 만남.
◢來訪(내방)/答訪(답방)/巡訪(순방)/尋訪(심방)/禮訪(예방)/探訪(탐방)

4 11 **設** ☆*4-Ⅱ 베풀 설 | 간 设 設
(필순: 亠 亖 言 言 言 訁 設 設)
㊥shè(°써) ㊐セツ/もうける ㊌display
자원 **회의자.** 言(말씀 언)과 殳(몽둥이 수)가 합쳐진 자로, 말로 사람을 부리는 것을 나타냄.
풀이 ①베풀다. ㉮늘어놓다. 진열함. ‖施設(시설). ㉯베풀어 두다. 설치함. ‖假設(가설). ㉰세우다. 설립함. ‖建設(건설). ②설령. 가령.
〔設計 설계〕 ①계획을 세움. 또는, 그 계획. ②제작이나 공사 등에 관한 계획을 세워 도면으로 나타냄.
〔設令 설령〕 그렇다 치더라도. 設或(설혹). 設使(설사). 設若(설약).
〔設立 설립〕 기관이나 조직체 등을 새로 만듦.
〔設問 설문〕 조사를 하거나 통계 자료 등을 얻기 위해 문제를 내어 물어봄. 또는, 그 문제.
〔設備 설비〕 시설을 갖춤. 또는, 그 시설.
〔設使 설사〕 ➡設令(설령).
〔設定 설정〕 ①새로 만들어 정함. ②새로 권리를 발생시키는 일.
〔設置 설치〕 베풀어 둠.
〔設或 설혹〕 ➡設令(설령).
◢架設(가설)/假設(가설)/開設(개설)/建設(건설)/公設(공설)/併設(병설)/附設(부설)/敷設(부설)/私設(사설)/常設(상설)/施設(시설)/新設(신설)/增設(증설)/創設(창설)/特設(특설)

4 11 **訟** ★*3-Ⅱ 송사할 송 | 간 讼 訟
㊥sòng(쑹) ㊐ショウ/うったえる
자원 **형성자.** 言(언)은 의미를 나타내고 公(공)은 음을 나타냄.
풀이 송사(訟事)하다.
〔訟事 송사〕 ①백성끼리의 분쟁을 관부에 호소하여 그 판결을 구하는 일. ②법률에 의한 판결을 법원에 청구하는 일. 訴訟(소송).
◢訴訟(소송)/爭訟(쟁송)/聽訟(청송)

4 11 **訝** *1 맞을 아 | 간 讶 訝
㊥yà(야) ㊐ガ/むかえる ㊌receive
풀이 ①맞다. 위로함. ㉦迓. ②의심하다.
◢疑訝(의아)

11 **訳** 譯(역)의 약자 →706쪽

4 11 **訛** *1 그릇될 와 | 간 讹 訛
㊥é(어) ㊐カ/なまる ㊌go wrong
풀이 ①그릇되다. ㉮문자나 언어가 그릇 전해져 잘못되다. ‖訛謬(와류). ㉯발음이 변하여 그릇되다. ②거짓. 거짓말. ㉦譌. ‖訛言(와언). ③변하다. 바뀜.
〔訛言 와언〕 ①잘못 전해진 말. 訛說

7획

(와설). ②사투리. 訛語(와어).
〔訛音 와음〕 잘못 전해진 글자의 음.
〔訛傳 와전〕 사실과 다르게 전함.
◢轉訛(전와)

*
4 11 **訒** 생각할 **임**

㊥rěn(°런) ㊐ジン, ニン ㊎think
풀이 생각하다.

☆*5
4 11 **許** 허락할 **허** 간 许

㊥xǔ(쉬) ㊐キョ/ゆるす ㊎permit
자원 **형성자.** 言(언)은 의미를 나타내고 午(오)는 음을 나타냄.
풀이 ①허락하다. ‖聽許(청허). ②곳. 장소. 통處. ③쯤. 정도. ‖幾許(기허). ④얼마. 어느 만큼.
〔許可 허가〕 ①행동이나 일을 하도록 허용함. ②법률이 제한하는 행위를 특정한 경우 허락하는 행정 행위.
〔許久 허구〕 매우 오래됨.
〔許多 허다〕 썩 많음.
〔許諾 허락〕 청을 들어줌.
〔許心 허심〕 마음을 허락함.
〔許容 허용〕 허락하여 용납함.
〔許婚 허혼〕 혼인을 허락함.
◢官許(관허)/免許(면허)/不許(불허)/允許(윤허)/認許(인허)/特許(특허)

*
4 11 **訢** ❶기뻐할 **흔** ❷공손할 **은*** 간 䜣

㊥xīn(씬), yín(인) ㊐キン, ギン
풀이 ①기뻐하다. ②공손하다.

*
5 12 **訶** 꾸짖을 **가** 본하 간 诃

㊥hē(허) ㊐カ ㊎scold
풀이 꾸짖다. 같呵.

5 12 **詁** 주 낼 **고** 간 诂

㊥gǔ(구) ㊐コ ㊎explain
풀이 주(註)를 내다. 자구(字句)에 해석을 붙임. 지금의 말로 옛말의 뜻을 풀이하여 밝힘. ‖訓詁(훈고).

★*3
5 12 **詐** 속일 **사** 간 诈

㊥zhà(°짜) ㊐サ/いつわる ㊎deceive
자원 **형성자.** 言(언)은 의미를 나타내고 乍(사)는 음을 나타냄.
풀이 속이다. 거짓말함.
〔詐欺 사기〕 나쁜 꾀로 남을 속임.
〔詐術 사술〕 남을 속이는 꾀.
〔詐僞 사위〕 거짓을 꾸며 속임.
〔詐取 사취〕 남의 것을 거짓으로 속여서 빼앗음.
〔詐稱 사칭〕 이름·직업 등을 거짓으로 속여 말함. 僞稱(위칭).
◢姦詐(간사)/巧詐(교사)

★*3-Ⅱ
5 12 **詞** 말 **사** 간 词

㊥cí(츠) ㊐シ/ことば ㊎language
자원 **형성자.** 言(언)은 의미를 나타내고 司(사)는 음을 나타냄.
풀이 ①말. 언어. ②글. 문장. ③문체의 한 가지. 운문(韻文)의 한 가지.
〔詞林 사림〕 ①시문을 모은 책. ②문인(文人)들의 사회. 文壇(문단).
〔詞伯 사백〕 시문에 뛰어난 사람.
〔詞賦 사부〕 ①사(詞)와 부(賦). ②운자를 달아 지은 한시(漢詩)의 총칭.
〔詞章 사장〕 시가와 문장.
〔詞藻 사조〕 시문을 짓는 재능. 詞華(사화). 文藻(문조).
〔詞兄 사형〕 문인들끼리 상대를 높여 부르는 말.
◢歌詞(가사)/感歎詞(감탄사)/冠形詞(관형사)/代名詞(대명사)/動詞(동사)/名詞(명사)/副詞(부사)/數詞(수사)/作詞(작사)/助詞(조사)/致詞(치사)/品詞(품사)/獻詞(헌사)/形容詞(형용사)

★*3-Ⅱ
5 12 **訴** 하소연할 **소** 간 诉

㊥sù(쑤) ㊐ソ
자원 **형성자.** 언(言)은 의미를 나타내고 斥(척)은 음을 나타냄.
풀이 ①하소연하다. 헐뜯다. 같愬. ‖告訴(고소). ②송사(訟事)하다. ‖訴訟(소송).
〔訴訟 소송〕 법률에 의한 판결을 법원에 청구하는 일. 訟事(송사).
〔訴願 소원〕 관에 억울한 일을 호소함.
〔訴狀 소장〕 소송을 제기하는 취지를 써서 사법 당국에 내는 문서.
〔訴請 소청〕 하소연하여 바른 판결을 청함.
〔訴追 소추〕 ①검사가 특정 사건에 대하여 공소(公訴)를 제기함. ②탄핵 발의하여 파면(罷免)을 요구하는 일.
◢告訴(고소)/公訴(공소)/起訴(기소)/上訴(상소)/勝訴(승소)/哀訴(애소)/泣訴(읍소)/提訴(제소)/敗訴(패소)/被訴(피소)/抗訴(항소)/呼訴(호소)

★★3
5 12 **詠** 읊을 **영** 통 咏

ㅡ ㅋ 言 言 訁 訂 訂 詠 詠

중yǒng(융) 일エイ/うたう 영recite
자원 **형성자.** 言(언)은 의미를 나타내고 永(영)은 음을 나타냄.
풀이 ①읊다. 노래함. 시가(詩歌)를 읊다. ②시가를 짓다.
〔詠歌 영가〕 시가(詩歌)를 읊음. 또는, 그 시가.
〔詠歎 영탄〕 ①목소리를 길게 뽑아 깊은 정회(情懷)를 읊음. ②감동하여 찬탄함. 感歎(감탄).
◢誦詠(송영)/吟詠(음영)

5 12 **訾** 헐뜯을 **자**

중zǐ(즈), zī(쯔) 일シ/そしる
풀이 ①헐뜯다. 훼손(毁損)함. ‖訾言(자언). ②헤아리다. 요량(料量)함. ③재보(財寶). 자본. 통資·貲.

*1
5 12 **詛** 저주할 **저** 본**조** 간 诅

중zǔ(주) 일ショ, ソ/のろう 영curse
풀이 저주(詛呪)하다.
〔詛呪 저주〕 남이 재앙이나 불행을 당하도록 빎.

*1
5 12 **詔** ❶고할 **조*** ❷소개할 **소** 간 诏

중zhào(°짜오), shāo(°싸오) 일ショウ/つげる 영inform
풀이 ❶①고하다. 통告. ②조서(詔書). 조칙(詔勅). 임금의 명령. ❷소개하다. 통紹.
〔詔書 조서〕 임금의 명령을 백성에게 널리 알리는 문서. 詔命(조명).

*1
5 12 **註** 주 낼 **주** 간 注

중zhù(°쭈) 일チュウ/ときあかす 영explain
풀이 통注. ①주(註)를 내다. 뜻을 풀어 밝힘. ‖註解(주해). ②주(註). 주해. ③적다. 기술(記述)함.
〔註釋 주석〕 낱말이나 문장의 뜻을 쉽게 풀이함. 또는, 그런 글. 注釋(주석).
〔註疏 주소〕 《註는 經(경)을 해석한 것이고, 疏는 註를 해석·부연한 것이라는 뜻으로》 경서 등의 본문에 해석을 붙인 것. 疏註(소주).
〔註解 주해〕 본문의 뜻을 알기 쉽게 풀이함. 또는, 그 글.
◢脚註(각주)/校註(교주)/補註(보주)/譯註(역주)/集註(집주)

5 12 **証** ❶증거 **증** 본**정** ❷간할 **정**

중zhèng(°쩡) 일ショウ, セイ/あかし 영evidence
풀이 ❶증거. 통證. ❷간(諫)하다.

*2
5 12 **診** 볼 **진** 간 诊

중zhěn(°전) 일シン/みる 영see
풀이 ①보다. 맥(脈)을 보다. 진찰함. ‖診脈(진맥). ②점(占)치다.
〔診斷 진단〕 의사가 환자를 진찰하여 병의 상태를 판단함.
〔診療 진료〕 의사가 환자를 진찰하고 치료함.
〔診脈 진맥〕 손목의 맥을 짚어 보아 병을 진찰함.
〔診察 진찰〕 병의 원인과 증상을 살펴봄. 診候(진후).
◢檢診(검진)/內診(내진)/來診(내진)/問診(문진)/誤診(오진)/往診(왕진)/再診(재진)/聽診(청진)/初診(초진)/打診(타진)/特診(특진)/回診(회진)

★★4
5 12 **評** 꿇을 **평** 간 评

ㅡ ㅋ 言 言 訁 訂 訐 評

중píng(핑) 일ヒョウ/ときはかる 영evaluate
자원 **형성자.** 言(언)은 의미를 나타내고 平(평)은 음을 나타냄.
풀이 꿇다. ㉮잘잘못을 살피어 정하다. ㉯됨됨이를 평하다. ㉰의논하여 평정(評定)하다. ‖評議(평의).
〔評價 평가〕 가치나 수준 등을 따져서 정함. 또는, 그 가치나 수준.
〔評決 평결〕 평론하여 결정함.
〔評論 평론〕 사물의 가치·우열·선악 등을 평가하여 논함. 또는, 그 글.
〔評語 평어〕 비평하는 말. 評言(평언).
〔評議 평의〕 의견을 서로 교환하여 의논함. ‖評議會(평의회).
〔評傳 평전〕 평론을 곁들여 적은 전기.
〔評點 평점〕 ①학력을 평가하여 매긴 점수. ②가치를 평하여 매긴 점수.
〔評定 평정〕 평가하여 결정함.
〔評判 평판〕 ①세상 사람들의 비평(批評). ②비평하여 시비를 판정함.
◢講評(강평)/論評(논평)/漫評(만평)/批評(비평)/書評(서평)/世評(세평)/時評(시평)/惡評(악평)/自評(자평)/定評(정평)/寸評(촌평)/總評(총평)/品評(품평)/好評(호평)/酷評(혹평)

5 12 **詖** 치우칠 **피** 간 诐

중bì(삐) 일ヒ/かたよる 영one-sided

풀이 ①치우치다. 편파(偏頗)함. 통頗. ②비뚤어지다.
〔詖辭 피사〕 한쪽으로 치우친 말.

★✱3-Ⅱ
6 13 **誇** 자랑할 **과** | 간 夸 誇

亠 言 言 訁 訡 訡 誇 誇

중kuā(쿠아) 일カ, コ/ほこる 영boast
자원 **형성자.** 言(언)은 의미를 나타내고 夸(과)는 음을 나타냄.
풀이 자랑하다. 자만함.
〔誇大 과대〕 작은 것을 크게 과장함.
〔誇大妄想 과대망상〕 자기의 현재 상태를 실제보다 턱없이 크게 평가하여 그 평가가 사실인 것처럼 믿어 버림.
〔誇示 과시〕 ①뽐내어 보임. ②실제보다 크게 나타내어 보임.
〔誇張 과장〕 실제보다 지나치게 불려서 나타냄.

✱1
6 13 **詭** 속일 **궤** | 간 诡 詭

중guǐ(구에이) 일キ/そむく 영cheat
풀이 ①속이다. 기만함. ‖詭詐(궤사). ②이상하다. 이상하게 여김. ‖詭譎(궤휼).
〔詭計 궤계〕 간사하게 남을 속이는 꾀. 詭謀(궤모).
〔詭辯 궤변〕 겉으로는 그럴듯하게 들리지만 실지로는 이치에 맞지 않는 말.
〔詭遇 궤우〕 정당하지 않은 방법으로 부귀를 얻음.

6 13 **誄** 뇌사 **뢰** | 간 诔 誄

중lěi(레이) 일ルイ/しのびごと 영threnody
풀이 ①뇌사(誄詞). ②빌다. 사람의 공덕을 말하며 신에게 복을 빎.
〔誄歌 뇌가〕 죽은 사람의 생전의 공덕을 찬양하는 노래. 만가(輓歌).
〔誄詞 뇌사〕 죽은 사람의 생전의 공덕을 칭송하여 문상하는 말.

★✱3-Ⅱ
6 13 **詳** 자세할 **상** | 간 详 詳

亠 言 言 訁 詳 詳 詳 詳

중xiáng(시앙) 일ショウ/くわしい 영detailed
자원 **형성자.** 言(언)은 의미를 나타내고 羊(양)은 음을 나타냄.
풀이 자세하다.
〔詳報 상보〕 상세히 알림.
〔詳細 상세〕 자세하고 세밀함.
〔詳述 상술〕 자세하게 진술 또는 서술함.
◪未詳(미상)/昭詳(소상)/仔詳(자상)

✱
6 13 **詵** 많을 **선✱** **신** | 간 诜

중shēn(°썬) 일シン 영many
풀이 ①많다. ②모이다.

13 **誠** 誠(성)과 동자 →696쪽

✱
6 13 **詢** 물을 **순** | 간 询 詢

중xún(쉰) 일ジュン/とう 영inquire
풀이 묻다. 자문함.
〔詢問 순문〕 임금이 신하나 백성에게 물음. 下詢(하순).

☆✱4-Ⅱ
6 13 **詩** 시 **시** | 간 诗 詩

亠 言 言 訁 計 詩 詩 詩

중shī(°쓰) 일シ/し 영poetry
자원 **형성자.** 言(언)은 의미를 나타내고 寺(사)는 음을 나타냄.
풀이 시. 운문(韻文)의 한 체.
〔詩歌 시가〕 ①가사(歌辭)를 포함한 시 문학의 총칭. ②시와 노래.
〔詩禮之訓 시례지훈〕《공자가 아들 백어(伯魚)에게 시(詩)와 예(禮)를 배워야 하는 까닭을 말해 주었다는 고사에서》 아버지가 아들에게 주는 교훈.
〔詩文 시문〕 시가(詩歌)와 산문(散文).
〔詩伯 시백〕 ①뛰어난 시인. 詩豪(시호). ②시인을 높여 이르는 말.
〔詩賦 시부〕 시(詩)와 부(賦). 한문에서, 시는 정형시, 부는 산문적인 것을 이름.
〔詩碑 시비〕 시를 새긴 비석.
〔詩想 시상〕 ①시를 짓기 위한 시인의 착상 또는 구상. ②시에 나타난 사상이나 감정. ③시적인 생각이나 상념(想念).
〔詩仙 시선〕 ①천재적(天才的)인 시인. ②중국 당나라의 시인 '이백(李白)'을 이르는 말.
〔詩聖 시성〕 ①고금에 뛰어난 위대한 시인. ②중국 당나라의 시인 '두보(杜甫)'를 이르는 말.
〔詩心 시심〕 시흥(詩興)이 생기는 마음.
〔詩語 시어〕 시에 쓰이는 특수한 말.
〔詩友 시우〕 함께 시를 짓는 벗. 詩伴(시반). 詩朋(시붕).
〔詩作 시작〕 시를 지음. 또는, 그 시.

〔詩的 시적〕 시의 정취를 가진 것.
〔詩情 시정〕 시적인 정취.
〔詩題 시제〕 시의 제목이나 제재(題材).
〔詩集 시집〕 여러 편의 시를 모아 엮은 책.
〔詩篇 시편〕 ①낱낱의 시 작품. 또는, 여러 시 작품. ②구약 성서 중의 한 권.
〔詩魂 시혼〕 시를 짓는 마음.
〔詩興 시흥〕 시를 짓고 싶은 마음. 또는, 시에 도취되어 일어나는 흥취.
◢古詩(고시)/劇詩(극시)/短詩(단시)/唐詩(당시)/童詩(동시)/散文詩(산문시)/敍事詩(서사시)/序詩(서시)/抒情詩(서정시)/律詩(율시)/自由詩(자유시)/長詩(장시)/定型詩(정형시)/弔詩(조시)/祝詩(축시)/漢詩(한시)

☆*4-Ⅱ 6 13 **試** 시험할 **시** | 간 试 試

亠 亖 言 言一 訁 訁 試 試

중shì(°쓰) 일シ/ためす 영test
자원 **형성자.** 言(언)은 의미를 나타내고 式(식)은 음을 나타냄.
풀이 ①시험하다. ‖試運轉(시운전). ②시험. 고사(考査).
〔試掘 시굴〕 광상(鑛床)을 시험적으로 파 보는 일.
〔試金石 시금석〕 ①금·은의 품질을 시험하는 데에 쓰는 돌. 층샛돌. 層石(층석). ②가치나 역량(力量)을 알아보는 기회나 사물.
〔試圖 시도〕 무엇을 실현해 보려고 계획하거나 행동함.
〔試鍊 시련〕 아주 힘든 고난. 試練(시련).
〔試料 시료〕 시험이나 검사를 하는 데 쓰이는 재료.
〔試寫會 시사회〕 새 영화를 처음으로 보여 주는 행사나 모임.
〔試乘 시승〕 차나 배 등을 시험적으로 타 봄.
〔試食 시식〕 음식의 맛을 보기 위해 시험 삼아 먹어 보는 일.
〔試案 시안〕 시험적으로 미리 만든 안.
〔試演 시연〕 무용이나 연극 등을 시험적으로 상연함.
〔試運轉 시운전〕 기차·자동차·배·기계 등을 새로 만들거나 수리했을 때 시험 삼아 하는 운전.
〔試飮 시음〕 술·음료수 등의 맛을 알기 위해 시험 삼아 마셔 보는 일.
〔試合 시합〕 재주를 다투어 승부를 겨루는 일.
〔試驗 시험〕 ①학력(學力)을 필기나 구술(口述)로 알아보는 일. ②사물의 능력 따위를 실지로 따져 알아보는 일.
◢缺試(결시)/考試(고시)/應試(응시)/入試(입시)

*1 6 13 **詣** 이를 **예** | 간 诣 詣

중yì(이) 일ケイ/いたる 영reach
풀이 ①이르다. 학예가 깊은 경지에 이르다. ‖造詣(조예). ②가다. 나아감. 참배하다.
〔詣闕 예궐〕 대궐에 듦. 入闕(입궐).
◢造詣(조예)

13 **譽** 譽(예)의 속자 →707쪽

* 6 13 **詮** 설명할 **전** | 간 诠 詮

중quán(취엔) 일セン 영explain
풀이 ①설명하다. 사리를 밝혀 말함. ②갖추다. 사리(事理)를 갖춤. 또는, 사리를 갖춘 말. ‖詮言(전언).
〔詮議 전의〕 ①사리를 따져서 논의함. ②죄를 저지른 사람이나 죄의 흔적을 따져서 밝힘.

6 13 **誂** 꾈 **조** | 誂

중tiǎo(티아오) 일チョウ/いどむ 영tempt
풀이 ①꾀다. 유혹함. ②희롱하다. 실없이 놀림. ‖誂弄(조롱). ③별안간. 갑자기.

*1 6 13 **誅** 벨 **주** | 간 诛 誅

중zhū(°쭈) 일チュウ/ころす 영cut
풀이 ①베다. ‖誅罰(주벌). ②꾸짖다.
〔誅求 주구〕 관청에서 백성들의 재물을 강제로 빼앗음.
〔誅戮 주륙〕 죄인을 죽임. 또는, 죄로 몰아 죽임. 誅殺(주살).
〔誅責 주책〕 엄하게 문책함.

* 6 13 **詹** ❶이를 **첨*** ❷족할 **담**

중zhān(°짠) 일せん 영reach
풀이 ❶①이르다. 다다름. ②수다스럽다. ③두꺼비. ❷족하다. 넉넉함.

★*3 6 13 **該** 그 **해** 본개 | 간 该 該

亠 亖 言 言 訁 訁 該 該

중gāi(까이) 일ガイ/その 영that, the
자원 **형성자.** 言(언)은 의미를 나타내고 亥(해)는 음을 나타냄.
풀이 ①그. 사물을 가리키는 말. 통其.

‖該氏(해씨). ②갖추다.
〔該當 해당〕 ①무엇에 관계되는 바로 그것. ②바로 들어맞음.
〔該博 해박〕 학식이 넓고 아는 것이 많음.
〔該地 해지〕 바로 그 땅. 또는, 그곳.
◢當該(당해)

☆*7
6 13 **話** 말할 **화** | 간 话 話

亠 言 言 言 訁 訐 話 話

중huà(후아) 일ワ/はなす 영talk
전 자원 **형성자.** 소전에서 言(언)은 의미를 나타내고 𠯑(괄)은 음을 나타냄. 예서 이후에 𠯑이 舌(설)로 바뀜.
풀이 ①말하다. 이야기함. ‖談話(담화). ②이야기.
〔話頭 화두〕 ①이야기의 첫머리. ②불교에서, 수행자가 깨달음을 얻기 위해 참선을 통하여 탐구하는 문제.
〔話法 화법〕 ①말하는 방법. ②문장이나 담화에서 남의 말을 인용하여 표현하는 방법.
〔話術 화술〕 말하는 기교. 말재주.
〔話題 화제〕 ①이야깃거리. ②이야기의 제목.
◢談話(담화)/對話(대화)/童話(동화)/民話(민화)/發話(비화)/祕話(비화)/插話(삽화)/說話(설화)/手話(수화)/神話(신화)/實話(실화)/哀話(애화)/例話(예화)/寓話(우화)/逸話(일화)/電話(전화)/通話(통화)/會話(회화)/訓話(훈화)

6 13 **詼** 조롱할 **회** | 간 诙 詼

중huī(후에이) 일カイ/からかう
풀이 조롱하다. 비웃음.
〔詼笑 회소〕 실없이 놀리며 웃음.

6 13 **詬** 꾸짖을 **후·구** | 간 诟 詬

중gòu(꺼우) 일コウ
풀이 ①꾸짖다. ②욕보이다.
〔詬罵 후매〕 꾸짖어 욕함. 詬辱(후욕).

*1
6 13 **詰** 물을 **힐** | 간 诘 詰

중jié(지에) 일キツ/なじる 영ask
풀이 ①묻다. 따져 물음. ‖詰問(힐문). ②따지다. 꾸짖다. ③밝은 아침.
〔詰難 힐난〕 트집을 잡아 비난함.
〔詰問 힐문〕 잘못을 따져 물음.
〔詰朝 힐조〕 ①이른 아침. ②이튿날의 이른 아침.
〔詰責 힐책〕 잘못을 따져 꾸짖음.

*
7 14 **誡** 경계할 **계** | 간 诫 誡

중jiè(찌에) 일カイ/いましめる
풀이 ①경계하다. ②훈계. 경계하는 교훈. ‖十誡命(십계명).
〔誡命 계명〕 종교에서 반드시 지켜야 할 조건.
◢訓誡(훈계)

*
7 14 **誥** 알릴 **고** | 간 诰 誥

중gào(까오) 일コウ/つげる 영inform
풀이 ①알리다. ‖誥知(고지). ②문체의 하나. 임금의 포고문(布告文).

7 14 **誆** 속일 **광** | 간 诓 誆

중kuāng(쿠앙) 일キョウ/たぶらかす
풀이 속이다. 기만함.
〔誆誘 광유〕 남을 속여서 꾀어냄.
〔誆惑 광혹〕 속여서 혹하게 함.

14 **読** 讀(독)의 속자 →707쪽

*1
7 14 **誣** 속일 **무** | 간 诬 誣

중wū(우) 일フ/しいる
풀이 속이다.
〔誣告 무고〕 없는 일을 꾸며 내어 고소하거나 고발하는 일. 誣訴(무소).
〔誣獄 무옥〕 무고(誣告)하여 일으킨 옥사(獄事).
〔誣陷 무함〕 무고하여 남을 어려운 지경에 빠지게 함.

★*3
7 14 **誓** 맹세할 **서** | 誓

중shì(°쓰) 일セイ/ちかう 영swear
풀이 맹세하다. 약속함.
〔誓約 서약〕 맹세하고 약속함.
〔誓言 서언〕 맹세하는 말. 誓詞(서사).
〔誓願 서원〕 자기가 하고자 하는 일을 신이나 부처에게 다짐하고 그것이 이루어지기를 기원하는 일.
◢盟誓(맹세)/宣誓(선서)

☆*5
7 14 **說** ❶말씀 **설**☆*5 ❷기쁠 **열*** ❸달랠 **세*** | 간 说 說

亠 言 言 言 訁 訃 診 說

중shuō(°쑤어), yuè(위에), shuì(°쑤에이) 일セツ, エツ, ゼイ/とく
영speak, glad

자원 **형성자.** 言(언)은 의미를 나타내고 兌(태)는 음을 나타냄.
풀이 ❶①말씀. 말. ②말하다. ❷기쁘다. 기뻐함. 통悅. ❸달래다. 유세(遊說)함.
〔說教 설교〕 종교의 교리를 설명함.
〔說得 설득〕 알아듣도록 깨우쳐 말함.
〔說明 설명〕 상대편이 잘 알 수 있도록 밝혀 말함. 또는, 그 말.
〔說文 설문〕 한자(漢字)의 구조와 본래의 뜻을 설명하는 일.
〔說法 설법〕 불교의 교리를 가르침.
〔說伏 설복〕 알아듣도록 말하여 수긍하게 함. 說服(설복).
〔說往說來 설왕설래〕 서로 변론을 주고받으며 옥신각신함. 言往說來(언왕설래).
〔說破 설파〕 ①사물의 내용을 밝혀 말함. ②상대방의 이론(理論)을 뒤엎어 깨뜨림.
〔說話 설화〕 옛날부터 한 민족 사이에 전해 오는 신화·전설·민담 등의 이야기.
〔說客 세객〕 유세(遊說)하는 사람.
〔說樂 열락〕 기뻐하고 즐거워함.
◢假說(가설)/却說(각설)/概說(개설)/浪說(낭설)/論說(논설)/發說(발설)/辯說(변설)/社說(사설)/辭說(사설)/詳說(상설)/小說(소설)/俗說(속설)/語不成說(어불성설)/言說(언설)/力說(역설)/逆說(역설)/演說(연설)/辱說(욕설)/遊說(유세)/異說(이설)/一說(일설)/傳說(전설)/定說(정설)/叢說(총설)/吐說(토설)/通說(통설)/風說(풍설)/學說(학설)/解說(해설)/橫說竪說(횡설수설)

☆✱4-Ⅱ
7 14 **誠** 정성 **성** | 통 誠 간 诚 誠

訁 言 訁 訂 訢 誠 誠

중chéng(°청) 일セイ/まこと
영sincerity
자원 **형성자.** 言(언)은 의미를 나타내고 成(성)은 음을 나타냄.
풀이 정성.
〔誠金 성금〕 정성으로 내는 돈.
〔誠實 성실〕 정성스럽고 참됨.
〔誠心 성심〕 정성스럽고 거짓 없는 참된 마음.
〔誠心誠意 성심성의〕 정성스럽고 참된 마음과 뜻.
〔誠意 성의〕 정성이 담긴 마음.
◢熱誠(열성)/精誠(정성)/至誠(지성)/忠誠(충성)/致誠(치성)/孝誠(효성)

★✱3
7 14 **誦** 욀 **송** | 간 诵 誦

亠 三 言 言 訁 訂 誦 誦

중sòng(°쑹) 일ショウ/そらんずる
영recite
자원 **형성자.** 言(언)은 의미를 나타내고 甬(용)은 음을 나타냄.
풀이 외다.
〔誦經 송경〕 불경(佛經)을 욈. 讀經(독경).
〔誦讀 송독〕 ①소리를 내어 글을 읽음. ②외워서 글을 읽음. 讀誦(독송).
◢朗誦(낭송)/讀誦(독송)/暗誦(암송)/愛誦(애송)

☆✱7
7 14 **語** 말씀 **어** | 간 语 語

亠 三 言 訂 訝 語 語 語

중yǔ(위) 일ゴ/ことば 영words
자원 **형성자.** 言(언)은 의미를 나타내고 吾(오)는 음을 나타냄.
풀이 ①말씀. 말. ②말하다.
〔語感 어감〕 말이 주는 느낌.
〔語句 어구〕 말의 마디나 구절.
〔語錄 어록〕 위인이나 유명한 사람의 말을 모은 기록. 또는, 그 책.
〔語法 어법〕 말의 일정한 법칙.
〔語不成說 어불성설〕 말이 전혀 이치에 맞지 않음.
〔語勢 어세〕 말에서 느껴지는 힘. 語調(어조). 語氣(어기).
〔語源 어원〕 말의 성립된 근원.
〔語調 어조〕 말씨나 말하는 투. 또는, 말의 가락.
〔語族 어족〕 계통상 하나로 묶이는 언어의 종족.
〔語套 어투〕 말투.
〔語弊 어폐〕 ①적절하지 않은 용어를 씀으로써 일어나는 오해나 폐해. ②남의 오해를 받기 쉬운 말.
〔語學 어학〕 ①언어에 대하여 연구하는 학문. ②외국어를 연구하거나 습득하기 위한 학문.
〔語形 어형〕 말이나 단어의 형태.
〔語彙 어휘〕 ①어떤 개념이나 사물을 나타내는 말. ②어떤 범위에 쓰인 낱말 종류의 전체.
◢結語(결어)/敬語(경어)/古語(고어)/口語(구어)/國語(국어)/單語(단어)/獨語(독어)/文語(문어)/蜜語(밀어)/反語(반어)/梵語(범어)/法語(법어)/佛語(불어)/卑語(비어)/死語(사어)/俗語(속어)/熟語(숙어)/述語(술어)/詩語(시어)/新語(신어)/略語(약어)/言語(언어)/英語(영어)/用語(용어)/原語(원어)/類義語(유의어)/隱語(은어)/日語(일어)/造語(조어)/主語(주어)/標語(표어)/漢語(한어)

☆✱4-Ⅱ
7 14 **誤** 그르칠 **오** | 간 误 誤

ㅡ 亖 言 訁 訶 誤 誤 誤

[중]wù(우) [일]ゴ/あやまる [영]mistake
[자원] **형성자.** 言(언)은 의미를 나타내고 吳(오)는 음을 나타냄.
[풀이] 그르치다. ㉮잘못하다. 실수함. ‖誤診(오진). ㉯틀리다. 뒤바뀜. ‖誤差(오차).
〔誤記 오기〕 잘못 기록함. 또는, 그런 기록.
〔誤謬 오류〕 ①그릇된 인식이나 지식. ②잘못이나 실수.
〔誤報 오보〕 잘못 보도함. 또는, 그런 보도.
〔誤算 오산〕 ①잘못 계산함. 또는, 그 계산. ②그릇된 예측(豫測).
〔誤信 오신〕 잘못 믿음.
〔誤字 오자〕 인쇄물에 있는 잘못된 글자.
〔誤差 오차〕 ①계획과 실제의 차이. ②계산하거나 측정한 값이 실제의 값과 어긋나는 차이. ③수학에서, 참값과 근삿값의 차이.
〔誤判 오판〕 잘못 판단함. 또는, 그런 판단.
〔誤解 오해〕 잘못 이해함. 또는, 잘못된 이해.
◢過誤(과오)/正誤(정오)/錯誤(착오)

★✱3-Ⅱ
7
14 **誘** 꾈 **유** [간] 诱 誘

ㅡ 亖 言 訁 訐 訴 誘 誘

[중]yòu(여우) [일]ユウ/さそう [영]tempt
[자원] **형성자.** 言(언)은 의미를 나타내고 秀(수)는 음을 나타냄.
[풀이] 꾀다. 꾀어내다. 유인함.
〔誘拐 유괴〕 사람을 속여서 꾀어냄.
〔誘導 유도〕 사람이나 물건을 어떤 장소나 방향으로 이끎.
〔誘導彈 유도탄〕 유도 장치에 의해 목표물을 정확하게 맞춰 폭발시키는 무기. 미사일.
〔誘發 유발〕 어떤 것에 이끌려 다른 일이 일어남.
〔誘引 유인〕 꾀어냄.
〔誘致 유치〕 행사나 사업 등을 이끌어 들임.
〔誘惑 유혹〕 나쁜 길로 이끌어 들임.
◢勸誘(권유)

☆✱4-Ⅱ
7
14 **認** 알 **인** [간] 认 認

ㅡ 亖 言 訁 訒 訒 認 認

[중]rèn(°런) [일]ニン/みとめる
[영]recognize
[자원] **형성자.** 言(언)은 의미를 나타내고 忍(인)은 음을 나타냄.
[풀이] ①알다. ‖認知(인지). ②허가하다. 승인함. ‖認許(인허).
〔認可 인가〕 인정하여 허가함.
〔認識 인식〕 ①사물을 분별하고 판단하여 앎. ②사물을 감지(感知)하고 의식하는 마음의 작용.
〔認容 인용〕 인정하여 용납함.
〔認定 인정〕 확실히 그렇다고 여김.
〔認證 인증〕 어떤 문서나 행위가 정당한 절차로 이루어졌다는 것을 공적 기관이 증명함.
〔認知 인지〕 어떤 사실을 인식하여 앎.
〔認許 인허〕 인정하여 허락함.
◢公認(공인)/官認(관인)/默認(묵인)/否認(부인)/承認(승인)/是認(시인)/誤認(오인)/容認(용인)/自認(자인)/追認(추인)/確認(확인)

★✱4
7
14 **誌** 기록할 **지** [간] 志 誌

ㅡ 亖 言 訁 計 計 誌 誌 誌

[중]zhì(°쯔) [일]シ/しるす [영]record
[자원] **형성자.** 言(언)은 의미를 나타내고 志(지)는 음을 나타냄.
[풀이] ①기록하다. ②기록. 기사(記事). 사록(史錄). ‖日誌(일지). ③잡지.
〔誌面 지면〕 잡지에서 글이나 그림이 실리는 종이의 면.
〔誌文 지문〕 죽은 사람의 인적 사항이나 행적, 무덤의 소재 등을 적은 글.
〔誌上 지상〕 잡지의 지면(紙面).
〔誌石 지석〕 죽은 사람의 인적 사항이나 무덤의 소재를 적어서 무덤 앞에 묻는 판석(板石)이나 도판(陶板). 墓誌石(묘지석).
◢季刊誌(계간지)/校誌(교지)/機關誌(기관지)/同人誌(동인지)/墓誌(묘지)/書誌(서지)/月刊誌(월간지)/日誌(일지)/雜誌(잡지)/會誌(회지)

★✱3
7
14 **誕** 태어날 **탄** [간] 诞 誕

[중]dàn(딴) [일]タン/うまれる
[영]be born
[자원] **형성자.** 言(언)은 의미를 나타내고 延(연)은 음을 나타냄.
[풀이] ①태어나다. 탄생(誕生)함. ‖誕辰(탄신). ②거짓. 거짓말하다. ③속이다. ④방종하다. ‖放誕(방탄).
〔誕降 탄강〕 임금이나 성인(聖人)이 태어남. 降誕(강탄).
〔誕生 탄생〕 사람이 태어남.
〔誕辰 탄신〕 임금이나 성인(聖人)이 태어난 날.
〔誕日 탄일〕 '생일'의 존칭. 誕生日(탄생일).
◢降誕(강탄)/聖誕(성탄)

*1
7 **誨** 가르칠 **회** ㉮海 誨
14

㊥huì(후에이) ㊐カイ/おしえる
㊎instruct

풀이 가르치다.
〔誨言 회언〕 훈계하여 가르치는 말.
〔誨諭 회유〕 가르쳐서 깨우침.
◢教誨(교회)/慈誨(자회)

☆*5
8 **課** 매길 **과** ㉮课 課
15

亠 亖 言 訂 誀 誯 課 課

㊥kè(커) ㊐カ/わりあてる ㊎impose

자원 **형성자.** 言(언)은 의미를 나타내고 果(과)는 음을 나타냄.

풀이 ①매기다. 조세(租稅)를 부과함. ‖課稅(과세). ②과정(課程). ③조세. 세금. ④고시(考試).
〔課稅 과세〕 세금을 매김.
〔課業 과업〕 마땅히 해야 할 일. 또는, 해야만 하도록 주어진 일.
〔課外 과외〕 정한 과정 이외에 하는 일이나 공부.
〔課程 과정〕 일정한 기간 동안 계속되는 학업이나 일의 범위.
〔課題 과제〕 ①해결해야 할 문제. ②교사가 학생들에게 내주는 학습이나 연구의 문제.
◢考課(고과)/公課(공과)/賦課(부과)/日課(일과)/學課(학과)

7획

☆*5
8 **談** 말씀 **담** ㉮谈 談
15

亠 亖 言 言 言' 訬 談 談

㊥tán(탄) ㊐ダン/かたる ㊎talk

자원 **형성자.** 言(언)은 의미를 나타내고 炎(염)은 음을 나타냄.

풀이 ①말씀. 말. 담화(談話). 언론(言論). ②말하다. ‖談論(담론).
〔談論 담론〕 이야기를 주고받으며 논의함.
〔談笑 담소〕 웃으며 이야기함. 또는, 그런 이야기.
〔談判 담판〕 서로 맞선 관계에 있는 쌍방이 어떤 결말을 짓기 위해 논의함.
〔談合 담합〕 ①미리 의논하여 정함. ②경쟁 입찰 때 입찰자들이 미리 의논하여 입찰 가격을 정함.
〔談話 담화〕 ①서로 이야기를 주고받음. ②공적인 위치에 있는 사람이 어떤 문제에 대한 견해나 태도를 밝히는 말.
◢怪談(괴담)/奇談(기담)/弄談(농담)/對談(대담)/德談(덕담)/漫談(만담)/面談(면담)/美談(미담)/密談(밀담)/私談(사담)/相談(상담)/俗談(속담)/餘談(여담)/淫談(음담)/壯談(장담)/才談(재담)/情談(정담)/鼎談(정담)/座談(좌담)/眞談(진담)/筆談(필담)/閑談(한담)/險談(험담)/婚談(혼담)/歡談(환담)/會談(회담)

★*3
8 **諒** 믿을 **량** ㉮谅 諒
15

亠 亖 言 言 訁 諒 諒 諒

㊥liàng(리앙) ㊐リョウ/まこと

자원 **형성자.** 言(언)은 의미를 나타내고 京(경)은 음을 나타냄.

풀이 ①믿다. 의심하지 않음. ②참. 진실(眞實). 신실(信實). ③양찰(諒察)하다. 속사정을 꿰뚫어 봄. 조찰(照察).
〔諒知 양지〕 살펴 앎.
〔諒察 양찰〕 속사정을 살펴 알아줌.
〔諒解 양해〕 남의 사정을 헤아려 이해함.
◢惠諒(혜량)

☆*4-Ⅱ
8 **論** 의논할 **론** ㉮论 論
15

亠 亖 言 訁 訡 誃 論 論

㊥lùn(룬) ㊐ロン/あげつらう
㊎discuss

자원 **형성자.** 言(언)은 의미를 나타내고 侖(륜)은 음을 나타냄.

풀이 ①의논하다. ‖論議(논의). ②토론하다. ③정하다. ④견해(見解). 학설.
〔論客 논객〕 사회의 중용한 문제를 글과 말로 능숙하게 논의하는 사람.
〔論據 논거〕 이론이나 논리·논설의 근거.
〔論告 논고〕 ①자신의 의견을 진술함. ②공판정(公判廷)에서 검사가 죄를 논하여 형을 요구함.
〔論功行賞 논공행상〕 공적의 유무나 대소를 따져서 그에 알맞은 상을 줌.
〔論壇 논단〕 ①토론을 하는 장소. ②논객(論客)들의 사회.
〔論難 논란〕 여러 사람이 각기 다른 의견으로 옳고 그름을 따짐. 辯難(변란).
〔論理 논리〕 ①생각이나 주장을 펼치는 데 이치에 맞게 이끌어 가는 과정이나 원칙. ②사물의 이치나 법칙.
〔論文 논문〕 ①의견을 논술한 글. ②학술적인 연구 결과를 발표하는 글.
〔論駁 논박〕 상대의 의견이나 설명의 잘못을 지적하고 공격함.
〔論辨 논변〕 한 주장이나 의견이 옳음을 증명하기 위해 논리적으로 말함. 또는, 그 말.
〔論說 논설〕 ①사회의 관심이 쏠리는 문제에 대해 자기의 생각과 주장을 논리적으로 적은 글. ②신문이나 잡지

등의 사설.
〔論述 논술〕 어떤 문제에 대해 자기의 의견을 논리적으로 서술함. 또는, 그런 서술.
〔論語 논어〕 사서(四書)의 하나. 공자(孔子)와 그의 제자들의 언행을 적은, 유교의 경전.
〔論外 논외〕 논의할 대상에서 빼놓음.
〔論議 논의〕 서로 의견을 말하고 토의함. 議論(의논).
〔論爭 논쟁〕 서로 다른 의견을 가진 사람들이 각각 자기의 주장을 말이나 글로 논하여 다툼. 論戰(논전).
〔論著 논저〕 어떤 문제에 대한 사실이나 견해를 논하여 저술함. 또는, 그 저술.
〔論點 논점〕 논의의 요점(要點).
〔論題 논제〕 토론이나 논의의 주제.
〔論調 논조〕 ①논하는 말이나 글의 투. ②논설이나 평론 등의 경향.
〔論證 논증〕 옳고 그름을 이유를 들어 밝힘. 또는, 그 근거나 이유.
〔論旨 논지〕 논의의 취지(趣旨).
〔論叢 논총〕 여러 편의 논문을 모아 놓은 책.
〔論評 논평〕 논하여 비평함.
◢各論(각론)/講論(강론)/概論(개론)/擧論(거론)/激論(격론)/結論(결론)/公論(공론)/空論(공론)/國論(국론)/談論(담론)/黨論(당론)/勿論(물론)/反論(반론)/本論(본론)/詳論(상론)/序論(서론)/世論(세론)/時論(시론)/言論(언론)/輿論(여론)/原論(원론)/議論(의논·의론)/理論(이론)/異論(이론)/再論(재론)/爭論(쟁론)/衆論(중론)/持論(지론)/總論(총론)/推論(추론)/討論(토론)/通論(통론)/評論(평론)

8 15 **誹** *1 헐뜯을 **비** | 간 诽

㊥fěi(°페이) ㊐ヒ/そしる ㊖backbite
풀이 헐뜯다.
〔誹謗 비방〕 남을 헐뜯어 말함.

8 15 **誰** ☆*3 누구 **수** | 간 谁

亠 亖 言 訁 訁 誰 誰 誰

㊥shéi(°세이) ㊐スイ/だれ ㊖who
자원 **형성자.** 言(언)은 의미를 나타내고 隹(추)는 음을 나타냄.
풀이 ①누구. ‖誰何(수하). ②옛날. 접때. 일설에는, 발어사(發語辭).
〔誰怨誰咎 수원수구〕 《누구를 원망하며 누구를 탓하겠냐는 뜻으로》 남을 원망하거나 탓할 것이 없음. 誰怨孰尤(수원숙우).
〔誰何 수하〕 ①누구. 아무개. 誰某(수모). ②'누구냐' 하고 신분을 밝히도록 따져 묻는 말.

8 15 **諄** * 타이를 **순** | 간 谆

㊥zhūn(°쭌) ㊐ジュン ㊖admonish
풀이 ①타이르다. 거듭 타일러 깨우침. ②두텁다. 돈독함.
〔諄諄 순순〕 친절히 타이르는 모양.

8 15 **誾** *2 화평할 **은** | 동 闇 간 訚

㊥yín(인) ㊐ギン
풀이 화평하다. 화평하게 이야기함.

8 15 **誼** *1 옳을 **의** | 간 谊

㊥yì(이) ㊐ギ/よい ㊖right
풀이 ①옳다. ㉠義. ②정분. 교분. ‖交誼(교의)/世誼(세의).
◢交誼(교의)/友誼(우의)/情誼(정의)/厚誼(후의)

8 15 **諍** * ❶간할 **쟁** ❷송사할 **쟁** | 간 诤

㊥zhèng(°쩡) ㊐ソウ
풀이 ❶①간(諫)하다. ‖諫諍(간쟁). ②다투다. ㉮爭. ❷송사(訟事)하다. ‖諍訟(쟁송).
〔諍訟 쟁송〕 서로 다투어 송사함. 爭訟(쟁송). 爭訴(쟁소).
〔諍臣 쟁신〕 임금의 잘못을 간(諫)하는 신하. 爭臣(쟁신).
◢諫諍(간쟁)

8 15 **調** ☆*5 ❶고를 **조** ❷뽑을 **조** | 간 调

亠 亖 言 言 訂 訶 訶 調

㊥diào(띠아오), tiáo(티아오) ㊐チョウ/ととのう ㊖adjust
자원 **형성자.** 言(언)은 의미를 나타내고 周(주)는 음을 나타냄.
풀이 ❶고르다. 어울리다. ‖調和(조화). ❷①뽑다. 선임(選任)함. ②헤아리다. 헤아려 살핌. ‖調査(조사). ③공물(貢物). 포백(布帛) 따위 토산물로 바치는 것. ‖租庸調(조용조). ④악기로 연주하다. ⑤음률(音律). ‖曲調(곡조). ⑥취향(趣向). 운치(韻致).
〔調達 조달〕 자금·물자 등을 대어 줌.
〔調理 조리〕 ①몸을 보살피고 병을 다스림. ②음식을 만듦.
〔調味 조미〕 음식의 맛을 알맞게 맞춤.
〔調査 조사〕 실정을 알기 위하여 자세히 살펴봄.
〔調書 조서〕 조사한 사항을 기록한 문

서.
〔調律 조율〕 ①악기의 음을 표준음에 맞추어 고름. ②문제를 적절하게 조절함.
〔調印 조인〕 나라와 나라 사이에 조약을 맺은 문서에 당사국 대표들이 서명 날인함.
〔調節 조절〕 상태가 알맞거나 균형이 잡히도록 바로잡음.
〔調停 조정〕 분쟁을 중간에 서서 화해시킴.
〔調劑 조제〕 여러 가지 약품을 알맞게 조합하여 약을 만듦.
〔調合 조합〕 약재·물감 등을 일정한 비율로 알맞게 섞음.
〔調和 조화〕 서로 잘 어울림.
◢強調(강조)/格調(격조)/高調(고조)/曲調(곡조)/基調(기조)/亂調(난조)/論調(논조)/短調(단조)/同調(동조)/變調(변조)/步調(보조)/散調(산조)/色調(색조)/時調(시조)/哀調(애조)/語調(어조)/律調(율조)/音調(음조)/長調(장조)/低調(저조)/情調(정조)/主調(주조)/取調(취조)/協調(협조)/好調(호조)

*1
8 15 **諂** 아첨할 첨 ㉿谄 諂
㊥chǎn(°찬) ㊐テン/へつらう ㊕flatter
풀이 ①아첨하다. ②아양 떨다.
〔諂佞 첨녕〕 매우 아첨함. 諂諛(첨유).
〔諂笑 첨소〕 아첨하여 웃음.
◢阿諂(아첨)

☆*4-Ⅱ
8 15 **請** 청할 청 ㊣請 ㉿请 請
(필순) 亠 言 言 訁 訁 請 請 請
㊥qǐng(칭) ㊐セイ/こう ㊕request
자원 **형성자.** 言(언)은 의미를 나타내고 靑(청)은 음을 나타냄.
풀이 ①청하다. ㉮구하다. ‖請求(청구). ㉯빌다. ㉰원하다. ‖請願(청원). ②맡다. ‖請負(청부).
〔請暇 청가〕 휴가를 청함.
〔請求 청구〕 무엇을 달라고 요구함.
〔請負 청부〕 일을 완성하는 대가로 일정한 보수를 받기로 하고 그 일을 떠맡음. 都給(도급).
〔請願 청원〕 공공 기관이나 윗사람에게 바라는 것을 말하여 이루어 줄 것을 요구함.
〔請牒 청첩〕 결혼 따위의 좋은 일에 남을 초정하는 글발. 請牒狀(청첩장).
〔請託 청탁〕 권력 있는 사람에게 청을 넣어 일을 부탁함. 또는, 그 부탁.
◢懇請(간청)/所請(소청)/申請(신청)/要請(요청)/自請(자청)/再請(재청)/奏請(주청)/招請(초청)/下請(하청)

*
15 **請** 請(청)의 속자 →700쪽

*
8 15 **諏** 상의할 추 ㉿诹
㊥zōu(쩌우) ㊐シュ ㊕consult
풀이 ①상의하다. ②묻다. 정치에 관하여 묻는 일.

*1
9 16 **諫** 간할 간 ㉿谏 諫
㊥jiàn(찌엔) ㊐カン/いさめる ㊕remonstrate
풀이 ①간하다. ‖忠諫(충간). ②간하는 말. 간언(諫言).
〔諫臣 간신〕 임금에게 옳은 말로 간하는 신하.
〔諫言 간언〕 신하가 임금에게 간하는 말.
〔諫爭 간쟁〕 어른이나 임금에게 옳지 못하거나 잘못된 일을 고치도록 간절히 말함. 諫諍(간쟁).
◢泣諫(읍간)/直諫(직간)/忠諫(충간)

★*3-Ⅱ
9 16 **諾** 대답할 낙 ㉿诺 諾
(필순) 亠 言 言 訁 訁 訁 諾 諾
㊥nuò(누어) ㊐ダク/こたえる ㊕respond
자원 **형성자.** 言(언)은 의미를 나타내고 若(약)은 음을 나타냄.
풀이 ①대답하다. ②승낙(承諾)하다. ③허락(許諾)하다.
◢受諾(수락)/承諾(승낙)/應諾(응낙)/快諾(쾌락)/許諾(허락)

★*3-Ⅱ
9 16 **謀** 꾀할 모 ㉿谋 謀
(필순) 亠 言 言 訁 訁 謀 謀 謀
㊥móu(머우) ㊐ボウ/はかる ㊕scheme
자원 **형성자.** 言(언)은 의미를 나타내고 某(모)는 음을 나타냄.
풀이 ①꾀하다. ②꾀. 모략.
〔謀略 모략〕 남을 해치려고 속임수를 써서 일을 꾸밈. 謀計(모계).
〔謀免 모면〕 꾀를 써서 면함.
〔謀叛 모반〕 임금이나 나라를 쓰러뜨리고 권력을 잡으려고 꾀함. 謀反(모반).
〔謀士 모사〕 꾀를 잘 내고 계책에 능한 사람. 策士(책사).
〔謀事 모사〕 어떤 일을 몰래 꾀함.
〔謀議 모의〕 어떤 일을 꾀하고 의논함.

7획

〔謀陷 모함〕 꾀를 써서 남을 함정에 빠뜨림.
◢共謀(공모)/圖謀(도모)/無謀(무모)/逆謀(역모)/陰謀(음모)/參謀(참모)

9 16 **諝** * 슬기 **서** [간] 谞

[중]xū(쒸) [일]ショ [영]wisdom
[풀이] ①슬기. ②헤아리다.

9 16 **諡** *1 시호 **시** [통] 謚 [간] 谥 謚

[중]shì(°쓰) [일]シ/おくりな
[영]posthumous title
[풀이] 시호(諡號).
〔諡號 시호〕 임금·고관·학자 들이 죽은 후에 그 공을 기려 임금이 내려 주는 이름.
◢追諡(추시)

9 16 **諟** * [1]이 **시** [2]자세히 할 **체** [간] 谛

[중]shì(°쓰) [일]シ [영]this
[풀이] [1]①이. 지시 대명사. ②바로잡다. [2]자세히 하다.

9 16 **諶** * 참 **심** [간] 谌

[중]chén(°천) [일]シン [영]truth
[풀이] ①참. 진실. ②진실로.

9 16 **謁** ★*3 뵐 **알** [간] 谒 謁

亠 言 言 訂 訶 謁 謁 謁

[중]yè(예) [일]エツ/まみえる
[영]have an audience
[자원] **형성자.** 言(언)은 의미를 나타내고 曷(갈)은 음을 나타냄.
[풀이] 뵈다. ‖謁見(알현)/拜謁(배알).
〔謁聖 알성〕 임금이 성균관(成均館) 문묘(文廟)에 참배함.
〔謁聖及第 알성 급제〕 알성과에 급제함.
〔謁見 알현〕 임금이나 귀인을 찾아가 뵘.
◢拜謁(배알)/請謁(청알)

9 16 **諳** 욀 **암** [간] 谙 諳

[중]ān(안) [일]アン/そらんずる
[영]learn by heart
[풀이] ①외다. [통]暗. ㉮글을 외다. 암송함. ‖諳誦(암송). ㉯기억하다. 잊지 않음. ②깨닫다. 깨달아 앎.

〔諳練 암련〕 사물과 이치에 정통함.

9 16 **諺** *1 상말 **언** [간] 谚 諺

[중]yàn(옌) [일]ゲン/ことわざ
[영]proverb
[풀이] 상말. 속담(俗談). 이언(俚諺).
〔諺文 언문〕 《'상말을 적는 문자'라는 뜻으로》 '한글'의 속칭.
〔諺解 언해〕 한문을 한글로 풀어서 씀. 또는, 그런 책.
◢古諺(고언)/鄙諺(비언)/俗諺(속언)/俚諺(이언)

9 16 **謂** ★*3-II 이를 **위** [간] 谓 謂

亠 言 言 訂 訶 謂 謂 謂

[중]wèi(웨이) [일]イ/いう [영]speak of
[자원] **형성자.** 言(언)은 의미를 나타내고 胃(위)는 음을 나타냄.
[풀이] ①이르다. ②생각하다. 생각하건대. ③이름. 이른바.
◢可謂(가위)/所謂(소위)

9 16 **諭** *1 깨우칠 **유** [간] 谕 諭

[중]yù(위) [일]ユ/さとす [영]admonish
[풀이] ①깨우치다. 타이름. ‖諭告(유고). ②견주다. 비유함.
〔諭示 유시〕 관부(官府)에서 백성에게 타일러 깨우침. 또는, 그 문서. 諭告(유고).
◢教諭(교유)/諷諭(풍유)/誨諭(회유)

9 16 **諛** *1 알랑거릴 **유** [간] 谀 諛

[중]yú(위) [일]ユ/へつらう [영]flatter
[풀이] ①알랑거리다. 아첨함. ②알랑거리는 말. 상대방의 비위를 맞추는 말.
〔諛言 유언〕 아첨하는 말.
◢阿諛(아유)/諂諛(첨유)

9 16 **諮** *2 물을 **자** [간] 谘 諮

[중]zī(쯔) [일]シ/とう [영]consult
[풀이] ①묻다. 자문(諮問)함. ②꾀하다. 의논함. ‖諮謀(자모).
〔諮問 자문〕 일을 바르게 처리하기 위해 전문가 또는 그런 사람들로 이루어진 기관이나 단체에 의견을 물음.

9 16 **諪** * 고를 **정**

[중]tíng(팅) [일]テイ [영]adjust

7획

풀이 ①고르다. ②조정하다.

☆✱3-Ⅱ
9 16 諸 모든 제 본저 간 诸 諸

亠 言 言 計 諍 諍 諸 諸

중zhū(°쭈) 일ショ/もろもろ 영every

자원 **형성자.** 言(언)은 의미를 나타내고 者(자)는 음을 나타냄.

풀이 모든. 여러. 통庶.

〔諸具 제구〕 여러 가지 도구.

〔諸國 제국〕 여러 나라. 諸邦(제방).

〔諸君 제군〕 여러분. 그대들.

〔諸般 제반〕 여러 가지.

〔諸氏 제씨〕 여러 사람들.

〔諸位 제위〕 여러분. 諸公(제공).

〔諸子百家 제자백가〕 춘추 전국 시대의 여러 학자와 학파(學派)의 총칭.

〔諸行無常 제행무상〕 우주의 모든 사물은 늘 돌고 변하여 한 모양으로 머물러 있지 않음.

〔諸賢 제현〕 여러 어질고 슬기로운 이들. 諸彦(제언).

〔諸侯 제후〕 봉건 시대에 천자에게서 봉토(封土)를 받아, 그 영내의 백성을 다스리던 사람.

✱2
9 16 諜 염탐할 첩 간 谍 諜

중dié(디에) 일チョウ/さぐる 영spy

풀이 ①염탐(廉探)하다. 정탐함. ②염탐. 간첩. ‖諜者(첩자). ③재재거리다. 늘 지껄이는 모양. 통喋.

〔諜報 첩보〕 적정(敵情)을 탐색하여 보고함. 또는, 그 보고.

〔諜者 첩자〕 적의 영역에서 비밀스럽게 정보를 모으는 사람. 염탐꾼. 間者(간자). 間諜(간첩).

◢間諜(간첩)/防諜(방첩)/偵諜(정첩)

✱1
9 16 諦 살필 체 본제 간 谛 諦

중dì(띠) 일テイ, タイ/あきらめる 영examine

풀이 ①살피다. 자세히 조사함. ②진리. 오도(悟道).

〔諦觀 체관〕 ①사물의 본체를 충분히 꿰뚫어 봄. 또는, 사물을 상세히 살펴봄. ② ➡諦念(체념).

〔諦念 체념〕 희망을 버리고 생각하지 않음. 斷念(단념). 諦觀(체관).

◢妙諦(묘체)/要諦(요체)/眞諦(진제)

✱1
9 16 諷 욀 풍 간 讽 諷

중fěng(°펑) 일フウ/そらんじる 영recite

풀이 ①외다. 암송(暗誦)함. ‖諷味(풍미). ②풍자하다. 비유로써 깨우침. 통風. ‖諷諭(풍유).

〔諷諫 풍간〕 슬며시 잘못을 고치도록 말함.

〔諷詠 풍영〕 시가(詩歌) 따위를 읊조림.

〔諷喩 풍유〕 슬며시 나무라며 가르쳐 타이름.

〔諷刺 풍자〕 다른 것에 빗대어 재치 있게 비판하는 말이나 글.

✱1
9 16 謔 기롱할 학 간 谑 謔

중xuè(쒸에) 일ギャク/たわむれる 영joke

풀이 ①기롱(譏弄)하다. 농담함. ②익살. 농담. ‖諧謔(해학).

〔謔笑 학소〕 ①익살맞은 웃음. ②희롱하여 웃음.

◢諧謔(해학)/戲謔(희학)

✱1
9 16 諧 화할 해 간 谐 諧

중xié(시에) 일カイ/やわらぐ 영harmonize

풀이 ①화하다. 화합함. ②농담하다. 익살 부림. 해학. 익살.

〔諧調 해조〕 ①잘 조화된 곡조. ②잘 조화됨.

〔諧謔 해학〕 익살스러우면서 풍자가 섞인 말이나 행동.

〔諧和 해화〕 ①서로 화합함. ②음악의 곡조가 서로 잘 어울림.

9 16 諠 잊을 훤 諠

중xuān(쒸엔) 일ケン/わすれる 영forget

풀이 ①잊다. ②떠들썩하다. 시끄러움. 같喧.

✱1
9 16 諱 꺼릴 휘 간 讳 諱

중huì(후에이) 일キ/いむ 영shun

풀이 ①꺼리다. ②휘. 죽은 이의 이름.

〔諱談 휘담〕 꺼려서 세상에 드러내 놓고 하기 어려운 말.

〔諱日 휘일〕 조상이 돌아가신 날. 제삿날. 忌日(기일).

〔諱字 휘자〕 돌아가신 웃어른의 생전의 이름자.

◢忌諱(기휘)/不諱(불휘)/隱諱(은휘)

☆✱4-Ⅱ
10 17 講 강론할 강 간 讲 講

7획

言 言 言一 訁卄 訁廾 講 講 講

[중]jiǎng(지앙) [일]コウ/とく [영]preach
[자원] **형성자.** 言(언)은 의미를 나타내고 冓(구)는 음을 나타냄.
[풀이] ①강론(講論)하다. 사리(事理)를 풀어 밝힘. ‖講釋(강석). ②화해하다. 강화함. ③서로 의논하다. 논의함. ‖講論(강론). ④검토하고 연구하다. 토구(討究)함. ‖講究(강구). ⑤익히다. 학습함. ‖講習(강습).
〔講究 강구〕 알맞은 방법을 찾으려고 노력함.
〔講壇 강단〕 강의·강연·설교 등을 할 때 서는 단.
〔講堂 강당〕 강연이나 행사를 할 때에 쓰는 건물이나 큰 방.
〔講讀 강독〕 글을 읽어 나가면서 그 뜻을 풀이하는 강의.
〔講論 강론〕 학술을 강의하고 토론함.
〔講師 강사〕 학교나 학원, 강습회 등에서 강의하는 사람.
〔講誦 강송〕 글을 소리 내어 읽고 욈.
〔講習 강습〕 일정 기간 동안 학문·기예·실무 등을 배우고 익히도록 지도함.
〔講筵 강연〕 임금에게 경서(經書)를 강론하던 일. 經筵(경연).
〔講演 강연〕 일정한 주제에 대해 청중 앞에서 강의 형식으로 말함.
〔講義 강의〕 학문이나 기술의 일정한 내용을 체계적으로 설명하여 가르침.
〔講座 강좌〕 ①대학에서 교수가 맡아 강의하는 학과목. ②몇몇 전문 분야로 나누어서 강습하는 계몽적인 강습회. 또는, 그런 출판물이나 방송 프로그램 따위.
〔講學 강학〕 학문을 닦고 연구함.
〔講和 강화〕 전쟁을 하던 나라끼리 조약을 맺어 전쟁을 멈춤.
◢開講(개강)/缺講(결강)/名講(명강)/受講(수강)/終講(종강)/聽講(청강)/出講(출강)/特講(특강)/閉講(폐강)/休講(휴강)

★✱3-Ⅱ
10 17 **謙** 겸손할 **겸** [간] 谦 謙

言 言 言〃 訁〃 訁彐 訁彐 謙 謙

[중]qiān(치엔) [일]ケン/へりだる
[영]humble
[자원] **형성자.** 言(언)은 의미를 나타내고 兼(겸)은 음을 나타냄.
[풀이] ①겸손하다. 자기를 낮춤. ‖謙卑(겸비). ②공손하다.
〔謙辭 겸사〕 겸손한 말.
〔謙遜 겸손〕 남을 존중하고 자기를 내세우지 않는 태도. 謙巽(겸손).
〔謙讓 겸양〕 겸손하게 양보함.
〔謙稱 겸칭〕 겸손하게 일컬음. 또는, 그런 칭호.
〔謙虛 겸허〕 잘난 체하지 않고 겸손함.

✱2
10 17 **謄** 베낄 **등** [간] 誊 謄

[중]téng(텅) [일]トウ/うつす [영]copy
[풀이] 베끼다.
〔謄本 등본〕 원본을 베끼거나 복사한 서류. ↔抄本(초본).
〔謄寫 등사〕 기름을 먹인 종이에 철필로 쓰든가 타자를 하여 인쇄 잉크를 묻혀 글자를 찍어 냄.
〔謄抄 등초〕 원본에서 베낌. 謄草(등초).

✱
10 17 **謎** 수수께끼 **미** [간] 谜 謎

[중]mí(미), mèi(메이) [일]メイ/なぞ
[영]riddle
[풀이] ①수수께끼. ②수수께끼놀이. ③불가사의. 정체불명.
〔謎語 미어〕 수수께끼.
〔謎題 미제〕 풀기 어려운, 수수께끼 같은 문제.

✱1
10 17 **謐** 고요할 **밀** [간] 谧 謐

[중]mì(미) [일]ヒツ/しずか [영]quiet
[풀이] ①고요하다. ‖靜謐(정밀). ②평온(平穩)하다. 안온함.
◢靜謐(정밀)

✱1
10 17 **謗** 헐뜯을 **방** [간] 谤 謗

[중]bàng(빵) [일]ボウ/そしる
[영]backbite
[풀이] 헐뜯다.
◢誹謗(비방)/毁謗(훼방)

☆✱4-Ⅱ
10 17 **謝** 사례할 **사** [간] 谢 謝

言 言 訁 訃 訃 謝 謝 謝

[중]xiè(씨에) [일]シャ/おもなう [영]thank
[자원] **형성자.** 言(언)은 의미를 나타내고 射(사)는 음을 나타냄.
[풀이] ①사례하다. 감사의 뜻을 나타냄. ‖謝禮(사례). ②사과하다. 사죄함. ‖多謝(다사). ③물리치다. 사절함. ‖謝退(사퇴). ④시들다. 조락(凋落)함.
〔謝過 사과〕 자기의 잘못을 인정하고 용서를 빎. ‖謝過文(사과문).
〔謝禮 사례〕 언행이나 선물 등으로 고마운 뜻을 나타냄.
〔謝恩 사은〕 은혜에 대해 사례함.
〔謝意 사의〕 ①감사히 여기는 마음. ②사과하는 마음.

〔謝絕 사절〕 요구나 제의를 받아들이지 않고 거절함.
〔謝罪 사죄〕 지은 죄나 잘못에 대해 용서를 빎.
◢感謝(감사)/新陳代謝(신진대사)/厚謝(후사)

10 17 *謖 일어날 속 간 谡
중sù(쑤) 일ショク 영rise
풀이 일어나다. 일어섬.

10 17 **4-Ⅱ謠 노래 요 간 谣
중yáo(야오) 일ヨウ/うたう 영song
자원 **형성자.** 言(언)은 의미를 나타내고 䍃(요)는 음을 나타냄.
풀이 ①노래. 속요. 유행가. ‖歌謠(가요)/童謠(동요). ②노래하다. ③소문. 풍문(風聞). 유언(流言).
〔謠言 요언〕 뜬소문. 流言(유언).
◢歌謠(가요)/童謠(동요)/民謠(민요)/俗謠(속요)/風謠(풍요)

10 17 *謚 1웃을 익* 2시호 시 간 谥
중yì(이), shì(°쓰) 일エキ/し 영laugh
풀이 1웃다. 웃는 모양. 2시호(謚號). 같諡.

11 18 *1謳 노래할 구 본우 간 讴
중ōu(어우) 일オウ/うたう 영sing
풀이 ①노래하다. ‖謳歌(구가). ②노래. ③칭송하다.
〔謳歌 구가〕 ①많은 사람들이 모두 칭송함. ②행복한 처지나 기쁜 마음을 마음껏 즐김.

11 18 **3謹 삼갈 근 간 谨
중jǐn(진) 일キン/つつしむ 영cautious
자원 **형성자.** 言(언)은 의미를 나타내고 堇(근)은 음을 나타냄.
풀이 삼가다.
〔謹啓 근계〕 《삼가 아뢴다는 뜻으로》 편지 서두에 쓰는 말. 拜啓(배계).
〔謹愼 근신〕 언행을 삼가고 조심함.
〔謹嚴 근엄〕 점잖고 엄숙함.
〔謹呈 근정〕 《삼가 드린다는 뜻으로》 남에게 주는 물건 겉봉에 쓰는 말.
〔謹弔 근조〕 사람의 죽음에 대하여 삼가 슬픈 마음을 나타냄.
〔謹賀新年 근하신년〕 《삼가 새해를 축하한다는 뜻으로》 새해의 복을 비는 인사말.

11 18 *2謬 그릇될 류 본무 간 谬
중miù(미우) 일ビュウ/あやまる 영be mistaken
풀이 ①그릇되다. 오류(誤謬). ②속이다. 거짓말함. ‖謬說(유설).
〔謬見 유견〕 잘못된 견해.
〔謬習 유습〕 잘못된 버릇이나 습관.
◢誤謬(오류)

11 18 *2謨 꾀 모 간 谟
중mó(모) 일ボ/はかりごと 영plan
풀이 ①꾀. 계책. 광범위한 모책. ②꾀하다. 도모(圖謀)함.
〔謨訓 모훈〕 ①국가의 대계(大計). ②뒤의 임금에게 계(戒)가 되는 가르침.

11 18 *1謫 귀양 갈 적 간 谪
중zhé(°저) 일タク/ながす 영exile
풀이 ①귀양을 가다. 유배(流配)됨. ‖謫所(적소). ②꾸짖다. 견책함. ③잘못. 죄. 과실.
〔謫居 적거〕 귀양살이를 함.
〔謫仙 적선〕 ①벌을 받아 인간 세계로 쫓겨 내려온 선인(仙人). ②아주 뛰어난 시인. ③중국 당나라의 시인 '이백(李白)'의 미칭.
〔謫所 적소〕 귀양살이를 하는 곳. 配所(배소).

12 19 *1譏 나무랄 기 간 讥
중jī(찌) 일キ/そしる 영scold
풀이 ①나무라다. 헐뜯음. ‖譏謗(기방). ②살피다. 조사함.
〔譏弄 기롱〕 실없는 말로 놀림.
〔譏謗 기방〕 헐뜯음. 誹謗(비방).
〔譏察 기찰〕 ①행동 등을 넌지시 살핌. ②예전에, 범인을 체포하려고 수소문하고 염탐하며 행인을 검문하던 일.

12 19 *1譚 이야기 담 간 谭
중tán(탄) 일タン/はなし 영talk
풀이 ①이야기. ‖民譚(민담). ②크다.
〔譚詩 담시〕 자유로운 형식의 짧은 서사시. 발라드.
◢奇譚(기담)/民譚(민담)

7획

★✱3-Ⅱ
19 **譜** 譜(보)와 동자 →706쪽

☆✱5
12 19 **識** [1]알 **식**☆✱5 [2]적을 **지**✱ [간]识 識

言 言 訁 訁 諳 識 識 識

[중]shī(°스), zhī(°쯔)
[일]シキ, シ/しる, しるす [영]recognize
[자원] **형성자.** 言(언)은 의미를 나타내고 戠(시)는 음을 나타냄.
[풀이] [1]①알다. ②아는 것. 지식(知識). ③식견. 분별력. ④친지(親知). 친밀한 사이. [2]①적다. 기록함. ②나타내다. ③표(標).
〔識見 식견〕 사물의 진상을 분별하여 아는 능력. 見識(견식).
〔識別 식별〕 사물의 종류나 성질 등을 구별하여 알아냄.
〔識字 식자〕 글자를 앎.
〔識者 식자〕 학식과 식견이 있는 사람.
◢鑑識(감식)/見識(견식)/多識(다식)/面識(면식)/無識(무식)/無意識(무의식)/博識(박식)/常識(상식)/良識(양식)/有識(유식)/意識(의식)/認識(인식)/自意識(자의식)/知識(지식)/標識(표지)/學識(학식)

☆✱4
12 19 **證** 증거 **증** [간]证 證

言 言 言 言 訟 訟 諮 證

[중]zhèng(°쩡) [일]ショウ/あかし
[영]evidence
[자원] **형성자.** 言(언)은 의미를 나타내고 登(등)은 음을 나타냄.
[풀이] ①증거. ‖物證(물증). ②증명하다. ‖檢證(검증). ③증서. [통]証. ‖學生證(학생증).
〔證據 증거〕 ①사실을 증명할 만한 근거. ②재판(裁判)의 기초가 되는 사실 인정에 필요한 자료(資料).
〔證券 증권〕 ①주식·공채·사채 등의 재산상의 권리나 의무를 나타내는 문서. ②증거가 되는 문서나 서류.
〔證明 증명〕 증거를 들어 밝힘.
〔證憑 증빙〕 신빙성 있는 증거로 삼음. 또는, 그 증거.
〔證書 증서〕 어떤 사실을 증명하는 문서.
〔證言 증언〕 ①말로써 증명함. 또는, 그 말. ②증인(證人)이 진술하는 말.
〔證人 증인〕 ①어떤 사실을 증명하는 사람. ②법정에서 증언하는 사람.
〔證左 증좌〕 ①참고가 될 만한 증거. ②증인으로 참석함. 또는, 그 증인. 證參(증참).
〔證驗 증험〕 ①실지로 경험함. 徵驗(징험). ②시험해 본 효험.
◢干證(간증)/檢證(검증)/考證(고증)/公證(공증)/論證(논증)/物證(물증)/反證(반증)/傍證(방증)/保證(보증)/實證(실증)/心證(심증)/僞證(위증)/認證(인증)/立證(입증)/確證(확증)

12 19 **譖** 헐뜯을 **참** [간]谮 譖

[중]zèn(쩐) [일]シン [영]slander
[풀이] ①헐뜯다. ②하리놀다. 참소(讒訴)함.
〔譖訴 참소〕 남을 헐뜯어 죄가 있는 듯이 꾸며 고해 바침.
〔譖言 참언〕 남을 헐뜯어 죄가 있는 듯이 꾸며 고해 바치는 말.

✱
12 19 **譓** 슬기로울 **혜**

[중]huì(후에이) [일]ケイ [영]wise
[풀이] ①슬기롭다. ②좋다.

✱
12 19 **譁** 시끄러울 **화** [간]哗 譁

[중]huā(후아) [일]カツ/かまびすしい
[영]clamour
[풀이] 시끄럽다. 소란함.
〔譁譟 화조〕 시끄럽게 떠듦.
◢喧譁(훤화)

✱
12 19 **譎** 속일 **휼** [본]**결** [간]谲 譎

[중]jué(쥐에) [일]ケツ/いつわる [영]feign
[풀이] 속이다. 기만함.
〔譎計 휼계〕 남을 속이는, 간사하고 능청스러운 꾀.
〔譎詐 휼사〕 남을 속이기 위해 간사한 꾀를 부림.

★✱4-Ⅱ
13 20 **警** 경계할 **경** 警

艹 芍 苟 苟 敬 敬 警 警

[중]jǐng(징) [일]ケイ/いましめる
[영]warn
[자원] **형성자.** 言(언)은 의미를 나타내고 敬(경)은 음을 나타냄.
[풀이] ①경계하다. 방비하다. [같]儆. ②깨우치다. ③영리하다. 기발하다.
〔警覺 경각〕 경계하여 깨닫게 함.
〔警戒 경계〕 잘못된 일이 일어나지 않도록 주의하고 살핌.
〔警告 경고〕 조심하라고 알림. 또는, 그 말. ‖警告文(경고문).

〔警句 경구〕 일반적인 진실이나 생활의 가르침을 담은 짧은 문장.
〔警報 경보〕 위험한 일이 발생하였을 때 경계하도록 미리 알리는 일. 또는, 그 통보. ‖警報器(경보기).
〔警備 경비〕 사고가 나지 않도록 살피고 지킴. 또는, 지키는 사람.
〔警世 경세〕 세상 사람들을 깨우침.
〔警笛 경적〕 비상시에 일을 알리거나 주의를 주기 위하여 울리는 장치. 또는, 그 소리.
〔警鐘 경종〕 ①비상을 경계하기 위하여 울리는 종이나 사이렌 등의 신호. ②사회에서 잘못되는 일에 대한 경계나 충고.
〔警察 경찰〕 사회의 질서를 유지하고 국민의 안전과 재산을 보호하는 일. 또는, 그런 일을 하는 국가 기관이나 사람.
〔警護 경호〕 위험한 사태에 대비하여 중요한 사람을 가까이에서 보호함.
◢軍警(군경)/巡警(순경)/市警(시경)/夜警(야경)

★✱3-Ⅱ
13 20 **譜** 족보 **보** | 통 간 譜 谱

言 言' 言ゾ 言ゼ 言ゼ 譜 譜 譜

중pǔ(푸) 일フ 영genealogy
자원 **형성자.** 言(언)은 의미를 나타내고 普(보)는 음을 나타냄.
풀이 ①족보. 계보. ‖譜系(보계). ②악보(樂譜).
〔譜牒 보첩〕 족보로 된 책.
〔譜表 보표〕 악보를 그리기 위해 가로로 그은 다섯 줄. 五線(오선).
◢系譜(계보)/樂譜(악보)/年譜(연보)/族譜(족보)

✱1
13 20 **譬** 비유할 **비** |

중pì(피) 일ヒ/たとえる 영compare
풀이 ①비유(譬喩)하다. ②비유. 비유하는 말. ③타이르다. 사물에 견주어 넌지시 타이름. ④깨닫다.
〔譬喩 비유〕 어떤 사물의 의미를 다른 사물에 빗대어 표현함. 또는, 그 표현 방법. 比喩(비유).

13 20 **譫** 헛소리 **섬** 본**점** | 간 谵

중zhān(°짠) 일セン/たわごと 영falsehood
풀이 헛소리. ㉮병중에 정신없이 지껄이는 말. ㉯실없는 말. ‖譫妄(섬망).
〔譫語 섬어〕 헛소리.

★✱3-Ⅱ
13 20 **譯** 통변할 **역** | 약 간 訳 译

言 言 言罒 言罒 譯 譯 譯 譯

중yì(이) 일ヤク/やくす 영interpret
자원 **형성자.** 言(언)은 의미를 나타내고 睪(역)은 음을 나타냄.
풀이 ①통변(通辯)하다. 통역함. ②뜻. 뜻을 풀이함.
〔譯經 역경〕 불경을 번역함.
〔譯官 역관〕 예전에 통역을 맡아보던 관리.
〔譯書 역서〕 번역한 책. 譯本(역본).
〔譯詩 역시〕 번역한 시.
〔譯者 역자〕 번역한 사람.
〔譯註 역주〕 번역한 사람이 붙이는 주석.
〔譯解 역해〕 번역하여 쉽게 풀이함. 또는, 그 풀이.
◢改譯(개역)/共譯(공역)/國譯(국역)/對譯(대역)/飜譯(번역)/誤譯(오역)/音譯(음역)/意譯(의역)/直譯(직역)/通譯(통역)

☆✱4-Ⅱ
13 20 **議** 의논할 **의** | 간 议

言 言' 言ᅭ 詳 詳 議 議 議

중yì(이) 일ギ/はかる 영discuss
자원 **형성자.** 言(언)은 의미를 나타내고 義(의)는 음을 나타냄.
풀이 ①의논하다. 상의함. ‖議論(의론). ②꾀하다. ③토론하다. 논쟁함. ④강론하다. 설명함. ⑤의견. 논설(論說).
〔議決 의결〕 의논하여 결정함.
〔議論 의논'〕 서로 의견을 주고받음.
〔議論 의론〕 의견을 주장하거나 논의함. 또는, 그 의견.
〔議事 의사〕 ①회의에서 어떤 일을 의논함. ②회의에서 의논할 사항.
〔議席 의석〕 ①회의하는 자리. ②의회에서 의원이 앉는 자리.
〔議案 의안〕 회의에서 심의하고 토의할 안건(案件).
〔議員 의원〕 국회나 지방 의회 같은 합의체의 구성원으로 의결권을 가진 사람.
〔議長 의장〕 ①회의의 진행을 맡아 처리하는 사람. ②의회를 통솔하고 대표하는 최고 지도자.
〔議政 의정〕 ①의회 정치. ②조선 시대, 의정부(議政府)의 영의정·좌의정·우의정의 총칭.
〔議題 의제〕 회의에서 의논할 문제.
〔議會 의회〕 ①선거에 의해 선출된 의원들이 국민의 의사를 대신하여 법을 만드는 활동을 하는 기관. ②국회.
◢建議(건의)/決議(결의)/論議(논의)/動議(동의)/謀議(모의)/問議(문의)/物議

(물의)/發議(발의)/不可思議(불가사의)/相議(상의)/熟議(숙의)/審議(심의)/異議(이의)/爭議(쟁의)/提議(제의)/衆議(중의)/質議(질의)/討議(토의)/稟議(품의)/合議(합의)/抗議(항의)/協議(협의)/和議(화의)/會議(회의)

13 20 **譟** 시끄러울 **조** [본]소 | [간] 𫍲 譟

[중]zào(짜오) [일]ソウ/さわぐ [영]chatter
[풀이] 시끄럽다. 소란함. [같]噪.

*
13 20 **譞** 영리할 **현** | [간] 𫍯

[중]xuān(쒸엔) [일]ケン [영]wise
[풀이] ①영리하다. ②슬기. 지혜

*1
14 21 **譴** 꾸짖을 **견** | [간] 谴 譴

[중]qiǎn(치엔) [일]けん/せめる
[영]reprimand
[풀이] ①꾸짖다. 나무라다. ②꾸지람.
〔譴責 견책〕 허물이나 잘못을 꾸짖음.
〔譴罷 견파〕 비리가 있는 관리를 꾸짖어 파면함.

★*3-Ⅱ
14 21 **譽** 기릴 **예** | [속][간] 誉 譽

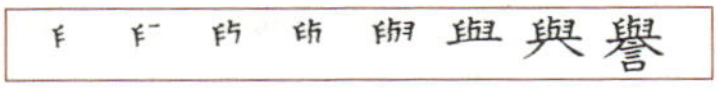

[중]yù(위) [일]ヨ [영]praise
[자원] **형성자.** 言(언)은 의미를 나타내고 與(여)는 음을 나타냄.
[풀이] ①기리다. 칭찬함. ②영예. 명성.
◢名譽(명예)/聲譽(성예)/榮譽(영예)

★*4-Ⅱ
14 21 **護** 보호할 **호** | [간] 护 護

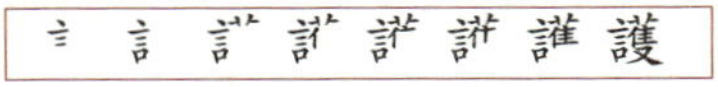

[중]hù(후) [일]ゴ/まもる [영]protect
[자원] **형성자.** 言(언)은 의미를 나타내고 蒦(약)은 음을 나타냄.
[풀이] ①보호하다. 감쌈. ‖辯護(변호). ②지키다. ‖守護(수호). ③돕다. 구제함.
〔護國 호국〕 나라를 지킴.
〔護喪 호상〕 ①초상에 관한 모든 일을 책임지고 맡아 보살핌. ②상여 뒤를 따라감. 또는, 그런 사람.
〔護送 호송〕 ①위해(危害)에 대비하여 호위하여 보냄. ②죄인을 감시하면서 데려감.
〔護身 호신〕 자기 몸을 지킴.
〔護衛 호위〕 따라다니며 보호하고 지킴.
〔護憲 호헌〕 헌법을 어기거나 고치지 못하도록 보호하여 지킴.
◢加護(가호)/看護(간호)/監護(감호)/警護(경호)/救護(구호)/斗護(두호)/防護(방호)/辯護(변호)/保護(보호)/庇護(비호)/守護(수호)/愛護(애호)/掩護(엄호)/擁護(옹호)/援護(원호)

☆*6
15 22 **讀** [1]읽을 **독**☆*6 [2]구두점 **두***6 | [속][간] 読 读 讀

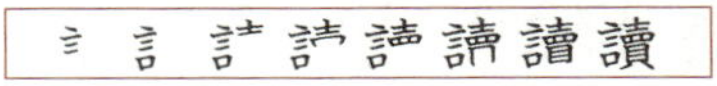

[중]dòu(떠우), dú(두)
[일]ドク, トウ/よむ [영]read
[자원] **형성자.** 言(언)은 의미를 나타내고 賣(매)는 음을 나타냄.
[풀이] [1]①읽다. ㉮소리를 내어 글을 읽다. ‖讀書(독서). ㉯문장 구절의 뜻을 해독하다. ②풀다. 설명함. ‖讀解(독해). ③읽기. [2]구두점(句讀點).
〔讀經 독경〕 불경(佛經)을 소리 내어 읽음.
〔讀本 독본〕 글 읽기를 배우기 위한 책.
〔讀書 독서〕 책을 읽음.
〔讀書三到 독서삼도〕 독서를 하는 세 가지 방법. 곧, 눈으로 잘 보는 안도(眼到), 입으로 소리 내어 읽는 구도(口到), 마음속에 깊이 새기는 심도(心到).
〔讀書三昧 독서삼매〕 잡념이 없이 오직 책 읽는 데만 몰두한 상태.
〔讀書三餘 독서삼여〕 책을 읽기에 적당한 세 가지 여유로운 때. 곧, 겨울, 밤, 비가 올 때.
〔讀誦 독송〕 소리 내어 읽거나 외움.
〔讀心術 독심술〕 몸가짐이나 표정 등으로 상대의 생각을 알아내는 기술.
〔讀者 독자〕 책·신문·잡지 등을 읽는 사람.
〔讀破 독파〕 처음부터 끝까지 다 읽어 냄.
〔讀解 독해〕 글을 읽어서 뜻을 이해함.
◢講讀(강독)/購讀(구독)/濫讀(남독)/朗讀(낭독)/多讀(다독)/代讀(대독)/默讀(묵독)/奉讀(봉독)/速讀(속독)/愛讀(애독)/誤讀(오독)/輪讀(윤독)/音讀(음독)/吏讀(이두)/一讀(일독)/精讀(정독)/通讀(통독)/判讀(판독)/必讀(필독)/解讀(해독)/訓讀(훈독)

*
22 **讃** 讚(찬)의 약자 →709쪽

*
15 22 **譿** 슬기로울 **혜** |

[중]huì(후에이) [일]ケイ [영]wise

풀이 슬기롭다. 총명함.

☆✱5
16 23 變 변할 변 | 속 变 간 变

言 結 結 結 結 絲 變 變

중biàn(삐엔) 일ヘン/かわる
영change
자원 **형성자.** 攴(복)은 의미를 나타내고 䜌(란)은 음을 나타냄.
풀이 ①변하다. ‖變動(변동). ②고치다. ‖變更(변경). ③재앙(災殃). 천변지이(天變地異). ‖災變(재변).
〔變更 변경〕 다르게 고침. 變改(변개).
〔變故 변고〕 갑자기 일어난 재앙이나 사고.
〔變德 변덕〕 이랬다 저랬다 하여 변하기 잘하는 마음이나 태도.
〔變動 변동〕 바뀌어 달라짐.
〔變亂 변란〕 국가를 위험하게 하는 반란.
〔變貌 변모〕 모양이 달라짐. 또는, 그 모양.
〔變死 변사〕 뜻밖의 사고로 죽음.
〔變色 변색〕 빛깔이 변하여 달라짐.
〔變聲 변성〕 목소리가 변함.
〔變心 변심〕 마음이 변함.
〔變裝 변장〕 본래의 모습을 알아볼 수 없게 옷차림·얼굴·머리 모양 등을 다르게 꾸밈.
〔變節 변절〕 신념과 의리를 지키지 않고 배반함.
〔變造 변조〕 ①다른 모양이나 물건으로 바꾸어 만듦. ②문서나 유가 증권 등의 모양이나 내용을 다르게 바꿈.
〔變遷 변천〕 세월이 흐름에 따라 바뀌고 변함.
〔變則 변칙〕 원칙에서 벗어남.
〔變態 변태〕 ①생물의 여러 가지 기관이 보통 것과는 뚜렷하게 다른 형태로 변하는 현상. ②성에 관련된 행동이나 심리가 정상적이 아닌 상태. 또는, 그런 사람.
〔變通 변통〕 돈이나 물품 등을 돌려씀.
〔變革 변혁〕 근본적으로 바꿈. 改革(개혁).
〔變形 변형〕 형상이 바뀜. 또는, 바뀐 형태.
〔變化 변화〕 사물의 모양·성질·상태 등이 변하여 다르게 됨.
〔變換 변환〕 어떤 사물이 변하여 다른 사물이 됨.
◢可變(가변)/急變(급변)/逢變(봉변)/不變(불변)/臨機應變(임기응변)/異變(이변)/災變(재변)/地變(지변)

✱1
16 23 讎 원수 수 | 동 雔 간 雠

중chóu(°처우) 일シュウ/あだ
영enemy
풀이 ①원수. ‖讎仇(수구). ②원수지다. ③갚다. 원수를 갚다.
〔讎仇 수구〕 원수(怨讎).
◢復讎(복수)/怨讎(원수)

1
23 讐 讎(수)와 동자 →708쪽

16 23 讌 잔치 연 |

중yàn(옌) 일エン/うたげ 영banquet
풀이 ①잔치. 주연(酒宴). 잔치하다. ②모여 환담(歡談)하다.

☆✱3-Ⅱ
17 24 讓 사양할 양 | 간 让

言 言 讓 讓 讓 讓 讓 讓

중ràng(°랑) 일ジョウ/ゆずる
영concede
자원 **형성자.** 言(언)은 의미를 나타내고 襄(양)은 음을 나타냄.
풀이 사양하다. ㉮양보하다. ‖互讓(호양). ㉯겸손하다. ‖謙讓(겸양).
〔讓渡 양도〕 권리·재산 등을 남에게 넘겨줌.
〔讓步 양보〕 ①자기가 차지할 수도 있는 물건이나 자리 등을 남에게 내어 줌. ②자기의 주장을 굽혀 남의 의견을 따름.
〔讓與 양여〕 남에게 넘겨줌.
〔讓位 양위〕 임금의 자리를 물려줌.
◢謙讓(겸양)/分讓(분양)/辭讓(사양)/禪讓(선양)/移讓(이양)/割讓(할양)

✱1
17 24 讒 참소할 참 | 간 谗

중chán(°찬) 일ザン/そしる
영make a false charge
풀이 참소하다.
〔讒訴 참소〕 남을 헐뜯어 죄가 있는 것처럼 꾸며 윗사람에게 일러바침.
〔讒言 참언〕 남을 헐뜯어 죄가 있는 것처럼 꾸며 일러바치는 말. 讒舌(참설).
〔讒毁 참훼〕 남을 헐뜯어 말함.

✱1
17 24 讖 참서 참 | 간 谶

중chèn(°천) 일シン/しるし
풀이 ①참서(讖書). 비결. 미래기(未來記). ‖圖讖說(도참설). ②조짐.
〔讖書 참서〕 참언을 적은 책.
〔讖言 참언〕 앞일의 길흉화복에 대해

예언하는 말. 讖語(참어).
◢圖讖(도참)

★✱4
19
26 **讚** 기릴 **찬** | 약 讃 간 赞 讚

言 言* 訁* 訁** 訁*** 讃 讃 讚

㊥zàn(짠) ㊐サン/たたえる ㊌praise
자원 **형성자.** 言(언)은 의미를 나타내고 贊(찬)은 음을 나타냄.
풀이 기리다. 칭찬함.
〔讚歌 찬가〕 예찬하는 노래.
〔讚美 찬미〕 아름다운 것을 기리어 칭송함.
〔讚佛 찬불〕 부처의 공덕을 기림.
〔讚辭 찬사〕 칭찬하는 말이나 글.
〔讚頌 찬송〕 덕을 기리어 칭송함.
〔讚揚 찬양〕 칭찬하여 드러냄.
◢禮讚(예찬)/自畫自讚(자화자찬)/稱讚(칭찬)

20
27 **讜** 곧은 말 **당** | 간 谠 讜

㊥dǎng(당) ㊐トウ
풀이 곧은 말. 바른말.
〔讜論 당론〕 사리에 바른 이론. 讜議(당의). 正論(정론).
〔讜直 당직〕 마음이 곧고 바름.

谷部 골곡

☆✱3-Ⅱ
0
7 **谷** 골 **곡** | 谷

丿 八 𠆢 从 仌 谷 谷

㊥gǔ(구) ㊐コク/たに ㊌valley
갑 자원 **회의자.** 갑골문의 윗부분은 계곡의 물줄기를 나타내고(산등성이를 네 획으로 형상화한 것이라는 설도 있음), 아랫부분은 계곡의 입구를 나타냄.
한자 부수의 하나.
풀이 ①골. 골짜기. 계곡. ‖山谷(산곡). ②다하다. 앞이 막힘. ‖進退維谷(진퇴유곡).
〔谷泉 곡천〕 골짜기에서 흐르는 샘물.
〔谷風 곡풍〕 ①동쪽에서 부는 바람. 東風(동풍). ②골짜기에서 산꼭대기로 부는 바람.
◢溪谷(계곡)/山谷(산곡)/深谷(심곡)/幽谷(유곡)/進退維谷(진퇴유곡)/河谷(하곡)/峽谷(협곡)

✱
12 **容** 濬(준)과 동자 →464쪽
叡(예)의 고자 →114쪽

✱
10
17 **谿** 시내 **계** | 동 磎 谿

㊥xī(씨) ㊐ケイ/たにがわ
㊌stream, brook
풀이 시내. 개울. ㉠溪.

✱
10
17 **豁** 뚫린 골 **활** | 豁

㊥huō(후어) ㊐カツ/ひらく
풀이 ①뚫린 골. 탁 트인 골짜기. ②통하다. 소통(疏通)함. ‖豁達(활달). ③텅 비다. 공허(空虛)함. ‖空豁(공활). ④크다. 도량이 큼. ‖開豁(개활).
〔豁達 활달〕 도량이 넓고 큼.
◢開豁(개활)/空豁(공활)

豆部 콩두

7획

☆✱4-Ⅱ
0
7 **豆** 콩 **두** | 豆

一 𠃌 戸 戸 戸 豆 豆

㊥dòu(떠우) ㊐トウ/まめ ㊌bean
갑 금 자원 **상형자.** 뚜껑이 있고 높은 굽이 달린 제기(祭器)를 본뜬 자. 뒷날, '콩'의 뜻으로 바뀌어 쓰임.
한자 부수의 하나.
풀이 ①콩. 팥. ‖大豆(대두). ②제기(祭器) 이름. ‖俎豆(조두).
〔豆腐 두부〕 물에 불린 콩을 갈아서 짜낸 콩물을 끓인 다음, 간수를 넣어 엉기게 하여 만든 식품.
〔豆油 두유〕 콩기름.
〔豆乳 두유〕 물에 불린 콩을 간 다음, 물을 붓고 끓여 걸러서 만든, 우유 같은 액체.
〔豆太 두태〕 콩과 팥.
◢綠豆(녹두)/大豆(대두)/小豆(소두)/豌豆(완두)

★✱3
3
10 **豈** ❶어찌 **기**★✱3 ❷즐길 **개**✱ | 간 岂 豈

丨 山 屮 岂 岂 岂 豈 豈

㊥qǐ(치), kǎi(카이) ㊐キ, カイ/あに
㊌why, how

풀이 ❶①어찌. ②바라다. ③일찍이. ❷①즐기다. ②화(和)하다. 화락함.
〔豈弟 개제〕 용모와 기상이 화락하고 단아함. 愷悌(개제).

*4-Ⅱ
13 豊 豐(풍)의 약자 →710쪽

8 15 豎 더벅머리 수 | 속 竪

중shù(°쑤) 일ジュ/たてる 영bushy hair
풀이 ①더벅머리. ‖豎童(수동). ②서다. 세움. ‖豎立(수립)
〔豎童 수동〕 심부름하는 더벅머리 아이.
〔豎子 수자〕 ①더벅머리. ②《'풋내기'라는 뜻으로》 남을 얕잡아 이르는 말.

*
8 15 豌 완두 완

중wān(완) 일エン 영pea
풀이 ①완두. ②콩엿. 콩으로 만든 엿.

7획

☆*4-Ⅱ
11 18 豐 풍년 풍 | 약 豊 간 丰

중fēng(°펑) 일ホウ/ゆたか
갑 금 전 자원 회의자. '제기(祭器)'의 상형인 豆(두) 위에 수확한 햇곡식을 가득 담아 조상에게 바치는 모습을 나타냄. 여기에서 '풍성하다', '풍요하다'의 뜻이 나옴.
풀이 ①풍년. 풍년이 듦. ‖大豐(대풍). ②넉넉하다. ㉮차다. 가득함. ‖豐富(풍부). ㉯성하다. ‖豐盛(풍성). ㉰많다. ‖豐足(풍족). ㉱살지다. ‖豐滿(풍만).
〔豐年 풍년〕 농사가 잘된 해. ↔凶年(흉년).
〔豐滿 풍만〕 ①풍족하여 그득하다. ②몸에 살이 탐스럽게 많음.
〔豐富 풍부〕 ①양이 넉넉하게 많음. ②경험·능력·소질 등이 많이 갖춰져 있음.
〔豐盛 풍성〕 아주 넉넉하고 많음.
〔豐漁 풍어〕 물고기가 많이 잡힘.
〔豐饒 풍요〕 매우 넉넉함.
〔豐作 풍작〕 농작물이 잘됨. ↔凶作(흉작).
〔豐足 풍족〕 매우 넉넉하여 부족함이 없음.
◢大豐(대풍)

28 豔 艷(염)과 동자 →637쪽

豕部 돼지시

*
0 7 豕 돼지 시

중shǐ(°스) 일シ 영pig
한자 부수의 하나.
갑 금 전 자원 상형자. 갑골문은 튀어나온 주둥이, 불룩한 배, 처진 꼬리를 그려 돼지를 나타냄.
풀이 돼지.
〔豕突 시돌〕 멧돼지처럼 앞뒤를 생각하지 않고 덤빔. 豬突(저돌).
〔豕喙 시훼〕 《'돼지 주둥이'라는 뜻으로》 욕심이 많아 보이는 상(相).

★*3
4 11 豚 돼지 돈

중tún(툰) 일トン/ぶた 영pig
갑 금 자원 회의자. 豕(돼지 시)와 肉(살 육)이 합쳐진 자로, 식용 돼지 특히 살코기가 부드러운 어린 돼지를 가리킴. 갑골문의 ⺼ 부분은 肉을 가리키며, 금문의 又는 손을 가리키는 것으로 잡아먹기 적당한 돼지를 가리킴.
풀이 ①돼지. 새끼돼지. ‖養豚(양돈). ②돼지고기.
〔豚犬 돈견〕 ①돼지와 개. ②미련하고 못난 사람의 비유. ③자기 아들의 겸칭. 豚兒(돈아).
〔豚兒 돈아〕 ➡豚犬(돈견)③.
〔豚肉 돈육〕 돼지고기.
◢養豚(양돈)

★*4
5 12 象 코끼리 상

중xiàng(씨앙) 일ショウ, ゾウ/ぞう 영elephant
갑 금 전 자원 상형자. 갑골문·금문은 긴 코가 위로 뻗친 코끼리의 모습을 나타냄.
풀이 ①코끼리. ②상아(象牙). 코끼리의 엄니. ‖象笏(상홀). ③모양. ㉮모양. 생김새. 형상(形象). ㉯초상(肖像).

〔象嵌 상감〕 ①금속·도자기 등의 표면에 무늬를 새기고 그 자리에 금·은·자개 등을 박아 넣는 기술. 또는, 그 작품. ②연판(鉛版)의 잘못된 글자를 도려내고 바른 글자를 끼워 넣는 일.
〔象石 상석〕 큰 무덤 주위에 세우는, 사람이나 짐승 모양을 조각한 돌.
〔象牙 상아〕 코끼리의 엄니. 공예품의 재료로 쓰임.
〔象牙塔 상아탑〕 ①속세를 떠나 오로지 학문이나 예술에만 잠기는 경지. ②'대학(大學)'의 비유.
〔象徵 상징〕 추상적인 개념이나 사물을 구체적인 사물로 나타냄. 또는, 그렇게 나타낸 표지·기호·물건 따위.
〔象形 상형〕 ①형상을 본뜸. ②육서(六書)의 하나. 사물의 모양을 본뜬 글자. 日, 月, 山, 川 따위.
◢假象(가상)/具象(구상)/氣象(기상)/對象(대상)/萬象(만상)/物象(물상)/白象(백상)/事象(사상)/星象(성상)/心象(심상)/印象(인상)/抽象(추상)/表象(표상)/現象(현상)/形象(형상)

6 13 **豢** 기를 **환** | 豢

㊥huàn(후안) ㊐カン ㊎raise
풀이 ①기르다. 새나 짐승을 침. ②곡식으로 가축을 기르다. 또는, 그 가축.

★★3-Ⅱ
7 14 **豪** 호걸 **호** | 豪

(필순: 亠 古 亯 亳 豪 豪 豪 豪)

㊥háo(하오) ㊐ゴウ ㊎hero
자원 **형성자.** 豕(시)는 의미를 나타내고 高의 생략형인 亠는 음을 나타냄. 본래 털이 가시처럼 빳빳한 멧돼지를 가리켰으나, 뒷날 기개가 호쾌한 남자를 가리키게 됨.
풀이 ①호걸. 걸출한 사람. ‖文豪(문호). ②호협(豪俠). ③성(盛)하다. 웅대함. ④사치. 호사(豪奢).
〔豪傑 호걸〕 지혜와 용기가 뛰어나고 기개와 도량이 있는 사람.
〔豪氣 호기〕 ①씩씩한 기상. ②괜히 우쭐대는 태도.
〔豪民 호민〕 세력이 있고 재물이 넉넉한 백성.
〔豪放 호방〕 도량이 넓고 기개가 장함.
〔豪奢 호사〕 호화롭고 사치스럽게 지냄.
〔豪言 호언〕 의기양양하여 호기스럽게 말함. 또는, 그런 말. 豪語(호어).
〔豪雨 호우〕 줄기차게 내리는 비.
〔豪族 호족〕 재산이 많고 세력이 강한 집안. 豪家(호가).
〔豪快 호쾌〕 매우 쾌활하고 시원시원함.
〔豪宕 호탕〕 너그럽고 거리끼는 것이 없이 트여 있음.
〔豪俠 호협〕 호방하고 의협심이 있음.
〔豪華 호화〕 사치스럽고 매우 화려함.
◢強豪(강호)/文豪(문호)/富豪(부호)/酒豪(주호)/土豪(토호)

★★4
9 16 **豫** 미리 **예** | ㊀ 予 豫

(필순: ㇇ 予 予' 豫 豫 豫 豫 豫)

㊥yù(위) ㊐ヨ/あらかじめ
㊎beforehand
자원 **형성자.** 象(코끼리 상)은 의미를 나타내고 予(여)는 음을 나타냄. 코끼리는 천천히 여유 있게 움직이며 일을 하기 전에 반드시 먼저 생각을 한다고 함.
풀이 ①미리. 사전(事前)에. ‖豫防(예방). ②즐기다. ③미적거리다. 주저함. ④참여하다. ㊐與.
〔豫感 예감〕 무슨 일이 일어날 것 같다는 것을 미리 감지함. 또는, 그 느낌.
〔豫見 예견〕 미리 앞일을 내다봄.
〔豫告 예고〕 미리 알림.
〔豫期 예기〕 앞일에 대해서 미리 기대하거나 예상함.
〔豫買 예매〕 차표나 입장권 등을 일정한 시기가 되기 전에 미리 삼.
〔豫防 예방〕 탈이 나기 전에 미리 대처하여 막음.
〔豫報 예보〕 앞일을 미리 알림.
〔豫備 예비〕 미리 준비함.
〔豫算 예산〕 ①어떤 일에 들어가야 할 돈을 미리 계산함. 또는, 그 금액. ②국가나 공공 단체가 세운 한 해의 수입과 지출의 계획.
〔豫想 예상〕 미리 짐작하여 생각함. 또는, 그 생각.
〔豫選 예선〕 본선에 나갈 선수나 팀을 뽑음.
〔豫習 예습〕 앞으로 배울 것을 미리 익힘.
〔豫示 예시〕 미리 보여 줌.
〔豫審 예심〕 본심사나 재판에 앞서 미리 심사 또는 조사하는 일.
〔豫約 예약〕 ①미리 약속함. 또는, 그 약속. ②본계약에 관하여 미리 약속해 두는 계약.
〔豫言 예언〕 앞일을 미리 내다보고 말함. 또는, 그 말. ‖豫言者(예언자).
〔豫定 예정〕 미리 정함.
〔豫測 예측〕 미리 헤아려 짐작함.
〔豫行 예행〕 본행사를 위하여 연습으로 미리 행함.
◢猶豫(유예)

1
9 16 **豬** 猪(저)의 본자 →490쪽

10 **豳** * 17 [1]나라 이름 **빈** [2]얼룩질 **반**

[중]bīn(삔), bān(빤) [일]セン, ハン
[풀이] [1]나라 이름. [2]얼룩지다.

豸部 갖은돼지시변

0 **豸** 7 [1]발 없는 벌레 **치** [본]**지** [2]해태 **태**

[중]zhì(°쯔) [일]テ, タイ
[갑] [전] [자원] **상형자.** 갑골문·소전에서 보듯 입을 크게 벌리고 있는 짐승을 나타낸 자. 네 발은 둘로 줄여 나타냈고 긴 등과 꼬리가 잘 묘사되어 있음.
한자 부수의 하나.
[풀이] [1]발 없는 벌레. 지렁이 따위. [2]해태(獬豸).
◢獬豸(해태)

3 **豺** *1 10 승냥이 **시**

[중]chái(°차이) [일]サイ/おおかみ
[풀이] 승냥이.
〔豺狼 시랑〕 ①승냥이와 이리. ②욕심이 많고 무자비한 사람의 비유.
〔豺虎 시호〕 ①승냥이와 범. ②사납고 악독한 사람의 비유.

3 **豹** *1 10 표범 **표**

[중]bào(빠오) [일]ヒョウ [영]leopard
[풀이] 표범.
〔豹變 표변〕 ①《표범의 무늬가 가을이 되면 아름다워진다는 뜻으로》 허물을 고쳐 말과 행동이 뚜렷이 달라짐. ②태도가 갑자기 변함.
〔豹死留皮 표사유피〕 《표범은 죽어서 가죽을 남긴다는 뜻으로》 사람은 죽어서 명예를 남겨야 함. ※虎死留皮(호사유피).
〔豹皮 표피〕 표범의 가죽.

5 **貂** *1 12 담비 **초**

[중]diāo(띠아오) [일]チョウ/てん
[영]marten
[풀이] 담비. 족제빗과의 동물.
〔貂裘 초구〕 담비의 털가죽으로 만든 갖옷.
◢狗尾續貂(구미속초)

6 **貊** *2 13 종족 이름 **맥**

[중]mò(모) [일]バク
[풀이] ①종족 이름. ‖濊貊(예맥). ②맹수 이름. 나귀만 한 크기의 곰 비슷한 짐승. ③나라 이름. 부여국(扶餘國).
◢濊貊(예맥)

7 **貍** * 14 삵 **리** [동]狸

[중]lí(리) [일]リ [영]wild cat
[풀이] ①삵. 살쾡이. ②너구리.

7 **貌** ★*3-Ⅱ 14 얼굴 **모**

[중]mào(마오) [일]ボウ/かお [영]face
[전] [자원] **회의 겸 형성자.** 소전은 윗부분은 머리를 묶어 올린 얼굴을, 아랫부분은 사람의 옆모습을 나타낸 상형자로 '용모'를 뜻함. 뒤에 의미를 강화하기 위해 豸(치)를 덧붙였음. 豸는 의미를 나타내고 皃(모)는 의미와 음을 겸하여 나타냄.
[풀이] 얼굴. ㉮형상(形象). 의용(儀容). ㉯얼굴. 안색(顏色). ㉰외모. 행동거지.
◢面貌(면모)/美貌(미모)/變貌(변모)/外貌(외모)/容貌(용모)/風貌(풍모)

16 **貓** 猫(묘)과 동자 →489쪽

貝部 조개패

0 **貝** ☆*3 7 조개 **패** [간]贝

丨 冂 冃 月 目 貝 貝

[중]bèi(뻬이) [일]バイ/かい [영]clam
[갑] [자원] **상형자.** 갑골문은 조가비가 벌어져 있는 조개 모습을 본뜬 자임. 조개는 고대 중국에서 화폐로 사용되었음.
한자 부수의 하나.
[풀이] ①조개. ‖貝塚(패총). ②돈. ‖貝貨(패화). ③무늬. ④장신구(裝身具). 패물(貝物). ‖貝玉(패옥).
〔貝殼 패각〕 조개의 껍데기. 조가비.
〔貝物 패물〕 산호(珊瑚)·호박(琥珀)·

수정·대모(玳瑁) 등으로 만든 물건.
〔貝塚 패총〕 원시인들이 먹고 버린 조개 껍데기가 쌓여 무덤처럼 된 유적. 조개더미. 조개무지.

★＊4
2 9 **負** 질 **부** | 속 貟 간 负 負

丿 ⺈ ⺈ 彳 㑅 刍 负 負

중fù(°푸) 일フ/おう 영bear
전 자원 **회의자.** 人(사람 인)과 貝(조개 패)가 합쳐진 자로, 사람이 조개로 상징되는 재물을 등에 지고 있는 모습을 나타냄.
풀이 ①지다. 통背. ㉮등에 짐을 지다. ‖負荷(부하). ㉯빚을 지다. ‖負債(부채). ②지다. 경쟁에서 짐. 싸움에 패함. ‖勝負(승부). ③저버리다. ‖負命(부명).
〔負笈 부급〕《예전에 타향으로 공부하러 갈 때, 책을 넣은 고리짝을 지고 간 데서》 타향으로 공부하러 감.
〔負擔 부담〕 ①어떤 일이나 의무, 책임 등을 떠맡음. ②짐스러운 마음.
〔負傷 부상〕 몸에 상처를 입음.
〔負約 부약〕 약속을 어김. 違約(위약).
〔負債 부채〕 빚을 짐. 또는, 그 빚.
〔負荷 부하〕 ①짐을 짐. 또는, 그 짐. ②원동기에서 내는 에너지를 소비함.
◢勝負(승부)/抱負(포부)

☆＊3-Ⅱ
2 9 **貞** 곧을 **정** | 간 贞 貞

丨 ⺊ ⺊ 卢 卣 貞 貞 貞

중zhēn(°쩐) 일テイ/ただしい
영virtuous
갑 금 전 자원 **형성자.** 본뜻은 '점을 치다'로, 갑골문·금문에서 卜(복)은 의미를 나타내고 鼎(정)은 음을 나타냄. 소전에 이르러 鼎이 貝(패)로 잘못 변함.
풀이 ①곧다. 통正. ‖貞直(정직). ②정조. 여자의 절개. ‖貞節(정절).
〔貞潔 정결〕 정조가 굳고 행실이 바름.
〔貞烈 정렬〕 여자의 지조가 바르고 본받을 만한 훌륭한 행실.
〔貞淑 정숙〕 여자로서 행실이 바르고 마음씨가 고움.
〔貞節 정절〕 여자의 곧은 절개. 貞操(정조).
〔貞操 정조〕 ① ➡貞節(정절). ②성적인 순결.
◢童貞(동정)/不貞(부정)/忠貞(충정)

★＊3-Ⅱ
3 10 **貢** 바칠 **공** | 간 贡 貢

一 丅 工 贡 贡 贡 貢 貢

중gòng(꿍) 일コウ/みつぎ 영offer
자원 **형성자.** 貝(패)는 의미를 나타내고 工(공)은 음을 나타냄.
풀이 ①바치다. 드림. 공물을 바침. ②공물(貢物). ‖貢納(공납).
〔貢物 공물〕 백성이 궁중이나 나라, 관청에 세금으로 바치던 특산물.
〔貢賦 공부〕 지방의 토산물(土産物)을 나라에 바치던 세제(稅制).
〔貢獻 공헌〕 ①공물을 바침. ②국가·사회를 위하여 이바지함.
◢來貢(내공)/賦貢(부공)/歲貢(세공)/年貢(연공)/朝貢(조공)

☆＊5
3 10 **財** 재물 **재** | 간 财 財

冂 月 目 貝 貝 貝一 財 財

중cái(차이) 일ザイ/たから 영wealth
자원 **형성자.** 貝(패)는 의미를 나타내고 才(재)는 음을 나타냄.
풀이 ①재물. 재화. ②녹(祿).
〔財界 재계〕 실업가·금융업자의 경제적 활동이 벌어지는 사회.
〔財團 재단〕 어떤 목적을 위하여 결합된, 재산을 운용하는 집단. 財團法人(재단 법인). ↔社團(사단).
〔財務 재무〕 재정에 관한 사무.
〔財物 재물〕 값나가는 물건이나 돈. 財貨(재화).
〔財閥 재벌〕 대자본을 가지고 경제계에 큰 세력을 미치는 자본가·기업가의 무리.
〔財寶 재보〕 보배롭고 귀중한 재물. 금·은·주옥·보석 따위.
〔財產 재산〕 ①개인이나 단체가 소유한 경제적 가치가 있는 것의 총체. ②소중한 것의 비유.
〔財數 재수〕 좋은 일이 생길 운수.
〔財源 재원〕 재화나 자금이 나올 원천.
〔財政 재정〕 국가 또는 지방 자치 단체가 일을 수행하는 데 필요한 돈을 거두어들이고 이를 관리하는 모든 일.
〔財貨 재화〕 ①사람의 욕구를 만족시켜 주는 물질. ② ➡財物(재물).
◢家財(가재)/文化財(문화재)/私財(사재)/生產財(생산재)/消費財(소비재)/資財(자재)/蓄財(축재)/橫財(횡재)

★＊3-Ⅱ
4 11 **貫** 꿸 **관** | 간 贯 貫

乚 口 毌 毌 毌 毌 貫 貫

중guàn(꾸안) 일カン/つらぬく
영pierce
자원 **회의 겸 형성자.** 毌(꿰뚫을 관)과 貝(조개 패)가 합쳐진 자로, 조개 화폐를 꿰어 놓은 모습을 나타냄. 貝는 의미를 나타내고 毌은 의미와 음을 겸하여 나타냄.

[풀이] ①꿰다. 꿰뚫다. ‖貫通(관통). ②지위. 관직. ③호적(戶籍). 이름을 적은 장부. ‖貫鄕(관향). ④단위. 화폐나 무게의 단위. ㉮꽤. 엽전 열 꾸러미. ㉯관. 1관은 3.75kg.

〔貫祿 관록〕 훌륭한 경력이나 오랜 경험으로 인해 생긴 능숙함이나 노련함.

〔貫流 관류〕 하천 따위가 어떤 지역의 가운데로 흐름.

〔貫徹 관철〕 주장이나 계획을 반대나 방해를 무릅쓰고 이루어 냄.

〔貫通 관통〕 꿰뚫어서 통함.

〔貫鄕 관향〕 개인의 시조(始祖)가 태어난 곳. 貫籍(관적). 本貫(본관).

◢本貫(본관)/一貫(일관)

☆*4-Ⅱ

4 11 **貧** 가난할 **빈** [간] 贫 貧

丿 八 分 分 㕣 贫 貧 貧

[중]pín(핀) [일]ヒン/まずしい [영]poor

[자원] **회의 겸 형성자.** 貝(조개 패)와 分(나눌 분)이 합쳐진 자로, 재물이 나뉘어 적음을 나타냄. 貝는 의미를 나타내고 分은 의미와 음을 겸하여 나타냄.

✎ 貪(탐:714쪽)은 딴 자.

[풀이] ①가난하다. 빈곤(貧困)함. ②적다. 모자람. ‖貧血(빈혈).

〔貧困 빈곤〕 가난하여 살기가 어려움. 貧窮(빈궁).

〔貧窮 빈궁〕 ➡貧困(빈곤).

〔貧農 빈농〕 가난한 농민이나 농가.

〔貧民 빈민〕 가난한 백성. 細民(세민).

〔貧富 빈부〕 가난함과 부유함.

〔貧相 빈상〕 ①궁색해 보이는 인상. ②궁상스러운 얼굴.

〔貧弱 빈약〕 ①가난하고 약함. ②보잘것없음.

〔貧者 빈자〕 가난한 사람.

〔貧者一燈 빈자일등〕《왕이 부처에게 바친 100개의 등은 밤사이에 다 꺼졌으나, 가난한 노파 난타(難陀)가 정성으로 바친 하나의 등은 꺼지지 않았다는 고사에서》 물질의 많고 적음보다 정성이 중요함.

〔貧賤 빈천〕 가난하고 천함.

〔貧賤之交 빈천지교〕 가난하고 천할 때 사귄 사이. 또는, 그런 벗.

〔貧村 빈촌〕 가난한 사람들이 사는 마을. 寒村(한촌).

〔貧寒 빈한〕 살림이 가난하여 집안이 쓸쓸함.

〔貧血 빈혈〕 사람의 피 속에 적혈구와 헤모글로빈이 지나치게 줄어들어 안색이 나빠지고 어지럼을 느끼게 되는 증세.

◢極貧(극빈)/貧益貧(빈익빈)/安貧(안빈)/赤貧(적빈)/淸貧(청빈)

11 **貭** 質(질)의 속자 →719쪽

☆*5

4 11 **責** [1]꾸짖을 **책**☆*5 [2]빚 **채*** [간] 责 責

一 十 丰 丰 主 青 青 責

[중]zé(저) [일]セキ/せめる [영]reproach

[갑] [금] [자원] **회의 겸 형성자.** 가시 돋친 나무의 상형인 자(朿←)와 조개의 상형인 패(貝←)가 합쳐진 자로, 빌린 돈을 갚지 못하면 꾸짖음을 나타냄. 본뜻은 '빚'이었으나 '꾸짖다'가 널리 쓰이게 되자 본뜻을 보존하기 위해 만든 자가 '債'(채)임. 貝는 의미를 나타내고 朿는 의미와 음을 겸하여 나타냄.

[풀이] [1]①꾸짖다. ‖責望(책망)/督責(독책). ②바라다. 권장(勸獎)함. ‖責善(책선). ③책임. 해야 할 임무. [2]빚.

〔責望 책망〕 허물을 꾸짖음.

〔責務 책무〕 책임을 지고 맡은 바 일.

〔責罰 책벌〕 잘못이나 죄를 꾸짖고 벌을 줌.

〔責善 책선〕 벗 사이에 착하고 좋은 일을 하도록 서로 권함.

〔責任 책임〕 맡겨진 임무.

◢呵責(가책)/譴責(견책)/免責(면책)/問責(문책)/引責(인책)/自責(자책)/罪責(죄책)/職責(직책)/叱責(질책)/詰責(힐책)

★*3

4 11 **貪** 탐할 **탐** [간] 贪 貪

丿 八 亼 今 今 含 貪 貪

[중]tān(탄) [일]タン/むさぼる [영]covet

[자원] **형성자.** 貝(패)는 의미를 나타내고 今(금)은 음을 나타냄.

✎ 貧(빈:714쪽)은 딴 자.

[풀이] 탐하다. 지나치게 욕심을 냄.

〔貪官 탐관〕 백성의 재물을 탐내는 관리. 貪吏(탐리).

〔貪官汚吏 탐관오리〕 욕심이 많고 부정하게 재물을 탐하는 관리.

〔貪心 탐심〕 탐내는 마음.

〔貪慾 탐욕〕 지나치게 탐하는 욕심.

◢色貪(색탐)/食貪(식탐)

★*3

4 11 **販** 팔 **판** [간] 贩 販

丨 冂 目 貝 貝 貝 販 販

[중]fàn(°판) [일]ハン/ひさぐ [영]sell

자원 **형성자.** 貝(패)는 의미를 나타내고 反(반)은 음을 나타냄.
풀이 ①팔다. ‖販賣(판매). ②장사.
〔販路 판로〕 상품이 팔려 나가는 방면이나 길.
〔販賣 판매〕 상품을 팖.
◢共販(공판)/市販(시판)/外販(외판)/總販(총판)

11 **賢** 賢(현)의 속자 →720쪽

☆✱4-Ⅱ
4 11 **貨** 재화 **화** 간 货 貨

丿 亻 亻̄ 化 化 货 貨 貨

중huò(후어) 일カ/たから 영goods
자원 **회의 겸 형성자.** 化(변할 화)와 貝(화폐 패)가 합쳐진 자로, 필요한 물품으로 바꿀 수 있는 화폐를 나타냄. 貝는 의미를 나타내고 化는 의미와 음을 겸하여 나타냄.
풀이 ①재화(財貨). ②물품. 상품.
〔貨物 화물〕 비행기·자동차·열차·배로 실어 나르는 짐.
〔貨車 화차〕 화물 운반을 하는 차. 화물차. ↔客車(객차).
〔貨幣 화폐〕 상품 교환의 매개물로서 상품의 가치 척도 또는 축적의 목적물로서 사회에 유통되는 물건. 돈. 通貨(통화).
◢金貨(금화)/銅貨(동화)/邦貨(방화)/寶貨(보화)/惡貨(악화)/良貨(양화)/外貨(외화)/銀貨(은화)/雜貨(잡화)/財貨(재화)/鑄貨(주화)/通貨(통화)

☆✱5
5 12 **貴** 귀할 **귀** 간 贵 貴

口 口 中 虫 冉 冑 貴 貴

중guì(꾸에이) 일キ/たっとい 영noble
갑 전 자원 **회의 겸 형성자.** 갑골문은 두 손으로 흙을 움켜쥐고 있는 모습을 나타낸 회의자이고, 소전은 그 아래 화폐로 쓰였던 貝(조개 패)를 덧붙인 자임. 소전의 윗부분인 臾(유)는 의미와 음을 겸하여 나타내고 아랫부분인 貝는 의미를 나타냄. 뒷날 '臾는 虫'의 꼴로 바뀌었음. 흙과 돌 모두 귀한 것이므로 '귀하다'의 뜻을 나타냄.
풀이 ①귀하다. ㉮신분이 높다. ‖貴族(귀족). ㉯값이 비싸다. ②존칭의 접두어. ‖貴國(귀국)/貴宅(귀댁).
〔貴骨 귀골〕 귀하게 생긴 사람. ↔賤骨(천골).
〔貴官 귀관〕 관리인 상대방에 대한 존칭.
〔貴國 귀국〕 상대방을 높여 그의 나라를 이르는 말. 貴邦(귀방).
〔貴宅 귀댁〕 상대방을 높여 그의 집안을 이르는 말.
〔貴物 귀물〕 귀중한 물건.
〔貴婦人 귀부인〕 신분이 높거나 재산이 많은 집안의 부인.
〔貴賓 귀빈〕 귀한 손님. 貴客(귀객).
〔貴社 귀사〕 상대방을 높여 그의 회사를 이르는 말.
〔貴人 귀인〕 ①지위나 신분이 높은 사람. ↔賤人(천인). ②조선 시대, 왕의 후궁에게 내리던 종1품 내명부(內命婦)의 봉작(封爵).
〔貴中 귀중〕 《'귀하신 곳의 안'이라는 뜻으로》 편지나 물품을 보낼 때, 받는 편의 단체 이름 아래에 쓰는 말.
〔貴重 귀중〕 매우 소중함.
〔貴賤 귀천〕 귀함과 천함. 尊卑(존비).
〔貴體 귀체〕 상대방을 높여 그의 몸을 이르는 말.
〔貴下 귀하〕 편지에서, 상대방을 높여 그의 이름 다음에 쓰는 말.
〔貴函 귀함〕 상대방을 높여 그의 편지를 이르는 말. 貴簡(귀간).
◢高貴(고귀)/騰貴(등귀)/富貴(부귀)/尊貴(존귀)/珍貴(진귀)/品貴(품귀)

★✱3-Ⅱ
5 12 **貸** 빌릴 **대** 간 贷 貸

亻 亻̄ 代 代 佇 貸 貸 貸

중dài(따이) 일タイ/かす 영lend
자원 **형성자.** 貝(패)는 의미를 나타내고 代(대)는 음을 나타냄.
풀이 ①빌리다. ㉮베풀다. ㉯금품을 빌려 주다. ‖貸與(대여). ㉰바치다. ②느슨하다. 관대히 다스림.
〔貸付 대부〕 ➡貸出(대출)①.
〔貸與 대여〕 돈이나 물건을 빌려 줌.
〔貸借 대차〕 빌려 주거나 빌려 옴.
〔貸出 대출〕 ①금융 기관이 이자와 기한을 정하고 돈을 빌려 줌. 貸付(대부). ②도서관에서 책을 빌려 줌.
◢賃貸(임대)/轉貸(전대)/賑貸(진대)

☆✱5
5 12 **買** 살 **매** 간 买 買

冖 罒 罒 罒 罒 買 買 買

중mǎi(마이) 일バイ/かう 영buy
갑 금 전 자원 **회의자.** '그물'의 상형인 网(망)과 '조개'의 상형인 貝(패)가 합쳐진 자로, 그물로 건지듯이 가치 있는 물품을 구하는 것을 나타냄.
풀이 사다.
〔買價 매가〕 사는 값.
〔買氣 매기〕 상품을 사려고 하는 분위기.

〔買上 매상〕 정부나 관공서 등에서 민간으로부터 물건을 사들임.
〔買收 매수〕 ①물건을 사들임. ②돈이나 권력 등을 이용하여 남의 마음을 사서 자기편으로 만듦.
〔買入 매입〕 물건을 사들임. ↔賣出(매출).
〔買占 매점〕 물건 값이 오를 것을 예상하고 물건을 몰아서 사들임. ‖買占賣惜(매점 매석).
〔買票 매표〕 표를 삼.
◪競買(경매)/購買(구매)/賣買(매매)/不買(불매)/收買(수매)

★✱3-Ⅱ
5 12 **貿** 바꿀 **무** | 간 贸

丿 𠂉 𠂋 卯 卯 贸 留 貿

㊥mào(마오) ㊐ボウ/かえる ㊍trade
자원 **형성자.** 貝(패)는 의미를 나타내고 卯(묘)는 음을 나타냄.
풀이 ①바꾸다. 무역함. 물품을 교역(交易)함. ‖貿易(무역). ②장사하다. 매매(賣買)함.
〔貿易 무역〕 나라와 나라 사이에 서로 물품을 매매하는 일.
〔貿易風 무역풍〕 적도 부근의 상승 기류가 빈 곳을 보충하기 위하여 극지에서 불어오는 바람.

★✱5
5 12 **費** 쓸 **비** | 간 费

一 ⼆ 弓 弗 弗 弗 費 費

㊥fèi(°페이) ㊐ヒ/ついやす ㊍expend
자원 **형성자.** 貝(패)는 의미를 나타내고 弗(불)은 음을 나타냄.
풀이 ①쓰다. ②비용. 용도.
〔費目 비목〕 비용을 용도에 따라 나눈 항목.
〔費用 비용〕 어떤 일을 하는 데 드는 돈. 비발.
◪經費(경비)/經常費(경상비)/國費(국비)/浪費(낭비)/私費(사비)/生活費(생활비)/歲費(세비)/消費(소비)/食費(식비)/實費(실비)/旅費(여비)/人件費(인건비)/自費(자비)/雜費(잡비)/學費(학비)/虛費(허비)/會費(회비)

✱
5 12 **貹** 넉넉할 **성**

㊥shèng(°썽) ㊐セイ ㊍rich
풀이 ①넉넉하다. ②재물.

✱2
5 12 **貰** 세낼 **세** | 간 贳

㊥shì(°쓰) ㊐セイ/かりる ㊍hire
풀이 세내다.
〔貰家 세가〕 셋집. 貸家(대가).
〔貰錢 세전〕 셋돈.
◪月貰(월세)/專貰(전세)/傳貰(전세)

✱2
5 12 **貳** 두 **이** | 고 弍 간 贰

一 二 𠂇 𠃌 貣 貣 貳 貳

㊥èr(얼) ㊐ニ, ジ/ふたつ ㊍two
자원 **형성자.** 貝(패)는 의미를 나타내고 弍(이)는 음을 나타냄.
풀이 ①두. 둘. ⊜二. ②두 마음. ‖貳心(이심). ③거듭하다. 재차 함.
〔貳車 이거〕 여벌로 따르는 수레. 副車(부거).
〔貳臣 이신〕 두 마음을 품은 신하.
〔貳心 이심〕 ①두 가지 마음. ②배반하는 마음. ③변하여 바뀌기 쉬운 마음. 二心(이심).

✱
5 12 **貽** 끼칠 **이** | 간 贻

㊥yí(이) ㊐イ/のこす ㊍cause
풀이 끼치다. 남김. 전함.

5 12 **貲** 재물 **자** | 간 赀

㊥zī(쯔) ㊐シ/たから ㊍property
풀이 ①재물. 재화. 자본. ⊜資. ‖貲產(자산). ②대속(代贖)하다. 재화를 주고 속죄함. 벌금을 묾.

☆✱5
5 12 **貯** 쌓을 **저** | 간 贮

丨 冂 月 目 貝 貝' 貯 貯

㊥zhù(°쭈) ㊐チョ/たくわえる ㊍store up
갑 금 전
자원 **회의 겸 형성자.** 갑골문은 궤짝 속에 조개〔貝〕, 곧 화폐가 들어 있는 모습을 나타내고, 금문은 조개가 궤짝 밖으로 나와 아래쪽에 위치한 모양을 나타내며, 소전은 조개가 궤짝 왼쪽에 위치한 모양을 나타냄. 궤짝 속에 재물을 모아 둔 상태를 나타냄. 貝(패)는 의미를 나타내고 宁(저)는 궤짝이 변한 자로 의미와 음을 겸하여 나타냄.
풀이 ①쌓다. 쌓아 둠. ㉠著. ②두다. 같이 있게 함.
〔貯金 저금〕 ①돈을 모아 둠. 또는, 그 돈. ②금융 기관에 돈을 맡김. 또는, 그 돈.
〔貯水 저수〕 물을 인공적으로 모아 둠. ‖貯水地(저수지).
〔貯藏 저장〕 물건을 모아 보관함.

7획

〔貯蓄 저축〕 절약하여 모아 둠.
〔貯置 저치〕 저축하거나 저장하여 둠.

貼 *1 5 12 붙을 **첩** [간] 贴 貼

[중]tiē(티에) [일]チョウ/つく [영]paste
[풀이] ①붙다. 붙임. ‖貼付(첩부). ②한 약 봉지를 세는 말. ‖貼藥(첩약).
〔貼付 첩부〕 발라서 붙임.
〔貼藥 첩약〕 여러 가지 약제를 섞어 약봉지에 싼 약.

貶 *1 5 12 떨어뜨릴 **폄** [간] 贬 貶

[중]biǎn(비엔) [일]ヘン/おとす [영]drop
[풀이] 떨어뜨리다. ㉮관직을 깎아 낮추다. ㉯헐뜯다. 폄(貶)함.
〔貶降 폄강〕 관직을 깎아내림.
〔貶下 폄하〕 가치를 깎아내림.
◢褒貶(포폄)

賀 ☆*3-Ⅱ 5 12 하례할 **하** [간] 贺 賀

ㄱ カ か 加 加 賀 賀 賀

[중]hè(허) [일]ガ/ことほぎ
[영]congratulate
[자원] **형성자.** 貝(패)는 의미를 나타내고 加(가)는 음을 나타냄.
[풀이] ①하례하다. ②경축. 경사.
〔賀客 하객〕 축하하는 손님.
〔賀禮 하례〕 축하하는 예식. 賀儀(하의).
〔賀正 하정〕 새해를 축하함.
◢慶賀(경하)/謹賀(근하)/年賀(연하)/祝賀(축하)

賈 *2 6 13 ❶장사 **고** ❷값 **가** [간] 贾 賈

[중]gǔ(구), jiǎ(지아)
[일]コ, カ/あきない, あたい [영]trade
[풀이] ❶장사. 장수. 상인(商人). 특히 좌상(坐商). ❷값. 가격. [같]價.
〔賈人 고인〕 장수. 商人(상인).
◢商賈(상고)

賂 *1 6 13 뇌물 줄 **뢰** [본]**로** [간] 赂 賂

[중]lù(루) [일]ロ/まいなう [영]bribe
[풀이] ①뇌물을 주다. ②뇌물.
〔賂物 뇌물〕 공적인 일을 맡고 있는 사람에게 옳지 않은 부탁을 하기 위해 주는 돈이나 물건. 賄賂(회뢰).

賁 * 6 13 ❶꾸밀 **비** ❷클 **분*** [간] 贲 賁

[중]bì(삐), fén(°펀) [일]ヒ, フン
[풀이] ❶꾸미다. ❷크다. 거대함.
〔賁飾 비식〕 아름답게 꾸밈.

賃 ★*3-Ⅱ 6 13 품팔이 **임** [간] 赁 賃

亻 亻 仁 任 賃 賃 賃 賃

[중]lìn(린) [일]チン/やとい [영]wage
[자원] **형성자.** 貝(패)는 의미를 나타내고 任(임)은 음을 나타냄.
[풀이] ①품팔이. 더부살이. 고용인. ②품팔이하다. 고용됨. ‖負賃(부임). ③품삯. 노동한 값. ‖賃金(임금). ④세(貰)내다. ‖賃貸(임대).
〔賃金 임금〕 근로자가 노동의 대가로 받는 돈. 품삯. 勞賃(노임).
〔賃貸 임대〕 돈을 받고 빌려 줌. ↔賃借(임차).
〔賃借 임차〕 돈을 내고 빌려 씀. ↔賃貸(임대).
◢工賃(공임)/勞賃(노임)/無賃(무임)/船賃(선임)/運賃(운임)

資 ★*4 6 13 재물 **자** [간] 资 資

冫 冫 冫 次 資 資 資 資

[중]zī(쯔) [일]シ/もと [영]property
[자원] **형성자.** 貝(패)는 의미를 나타내고 次(차)는 음을 나타냄.
[풀이] ①재물. 재화. ②밑천. 자본. ③지위. 관직. ④바탕. 재질. 타고난 품성. ‖資質(자질).
〔資格 자격〕 어떤 신분이나 지위를 가지는 데 필요한 조건이나 능력.
〔資金 자금〕 사업을 하거나 어떤 특수한 목적에 쓰이는 돈. 밑천.
〔資料 자료〕 바탕이 되는 재료.
〔資本 자본〕 ①사업하는 데 드는 밑천. ②상품을 만드는 데에 필요한 생산 수단이나 노동력의 총칭.
〔資産 자산〕 ①개인이나 법인이 소유하고 있는 경제적 가치가 있는 재산. ②가지고 있는 것 중에서도 쓸 만한 가치가 있는 소중한 것.
〔資源 자원〕 사람의 생활 및 경제 생산에 이용되는 물질·재료·노동력·기술 등의 총칭.
〔資材 자재〕 만드는 데 필요한 기본적인 재료.
〔資質 자질〕 타고난 성질. 天性(천성).
◢軍資(군자)/短資(단자)/物資(물자)/外資(외자)/融資(융자)/增資(증자)/出資(출자)/投資(투자)/學資(학자)/合資(합자)

賊 ★*4 6 13 도둑 **적** [간] 贼 賊

冂 目 貝 貝ˉ 貯 賊 賊 賊

[중]zéi(제이) [일]ゾク/ぬすびと [영]thief

[금] [전] [자원] **회의자.** 人(사람 인)과 戈(창 과)와 貝(조개 패)가 합쳐진 자로, 무기[戈]를 가지고 사람[人]을 해치고 재물[貝]을 파괴하는 자를 나타냄.

[풀이] ①도둑. ‖賊盜(적도). ②해치다. 상하게 함. ③훔치다. 강탈함. ④역적(逆賊). 반역자. 불충불효(不忠不孝)한 자. ‖賊魁(적괴).

〔賊徒 적도〕 도둑의 무리.

〔賊反荷杖 적반하장〕《도둑이 도리어 매를 든다는 뜻으로》 잘못한 사람이 아무 잘못도 없는 사람을 나무람.

〔賊臣 적신〕 반역하거나 불충한 신하. 逆臣(역신).

〔賊心 적심〕 ①도둑질하려는 마음. ② 반역을 꾀하는 마음. 逆心(역심).

〔賊子 적자〕 불충하거나 불효한 사람.

◢盜賊(도적)/馬賊(마적)/山賊(산적)/逆賊(역적)/義賊(의적)/海賊(해적)/火賊(화적)/黃巾賊(황건적)/凶賊(흉적)

13 賎 賤(천)의 속자 →720쪽

7획

*1 6 13 **賄** 뇌물 **회** | [간] 贿 賄

[중]huì(후에이) [일]ワイ/まいない [영]bribe

[풀이] ①뇌물. ‖賄賂(회뢰). ②선물(膳物). 예물. ③재보(財寶). 재화.

〔賄賂 회뢰〕 뇌물을 주고받음. 또는, 그 뇌물.

◢收賄(수회)/贈賄(증회)

★*3 7 14 **賓** 손 **빈** | [간] 宾 賓

丶 宀 宀 宀 宊 宺 賓 賓

[중]bīn(삔) [일]ヒン/まろうど [영]guest

[갑] [금] [자원] **회의자.** 갑골문은 집 안으로 들어오는 손님을 나타낸 자로 어떤 자는 발[足]이 덧붙어 있음. 금문은 貝(조개 패)를 더하여 예물을 지참했음을 나타냄.

[풀이] ①손. 손님. ‖國賓(국빈). ②손으로 대우하다. ③존경하다. ④복종하다.

〔賓客 빈객〕 귀한 손님.

◢國賓(국빈)/貴賓(귀빈)/內賓(내빈)/來賓(내빈)/外賓(외빈)/接賓(접빈)

* 7 14 **賑** 구휼할 **진** | [간] 赈 賑

[중]zhèn(˚쩐) [일]シン/すくう [영]relieve

[풀이] ①구휼(救恤)하다. 기민(飢民)을 먹임. ②가멸다. 재물이 넉넉함.

〔賑恤 진휼〕 예전에, 관에서 흉년에 살림이 어려운 백성을 도와주던 일. 救恤(구휼).

* 8 15 **賚** 줄 **뢰** | [간] 赉

[중]lài(라이) [일]ライ/たまう [영]bestow

[풀이] ①주다. 하사함. ②위로하다.

☆*5 8 15 **賣** 팔 **매** | [약] [간] 売 卖 賣

十 士 声 売 売 声 賣 賣

[중]mài(마이) [일]バイ/うる [영]sell

[전] [자원] **회의자.** 出(출)과 買(매)가 합쳐진 자. 出 자가 土(토) 자 모양으로 바뀌었다가 士(사) 자 모양으로 굳어짐. 사들인[買] 것을 내다[出] 파는 것을 뜻함.

[풀이] 팔다. ㉮값을 받고 물건을 주다. ‖賣買(매매). ㉯속이다. 기만함. ㉰배신하다. 내통(內通)함. ㉱넓히다. 널리 퍼뜨림. ‖賣名(매명).

〔賣却 매각〕 물건을 팔아 버림.

〔賣官賣職 매관매직〕 돈을 받고 벼슬을 시킴. 賣官鬻爵(매관육작).

〔賣國 매국〕 나라를 팔아먹음.

〔賣國奴 매국노〕 나라를 팔아먹은 사람.

〔賣渡 매도〕 팔아넘김. ↔買入(매입).

〔賣買 매매〕 물건을 팔고 사는 일.

〔賣名 매명〕 재물이나 권리를 얻으려고 자기 이름이나 명예를 팖.

〔賣物 매물〕 팔려고 내놓은 물건.

〔賣淫 매음〕 여자가 돈을 받고 남자에게 몸을 허락함. 賣春(매춘).

〔賣場 매장〕 백화점 따위에서 상품을 파는 곳.

〔賣店 매점〕 어떤 기관이나 단체 안에서 일상 용품을 파는 작은 상점.

〔賣盡 매진〕 전부 팔림.

〔賣春婦 매춘부〕 돈을 받고 남자에게 몸을 파는 여자. 賣笑婦(매소부).

〔賣出 매출〕 물건을 내다 팖.

〔賣票 매표〕 표를 팖.

〔賣血 매혈〕 자기 몸의 피를 빼어 팖.

◢強賣(강매)/競賣(경매)/公賣(공매)/薄利多賣(박리다매)/發賣(발매)/放賣(방매)/廉賣(염매)/專賣(전매)/轉賣(전매)/卽賣(즉매)/直賣(직매)/投賣(투매)/特賣(특매)/販賣(판매)

*2 8 15 **賠** 물어 줄 **배** | [간] 赔 賠

[중]péi(페이) [일]バイ/つぐなう [영]compensate

[자원] **형성자.** 貝(패)는 의미를 나타내고

音(부)는 음을 나타냄.
풀이 물어 주다.
〔賠償 배상〕 남에게 끼친 손해를 물어 줌. ‖賠償金(배상금).

★*3-Ⅱ
8 15 **賦** 구실 **부** | 간 赋 𧶘

冂 目 貝 貝一 貝㇀ 貝武 賦 賦

중fù(°푸) 일フ/みつぎ 영taxes
자원 **형성자.** 貝(패)는 의미를 나타내고 武(무)는 음을 나타냄.
풀이 ①구실. 조세(租稅). ‖賦稅(부세). ②부역(賦役). ③주다. 나누어 줌. ‖賦與(부여). ④받다. 타고남. ‖天賦(천부). ⑤시가(詩歌)를 짓다. ⑥한문체(漢文體)의 하나. 글귀 끝에 운(韻)을 달고 흔히 대(對)를 맞춤. ‖赤壁賦(적벽부).
〔賦課 부과〕 세금 등을 매겨 내게 함.
〔賦金 부금〕 ①매기어 물리는 돈. 賦課金(부과금). ②일정 기간 나누어 내는 돈. ‖住宅賦金(주택 부금).
〔賦稅 부세〕 세금을 매겨서 부과함.
〔賦與 부여〕 나누어 줌.
〔賦役 부역〕 국가나 공공 단체가 보수 없이 국민에게 의무적으로 책임을 지우는 노역.
◢貢賦(공부)/詞賦(사부)/詩賦(시부)/月賦(월부)/日賦(일부)/天賦(천부)/割賦(할부)

★*3
8 15 **賜** 줄 **사** | 간 赐 賜

冂 目 貝 貝ㄇ 貝ㄖ 貝ㄖ 賜 賜

중cì(츠) 일シ/たまう 영bestow
자원 **형성자.** 貝(패)는 의미를 나타내고 易(이)는 음을 나타냄.
풀이 ①주다. 하사하다. ‖特賜(특사). ②은덕(恩德). 은혜.
〔賜姓 사성〕 임금이 공신에게 성(姓)을 내려 주던 일. 또는, 그 성.
〔賜額 사액〕 임금이 사당·서원 등에 이름을 지어서 새긴 편액을 내리던 일.
〔賜藥 사약〕 임금이 독약을 내려 죽게 함. 또는, 그 약.
◢膳賜(선사)/恩賜(은사)/特賜(특사)/下賜(하사)/厚賜(후사)

☆*5
8 15 **賞** 상 줄 **상** | 간 赏 賞

丨 丷 尚 尚 尚 賞 賞 賞

중shǎng(°상) 일ショウ/ほめる 영award
자원 **형성자.** 貝(패)는 의미를 나타내고 尙(상)은 음을 나타냄.
풀이 ①상을 주다. ‖賞金(상금). ②기리다. 찬양함. ‖賞讚(상찬). ③상(賞). ‖賞狀(상장). ④즐기다. 완상(玩賞)함.
〔賞金 상금〕 상으로 주는 돈.
〔賞罰 상벌〕 상과 벌. 賞刑(상형).
〔賞與金 상여금〕 일정한 급료 이외에 노고를 위로하여 주는 돈. 보너스.
〔賞狀 상장〕 상으로 주는 증서.
〔賞讚 상찬〕 기리어 칭찬함.
〔賞春 상춘〕 봄을 맞아 경치를 구경하며 즐김.
〔賞牌 상패〕 상으로 주는 패.
〔賞品 상품〕 상으로 주는 물품.
◢鑑賞(감상)/功勞賞(공로상)/觀賞(관상)/大賞(대상)/副賞(부상)/受賞(수상)/玩賞(완상)/優等賞(우등상)/入賞(입상)/特賞(특상)/褒賞(포상)/懸賞(현상)

*
8 15 **賥** 재물 **수**

중suì(쑤에이) 일スイ 영property
풀이 재물. 재화.

*
8 15 **睚** 사람 이름 **애**

중ài(아이) 일ガイ

☆*5
8 15 **質** ❶바탕 **질** ❷볼모 **질** 본**지** | 속 貭 간 质 𧵍

亻 斤 斤 斤斤 斦 斦 質 質

중zhì(°쯔) 일シツ, シチ/もと
영disposition
자원 **회의자.** 모탕, 즉 나무를 패거나 자를 때 받치는 나무토막을 가리키는 斦(은)과 '돈', '재물'을 나타내는 貝(조개 패)가 합쳐진 자로, 돈〔貝〕과 같이 가치 있는 것의 밑받침〔斦〕이 될 수 있는 것을 나타냄.
풀이 ❶①바탕. ‖素質(소질). ②진실. ③순진하다. 순박함. ‖質朴(질박). ④본성(本性). 품성(稟性). ⑤바루다. 바로잡음. ‖質正(질정). ⑥묻다. 따져 물음. ❷①볼모. 인질(人質). ②저당. 저당 잡힘.
〔質感 질감〕 어떤 재료가 주는 독특한 느낌.
〔質量 질량〕 물체에 들어 있는 물질의 양.
〔質問 질문〕 모르거나 의심나는 점을 물음.
〔質樸 질박〕 꾸밈이 없이 순박함. 素朴(소박). 質朴(질박).
〔質疑 질의〕 의심나는 것을 물음.
〔質正 질정〕 묻거나 따져서 바로잡음.
〔質責 질책〕 잘못을 책망함.
◢均質(균질)/氣質(기질)/蛋白質(단백질)

/同質(동질)/媒質(매질)/物質(물질)/變質(변질)/本質(본질)/性質(성질)/素質(소질)/神經質(신경질)/實質(실질)/惡質(악질)/弱質(약질)/良質(양질)/肉質(육질)/音質(음질)/異質(이질)/人質(인질)/資質(자질)/材質(재질)/低質(저질)/體質(체질)/特質(특질)/品質(품질)/形質(형질)

*
15 賛 賛(찬)의 약자 →721쪽

★*3-Ⅱ
8 15 賤 천할 천 | [속]賎 [간]贱

目 貝 貝一 貝七 貝戋 貝戋 賤 賤

[중]jiàn(찌엔) [일]セン/いやしい [영]mean
[자원] **회의 겸 형성자.** 재물을 뜻하는 貝(조개 패)와 '두 자루의 창'의 상형으로 '적다'의 뜻을 갖는 戔(전)이 합쳐진 자로, 재물이 적음 또는 천함을 나타냄. 貝는 의미를 나타내고 戔은 의미와 음을 겸하여 나타냄.
[풀이] ①천하다. ㉮값이 싸다. ㉯신분이 낮다. ‖貧賤(빈천). ㉰자기 겸칭(謙稱)의 접두어. ‖賤妾(천첩). ②천히 여기다.
〔賤骨 천골〕 비천하게 생긴 골격. 賤格(천격). ↔貴骨(귀골).
〔賤奴 천노〕 비천한 종.
〔賤待 천대〕 업신여겨 푸대접함.
〔賤民 천민〕 신분이 천한 백성.
〔賤視 천시〕 업신여겨 천하게 여김.
〔賤業 천업〕 낮고 천하게 여겨지는 직업이나 영업.
〔賤役 천역〕 천한 일.
〔賤人 천인〕 예전에, 사회의 가장 낮은 신분에 속하는 사람. ↔貴人(귀인).
〔賤妾 천첩〕 ①종이나 기생으로서 남의 첩이 된 여자. ②아내가 남편에 대해 스스로를 낮추는 말.
◢貴賤(귀천)/微賤(미천)/卑賤(비천)/貧賤(빈천)/至賤(지천)

☆*4-Ⅱ
8 15 賢 어질 현 | [속]賢 [간]贤

丨 𠂆 𦣞 臣 臤 賢 賢 賢

[중]xián(시엔) [일]ケン/かしこい
[풀이] ①어질다. ②어진 사람. ‖名賢(명현). ③남에 대한 존칭.
〔賢君 현군〕 어진 임금. 賢主(현주).
〔賢能 현능〕 똑똑하고 유능함. 또는, 그 사람.
〔賢達 현달〕 현명하고 사물에 통달함. 또는, 그 사람.
〔賢良 현량〕 어질고 착함. 또는, 그 사람.
〔賢明 현명〕 어질고 사리에 밝음.
〔賢母 현모〕 어진 어머니.
〔賢母良妻 현모양처〕 어진 어머니이면서 착한 아내.
〔賢婦 현부〕 ①현명한 부인. ②어진 며느리.
〔賢淑 현숙〕 여자의 마음이 어질고 정숙함.
〔賢愚 현우〕 ①현명함과 어리석음. ②현명한 사람과 어리석은 사람.
〔賢人 현인〕 재덕(才德)을 겸비하여 성인(聖人) 다음가는 사람. 賢者(현자).
〔賢者 현자〕 ➡賢人(현인).
〔賢哲 현철〕 어질고 사리에 밝음. 또는, 그런 사람.
◢名賢(명현)/先賢(선현)/聖賢(성현)/竹林七賢(죽림칠현)/忠賢(충현)

*1
9 16 賭 걸 도 | [간]赌

[중]dǔ(두) [일]ト/かける [영]gamble
[풀이] ①걸다. 승부(勝負)에 금품 따위를 댐. ②노름. 내기. 도박(賭博).
〔賭博 도박〕 ①돈이나 물건을 걸고 화투·트럼프 등으로 내기를 하는 일. 노름. ②요행수를 바라고 불가능하거나 위험한 일에 손을 댐.
〔賭租 도조〕 남의 논밭을 빌려서 부치고 세(貰)로 해마다 내는 벼.
〔賭地 도지〕 도조(賭租)를 내고 빌려 쓰는 논밭이나 집터.

★*3-Ⅱ
9 16 賴 힘입을 뢰 | [간]赖

一 申 束 束⺈ 束刀 剌 賴 賴

[중]lài(라이) [일]ライ/たよる [영]rely on
[자원] **형성자.** 貝(조개 패)는 의미를 나타내고 剌(랄)은 음을 나타냄.
[풀이] 힘입다. 의뢰함.
◢無賴(무뢰)/信賴(신뢰)/依賴(의뢰)

*
9 16 賱 넉넉할 운

[중]yǔn(윈) [일]ウン [영]enough
[풀이] 넉넉하다.

*
9 16 賰 부유할 춘

[중]shǔn(°순) [일]シュン [영]wealthy
[풀이] 부유하다. 넉넉함.

*2
10 17 購 살 구 | [간]购

[중]gòu(꺼우) [일]コウ/あがなう [영]buy
[풀이] 사다.

〔購讀 구독〕 서적·신문·잡지 등을 사서 읽음.
〔購買 구매〕 물건을 삼.
〔購入 구입〕 물품을 사들임.

*1
10 17 **賻** 부의 **부** ㉿赙

㊥fù(°푸) ㊐フ ㊎condolatory present
풀이 부의(賻儀).
〔賻儀 부의〕 초상집에 부조로 보내는 돈이나 물건. 또는, 그 일.
〔賻助 부조〕 ①잔칫집이나 초상집에 돈이나 물건을 보내어 도와줌. 또는, 그 돈이나 물건. ②남을 도와줌.

*
10 17 **賽** 굿할 **새** ㉿赛

㊥sài(싸이) ㊐サイ ㊎exorcise
풀이 ①굿하다. ②내기하다.
〔賽錢 새전〕 신불(神佛) 앞에 돈을 바침. 또는, 그 돈.

*
11 18 **贄** 폐백 **지** ㉿贽

㊥zhì(°쯔) ㊐シ/にえ ㊎gifts
풀이 폐백. 면회하거나 자리를 구하거나 가르침을 받고자 할 때 가지고 가는 예물.

*1
11 18 **贅** 혹 **췌** ㉿赘

㊥zhuì(°쭈에이) ㊐ゼイ/こぶ ㊎lump
풀이 ①혹. 영류(癭瘤). ②군더더기. 쓸모없다. ‖贅言(췌언). ③전당 잡히다. ④데릴사위가 되다. 데릴사위. ‖贅壻(췌서).
〔贅客 췌객〕 처가의 입장에서 사위를 이르는 말.
〔贅論 췌론〕 쓸데없이 너저분한 이론.
〔贅言 췌언〕 쓸데없는 군더더기 말. 贅辭(췌사). 贅語(췌어).

*
12 19 **贇** 예쁠 **빈** ㊄윤 ㉿赟

㊥yūn(윈) ㊐イン ㊎pretty
풀이 예쁘다.

12 19 **贋** 거짓 **안** ㉿赝

㊥yàn(옌) ㊐ガン/にせ ㊎falsehood
풀이 거짓. 가짜. 위조(僞造).
〔贋本 안본〕 위조한 책.
〔贋造 안조〕 남을 속이려고 물건이나 문서 등을 진짜와 비슷하게 만듦. 僞造(위조).

★★3
12 19 **贈** 보낼 **증** ㉿赠

㊥zèng(쩡) ㊐ソウ/おくる ㊎send
자원 **형성자.** 貝(패)는 의미를 나타내고 曾(증)은 음을 나타냄.
풀이 ①보내다. ㉮선물(膳物)하다. ‖贈賄(증회). ㉯관위(官位)를 추사(追賜)하다. ‖追贈(추증). ②선물.
〔贈與 증여〕 ①선물로 줌. ②재산을 무상으로 남에게 주는 법률상의 행위.
〔贈呈 증정〕 기념품이나 선물 등을 성의 표시로 줌. 寄贈(기증).
〔贈賄 증회〕 뇌물을 줌.
◢寄贈(기증)/遺贈(유증)/追贈(추증)

★★3-Ⅱ
12 19 **贊** 도울 **찬** ㊕賛 ㉿赞

㊥zàn(짠) ㊐サン/たすける ㊎assist
자원 **회의자.** 兟(나아갈 신)과 '재물'을 뜻하는 貝(조개 패)가 합쳐진 자로, 예물을 들고 나아가서 만난다는 뜻을 나타냄. '돕다'는 여기에서 파생된 뜻임.
풀이 ①돕다. 조력함. ②기리다. 칭찬함. ③찬성하다. ㉠讚. ④문체(文體)의 한 가지. 인물의 행적을 기리거나 역사를 논평하는 글. ‖史贊(사찬).
〔贊同 찬동〕 다른 사람의 의견에 찬성하여 뜻을 같이함.
〔贊反 찬반〕 찬성과 반대.
〔贊否 찬부〕 찬성과 불찬성.
〔贊成 찬성〕 ①다른 사람의 의견이 좋다고 받아들이거나 지지함. ②조선 시대, 의정부(議政府)의 종1품 벼슬.
〔贊助 찬조〕 어떤 사람이 하는 일을 뒷받침하여 도움.
◢協贊(협찬)

*
13 20 **贍** 넉넉할 **섬** ㉿赡

㊥shàn(°싼) ㊐セン ㊎enough
풀이 ①넉넉하다. ②구휼(救恤)하다. ‖贍賑(섬진). ③돕다. 구조함.
〔贍富 섬부〕 넉넉하고 풍부함.
〔贍恤 섬휼〕 어려운 사람을 구제함. 진휼(賑恤).

13 20 **贏** 남을 **영** ㉿赢

㊥yíng(잉) ㊐エイ ㊎be left
풀이 남다. 나머지. 잉여(剩餘).
〔贏財 영재〕 남은 재산.
〔贏縮 영축〕 남음과 모자람. 盈縮(영축).

14 21 **贓** 장물 **장** | 간 賍 贓

㊥zāng(짱) ㊐ゾウ ㊌plunder

풀이 ①장물(贓物). ②뇌물을 받다. 수회(收賄)함.

〔贓物 장물〕 절도·강도 등의 부정한 수단으로 얻은 물건. 贓品(장품).

15 22 **贖** 속 바칠 **속** | 간 赎 贖

㊥shú(°수) ㊐ショク ㊌redeem

풀이 속을 바치다. 재물을 바치고 죄를 면제받음. ‖贖罪(속죄).

〔贖良 속량〕 ①종의 신분을 면해 주어 양민이 되게 함. ②지은 죄를 용서해 줌.

〔贖錢 속전〕 죄를 면하기 위해 바치는 돈.

〔贖罪 속죄〕 ①재물을 내고 죄를 면하는 일. ②예수가 십자가에 못 박힘으로써 인류의 죄를 대신 씻어 구원한 일.

◢救贖(구속)/代贖(대속)

7획

赤部 붉을적

0 7 **赤** 붉을 **적** | 赤

一 十 土 ナ 亣 赤 赤

㊥chì(°츠) ㊐セキ/あか ㊌red

갑 자원 **회의자.** 갑골문은 불〔火〕 위에 있는 사람〔大〕을 나타냄. 이에 대해 불꽃이 사람을 붉게 비춘다고 해석하는 설과 기우제 등을 위해 사람을 제물로 삼아 불에 태워 죽이는 것이라고 해석하는 설 등이 있음.

한자 부수의 하나.

풀이 ①붉다. 붉은빛. ‖赤潮(적조). ②발가숭이. 적나라(赤裸裸). ③비다. ‖赤手空拳(적수공권). ④진심(眞心). 충심(衷心).

〔赤旗 적기〕 ①붉은빛의 기. ②위험을 알리는 기. ③공산주의를 상징하는 기.

〔赤裸裸 적나라〕 ①몸에 아무것도 입지 않고 발가벗음. ②있는 그대로 다 드러내어 숨김이 없음.

〔赤道 적도〕 위도(緯度)의 기준이 되는, 위도 0도의 선.

〔赤痢 적리〕 급성 전염병인 이질의 하나.

〔赤色 적색〕 ①붉은 빛깔. ②공산주의나 사회주의를 상징하는 빛깔.

〔赤手空拳 적수공권〕 《'맨손과 맨주먹'이라는 뜻으로》 아무것도 가진 것이 없음.

〔赤信號 적신호〕 ①교통 신호에서, 붉은색을 이용하여 '멈춤'을 알리는 신호. ②위험을 알리는 징조.

〔赤十字 적십자〕 적십자사의 표징인, 흰 바탕에 그린 붉은색 십자형.

〔赤子 적자〕 ①갓난아이. ②《임금이 갓난아이처럼 여겨 사랑한다는 뜻으로》 그 나라의 백성.

〔赤字 적자〕 ①붉은 잉크를 사용하여 교정을 본 글자나 기호. ②《장부에 기록할 때 붉은 글자로 기입한 데서》 지출이 수입보다 많아서 생기는 결손액.

〔赤潮 적조〕 플랑크톤의 이상 증식으로 바닷물이 붉게 보이는 현상.

〔赤血球 적혈구〕 혈액 속에 들어 있는 원반 모양의 세포. 헤모글로빈이라는 색소가 들어 있어 붉게 보임.

〔赤化 적화〕 ①붉게 됨. ②공산주의에 물듦. ‖赤化思想(적화사상).

◢發赤(발적)

4 11 **赦** 용서할 **사** | 赦

㊥shè(°써) ㊐シャ ㊌forgive

풀이 ①용서하다. ②사면(赦免).

〔赦免 사면〕 지은 죄를 용서하여 형벌을 면제함.

◢大赦(대사)/放赦(방사)/容赦(용사)/恩赦(은사)/特赦(특사)

5 12 **赧** 얼굴 붉힐 **난** | 赧

㊥nǎn(난) ㊐ダン, タン ㊌blush

풀이 얼굴을 붉히다. 무안해함.

7 14 **赫** 붉을 **혁** | 속 焃 赫

㊥hè(허) ㊐カク/あかい ㊌red

풀이 ①붉다. 붉은빛. 붉은 모양. ②빛나는 모양. ③성(盛)한 모양. 위세가 대단한 모양. ④성내다.

〔赫怒 혁노〕 얼굴을 붉히며 버럭 성을 냄.

〔赫赫 혁혁〕 ①위명(威名)을 떨치는 모양. ②밝게 빛나는 모양.

9 16 **赭** 붉은 흙 **자** | 赭

㊥zhě(°저) ㊐シャ ㊌red earth

풀이 ①붉은 흙. ②붉은빛.

〔赭山 자산〕 나무가 없어 바닥이 발갛게 드러난 산.

〔赭土 자토〕 산화철을 포함하고 있어 붉은빛을 띠는 흙. 石間硃(석간주).

走部 달릴주

☆*4-Ⅱ
0 7 **走** 달릴 **주**

一 十 土 キ キ 赱 走

[중]zǒu(저우) [일]ソウ/はしる [영]run

[금] [전] [자원] **회의자.** 금문·소전에서 윗부분은 양팔을 앞뒤로 휘저으면서 가는 사람의 모습을 그리고 아랫부분은 발〔止〕을 그려, 달려가는 모습을 나타냄. 본뜻은 '달리다'.

✎ 한자 부수의 하나.

[풀이] ①달리다. 빨리 감. 뛰어감. ‖走行(주행). ②가다. 향하여 감. ③달아나다. 도망침.

〔走狗 주구〕 ①(('달음질하는 개'라는 뜻으로)) 사냥할 때 부리는 개. ②남의 앞잡이 노릇을 하는 사람

〔走力 주력〕 달리는 힘.

〔走馬加鞭 주마가편〕 ((달리는 말에 채찍질한다는 뜻으로)) 잘하는 사람을 더욱 잘하라고 격려함.

〔走馬看山 주마간산〕 ((말을 타고 달리며 산천을 구경한다는 뜻으로)) 사물의 외면만을 지나쳐 볼 뿐 깊은 내용을 음미하지 못함.

〔走馬燈 주마등〕 ①옛날에 쓰던 등의 한 가지. ②사물이 언뜻언뜻 빨리 변함의 비유.

〔走者 주자〕 ①경주하는 사람. ②야구에서, 누(壘)에 나가 있는 사람.

〔走破 주파〕 정해진 거리를 끝까지 달림. 完走(완주).

〔走行 주행〕 주로 동력으로 움직이는 자동차나 열차 등이 달림.

◢競走(경주)/繼走(계주)/逃走(도주)/獨走(독주)/奔走(분주)/完走(완주)/縱走(종주)/疾走(질주)/快走(쾌주)/脫走(탈주)/敗走(패주)/暴走(폭주)/滑走(활주)

*
2 9 **赳** 헌걸찰 **규**

[중]jiū(찌우) [일]キュウ [영]elated

[풀이] 헌걸차다. 용맹스럽다.

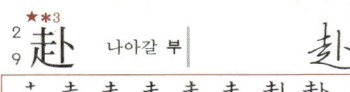

★*3
2 9 **赴** 나아갈 **부**

十 土 キ キ 赱 走 赴 赴

[중]fù(°푸) [일]フ/おもむく [영]proceed

[자원] **형성자.** 走(주)는 의미를 나타내고 卜(복)은 음을 나타냄.

[풀이] ①나아가다. ②부고(訃告). [같]訃.

〔赴任 부임〕 임명을 받아 근무할 곳으로 감.

☆*4-Ⅱ
3 10 **起** 일 **기**

十 土 キ キ 赱 走 起 起

[중]qǐ(치) [일]キ/おきる [영]rise

[전] [자원] **형성자.** 走(주)는 의미를 나타내고 己(기)는 음을 나타냄. 己는 소전에서 보듯 태아(胎兒)의 모습을 상형한 巳(사)의 변형임. 巳는 또한 오전 9시에서 11시까지의 시간이나 음력 4월을 뜻하는 간지의 하나로, 일어나 활동함을 나타냄.

[풀이] ①일다. ㉮일어서다. ‖起立(기립). ㉯분기(奮起)하다. ㉰기상(起床)하다. ㉱비롯하다. ‖起源(기원). ㉲일을 시작하다. ‖起工(기공). ②일으키다.

〔起居 기거〕 어떤 곳에서 먹고 자고 하는 등의 일상생활을 함. 또는, 그 생활.

〔起稿 기고〕 원고를 쓰기 시작함. ↔脫稿(탈고).

〔起工 기공〕 토목·건축 등의 공사를 시작함. ‖起工式(기공식). ↔竣工(준공).

〔起動 기동〕 ①병석에 누워 있다가 일어나서 움직임. ②사람이 살아가는 일상의 모든 행동. '기거동작(起居動作)'의 준말.

〔起立 기립〕 일어섬.

〔起兵 기병〕 군사를 일으킴. 興師(흥사).

〔起伏 기복〕 ①지세(地勢)가 높아졌다 낮아졌다 함. ②세력·기세 등이 성하였다 쇠하였다 함.

〔起死回生 기사회생〕 거의 죽을 뻔하다가 도로 살아남.

〔起牀 기상〕 잠자리에서 일어남.

〔起色 기색〕 어떤 일이 일어날 낌새.

〔起訴 기소〕 형사 사건에서, 검사가 법원에 심판을 요청함.

〔起承轉結 기승전결〕 ①한시(漢詩) 구성법의 하나. 起는 시를 시작하는 부분, 承은 그것을 이어받아 전개시키는 부분, 轉은 시의(時意)를 한 번 돌려 전환하는 부분, 結은 그 시의 전체를 마무리하는 부분임. ②논설문 등의 글을 짜임새 있게 짓는 형식.

〔起案 기안〕 초안(草案)을 만듦. 또는, 그 초안.

〔起用 기용〕 어떤 사람을 중요한 자리에 뽑아 씀.

〔起源 기원〕 사물이 생긴 근원.

〔起因 기인〕 일이 일어나게 된 원인.

〔起點 기점〕 시작하는 곳. 출발점.

〔起草 기초〕 글의 초안을 잡음.

〔起枕 기침〕 웃어른이 잠을 깨어 잠자리에서 일어남.

〔起寢 기침〕 잠자리에서 일어남. 起牀(기상). ↔就寢(취침).

〔起爆 기폭〕 화약이 압력이나 열 등의

충동으로 폭발을 일으키는 일. ‖起爆劑(기폭제).
◢繼起(계기)/蹶起(궐기)/突起(돌기)/勃起(발기)/發起(발기)/蜂起(봉기)/奮起(분기)/想起(상기)/惹起(야기)/隆起(융기)/再起(재기)/提起(제기)/早起(조기)/七顚八起(칠전팔기)/喚起(환기)

★✱3-Ⅱ
5 12 **越** 넘을 **월** 越

土 キ 走 走 赵 越 越 越

㊥yuè(위에) ㊐エツ/こえる
㊍overpass

자원 **형성자.** 走(주)는 의미를 나타내고 戉(월)은 음을 나타냄.
풀이 ①넘다. ㉮건너다. ‖越境(월경). ㉯앞지르다. ‖追越(추월). ㉰분수에 넘치다. ‖越權(월권). ㉱빼어나다. ‖卓越(탁월). ②나라 이름. 춘추 시대 14열국(列國)의 하나.
〔越境 월경〕 국경이나 경계선을 넘음.
〔越權 월권〕 자기 권한 밖의 일에 관여함.
〔越冬 월동〕 겨울을 남. 겨울나기.
〔越等 월등〕 다른 것보다 훨씬 뛰어남.
〔越牆 월장〕 담을 넘음.
〔越尺 월척〕 낚시에서, 낚은 물고기가 한 자를 넘음. 또는, 그 물고기.
◢隔越(격월)/優越(우월)/超越(초월)/卓越(탁월)

★✱3-Ⅱ
5 12 **超** 넘을 **초** 超

十 土 キ 卡 走 起 起 超

㊥chāo(°차오) ㊐チョウ ㊍leap over
자원 **형성자.** 走(주)는 의미를 나타내고 召(소)는 음을 나타냄.
풀이 넘다. ㉮뛰어넘다. ㉯멀어지다. ‖超然(초연). ㉰낫다. 뛰어남.
〔超過 초과〕 일정한 수나 한도를 넘음.
〔超克 초극〕 어려움을 이겨냄.
〔超然 초연〕 세속(世俗) 따위에 얽매이지 않는 모양.
〔超越 초월〕 어떤 한계나 표준을 뛰어넘음.
〔超音速 초음속〕 소리의 속도보다 빠른 속도.
〔超音波 초음파〕 진동수가 너무 많아서 사람의 귀에는 들리지 않는 음파.
〔超人 초인〕 보통 사람으로는 생각할 수 없을 만큼 뛰어난 능력을 가진 사람.
〔超自然 초자연〕 자연의 법칙으로는 설명할 수 없는 신비한 것.
〔超絶 초절〕 ①남보다 뛰어남. ②인식이나 경험의 범위를 넘어섬.
〔超脫 초탈〕 세속이나 일상적 한계를 벗어남.

✱2
7 14 **趙** 조나라 **조** 간 赵 趙

㊥zhào(°짜오) ㊐チョウ
풀이 조나라. 중국의 전국 칠웅의 하나.

✱
15 **趚** 來(래)와 동자 →36쪽

★✱4
8 15 **趣** ❶달릴 **취**★✱4 본**추** ❷재촉할 **촉** 趣

土 キ 走 走 赶 趄 趣 趣

㊥qù(취), cù(추)
㊐シュ, ソク/おもむく ㊍run
자원 **형성자.** 走(주)는 의미를 나타내고 取(취)는 음을 나타냄.
풀이 ❶①달리다. 목적지를 향하여 빨리 달려감. ②뜻. 취향(趣向). 마음이 이끌리는 곳. ❷재촉하다. 촉구함. 통促.
〔趣味 취미〕 직업이나 전문적인 일 외에 재미로 즐기기 위해 하는 일. 또는, 그런 일에서 느끼는 흥미.
〔趣舍 취사〕 나아감과 머무름.
〔趣旨 취지〕 어떤 일의 근본적인 목적이나 의도. 趣意(취의).
〔趣向 취향〕 하고 싶은 마음이 쏠리는 방향.
◢高趣(고취)/雅趣(아취)/意趣(의취)/情趣(정취)/風趣(풍취)/興趣(흥취)

✱2
10 17 **趨** ❶달릴 **추**✱2 ❷재촉할 **촉** 간 趋 趨

㊥qū(취), cù(추) ㊐スウ, ショク
㊍run
풀이 ❶①달리다. 빨리 감. ②취향(趣向). 취지(趣旨). 같趣. ❷재촉하다. 통促.
〔趨勢 추세〕 사회에서 어떤 일이 일정한 방향으로 되어 가는 경향.
〔趨進 추진〕 빨리 나아감.
〔趨向 추향〕 ①대세를 좇아감. ②대세가 흘러가는 방향.
◢歸趨(귀추)

足部 발족 足 ⻊

☆✱7
0 7 **足** ❶발 **족**☆✱7 ❷지나칠 **주** 足

丶 口 口 ᄆ 早 𧾷 足

㊥zú(주), jù(쮜) ㊐ソク, シュ/あし
㊍foot

갑 금 전 자원 상형자. 윗부분인 口는 무릎의 '종지뼈', 아랫부분인 지(止)는 '발바닥'의 상형임.
한자 부수의 하나. 변으로 쓰일 때에는 자형이 '⻊'의 꼴로 바뀜.
풀이 ❶①발. ‖手足(수족). ②족하다. ‖洽足(흡족). ❷①지나치다. 과도함. 아첨함. ②더하다. 첨가함.
〔足鎖 족쇄〕①예전에, 죄인의 발목에 채우던 쇠사슬. 차꼬. 足枷(족가). ②자유를 구속하는 대상의 비유.
〔足跡 족적〕①발자국. ②지내온 자취. 발자취. 足迹(족적).
〔足脫不及 족탈불급〕(맨발로 뛰어도 미치지 못한다는 뜻으로) 능력·재질 등의 차이가 커서 남을 따르지 못함.
◢禁足(금족)/滿足(만족)/不足(부족)/蛇足(사족)/洗足(세족)/手足(수족)/遠足(원족)/義足(의족)/自足(자족)/長足(장족)/纏足(전족)/充足(충족)/豐足(풍족)/洽足(흡족)

4 11 **䟗** 발돋움할 **기** | 통 歧 䟗

중qǐ(치) 일キ
풀이 발돋움하다.

* 4 11 **趺** 책상다리할 **부** | 趺

중fū(°푸) 일フ
영sit cross-legged
풀이 ①책상다리하다. ‖跏趺坐(가부좌). ②발등. ③받침돌. 대(臺).
〔趺坐 부좌〕불교에서, 오른발의 발바닥을 위로 하여 왼편 넓적다리 위에 얹고, 왼발을 오른편 넓적다리 위에 얹고 앉는 자세. 結跏趺坐(결가부좌).

* 4 11 **趾** 발 **지** | 趾

중zhǐ(°즈) 일シ/あし 영foot
풀이 ①발. ②발가락. ③발자국. 종적(蹤跡).
〔趾骨 지골〕발가락뼈.

* 5 12 **跏** 책상다리할 **가** | 跏

중jiā(찌아) 일カ
영sit cross-legged
풀이 책상다리하다.

★*3-Ⅱ 5 12 **距** 떨어질 **거** | 距

ㅁ 𠃍 足 𧾷 𧿹 跙 距 距

중jù(쮜) 일キョ/へだたる 영distant
자원 형성자. 足(족)은 의미를 나타내고 巨(거)는 음을 나타냄.
풀이 ①떨어지다. ‖距離(거리). ②며느리발톱. ‖距爪(거조). ③이르다. 도달함. ‖距今(거금). ④어기다. 따르지 않음.
〔距骨 거골〕복사뼈.
〔距今 거금〕지금으로부터 거슬러 올라가서.
〔距離 거리〕①두 곳 사이의 떨어져 있는 정도. ②사람과 사귀는 관계가 가깝지 못하여 생긴 틈.
◢相距(상거)

*1 5 12 **跋** 밟을 **발** | 간 跋 跋

중bá(바) 일バツ/ふむ 영tread
풀이 ①밟다. 짓밟음. ②거칠다. 난폭함. ‖跋扈(발호). ③발문(跋文). 문체의 하나. 책 끝에 적음. ‖跋文(발문). ④밑동. 물건의 맨 밑의 동아리.
〔跋文 발문〕책의 끝에 그 책의 대강이나 내력 등을 간략하게 적은 글. 뒷글. 跋辭(발사). ↔序文(서문).
〔跋涉 발섭〕(산을 넘고 물을 건넌다는 뜻으로) 여러 곳을 두루 돌아다님.
〔跋扈 발호〕권세나 세력을 제멋대로 부리며 함부로 날뜀.
◢題跋(제발)

*1 5 12 **跌** 넘어질 **질** | 跌

중diē(띠에) 일テツ/つまずく, たおれる
영stumble
풀이 ①넘어지다. 비틀거림. ②방종하다. ‖跌宕(질탕).
〔跌宕 질탕〕놀음놀이 같은 것이 지나쳐서 방탕함. 跌蕩(질탕).
◢蹉跌(차질)

5 12 **跖** 발바닥 **척** | 跖

중zhí(°즈) 일セキ/あしのうら
풀이 ①발바닥. 같蹠. ②사람 이름. 춘추 시대, 큰 도둑떼의 우두머리. ‖盜跖(도척).

*1 5 12 **跆** 밟을 **태** |

중tái(타이) 일タイ 영tread
풀이 밟다. 유린하다.
〔跆拳道 태권도〕맨손과 맨발로 차기·지르기·막기 등으로 공격하거나 방어하는, 우리나라 고유의 무술.

*1 5 12 **跛** ❶절뚝발이 **파***1 ❷기대설 **피**1 | 跛

[중]bǒ(보), bì(삐)
[일]ハ, ヒ/あしなえ, びっこ [영]lame
[풀이] ❶절뚝발이. ❷기대서다.
〔跛行 파행〕 ①절뚝거리며 걸음. ②일이 순조롭지 못하고 이상하게 진행됨의 비유.
〔跛立 피립〕 한쪽 다리로만 섬.
〔跛倚 피의〕 한쪽 다리로 서서 몸을 다른 것에 기댐.

5 12 **跑** 허빌 **포** 跑

[중]pāo(파오) [일]ホウ/あがく
[영]paw the ground
[풀이] ①허비다. 새·짐승이 발톱으로 땅을 긁어 팜. ②차다. ③달리다.

6 13 **跫** 발자국 소리 **공** 跫

[중]qióng(치웅) [일]キョウ/あしおと
[풀이] 발자국 소리.

* 6 13 **跨** 타 넘을 **과** 跨

[중]kuà(쿠아) [일]コ/またぐ [영]stride
[풀이] ①타 넘다. ②사타구니. ③걸터앉다. ④양편에 걸치다.

6 13 **跪** 꿇어앉을 **궤** 跪

[중]guì(꾸에이) [일]キ/ひざまずく
[영]kneel
[풀이] 꿇어앉다.
〔跪拜 궤배〕 무릎을 꿇고 절함.
〔跪坐 궤좌〕 무릎을 꿇고 앉음.
◢拜跪(배궤)

★✱3 6 13 **跳** 뛸 **도** [본]**조** 跳

[중]tiào(티아오) [일]チョウ/はねる
[영]jump
[자원] **형성자.** 足(족)은 의미를 나타내고 兆(조)는 음을 나타냄.
[풀이] 뛰다. 도약함.
〔跳開橋 도개교〕 큰 배가 밑으로 지나갈 수 있도록 다리의 한끝 또는 양 끝이 들리면서 열리게 된 다리.
〔跳梁 도량〕 거리낌 없이 함부로 날뜀.
〔跳躍 도약〕 ①몸을 날려 위로 뛰어오름. ②능력·수준 등이 더 나은 상태로 발전함.

☆✱6 6 13 **路** 길 **로** 路

[중]lù(루) [일]ロ/みち [영]road
[자원] **형성자.** 足(족)은 의미를 나타내고 各(각)은 음을 나타냄.
[풀이] 길. ㉮도로. ‖大路(대로). ㉯도리(道理). ‖正路(정로). ㉰사물의 조리. 문맥. ㉱주요한 지위. ‖要路(요로). ㉲방도.
〔路毒 노독〕 먼 길을 여행하여 생긴 피로나 병.
〔路柳墻花 노류장화〕 《'아무나 꺾을 수 있는 길가의 버들과 담 밑의 꽃'이라는 뜻으로》 창녀나 기생.
〔路面 노면〕 길의 표면. 길바닥.
〔路傍 노방〕 길가.
〔路邊 노변〕 길가.
〔路費 노비〕 ➡路資(노자).
〔路上 노상〕 길 위. 길바닥.
〔路線 노선〕 ①도로·철로 등의 교통선. ②목표를 향하여 나아가는 방침.
〔路資 노자〕 여행하는 데에 드는 돈. 旅費(여비). 路費(노비).
〔路程 노정〕 ①여행할 때 출발지에서 목적지까지의 거리. 또는, 걸리는 시간. ②거쳐 지나가는 길이나 과정.
◢經路(경로)/歸路(귀로)/岐路(기로)/大路(대로)/道路(도로)/末路(말로)/線路(선로)/水路(수로)/言路(언로)/旅路(여로)/要路(요로)/陸路(육로)/進路(진로)/鐵路(철로)/通路(통로)/販路(판로)/航路(항로)/行路(행로)/險路(험로)/回路(회로)

* 6 13 **跣** 맨발 **선** 跣

[중]xiǎn(시엔) [일]セン/すあし, はだし
[풀이] 맨발. ‖裸跣(나선).

★✱3-Ⅱ 6 13 **跡** 자취 **적** 跡

[중]jì(찌) [일]セキ/あと [영]trace
[자원] **형성자.** 足(족)은 의미를 나타내고 亦(역)은 음을 나타냄.
[풀이] ①자취. [같]迹·蹟. ‖足跡(족적). ②뒤를 밟다. ‖追跡(추적).
◢古跡(고적)/軌跡(궤적)/史跡(사적)/遺跡(유적)/人跡(인적)/潛跡(잠적)/戰跡(전적)/足跡(족적)/蹤跡(종적)/追跡(추적)/筆跡(필적)/行跡(행적)/痕跡(흔적)

13 **践** 踐(천)의 속자 →727쪽

* 6 13 **跭** 세울 **항** **강**✱

[중]xiáng(시앙) [일]カウ, ガウ [영]stand

[풀이] ①세우다. 우뚝 섬. ②머뭇거리다.

7 14 跼 구부릴 **국**

[중]jú(쥐) [일]キョク/せぐくまる
[풀이] ①구부리다. ②굽다. 펴지지 않음.
〔跼蹐 국척〕 황송하여 몸을 굽힘.

＊1
7 14 踊 뛸 **용**

[중]yǒng(융) [일]ヨウ/おどる [영]jump
[풀이] ①뛰다. 도약함. ②춤추다. 무용함. ③물건 값이 오르다. ④심하다.
〔踊躍 용약〕 좋아서 뜀.
◢騰踊(등용)/舞踊(무용)

＊
8 15 踞 쭈그리고 앉을 **거**

[중]jù(쮜) [일]キョ [영]crouch
[풀이] 쭈그리고 앉다.
〔踞坐 거좌〕 걸터앉음.

8 15 踘 밟을 **국**

[중]jū(쮜) [일]キク/ふむ [영]tread
[풀이] ①밟다. ②공차기. 축국(蹴鞠). [같] 鞠.

★＊3-Ⅱ
8 15 踏 밟을 **답**

[중]tà(타) [일]トウ/ふむ [영]tread
[자원] **형성자.** 足(족)은 의미를 나타내고 沓(답)은 음을 나타냄.
[풀이] ①밟다. ②이어받다. 계승하다.
〔踏橋 답교〕 정월 보름날 밤에, 다리를 밟으면 그해에 다리에 병이 생기지 않고 잘 지낼 수 있다고 하여 다리 위를 걸어다니던 풍습. 다리밟기.
〔踏步 답보〕 《'제자리걸음'이란 뜻으로》 일의 진전이 없음.
〔踏査 답사〕 현장에 가서 직접 보고 조사함.
〔踏襲 답습〕 예로부터 해 오던 것을 그대로 따라 행함.
〔踏破 답파〕 먼 길이나 험한 길을 걸어서 돌파함.
◢高踏(고답)/前人未踏(전인미답)

＊1
8 15 踪 자취 **종**

[중]zōng(쭝) [일]ソ [영]trace
[풀이] 자취. 발자취.
◢失踪(실종)

8 15 踟 머뭇거릴 **지**

[중]chí(°츠) [일]チ/ためらう
[풀이] 머뭇거리다.
〔踟躕 지주〕 주저함.

★＊3-Ⅱ
8 15 踐 밟을 **천** [속]践 [간]践

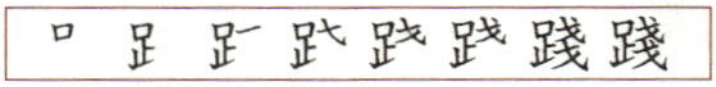

[중]jiàn(찌엔) [일]セン/ふむ [영]tread
[자원] **형성자.** 足(족)은 의미를 나타내고 戔(전)은 음을 나타냄.
[풀이] 밟다. ㉮발로 디디다. ㉯이행(履行)하다. 실천함. ‖實踐(실천). ㉰오르다. 자리에 나아감. ‖踐祚(천조).
〔踐言 천언〕 말한 대로 실천함.
〔踐祚 천조〕 임금의 자리를 이음.
◢實踐(실천)

＊2
9 16 踰 넘을 **유**

[중]yú(위) [일]ユ/こえる [영]be over
[풀이] 넘다. ‖踰越(유월).
〔踰年 유년〕 해를 넘김.

＊1
9 16 蹂 밟을 **유**

[중]róu(°러우) [일]ジュウ/ふむ [영]tread
[풀이] 밟다. 짓밟음.
〔蹂躪 유린〕 침범하여 짓밟음. 蹂躙(유린).

＊1
9 16 蹄 굽 **제**

[중]tí(티) [일]テイ/ひずめ [영]hoof
[풀이] ①굽. 마소 따위 동물의 발굽. ‖馬蹄(마제). ②올무.
〔蹄鐵 제철〕 말굽에 대어 붙이는 쇳조각. 편자.
◢馬蹄(마제)

＊1
9 16 踵 뒤꿈치 **종**

[중]zhǒng(°중) [일]ショウ/かかと [영]heel
[풀이] ①뒤꿈치. 발뒤꿈치. ②잇다. 계승하다. ③이르다. 도달함. ④밟다.
〔踵接 종접〕 사물이나 사건이 잇달아 생김.
〔踵至 종지〕 곧 뒤따라옴.

＊
10 17 蹇 절 **건**

[중]jiǎn(지엔) [일]ケン [영]lame
[풀이] ①절다. 절뚝거림. 절뚝발이. ②굳

세다. ③고생하다.
〔蹇脚 건각〕 절름발이.

10 17 蹈 *1 밟을 도 蹈

㊥dǎo(다오) ㊐トウ ㊎tread
풀이 밟다. ㉮발로 디디다. ㉯행하다.
〔蹈襲 도습〕 옛것을 좇아 그대로 함. 踏襲(답습).
〔蹈破 도파〕 먼 길이나 험한 길을 걸어서 돌파함. 踏破(답파).
◢舞蹈(무도)

10 17 蹉 *1 넘어질 차 ㉿蹉 蹉

㊥cuō(추어) ㊐サ ㊎fall down
풀이 ①넘어지다. ②때를 놓치다. 실패함. 중도에 넘어짐. ③어긋나다.
〔蹉跌 차질〕 《발을 헛디디어 넘어진다는 뜻으로》 일이 진행되다가 틀어짐.

10 17 蹐 살금살금 걸을 척 蹐

㊥jí(지) ㊐セキ
풀이 살금살금 걷다.
◢跼蹐(국척)

7획

10 17 蹊 * 지름길 혜 蹊

㊥xī(씨) ㊐ケイ ㊎shortcut
풀이 ①지름길. 좁은 길. ②건너다. 질러감.

11 18 蹟 *3-Ⅱ 자취 적 蹟

ㅁ ㅁ 尸 足 𧾷 𧾷 蹟 蹟

㊥jì(찌) ㊐セキ ㊎trace
자원 **형성자.** 足(족)은 의미를 나타내고 責(책)은 음을 나타냄.
풀이 자취. 지나간 자국. ㉰跡·迹.
◢古蹟(고적)/奇蹟(기적)/事蹟(사적)/遺蹟(유적)/筆蹟(필적)/行蹟(행적)

11 18 蹤 자취 종 蹤

㊥zōng(쭝) ㊐ショウ ㊎footprint
풀이 ①자취. 발자취. ②뒤쫓다.
〔蹤跡 종적〕 ①사라지거나 떠난 뒤에 남는 자취. ②고인(古人)의 행적. 蹤迹(종적).

11 18 蹠 * 밟을 척

㊥zhí(°즈) ㊐ショ/ふむ ㊎step
풀이 ①밟다. ②발바닥. 발.

11 18 蹙 * 대지를 축 蹙

㊥cù(추) ㊐シュク ㊎defy
풀이 ①대지르다. ‖驅蹙(구축). ②찌푸리다. 찡그림. ‖蹙頞(축알).
◢嚬蹙(빈축)

12 19 蹶 *1 넘어질 궐 蹶

㊥jué(쥐에) ㊐ケツ ㊎fall down
풀이 ①넘어지다. ②엎어지다. 전복(顚覆)됨. ③일어나다. 뛰쳐 일어나는 모양. ‖蹶然(궐연).
〔蹶起 궐기〕 여러 사람이 어떤 목적을 위해 결심하고 함께 행동으로 의사를 나타냄. 奮起(분기).

12 19 蹴 *2 찰 축 蹴

㊥cù(추) ㊐シュク, シュウ ㊎kick
풀이 ①차다. ‖蹴球(축구). ②공경하는 모양.
〔蹴球 축구〕 11명이 한 팀이 되어 공을 머리로 받거나 발로 차서 상대편 골에 들어가게 하여 그 점수로 승부를 가리는 경기.
〔蹴鞠 축국〕 예전에, 꿩의 깃을 꽂은 공을 땅에 떨어뜨리지 않고 차던 놀이.
◢一蹴(일축)

13 20 躇 *1 머뭇거릴 저 躇

㊥chú(°추) ㊐チョ ㊎hesitate
풀이 머뭇거리다. 주저하다.
◢躊躇(주저)

13 20 躁 *1 성급할 조 躁

㊥zào(짜오) ㊐ソウ
풀이 성급하다. 조급함.
〔躁急 조급〕 참을성이 없이 매우 급함.
〔躁鬱 조울〕 초조하고 답답함.

14 21 躍 ★*3 뛸 약 ㉿跃 躍

㊥yuè(위에) ㊐ヤク ㊎leap
자원 **형성자.** 足(족)은 의미를 나타내고 翟(적)은 음을 나타냄.
풀이 뛰다. 뛰어오름. ‖跳躍(도약).
〔躍動 약동〕 생기 있고 활발하게 움직임.
〔躍進 약진〕 ①힘차게 앞으로 뛰어 나아감. ②매우 빠르게 발전함.

◢跳躍(도약)/飛躍(비약)/暗躍(암약)/勇躍(용약)/一躍(일약)/歡呼雀躍(환호작약)/活躍(활약)

14 *1 **躊** 머뭇거릴 **주** | 간 踌 躊
21

㊥chóu(°처우) ㊐チュウ ㊕hesitate
풀이 머뭇거리다. 주저함.
〔躊躇 주저〕 머뭇거리며 망설임.

15 **躔** 궤도 **전** | 躔
22

㊥chán(°찬) ㊐テン ㊕track
풀이 ①궤도. ‖躔度(전도). ②밟다.

15 **躕** 머뭇거릴 **주** | 躕
22

㊥chú(°추) ㊐チュウ ㊕hesitate
풀이 머뭇거리다.

15 **躑** 머뭇거릴 **척** | 간 踯 躑
22

㊥zhí(°즈) ㊐テキ ㊕hesitate
풀이 ①머뭇거리다. ②철쭉. 진달래.
〔躑躅 척촉〕 철쭉.

23 **躙** 躪(린)과 동자 →729쪽

20 *1 **躪** 짓밟을 **린** | 동 躙 간 躏
27

㊥lìn(린) ㊐リン
풀이 짓밟다.
◢蹂躪(유린)

身部 몸신

0 ☆*6 **身** 몸 **신** | 身
7

(필순) ˊ 亻 冂 冃 自 自 身

㊥shēn(°썬) ㊐シン/み ㊕body
갑 금 전 자원 **상형자.** 갑골문은 임신하여 배가 불룩한 사람을 나타냈고 금문도 갑골문과 크게 다르지 않으나 복부에 점을 찍어 태아를 나타냈음. '임신하여 무거운 몸'이라는 본뜻에서 '몸'의 뜻이 파생됨.
🖉 한자 부수의 하나.
풀이 몸. ㉮몸뚱이. 신체. ‖身長(신장). ㉯나. 자신. ㉰신분. ㉱물건의 심(心). 고갱이.
〔身命 신명〕 몸과 목숨.
〔身邊 신변〕 몸의 주변. 또는, 몸.
〔身柄 신병〕 체포·구금·보호 등의 대상이 되는, 사람의 몸.
〔身病 신병〕 몸에 생긴 병. 身恙(신양).
〔身分 신분〕 개인의 사회적 지위나 서열.
〔身上 신상〕 한 사람의 개인적인 사정이나 형편.
〔身世 신세〕 ①한 사람의 처지나 형편. ②남으로부터 도움을 받거나 괴로움을 끼치는 일.
〔身手 신수〕 ①사람의 얼굴에 나타난 건강한 기운. ②용모와 풍채.
〔身言書判 신언서판〕 인물을 평가하는 기준이 되는, 용모와 풍채, 말씨와 언변, 글재주와 글씨를 쓰는 솜씨, 사물에 대한 판단력의 네 가지 조건. 지난날, 관리를 뽑을 때 그 근거가 되는 조건으로 삼음.
〔身熱 신열〕 병 때문에 나는 몸의 열.
〔身元 신원〕 어떤 사람의 출생·신분·직업·본적·주소 등에 관한 일. ‖身元保證(신원 보증).
〔身長 신장〕 사람의 키.
〔身體 신체〕 사람의 몸.
〔身體髮膚 신체발부〕《'몸과 머리털과 피부'라는 뜻으로》 몸 전체를 이름.
◢屈身(굴신)/謹身(근신)/裸身(나신)/短身(단신)/獨身(독신)/保身(보신)/粉骨碎身(분골쇄신)/修身(수신)/心身(심신)/肉身(육신)/一身(일신)/立身(입신)/自身(자신)/長身(장신)/全身(전신)/投身(투신)/砲身(포신)/避身(피신)/獻身(헌신)/孑孑單身(혈혈단신)/護身(호신)/渾身(혼신)/化身(화신)/後身(후신)

3 *1 **躬** 몸 **궁** | 躬
10

㊥gōng(꿍) ㊐キュウ ㊕body
풀이 ①몸. 자신(自身). ‖鞠躬(국궁). ②몸소. 친히.
〔躬行 궁행〕 몸소 행함.
◢鞠躬(국궁)

9 **躾** 예절 가르칠 **미** |
16

🖉 일본에서만 쓰이는 한자이나 인명용 한자로 인정하고 있음.
풀이 예절을 가르치다.

11 *1 **軀** 몸 **구** | 간 躯 軀
18

㊥qū(취) ㊐ク/からだ ㊕body
풀이 몸. 신체.
〔軀幹 구간〕 포유동물에서, 머리와 사지를 제외한 몸통 부분.
◢巨軀(거구)/老軀(노구)/體軀(체구)

20 軆 體(체)의 속자 →828쪽

車部 수레거

0 車 수레 거☆*7 차 *7 간 车
7

一 丆 冂 冃 百 亘 車

㊥chē(°처), jū(쮜)
㊐キョ, シャ/くるま ㊎wagon
갑 **자원** **상형자.** 갑골문은 위에서 내려다본 수레를 나타낸 것임(다만 바퀴는 옆에서 본 모습임). 현재의 자형에서 위아래의 가로획은 바퀴를, 가운데의 네모꼴은 차체를 나타냄.
한자 부수의 하나.
풀이 ①수레. ‖戰車(전차). ②수레의 바퀴. 차륜(車輪). ③도르래. 활차(滑車).
〔車馬 거마〕 수레와 말.
〔車載斗量 거재두량〕《수레에 싣고 말로 된다는 뜻으로》 물건이나 인재 등이 많아서 그다지 귀하지 않음.
〔車庫 차고〕 차량을 넣어 두는 곳.
〔車道 차도〕 차가 다니는 길.
〔車輛 차량〕 ①도로나 선로 위를 달리는 차의 총칭. ②열차의 한 칸.
〔車輪 차륜〕 수레바퀴.
〔車線 차선〕 자동차 도로에 주행 방향을 따라 일정한 간격으로 그어 놓은 선.
〔車窓 차창〕 차에 달린 창문.
〔車體 차체〕 차량의 몸체.
◢客車(객차)/輕車(경차)/機關車(기관차)/汽車(기차)/馬車(마차)/滿車(만차)/拍車(박차)/發車(발차)/配車(배차)/消防車(소방차)/水車(수차)/乘車(승차)/乘合車(승합차)/列車(열차)/自動車(자동차)/自轉車(자전거)/裝甲車(장갑차)/電車(전차)/停車(정거·정차)/駐車(주차)/風車(풍차)/下車(하차)/貨物車(화물차)

1 軋 삐걱거릴 알 *1 간 轧
8

㊥yà(야) ㊐アツ/きしる ㊎creak
풀이 ①삐걱거리다. ②불화(不和)하다.
〔軋轢 알력〕《수레바퀴가 삐걱거린다는 뜻으로》 서로 의견이 맞지 않아 사이가 좋지 않거나 충돌함.

2 軍 군사 군 ☆*8 간 军
9

冖 冖 冖 冃 冒 冒 宣 軍

㊥jūn(쥔) ㊐グン/いくさ ㊎military
금 전 **자원** **회의자.** 人(사람 인) 자의 변형과 車(수레 거)가 합쳐진 자. 수레를 탄 왕이나 장군을 호위하는 병졸이나 그들이 이룬 대형(隊形)을 나타냄. 의미를 나타내는 車(거)와 음을 나타내는 勻(균)이 합쳐진 형성자라는 설도 있음.
풀이 ①군사(軍士). ㉮병사(兵士). ‖水軍(수군). ㉯전투. 병사(兵事). ‖軍事(군사). ②진(陣)을 치다. 군영(軍營)을 베풂.
〔軍官 군관〕 조선 시대에 품계가 없는 하급 무관.
〔軍紀 군기〕 군대의 기강.
〔軍旗 군기〕 군에서 부대를 대표하는 기.
〔軍隊 군대〕 일정한 규율과 질서 아래 조직된 군인의 집단.
〔軍亂 군란〕 군대가 일으키는 난리.
〔軍糧 군량〕 군대의 양식. 兵糧(병량).
〔軍令 군령〕 군중(軍中)의 법령. 또는, 군사상의 명령.
〔軍馬 군마〕 ①군사의 목적으로 쓰는 말. ②《'군사와 말'이라는 뜻으로》 병력(兵力).
〔軍務 군무〕 군사에 관한 직무.
〔軍閥 군벌〕 군부를 배경으로 하거나 중심으로 한 정치적 당파나 세력.
〔軍備 군비〕 전쟁을 수행하기 위하여 갖춘 군사 시설이나 장비. 兵備(병비).
〔軍士 군사〕 ①예전에, 군인이나 군대를 이르던 말. ②부사관 이하의 군인.
〔軍事 군사〕 군대와 전쟁에 관한 일. 兵事(병사).
〔軍需 군수〕 군사상 필요한 것.
〔軍營 군영〕 군대가 주둔하는 곳.
〔軍資金 군자금〕 ①군사에 필요한 자금. 軍費(군비). ②사업이나 일을 하는 데에 필요한 자금의 비유.
〔軍政 군정〕 전쟁이나 비상시에 군대가 임시로 모든 입법·사법·행정을 맡아 하는 일.
〔軍卒 군졸〕 계급이 낮은 군인. 병졸.
〔軍港 군항〕 해군의 근거지로서 특별한 시설을 갖춘 항구.
◢空軍(공군)/官軍(관군)/國軍(국군)/大軍(대군)/冬將軍(동장군)/叛亂軍(반란군)/三軍(삼군)/水軍(수군)/我軍(아군)/女軍(여군)/聯合軍(연합군)/友軍(우군)/援軍(원군)/陸軍(육군)/義勇軍(의용군)/將軍(장군)/敵軍(적군)/從軍(종군)/進軍(진군)/海軍(해군)/行軍(행군)

2 軌 길 궤 ★*3 간 轨
9

㊥guǐ(구에이) ㊐キ/わだち ㊎road
자원 **형성자.** 車(거)는 의미를 나타내고 九(구)는 음을 나타냄.
풀이 ①길. ㉮바큇자국. ㉯길. 도로. ㉰

사람이 행해야 할 도리. 법. 법도. 법칙. ②바퀴와 바퀴 사이의 거리.
〔軌道 궤도〕 ①기차나 전동차가 다니도록 깔아 놓은 철길. ‖軌道車(궤도차). ②천체가 공전(公轉)하는 일정한 길.
〔軌範 궤범〕 본보기가 되는 규범이나 법도.
〔軌跡 궤적〕 ①수레바퀴가 지나간 자국. ②선인(先人)의 행적. ③기하에서, 점이 어떤 조건에 따라 움직일 때 그려지는 도형.
◢廣軌(광궤)/日軌(일궤)/車軌(차궤)/狹軌(협궤)

★✱3
3 10 **軒** 처마 **헌** | 간 轩 軒

一 丆 亓 百 亘 車 軒 軒

중xuān(쒸엔) 일ケン/のき 영eaves
자원 **형성자.** 車(거)는 의미를 나타내고 干(간)은 음을 나타냄.
풀이 ①처마. 추녀. ②집. 가옥. 집을 세는 단위. ③수레. 초헌(軺軒). ④헌함(軒檻). 난간. ⑤오르다. 높이 올라감.
〔軒昂 헌앙〕 ①풍채가 좋고 의기가 당당함. ②너그럽고 인색하지 않음. 軒擧(헌거).
〔軒檻 헌함〕 건넌방·누각 등의 대청 기둥 밖으로 돌아가며 깐 난간이 있는 좁은 마루.
〔軒軒丈夫 헌헌장부〕 외모가 준수하고 풍채가 당당한 남자.

★✱3-Ⅱ
4 11 **軟** 연할 **연** | 본 輭 간 软 軟

一 亓 百 亘 車 軟 軟 軟

중ruǎn(˚루안) 일ナン/やわらかい 영soft
자원 **회의 겸 형성자.** 軟은 輭의 속자. 輭은 車(수레 거)와 '커다란〔大〕 수염〔而〕'을 뜻하는 耎(연)이 합쳐진 자로, 긴 수염은 짧은 수염에 비해 부드럽다는 데에서 뜻을 취하여 '튼튼하지 못한 수레'를 가리킴. '부드럽다'는 파생된 뜻임. 車는 의미를 나타내고 耎은 의미와 음을 겸하여 나타냄.
풀이 ①연(軟)하다. ②연약하다. 같耎.
〔軟骨 연골〕 척추동물의 비교적 연한 뼈. 물렁뼈.
〔軟禁 연금〕 신체의 자유는 속박하지 않되 특정 장소에 가둬 두고 외부와의 접촉을 제한하는 일.
〔軟性 연성〕 부드럽고 무르며 연한 성질. ↔硬性(경성).
〔軟弱 연약〕 연하고 약함. 柔弱(유약).
◢硬軟(경연)/柔軟(유연)

11 **転** 轉(전)의 속자 →734쪽

✱2
5 12 **軻** 수레 가기 힘들 **가** | 간 轲 軻

중kē(커) 일カ
풀이 수레가 가기 힘들다. 뜻이 바뀌어, 일이 뜻대로 진척되지 않음의 비유.

12 **軽** 輕(경)의 속자 →732쪽

5 12 **軼** 지나칠 **일** | 간 轶 軼

중yì(이) 일イツ
풀이 ①지나치다. ②흩어지다. 없어짐. ③넘치다. 같溢·泆.

✱
5 12 **軫** 수레 뒤턱 나무 **진** | 간 轸 軫

중zhěn(˚전) 일シン
풀이 ①수레의 뒤턱 나무. ②마음 아파하다. ‖軫恤(진휼).
〔軫念 진념〕 ①윗사람이 아랫사람의 사정을 걱정하여 생각함. ②임금이 신하나 백성의 사정을 걱정하여 근심함.

5 12 **軺** 수레 **초** | 간 轺 軺

중yáo(야오) 일チョウ 영wagon
풀이 ①수레. 작고 가벼운 수레. ②운구(運柩)하는 차. 영구차(靈柩車).
〔軺軒 초헌〕 조선 시대에, 종2품 이상의 벼슬아치가 타던 수레.

✱2
5 12 **軸** 굴대 **축** | 간 轴 軸

중zhóu(˚저우) 일ジク/じく 영axle
풀이 ①굴대. ②두루마리.
◢卷軸(권축)/機軸(기축)/主軸(주축)/中軸(중축)/地軸(지축)/車軸(차축)/樞軸(추축)

★✱3-Ⅱ
6 13 **較** 견줄 **교** | 간 较 較

亓 百 百 亘 車 軟 較 較

중jiào(찌아오) 일コウ/くらべる
자원 **형성자.** 車(거)는 의미를 나타내고 交(교)는 음을 나타냄.
풀이 ①견주다. 비교함. ‖比較(비교). ②밝다. 환함. ③조금. 거의.
〔較差 교차〕 최고와 최저의 차.
◢計較(계교)/比較(비교)

6 13 **輅** 수레 로 | 간 辂

중lǔ(루) 일ロ 영wagon
풀이 ①수레. 임금의 수레. ②크다.

6 13 **軾** 수레 앞턱 가로 나무 식 | 간 轼

중shì(°쓰) 일ショク
풀이 수레의 앞턱 가로 나무. 몸을 굽혀 절할 때 잡는 곳.

6 13 **載** 실을 재 | 간 载

중zài(짜이), zǎi(자이) 일サイ/のせる 영load
자원 **형성자.** 車(거)는 의미를 나타내고 𢦏(재)는 음을 나타냄.
풀이 ①싣다. ㉮배·수레에 실어 나르다. ㉯적다. 기재(記載)함. ②해. 1년. ③실은 것. 짐. 하물(荷物).
〔載錄 재록〕 기록하여 실음.
〔載送 재송〕 물건을 실어서 보냄.
◢揭載(게재)/記載(기재)/登載(등재)/滿載(만재)/連載(연재)/積載(적재)/轉載(전재)/搭載(탑재)

7 14 **輕** ❶가벼울 경 ❷조급히 굴 경 | 속 軽 간 轻

중qīng(칭) 일ケイ/かるい 영light
자원 **형성자.** 車(거)는 의미를 나타내고 巠(경)은 음을 나타냄.
풀이 ❶①가볍다. ‖輕量(경량)/輕快(경쾌). ②가벼이하다. 깔보다. 업신여김. ‖輕視(경시). ❷조급히 굴다. 경솔함.
〔輕擧妄動 경거망동〕 경솔하고 분수없이 행동함. 또는, 그러한 행동.
〔輕妄 경망〕 말이나 행동이 가볍고 방정맞음.
〔輕蔑 경멸〕 깔보아 업신여김.
〔輕微 경미〕 정도가 심하지 않고 가벼움.
〔輕薄 경박〕 신중하지 못하고 가벼움.
〔輕犯 경범〕 가벼운 범죄.
〔輕傷 경상〕 가볍게 다침. 또는, 그 상처. ↔重傷(중상).
〔輕率 경솔〕 언행이 신중하지 못하고 가벼움.
〔輕視 경시〕 대수롭지 않게 여김.
〔輕佻浮薄 경조부박〕 언행이 신중하지 못하고 가벼움.
〔輕重 경중〕 ①가벼움과 무거움. ②중요함과 중요하지 않음.
〔輕快 경쾌〕 가뜬하고 상쾌함.

7 14 **輓** 끌 만 | 간 挽

중wǎn(완) 일バン 영draw, pull
풀이 ①끌다. 수레를 끎. ‖推輓(추만). ②만사(輓詞). 죽은 사람을 슬퍼하여 지은 글. ③늦다. ‖輓近(만근).
〔輓歌 만가〕 ①상여를 메고 갈 때 부르는 노래. 상엿소리. ②죽은 사람을 애도(哀悼)하는 노래. 挽歌(만가).
〔輓詞 만사〕 ➡輓章(만장).
〔輓章 만장〕 죽은 이를 슬퍼하여 지은 글. 輓詞(만사).

7 14 **輔** 도울 보 | 간 辅

중fǔ(°푸) 일ホ/たすける 영help
풀이 ①돕다. ‖輔佐(보좌). ②덧방나무. ③광대뼈. 협골(頰骨).
〔輔車相依 보거상의〕 《수레에서 덧방나무와 바퀴처럼 뗄 수 없다는 뜻으로》 긴밀한 관계를 맺으면서 서로 돕고 의지함.
〔輔國安民 보국안민〕 국정(國政)을 보필하여 백성을 편안하게 함.
〔輔導 보도〕 도와서 올바른 데로 이끌어 감. 補導(보도).
〔輔佐 보좌〕 윗사람의 곁에서 그 일을 도움. 補佐(보좌). ‖輔佐官(보좌관).
〔輔弼 보필〕 ①임금의 정사를 도움. ②윗사람의 일을 도움.

7 14 **輒** 문득 첩 | 간 辄

중zhé(°저) 일チョウ/すなわち 영suddenly
풀이 문득. 갑자기.

8 15 **輛** 수레 량 | 간 辆

중liàng(리앙) 일リョウ 영wagon
풀이 ①수레. ②수레의 수를 세는 단위.
◢車輛(차량)

8 15 **輦** 손수레 련 | 간 辇

중niǎn(니엔) 일レン 영handcart
풀이 손수레. ㉮사람이 끄는 수레. ㉯임금이나 황후가 타는 수레.
◢大輦(대련)/鳳輦(봉련)/素輦(소련)/玉輦(옥련)

8 15 **輪** 바퀴 륜 | 간 轮

㊥lún(룬) ㊐リン/わ ㊎wheel
자원 **회의 겸 형성자.** 車(수레 거)와 '조리', '순서'를 뜻하는 侖(륜)이 합쳐진 자. 수레바퀴는 여러 부품으로 구성되어 장착하는 데 일정한 순서가 필요하다는 데에서, '바퀴'를 나타냄. 車는 의미를 나타내고 侖은 의미와 음을 겸하여 나타냄.
풀이 ①바퀴. ‖輪軸(윤축). ②돌다. 구름. ‖輪廻(윤회). ③주위. 외곽(外郭). ‖輪廓(윤곽).
〔輪姦 윤간〕 한 여자를 여러 남자들이 돌려 가며 강간함.
〔輪廓 윤곽〕 ①일이나 사건의 대체적인 줄거리. ②사물의 테두리나 대강의 모습.
〔輪讀 윤독〕 여러 사람이 같은 글이나 책을 돌려 가며 읽음.
〔輪舞 윤무〕 여럿이 둥그렇게 둘러서서 추거나 돌면서 추는 춤. 圓舞(원무).
〔輪番 윤번〕 어떤 일을 차례로 번갈아 함. 또는, 그 차례.
〔輪作 윤작〕 ①같은 땅에 해마다 다른 작물을 번갈아 심음. ②같은 주제나 소재로 여러 작가가 돌아가며 글을 씀.
〔輪轉 윤전〕 바퀴가 돎. 또는, 바퀴처럼 돎. ‖輪轉機(윤전기).
〔輪禍 윤화〕 자동차·전동차 등의 육상 교통 기관에 의하여 입는 재해.
〔輪廻 윤회〕 ①순환(循環)하여 돎. ②불교에서, 사람과 짐승이 수레바퀴가 돌듯 세상에서 죽었다가 다시 태어나기를 되풀이하는 일.
◢競輪(경륜)/法輪(법륜)/雙輪(쌍륜)/年輪(연륜)/五輪(오륜)/車輪(차륜)/火輪(화륜)

* 8 15 **輞** 바퀴테 **망** ㉠辋

㊥wǎng(왕) ㊐ボウ ㊎felly
풀이 바퀴테. 수레바퀴의 바깥 둘레에 끼우는 테.

★*3-Ⅱ 8 15 **輩** 무리 **배** ㉠辈

丿 ㅋ ㅋl ㅋㅌ 非 韭 輩 輩

㊥bèi(뻬이) ㊐ハイ/やから ㊎fellow
자원 **회의 겸 형성자.** 새가 양 날개를 펴고 있는 모습의 상형인 非(비)와 車(수레 거)가 합쳐진 자로, 양쪽으로 나란히 줄지어 선 수레의 대열을 나타냄. 車는 의미를 나타내고 非는 의미와 음을 겸하여 나타냄.
풀이 ①무리. ②잇달아 나오다.
〔輩出 배출〕 인재를 길러서 내보냄.
◢徒輩(도배)/同輩(동배)/先輩(선배)/年輩(연배)/後輩(후배)

* 8 15 **輧** 수레 **병** ㉦軿

㊥píng(핑) ㊐ヘイ ㊎wagon
풀이 ①수레. 가벼운 병거(兵車) 또는 부인이 타는 수레. ②거마의 소리.

* 8 15 **輟** 그칠 **철** ㉠辍

㊥chuò(°추어) ㊐テツ ㊎stop
풀이 ①그치다. ㉭掇. ②꿰매다. 기움. ㉭綴.

* 8 15 **輜** 짐수레 **치** ㉠辎

㊥zī(쯔) ㊐シ ㊎wagon

★*3 8 15 **輝** 빛날 **휘** ㉠辉

丨 ⺌ ⺌ 光 光 光 輝 輝

㊥huī(후에이) ㊐キ/かがやく ㊎shine
자원 **형성자.** 光(광)은 의미를 나타내고 軍(군)은 음을 나타냄.
풀이 ①빛나다. ㉭煇. ②빛.
〔輝煌 휘황〕 광채가 눈부시게 빛남.
◢光輝(광휘)

*1 9 16 **輻** 바퀴살 **복***1 **부** ㉠辐

㊥fú(°푸) ㊐フク, フウ ㊎spoke
인명용 한자에서는 '폭'으로 발음하는 것을 인정하고 있음.
풀이 바퀴살.
〔輻射 복사〕 빛이나 열이 바퀴살 모양으로 한 점에서 사방으로 방출되는 현상. 放射(방사).
〔輻輳 폭주〕 《수레의 바퀴통에 바퀴살이 모이듯 한다는 뜻으로》 사물이 한 곳으로 몰려듦.

* 9 16 **輹** 복토 **복** ㉠輹

㊥fù(°푸) ㊐フク
풀이 복토(伏兎). 수레의 바닥 밑에 장치하여 수레와 굴대를 연결하는 나무.

★*3-Ⅱ 9 16 **輸** 나를 **수** ㊉유 ㉠输

亓 亘 車 車 輪 輸 輸 輸

㊥shū(°쑤) ㊐シュ, ユ ㊎carry
자원 **형성자.** 車(거)는 의미를 나타내고 兪(유)는 음을 나타냄.
풀이 ①나르다. ②지다. 패배(敗北)함.

〔輸送 수송〕 기차·자동차·배 등으로 사람이나 물건을 실어 보냄.
〔輸入 수입〕 ①물품을 다른 나라로부터 사들임. ②다른 나라의 사상·문화 등을 배워 들여옴.
〔輸出 수출〕 국내의 상품·기술 등을 다른 나라로 팔아 내보냄.
〔輸血 수혈〕 환자의 정맥에 건강한 사람의 피를 옮겨 넣음.
◢空輸(공수)/禁輸(금수)/密輸(밀수)/運輸(운수)

16 輭 輭(연)의 본자 →731쪽

*1
9 16 輳 모일 주 간 辏 輳

㊥còu(처우) ㊐ソウ ㊤gather
풀이 모이다.
◢輻輳(폭주)

*2
9 16 輯 모을 집 본즙 간 辑 輯

㊥jí(지) ㊐シュウ ㊤compile
풀이 ①모으다. ②모이다. 모여 화목함. ③화(和)하다. 안색을 부드럽게 함.
〔輯錄 집록〕 수집하여 기록함.
◢特輯(특집)/編輯(편집)

*
9 16 輴 초헌 헌

㊥xuān(쒸엔) ㊐コン, ケン
풀이 초헌(軺軒). 종2품 이상의 벼슬아치가 타던 수레.

★*3
10 17 輿 ❶수레 여 ❷가마 여 간 舆 輿

㊥yú(위) ㊐ヨ/こし ㊤wagon
갑 자원 회의자. 갑골문은 '네 손'과 '탈것'을 상형한 자로, '두 사람이 들고 있는 탈것', 즉 '가마'를 나타냄.
풀이 ❶①수레. ②싣다. ③땅. 대지(大地). ‖堪輿(감여). ④많다. 대중. ‖輿論(여론). ❷가마. 두 사람이 마주 메는 가마. ‖籃輿(남여).
〔輿論 여론〕 사회 대중의 공통된 의견.
〔輿馬 여마〕 임금이 타는 수레와 말.
〔輿望 여망〕 여러 사람의 기대를 받음. 또는, 그 기대.
〔輿地 여지〕 《'만물을 싣는 수레 같은 땅'이라는 뜻으로》 지구 또는 대지(大地).
◢堪輿(감여)/籃輿(남여)/喪輿(상여)

*
10 17 轅 끌채 원 간 辕 轅

㊥yuán(위엔) ㊐エン/ながえ ㊤thill
풀이 끌채. 큰 수레 양쪽 앞에 내민 두 개의 나무. 그 끝에 멍에를 겖.

*1
10 17 輾 돌 전 간 辗 輾

㊥zhǎn(°잔) ㊐テン ㊤turn
풀이 돌다. 절반(折半)을 돌아누움. ㉠展.
〔輾轉反側 전전반측〕 ➡輾轉不寐(전전불매).
〔輾轉不寐 전전불매〕 누워서 몸을 이리저리 뒤척이며 잠을 이루지 못함. 輾轉反側(전전반측).

*1
10 17 轄 비녀장 할 간 辖 轄

㊥xiá(시아) ㊐カツ/くさび
풀이 ①비녀장. ②관장(管掌)하다. 지배함. ‖管轄(관할).
◢管轄(관할)/所轄(소할)/直轄(직할)/統轄(통할)

11 18 轆 도르래 록 간 辘 轆

㊥lù(루) ㊐ロク ㊤pulley
풀이 ①도르래. 활차(滑車). ②도자기를 만드는 물레.
〔轆轤 녹로〕 ①도자기를 만들 때 쓰는, 나무로 된 회전 원반. ②두레박 등의 줄을 걸치는 도르래. ③우산의 꼭대기에 있으면서 우산을 펴고 오므리는 데 쓰는 것.

★*4
11 18 轉 구를 전 속 転 간 转 轉

㊥zhuǎn(°주안) ㊐テン/ころぶ ㊤roll
자원 형성자. 車(거)는 의미를 나타내고 專(전)은 음을 나타냄.
풀이 ①구르다. ㉮둥글게 돌다. 한 바퀴 돎. ‖回轉(회전). ㉯굴러 넘어지다. ②옮다. 변함. ‖變轉(변전). ㉮거처(居處)가 바뀌다. ‖移轉(이전). ㉯움직이다. 행동함. ㉰화(化)하다. 변화함. ‖轉移(전이).
〔轉嫁 전가〕 ①잘못이나 책임을 남에게 덮어씌움. ②시집을 두 번째로 감.
〔轉勤 전근〕 근무하는 직장을 옮김.
〔轉機 전기〕 전환점을 이루는 기회나 고비.
〔轉落 전락〕 《굴러 떨어진다는 뜻으로》 나쁜 상태나 타락한 상태에 빠짐.

[轉賣 전매] 샀던 물건을 도로 팖.
[轉補 전보] 같은 직급 안에서 다른 관직으로 임명됨.
[轉業 전업] 직업을 바꿈.
[轉役 전역] 군대에서, 지금까지 복무하던 역종(役種)에서 다른 역종으로 편입됨.
[轉用 전용] 예정되어 있는 곳에 쓰지 않고 다른 데에 돌려서 씀.
[轉移 전이] ①자리·위치 등을 다른 곳으로 옮김. ②사물이 변화함.
[轉入 전입] 학교·거주지 등을 다른 곳으로부터 옮겨 옴. ↔轉出(전출).
[轉籍 전적] 적(籍)을 옮김.
[轉轉 전전] 이리저리 굴러다니거나 옮겨 다님.
[轉注 전주] 한자 육서(六書)의 하나. 한자의 원뜻을 확대·발전시켜 다른 뜻으로 쓰는 방법.
[轉職 전직] 직책 또는 직업을 바꿈.
[轉出 전출] 학교·거주지 등을 다른 곳으로 옮겨 감. ↔轉入(전입).
[轉學 전학] 다른 학교로 옮겨 감.
[轉向 전향] 종래의 사상을 다른 것으로 바꿈.
[轉禍爲福 전화위복] 불행한 일을 당한 것이 오히려 좋은 일이 생기는 계기가 됨.
[轉換 전환] 다른 상태나 방향으로 바꿈.
◢公轉(공전)/空轉(공전)/反轉(반전)/變轉(변전)/逆轉(역전)/榮轉(영전)/運轉(운전)/流轉(유전)/移轉(이전)/自轉(자전)/回轉(회전)

12 19 轎 *1 가마 교 | 간 轿 轎

중jiào(찌아오) 일キョウ/かご
풀이 ①가마. 교자. ‖轎輿(교여). ②사람이 타는 작은 수레.
[轎軍 교군] 가마를 메는 사람.
[轎子 교자] 종1품 이상의 관리가 타던 가마. 平轎子(평교자).

12 19 轍 *1 바큇자국 철 | 간 辙 轍

중zhé(°저) 일テツ/わだち
풀이 ①바큇자국. ②흔적. 행적. 옛날의 법도.
[轍環天下 철환천하] 《수레를 타고 천하를 돌아다닌다는 뜻으로》 세계 각지를 여행함.
◢軌轍(궤철)/前轍(전철)

13 20 轗 가기 힘들 감 | 간 轗 轗

중kǎn(칸) 일カン
풀이 가기가 힘들다.

[轗軻 감가] ①길이 험하여 다니기가 힘듦. ②일이 뜻대로 안 되어 마음이 답답함. 坎坷(감가).

14 21 轟 *1 울릴 굉 본횡 | 간 轰 轟

중hōng(훙) 일ゴウ/とどろく
풀이 울리다.
[轟音 굉음] 크게 울리는 소리.

14 21 轝 * 가마 여 |

중yú(위) 일ヨ
풀이 ①가마. ②임금이 타는 수레.

14 21 轞 함거 함 | 간 轞 轞

중xiàn(씨엔) 일カン 영prison van
풀이 함거(轞車).
[轞車 함거] 사방을 널빤지로 막아 죄수를 호송하는 수레.

15 22 轢 * 삐걱거릴 력 | 간 轹 轢

중lì(리) 일レキ/ひく
풀이 ①삐걱거리다. ‖軋轢(알력). ②치다. 바퀴 밑에 깔아 갈아 부수다.
[轢死 역사] 차에 치여 죽음.
[轢殺 역살] 차로 깔아 죽임.
◢軋轢(알력)

15 22 轡 고삐 비 | 간 辔 轡

중pèi(페이) 일ヒ/くつわ 영rein
풀이 고삐. ‖鞍轡(안비).

16 23 轤 고패 로 | 간 轳 轤

중lú(루) 일ロ 영pulley
풀이 ①고패. 도르래. 활차(滑車). ‖轆轤(녹로). ②물레.
◢轆轤(녹로)

辛部 매울신

0 7 辛 ☆*3 매울 신 | 辛

丶 亠 亡 立 立 辛 辛

중xīn(씬) 일シン/からい
갑 자원 **상형자.** 죄인의 얼굴에 문신을 새기는 칼 종류의 형

7획

구(刑具)를 본뜬 자. 여기에서 '고통'의 뜻이 생겨남.
✎ 한자 부수의 하나.
[풀이] ①맵다. 매운맛. ‖辛味(신미). ②고생하다. 신고(辛苦)함. ‖艱辛(간신). ③천간(天干) 이름. 10간(干)의 여덟째. ‖辛卯(신묘).
〔辛苦 신고〕 어려운 일을 당하여 몹시 애씀. 또는, 그런 고생.
〔辛辣 신랄〕 ①맛이 맵고 아림. ②사물의 분석이나 비평 등이 매우 날카롭고 예리함.
〔辛未 신미〕 60갑자의 여덟째.
〔辛酸 신산〕 ①맛이 맵고 심. ②힘들고 고생스러운 세상살이의 비유.
〔辛勝 신승〕 경기 따위에서 힘들게 겨우 이김.
〔辛時 신시〕 이십사시의 스무째 시. 오후 6시 30분부터 7시 30분까지의 동안.

5 *1
12 **辜** 허물 **고** 辜

[중]gū(꾸) [일]コ/つみ [영]crime
[풀이] 허물. 죄(罪).
◢無辜(무고)

6
13 **辟** [1]임금 **벽** [2]피할 **피** 辟

[중]bì(삐), pì(피) [일]ヘキ, ヒ
[영]emperor
[갑]  [자원] **회의자.** 갑골문에서 보듯 왼쪽 부분은 꿇어앉아 있는 죄인을 나타내고 오른쪽 부분은 묵형(墨刑)을 가하는 형구를 나타냄. 본뜻은 '형벌'.
[풀이] [1]①임금. ②허물. 죄. ③부르다. ‖辟召(벽소). ④개간하다. ⑤없애다. ‖辟除(벽제). [2]피하다. [통]避.
〔辟穀 벽곡〕 곡식은 안 먹고 솔잎·대추·밤 등만 날로 조금씩 먹음. 또는, 그런 삶.
〔辟邪 벽사〕 요사스러운 귀신을 물리침.
〔辟除 벽제〕 지위가 높은 사람이 행차할 때, 잡인의 통행을 금하던 일.
◢復辟(복벽)

13 **辞** 辭(사)의 약자 →736쪽

7 *1
14 **辣** 매울 **랄** 辣

[중]là(라) [일]ラツ [영]hot
[풀이] 맵다.
◢辛辣(신랄)/惡辣(악랄)

9 ★*3
16 **辨** 분별할 **변** [본]釆 辨

[중]biàn(삐엔) [일]ベン/わきまえる
[자원] **형성자.** 刀(도)는 의미를 나타내고 辡(변)은 음을 나타냄.
[풀이] ①분별하다. 판단. 분별. ‖分辨(분변). ②따지다. 물어서 밝힘. ‖論辨(논변).
〔辨理 변리〕 일을 분별하여 처리함.
〔辨明 변명〕 ①잘못이나 실수에 대하여 구실을 대며 그 까닭을 말함. ②시비를 가려 밝힘. 辨白(변백).
〔辨別 변별〕 서로 비슷한 것들 사이의 차이를 가려냄.
〔辨償 변상〕 ①남에게 입힌 손해를 물어 줌. 賠償(배상). ②빚을 갚음. 辨濟(변제).
〔辨正 변정〕 옳고 그른 것을 따져 바로잡음. 卞正(변정).
〔辨濟 변제〕 ➡辨償(변상)②.
〔辨證 변증〕 ①변별하여 증명함. ②직관 또는 경험에 의하지 않고 개념을 분석하여 사리를 연구함.
◢論辨(논변)/分辨(분변)/思辨(사변)

9 *1
16 **辦** 힘쓸 **판** [본]변 [간]办 辦

[중]bàn(빤) [일]ベン/つとめる
[영]make efforts
[풀이] ①힘쓰다. 힘써 일함. ②갖추다. 준비함. ③주관(主管)하다. ‖總辦(총판). ④판별하다. [같]辨.
〔辦公 판공〕 공무를 처리함. ‖辦公費(판공비).
〔辦務 판무〕 어떤 기관에서 맡은 사무를 처리함.
〔辦備 판비〕 변통하여 준비함.
◢買辦(매판)

12 ★*4
19 **辭** 말씀 **사** [약][간]辞 辭

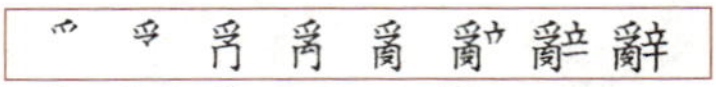

[중]cí(츠) [일]ジ/ことば [영]words
[금]  [전]  [자원] **회의자.** 𤔔(란)과 辛(신)이 합쳐진 자. 𤔔은 한 손에 실감개를 들고 다른 한 손으로 실을 고르는 모습을 나타낸 자로 '다스리다'의 뜻이 파생되었고, 辛은 묵형(墨刑)에 사용되는 도구로 '죄(罪)'의 뜻이 파생됨. 본뜻은 '죄를 다스리다'.
[풀이] ①말씀. 말. ‖文辭(문사). ②사양하다. ‖固辭(고사). ③헤어지다. 이별함. ④문체(文體)의 하나. 운문(韻文)의 한 가지로, 소(騷)의 변체. ‖秋風辭(추풍사).
〔辭令 사령〕 공직의 인사에 관한 공식적인 발령.
〔辭書 사서〕 ➡辭典(사전).
〔辭說 사설〕 ①길게 늘어놓는 잔소리나

푸념. ②판소리 따위에서, 연기자가 이야기하듯 엮어 나가는 말.

〔辭讓 사양〕 겸손하여 응하지 않거나 받지 않음.

〔辭讓之心 사양지심〕 사단(四端)의 하나. 사양할 줄 아는 마음.

〔辭緣 사연〕 편지나 말의 내용.

〔辭意 사의〕 사퇴할 의사(意思).

〔辭任 사임〕 맡아보던 일자리를 스스로 내놓고 물러남.

〔辭典 사전〕 단어를 일정한 순서로 배열하여 싣고, 그 각각의 발음·의미·어원·용법 등을 설명한 책. 辭書(사서).

〔辭職 사직〕 직무를 내놓고 물러남.

〔辭退 사퇴〕 ①어떤 일을 그만두고 물러남. ②응하지 않고 물리침.

〔辭表 사표〕 사직의 뜻을 적어 내는 문서.

◢歌辭(가사)/開會辭(개회사)/謙辭(겸사)/固辭(고사)/答辭(답사)/美辭(미사)/頌辭(송사)/修辭(수사)/式辭(식사)/言辭(언사)/接辭(접사)/弔辭(조사)/讚辭(찬사)/祝辭(축사)/致辭(치사)

★✱4
14
21 **辯** 말 잘할 **변** | 간 辨

중biàn(삐엔) 일ベン

자원 **형성자.** 言(언)은 의미를 나타내고 辡(변)은 음을 나타냄.

풀이 ①말을 잘하다. ‖辯士(변사). ②밝히다. ③분별하다. ④말다툼하다. ⑤말하다.

〔辯論 변론〕 ①옳고 그름을 분명하게 가려서 말함. ②피고를 위하여 변호인이 법정에서 변호하는 말.

〔辯士 변사〕 ①말솜씨가 있어 말을 잘하는 사람. ②무성 영화를 상영할 때, 대사를 말하거나 그 줄거리를 설명하는 사람.

〔辯護 변호〕 ①어떤 사람에게 유리하도록 편들어서 말함. ②법정에서, 검사의 공격으로부터 피고인의 이익을 옹호하는 일. ‖辯護士(변호사).

◢強辯(강변)/口辯(구변)/詭辯(궤변)/論辯(논변)/訥辯(눌변)/能辯(능변)/多辯(다변)/達辯(달변)/代辯(대변)/雄辯(웅변)/抗辯(항변)

辰部 별진

☆✱3-Ⅱ
0
7 **辰** 1별 **진**☆✱3-Ⅱ 본신 2별 **신**✱3-Ⅱ

중chén(°천) 일シン 영star

갑 자원 **상형자.** 조개를 본뜬 자. 갑골문에서 삼각형이 조개껍데기, 두 개의 빗금이 조갯살을 나타냄. 또는, 조개껍데기로 만든 농기구로 보기도 함. 뒷날 간지로 쓰이게 되면서 본뜻을 보존하기 위해 만든 자가 '蜃'(무명조개 신)임.

부 한자 부수의 하나.

풀이 1①별. 다섯째 지지. 띠로는 용, 방위로는 동남동, 달로는 3월, 시각으로는 오전 7시에서 9시 사이에 해당함. ‖辰宿(진수). ②별 이름. 2①별. 성신(星辰). ②북극성. 북신(北辰). ‖星辰(성신). ③날. 날을 받음. 택일. ‖生辰(생신).

〔辰星 진성〕 '수성(水星)'의 이칭.

〔辰宿 진수〕 온갖 별자리의 별들. 星宿(성수).

〔辰時 진시〕 ①십이시의 다섯째 시. 오전 7시부터 9시까지의 동안. ②이십사시의 아홉째 시. 오전 7시 30분부터 8시 30분까지의 동안.

◢佳辰(가신)/吉辰(길신)/生辰(생신)/星辰(성신)/日辰(일진)

7획

★✱3-Ⅱ
3
10 **辱** 욕될 **욕**

중rǔ(°루) 일ヨク/はずかしめる 영disgrace

자원 **회의자.** 농기구로 사용되었던 조개껍데기인 辰(신)과 그것을 든 손을 나타내는 寸(촌)이 합쳐진 자로, 풀을 벤다는 뜻을 나타냄. 뒷날 '치욕'의 뜻으로 가차됨.

풀이 ①욕되게 하다. 남에게 대한 겸사(謙辭). ‖辱友(욕우). ②욕보이다. ③욕. 수치. ‖恥辱(치욕).

〔辱說 욕설〕 욕하는 말.

◢困辱(곤욕)/屈辱(굴욕)/凌辱(능욕)/侮辱(모욕)/逢辱(봉욕)/雪辱(설욕)/榮辱(영욕)/汚辱(오욕)/忍辱(인욕)/恥辱(치욕)

☆✱7
6
13 **農** 농사 **농** | 간 农

중nóng(눙) 일ノウ 영agriculture

갑 금 자원 **회의자.** 갑골문은 林(림)과 辰(신), 금문은 田(밭 전)과 두 손의 상형인 臼(국)과 농기구로 쓰인 조개껍데기인 辰(신)이 합쳐진 자로, 숲이나 밭에서 농기구로 일하는 것을 나타냄.

풀이 ①농사. 농업. 경작(耕作). ‖大農(대농). ②농부. 농민. ‖貧農(빈농). ③경작하다.
〔農家 농가〕 농업으로 생계를 꾸려 가는 집.
〔農耕 농경〕 논밭을 갈아 농사를 지음.
〔農功 농공〕 농사짓는 일.
〔農具 농구〕 농사를 짓는 데 쓰는 기구. 農器(농기).
〔農旗 농기〕 농촌에서, 주요한 농사일을 할 때 풍물을 치며 세우던 기.
〔農幕 농막〕 농사짓는 데 편리하도록 논밭 근처에 간단하게 지은 집.
〔農民 농민〕 농업을 직업으로 하는 사람.
〔農繁期 농번기〕 농사일이 가장 바쁜 시기. ↔農閑期(농한기).
〔農夫 농부〕 농사를 짓는 사람.
〔農事 농사〕 논밭을 갈아 농작물을 심고 가꾸는 일.
〔農產物 농산물〕 농업에 의하여 생산된 물품.
〔農樂 농악〕 농촌에서 농부들 사이에서 행하여지는, 우리나라 고유의 음악.
〔農藥 농약〕 농작물의 병충해를 예방·구제하는 약품.
〔農業 농업〕 농작물을 심고 가꾸는 직업이나 산업.
〔農者 농자〕 농사. 또는 농업.
〔農作物 농작물〕 논밭에 심어 가꾸는 곡식이나 채소.
〔農場 농장〕 영리를 목적으로 일정한 시설을 갖추고 과수·화초를 가꾸거나 가축을 기르는 곳.
〔農地 농지〕 농사를 짓는 땅.
〔農村 농촌〕 주민의 대부분이 농업에 종사하는 지역이나 마을.
〔農土 농토〕 농사짓는 땅.
〔農閑期 농한기〕 농사일이 바쁘지 않은 시기. ↔農繁期(농번기).
◢勸農(권농)/歸農(귀농)/酪農(낙농)/大農(대농)/富農(부농)/貧農(빈농)/小農(소농)/小作農(소작농)/營農(영농)/離農(이농)/自作農(자작농)

辵部 갖은책받침 辵⻌

0 7 **辵** 쉬엄쉬엄 갈 **착**

㊥chuò(°추어) ㊐チャク

갑 금 전 자원 **회의자.** 갑골문은 '네거리'의 상형인 行(행)과 止(발 지)가 합쳐진 '길 가는 모습'을 나타냄. 금문과 소전에서 조금씩 변형되어 오늘날의 자형이 됨.

한자 부수의 하나. 받침으로 쓰일 때에는 자형이 '⻌'의 꼴로 바뀜.
풀이 ①쉬엄쉬엄 가다. ②달리다. ③뛰어넘다.

6 **辺** 邊(변)의 속자 →754쪽

*1
3 7 **迅** 빠를 **신** 간 迅

㊥xùn(쉰) ㊐ジン/はやい ㊇quick
풀이 빠르다. 신속함.
〔迅雷 신뢰〕 매우 맹렬한 우레.
〔迅速 신속〕 매우 빠름.

*1
3 7 **迂** 멀 **우** 간 迂

㊥yū(위) ㊐ウ/まわりどおい ㊇far
풀이 ①멀다. ㉮길이 멀다. 빙 돌아 멂. ‖迂廻(우회). ㉯현실에 둔하다. 물정에 어두움. ‖迂闊(우활). ②굽히다. 기세를 꺾다.
〔迂餘曲折 우여곡절〕 복잡하게 뒤얽힌 사정.
〔迂迴 우회〕 멀리 돌아감. 迂回(우회).

7 **迆** 迤(이)와 동자 →740쪽

3 7 **迄** 이를 **흘** 간 迄

㊥qì(치) ㊐キツ/いたる
풀이 이르다. 도달함.

☆*6
4 8 **近** ❶가까울 **근** ❷가까이할 **근** 간 近

丿 亻 斤 斤 䜣 䜣 䜣 近

㊥jìn(찐) ㊐キン, コン/ちかい ㊇near to
자원 **형성자.** 辵(착)은 의미를 나타내고 斤(근)은 음을 나타냄.
풀이 ❶①가깝다. ‖近郊(근교)/最近(최근). ②가까운 것. 집안. 친척. ‖近親(근친). ❷가까이하다. 친하게 지냄. ‖親近(친근).
〔近刊 근간〕 최근에 출판함. 또는, 그런 간행물.
〔近距離 근거리〕 가까운 거리.
〔近景 근경〕 가까이 보이는 경치. ↔遠景(원경).
〔近郊 근교〕 도시에 가까운 변두리 지역.
〔近年 근년〕 최근의 몇 해.
〔近代 근대〕 얼마 지나가지 않은 가까운 시대.
〔近東 근동〕 유럽에 가까운 이집트·이

라크·터키·시리아·이스라엘 등 동양 여러 나라가 있는 지역.
〔近來 근래〕 가까운 요즈음. 요사이.
〔近隣 근린〕 가까운 이웃.
〔近墨者黑 근묵자흑〕《먹을 가까이하면 검어진다는 뜻으로》 좋지 못한 사람과 가까이 지내면 악에 물들기 쉬움.
〔近方 근방〕 어느 곳에서 가까운 곳.
〔近似 근사〕 ①아주 비슷함. ②그럴듯하게 멋짐.
〔近似値 근사치〕 어떤 기준에 가깝거나 비슷한 수치나 상태. 근삿값.
〔近世 근세〕 중세와 현대의 중간 시대.
〔近視 근시〕 먼 데 있는 것이 뚜렷이 보이지 않는 시력 상태.
〔近臣 근신〕 임금을 측근에서 모시는 신하. 近侍(근시).
〔近衛 근위〕 임금을 측근에서 호위함.
〔近日 근일〕 ①미래의 매우 가까운 날. ②과거의 매우 가까운 날.
〔近者 근자〕 요 얼마 되는 동안.
〔近接 근접〕 가까이 다가감.
〔近處 근처〕 가까운 곳.
〔近親 근친〕 가까운 친족.
〔近海 근해〕 육지에 가까운 바다.
〔近況 근황〕 요즈음의 상황이나 형편.
◢附近(부근)/卑近(비근)/遠近(원근)/隣近(인근)/接近(접근)/至近(지근)/最近(최근)/側近(측근)/親近(친근)

★*3
4 8 **返** 돌아올 **반** 간 返 返

一 厂 反 反 `反 `返 返 返

㊥fǎn(°판) ㊐ヘン/かえる ㊎return
자원 **회의 겸 형성자.** 辶(쉬엄쉬엄 갈 착)과 反(돌이킬 반)이 합쳐진 자로, 반대 방향으로 돌아옴을 나타냄. 辶은 의미를 나타내고 反은 의미와 음을 겸하여 나타냄.
풀이 ①돌아오다. 되돌아옴. ‖往返(왕반). ②돌려주다. ‖返納(반납). ③고치다. 다시 함.
〔返納 반납〕 빌린 것을 도로 돌려줌.
〔返戾 반려〕 ➡返還(반환).
〔返送 반송〕 잘못 전달된 물건을 돌려 보냄.
〔返信 반신〕 회답하는 편지나 전보 등의 통신.
〔返品 반품〕 사거나 주문하여 받은 물품을 되돌려 보냄. 또는, 그 물품.
〔返還 반환〕 빼앗거나 빌린 것을 도로 돌려줌. 返戾(반려).

4 8 **迓** 마중할 **아** 간 迓 迓

㊥yà(야) ㊐ガ/むかえる ㊎meet
풀이 마중하다.

☆*4
4 8 **迎** ❶맞을 **영** ❷마중할 **영** 간 迎 迎

′ ㄷ 卬 卬 `卬 `卬 迎 迎

㊥yíng(잉) ㊐ゲイ/むかえる ㊎receive
자원 **형성자.** 辶(착)은 의미를 나타내고 卬(앙)은 음을 나타냄.
풀이 ❶①맞다. ‖送舊迎新(송구영신). ②헤아리다. 추산함. ‖迎合(영합). ❷마중하다. 마중 나감. ‖送迎(송영).
〔迎賓 영빈〕 귀한 손님을 맞이함.
〔迎新 영신〕 ①새로운 것을 맞이함. ②새해를 맞음. 迎年(영년).
〔迎入 영입〕 주로 정치인이나 인물을 맞아들임.
〔迎接 영접〕 손님을 맞아서 대접함.
〔迎春 영춘〕 봄을 맞이함.
〔迎合 영합〕 자기 주장을 상대방이나 세상 풍조에 맞춤.
◢送迎(송영)/歡迎(환영)

*2
5 9 **迦** 부처 이름 **가** 간 迦 迦

㊥jiā(찌아) ㊐カ, ガ ㊎buddha
풀이 부처 이름. 범어 kya의 음역. ‖釋迦(석가).
〔迦藍 가람〕 승려가 살면서 불도를 닦는 곳. 伽藍(가람).
◢釋迦(석가)

7획

*
5 9 **迲** ㊟자래 **겁**

풀이 자래. 나뭇단을 세는 단위.

★*3-Ⅱ
5 9 **迫** 다그칠 **박** 간 迫 迫

′ 亻 白 白 白 `白 迫 迫

㊥pò(포) ㊐ハク/せまる ㊎press
자원 **형성자.** 辶(착)은 의미를 나타내고 白(백)은 음을 나타냄.
풀이 ①다그치다. 핍박함. ‖迫害(박해). ②궁하다. 군색함. ‖窮迫(궁박).
〔迫頭 박두〕 기일이나 시기가 가까이 닥쳐옴.
〔迫力 박력〕 힘차게 밀고 나가는 힘.
〔迫切 박절〕 인정이 없고 야박함.
〔迫眞 박진〕 예술 작품의 표현 등이 진실에 가까움. ‖迫眞感(박진감).
〔迫害 박해〕 힘이나 권력을 가지고 약한 사람을 괴롭히거나 해를 입힘.
◢強迫(강박)/驅迫(구박)/急迫(급박)/緊迫(긴박)/壓迫(압박)/切迫(절박)/促迫(촉박)/逼迫(핍박)/脅迫(협박)

5 ★★3-Ⅱ
9 **述** 지을 **술** ㉮述

一 十 才 朮 术 `术 `述 述

㊥shù(°쑤) ㊐ジュツ/のべる ㊢write
자원 **형성자.** 辵(착)은 의미를 나타내고 朮(출)은 음을 나타냄.
풀이 ①짓다. 글을 지음. ‖著述(저술). ②말하다.
〔述語 술어〕 한 문장에서 주어의 움직임·상태·성질 등을 서술하는 말. 敍述語(서술어).
〔述懷 술회〕 마음속에 품고 있는 여러 가지 생각을 말함.
◢口述(구술)/記述(기술)/論述(논술)/詳述(상술)/敍述(서술)/略述(약술)/著述(저술)/陳述(진술)/撰述(찬술)

5
9 **迤** 비스듬할 **이** ㉯迆 ㉮迤

㊥yǐ(이) ㊐イ/ななめ ㊢slant
풀이 비스듬하다.

5 *
9 **迪** 나아갈 **적** ㉮迪

㊥dí(디) ㊐テキ/すすむ ㊢advance
풀이 ①나아가다. ②길.

5 *1
9 **迭** 갈마들 **질** ㉮迭

㊥dié(디에) ㊐テツ/かわる ㊢alternate
풀이 갈마들다. 번갈아 듦.
◢更迭(경질)

5
9 **迢** 멀 **초** ㉮迢

㊥tiáo(티아오) ㊐チョウ/はるか
풀이 멀다. ‖迢遠(초원).

5
9 **迨** 미칠 **태** ㉮迨

㊥dài(따이) ㊐タイ/およぶ ㊢reach
풀이 미치다. 이름. ㉰逮.

5
9 **迥** 멀 **형** ㉱逈 ㉮迥

㊥jiǒng(지웅) ㊐ケイ/はるか ㊢far
풀이 멀다. 아득함. ‖迥遠(형원).

6 *
10 **适** 빠를 **괄**

㊥kuò(쿠어) ㊐カツ/はやい ㊢quick
풀이 빠르다.

10 **迺** 乃(내)와 동자 →13쪽

6 ★★4
10 **逃** 달아날 **도** ㉮逃

丿 ㇀ 㐅 兆 兆 `兆 逃 逃

㊥táo(타오) ㊐トウ/のがれる ㊢escape
자원 **형성자.** 辵(착)은 의미를 나타내고 兆(조)는 음을 나타냄.
풀이 달아나다. ㉮도망치다. ㉯피하다.
〔逃亡 도망〕 피하거나 쫓겨 달아남.
〔逃走 도주〕 죄지은 사람이 잡히지 않으려고 달아남.
〔逃避 도피〕 도망하여 몸을 피함.

6 ★★3
10 **迷** 미혹할 **미** ㉮迷

丶 丷 䒑 半 米 `米 迷 迷

㊥mí(미) ㊐メイ/まよう ㊢confused
자원 **형성자.** 辵(착)은 의미를 나타내고 米(미)는 음을 나타냄.
풀이 미혹하다. ㉮헷갈리다. 판단이 흐림. ㉯길을 잃어 헤매다.
〔迷宮 미궁〕 ①들어가면 나올 길을 쉽게 찾을 수 없게 되어 있는 곳. ②사건 따위가 얽혀서 쉽게 해결할 수 없는 상태.
〔迷路 미로〕 ①어지럽게 갈래가 져서, 한번 들어가면 다시 빠져나오기 어려운 길. 迷道(미도). ②해결할 방법을 찾을 수 없어 곤란한 상태.
〔迷妄 미망〕 사리에 어두워 갈피를 잡지 못하고 헤맴.
〔迷信 미신〕 종교적·과학적으로 근거가 없고 헛된 것을 어리석게 믿음.
〔迷兒 미아〕 ①길을 잃은 아이. ②(‘변변치 못한 아이’란 뜻으로) 남에게 대한 자기 자식의 겸칭. 迷息(미식).
〔迷惑 미혹〕 ①무엇에 홀려 정신을 차리지 못함. ②정신이 헷갈려 갈팡질팡 헤맴.
◢頑迷(완미)/昏迷(혼미)

6
10 **迸** 솟아나올 **병** ㉲迸 ㉮迸

㊥bèng(뻥) ㊐ホウ/ほとばしる
풀이 솟아나오다.

6 ☆*4-Ⅱ
10 **送** 보낼 **송** ㉮送

丿 八 亼 亼 关 `关 送 送

[중]sòng(쑹) [일]ソウ/おくる [영]send
[자원] **형성자.** 辵(쉬엄쉬엄 갈 착)은 의미를 나타내고 关(잉)은 음을 나타냄.
[풀이] 보내다. ㉮사람을 보내다. ㉯물품을 보내다. 증정(贈呈)함.
〔送稿 송고〕 원고(原稿)를 보냄.
〔送舊迎新 송구영신〕 묵은 해를 보내고 새해를 맞음.
〔送金 송금〕 돈을 부쳐 보냄.
〔送年 송년〕 한 해의 마지막 무렵을 보냄. ‖送年會(송년회).
〔送達 송달〕 편지·물건 등을 부쳐 보냄. 送付(송부).
〔送料 송료〕 물건을 부치는 데에 드는 요금.
〔送別 송별〕 떠나는 사람을 이별하여 보냄. 餞別(전별).
〔送信 송신〕 통신을 보냄.
〔送迎 송영〕 보냄과 맞음.
〔送電 송전〕 발전소에서 생산된 전력을 변전소로 보냄.
〔送致 송치〕 사건의 피의자나 관련 서류를 검찰이나 상급 기관에 보냄.
〔送還 송환〕 전쟁 포로나 불법으로 입국한 사람을 돌려보냄.
◪返送(반송)/發送(발송)/放送(방송)/奉送(봉송)/輸送(수송)/押送(압송)/郵送(우송)/運送(운송)/葬送(장송)/電送(전송)/託送(탁송)/護送(호송)/歡送(환송)/後送(후송)

☆✱4-Ⅱ
6 10 **逆** 거스를 **역** [간] 逆

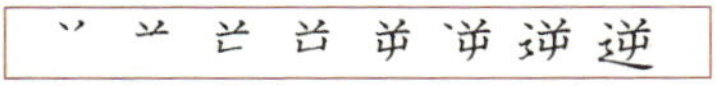

[중]nì(니) [일]ギャク, ゲキ/さからう
[영]disobey
[자원] **형성자.** 辵(착)은 의미를 나타내고 屰(역)은 음을 나타냄.
[풀이] ①거스르다. ‖逆天(역천). ②맞이하다. ③역(逆). 사리·순서가 뒤바뀌는 일. 거꾸로.
〔逆境 역경〕 일이 뜻대로 되지 않는 불운한 처지.
〔逆流 역류〕 ①물이 거꾸로 흐름. 또는, 그 물. ②흐름을 거슬러 올라감.
〔逆謀 역모〕 반역을 꾀함.
〔逆說 역설〕 ①반대되는 의론. 異說(이설). 異論(이론). ②언뜻 보기에는 진리에 어긋나는 것 같으나, 음미해 보면 진리가 내포되어 있는 말.
〔逆順 역순〕 거꾸로 된 순서.
〔逆襲 역습〕 공격을 당하던 편이 공격에 나섬.
〔逆賊 역적〕 자기 나라나 임금에게 반역하는 사람.
〔逆轉 역전〕 형세가 뒤바뀜.
〔逆情 역정〕 몹시 언짢거나 못마땅하여 내는 성.
〔逆調 역조〕 일의 진행이 나쁜 방향으로 되어 감.
〔逆風 역풍〕 거슬러 부는 바람. ↔順風(순풍).
〔逆行 역행〕 일정한 방향·체계·차례·진행에 거슬러서 나아가거나 행동함.
〔逆效果 역효과〕 기대한 바와는 반대의 효과.
◪拒逆(거역)/大逆(대역)/莫逆(막역)/反逆(반역)/背逆(배역)/悖逆(패역)

✱
6 10 **逹** [1]분포할 **율** [2]세울 **건**

[중]yù(위) [일]イツ, イチ
[풀이] [1]①분포하다. ②가는 모양. [2]세우다. 建(건)의 속자.

✱1
6 10 **迹** 자취 **적** [간] 迹

[중]jì(찌) [일]セキ/あと [영]trace
[풀이] 자취. 흔적.
◪軌迹(궤적)/遺迹(유적)/人迹(인적)/足迹(족적)/蹤迹(종적)/筆迹(필적)/行迹(행적)/痕迹(흔적)

☆✱3-Ⅱ
6 10 **追** 쫓을 **추** [간] 追

[중]zhuī(°쭈에이) [일]ツイ/おう
[영]pursue
[자원] **형성자.** 辵(착)은 의미를 나타내고 自(퇴)는 음을 나타냄.
[풀이] ①쫓다. ㉮뒤쫓아가다. ‖追跡(추적). ㉯쫓아 버리다. ㉰미치다. 추급(追及)함. ㉱따르다. 추종함. ②추모(追慕)하다.
〔追加 추가〕 나중에 더하여 보탬.
〔追擊 추격〕 도망하는 적을 뒤쫓아 공격함.
〔追求 추구〕 목적을 이룰 때까지 노력하여 구함.
〔追念 추념〕 ①지나간 일을 생각함. ②죽은 사람을 생각함.
〔追悼 추도〕 죽은 사람을 생각하여 슬퍼함. ‖追悼式(추도식).
〔追突 추돌〕 자동차나 기차가 다른 자동차나 기차를 뒤에서 들이받음.
〔追慕 추모〕 죽은 사람을 생각하여 그리워함.
〔追放 추방〕 사람이나 대상을 일정한 지역이나 조직 밖으로 쫓아냄.
〔追肥 추비〕 덧거름.
〔追想 추상〕 ➡追憶(추억).
〔追伸 추신〕《뒤에 덧붙여 말한다는 뜻으로》편지의 끝에 더 쓰고 싶은 것이 있을 때 그 앞에 쓰는 말. 追啓(추계).

7획

追白(추백).
〔追憶 추억〕 지나간 일을 돌이켜 생각함. 또는, 그 생각. 追想(추상).
〔追跡 추적〕 뒤를 밟아 쫓아감.
〔追從 추종〕 권력·금력이 있는 사람에게 알랑거려 붙좇음.
〔追徵 추징〕 부족한 것을 뒤에 추가하여 징수함.
〔追後 추후〕 일이 지나간 후 얼마 뒤.
◢訴追(소추)

☆✱4-Ⅱ 6 10 **退** 물러날 **퇴** 간 退

ㄱ ㅋ 㔾 㔾 艮 ˋ艮 ˋ艮 退

중tuì(투에이) 일タイ/しりぞく 영retreat

갑 금 전 **자원** **회의자.** 갑골문은 內(내)와 止(지)가 합쳐진 자로, '밖에서 돌아와 집에서 쉬고 있는 모양'을 나타냄. 본뜻은 '돌아오다'이며, '물러서다'는 파생된 뜻임. 소전에서 彳(척)과 日(일)과 夊(치)로 변했다가 현재의 자형으로 바뀜.

풀이 물러나다. ㉮뒤로 물러나다. 후퇴함. ‖退進(퇴진). ㉯그만두다. 은퇴함. ㉰줄다. 감퇴함. ㉱쇠약해지다.
〔退却 퇴각〕 ①싸움이나 일에서 뒤로 물러남. ②물리쳐 받지 않음.
〔退去 퇴거〕 살고 있던 곳을 떠나감.
〔退闕 퇴궐〕 대궐에서 물러 나옴. ↔入闕(입궐).
〔退勤 퇴근〕 근무를 마치고 물러나옴.
〔退步 퇴보〕 ①뒤로 물러감. ②전의 상태보다 나빠짐. ↔進步(진보).
〔退社 퇴사〕 근무하는 회사를 그만둠. ↔入社(입사).
〔退色 퇴색〕 물체의 색깔이 바래어 흐릿해짐.
〔退役 퇴역〕 군인이 현역에서 물러남.
〔退院 퇴원〕 입원했던 사람이 병원에서 나옴. ↔入院(입원).
〔退位 퇴위〕 ①왕위에서 물러남. ↔卽位(즉위). ②관위에서 물러남.
〔退任 퇴임〕 비교적 높은 직책이나 임무에서 물러남.
〔退場 퇴장〕 ①어떤 장소에서 나감. ↔入場(입장). ②연극 등에서 등장인물이 무대 밖으로 나감. ↔登場(등장).
〔退職 퇴직〕 현직에서 물러남.
〔退陣 퇴진〕 ①군대의 진지를 뒤로 물림. ②진용을 갖춘 구성원 전체나 그 책임자가 물러남.
〔退出 퇴출〕 내몰아 그만두게 함.
〔退治 퇴치〕 전염병이나 부정적 현상 등을 물리쳐 없앰.
〔退化 퇴화〕 ①진보 이전의 상태로 되돌아감. 退行(퇴행). ②생물체의 기관이나 조직이 쇠퇴하거나 없어짐. ↔進化(진화).
◢減退(감퇴)/擊退(격퇴)/辭退(사퇴)/勇退(용퇴)/隱退(은퇴)/一進一退(일진일퇴)/早退(조퇴)/中退(중퇴)/進退(진퇴)/脫退(탈퇴)/敗退(패퇴)/後退(후퇴)

✱ 10 **逈** 迥(형)의 속자 →740쪽

10 **廻** 回(회)와 동자 →144쪽

✱1 6 10 **逅** 만날 **후** 간 逅

중hòu(허우) 일コウ/あう 영meet
풀이 만나다. 기약 없이 만남.
◢邂逅(해후)

✱ 7 11 **逕** 좁은 길 **경** 간 迳

중jìng(찡) 일ケイ/こみち
풀이 좁은 길. 소로(小路).
◢石逕(석경)

✱ 7 11 **逑** 짝 **구** 간 逑

중qiú(치우) 일キュウ/つれあい
풀이 ①짝. 부부(夫婦). 배필(配匹). ②모으다. 모임. 같鳩.

★✱3-Ⅱ 7 11 **途** 길 **도** 간 途

ノ 人 亼 仐 余 ˋ余 ˋ余 途

중tú(투) 일ト/みち 영road
자원 **형성자.** 辵(착)은 의미를 나타내고 余(여)는 음을 나타냄.
풀이 길. 도정(道程).
〔途上 도상〕 ①길 위. ②일이 진행되는 과정. 道上(도상).
〔途中 도중〕 ①길을 가고 있는 동안. 道中(도중). ②일을 계속하고 있는 동안. 中途(중도).
◢壯途(장도)/前途(전도)/中途(중도)

✱ 7 11 **逗** 머무를 **두** 간 逗

중dòu(떠우) 일トウ/とどまる 영stay
풀이 머무르다. 묵음. ‖逗留(두류).

☆✱4-Ⅱ 7 11 **連** 이을 **련** 간 连

一 亓 百 亘 車 連 連 連

㊥lián(리엔) ㊐レン/つらなる
㊎connect

자원 **회의자.** 車(수레 거)와 나아감을 나타내는 辵(착)이 합쳐진 자로, 수레 여러 대가 줄지어 감을 나타냄. 본뜻은 '잇다'.

풀이 ①잇다. ②연합(聯合)하다. ③동행. 동반자.

〔連結 연결〕 서로 이어 맺음.
〔連帶 연대〕 ①서로 연결함. ②공동으로 책임을 짐.
〔連絡 연락〕 ①서로 관계를 맺음. ②정보 따위를 전함. 聯絡(연락).
〔連累 연루〕 남의 범죄에 관련됨. 連坐(연좌).
〔連峯 연봉〕 죽 이어져 있는 산봉우리.
〔連續 연속〕 끊임없이 죽 잇거나 지속함.
〔連鎖 연쇄〕 ①양쪽을 연결하는 사슬. ②여러 개가 사슬처럼 이어져 통일체를 이룸. ‖連鎖反應(연쇄 반응).
〔連勝 연승〕 싸움이나 경기에서 계속하여 이김.
〔連日 연일〕 여러 날을 계속하여.
〔連任 연임〕 임기를 마친 사람이 다시 그 자리에 임용됨.
〔連載 연재〕 신문·잡지 등에 긴 글을 여러 번에 나누어 연달아 싣는 일.
〔連戰連勝 연전연승〕 싸울 때마다 계속하여 이김. 連戰連捷(연전연첩).
〔連坐 연좌〕 ①여러 사람이 자리에 잇대어 앉음. ② ➡連累(연루). ③한 사람의 범죄에 대하여 관련된 몇 사람이 연대 책임을 지고 처벌됨.
〔連打 연타〕 연달아 때리거나 침.
〔連判 연판〕 연명(連名)하여 도장을 찍음. ‖連判狀(연판장).
〔連敗 연패〕 연달아 짐.
〔連行 연행〕 경찰이나 검찰이 범죄자를 수사 기관으로 데려감.
〔連休 연휴〕 이틀 이상 계속되는 휴일.
◢結連(결련)/關連(관련)/一連(일련)

7 *1
11 **逞** 굳셀 **령** ㊌**정** | ㉿逞 逞

㊥chěng(°청) ㊐テイ/たくましい

풀이 ①굳세다. ②멋대로 하다.
◢不逞(불령)

7 ☆*3-Ⅱ
11 **逢** 만날 **봉** | ㉿逢 逢

ノ ク 夂 夆 夆 逢 逢 逢

㊥féng(°펑) ㊐ホウ/あう

자원 **형성자.** 辵(착)은 의미를 나타내고 夆(봉)은 음을 나타냄.

풀이 만나다. 상봉(相逢)함.
〔逢變 봉변〕 뜻밖의 변이나 망신스러운 일을 당함.
〔逢辱 봉욕〕 욕된 일을 당함.
〔逢着 봉착〕 어떤 처지나 상태에 부닥침.
◢相逢(상봉)

7 ★*3
11 **逝** 갈 **서** ㊌**제** | ㉿逝 逝

㊥shì(°쓰) ㊐セイ/ゆく ㊎pass away

풀이 가다. ㉮앞으로 가다. ㉯영원히 가다. 죽음. ‖長逝(장서).
〔逝去 서거〕 사회적으로 지위가 높거나 유명한 사람의 '죽음'을 높여 이르는 말.
〔逝者 서자〕 죽은 사람.
◢急逝(급서)/長逝(장서)

7 *1
11 **逍** 거닐 **소** | 逍

㊥xiāo(씨아오) ㊐ショウ/さまよう
㊎ramble

풀이 거닐다.
〔逍遙 소요〕 자유롭게 이리저리 슬슬 거닒.
〔逍風 소풍〕 ①바람을 쐼. 散策(산책). ②운동·자연 관찰 등을 위하여 야외의 먼 길을 걷는 일. 消風(소풍).

7 ☆*6
11 **速** 빠를 **속** | ㉿速 速

一 亓 百 申 束 束 涑 速

㊥sù(쑤) ㊐ソク/すみやか ㊎fast

자원 **형성자.** 辵(착)은 의미를 나타내고 束(속)은 음을 나타냄.

풀이 ①빠르다. 신속(迅速)함. ②빨리. 신속히.
〔速記 속기〕 남의 말을 기호를 이용하여 빠르게 받아 적음. 또는, 그 기술.
〔速斷 속단〕 깊이 생각하지 않고 내린 판단.
〔速達 속달〕 빨리 배달함. 또는, 빨리 배달하는 우편.
〔速度 속도〕 물체가 나아가거나 일이 진행되는 빠르기.
〔速讀 속독〕 글을 빠른 속도로 읽음.
〔速力 속력〕 움직이는 물체가 이동하는 빠르기.
〔速步 속보〕 빠른 걸음. 疾步(질보). ↔緩步(완보).
〔速報 속보〕 주로 방송에서, 정해지지 않은 시간에 소식을 급히 알림.
〔速成 속성〕 빨리 이루어짐.
◢加速(가속)/減速(감속)/高速(고속)/光速(광속)/急速(급속)/等速(등속)/時速

7획

(시속)/迅速(신속)/流速(유속)/音速(음속)/低速(저속)/早速(조속)/拙速(졸속)/秒速(초속)/快速(쾌속)/風速(풍속)

7 11 **逌*** 만족할 유 [간] 逌

[중]yōu(여우) [일]コウ

[풀이] ①만족하다. ②말미암다.

7 11 **這*** 이 저 [간] 这 這

[중]zhè(°쩌) [일]シャ/この [영]this

[풀이] 이.

〔這間 저간〕 요즈음.

〔這番 저번〕 지난번.

7 11 **逖** 멀 적 [간] 逖 逖

[중]tì(티) [일]テキ/とおい [영]distant

[풀이] ①멀다. 아득함. ②멀리하다.

7 11 **造** ☆*4-Ⅱ [1]지을 조 [2]이를 조 [속] 造 造

⺈ ⺧ 生 牛 告 ˋ告 诰 造

[중]zào(짜오) [일]ゾウ/つくる [영]create

[자원] **형성자.** 辵(착)은 의미를 나타내고 告(고)는 음을 나타냄.

[풀이] [1]짓다. 만듦. ‖創造(창조). [2]①이르다. 다다름. ②갑자기. ‖造次間(조차간).

〔造景 조경〕 집이나 시설 주변의 경치를 아름답게 꾸미는 일.

〔造林 조림〕 나무를 심어 숲을 만듦.

〔造物主 조물주〕 우주 만물을 창조하고 다스리는 신.

〔造船 조선〕 배를 만듦.

〔造成 조성〕 ①무엇을 만들어서 이룸. ②어떤 분위기를 생기게 함.

〔造語 조어〕 새로 말을 만듦. 또는, 그렇게 만든 말.

〔造詣 조예〕 학문이나 기예(技藝)가 깊은 경지에 다다름.

〔造作 조작〕 없는 일을 꾸며서 만듦.

〔造幣 조폐〕 화폐를 만듦.

〔造形 조형〕 예술적으로 어떤 형상을 만듦.

〔造化 조화〕 사람의 힘으로 어찌할 수 없는, 놀랍고 이상한 일이나 현상.

〔造花 조화〕 종이나 천 등을 재료로 하여 인공적으로 만든 꽃. 假花(가화). ↔生花(생화).

◢改造(개조)/建造(건조)/構造(구조)/急造(급조)/捏造(날조)/模造(모조)/木造(목조)/變造(변조)/石造(석조)/釀造(양조)/僞造(위조)/人造(인조)/製造(제조)/鑄造(주조)/創造(창조)/築造(축조)

11 **逎*** 遒(주)의 속자 →749쪽

7 11 **逡*** 뒷걸음칠 준 [간] 逡 逡

[중]qūn(췬) [일]シュン/しさる

[풀이] 뒷걸음치다. 퇴각함.

〔逡巡 준순〕 어떤 일을 단행하지 못하고 우물쭈물함. 또는, 뒤로 조금씩 물러섬.

7 11 **逐** ★*3 쫓을 축 [간] 逐 逐

一 丁 豕 豕 豕 ˋ豕 豖 逐

[중]zhú(°주) [일]チク/おう [영]expel

[자원] **회의자.** 辵(쉬엄쉬엄 갈 착)과 豕(돼지 시)가 합쳐진 자로, 멧돼지 따위의 짐승을 쫓는다는 뜻을 나타냄.

[풀이] ①쫓다. ‖追逐(추축). ②차례로 하다. ‖逐次(축차). ③다투다. 경쟁함. ‖角逐(각축).

〔逐鹿 축록〕 제위나 정권 등을 얻으려고 다투는 일.

〔逐邪 축사〕 요사스런 귀신이나 기운을 물리쳐 내쫓음.

〔逐語譯 축어역〕 외국어 원문의 한 구절 한 구절을 본뜻에 충실하게 번역함. 逐字譯(축자역).

〔逐條 축조〕 법 조문 따위를 한 조목씩 차례로 검토함.

〔逐出 축출〕 쫓아냄.

◢角逐(각축)/驅逐(구축)/放逐(방축)/追逐(추축)

7 11 **通** ☆*6 통할 통 [간] 通 通

ㄱ 𠃊 丙 甬 甬 ˋ甬 诵 通

[중]tōng(통) [일]ツウ/とおる [영]pass through

[자원] **형성자.** 辵(착)은 의미를 나타내고 甬(용)은 음을 나타냄.

[풀이] ①통하다. ‖貫通(관통). ②통하게 하다. ‖開通(개통). ③오가다. 왕래함. ④몰래 정을 통하다. 간통함. ‖私通(사통). ⑤알다. 두루 앎. ‖達通(달통). ⑥전하다. 통보함. ⑦널리. 죄다. ‖通用(통용). ⑧통. 서류나 악기를 세는 말.

〔通告 통고〕 글이나 말로 통지하여 알림.

〔通過 통과〕 ①일정한 장소 등을 들르지 않고 지나감. ②의안(議案)이 가결됨. ③시험이나 검사(檢査)에 합격함.

〔通關 통관〕 세관(稅關)을 통과함.

〔通勤 통근〕 집에서 직장으로 출퇴근함. ‖通勤車(통근차).
〔通念 통념〕 일반 사회에 널리 통하거나 받아들여지고 있는 생각이나 관념.
〔通達 통달〕 ①막힘 없이 훤히 앎. 達通(달통). ②통지하여 전달함.
〔通讀 통독〕 처음부터 끝까지 내리읽음.
〔通例 통례〕 사람들에게 일반적이고 공통되는 예.
〔通路 통로〕 ①통행하는 길. ②일이나 말이 전달되어 가는 수단.
〔通報 통보〕 통지하여 보고함. 또는, 그 보고.
〔通事情 통사정〕 말하기 거북한 속사정을 털어놓으면서 은근히 동정을 구함.
〔通算 통산〕 전체를 통틀어 계산함. 通計(통계).
〔通常 통상〕 특별하지 않고 일상적임. 普通(보통).
〔通說 통설〕 세상에 널리 알려져 일반적으로 인정되고 있는 학설.
〔通俗 통속〕 ①누구나 알 수 있는 평이(平易)한 일. ②흔히 있는 세상일.
〔通信 통신〕 ①우편·전화·전신 등으로 정보나 의사를 전달함. ②신문·잡지에 실을 기사의 자료를 보냄.
〔通譯 통역〕 언어가 서로 다른 사람들 사이에서 양쪽의 말을 서로 알아들을 수 있게 옮겨 줌. 또는, 그 사람.
〔通用 통용〕 ①일반적으로 두루 쓰임. ②이일 저일 또는 여기저기 두루 쓰임.
〔通知 통지〕 기별하여 알림.
〔通牒 통첩〕 공적인 문서로 통지함. ‖最後通牒(최후통첩).
〔通風 통풍〕 바람이 통함. 또는, 그렇게 함.
〔通學 통학〕 집에서 학교로 매일 다니며 공부함.
〔通行 통행〕 일정한 장소를 지나다님.
〔通貨 통화〕 한 사회에서 유통되고 있는 화폐.
〔通話 통화〕 전화로 말을 주고받음.
◢姦通(간통)/開通(개통)/共通(공통)/貫通(관통)/交通(교통)/變通(변통)/普通(보통)/不通(불통)/疏通(소통)/流通(유통)/融通(융통)/亨通(형통)

7 11 透 ★✱3-Ⅱ 통할 **투** | 간 透 透

二 千 禾 秂 秀 透 透 透

㊥tòu(터우) ㊐トウ/とおる
㊎pass through

자원 **형성자.** 辵(착)은 의미를 나타내고 秀(수)는 음을 나타냄.

풀이 ①통하다. ‖浸透(침투). ②꿰뚫어 보다. ‖透視(투시). ③뛰다. 뛰어넘음. 또는, 지나감. 투과(透過)함.

〔透過 투과〕 빛·소리·액체 등이 물체를 뚫고 지나감.
〔透明 투명〕 환히 속까지 비쳐 보임.
〔透射 투사〕 빛이 물건을 꿰뚫고 들어감.
〔透視 투시〕 ①속에 있는 것을 꿰뚫어 비추어 봄. ②밀폐된 기물 안에 있는 물건을 특수한 감각에 의하여 알아내는 일종의 심리 작용.
〔透徹 투철〕 사리가 분명하고 철저함.
◢滲透(삼투)/浸透(침투)

7 11 逋 ✱1 달아날 **포** ㊉**보** | 간 逋 逋

㊥bū(뿌) ㊐ホ/にげる ㊎flee

풀이 ①달아나다. 도주함. ②과세(課稅)를 내지 않다. 체납함.

〔逋逃 포도〕 죄를 짓고 달아남.
〔逋脫 포탈〕 내야 할 세금을 피하여 내지 않음. 脫稅(탈세).

8 12 逵 ✱1 한길 **규** | 간 逵 逵

㊥kuí(쿠에이) ㊐キ/おおじ
㊎throughfare

풀이 한길. 큰길.

〔逵路 규로〕 (‘아홉 방향으로 통하는 길’이라는 뜻으로) 사방으로 통하는 큰길.

12 迸 迸(병)의 본자 →740쪽

8 12 逶 구불구불 갈 **위** | 간 逶 逶

㊥wēi(웨이) ㊐イ

풀이 구불구불 가다. ‖逶迤(위이).

8 12 逸 ★✱3-Ⅱ 숨을 **일** | 간 逸 逸

⺈ ⺈ 㔾 ⺈ 免 免 逸 逸

㊥yì(이) ㊐イツ/にげる ㊎hide

자원 **회의자.** 兔(토끼 토)와 나아감을 나타내는 辵(착)이 합쳐진 자로, 토끼처럼 달아남을 뜻함.

풀이 ①숨다. ‖隱逸(은일). ②달아나다. ③벗어나다. ‖逸脫(일탈). ④마음이 설레다. ⑤편안하다. ‖安逸(안일). ⑥빼어나다. 뛰어남. ⑦제멋대로 하다. ‖放逸(방일).

〔逸樂 일락〕 놀며 즐김.
〔逸民 일민〕 학문과 덕행이 있으면서도 세상에 나서지 않고 묻혀 지내는 사람.

〔逸史 일사〕 정사(正史)에 빠진 사실을 기록한 역사.
〔逸走 일주〕 도망쳐 달아남.
〔逸出 일출〕 ①피하여 빠져나감. ②보통보다 뛰어남.
〔逸脫 일탈〕 어떤 조직·사상·규범 등에서 벗어남.
〔逸品 일품〕 썩 빼어난 물품 또는 작품.
〔逸話 일화〕 세상에 알려지지 않은 흥미로운 이야기. 에피소드.
◢放逸(방일)/散逸(산일)/安逸(안일)/隱逸(은일)

8/12 週 돌 주 (*5) 간 周

㊥zhōu(°쩌우) ㊐シュウ/めぐる ㊎turn

풀이 ①돌다. ㉠周. ‖週期(주기). ②주일. 요일(曜日). ‖週間(주간).
〔週刊 주간〕 한 주일마다 한 번씩 간행함. 또는, 그 간행물.
〔週間 주간〕 한 주일 동안.
〔週期 주기〕 ①어떤 현상이 나타났다가 다음번 다시 나타날 때까지의 기간. ②회전하는 물체가 궤도를 한 바퀴 도는 데 걸리는 시간.
〔週年 주년〕 1년을 단위로 돌아오는 돌을 세는 단위. 周年(주년).
〔週末 주말〕 한 주일의 끝 무렵. 주로 토요일부터 일요일까지를 이름.
〔週番 주번〕 한 주일마다 교대하는 근무. 또는, 그 근무를 하는 사람.
〔週報 주보〕 한 주일마다 발행하는 신문이나 잡지.
〔週日 주일〕 월요일부터 일요일까지 이레 동안.
◢隔週(격주)/今週(금주)/來週(내주)/每週(매주)/前週(전주)

8/12 進 나아갈 진 (☆*4-II) 간 进

亻 亻' 亻 仹 隹 `隹 淮 進

㊥jìn(찐) ㊐シン/すすむ ㊎advance

갑 금 전 자원 **회의자.** 갑골문의 윗부분은 새〔隹〕, 아랫부분은 발〔止〕을 나타냄. 금문에서는 여기에 彳(조금 걸을 척)을 덧붙였고, 소전에서는 彳과 止를 합하여 辵(쉬엄쉬엄 갈 착)의 자형을 만듦. 본뜻은 '앞으로 나아가다.'

풀이 ①나아가다. ㉮앞으로 가다. ‖行進(행진). ㉯오르다. ‖昇進(승진). ㉰선(善)으로 나아가다. 차차 좋아짐. ‖漸進(점진)/進步(진보). ②올리다.
〔進擊 진격〕 앞으로 나아가 적을 침.
〔進級 진급〕 등급·계급·학년 등이 오름.
〔進度 진도〕 일이 진행되는 정도.
〔進路 진로〕 앞으로 나아갈 길.
〔進步 진보〕 ①점차 향상하고 발전함. ↔退步(퇴보). ②관습과 전통을 따르기보다는 새로운 변화를 추구함.
〔進上 진상〕 지방의 토산물이나 진귀한 물건을 임금이나 높은 벼슬아치에게 바침.
〔進言 진언〕 윗사람에게 자기의 의견을 아룀. 또는, 그 의견.
〔進入 진입〕 목적한 곳을 향하여 들어섬.
〔進展 진전〕 다음 단계나 더 높은 수준으로 나아감.
〔進駐 진주〕 남의 영토에 군대를 이끌고 와서 머묾.
〔進陟 진척〕 일이 잘 진행되어 감.
〔進出 진출〕 어떤 방면으로 활동 범위나 세력을 넓혀 나아감.
〔進取 진취〕 적극적으로 나아가 일을 이룩함.
〔進退兩難 진퇴양난〕 이러지도 저러지도 못하는 어려운 처지.
〔進退維谷 진퇴유곡〕 이러지도 저러지도 못하고 꼼짝할 수 없는 궁지.
〔進學 진학〕 ①학문의 길에 나아감. ②상급 학교에 들어감.
〔進行 진행〕 ①앞으로 향하여 나아감. ②일을 처리하여 나감.
〔進化 진화〕 ①생물이 점차 변화하여 복잡하고 고등한 종류로 됨. ②사물이 점차 나은 방향으로 발전함. ↔退化(퇴화).
◢急進(급진)/累進(누진)/突進(돌진)/邁進(매진)/先進(선진)/昇進(승진)/新進(신진)/躍進(약진)/前進(전진)/漸進(점진)/精進(정진)/增進(증진)/直進(직진)/促進(촉진)/推進(추진)/特進(특진)/行進(행진)/後進(후진)

8/12 逮 미칠 체 본대 (★*3) 간 逮

㊥dǎi(다이) ㊐タイ/およぶ ㊎reach

자원 **회의 및 형성자.** 辵(쉬엄쉬엄 갈 착)과 隶(미칠 대)가 합쳐진 자로, 따라가서 붙잡음을 나타냄. 辵은 의미를 나타내고 隶는 의미와 음을 겸하여 나타냄.

풀이 ①미치다. ②잡다. 체포함.
〔逮捕 체포〕 죄인이나 혐의가 있는 사람을 붙잡음.

8/12 逴 멀 탁 간 逴

㊥chuō(°추어) ㊐タク/とおい ㊎far

풀이 멀다. 아득함.
〔逴遠 탁원〕 매우 멂.
〔逴行 탁행〕 아주 먼 길을 감.

8 12 **逭** 달아날 **환** | ㉮ 逭 逭

㊥huàn(후안) ㊐カン/のがれる
㊕escape

풀이 달아나다.

〔逭免 환면〕 자기의 이전 허물을 숨겨서 가림.

☆*5
9 13 **過** ❶지날 **과** ❷허물 **과** | ㉮ 过 過

冂 冋 冎 咼 咼 咼 渦 過

㊥guō, guò(꾸어) ㊐カ/すぎる
㊕pass by

자원 **형성자.** 辵(착)은 의미를 나타내고 咼(괘)는 음을 나타냄.

풀이 ❶지나다. ㉮건너다. ㉯거치다. 경유함. ‖通過(통과). ㉰넘다. 넘어감. ❷①허물. 실수(失手). 과실. ‖功過(공과). ②잘못하다. ‖過誤(과오).

〔過去 과거〕 지나간 때.
〔過激 과격〕 지나치게 격렬함.
〔過恭非禮 과공비례〕 지나친 공손은 도리어 예의가 아님.
〔過多 과다〕 너무 많음.
〔過大 과대〕 지나치게 큼.
〔過度 과도〕 정도가 지나침.
〔過勞 과로〕 지치거나 병이 날 정도로 지나치게 일함.
〔過敏 과민〕 지나치게 예민함.
〔過密 과밀〕 인구·건물·산업 등이 한곳에 지나치게 집중되어 있음.
〔過不足 과부족〕 남거나 모자람.
〔過分 과분〕 분수에 넘침.
〔過不及 과불급〕 지나치거나 미치지 못함.
〔過歲 과세〕 설을 쇰.
〔過食 과식〕 음식을 자기 양보다 많이 먹음.
〔過信 과신〕 지나치게 믿음.
〔過失 과실〕 부주의하여 생긴 잘못이나 실수.
〔過言 과언〕 정도가 지나친 말.
〔過熱 과열〕 지나치게 뜨거워짐.
〔過誤 과오〕 허물이나 잘못된 것.
〔過慾 과욕〕 지나친 욕심.
〔過猶不及 과유불급〕 《지나침은 미치지 못함과 같다는 뜻으로》 중용(中庸)이 중요함을 강조한 말.
〔過飮 과음〕 술을 지나치게 마심.
〔過剩 과잉〕 남을 정도로 지나치게 많음.
〔過程 과정〕 일이 되어 가는 경로.
〔過重 과중〕 부담이 지나쳐 힘겨움.

◪看過(간과)/改過(개과)/經過(경과)/功過(공과)/大過(대과)/默過(묵과)/前過(전과)/罪過(죄과)/超過(초과)/通過(통과)/透過(투과)

☆*4-Ⅱ
9 13 **達** 통할 **달** | ㉮ 达 達

土 圭 幸 幸 幸 幸 達 達

㊥dá(다) ㊐タツ/とおる ㊕reach to

자원 **형성자.** 辵(착)은 의미를 나타내고 羍(달)은 음을 나타냄.

풀이 ①통하다. ㉮통달하다. ‖達人(달인). ㉯이르다. 다다름. ‖到達(도달). ②능숙하다. ‖達筆(달필). ③이루다. ‖達成(달성). ④알리다. ⑤널리. 두루. ‖達觀(달관). ⑥영달(榮達)하다.

〔達觀 달관〕 큰 깨달음이 있어 세속을 벗어나 사소한 일에 얽매이지 않는 경지.
〔達辯 달변〕 능숙하고 막힘 없이 말을 잘하는 솜씨.
〔達成 달성〕 목적한 바를 이룸.
〔達人 달인〕 학문이나 기예(技藝)에 정통한 사람. 達者(달자).
〔達筆 달필〕 능숙하게 잘 쓰는 글씨.

◪到達(도달)/發達(발달)/配達(배달)/四通八達(사통팔달)/上達(상달)/速達(속달)/送達(송달)/熟達(숙달)/榮達(영달)/傳達(전달)/調達(조달)/通達(통달)/活達(활달)

☆*7
9 13 **道** ❶길 **도** ❷말할 **도** | ㉮ 道 道

丷 䒑 䒑 首 首 首 渞 道

㊥dào(따오) ㊐ドウ, トウ/みち, いう
㊕road

금 **자원** **회의자.** 금문은 首(머리 수)와 行(네거리 행)과 又(손 우)가 합쳐진 자로, 거리에서 죄인의 잘린 머리를 손으로 들고 있는 모습을 나타냄. 국법을 어겨서는 안 된다는 경고를 담은 자임.

풀이 ❶①길. ㉮다니는 길. 도로. ‖步道(보도). ㉯이치. 도리(道理). ㉰방법. 방도(方道). ②전문 기술·기예. ‖武道(무도). ③도교(道敎). ④행정 구획의 이름. ‖京畿道(경기도). ❷①말하다. ‖道破(도파). ②다스리다.

〔道家 도가〕 중국의 노자(老子)와 장자(莊子)의 무위자연(無爲自然)의 설을 따르는 학파.
〔道界 도계〕 도(道)와 도의 경계.
〔道敎 도교〕 황제(黃帝)·노자(老子)·장자(莊子) 등을 교조(敎祖)로 받드는 종교.
〔道具 도구〕 ①일을 할 때 쓰이는 연장. ②어떤 목적을 이루기 위한 수단.
〔道德 도덕〕 사람이 마땅히 지켜야 할 바른 길.
〔道場 도량ˇ〕 절에서 불도(佛道)를 닦는 곳.

〔道路 도로〕 사람이나 차가 다닐 수 있게 만든 비교적 넓은 길.
〔道理 도리〕 ①사람이 마땅히 행하여야 할 바른 길. ②어떤 일을 해 나갈 방도.
〔道不拾遺 도불습유〕《길에 떨어져 있는 물건을 줍는 사람이 없다는 뜻으로》 나라가 잘 다스려지고 있음.
〔道士 도사〕 ①도를 많이 닦은 사람. ②어떤 일에 아주 능숙한 사람의 속칭.
〔道術 도술〕 도를 닦아 여러 가지 조화를 부리는 기술.
〔道義 도의〕 사람으로서 마땅히 행해야 할 도덕적 의리.
〔道人 도인〕 도를 닦아 큰 이치를 깨달은 사람.
〔道場 도장〕 무예를 연습하거나 가르치는 곳.
〔道程 도정〕 ①길의 이수. ②여행의 경로. 旅程(여정). ③목적한 일에 이르기 위한 과정.
〔道聽塗說 도청도설〕 길거리에 퍼져 돌아다니는 뜬소문.
〔道破 도파〕 끝까지 다 말함. 說破(설파).
〔道學 도학〕 ①중국 송나라의 정자(程子)·주자(朱子) 등이 주장한, 이기(理氣)의 학문. ②도덕을 논하는 학문. 性理學(성리학).
◢街道(가도)/坑道(갱도)/劍道(검도)/求道(구도)/弓道(궁도)/權道(권도)/軌道(궤도)/茶道(다도)/大道(대도)/武道(무도)/步道(보도)/報道(보도)/複道(복도)/佛道(불도)/師道(사도)/修道(수도)/食道(식도)/王道(왕도)/外道(외도)/尿道(요도)/人道(인도)/傳道(전도)/正道(정도)/中道(중도)/片道(편도)/孝道(효도)

9 13 遁 *1 달아날 둔 본돈 통遯 간遁

㊥dùn(뚠) ㊐トン/のがれる ㊎escape
풀이 달아나다. ㉮도망치다. ㉯숨다. ㉰피하다.
〔遁甲 둔갑〕 술법을 써서 자기 몸을 감추거나 다른 것으로 바꿈.
〔遁辭 둔사〕 관계나 책임을 회피하려고 꾸며서 하는 말.
〔遁世 둔세〕 속세(俗世)를 떠나 은둔함. 遯世(둔세).
◢隱遁(은둔)

9 13 遂 ★*3 드디어 수 간遂

㊥suì(쑤에이) ㊐スイ/ついに ㊎at last
자원 형성자. 辵(착)은 의미를 나타내고 㒸(수)는 음을 나타냄.
풀이 ①드디어. 마침내. ②이루다. ㉮성취하다. ‖完遂(완수). ㉯마치다. 끝냄. ㉰이르다. 두루 미침.
〔遂成 수성〕 어떤 일을 이룸.
〔遂行 수행〕 일을 계획한 대로 해냄.
◢甘遂(감수)/未遂(미수)/成遂(성수)/完遂(완수)

9 13 遏 막을 알 간遏

㊥è(어) ㊐アツ/とめる ㊎obstruct
풀이 막다.
〔遏情 알정〕 맺은 정분을 끊음.

9 13 遇 ☆*4 만날 우 간遇

㊥yù(위) ㊐グウ/あう ㊎meet
자원 형성자. 辵(착)은 의미를 나타내고 禺(우)는 음을 나타냄.
풀이 ①만나다. ‖遭遇(조우). ②대우하다. 예우함. ‖遇待(우대).
〔遇害 우해〕 이롭지 못한 일을 만남. 또는, 살해를 당함.
◢奇遇(기우)/待遇(대우)/不遇(불우)/禮遇(예우)/遭遇(조우)/千載一遇(천재일우)

9 13 運 ☆*6 돌 운 간运

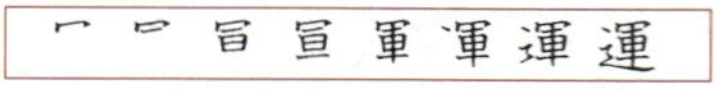

㊥yùn(윈) ㊐ウン/めぐる ㊎turn
자원 형성자. 辵(착)은 의미를 나타내고 軍(군)은 음을 나타냄.
풀이 ①돌다. 돌림. ‖運轉(운전). ②옮기다. 운반함. ‖運送(운송). ③움직이다. ‖運行(운행). ④운수(運數). 운명(運命). ‖吉運(길운).
〔運動 운동〕 ①몸을 단련하거나 건강을 위하여 몸을 움직임. ②어떤 목적을 달성하기 위하여 힘씀. ③물체가 시간의 경과에 따라 위치를 바꿈.
〔運命 운명〕 인간의 삶과 죽음을 지배한다고 생각되는, 정해져 있는 힘. 또는, 그 힘으로 인해 생기는 여러 가지 일. 命(명). 命運(명운).
〔運搬 운반〕 물건을 옮겨 나름.
〔運送 운송〕 화물을 운반하여 보냄.
〔運數 운수〕 사람에게 정해진 운명의 좋고 나쁨.
〔運輸 운수〕 사람이나 사물을 실어 나름.
〔運身 운신〕 ①몸을 움직임. ②어떤 일

이나 행동을 편한 마음으로 자유롭게 함.
〔運營 운영〕 조직·기구(機構) 등을 운용(運用)하여 경영함.
〔運賃 운임〕 운반이나 운송에 대한 대가로 주거나 받는 돈.
〔運轉 운전〕 기계·자동차 등을 움직여 부림.
〔運筆 운필〕 글씨를 쓰거나 그림을 그리기 위하여 붓을 움직임.
〔運河 운하〕 배가 다닐 수 있도록 인공으로 만든 수로(水路).
〔運航 운항〕 배나 항공기가 항로를 따라 다님.
〔運行 운행〕 정해진 길을 따라 차량 따위를 운전하여 다님.
◢家運(가운)/國運(국운)/武運(무운)/文運(문운)/不運(불운)/非運(비운)/社運(사운)/世運(세운)/時運(시운)/惡運(악운)/陸運(육운)/天運(천운)/海運(해운)/幸運(행운)

★✱3
9 13 **違** 어길 **위** 간 违

⺊ 五 吾 吾 韋 韋 違 違

㊥wéi(웨이) ㊐イ/ちがう ㊎violate
자원 **형성자.** 辶(착)은 의미를 나타내고 韋(위)는 음을 나타냄.
풀이 ①어기다. 위반함. ‖違法(위법). ②다르다. 틀림. ③잘못. 과실. ‖非違(비위).
〔違反 위반〕 법률·규칙·약속 등을 어기거나 지키지 않음.
〔違背 위배〕 지켜야 할 일을 지키지 않고 어김.
〔違法 위법〕 법을 어김. 犯法(범법).
〔違約 위약〕 약속을 어김.
〔違憲 위헌〕 헌법에 위배됨.
〔違和感 위화감〕 주위와 잘 어울리지 못해 일어나는 서먹한 느낌.
◢無違(무위)/非違(비위)/相違(상위)

☆✱4
9 13 **遊** 놀 **유** 간 遊

亠 方 方 方 斿 斿 遊 遊

㊥yóu(여우) ㊐ユウ/あそぶ ㊎play
풀이 ①놀다. ㉮즐겁게 지내다. 일락(逸樂)함. ‖遊樂(유락). ㉯여행하다. ㉰공부하다. ‖遊學(유학). ㉱흩어지다. 정처 없이 떠돎. ㉲사귀다. 교유함. ②놀이. ‖遊戲(유희). ③방탕하다. 주색에 빠짐.
〔遊擊 유격〕 전열(戰列) 밖에서 그때그때 형편에 따라 적을 기습적으로 공격함.
〔遊廓 유곽〕 창녀(娼女)가 영업을 하는 집. 또는, 그런 집이 모여 있는 곳.
〔遊覽 유람〕 돌아다니며 구경함.
〔遊離 유리〕 따로 떨어짐.
〔遊牧 유목〕 일정한 거처를 정하지 않고 물과 풀밭을 찾아 옮겨 다니면서 목축을 하며 삶.
〔遊星 유성〕 태양의 주위를 도는 별. 惑星(혹성). ↔恒星(항성).
〔遊說 유세〕 사방으로 돌아다니며 자기 의견 또는 자기 소속 정당의 주장을 선전함.
〔遊泳 유영〕 물속에서 헤엄치며 놂.
〔遊學 유학〕 고향을 떠나 타향에 가서 공부함.
〔遊休 유휴〕 인력이나 재화를 쓰지 않고 놀림. ‖遊休地(유휴지).
〔遊興 유흥〕 흥치(興致) 있게 놂.
〔遊戲 유희〕 ①즐겁게 놂. ②음률에 맞추어 율동적으로 움직이는 몸놀림.
◢交遊(교유)/浮遊(부유)/野遊(야유)/外遊(외유)/周遊(주유)/回遊(회유)

✱
9 13 **逾** 넘을 **유** 간 逾

㊥yú(위) ㊐ユ/こえる ㊎exceed
풀이 넘다. ㉮넘어가다. ㉯건너다.
〔逾月 유월〕 그달의 그믐을 넘김.

✱
9 13 **遒** 굳셀 **주** 속 遒 간 遒

㊥qiú(치우) ㊐シュウ/つよい ㊎strong
풀이 굳세다. 용맹함.
〔遒豪 주호〕 굳세고 뛰어남.

★✱3
9 13 **遍** 두루 **편** 간 遍

厂 户 户 扁 扁 扁 遍 遍

㊥biàn(삐엔) ㊐ヘン/あまねし
자원 **형성자.** 辶(착)은 의미를 나타내고 扁(편)은 음을 나타냄.
풀이 두루. 두루 미침. ㊐徧.
〔遍歷 편력〕 ①이곳저곳을 널리 돌아다님. 遍踏(편답). ②여러 가지 경험을 함.
〔遍在 편재〕 널리 퍼져 있음.
◢普遍(보편)

✱1
9 13 **逼** 다그칠 **핍** 본 **벽** 간 逼

㊥bī(삐) ㊐ヒョク/せまる ㊎press
풀이 다그치다.
〔逼近 핍근〕 매우 가까이 닥침.
〔逼迫 핍박〕 ①바싹 죄어서 괴롭게 함. ②형편이나 상황이 매우 절박함.

7획

9 13 遐 *1 멀 하 | 간 遐 遐

㊥xiā(시아) ㊐カ/とおい ㊕distant
풀이 ①멀다. 아득함. 통假. ②길다. 오램.
〔遐鄕 하향〕 서울에서 멀리 떨어진 지방. 遐方(하방).
◢登遐(등하)/昇遐(승하)

9 13 遑 *1 허둥거릴 황 | 간 遑 遑

㊥huáng(후앙) ㊐コウ
㊕get flustered
풀이 ①허둥거리다. 통惶. ‖遑急(황급). ②겨를. 여가.
〔遑急 황급〕 여유가 없고 급박함.
〔遑遑 황황〕 몹시 다급하여 허둥지둥하는 모양. 皇皇(황황).
◢未遑(미황)

10 14 遣 ★*3 보낼 견 | 간 遣 遣

口 中 冉 胄 胄 冑 遣 遣

㊥qiǎn(치엔) ㊐ケン/やる
㊕dispatch
자원 **형성자.** 辵(착)은 의미를 나타내고 𠳋(견)은 음을 나타냄.
풀이 ①보내다. ㉮파견하다. ㉯내쫓다. 축출함. ②증물(贈物). 선물. ③심부름꾼. 사자(使者).
〔遣奠祭 견전제〕 발인(發靷)할 때 문 앞에서 지내는 제사.
◢差遣(차견)/派遣(파견)

10 14 遝 *1 뒤섞일 답 | 간 遝 遝

㊥tà(타) ㊐トウ/いりまじる
풀이 ①뒤섞이다. ‖紛遝(분답). ②많이 모여 시끄러운 모양. ‖雜遝(잡답).
〔遝至 답지〕 한군데로 몰려듦.

10 14 遛 머무를 류 | 본 간 遛 遛 遛

㊥liú(리우) ㊐リュウ/とどまる ㊕stay
풀이 머무르다.
◢逗遛(두류)

10 14 遡 *1 거스를 소 | 통 溯 遡

㊥sù(쑤) ㊐ソ/さかのぼる
풀이 거스르다. 거슬러 올라가다.
〔遡及 소급〕 지나간 일에까지 거슬러 올라가 미치게 함.

10 14 遜 *1 겸손할 손 | 간 逊 遜

㊥xùn(쉰) ㊐ソン/へりくだる
㊕humble
풀이 ①겸손하다. 자기를 낮춤. ②사양하다. 양보함. ③달아나다. 피하여 감. ④못하다. 뒤떨어짐. ‖遜色(손색). ⑤따르다.
〔遜色 손색〕 다른 것과 견주어 보아 못한 점.
〔遜位 손위〕 임금의 자리를 내놓음.
◢謙遜(겸손)/恭遜(공손)/不遜(불손)

10 14 遙 ★*3 멀 요 | 간 遥 遙

ク タ 夕 夕 夅 䍃 遙 遙

㊥yáo(야오) ㊐ヨウ/はるか ㊕distant
자원 **형성자.** 辵(착)은 의미를 나타내고 䍃(요)는 음을 나타냄.
풀이 ①멀다. 아득함. ‖遙遠(요원). ②서성거리다. 소요(逍遙)함.
〔遙望 요망〕 멀리 바라봄.
〔遙遠 요원〕 아득히 멂.
◢逍遙(소요)

10 14 遠 ☆*6 ❶멀 원 ❷멀리할 원 | 간 远 遠

土 吉 声 声 声 袁 遠 遠

㊥yuǎn(위엔) ㊐エン/とおい
㊕distant
자원 **형성자.** 辵(착)은 의미를 나타내고 袁(원)은 음을 나타냄.
풀이 ❶멀다. ㉮아득하다. ‖遙遠(요원). ㉯길이 멀다. ‖遠程(원정). ㉰깊다. 심오함. ❷①멀리하다. ㉮가까이하지 않다. ‖敬遠(경원). ㉯좇아 버리다. ㉰소원하게 대하다. ‖疏遠(소원). ②멀어지다.
〔遠隔 원격〕 멀리 떨어져 있음.
〔遠景 원경〕 멀리 보이는 경치.
〔遠交近攻 원교근공〕 먼 나라와 친교를 맺고 이웃 나라를 공략함. 중국 전국 시대의 외교 정책이었음.
〔遠近 원근〕 ①멂과 가까움. ②먼 곳과 가까운 곳. 또는, 그곳의 사람.
〔遠大 원대〕 뜻이 깊고 큼.
〔遠視 원시〕 먼 곳은 잘 보이나 가까운 곳이 잘 보이지 않는 시력. ↔近視(근시).
〔遠心力 원심력〕 물체가 원운동을 할 때, 회전 중심에서 바깥쪽으로 멀어지려는 힘.
〔遠洋 원양〕 육지에서 멀리 떨어진 대양.
〔遠征 원정〕 ①먼 곳으로 싸우러 나감.

②운동 경기 등을 하기 위해 먼 곳으로 감.
〔遠海 원해〕 육지에서 멀리 떨어진 바다.
◢敬遠(경원)/久遠(구원)/疏遠(소원)/深遠(심원)/永遠(영원)/遙遠(요원)

★*3
10 14 **遞** 갈마들 **체** | 간 递 遞

중dì(띠) 일テイ/かわる 영alternate
풀이 ①갈마들다. 교대함. ‖遞代(체대). ②전하다. 여러 곳을 거쳐 전해 보냄. ‖遞送(체송). ③역참(驛站). ④역말.
〔遞減 체감〕 점차로 줄어듦. ↔遞增(체증).
〔遞信 체신〕 우편이나 전신(電信) 등의 통신.
〔遞增 체증〕 점차로 늚. ↔遞減(체감).
◢交遞(교체)/驛遞(역체)/郵遞(우체)

*
15 **遯** 遁(둔)과 동자 →748쪽

11 15 **遨** 놀 **오** | 遨

중áo(아오) 일ゴウ 영play
풀이 놀다.
〔遨遊 오유〕 즐겁게 놂.

☆*4
11 15 **適** 갈 **적** 본석 | 간 适 適

(필순) 亠 亠 产 产 啇 啇 滴 適

중shì(°쓰) 일セキ, テキ/かなう 영go
자원 **형성자.** 辵(착)은 의미를 나타내고 啇(적)은 음을 나타냄.
풀이 ①가다. ㉮목적지로 향하다. ㉯시집가다. ②마땅하다. 당연(當然)함. ‖適當(적당). ③맞다. 적합함. ④기뻐하다. 즐김. ‖自適(자적). ⑤때마침. 우연히.
〔適格 적격〕 자격이 알맞음.
〔適期 적기〕 알맞은 시기.
〔適當 적당〕 알맞음.
〔適量 적량〕 알맞은 분량.
〔適齡期 적령기〕 나이가 어떤 표준이나 가장 알맞은 시기에 이른 때.
〔適否 적부〕 알맞음과 알맞지 않음.
〔適性 적성〕 특정한 활동이나 일에 적합한 자질. ‖適性檢査(적성 검사).
〔適時 적시〕 알맞은 때.
〔適時適地 적시적지〕 알맞은 때와 장소.
〔適用 적용〕 알맞게 이용하거나 맞추어 씀.
〔適任 적임〕 어떤 임무에 알맞음. 또는, 그 임무. ‖適任者(적임자).
〔適材適所 적재적소〕 알맞은 인재를 알맞은 자리에 씀.
〔適切 적절〕 딱 알맞음.
〔適合 적합〕 꼭 어울리게 알맞음.
◢悠悠自適(유유자적)/最適(최적)/快適(쾌적)/閑適(한적)/好適(호적)

*1
11 15 **遭** 만날 **조** | 간 遭 遭

중zāo(짜오) 일ソウ/あう 영meet
자원 **형성자.** 辵(착)은 의미를 나타내고 曹(조)는 음을 나타냄.
풀이 만나다. 상봉함.
〔遭難 조난〕 재난을 만남.
〔遭遇 조우〕 우연히 만남.

15 **遲** 遲(지)의 속자 →752쪽

*2
11 15 **遮** 막을 **차** | 간 遮 遮

중zhē(°쩌) 일シャ/さえぎる 영cover
풀이 ①막다. 가리다. ②많다. 겹함.
〔遮斷 차단〕 끊거나 막아서 서로 통하지 못하게 함.
〔遮陽 차양〕 ①처마 끝에 덧대어 볕이나 비를 막는 가리개. ②모자 앞에 달린, 햇볕을 가리는 부분. 챙.
〔遮日 차일〕 볕을 가리기 위해 치는 장막.
〔遮蔽 차폐〕 가려 막고 덮음.

*2
12 16 **遼** 멀 **료** | 간 辽 遼

중liáo(리아오) 일リョウ/はるか 영distant
풀이 ①멀다. ‖遼遠(요원). ②느슨하게 하다. ③강 이름. ‖遼河(요하). ④나라 이름. 10세기 초, 거란족이 만주·몽고에 세운 나라.
〔遼遠 요원〕 아득히 멂. 遼遙(요요).

16 **遛** 遛(류)의 본자 →750쪽

☆*5
12 16 **選** ❶가릴 **선** ❷뽑을 **선** | 간 选 選

(필순) ㄱ ㄹ 㔾 㔾 巽 巽 選 選

중xuǎn(쉬엔) 일セン/えらぶ 영select
자원 **형성자.** 辵(착)은 의미를 나타내고 巽(손)은 음을 나타냄.
풀이 ❶가리다. 갈撰. 통柬. ‖選擇(선택). ❷뽑다. 인재를 선발함.

7획

〔選擧 선거〕 어떤 조직이나 단체에서 그 대표자나 임원을 뽑음.
〔選曲 선곡〕 부르거나 연주하거나 들려줄 곡을 고름.
〔選良 선량〕 ①훌륭한 인물을 뽑음. 또는, 그 인물. ②'국회의원'의 별칭.
〔選民 선민〕 ①('하느님이 거룩한 백성으로 택한 민족'이라는 뜻으로) 이스라엘 백성을 이름. ②한 사회에서 특별한 혜택을 받고 잘사는 소수의 사람.
〔選拔 선발〕 많은 가운데서 택하여 뽑음.
〔選別 선별〕 가려서 따로 나눔.
〔選手 선수〕 운동 경기나 기술 경쟁에 대표로 뽑혀 출전하는 사람.
〔選任 선임〕 사람을 뽑아 직무를 맡김.
〔選定 선정〕 골라서 정함.
〔選集 선집〕 몇 가지의 작품을 추려 모은 책.
〔選擇 선택〕 골라서 뽑음.
◢決選(결선)/官選(관선)/落選(낙선)/當選(당선)/民選(민선)/豫選(예선)/人選(인선)/入選(입선)/再選(재선)/精選(정선)/直選(직선)/初選(초선)/特選(특선)/被選(피선)

☆*4
12 16 **遺** [1]남길 **유** [본]**이** [2]보낼 **유** [간]遗

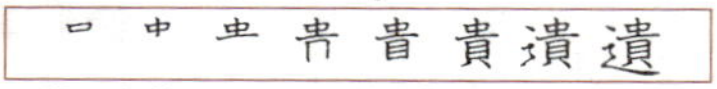

[중]yí(이), wèi(웨이) [일]イ/のこす [영]leave behind, bequeath
[자원] **형성자.** 辵(착)은 의미를 나타내고 貴(귀)는 음을 나타냄.
[풀이] [1]①남기다. 남아 있게 함. ‖遺業(유업). ②버리다. 내버림. ③실수. 빠뜨림. ④잊다. ‖遺忘(유망). ⑤싸다. ‖遺尿(유뇨). [2]보내다.
〔遺家族 유가족〕 죽은 사람의 남은 가족. 遺族(유족).
〔遺憾 유감〕 마음에 차지 않아 섭섭하거나 불만스럽게 남아 있는 느낌.
〔遺稿 유고〕 죽은 사람이 살아 있을 때에 남긴 원고. ‖遺稿集(유고집).
〔遺骨 유골〕 화장(火葬)하고 남은 뼈. 또는, 무덤 속에서 나온 뼈.
〔遺棄 유기〕 돌보지 않고 내버림.
〔遺留 유류〕 남겨 둠. 또는, 남아 머무름. ‖遺留品(유류품).
〔遺物 유물〕 ①선대의 인류가 삶의 흔적으로서 후세에 남긴 물건. ② ➡遺品(유품).
〔遺腹子 유복자〕 태어나기 전에 아버지를 여읜 자식. 遺子(유자).
〔遺事 유사〕 ①예로부터 전해 오는 사적(事跡). ②죽은 사람이 남긴 사적.
〔遺產 유산〕 ①죽은 사람이 남긴 재산. ②앞 세대가 물려준 사물 또는 문화.
〔遺書 유서〕 유언을 적은 글.
〔遺失 유실〕 잘 간수하지 못하여 잃어버림.
〔遺言 유언〕 죽기 전에 가족이나 가까운 사람들에게 말을 남김. 또는, 그 남긴 말. ‖遺言狀(유언장).
〔遺傳 유전〕 부모의 형태·성질·체질 등이 자손에게 전해짐.
〔遺族 유족〕 ➡遺家族(유가족).
〔遺志 유지〕 생전에 이루지 못하고 남긴 뜻.
〔遺體 유체〕 ①('부모가 남겨 준 몸'이라는 뜻으로) 자기의 몸. ②죽은 사람의 몸. 屍體(시체).
〔遺臭萬年 유취만년〕 더러운 이름을 만대에까지 남김.
〔遺品 유품〕 고인(故人)이 생전에 사용하다 남긴 물건. 遺物(유물).
〔遺訓 유훈〕 죽은 사람이 남긴 훈계.
◢補遺(보유)/拾遺(습유)/孑遺(혈유)

★*3
12 16 **遵** 좇을 **준** [간]遵

[중]zūn(쭌) [일]ジュン/したがう [영]obey
[자원] **형성자.** 辵(착)은 의미를 나타내고 尊(존)은 음을 나타냄.
[풀이] ①좇다. 순종함. ②거느리다. 이끎.
〔遵據 준거〕 전례나 명령 등에 의거하여 따름.
〔遵法 준법〕 법·규칙을 지키고 따름.
〔遵守 준수〕 규정된 대로 좇아 지킴.
〔遵用 준용〕 그대로 좇아 씀.
〔遵行 준행〕 그대로 좇아 행함.

★*3
12 16 **遲** [1]늦을 **지** [2]기다릴 **지** [본]**치** [속]遅 [간]迟

[중]chí(°츠) [일]チ/おくれる [영]late
[자원] **형성자.** 辵(착)은 의미를 나타내고 犀(서)는 음을 나타냄.
[풀이] [1]①늦다. 더딤. ②늦어지다. ③게을리 하다. ④휴식하다. [2]기다리다.
〔遲刻 지각〕 정한 시각에 늦음.
〔遲延 지연〕 어떤 일이 예정보다 시간이 오래 걸리거나 늦어짐.
〔遲遲不進 지지부진〕 매우 더디고 잘 진행되지 못함.
〔遲滯 지체〕 늑장을 부리거나 질질 끎.
◢陵遲(능지)

★*3-Ⅱ
12 16 **遷** 옮길 **천** [간]迁

[중]qiān(치엔) [일]セン/うつす [영]move

자원 **형성자.** 辵(착)은 의미를 나타내고 䙴(천)은 음을 나타냄.
풀이 ①옮기다. 옮음. ㉮바꾸다. 바뀜. ‖變遷(변천). ㉯떠나다. 추방함. ②천도(遷都).
〔遷都 천도〕 도읍을 옮김.
〔遷善 천선〕 악한 마음을 고쳐 착하게 됨. ‖改過遷善(개과천선).
〔遷移 천이〕 ①옮겨 바뀜. ②식물 군락이 그 군락을 이루어 낸 환경에 의하여 다른 군락으로 변해 가는 현상.
◢孟母三遷(맹모삼천)/變遷(변천)/左遷(좌천)/播遷(파천)

13 * 17 **遽** 갑자기 **거** | 간 遽 遽

중jù(쥐) 일キョ/にわか 영suddenly
풀이 ①갑자기. ‖急遽(급거). ②파발마(擺撥馬). ③두려워하다.
◢急遽(급거)

13 *1 17 **邁** 갈 **매** | 간 迈 邁

중mài(마이) 일マイ/ゆく 영go
풀이 ①가다. ②지나다. 뛰어나다. ③힘쓰다. ‖邁進(매진).
〔邁進 매진〕 힘써 나아감.
◢高邁(고매)/俊邁(준매)/超邁(초매)

13 *1 17 **邀** 맞을 **요** | 간 邀 邀

중yāo(야오) 일ヨウ/むかえる 영receive
풀이 ①맞다. 기다림. ②부르다. 초대함.
〔邀擊 요격〕 적을 기다리고 있다가 도중에서 맞받아 침.
〔邀招 요초〕 불러서 맞아들임.
◢奉邀(봉요)

13 ★*4 17 **避** 피할 **피** | 간 避 避

필순: ㄱ 尸 吕 吕' 吕辛 辟 游 避

중bì(삐) 일ヒ/さける 영avoid
자원 **형성자.** 辵(착)은 의미를 나타내고 辟(벽)은 음을 나타냄.
풀이 피하다.
〔避難 피난〕 재난을 피하여 딴 곳으로 옮겨 감.
〔避亂 피란〕 난리를 피함.
〔避雷 피뢰〕 낙뢰(落雷)를 피함.
〔避暑 피서〕 더위를 피하여 시원한 곳으로 감.
〔避身 피신〕 몸을 피함.
〔避妊 피임〕 인위적으로 임신을 피함.
◢忌避(기피)/待避(대피)/逃避(도피)/免避(면피)/不可避(불가피)/回避(회피)

13 *1 17 **邂** 만날 **해** | 간 邂 邂

중xiè(씨에) 일カイ
영meet by chance
풀이 ①만나다. 우연히 만남. ‖邂逅(해후). ②기뻐하는 모양.
〔邂逅 해후〕 오랫동안 헤어져 있다가 뜻밖에 만남.

13 ★*3-Ⅱ 17 **還** 돌아올 **환** | 간 还 還

필순: ㄇ 罒 罒 罒 睘 睘 還 還

중huán(후안) 일カン, ゲン/かえる
영come back
자원 **형성자.** 辵(착)은 의미를 나타내고 睘(경)은 음을 나타냄.
풀이 ①돌아오다. ‖還俗(환속). ②돌려보내다. ③갚다. 보상(報償)함. ④또. 다시. ‖還生(환생).
〔還甲 환갑〕 《육십갑자의 '갑(甲)'으로 되돌아온다는 뜻으로》 '61세'를 이름. 회갑(回甲). 華甲(화갑). 甲年(갑년).
〔還國 환국〕 본국으로 귀환함. 歸國(귀국).
〔還給 환급〕 돈·물건을 도로 돌려줌.
〔還拂 환불〕 이미 지불한 돈을 되돌려줌.
〔還俗 환속〕 승려나 수도자가 다시 속인으로 돌아옴.
〔還收 환수〕 도로 거두어 들임.
〔還元 환원〕 본래의 상태로 돌아감.
〔還鄕 환향〕 고향으로 돌아감. 歸鄕(귀향). ‖錦衣還鄕(금의환향).
◢歸還(귀환)/返還(반환)/償還(상환)/生還(생환)/召還(소환)/送還(송환)/奪還(탈환)

14 * 18 **邈** 멀 **막** | 간 邈 邈

중miǎo(미아오) 일マク 영far
풀이 ①멀다. 아득함. ‖遼邈(요막). ②업신여기다. ③근심하다.

14 * 18 **邃** 깊을 **수** | 간 邃 邃

중suì(쑤에이) 일スイ 영deep
풀이 ①깊다. ②심오(深奧)하다. ③멀다.
〔邃古 수고〕 아득한 옛날. 太古(태고).
◢深邃(심수)/幽邃(유수)

14 * 18 **邇** 가까울 **이** | 간 迩 邇

중ěr(얼) 일ジ/ちかい 영near

[풀이] 가깝다. ‖ 遐邇(하이).
〔邇來 이래〕 ①요즈음. 近來(근래). ②그 후. 爾來(이래).
◢遠邇(원이)/遐邇(하이)

★*4-Ⅱ
15 19 **邊** 가 **변** [속][간] 辺边 邊

宀 自 皇 臱 臱 臱 臱 邊

[중]biān(삐엔) [일]ヘン/あたり
[영]border
[자원] **형성자.** 辵(착)은 의미를 나타내고 臱(면)은 음을 나타냄.
[풀이] ①가. 가장자리. ‖ 水邊(수변). ②변방. 국경. ‖ 邊境(변경). ③곁. 근처(近處). ④변리(邊利).
〔邊境 변경〕 나라와 나라의 경계가 되는 변두리의 땅. 邊方(변방).
〔邊利 변리〕 변돈의 이자.
〔邊方 변방〕 ➡邊境(변경).
〔邊塞 변새〕 변경에 있는 요새.
〔邊錢 변전〕 변리를 무는 돈. 변돈.
〔邊鎭 변진〕 변경을 지키는 군영.
〔邊幅 변폭〕 올이 풀리지 않게 짠, 천의 가장자리 부분.
◢江邊(강변)/廣大無邊(광대무변)/路邊(노변)/爐邊(노변)/貸邊(대변)/身邊(신변)/沿邊(연변)/右邊(우변)/底邊(저변)/左邊(좌변)/周邊(주변)/川邊(천변)/海邊(해변)

*1
19 23 **邏** 돌 **라** [간] 逻 邏

[중]luó(루어) [일]ラ/めぐる
[풀이] ①돌다. 순행(巡行)함. ②순찰원.
〔邏卒 나졸〕 순찰하는 병졸.
◢巡邏(순라)

邑部 고을읍 邑 阝

☆*7
0 7 **邑** 고을 **읍** 邑

丶 口 口 吕 吕 吕 邑

[중]yì(이) [일]ユウ [영]village
[갑] [자원] **회의자.** 갑골문에서 윗부분의 네모는 성(城), 즉 거주 지역을 나타내고, 아랫부분은 꿇어앉은 사람, 즉 거주민을 나타냄.
[참고] 한자 부수의 하나. 방으로 쓰일 때에는 자형이 '阝'의 꼴로 바뀜.
[풀이] ①고을. 마을. ‖ 邑落(읍락). ②도읍. 서울. ③근심하다.

〔邑內 읍내〕 ①읍의 안. ②감영(監營) 이외의 지방 관아가 있던 마을.
〔邑落 읍락〕 읍과 촌락. 邑里(읍리).
〔邑民 읍민〕 읍의 주민.
◢古邑(고읍)/舊邑(구읍)/都邑(도읍)/城邑(성읍)/食邑(식읍)

*
3 6 **邙** 산 이름 **망** 邙

[중]máng(망) [일]ボウ
[풀이] 산 이름. 허난 성(河南省) 뤄양(洛陽) 북쪽에 있는데, 귀인·명사 등의 무덤이 많음. 북망산(北邙山).

*2
3 10 **邕** [1]화할 **옹** [2]막을 **옹** 邕

[중]yōng, yǒng(융) [일]ヨウ
[풀이] [1]화하다. 화목함. [2]막다. [같]壅.

★*3
4 7 **那** [1]어찌 **나** [2]무엇 **나** 那

丁 ㅋ ㅋ 月 月' 刖 那

[중]nà(나), nèi(네이) [일]ダ, ナ [영]how
[전] [자원] **형성자.** 邑(읍)은 의미를 나타내고 冄(염)은 음을 나타냄.
[풀이] [1]어찌. [2]①무엇. 무슨. ‖ 那邊(나변). ②저. 저것.
〔那落 나락〕 범어 'Naraka'의 음역. ①지옥. ②벗어나기 어려운 절망적인 상황의 비유. 奈落(나락).
〔那邊 나변〕 ①어느 곳 또는 어디. ②그곳 또는 거기.
◢刹那(찰나)

★*3
4 7 **邦** 나라 **방** 邦

一 二 三 丰 丰' 丰阝 邦

[중]bāng(빵) [일]ホウ/くに [영]nation
[갑] [금] [전] [자원] **회의 겸 형성자.** 갑골문은 田(밭 전)과 '나무'와 '흙덩이'의 상형인 丰(봉)이 합쳐진 자로 아직 개간되지 않아 밭에 초목이 무성한 모습을 나타냄. 금문에 이르러 田이 邑(읍)으로 바뀌어 제후들에게 새로 개척하도록 제공된 땅임을 나타냄. 뒷날 의미가 확대되어 '나라'를 뜻하게 됨. 邑은 의미를 나타내고 丰은 의미와 음을 겸하여 나타냄.
[풀이] 나라. ‖ 友邦(우방).
〔邦國 방국〕 나라. 국가.
〔邦畫 방화〕 자기 나라에서 만든 영화. ↔外畫(외화).

◢萬邦(만방)/盟邦(맹방)/聯邦(연방)/友邦(우방)/異邦(이방)/合邦(합방)

4 7 邠* 나라 이름 빈

㊥bīn(삔) ㊐ヒン

풀이 나라 이름. 주(周)나라의 선조인 공유(公劉)가 세운 나라.

4 7 邪★★3-Ⅱ ❶간사할 사★★3-Ⅱ ❷고을 이름 야 邪

一 ㄷ 푸 牙 牙' 牙ʒ 邪

㊥xié(시에), yá(야)

㊐シャ, ジャ, ヤ/よこしま ㊎vicious

자원 **형성자.** 邑(읍)은 의미를 나타내고 牙(아)는 음을 나타냄.

풀이 ❶①간사하다. ‖奸邪(간사). ②어긋나다. ③해(害)를 주다. ‖邪鬼(사귀). ❷①고을 이름. ②의문·부정을 나타내는 조사(助辭). 통耶.

〔邪教 사교〕 사람을 현혹하고 사회에 해악을 끼치는 종교. 邪道(사도).

〔邪念 사념〕 그릇된 생각.

〔邪道 사도〕 ①올바르지 못한 길이나 도리. 邪路(사로). ↔正道(정도). ② ➡ 邪教(사교).

〔邪術 사술〕 요사스러운 술법.

〔邪惡 사악〕 간사하고 악독함.

〔邪慝 사특〕 요사스럽고 간특함.

〔邪行 사행〕 간악하고 옳지 못한 행위.

◢奸邪(간사)/妖邪(요사)/正邪(정사)/酒邪(주사)

7 邨* 村(촌)의 본자 →380쪽

4 7 邢*2 나라 이름 형 邢

㊥xíng(싱) ㊐ケイ

풀이 나라 이름. 주대(周代)의 제후국.

5 8 邱*2 땅 이름 구 邱

㊥qiū(치우) ㊐キュウ

풀이 ①땅 이름. ②언덕.

5 8 邳 클 비 邳

㊥pī(피) ㊐ヒ ㊎big

풀이 ①크다. ②나라 이름.

5 8 邵*2 고을 이름 소 邵

㊥shào(°싸오) ㊐ショウ

5 8 邸*1 집 저 邸

㊥dǐ(디) ㊐テイ/やしき ㊎house

풀이 ①집. 저택. ‖官邸(관저). ②여관. ③곳집. 창고(倉庫).

〔邸宅 저택〕 규모가 아주 큰 집.

〔邸下 저하〕 조선 시대에, '왕세자'의 존칭.

◢公邸(공저)/官邸(관저)/別邸(별저)/私邸(사저)/潛邸(잠저)

5 8 邰* 나라 이름 태 邰

㊥tái(타이) ㊐タイ

풀이 나라 이름. 주대(周代)의 제후국.

5 8 邯*2 ❶땅 이름 한2 ❷성 감*2 邯

㊥hán(한) ㊐カン

풀이 ❶땅 이름. 중국 전국 시대 조(趙)나라의 도읍. 지금의 허베이 성(河北省) 한단 현(邯鄲縣). ❷성(姓).

〔邯鄲之夢 한단지몽〕 《노생(盧生)이 한단에서 도사(道士) 여옹(呂翁)의 베개를 빌려 잠을 잤는데, 꿈속에서 부귀영화를 다 누렸으나 깨어 보니 메조로 밥을 짓는 동안이었다는 고사에서》 인간 세상의 영고성쇠가 잠시의 꿈처럼 덧없음. 邯鄲夢(한단몽). 一炊之夢(일취지몽).

〔邯鄲之步 한단지보〕 《중국 전국 시대 연(燕)나라의 한 소년이 한단에 가서 그곳의 걸음걸이를 배우려다 미처 배우지 못하고, 본래의 걸음걸이도 잊어버려 기어서 돌아왔다는 고사에서》 함부로 자기 본분을 버리고 남의 행위를 따라 하면 두 가지 모두 잃음.

6 9 郊★★3 성 밖 교 郊

丶 亠 亠 六 方 交 交ʒ 郊

㊥jiāo(찌아오) ㊐コウ ㊎suburb

자원 **형성자.** 邑(읍)은 의미를 나타내고 交(교)는 음을 나타냄.

풀이 ①성 밖. ②들. 전야(田野). ③시골.

〔郊外 교외〕 도회지에 인접한 지대.

◢近郊(근교)/遠郊(원교)

6 9 邽* 고을 이름 규

㊥guī(꾸에이) ㊐ケイ

풀이 ①고을 이름. ②보옥(寶玉) 이름.

6 *2
9 **郁** 성할 **욱** 郁

㊥yù(위) ㊐イク ㊎prosperous
풀이 ①성하다. ②향기롭다.
〔郁郁 욱욱〕 ①문물이 성한 모양. ②무늬가 찬란한 모양.

7 ☆*6
10 **郡** 고을 **군** 郡

ㄱ ㅋ ㅋ 尹 君 君 君阝 郡

㊥jùn(쥔) ㊐グン, クン ㊎county
자원 **형성자.** 邑(읍)은 의미를 나타내고 君(군)은 음을 나타냄.
풀이 ①고을. 행정 구역의 하나. ②관서(官署)의 하나. 군청(郡廳).
〔郡民 군민〕 군(郡)의 주민.
〔郡守 군수〕 군(郡)의 행정을 맡아보는 최고 책임자. 또는, 그 직위.
〔郡廳 군청〕 군의 행정을 맡아보는 관청.
〔郡縣 군현〕 지방 행정 단위인 군(郡)과 현(縣).
◢隣郡(인군)/州郡(주군)

7획

7 ☆*3-Ⅱ
10 **郎** 사내 **랑** 郎

ㅋ ㅋ ㅋ 白 白 良 良阝 郎

㊥láng(랑) ㊐ロウ/おとこ ㊎male
자원 **형성자.** 邑(읍)은 의미를 나타내고 良(량)은 음을 나타냄.
풀이 ①사내. ‖冶遊郎(야유랑). ②낭군(郎君). 남편의 호칭. ‖新郎(신랑). ③벼슬 이름.
〔郎官 낭관〕 조선 시대에, 각 관아의 당하관(堂下官)의 총칭.
〔郎君 낭군〕 예전에, 젊은 아내가 자기 남편을 정답게 이르던 말.
〔郎子 낭자〕 예전에, 남의 집 총각을 점잖게 이르던 말.
◢侍郎(시랑)/新郎(신랑)/令郎(영랑)/花郎(화랑)

7
10 **郢** 땅 이름 **영** 郢

㊥yǐng(잉) ㊐エイ
풀이 땅 이름. 춘추 시대 초(楚)나라의 도읍. 지금의 후베이 성(湖北省) 장링현(江陵縣) 북쪽.

8 ★*3
11 **郭** 성곽 **곽** 郭

丶 亠 亠 古 亨 享 享阝 郭

㊥guō(꾸어) ㊐カク/くるわ ㊎castle
자원 **회의자.** 사람이 거주하는 지역을 나타내는 邑(읍)과 성과 성문의 상형인 𩫖(곽)이 합쳐진 자. 享(향)은 𩫖이 간략화된 자임.
풀이 ①성곽. 도읍을 둘러싼 성(城). 외성(外城). ②둘레. ‖輪郭(윤곽). ③넓히다. 확장함. ㉠廓.
◢內郭(내곽)/城郭(성곽)/外郭(외곽)/輪郭(윤곽)

11 **都** 都(도)의 약자 →757쪽

8 ☆*6
11 **部** 나눌 **부** 部

丶 亠 亠 立 咅 咅 咅阝 部

㊥bù(뿌) ㊐ブ/わける ㊎divide
자원 **형성자.** 邑(읍)은 의미를 나타내고 咅(부)는 음을 나타냄.
풀이 ①나누다. 구분함. ‖部署(부서)/部門(부문). ②거느리다. 지배함. ③분류. ‖部類(부류). ④마을. ⑤떼. 사람의 한 떼. 촌락. ⑥부(部). 구분한 물건이나 서적을 세는 단위.
〔部隊 부대〕 ①군대의 조직 단위의 하나. ②공통의 목적을 가지고 집단적인 행동을 취하는 무리.
〔部落 부락〕 시골에서 여러 민가가 모여 이룬 마을.
〔部門 부문〕 일정한 기준에 따라 분류해 놓은 낱낱의 범위나 영역.
〔部分 부분〕 전체를 이루는 작은 범위나 영역.
〔部署 부서〕 조직체 안에서 일의 성격에 따라 나누어진 사무 단위.
〔部首 부수〕 한문 자전에서 글자를 찾는 데 길잡이가 되도록 분류하여 놓은 글자나 획.
〔部員 부원〕 부(部)에 속하는 사람.
〔部長 부장〕 부(部)의 책임자.
〔部族 부족〕 원시 사회에서, 공통의 조상·언어·종교 등을 가진 지역적 생활 공동체.
〔部品 부품〕 기계 따위의 어떤 부분에 쓰이는 물품.
〔部下 부하〕 남의 밑에서 그의 명령에 따라 움직이는 사람. ↔上官(상관).
◢幹部(간부)/軍部(군부)/南部(남부)/內部(내부)/導入部(도입부)/東部(동부)/腹部(복부)/本部(본부)/北部(북부)/司令部(사령부)/上部(상부)/西部(서부)/細部(세부)/首腦部(수뇌부)/外部(외부)/全部(전부)/中部(중부)/中心部(중심부)/中樞部(중추부)/指導部(지도부)/支部(지부)/執行部(집행부)/下腹部(하복부)/下部(하부)/患部(환부)

8 ★✱4
11 **郵** 역참 우 ㉿邮 郵

亠 亖 乒 乒 垂 垂 郵 郵

㊥yóu(여우) ㉰ユウ/しゅくば ㊧mail
자원 **형성자.** 邑(읍)은 의미를 나타내고 垂(수)는 음을 나타냄.
풀이 ①역참(驛站). ‖郵驛(우역). ②역체(驛遞). ③우편. ‖郵送(우송).
〔郵送 우송〕 편지나 물품을 우편으로 보냄.
〔郵政 우정〕 우편에 관한 행정.
〔郵遞局 우체국〕 우편·우편환·전신·전보·예금 등의 일을 맡아보는 정부 기관.
〔郵便 우편〕 일정한 절차에 따라 편지나 소포 등을 보내거나 받는 일. 또는, 그 편지나 물품.
〔郵票 우표〕 우편 요금을 낸 표시로 우편물에 붙이는 증표.
◢軍郵(군우)

8
11 **郰** 고을 이름 추 郰

㊥zōu(쩌우) ㉰シュウ
풀이 고을 이름. 춘추 시대 노(魯)나라의 읍. 공자(孔子)가 태어난 곳.

11 **郷** 鄕(향)의 약자 →757쪽

9 ☆✱5
12 **都** 도읍 도 ㉻㉿都 都

十 土 耂 耂 者 者 者阝 都

㊥dōu(떠우) ㉰ト/みやこ ㊧capital
자원 **형성자.** 邑(읍)은 의미를 나타내고 者(자)는 음을 나타냄.
풀이 ①도읍(都邑). 서울. ‖都會(도회). ②거느리다. 통솔함. 또는, 그 구실. ‖都督(도독). ③모두. 다. 모조리. ④우아하다.
〔都給 도급〕 일정한 기간 안에 완성해야 할 일을 도거리로 맡기는 일.
〔都大體 도대체〕 ①도무지 이해하기 어려운데. ②유감스럽게도 전혀.
〔都賣 도매〕 물건을 낱개로 팔지 않고 모개로 팖. ↔小賣(소매).
〔都木手 도목수〕 목수의 우두머리.
〔都城 도성〕 ①도읍을 에워싸고 있는 성. ②한 나라의 수도. 서울.
〔都市 도시〕 정치·경제·문화의 중심이 되는, 사람이 많이 사는 지역.
〔都心 도심〕 도시의 중심부.
〔都邑 도읍〕 임금이 사는 대궐이 있는, 한 나라의 서울.
〔都合 도합〕 모두. 都統(도통).
〔都會 도회〕 사람이 많이 사는 번화한 곳. 都市(도시). 都會地(도회지).
◢古都(고도)/舊都(구도)/首都(수도)/王都(왕도)/遷都(천도)/港都(항도)/還都(환도)

9 ✱
12 **鄂** 땅 이름 악 鄂

㊥è(어) ㉰ガク
풀이 ①땅 이름. ㉮춘추 시대 초(楚)나라 악왕(鄂王) 때의 구도(舊都). ㉯은대(殷代)의 나라 이름. ㉰춘추 시대 진(晉)나라의 읍. ②놀라다.

10 ✱2
13 **鄒** 나라 이름 추 ㉿邹 鄒

㊥zōu(쩌우) ㉰スウ
풀이 나라 이름. 주대(周代)의 나라 또는 고을 이름.

10 ☆✱4-Ⅱ
13 **鄕** 시골 향 ㉻㉿郷 乡 鄕

𠃌 乡 乡 乡' 𢆶 𨛜 鄉 鄕

㊥xiāng(씨앙) ㉰キョウ/さと
㊧country
갑 자원 **회의자.** 한가운데에 음식을 놓고 두 사람이 마주 앉아 있는 모습을 나타냄. '마주 보고 음식을 먹다'가 본뜻이나 '마을'의 뜻으로 쓰이게 되면서, 본뜻을 보존하기 위해 만든 자가 '饗'(대접할 향)임.
풀이 ①시골. ‖鄕邑(향읍). ②마을. ③고향. ‖同鄕(동향). ④곳.
〔鄕歌 향가〕 신라 중엽에서 고려 초기에 걸쳐 불렸던, 우리나라 고유의 시가.
〔鄕里 향리〕 시골 고향 마을.
〔鄕愁 향수〕 고향을 그리워하는 마음이나 시름.
〔鄕樂 향악〕 우리나라 고유의 음악을 당악(唐樂)에 상대하여 이르는 말.
〔鄕村 향촌〕 시골 마을.
〔鄕土 향토〕 ①자기가 태어나서 자란 땅. ②시골이나 고장.
◢京鄕(경향)/故鄕(고향)/歸鄕(귀향)/錦衣還鄕(금의환향)/落鄕(낙향)/同鄕(동향)/萬里他鄕(만리타향)/望鄕(망향)/本鄕(본향)/色鄕(색향)/失鄕(실향)/愛鄕(애향)/理想鄕(이상향)/離鄕(이향)/他鄕(타향)/下鄕(하향)

11 ✱1
14 **鄙** 시골 비 鄙

㊥bǐ(비) ㉰ヒ/いなか ㊧country

[갑] [자원] **회의자.** 갑골문에서 윗부분의 네모는 마을을 나타내고 아랫부분은 곡식 창고를 나타냄. 본뜻은 '시골 마을'.
[풀이] ①시골. 두메. ‖邊鄙(변비). ②저. '나'의 겸칭. ‖鄙見(비견). ③다랍다. 비루함. ‖鄙劣(비열). ④질박하다. 우아하지 못함. ⑤천하다.
〔鄙見 비견〕 '자기 의견'의 겸칭.
〔鄙陋 비루〕 행동이나 성질이 너절하고 더러움.
〔鄙劣 비열〕 하는 짓이나 성품이 천하고 졸렬함.
◢野鄙(야비)

12 15 **鄲** * 땅 이름 **단** [간] 郸
[중]dān(딴) [일]タン
[풀이] 땅 이름. ‖邯鄲(한단).

12 15 **鄧** *2 나라 이름 **등** [간] 邓 鄧
[중]dèng(떵) [일]トウ
[풀이] 나라 이름. 주대(周代)의 제후국.

15 **鄰** * 隣(린)과 동자 →791쪽

12 15 **鄭** *2 나라 이름 **정** [간] 郑 鄭
[중]zhèng(°쩡) [일]テイ
[풀이] ①나라 이름. 주대(周代)의 제후국. ②정(鄭)나라의 풍류.
〔鄭聲 정성〕《중국 정(鄭)나라의 가요가 음탕하고 외설적인 데서》음란하고 야비한 음률.
〔鄭重 정중〕 태도나 분위기가 점잖고 엄숙함.

酉部 닭유

0 7 **酉** ☆*3 닭 **유** 酉
一 丆 冂 丙 两 西 酉
[중]yǒu(여우) [일]ユウ/とり [영]cock
[갑] [금] [자원] **상형자.** 술동이를 본뜬 자. 뒷날, 간지의 하나로 쓰임.
[부] 한자 부수의 하나.
[풀이] 닭. 12지(支)의 열째. 방위로는 서쪽, 계절로는 가을, 시각으로는 오후 5시에서 7시 사이에 해당됨.
〔酉時 유시〕 십이시의 열째 시. 곧, 오후 5시부터 7시까지의 동안.

2 9 **酊** *1 술 취할 **정** 酊
[중]dǐng(딩) [일]テイ/よう
[영]be drunk
[풀이] 술이 취하다. 몹시 취함.
◢酩酊(명정)/酒酊(주정)

2 9 **酋** *1 두목 **추** 酋
[중]qiú(치우) [일]シュウ/かしら [영]boss
[전] [자원] **상형자.** 술동이를 나타내는 酉(유) 위에 술이 가득 차 넘치려 하고 있거나 좋은 향기가 풍기고 있음을 八 자로 나타낸 자. '오래된 술'을 뜻함.
[풀이] 두목. 우두머리.
〔酋長 추장〕 부족이나 부락의 우두머리.

3 10 **配** ★*4-Ⅱ 짝 **배** 配
一 丆 冂 丙 两 西 酉 酉ㄱ 配
[중]pèi(페이) [일]ハイ/つれあい [영]mate
[자원] **형성자.** 酉(유)는 의미를 나타내고 己(기)는 음을 나타냄.
[풀이] ①짝. 상대. ‖配匹(배필). ②부부가 되다. ③배당하다. 분배함. ‖配布(배포). ④거느리다. 예속함. ⑤귀양 보내다. ‖流配(유배).
〔配管 배관〕 기체나 액체를 다른 곳으로 보내기 위하여 관을 배치함.
〔配給 배급〕 어떤 물건을 여러 사람에게 나누어 줌.
〔配達 배달〕 우편물이나 물품을 가져다가 전해 줌.
〔配當 배당〕 일정한 기준에 따라 몫을 정하여 나누어 줌.
〔配慮 배려〕 관심을 가지고 보살펴 주며 마음을 씀.
〔配分 배분〕 몫몫으로 나눔.
〔配色 배색〕 두 가지 이상의 색을 서로 어울리게 씀. 또는, 그 색.
〔配所 배소〕 죄인이 귀양살이하는 곳. 謫所(적소).
〔配送 배송〕 물자를 여러 곳에 나누어 보냄.
〔配食 배식〕 군대나 단체 같은 데서 식사를 나누어 줌.
〔配役 배역〕 배우에게 출연할 역을 나누어 맡김. 또는, 그 역.
〔配列 배열〕 일정한 차례나 간격에 따라 벌여 놓음.

7획

〔配偶者 배우자〕 부부 관계에서 서로의 상대방. 곧, 남편에 대해서 아내를, 아내에 대해서 남편을 이름.
〔配點 배점〕 각 문제에 대한 점수를 정함. 또는, 그 점수.
〔配定 배정〕 나누어 몫을 정함.
〔配車 배차〕 자동차나 기차를 일정한 차례에 따라 알맞은 간격으로 내보냄.
〔配置 배치〕 사람이나 물자를 일정한 자리에 알맞게 나누어 둠.
〔配布 배포〕 신문이나 책자 등을 널리 나누어 줌.
〔配匹 배필〕 부부를 이룰 짝.
〔配合 배합〕 여러 가지를 일정한 비율로 알맞게 한데 섞음.
◢交配(교배)/分配(분배)/手配(수배)/按配(안배)/流配(유배)/支配(지배)/集配(집배)/宅配(택배)

★*3
3
10 **酌** 따를 **작**

一 丆 丙 丙 两 酉 酌 酌

[중]zhuó(주어) [일]シャク/くむ [영]pour
[자원] **회의 겸 형성자.** 술독을 나타내는 酉(유)와 국자를 나타내는 勺(작)이 합쳐진 자로, 술독에서 국자로 술을 푸는 모습을 나타냄. 酉는 의미를 나타내고 勺은 의미와 음을 겸하여 나타냄.
[풀이] ①따르다. 술을 따름. ②술. ‖清酌(청작). ③짐작하다. ‖參酌(참작).
〔酌婦 작부〕 술집에서 술을 따라 주며 접대하는 여자.
〔酌定 작정〕 사정을 잘 헤아려 결정함.
◢對酌(대작)/獨酌(독작)/酬酌(수작)/前酌(전작)/斟酌(짐작)/參酌(참작)/添酌(첨작)

☆*4
3
10 **酒** 술 **주**

氵 汀 汀 沂 沔 洒 酒 酒

[중]jiǔ(지우) [일]シュ/さけ [영]liquor
[갑] [자원] **회의자.** 水(물 수)와 酉(유)가 합쳐진 자로, 술동이에 술이 흘러내리는 모양을 나타냄.
[풀이] 술. ‖飮酒(음주).
〔酒果脯醯 주과포혜〕 《'술·과일·육포·식혜'라는 뜻으로》 간략한 제물(祭物).
〔酒黨 주당〕 술을 즐기고 잘 마시는 무리. 酒徒(주도).
〔酒量 주량〕 마시고 견디어 낼 만한 술의 양. 酒戶(주호).
〔酒癖 주벽〕 ①술에 취하면 으레 보이는 버릇. ②술을 매우 좋아하는 버릇.
〔酒邪 주사〕 술 마신 뒤의 나쁜 버릇.
〔酒色 주색〕 ①술과 여색(女色). ②얼굴에 나타나는 술기운.
〔酒席 주석〕 여럿이 술을 마시는 자리.
〔酒案床 주안상〕 술과 안주를 차려 놓은 상.
〔酒宴 주연〕 술과 음식을 많이 차려내는 잔치. 술잔치.
〔酒酊 주정〕 술에 취하여 정신없이 말하거나 행동함. 또는, 그런 말이나 행동.
〔酒池肉林 주지육림〕 《중국 은(殷)나라 주왕(紂王)이 연못을 술로 채우고 숲의 나뭇가지에 고기를 걸어 놓아 술자리를 마련했다는 고사에서》 호사스러운 술잔치.
〔酒肴 주효〕 술과 안주.
〔酒興 주흥〕 ①술에 취하여 일어나는 흥취. ②술을 마시고 싶은 생각.
◢甘酒(감주)/勸酒(권주)/禁酒(금주)/毒酒(독주)/麥酒(맥주)/母酒(모주)/飯酒(반주)/罰酒(벌주)/法酒(법주)/歲酒(세주)/燒酒(소주)/按酒(안주)/愛酒(애주)/藥酒(약주)/洋酒(양주)/飮酒(음주)/耳明酒(이명주)/餞別酒(전별주)/節酒(절주)/清酒(청주)/祝賀酒(축하주)/濁酒(탁주)/退酒(퇴주)/暴酒(폭주)

*
3
10 **酎** 전국술 **주**

[중]zhòu(°쩌우) [일]チュウ
[풀이] 전국술. 세 번 빚은 진한 술.

11 **酔** 醉(취)의 속자 →760쪽

5
12 **酣** 즐길 **감**

[중]hān(한) [일]カン [영]enjoy
[풀이] ①즐기다. 술을 마시며 즐김. ②주연(酒宴)이 한창 무르익다. ③한창 성하다.
〔酣飮 감음〕 흥겹게 술을 마심.
〔酣興 감흥〕 ①술을 마시고 한껏 즐거워함. ②흥겨움이 절정에 이른 상태.

*
5
12 **酢** [1]초 **초*** [본]**조** [2]잔 돌릴 **작**

[중]cù(추), zuò(쭈어) [일]ソ, サク/す [영]vinegar
[풀이] [1]①초. 식초. ②시다. [2]①잔을 돌리다. 손님이 주인에게 잔을 되돌림. ②응대하다.

*1
6
13 **酪** 진한 유즙 **락**

[중]lào(라오) [일]ラク
[풀이] ①진한 유즙(乳汁). 연유(煉乳)·치즈 따위. ‖乳酪(유락). ②술.

〔酪農 낙농〕 소·양·염소 등을 길러 젖을 짜거나 가공하여 버터·치즈 등을 만드는 농업.
◢乾酪(건락)/牛酪(우락)/乳酪(유락)

6 *1
13 **酩** 술 취할 **명**

㊥mǐng(밍) ㊐メイ/よう ㊎get drunk
풀이 ①술에 취하다. ②감주.
〔酩酊 명정〕 술에 몹시 취함.

6 *1
13 **酬** 갚을 **수**

㊥chóu(°처우) ㊐シュウ/むくいる ㊎repay
자원 **형성자.** 酉(유)는 의미를 나타내고 州(주)는 음을 나타냄.
풀이 ①갚다. 보답함. ②잔을 되돌리고 술을 권하다.
〔酬價 수가〕 보수로 주는 대가.
〔酬答 수답〕 묻는 말에 대답함.
〔酬酌 수작〕 ①서로 술잔을 주고받음. ②서로 말을 주고받음. 또는, 그 말.
◢報酬(보수)/應酬(응수)

7 *2
14 **酸** 초 **산**

㊥suān(쑤안) ㊐サン/す ㊎acid
자원 **형성자.** 酉(유)는 의미를 나타내고 夋(준)은 음을 나타냄.
풀이 ①초. 식초. ‖酸性(산성). ②시다. 신맛. ‖酸味(산미). ③고통스럽다. ‖辛酸(신산).
〔酸味 산미〕 신맛.
〔酸鼻 산비〕 슬프거나 참혹하여 콧마루가 시큰함.
〔酸性 산성〕 산(酸)이 지니는 성질. 신맛을 내고 청색 리트머스 시험지를 붉게 만드는 성질.
〔酸素 산소〕 생물의 호흡에 필수적인 무색무취의 기체.
〔酸敗 산패〕 유지류(油脂類)의 식품이 부패하여 맛이 시어짐.
〔酸化 산화〕 산소와 화합하는 일.
◢強酸(강산)/無機酸(무기산)/辛酸(신산)/鹽酸(염산)/乳酸(유산)/窒酸(질산)/醋酸(초산)/炭酸(탄산)/黃酸(황산)

7 *2
14 **酷** 독할 **혹** ㊔곡

㊥kù(쿠) ㊐コク/むごい ㊎cruel
풀이 ①독하다. ②모질다. 학대함.
〔酷毒 혹독〕 ①몹시 심함. ②성질·행실이 매우 모질고 독함.
〔酷似 혹사〕 아주 비슷함. 酷肖(혹초).
〔酷暑 혹서〕 몹시 심한 더위.
〔酷評 혹평〕 가혹하게 비평함. 또는, 그 비평. 苛評(가평).
〔酷寒 혹한〕 몹시 심한 추위.
〔酷刑 혹형〕 가혹한 형벌.
◢苛酷(가혹)/冷酷(냉혹)/嚴酷(엄혹)/殘酷(잔혹)/慘酷(참혹)

7 *1
14 **酵** 술밑 **효** ㊔교

㊥jiào(찌아오) ㊐コウ/さけのもと ㊎ferment
풀이 ①술밑. ‖酵母(효모). ②술이 괴다. ‖醱酵(발효).
〔酵母 효모〕 당분을 알코올로 변화시키므로 술이나 빵을 만드는 데 쓰는 균.
〔酵素 효소〕 생물체 안에서 화학 반응을 촉진하는 고분자 화합물.
◢醱酵(발효)

8 *1
15 **醇** 진한 술 **순**

㊥chún(°춘) ㊐ジュン ㊎pure
풀이 ①진한 술. ②순수하다. ‖醇化(순화). ③순후(醇厚)하다.
〔醇朴 순박〕 순진하고 꾸밈이 없음. 淳朴(순박).
〔醇化 순화〕 ①정성어린 가르침의 교화(敎化). 또는, 순박하고 후덕하게 교화함. ②잡스러운 것을 없애고 순수하게 함.
〔醇厚 순후〕 온순하고 인정이 두터움. 淳厚(순후).

8 *1
15 **醋** ❶술 권할 **작** ❷초 **초** *1 ㊔조

㊥zuò(쭈어), cù(추) ㊐サク, ソ/す
풀이 ❶술을 권하다. 손님이 주인에게 술잔을 되돌림. ㊊酢. ❷초. 식초.
〔醋酸 초산〕 자극적인 냄새와 신맛이 나는 무색의 액체. 아세트산.
◢食醋(식초)

8 ★*3-Ⅱ
15 **醉** 취할 **취** ㊕酔

㊥zuì(쭈에이) ㊐スイ/よう ㊎get drunk
자원 **회의 겸 형성자.** '술동이'의 상형인 酉(유)와 卒(병사 졸)이 합쳐진 자로, 전쟁에서 승리한 병사들이 술을 마시고 취한 모습을 나타냄. 酉는 의미를 나타내고 卒은 의미와 음을 겸하여 나타냄.
풀이 ①취하다. ‖醉客(취객). ②정신을

빼앗기다. ‖心醉(심취)/陶醉(도취). ③취하게 하다.
〔醉客 취객〕 술에 취한 사람.
〔醉氣 취기〕 술에 취하여 얼근한 기운. 술기운.
〔醉談 취담〕 술에 취하여 함부로 하는 말.
〔醉夢 취몽〕 술에 취하여 자는 동안에 꾸는 꿈.
〔醉生夢死 취생몽사〕《술에 취하여 자는 동안에 꾸는 꿈 속에 살고 죽는다는 뜻으로》아무 뜻 없이 한평생을 흐리멍덩하게 살아감.
〔醉中 취중〕 술에 취한 동안.
〔醉態 취태〕 술에 취하여 거칠어진 거동.
〔醉漢 취한〕 술이 잔뜩 취한 남자.
〔醉興 취흥〕 술에 취하여 일어나는 흥겨움.
◢大醉(대취)/陶醉(도취)/痲醉(마취)/滿醉(만취)/宿醉(숙취)/心醉(심취)

*1 9 16 醒 깰 성

[중]xǐng(싱) [일]セイ/さめる
[풀이] ①깨다. 술이 깸. ②잠에서 깨다. ‖醒睡(성수). ③깨닫다.
◢覺醒(각성)/半醒(반성)

* 9 16 醍 맑은 술 제

[중]tí(티) [일]タイ
[풀이] ①맑은 술. ②붉은 술.

16 醎 鹹(함)의 속자 →839쪽

16 醯 醯(혜)의 속자 →762쪽

★*3 10 17 醜 더러울 추 [간]丑

[중]chǒu(˚처우) [일]シュウ/みにくい [영]ugly
[풀이] ①더럽다. 추함. ‖醜行(추행). ②보기 흉하다. ‖醜女(추녀).
〔醜男 추남〕 얼굴이 못생긴 남자.
〔醜女 추녀〕 얼굴이 못생긴 여자. 醜婦(추부). ↔美女(미녀).
〔醜聞 추문〕 추잡한 소문.
〔醜惡 추악〕 마음씨나 겉모습 등이 보기 흉하고 추함.
〔醜雜 추잡〕 언행이 지저분하고 잡스러움.
〔醜態 추태〕 도덕적·윤리적으로 추한 행동이나 태도.
〔醜行 추행〕 추잡하고 음란한 행동.
◢陋醜(누추)/美醜(미추)

10 17 醢 젓갈 해

[중]hǎi(하이) [일]カイ [영]pickled fish
[풀이] 젓갈. ‖醢汁(해즙).

☆*6 11 18 醫 의원 의 [약][간]医

[중]yī(이) [일]イ/いやす [영]doctor
[자원] **회의자.** 医(예)와 殳(수)와 酉(유)가 합쳐진 자. 医는 곪은 부위를 째는 화살〔矢〕과 그것을 넣는 상자〔匚〕를 나타내고, 殳는 끝이 모서리가 진 수술 도구와 그것을 잡은 손을 나타내며, 酉는 마취나 소독 또는 약제로 쓰인 술을 나타냄.
[풀이] ①의원(醫員). 의사. ‖洋醫(양의). ②병을 고치다. 구(救)하다.
〔醫療 의료〕 의술로 병을 고치는 일.
〔醫師 의사〕 면허를 얻어 의술과 약으로 병을 진찰·치료하는 사람.
〔醫書 의서〕 의학에 관한 책.
〔醫術 의술〕 병을 고치는 기술.
〔醫藥 의약〕 ①의료에 쓰이는 약. ②의술과 약.
〔醫員 의원〕 의사와 의생(醫生)의 총칭.
〔醫學 의학〕 병을 진단·치료·예방하고, 건강을 유지하는 기술과 방법을 연구하는 학문.
◢家庭醫(가정의)/軍醫(군의)/內科醫(내과의)/名醫(명의)/修鍊醫(수련의)/獸醫(수의)/眼科醫(안과의)/洋醫(양의)/御醫(어의)/外科醫(외과의)/專門醫(전문의)/主治醫(주치의)/韓醫(한의)

*1 11 18 醬 육장 장 [간]酱

[중]jiàng(찌앙) [일]ショウ/ひしお
[풀이] ①육장(肉醬). ②된장.
〔醬油 장유〕 ①간장. ②간장과 기름.
〔醬肉 장육〕 장조림.
◢魚醬(어장)

*1 12 19 醱 술 괼 발 [간]酦

[중]pō(포) [일]ハツ/かもす
[풀이] 술이 괴다.
〔醱酵 발효〕 미생물에 의하여 유기물이 분해되는 현상.

12 **醮*** 초례 **초** 醮
19

[중]jiào(쩌아오) [일]ショウ [영]wedding
[풀이] ①초례. 혼례(婚禮). ②제사를 지내다. ‖醮祭(초제). ③시집가다.
〔醮禮 초례〕 전통적으로 치르는 혼례식.

12 **醯*1** 초 **혜** [동]醓 [속]醘 醯
19

[중]xī(씨) [일]ケイ [영]vinegar
[풀이] ①초. 초장. ②초절임. 죽에 술을 타서 발효시킨 음식.
〔醯鷄 혜계〕 초파릿과의 곤충. 초파리.
◢食醯(식혜)

醓 醯(혜)와 동자 →762쪽
19

13 **醵*1** 술잔치 **갹*1** **거1** 醵
20

[중]jù(쮜) [일]キャク, キョ
[풀이] ①술잔치. ②술추렴. 돈을 거둬 벌이는 술잔치. ‖醵飮(갹음). ③추렴하다. ‖醵金(갹금).
〔醵金 갹금〕 여러 사람이 각기 돈을 냄.
〔醵出 갹출〕 돈이나 물건을 각자 내어 거둠.

13 **醴*2** 단술 **례** 醴
20

[중]lǐ(리) [일]レイ
[풀이] ①단술. 계명주(鷄鳴酒). ‖醴酒(예주). ②달다. ‖醴泉(예천).
〔醴泉 예천〕 중국에서 태평할 때에 단물이 솟는다고 하는 샘.

16 **醼*** 잔치 **연**
23

[중]yàn(옌) [일]エン [영]feast

17 **釀*1** 빚을 **양** [간]酿 釀
24

[중]niàng(니앙) [일]ジョウ [영]brew
[풀이] ①빚다. 술을 빚음. ‖釀造(양조). ②술. ‖釀酒(양주).
〔釀成 양성〕 ①술·간장 등을 빚어 만듦. ②분위기나 감정 등을 자아냄.
〔釀造 양조〕 술·간장 등을 빚어 만듦.
〔釀酒 양주〕 술을 빚어서 담금.
◢家釀(가양)

18 **釁** 틈 **흔** [간]衅 釁
25

[중]xìn(씬) [일]キン [영]gap
[풀이] ①틈. 사이. ‖釁隙(흔극). ②피를 바르다. 희생의 피를 그릇에 발라 제사를 지냄. ‖釁鐘(흔종). ③허물. 죄(罪).
〔釁端 흔단〕 서로 사이가 벌어져서 틈이 생기게 되는 실마리.

釆部 분별할변

0 **釆*** 분별할 **변** 釆
7

[중]biàn(삐엔) [일]ヘン/わける
[갑]  [금]  [전]  [자원] **상형자.** '짐승의 발자국'을 나타낸 자. 어떤 짐승의 발자국인지 알려면 자세히 살펴야 한다는 데에서 '분별하다'의 뜻이 생겨남.
[참고] 한자 부수의 하나.
[풀이] 분별하다. 나누다. 辨의 본자.

1 **采*2** ❶캘 **채** ❷채읍 **채** 采
8

[중]cǎi, cài(차이) [일]サイ/とる [영]pluck
[갑]  [금]  [자원] **회의자.** 갑골문·금문의 윗부분은 손〔爫〕을 나타내며 아랫부분은 과실이 열린 나무를 나타냄. 본뜻은 '따다', '캐다'.
[참고] 釆(변:762쪽)은 딴 자.
[풀이] ❶①캐다. 땀. 뽑음. 채취(採取)함. [같]採. ②가리다. 선택함. [같]採. ③채지(采地). 식읍(食邑). ④벼슬. 관직. ⑤풍채(風采). 풍신. ⑥채색. 무늬. ❷채읍(采邑).
〔采緞 채단〕 혼인 때 신랑 집에서 신부 집으로 미리 보내는 청색·홍색의 비단.
〔采色 채색〕 풍채와 안색.
◢喝采(갈채)/納采(납채)/風采(풍채)

釈 釋(석)의 속자 →763쪽
11

5 **釉*** 광택 **유** 釉
12

[중]yòu(여우) [일]ユウ/つや [영]gloss
[풀이] ①광택. ②유약.
〔釉藥 유약〕 도자기를 구울 때 그 표면에 발라 광택이 나게 하는 약품.

★✱3-Ⅱ
13 **釋** 풀 석 속 간 釈 释
20

丶 平 釆 釈 釋 釋 釋 釋

㊥shì(˚쓰) ㊐シャク/とく ㊍explain

자원 **형성자.** 釆(변)은 의미를 나타내고 睪(역)은 음을 나타냄.

풀이 ①풀다. 설명하다. ②풀리다. ‖釋然(석연). ③놓아 주다. 석방함. ④풀이. 해석. ‖註釋(주석). ⑤석가(釋迦)의 교(敎). 불교(佛敎). ‖釋敎(석교).

〔釋明 석명〕 사실을 설명하여 내용을 밝힘.

〔釋門 석문〕 불교를 믿는 사람. 또는, 그들의 사회. 불문(佛門).

〔釋放 석방〕 구속하였던 사람을 풀어 줌. 放免(방면).

〔釋然 석연〕 의문이나 의심이 풀려 개운함.

〔釋奠 석전〕 문묘(文廟)에서 공자(孔子)를 제사 지내는 의식(儀式).

〔釋尊 석존〕 '석가(釋迦)'의 존칭.

◢講釋(강석)/孔釋(공석)/保釋(보석)/註釋(주석)/評釋(평석)/解釋(해석)

里部 마을리

☆✱7
0 **里** 마을 리
7

丨 冂 日 日 甲 甲 里

㊥lǐ(리) ㊐リ/さと ㊍village

금 자원 **회의자.** 田(밭 전)과 土(흙 토)가 합쳐진 자로, 밭이 있는 땅을 나타냄. '마을'은 여기서 파생된 뜻으로, 고대 문헌에 따르면 다섯 집을 鄰(린), 다섯 鄰은 里라고 했음.

한자 부수의 하나.

풀이 ①마을. 촌락(村落). 사람이 사는 곳. ‖鄕里(향리). ②길이의 명칭. ㉮300보(步). ㉯360보.

〔里數 이수〕 거리를 이(里)의 단위로 나타낸 수.

〔里長 이장〕 행정 구역인 이(里)를 대표하여 사무를 맡아보는 사람.

〔里程 이정〕 어떤 곳에서 다른 곳으로 가는 동안의 거리의 이수(里數).

〔里程標 이정표〕 도로상에서 어느 곳까지의 거리 및 방향을 알려 주는 표지.

◢洞里(동리)/不遠萬里(불원만리)/異域萬里(이역만리)/田里(전리)/千里萬里(천리만리)/村里(촌리)/鄕里(향리)

☆✱7
2 **重** ❶무거울 중 ❷거듭할 중
9

一 二 千 卄 百 亩 重 重 重

㊥zhòng(˚쭝), chóng(˚충)
㊐ジュウ, チョウ/おもい ㊍heavy

금 자원 **회의 겸 형성자.** 금문은 人(사람 인)과 '자루'의 상형인 東(동)이 합쳐진 자로, 자루를 등에 진 사람을 나타냄. 여기에서 '무겁다', '무게'의 뜻이 생겨남. 소전에 이르러 아랫부분에 土(흙 토)가 추가되어 사람이 디디고 선 땅을 나타냄. 人과 土는 의미를 나타내고 東은 의미와 음을 겸하여 나타냄.

풀이 ❶①무겁다. 두텁다. ‖重量(중량). ②무겁게 하다. 소중히 함. ‖尊重(존중). ③무게. 중량. ‖輕重(경중). ④정도가 심하다. ‖重病(중병)/嚴重(엄중). ❷거듭하다.

〔重刊 중간〕 이미 펴낸 책을 거듭 펴냄.

〔重建 중건〕 절이나 왕궁 등을 보수하거나 고쳐 지음.

〔重大 중대〕 예사로 여길 수 없을 만큼 매우 중요함.

〔重量 중량〕 무게.

〔重力 중력〕 지구 위의 물체가 지구 중심으로부터 받는 힘.

〔重病 중병〕 목숨이 위태로울 정도로 심하게 앓는 병.

〔重複 중복〕 거듭하거나 겹침.

〔重傷 중상〕 심한 부상. ↔輕傷(경상).

〔重修 중수〕 낡은 건축물을 다시 고침.

〔重視 중시〕 중요하게 여김.

〔重臣 중신〕 중요한 관직에 있는 신하.

〔重壓 중압〕 ①무겁게 내리누름. 또는, 그 압력. ②참기 어렵게 강요하는 힘.

〔重言復言 중언부언〕 이미 한 말을 되풀이함.

〔重役 중역〕 ①회사의 사장·이사 등 높은 직위의 관리자. ②책임이 무거운 역할.

〔重要 중요〕 소중하고 요긴함.

〔重任 중임〕 ①이미 맡은 직위나 직책에 다시 임명됨. ②무겁고 중대한 임무나 소임.

〔重點 중점〕 가장 중요하게 생각하는 점.

〔重罪 중죄〕 무거운 죄.

〔重症 중증〕 매우 위중한 병세.

〔重鎭 중진〕 어떤 분야나 집단에서 지도적인 영향력을 가진 중요한 인물.

〔重責 중책〕 ①중대한 책임. ②엄하게 책망함.

〔重疊 중첩〕 거듭 겹치거나 겹쳐짐.

〔重態 중태〕 병이 위급한 상태.

〔重版 중판〕 한 번 출판한 책을 거듭하여 간행함.

〔重厚 중후〕 ①태도가 정중하고 무게가

있음. ②분위기나 느낌이 엄숙하고 깊이가 있음.
◢加重(가중)/苛重(가중)/輕重(경중)/過重(과중)/貴重(귀중)/鈍重(둔중)/莫重(막중)/比重(비중)/所重(소중)/愼重(신중)/嚴重(엄중)/危重(위중)/隱忍自重(은인자중)/鄭重(정중)/尊重(존중)/鎭重(진중)/體重(체중)/置重(치중)/荷重(하중)

4 11 野 ☆*6 들 야 [고] 埜

丶 冂 日 甲 里 野 野 野

[중]yě(예) [일]ヤ/の [영]field

[갑] [금] [전] [자원] **형성자.** 갑골문과 금문은 林(수풀 림)과 土(흙 토)가 합쳐진 회의자로, 숲이 우거져 개간되지 않은 땅을 나타냈으나, 소전에 이르러 의미를 나타내는 里(리)와 음을 나타내는 予(여)의 구성으로 바뀌어 형성자가 됨.

[풀이] ①들. ㉮들판. 논밭. ‖沃野(옥야). ㉯민간(民間). ‖朝野(조야). ㉰자연 그대로. ‖野生(야생). ②촌스럽다. 꾸밈새가 없음. 예문(禮文)이 없음. 질박(質朴)함. ‖野人(야인). ③길들지 않다. 따르지 않음. ‖野心(야심). ④별자리. 분야(分野).

〔野球 야구〕 9명씩으로 이루어진 두 팀이 9회씩 공격과 수비를 번갈아 하며 득점을 다투는 구기(球技).
〔野談 야담〕 민간에 떠도는 이야기를 바탕으로 흥미 있게 꾸민 이야기.
〔野黨 야당〕 현재 정권을 잡고 있지 않은 정당. 在野黨(재야당). ↔與黨(여당).
〔野蠻 야만〕 문명의 정도가 낮고 미개함. ‖野蠻族(야만족).
〔野望 야망〕 크게 무엇을 이루어 보겠다는 희망.
〔野薄 야박〕 야멸치고 인정이 없음.
〔野卑 야비〕 상스럽고 교활함.
〔野史 야사〕 민간(民間)에서 사사로이 기록된 역사. 外史(외사). ↔正史(정사).
〔野山 야산〕 들 근처의 나지막한 산.
〔野生 야생〕 동식물이 산이나 들에서 저절로 나서 자람.
〔野性 야성〕 자연 또는 본능 그대로의 성질.
〔野獸 야수〕 길들지 않은 야생의 사나운 짐승.
〔野心 야심〕 ①야망을 이루려는 마음. ②야비한 마음.
〔野營 야영〕 천막 따위를 치고 야외에서 잠. 또는, 그런 생활.
〔野外 야외〕 ①시가지에서 좀 떨어져 있는 들. ②옥외나 노천(露天).
〔野慾 야욕〕 ①야심을 채우려는 욕심. ②야비한 정욕(情慾).
〔野遊 야유〕 들놀이. ‖野遊會(야유회).
〔野人 야인〕 ①교양이 없고 예절을 모르는 사람. ②벼슬하지 않은 사람. ③압록강과 두만강 이북에 살던 여진족.
〔野合 야합〕 ①부부 아닌 남녀가 서로 정을 통함. ②좋지 않은 목적 아래 서로 어울림.
◢廣野(광야)/內野(내야)/分野(분야)/山野(산야)/視野(시야)/外野(외야)/林野(임야)/在野(재야)/粗野(조야)/草野(초야)/平野(평야)/下野(하야)/荒野(황야)

5 12 量 ☆*5 [1]헤아릴 량 [2]되 량

冂 日 旦 昌 昌 量 量 量

[중]liáng, liàng(리앙) [일]リョウ/はかる [영]measure

[갑] [금] [자원] 갑골문의 윗부분이 '곡식을 되는 되'의 상형이고 아랫부분은 '자루'의 상형으로 '되로 자루 속의 곡식을 되다'의 뜻이라는 설과, '해'의 상형인 日(일)과 '자루'의 상형인 東(동)이 합쳐진 회의자로 '노천에서 자루의 곡식 양을 되다'의 뜻이라는 설과, 곡식을 깔때기로 쏟아 부어 자루에 묶는 모습을 나타낸다는 설 등이 있으나 아직 정설이 없음.

[풀이] [1]헤아리다. ‖量水器(양수기). [2] ①되. 말. ‖度量衡(도량형). ②양. 되로 되는 양. ③역량(力量). 일을 해낼 수 있는 재량. ‖殊量(수량).

〔量感 양감〕 ①화면에 대상의 부피나 무게의 느낌이 나도록 그리는 일. 또는, 그런 느낌. 볼륨(volume). ②크고 풍만한 느낌.
〔量產 양산〕 대량으로 생산함.
〔量入計出 양입계출〕 수입을 헤아려 지출을 계획함.
〔量子 양자〕 원자·전자·미립자 등의 최소 단위량.
〔量刑 양형〕 형벌의 정도를 정함.
◢減量(감량)/降雨量(강우량)/計量(계량)/過量(과량)/交通量(교통량)/局量(국량)/器量(기량)/多量(다량)/大量(대량)/度量(도량)/無量(무량)/分量(분량)/分子量(분자량)/少量(소량)/數量(수량)/雅量(아량)/力量(역량)/熱量(열량)/料量(요량)/容量(용량)/音量(음량)/裁量(재량)/定量(정량)/酒量(주량)/重量(중량)/質量(질량)/測量(측량)/含量(함량)

11 18 釐 *1 다스릴 리 [속][간] 厘

[중]lí(리) [일]リ/おさめる [영]govern

[풀이] ①다스리다. ②홀어미. 과부(寡婦).

㊂嫠. ‖釐婦(이부). ③수량(數量)의 이름. 기준 단위의 100분의 1. 푼〔分〕의 10분의 1. 척(尺)의 1000분의 1. ‖毫釐(호리).
〔釐正 이정〕 문서나 글을 정리하여 바로잡음.
◢毫釐(호리)

金部 쇠금

0 ☆✱8
8 **金** ❶쇠 금☆✱8 ❷㊇성 김✱8

丿 人 𠆢 亼 全 侌 金 金

㊥jīn(찐) ㊐キン, コン/かね ㊖metal

금  자원 **상형자.** 쇳물을 부어 기물(器物)을 만드는 데 쓰는 거푸집을 본뜬 자. 금문에서의 두 개의 점은 청동기 제조 과정에서 흘러나온 주물 조각을 나타냄.

풀이 ❶①쇠. ㉮금속(金屬). 광물(鑛物)의 총칭. ㉯돈. 금전(金錢). ㉰금. 황금(黃金). ②귀하다. 고귀한 것의 비유. ‖金科玉條(금과옥조). ③황금색. ④악기. 팔음(八音)의 하나. 종(鐘) 등의 쇠로 만든 악기. ❷성(姓). ‖金氏(김씨).
〔金剛石 금강석〕 다이아몬드.
〔金庫 금고〕 ①화재나 도난을 막기 위하여 돈, 귀중한 서류, 귀중품 등을 보관하는 궤. ②공공 목적을 가지는 특수 금융 기관.
〔金科玉條 금과옥조〕 금이나 옥처럼 귀중히 여겨 지켜야 할 법칙이나 규정.
〔金冠 금관〕 금으로 만든 관.
〔金鑛 금광〕 금을 캐내는 광산.
〔金塊 금괴〕 금덩이.
〔金蘭之契 금란지계〕 ➡金蘭之交(금란지교).
〔金蘭之交 금란지교〕《두 사람의 마음이 합쳐지면 그 날카로움이 쇠를 자르고, 그 향기가 난초와 같다는 뜻으로》 친밀한 사귐. 金蘭之契(금란지계).
〔金利 금리〕 대출금이나 예금에 붙는 이자. 또는, 그 비율.
〔金箔 금박〕 금이나 금빛 나는 합금을 두드려 펴서 종이처럼 얇게 만든 물건.
〔金髮 금발〕 금빛 나는 머리털.
〔金盃 금배〕 금으로 만든 잔.
〔金石盟約 금석맹약〕 ➡金石之約(금석지약).
〔金石之約 금석지약〕 쇠나 돌처럼 굳고 변함없는 약속. 金石盟約(금석맹약).
〔金星 금성〕 태양에서 둘째로 가까운 행성. 지구와 수성 사이에 있음.
〔金城鐵壁 금성철벽〕《'쇠로 만든 성과 철로 만든 벽'이라는 뜻으로》 방비가 아주 튼튼하여 공격하기 어려운 성.
〔金城湯池 금성탕지〕《'쇠로 만든 성과, 그 둘레에 파 놓은 뜨거운 물로 가득 찬 못'이라는 뜻으로》 방어 시설이 잘되어 있는 성.
〔金屬 금속〕 쇠·구리·금·은처럼 광택이 있고 열과 전기를 잘 전하는 성질이 있는 물질.
〔金額 금액〕 돈의 액수.
〔金言 금언〕 짧은 말 속에 깊은 교훈을 담고 있는 귀중한 말. 格言(격언).
〔金融 금융〕 ①돈의 융통. ②경제 사회의 자금의 대차(貸借) 및 수요 공급의 관계.
〔金銀 금은〕 ①금과 은. ②금화(金貨)와 은화(銀貨).
〔金字塔 금자탑〕 ①《'金' 자 모양의 탑이라는 뜻으로》 피라미드. ②후세에 길이 남을 뛰어난 업적의 비유.
〔金錢 금전〕 ①돈. ②금으로 만든 돈. 金貨(금화).
〔金枝玉葉 금지옥엽〕《'금으로 된 가지와 옥으로 된 잎'이라는 뜻으로》 ①임금의 가족. ②귀한 자손.
〔金品 금품〕 돈과 물품.
〔金貨 금화〕 금으로 만든 돈. 금돈. 金錢(금전).
◢巨金(거금)/公金(공금)/代金(대금)/鍍金(도금)/募金(모금)/白金(백금)/罰金(벌금)/砂金(사금)/誠金(성금)/稅金(세금)/送金(송금)/收金(수금)/純金(순금)/冶金(야금)/料金(요금)/元金(원금)/資金(자금)/積金(적금)/千金(천금)/獻金(헌금)/黃金(황금)

2 ✱2
10 **釜** 가마 부

㊥fǔ(°푸) ㊐フ/かま ㊖cauldron

풀이 가마. ‖瓦釜(와부).
〔釜中生魚 부중생어〕《중국 후한(後漢)의 범염(范冉)이 가난하여 오랫동안 밥을 짓지 못하자 솥 안에 물고기가 생겼다는 고사에서》 매우 가난함.
〔釜中魚 부중어〕《'솥 안의 물고기'라는 뜻으로》 목숨이 매우 위험함.

2 ✱
10 **釗** ❶힘쓸 소 ㊄초 ❷㊇쇠 쇠✱ ㉮钊

㊥zhāo(°짜오) ㊐ショウ ㊖endeavor

풀이 ❶①힘쓰다. ②쇠뇌 고동. 쇠뇌를 쏘는 장치. ❷쇠.

2 ✱1
10 **釘** 못 정 ㉮钉

㊥dīng(띵) ㊐テイ/くぎ ㊖nail

풀이 못. ‖釘頭(정두).
◢竹釘(죽정)

2 ☆*4
10 **針** ❶바늘 **침** ❷바느질할 **침** | [간] 针 針

丿 𠂉 亼 今 全 余 金 釒 針

[중]zhēn(°쩐) [일]シン/はり [영]needle

[전]  [자원] **회의자.** 소전은 의미를 나타내는 竹(죽)과 음을 나타내는 咸(함)으로 이뤄진 형성자였으나, 뒷날 鍼(침)으로 바뀌었고 더 간략화되어 針이 됨. 鍼은 형성자로 金(금)은 의미를 나타내고 咸은 음을 나타내며, 針은 회의자로 金은 쇠붙이를 나타내고 十은 바늘을 나타냄.

[풀이] ❶바늘. 침. [같]鍼. ‖針術(침술). ❷①바느질하다. ②침놓다.

〔針母 침모〕 남의 집에 고용되어 바느질을 맡아 하던 여자.

〔針線 침선〕 ①바늘과 실. ②바느질.

〔針小棒大 침소봉대〕《바늘만 한 것을 몽둥이만 하다고 한다는 뜻으로》 심하게 과장하여 말함.

〔針葉樹 침엽수〕 소나무·잣나무 등과 같이 잎이 바늘처럼 생긴 나무.

◢檢針(검침)/短針(단침)/毒針(독침)/方針(방침)/蜂針(봉침)/分針(분침)/時針(시침)/長針(장침)/指針(지침)/秒針(초침)/避雷針(피뢰침)

3 *
11 **釩** 떨 **범**

[중]fǎn(°판) [일]ハン

[풀이] ①떨다. 먼지 같은 것을 날림. ②그릇. ③잔. 술잔.

3 *
11 **釪** 악기 이름 **우**

[중]yú(위) [일]ウ

[풀이] ①악기 이름. ②바리때. 승려의 공양 그릇.

3 *2
11 **釣** 낚시 **조** | [간] 钓 釣

[중]diào(띠아오) [일]チョウ/つり [영]fishing

[풀이] ①낚시. 낚시질하다. ②낚다. 꾀다. ‖釣魚(조어).

〔釣竿 조간〕 낚싯대.

〔釣魚 조어〕 물고기를 낚음.

〔釣況 조황〕 낚시질이 잘되고 안되는 상황.

3 *
11 **釵** 비녀 **차** **채*** | [간] 钗 釵

[중]chāi(°차이) [일]サイ/かんざし

[풀이] 비녀. ‖釵梳(차소).

◢玉釵(옥차)/銀釵(은차)

3 *2
11 **釧** 팔찌 **천** | [간] 钏

[중]chuàn(°추안) [일]セン [영]bracelet

3 *
11 **鈔** 좋은 쇠 **초**

[중]qiǎo(치아오) [일]ショウ

[풀이] ①좋은 쇠. ②아름답다. ③잘다. 미세함.

4 *
12 **鈐** 비녀장 **검** | [간] 钤

[중]qián(치엔) [일]ゲン

[풀이] ①비녀장. 수레의 굴대 머리에 끼우는 큰 못. ②자물쇠.

4 *
12 **鈞** 서른 근 **균** | [간] 钧 鈞

[중]jūn(쮠) [일]キン [영]equal

[풀이] ①서른 근. 30근(斤). ‖鈞石(균석). ②고르다. 고르게 함. [통]均. ③녹로(轆轤). 도자기를 만드는 물레. ‖陶鈞(도균). ④존경의 뜻을 나타내는 접두어. ‖鈞安(균안).

4 *
12 **鈕** 인꼭지 **뉴** | [간] 钮

[중]niǔ(니우) [일]チュウ [영]knob

[풀이] ①인꼭지. 도장의 손잡이 부분. ②단추.

4 ★*3
12 **鈍** 무딜 **둔** | [간] 钝 鈍

𠂉 亼 今 全 金 釒 釒 鈍

[중]dùn(뚠) [일]ドン/にぶい

[자원] **형성자.** 金(금)은 의미를 나타내고 屯(둔)은 음을 나타냄.

[풀이] ①무디다. 둔함. ‖鈍感(둔감). ②완고하고 둔하다. ‖鈍才(둔재).

〔鈍角 둔각〕 90°보다 크고, 180°보다 작은 각.

〔鈍感 둔감〕 감각이 무딤. ↔敏感(민감).

〔鈍器 둔기〕 ①무딘 연장. ②날이 없는 도구.

〔鈍才 둔재〕 둔한 재주. 또는, 그런 사람.

〔鈍重 둔중〕 ①부피가 크고 육중함. ②성질·동작이 둔하고 느림. ③소리가 둔하고 무거움.

〔鈍濁 둔탁〕 ①성질이 굼뜨고 흐리터분함. ②소리 따위가 둔중하고 탁함.

◢駑鈍(노둔)/肥鈍(비둔)/愚鈍(우둔)

4 12 **鈇** 도끼 **부** 간 铁 鈇

중fū(°푸) 일フ/おの 영ax
풀이 ①도끼. 큰 도끼. ‖鈇鉞(부월). ②작두. 마소에게 먹일 풀을 써는 연장.

* 4 12 **鈒** 창 **삽**

중sà(싸) 일ソウ 영spear
풀이 ①창(槍). 무기의 한 가지. ②새기다. 아로새김.

*2 4 12 **鈗** 병기 **윤** 鈗

중yǔn(윈) 일イン, エイ
풀이 병기(兵器). 창(槍).

* 4 12 **鈦** 티탄 **태**

중tài(타이) 일タ
풀이 티탄(Titan). 은백색 금속 원소인 티탄의 한역자.

* 4 12 **鈑** 금박 **판** 간 钣

중bǎn(반) 일ハソ 영gold foil

*2 5 13 **鉀** 갑옷 **갑** 간 钾 鉀

중jiǎ(지아) 일コウ

* 5 13 **鉅** 클 **거** 鉅

중jù(쮜) 일キョ 영giantic
풀이 ①크다. 같巨. ‖細鉅(세거). ②강하다. 단단함. 강철(鋼鐵). ③낚싯바늘.
〔鉅萬 거만〕《'만의 곱절'이라는 뜻으로》 많은 수. 巨萬(거만).

* 5 13 **鉗** 칼 **겸** 간 钳 鉗

중qián(치엔) 일ケン 영pillory
풀이 ①칼. 항쇄. 같箝. ②집다. 집게. 부젓가락. ③다물다. 같箝.
〔鉗子 겸자〕 날이 서지 않은 가위 모양으로 생긴 외과 수술 기구.
〔鉗制 겸제〕 자유를 구속함. 箝制(겸제).

13 **鉱** 鑛(광)의 약자 →777쪽

*1 5 13 **鉤** 갈고리 **구** 간 钩 鉤

중gōu(꺼우) 일コウ/かぎ 영hook
풀이 ①갈고리. ‖鉤餌(구이). ②걸다. 갈고리에 걸어서 취(取)함.
〔鉤狀 구상〕 갈고리처럼 꼬부라진 모양.

*1 5 13 **鈴** 방울 **령** 간 铃 鈴

중líng(링) 일レイ/すず 영bell
풀이 방울. ‖鈴鐸(영탁).
◢搖鈴(요령)/風鈴(풍령)

* 5 13 **鈱** 돈꿰미 **민**

중mín(민) 일ビン, ミン
풀이 돈꿰미. 엽전을 꿰는 끈.

* 5 13 **鉑** 금박 **박** 간 铂

중bó(보) 일ハク 영gold foil

*2 5 13 **鉢** 바리때 **발** 간 钵 鉢

중bō(뽀) 일ハツ/はち 영brass bowl
풀이 ①바리때. 범어 pātra의 음역. ②주발. 사발. ③화분.
〔鉢盂 발우〕 절에서 쓰는, 승려의 공양 그릇. 바리때.
◢銅鉢(동발)/衣鉢(의발)/周鉢(주발)/托鉢(탁발)

5 13 **鉏** ❶호미 **서** ❷어긋날 **서** 간 锄 鉏

중chú(°추), jǔ(쥐) 일ショ 영hoe
풀이 ❶①호미. 괭이. 같鋤. ②김매다. ❷어긋나다. ‖鉏鋙(서어).

* 5 13 **鉐** 놋쇠 **석** 鉐

중shí(°스) 일セキ
풀이 놋쇠. 구리의 합금.

* 5 13 **鉥** 돗바늘 **술** 간 钵

중shu(°쑤) 일シュツ

★*4 5 13 **鉛** 납 **연** 간 铅 鉛

중qiān(치엔) 일エン/なまり 영lead
자원 **형성자.** 金(금)은 의미를 나타내고 㕣(연)은 음을 나타냄.
풀이 ①납. 광물의 한 가지. ‖鉛版(연

8획

판). ②분. 백분. 연화(鉛華).
〔鉛粉 연분〕 얼굴에 바르는, 가루로 된 화장품. 粉(분).
〔鉛筆 연필〕 흑연으로 된 심을 속에 넣고, 겉은 나무로 둘러싸서 만든 필기구.
◢亞鉛(아연)/黑鉛(흑연)

*2
5 13 **鈺** 보배 **옥** | 간 钰 鈺
중yù(위) 일ぎょく 영treasure
풀이 ①보배. ②단단한 쇠.

*
5 13 **鉞** 도끼 **월** | 간 钺
중yuè(위에) 일エツ/まさかり 영axe
풀이 도끼. 큰 도끼.
◢斧鉞(부월)

*
5 13 **鈿** 비녀 **전** | 간 钿 鈿
중diàn(띠엔) 일デン/かんざし 영hairpin
풀이 ①비녀. 화잠(花簪). ②전세공(鈿細工). 나전 세공.
◢螺鈿(나전)/花鈿(화전)

8획

*
5 13 **鉦** 징 **정** | 간 钲 鉦
중zhēng(°쩡) 일セイ, ショウ/かね
풀이 징. ‖鉦鼓(정고).

*
5 13 **鉒** 쇳돌 **주** |
중zhù(°쭈) 일チュ 영ore
풀이 ①쇳돌. ②두다. 놓아 둠.

*
13 **鉁** 珍(진)과 동자 →495쪽

13 **鉄** 鐵(철)의 속자 →776쪽

5 13 **鉋** 대패 **포** | 간 铇 鉋
중bào(빠오) 일ホウ/かんな 영plane
풀이 대패. ‖鉋盤(포반).

*
5 13 **鉍** 창자루 **필** | 간 铋
중bì(삐) 일ヒツ

*2
5 13 **鉉** 솥귀 **현** | 간 铉 鉉
중xuàn(쒸엔) 일ゲン
풀이 ①솥귀. ②삼공(三公)의 지위.

6 14 **鉸** ❶가위 **교** ❷장식 **교** | 간 铰 鉸
중jiǎo(지아오) 일コウ/はさみ 영scissors
풀이 ❶가위. ‖鉸刀(교도). ❷①장식. ②장식하다.

6 14 **鈋** ❶삽 **궤** ❷두견새 **궤** |
중guǐ(구에이) 일キ
인명용 한자에서는 '귀'로 발음하는 것을 인정하고 있음.
풀이 ❶삽. 농기구 이름. ❷두견새.

★*4-Ⅱ
6 14 **銅** 구리 **동** | 간 铜 銅

ノ 亼 仐 金 釒 釦 銅 銅

중tóng(퉁) 일ドウ/あかがね 영copper
자원 **형성자.** 金(금)은 의미를 나타내고 同(동)은 음을 나타냄.
풀이 구리.
〔銅鏡 동경〕 구리로 만든 거울.
〔銅鑛 동광〕 ①구리를 캐는 광산. 銅山(동산). ②구리가 들어 있는 광석.
〔銅像 동상〕 사람·동물의 형상을 구리로 만들거나 구릿빛을 입혀서 만들어 놓은 기념물.
〔銅錢 동전〕 구리로 만든 돈.
〔銅版畫 동판화〕 동판에 새긴 그림. 또는, 동판으로 인쇄한 그림.
◢白銅(백동)/分銅(분동)/赤銅(적동)/青銅(청동)/黃銅(황동)

★*3-Ⅱ
6 14 **銘** 새길 **명** | 간 铭 銘

ノ 亼 仐 金 釒 鈩 銘 銘

중míng(밍) 일メイ/しるす 영engrave
자원 **회의 겸 형성자.** 金(쇠 금)과 名(이름 명)이 합쳐진 자로, 쇠에 이름을 새겨 넣음을 나타냄. 金은 의미를 나타내고 名은 의미와 음을 겸하여 나타냄.
풀이 ①새기다. ‖銘心(명심). ②금석에 새긴 글자. ‖碑銘(비명). ③문체(文體) 이름. 돌·그릇 등에 그 사람의 공덕을 새겨 자손에게 경계하는 글.
〔銘文 명문〕 금석(金石)·기물(器物) 등에 새겨 놓은 글.

〔銘心 명심〕 잊지 않도록 마음에 새김. 銘肝(명간). 銘記(명기).
〔銘旌 명정〕 죽은 사람의 관직·성명 등을 쓴 깃발.
◢感銘(감명)/墓碑銘(묘비명)/碑銘(비명)/座右銘(좌우명)

6 14 **鉼*** 판금 **병** | 본 鉼 간 鉼

㊥bǐng(빙) ㊐ヘイ ㊎metal plate
풀이 ①판금. 얇고 넓게 조각낸 쇠붙이. ②가마솥.

6 14 **銑***1 끌 **선** | 간 铣 銑

㊥xiǎn(시엔) ㊐セン ㊎chisel
풀이 ①끌. ②활고자의 금장식. ③쇠북의 귀. ④무쇠.
〔銑鐵 선철〕 무쇠. 鑄鐵(주철).

6 14 **銖***2 무게 단위 **수** | 간 铢 銖

㊥zhū(°쭈) ㊐シュ
풀이 ①무게의 단위. 1냥(兩)의 24분의 1. 아주 적은 양. ②작은 물건.

6 14 **銀**☆*6 은 **은** | 간 银 銀

丿 ㅅ 스 牟 金 釕 鈩 鉀 銀

㊥yín(인) ㊐ギン/しろがね ㊎silver
자원 **형성자.** 金(금)은 의미를 나타내고 艮(간)은 음을 나타냄.
풀이 ①은. 귀금속의 하나. ‖銀貨(은화). ②돈. 화폐. ‖勞銀(노은). ③희고 광택이 있는 것의 총칭.
〔銀塊 은괴〕 은덩이.
〔銀輪 은륜〕 ①은으로 된 바퀴. ②'자전거'의 미칭.
〔銀鱗 은린〕 ①은빛이 나는 비늘. ②'물고기'의 미칭.
〔銀幕 은막〕 ①영화의 영사막(映寫幕). ②영화계의 비유.
〔銀箔 은박〕 은이나 은빛 나는 합금을 두드려 펴서 종이처럼 얇게 만든 물건.
〔銀盤 은반〕 ①은으로 만든 쟁반. ②'달', 특히 '보름달'의 미칭. ③'얼음판'의 미칭.
〔銀髮 은발〕 ①은빛 나는 머리털. ②'백발(白髮)'의 미칭.
〔銀粧刀 은장도〕 칼자루와 칼집을 은으로 장식하여 여자들이 노리개로 차던 칼.
〔銀河 은하〕 천구 상에 남북으로 길게 보이는 수많은 천체의 무리. 銀漢(은한).
〔銀行 은행〕 예금과 대출, 어음 거래, 증권 인수 등의 일을 하는 금융 기관.
〔銀婚式 은혼식〕 서양 풍속으로, 결혼 25주년의 기념식.
〔銀貨 은화〕 은으로 만든 돈. 은돈. 銀子(은자). 銀錢(은전).
◢金銀(금은)/水銀(수은)/純銀(순은)/洋銀(양은)

6 14 **銓***1 저울질할 **전** | 간 铨 銓

㊥quán(취엔) ㊐セン/はかる ㊎weigh
풀이 ①저울질하다. 무게를 닮. 저울. ②사람을 뽑음. 전형(銓衡)함.
〔銓考 전고〕 인물을 헤아려 정함.
〔銓衡 전형〕 사람을 시험하여 골라 뽑음. ‖書類銓衡(서류 전형).

14 **銭** 錢(전)의 속자 →772쪽

6 14 **銃**★*4-Ⅱ 총 **총** | 간 铳 銃

丿 ㅅ 스 牟 金 釒 鈋 鋴 銃

㊥chòng(°충) ㊐ジュウ/つつ ㊎gun
자원 **형성자.** 金(금)은 의미를 나타내고 充(충)은 음을 나타냄.
풀이 총.
〔銃劍 총검〕 ①총과 칼. ②소총 끝에 꽂는 칼.
〔銃擊 총격〕 총을 쏘아 공격함.
〔銃口 총구〕 총에서 총알이 나가는 구멍.
〔銃器 총기〕 소총·권총 등의 무기.
〔銃殺 총살〕 총으로 쏘아 죽임.
〔銃傷 총상〕 총에 맞은 상처.
〔銃聲 총성〕 총을 쏠 때 나는 소리.
〔銃身 총신〕 총알이 발사될 때 통과하는 총의 강철 부분. 총열.
〔銃彈 총탄〕 총을 쏘았을 때 총구멍에서 나와 목표물을 맞추는 물건. 총알.
〔銃砲 총포〕 총과 대포의 총칭
◢空氣銃(공기총)/拳銃(권총)/機關銃(기관총)/單發銃(단발총)/短銃(단총)/小銃(소총)/連發銃(연발총)/獵銃(엽총)/長銃(장총)/鳥銃(조총)/火繩銃(화승총)

6 14 **銜***1 재갈 **함** | 속 啣 간 衔 銜

㊥xián(시엔) ㊐ガン/くつわ ㊎bit
풀이 ①재갈. ②머금다. 입에 묾. ‖銜枚(함매). ③직함(職銜).
〔銜勒 함륵〕 말의 아가리에 가로로 물리는, 쇠로 만든 물건. 재갈. 馬銜(마함).
〔銜枚 함매〕 예전에, 군사가 행진할 때 떠들지 못하도록 군졸들의 입에 나무 막대기를 물리던 일.

〔銜字 함자〕 '남의 이름'을 아주 높여 이르는 말.
◢馬銜(마함)/名銜(명함)/職銜(직함)

6 14 **鉷** 쇠뇌 고동 **홍** | 간 鉷
중hóng(홍) 일コウ
풀이 쇠뇌 고동. 쇠뇌에서 시위를 당겨 화살을 쏘는 부분.

7 15 **銶** 끌 **구** | 간 銶
중qiú(치우) 일キュウ 영chisel
풀이 끌. 나무에 구멍을 뚫는 연장.

7 15 **鋒** 칼끝 **봉** | 간 锋
중fēng(°펑) 일ホウ/ほさき 영edge
풀이 ①칼끝. ‖鋒刃(봉인). ②물건의 뾰족한 끝. 첨단(尖端). ③군대의 앞장. 선봉(先鋒).
〔鋒刃 봉인〕 창·칼 등의 날.
◢劍鋒(검봉)/先鋒(선봉)/銳鋒(예봉)/筆鋒(필봉)

7 15 **鋤** 호미 **서** | 간 锄
중chú(°추) 일ジョ/すき 영hoe
풀이 ①호미. 같鉏. ②김매다.

7 15 **銷** 녹일 **소** | 간 销
중xiāo(씨아오) 일ショウ 영melt
풀이 ①녹이다. 쇠붙이를 녹임. ‖銷金(소금). ②다하다. 다하여 없어짐.
〔銷金 소금〕 인물화를 그릴 때, 그 옷에 무늬를 그림.
〔銷暑 소서〕 더위를 가시게 함. 消暑(소서).
〔銷沈 소침〕 의기나 기세 등이 사그라지고 까라짐. 消沈(소침).

15 **銹** 鏽(수)와 동자 →776쪽

7 15 **銳** 날카로울 **예** | 간 锐
丿 𠂉 乍 钅 釒 鈖 銳 銳
중ruì(°루에이) 일エイ/するどい 영sharp
자원 **형성자.** 金(금)은 의미를 나타내고 兌(태)는 음을 나타냄.
풀이 ①날카롭다. ‖銳利(예리). ②날래고 용맹하다. ‖精銳(정예). ③똑똑하다. ④뾰족하고 가늘다.
〔銳角 예각〕 직각보다 작은 각.
〔銳氣 예기〕 날카롭고 세찬 기세.
〔銳利 예리〕 ①송곳이나 칼이 뾰족하고 날카로움. ②사물에 대한 관찰·판단 등이 날카롭고 정확함.
〔銳敏 예민〕 예리하고 민감함.
〔銳鋒 예봉〕 ①창이나 칼 등의 날카로운 끝. ②날카롭게 공격하는 기세. ③날카로운 비판의 논조.
〔銳智 예지〕 날카로운 지혜.
◢新銳(신예)/精銳(정예)/尖銳(첨예)

7 15 **鋥** 칼날 세울 **정** | 간 锃
중zèng(쩡) 일トウ
풀이 칼날을 세우다.

7 15 **鋌** 쇳덩이 **정** | 간 铤
중dìng(띵) 일テイ
풀이 ①쇳덩이. ②살촉의 슴베.

7 15 **銡** 새길 **지**
중zhì(°쯔) 일シ 영engrave
풀이 새기다. 명심함.

7 15 **鋪** ❶펼 **포** ❷가게 **포** | 속 舖 간 铺
중pū(푸) 일ホ 영spread, pave
풀이 ❶펴다. 깖. 늘어놓음. ❷가게. ‖店鋪(점포).
〔鋪道 포도〕 포장한 길.
〔鋪裝 포장〕 길에 돌·콘크리트·아스팔트 등을 깔아 바닥을 단단하게 다져 꾸밈.
◢店鋪(점포)

7 15 **鋏** 집게 **협** | 간 铗
중jiā(찌아) 일キョウ/はさみ 영tongs
풀이 ①집게. 부집게. ②가위. ③칼. 장검(長劍). ④장검의 몸. 도신(刀身). ⑤칼자루.
〔鋏刀 협도〕 한약재를 써는 연장.

8 16 **鋼** ❶강철 **강** ❷강할 **강** | 동 鎠 간 钢
丿 𠂉 钅 金 釖 鈉 鋼 鋼
중gāng(깡) 일コウ/はがね 영steel
자원 **형성자.** 金(금)은 의미를 나타내고 岡(강)은 음을 나타냄.
풀이 ❶강철. ❷강하다.
〔鋼管 강관〕 강철로 만든 관.

〔鋼塊 강괴〕 용광로에서 녹인 쇠를 거푸집에 부어 굳힌 강철 덩어리.
〔鋼索 강삭〕 강철 철사를 여러 겹으로 합쳐 꼬아 만든 줄.
〔鋼材 강재〕 공업·건설 등의 재료로 쓰기 위해 압연 등의 가공을 하여 만든 강철.
〔鋼鐵 강철〕 열과 압력으로 단단하게 만든 쇠.
〔鋼板 강판〕 강철로 만든 철판.
◢製鋼(제강)/鐵鋼(철강)/特殊鋼(특수강)

8 16 **鋸*** 톱 **거** 간 锯 鋸

중jū(쮜) 일キョ/のこぎり 영saw
풀이 ①톱. ②톱질하다. ③톱처럼 생긴 형구(刑具).
〔鋸齒 거치〕 톱니.

8 16 **錮***1 땜질할 **고** 간 锢 錮

중gù(꾸) 일コ 영tinker
풀이 ①땜질하다. ②가두다.
◢禁錮(금고)

8 16 **錕*** 붉은 쇠 **곤** 간 锟 錕

중kūn(쿤) 일コン
풀이 붉은 쇠. 붉은빛의 금속.

8 16 **錧*** 비녀장 **관**

중guǎn(구안) 일カン 영linchpin
풀이 비녀장. 수레의 굴대 머리에 끼우는 큰 못.

8 16 **錦****3-Ⅱ 비단 **금** 간 锦 錦

丿 𠂉 𠂤 金 釒 鉑 錦 錦

중jǐn(진) 일キン/にしき 영silk
자원 **형성자.** 帛(백)은 의미를 나타내고 金(금)은 음을 나타냄.
풀이 ①비단. ②아름답다.
〔錦囊 금낭〕 비단으로 만든 주머니.
〔錦上添花 금상첨화〕 《비단 위에 꽃을 더한다는 뜻으로》 좋은 일에 또 좋은 일이 겹침.
〔錦繡江山 금수강산〕 《'비단에 수를 놓은 듯 아름다운 산천'이라는 뜻으로》 우리나라의 산천.
〔錦衣夜行 금의야행〕 《부귀를 갖추고도 고향에 돌아가지 않는 것은 비단옷을 입고 밤길을 가는 것과 같다고 한 항우의 고사에서》 자랑삼아 하지만 생색이 나지 않음.
〔錦衣玉食 금의옥식〕 《'비단옷과 흰 쌀밥'이라는 뜻으로》 호화스럽고 사치스러운 생활. 好衣好食(호의호식).
〔錦衣還鄕 금의환향〕 《비단옷을 입고 고향에 돌아온다는 뜻으로》 출세하여 고향에 돌아옴.

8 16 **錤*** 호미 **기** 간 錤

중qí(치) 일キ 영hoe

8 16 **錡*** ❶솥 **기*** ❷톱 **의** 간 锜 錡

중qí(치), yǐ(이) 일キ, ギ 영kettle
풀이 ❶솥. 세발솥. 통鬲. ❷①톱. ②끌. ③쇠뇌틀. ④우뚝 솟다.

8 16 **錟*** ❶창 **담*** ❷날카로울 **섬** 간 锬

중tán(탄), xiān(씨엔)
일ダン, セン/するどい 영spear
풀이 ❶창. 긴 창. ❷날카롭다.

8 16 **錄****4-Ⅱ 기록할 **록** 간 录 錄

𠂉 𠂤 金 釒 鈩 鋛 錄 錄

중lù(루) 일ロク/しるす 영record
자원 **회의 겸 형성자.** 金(금)과 彔(록)이 합쳐진 자로, 청동의 표면을 깎아 문자를 새기는 것을 나타냄. 金은 의미를 나타내고 彔은 의미와 음을 겸하여 나타냄.
풀이 ①기록하다. 적음. ②베끼다. 등사함. ③기록. 문서.
〔錄音 녹음〕 테이프나 판, 영화 필름 등에 소리를 기록함. ‖錄音器(녹음기).
〔錄取 녹취〕 어떤 내용의 말을 녹음하여 채취함.
〔錄畫 녹화〕 재생을 목적으로 사물의 상(像)을 비디오테이프에 기록함.
◢講義錄(강의록)/見聞錄(견문록)/記錄(기록)/圖錄(도록)/登錄(등록)/目錄(목록)/芳名錄(방명록)/附錄(부록)/備忘錄(비망록)/速記錄(속기록)/收錄(수록)/實錄(실록)/語錄(어록)/採錄(채록)/抄錄(초록)/回顧錄(회고록)/回想錄(회상록)/會議錄(회의록)

8 16 **錀*** 금 **륜**

중lún(룬) 일リン 영gold
풀이 금(金).

16 **鉼** 鉼(병)의 본자 →769쪽

*2
8 16 **錫** 주석 **석** | 간 锡 錫

㊥xī(씨) ㊐シャク, セキ/すず ㊎tin
풀이 ①주석. 금속 원소의 하나. ②석장(錫杖).
〔錫杖 석장〕 승려가 짚고 다니는 지팡이. 禪杖(선장).
◢朱錫(주석)

*
8 16 **錞** 악기 이름 **순** | 간 錞 錞

㊥chūn(°춘) ㊐ジュン
풀이 악기 이름. 순우(錞釪).

*
8 16 **鋺** ❶호미목 **원** ❷주발 **완**

㊥yuān(위엔), wǎn(완) ㊐エン

*1
8 16 **錚** 쇳소리 **쟁** | 간 铮 錚

㊥zhēng(°정) ㊐ソウ
풀이 ①쇳소리. ②징. 정(鉦).
〔錚盤 쟁반〕 운두가 얕고 바닥이 넓적한 그릇.
〔錚錚 쟁쟁〕 ①쇠붙이 따위가 맞부딪쳐 맑게 울리는 소리. ②여러 사람 가운데서 매우 뛰어난 모양.

8획

☆*4
8 16 **錢** 돈 **전** | 속 銭 간 钱 錢

(필순: 𠂉 亼 仒 金 釒 鈛 錢 錢)

㊥qián(치엔) ㊐セン/ぜに ㊎money
자원 **형성자.** 金(금)은 의미를 나타내고 戔(잔·전)은 음을 나타냄.
풀이 ①돈. ‖銅錢(동전). ②무게의 단위. 1돈쭝. 1냥(兩)의 10분의 1. ③화폐의 단위. 원(圓)의 100분의 1.
〔錢穀 전곡〕 돈과 곡식.
〔錢主 전주〕 ①사업 밑천을 대는 사람. ②빚을 준 사람.
◢工錢(공전)/口錢(구전)/金錢(금전)/急錢(급전)/銅錢(동전)/本錢(본전)/葉錢(엽전)/銀錢(은전)/鑄錢(주전)/紙錢(지전)/換錢(환전)

*1
8 16 **錠** 제기 이름 **정** | 간 锭 錠

㊥dìng(띵) ㊐ジョウ, テイ
풀이 ①제기(祭器) 이름. ②신선로(神仙爐). ③정제(錠劑).
〔錠劑 정제〕 가루약을 뭉쳐서 작고 둥글게 만든 약. 알약.
◢糖衣錠(당의정)

★*3-Ⅱ
8 16 **錯** ❶섞일 **착**★*3-Ⅱ ❷둘 **조** | 간 错 錯

(필순: 𠂉 亼 仒 金 釒 鉷 錯 錯)

㊥cuò(추어), cù(추)
㊐サク, ソ/まじる ㊎be mixed
자원 **형성자.** 金(금)은 의미를 나타내고 昔(석)은 음을 나타냄.
풀이 ❶①섞이다. 섞음. ②잘못되다. ③등지다. 어긋남. ❷두다.
〔錯覺 착각〕 무엇을 실제와 다르게 잘못 알거나 생각함.
〔錯亂 착란〕 정신이 어지럽고 혼란함.
〔錯視 착시〕 시각적인 착각 현상.
〔錯誤 착오〕 착각으로 인한 잘못. 錯謬(착류).
〔錯雜 착잡〕 갈피를 잡을 수 없을 정도로 마음이 복잡하고 어수선함.
◢交錯(교착)/倒錯(도착)

*1
8 16 **錘** 저울추 **추** | 간 锤 錘

㊥chuí(°추에이) ㊐ツイ/おもり
㊎weight
풀이 ①저울추. 분동(分銅). ‖鉛錘(연추). ②무게의 단위. 8수(銖)의 무게. 일설에는, 12냥쭝.
◢紡錘(방추)

*1
8 16 **錐** 송곳 **추** | 간 锥 錐

㊥zhuī(°쭈에이) ㊐スイ/きり ㊎awl
풀이 송곳.
〔錐處囊中 추처낭중〕《주머니 속에 들어 있는 송곳은 튀어나오게 마련이라는 뜻으로》 재능이 있는 사람은 그 재능을 발휘할 기회가 언젠가는 옴.
◢囊中之錐(낭중지추)/試錐(시추)/圓錐(원추)/立錐(입추)

8 16 **錙** 저울눈 **치** | 간 锱 錙

㊥zī(쯔) ㊐シ ㊎gradation
풀이 ①저울눈. ②적은 양(量).
〔錙銖 치수〕《옛날 중국의 저울눈에서 기장 100개의 낟알을 1수, 24수를 1냥, 8냥을 1치라고 한 데서》 아주 가벼운 무게.

*2
9 17 **鍵** 열쇠 **건** | 간 键 鍵

㊥jiàn(찌엔) ㊐ケン/かぎ ㊎key
풀이 ①열쇠. ②비녀장. 바퀴가 벗어지지 않게, 굴대 머리에 내리지르는 큰 못. ③건반(鍵盤).
〔鍵盤 건반〕 피아노·오르간 등에서 손

가락으로 치도록 된 부분을 늘어놓은 면.
◢關鍵(관건)

9 17 **鍋** * 노구솥 **과** 간 锅 鍋

중guō(꾸어) 일カ/なべ 영pan
풀이 노구솥. 냄비.

9 17 **鍛** *2 쇠 불릴 **단** 간 锻 鍛

중duàn(뚜안) 일タン/きたえる 영temper
풀이 ①쇠를 불리다. ‖鍊鍛(연단). ②몸과 마음을 닦다.
〔鍛鍊 단련〕 ①쇠붙이를 불에 달군 후 두드려서 단단하게 함. ②몸과 마음을 닦아 기름.
〔鍛造 단조〕 금속을 두들기거나 눌러서 필요한 형체로 만듦.
◢鍊鍛(연단)

9 17 **鍍** *1 도금할 **도** 간 镀 鍍

중dù(뚜) 일ト/めっき 영gild
풀이 도금하다.
〔鍍金 도금〕 금속 표면에 금·은 등의 얇은 막을 입힘.

9 17 **鍊** ★*3-II 불릴 **련** 鍊

𠆢 𠆢 金 釒 鈩 鉔 鍕 鍊

중liàn(리엔) 일レン/ねる 영forge
자원 **형성자.** 金(금)은 의미를 나타내고 柬(간)은 음을 나타냄.
풀이 불리다. ㉮쇠붙이를 달구어 두드리다. 정련(精鍊)함. 같煉. ‖鍛鍊(단련). ㉯몸·정신 등을 단련하다.
〔鍊金 연금〕 쇠붙이를 불에 달구어 두드림.
〔鍊磨 연마〕 ①돌·쇠붙이 등을 갈고닦음. ②학문·정신·기술 등을 배우고 닦음. 硏磨(연마). 練磨(연마).
〔鍊習 연습〕 학문·기예 등을 익숙하도록 익힘. 練習(연습).
◢敎鍊(교련)/鍛鍊(단련)/洗鍊(세련)/修鍊(수련)/精鍊(정련)/訓鍊(훈련)

9 17 **錨** * 닻 **묘** 간 锚 錨

중máo(마오) 일びょう/いかり 영anchor
풀이 닻.
〔錨地 묘지〕 정박(碇泊)하는 곳.
◢投錨(투묘)

9 17 **鍑** * 솥 **복** 간 鍑

중fù(°푸) 일フク/かま 영caldron
풀이 솥. 아가리가 큰 솥.

9 17 **鍔** * 칼날 **악** 간 锷

중è(어) 일ガク 영edge
풀이 ①칼날. ②칼끝.

9 17 **鍈** * 방울 소리 **영** 간 锳 鍈

중yīng(잉) 일エイ

9 17 **鍮** *1 놋쇠 **유** 본**투** 鍮

중tōu(터우) 일チュウ 영brass
풀이 놋쇠.
〔鍮器 유기〕 놋그릇.
〔鍮尺 유척〕 조선 시대, 지방 수령이나 암행어사가 검시(檢屍)에 쓰던, 놋쇠로 만든 자.

9 17 **鍾** *4 술병 **종** 간 钟 鍾

중zhōng(°쭝) 일ショウ 영wine bottle
풀이 ①술병. 술그릇. ②모으다. ‖鍾愛(종애). ③용량의 단위. 6곡(斛) 4두(斗), 8곡, 10곡 등 여러 설이 있음.
〔鍾鉢 종발〕 종지보다 조금 넓고 평평한 그릇.
〔鍾乳石 종유석〕 종유굴의 천장에 고드름같이 달려 있는 석회석.

9 17 **鍬** 가래 **초** 간 锹 鍬

중qiāo(치아오) 일ショウ/すき
풀이 가래. 농기구의 하나.

9 17 **鍼** *1 침 **침** 간 针 鍼

중zhēn(°쩐) 일シン/はり 영needle
풀이 ①침. 재봉용 바늘. 같針. ②찌르다. 침을 놓음. ‖鍼術(침술).
〔鍼灸 침구〕 침과 뜸.
〔鍼術 침술〕 몸을 바늘로 찔러서 통증이나 병을 고치는 동양 의술.
〔鍼筒 침통〕 침을 넣어 두는 통.
◢金鍼(금침)/大鍼(대침)/銀鍼(은침)/鐵鍼(철침)

18 **鍟** * 鋼(강)과 동자 →770쪽

8획

10 18 鎧 * 갑옷 **개** | [간] 铠 鎧

[중]kǎi(카이) [일]ガイ/よろい [영]armor
[풀이] ①갑옷. 갑의(甲衣). ②갑옷을 입다. 무장함.
〔鎧甲 개갑〕 쇠미늘을 달아 만든 갑옷.

10 18 鎌 * 낫 **겸** [본]**렴** | [간] 镰 鎌

[중]lián(리엔) [일]レン/かま [영]sickle
[풀이] 낫. ‖ 鎌利(겸리).

10 18 鎖 ★★3-Ⅱ 쇠사슬 **쇄** | [속] 鎻 [간] 锁 鎖

스 ⺮ 金 金' 金'' 釒 鎖 鎖

[중]suǒ(수어) [일]サ/くさり [영]chain
[자원] **형성자.** 金(금)은 의미를 나타내고 貨(쇄)는 음을 나타냄.
[풀이] ①쇠사슬. ‖ 鐵鎖(철쇄). ②자물쇠. ③잠그다. 닫아 겲.
〔鎖骨 쇄골〕 가슴 위쪽에 수평 방향으로 구부러진 좌우 한 쌍의 어깨뼈.
〔鎖國 쇄국〕 나라의 문호를 굳게 닫고 외국과의 교제를 트지 않음. ↔開國(개국).
◢封鎖(봉쇄)/連鎖(연쇄)/足鎖(족쇄)/閉鎖(폐쇄)

8획

18 鎻 * 鎖(쇄)의 속자 →774쪽

10 18 鎔 *2 녹일 **용** | [속] 熔 [간] 镕 鎔

[중]róng(°룽) [일]ヨウ/とかす [영]melt
[풀이] ①녹이다. 쇠를 녹임. ‖ 鎔解(용해). ②거푸집. 주물(鑄物)의 모형.
〔鎔鑛爐 용광로〕 높은 온도로 광석을 녹여서 쇠붙이를 뽑아내는 가마.
〔鎔巖 용암〕 화산의 분화구에서 분출된 마그마. 또는, 그것이 굳어서 된 암석.
〔鎔融 용융〕 고체에 열을 가했을 때 액체로 되는 현상. 融解(융해).
〔鎔接 용접〕 금속·유리·플라스틱 등의 접합 부위를 녹여서 서로 이음.

10 18 鎰 *2 중량 **일** | [간] 镒 鎰

[중]yì(이) [일]イツ [영]weight
[풀이] ①중량. 무게의 단위. ㉮20냥. ㉯24냥. ②쌀 1되의 24분의 1.

10 18 鎭 ★★3-Ⅱ 진압할 **진** | [간] 镇 鎭

스 ⺮ 金 金' 金'' 釒 鎭 鎭

[중]zhèn(°쩐) [일]チン/しずめる
[영]suppress
[자원] **형성자.** 金(금)은 의미를 나타내고 眞(진)은 음을 나타냄.
[풀이] ①진압하다. ‖ 鎭撫(진무). ②누르다. 무거운 것으로 누름. ③눌러 두는 물건. ‖ 文鎭(문진). ④진정(鎭靜)하다. ⑤요해지(要害地).
〔鎭撫 진무〕 난리를 일으킨 백성들을 진정시키고 어루만져 달램. 鎭安(진안).
〔鎭山 진산〕 도성(都城)이나 고을을 진호(鎭護)하는 주산(主山).
〔鎭壓 진압〕 강압적인 힘으로 억눌러 진정시킴.
〔鎭營 진영〕 조선 시대에, 각 도의 병영·수영(水營) 아래에 두었던 군영.
〔鎭靜 진정〕 소란스럽고 어지러운 일이나 격앙된 감정 등을 가라앉힘.
〔鎭重 진중〕 점잖고 무게가 있음.
〔鎭痛 진통〕 아픔을 가라앉힘.
〔鎭魂 진혼〕 죽은 사람의 혼을 달래어 고이 잠들게 함.
〔鎭火 진화〕 불이 난 것을 끔.
◢文鎭(문진)/書鎭(서진)/重鎭(중진)

10 18 鎚 *1 쇠망치 **추** | [간] 锤 鎚

[중]chuí(°추에이) [일]ツイ/つち
[영]hammer
[풀이] 쇠망치. ‖ 鎚殺(추살).

10 18 鎣 * [1]줄 **형*** [2]그릇 **영** | [간] 蓥

[중]yíng, yíng(잉) [일]エイ
[풀이] [1]①줄. 갈아서 광택을 내는 연장. ②갈다. 문지름. [2]그릇.

10 18 鎬 *2 호경 **호** | [간] 镐 鎬

[중]gǎo(가오) [일]コウ [영]pan
[풀이] ①호경(鎬京). 서주(西周)의 무왕(武王)이 처음 도읍했던 곳. ②냄비. 쟁개비.

11 19 鏗 금옥 소리 **갱** [본]**경** | [간] 铿 鏗

[중]kēng(컹) [일]コウ
[풀이] ①금옥 소리. ②거문고 타는 소리. ③종 따위를 치다.

11 19 鏡 ★★4 거울 **경** | [간] 镜 鏡

스 ⺮ 金 金' 金'' 釒 鏡 鏡

[중]jìng(찡) [일]キョウ/かがみ [영]mirror

자원 **형성자.** 金(금)은 의미를 나타내고 竟(경)은 음을 나타냄.
풀이 ①거울. ‖明鏡(명경). ②거울삼다. 본받음. ③비추다.
〔鏡鑑 경감〕 거울.
〔鏡臺 경대〕 거울을 달아 세운 화장대.
〔鏡中美人 경중미인〕(‘거울에 비친 미인’이라는 뜻으로) 실속 없는 일.
◢球面鏡(구면경)/內視鏡(내시경)/老眼鏡(노안경)/銅鏡(동경)/望遠鏡(망원경)/明鏡(명경)/反射鏡(반사경)/保眼鏡(보안경)/水鏡(수경)/雙眼鏡(쌍안경)/眼鏡(안경)/瑤池鏡(요지경)/破鏡(파경)/平面鏡(평면경)/顯微鏡(현미경)/擴大鏡(확대경)

11 19 * 鏤 새길 **루** 간 镂 鏤

중lòu(러우) 일ロウ 영engrave
풀이 새기다. 아로새김.
〔鏤刻 누각〕 ①금속이나 나무에 글씨·그림 등을 아로새김. ②말이나 문장을 고치고 다듬음.
◢刻鏤(각루)/靑鏤(청루)

11 19 * 鏋 황금 **만** 鏋

중mǎn(만) 일バン
풀이 황금. 정금(精金).

11 19 鏖 무찌를 **오** 鏖

중áo(아오) 일オウ 영annihilate
풀이 ①무찌르다. 죄다 죽임. ‖鏖殺(오살). ②떠들썩하다. 시끄러움.

11 19 *2 鏞 종 **용** 간 镛 鏞

중yōng(융) 일ヨウ 영large bell
풀이 종. 큰 종.

11 19 鏘 금옥 소리 **장** 간 锵 鏘

중qiāng(치앙) 일ショウ
풀이 금옥(金玉) 소리. ‖鏘鏘(장장).

11 19 * 鏑 살촉 **적** 간 镝

중dí(디) 일チャク 영arrowhead
풀이 살촉. 화살촉. 우는살.

11 19 * 鏃 살촉 **촉** 본**족** 간 镞 鏃

중zú(쭈) 일ゾク/やさき 영arrowhead
풀이 살촉. 화살촉.
◢石鏃(석촉)

12 20 * 鏻 굳셀 **린**

중lín(린) 일リン
풀이 굳세다. 굳센 모양. 같獜.

12 20 * 鐥 한복자 **선**

풀이 복자. 기름복자. 기름을 되는 데에 쓰는, 귀때가 붙은 쟁첩 모양의 그릇.

12 20 ☆* 鐘 종 **종** 간 钟 鐘

스 숙 金 釒 鉒 鐘 鍕 鐘

중zhōng(°쭝) 일ショウ/かね 영bell
자원 **형성자.** 金(금)은 의미를 나타내고 童(동)은 음을 나타냄.
풀이 ①종. 쇠북. ‖鐘鼓(종고). ②시계(時計). ‖自鳴鐘(자명종).
〔鐘閣 종각〕 큰 종을 달아 놓은 누각.
〔鐘鼓 종고〕 종과 북.
〔鐘樓 종루〕 종을 달아 놓은 다락집.
〔鐘塔 종탑〕 주로 교회 건물에서, 종을 매달아서 치도록 만든 탑.
◢巨鐘(거종)/警鐘(경종)/掛鐘(괘종)/晩鐘(만종)/梵鐘(범종)/自鳴鐘(자명종)/弔鐘(조종)/招人鐘(초인종)/打鐘(타종)/編鐘(편종)

12 20 * 鏶 쇳조각 **집**

중jí(지) 일シュウ/いたがね
풀이 쇳조각. 얇은 금속 조각.

12 20 * 鏸 ❶날카로울 **혜*** ❷병기 **예**

중huì(후에이) 일ケイ, エイ 영sharp
풀이 ❶날카롭다. ❷병기(兵器).

12 20 * 鐄 큰 쇠북 **횡** 간 鐄

중huáng(후앙) 일コウ 영large bell
풀이 큰 쇠북. 악기의 하나.

13 21 * 鐺 ❶쇠사슬 **당*** ❷솥 **쟁** 간 铛

중dāng(땅), chēng(°청) 일トウ 영chains, kettle
풀이 ❶①쇠사슬. ②종소리. ❷솥. 노구솥.

13 21 **鏽** 동록 **수** | 통 銹 간 锈 鏽

㊥xiū(씨우) ㊐シュウ
풀이 동록(銅綠). 녹.

* 12 21 **鐫** 새길 **전** | 간 镌

㊥juān(쥐엔) ㊐セン ㊎carve
풀이 ①새기다. ②끌. 나무를 파는 연장.

☆✱5 13 21 **鐵** 쇠 **철** | 속 鉄 간 铁 鐵

㊥tiě(티에) ㊐テツ/くろがね ㊎iron
자원 **형성자.** 金(금)은 의미를 나타내고 戴(질)은 음을 나타냄.
풀이 ①쇠. ‖鐵器(철기). ②단단하다. 견고함. ‖鐵則(철칙). ③병기. 무기.
〔鐵甲 철갑〕①쇠로 둘러씌운 것. ②쇠로 만든 갑옷. 鐵鎧(철개). 鐵衣(철의).
〔鐵骨 철골〕철재로 된 건축물의 뼈대.
〔鐵工 철공〕쇠를 다루어 기구를 만드는 일. 또는, 그런 일을 하는 사람.
〔鐵鑛 철광〕철광석이 나는 광산.
〔鐵橋 철교〕①철재(鐵材)로 놓은 다리. ②철도를 가설한 다리.
〔鐵拳 철권〕쇠같이 단단한 주먹.
〔鐵道 철도〕철제의 궤도 위를 차량이 달릴 수 있게 만든 길.
〔鐵面皮 철면피〕《'쇠로 만든 낯가죽'이라는 뜻으로》염치가 없고 뻔뻔스러운 사람. 厚顔(후안).
〔鐵壁 철벽〕①쇠로 된 것처럼 견고한 벽. ②《'쇠로 된 벽'이라는 뜻으로》잘 무너지거나 깨뜨려지지 않는 대상.
〔鐵石 철석〕①쇠와 돌. ②의지가 굳고 변하지 않음의 비유.
〔鐵材 철재〕철로 된 재료.
〔鐵中錚錚 철중쟁쟁〕《여러 쇠붙이 가운데서도 유난히 맑게 쟁그랑거리는 소리가 난다는 뜻으로》같은 무리 가운데서도 가장 뛰어난 사람.
〔鐵窓 철창〕①쇠로 창살을 만든 창문. ②'감옥'의 비유.
〔鐵則 철칙〕바꾸거나 어길 수 없는 중요한 규칙.
◢鋼鐵(강철)/古鐵(고철)/銑鐵(선철)/洋鐵(양철)/電鐵(전철)/製鐵(제철)/鑄鐵(주철)/指南鐵(지남철)/地下鐵(지하철)

✱1 13 21 **鐸** 방울 **탁** | 간 铎 鐸

㊥duó(두어) ㊐タク/すず ㊎bell
풀이 ①방울. ‖鐸鈴(탁령). ②풍경(風磬). 처마 끝에 다는 작은 경쇠.
〔鐸舞 탁무〕목탁을 가지고 추는 춤.
◢木鐸(목탁)/鈴鐸(영탁)

* 13 21 **鐶** 고리 **환**

㊥huán(후안) ㊐カン ㊎ring
풀이 ①고리. ②가락지.

★✱3-Ⅱ 14 22 **鑑** 거울 **감** | 통 鑒 간 鉴 鑑

㊥jiàn(찌엔) ㊐カン/かがみ ㊎mirror
자원 **회의 겸 형성자.** 金(금)과 監(감)이 합쳐진 자로, 監은 그릇의 물에 비친 자기 얼굴을 들여다보는 모습을 나타내고(아주 먼 옛날에는 물을 거울로 사용했음) 金은 그 뒤 만들어진 거울의 재료가 '청동'임을 나타냄. 金은 의미를 나타내고 監은 의미와 음을 겸하여 나타냄.
풀이 ①거울. 통鏡. ②본보기. 모범. ‖龜鑑(귀감). ③보다. 거울에 비춰 보다. 살피다. ‖鑑別士(감별사).
〔鑑別 감별〕감정하여 가치·진위(眞僞)를 가림.
〔鑑賞 감상〕예술 작품의 가치를 음미하고 이해함.
〔鑑識 감식〕①사물의 가치·진위 등을 알아냄. ②범죄 수사에서, 지문·필적·혈흔(血痕) 등을 과학적으로 감정함.
〔鑑定 감정〕서화나 골동품, 또는 어떤 자료에 대해서 그 진위(眞僞)와 가치를 분별하여 판정함.
〔鑑札 감찰〕어떤 영업이나 행위를 허가한 표시로 관청에서 내주는 증표.
◢龜鑑(귀감)/圖鑑(도감)/寶鑑(보감)/年鑑(연감)/殷鑑(은감)/印鑑(인감)/照鑑(조감)/下鑑(하감)

* 22 **鑒** 鑑(감)과 동자 →776쪽

* 14 22 **鑌** 강철 **빈** | 간 镔

㊥bīn(삔) ㊐ヒン
풀이 강철(鋼鐵). 정련한 쇠.

★✱3-Ⅱ 14 22 **鑄** 쇠 부어 만들 **주** | 간 铸 鑄

㊥zhù(°쭈) ㊐チュウ/いる ㊎cast
풀이 쇠를 부어 만들다. 주조(鑄造)함.
〔鑄物 주물〕쇠붙이를 녹인 쇳물을 거푸집에 부어 굳혀 만든 물건.
〔鑄造 주조〕쇠붙이를 녹여 거푸집에 부어 물건을 만듦.
〔鑄型 주형〕쇠붙이를 녹여 붓도록 되

어 있는 틀. 거푸집.
〔鑄貨 주화〕 쇠붙이를 녹여 화폐로 만듦. 또는, 그 화폐. 鑄幣(주폐).
◢鎔鑄(용주)/造鑄(조주)

14 22 鑂 * 금빛 바랠 **훈**

[중]xūn(쒼) [일]フン
[풀이] 금빛이 바래다.

15 23 鑛 ★*4 쇳돌 **광** [약][동][간] 鉱 礦 矿 鑛

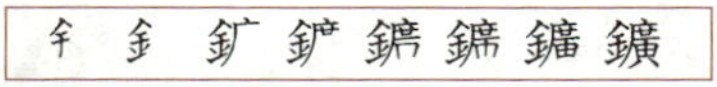

[중]kuàng(쿠앙) [일]コウ [영]ore
[자원] **형성자.** 金(금)은 의미를 나타내고 廣(광)은 음을 나타냄.
[풀이] 쇳돌. 광석(鑛石). [같]礦.
〔鑛脈 광맥〕 광물이 매장된 줄기. 쇳줄.
〔鑛物 광물〕 천연으로 나며 질이 균일하고 화학 성분이 일정한 물질. 철·금·석탄 따위.
〔鑛夫 광부〕 광산에서 일하는 노동자.
〔鑛山 광산〕 광물을 채굴하는 곳.
〔鑛石 광석〕 광상(鑛床)에서 채굴되는 유용한 광물.
〔鑛泉 광천〕 비교적 많은 양의 광물질을 함유하고 있는 샘.
◢金鑛(금광)/露天鑛(노천광)/銅鑛(동광)/選鑛(선광)/原鑛(원광)/採鑛(채광)/鐵鑛(철광)/炭鑛(탄광)/廢鑛(폐광)

15 23 鑢 줄 **려** [간] 𬬻 鑢

[중]lǜ(뤼) [일]リョ [영]file
[풀이] ①줄. 쇠붙이를 쓰는 연장. ②줄로 쓸다. 갊.

15 23 鑠 녹일 **삭** [간] 铄 鑠

[중]shuò(°쑤어) [일]シャク [영]melt
[풀이] ①녹이다. 쇠붙이를 녹임. ‖衆口鑠金(중구삭금). ②빛나다. [통]爍. ③아름답다. 좋음.
◢矍鑠(확삭)

17 25 鑰 자물쇠 **약** [간] 钥 鑰

[중]yuè(위에) [일]ヤク [영]lock
[풀이] 자물쇠. [통]籥. ‖鑰匙(약시).

19 27 鑾 방울 **란** [간] 銮 鑾

[중]luán(루안) [일]ラン
[풀이] ①방울. 어가(御駕)를 끄는 말의 고삐에 다는 방울. ‖鑾鈴(난령). ②임금이 타는 수레.
〔鑾輿 난여〕 임금이 타는 가마. 輦(연).

19 27 鑽 *2 끌 **찬** [간] 钻 鑽

[중]zuàn, zuān(쭈안) [일]サン [영]chisel
[풀이] ①끌. 송곳. ②뚫다. ③깊이 연구하다. ‖鑽灼(찬작). ④부시. 부싯돌과 마주쳐서 불을 일으키는 쇳조각.
◢研鑽(연찬)

20 28 鑿 *1 ❶뚫을 **착** *1 ❷구멍 **조** [간] 凿 鑿

[중]záo(자오), zào(짜오) [일]サク, ソウ
[풀이] ❶①뚫다. 팜. ‖鑿井(착정). ②끝까지 캐다. 멋대로 억측함. ③끌. ❷구멍.
〔鑿井 착정〕 우물을 팜.
◢掘鑿(굴착)/穿鑿(천착)

長部 길장 長 镸

0 8 長 ☆*8 ❶길 **장** ❷어른 **장** [간] 长 長

[중]cháng(°창), zhǎng(°장)
[일]チョウ/ながい [영]long

[갑] [전]

[자원] **상형자.** 갑골문은 머리를 길게 늘어뜨리고 지팡이를 짚고 있는 노인을 나타낸 자로, 본뜻은 '노인' 또는 '어른'임.
✎ 한자 부수의 하나.
[풀이] ❶①길다. ㉮오래다. ‖長久(장구). ㉯멀다. ‖長距離(장거리). ②길이. 오래도록. 늘. ③낫다. 우수함. ‖長點(장점). ❷①어른. 성인(成人). ‖長幼有序(장유유서). ②우두머리. ③맏아들. 한 집안의 계승자. ‖長男(장남). ④자라다. 생장함. ‖長成(장성).
〔長考 장고〕 오래 생각함.
〔長官 장관〕 행정 각부의 우두머리.
〔長久 장구〕 길고 오램. 永久(영구).
〔長技 장기〕 가장 잘하는 재주.
〔長期 장기〕 오랜 기간.
〔長男 장남〕 맏아들.
〔長年 장년〕 ①오랜 세월. ②나이가 많은 사람. ③오래 삶.
〔長短 장단〕 ①길고 짧음. ②장점과 단점. ‖長短點(장단점).

〔長大 장대〕 길고 큼.
〔長刀 장도〕 긴 칼.
〔長途 장도〕 ①오랜 기간의 여행. ②매우 먼 길.
〔長老 장로〕 ①나이 많고 학덕이 높은 사람. ②기독교 교직(敎職)의 하나. ③나이가 많고 덕이 높은 승려의 존칭.
〔長利 장리〕 곡식을 꿔어주고, 받을 때 본래 곡식의 절반을 붙이는 이자.
〔長文 장문〕 ①긴 글. ↔短文(단문). ②한문에서, 구나 글자 수를 맞추지 않고 죽 잇따라 지은 글. 줄글.
〔長髮 장발〕 길게 기른 머리털. ↔短髮(단발).
〔長方形 장방형〕 내각(內角)이 모두 직각이고 가로와 세로의 길이가 다른 사각형. 직사각형. 矩形(구형).
〔長蛇陣 장사진〕 ①많은 사람이 줄을 지어 길게 늘어선 모양. ②길게 늘어선 군진(軍陣).
〔長衫 장삼〕 검은 베로 길이가 길고 소매를 넓게 만든, 승려의 웃옷.
〔長生不死 장생불사〕 오래 살아 죽지 않음.
〔長成 장성〕 자라서 어른이 됨.
〔長孫 장손〕 한 집안에서 맏이가 되는 후손. 맏손자.
〔長壽 장수〕 오래도록 삶. 長命(장명).
〔長身 장신〕 키가 큰 몸.
〔長幼有序 장유유서〕 오륜(五倫)의 하나. 연장자와 연소자 사이에는 지켜야 할 차례가 있음.
〔長音 장음〕 길게 나는 소리. 긴소리. ↔短音(단음).
〔長子 장자〕 맏아들. 장남(長男).
〔長斫 장작〕 통나무를 길쭉하게 쪼갠 땔감.
〔長長 장장〕 시간이 아주 긺.
〔長點 장점〕 좋거나 잘하는 점. 長處(장처). ↔短點(단점).
〔長程 장정〕 매우 먼 길.
〔長調 장조〕 장음계로 된 곡조.
〔長竹 장죽〕 긴 담뱃대.
〔長天 장천〕 한없이 먼 하늘.
〔長歎息 장탄식〕 길게 한숨을 쉬며 크게 탄식함.
〔長波 장파〕 전파 구분에서, 파장이 3,000m 이상인 전파.
〔長篇 장편〕 소설·만화·영화 등이 길이가 긴 것.
〔長靴 장화〕 목이 길게 올라오는 신.
◢家長(가장)/課長(과장)/館長(관장)/校長(교장)/局長(국장)/團長(단장)/隊長(대장)/班長(반장)/兵長(병장)/部長(부장)/社長(사장)/生長(생장)/署長(서장)/成長(성장)/所長(소장)/市長(시장)/身長(신장)/年長(연장)/延長(연장)/院長(원장)/議長(의장)/助長(조장)/組長(조장)/次長(차장)/村長(촌장)/總長(총장)/特長(특장)/學長(학장)/會長(회장)/訓長(훈장)

8획

門部 문문

0 **門** ☆*8 문 **문** [간] 门 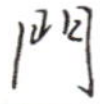
8

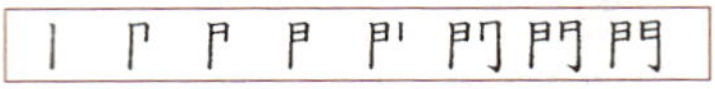

[중]mén(먼) [일]モン/かど [영]door

[갑]  [금]  [자원] **상형자.** 문짝이 두 개 달린 문을 본뜬 자.

한자 부수의 하나. 鬥(투:830쪽)는 딴 자.

[풀이] ①문. 출입문. ②집안. 가문. ③일가. 친척. ④인재를 기르는 곳. 기예(技藝)를 가르치는 곳. ⑤직업이나 학술의 분야. ⑥생물 분류학상의 한 단위. 계(界)의 아래, 강(綱)의 위.
〔門客 문객〕 권세 있는 집안에 머물면서 밥을 얻어먹으며 지내는 사람.
〔門閥 문벌〕 대대로 내려 오는 한 집안의 사회적 신분이나 지위. 家閥(가벌).
〔門外漢 문외한〕 ①어떤 일에 직접 관계가 없는 사람. ②어떤 일에 전문적인 지식이 없는 사람.
〔門人 문인〕 이름난 학자의 제자.
〔門前 문전〕 문의 앞.
〔門前乞食 문전걸식〕 이 집 저 집 돌아다니며 빌어먹음.
〔門前成市 문전성시〕 찾아오는 사람이 많아 집 문 앞이 시장을 이루다시피 함.
〔門前沃畓 문전옥답〕 집 가까이에 있는 기름진 논.
〔門中 문중〕 성과 본이 같은 가까운 집안.
〔門下 문하〕 ①문객이 드나드는 권세가 있는 집. ②가르침을 받는 스승의 아래.
〔門下生 문하생〕 ①권세가 있는 집에 드나드는 사람. ②문하에서 배우는 제자. 門生(문생). 門弟(문제).
〔門戶 문호〕 ①집으로 드나드는 문. ②외부와 교류하기 위한 통로나 수단.
◢家門(가문)/閘門(갑문)/凱旋門(개선문)/關門(관문)/校門(교문)/大門(대문)/同門(동문)/登龍門(등용문)/名門(명문)/房門(방문)/法門(법문)/部門(부문)/城門(성문)/玉門(옥문)/入門(입문)/專門(전문)/正門(정문)/鐵門(철문)/破門(파문)/閉門(폐문)/砲門(포문)/肛門(항문)

2 **閃** *1 번쩍일 **섬** [간] 闪 
10

[중]shǎn(°산) [일]セン/ひらめく [영]flash
[풀이] ①번쩍이다. 어른거리다. ②언뜻 보이다. ③번개.

〔閃光 섬광〕 순간적으로 강하게 번쩍이는 빛.
〔閃電 섬전〕 순간적으로 번쩍이는 번갯불이나 전기의 불꽃.
〔閃火 섬화〕 번쩍이는 불빛.

3 閉 11 ☆*4

[1]닫을 **폐**☆*4 [2]막을 **별** | [간] 闭

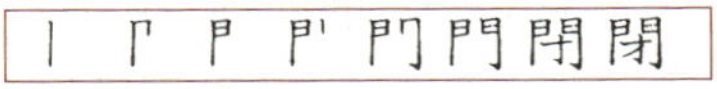

[중]bì(삐) [일]ヘイ, ヘツ/とじる
[영]close

[금] [전] [자원] **회의자.** 대문의 상형인 門(문)과 질러 놓은 빗장의 상형인 자가 합쳐진 자. 소전 이후 빗장이 才(재주 재) 자처럼 바뀌었지만 그것과는 전혀 관계없는 자임.

[풀이] [1]①닫다. 감금. ②끊다. ③덮다. ④오므라들다. ⑤지키다. 간직함. ⑥자물쇠. ⑦끝. 종결. ⑧견주다. 비교함. [통]比. [2]①막다. 막힘. ②감추다. 거두어들임.

〔閉講 폐강〕 하던 강의나 강좌를 폐지함.
〔閉校 폐교〕 학교에서 일시적으로 수업을 중지하고 쉼.
〔閉幕 폐막〕《막을 내린다는 뜻으로》 연극·음악회나 행사 등이 끝남. ‖閉幕式(폐막식). ↔開幕(개막).
〔閉門 폐문〕 문을 닫음. 閉戶(폐호).
〔閉塞 폐색〕 닫아서 막음. 또는, 닫혀서 막힘.
〔閉鎖 폐쇄〕 ①문을 닫고 자물쇠를 채움. ②기능을 정지시킴. ③외부와의 문화적·정신적인 교류를 끊거나 막음. ↔開放(개방).
〔閉業 폐업〕 일시적으로 영업을 하지 않음.
〔閉店 폐점〕 폐업으로 가게를 그만둠.
〔閉會 폐회〕 집회나 회의를 마침. ↔開會(개회).

◢開閉(개폐)/密閉(밀폐)/幽閉(유폐)/全閉(전폐)

4 間 12 ☆*7

[1]틈 **간** [2]사이 **간** | [본] 閒 [간] 间

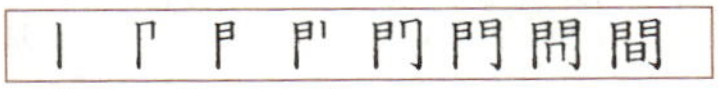

[중]jiān, jiàn(찌엔)
[일]ケン, カン/あいだ [영]gap

[금] [전] [자원] **회의자.** 본자는 閒. 門(문)과 月(달 월)이 합쳐진 자로, 문틈으로 스며드는 달빛을 나타냄. 뒤에 月이 日(일)로 바뀜. 본뜻은 '사이'.

[풀이] [1]①틈. ②사이. 중간. ③때. 무렵. ④잠깐. ⑤방(房). 방 넓이의 단위. [2]①사이. 간격. 상거(相距). ②틈. ㉮빈틈. ㉯불화(不和). ㉰계제. 기회. ③갈마들다. ④헐뜯다. ⑤엿보다. 간첩(間諜). ⑥섞다.

〔間隔 간격〕 ①공간적·시간적으로 벌어진 사이. 間隙(간극). ②사람들의 관계가 벌어진 정도.
〔間色 간색〕 두 가지 이상의 원색을 배합하여 생기는 색.
〔間食 간식〕 끼니와 끼니 사이에 간단히 먹는 음식. 군음식. 샛밥.
〔間言 간언〕 남을 이간하는 말.
〔間接 간접〕 중간에 매개(媒介)를 두어 연락하는 관계. ↔直接(직접).
〔間紙 간지〕 책장과 책장 사이에 끼워 넣는 얇은 종이.
〔間諜 간첩〕 상대 국가에 몰래 들어가 비밀을 알아내는 사람. 間者(간자). 細人(세인). 스파이(spy).
〔間歇 간헐〕 일정한 시간을 두고 주기적으로 일어났다 멎었다 함. ‖間歇泉(간헐천).

◢空間(공간)/區間(구간)/近間(근간)/期間(기간)/當分間(당분간)/幕間(막간)/無間(무간)/門間(문간)/眉間(미간)/民間(민간)/山間(산간)/世間(세간)/瞬間(순간)/瞬息間(순식간)/時間(시간)/夜間(야간)/於焉間(어언간)/於中間(어중간)/年間(연간)/外間(외간)/離間(이간)/人間(인간)/日間(일간)/晝間(주간)/中間(중간)/巷間(항간)/行間(행간)

4 開 12 ☆*6

[1]열 **개**☆*6 [2]산 이름 **견** | [간] 开

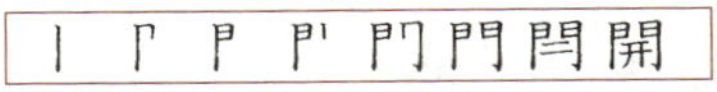

[중]kāi(카이) [일]カイ, ケン/ひらく
[영]open

[고] [전] [자원] **회의자.** '대문'의 상형인 門(문)과 빗장을 나타내는 一(일)과 빗장을 들어올리는 '두 손'의 상형인 廾(공)이 합쳐진 자로, 문을 여는 모양을 나타냄.

[풀이] [1]①열다. 열림. ②비롯하다. 시작함. ③피다. 꽃이 핌. ④논밭을 일구다. 개간(開墾)함. ⑤펴다. 늘어놓음. ⑥깨우치다. 타이름. ⑦말하다. 개진(開陳)함. ⑧개(開). 일진(日辰)의 하나. [2]산 이름.

〔開墾 개간〕 버려진 땅을 일구어 농사지을 수 있게 만듦. 起墾(기간).
〔開講 개강〕 강의를 시작함.
〔開校 개교〕 새로 세운 학교에서 처음으로 학교 일을 시작함. ‖開校記念日(개교기념일). ↔廢校(폐교).
〔開國 개국〕 ①나라를 처음으로 세움. ②다른 나라와 처음으로 교류를 시작함. ↔鎖國(쇄국).
〔開幕 개막〕《막을 열거나 올린다는 뜻으로》 연극·음악회·행사 등을 시작함.

↔閉幕(폐막).
〔開門納賊 개문납적〕《문을 열어 도둑이 들어오게 한다는 뜻으로》 제 스스로 화를 불러들임.
〔開發 개발〕 ①개척하여 발전시킴. ②새로이 고안하여 실용화함. ③지식이나 재능 등을 발달하게 함. 啓發(계발).
〔開放 개방〕 ①자유롭게 드나들 수 있게 함. ↔閉鎖(폐쇄). ②금하던 것을 풀고 자유롭게 교류하게 함.
〔開闢 개벽〕 ①세상이 처음으로 생김. ②아주 새로운 시대가 시작됨.
〔開封 개봉〕 ①봉한 것을 엶. ②새 영화를 처음으로 상영함.
〔開設 개설〕 ①새로 설치함. 新設(신설). ②은행의 계좌나 신용장 거래 관계를 새로 만듦.
〔開始 개시〕 처음 시작함.
〔開眼 개안〕 ①보지 못하던 눈이 보게 됨. ②새로운 것을 깨달음.
〔開業 개업〕 영업을 처음 시작함.
〔開悟 개오〕 지혜를 얻어 진리를 깨달음. 解悟(해오).
〔開諭 개유〕 이치를 알아듣도록 잘 타이름.
〔開場 개장〕 일정한 장소를 열어 운영을 시작함.
〔開店 개점〕 가게를 내어 처음으로 영업을 시작함.
〔開廷 개정〕 법정을 열어 재판을 시작함.
〔開陳 개진〕 의견·내용 등을 말함.
〔開拓 개척〕 ①황무지를 일구어 논밭을 만듦. ②새로운 분야에 처음으로 손을 대어 발전시킴.
〔開催 개최〕 주최하여 엶.
〔開通 개통〕 길·다리·철도·전화 등을 처음으로 이용할 수 있게 함.
〔開閉 개폐〕 열고 닫음.
〔開票 개표〕 투표함을 열어 투표의 결과를 조사함.
〔開學 개학〕 학교에서 방학이 끝나고 다시 수업을 시작함.
〔開港 개항〕 ①항구를 개방하여 외국 선박의 출입을 허가함. ②새로 항구나 공항을 열어 업무를 봄.
〔開化 개화〕 사람의 지혜가 열리고 문화가 진보함. 開明(개명).
〔開花 개화〕 ①꽃이 핌. ②문화나 예술이 한창 번영함.
〔開會 개회〕 회의나 회합을 시작함. ↔閉會(폐회).
◢公開(공개)/滿開(만개)/未開(미개)/半開(반개)/散開(산개)/疏開(소개)/續開(속개)/裂開(열개)/再開(재개)/展開(전개)/切開(절개)/打開(타개)

4 *2
12 **閔** [1]위문할 **민** [2]가을 하늘 **민** [간]闵 閔

[중]mǐn(민) [일]ビン
[풀이] [1]①위문하다. 문병함. 조문(弔問)함. ②마음 아프게 여기다. ③걱정하다. 근심함. [2]①가을 하늘. [같]旻. ②병들다. 앓음.

4 ★*3
12 **閏** 윤달 **윤** [간]闰 閏

丨 ㄏ 㔾 門 門 門 閏 閏

[중]rùn(°룬) [일]ジュン [영]leap month
[자원] **회의자.** 門(문)과 王(왕)이 합쳐진 자로, 임금이 문 안에서 쉬고 있는 모습을 나타냄. 윤달에는 임금도 일체의 활동을 멈추고 쉬었다고 함.
[풀이] ①윤달. 윤년. ②윤위(閏位).
〔閏年 윤년〕 윤달이 드는 해.
〔閏位 윤위〕 정통이 아닌 임금의 자리.
〔閏集 윤집〕 원본에 누락된 글을 따로 모은 문집.

4 ☆*4
12 **閑** 한가할 **한** [간]闲 閑

丨 ㄏ 㔾 門 門 門 閑 閑

[중]xián(시엔) [일]カン/のどか [영]leisure
[자원] **회의자.** 門(문)과 木(목)이 합쳐진 자로, 문 사이에 나무를 질러 울짱을 친 마구간을 나타냄. 뒷날 '한가하다'의 뜻을 갖게 되어 閒(한)과 혼용됨. 일설에는 '문지방', '문턱'이 본뜻이라는 주장도 있음.
[풀이] ①한가하다. 틈이 있음. [통]閒. ②막다. ③한정하다. 경계를 지음. ④크다. ⑤아름답다. 우아(優雅)함. ⑥마구간.
〔閑暇 한가〕 바쁘지 않고 여유가 있음.
〔閑談 한담〕 심심하거나 한가할 때 나누는 이야기.
〔閑良 한량〕 돈 잘 쓰고 놀기 좋아하는 사람.
〔閑散 한산〕 ①일이 없어 한가함. ②한적하고 쓸쓸함.
〔閑寂 한적〕 한가하고 적막함.
〔閑地 한지〕 조용하고 한가한 지방.
〔閑職 한직〕 ①한가한 직위나 직무. ②조직 안에서 중요하지 않은 직위나 직무.
〔閑話休題 한화휴제〕 쓸데없는 이야기는 그만 함. 화제를 본론으로 돌릴 때 쓰는 말임.
◢等閑(등한)/忙中閑(망중한)/靜閑(정한)

4 *
12 **閒** [1]한가할 **한*** [2]틈 **간** [간]闲 閒

[중]xián(시엔), jiān(찌엔) [일]カン [영]leisure
[풀이] [1]①한가하다. 편안함. ‖閒居(한거). ②조용하다. ③쉬다. 휴식함. [2]틈. 間(간)의 본자.

5 **閘** *1 ❶수문 **갑** *1 ❷문 여닫을 **압** 간 闸 閘
13

㊥zhá(°자) ㊐コウ, オウ ㊎sluice

풀이 ❶수문. ❷문을 여닫다.

〔閘門 갑문〕 선박을 통과시키기 위하여 수위(水位)를 조절하는 장치. 수문(水門). 물문.

6 **閣** ★*3-Ⅱ 누각 **각** 閣
14

丨 ㄱ 尸 門 門 閉 閔 閣

㊥gé(거) ㊐カク ㊎doorjamb

자원 **형성자.** 門(문)은 의미를 나타내고 各(각)은 음을 나타냄.

풀이 ①누각(樓閣). 다락집. ②문갑(文匣). ③부엌. ④관청. ⑤궁전. ⑥시렁. ⑦가교(假橋). 잔도(棧道). ⑧복도. ⑨주저하다. 보류함.

〔閣道 각도〕 ①다락집의 복도. ②험한 벼랑 같은 곳에 선반을 매듯이 하여 만든 길. 잔도(棧道).

〔閣僚 각료〕 내각(內閣)을 구성하는 각 부의 장관.

〔閣下 각하〕 특정한 고급 관료에 대한 경칭. 閤下(합하).

◢改閣(개각)/內閣(내각)/樓閣(누각)/碑閣(비각)/入閣(입각)/殿閣(전각)/祭閣(제각)/組閣(조각)/鐘閣(종각)

14 **関** 關(관·완)의 속자 →782쪽

6 **閨** *2 도장방 **규** 간 闺 閨
14

丨 ㄱ 尸 門 門 閂 閈 閨

㊥guī(꾸에이) ㊐ケイ

자원 **형성자.** 門(문)은 의미를 나타내고 圭(규)는 음을 나타냄.

풀이 ①도장방. 규방(閨房). ②소녀. ③부인(婦人). ④규방을 지키다.

〔閨房 규방〕 ①부녀자가 거처하는 방. ②안방. 閨閤(규합).

〔閨秀 규수〕 ①남의 집 처녀를 점잖게 이르는 말. ②학문과 재주가 뛰어난 여자.

〔閨中 규중〕 부녀자가 거처하는 곳. 閨門(규문).

6 **閥** *2 공훈 **벌** 간 阀 閥
14

㊥fá(°파) ㊐バツ

풀이 ①공훈(功勳). ②공을 쌓다. 공적의 내력을 밝힘. ③문벌(門閥). 집안의 지체.

〔閥閱 벌열〕 나라에 공적과 벼슬 경력이 많은 집안. 閥族(벌족).

〔閥族 벌족〕 ➡閥閱(벌열).

◢軍閥(군벌)/門閥(문벌)/財閥(재벌)/派閥(파벌)/學閥(학벌)

6 **閤** * 쪽문 **합** 간 阁 閤
14

㊥gé(거) ㊐コウ ㊎side gate

풀이 ①쪽문. 대문 곁에 달린 작은 문. ②침실(寢室). 규방(閨房). ③누각(樓閣). ④관청. 관공서.

〔閤門 합문〕 ①밖에서 보이지 않는 출입문. ②편전의 앞문.

〔閤夫人 합부인〕 상대방을 높여 그의 부인을 이르는 말.

〔閤下 합하〕《옛날, 삼공·대신의 집에 합(閤:샛문)이 있던 데서》 신분이 높은 사람에 대한 경칭. 閣下(각하).

7 **閫** 문지방 **곤** 간 阃 閫
15

㊥kǔn(쿤) ㊐コン ㊎threshold

풀이 ①문지방 ㊀梱. ②왕후(王后)가 거처하는 곳. 후비(后妃).

〔閫外 곤외〕 ①문지방의 밖. ②궁성·도성의 밖.

7 **閭** *1 이문 **려** 간 闾 閭
15

㊥lǘ(뤼) ㊐リョ

풀이 ①이문(里門). 마을 어귀에 세운 문. ②문. ③마을. ④거리.

〔閭門 여문〕 마을 입구에 있는 문.

〔閭閻 여염〕 서민이 모여 사는 마을. 閭巷(여항).

◢旌閭(정려)

7 **閱** ★*3 검열할 **열** 간 阅 閱
15

㊥yuè(위에) ㊐エツ/けみする ㊎inspect

풀이 ①검열하다. 조사함. ②벌열(閥閱). 공적. 근무 경력(經歷). ③갖추다. 구비함. ④받아들이다. 용납함.

〔閱覽 열람〕 책·문서 등을 훑어봄.

〔閱歷 열력〕 여러 가지 일을 겪어 지내옴.

〔閱兵 열병〕 군대를 정렬시켜 놓고 사기와 훈련 상태 등을 검열함.

◢檢閱(검열)/校閱(교열)/閥閱(벌열)/査閱(사열)

7 **閏** * 윤달 **윤**
15

㊥rùn(°룬) ㊐ジュン ㊎leap month

풀이 윤달. ㊀閠.

8 16 閼 *2 ❶가로막을 **알** *2 ❷완만한 모양 **어** ❸선우 왕비 **연** 간 阏

중è(어), yū(위), yān(옌) 일アツ, ヨ, エン

풀이 ❶①가로막다. ②그치다. 멈추게 함. ③막다. 못하게 함. ④막히다. ❷①완만한 모양. ②땅 이름. ❸선우(單于)의 왕비.

8 16 閹 내시 **엄** 간 阉

중yān(옌) 일エン 영eunuch

풀이 ①내시. 환관(宦官). ②거세(去勢)한 남자. 고자. ③가리다. 덮음.

〔閹人 엄인〕 생식기가 불완전한 남자. 鼓子(고자).

8 16 閾 문지방 **역·혁** 간 阈

중yù(위) 일ヨク, イキ, キョク 영threshold

풀이 ①문지방. ②한정하다. 안팎을 구별지음.

8 16 閻 *2 ❶이문 **염** ❷땅 이름 **염** ❸예쁠 **염** 간 阎

중yán, yǎn, yàn(옌) 일エン, セン

풀이 ❶①이문(里門). ②열다. 문을 엶. ③마을. ‖閭閻(여염). ❷땅 이름. 춘추 시대의 땅. ❸예쁘다. 아름다움.

〔閻羅大王 염라대왕〕 저승에서 지옥에 떨어지는 사람이 지은 생전의 선악을 심판하는 왕. 閻魔(염마).

◢閭閻(여염)

8 16 閽 문지기 **혼** 간 阍

중hūn(훈) 일コン 영doorkeeper

풀이 ①문지기. ‖閽人(혼인). ②궁문. 대궐문. ③환관(宦官). 내시(內侍).

〔閽禁 혼금〕 관아에서 잡인의 출입을 금지하던 일.

9 17 闇 *1 ❶닫힌 문 **암** ❷어두운 모양 **암** ❸여막 **암** 간 暗

중àn(안) 일アン

풀이 ❶①닫힌 문. 잠긴 문. ②어둡다. ③어리석다. ❷①어두운 모양. ②걸음이 빠른 모양. ‖闇跳(암도). ③덮다. 가림. ❸여막(廬幕).

〔闇鈍 암둔〕 어리석고 둔함.

〔闇弱 암약〕 어리석고 겁이 많으며 줏대가 없음.

9 17 闊 *1 넓을 **활** 본**괄** 속 濶 간 阔

중kuò(쿠어) 일カツ/ひろい 영broad

풀이 ①넓다. ②멀다. ③드물다. ④오활(迂闊)하다. 서먹서먹함.

〔闊達 활달〕 ①도량이 넓고 큼. ②생기가 있고 쾌활함.

〔闊步 활보〕 ①큰 걸음으로 힘차게 걸음. ②거리낌 없이 멋대로 행동함.

〔闊葉樹 활엽수〕 잎이 넓은 나무. 넓은잎나무.

◢廣闊(광활)/疎闊(소활)/快闊(쾌활)

10 18 闕 *2 대궐 **궐** 간 阙

중què(취에) 일ケツ 영palace

자원 **형성자.** 門(문)은 의미를 나타내고 欮(궐)은 음을 나타냄.

풀이 ①대궐. ②궁궐문. ③문(門). ④빠지다. 모자람. 이지러짐.

〔闕內 궐내〕 대궐의 안. 宮內(궁내).

〔闕門 궐문〕 대궐의 문. 宮門(궁문).

〔闕席 궐석〕 자리가 빔. 또는, 출석하지 않음. 缺席(결석).

◢宮闕(궁궐)/大闕(대궐)/補闕(보궐)/入闕(입궐)

10 18 闖 * 엿볼 **틈** 본**침** 간 闯

중chuǎng(°추앙) 일テン 영watch for

풀이 ①엿보다. ②불쑥 들어가다.

10 18 闔 * 문짝 **합** 간 阖

중hé(허) 일コウ

풀이 ①문짝. ②문을 닫다. ③막다. 못하게 함. ④맺다. 연결함. ⑤맞다.

〔闔門 합문〕 ①문을 닫음. ②제사 때 조상에게 진지를 권한 뒤에 문을 닫거나 병풍으로 가리어 막는 일.

11 19 關 ☆*5 ❶빗장 **관** ☆*5 ❷활 당길 **완** 속 関 간 关

중guān(꾸안), wān(완) 일カン, ワン 영bolt

자원 **형성자.** 門(문)은 의미를 나타내고 丱(관)은 음을 나타냄.

풀이 ❶①빗장. ‖關鍵(관건). ②잠그다. 막음. ③관문. 요해처의 검문소. ‖稅關(세관). ④묘문(墓門). ⑤인체(人體)의 요처. ⑥관계하다. 관여함. 참여함. ‖相關(상관). ❷활을 당기다. 시위를 당김. 통彎.

〔關鍵 관건〕 (‘문빗장과 자물쇠’라는 뜻으로) 사물의 가장 중요한 부분.

〔關係 관계〕 ①두 가지 이상이 서로 관련이 있음. ②남녀간에 성교(性交)를

맺음. ③어떤 일에 관여함.
〔關東 관동〕 대관령 동쪽 지방. 곧, 강원도 지방.
〔關聯 관련〕 서로 관계가 있음.
〔關門 관문〕 ①국경이나 요새의 성문. ②어떤 곳에 가려면 반드시 지나야 하는 길목. ③어떤 일을 하려면 반드시 거쳐야 하는 과정.
〔關北 관북〕 마천령의 북쪽 지방. 곧, 함경북도 일대.
〔關西 관서〕 마천령의 서쪽 지방. 곧, 평안도와 황해도 북부 지역.
〔關稅 관세〕 세관(稅關)을 통과하는 화물에 대하여 부과하는 세금.
〔關心 관심〕 어떤 것에 끌리는 마음.
〔關與 관여〕 관계하여 참여함.
〔關節 관절〕 뼈와 뼈가 맞닿아 움직일 수 있게 된 부분.
◢機關(기관)/難關(난관)/無關(무관)/相關(상관)/稅關(세관)/所關(소관)/聯關(연관)/有關(유관)/通關(통관)/玄關(현관)

* 19 闉 闉(은)과 동자 →699쪽

*1 12 20 闡 열 천 | 간 阐 闡

중chǎn(°찬) 일セン/ひらく 영open
풀이 ①열다. ②분명하다. 드러남. ③밝히다. 분명하게 함. ④땅 이름.
〔闡明 천명〕 드러내어 밝힘.

*1 13 21 闢 열 벽 | 간 辟 闢

중pì(피) 일ヘキ/ひらく 영open
풀이 ①열다. 열림. ‖闔闢(합벽). ②물리치다. 제거함. ③피하다. 멀리함. ④깨우치다. 계발(啓發)함.

阜部 언덕부 阜 阝

*2 0 8 阜 언덕 부 | 阜

중fù(°푸) 일フ/おか 영hill
갑 전 자원 **상형자.** 옛날 황토 지대에 반지하식으로 만들어진 원시 형태의 집에서, 집으로 들어가는 흙 계단을 본뜬 자. 이러한 집은 주로 언덕에 만들어진 데에서 '언덕'의 뜻을 갖게 됨.
✍한자 부수의 하나. 변으로 쓰일 때에는 자형이 'ß'의 꼴로 바뀜.
풀이 ①언덕. 대륙(大陸). ②크다. ③번성하다. ④두텁다.

* 3 6 阡 두렁 천 | 阡

중qiān(치엔) 일セン 영furrow
풀이 ①두렁. 두렁길. ②길. 도로. ③1천.
〔阡陌 천맥〕 두렁길.

4 7 阬 ❶구덩이 갱 본강 ❷큰 언덕 갱 본강 ❸문 항 | 阬

중kēng(컹), gāng(깡), kàng(캉) 일コウ
풀이 ❶①구덩이. ㉠坑. ②문이 높은 모양. ③도랑. 개천. ❷큰 언덕. ❸문. 출입문.

* 4 7 阧 치솟을 두

중dǒu(더우) 일トウ
풀이 ①치솟다. 우뚝 솟음. ②가파르다. 험함.

☆*4-Ⅱ 4 7 防 둑 방 | 防

ㄱ ㄋ ß ß' 阝 防 防

중fáng(°팡) 일ボウ 영bank, protect
자원 **형성자.** 阜(부)는 의미를 나타내고 方(방)은 음을 나타냄.
풀이 ①둑. 제방(堤防). ②막다. ③수비(守備). 방비(防備). ④요새(要塞). ⑤가리개. 울타리. ⑥산 이름.
〔防共 방공〕 공산주의 세력을 막음.
〔防空 방공〕 적의 항공기나 미사일의 공격을 막음.
〔防毒 방독〕 독성 물질의 피해를 막음. ‖防毒面(방독면).
〔防犯 방범〕 범죄가 일어나지 않게 막음. ‖防犯隊(방범대).
〔防壁 방벽〕 공격을 막기 위한 벽.
〔防腐劑 방부제〕 썩지 않도록 하는 약재.
〔防備 방비〕 적의 침공이나 재해 등을 미리 막을 준비를 함. 또는, 그 설비.
〔防水 방수〕 물이 스미거나 새는 것을 막음.
〔防濕 방습〕 습기를 막음.
〔防禦 방어〕 상대방의 공격을 막음.
〔防疫 방역〕 전염병의 발생이나 유행을 막음.
〔防衛 방위〕 적의 공격이나 침략을 막아서 지킴.
〔防音 방음〕 소리가 울려 나가거나 들려오는 것을 막음.

〔防災 방재〕 폭풍·홍수·지진·화재 등의 재해를 막음.
〔防除 방제〕 ①재앙을 미리 막아 없앰. ②농작물의 병충해를 예방하거나 없앰.
〔防止 방지〕 어떤 좋지 않은 일이 일어나지 않도록 막음.
〔防諜 방첩〕 간첩 활동을 막음.
〔防彈 방탄〕 탄알을 막음.
〔防波堤 방파제〕 거친 파도를 막기 위하여 쌓은 둑.
〔防牌 방패〕 칼·창·화살을 막는 데 쓰던 무기.
〔防火 방화〕 화재를 미리 막음.
◢攻防(공방)/國防(국방)/善防(선방)/消防(소방)/水防(수방)/豫防(예방)/堤防(제방)

4 7 阨 ❶막힐 액 ❷좁을 애 阨

㊥è(어), ài(아이) ㊐ヤク, アイ ㊎narrow
풀이 ❶①막히다. ㉠阸. ②험하다. 험한 길. ③시달리다. 고생함. ❷좁다. 좁고 험함. 또는, 그 길. ㉠隘.
〔阨窮 액궁〕 운이 나빠 고생함.
〔阨塞 액색〕 운수가 막혀 생활이나 행색 등이 군색함.

*1 4 7 阮 관문 이름 완 ㊉원 阮

㊥ruǎn(°루안) ㊐ゲン
풀이 ①관문(關門) 이름. ②나라 이름. ③월금(月琴). 악기의 한 가지.
〔阮丈 완장〕 '남의 삼촌'의 높임말.

* 4 7 阭 높을 윤

㊥yǔn(윈) ㊐イン ㊎high
풀이 높다. 봉곳함.

*2 4 7 阪 비탈 판 阪

㊥bǎn(반) ㊐ハン/さか ㊎slope
풀이 ①비탈. 고개. ㉠坂. ②둑. 제방(堤防). ③기울다.
〔阪上走丸 판상주환〕 《언덕 위에서 공을 굴린다는 뜻으로》 어떤 세력에 힘입어 일을 꾀하면 쉽게 이루어지거나 잘 진전됨.

★*3-Ⅱ 5 8 附 ❶붙을 부 ❷알 깔 부 附

ㄱ ㄱ 阝 阝 阝 阝 附 附

㊥fù(°푸) ㊐フ/つく, かえる ㊎stick to
자원 **형성자.** 阜(부)는 의미를 나타내고 付(부)는 음을 나타냄.
풀이 ❶①붙다. ②붙이다. ③합사(合祀)하다. ㉠祔. ④지저깨비. 목찰(木札). ⑤작은 토산(土山). ❷알을 까다. 부화(孵化)함. ㉠孚.
〔附加 부가〕 주된 것에 덧붙임.
〔附近 부근〕 어떤 곳을 중심으로 하여 가까운 곳.
〔附記 부기〕 원문(原文)에 덧붙여 적음. 또는, 그 기록.
〔附帶 부대〕 기본이 되는 것에 곁달아서 덧붙임.
〔附圖 부도〕 어떤 책에 딸린 지도나 도표.
〔附錄 부록〕 ①본문 끝에 덧붙이는 기록. ②신문·잡지 등에서 본지에 덧붙여 발행하는 지면(紙面)이나 따로 내는 책자.
〔附設 부설〕 어떤 기관에 부속시켜 설치함.
〔附屬 부속〕 ①주된 것에 딸려 있음. ② ➡附屬品(부속품).
〔附屬品 부속품〕 어떤 기계나 기구의 한 부분을 이루는 물품. 附屬(부속).
〔附隨 부수〕 주되는 것 또는 기본적인 것에 붙어 따름.
〔附言 부언〕 덧붙여 말함. 또는, 그런 말.
〔附與 부여〕 지니거나 가지게 해 줌.
〔附着 부착〕 딱 붙어서 떨어지지 않음. 付着(부착).
〔附則 부칙〕 덧붙인 규칙.
〔附和雷同 부화뇌동〕 줏대 없이 남의 의견에 따라 움직임. 雷同附和(뇌동부화).
◢寄附(기부)/時限附(시한부)/阿附(아부)/日附(일부)/條件附(조건부)/添附(첨부)/回附(회부)

*3-Ⅱ 5 8 阿 ❶언덕 아 *3-Ⅱ ❷호칭 아 ㊉옥 阿

ㄱ ㄱ 阝 阝 阝 阿 阿 阿

㊥ē(어), ā(아) ㊐ア, オク ㊎hill
자원 **형성자.** 阜(부)는 의미를 나타내고 可(가)는 음을 나타냄.
풀이 ❶①언덕. 구릉. ②구석. 모퉁이. 후미. ③아첨하다. ④아보(阿保). 예의 범절을 가르치는 여자. ⑤불제자(佛弟子) 이름. ❷호칭. 남을 부를 때 친근감을 나타내기 위하여 붙이는 말.
〔阿膠 아교〕 짐승의 가죽·뼈 등을 고아 굳혀 만든 것. 갖풀.
〔阿附 아부〕 남의 비위를 맞추려고 알랑거림.
〔阿鼻叫喚 아비규환〕 ①아비지옥과 규환지옥. ②여러 사람이 비참한 지경에 빠져 울부짖는 참상의 비유.
〔阿修羅 아수라〕 범어 Asura의 음역. 고대 인도의 싸움을 일삼던 악신(惡神).

8획

〔阿諂 아첨〕 남의 환심을 사거나 잘 보이려고 알랑거림.
〔阿片 아편〕 덜 익은 양귀비의 진액을 말린 것. 鴉片(아편).
〔阿兄 아형〕 주로 글에서, 형을 친근하게 부르는 말.

5 8 **阨** [1]막힐 **액** [2]좁을 **애**

[중]è(어), ài(아이) [일]ヤク, アイ
[풀이] [1]①막히다. [같]阸. ②방해하다. [2]①좁다. ②험하다.

*1
5 8 **阻** [1]막힐 **조** [2]비껴 걸을 **조**

[중]zǔ(주) [일]ソ/はばむ
[풀이] [1]①막히다. 기운을 꺾음. ②험하다. ③사이가 떨어지다. ④괴로워하다. 시달림. ⑤의심하다. 이상히 여김. ⑥말리다. 저지함. [2]①비껴 걷다. 비스듬히 걸음. ②말발굽의 병.
〔阻隘 조애〕 길이 좁고 험함.

*1
5 8 **陀** [1]비탈질 **타** [2]허물어질 **타**

[중]tuó(투어), duò(뚜어) [일]ダ
[풀이] [1]①비탈지다. ②벼랑. 낭떠러지. [2]허물어지다.
〔陀羅尼 다라니〕 범어 dhāranī의 음역. 《선법(善法)을 갖추어 악법을 막는다는 뜻으로》 범문을 번역하지 않고 음 그대로 외는 일.
◢佛陀(불타)

*
5 8 **陂** [1]비탈 **피**＊ [2]비탈 **파** [3]기울 **피**＊ [본]**지**

[중]bēi(뻬이), pō(포), bì(삐)
[일]ヒ, ハ [영]slope
[풀이] [1]①비탈. 고개. ②보. 못. ③막다. 물을 막음. [2]비탈. [3]기울다. 비스듬함.

*1
6 9 **陋** 좁을 **루**

[중]lòu(러우) [일]ロウ [영]narrow
[풀이] ①좁다. ②낮다. ‖固陋(고루). ③보기 흉하다. 얼굴이 못생김. ④조악(粗惡)하다. 나쁨. ⑤가벼이 보다. 함부로.
〔陋見 누견〕 ①좁은 소견이나 생각. ②'자기 견해'의 겸칭.
〔陋名 누명〕 이름을 더럽힐 만큼 억울한 평판.
〔陋屋 누옥〕 ①누추한 집. ②'자기 집'의 겸칭.
〔陋醜 누추〕 집이나 차림새가 보잘것없고 더러움.
〔陋巷 누항〕 좁고 지저분한 거리.

*
6 9 **陌** 두둑 **맥**

[중]mò(모) [일]ハク [영]ridge
[풀이] ①두둑. 밭두둑. 논밭의 동서로 통한 길. ②길. 거리. ③수 이름. 1백.

☆＊4-Ⅱ
6 9 **限** 한정 **한**

[중]xiàn(씨엔) [일]ゲン/かぎる [영]limit
[금] [전]  [자원] **회의 겸 형성자.** 阜(언덕 부)와 艮(간)이 합쳐진 자로, 고개를 돌려 멀리 바라보려고 하나 언덕이 시선을 가로막고 있음을 나타냄. 阜는 의미를 나타내고 艮은 의미와 음을 겸하여 나타냄. 본뜻은 '가로막다.'
[풀이] ①한정. 한계. 지경. ‖限界(한계). ②기한(期限). ③문지방. 문턱. ④사북. 급소(急所). ⑤같다. 가지런함.
〔限界 한계〕 사물의 정해진 범위나 경계.
〔限度 한도〕 일정하게 정한 정도.
〔限定 한정〕 제한하여 정함.
◢局限(국한)/權限(권한)/極限(극한)/期限(기한)/無限(무한)/分限(분한)/上限(상한)/時限(시한)/年限(연한)/有限(유한)/制限(제한)/最大限(최대한)/最小限(최소한)/下限(하한)

☆＊4
6 9 **降** [1]항복할 **항**＊4 [2]내릴 **강**☆＊4

[중]xiáng(시앙), jiàng(찌앙)
[일]コウ/くだる, ふる
[영]surrender, descend
[갑] [금] [전]  [자원] **회의 겸 형성자.** '흙 계단'을 나타내는 阜(부)와 아래를 향한 두 개의 발을 나타내는 夅(강)이 합쳐진 자로, 두 발로 흙 계단을 밟고 내려가는 모습을 나타냄. 阜는 의미를 나타내고 夅은 의미와 음을 겸하여 나타냄.
[풀이] [1]①항복하다. ②항복받다. ③떨어지다. 새가 죽음. [2]①내리다. ②비가 오다. ③물이 넘쳐 흐르다.
〔降等 강등〕 등급이나 계급을 낮춤.
〔降臨 강림〕 신이 하늘에서 인간 세상으로 내려옴.
〔降雪 강설〕 눈이 내림. 또는, 그 눈.
〔降雨 강우〕 비가 내림. 또는, 그 비.
〔降誕 강탄〕 성인·귀인 등이 탄생함.

〔降下 강하〕 ①공중에서 아래로 내려감. ②온도·기압 등이 낮아짐.
〔降伏 항복〕 싸움에 진 것을 상대에게 인정함.
〔降書 항서〕 항복하는 뜻을 써서 보내는 글.
◢來降(내항)/霜降(상강)/昇降(승강)/沈降(침강)/投降(투항)/下降(하강)/滑降(활강)

7 10 **陜** *2 고을 이름 **섬** 간 陕 陜

중shǎn(°산) 일セン
陜(협:787쪽)은 딴 자.
풀이 ①고을 이름. 현(縣) 이름. ②'산시성(陜西省)'의 약칭. ③사물의 형용.

7 10 **陞** * 오를 **승** 陞

중shēng(°셩) 일ショウ 영ascend
풀이 오르다. 높은 곳에 오르다. 위로 나아가다.
〔陞階 승계〕 품계가 오름. 昇階(승계).
〔陞級 승급〕 등급이 오름. 昇級(승급).
〔陞進 승진〕 직위가 오름. 昇進(승진).

7 10 **院** ★*5 원집 **원** 院

阝 阝 阝' 阝宀 阝宀 阝宀 阝完 院

중yuàn(위엔) 일イン
영house, building
자원 **형성자.** 阜(부)는 의미를 나타내고 完(완)은 음을 나타냄.
풀이 ①원집. 뻥 둘러 담을 친 집. ②담. ③뜰. 정원(庭園). ④불사(佛寺). 절. ⑤마을.
〔院內 원내〕 '원(院)' 자가 붙은 기관·단체의 안.
〔院長 원장〕 '원(院)' 자가 붙은 기관의 장(長).
◢監査院(감사원)/開院(개원)/大法院(대법원)/大學院(대학원)/法院(법원)/病院(병원)/本院(본원)/分院(분원)/寺院(사원)/上院(상원)/書院(서원)/禪院(선원)/醫院(의원)/入院(입원)/通院(통원)/退院(퇴원)/下院(하원)/學院(학원)

7 10 **除** ☆*4-Ⅱ ❶덜 **제**☆*4-Ⅱ 본**저** ❷사월 **여** ❸갈 **제**☆*4-Ⅱ 除

阝 阝 阝 阝人 阝今 阝佘 除 除

중chú(°추), shū(°쑤), zhù(°쭈)
일ジョ, ヨ/のぞく 영subtract
자원 **형성자.** 阜(부)는 의미를 나타내고 余(여)는 음을 나타냄.
풀이 ❶①덜다. ②섬돌. 층계. ③정결한 제단(祭壇). ④깨끗하다. 결백함. ⑤나누다. 나눗셈. ⑥건제(建除). 점술가(占術家)가 그날그날의 길흉을 12지(支)에 배열하여 정한 것. ⑦섣달 그믐날 밤. ❷'4월'의 이칭. 통余. ❸①가다. 떠남. ②열다. 폄. 통舒.
〔除去 제거〕 없애 버림.
〔除隊 제대〕 군인이 군대 복무를 마침.
〔除名 제명〕 구성원 명단에서 이름을 빼 버림.
〔除法 제법〕 나눗셈. ↔乘法(승법).
〔除雪 제설〕 쌓인 눈을 치움.
〔除授 제수〕 천거에 의하지 않고 임금이 직접 벼슬을 내림. 除拜(제배).
〔除夜 제야〕 섣달 그믐날 밤. 除夕(제석).
〔除外 제외〕 어떤 범위의 밖에 둠.
〔除籍 제적〕 등록되어 있는 적에서 이름을 지워 버림. ‖除籍生(제적생).
〔除草 제초〕 잡초를 뽑아 없앰.
〔除害 제해〕 해독을 없앰.
◢加減乘除(가감승제)/控除(공제)/驅除(구제)/免除(면제)/防除(방제)/排除(배제)/削除(삭제)/切除(절제)/解除(해제)

7 10 **陣** ★*4 진칠 **진** 간 阵 陣

阝 阝 阝 阝 阝 阝 陣 陣

중zhèn(°쩐) 일ジン 영encamp
풀이 ①진치다. ②방비. 포병(布兵). ③진영. 둔영(屯營). ④전쟁. 병법(兵法). 군사(軍事).
〔陣頭 진두〕 ①군진(軍陣)의 선두. 선봉(先鋒). ②일의 맨 앞.
〔陣法 진법〕 진(陣)을 치는 방법.
〔陣營 진영〕 ①군대가 진을 친 곳. ②서로 대립되는 세력의 어느 한쪽.
〔陣容 진용〕 ①진을 치고 있는 형편이나 상태. ②단체나 집단의 구성원의 짜임새.
〔陣地 진지〕 전투에 필요한 방어나 공격의 시설을 갖추어 군대를 배치해 둔 곳.
〔陣痛 진통〕 ①해산할 때, 주기적으로 되풀이되는 통증. ②모진 고통과 시련.
〔陣形 진형〕 진(陣)을 친 형태.
◢攻擊陣(공격진)/軍陣(군진)/對陣(대진)/防禦陣(방어진)/背水陣(배수진)/報道陣(보도진)/守備陣(수비진)/搜查陣(수사진)/長蛇陣(장사진)/敵陣(적진)/戰陣(전진)/出陣(출진)/取材陣(취재진)/布陣(포진)/退陣(퇴진)/筆陣(필진)/鶴翼陣(학익진)

7 10 **陟** *2 오를 **척** 陟

중zhì(°쯔) 일チョク/のぼる 영ascend

갑 [자원] **회의자.** 갑골문에서 왼쪽 부분은 계단, 오른쪽 부분은 두 발을 나타낸 것으로, 계단을 밟고 올라감을 뜻함.
[풀이] ①오르다. ②올리다. 추천함. ③나아가다.
〔陟降 척강〕 오르내림.
◢進陟(진척)

7 10 **陛** *1 섬돌 **폐**

㊥bì(삐) ㊐ヘイ/きざはし ㊎steps
[풀이] ①섬돌. ②섬돌 곁에 시립(侍立)하다.
〔陛下 폐하〕《황제에게 상주(上奏)할 때 직접 하지 않고 섬돌 아래에 있는 근신(近臣)을 통한 데서》'황제'의 경칭.

10 **陥** 陷(함)의 약자 →789쪽

7 10 **陜** *2 ❶좁을 **협**2 ❷(한)땅 이름 **합** *2 간 陕

㊥xiá(시아) ㊐キョウ ㊎narrow
陝(섬:786쪽)은 딴 자.
[풀이] ❶①좁다. ㉠狹. ②산골짜기. ㉠峽. ❷땅 이름.

8 11 **陶** ★*3-Ⅱ ❶질그릇 **도**★*3-Ⅱ ❷화락할 **요** ❸달릴 **도**★*3-Ⅱ

㊥táo(타오), yáo(야오), dào(따오) ㊐トウ, ヨウ ㊎earthenware
금 [자원] **회의 겸 형성자.** 匋(도)는 陶의 원자(原字)로, 缶(부)와 勹(포)가 합쳐진 자. 缶는 도기(陶器)를 만들 때 쓰는 '틀'과 흙을 짓이기는 '공이'를 상형한 자이고, 勹는 공이를 잡고 있는 사람의 상형임. 뒷날, 흙을 뜻하는 阜(언덕 부)가 더해져 陶가 됨. 阜는 의미를 나타내고 匋는 의미와 음을 겸하여 나타냄.
[풀이] ❶①질그릇. 도기(陶器). ②질그릇을 만들다. 도자기를 구움. ③교화(教化)하다. ④기르다. ⑤없애다. 제거함. ⑥기뻐하다. ⑦걱정하다. ❷①화락(和樂)하다. 화평하게 즐김. ②사람 이름. ❸달리다. 달리는 모양.
〔陶工 도공〕 옹기 만드는 일을 업으로 하는 사람.
〔陶器 도기〕 붉은 진흙으로 만들어 볕에 말리거나 약간 구운 다음, 오짓물을 입혀 다시 구운 질그릇. 오지그릇.
〔陶冶 도야〕《질그릇을 굽고 풀무질을 한다는 뜻으로》 몸과 마음을 닦아 기름. ‖人格陶冶(인격 도야).
〔陶藝 도예〕 도자기를 만드는 예술.
〔陶窯 도요〕 도기(陶器)를 굽는 가마.
〔陶瓷器 도자기〕 흙으로 빚어서 높은 열로 구워 만든 그릇.
〔陶醉 도취〕 어떤 것에 사로잡혀 홀린 듯한 상태가 됨.
◢彩陶(채도)/薰陶(훈도)

8 11 **陸** ☆*5 뭍 **륙** 간 陆

㊥lù(루) ㊐リク, ロク/くが ㊎land
[자원] **형성자.** 阜(부)는 의미를 나타내고 坴(륙)은 음을 나타냄.
금전·날짜 등의 변조(變造)를 막기 위하여 '六'의 갖은자로 썼음.
[풀이] ①뭍. 육지. ‖陸路(육로). ②언덕. 큰 언덕. ③두텁다. ④화목하다. ㊐睦. ⑤뛰다. 껑충껑충 뜀. ‖陸梁(육량).
〔陸橋 육교〕 도로나 철로 위에 공중으로 건너질러 놓은 다리.
〔陸軍 육군〕 땅 위에서의 전투를 맡아 하는 군대.
〔陸梁 육량〕 ①뒤섞여 어지러이 달림. ②제멋대로 날뜀.
〔陸路 육로〕 육지 위의 길. ↔海路(해로).
〔陸上 육상〕 뭍 위.
〔陸松 육송〕 소나무.
〔陸送 육송〕 육지에서 물건을 실어 나름.
〔陸戰 육전〕 육지에서의 전쟁.
〔陸地 육지〕 ①물에 잠기지 않은 땅. ②섬에 상대하여 대륙과 연결되어 있는 땅.
〔陸風 육풍〕 육지에서 바다로 향하여 부는 바람. ↔海風(해풍).
◢內陸(내륙)/大陸(대륙)/上陸(상륙)/水陸(수륙)/離陸(이륙)/着陸(착륙)

8 11 **陵** ★*3-Ⅱ 큰 언덕 **릉**

㊥líng(링) ㊐リョウ
갑 금 전 [자원] **회의 겸 형성자.** 갑골문은 사람이 흙 계단을 오르는 모습을 나타냄. 금문에서는 사람의 모습이 머리에 무거운 물건을 인 듯 굽어 있고 소전에서는 止(발 지)의 변형인 夊(쇠)를 덧붙여 움직임을 나타냈음. 阜(부)는 의미를 나타내고 夌(릉)은 의미와 음을 겸하여 나타냄.
[풀이] ①큰 언덕. ②무덤. 임금의 무덤. ③능가하다. ㉮높이 오르다. ㉯넘다. 순서를 뛰어넘음. ④범(犯)하다. 침범

8획

함. ⑤깔보다. ‖陵蔑(능멸). ⑥더하다. 보탬.
〔陵蔑 능멸〕 업신여기고 멸시함.
〔陵墓 능묘〕 ①능과 묘. ②임금이나 왕후의 무덤. 陵(능). 陵寢(능침).
〔陵辱 능욕〕 ①남을 업신여겨 욕보임. ②여자를 강간하여 욕보임. 凌辱(능욕).
〔陵雲之志 능운지지〕 높은 지위에 오르고자 하는 욕망.
〔陵遲處斬 능지처참〕 옛날에, 반역죄를 저지른 죄인에게 형벌을 내릴 때, 머리·몸·팔·다리를 잘라서 죽이던 일.
〔陵寢 능침〕 ➡陵墓(능묘).
〔陵幸 능행〕 임금이 능(陵)에 거둥함.
◢丘陵(구릉)/王陵(왕릉)/皇陵(황릉)

*1
8 11 **陪** 모실 **배**

㊥péi(페이) ㊐バイ
풀이 ①모시다. 따름. ②늘다. 불어남. ㊐培. ‖陪敦(배돈). ③더하다. 보탬. ④돕다. 거듦. ⑤배신(陪臣).
〔陪席 배석〕 윗사람이나 상급자를 따라 어떤 자리에 함께 참석함.
〔陪侍 배시〕 어른이나 지위가 높은 사람을 곁에서 모심.
〔陪臣 배신〕 제후의 신하가 천자에 대하여 자기를 낮추어 이르던 말.
〔陪審 배심〕 ①재판의 심리에 배석함. ②배심원이 심리·기소에 참여함.
〔陪行 배행〕 윗사람을 모시고 따라감.

8 11 **陴** 성가퀴 **비**

㊥pí(피) ㊐セ/ひめがき ㊄parapet
풀이 ①성가퀴. ②돕다. 보비(補裨)함. ㊊裨.

8 11 **陲** 변방 **수**

㊥chuí(°추에이) ㊐スイ ㊄frontier
풀이 ①변방. 변경. ②위태하다.

☆*4-Ⅱ
8 11 **陰** ❶응달 **음** ❷가릴 **음** ㊐陰 ㊎阴

阝 阝 阝 阝 阝 陰 陰 陰

㊥yīn(인) ㊐イン/かげ ㊄shade
자원 **형성자.** 阜(부)는 의미를 나타내고 侌(음)은 음을 나타냄.
풀이 ❶①응달. ②음(陰). 우주의 근원이 되는 두 원소(元素)의 하나. 양(陽)에 대하여 소극적임. 여성적 원기. ③어둡다. ㊐暗. ④흐려지다. 그늘짐. ⑤그늘. 뒤쪽. ⑥사람의 외부 생식기. 치부(恥部). ⑦몰래. 살짝. ❷①가리다. ②묻히다. 숨겨짐.
〔陰刻 음각〕 평평한 면에 그림이나 글씨 등을 안으로 들어가게 새김. 또는, 그런 조각. ↔陽刻(양각).
〔陰莖 음경〕 남성의 외부 생식기.
〔陰極 음극〕 두 전극 사이에 전류가 흐를 때, 전위(電位)가 낮은 쪽의 극.
〔陰氣 음기〕 ①어둡고 침침하거나 쌀쌀한 기운. ②몸 안에 있는 음의 기운. ↔陽氣(양기).
〔陰囊 음낭〕 정소(精巢)를 싸고 있는 주머니처럼 생긴 것.
〔陰德 음덕〕 숨은 덕행.
〔陰德陽報 음덕양보〕 남이 모르게 덕행을 쌓은 사람은 뒤에 그 보답을 받게 됨.
〔陰冷 음랭〕 그늘지고 참.
〔陰曆 음력〕 달이 지구를 한 바퀴 도는 시간을 기초로 하여 만든 역법. 1년 열두 달을 29일의 작은달과 30일의 큰달로 구성함.
〔陰謀 음모〕 몰래 꾸미는 계략.
〔陰門 음문〕 여자의 외부 생식기.
〔陰部 음부〕 남녀의 생식기가 있는 곳.
〔陰散 음산〕 ①날씨가 흐리고 으스스함. ②을씨년스럽고 썰렁함.
〔陰性 음성〕 ①소극적인 성질. ②겉으로 드러나지 않는 성질.
〔陰數 음수〕 0보다 작은 수.
〔陰濕 음습〕 그늘지고 습함.
〔陰陽 음양〕 ①우주 만물을 만들어 내는 근원으로 상반되는 기운인 음과 양. ②남녀의 성(性)에 관한 이치.
〔陰影 음영〕 ①그림자. ②어두운 부분. 그늘.
〔陰鬱 음울〕 음침하고 우울함.
〔陰地 음지〕 볕이 들지 않아 그늘진 곳. 응달. ↔陽地(양지).
〔陰沈 음침〕 ①성질이 명랑하지 못하고 의뭉스러움. ②날씨가 흐리고 컴컴함. ③분위기가 어둡고 우중충함.
◢光陰(광음)/綠陰(녹음)/寸陰(촌음)

★*3-Ⅱ
8 11 **陳** ❶늘어놓을 **진** ❷방비 **진** ㊎陈

阝 阝 阝 阝 阝 阝 陣 陳

㊥chén(°천) ㊐チン/つらねる ㊄display
풀이 ❶①늘어놓다. ②벌여 놓다. 진열(陳列)함. ③베풀다. 줌. ④말하다. 설명함. ⑤묵다. 오래됨. ㊐塵. ⑥나라 이름. ❷방비. 진법(陣法). ㊐陣.
〔陳腐 진부〕 사상·표현·행동 등이 낡아서 새롭지 못함. 陳套(진투).
〔陳設 진설〕 ①제수(祭需)를 제상 위에 차려 놓음. ②연회·의식 등에 쓰는 물건을 차려 놓음. 排設(배설).
〔陳述 진술〕 어떤 일에 대해 자세히 말함.
〔陳列 진열〕 여러 사람에게 보이기 위해 물건 따위를 죽 벌여 놓음.

〔陳情 진정〕 사정이나 실정을 호소하여 말함. ‖陳情書(진정서).
◢開陳(개진)/布陳(포진)

8 11 **陬** 모퉁이 **추** 陬

[중]zōu(쩌우) [일]スウ [영]corner
[풀이] ①모퉁이. 구석. ‖邊陬(변추). ②굽이진 곳. ③모. 각(角). ④정월. ⑤마을. 촌락. [통]聚. ⑥노(魯)나라의 읍(邑) 이름. 공자(孔子)의 출생지.
〔陬月 추월〕 '정월(正月)'의 이칭.

★✱3-Ⅱ
8 11 **陷** 빠질 **함** [약]陥 陷

⻖ ⻖ ⻖ 阝 阝 阝 陷 陷

[중]xiàn(씨엔) [일]カン/おちいる
[영]fall into
[갑] [금] [전] [자원] 회의 겸 형성자.
갑골문·금문은 사람이 함정에 빠진 모습을 나타내는 회의자임. 금문에서는 함정의 바닥에 뾰족한 꼬챙이가 박혀 있음. 소전에 이르러 阜(언덕 부)가 덧붙어 회의 겸 형성자가 됨. 阜는 의미를 나타내고 臽(함)은 의미와 음을 겸하여 나타냄.
[풀이] ①빠지다. ②빠뜨리다. ③허방다리. 함정(陷穽). ④모자라다. 이지러짐.
〔陷溺 함닉〕 ①물속으로 빠져 들어감. ②주색(酒色) 따위의 못된 일에 빠짐.
〔陷落 함락〕 성(城)이나 요새(要塞) 등을 공격하여 빼앗음.
〔陷壘 함루〕 진지를 빼앗김.
〔陷沒 함몰〕 ①표면이 움푹 들어감. ②재난을 당하여 멸망함.
〔陷穽 함정〕 ①짐승을 잡으려고 파 놓은 구덩이. 허방다리. ②계략을 써서 사람을 궁지에 빠뜨림의 비유.
〔陷地 함지〕 움푹 꺼진 땅.
◢缺陷(결함)/謀陷(모함)

11 **険** 險(험)의 약자 →792쪽

12 **陰** 陰(음)과 동자 →788쪽

★✱4
9 12 **階** 섬돌 **계** [본]개 [동]堦 [간]阶 階

⻖ ⻖ ⻖ 阝 阝 阝 階 階

[중]jiē(찌에) [일]カイ/きざはし [영]stairs
[자원] 형성자. 阜(부)는 의미를 나타내고 皆(개)는 음을 나타냄.
[풀이] ①섬돌. 층계. 당(堂)에 오르는 층계. ‖階段(계단). ②사다리. ③품계(品階). 등위(等位). 관등(官等). ④실마리. ⑤오르다. 나아감.
〔階級 계급〕 ①지위·관직의 등급. ②주로 경제상의 이해·지위·성질 등을 같이하는 사회 집단.
〔階段 계단〕 ①오르내리기 위해 건물이나 비탈에 만든 층층대. 層階(층계). ②순서. 또는, 차례. 段階(단계).
〔階名 계명〕 음계의 이름. 계이름.
〔階梯 계제〕 ①일이 되어 가는 순서나 단계. ②일을 하게 된 좋은 기회.
〔階次 계차〕 계급의 차례.
〔階層 계층〕 사회적 지위가 비슷한 사람들의 집단.
◢段階(단계)/位階(위계)/音階(음계)/層階(층계)/品階(품계)

★✱4-Ⅱ
9 12 **隊** [1]대 **대**★✱4-Ⅱ [2]떨어질 **추** [3]대 **수** [간]队 隊

⻖ ⻖ ⻖ 阝 阝 隊 隊 隊

[중]duì(뚜에이), zhuì(°쭈에이), suì(쑤에이) [일]タイ, ツイ, スイ [영]group
[자원] 형성자. 阜(부)는 의미를 나타내고 㒸(수)는 음을 나타냄.
[풀이] [1]①대(隊). 떼. 동아리를 이룬 무리. ②옛 병제(兵制). [2]①떨어지다. 높은 곳에서 떨어짐. [같]墜. ②잃다. [3]①대(隊). 부류 구분. ②길.
〔隊商 대상〕 사막이나 초원에서 낙타나 말로 상품을 나르는 무역 상인의 무리. 카라반. 商隊(상대).
〔隊列 대열〕 ①줄을 지어 늘어선 행렬. ②어떤 활동을 목적으로 모인 무리.
〔隊伍 대오〕 편성된 대열(隊列).
〔隊員 대원〕 대(隊)의 구성원.
〔隊形 대형〕 여러 사람이 줄지어 정렬한 형태.
◢救助隊(구조대)/軍隊(군대)/歸隊(귀대)/機動隊(기동대)/騎兵隊(기병대)/農樂隊(농악대)/大隊(대대)/突擊隊(돌격대)/步兵隊(보병대)/部隊(부대)/分隊(분대)/小隊(소대)/消防隊(소방대)/搜査隊(수사대)/樂隊(악대)/入隊(입대)/除隊(제대)/中隊(중대)/特攻隊(특공대)/編隊(편대)/艦隊(함대)

★✱3-Ⅱ
9 12 **隆** 클 **륭** 隆

⻖ ⻖ ⻖ 阝 阝 阝 降 隆

[중]lóng(룽) [일]リュウ/おおきい [영]big
[자원] 형성자. 生(생)은 의미를 나타내고 降(강)은 음을 나타냄.
[풀이] ①크다. 풍성하고 큼. ②두텁다. 넉넉하고 두터움. ③높다. 높임. ④성(盛)하다. ⑤갖추다. 비치함.

〔隆起 융기〕 평면보다 불룩하게 일어남.
〔隆盛 융성〕 기운차게 일어나거나 대단히 번성함. 隆昌(융창).
〔隆崇 융숭〕 대우나 태도가 정중하고 극진함.
〔隆恩 융은〕 커다란 은혜.
〔隆興 융흥〕 형세가 세차게 일어남.

*2
9 12 **隋** [1]나라 이름 **수***2 [2]제사 고기 나머지 **타** 隋

[중]suí(수에이), duò(뚜어) [일]ズイ, タ
[풀이] [1]나라 이름. [2]①제사를 지낸 고기의 나머지. ②묻다. 제수(祭需)의 남은 고기를 묻음. ③떨어지다. [통]墮. ④게을리 하다. [통]惰.

☆*6
9 12 **陽** 볕 **양** [통]昜 [간]阳 陽

阝 阝 阝ㄇ 阝日 阝旦 陽 陽 陽

[중]yáng(양) [일]ヨウ/ひなた
[영]sunshine

[갑]  [금]  [자원] **회의 겸 형성자.** 갑골문은 제단 위로 해가 솟아오르는 모습을 나타낸 회의자이고, 금문은 햇빛을 강조하기 위해 광채를 나타내는 彡(삼)을 더해 昜(양)이 된 회의자이며, 현재의 자형은 阜(부)를 덧붙여 해가 언덕 위로 솟아오르는 모습을 나타낸 회의 겸 형성자임. 阜는 의미를 나타내고 昜은 의미와 음을 겸하여 나타냄.
[풀이] ①볕. 양지(陽地). ②양(陽). ③밝다. ④나타나다. ⑤고귀하다. ⑥속이다. [통]佯.
〔陽刻 양각〕 평평한 면에 글자나 그림 등을 도드라지게 새김. 돋을새김. 凸彫(철조). 浮彫(부조). ↔陰刻(음각).
〔陽光 양광〕 태양의 빛. 또는, 따뜻한 햇볕.
〔陽氣 양기〕 ①양(陽)의 기운. ②만물이 살아 움직이는 활발한 기운. ③남자의 정력(精力). ↔陰氣(음기).
〔陽傘 양산〕 주로 여자들이 볕을 가리기 위하여 쓰는, 우산처럼 만든 물건.
〔陽地 양지〕 볕이 바로 드는 곳. ↔陰地(음지).
〔陽春 양춘〕 ①따뜻한 봄. ②음력 정월의 이칭.
◢洛陽(낙양)/補陽(보양)/斜陽(사양)/夕陽(석양)/陰陽(음양)/遮陽(차양)/太陽(태양)/曝陽(폭양)

12 **隁** 堰(언)과 동자 →158쪽

9 12 **隈** 굽이 **외** 隈

[중]wēi(웨이) [일]ワイ [영]bend
[풀이] ①굽이. ②모퉁이. ③그늘. 후미진 곳. ④가랑이. 샅.

*1
9 12 **隅** 모퉁이 **우** 隅

[중]yú(위) [일]グウ/すみ [영]corner
[풀이] ①모퉁이. 모서리. 귀퉁이. [통]嵎. ②구석. 깊숙한 곳. ③언덕. 벼랑. ④곁. 옆.

9 12 **隄** [1]둑 **제** [본]**저** [2]대개 **시** 隄

[중]dī(띠) [일]テイ, シ [영]bank
[풀이] [1]①둑. 제방. 방죽. [같]堤. ②언덕. 벼랑. ③다리. 교량(橋梁). [2]대개. 대강.

*
9 12 **隍** 해자 **황*** **영** 隍

[중]huáng(후앙) [일]コウ, エイ [영]moat
[풀이] ①해자(垓子). 성(城) 밖에 둘러 판 마른 못. ②산골짜기. ③비다. 공허(空虛)함.
〔隍塹 황참〕 성 밖의 물이 마른 도랑.

★*3-Ⅱ
10 13 **隔** 사이 뜰 **격** [본]隔 隔

[중]gé(거) [일]カク/へだたる
[영]separate
[자원] **형성자.** 阜(부)는 의미를 나타내고 鬲(격)은 음을 나타냄.
[풀이] ①사이가 뜨다. 사이를 뗌. ②막다. 막힘. ③멀리하다. 등한히 함. ④거리(距離). ⑤사이. 간격.
〔隔年 격년〕 한 해씩 거름. 해거리.
〔隔離 격리〕 사이를 막거나 떼어 놓음.
〔隔壁 격벽〕 칸을 막은 벽.
〔隔世之感 격세지감〕 그리 오래지 않은 동안에 세태가 너무 많이 변했다는 느낌.
〔隔月 격월〕 한 달씩 거름.
〔隔意 격의〕 서로 터놓지 않는 속마음.
〔隔日 격일〕 하루씩 거름.
〔隔阻 격조〕 오랫동안 서로 소식이 막힘.
〔隔地 격지〕 멀리 떨어진 지방.
〔隔差 격차〕 빈부·임금·기술 수준 등이 서로 벌어져 다른 정도.
〔隔靴搔癢 격화소양〕 《신을 신고 발을 긁는다는 뜻으로》 일을 하느라고 애를 쓰지만 성에 차지 않음.
◢間隔(간격)/遠隔(원격)/懸隔(현격)

13 **隔** 隔(격)의 본자 →790쪽

*1 10 13 **隙** 틈 **극** 속 隙 隙

중xì(씨) 일ゲキ/すき 영crack

풀이 ①틈. ②흠. 결점.

〔隙孔 극공〕 틈. 틈새.

〔隙駒 극구〕 《달리는 말을 문 틈으로 본다는 뜻으로》 세월이 빨리 지나감.

◢間隙(간극)/寸隙(촌극)

*1 10 13 **隘** ❶좁을 **애** *1 ❷막을 **액** 隘

중ài(아이), è(어) 일アイ, アク 영narrow

풀이 ❶①좁다. 같阨. ②험하다. ③궁지에 빠지다. ❷막다. 통阨.

〔隘路 애로〕 ①좁고 험한 길. ②일의 진행을 가로막는 장애. 걸림새. 難關(난관).

〔隘巷 애항〕 좁고 더러운 거리. 또는, 그런 마을.

◢狹隘(협애)

10 13 **隗** 험할 **외** 隗

중wěi(웨이) 일カイ 영steep

풀이 ①험하다. 높음. ②나라 이름. 춘추 시대 나라 이름.

*1 10 13 **隕** ❶떨어질 **운** *1 ❷둘레 **원** 간 陨 隕

중yǔn(윈), yuán(위엔) 일イン, エン 영fall

풀이 ❶①떨어지다. 떨어뜨림. 같殞. ‖ 隕星(운성). ②잃다. 죽음. 같殞. ❷둘레. 원주(圓周). 통均·運·圓.

〔隕石 운석〕 지구 상에 떨어진 별똥.

14 **隟** 隙(극)의 속자 →791쪽

14 **隠** 隱(은)의 속자 →792쪽

★*4-Ⅱ 11 14 **障** 막을 **장** 障

阝 阝 阝̀ 阝立 陪 陪 隌 障

중zhàng(°짱) 일ショウ/さわる 영obstruct

자원 **형성자.** 阜(부)는 의미를 나타내고 章(장)은 음을 나타냄.

풀이 ①막다. ‖ 障壁(장벽). ②울타리. 장지. 칸막이. ③막(幕). 장막. ④지장. 장애. 훼방.

〔障壁 장벽〕 ①가려 막은 벽. ②둘 사이의 관계를 순조롭지 못하게 하는 장애물. ③무엇을 하는 데 방해가 되는 것.

〔障礙 장애〕 ①거치적거려 방해가 되는 일. ②신체 기능이나 정신 능력에 결함이 있는 상태. ‖ 障礙人(장애인).

〔障害 장해〕 하고자 하는 일을 막아서 방해함. 또는, 그런 것.

◢故障(고장)/魔障(마장)/白內障(백내장)/保障(보장)/支障(지장)/天障(천장)

★*4-Ⅱ 11 14 **際** 사이 **제** 간 际 際

阝 阝 阝ク 阝夕 阝夕' 阝夕又 阝祭 際

중jì(찌) 일サイ, セイ/きわ 영edge

자원 **형성자.** 阜(부)는 의미를 나타내고 祭(제)는 음을 나타냄.

풀이 ①사이. ②가. ③만나다. 마주침. ④사귀다. ⑤다다르다. 이름.

〔際涯 제애〕 ①끝이 닿는 곳. ②넓고 큰 물의 맨 가.

〔際會 제회〕 ①좋은 때를 당하여 만남. ②임금과 신하가 뜻이 맞아 만남. 際遇(제우).

◢交際(교제)/國際(국제)/實際(실제)/此際(차제)

8획

★*3 12 15 **隣** ❶이웃 **린** ❷닮을 **린** 통 鄰 간 邻 隣

阝 阝 阝丷 阝䒑 阝米 阝粦 隣 隣

중lín, lìn(린) 일リン/となり 영neighbor

자원 **형성자.** 阜(부)는 의미를 나타내고 粦(린)은 음을 나타냄.

풀이 ❶①이웃. ㉮이웃 지역. ㉯연결. 이어짐. ㉰반려(伴侶). 같은 부류. ②이웃하다. 이웃이 됨. ❷닮다. 해어짐.

〔隣家 인가〕 이웃집.

〔隣近 인근〕 이웃한 가까운 곳. 근처.

〔隣接 인접〕 이웃함. 또는, 옆에 닿아 있음.

〔隣村 인촌〕 이웃 마을.

◢交隣(교린)/近隣(근린)/善隣(선린)/愛隣(애린)

12 15 **隤** 무너뜨릴 **퇴** 간 陨 隤

중tuí(투에이) 일タイ

풀이 ①무너뜨리다. 무너짐. 같頹. ②내리다. ③떨어지다. 잃음. ④기울다. 경사짐.

★*3-II
13 16 **隨** 따를 **수** [간] 随 隨

阝 阝 阝 阝 阝 隋 隋 隨

[중]suí(수에이) [일]ズイ/したがう
[영]follow

[자원] **형성자.** 辵(착)은 의미를 나타내고 隋(수)는 음을 나타냄.

[풀이] ①따르다. ②거느리다. 동반함. ③따라서. 때마다. 일마다. ④괘 이름. ‖隨卦(수괘). ⑤나라 이름. 주대(周代)의 나라.

〔隨機應變 수기응변〕 그때그때의 기회에 맞추어 일을 적절히 처리함. ※臨機應變(임기응변).

〔隨伴 수반〕 ①붙좇아서 따름. ②어떤 일과 더불어 생김.

〔隨想 수상〕 그때그때 떠오르는 생각이나 느낌. 또는, 그것을 적은 글.

〔隨時 수시〕 일정하게 정해 놓은 때 없이 그때그때 상황에 따름.

〔隨時變通 수시변통〕 그때그때의 형편에 따라 처리함.

〔隨時應變 수시응변〕 그때그때 변하는 대로 따라 함.

〔隨意 수의〕 자기의 마음대로 함.

〔隨筆 수필〕 형식에 얽매이지 않고 보고 느낀 것을 생각나는 대로 쓴 글.

〔隨行 수행〕 일정한 임무를 띠고 가는 사람을 따라감.

◢半身不隨(반신불수)/附隨(부수)/夫唱婦隨(부창부수)/追隨(추수)

8획

*
13 16 **隧** [1]길 **수*** [2]떨어질 **추** 隧

[중]suì(쑤에이), zhuì(°쭈에이)
[일]スイ, ツイ [영]road, fall

[풀이] [1]①길. ②굴길. 터널. ③행정 구획 이름. 오현(五縣). ④도랑 이름. 주대(周代)의, 너비와 깊이 2척(尺)인 도랑. [2]떨어지다. 떨어뜨림. [통]墜.

〔隧道 수도〕 평지나 산·바다·강 등의 밑바닥을 뚫어서 굴로 만든 철도나 도로. 터널.

★*4
13 16 **險** 험할 **험** [약] 険 [간] 险 險

阝 阝 阝 阝 阝 险 險 險

[중]xiǎn(시엔) [일]ケン [영]steep

[자원] **형성자.** 阜(부)는 의미를 나타내고 僉(첨)은 음을 나타냄.

[풀이] ①험하다. ‖險地(험지). ②요해지(要害地). ③깨뜨리다. 상하게 함. ④고민. 고통.

〔險口 험구〕 남의 단점을 들어 말하거나 욕을 함.

〔險難 험난〕 험하고 어려움.

〔險談 험담〕 남을 헐뜯어 말함. 또는, 그 말. 險言(험언).

〔險路 험로〕 험한 길.

〔險狀 험상〕 거칠고 험하게 생긴 모양이나 상태.

〔險惡 험악〕 ①지세(地勢)가 험하고 사나움. ②형세(形勢)가 좋지 않음. ③생김새나 태도가 험상스럽고 모짊.

〔險峻 험준〕 지세가 험하며 높고 가파름. 峻險(준험).

〔險地 험지〕 험난한 땅.

◢冒險(모험)/保險(보험)/危險(위험)/峻險(준험)

14 17 **隰** 진펄 **습** 隰

[중]xí(시) [일]シツ [영]marsh

[풀이] ①진펄. 지세가 낮고 습한 땅. [같]濕. ②따비밭. 새로 개간한 밭. ③땅 이름.

★*4
14 17 **隱** [1]숨을 **은** [2]기댈 **은** [속] 隠 [간] 隐 隱

阝 阝 阝 阝 阝 隠 隱 隱

[중]yǐn, yìn(인) [일]イン/かくす [영]hide

[자원] **형성자.** 阜(부)는 의미를 나타내고 㥯(은)은 음을 나타냄.

[풀이] [1]①숨다. ②숨기다. ③불쌍히 여기다. 가엾어 함. ④깊은 속. 숨은 사리(事理). ⑤은사(隱士). [2]기대다. 의지함.

〔隱居 은거〕 사회적 활동을 피하고 숨어 삶.

〔隱匿 은닉〕 남의 물건이나 범죄인을 감춤.

〔隱遁 은둔〕 세상을 피해 숨음.

〔隱密 은밀〕 숨어 있어서 겉으로 드러나지 않음.

〔隱士 은사〕 벼슬하지 않고 숨어 사는 선비. 隱者(은자). 隱人(은인).

〔隱身 은신〕 몸을 숨김.

〔隱語 은어〕 어떤 계층이나 부류의 사람들이 본뜻을 숨기고 자기들끼리만 알도록 만들어 쓰는 말.

〔隱然中 은연중〕 잘 드러나지 않는 가운데.

〔隱喩 은유〕 사물의 상태나 움직임을 암시적으로 나타내는 일.

〔隱忍自重 은인자중〕 마음속으로 참으며 몸가짐을 신중히 함.

〔隱退 은퇴〕 직책에서 물러나 한가히 삶. 退隱(퇴은).

〔隱蔽 은폐〕 덮어 감추거나 가려 숨김.

◢惻隱(측은)

15 18 **隳** 무너뜨릴 **휴** 隳

[중]huī(후에이) [일]キ [영]destroy

풀이 ①무너뜨리다. 무너짐. 같墮. ②깨뜨리다. 깨짐.

16 19 **隴** 고개 이름 **롱** | 간 陇 隴

중lǒng(룽) 일ロウ
풀이 ①고개 이름. ②땅 이름. ③산 이름.
〔隴上 농상〕 ①언덕의 위. ②밭 가운데의 높은 곳.

隶部 미칠이

0 8 **隶** 미칠 **이·대** | 隶

중yì(이), dài(따이) 일イ, タイ 영reach
금 전 자원 **회의자.** 又(손 우)와 尾(꼬리 미)의 생략형이 합쳐진 자. 짐승의 꼬리를 손으로 잡는 모습을 나타낸 것으로, '미치다', '따라잡다'를 뜻함.
한자 부수의 하나.
풀이 ①미치다. 닿음. ②근본.

8 16 ★*3 **隸** 종 **례** | 동 간 隷隶 隸

중lì(리) 일レイ 영slave
자원 **형성자.** '隷(례)'와 동자로 隶(대·이)는 의미를 나타내고 柰(내)는 음을 나타냄.
풀이 ①종. 천한 것. 천한 벼슬. 부하. 노예. ②죄인. ③붙다. 서로 맞닿음. ④부리다. 사역(使役)함. ⑤서체(書體) 이름.
〔隸書 예서〕 한자 서체(書體)의 하나. 전서(篆書)의 획을 간략하게 고친 것.
〔隸屬 예속〕 남의 지배나 지휘를 받음.
〔隸下 예하〕 주장(主將)의 지휘 아래. 또는, 그 아래 딸린 사람.
◢奴隸(노예)

17 **隷** 隸(례)와 동자 →793쪽

隹部 새추

0 8 **隹** ❶새 **추** ❷산 모양 **최** | 隹

중zhuī(°쭈에이), cuī(추에이)
일スイ, サイ
갑 금 자원 **상형자.** 새의 모습을 본뜬 자. 허신은 꼬리가 긴 새의 상형이 鳥(조), 짧은 새의 상형이 隹라고 구별하였으나 근거가 희박함.
한자 부수의 하나.
풀이 ❶①새. 꽁지가 짧은 새의 총칭. 꽁지가 긴 새의 총칭은 鳥(조). ②높고 크다. 같崔. ❷산 모양.

2 10 * **隼** 새매 **준**

중sǔn(순) 일ジュン/はやぶさ 영hawk

2 10 *2 **隻** 외짝 **척** | 간 只 隻

중zhī(°쯔) 일セキ 영single
갑 금 전 자원 **회의자.** 隹(새 추)와 '손'을 나타내는 又(우)가 합쳐진 자로, 손으로 새를 잡고 있는 모습을 나타냄. 뒷날 배를 헤아리는 단위로도 쓰이게 됨.
풀이 ①외짝. ②새 한 마리. ③척. 생물이나 배 등을 세는 단위.
〔隻手 척수〕 한쪽 손.

3 11 *1 **雀** 참새 **작** | 雀

중què(취에) 일ジャク/すずめ 영sparrow
풀이 ①참새. ②검붉은 빛깔.
〔雀舌茶 작설차〕《찻잎이 참새의 혓바닥 크기만 할 때 따서 만든다는 데서》 차나무의 어린 새싹을 따서 만든 차.
〔雀躍 작약〕 기뻐서 날뜀.
◢燕雀(연작)

4 12 *2 **雇** 품 살 **고** | 속 僱 雇

중gù(꾸) 일コ/やとう
자원 **형성자.** 隹(추)는 의미를 나타내고 戶(호)는 음을 나타냄.
풀이 ①품을 사다. 고용함. ②갚다. 값을 치름.
〔雇用 고용〕 삯을 주고 사람을 부림.
〔雇傭 고용〕 삯을 받고 남의 일을 함.
◢解雇(해고)

4 12 ★*3-II **雅** ❶바를 **아** ❷떼까마귀 **아** | 雅

一 ㄷ 手 牙 牙' 牙' 雅' 雅

중yǎ(야) 일ガ/みやびやか 영straight

자원 **형성자.** 隹(추)는 의미를 나타내고 牙(아)는 음을 나타냄.
풀이 ❶①바르다. ②우아하다 ③늘. 항상. ④바른 음악. ‖雅樂(아악). ❷떼까마귀. 큰부리까마귀.
〔雅淡 아담〕 고상하고 담백함.
〔雅量 아량〕 너그러운 마음씨.
〔雅樂 아악〕 궁중에서 연주되고 의식(儀式)에 쓰이던 음악.
〔雅趣 아취〕 아담한 정취. 또는, 그런 취미.
〔雅兄 아형〕 '벗'의 존칭.
〔雅號 아호〕 문인·예술가 등의 호를 높여 이르는 말.
◢高雅(고아)/端雅(단아)/優雅(우아)/淸雅(청아)

4 12 雁 ★*3 기러기 **안**

㊥yàn(옌) ㊐ガン/かり ㊎wild goose
풀이 기러기. ㉠鴈.
〔雁夫 안부〕 전통 혼례에서, 전안(奠雁)할 때 기러기를 들고 신랑 앞에 서서 가는 사람.
〔雁行 안항〕 남의 형제를 높여 이르는 말.
◢奠雁(전안)

8획

4 12 雄 ☆*5 수컷 **웅**

一 ナ 𠫓 厷 厷 𰀀 𰀁 雄

㊥xióng(시옹) ㊐ユウ/おす ㊎male
자원 **형성자.** 隹(추)는 의미를 나타내고 厷(굉)은 음을 나타냄.
풀이 ①수컷. ②이기다. 승리함. ③우수하다. 뛰어남. ④씩씩하다. 용감함.
〔雄據 웅거〕 한 지역을 차지하고 위력을 폄.
〔雄大 웅대〕 웅장하고 큼.
〔雄圖 웅도〕 웅대한 계획.
〔雄辯 웅변〕 청중 앞에서 우렁찬 목소리로 막힘없이 말함. 또는, 그런 말.
〔雄飛 웅비〕 기운차고 용기 있게 활동함.
〔雄姿 웅자〕 웅장한 모습.
〔雄壯 웅장〕 굉장히 우람스러움.
〔雄志 웅지〕 웅대한 뜻. 壯志(장지).
〔雄渾 웅혼〕 글이나 글씨, 기상 등이 웅장하고 막힘이 없음.
◢奸雄(간웅)/軍雄(군웅)/聖雄(성웅)/英雄(영웅)/雌雄(자웅)

4 12 集 ☆*6 모일 **집**

ノ イ 亻 什 隹 隹 隼 集

㊥jí(지) ㊐シュウ/あつまる
㊎assemble
갑 금 자원 **회의자.** 새를 나타내는 隹(추)와 나무를 나타내는 木(목)이 합쳐진 자로, 나뭇가지에 새들이 무리 지어 앉아 있음을 나타냄. 금문은 세 마리의 새가 나무 위에 있음을 나타냄.
풀이 ①모이다. ②모으다. ③이르다. 도달함. ④편안하다. ⑤가지런해지다. ⑥이루다. 성취함. ㉠就. ⑦모임. 회합.
〔集結 집결〕 한군데로 모임.
〔集計 집계〕 이미 된 계산들을 한데 모아서 계산함. 또는, 그 계산.
〔集團 집단〕 여럿이 모여 이룬 모임.
〔集大成 집대성〕 여럿을 모아서 크게 하나로 완성함. 集成(집성).
〔集配員 집배원〕 우편물을 우체통으로부터 모으거나 각 집에 배달하는 사람.
〔集散 집산〕 모였다가 흩어짐.
〔集約 집약〕 한데 모아서 요약함.
〔集積回路 집적 회로〕 트랜지스터·저항 등 여러 회로 소자가 한 개의 작은 판에 떨어질 수 없는 상태로 이어져 있는 초소형 전자 회로.
〔集註 집주〕 주석을 모음. 또는, 그 책.
〔集中 집중〕 한곳으로 모이거나 모음.
〔集塵 집진〕 먼지나 쓰레기를 한곳에 모음.
〔集荷 집하〕 여러 가지 생산물이 한곳으로 모임.
〔集合 집합〕 ①사람들이 한곳에 모임. ②수학에서, 특정한 조건에 맞는 원소들의 모임.
〔集會 집회〕 여러 사람이 어떤 목적을 위해 일시적으로 모임. 또는, 그 모임.
◢結集(결집)/群集(군집)/論文集(논문집)/短篇集(단편집)/買集(매집)/募集(모집)/文集(문집)/密集(밀집)/選集(선집)/召集(소집)/蒐集(수집)/隨筆集(수필집)/詩集(시집)/雲集(운집)/凝集(응집)/作品集(작품집)/全集(전집)/徵集(징집)/撰集(찬집)/採集(채집)

5 13 雍 *2 ❶화할 **옹** ❷화목할 **옹**

㊥yōng(융) ㊐ヨウ ㊎gentle
풀이 ❶①화(和)하다. 온화함. ②막다. 메움. ㉯壅. ③안다. 껴안음. ㉯擁. ④벽옹(辟雍). 학교. ㉯廱. ❷화목하다.
〔雍容 옹용〕 마음이 즐겁고 편안함.
〔雍齒 옹치〕 《중국 한(漢)나라의 고조가 미워하던 사람의 이름이 '옹치'였던 고사에서》 늘 싫고 미운 사람.

5 13 雌 *2 암컷 **자**

丨 ⺊ 止 止 此 此 此 雌

㊥cí(츠) ㊐シ/めす ㊢female
자원 **형성자.** 隹(추)는 의미를 나타내고 此(차)는 음을 나타냄.
풀이 ①암컷. ‖雌雄(자웅). ②지다. 패배. ③약하다. 쇠약해짐.
〔雌伏 자복〕 ①《새의 암컷이 수컷에게 복종한다는 뜻으로》 남에게 스스로 복종함. ②가만히 숨어 지냄.
〔雌雄 자웅〕 ①암컷과 수컷. 암수. ②승부·우열·강약 등의 비유.
〔雌雄異株 자웅 이주〕 암수딴그루.
〔雌黃 자황〕 《예전에, 중국에서 시문(詩文)의 잘못된 곳을 황색 채료로 칠하여 고친 데서》 자구(字句)를 첨삭함.

5 13 **雎** * 물수리 **저**

㊥jū(쥐) ㊐ショ/みさご

5 13 **雋** * ❶새 살질 **전** ❷훌륭할 **준** 雋

㊥juàn(쮜엔), jùn(쥔) ㊐セン, シュン ㊢fat
풀이 ❶①새가 살지다. ②살지다. ❷훌륭하다. 뛰어남. 준걸. ㊣俊·儁.
〔雋永 전영〕 《'살져 맛이 좋은 고기'라는 뜻으로》 의미심장하여 깊은 뜻이 있음.
〔雋哲 준철〕 매우 슬기롭고 현명함. 또는, 그 사람.

5 13 **雉** *2 꿩 **치** 雉

㊥zhì(°쯔) ㊐チ/きじ ㊢pheasant
갑 전 자원 **회의 겸 형성자.** 矢(화살 시)와 隹(새 추)가 합쳐진 자로, 화살을 쏘아 잡는 새인 '꿩'을 나타냄. 隹(추)는 의미를 나타내고 矢는 의미와 음을 겸하여 나타냄.
풀이 ①꿩. ②척도(尺度)의 하나. 높이 1장, 길이 3장의 명칭. ③담. 담장.
〔雉堞 치첩〕 성 위에 낮게 쌓은 담. 성가퀴.

14 **雑** 雜(잡)의 속자 →795쪽

8 16 **雕** * 독수리 **조** 雕

㊥diāo(띠아오) ㊐チョウ ㊢eagle
풀이 ①독수리. ②새기다. 아로새김. ㊎彫. ③시들다. 쇠약해짐. ㊎凋.
〔雕朽 조후〕 《썩은 나무에 조각한다는 뜻으로》 별 쓸모가 없음.

9 17 **雖** ☆*3 비록 **수** ㉠虽 雖

口 吕 虽 虽' 虽ᅵ 虽ᅵᅳ 䧳 雖

㊥suī(쑤에이) ㊐スイ/いえども ㊢though
자원 **형성자.** 虫(충)은 의미를 나타내고 唯(유)는 음을 나타냄.
풀이 ①비록. ㉮…기는 하나. 확정의 말. ㉯…라도. 가정의 말. ②만일. 만약. ㊎若. ③하물며.

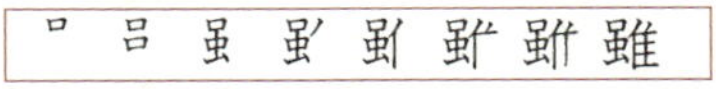

10 18 **雞** 닭 **계** 雞

㊥jī(찌) ㊐ケイ/にわとり ㊢chicken
풀이 ①닭. ㊣鷄. ②폐백(幣帛)의 한 가지. 옛 중국에서, 상공인(商工人)이 면회할 때 가지고 감.

10 18 **雙** ★*3-Ⅱ ❶쌍 **쌍** ❷견줄 **쌍** ㉠약㉠간 双 雙

亻 亻' 忄 隹 隹' 雔 雙 雙

㊥shuāng(°쑤앙) ㊐ソウ ㊢pair
자원 **회의자.** 두 개의 隹(새 추)와 '손'을 나타내는 又(우)가 합쳐진 자로, 한 손으로 두 마리의 새를 잡고 있는 모습을 나타냄. 본뜻은 '두 마리의 새'이나, 사물의 '한 쌍'을 두루 가리키게 됨.
풀이 ❶①쌍. ②짝. ❷견주다. 비교함.
〔雙肩 쌍견〕 양쪽 어깨.
〔雙曲線 쌍곡선〕 한 평면 위에서 두 정점에서의 거리의 차가 일정한 점의 자취로 나타나는 곡선.
〔雙六 쌍륙〕 주사위를 굴려 말이 먼저 궁(宮)에 들어가기를 겨루는 놀이.
〔雙務 쌍무〕 계약 당사자 양쪽이 서로 지는 의무.
〔雙方 쌍방〕 양쪽 편. 兩方(양방).
〔雙璧 쌍벽〕 《'한 쌍의 둥근 옥(玉)'이라는 뜻으로》 양자(兩者)가 우열(優劣)을 가릴 수 없을 만큼 훌륭함.
〔雙生兒 쌍생아〕 쌍둥이.
〔雙手 쌍수〕 좌우의 두 손.
〔雙眼鏡 쌍안경〕 두 개의 망원경을 나란히 붙여 두 눈으로 동시에 멀리까지 볼 수 있는 광학 기기.
◢無雙(무쌍)

10 18 **雜** ★*4 섞일 **잡** ㉠속㉠간 雑 杂 雜

亠 亣 卒 𠅩 𠅩 𡚬 𡚬 雜

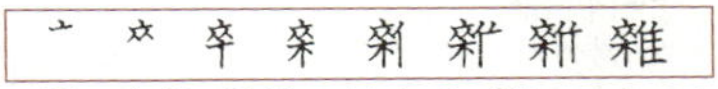

㊥zá(자) ㊐ザツ/まじる ㊢be mixed
자원 **형성자.** 본래 '襍(잡)'의 속자로, 衣(옷 의)는 의미를 나타내고 集(집)은

8획

음을 나타냄.
풀이 ①섞이다. 뒤섞임. ②섞다. 섞임. 잡동사니. ③모으다. 모임. ④많다. 여러 가지.
〔雜穀 잡곡〕 쌀 이외의 곡식.
〔雜鬼 잡귀〕 온갖 잡스러운 귀신.
〔雜技 잡기〕 잡다한 놀이의 기술이나 재주.
〔雜記 잡기〕 여러 가지 일을 적음. 또는, 그 문서. 雜錄(잡록).
〔雜念 잡념〕 여러 가지 잡스러운 생각.
〔雜多 잡다〕 잡스러운 여러 가지가 뒤섞여 너저분함.
〔雜談 잡담〕 쓸데없이 지껄이는 말.
〔雜木 잡목〕 경제적으로 긴하게 쓰이지 못하는 여러 가지 나무.
〔雜務 잡무〕 여러 가지 자질구레한 일.
〔雜文 잡문〕 ①일정한 체계나 문장 형식에 구애됨이 없이 쓴 글. ②예술적 가치가 없는 잡스러운 문학.
〔雜物 잡물〕 여러 가지 자질구레한 물건.
〔雜費 잡비〕 잡다하게 쓰는 비용.
〔雜役 잡역〕 허드렛일.
〔雜音 잡음〕 ①시끄러운 여러 가지 소리. ②부당한 간섭이나 방해가 되는, 좋지 않은 말이나 소문의 비유.
〔雜種 잡종〕 ①여러 가지 잡다한 종류. ②품종이 서로 다른 암수 사이에서 난 생물.
〔雜誌 잡지〕 호수(號數)를 따라 정기적으로 간행되는 책.
〔雜草 잡초〕 가꾸지 않아도 저절로 나서 자라는 여러 가지 풀.
〔雜學 잡학〕 여러 학설이 뒤섞여 체계가 서지 않은 학문.
〔雜貨 잡화〕 여러 가지 상품.
◢交雜(교잡)/亂雜(난잡)/煩雜(번잡)/複雜(복잡)/紛雜(분잡)/粗雜(조잡)/錯雜(착잡)/醜雜(추잡)/挾雜(협잡)/混雜(혼잡)

10 18 雛 * ❶병아리 추 ❷사람 이름 추 | 간 雏

㊥chú(°추) ㊐スウ/ひな ㊈chick
풀이 ❶①병아리. ②새끼. ❷사람 이름.
〔雛孫 추손〕 어린 손자.

11 19 難 ☆*4-Ⅱ ❶어려울 난 ❷근심 난 | 간 难

一 艹 芇 芦 茣 菓 歎 難

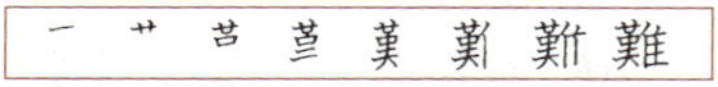

㊥nán, nàn(난) ㊐ナン/むずかしい ㊈difficult
자원 **형성자.** 隹(추)는 의미를 나타내고 堇(난)은 음을 나타냄. 본래 어떤 새를 가리켰으나 '어렵다'의 뜻으로 가차됨.
풀이 ❶①어렵다. 곤란함. ‖難關(난관). ②어려운 사정. ③고생하다. ❷①근심. ②재앙. 고통. ③괴롭히다.
〔難堪 난감〕 이러기도 어렵고 저러기도 어려워 매우 딱함.
〔難攻不落 난공불락〕 성(城) 따위가 공격하기 어려워 쉽게 함락되지 않음.
〔難關 난관〕 헤쳐 나가기 어려운 상황.
〔難局 난국〕 어려운 판국.
〔難民 난민〕 전쟁·재난 등으로 집이나 재산을 잃은 사람.
〔難事 난사〕 어려운 일. 難件(난건).
〔難産 난산〕 ①순조롭지 않은 해산(解産). ↔順産(순산). ②일이 순조롭게 진행되지 않음의 비유.
〔難色 난색〕 난처한 기색.
〔難易 난이〕 어려움과 쉬움. ‖難易度(난이도).
〔難點 난점〕 처리하거나 해결하기 곤란한 점.
〔難題 난제〕 해결하기 어려운 일.
〔難處 난처〕 이럴 수도 없고 저럴 수도 없어 처신하기 곤란함.
〔難航 난항〕 ①배나 항공기가 몹시 어렵게 항행함. ②일이 여러 가지 장애 때문에 순조롭게 진행되지 않음.
〔難解 난해〕 이해하기 어려움.
〔難兄難弟 난형난제〕 《누구를 형이라 하고 누구를 아우라 하기 어렵다는 뜻으로》 두 사물이 비슷하여 낫고 못함을 정하기 어려움.
◢苦難(고난)/困難(곤란)/國難(국난)/論難(논란)/多難(다난)/盜難(도난)/萬難(만난)/無難(무난)/非難(비난)/受難(수난)/危難(위난)/資金難(자금난)/災難(재난)/遭難(조난)/至難(지난)/避難(피난)/險難(험난)/患難(환난)/詰難(힐난)

11 19 離 ★*4 떠날 리 | 간 离

亠 玄 㐫 㐫 离 离 離 離

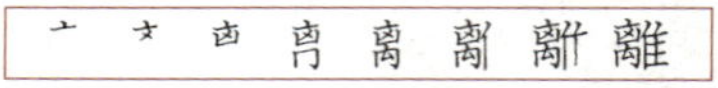

㊥lí(리) ㊐リ/はなれる ㊈leave
갑 전 자원 **회의 겸 형성자.** 갑골문은 새를 자루 달린 그물로 잡는 모습을 나타낸 회의자였으나, 소전에 이르러 隹(새 추)를 다시 덧붙임으로써 회의 겸 형성자가 됨. 본뜻은 '새를 잡다'이나 '떠나다'의 뜻으로 바뀜. 隹(추)는 의미를 나타내고 离(리)는 의미와 음을 겸하여 나타냄.
풀이 ①떠나다. 떼놓음. ㉮끊다. ‖離婚(이혼). ㉯헤어지다. ‖離散(이산). ②붙다. 들어붙음. ③나란히 하다. 벌여 놓음. ④밝다. 분명함. ⑤근심. ⑥괘 이름. ‖離卦(이괘).
〔離間 이간〕 둘 사이를 멀어지게 함.
〔離卦 이괘〕 8괘의 하나. 불을 상징하며, ☲로 나타냄.

8획

〔離農 이농〕 농사일을 그만두고 농촌을 떠남.
〔離陸 이륙〕 비행기가 날기 위해 땅에서 떠오름.
〔離叛 이반〕 인심이 떠나서 배반함. 離反(이반).
〔離別 이별〕 서로 헤어짐. 別離(별리).
〔離散 이산〕 헤어져 흩어짐. ‖離散家族(이산가족).
〔離席 이석〕 직무상 지키고 있어야 할 자리를 잠시 떠남.
〔離愁 이수〕 이별의 슬픔. 離恨(이한).
〔離乳 이유〕 젖먹이에게 젖 이외의 음식물을 주어 점차로 젖을 뗌.
〔離職 이직〕 직장이나 직업을 옮김.
〔離着陸 이착륙〕 이륙과 착륙.
〔離脫 이탈〕 떨어져 벗어남.
〔離合集散 이합집산〕 헤어졌다 모였다 함.
〔離鄕 이향〕 고향을 떠남.
〔離婚 이혼〕 부부가 혼인 관계를 끊음. ↔結婚(결혼).
◢距離(거리)/隔離(격리)/亂離(난리)/剝離(박리)/別離(별리)/分離(분리)/流離(유리)/解離(해리)/會者定離(회자정리)

雨部 비우

☆*5
0 8 **雨** ❶비 우 ❷비 올 우

一 丆 帀 币 雨 雨 雨 雨

㊥yǔ(위) ㊐ウ/あめ ㊍rain

갑 금 자원 **상형자.** 하늘에서 비가 내리는 모양을 본뜬 자.

한자 부수의 하나.

풀이 ❶비. ❷①비가 오다. ②물건이 떨어지다.

〔雨期 우기〕 일 년 중 비가 많이 오는 시기. 雨季(우계).
〔雨露 우로〕 비와 이슬.
〔雨露之澤 우로지택〕《'이슬과 비의 덕택'이라는 뜻으로》 왕의 넓고 큰 은혜.
〔雨備 우비〕 비를 가리기 위하여 사용하는 물건. 우산·비옷·장화 따위.
〔雨傘 우산〕 펴고 접을 수 있어 비가 올 때 펴서 손에 들고 머리 위에 받쳐 쓰는 물건.
〔雨水 우수〕 ①빗물. ②24절기의 하나. 양력 2월 18일경.
〔雨衣 우의〕 비가 올 때 옷이 젖지 않도록 덧입는 옷. 비옷.
〔雨中 우중〕 비가 오는 가운데. 또는, 비가 올 때.
〔雨天 우천〕 비가 오는 날씨.
〔雨後竹筍 우후죽순〕《'비가 온 뒤에 여기저기 솟는 죽순'이라는 뜻으로》 어떤 일이 일시에 많이 일어남.
◢降雨(강우)/穀雨(곡우)/祈雨(기우)/雷雨(뇌우)/梅雨(매우)/白雨(백우)/細雨(세우)/陰雨(음우)/晴雨(청우)/驟雨(취우)/暴雨(폭우)/暴風雨(폭풍우)/風雨(풍우)/寒雨(한우)/豪雨(호우)

☆*6
3 11 **雪** 눈 설

一 丆 帀 雨 雨 雪 雪 雪

㊥xuě(쉬에) ㊐セツ/ゆき ㊍snow

갑 전 자원 **회의자.** 갑골문은 雨(비 우)와 羽(깃 우)가 합쳐진 자로 깃털처럼 가볍게 내려앉는 눈을 나타냈고, 소전은 雨(비 우)와 彗(비로 쓸 혜)가 합쳐진 자로 비처럼 하늘에서 떨어지되 빗자루로 쓸어야 하는 것이 '눈'임을 나타냄.

풀이 ①눈. ②눈이 오다. ③씻다. ‖雪辱(설욕). ④희다. 흰 것의 비유.

〔雪景 설경〕 눈이 내리거나 눈이 쌓인 경치.
〔雪泥鴻爪 설니홍조〕《눈 위에 난 기러기의 발자국이 눈이 녹으면 없어진다는 뜻으로》 인생의 자취가 눈 녹듯이 사라져 무상함.
〔雪膚 설부〕《'눈처럼 새하얀 피부'라는 뜻으로》 미인의 살결.
〔雪膚花容 설부화용〕《'눈처럼 흰 살결과 꽃같이 아름다운 얼굴'이라는 뜻으로》 미인의 용모.
〔雪憤 설분〕 분한 마음을 풂. 분풀이.
〔雪上加霜 설상가상〕《눈 위에 서리가 덮인다는 뜻으로》 난처한 일이나 불행한 일이 잇달아 일어남.
〔雪辱 설욕〕 치욕을 씻음. 雪恥(설치).
〔雪冤 설원〕 원통함을 풂.
〔雪中松柏 설중송백〕《'눈 속의 소나무와 잣나무'라는 뜻으로》 높고 굳은 절개.
〔雪糖 설탕ˇ〕 맛이 달고 물에 잘 녹는 결정체. 사탕가루.
〔雪害 설해〕 눈이 많이 내려서 입는 피해.
◢降雪(강설)/大雪(대설)/萬年雪(만년설)/白雪(백설)/北風寒雪(북풍한설)/瑞雪(서설)/小雪(소설)/夜雪(야설)/玉雪(옥설)/殘雪(잔설)/積雪(적설)/除雪(제설)/春雪(춘설)/暴雪(폭설)/風雪(풍설)/寒雪(한설)

*
3 11 **雩** 기우제 우

㊥yú(위) ㊐ウ

풀이 ①기우제(祈雨祭). ②기우제를 지

8획

내다. ③땅 이름.
〔雩祭 우제〕 나라에서 지내던 기우제.

4 雯 * 12 구름 무늬 문
㊥wén(원) ㊐モン

4 雰 *1 12 안개 분
㊥fēn(°펀) ㊐フン ㊎fog
풀이 ①안개. ②비나 눈이 내리는 모양. ③어지럽다.
〔雰圍氣 분위기〕 ①그 자리나 장면에서 느껴지는 기분. ②사람이나 사물이 지니는 독특한 느낌.

4 雲 ☆*5 12 구름 운 간 云
㊥yún(윈) ㊐ウン/くも ㊎cloud
자원 **회의 겸 형성자.** 雨(우)와 云(운)이 합쳐진 자로, 云은 본래 피어오르는 뭉게구름을 나타내었으나 뒷날 '말하다'의 뜻으로 쓰이게 되면서 본뜻을 보존하기 위해 만든 자가 '雲'(운)임. 雨(우)는 의미를 나타내고 云은 의미와 음을 겸하여 나타냄.
풀이 ①구름. ②높음의 비유. ③많음의 비유.
〔雲霧 운무〕 구름과 안개.
〔雲山 운산〕 구름이 끼어 있는 먼 산.
〔雲上氣稟 운상기품〕 세속적인 것을 벗어난 고상한 기질과 성품.
〔雲雨之樂 운우지락〕《중국 초나라 혜왕이 운몽(雲夢)에 있는 고당(高唐)으로 갔을 때 꿈속에서 무산(巫山)의 신녀(神女)와 만나 즐겼다는 고사에서》 남녀가 육체적으로 관계하는 즐거움.
〔雲雨之情 운우지정〕 남녀간의 육체적으로 관계하는 사랑.
〔雲梯 운제〕 ①구름에 닿을 듯한 높은 사다리. ②옛날에 성(城)을 공격하는 데에 썼던 사다리.
〔雲集 운집〕《구름처럼 모인다는 뜻으로》 많은 사람이 모여듦.
〔雲海 운해〕 구름이 덮인 바다.
◢卷雲(권운)/白雲(백운)/浮雲(부운)/瑞雲(서운)/星雲(성운)/暗雲(암운)/積雲(적운)/戰雲(전운)/彩雲(채운)/疊韻(첩운)/靑雲(청운)/層雲(층운)/風雲(풍운)/黑雲(흑운)

5 零 ★*3 13 ❶조용히 오는 비 령 ❷떨어질 령
㊥líng(링) ㊐レイ ㊎drizzle
자원 **형성자.** 雨(우)는 의미를 나타내고 令(령)은 음을 나타냄.
풀이 ❶①조용히 오는 비. ②떨어지다. 영락(零落)하다. ③수가 없음. 제로(zero). ❷떨어지다.
〔零度 영도〕 도수(度數) 계산의 기점이 되는 자리.
〔零落 영락〕 ①초목의 잎이 시들어 떨어짐. 凋落(조락). ②세력이나 살림살이가 보잘것없이 됨. 零替(영체).
〔零上 영상〕 기온이 0℃ 이상인 상태.
〔零細 영세〕 ①매우 잚. ②살림이 보잘것없고 몹시 가난함.
〔零細民 영세민〕 가난한 사람.
〔零點 영점〕 얻은 점수가 없음. 제로.
〔零敗 영패〕 경기에서, 한 점의 득점도 없이 패함.
〔零下 영하〕 기온이 0℃ 이하인 상태.

5 雷 ★*3-Ⅱ 13 ❶우레 뢰 ❷돌 내리 굴릴 뢰
㊥léi(레이) ㊐ライ/かみなり ㊎thunder
갑 금 전 자원 **지사자.** 갑골문은 중앙의 곡선으로 번개가 치는 모습을, 좌우의 작은 원으로 천둥소리를 나타냈고, 금문은 네 개의 수레바퀴 모양으로 원을 대신하면서 雨(비 우)를 덧붙였으며, 소전은 번개 모양이 없어지고 수레바퀴 모양이 畾(뢰)의 형태가 됨. 현재의 자형은 畾가 田으로 간략화한 것임.
풀이 ❶①우레. ②큰 소리의 형용. ‖雷鳴(뇌명). ❷돌을 내리 굴리다. 성을 지킬 때 쓰는 방법.
〔雷管 뇌관〕 포탄·탄환 등 폭발물의 화약에 불이 붙도록 하기 위한, 금속으로 만든 관.
〔雷同 뇌동〕 줏대 없이 남의 의견에 따라 움직임. 附和雷同(부화뇌동).
〔雷名 뇌명〕 ①세상에 널리 드러나 알려진 이름. ②남의 이름의 존칭.
〔雷聲 뇌성〕 천둥소리.
〔雷聲霹靂 뇌성벽력〕 천둥소리와 벼락.
〔雷神 뇌신〕 천둥을 주관한다는 신. 雷公(뇌공).
〔雷雨 뇌우〕 천둥소리와 함께 내리는 비.
◢機雷(기뢰)/落雷(낙뢰)/水雷(수뢰)/魚雷(어뢰)/遠雷(원뢰)/地雷(지뢰)/避雷(피뢰)

5 雹 * 13 우박 박 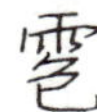

8획

㊥bāo(바오) ㊐ハク/ひょう ㊒hail
풀이 우박.
◢霜雹(상박)/雨雹(우박)

☆*7
5 **電** 번개 **전** 간 电 電
13

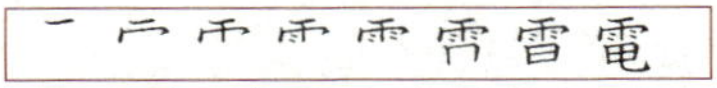

一 ㇀ 干 雨 雨 雨 雨 雪 電

㊥diàn(띠엔) ㊐デン/いなずま
㊒lightning
금 자원 **회의자.** 雨(비 우)와 번개를 나타내는 申(신)이 합쳐진 자. 번개의 뜻으로 원래 申이 쓰였으나 申이 가차되어 간지로 쓰이면서, 본뜻을 보존하기 위해 雨를 더하여 만든 자가 '電'임.
풀이 ①번개. ②빠름의 비유. ③전기(電氣). ④번쩍이다.
〔電擊 전격〕 번개처럼 갑작스럽게 들이침.
〔電光石火 전광석화〕 (('번개가 치거나 부싯돌이 부딪칠 때의 번쩍이는 빛'이란 뜻으로)) 아주 짧은 시간이나 아주 빠른 동작의 비유.
〔電球 전구〕 전류를 통해 빛을 내는 기구. 전등알.
〔電氣 전기〕 물질 안에 있는 전자의 이동으로 생기는, 에너지의 한 형태.
〔電燈 전등〕 전기의 힘으로 빛을 내는 등.
〔電力 전력〕 전기의 힘.
〔電流 전류〕 전기가 도선(導線)을 따라 흐르는 현상.
〔電文 전문〕 전보의 글귀.
〔電報 전보〕 전신을 이용한 통신.
〔電算 전산〕 전자계산기 또는 전자계산기에 의한 계산.
〔電線 전선〕 전류가 흐르도록 하는 도체로서 쓰는 선.
〔電送 전송〕 사진·문자 등을 전류나 전파를 이용하여 먼 곳에 보냄.
〔電信 전신〕 문자·숫자를 전기 신호로 바꾸어 전파나 전류로 보내는 통신.
〔電壓 전압〕 전기장(電氣場)이나 도체 내에 있는 두 점 사이의 전위차.
〔電熱 전열〕 전류가 흐를 때 발생하는 열.
〔電源 전원〕 전기 코드의 콘센트 따위와 같이 기계 등에 전류가 오는 원천.
〔電子 전자〕 원자를 구성하는 입자의 하나.
〔電柱 전주〕 전선(電線)을 가설하기 위하여 세운 기둥. 전봇대.
〔電車 전차〕 전력(電力)으로 궤도 위를 달리는 차.
〔電鐵 전철〕 전기를 동력으로 하여 궤도 위의 차량을 운전하는 철도.
〔電波 전파〕 주로 라디오 따위의 무선 통신에 사용되는 전자기 파동. 電氣波(전기파).
〔電話 전화〕 전화기를 이용하여 말을 주고받음.
◢感電(감전)/急電(급전)/漏電(누전)/斷電(단전)/帶電(대전)/無電(무전)/發電(발전)/放電(방전)/配電(배전)/送電(송전)/節電(절전)/停電(정전)/弔電(조전)/祝電(축전)/充電(충전)/打電(타전)

★*3-Ⅱ
6 **需** ❶구할 **수**★*3-Ⅱ ❷부드러울 **유** 
14

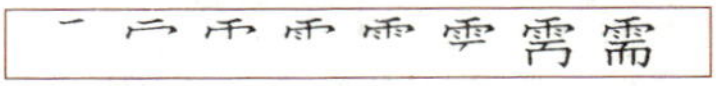

一 ㇀ 干 雨 雨 雨 雨 需 需

㊥xū(쒸) ㊐ジュ ㊒demand
갑 금 자원 **회의자.** 갑골문은 제사장이 목욕재계하는 모습을 나타냄. 기우제가 가장 중요한 제사였기 때문에 뒷날 금문에서 자형이 雨(비 우)와 '수염'의 상형인 而(이)로 변함.
풀이 ❶①구하다. 바람. ②기다리다. ③머뭇거리다. 의심함. ④쓰다. ⑤공급하다. ❷부드럽다.
〔需給 수급〕 수요와 공급.
〔需要 수요〕 어떤 재화나 용역을 일정한 가격으로 사려고 하는 욕구. ↔供給(공급).
◢軍需(군수)/內需(내수)/祭需(제수)/特需(특수)/必需(필수)/婚需(혼수)

8획

*
6 **雩** 물소리 **우**
14

㊥yǔ(위) ㊐ウ

7 **霄** 하늘 **소** 통 䨳
15

㊥xiāo(씨아오) ㊐ショウ/よい
풀이 ①하늘. ②진눈깨비. ③태양 곁에 일어나는 운기(雲氣). 햇무리. ④밤. 통宵.
〔霄壤之差 소양지차〕 (('하늘과 땅 사이의 차이'라는 뜻으로)) 사물들이 서로 엄청나게 다름. 霄壤之判(소양지판).

*
7 **霆** 천둥소리 **정** 
15

㊥tíng(팅) ㊐テイ ㊒thunder
풀이 ①천둥소리. ‖雷霆(뇌정). ②번개. ③떨다. 펄럭임.
〔霆擊 정격〕 벼락을 침.

★*3-Ⅱ
7 **震** ❶벼락 **진**★*3-Ⅱ ❷아이 밸 **신** 
15

㊥zhèn(°쩐), shēn(°썬)
㊐シン/ふるう

자원 **형성자.** 雨(우)는 의미를 나타내고 辰(진)은 음을 나타냄.
풀이 ❶①벼락. ②천둥. ③떨다. ④지진. ⑤괘 이름. ‖震卦(진괘). ⑥구제(救濟)함. 통振. ❷아이를 배다. 통娠.
〔震恐 진공〕 떨면서 무서워함.
〔震卦 진괘〕 8괘의 하나. 우레를 상징하며, ☳로 나타냄.
〔震怒 진노〕 하늘이나 임금이 몹시 노함.
〔震度 진도〕 어떤 장소에서 나타나는, 지진에 의한 지면의 진동의 세기.
〔震動 진동〕 물체가 몹시 울려 흔들림.
〔震央 진앙〕 지진의 진원(震源) 바로 위에 있는 지점.
〔震源 진원〕 지진이 발생한 곳.
〔震天動地 진천동지〕 ①소리가 하늘과 땅을 뒤흔듦. ②위력·기세를 천하에 떨침.
◢強震(강진)/耐震(내진)/微震(미진)/弱震(약진)/餘震(여진)/地震(지진)

7 15 **霈** 비 쏟아질 **패**

중pèi(페이) 일ハイ
풀이 ①비가 쏟아지다. 비가 억수로 옴. 통沛. ②물이 흐르는 모양. ③젖다. 배어듦.

8획

8 16 **霍** 빠를 **곽** 본**확**

중huò(후어) 일カク 영quick
풀이 ①빠르다. 갑자기. ②작은 산을 에워싼 큰 산. ③주대(周代)의 나라 이름.
〔霍亂 곽란〕 음식이 체하여 토하고 설사하는 급성 위장병. ‖吐瀉霍亂(토사곽란).

8 16 * **霖** 장마 **림**

중lín(린) 일リン/ながあめ 영seasonal rain
자원 **회의 겸 형성자.** 雨(비 우)와 林(수풀 림)이 합쳐진 자로, '장맛비'를 나타냄. 雨는 의미를 나타내고 林(림)은 의미와 음을 겸하여 나타냄.
풀이 장마.
〔霖雨 임우〕 장마.
◢梅霖(매림)

8 16 **霏** 눈 펄펄 흩날릴 **비**

중fēi(°페이) 일ヒ
풀이 눈이 펄펄 흩날리다.

8 16 **霎** 가랑비 **삽**

중shà(°싸) 일ショウ 영drizzle
풀이 ①가랑비. 지나가는 비. ②빗소리. ③소나기. ④잠시. 잠깐.
〔霎時間 삽시간〕 매우 짧은 동안. 霎時(삽시).
〔霎雨 삽우〕 가랑비.

8 16 * **霓** 무지개 **예*** **역** 통蜺

중ní(니) 일ゲイ, ゲキ/にじ 영rainbow
풀이 ①무지개. 암무지개. 쌍무지개가 섰을 때 흐린 쪽. ②가. 가장자리.
〔霓裳 예상〕 《'무지개와 같이 아름다운 치마'라는 뜻으로》 신선의 옷.
◢虹霓(홍예)

8 16 *1 **霑** 젖을 **점**

중zhān(°짠) 일テン/うるおう 영wet
풀이 ①젖다. ㉮비에 젖다. ㉯축이다. 축축함. ㉰적시다. ㉱두루 미치다. 통沾. ②잠기다.
〔霑潤 점윤〕 ①비나 이슬에 젖어서 불음. ②땀이나 물기가 배어 번짐.
◢均霑(균점)

9 17 ☆*3-Ⅱ **霜** 서리 **상**

⻗ 雨 雫 雫 雫 霜 霜 霜

중shuāng(°쑤앙) 일ソウ/しも 영frost
자원 **형성자.** 雨(우)는 의미를 나타내고 相(상)은 음을 나타냄.
풀이 ①서리. ②해. 연(年). 세(歲). ③머리털이 셈의 비유. ④법이 엄함의 비유.
〔霜降 상강〕 24절기의 하나. 10월 23일경.
〔霜菊 상국〕 서리 내릴 때 피는 국화.
〔霜鬢 상빈〕 하얗게 센 귀밑털.
〔霜葉 상엽〕 서리를 맞아 단풍이 든 잎.
〔霜刃 상인〕 서슬이 시퍼런 칼날.
◢雪上加霜(설상가상)/星霜(성상)/秋霜(추상)/風霜(풍상)

9 17 * **霙** ❶진눈깨비 **영*** ❷흰 구름 **앙**

중yīng(잉) 일エイ, ヨウ 영sleet

9 17 *1 **霞** 노을 **하**

㊥xiá(시아) ㊐カ/かすみ ㊎glow
풀이 ①노을. 이내. ②요염하다. 짙은 화장. ③무지개.
◢煙霞(연하)

★✱3
11 19 **霧** 안개 무 | ㉠雾 霧

⼀ 雨 雫 雫 雫 雫 霚 霧

㊥wù(우) ㊐ム/きり ㊎fog
자원 **형성자.** 雨(우)는 의미를 나타내고 務(무)는 음을 나타냄.
풀이 ①안개. ‖雲霧(운무). ②어둡다.
〔霧散 무산〕 안개가 걷히듯 흩어져 없어짐.
〔霧笛 무적〕 짙은 안개 속에서 충돌을 피하기 위하여 등대나 배에서 울리는 고동.
◢濃霧(농무)/噴霧(분무)/煙霧(연무)/雲霧(운무)

✱
11 19 **霦** 옥 광채 빈

㊥bīn(삔) ㊐ヒン
풀이 옥(玉)의 광채.

✱
19 **䨭** 霄(소)와 동자 →799쪽

11 19 **霪** 장마 음 | 霪

㊥yín(인) ㊐イン/ながあめ
㊎seasonal rain
풀이 장마. 10일 이상 계속되는 비.
〔霪雨 음우〕 장맛비.

☆✱3-Ⅱ
12 20 **露** 이슬 로 | 露

⼀ 雨 雫 雫 雫 雫 露 露

㊥lù(루) ㊐ロ/つゆ ㊎dew
자원 **형성자.** 雨(우)는 의미를 나타내고 路(로)는 음을 나타냄.
풀이 ①이슬. ②적시다. 젖음. ③은혜를 베풀다. ④드러나다. 드러냄. ‖暴露(폭로). ⑤고달프게 하다.
〔露骨 노골〕《뼈를 드러낸다는 뜻으로》 속내를 숨김없이 드러냄.
〔露宿 노숙〕 한데서 잠. 野宿(야숙).
〔露積 노적〕 야외에 쌓아 둔 곡식 더미.
〔露店 노점〕 한데에 물건을 벌여 놓은 가게.
〔露呈 노정〕 겉으로 다 드러내어 보임.
〔露天 노천〕 지붕 같은 것으로 가리지 않은 한데.
〔露出 노출〕 ①겉으로 드러나거나 드러냄. ②사진기에서, 렌즈로 들어오는 빛을 셔터가 열려 있는 시간만큼 필름이나 건판에 비추는 일.
◢甘露(감로)/結露(결로)/發露(발로)/白露(백로)/玉露(옥로)/草露(초로)/綻露(탄로)/吐露(토로)/暴露(폭로)

✱
12 20 **霰** 싸라기눈 산 ㉥선 | 霰

㊥xiàn(씨엔) ㊐サン/あられ
㊎soft hail
풀이 싸라기눈.
〔霰彈 산탄〕 쏘면 속에 있던 탄알들이 퍼져 터지는 탄환.

✱
13 21 **霹** 벼락 벽 | 霹

㊥pī(피) ㊐ヘキ ㊎thunderbolt
풀이 ①벼락. 천둥. ②뇌신(雷神). ③벼락이 떨어지다.
〔霹靂 벽력〕 벼락. ‖雷聲霹靂(뇌성벽력).

2
13 21 **霸** 으뜸 패 ㉥파 | ㉦覇 霸

㊥bà(빠) ㊐ハ/はたがしら ㊎top
풀이 으뜸. 우두머리. ‖霸道(패도).
〔霸權 패권〕 ①어떤 분야에서 으뜸의 자리를 차지하여 누리는 권리. ②국제 정치에서, 힘이나 경제력으로 다른 나라를 압박하고 자기의 세력을 넓히려는 권력.
〔霸氣 패기〕 의기에 찬 야망(野望).
〔霸道 패도〕《'패자(霸者)가 취하는 도'라는 뜻으로》 인의(仁義)보다 권모술수나 무력(武力)으로 나라를 다스리는 일. ↔王道(왕도).
〔霸王 패왕〕 ①패자(霸者)와 왕자(王者). ②패도(霸道)와 왕도(王道). ③제후의 우두머리.
〔霸者 패자〕 ①제후의 우두머리. ②패도(霸道)로 나라를 통치하는 사람. ③어느 분야에서 가장 우수한 사람. 또는, 경기 등의 우승자.

✱
14 22 **霽** 갤 제 | ㉠霁 霽

㊥jì(찌) ㊐セイ/はれる ㊎clear up
풀이 ①개다. ②날씨가 화창하다. ③명랑하다.
〔霽月 제월〕 비가 갠 뒤에 나온 달.
〔霽月光風 제월광풍〕《'비가 갠 뒤의 달과 화창한 날의 바람'이란 뜻으로》 도량이 넓고 시원스러운 인품의 비유. 光風霽月(광풍제월).

16 *
24 **靂** 벼락 **력** 간 雳

㊥lì(리) ㊐レキ ㊎thunderbolt
풀이 벼락.
◢霹靂(벽력)

16 ★*3-Ⅱ
24 **靈** 신령 **령** 속 灵 간 灵

㊥líng(링) ㊐レイ/たましい ㊎spirit
금 전 자원 **형성자.** 巫(무)는 의미를 나타내고 霝(령)은 음을 나타냄. 금문은 비〔雨〕와 세 개의 입〔口〕과 제단〔示〕을 나타낸 것으로, 제단 앞에서 주문을 외우면서 비가 내리기를 기원하는 것을 뜻함. 소전에서 示(시)가 巫(무)로 바뀜.
풀이 ①신령. ②신령하다. 신묘함. ③영혼. ④정성. ⑤마음. 생각. ‖性靈(성령). ⑥산 것. 인류.
〔靈感 영감〕 ①신의 계시를 받은 듯한 느낌. ②창조적인 일의 계기가 되는 착상이나 자극.
〔靈界 영계〕 ①영혼의 세계. ②정신 또는 정신 작용이 미치는 범위.
〔靈柩 영구〕 시체를 넣은 관(棺).
〔靈氣 영기〕 신령스러운 기운.
〔靈妙 영묘〕 신령스럽고 기묘함.
〔靈物 영물〕 ①신령스러운 짐승이나 물건. ②약고 영리한 짐승을 신통하게 여겨 이르는 말.
〔靈峯 영봉〕 신령스러운 산봉우리.
〔靈山 영산〕 신령스러운 산.
〔靈藥 영약〕 영묘한 효험이 있는 약.
〔靈肉 영육〕 영혼과 육체.
〔靈長 영장〕 (('영묘한 힘을 가진 우두머리'라는 뜻으로)) 사람을 이름.
〔靈前 영전〕 신이나 죽은 사람의 영혼을 모셔 놓은 자리의 앞.
〔靈泉 영천〕 ①영묘한 효험이 있는 샘. ②'온천'의 아칭(雅稱).
〔靈驗 영험〕 사람의 기원대로 되는 신기한 징험. 영검.
〔靈魂 영혼〕 죽은 사람의 넋. 魂靈(혼령). ↔肉體(육체).
◢亡靈(망령)/妄靈(망령)/山靈(산령)/聖靈(성령)/神靈(신령)/心靈(심령)/怨靈(원령)/慰靈(위령)/幽靈(유령)/精靈(정령)/魂靈(혼령)

16 *1
24 **靄** 아지랑이 **애** *1 **알** 간 霭

㊥ǎi(아이) ㊐アイ, アツ/もや ㊎haze
풀이 ①아지랑이. 연무(煙霧). ②자욱하게 낀 기운.
〔靄靄 애애〕 ①안개나 구름이 짙게 끼어 자욱한 모양. ②분위기가 부드럽고 포근하여 평화로운 모양.
◢和氣靄靄(화기애애)

靑部 푸를청

0 ☆*8
8 **靑** 푸를 **청** 속 青 간 青

㊥qīng(칭) ㊐セイ/あお ㊎blue
금 전 자원 **회의 겸 형성자.** 生(날 생)과 丹(붉을 단)이 합쳐진 자. 生은 싹이 흙을 비집고 올라오는 모습을 나타내고, 丹은 광정(鑛井) 속에 단사(丹砂)가 있는 모습을 나타낸 것으로 색깔을 뜻함. 본래 초목의 싹과 같은 '녹색'을 뜻하였으나, '청천(靑天)'의 경우처럼 '파랑'의 뜻도 포함함. 丹은 의미를 나타내고 生은 의미와 음을 겸하여 나타냄.
한자 부수의 하나.
풀이 ①푸르다. 푸른빛. 봄·동쪽·젊음 등을 뜻함. ②푸른 흙. 안료(顔料)나 벽 장식 등에 씀. ③녹청(綠靑). 동록(銅綠). 구리에 생기는 푸른빛 녹.
〔靑果 청과〕 신선한 과일과 채소.
〔靑丘 청구〕 지난날, 중국에서 우리나라를 달리 이르던 말.
〔靑年 청년〕 젊은 사람. 젊은이.
〔靑銅 청동〕 구리와 주석의 합금.
〔靑藍 청람〕 쪽의 잎에서 뽑은 푸른 물감.
〔靑綠 청록〕 푸른빛이 도는 녹색.
〔靑盲 청맹〕 뜨고도 보지 못하는 눈. 또는, 그런 사람. 청맹과니. 당달봉사.
〔靑史 청사〕 ((종이가 발명되기 전에 대나무의 푸른 거죽에 역사를 기록하였다는 데서)) 역사상의 기록.
〔靑山 청산〕 풀과 나무가 무성한 푸른 산. 碧山(벽산).
〔靑山流水 청산유수〕 (('푸른 산에 맑은 물'이라는 뜻으로)) 말을 막힘없이 잘함.
〔靑孀 청상〕 젊어서 과부가 된 여자. 靑孀寡婦(청상과부).
〔靑孀寡婦 청상과부〕 ➡靑孀(청상).
〔靑少年 청소년〕 청년과 소년.
〔靑松 청송〕 푸른 소나무.
〔靑雲 청운〕 ①푸른 구름. ②높은 명예나 벼슬. 또는, 입신출세(立身出世).
〔靑瓷 청자〕 청록색 유약을 칠한 푸른 빛깔의 자기. 靑磁(청자). 靑陶(청도).
〔靑天白日 청천백일〕 ①맑게 갠 대낮. ②맑게 갠 하늘의 해.

〔青天霹靂 청천벽력〕《'맑게 갠 하늘에서 치는 날벼락'이라는 뜻으로》 뜻밖에 일어난 큰 변고나 사건.
〔青春 청춘〕《'새싹이 파랗게 돋아나는 봄철'이라는 뜻으로》 10대 후반에서 20대에 걸치는, 인생의 젊은 나이. 또는, 그 시절.
〔青出於藍 청출어람〕《쪽에서 뽑아낸 푸른 물감이 쪽보다 더 푸르다는 뜻으로》 제자나 후배가 스승이나 선배보다 나음.
◪紺青(감청)/群青(군청)/綠青(녹청)/丹青(단청)/淡青(담청)/深清(심청)

8 **青** * 青(청)의 속자 →802쪽

3 11 **靔** * 조촐하게 꾸밀 **정**
㊥jīng(찡) ㊐セイ
풀이 조촐하게 꾸미다.

5 13 **靖** *1 편안할 **정** ㉮靖
㊥jìng(찡) ㊐セイ ㊎peaceful
풀이 ①편안하다. ②고요하다. ③다스리다. ‖靖亂(정란).
〔靖難 정난〕 국난(國難)을 평정함. 靖亂(정란).
〔靖亂 정란〕 ➡靖難(정난).

14 **静** * 靜(정)의 속자 →803쪽

7 15 **靚** * 치장할 **정** ㉮靓
㊥jìng(찡) ㊐セイ
풀이 치장하다. 화장함.
〔靚飾 정식〕 아름답게 꾸밈.

8 16 **靜** ☆*4 고요할 **정** ㊛㉮静
十 主 青 青 青 靜 靜 靜
㊥jìng(찡) ㊐セイ/しずか ㊎quiet
자원 **형성자.** 青(청)은 의미를 나타내고 爭(쟁)은 음을 나타냄.
풀이 ①고요하다. ②맑다. ③온화하다. ④쉬다. 휴식함.
〔靜觀 정관〕 조용히 사물을 관찰함.
〔靜脈 정맥〕 몸의 피를 모아 심장으로 보내는 혈관.
〔靜物 정물〕 ①정지(靜止)하여 움직이지 않는 물체. ②꽃·과일·그릇 등을 탁자 위에 벌여 놓고 그린 그림. 靜物畫(정물화).
〔靜謐 정밀〕 고요하고 편안함.
〔靜淑 정숙〕 여자의 성품과 몸가짐이 조용하고 얌전함.
〔靜肅 정숙〕 조용하고 엄숙함.
〔靜養 정양〕 심신을 조용히 하여 병을 요양함.
〔靜穩 정온〕. 고요하고 평온함.
〔靜寂 정적〕 고요하고 괴괴함.
〔靜坐 정좌〕 마음을 가라앉히고 단정히 앉음.
〔靜止 정지〕 움직임이 없이 고요히 멈춤. 또는, 그런 상태.
◪冷靜(냉정)/動靜(동정)/安靜(안정)/鎭靜(진정)/平靜(평정)/避靜(피정)

非部 아닐비

0 8 **非** ☆*4-Ⅱ ❶아닐 **비** ❷비방할 **비**
丿 𠃌 ㅋ ㅋ 非 非 非 非
㊥fēi(°페이) ㊐ヒ/まらず ㊎not
금 고 전 자원 **상형자.** 새가 양 날개를 펴고 날고 있는 모양을 나타낸 자. 飛(날 비)의 최초의 자형임. 양 날개가 서로 반대 방향으로 펴진 데에서 '나란하다', '등지다'의 뜻이 나왔고 '아니다'의 뜻도 파생됨.
한자 부수의 하나.
풀이 ❶①아니다. ②나쁘다. 옳지 않음. ③없다. ④책하다. ‖非難(비난). ❷비방(誹謗)하다. ㊐誹.
〔非公開 비공개〕 널리 알리지 않음. ↔公開(공개).
〔非公式 비공식〕 국가나 공공 기관에서 인정하는 방식이 아님. ↔公式(공식).
〔非課稅 비과세〕 세금을 매기지 않음.
〔非金屬 비금속〕 금속의 성질을 가지지 않은 물질.
〔非難 비난〕 남의 잘못이나 흠을 책잡아서 나쁘게 말함.
〔非但 비단〕 다만. 오직.
〔非禮 비례〕 예의에 어긋남. ‖過恭非禮(과공비례).
〔非理 비리〕 도리가 아님. 非道(비도).
〔非賣品 비매품〕 팔지 않는 물건.
〔非命 비명〕 제명대로 다 살지 못하고 죽음.
〔非夢似夢 비몽사몽〕 꿈인지 생시인지 어렴풋한 상태.
〔非番 비번〕 당번이 아님. ↔當番(당

8획

번).
〔非凡 비범〕 보통 수준보다 훨씬 뛰어남. 不凡(불범). ↔平凡(평범).
〔非常 비상〕 ①뜻밖의 위급한 상황. ②예사롭지 않고 특별함. ↔尋常(심상).
〔非常時 비상시〕 뜻밖의 긴급한 사태가 일어난 때. ↔平常時(평상시).
〔非違 비위〕 법에 어긋남. 또는, 그 일.
〔非一非再 비일비재〕 같은 현상이나 일이 한두 번이 아님.
〔非情 비정〕 인정이 없음.
〔非正常 비정상〕 정상이 아님.
〔非行 비행〕 도덕이나 규범에 벗어나는 행동.
◢似而非(사이비)/是非(시비)/是是非非(시시비비)

7 15 **靠** 기댈 고

㊥kào(카오) ㊐コウ ㊎depend on
풀이 ①기대다. 의지함. 맡김. ②어긋나다. 배반함.

*1
11 19 **靡** ❶쓰러질 미 *1 ❷문지를 마

㊥mǐ(미), mā(마) ㊐ビ, バ/なびく ㊎fall down
풀이 ❶①쓰러지다. 쏠림. 기욺. ②복종하다. 순응함. ③괴롭히다. ④다하다. ❷①문지르다. 비빔. ⓢ摩. ②흩다. 흩어짐.
〔靡寧 미령'〕 어른의 몸이 병으로 인하여 편하지 못함.
〔靡然 미연〕 식물이 바람으로 인해서 한쪽으로 휩쓸림.
◢風靡(풍미)

面部 낯면

☆*7
0 9 **面** 낯 면 속 靣

一 丆 丙 丙 而 而 而 面

㊥miàn(미엔) ㊐メン/おも ㊎face
갑 전 자원 **상형자.** 갑골문의 외곽 선은 얼굴의 윤곽을 나타내고 그 안의 형상은 눈을 나타냄. 소전도 모양은 달라졌지만 갑골문과 다르지 않음. 본뜻은 '낯'.
한자 부수의 하나.
풀이 ①낯. 얼굴. ②겉. 표면. ③쪽. 방향(方向). ④탈. 가면(假面). ⑤면. 다면체(多面體)의 한계를 이루는 평면. ⑥㉻행정 구역의 하나.
〔面鏡 면경〕 주로 얼굴을 비추어 보는 작은 거울. 石鏡(석경).
〔面愧 면괴〕 대면하기가 부끄러움. 面灸(면구).
〔面談 면담〕 서로 만나서 이야기함.
〔面對 면대〕 서로 얼굴을 대함. 對面(대면). 面當(면당).
〔面刀 면도〕 수염이나 잔털을 깎음.
〔面面 면면〕 ①각각의 여러 사람. 또는, 여러 얼굴. ②여러 면. 또는, 각 방면.
〔面貌 면모〕 ①얼굴의 모양. ②사물의 모습이나 상태.
〔面目 면목〕 ①체면. ②사물의 겉모습이나 상태.
〔面駁 면박〕 면전에서 꾸짖거나 나무람.
〔面紗布 면사포〕 결혼식 때 신부가 쓰는 흰 사(紗)로 만든 물건.
〔面上 면상〕 얼굴의 위. 또는, 얼굴.
〔面識 면식〕 얼굴을 서로 알 정도의 관계.
〔面積 면적〕 넓이.
〔面前 면전〕 보고 있는 앞.
〔面接 면접〕 ①직접 대면함. ②면접시험.
〔面從 면종〕 겉으로만 따르는 체함.
〔面從腹背 면종복배〕 겉으로는 따르는 체하며 속으로는 배반함.
〔面紙 면지〕 ①위패에 쓴 죽은 사람의 이름을 가리는 오색 종이. ②책의 앞뒤 표지의 안쪽에 있는 지면.
〔面會 면회〕 일반인의 출입이 제한되는 어떤 기관이나 집단생활을 하는 곳에 찾아가서 사람을 만나 봄.
◢假面(가면)/舊面(구면)/局面(국면)/內面(내면)/路面(노면)/斷面(단면)/當面(당면)/對面(대면)/圖面(도면)/滿面(만면)/文面(문면)/物心兩面(물심양면)/反面(반면)/方面(방면)/壁面(벽면)/四面(사면)/相面(상면)/雪面(설면)/洗面(세면)/水面(수면)/顏面(안면)/額面(액면)/外面(외면)/裏面(이면)/場面(장면)/全面(전면)/前面(전면)/正面(정면)/地面(지면)/知面(지면)/紙面(지면)/直面(직면)/體面(체면)/側面(측면)/平面(평면)/表面(표면)/畫面(화면)

8 **靣** 面(면)의 속자 →804쪽

14 23 **靨** ❶보조개 엽 ❷사마귀 엽 간

㊥yè(예), yǎn(옌) ㊐ヨウ, エン
풀이 ❶보조개. ❷사마귀.
〔靨笑 엽소〕 보조개를 지으며 웃음.

革部 가죽혁

0 9 革 ☆*4

[1]가죽 **혁**☆*4
[2]엄할 **극**

革

一 廿 廿 廿 芇 芇 苩 革

[중]gé(거), jí(지) [일]カク, キョク/かわ
[영]leather

[금]  [자원] **상형자.** '짐승 가죽'을 나타낸 자. 금문은 위와 아래에 머리와 꼬리가 붙어 있는 무두질한 가죽을 나타냄.

✎ 한자 부수의 하나.

[풀이] [1]①가죽. ‖皮革(피혁). ②갑주(甲冑). 투구. ③고치다. 고쳐짐. ‖革命(혁명). ④경계하다. [2]①엄하다. 심함. ②빠르다.

〔革帶 혁대〕 가죽으로 만들어 허리에 매는 띠.

〔革命 혁명〕 ①폭력적인 방법으로 정치 권력을 빼앗아 국가의 정치적·사회적 구조를 바꾸어 놓는 일. ②사회·문화 등에 급격한 대변동이 일어나는 일.

〔革新 혁신〕 묵은 풍속·관습·조직·방법 등을 바꾸어 새롭게 함.

〔革罷 혁파〕 기구·제도·법령 등을 낡거나 문제가 있어 폐지함.

◢改革(개혁)/變革(변혁)/沿革(연혁)/皮革(피혁)

12 靭 *1

靭(인)과 동자 →806쪽

4 13 靷 *

가슴걸이 **인**

靷

[중]yǐn(인) [일]イン [영]martingale

[풀이] 가슴걸이. 마소의 가슴에 걸어 매는 가죽끈.

◢發靷(발인)

4 13 靴 *2

가죽신 **화**

靴

[중]xuē(쒸에) [일]カ/くつ

[풀이] 가죽신. 구두.

〔靴工 화공〕 구두를 만드는 직공.

◢洋靴(양화)/製靴(제화)

5 14 靼

다룸가죽 **단·달**

靼

[중]dá(다) [일]タン, タツ [영]leather

[풀이] ①다룸가죽. ②부드럽다. ③오랑캐 이름.

◢韃靼(달단)

5 14 靺 *2

버선 **말**

靺

[중]mò(모) [일]マツ

[풀이] ①버선. ②북방 종족 이름. 말갈.

〔靺鞨 말갈〕 중국 둥베이(東北) 지방에 살았던 퉁구스계의 일족. 肅愼(숙신).

6 15 鞏 *1

묶을 **공**

[간]巩 鞏

[중]gǒng(궁) [일]キョウ [영]bind

[풀이] ①묶다. 가죽으로 단단하게 묶음. ②굳다. 단단함.

〔鞏固 공고〕 단단하고 튼튼함.

6 15 鞍 *1

안장 **안**

鞍

[중]ān(안) [일]アン/くら [영]saddle

[풀이] 안장. 말의 안장.

〔鞍馬 안마〕 ①안장을 얹은 말. ②말의 등 모양을 한 대 위에 두 개의 손잡이가 달린 체조 기구. 또는, 그것을 이용해서 하는 남자 체조 경기.

6 15 鞋 *

신 **혜**
[본]**해**

鞋

[중]xié(시에) [일]アイ/くつ [영]shoes

[풀이] ①신. 짚신. ②목이 짧은 신.

◢唐鞋(당혜)/麻鞋(마혜)

7 16 鞘

[1]칼집 **초**
[2]선후걸이 **초**

[동]鞩 鞘

[중]qiào(치아오) [일]ショウ, ソウ/さや
[영]sheath

[풀이] [1]칼집. [2]①선후걸이. 가슴걸이와 후걸이의 병칭. ②말 채찍의 끝.

〔鞘狀 초상〕 칼집 모양.

8 17 鞠 *2

[1]공 **국***2
[2]궁궁이 **궁**

鞠

[중]jū(쥐), qiōng(치옹)
[일]キク, キュウ/けまり [영]ball

[풀이] [1]①공. ‖蹴鞠(축국). ②궁하다. ③국문(鞫問)하다. [같]鞫. ④굽히다. 삼감. [2]궁궁이. [통]芎.

〔鞠躬 국궁〕 존경하는 뜻으로 몸을 굽힘.

〔鞠問 국문〕 국청(鞠廳)에서 중죄인을 신문함. 鞫問(국문).

〔鞠廳 국청〕 조선 시대에, 역적 등의 중죄인을 신문하려고 설치한 임시 관아. 鞫廳(국청).

◢蹴鞠(축국)

9 *2 **鞨** 말갈 **갈** 鞨
18

㊥hé(허) ㊐カツ
풀이 ①말갈(靺鞨). 중국 둥베이(東北) 지방에 살았던 퉁구스계의 일족. ②가죽신.
◢靺鞨(말갈)

9 * **鞫** 국문할 **국** 鞫
18

㊥jū(쥐) ㊐キク
풀이 ①국문하다. ㊟鞠. ②궁구(窮究)하다. 깊이 파고듦.
〔鞫問 국문〕 국청에서 중죄인을 신문함. 鞠問(국문).
〔鞫廳 국청〕 조선 시대에, 역적 등의 중죄인을 신문하려고 설치한 임시 관아. 鞠廳(국청).

9 **鞦** 그네 **추** 鞦
18

㊥qiū(치우) ㊐シュウ ㊋swing
풀이 ①그네. ②밀치끈. ‖馬鞦(마추).
〔鞦韆 추천〕 그네.

9 *1 **鞭** 채찍 **편** 鞭
18

㊥biān(삐엔) ㊐ベン/むち ㊋whip
풀이 ①채찍. 회초리. ‖敎鞭(교편). ②매질하다. ③매질하는 형벌.
〔鞭撻 편달〕 ①채찍으로 때림. ②일깨워 주고 격려하여 줌.
◢敎鞭(교편)/走馬加鞭(주마가편)

13 **韃** 종족 이름 **달** ㉮靼 韃
22

㊥dá(다) ㊐タツ, タチ
풀이 종족 이름.
〔韃靼 달단〕 몽골족의 한 갈래인 '타타르(Tatar)'의 음역.

15 * **韆** 그네 **천** ㉮千 韆
24

㊥qiān(치엔) ㊐セン
풀이 그네.
◢鞦韆(추천)

韋部 다룸가죽위

0 *2 **韋** 다룸가죽 **위** ㉮韦 韋
9

㊥wéi(웨이) ㊐イ ㊋leather
갑 금 자원 **회의자.** 가운데 口(구)는 성(城)을 가리키며 그 위와 아래의 글자는 발바닥을 가리키는 것으로, 군사들이 성의 주위를 에워싸는 것을 뜻함. '가죽'의 뜻으로 쓰이게 되자 본뜻을 보존하기 위해 만든 자가 '圍'(위)임.
한자 부수의 하나.
풀이 ①다룸가죽. 무두질한 가죽. ②부드러운 것.
〔韋編三絕 위편삼절〕《공자가 '주역(周易)'을 즐겨 읽어 책의 가죽 끈이 세 번이나 끊어졌다는 고사에서》 책을 열심히 읽음.

3 *1 **韌** 질길 **인** ㊐靭 ㉮韧 韌
12

㊥rèn(°런) ㊐ジン ㊋tough
풀이 질기다. 질김.

16 **韒** 鞘(초)와 동자 →805쪽

8 ☆*8 **韓** 나라 이름 **한** ㉮韩 韓
17

(필순) 十 古 卓 卓' 卓' 韓 韓 韓

㊥hán(한) ㊐カン
자원 **형성자.** 韋(위)는 의미를 나타내고 卓 자는 倝(간)의 오른쪽이 생략된 꼴로 음을 나타냄.
풀이 ①나라 이름. ㉮삼한(三韓). ㉯조선 고종(高宗) 때 선포한 국호. ㉰대한민국. ㉱춘추 전국 시대 전국 칠웅(戰國七雄)의 하나. ②우물 귀틀. 정(井) 자 모양의 우물 귀틀.
〔韓菓 한과〕 강정·다식 등의 전통 한국식 과자.
〔韓國 한국〕 '대한민국'의 준말.
〔韓民族 한민족〕 한반도를 중심으로 사는 민족. 또는, 그 후손.
〔韓半島 한반도〕 한국의 국토를 이루는 반도.
〔韓方 한방〕 중국에서 전해져 우리나라에서 발달한 의술.
〔韓服 한복〕 우리 민족의 고유한 의복.
〔韓食 한식〕 한국식의 음식.
〔韓藥 한약〕 한방(韓方)에서 쓰는 약.
〔韓屋 한옥〕 우리나라 고유의 건축 양식으로 지은 집.
〔韓牛 한우〕 우리나라 재래종의 소.
〔韓醫學 한의학〕 중국으로부터 전래되어 발달한, 우리나라 고유의 의학.
〔韓人 한인〕 한국인으로서 특히 외국에 나가 살고 있는 사람.
〔韓紙 한지〕 닥나무 등을 원료로 하여

9획

만드는, 우리나라의 전통적인 종이.
◢南韓(남한)/來韓(내한)/大韓(대한)/馬韓(마한)/訪韓(방한)/弁韓(변한)/北韓(북한)/三韓(삼한)/離韓(이한)/駐韓(주한)/辰韓(진한)

10 韜* 1감출 도 2팔찌 도 간 韬
19

㊥tāo, tào(타오) ㊐トウ ㊇hide
풀이 1①감추다. 갈무리함. ②활집. ③칼 전대. 검을 넣어 두는 자루. ④병법의 비결. ‖韜略(도략). 2팔찌. 활을 쏠 때, 시위에 다치지 않도록 활을 쥐는 팔에 끼는 팔찌.
〔韜略 도략〕 중국의 오래된 병서(兵書)인 '육도삼략(六韜三略)'을 이르는 말.
〔韜晦 도회〕 ①종적을 감춤. ②재주·학식 등을 감춤.

韭部 부추구

0 韭 부추 구
9

㊥jiǔ(지우) ㊐キュウ/にら ㊇leek
전 자원 **상형자.** 땅 위로 자란 부추를 그린 자. 아래쪽 가로획은 땅, 안쪽의 두 세로획은 줄기, 양쪽으로 각 세 개씩 뻗어 나간 획은 잎을 나타냄.
한자 부수의 하나.
풀이 ①부추. ②산부추. ‖山韭(산구).
〔韭菹 구저〕 부추 김치.

音部 소리음

0 音☆*6 소리 음
9

亠 亣 立 产 音 音 音 音

㊥yīn(인) ㊐イン, オン ㊇sound
갑 자원 **회의자.** 갑골문에서 보듯, 입으로 관악기를 부는 모습을 나타냄.
한자 부수의 하나.
풀이 ①소리. ②음조. 가락. ③음악. ④소식. 음신(音信).
〔音感 음감〕 음의 높낮이·강약·장단, 음색(音色) 등을 듣고 분별하는 능력.
〔音階 음계〕 일정한 음정(音程)의 순서로 음을 차례로 늘어놓은 것.
〔音讀 음독〕 ①소리 내어 읽음. ②한자를 음으로 읽음.
〔音量 음량〕 사람의 목소리나 악기의 소리가 크거나 작게 울리는 정도.
〔音律 음률〕 ①소리와 음악의 가락. ②오음(五音)과 육률(六律).
〔音盤 음반〕 전축에 걸어 소리를 들을 수 있게 만든 동그란 판. 소리판. 디스크.
〔音色 음색〕 소리가 지닌 독특한 성질이나 특성.
〔音聲 음성〕 목소리. 聲音(성음).
〔音速 음속〕 소리가 나아가는 속도.
〔音信 음신〕 먼 곳에서 전하는 소식이나 편지.
〔音樂 음악〕 음을 미적(美的)으로 조화시켜 사상·정서를 표현하는 예술.
〔音域 음역〕 사람이나 악기가 낼 수 있는 소리의 폭.
〔音韻 음운〕 ①말의 뜻을 구별하여 주는 소리의 가장 작은 단위. ②한자의 음(音)과 운(韻).
〔音節 음절〕 하나의 종합된 음의 느낌을 주는 말소리의 단위.
〔音程 음정〕 높이가 다른 두 음 사이의 간격.
〔音癡 음치〕 음에 대한 감각이 무디어 노래를 바르게 부르지 못하는 일. 또는, 그런 사람.
〔音波 음파〕 소리의 울림이 퍼져 가는 파동.
〔音標 음표〕 음의 장단·고저를 나타내는 기호.
〔音響 음향〕 소리의 울림.
〔音訓 음훈〕 한자의 음(音)과 뜻.
◢激音(격음)/硬音(경음)/高音(고음)/轟音(굉음)/錄音(녹음)/短音(단음)/讀音(독음)/得音(득음)/母音(모음)/默音(묵음)/發音(발음)/防音(방음)/福音(복음)/訃音(부음)/不協和音(불협화음)/鼻音(비음)/舌音(설음)/騷音(소음)/脣音(순음)/餘音(여음)/玉音(옥음)/原音(원음)/子音(자음)/雜音(잡음)/長音(장음)/低音(저음)/齒音(치음)/爆音(폭음)/和音(화음)

5 韶* 아름다울 소
14

㊥sháo(°사오) ㊐ショウ ㊇beautiful
풀이 ①아름답다. ②악곡 이름. 순(舜)임금의 음악. ③잇다.
〔韶光 소광〕 봄철의 화창한 경치. 春光(춘광).

10 韻★*3-II 운 운
19

亠 立 音 音 音ㅁ 韵 韻 韻

9획

[중]yùn(윈) [일]ウン, イン [영]rhyme
[자원] **형성자.** 音(음)은 의미를 나타내고 員(원)은 음을 나타냄.
[풀이] ①운. 음운(音韻). ②울림. 여운. 음의 끝울림. ③시부(詩賦). 가곡. ④풍도(風度). 운치.
〔韻文 운문〕 언어를 압축하여 리듬을 갖도록 지은 글.
〔韻士 운사〕 풍류를 좋아하는 사람.
〔韻律 운율〕 시문(詩文)의 음성적(音聲的) 형식.
〔韻字 운자〕 한시(漢詩)의 운으로 다는 글자.
〔韻致 운치〕 고상하고 우아한 멋.
〔韻統 운통〕 운자의 계통.
◢脚韻(각운)/頭韻(두운)/押韻(압운)/餘韻(여운)/音韻(음운)

★✱3-Ⅱ
13 **響** 울림 **향** [간] 响
22

[중]xiǎng(시앙) [일]キョウ/ひびき
[영]echo
[자원] **형성자.** 音(음)은 의미를 나타내고 鄕(향)은 음을 나타냄.
[풀이] ①울림. ②울리다. ③소식. 전갈. ④소리. 가락.
〔響應 향응〕 남의 주창에 따라 그와 같은 행동을 마주 취함.
〔響箭 향전〕 옛날, 전쟁 때에 쓰던 화살의 한 가지. 우는살. 嚆矢(효시). 鳴鏑(명적).
◢反響(반향)/影響(영향)/音響(음향)/殘響(잔향)

✱
14 **頀** 구할 **호**
23

[중]hù(후) [일]ゴ [영]rescue
[풀이] ①구하다. 구호함. ②지키다. ③악곡 이름.

頁部 머리혈

✱
0 **頁** ❶머리 **혈**✱ ❷쪽 **엽** [간] 页
9

[중]xié(시에), yè(예) [일]ケツ, ヨウ
[영]head
[갑] [금] [전] [자원] **상형자.** 갑골문의 아래쪽은 꿇어앉은 사람을 나타내고 위쪽은 눈과 눈썹을 강조한 얼굴을 나타냄. 금문은 갑골문의 윗부분을 눈썹과 눈두덩으로 추상화하여 머리를 나타낸 것임. 본뜻은 '머리'.
[부] 한자 부수의 하나.
[풀이] ❶①머리. 首(수)의 고자. ②목. 목덜미. ❷쪽. 면(面). 페이지. [통]葉.

★✱3-Ⅱ
2 **頃** ❶밭 넓이 **경**★✱3-Ⅱ ❷기울 **경**★✱3-Ⅱ ❸반 걸음 **규** [간] 顷
11

[중]qǐng(칭), kuī(쿠에이)
[일]ケイ, キ/ころ
[자원] **회의자.** 거꾸로 선 사람을 나타내는 匕(비)와 머리를 나타내는 頁(혈)이 합쳐진 자임.
[풀이] ❶①밭 넓이. 100묘(畝) 또는 12묘 반의 면적. ②잠시. ③요즘. 근래. ❷①기울다. 기울어짐. ②망치다. ❸반 걸음.
〔頃刻 경각〕 눈 깜빡할 사이. 또는, 아주 짧은 시간.
〔頃者 경자〕 지난번.
◢萬頃(만경)/食頃(식경)

☆✱3-Ⅱ
2 **頂** 정수리 **정** [간] 顶
11

[중]dǐng(딩) [일]テイ, チョウ/いただき
[영]summit
[자원] **형성자.** 頁(혈)은 의미를 나타내고 丁(정)은 음을 나타냄.
[풀이] ①정수리. ②머리. ③꼭대기. ④관(冠)을 세는 단위.
〔頂門一鍼 정문일침〕 《정수리에 침을 놓는다는 뜻으로》 따끔한 충고나 교훈. 頂上一鍼(정상일침).
〔頂上 정상〕 ①산의 맨 꼭대기. ②최고의 상태. ③국가의 최고 책임자.
〔頂點 정점〕 사물의 꼭대기.
◢灌頂(관정)/登頂(등정)/山頂(산정)/絶頂(절정)

☆✱3
3 **須** 모름지기 **수** [간] 须
12

[중]xū(쉬) [일]シュ, ス
[금] [전] [자원] **회의자.** 頁(머리 혈)과 彡(터럭 삼)이 합쳐진 자로, 얼굴에 난 수염을 뜻함. 뒷날 '반드시'의 뜻으로 가차되자 본뜻을 보존하기 위해 만든 자가 '鬚'(수염 수)임.
[풀이] ①모름지기. 마땅히. ②수염. ③기다리다. ④바라다. 구함. ⑤쓰다. 필요로 함. ⑥잠시.
〔須臾 수유〕 잠시. 잠깐 동안.

9획

〔須知 수지〕 반드시 알아야 함.
◢必須(필수)

☆✱5
3 12 **順** 순할 **순** 간 顺 順

丿 川 川ˉ 川ˉ 川亓 川百 川自 順

㊥shūn(°쑨) ㊐ジュン/したがう
㊞docile

자원 **회의자.** 川(내 천)과 頁(머리 혈)이 합쳐진 자로, 머리를 숙이고 흐르는 물처럼 도리를 따르는 것을 나타냄.

풀이 ①순하다. 온순함. ②좇다. 도리를 따름. ‖順理(순리). ③만족하다. 기뻐함. ④차례. 차서(次序).

〔順理 순리〕 ①도리에 순종함. ②순한 이치나 도리.
〔順番 순번〕 돌아오는 차례. 또는, 그 순서.
〔順産 순산〕 순조롭게 아이를 낳음. ↔ 難産(난산).
〔順序 순서〕 정해져 있는 차례.
〔順延 순연〕 차례로 연기함.
〔順位 순위〕 차례를 나타내는 위치나 지위.
〔順應 순응〕 ①순순히 따름. ②자연환경이나 사회 환경 등에 잘 적응함.
〔順調 순조〕 아무 탈 없이 잘되어 감.
〔順從 순종〕 순순히 복종함.
〔順次 순차〕 돌아오는 차례.
〔順坦 순탄〕 ①길이 평탄함. ②성질이 까다롭지 않음. 順平(순평).
〔順風 순풍〕 ①순하게 부는 바람. ②배가 가는 쪽으로 부는 바람.
〔順航 순항〕 ①순조롭게 항행함. ②바람이나 조류를 뒤로 받으면서 항행함.
◢恭順(공순)/歸順(귀순)/無順(무순)/不順(불순)/先着順(선착순)/手順(수순)/式順(식순)/良順(양순)/逆順(역순)/溫順(온순)/柔順(유순)/耳順(이순)/筆順(필순)/劃順(획순)

3 12 **頉** ❶기를 **이** ❷㊙탈 **탈** 頉

㊥yí(이) ㊐イ

풀이 ①기르다. ②탈. 탈이 남.

〔頉處 탈처〕 탈이 난 곳.
◢無頉(무탈)

★✱3-Ⅱ
3 12 **項** 목 **항** 간 项 項

丅 工 工ˉ 工丆 工而 工百 項 項

㊥xiàng(씨앙) ㊐コウ/うなじ ㊞neck

자원 **형성자.** 頁(혈)은 의미를 나타내고 工(공)은 음을 나타냄.

풀이 ①목. 목덜미. ②크다. ③사항(事項). 조목(條目). ④수학 용어.

〔項目 항목〕 규정이나 글의 내용을 일정한 기준에 따라 나눈 낱낱의 구분. 조목(條目). 조항.
〔項鎖 항쇄〕 목에 씌우는 칼.
◢問項(문항)/別項(별항)/事項(사항)/要項(요항)/條項(조항)

✱2
4 13 **頓** ❶조아릴 **돈**✱2 ❷둔할 **둔** 간 顿 頓

㊥dùn(뚠) ㊐トン, テン/ぬかずく
㊞kowtow

풀이 ❶①조아리다. 이마가 땅에 닿도록 절함. ‖頓首(돈수). ②넘어지다. 발이 걸려 자빠짐. ③패하다. 무너짐. ④멈추다. 그침. ⑤갑자기. 급작스레. ⑥숙식하는 곳. 비상용으로 식량·무기를 비축해 두는 곳. ❷둔하다. 예리하지 못함.

〔頓首 돈수〕 머리가 땅에 닿도록 숙여 절함. 또는, 그 절. 叩頭(고두).
〔頓悟 돈오〕 ①문득 깨달음. ②수행(修行) 단계를 거치지 않고 갑자기 깨달음의 경지에 도달함.
〔頓絶 돈절〕 편지나 소식 등이 딱 끊어짐.
〔頓智 돈지〕 때에 따라 재빠르게 나오는 지혜나 재치. 機智(기지).
◢査頓(사돈)/整頓(정돈)

✱1
4 13 **頒** ❶나눌 **반**✱1 ❷머리 클 **분** 간 颁 頒

㊥bān(빤), fén(°펀)
㊐ハン, フン/わける ㊞promulgate

풀이 ❶①나누다. ②반포하다. 널리 퍼뜨림. ③반백(斑白). ❷머리가 크다. 물고기의 머리가 큰 모양.

〔頒白 반백〕 흰색과 검은색이 반반 정도인 머리털. 斑白(반백).
〔頒賜 반사〕 임금이 물건을 내려 줌.
〔頒布 반포〕 법률·명령 등을 세상에 널리 펴서 알게 함.

★✱4
4 13 **頌** 기릴 **송** 간 颂 頌

八 公 公 公丆 公而 公百 頌 頌

㊥sòng(쏭) ㊐ショウ/ほめたたえる
㊞praise

자원 **형성자.** 頁(혈)은 의미를 나타내고 公(공)은 음을 나타냄.

풀이 ①기리다. 칭송함. ②'시경(詩經)'의 육의(六義)의 하나. ③문체의 하나. 공적이나 인품을 칭송하는 글.

〔頌歌 송가〕 공덕을 기리는 노래.
〔頌德 송덕〕 공덕을 기림.
〔頌辭 송사〕 공덕을 기리는 말.

〔頌詩 송시〕 공덕을 기리는 시.
〔頌祝 송축〕 경사(慶事)를 기리고 축하함. 頌禱(송도).
◢偈頌(게송)/讚頌(찬송)/稱頌(칭송)

4 13 預 *2 미리 예 본여 간 预

㊥yù(위) ㊐ヨ/あらかじめ ㊎beforehand
자원 **형성자.** 頁(혈)은 의미를 나타내고 予(여)는 음을 나타냄.
풀이 ①미리. 미리 함. 준비함. ②참여하다. 간여함. ③관계하다. ④맡기다. 금품을 맡김. ‖預置(예치).
〔預金 예금〕 금융 기관에 돈을 맡기는 일. 또는, 그 돈.
〔預入 예입〕 돈을 금융 기관 등에 맡겨 둠.
〔預置 예치〕 맡겨 둠.
〔預託 예탁〕 부탁하여 맡겨 둠.
◢干預(간예)/參預(참예)

4 13 頋 고요할 와

㊥ě(어) ㊐ガ
풀이 고요하다.

4 13 頑 *1 완고할 완 간 顽

㊥wán(완) ㊐ガン/かたくな ㊎obstinate
자원 **형성자.** 頁(혈)은 의미를 나타내고 元(원)은 음을 나타냄.
풀이 ①완고하다. 고루하여 고집이 셈. ②무디다. ㉮물건 끝이 날카롭지 않다. ㉯재주가 없다. ③탐하다. 욕심이 많음.
〔頑強 완강〕 태도가 질기고 굳셈.
〔頑固 완고〕 성질이 고집스럽고 고루함.
〔頑迷 완미〕 완고하고 사리에 어두움.
〔頑愚 완우〕 융통성이 없고 고집이 세며 어리석음.

4 13 頊 *2 삼갈 욱 간 顼

㊥xū(쒸) ㊐キョク/つつしむ ㊎be discreet
풀이 ①삼가다. ②망연자실(茫然自失)한 모양. ‖頊頊(욱욱).

5 14 領 ☆*5 옷깃 령 간 领

丿 𠆢 令 令頁 領 領 領 領

㊥lǐng(링) ㊐リョウ, レイ ㊎collar
자원 **형성자.** 頁(혈)은 의미를 나타내고 令(령)은 음을 나타냄.
풀이 ①옷깃. 의금(衣襟). 웃옷의 목을 싸는 부분. ②가장 요긴한 점. 중요한 부분. ‖要領(요령). ③목. 경항(頸項). ④거느리다. ⑤다스리다. ⑥깨닫다. 마음속으로 알아차림. ⑦받다. 영수함. ⑧적다. 기록함. ⑨우두머리. 두목(頭目). ⑩재. 영(嶺). ⓕ嶺. ⑪㊞군대 계급의 하나. 領官級(영관급).
〔領空 영공〕 한 나라의 영토와 영해 위의 하늘.
〔領內 영내〕 국가의 통치권이 미치는 구역의 안.
〔領導 영도〕 거느려 이끎.
〔領相 영상〕 '영의정(領議政)'의 이칭.
〔領洗 영세〕 가톨릭교에서, 세례를 받음.
〔領收 영수〕 돈이나 물품 등을 받아들임. 領受(영수).
〔領袖 영수〕 많은 사람을 통솔하는 우두머리. 首領(수령).
〔領域 영역〕 ①영향이나 세력이 미치는 범위. ②한 나라의 주권이 미치는 범위. ③관계되는 분야나 범위.
〔領有 영유〕 자기의 것으로 차지하여 가짐.
〔領主 영주〕 ①토지의 주인. 地主(지주). ②중세 유럽에서, 장원을 다스리던 사람.
〔領土 영토〕 한 나라의 통치권이 미치는 지역. 領地(영지).
〔領海 영해〕 한 나라의 연안에 있어 통치권이 미치는 수역(水域). 領水(영수).
◢綱領(강령)/大領(대령)/大統領(대통령)/頭領(두령)/本領(본령)/少領(소령)/首領(수령)/要領(요령)/占領(점령)/中領(중령)/統領(통령)/橫領(횡령)

5 14 頣 * 강할 민

㊥mín(민) ㊐ビン ㊎strong
풀이 강하다. 굳셈.

5 14 頗 ★*3 ❶자못 파 ❷치우칠 파 간 颇

丿 厂 广 皮 皮 頗 頗 頗

㊥pō(포) ㊐ハ/すこぶる
자원 **형성자.** 頁(혈)은 의미를 나타내고 皮(피)는 음을 나타냄.
풀이 ❶①자못. ㉮조금. 약간. ㉯매우. 꽤. 심히. ②바르지 못하다. ❷치우치다. 기울다. ‖偏頗(편파).
〔頗多 파다〕 아주 많음.
◢偏頗(편파)

9획

6
15 **頞** 콧마루 **알** 간 颏 頞

중è(어) 일アツ/はなばしら
풀이 ①콧마루. 콧대. ②짐승 이름. 원숭이의 일종.

*
6
15 **頤** 턱 **이** 간 颐 頤

중yí(이) 일イ/あご 영jaw
풀이 ①턱. ②기르다. 봉양함. ③후히 대접하다. 손님을 잘 대접함. ④어조사. 어세(語勢)를 도움.
〔頤使 이사〕《턱으로 부린다는 뜻으로》 사람을 마음대로 부림. 頤指(이지).

6
15 **頡** 목덜미 **힐** 간 颉 頡

중xié(시에) 일ケツ/くびすじ
풀이 ①목덜미. ②날아 올라가다. ③사람 이름. ‖창힐(倉頡).
〔頡頏 힐항〕 같은 힘으로 버티고 맞섬. 拮抗(길항).

*1
7
16 **頸** 목 **경** 간 颈 頸

중jǐng(징) 일ケイ/くび 영neck
풀이 ①목. 머리와 몸을 잇는 부분. ②멱. 목줄기의 앞부분.
〔頸骨 경골〕 목뼈.
〔頸聯 경련〕 율시(律詩)에서, 제5, 6구(句). ※頷聯(함련).
〔頸部 경부〕 ①목. ②목처럼 가늘게 되어 있는 부분.
〔頸椎 경추〕 목등뼈.

☆*6
7
16 **頭** 머리 **두** 간 头 頭

一 ㄷ 戸 豆 豆˝ 頭 頭 頭

중tóu(터우) 일トウ, ズ/あたま
영head
자원 **형성자.** 頁(머리 혈)은 의미를 나타내고 豆(두)는 음을 나타냄.
풀이 ①머리. ㉮인체의 목 윗부분. ㉯꼭대기. 최상부. ㉰맨 앞. 선단(先端). ㉱시초. 첫머리. ㉲우두머리. 장(長). ②가. 옆. 근방. ③동물을 세는 단위.
〔頭角 두각〕 여럿 가운데 특히 뛰어남. 또는, 뛰어난 재능.
〔頭蓋 두개〕 척추동물의 머리 부분의 골격.
〔頭巾 두건〕 상중에 남자가 머리에 쓰는, 삼베로 만든 건(巾).
〔頭腦 두뇌〕 ①머릿골. 腦(뇌). ②사물을 판단하는 슬기. ③지식 수준이 높은 사람의 비유.
〔頭領 두령〕 옛날에, 도둑의 우두머리를 이르던 말.
〔頭目 두목〕 좋지 못한 무리의 우두머리.
〔頭髮 두발〕 머리털.
〔頭相 두상〕 머리 모양이나 생김새.
〔頭緖 두서〕 일의 차례나 갈피. 또는, 말의 조리.
〔頭數 두수〕 소·말·돼지 등의 수.
〔頭韻 두운〕 시구의 첫머리에 같은 음을 되풀이하여 쓰는 수사법. 머리운. ↔脚韻(각운).
〔頭痛 두통〕 머리가 아픔. 또는, 그 증세.
◪街頭(가두)/竿頭(간두)/巨頭(거두)/口頭(구두)/龜頭(귀두)/蘆頭(노두)/擡頭(대두)/饅頭(만두)/沒頭(몰두)/劈頭(벽두)/埠頭(부두)/序頭(서두)/先頭(선두)/年頭(연두)/念頭(염두)/乳頭(유두)/陣頭(진두)/出頭(출두)/彈頭(탄두)/筆頭(필두)/話頭(화두)/喉頭(후두)

★*3
7
16 **頻** 자주 **빈** 간 频 頻

ㅏ 止 牛 步 步˝ 步丆 頻 頻

중pín(핀) 일ヒン/しきりに
영frequent
금 전 자원 **회의자.** 본자는 瀕(빈). 水(물 수)와 步(걸음 보)와 頁(머리 혈)이 합쳐진 자. 사람이 물가에 이르러 건너지 못하고 왔다 갔다 하면서 얼굴을 찡그리는 모습을 나타냄. 뒷날 水가 생략되고 '자주'의 뜻으로 바뀜.
풀이 ①자주. 여러 번. 잇달아. ‖頻煩(빈번). ②물가. 같濱. ③급하다. 급박함. ④찡그리다. ⑤친하다. 사이가 가까움.
〔頻尿 빈뇨〕 소변이 잦은 상태.
〔頻度 빈도〕 같은 현상이나 일이 반복되는 도수.
〔頻發 빈발〕 어떤 일이 자주 일어남.
〔頻繁 빈번〕 번거로울 정도로 도수가 잦음.
〔頻數 빈삭〕 횟수나 도수가 매우 잦음.

*1
7
16 **頹** 무너질 **퇴** 간 颓 頹

중tuí(투에이) 일タイ/くずれる
영collapse
풀이 ①무너지다. 무너뜨림. ②기울다. 기울어짐. ③쇠하다. 쇠퇴함. ④쓰러지다. 넘어짐. ⑤좇다. 순종함. ⑥질풍(疾風). 몹시 세게 부는 바람.
〔頹落 퇴락〕 ①낡아서 무너지고 떨어짐. ②지위·수준이 뒤떨어짐.
〔頹廢 퇴폐〕 ①쇠퇴하여 결딴남. ②풍

속·도덕·문화 등이 타락하고 향락적이며 불건전함.
〔頹風 퇴풍〕 쇠퇴하거나 문란한 풍속. 頹俗(퇴속).
◢衰頹(쇠퇴)

7 16 **頷** 턱 **함** ㉠颔 頷

㊥hàn(한) ㊐カン/あご ㊣chin
풀이 ①턱. 아래턱. ②부황이 들다. 굶주려 얼굴이 누렇게 뜬 모양.
〔頷聯 함련〕 율시(律詩)에서, 제3, 4구(句). 前聯(전련). ※頸聯(경련).

*1 7 16 **頰** 뺨 **협** ㊄**겹** ㉠颊 頰

㊥jiá(지아) ㊐キョウ/ほお ㊣cheek
풀이 뺨. 볼.
〔頰骨 협골〕 뺨의 뼈. 광대뼈.
〔頰筋 협근〕 뺨의 근육.

*1 8 17 **顆** 낟알 **과** ㉠颗 顆

㊥kē(커) ㊐カ/つぶ ㊣grain
풀이 ①낟알. 작고 둥근 물건의 낱개. ‖顆粒(과립). ②흙덩이. ③작은 머리. 머리통이 작은 것.
〔顆粒 과립〕 ①아주 작고 둥근 알갱이. ②마마·홍역(紅疫) 등을 앓을 때 피부에 돋는 것.

9획

* 8 17 **頲** 아름다울 **정**

㊥jǐng(찡) ㊐セイ ㊣beautiful
풀이 아름답다. 예쁨.

* 9 18 **顅** 강할 **민**

㊥mǐn(민) ㊐ビン, ミン
풀이 강하다.

*1 9 18 **顎** 턱 **악** ㉠颚 顎

㊥è(어) ㊐ガク/あご ㊣chin
풀이 ①턱. ②코뼈가 굳고 높은 모양.
〔顎骨 악골〕 턱뼈.

☆*3-Ⅱ 9 18 **顏** 얼굴 **안** ㉠颜 顏

亠 ㇀ 立 产 彥 彥 顏 顏

㊥yán(옌) ㊐ガン/かお ㊣face
자원 **형성자.** 頁(혈)은 의미를 나타내고 彥(언)은 음을 나타냄.
풀이 ①얼굴. ㉮머리의 앞면. ㉯낯빛. 얼굴 표정. 안색. ㉰면목. 체면. ㉱낯가죽. ②이마. ③편액(扁額). 현판의 제자(題字). 현판. ④채색. 색채.
〔顏料 안료〕 색채가 있고 물이나 그 밖의 용제에 녹지 않는 미세한 분말.
〔顏面 안면〕 ①얼굴. ②서로 알 만한 친분.
〔顏色 안색〕 얼굴에 나타나는 표정이나 빛깔. 얼굴빛.
◢老顏(노안)/童顏(동안)/無顏(무안)/洗顏(세안)/龍顏(용안)/尊顏(존안)/破顏(파안)/紅顏(홍안)

4 9 18 **額 이마 **액** ㉠额 額

宀 夕 安 客 客 額 額 額

㊥é(어) ㊐ガク/ひたい ㊣forehead
자원 **형성자.** 頁(혈)은 의미를 나타내고 客(객)은 음을 나타냄.
풀이 ①이마. ②머릿수. 일정한 양. ③편액(扁額). 현판(懸板). 액자(額子).
〔額面 액면〕 ①편액(扁額)의 겉면. ②유가 증권(有價證券) 등에 적힌 금액. ③말이나 글의 표현된 그대로의 것.
〔額數 액수〕 돈의 머릿수.
〔額子 액자〕 그림·글씨·사진 등을 끼우는 틀.
〔額字 액자〕 현판에 쓴 큰 글자.
◢價額(가액)/減額(감액)/巨額(거액)/高額(고액)/金額(금액)/半額(반액)/稅額(세액)/少額(소액)/殘額(잔액)/全額(전액)/定額(정액)/差額(차액)/總額(총액)

9 18 **顒** 엄숙할 **옹** ㉠颙 顒

㊥yóng(융) ㊐ギョウ/つつしむ
풀이 ①엄숙하다. 엄격하고 근신하는 모양. ②온화하다.

9 18 **顓** 전단할 **전** ㉠颛 顓

㊥zhuān(°쭈안) ㊐セン ㊣arbitrary
풀이 ①전단(專斷)하다. 제 마음대로 함. ㊐專. ②작거나 둥근 모양. ㊐團. ③공손하다. 삼가는 모양.
〔顓兵 전병〕 병권을 좌지우지함.

☆*6 9 18 **題** ❶이마 **제** ❷볼 **제** ㉠题 題

日 旦 早 早 是 是 題 題

㊥tí(티), dì(띠) ㊐ダイ/ひたい, みる
㊣forehead
자원 **형성자.** 頁(혈)은 의미를 나타내고

是(시)는 음을 나타냄.
풀이 ❶①이마. ②표제(表題). 시문(詩文)이나 서책의 제목. ③맨 앞머리. 선단(先端). ④물음. 문제. ⑤품평(品評). 평정(評定)함. ⑥문체 이름. 글 내용을 요약하여 책머리에 적는, 한문 문체의 한 가지. ⑦적다. 기록함. ❷보다. 자세히 봄.
〔題名 제명〕 책이나 시문 등의 표제나 제목의 이름.
〔題目 제목〕 글·강연·공연 등에 붙여진 이름.
〔題言 제언〕 서적·화폭·비석 등의 첫머리에 쓴 글.
〔題字 제자〕 서적의 머리나 족자, 비석 등에 쓴 글자.
〔題材 제재〕 문예 작품의 주제가 되는 재료.
〔題下 제하〕 어떤 제목 아래.
〔題號 제호〕 책·신문 등의 제목.
〔題畫 제화〕 산수화·인물화 등에 그 내용과 관계있는 시나 글을 적어 넣음. 또는, 그 시나 글.
◢課題(과제)/難題(난제)/論題(논제)/命題(명제)/無題(무제)/問題(문제)/副題(부제)/宿題(숙제)/詩題(시제)/御題(어제)/例題(예제)/原題(원제)/議題(의제)/主題(주제)/出題(출제)/標題(표제)/解題(해제)/話題(화제)

*
18 顯 顯(현)의 속자 →814쪽

★*5
10 19 類 무리 류 | 간 类 類

丷 半 米 类 类 类 類 類

중lèi(레이) 일ルイ/たぐい 영class
풀이 ①무리. ②닮다. 비슷함. ③품별(品別). 비슷한 것들을 모아 종별로 나눈 것. ④견주다. 비교함. ⑤대개. 대략. 대체로. ⑥모양. 형상(形象).
〔類例 유례〕 ①같거나 비슷한 예. ②이전부터 있었던 사례. 前例(전례).
〔類萬不同 유만부동〕 ①비슷한 것이 많으나 서로 같지는 않음. ②분수에 맞지 않음. 또는, 정도에 넘침.
〔類別 유별〕 종류에 따라 구별함. 種別(종별).
〔類似 유사〕 서로 비슷함.
〔類類相從 유유상종〕 같은 무리끼리 서로 사귐.
〔類推 유추〕 어떤 알려진 사실과 비교하여 다른 모르는 사실을 짐작함.
〔類聚 유취〕 종류가 같은 것끼리 모음.
〔類型 유형〕 서로 비슷한 성질이나 모양을 가진 사람이나 사물의 무리. 典型(전형).
◢部類(부류)/分類(분류)/魚類(어류)/衣類(의류)/人類(인류)/鳥類(조류)/種類(종류)

10 19 顙 이마 상 | 간 颡 顙

중sǎng(상) 일ソウ/ひたい
영forehead
풀이 ①이마. ②조아리다. ③머리.

☆*5
10 19 願 원할 원 | 간 愿 願

一 厂 厂 盾 原 原 原 願 願

중yuàn(위엔) 일ガン/ねがう
영desire
자원 **형성자.** 頁(혈)은 의미를 나타내고 原(원)은 음을 나타냄.
풀이 ①원하다. 바람. ②부러워하다. 선망(羨望)함. ③소원. 소망. ④원컨대. 바라건대.
〔願望 원망〕 원하고 바람.
〔願書 원서〕 지원하거나 청원하는 내용을 적은 서류.
◢懇願(간원)/祈願(기원)/民願(민원)/發願(발원)/悲願(비원)/誓願(서원)/所願(소원)/宿願(숙원)/哀願(애원)/念願(염원)/自願(자원)/志願(지원)/請願(청원)/祝願(축원)/歎願(탄원)

*1
10 19 顚 넘어질 전 | 간 颠 顚

중diān(띠엔) 일テン 영fall
풀이 ①넘어지다. ②거꾸로 하다. ③떨어지다. ④정수리. ⑤이마. ⑥실성. 미친 사람.
〔顚倒 전도〕 ①위치·차례·상황 등이 거꾸로 뒤바뀜. ②엎어져 넘어지거나 넘어뜨림.
〔顚末 전말〕 처음부터 끝까지 일이 진행되어 온 경과.
〔顚覆 전복〕 뒤집혀 엎어짐. 또는, 뒤집어 엎음. 傾覆(경복).

★*3
12 21 顧 돌아볼 고 | 간 顾 顧

厂 戶 戶 戶 戶 雇 顧 顧

중gù(꾸) 일コ/かえりみる
영look back
자원 **형성자.** 頁(혈)은 의미를 나타내고 雇(고)는 음을 나타냄.
풀이 ①돌아보다. 둘러봄. ②생각하다. 반성함. ③방문하다. 찾아옴. ④보살핌. 돌봄.
〔顧客 고객〕 상점에 물건을 사러 오는 손님.
〔顧忌 고기〕 뒷일을 염려하고 꺼림.

〔顧慮 고려〕 ①지난 일을 돌이켜 생각함. ②앞일을 걱정함.
〔顧命 고명〕 임금이 임종 때 나라의 뒷일을 부탁하는 유언. 遺詔(유조).
〔顧問 고문〕 자문에 응하여 의견을 말함. 또는, 그 직책에 있는 사람.

12 * 21 **顥** 클 호 | 간 颢

㊥hào(하오) ㊐コウ
풀이 크다.

13 *1 22 **顫** 떨릴 전 | 간 颤

㊥chàn(°찬), zhàn(°짠) ㊐セン ㊎tremble
풀이 ①떨리다. ‖手顫症(수전증). ②놀라다.
〔顫動 전동〕 떨거나 떨려서 움직임.

14 ★*4 23 **顯** 나타날 현 | 속 顕 간 显

풀이 ①나타나다. 드러남. ②광명. 분명함. 현저함. ③명백하다. 노골적임. ④보다. 주시함. ⑤죽은 부조(父祖)의 경칭.

㊥xiǎn(시엔) ㊐ケン/あらわす ㊎appear
자원 **형성자.** 頁(혈)은 의미를 나타내고 㬎(현)은 음을 나타냄.
풀이 ①나타나다. 드러남. ②광명. 분명함. 현저함. ③명백하다. 노골적임. ④보다. 주시함. ⑤죽은 부조(父祖)의 경칭.
〔顯考 현고〕 신주(神主)나 축문(祝文)에서 '돌아가신 아버지'를 이르는 말.
〔顯達 현달〕 벼슬·덕망이 높아서 이름이 세상에 드러남.
〔顯微鏡 현미경〕 눈으로 볼 수 없는 작은 물체를 확대하여 보는 장치.
〔顯妣 현비〕 신주나 축문에서 '돌아가신 어머니'를 이르는 말.
〔顯示 현시〕 겉으로 나타내 보임.
〔顯著 현저〕 뚜렷이 드러남.
〔顯忠日 현충일〕 국토방위 전선에서 전사·순직·병사한 장병·군노무자·애국단체원 등의 충성을 기념하는 날. 6월 6일.
〔顯職 현직〕 높은 벼슬.
〔顯現 현현〕 명백하게 나타나거나 나타냄.

15 24 **顰** 찡그릴 빈 | 간 颦

㊥pín(핀) ㊐ヒン ㊎grimace
풀이 찡그리다.
〔顰蹙 빈축〕 ①눈살을 찌푸리고 얼굴을 찡그림. ②남을 비난하거나 미워함. 嚬蹙(빈축).

16 25 **顱** 머리뼈 로 | 간 颅

㊥lú(루) ㊐ロ ㊎skull
풀이 머리뼈.
〔顱頂骨 노정골〕 머리뼈의 일부분. 頭頂骨(두정골).

18 1 27 **顴** 광대뼈 관 본권 | 간 颧

㊥quán(취엔) ㊐ケン/ほおぼね ㊎cheekbone
풀이 광대뼈.
〔顴骨 관골〕 광대뼈.

風部 바람풍

0 ☆*6 9 **風** ❶바람 풍 ❷풍자할 풍 | 간 风

㊥fēng(°펑) ㊐フウ/かぜ ㊎wind
갑 전 자원 **회의 겸 형성자.** 凡(돛 범)과 虫(벌레 충)이 합쳐진 자. 갑골문에서 자는 봉황, 자는 돛의 상형으로, 뒷날 봉황은 虫으로, 돛은 凡으로 바뀜. 凡은 바람을 상징하고, 虫은 동물을 상징함. 凡은 의미를 나타내고 虫은 의미와 음을 겸하여 나타냄.
한자 부수의 하나.
풀이 ❶①바람. 바람이 붊. ②바람을 쐬다. 납량(納涼)함. ③움직이다. 흩어짐. ④가르치다. ⑤관습. ⑥품성. 기질. ⑦풍채. 모습. ⑧풍치. 경관. ⑨병명(病名). ❷풍자하다. 빗대어 말함. 풍간(諷諫)함. 통諷
〔風格 풍격〕 ①사람의 풍채와 품격. ②물질적·정신적 창조물에서 보이는 고상하고 아름다운 면모나 모습.
〔風景 풍경〕 ①자연의 아름다운 모습. 景致(경치). ②어떤 정경이나 상황.
〔風磬 풍경〕 처마 끝에 달아 부는 대로 흔들리면서 소리가 나게 한 종.
〔風骨 풍골〕 풍채와 골격(骨格).
〔風光 풍광〕 산수의 경치.
〔風琴 풍금〕 페달을 밟아서 바람을 넣어 소리를 내는 건반 악기. ※오르간.
〔風紀 풍기〕 풍속이나 사회 도덕에 관한 기율.
〔風氣 풍기〕 ➡風病(풍병).
〔風度 풍도〕 풍채와 태도.
〔風浪 풍랑〕 ①바람과 파도. 風濤(풍도). ②바람이 불어 사나워진 파도.

9획

〔風力 풍력〕 ①바람의 힘. ②바람의 세기. 風勢(풍세).
〔風爐 풍로〕 아래에 바람구멍을 낸 화로.
〔風流 풍류〕 멋스럽고 운치가 있는 있는 일. 또는, 그렇게 노는 일.
〔風貌 풍모〕 풍채와 용모.
〔風聞 풍문〕 떠도는 소문. 風說(풍설).
〔風物 풍물〕 ①한 지방의 독특한 경치와 산물. ②농악에 쓰는 악기.
〔風伯 풍백〕 ➡風神(풍신)①.
〔風病 풍병〕 풍사(風邪)를 받아 생기는 병의 총칭. 風氣(풍기). 風疾(풍질). 風症(풍증).
〔風霜 풍상〕 ①바람과 서리. ②많이 겪은 세상의 고난.
〔風船 풍선〕 얇은 고무주머니 속에 공기나 수소 가스를 넣어 공중으로 뜨게 만든 물건.
〔風說 풍설〕 ➡風聞(풍문).
〔風聲鶴唳 풍성학려〕 《중국 전진 때 진왕 부견(苻堅)이 비수(肥水)에서 대패하고 바람 소리와 학의 울음소리를 듣고도 적군이 쫓아오는 것이 아닌가 하여 놀랐다는 고사에서》 겁을 먹은 사람이 하찮은 일에도 놀람.
〔風俗 풍속〕 예부터 그 사회에 전해 오는 생활 전반에 걸친 관습.
〔風速 풍속〕바람의 속도.
〔風水 풍수〕 ①음양가(陰陽家)에서, 산천의 지세(地勢) 등으로 무덤·집터 등의 길흉을 가려 택하는 술법. 地術(지술). ②풍수를 보는 사람. 地官(지관).
〔風樹之歎 풍수지탄〕 부모가 죽어 효도할 길 없는 슬픔.
〔風習 풍습〕 풍속과 습관.
〔風神 풍신〕 ①바람의 신. 風伯(풍백). ② ➡風采(풍채).
〔風樂 풍악〕 예로부터 전해 오는 우리나라 고유의 음악. 주로 기악을 이름.
〔風壓 풍압〕 바람의 압력.
〔風謠 풍요〕 ①그 지방의 풍속을 읊은 노래. ②신라 선덕 여왕 때의 향가.
〔風雲 풍운〕 ①바람과 구름. ②영웅이 세상에 나와 힘을 발휘하는 기회. ③세상의 힘든 시련이나 고통.
〔風雲兒 풍운아〕 좋은 때를 타고나서 세상에 두각을 나타내는 사람.
〔風月 풍월〕 ①맑은 바람과 밝은 달. 淸風明月(청풍명월). ②바람·달 등에 부쳐 시가를 지음. 또는, 그 시가. 吟風弄月(음풍농월). 吟風詠月(음풍영월). ③얻어들은 짧은 지식.
〔風前燈燭 풍전등촉〕 ➡風前燈火(풍전등화).
〔風前燈火 풍전등화〕 《'바람 앞의 등불'이라는 뜻으로》 사물이 매우 위태로운 처지에 놓여 있음. 風前燈燭(풍전등촉).
〔風情 풍정〕 멋스러운 경치나 모양에서 느껴지는 정서. 風懷(풍회).
〔風潮 풍조〕 ①바람과 조수(潮水). ②세상에 퍼져 있는 사고방식.
〔風症 풍증〕 ➡風病(풍병).
〔風塵 풍진〕 ①바람에 이는 티끌. ②세상에서 일어나는 어지러운 일이나 시련. ③전쟁으로 인해 어수선하고 어지러운 분위기. 兵塵(병진).
〔風車 풍차〕 ①바람의 힘을 기계적인 힘으로 바꾸는 장치. ②팔랑개비.
〔風餐露宿 풍찬노숙〕 《바람을 먹고 한데서 잔다는 뜻으로》 객지 생활의 고달픔.
〔風采 풍채〕 사람의 체격이나 겉모습에서 드러나는 의젓한 모양. 風神(풍신).
〔風致 풍치〕 ①훌륭하고 멋진 경치. ②격에 맞는 멋. 風趣(풍취).
〔風土 풍토〕 ①어떤 지방의 기후와 토지의 상태. ②어떤 일의 밑바탕이 되는 제도나 조건의 비유.
〔風波 풍파〕 ①세찬 바람과 험한 물결. ②세상살이의 어려움이나 고통. ③심한 분쟁이나 분란.
〔風便 풍편〕 바람결 또는 소문으로 들리는 소식.
〔風害 풍해〕 바람으로 인한 재해. 風災(풍재).
〔風向 풍향〕 바람이 불어오는 방향.
〔風化 풍화〕 ①교육이나 정치의 힘으로 풍습을 잘 교화하는 일. 風敎(풍교). ②바윗돌이 공기나 온도 등의 작용으로 부서지는 현상.
◢家風(가풍)/季節風(계절풍)/古風(고풍)/狂風(광풍)/校風(교풍)/氣風(기풍)/南風(남풍)/冷風(냉풍)/突風(돌풍)/東風(동풍)/貿易風(무역풍)/微風(미풍)/防風(방풍)/北風(북풍)/朔風(삭풍)/西風(서풍)/逍風(소풍)/順風(순풍)/逆風(역풍)/溫風(온풍)/外風(외풍)/威風(위풍)/陸風(육풍)/中風(중풍)/秋風(추풍)/春風(춘풍)/颱風(태풍)/弊風(폐풍)/暴風(폭풍)/學風(학풍)

9획

5 * 14 **颯** 바람 소리 **삽** | 간 飒

중sà(싸) 일サツ

풀이 ①바람 소리. ②바람이 불다. 질풍(疾風). ③기세를 꺾다. 바람이 물건을 짜부라뜨림.
〔颯爽 삽상〕 ①바람이 시원하게 불어 상쾌함. ②씩씩하고 시원스러움.

5 *2 14 **颱** 태풍 **태** | 간 台

중tái(타이) 일タイ 영typhoon

풀이 태풍.
〔颱風 태풍〕 북태평양 남서부에서 발생하여 아시아 대륙 동부로 불어오는, 폭풍우를 동반한 매우 센 바람.

11 飄 *1 회오리바람 표 | 간 飘
20

㊥piāo(피아오) ㊐ヒョウ ㊎whirlwind
풀이 ①회오리바람. ②질풍(疾風). ③나부끼다. ④방황하다. 떠돌다. ⑤떨어지다.
〔飄泊 표박〕 정처 없이 떠돌아다님.
〔飄然 표연〕 ①가볍게 나부끼는 모양. ②거침 없이 나타나거나 떠나는 모양.
〔飄飄 표표〕 ①가볍게 나부끼거나 날아오르는 모양. ②정처 없이 떠돌아다니는 모양.
〔飄風 표풍〕 회오리바람.

12 飇 * 폭풍 표 | 간 飙
21

㊥biāo(뻬아오) ㊐ヒョウ ㊎storm
풀이 ①폭풍. ②회오리바람.

飛部 날비

0 飛 ☆*4-II 날 비 | 간 飞
9

㊥fēi(°페이) ㊐ヒ/とぶ ㊎fly
전 자원 **상형자.** 소전의 중심선은 새의 몸체, 위는 새의 머리, 아래는 양쪽으로 편 날개를 나타낸 것으로, 새가 날갯짓하며 날아오르는 모습을 그린 자임. 본뜻은 '날다'.
한자 부수의 하나.
풀이 ①날다. ②소문이 떠돌다. 날리다. 빨리 닿게 함. ③높다. 지붕 따위가 높이 솟은 모양. 빠르다. ④빨리 달리는 말.
〔飛閣 비각〕 ①높은 누각. ②높게 걸친 다리.
〔飛騰 비등〕 높이 날아오름.
〔飛沫 비말〕 날아 흩어지거나 튀어 오르는 물방울.
〔飛報 비보〕 급한 소식이나 보고. 急報(급보).
〔飛散 비산〕 날아서 흩어짐.
〔飛上 비상〕 날아오름.
〔飛翔 비상〕 새 따위가 하늘을 낢.
〔飛躍 비약〕 ①높이 뛰어오름. ②급속히 진보함. ③논리나 사고방식 등이 순서나 단계를 밟지 않고 뛰어넘음.
〔飛語 비어〕 근거 없이 떠도는 말. 뜬소문.
〔飛行 비행〕 공중을 날아다님.
〔飛虎 비호〕 나는 듯이 달리는 범.
〔飛火 비화〕 ①튀어 박히는 불똥. ②어떤 일이 다른 큰일로 발전함.
◢雄飛(웅비)

12 飜 ★*3 뒤칠 번
21

㊥fān(°판) ㊐ハン ㊎turn
자원 **형성자.** 飛(비)는 의미를 나타내고 番(번)은 음을 나타냄.
풀이 ①뒤치다. 엎어짐. ②날다. ③번역하다. ㉠翻. ④넘치다. 물이 너무 넘쳐 거슬러 흐름.
〔飜刻 번각〕 한 번 새긴 책판을 본보기로 삼아 다시 새김.
〔飜覆 번복〕 이미 한 말이나 결정 등을 뒤집어서 바꿈. 翻覆(번복).
〔飜案 번안〕 남의 문학 작품을 그 생각과 줄거리는 바꾸지 않고 표현 방식만을 달리하여 고쳐 지음.
〔飜譯 번역〕 어떤 나라의 글을 다른 나라의 언어로 바꿔 옮김. 翻譯(번역).
〔飜意 번의〕 먹었던 마음을 도로 뒤집음. 翻意(번의).

食部 밥식 食 飠

0 食 ☆*7 1밥 식☆*7 2밥 사 3사람 이름 이
9

㊥shí(°스), sì(쓰)
㊐ショク, シ, イ/たべる ㊎boiled rice
갑 금 전 자원 **회의자.** 갑골문의 맨 위는 그릇 뚜껑, 맨 아래는 그릇, 그릇 위는 수북하게 담긴 음식(혹은 밥), 음식 옆의 두 점은 피어오르는 김을 나타냄. 본뜻은 '음식'.
한자 부수의 하나. 변으로 쓰일 때에는 '飠'의 꼴로 바뀜.
풀이 1①밥. 음식. ②먹다. ③마시다. ④식사. ⑤녹(祿). ⑥일식. 월식. 2①밥. ②양식(糧食). ③먹이다. 기름. 3사람 이름.
〔食客 식객〕 ①예전에, 권력 있는 사람의 집에 드나들며 밥도 얻어먹고 일도 봐 주다가 벼슬을 얻곤 하던 사람. ②하는 일 없이 남의 집에 묵으면서 밥만 얻어먹으며 사는 사람.
〔食口 식구〕 한집에서 끼니를 함께하며 사는 사람.
〔食器 식기〕 음식을 담는 그릇.
〔食單 식단〕 일정한 기간에 먹을 음식의 종류와 순서를 짜 놓은 계획표. 차

9획

림표. 메뉴.
〔食堂 식당〕 ①식사할 수 있는 시설을 갖춘 방. ②음식을 만들어 파는 가게.
〔食代 식대〕 음식을 먹고 치르는 돈.
〔食道 식도〕 음식물을 입에서 위로 보내 주는 통로가 되는 소화 기관.
〔食道樂 식도락〕 맛있는 음식을 두루 찾아 먹는 것을 즐거움으로 삼는 일.
〔食糧 식량〕 사람이 살아가기 위해 필요한 먹거리.
〔食料品 식료품〕 음식의 재료가 되는 물건.
〔食母 식모〕 남의 집에 고용되어 주로 부엌일을 맡아 하는 여자. 현재는 '가정부'로 불림.
〔食福 식복〕 먹을 복.
〔食費 식비〕 음식을 먹는 데 드는 비용.
〔食事 식사〕 끼니로 음식을 먹는 일.
〔食傷 식상〕 ①같은 것만을 오래 먹거나 대하여 싫증이 남. ②음식물의 중독이나 과식으로 인한 배앓이.
〔食性 식성〕 음식에 대하여 좋아하거나 싫어하는 성미.
〔食率 식솔〕 한 집안에 딸린 식구. 家率(가솔).
〔食水 식수〕 먹는 물.
〔食言 식언〕 《한 번 입 밖에 낸 말을 도로 입 속에 넣는다는 뜻으로》 약속한 말을 지키지 않음. 虛言(허언).
〔食鹽 식염〕 먹는 소금.
〔食慾 식욕〕 음식을 먹고 싶어 하는 욕망. 밥맛. 食念(식념).
〔食用 식용〕 먹을 것으로 씀. 또는, 그런 물건.
〔食肉 식육〕 음식으로 먹는 고기.
〔食飮 식음〕 먹고 마심.
〔食邑 식읍〕 고대 중국에서, 공신(功臣) 등에게 논공행상(論功行賞)으로 준 영지(領地). 食封(식봉).
〔食餌 식이〕 먹고 마시는 것. ‖ 食餌療法(식이 요법).
〔食前 식전〕 ①밥 먹기 전. ↔食後(식후). ②이른 아침.
〔食指 식지〕 집게손가락. 검지.
〔食滯 식체〕 먹은 음식이 체함. 食傷(식상). 滯症(체증).
〔食醋 식초〕 조미료로 쓰는 초.
〔食貪 식탐〕 음식을 탐냄.
〔食品 식품〕 사람의 먹을거리가 되는 모든 것.
〔食醯 식혜〕 쌀밥에 엿기름 우린 물을 부어 삭힌 음료.
〔食後 식후〕 밥 먹은 뒤. ↔食前(식전).
◢間食(간식)/乞食(걸식)/缺食(결식)/穀食(곡식)/過食(과식)/禁食(금식)/斷食(단식)/無爲徒食(무위도식)/粉食(분식)/生食(생식)/小食(소식)/宿食(숙식)/試食(시식)/夜食(야식)/藥食(약식)/糧食(양식)/外食(외식)/飮食(음식)/朝食(조식)/主食(주식)/菜食(채식)/寢食(침식)/偏食(편식)/飽食(포식)/暴食(폭식)/寒食(한식)/會食(회식)

★✱3
2 11 **飢** 주릴 기 | [간] 饥 飢

[중]jī(찌) [일]キ/うえる [영]hunger
[자원] **형성자.** 食(식)은 의미를 나타내고 几(궤)는 음을 나타냄.
[풀이] ①주리다. 굶주림. [같]饑. ②흉년. 기근(飢饉). ③모자라다.
〔飢渴 기갈〕 배고프고 목마름.
〔飢饉 기근〕 흉년으로 양식이 모자라 굶주림. 饑饉(기근).
〔飢民 기민〕 굶주린 백성. 饑民(기민).
〔飢餓 기아〕 먹을 것이 없어 굶주림. 饑餓(기아).
〔飢寒 기한〕 굶주리고 추위에 떪. 饑寒(기한).
◢療飢(요기)/虛飢(허기)

✱
11 **飡** 飧(손)의 속자 →817쪽

3 12 **飧** ❶저녁밥 **손** ❷[한]벼슬 이름 **찬** | [속] 飡飱 飧

[중]sūn(쑨) [일]ソン
[풀이] ❶①저녁밥. ②밥. 간식(間食). ③말다. 밥을 물이나 국에 맒. 또는, 그 밥. ❷벼슬 이름. 신라 때의 벼슬. ‖ 伊伐飧(이벌찬).
〔飧泄 손설〕 먹은 음식이 소화되지 않고 그대로 배설됨. 또는, 그런 설사.

12 **湌** 餐(찬·손)과 동자 →820쪽

☆✱3-Ⅱ
4 13 **飯** 밥 **반** | [간] 饭 飯

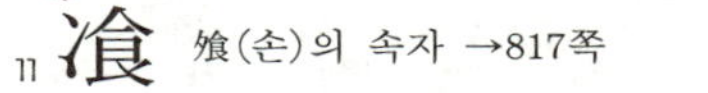

[중]fàn(°판) [일]ハン/めし [영]boiled rice
[자원] **형성자.** 食(식)은 의미를 나타내고 反(반)은 음을 나타냄.
[풀이] ①밥. 밥을 먹음. ②먹이다. 기름.
〔飯囊 반낭〕 ①밥을 담는 주머니. ②하는 일 없이 밥이나 축내는 쓸모없는 사람을 비웃는 말.
〔飯床器 반상기〕 격식을 갖춘 밥상을 차리는 데에 필요한 한 벌의 그릇.
〔飯店 반점〕 중국 음식을 파는 대중적인 음식점.
〔飯酒 반주〕 밥에 곁들여 마시는 술.
〔飯饌 반찬〕 식사 때 밥과 함께 먹는 음식.
〔飯盒 반합〕 밥을 지을 수 있게 알루미

늪으로 만든 밥그릇. 군대용·등산용으로 쓰임.
◢麥飯(맥반)/米飯(미반)/白飯(백반)/夕飯(석반)/素飯(소반)/十匙一飯(십시일반)/溫飯(온반)/殘飯(잔반)/朝飯(조반)/湯飯(탕반)/恒茶飯(항다반)

13 飧 飧(손·찬)의 속자 →817쪽

4 13 飫 포식할 어 | 간 饫 飫

㊥yù(위) ㊐ヨ
풀이 ①포식하다. 실컷 먹음. ②편안히 먹다. 편안한 식사. ③주다. 하사함.
〔飫聞 어문〕 싫증이 나도록 들음.

☆*6
4 13 飮 마실 음 | 간 饮 飮

ㅅ ㅅ 今 令 今 食 食 飮 飮

㊥yǐn(인) ㊐イン/のむ ㊢drink
갑 금 자원 회의자. 갑골문의 왼쪽 아래는 술동이, 오른쪽은 사람이 혀를 내민 입을 술동이에 갖다 대는 모습을 나타냄. 본뜻은 '술을 마시다'이나 뒷날 술동이〔酉〕가 음식〔食〕으로 바뀌면서 '마시다'로 뜻이 넓어짐.
풀이 ①마시다. ②주연(酒宴). ③음료(飮料). ④붓다. 잔에 따름. ⑤마시게 하다.
〔飮毒 음독〕 독약을 먹음.
〔飮料 음료〕 마시는 것의 총칭.
〔飮料水 음료수〕 갈증을 풀거나 맛을 즐기기 위하여 마시는 액체.
〔飮福 음복〕 제사를 지낸 뒤 제사에 썼던 술이나 음식을 나누어 먹음.
〔飮食 음식〕 사람이 먹을 수 있게 만든 것.
〔飮食物 음식물〕 사람이 먹고 마시는, 음식으로서 만들어진 물질.
〔飮酒 음주〕 술을 마심.
◢過飮(과음)/狂飮(광음)/米飮(미음)/試飮(시음)/食飮(식음)/暴飮(폭음)

*
4 13 飭 신칙할 칙 | 간 饬 飭

㊥chì(°츠) ㊐チョク ㊢admonish
풀이 ①신칙하다. 훈계함. ②삼가다. 조심하는 모양. ③갖추다. 정비함. ④다스리다. ⑤바루다.
◢申飭(신칙)

*2
5 14 飼 먹일 사 | 간 饲 飼

㊥sì(쓰) ㊐シ/かう ㊢feed
풀이 먹이다.
〔飼料 사료〕 가축의 먹이.
〔飼育 사육〕 짐승을 기름.
◢放飼(방사)

★*3-Ⅱ
5 14 飾 꾸밀 식 | 간 饰 飾

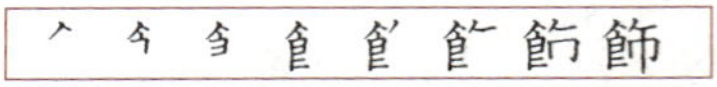

ㅅ ㅅ 今 令 食 食 飠 飾 飾

㊥shì(°쓰) ㊐ショク/かざる ㊢adorn
자원 형성자. 人(사람 인)과 巾(수건 건)은 의미를 나타내고 食(식)은 음을 나타냄. 飾은 본래 '깨끗이 닦다'의 뜻이 있음.
풀이 ①꾸미다. ②꾸밈. 장식. ③나타내다. 나타남.
◢假飾(가식)/文飾(문식)/服飾(복식)/粉飾(분식)/修飾(수식)/外飾(외식)/裝飾(장식)/虛飾(허식)

*
5 14 飴 ❶엿 이* ❷먹이 사 | 간 饴 飴

㊥yí(이), sì(쓰) ㊐イ, シ/あめ
풀이 ❶①엿. 물엿. ②달다. 단맛. ③좋은 음식. ❷①먹이. 양식. ②먹이다. 기름.
〔飴糖 이당〕 엿.

★*3
5 14 飽 배부를 포 | 간 饱 飽

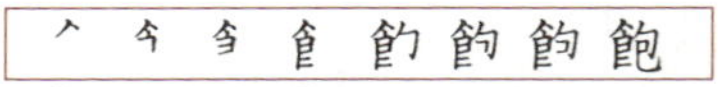

ㅅ ㅅ 今 食 飠 飣 飽 飽

㊥bǎo(바오) ㊐ホウ/あきる
자원 형성자. 食(식)은 의미를 나타내고 包(포)는 음을 나타냄.
풀이 ①배부르다. 물림. ②가득 차다. 만족함. ③물리게 하다. ④실컷. 배불리.
〔飽滿感 포만감〕 많이 먹어서 배가 부르고 만족한 느낌.
〔飽食 포식〕 배부르게 먹음.
〔飽食暖衣 포식난의〕《배부르게 먹고 따뜻하게 입는다는 뜻으로》 의식(衣食)이 넉넉하게 지냄.
〔飽和 포화〕 최대 한도까지 가득 차 있는 상태.

*
6 15 餃 엿 교 | 간 饺

㊥jiǎo(지아오) ㊐キョウ
풀이 ①엿. ②경단.

6 15 餅 떡 병 | 본 餠 간 饼 餅

㊥bǐng(빙) ㊐ヘイ/もち
㊢rice cake

9획

풀이 ①떡. ‖ 餠果(병과). ②먹다. ③떡처럼 얇고 편편한 것. ‖ 餠金(병금).
◢月餠(월병)/煎餠(전병)/畫中之餠(화중지병)

☆*5
6
15 養 기를 양 | 간 养 養

丷 䒑 兰 关 美 羔 養 養

중yǎng(양) 일ヨウ/やしなう 영raise
갑 금 전 자원 회의자. 갑골문·금문은 막대기를 손에 쥐고 양을 치는 모습을 나타냄. 소전에 이르러 막대기를 손에 든 모습이 食(식)으로 바뀜.
풀이 ①기르다. ②가르치다. ③다스리다. 치료함. ④양육. ⑤부양하다. ⑥숨기다. ⑦봉양하다. 받들어 모심.
〔養鷄 양계〕 닭을 기름.
〔養女 양녀〕 입양하여 자식으로 삼은 딸. 수양딸.
〔養豚 양돈〕 돼지를 기름.
〔養老 양로〕 노인을 돌보아 편안히 지내게 함. ‖ 養老院(양로원).
〔養母 양모〕 낳지는 않았으나 키워 준 어머니. 양어머니. 수양어머니. 義母(의모).
〔養兵 양병〕 군사를 양성함.
〔養病 양병〕 ①병을 고침. ②병을 심하게 만듦.
〔養蜂 양봉〕 꿀벌을 침.
〔養父 양부〕 낳지는 않았으나 키워 준 아버지. 양아버지. 수양아버지. 義父(의부).
〔養父母 양부모〕 입양된 집의 아버지와 어머니.
〔養分 양분〕 영양이 되는 성분. 營養分(영양분).
〔養生 양생〕 장수하도록 건강 증진에 힘씀. 攝生(섭생).
〔養成 양성〕 능력을 길러 냄.
〔養殖 양식〕 물고기·해조(海藻) 등을 인공적으로 길러서 번식시킴.
〔養魚 양어〕 물고기를 기름.
〔養育 양육〕 잘 자라도록 기름.
〔養子 양자〕 양아들.
〔養蠶 양잠〕 누에를 침.
〔養親 양친〕 ①길러 준 부모. ②양자로 간 집의 부모.
〔養護 양호〕 학교에서 학생의 건강이나 위생에 대하여 돌보아 줌.
〔養虎遺患 양호유환〕《범을 길러 후환을 남긴다는 뜻으로》 화근을 없애지 않아 뒷날 화를 입음.
◢供養(공양)/敎養(교양)/牧養(목양)/培養(배양)/保養(보양)/奉養(봉양)/扶養(부양)/素養(소양)/率養(솔양)/修養(수양)/營養(영양)/療養(요양)/入養(입양)/滋養(자양)/靜養(정양)/罷養(파양)/涵養(함양)/休養(휴양)

1
6
15 餌 먹이 이 | 간 饵 餌

중ěr(얼) 일ジ/えさ 영feed
풀이 ①먹이. 모이. ②먹다. ③미끼를 던지다. ④즐겁게 하다. ⑤경단(瓊團).
〔餌藥 이약〕 '보약'을 한방에서 이르는 말.
◢食餌(식이)/好餌(호이)

*
6
15 餉 건량 향 본상 | 간 饷 餉

중xiǎng(시앙) 일ショウ/かれいい
풀이 ①건량(乾糧). 도시락. ②군량(軍糧). ③식경(食頃). 밥 한 끼 먹을 정도의 짧은 시간. ④보내다. 음식이나 물건을 보냄.
〔餉穀 향곡〕 예전에, 군량으로 쓰던 곡식.
〔餉饋 향궤〕 군사가 먹을 식량. 軍糧(군량).

7
16 餒 주릴 뇌 | 간 馁 餒

중něi(네이) 일ダイ 영starve
풀이 ①주리다. ②굶주림. ③썩다. 생선·고기 등이 상하다.

★*3
7
16 餓 주릴 아 | 간 饿 餓

𠂉 𠆢 今 𩙿 𩛁 𩛂 餓 餓

중è(어) 일ガ/うえる 영starve
자원 형성자. 食(식)은 의미를 나타내고 我(아)는 음을 나타냄.
풀이 주리다. 몹시 굶주림.
〔餓鬼 아귀〕 ①전생에 지은 죄로 배가 고파 괴로워하는 무서운 귀신. ②염치없이 먹을 것이나 탐내는 사람.
〔餓死 아사〕 굶어 죽음. 饑死(기사).
◢飢餓(기아)

☆*4-II
7
16 餘 남을 여 | 속간 余 餘

𠂉 𠆢 今 𩙿 𩛁 𩛂 餘 餘

중yú(위) 일ヨ/あまる 영remain
자원 형성자. 食(식)은 의미를 나타내고 余(여)는 음을 나타냄.
풀이 ①남다. 넉넉함. ②나머지. ③딴 일. 그 밖의 것. ④남기다.
〔餘暇 여가〕 일이 없어 한가로운 시간. 겨를. 틈.
〔餘技 여기〕 전문 이외의 기예(技藝).
〔餘念 여념〕 딴 생각. 他念(타념).

〔餘談 여담〕 이야기하는 본줄기에서 벗어난 다른 이야기.
〔餘力 여력〕 어떤 일에 주력하고 아직 남아 있는 힘.
〔餘命 여명〕 남은 목숨.
〔餘白 여백〕 글씨를 쓰거나 그림을 그리고 남은 빈 자리.
〔餘分 여분〕 필요량 이외의 남는 분량. 나머지.
〔餘生 여생〕 앞으로 남은 삶. 餘年(여년). 餘齡(여령).
〔餘勢 여세〕 어떤 일을 겪은 다음의 나머지 기세.
〔餘韻 여운〕 ①소리가 그친 뒤에도 남아 있는 울림. 餘音(여음). ②뒤에 남는 운치.
〔餘裕 여유〕 ①넉넉하고 남음이 있음. ②느긋하고 대범함.
〔餘滴 여적〕 ①그림을 그리거나 글씨를 쓰고 남은 먹물. ②어떤 기록에서 빠진 나머지 사실의 기록. 餘錄(여록).
〔餘罪 여죄〕 주가 되는 죄 이외의 다른 죄.
〔餘地 여지〕 ①남은 땅. ②어떤 일을 하거나 어떤 일이 일어날 가능성이나 희망.
〔餘震 여진〕 큰 지진에 이어 일어나는 작은 지진.
〔餘蓄 여축〕 쓰고 남은 물건을 모아 둠. 또는, 그 물건.
〔餘他 여타〕 그 밖의 다른 것.
〔餘波 여파〕 ①큰 물결이 지나간 뒤에 일어나는 잔물결. ②어떤 일이 일어난 뒤에 그로 인해 미치는 영향.
〔餘恨 여한〕 풀지 못하고 남은 원한.
〔餘興 여흥〕 모임이 끝난 뒤에 흥을 돋우기 위해 곁들이는 연예나 오락.
◢月餘(월여)/剩餘(잉여)/殘餘(잔여)

*2
7 16 **餐** ❶먹을 찬 *2 ❷밥 말 손 | 통 湌 餐

중cān(찬), sūn(순) 일サン, ソン 영eat
풀이 ❶①먹다. 마심. ②음식. ③점심. ❷①밥을 물에 말다. ②저녁밥.
◢晩餐(만찬)/尸位素餐(시위소찬)/午餐(오찬)/朝餐(조찬)

★*3-Ⅱ
8 17 **館** 객사 관 | 갖 舘 간 馆 館

중guǎn(구안) 일カン/やかた 영lodge
자원 **형성자.** 食(식)은 의미를 나타내고 官(관)은 음을 나타냄.
풀이 ①객사. ②큰 건물. 관공서나 학교 등 사람이 상주하지 않는 건물. ③객사에서 묵다. 유숙함.
〔館舍 관사〕 예전에, 외국 사신이나 다른 곳에서 온 벼슬아치를 묵게 하던 숙소. 客舍(객사).
〔館員 관원〕 '관(館)' 자가 붙은 기관에서 일하는 사람.
〔館長 관장〕 '관(館)' 자가 붙은 기관의 책임자.
◢開館(개관)/公館(공관)/記念館(기념관)/大使館(대사관)/圖書館(도서관)/美術館(미술관)/博物館(박물관)/別館(별관)/本館(본관)/新官(신관)/旅館(여관)/映畫館(영화관)/閉館(폐관)/廢館(폐관)/會館(회관)/休館(휴관)

*1
17 **餠** 餠(병)의 본자 →818쪽

*1
8 17 **餞** 전별할 전 | 간 饯 餞

중jiàn(찌엔) 일セン 영send off
풀이 ①전별하다. ②송별연(送別宴). 송별 예물. ③보내다.
〔餞別 전별〕 잔치를 베풀어 작별함.
〔餞送 전송〕 서운하여 잔치를 베풀고 작별하여 보냄. 祖送(조송).

*1
11 20 **饉** 흉년 들 근 | 간 馑 饉

중jǐn(진) 일キン/うえる
풀이 흉년이 들다.
◢飢饉(기근)

*1
11 20 **饅** 만두 만 | 간 馒 饅

중mán(만) 일マン 영dumpling
풀이 만두. 음식 이름.
〔饅頭 만두〕 밀가루를 반죽하여 소를 넣고 빚은 음식.

*
12 21 **饋** 먹일 궤 | 간 馈 饋

중kuì(쿠에이) 일キ/すすめる
풀이 ①먹이다. 음식을 대접함. 호궤(犒饋)함. ②보내다. 음식이나 물건을 보냄. ③권하다. ④음식.
〔饋遺 궤유〕 물건을 보냄.
〔饋恤 궤휼〕 가난한 사람에게 물건을 보내 구제함.
◢犒饋(호궤)

*
12 21 **饑** 주릴 기 | 간 饥 饑

중jī(찌) 일キ/うえる 영starve
풀이 ①주리다. 굶주림. 같飢. ②흉년. 흉년이 듦.
〔饑饉 기근〕 흉년으로 양식이 모자라

9획

굶주림. 飢饉(기근).
〔饑餓 기아〕 먹을 것이 없어 굶주림. 飢餓(기아).
〔饑寒 기한〕 굶주리고 추위에 떪. 飢寒(기한).

21 **饍** * 膳(선)과 동자 →625쪽

12 21 **饒** *1 넉넉할 **요** | 간 饶 饒

㊥ráo(°라오) ㊐ジョウ/ゆたか ㊍abundant

풀이 ①넉넉하다. ②너그럽다. 관대함. ③두텁다. 후함. ④기름지다. 비옥함. ⑤풍요. 부유함.
〔饒富 요부〕 넉넉한 살림.
〔饒舌 요설〕 쓸데없이 말을 많이 함.
◢富饒(부요)/豐饒(풍요)

12 21 **饌** *1 반찬 **찬** | 간 馔 饌

㊥zhuàn(°쭈안) ㊐セン/そなえもの ㊍side dish

풀이 ①반찬. ②차리다. 음식을 차림. ③음식.
〔饌具 찬구〕 ①찬그릇. ②밥상을 차림.
〔饌母 찬모〕 남의 집에 고용되어 반찬 따위를 만드는 여자. ※針母(침모).
〔饌房 찬방〕 반찬을 만들거나 반찬거리를 두는 방.
〔饌欌 찬장〕 음식이나 그릇 등을 넣어 두는 장.
〔饌盒 찬합〕 반찬이나 술안주 등을 담는, 여러 층으로 된 그릇.
◢飯饌(반찬)/別饌(별찬)/歲饌(세찬)/素饌(소찬)/珍羞盛饌(진수성찬)

13 22 **饔** * 아침밥 **옹**

㊥yōng(융) ㊐ヨウ/あさめし ㊍breakfast

풀이 ①아침밥. ②조리하다.

13 22 **饗** *1 ❶대접할 **향** ❷흠향할 **향** | 간 飨 饗

㊥xiǎng(시앙) ㊐キョウ/もてなす ㊍treat

풀이 ❶①대접하다. 주식(酒食)을 차려 대접함. ②잔치하다. 연회함. ③제사 지내다. ④향식하는 예(禮). ❷흠향하다. 신이 제사 음식을 받음.
〔饗宴 향연〕 융숭하게 베푸는 잔치.
〔饗應 향응〕 음식을 차려 융숭하게 대접함. 또는, 그 대접.
◢歆饗(흠향)

首部 머리수

0 9 **首** ☆*5 머리 **수** | 首

丷 䒑 䒑 产 自 首 首 首

㊥shǒu(°서우) ㊐シュ/くび ㊍head

갑 금 전 자원 **상형자.** 갑골문은 짐승의 대가리를 그린 자이고, 금문은 눈과 뿔로 짐승의 대가리를 나타낸 자였으나, 소전에 이르러 머리털이 나 있는 얼굴 모습으로 바뀜.
한자 부수의 하나.

풀이 ①머리. ②첫머리. ③우두머리. ④칼자루. 칼의 손잡이. ⑤단위. 시가(詩歌) 문장을 세는 말.
〔首功 수공〕 싸움에서 적장의 목을 벤 공훈.
〔首魁 수괴〕 나쁜 짓을 하는 무리의 우두머리. 괴수(魁首).
〔首丘 수구〕 ➡首丘初心(수구초심).
〔首丘初心 수구초심〕 《여우가 죽을 때에 머리를 자기가 살던 굴 쪽으로 향한다는 뜻으로》 고향을 그리워하는 마음. 首丘(수구).
〔首級 수급〕 ①으뜸가는 급. ②전쟁에서 베어 얻은 적군의 머리.
〔首肯 수긍〕 옳다고 인정함.
〔首腦 수뇌〕 어떤 조직·단체·기관에서 가장 중요한 자리에 있는 사람. 우두머리.
〔首都 수도〕 한 나라의 중앙 정부가 있는 도시. 서울. 首府(수부).
〔首領 수령〕 한 당파나 무리의 우두머리.
〔首尾相應 수미상응〕 ①서로 응하여 도와줌. ②양쪽 끝이 서로 통함.
〔首班 수반〕 어떤 조직이나 기관에서 지위가 첫 번째인 사람. 우두머리.
〔首相 수상〕 내각(內閣)의 최고 책임자.
〔首鼠兩端 수서양단〕 《'구멍에서 머리만 내밀고 좌우를 살피는 쥐'라는 뜻으로》 어찌할 바를 몰라 진로나 거취를 결정짓지 못하는 상태.
〔首席 수석〕 ①직위나 지위에서 제일 윗자리. ②시험에서 가장 좋은 성적을 얻은 사람. ↔末席(말석).
〔首歲 수세〕 그 해의 처음. 歲首(세수).
〔首惡 수악〕 악한 무리 가운데의 우두머리. 원흉(元兇).
〔首位 수위〕 첫째가는 자리.
〔首長 수장〕 어떤 기관이나 단체를 지배하고 통솔하는 사람.
〔首弟子 수제자〕 여러 제자 가운데 가장 뛰어난 제자.
〔首勳 수훈〕 첫째가는 큰 공훈.

◢魁首(괴수)/絞首(교수)/機首(기수)/黨首(당수)/部首(부수)/匕首(비수)/船首(선수)/元首(원수)/自首(자수)/斬首(참수)/梟首(효수)

8 馘 [1]벨 괵 [2]낯 혁
17

[중]guó(구어), xù(쒸)
[일]カク, ケキ/みみきる, かお
[풀이] ①베다. ②낯.
〔馘首 괵수〕 머리를 벰.

香部 향기향

☆*4-Ⅱ
0 香 향기 향
9

丿 二 千 禾 禾 秊 香 香

[중]xiāng(씨앙) [일]コウ/かおり
[영]fragrance
[갑]  [자원] **회의자.** 갑골문의 윗부분은 '벼'의 상형인 禾(화)이고, 아랫부분은 '발 없는 솥'의 상형이며, 禾 옆의 몇 개의 점은 증기(蒸氣)를 나타낸 것으로, 솥에서 갓 지어 낸(또는 익어 가는) 밥의 냄새가 풍기는 모습을 나타냄.
✎한자 부수의 하나.
[풀이] ①향기. 향내. ②향기롭다. 향기가 남. ③향. ④아름다움. 소리·모양·빛깔·맛 등의 좋은 것.
〔香氣 향기〕 꽃·향 등에서 나는 좋은 냄새. 향내.
〔香囊 향낭〕 ①사향노루의 사향주머니. ②향을 넣어 몸에 차는 주머니.
〔香爐 향로〕 향을 피우는 작은 화로.
〔香味 향미〕 음식물의 향기로운 맛.
〔香水 향수〕 향기로운 냄새가 나는 화장품의 한 가지.
〔香辛料 향신료〕 음식물에 매운맛이나 향기를 풍기게 하는 조미료(調味料). 고추·후추·마늘·파 따위.
〔香煙 향연〕 ①향이 타며 나는 연기. ②➡香草(향초)②.
〔香油 향유〕 향기가 나는 기름.
〔香草 향초〕 ①향기가 나는 풀. 芳草(방초). ②향기로운 담배. 香煙(향연).
〔香燭 향촉〕 제사나 불공(佛供) 때 쓰는 향과 초.
〔香火 향화〕 ①향불. ②《향을 피운다는 뜻으로》 '제사(祭祀)'의 이칭.
〔香薰 향훈〕 좋은 향기.
◢蘭香(난향)/抹香(말향)/墨香(묵향)/芳香(방향)/焚香(분향)/麝香(사향)/線香(선향)/安息香(안식향)/暗香(암향)/餘香(여향)/薰香(훈향)

9획

*
4 馜 향기 별
13

[중]bié(비에) [일]ヘチ [영]fragrance

*
5 馝 향내 날 필
14

[중]bì(삐) [일]ヒツ [영]fragrant
[풀이] 향내가 나다.

*
7 馟 향기로울 도
16

[중]tú(투) [일]ト
[풀이] 향기롭다.

*2
9 馥 향기 복
18

[중]fù(°푸) [일]フク/かおり [영]fragrance
[풀이] ①향기. ②향기가 나다. ③향.
〔馥郁 복욱〕 향기가 자욱한 모양.

*2
11 馨 향기 형
20

[중]xīn(씬) [일]ケイ/かおり [영]fragrance
[풀이] ①향기. ②향기가 나다.
〔馨香 형향〕 꽃다운 향기. 芳香(방향).

馬部 말마

☆*5
0 馬 말 마 [간]马
10

丨 厂 ⺆ 甲 馬 馬 馬 馬

[중]mǎ(마) [일]バ/うま [영]horse
[갑] 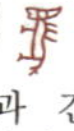 [전]  [자원] **상형자.** 갑골문에서 보듯, 길쭉한 얼굴과 긴 갈기를 특징으로 하는 말의 모습을 본뜬 자.
✎한자 부수의 하나.
[풀이] ①말. ②산가지. 투호(投壺)할 때 득점을 세는 물건. ③크다. 큰 것의 비유.
〔馬脚 마각〕 ①말의 다리. ②'숨기고 있던 일이나 본성'의 비유.
〔馬具 마구〕 말을 부리는 데에 쓰는 기구.
〔馬力 마력〕 동력이나 일률을 나타내는 단위.
〔馬夫 마부〕 말을 부려 마차나 수레를 모는 사람.
〔馬上才 마상재〕 조선 시대에, 무예 이

십사반 가운데 달리는 말 위에서 부리는 무예. 馬藝(마예).
〔馬術 마술〕 말을 타고 부리는 기술.
〔馬耳東風 마이동풍〕《말 귀에 동풍이 불어도 아랑곳하지 않는다는 뜻으로》 남의 말을 귀담아듣지 않고 지나쳐 흘려 버림. ※牛耳讀經(우이독경).
〔馬賊 마적〕 예전에, 말을 타고 떼 지어 다니며 노략질하던 도둑의 무리.
〔馬牌 마패〕 조선 시대에, 관리가 공무로 지방에 갈 때 역마를 거저 탈 수 있는 권한을 증명하던 둥근 패.
◪車馬(거마)/競馬(경마)/曲馬(곡마)/軍馬(군마)/騎馬(기마)/落馬(낙마)/南船北馬(남선북마)/大馬(대마)/名馬(명마)/木馬(목마)/白馬(백마)/兵馬(병마)/乘馬(승마)/野生馬(야생마)/人馬(인마)/赤兎馬(적토마)/種馬(종마)/竹馬(죽마)/駿馬(준마)/千軍萬馬(천군만마)/千里馬(천리마)/匹馬(필마)

2 12 **馮** *2 ❶업신여길 **빙**2 ❷성 **풍** *2 | 간 冯 馮
㊥píng(핑), féng(°펑)
㊐ヒョウ/しのぐ ㊎insult
풀이 ❶①업신여기다. 능멸(凌蔑)함. ②기대다. 의지함. ③걸어서 건너다. 도섭(徒涉)함. ④성내다. 진노함. ❷성(姓).
〔馮河 빙하〕《황허 강을 걸어서 건넌다는 뜻으로》 무모한 용기.

2 12 **馭** * 말 부릴 **어** | 간 驭 馭
㊥yù(위) ㊐ギョ
풀이 ①말을 부리다. 말을 몲. ②마부(馬夫). 말을 부리는 종. ③탈것. 수레. ④이끌다. 통솔함.
〔馭車 어거〕 우마차를 몲.
〔馭馬 어마〕 말을 부림.
〔馭者 어자〕 ①마차를 부리는 사람. ②사람이 탄 말을 부리는 사람. 馬夫(마부). 御者(어자).

3 13 **馴** *1 길들 **순** | 간 驯 馴
㊥xùn(쒼) ㊐ジュン/なれる ㊎tame
풀이 ①길들다. 새·짐승이 시키는 대로 함. ②길들이다. ③좋다. 올바름.
〔馴良 순량〕 짐승이 길이 들어 온순함.
〔馴鹿 순록〕 시베리아산(産) 사슴의 하나. 암수 모두 뿔이 있음.
〔馴服 순복〕 길이 들어서 잘 따르고 복종함.
〔馴致 순치〕 ①짐승을 길들임. ②목적한 상태로 차차 이르게 함.

3 13 **馳** *1 달릴 **치** | 간 驰 馳
㊥chí(°츠) ㊐チ/はしる ㊎run
풀이 ①달리다. ②향하다. ③전해지다. 전파됨. ④뒤쫓다.
〔馳驅 치구〕 ①말이나 수레를 타고 달림. ②몹시 바삐 돌아다님.
〔馳突 치돌〕 세차게 돌진함.
◪背馳(배치)/相馳(상치)

3 13 **馱** * 짐 실을 **태** 본**타** | 속 駄 간 驮 馱
㊥duò(뚜어) ㊐タ/のせる ㊎load
풀이 ①짐을 싣다. 마소에 짐을 실음. ②짐. 마소의 등에 싣거나 사람이 지는 물건. 같佗. ③바리. 마소의 등에 가득 실은 짐을 세는 단위.
〔馱價 태가〕 짐을 실어 날라 준 삯.
〔馱作 태작〕 보잘것없는 작품. 拙作(졸작)

14 **駆** 驅(구)의 속자 →825쪽

4 14 **駁** *1 얼룩말 **박** | 간 驳 駁
㊥bó(보) ㊐バク/まだらうま
㊎spotted horse
풀이 ①얼룩말. ②섞이다. 잡것이 섞임. ③어긋나다. 그릇됨. ④논박하다. 반박함.
〔駁論 박론〕 글이나 말의 잘못된 점을 따져 비평함. 論駁(논박).
〔駁文 박문〕 논박하는 글.
〔駁雜 박잡〕 여러 가지가 뒤섞여 잡됨.
◪論駁(논박)/面駁(면박)/反駁(반박)/痛駁(통박)

14 **駅** 驛(역)의 약자 →826쪽

4 14 **馹** * 역말 **일** | 간 驲 馹
㊥rì(°르) ㊐ジツ/つぎうま
㊎post horse
풀이 역말. 역마(驛馬). 역참(驛站)에 둔 말.

14 **駄** 馱(태)의 속자 →823쪽

5 15 **駕** *1 멍에 **가** | 간 驾 駕
㊥jià(찌아) ㊐ガ ㊎yoke
풀이 ①멍에. 수레에 말을 메움. ②탈것.

거마(車馬). ③임금의 수레. 또는, 임금. ④타다. 탈것에 오름. ⑤능가하다.
〔駕御 가어〕 ①말을 잘 부림. ②사람을 마음대로 부림.
◢凌駕(능가)/御駕(어가)

*1
5 15 **駒** 망아지 **구** | 간 驹 駒

중jū(쥐) 일ク/こま 영foal
풀이 ①망아지. ②젊은이.
〔駒隙 구극〕《흰 망아지가 빨리 달리는 것을 문틈으로 본다는 뜻으로》 인생이나 세월이 덧없이 짧음. 白駒過隙(백구과극).
◢千里駒(천리구)

*1
5 15 **駑** 둔할 **노** | 간 驽 駑

중nú(누) 일ド 영dull
풀이 ①둔하다. 어리석고 느린 모양. ②둔하고 느린 말.
〔駑鈍 노둔〕 둔하고 어리석어 미련함.
〔駑馬 노마〕 느리고 둔한 말.

*1
5 15 **駙** 곁말 **부** | 간 驸 駙

중fù(°푸) 일フ 영spare horse
풀이 ①곁말. 부마(副馬). ②가깝다. 접근함.
〔駙馬 부마〕 임금의 사위.
〔駙馬都尉 부마도위〕《고대 중국에서 천자(天子)의 사위는 부마도위에 임명된 데서》 고구려·고려·조선 시대에 임금의 사위에게 주는 칭호.

*
5 15 **駟** 사마 **사** | 간 驷 駟

중sì(쓰) 일シ 영four-in-hand
풀이 ①사마. 한 수레에 메운 네 마리의 말. 또는, 그 수레. ②말 네 필.
〔駟馬 사마〕 네 마리가 끄는 수레. 또는, 그 네 마리의 말.

*2
5 15 **駐** 머무를 **주** | 간 驻 駐

중zhù(°쭈) 일チュウ/とどまる 영stay
자원 **형성자.** 馬(마)는 의미를 나타내고 主(주)는 음을 나타냄.
풀이 머무르다. 주둔하다.
〔駐屯 주둔〕 군대가 어떤 지역에 머무름. ‖駐屯軍(주둔군).
〔駐在 주재〕 ①머물러 있음. ②직무상 파견되어 일정한 곳에 머무름.
〔駐車 주차〕 차를 일정한 곳에 세워 둠.
〔駐箚 주차〕 외교 사절로서 외국에 머물러 있음.
◢常駐(상주)/停駐(정주)/進駐(진주)

*1
5 15 **駝** 낙타 **타** | 간 驼 駝

중tuó(투어) 일タ, ダ 영camel
풀이 ①낙타. ②타조(駝鳥). ③곱사등이. ④싣다. 가축에 짐을 실음. 같佗. ⑤경칭(敬稱). 중국에서, 부모를 부를 때 붙이는 조사.
〔駝背 타배〕 ①낙타의 등. ②곱사등이.
〔駝鳥 타조〕 타조과의 새.
◢駱駝(낙타)

*1
6 16 **駱** 낙타 **락** | 간 骆 駱

중luò(루어) 일ラク 영camel
풀이 ①낙타. ②가리온. 검은 갈기의 흰 말. ③종족 이름. ④이어지다. 잇닮. ⑤달리다.
〔駱駝 낙타〕 낙타과의 포유동물. 駱駞(낙타). 약대.

6 16 **駢** 나란히 할 **변·병** | 본 騈 간 骈 駢

중pián(피엔) 일ヘン, ベン, ヘイ
풀이 ①나란히 하다. 늘어섬. ②겹치다. 이어짐. ③합치다. ④땅 이름.
〔駢儷文 변려문〕 4자와 6자의 대구(對句)를 써서 음조를 살린 화려한 문체. 四六文(사륙문).

*1
6 16 **駭** 놀랄 **해** | 간 骇 駭

중hài(하이) 일ガイ/おどろく 영startle
풀이 ①놀라다. ②놀래다. 놀라게 함. ③어지러워지다.
〔駭怪 해괴〕 매우 괴이함.
◢震駭(진해)

*
7 17 **騁** 달릴 **빙** | 간 骋

중chěng(°청) 일テイ/はせる 영gallop
풀이 ①달리다. ②다하다.

*2
7 17 **駿** 준마 **준** | 간 骏 駿

중jùn(쥔) 일シュン 영swift horse
풀이 ①준마. ②뛰어나다. 뛰어난 사람. 같俊. ③빠르다. 재빠름. ④힘차다. 굳셈.
〔駿馬 준마〕 잘 달리는 좋은 말.
〔駿足 준족〕 ①발이 빠른 좋은 말. ②

빠르게 잘 달림. 또는, 그런 사람. ③뛰어난 인재의 비유. 俊才(준재).

★✻3-II
8 **騎** [1]말 탈 **기** [2]기병 **기** | [간]骑 騎
18

丨 ㄇ 馬 馬 馬大 馬夳 騎 騎

[중]qí(치) [일]キ/のる

[자원] **형성자.** 馬(마)는 의미를 나타내고 奇(기)는 음을 나타냄.

[풀이] [1]①말을 타다. ②걸터앉다. [2]①기병. ②기마(騎馬).

〔騎馬 기마〕 ①말을 탐. 乘馬(승마). ②타는 말. 乘用馬(승용마).

〔騎兵 기병〕 말 타고 싸우는 군사.

〔騎士 기사〕 ①말을 탄 무사(武士). ②중세 유럽에서, 봉건 영주에 속한 무사.

〔騎手 기수〕 경마 등에서 말을 타는 사람.

〔騎銃 기총〕 기병이 가지는 작은 총.

〔騎虎之勢 기호지세〕 《'호랑이를 타고 달리는 형세'라는 뜻으로》 이미 시작한 일을 중도에서 그만둘 수 없는 절박한 형세.

◢匹馬單騎(필마단기)

✻2
8 **騏** 털총이 **기** | [간]骐 騏
18

[중]qí(치) [일]キ

[풀이] ①털총이. 푸르고 검은 무늬가 장기판처럼 줄이 진 말. ②준마(駿馬). ③검푸른 빛. ④기린.

〔騏驥 기기〕 하루에 천 리를 달린다는 명마.

✻
18 **騈** 駢(변·병)의 본자 →824쪽

18 **験** 驗(험)의 속자 →827쪽

✻1
9 **騙** 속일 **편** | [간]骗 騙
19

[중]piàn(피엔) [일]ヘン/だまかす [영]cheat

[풀이] ①속이다. ②말을 타다. 말에 뛰어올라탐.

〔騙馬 편마〕 말을 타고 부리는 재주. 馬上才(마상재).

〔騙取 편취〕 남을 속여서 재물을 빼앗음. 詐取(사취).

✻
10 **騫** 이지러질 **건** | [간]骞 騫
20

[중]qiān(치엔) [일]ケン [영]wane

[풀이] ①이지러지다. ②틀리다. 어긋남. ③허물. 과실. ④말의 뱃병.

★✻3
10 **騰** 오를 **등** | [간]腾 騰
20

[중]téng(텅) [일]トウ/あがる [영]rise

[자원] **형성자.** 馬(마)는 의미를 나타내고 朕(짐)은 음을 나타냄.

[풀이] ①오르다. 올림. ②타다. 탈것에 오름. ③도약하다. ④넘다. ⑤수말이 발정(發情)하다.

〔騰貴 등귀〕 물건 값이 뛰어오름. 昂騰(앙등).

〔騰騰 등등〕 기세가 상대의 기를 누를 만큼 높음.

〔騰落 등락〕 물가가 오르고 내림.

◢急騰(급등)/反騰(반등)/沸騰(비등)/昂騰(앙등)/漸騰(점등)/暴騰(폭등)

★✻3
10 **騷** [1]떠들 **소** [2]쓸 **소** | [간]骚 騷
20

丨 ㄇ 馬 馬 馬又 馬叉 騷 騷 騷

[중]sāo(싸오) [일]ソウ/さわぐ [영]make a noise

[자원] **형성자.** 馬(마)는 의미를 나타내고 蚤(조)는 음을 나타냄.

[풀이] [1]①떠들다. 떠들썩함. ②움직이다. ③운문(韻文)의 한 체(體). 초(楚)나라 굴원(屈原)의 이소(離騷)에서 비롯됨. ④시부(詩賦). 풍류(風流). [2]쓸다. 제거함.

〔騷動 소동〕 사람들이 놀라거나 흥분하여 시끄럽게 법석거리고 떠들어 댐.

〔騷亂 소란〕 시끄럽고 어수선함.

〔騷擾 소요〕 여럿이 떠들썩하게 들고 일어남.

〔騷音 소음〕 시끄러운 소리.

〔騷人 소인〕 시인과 문사(文士). 騷客(소객).

〔騷人墨客 소인묵객〕 시문(詩文)과 서화(書畫)를 일삼는 사람.

◢喧騷(훤소)

✻
10 **騶** 말 먹일 **추** | [간]驺 騶
20

[중]zōu(쩌우) [일]シュウ, スウ

[풀이] 말을 먹이다.

〔騶虞 추우〕 성인(聖人)의 덕에 감화하여 나타난다는 상서로운 동물.

〔騶從 추종〕 윗사람을 따라다니는 종.

★✻3
11 **驅** 몰 **구** | [속]駆 [간]驱 驅
21

丨 ㄇ 馬 馬 馬一 馬口 馬品 驅

[중]qū(취) [일]ク/かる [영]drive

[자원] **형성자.** 馬(마)는 의미를 나타내고

10획

區(구)는 음을 나타냄.
풀이 ①몰다. ②군대의 배차(排次).
〔驅儺 구나〕 고려·조선 시대에, 세말에 궁중에서 역귀(疫鬼)를 쫓던 일. 또는, 그 의식.
〔驅動 구동〕 동력을 가하여 움직임.
〔驅魔 구마〕 마귀를 쫓아냄.
〔驅迫 구박〕 못 견디게 괴롭힘.
〔驅步 구보〕 뛰어감. 또는, 그 걸음걸이.
〔驅使 구사〕 자유자재로 부려 씀.
〔驅鼠 구서〕 쥐를 잡아 없앰.
〔驅除 구제〕 해충 따위를 몰아내어 없앰.
〔驅從 구종〕 ①옛날, 관리를 모시고 따라다니던 하인. ②말을 타고 갈 때 고삐를 잡고 끌거나 뒤에서 따르는 하인. 말구종.
〔驅逐 구축〕 어떤 세력 따위를 몰아냄.
〔驅蟲 구충〕 해충이나 기생충을 없앰. 除蟲(제충). ‖驅蟲劑(구충제).
◢先驅(선구)/乘勝長驅(승승장구)

11 21 騾 노새 라 | 간 骡 騾

중luó(루어) 일ラ 영mule
풀이 노새. 수나귀와 암말 사이에 난 잡종.

11 21 驀* 말 탈 맥 | 간 蓦 驀

중mò(모) 일バク/まっしぐら
풀이 ①말을 타다. ②갑자기. 곧장. ③쏜살같다. ④뛰어넘다.
〔驀進 맥진〕 좌우를 돌아볼 겨를이 없이 힘차게 나아감.

11 21 驃* 표절따 표 | 간 骠 驃

중biāo(삐아오) 일ヒョウ 영skewbald
풀이 ①표절따. ②말이 빨리 달리는 모양. ③날래고 강하다.
〔驃馬 표마〕 누런 바탕에 흰 털이 섞이고 갈기와 꼬리가 흰 말. 표절따.

12 22 驕*1 교만할 교 | 간 骄 驕

중jiāo(찌아오) 일キョウ/おごる 영proud
풀이 ①교만하다. 자만함. ②길들지 않다. 배우지 않음.
〔驕慢 교만〕 뽐내며 건방짐.
〔驕奢 교사〕 교만하고 사치스러움.
〔驕色 교색〕 교만한 기색.
〔驕心 교심〕 잘난 체하며 뽐내는 마음.
〔驕傲 교오〕 잘난 체하고 건방지게 뽐냄.

12 22 驍* 날랠 효 | 간 骁 驍

중xiāo(씨아오) 일ギョウ 영swift
풀이 ①날래다. 굳셈. 용맹함. ②양마(良馬).
〔驍勇 효용〕 사납고 날쌤.
〔驍將 효장〕 사납고 날랜 장수.

13 23 驚☆*4 놀랄 경 | 간 惊 驚

(필순) 艹 芍 苟 敬 敬 敬 驚 驚

중jīng(찡) 일ケイ, キョウ/おどろく 영be surprised
자원 **형성자.** 馬(마)는 의미를 나타내고 敬(경)은 음을 나타냄.
풀이 ①놀라다. 놀람. ②놀래다. 놀라게 함. ③경풍(驚風). 경기(驚氣).
〔驚句 경구〕 사람을 놀라게 할 만큼 잘 지은 시구(詩句). 驚人句(경인구).
〔驚氣 경기〕 어린아이가 경련을 일으키고 기절하는 병. 驚風(경풍).
〔驚愕 경악〕 몹시 놀람. 驚駭(경해).
〔驚異 경이〕 놀라 이상스럽게 여김.
〔驚天動地 경천동지〕 《하늘을 놀라게 하고 땅을 뒤흔든다는 뜻으로》 세상을 몹시 놀라게 함.
〔驚蟄 경칩〕 24절기의 하나. 양력 3월 5일경.
〔驚歎 경탄〕 몹시 놀라며 감탄함.
〔驚風 경풍〕 ➡驚氣(경기).
〔驚惶 경황〕 놀라고 당황하여 허둥지둥함.
◢大驚(대경)/勿驚(물경)

13 23 驛★*3-Ⅱ 역참 역 | 약 駅 간 驿 驛

(필순) 丨 𠃌 馬 馬 馬 驛 驛 驛

중yì(이) 일エキ 영posting station
자원 **형성자.** 馬(마)는 의미를 나타내고 睪(역)은 음을 나타냄.
풀이 ①역참(驛站). ②역마(驛馬). ③인도하다.
〔驛馬 역마〕 각 역참에 갖추어 둔 말. 역말. ※擺撥(파발).
〔驛馬煞 역마살〕 한곳에 안주하지 못하고 이리저리 떠돌아다니며 살게 되는 운명.
〔驛馬直星 역마직성〕 늘 분주하게 떠돌아다니는 사람.
〔驛夫 역부〕 ①역에서 일하는 인부. ②역의 하급 직원.
〔驛舍 역사〕 역으로 쓰는 건물.
〔驛長 역장〕 역의 사무를 총지휘하는 책임자.
〔驛前 역전〕 역의 앞.
〔驛傳 역전〕 ①역참(驛站)에서 공문을

주고받던 일. 驛遞(역체). ②몇 사람의 경기자가 장거리를 몇 개 구간으로 나누어 달릴 때, 맡은 구간을 달려 다음 사람에게 배턴을 전하는 일.
〔驛卒 역졸〕 역참에 딸려 잡역(雜役)을 하던 병졸.
〔驛站 역참〕 예전에, 역마(驛馬)를 바꿔 타던 곳.
◪簡易驛(간이역)/始發驛(시발역)/終着驛(종착역)/換乘驛(환승역)

13 ★*4-Ⅱ
23 **驗** 증험할 **험** | [속]騐 [간]验 驗

丨 ㄇ 馬 馬^ 騐 騐 騐 驗

[중]yàn(옌) [일]ケン/ためす [영]test
[자원] **형성자.** 馬(마)는 의미를 나타내고 僉(첨)은 음을 나타냄.
[풀이] ①증험하다. 시험함. ②시험. ③표징(表徵). ㉮증거. ㉯효능.
◪經驗(경험)/受驗(수험)/試驗(시험)/實驗(실험)/靈驗(영험)/證驗(증험)/體驗(체험)/效驗(효험)

14 *
24 **驟** 달릴 **취** [본]**추** | [간]骤 驟

[중]zhòu(°쩌우) [일]シュウ [영]run
[풀이] ①달리다. ②빠르다. 갑자기. ③자주. 종종.
〔驟雨 취우〕 소나기.

16 *
26 **驢** 당나귀 **려** | [간]驴 驢

[중]lǘ(뤼) [일]リョ, ロ/うさぎうま [영]ass

17 *2
27 **驥** 천리마 **기** | [간]骥 驥

[중]jì(찌) [일]キ [영]swift horse
[풀이] ①천리마. 준마. ②뛰어난 인물. 준재(俊才).

18 *1
28 **驩** 기뻐할 **환** | 驩

[중]huān(후안) [일]カン/よろこぶ
[영]delight
[풀이] ①기뻐하다. 기쁨. ②말이 평화롭게 즐기는 모양.

19 *2
29 **驪** 가라말 **려***2 **리**2 | [간]骊 驪

[중]lí(리) [일]レイ, リ/くろうま
[영]black horse
[풀이] ①가라말. 온몸의 털빛이 검은 말. ‖驪駒(여구). ②검다. 검은색. ③쌍두마차.
〔驪馬 여마〕 당나귀.

骨部 뼈골

0 ☆*4
10 **骨** 뼈 **골** | [간]骨 骨

冂 冂 冎 冎 冎 骨 骨 骨

[중]gǔ(구) [일]コツ/ほね [영]bone
[전]  [자원] **회의자.** 살을 발라낸 뼈를 뜻하는 冎(과)와 肉(살 육)이 합쳐진 자로, 살이 붙어 있는 뼈를 나타냄.
✎한자 부수의 하나.
[풀이] ①뼈. ②사람의 품격. 풍도. ③강직하다. ④의기(意氣). ⑤신라의 골품 제도.
〔骨幹 골간〕 ① ➡骨格(골격)①. ②기본적이고 핵심적인 부분.
〔骨格 골격〕 ①몸을 지탱하는 뼈의 조직. 뼈대. 骨幹(골간). ②사물의 주요 부분을 이루는 것. 骨骼(골격).
〔骨董品 골동품〕 ①오래되고 예술적 가치도 높은 귀한 물건. ②쓸모없고 가치 없는 오래된 물건이나 사람.
〔骨盤 골반〕 엉덩이 부분을 이루는 커다란 뼈.
〔骨相 골상〕 주로 얼굴이나 머리뼈의 겉으로 드러나 보이는 생김새.
〔骨髓 골수〕 ①뼈의 속에 차 있는 황색의 연한 조직. 골. ②마음속 깊은 곳의 비유. ③어떤 사상이나 종교 등에 골몰한 사람의 비유.
〔骨肉 골육〕 ①뼈와 살. ②부자·형제 등의 육친. 骨肉之親(골육지친).
〔骨肉相殘 골육상잔〕 가까운 혈족끼리 서로 해치고 죽임.
〔骨肉相爭 골육상쟁〕 가까운 혈족끼리 서로 싸움.
〔骨肉之親 골육지친〕 ➡骨肉(골육)②.
〔骨子 골자〕 가장 중요하고 핵심이 되는 부분. 요점(要點).
〔骨材 골재〕 콘크리트나 모르타르를 만드는 데 쓰이는 모래·자갈 등의 재료.
〔骨折 골절〕 뼈가 부러짐. 折骨(절골).
〔骨組 골조〕 건물의 뼈대.
〔骨牌 골패〕 납작하고 네모진 작은 나뭇조각 32개에 각각 흰 뼈를 붙이고, 여러 가지 수효의 구멍을 판 노름 기구. 또는, 그 노름.
〔骨品 골품〕 신라 때, 혈통에 의한 왕족의 신분 제도. 성골(聖骨)·진골(眞骨) 등을 말함.
〔骨筆 골필〕 먹지를 대고 복사(複寫)할 때 쓰는 필기구.
◪硬骨(경골)/氣骨(기골)/納骨(납골)/肋骨(늑골)/頭蓋骨(두개골)/反骨(반골)/白骨(백골)/病骨(병골)/弱骨(약골)/軟骨(연골)/玉骨(옥골)/遺骨(유골)/人骨(인골)/接骨(접골)/坐骨(좌골)/鐵骨

(철골)/脫骨(탈골)/皮骨(피골)/骸骨(해골)

6 16 **骼** 뼈 **격** 간 骼 骼

중gē(꺼) 일カク/されぼね 영skeleton

풀이 ①뼈. 백골(白骨). ②치다. 때림.

◢骨骼(골격)

*1

6 16 **骸** 해골 **해** 간 骸 骸

중hái(하이) 일ガイ/むくろ 영skeleton

풀이 ①해골. ②뼈. 사람의 뼈. ③정강이뼈. ④몸. 신체.

〔骸骨 해골〕 살이 썩고 난 뒤에 남은, 죽은 사람의 뼈. 또는, 그 머리뼈.

〔骸炭 해탄〕 구멍이 많은 고체 탄소 연료. 코크스.

◢遺骸(유해)/殘骸(잔해)/形骸(형해)

8 18 **髀** 넓적다리 **비** 간 髀 髀

중bì(삐) 일ヒ/もも, そともも 영thigh

풀이 ①넓적다리. ②넓적다리뼈. 대퇴골(大腿骨). ③장딴지.

〔髀肉之歎 비육지탄〕《중국 촉나라의 유비가 오랫동안 말을 타고 전쟁터에 나가지 못해 넓적다리만 살찌는 것을 한탄했다는 고사에서》 공을 세우지 못하고 세월만 헛되이 보내는 것을 한탄함.

10획

11 21 **髏** 해골 **루** 간 髏 髏

중lóu(러우) 일ロウ/こうべのほね 영skull

풀이 해골.

◢髑髏(촉루)

*1

13 23 **髓** 골수 **수** 간 髓 髓

중suǐ(수에이) 일ズイ/なずき 영marrow

풀이 ①골수. ②응고체(凝固體).

〔髓腦 수뇌〕 ①동물의 머리 속에 들어있어 온몸의 신경을 지배하는 중심적인 기관. 腦(뇌). ②척추동물의 배(胚)의 뇌포(腦胞)의 하나로 맨 뒷부분에 있는 것.

◢骨髓(골수)/精髓(정수)/眞髓(진수)

☆*6

13 23 **體** 몸 **체** 약간 体 體

冂 ⺕ 骨 骨 骨 體 體 體

중tǐ(티) 일テイ, タイ/からだ 영body

자원 **형성자.** 骨(골)은 의미를 나타내고 豊(례)는 음을 나타냄.

풀이 ①몸. 신체. ②사지(四肢). ③모양. ④근본. ⑤물건. ⑥몸에 붙이다. 몸소. ⑦의거하다. 바탕을 둠. ⑧혈통(血統).

〔體格 체격〕 몸의 골격.

〔體鏡 체경〕 몸 전체를 비추어 볼 수 있는 큰 거울. ※面鏡(면경).

〔體系 체계〕 일정한 원리에 의해 낱낱의 것을 계통을 세워 조직한 전체.

〔體軀 체구〕 몸의 크기. 몸집.

〔體能 체능〕 어떤 일을 감당할 만한 신체적인 능력.

〔體得 체득〕 체험하여 알게 됨.

〔體力 체력〕 일을 감당하는 몸의 힘.

〔體面 체면〕 남을 대하기에 떳떳한 도리나 입장. 面目(면목).

〔體罰 체벌〕 몸에 직접 고통을 주는 벌.

〔體言 체언〕 문장의 주어가 될 수 있고 활용이 없는 말.

〔體溫 체온〕 몸의 온도.

〔體位 체위〕 ①몸의 자세. ②체격·건강의 정도.

〔體育 체육〕 신체와 운동 능력의 발달을 위한 교육. ※德育(덕육).

〔體裁 체재〕 생기거나 이루어진 형식. 또는, 그 됨됨이. 體制(체제).

〔體制 체제〕 ① ➡體裁(체재). ②사회를 하나의 유기체로 볼 때, 그 조직이나 양식. ③어느 주권자·단체·세력 등이 지배하는 상태.

〔體操 체조〕 신체의 발육과 건강을 위해 일정한 형식으로 몸을 놀리는 운동.

〔體重 체중〕 몸의 무게. 體量(체량).

〔體質 체질〕 ①태어나면서부터 지니고 있는 몸의 성질이나 성향. ②조직 따위에 배어 있는 성질.

〔體臭 체취〕 몸에서 나는 냄새.

〔體統 체통〕 점잖은 체면.

〔體表 체표〕 몸의 표면.

〔體驗 체험〕 자기가 실제로 경험함. 또는, 그 경험.

〔體現 체현〕 사상·관념 등의 정신적인 것을 구체적으로 표현함.

〔體刑 체형〕 ①직접 몸에 가하는 형벌. 身體刑(신체형). ②'自由刑(자유형)'의 이칭.

〔體形 체형〕 몸의 형상.

〔體型 체형〕 체격의 유형.

◢個體(개체)/客體(객체)/固體(고체)/氣體(기체)/裸體(나체)/團體(단체)/大體(대체)/胴體(동체)/媒體(매체)/文體(문체)/物體(물체)/本體(본체)/書體(서체)/實體(실체)/液體(액체)/業體(업체)/染色體(염색체)/肉體(육체)/人體(인체)/一心同體(일심동체)/立體(입체)/自體(자체)/全體(전체)/正體(정체)/主體(주체)/天體(천체)/解體(해체)/形體(형체)

13 **髑** 해골 **촉** [본]**독** | 髑
23

[중]dú(두) [일]トク, ドク/されこうべ
[영]skull
[풀이] 해골.
〔髑髏 촉루〕 살이 전부 썩은 죽은 사람의 머리뼈. 骸骨(해골).

高部 높을고

☆*6
0 **高** [1]높을 **고** [2]높이 **고** | [속]髙 高
10

[중]gāo(까오) [일]コウ/たかい [영]high
[갑] [금] [전] [자원] **상형자.** 땅이나 언덕 위에 높이 지은 건축물을 본뜬 자.
✎한자 부수의 하나.
[풀이] [1]①높다. ②높이다. 존경하고 숭상함. ③경의를 나타내는 접두사. [2]높이. 높낮이.
〔高架 고가〕 높이 건너질러 가설함.
〔高價 고가〕 비싼 값. 또는, 값이 비쌈. ↔低價(저가).
〔高見 고견〕 ①뛰어난 식견(識見). ②남의 의견의 존칭.
〔高潔 고결〕 고상하고 깨끗함.
〔高官 고관〕 높은 관직. 또는, 그 벼슬아치.
〔高貴 고귀〕 ①신분이 높고 귀함. ↔卑賤(비천). ②훌륭하고 귀함. ③값이 비쌈. 또는, 그런 물건.
〔高級 고급〕 ①품질이 뛰어나고 값이 비쌈. ②지위·신분·수준 등이 높음. ‖高級將校(고급 장교). ↔低級(저급).
〔高談峻論 고담준론〕 뜻이 높고 바르며 엄숙하고 날카로운 말.
〔高臺廣室 고대광실〕 《'높은 누대와 넓은 집'이라는 뜻으로》 크고 좋은 집.
〔高度 고도〕 ①수평선으로부터의 높이. ②수준이나 정도가 높은 상태. ③천체(天體)가 지평선이나 수평선과 이루는 각거리(角距離).
〔高等 고등〕 등급이나 정도·품위 등이 높음.
〔高麗 고려〕 왕건이 후삼국을 통일하고 세운 나라.
〔高齡 고령〕 나이가 많음. 또는, 많은 나이. 高年(고년).
〔高樓巨閣 고루거각〕 높고 큰 누각.
〔高邁 고매〕 뛰어나게 품위가 높음.
〔高名 고명〕 ①높이 알려진 이름. 盛名(성명). ②남의 이름의 존칭.
〔高峯峻嶺 고봉준령〕 높은 산봉우리와 험한 재.
〔高山 고산〕 높은 산.
〔高尙 고상〕 품위가 있고 수준이 높음.
〔高速 고속〕 속도가 빠름.
〔高手 고수〕 바둑 따위에서 수가 높음. 또는, 그런 사람. 上手(상수).
〔高僧 고승〕 덕행이 높은 승려.
〔高雅 고아〕 고상하고 우아함.
〔高壓 고압〕 ①높은 압력. ②권력·위력 등으로 억누름.
〔高額 고액〕 많은 금액. ‖高額券(고액권).
〔高揚 고양〕 ①정신·기분 등을 북돋워서 높임. ②높이 게양(揭揚)함.
〔高熱 고열〕 ①높은 열. ②몸에서 나는 높은 열.
〔高原 고원〕 높은 지대에 펼쳐진 넓은 벌판.
〔高遠 고원〕 품은 뜻이나 이상이 높고 원대함.
〔高位 고위〕 높은 지위.
〔高低 고저〕 높고 낮음. 높낮이.
〔高低長短 고저장단〕 높고 낮음과 길고 짧음.
〔高祖 고조〕 할아버지의 할아버지.
〔高潮 고조〕 ①밀물이 들어와 해면의 높이가 가장 높은 상태. 滿潮(만조). ②감정이 극도로 높아진 상태.
〔高唱 고창〕 ①노래·구호·만세 등을 큰 소리로 부르거나 외침. ②의견을 강력히 주장함.
〔高層 고층〕 ①상공의 높은 곳. ②건물의 높은 층.
〔高枕安眠 고침안면〕 《베개를 높이 하여 편안히 잔다는 뜻으로》 근심 없이 편안히 잘 지냄.
〔高喊 고함〕 크게 외치는 소리.
◪孤高(고고)/崇高(숭고)/提高(제고)/坐高(좌고)/至高(지고)/體高(체고)/最高(최고)/波高(파고)/標高(표고)

11 **髙** 高(고)의 속자 →829쪽

髟部 터럭발

0 **髟** 머리털 늘어질 **표** | 髟
10

[중]biāo(삐아오) [일]ヒョウ
[전] [자원] **회의자.** '머리를 길게 늘어뜨린 노인'의 상형인 長(장)과 털이 무성함을 나타내는 彡(터럭삼)이 합쳐진 자.
✎한자 부수의 하나.
[풀이] ①머리털이 늘어지다. 긴 머리털이

늘어진 모양. ②흑백 머리털이 뒤섞이다. 반백(斑白)의 상태. ③갈기. 말갈기.

12 髡 髠(곤)의 속자 →830쪽

3 13 **髡** 머리 깎을 **곤** | [속] 髠

[중]kūn(쿤) [일]コン/きる [영]cut

[풀이] ①머리를 깎다. ②가지를 치다. 전지(剪枝)함.

4 14 **髣** 비슷할 **방**

[중]fǎng(°팡) [일]ホウ/にる [영]similar

[풀이] 비슷하다.

〔髣髴 방불〕 ①거의 비슷함. ②무엇과 같다고 느끼게 함. 彷彿(방불).

* 4 14 **髥** 구레나룻 **염** | [속] 髯

[중]rán(°란) [일]セン/ほおひげ [영]whisker

[풀이] 구레나룻.

◢霜髥(상염)/鬚髥(수염)

★*4 5 15 **髮** 터럭 **발** | [간] 发

丨 𠃊 𠂉 镸 髟 髟 髮 髮

[중]fà(°파) [일]ハツ/かみ [영]hair

[자원] **형성자.** 髟(머리털 늘어질 표)는 의미를 나타내고 犮(발)은 음을 나타냄.

[풀이] ①터럭. 머리털. ②초목. 산의 초목은 사람 몸의 털과 같으므로 이름.

〔髮膚 발부〕 머리털과 피부.

◢假髮(가발)/金髮(금발)/短髮(단발)/頭髮(두발)/毛髮(모발)/白髮(백발)/蓬頭亂髮(봉두난발)/削髮(삭발)/散髮(산발)/危機一髮(위기일발)/銀髮(은발)/理髮(이발)/長髮(장발)

5 15 **髴** [1]비슷할 **불** [2]산발 **비**

[중]fú(°푸), fèi(°페이) [일]フツ, ヒ

[풀이] [1]①비슷하다. [같]佛·彿. ‖髣髴(방불). ②여자의 머리꾸미개. [2]산발(散髮). 머리가 흐트러짐.

◢髣髴(방불)

15 髯 髥(염)의 속자 →830쪽

* 12 22 **鬚** 수염 **수** | [간] 须

[중]xū(쒸) [일]シュ/ひげ [영]beard

[자원] **회의 겸 형성자.** 본래 사람의 얼굴에 난 수염을 뜻하던 須(수)가 '반드시'의 뜻으로 가차되어 쓰이게 되자, 본뜻을 보존하기 위해 髟(표)를 덧붙여 鬚를 만듦. 髟는 의미를 나타내고 須는 의미와 음을 겸하여 나타냄.

[풀이] 수염. [같]須.

〔鬚髥 수염〕 ①성인 남자의 입 주위나 턱, 뺨에 나는 털. ②동물의 입가에 난 털. ③벼·보리·옥수수 등의 낟알 끝이나 사이에 난, 털 모양의 것.

13 23 **鬟** 쪽 찐 머리 **환**

[중]huán(후안) [일]カン

[풀이] ①쪽을 찐 머리. ②계집종.

14 24 **鬢** 살쩍 **빈** | [간] 鬓

[중]bìn(삔) [일]ビン

[풀이] 살쩍. 귀밑털.

〔鬢毛 빈모〕 귀밑에 난 털. 살쩍.

〔鬢髮 빈발〕 살쩍과 머리털.

鬥部 싸울투

0 10 **鬥** [1]싸울 **투** [2]다툴 **각** | [간] 斗

[중]dòu(떠우) [일]トウ, カク [영]fight

[갑]  [자원] **상형자.** 두 사람이 맨손으로 싸우는 모습을 상형한 것으로, 머리털이 곤두서 있음.

[부] 한자 부수의 하나.

[풀이] ①싸우다. ②다투다.

* 5 15 **鬧** 시끄러울 **뇨** | [간] 闹

[중]nào(나오) [일]ドウ [영]noisy

[풀이] ①시끄럽다. 들렘. ②흐트러지다. ③무르익다.

★*4 10 20 **鬪** 싸움 **투** | [본] 鬭 [간] 斗

丨 ㄏ 𠂋 𠂋 鬥 鬥 鬪 鬪

[중]dòu(떠우) [일]トウ/たたかう [영]fight

[자원] **형성자.** 鬥(투)는 의미를 나타내고 尌(주)는 음을 나타냄.

[풀이] ①싸움. ②전쟁. ③겨루다. ④별이

10획

상극하다.
〔鬪犬 투견〕 ①개끼리 싸움을 시킴. ②싸움을 시키기 위해 기르는 개.
〔鬪鷄 투계〕 ①닭끼리 싸움을 시킴. ②싸움을 시키기 위해 기르는 닭. 싸움닭.
〔鬪技 투기〕 ①서로 맞붙어 다툼. ②맞붙어 싸우는 경기.
〔鬪病 투병〕 병을 고치려고 병과 싸움.
〔鬪士 투사〕 ①전투에 나선 사람. 戰士(전사). ②사회 운동 등에서 정의(正義)를 위해 투쟁하는 사람.
〔鬪牛 투우〕 ①소끼리 싸우게 하는 경기. 또는, 그 소. ②투우사(鬪牛士)가 소와 싸우는 경기.
〔鬪爭 투쟁〕 ①어떤 대상을 이기거나 극복하기 위한 싸움. ②사회 운동·노동 운동 등에서 무엇인가를 쟁취하고자 싸우는 일.
〔鬪牋 투전〕 노름 도구의 하나. 또는, 그것으로 하는 노름.
〔鬪志 투지〕 싸우고자 하는 굳센 마음.
〔鬪魂 투혼〕 끝까지 투쟁하려는 기백.
◢健鬪(건투)/格鬪(격투)/決鬪(결투)/苦鬪(고투)/拳鬪(권투)/亂鬪(난투)/奮鬪(분투)/死鬪(사투)/暗鬪(암투)/戰鬪(전투)/血鬪(혈투)/花鬪(화투)

24 **鬭** 鬪(투)의 본자 →830쪽

鬯部 울창주창

0
10 **鬯** 울창주 **창**

㊥chàng(°창) ㊐チョウ

갑 금 전 자원 **상형자.** 갑골문의 위쪽은 두 귀를 가진 시루 모양의 술 내리는 용기를 나타내고, 아래쪽은 술을 받는 그릇을 나타내며, 용기 안은 기장과 누룩과 같은 술의 재료를 나타냄.

한자 부수의 하나.

풀이 ①울창주(鬱鬯酒). 검은 기장에 울금초를 섞어 빚은 술. ②활집.

19 *2
29 **鬱** 답답할 **울** | 속 欝 간 郁

㊥yù(위) ㊐ウツ/しげる ㊐depressed

풀이 ①답답하다. 가슴이 막힘. ②우거지다. 초목이 무성함. ③성(盛)하다. ④무덥다. ⑤근심하다. ⑥울금향(鬱金香). 창초(鬯草).
〔鬱陶 울도〕 ①날씨가 무더움. ②마음이 답답하고 울적함.
〔鬱憤 울분〕 분한 마음이 가슴에 쌓임. 또는, 그런 마음.
〔鬱鬱 울울〕 ①기분이 무겁고 아주 답답함. ②나무가 빽빽하게 들어차서 무성함.
〔鬱鬱蒼蒼 울울창창〕 큰 나무들이 아주 빽빽하고 푸르게 우거져 있음.
〔鬱寂 울적〕 마음이 답답하고 쓸쓸함.
〔鬱蒼 울창〕 나무들이 빽빽하게 들어서 매우 무성하고 푸름.
〔鬱血 울혈〕 몸 안의 장기나 조직에 정맥의 피가 몰려 있는 증세.
〔鬱火 울화〕 마음속이 답답하여 일어나는 화.
◢暗鬱(암울)/抑鬱(억울)/憂鬱(우울)/陰鬱(음울)/沈鬱(침울)

鬲部 다리굽은솥력

0
10 **鬲** ❶솥 **력** ❷막을 **격**

㊥lì(리), gé(거) ㊐レキ, カク ㊐kettle

갑 전 자원 **상형자.** 음식물을 찌거나 삶는 데 쓰인, 굵은 다리가 셋인 중국 고대 토기의 모습을 본뜬 자.

한자 부수의 하나.

풀이 ❶솥. 굽은 다리가 셋 달린 솥. ❷①막다. 사이를 막음. ②손잡이. 움큼. ③목이 메다.

12
22 **鬻** ❶죽 **죽** ❷팔 **육** ❸어릴 **국**

㊥zhōu(°쩌우), yù(위), jū(쥐) ㊐シュク, イク, キク ㊐gruel

풀이 ❶죽. 묽은 죽. 같粥. ❷①팔다. ②자랑하다. ③자라다. ❸어리다.

鬼部 귀신귀

★★3-II
0
10 **鬼** 귀신 **귀**

丿 ㇒ 白 白 由 由 甶 鬼 鬼

㊥guǐ(구에이) ㊐キ/おに ㊐ghost

갑 전 자원 **상형자.** 가면을 쓰고 귀신으로 분장한 무당을 나타냄. 사람이 죽은 뒤 귀신이 되어 얼굴이 무섭게 변한 모습을 나타낸다는 설도 있음.
한자 부수의 하나.
풀이 ①귀신. ②멀다. ③별 이름. 28수(宿)의 하나. ④야차(夜叉)·아귀(餓鬼) 따위.
〔鬼哭聲 귀곡성〕 귀신의 울음소리.
〔鬼氣 귀기〕 ①귀신이 나타날 것 같은 무시무시한 기운. ②귀신이 붙은 듯한 기색.
〔鬼面 귀면〕 ①귀신의 얼굴. ②귀신의 얼굴을 상상하여 만든 탈.
〔鬼門 귀문〕 저승으로 들어가는 문. 鬼關(귀관).
〔鬼神 귀신〕 ①죽은 사람이 죽은 뒤에 남는다는 넋. ②사람에게 화(禍)와 복(福)을 준다는 신령(神靈). ③어떤 일에 남보다 뛰어난 재주가 있는 사람.
〔鬼瓦 귀와〕 귀신의 얼굴 모양을 새긴 기와.
〔鬼才 귀재〕 세상에 드문 재능. 또는, 그런 재능을 가진 사람.
〔鬼籍 귀적〕 ①저승에 있다고 하는 귀신들의 장부. ②절에서 죽은 신도들의 성명, 죽은 날짜 등을 적어 두는 장부.
〔鬼畜 귀축〕 ①아귀(餓鬼)와 축생(畜生). ②잔인한 사람.
〔鬼火 귀화〕 깜깜한 밤에 묘지나 늪 같은 데서 나는 푸른 인(燐)의 빛. 도깨비불.
◢魔鬼(마귀)/邪鬼(사귀)/餓鬼(아귀)/惡鬼(악귀)/疫鬼(역귀)/妖鬼(요귀)/寃鬼(원귀)/雜鬼(잡귀)

*1
4 14 **魁** 으뜸 **괴**

㊥kuí(쿠에이) ㊐カイ ㊈leader
풀이 ①으뜸. 우두머리. 수석(首席). ②크다. 큰 것. ③빼어나다. ④국자. ⑤별 이름.
〔魁榜 괴방〕 과거(科擧)의 갑과(甲科)의 장원으로 급제한 사람.
〔魁首 괴수〕 나쁜 짓을 하는 무리의 우두머리. 두목(頭目). 首魁(수괴).
〔魁偉 괴위〕 몸집이 크고 뛰어남.
〔魁蛤 괴합〕 꼬막.

★*3-II
4 14 **魂** 넋 **혼**

二 云 云 䰟 䰟 䰟 魂 魂

㊥hún(훈) ㊐コン/たましい ㊈soul
자원 **형성자.** 鬼(귀)는 의미를 나타내고 云(운)은 음을 나타냄.
풀이 ①넋. 정신. 혼백(魂魄). ②마음. 생각. ‖傷魂(상혼).
〔魂怯 혼겁〕 혼이 빠지게 겁을 냄.
〔魂膽 혼담〕 혼백과 간담.
〔魂靈 혼령〕 죽은 사람의 넋. 靈魂(영혼).
〔魂魄 혼백〕 죽은 사람의 몸을 떠나 있는 넋. 魂은 정신을, 魄은 육체를 주관함.
〔魂飛魄散 혼비백산〕 《혼백이 어지러이 흩어진다는 뜻으로》 몹시 놀라 넋을 잃음.
◢孤魂(고혼)/亡魂(망혼)/民族魂(민족혼)/商魂(상혼)/詩魂(시혼)/心魂(심혼)/靈魂(영혼)/鎭魂(진혼)/招魂(초혼)/忠魂(충혼)/鬪魂(투혼)

*2
5 15 **魅** 도깨비 **매** ㉥미

㊥mèi(메이) ㊐ミ ㊈goblin
풀이 ①도깨비. ②홀리다. 호림. ‖魅了(매료).
〔魅力 매력〕 마음을 사로잡아 끄는 힘.
〔魅了 매료〕 완전히 사로잡아 홀리게 함.
〔魅惑 매혹〕 마음을 사로잡아 호림.
◢妖魅(요매)

*1
5 15 **魃** 가뭄 귀신 **발** ㉠魃

㊥bá(바) ㊐バツ ㊈drought demon
풀이 가뭄 귀신. 한발의 신.
◢旱魃(한발)

*1
5 15 **魄** ❶넋 **백** *1 ❷영락할 **탁**

㊥bó(보), tuò(투어) ㊐ハク, タク ㊈soul
풀이 ❶①넋. ②몸. 형체. ③달. 달빛. ❷영락(零落)하다.

8 18 **魎** 도깨비 **량** ㉠魉

㊥liǎng(리앙) ㊐リョウ ㊈goblin
풀이 도깨비.
◢魍魎(망량)

8 18 **魍** 도깨비 **망**

㊥wǎng(왕) ㊐キウ ㊈goblin
풀이 도깨비.
〔魍魎 망량〕 도깨비.

*2
8 18 **魏** ❶나라 이름 **위** ❷빼어날 **위**

㊥wèi(웨이) ㊐ギ
풀이 ❶①나라 이름. ②높다. ㉠巍. ③대궐. ❷①빼어난 모양. ②큰 모양.
〔魏闕 위궐〕 《'법령을 내거는 대궐의 정문'이라는 뜻으로》 조정(朝廷)을 이름.

11 *2
魔 마귀 **마** 魔
21

㊥mó(모) ㊐マ ㊎devil

풀이 ①마귀. ②마술. 요술. ③수도(修道)를 방해하는 악귀.

〔魔軍 마군〕 ①부처의 득도를 방해한 악마의 군사. ②불도(佛道)를 방해하는 온갖 악한 일.

〔魔窟 마굴〕 ①악마의 소굴. ②나쁜 짓을 하는 무리들이 모여 있는 곳.

〔魔鬼 마귀〕 못된 잡귀의 총칭. 惡鬼(악귀). 惡魔(악마).

〔魔女 마녀〕 ①마력(魔力)을 가진 여자. ②악마처럼 성질이 악한 여자.

〔魔力 마력〕 마술(魔術)의 힘. 또는, 신비스런 힘.

〔魔物 마물〕 사람의 정신을 홀리는 요사스러운 물건.

〔魔法 마법〕 마력(魔力)으로 행하는 기괴한 술법.

〔魔手 마수〕 음험하고 흉악한 손길.

〔魔術 마술〕 사람의 눈을 속이는 술법.

〔魔王 마왕〕 마귀의 왕.

〔魔障 마장〕 어떤 일에 마가 끼어듦.

◢驅魔(구마)/病魔(병마)/殺人魔(살인마)/色魔(색마)/水魔(수마)/睡魔(수마)/惡魔(악마)/閻魔(염마)/火魔(화마)

魚部 물고기어

0 ☆*5
魚 물고기 **어** ㉮鱼 魚
11

ノ ク 𠂊 各 缶 角 备 魚

㊥yú(위) ㊐ギョ/うお ㊎fish

갑 전 자원 **상형자.** 갑골문에서 보듯, 물고기를 본뜬 자.

◢한자 부수의 하나.

풀이 ①물고기. ②어대(魚袋). 당대(唐代)의 고관(高官)이 허리에 차던, 물고기 모양의 패물(佩物).

〔魚群 어군〕 물고기의 떼. 魚隊(어대).

〔魚頭肉尾 어두육미〕 물고기는 머리 쪽이, 짐승 고기는 꼬리 쪽이 맛이 있음. 魚頭鳳尾(어두봉미).

〔魚卵 어란〕 ①생선의 알. ②소금을 쳐서 말린 생선의 알.

〔魚梁 어량〕 물줄기를 막고 통발을 놓아 고기를 잡는 장치.

〔魚魯不辨 어로불변〕 (‘魚(어)’ 자와 ‘魯(노)’ 자를 구별하지 못한다는 뜻으로) 아주 무식함.

〔魚雷 어뢰〕 물고기 모양으로 생긴 공격용 수뢰(水雷).

〔魚類 어류〕 물속에서 살며 아가미로 호흡하는 물고기의 총칭. 魚族(어족).

〔魚網 어망〕 물고기를 잡는 그물. 漁網(어망).

〔魚目燕石 어목연석〕 (물고기의 눈과 중국 옌산(燕山)에서 나는 돌은 구슬같이 보이나 구슬이 아니라는 뜻으로) 사이비(似而非)의 사물.

〔魚物 어물〕 생선 또는 생선을 가공하여 말린 것.

〔魚變成龍 어변성룡〕 (물고기가 변하여 용이 된다는 뜻으로) 아주 곤궁하던 사람이 부귀하게 됨.

〔魚粉 어분〕 물고기를 찌거나 말려서 빻은 가루.

〔魚油 어유〕 물고기를 쪄서 압착하여 얻는 기름.

〔魚肉 어육〕 ①생선과 짐승의 고기. ②생선의 살.

〔魚種 어종〕 물고기의 종류.

〔魚貝類 어패류〕 어류와 조개류의 총칭.

〔魚缸 어항〕 물고기를 넣어 기르는 유리 항아리.

◢乾魚(건어)/淡水魚(담수어)/大魚(대어)/木魚(목어)/文魚(문어)/成魚(성어)/養魚(양어)/熱帶魚(열대어)/人魚(인어)/雜魚(잡어)/釣魚(조어)/青魚(청어)/稚魚(치어)/洪魚(홍어)/活魚(활어)

4 *2
魯 노둔할 **로** ㉮鲁 魯
15

㊥lǔ(루) ㊐ロ/おろか ㊎dull-witted

풀이 ①노둔하다. 어리석고 둔함. ②나라 이름.

〔魯鈍 노둔〕 어리석고 둔함. 駑鈍(노둔). 愚鈍(우둔).

5
鮒 붕어 **부** ㉮鲋 鮒
16

㊥fù(°푸) ㊐フ/ふな
㊎crucian carp

풀이 붕어.

〔鮒魚 부어〕 붕어.

5 *
鮎 메기 **점** 본**념** ㉮鲇
16

㊥nián(니엔) ㊐デン ㊎catfish

5 *2
鮑 절인 어물 **포** ㉮鲍 鮑
16

㊥bào(빠오) ㊐ホウ/しおづけ
㊎salted fish

풀이 ①절인 어물. 소금에 절인 바닷물고기. ②전복. 석결명(石決明).

〔鮑魚之肆 포어지사〕 (‘건어물을 파는 가게’라는 뜻으로) 소인배들이 모이는 곳의 비유.

11획

〔鮑尺 포척〕 전복을 따는 사람.

6 鮫* 상어 교 간 鮫
17

㊥jiāo(찌아오) ㊐コウ/さめ ㊍shark
풀이 상어.
〔鮫魚 교어〕 상어.
〔鮫人 교인〕 상반신은 사람, 하반신은 물고기와 같다는 상상의 동물.
〔鮫皮 교피〕 말린 상어 가죽.

6 鮮☆*5 ❶고울 선 ❷적을 선 간 鮮
17

ク 𠂊 𠂊 魚 魚 魚' 魚' 鮮

㊥xiān(씨엔), xiǎn(시엔)
㊐セン/あざやか ㊍fine
금 자원 **형성자.** 魚(어)는 의미를 나타내고 羴(전)의 생략형인 羊은 음을 나타냄.
풀이 ❶①곱다. ②새롭다. ③싱싱하다. ④날것. 생선이나 날고기. ❷①적다. 드묾. ②다하다. 없어짐.
〔鮮度 선도〕 생선이나 채소 등의 신선한 정도. 新鮮度(신선도).
〔鮮明 선명〕 산뜻하고 분명함.
〔鮮魚 선어〕 말리거나 절이지 않은, 잡은 그대로의 물고기. 生鮮(생선).
〔鮮姸 선연〕 산뜻하고 고움.
〔鮮血 선혈〕 신선한 피. 선지피.
〔鮮紅色 선홍색〕 밝고 산뜻한 붉은색.
◢生鮮(생선)/新鮮(신선)/朝鮮(조선)

6 鮟* 아귀 안 간 鮟
17

㊥ān(안) ㊐アン/あんこう ㊍angler
풀이 아귀.
〔鮟鱇 안강〕 아귓과의 바닷물고기. 아귀.

7 鯁 생선뼈 경 간 鯁
18

㊥gěng(겅) ㊐コウ ㊍bone of fish
풀이 ①생선뼈. ②가시가 목에 걸리다. 같哽. ③곧다. 굳다.
〔鯁骨 경골〕 물고기의 뼈.
〔鯁言 경언〕 두려움이나 거리낌 없이 바르게 하는 말.

7 鯉* 잉어 리 간 鯉
18

㊥lǐ(리) ㊐リ/こい ㊍carp
풀이 잉어.
〔鯉素 이소〕《잉어의 배 속에서 흰 비단에 쓴 편지가 나왔다는 데서》 편지.
〔鯉魚 이어〕 잉어.

8 鯨*1 고래 경 간 鯨
19

㊥jīng(찡) ㊐ケイ, ゲイ/くじら
㊍whale
풀이 ①고래. ②들다. 쳐듦.
〔鯨骨 경골〕 고래의 뼈.
〔鯨船 경선〕 고래를 잡는 설비를 갖춘 배. 捕鯨船(포경선).
〔鯨油 경유〕 수염고래의 지방 조직이나 뼈에서 얻는 기름.
〔鯨飮 경음〕 고래가 물을 들이켜듯, 술 따위를 아주 많이 마심.
◢捕鯨(포경)

8 鯤* 곤이 곤 간 鯤
19

㊥kūn(쿤) ㊐コン ㊍milt
풀이 ①곤이. 물고기 배 속의 알. ②큰 물고기. 변하여 大鵬(대붕)이 된다는 상상의 물고기.

8 鯖* ❶오후정 정 ❷청어 청* 간 鯖
19

㊥zhēng(°쩡), qīng(칭)
㊐セイ/にしん
풀이 ❶오후정(五侯鯖). 열구자탕(悅口子湯) 비슷한 요리. ❷청어.
〔鯖魚 청어〕 고등어.

9 鰒*1 전복 복 간 鰒
20

㊥fù(°푸) ㊐フク ㊍ear shell
풀이 전복(全鰒). 전복과의 조개.

9 鰓 ❶아가미 새 ❷두려워할 시 간 鰓
20

㊥sāi(싸이), xǐ(시) ㊐サイ, シ/えら
㊍gill
풀이 ❶아가미. ❷두려워하다.
〔鰓蓋 새개〕 아가미를 보호하는, 뼈로 된 얇은 뚜껑. 아가미덮개. 아감딱지.
〔鰓孔 새공〕 아가미 뒤쪽에 있는, 물이 나오는 구멍. 아가미구멍. 아감구멍.

9 鰐* 악어 악 동 鱷 간 鳄
20

㊥è(어) ㊐ガク/わに ㊍crocodile
풀이 악어.
〔鰐魚 악어〕 파충류 악어목의 동물의 총칭.

9 鰍*1 미꾸라지 추 동 鰌 간 鳅
20

㊥qiū(치우) ㊐シュウ/どじょう
㊍loach

풀이 미꾸라지.
〔鰍魚 추어〕 미꾸라지. 鰌魚(추어).
〔鰍魚湯 추어탕〕 미꾸라지를 넣고 끓인 국. 鰍湯(추탕).

20 鰌 鰍(추)와 동자 →834쪽

9 20 鰕* 새우 하 | 간 鰕 鰕

중xiā(씨아) 일カ/えび 영shrimp
풀이 새우.
◢大鰕(대하)/中鰕(중하)

10 21 鰭 지느러미 기 | 간 鳍 鰭

중qí(치) 일キ/ひれ 영fin
풀이 지느러미.
〔鰭狀 기상〕 물고기의 지느러미처럼 생긴 모양.
◢尾鰭(미기)

10 21 鰥*1 1홀아비 환 *1 본관 2곤이 곤 | 간 鳏 鰥

중guān(꾸안) 일カン, コン/やもお
풀이 1①홀아비. ②앓다. ③환어(鰥魚). 2곤이(鯤鮞).
〔鰥寡孤獨 환과고독〕 ①늙어서 아내 없는 사람, 젊어서 남편 없는 사람, 어려서 어버이 없는 사람, 늙어서 자식 없는 사람의 총칭. ②외롭고 의지할 데 없는 처지.

11 22 鱇* 아귀 강 | 간 鱇

중kāng(캉) 일カウ
풀이 아귀. 아귓과의 바닷물고기.

11 22 鰻*1 뱀장어 만 | 간 鳗

중mán(만) 일マン/うなぎ 영eel

22 鰲* 鼇(오)의 속자 →845쪽

12 23 鱗*1 비늘 린 | 간 鳞 鱗

중lín(린) 일リン/うろこ 영scale
풀이 ①비늘. ②비늘 있는 동물의 총칭. 특히, 물고기·용 따위. ③비늘 꼴로 된 물건. 이끼.
〔鱗甲 인갑〕 ①(‘비늘과 껍데기’라는 뜻으로) 물고기와 조개. ②비늘 모양의 딱딱한 껍데기.
〔鱗文 인문〕 비늘무늬.
〔鱗片 인편〕 비늘 조각.
◢介鱗(개린)/錦鱗(금린)/細鱗(세린)/魚鱗(어린)/逆鱗(역린)/片鱗(편린)

23 鱉* 鼈(별)과 동자 →845쪽

27 鱷 鰐(악)과 동자 →834쪽

鳥部 새조

0 11 鳥☆*4-II 1새 조☆*4-II 2땅 이름 작 2섬 도 | 간 鸟 鳥

丿 丿 户 户 户 自 鳥 鳥

중niǎo(니아오), què(취에), dǎo(다오) 일チョウ, シャク, トウ/とり 영bird
갑 금 자원 **상형자.** 새의 모습을 본뜬 자.
한자 부수의 하나.
풀이 1새. 2땅 이름. 3섬. 통島.
〔鳥瞰 조감〕 새가 높은 곳에서 아래를 내려다보는 것처럼 전체를 한눈으로 관찰함. 俯瞰(부감).
〔鳥瞰圖 조감도〕 높은 곳에서 내려다본 상태의 그림이나 지도.
〔鳥籠 조롱〕 새장.
〔鳥類 조류〕 날개가 있고 온몸이 깃털로 덮여 있으며 알을 낳는 동물의 무리.
〔鳥獸 조수〕 날짐승과 길짐승의 총칭. 禽獸(금수).
〔鳥雀 조작〕 참새 따위의 작은 새의 총칭.
〔鳥跡 조적〕 ①새의 발자국. ②(중국 황제 때 창힐(蒼頡)이란 사람이 새의 발자국을 보고 글자를 만들었다는 데서) 한자의 필적.
〔鳥足之血 조족지혈〕 (‘새발의 피’라는 뜻으로) 매우 적은 분량.
〔鳥銃 조총〕 ①새총. ②‘화승총(火繩銃)’의 이칭.
◢怪鳥(괴조)/九官鳥(구관조)/國鳥(국조)/吉鳥(길조)/白鳥(백조)/保護鳥(보호조)/不死鳥(불사조)/野鳥(야조)/益鳥(익조)/一石二鳥(일석이조)/害鳥(해조)/花鳥(화조)/候鳥(후조)/凶鳥(흉조)

2 13 鳩*1 비둘기 구 | 간 鸠 鳩

중jiū(찌우) 일キュウ, ク/はと 영dove
풀이 ①비둘기. ②모이다. 모음. ③편안

하게 하다. 편안함.
〔鳩居鵲巢 구거작소〕 ①(비둘기는 스스로 자기의 집을 짓지 않고 까치집에서 사는 데서) 아내가 남편의 집을 자기 집으로 삼음. ②남의 집을 빌려 삶의 비유.
〔鳩首 구수〕 비둘기들이 모여 머리를 맞대듯이 서로 머리를 맞대고 의논함.
〔鳩首會議 구수회의〕 여럿이 한자리에 모여 앉아 머리를 맞대고 하는 회의.
〔鳩合 구합〕 어떤 일을 꾸미려고 세력이나 사람을 모음. 糾合(규합).
◢傳書鳩(전서구)

2 13 鳧* 오리 부 | 간 凫

중fú(°푸) 일フ/のがも 영duck

3 14 鳴☆*4 1울 명 2부를 명 | 간 鸣

ㅁ ㅁ 미 미' 咱 咱 鳴 鳴

중míng(밍) 일メイ/なく 영chirp

갑 금 전 자원 **회의자.** 口(입 구)와 鳥(새 조)가 합쳐진 자로, '새가 울다'의 뜻을 나타냄. 뒷날 모든 벌레나 동물의 울음을 나타내는 것으로 의미가 확대됨.
풀이 1①울다. 새·짐승의 울음. ②울리다. 2부르다. 새가 짝을 부름.
〔鳴禽 명금〕 고운 소리로 우는 새.
〔鳴動 명동〕 크게 울려 진동함.
〔鳴鏑 명적〕 옛날, 전쟁 때에 쓰던 화살의 한 가지. 쏘면 바람을 받아 소리가 남. 嚆矢(효시).
◢孤掌難鳴(고장난명)/共鳴(공명)/悲鳴(비명)/耳鳴(이명)

11획

3 14 鳳★*3-II 봉새 봉 | 간 凤

丿 几 凡 凡 凧 凬 鳳 鳳

중fèng(°펑) 일ホウ/おおとり 영phoenix

갑 전 자원 **상형자.** 鳥(조)는 의미를 나타내고 凡(범)은 음을 나타냄. 갑골문에서 왼쪽 부분은 긴 깃을 가진 상상의 새 봉황의 상형이고, 오른쪽 부분(月 → 凡)은 발음 부호를 나타냄.
풀이 봉새. 봉황의 수컷. 암컷은 황(凰). 임금·신선 등에 관계된 것의 상징으로 씀.
〔鳳輦 봉련〕 꼭대기에 황금의 봉황을 장식한, 임금이 타는 가마.
〔鳳簪 봉잠〕 봉황의 모양을 새긴 큼직한 비녀.
〔鳳雛 봉추〕 ①('봉황의 새끼'라는 뜻으로) 지략이 뛰어난 젊은이. ②아직 세상에 드러나지 않은 영웅.
〔鳳凰 봉황〕 성인(聖人)이 세상에 나올 때 함께 나타난다는 상상의 새. 鳳은 수컷, 凰은 암컷.

3 14 鳶*1 솔개 연 | 간 鸢

중yuān(위엔) 일エン/とび 영kite
풀이 ①솔개. 수릿과의 새. ②연. 날리는 연.
〔鳶飛魚躍 연비어약〕 (솔개가 날고 물고기가 뛴다는 뜻으로) 온갖 동물이 생을 즐김.
〔鳶絲 연사〕 연줄로 쓰는 실. 연실.
◢防牌鳶(방패연)/素鳶(소연)/紙鳶(지연)/虎狼鳶(호랑연)

4 15 鴃 때까치 격 | 간 鴃

중jué(쥐에) 일ゲキ/もず
풀이 때까치.
〔鴃舌 격설〕 ('때까치의 울음소리'라는 뜻으로) 야만인이나 외국인이 지껄이는, 알아들을 수 없는 말.

4 15 鴉* 갈가마귀 아 | 간 鸦

중yā(야) 일ア/はしぶとからす
풀이 ①갈가마귀. 같雅. ②검푸르다.
〔鴉靑 아청〕 검은빛을 띤 푸른빛. 야청.

4 15 鴈* 기러기 안 |

一 厂 厂 厂 厂 厂 鴈 鴈

중yàn(옌) 일ガン/かり 영wild goose
자원 **형성자.** 鳥(조)와 人(인)은 의미를 나타내고 厂(한)은 음을 나타냄. 기러기 떼가 날아갈 때 그 모습이 人 자 모양을 이룬다고 하여 鳥에 人을 덧붙였다는 설이 있음.
풀이 ①기러기. 같雁. ②가짜. ③거위.

4 15 鴆 짐새 짐 | 간 鸩

중zhèn(°쩐) 일チン
풀이 ①짐새. 올빼미 비슷한 새. 깃에 독이 있어, 그것으로 담근 술을 마시면 죽음. ②짐주(鴆酒). ③짐주로 사람을 죽이다.
〔鴆毒 짐독〕 짐새의 깃에 있는 맹렬한 독.
〔鴆殺 짐살〕 짐주를 먹여 사람을 죽임.
〔鴆酒 짐주〕 짐독을 섞은 술.

5 16 **鴒** 할미새 **령** 간 鸰

중lǐng(링) 일レイ 영wagtail
풀이 할미새.
◢鶺鴒(척령)

*2
5 16 **鴨** 오리 **압** 간 鸭

중yā(야) 일オウ/あひる 영duck
풀이 ①오리. 집오리. ②계집종.

*1
5 16 **鴦** 원앙 **앙** 간 鸯

중yāng(양) 일オウ/おしどり 영mandarin duck
풀이 원앙. 원앙의 암컷. 수컷은 원(鴛).
◢鴛鴦(원앙)

*1
5 16 **鴛** 원앙 **원** 간 鸳

중yuān(위엔) 일エン/おしどり 영mandarin duck
풀이 원앙. 원앙의 수컷. 암컷은 앙(鴦).
〔鴛鴦 원앙〕 ①오릿과의 물새. 원앙새. ②금실이 좋은 부부(夫婦)의 비유.
〔鴛鴦衾枕 원앙금침〕 ①원앙을 수놓은 이불과 베개. ②부부가 함께 덮는 이불과 베는 베개.

5 16 **鴟** 솔개 **치** 간 鸱

중chī(°츠) 일シ/とび 영kite
풀이 ①솔개. 수릿과의 새. ②올빼미. ③수리부엉이. ④방자(放恣)하다. 위세를 부림.
〔鴟目虎吻 치목호문〕 (‘올빼미의 눈과 호랑이의 입술’이라는 뜻으로) 탐욕이 많은 상(相).
〔鴟梟 치효〕 ①올빼미. ②포악하게 빼앗는 성질이 있는 사람.
〔鴟鴞 치효〕 부엉이.
◢梟鴟(효치)

5 16 **鴕** 타조 **타** 간 鸵

중tuó(투어) 일ダ/だちょう
풀이 타조. 조류 중 가장 큰 새.

**3
6 17 **鴻** 큰 기러기 **홍** 간 鸿

氵 氵 汀 泸 沪 泹 鸿 鴻

중hóng(훙) 일コウ/ひしくい 영wild goose
자원 **형성자.** 鳥(조)는 의미를 나타내고 江(강)은 음을 나타냄.
풀이 ①큰 기러기. ②크다. 훌륭함. ③굳세다. 강함.
〔鴻鵠之志 홍곡지지〕 (‘큰 기러기와 고니’라는 뜻으로) 크고 높게 품은 뜻.
〔鴻圖 홍도〕 ①큰 계획. ②아주 넓은 판도.
〔鴻毛 홍모〕 (‘기러기의 털’이란 뜻으로) 아주 가벼운 사물.
〔鴻雁 홍안〕 큰 기러기와 작은 기러기.
〔鴻儒 홍유〕 대학자. 大儒(대유).
〔鴻恩 홍은〕 크고 넓은 은혜.

*1
7 18 **鵑** 소쩍새 **견** 간 鹃

중juān(쮜엔) 일ケン/ほととぎす
풀이 소쩍새.
◢杜鵑(두견)

*1
7 18 **鵠** ❶고니 **곡** 본**혹** ❷정곡 **곡** 간 鹄

중gǔ(구), hú(후) 일コク/くぐい 영swan
풀이 ❶①고니. 백조. ‖鴻鵠(홍곡). ②희다. 희게 함. ❷①정곡. 과녁의 한가운데. ②까치
◢正鵠(정곡)/鴻鵠(홍곡)

*
7 18 **鵡** 앵무새 **무** 간 鹉

중wǔ(우) 일ム/おうむ 영parrot
풀이 앵무새.
◢鸚鵡(앵무)

*
7 18 **鵝** 거위 **아** 동 鵞 간 鹅

중é(어) 일ガ/がちょう 영goose
풀이 ①거위. ②진(陣) 이름.
〔鵝口瘡 아구창〕 어린아이의 입술과 잇몸이 헐어서 하얀 반점이 곳곳에 생기는 병.

18 **鵞** 鵝(아)와 동자 →837쪽

*
8 19 **鶊** 꾀꼬리 **경** 간 鹒

중gēng(껑) 일コウ

*
8 19 **鳴** 초명새 **명**

중míng(밍) 일メイ
풀이 초명새. 봉황과 비슷하다는 전설상의 새.

*2
8 19 **鵬** 붕새 **붕** 간 鹏 鵬

㊥péng(펑) ㊐ホウ/おおとり
풀이 붕새. 전설적인 새 중 가장 큼. 날개 길이가 3천 리인데, 한 번 치면 9만 리를 난다고 함.
〔鵬圖 붕도〕 원대한 계획 또는 포부.
〔鵬翼 붕익〕 ①붕새의 날개. ②앞으로 할 큰 사업이나 계획의 비유.
〔鵬程 붕정〕 (‘붕새가 날아갈 길’이라는 뜻으로) 가야 할 머나먼 길.
〔鵬程萬里 붕정만리〕 (‘붕새의 갈 길이 수만 리’라는 뜻으로) ①머나먼 여로. ②아주 양양한 장래.
◢大鵬(대붕)

*
8 19 **鵻** 새매 **수**

㊥shuī(쑤에이) ㊐スイ

8 19 **鶉** 메추라기 **순** 간 鹑 鶉

㊥chūn(°춘) ㊐ジュン/うずら ㊎quail
풀이 ①메추라기. ②별 이름. ③해지다. 낡음.

*1
8 19 **鵲** 까치 **작** 간 鹊 鵲

㊥què(취에) ㊐ジャク/かささぎ ㊎magpie
풀이 까치.
◢烏鵲(오작)

*
9 20 **鶩** 집오리 **목** 간 鹜

㊥wū(우) ㊐ム/あひる ㊎tame duck

11획

☆*4
10 21 **鷄** 닭 **계** 간 鸡 鷄

〔필순〕 鷄 鷄

㊥jī(찌) ㊐ケイ/にわとり ㊎chicken
자원 **형성자.** 鳥(조)는 의미를 나타내고 奚(해)는 음을 나타냄.
풀이 닭.
〔鷄冠 계관〕 ①닭의 볏. ②맨드라미.
〔鷄口 계구〕 (‘닭의 주둥이’라는 뜻으로) 소규모 단체의 장.
〔鷄群一鶴 계군일학〕 (‘닭의 무리 가운데 한 마리의 학’이란 뜻으로) 많은 사람 가운데서 뛰어난 인물. 群鷄一鶴(군계일학).
〔鷄卵 계란〕 닭의 알. 달걀.
〔鷄卵有骨 계란유골〕 (계란에도 뼈가 있다는 뜻으로) 운수가 나쁜 사람은 모처럼 좋은 기회를 만나도 역시 일이 잘 안 됨.
〔鷄肋 계륵〕 (‘닭의 갈비’라는 뜻으로) 쓸모는 없지만 버리기는 아까운 것.
〔鷄林 계림〕 ①(숲 속에서 이상한 닭 울음소리가 들리기에 가 보니, 나뭇가지에 흰 닭과 금빛의 궤 속에 신라 김씨 왕조의 시조가 되는 김알지가 있었다는 설화에서) ‘신라’의 이칭. ②‘경주(慶州)’의 옛 이름. ③‘우리나라’의 이칭.
〔鷄鳴狗盜 계명구도〕 (제(齊)나라의 맹상군(孟嘗君)이 진(秦)나라에 갇혔을 때, 개를 흉내 낸 도둑질과 닭의 울음소리를 흉내 낸 식객의 도움으로 피신할 수 있었다는 고사에서) 비굴한 꾀를 써서 남을 속이는 하찮은 재주. 또는, 그런 재주를 가진 사람.
〔鷄鳴狗吠 계명구폐〕 (닭이 울고 개가 짖는다는 뜻으로) 인가(人家)가 있음.
〔鷄糞 계분〕 닭똥.
◢養鷄(양계)/鬪鷄(투계)

*1
10 21 **鶯** 꾀꼬리 **앵** 간 莺 鶯

㊥yīng(잉) ㊐オウ/うぐいす
풀이 ①꾀꼬리. 황조(黃鳥). ②새 깃의 아름다운 모양.
〔鶯衫 앵삼〕 조선 시대에, 과거에 급제한 사람이 입던 연둣빛 예복.
〔鶯聲 앵성〕 ①꾀꼬리의 울음소리. 鶯語(앵어). ②꾀꼬리의 울음소리같이 아름다운 목소리의 비유.
〔鶯遷 앵천〕 (꾀꼬리가 깊은 골짜기에서 나와 높은 나뭇가지로 옮겨 앉는다는 뜻으로) 과거 급제나 승진(昇進)·이사(移徙) 등을 축하하는 말.

10 21 **鶺** 할미새 **척** 鶺

㊥jí(지) ㊐セキ/せきれい ㊎wagtail
풀이 할미새. ‖鶺鴒(척령).

★*3-Ⅱ
10 21 **鶴** 학 **학** 간 鹤 鶴

〔필순〕 鶴 鶴

㊥hè(허) ㊐カク/つる ㊎crane
자원 **형성자.** 鳥(조)는 의미를 나타내고 隺(각·확)은 음을 나타냄.
풀이 ①학. 두루미. ②희다.
〔鶴帶 학대〕 예전에 문관이 띠던, 학을 수놓은 허리띠.
〔鶴髮 학발〕 (학의 깃털처럼 희다는 뜻으로) 노인의 백발(白髮).
〔鶴壽 학수〕 (학이 오래 산다는 뜻으로) 장수(長壽)를 이름.
〔鶴首苦待 학수고대〕 (학의 목처럼 목을 길게 빼고 기다린다는 뜻으로) 몹

시 애타게 기다림.
〔鶴翼陣 학익진〕 학이 날개를 편 모양으로 치는 진.
◢鷄群一鶴(계군일학)/群鷄一鶴(군계일학)/白鶴(백학)/仙鶴(선학)/紅鶴(홍학)

11 *2 **鷗** 갈매기 **구** | 간 鸥 鷗
22

一 ㅁ 品 區 區' 區ᅡ 鷗 鷗

㊥ōu(어우) ㊐ク, オウ/かもめ ㊋seagull
자원 **형성자.** 鳥(조)는 의미를 나타내고 區(구)는 음을 나타냄.
풀이 갈매기.
◢白鷗(백구)

12 *2 **鷺** 해오라기 **로** | 간 鹭 鷺
23

㊥lù(루) ㊐ロ/さぎ ㊋heron
풀이 해오라기.
◢白鷺(백로)/烏鷺(오로)

12 * **鷲** 수리 **취** | 간 鹫 鷲
23

㊥jiù(찌우) ㊐シュウ/わし ㊋eagle
풀이 수리. 독수리.
〔鷲瓦 취와〕 대마루 양 끝에 세우는 장식 기와. 망새.

12 * **鷸** 도요새 **휼** 본율 | 간 鹬
23

㊥yù(위) ㊐イツ ㊋snipe
풀이 ①도요새. ②물총새.
〔鷸蚌之爭 휼방지쟁〕《도요새와 조개가 다투다가 다 같이 어부에게 잡히고 말았다는 뜻으로》 대립하는 두 세력이 다투다가 결국은 구경하는 다른 사람에게 득을 주는 싸움. 蚌鷸之爭(방휼지쟁).

13 *2 **鷹** 매 **응** | 간 鹰 鷹
24

㊥yīng(잉) ㊐ヨウ/たか ㊋hawk
풀이 매. 맷과에 속하는 사나운 새.
〔鷹犬 응견〕 ①사냥하는 데 쓰는 매와 개. ②남의 앞잡이 노릇을 하는 사람의 비유. 走狗(주구).

17 * **鸚** 앵무새 **앵** | 간 鹦 鸚
28

㊥yīng(잉) ㊐オウ/おうむ ㊋parrot
풀이 앵무새.
〔鸚鵡 앵무〕 앵무새.

18 **鸛** ❶황새 **관** ❷구관조 **권** | 간 鹳 鸛
29

㊥guàn(꾸안), quán(취엔)
㊐カン, ケン/こうのとり ㊋stork
풀이 ❶황새. ❷구관조(九官鳥).

19 *1 **鸞** 난새 **란** | 간 鸾 鸞
30

㊥luán(루안) ㊐ラン
풀이 ①난새. 봉황의 한 가지인 영조(靈鳥). ②방울. 천자 수레의 말고삐에 다는 방울. ③임금의 수레.
〔鸞駕 난가〕 임금이 타는 가마. 輦(연). 鸞輿(난여).
〔鸞刀 난도〕 종묘 제사 때 짐승을 잡는 데 쓰던, 자루에 방울이 달린 칼.
〔鸞鈴 난령〕 천자(天子)의 수레나 깃발에 달던 방울.
〔鸞鳳 난봉〕 ①난새와 봉황. ②'뛰어난 인물'의 비유. ③'뜻을 같이하는 친구'의 비유. ④'사이 좋은 부부'의 비유.
〔鸞鳥 난조〕 중국 전설에 나오는 상상의 새. 모양은 닭과 비슷하나 깃은 붉은빛에 다섯 가지 색채가 섞여 있음.

鹵部 짠땅로

0 * **鹵** 짠땅 **로** | 간 卤 鹵
11

㊥lǔ(루) ㊐ロ ㊋salt
금 전 자원 대바구니 속에 들어 있는 소금(점 네 개로 표시)을 나타낸 자라는 설과 술통인 卣(유)에 담겨 있는 소금(※ 자로 표시)을 나타낸 자라는 설 등이 있음.
한자 부수의 하나.
풀이 ①짠땅. 소금밭. 염밭. 염전(鹽田). ②소금. 천연 소금. 인조 소금은 염(鹽). ③어리석다. 우둔(愚鈍)함. ④노략질하다.
〔鹵獲 노획〕 적의 군용품을 빼앗음.

9 *1 **鹹** 짤 **함** | 속 醎 간 咸 鹹
20

㊥xián(시엔) ㊐カン/からい ㊋salty
풀이 ①짜다. 짠맛. 소금기. ‖鹹水(함수). ②쓰다. 쓴맛.
〔鹹水 함수〕 바다나 호수의 짠물. 해수. ↔淡水(담수).
〔鹹水湖 함수호〕 염분이 많아서 물맛이 짠 호수.

13 24 **鹽** ★＊3-Ⅱ ❶소금 **염** ❷절일 **염** | 속 塩 간 盐

丨 𦣞 臣𠂉 𪉟 𪉟 𪉟 𪉟 鹽

㊥yán(옌) ㊐エン/しお ㊎salt

자원 **형성자.** 鹵(로)는 의미를 나타내고 監(감)은 음을 나타냄.

풀이 ❶①소금. 인공 소금. 천연 소금은 로(鹵). ‖鹽分(염분). ❷절이다. 소금에 담금.

〔鹽分 염분〕 바닷물 따위에 함유되어 있는 소금기.

〔鹽酸 염산〕 강한 산성을 띠는 염화수소의 수용액.

〔鹽素 염소〕 자극적인 냄새가 나는 황록색 기체.

〔鹽田 염전〕 바닷물을 햇빛에 증발시켜 소금을 생산하기 위하여 밭처럼 만들어 놓은 곳.

◢食鹽(식염)/巖鹽(암염)/製鹽(제염)/天日鹽(천일염)

鹿部 사슴록

0 11 **鹿** ★＊3 사슴 **록**

亠 广 户 户 庐 庐 鹿 鹿

㊥lù(루) ㊐ロク/しか ㊎deer

갑 전 자원 **상형자.** 뿔이 있는 사슴의 모습을 본뜬 자.

한자 부수의 하나.

풀이 ①사슴. ②권좌(權座)의 비유. ③곳집. 네모난 쌀창고.

〔鹿角 녹각〕 다 자라 단단하게 각질화된, 수사슴의 뿔.

〔鹿野苑 녹야원〕 인도 중부에 있던 동산. 석가가 성도(成道) 후 처음으로 다섯 제자에게 설법한 곳임. 鹿苑(녹원).

〔鹿茸 녹용〕 새로 돋기 시작한, 수사슴의 연한 뿔. 보약으로 씀.

◢馴鹿(순록)

13 **麁** 麤(추)의 속자 →841쪽

15 **麗** 麗(려)의 속자 →840쪽

6 17 **麐** ＊ 기린 **린**

㊥lín(린) ㊐リン ㊎giraffe

풀이 기린. 암기린.

6 17 **麋** 고라니 **미**

㊥mí(미) ㊐ビ/おおじか

풀이 ①고라니. 주로, 지의류(地衣類)를 먹고 사는 사슴. ②눈썹. ㊐眉.

〔麋鹿 미록〕 고라니와 사슴.

8 19 **麒** ＊2 기린 **기**

㊥qí(치) ㊐キ/きりん ㊎giraffe

풀이 기린.

〔麒麟 기린〕 ①포유류 기린과의 동물. ②성인(聖人)이 이 세상에 나올 징조로 나타난다고 하는 상상의 동물.

〔麒麟兒 기린아〕 재지(才智)가 뛰어난 젊은이. 鳳雛(봉추).

8 19 **麗** ★＊4-Ⅱ ❶고울 **려**★＊4-Ⅱ ❷나라 이름 **려**★＊4-Ⅱ ❸꾀꼬리 **리** | 속 麗 간 丽

丽 丽 丽丽 严 严 严 严 麗

㊥lí, lì(리)

㊐レイ, ライ, リ/うるわしい

갑 자원 **상형자.** 鹿(록)보다 더 크고 멋진 뿔을 가진 사슴의 모습을 본뜬 자.

풀이 ❶①곱다. 아름다움. ‖美辭麗句(미사여구). ②붙다. 부착시킴. ③걸린다. ④함께 가다. 짝지어 감. ❷나라 이름. 고구려(高句麗). 고려(高麗). ❸꾀꼬리.

〔麗末 여말〕 고려 시대의 말기.

〔麗謠 여요〕 고려 가요.

〔麗人 여인〕 아름다운 여인. 佳人(가인).

◢高麗(고려)/美麗(미려)/秀麗(수려)/流麗(유려)/壯麗(장려)/淸麗(청려)/華麗(화려)

8 19 **麓** ＊1 산기슭 **록**

㊥lù(루) ㊐ロク/ふもと

풀이 ①산기슭. ②산감(山監). 산림간수(山林看守). ③숲.

◢山麓(산록)

9 20 **麘** ＊ 사향노루 **향**

㊥xiāng(씨앙) ㊐コウ

10 21 **麝** ＊1 사향노루 **사**

㊥shè(˚써) ㊐ジャ/じゃこうじか ㊎musk deer

풀이 사향노루.

〔麝香 사향〕 사향노루의 향주머니로 만

든 향료.

*2
12 麟 기린 린 | 麟
23

중lín(린) 일リン/きりん 영giraffe
풀이 기린.
〔麟角 인각〕《'기린의 뿔'이라는 뜻으로》 지극히 드문 사물.
◢麒麟(기린)

22 麤 거칠 추 | 속 麁 麤
33

중cū(추) 일ソ/あらい 영rough
풀이 ①거칠다. ②대략. 대강. ③석새베. 올이 굵은 베.
〔麤米 추미〕 찧지 않은 쌀.
〔麤布 추포〕 거칠고 굵게 짠 베.

麥部 보리맥

☆*3-Ⅱ
0 麥 보리 맥 | 속간 麦 麥
11

一 ア 双 双 夾 夾 麥 麥

중mài(마이) 일バク/おおむぎ 영barley
갑 전 자원 **상형자.** 본자는 '來(래)'였으나 來가 '밀' 또는 '보리'가 아닌 '오다'의 뜻으로 쓰이게 되면서 본뜻을 보존하기 위해 아래쪽에 뿌리를 그려 넣은 자가 '麥'임.
한자 부수의 하나.
풀이 ①보리. 맥류(麥類)의 총칭. ②묻다. 매장함.
〔麥藁 맥고〕 밀짚이나 보릿짚.
〔麥農 맥농〕 보리농사.
〔麥茶 맥다〕 보리차.
〔麥飯 맥반〕 보리밥.
〔麥粉 맥분〕 ①밀가루. ②보릿가루.
〔麥秀之歎 맥수지탄〕 《기자(箕子)가 은(殷)나라가 망한 후에도 보리만은 잘 자람을 보고 한탄했다는 고사에서》 고국의 멸망을 한탄함.
〔麥芽 맥아〕 엿기름.
〔麥作 맥작〕 보리농사.
〔麥酒 맥주〕 엿기름에 홉(hop)을 넣어 발효시켜 만든 술.
〔麥秋 맥추〕 보리가 익어 거두어 들이는 철. 보릿가을.
◢裸麥(나맥)/大麥(대맥)/小麥(소맥)/菽麥(숙맥)

7 麦 麥(맥)의 속자 →841쪽

*1
4 麪 밀가루 면 | 동 麵 간 面 麪
15

중miàn(미엔) 일メン/こむぎこ
풀이 ①밀가루. 보릿가루. ②국수.
〔麪麭 면포〕 빵.
◢冷麪(냉면)/溫麪(온면)

4 麩 밀기울 부 | 간 麸 麩
15

중fū(°푸) 일フ/ふすま
풀이 밀기울.
◢麥麩(맥부)

5 麭 떡 포 | 麭
16

중pào(파오) 일ホウ/こなもち
풀이 떡.
◢麪麭(면포)

6 麯 누룩 곡 본국 | 간 曲 麯
17

중qū(취) 일キク/こうじ 영yeast
풀이 누룩. 곡자(麯子). 같麴.
〔麯子 곡'자〕 누룩.

*
8 麴 누룩 국 | 간 曲 麴
19

중qū(취) 일キク/こうじ 영yeast
풀이 ①누룩. 같麯. ②술. ③누에 채반. 잠박(蠶箔).
〔麴君 국군〕 '술'을 의인화한 말.
〔麴母 국모〕 홍국(紅麴)을 만드는 재료. 누룩밑.
◢紅麴(홍국)

*
20 麵 麪(면)과 동자 →841쪽

麻部 삼마

★*3-Ⅱ
0 麻 삼 마 | 속 麻 蔴 麻
11

亠 广 广 庁 庁 床 府 麻

중má(마) 일マ/あさ 영hemp
금 전 자원 **회의자.** 금문은 언덕[厂]에 벗겨 낸 삼 껍질[𣏟]을 널어 놓고 말리는 모습을 나타냄. 소전에 이르러 厂(언덕 엄)이 작업장을 뜻하는 广(집 엄)으로 바꾸어 오늘날의 자형이 됨.

부 한자 부수의 하나.
풀이 ①삼. 삼베의 원료가 되는 식물. ②삼실로 만든 옷감이나 옷의 총칭. ③참깨. ④마비되다. 통痲.
〔麻袋 마대〕 굵고 거친, 아마(亞麻)로 짠 커다란 자루.
〔麻絲 마사〕 삼 껍질로 만든 실. 베실.
〔麻衣 마의〕 삼베옷.
〔麻雀 마작〕 중국의 실내 오락.
〔麻織 마직〕 마섬유로 짠 직물.
〔麻布 마포〕 삼베.
◢亂麻(난마)/大麻(대마)/生麻(생마)/熟麻(숙마)/亞麻(아마)/苧麻(저마)/菜麻(채마)/黃麻(황마)

11 麻 麻(마)의 속자 →841쪽

4 15 *1 麾 대장기 휘 麾

중huī(후에이) 일キ/さしずばた
풀이 ①대장기(大將旗). ②지휘하다. ③부르다. 손짓하여 부름.
〔麾下 휘하〕 ①우두머리의 지휘 아래. ②우두머리의 지휘 아래 딸린 사람.

黃部 누를황

0 12 ☆*6 黃 누를 황 간 黄 黃

一 艹 艹 井 昔 芾 苗 黃

중huáng(후앙) 일コウ/きいろ 영yellow
갑 금 전 자원 **상형자.** 사람이 가슴에 패옥(佩玉)을 차고 있는 모습을 나타냄. '누른색'의 뜻으로 가차되어 쓰임. 화살에 田(밭 전)처럼 생긴 것을 장식으로 달아 놓은 모습이라는 설도 있음.
부 한자 부수의 하나.
풀이 ①누르다. 누른빛. 5색(色)의 하나. ②어린아이. ③금(金). 황금. ④황제(黃帝) 헌원씨(軒轅氏). 또는, 그의 교(敎).
〔黃口 황구〕《참새 새끼의 부리가 노란 데서》 어린아이.
〔黃狗 황구〕 누런 개. 누렁이.
〔黃口乳臭 황구유취〕《어려서 아직 젖내가 난다는 뜻으로》 남을 어리고 하잘것없다고 욕하여 이르는 말.
〔黃金 황금〕 ①누런 금. ②돈. 재물.
〔黃疸 황달〕 간에 탈이 생겨 피부나 점막이 누른빛으로 되는 증상.
〔黃道 황도〕 태양의 둘레를 도는 지구의 궤도가 천구(天球)에 투영된 궤도.
〔黃銅 황동〕 구리와 아연으로 만든 합금. 놋쇠.
〔黃麻 황마〕 삼의 한 가지.
〔黃毛 황모〕 족제비의 꼬리털. 붓을 만드는 데 씀.
〔黃砂 황사〕 중국 대륙에서 강한 바람을 타고 날아오는 누런빛의 먼지.
〔黃酸 황산〕 무색무취의 끈기가 있는, 강한 산성의 액체.
〔黃色 황색〕 누런 색깔.
〔黃帝 황제〕 중국 전설상의 제왕. 軒轅氏(헌원씨).
〔黃鳥 황조〕 꾀꼬리. 黃雀(황작).
〔黃塵 황진〕 ①누른 먼지. ②《'속세의 티끌'이라는 뜻으로》 세상의 여러 가지 번잡한 일. 俗塵(속진).
〔黃泉 황천〕 사람이 죽어서 간다고 하는 세상. 저승.
〔黃燭 황촉〕 밀(蜜)로 만든 초.
〔黃土 황토〕 누르스름한 흙.
〔黃袍 황포〕 노란색 옷감으로 지은 황제의 예복.
〔黃昏 황혼〕 ①해가 져서 어둑어둑할 무렵. ②인생에서 한창때가 지나 말년이 된 때의 비유.
〔黃禍 황화〕 황인종이 백인종에게 입히는 화(禍).
◢加黃(가황)/卵黃(난황)/浮黃(부황)/牛黃(우황)/朱黃(주황)/脫黃(탈황)

黍部 기장서

0 12 *1 黍 기장 서

중shǔ(°수) 일ショ/きび
갑 금 전 자원 **상형자.** 가지와 이삭이 달린 기장의 모습을 나타낸 것으로, 水(물 수)를 덧붙임으로써 기장으로 술을 빚을 수 있음을 나타냄.
부 한자 부수의 하나.
풀이 ①기장. 오곡(五穀)의 한 가지. ②술그릇. 서 되들이 술그릇.
〔黍穀 서곡〕 조·수수·옥수수 등의 잡곡.
〔黍粟 서속〕 기장과 조.
〔黍稷 서직〕 기장과 피.
◢禾黍(화서)

3 15 *1 黎 검을 려 黎

중lí(리) 일レイ/くろい 영black
풀이 ①검다. ②많다. 뭇. ③녘. 무렵. ④가지런하다.
〔黎明 여명〕 ①날이 밝을 무렵. ②희망

12획

의 빛.
〔黎明期 여명기〕 새로운 것이 시작되려는 시기.
〔黎民 여민〕 일반 백성. 黔首(검수).

5
17 **黏** 차질 **점** [본]**념**

[중]nián(니엔) [일]デン, ネン/ねばる [영]sticky
[풀이] ①차지다. 끈기가 있음. 끈끈함. [같]粘. ②풀. 접착제. ③떡. ④죽. ⑤붙다. 들러붙음.

黑部 검을흑

☆*5
0
12 **黑** 검을 **흑**

丶 冂 冋 罒 甲 里 黒 黑

[중]hēi(헤이) [일]コク/くろい [영]black
[금] [전] [자원] **상형자.** 죄인이 이마에 낙인을 찍히는 묵형(墨刑)을 당한 모습을 나타낸 자.
✎ 한자 부수의 하나.
[풀이] ①검다. ②검은빛. ③검게 되다.
〔黑幕 흑막〕 겉으로 드러나지 않은 음흉한 내막.
〔黑髮 흑발〕 검은 머리털.
〔黑白 흑백〕 ①검은색과 흰색. ②옳고 그름. 善惡(선악). ‖黑白論理(흑백 논리). ③흑인과 백인.
〔黑色 흑색〕 검은색.
〔黑松 흑송〕 나무껍질이 흑갈색인 상록 침엽 교목. 곰솔.
〔黑心 흑심〕 음흉하고 부정한 마음.
〔黑鉛 흑연〕 탄소가 주성분인 검은색의 무른 광물.
〔黑曜石 흑요석〕 유리질의 화산암. 회색 또는 검은색을 띠며 유리 광택이 있음. 烏石(오석).
〔黑衣 흑의〕 ①검은 옷. ②승려의 법의(法衣).
〔黑字 흑자〕 ①검은 글씨. ②수입이 지출보다 많아 잉여 이익이 생기는 일.
〔黑板 흑판〕 검은 칠을 하여 분필로 글씨를 쓰게 만든 널빤지. 漆板(칠판).
〔黑風 흑풍〕 모래나 티끌을 휘몰아 일으켜 햇빛을 가리면서 맹렬히 부는 회오리바람.
◢近墨者黑(근묵자흑)/暗黑(암흑)/漆黑(칠흑)

*
4
16 **黔** 검을 **검**

[중]qián(치엔) [일]ケン [영]black
[풀이] ①검다. ②그을다. 검어짐. ③땅 이름.
〔黔突 검돌〕 거멓게 그은 굴뚝.
〔黔首 검수〕《관을 쓰지 않아 검은 머리를 드러내고 있다는 뜻에서》 일반 백성. 庶民(서민). 黎民(여민).

★*3-Ⅱ
4
16 **默** 잠잠할 **묵**

冂 罒 甲 里 黑 黒一 默 默

[중]mò(모) [일]モク/だまる [영]silent
[자원] **형성자.** 犬(견)은 의미를 나타내고 黑(흑)은 음을 나타냄. 개가 소리를 내지 않고 있다가 갑자기 사람을 공격함을 나타냄.
[풀이] ①잠잠하다. 침묵(沈默)함. ②조용하다. ③어둡다. 희미함.
〔默契 묵계〕 말 없는 가운데 뜻이 서로 맞음. 또는, 그렇게 하여 맺어진 약속.
〔默過 묵과〕 잘못을 알고도 모르는 체하고 그대로 넘김.
〔默念 묵념〕 ①묵묵히 생각함. ②말없이 마음속으로 빎.
〔默讀 묵독〕 소리를 내지 않고 속으로 글을 읽음. ↔朗讀(낭독).
〔默禮 묵례〕 말없이 고개만 숙이는 인사.
〔默默 묵묵〕 말없이 잠잠한 모양. 默然(묵연). ‖默默不答(묵묵부답).
〔默祕權 묵비권〕 피고인이나 피의자가 자기에게 불리한 진술을 거부하여 침묵할 수 있는 권리.
〔默殺 묵살〕 어떤 일에 대하여 문제 삼지 않음.
〔默想 묵상〕 눈을 감고 말없이 마음속으로 생각함.
〔默示 묵시〕 말없이 은연중에 의사를 표시함.
〔默認 묵인〕 말없이 모르는 체하고 승인함. 默諾(묵낙). 默許(묵허).
〔默珠 묵주〕 가톨릭에서 기도를 드릴 때 사용하는, 구슬을 줄에 꿴 것.
〔默重 묵중〕 과묵(寡默)하고 몸가짐이 신중함.
◢寡默(과묵)/暗默(암묵)/沈默(침묵)/含默(함묵)

*
5
17 **黛** 눈썹 그릴 **대**

[중]dài(따이) [일]タイ
[풀이] ①눈썹을 그리다. 눈썹먹. ②그린 눈썹. ③여자의 눈썹.

★*4
5
17 **點** 점 **점** [약]奌 [속][간]点

冂 冂 罒 甲 里 黑 點 點

㊥diǎn(디엔) ㊐テン/ぽち ㊎dot
자원 **형성자.** 黑(흑)은 의미를 나타내고 占(점)은 음을 나타냄.
풀이 ①점. 작은 흔적. ②세다. 점검(點檢)함. ③물방울. ④평가를 나타내는 말. ⑤등불을 켜다. ⑥점 찍다.
〔點檢 점검〕 낱낱이 검사함. 또는, 그 검사.
〔點景 점경〕 ①멀리 점점이 이루어진 경치. ②산수화에서, 사람·동물·사물 등을 화면의 곳곳에 그려 넣는 일.
〔點燈 점등〕 등불을 켬.
〔點滅 점멸〕 ①등불이 켜졌다 꺼졌다 함. ②등불을 켰다 껐다 함.
〔點描 점묘〕 ①물감을 점으로 찍어 그림을 그림. 또는, 그 화법(畫法). ②부분적으로 묘사함.
〔點線 점선〕 점으로 이룬 선.
〔點數 점수〕 성적을 나타내는 숫자.
〔點心 점심〕 ①낮에 끼니로 먹는 음식. 晝食(주식). ②선가(禪家)에서, 배고플 때 조금 먹는 음식.
〔點眼 점안〕 ①눈에 안약을 넣는 일. ② ➡點睛(점정)①.
〔點字 점자〕 손가락으로 더듬어 읽도록 한, 맹인용 기호 문자.
〔點點 점점〕 ①낱낱의 점. ②점을 찍은 듯이 군데군데 흩어져 있는 모양.
〔點睛 점정〕 ①사람이나 짐승을 그릴 때, 맨 나중에 눈동자를 그려 넣음. 點眼(점안). ②《눈동자를 그려 넣는다는 뜻으로》 사물의 가장 중요한 부분을 이루어 완성시킴. ※畫龍點睛(화룡점정).
〔點綴 점철〕 흐트러진 여러 점이 서로 이어짐. 또는, 그것들을 서로 이음.
〔點呼 점호〕 한 사람씩 이름을 불러 인원(人員)을 점검함.
〔點火 점화〕 불을 붙이거나 켬.
◢加點(가점)/減點(감점)/強點(강점)/據點(거점)/缺點(결점)/觀點(관점)/求心點(구심점)/歸結點(귀결점)/起點(기점)/難點(난점)/論點(논점)/短點(단점)/同點(동점)/得點(득점)/滿點(만점)/盲點(맹점)/斑點(반점)/罰點(벌점)/氷點(빙점)/時點(시점)/弱點(약점)/汚點(오점)/要點(요점)/長點(장점)/爭點(쟁점)/頂點(정점)/終點(종점)/重點(중점)/地點(지점)/採點(채점)/評點(평점)/黑點(흑점)

*1
5 17 **黜** 내칠 **출** 黜

㊥chù(°추) ㊐チュツ ㊎reject
풀이 ①내치다. 물리침. ②쫓다. 축출(逐出)함. ③폐지하다.
〔黜教 출교〕 종교에서, 교인을 제명(除名)하여 내쫓음.
〔黜黨 출당〕 당원 명부에서 제명하고 당원의 자격을 빼앗음.
〔黜陟 출척〕 못된 사람을 내쫓고, 착한 사람을 뽑아 씀.
◢見黜(견출)/竄黜(찬출)/斥黜(척출)/廢黜(폐출)

6 18 **黠** 약을 **힐** 본**할** 黠

㊥xiá(시아) ㊐カツ/さとい ㊎wise
풀이 ①약다. 영리함. ②교활하다.

8 20 **黥** 묵형 **경** 黥

㊥qíng(칭) ㊐ゲイ ㊎tattoo
풀이 묵형(墨刑).
〔黥面 경면〕 얼굴에 죄명을 새겨 넣던 형벌. 刺字(자자).

★★4-Ⅱ
8 20 **黨** 무리 **당** 약간 党 黨

⺌ 尚 尚 尚 當 當 堂 黨

㊥dǎng(당) ㊐トウ/ともがら ㊎party
자원 **형성자.** 黑(흑)은 의미를 나타내고 尙(상)은 음을 나타냄. 본뜻은 '선명하지 않다'이나 가차되어 '붕당'의 뜻으로 쓰이자, 본뜻을 보존하기 위해 만든 자가 '曭'(흐릿할 당)임.
풀이 ①무리. 한동아리. ②일가. 친척. ③많다. 많은 사람들. ④불공평하다. ⑤마을.
〔黨權 당권〕 당의 주도권.
〔黨規 당규〕 당의 규칙. 黨則(당칙).
〔黨旗 당기〕 당의 기(旗).
〔黨同伐異 당동벌이〕 잘잘못에 관계없이 뜻이 같은 무리끼리는 서로 돕고 그렇지 않은 무리는 배척함.
〔黨略 당략〕 정당의 정략.
〔黨論 당론〕 정당의 의견이나 논의.
〔黨勢 당세〕 당의 세력.
〔黨首 당수〕 정당의 우두머리.
〔黨員 당원〕 정당에 가입한 사람.
〔黨爭 당쟁〕 예전에, 당파를 이루어 서로 싸우던 일.
〔黨籍 당적〕 당원으로 등록되어 있는 문서. 또는, 그 문서에 올라 있는 당원으로서의 소속.
〔黨派 당파〕 정치적 목적이나 주장을 같이하는 사람들끼리 모여 이룬 단체.
〔黨憲 당헌〕 정당의 강령이나 기본 방침.
◢公黨(공당)/徒黨(도당)/不偏不黨(불편부당)/不汗黨(불한당)/朋黨(붕당)/私黨(사당)/新黨(신당)/惡黨(악당)/野黨(야당)/與黨(여당)/入黨(입당)/作黨(작당)/殘黨(잔당)/政黨(정당)/創黨(창당)/脫黨(탈당)/合黨(합당)/害黨(해당)

11 * 23 **黴** 곰팡이 **미** | [간] 霉

[중]méi(메이) [일]ビ/かび [영]mold
[풀이] ①곰팡이. 곰팡이가 핌. ②검다. ③썩다. ④때가 끼다.
〔黴菌 미균〕 몸이 단 하나의 세포로 이루어진 아주 작은 미생물. 세균.

黹部 바느질할치

0 12 **黹** 바느질할 **치**

[중]zhǐ(°즈) [일]チ [영]sew
✎ 한자 부수의 하나.
[풀이] ①바느질하다. ②수를 놓다. ③수놓은 옷.

5 17 **黻** 수 **불**

[중]fú(°푸) [일]フツ [영]embroidery
[풀이] ①수(繡). 옛날, 예복에 놓은 수로, 己 자 둘이 서로 등진 모양의 무늬. ②폐슬(蔽膝).
◢黼黻(보불)

7 19 **黼** 수 **보**

[중]fǔ(°푸) [일]フ, ホ [영]embroidery
[풀이] ①수. 옛날, 예복에 놓은 수로, 자루 없는 도끼 모양의 흑백색 꽃무늬. ②수놓은 옷.
〔黼黻 보불〕 임금이 입던 예복의 치마같이 만든 자락에 수놓은, 도끼와 '亞' 자 모양의 수.

黽部 맹꽁이맹

0 13 **黽** ❶맹꽁이 **맹** ❷힘쓸 **민**

[중]miǎn(미엔), mǐn(민) [일]ボウ, ビン
✎ 한자 부수의 하나.
[풀이] ❶맹꽁이. ❷힘쓰다.

11 * 24 **鼇** 자라 **오** | [속] 鰲

[중]áo(아오) [일]ゴウ [영]mud
[풀이] ①자라. 바다에 사는 큰 자라. ②바다거북.

12 *1 25 **鼈** 자라 **별** | [동] 鱉

[중]biē(삐에) [일]ベツ [영]terrapin
[풀이] 자라.
〔鼈甲 별갑〕 자라의 등딱지.
◢魚鼈(어별)

鼎部 솥정

0 *2 13 **鼎** 솥 **정**

[중]dǐng(딩) [일]テイ/かなえ
[영]iron kettle
[갑] [전] [자원] **상형자.** 귀가 두 개 솟아 있고 아래에 발이 달린 솥을 그린 자. 발은 세 개 또는 네 개임.
✎ 한자 부수의 하나.
[풀이] ①솥. ②존귀하다. ③괘 이름. ‖鼎卦(정괘).
〔鼎談 정담〕 세 사람이 솥발처럼 벌려 마주 앉아 하는 이야기.
〔鼎立 정립〕 세 사람 또는 세 세력이 솥발처럼 벌여 섬.
〔鼎足之勢 정족지세〕 솥발같이 세 세력이 맞선 형세.

鼓部 북고

0 ★*3-Ⅱ 13 **鼓** 북 **고** | [속] 皷

十 士 吉 吉 壴 壴 鼓 鼓

[중]gǔ(구) [일]コ/つづみ [영]drum
[갑] [자원] **회의자.** 갑골문에서 왼쪽은 '북'의 상형이고, 오른쪽은 '북채와 그것을 든 손'의 상형임.
✎ 한자 부수의 하나.
[풀이] ①북. ②북을 치다. ③맥박(脈搏). ④부추기다.
〔鼓角 고각〕 진영(陣營)에서 호령할 때 쓰던 북과 나발.
〔鼓女 고녀〕 생식기가 완전하지 못한 여자. ↔鼓子(고자).
〔鼓動 고동〕 피의 순환을 위하여 뛰는 심장의 운동.
〔鼓膜 고막〕 귓속의 얇은 막. 귀청.
〔鼓舞 고무〕 《북을 쳐서 춤추게 한다는 뜻으로》 격려해서 분발하게 함. ‖鼓舞的(고무적).
〔鼓腹擊壤 고복격양〕 《중국 요(堯) 임

금 때 한 노인이 배를 두드리고 땅을 치면서 요 임금의 덕을 찬양하고 태평성대를 즐겼다는 고사에서》 태평성대를 즐김.
〔鼓手 고수〕 북을 치는 사람.
〔鼓笛隊 고적대〕 북과 피리로 구성된 의식 및 행진용 음악대.
〔鼓吹 고취〕《북을 치고 피리를 분다는 뜻으로》 ①용기나 기운을 북돋워 일으킴. ②의견·사상 등을 열렬히 주장하여 불어넣음.
◢大鼓(대고)/法鼓(법고)/小鼓(소고)/勝戰鼓(승전고)/申聞鼓(신문고)/自鳴鼓(자명고)/戰鼓(전고)/座鼓(좌고)

鼠部 쥐서

0 *1
13 **鼠** 쥐 **서**

[중]shǔ(°수) [일]ソ/ねずみ [영]rat
[금]  [전]  [자원] **상형자.** 위로 향한 입과 내민 이빨, 긴 꼬리를 가진 쥐를 나타낸 자.
[부] 한자 부수의 하나.
[풀이] ①쥐. ②임금 측근의 간신의 비유. ③질병 이름.
〔鼠肝蟲臂 서간충비〕《'쥐의 간과 벌레의 팔'이라는 뜻으로》 쓸모없고 하찮은 사람이나 물건.
〔鼠輩 서배〕 보잘것없는 무리의 비유.
〔鼠賊 서적〕 좀도둑. 小賊(소적).
〔鼠竊狗偸 서절구투〕《쥐나 개처럼 몰래 물건을 훔친다는 뜻으로》 좀도둑.
〔鼠蹊 서혜〕 두 다리의 사이. 샅

鼻部 코비

13획

0 ☆*5
14 **鼻** 코 **비**

[중]bí(비) [일]ビ/はな [영]nose
[자원] **형성자.** 自(자)는 의미를 나타내고 畀(비)는 음을 나타냄. '코'의 상형인 自가 '자신(自身)'의 뜻으로 가차되어 쓰이게 되자, 본뜻을 보존하기 위해 畀를 덧붙여 만든 자가 '鼻'임.
[부] 한자 부수의 하나.
[풀이] ①코. ②코 꿰다. 짐승의 코에 코뚜레 따위를 꿺. ③시초. 처음.
〔鼻腔 비강〕 콧구멍에서 목구멍 사이의 빈 공간.
〔鼻孔 비공〕 콧구멍.
〔鼻笑 비소〕 코웃음.
〔鼻炎 비염〕 콧속 점막에 생기는 염증.
〔鼻音 비음〕 ①코가 막힌 듯이 내는 소리. ②입 안의 통로를 막고 코로 공기를 내보내면서 내는 소리. 콧소리.
〔鼻祖 비조〕 한 겨레나 가계의 맨 처음이 되는 조상. 始祖(시조).

齊部 가지런할제

0 ★*3-Ⅱ
14 **齊** [1]가지런할 **제**★*3-Ⅱ [2]조화할 **제**★*3-Ⅱ [3]옷자락 **자** [4]재계할 **재**★*

[약] 斉 [간] 齐 

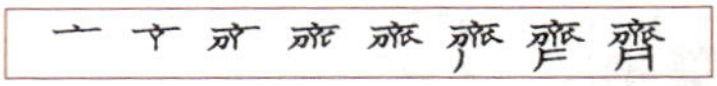

[중]qí(치), jì(찌), zī(쯔), zhāi(°짜이)
[일]セイ, シ, サイ
[갑]  [금]  [전]  [자원] **상형자.** 밭의 곡식이 고르게 자라 가지런한 모양을 나타낸 자.
[부] 한자 부수의 하나.
[풀이] [1]①가지런하다. ②갖추다. 정비함. ③다 같이. 모두. ④삼가다. 엄숙함. ⑤배꼽. [통]臍. ⑥나라 이름. [2]①조화하다. 음식의 간을 맞춤. 또는, 그 요리. ②더하다. ③여러 가지를 섞어 조제한 약. [3]옷자락. [4]재계(齋戒)하다. [같]齋.
〔齊衰 자최〕 ➡齊衰(재최).
〔齊家 제가〕 집안을 바르게 다스림. ‖修身齊家(수신제가).
〔齊唱 제창〕 여러 사람이 함께 노래를 부름.
〔齊衰 재최〕 오복(五服)의 하나. 거친 베로 지어 아랫단을 꿰맨 상복(喪服). 齊衰(자최).
◢均齊(균제)/一齊(일제)/整齊(정제)

3 *1
17 **齋** [1]재계할 **재** [2]상복 **재** [본]**자**

[간] 斋 

[중]zhāi(°짜이) [일]サイ, シ
[풀이] [1]①재계하다. [같]齊. ②깨끗하다. ③삼가다. ④공부하는 곳. ⑤법회(法會) 때의 음식. [2]상복(喪服).
〔齋戒 재계〕 종교적 의식을 치르기 위하여 몸과 마음을 깨끗이 하고 부정(不淨)한 일을 멀리함.
〔齋宮 재궁〕 각 고을에 있는 문묘(文廟). 校宮(교궁).
〔齋室 재실〕 ①무덤이나 사당 옆에 제사를 지내기 위하여 지은 집. 齋閣(재각). ②능이나 종묘에 제사를 지내기 위하여 지은 집. 齋殿(재전). ③유생(儒生)들이 공부하던 집.

〔齋日 재일〕 재계(齋戒)하는 날.
〔齋主 재주〕 ①불공의 주인. ②재식(齋食)의 시주(施主).
◢禁肉齋(금육재)/斷食齋(단식재)/四十九齋(사십구재)/書齋(서재)/入齋(입재)

7 * 21 **齎** [1]가져올 **재*** [2]탄식할 **자** | 齎

[중]jī(찌) [일]セイ, シ [영]bring
[풀이] [1]①가져오다. ②보내다. 선사함. ③가지다. 지님. [2]탄식하다.
〔齎來 재래〕 어떤 결과를 가져옴.

齒部 이치

0 ☆*4-II 15 **齒** 이 **치** | [속]歯 [간]齿 齒

丨 ⺊ 𣥂 ... 齒

[중]chǐ(츠) [일]シ/は [영]teeth
[갑]  [금]  [전]  [자원] **형성자.** 갑골문은 입 안에 이가 여러 개 나 있는 모습을 나타낸 상형자였으나 금문에서 음을 나타내는 止(지)를 덧붙임으로써 형성자가 됨.
한자 부수의 하나.
[풀이] ①이. ②이 모양으로 생긴 것. ③나이. ④나란히 서다. 비견(比肩)함. ⑤동류(同類).
〔齒腔 치강〕 이 속의 빈 곳.
〔齒科 치과〕 이를 치료하거나 교정하는 의원이나 병원.
〔齒冠 치관〕 잇몸 밖으로 드러나 있는 이의 부분.
〔齒根 치근〕 이의 뿌리 부분.
〔齒德 치덕〕 나이가 많고 덕행이 높음.
〔齒石 치석〕 이의 표면에 엉겨 붙어서 굳은 물질.
〔齒牙 치아〕 '이'를 점잖게 이르는 말.
〔齒藥 치약〕 이를 닦을 때 칫솔에 묻혀서 쓰는 물질.
〔齒列 치열〕 이들이 줄을 지어 죽 박혀 있는 것. 잇바디.
〔齒痛 치통〕 이가 아픈 증세. 이앓이.
◢犬齒(견치)/臼齒(구치)/拔齒(발치)/年齒(연치)/乳齒(유치)/義齒(의치)/蟲齒(충치)

5 *1 20 **齡** 나이 **령** | [간]龄 齡

[중]líng(링) [일]レイ/よわい [영]age
[풀이] 나이. 연령.
◢高齡(고령)/老齡(노령)/妙齡(묘령)/樹齡(수령)/年齡(연령)/適齡(적령)

5 * 20 **齟** 어긋날 **저*** **서** | [간]龃 齟

[중]jǔ(쥐) [일]ショ, ソ [영]discord
[풀이] ①어긋나다. ②씹다.
〔齟齬 서어〕 ①익숙하지 않아 서름서름함. ②뜻이 맞지 않아 조금 서먹함.

6 * 21 **齧** 물 **설** | [간]啮 齧

[중]niè(니에) [일]ケツ/かじる [영]bite
[풀이] ①물다. 깨묾. ②물어뜯다. 씹음. ③이를 갈다. 절치(切齒)함.
〔齧齒類 설치류〕 포유류의 한 목. 쥐·토끼처럼 물건을 잘 갉는 동물.

7 * 22 **齬** 어긋날 **어** | [간]龉 齬

[중]yǔ(위) [일]ゴ [영]discord
[풀이] 어긋나다. 어긋남.
◢齟齬(서어)

7 * 22 **齪** 악착할 **착** | [간]龊 齪

[중]chuò(°추어) [일]サク
[풀이] ①악착하다. 끈기 있고 모짊. ②이가 맞부딪치는 소리.
◢齷齪(악착)

9 * 24 **齷** 잔달 **악** | [간]龌 齷

[중]wò(워) [일]アク/こまかい [영]small
[풀이] ①잔달다. 작음. ②악착하다.
〔齷齪 악착〕 ①조그만 일에도 악을 쓰며 모질게 굶. ②도량이 몹시 좁음.

龍部 용룡

0 ★*4 16 **龍** 용 **룡** | [고]竜 [간]龙 龍

亠 立 音 音 ... 龍 龍

[중]lóng(룽) [일]リュウ/たつ [영]dragon
[갑]  [자원] **상형자.** 전설에 등장하는 상상의 동물인 용의 모습을 본뜬 자. '악어'의 뜻으로도 쓰인 적이 있음.
한자 부수의 하나.
[풀이] ①용. 상상의 동물. ②임금. 제왕의 비유. ③뛰어난 인물. ④높이 8척 이상 되는 말.
〔龍駕 용가〕 임금이 타는 수레. 御駕(어가).

〔龍宮 용궁〕 바다 속에 있다고 하는 용왕(龍王)의 궁전.
〔龍女 용녀〕 ①용왕의 딸. ②용궁에 산다는 선녀.
〔龍頭蛇尾 용두사미〕 《'용의 머리에 뱀의 꼬리'란 뜻으로》 처음은 왕성하나 나중은 쇠함. 또는, 처음은 좋으나 끝이 좋지 않음.
〔龍馬 용마〕 ①모양이 용 같다는 상상의 말. 중국 복희씨(伏羲氏) 때 황허강에서 팔괘(八卦)를 싣고 나왔다는 준마. ②매우 잘 달리는 훌륭한 말.
〔龍門 용문〕 중국 황허 강 중류에 있는 여울목 이름. 잉어가 이곳을 뛰어오르면 용이 된다고 함. ※登龍門(등용문).
〔龍紋 용문〕 용을 그린 오색 무늬.
〔龍尾 용미〕 ①용의 꼬리. ②무덤의 뒤를 용의 꼬리처럼 만든 부분.
〔龍味鳳湯 용미봉탕〕 맛이 썩 좋은 음식의 비유. ※山海珍味(산해진미).
〔龍蛇飛騰 용사비등〕 용이 살아 움직이는 것같이 아주 활기 있는 필력(筆力)의 비유.
〔龍床 용상〕 임금이 정무를 볼 때 앉는 평상. 龍牀(용상). 龍座(용좌). 龍平牀(용평상).
〔龍沼 용소〕 폭포수가 떨어지는 곳에 있는 웅덩이.
〔龍顏 용안〕 임금의 얼굴. 天顏(천안). 聖顏(성안). 玉顏(옥안).
〔龍王 용왕〕 바다에 살며 용궁을 다스린다는 임금.
〔龍座 용좌〕 ①임금이 앉는 자리. ②➡龍床(용상).
〔龍平牀 용평상〕 ➡龍床(용상).
〔龍虎相搏 용호상박〕 《용과 범이 서로 싸운다는 뜻으로》 강자(強者)끼리 서로 싸움.
◢恐龍(공룡)/飛龍(비룡)/臥龍(와룡)/潛龍(잠룡)/靑龍(청룡)

3 19 龐 *2 [1]클 방*2 [2]찰 롱 | [간] 庞 龐
[중]páng(팡), lóng(룽)
[일]ホウ, ロウ/おおきい, みちる
[풀이] [1]①크다. ②어지럽다. 난잡함. [2]①차다. 충실함. ②비대하다.

6 22 龕 * 감실 감 | [간] 龛 龕
[중]kān(칸) [일]ガン/ずし
[풀이] ①감실(龕室). ②탑(塔). 또는, 그 아래쪽의 방. ③이기다. 사악(邪惡)을 물리치고 남을 평정함.
〔龕室 감실〕 ①사당 안에 신주(神主)를 모셔 두는 장. ②불탑 밑에 만든 작은 방. ③천주교에서, 성체(聖體)를 모시는 방.
◢佛龕(불감)/石龕(석감)

16획

龜部 거북귀

0 16 龜 ★*3 [1]거북 귀*3 [2]나라 이름 구★*3 [3]틀 균*3 | [속] [간] 亀 龟 龜
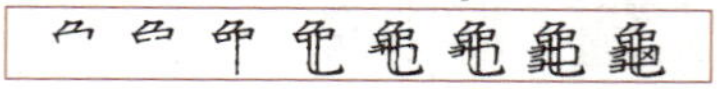
[중]guī(꾸에이), qiū(치우), jūn(쮠)
[일]キ, キュウ, キン/かめ, ひび
[영]tortoise
[갑]  [금]  [전]  [자원] **상형자.** 거북의 모습을 본뜬 자.
[🖊] 한자 부수의 하나.
[풀이] [1]①거북. 파충류의 하나. ②등골뼈. 척골(脊骨). ③화폐. 옛날, 귀갑을 화폐로 썼음. [2]나라 이름. [3]트다. 살갗 따위가 갈라짐. ‖龜裂(균열).
〔龜鑑 귀감〕 거울로 삼아 본받을 만한 모범. 본보기.
〔龜甲 귀갑〕 거북의 등딱지. 龜殼(귀각).
〔龜毛兔角 귀모토각〕 《'거북의 털과 토끼의 뿔'이라는 뜻으로》 있을 수 없는 일.
〔龜卜 귀복〕 귀갑을 태워, 거기서 생기는 모양을 보고 길흉을 판단하던 일. 거북점.
〔龜趺 귀부〕 거북 모양을 새긴, 비석의 받침돌. 龜頭(귀두).
〔龜船 귀선〕 조선 선조 때 이순신 장군이 만든, 거북 모양을 한 철갑선. 거북선.
〔龜裂 균열〕 ①거북의 등에 있는 무늬처럼 갈라져 터짐. ②친한 사이에 틈이 생김. ③추위로 손발이 터짐.

11 亀 龜(귀·구·균)의 속자 →848쪽

龠部 피리약

0 17 龠 피리 약 | 龠
[중]yuè(위에) [일]ヤク/ふえ [영]flute
[갑]  [금]  [전]  [자원] **상형자.** 피리의 모습을 본뜬 자. 아랫부분은 여러 개의 대나무관을 묶어 놓은 것에 취구(吹口)가 더해진 형상이고, 윗부분은 이것을 부는 입을 나타낸 것임.
[🖊] 한자 부수의 하나.
[풀이] ①피리. 구멍이 8개인 죽제(竹製) 악기. [같]籥. ②용량의 단위. ㉮한 홉(合)의 10분의 1. 곧, 1작(勺). ㉯1약(龠)들이 되.

부록

총획색인

＊대법원 선정 인명용 한자

5획

6획

7획

총획색인

총획색인

8획

총획색인

총획색인

9획

10획

총획색인

11획

총획색인

12획

총획색인

14획

15획

총획색인

16획

17획

19획

20획

21획

자음색인

한자 좌측 숫자는 획수　＊ 대법원 선정 인명용 한자　☆ 중학교용 교육용 기초 한자
● 인명용 한자에서만 나타나는 음　★ 고등학교용 교육용 기초 한자

가

3 个 10
5 加☆* 91
可☆* 114
6 仮 28
7 伽* 31
8 佳☆* 35
価 36
呵* 125
9 柯* 384
枷* 384
架★* 384
珂* 495
苛* 639
茄* 639
迦* 739
10 哥* 130
哿* 130
家☆* 202
痂* 515
11 假☆* 47
笳 565
舸 634
袈* 676
12 街☆* 673
訶* 691
跏* 725
軻* 731
13 嫁* 188
暇★* 365
葭 648
賈* 717
14 嘉* 139
嘏 139
歌☆* 410
15 價☆* 55
稼* 556
駕* 823
17 檟 405

각

6 各☆* 118
7 却★* 106
角☆* 686
8 刻★* 83
9 卻 107
咯 128
恪* 276
珏* 495
10 [illegible] 166
格 387
鬥 830
11 脚☆* 620
12 殼* 417
覚 684
13 搉 326
腳 622
14 愨 289
榷 398
閣★* 781
15 慤* 291
確 543
17 擱 332
20 覺★* 685

간

3 干☆* 240
5 刊★* 80
6 奸* 178
艮* 635
7 旰 356
杆* 379
玕* 494
肝★* 615
8 侃* 36
秆 552
9 姦★* 183
柬* 384
看☆* 530
竿* 565
10 栞* 387
11 乾 16
桿* 391
12 揀* 323
稈* 554
菅 646
間☆* 779
閒 780
13 幹★* 243
14 慳 291
榦 398
15 澗* 458
澗 458
16 墾* 162
諫* 700
17 懇★* 296
癇* 519
磵* 543
艱* 636
18 簡★* 572

갈

6 乫* 15
9 曷* 370
10 害 204
12 割 88
喝* 134
渴☆* 447
13 葛* 648
14 碣* 541
竭* 564
褐* 679
15 羯 604
蝎* 667
18 鞨* 806
19 蠍* 669

감

2 凵 76
5 甘☆* 505
7 坎* 151
8 坩 152
芡 637
邯* 755
9 柑* 384
10 疳* 515
11 减 75
勘* 93
紺* 582
12 堪* 157
嵌* 228
敢☆* 341
減☆* 447
酣 759
13 感☆* 284
戡* 301
14 監★* 527
15 緘 593
16 憨 294

4 气 422
8 担 311
杰* 380
10 桀* 387
12 傑★* 50
14 竭 564

검

4 欠 408
8 芡 637
10 剣 87
12 検 393
鈐* 766
15 儉★* 55
劍★* 89
劒 89
16 劔* 90
撿 331
黔* 843
17 檢★* 405
18 瞼* 535

겁

7 刦 81
刧 81
劫* 92
8 怯* 272
9 迲* 739
11 袷 676

게

11 偈* 48
12 揭* 324
14 碣 541
15 憩 291
16 憇* 294

격

9 挌 314
10 格★* 387
鬲 831
13 綌 587
隔★* 790
隔 791
14 膈* 624
覡* 684
15 鴃 836
16 激★* 461
骼 828
17 擊★* 331
檄* 405

견

4 犬☆* 486
7 坚 151
見☆* 683
8 呟 127
肩★* 615
9 畎 509
10 涓 440
狷 488
11 堅☆* 155
牽★* 485
12 開 779
13 筧 568
絹★* 587
14 甄* 504
遣★* 750
18 鵑* 837
19 繭* 596
20 繾 597
21 譴* 707
23 蠲 670

결

3 孑 191
4 夬 172
欠 408
7 抉* 307
決☆* 426
8 玦 494
9 契 175
10 桔 389
缺★* 598
11 訣* 690
12 結☆* 584
絜 587
15 潔☆* 458
19 譎 705

겸

8 拑 310
10 兼★* 69
12 傔 50
无 69
13 嗛 138
慊* 289
鉗* 767
14 歉 410
箝* 569
17 謙★* 703
18 鎌* 774

겹

7 夾 174
9 恰 278
11 莢 645
袷 676
16 頰 812

경

2 冂* 70
7 冋* 71
囧* 145
更* 369
8 京☆* 22
坰* 152
庚☆* 245
径 260
炅* 468
9 俓* 39
涇* 74
剄 85
勁* 93
扃 304
秔 552
10 倞* 43
勍* 93
哽 130
徑★* 263
涇* 438
耕☆* 609
耿* 610
11 卿 108
梗* 391
烱* 470
竟★* 563
絅* 582
経 582
脛* 620
莖* 644
逕* 742
頃★* 808
12 卿★* 108
景☆* 363
痙* 517
硬★* 540
軽 731
13 傾★* 51
敬☆* 342
煢 473
經☆* 587
14 境★* 160
綮 589
輕☆* 732
15 儆* 55
慶☆* 291
憬* 294
熲* 475
16 暻* 367

계

고

곡

곤

골

자음색인

교

5 巧★* 232
6 交☆* 21
艽 637
8 佼* 36
9 咬* 128
姣* 183
狡* 488
郊★* 755
10 晈 361
校☆* 388
11 敎☆* 339
教* 340
皎* 524
12 喬* 134
窖 560
絞* 585
蛟* 665
13 較★* 731
14 僑* 53
酵 760
鉸 768
15 嬌* 189
嶠* 229
嶠 229
澆 460
膠* 624
餃* 818
16 橋☆* 403
橇 403
蕎* 656
17 矯★* 537
鮫* 834
18 皦 525
竅 562
翹* 606
19 轎* 735
22 驕* 826
23 攪* 335

구

2 九☆* 14
3 久☆* 13
口☆* 114
4 仇* 24
勾* 96
区 99
5 丘★* 8
句☆* 115
旧 355
6 扣 306
臼* 631
艽 637
7 佝 31
劬 92
求☆* 424
灸* 467
玖* 494
究☆* 559
8 具★* 68
咎* 125
坵* 153
拘★* 310
欧 408
殴 416
狗★* 487
疚 514
邱* 755
9 垢* 153
枸* 384
柩* 384
柾 384
玽* 495
耇 608
苟★* 640
韭 807
10 俱★* 43
冦 72
痀 515
矩* 537
11 亀 16, 848
區★* 100
寇* 204
救☆* 340
毬* 420
球★* 496
耉* 608
蚯 665
逑* 742
12 晷 363
13 傴 52
厩 110
媾 188
搆 326
溝* 451
絿* 588
舅* 631
裘 677
詬 695
鉤* 767
鳩* 835
14 嘔* 139
嫗 189
嶇* 228
廐* 248
廄* 248
摳 328
構★* 399
蒟 652
駆 823
15 歐* 410
毆* 418
銶* 770
駒* 824
16 甌 504
篝 571
糗 577
龜★* 848
17 屨 223
購* 720
18 瞿* 535
舊☆* 632
謳* 704
軀* 729
21 懼★* 298
驅★* 825
22 鷗* 839
24 衢* 674

국

3 囗 143
7 囯 145
局★* 219
8 国* 146
11 國☆* 146
掬 319
12 菊★* 646
14 跼 727
15 踘 727
17 鞠* 805
麴 841
18 鞫* 806
19 麯* 841
22 鬻 831

군

7 君☆* 122
9 軍☆* 730
10 捃 317
郡☆* 756
12 窘* 561
菌 646
裙* 677
13 群★* 603
羣 603

굴

8 屈★* 220
10 倔 43

자음색인

9 柅 * 384
16 膩 * 625
17 濔 * 463
19 禰 550

닉

11 匿 * 100
13 溺 * 451

닐

9 昵 359

님

10 恁 277

다

6 多☆* 168
夛 257
10 爹 * 481
茶★* 642
12 [illegible] * 561

단

4 丹☆* 11
5 旦★* 355
6 団 144
7 但☆* 31
8 担 311
9 彖 * 257
段★* 416
10 疸 515
袒 * 676
11 断 348
蛋 * 665
12 單☆* 135
湍 * 447
短☆* 537
13 亶 * 22
煓 * 473
14 團★* 148
端☆* 564
靼 805
15 緞 * 591
鄲 * 758
16 壇★* 162
17 檀★* 405
襌 680
鍛 * 773
18 斷★* 349
簞 * 573

달

8 妲 181
怛 273
10 疸 * 515
13 達☆* 747
14 靼 805
16 撻 * 331
澾 * 461
19 獺 * 492
22 韃 806

담

7 坍 * 151
8 担 311
9 胆 617
10 倓 * 43
耼 * 610
耽 610
11 啖 * 132
淡★* 442
聃 * 610
12 毯 420
湛 * 447
覃 * 682
13 痰 * 518
詹 694
15 儋 56
潭 * 459
談☆* 698
16 憺 * 296
擔★* 331
曇 * 367
澹 * 461
蕁 * 656
錟 * 771
17 禫 550
膽 * 625
19 壜 164
譚 * 704

답

8 沓 * 427
9 畓★* 509
12 答☆* 567
14 遝 * 750
15 踏★* 727

당

6 当 257
10 倘 43
党 62
唐★* 130
11 堂☆* 155
12 棠 * 394
13 塘 * 159
當☆* 513
15 幢 * 239
撞 * 329
16 瞠 534
糖★* 577
17 螳 * 668
20 黨★* 844
21 鐺 * 775
22 儻 58
27 讜 709
28 戇 * 299

대

3 大☆* 170
5 代☆* 25
対 212
6 汏 425
7 对 212
旲 * 356
8 垈 * 153
坮 * 153
岱 * 225
抬 313
隶 793
9 待☆* 261
玳 * 495
11 帶★* 237
袋 * 676
12 貸★* 715
逮 746
隊★* 789
13 碓 541
14 對☆* 215
臺★* 630
17 戴 * 303
擡 * 333
黛 * 843
18 懟 297

댁

6 宅 * 197

덕

12 悳 * 280
14 徳 267
15 德☆* 267

도

2 刀☆* 78
7 図 145
8 到☆* 84
9 度☆* 246
挑★* 315
10 倒★* 43

자음색인

자음색인

료

2 了★* 17
10 料☆* 346
11 聊* 610
14 僚★* 54
寥 208
廖* 248
15 寮* 210
潦 459
獠 491
蓼* 654
16 燎* 477
遼* 751
17 療* 519
瞭* 535

룡

10 竜* 562
16 龍★* 847
20 瓏 503

루

9 陋* 785
11 婁* 185
淚★* 443
累★* 582
13 僂 52
楼 396
14 屢★* 222
漏★* 454
15 樓★* 401
蔞* 654
16 瘻* 519
褸* 680
17 縷* 594
縲 594
18 壘* 164
19 鏤* 775
21 髏 828

류

6 刘 80
9 柳☆* 385
流 435
10 流☆* 438
留☆* 510
11 琉* 497
12 畱 511
硫* 540
13 旒* 353
溜* 451
14 榴* 399
瑠* 500
遛 750
15 劉* 90
瘤* 518
蔞 654
16 橊 404
遛 751
17 繆 594
18 瀏* 464
謬* 704
19 類★* 813

륙

4 六☆* 67
11 陸☆* 787
15 戮* 302
蓼 654

륜

8 侖* 37
10 倫☆* 44
11 崙* 227
崘* 227
淪* 443
14 綸* 589
15 輪★* 732
16 錀* 771

률

9 律☆* 261
10 栗★* 389
11 率★* 493
12 嵂* 228
13 慄* 290

륭

12 隆★* 789
17 癃 519
窿 561

륵

6 肋* 615
11 勒* 94

름

13 禀 549
稟 556
15 凜* 75
凛* 75
16 廩* 250
懍 296

릉

10 凌* 74
11 陵★* 787
12 棱 394
菱* 646
13 楞* 396
稜* 555
14 綾* 589
15 蔆 654
蔆 654
17 薐 657

리

6 吏★* 119
7 利☆* 81
李☆* 379
里☆* 763
9 俐* 39
俚* 39
厘* 108
10 哩 131
唎* 131
悧* 279
涖* 439
浬* 439
狸* 488
11 梨★* 391
犁* 486
理☆* 497
离* 551
莉* 644
12 犂* 486
痢* 517
裡* 677
13 裏★* 677
14 嫠 189
漓 454
貍* 712
15 履★* 222
犛 486
璃* 501
16 斄* 336
罹* 601
18 釐* 764
鯉* 834
19 羸* 604
離★* 796
麗 840
23 蘺 662
25 籬* 574
29 驪 827

린

7 吝* 123
15 撛* 329

자음색인

북

분

불

붕

비

자음색인

삭

9 削★* 85
10 朔★* 374
13 数 343
14 槊 399
蒴 652
15 數* 343
索* 581
23 鑠 777

산

3 山☆* 223
6 汕* 425
7 刪* 82
删 82
8 疝* 515
9 珊* 495
珊 495
10 狻 488
11 產☆* 506
12 傘* 51
散☆* 342
14 算☆* 569
蒜* 652
酸* 760
15 潸 459
澘 459
16 橵 404
18 繖 596
20 霰* 801

살

8 乷* 15
10 殺 417
11 殺☆* 417
13 煞* 473
15 撒* 329
蔱 655
18 薩* 658

삼

3 三☆* 3
彡 258
7 杉* 379
8 参 110
芟* 638
衫* 674
11 參* 110
12 叅 111
森* 394
14 滲* 455
15 蔘* 655

삽

4 卅 101
7 扱 307
9 哈 129
11 渋 443
12 插* 324
揷* 324
鈒* 767
13 歃 409
14 颯* 815
15 澁* 459
澀 459
16 霎 800

상

3 上☆* 4
5 疒 514
7 床★* 244
状 487
8 尙☆* 217
牀* 482
狀★* 487
9 峠● 226
庠* 246
桒 385
相☆* 530
10 倘 43
晌 361
桑★* 389
11 商☆* 132
常☆* 237
徜 264
爽* 481
祥★* 547
12 喪☆* 135
廂* 248
湘* 448
翔* 605
象★* 710
13 傷☆* 52
想☆* 286
甞 505
詳★* 693
14 像★* 54
嘗★* 139
塽* 161
嫦 189
裳★* 679
15 樣* 402
殤 416
箱* 570
賞☆* 719
餉 819
16 橡* 404
17 償★* 57
襄 680
霜☆* 800
18 觴* 687
19 顙 813
20 孀* 190

새

13 塞★* 159
15 僿 56
17 賽* 721
19 璽* 502
20 鰓 834

색

6 色☆* 636
13 嗇* 138
塞* 159
15 索★* 581
18 穡* 558

생

5 生☆* 505
9 栍 385
牲* 485
省* 531
11 笙* 566
12 甥* 507

서

6 西☆* 681
7 序☆* 245
抒* 308
8 杼 383
9 叙* 114
胥* 617
10 徐★* 264
恕★* 276
書☆* 370
栖* 389
11 庶★* 247
悆* 279
捿* 320
敍★* 341
敘 341
逝★* 743
12 壻* 165
婿* 187
㥠* 286
揟* 324
棲* 395

자음색인

11 晟* 362
晠* 362
珹* 497
12 惺* 286
盛☆* 527
猩* 489
貹* 716
13 瑆* 500
筬* 568
聖☆* 610
聖* 611
腥* 623
誠 693
14 誠☆* 696
16 醒* 761
17 聲☆* 612

세

5 世☆* 9
6 卋 102
忕* 270
9 洗☆* 435
洒* 435
10 帨 237
11 笹● 566
細☆* 583
12 稅☆* 554
貰* 716
13 勢☆* 95
歲☆* 413
14 說* 695

소

3 小☆* 216
4 少☆* 217
5 召★* 117
疋 513
7 所 10
卲* 107
8 所☆* 303
沼* 431
泝 431
邵* 755
9 削 85
昭★* 359
柖* 386
炤* 468
玿* 495
苕 641
10 宵* 203
消☆* 440
笑☆* 565
素☆* 581
釗 765
11 巢* 231
掃★* 320
梳* 392
梢 393
紹* 583
逍* 743
12 焼 472
甦* 507
疏★* 514
疎* 514
硝 540
訴★* 691
詔 692
13 塑* 159
愫* 290
搔* 327
溯* 452
綃 588
14 愬 290
槊 399
遡* 750
韶* 807
15 瘙* 519
蔬★* 655
銷* 770
霄 799
16 嘯* 140
噪 141
潚 462
燒★* 477
穌* 557
篠* 572
艘 635
17 橚 406
繅 595
蕭* 657
19 簫* 573
繰 596
黯* 801
20 瀟* 466
蘇★* 661
譟 707
騷★* 825

속

7 束★* 379
9 俗☆* 40
10 涑* 440
11 速☆* 743
12 属 222
粟★* 576
13 続 588
14 觫 687
17 謖* 704
21 屬★* 223
續☆* 597
22 贖* 722

손

10 孫☆* 194
11 飡* 817
12 巽* 234
飧 817
湌 817
13 損★* 327
飱 818
14 蓀* 652
遜* 750
16 餐 820

솔

8 卹 107
9 帥* 236
11 率* 493
17 蟀 668

송

7 宋* 197
8 松☆* 382
10 悚* 279
蚣 664
送☆* 740
11 淞* 443
舂 631
訟★* 690
12 竦 564
13 頌★* 809
14 蜙 667
誦★* 696
17 聳 612

살

3 刷 84

쇄

8 刷★* 84
9 洒 435
10 晒 361
殺 417
11 殺* 417
13 煞 473
碎* 541
14 瑣 501
18 鎖★* 774
鎻* 774

자음색인

슬

8 虱 664
13 瑟* 500
15 膝* 625
蝨* 667
17 璱* 502

습

9 拾☆* 315
11 習☆* 605
12 湿 448
14 慴 292
16 褶* 680
17 濕★* 463
隰 792
22 襲★* 681

승

4 升* 101
5 氶* 424
6 丞* 10
8 承☆* 308
昇★* 357
9 乗 14
10 乘☆* 14
陞* 786
12 勝☆* 95
13 塍* 159
14 僧★* 54
榺* 399
19 繩* 597
蠅* 669

시

3 尸* 218
5 市☆* 234
矢★* 536
示☆* 544
6 寺 212
7 杝 379
豕* 710
8 侍★* 37
始☆* 181
泗 431
9 屎* 221
屍* 221
恃* 276
施☆* 351
是☆* 359
柹* 386
柿* 386
枲 386
柴* 386
10 時☆* 361
翅* 605
舐 633
豺* 712
11 偲* 48
匙* 98
猜* 489
12 啻 136
媤* 187
媞* 188
視☆* 684
隄 790
13 塒 159
弑* 253
毸* 420
詩☆* 693
試☆* 694
14 厮 110
蓍* 652
蒔* 652
15 嘶* 140
廝 249
澌 460
緦 592
16 諡* 701
諟* 701
17 謚 704
20 鰓 834

식

6 式☆* 252
9 拭* 315
食☆* 816
10 息★* 277
栻* 389
11 埴* 156
12 寔* 207
植☆* 395
殖* 415
湜* 448
13 媳 188
軾* 732
14 熄* 475
飾★* 818
15 篒* 570
蝕* 667
19 識☆* 705

신

5 申☆* 508
6 臣☆* 626
7 伸★* 33
身☆* 729
辛☆* 735
辰* 737
迅* 738
8 侁* 38
呻* 126
9 信☆* 40
洒 435
矧 537
10 娠* 185
宸* 203
神☆* 546
訊* 689
11 晨★* 362
紳* 583
莘* 645
12 腎* 622
13 愼★* 290
慎 290
新☆* 348
蜃* 666
詵 693
15 震 799
17 薪* 657
18 燼* 478
璶* 503
藎* 659

실

5 失☆* 173
8 実* 199
9 室☆* 202
10 宲 203
11 悉* 279
14 實☆* 208
17 蟋 668

심

4 心☆* 268
7 沁* 428
沈* 429
沉 429
8 芯* 638
9 甚☆* 505
11 深☆* 444
12 尋★* 214
13 葚 650
15 審★* 210
潯 460
16 蕁 656
諶* 701
18 瀋* 464

십

자음색인

완

왈

왕

왜

외

요

욕

용

우

일

1 一☆* 1
4 日☆* 354
7 佚* 33
壱 165
8 佾* 38
泆 432
12 壹* 166
軼 731
逸★* 745
13 溢* 453
14 馹* 823
18 鎰* 774

임

4 壬☆* 165
6 任★* 30
7 妊* 180
9 姙* 184
衽 675
10 恁* 277
紝 582
荏* 643
11 袵 677
訁壬* 691
12 絍 586
13 稔* 555
賃★* 717

입

2 入☆* 62
3 廿* 100
4 卄* 251

잉

4 仍* 25
5 孕* 191
8 芿* 638
11 剩 88
12 剰* 88
13 媵 188

자

3 子☆* 190
5 仔* 27
6 字☆* 191
自☆* 627
7 孜* 192
8 刺★* 84
姉☆* 182
姊* 182
斉 346
炙* 468
秄* 552
9 咨* 128
姿★* 184
者☆* 608
10 恣★* 277
玆★* 493
疵* 516
眥 532
眦 532
茲 643
茨* 643
11 梓 392
瓷* 504
紫★* 583
12 滋* 449
煮 472
訾 692
貲 716
13 孳 194
慈☆* 288
搾 327
滋 453
滓 453
煮* 474
煑 474
資★* 717
雌* 794
14 慈 290
榨 400
磁* 542
齊 846
15 磁 542
蔗* 655
16 諮* 701
赭 722
17 齋 846
18 藉* 659
21 齎 847

작

3 勺* 96
7 作☆* 33
杓 380
灼* 467
芍* 637
8 [illegible] 212
怍 275
9 斫* 348
昨☆* 360
柞 386
炸* 469
10 酌★* 759
11 婥 186
雀* 793
鳥 835
12 舃* 631
酢 759
14 綽* 590
15 醋 760
18 爵★* 480
19 鵲* 838
21 嚼* 142

잔

10 栈 390
残 415
12 孱* 194
棧* 395
殘★* 415
13 盞* 527
15 潺* 460

잠

7 岑* 225
10 蚕 665
12 湛 447
15 暫★* 367
潛★* 460
潛 460
潜* 460
箴* 570
18 簪* 573
24 蠶* 670

잡

5 匝 99
14 箚 570
雑 795
18 雜★* 795

장

3 丈★* 5
4 爿 482
5 仗* 27
6 匠* 99
壮* 165
庄* 244
7 壯☆* 165
妝 180
杖* 379
状 487
8 戕 301
狀* 487
長☆* 777
10 奘* 175
将* 213

자음색인

추

4 丑 8
7 束 379
8 帚 236
抽★* 313
杻 381
枢 383
芻* 638
隹 793
9 秋☆* 553
酋* 758
10 追☆* 741
11 惆 284
捶 323
推☆* 323
郰 757
陬 789
12 啾 137
愀 289
椎* 396
湫* 450
隊 789
13 楸* 398
萩* 651
鄒* 757
麁 840
14 槌 400
聚 611
15 墜* 162
樞* 402
皺* 525
諏* 700
趣 724
16 錘* 772
錐* 772
隧 792
17 橚 406
趨* 724
醜★* 761
18 懟 297
鎚* 774
雛* 796
鞦 806
20 騶* 825
鰍* 834
鰌 835
24 驟 827
33 麤 841

축

4 丑☆* 8
8 竺* 565
9 柚 386
10 畜★* 510
祝☆* 547
11 舳 635
逐★* 744
12 筑* 568
軸* 731
14 蓄★* 653
16 潚 462
築★* 572
17 縮★* 595
18 蹙* 728
19 蹴* 728
24 矗 535

춘

8 杶 383
9 春☆* 360
13 椿* 398
瑃* 500
16 賰* 720

출

5 出☆* 76
朮* 378
8 怵 275
17 黜* 844

충

5 充 59
6 充☆* 60
冲* 73
虫* 664
7 沖* 428
8 忠☆* 271
10 珫* 496
衷* 675
15 衝★* 673
18 蟲☆* 669

췌

11 悴* 284
12 惴 289
揣 326
萃* 647
16 膵* 625
18 贅* 721

취

7 吹☆* 124
8 取☆* 113
炊* 468
10 脆* 620
臭★* 629
11 娶* 186
醉 759
12 就☆* 218
揣 326
晬 364
毳 420
萃 647
14 翠* 606
聚* 611
15 嘴* 140
趣★* 724
醉★* 760
16 橇 403
23 鷲* 839
24 驟* 827

측

4 仄* 25
8 昃 358
9 則 86
11 側★* 49
厠* 109
12 廁* 248
惻* 289
測★* 450

츤

21 襯 681

층

15 層★* 222

치

3 夂 166
5 卮 106
7 巵 234
杝 380
豸 712
8 侈* 38
治☆* 433
直 529
9 峙* 226
致 630
10 値★* 47
差 233
恥★* 277
耻 610
致☆* 630
蚩* 665
11 埴 156
梔* 393
淄* 446
痔* 517
笞 566
12 歯 78
廁 248
黹 845
13 嗤* 138

자음색인

태

3 大 170
4 太☆* 172
歹 414
5 台* 117
6 忕 270
7 兌* 61
呆 123
汰* 429
豸 712
8 抬 313
邰* 755
9 怠★* 275
殆★* 415
胎* 618
苔* 641
迨 740
10 泰☆* 433
11 笞* 566
12 棣 396
稅 554
跆* 725
鈦* 767
13 馱 823
14 態★* 290
颱* 815
駄 823

택

6 宅☆* 197
7 択 309
沢 429
9 垞* 153
16 擇★* 332
澤★* 462

탱

15 撐* 330
撑* 330

터

18 攄* 334

토

3 土☆* 149
6 吐★* 120
7 兎* 62
8 兔* 62
10 討★* 689
12 菟 647

톤

15 褪 680

통

9 洞* 434
11 桶* 393
通☆* 744
12 痛★* 517
筒* 568
統☆* 587
14 慟* 293

퇴

10 退☆* 742
11 堆* 157
推 323
12 焞 473
14 槌* 400
腿* 624
15 褪* 680
隤 791
16 頹* 811

투

7 妒 180
投☆* 309
8 妬* 183
10 套* 175
鬥 830
11 偸* 49
透★* 745
12 渝 450
17 鍮 773
20 鬪★* 830
24 鬭 831

특

7 忒 270
10 特☆* 845
15 慝* 293

틈

18 闖* 782

파

4 巴* 234
7 把★* 309
8 坡* 153
怕 275
杷* 383
波☆* 433
爬* 480
芭* 639
陂 785
9 派★* 437
玻 495
10 破☆* 539
笆 565
耙 609
11 婆* 186
12 琶* 499
菠 648
跛* 725
14 頗★* 810
15 播★* 330
罷★* 601
17 皤 525
18 擺* 334
19 簸 573
21 灞 801

판

7 判☆* 83
坂* 152
阪* 784
8 板★* 383
版★* 482
11 販★* 714
12 鈑* 767
16 辦* 736
19 瓣* 504

팔

2 八☆* 65
5 叭* 118
10 捌* 318

패

7 伯 31
沛* 429
貝☆* 712
8 佩* 38
10 唄* 131
悖* 280
旆 352
浿* 441
狽* 488
珮 496
11 敗☆* 341
12 牌* 483
13 稗* 555
15 霈 800
19 覇* 683
21 霸 801

팽

10 砰 539
11 烹* 471
12 彭* 259
15 澎* 461
磅 542
16 膨* 625

퍅

12 愎 * 289

편

4 片 ☆* 482
9 便 ☆* 42
扁 * 304
11 偏 ★* 50
12 徧 266
13 遍 ★* 749
14 褊 680
15 篇 ☆* 571
編 ★* 593
翩 * 606
18 鞭 * 806
19 騙 * 825

폄

10 砭 539
窆 560
12 貶 * 717

평

5 平 ☆* 240
8 坪 * 153
泙 * 434
9 枰 * 387
苹 642
10 砰 539
12 萍 * 648
評 ★* 692
13 硼 541

폐

7 吠 * 124
8 肺 ★* 616
10 俾 45
陛 * 787
11 閉 ☆* 779
12 廃 248
敝 342
15 幣 ★* 240
廢 ★* 249
弊 ★* 252
16 嬖 * 190
蔽 ★* 656
17 癈 520
18 斃 * 344

포

2 勹 96
5 包 ★* 97
布 ☆* 235
7 佈 * 35
抛 * 309
8 咆 * 127
庖 246
怖 * 275
抱 ☆* 314
拋 * 314
泡 * 434
9 匍 * 97
炮 469
炰 469
胞 ★* 618
苞 * 642
10 哺 * 132
圃 * 146
尃 213
捕 ★* 318
浦 ★* 441
疱 * 516
砲 * 539
袍 * 676
11 匏 * 97
晡 363
脯 * 621
逋 * 745
12 跑 726
13 葡 * 651
鉋 768
14 蒲 * 653
飽 ★* 818
15 暴 * 367
舖 633
褒 * 680
鋪 * 770
16 鮑 * 833
麭 841
18 瀑 465
19 曝 368
爆 479

폭

12 幅 ★* 239
15 暴 ☆* 367
16 輻 ● 733
18 瀑 * 465
19 曝 * 368
爆 ★* 479

표

7 杓 * 380
8 表 ☆* 674
10 俵 * 47
豹 * 712
髟 829
11 彪 * 259
殍 415
票 ★* 548
莩 644
13 僄 53
剽 * 89
裱 679
14 嫖 189
慓 * 293
漂 ★* 458
15 標 ★* 402
16 瓢 * 503
17 縹 596
20 飄 * 816
21 飇 * 816
驃 * 826

품

7 品 124
9 品 ☆* 129
13 稟 549
禀 * 556

풍

4 丰 10
9 風 ☆* 814
12 馮 * 823
13 楓 * 398
豊 * 710
14 瘋 518
16 諷 * 702
18 豐 ☆* 710

피

5 皮 ☆* 525
8 彼 ☆* 261
披 * 314
陂 * 785
10 疲 ★* 517
被 ★* 676
12 詖 692
跛 725
13 辟 736
14 蓖 654
15 僻 56
罷 601
17 避 ★* 753

필

4 匹 ☆* 99
5 必 ☆* 269
疋 * 513
7 佖 * 35
8 泌 * 431
9 珌 * 495
苾 * 642
11 畢 ★* 511

자음색인

자음색인

자음색인

중국 간체자

획수가 동일한 한자는 첫 번째 획 여하에 따라 一, 丨, 丿, 丶, 乛의 다섯 가지 필형으로 구분하여 배열하였다.

2획

厂 廠 창
卜 蔔 복
儿 兒 아
几 幾 기
了 瞭 료

3획

干 乾 건
干 幹 간
亏 虧 휴
才 纔 재
万 萬 만
与 與 여
千 韆 천
亿 億 억
个 個 개
么 麼 마
广 廣 광
门 門 문
义 義 의
卫 衛 위
飞 飛 비
习 習 습
马 馬 마
乡 鄕 향

4획

【一】

丰 豐 풍
开 開 개
无 無 무
韦 韋 위
专 專 전
云 雲 운
艺 藝 예
厅 廳 청
历 歷 력
历 曆 력
区 區 구
车 車 차

【丨】

冈 岡 강
贝 貝 패
见 見 견

【丿】

气 氣 기
长 長 장
仆 僕 복
币 幣 폐
从 從 종
仑 侖 륜
仓 倉 창
风 風 풍
仅 僅 근
凤 鳳 봉
乌 烏 오

【丶】

闩 閂 산
为 爲 위
斗 鬥 투
忆 憶 억
订 訂 정
计 計 계
讣 訃 부
认 認 인
讥 譏 기

【乛】

丑 醜 추
队 隊 대
办 辦 판
邓 鄧 등
劝 勸 권
双 雙 쌍
书 書 서

5획

【一】

击 擊 격
戋 戔 잔
扑 撲 박
节 節 절
术 術 술
龙 龍 룡
厉 厲 려
灭 滅 멸
东 東 동
轧 軋 알

【丨】

卢 盧 로
业 業 업
旧 舊 구
帅 帥 수
归 歸 귀
叶 葉 엽
号 號 호
电 電 전
只 隻 척
叽 嘰 기
叹 嘆 탄

【丿】

们 們 문
仪 儀 의
丛 叢 총
尔 爾 이
乐 樂 락
处 處 처
冬 鼕 동
鸟 鳥 조
务 務 무
刍 芻 추
饥 饑 기

【丶】

邝 鄺 광
冯 馮 빙
闪 閃 섬
兰 蘭 란
汇 匯 회
汇 彙 휘
头 頭 두
汉 漢 한
宁 寧 녕
讦 訐 알
讧 訌 홍
讨 討 토
写 寫 사
让 讓 양
礼 禮 례
讪 訕 산
讫 訖 흘
训 訓 훈
议 議 의
讯 訊 신
记 記 기

【乛】

辽 遼 료
边 邊 변
出 齣 척
发 發 발
发 髮 발
圣 聖 성
对 對 대
台 臺 대
台 檯 대
台 颱 태
纠 糾 규
驭 馭 어
丝 絲 사

6획

【一】

玑 璣 기
动 動 동
执 執 집
巩 鞏 공
圹 壙 광
扩 擴 확
扪 捫 문
扫 掃 소
扬 揚 양
场 場 장
亚 亞 아
芗 薌 향

朴 樸 박
机 機 기
权 權 권
过 過 과
协 協 협
压 壓 압
厌 厭 염
厍 厙 사
页 頁 항
夸 誇 과
夺 奪 탈
达 達 달
夹 夾 협
轨 軌 궤
尧 堯 요
划 劃 획
迈 邁 매
毕 畢 필

【丨】

贞 貞 정
师 師 사
当 當 당
当 噹 당
尘 塵 진
吁 籲 유
吓 嚇 혁
虫 蟲 충
曲 麯 국
团 團 단
团 糰 단
吗 嗎 마
屿 嶼 서
岁 歲 세
回 迴 회
岂 豈 개
则 則 즉
刚 剛 강
网 網 망

【丿】

钆 釓 구
钇 釔 을
朱 硃 주
迁 遷 천
乔 喬 교
伟 偉 위
传 傳 전
伛 傴 구
优 優 우
伤 傷 상
伥 倀 창
价 價 가
伦 倫 륜
伧 傖 창
华 華 화
伙 夥 과
伪 僞 위
向 嚮 향
后 後 후
会 會 회
杀 殺 살
合 閤 합
众 衆 중
爷 爺 야
伞 傘 산
创 創 창
杂 雜 잡
负 負 부
犷 獷 광
犸 獁 마
凫 鳧 부
邬 鄔 오
饦 飥 탁
饧 餳 당

【丶】

壮 壯 장
冲 衝 충
妆 妝 장
庄 莊 장
庆 慶 경
刘 劉 유
齐 齊 제
产 產 산
闭 閉 폐
问 問 문
闯 闖 틈
关 關 관
灯 燈 등
汤 湯 탕
忏 懺 참
兴 興 흥
讲 講 강
讳 諱 휘
讴 謳 구
军 軍 군
讵 詎 거
讶 訝 아
讷 訥 눌
许 許 허
讹 訛 와
䜣 訢 흔
论 論 론
讻 訩 흉
讼 訟 송
讽 諷 풍
农 農 농
设 設 설
访 訪 방
诀 訣 결

【乛】

寻 尋 심
尽 盡 진
尽 儘 진
导 導 도
孙 孫 손
阵 陣 진
阳 陽 양
阶 階 계
阴 陰 음
妇 婦 부
妈 媽 마
戏 戲 희
观 觀 관
欢 歡 환
买 買 매
纡 紆 우
红 紅 홍
纣 紂 주
驮 馱 타
纤 縴 견
纤 纖 섬
纥 紇 흘
驯 馴 순
纨 紈 환
约 約 약
级 級 급
纩 纊 광
纪 紀 기
驰 馳 치
纫 紉 닌

7획

【一】

寿 壽 수
麦 麥 맥
玛 瑪 마
进 進 진
远 遠 원
违 違 위
韧 韌 인
刬 剗 잔
运 運 운
抚 撫 무
坛 壇 단
坛 罎 담
抟 摶 단
坏 壞 괴
抠 摳 구
坜 壢 력
扰 擾 요
贡 貢 공
㧏 掆 강
折 摺 접
抡 掄 륜
抢 搶 창
坞 塢 오
坟 墳 분
护 護 호
壳 殼 각
块 塊 괴
声 聲 성
报 報 보
拟 擬 의
㧐 摐 송
芜 蕪 무
苇 葦 위
芸 蕓 운
苈 藶 력
苁 蓯 종
苍 蒼 창
严 嚴 엄
芦 蘆 로
劳 勞 로
克 剋 극
苏 蘇 소
极 極 극
杨 楊 양
两 兩 량
丽 麗 려
医 醫 의
励 勵 려
还 還 환
矶 磯 기

夻	奩	렴
歼	殲	섬
来	來	래
欤	歟	여
轩	軒	헌
连	連	련
轫	軔	인
【丨】		
卤	鹵	로
卤	滷	로
邺	鄴	업
坚	堅	견
时	時	시
呒	嘸	무
县	縣	현
里	裏	리
呓	囈	예
呕	嘔	구
园	園	원
呖	嚦	력
旷	曠	광
围	圍	위
吨	噸	돈
旸	暘	양
邮	郵	우
困	睏	곤
员	員	원
呗	唄	패
听	聽	청
呛	嗆	창
呜	嗚	오
别	彆	별
财	財	재
囵	圇	륜
觃	覎	엄
帏	幃	위
岖	嶇	구
岗	崗	강
岘	峴	현
帐	帳	장
岚	嵐	람
【丿】		
针	針	침
钉	釘	정
钊	釗	소
钋	釙	박
钌	釕	료
乱	亂	란
体	體	체
佣	傭	용
㑇	㑳	추
彻	徹	철
余	餘	여
佥	僉	첨
谷	穀	곡
邻	鄰	린
肠	腸	장
龟	龜	구
犹	猶	유
狈	狽	패
鸠	鳩	구
条	條	조
岛	島	도
邹	鄒	추
饨	飩	돈
饩	餼	희
饪	飪	임
饫	飫	어
饬	飭	칙
饭	飯	반
饮	飲	음
系	係	계
系	繫	계
【丶】		
冻	凍	동
状	狀	상
亩	畝	묘
庑	廡	무
库	庫	고
疖	癤	절
疗	療	료
应	應	응
这	這	저
庐	廬	려
闰	閏	윤
闱	闈	위
闲	閑	한
间	間	간
闵	閔	민
闷	悶	민
灿	燦	찬
灶	竈	조
炀	煬	양
沣	灃	풍
沥	瀝	력
沦	淪	륜
沧	滄	창
沟	溝	구
沩	潙	위
沪	滬	호
沈	瀋	심
怃	憮	무
怀	懷	회
怄	慪	우
忧	憂	우
忾	愾	개
怅	悵	창
怆	愴	창
穷	窮	궁
证	證	증
诂	詁	고
诃	訶	가
启	啓	계
评	評	평
补	補	보
诅	詛	저
识	識	식
诇	詗	형
诈	詐	사
诉	訴	소
诊	診	진
诋	詆	저
诌	謅	초
词	詞	사
诎	詘	굴
诏	詔	조
译	譯	역
诒	詒	이
【乛】		
灵	靈	령
层	層	층
迟	遲	지
张	張	장
际	際	제
陆	陸	륙
陇	隴	롱
陈	陳	진
坠	墜	추
陉	陘	형
妪	嫗	구
妩	嫵	무
妫	嬀	규
刭	剄	경
劲	勁	경
鸡	鷄	계
纬	緯	위
纭	紜	운
驱	驅	구
纯	純	순
纰	紕	비
纱	紗	사
纲	綱	강
纳	納	납
纴	紝	임
驳	駁	박
纵	縱	종
纶	綸	륜
纷	紛	분
纸	紙	지
纹	紋	문
纺	紡	방
驴	驢	려
纼	紖	진
纽	紐	뉴
纾	紓	서

8획

【一】		
玮	瑋	위
环	環	환
责	責	책
现	現	현
表	錶	표
玱	瑲	창
规	規	규
匦	匭	궤
拢	攏	롱
拣	揀	간
垆	壚	로
担	擔	담
顶	頂	정
拥	擁	옹
势	勢	세
拦	攔	란
㧟	擓	회
拧	擰	녕
拨	撥	발
择	擇	택
茏	蘢	롱
苹	蘋	빈
茑	蔦	조
范	範	범

11획

【一】

焘 燾 도
琎 璡 진
琏 璉 련
琐 瑣 쇄
麸 麩 부
掳 擄 로
掴 摑 괵
鸷 鷙 지
掷 擲 척
掸 撣 탄
壸 壼 곤
悫 愨 각
据 據 거
掺 摻 삼
掼 摜 관
职 職 직
聍 聹 녕
萚 蘀 탁
勚 勩 예
萝 蘿 라
萤 螢 형
营 營 영
萦 縈 영
萧 蕭 소
萨 薩 살
梦 夢 몽
觋 覡 격
检 檢 검
啬 嗇 색
匮 匱 궤
酝 醞 온
硕 碩 석
硖 硤 협
硙 磑 애
鸸 鴯 이
聋 聾 롱
龚 龔 공
袭 襲 습
䴕 鴷 렬
殒 殞 운
殓 殮 렴
赉 賚 뢰
辄 輒 첩
辅 輔 보
辆 輛 량
堑 塹 참

【丨】

颅 顱 로
啧 嘖 책
悬 懸 현
啭 囀 전
跃 躍 약
跄 蹌 창
蛎 蠣 려
蛊 蠱 고
蛏 蟶 정
累 纍 루
啸 嘯 소
帻 幘 책
崭 嶄 참
逻 邏 라
帼 幗 괵
赈 賑 진
婴 嬰 영
赊 賒 사

【丿】

铏 鉶 형
铐 銬 고
铑 銠 로
铒 鉺 이
铓 鋩 망
铕 銪 유
铗 鋏 협
铙 鐃 뇨
铛 鐺 당
铝 鋁 려
铜 銅 동
铞 銱 조
铟 銦 인
铠 鎧 개
铡 鍘 찰
铢 銖 수
铣 銑 선
铥 銩 주
铤 鋌 정
铧 鏵 화
铨 銓 전
铩 鎩 살
铪 鉿 겁
铫 銚 조
铭 銘 명
铬 鉻 락
铮 錚 쟁
铯 銫 색
铰 鉸 교
铱 銥 의
铲 鏟 산
铳 銃 총
铵 銨 안
银 銀 은
铷 銣 여
矫 矯 교
鸹 鴰 괄
秽 穢 예
笺 箋 전
笼 籠 롱
笾 籩 변
偾 僨 분
鸺 鵂 휴
偿 償 상
偻 僂 루
躯 軀 구
皑 皚 애
衅 釁 흔
衔 銜 함
舻 艫 로
盘 盤 반
鸼 鵃 조
龛 龕 감
鸽 鴿 합
敛 斂 렴
领 領 령
脶 腡 라
脸 臉 검
猎 獵 렵
猡 玀 라
猕 獼 미
馃 餜 과
馄 餛 혼
馅 餡 함
馆 館 관

【丶】

鸾 鸞 란
庼 廎 경
痒 癢 양
旋 鏇 선
阈 閾 역
阉 閹 엄
阊 閶 창
阋 鬩 혁
阌 閿 문
阍 閽 혼
阎 閻 염
阏 閼 알
阐 闡 천
羟 羥 경
盖 蓋 개
粝 糲 려
断 斷 단
兽 獸 수
焖 燜 민
渍 漬 지
鸿 鴻 홍
渎 瀆 독
渐 漸 점
渑 澠 민
渊 淵 연
渔 漁 어
淀 澱 전
渗 滲 삼
惬 愜 협
惭 慚 참
惧 懼 구
惊 驚 경
惮 憚 탄
惨 慘 참
惯 慣 관
祷 禱 도
谌 諶 심
谋 謀 모
谍 諜 첩
谎 謊 황
谏 諫 간
谐 諧 해
谑 謔 학
裆 襠 당
祸 禍 화
谒 謁 알
谓 謂 위
谔 諤 악
谕 諭 유
谖 諼 훤
谗 讒 참
谘 諮 자
谙 諳 암
谚 諺 언
谛 諦 체
谜 謎 미
谝 諞 편

간체	번체	음
谞	諝	서
【乛】		
弹	彈	탄
堕	墮	타
随	隨	수
粜	糶	조
隐	隱	은
婳	嫿	획
婵	嬋	선
婶	嬸	심
颇	頗	파
颈	頸	경
绩	績	적
绪	緒	서
绫	綾	릉
骐	騏	기
续	續	속
绮	綺	기
骑	騎	기
绯	緋	비
绰	綽	작
骒	騍	과
绲	緄	곤
绳	繩	승
骓	騅	추
维	維	유
绵	綿	면
绶	綬	수
绷	綳	붕
绸	綢	주
绺	綹	류
绻	綣	권
综	綜	종
绽	綻	탄
绾	綰	관
绿	綠	록
骖	驂	참
缀	綴	철
缁	緇	치
12획		
【一】		
靓	靚	정
琼	瓊	경
辇	輦	련
鼋	黿	원
趋	趨	추
揽	攬	람
颉	頡	힐
揿	撳	근
搀	攙	참
蛰	蟄	칩
絷	縶	칩
搁	擱	각
搂	摟	루
搅	攪	교
联	聯	련
蒇	蕆	천
蒉	蕢	괴
蒋	蔣	장
蒌	蔞	루
韩	韓	한
椤	欏	라
椭	橢	타
鹁	鵓	발
鹂	鸝	리
硷	鹼	감
确	確	확
詟	讋	섭
殚	殫	탄
颊	頰	협
雳	靂	력
辊	輥	곤
辋	輞	망
椠	槧	참
暂	暫	잠
辍	輟	철
辎	輜	치
翘	翹	교
【丨】		
辈	輩	배
凿	鑿	착
辉	輝	휘
赏	賞	상
睐	睞	래
睑	瞼	검
喷	噴	분
畴	疇	주
践	踐	천
遗	遺	유
蛱	蛺	겹
蛲	蟯	요
蛳	螄	사
蛴	蠐	제
鹃	鵑	견
喽	嘍	루
嵘	嶸	영
嵚	嶔	금
嵝	嶁	루
赋	賦	부
赪	赬	청
赌	賭	도
赎	贖	속
赐	賜	사
赒	賙	주
赔	賠	배
赕	賧	탐
【丿】		
铸	鑄	주
铹	鐒	로
铺	鋪	포
铼	錸	래
铽	鋱	특
链	鏈	련
铿	鏗	갱
销	銷	소
锁	鎖	쇄
锃	鋥	정
锄	鋤	서
锂	鋰	리
锅	鍋	과
锆	鋯	고
锇	鋨	아
锈	銹	수
锉	銼	좌
锋	鋒	봉
锌	鋅	자
锎	鐦	개
锏	鐧	간
锐	銳	예
锑	銻	제
锒	鋃	랑
锓	鋟	침
锔	鋦	국
锕	錒	아
犊	犢	독
鹄	鵠	곡
鹅	鵝	아
颋	頲	정
筑	築	축
筚	篳	필
筛	篩	사
牍	牘	독
傥	儻	당
傧	儐	빈
储	儲	저
傩	儺	나
惩	懲	징
御	禦	어
释	釋	석
鹆	鵒	욕
腊	臘	랍
腘	膕	괵
鱿	魷	우
鲁	魯	로
鲂	魴	방
觞	觴	상
惫	憊	비
馇	餷	사
馈	饋	궤
馉	餶	골
馊	餿	수
馋	饞	참
【丶】		
亵	褻	설
装	裝	장
蛮	蠻	만
脔	臠	련
痨	癆	로
痫	癇	간
赓	賡	갱
颏	頦	해
鹇	鷴	한
阑	闌	란
阒	闃	격
阔	闊	활
阕	闋	결
粪	糞	분
鹈	鵜	제
窜	竄	찬
窝	窩	와
喾	嚳	곡
愤	憤	분
愦	憒	궤
滞	滯	체
湿	濕	습
溃	潰	궤
溅	濺	천
溇	漊	루
湾	灣	만
谟	謨	모
裣	襝	점

裤 褲 고
裥 襇 간
禅 禪 선
谠 讜 당
谡 謖 속
谢 謝 사
谣 謠 요
谤 謗 방
谥 諡 시
谦 謙 겸
谧 謐 밀

【乛】

属 屬 속
屡 屢 루
骘 騭 즐
毵 毿 삼
翚 翬 휘
骛 騖 무
缂 緙 격
缃 緗 상
缄 緘 함
缅 緬 면
缆 纜 람
缇 緹 제
缈 緲 묘
缉 緝 집
缊 縕 온
缌 緦 시
缎 緞 단
缑 緱 구
缓 緩 완
缒 縋 추
缔 締 체
缕 縷 루
骗 騙 편
编 編 편
缗 緡 민
骚 騷 소
缘 緣 연
飨 饗 향

13획

【一】

耢 耮 로
鹉 鵡 무
䴖 鶄 청
韫 韞 온
骜 驁 오
摄 攝 섭
摅 攄 터
摆 擺 파
摆 襬 피
赪 赬 정
摈 擯 빈
毂 轂 곡
摊 攤 탄
鹊 鵲 작
蓝 藍 람
蓦 驀 맥
鹋 鶓 묘
蓟 薊 계
蒙 矇 몽
蒙 濛 몽
蒙 懞 몽
颐 頤 이
献 獻 헌
蓣 蕷 여
榄 欖 람
榇 櫬 츤
榈 櫚 려
楼 樓 루
榉 櫸 거
赖 賴 뢰
碛 磧 적
碍 礙 애
碜 磣 참
鹌 鵪 암
尴 尷 감
雾 霧 무
辏 輳 주
辐 輻 복
辑 輯 집
输 輸 수

【丨】

频 頻 빈
龃 齟 저
龄 齡 령
龅 齙 포
龆 齠 초
鉴 鑒 감
韪 韙 위
嗫 囁 섭
跷 蹺 교
跸 蹕 필
跻 躋 제
跹 躚 선
蜗 蝸 와
嗳 噯 애
赗 賵 봉

【丿】

锗 鍺 타
错 錯 착
锘 鍩 점
锚 錨 묘
锛 錛 분
锝 鍀 득
锞 錁 과
锟 錕 곤
锡 錫 석
锢 錮 고
锣 鑼 라
锤 錘 추
锥 錐 추
锦 錦 금
锧 鑕 질
锨 鍁 흠
锫 錇 부
锭 錠 정
键 鍵 건
锯 鋸 거
锰 錳 맹
锱 錙 치
辞 辭 사
颓 頹 퇴
䅟 穇 삼
筹 籌 주
签 簽 첨
签 籤 첨
简 簡 간
颔 頷 함
腻 膩 니
鹏 鵬 붕
腾 騰 등
鲅 鮁 발
鲆 鮃 평
鲇 鮎 점
鲈 鱸 로
鲊 鮓 자
稣 穌 소
鲋 鮒 부
䲟 鮣 인
鲍 鮑 포
鲏 鮍 피
鲐 鮐 태
颖 穎 영
鹐 鵮 감
飔 颸 시
飕 颼 수
触 觸 촉
雏 雛 추
馎 餺 박
馍 饃 마
馏 餾 류
馐 饈 수

【丶】

酱 醬 장
鹑 鶉 순
瘅 癉 단
瘆 瘮 심
鹒 鶊 경
阖 闔 합
阗 闐 전
阙 闕 궐
誊 謄 등
粮 糧 량
数 數 수
滟 灩 염
滠 灄 섭
满 滿 만
滤 濾 려
滥 濫 람
滗 潷 필
滦 灤 란
漓 灕 리
滨 濱 빈
滩 灘 탄
滪 澦 여
慑 懾 섭
誉 譽 예
鲎 鱟 후
骞 騫 건
寝 寢 침
窥 窺 규
窦 竇 두
谨 謹 근
谩 謾 만
谪 謫 적
谬 謬 류

【乛】

辟 闢 벽
嫔 嬪 빈
缙 縉 진

缜 縝 진
缚 縛 박
缛 縟 욕
辔 轡 비
缝 縫 봉
骝 騮 류
缞 縗 최
缟 縞 호
缠 纏 전
缡 縭 리
缢 縊 액
缣 縑 겸
缤 繽 빈
骟 騸 선

14획

【一】

瑷 璦 애
赘 贅 췌
韬 韜 도
叆 靉 애
墙 墻 장
撄 攖 영
蔷 薔 장
蔑 衊 멸
蔹 蘞 렴
蔺 藺 린
蔼 藹 애
鹕 鶘 호
槚 檟 가
槛 檻 함
槟 檳 빈
槠 櫧 저
酽 釅 염
酾 釃 시
酿 釀 양
霁 霽 제
愿 願 원
殡 殯 빈
辕 轅 원
辖 轄 할
辗 輾 전

【丨】

龈 齦 은
䴗 鶪 격
颗 顆 과
䁖 瞜 루
暧 曖 애
鹖 鶡 할
踌 躊 주
踊 踴 용
蜡 蠟 랍
蝈 蟈 괵
蝇 蠅 승
蝉 蟬 선
鹗 鶚 악
嘤 嚶 앵
罴 羆 비
赙 賻 부
罂 罌 앵
赚 賺 잠
鹘 鶻 골

【丿】

锲 鍥 계
锴 鍇 개
锶 鍶 송
锷 鍔 악
锹 鍬 초
锸 鍤 삽
锻 鍛 단
锼 鎪 수
锾 鍰 환
锵 鏘 장
锿 鎄 애
镀 鍍 도
镁 鎂 미
镂 鏤 루
镄 鐨 비
镅 鎇 미
鹙 鶖 추
稳 穩 온
箦 簀 책
箧 篋 협
箨 籜 탁
箩 籮 라
箪 簞 단
箓 籙 록
箫 簫 소
舆 輿 여
膑 臏 빈
鲑 鮭 규
鲒 鮚 길
鲔 鮪 유
鲖 鮦 동
鲗 鰂 즉
鲙 鱠 회
鲚 鱭 제
鲛 鮫 교
鲜 鮮 선
鲟 鱘 심
馑 饉 근
馒 饅 만

【丶】

銮 鑾 란
瘗 瘞 예
瘘 瘻 루
阚 闞 감
鲝 鮺 차
鲞 鯗 상
糁 糝 삼
潇 瀟 소
潋 瀲 렴
潍 濰 유
赛 賽 새
谭 譚 담
谮 譖 참
褛 褸 루
谯 譙 초
谰 讕 란
谱 譜 보
谲 譎 휼

【乛】

鹛 鶥 미
嫱 嬙 장
鹜 鶩 목
缥 縹 표
骠 驃 표
缦 縵 만
骡 騾 라
缧 縲 루
缨 纓 영
骢 驄 총
缩 縮 축
缪 繆 류
缫 繅 소

15획

【一】

耧 耬 루
璎 瓔 영
叇 靆 체
撵 攆 년
撷 擷 힐
撺 攛 찬
聩 聵 외
聪 聰 총
觐 覲 근
鞑 韃 달
鞒 鞽 교
蕲 蘄 기
赜 賾 색
蕴 藴 온
樯 檣 장
樱 櫻 앵
飘 飄 표
靥 靨 엽
魇 魘 염
餍 饜 염
霉 黴 미
辘 轆 록

【丨】

龉 齬 어
龊 齪 착
觑 覷 처
瞒 瞞 만
题 題 제
颙 顒 옹
踬 躓 지
踯 躑 척
蝾 蠑 영
蝼 螻 루
噜 嚕 로
嘱 囑 촉
颛 顓 전

【丿】

镊 鑷 섭
镇 鎮 진
镉 鎘 력
镋 钂 당
镍 鎳 열
镎 鎿 나
镏 鎦 류
镐 鎬 호
镑 鎊 방
镒 鎰 일
镓 鎵 가
镔 鑌 빈
[illegible] [illegible] 삼
篑 簣 궤
篓 簍 루
䴘 鷉 체
鹡 鶺 척

간체	번체	음	간체	번체	음	간체	번체	음	간체	번체	음	간체	번체	음	간체	번체	음
鹞	鷂	요	缯	繒	증	镞	鏃	촉	缱	繾	견	鲽	鰈	접	镯	鐲	탁
鲠	鯁	경				氇	氌	로	缲	繰	소	鲿	鱨	상	镰	鐮	겸
鲡	鱺	리	**16획**			赞	贊	찬	缳	繯	현	鳃	鰓	새	镱	鐿	의
鲢	鰱	련	【一】			穑	穡	색	缴	繳	교	鳁	鰮	온	雠	讎	수
鲣	鰹	견	䎱	䎬	파	篮	籃	람				鳄	鱷	악	鳍	鰭	기
鲥	鰣	시	擞	擻	수	篱	籬	리	**17획**			鳅	鰍	추	鳎	鰨	탑
鲤	鯉	리	颞	顳	섭	魉	魎	량	【一】			鳆	鰒	복	鳏	鰥	환
鲦	鰷	조	颟	顢	만	鲭	鯖	청	藓	蘚	선	鳇	鰉	황	鳑	鰟	방
鲧	鯀	곤	薮	藪	수	鲮	鯪	릉	鹩	鷯	료	鳊	鯿	편	鳒	鰜	겸
鲩	鯇	환	颠	顛	전	鲱	鯡	비	【丨】			【丶】			【丶】		
鲫	鯽	즉	橹	櫓	로	鲲	鯤	곤	龋	齲	우	鹫	鷲	취	鹯	鸇	전
馓	饊	산	橼	櫞	연	鲳	鯧	창	龌	齷	악	辫	辮	변	鹰	鷹	응
馔	饌	찬	鹥	鷖	예	鲵	鯢	예	瞩	矚	촉	赢	贏	영	癞	癩	라
【丶】			赝	贗	안	鲶	鯰	점	蹒	蹣	반	懑	懣	만	冁	囅	천
瘪	癟	별	飙	飆	표	鲷	鯛	조	蹑	躡	섭	【乛】					
瘫	癱	탄	豮	豶	분	鲸	鯨	경	㘎	𡅏	함	鹬	鷸	휼	**19획**		
齑	齏	제	錾	鏨	참	鲻	鯔	치	羁	羈	기	骤	驟	취	【一】		
颜	顏	안	辙	轍	철	獭	獺	달	赡	贍	섬				攒	攢	찬
鹣	鶼	겸	辚	轔	린	【丶】			【丿】			**18획**			霭	靄	애
鲨	鯊	사	【丨】			鹧	鷓	자	镢	钁	궐	【一】			【丨】		
澜	瀾	란	鹾	鹺	차	瘿	癭	영	镣	鐐	료	鳌	鰲	오	鳖	鱉	별
额	額	액	螨	蟎	만	瘾	癮	은	镤	鏷	복	鞯	韉	천	蹿	躥	찬
谳	讞	언	鹦	鸚	앵	斓	斕	란	镥	鑥	로	【丨】			巅	巔	전
褴	襤	람	赠	贈	증	辩	辯	변	镦	鐓	대	[illegible]	[illegible]	어	髋	髖	관
谴	譴	견	【丿】			濑	瀨	뢰	镧	鑭	란	颢	顥	호	髌	髕	빈
鹤	鶴	학	镖	鏢	표	濒	瀕	빈	𬭤	鐥	선	鹭	鷺	로	【丿】		
谵	譫	섬	镗	鏜	당	懒	懶	라	镨	鐠	보	嚣	囂	효	镲	鑔	찰
【乛】			镘	鏝	만	黉	黌	횡	镩	鑹	찬	髅	髏	루	籁	籟	뢰
屦	屨	구	镚	鏰	팽	【乛】			镫	鐙	등	【丿】			鳘	鰵	민
缬	纈	힐	镛	鏞	용	鹨	鷚	류	簖	籪	단	镬	鑊	확	鳓	鰳	륵
缭	繚	료	镜	鏡	경	颡	顙	상	鹪	鷦	초	镭	鐳	뢰	鳔	鰾	표
缮	繕	선	镝	鏑	적	缰	韁	강	䲠	鰆	춘	镮	鐶	환	鳗	鰻	만

鳙	鱅	용
鳛	鰼	습
【丶】		
颤	顫	전
癣	癬	선
谶	讖	참
【乛】		
骥	驥	기
缵	纘	찬
20획		
【一】		
瓒	瓚	찬
鬓	鬢	빈
颥	顬	유
【丨】		
鼍	鼉	타
【丿】		
镳	鑣	표
镴	鑞	랍
臜	臢	참
鳜	鱖	궤
鳝	鱔	선
鳞	鱗	린
鳟	鱒	준
【乛】		
骧	驤	양
21획		
【丨】		
颦	顰	빈
躏	躪	린
【丿】		
鳢	鱧	례
鳣	鱣	선
【丶】		
癞	癩	라
赣	贛	당
灏	灝	호
22획		
【一】		
鹳	鸛	관
【丿】		
镶	鑲	양
23획		
【一】		
趱	趲	찬
颧	顴	관
【丨】		
躜	躦	찬
25획		
【丿】		
钁	钁	곽
馕	饢	낭
【丶】		
戆	戇	당

금성 필수한자사전

발 행 일	2003년 3월 10일 초판 발행 2011년 7월 1일 제2판 3쇄 발행
편 저	김낙준
발 행 처	(주)금성출판사
발 행 인	김인호
주 소	서울시 마포구 공덕동 242-63
대표전화	(02)2077-8000~9
등 록 일	1965년 10월 19일 제10-6호
조 판	주식회사 아트미디어
인 쇄	삼화인쇄주식회사
제 책	태성바인텍(주)
제 지	삼일제지(주)

· 본사는 출판윤리강령을 준수합니다.
· 내용 문의 (02)2077-8099
· 구입 문의 (02)2077-8140

정가 **25,000**원

ISBN 978-89-07-03830-2 01720

부수색인

1획

一 한일 1
丨 뚫을곤 10
丶 점주 11
丿 삐침별 13
乙乚 새을 14
亅 갈고리궐 17

2획

二 두이 18
亠 돼지해머리 20
人亻 사람인 23
亻 사람인변→人 23
儿 어진사람인발 58
入 들입 62
八 여덟팔 65
冂 멀경몸 70
冖 민갓머리 71
冫 이수변 72
几 안석궤 75
凵 위튼입구몸 76
刀刂 칼도 78
刂 선칼도방→刀 78
力 힘력 90
勹 쌀포몸 96
匕 비수비 97
匚 튼입구몸 98
匸 감출혜몸 99
十 열십 100
卜 점복 104
卩㔾 병부절 105
厂 민엄호 108
厶 마늘모 110
又 또우 111

3획

口 입구 114
囗 큰입구몸 143
土 흙토 149
士 선비사 164
夂 뒤져올치 166
夊 천천히걸을쇠발 166
夕 저녁석 167
大 큰대 170
女 계집녀 177
子 아들자 190
宀 갓머리 196
寸 마디촌 211
小 작을소 216
尢尣 절름발이왕 218
尸 주검시엄 218
屮 왼손좌 223
山 메산 223
巛川 개미허리 230
工 장인공 231
己 몸기 233
巾 수건건 234
干 방패간 240
幺 작을요 243
广 엄호 244
廴 민책받침 250
廾 스물입발 251
弋 주살익 252
弓 활궁 253
彐彑 튼가로왈 257
彡 터럭삼 258
彳 두인변 260
忄 심방변→心 268
扌 재방변→手 305
氵 삼수변→水 423
犭 개사슴록변→犬 486
阝 우부방→邑 754
阝 좌부변→阜 783

4획

心忄㣺 마음심 268
戈 창과 299
戶 지게호 303
手扌 손수 305
支 지탱할지 335
攴攵 등글월문 336
文 글월문 344
斗 말두 346
斤 날근 347
方 모방 350
无旡 없을무 353
日 날일 354
曰 가로왈 369
月 달월 372
木 나무목 376
欠 하품흠 408
止 그칠지 411
歹歺 죽을사변 414
殳 갖은등글월문 416
毋 말무 418
比 견줄비 419
毛 터럭모 420
氏 각시씨 421
气 기운기엄 422
水氵氺 물수 423
火灬 불화 466
灬 연화발→火 466
爪爫 손톱조 480
父 아비부 481
爻 점괘효 481
爿 장수장변 482
片 조각편 482
牙 어금니아 483
牛牜 소우 483
犬犭 개견 486
王 구슬옥변→玉 493
耂 늙을로엄→老 607
月 육달월→肉 614
艹 초두머리→艸 637
辶 책받침→辵 738

5획

玄 검을현 492
玉王 구슬옥 493
瓜 오이과 503
瓦 기와와 504
甘 달감 505